Imanuel Geiss

Geschichte griffbereit

4 Begriffe

Die sachsystematische Dimension der Weltgeschichte

Imanuel Geiss

unter Mitarbeit von Gabriele Intemann
und Michael Sommer

Geschichte griffbereit

4

Begriffe

Die sachsystematische Dimension der Weltgeschichte

wissen.de

Projektleitung: Gabriele Intemann
Projektkoordination: Thekla Sielemann
Redaktion und Lektorat: Gabriele Intemann, Michael Venhoff
(Redaktionsbüro LOOP); Ellen Astor, Henning Aubel,
Christa Becker, Manfred Brocks, Wieland Eschenhagen,
Elke Eßmann, Lars Thomas Günther, Barbara Lauer, Brigitte Lotz,
Dr. Michael Sommer, Ingrid Suvak, Daniela Tivig
Datentechnik: Ulrike Schaper, Nionex GmbH
Satz und Gestaltung: Böcking und Sander, Kommunikationsdesign, Bochum
Umschlaggestaltung: Init GmbH, Bielefeld
Herstellung: Günter Hauptmann, Martin Kramer

Abbildung auf dem Umschlag:
Säulenwald in der Moschee von Córdoba, Spanien (aisa, Barcelona)

Druck und Bindung: Druckerei Uhl, Radolfzell
ISBN: 3-577-14614-1

Inhalt

Die sachsystematische Dimension der Weltgeschichte .. 7

Abkürzungsverzeichnis 21

Begriffe 23

Literaturhinweise 1136

Stichwortregister 1142

Die sachsystematische Dimension der Weltgeschichte

Band 4 (»Begriffe«) erschien ursprünglich zeitlich als letzter Band von »Geschichte griffbereit«, weil er in jeder Hinsicht der komplizierteste war. Gemessen an der Schwierigkeit ihn zu schreiben, nehmen sich die anderen Bände nachträglich wie Training aus. So stellt der Band auch an Leser die höchsten Ansprüche. Jedenfalls tun zumindest Anfänger, die sich auf eine durchgehende Lektüre einlassen, gut daran, zuvor schon die übrigen Bände durchzuarbeiten. Sonst lässt sich der Band natürlich zur punktuellen Information in jedem Stadium des Lernprozesses als Nachschlagewerk benutzen.

Der Haupttitel – »Begriffe« – ist nicht zu eng zu sehen: Da auch dieser Band einen kurzen, einprägsamen Titel haben sollte, fügte sich »Begriffe« in die Logik der übrigen Titel (»Daten«, »Personen« etc.) am besten ein. Jedoch liefert erst der Untertitel die notwendige Präzisierung dessen, was der Leser erwarten kann: »Begriffe« sind hier nicht in dem hochabstrakten und theoretischen Sinn zu verstehen, wie sie vor allem die jüngere Wirtschafts- und Sozialgeschichte auf je unterschiedliche Weise behandelt.[1] Dagegen ist der »Begriffe«-Band zur Abdeckung der »sachsystematischen Dimension« in der Geschichte sehr viel bescheidener, weil pragmatisch konzipiert – als inhaltlich ausgeführtes Sachregister zu Band 1 (»Daten«): Alle systematischen Stichwörter im »Daten«-Band, die nach dem didaktischen Prinzip des »Nichts als bekannt voraussetzen, alles erklären« für Anfänger näher erklärungsbedürftig erschienen, finden Leser hier noch einmal erläutert. Das heißt aber auch umgekehrt: Was im »Daten«-Band schon so weit erklärt ist, dass die Aufnahme im »Begriffe«-Band in der gebotenen Kürze nur Wiederholung wäre, bleibt hier unbehandelt.

1. Begriffe als sachsystematische Dimension

Der »Begriffe«-Band zu »Geschichte griffbereit« ist gleichsam ausgeführtes Sachregister. Er enthält zwei Arten von Sachbegriffen, die hier sonst nicht weiter unterschieden werden – konkrete realhistorische Ereignisse, Vorgänge (z. B. SIZILIANISCHE VESPER, ERSTER WELTKRIEG) sowie langfristige Prozesse und Strukturen (z. B. REFORMATION, STÄNDE) einerseits, Abstrakta, ohne die auch Geschichte nicht auskommt (z. B. MONARCHIE, SOUVERÄNITÄT, PROVINZ, KONFÖDERATION) andererseits. Sichere Beherrschung einer Fülle von Begriffen soll Schwellenangst vor der Historie abbauen und bei der Bewältigung historischer Stoffe helfen, entsprechende Quellen- und Sprachkenntnis vorausgesetzt.

Es dominieren Begriffe aus der Politik-, Macht- und Staatengeschichte. Zwar erscheinen sie heute oft in falsch verstandener Progressivität als unwichtig oder gelten als »reaktionär«, in Wirklichkeit liegen zu diesem

Bereich für die ältere Geschichte einfach die frühesten Informationen vor. Die Beschäftigung mit Staaten, Kriegen und Frieden bietet den einfachsten Zugang zur Geschichte, da alle anderen Bereiche – Kultur-, Geistes-, Religions-, Wirtschafts- und Sozialgeschichte – gerade für Anfänger inhaltlich wie methodisch sehr viel anspruchsvoller sind. Obendrein bleibt für ihr Verständnis die ordinäre Macht- und Staatengeschichte unabdingbar. Aus dem chronologischen wie logischen Primat grober Macht- und Staatengeschichte folgt jedoch keineswegs ihr absoluter Primat. Macht- und Staatengeschichte ohne die anderen Bereiche bleiben blass. Umgekehrt hängen die anspruchsvolleren Bereiche ohne solide Grundierung in der realen Macht- und Staatengeschichte in der Luft. Es sind also lernpragmatische Gesichtspunkte, sich eingangs dem Primat der Politik-, Macht- und Staatengeschichte zu beugen, um ihn im Fortschreiten des Lernens durch notwendige Spezialisierung und Hinzunahme der anspruchsvolleren Bereiche besser überwinden zu können.

Begriffsbildung lebt von Abstraktion, dem Abziehen von Realitäten. Nur darf Abstraktion nicht zum Selbstzweck erstarren, sondern muss Wissen so verdichten, dass es handhabbar bleibt für größere chronologische wie systematische Zusammenhänge, z. B. für Epochen und Strukturen. Den Schlüssel zum Erfassen abstrakter Begriffe liefert Max Webers »Idealtypus«: Aus der (in unserem Fall historischen) Realität sind die wichtigsten Merkmale einer Sache, z. B. Monarchie, zu einem Modell zusammengezogen, das so nie existiert haben mag, weil Realitäten meist durch Beimengung anderer Faktoren »verunreinigt« sind und unzählige Varianten nach Zeit und Raum herausbilden. Aber zur strukturierenden Klarheit wird ein aus dem historischen Stoff pragmatisch gewonnener Idealtypus nützlich, weil sich theoretisch oft unzählige Varianten (z. B. der SKLAVEREI) besser zu- und einordnen lassen. Daher werden hier alle historischen Begriffe (z. B. SOUVERÄNITÄT) zunächst als Idealtypen erklärt, konkretisiert durch realhistorische Beispiele. Sie werden noch plastischer durch Ausnahmen, mit denen immer zu rechnen ist, die sich aber meist historisch ableiten lassen: So war in der älteren Geschichte der Gouverneur Vertreter der KRONE in unterworfenen und annektierten PROVINZEN, er konnte aber in der neueren Geschichte auch zum Repräsentanten der VOLKSSOUVERÄNITÄT mutieren, vor allem in den USA als Regierungschef in Bundesstaaten wie Texas oder New York, während im föderal untergliederten Kanada Provinzen faktisch Bundesländer sind.

2. Dimensionen der Begriffe

Zum rationalen Gebrauch historischer Begriffe als einer Grundlage jedes wissenschaftlichen Studiums der Geschichte sind vorweg einige Dimensionen zu erläutern. Sie sind nur um der begrifflichen Klarheit willen theoretisch voneinander zu trennen, aber in Wirklichkeit hängen sie auf unendlich viele Weisen miteinander zusammen. Aus elementarer Logik ergibt sich die Unterscheidung zwischen engerem und weiterem Sinn eines Begriffs: Der engere Sinn ist inhalts- und materialreicher. Je weiter ein Begriff gefasst wird, desto inhaltsärmer wird er unvermeidlich. Die Verwischung zwischen engerem und weiterem Sinn bei Benutzung desselben Wortes, z. B. STAAT, wird zur Quelle unendlicher Missverständnisse und Kontroversen: Früher oder später wird es verständnisfördernd, danach zu fragen, ob Kontrahenten in einer Debatte eine engere oder weitere Bedeutung einer umstrittenen Kategorie meinen.

Begriffe sind unterschiedlich entstanden. Ihre Universalisierung und Übertragbarkeit auf andere Perioden fällt durchaus unterschiedlich aus: Viele lassen sich problemlos übertragen, andere jedoch nicht oder nur mit zusätzlichen Erklärungen. Gleichsam naturwüchsig oder anonym gewachsen sind Begriffe wie KÖNIGTUM, SKLAVEREI oder STAAT, ohne erkennbare oder bekannte Urheber. Andere Begriffe wurden von einem Autor erstmals schriftlich fixiert und überliefert (z. B. MONARCHIE, DEMOKRATIE bei Aristoteles), ohne notwendig von ihm geschöpft zu sein. Einige wenige wurden von einem Autor zuerst schriftlich formuliert, z. B. SOUVERÄNITÄT von Jean Bodin 1576, HELLENISMUS von Gustav Droysen 1836. Manche Begriffe entstanden aus einer präzisen historischen Situation, wurden erst später auf ähnliche Situationen übertragen. Solche Übertragungen auf andere Epochen sind entweder möglich, z B. Souveränität, PROVINZ auf vergleichbare Situationen, wenn auch gelegentlich mit anderen Namen für dieselbe Sache (z. B. Paschalik im OSMANISCHEN REICH), oder logisch unmöglich, weil sich »Hellenismus« eben nur auf eine einzige historische Erscheinung beziehen kann.

Bei anderen Begriffen empfiehlt es sich, sie möglichst eng nur auf die Zeit seit ihres Auftauchens im allgemeinen Bewusstsein zu beschränken, z. B. Revolution in England 1688 (GLORIOUS REVOLUTION), allerdings einschließlich ihrem unmittelbaren Vorlauf, der ersten Phase der ENGLISCHEN REVOLUTION 1640–1660. Ähnlich passen »Totalitarismus« und »totalitär« nur auf Phänomene des 20. Jahrhunderts, denen Akteure zur Selbstbezeichnung den Namen gaben (Mussolini für seinen italienischen FASCHISMUS) oder Zeitgenossen damit assoziierten. Dagegen wirkt es irreführend, ältere Strukturen »totalitär« zu nennen, wie die Römische Kirche oder ältere autokratische bis despotische Systeme. Solche sinnwidrigen Übertragungen sind echte Anachronismen, Begriffe, die, »wider die Zeit«, nicht in die Zeit passen

Bei sinnvollen Übertragungen erhöht sich das Verständnis eines Begriffes, wenn die Umstände seines Entstehens präsent sind, weshalb sie, wenn bekannt, stets auch erläutert werden: So taucht »provincia« erstmals für das von Rom eroberte Sizilien 241 v. Chr. auf, das nicht mehr, wie zuvor das kontinentale Italien bis zum Rubicon, Bundesgenosse in der von Rom geführten Symmachie (WEHRGEMEINSCHAFT) wurde, sondern, erstmals in der römischen Geschichte, als politisch rechtloses Untertanenland in direkter Herrschaft annektiert wurde. So wurde Sizilien die erste Provinz dem Namen nach, während der Name an der Provincia Narbonensis, der Provence, hängen blieb. Der Sache nach ist es aber sinnvoll und üblich, vergleichbare Institutionen vor und nach Einrichtung der ersten römischen »provincia« in Sizilien als Provinz zu bezeichnen. Andererseits kann also bei solchen Übertragungen eines

Begriffes auf frühere und/oder spätere Epochen immer wieder wichtig werden, zwischen Sache und Namen zu unterscheiden, gerade wenn eine Sache in anderen Sprachen andere Namen annimmt, wie Paschalik im Osmanischen Reich für das, was der Sache nach einer Provinz gleichkam, oder MARKGRAFSCHAFT im Ungarischen Banat, von »Ban« = ursprünglich Markgraf.

Manche Begriffe verändern in der Übertragung auf spätere Erscheinungen ihre Bedeutung: Demokratie im alten Athen war nicht dasselbe wie die moderne Demokratie seit dem Symboldatum 1789, DIKTATOR und PROLETARIER im alten Rom nicht dasselbe wie in der Moderne. Immunität, im Mittelalter Steuerfreiheit, z. B. für TEMPEL oder Klöster, ist heute Schutz für Parlamentsabgeordnete vor der Anklage vor Gericht.

Aus »res publica«, dem älteren Synonym für Staat, wurde REPUBLIK im modernen, engeren Sinne – Staat ohne Monarchen. Dazu gibt es, durch sprachliche Aneignungen und inhaltliche Umformungen, zwei aufschlussreiche Nuancen, deren Sinn sich nur durch Kenntnis der damit verknüpften Realgeschichte erschließt:

- In Polen wurde die polnische Variante »Rzeczpospolita« (= res publica) offizieller Name für das alte Polen als WAHLMONARCHIE oder ADELSREPUBLIK (1572–1795). Sie ging an der absoluten Herrschaft des ADELS als Adelsanarchie unter, institutionalisiert im LIBERUM VETO (1648), dem Recht eines jeden einzelnen Mitglieds im SEJM (= Reichstag), der ohnehin ausschließlich dem Adel vorbehalten war, mit seinem VETO die gerade beratene Gesetzesvorlage zu Fall zu bringen, dazu alle in der Session bis dahin beschlossenen Gesetze nachträglich zu annullieren und den Reichstag aufzulösen. Damit wurde die alte Rzeczpospolita unregierbar und trieb in die Teilung unter die drei benachbarten Großmächte Russland, Preußen, Österreich. Nach den drei TEILUNGEN POLENS (1772, 1793, 1795) avancierte »Rzeczpospolita« zum offiziellen Titel des eigenen souveränen Staats, also z. B. nicht des (Groß)Herzogtums Warschau 1807–1813, das als französischer Klientelstaat unter der SUZERÄNITÄT Kaiser Napoleons I., stand, wohl aber für das 1918 wiedererstandene Polen. 1939 hielten Exilregierungen, erst in Paris, seit 1940 in London, den Anspruch auf Legitimität aufrecht, auch in der Zeit der kommunistischen VOLKSREPUBLIK (1944/46–1990), die offiziell den Titel »Rzeczpospolita Ludowa« führte. Nach dem ZUSAMMENBRUCH DES KOMMUNISMUS (1990) heißt seitdem der polnische Staat wieder nur »Rzeczpospolita«, ohne ideologisch einschränkenden Zusatz, und begreift sich als 3. Polnische Republik, überspringt also die Polnische Volksrepublik als nicht demokratisch legitimiert, weil sie im Imperium Sovieticum mit ihrer eingeschränkten Souveränität als Satellitenstaat faktisch nur den Status eines Vasallenstaats mit innerer AUTONOMIE hatte. Am Beispiel der polnischen Rzeczpospolita zeigt sich sehr schön, dass schon der offizielle Name eines Staats ohne Kenntnis des historischen Hintergrundes unverständlich bleibt, in diesem Fall über 400 Jahre polnischer Geschichte, allenfalls sonst nur zur bloßen Formalität erstarrt.
- Eine englische Einkleidung für »res publica« war ursprünglich, nach dem Sturz der MONARCHIE 1649, das COMMONWEALTH, das Lord-

protektorat Oliver Cromwells (bis 1658), ein Mittelding zwischen REPUBLIK (kein Monarch) und Monarchie, denn Cromwell hatte tatsächlich eine königähnliche Stellung. In der anhebenden DEKOLONISATION griff nach dem ERSTEN WELTKRIEG das politische Großbritannien auf den Begriff Commonwealth zurück, zunächst zur Zusammenfassung der schon zuvor als DOMINIEN autonom gewordenen weißen Siedlungskolonien (zuerst Kanada, 1867), die nach dem Ersten Weltkrieg zur SOUVERÄNITÄT aufstiegen (1926/31), nach dem ZWEITEN WELTKRIEG gefolgt von anderen Kolonien, zuerst Indien 1947. Das Übergangsgebilde vom Kolonialimperium über autonome (weiße) Dominien hieß zunächst »British Commonwealth and Empire«, zuletzt nur noch »British Commonwealth of Nations«. Es ist, in verfassungsrechtlichen Begriffen, eine extrem lockere KONFÖDERATION souveräner Staaten, die nur noch eine extrem verdünnte SUZERÄNITÄT der britischen KRONE als Symbol oder emotionales Band anerkennen. Sowie sich ein solcher Staat zur Republik erklärte, schied er oft aus dem Commonwealth aus, z. B. Birma 1948 und Irland 1949. Auch das neue Commonwealth ist, wie das ursprüngliche von 1649–1660, ein komplexes Mittelding zwischen Monarchie und Republik, nur aus seiner Begriffsgeschichte und damit verbundenen, scheinbar bizarren bis irrealen Realgeschichte wirklich zu begreifen.

Andere Sinnverschiebungen haben Begriffe wie »beggars and servants« sowie »Glück« (engl.: »happiness«) heute missverständlich gemacht:

- In der ersten Phase der ENGLISCHEN REVOLUTION verlangte ein radikaldemokratischer Flügel der Revolution, die LEVELLERS (= Gleichmacher), 1648/49 eine Ausdehnung des WAHLRECHTS zum Unterhaus auf alle erwachsenen Männer, das allgemeine Wahlrecht, außer für »beggars and servants« – nach dem heutigen Verständnis »Bettler« und »Diener«, also Hausmädchen, Knechte u. Ä. Vor 350 Jahren bedeuteten aber »beggars« und »servants« etwas ganz anderes: Nach modernen Kategorien waren sie Wohlfahrtsempfänger bzw. Lohn- und Gehaltsempfänger, die in abhängiger Stellung in Lohn und Brot standen. Das war aber, damals wie heute, die überwältigende Mehrheit der erwachsenen Männer. Tatsächlich hat die moderne Geschichtswissenschaft errechnet, dass sich der Kreis der Wahlberechtigten nach dem Vorschlag der Levellers nur verdoppelt hätte, von ca. 5 % der erwachsenen Männer auf ca. 10 %. Gleichwohl tobten um diese geringe Differenz erbitterte politische Kämpfe, floss Blut in der Abwehr dieser »demokratischen« Forderung.
- Manchmal hilft schon zur analytischen Klarheit eine genaue Untersuchung von »alle« oder »allgemein«: Wenn es in der amerikanischen UNABHÄNGIGKEITSERKLÄRUNG 1776 zur Begründung der allgemeinen MENSCHENRECHTE heißt: »All men are equal«, so sind »all« und »men« genauer zu befragen: »Men« hieß damals nicht nur einfach »Menschen«, sondern vor allem »Männer«. »All« meinte auch nicht wirkliche alle Männer, denn Indianer, Schwarze und arme Weißen waren ausgeschlossen.
- Ähnlich ist die Begriffsverschiebung von »Glück«. Dieselbe amerikanische Unabhängigkeitserklärung von 1776 definierte als oberstes Staats-

ziel »pursuit of happiness«, Streben nach Glück. In der Sprache der Zeit war damit aber nicht Glück im heutigen Sinn verstanden, als individuelles Wohlergehen in Familie oder wie auch immer geartete Glückseligkeit. Vielmehr war »Glück«, wie in »sein Glück machen« (engl.: »to make one's fortune«), ganz materiell oder materialistisch gemeint: reich oder wohlhabend werden, im Streben nach möglichst hohem Lebensstandard.

Die Erklärung historischer Begriffe muss daher stets zwischen der Ebene theoretischer Abstraktionen und realhistorischer Stofflichkeit hin- und hergehen, schon um Beispiele und Ausnahmen verständlich zu machen. Damit verbunden ist der ständige Wechsel durch die gesamte Weltgeschichte nach Zeit und Raum, soweit sie historische Begriffe und theoretisches Anschauungsmaterial liefert. Die meisten Kategorien kommen zwar aus der europäischen Geschichte, aber viele Begriffe lassen sich eben universalisieren.

Bei sinnvollen Übertragungen durch Universalisierung lassen sich mehrere Kategorien unterscheiden:

Viele Begriffe sind, auch in unterschiedlichen Sprachen mit entsprechenden Abwandlungen, naturwüchsig Allgemeingut geworden, z. B. KÖNIGTUM, KAISER, DYNASTIE, STAAT, Imperium (= GROSSREICH), CLAN, NATION, ADEL, ARISTOKRATIE, OLIGARCHIE, TERROR, selbst MAFIA, VÖLKERMORD/GENOZID. Niemand nimmt an ihrer universellen Verwendung Anstoß, zu Recht.

Jedoch sind einige Begriffe durch permanenten Missbrauch oder aus ideologischer Fixierung verpönt. So verfügt selbst ernannte political correctness, die Verwendung von »Stamm« (engl.: »tribe«) für Afrika sei latent oder offen rassistisch, obwohl »Stamm« ein universales Phänomen in der Menschheitsgeschichte ist. Warum sollte ausgerechnet Schwarzafrika keine Stämme gehabt haben oder noch haben, wenn es sie sonst überall in der Welt gab, auch in Europas älterer Geschichte? Ähnlich belastet ist »Horde«, vor allem durch Missbrauch der NS-Propaganda (»asiatische Horden«). Geht man jedoch auf die Ursprünge von »Horde« zurück und erfährt, dass es vom turkmongolischen »ordu« = Heer, Heerlager kommt, so verliert es seine Schrecken: In der Ethnologie und Vorgeschichte gilt »Horde« wertfrei als erweiterte Großfamilie, zwischen Kern- oder Kleinfamilie und Clan.

Entsprechend wird es möglich, sonst nur geringschätzig-abwertend (pejorativ) verstandene Begriffe durch Versachlichung wieder zu rehabilitieren, indem man den realhistorischen Gehalt aus dem Wust pejorativer Emotionen herausschält und sie wertfrei als Kürzel für komplexe Sachverhälte einsetzt: BARBAREI und WILDHEIT sind vermutlich die instruktivsten Beispiele, die gegen eine platte Moralisierung von Geschichte zu retten sind. Beide Begriffe stammen von Angehörigen der dritten großen Existenzstufe der Menschheit, der ZIVILISATION, und wurden von klassisch gebildeten Progressiven ganz unbefangen und selbstverständlich benutzt, eben weil sie sich, richtig und sachlich erklärt, zur knappsten Benennung universaler Strukturelemente eignen:

- »Barbar« war ursprünglich ein Schallwort aus dem Sumerischen für Menschen, deren Sprache man nicht versteht. Er wurde übertragen auf

Menschen außerhalb der eigenen Zivilisation. Aber auch die Lebensform der eigenen Vorfahren vor Eintritt in die Zivilisation hieß »Barbarei«. Ein so funktionales, wertfrei gemeintes Verständnis erfasst heute die erste Stufe der agrarischen Produktion, des extensiven Ackerbaus und der Viehzucht, mit Strukturen des Stammes und Stammesfürsten- oder Stammeskönigtum, als extremes Kürzel.

- Entsprechend objektiviert und versachlicht gilt hier Wildheit als Sammelbegriff für Sammler und Jäger, die ausschließlich in Familien bis Horden lebten, ohne Produktion im engeren Sinne.

Ähnlich sind schon früher manche Begriffe aus polemischen Kampfbegriffen zu allgemein gebräuchlichen Fachwörtern geworden, z. B. GEUSEN, aus frz. »gueux« = »Bettler«, zur Verächtlichmachung der Adelspetition in den alten Niederlanden 1566, danach als stolze Eigenbezeichnung; QUÄKER (»Zitterer«) in der ENGLISCHEN REVOLUTION 1640–1666, jüngstens auch Moros für fundamentalistische muslimische Rebellen im Süden der Philippinen.

Umgekehrt hat die Realgeschichte einige Begriffe so diskreditiert, dass sie sich wirklich verbieten sollten: Dazu gehört seit dem HOLOCAUST der Begriff »Rasse« für Großgruppen der Menschheit. Im Deutschen gehören dazu gedankenlose Redewendungen wie »bis zur Vergasung«, »nicht kleckern, sondern klotzen« (vom deutschen Bomberkrieg gegen Großbritannien 1940–1942). Ebenfalls zu vermeiden sind Ausdrücke wie »krause Ideen« (engl.: »woollyheaded ideas«) von den Kraushaaren von Menschen afrikanischer Abstammung und »Neger« (»Negroes«), in dem seit der Kolonialzeit der späteren USA die herabsetzende Gleichsetzung mit »Sklave« mitschwingt.

Ähnlich schlittern wir heute mit manchen Begriffen über historische Abgründe hinweg. Da sie aber in wissenschaftlicher Literatur gang und gäbe sind, wäre es reiner Purismus, sich gegen ihren Gebrauch aufzulehnen. Wohl aber sollte jeder, der sie benutzt, ihre ursprüngliche historische Bedeutung kennen. So kommt »Mulatte« von portugiesisch »mula« = Maultier, einer Kreuzung von Pferd und Esel. »Marrane« = »Schwein« bezeichnet in Portgual 1497 formal zwangsgetaufte Juden, die als weithin geduldete Krypto-Juden ihr Judentum im Untergrund insgeheim und illegal weiter praktizierten. Der Name erklärt sich aus dem Zusammenhang der Inquisition: Kam sie zu »Marranen«, so wurde ihnen zum Test Schweinefleisch vorgesetzt. Scheuten sie zurück, hatten sie sich als Juden verraten. Sicher lassen sich, auch in anderen Sprachen, weitere Beispiele für ähnlich problematische Begriffe finden.

Daneben lassen sich zahlreiche weitere Begriffe aus der einen oder anderen Nationalgeschichte auf ähnliche Situationen nach Zeit und Raum übertragen, nachdem man erklärt hat – Wandernde Grenze, RANDKULTUR, Grenzmark, RECONQUISTA, SMUTA, SAMMLUNG DER RUSSISCHEN ERDE (entsprechend persischen, deutschen, polnischen, chinesischen usw. Erde), Mandat des Himmels, dynastischer Zyklus, ZWISCHENZEIT, Nachfolgestaat, COHABITATION.

Andere Begriffe hat sich der Verfasser in den letzten Jahrzehnten selbst angeeignet, teils als Weiterbildung oder logisches Gegenstück schon vorhandener Begriffe – Tributsoberherrschaft (= Lehnsoberherrschaft = Suzeränität), INTERKONTINENTALER FERNHANDEL, DIREKTE HERRSCHAFT (zu: INDIREKTE HERRSCHAFT), Groß-Totalitarismen (KOMMUNISMUS, deutscher NATIONALSOZIALISMUS), Europäisches System, Eurasisches System, ABOLITIONISMUS (engl.: »abolitionism« = Bewegung zur Abschaffung von Sklaverei und Sklavenhandel), Nachfolgekriege (zu Nachfolgestaaten nach dem Zerfall imperialer Strukturen), neo-imperiale Nationalismen (Nationalismen, die sich auf ein früheres Reich berufen und ungefähr dessen alte Grenzen für den eigenen modernen Nationalstaat wiederherstellen wollen), JUGOSLAWIENKRIEG (1991–1999).

Gelegentlich hebt systematische und durchgängige Großschreibung, im Gegensatz zu schon punktuellen Präzedenzfällen, einen Begriff als Eigenname auch optisch hervor, sodass er sich besser einprägt – Englische Revolution, FRANZÖSISCHE REVOLUTION (schon oft anderweitig früher von anderen so benutzt), SPANISCHER BÜRGERKRIEG, Ursprüngliche Akkumulation, INDUSTRIELLE REVOLUTION, Interkontinentaler Fernhandel, Europäisches System, Eurasisches System, Deutscher Dualismus (1740–1866), Erster und Zweiter Weltkrieg, Nationale Fragen (Deutsche, Italienische, Polnische, Jüdische, Palästinensische usw.), Deutscher Krieg (1866), Italienischer Krieg (1858/59), Russisch-türkische Kriege. Ziel ist nicht Haschen nach Originalität, sondern Streben nach Klarheit, vor allem zu Lernzwecken.

3. Hinweise zur Benutzung des Bandes

Insgesamt eröffnet die »sachsystematische Dimension« den Zugang zu Stoffen, die in den anderen Bänden bisher nur punktuell erwähnt (Bände 1–3) oder schon in weitere Zusammenhänge eingeordnet wurden (Bände 5 und 6). Um den »Begriffe«-Band nicht noch umfangreicher werden zu lassen, als er ohnehin schon geraten ist, blieben einige Arten von Stichwörtern ausgelassen, die an sich zu erwarten gewesen wären: Generell werden kritische Leser abstrakte Begriffe eher geschichtsphilosophischer und -theoretischer Art vermissen, z. B. »Freiheit«, »Repression«, »Herrschaft«, »Epoche«, »Fortschritt«. Sie übersteigen den bewusst aufs Pragmatische der Geschichtswissenschaft beschränkten Horizont von »Geschichte griffbereit«. Stichwortartige Informationen zu untergliederten Begriffen wie »Aufstand«, »Bürgerkrieg«, »Frieden«, »Krieg« finden Leser über das Sachregister zu Band 1 (»Daten«). Fortgeschrittene Benutzer müssen sich anspruchsvollere Informationen aus anderen Quellen suchen,[2] entsprechend auch zu Spezialfragen, z. B. zur Kirchen-, Rechts-, Militärgeschichte, wie sie sich, oft schon bis in kleinste technische Details, in zwei gängigen allgemeinen historischen Lexika (Bayer; Fuchs/Raab) finden. Solche und andere Lexika will der vorliegende Band keineswegs überflüssig machen, eher zu ihnen hinführen. Andererseits gab das »dtv-Wörterbuch der Kirchengeschichte« erwünschte Gelegenheit, Artikel, die auch dort (meist detaillierter und technischer) von Spezialisten behandelt wurden, noch einmal zu kontrollieren und gelegentlich die bibliographischen Angaben auf den neuesten Stand zu bringen.

An einigen Stellen ergaben sich inhaltliche Überschneidungen zu Band 3 (»Schauplätze«), sodass Artikel wie »Kirchenstaat« oder »Preußen«, die schon dort abgehandelt wurden, hier ausgespart bleiben. Namen von Völkern, deren Geschichte im Band 5 (»Staaten«) bereits in einem eigenen Kapitel oder Unterkapitel behandelt ist (z. B. Perser, Franzosen, Araber, Chinesen), blieben hier ausgelassen. Dagegen wurden solche Völker noch einmal knapp skizziert, die in Band 3 (»Schauplätze«) schon im Zusammenhang mit der ihnen zugeordneten Region erwähnt sind (z. B. BURGUNDER, FRANKEN, SACHSEN), weil der folgende Band besonderen Wert auf die Geschichte der jeweiligen Völker bis zur endgültigen Niederlassung in den Gebieten legt, denen sie ihren Namen gaben (z. B. LANGOBARDEN – Lombardei); für ihre weitere Entwicklung wäre dann auf Band 3 (»Schauplätze«) zu verweisen. Auch ein Artikel JUDEN hat daher hier seinen berechtigten Platz, zumal in Verbindung mit anderen Stichwörtern, z. B. EXODUS, TEMPEL IN JERUSALEM, BABYLONISCHE GEFANGENSCHAFT, MAKKABÄERAUFSTAND, HASMONÄER, JÜDISCHER AUFSTAND, ZELOTEN, BAR-KOCHBA-AUFSTAND, RITUALMORD, GELBER FLECK, GHETTO, ASHKENASIM, SEPHARDIM, JIDDISCH, JUDENEMANZIPATION, ASSIMILATION, RAYON, ANTISEMITISMUS, POGROM, ZIONISMUS, ALIJA, BASELER PROGRAMM, BALFOUR-DEKLARATION, KONZENTRATIONSLAGER, »ENDLÖSUNG«/HOLOCAUST, NAHOSTKONFLIKT, NAHOSTKRIEGE.

Schlachten bleiben ausgespart, zu denen in den Bänden 1 (»Daten«) und 3 (»Schauplätze«) Elementarinformation zu finden ist. Der Verzicht fiel besonders schwer bei Schlachten, die eine überragende weltgeschichtliche Bedeutung hatten, wie die Schlacht von Manzikert (1071), die den machtpolitischen Abstieg von Byzanz einleitete. Als Ausnahmen wurden nur drei Schlachten aufgenommen, die im Deutschen einen Eigennamen haben, über die sonst übliche Bezeichnung »Schlacht bei X« hinaus. Alle drei Schlachten fanden in den NAPOLEONISCHEN KRIEGEN statt – DREIKAISERSCHLACHT von Austerlitz (1805), DOPPELSCHLACHT VON JENA UND AUERSTEDT (1806), VÖLKERSCHLACHT BEI LEIPZIG (1813).

Kriege erhielten nur einen eigenen Artikel, wenn sie einen klar umrissenen Eigennamen haben, wie PELOPONNESISCHER KRIEG, PUNISCHE KRIEGE, MARKOMANNENKRIEGE, HUNDERTJÄHRIGER KRIEG, SCHMALKALDISCHER KRIEG, NORDISCHER KRIEG, SPANISCHER ERBFOLGEKRIEG usw. Kriege des Landes X gegen Land Y blieben unerwähnt. Die dazugehörigen Friedensschlüsse werden am Ende eines Kriegs abgehandelt, es sei denn, sie haben eine solche überragende Bedeutung, dass ihnen ein eigener Artikel gebührt (z. B. PYRENÄENFRIEDE, WESTFÄLISCHER FRIEDE, FRIEDEN VON UTRECHT, WIENER KONGRESS, PARISER KONGRESS, VERSAILLER VERTRAG, FRIEDEN VON ST. GERMAIN usw.) oder sie sind noch in anderen Artikeln erwähnt, sodass ihre Bedeutung dort erklärt werden kann, z. B. FRIEDEN VON CRÉPY (1544) als eine Voraussetzung zur Eröffnung des TRIENTER KONZILS (1545–1563) unter Beteiligung Frankreichs. Ähnlich wurden Bürgerkriege und Aufstände nur mit eigenem Artikel näher behandelt, wenn sie ihrer historischen Bedeutung wegen auch unter eigenem Namen bekannt sind – z. B. SPANISCHER BÜRGERKRIEG, KATALANISCHER AUFSTAND.

Andererseits fanden einige Stichwörter Aufnahme, die sonst in historischen Lexika oder allgemeinen Lexika höchstens knapp erläutert werden – z. B. FERNHANDEL, GROSSREICH, STEUERN. Artikel wie TEILUNG DES RÖMISCHEN REICHS (395), UNTERGANG DES WESTRÖMISCHEN REICHS (476), KAISERKRÖNUNG KARLS DES GROSSEN (800), EROBERUNG KONSTANTINOPELS (1453), ENTDECKUNG AMERIKAS (1492), EXPANSION EUROPAS IN ÜBERSEE (1492/98), BELAGERUNG WIENS (1683), INDUSTRIELLE REVOLUTION (ab ca. 1760) werden in so vielen anderen Artikeln erwähnt, dass es sinnvoll erschien, sie in diesem Band an einer Stelle zusammenfassend zu skizzieren, selbst wenn sie bereits in Band 6 (»Epochen«) in weiteren historischen Zusammenhängen erläutert werden. Sie eröffnen die Möglichkeit, auch dem Sachband eine wenigstens annähernde chronologisch-sachliche Geschlossenheit zu geben. Andererseits ließen sich zentrale Ereignisse manchmal kurz fassen und wenn nur unter Verweis auf Band 6 (»Epochen«). Ähnlich rechtfertigt sich die gesonderte, teilweise wiederholende Behandlung klar unterscheidbarer Perioden aus der Nationalgeschichte einiger Länder, wenn diese Perioden mit einem Eigennamen zu historischen Begriffen geworden sind – z. B. das mittelalterliche REICH DER DEUTSCHEN, RHEINBUND, DEUTSCHER BUND und NORDDEUTSCHER BUND, 2. DEUTSCHES KAISERREICH, WEIMARER REPUBLIK, DRITTES REICH, BUNDESREPUBLIK und DDR, entsprechend für die österreichische, französische, russische oder polnische Geschichte. Die Artikel sind gleichzeitig Rahmenartikel für detailliertere Stichwörter zur jeweiligen Nationalgeschichte eines Landes.

Die Länge eines Artikels besagt noch nichts über das historische Gewicht eines Stichworts: Manchmal erfordert die Erklärung eines zweitrangigen Details mehr Raum als ein historisch erstrangiges Ereigniss wie die TEILUNG DES RÖMISCHEN REICHS (395), die KAISERKRÖNUNG KARLS DES GROSSEN (800) oder ein erstrangiger historischer Prozess wie die INDUSTRIELLE REVOLUTION, zumal wenn die Begriffe auch schon an anderer Stelle (hier: in Band 6, »Epochen«) behandelt wurden.

Aus der Sache selbst ergeben sich Artikel zu Stichwörtern ganz unterschiedlicher Art. Am einfachsten sind Artikel zu konkreten Fakten – z. B. PELOPONNESISCHER KRIEG, SIZILIANISCHE VESPER, HEILIGE ALLIANZ, Weimarer Republik oder ZWEITER WELTKRIEG. Sie sind zugleich ausgeführte Zusammenfassung von Informationen in Band 1 (»Daten«), die dort auf mehreren Seiten verteilt sein mögen, angereichert durch zusätzliche Informationen und strukturierende Verweise. Teils zusammenfassende Wiederholung mit Erweiterungen zu Band 1 (»Daten«), teils Resümee zu Band 6 (»Epochen«) sind Artikel wie ENGLISCHE REVOLUTION, FRANZÖSISCHE REVOLUTION (1789–1799) oder ERSTER WELTKRIEG, die jeweils zahlreiche Stichwörter aufweisen, die in sich noch einmal in eigenen Artikeln erklärungsbedürftig sind.

Schwieriger sind Artikel, die versuchen, ein ganzes Problem in einem gerafften Längsschnitt durch die Weltgeschichte zu verfolgen. Zwei Arten lassen sich unterscheiden – elementare Faktoren (z. B. GOLD, SILBER, KUPFER, WEIZEN, WEIN) und Abstrakta, die teilweise in gängigen historischen Lexika nicht als eigenes Stichwort erscheinen (z. B. Fernhandel, Großreich), einerseits, übliche Begriffe (z. B. MONARCHIE,

REPUBLIK, AUTONOMIE, SOUVERÄNITÄT, PERSONALUNION, REALUNION, KONFÖDERATION, UNION, SUZERÄNITÄT, WAHLRECHT, STÄNDE, PARLAMENT) andererseits. In einem Band, der sich primär an Geschichtsstudenten wendet, ist es nur logisch, dass UNIVERSITÄT einen eigenen Artikel erhält. Unter DYNASTIE finden sich die wichtigsten in diesem Band näher behandelten Dynastien in chronologischer Reihenfolge.

Viele Artikel setzen dort erst richtig ein, wo andere Lexika aufhören: Nach der abstrakten Erklärung oder Definition einer Sache, z. B. Monarchie oder Autonomie, sollen möglichst viele Beispiele aus dem vorliegenden Band das sonst nur abstrakt bleibende Wissen konkretisieren, vertiefen und – durch die sich so ergebenden Querverbindungen in unterschiedlichen Zusammenhängen – auch besser einprägen. Zahlreiche materielle Faktoren (Gold, Silber, Weizen usw.) finden sich beim Alten Vorderen Orient abgehandelt, was seine buchstäblich grundlegende Bedeutung zum angemessenen Verständnis der Geschichte nachdrücklich unterstreicht. Die Artikel erheben nicht den Anspruch einer lückenlosen Kurzdarstellung, gar unter Verwertung der angeführten Literatur. Sie sollen die dem Verfasser besonders wichtig erscheinenden Faktoren anführen und anregen, sich im Selbststudium mehr darüber anzueignen. Sie sollen auch demonstrieren, dass wirtschafts- und sozialgeschichtliche Faktoren eng in die sonst überwiegende politische Geschichte zu integrieren sind. Das gilt auch für materielle Faktoren im Zusammenhang mit der INDUSTRIELLEN REVOLUTION, wie ZUCKERROHR, KARTOFFEL, MARGARINE, aber auch EISENBAHN, GEWERKSCHAFTEN und WELTWIRTSCHAFTSKRISE, mit ihren auch politischen Konsequenzen.

Andere abstrakte Begriffe – Autonomie, Souveränität usw. – gehören zum elementaren Handwerkszeug des Historikers, über das jeder an der Geschichte ernsthaft Interessierte sicher verfügen muss. Nach der einmaligen Erklärung am jeweiligen historischen Ort werden sie in anderen Artikeln fortan als bekannt vorausgesetzt oder sind innerhalb des Bandes nachschlagbar, angezeigt durch Großbuchstaben bei erstmaliger Erwähnung in einem anderen Artikel. Diese und ähnliche Begriffe sind im gesamten Band so präsent, gleichsam in praktischer Nutzanwendung konkretisierter Theorie, dass die gezielte und häufige Wiederholung eine ausreichende Einübung zu ihrer sicheren Beherrschung ergibt.

Manche Begriffe erfordern in ihrer Komplexität abgeleitete Artikel, wie MONARCHIE (ABSOLUTE MONARCHIE, KONSTITUTIONELLE MONARCHIE, PARLAMENTARISCHE MONARCHIE), GEISTLICHE RITTERORDEN (HOSPITALITER/JOHANNITER/MALTESER, TEMPLER, DEUTSCHER ORDEN). Deshalb erscheinen einige Begriffe mehrfach, z. B. TEMPEL generell und TEMPEL IN JERUSALEM oder RESTAURATION als generelles historisches Prinzip, mit RESTORATION (1660) und RESTAURATION (1814/15) als spezifischen Ausformungen an einem konkreten historischen Ort: Der Begriff wird zum Eigennamen für eine – strukturell vergleichbare – Reaktion einer Gesellschaft auf das moderne Phänomen der REVOLUTION. WIRTSCHAFTSKRISE und WELTWIRTSCHAFTSKRISE stehen im engen sachlichen Zusammenhang, und die Weltwirtschaftskrise von 1929 erhält noch einmal einen eigenen Artikel. Da im alphabetischen Register jeweils auch das »Klickdatum« angegeben ist, unter dem der Artikel im »Daten«-Band chronologisch einzuordnen ist, lassen sich hoffentlich von vornherein Missverständnisse vermeiden, die aus dem mehrfachen Auftauchen eines Begriffes entstehen könnten, z. B. französische FEBRUARREVOLUTION 1848 und RUSSISCHE FEBRUARREVOLUTION 1917.

Wie in Band 3 (»Schauplätze«) der Artikel Burgund wegen seiner besonderen Komplexität die sonst übliche Form des in sich nur chronologisch gegliederten Referierens sprengte, so erzwang im vorliegenden Band die ORIENTALISCHE FRAGE einen gegliederten Artikel. Mitsamt ihren Auswirkungen ist sie eines der schwierigsten Einzelproblem der Weltgeschichte, wird jedoch, trotz ihrer außerordentlichen Bedeutung zum Verständnis der neueren Geschichte auch Europas, in der deutschen Geschichtswissenschaft nur ungenügend berücksichtigt. Als Ausgleich für seine Schwierigkeit ist der Artikel über die Orientalische Frage zugleich besonders lehrreich, denn er ist bewusst als Modell zur Bewältigung anderer, weniger komplizierter Probleme in der Geschichte gehalten: Einer knappen, abstrahierenden Umschreibung des Sachverhalts folgt die Skizze der Vorgeschichte und der beteiligten inneren wie äußeren Faktoren. Dem Abriss ihrer Verflechtung in Aufständen, internationalen Krisen und Kriegen folgt die Darstellung der Nachwirkungen und die Einordnung der historischen Bedeutung. Auch andere Artikel zu komplexeren Phänomenen wollen die Technik von Analyse und Darstellung historischer Probleme einüben.

Andere Stichwörter sind so komplex, dass sie, nach einem Rahmenartikel, noch zahlreiche eigene Artikel zu speziellen Stichwörtern erfordern, die dann aber wieder chronologisch angeordnet sind, z. B. Juden, VÖLKERWANDERUNG, KONZIL, PAPST, OSMANISCHES REICH, Englische Revolution.

Wo immer möglich, wurde großer Wert auf die Erklärung des Namens oder des jeweiligen historischen Begriffs gelegt, z. B. JAKOBINER oder GIRONDE. Wo nötig oder sinnvoll, wurde auch in Klammern die Originalbezeichnung in der jeweiligen Fremdsprache angegeben, z. B. INDIENRAT (Conseljo de las Indias), GENERALSTAATEN (Staaten-General) oder SEZESSIONSKRIEG (War of the Secession). Varianten von Bezeichnungen sind in Klammern gesetzt (z. B. TRIENTER KONZIL, Konzil von Trient, Tridentinum) und erscheinen ebenfalls im alphabetischen Sachregister.

Besondere Probleme bereiten Stichwörter, die in sich eine Untergliederung enthalten, z. B. PUNISCHE KRIEGE, RUSSISCH-TÜRKISCHE KRIEGE, TEILUNGEN POLENS, NAHOSTKRIEGE. Grundsätzlich gibt es für ihre Behandlung zwei Möglichkeiten – Zusammenfassung in einem Artikel oder Auflösung in mehrere Artikel, mit Vor- und Nachteilen für jede Lösung. Je nach dem Charakter der Stichwörter erschien eine differenzierende Behandlung angebracht, die insgesamt pragmatisch alle Möglichkeiten zu kombinieren versuchte: Wenn die Ereignisse inhaltlich relativ homogen sind oder im Text nicht zu weit auseinanderliegen, wurden die Artikel zusammengefasst – z. B. MESSENISCHE KRIEGE, SAMNITENKRIEGE, die acht TÜRKENKRIEGE Österreichs, die ersten beiden Russisch-türkischen Kriege. Die übrigen (3.–8.) Russisch-türkischen

Kriege erhielten wegen ihres besonderen Gewichts im Zusammenhang mit anderen Großereignissen – von der 1. Teilung Polens bis zur Grossen Orientkrise (1875–1878) und dem Berliner Kongress 1878 – eigene Artikel. Dagegen wurden alle Kreuzzüge und die Nahostkriege seit 1948/49 jeweils für sich gesondert abgehandelt.

Die bibliographischen Hinweise zu den Artikeln sollen Hilfe zur vertiefenden Lektüre geben. Sie erheben keinerlei Anspruch auf Vollständigkeit oder Widerspiegelung des jüngsten Forschungsstands. Grundlage bildeten die Literaturnachweise in allgemeinen oder speziellen Lexika sowie Handbüchern, ergänzt um zahlreiche Monographien und weiteres Bibliographieren. Es sind stets möglichst aktuelle Werke genannt, aus denen sich ältere Monographien in der Regel schnell erschließen lassen. Was unklar ist oder nur vage präsent erscheint, sollte jeder, der mit Geschichte beruflich umgeht, dort rasch und bequem nachschlagen können, und auch interessierte Laien können von solcher Haltung nur profitieren. Da selbstverständlich der vorliegende Band nicht alles enthalten kann, reizt eine »Fehlanzeige« hoffentlich dazu, sich in Handbüchern oder Monographien näher zu informieren. Insgesamt soll und kann der vorliegende Band zur Benutzung von stärker spezialisierten Lexika und von weiterführender monographischer Literatur hinführen, soll also am Anfang des vertiefenden Literaturstudiums stehen und es keineswegs ersetzen. Zur detaillierteren Beschäftigung mit Spezialthemen, z. B. in schriftlichen Referaten oder als Vorbereitung aufs mündliche Examen, für den Geschichtslehrer auch als Vorbereitung auf den Unterricht, kann er einen ersten Ausgangspunkt bieten.

Großbuchstaben im Fließtext weisen auf Stichwörter mit eigenem Artikel hin und erleichtern die Einordnung in Sachzusammenhänge, manchmal über Jahrhunderte hinweg. Das Sachregister am Ende des Bandes für alle Stichwörter mit eigenem Artikel erleichtert das rasche Auffinden, das halbfette Klickdatum die chronologische Einordnung.

Wie üblich, sind zwei konträre Einwände gegen die hier gebotene Auswahl von Stichwörtern und Informationen möglich – den einen enthält der Band zuwenig, den anderen zuviel. Wer über Mangel an Information klagt, sollte sich an den vorletzten Absatz halten: Der vorliegende Band soll und kann nur zum systematischen Lernen anregen. Außerdem ist er stets im Verbund mit den anderen Bänden von »Geschichte griffbereit« zu sehen. Schließlich sollten alle, denen der Band nicht genügt, erst das hier angebotene Wissen voll ausschöpfen, um zu erkennen, dass sich auf dieser Basis gut weiterlernen lässt: Schließlich hat der Verfasser durch »Geschichte griffbereit« selbst so viel dazugelernt, dass auch der beste Student von den Bänden gewiss noch profitieren kann. Wer über zuviel Stoff klagt, mag sich beruhigen: Jeder kann (oder muss) sich sein Pensum zunächst selbst definieren, ausgehend von individuellen Lernbedürfnissen und Lerninteressen. Das Faktenangebot ist weder zum Auswendiglernen gedacht noch dafür geeignet. Aber variierende Wiederholungen in immer neuen Zusammenhängen prägen Schlüsseldaten der Weltgeschichte von selbst ein, z. B. die Eroberung Konstantinopels durch die Osmanen (1453) oder den Beginn der Expansion Europas in Übersee (1492/98).

Wer den mühsamen, stets einen besonders hohen Grad an intellektueller Disziplin und Motivation erfordernden chronologischen Durchmarsch (von der WILDHEIT bis zum MANHATTAN-ATTENTAT) scheut, aber mehr will als punktuelles Nachschlagen zu einzelnen Stichwörtern, hat im Prinzip unbegrenzte Möglichkeiten: Leser können sich Artikel mit den weiterführenden Stichwörtern zu Themen vornehmen, die gerade besonders interessieren, von denen sie schon besonders viel oder aber auch besonders wenig wissen, oder die Geschichte eines Landes, soweit sie sich in den Artikeln widerspiegelt, oder besonders komplexe Themen mitsamt ihren inhaltlichen Verästelungen (JUDEN, FRANZÖSISCHE REVOLUTION, ERSTER WELTKRIEG u. a.) verfolgen, um von hier aus systematisches Wissen aufzubauen. Wer besonders mutig ist, kann sich in das intellektuelle Abenteuer der ORIENTALISCHEN FRAGE mit all ihren Komplikationen stürzen. Einen anderen Zugang bieten zeitgenössische Konflikte, vor allem der NAHOSTKONFLIKT, der mit seinen historischen Voraussetzungen weite Bereiche der Weltgeschichte berührt. Wer will, kann der historischen Bedeutung materieller Faktoren wie WEIZEN, GOLD, KARTOFFEL und EISENBAHN nachgehen oder sich zusammenhängend mit der historischen Bedeutung eher abstrakter Kategorien befassen, wie AUTONOMIE, SOUVERÄNITÄT, STAAT, FEUDALISMUS.

Wie auch immer einzelne Leser sich ihre individuellen Schneisen durch das Wissens- und Lernangebot selbst schlagen – jede Herangehensweise ist gleich sinnvoll und legitim, entsprechend dem Kenntnisstand und Lerninteresse der Benutzer. Unverzichtbare Voraussetzung sind allerdings Interesse an der Geschichte und Bereitschaft zu jenem Minimum an intellektueller Disziplinierung, ohne die Geschichte als Wissenschaft nicht möglich wäre.

1. O. Brunner/W. Conze/R. Koselleck (Hg.): Geschichtliche Grundbegriffe. Historisches Lexikon zur politisch-sozialen Sprache in Deutschland. 5 Bde., Stuttgart 1972–1992; dort auch Artikel zu einigen im Folgenden als nicht behandelt bezeichneten allgemeinen Begriffen (Fortschritt, Freiheit, Herrschaft, Macht); auf einschlägige Artikel über hier behandelte Begriffe findet sich jeweils am Ende der Literaturangaben ein Verweis. Auch, thematisch enger, in der modernen Sozial- und Wirtschaftsgeschichtsschreibung um Hans-Ulrich Wehler und Jürgen Kocka.
2. Vgl. Literaturverzeichnis im Anhang.

Abkürzungsverzeichnis

AA Auswärtiges Amt
ADAV Allgemeiner Deutscher Arbeiterverein
ADGB Allgemeiner Deutscher Gewerkschaftsbund
AEG Allgemeine Elektrizitäts-Gesellschaft
ANC African National Congress
CGT Confédération Générale du Travail
CGT-FO Confédération Générale du Travail-Force Ouvrière (Sozialistische französische Gewerkschaft)
CIA Central Intelligence Agency
CPP Convention People's Party
ČSFR Tschechoslowakische Föderative Republik
ČSR Tschechoslowakei
ČSSR Tschechoslowakische Sozialistische Republik
CSU Christlich-Soziale Union
DAP Deutsche Arbeiterpartei
DC Democrazia Cristiana
DDP Deutsche Demokratische Partei
DDR Deutsche Demokratische Republik
DKP Deutsche Kommunistische Partei
DNVP Deutschnationale Volkspartei
DVP Deutsche Volkspartei
EFTA European Free Trade Association (Europäische Freihandelszone)
EG Europäische Gemeinschaft
EKD Evangelische Kirche in Deutschland
EOKA Nationale Organisation des Zypriotischen Kampfes
ERP European Recovery Program (Marshall-Plan)
ETA Euzkadi Ta Azkatasuna (Baskenland und Freiheit)
EU Europäische Union
EVG Europäische Verteidigungsgemeinschaft
EWG Europäische Wirtschaftsgemeinschaft
FDGB Freier Deutscher Gewerkschaftsbund
FDJ Freie Deutsche Jugend
FDP Freie Demokratische Partei
FIS Islamische Heilsfront
FLN Front de Libération Nationale (Algerien)
FNL Front National de Libération (Südvietnam)
FPÖ Freiheitliche Partei Österreichs
GPRA Gouvernement Provisoire de la République Algérie
GPU Gossudarstwennoje politischeskoje uprawleuije (politische Geheimpolizei in der UdSSR)
GUS Gemeinschaft Unabhängiger Staaten
ILP Independent Labour Party
IWF Internationaler Währungsfonds
KMT Kuomintang
Komintern Kommunistische Internationale
KP Kommunistische Partei
KPČ Kommunistische Partei der ČSSR
KPCh Kommunistische Partei Chinas
KPD Kommunistische Partei Deutschlands
KPdSU Kommunistische Partei der Sowjetunion
KPF Kommunistische Partei Frankreichs
KPI Kommunistische Partei Indonesiens
KPI Kommunistische Partei Italiens
KPK Kommunistische Partei Koreas
KPU Kommunistische Partei Ungarns
KSZE Konferenz für Sicherheit und Zusammenarbeit in Europa
KZ Konzentrationslager
LPD Liberal-Demokratische Partei
LSE London School of Economics and Political Science
MPLA Volksbewegung zur Befreiung Angolas
MRP Mouvement Républicain Populaire
NAACP National Association for the Advancement of Colored People
NATO North Atlantic Treaty Organization
NKWD Narodny Kommissariat Wnutrennich Del (Volkskommissariat für Innere Angelegenheiten)
NPD Nationaldemokratische Partei Deutschlands
NRW Nordrhein-Westfalen
NS Nationalsozialisten
NSDAP Nationalsozialistische Deutsche Arbeiterpartei
OAS Organization of American States
OAS Organisation de l'Armée Secrète

OAU	Organisation für Afrikanische Einheit
OC	Organisation Consul
ÖVP	Österreichische Volkspartei
OHL	Oberste Heeresleitung
OPEC	Organization of Petroleum Exporting Countries
PASOK	Panhellenische Sozialistische Bewegung
PDS	Partei des Demokratischen Sozialismus
PKK	Kurdische Arbeiterpartei
PLO	Palestinensian Liberation Organization (Palästinensische Befreiungsorganisation)
PNV-EAJ	Partido Nacionalista Vasco, Euzko Alderdi Jeltzalea (Baskische Nationalistische Partei)
PPI	Partito Popolare Italiano (katholische Volkspartei)
PPP	Pakistan People's Party
PPR	Polska Partia Robotnicza (Polnische Arbeiterpartei)
PPS	Polska Partia Socialistyczna (Polnische Sozialistische Partei)
PS	Parti Socialiste
PSU	Parti Socialiste Unifié
PZPR	Polska Zjednoczona Partia Robotnicza (Vereinigte Polnische Arbeiter-Partei)
RAF	Rote Armee Fraktion
RDA	Rassemblement Démocratique Africain
RGW	Rat für Gegenseitige Wirtschaftshilfe
RKP	Rumänische Kommunistische Partei
RPF	Rassemblement du Peuple Français
SA	Sturmabteilung
SALT	Strategic Arms Limitation Talks
SAP	Sozialistische Arbeiterpartei Deutschlands
SBZ	Sowjetische Besatzungszone
SD	Sicherheitsdienst
SDI	Strategic Defense Initiative
SEATO	South East Asia Treaty Organization
SED	Sozialistische Einheitspartei Deutschlands
SFIO	Section Française de l'Internationale Ouvrière
SPD	Sozialdemokratische Partei Deutschlands
SPI	Socialista Partito Italiano (Sozialistische Partei Italiens)
SPÖ	Sozialistische Partei Österreichs
SRP	Sozialistische Reichspartei
SS	Schutzstaffel
START	Strategic Arms Reduction Talks
SU	Sowjetunion
SWAPO	South-West-African People's Organization
TH	Technische Hochschule
UÇK	Ushtria Çlirimtare Kosoves (Befreiungsarmee für Kosovo)
UCR	Unión Civica Radical
UdSSR	Union der Sozialistischen Sowjet-Republiken
UDC	Union des Demokratischen Zentrums
UGCC	United Gold Cost Convention
UN	United Nations (Vereinte Nationen)
UNESCO	United Nations Educational, Scientific and Cultural Organization
UNIA	Universal Negro Improvement and Conservation Association and African Comunities League
UNITA	Nationalunion für die völlige Befreiung Angolas
UNO	United Nations Organization
USA	Vereinigte Staaten von Amerika
USPD	Unabhängige Sozialdemokratische Partei Deutschlands
VAR	Vereinigte Arabische Republik
VOC	Vereenigde Oostindische Companie
VR	Volksrepublik
WTO	World Trade Organization
ZK	Zentralkomitee

Siglen

[A. F.]	Amalie Fößl
[A. L.]	Adrian Levans
[F. H.]	Frank Hethey
[G. I.]	Gabriele Intemann
[G. R.]	Günther Rusch
[I. G.]	Imanuel Geiss
[K. G.-H.]	Karl Grobe-Hagel
[M. M.-F.]	Malgorzata Maksymiak-Fugmann
[M. K.]	Michael Kneisz
[M. S.]	Michael Sommer
[V. R.]	Viorel Roman
[W. E.]	Wieland Eschenhagen

Wildheit

Klassischer Begriff für die erste Lebensform der Menschheit im Altpaläolithikum: Menschen auf der Stufe der Wildheit leben als Jäger und Sammler (Wildbeuter), mit Familie und Horde als höchsten Ebenen sozialer Verfasstheit. Wildheit gibt es seit den Anfängen der Menschheit (**vor ca. 2 Mio. Jahren**). Obwohl der Begriff meist in herabsetzender (pejorativer) Bedeutung gebraucht wird, wird er als extremes Kürzel für objektive Sachverhalte wieder brauchbar: Wildheit war als älteste und ursprünglichste Lebensform auf der ganzen damals bewohnbaren Erde verbreitet. Ausgangspunkt ist das Rift Valley (Ostafrikanisches Grabensystem) mit Gebrauch des Feuers und Werkzeugen, erhalten nur in Stein (Steinzeit). Bei extensiver Nutzung des Landes war die Bevölkerungsdichte äußerst gering. Zwei Phasen des menschlichen Substrats zeichnen sich ab – Altmensch (Homo sapiens) und Jetztmensch (Homo sapiens sapiens = rezenter Mensch, in Europa ab ca. 40 000 v. Chr.), früh eingeteilt in Großgruppen (»Rassen«), mit artikulierter Sprache. Abgelöst und teilweise verdrängt in Rückzugsgebiete wurde die Lebensform der Wildheit durch die BARBAREI.

Literatur: R. Grahmann/H.-J. Beck: Urgeschichte der Menschheit. Stuttgart 1952; C. K. Maisels: The Emergence of Civilisation. From Hunting and Gathering to Agriculture, Cities, and the State in the Near East. London, New York 1990.

Barbarei

Klassischer Begriff für die zweite Lebensform der Menschheit im Neolithikum: Wie WILDHEIT ist Barbarei ein Strukturbegriff mit pejorativen Konnotationen, aber als Kürzel mit sachlichem Gehalt. Ursprünglich kam »Barbar« als Schallwort aus dem Sumerischen über das Griechische und Lateinische zu uns, mit Entsprechungen in anderen Sprachen von Völkern mit alter ZIVILISATION, vor allem Chinesen. Das Schallwort bezeichnete Menschen, deren Sprache man nicht versteht, später Menschen aus Bereichen jenseits der eigenen ZIVILISATION (Hochkultur). Der sachliche Kern erschließt sich als Bezeichnung für die zweite große Lebensform der Menschheit, der agrarischen Produktion im Neolithikum (Jungsteinzeit), zuerst im Alten Vorderen Orient, im »Fruchtbaren Halbmond« (**ca. 8000 v. Chr.**). Materielle Grundlage war extensive Landwirtschaft (= Subsistenzwirtschaft), früh unterteilt in Ackerbau und Viehzucht. Sesshaftigkeit auf dem Land, später in der Stadt, wurde symbolisiert vom Haus mit ersten Formen der Hauswirtschaft (Ökonomie, von griech.: »oikos« = Haus) sesshafter Bauern einerseits, Vieh züchtenden Nomaden- und Reitervölkern andererseits. CLAN, Stamm und Stammeskönigtümer waren höchste Ebenen sozialer und politischer Organisierung, die sich ständig untereinander bekriegten. Daneben gab es akephale Völker, in Dörfern ohne ein »Haupt« als Häuptling, chief oder chef (abgeleitet von griech. »kephalos« bzw. lat.: »caput« = Kopf, Haupt), in Dorfdemokratie oder -anarchie. Soziale Differenzierungen führten zur Ausbildung lokaler bis regionaler Macht, als THEOKRATIE im Zusammenfall von religiöser und politischer Herrschaft. Barbarei wurde später abgelöst oder überlagert durch Zivilisation, die Wildheit und Barbarei meist zusammenfasste als »Chaos«.

Literatur: M. Todd: The Northern Barbarians, 100 BC–AD 300. London 1975; C. A. Reed (Hg.): The Origins of Agriculture. Den Haag 1977; C. K. Maisels: The Emergence of Civilisation. From Hunting and Gathering to Agriculture, Cities, and the State in the Near East. London, New York 1990.

Tell

(semit. Tell = »Hügel«, auch: Tel; iran.: Tepe, türk.: Hüyük) Ruinenhügel: Durch Zerfall oder Zerstörung von Siedlungen und Wiederaufbau an derselben Stelle wuchsen Ruinenhügel heran, sodass sich das Siedlungsniveau hob. Dieser Effekt trat zunächst im Alten Vorderen Orient auf (Jericho I, **ca. 7000 v. Chr.**), mit Ausbreitung des Zivilisationsprozesses auch im Westen über Kleinasien bis Südosteuropa (Griechenland, ab ca. 5000 v. Chr.), nach Osten bis zum Indusgebiet. Im Vorderen Orient weist ein Tell in ebenem Gelände auf archäologisch (oft noch unerschlossene) frühere Siedlungen. Von »Tell« sind viele Ortsnamen im Vorderen Orient abgeleitet (z. B. Tell-el-Amarna, Tel Aviv), in Ägypten Kôm (von griech.: »Komê« = Ortschaft, in ptolemäischer Zeit Name für Orte der Einheimischen). Das steigende Siedlungsniveau ist heute abzulesen an Grabungsschichten, z. B. auch in deutschen Städten seit der Römerzeit. So liegt die Trasse der U-Bahn in Bonn auf dem Niveau der alten Römerstraße, der Archäologische Garten auf dem Römerberg in Frankfurt am Main zeigte Ausgrabungen, aufsteigend von der Römerzeit über Karolinger bis zu Ottonen und Staufern, alle unter dem heutigen Straßenniveau (»Stratigraphie« = Lehre von den Schichtungen).

Literatur: J. Garstang: The Story of Jericho. Oxford 1953; A. Moortgat: The Tell Halaf III. Berlin 1955; J. Bradford: Ancient Landscape. Studies in Field Archaeology. London 1957; H. Jahnkuhn: Einführung in die Siedlungsarchäologie. Berlin 1977; C. Burney: From Village to Empire, an Introduction to Near Eastern Archaeology. Oxford 1977.

Keramik

(griech.: kéramos = Töpfererde, Ziegel, Tongefäß) Gebrannte Töpferware aus Ton: Keramik wurde zuerst mit Hand (nach **6000 v. Chr.**), später (seit vor 3000 v. Chr., im Alten Ägypten) mit Töpferscheibe geformt und war bei allen agrarischen Gesellschaften verbreitet. Verschiedene Formen, Muster und Brenntechniken sind wichtig zur Datierung archäologischer Funde.

Literatur: A. Rieth: 5000 Jahre Töpferscheibe. Konstanz 1960; H. Th. Bossert (Hg.): Geschichte des Kunstgewerbes aller Zeiten und Völker. 6 Bde., Berlin 1928–1935; I. Scheibler: Griechische Töpferkunst. Herstellung, Handel und Gebrauch der antiken Tongefäße. München 1983.

Obsidian

Dunkles vulkanisches kieselsäurereiches Gesteinsglas: Im Afrika der älteren Steinzeit war Obsidian typisches Material für Werkzeuge (analog dem Feuerstein in Eurasien), auch in neolithischen Siedlungen im

Vorderen Orient (**nach 6000 v. Chr.**) als erste historisch fassbare Ware im FERNHANDEL.

Weizen

Eine der ersten Getreidesorten: Zunächst im Alten Vorderen Orient verbreitet (ab **ca. 5000 v. Chr.**), wurde Weizen später typisch für wohlhabende Gesellschaften auf dem Niveau städtischer ZIVILISATION, im Mittelalter bis in die Neuzeit hinein auch für herrschende Klassen (z. B. die Betonung des Unterschieds zwischen Weißbrot der Feudalherren und Schwarzbrot der Bauern zur Zeit des WAT-TYLER-AUFSTANDS, 1381). Die Belieferung städtischer, später industrialisierter Gesellschaften mit Getreide, oft Weizen, war von großer, in Krisenzeiten von ausschlaggebender Bedeutung: Phönikien (nach ca. 1000 v. Chr.) und Athen (5. Jh. v. Chr.) waren zuerst abhängig von Getreidelieferungen: Athen aus dem Schwarzmeergebiet, Rom aus Sizilien, Nordafrika und Ägypten. In der Frühen Neuzeit war Polen wichtigstes Getreideexportland (über Danzig) Europas für agrarische Defizitländer (Norwegen, Niederlande, Schottland), abgelöst von Russland, den USA, Argentinien, Kanada, Australien. Die Westverschiebung der Weizenproduktion hatte politische Konsequenzen, u. a. im 2. DEUTSCHEN KAISERREICH, zuletzt im Weizenembargo der USA gegen die UdSSR im AFGHANISTANKRIEG (1979–1988).

Literatur: L. Reinhardt: Kulturgeschichte der Nutzpflanzen. 2 Bde., München 1911; U. Nürnberg: Biologie und Geschichte unserer Kulturpflanzen. Leipzig 1965; J. Bertin u. a.: Atlas of Food Crops. Paris 1971; C. A. Reed (Hg.): The Origins of Agriculture. Den Haag 1977; für Rom: G. Rickmann: The Corn Supply of Ancient Rome. Oxford 1980.

Gerste

Neben WEIZEN eine der frühesten Getreidesorten: Gerste war zunächst im Alten Vorderen Orient (**ca. 5000 v. Chr.**) verbreitet; sie wird bis heute überwiegend in verarbeiteter Form verwendet (u. a. zum Brauen von Bier und Brennen von Whisky), vor allem in der Neuzeit auch als Viehfutter.

Schaf

(lat.: ovis) Paarhufer, Wiederkäuer: Neben der Ziege war das Schaf das früheste Nutzhaustier, in der Antike neben dem RIND das zweitwichtigste Vieh für Milch, Fleisch und Wolle, für (Kleinvieh-)Nomaden wie sesshafte Bauern. Das Schaf wurde an mehreren Stellen unabhängig aus verschiedenen Wildarten domestiziert, zuerst im Alten Orient gezüchtet (**ca. 5000 v. Chr.**). Wichtigste Rasse für feine Wolle war das aus Spanien stammende Merinoschaf, auf saisonal fluktuierenden Weidegründen (Transhumanz). Schafzucht und Wolle waren Grundlage für frühe Textil- und Färbereiindustrie; seit dem frühen Mittelalter besonders wichtig in England: Nach Flandern exportierte englische Wolle trat in Konkurrenz zur feineren Merinowolle aus Kastilien, vor allem seit

Zurückdrängung der MAUREN in der RECONQUISTA (ab ca. 1300). Ausweitung der Schafzucht und EINHEGUNGEN (»enclosures«, ab 1236) wurden elementare Voraussetzungen für den Übergang zur INDUSTRIELLEN REVOLUTION (ab ca. 1760). Einheimische Wolle wurde in England selbst verarbeitet, sodass eine regelrechte Wollindustrie entstand, die später von der Baumwollindustrie überflügelt wurde. In der Neuzeit hielt Australien riesige Schafherden (nach 1793) zum Wollexport. In der hyperindustrialisierten Agrarwirtschaft verursachte Verfütterung von Tiermehl Scrapie, eine ähnliche Erkrankung wie BSE beim Rind. Erstgeklontes Schaf war »Dolly« (1996), inzwischen mit Krankheitssymptomen (2002).

Das Schaf (Widder, Lamm) diente, oft vergöttlicht (Ägypten) als Opfertier: Im CHRISTENTUM ist Jesus »Agnus Dei« (Lamm Gottes). Der Hirte ist häufig Symbolfigur – so war »der gute Hirte« u.a. Titel altägyptischer und mesopotamischer Könige und wurde vom Christentum auf Jesus übertragen; der Hirtenstab altägyptischer Könige wandelte sich zum »Krummstab« christlicher Bischöfe und Äbte, den geistlichen »Hirten« ihrer Herden.

Literatur: E. Hahn: Die Haustiere und ihre Beziehung zur Wirtschaft des Menschen. Leipzig 1890; F. Flor: Haustiere und Hirtenkulturen. Wiener Beiträge zur Kulturgeschichte und Linguistik I. Wien 1930; B. Brentjes: Wildtier und Haustier im Alten Orient. Berlin 1962; I. R. Harlan: The Plants and Animals that Nourish Man. New York 1976.

Rind

(lat.: bovina) Eines der frühesten Haustiere, zudem das größte, zunächst nur in der Alten Welt (Asien, Afrika, Europa) verbreitet: Dem Übergang zur agrarischen Produktion folgten erste Domestikationsversuche mit Auerochsen (ca. 6500 v. Chr.), allmählich mit bleibendem Erfolg (**ca. 5000 v. Chr.**). Aus Stierkulten und Fruchtbarkeitsriten wurde im Alten Vorderen Orient eine der wichtigsten frühen Gottheiten, in Indien noch heute mit göttlicher Verehrung (»heilige Kuh«). Das Rind diente bis zur Gegenwart auch als Zugtier, zum Pflügen oder für Ochsenkarren. Seit dem späten Mittelalter war Viehexport zu Lande verbreitet, vor allem aus Polen und der Ukraine sowie aus Dänemark nach Zentraleuropa und Portugal (»Ochsentriebe«; »Ochsenzoll« im Norden Hamburgs), heute noch in Westafrika aus der Savannenzone zur Küste (z.B. Nigerias, Ghanas).

Das Rind wurde über die Antillen aus Spanien nach Mittel- und Südamerika eingeführt (nach 1492 n.Chr.), aus England nach Nordamerika (ca. 1600), Australien (1788) und Neuseeland (1840): In Amerika entstanden großflächige Viehfarmen (Hazienda, Ranch) mit dem neuen Typ des halbnomadischen Rinderhirten (Gaucho, Cowboy). In Afrika war das Rind ökonomische Grundlage von Großviehnomaden – Bantus und Buren sowie Watussi (Tutsi) mit dem Watussi-Rind. Schwere Verluste verursachten die (ursprünglich aus Asien stammende) Rinderpest, vor allem in Ostafrika, (z.B. bei den Kikuyu in Kenia, ca. 1890), häufige Dürreperioden, vor allem in der Sahelzone und Äthiopien.

Moderne Transport- und Kühltechnologie (Kühlschiffe, Kühlhäuser in Großschlachthöfen für Gefrierfleisch) ermöglichte massive Fleischimporte aus Übersee (Argentinien, USA; Australien, Neuseeland) in das sich industrialisierende Europa. Wichtigste Produkte sind Butter, Käse, Fleisch, Wurst, Fleischextrakt, Milchpulver, Häute und Leder, Hornspäne als Düngemittel sowie – aus Zentralasien und Russland über die Schweiz gekommen – Joghurt. Industrialisierte Massenviehhaltung, verbunden mit Verfütterung von Tiermehl aus Restbeständen von Schafen, Rindern usw. löste Rinderwahnsinn (BSE) aus, mit gravierenden Folgen für die menschliche Gesundheit und Viehwirtschaft, von Großbritannien ausgehend (ab ca. 1985).

Literatur: L. Reinhardt: Kulturgeschichte der Nutztiere. München 1912; F. E. Zeuner: Geschichte der Haustiere. München 1967.

Kupfer

(lat.: aes cyprium = »aus Zypern stammendes Erz«; Zypern = griech.: kypros = Kupfer) Erstes von Menschen verarbeitetes Metall, zunächst gehämmert im Chalkolithikum (ab **ca. 5000 v. Chr.**), im Übergang zur BRONZEzeit geschmolzen, mit Zinn zur Bronze legiert. In der Bronzezeit von strategischer Bedeutung, reduziert in der EISENzeit. Seit frührömischer Zeit war Kupfer Metall für MÜNZEN niederen Werts (z. B. As), anfangs als Zeichen für ökonomischen Aufstieg, in spätrömischer Zeit und im frühen Mittelalter für ökonomischen Abstieg, heute mit neuen Funktionen für die Elektroindustrie. Größtes Kupferbergbaugebiet ist heute der Copper Belt im südlichen Zentralafrika (Demokratische Republik Kongo, Sambia, Simbabwe), wo Kupfer schon in präkolonialer Zeit verwendet wurde, meist als Zahlungsmittel (u. a. Kupferbarren). Weitere wichtige Kupferlieferanten sind Chile, neuerdings auch Polen.

Literatur: W. Witter: Die Kenntnis von Kupfer und Bronze in der Alten Welt. Leipzig 1938; H. Otto/W. Witter: Handbuch der ältesten vorgeschichtlichen Metallurgie in Mitteleuropa. Leipzig 1952; J. G. Landels: Die Technik in der antiken Welt. München ^{4}1989.

Fernhandel

Komplexe Handelsbeziehungen über weite Entfernungen: Sie wurden seit dem Neolithikum archäologisch durch erste Leitfunde festgestellt, auch zur Datierung. HOCHKULTUREN importierten Rohstoffe als Prestigegüter (OBSIDIAN, Muscheln, **ca. 5000 v. Chr.**, LAPISLAZULI, Bernstein), und exportierten Gebrauchsgegenstände (z. B. Waffen, KERAMIK, Fayencen, später auch MÜNZEN) in die barbarische Peripherie, mit Entsprechungen auch in anderen Großregionen (Ferner Osten, Schwarzafrika, Alt-Amerika). Fernhandel geht seit der auslaufenden Vorgeschichte einher mit dem Aufbau von Macht lokaler bis regionaler Ausdehnung durch Zuteilung begehrter Prestigegüter an die KLIENTEL früher Häuptlinge, Stammesherrscher usw. Fernhandel wird seit den Anfängen der ZIVILISATION fassbar – zwischen Sumer und INDUSKULTUR, Ägypten und Punt, Assyrien und Kleinasien (Kappadokien), der Phöniker (Tyros, Sidon) und Karthagos. Seit der eurasischen Antike gab es Fernhandel auch mit

SKLAVEN aus der Peripherie, vermittelt durch Städte am Rande der Zivilisation. Mit imperialen GROSSREICHEN expandierte auch der Fernhandel durch Ausweitung und Vernetzung regionaler Fernhandelsverbindungen zum INTERKONTINENTALEN FERNHANDEL, der kommerziellen Grundlage des Eurasischen Systems.

Enki

Fisch- und Wassergott in Südmesopotamien, erste identifizierbare (**ca. 4000 v. Chr.**), durch erstes PIKTOGRAMM (ca. 3600 v. Chr.) mit Altar in Eridu namentlich bekannte Gottheit.

Literatur: A. Jeremias: Handbuch der altorientalischen Geisteskultur. Berlin 1929; S.N. Kramer: Myths of Enki, the Crafty God. New York 1989.

Tempel

(lat.: templum) Sakralbau zur Verehrung von Gottheiten, als Widerspiegelung der kosmischen Ordnung am Himmel und auf Erden: Älteste Tempel sind fassbar in Südmesopotamien (**ca. 4000 v. Chr.**), im Vorderen Orient mit zwei großen Varianten – ebenerdige Säulentempel aus Stein (Ägypten, Griechenland, Rom) mit Cella im Tempelinnern zur Aufbewahrung des Allerheiligsten; stufenförmige Hoch- oder STUFENTEMPEL (Zikkurat) in Mesopotamien, aus gebrannten Ziegeln. Analoge Hochtempel gab es in altamerikanischen HOCHKULTUREN, in Indien und Südostasien als Monumentalbauten aus Stein mit Skulpturen, im BUDDHISMUS Pagoden aus Holz, stets mit ungerader Zahl der Stockwerke. Alt-Ägypten unterschied zwischen Totentempeln für verstorbene schon zu Lebzeiten als Gott verehrte Könige (am Westufer) und Tempel für Gottheiten (am Ostufer des Nil), wichtig durch den Nilometer zur Messung der Nilüberschwemmung und Festlegung der Abgaben der vom Tempel abhängigen Bauern. Tempel des CHRISTENTUMS sind Kirchen (bei HUGENOTTEN auch: »temple« = Kirche), Tempel des ISLAM Moscheen.

Tempel waren erste Zentren organisierter Wirtschaft (Tempelwirtschaft), politischer Macht (THEOKRATIE) und der Wissenschaften im Dienste der Kultausübung. Im punktuellen Auseinanderdriften der geistlichen und politischen Macht bedrohten immer wieder Konflikte zwischen KRONE und Tempel (z. B. Echnaton gegen AMUNpriester, ca. 1340 v. Chr.; Nabonid gegen MARDUKpriester, ca. 550 v. Chr.), im lateinischen Mittelalter zwischen PAPST und KAISER/König (INVESTITURSTREIT), die theokratische Harmonie geistlicher und weltlicher Macht.

Berühmte Tempel: Tempel des Amun-Rê in Karnak (größte Tempelanlage der Welt), Totentempel der Hatschepsut in Theben-West, Stufentempel des Marduk in Babylon, des Apollo auf Delphi mit dem Pythia-Orakel, der Athene (»Parthenon«) auf der Akropolis in Athen, der Diana in Ephesos (eines der antiken Sieben Weltwunder), des Jupiter Capitolinus (509 v. Chr.) in Rom. Besondere historische Bedeutung hatte der TEMPEL IN JERUSALEM (des Salomon, ca. 953 v. Chr.), mit politischer Wirkkraft im JUDENTUM bis heute.

Literatur: W. Andrae: Das Gotteshaus und die Urformen des Bauens im Alten Orient. Berlin 1930; A. Badawy: A History of Egyptian Architecture. 3 Bde., Berkeley (Cal.) 1966–68; E. Arandt: Griechische Tempel: Leipzig 1970; H. Kähler: Der römische Tempel. Berlin 1970; E. Heinrich: Die Tempel und Heiligtümer im alten Mesopotamien. Berlin 1982; G. Gruben: Die Tempel der Griechen. Darmstadt [4]1986.

Kanal

(zu sumer.: kan, lat.: canna = kleines Rohr, Schilfrohr) Kunstbauten, ursprünglich (ab **ca. 4000 v. Chr.**) zur Entwässerung sumpfiger Flussniederungen (unterer Euphrat und Tigris), für Boots- und Schiffsverkehr, zur Bewässerung mit Haupt- und Stichkanälen, auch trockener Gebiete: Als Transportwege dienen Seekanäle, die Landengen durchstechen, z. B. der Necho-Kanal (ca. 600 v. Chr.), vollendet von Darius I. (485) zwischen Mittelmeer, östlichem Nildelta und Rotem Meer, der Suezkanal (1869) als moderne Neuauflage des Necho-Kanals, der Nord-Ostsee-Kanal (1895) und der Panamakanal (1914). Binnenkanäle verbinden zwei Punkte über größere Entfernungen, z. B. Kaiserkanal in China (610). See- wie Binnenkanäle hatten jeweils ihre eigene Technik-, Wirtschafts- und Machtgeschichte. In Europa wurden größere Binnenkanäle erst mit der Entwicklung von Kammerschleusen zur Überwindung erheblicher Höhenunterschiede möglich (1373 bei Utrecht). Kanalsysteme in Belgien/Holland (seit dem 15. Jh.), in Frankreich (16. Jh.), in England (17. Jh.), Russland (18. Jh.), USA (19. Jh.), UdSSR (20. Jh.) waren eine wichtige Voraussetzung für die Industrialisierung, als lange billigster (und bis zur EISENBAHN schnellster) Transportweg für Massengüter. In Russland dienten Kanäle der raffinierten Ausnutzung des seit den WARÄGERN befahrenen Fluss- und Seensystems zwischen Ostsee und Schwarzem Meer (»Weg von den Warägern zu den Griechen«). Kanäle verloren im ausgehenden 20. Jahrhundert gegenüber modernen Transportmitteln (Eisenbahn, Kraftwagen, Flugzeuge) an Bedeutung.

Literatur: H. Press: Wasserstraßen und Häfen. 2 Tle., Berlin, München 1956/62; R. Tölle-Kastenbein: Antike Wasserkultur. München 1990.

Wein

(lat.: vinum) Alkoholisches Getränk aus der Beere der Weinrebe: Weinbau, zuerst in Südmesopotamien (nach **4000 v. Chr.**) und im Alten Ägypten, kam über die Phöniker zu den Griechen (2. Jt. v. Chr.) und durch griechische Kolonisten nach Süditalien (Magna Graecia) und Südfrankreich, transportiert in großen Amphoren. Die Römer brachten die Weinrebe als typisch mediterrane Kulturpflanze in eroberte Gebiete Europas, vor allem nach Frankreich und Deutschland (Rhein, Mosel). Das CHRISTENTUM förderte den Anbau (von qualitativ oft schlechtem) Wein selbst in klimatisch ungeeigneten Gebieten für liturgische Zwecke (Abendmahl). Seit dem Mittelalter exportierten bedeutende Weinbaugebiete um Bordeaux an der Gironde, Portugal (Portwein), Spanien (Sherry), und Ägypten vor allem nach Nord- und Nordwesteuropa. Einen Rückgang des Weinbaus in Europa bewirkten REFORMATION (Auflösung von Klöstern), BAUERNKRIEG in Deutschland, DREISSIGJÄHRIGER KRIEG und die Klimaverschlechterung. Später wurde der Weinanbau in den USA (Kalifornien), Südamerika, Australien, Südafrika, (muslimischen) Ländern unter europäischer Herrschaft (Marokko, Algerien, Tunesien) eingeführt. Kalifornische Rebsorten schleppten um 1850 die Reblaus (phyloxera) nach Europa ein, mit verheerender Wirkung. Die EU produzierte Weinschwemmen, u. a. durch quantitative Ausweitung und Umstellung auf quasi-industriellen Anbau, mit Rückwirkungen auf Landschaftsbild und ökologisches Gleichgewicht.

Literatur: C. Seltman: Wine in the Ancient World. London 1957; K. Kirchner: Die sakramentale Bedeutung des Weins im Altertum (1910). Nachdruck Berlin 1970; V. Grace. Amphoras and the Ancient Wine Trade. Princeton ^{2}1979.

Piktogramm

(zu lat.: pictus = gemalt, griech.: gramma) Bildsymbol: Die erste Verwendung von Piktogrammen findet sich im vorsumerischen Uruk (**ca. 3600 v. Chr.**) für den Fisch- und Wassergott ENKI. Erste Schriften in Sumer, Ägypten und China bestanden bzw. bestehen aus Piktogrammen. Ihre Abstrahierung führte im Westen über KEILSCHRIFT (Mesopotamien) und HIEROGLYPHEN (Ägypten) zum phönikischen, dann griechischen und lateinischen Alphabet, während die chinesische Schrift ihren ursprünglichen Charakter als Bilderschrift bis heute beibehalten hat.

Literatur: K. Sethe: Vom Bilde zum Buchstaben. Leipzig 1939; K. Földes-Papp: Vom Felsbild zum Alphabet. Stuttgart 1966; H. Jensen: Die Schrift in Vergangenheit und Gegenwart. Berlin ^{3}1969; G. R. Driver: Semitic Writing. From Pictogram to Alphabet. London 1976; J. Assmann: Das kulturelle Gedächtnis. Schrift, Erinnerung und politische Identität in frühen Hochkulturen. München 1992.

Uruk-Zeit

Periode der mesopotamischen Geschichte (**ca. 3500**–3100 v. Chr.): In der Uruk-Zeit schälte sich aus einem amorphen Siedlungsbild mit vielen Einzelsiedlungen erstmals eine Siedlungshierarchie mit Uruk als erstem urbanen Zentrum heraus. Die Stadt übernimmt zentralörtliche Funktionen in Verwaltung, Wirtschaft, Kult, vorerst theokratisch als Einheit von Herrschaft und Religion, verkörpert im TEMPEL: Eanna-Heiligtum in Uruk mit ZIKKURAT. Die materielle Kultur Südmesopotamiens strahlte bis nach Syrien und ins anatolisch-iranische Hochland aus. [M. S.]

Literatur: H. J. Nissen: Grundzüge einer Geschichte der Frühzeit des Vorderen Orients. Darmstadt 1983; M. Liverani: Antico Oriente. Storia, Società, Economia, Bari 1988, Kapitel V; G. Algaze: The Uruk World System. The Dynamics of Expansion of Early Mesopotamian Civilization. Chicago, London 1993.

Krone

(lat.: corona = Kranz) Symbol der höchsten politischen Macht in der MONARCHIE: Die älteste Krone existierte in Ägypten schon vor der Reichseinigung (vor **3100 v. Chr.**), als Unterägypten (Saïs) durch die rote, Oberägypten (Thinis) durch die weiße Krone symbolisiert. Nach der Reichseinigung wurden die Kronen zusammengefasst zur Doppelkrone, dem Symbol der Einheit Ägyptens. Seit Alexander dem Großen war das Diadem Krone für hellenistische Herrscher, auch später in Rom bevorzugte Form der Krone. Die mittelalterliche Form der Krone entwickelte sich aus dem Goldreif des Herrschers und dem germanischen Königshelm, aus GOLD zunächst für Könige und Kaiser. Besonderheiten sind die dreifache PAPSTkrone (Tiara) sowie die Eiserne Lombardenkrone von Monza, mit analogen Herrschersymbolen in Übersee. Später dienten Kronen zu heraldischen Zwecken (Wappen), für den hohen und niederen ADEL. Abstrahierend steht »Krone« auch für die monarchisch organisierte politische Zentralgewalt gegenüber Partikularmächten (Adel, Städte, STÄNDE) und der geistlichen Gewalt (z. B. Bischöfe, Papst). Auch nach dem Sturz der Monarchie war die Krone gelegentlich noch äußeres Symbol nationaler Identität (STEPHANSKRONE in Ungarn; Wenzelskrone in der ČSSR, ČSFR, bzw. Tschechischen Republik).

Auch: Währungseinheit in einigen Ländern (heute noch in Dänemark, der Tschechischen Republik und der Slowakei).

Literatur: E. Hartung: Die Krone als Symbol der monarchischen Herrschaft im ausgehenden Mittelalter. Berlin 1941; R. E. Schramm: Herrschaftszeichen und Staatssymbolik. 3 Bde., Göttingen 1954–1956; H. Biehn: Die Kronen Europas und ihre Schicksale. Wiesbaden 1957.

Monarchie

(zu griech.: mono = allein, archeia = Führung, d. h. Herrschaft eines Einzelnen) Ausübung der höchsten Macht (SOUVERÄNITÄT) im STAAT durch einen Einzelnen: Älteste bekannte Monarchien waren THEOKRATIEN im Alten Orient (**ca. 3100 v. Chr.**) mit zwei Varianten – dem Gottkönig in Ägypten und dem PRIESTERKÖNIG bzw. Stadtfürst (EN) in den STADTSTAATEN Mesopotamiens, wo, nach dem ersten Auseinandertreten von geistlicher und weltlicher Macht, Priester und Stadtfürst (ENSI), TEMPEL und PALAST, oft in Spannung standen. Beide Varianten finden sich auch sonst, z. B. in Schwarzafrika.

Häufigste Form der Monarchie ist das Königtum in all seinen Abstufungen. Schon seit dem Alten Orient lassen sich Ansätze zwischen unumschränkter Herrschaft (AUTOKRATIE, ABSOLUTE MONARCHIE) und eingeschränkter Macht durch repräsentative Körperschaften (STADT-/ADELSVERSAMMLUNG) unterscheiden. Seit dem späten Mittelalter gewannen im lateinischen Europa STÄNDE und PARLAMENTE eine Kontrollfunktion; aus dem Heereskönigtum wurde die ständische, in der Neuzeit die KONSTITUTIONELLE und PARLAMENTARISCHE MONARCHIE. Eine andere wichtige Unterscheidung besteht zwischen Erbmonarchie in DYNASTIEN und der WAHLMONARCHIE. Seit der FRANZÖSISCHEN REVOLUTION gingen die meisten Monarchien unter, ersetzt durch die REPUBLIK als Regelform moderner Staatlichkeit.

Literatur: A. M. Hocart: Kingship. Oxford 1927; M. Imboden: Die Staatsformen. Basel, Stuttgart ^{2}1974; H. Bolt u. a.: Monarchie, in: O. Brunner u. a. (Hg.): Geschichtliche Grundbegriffe, Bd. 4, S. 133–214; R. Bendix: Könige oder Volk. Machtausübung und Herrschaftsmandat. Frankfurt/Main 1980.

Sumerer

Sprachgruppe unbekannter Herkunft in Südmesopotamien: Die Sumerer entwickelten durch Be- und Entwässerungssysteme sowie Städte, zeitlich ungefähr parallel zu Ägypten, die erste HOCHKULTUR (**ca. 3100 v. Chr.**, »EDEN« = Fruchtland). Wesentliche Grundlagen der ZIVILISATION gehen auf sie zurück: STADTSTAAT (griech.: POLIS), städtisches Aufgebot als PHALANX; Bilderschrift weiterentwickelt zur KEILSCHRIFT; Grundlagen der angewandten Naturwissenschaften, u. a. Einteilung des Kreises in 360 Grad sowie mathematische Prinzipien und grundlegende astronomische Einsichten. Sie besaßen ein Währungssystem (Pfund SILBER = 1 Mine zu 60 Schekel) als Rechnungseinheit (60 Minen = 1 Talent). Nach Eroberungen durch AKKADER (ca. 2340 v. Chr.) lieferten die Sumerer die kulturelle Grundlage für das Akkad-Reich (bis 2198). Die erste politische und kulturelle Renaissance erfuhr ihre Kultur im sog. Neusumerischen Reich der 3. DYNASTIE VON UR (2111–1955). Faktisch ging die sumerische Zivilisation mit der Zerstörung von Ur durch AMORITER (1955) unter, wirkte im Alten Orient aber noch lange weiter, u. a. mit dem Sumerischen als Kultsprache. Mit dem Untergang der zuletzt in Babylon zentrierten altorientalischen Kultur unter der kulturellen Einwirkung des HELLENISMUS, der politischen Roms erlosch auch die Erinnerung an die Sumerer, bis zu den modernen Ausgrabungen (nach 1900).

Literatur: H. J. Nissen: Grundzüge einer Geschichte der Frühzeit des Vorderen Orients. Darmstadt 1983; J. L. Huot: Les Sumériens. Entre le Tigre et l'Euphrate. Paris 1989; J. N. Postgate: Early Mesopotamia. Society and Economy at the Dawn of History. London, New York 1992.

Staat

(lat.: status = Zustand, Lage, Verfassung; vgl. frz.: état; auch: états = Stände; niederl.: Staaten = Stände, als erste Verkörperung des eigenen unabhängigen Staats schlechthin) Zusammenfassende moderne Bezeichnung für den Komplex von Institutionen, die das öffentliche Leben regeln und die oberste Macht (SOUVERÄNITÄT) innehaben oder delegieren, mit Staatsvolk, Staatsgebiet, Staatsgewalt (Georg Jellinek): Historisch zuerst fassbar sind staatliche Strukturen im Alten Vorderen Orient mit komplexen Gesellschaften auf Basis der ausgereiften, Überschüsse produzierenden agrarischen Produktion (ZIVILISATION) mit (meist) städtischen Zentren, zunächst im frühdynastischen Südmesopotamien (Sumer) und in Alt-Ägypten (**ca. 3100 v. Chr.**). Der Staat trat in unterschiedlichen Ausprägungen auf, je nach Entwicklungsstand einer Gesellschaft (u. a. Stammes-, STADTSTAAT, GROSSREICH, Nationalstaat). Theoretisch und systematisch behandelte als erster Aristoteles (384–322) den Staat in seinen unterschiedlichen Erscheinungsformen – MONARCHIE, DIKTATUR, REPUBLIK, DEMOKRATIE. Zu unterscheiden sind zentralisierter Einheitsstaat oder (wie auch immer) dezentralisierter Bundesstaat, Staatenbund (KONFÖDERATION), mit oder ohne Trennung zwischen geistlicher (Priester) und weltlicher Macht, repräsentiert durch KRONE, PARLAMENT u. Ä. Am Anfang historisch fassbarer Strukturen stand die staatliche Organisation durch Priester (THEOKRATIE), mit Gott-

oder PRIESTERKÖNIGEN. Das theokratische Modell war universal, die Trennung von Religion, Staat und Gesellschaft im lateinischen Westen welthistorische Ausnahme.

Der zentralisierte Staat mit BÜROKRATIE gründet meist auf SCHRIFTlichkeit. Innere Konflikte, auch zwischen Zentrale und Peripherie, können eskalieren zum Bürgerkrieg nach innen, zwischenstaatliche Konflikte zu KRIEGEN nach außen. Beziehungen nach innen werden auch geregelt durch (ungeschriebene, erst viel später geschriebene) Verfassungen, nach außen durch Verträge, Abmachungen, übertragen auch auch auf das für das moderne naturrechtliche Staatsdenken abstrakte Modell des GESELLSCHAFTSVERTRAGS zur Begründung von Staat und Herrschaft.

Je nach unterschiedlicher Betonung von Zweck und Umfang staatlicher Tätigkeit entwickelten sich verschiedene Konzeptionen – die Lehre der ANARCHIE negiert den Staat völlig, auf ein Minimum reduziert ihn das Konzept des liberalen FREIHANDELSstaats (»Nachtwächterstaat«), seit der Industrialisierung und ihren unmittelbaren Vorstufen erweitert um den merkantilistischen »Polizeystaat« (»Polizey« hier älteres Wort für Politik schlechthin, Wirtschaftslenkung und Hebung des Wohlstandes durch Regulierung des Staats), über den sozialen Rechtsstaat und den Wohlfahrtsstaat eher sozialdemokratischer Prägung bis zum die Gesamtheit des Lebens regulierenden kommunistischen Staat, der in seinem Endzustand sich gleichwohl selbst auflösen, also zum Zustand der Staatenlosigkeit vor den Hochkulturen, zurückführen soll(te). Wichtig für den modernen Staat ist die Unterscheidung zwischen Rechts- und Verfassungsstaat, säkularisiertem Staat und Gottesstaat (THEOKRATIE).

Literatur: G. Jellinek: Allgemeine Staatslehre. Berlin 1900; R. Horneffer: Die Entstehung des Staates. Tübingen 1933; H. H. Hofmann (Hg.): Die Entstehung des modernen souveränen Staates. Köln 1967; H. Beilner: Von der mittelalterlichen Reichsidee zum souveränen Staat. München 1976; F. Berber: Das Staatsideal im Wandel der Weltgeschichte. Eine Einführung in die Hauptprobleme der Staatsphilosophie. München [2]1978.

Krieg

Organisierte Gewaltanwendung, meist zwischen Staaten auf allen Ebenen der Staatlichkeit, vom Stammesstaat bis zum GROSSREICH: Krieg war meist Dauerzustand zwischen verfeindeten Nachbarn, gemäß dem Diktum Machiavellis: »Der Nachbar ist der Feind, also ist der Nachbar des Nachbarn der Freund«, nur unterbrochen durch Waffenstillstände und Friedensschlüsse, saisonale Pausen (Winter- bzw. Regenzeit), wechselseitige Erschöpfung und Kriegsmüdigkeit. Für Heraklit war Krieg »der Vater aller Dinge«.

Historisch fass-, benenn- und datierbar wird Krieg erst seit der ZIVILISATION (ab **ca. 3100 v. Chr.**) und ihren Großreichen, zur Eroberung von »Land und Leuten«, Kontrolle materieller Ressourcen und Handelswege des Fernhandels, oft kulminierend in Schlachten, meist zwischen bewaffneten Männern, seltener Frauen, jüngstens auch mit Kindersoldaten. Zu unterscheiden sind Land- und Seekriege, neuerdings auch Luft- und Raketenkriege, zwischenstaatliche Kriege und Bürgerkriege, traditioneller Krieg und moderner totaler Krieg. Sonderformen sind: Heilige Kriege (Jihad, Kreuzzüge), mit anderem Charakter auch im antiken Griechenland (u. a. 3. Heiliger Krieg, 356 v. Chr.); Guerilla- oder Partisanenkriege, anfangs unterlegener Völker, mit der üblichen Zweiteilung nach Zeit und Raum – der Tag und die Städte für die Eroberer bzw. Besatzer, die Nacht und das Land anfangs nur in unzugänglichen Rückzugsgebieten für die Guerilla, zunächst mit irregulären Kämpfern oder Kampfverbänden, aus denen sich, nach einem Sieg, später doch reguläre Armeen bildeten (z. B. in Jugoslawien nach dem Zweiten Weltkrieg).

Wichtig sind, nach dem Untergang der meisten Großreiche, postimperiale Nachfolgekriege zwischen und in Nachfolgestaaten (stilprägend: Diadochenkriege, aber auch nach dem Ersten Weltkrieg), entsprechend postkoloniale Nachfolgekriege nach der Dekolonialisation seit dem Zweiten Weltkrieg, und Nachfolgekriege seit dem Zusammenbruch des Kommunismus nach dem Ende des Kalten Kriegs, vor allem im Jugoslawienkrieg und in der ehemaligen Sowjetunion. Umgekehrt dienten der Restauration imperialer oder vergleichbarer Machtstrukturen Reconquistakriege, hier so benannt nach der stilprägenden Iberischen Reconquista (Spanien, Portugal); aber auch in vergleichbaren Situationen mit zahlreichen Präzedenzfällen (z. B. der Krieg des Sassanidenreichs zur Rückeroberung der einst zum Achämenidenreich gehörigen Gebiete gegen das Römische Reich bzw. Ostrom und das Kushanreich in Nordindien/Afghanistan; die Byzantinische Reconquista um 1000, die Italienische Reconquista ab 1020; Rückeroberungen einst chinesischer Gebiete durch Dynastien Alt-Chinas) und späteren Beispielen (z. B. Sammlung der russischen Erde, Deutsch-französischer Krieg, Tschetschenienkriege, Kriege Israels zur Erweiterung seines Staatsgebietes im Nahostkonflikt).

Meist in Machtzentren der Zivilisationen, aber auch in Schwarzafrika, entwickelten sich Formen zur Regulierung und Zivilisierung des Kriegs durch Ansätze eines Völker- und Kriegsrechts: mit Kriegserklärung, Waffenstillstand, Kapitulation, Friedensschluss, humaner Behandlung von Kriegsgefangenen, Schutz für Gesandte und Parlamentäre. Üblich bis häufig war auch im traditionellen Krieg die Verwischung des Unterschieds zwischen Kämpfenden (Kombattanten) und Zivilbevölkerung (Nonkombattanten), u. a. durch Vernichtung (lat.: »devastatio«) elementarer Lebensgrundlagen des Feindes (Zerstörung von Häusern, Feldern, Ernten), Massaker an Männern, Versklavung von Frauen und Kindern, Plünderung und Brandstiftung nach Eroberung von Städten.

Etwa seit dem Dreissigjährigen Krieg (1618–1648) begann in Europa die Tendenz zur Trennung von Kombattanten in regulären, später auch uniformierten Armeen und nichtkämpfender Zivilbevölkerung (Nonkombattanten), deren Eigentum und Leben möglichst zu schonen war, also durch einen, wie man ihn nennen könnte, gehegten oder zivilisierten Krieg, theoretisch begründet von Clausewitz (»Vom Kriege«, postum 1832–1834), ansatzweise kodifiziert in den Rotkreuz-Konventionen (seit 1864) bis hin zur Haager Landkriegsordnung (1907). Regeln des »zivilisierten Krieges« galten jedoch nicht in

Bürgerkriegen und europäischen Kolonialkriegen, z. B. bei Niederwerfung von Aufständen.

Vollends verschwand der Unterschied zwischen Kombattanten und Nonkombattanten im modernen totalen Krieg, theoretisch begründet von Ludendorff (1935): nach den BALKANKRIEGEN (1912/13) als Vorlauf mit ausgedehnten Massakern und »ETHNISCHEN SÄUBERUNGEN« am Südostrand Europas; seit dem Ersten Weltkrieg (1914–1918) faktisch; im Zweiten Weltkrieg (1939–1945) als erstem »totalen Krieg« auch real, obwohl die Haager Landkriegsordnung weiter in Kraft blieb. Partisanenkriege (oft auch gleichzeitig interne Bürgerkriege, so in Jugoslawien 1941–1945) und ihre Bekämpfung durch die jeweilige Besatzungsmacht, Niederwerfung von Aufständen, »ENDLÖSUNG«/»HOLOCAUST«, Flächenbombardements, die beiden ATOMBOMBEN auf Hiroshima und Nagasaki (1945) erweisen sich als moderne Varianten der altmodischen »devastatio«, denn auch sie hoben den Unterschied zwischen Kombattanten und Nonkombattanten faktisch wieder auf. So erscheint nachträglich der traditionelle Krieg nur als »totaler Krieg« ohne die technischen Zerstörungsmittel der jüngsten Moderne, umgekehrt der moderne »totale Krieg« als Fortsetzung des traditionellen Kriegs mit modernen, eben industriellen Mitteln.

In dieser historischen Perspektive wirkte der AMERIKANISCHE BÜRGERKRIEG (1861–1865) zwischen der Union (Norden) und Konföderierten (Süden), ausgefochten wie ein Krieg zwischen zwei Staaten, ungefähr in der Mitte des Jahrhunderts zwischen 1815 und 1914 zukunftsweisend: Der Grad früher INDUSTRIALISIERUNG (EISENBAHN, Panzerschiffe, erstes U-Boot, Stellungskrieg) im Norden, ideologisch aufgeladene Massenheere, Moralisierung der Kriegführung mit entsprechender Erbitterung auf beiden Seiten, bis hin zur stilprägenden Reedukation des unterlegenen Südens, und Rückkehr zur »devastatio«-Strategie mit General Shermans verheerendem Marsch durch Georgia, von Tennessee bis zum Atlantik (1864), nahmen schon wesentliche Merkmale des späteren »totalen Krieges« vorweg. Entsprechend wurde er auch von Militärfachleuten der Zeit genau studiert. So gesehen war der Amerikanische Bürgerkrieg der eigentliche Vorläuferkrieg zum Ersten Weltkrieg.

Eine neue Dimension erreichte die sich immer stärker verwischende Unterscheidung zwischen (meist uniformierten) Kombattanten regulärer Staaten in internationalen Kriegen durch die Erklärung des JIHAD an die USA durch Osama bin Laden und das MANHATTAN-ATTENTAT. Die Gefangennahme von AL-QAIDA-Kämpfern (2001) warf die Frage auf, ob sie als Kriegsgefangene zu behandeln seien, weil damit indirekt ein Jihad, nach bisher herrschendem westlichen Völkerrecht ein Privatunternehmen, zumindest indirekt als internationaler Krieg anerkannt würde.

Literatur: D. E. Kaiser: Kriege in Europa. Machtpolitik von Philipp II. bis Hitler. Hamburg 1992; J. Keegan: History of Warfare. New York 1993; K.J. Gantzel u. a. (Hg.): Die Kriege nach dem Zweiten Weltkrieg 1945–1992. Daten und Tendenzen. Neuausgabe Münster 1995; L. H. Keeley: War Before Civilization. The Myth of the Peaceful Savage. New York 1997; P. Contamine (Hg.): War and Competition Between States. Oxford 2000; I. Geiss: Reflections on Total War in the 20th Century, in: P. Liddle u. a. (Hg.): The Great World War 1914–45, Bd. 2: The Peoples' Experience. London 2001, S. 452–475; M. Howard: Die Erfindung des Friedens. Über den Krieg und die Ordnung der Welt. Lüneburg 2001.

Stadtstaat

Erste historisch fassbare staatliche Struktur in der FRÜHDYNASTISCHEN ZEIT Südmesopotamiens (Sumer), der ältesten ZIVILISATION (**ca. 3100 v. Chr.**), mit Handels- und Kaufmannsstädten, Stadtfürsten (EN, ENSI) und (anfänglich) STADT-/ADELSVERSAMMLUNG, als Zentren von Handwerk und FERNHANDEL, mit einem Bürgeraufgebot als PHALANX: Rivalität bestand unter den Stadtstaaten, die bis zur Eroberung durch die AKKADER (ca. 2340 v. Chr.), nur als Kultgemeinschaft (AMPHIKTYONIE) zusammengeschlossen, politisch fragmentiert blieben. Später kamen Stadtstaaten in anderen Regionen hinzu, mit oder ohne STÄDTEBUND: in Kleinasien (u. a. Troja), Phönikien, Griechenland (POLIS), Italien, von der phönikischen und griechischen KOLONISATION ums Mittelmeer verbreitet, in Südarabien, an der Ostküste Afrikas, im europäischen Mittelalter in Italien (Venedig, Genua, Pisa, Mailand, Florenz), Flandern, Deutschland, in Südostasien (Malakka, Alt-Singapur).

Ältere Stadtstaaten waren Stadtkönigtümer oder hatten fürstliche Stadtherren, im europäischen Mittelalter auch geistliche (Bischöfe). Aus dem Sturz des Königs (Antike) oder Stadtherrn (Mittelalter) gingen oligarchische Stadtrepubliken hervor, mit AUTONOMIE, im Mittelalter oft unter (formaler) Oberherrschaft eines KAISERS/Königs: in Oberitalien nach dem Frieden von Konstanz (1183 n. Chr.), als eine Voraussetzung zur italienischen RENAISSANCE, und in Deutschland (HANSE; Nürnberg, Augsburg, Frankfurt am Main u. a.). Manchmal boten Stadtstaaten, durch Ausweitung ihres Umlandes, Grundlage für fürstliche Territorialstaaten (Florenz-Toskana, Mailand), Rom für ein GROSSREICH.

Im östlichen Mitteleuropa der Neuzeit gab es zwei meist übersehene, aber wichtige Stadtstaaten mit politischem Sonderstatus – Danzig (1807–1813, 1920–1939) und Krakau (1815–1846), ferner in Osteuropa Nowgorod (bis 1494). Früher oder später erlagen die Stadtstaaten dem expansiven Druck großräumiger Flächenstaaten. In der BUNDESREPUBLIK sind Berlin, Hamburg und Bremen autonome Stadtstaaten, (West-)Berlin hatte einen Sonderstatus (bis 1990). Unterhalb der Schwelle der SOUVERÄNITÄT stehen Hongkong und Macao (als ehemals formal britisches bzw. portugiesisches Territorium, jetzt als chinesische Sonderterritorien). Der Vatikan, San Marino, Andorra und Singapur sind die einzigen souveränen Stadtstaaten der Gegenwart.

Literatur: J. B. Ward-Perkins: The Cities of Ancient Greece and Italy. New York 1974; E. Ennen: Die europäische Stadt im Mittelalter. Göttingen ^{2}1975; M. W. Barley (Hg.): European Towns. Their Archaeology and Early History. London 1977; R. Martin: L'urbanisme dans la Grèce antique. Paris 1982; R. Griffeth/C. G. Thomas (Hg.): The City State in Five Cultures. Oxford 1982; W. Gawantka: Die sogenannte Polis. Stuttgart 1985; F. Volkmar: Die Stadt im alten Israel. München 1990; F. Kolb: Die Stadt im Altertum. München 1992.

Stufentempel (Zikkurat, Tempelturm)

Typische Form des TEMPELS im alten Mesopotamien, aus Ziegeln gemauert: Zunächst eine unregelmäßige künstliche Erdterrasse (**vor 3100 v. Chr.**), dann Hochterrasse für Hochtempel (nach 3000), erhielt er später mehrere Stufen (Stufentempel). Berühmtestes Beispiel ist der

Hochtempel des babylonischen Reichsgottes MARDUK, von Nebukadnezar II. erneuert und weiter ausgebaut (»Turmbau zu Babel« der Bibel).

Literatur: H. Lenzen: Die Entwicklung der Zikkurat von ihren Anfängen bis zur Zeit der 3. Dynastie von Ur. Leipzig 1942; A. Parrot: Ziggurats et Tour de Babel. Paris 1949.

En

(sumer.: Herr) Erster historisch fassbarer Herrscher in frühdynastischen STADTSTAATEN, mit PRIESTERKÖNIG: Er fasste geistliche und weltliche Macht zusammen (**ca. 3100 v. Chr.**, THEOKRATIE).

Priesterkönig

Erste historisch fassbare Form politischer Herrschaft: Als Kombination geistlicher und weltlicher Macht in der THEOKRATIE traten Priesterkönige zunächst in Südmesopotamien (Sumer) und Ägypten auf, mit unterschiedlichen Akzenten (**ca. 3100 v. Chr.**). In FRÜHDYNASTISCHER ZEIT herrschte zunächst nur der oberste Priester. Im Alten Ägypten war er Inkarnation des obersten Reichsgottes HORUS (Gottkönig). In Sumer trennten sich geistliche und politische Macht früh: Spannungen zwischen TEMPEL und KRONE (ENSI) folgten. Das universale theokratische Modell brachte immer wieder neue Formen der Vereinigung von geistlicher und weltlicher Macht hervor, von priesterlicher oder politischer Seite.

Theokratie

(zu griech.: theos = Gott + kratie = Herrschaft: Gottesherrschaft) Herrschaft ausgeübt durch Priester, Klerus, Theologen, Gottkönige, PRIESTERKÖNIGE u. Ä. im Namen eines Gottes, der Religion usw., auch bei Zusammenfallen von politischer und geistlicher Macht, z. B. im alten Mesopotamien: Frühestes Beispiel ist der EN in den ersten STADTSTAATEN Mesopotamiens (**ca. 3100 v. Chr.**). Dagegen waren die altägyptischen Herrscher Gottkönige, Inkarnation des Gottes selbst. Nach Ende des NEUEN REICHS herrschte in der 3. ZWISCHENZEIT des Alten Ägypten in Theben (1075–715) eine besonders zugespitzte Form der Theokratie direkt durch Priester. Theokratisch orientiert waren ferner das alte Israel nach dem MAKKABÄERAUFSTAND durch HOHEPRIESTER im HASMONÄER-Staat (161–163 v. Chr.), das KALIFAT (634–1258 n. Chr.) und Tibet (bis 1950). Tendenziell theokratisch orientiert ist durch die starke Stellung orthodoxer Rabbiner bis heute auch das moderne Israel (1948 ff.). Noch extremer ausgeprägt ist die Theokratie in Iran seit der ISLAMISCHEN REVOLUTION unter Khomeini (1979 ff.): Religiöse Fundamentalisten zielen auf die Wiederherstellung der THEOKRATIE in »Gottesstaaten«.

Stadtversammlung (Adelsversammlung)

Politisches Organ in sumerischen STADTSTAATEN (**ca. 3100 v. Chr.**), aus vorstaatlichen CLANstrukturen, später in der altorientalischen MONARCHIE despotischen Zuschnitts wieder verschwunden: Spätere Stadtstaaten hatten meistens ähnliche Gremien als Beschluss- oder Konsultativorgane. Politische Macht war im antiken Griechenland und in Rom geteilt zwischen Adelsversammlung (z. B. SENAT in Rom) und VOLKSVERSAMMLUNG, ähnlich im antiken Südarabien (Jemen) und europäischen Mittelalter. Städtischen Körperschaften entsprachen in Flächenstaaten größeren und kleineren Umfangs, die aus erobernder Einwanderung hervorgegangen waren, ursprünglich Heeres- bzw. Adelsversammlungen neben dem König – z. B. im Althetitischen Reich, bei den ARIERN in Nordindien, im antiken Makedonien oder in den germanischen Nachfolgestaaten auf römischem Boden.

Eden

(sumer. = Garten, intensiv bebautes Fruchtland) Sumerische Bezeichnung für das durch Ent- und Bewässerung fruchtbar gemachte Land am Unterlauf von Euphrat und Tigris (**ca. 3100 v. Chr.**), im Unterschied zur Wüste: Historische Substanz für das im Alten Testament beschriebene Paradies.

Literatur: H. Schmidt: Die Erzählung von Paradies und Sündenfall. Tübingen 1931; S. N. Kramer: Geschichte beginnt mit Sumer. München 1959.

Zuckerrohr

(altind.-arab.: sukkar = Zucker) Kulturpflanze aus Indien und Indonesien, schon in der FRÜHDYNASTISCHEN ZEIT Südmesopotamiens (Sumer) angebaut (**ca. 3100 v. Chr.**), noch ohne Zuckergewinnung: Nur der Saft diente zum Süßen. Der ALEXANDERZUG nach Indien machte Zuckerrohr auch in Europa bekannt (nach 325 v. Chr.). Die Kristallisation des Zuckerrohrsafts wurde (vermutlich) in Indien entdeckt (nach 300 n. Chr.) und kam über Südpersien (nach 400) und Arabien (nach 600) mit Arabern in den Westen. Zunächst wichtige Medizinpflanze, wurde Zuckerrohr ökonomische Grundlage der KREUZFAHRERSTAATEN in Palästina/Syrien (ca. 1100–1291). Von dort kam es über das Zypern der LUSIGNAN-Dynastie (1192–1489) und Sizilien nach Südeuropa. Erste Zuckerraffinerien gab es in Alexandria und Venedig.

Die EXPANSION EUROPAS IN ÜBERSEE brachte Zuckerrohr über Madeira (nach 1420) und die Kanarischen Inseln (ab 1452) in die Neue Welt, wo es durch afrikanische SKLAVEN angebaut wurde (ab 1505). Hauptanbaugebiete waren Nordbrasilien und die Westindischen Inseln (u. a. Kuba, Jamaika, Saint Domingue). Zuckerrohr wurde erstes wichtiges Agrarprodukt in der Kolonialwirtschaft der Neuen Welt, im entstehenden modernen Weltwirtschaftssystem und atlantischen DREIECKSHANDEL (Westeuropa – Westafrika – Amerika), mit gravierenden sozialen Konsequenzen – u. a. SKLAVEREI zur Bewirtschaftung der Zuckerrohrplantagen in der Neuen Welt. Seit der KONTINENTALSPERRE Napoleons (1807–1813) wurde die ZUCKERRÜBE Ersatz für verbotenen britischen Rohrzucker aus den westindischen »Sugar Colonies«: Zucker war nun nicht mehr Luxusware, sondern wurde Massenkonsumgut im Zuge der INDUSTRIELLEN REVOLUTION. Die größten Anbaugebiete von

Zuckerrohr liegen heute in Indien, Brasilien, Kuba, China, Mexiko, USA, Pakistan, Philippinen

Literatur: N. Deerr: The History of Sugar. 2 Bde., London 1950; Th. Geerdes: Zucker. Ein Grundnahrungsmittel und seine Geschichte. Stuttgart 1963; I. Bertin u. a.: Atlas of Food Crops. Paris 1971.

Silber

(lat.: argentum) Neben GOLD frühestes verarbeitetes Edelmetall: Schon im alten Sumer ungemünzte Silberwährung, mit ca. 450 g Silber (= Pfund) als Grundeinheit (**ca. 3100 v. Chr.**). Silber kommt mit Blei vor, beider Trennung war ein Problem der Silberschmelze. Umgekehrt ermöglicht heute die Bleibeimischung durch radioaktive Prozesse die genaue Lokalisierung alter Silbergruben. Das wichtigste Vorkommen in Reichweite der Staaten des Alten Orients lag im Taurusgebirge (»Silbergebirge«). Später wurden die Silbergruben von Laurion in Attika Grundlage zum Wohlstand Athens (5. Jh. v. Chr.). Silber und Gold bildeten die natürliche Legierung Elektron, den Rohstoff für erste MÜNZEN im Lyderreich, im Bereich der Ionischen Städte an der Küste Kleinasiens (ca. 600). Silber war später neben Gold und KUPFER übliches Münzmetall, in GROSSREICHEN auch in bimetallenen Währungssystemen – im ACHÄMENIDENreich (ca. 520–330 v. Chr.) und arabischen KALIFAT (696 ff.) besaß jeweils der Osten eine Silber-, der Westen eine Goldwährung. In den USA war die Frage nach Gold- oder Silberstandard heftig umstritten (ca. 1900). Oft war der Aufstieg von der Kupfer- über die Silber- zur Goldwährung, entsprechend der Abstieg, Reflex oder äußeres Symbol für ökonomischen Auf- bzw. Abstieg. Wichtige Silbermünzen als Untereinheiten des Pfund Silbers waren: der römische DENAR (209 v. Chr.), von König Pippin III. erneuert (755: »Silberpfennig« = »denarius«); Silberdirhem im Kalifat (696); in Deutschland der TALER (ab 1500), später der Maria-Theresia-Taler (seit 1751) für den Levantehandel. Praktisch alle modernen Währungen hatten lange Zeit Silbermünzen, jüngstens ersetzt durch Münzen aus anderen Metalllegierungen.

Große Silbervorkommen gab es in Dakien, das unter Kaiser Trajan von Rom erobert wurde (106), im europäischen Mittelalter im Rammelsberg bei Goslar, Harz (968–1972 mit langer Unterbrechung), in den Alpen, im Erzgebirge, in den Karpaten – bis zur Entdeckung der großen Silbervorkommen in Potósi (Bolivien, 1545) und Zacatecas (Mexiko, 1547). Silberschmelze im großen Ausmaß ermöglichte erst ein neues Trennungsverfahren von Silber und Blei durch Anwendung von Quecksilber (ca. 1570). Der Silberstrom floss aus Amerika nach Europa mit der alljährlichen SILBERFLOTTE (»flota«) nach Spanien, vor allem zur Finanzierung des spanischen Kriegs gegen die aufständischen Niederlande (1567–1648), und wurde ein wichtiger Faktor für langfristige inflationäre Prozesse der Frühneuzeit (»Preisrevolution«). Ausgedehnte Silberfunde gab es in den USA, vor allem in Nevada – »Bonanza«(1859). Der Silberpreis schwankt häufig extrem.

Literatur: R. Kerschagl: Silber. Stuttgart 1961; P. J. Bakewell: Silver Mining and Society in Colonial Mexiko, Zacatecas 1546–1700. Cambridge 1971.

Gold

(lat.: aurum) Über Jahrtausende wichtigstes Edelmetall, Vorkommen oft mit Silber: Schon früh bekannt (mindestens seit 5000 v. Chr.), wurde Gold zunächst für Schmuckgegenstände verwandt. Es symbolisiert seit den Anfängen der Hochkultur in Sumer (**ca. 3100 v. Chr.**) Prosperität. Wichtigste goldfördernde Gebiete in der Antike waren Nubien (»Nub« = Gold) für Ägypten, Lydien, die Ägäis, Irland, Persien, Indien, Südostasien, China, im Römischen Reich die Karpaten (Dakien), Alpen und Pyrenäen. Im europäischen Mittelalter deckte Europa seinen Bedarf für den expandierenden Fernhandel in den Osten aus eigener Produktion (z. B. Gastein) und Importen aus Westafrika über die Route Timbuktu–Sahara–Mittelmeer–italienische Handelsstädte. An Stelle des alten Nubien trat als wichtige Goldquelle für den Mittleren Osten weitgehend das Reich des Monomotapa im heutigen Simbabwe, vermittelt durch arabisch geprägte Handelsstädte an der Suaheliküste Ostafrikas.

Die Suche nach Gold war primäres Motiv für Entdeckungsfahrten und Expansion Europas in Übersee. Den transsaharischen Goldhandel lenkten die Europäer an die westafrikanische Küste um, brachten ihn unter ihre Kontrolle und fanden dort weiteres Gold (Goldküste, El Mina). In der Neuen Welt waren Mexiko (Aztekenreich) und Peru (Inkareich) Hauptquellen für Goldraub, später Peru/Bolivien für Abbau von Gold. Die Suche nach dem legendären Goldland Eldorado trieb die Erforschung der Neuen Welt an, u. a. durch Goldfunde in Brasilien (Minas Gerais, 1697), die einen ersten Goldrausch (»gold rush«) auslösten, später in Kalifornien (1848), Australien (1851, 1882, 1892), Südafrika (1886), Alaska (1896), mit ökonomischen, sozialen und politischen Folgen (z. B. Gründung von Johannesburg, Anfänge der Apartheid, Burenkrieg). Große Mengen Gold fördert bis heute auch Russland: Der Streik der Goldwäscher an der Lena (1912) war von Bedeutung für die Vorgeschichte der Russischen Revolution. Wichtige Goldförderländer sind heute Südafrika, Russland, Kanada, USA, Japan, Ghana, Australien, die Philippinen.

Nach der ersten Münzprägung in Elektron (Legierung Gold + Silber) in Lydien (ca. 600 v. Chr.) waren Goldmünzen ökonomisch immer am wichtigsten. Sie zeigten ökonomische Expansion oder gar Prosperität an (sprichwörtliches »Goldenes Zeitalter« Athens, Roms, Venedigs, der Niederlande, Polens usw.). Der Übergang zu bzw. Abgang von der Goldwährung war stets ein Symptom für ökonomischen Auf- bzw. Abstieg.

Berühmte Goldmünzen waren der persische Dareikos (ca. 415 v. Chr.), der römische Aureus (45 v. Chr.), Solidus (324), Dinar (696), der Florentiner Goldgulden (1254), venetianische Dukaten (1284), Cruzada (1457), Sovereign (ca. 1500), Złoty (1528), Louisdor (1640), Rubel (1718), Dollar (1795), Goldmark (1871).

Als handlichstes aller traditionellen Zahlungsmittel war Gold – umgemünzt (engl.: »bullion«) in Barren, als Goldstaub oder Geld – unentbehrlich für den Fernhandel, namentlich für den Westen gegenüber dem bis 1492/98 höher entwickelten Alten Osten. Daher herrschte stets ein mehr oder weniger starker Goldabfluss aus dem Westen in den Osten, schon auf dem Höhepunkt des Römischen Reichs in der Kaiserzeit (Klage Plinius des Älteren, vor 70 n. Chr.), später gesteigert, als Europas Beteiligung am Fernhandel zunahm. Generell waren die meisten Währungen bis zum ERSTEN WELTKRIEG Goldwährungen. Das Abgehen vom Goldstandard, oft nach Kriegen, signalisierte daher auch den ökonomischen Abstieg von Gesellschaften – z. B. Großbritannien nach dem Ersten Weltkrieg auf dem Höhepunkt der WELTWIRTSCHAFTSKRISE (1931), die USA im VIETNAMKRIEG 1973.

Kulturgeschichtliche Bedeutung hatte im europäischen Mittelalter und in der Frühen Neuzeit das vergebliche Bemühen, mit der Alchemie aus unedlen Metallen Gold herzustellen. Nebenprodukte waren neben vielen Verfahren der modernen Chemie Porzellan und KERAMIK. Heute findet Gold, außer im Goldschmiedehandwerk, vielfältige Verwendung in der Industrie (u. a. als Schutzmetall für die Raumfahrt).

Nach dem ZWEITEN WELTKRIEG wurde der Goldpreis durch internationale Bestimmung auf 35 US-Dollar je Unze festgelegt: 1968 folgten die Aufspaltung des Goldmarktes und eine neuerliche Fixierung des Preises für Währungsgold auf 38 US-Dollar je Unze. Die völlige Freigabe des Goldpreises (1973) löste eine kräftige Goldhausse aus (1979/80). Massive Goldverkäufe der UdSSR für WEIZENkäufe, vor allem in den USA (1980 ff.), und die POLENKRISE (1981/82) bewirkten einen rapiden Preisverfall.

Literatur: H. Chiring: Geschichte des Goldes. Stuttgart 1948; H. Pohl: Gold. Macht und Magie in der Geschichte. München 1958; M. de Lecco: Money and Empire. The International Gold Standard. Oxford 1974; P. Vilar: Gold und Geld in der Geschichte. Vom Ausgang des Mittelalters bis zur Gegenwart. München 1984.

Lapislazuli

(lat.: lapis = Stein, roman. lazulum = Blaustein, Blaufarbe) Meist blaues Aggregat verschiedener Minerale: Die Hauptvorkommen befinden sich in Badakhshan (Afghanistan). Lapislazuli diente seit der Uruk-Zeit (**ca. 3100 v. Chr.**) zu Dekorationszwecken und war eines der frühesten Handels- und Prestigegüter des FERNHANDELS.

Pech und Asphalt

In der Verwendung ähnliche Materialien, dem Teer nahe stehend: Pech wurde zuerst aus Holzkohleteer gewonnen (auch: künstlicher Asphalt), Asphalt meistens als natürlich vorkommendes, braunes bis schwarzes, festes oder zähflüssiges Gemisch aus Bitumen und Mineralstoffen, meist in Verbindung mit Erdölvorräten. Der größte Asphaltsee liegt auf Jamaika. Asphalt aus Ölquellen am oberen Tigris (beim heutigen Mossul, Irak) diente schon zur Uruk-Zeit zum Abdichten von Booten und Zisternen, für medizinische Zwecke (**ca. 3100 v. Chr.**). Im Mittelalter wurde flüssiges heißes Pech zur Verteidigung von Städten (mit »Pechnase«) genutzt, heute als Straßenbelag und zum Isolieren von Dächern (Teerpappe u. Ä.).

Phalanx

Fest gefügte Schlachtenreihe schwer bewaffneter Krieger: Literarisch ist die Phalanx bei Homer und Xenophon überliefert, war der Sache nach aber schon bei den SUMERERN (**ca. 3100 v. Chr.**) als städtisches Aufgebot (MILIZ) bekannt (Darstellung auf der »Geier«-Stele). In der griechischen POLIS war die Phalanx die klassische Kampfform schwer bewaffneter »bürgerlicher« HOPLITEN in Ablösung adliger Einzelkämpfer (seit dem 7. Jh. v. Chr.). Berühmt war die makedonische Phalanx mit überlangen Lanzen (Sarissen). Anfangs kannte auch Rom die Phalanx, früh aufgelöst in taktische Einheiten (LEGION, Kohorten, Manipel).

Nomen

(griech. Singular: Nomós = Verwaltungsbezirk) Gaue in Alt-Ägypten, ursprünglich (vermutlich) Territorien unabhängiger Stämme, später angeführt von GAUKÖNIGEN: Seit der SPÄTZEIT war Unterägypten in 20, Oberägypten in 22 Nomen geteilt. Sie wurden später zusammengefasst in den Königreichen Unterägypten und Oberägypten (**ca. 3100 v. Chr.**), in den ZWISCHENZEITEN mit Tendenz zur Unabhängigkeit: Nomen blieben mittlere administrative Untereinheit bis in die Anfänge der arabischen Zeit.

Heute im Neugriechischen auch: Bezirk.

Gaukönig

Ursprünglich Herrscher in den NOMEN (Gauen) Alt-Ägyptens vor Bildung von Unterägypten und Oberägypten (vor **3100 v. Chr.**), seitdem degradiert zum GAUFÜRSTEN: Der Sache nach entsprechen ihnen später Königtümer regionalen oder nur lokalen Charakters in vielen anderen Gesellschaften (z. B. im alten China, bei ARIERN, im alten Griechenland, bei den GERMANEN, Iren und in Afrika), auch in älteren STADTSTAATEN.

Gaufürst

Nachfolgeamt des GAUKÖNIGS in altägyptischen NOMEN: Seit der Zusammenfassung von Nildelta (Unterägypten) und Niltal bis zum 1. Katarakt (Oberägypten) zu Königreichen und ihrer ersten Einheit (**ca. 3100 v. Chr.**) war der Gaufürst nur noch oberste Spitze des neuen HOCHADELS. Er gewann bei Zerfall des Reichs in den ZWISCHENZEITEN wachsende regionale Bedeutung feudalen Charakters. Vergleichbare Prozesse gab es auch in späteren Gesellschaften (z. B. im antiken Griechenland, bei GERMANEN, im FEUDALISMUS).

Horus

(altägypt.: der Allerhöchste, Oberste) Hoher altägyptischer Gott, Sohn der Isis, als Falke oder Mensch mit Falkenkopf dargestellt: Horus entwickelte sich (wie andere ägyptische Gottheiten) aus einem CLAN-

Totem und wurde nach dem Sieg des Falken-Clans (**ca. 3100 v. Chr.**) zum höchsten Reichsgott bis ins ALTE REICH: Der offizielle Herrschername wies Horus als Bestandteil auf (Horusname), eingerahmt in eine Kartusche. Seit der 5. Dynastie wurde sein Kult überlagert durch Verehrung des RÊ bzw. AMUN.

Clan

(gäl. = Kinder, Nachkommenschaft) Aus Verwandtschaftsbeziehungen der KELTEN (Gälen) in Irland und Schottland (Highlands) erweiterte Bezeichnung für eine soziale Gruppe – zwischen Familie und Stamm, also Großfamilie, Sippe oder (kleinerer) Stammesverband: Entsprechende Organisationen sind typisch für Gesellschaften auf dem Niveau des höheren Jägertums und extensiver Landwirtschaft. Der Clan war im archaischen Ägypten die früheste fassbare soziale Basis für GAUKÖNIGtümer (vor **ca. 3100 v. Chr.**) als Vorstufe zu größeren politischen Einheiten. Entsprechend verlief später oft die Bildung größerer Stammesverbände und Völker, wobei Gesellschaften in weiten Bereichen der Welt bis zur Neuzeit auf dem Niveau verwandschaftlich geprägter Strukturen stehen blieben. In Irland und den Highlands Schottlands bewahrten Clans noch lange ihre große soziale, politische und militärische Bedeutung (Hochländer-Regimenter), mit den einzelnen Clans zugeordneten Mustern (»tartan«) als typischer Kleidung (»kilt«). In weiten Teilen der Welt besitzen Clans noch ihre starke Bindungskraft, wie in jüngsten Konflikten sichtbar wird (Somalia, Afghanistan, Albanien, Kurdistan, Tschetschenien).

Königtum

Älteste Form monarchischer Herrschaft, im Alten Vorderen Orient (**ca. 3100 v. Chr.**) kombiniert mit geistlicher Macht (THEOKRATIE) – PRIESTERKÖNIG oder Gottkönig: Äußerliches Symbol ist u. a. die KRONE, oft gleichgesetzt mit Monarchie schlechthin. MONARCHIE tritt in zahlreichen Varianten auf – Heerkönigtum, despotische, feudale, ständische, ABSOLUTE, KONSTITUTIONELLE, PARLAMENTARISCHE MONARCHIE. Darüber stand das GROSSKÖNIGTUM (»König der vier Weltgegenden«, »König der Könige«), bis zu kaiserlichen Titeln (KAISER, Negus Negusti, Schah-in Schah, Kha-Khan, TENNO). In ihrer Ausdehnung schwankte Monarchie zwischen Dorfkönigtum auf unterster lokaler Ebene über Gau-, Stammes- und Volkskönigtümer »nationalen« bis zu Großkönigtümern imperialen Zuschnitts. Schwierigstes Problem ist die Nachfolge: Im Erbkönigtum bildete sich als Konsequenz die DYNASTIE. Das Königtum war typisch für agrarisch fundierte Gesellschaften, die REPUBLIK war zunächst nur regionale/lokale Ausnahme. Die Monarchie wurde im Gefolge der INDUSTRIELLEN REVOLUTION fast überall abgelöst durch Republiken. Heute bestehen nur noch wenige, meist konstitutionelle/parlamentarische Monarchien – u. a. in Großbritannien, Schweden, Dänemark, Norwegen, den Niederlanden, Belgien, Luxemburg, Spanien; Japan, Nepal, Bhutan, Thailand, Marokko.

Literatur: A. M. Hocart: Kingship. Oxford 1927; R. Bendix: Könige oder Volk. Machtausübung und Herrschaftsmandat. Frankfurt/Main1980.

Hochadel

Oberste Schicht des ADELS, historisch hervorgegangen aus zu GAUFÜRSTEN degradierten GAUKÖNIGEN, zuerst fassbar im Alten Ägypten zur Zeit der Reichseinigung (**ca. 3100 v. Chr.**): In agrarischen aristokratisch-monarchischen Gesellschaften war der Hochadel faktisch Träger der SOUVERÄNITÄT, da die KRONE nur als letzte Spitze der weltlichen Herrschaftspyramide galt. Daraus erwuchsen oft Spannungen zur Krone. Der Hochadel entwickelte in Schwächeperioden der Zentralgewalt die Tendenz, sich in feudaler Zersplitterung (Feudalanarchie) an die Stelle der KRONE zu setzen. Sein Einfluss gründete sich ökonomisch auf Landbesitz: Der Hochadel war (neben Krone und/oder Geistlichkeit) oft größter Landbesitzer. Seine Vertreter standen im europäischen FEUDALISMUS als Kronvasallen unmittelbar unter der Krone. ENGLISCHE REVOLUTION (1640–1660) und FRANZÖSISCHE REVOLUTION (1789–1799) stürzten den Hochadel in Existenzkrisen. In Deutschland brachte im UNTERGANG DES HEILIGEN RÖMISCHEN REICHS DEUTSCHER NATION die MEDIATISIERUNG Fürsten/Standesherren hervor (1803). Der Hochadel wurde durch die INDUSTRIELLE REVOLUTION und REVOLUTIONEN in Europa vom Wirtschaftsbürgertum als herrschende Klasse abgelöst.

Literatur: H. v. Bülow: Geschichte des Adels. Berlin 1903; R. Vierhaus (Hg): Der Adel vor der Revolution. Göttingen 1971.

Bürokratie

(frz.: bureau + griech.: kratie = Herrschaft) Moderner Begriff für systematisierte Verwaltungsstrukturen: Ein Verwaltungsapparat diente seit dem Alten Ägypten (**ca. 3100 v. Chr.**) zur Organisierung der agrarischen Produktion. Typische Figur war zunächst der Schreiber. Entsprechender Organisationen bedienten sich in Vorderasien das Reich der AKKADER, das Reich der 3. DYNASTIE VON UR (2111–1955 v. Chr.) und die nachfolgenden altorientalischen GROSSREICHE (Aššur, Babylon, Perserreich). Im alten China bildete sich die MANDARINhierarchie mit literarischen Prüfungen als Eingangsvoraussetzung heraus (601–1905 n. Chr.). Früh entstanden Abstufungen der Beamtenhierarchie, mit dem WESIR (auch: GROSSWESIR) an der Spitze. Bürokratie, obwohl in ausgereiften Formen an SCHRIFTlichkeit gebunden, gab es zumindest rudimentär auch in analphabetischen Gesellschaften, z. B. in Regionen Afrikas. Eroberer übernahmen und modifizierten meist vorhandene administrative Strukturen, z. B. Alexander der Große die des Perserreichs, u. a. mit SATRAPIE. Nach Krisenzeiten erfolgte meist die Reorganisierung der Verwaltungsstrukturen, z. B. durch Dareios I. (518 ff. v. Chr.), Diokletian (284–305 n. Chr.) nach den Wirren der SOLDATENKAISER (235–284): Vorbild war die unter römischer Herrschaft fortexistierende Bürokratie, die die makedonisch-hellenistischen PTOLEMÄER (323–30 v. Chr.) in Ägypten aus der traditionellen Verwaltung durch Modernisierung auf das damals höchste Niveau der Zentralisation und Effizienz weiterentwickelt hatten.

Nach dem UNTERGANG DES WESTRÖMISCHEN REICHS (476 n. Chr.) wurde die Tradition der zentralisierten Bürokratie fortgesetzt in Byzanz und im SASSANIDENREICH, modifiziert im arabisch-muslimischen KALIFAT, in Indien und in China. Dagegen ging die Bürokratie mit der imperialen Zentralgewalt der KRONE auf dem Boden des früheren WESTROMS unter. Sie wurde ersetzt vom FEUDALISMUS auf niedrigerem Niveau der Produktion und Bevölkerungszahl, fast ohne Geld und Schriftlichkeit.

Erst mit erneuter Expansion des FERNHANDELS, der Produktion und der Bevölkerungszahl ab ca. 1000 entstanden wieder neue Bürokratien im Westen – geistliche (Kirche) wie weltliche, lokale (Städte), regionale (Fürstenstaaten) und »nationale«, vor allem in sich zentralisierenden Nationalmonarchien West- und Südwesteuropas. Eine besondere Rolle spielte der NORMANNENstaat in Süditalien, als Vorreiter des ABSOLUTISMUS. INDUSTRIELLE REVOLUTION und FRANZÖSISCHE REVOLUTION verstärkten Tendenzen zur Bürokratisierung (Tocqueville, Max Weber), nochmals seit dem ERSTEN WELTKRIEG durch rasche Ausweitung der Staatstätigkeit sowohl der kommunistischen Staaten als auch der westlichen Sozial- und Wohlfahrtsstaaten. Neben staatlichen Bürokratien auf allen Ebenen gibt es heute Bürokratien in der Wirtschaft, beim Militär, bei Großstiftungen, UNIVERSITÄTEN, Kirchen, großen Parteien, GEWERKSCHAFTEN, bei übernationalen Organisationen (EU, NATO; COMECON; VEREINTE NATIONEN, UNESCO u. a.), jeweils mit Tendenz zur weiteren Stellenvermehrung (Parkinson'sches Gesetz), solange die Wirtschaftskraft einer Gesellschaft die Aufblähung der Bürokratie noch aushält. Kommunistische Staaten kombinierten Mehrfach-Bürokratien (Partei, GEWERKSCHAFT, Planungsbehörden Verwaltung, Geheimdienste, Militär, Polizei). Staatsbürokratie entwickelt eine Eigendynamik, sodass sie zum dominierenden Faktor in Staat und Gesellschaft werden kann, bis zum totalen Verwaltungsstaat.

Literatur: L. v. Mises: Bureaucracy. New Haven (Conn.) 1944; H. W. Helsk: Untersuchungen zu den Beamtentiteln des ägyptischen Alten Reiches. Glückstadt. 1954; Max Weber: Wirtschaft und Gesellschaft. Tübingen 1976; Th. Leuenberger/K.-H. Ruffmann (Hg.): Bürokratie. Motor oder Bremse der Entwicklung? Frankfurt/Main 1977; H. Haeussermann: Die Politik der Bürokratie. Einführung in die Soziologie der staatlichen Verwaltung. Frankfurt/Main 1977; E. Kamenke: Bureaucracy. Oxford 1989.

Schrift

System aus Zeichen zur Speicherung, Wiedergabe und Überlieferung von Information, zuerst als Bilderschrift aus PIKTOGRAMMEN: In Ägypten entstanden HIEROGLYPHEN (**ca. 3100 v. Chr.**), in Sumer durch Abstraktion die KEILSCHRIFT, in China eine noch heute benutzte Bilderschrift. Aus der Kombination von Hieroglyphen und Keilschrift entstand durch weitere Abstraktion das Alphabet, das Schriftlichkeit breiten Schichten zugänglich machte. Schrift ist die Grundlage aller ZIVILISATION und Wissenschaft. Schriftlichkeit wurde erst möglich in agrarisch-fundierten Hochkulturen.

Literatur: M. Kuckenburg: Die Entstehung von Sprache und Schrift. Ein kulturgeschichtlicher Überblick. Köln 1989; J. Goody: Die Logik der Schrift und die Organisation von Gesellschaft. Frankfurt/Main 1990; J. Goody u. a.: Entstehung und Folgen der Schriftkultur. Frankfurt/Main 1991; J. Assmann: Das kulturelle Gedächtnis. Schrift, Erinnerung und politische Identität in frühen Hochkulturen. München 1992.

Hieroglyphen

(griech.: hiero = heilig, glyphen = Zeichen) BilderSCHRIFT des Alten Ägypten (**ca. 3100 v. Chr.**), nur für Repräsentation und Herrscher- bzw. Totenkult: Für praktische Zwecke entwickelte sich als Kurantschrift das Hieratische, aus ihr (ab ca. 700 v. Chr.) zuletzt das Demotische. Der Herrschername wurde stets in Kartusche (ovalähnliche Einrahmung) geschrieben. Nach dem Prinzip der Akrophonie (erster Laut eines Wortes wird mit Bildsymbol dargestellt, z. B. L = Löwe) ist bereits ein Ansatz zur Buchstabenschrift (Alphabet) enthalten; dazu kommen Hunderte von Silbenzeichen und zahlreiche Determinativ-Zeichen. Die letzte bekannte Inschrift mit Hieroglyphen stammt von 394 n. Chr. Hieroglyphen waren seitdem außer Gebrauch und nicht mehr lesbar, ihre Entzifferung gelang nach der Auffindung des Steins von Rosette (1799) durch J.-F. Champollion (1822): Schlüssel zur Entzifferung waren die Herrschernamen »Kleopatra« und »Ptolemaios« mit identischen Hieroglyphen für identische griechische Buchstaben (L = Löwe; auch P, T, O).

Literatur: S. Schott: Hieroglyphen. Untersuchungen zum Ursprung der Schrift. Wiesbaden 1950; N. M. Davis: Picture Writing in Ancient Egypt. London 1958; M. Pope: Die Rätsel alter Schriften. Hieroglyphen, Keilschrift, Linear B. Bergisch Gladbach 1979; K.-T. Zauzich: Hieroglyphen ohne Geheimnis. Mainz 1980; A. Schlott: Schrift und Schreiber im alten Ägypten. München 1989.

Zivilisation (Hochkultur)

(zu lat.: civis = Bürger einer Stadt) Klassischer Begriff für die dritte Lebensform der Menschheit, sich entwickelnd aus BARBAREI: Im älteren deutschen Sprachgebrauch wird »Zivilisation« auch als »Hochkultur« bezeichnet, hier als inhaltsgleiches Synonym gelegentlich verwendet. Zivilisationen bildeten sich auf der Basis von neolithischer (Ägypten, Sumer) oder bronzezeitlicher (China) agrarischer Produktion am Unterlauf (in China: Mittellauf) großer Ströme (Nil, Euphrat/Tigris, Indus, Hwangho), im Vorderen Orient (Südmesopotamien und Ägypten, **ca. 3100 v. Chr.**), gefolgt von der INDUSKULTUR (ca. 2600 v. Chr.), Minoern auf Kreta (3. Jt.) und China (1523 v. Chr.). Später entwickelten sich, isoliert und eigenständig, aber mit vergleichbaren Strukturen, Hochkulturen in Südindien und Alt-Amerika der MAYA, AZTEKEN (Mexiko) und INKA (Peru).

Materielle Grundlage war der intensivere Ackerbau, der einen Überschuss an Nahrungsmitteln und damit Arbeitskräfte und Arbeitszeit frei machte. In Städten konzentrierten sich Menschen und ökonomisches Potenzial. Auswirkungen waren die Ausbildung von Macht in STADTSTAATEN und Imperien (GROSSREICHEN), SCHRIFTlichkeit und Wissenschaft, KRIEG und SKLAVEREI. Zivilisationen lieferten die kulturellen

Grundprägungen der Weltgeschichte bis in die Moderne. 99 % aller bekannten Vergangenheit (= Geschichte) beziehen sich auf die Zivilisation(en) und ihre Ausbreitung.

Literatur: A. C. Renfrew: The Emergence of Civilization, the Cyclades and the Aegean in the Third Millenium BC. London 1972; C. L. Redman: The Rise of Civilization. From Early Farmers to Urban Society in the Ancient Near East. San Francico 1978; H. Fischer: Die Geburt der Hochkultur in Ägypten und Mesopotamien. Berlin 1981; D. N. Keightley (Hg.): The Origins of Chinese Civilization. Berkeley 1983; C. K. Maisels: The Emergence of Civilization. From Hunting and Gathering to Agriculture, Cities, and the State in the Near East. London 1990.

Bronze

KUPFER-Zinn-Legierung (heute: mit mindestens 60 % Kupfer-Anteil): Bronze, leichter schmelzbar, aber härter als Kupfer, zuerst benutzt im Vorderen Orient (**ca. 3000 v. Chr.**), wurde namensgebend für die Bronzezeit (z. B. in Mitteleuropa nach 2000 v. Chr.). Seitdem erhielten Kupfervorkommen neben Zinn (z. B. Cornwall, Bretagne, Spanien) große Bedeutung. Bronze wurde abgelöst durch EISEN, seitdem oft nur noch für Schmuckgegenstände benutzt, später auch für Glocken und Kanonen.

Literatur: K. O. Henseling: Bronze, Eisen, Stahl. Bedeutung der Metalle in der Geschichte. Reinbek 1981; P. C. Bohl: Antike Bronzetechnik. München 1985.

Städtebund

Lockerer Zusammenschluss unabhängiger STADTSTAATEN mit Tendenz zur HEGEMONIE einer Stadt, oft durch Nennung einer meist kanonischen Zahl (Fünf-, Zehn-, Zwölfstädtebund) näher bezeichnet, häufig identisch mit Kultgemeinschaften (AMPHIKTYONIE): Älteste bekannte Kultgemeinschaft war ein lockerer Städtebund in Sumer mit einem gemeinsamen religiösen Zentrum in Nippur (**ca. 3000 v. Chr.**). Bedeutende Städtebünde waren (möglicherweise) Städte der INDUSKULTUR, der Fünfstädtebund (Pentapolis) der PHILISTER in Palästina bzw. der ETRUSKER, Zwölfstädtebund der (griechischen) ionischen Städte an der Westküste Kleinasiens, DELISCH-ATTISCHER SEEBUND und LATINISCHER BUND, im europäischen Mittelalter LOMBARDENbund und HANSE.

Städtebünde hatten meist erhebliche ökonomische, kulturelle, politische Bedeutung: Der Delisch-attische Seebund war institutionelle Basis für die Seeherrschaft (THALASSOKRATIE) Athens, der Latinische Bund für die Reichsbildung Roms. Zu unterscheiden sind Wehrbünde (Symmachien) in Alt-Griechenland, eher regionalen Charakters, z. B. PELOPONNESISCHER BUND, Thessalischer Bund, ACHÄISCHER BUND.

Amphiktyonie

(von griech.: amphiktyones = Umwohner) Kultgemeinschaft mehrerer Stämme oder Städte mit gemeinsamem Heiligtum: Amphiktyonie markiert die lockerste Zusammengehörigkeit unabhängiger Einheiten. Sie geht auf Kultgemeinschaften griechischer POLEIS zurück, der Sache nach handelt es sich um eine ältere universale Organisationsform. Älteste bekannte Amphiktyonie sind die sumerischen Städte mit Zentrum

Nippur (**ca. 3000 v. Chr.**). Stilprägend im griechischen Mutterland war die pyläisch-delphische Amphiktyonie (auch: von Anthela) von zwölf Stämmen, mit zwei Heiligtümern – der Demeter in den Thermopylen, des Apollon in Delphi. Eine andere Amphiktyonie mit Heiligtum des Apollon bestand auf Delos. Amphiktyonien in Griechenland hatten komplexe Strukturen (Bundesversammlung).

Beispiel für eine Amphiktyonie mit zunächst mobilem Heiligtum ist die Kultgemeinschaft der zwölf Stämme der HEBRÄER mit tragbarer BUNDESLADE, von der Wüstenwanderung nach dem EXODUS aus Ägypten (ca. 1280 v. Chr.) bis zur stationären Aufstellung im TEMPEL IN JERUSALEM des Salomon (ca. 953 v. Chr.). Eine Amphiktyonie konnte erster Schritt zur späteren politischen Zusammenfassung sein (Hebräer/Israeliten). Beispiele aus der griechischen und römischen Geschichte zeigen, dass Amphiktyonien oft in einem STÄDTEBUND enthalten waren.

Literatur: H. Bürgel: Die pylaeisch-delphische Amphiktyonie. München 1877; K. Tausend: Amphiktyonie und Symmachie. Formen zwischenstaatlicher Beziehungen im archaischen Griechenland. Stuttgart 1992.

Kalender

(lat.: kalendae = 1. Tag des Monats) Periodisches Schema des Jahres: Kalender kamen zuerst in Mesopotamien und Ägypten (vor **3000 v. Chr.**) auf, um die für den Bewässerungslandbau wichtigen Überschwemmungsperioden zuverlässig vorhersagen zu können: Der Orientierung dienten Mondphasen (Monate), religiöse Feste, in Ägypten periodische Färbungen des Nils (drei Jahreszeiten). Die unterschiedliche Länge von Sonnen- und Mondjahr erforderte Schalttage, um Kalender und Sonnenlauf zu synchronisieren. Inspiriert von Ägypten, reformierte Caesar den römischen Kalender, da sich ein Fehlbetrag von 90 Tagen angesammelt hatte (JULIANISCHER KALENDER, 46 v. Chr.). Grundlage des modernen Kalenders ist der GREGORIANISCHE KALENDER (1582). [M. S.]

Keilschrift

SCHRIFTsystem im alten Mesopotamien, entwickelt aus der Bilderschrift der SUMERER (**ca. 3000 v. Chr.**) durch Kombination von PIKTOGRAMMEN und deren spätere Abstrahierung: Benannt ist die Schrift nach dem keilförmigen Eindruck schräg gehaltener Rohrgriffel im weichen Ton von Schreibtafeln, die später luftgetrocknet und/oder gebrannt wurden. Später wurde Keilschrift auch in Stein gemeißelt (z. B. CODEX HAMMURABI). Aus ursprünglich ca. 2000 Piktogrammen wurden ca. 500 Zeichen. Keilschrift war die gängige Schrift in Mesopotamien, samt benachbarten Gebieten (z. B. Elam, Persien, Kleinasien, Syrien) und wurde dort auch für andere Sprachen benutzt (z. B. Hethitisch). Ursprünglich von oben nach unten in waagerechten Kolumnen geschrieben (vor 2000 v. Chr.), wurden Schrift und Schreibachse später um 90 Grad gedreht, mit waagerechten Zeilen und senkrechten Kolumnen. Nordsyrien brachte die erste Alphabetschrift hervor, später das Keilschriftalphabet von Ugarit (ca. 1300 v. Chr.). Zuletzt wurde die

Keilschrift nur noch in astronomischen Texten benutzt (bis 70 n. Chr.), danach vergessen. Die Entzifferung gelang seit Georg Friedrich Grotefend (* 1755, † 1853) anhand persischer Keilinschriften (1802). Wichtige Funde sind die BIBLIOTHEK des Aššurbanipal in Ninive, die Briefe des Archivs in Tell-el-Amarna (Ägypten) und das Mari-Archiv.

Literatur: I. E. Gelb: A Study of Writing. Chicago 1963; K. Oberhuber (Hg.): Die Keilschrift. Berlin [3]1967; K. Jaritz: Schriftarchäologie der altmesopotamischen Kultur. Graz 1967; M. Pope: Die Rätsel alter Schriften. Hieroglyphen, Keilschrift. Linear B. Bergisch Gladbach 1979; J. Wiesehöfer: Die Entzifferung der Keilschrift. Hagen 1987.

Randkultur

Begriff aus der Alten Geschichte, bezeichnete ursprünglich nur die Peripherie der klassischen Zentren Griechenland und Rom: Randkulturen entstehen stets als zuerst barbarische Peripherie von Macht- und ZIVILISATIONSzentren, vom Zentrum beeinflusst durch KRIEG, Eroberung, FERNHANDEL: Nubien übernahm ägyptische Einflüsse vom ALTEN REICH (ab **3000 v. Chr.**) Akkad am Nordrand Südmesopotamiens (Sumer) wurde erstes hegemoniales Zentrum (2350). Aššur und Babylon stiegen als neue nördliche Peripherien erstmals zu imperialer Größe auf (um 1800). Die Levante erhielt, vorwiegend durch Fernhandel, Impulse gleich von zwei Seiten, als doppelte Randkultur Ägyptens und Mesopotamiens, und wurde ihrerseits Handelsdrehscheibe (Ugarit, Byblos, Phöniker). Griechenland, später Rom begannen als Randkulturen des Alten Orients, wurden seit Alexander dem Großen selbst Machtzentren (ab 334). Gallien, Germanien, Spanien und Britannien wurden durch Eroberung und Fernhandel zu Randkulturen Roms. Entsprechend wird die Kategorie Randkultur auch auf andere expandierende Zivilisationszentren übertragbar. [M. S.]

Frühdynastische Zeit

Periode der mesopotamischen Geschichte (**ca. 2900**–2350 v. Chr.): Aus dem Siedlungssystem der URUK-ZEIT ging in Südmesopotamien (Sumer), wohl durch Veränderungen im Wasserhaushalt der Region, allmählich ein polyzentrisches Stadtstaatensystem hervor (seit ca. 3100), mit Uruk, Ur, Eridu, Lagaš, Umma, Adab, Šuruppak, Nippur, Kiš und Ešnunna als um Land und Ressourcen konkurrierende Zentren. Bevölkerungswachstum wirkte konfliktverschärfend: Städte erhielten Befestigungen (Gilgameš) und eine PHALANX als BürgerMILIZ. Zur äußeren Rivalität traten innere Konflikte: Das theokratische Monopol des TEMPELS löste sich auf, mit dem PALAST trat ein konkurrierendes Herrschaftszentrum hinzu, mit nun stärker personalisiertem Königtum. Machtusurpation des Palasts provozierte Reaktionen des Tempels: Reformtexte des Urukagina stellten das MONOPOL des Tempels in Lagaš vorübergehend wieder her (um 2355). In der Schlusskrise der frühdynastischen Zeit mündeten fortgesetzte Konflikte in erste Versuche zur HEGEMONIEbildung: Lugalzaggesi von Uruk unterwarf fast ganz Südmesopotamien (vor 2350), bereitete so die Expansion Akkads vor (ab 2350). [M. S.]

Lugal

(sumer.: lu-gal = großer Mann) Mesopotamischer Machthaber, genaue Funktion unklar: Ungefähr analog zum ENSI in Lagaš bzw. EN in Uruk war »Lugal« in FRÜHDYNASTISCHER ZEIT (seit **ca. 2700 v. Chr.**) Titel der Stadtherrscher (Könige) von Ur und Kiš, aber mit stärker weltlicher Prägung. Der Lugal residierte im e-gal (sumer.: »großes Haus« = PALAST) und verkörperte erstmals historisch fassbar die Trennung von TEMPEL und Palast. [M. S.]

Ensi

Sumerischer Stadtfürst: Nach dem ersten Auseinandertreten von geistlicher und weltlicher Gewalt blieb der Ensi Vertreter der politischen Macht. Gilgameš war Ensi in Uruk (**ca. 2675 v. Chr.**), Lugalzaggesi in Umma (2350–2340). Lugalzaggesi bildete eine Koalition mit dem ADEL gegen den TEMPEL und dessen KLIENTEL in Lagaš, in Konflikt mit dem Usurpator Urukagina.

Dynastie

(zu griech.: »dynast« = der Mächtige, der Herrscher) Herrscherhaus (KAISER, König, Fürst, HOCHADEL), oft mit Vererbung der KRONE an den ältesten Sohn oder nächsten Verwandten, früher oft dem Anspruch, göttlichen Ursprungs zu sein: Niederlagen oder Herrscherwechsel provozierten oft blutige Kämpfe um die Nachfolge innerhalb einer Dynastie, die weit verzweigt sein konnte (z. B. durch Polygamie). Der Übergang von einer Dynastie zur andern war in der Regel mit inneren Konflikten (Thronwirren, Bürgerkrieg) verbunden, in GROSSREICHEN wie kleineren Monarchien. Dynastien bieten oft bequeme Anhaltspunkte zur Periodisierung der Geschichte von Monarchien – z. B. in Alt-Ägypten 1.–26. Dynastie: ALTES REICH (3.–6. Dynastie, **2630**–2134 v. Chr.), in China. Eine Liste von Dynastien findet sich im Sachregister von Bd. 1 (»Daten«).

Altes Reich

Nach der Reichseinigung (ca. 3100 v. Chr.) und der Konsolidierung in der Frühzeit (1.–2. Dynastie) erste Phase quasi-imperialer Macht in Alt-Ägypten (3.–6. Dynastie, **2630**–2134 v. Chr.): Das Alte Reich umfasste das Nildelta bis zum 1. Katarakt (Unterägypten, Hauptstadt Memphis) und das Niltal (Oberägypten), weitgehend von der Umwelt isoliert, mit beschränktem Außenhandel. Wichtigste materielle Hinterlassenschaft sind die großen PYRAMIDEN. Die Baukosten leiteten die innere Erschöpfung ein, zuerst ökonomisch. Zuletzt wurde die (theoretisch) absolute Gewalt des Königs durch den WESIR und die Vererblichung von Beamtenstellen (Feudalisierung) in Frage gestellt, schon unter König Pepi II. (ca. 2240–ca. 2152 v. Chr.). Nach ihm lösten sich Pharaonen in rascher Folge ab: 17 Herrscher in weniger als 20 Jahren.

Der Untergang kam in Bürgerkriegen, mit Kollaps der zentralen BÜROKRATIE und Einfällen von Wüstenstämmen: Ägypten zerfiel wieder in Unterägypten und Oberägypten, die GAUFÜRSTEN erlangten AUTONOMIE. Das Alte Reich mündete in die 1. ZWISCHENZEIT (2134–2040).

Literatur: W. St. Smith: The Old Kingdom in Egypt and the Beginning of the First Intermediate Periode, in: CAH, Bd. I. London 1962, S. 145–207; H. Goedicke: Die Stellung des Königs im Alten Reich. Wiesbaden 1960; ders.: Königliche Dokumente aus dem Alten Reich. Wiesbaden 1967; J. Assmann: Ägypten. Eine Sinngeschichte. München 1996.

Pyramide ▪

Monumentalgrab altägyptischer Könige, im ALTEN REICH aus Stein, im MITTLEREN REICH aus Ziegeln, mit Totentempeln: Die Pyramide des Alten Reichs entwickelte sich aus der Mastaba (in die Erde gemauerte Grabkammer), mit der Stufenpyramide von Sakkara des Djoser (Beginn der 3. Dynastie, **ca. 2630 v. Chr.**) als Vorform. Am bekanntesten sind die drei großen Pyramiden von Gizeh (Snofru-, Cheops- und Chephren-Pyramide, mit Sphinx, 26. Jh. v. Chr.) bei Kairo, auf dem westlichen Nilufer, am Rande der Wüste. Die Arbeiten führten zwangsrekrutierte Bauern (nicht SKLAVEN) in Jahreszeiten ohne Feldarbeit (Trocken- und Überschwemmungszeit) unter Anleitung von Facharbeitern aus. Die enormen Kosten waren langfristig ein Grund für das Scheitern des Alten Reichs. Spätere Pyramiden im Mittleren Reich (bis zur 13. Dynastie) waren erheblich kleiner. Die Tradition der Pyramiden setzte sich weiter nilaufwärts mit kleineren Pyramiden fort, vor allem von der 22. (Nubischen/Kuschitischen/Äthiopischen) Dynastie, im antiken Nubien-Napata (ca. 700 v. Chr.), Meroë, (ca. 530 v. Chr.–350 n. Chr.) und Aksum. Unabhängig davon gab es Pyramiden in Südostasien (Kambodscha) und im präcolumbischen Mittelamerika. Die Pyramiden von Gizeh, eines der Sieben Weltwunder des Altertums, wurden seit der Antike immer wieder von Reisenden besucht (u. a. Herodot). Bei den Pyramiden besiegte Bonaparte die MAMLUKEN (»Soldaten! Vierzig Jahrhunderte blicken auf euch herab!«, 1798). Heute sind die Pyramiden ein Ziel des organisierten Massentourismus.

Literatur: I. E. St. Edwards: Die ägyptischen Pyramiden. Wiesbaden 1967; J. Weeks: The Pyramids. London 1971; K. Michalowski: Pyramiden und Mastabas. Wien 1973; G. R. Willey: The Art and Architecture of Ancient America. 2 Bde., Englewood Cliffs (N. J.) 1966/71; J.–P. Lauer: Le mystère des pyramides. Paris 1974; K. Mendelsohn: The Riddle of the Pyramides. London 1974; R. Stadelmann: Die Ägyptischen Pyramiden. Vom Ziegelbau zum Weltwunder. Darmstadt ²1991; M. Verner: Die Pyramiden. Reinbek 1998.

Induskultur ▪

(Harappakultur) Frühe HOCHKULTUR im westlichen Indien (**ca. 2600**–ca. 1400 v. Chr.): Bedeutende Städte waren Mohenjo-Daro am Unterlauf, Harappa am Mittellauf des Indus. Das Industal stand (vermutlich) unter kulturellem Einfluss Südmesopotamiens (Sumer) durch FERNHANDEL über den Persischen Golf. Grundlage der Induskultur war agrarische Produktion, mit BAUMWOLLE. Die Induskultur brachte eine eigene, bislang nicht entzifferte SCHRIFT hervor. Die Städte wurden von einwandernden ARIERN zerstört (ca. 1400), waren aber vorher schon geschwächt durch innere Konflikte und ökologische Katastrophen (Fluten, verursacht durch Abholzen der Wälder am Oberlauf des Indus). Ausgrabungen finden seit 1921 statt.

Literatur: H. Mode: Das frühe Indien. Stuttgart 1959. Nachdruck Berlin u. a. 1963; S. Piggot: Prehistoric India to 1000 BC. London 1962; M. Wheeler: The Indus Civilisation. Cambridge ^{3}1968; W. A. Fairsservis: The Roots of Ancient India. Chicago 1975; B. und R. Allchin: The Rise of Civilization in India. Cambridge 1982; B. B. Lal/S. P. Gupta (Hg.): Frontiers of the Indus Civilization. New Delhi 1984; J. M. Kenoyer: The Ancient World of the Indus Valley. Karachi 1998.

Baumwolle

Textilrohstoff aus der Baumwollpflanze: Die Wildform gedieh in tropischen und subtropischen Gebieten der Alten und Neuen Welt, sie wurde zuerst in der INDUSKULTUR angebaut (ab **ca. 2600 v. Chr.**) und verarbeitet. In Indien besteht die längste Tradition der feinsten Baumwollstoffe: Anbau der Baumwolle wurde unter Sanherib (705–681) in Assyrien eingeführt, von Plinius für Oberägypten dokumentiert (ca. 70 n. Chr.). Araber brachten sie aus Persien in den Westen, über Nordafrika, Sizilien, Südspanien (8.–10. Jh.). Weiter nördlich in Europa wurden Baumwollstoffe durch die KREUZZÜGE bekannt, von Indien aus in China (11.–13. Jh.).

Unabhängig aus der einheimischen Wildform auch im INKAREICH gewonnen (15. Jh.), wurde Baumwolle nach der ENTDECKUNG AMERIKAS (1492) von weißen Siedlern auf Plantagen angebaut, zunächst in der Karibik, bald mit SKLAVEN aus Afrika für die Feldarbeit. Seit der Eroberung Indiens (ab 1757) wurde England führend (seit 1772), die Verarbeitung auf maschinelle Basis umgestellt: Lancashire mit Manchester wurde neues Zentrum. Neben der älteren Wollindustrie war die Baumwollverarbeitung Hauptantriebskraft der INDUSTRIELLEN REVOLUTION. Seit Erfindung der Baumwollentkernungsmaschine (»cotton gin«) in den USA (1794) breitete sich der Anbau von Baumwolle in den Südstaaten der USA bis Texas aus, mit gravierenden Folgen – »King Cotton« (Dominanz der Baumwollinteressen im Süden der USA) und die Plantagensklaverei verschärften Spannungen in den USA bis zum SEZESSIONSKRIEG (1861–1865). Baumwollexporte aus den USA für die britische Textilindustrie gingen drastisch zurück. Als Kompensation für die US-amerikanische Baumwolle weiteten die Briten Anbauflächen in Ägypten aus (nach 1861). Schwere Schäden traten durch den Baumwollkapselkäfer in den Südstaaten der USA ein (1915): Sie waren ein Grund für massive Binnenwanderung von Afro-Amerikanern aus dem Süden in die Industriestädte des Nordens (»The Great Migration«, mit Ghetto-Bildung im Norden) im ERSTEN WELTKRIEG (1914–1918). Die Monokultur Baumwolle laugte die Schwarzerdeböden im Süden massiv aus, in den 1930er-Jahren führten Dürren zur Katastrophe der Dustbowls: In riesigen Staubwolken wurde die fruchtbare Krume abgetragen, zurück blieben die »Badlands«. Die Baumwollernte ist heute teilweise (so in den USA) mechanisiert. Baumwollsaat dient jetzt auch zur Pflanzenölgewinnung.

Wichtigste Baumwollanbauländer sind heute, neben den USA: Usbekistan (mit verheerenden Umweltschäden, durch Chemisierung, Umleitung des Wassers zur künstlichen Bewässerung, Versalzung der Böden), China, Indien, Brasilien, Mexiko, Ägypten, Pakistan, Türkei, Sudan, Iran. Baumwolltextilindustrie, heute oft mit Mischfasern, ist in vielen Ländern verbreitet, in den Ländern der Dritten Welt oft noch immer (wie zu Beginn der Industriellen Revolution) erste eigenständige Industrie. Eine Baumwollbörse gibt es in Bremen (seit 1872).

Literatur: L. Reinhardt: Kulturgeschichte der Nutzpflanzen. 2 Bde., München 1911; G. W. Dimbleby (Hg.). The Domestication and Exploitation of Plants and Animals. London 1969; A. Bohnsack: Spinnen und Weben. Entwicklung von Technik und Arbeit im Textilgewerbe. Reinbek 1981.

Akkader ▪

Erste historisch fassbare semitischsprachige Ethnie in Mesopotamien (ab **ca. 2600 v. Chr.**): Der Akkaderkönig Sargon I. (2340–2284) fasste Südmesopotamien (Sumer) durch Eroberung zusammen: Südwärts expandierend eroberten die Akkader auch die Städte Südmesopotamiens und gründeten das erste GROSSREICH Akkad, benannt nach der gleichnamigen Hauptstadt, deren genaue Lage unbekannt ist. Wie viele Eroberer assimilierten sie sich kulturell rasch an die SUMERER, aber ihre Sprache (samt eigenständiger Literatur) hielt sich, auch nach dem Sturz des Akkad-Reichs durch die GUTÄER (2198 v. Chr.). Babylonisch und Assyrisch sind die zwei Hauptdialekte. Akkadisch war im Alten Vorderen Orient internationale Verkehrssprache (bis ins 2. Jt. v. Chr.), wie die Korrespondenz der Tell-el-Amarna-Briefe zeigt, als Umgangssprache in Mesopotamien abgelöst vom Aramäischen (ca. 1000).

Literatur: S. N. Kraus: Südmesopotamiener und Akkader. Amsterdam 1970; M. Liverani: Akkad. The First World Empire. Padua 1993.

Semiten ▪

Angehörige einer Sprachenfamilie in Vorderasien, lange Zeit überwiegend als Nomaden (arab.: »BEDUINEN«), benannt nach Sem, einem Sohn Noahs im Alten Testament (1. Buch Moses): Zum Semitischen gehören heute nur noch Arabisch und Hebräisch/Neuhebräisch. Semiten kamen ursprünglich als Nomaden von der Arabischen Halbinsel, die sie, im Zuge ihrer zunehmenden Austrocknung verließen, in kleinen Gruppen oder größeren Auswanderungswellen – AKKADER (**ca. 2600 v. Chr.**), AMORITER (ca. 2000), ARAMÄER (ca. 1200), NABATÄER (ca. 300) sowie Araber, nach dem irreparablen Bruch des Dammes von Marib (ca. 570 n. Chr.) und mit ihrer Expansion nach dem Tod Mohammeds (632). Alle gingen, spätestens mit Eindringen in schon zivilisiertes Kulturland mit Städten, teilweise zur Sesshaftigkeit und Urbanisierung über, während Stämme in Wüsten und Halbwüsten Nomaden blieben. HEBRÄER/JUDEN formierten sich vermutlich aus fluktuierenden renonamdisierten Randgruppen der Habiru (Chabiru) zu einem neuen Volk, mit dem MONOTHEISMUS als eigener Religion, scharf abgetrennt von ihrer Umwelt (»goim« = Heiden) in einer Sonderentwicklung.

Der an sich neutrale Sammelbegriff der »Semiten« erhielt eine pejorativ-ideologische Zuspitzung durch den ANTISEMITISMUS, der »Semiten« nur auf JUDEN verengte, in einem aggressiven, mit »HOLOCAUST«/»ENDLÖSUNG« tödlichen Sinn, mit genozidalen Folgen im ZWEITEN WELTKRIEG.

Beduinen

(arab.: badw = »Wüstenbewohner«) Nomaden im arabisch geprägten Raum des Vorderen Orients – AKKADER (ab **ca. 2600 v. Chr.**), AMORITER, ARAMÄER, Araber: Meist Hirten (am prestigereichsten: Kamelhirten, gefolgt von Schafs- und Ziegenhirten), die in großen Stämmen organisiert waren/sind und häufig über die Landnutzung in Konflikt mit der sesshaften Umwelt gerieten. Mit den Staatsgründungen nach beiden Weltkriegen wurden sie in ihrer Bewegungsfreiheit vielfach eingeschränkt. Noch in der heutigen arabischen Welt schwankt die Bewertung zwischen Verachtung für rohe und ungebildete Stammeskrieger aus der Wüste und Romantisierung der »stolzen Wüstensöhne«, die Reiche stürzten und gründeten.

Literatur: M. Oppenheimer: Die Beduinen. 4 Bde., Wiesbaden 1939–1968; L. Stein: Beduinen. Leipzig 1968; R. Cribb: Nomads in Archaeology. Cambridge 1991.

Rê

(auch: Ra) Sonnengott, oberster ägyptischer Gott: Von Heliopolis aus setzte sich der Rê-Kult des obersten Reichsgottes im ALTEN REICH seit der 5. DYNASTIE (**ca. 2465 v. Chr.**) durch. Die Gottfigur verschmolz im MITTLEREN REICH in der Hauptstadt Theben mit AMUN zu Amun-Rê, dem der Reichstempel in Karnak (Luxor) geweiht war. Als Reichsgottheit wurde der Amun-Rê-Kult vorübergehend gestürzt von Amenophis IV./Echnaton (1347–1374), der einen monotheistischen Kult um den Sonnengott ATON pflegte. Die unverzügliche RESTAURATION erfolgte nach Echnatons Tod.

Literatur: H. Brunner: Altägyptische Religion. Grundzüge. Darmstadt ^{3}1989.

Klientel

(zu lat.: clientes = Gehorchende, sich Anlehnende) Von Adelsgeschlechtern Abhängige: Im frühen Rom waren PLEBEJER von PATRIZIERN abhängig. Später entwickelten sich Schutzverhältnisse zwischen Angehörigen der senatorischen Oberschicht und Plebejern, die wichtig im Gerichtswesen und für die Organisation politischer Anhängerschaften waren. Klienten waren ihrem Patron zu Leistungen und militärischer Gefolgschaft verpflichtet. Eine ähnliche soziale Gliederung bestand schon in der FRÜHDYNASTISCHEN ZEIT Südmesopotamiens, fassbar im Konflikt zwischen TEMPEL/Klientel und PALAST/ADEL in Lagaš, der zu den sog. Sozialreformen des Usurpators Urukagina (**2355 v. Chr.**) Anlass gab.

Als soziales Nahverhältnis durchzog das Klientelwesen zahlreiche agrarische Gesellschaften mit grundbesitzendem Adel und »patriarchalischen« Verhältnissen. In Rom wurde die Klientel seit den STÄNDEKÄMPFEN überlagert, aber nie ganz zurückgedrängt vom rechtlich abgesicherten freien Bürger. Vergleichbar ist die Abhängigkeit vom Stammesadel bei den GERMANEN in der Institution der Gefolgschaft, auch bei Inselbriten (Iren) und Schotten des Hochlands in der alten CLAN-Struktur. In der Spätantike erfolgte eine Rückbildung vom freien Bürger zum COLONUS als Übergang zum FEUDALISMUS mit neuen Abhängigkeiten.

Klientel umschreibt übertragen auch andere Abhängigkeitsverhältnisse: In der Außenpolitik entsprach der »Klientelstaat« (z. B. Armenien) römischem Klienteldenken. Klientel war gängiges Modell auch in späteren Epochen, heute z. B. Klientel (= Stammwähler) einer Partei.

Literatur: M. Gelzer: Die römische Nobilität, in: ders: Kleine Schriften, Bd. 1. Stuttgart 1962, S. 17ff.; Ch. Meier: Res Publica Amissa. Frankfurt/Main [2]1980, Kap. II.

Palast

(lat.: palatium) Ursprünglich Sitz eines Herrschers: In Südmesopotamien lag der Palast zunächst in einem befestigten burgartigen Bezirk innerhalb der Stadt. Später bezeichnete der Begriff allgemein einen repräsentativen Herrschersitz, noch später auch Residenzen großer ADELSfamilien in Städten. Von besonderer Bedeutung war der große Palast Diokletians an der Adria, der nach der Invasion der SÜDSLAWEN und AWAREN (615) eine ganze mittelalterliche Stadt beherbergte – Split (früher: Spalatum, aus palatium). Für den Alten Orient bezeichnet Palast oft verkürzend die weltliche Macht: Konflikt zwischen TEMPEL/KLIENTEL und Palast (ENSI)/ Adel in Lagaš (**2355 v. Chr.**).

Adel (Aristokratie)

(zu »edel« = vornehm) Führende Schicht in komplexeren agrarischen Gesellschaften: Kennzeichen des Adels sind vererbte PRIVILEGIEN. Er ist durch Grundherrschaft und STEUERfreiheit aus der übrigen Gesellschaft herausgehoben, lebte meist von Abgaben abhängiger Bauern (Naturalien, später Geld) und Erträgen ihrer Arbeitsleistung (Fron-, Spanndienste u. Ä.). In agrarisch fundierten STADTSTAATEN (Mesopotamien, Griechenland, Rom) gab es auch grundbesitzenden Stadtadel. Adel und König oder Fürst lagen oft im Konflikt mit Priestern, zuerst in Lagaš (**2355 v. Chr.**).

Adlige waren ursprünglich Krieger, die Besonderes für ihren Herrscher leisteten, in engem, aber selten spannungsfreiem Verhältnis zum KÖNIGTUM. Oft bestand die Tendenz des Adels, sich kollektiv an die Spitze der Gesellschaft zu setzen (Feudalmonarchie). Je nach historischer Entwicklung ist zwischen Stammes-, Geblüts-, Krieger-, Feudal- und Verdienstadel zu unterscheiden. Tendenzen zur ständischen Abschließung nach unten waren nie total – individuelle Aufnahme Nichtadliger (z. B. wegen militärischer Leistungen für die KRONE), Aufstieg ganzer Gruppen (z. B. der ursprünglich unfreien Ministerialen im Hochmittelalter) blieb möglich.

Nach Eroberungen begann die Assimilierung von Eroberern und Eroberten oft erst durch die Gleichstellung des unterworfenen Adels mit dem erobernden Adel (u. a. durch Connubium = gleichberechtigtes Heiraten, Annahme derselben Religion), gut im von FRANKEN eroberten Gallien zu beobachten: Galloromanische Provinzialaristokratie und fränkischer Kriegeradel bildeten den neuen Feudaladel (auch im alten Burgund, WESTGOTENreich).

Wichtig ist der Unterschied zwischen HOCHADEL (Magnaten, Kronvasallen, Granden) und niederem Adel (GENTRY, RITTER; SAMURAI). Der Adel war oft führend in religiösen Bewegungen, z. B. bei den ALBIGENSERN in der Provence (ca. 1200). Umgekehrt wurden bäuerliche Gesellschaften nach dem Verlust des einheimischen Adels durch Enteignung (ANGELSACHSEN 1066, Böhmen 1623) oder Konvertieren (Übertritt von SERBEN und Bosniern nach der osmanischer Eroberung 1389 zum ISLAM) führerlos.

Geldwirtschaft, Feuerwaffen, stehende Heere, Bürokratisierung, Zentralisierung und moderne Wirtschaftstätigkeit in den großen nationalen Monarchien Westeuropas, vor allem in Frankreich, schwächten den Adel. Das Eindringen von Bürgerlichen auch in den Hochadel (z. B. Fugger, Welser; Medici) und der Aufstieg des sich aus dem Bürgertum rekrutierenden Amts-/Verdienstadels (»noblesse de robe«), im Unterschied zum feudalen Schwertadel (»noblesse d'épée«), bereiteten den Aufstieg des Bürgertums vor, ähnlich auch im sich nach westlichem Vorbild modernisierenden Russland seit Peter dem Großen (1689–1725), wo besonders oft bürgerliche Ausländer geadelt wurden.

Vor allem in Vorstufen zur INDUSTRIELLEN REVOLUTION, besonders in Großbritannien, lockerten sich die Grenzen zwischen Adel und Bürgertum, u. a. durch Primogenitur (Erstgeborenenrecht: nur der älteste Sohn erbt Titel und Besitz) und verstärkte ökonomische Expansion: Die Symbiose von Gentry und Bürgertum war Hauptstütze der ENGLISCHEN REVOLUTION (1640–1660, 1688/89), später der Industrialisierung. Dagegen erstarrte der Adel auf dem Kontinent weitgehend, vor allem im ANCIEN RÉGIME (bis 1789), wurde durch Festhalten an PRIVILEGIEN funktionslos bis parasitär, bis zum Sturz in der FRANZÖSISCHEN REVOLUTION (1789–1799). In der Industrialisierung verlor der Adel seine ökonomische Basis durch Rückgang des Anteils der agrarischen Produktion am Bruttosozialprodukt, verschärft durch ausländische Getreideeinfuhren (z. B. in Preußen-Deutschland nach 1875) und zunehmendes Gewicht des Wirtschaftsbürgertums als »Geldadel«. Der Niedergang verstärkte sich seit dem ERSTEN WELTKRIEG, auch in bis 1917/18 monarchischen Staaten.

Literatur: H. v. Bülow: Geschichte des Adels, Berlin 1903; R. Vierhaus (Hg.): Der Adel vor der Revolution. Göttingen 1971; R. Endres: Adel in der frühen Neuzeit. München 1993.

Großreich

Über den Siedlungsbereich eines Volkes hinaus großräumige Machtstruktur, später auch als »Imperium« bezeichnet: Großreiche entstanden überwiegend durch erobernde Expansion. Manche nannten sich im eigenen Selbstverständnis übertreibend »Weltreich«, mit Anspruch auf »Weltherrschaft« über die ihnen damals bekannte Welt. Faktisch übten sie (regionale) HEGEMONIE aus – vom Alten Orient (Akkad, **2340 v. Chr.**, Ägypten, ASSYRIEN, HETHITER, Babylon, Perserreich) über die Antike (ALEXANDERREICH, SELEUKIDENREICH, Rom, PARTHER, SASSANIDEN), das Mittelalter (Byzanz, KALIFAT, FRANKENREICH, KIEWER RUS, REICH DER DEUTSCHEN, OSMANISCHES REICH) bis zu den europäischen Kolonialreichen der Neuzeit. Parallel dazu gab es Großreiche in Asien – z. B. China, wechselnde Großreiche in Indien, Reiche der ALMORAWIDEN und ALMOHADEN, in Westafrika (GHANA-, MALI-, SONGHAI-REICH). Das MONGOLENREICH unter Dschingis Khan war das territorial größte Weltreich.

Großreiche waren seit dem Assyrerreich oft idealtypisch in dreifach gestufter Herrschaftsausübung organisiert: in den »nationalen« Kern des Reichsvolks (Assyrer, Perser, Makedonier/Griechen, Mongolen, Chinesen, Türken, Russen), in jenseits unmittelbar angrenzende Gebiete unter direkter Herrschaft als PROVINZEN und in weiter entfernt liegende Bereiche unter indirekter Herrschaft mit innerer AUTONOMIE, meist als VASALLENstaaten. Manche Großreiche kannten nur TRIBUTSoberherrschaft (HUNNEN unter Attila, westafrikanische Reiche, GOLDENE HORDE).

Ihre Lebensdauer konnte von wenigen Jahren unter nur einem Herrscher (Alexander der Große, 330–323 v. Chr.; Napoleon I. 1804–1814/15; Hitler 1938–1945) und einigen Jahrzehnte unter einer kurzlebigen DYNASTIE (Mongolenreich) bis zu mehreren Jahrhunderten mit einer Dynastie (Osmanisches Reich, wechselnde Machtperioden des imperialen China unter seinen großen Dynastien) oder mit mehreren Dynastien (Rom, Byzanz) reichen. Die meisten Herrscher hatten einen über den König hinausreichenden kaiserähnlichen Prestigetitel (König der vier Weltgegenden; GROSSKÖNIG, KAISER; König der Könige, Schah-in-Schah, Negus Negusti, KALIF, GROSSKHAN, TENNO).

Auch bei Eroberung bestehender Großreiche durch andere Eroberer gab es oft zeitlich weiträumige Kontinuitäten: strukturell durch zentralisierte BÜROKRATIE (im mediterran-europäischen Bereich, wenn auch mannigfach modifiziert und mit häufigen Unterbrechungen, vom alten Assyrien bis zur Moderne, ähnlich auf dem Gebiet des Militärischen), ideologisch mit Anspruch auf Nachfolge gestürzter Herrscher (z. B. Alexander gegenüber den ACHÄMENIDEN) oder RESTAURATION untergegangener Reiche (die Sassaniden bezogen sich auf das altpersische Reich der Achämeniden; das KAROLINGERreich und das mittelalterliche Reich der Deutschen auf das Römische Reich, das 2. DEUTSCHE KAISERREICH (1871–1918) sah sich in der Nachfolge des Alten Reichs (962–1806). Oft beanspruchten restaurierte Großreiche die alleinig legitime Nachfolge eines Teilreichs gegenüber Nachfolgestaaten auf dem Territorium des früheren Gesamtreichs (z. B. Byzanz gegenüber dem Karolingerreich/ römisch-deutschen Reich, das Sassanidenreich gegenüber Rom und dem KUSHANREICH).

Typisch für Großreiche ist die straffe Zentralisierung (BÜROKRATIE, STEUEReintreiber, Armee, Organisierung des FERNHANDELS). Ihr Untergang erklärt sich aus dem Zusammentreffen äußerer und innerer

Faktoren – ökonomische Erschöpfung durch ständige Kriege und/oder kostspielige Großbauten (z. B. PYRAMIDEN, Kaiserkanal), Ende der Expansion, militärische Niederlagen, Feudalisierung, Bürgerkriege, Aufstände unterworfener fremder Völker und/oder Unterschichten gegen das herrschende »Reichsvolk«, Eroberung von außen; Aussterben der Herrscherdynastie. Schwere Krisen und Konflikte folgten regelmäßig dem Zerfall von Großreichen in Nachfolgestaaten: Alexanderreich, (West-)Römisches Reich in der Antike, in der Neuzeit die DOPPELMONARCHIE ÖSTERREICH-UNGARN, Osmanisches Reich vor und im ERSTEN WELTKRIEG, westliche Kolonialreiche nach dem ZWEITEN WELTKRIEG (DEKOLONISATION), UdSSR im Großen, Jugoslawien, Äthiopien im Kleinen. Sie lassen sich als Nachfolgekonflikte in und zwischen postimperialen, postkolonialen, postkommunistischen Nachfolgestaaten verstehen: Klassischer Präzedenzfall waren das Alexanderreich samt DIADOCHENreichen. Die Errichtung eines deutschen Großreichs scheiterte im Zweiten Weltkrieg. Nach 1945 entstanden Supermächte mit Strukturen von Großreichen – USA vergleichbar mit dem antike Athen und ATTISCHEN SEEBUND (478–404 v. Chr.) als moderne THALASSOKRATIE globalen Ausmaßes, die UdSSR als kontinentales Großreich mit typischen Aufstandsbewegungen bzw. Interventionen: VIETNAMKRIEG; AUFSTAND DES 17. JUNI in der DDR (1953), UNGARNAUFSTAND (1956), MILITÄRINTERVENTION DES WARSCHAUER PAKTS IN DER ČSSR (1968), AFGHANISTANKRIEG (1979 ff.), POLENKRISE (1980 ff.) bis hin zum ZUSAMMENBRUCH DES KOMMUNISMUS (1991).

Literatur: H. Schreiber (Hg.): Weltreiche. 6 Bde., Braunschweig 1980–1981; P. Kennedy: Aufstieg und Fall der Großen Mächte. Frankfurt/Main 1989.

Zeder

Kiefernart in Gebirgsgegenden des Mittelmeerraums, aus der Bibel berühmt die »Zeder des Libanon«: Das Libanongebirge (»Zedernwald«) wurde erstmals von Sargon I. (**2340**–2284 v. Chr.) erobert. Händler der phönikischen Küstenstädten, vor allem aus Byblos, exportierten Zedernholz nach Ägypten (ägyptische »Byblosfahrer«). Von großer Bedeutung war die Zeder als prestigeträchtiges Bauholz (Schiffe, Salomons TEMPEL IN JERUSALEM ca. 953 v. Chr.), auch für aromatische Balsame in Kosmetik und Medizin. Öl und Harz dienten zum Einbalsamieren und Imprägnieren von Schriftrollen. Übernutzung und großflächiger Kahlschlag im Nahen Osten und auf vielen griechischen Inseln hatte massiven Vegetationsverlust und Verwüstung weiter Landschaften zur Folge.

Literatur: A. L. Moldenke: Plants of the Bible. Walthan (Mass.) 1952; R. Meiggs: Trees and Timber in the Ancient Mediterranean World. Oxford 1982.

Vergöttlichung (Apotheose)

Verehrung eines Herrschers als Gott, vor oder nach seinem Tod: Apotheose war Bestandteil altorientalischer Herrschaft und Religion, erstmals überliefert bei Sargon I. (**2340**–2284 v. Chr.). In Ägypten war der König als Inkarnation des höchsten Gottes selbst Gott (Gottkönig), im Westen seit dem Besuch Alexanders des Großen im AMUN-TEMPEL von Siwa (332). Dagegen richteten sich Proteste von Teilen seiner Armee, bis zur Meuterei von Opis (324 v. Chr.). Alexanders Vergöttlichung war Vorbild für den Herrscherkult hellenistischer DIADOCHENreiche und den römischen KAISERKULT. Unabhängig gab es Gottkönige auch anderswo, z. B. in Südostasien, Japan, Schwarzafrika.

Literatur: E. Kornemann: Zur Geschichte des antiken Herrscherkultes. Leipzig 1901; H. P. L. Orange: Apotheosis in Ancient Portraiture. Oslo 1947; H. Frankfort: Kingship and the Gods. Chicago 1948.

Sklaverei

System zur Haltung von SKLAVEN, seit dem Alten Orient in den meisten Gesellschaften auf der Basis der agrarischen Produktion mit verschiedenen Formen und Abstufungen der Abhängigkeit und Rechtlosigkeit: Zuerst nachweisbar im Ägypten des ALTEN REICHS (**ca. 2300 v. Chr.**), war Sklaverei ein wichtiges Merkmal älterer Gesellschaften. Sie war besonders stark ausgeprägt in GROSSREICHEN der HOCHKULTUREN mit zentralisierter BÜROKRATIE und Armee, die Sklaven durch Kriege (als Kriegsgefangene) erbeuteten und in der agrarischen sowie gewerblichen Produktion einsetzten. Dort bestanden auch besonders große Unterschiede zwischen Sklavenhaltern und Sklaven durch Rechtlosigkeit der Sklaven. Dagegen gab es in weniger entwickelten agrarischen Gesellschaften an der Peripherie geringere Unterschiede in der Lebensweise von Freien und Sklaven (z. B. bei GERMANEN; in Afrika bis zur Neuzeit). In der klassischen Antike war Sklaverei ein bloßer Rechtsstatus und sagte nur bedingt etwas über den sozialen Rang von Personen aus. Gegen die Sklaverei richteten sich SKLAVENAUFSTÄNDE (135–71 v. Chr.).

In Westeuropa vollzog sich seit der Spätantike ein gleitender Übergang von der Sklaverei, über das spätrömische Kolonat (COLONUS) zur LEIBEIGENSCHAFT, als modifizierte Fortsetzung der Sklaverei. Darüber hinaus erhielt sich die Sklaverei in Byzanz, im Orient, auf der Iberischen Halbinsel, dort bewusst fortgeführt und wieder ausgeweitet im Zuge der RECONQUISTA durch kriegsgefangene MAUREN. Im übrigen mediterranen Bereich stellten im Frühmittelalter SLAWEN die meisten Sklaven, vermittelt u. a. durch den SKLAVENHANDEL Venedigs, vor allem über Konstantinopel, ferner slawische Kriegsgefangene der Sachsen, vermittelt über Verdun und Marseille ins KALIFAT VON CÓRDOBA. Eine Sonderform der Sklaverei, ausgehend vom KALIFAT, waren die Kriegersklaven der MAMLUKEN.

Mit der EXPANSION EUROPAS IN ÜBERSEE (1492/98 ff.) weitete sich die Sklaverei auf die Neue Welt aus, jetzt als TRANSATLANTISCHE SKLAVEREI mit TRANSATLANTISCHEM SKLAVENHANDEL (1505/1888), als wesentliche Grundlage für den ökonomischen Aufstieg Europas in der Neuzeit. Bei der Abschaffung der Sklaverei (ABOLITIONISMUS) ist der Unterschied von Sklaverei und Sklavenhandel zu beachten. INDENTURED LABOUR gab es als europäische Variante der Sklaverei auch für Europäer auf Zeit in den nordamerikanischen Kolonien Englands, dort auch als Übergangsform zur Transatlantischen Sklaverei nach Eintreffen erster als

Sklaven verkaufter Afrikaner in Jamestown, Virginia (1619). Nach dem VERBOT DER SKLAVEREI im Britischen Empire (1834–1838) wurden Inder in tropischen und subtropischen Kolonien als Indentured Labourers eingesetzt, stellenweise und vorübergehend auch Chinesen (»Kulis«).

Sklaverei wurde in Frankreich verboten (1848). Der Konflikt um ihre Abschaffung war wesentlicher Faktor für den AMERIKANISCHEN BÜRGERKRIEG (1861–1865), gefolgt von der SKLAVENEMANZIPATION in den USA (1863/65) und Brasilien (1888). Sklaverei wurde von der Kongo-Akte der BERLINER AFRIKA-KONFERENZ (1886), vom VÖLKERBUND (1926), von der UN-Menschenrechtskonvention (1948) verboten. Einheimische Sklaverei in Afrika hoben die europäischen Kolonialherrscher allmählich auf, zuletzt im unabhängigen Äthiopien und Algerien (ca. 1965). Verschleierte Formen existieren noch in einigen arabischen Ländern der Gegenwart sowie in Südamerika (Brasilien).

Übertragen auch: (polemisch) zur Bezeichnung vieler Formen der Abhängigkeit, Unterwerfung, politischer wie sozialer Art (z. B. Proletariat als »Industriesklaven«, Zwangsarbeiter, in KONZENTRATIONSLAGERN). Sklaverei ist in der marxistischen Geschichtsauffassung als »Sklavenhaltergesellschaft« eine eigenständige »Gesellschaftsformation« oder »Produktionsweise«, zwischen »Urgesellschaft« und FEUDALISMUS, zeitlich ungefähr identisch mit der Alten (antiken) Geschichte.

Literatur: C. N. Degler: Neither Black nor White. Slavery and Race Relations in Brazil and the United States. New York 1971; E. D. Genovese: Roll, Jordan, Roll. The World the Slaves Made. New York 1974; C. D. Rice: The Rise and Fall of Black Slavery. London 1975; M. I. Finley: Die Sklaverei in der Antike. München 1981; Ch. Verlinden: L'esclavage dans l'Europe Médiévale. 2 Bde., Brügge 1955, Gent 1977; P. Docke: Medieval Slavery and Liberation. Chicago 1982; O. Patterson: Slavery and Social Death. A Comparative Study. Cambridge (Mass.), London 1982; W. D. Phillips, jr.: Slavery from Roman Times to the Early Transatlantic Trade. Minneapolis 1985; N. Brockmeyer: Antike Sklaverei. Darmstadt [2]1987; K. R. Bradley: Slavery and Society at Rome. Cambridge 1994.

König der Vier Weltgegenden

Erster imperialer Prestigetitel für Herrscher eines GROSSREICHS: Als Erster bediente sich Naramsin, 3. Herrscher im Akkad-Reich (**2260**–2223 v. Chr.) des Titels, den später altorientalische Herrscher als Symbol ihres Großmacht- und Hegemonialanspruchs immer wieder erneuerten, zuletzt Adadnirari II. (912–891) und seine Nachfolger für ASSYRIEN.

Feudalisierung

Auflösung der Zentralgewalt durch Vererbung von (ursprünglich nur auf Lebzeiten) verliehenen Beamtenstellen, Erzwingung von Steuerfreiheit für Großgrundbesitzer, TEMPEL bzw. Kirchen/Klöster: Feudalisierung ist eine universale Tendenz zur Ausbildung fragmentierter Strukturen, vor allem am Ende von Reichen und GROSSREICHEN festzustellen zuerst in der Spätphase des ägyptischen ALTEN REICHS unter Pepi II. (**ca. 2240**–ca. 2152 v. Chr.). Stilprägend war der Übergang vom spätrömischen Reich zum mittelalterlichen FEUDALISMUS, analog später in Byzanz.

Literatur: P. Anderson: Von der Antike zum Feudalismus. Frankfurt/Main 1978.

Gutäer

Gebirgsstämme im Sagrosgebirge, ELAMITERN und KASSITEN nahe stehend: Die Gutäer wurden zunächst von Naramsin (2260–2223 v. Chr.) besiegt, verstärkten unter dessen Nachfolger aber ihren Druck auf das Akkad-Reich und führten dessen Zusammenbruch herbei (**2198 v. Chr.**). Sie eroberten Teile Mesopotamiens (Akkad) und nahmen durch kulturelle Assimilation die HOCHKULTUR an. Ihre Vertreibung von Uruk aus leitete über zum Reich zum Neusumerischen Reich der 3. DYNASTIE VON UR (2111–1955).

Anarchie

(griech.: ánarchos = führerlos) Zustand oder Perioden der Gesetzlosigkeit, des politischen Chaos oder der Abwesenheit zentraler Herrschaft, im Chinesischen »luan« = Chaos: Anarchie herrscht nach dem Zusammenbruch der Zentralgewalt in inneren Konflikten, oft ausgelöst oder gefolgt von Niederlagen nach außen, in Perioden innerer Wirren zwischen Phasen imperialer Machtausdehnung, z. B. in GROSSREICHEN. Ägypten trat gegen Ende der 6. Dynastie im Untergang des ALTEN REICHS in Anarchie ein (**ca. 2150 v. Chr.**, 1. ZWISCHENZEIT).

Auch: Gesellschaftliches und politisches Ideal des modernen Anarchismus.

Zwischenzeit

Periode des Chaos oder der ANARCHIE zwischen Hauptphasen des altägyptischen Reichs: Die 1. Zwischenzeit (7.–11. Dynastie, **2134**–2040 v. Chr.), nach dem ALTEN REICH, wurde von Theben aus beendet. Die 2. Zwischenzeit (15.–17. Dynastie, 1650–1551) löste das MITTLERE REICH ab, wieder von Theben aus, nach Vertreibung der HYKSOS. Die 3. Zwischenzeit (21./22. Dynastie, 1075–715) nach dem NEUEN REICH beendete die Nubische Dynastie.

Strukturell entsprechen den altägyptischen Zwischenzeiten verschiedene Perioden der chinesischen Geschichte ohne kaiserliche Zentralgewalt (»luan« = Chaos) zwischen Phasen der Reichseinheit unter den großen Dynastien; ähnlich auch INTERREGNUM im Reich (1250–1273), SMUTA in Russland.

3. Dynastie von Ur

Herrscherdynastie des zweiten mesopotamischen Großreichs (**2111**–1955 v. Chr.) nach dem Sturz der GUTÄER: Der Herrscher schmückte sich mit dem Titel »König von Sumer und Akkad«. Das GROSSREICH Akkad und der Herrschaft König Sargons I. wurde ungefähr in früherem Umfang wieder hergestellt. Einfallende AMORITER und ELAMITER vernichteten es und zerstörten die Hauptstadt Ur (1955).

Literatur: L. Wooley: Ur in Chaldäa. Wiesbaden 1956; E. Strommenger/M. Hirmer: Ur. München 1964.

Großwesir

Im engeren Sinn Chef der Verwaltung im OSMANISCHEN REICH seit Mehmed dem Eroberer (1451–1481): Dem Großwesir unterstand, ungefähr einem Ministerpräsident/PREMIERMINISTER entsprechend, alle zivile und militärische Gewalt. Das Amt wurde seit Rückzug der SULTANE in den Harem nach Suleiman dem Prächtigen (1520–1566) allmählich eigentliches Zentrum der politischen Entscheidung. Übertragen gelten auch altorientalische Würdenträger ähnlicher Funktion als Großwesire – im Reich der 3. DYNASTIE VON UR (**2111**–1955 v. Chr.), der Sache nach auch im KALIFAT von Bagdad, z. B. unter Harun al-Raschid (786–809) der (idealisierten) Herrscherfigur aus »1001 Nacht«. HAUSMEIER im MEROWINGERreich sind ebenso vergleichbar die Funktionsträger bei den SELDSCHUKEN (ca. 1100 n. Chr.).

Ähnlich auch: WESIR.

Mittleres Reich

Zweite Periode der Reichseinheit im Alten Ägypten (**2040**–1650 v. Chr.): Das Mittlere Reich wurde nach Überwindung der ANARCHIE in der 1. ZWISCHENZEIT von Theben aus gegründet (11.–14. Dynastie). Hauptstadt war zunächst Theben, später (ab 13. Dynastie) wieder Memphis. Der Zurückdrängung feudaler Kräfte nach innen folgte die Expansion nach außen: Nubien wurde bis zum 1. Katarakt erobert, die Senke von Fayum unter Sesostris III. (1878–1841) erschlossen. Das Mittlere Reich unterhielt Handelsverbindungen zum Vorderen Orient, vor allem über Byblos (ZEDERNholz). Zuletzt erzeugten innere Konflikte große Labilität, mit Usurpationen in Städten des Deltas gegen die 13. Dynastie (60 Könige in ca. 135 Jahren) und einer rivalisierenden 14. Dynastie (76 Könige). Das Reich erlag dem Druck von außen: SEMITEN erschienen am Ostrand des Deltas (ca. 1720 v. Chr.). Allmählich übernahmen die HYKSOS bis zum Norden Oberägyptens die Herrschaft (1674–1551) und eröffneten die 2. Zwischenzeit (1650–1551).

Literatur: H. E. Winlock: The Rise and Fall of the Middle Kingdom at Thebes. New York 1947.

Amun

(ägypt.: »der Unsichtbare«) Ägyptischer Gott: Ursprünglich Stadtgott von Theben, setzte sich Amun als universeller Reichsgott durch, in enger Verbindung mit dem ägyptischen KÖNIGTUM (**ca. 2000 v. Chr.**). Amun wurde mit älteren reichsweit verehrten Göttern identifiziert und bekannt als Amun-Rê, Amun-Ptah. Mit Amuns Aufstieg zum Staatsgott gewann die Amun-Priesterschaft in Theben großen politischen Einfluss (seit ca. 1500). Die ständige Vergrößerung des TEMPELbesitzes provozierte Konflikte mit dem Königtum, bis zum zeitweiligen Verbot des Amun-Kults in der AMARNA-PERIODE (1364–1306). In der Spätzeit verlor Amun an Bedeutung (seit 1092). Alexander der Große interpretierte das Orakel des Ammon (Amun) von Siwa (332) als seine APOTHEOSE. [M. S.]

Literatur: E. Hornung: Der Eine und die Vielen. Ägyptische Gottesvorstellungen. Darmstadt 1990.

Amoritisch-kanaanäische Wanderung

Nach den AKKADERN die zweite große fassbare Einwanderungswelle von SEMITEN aus der Arabischen Wüste nach Mesopotamien (**ca. 2000 v. Chr.**): AMORITER wurden in Mesopotamien und Kanaan (Palästina) allmählich sesshaft. Auf sie gehen Babylons Anfänge zurück, wo sich nach dem Untergang von Ur (1955 v. Chr.) eine eigene DYNASTIE etablierte, die mit Hammurabi von Babylon (1792–1750) ihren Höhepunkt fand (Altbabylonisches Reich).

Amoriter

(Amuriter, Amurru) Westsemitisches Volk: Die Amoriter, im späteren Kanaan/Palästina auch Kanaaniter, bildeten nach den AKKADERN die zweite Einwanderungs- und Eroberungswelle von Nomaden aus der Arabischen Wüste in den Vorderen Orient (**ca. 2000 v. Chr.**). Sie übernahmen oder gründeten Städte in von ihnen überrannten oder besiedelten Gebieten der altorientalischen ZIVILISATION, vor allem Babylon und Städte am Euphrat und Tigris sowie in Syrien und Kanaan, und stürzten, mit den ELAMITERN, das Reich der 3. DYNASTIE VON UR (1955). Auf Amoriter führte sich die altbabylonische DYNASTIE (1894–1594) zurück, ihre Sprache ist verschollen. Historisch folgte die Einwanderung der ARAMÄER (nach 1200).

Amurru hieß auch das von Transhumanznomaden besiedelte Hinterland von Byblos in der späten Bronzezeit. Aziru von Amurru expandierte in der AMARNA-PERIODE (14. Jh. v. Chr.) gegen das ägyptische Byblos.

Literatur: I. J. Gelb: The Early History of the West Semitic People, in: Journal of Cuneiform Studies 15 (1961). G. Buccellati: The Amorites of the Ur 3 Period. Neapel 1966; C. Wilcke: Zur Geschichte der Amurriter in der Ur-3-Zeit, in: Welt des Orients, Bd. 5, H. 1 Göttingen 1969.

Elamiter

Volk im Osten Mesopotamiens: In der Küstenebene östlich des Unterlaufs des Tigris und südlich des Sagrosgebirges bildeten die Elamiter eine eigenständige, vielleicht den SUMERERN nahe stehende Kultur und einen eigenen Staat (Elam) mit der Hauptstadt Susa. Sie standen in Konkurrenz zu allen Reichen Mesopotamiens, mit vermittelnder Funktion für den Osten. Elam wurde von Akkad erobert (ca. 2300 v. Chr.) und stand unter Oberhoheit der 3. DYNASTIE VON UR (ca. 2100). Die Elamiter waren, mit den AMORITERN, beteiligt am Sturz von Ur (**1955 v. Chr.**), wurden unabhängig und hielten sich gegen Hammurabi von Babylon (1792–1750). Sie plünderten Babylon und verschleppten die Gesetzes-Stele des Hammurabi (ca. 1160). Elam wurde durch Nebukadnezar I. von Babylon erobert (vor 1103). In der Eisenzeit entstand das Neu-Elamische Reich (7. Jh.), das die Assyrer (644), später die Perser eroberten, verdrängten und absorbierten.

Literatur: W. Hinz: Das Reich Elam. Stuttgart 1964; D. T. Potts: The Archaeology of Elam. Formation and Transformation of an Ancient Iranian State. Cambridge 1999.

Thalassokratie

(von griech.: thalassa = Meer + kratein = herrschen) Seeherrschaft: Eine erste Thalassokratie übte bereits das minoische Kreta in der Ägäis aus (seit **ca. 2000 v. Chr.**), gestützt auf seine Flotte. Thalassokratien verbanden stets ein maritim-kommerzielles MONOPOL oder Quasi-Monopol mit militärischer Seeherrschaft – das phönikische Tyros (seit ca. 1000), später Karthago (seit ca. 600), das klassische Athen mit dem 1. ATTISCHEN SEEBUND, Syrakus auf Sizilien (ab 392). Der Sache nach Thalassokratien waren auch die italienischen Handelsrepubliken im Mittelalter, die HANSEstädte, das Britische Empire; in der Gegenwart sind die USA zu nennen. [M. S.]

Indoeuropäische Wanderung

Expansion indoeuropäischer Stämme/Völker, vermutlich von Südrussland aus, in vier Wellen:

- nach Süden in die altorientalischen Hochkulturen (**ca. 1900 v. Chr.**) – HETHITER in Kleinasien, ACHÄER/Protogriechen in Griechenland. Sie brachte das PFERD in den Vorderen Orient.
- ca. 1900 v. Chr. HURRITER/ARIER im Mittleren Osten (ca. 1500), Arier in Indien (ca. 1400), später Tocharer in Zentralasien.
- ab ca. 1250: ILLYRER, Griechen (ca. 1200), Italiker (ca. 1100).
- Expansion von KELTEN (ab ca. 900 v. Chr.), GERMANEN, zuletzt mit der VÖLKERWANDERUNG (375–568), Wanderung der SLAWEN (etwa ab 2.–3. Jh.).

Literatur: A. Scherer (Hg.): Die Urheimat der Indogermanen. Darmstadt 1968; J. P. Mallory: In Search of the Indo-Europeans. Language, Archaeology and Myth. London 1992.

Hethiter

Indoeuropäisches Volk: Die Hethiter siedelten zunächst im östlichen Kleinasien (**ca. 1900 v. Chr.**), allmählich mit kultureller ASSIMILATION (Übernahme der KEILSCHRIFT), und bildeten in zwei Anläufen GROSSREICHE (auch: HATTI): Das Alte Reich der Hethiter (ca. 1670–ca. 1500) zerstörte Mari (ca. 1600) und Babylon (1594), stürzte die AMORITER-DYNASTIE und wurde vom MITANNI-Reich vernichtet (1500). Das Neue Reich (ca. 1400–ca. 1200) war führend in der EISENtechnologie, kannte PFERDEzucht und STREITWAGEN. Die Schlacht von Kadeš gegen das ägyptische NEUE REICH unter Ramses II. (1285) endete unentschieden und mündete in den Friedensvertrag (1270). Hatti ging im Zusammentreffen von innerer und äußerer Krise (SEEVÖLKER) unter (ca. 1200): Hethitische Nachfolgerstaaten gewährleisteten zunächst in Nordsyrien eine beschränkte Kontinuität und stellten Söldner, u. a. für das Heer Davids im Jüdischen Großreich (nach 1000).

Literatur: E. Klengel/H. Klengel: Die Hethiter. Geschichte und Umwelt. Wien, München 1970; K. Bittel: Die Hethiter. München 1976; O. Gurney: The Hittites. Harmondsworth 1981; F. Cornelius: Geschichte der Hethiter. Darmstadt [4]1990; T. R. Bryce: The Kingdom of the Hittites. Oxford 1998; H. Klengel: Geschichte des hethitischen Reiches. Leiden 1999.

Achäer ▪

(griech.: Achaioi) Von Homer in der »ILIAS« überlieferter Name für die Protogriechen vor der Dorischen Wanderung (ca. 1200 v. Chr.), eingewandert in Griechenland (**ca. 1900 v. Chr.**), vielleicht erwähnt in hethitischen KEILSCHRIFTtexten (Land »Achchijawa«) und ägyptischen HIEROGLYPHENinschriften (»Aqaiwaša«, ca. 1225): Protogriechen stellten Söldner in Ägypten gegen die Libyer. Nach Zerstörungen wurden sie Träger der mykenischen Kultur (ca. 1600–1200), expandierten nach Kreta (ca. 1400). Sie wichen teilweise vor der Dorischen Wanderung über See nach Zypern und Vorderasien aus.

Auch: Bewohner der Landschaft Achaia, am Nordrand der Peloponnes, am Golf von Korinth.

Literatur: F. Schachermeyer: Hethiter und Achäer. Leipzig 1935; W. Taylor: The Mycenaeans. London 1964.

Codex Hammurabi ▪

Gesetzessammlung Hammurabis (**1792**–1750 v. Chr.), in Altbabylonisch und KEILSCHRIFT, eingemeißelt in eine Dioritstele: Der Codex enthält 282 Artikel, die an ältere sumerische und altbabylonische Gesetzestexte anknüpfen und Hammurabi als »König der Gerechtigkeit« kennzeichnen. Die Gesetze sind nur auf konkrete Einzelfälle bezogen (kasuistisch), ohne Möglichkeit der Abstraktion. Die Stele wurde von ELAMITERN nach Susa verschleppt (ca. 1160 v. Chr.), dort entdeckt (1901 n. Chr.). Der Codex ist die älteste vollständig überlieferte Gesetzessammlung; die Stele steht heute im Pariser Louvre.

Literatur: R. Haase: Die keilschriftlichen Rechtssammlungen in deutscher Übersetzung. Wiesbaden 1963; A. Finet: Le code de Hammurabi. Paris 1973.

Marduk ▪

(eine der möglichen Etymologien: Sumerisch: amar-utuk = Jungrind des Sonnengottes) Altorientalische hohe Gottheit, Sohn des ENKI: Marduk ist bereits in der FRÜHDYNASTISCHEN ZEIT Südmesopotamiens bezeugt (ca. 2600 v. Chr.), wurde später Stadtgott der AMORITER im neu gegründeten Babylon (ca. 2000). Überregionale Bedeutung gewann Marduk im altbabylonischen Reich unter Hammurabi (**1792**–1750 v. Chr.). Er wurde bei den KASSITEN (1594–1168) oder in mittelbabylonischer Zeit unter Nebukadnezar I. (1125–1103) oberster Reichsgott, war als religiöse Integrationsklammer eine der bedeutendsten Gottheiten im Alten Vorderen Orient. Sein Name wurde auch für den Planeten Jupiter verwandt. Seine Statue wurde von Assyrern nach Aššur entführt (nach ca. 1250). Nebukadnezar II. (605–562) erneuerte den Marduk-Tempel als ZIKKURAT in Babylon und erweiterte ihn (»Turmbau zu Babel« in der Bibel). Der Marduk-Kult war in Kanaan verbreitet (»Merodach« im Alten Testament).

Literatur: H. Schmökel: Hammurabi und Marduk. Revue d'Assyriologie et d'Archéologie Orientale 53 (1959, 183); A. Jeremias: Handbuch der altorientalischen Geisteskultur. Berlin 1929.

Hyksos

(gräzisierte Form für altägyptisch hk'h'œw.t = Herrscher der Fremdländer) Ägyptische Herrscher asiatischer Herkunft, Näheres ist umstritten, vielleicht hurritischer und semitischer Herkunft: Die Hyksos benutzten PFERD und STREITWAGEN, eroberten Syrien, Kanaan/Palästina und verstärkten durch Eindringen ins Nildelta den Druck auf das zerfallende MITTLERE REICH (nach 1785 v. Chr.). Sie setzten sich in Avaris am östlichen Rand des Nildeltas fest (**1720 v. Chr.**), eroberten Memphis (1674) und beendeten das Mittlere Reich (1650). Die Fremdherrscher wurden von Theben aus vertrieben (1560–1551), von der 18. DYNASTIE nach Palästina verfolgt, als Auftakt zum NEUEN REICH.

Literatur: P. Labib: Die Herrschaft der Hyksos in Ägypten. Glückstadt 1936; H. van Seters: The Hyksos. A New Investigation. New Haven (Conn.) 1966; E. D. Oren: The Hyksos. New Historical and Archaeological Perspectives. Philadelphia 1997.

Pferd

Eines der jüngeren Haustiere, aus dem Wildpferd domestiziert: Das Pferd war den HOCHKULTUREN in der Alten wie in der Neuen Welt anfangs unbekannt, wurde offenbar zuerst von Indoeuropäern in Südrussland gezähmt und diente als Opfer- und Zugtier vor Kultwagen (nach 2000 v. Chr.) Es fand erste militärische Verwendung für STREITWAGEN durch HYKSOS in Ägypten (**ca. 1720 v. Chr.**), später HETHITER und HURRITER (17. Jh. v. Chr.), über Troja VI auch im mykenischen Griechenland. Vom Westen aus kam es nach China (1523). Gegen berittene Nomadenvölker (SKYTHEN, KIMMERIER) setzten die Assyrer erstmals geschlossene Kavallerieverbände in Vorderasien ein (nach 800). Das Pferd gewann an Bedeutung bei der Einrichtung des frühen POSTdienstes.

Kleine Pferde von Ponygröße hielten Steppenbewohner wie GERMANEN, später auch HUNNEN, MONGOLEN und KOSAKEN. Höhere Pferderassen wurden in Persien gezüchtet, im Ferganatal, von wo später China Pferde zur Abwehr der HSIUNG-NU einführte. An der CHINESISCHEN MAUER setzte sich ab 552 der STEIGBÜGEL durch. Auch in Griechenland wurden höhere Rassen gezüchtet, z. B. für die makedonische Kavallerie unter Alexander dem Großen. Die Tradition setzten PARTHER und SASSANIDEN weiter fort, mit schwer gepanzerter Kavallerie, die Rom in der Spätantike übernahm. In Feudalgesellschaften war das Pferd Symbol und Instrument aristokratisch-monarchischer Herrschaft (u. a. Reiterstandbilder für Herrscher, das erste für Kaiser Marc Aurel, 161–180). Pferde wurden in Europa erst seit dem Mittelalter auch als Arbeitstiere genutzt (Wagen; Pflug, Egge). Bei Nomaden dienten sie als Quelle für Milch und Fleisch. Von den Spaniern nach Amerika eingeführt (nach 1492), wurde das Pferd von den INDIANERN Nordamerikas übernommen für weiträumige Büffeljagden und zur Kriegführung gegen Europäer.

Pferde waren in der Frühen Neuzeit Zugtiere für Kutschen, Droschken, wurden unter Tage in Kohlenbergwerken eingesetzt, zogen Pferdeomnibusse oder Pferdebahnen als Vorläufer der EISENBAHN. Durch die INDUSTRIELLE REVOLUTION wurden sie allmählich aus diesen Funktionen verdrängt. Im Zeitalter der Motorisierung erfolgte die Messung von Leistung nach »Pferdestärken« (PS) bei Autos, Traktoren usw. Das Pferd dient in der vollindustrialisierten und urbanisierten Gesellschaft weitgehend nur noch für Freizeit (Reitsport), Luxus und als Statussymbol.

Literatur: F. Hancar: Das Pferd in prähistorischer und früher historischer Zeit. Wien, München 1956; G. W. Dimbleby (Hg.): The Domestication and Exploitation of Plants and Animals. London 1969; A. Dent: Das Pferd. Fünftausend Jahre seiner Geschichte. Berlin 1975.

Streitwagen

Fahrzeug des Alten Orients und der Antike für Krieg, Jagd, Wettrennen: In FRÜHDYNASTISCHER ZEIT waren Streitwagen schwerfällige Wagen mit (zwei oder vier) hölzernen Scheibenrädern, von Halbeseln (Onagern) gezogen (Darstellung auf der sog. Standarte von Ur, ca. 2500 v. Chr.). Von HETHITERN und HURRITERN mit Einführung des PFERDS zum leichteren und schnellen zweirädrigen Streitwagen mit metallenen Speichenrädern weiterentwickelt, diente der Streitwagen zunächst für die Kriegführung, bald mit Streitwagengeschwadern. Er kam vom Vorderen Orient durch die HYKSOS (**ca. 1720 v. Chr.**) über Ägypten nach Nordafrika (Garamanten im alten Libyen), über Troja VI nach Griechenland (bei Homer bezeugt) und wurde später auch von KELTEN verwandt. Im Vorderen Orient wurde er, mit seitlich eingebauten Sicheln, noch im Perserreich (550–330) genutzt. Von ARIERN nach Indien gebracht (ca. 1400 v. Chr.), fand der Streitwagen im alten China der SHANG-DYNASTIE (1523–1028) Verwendung. Zuletzt von keltischen Briten gegen Römer unter Caesar eingesetzt (55 v. Chr.), diente er in der römischen Antike nur noch zu Wettrennen und Demonstrationszwecken (z. B. Triumphzug in Rom).

Literatur: O. Spengler: Der Streitwagen und seine Bedeutung für den Gang der Weltgeschichte, in: ders.: Reden und Aufsätze. München ^{2}1938; St. Piggott: Wagon, Chariot and Carriage. Symbol and Status in the History of Transport. London 1992.

Hatti

(Chatti) Alter Name des HETHITERreichs (**ca. 1650**–ca. 1500, ca. 1400–1200 v. Chr.).

Kassiten

Altorientalisches Bergvolk im Sagrosgebirge, östlich von Mesopotamien, unbekannter Herkunft, den ELAMITERN und GUTÄERN nahe stehend: Die Kassiten gelangten als Arbeitskräfte nach Babylonien (ab. ca. 1630 v. Chr.), wurden von Indoariern nach Westen abgedrängt und rissen, nach der Eroberung Babylons und dem Sturz der AMORITER-Dynastie durch die HETHITER (**1594 v. Chr.**), die Macht in Babylonien an sich (ca. 1590). Ihre Herrschaft war meist friedlich bei weitgehender kultureller ASSIMILATION. Sie erlagen den Assyrern und Elamitern (1168) und verschwanden als Volk. Ihre Sprache ging fast völlig unter.

Neues Reich

Letzte Periode der ägyptischen Großmachtstellung (18.–20. DYNASTIE, **1551**–1075 v. Chr.): Zur Sicherung der legitimen Thronfolge führte Ahmose die königliche Geschwisterehe ein (1551–1526). Das Neue Reich eroberte Nubien bis zum 4. Katarakt, Palästina, Syrien, drängte nach Norden mit Anspruch auf Nachfolge der vertriebenen HYKSOS. Die Pharaonen betrieben kolossale Bautätigkeit nach innen. Das Reich führte Kriege mit MITANNI und HATTI, geriet aber unter Amenophis IV. (Echnaton, 1364–1347) durch Einführung eines ersten MONOTHEISMUS (ATON) in eine schwere religiöse Krise. Das Neue Reich erlebte den Höhepunkt seiner Machtentfaltung unter Ramses II. (1290–1224), gefestigt durch einen Friedens- und Freundschaftsvertrag mit Hatti (1270). Es behauptete sich gegen LIBYER und die SEEVÖLKER (ca. 1200), wurde aber nachhaltig geschwächt durch Teuerung, INFLATION und den ersten bekannten STREIK der Weltgeschichte (1156). Das Neue Reich wurde zuletzt beherrscht von einem Schattenkönig und Hoher-Priester-WESIR. Es erlosch mit der 20. Dynastie (1075). Die 3. ZWISCHENZEIT begann (bis 715).

Literatur: W. Helck (Hg.): Geschichte des Alten Ägypten, in: Handbuch der Orientalistik. Leiden 1968; Sir A. H. Gardiner: Geschichte des alten Ägypten. Stuttgart 1965.

Shang-Dynastie

Erste historisch fassbare DYNASTIE Chinas (**1523**–1028 v. Chr.). Mit ihr trat China in die Phase der Hochkultur ein, abgelöst von der CHOU-DYNASTIE (1028).

Literatur: C. Hentze: Bronzegerät, Kultbauten, Religion im ältesten China der Shang-Zeit. 2 Bde., Antwerpen 1951; W. Watson: China before the Han Dynasty. New York 1961.

Mitanni

Reich der HURRITER im nördlichen Mesopotamien (**ca. 1500**–ca. 1350 v. Chr.): Gestützt auf PFERD und STREITWAGEN und stark feudal geprägt, war Mitanni vorübergehend Großmacht im Vorderen Orient bis nach Syrien und stand in Rivalität zu HATTI. Die Hurriter zerstörten das althethitische Reich (ca. 1500) und machten ASSYRIEN abhängig (bis ca. 1360). Mitanni verlor nach inneren Wirren Syrien an Hatti und wurde tributpflichtig (ca. 1350), bis Assyrien die Reste des Reichs eroberte (1300, 1270). Hurritische Teilfürstentümer und Nachfolgestaaten hielten sich am Vansee, gefolgt von Urartu (883–585).

Literatur: G. Contenau: La civilisation des Hittites et des Hurites du Mitanni. Paris 1948; G. Wilhelm: Grundzüge der Geschichte und Kultur der Hurriter. Darmstadt 1982.

Hurriter

(Churri, Churriter) Altorientalisches Volk: Hurriter erschienen noch vor der INDOEUROPÄISCHEN WANDERUNG aus dem Osten im Vorderen Orient, zunächst südlich des Vansees (ca. 2200 v. Chr.). Sie wurden von der 3. DYNASTIE VON UR an der Expansion nach Süden gehindert und expandierten nach Westen über den oberen Euphrat, wo sie mit den HETHITERN in Konflikt gerieten (ca. 1600). Die Hurriter waren drittstärkster Machtfaktor im Alten Orient neben Ägypten und Babylon. Sie gründeten das MITANNI-Reich (**ca. 1500**–ca. 1350 v. Chr.), gestützt auf PFERD und STREITWAGEN. Ein Hurriter war Verfasser des einschlägigen Werks zur Zucht von Pferden in HATTI. Hurritische Gruppen überdauerten den Untergang des Mitanni-Reichs als Streitwagenaristokratie (maryannu) in Syrien (ab ca. 1350).

Literatur: I. G. Gelb: Hurrians und Subarians. Chicago 1944; G. Wilhelm: Grundzüge der Geschichte und Kultur der Hurriter. Darmstadt 1982.

Pharao

(altägypt. Per a'o = Großes Haus, hebr.: par'o) Ägyptischer Herrschertitel: Ursprünglich Bezeichnung für den königlichen PALAST im alten Ägypten, wurde das Wort seit der Alleinherrschaft von Thutmosis III. (**1468**–1436 v. Chr.) allmählich titelähnliches Synonym für »König« (von Ägypten), besonders in außerägyptischen Quellen (z. B. Bibel).

Literatur: S. Gottschalk: Die großen Pharaonen. Bern, München 1979; W. Westendorf (Hg.): Aspekte der spätägyptischen Religion. Göttingen 1979.

Minoische Kultur

Moderne Bezeichnung für die Periode der ägäischen Kultur auf Kreta (ca. 2000–ca. 1450 v. Chr.), abgeleitet vom sagenhaften König Minos, mit großen Palästen, vor allem in Knossos (»Labyrinth«): Das minoische Kreta war die erste Hochkultur im heutigen Europa und übte eine regionale Seeherrschaft (THALASSOKRATIE) aus, mit intensiven Handelsverbindungen zu Ägypten. Gründe für den Untergang der Kultur sind ungeklärt, möglicherweise war eine vulkanische Explosion auf Santorin mit nachfolgendem, alles vernichtendem Tsunami verantwortlich (**ca. 1450 v. Chr.**). Festlandsgriechen (Mykener) traten das Erbe der Minoer in der Ägäis an und übernahmen auch die Schrift – aus der minoischen Silbenschrift Linear A wurde Linear B.

Literatur: F. Schachermeyr: Die minoische Kultur im alten Kreta. Stuttgart [2]1979.

Arier

(altindoar.: árya, altpers.: ariya = die Edlen; das Wort steckt auch in griech. »aristoi« = die Besten) Selbstbezeichnung Arisch sprechender altorientalischer indoeuropäischer Völker: Eingewandert aus dem Norden (nach 1900 v. Chr.) und nach längerem Aufenthalt im iranischen Raum, sickerten Arier in kleineren Gruppen über den Khaiber-Pass nach Nordwestindien ein (**ca. 1400 v. Chr.**). Dort vernichteten sie Reste der INDUSKULTUR (»Städtezerstörer«) und bildeten kleine, politisch stets fragmentierte Stammesstaaten. Weiter nach Osten drangen sie ins Gangestal vor, mit eigener Schrift- und Literatursprache (Sanskrit). Soziale Konsequenzen der Einwanderung reichen mit dem KASTENsystem und dem Brahmaismus/Hinduismus teilweise bis in die Gegenwart. In der Moderne wurden Arier oft (unzulässig) gleichgesetzt mit Indoeuropäern schlechthin (seit 19. Jh.), von der deutschen NS-Ideologie verengt auf »Angehörige der nordischen Rasse«, missbraucht mit der Ausschließung (»Arierparagraph«, »Arisierung« u. a.) und Ermordung der JUDEN in der »ENDLÖSUNG«/HOLOCAUST.

Literatur: A. Kammenhuber: Die Arier im Vorderen Orient. Heidelberg 1968; L. Poliakov: Der Arische Mythos. Wien 1977.

Kasten

(aus port.: casto bzw. lat.: castus = rein, keusch; ind.: varna = Farbe) Streng abgeschlossene Gesellschaftsschichten, u. a. mit Eheverbot: Entstanden aus der typischen Eroberungsgesellschaft der in Nordindien eingewanderten ARIER (**nach 1400 v. Chr.**), prägten Kasten die Gesellschaft vor allem in Indien, ursprünglich mit vier STÄNDEN (»varna«) – Brahmanen (Priester), Ksatriyas (Krieger), Vaisyas (Bauern) als Stände der Arier, darunter Sudras (Nichtarier und deklassierte Arier), die nicht in die Schriften der Arier (Vedas) eingeführt waren. Trotz Verbot gab es Zwischenheiraten und Aufspaltungen: Heute existieren über 3000 Kasten als lebenslängliche Berufs-, Lebens-, Religions- und Vererbungsgemeinschaften, nach unten erweitert um Kastenlose (Parias), die ihrerseits aufgespalten sind. In der Indischen Republik ist die Diskriminierung nach Kastenzugehörigkeit formal verboten, aber noch immer soziale Realität (Unberührbaren-Problematik), mit Kastenunruhen.

Literatur: G. S. Ghurye: Caste and Class in India. London 1951; J. H. Hutton: Caste in India. Bombay [4]1963.

Brahmanen

Höchste Kaste des indischen KASTENwesens, hervorgegangen aus dem Stand der Priester der einwandernd-erobernden IndoARIER (ab **ca. 1400 v. Chr.**), seit Vollendung des Kastensystems (ca. 500 v. Chr.): Der Brahmane ist selbst Gott im Vergleich zu niederen Kasten oder gar Kastenlosen (Parias), den Unberührbaren. Brahmanen stellten auch in der Neuzeit noch die führende und erste Intelligenzschicht Indiens, modernisiert seit Gründung der ersten drei UNIVERSITÄTEN durch die Briten in Bombay, Kalkutta und Madras (1856). Bei Gründung des INDIAN NATIONAL CONGRESS nahmen Brahmanen führende Positionen ein (1885). Sie wurden seit der Unabhängigkeit Indiens (1947) in Südindien weitgehend eliminiert und diskriminiert: Brahmanen waren führend beteiligt an Kastenunruhen in Nordindien (1990).

Literatur: W. Schneider: Einführung in den Hinduismus. Darmstadt 1989.

Direkte Herrschaft

(engl.: direct rule) Normalerweise nicht besonders benannte (weil als selbstverständlich vorausgesetzte) Form der Herrschaft und Machtausübung, im Unterschied zur INDIREKTEN HERRSCHAFT: Der Unterschied zwischen direkter und indirekter Herrschaft durchzieht die gesamte Weltgeschichte. Er ist historisch fassbar zumindest seit dem Neuen HETHITERreich/HATTI (**ca. 1400 v. Chr.**) und dem Neuassyrischen Reich (883). Als analytische Kategorie erfasst der Begriff nuancierend Machtgeschichte mit ihren vielfältigen Auswirkungen (z. B. KRIEGEN, Aufständen). Direkte Herrschaft bezieht sich auf den Kernbereich staatlicher Macht- und Herrschaftsstrukturen, unmittelbar dem Zugriff der Zentrale unterworfen, zunächst das Gebiet des Reichsvolks bzw. der Staatsnation, erweitert um verwandte und meist fremdstämmige Völker nahe dem Machtzentrum, deren Gebiete nach Unterwerfung durch Annexion einverleibt wurden, meist als PROVINZEN ohne politische Rechte. Stilprägend für die Unterscheidung zwischen direkter und indirekter Herrschaft wurde die britische Kolonialherrschaft in Indien.

Linear B

Mykenisches Schriftsystem: Die 1952 von dem Briten Michael Ventris entschlüsselte Silbenschrift ist von mehreren tausend Tontafeln, überwiegend Wirtschafts- und Verwaltungstexten, u. a. aus Knossos, Mykene und Pylos bekannt. Die Schrift entstand durch Anpassung der älteren kretischen Linear-A-Schrift an die Bedürfnisse der griechischen Sprache (**ca. 1400 v. Chr.**). Mit dem Niedergang der mykenischen Palastzentren verschwand auch die Linear-B-Schrift (um 1200). [M. S.]

Assyrien

Altorientalisches GROSSREICH, mit Hauptstadt, benannt nach dem obersten Reichsgott Aššur, am mittleren Euphrat und Tigris, nördlich Babyloniens: Ein isoliertes Fürstentum im Dreieck zwischen Tigris und Kleinem Zab, einem linken Nebenfluss des mittleren Tigris, eroberte Sargon I. (2340–2284 v. Chr.). Es stand unter Oberhoheit der 3. DYNASTIE VON UR (2111–1955) und wurde, als RANDKULTUR Babyloniens, unabhängig (nach 1955). Unter Šamši-Adad I. kurzfristig zum Großreich mit Fernhandel bis nach Anatolien aufgestiegen (altassyrisches Reich), kam Assyrien unter wechselnde Herrschaft (HETHITER, HURRITER). Als mittelassyrisches Reich machte sich Assyrien unter Aššuruballit I. (**1365**–1330 v. Chr.) unabhängig von MITANNI und wurde Großmacht, die Reste Mitannis erobernd (1300, 1270). Zur Herrschaftssicherung führten die Assyrer MassenDEPORTATIONEN durch. Die assyrischen Eroberer verschleppten (angeblich) die MARDUK-Statue von Babylon nach Aššur (nach ca. 1250).

Das mittelassyrische Reich hielt sich gegen Nomadeneinfälle (Aramäer), geriet aber in eine innere Krise (nach 1200). Mittel- und neuassyrisches Reich (1365–1078, 883–614/12) zeichneten sich aus durch Expansion, technisierte Kriegsmaschinerie, Zentralisierung, Militarisierung und Massendeportationen. Wichtige Kulturleistungen waren die Einführung des BAUMWOLLanbaus unter Sanherib (705–681) und die Sammlung altorientalischer (sumerischer) Literatur. Das neuassyrische Reich eroberte Ägypten (671–656), überforderte mit der Westexpansion seine Ressourcen und stieg nach dem Verlust Ägyptens (656) ab. Es erlag einer Koalition Babylons mit den MEDERN (614/12), die Bevölkerung ging in neuen Reichsbildungen auf. Angehörige der Assyrischen Kirche (Reste der nestorianischen Kirche) leiten sich (fiktiv) von den alten Assyrern ab.

Literatur: A. T. Olmstead: History of Assyria. Chicago [2]1960; A. Parrat: Aššur. München 1962; W. Andrae: Das wiedererstandene Aššur. Leipzig 1938, Nachdruck München 1977; B. Oded: War, Peace, and Empire. Justification of War in Assyrian Inscriptions. Wiesbaden 1992.

Aton

Altägyptischer Name für die Sonnenscheibe: Pharao Amenophis IV., der sich selbst Echnaton (Sohn des Aton) nannte (**1364**–1347 v. Chr.), erhob Aton (Sonne) zum höchsten Gott, entmachtete die AMUN-Priester und erklärte als Fortentwicklung des Sonnengotts Rê Aton zum alleinigen Gott. Der erste bekannte MONOTHEISMUS kam einer REVOLUTION gleich, zumal der Pharao auch eine neue Kunstrichtung protegierte: Abbildungen aus seiner Zeit, auch jene seiner selbst, sind von bis dahin unerreichtem Realismus, gehen später ins Expressionistische über. Echnaton stürzte Ägypten in eine schwere religiöse und politische Krise, da die Priesterschaft die RESTAURATION ihrer Macht erzwingen wollte. Der Atonkult war Vorläufer des Monotheismus, vielleicht mit Wirkungen auf die HEBRÄER in Ägypten.

Literatur: H. Brunner: Altägyptische Religion. Grundzüge. Darmstadt [3]1989.

Amarna-Periode

Phase der Geschichte des ägyptischen Neuen Reichs, benannt nach dessen zeitweiliger Hauptstadt in Tell el-Amarna (Achet-Aton): Die Amarna-Periode (ca. **1364**–1306 v. Chr.) überschattete die tendenziell monotheistische Religionspolitik des Pharao Echnaton, zerrissen vom Konflikt zwischen Pharao/Heer und Amun-Priestern. Echnaton ließ nur noch den Kult des Aton zu und übersiedelte mit seinem Hofstaat in die neu gegründete Hauptstadt Achet-Aton. Echnatons Nachfolger nahmen auf Druck der Amun-Priester die Reformen zurück und gaben die neue Hauptstadt wieder auf. In Tell el-Amarna legten Archäologen ein umfangreiches Tontafel-Archiv von größtem Quellenwert für die zwischenstaatlichen Beziehungen der späten Bronzezeit frei (1887 n. Chr.). Die Korrespondenz der Pharaonen mit ihren asiatischen Partnern und Vasallen ist durchgängig auf Akkadisch verfasst. [M. S.]

Literatur: H. Schäfer: Amarna in Kunst und Religion. Leipzig 1931; J. Assmann: Ägypten. Eine Sinngeschichte. Darmstadt 1996.

Exodus

(griech.: Auszugslied des Chors in der griechischen Tragödie) »Auszug«, »Fortgehen« der HEBRÄER/Israeliten aus Ägypten unter Moses (**ca. 1280 v. Chr.**): Urereignis der jüdischen Geschichte und Religion (Buch Exodus = 2. Buch Moses).

Auch: Spätere Situationen der jüdischen Geschichte, z. B. erzwungene Auswanderung aus NS-Deutschland (1933–1945), teils illegale Einwanderung in Palästina (1939–1946).

Literatur: H. H. Rowley: From Joseph to Joshua. London 1950.

Hebräer

(hebr.: 'Ivrím, plural: 'Ivryyim, auch: Israeliten) Synonym des Alten Testaments für »die Kinder Israels«, angeblich mit gemeinsamem Stammvater Eber (1. Moses, 10, 21): Teile der Hebräer sind möglicherweise identisch mit den in der Hyksos-Zeit (ca. 1650–1551 v. Chr.) aus Palästina nach Ägypten eingewanderten semitischen Nomaden, die im Neuen Reich zu Fronarbeitern abstiegen (altägyptische Quellen: »Habiru«). Ihr Exodus aus Ägypten erfolgte vielleicht unter Ramses II. (**ca. 1280 v. Chr.**). Anders als in der biblischen Überlieferung sickerten die Kleinviehnomaden in mehreren Schüben, über Generationen, in das Kulturland Kanaans ein, separiert von der kanaanäischen Stadtbevölkerung – zunächst als Halbnomaden. Erst allmählich bildeten sie Städte aus (Jerusalem, Samaria). Hebräisch ist eine westsemitische Sprache mit eigener Schrift. Seit dem Babylonischen Exil (538 v. Chr.) wurde es Kultsprache der Juden, ab ca. 1750 auch der modernen Literatur, seit vor 1900 Grundlage für Neuhebräisch (Ivrit), die offizielle Landessprache im modernen Staat Israel.

Literatur: K. Koch: Die Hebräer vom Auszug aus Ägypten bis zum Großreich Davids, in: Vetus Testamentum 19 (1969, 37); O. Loretz: Habiru–Hebräer. Berlin 1984; H. H. Ben-Sasson: Geschichte des jüdischen Volkes. Von den Anfängen bis zur Gegenwart. München 1992; H. Donner: Geschichte des Volkes Israel und seiner Nachbarn. Göttingen ^{2}1995.

Friede

Abwesenheit von Krieg: Friede entzieht sich jeder eindeutigen Definition, war bisher nur begrenzt nach Zeit und Raum, nie immerwährend (»ewig«), total oder gar weltumspannend (global). Als ewiger Weltfriede war er allenfalls nur nach einem letzten großen Krieg zur Beendigung aller Kriege denkbar und gedacht – nach dem Armageddon der christlichen Apokalypse, mit Entsprechungen in anderen monotheistischen Weltreligionen (Judentum, Islam). Seine linkssäkularisierte Entsprechung findet sich im Kampfruf »auf zum letzten Gefecht!« der sozialistisch-kommunistischen Internationale. Für den Islam zerfällt die Welt ohnehin in das »Haus des Friedens« (»dar al-islam«) und Kriegs (»dar al-dharb« = nicht-islamische Welt), bis zum Endsieg des Islam und Vollendung seiner theokratischen Weltherrschaft, kodifiziert in der schon jetzt für alle verbindlichen Scharia. Den ersten Leitfaden »Zum Ewigen Frieden« entwarf Immanuel Kant (1795). Er wurde aufgenommen von Mazzini (1848) und der europäischen Linken (Liberale, Demokraten, Sozialisten, Zentrum) mit ihrem letzten Krieg gegen den Zarismus zur Befreiung Polens (1863), systematisiert vom Pazifismus (1889), institutionalisiert von Völkerbund (1919) und UNO (1945), um jeweils nach beiden Weltkriegen den Weltfrieden zu sichern. Daher wird Friede historisch am ehesten als Gegenstück zu seiner Antimaterie greifbar, als Abwesenheit von Krieg in all seinen Formen. Das dialektische Verhältnis drückt auch die von Platon abgeleitete römische Staatsdoktrin aus: »Si vis pacem, para bellum« (»Wenn du Frieden willst, rüste dich zum Krieg«), ferner in der Tatsache, dass im alten Rom der JANUSTEMPEL zum Zeichen des Friedens nur selten geschlossen wurde – nach dem 1. PUNISCHEN KRIEG (241 v. Chr.), zur Beendigung der RÖMISCHEN BÜRGERKRIEGE durch Augustus (29 n. Chr.), die »PAX ROMANA« eröffnend, danach noch zweimal von Augustus. Oft genug gab Friede auf einer Front freie Hand zum Krieg auf einer anderen, auch zum Krieg nach innen: So ermöglichten der FRIEDE VON CRÉPY mit Frankreich (1544) und der Waffenstillstand mit dem SULTAN (1545) Karl V. die Abhaltung des KONZILS von Trient (1545) und den SCHMALKALDISCHEN KRIEG (1546/47) gegen die PROTESTANTEN im Reich, den ersten großen RELIGIONSKRIEG im frühneuzeitlichen Europa.

So lässt sich Friede nur durch spezifische Friedensschlüsse oder Anläufe zu begrenzten Friedensordnungen historisch konkretisieren – vom ersten überlieferten Friedensvertrag zwischen Ägypten und dem HETHITERreich (**1270 v. Chr.**) nach der Schlacht bei Kadeš (1285) bis zum mühsamen Friedensprozess zur Beendigung des NAHOST- und NORDIRLANDKONFLIKTS. (Wichtigste Friedensschlüsse finden sich, chronologisch geordnet, im Register zum »Daten«-Band, alphabetisch nach dem Namen der Orte, in denen Friede geschlossen wurde, im Register des »Begriffe«-Bandes, jeweils unter dem Stichwort »Friede«). Das Überwiegen europäischer Friedensschlüsse reflektiert das Überwiegen namentlich benannter Kriege und ihrer Friedensschlüsse, somit des internationalen Völker- und Kriegsrechts in der europäischen Geschichte, während sonst in namenlos gebliebenen Kriegen (z. B. in China, Indien, Zentralasien, Afrika) Unterwerfung ohne fixiertes Vertragsrecht dominierte (mit Ausnahmen), bis hin zu »UNGLEICHEN VERTRÄGEN« (ab Vertrag von Nertschinsk mit Russland, 1689) in der neueren Geschichte Chinas, weil der Kaiser von China grundsätzlich keine Verträge von Gleich zu Gleich kannte. Beispiele für die notwendige Spezifizierung und Nuancierung kommen daher meist aus der Geschichte des Westens: Im modernen Europa, zuvor auch schon in der Iberischen RECONQUISTA, in KREUZZÜGEN und punktuell in Kriegen mit islamischen Mächten wurden Friedensschlüsse oft durch Waffenstillstände, mehrfach auch Vorfrieden (z. B. von VORFRIEDE VON NIKOLSBURG, 1866; VORFRIEDE VON SAN STEFANO, 1878) eingeleitet oder vorbereitet. Eine Sonderform ist der Sonder- oder SEPARATFRIEDE, in Allianzverträgen (z. B. LONDONER VERTRAG, 1914) ausdrücklich verboten, aber immer wieder gesucht oder geschlossen, z. B. SONDERFRIEDE ZU BASEL (1795), im Ersten Weltkrieg der FRIEDE VON BREST-LITOWSK und Bukarest (1918). Im KONZERT DER MÄCHTE der Europäischen PENTARCHIE und in ihrem Vorfeld seit dem Frieden von Münster und Osnabrück (WESTFÄLISCHER FRIEDEN, 1648) wurden Großfrieden von internationalen Friedenskongressen ausgehandelt und geschlossen – Rijswijk (1697), Utrecht/Rastatt (1713/14), Aachen (1748), Wien (1814/15), Paris (1856), Berlin (1878), Paris (1919), mit Vorortsfrieden (1919/20).

Konkrete (relative) Friedensordnungen wenigstens nach innen, nach Zeit und Raum begrenzt, gab es bisher meist nur als dialektische Kehrseite imperialer Eroberungen durch GROSSREICHE: Stilprägend wurden die klassische »Pax Romana« und moderne »Pax Britannica«, deren Segnungen (annähernder innerer Frieden) oft erst nach ihrem Verschwinden im Chaos postimperialer Nachfolgekriege gewürdigt wurden bzw. werden. Analog gab es die »Pax Sinica«, »Pax Indica«, »Pax Persica«, »Pax Mongolica« usw. Um 1900 hatte Europas Kollektiv-Imperialismus, ergänzt um Russland, die USA und Japan, scheinbar fast einen allgemeinen (relativen) Weltfrieden durch ihre jeweilige »nationale« Variante der »Pax Imperialistica« erzwungen, jedenfalls im Vergleich zu prä-kolonialen Kriegen in Asien (außer China) und Afrika seit der EXPANSION EUROPAS IN ÜBERSEE und den beiden Weltkriegen. Aber die Kollektiv-»Pax Imperialistica« enthielt schon Keime zu ihrer Selbstzerstörung – in zwei Weltkriegen samt postimperialen Nachfolgekriegen post-imperialer Nachfolgestaaten.

Nach 1945 sicherten die »Pax Sovietica« (Drittes Rom) und »Pax Americana« (Viertes Rom) einen prekären Weltfrieden nach innen durch hegemonial erzwungene Blockdisziplin im KALTEN KRIEG und im Ost-West-Konflikt (1945–1991), nach außen durch wechselseitige Drohung mit einem (atomaren) Dritten Weltkrieg. Unter den Atomschildern der Supermächte wurden außerhalb der direkten Hegemonialbereiche konventionelle postkoloniale Nachfolgekriege und Stellvertreterkriege im Kalten Krieg ausgetragen, einander teilweise überlappend (u. a. KOREAKRIEG, VIETNAMKRIEG). Gleichwohl wollten die Weltmächte ihre neo-imperiale HEGEMONIE und Friedensordnung auf den ganzen Erdball ausdehnen, mit (teilweise) unterschiedlichen Methoden und rivalisierenden Ideologismen: Die (überwiegend kontinentale) UdSSR setzte auch auf Weltrevolution und ihre FRIEDENSBEWEGUNG im Westen, die (überwiegend maritim-kommerzielle) USA auf ihr eigenes Missions- und Sendungsbewusstsein samt hohem Lebensstandard, seit dem ZUSAMMENBRUCH DES KOMMUNISMUS mit »Globalisierung«, in Konkurrenz zum (wie alle anderen Weltreligionen) vielfach in sich gespaltenen, teilweise fundamentalistisch aufgeladenen ISLAM.

Heute ist die Menschheit vom allgemeinen Weltfrieden weit entfernt, heimgesucht von regionalen postkolonialen und postkommunistischen Nachfolgekriegen, von Bürgerkriegen, neo-imperialen Reconquistakriegen und Repressionskriegen: vor allem in der »Dritten Welt« (Schwarzafrika, Algerien, Sahelzone, Lateinamerika), aber auch an Rändern der einst kommunistischen »Zweiten Welt«. Blutige Brennpunkte sind hier der Balkan (JUGOSLAWIENKRIEG), Kaukasus (zwei TSCHETSCHENIENKRIEGE) und Zentralasien (u. a. AFGHANISTANKRIEG samt Fortsetzungen). Besonders blutig sind Konflikte, wenn, in »Privatisierung der Gewalt« (Erhard Eppler) u. a. durch WARLORDS, der STAAT samt Anspruch auf Gewaltmonopol zusammengebrochen ist (u. a. Somalia, Liberia, Sierra Leone, Afghanistan) oder es keine Tradition und Strukturen des Rechts- und Verfassungsstaates gibt (u. a. Ruanda, Burundi, Algerien). Umgekehrt sind Zonen des Rechts- und Verfassungsstaates mit relativem Frieden: Nordamerika, Kern-Europa (mit Brennpunkten in Nordirland,

Baskenland, Korsika, Albanien), Australien/Neuseeland, Ostasien, Teile des kontinentalen Südostasien.

Literatur: F. H. Hinsley: Power and the Pursuit of Peace. Theory and Practice in the History of Relations Between States. Neudruck Cambridge 1967; K. Garber (Hg.): Der Frieden. Rekonstruktion einer europäischen Vision. München 2001; A.V. Hartmann: War, Peace and World Orders in European History. London 2001; M. Howard: Die Erfindung des Friedens. Über den Krieg und die Ordnung der Welt. Lüneburg 2001; K. Koppe: Der vergessene Frieden. Friedensvorstellungen von der Antike bis zur Gegenwart. Opladen 2001.

Dorer

(Dorier) Eine der drei großen griechischen Dialektgruppen (neben Aiolern und Ioniern), eingewandert nach traditioneller Auffassung von Norden nach Griechenland bis auf die Peloponnes, nach Nordwestgriechenland und Kreta (nach **ca. 1250 v. Chr.**): Protogriechen (ACHÄER), die durch die dorische Wanderung (ca. 1200–1100) teilweise vertrieben wurden, wichen auf die Inseln (u. a. Kreta, Thera) und die Südwestküste Kleinasiens mit vorgelagerten Inseln (u. a. Knidos, Kos, Rhodos) aus. Um den gemeinsamen Dialekt kristallisierte sich später eine gemeinsame kulturelle, bedingt auch politische Identität, mit dem Peloponnesischen Bund als Symmachie (WEHRGEMEINSCHAFT) der dorischen Griechen. Machtzentren im dorischen Teil Griechenlands waren Korinth und Sparta, mit eigenen Kolonien (z. B. Syrakus).

Auch: Dorische Säulenordnung, Dorischer Kirchenton (Kirchentonart auf »d«).

Literatur: K. O. Müller: Die Dorier. 2 Tle. Breslau 1824; F. Kiechle: Lakonien und Sparta. München, Berlin 1963; M. Finley: Die frühe griechische Welt. München 1982.

Indoeuropäer

Im engeren Sinn Träger der nur rekonstruierten indoeuropäischen Ursprache, im weiteren Sinn Name für Angehörige der am weitesten verbreiteten und weitverzweigten Sprachenfamilie der Welt: Im Deutschen war bis vor kurzem die Bezeichnung »Indogermanen« üblich, die Julius Klaproth nach dem südöstlichsten (Indoarier) und dem nordwestlichsten (GERMANEN) der 1823 bekannten Völker einführte. Inzwischen überwiegt die neutralere und außerhalb Deutschlands übliche Bezeichnung »Indoeuropäer«. Wichtigste Gruppen waren bzw. sind (grob von West nach Ost, von Nord nach Süd) – KELTEN, GERMANEN, ITALIKER (mit Latein als Hauptsprache), Balten (Litauer, Letten), SLAWEN, Griechen, Armenier, Iraner, Indoarier, Tocharer. Ihre heutige Verteilung ist Ergebnis komplizierter historischer Wanderungsprozesse, wie üblich in vergleichbaren Fällen (z. B. SEMITEN, Bantu): Ost- und Westindoeuropäer trennten sich vermutlich ca. 1500 v. Chr.; ARIER wanderten nach Indien ein (um 1400 v. Chr.); die 2. indoeuropäische Wanderungswelle brachte DORER und Italiker nach Griechenland bzw. Italien (**ca. 1200 v. Chr.**); keltische Stämme siedelten sich in Britannien (ca. 800 v. Chr.), Frankreich und Spanien an, fielen in Italien ein (687, 361). Der Druck von Klimakatastrophen und westwärts drängenden HUNNEN brachte die »VÖLKERWANDERUNG« germanischer und anderer

Stämme, ausgehend von Osteuropa, ins Rollen (375–568). Slawen drangen auf der Flucht vor Proto-Bulgaren und AWAREN von Osteuropa auf den Balkan vor (ab 567).

Aus westlichen Sprachen, von Kelten bis Griechen, entwickelten sich die meisten europäischen Sprachen der Gegenwart, von denen Englisch am weitesten in der Welt verbreitet ist, gefolgt von Spanisch und Französisch. Die Verwandtschaft der Sprachen entdeckte William Jones (1786), bewies Franz Bopp (1816). Existenz, Kultur und »Urheimat« der Träger einer »Ursprache« der Indoeuropäer sind bis heute umstritten – mögliche Ursprungsgebiete liegen vor allem in Osteuropa.

Literatur: A. Scherer (Hg.): Die Urheimat der Indogermanen. Darmstadt 1968; B. Schlerath: Die Indogermanen. Innsbruck 1973; L. Kilian: Zum Ursprung der Indogermanen. Forschungen aus Linguistik, Prähistorie und Anthropologie. Bonn 1983.

Italiker

Moderne Bezeichnung für indoeuropäische Stämme aus Mitteleuropa: Sie wanderten über die Alpen in zwei großen Gruppen (Latino-Falisker, später Osko-Umbrer) nach Italien (**ca. 1200**–1000 v. Chr.). Die Lateinisch sprechenden Römer fassten sie später in ihrem Reich zusammen und absorbierten die anderen Gruppen.

Literatur: H. Müller-Karpe: Vom Anfang Roms. Heidelberg 1959; A. Alföldi: Das frühe Rom und die Latiner. Darmstadt 1977; M. Pallottino: Italien vor der Römerzeit. München 1987.

Seevölker

Abkürzende Bezeichnung in der älteren Forschung für von altägyptischen Quellen selbst so genannte »Nord- und Seevölker« im »Seevölkersturm« (**ca. 1200 v. Chr.**): Eine Migrationswelle setzte möglicherweise die Einwanderung der DORER und ITALIKER nach Griechenland und Italien in Bewegung. Von ägyptischen Quellen genannte Namen (Luka, Akawaš, Šekeleš, Turša, Širdan, Danuna, Pelešet, Teukrer) entsprechen – vielleicht – Lykiern, ACHÄERN, Sikulern, ETRUSKERN, Sarden, Danaern, PHILISTERN. Sie griffen das ägyptische Nildelta an, ungefähr gleichzeitig mit LIBYERN (nach ca. 1220, ca. 1177): Troja, HATTI, die mykenischen Palastzentren in der Ägäis und Ugarit gingen in einer umfassenden, monokausal nicht zu erklärenden Krise unter (ca. 1200), die wirtschaftliche und politische Faktoren (HUNGERSNÖTE in Anatolien, Niederlagen Hattis gegen Assyrien, Marginalisierung und Renomadisierung der Landbevölkerung) mit Migrationen von außen verband. Das Machtvakuum in der Levante füllten vorübergehend neue, kleinere Mächte teilweise aus, besonders Städte der PHILISTER, Phöniker, das Reich der JUDEN. Der Seevölkersturm, mit anderen Krisenfaktoren, bedeutete eine tiefe Zäsur in der Geschichte des Alten Vorderen Orients, in der historischen Bedeutung vergleichbar der VÖLKERWANDERUNG am Ende des (West-)Römischen Reichs.

Literatur: A. Strobel: Der spätbronzezeitliche Seevölkersturm. Berlin 1976; I. Velikovsky: Die Seevölker. Frankfurt/Main 1978; N. K. Sandars: The Sea Peoples. Warriors of the Ancient Mediterranean 1250–1150 BC. London [2]1985.

Philister

Indoeuropäische Sprachgruppe aus der Ägäis (Peleŝet in ägyptischen Quellen, Peleshet in der Bibel), **nach 1200 v. Chr.** in Ägypten und der Levante: Den Angriff der Philister auf Ägypten wehrte Ramses III. (1184–1153) ab (1180). Danach standen sie als Söldner in ägyptischen Diensten. Philister besiedelten die Südküste Palästinas und bildeten einen Fünfstädtebund (PENTAPOLIS), der raschen Aufschwung nahm, u. a. dank EISENwaffen – Goliath gegen JUDEN (bis ca. 1000). Die Städte der Pentapolis erlagen dem Israel Davids, wurden von ASSYRIEN (ca. 720/700) und Babylon (604) erobert. Noch vor Alexander dem Großen begann ihre Hellenisierung. Nach der Zerstörung Jerusalems durch Hadrian (135 n. Chr.) lebt ihr Name in »Palästina« = »Syria Philistaia« weiter (PALÄSTINENSER).

Im Sprachgebrauch gilt Philister, entsprechend dem Negativbild der Bibel, auch pejorativ für »Spießbürger«, »engstirniger Mensch«.

Literatur: R. A. S. Macalister: The Philistines. London 1914, Nachdruck Chicago 1965; J. Spanuth: Die Philister – das unbekannte Volk. Osnabrück 1980; T. Dothan: The Philistines and their Material Culture. New Haven 1982; C. S. Ehrlich: The Philistines in Transition. A History from 1000–730 B. C. Leiden 1996.

Libyer

Volk berberischer Abstammung, seit Beginn schriftlich überlieferter Geschichte in Libyen: Mehrfache Angriffe der Libyer auf Ägypten wehrten Merenptah (ca. 1220 v. Chr.) und Ramses III. ab (**1184 v. Chr.**). Die Libyer standen zwischen den Attacken und danach auch als Söldner in Ägyptens Diensten, wurden schließlich angesiedelt und weitgehend assimiliert. Nach dem Ende des Neuen Reichs rissen die Libyer die Macht an sich und gründeten die 22. (Libysche) Dynastie (945–715).

Allgemein: Für die Griechen war Libyer auch ein Synonym für Afrikaner.

Streik

Organisierte Niederlegung der Arbeit, meist um Lohnerhöhungen oder andere Verbesserungen von Lebens- und Arbeitsbedingungen durchzusetzen, in der Neuzeit oft auch, von vornherein oder später, mit politischen Zielen (z. B. REVOLUTION, Sturz eines Systems, Mitbestimmung): Klassische Streiksituationen sind rasch steigende Preise (INFLATION) bei gleich bleibenden oder geringer steigenden Löhnen. Das erste in den Quellen greifbare Beispiel lieferte das ägyptische NEUE REICH (**1156 v. Chr.**), ausgelöst durch ökonomische Erschöpfung nach dem SEEVÖLKERsturm und den LIBYERkriegen (ca. 1220–1177), bei gleichzeitiger Fortsetzung der traditionellen kolossalen Bautätigkeit: Der INFLATION folgte ein Streik von Bauarbeitern. Für die römischen Kaiserzeit sind nur einzelne Aktionen von Handwerkern in Kleinasien überliefert. Einzelne Arbeitsniederlegungen sind auch im europäischen Mittelalter bekannt.

Der Streik wurde typisches Kampfmittel der sich organisierenden Arbeiterschaft in der INDUSTRIELLEN REVOLUTION, zunächst in Großbritannien (nach 1825), später in allen sich industrialisierenden Ländern, u. a. Ruhrbergarbeiterstreiks in Deutschland (1889, 1905). Der GENERALSTREIK wurde vor dem Ersten Weltkrieg von der 2. SOZIALISTISCHEN INTERNATIONALE als Waffe bei einem Kriegsausbruch proklamiert (u. a. 1907), vor und zu Beginn von REVOLUTIONEN auch von Kommunisten zur Mobilisierung der Massen organisiert, z. B. in Russland (1905/06–1917), später Januarstreiks in Österreich-Ungarn und Deutschland (1918). Streik diente zwischen ERSTEM WELTKRIEG und ZWEITEM WELTKRIEG und seit 1945 in allen westlichen Ländern (z. B. Großbritannien 1926) oft als Auftakt zum Sturz einer Regierung (z. B. in Afrika und Asien), aber auch zur Verteidigung einer REPUBLIK gegen einen Umsturz von rechts (z. B. in Deutschland gegen den KAPP-PUTSCH, 1920). Das Recht auf Streik wurde in den meisten westlichen Ländern von den GEWERKSCHAFTEN erkämpft, in kommunistischen Ländern verweigert: Trotzdem gab es Streiks in Polen (1980/81), mit neuer Form des Besetzungsstreiks (POLENKRISE, 1980–1982). In der Agonie des europäischen Kommunismus gab es zuletzt auch Streiks in der UdSSR (ab 1989), erst recht in den postkommunistischen Nachfolgestaaten.

Literatur: G. Lefranc: Grèves d'hier et d'aujour d'hui. Paris 1970; H.-G. Haupt u. a. (Hg.): Politischer Streik. Jahrbuch Arbeiterbewegung 1981. Frankfurt/Main 1981; K. Tenfelde/H. Volkmann (Hg.): Streik. München 1981.

Wesir

(arab.: wazir) Hoher Würdenträger seit der ABBASIDEN-Dynastie des KALIFATS (750–1258), vermutlich in modifizierter Fortführung von Verwaltungstraditionen des SASSANIDENreichs (224/27–642/51), später auch in anderen muslimischen Staaten Chef der BÜROKRATIE: Der Begriff bezeichnet auch ähnliche Funktionsträger in altorientalischen Gesellschaften, z. B. im späten Alten Ägypten vor und nach Ende des NEUEN REICHS (**1075 v. Chr.**) die Träger der eigentlichen Macht, in Rivalität zum Schatten-PHARAO (auch: GROSSWESIR, HAUSMEIER, SHOGUN).

Hohepriester

Oberster Priester der alten JUDEN bis zur Zerstörung des (2.) TEMPELS (70 n. Chr.), übertragen auch ähnliche geistliche Funktionsträger in anderen altorientalischen Gesellschaften, z. B. nach Ende des ägyptischen NEUEN REICHS (**1075 v. Chr.**): Das Hohepriestertum kann durch Kombination mit politischer Macht Züge der THEOKRATIE annehmen, gerade in der HASMONÄER-Dynastie (nach 164 v. Chr.).

Phryger

Indoeuropäische Sprachgruppe, unbekannter Herkunft: Phryger gründeten Gordion (**1050 v. Chr.**), die Hauptstadt des kurzlebigen Phrygischen Reichs (ab 738), das KIMMERIER zerstörten (ca. 695). Sie wurden vom

Lyderreich (vor 600) und vom ACHÄMENIDENreich (ca. 547) unterworfen. Phrygisch, als lebende Sprache noch um 500 n. Chr. bezeugt, ging später unter. Geblieben sind die Phrygische Tonart, eine Kirchentonart auf »e«, und die Phrygische Mütze, im Römischen Reich ein Symbol für aus der SKLAVEREI Freigelassene, in der FRANZÖSISCHEN REVOLUTION weiterentwickelt zur JAKOBINERmütze als Symbol für die Freiheit der französischen Nation, parodierend übernommen im Mainzer Fasching.

Literatur: R. Barnett: Phrygia and the Peoples of Anatolia in the Iron Age. London 1967; K. Belke/ N. Mersich: Phrygien und Pisidien. Wien 1990.

Chou-Dynastie

(Zhou-Dynastie) Nach Sturz der SHANG-DYNASTIE die zweite Königsdynastie im alten China (**1028 v. Chr.**), vom mittleren Hwangho nach Süden und Westen expandierend: Das China der Chou-Dynastie war feudaler Lehnsstaat. Nach den westlichen Chou (bis 771) zerfiel nach einer Invasion von Nomaden die Reichseinheit, mit inneren Wirren – »KÄMPFENDE STAATEN« (481–221): Die östlichen Chou hielten sich als Schattenkönige (bis 221).

Literatur: F. S. Couvreur: Chou king. Les Annales de la Chine. Paris 1950.

Juden

(von »Juda«, dem Stamm, aus dem David kam) Ursprünglich nomadische Stämme im Alten Orient, die nach Sesshaftwerden im Kulturland Kanaan zu einem Volk mit eigener Religion wurden: Die identitätsstiftende biblische Geschichte vom »Auszug« (EXODUS) der Juden aus Ägypten und einer kriegerischen Landnahme in Kanaan mythologisiert (ca. 1280 v. Chr.) einen langwierigen Prozess der Sesshaftwerdung von nomadischen Stämmen in Kanaan. Erst die vorstaatliche Organisation der AMPHIKTYONIE um den Gott El (hörbar im Namen Israel) mit mobilem Heiligtum (BUNDESLADE) und Kämpfe gegen die PHILISTER bewirkten eine Verschmelzung der Stämme zu einem Volk, das sich im Königtum Israel unter Saul (**ca. 1020**–1004 v. Chr.) sowie im GROSSREICH (Israel und Juda) unter David (1004–965) und seinem Sohn Salomo (965–928) behauptete.

Der Bau des TEMPELS IN JERUSALEM (ca. 953) als zentrale JAHWEKULTstätte unter Salomo überforderte das Reich wirtschaftlich: Es spaltete sich auf in Israel (»Zehn Stämme«) im Norden und Juda (»Zwei Stämme«) im Süden (928). Die Assyrer eroberten Israel (722) und deportierten die Bewohner. Die SAMARITANER entstanden als neue Mischbevölkerung mit altjüdischer Religion. Juda wurde von den Babyloniern erobert (586), seine Oberschicht geriet in die BABYLONISCHE GEFANGENSCHAFT (586–538), aus der sie mit monotheistischem Glauben als Repräsentant des ganzen Volkes zurückkehrte (daher der Name Juden, von Juda). Juden erhielten seit der Perserherrschaft (538–330) religiöse AUTONOMIE (KYROS-EDIKT), die sie zum Wiederaufbau des Tempels in Jerusalem (515) und zu kultischen Reformen nutzten. Allmählich bildete sich der abstrakte (bildlose) MONOTHEISMUS heraus.

In Babylon verbliebene Juden bildeten die erste DIASPORA. Nach der Eroberung durch Alexander den Großen (332) waren die Juden erst den PTOLEMÄERN, seit dem 5. SYRISCHEN KRIEG (200 v. Chr.) dann den Seleukiden untertan (323–164). Der erfolgreiche MAKKABÄERAUFSTAND gegen die Seleukiden (167) sicherte ihre Unabhängigkeit unter den HASMONÄERN (164–63), bis sie unter römische Herrschaft gerieten (63).

Das Judentum war durch den Religionsstifter Jesus von Nazareth – einen Juden – Ausgangspunkt des Christentums (ca. 30 n. Chr.). Der JÜDISCHE AUFSTAND unter Führung der ZELOTEN (66–70/73) und der BAR-KOCHBA-AUFSTAND (132–135) gegen die Römer scheiterten: Der Tempel (70) und Jerusalem (135) wurden zerstört, Juden durch DEPORTATION u. a. nach Spanien und zum LIMES gebracht oder ins Exil gedrängt (Galuth); sie flohen nach Süden und bewirkten die Judaisierung von Stämmen in Teilen Arabiens und Äthiopiens. Juden erlitten Verfolgungen in Byzanz und im WESTGOTENreich. Erst die Eroberung durch muslimische Araber (638) brachte Juden TOLERANZ und wieder begrenzten Zutritt zu Jerusalem. Juden spielten eine führende Rolle bei Wiederaufnahme des FERNHANDELS mit Westeuropa (ca. 800–1000), hatten eine starke Stellung im maurischen KALIFAT VON CÓRDOBA (929–1031) und wurden Mittler der griechischen Philosophie (u. a. des Aristoteles) über Spanien nach Westeuropa (u. a. durch Maimonides).

Ihre Stellung im mittelalterlichen Europa verschlechterte sich seit den KREUZZÜGEN, mit Judenmassakern im 1. und 2. KREUZZUG, vor allem in Städten am Rhein (1096, 1147), und der Anklage des »RITUALMORDS« (1144). Das 4. LATERANKONZIL (1215) stellte Juden unter Ausnahmegesetz und machte ihnen, nach dem Vorbild des KALIFATS (gelbe Gewänder für Juden) als Stigmatisierung den GELBEN FLECK zur Auflage. Sie erlitten häufig Vertreibungen lokalen, regionalen oder gar nationalen Ausmaßes (England 1290–1656). In Deutschland wurden Juden während der GROSSEN PEST von FLAGELLANTEN unter dem Vorwand der »Brunnenvergiftung« massakriert. Viele Juden retteten sich nach Polen (Aschkenasim, 1348/49), wo sie sich als OSTJUDEN eine eigene kulturelle Identität schufen, mit JIDDISCH als Muttersprache. Auch Frankreich (1394), Spanien (1492) und Portugal (1497) vertrieben Juden (SEPHARDIM) bzw. erzwangen ihre Konvertierung. Vielerorts ins GHETTO gezwungen (1516 ff.), fanden sie Zuflucht und TOLERANZ in Holland (nach 1579/81), in England seit der ENGLISCHEN REVOLUTION (1656). Ihre mitgebrachte Mundart wurde im Exil zu einer Sprache – Spaniolisch.

Juden spielten, besonders in Deutschland, eine wichtige Rolle seit der AUFKLÄRUNG (Lessing und Moses Mendelssohn): Die Bewegung der HASKALAH, begründet von Mendelssohn, hatte weit reichende Auswirkungen für die Akkulturation und ASSIMILATION der europäischen Juden. Die erste JUDENEMANZIPATION ermöglichte die FRANZÖSISCHE REVOLUTION (1790/91), andere Staaten West- und Mitteleuropa folgten. In Deutschland bildete die Emanzipation den Höhepunkt der kulturellen ASSIMILATION der Juden (bis 1933), stieß aber auch auf Widerstände, seit den HEPP-HEPP-UNRUHEN (1819). Im wirtschaftlich rückständigen und absolutistisch regierten Mittel- und Osteuropa wurden Juden

Ausnahmegesetzen unterworfen, vor allem in Russland: Im Zarenreich durften Juden nach der 1. TEILUNG POLENS (1772) nur noch im RAYON legal leben (1791). Die Militärpflicht sorgte für eine Zwangsrussifizierung (1827), verstärkt durch Abschaffung der Gemeindeverwaltung und Tracht (1844). Der Numerus Clausus in Russland beschränkte den Zugang zu höherer Bildung (1887). Der moderne, rassistisch argumentierende ANTISEMITISMUS entstand im Gefolge der Industrialisierung, in Deutschland und ÖSTERREICH-UNGARN nach der WELTWIRTSCHAFTSKRISE von 1873.

Nach der Ermordung von Zar Alexander II. (1881) verübten Russen POGROME an Juden. Sie lösten eine Auswanderungswelle nach Amerika über Deutschland und Westeuropa aus, eine Minderheit ging nach Palästina (1.–5. ALIJA). Zur gleichen Zeit gewann die Idee einer jüdischen »nationalen Heimstatt« an Bedeutung: Theodor Herzl, Autor des programmatischen Traktats »DER JUDENSTAAT« (1896), wurde Begründer und Führer des politischen ZIONISMUS, dessen Programm (BASELER PROGRAMM) auf dem 1. ZIONISTENKONGRESS in Basel (1897) verabschiedet wurde. Die britische Regierung, seit 1920 mit dem PALÄSTINA-MANDAT, hatte in der BALFOUR-DEKLARATION (1917) den Forderungen des Zionismus zugestimmt. Gegen Einsprüche der Araber fanden jüdische Siedler unter dem britischen Mandat zahlreiche Begünstigungen. Der NAHOSTKONFLIKT verschärfte sich mit der zunehmenden jüdischen Einwanderung nach Palästina.

Verschärfter Antisemitismus nach dem ERSTEN WELTKRIEG, zunächst in Polen, seit 1933 in NS-Deutschland trieb die Zahl der Einwanderer nach Palästina in die Höhe. Die Judenverfolgung in Deutschland sanktionierten und institutionalisierten die NÜRNBERGER GESETZE (1935), massive Ausschreitungen folgten in der »REICHSKRISTALLNACHT« (1938), eskaliert zum genozidalen Mordprogramm mit der »ENDLÖSUNG«/HOLOCAUST in den Vernichtungs-KONZENTRATIONSLAGERN (1941–1945).

Eine indirekte Konsequenz des Holocaust war die Gründung Israels (1948), unterstützt von Juden in der Diaspora und den USA. Der Nahostkonflikt eskalierte zu NAHOSTKRIEGEN (seit (1948). Heftige jüdische Proteste richteten sich gegen den LIBANONKRIEG Israels und die Duldung der MASSAKER VON BEIRUT (1982). Im Widerstreit der Prinzipien des Existenzrechts des Staates Israel als uralte Heimat und Fluchtort für Juden in aller Welt einerseits, des Rechts auf Heimat und selbstständige politische und soziale Existenz der Palästinenser andererseits suchte der Nahost-Friedensprozess seit 1992 einen Kompromiss, der den Interessen beider Völker gerecht wird – bisher (2002) zerrieben durch FUNDAMENTALISMEN auf beiden Seiten.

Literatur: M. Gilbert: Jewish History Atlas. London 1969; A. Eban: Dies ist mein Volk. Die Geschichte der Juden. Zürich 1970; G. Fohrer: Israel. Von den Anfängen bis zur Gegenwart. Heidelberg [2]1979; H. H. Ben-Sasson (Hg.): Geschichte des jüdischen Volkes. 3 Bde., München 1978–!)80; B. Martin/E. Schulin (Hg.): Die Juden als Minderheit in der Geschichte. München 1981; A. H. J. Gunneweg: Geschichte Israels. Von den Anfängen bis Bar Kochba und von Theodor Herzl bis zur Gegenwart. Stuttgart 1989; F. Battenberg: Das europäische Zeitalter der Juden, Darmstadt 1990; H. Donner: Geschichte des Volkes Israel und seiner Nachbarn. 2 Bde., Göttingen [2]1995; N. de Lange (Hg.): Illustrierte Geschichte des Judentums. Darmstadt 2000.

Monotheismus

(griech.: »mono« = ein, »theos« = Gott) Lehre, dass es nur einen Gott gibt: Nach einem ägyptischen Vorlauf (ATON) wurde der Monotheismus als geschlossene Lehre zuerst formuliert und praktiziert vom alttestamentarischen JUDENTUM. Er entwickelte sich allmählich über mehrere Vorstufen seit dem jüdischem Königtum unter Saul (**ca. 1020 v. Chr.**), im Gegensatz zum Polytheismus (viele Götter) der anderen Religionen, die jedoch oft auch ein allerhöchstes göttliches oder gottähnliches Wesen in ihrer Götterhierarchie verehrten. CHRISTENTUM und ISLAM übernahmen von den Juden den Monotheismus.

Literatur: B. Lang (Hg.): Der einzige Gott. Die Geburt des biblischen Monotheismus. München 1981; H. Köhler (Hg.): The Concept of Monotheism in Islam and Christianity. Wien 1982; E. Haag (Hg.): Gott, der einzige. Zur Entstehung des Monotheismus in Israel. Freiburg i. Br. 1985; J.C. de Moor: The Rise of Yahweism. The Roots of Israelite Monotheism. Löwen 1997.

Jebusiten

Volk in Kanaan, unbekannter Herkunft, Gründer Jerusalems: Die Jebusiten wurden von den JUDEN unter David (**1004**–965 v. Chr.) besiegt: Jerusalem wurde Hauptstadt und religiöser Mittelpunkt des Jüdischen Reichs, später des Judentums (ca. 1000).

Aramäer

Westsemitische Nomaden, die, aus der Syrischen Wüste westlich des Euphrat nach Syrien und Mesopotamien eindringend, in Syrien allmählich sesshaft wurden (nach 1200 v. Chr.): Aramäer übten Druck auf ASSYRIEN aus, wurden vom Mittelassyrischen Reich unterworfen, später von Israel unter David (**1004**–965 v. Chr.). David eroberte Damaskus, das nach Salomons Tod (928) wieder Sitz einer unabhängigen Dynastie wurde. Die Assyrer eroberten die aramäischen Kleinstaaten (732) und machten Aramäisch zur Lingua franca (allgemeine Handels- und Verkehrssprache) im Vorderen Orient. Aramäische CHALDÄER gründeten das Neubabylonische Reich (626–539). Die Aramäerstaaten gehörten zum Perserreich unter Dareios I. (521–485), Aramäisch war offizielle Reichssprache, Reichsaramäisch war zur Zeit Jesu Volkssprache der Juden, auch Sprache des Gottesdienstes. Teile des Alten Testaments waren ursprünglich in Aramäisch verfasst. Westaramäisch hielt sich in einigen abgelegenen Dörfern im Antilibanon bis heute.

Literatur: A. Dupont-Sommer: Les Araméens. Paris 1949; G.G. Reinhard: Die Beziehungen Altisraels zu den aramäischen Staaten in der israelitisch-judäischen Königszeit, Frankfurt/Main 1989.

Tempel in Jerusalem

Zentraler Kultort des alten Israel im eroberten Jerusalem zur (stationären) Aufnahme der (bisher mobilen) BUNDESLADE im Allerheiligsten (cella): Der Tempelbau war schon von David beabsichtigt, wurde aber erst von Salomon im ägyptisch-syrisch-mesopotamischen Mischstil mit

Handwerkern aus Tyros und einem enormen, Israel überfordernden Kostenaufwand durchgeführt (**ca. 953 v. Chr.**): Der TEMPEL war der einzig zugelassene Ort für den JAHWEKULT und Tieropfer. Babylonier unter Nebukadnezar II. zerstörten ihn (586). Nach der Rückkehr aus der BABYLONISCHEN GEFANGENSCHAFT (586–538) wurde er wieder aufgebaut (515). Den Tempel plünderte der Seleukidenkönig Antiochos IV. auf dem Rückweg aus Ägypten (169). Hellenisierte jüdische Priester wandelten ihn in einen Zeustempel um (167). Nach der Rückeroberung Jerusalems durch Judas Makkabäus neu geweiht (164), wurde er von den HASMONÄERN befestigt, von Pompeius betreten (64). Crassus plünderte die Tempelschätze (53). Der unter Herodes (37–4 v. Chr.) neu erbaute Tempel wurde erweitert, von Josephus Flavius beschrieben. Nach dieser Beschreibung ist das Modell des damaligen Jerusalem und Tempels in Jerusalem angefertigt. Beim JÜDISCHEN AUFSTAND (66–70 n. Chr.) von ZELOTEN besetzt (66), verteidigten ihn die Aufständischen gegen die Römer unter Titus: Bei den Kämpfen wurde der Tempel zerstört (70). Damit endeten Tieropfer im jüdischen Gottesdienst.

Der nach der islamischen Eroberung errichtete FELSENDOM (al-Aqsa-Moschee) auf dem Tempelplatz (691) ist zweithöchstes Heiligtum des ISLAM. In den KREUZZÜGEN war der Felsendom PALAST des Königs von Jerusalem: In einem Flügel residierte der nach seinem Sitz benannte GEISTLICHE RITTERORDEN der TEMPLER (1119). Die Westmauer des Herodestempels ist als »Klagemauer« Ziel jüdischer Pilger: Folge waren Konflikte mit den Arabern (1919). Der Tempelberg lag im von Jordanien besetzten Ostjerusalem (1949), wurde von Israel besetzt (1967), ist heute neuralgischer Punkte im NAHOSTKONFLIKT, da ihn Juden und Muslims (unterschiedlich) reklamieren. Das Massaker eines Amok laufenden Israeli unter Muslims auf dem Tempelbezirk (Ostern 1982) und ein Besuch des damaligen israelischen Oppositionsführers Scharon (Herbst 2000) verschärften den Nahostkonflikt.

Literatur: K. Moehlenbrink: Der Tempel Salomos. Stuttgart 1932; A. Parrot: Le Temple de Jérusalem. Neuchâtel, Paris 1954; T. A. Busink: Der Tempel von Jerusalem von Salomo bis Herodes. Leiden 1970. K. Rupprecht: Der Tempel von Jerusalem. Berlin 1977.

Bundeslade

Mobiles Bundesheiligtum der Stämme Israels, neben dem Zeltheiligtum der wichtigste Kultgegenstand in der Frühzeit Israels: Sie wurde den nomadisierenden Stämmen vorausgetragen, als göttliche Hilfe bei der Suche nach Weideplätzen und im Kampf gegen äußere Feinde. Der biblischen Überlieferung nach brachte David (1004–965) sie nach Jerusalem. Seit Salomon (965–928) stand sie im Allerheiligten des Tempels (fertiggestellt **953 v. Chr.**). [G. I.]

Deportation

Zwangsumsiedlung größerer Menschenmassen aus politischen oder strategischen Gründen: Zuerst im großen Ausmaß praktiziert von ASSYRIEN, bediente sich besonders das Neuassyrische Reich (**883–**

614/12 v. Chr.) der Massendeportationen als Herrschaftsinstrument, z. B. nach der Zerstörung des jüdischen Nordreichs Israel (722): Die »Zehn verlorenen Stämme« wurden ersetzt durch Nomaden – so entstand die Mischbevölkerung der SAMARITANER. Nebukadnezar veranlasste die Deportation der jüdischen Oberschicht nach Babylonien in die BABYLONISCHE GEFANGENSCHAFT (586–538).

Deportationen praktizierten später auch andere GROSSREICHE bzw. Staaten bis zur Jetztzeit (u. a. Rom, Byzanz, FRANKENREICH, Mongolen, Timur Länk; Russland/UdSSR, USA, DRITTES REICH, Rumänien, Serbien/Ex-Jugoslawien, Nordkorea). Betroffen waren neben ganzen Völkern, Volksgruppen und ethnischen Minderheiten oder sozialen Schichten auch politische Gegner, die z. B. nach Amerika, Australien, Sibirien oder Zentralasien deportiert wurden. Im ERSTEN WELTKRIEG wurden belgische Arbeiter durch Deutschland deportiert. Das Dritte Reich verschleppte JUDEN und Angehörige anderer Völker (z. B. Polen) aus Deutschland und aus den besetzten Gebieten zur Ermordung in die Vernichtungs-KONZENTRATIONSLAGER (»ENDLÖSUNG«/HOLOCAUST). Nach dem ZWEITEN WELTKRIEG wurden Deutsche, vor allem aus den an Polen und die UdSSR gefallenen Ostgebieten und aus dem sog. Sudetenland, nach Deutschland deportiert (»Transfer«, 1945/46). Die UdSSR deportierte u. a. Polen aus den 1939, Litauer, Letten, Esten aus den 1940/44 besetzten Gebieten sowie Wolgadeutsche, KRIMTATAREN, Kaukasusvölker (u. a. Tschetschenen) nach Sibirien/Zentralasien, Japaner aus den von Japan (1945) abgetretenen Inseln (Kurilen, Südsachalin) nach Japan, in faktischen »ETHNISCHEN SÄUBERUNGEN«.

Indirekte Herrschaft

(engl.: indirect rule) Im Gegensatz zu DIREKTER HERRSCHAFT lockere Herrschaft über VASALLEN- und KLIENTELstaaten, mit innerer AUTONOMIE: Bereiche indirekter Herrschaft waren dem direkten und permanenten militärischen Zugriff der Zentrale eines Machtzentrums entzogen, weiter entfernt an der Peripherie oder in geographisch schwer zugänglichen Rückzugsgebieten. Herrschaftsinstrumente waren TRIBUT (oft vertraglich fixiert), Heeresfolge im KRIEG auf Anforderung, Bestätigung oder Anzeige eines neuen Regionalherrschers, oft auch mit einem ständigen Vertreter der Zentrale zur Überwachung der Loyalität. Stilprägend für die Unterscheidung zwischen direkter und indirekter Herrschaft wurde die britische Kolonialherrschaft in Indien (1765/98). Bewusst und mit diesem Namen zuerst so praktiziert, später auch schriftlich systematisiert (»Dual Mandate in British Tropical Africa«, 1922) wurde indirekte Herrschaft von Frederick Lugard im nördlichen Nigeria gegenüber dem SULTANAT VON SOKOTO (1903), nach Erfahrungen in Uganda und mit FÜRSTENSTAATEN im britischen Indien. Danach wurde sie offizielle Kolonialdoktrin im Britischen Empire, vor allem in afrikanischen Kolonien. Der Sache nach ist indirekte Herrschaft viel älter: Sie ist universal nach Zeit und Raum und spätestens seit dem Neuen HETHITERreich/HATTI (ca. 1400) und Neuassyrischen Reich (**883 v. Chr.**) üblich.

Omri-Dynastie

DYNASTIE im jüdischen Nordreich Israel (ca. 882–841) mit der Hauptstadt Samaria, gegründet von Omri (ca. 882–871): Die Omri-Dynastie schloss ein Bündnis mit Tyros und erlaubte den BAALSKULT für die nichtjüdische Bevölkerung, vor allem unter Omris Sohn Ahab (ca. 874/71–852). Diese Toleranz stieß auf erbitterte religiöse Opposition unter Elias: Nach Ahabs Sturz durch Jehu (**841 v. Chr.**) wurde der Baalskult ausgerottet, Israel unterstellte sich ASSYRIEN zum Schutz gegen Tyros und Juda.

Literatur: A. Parrot: Samaria, the Capital of the Kingdom of Israel. London 1958.

Baalskult

(westsemit.: Ba'al = Herr) Weit verbreiteter religiöser Kult unter Westsemiten im alten Syrien/Palästina, schon früh fassbar aus Ugarit-Texten (ca. 1300 v. Chr.): Wichtigster Baalskult war der des Regen spendenden Wettergottes, oft verbunden mit sexuellen Riten. Dagegen richtete sich der JAHWEKULT, der durch das Vordringen des Baalskults unter der OMRI-DYNASTIE zeitweilig zurückgedrängt wurde. Das Massaker an den Baalspriestern durch Jehu (**841 v. Chr.**) markierte den Wendepunkt, ohne den Baalskult in Israel gleich völlig ausrotten zu können.

Literatur: N. Habel: Jahwe Versus Baal. A Conflict of Religious Cultures. St. Louis 1964.

Meder

Altorientalisches Volk indoeuropäischer Sprache, zur indoiranischen Gruppe gehörend, den Persern nahe stehend: Wie die Perser ursprünglich Reiternomaden, drangen die Meder von Osten gegen Mesopotamien vor. Sie setzten sich im späteren Medien (ungefähr heutiges Aserbaidschan) fest (nach 1000 v. Chr.), tauchen zuerst in assyrischen Quellen auf (**836 v. Chr.**). Mit der Unterwerfung durch Tiglat-Pilesar III. (745–727) gerieten die Meder unter assyrische Tributsoberherrschaft mit Massendeportationen. Ihr Abfall von ASSYRIEN unter König Kyaxares (625) begründete das MEDERREICH (bis 550), das mit Babylon gegen Assyrien bis zu dessen Vernichtung kämpfte (614/12). Die Meder expandierten gegen Urartu und Lydien: Durch Vermittlung Babylons wurde der Halys die Grenze zu Lydien (585). Das Reich erlag der persischen Expansion unter Kyros (550), wurde dem Perserreich einverleibt (bis 330); die Meder behielten aber ihr Eigengewicht: Zarathustra wirkte unter den Medern (nach 600), ein medischer Aufstand gegen die Perser, nach Herodot unter dem Magier Gaumata scheiterte (522/21). Als »Karduchen« werden die Meder von Kurden als Vorfahren reklamiert.

Kelten

Europäisches Volk indoeuropäischer Sprache, den Germanen nahe stehend: Die Kelten expandierten von Mittel- und Nordwesteuropa aus bis nach Britannien (**ca. 800 v. Chr.**, Briten). Ihr Verbreitungsgebiet umfasste die La-Tène- und Hallstatt-Kultur in Gallien, Spanien (vermischt mit einheimischen Iberern zu KELTIBERERN), Oberitalien sowie die nördliche Balkanhalbinsel und reichte die Donau abwärts bis Kleinasien (Galater, 275). Kelten traten früh in Kontakt mit der mediterranen Zivilisation als antike RANDKULTUR (älteste schriftliche Nachrichten u. a. bei Herodot) mit hoher Kunstfertigkeit, z. B. in der Metallverarbeitung. Sie wurden von späteren Eroberern (Griechen, Römern, GERMANEN, SÜDSLAWEN) weitgehend absorbiert, hinterließen viele geographische Namen (Rhein, Main, Taunus; Paris, Bonn, fast alle Ortschaften, die auf »-ich« enden), teilweise modifiziert (Mailand, Bologna).

Ihre kultur- und religionsgeschichtliche Bedeutung liegt in der Bewahrung des CHRISTENTUMS bei Briten und Iren am Ende der VÖLKERWANDERUNG, u. a. widergespiegelt im keltischen Sagenkreis (Artus, Parsifal). Im Frühmittelalter missionierten keltische iroschottische Mönche in England und auf dem Kontinent. Ihre Sprache hielt sich marginal nur noch im »Celtic fringe« Großbritanniens, der Bretagne und Irlands, wiederbelebt in der keltischen Renaissance (seit dem 19. Jh.), mit Ausprägung nationalen (Irland) und Regionalbewusstseins (Wales, Schottland; Bretagne).

Literatur: M. Dillon/N. K. Chadwick: Die Kelten. Von der Vorgeschichte bis zum Normanneneinfall. Zürich 1966; J. Moreau: Die Welt der Kelten. Stuttgart [4]1965; T. Powell: The Celts. London 1967; P. M. Duval: Die Kelten. München 1978; B. Cunliffe: The Celtic World. London 1992.

Skythen

Iranisches Reitervolk: Die Skythen, die sich selbst als Skoloten bezeichneten, kamen ursprünglich aus den eurasischen Steppen. Sie wurden von der Expansion CHOU-Chinas aus Kansu nach Westen abgedrängt (nach **800 v. Chr.**) und verdrängten ihrerseits KIMMERIER aus Südrussland. Ihre Wohngebiete lagen zwischen Don und Karpaten, teilweise betrieben sie sesshaften Ackerbau (Bericht bei Herodot, »Historien«, 4. Buch). Skythen unternahmen einen verheerenden Einfall nach Vorderasien (ca. 650 v. Chr.) sowie durch Lydien und Syrien bis zu den Grenzen Ägyptens (626). Sie wurden von den MEDERN besiegt (vor 615), verbündeten sich mit ihnen und den Babyloniern gegen ASSYRIEN zur Eroberung Ninives (612), wurden von den Medern aus dem Vorderen Orient vertrieben (608), behaupteten sich gegen Perser unter Kyros (530) und Dareios I. (Feldzug nördlich der unteren Donau, 512). Skythen übten Druck auf nördliche Griechen (496, 437) und Makedonien (340) aus. Die östlichen Skythen gerieten unter Druck durch den ALEXANDERZUG (329), wurden von SARMATEN (4./3. Jh. v. Chr.) verdrängt. Das letzte Fürstentum der Skythen auf der Krim eroberte Mithridates VI. von Pontos (109/08 v. Chr.).

Auch: im Frühmittelalter Synonym für GOTEN.

Literatur: T. Talbot-Rice: Die Skythen. Ein Steppenvolk an der Zeitenwende. Köln 1957; J. A. H. Potratz: Die Skythen in Südrußland. Ein untergegangenes Volk in Südrußland. Basel 1963; R. Rolle: Die Welt der Skythen. Frankfurt/Main 1980; V. Schiltz: Die Skythen und andere Steppenvölker. München 1994.

Olympische Spiele

Alle vier Jahre (= Olympiade) im alten Olympia stattfindende Wettspiele (vielleicht aus vorgriechischen Fruchtbarkeitsriten entstanden), zunächst nur mit Siegerlisten überliefert (ab **776 v. Chr.**), wichtig für die Chronologie der griechischen Antike: Die Olympischen Spiele bestanden anfangs nur aus einem Wettlauf an einem Tag, wurden später durch mehr Disziplinen auf fünf Tage erweitert. Als Teilnehmer (Olympioniken) waren nur freie männliche Griechen zugelassen, aber als Zuschauerinnen auch Mädchen. Die Wettkämpfe wurden von der Stadt Elis ausgerichtet, die Einwohner bestimmten die Kampfrichter. Um den Teilnehmern Sicherheit für Anreise, Aufenthalt und Heimreise zu garantieren, wurde der Heilige Friede proklamiert. Wirtschaftliche Belohnung erwartete die Sieger erst nach ihrer Rückkehr. Ähnliche Spiele waren vor allem die ISTHMISCHEN SPIELE und Delphischen/Pythischen Spiele. Von Theodosius I. wurden die Olympischen Spiele verboten (393 n. Chr.), erst wiederbelebt durch die modernen OLYMPISCHEN SPIELE (1896).

Literatur: H. Bengtson: Die Olympischen Spiele in der Antike. Zürich [2]1972; I. Weiler: Olympia–Sport und Spektakel. Die Olympischen Spiele im Altertum und ihre Rezeption im modernen Olympismus. Hildesheim 1998.

Kolonisation

(zu lat.: colonia = Kolonie) Siedlungs- und/oder Handelskolonien außerhalb des Siedlungsbereichs eines Volkes aus ökonomischen, demographischen (Überbevölkerung) oder strategischen Gründen: Im Mittelmeerraum unternahmen die Phöniker, fortgesetzt von Karthago, eine weiträumige Kolonisation (ab ca. 1000). Historisch bekannter war die etwas spätere griechische Kolonisation rund ums Mittelmeer und am Schwarzen Meer, in zwei Phasen: Die große griechische Kolonisation erfasste auf dem Seeweg Nordafrika, Sizilien und Unteritalien, Südfrankreich, das Pontosbecken (ab **754 v. Chr.**); die zweite Welle, die makedonisch-hellenistische Kolonisation seit dem ALEXANDERZUG, verlief überwiegend zu Lande. Während die phönikische Kolonisation primär kommerzieller Natur war, standen bei den Griechen wahrscheinlich eher der Abbau überschüssiger Bevölkerung sowie, im HELLENISMUS, strategische Erwägungen im Vordergrund. Analog gab es Kolonisationsbewegungen von Rom (Veteranenkolonien), China, Indien (jeweils nach Südostasien), Arabern (an der Ostküste Afrikas), später die russische bis zum Pazifik.

Die neuzeitlichen europäischen Kolonialreiche (ab 15. Jh.) kombinierten mit dem Namen auch die klassischen Methoden der Kolonisation über See und zu Lande (z. B. in Nord- und Südamerika, Australien). Vgl. auch deutsche OSTKOLONISATION (1134), zionistische Kolonisation in Palästina (1882 ff.).

Auch: Handelskolonien (Niederlassung von Kaufleuten oder Fremden in einer Stadt, meist Handels- und Hafenstadt).

Literatur: T. J. Dunbabin: The Western Greeks. Oxford 1948; J. Boardman: Kolonien und Handel der Griechen. München 1981.

Ephorenliste

Liste öffentlicher Beamter in Sparta (seit **754 v. Chr.**): Der erste Ephor wurde eponym (Jahr wurde nach seinem Namen benannt). Die überlieferte Liste ist wichtig für die Chronologie.

Literatur: B. Busolt: Griechische Staatskunde. München [3]1920.

Gründung Roms

Traditionelles, vom römischen Schriftsteller Varro (116–27) errechnetes Datum für die Stadtgründung ist **753 v. Chr.**: Das Datum ist wie die Geschichte des Romulus und der folgenden sechs Könige eine Legende, diente aber den Römern zur Chronologie der eigenen Geschichte (»ab urbe condita«, seit Gründung der Stadt). Ältere Siedlungen (seit nach 900) wurden durch SYNOIKISMOS von der etruskischen Adelsfamilie Ruma zusammengefasst (ca. 650). Die Jahrtausendfeier der Gründung Roms fand unter Kaiser Philippus Arabs statt (248 n. Chr.).

Literatur: H. Müller-Karpe: Zur Stadtwerdung Roms. Heidelberg 1962; A. Alföldi: Die Struktur des voretruskischen Römerstaates. Heidelberg 1974.

Synoikismos

(griech.: syn = zusammen + oikos = Haus: Zusammensiedlung) Gründung einer neuen Stadt oder Erweiterung einer bestehenden durch Zusammenfassung von (meist dörflichen) Siedlungen oder durch Einbeziehung in die schon bestehende Stadt: Klassische Beispiele sind das frühe Athen, die Gründung von Thessalonike (Salonike) durch Kassandros (316/15 v. Chr.) und Megalopolis (ca. 366) als Hauptstadt des ARKADISCHEN BUNDS. Vermutlich vollzog sich entsprechend auch die GRÜNDUNG ROMS – angeblich **753 v. Chr.**, in Wirklichkeit ca. 650.

Seit dem Mittelalter wuchsen viele Städte auf dem Weg des Synoikismos zusammen, z. B. Braunschweig, Saarbrücken, Danzig, Clermont-Ferrand, außerhalb Europas Delhi. Ähnlich vollzogen sich der Sache, nicht dem Wort nach, auch umfangreiche Stadterweiterungen durch Angliederung früher selbstständiger Städte sowie die Schaffung neuer Städte durch Zusammenfassung verschiedener Städte (z. B. Wuppertal) oder überwiegend ländlicher Gebiete (Norderstedt bei Hamburg, Maintal bei Frankfurt am Main) im Zuge der Kommunalreform. Der Begriff beschränkt sich im wissenschaftlichen Sprachgebrauch auf die Antike.

Ilias

Chronologisch erstes der Homer zugeschriebenen Großepen: Die Ilias (**ca. 750 v. Chr.**) beschreibt in 24 Gesängen bzw. 16 000 Hexametern 51 Tage im zehnten (letzten) Kriegsjahr des Trojanischen Kriegs. Hauptthema ist der Zorn des Achill, des bedeutendsten griechischen Helden, der sich aus gekränktem Ehrgefühl aus dem Kampf zurückzieht und so den schon nahe geglaubten Sieg der Griechen in weite Ferne rückt. Am

Rande der Katastrophe, als die Trojaner das Lager der Griechen erobern und Patroklos, der Vertraute Achills, im Kampf mit Hektor unterliegt und stirbt, überwindet Achill seinen Stolz und greift wieder in das Geschehen ein. Im Zweikampf siegt Achill über Hektor und bereitet so die endgültige Niederlage der Trojaner vor. [M. S.]

Literatur: U. v. Wilamowitz-Moellendorff: Die Ilias und Homer. Berlin 1916; W. Schadewaldt: Von Homers Welt und Werk. Stuttgart [3]1959; M. I. Finley: Die Welt des Odysseus. München 1979; J. Latacz (Hg.): Homer. Tradition und Neuerung. Darmstadt 1979; J. Latacz: Homer. Der erste Dichter des Abendlandes. München/Zürich [2]1989; J. Latacz (Hg.): Homer. Die Dichtung und ihre Deutung. Darmstadt 1991.

Odyssee

Chronologisch zweites der Homer zugeschriebenen Großepen: Die Odyssee (24 Gesänge, 12 000 Hexameter) knüpft inhaltlich an die ILIAS an (**ca. 750 v. Chr.**): Die Trojaner sind durch die List des Odysseus geschlagen, der wegen Rachegelüsten der Göttin Hera weitere zehn Jahre vom heimatlichen Ithaka ferngehalten, auf seiner Irrfahrt durchs Mittelmeer zahlreiche Abenteuer zu bestehen hat. Zum literarischen Topos ist das Heimkehrermotiv geworden: In Ithaka warten Odysseus' Gattin Penelope und sein Sohn Telemachos. [M. S.]

Literatur: vgl. Ilias.

Messenische Kriege

Die drei Kriege Spartas gegen die Messenier:

- 1. Messenischer Krieg (**740**–720 v. Chr.): Messenier wurden zu HELOTEN unterworfen;
- 2. Messenischer Krieg (660–640): Aufstand der Messenier (660 v. Chr.), von Sparta mit letzter Kraft niedergeworfen (640) – Sparta sicherte seine HEGEMONIE auf der Peloponnes;
- 3. Messenischer Krieg (464–458): Helotenaufstand (464 v. Chr.); das zu seiner Niederwerfung entsandte athenische Hilfskorps wurde von Sparta zurückgeschickt (462). Folgen waren der Bruch zwischen Athen und Sparta und die PELOPONNESISCHEN KRIEGE (459–446/45, 431–404).

Literatur: J. Kroymann: Sparta und Messenien. Berlin 1937.

Messenier

Griechischer Stamm auf der Peloponnes, in Messenien: Die Messenier wurden von dorischen Spartanern im 1. MESSENISCHEN KRIEG besiegt (**740**–720 v. Chr.) und zu HELOTEN herabgedrückt. Sie wanderten teilweise nach Großgriechenland aus – vor allem nach Rhegion in Italien (Reggio di Calabria, ca. 720 v. Chr.). Spätere Befreiungsversuche scheiterten mit dem 2. und 3. Messenischen Krieg (660–640, 464–458). Die Niederhaltung der Messenier war Grundlage der Machtstellung Spartas, abgesichert im PELOPONNESISCHEN BUND (550–371). Ihre Befreiung gelang erst nach der vernichtenden Niederlage Spartas bei

Leuktra gegen Theben (371) mit thebanischer Hilfe: Messenien wurde unabhängig, mit der Hauptstadt Messene (369), kam zum Achaiischen Bund (191), dann zu Rom (146).
Literatur: F. Kiechle: Messenische Studien. Kallmünz 1959.

Heloten ▪

(griech.: Heilotes) Von griechischen Einwanderern (nach 1200 v. Chr.) unterworfene protogriechische Bevölkerung auf der Peloponnes, auch: MESSENIER (**740**–720 v. Chr.): Heloten waren an den Grundbesitz eines SPARTIATEN gebundene Staatssklaven Spartas, von Spartanern durch jährliche formelle Kriegserklärung und rituelle Menschenjagd ständig terrorisiert. Aufstände blieben meist erfolglos (490, 464, 410, 369).
Literatur: K. M. T. Chrimes: Ancient Sparta. London ²1952; F. Kiechle: Lakonien und Sparta. München, Berlin 1963; St. Link: Der Kosmos Sparta. Darmstadt 1994.

Kimmerier ▪

Iranisch-thrakisches Reitervolk, aus Südrussland von SKYTHEN über den Kaukasus nach Süden abgedrängt (ca. 800 v. Chr.): Die Kimmerier übten Druck auf Urartu aus (**739 v. Chr.**) und vernichteten das Reich der PHRYGER (ca. 695). Sie unternahmen verheerende Einfälle in Lydien (667–664, 652, 645) bis nach Ionien, unterlagen ASSYRIEN (ca. 640) und Lydien (575).

Lelantinischer Krieg ▪

Konflikt zwischen den euboiischen Städten Chalkis und Eretria um die Lelantinische Ebene (**ca. 734**–680 v. Chr.): Im ersten sicher bezeugten KRIEG zwischen zwei griechischen POLEIS, noch mit aristokratischen Einzelkämpfern, stießen mit Chalkis und Eretria jene Mächte zusammen, die sich besonders intensiv am Seehandel und der frühen KOLONISATION beteiligten. Der Konflikt wuchs sich zum ersten griechischen Koalitionskrieg mit weiträumigen Symmachien (WEHRGEMEISCHAFTEN) aus: Chalkis siegte mit Unterstützung von Korinth, Samos, Pharsalos, Phokaia und Kroton gegen die Allianz zwischen Eretria, Milet, Megara, Aigina und Sybaris: Euboia büßte seine führende Stellung ein. [M. S.]

Samaritaner ▪

(Samariter) Mischbevölkerung im von ASSYRIEN eroberten Israel (**722 v. Chr.**) aus nach DEPORTATION verbliebenen ISRAELITEN, ansässigen ARAMÄERN und Kanaanäern sowie eingesiedelten Nomaden: Samaritaner pflegten die jüdische Religion mit stärker kanaanäischen Elementen, aber ohne spätere Kultreformen seit Esra und Nehemia (nach 450 v. Chr.), zunächst weiter mit dem Althebräischen als Kultsprache. Spannungen bestanden zu den JUDEN, die die Samaritaner nicht als gleichwertig ansahen – ein Beispiel bietet das Neue Testament mit dem Gleichnis vom barmherzigen Samariter. Die Samaritaner hielten nach der Zerstörung des TEMPELS IN JERUSALEM (70 n. Chr.) an Tieropfern fest und übernahmen später Arabisch als Umgangssprache. Sie existieren bis heute im modernen Israel, vor allem in der West Bank (»Samaria«).

Literatur: J. W. Rothstein: Juden und Samaritaner. Leipzig 1908; F. Dexinter/R. Pummer (Hg.): Die Samaritaner. Darmstadt 1992.

Spätzeit

Letzte Periode der Geschichte des Alten Ägypten vor dem HELLENISMUS: Die Spätzeit umfasst die (25.) Äthiopisch/Nubische DYNASTIE (**715–671 v. Chr.**), die Herrschaft ASSYRIENS (671–656), die (26.) Dynastie von Saïs (656–525), die durch eine Periode der Unabhängigkeit (28.–30. Dynastie, 404–343) unterbrochene Herrschaft der ACHÄMENIDEN, die (27., 31.) Dynastie (525–332) bis zur Eroberung durch Alexander den Großen (332). Sie entspricht in der Systematik der Frühzeit (ca. 3100–2630), die dem ALTEN REICH vorgeordnet ist.

Literatur: F. K. Kienitz: Die politische Geschichte Ägyptens vom 7. bis zum 4. Jh. vor der Zeitwende. Berlin 1953.

Theogonie

(griech.: theoi = Götter + gonie = Entstehung: Entstehung der Götter) Lehrgedicht Hesiods über die Abstammung der Götterwelt (**ca. 700 v. Chr.**), u. a. durch Umdeutung altorientalischer Mythen und Göttervorstellungen: Hesiods Theogonie prägte tief die griechische Klassik, als Bindeglied für die modifizierte Kontinuität vom Alten Orient zur europäischen Antike.

Literatur: M. L. West (Hg.): Theogony. Oxford 1966.

Chaldäer

Bedeutendster Stamm der ARAMÄER in Babylonien (nach 1000 v. Chr.): Die Chaldäer eroberten, mit Hilfe der ELAMITER, Babylon (**694 v. Chr.**) und standen seitdem mit dem von ihnen gegründeten Neubabylonischen Reich in Konfrontation zum Assyrerreich. Die Dynastie des Neubabylonischen Reichs (626–539) war führend beim Sturz des Assyrerreichs (614/12). In der Bibel heißt Babylonien »Land der Chaldäer« oder »Chaldäa«. Der Begriff ist seit der griechisch-römischen Antike auch Synonym für babylonische Priester, Astrologen, MAGIER. Später konstituierte sich die Chaldäische Kirche als mit Rom (seit 1553) unierte Abspaltung der (Nestorianischen) Assyrischen Kirche.

Literatur: M. Dietrich: Die Aramäer Südbabyloniens in der Sargonidenzeit. Kevelaer 1970; D. J. Wisemann: Chronicles of Chaldean Kings. London 1956.

Archon

(Plural: Archonten; griech.: archein = der Erste sein; anführen, regieren, herrschen) Jährlich wechselnder gewählter oberster politischer Beamter in Athen (**683/82 v. Chr.**), später auch in anderen griechischen STADT-

STAATEN (Name des Amts: Archontat): In Athen gab es neun Archonten pro Jahr, nur der Erste war eponym (d.h., er gab dem Jahr seinen Namen). Die Einrichtung von MAGISTRATUREN gab Aristokraten die Möglichkeit der kollegialen und friedlichen Machtteilung auf Zeit und entschärfte so zunächst den permanenten inneraristokratischen Machtkampf (STASIS). Solon führte als Archon in Athen Reformen durch (594/93). Themistokles war Archon (493). Das Amt wurde ausgelost (487/86), verlor durch neue Ämter – vor allem Strategie (508/07) – an Bedeutung.

Literatur: C. Hignett: A History of the Athenian Constitution. London 1952.

Eisen

(lat.: ferrum) Halbedles, weit verbreitetes Schwermetall, Grundlage der modernen technischen Zivilisation: Eisen wurde zuerst im Vorderen Orient bekannt (ab ca. 1500 v. Chr.). Die HETHITER hatten zunächst das MONOPOL im Bergbau (Taurusgebirge) und in der Verarbeitung des Eisens, die sich seit dem Untergang HATTIS (ca. 1200 v. Chr.) verbreitete (Eisenzeit). Verwendung fand es vor allem für Waffen und Geräte, verdrängte jedoch erst allmählich die BRONZE: U.a. kämpften die PHILISTER mit Eisenwaffen gegen JUDEN (Goliath, vor 1000). Später war ASSYRIEN führend in seiner Verwertung für militärische Zwecke. Das »Eiserne Zeitalter« bei Hesiod steht symbolisch für KRIEG und Konflikt (ca. 700).

Eisen gelangte durch den Einfall der Assyrer in Ägypten (**671**–656 v. Chr.) nach Afrika: Meroë wurde Zentrum der Eisenverarbeitung in Nubien (ab 660), ausstrahlend auf Afrika südlich der Sahara durch kleine Gruppen von Schmieden mit Sonderstatus. Die Eisenverhüttung fand in Europa weite Verbreitung durch Benutzung des Raseneisenerzes, nahm weiteren Aufschwung in der INDUSTRIELLEN REVOLUTION (ab ca. 1760).

Die materielle und symbolische Bedeutung des Eisens fand ihren Ausdruck in zahlreichen Begriffsbildungen, die teils auf den stofflichen, teils auf den ideellen Gehalt Bezug nehmen: u.a. Eiserne Krone der LANGOBARDEN (ca. 850), EISERNES KREUZ (1813), EISENBAHN (1825), »Eiserner Kanzler« Bismarck, EISERNE GARDE (1927), Eiserner Vorhang (1946), »Eiserne Lady« (Margaret Thatcher).

Literatur: K.O. Henseling: Bronze, Eisen, Stahl. Bedeutung der Metalle in der Geschichte. Reinbek 1981; R. Pleiner: Frühes Eisen in Europa. Schaffhausen 1981; J.G. Landels: Die Technik in der antiken Welt. München ^{4}1989.

Tyrann

(griech.: tyrannos, Etymologie ungeklärt, wohl aus Kleinasien) Bei den Griechen seit dem Sturz der MONARCHIE (pejorative) Bezeichnung für Alleinherrscher ohne Legitimierung durch den Königstitel: Tyrannis eines Einzelnen war stets Folge des inneraristokratischen Machtkampfs (STASIS) und ging mit Expansion nach außen und öffentlicher Bautätigkeit einher. Erster überlieferter Tyrann war Kypselos in Korinth

(657?–627? v. Chr.), gefolgt von seinem Sohn Periander (627?–585/84). Weitere wichtige Tyrannen waren Peisistratos in Athen (561/60–527, mit Unterbrechungen), seine Söhne Hipparch und Hippias (527–514/10), Polykrates in Samos (ca. 538–522), Dionysios I. (405–367) und sein Sohn Dionysios II. (367–344) in Syrakus. Gegen sie entwickelte sich die Tradition des Tyrannenmords von Athen und Rom (510 v. Chr.) bis zur Gegenwart (z. B. Hitlerattentat, 20. Juli 1944). Tyrannis steht seitdem auch übertragen für Willkürherrschaft.

Literatur: A. Andrewes: The Greek Tyrants. New York 1956; H. Berve: Die Tyrannis bei den Griechen. 2 Bde., München 1967; M. Stahl: Aristokraten und Tyrannen im archaischen Athen. Stuttgart 1987.

Polis

(Plural: Poleis) Griechischer Stadtstaat: Die Anfänge der Polis reichen in das dunkle Zeitalter nach dem Zusammenbruch der mykenischen Palastzentren zurück. Verstreute Siedlungen wuchsen zu urbanen Zentren zusammen (SYNOIKISMOS), die HOPLITENphalanx löste den aristokratischen Einzelkämpfer ab, MAGISTRATUREN entschärften den inneraristokratischen Wettbewerb (ca. **650 v. Chr.**). Die Polis setzte sich in entwickelten Regionen Griechenlands flächendeckend durch. Die nördliche und nordwestliche Peripherie blieb in Bundesstaaten organisiert. Die Polis war Personal-, nicht Territorialverband: Selbstbezeichnung war »die Athener« für Athen, »die Lakedaimonier« für Sparta. Blütezeit war das 5. Jahrhundert, mit Bündnissystemen um Athen (1. ATTISCHER SEEBUND) und Sparta (PELOPONNESISCHER BUND). Der PELOPONNESISCHE KRIEG (431–404) schwächte dauerhaft auch die Polis; die kurzzeitige HEGEMONIE Spartas und Thebens bereitete die Hegemonie Makedoniens (seit 338) vor. Im HELLENISMUS blieb die Polis autonomer Personalverband in GROSSREICHEN: SELEUKIDEN und ANTIGONIDEN unterhielten staatsrechtliche Beziehungen zu den Poleis auf ihrem Reichsgebiet. Der Sache, nicht dem Namen nach, entstand auch das Römische Reich aus einer Polis, aus Rom. [M. S.]

Literatur: V. Ehrenberg: Polis und Imperium. Zürich 1965; Chr. Meier: Die Entstehung des Politischen bei den Griechen. Frankfurt/Main 1980; W. Gawantka: Die sogenannte Polis. Entstehung und Kritik der modernen althistorischen Grundbegriffe 'der griechische Staat', 'die griechische Staatsidee', 'die Polis'. Stuttgart 1985.

Hopliten

(griech.: hóplon = Gerät, Bewaffnung) In der PHALANX kämpfende schwer bewaffnete Bürgersoldaten der griechischen POLIS: Zu Beginn der archaischen Periode löste das bewaffnete Bürgeraufgebot der sich formierenden Polis die aristokratischen Einzelkämpfer ab (ca. **650 v. Chr.**). Rückgrat der Kriegführung wurden Hopliten, die sich aus grundbesitzenden Vollbürgern rekrutierten. Der Übergang zur Hoplitenphalanx war ein wichtiger Schritt zur politisch-rechtlichen Nivellierung der Polis (ISONOMIE): Die in Schlachtreihen kämpfenden Hopliten verstanden sich als Solidargemeinschaft und reklamierten von den

Aristokraten politische Teilhabe. In Krisenzeiten dienten auch Metoiken und SKLAVEN als Hopliten. An die Stelle der Hoplitenaufgebote trat im HELLENISMUS die makedonische Phalanx mit überlangen Lanzen (Sarissen). [M. S.]

Literatur: V. D. Hanson (Hg.): Hoplites. The Classical Greek Battle Experience. London 1993.

Mederreich

Reich der iranischen MEDER (625–550), mit Hauptstadt Ekbatana (Hamadan): Das Mederreich sagte sich von ASSYRIEN los und wurde unter König Kyaxares unabhängig (**625 v. Chr.**). Es war maßgeblich beteiligt an der Vernichtung Assyriens (614/12), expandierte nach Westen und drängte das Lyderreich hinter den Halys zurück (585). Die Meder unterlagen dem Perserreich unter Kyros II. (550).

Kodifizierung

(lat.: codex = Gesetzesbuch) Anfangs schriftliche Fixierung und Systematisierung, oft mit Milderung des bis dahin nur mündlich überlieferten Gewohnheitsrechts, als notwendiger Schritt zum Rechtsstaat: In Athen erfolgte sie meist auf Druck des DEMOS, zuerst in Athen durch Drakon (**624/21 v. Chr.**), verbunden mit der Neuordnung des Gerichtswesens; ähnlich später auch in Rom auf Druck der PLEBEJER durch die ZEHN-MÄNNER-KOMMISSION (451). Spätere Kodifizierungen zur Neuordnung des Rechts passten das Recht immer wieder historischen und sozialen Entwicklungen an: u. a. CODEX JUSTINIANUS (529), Code Civil/Napoléon (1804), BGB (1900). Vgl. auch CODEX HAMMURABI.

Literatur: H.-J. Gehrke (Hg.): Rechtskodifizierung und soziale Nomen im interkulturellen Vergleich. Tübingen 1994.

Nomothet

(griech.: nomos = Gesetz + tithemi = setzen, stellen) Gesetzgeber im alten Griechenland: In der Krise der archaischen Zeit (Bevölkerungsdruck, zunehmende soziale Mobilität, Verelendung des Kleinbauerntums, STASIS) wuchs das Bedürfnis nach Gerechtigkeit. Die Lösung der Probleme wurde vor allem in der KODIFIZIERUNG des Rechts gesucht, mit der Nomotheten als kompetente, das Vertrauen der Bürgerschaft genießende Fachleute beauftragt wurden. Die ersten Nomotheten wirkten dort, wo der Bedarf am dringendsten war, in den KOLONIEN: Zaleukos von Lokroi, Charondas von Katane (um 650 v. Chr.). Am berühmtesten sind die Nomotheten Athens, die in zwei Etappen das bisher nur mündlich überlieferte Recht kodifizierten und versuchten, die aus den Fugen geratene POLISgesellschaft »wieder ins Lot zu bringen« (Christian Meier), allen voran Drakon (**624/21 v. Chr.**) und Solon (594/93). Nomotheten genossen hohes Ansehen und weit reichende gestalterische Vollmachten. In klassischer Zeit waren sie Angehörige der Kommission zur Verfassungsrevision in Athen. [M. S.]

Literatur: Chr. Meier: Die Entstehung des Politischen bei den Griechen. Frankfurt/Main 1980.

Demos

(Plural: demoi, Demen; griech.: Abteilung, Gemeinde, seit Homer: Staatsvolk, Bürgerschaft; entspricht lat.: populus = [gemeines] Volk = Plebs) Drei verschiedene Dimensionen von »demos« sind zu unterscheiden: 1. soziologisch = untere Klasse in der griechischen Polis; 2. staatsrechtlich = Gesamtheit der Staatsbürger; 3. politologisch = administrative Einheit: Die historisch wichtigste Bedeutung von Demos ist »Bürgerschaft« (meist freie Bauern und Handwerker), im Gegensatz zur (grundbesitzenden) ARISTOKRATIE: Die Bürgerschaft stellte das Fußvolk im griechischen STADTSTAAT (polis), das Bürgeraufgebot der PHALANX. Der selbstbewusste Demos erzwang gegen die Aristokraten die KODIFIZIERUNG und Milderung des Gewohnheitsrechts in Athen durch Drakon (**624/21 v. Chr.**) mit seinem Drängen auf politische Rechte, gefördert im Endeffekt durch die TYRANNIS, die in Athen in die Herrschaft des Demos (= DEMOKRATIE) überging (462–404, 403–338).

Aristokratie

(griech.: aristoi = die Besten + kratie = Herrschaft: Herrschaft der Besten) Herrschende Schicht (Klasse, Elite) in agrarisch fundierten Gesellschaften mit Anspruch auf qualitativ besonders hoch stehende Auslese von Tüchtigen (»Besten«) und Inanspruchnahme vererbter (Vor)Rechte (PRIVILEGIEN): Materielle Basis war in sesshaften agrarischen Gesellschaften Grundbesitz, in Nomadengesellschaften der Besitz des größten Teils der Herden und Weide- bzw. Tränkerechte. Aristokraten sind meist auch militärische Anführer. Sie waren in der frühen griechischen POLIS führend beim Sturz der MONARCHIE und bildeten die herrschende Klasse, gerieten aber bald unter Druck des DEMOS. Die Solidarität der Aristokratie zerbrach im Streit (STASIS) um die Alleinherrschaft (TYRANNIS), ihr Machtmonopol fiel mit KODIFIZIERUNG des Gewohnheitsrechts durch Drakon (**624/21 v. Chr.**). Reformen des Solon (594/93), Kleisthenes (508/07) und Ephialtes (462) brachten für Athen schrittweise Rechtsgleichheit (ISONOMIE) und Machtverlust der Aristokratie.

Weitere Unterteilung und Entwicklung wie ADEL (noch enger: HOCHADEL).

Literatur: R. Andreotti u. a.: Les classes dirigeantes de l'Antiquité aux temps modernes, in: XIIe Congrès international des sciences historiques. Bd. 1: Rapports. Wien 1965; W. Conze: Adel, Aristokratie, in: O. Brunner u. a. (Hg.): Geschichtliche Grundbegriffe, Bd 1. Stuttgart [5]1997.

Münze

(lat.: moneta) Geld im engeren Sinn, meist dünne Scheiben aus unterschiedlichem Münzmetall (oder Legierung): Erste Münzen in Lydien (**ca. 600 v. Chr.**) waren aus Elektron (natürliche Legierung GOLD + SILBER), später gab es Münzen aus Gold, Silber und KUPFER, jüngst auch aus Nickel, Aluminium und verschiedenen Legierungen. Gemünztes Geld war wichtiges Tauschmittel für komplexere Handels- und Wirtschaftsbeziehungen. Im Allgemeinen besteht ein staatliches MONOPOL für die Ausgabe von Münzen (Münzeinheit) und Instrument der Wirtschaftslenkung. MÜNZVERSCHLECHTERUNG (Beimengen niederer Metalle, z. B. bei Gold- oder Silbermünzen) war Anzeichen für INFLATION. Das Münzwesen gab durch unterschiedlichen Münzfuß in Staaten und Städten (Münzherren) Geldwechslern große Bedeutung.

Münzen sind oft wichtige Geschichtsquellen zur Rekonstruktion von Herrschaftsverhältnissen, Erhellung oder Illustrierung ökonomischer Tatbestände; sie können die Reichweite eines Reichs andeuten (weitest entfernte Münzfunde) – systematisch erforscht von der Numismatik.

Auch: Münze = älterer Name für Münzstätte (in Bremen: »Munte«).

Literatur: H. Gebhardt: Numismatik und Geldgeschichte. Heidelberg 1949; K. Christ: Antike Numismatik. Einführung und Bibliographie. Darmstadt 1967; G. Hoberman: The Art of Coins and their Photography. London 1982; W. Weimer: Geschichte des Geldes. Frankfurt/Main 1992; R. Sedillot: Muscheln, Münzen und Papier. Die Geschichte des Geldes. Frankfurt/Main 1992.

Phokäer

Bewohner der Stadt Phokaia im ionischen Griechenland (Kleinasien): Auf die KOLONISATION der Phokäer gehen u. a. Tartessos (620 v. Chr.), Massilia (Marseille, **ca. 600 v. Chr.**) und Alalia (Korsika, ca. 565) zurück. Sie erlitten eine vernichtende Niederlage gegen ETRUSKER und Karthager bei Alalia (535), die die griechische Westkolonisation beendete.

Literatur: H.-J. Gehrke: Jenseits von Athen und Sparta. Das dritte Griechenland und seine Staatenwelt. München 1986.

Solonische Reformen

Komplex von Verfassungs-, Finanz- und Sozialreformen in Athen unter dem ARCHONTEN Solon zugunsten des DEMOS (**594/93 v. Chr.**), mit denen er die Macht der ARISTOKRATIE zurückdrängte.

Areopag

(griech.: areios págos = Areshügel) Vom Ortsnamen der Kultstätte übertragen auf den athenischen Rat (Bulé = noch heute Name des modernen griechischen PARLAMENTS), der hier seit archaischer Zeit tagte: Den Vorsitz führte der BASILEUS (der ARCHON, der mit dem alten Königstitel auch einen Teil der königlichen Funktionen übernommen hatte). Ursprünglich eine Versammlung unbekannter (vermutlich adliger) Zusammensetzung, war der Areopag später nur noch das Gremium aller ehemaligen Archonten. Er verlor durch Solon seine politischen Rechte zugunsten des RATS DER 400, war anschließend auf die Rechtsprechung beschränkt (**594/93 v. Chr.**) und wurde von Ephialtes abgeschafft (462/61). Nach dem endgültigen Sturz der DEMOKRATIE (338) wurde der Areopag in hellenistischer und römischer Zeit wieder stärker aufgewertet.

Auch: im modernen Griechenland Oberster Gerichtshof.

Rat der 400

Von Solon eingerichtetes Gremium (Bulé) in Athen: Eingerichtet zu Lasten des AREOPAGS (**594/93 v. Chr.**), hatte der Rat der 400 weit reichende politische Kompetenzen.

Isonomie

(griech. ísos = gleich + nómos = Gesetz, d.h. Gleichgesetzlichkeit) Vorstufe und Äquivalent zu DEMOKRATIE im archaisch-frühklassischen Griechenland, Gegenstück zur »eunomía« (Wohlgesetzlichkeit): Seit dem Übergang zur HOPLITENphalanx (um 650 v. Chr.) verband sich im archaischen Griechenland die Pflicht zur Verteidigung der POLIS mit Forderungen nach politischer Teilhabe der Bürger gegen das Machtmonopol der ARISTOKRATIE. Die Gesetzgebung Solons (**594/93** v. Chr.) rang den athenischen Aristokraten die Aufgabe ihres GeburtsPRIVILEGS ab. Maßgeblich wurde die Einteilung der Bürgerschaft in Stimmklassen, nach Einkünften aus Grundbesitz (TIMOKRATIE). Alle Grundbesitzer wurden ratsfähig, der Zugang zu Ämtern war nach Steuerklassen gestaffelt. Ausgeschlossen blieben Lohnempfänger (THETEN). Nach Beseitigung der TYRANNIS in Athen (510) regelte Kleisthenes den Zugang zum RAT durch Los, änderte die DEMENordnung der Polis, um lokale Machtkonzentrationen auszuschließen (508/07). Später ersetzte das neue Strategenamt faktisch das aristokratische ARCHONTAT (ca. 480). Mit Beginn der attischen THALASSOKRATIE erlangten auch die Theten die Teilhabe an politischen Ämtern, die nun besoldet waren. Das Ende aller aristokratischen Vorrechte besiegelte Ephialtes mit Abschaffung des AREOPAGS (462/61). Seit ca. 450 ersetzte das prägnantere »demokratía« den älteren Begriff »isonomía«. [M.S.]

Literatur: J. Mau: Isonomia. Berlin (Ost) [2]1971; Chr. Meier: Die Entstehung des Politischen bei den Griechen. Frankfurt/Main [2]1989; M. Rausch: Isonomia in Athen. Frankfurt/Main 1999.

Timokratie

Herrschaft der Reichen: Solons Gesetzgebung etablierte in Athen das timokratische Prinzip, mit von ZENSUSklassen abhängigem Stimmrecht (**594/93 v. Chr.**). Die Römische Republik war faktisch Timokratie: Die höheren Zensusklassen hatten in den Centuriatskomitien ein erdrückendes Übergewicht. Timokratisch waren die meisten Handelsrepubliken des Mittelalters, in Deutschland (HANSE) und Italien. Das Zensusprinzip hielt sich in Deutschland bis zum preußischen DREIKLASSENWAHLRECHT (bis 1918). [M.S.]

Literatur: Chr. Meier: Die Entstehung des Politischen bei den Griechen. Frankfurt/Main 1980.

Babylonische Gefangenschaft (Babylonisches Exil)

DEPORTATION der Oberschicht Judas nach der Eroberung Jerusalems durch Babylonier unter Nebukadnezar II. (**586 v. Chr.**): Die Babylonische Gefangenschaft währte bis zur Eroberung Babylons (539) und

Jerusalems (538) durch die Perser unter Kyros II. Auch nach Rückkehr nach Jerusalem (538) blieb ein Teil der JUDEN in Babylonien, der ersten großen DIASPORA.

Literatur: S. Funk: Die Juden in Babylonien. 2 Bde., Berlin 1908/09; D. L. Smith: The Religion of the Landless. The Social Context of the Babylonian Exile. Bloomington (Ind.) 1989.

Diaspora

(griech.: Zerstreuung) Freiwillige Existenz der JUDEN außerhalb Israels/ Palästinas als Minderheit unter nichtjüdischer Mehrheitsbevölkerung, im Gegensatz zum erzwungenen Exil (hebr.: Galuth), durch Flucht oder DEPORTATION: Deportationen waren die Juden in Israel/Palästina oft ausgesetzt, erstmals durch Aššur (722), mit den »Verlorenen Zehn Stämmen Israels«, stilprägend durch Babylon, mit der BABYLONISCHEN GEFANGENSCHAFT (**586**–538 v. Chr.). Die babylonischen Juden, von denen viele auch nach dem KYROS-EDIKT in Babylon blieben, bildeten die erste jüdische (mesopotamische Diaspora); im persischen Ägypten in Sold stehende (ca. 400), später bei der Gründung Alexandrias (332) angesiedelte Juden formten die ägyptische Diaspora – jeweils mit großem Einfluss bei der theologischen Ausgestaltung des Judentums. Flucht und Deportation nach der Niederschlagung des JÜDISCHEN AUFSTANDS (66–70 n. Chr.) und des BAR-KOCHBA-AUFSTANDS (132–135) zerstreuten Juden über das gesamte Imperium Romanum und darüber hinaus. Versklavte Juden wurden oft von Diaspora-Gemeinden losgekauft. Diaspora-Juden in Nordafrika und Mesopotamien revoltierten, ausgehend von Alexandria (Diaspora-Aufstände, 115–117). Ausbreitungswege der jüdischen Diaspora liefen über Griechenland, Süditalien, Rom bis ins Rheinland, von dort, forciert seit der GROSSEN PEST (1348/49), nach Osteuropa.

Diaspora allgemein auch: Minderheitenenklaven, u. a. für Konfessionen, z. B. PROTESTANTEN in katholischen Gebieten und umgekehrt. [M. S.]

Literatur: J. Maier: Geschichte des Judentums im Altertum. Darmstadt [2]1989.

Medische Mauer

Überlandbefestigung der Babylonier gegen die MEDER (**566 v. Chr.**): Von Überresten berichtete Xenophon (ca. 400).

Literatur: R. D. Barnett: Journal of Hellenic Studies, 83 (1963).

Hetairie

(griech.: hetairos = Kamerad) Adelsfraktionen in der griechischen Antike: Im Kampf um die Herrschaft (STASIS) versammelten Stadtadlige Anhängerschaften und formierten so, oft als über Generationen vererbbare Sympathisantengruppen, elementare politische Gemeinschaften. Peisistratos bewaffnete seine Hetairie und errichtete so seine erste TYRANNIS (**561 v. Chr.**). Er gewann, gestützt auf seine GOLDbergwerke in Thrakien, neue Anhänger und rekrutierte Söldner (546/45). Im klassischen Athen galten die »politischen Klubs« der Oligarchen als Hetairien. [M. S.]

Stasis

(griech.: Unruhe, Aufruhr) Auseinandersetzung zwischen bewaffneten Adelsfraktionen (HETAIRIEN) um die Herrschaft: Aristokratische Wettbewerbsethik und wachsende soziale Mobilität schufen seit dem 7. Jahrhundert erheblichen politischen Sprengstoff: Adlige ließen sich immer weniger in die ohnehin erst in Grundzügen erkennbare POLISstruktur integrieren: Sie strebten nach Alleinherrschaft (TYRANNIS), die sie im bewaffneten Kampf der Stasis zu erzwingen suchten. Peisistratos entschied die Stasis in zwei (oder drei) Anläufen für sich (**561**, 546/45 v. Chr.).

In der klassischen Zeit weitete sich der Begriff durch die Einbeziehung breiter Bevölkerungsschichten aus, im Wesentlichen in der Frontstellung Oligarchen–Demokraten. Sie wurde zusätzlich kompliziert durch Verknüpfung mit außenpolitischen Konflikten: Athen stützte die Demokraten, Sparta die OLIGARCHEN. Die Stasis setzte sich mit Auflösung der Hegemonialblöcke verstärkt und zunehmend chaotisch fort (seit 404), bis zur römischen Eroberung Griechenlands (168).

Literatur: H.-J. Gehrke: Stasis. München 1985.

Vasall

(kelt.: gwas = Knecht, lat.: vassus) Zur militärischen Gefolgschaft verpflichteter Lehnsmann, auch von mächtigerem Herrscher abhängige Herrscher, z.B. der Perser Kyros II. vom MEDERREICH (**559**–550 v. Chr.): In feudalen Strukturen (FEUDALISMUS) gab es Stufen der Vasallität (Lehnsabhängigkeit), vom Kronvasallen über nachgeordnete Aftervasallen (in Reichsitalien: VALVASSORES) bis zur untersten Stufe, den vom niederen ADEL (z.B. RITTERN, GENTRY) abhängigen Bauern (Lehnspyramide).

Übertragen auch: Vasallenstaat, von einem mächtigeren Staat in INDIREKTER HERRSCHAFT abhängiger schwächerer Staat mit innerer AUTONOMIE und Pflicht zu Abgaben oder Leistungen (TRIBUT), Anzeige (oder Bestätigung) von Nachfolgern gestorbener Herrscher beim politischen Oberherrn (Suzerän), Heeresfolge im Kriegsfall. Vgl. auch SUZERÄNITÄT.

Achämeniden

Herrscherdynastie des Perserreichs (**550**–330 v. Chr.): Stammherr Haxamanis (griech.: Achaimenes) führte schon früh den Titel GROSSKÖNIG, »König der Könige«. Eigentlicher Gründer des GROSSREICHS war Kyros II. (559–530). Die Dynastie, die die Hegemonie über weite Teile des Nahen und Mittleren Ostens bis an die Grenzen Indiens inne hatte, erlosch mit Dareios III. nach Niederlagen gegen Alexander den Großen (330 v. Chr.). Später beanspruchten die SASSANIDEN (224–642/51) mit ihren Eroberungen die RESTAURATION des Achämenidenreichs.

Literatur: M. A. Dandamaev: Persien unter den ersten Achämeniden. Wiesbaden 1976; H. Sancisi-Weerdenburg (Hg.): Achaemenid History Workshop. Continuity and Change. Leiden 1994.

Peloponnesischer Bund

WEHRGEMEINSCHAFT (Symmachie) auf der Peloponnes (ohne Argos) unter Oberbefehl (griech.: HEGEMONIE) Spartas (**550 v. Chr.**), offizieller Titel »Die Lakedämonier (Spartaner) und ihre Verbündeten«: Das Bündnis galt nur für den Kriegsfall. Nach Unterwerfung der MESSENIER (720) nutzte es Sparta als eigentliche Machtbasis. Der Bund zerbrach mit Spartas Niederlage gegen Theben bei Leuktra (371).

Literatur: J. A. O. Larsen: The Constitution of the Peloponnesian League, in: Classical Philology. Chicago, 28 (1933); 29 (1934).

Hegemonie

(griech.: Hegemonia = Oberbefehl) Ursprünglich Oberbefehl der stärksten Macht innerhalb einer SYMMACHIE im Kriegsfall (Hegemon = Oberbefehlshaber der Verbündeten), festgelegt in Bündnisverträgen des antiken Griechenland, z. B. Spartas im PELOPONNESISCHEN BUND (**550 v. Chr.**), bedeutete übertragen schon bei den alten Griechen die Vorherrschaft einer Macht in einer Region (z. B. Griechenland): Hegemonie wurde ein durchgängiges universalhistorisches Konstruktionsprinzip politischer Macht, z. B. Frankreichs im RHEINBUND (1806–1813), Preußens im Norddeutschen Bund (1867–1871), der USA in der NATO (seit 1949), der UdSSR im WARSCHAUER PAKT (1955–1990).

Literatur: H. Triepel: Die Hegemonie. Stuttgart 1938; L. Dehio: Gleichgewicht oder Hegemonie. Krefeld 1948.

Magadha-Reich

Erstes GROSSREICH in Nordindien, am Ganges (**ca. 540 v. Chr.**), unter der DYNASTIE der Nanda mit der Hauptstadt Pataliputra (Patna): Der BUDDHISMUS entwickelt im Magadha-Reich seine Anfänge (ca. 500). Nach dem ALEXANDERZUG (326/25 v. Chr.) löste das MAURYA-REICH das Magadha-Reich ab (321).

Buddhismus

Älteste große Weltreligion, benannt nach dem Ehrentitel seines Stifters Buddha (Sanskrit = »der Erweckte, der Erleuchtete«): Die Anfänge des Buddhismus lagen im MAGADHA-REICH (gegründet **ca. 540 v. Chr.**) als Variante indischer Religionsauffassung (Seelenwanderung, Erlösung im Nirwana = Nichts). Er breitete sich nach Auftreten des Buddha (ca. 500) und seinem Tod (483) von Nordindien aus, gefördert durch Ašoka (271–231). Der Buddhismus spaltete sich über die Frage einer göttlichen Verehrung Buddhas und anderer Gottheiten in zwei Hauptrichtungen (ca. 380) – »Hinajana« (»kleines Fahrzeug«), vor allem im Süden (Ceylon, Birma, Thailand, Kambodscha) und »Mahajana« (»großes Fahrzeug«), in Zentralasien, Tibet, Mongolei, China, Korea, Japan, mit Unterteilungen in Strömungen und Sekten. Ein großes Missionskonzil unter Ašoka plante die systematische Ausbreitung (242 v. Chr.). Der

Buddhismus wurde in Indien später vom Hinduismus und erobernden ISLAM nach Süden und in den Himalaya (ca. 1200) abgedrängt. Eine buddhistische Weltkonferenz fand auf Ceylon statt (1950), das 6. Konzil in Rangun (1954).

Literatur: E. Conze: Der Buddhismus. Stuttgart [4]1971: D. Faßnacht: Buddhismus. Frankfurt/Main [2]1978; H. J. Greschat: Die Religion der Buddhisten. München 1980.

Kyros-Edikt

Rückkehrerlaubnis für die in der BABYLONISCHEN GEFANGENSCHAFT lebenden JUDEN: Kyros II. gestattete den nach Babylon deportierten Juden die Rückkehr nach Juda/Israel und ordnete den Wiederaufbau des TEMPELS IN JERUSALEM (2. Tempel) an (**538**/37 v. Chr.). [M. S.]

Etrusker

Antikes Volk in Italien, unbekannte Herkunft (vielleicht aus Kleinasien, vielleicht Mischvolk aus mehreren Ethnien), vermutlich aristokratische Minderheit mit Zivilisationsvorsprung gegenüber Einheimischen: Die Etrusker expandierten von EISENerzlagern der Insel Elba und der Toskana aus (nach 800 v. Chr.), mit Schwerpunkt in der Toskana, bis zur Poebene. Sie hatten Städte mit AMPHIKTYONIEN und lockeren STÄDTEBÜNDEN, errangen nach Süden die HEGEMONIE über Latium und vermittelten griechische Kultur nach Latium/Rom. Rom war ursprünglich eine etruskische Gründung (vermutlich ca. 650). Die Etrusker beendeten, im Bündnis mit Karthago, die Expansion der PHOKÄER im westlichen Mittelmeer durch den Seesieg bei Alalia (**535 v. Chr.**), unterlagen aber Griechen in Campanien (524).

Damit setzte der Niedergang ihrer Macht ein: Rom wurde unabhängig (510), eine etruskische Flotte wurde von Syrakus vor Kyme (Cumae) zerstört (474), Rom zerstörte Veji (396), die Etrusker wurden nach dem GALLIEReinfall (387) von KELTEN aus der Poebene vertrieben, zwischen Kelten im Norden und Römern im Süden zerrieben. Sie erlitten eine entscheidende Niederlage gegen Rom (303), nochmals im Bündnis mit Kelten am Vadimonischen See (283). Ihre Städte wurden nach Landabtretungen römische Bundesgenossen (281), litten schwer unter Galliern (225) und Karthagern, hielten im 2. PUNISCHEN KRIEG (218–201) loyal zu Rom. Latifundien brachte agrarische Verelendung. Sprachlich-kulturell wurden die Etrusker latinisiert, später italianisiert. In Etrurien (Toskana) hielt sich die Erinnerung an die einstige Selbstständigkeit.

Literatur: O. W. v. Vacano: Die Etrusker in der Welt der Antike. Hamburg 1957; M. Pallottino: Die Etrusker. Frankfurt/Main, Hamburg 1965; J. Heurgon: Die Etrusker. Stuttgart [2]1977: K. W. Weeber: Geschichte der Etrusker. Stuttgart 1979; M. Torelli: Die Etrusker. Frankfurt/Main 1988; A. J. Pfiffig: Einführung in die Etruskologie. Darmstadt [3]1989.

Massageten

Iranisches Nomadenvolk östlich des Kaspischen Meers, den SKYTHEN verwandt oder zugeordnet: Die Massageten behaupteten sich gegen die

Perser, töteten Kyros II. (**530** v. Chr.), wurden von Dareios I. (521–485) unterworfen.

Literatur: K. Jettmar: Die frühen Steppenvölker. Baden-Baden 1964.

Personalunion

Verbindung von zwei (oder mehr) Ländern (nur) durch die Person eines Herrschers mit mehreren KRONEN, z. B. Kambyses, persischer GROSSKÖNIG und König von Ägypten (**525 v. Chr.**): Als politisches Strukturprinzip beließ die Personalunion die innere AUTONOMIE dem Land, das später zu einem Machtkomplex hinzukam oder das weniger wichtig war, sodass der Herrscher dort kaum weilte (z. B. Personalunion Schottland–England 1603–1707). Sie endete später durch Selbstständigkeit der einzelnen Teile oder durch volle Einbeziehung in den zentralistischen Staatsverband (REALUNION oder Annexion mit Verlust der Autonomie, z. B. Realunion Schottland–England 1707–1999).

Wichtige Beispiele der europäischen Geschichte sind die Personalunionen Deutschland–Burgund (1033–1378), Normandie–England (1066–1202/04), Polen–Litauen (1386–1589), die Kalmarer Union von Schweden, Dänemark und Norwegen (1397–1523), die Personalunionen von Schleswig-Holstein und Dänemark (1460–1863), Kastilien–Aragón (1474), Spanien–Portugal (1580–1640/68), England–Schottland (1603–1707), Sachsen–Polen (1697–1763), Hannover–England (1714–1837). Auch die spanische Monarchie und die Donaumonarchie der HABSBURGER waren komplexe Geflechte von Personalunionen: Durch den spanischen König Carlos I., der als Kaiser den Titel Karl V. trug (1516/19–1555/56), waren sie vorübergehend sogar miteinander verbunden, unter Einschluss des HEILIGEN RÖMISCHEN REICHS DEUTSCHER NATION.

Übertragen auch: Vereinigung von zwei oder mehr Ämtern durch eine Person (z. B. Parteivorsitzender und Premierminister/Ministerpräsident).

Autonomie

(griech.: auto = selbst + nomos = Gesetz; wörtlich: Möglichkeit, sich selbst die Gesetze zu geben) Reiche oder Staaten gaben Regionen oder Ethnien innerhalb ihrer Grenzen Autonomie, d. h. Sonder- oder Selbstbestimmungsrechte: Autonomie genoss z. B. Ägypten im Perserreich (**525 v. Chr.**). Im klassischen Griechenland war »autonomia« Unabhängigkeit der POLIS. Autonomie ist durch den modernen Souveränitätsbegriff seit Jean Bodin (1576) auf die schwächere Form politischer Selbstbestimmung reduziert – beschränkte innere Selbstverwaltung unter SOUVERÄNITÄT einer übergeordneten Staatsmacht als Konsequenz abgestufter Abhängigkeiten: VASALLENstaat, PERSONALUNION, Bundesstaat (Föderalismus). Autonomie war nach einer Eroberung Vorstufe zum Verlust der inneren Selbstbestimmung (Annexion als PROVINZ oder REALUNION) oder zur Wiedergewinnung der Unabhängigkeit durch SEZESSION bzw. Separation (meistens nach Kriegen), z. B. im OSMANISCHEN REICH. Autonomie erlaubte das Fortbestehen einer eigenen Regierung (auch einer eigenen KRONE), seit dem Spätmittelalter auch eigener Repräsentativorgane (STÄNDE, PARLAMENT), die nur noch innere Fragen selbst regelten (z. B. Bildung, Religion).

Der Verlust der Autonomie provozierte oft schwere Konflikte, z. B. Finnland gegen das zaristische Russland (1899–1905), Eritrea gegen Äthiopien (1961–1991). Dagegen kann Autonomie im föderalen Bundesstaat Spannungen abbauen und Differenzen überbrücken, vor allem in traditionell zentralisierten Flächenstaaten mit erheblicher ethnischer und kultureller Heterogenität, z. B. in Spanien für das Baskenland, Katalonien, Andalusien (1978 ff.), in Frankreich für Korsika. Umgekehrt kann die Umwandlung eines zentralistischen Einheitsstaats in einen Bundesstaat mit weitgehender innerer Autonomie langfristig ein erster Schritt zur Auflösung sein – z. B. Kaiserstaat Österreich/ÖSTERREICH-UNGARN (1867–1918). Autonomie kann auch ein erster Schritt zur Sezession sein: So wurde Serbien erst autonom (1817), dann souverän (1878).

Autonomie korreliert mit Föderalismus zur friedlichen Organisierung religiös oder ethnisch heterogener Völker in einem Staat, auch zur Dezentralisierung politischer Macht (Deutschland).

Magier

Ursprünglich Stamm der MEDER (eigentlich Mager), später PriesterKASTE, im Dienste der Mederkönige (Anbetung des Sonnengotts, Traumdeutung, Astrologie): Die Magier wurden nach Zarathustra (ab ca. 590 v. Chr.) Priester des ZOROASTRISMUS. Der (historisch nicht gesicherte) Aufstand der Meder unter dem Magier Gaumata gegen die Perser nach dem Tod des Kambyses (**522 v. Chr.**) scheiterte. Möglicherweise verdeckte Dareios I., der 522 die Macht übernahm, seinen erfolgreichen Putsch unter dem Mantel eines angeblichen Aufstands und legitimierte so seine Herrschaft als GROSSKÖNIG.

Im Neuen Testament ist der Begriff Magier auch Name für die drei Könige (Weisen) aus dem Morgenland; im Englischen: »Magi«; später allgemein Praktiker der Magie.

Literatur: G. Messina: Der Ursprung der Magier und die zarathustrische Religion. Rom 1930; L. R. N. Ashley: Die Welt der Magie. Hexenkulte und Zaubersprüche im Spiegel der Geschichte. Bergisch Gladbach 1988.

Großkönig

Traditioneller Titel der persischen ACHÄMENIDEN (ca. 700–330 v. Chr.): Großkönig, König der Könige, nannte sich u. a. Dareios I. (**521**–486 v. Chr.). Vorher war der Titel schon bei den HETHITERN in Gebrauch, später in Aksum und Äthiopien (Negus Negusti).

Satrap (Satrapie)

(pers.: xšathrapávan = Schirmer der Herrschaft oder Landesbeschützer) Statthalter der persischen GROSSKÖNIGE im ACHÄMENIDENREICH, vorher schon im MEDERREICH, bzw. Provinz, Verwaltungsbezirk eines Satrapen im Achämenidenreich (550–330): Der Satrap war Vertreter des Großkönigs mit höchster administrativer, richterlicher und militärischer Gewalt. Dareios I. (**521**–486 v. Chr.) ordnete mit der Reichsreform die Satrapien in 20 Einheiten, die feste TRIBUTleistungen zu erbringen und Heereskontingente zu stellen hatten (Herodot, Buch 3, 89–94, Buch 7, 63–100). Die Satrapie als Verwaltungseinheit übernahmen modifiziert Alexander der Große (330–323), das SELEUKIDENREICH (312–64) und PARTHERREICH (247 v. Chr.–223/27 n. Chr.).

Auch: Übertragen für (großspurige) Herrschaftsform regionaler Machthaber (z. B. GAUleiter und Reichsstatthalter im DRITTEN REICH, Bezirksparteisekretäre in kommunistischen Staaten).

Post

(ital.: festgelegter Ort zum Wechseln von Pferden) System zur raschen Beförderung von Nachrichten, größeren Sendungen, später auch von Personen, zunächst nur amtlichen, erst in der Neuzeit auch privaten Charakters: Das persische ACHÄMENIDENREICH unterhielt seit Dareios I. (**521**–486 v. Chr.) eine Reichspost mit 111 Poststationen an der »Königstraße« Susa–Sardes. Eine Post gab es später bei den PTOLEMÄERN in Ägypten (323–30 v. Chr.) und im Römerreich unter Augustus (25 v. Chr.–14 n. Chr., »Cursus publicus«). In Europa gab es nach dem Ende des Römischen Reichs erst wieder seit Beginn der Neuzeit eine Post, mit dem MONOPOL für Thurn und Taxis im Reich unter Kaiser Maximilian I. (1493–1519). Das Postwesen wurde seitdem allmählich in allen anderen Ländern, früher oder später, verstaatlicht, nahm großen Aufschwung durch Einführung der BRIEFMARKE (1840) und die Gründung des WELTPOSTVEREINS (1878). Mit Liberalisierung des Briefverkehrs wird die Post in vielen Ländern Europas seit neuestem wieder privatisiert (Deutsche Post AG).

Literatur: H. v. Stephan/K. Sautter: Geschichte der deutschen Post. 3 Bde., Frankfurt/Main 1928–1952.

Schiffsbrücke

Behelfsbrücke über einen Wasserlauf durch Nebeneinanderlegen verankerter Schiffe: Eine Schiffsbrücke ist erstmals überliefert bei Überqueren des Bosporus durch Dareios I. zum Feldzug gegen SKYTHEN (**513/12** v. Chr.), über die untere Donau, bewacht von einem griechischen Kontingent unter Miltiades. Später fanden Schiffsbrücken häufig Verwendung bei den Römern. Seit der Frühen Neuzeit weiterentwickelt zum Prinzip der Pontonbrücken, dienten sie als Behelfsbrücken im Kriegsfall oder Notstand.

Tyrannis

Herrschaft eines TYRANNEN: Die letzte Tyrannis in Athen wurde **510 v. Chr.** gestürzt, angeblich fiel im selben Jahr auch in Rom die MONARCHIE.

Republik

(aus lat.: res publica = die öffentliche Sache, frz.: République) Im Unterschied zu MONARCHIE und DIKTATUR Staatsform mit (ungeschriebener oder geschriebener) Verfassung, oft mit Tendenz zur Gewaltenteilung und Wahl öffentlicher Ämter: Eine Republik bildete sich zuerst in Rom, vom Sturz des KÖNIGTUMS (ca. **510 v. Chr.**) bis zum PRINZIPAT unter Augustus (27 v. Chr., Beginn der KAISERzeit); sie war Vorbild für spätere Republiken und hatte eher oligarischen als demokratischen Charakter. Seit dem Mittelalter waren viele Städte autonome STADTSTAATEN mit quasi-republikanischer Regierungsform, unter SOUVERÄNITÄT der KRONE. Souveräne Republiken wurden die großen italienischen Stadtstaaten, wie Venedig, im fließenden Übergang zur Stadtrepublik durch Kontrolle des quasi-monarchischen DOGEN (1172–1797) sowie die Kantone der Schweizer Eidgenossenschaft (ab 1191). Die demokratische Republik unter Cola di Rienzi in Rom scheiterte (1347). Neue Republiken entstanden in Mailand (1447–1450), Florenz (1494–1512, 1527–1530), Genua (1528–1797) und Genf (1536).

Polen galt seit der WAHLMONARCHIE als ADELSREPUBLIK (Rzeczpospolita, 1572–1795). Nach Abfall von Spanien und Erklärung der Unabhängigkeit (1581) wurden die sieben nördlichen PROVINZEN der Niederlande mit GENERALSTAATEN faktisch Republik (1581–1795) mangels eines neuen Königs, auch England in der ENGLISCHEN REVOLUTION nach Hinrichtung des Königs Karl I. (1649) als COMMONWEALTH (1649–1660), ebenso Korsika (1729/55–1768) und, nach Abfall von England, die 13 nordamerikanischen Staaten (USA, 1776). Frankreich erlebte seit der FRANZÖSISCHEN REVOLUTION (1789) fünf FRANZÖSISCHE REPUBLIKEN: (1792–1799, 1848–51/52, 1870/75–1940, 1944/45–1958, seit 1958).

Spätere Republiken: Haiti (1804), Krakau (1815–1846), Republiken in Lateinamerika seit ihrer Unabhängigkeit (1810/26), Dominikanische Republik (1844), Badische Republik (1848), Römische Republik (1849), Transvaal (1853), Oranjefreistaat (1854), Kuba (1869–1878), Spanien (1873–1874, 1931–1936), Brasilien (1889), China (1911), Russland (1917), Deutschland (1918–1933, seit 1949), Österreich (1918–1938, seit 1945), Türkei (1922). Seit dem Ende des ERSTEN WELTKRIEGS (1914–1918), erst recht des ZWEITEN WELTKRIEGS (1939–1945), wurde die Republik dominierende Staats- und Regierungsform, in kommunistischen Staaten als Räte (= Sowjet)republik (z. B. UdSSR bis 1991) bzw. VOLKSREPUBLIK (z. B. Polen, China).

Literatur: E. Küchenhoff: Möglichkeiten und Grenzen begrifflicher Klarheit in der Staatsformenlehre. 2 Bde., Berlin 1967; F. Berber: Das Staatsideal im Wandel der Weltgeschichte. München ^{2}1978.

Konsulat

a) (Immer doppelt besetztes) Amt des Konsuls als dominierende Beamte des römischen Magistrats: Nach dem Sturz der MONARCHIE (angeblich **510 v. Chr.**) traten in Rom eponyme jährlich gewählte Oberbeamte an die Stelle des Königs, vielleicht anfangs mit dem Titel PRAETOR. Der Titel des Konsuls ist erst seit ca. 450 überliefert: Konsuln verfügten über die höchste militärische Befehlsgewalt (imperium) und politische Macht (potestas), waren Vorsitzende des SENATS und oberste Richter, mit Liktorenbündel (fasces) als Zeichen der Macht über Leben und Tod (Beil zur Hinrichtung). Das Amt war zunächst der ARISTOKRATIE (PATRIZIERN) vorbehalten, stand später auch PLEBEJERN offen (ab 367). In der REPUBLIK regierten stets zwei Konsuln in KOLLEGIALITÄT, für ein Jahr (ANNUITÄT). Das Konsulat blieb auch unter dem DIKTATOR Caesar (46–44) und im PRINZIPAT, das mit Augustus begann (ab 27 v. Chr.), epynomes Ehrenamt, oft von Kaisern selbst oder Angehörigen der kaiserlichen Familie wahrgenommen.

b) Im Mittelalter waren Konsuln oberste Stadtbeamte in Italien und Südfrankreich, wie römische Konsuln auf ein Jahr gewählt, mit politischer, militärischer und richterlicher Gewalt, unter Kontrolle einer Volksversammlung oder des RATES der Stadt, später Vertreter von Handelsinteressen italienischer Seestädte nach Ende der KREUZZÜGE (1291) in der Levante, Frankreichs und anderer westlicher Staaten im OSMANISCHEN REICH mit Sonderrechten (KAPITULATIONEN), Exterritorialität und Konsulargerichtsbarkeit (ab 1536).

c) Im revolutionären Frankreich unter Napoleon Bonaparte (1799–1804) hießen Träger der Exekutive Konsuln – KONSULAT (1799), im Übergang von der I. FRANZÖSISCHEN REPUBLIK (1792–1799) zum I. EMPIRE (1804–1814/15).

d) Konsuln bzw. Generalkonsuln sind Teil des modernen diplomatischen Dienstes (seit 1815).

Literatur: Zu a) A. Lippold: Consules. Bonn 1963; J. Bleicken: Die Verfassung der römischen Republik. Grundlagen und Entwicklung. Paderborn 1975; G. Alföldy: Konsulat und Senatorenstand unter den Antoninen. Bonn 1977.

Senat

(lat.: senes = die Alten) Zentrales Organ Roms bzw. des Römischen Reichs: In der Königszeit Roms (angeblich bis **510 v. Chr.**) war der Senat ein RAT der Alten, besonders der Häupter der großen Familien der grundbesitzenden ARISTOKRATIE (»patres« = PATRIZIER). In der REPUBLIK war der Senat, obwohl formal nur beratend, faktisch zentrales Machtzentrum, neben und über den höchsten Beamten (Magistraten) sowie dem Volk (populus). »Senatus populusque Romanus« (SPQR) war der offizielle Name des römischen STAATS, bald auch mit reich gewordenen PLEBEJERN als Mitgliedern (ab 367). In der Kaiserzeit politisch weitgehend entmachtet, behielt der Senat sozial als »Notabelnversammlung« (A. Heuß) großes Ansehen. Er gewann nach dem Sturz eines despotisch regierenden KAISERS vorübergehend wieder politische Bedeutung, war sonst Legitimierungsorgan, Gremium zur Auswahl von Verwaltungsbeamten, Gerichtshof für außerordentliche Kriminalprozesse. Der Senat hielt sich in Rom unter Herrschaft der OSTGOTEN (493–540/52), verschwand aber bald nach RESTAURATION der oströmischen Herrschaft (vor 600). Ein Senat nach römischem Vorbild bestand in Konstantinopel seit Constantius II. (337–361), bis zur Eroberung durch die OSMANEN (1453).

Seit dem Mittelalter war der Senat nach römischem Vorbild auch Regierungsorgan bedeutender Städte, vor allem in Deutschland für Reichs- und HANSEstädte, der Freien Stadt Danzig (1920–1939), in der BUNDESREPUBLIK in Hamburg, Bremen, Berlin, dazu, ohne Status als Landesregierung, in Lübeck, Wismar, Rostock und Stralsund.

In parlamentarischen Zweikammersystemen ist Senat oft Name für die 1. Kammer, u.a. in den USA, in Frankreich (1799–1814, 1852–1870, 1875–1940, seit 1945), Polen (1921–1939), ČSR (1920–1939) und Australien.

In der Justiz ist der Senat ein mit mehreren Richtern besetzter Spruchkörper höherer Gerichte. An Hochschulen und UNIVERSITÄTEN in deutschsprachigen Ländern und Polen ist er oberstes Gremium der Selbstverwaltung (Akademischer Senat).

Literatur: P. Willems: Le Sénat de la République romaine. Neudruck Aalen 1968; E. Meyer: Römischer Staat und Staatsgedanke. Zürich, München ^{4}1975.

Annuität

(lat.: annus = das Jahr) Prinzip in mediterranen Stadtstaaten, so auch in der römischen REPUBLIK (**510 v. Chr.**), dass ein Wahlamt nur für ein Jahr galt. Ausnahme in Rom war das Amt des CENSORS.

Kollegialität

(zu lat.: collega = der Mitgewählte) Mehrfachbesetzung ordentlicher Ämter: Im republikanischen Rom (angeblich ab **510 v. Chr.**) waren die Amtsinhaber gleichberechtigt. Wenn sich z.B. die Konsuln an einem Ort aufhielten, wechselten sie sich als militärische Befehlshaber tagtäglich ab. Jeder Amtsinhaber konnte die volle Amtsgewalt auch ohne Abstimmung mit dem Kollegen ausüben, solange er kein VETO erhob (»Interzessionsrecht«). Kollegialität war ein Prinzip zur Verhinderung der Machtkonzentration in einer Hand und Willkürherrschaft.

Magistrat

(lat.: magistratus = öffentliches Amt) Funktionsträger mit genau umrissenen Kompetenzen, meist mit begrenzter Amtsdauer: Bereits in den phönikischen Städten füllten Magistraturen das vom KÖNIGTUM hinterlassene Machtvakuum auf (seit ca. 900). In der archaischen griechischen POLIS fanden rivalisierende Aristokraten durch Machtteilung über turnusmäßig zu besetzende Ämter (in Athen: ARCHONTEN) zum Ausgleich (ca. 650). Die Ämter wurden später in Wahl- oder Losverfahren vergeben. Mit der Römischen REPUBLIK (angeblich seit **510 v. Chr.**) ersetzten Magistraturen das Königtum: zunächst mit zwei PRAETOREN (als Richter und Heerführer), später mit zwei KONSULN als neuer oberster Hierarchieebene und Aedilen und Quaestoren als nachgeordneten Fachbeamten. Auf allen Ebenen galten ANNUITÄT, KOLLE-

GIALITÄT und Wählbarkeit. Die Ämterhierarchie wurde formalisiert (cursus honorum), vom neuen Amtsadel (NOBILITÄT) MONOPOLisiert. Außerordentliche Magistraturen waren das Amt des CENSORS (periodisch besetzt) und DIKTATORS (in Krisenzeiten). Die republikanischen Magistraturen blieben im PRINZIPAT (seit 27 v. Chr.) bestehen und überlebten (in WESTROM) auch das Ende des Kaisertums (476). Im europäischen Mittelalter regierten in autonomen Kommunen Magistrate, mit Titeln, die bewusst an die Römische Republik anknüpften – Konsuln, Senatoren. Magistrate heißen in der Neuzeit die Stadtregierungen mit ihren Ressorts. [M. S.]

Literatur: H. W: Böhme: Römische Beamtenkarrieren. Cursus honorum, Stuttgart 1977; J. S. H. Gibaut: The cursus honorum. A Study of the Origins and Evolution of Sequential Ordination. New York 2000.

Bimetallene Währung

Währung eines STAATES, beruhend auf MÜNZEN aus unterschiedlichen Metallen, in der Regel GOLD und SILBER: Im Perserreich der ACHÄMENIDEN galt für den griechisch geprägten Westen mit damals höchstentwickelter Geldwirtschaft Gold-, für den Osten Silberwährung (**510 v. Chr.**). Ähnlich war die Unterscheidung im arabischen KALIFAT (696). In der Neuzeit herrschte bis zum ERSTEN WELTKRIEG generell Bimetallismus.

Literatur: W. Weimer: Geschichte des Geldes. Frankfurt/Main 1992.

Mos maiorum

(lat.: Sitte der Vorfahren) Gewohnheitsrecht: Neben und vor dem kodifizierten Recht wurde der Mos maiorum zur tragenden Säule der Römischen REPUBLIK (seit **ca. 510 v. Chr.**) und des PRINZIPATS. Für die Römer bildete der Mos maiorum die wesentliche Handlungsmaxime, die sich, vor allem in der Spätphase der Republik, auch politisch trefflich instrumentalisieren ließ. Der Dichter Ennius brachte das Traditionsdenken der Römer auf die Formel: »moribus antiquis res stat Romana virisque« (»Auf Sitten und Männern alter Art beruht der Bestand des römischen Staates«). Die Idealisierung der Vorfahren gehörte zum festen Inventar aristokratischen Handelns: Sie wurden in Reden beschworen und in kanonisierten exempla gesammelt. Politische Gegner wurden stets des Abweichens vom Mos maiorum bezichtigt: Scipio Africanus durch Cato (2. Jh.), die Gracchen durch die SENATSmehrheit (133/23), die Anhänger des Marius durch Sulla (88–86), Marcus Antonius durch Cicero (44/43) und Octavian (32/31). [M. S.]

Literatur: H.-J. Gehrke/A. Möller (Hg.): Vergangenheit und Lebenswelt. Tübingen 1996.

Phylen

(unsichere Etymologie, vielleicht ursprünglich Teilstämme) Oberste Unterteilung griechischer STADTSTAATEN, wie römischer Tribus: Die meisten griechischen Stadtstaaten bestanden aus drei Phylen, Athen zunächst aus vier, seit den Reformen des Kleisthenes (**508/07 v. Chr.**) aus zehn, im Charakter umgestalteten, Phylen. Die alten vier Phylen hielten sich nur noch im kultischen Bereich. Viele griechische Städte folgten dem Modell.

Literatur: E. Szanto: Die griechischen Phylen, in: ders.: Gesammelte Abhandlungen. Tübingen 1906.

Scherbengericht (Ostrakismos)

Verfahren zur Verbannung politisch unbequemer oder übermächtiger Personenen im antiken Athen: Der Name leitet sich von der Tonscherbe (griech.: ostrakon) her, auf die in einer Volksabstimmung Namen zu schreiben waren. Die Scherben wurdenausgewertet. Dessen Namen am häufigsten notiert worden war, musste auf zehn Jahre ins Exil, verlor aber nicht Vermögen und Ehrenrechte: Das Verfahren wurde in Athen angeblich von Kleisthenes eingeführt (**508/07 v. Chr.**), jedoch erst später angewandt (488/87–417), z. B. gegen Themistokles (471).

Literatur: J. Carcopino: L'ostracisme athénien. Paris [2]1935.

Ionischer Aufstand

Aufstand der von Griechen bewohnten ionischen Städte, unterstützt von Karern und Lykiern gegen ACHÄMENIDEN (500/499 v. Chr.), unter Führung von Milet, zunächst gegen den von Persern gestützten lokalen TYRANNEN, überliefert bei Herodot (Buch V, 97–124): Der Aufstand erhielt aktive Hilfe aus dem Mutterland nur von Athen, Eretria (auf der Insel Euböa) und Zypern (499/98). Athen und Eretria erlitten eine Niederlage gegen die Perser. Zypern wurde von Persern unterworfen (497), Milet zerstört. Der Aufstand brach zusammen (494) und lieferte den Anlass für die PERSERKRIEGE, (490, 480–449).

Geheimbund

Straff hierarchische Gruppen, die Struktur, Bräuche und Ziele verbergen (Arkandisziplin), mit oder ohne Anspruch auf exklusives Geheimwissen: Geheimbünde entstanden als Priester- und Mysterienkulten im Alten Orient und in der Antike – u. a. die Pythagoreer, mit Verknüpfung von Philosophie und Politik (**ca. 500 v. Chr.**). Kultgemeinschaften (islamische Bruderschaften) und politische Untergrund- und TERRORorganisationen waren und sind weltweit verbreitet, auch in Mischformen; noch heute existieren Geheimbünde bei Naturvölkern, der Voodoo-Kult und Satanskulte im Westen. Geheimbünde gab es in China seit den ROTEN AUGENBRAUEN gegen den Usurpator Wang Mang (23 n. Chr.), unter JUDEN antirömische Siccarier vor dem JÜDISCHEN AUFSTAND (66–73), in den KREUZZÜGEN religiöse Kampforden (ASSASSINEN, ca. 1080; TEMPLER, 1119). Geheimbündlerisch waren Angehörige der FEMEgerichte (1251), JESUITEN in Verbotszeiten. Theosophisch-okkultistische Geheimbünde (Rosenkreuzer, 1757) und der ILLUMINATENORDEN (1776) gaben sich freimaurerisch, infiltrierten die FREIMAURER und trugen zu ihrem Bild als politischem Geheimbund bei. Mit dem NATIONALISMUS bildeten sich national-, oft auch sozialrevolutionäre Geheimbünde gegen Fremd- und Gewaltherrschaft: u. a. CARBONARI (1807) und GIOVINE ITALIA (1831) in Italien, mit staatlicher Hilfe der Tugendbund in Preußen (1808), HETAIRIE in Griechenland (1812/14), im Umfeld der Burschenschaften die »Unbedingten« (1815), als Keimzelle der DEKABRISTEN der Wohlfahrtsbund (1818) in Russland, JUNGES EUROPA (1834) als Dach für nationale Gliederungen, BUND DER GEÄCHTETEN (1834) und BUND DER KOMMUNISTEN (1847). Geheimbünde billigten oft TERROR von Angehörigen oder Sympathisanten. Zu ihnen zählen auch Fenier (1858) und IRA (1919) in Irland, NARODNAJA VOLJA (1879) und Bolschewiki (1903) in Russland, TUPAMAROS in Uruguay (1967), RAF in der Bundesrepublik, ROTE BRIGADEN in Italien (1970). Terroraktionen sollten mit Geiselnahmen, Entführungen, Sprengstoff- und Mordanschlägen zum politischen Umsturz eskalieren. Rechtsextreme Varianten, rassistisch bis antisemitisch, waren u.a. der Klu-Klux-Klan (1865) in den USA, Germanenorden (1912), ORGANISATION CONSUL (1920) in Deutschland. Geheimbündlerische kriminelle Vereinigungen, aus Kämpfen gegen Fremdherrschaft und Unterdrückung, sind u.a. MAFIA in Italien, von dort in den USA, Triaden in China und Chinatowns in Übersee. [F. H.]

Literatur: P. C. Ludz (Hg.): Geheime Gesellschaften. Heidelberg 1979; G.-K. Kaltenbrunner (Hg.): Geheimgesellschaften und der Mythos der Weltverschwörung. München 1987; G. Schuster: Die geheimen Gesellschaften, Verbindungen und Orden. Nachdruck Wiesbaden ³1995; H. Kloft: Mysterienkulte der Antike. Götter – Menschen – Rituale. München 1989.

Plebejer (Plebs) ▪

Angehörige der freien Unterschicht (Plebs) in Rom: Die Plebs erkämpften sich soziale und politische Gleichberechtigung seit der ersten SECESSIO PLEBIS aus Rom (**494 v. Chr.**) in den STÄNDEKÄMPFEN gegen das PATRIZIAT (494 – 287); erzwangen die KODIFIZIERUNG des Gewohnheitsrechts durch die ZWÖLFTAFELGESETZE (451) und weitere Reformen: Das Verbot der Ehe mit Patriziern wurde aufgehoben (445), Plebejer wurden formal (367) und tatsächlich (342) zum KONSULAT zugelassen. Später musste ein KONSUL stets Plebejer sein. Plebejer durften das Priesteramt bekleiden (300) und fanden mit der LEX HORTENSIA (287) de facto Gleichberechtigung. Mit den Reformen der Gracchen zugunsten verarmter Plebejer (133, 123) begann eine neue Form der Ständekämpfe: Städtische Unterschichten (plebs urbana) und Soldaten wurden Massenbasis für politisierende Heerführer am Ende der REPUBLIK, im Übergang zum PRINZIPAT (ab 27 v. Chr.).

Literatur: R. E. Mitchel: Patricians and Plebeians. Ithaca, London 1990; F. Millar: The Crowd in Rome in the Late Republic. Ann Arbor 1998.

Secessio Plebis ▪

Auszug der PLEBS aus Rom als politisches Kampfmittel gegen das PATRIZIAT in den STÄNDEKÄMPFEN (**494 v. Chr.**, 449, 287).

Ständekämpfe

Zusammenfassender Begriff für politische und soziale Konflikte zwischen PATRIZIAT und PLEBS in Rom, nach dem Sturz der MONARCHIE (510 v. Chr.) um Gleichberechtigung der Plebejer: (1.) SECESSIO PLEBIS (**494 v. Chr.**): Als Konzessionen an die Plebs (493) wurden VOLKSTRIBUNEN berufen, die Einrichtung plebejischer Standesversammlungen (Concilia Plebis, 471) zugestanden, das ZWÖLFTAFELGESETZE (451) sowie die LEX CANULEIA erlassen, die das Eheverbot zwischen Patriziern und Plebejern aufhob (445). Allmählich war ein gleichberechtigter Zutritt zu öffentlichen Ämtern möglich – Quästur (421), KONSULAT (367, 342), Priester (300). Die Ständekämpfe endeten mit der LEX HORTENSIA (287), als Auftakt zur weiteren Expansion Roms in Italien.

Volkstribun

(lat.: tribunus plebis) Sakrosankter (unantastbarer) Beamter der römischen PLEBS, vom PATRIZIAT nach der 1. SECESSIO PLEBIS (**494 v. Chr.**) der Plebs, als Konzession zugestanden (493): Ursprünglich gab es zwei, später vier (471), dann zehn (457 oder 449) Volkstribune in einem Jahr. Für sie galt das ANNUITÄTSprinzip, mit »tribunicia potestas«: Sie erhielten allmählich das Recht zur »intercessio« (Einspruch, VETO) gegen Beschlüsse des MAGISTRATS oder des SENATS, beschränkt u. a. durch Einspruchsrecht eines anderen Kollegen und konnten Volksversammlungen einberufen. Durch die LEX HORTENSIA (287) wurde das Amt zur ordentlichen Institution aufgewertet, war später Qualifikation für den Eintritt in den Senat (nach 200), seit den Gracchen (133, 123) auch Sprungbrett für Vorkämpfer der POPULAREN. Die Ermordung des Volkstribunen Marcus Livius Drusus (91) löste den BUNDESGENOSSENKRIEG aus (91–88). Die tribunizischen Kompetenzen beschnitt Sulla drastisch (81), Pompeius und Crassus stellten sie wieder her (70). Die »tribunicia potestas« ging an Augustus (23) als Teil kaiserlicher Gewalt.

Später auch Bezeichnung für Volksführer (z. B. Cola di Rienzi).

Literatur: J. Bleicken: Das Volkstribunat der klassischen Republik. München [2]1968.

Latinischer Bund

STÄDTEBUND als WEHRGEMEINSCHAFT (Symmachie) von Städten in Latium: Der Bund, der nach Vorläufern unter der HEGEMONIE Roms stand (**493 v. Chr.**), erlosch nach dem Einfall der KELTEN (387) und wurde zur Abwehr von Kelten und Volskern erneuert (340/38). Er war wesentliche Grundlage für die erste Phase des römischen Aufstiegs.

Literatur: A. Alföldi: Das frühe Rom und die Latiner. Darmstadt 1977.

Colonia

(Plural: coloniae) Höchste rechtliche Kategorie im Städtesystem des Imperium Romanum, mit städtischer AUTONOMIE: Coloniae, in der REPUBLIK ursprünglich geschlossene, planmäßig nach dem Vorbild Roms angelegte Siedlungen, erfüllten eine Doppelfunktion: Sie dienten der Sicherung und Kontrolle des eroberten Territoriums und, seit Marius, der Veteranenansiedlung. Bürger einer colonia besaßen zugleich römisches (coloniae civium Romanorum) oder latinisches (coloniae Latinae) Bürgerrecht. Coloniae, in der Überlieferung zuerst Norba in Latium (**491 v. Chr.**), waren ein zentraler Faktor bei der Romanisierung Italiens und der Provinzen. In der Kaiserzeit setzte sich der Typus der Veteranenkolonie, jetzt in allen Teilen des Reichs, durch. Daneben wurde, seit Claudius, ganzen Städten kollektiv der Status einer colonia verliehen (sog. Titularkolonien). Wichtige Coloniae: Colonia Iulia Carthago (Karthago, 1. Jh. v. Chr.), Augusta Raurica (Augst, 44 v. Chr.), Colonia Iulia Augusta Berytus (Beirut, 1. Jh. v. Chr.), Colonia Claudia Ara Agrippinensium (Köln, 50 n. Chr.), Aelia Capitolina (Jerusalem, 135).

Nicht zu verwechseln mit den modernen KOLONIEN. [M. S.]

Literatur: A. N. Sherwin- White: The Roman Citizenship. Oxford 1973; F. Vittinghoff: Civitas Romana. Stadt und politisch-soziale Integration im Imperium Romanum der Kaiserzeit. Stuttgart 1994.

Perserkriege

Schwerster Krieg des antiken Griechenland nach außen, zur Abwehr der Perser, ausgelöst durch die Unterstützung Athens und Euböas für den IONISCHEN AUFSTAND (500/499 – 494): Der erste Vorstoß der Perser scheiterte mit Zerschellen der persischen Flotte am Berg Athos (492 v. Chr.). Hauptquelle sind noch immer Herodots »Historien«.

- 1. Perserkrieg (**490 v. Chr.**): Landung der Perser in Attika, Sieg der Athener unter Miltiades bei Marathon (490).
- 2. Perserkrieg (480 – 449): Nach der Invasion der Perser unter Xerxes I. (486 – 465) zu Lande und zur See erkämpften sich die Perser den Zugang zum eigentlichen Griechenland bei den Thermopylen. Die Griechen siegten in der Seeschlacht von Salamis (480) und der Landschlacht bei Platää (479): Die ionischen Städte fielen vom Perserreich ab (479). Die Griechen setzten den Krieg als Offensive gegen die Perser fort (478 – 449). Rückgrat war der Zusammenschluss im DELISCH-ATTISCHEN SEEBUND (478/77). Athens Intervention im ägyptischen Aufstand (460) brachte die Vernichtung der athenischen Flotte im Nildelta (454). Die Athener siegten über die Perser in der Seeschlacht bei Salamis (Zypern, 450). Den Krieg beendete der KALLIASFRIEDE (449). Der ALEXANDERZUG (334 – 330) begann formell als Rachekrieg für Zerstörungen in Griechenland durch die Perser.

Literatur: Herodot: Historien. Bücher 6–9; C. Hignett: Xerxes' Invasion of Greece. Oxford 1963; W. Kierdorf: Ergebnis und Darstellung der Perserkriege. Göttingen 1966; P. Green: The Greco-Persian Wars. Berkeley 1996.

Marathonlauf

Streckenlauf von 42,195 km, der Entfernung Marathon–Athen: Der Lauf erinnert an den Läufer, der (angeblich) die Meldung vom Sieg über die Perser bei Marathon nach Athen brachte und dort tot zusammenbrach (**490 v. Chr.**).

Stratege

(griech.: Feldherr) Ursprünglich Befehlshaber einer der zehn PHYLEN in Athen, zusammengefasst im Kollegium der zehn Strategen seit den Reformen des Kleisthenes (508/07 v. Chr.). Später wurde jeweils ein Stratege vom Volk mit befristetem Oberbefehl für eine Region beauftragt (**487/86 v. Chr.**): Das Strategenamt (»Strategie«) war seit Ephialtes die führende Position im STAAT, mit Möglichkeit der Wiederwahl (462), als institutionelle Basis für die Macht des Perikles in Athen (461–430). Strategen waren in hellenistischer Zeit auch Verwalter eroberter Gebiete, im SELEUKIDENREICH vorübergehend in Konkurrenz zum SATRAPEN, im PTOLEMÄERREICH zuletzt reine Verwaltungsbeamte im traditionellen NOMOS. In Byzanz war der Stratege seit Herakleios I. (610–641) Vertreter des Kaisers in einem THEMA, mit oberster militärischer richterlicher und administrativer Gewalt, nach 1000 als Dux (»Doukás«).

Auch: Synonym für (bedeutenden) Feldherrn.

Literatur: H. Bengtson: Die Strategie in der hellenistischen Zeit. 3 Bde., München 1952; V. Ehrenberg: Der Staat der Griechen. Zürich, Stuttgart [2]1965; R. Meiggs: The Athenian Empire. Oxford 1972.

Triëre

(griech.: triëres = Dreiruderer) Häufigster Typ des griechischen Kriegsschiffs in der Antike: Die Triëre war ein Dreidecker mit drei Reihen übereinander angeordneter Ruder. Sie fasste 170 Ruderer, ca. 20 Matrosen, aber nur etwa zwölf Soldaten. Zuerst baute Athen unter Themistokles Triëren für die Flotte gegen die Perser (**482 v. Chr.**). Bemannt wurden sie mit THETEN.

Theten

Unterschicht der Freien im antiken Griechenland, besitzlos, auf Lohnarbeit angewiesen, in Athen in der niedersten Steuerklasse: Theten wurden von Themistokles zur Bemannung der gegen die Perser neu erbauten Triëren herangezogen (**482 v. Chr.**) – ein weiterer Schritt zur DEMOKRATIE: Theten erhielten durch Ephialtes das passive WAHLRECHT und DIÄTEN (462).

Wehrgemeinschaft (Symmachie)

(griech.: symmachos = Mitkämpfer) Kampfbund griechischer STADTSTAATEN – langfristig (PELOPONNESISCHER BUND, ATTISCHER SEEBUND) wie kurzfristig-punktuell, mit Tendenz der stärksten Macht als Hegemon zur HEGEMONIE und der faktischen Abhängigkeit der formal gleichberechtigten Bündnispartner. Athen und Sparta bildeten eine Symmachie gegen die drohende Perserinvasion (**481 v. Chr.**).

Literatur: V. Ehrenberg: Der Staat der Griechen. Zürich, Stuttgart [2]1965; K. Tausend: Amphiktyonie und Symmachie. Formen zwischenstaatlicher Beziehungen im archaischen Griechenland. Stuttgart 1992.

»Kämpfende Staaten« ▪

Letzte Phase staatlicher Zersplitterung Chinas unter dem Schattenkönig-
tum der »östlichen« CHOU-DYNASTIE in autonome Lehnsstaaten, die sich
untereinander erbittert bekämpften (**481 v. Chr.**), beendet von der ersten
kaiserlichen Dynastie der CH'IN-DYNASTIE (221–207).

Spartiaten ▪

Vollbürger des lakedämonischen Staates, quasi-adlige Bewohner der
Hauptstadt Sparta (im Gegensatz zu Periöken, den »Umwohnern«
minderen Rechts, und den rechtlosen HELOTEN): 300 Spartiaten unter
Leonidas fielen bei den Thermopylen (**480 v. Chr.**, »wie das Gesetz es
befahl«). Später fielen 700 Spartiaten bei Leuktra gegen Thebaner (371):
Die Niederlage wurde zur Katastrophe für die Machtstellung Spartas, da
die Zahl der Vollbürger sehr gering war.
Literatur: M. Clauss: Sparta. München 1983.

Delisch-attischer Seebund (Attischer Seebund) ▪

Städtebund, WEHRGEMEINSCHAFT (Symmachie) zwischen Athen und
ca. 260 griechischen Seestädten (**478/77** v. Chr.): Athen besaß den
Oberbefehl (HEGEMONIE), zunächst aber nur für den Seekrieg gegen die
Perser, zum Schutz der Ionischen Städte Kleinasiens. Die Bundesgenossen
stellten meistens Geld oder Schiffe. Sitz des Bundesrates und der
Bundeskasse war zunächst das Heiligtum des Apollon auf der Kykladen-
insel Delos. Beide wurden nach Untergang der athenischen Flotte im
Nildelta durch die Perser unter dem Vorwand der Sicherheit nach Athen
verlegt (454), der Bund Instrument der hegemonialen Politik Athens in
der Periode der DEMOKRATIE unter Perikles: Athen mischte sich zuletzt
in die inneren Verhältnisse von Bündnispartnern ein, die zu ausgebeute-
ten Untertanen herabsanken. In der Krise Athens im Peloponnesischen
Krieg nach der Niederlage in Sizilien vor Syrakus (413) fielen zahlreiche
Bundesgenossen von Athen ab (412/11). Nach dem Ende des PELOPON-
NESISCHEN KRIEGS (404) aufgelöst, wurde der Bund erneuert – (2.) AT-
TISCHER SEEBUND (378).
Literatur: R. Meiggs: The Athenian Empire. London 1972; W. Schuller: Die Herrschaft der Athe-
ner im Ersten Attischen Seebund: Berlin 1974; J. Cargill: The Second Athenian League. Empire or
true Alliance? Berkeley 1981.

Diäten ▪

(lat.: dies = Tag; frz.: diète = Ständeversammlung, Tagungsperiode)
Moderner Begriff für tageweise berechnete Aufwandsentschädigung für
die Teilnahme an Sitzungen (Volksversammlungen, PARLAMENTE u. Ä.),
Tagegelder: Eingeführt von Ephialtes in Athen, um THETEN die Teil-
nahme an Volksversammlungen zu ermöglichen (**462 v. Chr.**), waren
Diäten wesentliche Voraussetzung der DEMOKRATIE. In modernen
Verfassungsstaaten gab die staatliche Bezahlung für Parlamentarier auch

Vertretern der Arbeiterschaft die Möglichkeit, Mandate im Parlament wahrzunehmen. In der Moderne forderten zuerst Charisten in Großbritannien ihre Einführung (PEOPLE'S CHARTER, 1838).

Wahlrecht

Das Recht, jemanden in ein öffentliches Amt zu wählen (aktives) oder selbst in ein Amt gewählt zu werden (passives Wahlrecht), im Laufe der Geschichte mit höchst unterschiedlicher Ausgestaltung und Wirkung: Die europäische Antike kannte das aktive Wahlrecht nur für (freie) Bürger, gebunden zunächst an den Nachweis von Besitz, meist nach der Höhe der geleisteten STEUERN in verschiedene Klassen eingeteilt (Zensuswahlrecht: TIMOKRATIE). Seit Ephialtes in Athen das Wahlrecht auf die besitzlosen, aber freien THETEN ausweitete, bestand eine DEMOKRATIE (**462 v. Chr.**).

Das Wahlrecht gewann seit dem Spätmittelalter wieder an Bedeutung mit autonomen Städten und STÄNDEN, in der Neuzeit mit dem Aufstieg des modernen Verfassungsstaats. Seitdem ist es zentrales Objekt politischer und sozialer Kämpfe. Die allgemeine, gleiche, geheime und direkte Wahl zu PARLAMENTEN wurde schrittweise durchgesetzt. Zunächst bestanden wieder, wie in der Antike, verschiedene Formen des Zensuswahlrechts.

In England war das Wahlrecht zum House of COMMONS (Unterhaus) begrenzt durch das 40-Shilling-freehold-Wahlrecht (1430), abgelöst durch die WAHLRECHTSREFORMEN (1832, 1867, 1872, 1884, 1918, 1928) zum gleichen Wahlrecht für alle erwachsenen Männer, später auch für Frauen (1918, 1928). Zusätzliche Sitze für Absolventen der Universitäten Oxford und Cambridge wurden abgeschafft (1945).

Mit der FRANZÖSISCHEN REVOLUTION setzte sich ein Zensuswahlrecht durch, allgemeines Wahlrecht stand in der JAKOBINER-Verfassung (1794) nur auf dem Papier. Realisiert wurde es erst bei der Wahl der NATIONALVERSAMMLUNG von 1848, später in der III. FRANZÖSISCHEN REPUBLIK (1871/75–1940).

Das allgemeine Wahlrecht wurde in Deutschland von der Arbeiterschaft gefordert und von Bismarck zur Wahl des REICHSTAGS des NORDDEUTSCHEN BUNDS (1867) sowie des 2. DEUTSCHEN KAISERREICHS (1871) eingeführt, abgemildert durch die starke Position des Bundesrats, in dem Preußen de facto eine sichere Stimmenmehrheit besaß: In Preußen galt mit dem DREIKLASSENWAHLRECHT (1849–1918) ein Pluralwahlrecht, das wohlhabenden Wahlbürgern zwei oder mehr Stimmen zuwies.

Das Wahlrecht wurde früher offen wahrgenommen – auf offenen Plätzen durch Handaufhebung oder Akklamation (eigentlich: Zurufen). In Deutschland war die Wahl zum Reichstag 1867 die erste geheime Wahl, in Großbritannien wurde sie durch den BALLOT ACT (1872) eingeführt. Bei indirekten Wahlen wählt der Wähler (Urwähler) zunächst Wahlmänner, die anschließend den Mandatsträger bestimmen, z. B. den Abgeordneten im preußischen Dreiklassenwahlrecht oder den Präsidenten noch heute im US-amerikanischen System, sodass – wie beim

Mehrheitswahlrecht – der stimmenstärkere Kandidat unterliegen kann (Niederlage von Al Gore gegen George W. Bush 2000). Im direkten Wahlverfahren bestimmt der Wähler den Kandidaten selbst.

Eine andere Unterscheidung des Wahlrechts zielt auf Mehrheits- und Verhältniswahl für die Bestimmung der Parlamente: Im Mehrheitswahlrecht wird der Abgeordnete in Ein-Mann-Wahlkreisen bestimmt, mit relativer oder absoluter Mehrheit. Bei absoluter Mehrheitswahl findet eine Stichwahl statt, sofern im ersten Wahlgang kein Kandidat die absolute Mehrheit (50 % + 1 Stimme) erreicht hat. In Großbritannien und von den Briten historisch geprägten Ländern (USA, Kanada, Australien, Neuseeland, Südafrika, Indien, Pakistan, Bangladesch, Sri Lanka, Nigeria, Ghana, Tansania, Sambia usw.) gilt relatives Mehrheitswahlrecht, im 2. Deutschen Kaiserreich (1871–1918) galt, in der V. FRANZÖSISCHEN REPUBLIK gilt noch immer absolutes Mehrheitswahlrecht.

Die Verhältniswahl wurde zuerst in Deutschland eingeführt (1919), um Ungerechtigkeiten des Mehrheitswahlrechts zu vermeiden, so wenn Regierungen durch geschickte Grenzziehung bei den Wahlkreisen das Ergebnis indirekt manipulierten. Beim Verhältniswahlrecht werden die Mandate im Verhältnis der für die Listen abgegebenen Stimmen auf die Parteien verteilt. Nach der Parteienzersplitterung in der WEIMARER REPUBLIK führte die BUNDESREPUBLIK die 5-%-Klausel ein (1953). Das Verhältniswahlrecht gilt heute vor allem in der Bundesrepublik (mit der charakteristischen Variante, dass 50 % der Abgeordneten in Wahlkreisen, 50 % über Landeslisten und mit einem komplizierten Verrechnungssystem gewählt werden), in Österreich, Italien (in Kombination mit Mehrheitswahl), Israel, Belgien, den Niederlanden und in den skandinavischen Ländern. In Großbritannien fordern LIBERALE und die SOCIAL DEMOCRATIC PARTY das Verhältniswahlrecht für England.

Literatur: H. Hättich: Wahlrecht und Wahlgerechtigkeit. Karlsruhe 1970; D. Dohlen: Wahlsysteme der Welt. Daten und Analysen. München 1978.

Demokratie

(griech.: Demos = Volk + kratie = Herrschaft) Volksherrschaft: Nach MONARCHIE und ARISTOKRATIE (bei Aristoteles erweitert um TYRANNIS bzw. OLIGARCHIE) die dritte der klassischen Herrschaftsformen: Der Begriff erscheint zuerst bei Herodot, die Anfänge gehen auf Kleisthenes und seine Reformen in Athen zurück (ISONOMIE; 508/07 v. Chr.): Herrschaft des DEMOS, nach oben gegen die Aristokratie, nach unten gegen SKLAVEN und andere Unfreie sowie Nichtbürger. Vollendet hat die Demokratie die Verfassungsreform des Ephialtes (**462 v. Chr.**), der den THETEN das WAHLRECHT gab. Die attische Demokratie hatte ihren Höhepunkt unter Perikles (461–430), mit maritimer Expansion und Intervention im ägyptischen Aufstand (460–454). Der PELOPONNESISCHE KRIEG (431–404) brachte eine Radikalisierung und Krisen mit häufigem Richtungswechsel: Sturz der Demokratie, Oligarchie, gemäßigte Demokratie (411); ähnlich verlief die Entwicklung nach dem Frieden mit Sparta (404/03). Demokratien entwickelten auch andere griechische STADTSTAATEN der Antike.

Nach dem klassischem Modell Athens wurde der Begriff auf spätere vergleichbare Herrschaftsformen seit dem Mittelalter übertragen, z. B. auf die demokratische Revolution in Rom (1252–1258) oder die Volksherrschaft gegen PATRIZIAT und ADEL in flandrischen und italienischen Städten. Die allmähliche Entwicklung korrespondierte mit moderner REVOLUTION und REPUBLIK: Seit der FRANZÖSISCHEN REVOLUTION schälte sich mit VOLKSSOUVERÄNITÄT und allgemeinem Wahlrecht die parlamentarische Demokratie in der Republik oder der PARLAMENTARISCHEN MONARCHIE (z. B. Großbritannien) heraus – in Deutschland erstmals in der WEIMARER REPUBLIK (1919–1933). KOMMUNISMUS bezeichnet im Selbstverständnis die proletarische Demokratie, nach dem ZWEITEN WELTKRIEG, auch als Volksdemokratie; tatsächlich aber lag die Macht bei der ParteiOLIGARCHIE oder bei einem DIKTATOR (z. B. Stalin). Auf Weltebene entfaltete sich der Konflikt zwischen parlamentarischer Demokratie und kommunistischer Volksdemokratie im KALTEN KRIEG und Ost-West-Konflikt (bis 1989/91).

Literatur: A. Görlitz: Demokratie im Wandel. Köln, Opladen 1969; W. Conze u. a.: Demokratie, in: O. Brunner u. a. (Hg.): Geschichtliche Grundbegriffe, Bd. 1 Stuttgart [7]1997, S. 821–899; F. Berber: Das Staatsideal im Wandel der Weltgeschichte. München [2]1978; H. J. Gehrke: Jenseits von Athen und Sparta. Das Dritte Griechenland und seine Staatenwelt. München 1986; Lehnert (Red.): Demokratische Wahlen als Ausdruck realer Volkssouveränität. Leipzig 1990.

Lange Mauern

Überlandbefestigungen zum Schutz der Straßen von Athen zu den Häfen Piräus und Phaleron (auch: Phalerische Mauer): Als defensive Maßnahme gegen Sparta verbanden die Langen Mauern (erbaut **461**–445 v. Chr.) die drei Plätze zu einer großen Festung. Nach der Niederlage Athens im PELOPONNESISCHEN KRIEG wurden sie jedoch geschleift (404), bald wieder erneuert (393).

Zehn-Männer-Kommission

(lat.: decem viri legibus scribundis) Sonderkommission in Rom, von der PLEBS durchgesetzt zur KODIFIZIERUNG geltenden Gewohnheitsrechts durch die ZWÖLFTAFELGESETZE (**451 v. Chr.**).

Zwölftafelgesetze

(lat.: leges duodecim tabularum, auch: tabulae duodecim) KODIFIZIERUNG des Gewohnheitsrechts in Rom nach athenischem Vorbild (Drakon 624/21, Solon 594/93), auf Druck der PLEBS durch die ZEHN-MÄNNER-KOMMISSION: Die Gesetze (**451 v. Chr.**) bestimmten das Verbot von PRIVILEGIEN und legten wesentliche Grundlagen zur Verrechtlichung; damit war ein weiterer Schritt zu Roms staatlicher Konsolidierung gegeben.

Literatur: R. Düll: Das Zwölftafelgesetz. München [4]1971; Fr. Wieacker: Römische Rechtsgeschichte. Quellenkunde, Rechtsbildung, Jurisprudenz und Rechtsliteratur. München 1988 ff.; M. Bretone: Geschichte des römischen Rechts. München 1992.

Kalliasfriede

Friedensschluss zwischen Athen und dem Perserreich zur Beendigung der PERSERKRIEGE (seit 490/80), benannt nach dem athenischen Staatsmann Kallias: Der Friede (**449 v. Chr.**) schrieb den Status quo fest und zog eine Demarkationslinie zwischen Griechen und persischem Machtbereich. Die von Griechen bewohnte kleinasiatische Küste wurde faktisch neutralisiert. Das Ergebnis nahmen die Athener ungünstig auf – Kallias wurde in Athen vor Gericht gestellt.

Literatur: H. Bengtson: Staatsverträge der Antike. II. München, Berlin 1962, Nr. 152.

Lex Canuleia

Gesetz in Rom, benannt nach dem Antragsteller, dem VOLKSTRIBUN Canuleius: Das Verbot der Ehe zwischen PATRIZIERN und PLEBEJERN hob das Gesetz auf, das connubium (eheliche Gemeinschaft) wurde ermöglicht (**445 v. Chr.**). Die Auswirkungen blieben faktisch beschränkt auf reiche Plebejerfamilien – sie bildeten mit alten patrizischen Geschlechtern eine neue NOBILITÄT.

Literatur: M. Gelzer: Die Nobilität der römischen Republik, in: Ders.: Kleine Schriften. Hg. von H. Strasburger/Ch. Meier. Bd 1. Wiesbaden 1962, S. 17–35.

Patrizier

(lat.: patricii, aus patres = Väter) Seit der römischen Königszeit grundbesitzende ARISTOKRATIE, Häupter der großen Geschlechter, vielleicht auch frührömischer ReiterADEL (A. Alföldi): Das PATRIZIAT gewann nach dem Sturz der MONARCHIE (510 v. Chr.) das MONOPOL der Macht im Staat (z. B. SENAT, Priester) und geriet in Konflikt mit PLEBEJERN. In den STÄNDEKÄMPFEN (494–287) musste es schrittweise Konzessionen an die Plebs machen, u. a. bei Aufhebung des Eheverbots zwischen Angehörigen beider Klassen durch die LEX CANULEIA (**445 v. Chr.**).

Im Europäischen Mittelalter bildeten Patrizier die Angehörigen der ersten Schicht (meistens durch FERNHANDEL reich gewordene Bürger) in den Städten, zunächst als Anführer im Kampf gegen den (meist geistlichen) Stadtherrn, dann als OLIGARCHIE mit ökonomischer, sozialer und politischer Führerstellung. Die Patrizierherrschaft wurde seit dem Spätmittelalter nach Aufständen der ZÜNFTE und/oder der Volksmassen teilweise vorübergehend gestürzt (z. B. in Florenz, in den flandrischen Städten). Städtische Patriziate blieben gelegentlich an der Macht bis zur Neuzeit, z. B. in Frankfurt am Main, Hamburg, Bremen (bis 1918).

Literatur: R. E. Mitchel: Patricians and Plebeians. The Origin of the Roman State. Ithaca, London 1990.

Censor

Römischer Beamter (Magistrat), mit einem Kollegen, ursprünglich auf fünf Jahre gewählt, später (wahrscheinlich 434) auf 18 Monate begrenzt, auch PLEBEJERN geöffnet (351): Das Amt wurde in den STÄNDEKÄMPFEN eingeführt (vermutlich seit **443 v. Chr.**). Aufgaben waren Erstellung der Bürgerliste, Einteilung der Bürger in die Tribus, Einschätzung der Vermögen zur Festsetzung der STEUERN (CENSUS), Führung der Senatorenliste (seit 312), Überwachung des Lebenswandels und der Vermögensverhältnisse, evtl. Streichung von der Senatorenliste. Berühmtester Censor war Cato der Ältere (184). Das Amt wurde von Sulla erstmals abgeschafft (81), von Pompeius und Crassus wieder eingeführt (70), von Caesar als Jahresamt endgültig abgeschafft (45). Zuletzt war noch Domitian Censor (81–96) (»censor perpetuus«).

Auch: vom alt-römischen Titel übertragen Zensor und ZENSUR.

Literatur: J. Suolahti: The Roman Censors. Helsinki 1963.

Steuern

Abgaben an den STAAT bzw. seine Vertreter zum Unterhalt seiner Organe, vor allem der BÜROKRATIE, früher auch der KRONE, und zur Erfüllung öffentlicher Aufgaben (früher vor allem Krieg und Vorbereitung auf Krieg, öffentliche Bauten, jetzt auch für Wirtschafts- und Sozialpolitik): Abgaben konnten regelmäßig (z. B. jährlich) oder unregelmäßig (nach Bedarf) eingezogen werden, aufgrund von Selbsteinschätzung oder nach staatlicher Festsetzung, individuell vom Steuerzahler oder pauschal für eine Region oder einen Ort (Stadt, Dorf) festgelegt, sodass die Steuerlast für den Einzelnen anschließend fixiert wurde. Schließlich gibt es, in der Praxis nicht immer genau zu unterscheiden, direkte und indirekte Steuern.

In der Antike war die Fähigkeit, Steuern zu zahlen, oft an das Wehrrecht und WAHLRECHT gebunden, vor allem im antiken Griechenland vor der DEMOKRATIE in Athen. In der alten römischen REPUBLIK war das Amt des CENSORS (vermutlich **443** – 45 v. Chr.) zur Führung der CENSUSlisten (= Steuerlisten) und Aufstellung des Heeres wichtig. Nach dem Sieg Roms im 3. MAKEDONISCHEN KRIEG und der Eroberung des makedonischen Kronschatzes (168 v. Chr.) wurde Italien praktisch steuerfrei, bis zur Endkrise des Römischen Reichs (3. Jh. n. Chr.). Im spätantiken Zwangsstaat seit Diokletian (284–305) begann die systematische und schärfere Besteuerung durch die Reichszentrale (Fiskus). Sie ging in den Wirren der VÖLKERWANDERUNG (375–568) im lateinischen Westen wieder unter, erhielt sich aber im griechischen Osten und wurde in Byzanz noch verschärft. Unter dem ISLAM bestand faktische Steuerfreiheit für MUSLIME. Religionsfreiheit für Angehörige nichtmuslimischer »Buchreligionen« (CHRISTENTUM, JUDEN) war verbunden mit erhöhter Steuerlast, sodass viele zum Islam übertraten, vor allem führende Oberschichten und der ADEL, später auch, nach Eroberung durch die OSMANEN, der serbische Adel in Serbien (1448 ff.) und Bosnien (1463 ff.). Im KALIFAT (632–1258) lag die Steuerverwaltung beim DIWAN.

Die schrittweise Umwandlung der Naturalsteuer in Geldsteuer (ab 960) in der SUNG-DYNASTIE brachte enormen Auftrieb für das ökonomische und demographische Wachstum in China. Im europäischen Mittelalter existierten Steuern zunächst meist als ZEHNT; später auch zur

Ergänzung der regulären Einnahmen der Krone (aus KRONDOMÄNEN, REGALIEN, Zöllen u. Ä.) und punktuell bei Bedarf (Krieg) ausgeschrieben – z. B DANEGELD, Finanzierung der RECONQUISTA (1064–1492: CRUZADA), KREUZZÜGE (1096–1270) und anderer Kriege gegen Osmanen, MAUREN. Steuern als Naturalabgaben wurden mit Wiederaufkommen der Geldwirtschaft seit Wiederbelebung des FERNHANDELS (nach 1000) allmählich auf Steuerzahlung in Geld umgestellt, von STÄNDEN politisch auf eine institutionelle Basis gestellt und reguliert (1188 ff.).

Berühmte (weltliche wie geistliche) ältere Steuern waren: Danegeld, Cruzada, PETERSPFENNIG, TAILLE und Gabelle (1439) in Frankreich, TONNAGE UND POUNDAGE (1347/50) sowie KOPFSTEUER in England (1377), jeweils im HUNDERTJÄHRIGEN KRIEG (1337/39–1453); GEMEINER PFENNIG im Reich zur Finanzierung der REICHSREFORM (1495); im alten Russland TATARENTRIBUT, aufgebracht durch rigorose Besteuerung in den einzelnen Fürstentümern; Akzise als (indirekte) Verbrauchssteuer, vor allem in den neuen Niederlanden (GENERALSTAATEN) und Brandenburg/Preußen, modernisiert als Umsatzsteuer. Im ANCIEN RÉGIME des europäischen Kontinents genossen Adel und Klerus das PRIVILEG der faktischen Steuerfreiheit, das seit der FRANZÖSISCHEN REVOLUTION abgeschafft wurde.

Die Besteuerung war, zumal nach Niederlagen, oft Quelle von Konflikten – z. B. nach der Niederlage des DEUTSCHEN ORDENS gegen Polen (1410/11) wurde die Besteuerung zur Kompensierung der Verluste verschärft. Massive Konflikte ergaben sich durch die Besteuerung auch zwischen der Zentralmacht und dem Adel bzw. den Ständen: So schlossen sich die Stände im Deutschen Ordensstaat im PREUSSISCHEN BUND (1440) zusammen, verbündeten sich mit Polen und brachten dem Deutschen Orden im STÄNDEKRIEG (1454–1466) eine erneute Niederlage bei, die der 2. Thorner Friede besiegelte (1466). Ähnlich erhob sich der Widerstand der Generalstaaten gegen die rigorose Besteuerung durch Philipp II. von Spanien, u. a. zur Finanzierung der GEGENREFORMATION: Folgen waren BILDERSTURM (1566) und NIEDERLÄNDISCHER UNABHÄNGIGKEITSKRIEG (1572–1609/48). Konflikte um Steuern, Steuerreform und Steuergerechtigkeit waren ein wesentlicher Faktor in der Entwicklung zur ENGLISCHEN REVOLUTION (1640–1660), zur FRANZÖSISCHEN REVOLUTION (1789–1799), zum AMERIKANISCHEN UNABHÄNGIGKEITSKRIEG (1775–1783), generell beim Konflikt zwischen Krone und Ständen im ANCIEN RÉGIME. Sie mündeten auch in BAUERNAUFSTÄNDE, wenn die Steuerlast unerträglich wurde, vor allem nach Naturkatastrophen (Überschwemmungen, Dürren, in HUNGERSNÖTEN usw.), namentlich im alten China, aber auch in Europa (vor allem WAT-TYLER-AUFSTAND in England, 1381). In der MÄRZREVOLUTION (1848) beschloss die PREUSSISCHE NATIONALVERSAMMLUNG den STEUERSTREIK.

Im modernen Verfassungsstaat wurde die Besteuerung ausgeweitet und systematisiert, u. a. nach Einkommenshöhe gestaffelt (progressive Besteuerung), auch als Instrument für Wirtschafts- und Sozialpolitik, verbunden mit dem Entstehen einer neuen Finanzbürokratie (Finanzämter) und, mit immer größerer Komplizierung des Steuerwesens, auch einer neuen Berufsgruppe: dem Steuerberater. Steuern wurden in und nach Kriegen, nach Revolutionen und ähnlichen Erschütterungen in der Regel drastisch erhöht, unabhängig vom jeweiligen Regime, z. B. Erbschaftssteuer in Großbritannien nach dem Ersten Weltkrieg, oft begleitet von Inflation, z. B. im modernen Israel, nach allen Nahostkriegen (1948–1982), vor allem nach dem Libanonkrieg (1982).

Im parlamentarischen Verfassungsstaat war die Höhe der Steuern meist politisch umstritten – z. B. im 2. Deutschen Kaiserreich oder in Großbritannien (People's Budget, 1909). Die Steuerpolitik gab Anlass zum Sturz von Regierungen. Z. B. musste in der Bundesrepublik die Regierung Erhard abtreten (1966) und die Sozialliberale Koalition zerfiel u. a. über Steuerfragen (1982). Zum Ende der christlich-liberalen Regierung trug der Streit über die Finanzierung der Folgekosten der Deutschen Einheit bei (ab 1991).

Literatur: U. Schulz (Hg.): Mit dem Zehnten fing es an. Eine Kulturgeschichte der Steuer. München [3]1992.

Peloponnesischer Krieg

Schwerster innerer kriegerischer Konflikt im alten Griechenland zwischen Athen und Sparta (**431**–404 v. Chr.) um die Hegemonie, nach dem sog. 1. Peloponnesischen Krieg (459–446/45) provoziert von Athen unter Perikles in drei Phasen:

- Im Archidamischen Krieg, benannt nach dem spartanischen König Archidamos (431–421), fielen Spartaner jährlich in Attika ein (ab 431). In Athen brach eine Seuche aus, Perikles wurde gestürzt (430). Die radikale Demokratie unter Kleon (429) verfolgte einen expansionistischen Kurs bis zur Niederlage gegen die Böotier bei Delion (424).
- Waffenstillstand im Nikiasfrieden (421–414): Sparta besiegte den Argivischen Bund (418). Athen eroberte und zerstörte das neutrale Melos (416). Eine athenische Expedition, u. a. unter Alkibiades, nach Sizilien (415–413) belagerte Syrakus (414) und scheiterte.
- Dekeleisch-ionischer Krieg (414–404): Sparta besetzte Dekeleia in Attika (413), Persien intervenierte durch Subsidien auf Seiten Spartas (412). Die Krise der Demokratie in Athen mündete in die Oligarchie und gemäßigte Demokratie. Zahlreiche Städte fielen vom Attischen Seebund ab (411). Nach wechselvollen Kämpfen (410–406) siegte Sparta entscheidend bei Aigospotamoi (405): Athen kapitulierte, gefolgt vom Sturz der Demokratie (404) und der Hegemonie Spartas (bis 371).

Literatur: Wichtigste Quelle: Thukydides, Xenophon; B. W. Henderson: The Great War Between Athens and Sparta. London 1927; L. A. Losada: The Fifth Column in the Peloponnesian War. Leiden 1972; G. Cawkwell: Thukydides and the Peloponnesian War. London 1997.

Pest

(lat.: pestis) Schwere ansteckende Krankheit, meist von auf Ratten schmarotzenden Flöhen auf den Menschen übertragen; zu unterscheiden sind Beulen- und Lungenpest: Pest war in der Antike nur pauschale Bezeichnung für verschiedene Epidemien. Pestartige Seuchen brachen aus in ASSYRIEN (1080 v. Chr.), im Heer der Assyrer unter Sanherib vor Jerusalem (701). Der »Pest des Thukydides« in Athen erlag Perikles (**430 v. Chr.**). Im Heer der Karthager auf Sizilien gegen die Inselgriechen brach eine Seuche aus (406, 397), mehrfach in Rom (293, 23 v. Chr., 80 n. Chr.). Der aus dem Osten (Persien) in das Römische Reich eingeschleppten Pest (166) fiel u. a. Marc Aurel zum Opfer (180). Im Heer der HUNNEN unter Attila brach sie vor Rom aus (452). Die Pest im modernen Sinn trat gesichert erstmals in Ägypten und Byzanz unter Kaiser Justinian I. auf (542/43), in Konstantinopel (556–558, 697). Weitere Ausbrüche sind in Persien (623), Irland (664), Irak (746), Japan (747) sowie im Heer der Normannen in Thessalien (1085) belegt.

Die GROSSE PEST (»Schwarzer Tod«) ging von der Wüste Gobi aus, wanderte von dort über China (1338) und Indien auf der kontinentalen Nordroute wie der maritimen Südroute des INTERKONTINENTALEN FERNHANDELS in den Vorderen Orient (1346) und kam nach Europa (1347–1351). Spätere Pestausbrüche in Europa trafen u. a. Venedig (1575–1577), Teile Europas (1663–1668), vor allem London (1665) und Südfrankreich (1720/21). Zuletzt breitete sich die Seuche von Yünnan (1892) bis Indien (1896) aus. Sie ist heute noch in einigen Gegenden endemisch, mit kleineren bis mittleren Ausbrüchen (zuletzt 1994 in Indien).

Literatur: P. Ziegler: The Black Death. Harmondsworth ^{4}1975; W. H. McNeill: Plagues and Peoples. Garden City 1976; J. Ruffié, J.-C. Sourna: Die Seuchen in der Geschichte der Menschheit. München 1990; M. Vasold: Pest, Not und schwere Plagen. Seuchen und Epidemien vom Mittelalter bis heute. München 1991.

Nikiasfriede

Frieden zwischen Athen und Sparta: Der Nikiasfrieden beendete die erste Phase des PELOPONNESISCHEN KRIEGS (**421 v. Chr.**) und schrieb den Status quo fest. Mit der SIZILIANISCHEN EXPEDITION (415) flammten die Feindseligkeiten wieder auf (414).

Sizilianische Expedition

Invasion der Athener in Sizilien, gegen das mit Sparta verbündete Syrakus: Die westsizilische Stadt Segesta rief das verbündete Athen um Beistand gegen Syrakus an (416/15). Gegen den Widerstand des STRATEGEN Nikias setzte Alkibiades die Expedition durch: Die Athener unter Alkibiades, später unter Nikias, landeten mit 7000 Mann bei Syrakus (Mai **414 v. Chr.**) und belagerten die Stadt. Einer Entsatzarmee unter dem Spartiaten Gylippos gelang der Durchbruch: Die belagernden Athener wurden ihrerseits eingeschlossen, Ausbruchversuche misslangen. Ein weiteres Landungsunternehmen unter Demosthenes brachte keine Entlastung (413). Nach Verlust der Flotte kapitulierte Nikias: Die athenischen Soldaten gerieten in Gefangenschaft. Der Fehlschlag der Expedition läutete die Niederlage Athens im PELOPONNESISCHEN KRIEG ein. [M. S.]

Literatur: Thukydides: Der Peloponnesische Krieg. München/Zürich 1993.

Subsidien

(lat.: subsidum = Ruheplatz) Finanzielle Unterstützung einer Macht durch eine andere, meist zur Kriegführung, z. B. des Perserreichs für Sparta gegen Athen in der zweiten Phase des Peloponnesischen Kriegs (**412 v. Chr.**): Subsidien spielten später in zahlreichen Kriegen eine Rolle, z. B. bei der Unterstützung des Papstes für Spanien gegen England zur Finanzierung der Armada (1588), bei Zahlungen Frankreichs an Schweden im Dreissigjährigen Krieg (1630–1648) und Englands im 18. und 19. Jahrhundert an verschiedene Kontinentalmächte.

Oligarchie

(griech.: oligoi = wenige + árchein = herrschen: Herrschaft der Wenigen) Im Gegensatz zu Demokratie und Monarchie ist Oligarchie die Herrschaft einer kleinen Gruppe: So setzte sich in der Krise der Demokratie in Athen nach den großen Niederlagen gegen Sparta im Peloponnesischen Krieg kurzzeitig die Herrschaft »der 400« durch (**411**–410 v. Chr.). Nach Restauration der Demokratie (410) übernahm auf Druck Spartas nach endgültiger Niederlage die Oligarchie »der 30« (Tyrannen) die Macht (404), die bald wieder stürzte und einer gemäßigten Demokratie wich (403).

In der politischen Lehre des Aristoteles war Oligarchie die Entartung der Aristokratie. Sie ist universal als Herrschaft kleiner Gruppen oder weniger Familien, auch hinter der Fassade monarchischer oder gar demokratisch-republikanischer Systeme, z. B. in Städten und Flächenstaaten wie der Schweizer Eidgenossenschaft, den Generalstaaten (16.–18. Jh.) oder in vielen Staaten Lateinamerikas. Jüngste Form oligarchischer Herrschaft war die Nomenklatura von Partei- und Staatsfunktionären in kommunistischen Staaten, in China, Vietnam, Nordkorea, im postkommunistischen Russland.

Wurfmaschinen (Katapulte)

Maschinen zum Abschießen schwerer Steine und Pfeile: Katapulte kamen erstmals durch Dionysios I. von Syrakus (405–367) bei der Belagerung des karthagischen Motya (**397 v. Chr.**) zum Einsatz, später oft bei Belagerungen, besonders durch die Römer (u. a. Beschreibung ihrer Wirkung bei Josephus Flavius, »Der Jüdische Krieg«). Sie dienten auch zur Abwehr von Belagerungen (z. B. Archimedes gegen Römer in Syrakus). Im Mittelalter lebte die antike Tradition wieder auf (nach 1000), bis zur allmählichen Ablösung durch Feuerwaffen, Artillerie.

Korinthischer Krieg

Krieg zwischen Sparta und der Koalition aus Korinth, Theben, Athen und Argos (395–386): Die allgemeine Erhebung in Griechenland gegen Spartas Hegemonie, von Persien finanziert (**395 v. Chr.**), brachte den Sieg der Thebaner bei Haliartos (395) und mündete in den Abfall

Korinths, Argos' und der Chalkidier vom PELOPONNESISCHEN BUND. Siege Spartas in Böotien und bei Korinth machte der Seesieg der Perser und Athener gegen die Spartaner bei Knidos zunichte (394), der Spartas Seeherrschaft (THALASSOKRATIE, seit 404) ein Ende bereitete. Den Krieg beendete der KÖNIGSFRIEDE (386).

Literatur: C. D. Hamilton: Sparta's Bitter Victories. Politics and Diplomacy in the Corinthian War. London 1979.

Akademie

Ursprünglich Philosophenschule Platons in Athen (**387 v. Chr.**), benannt nach dem nahe gelegenem heiligen Bezirk des attischen Heros Akademos: Die Schule wurde als Hochburg des neuplatonischen Heidentums von Justinian I. geschlossen (529), Dozenten wanderten nach Persien aus.

Akademien hießen später auch Institutionen höherer Bildung, zunächst in bewusster Anknüpfung an die antike Tradition. Berühmte Akademien sind die Academia Platonica in Florenz (1459–1522) als Zentrum des italienischen HUMANISMUS, die Accademia della Crusca in Florenz zur Pflege der italienischen Sprache (seit 1582), die Accademia di Santa Cecilia (seit 1584/1838) in Rom als erste Musikakademie, die Accademia Nazionale dei Lincei (seit 1603) in Rom, auch für Naturwissenschaften, die ACADÉMIE FRANÇAISE in Paris (seit 1635), die Deutsche Akademie der Naturforscher (Leopoldina) in Schweinfurt (1652), die ROYAL SOCIETY in London (1660/62), die Académie des inscriptions et belles lettres (1663), die Académie des sciences in Paris (1666), die Preußische Akademie der Wissenschaften in Berlin (1700/11), die Real Academia Español in Madrid (1714). Akademien der Wissenschaften wurden gegründet u. a. in St. Petersburg (1724), Göttingen (1751), München (1759), in zahlreichen anderen Ländern auch zur zentralen Organisation und Förderung der Forschung, in kommunistischen Ländern verknüpft mit Instituten und regionalen/lokalen Einrichtungen – z. B. gab es in der UdSSR und in Jugoslawien Akademien der Wissenschaften in allen Sowjetrepubliken bzw. Bundesstaaten. In Polen bestanden in Städten mit bedeutenden UNIVERSITÄTEN Zweigstellen der Polnischen Akademie der Wissenschaften. Entsprechend wurden auch Musikakademien, Kunstakademien, Medizinische Akademien gegründet.

Auch: Vorläufer von Universitäten oder Bildungsinstitute wie die calvinistische AKADEMIE in Genf (1559), Akademien mit der Funktion eines Gymnasiums seit der Frühen Neuzeit: GENERALSTABSakademie, Akademien für Wirtschaft und Politik, Akademie für Führungskräfte der Wirtschaft, evangelische und katholische Akademien (nach 1945).

Literatur: H. Herter: Platons Akademie. Bonn ^{2}1952: P. Erkelenz: Der Akademiegedanke im Wandel der Zeit. Bonn 1968.

Gallier

Stammesgruppe der KELTEN mit Schwerpunkt in Gallien (Frankreich, Belgien): Gallier expandierten nach Oberitalien (nach 400 v. Chr.), stießen bis Rom (**387 v. Chr.**) und Mittelitalien (361, 285) vor. Teile zogen über den Balkan (ca. 300) bis Kleinasien (278) und gründeten das Reich der GALATER (275). Gallier in Oberitalien wurden von Rom unterworfen (ca. 222) und in der Provinz Gallia Cisalpina romanisiert (81). Caesar unterwarf die Stämme der Gallia Transalpina (59–51), die sich rasch romanisierten. Ihr Name lebt vielfältig fort – GALLIKANISCHE NATIONALKIRCHE (1438), CONFESSION GALLICANA (1559); De Gaulle.

Literatur: wie zu Kelten.

Kapitol

(lat.: mons Capitolinus) Burg- und Tempelberg (vergleichbar der Athener Akropolis), kleinster der sieben Hügel Roms: Auf dem Kapitol stand der TEMPEL des Iupiter Capitolinus (509 v. Chr.). Der Hügel wurde gegen GALLIER gehalten (**387 v. Chr.**), zerfiel im Mittelalter weitgehend – war Weideplatz für Ziegen (»Monte Caprino«). Das Kapitol wurde Sitz der Stadtverwaltung seit der römischen Kommune (1143), später ausgebaut, u. a. von Michelangelo. Auf dem Platz vor dem Rathaus steht seit der Renaissance die Reiterstatue Marc Aurels. Ferner auf dem Kapitol: Museen, die Kirche Santa Maria in Ara Coeli, die preußische/deutsche Botschaft (1823/70–1915), das Deutsche Archäologische Institut (1829). Der Hügel ist heute Touristenattraktion.

Auch: Parlamentsgebäude in Washington D. C., erbaut (ab 1793) im klassizistischen Stil, ferner in Hauptstädten der Bundesstaaten der USA.

Literatur: H. Siebenhüner: Das Kapitol in Rom. Idee und Gestalt. München 1954.

Königsfriede

Frieden zwischen dem Perserreich und Sparta zur Beendigung des KORINTHISCHEN KRIEGS (seit 395): Der persische Großkönig Artaxerxes II. diktierte den Frieden in Sardes (**386 v. Chr.**), in Sparta erfolgte der Abschluss (386). Persien garantierte die AUTONOMIE der griechischen STADTSTAATEN, ein allgemeiner Friede wurde für Griechenland verkündet, der BÖOTISCHE BUND aufgelöst. Die ionischen Städte fielen wieder unter persische Herrschaft (bis 334), Persien stieg faktisch zu Hegemonialmacht über Griechenland auf.

Literatur: H. Bengtson: Die Staatsverträge des Altertums. München, Berlin 1962, S. 188–192; C. D. Hamilton: Sparta's Bitter Victories. Politics and Diplomacy in the Corinthian War. London 1979.

Böotischer Bund

STÄDTEBUND in Böotien, unter Vorherrschaft Thebens (ca. 550–480) 447–386 v. Chr.): Der Bund nahm im PELOPONNESISCHEN KRIEG (431–404) zunächst für, später gegen Sparta (395) Partei und wurde im KÖNIGSFRIEDEN aufgelöst (**386 v. Chr.**). Nach der Besetzung Thebens durch Spartaner (382) und der Befreiung durch Epameinondas wurde er erneuert (379) und diente als Basis für Thebens kurzlebige HEGEMONIE (bis 362). Die Böotier unterlagen Makedonien bei Chaironeia (338). Ihr Bund wurde unter römischer Herrschaft engültig aufgelöst (146).

2. Attischer Seebund

Zweite Phase der Seeherrschaft (THALASSOKRATIE) Athens, nach Sturz der Seeherrschaft Spartas im KÖNIGSFRIEDEN (386 v. Chr.) in Nachfolge des 1. DELISCH-ATTISCHEN SEEBUNDS gegründet (**378 v. Chr.**): Anfangs wieder ohne HEGEMONIE- und Herrschaftstendenzen Athens, nur defensiv gegen Sparta gerichtet, hatte der Bund auf dem Höhepunkt ca. 70 Mitglieder. Nach erneutem Durchschlagen athenischer Herrschaftstendenzen erzwangen die Bündner im BUNDESGENOSSENKRIEG (357–355) die Anerkennung ihrer AUTONOMIE durch Athen (355). Der 2. Attische Seebund wurde nach dem Sieg Makedoniens im 4. HEILIGEN KRIEG bei Chaironeia (338) aufgelöst.

Schiefe Schlachtordnung

Aufstellung der (numerisch unterlegenen) Thebaner unter Epameinondas gegen die Spartaner in der Schlacht bei Leuktra (**371 v. Chr.**), mit zurückhängendem rechten und verstärktem linken Flügel: Friedrich II. ahmte die Taktik im SIEBENJÄHRIGEN KRIEG (1756–1763) in der Schlacht von Leuthen (1757) bewusst nach, mit demselben Erfolg.

Literatur: V. D. Hanson: The Wars of the Ancient Greeks and Their Invention of Western Military Culture. London 1999.

Arkadischer Bund

Bundesstaat der Arkader (auf der Peloponnes), gegründet nach dem Sieg Thebens über Sparta bei Leuktra (371 v. Chr.) unter Führung der Stadt Mantineia, gegen Sparta (**370 v. Chr.**): Megalopolis wurde im SYNOIKISMOS neu gegründete Hauptstadt (ca. 366). Der Bund spaltete sich aufgrund der Rivalität zwischen Mantineia und Tegea in einen Nord- und Südbund (362). Die Schlacht bei Mantineia (362) bedeutete das Ende der thebanischen HEGEMONIE. Der Arkadische Bund ging nach einer Periode der TYRANNIS (ca. 245/44–235) im ACHÄISCHEN BUND auf (ca. 235).

Literatur: H.-J. Gehrke: Jenseits von Athen und Sparta. Das Dritte Griechenland und seine Staatenwelt. München 1986.

Leges Liciniae Sextiae (Licinisch-sextinische Gesetze)

Gesetze zur inneren Konsolidierung Roms, wichtiger Einschnitt in den STÄNDEKÄMPFEN (494–287, Antragsteller VOLKSTRIBUNE C. Licinius Stolo und L. Sextius Lateranus): An Stelle eines vorübergehend mehrköpfigen Konsulartribunats (**367 v. Chr.**) übernahmen wieder zwei Konsuln die Führung, je ein PATRIZIER und PLEBEJER. Das neue Amt des PRAETOR urbanus für die Rechtsprechung und die Großen Spiele (ludi maximi) erforderten zwei kurulische Aedile: Die Gesetze waren ein weiterer Schritt zum Abbau der Vorherrschaft der Patrizier – eine neue NOBILITÄT entstand aus Patriziern und (reichen) Plebejern. Möglicherweise waren auch Schuldentilgung und ein Ackergesetz vorgesehen, das den Besitz von höchstens 500 iugera = 125 ha an Staatsland (AGER PUBLICUS) erlaubte.

Literatur: M. Bretone: Geschichte des römischen Rechts. München 1992.

Praetor

(lat.: praeire = vorangehen) Hoher römischer MAGISTRAT, zur Entlastung der KONSULN mit der Rechtsprechung in Rom betraut (**367 v. Chr.**): Der Praetor amtierte zunächst ohne Kollegen, mit militärischer Befehlsgewalt (imperium) und Recht auf Triumph, aber minderer Amtsgewalt. Das Amt war für PLEBEJER offen (337). Mit Ausweitung des römischen Staatsgebiets wurde ein zweiter Praetor eingesetzt – praetor peregrinus (242). Später erhöhte sich die Zahl auf vier (227), sechs (197) und acht (81) Praetoren, die auch PROVINZstatthalter sein konnten, in prätorischen Provinzen. Praetoren waren in der Kaiserzeit nur noch für die Ausrichtung von Festen verantwortlich, ihre Zahl schwankte zwischen zehn und 18.

Legion

(legio, lat.: legere = auslesen, sammeln: ausgehobene Mannschaft) Truppenverband des römischen Bürgerheeres, eingeteilt in Kohorten und Manipel, unter Auflösung der älteren PHALANX (**367 v. Chr.**): Seit der MARIANISCHEN HEERESREFORM (ca. 104) bestand die Legion aus zehn Kohorten zu je drei Manipeln mit je zwei Centurien zu je 100 Mann. Die Sollstärke von 6000 Mann Infanterie wurde in der Praxis nur selten erreicht, sank zuletzt (4. Jh. v. Chr.) auf rund 1000 Mann sowie 300 Reiter. Unter Augustus (27 v. Chr. – 14 n. Chr.) zählte das Reichsheer 25 Legionen und bestand seit Septimius Severus überwiegend aus Nichtitalikern (ab 197), zuletzt mit nichtrömischen Offizieren. Legionslager (castra) im Grenzbereich waren Kristallisationspunkte für die Gründung von Städten: Im spanischen León (von »legio«) und in Städten Englands (Chester, Städte mit der Endung -chester und -caster von »castra«) ist die römische Herkunft noch am Namen erkennbar.

In der Neuzeit waren Legionen selbstständige Truppenteile aus Freiwilligen oder Ausländern, auch mit Anspruch auf Unabhängigkeit im eigenen Staat: z. B. die Akademische Legion bei der BELAGERUNG WIENS gegen die Osmanen (1683), die Légion germanique (1792/93) aus deutschen Anhängern der FRANZÖSISCHEN REVOLUTION, die POLNISCHE LEGION (1797 ff.), die Deutsche Legion aus Angehörigen der von Napoleon I. 1803 aufgelösten hannoverschen Armee, die als Freiwillige weiter gegen Napoleon I. kämpften (nach 1803–1816), die FREMDENLEGION (1831), die Akademische Legion in der Wiener MÄRZREVOLUTION (1848), die Jewish Legion (1915–1919/21) aus von den Osmanen im ERSTEN WELTKRIEG aus Palästina nach Ägypten deportierten jüdischen Siedlern, verstärkt durch Freiwillige aus den USA, die TSCHECHOSLOWAKISCHE LEGION (1918), die LEGION CONDOR (1936–1939).

Literatur: H. D. M. Parker: The Roman Legions. Cambridge ^{2}1958; G. R. Watson: The Roman Soldier. London 1969.

Nobilität

(lat. nobilitas) Römische Führungsschicht nach dem Ständeausgleich: Mit den LICINISCH-SEXTINISCHEN GESETZEN standen den PLEBEJERN auch die höchsten Staatsämter offen; eine rechtliche Sonderstellung der PATRIZIER bestand nicht mehr (**367 v. Chr.**). Als neue, den Senatorenstand bildende Nobilität formierten sich ehemalige Inhaber kurulischer Ämter (vor allem KONSULN, PRAETOREN, Aedilen, CENSOREN). Sie bemühten sich sogleich um exklusive Abschließung nach unten – nicht formalrechtlich, aber durch die Wirksamkeit sozialer Nahverhältnisse (KLIENTEL, freundschaftliche Bindungen): Der Kreis von Familien, die Konsuln stellten, verengte sich bis zum 2. Jahrhundert auf 30–40 Familien. Nur selten stiegen Homines novi, die nicht der Nobilität angehört hatten, zu kurulischen Ämtern und in den SENAT auf. [M.S.]

Literatur: M. Gelzer: Die Nobilität der römischen Republik, in: ders.: Kleine Schriften. Bd. 1, Wiesbaden 1962, S. 17–135.

Satrapenaufstand

Aufstände mehrerer SATRAPEN in Kleinasien (ab **366 v. Chr.**): Satrapen erkämpften sich vom persischen GROSSKÖNIG faktisch unabhängige Herrschaftsbezirke und schwächten das ACHÄMENIDENREICH, zumal das für die Getreideversorgung so wichtige Ägypten seine Unabhängigkeit (seit 404/03) noch lange behauptete (bis 343).

Illyrer

(Illyrier) Indoeuropäisches Volk in Südosteuropa, vielleicht von Trägern der Urnenfelderkultur aus dem Donauraum nach Süden abgedrängt (vor 1200 v. Chr.): Ihr Siedlungsgebiet lag in Dalmatien bis zum heutigen Albanien und Nordgriechenland, zunehmend bedrängt von griechischen Kolonien (7.–6. Jh.) und der Expansion der Makedonen unter Philipp II. (**358 v. Chr.**). Demosthenes umwarb sie als Bundesgenossen gegen Makedonien (342). Illyrer bildeten einen eigenen Staat, zunächst das Taulantierreich (ca. 400–ca. 260), dann das Ardiaerreich, mit der Hauptstadt Skodra (nach 250), das vom MAKEDONISCHEN REICH in den Norden ihres Gebiets zurückgedrängt wurde (229/28, 219). Illyrer kämpften für Makedonien gegen Rom (168), wurden teils versklavt, später allmählich unterworfen. Nach einem letzten Aufstand gegen die Römer (6–9 n. Chr.) wurden romanisierte Illyrer wichtige Rekrutierungsbasis der Armee im Westen, mit Bedeutung auch in der Reichsführung (u. a. Diokletian, Konstantin der Große). Später gehörten sie zum OSTGOTENREICH (ca. 500). SÜDSLAWEN verdrängten sie weitgehend (nach 600). Die Albaner führen ihren Ursprung auf romanisierte Illyrer zurück. Ihren Namen griff Napoleon I. wieder auf (Illyrische Provinzen, 1809), später Österreich durch Förderung des Illyrismus der Südslawen gegen Dalmatiens kulturell dominierende Italiener (nach 1815).

Literatur: G. Alföldi: Bevölkerung und Gesellschaft der römischen Provinz Dalmatien. Budapest 1965.

Makedonisches Reich

Grossreich der Makedonen, nach Siegen über Illyrer von Philipp II. über den Stammesstaat der Makedonen hinausgreifend (**358 v. Chr.**): Das Makedonische Reich besiegte den 2. Attischen Seebund samt Verbündete im 3. Heiligen Krieg (356–346), Athen und andere Staaten Griechenlands (340–338) und errang die Hegemonie über Griechenland, formalisiert im Panhellenischen Bund (337), als Ausgangsbasis zum Alexanderzug (334–330). Das Reich fand nach den Diadochenkämpfen mit inneren Wirren und wechselnden Herrschern (323–278) modifizierte Fortsetzung im Antigonidenreich (278–168), das seine Hegemonie über Griechenland behauptete (bis 197).

Literatur: J. R. Ashley: The Macedonian Empire. The Era of Warfare under Philip II and Alexander the Great. London 1998.

Bundesgenossenkrieg

Krieg zwischen einer Hegemonialmacht und ihren Bundesgenossen:
- Athen gegen Teile des 2. Attischen Seebunds (357–355): Der Abfall von Byzantion, Chios, Kos, Rhodos (**357 v. Chr.**) bewirkte eine Neuauflage athenischer Hegemonie- und Unterdrückungspolitik gegenüber den Bündnern (ähnlich wie im 1. Delisch-attischen Seebund, nach 454). Der Versuch Athens, die abgefallenen Bundesgenossen zu unterwerfen, scheiterte, und Athen musste die Autonomie der Bündner anerkennen (355).
- Krieg Philipps V. gegen den Ätolischen Bund (220–217), mit nur leichten Gewinnen für Makedonien.
- Krieg Roms gegen Italiker (Italischer Städtebund, 91–88); vgl. Artikel Bundesgenossenkrieg, 91 v. Chr.

3. Heiliger Krieg

Dritter von vier Heiligen Kriegen der alten Griechen, jeweils um Unabhängigkeit des Kultzentrums Delphi, der Amphiktyonie von Anthela (pyläisch-delphische Amphiktyonie):
- 1. Heiliger Krieg (ca. 600–590) gegen Kirrha: Die Stadt wurde zerstört.
- 2. Heiliger Krieg (449–446): Sparta gegen Phoker, die mit Athen verbündet waren und Delphi kontrollierten.
- 3. Heiliger Krieg, auch: Phokischer Krieg (**356**–346 v. Chr.): Im historisch wichtigsten Heiligen Krieg stand Athen mit Sparta u. a. gegen Phoker, Theben und Makedonien: Die Phoker wurden zu hoher Entschädigungszahlung an das Heiligtum Delphi verurteilt, doch gewann Philipp II. von Makedonien Thessalien und die beiden Stimmen der Phoker im Rat der Amphiktyonie und nutzte die Angelegenheit, um in die gesamtgriechische Situation zu intervenieren.
- 4. Heiliger Krieg: (339/38): Der Sieg Philipps II. über Athen und Theben bei Chaironeia (338) begründete Makedoniens Hegemonie.

Siehe auch: Heiliger Krieg (Jihad) im Islam (1054 n. Chr.).

Samnitenkriege

Drei Kriege Roms gegen SAMNITEN um Campanien:
- 1. Samnitenkrieg: (vermutlich unhistorisch) (**343**–341 v. Chr.).
- 2. Samnitenkrieg (326–304): Rom verbündete sich mit Neapel und schritt auf ein Hilfeersuchen der Apuler bei Rom gegen die Samniten ein (326). Rom unterlag und musste sich dem »CAUDINISCHEN JOCH« beugen (321), doch gelang – trotz weiterer Niederlage der Römer bei Lautulae (315) – die Eindämmung der Samniten (306).
- 3. Samnitenkrieg (298–291): Nach einem Sieg der Römer bei Sentinum (295) wurden die Samniten von Rom abhängig, erhielten jedoch AUTONOMIE: Rom hatte die HEGEMONIE in Mittelitalien erreicht.

Samniten

(lat.: Samnites) Italischer Stammesverband, zu den Sabellern gehörend, ein Seitenzweig der SABINER, der Oskisch sprach: Die Samniten expandierten seit der Niederlage der ETRUSKER bei Kyme (Cumae, 474 v. Chr.) aus dem Bergland des Apennin nach Kampanien. Die Kampaner verbündeten sich mit Rom gegen aus dem Bergland nachdrängende Samniten (354), die Capua eroberten (424). Die Samniten wurden nach drei SAMNITENKRIEGEN (**343**–291 v. Chr.) von Rom unterworfen (298–291). Rom legte Militärkolonien zur strategischen Kontrolle an, u. a. Cales (334) und Beneventum (268). Sie hielten im 2. PUNISCHEN KRIEG (218–201) zum größten Teil loyal zu Rom. Als Hauptträger des Aufstands im BUNDESGENOSSENKRIEG gegen Rom (91–88) wurden sie erneut unterworfen, von Rom annektiert und nach einem Aufstand zugunsten der POPULAREN in Rom (83) von Sulla faktisch ausgerottet (82). Das Land war durch vorausgegangene Kriege verwüstet, durch Bildung von Latifundien verödet.

Literatur: E. T. Salmon: Samnium and the Samnites. Cambridge 1967.

Philippika

Allgemein: heftig anklagende Rede: Historisches Vorbild war die Redekampagne des Demosthenes, der für Athen Verbündete gegen den Makedonenkönig Philipp II. und die drohende makedonische HEGEMONIE über Griechenland gewinnen wollte (**341 v. Chr.**). Die Philippika nahm Cicero in seinen Reden gegen Marc Anton programmatisch auf.

Panhellenischer Bund (Korinthischer Bund)

Nach Siegen Philipps II. über die griechischen STADTSTAATEN bei Chaironeia (338 v. Chr.) in Korinth gegründete WEHRGEMEINSCHAFT der meisten Hellenen (»Panhellenen« = älteste Selbstbezeichnung der alten Griechen): Der Bund, dem Sparta zunächst nicht angehörte, gab sich bei seiner Gründung (**337 v. Chr.**) eine Bundesversammlung (Synhedrion). Formal war auch Makedonien nicht Mitglied, die SYMMACHIE stand jedoch faktisch unter der HEGEMONIE Makedoniens: Die

»Kriegssitzung« beschloss auf Antrag Philipps II. den Rachekrieg gegen das Perserreich (337). Der Bund war nach der Ermordung Philipps II. (336) Basis für den ALEXANDERZUG gegen das ACHÄMENIDENREICH (334–330). Sparta wurde nach seiner Niederlage gegen Antipatros zum Eintritt gezwungen (331). Der Bund erlosch mit dem Tod Alexanders des Großen (323). Versuche zu seiner Wiederbelebung durch Polyperchon (319) sowie durch Antigonos I. und Demetrios I. (bis 301) nach der Schlacht bei Ipsos scheiterten (301).

Alexanderzug

Kriegszug Alexanders des Großen zur Eroberung des ACHÄMENIDENREICHS (**334**–330 v. Chr.): Der Alexanderzug wurde von Philipp II. geplant, vom KORINTHISCHEN BUND beschlossen (337), aber erst nach Ermordung Philipps (336) und der Niederschlagung von Aufständen in Griechenland eröffnet. Die Hauptstreitmacht bestand aus Makedonen, ergänzt durch Kontingente der Griechen im Korinthischen Bund. Das Heer zog über den Hellespont; der Sieg am Granikos über persische SATRAPEN öffnete den Weg nach Kleinasien (334). Sardes wurde eingenommen, Milet erobert, die ionischen Städte unterstanden Alexander (334), Gordion fiel. Der Sieg bei Issos über Großkönig Dareios III. (333) bahnte Alexander den Weg nach Syrien und Ägypten: Erst nach langer Belagerung ergab sich Tyros (332); Phönikien, Palästina und Ägypten wurden besetzt (332). Alexander gründete am Nildelta Alexandria als erste und bedeutendste der 70 ALEXANDERSTÄDTE (331). Nach dem Sieg über Dareios III. bei Gaugamela (331) fielen Alexander die persischen Hauptstädte in die Hände: Babylon, Susa (331) und Persepolis wurden erobert (330), Dareios III. fiel auf der Flucht (Ende des Achämenidenreichs). Der Alexanderzug setzte sich mit der Eroberung des restlichen Perserreichs – vor allem Baktriens (329–327) – und Nordwestindiens (Panjab, 326–325) fort, das Heer meuterte in Indien gegen einen Weiterzug. Nach der Rückkehr inszenierte Alexander die MASSENHOCHZEIT VON SUSA (324) und befasste sich mit Eroberungsplänen für Arabien und (möglicherweise) den Westen.

Die historische Wirkung des Zuges lag kulturell in der Hellenisierung des Ostens, politisch nach Alexanders Tod (323) in den DIADOCHENKRIEGEN mit anschließender Herausbildung der hellenistischen Staaten (HELLENISMUS). Der Alexanderzug wurde Vorbild für spätere große Eroberer – Dschingis Khan, Timur Länk, Napoleon I.

Literatur: Wichtigste Quelle: Arrian: Anabasis; Biographien Alexanders: J. Seibert: Alexander der Große. Darmstadt [3]1990; F. Hampel: Alexander der Große. Göttingen [3]1992; H. J. Gehrke: Alexander der Große. München 1996; W. Will (Hg.): Alexander der Große – eine Welteroberung und ihr Hintergrund. Bonn 1998.

Hellenismus

Vielschichtiger Begriff zur antiken Geschichte, meinte ursprünglich, unter den alten Griechen selbst (»hellenismos«), griechische Sprache und Kultur schlechthin, besonders den guten und richtigen Gebrauch der

Schriftsprache, gestützt auf alte Dichter und Schriftsteller: Seit Johann Gustav Droysen bezeichnet Hellenismus die Ausbreitung der griechischen Kultur seit dem ALEXANDERZUG (**334 v. Chr.**), bei Droysen noch stark teleologisch geprägt. Alexanderreich und Alexanderzug hätten dem CHRISTENTUM den Weg geebnet. Griechische Militärkolonien (z.B. ALEXANDERSTÄDTE) und hellenistische DIADOCHENreiche, vor allem Seleukiden und PTOLEMÄER, strahlten kulturell stark aus und bewirkten teilweise ASSIMILATION durch Hellenisierung, z.B. bei PHILISTERN, Phönikern, teilweise bei JUDEN und NABATÄERN. Über die PARTHER und das graeco-baktrische Reich (250–75 v. Chr.) drang der Hellenismus, mit der Entfernung sich abschwächend, bis Indien im Osten, durch das (gleichfalls stark griechisch geprägte) Römische Reich bis Britannien im Westen. Typische Staatsform, im Gegensatz zum griechischen STADTSTAAT (POLIS), war die MONARCHIE in ethnisch und kulturell heterogenen Flächenstaaten und GROSSREICHEN, mit komplexer BÜROKRATIE und reicher Kultur (vor allem im ptolemäischen Ägypten).

Die Staaten des hellenistischen Ostens behielten neben dem eindringenden griechisch-makedonischen nach wie vor ein starkes orientalisches Element. Hellenistische Monarchen unterhielten, nach dem Modell INDIREKTER HERRSCHAFT, staatsrechtliche Beziehungen zu (griechischen) POLEIS, (orientalischen) Tempelstaaten und Stämmen, den Bausteinen namentlich der seleukidischen Monarchie. Strukturelle Schwäche aller hellenistischen Staaten war das charismatische Königtum, das den Herrscher unter dauernden Erfolgsdruck setzte und (mit Kriegen, teuren Bauten und Kultfesten) die Ressourcen langfristig überforderte.

Literatur: J. G. Droysen: Geschichte des Hellenismus. 2 Tle., Hamburg 1836/43, Neudruck hg. v. E. Bayer, Tübingen 1952/53; A. Heuß: Stadt und Herrscher des Hellenismus in ihren staats- und völkerrechtlichen Beziehungen. Leipzig 1937; H. Bengtson: Die Strategie in der hellenistischen Zeit. 3 Bde., München 1937–1952; M. I. Rostovtzeff: Gesellschafts- und Wirtschaftsgeschichte der hellenistischen Welt. Stuttgart 1955/56; R. Bichler: »Hellenismus«. Geschichte und Problematik eines Begriffs. Darmstadt 1983; A. Kuhrt (Hg.): Hellenism in the East. The Interaction of Greek and Non-Greek Civilizations from Syria to Central Asia after Alexander. Berkeley 1987; H.-J. Gehrke: Geschichte des Hellenismus (Oldenbourg Grundriß der Geschichte la). München 1990.

Alexanderstädte

Städtegründungen Alexanders des Großen beim ALEXANDERZUG: Der ersten Gründung, Alexandria in Ägypten (**331 v. Chr.**), folgten 69 weitere in Asien, u.a. Herat, Kandahar, Merw, Alexandria eschate (heute: Kokand).

Alexanderreich

Reich Alexanders des Großen nach dem ALEXANDERZUG (ab 334 v. Chr.), vom Ende des Perserreichs und der ACHÄMENIDEN (**330 v. Chr.**) an: Alexanders Reich umfasste im Kern Makedonien (mit Thrakien), Griechenland und das frühere Perserreich (ohne den Nordosten Kleinasiens). Zeitweise dehnte er es bis Ägypten und Indien aus. Extrem kurzlebig, zerfiel es nach dem Tod Alexanders (323) mit den DiadochenKRIEGEN in Diadochen- oder Nachfolgereiche (30 v. Chr.).

Literatur: Biographien Alexanders: J. Seibert: Alexander der Große. Darmstadt [3]1990; F. Hampel: Alexander der Große. Göttingen [3]1992; H. J. Gehrke: Alexander der Große. München 1996; W. Will (Hg.): Alexander der Große – eine Welteroberung und ihr Hintergrund. Bonn 1998.

Massenhochzeit von Susa

Hochzeit 10 000 griechisch-makedonischer Soldaten mit persischen Frauen (**324 v. Chr.**): Auch Alexander der Große selbst heiratete eine persische Prinzessin aus dem Haus der von ihm besiegten ACHÄMENIDEN. Die Hochzeiten sollten durch Verschmelzung des makedonischen und persischen Elements eine neue ARISTOKRATIE für das ALEXANDERREICH schaffen und gleichzeitig, als Signal der Anerkennung der persischen Kultur, die Akzeptanz von Alexanders Herrschaft im Orient erhöhen.

Meuterei von Opis

Meuterei makedonischer VETERANEN bei ihrer Entlassung gegen die geforderte Apotheose (Vergöttlichung) Alexanders des Großen (**324 v. Chr.**): Alexander unterdrückte die Opposition, indem er mit der Entlassung aller makedonischen Verbände drohte.

Diadochenkriege

Kriege der Generale Alexanders des Großen (323–301/281) nach seinem Tod (**323 v. Chr.**) um die Macht als seine Nachfolger (DIADOCHEN) im Gesamtreich oder in Teilen des ALEXANDERREICHS: Versuche von Perdikkas (ermordet 321) und Antipatros (ermordet 319), das Alexanderreich zusammenzuhalten, scheiterten an den übrigen Diadochen, die sich eigene Herrschaftsbezirke schufen und sich zu Königen ausriefen: PTOLEMÄERREICH (Ägypten), SELEUKIDENREICH (größter Teil der asiatischen Gebiete), ANTIGONIDENREICH (MAKEDONISCHES REICH), kleinere Königreiche in Kleinasien. Wichtigste Etappen waren die REICHSORDNUNG VON TRIPARADEISOS (321), die Ermordung des Antipatros (319), 1. KOALITIONSKRIEG (315–311), Gründung des Seleukidenreichs (312), Erklärung der Diadochen zu Königen (»Jahr der Könige« 306/05), die Schlacht bei Ipsos (301), der Zusammenbruch des Seereichs des Demetrios I. (286) und die Schlacht auf dem Kurupedion (281).

Literatur: E. Will: Histoire du monde héllénistique. Bd. 1, Nancy 1966; J. Kaerst: Geschichte des Hellenismus. 2 Bde., Darmstadt. [4]1975.

Reichsverweser

Vertreter eines – manchmal nur noch fiktiven – Monarchen: Nach Alexanders Tod (**323 v. Chr.**) waren Perdikkas (323–321) und Antipatros (321–319) Reichsverweser. Weitere berühmte Beispiele sind Admiral Horthy nach dem Sturz der HABSBURGER (1918) in Ungarn (1920–1944). Der Sache nach fühlte sich auch Franco als Reichsverweser für die MONARCHIE seit dem SPANISCHEN BÜRGERKRIEG (1936/39–1975).

Diadochen

(griech.: diadochoi = die etwas für einen anderen Übernehmenden) Unmittelbare Nachfolger Alexanders des Großen in Teilen seines Reichs: Diadochen waren Generale Alexanders oder deren Söhne, die aber noch unter ihm gedient hatten und nach Alexanders Tod (**323 v. Chr.**) im zerfallenden ALEXANDERREICH um die Macht kämpften – Perdikkas (bis 321 v. Chr.), Antipatros (bis 319), Eumenes (bis 316), Antigonos I. Monophtalmos (bis 301), Kassandros (bis 297), Demetrios I. Poliorketes (bis 283), Ptolemaios I. Soter (bis 283), Lysimachos, Seleukos I. Nikator (bis 281). Nur Seleukos und Ptolemaios erreichten die Gründung dauerhafter Staaten (SELEUKIDENREICH, PTOLEMÄERREICH).

Literatur: H. Bengtson: Herrschergestalten des Hellenismus. München 1975; H. Bengtson: Die Diadochen. Die Nachfolger Alexanders (323–281 v. Chr.). München 1987.

Reichsordnung von Triparadeisos

Nach Ermordung des Perdikkas (**321 v. Chr.**) Versuch, durch teilweise Reorganisation das vom Zerfall bedrohte ALEXANDERREICH zusammenzuhalten (321 v. Chr.): Antipatros wurde REICHSVERWESER (bis 319), die SATRAPIE Babylon fiel an Seleukos I., Antigonos I. wurde STRATEGE von Asien. Die Reichsordnung von Triparadeisos zerfiel endgültig nach der Ermordung des Antipatros (319).

Maurya-Reich

Nachfolgestaat des MAGADHA-REICHS in Indien: Nach Alexanders Vorstoß gegen Indien (326/25 v. Chr.) stürzte Chandragupta das Magadha-Reich (321) und begründete das Maurya-Reich (**321**–185 v. Chr.). Es behauptete sich gegen das SELEUKIDENREICH (304), lieferte KRIEGSELEFANTEN an Seleukos I. und erreichte den Höhepunkt der Macht unter Ašoka (271–231): Fast ganz Indien wurde vereinigt und die indische (friedliche) Expansion nach Südostasien (»Indisierung«) begann, u. a. durch das Missionskonzil zur Ausbreitung des BUDDHISMUS (242) und den FERNHANDEL. Das Reich zerfiel durch Teilung (185).

Caudinisches Joch

Erniedrigung des römischen Heeres bei Caudium im Apennin: Die Römer waren in einen Hinterhalt der SAMNITEN geraten und mussten kapitulieren. Sie erhielten freien Abzug, mussten die Waffen ablegen und durch einen aus Speeren gefertigten Torbogen der Samniten als Zeichen der Demütigung kriechen (**321 v. Chr.**); es folgte eine Krise in Rom.

1. Koalitionskrieg

Versuch des Antigonos, von Asien aus die Einheit des ALEXANDERREICHS wiederherzustellen: Gegen Antigonos kämpfte eine Koalition aller wichtigen DIADOCHEN (Kassandros, Lysimachos, Ptolemaios I., Seleukos I.). Der erste der DIADOCHENKRIEGE (**315**–312 v. Chr.) endete durch förmlichen Friedensschluss (311 v. Chr.), dem sich nur Seleukos fern hielt: Die Bewahrung der Reichseinheit scheiterte.

Seleukidenreich

Größtes und ethnisch-kulturell heterogenstes DIADOCHENreich, asiatischer Kernbereich des früheren Perserreichs, von Großphrygien über Syrien und Mesopotamien bis Baktrien: Reichsgründer war Seleukos I. Nikator (**312 v. Chr.**), Hauptstadt wurde zunächst Seleukeia in Mesopotamien: Die SELEUKIDISCHE ÄRA (seit 312) wurde gängiges System der Zeitrechnung im hellenistischen Osten. Die Seleukiden standen stets in Rivalität zum kompakteren PTOLEMÄERREICH (Ägypten) um Palästina und Phönikien, mit sechs SYRISCHEN KRIEGEN (271–168). Sie verloren erstmals Kleinasien im Westen unter Seleukos II. (246–225), im Osten Baktrien durch Abfall einer graeco-baktrischen DYNASTIE (250). Seit dem Einbruch der PARTHER (ab 247), die vom Osten vordrangen, und dem an Rom gescheiterten Versuch, Griechenland zu erobern (192), wurde das Reich zwischen Parthern und Rom zerrieben: Die Seleukiden unterlagen Rom bei den Thermopylen (191) und Magnesia (190/89), traten im Frieden von Apameia (188) Kleinasien ab und mussten hohen TRIBUT an Rom zahlen. Ihr Versuch, Ägypten zu erobern (169), scheiterte an der Intervention Roms (DIKTAT VON ELEUSIS, 168). Hohe STEUERN und innerjüdische Querelen provozierten den MAKKABÄERAUFSTAND (167–161), der die Unabhängigkeit des HASMONÄERstaats dem Schutz Roms übergab (161–63). Die Parther eroberten Medien und den Iran (ca. 160) sowie Mesopotamien (141–129): Das Seleukidenreich war zuletzt auf Syrien und Kappadokien beschränkt, sein Ende beschleunigten heftige Thronkämpfe (seit 129): es wurde von Tigranes I. von Armenien besetzt (83–69), Syrien wurde römische PROVINZ (64 v. Chr.–635 n. Chr.), als Pompeius den letzten Seleukiden absetzte.

Literatur: A. Bouché-Leclerc: Histoire des Séleucides. 2 Bde., Paris 1913/14, Nachdruck Brüssel 1963; E. R. Bevan: The House of Seleucus. London 1902, Nachdruck New York 1966; A. Kuhrt (Hg.): Hellenism in the East. The Interaction of Greek and Non-Greek Civilizations from Syria to Central Asia after Alexander. Berkeley 1987; S. Sherwin-White/A. Kuhrt: From Samarkand to Sardis. A New Approach to the Seleucid Empire. London 1993.

Seleukidische Ära

Gründung des SELEUKIDENREICHS (**312 v. Chr.**) als wichtiger Ausgangspunkt für die Zeitrechnung im Vorderen Orient, weit über den Bestand des Seleukidenreichs hinaus.

Via Appia

Erste große römische Militärstraße: Der CENSOR Appius Claudius Caecus begann mit dem Bau (**312 v. Chr.**) der Via Appia von Rom nach Capua; sie wurde später über Benevent nach Brindisi fortgeführt; teilweise ausgegraben (1850–1853).

Aqua Appia

Erste Wasserleitung für Rom: Der CENSOR Appius Claudius Caecus (**312**/11 v. Chr.) ließ die Wasserleitung zur Versorgung der Stadt bauen.

Literatur: R. Tölle-Kastenbein: Antike Wasserkultur. München 1990.

Seeräuber

(lat.: piratae, griech.: peirates) Seeräuberei (Piraterie), der Raub von Waren auf See oder auch ganzer Schiffe, war seit den ersten Anfängen mediterraner Seefahrt bekannt: Sie galt bei Homer und Thukydides noch als »ehrenhaft«, verquickt mit normalem Seehandel. Piraten wurden laut Thukydides erstmals von der Marine Kretas bekämpft (vor 1200 v. Chr.), später von Korinth (nach 600), Athen und Rhodos. Seit der Antike waren die Küsten Dalmatiens und des südlichen Kleinasiens bevorzugte Schlupfwinkel für Seeräuber. Das erste Bündnis zwischen Rhodos und Rom (**306**/05 v. Chr.) diente vermutlich der gemeinsamen Bekämpfung der Seeräuber. Seeräuberei wurde zur Plage nach Auflösung der Flotte des Mithridates VI. im Frieden von Dardanos (85 v. Chr.): Piraten kämpften mit Mithridates VI. und KELTIBERERN unter Sertorius gegen die OPTIMATEN in Rom (79), bis sie von einer römischen Flotte unter Pompeius vernichtet wurden (67). Das kaiserzeitliche Rom kontrollierte das Mittelmeer ständig durch zwei römische Flotten (»pax maritima«). Seit Einbruch der Araber zum Mittelmeer (635 n. Chr.) gab es arabische Seeräuber, die zunächst von der byzantinischen Flotte in Schach gehalten wurden (bis 1200). Die erste Expansion Venedigs begann im Kampf gegen dalmatinische Seeräuber (1000).

Analog gab es auch Seeräuber in anderen Regionen, vor allem bei Meerengen (z. B. malaiische von Malakka) oder engen Meerstraßen (z. B. japanische von Tsushima). Mit dem Aufkommen von Verkehr auf Nordsee und Ostsee tauchten auch dort Seeräuber auf, zunächst WIKINGER. Piraterie war hier aber später nur von lokaler und vorübergehender Bedeutung (z. B. Störtebeker und Viktualienbrüder, ca. 1400). Im Mittelmeer wurde der Maghreb seit dem Zug der BENI HILAL (1051) neuer Schwerpunkt (z. B. Algier) der Piraterie: Von hier unternahmen Seeräuber (»Korsaren«) bis ins 17. Jahrhundert hinein Raubzüge nach England. Ein weiterer Stützpunkt war die Südostküste der Arabischen Halbinsel (»Piratenküste«). In der Neuen Welt wurden die Karibischen Inseln klassisches Gelände der Seeräuber (»Filibuster«).

Von gleichsam privater Seeräuberei ist staatlich sanktioniertes Kapern von feindlichen Schiffen in Kriegszeiten formal zu unterscheiden, auch wenn sich Unterschiede oft verwischten (z. B. Kaperzüge von Francis Drake gegen die Flota). Neuerdings lebt die Seeräuberei in Gewässern Südostasiens wieder auf, vor allem in der Straße von Malakka, und auf der Reede vor dem Hafen von Lagos (Nigeria). Das Genfer Übereinkommen über die hohe See gegen Piraterie (1958) blieb wirkungslos.

Literatur: H. Schreiber: Piraten und Korsaren der Weltgeschichte. Rastatt 1990; Ph. De Sonza: Piracy in the Graeco-Roman World. Cambridge 1999; H. Roder (Hg.): Piraten. Die Herren der Sieben Meere. Bremen 2000.

Kriegselefanten

Gezähmte Elefanten für den Einsatz in Schlachten, zuerst in Indien, später auch in Südostasien: Die Perser verwendeten Kriegselefanten, u. a. bei Gaugamela gegen Alexander (334 v. Chr.). Im hellenistischen Osten verbreiteten sie sich seit dem Frieden zwischen dem SELEUKIDENREICH und dem MAURYA-REICH (**304 v. Chr.**), der Seleukos I. Nikator 500 indische Kriegselefanten einbrachte, die die Schlacht von Ipsos (301) gegen nur 75 Kriegselefanten des Antigonos entschieden. Später kamen Kriegselefanten u. a. durch Pyrrhos gegen Römer (280–275), durch Karthager im 1. PUNISCHEN KRIEG (264–241) und im 2. PUNISCHEN KRIEG (218–201) zum Einsatz: Hannibal gelang der Alpenübergang nach Italien (218) mit Kriegselefanten, die in Italien militärisch aber unbedeutend blieben. Sie wurden von Römern nur selten eingesetzt, z. B. gegen GALLIER in Oberitalien (228) sowie im republikanischen Heer bei Thapsus im Bürgerkrieg gegen Caesar (46).

Literatur: P. D. Armandi: Histoire militaire des éléphants depuis les temps les plus reculés jusqu'à l'introduction des armes de feu. o. O. 1842.

Lex Ogulnia

Römisches Gesetz, benannt nach dem Antragsteller, dem VOLKSTRIBUN Quintus Ogulnius Gallus: Mit der Lex Ogulnia erhielten PLEBEJER Zutritt zu Priesterämtern (Pontifices, Augures, **300 v. Chr.**).

Sabiner

Ursprünglich von den Umbrern abgezweigter Volksstamm in Mittelitalien, am Tiber: Neben den SAMNITEN zweigten sich von den Sabinern auch andere sog. Sabellerstämme ab. Sabiner standen früh in enger Beziehung zu Römern (»Raub der Sabinerinnen«), wurden im Sabinerkrieg (304–**290 v. Chr.**) von Rom unterworfen und erhielten früh das römische Bürgerrecht (268). Ihr Gebiet wurde mit dem anderer Sabellerstämmen von Augustus (27 v. Chr.–14 n. Chr.) in der 4. Region Italiens zusammengefasst.

Koloss von Rhodos

Siegesdenkmal auf Rhodos zur Erinnerung an die Behauptung der Stadt Rhodos gegen die Belagerung durch Demetrios I. Poliorketes (305–304), hergestellt aus dem Metall der von Demetrios zurückgelassenen Belagerungsmaschinen (**290 v. Chr.**): Die Statue des Schutzgottes von Rhodos, des Helios, galt als ein Weltwunder der Antike. Sie wurde durch ein Erdbeben zerstört (227/26), aber selbst die Trümmer blieben eine viel besuchte Attraktion. Die Überreste wurden durch die Araber unter Muawija I. bei ihrem ersten Vorstoß auf Konstantinopel in rund 900 Kamelladungen nach Syrien abtransportiert (654) und dort eingeschmolzen.

Literatur: H. Maryon: The Colossus of Rhodos, in: Journal of Hellenic Studies 76/1956, S. 68–86.

Lex Hortensia de plebiscitis

Römisches Gesetz, benannt nach dem Antragsteller Quintus Hortensius: Nach der letzten SECESSIO PLEBIS (287) wurde Hortensius DIKTATOR und bestimmte per Gesetz, dass die PLEBS an der Verteilung des AGER PUBLICUS zu beteiligen, die Versammlung der Plebs und deren Beschlüsse (»plebiscita«) mit den Gesetzen der ordentlichen Institutionen Roms (»leges«) gleichzustellen war (**287 v. Chr.**). Die Plebejer kehrten nach Rom zurück, die STÄNDEKÄMPFE (seit 494) endeten und vollendeten Roms innere Konsolidierung: Rom vollendete die Eroberung des kontinentalen Italien (bis 282 v. Chr.).

Ager publicus

(lat.: öffentliches Ackerland) Im Gegensatz zu Privatland (»ager privatus«) dem römischen Staat gehörendes Ackerland, meist unterworfenen Feinden abgenommen: Oft zur privaten Nutzung freigegeben, wurde seine Nutzung Streitpunkt zwischen PATRIZIERN und PLEBEJERN, der Ager publicus daher Objekt verschiedener Ackergesetze. Die Plebs setzte die Beteiligung an der Nutzung durch (**287 v. Chr.**), die GRACCHISCHEN REFORMEN wollten die Besiedlung durch PROLETARII (133, 123) bzw. Veteranen, um die Wehrbasis zu stärken.

Literatur: L. Zancan: Ager publicus. Padua 1935; F. Martino: Die Wirtschaftsgeschichte des alten Rom. München ²1991.

Plebiszit

(lat.: Plebiscitum) Volksentscheid, im alten Rom Beschlüsse der PLEBS in Versammlungen, auf Antrag von VOLKSTRIBUNEN: Plebiszite wurden durch die LEX HORTENSIA den Gesetzen des Senat gleichgestellt (**287 v. Chr.**). Der Begriff steht in der Neuzeit generell für Volksabstimmungen wie der Annahme der JAKOBINISCHEN VERFASSUNG (1794). Im KONSULAT wurde Napoleon Bonaparte als alleiniger Konsul auf Lebenszeit bestätigt (1802), im II. EMPIRE (1852–1870) dienten Plebiszite zur Legitimierung der Herrschaft Napoleons III. Plebiszite legten auch die Zugehörigkeit umstrittener Gebiete zu Staaten fest: Nizza-Savoyen kam nach einem Plebiszit von Italien zu Frankreich (1859). Ein Plebiszit in Nordschleswig war im Prager Frieden vorgesehen (1866), erfolgte aber erst nach Versailles (1920).

Volksabstimmungen wurden gängige Praxis seit dem ERSTEN WELTKRIEG, waren auch in der WEIMARER VERFASSUNG vorgesehen (1919). Sie dienten später, unter Zwang abgehalten, dem Regime im DRITTEN REICH zur Legitimierung (1933–1938) seiner Gewaltherrschaft. Das Plebiszit ist in der BUNDESREPUBLIK nur in Länderverfassungen zugelassen, gilt aber in anderen europäischen Ländern auf nationaler Ebene: in der V. FRANZÖSISCHEN REPUBLIK (seit 1958), in der Schweiz auf Kantons- wie auf Bundesebene, in Italien, jetzt auch Großbritannien.

Literatur: C. Schmitt: Volksentscheid und Volksbegehren. Berlin 1927; L.R. Taylor: The Roman Voting Assemblies. Ann Arbor (Mich.) 1966.

Bibliothek

(griech.: biblion = Buch + theke = Aufbewahrungsort) Ort zur Aufbewahrung, Benutzung und Ausleihe von Büchern: In der Antike bestanden Bibliotheken aus einer Sammlung von Papyrusrollen (»Rotuli«), seit dem Mittelalter gab es auch gebundene Bücher. Übertragen gilt der Begriff auch für die Aufbewahrung von Tontäfelchen mit KEILSCHRIFTtexten. Die ersten Bibliotheken gab es schon im Alten Orient, bei den SUMERERN (3. Jt. v. Chr.), später in Boghazkale, dem Ort der Hauptstadt HATTIS (2. Jt.). Ausgegraben wurde die erhaltene Bibliothek des Assyrerkönigs Aššurbanipal (668–ca. 631) in Ninive. Bibliotheken gab es im alten Ägypten, eine öffentliche Bibliothek wurde in Athen erwähnt (ca. 500). Die bedeutendste Bibliothek der Antike war die Bibliothek des Ptolemaios I. Soter in Alexandria (**287 v. Chr.**), die im Alexandrinischen Krieg (47) unter Caesar teilweise, unter dem Patriarchen Theophiles (391) ganz verbrannte. Eine berühmte Bibliothek war auch in Pergamon. Zahlreiche öffentliche und private Bibliotheken existierten im Römischen Reich.

Im Mittelalter gab es zunächst Klosterbibliotheken der BENEDIKTINER, die auch Bücher kopierten, zuerst im Westen in Süditalien unter Cassiodor (ca. 540), später Kollegienbibliotheken, u. a. Sorbonne in Paris (1257), Merton College in Oxford (1264), Collegium Carolinum in Prag (1366). Erste UNIVERSITÄTSbibliotheken bestanden in Heidelberg (1386) und Oxford (1412). Neuen Aufschwung nahm das Bibliothekswesen durch den HUMANISMUS und den BUCHDRUCK (ca. 1450) – u. a. Biblioteca Apostolica Vaticana in Rom unter Papst Nikolaus V. (1447–1455), Marciana in Venedig (ca. 1468), Biblioteca Medicea Laurentiana in Florenz (ca. 1460).

Seit dem 13. Jahrhundert legten Fürsten und Könige Bibliotheken an, aus denen National-, Staats- oder Landesbibliotheken hervorgingen: Paris (1518), mit Zwang zur Ablieferung von Pflichtexemplaren aller im Lande veröffentlichten Bücher (»dépôt légal«, seit 1536/37); Bibliothèque Nationale (1792); Hofbibliothek Wien (1526) bzw. Österreichische Nationalbibliothek (1920); München (1558), Bayerische Staatsbibliothek (1918); Berlin (1659/61), Preußische Staatsbibliothek (1919), gespalten fortgesetzt als Deutsche Staatsbibliothek in Berlin-Ost und Staatsbibliothek Preußischer Kulturbesitz in Berlin-West (1949–1990).

Erste öffentliche Bibliotheken der Neuzeit sind die Bodleian Library (Bibliotheca Bodleiana) in Oxford (1602) sowie die Bibliothèque Mazarine (1642) in Frankreich. Weitere berühmte Bibliotheken sind die des BRITISCHEN MUSEUMS in London (1753) mit Pflichtexemplarrecht (1757) und stilprägendem Kuppellesesaal (1857); die Library of Congress in Washington D. C. (1800) als Nationalbibliothek der USA (1897), heute eine der größten Bibliotheken der Welt, mit neuem Klassifikationssystem und ISBN-Klassifizierung von Büchern; die Saltykow-Schtschedrin-Bibliothek in St. Petersburg; die Mitterrand-Bibliothek in Paris (1996); die Deutsche Bücherei in Leipzig (1913), in der BUNDESREPUBLIK fortgesetzt mit der Deutschen Bibliothek in Frankfurt am Main (1951). In neuerer Zeit spezialisieren sich die Bibliotheken: Volksbüchereien gibt es seit dem 19. Jahrhundert, zuerst die London Library, Public Library in Boston (USA), später auch Werksbüchereien.

Literatur: J. Vorstius: Grundzüge der Bibliotheksgeschichte. Bearbeitet von S. Joost. Wiesbaden ^{6}1969; A. Hobson: Große Bibliotheken der Alten und Neuen Welt. München 1971; H. Blanck: Das Buch in der Antike. München 1992.

Tarentinischer Krieg

Krieg zwischen Rom und Tarent (282–272): Rom verlegte eine Garnison in das unteritalische Thurioi (**282 v. Chr.**) und provozierte so die Intervention des Pyrrhos von Epeiros (280–275). Die sprichwörtlichen verlustreichen Siege des Pyrrhos (»Pyrrhussiege«) über die Römer bei Herakleia (280) und Ausculum (279), wo auch KRIEGSELEFANTEN zum Einsatz kamen, machte der entscheidende Sieg der Römer bei Beneventum zunichte (275): Pyrrhos musste endgültig Süditalien räumen, die Römer eroberten Tarent (272). Großgriechenland, der griechisch geprägte Bereich Italiens, kam unter Kontrolle Roms, die griechischen Städte wurden Bundesgenossen zur See (SOCII NAVALES). Der Sieg schloss die Expansion Roms in Italien (bis auf die Poebene) ab und leitete seine Expansion über das Mittelmeer sowie Roms Hellenisierung ein.

Syrischer Erbfolgekrieg

KRIEG zwischen PTOLEMÄERREICH und SELEUKIDENREICH (**280**/79 v. Chr.): Der Eroberungskrieg von Ptolemaios II. gegen Antiochos I. brachte territoriale Gewinne in Kleinasien für die Ptolemäer.

Achäischer Bund

Zusammenschluss achäischer STADTSTAATEN auf der Peloponnes, zunächst ohne Sparta (**280 v. Chr.**) zur Abwehr der HEGEMONIE Makedoniens und Spartas: In seiner Expansionsphase (ca. 250–ca. 200) eroberte der Bund das Isthmusgebiet, den größten Teil Arkadiens und der Argolis. Unter dem Schutz Roms (seit 198) eroberte er fast die gesamte Peloponnes und zwang Sparta zum Beitritt (191). Der Bund war geschwächt seit dem Sieg Roms bei Pydna über Makedonien (168). Die SEZESSION Spartas (146) brachte ihn auf antirömischen Kurs und provozierte die Intervention Roms, das den Aufstand niederschlug. Der Bund löste sich auf (146).

Literatur: Th. Schwertfeger: Der Achäische Bund. München 1974.

Leuchtturm

Mit starkem Leuchtfeuer weithin sichtbares Seezeichen an oder vor der Küste in Form eines Turmes: Der erste belegte Leuchtturm stand auf der ehemaligen Insel Pharos, erbaut von Sostratos von Knidos (299–**277 v. Chr.**). Der Turm, eines der Weltwunder der Antike, war zunächst nur Tagesseezeichen (ca. 120 m hoch). Später befeuert als Seezeichen bei Nacht (1. Jh. n. Chr.), funktionierte er bis nach 1100. Zwei Erdbeben

(1303, 1326) zerstörten ihn. Er war stilprägendes Vorbild für andere Leuchttürme der Antike, z. B. Piräus (Athen), KOLOSS VON RHODOS, Ostia (Rom), am Bosporus, an den Meerengen von Messina und Gibraltar oder La Coruña in Spanien (noch heute erhalten).

Im Mittelalter entstand erst wieder der Leuchtturm der Pisaner auf der Insel Meloria (1157/58). Im Norden wurde der erste Leuchtturm vor Travemünde erbaut (1220). Frühe Leuchtfeuer waren oft auf Kirchtürmen mit offenem Steinkohlenfeuer zu finden, erst später mit Leuchtapparaten versehen (1783, 1823), ergänzt durch fest verankerte Feuerschiffe, heute mechanisiert. Berühmte moderne Leuchttürme sind: Eddystone Light vor Plymouth (1756–1759), Freiheitsstatue an der Hafeneinfahrt von New York (1886).

Literatur: D. A. Stevenson: The World's Lighthouses Before 1820. London 1959.

Antigonidenreich

Nachfolgestaat des ALEXANDERREICHS in Makedonien unter der DYNASTIE der Antigoniden (**276**–168 v. Chr.), begründet von Antigonos II. Gonatas, dem Sohn des Demetrios I. Poliorketes und Enkel des Antigonos I.: Kernland war Makedonien, mit Thessalien in PERSONALUNION. Das Reich hatte Besitzungen in Teilen Griechenlands und hatte, in Nachfolge des Alexanderreichs, durch den Hellenenbund (224–197) die faktische HEGEMONIE über Griechenland inne, zeitweise auch über Thrakien und Kreta. Es unterlag Rom in den MAKEDONISCHEN KRIEGEN (215–205, 200–197, 171–168), verlor die Hegemonie über Griechenland (197), wurde in vier schwache Teilstaaten aufgelöst (168) und als PROVINZ annektiert (148).

Literatur: B. Niese: Geschichte der griechischen und makedonischen Staaten. 3 Bde., Gotha 1893–1903; K. Buraselis: Das hellenistische Makedonien und die Aegaeis. München 1982.

Galater

Keltischer Stammesverband der GALLIER, der über Makedonien (279 v. Chr.) nach Kleinasien wanderte (278): Die Galater bildeten ein eigenes Reich in Galatien (**275 v. Chr.**), mit drei Stämmen – Tolistobogier, Trokmer, Tektosagen. Von Pergamon besiegt (230, 228), kämpften sie in der Schlacht bei Magnesia (190/89) für das SELEUKIDENREICH und provozierten so eine Strafexpedition der Römer mit Massaker (189) und wurden abhängig von Pergamon. Weitere Entwicklung wie Galatien.

Literatur: R. Werner: Die Galater, in: W.-D. v. Barloewen (Hg.): Abriss der Geschichte antiker Randkulturen. München 1961; F. Stähelin: Geschichte der kleinasiatischen Galater bis zur Einrichtung der römischen Provinz Asia. Osnabrück [3]1973.

Syrische Kriege

Sechs Kriege zwischen dem SELEUKIDENREICH und dem PTOLEMÄERREICH um Phönikien und Palästina (**274**–168 v. Chr.), die Ägypten erstmals mit der Schlacht bei Ipsos (301) gewann, wie auch Teile Kleinasiens im SYRISCHEN ERBFOLGEKRIEG (280–279):

- 1. Syrischer Krieg (274–271): Endete mit der Beibehaltung des Status quo.
- 2. Syrischer Krieg (260–253): Verluste der Ptolemäer in Kleinasien und Syrien.
- 3. Syrischer Krieg (246–241): Ägypten gewann Gebiete an der Küste Kleinasiens und Thrakiens.
- 4. Syrischer Krieg (221/19–217): Obwohl Ptolemaios IV. die Seleukiden an der Grenze Ägyptens besiegte (217), blieb es beim Status quo.
- 5. Syrischer Krieg (202/01–195): Nach dem Sieg Antiochos III. am Panion (200) kam der ptolemäische Besitz in Kleinasien und Syrien zum Seleukidenreich.
- 6. SYRISCHER KRIEG (169–168).

Gesamtergebnis war die gegenseitige Schwächung der beiden größten DIADOCHENreiche zugunsten Roms im Westen und des PARTHERREICHS im Osten.

Literatur: W. Otto: Zu den Syrischen Kriegen der Ptolemäer, in: Philologus 36 (1931), S. 400–418.

Socii navales

Bezeichnung für Bundesgenossen (socii) Roms zur See: Socii navales wurden die griechische Städten in Süditalien nach dem TARENTINISCHEN KRIEG (282–272). Sie waren verpflichtet Rom im Kriegsfall Schiffe zu stellen (**272 v. Chr.**), zuerst gegen Kathago im 1. Punischen KRIEG (262).

Punische Kriege

Drei KRIEGE zwischen Rom und Karthago (»Punier« = Phönizier = römischer Name für Karthager) um die HEGEMONIE im westlichen Mittelmeer (264–146):

- 1. Punischer Krieg (**264**–241 v. Chr.): Ein lokaler Konflikt um Messina eskalierte zum Krieg zwischen den Großmächten (264). Rückgrat der römischen Flotte waren die SOCII NAVALES (262): Sie siegten über die karthagische Flotte bei Mylae (260) und ermöglichten die römische Landung in Nordafrika. Der Vorstoß auf Karthago scheiterte (256), Hamilkar Barkas landete auf Sizilien (246). Den entscheidenden Seesieg errangen die Römer bei den Ägatischen Inseln (241): Der Friede (241) schlug Sizilien (bis auf die Ostküste mit Syrakus) Rom zu. Die Niederlage löste eine Krise in Karthago aus: Die Libyer und Söldner (241–238) erhoben sich, Korsika und Sardinien kamen zu Rom (237). Als Kompensation expandierte Karthago unter Hamilkar Barkas in Spanien (237). Der EBROVERTRAG regelte die Beziehungen zu Rom (226).
- 2. PUNISCHER KRIEG (218–201).
- 3. PUNISCHER KRIEG (149–146).

Historische Folgen: Rom erkämpfte die Hegemonie im westlichen Mittelmeer und zerstörte Karthago (146).

Literatur: B.H. Warmington: Karthago. Wiesbaden 1964; N. Bagnell: Rom und Karthago. Der Kampf ums Mittelmeer. Berlin 1995.

Stammeskonföderation

Zusammenschluss von Stämmen außerhalb der ZIVILISATIONSzentren für gemeinsames offensives Handeln, meist von Nomadenvölkern in Zentralasien nördlich von China, mit Ausrufung eines Khans oder GROSSKHANS: Die HUNNEN (HSIUNG-NU) bildeten eine Stammeskonföderation (**250 v. Chr.**), die unter chinesischem Druck zerbrach (58). Auch spätere große turkmongolische Nomadenvölker (AWAREN bis Mongolen, 1206) waren Stammeskonföderationen, oft ohne präzise Daten für ihren Zusammenschluss. Analog verlief die Zusammenfassung kleinerer GERMANENstämme zu größeren Konföderationen (z. B. ALEMANNEN, FRANKEN, SACHSEN) vor der VÖLKERWANDERUNG (ab 375).

Hunnen (Hsiung-nu)

Nomadisierendes Turkvolk in Zentralasien: Die Hunnen bildeten eine STAMMESKONFÖDERATION (**250**–58 v. Chr.), mit GROSSKHAN unter Mao-tun (209–174). Sie setzten China unter Druck, wurden von der CH'IN-DYNASTIE durch die CHINESISCHE MAUER (ab 214) eingedämmt und von der HAN-DYNASTIE teilweise aus Zentralasien abgedrängt (ca. 175): Die Stammeskonföderation zerbrach unter massivem chinesischen Druck (58 v. Chr.). Die westlichen Hunnen wurden von den T'OPA aus der Mongolei verdrängt (2.–4. Jh. n. Chr.) und wichen nach Europa aus. Sie vertrieben ALANEN (ca. 370), OSTGOTEN (375) und WESTGOTEN, die nach Süden ins Römische Reich auswichen, die VÖLKERWANDERUNG eröffneten und, zunächst mit Einfällen nach OSTROM, die römische Endkrise auslösten. Nach der Reichsspaltung (395) gerieten Ost- und WESTROM unter die Tributsoberherrschaft des Attila, der von Pannonien aus verheerende Streifzüge nach Gallien und Italien unternahm (433–453). Gebremst wurden die Hunnen durch Roms Sieg bei der Schlacht auf den Katalaunischen Feldern (451) und ihrem Abzug vor Rom (452). Unmittelbar nach Attilas Tod (453) zerfiel das Hunnenreich. Reste der Stammeskonföderation zogen nach Osten zur Wolga ab, setzten sich später als Bulgaren fort. Die östlichen Hunnen vernichteten, zusammen mit den TANGUTEN, die WESTLICHE CHIN-DYNASTIE (316) und errichteten Nachfolgestaaten in Nordchina, die sich allmählich sinisierten.

Literatur: A. Altheim: Geschichte der Hunnen. 5 Bde., Berlin 1959/62: O. J. Maenchen-Helfen: Die Welt der Hunnen. Eine Analyse ihrer historischen Dimension. Wien, Köln 1978.

Parther

(altpers.: Partawa, lat.: Parthi) Iranischer Stamm, südöstlich des Kaspischen Meeres: Die Parther wurden vom Perserkönig Kyros II. (559/50–530) unterworfen, kamen zum ALEXANDERREICH (330–323) und SELEUKIDENREICH (312–ca. 250). Die halbnomadischen iranischen Parner drangen ins Selenikenreich ein (nach 250), nannten sich fortan auch Parther und gründeten das PARTHERREICH (**247** v. Chr.).

Literatur: M. A. Colledge: The Parthians. New York 1967; K. Schippmann: Grundzüge der parthischen Geschichte. Darmstadt 1980.

Partherreich

Reich der iranischen Parner auf Basis der eroberten PARTHER, deren Namen sie übernahmen (**247 v. Chr.** – 224/27 n. Chr.): Unter der DYNASTIE der Arsakiden blieb das Reich zunächst auf Parthien beschränkt. Parther expandierten nach Westen gegen das SELEUKIDENREICH, dabei Iran (ca. 160) und Mesopotamien (141/29) erobernd (seitdem Hauptstadt Ktesiphon am Tigris), nach Osten gegen Indien und Zentralasien. Nach anfänglicher Neutralität in den MITHRIDATISCHEN KRIEGEN wurde das Grenzgebiet zu Rom zur chronischen Konfliktzone. Die Parther siegten über die Römer unter Crassus bei Carrhae (53), die Euphratgrenze zum Römischen Reich erkannte Augustus (27 v. Chr. – 14 n. Chr.) an. Kriege mit Rom entbrannten um Armenien, wo eine Nebenlinie der Arsakiden regierte (53 – 430). Eine römische Offensive unter Trajan (113 – 117), von Hadrian (117 – 138) eingestellt, brachte die Römer zeitweise in den Besitz der Hauptstadt Ktesiphon. Das Partherreich behauptete sich nach außen in weiteren Partherkriegen, wurde aber nach innen geschwächt durch feudale Fragmentierung, beendet durch eine Revolte der SASSANIDEN (224/27).

Literatur: N. C. Debevoise: A Political History of Parthia. Chicago 1938; K. H. Ziegler: Die Beziehungen zwischen Rom und dem Partherreich. Wiesbaden 1964; J. Wiesehöfer: Das antike Persien. Zürich 1998.

Provinz

(lat.: provincia) Ursprünglich Kompetenzbereich römischer Beamter: Nach Erwerb des größten Teils Siziliens (gesichert im Frieden mit Karthago, **241 v. Chr.**) wurde Sizilien erstes außeritalisches Untertanenland, von einem römischen Statthalter mit »Imperium« (zunächst PRAETOR, seit der SULLANISCHEN REFORM, 82 v. Chr., als Proprätor) regiert, ohne innere AUTONOMIE oder Ausweitung des römischen Bürgerrechts (wie zuvor für alle italischen Völker). Provinzen hatten lokale Verwaltung und niedere Gerichtsbarkeit für Gemeinden, später auch Provinziallandtage, ohne politische Funktion. Seit Augustus galt die Unterteilung in kaiserliche und senatorische Provinzen (27 n. Chr.). Die Reichsreform des Diokletian (297) verkleinerte die Provinzen und schuf übergeordnete Verwaltungseinheiten (Präfekturen, DIÖZESEN).

Allgemein: Gebiete in zentralisierten Einheitsstaaten ohne Autonomie, direkt von der Zentrale durch Gouverneure (in Preußen: Oberpräsidenten) regiert, in modernen Ausnahmen auch mit Autonomie – Kanada (1867).

Literatur: Tilmann Bechert: Die Provinzen des Römischen Reiches. Einführung und Überblick. Mainz 1999.

Isthmische Spiele (Isthmien)

Nach den OLYMPISCHEN SPIELEN wichtigste panhellenischen Spiele, an der Landenge (Isthmos) von Korinth, zu Ehren des Poseidon, alle zwei Jahre abgehalten, erstmals vermutlich nach 600 v. Chr. (570 oder 572):

Die Isthmischen Spiele waren Schauplatz wichtiger historischer Ereignisse, so der Konferenz zur Beratung der Verteidigung gegen Perser unter Xerxes (480/79), der Gründung des PANHELLENISCHEN BUNDS unter Philipp II. (338/37) und der Ausrufung Alexanders zum Führer des Zugs gegen die Perser (336). Römer wurden zugelassen (**228 v. Chr.**). Titus Quinctius Flamininus proklamierte die griechische Freiheit (196). Der Niedergang setzte vor 200 ein. Das als heidnisch stigmatisierte Heiligtum wurde unter Justinian I. (527–565) abgerissen.

Ebrovertrag

(Angeblicher) Vertrag zwischen Karthago und Rom zur Abgrenzung gegenseitiger Interessensphären in Spanien (**226 v. Chr.**): Der Konflikt um das prorömische, aber südlich des Ebro gelegene Sagunt eskalierte, als Hannibal die Stadt gegen römischen Protest eroberte (219) und den 2. PUNISCHEN KRIEG auslöste (218–201).

Census

(lat.: censere = [ein]schätzen) Ursprünglich römische Militärliste: Der älteste überlieferte Census (**225 v. Chr.**) zählte 700 000 Mann Fußvolk, 70 000 Reiterei, einschließlich Bundesgenossen. Da im republikanischen Rom (wie in der griechischen POLIS) nur wehrberechtigt war, wer die Kosten der Ausrüstung selbst tragen konnte, vermittelte der Census auch eine Vorstellung von der STEUERkraft der Bürgerschaft. Aus ihr leitete sich das ZensusWAHLRECHT ab, das das Wahlrecht auf der Basis von Steuerleistungen, evtl. auch abgestuft nach mehreren Klassen (z. B. DREIKLASSENWAHLRECHT in Preußen), differenzierte.

Ch'in-Dynastie

(Pinyin: Qin-Dynastie) Erste kaiserliche DYNASTIE in China (**221**–207 v. Chr.): Die Ch'in-Dynastie beendete mit erneuter Zusammenfassung Chinas die Periode der »KÄMPFENDEN STAATEN« (481–221). Der Herrscher Shih nahm erstmals den kaiserähnlichen Titel »Huang-ti« (= etwa »göttlich erhaben«) an statt wie bisher nur »Wang«(= »König«). Shih Huang-ti ließ gegen Angriffe der HUNNEN (HSIUNG-NU) die CHINESISCHE MAUER errichten (214). Die Schriften des Konfuzius wurden verboten (213–191), u. a. mit BÜCHERVERBRENNUNG (215). Die Dynastie wurde durch den ersten BAUERNAUFSTAND in China gestürzt (207) und von der HAN-DYNASTIE abgelöst (206), blieb aber namensgebend für China.

Nicht zu verwechseln mit: WESTLICHER CHIN-DYNASTIE (280–316), ÖSTLICHER CHIN-DYNASTIE (317–419); CHIN-DYNASTIE der DSCHURDSCHEN (1126).

Literatur: D. Bodde: China's First Unifier. A Study of the Ch'in Dynasty as seen in the Life of Li Ssu (280?-208 B. C.). Leiden 1938; W. Watson: China before the Han Dynasty. New York 1961; J. Gernet: Die chinesische Welt. Die Geschichte Chinas von den Anfängen bis zur Jetztzeit. Frankfurt/Main 1988.

Lex Claudia de nave senatorum

Römisches Gesetz (Antragsteller VOLKSTRIBUN Quintus Claudius) gegen Korruption im römischen SENAT (**218 v. Chr.**): Senatoren (und Söhne) durften kein Schiff mit Fassungskraft von über 200 Amphoren besitzen und sich nicht am (mediterranen) Überseehandel (»de nave« = [Handels-] Schiff) im großen Stil beteiligen. Die Umgehung des Gesetzes durch Beteiligung von Senatoren über Strohmänner blieb gleichwohl möglich. Wichtigste Folge des Gesetzes war der wirtschaftliche Aufstieg der RITTER (Equites).

Ritter

(lat.: Equites) Angehöriger eines römischen Stands, zwischen PATRIZIERN und PLEBEJERN: Ursprünglich patrizischer ReiterADEL seit der Königszeit, in drei, später sechs Centurien (Hundertschaften) organisiert, wurde die Reiterei später durch reiche PLEBEJER auf 18 erweitert. Das Pferd stellte der Staat (»equus publicus«). Die Reitertruppen wurden später ergänzt durch reiche Bürger, die im Krieg ihr Pferd selbst stellen konnten (»equites equo privato«). Ritter wurden reich mit Grundbesitz, Staatspacht und Handel. Ihren weiteren ökonomischen Aufstieg sicherte die LEX CLAUDIA (**218 v. Chr.**). Ritter bildeten seit den GRACCHISCHEN REFORMEN (133–121) einen eigenen, von den Gracchen gegen den SENAT geförderten (u. a. Besetzung der Geschworenengerichte; Steuerpacht) Stand (ordo equester). Der ordo equester hatte zunächst erhöhten Einfluss, wurde in den RÖMISCHEN BÜRGERKRIEGEN aber von Sulla politisch entmachtet und durch Exekutionen dezimiert. Ritter waren in der Kaiserzeit führend in Armee und Reichsverwaltung und konnten leicht in den Senat aufsteigen, verloren aber in der Spätantike durch weitere ständische Differenzierung an Bedeutung.

Übertragen auch Bezeichnung für vergleichbare Gruppierungen in anderen Gesellschaften, vor allem für gepanzerte Reiter seit dem KAROLINGERREICH, später verschmolzen mit Ministerialien zur untersten Stufe des Adels (Ritterschaft), in Deutschland östlich der Elbe mit besonderer wirtschaftlicher und sozialer Bedeutung (»Rittergut«, bis 1945). Einen entsprechenden Stand bildeten in Japan die SAMURAI.

Literatur: A. Stein: Der römische Ritterstand. München 1927; A. Alföldi: Der frührömische Reiteradel und seine Ehrenabzeichen. Baden-Baden 1952; J. F. Osier: The Rise of the Ordo Equester in the Third Century of the Roman Empire. Ann Arbor 1974.

2. Punischer Krieg

Fortsetzung des Konflikts zwischen Rom und Karthago (218–201): Auslöser war der Konflikt um Sagunt (219 v. Chr.). Die Karthager drangen, nach Überschreiten der Alpen, in Italien ein (**218**–203 v. Chr.). Die Siege Hannibals am Trasimenischen See (217) und bei Cannae (216) stürzten Rom in die Krise. Die Parteinahme Makedoniens für Karthago eröffnete parallel den 1. MAKEDONISCHEN KRIEG (215–205). Eine Wende brachten die Niederlagen der Karthager unter Hasdrubal in

Spanien (216, 209): Syrakus wurde von Rom erobert (212), ein erneuter Vorstoß Hannibals auf Rom scheiterte (211), Cartagena (Spanien) eroberten die Römer unter Scipio (209), Hasdrubal wurde am Metaurus (Italien) besiegt (207), Gades (Cádiz) von den Römern erobert (206). Makedonien schied aus dem Krieg aus (205), die Römer unter Scipio landeten in Nordafrika (204) und zwangen Hannibal zur Rückkehr (203). Der Sieg der Römer bei Zama (202) nötigte die Karthager zum Friedensschluss (201). Karthago wurde als Großmacht ausgeschaltet, blieb aber Wirtschaftsmacht.

Historische Folgen: Durch Intervention Makedoniens griff die römische Expansion auf den Osten über (2. MAKEDONISCHER KRIEG, 200–197). Karthagos Überleben als Wirtschaftsmacht forderte Rom zum 3. PUNISCHEN KRIEG heraus. Die Verwüstung Italiens mit Verarmung und Proletarisierung der Bauern ließen Latifundien (mit SKLAVEN) auf dem Lande sowie riesige Proletariermassen in Rom entstehen: Agrarkrise, Krise der römischen Heeresorganisation, GRACCHISCHE REFORMEN, RÖMISCHE BÜRGERKRIEGE (133–31), SPARTACUSAUFSTAND (73–71).

Diktator (Diktatur)

(lat.: dictare = [wiederholt] vorsagen, befehlen) In der römischen REPUBLIK bei Staatsnotstand oberste Exekutivgewalt auf Zeit (6 Monate) mit außerordentlichen Vollmachten, auf Vorschlag des SENATS von einem KONSUL bestellt: Der Diktator war, allen anderen MAGISTRATEN übergeordnet, ursprünglich »Magister populi« (Befehlshaber des Fußvolkes) und ernannte als obersten Gehilfen den »Magister equitum« (Befehlshaber der Reiterei). Quintus Hortensius, Diktator zur Überwindung der letzten SECESSIO PLEBIS, erließ die LEX HORTENSIA (287 v. Chr.). Quintus Fabius Maximus (»Cunctator« = der Zauderer) wurde Dikator nach der Schlacht am Trasimenischen See (**217 v. Chr.**) gegen Hannibal. Das Amt wurde zuletzt am Ende des 2. PUNISCHEN KRIEGS in traditioneller Form besetzt (202), seitdem aus Misstrauen gegen die Machtfülle in einer Hand nicht mehr. Später erneuten Sulla und Caesar das Amt in erweiterter Form – Sulla als »dictator legibus scribundis et rei publicae constituendae causa«, d. h. »Diktator mit gesetzgeberischer Vollmacht zur Ordnung des Staats« (82–79), Caesar wurde Diktator auf Zeit (48–47, 46–44) und schließlich auf Lebenszeit (»dictator perpetuus«, 44 v. Chr.).

Später auch übertragen als Bezeichnung für moderne Formen absoluter Herrschaft ohne monarchische oder demokratische Legitimation: JAKOBINERHERRSCHAFT (1793/94 n. Chr.), Diktaturen Kemal Atatürks, Mussolinis, Piłsudskis, Hitlers, Stalins, Peróns, Francos u. a. Mit inhaltlicher Akzentverschiebung sind auch die Diktatur des Proletariats und Militärdiktaturen, vor allem in der Dritten Welt, dazuzurechnen.

Literatur: G. W. F. Hallgarten: Dämonen oder Retter? Eine kurze Geschichte der Diktatur seit 600 v. Chr. Frankfurt/Main 1957, München 1966; C. Schmitt: Die Diktatur: Von den Anfängen des modernen Souveränitätsgedankens bis zum proletarischen Klassenkampf. Berlin, München ^{3}1964; E. Nolte: Diktatur, in: O. Brunner u. a. (Hg.): Geschichtliche Grundbegriffe, Bd. 1, S. 900–924; F. Berber: Das Staatsideal im Wandel der Weltgeschichte. München ^{2}1978.

Makedonische Kriege

Drei Kriege zwischen Rom und Makedonien (ANTIGONIDENREICH, **215**–168):
- 1. Makedonischer Krieg (215–205 v. Chr.): Intervention Makedoniens als Verbündeter Karthagos im 2. PUNISCHEN KRIEG (218–201), militärisch belanglos, aber nach dem Sieg über Karthago Anlass für Rom zur Expansion nach Osten.
- 2. MAKEDONISCHER KRIEG (200–197).
- 3. MAKEDONISCHER KRIEG (171–168).

Die Kriege eröffneten Roms Expansion in den Osten, seine Herrschaft über Griechenland und eine weitere Welle der Hellenisierung Roms.

Chinesische Mauer (Große Mauer)

Überlandbefestigung in Nordchina gegen turkmongolische Nomaden aus Zentralasien, gegen HUNNEN (HSIUNG-NU): Die Große Mauer wuchs aus Befestigungsabschnitten seit der CHOU-Zeit unter der CH'IN-DYNASTIE (221–207) zu einem einheitlichen Befestigungssystem zusammen (**214 v. Chr.**), erst mit Wall und Gräben (wie später LIMES), um die Hunnen einzudämmen, später als Ausgangsbasis für eine chinesische Offensive gegen die Hunnen nach Zentralasien (133–102 v. Chr.). Sie wurde bei inneren Wirren von Nomaden mühelos überwunden, war aber Strukturgrenze zwischen sesshafter Bauern- und Hochkultur sowie Nomaden, bald mit Ausdehnung chinesischen Einflusses nach Norden, bald mit Eindringen der Nomaden nach Süden. Die Mauer wurde nach Vertreibung der Mongolen aus China (1368 n. Chr.) von der MING-DYNASTIE erneuert, mit Mauern und Türmen aus Stein, in noch heute erhaltener Form (1403–1435). Sie ist längstes Bauwerk der Erde (ca. 3450 km, mit Abweigungen ca. 6250 km).

Literatur: J. Needham. Science and Civilization in China. Bd. 4., 2 Tle., London 1962–1965.

Bücherverbrennung

Schärfste Form der Unterdrückung unbequemer Literatur: Die erste überlieferte Bücherverbrennung fand im China der CH'IN-DYNASTIE im Kampf der kaiserlichen Zentrale gegen feudale Traditionen statt (219 v. Chr.): die Schriften des Konfuzius wurden in China verboten (**213**–191 v. Chr.). Spätere Bücherverbrennungen sind aus dem christlichen Mittelalter bekannt: Die INQUISITION verbrannte häretische Schriften, so die Bücher Boccaccios und Petrarcas, auch Savonarolas in Florenz (1497 n. Chr.) sowie Luthers Schriften. Zu Bücherverbrennungen griffen auch: die TÄUFER-Kommune von Münster (1536); BURSCHENSCHAFTEN (WARTBURGFEST 1817); das DRITTE REICH (12. April–10. Mai 1933): »Aktion wider den deutschen Ungeist« mit der Verbrennung von Büchern marxistischer, pazifistischer und jüdischer Schriftsteller. In der VOLKSREPUBLIK CHINA wurden in der KULTURREVOLUTION Bücher verbrannt (1966–1972), in Afghanistan nach dem Sieg der TALIBAN ganze BIBLIOTHEKEN (1996).

Ptolemäer

Makedonisch-hellenistische DIADOCHEN-DYNASTIE in Ägypten (323–30): Die Dynastie begründete Ptolemaios I. (Soter, 323–283), zunächst als SATRAP (323), später als König (305). Seit Ptolemaios II. (283–246) praktizierten die Ptolemäer nach altägyptischem Vorbild die Geschwisterehe (ca. 278). Ein Aufstand der einheimischen FELLACHEN löste eine schwere Krise aus (**210**–186 v. Chr.). Die Dynastie erlosch mit Ptolemaios XV. (Sohn Caesars und Kleopatras VII.), der auf Befehl Octavians (Augustus) getötet wurde (30 v. Chr.).

Literatur: Th. L. Skeat: The Reigns of the Ptolemies. München 1954; A. E. Samuel: Ptolemaic Chronology. München 1962.

Ptolemäerreich

Makedonisch-hellenistisches DIADOCHENreich in Ägypten (323–30 v. Chr.), unter der DYNASTIE der PTOLEMÄER, erweitert um Phönikien und Palästina (300), Kyrene (298) und Zypern (ca. 294), nach altägyptischem Vorbild mit straffer Zentralisierung der Verwaltung: Die Hauptstadt Alexandria war das südliche Zentrum des FERNHANDELS und der hellenistisch-griechischen Wissenschaft. Die Ptolemäer führten sieben wechselvolle Kriege gegen das SELEUKIDENREICH: SYRISCHER ERBFOLGEKRIEG (280–279), sechs SYRISCHE KRIEGE (274–168). Ein FELLACHENaufstand (**210**–186 v. Chr.) löste eine schwere innere Krise aus. Das ptolemäische Ägypten wurde von Antiochos IV. teilweise erobert (169), durch Intervention Roms (DIKTAT VON ELEUSIS) gerettet (168) und war seitdem abhängig von Rom. Ägypten wurde nach der Schlacht bei Actium (31) römische PROVINZ (30).

Literatur: W. Otto/H. Bengtson: Geschichte des Niedergangs des Ptolemäerreichs. München 1938; G. Hölbl: Geschichte des Ptolemäerreiches. Darmstadt 1994.

Denar (Denarius)

(lat.: »Zehner«) Römische SILBERmünze, eingeführt an Stelle der SilberMÜNZE Quadrigatus zunächst zu zehn, später zu 16 As, mit Quinatius (1/2 Denar), Sestertius (1/4 Denar) als Untereinheiten: Eingeführt **209 v. Chr.**, blieb der Denar bis in Kaiserzeit wichtigste römische Silbermünze. Bis zu Nero meist aus reinem Silber, wurde er durch MÜNZVERSCHLECHTERUNG abgewertet (ab 64 n. Chr., INFLATION): Er enthielt unter Septimius Severus (193–211) noch 50 % Silber, bestand unter Gallienus (260–268) nur noch aus KUPFER, mit einem hauchdünnen Silberbelag.

Der Denar war im MEROWINGERREICH wieder Silbermünze (7. Jh.), in karolingischer Münzordnung (755/95) lange einzige Silbermünze (SCHILLINGE und Pfund nur als Rechnungseinheiten). Von Denar abgeleitet: Denaro, Denier, Dinar, Dinare, Dinero, Dinheiro.

Literatur: R. Thomsen: Early Roman Coinage. 3 Bde., Kopenhagen 1957–1961; E. A. Sydenham: The Coinage of the Roman Republik. Hg. v. L. Fourrer/C. A. Hersh. London 1953; W. Weimer: Geschichte des Geldes. Frankfurt/Main 1992.

Großkhan

(Kakhan, Kaghan) Gängiger Herrschertitel turkmongolischer Nomadenvölker, über einem KHAN stehend, vergleichbar mit KAISERtiteln in sesshaften ZIVILISATIONEN: Der Titel ist erstmals überliefert seit der Stammeskonföderation von Turkvölkern unter Bumyn Kaghan (552), aber der Sache nach schon bei den HSIUNG-NU (HUNNEN) unter Mao-tun (**209**–174 v. Chr.) und Attila bei den Westhunnen (433–453) gegeben. Am berühmtesten war der Titel Dschingis Khan der Mongolen (1206–1227), der nach dem KHURILTAI (Fürstenrat, 1206) zur Begründung einer Stammeskonföderation übertragen wurde.

Bauernaufstand

Erhebung freier Bauern gegen den Adel: Älteste historisch bedeutsame Bauernaufstände ereigneten sich im alten China, meist gegen extreme Belastungen (z. B. Bau der CHINESISCHEN MAUER, des Kaiserkanals, von Deichen, in schweren KRIEGEN) oder zu hohe STEUERforderungen, die nach Naturkatastrophen (Überschwemmungen, Dürre) unerträglich wurden, wenn sie nicht gesenkt oder vorübergehend erlassen wurden.

Ein Bauernaufstand stürzte die CH'IN-DYNASTIE (**207 v. Chr.**). Mit Inthronisierung des Führers der Aufständischen als KAISER der neuen HAN-DYNASTIE (206 v. Chr.–220 n. Chr.) eröffnete der Aufstand den »dynastischen Zyklus« im alten China. Spätere Bauernaufstände in China waren teilweise getragen von oder standen in Verbindung mit GEHEIMBÜNDEN: Der Aufstand der »ROTEN AUGENBRAUEN« (23 n. Chr.) stürzte Wang Mang (9–23). Nach der Restauration der Han-Dynastie (25–220) schwächte der Aufstand der »Gelben Turbane« (184) das Reich entscheidend. Ein Bauernaufstand bildete die Massenbasis der nationalen Bewegung zur Vertreibung der Mongolen durch die MING (1368). Der Bauernaufstand gegen die Ming-Dynastie (1628–1644) brachte den Sieg der MANDSCHU (1644). TAIPINGAUFSTAND (1850–1864), BOXERAUFSTAND (1899) und Sieg der CHINESISCHEN REVOLUTION (1911–1949) lassen sich als Bauernaufstände mit modernen Methoden verstehen.

In Europa wurden Bauernaufstände historisch wichtig im Spätmittelalter: JACQUERIE (1358), WAT-TYLER-AUFSTAND (1381), BAUERNKRIEGE in Ungarn (1514) und Deutschland (1524–1525), Rasin-Aufstand (1667–1671) und PUGATSCHOW-AUFSTAND (1773/74) in Russland – alle wurden niedergeworfen, aber mit unterschiedlicher historischer Wirkung.

Han-Dynastie

Zweite kaiserliche DYNASTIE Chinas (**206 v. Chr.**–220 n. Chr.): Nach dem Sturz der CH'IN-DYNASTIE im ersten BAUERNAUFSTAND wurde sie von Liu Pang, dem ersten Bauernkaiser in China (206–195), begründet. Nach Überwindung der TITULARKÖNIGTÜMER (203/02–154) und innerer Konflikte (203/02–154) expandierte China nach Süden durch Annexion

Fukiens (138) und Kantons (111), nach Norden und Westen gegen die HUNNEN (133–102) und zum Tarimbecken (102 v.–107 n. Chr.), nach Osten durch Annexion Koreas (108). Die Konsolidierung nach innen und der INTERKONTINENTALE FERNHANDEL über die SEIDENSTRASSE brachten Wohlstand. Die Dynastie wurde gestürzt, nach dem INTERREGNUM des Wang Mang (9–23 n. Chr.) und dem Bauernaufstand der »ROTEN AUGENBRAUEN« wieder eingesetzt (25). Die spätere Han-Dynastie (bis 220) errang die SUZERÄNITÄT über Tongking (42), räumte das Tarimbecken (107), unterlag dem Bauernaufstand der »Gelben Turbane« (184) und war zuletzt reduziert auf Schattenkaiser unter faktisch herrschenden Militärs. Nach dem Sturz der Han-Dynastie (220) zerfiel China in DREI REICHE (229–280). Die Han-Dynastie behielt auch nach ihrem Sturz hohes Prestige: Chinesen nennen sich nach ihr »Kinder der Han«, übertragen auch: »Han-Völker«.

Literatur: Wang Shongshu: Han Civilization. Cambridge 1954; Y. S. Yü: Trade and Expansion in Han China. Berkeley, Los Angeles 1967; M. Pirazzoli-t'Serstevens: La Chine des Hans. Paris 1982.

Seidenstraße

Wege des INTERKONTINENTALEN FERNHANDELS zwischen China und dem Westen auf der kontinentalen Nordroute, übertragen auch auf die maritime Südroute über den Indischen Ozean: Sie funktionierten nur bei imperialer Stabilität an beiden Enden des Fernhandels – in China seit der HAN-DYNASTIE (**206 v. Chr.**–220 n. Chr.) und in Rom.

Literatur: H. W. Haussig: Die Geschichte Zentralasiens und der Seidenstraße in vorislamischer Zeit. Darmstadt 1983; ders.: Die Geschichte Zentralasiens und der Seidenstraße in islamischer Zeit. Darmstadt 1988; ders.: Archäologie und Kunst der Seidenstraße. Darmstadt 1992.

Titularkönigtümer

Nach dem Sturz der CH'IN-DYNASTIE musste der erste Kaiser der HAN-DYNASTIE, Liu Pang (**206**–195 v. Chr.), seine Waffengefährten mit Herrschaftsbezirken im Osten und Südosten Chinas abfinden; der zugleich verliehene Titel eines Königs, obwohl vom KAISER nur formal gemeint, wurde von den Titularkönigen ernst genommen: Die Titularkönigtümer förderten zentrifugale Tendenzen und die Gefahr der SEZESSION, wurden nach schweren inneren Konflikten wieder beseitigt (154). Ähnliche Erscheinungen traten auch in feudalen MONARCHIEN auf, meist über SEKUNDOGENITUREN, z. B. das Herzogtum Burgund im Verhältnis zur französischen Krone (1363–1477).

2. Makedonischer Krieg

Nach dem 1. MAKEDONISCHEN KRIEG (215 v. Chr.–205) und dem 2. PUNISCHEN KRIEG (218–201) Angriff Roms gegen Makedonien (**200**–197 v. Chr.) zur Strafe für dessen Intervention im 2. Punischen Krieg: Nach Roms Sieg unter Titus Quinctius Flamininus bei Kynoskephalai (197) verlor Makedonien die HEGEMONIE über Griechenland und wurde Verbündeter Roms.

Tribut

(lat.: tributum) STEUER, Abgabe; speziell: im republikanischen Rom direkte außerordentliche Vermögensabgabe der in »tribus« eingeteilten Bürger für Kriegszwecke (ab 404 v. Chr.): Der Tribut entfiel nach Eroberung des makedonischen Staatsschatzes (168) für Rom und Italien von 167 v. Chr. bis zu Diokletian (284–305). Er galt seitdem auch für Rom und Italien wieder, nicht nur für die PROVINZEN.

Allgemein: Abgaben eines schwächeren an einen stärkeren Staat, um Eroberung mit Plünderungen und Zerstörungen abzuwenden, oder als Anerkennung der Oberherrschaft: Im Friedensschluss von Apameia (**188 v. Chr.**) musste das SELEUKIDENREICH einen hohen Tribut an Rom leisten: Die Plünderung des TEMPELschatzes in Jerusalem durch Antiochos IV. (169), um der Tributsverpflichtung gegenüber Rom nachkommen zu können, provozierte den MAKKABÄERAUFSTAND (167–161).

Turkmongolische Nomadenvölker übten Tributsoberherrschaft mit regelmäßigen, nach Art, Umfang und Zeit fixierten (z. B. jährlich) oder nach Belieben »willkürlichen« Leistungen aus: in Sachleistungen (Menschen als SKLAVEN, Lebensmittel, Wachs, Honig u. a.) oder Geld. Tributsoberherrschaft übten aus: HUNNEN über OSTROM (430–453), Hephthaliten über das SASSANIDENREICH (484–527), Ungarn gegenüber Deutschen (926–933), TATAREN/GOLDENE HORDE über das mittelalterliche Russland (1240–1480); es gab sie auch in afrikanischen GROSSREICHEN (GHANA, MALI, SONGHAI; Reich des MONOMOTAPA). Für China und das OSMANISCHE REICH war der Tribut äußeres Symbol der SUZERÄNITÄT über Vasallenstaaten. Der alljährliche Tribut der bisher autonomen Staaten auf dem Balkan entfiel mit ihrem Aufstieg zur SOUVERÄNITÄT durch den BERLINER KONGRESS (1878).

Lex Villia annalis

Römisches Gesetz (Antragsteller VOLKSTRIBUN Lucius Villius, **180 v. Chr.**) zur Neugestaltung der Ämterlaufbahn: Vorgeschrieben wurde ein Mindestalter; vor Erreichen des KONSULATS mussten die anderen Ämter durchlaufen sein; ein amtsfreies Intervall von zwei Jahren vor Ausübung eines neuen Amtes wurde festgelegt.

Literatur: A. E. Astin: The Lex Annalis Before Sulla. Brüssel 1958.

Tocharer

(chin.: Yüeh-chi, Pinyin: Yuezhi) Letztes der indoeuropäischen Reiter- und Nomadenvölker, die aus dem östlichsten Zentralasien bzw. westlichen China (Kansu) von turkmongolischen Nomaden vertrieben wurden: Die von HAN-China geschlagenen HSIUNG-NU (HUNNEN) vertrieben die Tocharer aus Kansu (**174 v. Chr.**), die im westlichen Zentralasien verbliebene SKYTHEN verdrängten, die ihrerseits nun flüchtende Eroberer, als »SAKEN« in Indien einfielen (95 v. Chr.) und mehrere RegionalDYNASTIEN gründeten. Die Tocharer folgten durch Eroberung des graeco-baktrischen Reiches in Afghanistan (126 v. Chr.)

und gründeten von dort aus ihr KUSHANREICH (48–ca. 330), benannt nach ihrem königlichen Stamm der Kushan; sie assimilierten sich nur teilweise durch Übernahme des BUDDHISMUS.

Literatur: A.K. Narain: On the »First« Indo-Europeans. The Tokharian-Yüeh-chi an Their Chinese Homeland. Bloomington (Ind.) 1987.

3. Makedonischer Krieg

Letzter Krieg zwischen Makedonien und Rom (**171**–168 v. Chr.): Versuche zur erneuten Expansion Makedoniens stießen auf die Entschlossenheit Roms, seine HEGEMONIE über Griechenland nicht antasten zu lassen. Nach dem Sieg der Römer bei Pydna (168) wurde Makedonien zerschlagen, der makedonische Staatsschatz erobert – in Rom wurden wegen des Reichtums auf Jahrhunderte kaum noch direkte STEUERN erhoben.

6. Syrischer Krieg

Letzter Krieg zwischen dem SELEUKIDENREICH und dem PTOLEMÄERREICH um Syrien/Palästina (**169**/68 v. Chr.): Weite Teile Ägyptens wurden von Antiochos IV. besetzt (169): Das römische DIKTAT VON ELEUSIS (168) zwang die Seleukiden zum Abzug aus Ägypten.

Diktat von Eleusis

Intervention Roms zur Rettung des von Antiochos IV. im 6. SYRISCHEN KRIEG (169/68) besiegten und zum großen Teil besetzten PTOLEMÄERREICHS (**168 v. Chr.**): Bei der Unterredung zwischen Popillius Laenas und Antiochos IV. in Eleusis zog Popillius einen Kreis um Antiochos IV. in den Sand und forderte ihn auf, sich über den von Rom geforderten Abzug zu entscheiden, bevor er den Kreis verlasse: Antiochos IV. gab nach, Rom wurde Schiedsrichter über die hellenistischen Staaten im Vorderen Orient. Ägypten war seitdem von Rom abhängig, die Krise im SELEUKIDENREICH verschärfte sich: MAKKABÄERAUFSTAND (167–164).

Jahwekult

Verehrung des einzigen, unsichtbaren Gottes Jahwe (auch: Jehova) durch die JUDEN: Der Kult setzte sich allmählich bei den Juden durch. Antiochos IV. verbot ihn aufgrund innerjüdischer Konflikte (**167 v. Chr.**), löste damit aber den MAKKABÄERAUFSTAND aus (167–164).

Makkabäeraufstand

Aufstand der JUDEN gegen religiöse Unterdrückung durch das SELEUKIDENREICH (**167 v. Chr.**): Vorausgegangen war die Ablösung des Hohenpriesters Jason durch Menelaos, der sich, gegen die innerjüdische Opposition, auf ein Bündnis mit Antiochos IV. stützte. Die Opposition gegen Menelaos eskalierte zur allgemeinen Revolte gegen die seleukidische Herrschaft. Nach dem Tod des ersten Anführers Mattathias wurde dessen Sohn Juda Makkabi Anführer (166–164): Nach Siegen der Juden wurde Jerusalem befreit (164), der Jahwekult wiederhergestellt, der TEMPEL IN JERUSALEM neu geweiht. Die Dynastie der HASMONÄER gewann die Unabhängigkeit (164–63), gestützt auf ein Bündnis mit Rom (161).

Literatur: Wichtigste Quelle: Die beiden (apokryphen) Bücher Makkabäus des Alten Testaments; E. Bickermann: Der Gott der Makabäer. Berlin 1937; K. Bringmann: Hellenistische Reform und Religionsverfolgung in Judäa. Göttingen 1983.

Hasmonäer

Dynastie jüdischer HOHEPRIESTER-Könige (etymologische Ableitung unsicher), hervorgegangen aus Anführern des MAKKABÄERAUFSTANDS gegen das SELEUKIDENREICH (**167 v. Chr.**), zunächst unter Juda Makkabi (Judas Makkabäus) mit befreitem Jerusalem als Hauptstadt (164–63): Das Bündnis mit Rom (161) sicherte die Expansion zu beiden Seiten des Jordans ab. Die Pharisäer bildeten sich als religiöse Strömung des Volkes gegen die PriesterARISTOKRATIE, zuerst unter Johann Hyrcanus (134–104). Die Hasmonäer nahmen den Königstitel an (104). Innere Konflikte mit den Pharisäern unter Alexander Yennai (103–76), Thronwirren und der Untergang des Seleukidenreichs (64) machten Juda zum Machtvakuum und provozierten die Intervention Roms: Jerusalem wurde erobert (63), die Unabhängigkeit Judas beendet. Die Hasmonäer wurden als Könige abgesetzt (63), blieben aber als Hohepriester und Ethnarchen (= Volksherrscher). Der Versuch des Antigonus Mattathias, mit Hilfe der PARTHER die Unabhängigkeit Judas wiederherzustellen, scheiterte (37): Herodes (37–4 v. Chr.) wurde römischer KLIENTELkönig auf kultureller Basis des HELLENISMUS.

Literatur: E.J. Bickermann: Die Makkabäer. Berlin 1935; ders.: Der Gott der Makkabäer. Berlin 1937.

Keltiberer

Mischvolk aus einheimischen Iberern und eingewanderten KELTEN (seit ca. 800 v. Chr.), organisiert in Stämmen: Die Keltiberer gerieten nach dem 1. PUNISCHEN KRIEG (264–241) unter lockere Oberherrschaft Karthagos, abgelöst nach dem 2. PUNISCHEN KRIEG (218–201) durch Rom. Teile der Iberischen Halbinsel wurden zwei römische PROVINZEN: Hispania Citerior und Hispania Ulterior (197). Ein Aufstand der Keltiberer gegen Rom (**154**–133 v. Chr.) brachte Anfangserfolge und provozierte Krisen in Rom. Nach langwierigen Kämpfen warfen die Römer den Aufstand nieder, eroberten Numantia und machten es dem Erdboden gleich (133). Der letzte keltiberische Aufstand gegen Rom (80–72), organisiert vom POPULAREN Sertorius, war Teil der RÖMISCHEN BÜRGERKRIEGE; danach wurde Spanien weitgehend romanisiert. Die Römer übernahmen von den Keltiberern Kurzschwert und Wurfspieß (pilus).

Literatur: L. Pericot: La España primitiva. Barcelona 1950.

3. Punischer Krieg

Letzter Krieg zwischen Rom und Karthago (149–146): Nach jahrelanger Redekampagne des älteren Cato im SENAT (»Ceterum censeo Carthaginem esse delendam«: Übrigens bin ich der Meinung, dass Karthago zerstört werden muss) erklärte Rom Karthago den Krieg (**149 v. Chr.**). Gegen erbitterten Widerstand eroberten die Römer nach dreijähriger Belagerung Karthago und zerstörten es (146). Durch gleichzeitige Zerstörung Korinths wurde Rom alleinige See- und Handelsmacht im Mittelmeer.

Sklaven

(mittellat.: sclavus, slavus, vom mittelgriech.: sklábos) Menschen ohne persönliche Freiheit, im Zustand der SKLAVEREI, unfrei: Sklaven wurden meist durch physische Gewalt (Krieg, Sklavenjagd = RAZZIA) gefangen, oft auch als lebender TRIBUT von Nomadenvölkern eingefordert. Sklaverei galt als besondere Form der Strafgefangenschaft, drohte säumigen Schuldnern, entstand durch Verkauf oder Geburt (Erblichkeit des Sklavenstatus). Sklaven sind zuerst im Alten Orient nachweisbar, im ägyptischen ALTEN REICH (ab ca. 2300 v. Chr.), zunächst als STAATS-, später als TEMPELsklaven, zuletzt auch mit Privateigentum an Sklaven. Im Alten Orient eher nur marginal, nahm die Haltung von Sklaven in der Antike drastisch zu: In Sparta waren die HELOTEN Staatssklaven. Seit dem 2. MAKEDONISCHEN KRIEG (200–197) kamen massiv griechische Sklaven nach Italien, vor allem auf Latifundien: Bauern wurden verdrängt, zur Landflucht gezwungen, sanken zu PROLETARII herab. 168 verkauften die Römer 150 000 Einwohner von 70 zerstörten Städten in Epeiros in die Sklaverei, auch die 50 000 Einwohner Karthagos wurden versklavt (**146 v. Chr.**). In den RÖMISCHEN BÜRGERKRIEGEN (133–30 v. Chr.) waren SKLAVENAUFSTÄNDE häufig (135 v. Chr.–132, 133–129, 104–101), u. a. SPARTACUSAUFSTAND (73–71). Zuerst breitete sich das CHRISTENTUM auch unter Sklaven und in Unterschichten aus. In der Spätantike erfolgte der Übergang zum COLONUS.

Sklavenwirtschaft war auch ökonomische Grundlage des KALIFATS, mit (weißen) Sklaven aus dem Norden und (schwarzen) aus dem Süden, dazu mit der Sonderform der Militärsklaven (MAMLUKEN). Gewinn von Sklaven war wesentliches Motiv für die Eroberung des Sudans durch Ägypten (1820–1822, 1874/75). Auch die amerikanische Plantagenwirtschaft beruhte auf Sklaverei. In organisierter Form wurden Sklaven seit der Antike durch den SKLAVENHANDEL in ökonomische oder politische Machtzentren gebracht, in der Neuzeit in transatlantischen Dimensionen (TRANSATLANTISCHER SKLAVENHANDEL).

Von »Sklaven« leitet sich der Name ab für SLAWEN, da im Mittelalter Slawen lange Zeit das stärkste Kontingent der Sklaven im europäisch-mediterranen Bereich stellten. Entsprechend gab es auch in der Transatlantischen Sklaverei die Gleichsetzung von »Negro« = »Schwarzer« (aus Afrika) mit »Sklaven«.

Literatur: wie zu Sklaverei.

Sklavenaufstand

Nach Bildung von großen Latifundien, bewirtschaftet mit SKLAVENarbeit, vor allem in Italien seit dem 2. PUNISCHEN KRIEG und der Expansion Roms nach Osten, brachen mehrere große Sklavenaufstände aus, zunächst auf Sizilien. Sie wurden alle niedergeworfen:

- Auf Sizilien (**135**–132 v. Chr.): Nach der Niederwerfung regelte die LEX RUPILIA die Verhältnisse auf Sizilien neu (131).
- In Pergamon (133–129): Asia wurde römische PROVINZ (129).
- Auf Sizilien (104–101).
- SPARTACUSAUFSTAND (73–71).

Vergleichbare Aufstände gab es im arabischen KALIFAT, namentlich der aus Ostafrika stammenden Sklaven, von den Arabern »Zanǧ« genannt. Der bedeutendste war ein Aufstand, der zu vorübergehender Staatsbildung der Zanǧ führte, ihrerseits mit Versklavung Einheimischer (869–883). Entsprechend gab es später in der Neuen Welt zahlreiche kleinere und größere Aufstände der aus Afrika stammenden Sklaven. Der politisch bedeutsamste wurde der auf Saint Domingue (1791), der in die Unabhängigkeit Haitis einmündete (1804).

Literatur: J. Vogt: Die Struktur der antiken Sklavenkriege. Wiesbaden 1957; H. Aptheker: American Negro Slave Revolts. New York [5]1964; J. Vogt: Die Struktur der antiken Sklavenkriege, in: ders.: Sklaverei und Humanität. Wiesbaden [2]1972; W. Z. Rubinsohn: Die großen Sklavenaufstände der Antike. 500 Jahre Forschung. Darmstadt 1993.

Saken

Indeuropäisches, iranisches Nomadenvolk, letzter Teil der in Zentralasien gebliebenen SKYTHEN, nachdem die meisten vom expandierenden China aus Kansu vertrieben worden waren (800 v. Chr.): Saken wichen vor den von HUNNEN verdrängten TOCHARERN nach Süden aus und fielen über den Bolanpass in Indien ein, wo sie fortan als Saken bekannt waren. Sie gründeten – zuerst in Gandhara – ein eigenes Fürstentum (95 v. Chr.), das nach Nordwestindien ausgriff, ohne die Gangesebene zu erreichen. Hinzu kamen weitere Fürstentümer, die sich rasch assimilierten. Die Saken waren, nach Herodot, mit den MASSAGETEN eng verwandt. Sie bildeten das Rückgrat der persischen Reiterei. Saken nahmen auf persischer Seite an der Schlacht bei Gaugamela (331) teil. Mit den Tocharern brachen sie in das graeco-baktrische Reich in Zentralasien ein (**133**–129 v. Chr.), wurden den PARTHERN tributpflichtig (80 v. Chr.). Sakische Dynastien in Indien hielten sich bis ca. 500 n. Chr. [M. S.]

Gracchische Reformen

Versuche der Brüder Tiberius Sempronius Gracchus (**133**–132 v. Chr.) und Gaius Sempronius Gracchus (123–121) als VOLKSTRIBUNEN durch Sozialreformen innere Grundlagen für die äußere Machtstellung Roms wiederherzustellen: Mittel waren: Wiederansiedlung von VETERANEN und der PROLETARII als freie Bauern, die wieder fähig sein sollten, im

Zensus-Bürgerheer Roms zu dienen; Neuordnung des Geschworenengerichts (Heranziehung der Ritter als Gegengewicht zu Patriziern); Verbesserung der Stellung der Bundesgenossen, die auf das römische Bürgerrecht drängten; Ackergesetze, die später zunächst teilweise wieder aufgehoben wurden. Beide Gracchen wollten auch als Teil der Nobilität ihre politische Position verbessern. Tiberius blieb nach schweren militärischen Fehlern im Krieg gegen die Keltiberer eine normale Karriere versagt, sodass er sich auf ungewöhnlichem Weg zu profilieren suchte. Die Gracchen scheiterten und kamen gewaltsam ums Leben (132, 121), wurden aber indirekt auf Umwegen doch in zwei Punkten bestätigt: mit der Marianischen Heeresreform (104 v. Chr.) und der Ausdehnung des Bürgerrechts auf alle italische Bundesgenossen nach dem Bundesgenossenkrieg (91–88). Wichtigste Folge waren die Römischen Bürgerkriege (»römische Revolution«) bis zum Prinzipat unter Augustus.

Literatur: H. v. Rimscha: Die Gracchen. München 1948; D. Flach: Römische Agrargeschichte. München 1990.

Zensus-Bürgerheer

Zusammenfassender Begriff für wichtiges Strukturprinzip der antiken Polis, so auch der römischen Republik: Bürger durften im Heer – mit politischen Rechten (Wahlrecht) – nur dienen, wenn sie auch Steuern zahlten, also vom Census erfasst waren. Ziel der Gracchischen Reformen (**133**/32, 123/21 v. Chr.) war die Wiederansiedlung der Proletarii als freie Bauern, die somit wieder im römischen Bürgerheer hätten dienen und ihre Ausrüstungskosten selbst hätten tragen können.

Proletarii

Freie Bürger Roms, jedoch mittellos, ohne Wahlrecht für Abstimmungen in der Centurienversammlung (»intra classem«): Ihr einziger dem Staat nützlicher Besitz waren ihre Nachkommen (»proles«). Nach dem Prinzip des Zensus-Bürgerheeres durften sie nicht im Heer dienen. Die Verwüstungen Italiens, vor allem im 2. Punischen Krieg, und die Herausbildung riesiger Latifundien mit Sklaven ließen ehemals freie Bauern als Proletarii nach Rom abwandern und schwächten die römische Heereskraft, wie zuletzt der Aufstand der Keltiberer (154–133) zeigte. Die konstruktive Beseitigung der Proletariermassen in Rom durch Wiederansiedlung als freie und wehrfähige Bauern auf dem Land, vor allem dem Ager publicus, war daher zentraler Ansatzpunkt der Gracchischen Reformen (**133**/32, 123/121 v. Chr.). Die Marianische Heeresreform (104) erfüllte diesen Punkt indirekt, denn Marius rekrutierte gegen die Kimbern und Teutonen vor allem Proletarii, die später als Veteranen Land erhielten und so wieder freie Bauern wurden.

Seit dem 19. Jahrhundert hießen in historisierender Analogie Industriearbeiter »Proletarier«, zusammengefasst »Proletariat«, berühmt seit dem Schluss des »Kommunistischen Manifests«: »Proletarier aller

Länder vereinigt euch!«, seit der Oktoberrevolution auch offizielles Motto regierender Kommunistischer Parteien (bis 1989/91).

Lex Sempronia

Römisches Gesetz (Antragsteller Volkstribun Tiberius Sempronius Gracchus, **133 v. Chr.**): In der Volksversammlung setzte Tiberius Gracchus die Amtsenthebung des Volkstribunen Marcus Octavius durch, der gegen geplante Reformgesetze sein Veto eingelegt hatte. Sein Ackergesetz legte die Höchstgrenze für Überlassung von Staatsland (Ager publicus) in eine Hand fest und bestimmte, dass das Vermögen Attalos' III. von Pergamon, das testamentarisch an Rom gefallen war (133), zur Finanzierung der Sozialreformen dienen sollte.

Auch: Reformgesetz des jüngeren Gaius Sempronius Gracchus (123): Beide waren die rechtliche Basis für die Gracchischen Reformen.

Literatur: M. Bretone: Geschichte des römischen Rechts. München 1992.

Römische Bürgerkriege

Innere Konflikte in Rom vom Beginn der Gracchischen Reformen (**133 v. Chr.**), namentlich seit Ermordung des Tiberius Sempronius Gracchus (132), bis zum Prinzipat des Augustus (27).

Auch: »Römische Revolution« (Theodor Mommsen).

Literatur: R. E. Smith: The Failure of the Roman Republic. Cambridge 1955; R. Syme: Die römische Revolution. Stuttgart 1957; K. Christ: Krise und Untergang der römischen Republik. Darmstadt 1979.

Lex Rupilia

Römisches Gesetz (Antragsteller Konsul Publius Rupilius, **132 v. Chr.**): Nach dem (1.) Sklavenaufstand auf Sizilien regelte eine Kommission des römischen Senats die Verhältnisse auf Sizilien neu: Sizilien erhielt Provinzgesetze. Das Gesetz war die Basis für die Provinzverwaltung.

Geschworenengericht

Ordentliches Gericht, meist mit Laienrichtern, im republikanischen Rom mit nobiles: Seit dem (2.) Lex Sempronia des Gaius Sempronius Gracchus (**123 v. Chr.**) waren Geschworenengerichte in Rom zur Hälfte mit Rittern besetzt. Seit der Englischen Revolution und der Französischen Revolution sind Geschworenengerichte eine wesentliche Forderung der Demokratie. Im deutschen Rechtswesen heißen sie »Schwurgerichte«.

Lex Maria

Römisches Gesetz (Antragsteller Volkstribun, später mehrmaliger Konsul Gaius Marius, **119 v. Chr.**): Mit der Lex Maria wurde der Einfluss der Aristokratie auf Wahlen eingeschränkt.

Monsun (Passat)

(portugiesisch, aus dem Arabischen: mausim = [für die Seefahrt geeignete] Jahreszeit) Klimate mit zwei, jahrezeitlich einmal wechselnden Hauptwindrichtungen: Zu den Monsunwinden gehören die Passatwinde (engl.: Trade Winds). Im Indischen Ozean bzw. auf dem Indischen Subkontinent und in Teilen Südostasiens kommt der Sommermonsun aus Südwesten. Er nimmt auf seinem Weg über das Meer Feuchtigkeit auf, die er über Land abregnet, und ist deshalb für die Regionen lebensnotwendig, da er den Monsunregen bringt. Sein Ausbleiben hat für die Landwirtschaft katastrophale Folgen, zu starker Regenmonsun aber oft nicht minder (Überschwemmungen, Deichbrüche). Der Wintermonsun kommt aus Innerasien und bringt trockene Luft. Der Passat war für die ältere Handelsschifffahrt auf dem Indischen Ozean von großer Bedeutung: Mit dem Südwest-Monsun war das Segeln nach Indien möglich, die Rückkehr mit dem Nordost-Monsun zur Ostküste Afrikas bzw. zum Roten Meer. Den Monsun nutzten erstmals griechische Kaufleute aus für Fahrten nach Indien und Ceylon (**117**/16 v. Chr.): Der südarabische Zwischenhandel im Jemen wurde dadurch geschwächt.

Kimbern

(Cimbern, lat.: Cimbri) Germanischer Stamm, aus Holstein, Schleswig und Jütland, von einer Sturmflut aus der Heimat vertrieben (ca. 120 v. Chr.): Die Kimbern zogen mit TEUTONEN und Ambronen nach Süden, besiegten die Römer in Noricum bei Noreia (**113 v. Chr.**) und in Südgallien (109, 105), scheiterten aber mit ihrem Zug nach Spanien (104). Wieder in Südgallien, zogen sie weiter nach Noricum und über die Alpen nach Oberitalien, wo sie von den Römern unter Marius vernichtet wurden (101).

Literatur: B. Melin: Die Heimat der Kimbern. Uppsala 1960; L. Schmidt: Geschichte der deutschen Stämme (Westgermanen). München ^{2}1970.

Teutonen

Germanischer Stamm in Jütland, bereits von Pytheas von Massilia erwähnt (4. Jh. v. Chr.): Sie wurden von einer Sturmflut aus der Heimat vertrieben und zogen mit KIMBERN und Ambronen nach Süden (120), besiegten die Römer bei Noreia (**113 v. Chr.**) und überschritten den Rhein, vermutlich bei Mainz (110). Auf ihrem verheerenden Zug durch Gallien schlugen sie die Römer bei Arausio (Orange) (105) und lösten so eine Panik in Rom aus (»furor teutonicus«). Sie trennten sich von den Kimbern, verheerten Gallien und wurden von den Römern unter Marius auf dem Weg nach Oberitalien bei Aquae Sextiae vernichtet (102 v. Chr.): Die Überlebenden kamen in die SKLAVEREI, Nachkommen von Überlebenden oder unterwegs zurückgebliebenen Teutonen siedelten später am Main (2.–3. Jh. n. Chr.).

Literatur: L. Schmidt: Geschichte der germanischen Frühzeit. Bonn 1925; W. Capelle: Die Germanen im Frühlicht der Geschichte. Leipzig 1928.

Jugurthinischer Krieg

Krieg zwischen Rom und dem Klientelkönig Jugurtha von Numidien (111–105): Jugurtha errichtete eine Alleinherrschaft in Numidien durch gewaltsame Beseitigung zweier Teilherrscher. Der römische SENAT erklärte den Krieg (**111 v. Chr.**), der sich über drei Phasen erstreckte: Durch Bestechung eines Konsuls und seines Legaten erreichte Jugurtha einen raschen Friedensschluss (111). Danach erzwangen Niederlagen Roms (110–109) einen erneuten Frieden (109). Zuletzt errang Rom dank der energischen Kriegführung des Prokonsuls Quintus Caecilius Matellus (109–108) und des Konsuls Gaius Marius Capsa (107, 104–100) den endgültigen Sieg über Jugurtha, den sein Schwiegervater, der König Bocchus von Mauretanien, Rom auslieferte (105).

Marianische Heeresreform

Reorganisation des römischen Heeres durch Marius als Konsul (**107 v. Chr.**, 104–100, 86) nach Niederlagen gegen KIMBERN und TEUTONEN (113, 109, 105) sowie im JUGURTHINISCHEN KRIEG (111–105): Um dem Mangel an rekrutierungsfähigen, d. h. hinreichend wohlhabenden freien Bauern für die Armee abzuhelfen, stellte Marius erstmals PROLETARII in die Armee ein, mit Sold und vom Staat bezahlter Ausrüstung. Sie wurden Berufssoldaten, mit 16–20 Jahren Dienstzeit; die Versorgung der VETERANEN erfolgte mit Land aus Staatsbesitz (AGER PUBLICUS). Das römische Heer blieb Bürgerheer, bestand nun aber zum größten Teil aus der besitzlosen Unterschicht freier Bürger (Proletarii). Wichtigste Folgen waren kurzfristig die Wiederherstellung der militärischen Stärke Roms, mit Siegen über Kimbern und Teutonen, mittelfristig die Verquickung von Militär und Politik, mit charismatischen Heerführern (Marius, Sulla, Pompeius, Caesar, Marc Anton, Octavian), gestützt auf die ihnen ergebene Armee, langfristig die Verschärfung der RÖMISCHEN BÜRGERKRIEGE und das Ende der REPUBLIK im PRINZIPAT (27).

Literatur: F. E. Adcock: The Roman Art of War Under the Republic. Cambridge 1940; G. Webster: The Roman Army. Chester 1956.

Adler

Seit dem Alten Orient Symbol- oder Wappentier als Zeichen besonderer (königlich/imperialer) Macht, einköpfig oder als DOPPELADLER: Marius gab den römischen LEGIONEN Adler als neue Feldzeichen (**104 v. Chr.**). Der Adler war später z. B. Feldzeichen und Wappen im mittelalterlichen Deutschland, in der Neuzeit Preußens (schwarzer Adler auf weißem Grund), in Polen seit dem Mittelalter (weißer Adler auf rotem Grund).

Optimaten

(lat.: Optimates = die Besten) Selbstbezeichnung des römischen Senatorenstands, strukturell entsprechend den griechischen »Aristoi« (= Aristokraten): Seit Cicero Bezeichnung für eine der beiden großen Parteien in den RÖMISCHEN BÜRGERKRIEGEN, hing den Optimaten die Mehrheit der senatorischen NOBILITÄT und deren Anhänger (KLIENTEL, Freigelassene) an. Sie standen im Gegensatz zu den POPULAREN, erstmals sichtbar im Konflikt des Marius zur Durchsetzung seiner Forderung nach Land für seine VETERANEN (**100 v. Chr.**), zugespitzt in der Konfrontation von Optimaten (Sulla) und Popularen (Marius/Cinna, 88–82). Gemeinsamer Nenner war die Erhaltung der Macht für die im SENAT repräsentierte Nobilität. Führer der Optimaten waren vor allem Sulla, Lucullus, Pompeius.

Popularen

(lat.: Populares = Volksmänner) Selbstbezeichnung römischer Politiker, die sich, gestützt auf den in Comitien gegliederten »populus«, gegen die Senatsmehrheit durchsetzen wollten, auch wenn sie selbst aus der senatorischen NOBILITÄT kamen (Caesar): Seit Beginn der RÖMISCHEN BÜRGERKRIEGE bildeten sie den Gegenpol zu den OPTIMATEN (**100 v. Chr.**). Führer der Popularen waren vor allem Marius, Lucius Cornelius Cinna, Gaius Julius Caesar. Wie die Optimaten waren sie keine »Partei« im modernen Sinn; gemeinsames Ziel war die Sicherung persönlicher Macht.

Literatur: J. Martin: Die Popularen in der Geschichte der späten Republik. Diss. Freiburg/Br. 1965.

Veteranen

(lat.: veterani, von: vetus, veteri = alt) Im römischen Heer langgediente Soldaten mit besonderen PRIVILEGIEN (u. a. Befreiung von Schanzarbeit, Wachdienst), ferner ehemalige, ausgediente Soldaten: Ihre Versorgung, meistens mit Land, war seit den RÖMISCHEN BÜRGERKRIEGEN großes sozial- und innenpolitisches Problem Roms. Durchgesetzt von Marius (**100 v. Chr.**), war die Landverteilung seitdem übliche Praxis zur Abfindung römischer Soldaten nach dem Heeresdienst.

Später finden sich beide Bedeutungsvarianten der römischen Zeit – altgediente, bewährte Soldaten (in der Armee Napoleons I. die »Alte« Garde, im Gegensatz zur »Jungen« Garde); frühere Kriegsteilnehmer, teilweise organisiert in Veteranenverbänden (z. B. STAHLHELM in der WEIMARER REPUBLIK), in kommunistischen Staaten auch übertragen verwendet für alt gewordene politische Kämpfer (»Veteranen der Arbeiterbewegung«).

Literatur: G. R. Watson: The Roman Soldier. London 1969.

Bundesgenossenkrieg (Bellum Marsicum)

Erhebung der meisten italischen Bundesgenossen gegen Rom: Der inneritalische Bürgerkrieg (91–89) wurde ausgelöst durch die Ermordung des reformfreudigen Volkstribunen Marcus Livius Drusus (**91 v. Chr.**). Den Auftakt bildete ein Massaker an Römern in Asculum. Ein italischer Städtebund mit der Hauptstadt Corfinium (neuer Name: Italica, 91) wollte den Bundesgenossen das volle römische Bürgerrecht erkämpfen. Nach Niederlagen Roms (90) erreichten die Bundesgenossen mit zwei Gesetzen – LEX JULIA (90), LEX PLAUTIA PAPIRIA (89) – ihr Kriegsziel: Rom und Italien (ohne das einst keltische Oberitalien) wurden eine rechtliche Einheit.

Literatur: J. Göhler: Rom und Italien. Die römische Bundesgenossenpolitik von den Anfängen bis zum Bundesgenossenkrieg. Breslau 1939.

Lex Julia

Römisches Gesetz (Antragsteller: Konsul Lucius Julius Caesar, **90 v. Chr.**): Nach Niederlagen Roms im BUNDESGENOSSENKRIEG (91/90) erhielten loyal gebliebene Bundesgenossen das römische Bürgerrecht. Das Gesetz schwächte die Aufständischen moralisch, da sich ihr eigentliches Ziel – das römische Bürgerrecht – auch durch Loyalität zu Rom erreichen ließ.

Mithridatische Kriege

Drei Kriege zwischen dem im Machtvakuum nach dem Zerfall des SELEUKIDENREICHS expandierenden Königreich Pontos unter Mithridates VI. und Rom, das seine bisherige Machtstellung in Kleinasien verteidigte:

- 1. Mithridatischer Krieg (89–85): Der Vorstoß des Mithridates VI. nach Griechenland (**89 v. Chr.**) mit Abfall Athens von Rom bescherte Mithridates Anfangserfolge, begünstigt durch innere Konflikte in Rom (BUNDESGENOSSENKRIEG, Bürgerkrieg OPTIMATEN gegen POPULAREN). Der VESPER VON EPHESOS fielen Tausende Römer zum Opfer (88). Fast ganz Griechenland wurde von Mithridates VI. erobert (88). Sullas Feldzug aus dem Epirus gegen Mithridates (87) eroberte Griechenland für Rom zurück (86): Der Frieden von Dardanos (85) stellte den territorialen Status quo wieder her, aber Mithridates musste Kriegsentschädigung an Rom zahlen, wurde römischer Bundesgenosse (»amicus«).
- 2. MITHRIDATISCHER KRIEG (83–82).
- 3. MITHRIDATISCHER KRIEG (74–64).

Gesamtergebnis: Die Mithridatischen Kriege vollendeten die römische Eroberung des griechischen Ostens (Reste des Seleukidenreichs), einmündend in die Neuordnung des Ostens durch Pompeius (63 v. Chr.).

Lex Plautia Papiria

Römisches Gesetz (Antragsteller: VOLKSTRIBUNEN Marcus Plautius Silvanus und Gaius Papirius Carbo): Das Lex Plautia Papiria gewährte nach der LEX JULIA (90 v. Chr.) das römische Bürgerrecht auch für aufständische italische Bundesgenossen, nach vorausgegangener Kapitulation und AMNESTIE (**89 v. Chr.**). Die Aufständischen wurden gespalten, ihre Nordgruppe (Marser) gab auf, während die Südgruppe (SAMNITEN) weiterkämpfte, bis zur Niederlage in der Isolierung und vollständigen Ausrottung der Samniten durch Sulla (89).

Marsch auf Rom

Zweimalige militärische Besetzung Roms durch Sulla gegen die POPULAREN zur (Wieder)Herstellung der Herrschaft der OPTIMATEN: Nach dem BUNDESGENOSSENKRIEG (89 v. Chr.) zerschlug Sulla die Popularen unter Marius (**88 v. Chr.**). Nach seinem Abmarsch zum 1. MITHRIDATISCHEN KRIEG (87) und der TERRORherrschaft der Popularen unter Marius (86) und Cinna (87–82) eroberte Sulla Italien im 2. Marsch auf Rom (82). Sulla wurde DIKTATOR und unterdrückte die Popularen mit PROSKRIPTIONEN.

In historisierendem Rückgriff: Mussolinis MARSCH AUF ROM (1922).

Vesper von Ephesos

Massaker auf Befehl des Mithridates VI. in Ephesos (**88 v. Chr.**): Die Ermordung von 80 000 Römern und Italikern in Kleinasien verschärfte den 1. MITHRIDATISCHEN KRIEG.

Terror

(lat.: terror, frz.: terreur = Schrecken) Moderne, meist distanzierende oder verurteilende Bezeichnung für besonders systematisierte und gezielte Gewalt zur Behauptung oder Gewinnung der Macht durch Einschüchterung (»terror/terreur«) politischer Gegner und/oder der eigenen Bevölkerung: Der Begriff ist abgeleitet von der Selbstbezeichnung der JAKOBINER (GRANDE TERREUR) auf dem Höhepunkt der FRANZÖSISCHEN REVOLUTION (1793/94), rückwirkend übertragen auf ältere oder jüngere vergleichbare Machtstrukturen, meist mit Massakern und/oder politischen (Justiz-)Morden. Beispiele von Staatsterror im weitesten Sinne sind: POPULARENherrschaft in Rom gegen OPTIMATEN (**87**–82 v. Chr.), Kaiser Justinian II. in Byzanz (685–695), in der Moderne u. a. das DRITTE REICH (1933–1945), »roter« und gegenrevolutionärer (»weißer«) Terror, in der UdSSR besonders der STALINISMUS (ca. 1934–1953), in revolutionären Bürgerkriegen nach modernen REVOLUTIONEN, Volksrepublik China, Vietnam, Nordkorea u. a.

Von Terror abgeleitet ist auch Terrorismus: gewaltsame Aktionen (Anschläge, Attentate) kleiner Gruppen aus dem Untergrund gegen die Staatsgewalt zum Sturz der politischen Ordnung, z. B. der NARODNIKI und SOZIALREVOLUTIONÄRE in Russland (1877 ff.), Rechtsextreme gegen die WEIMARER REPUBLIK (1919–1932), zionistische Gruppen gegen die britische Mandatsmacht in Palästina (1942–1947) und PALÄSTINENSER (Massaker von Deïr Yassin unter Begin, 1948), der PLO und noch radikalerer Gruppen gegen Israel (seit 1967).

Auch »Befreiungsorganisationen« benutzen oft terroristische Mittel, geraten unter Legitimationsdruck und werden daher oft terroristisch: Jüngste Beispiele sind u. a. die IRA in Irland, ETA im Baskenland (Spanien), ROTE ARMEE FRAKTION (RAF) in der BUNDESREPUBLIK, ROTE BRIGADEN in Italien, Rote Armee in Japan, TUPAMAROS in Lateinamerika, Leuchtender Pfad (SENDERO LUMINOSO) in Peru, Tschetschenen in Russland, UÇK in Kosovo und Mazedonien, in der islamischen Welt auch Hisbollah und Hamas, Osama bin Ladens AL-QAIDA – nach eigenem Selbstverständnis als Unabhängigkeitbewegungen für einen theokratischen Staat. Auch Staaten bedienen sich terroristischer Praktiken (Staatsterror), u. a. Deutschland im Faschismus, Frankreich und USA im VIETNAMKRIEG (1946–1973), Frankreich im ALGERIENKRIEG (1954–1962), die UdSSR im AFGHANISTANKRIEG (1979–1988), Türkei und Irak gegen Kurden, Israel im LIBANONKRIEG mit dem MASSAKER VON BEIRUT (1982) und gegen die 2. INTIFADA, TALIBAN in Afghanistan, lateinamerikanische Länder mit halboffiziellen Todesschwadronen und militärischen Aktionen gegen die eigene Bevölkerung (z. B. Guatemala, Haiti).

2. Mithridatischer Krieg

Krieg zwischen Rom und Pontos (**83**/82 v. Chr.): Der römische Angriff auf Pontos, wurde von Mithridates VI. abgewehrt. Sein Schwiegervater Tigranes I. von Armenien besetzte Kappadokien.

Proskriptionen

(lat.: proscriptiones = Bekanntmachung, von: proscribere = vor-, aufschreiben) Maßnahmen herrschender Kräfte in Rom zur Ausschaltung der unterlegenen Gegenpartei (**82**/81, 43 v. Chr.):

- 1. Proskriptionen: Sulla befahl nach dem Sieg über die POPULAREN am Collinischen Tor (82 v. Chr.), jeden zu töten, der seit seiner Landung in Italien (Frühjahr 83) gegen ihn gekämpft hatte. Der Steuerung der Exzesse diente die LEX CORNELIA DE PROSCRIPTIONE (82), die die Veröffentlichung der Namen der Geächteten auf Tafeln verfügte. Proskribierte wurden bis zum 1. Juni 81 für vogelfrei erklärt, ihre Tötung prämiert, ihr Vermögen fiel an den Staat, ihre Söhne und Enkel wurden von öffentlichen Ämtern ausgeschlossen: Ca. 40 Senatoren, 1600 RITTER und viele Bürger kamen um.
- 2. PROSKRIPTIONEN des 2. TRIUMVIRATS gegen die CAESARMÖRDER (43).

Sullanische Reform

Reformwerk Sullas zur Rettung der Römischen REPUBLIK: Mit Sondervollmachten als »dictator legibus scribundis et rei publicae constituendae causa«, d. h. »Diktator mit gesetzgeberischer Vollmacht zur Ordnung des Staats« (82–79), nach dem Sieg über die POPULAREN (**82 v. Chr.**) und ihrer Ausschaltung (PROSKRIPTIONEN, 82) erließ Sulla mit den LEGES CORNELIAE einschneidende Veränderungen der römischen Verfassung zur Stärkung des SENATS und der NOBILITÄT: VOLKSTRIBUNEN konnten Gesetzesvorschläge nur noch mit Billigung des Senats einbringen und wurden von der ordentlichen Ämterlaufbahn ausgeschlossen (Marius hatte seine Karriere, wie die meisten führenden Popularen, als Volkstribun begonnen). Konsuln und PRAETOREN mussten nach ihrem Amtsjahr als PROKONSULN bzw. Proprätoren in die Provinzen gehen, weit weg vom politischen Machtzentrum Rom. Um einem weiteren MARSCH AUF ROM vorzubeugen, durften römische Armeen Italien südlich des Rubicon ohne Zustimmung des Senats nicht mehr betreten. Die Gerichte kamen wieder ganz in die Hände von Senatoren. Richter wurden vom Volk gewählt, u. a. aus dem RITTERstand, sogar unter Centurionen (Armeeoffizieren); das Amt des CENSORS wurde aufgehoben. Die Erhöhung des Alters für Praetor und Konsul (vermutlich 40 bzw. 43 Jahre) und die Beschränkung der Iteration (Wiederholung) des Konsulats erst nach zehn Jahren (Marius war 104–100 ununterbrochen Konsul gewesen) begrenzten die Möglichkeiten des Machtmissbrauchs. Sulla ordnete eine Landzuweisung an VETERANEN und eine allgemeine Rechtsreform an. Wesentliche Teile wurden bald nach Sulla im KONSULAT Crassus–Pompeius wieder aufgehoben, vor allem die Beschneidung der tribunizischen Gewalt (70).

Literatur: E. Badian: Lucius Sulla. The Deadly Reformer. Sydney 1970.

Leges Corneliae

Gesamtheit römischer Gesetze des Lucius Cornelius Sulla (**82 v. Chr.**), vor allem über PROSKRIPTIONEN und SULLANISCHE REFORM.

Literatur: M. Bretone: Geschichte des römischen Rechts. München 1992.

Belgen

(lat.: Belgae) Keltische Stammesgruppe in Nordostgallien (ungefähr im heutigen Belgien und Nordostfrankreich), entstanden aus einheimischen KELTEN und vom Osten über den Rhein eingedrungenen GERMANEN (3. Jh. v. Chr.): Die Belgen expandierten nach Westen und ins südliche Britannien (**75 v. Chr.**), die kontinentalen Belgen unterwarf Caesar (58–51): Weitere Belgen flohen nach Britannien. Umgekehrt diente die spätere Hilfe insularer Belgen für die kontinentalen Stammesgenossen Caesar zum Vorwand für zwei Landungsversuche in Britannien (55, 54). Die Belgen wurden nach dem VERCINGETORIX-AUFSTAND romanisiert, ihr Land bildete unter Augustus die Provinz Belgia (25), mit Reims als Hauptstadt. Die Provinz erlebte eine wirtschaftliche Blüte in der Kaiserzeit (2.–3. Jh.), mit beachtlichen Elementen gallo-römischer Kontinuität noch in fränkischer Zeit (ab 486).

Das moderne Belgien griff auf den alten, aus vorrömischer Zeit stammenden Volksnamen zurück (1830/31).

3. Mithridatischer Krieg

Letzter Krieg zwischen Pontus und Rom, eröffnet durch eine Offensive des Mithridates VI. gegen Bithynien (**75/74 v. Chr.**): Ihr folgten Niederlagen gegen die Römer unter Lucullus (74/73) und die römische Eroberung von Pontos (74/70), das Mithridates VI. nach einem Sieg zurückgewann (68). Seine erneute Offensive nach Bithynien und Kappadokien (67) endete mit dem Sieg der Römer unter Pompeius (66).

Mit der endgültigen Flucht des Mithridates VI. und dem Ende des Königreichs Pontus erlosch auch das SELEUKIDENREICH (64): Pompeius machte Syrien, umgeben von KLIENTELkönigtümern, zum römischen Brückenkopf in Vorderasien (64).

Spartacusaufstand (Großer Sklavenaufstand)

Bedeutendster SKLAVENAUFSTAND der Antike: Nach Ausbruch des thrakischen Gladiators Spartacus mit ca. 70 Thrakern und KELTEN aus einer Gladiatorenschule in Capua (**73 v. Chr.**) entfachte sich ein allgemeiner Sklavenaufstand. Spartacus siegte in Kampanien und Lukanien über römische Heere, u. a. am Gipfel des Vesuv, eroberte Thurioi als Stützpunkt. Crassus isolierte die Sklaven durch eine 53 km lange Sperrmauer mit Graben im Süden (72): Ein Durchbruchsversuch scheiterte. Bei der Niederlage starb Spartacus, der Aufstand endete (71). 6000 Sklaven wurden entlang der VIA APPIA gekreuzigt.

Später in der Literatur häufig behandelter Stoff: Den Namen griff die Kommunistische Agitation in Deutschland auf: Spartakusbriefe (1915), SPARTAKUSBUND (1916–1918) als unmittelbarer Vorläufer der KPD (1919), MSB Spartakus in der BUNDESREPUBLIK (1971), Spartakiaden (Massensportwettkämpfe) mit Flaggen und Aufmärschen.

Literatur: J. Vogt: Struktur der antiken Sklavenkriege, in: ders.: Sklaverei und Humanität. Wiesbaden 1972, S. 20 ff; A. Guarino: Spartacus. München 1980; M. I. Finley: Die Sklaverei in der Antike. München 1981.

Catilinarische Verschwörung

Komplott des Lucius Sergius Catilina gegen den römischen SENAT zur Erlangung des KONSULATS: Catilina beteiligte sich an einem ersten, später vertuschten Putschplan (66 v. Chr.) und schmiedete nach zweimaligem Scheitern seiner Kandidatur als Konsul (64, **63 v. Chr.**) einen neuen Aufstandsplan, den Cicero im Senat enthüllte: Der Aufstandsversuch wurde unterdrückt (63), Catilina fand vor Rom den Tod (62).

Literatur: Wichtigste Quelle: Sallust: Coniuratio Catilinae; H. Drexler: Die Catilinarische Verschwörung. Ein Quellenheft. Darmstadt [2]1989; A. Drummond: Law, Politics, and Power. Stuttgart 1995.

Triumvirat

(lat.: Tresviri oder Triumviri = drei Männer) Ursprünglich Gremium aus drei Männern im römischen Kultwesen und der Verwaltung:

- 1. Triumvirat zwischen Pompeius, Crassus und Caesar. Geschlossen zur Durchsetzung ihrer Interessen bei Verteilung der Macht, war das 1. Triumvirat rechtlich nur ein privater Zusammenschluss, monopolisierte aber faktisch die Staatsmacht (**60 v. Chr.**): Caesar wurde Konsul (59), PROKONSUL zur Eroberung der Gallia Transalpina. Das Triumvirat wurde erneuert (56), zerfiel seit Crassus' Tod (53) und der Annäherung des Pompeius an den SENAT (52).
- 2. TRIUMVIRAT (43).

Helvetier

(lat.: Helvetii) Keltische Stammesgruppe in der Zentralschweiz zwischen Bodensee, Genfer See, Alpen und Jura: Die Helvetier kamen ursprünglich aus Südwestdeutschland und erreichten ihre historischen Siedlungsräume im 1. Jh. v. Chr. Ihren Expansionsversuch nach Südwestgallien vereitelten die Römer unter Caesar (**58 v. Chr.**). Ihr Angriff gab Anlass zur römischen Eroberung Galliens durch Caesar (58–51). Die Helvetier waren am VERCINGETORIX-AUFSTAND beteiligt (52). Sie wurden von Römern unter Tiberius und Drusus unterworfen (15), der Provinz Belgica (25), später Germania Superior zugeschlagen (90 n. Chr.) und romanisiert, bis zur VÖLKERWANDERUNG (ca. 401).

Der Name wurde später historisierend wieder aufgegriffen: Confessio Helvetica (1536, 1566) im Zuge der REFORMATION in der Schweiz; Helvetische Gesellschaft (1761); HELVETISCHE REPUBLIK (1798–1803); Confoederatio Helvetica als lateinische Version des offiziellen Staatsnamens der Schweizer Eidgenossenschaft (1848), abgekürzt »CH«.

Sueben

(lat.: Suebi) Germanischer Stamm in Südwestdeutschland, erstmals bei Caesar (»De Bello Gallico«) im Heer der HELVETIER erwähnt (**58 v. Chr.**): Die Sueben zogen sich unter römischem Druck nach Osten zurück (8) und erreichten Böhmen. Aus ihnen gingen mehrere germanische Völker hervor, u. a. Semnonen, ALEMANNEN, QUADEN (später aufgegangen in MARKOMANNEN). Sie zogen mit den WANDALEN und ALANEN bei Mainz über den Rhein (406), durch Gallien nach Nordwestspanien (409) und bildeten dort ein eigenes Reich (bis 585). Die in Südwestdeutschland zurückgebliebenen Sueben bildeten später den Stamm der Alemannen (SCHWABEN).

Vercingetorix-Aufstand

Aufstand der GALLIER unter Vercingetorix (**52 v. Chr.**): Der Aufstand wurde nach Anfangserfolgen von Römern unter Caesar niedergeworfen (51). Es folgte die Romanisierung Galliens.

Staatsnotstand (Senatus consultum ultimum)

Institution des Staatsrechts im republikanischen Rom zur Meisterung schwerer Staatskrisen durch Erteilung außerordentlicher Vollmachten: Der Staatsnotstand wurde vom SENAT ausgerufen, u. a. bei Niederschlagung der Quasi-Revolution der Gracchen (132/121), bei der Unterdrückung der CATILINARISCHEN VERSCHWÖRUNG (63 v. Chr.), im Machtkampf zwischen dem Senat und Pompeius auf der einen und Caesar auf der anderen Seite (**49 v. Chr.**). Auch in modernen demokratischen Staaten gibt es ein Notstandsrecht: z. B. in der WEIMARER REPUBLIK der Art. 48 der WEIMARER VERFASSUNG, in der BUNDESREPUBLIK die NOTSTANDSGESETZE (1968).

Aureus

(aureus nummus = Goldmünze) Römische GOLDmünze: Verschiedene Prägungen, meist kurzfristig ausgegeben durch führende Staatsmänner Roms (seit ca. 200 v. Chr.) bis zu Pompeius (81 oder 61) und Caesar (50). Caesar ließ den Aureus massenhaft zum Wert von 1/40 des römischen Pfunds prägen (8,19 g); er galt 25 DENARE (**46 v. Chr.**). Der Aureus war in der frühen Kaiserzeit relativ stabil: Unter Augustus (27 v. Chr. – 14 n. Chr.) 1/42, unter Nero (54 – 68) 1/45 des römischen Pfundes, sank er erst nach Caracalla (211 – 217) auf 1/50 des römischen Pfundes ab und wurde in der SOLDATENKAISERzeit (235 – 284) durch Münzverschlechterung wertlos. Versuche Diokletians (284 – 305), einen neuen Aureus auf 1/70, dann 1/60 Pfund zu stabilisieren, scheiterten, die Münze wurde abgelöst vom SOLIDUS unter Konstantin I. (307/324).

Literatur: M. v. Bahrfeld: Römische Goldmünzprägungen. Halle 1923; L. Breglia: Roman Imperial Coins. Their Art and Technique. London 1968.

Julianischer Kalender

Kalenderreform unter Julius Caesar, von einer Kommission ausgearbeitet auf der Grundlage des ägyptischen Sonnenkalenders (**45 v. Chr.**): An Stelle des alten römischen Kalenders mit Kombination von Mond- und Sonnenjahr und damit in unregelmäßigen Abständen immer wieder nötig gewordenen Schaltmonaten trat die modifizierte Fortschreibung des alten ägyptischen Sonnenkalenders in der uns seitdem geläufigen Form: 365 1/4 mittlere Sonnentage, eingeteilt in zwölf Monate zu abwechselnd 31 bzw. 30 Tagen, ausgenommen Februar mit 28 Tagen, jedes vierte »Schaltjahr« mit 29 Tagen. Der Julianische Kalender wurde, durch den GREGORIANISCHEN KALENDER abermals korrigiert (1582), Grundlage der modernen Zeitrechnung.

Literatur: A. K. Michels: The Calendar of the Roman Republic. Princeton 1967; H. Kaletsch: Tag und Jahr. Die Geschichte unseres Kalenders. Zürich, Stuttgart 1970; J. W. Ekrutt: Der Kalender im Wandel der Zeiten. 5000 Jahre Zeitberechnung. Stuttgart 1972.

Imperator

(lat.: imperare = befehlen) Ehrentitel für siegreiche Feldherrn in Rom (vermutlich ab 209 v. Chr.), verliehen durch Akklamation des Heeres: Caesar wurde der Titel des Imperators vom SENAT als erblicher Namensbestandteil zugesprochen (**44 v. Chr.**). Octavian benutzte ihn als Praenomen (38), mit nachträglicher Billigung des Senats (27 v. Chr.): »Imperator« wurde faktisch Titel römischer Kaiser. Caligula (37 – 41 n. Chr.) wurde vom Senat zum Imperator akklamiert. Der Titel wurde als Praenomen regelmäßig verwendet seit Vespasian (69 – 79).

Davon abgeleitet frz.: »Empereur« für Kaiser, entsprechend engl.: »Emperor«.

Literatur: D. Kienast: Imperator, in: Zeitschrift der Savigny-Stiftung für Rechtsgeschichte. Romanistische Abteilung. 78, 1961, S. 403–421; B. Parsi: Désignation et investiture de l'empéreur romain. Paris 1963.

Caesarmörder

Gruppe um Brutus und Cassius, betrachtet aus der Perspektive der Anhänger des toten Caesar (**44 v. Chr.**). Im Eigenverständnis waren sie »Republikaner«: Sie unterlagen dem 2. TRIUMVIRAT (43 v. Chr.).

2. Triumvirat

Wie beim 1. TRIUMVIRAT Zusammenschluss dreier Politiker in der Endphase der RÖMISCHEN REPUBLIK: Nach Caesars Ermordung (44 v. Chr.) und Vertreibung der Republikaner/CAESARMÖRDER aus Italien erhielten Marc Anton, Octavian und Marcus Aemilius Lepidus auf fünf Jahre diktaturähnliche Vollmachten als »tres viri rei publicae constituendae« (**43 v. Chr.**). Sie erließen die 2. PROSKRIPTIONEN (43), siegten bei Philippi (42), verliehen Gallia Cisalpina das volle Bürgerrecht (42) und teilten erstmals das Römische Reich (40): Marc Anton erhielt den Osten, Octavian den Westen, Lepidus Africa. Das Triumvirat wurde um fünf Jahre verlängert (38), Lepidus ausgeschaltet (36): Nach dem Auslaufen des Triumvirats (33) eskalierten durch konkurrierende Treueeide im Westen und Osten die Spannungen, bis zum Bürgerkrieg zwischen Octavian und Marc Anton (32–30).

2. Proskriptionen

Ächtung von Republikanern und CAESARMÖRDERN durch das 2. TRIUMVIRAT (Antonius, Octavian, Lepidus), zur Beschlagnahmung der Vermögen der Proskribierten, um die nächste Phase des Bürgerkriegs zu finanzieren (**43 v. Chr.**): Ca. 300 Senatoren (u. a. Cicero) und 2000 RITTER wurden ermordet.

Literatur: U. Gotter: Der Diktator ist tot! Politik in Rom zwischen den Iden des März und der Begründung des Zweiten Triumvirats. Stuttgart 1995.

Pontifex maximus

(Etymologie ungeklärt, wohl: oberster Brückenbauer, vom Diesseits zum Jenseits) Vorsteher des römischen Priesterkollegiums: Das höchste sakrale Amt mit politischer Bedeutung (ab 212 v. Chr.) wurde erst spät durch Abstimmung von 17 Tribus (Bezirken) besetzt, meist von früheren Konsuln, nur ausnahmsweise auch von Noch-nicht-Konsuln wie Caesar (63). Der letzte republikanische Amtsträger, Lepidus (43), behielt das Amt nach seiner Eliminierung aus dem 2. TRIUMVIRAT (**36 v. Chr.**) bis zu seinem Tod: Augustus übernahm den Titel (12), der fester Bestandteil in der Titulatur römischer KAISER wurde. Erst Kaiser Gratian legte den Titel unter Einfluss des heiligen Ambrosius (*ca. 340, † 397) ab (382). Der noch immer prestigereiche sakrale Titel ging allmählich an den PAPST in Rom über, wurde formell von Leo I. (440–461) übernommen. Seit der RENAISSANCE wird der Titel abgekürzt als »P. M.«.

Literatur: G. Wissowa: Religion und Kultus der Römer. München [2]1912; F. Altheim: Römische Religionsgeschichte. Berlin 1956; K. Latte: Römische Religionsgeschichte. München 1960.

Pax Romana

(lat.: Römischer Frieden) Römische HEGEMONIE im Mittelmeerraum: Das Römische Reich war in seinem Selbstverständnis ein Imperium ohne Grenzen (lat.: imperium sine fine), das seit seiner Expansion im hellenistischen Osten (seit 133), erst recht mit der Annexion von Ägypten (**30 v. Chr.**), den gesamten bewohnbaren Erdkreis (orbis terrarum) beherrschte. Mit der Pax Romana verbanden sich für die Unterworfenen an der Peripherie seit der römischen Kaiserzeit Errungenschaften einer überlegenen ZIVILISATION – FERNHANDEL auf sicheren See- und Landrouten nahm regen Aufschwung. Garant der Pax Romana, war der römische Kaiser (vgl.: ARA PACIS AUGUSTAE, 9 v. Chr.). Gefahr drohte ihr von außen (Barbaren, PARTHERN, SASSANIDEN) und innen (Usurpationen, Bürgerkriege, Piraterie, FEUDALISIERUNG), bis sie in der VÖLKERWANDERUNG unterging.

Sinngemäß später übertragen auf: »Pax Britannica«; als logische Erweiterung auch strukturgeschichtliche Erweiterung »Pax Sinica«, »Pax Mongolica«, »Pax Americana«, »Pax Sovietica«. [M. S.]

Literatur: H. U. Instinsky: Sicherheit als politisches Problem des römischen Kaisertums. Baden-Baden 1952.

Janustempel

Janus wachte als doppelgesichtiger Gott an öffentlichen Toren in Rom; am Forum war ihm der Janustempel, zwei miteinander verbundene Torbögen, geweiht: Vom (legendären) König Numa stammt die Bestimmung, er solle nur in Friedenszeiten geschlossen werden. Der Tempel wurde geschlossen nach dem 1. PUNISCHEN KRIEG (241 v. Chr.), symbolisch von Octavian (Augustus) nach Ende des letzten Bürgerkriegs gegen Marc Anton (**29 v. Chr.**), danach noch zweimal unter Augustus.

Caesar

Ursprünglich Cognomen der Julier, von Octavian seit Adoption durch Gaius Julius Caesar als Gentilname geführt; im Titel mit PRINZIPAT (**27 v. Chr.**) übernommen, später von unmittelbaren Nachfolgern: Seit Claudius (41–45) ist Caesar Bestandteil des kaiserlichen Titels, seit Hadrian (117–138) für den designierten Nachfolger, wurde »Caesar« in der TETRARCHIE Diokletians (293) Titel für die Unterkaiser: Aus Caesar entstanden die Titel KAISER, ZAR.

Davon abgeleitet: Caesarismus, CAESAROPAPISMUS.

Literatur: B. Parsi: Désignation et investiture de l'empéreur romain. Paris 1963; M. Grant: Roms Cäsaren. Von Julius Cäsar bis Domitian. München 1982.

Augustus

(»der Erhabene«) Ehrentitel, verliehen vom römischen SENAT an Octavian (**27 v. Chr.**), mit den Titeln IMPERATOR und CAESAR, ging in die römische Kaisertitulatur ein: Hadrian (117–138) trug als erster regierender Kaiser den Titel im Unterschied zum Caesar. Mit Marc Aurel (161–180) und Lucius Verus (161–169) gab es erstmals zwei Augusti, seit Diokletian (fast) die Regel (293). Erstmals unter Domitian (81–96) hieß die Kaisergemahlin »Augusta«. Der Name blieb erhalten im Monat August, dem Todesmonat des Augustus (14), sowie später im Herrscher- und Personennamen August.

Literatur: P. Kneissl: Die Siegestitular der römischen Kaiser. Göttingen 1969; K. Christ: Geschichte der römischen Kaiserzeit. Von Augustus bis Konstantin. München 1992.

Prinzipat

(lat.: Princeps = der Erste, Führer) Von Augustus etablierte Regierungsform (**27 v. Chr.**–14. n. Chr.), der nach den RÖMISCHEN BÜRGERKRIEGEN das Imperium autoritär regierte, aber unter Beibehaltung der äußeren republikanischen Formen, ohne die MONARCHIE einzuführen: »Princeps« wurde offizieller Titel des AUGUSTUS. Der verfassungsrechtliche Schwebezustand zwischen REPUBLIK und Monarchie ließ sich nicht lange halten, denn unter seinen Nachfolgern setzte sich das Kaisertum als mehr oder minder autokratische Monarchie doch durch (DOMINAT, AUTOKRATIE).

Literatur: M. Hammond: The Augustan Principate. Cambridge (Mass.) 1933; V. Fadinger: Die Begründung des Prinzipats. Berlin 1969; J. Bleicken: Prinzipat und Republik. Stuttgart 1991.

Prokonsul

Römischer Heerführer/Provinzstatthalter mit Amtsbefugnis (»imperium«) eines Konsul, ohne selbst Konsul zu sein: Der Prokonsul erhielt sein Amt durch Verlängerung der Amtsgewalt (prorogatio) nach seinem KONSULAT oder durch besonderen SENATS- oder Volksbeschluss – zuerst Publius Cornelius Scipio im 2. PUNISCHEN KRIEG für den Krieg in Spanien (211 v. Chr.), ohne zuvor Konsul gewesen zu sein. Die SULLANISCHE REFORM (82) schrieb vor, dass gewesene Konsuln als Prokonsuln eine PROVINZ zu übernehmen hatten. Caesar wurde Prokonsul in Gallien (58–51). Augustus als Princeps (**27 v. Chr.**) sowie spätere Kaiser (ab 14 n. Chr.) hatten die prokonsularische Gewalt dauerhaft inne.

Literatur: W. F. Jashemski: Origins and History of the Proconsular and Propraetorian Imperium to 27 B. C. Chicago 1950.

Protektorat

(lat.: protegere = beschützen, Protector = Beschützer) Schutzherrschaft eines stärkeren über schwächere Staaten, oft als vertraglich verschleierte Abhängigkeit oder Beherrschung faktischer KLIENTEL-, VASALLEN- oder Satelliten-Staaten, z. B. Rom über Armenien (**20 v. Chr.**), China über Vietnam (679–907): Der Begriff bezeichnet übertragen auch Frankreichs Schutzherrschaft über die Christen im OSMANISCHEN REICH (1553), über den RHEINBUND (1806–1813), Kambodscha (1863), Annam (1874/83–1946), Tunis (1881–1955) und Marokko (1912–1956); Russlands über die Donaufürstentümer (1835–1853); Großbritanniens über die Goldküste (1844), Basutoland (1867), Ägypten (1882/1914–1922), Betschuanaland (1885), Sansibar (1890–1963), das Hinterland von Sierra Leone (1896), Swaziland und Sokoto (1903). Protektorate waren im IMPERIALISMUS ein beliebtes Instrument zur Errichtung oder Verschleierung europäischer Kolonialherrschaft, namentlich für Deutschland, das mit »Schutzverträgen« seine Kolonialherrschaft in Afrika (1884/85–1914/18) rechtlich begründete. Umgekehrt wurde in der Dekolonisation die Auflösung von Protektoratsverträgen wichtig für den friedlichen Übergang zur Unabhängigkeit ehemaliger Kolonialländer.

Manchmal diente ein Protektorat tatsächlich dem Schutz eines schwächeren Staates oder Volkes – so im Falle von Griechenland als Protektorat Großbritanniens, das es gegen das Osmanische Reich schützte (1825), oder Swasi-, Basuto-, Betschuanaland der Briten zum Schutz vor den BUREN. Dagegen waren das REICHSPROTEKTORAT BÖHMEN UND MÄHREN des DRITTEN REICHS (1938–1945), die Slowakei (1939–1944), und Kroatien (1941–1944/45) faktische Satellitenstaaten Deutschlands. Seit dem JUGOSLAWIENKRIEG (1991–1999) sind Bosnien-Herzegovina, Kosovo, Makedonien, seit dem Sturz der TALIBAN (2000) Afghanistan faktisch UN-Protektorate.

Literatur: A. Kamanda: A Study of the Legal Status of Protectorates in Public International Law. Diss. Genf 1961.

Germanen

Ursprünglich keltischer Name für nichtkeltische Stämme, von Caesar übernommen (»De Bello Gallico«); indoeuropäische Völkergruppe, ursprünglich in Skandinavien und Norddeutschland: Germanen expandierten zunächst nach Süden, historisch fassbar seit den KIMBERN und TEUTONEN (113–101 v. Chr.). Römer unter Caesar hinderten die SUEBEN an der Expansion (58), mit dem ersten Übergang Caesars über den Rhein nach Osten als Machtdemonstration (55). In großem Stil operierten die Römer unter Drusus östlich des Rheins (**12 v. Chr.**), bis zur Elbe (9 v. Chr.): Die LANGOBARDEN wurden an der Elbmündung geschlagen (5 n. Chr.). Der Sieg der CHERUSKER unter Arminius im Teutoburger Wald (9) sicherte den Germanen rechts des Rheins die Unabhängigkeit außerhalb der PAX ROMANA und römischen ZIVILISATION. Ihre Zusammenfassung gegen Rom scheiterte aber mit der Ermordung des Arminius (19).

Allmählich wandelte sich die soziale und politische Organisation der Stämme: Eine neue Oligarchie mit Heerkönig (thiudans) trat an die Stelle des älteren Volkskönigtums (kunig) (ab ca. 50). In Ethnogenese entstanden aus kleineren Stämmen umfassendere STAMMESKONFÖDERATIONEN und Völker – GOTEN, Langobarden, WANDALEN, Sueben, ALEMANNEN, MARKOMANNEN, QUADEN, HERULER, GEPIDEN, BURGUNDER, SACHSEN, FRANKEN, ANGELN, Friesen, JÜTEN, Dänen, Normannen (WIKINGER). Rom ging mit dem LIMES in die Defensive (ab 85), zunächst gegen Plünderungszüge germanischer Völker, die als Söldner ins Römische Reich kamen (ab 197). Erste Einbrüche trafen Gallien und die Donauländer in der SOLDATENKAISERzeit (235–284). Germanen drängten auf der Flucht vor den HUNNEN in der VÖLKERWANDERUNG ins Römische Reich (375–568) und gründeten auf römischem Boden Nachfolgereiche – Wandalen (429–534), OSTGOTEN (493–540/552), Burgunder, WESTGOTEN, FRANKENREICH als germano-romanischer Doppelstaat: im Osten germanisch, nach Spaltung des KAROLINGERREICHS Ausgangspunkt für Deutschland (911) und Frankreich (987).

Germanen und »Germanentum« wurden seit der RENAISSANCE und dem 19. Jahrhundert im historisierenden Rückgriff, ursprünglich auf des Tacitus »Germanica« (98), in Deutschland oft idealisiert, mit Höhepunkt im DRITTEN REICH (1933–1945).

Literatur: B. Krüger (Hg.): Die Germanen. Geschichte und Kultur der germanischen Stämme in Mitteleuropa. 2 Bde., Darmstadt ^{5}1988 bzw. ^{2}1986; H. Wolfram: Das Reich und die Germanen. München 1995; ders.: Die Germanen. München ^{3}1997; H. Döbler: Die Germanen. Legende und Wirklichkeit von A–Z. Lexikon zur europäischen Frühgeschichte. Sonderausgabe München 2000.

Ara Pacis Augustae

(lat.: Altar des Augustusfriedens) Friedensaltar des Augustus in Rom, an der Via Flaminia: Als Sinnbild des mit Augustus anbrechenden Friedenszeitalters (»PAX ROMANA«) wurde die Ara Pacis Augustae gelobt (13), geweiht (**9 v. Chr.**). Ihr Bildprogramm ist ein eindrucksvoller Reflex der augusteischen PRINZIPATSideologie mit dem Prozessionszug der kaiserlichen Familie und der NOBILITÄT; die Reliefdarstellungen der Tellus (Mutter Erde) und Roma (Stadtgottheit) symbolisieren Frieden und Wohlstand. Die Ara Pacis Augustae bildete mit dem Mausoleum des Augustus und der großen Sonnenuhr (Horologium Augusti) auf dem Marsfeld ein architektonisches Ensemble. Erste Fragmente wurden in der RENAISSANCE gefunden (1568), systematische Ausgrabungen fanden später statt (1903; 1937/38). [M. S.]

Literatur: E. Simon: Ara Pacis Augustae. Tübingen 1967; P. Zanker: Augustus und die Macht der Bilder. München ^{2}1990.

Langobarden

Germanischer Volksstamm, nach eigener Überlieferung aus Gotland oder Schonen (Südschweden) stammend: Die Langobarden wanderten aus (ca. 100 v. Chr.), wurden von Römern unter Tiberius an der Elbemündung geschlagen (**5 n. Chr.**). Sie kämpften aufseiten der CHERUSKER (17), waren am Einfall in Pannonien beteiligt (166), expandierten nach Südosten (ca. 400), nördlich von Noricum (ca. 490), und wurden ARIANER (seit 500). Die Langobarden besiegten mit den AWAREN die GEPIDEN in Pannonien (566/67): Von den Awaren aus Pannonien abgedrängt, wichen sie nach Süden aus und fielen in Oberitalien unter Albion ein (568). Das Langobardenreich, mit Hauptstadt Pavia, dehnte sich auf weite Teile Italiens aus, zerfiel aber rasch in 35 Herzogtümer. Eine neue Expansion scheiterte am Eingreifen der FRANKEN unter Pippin III. (754) und Karl dem Großen (774). Der Name setzte sich fort in Lombardei, LOMBARDEN u. a.

Literatur: E. Schaffran: Geschichte der Langobarden. Leipzig 1938; E. Busch: Die Langobarden. Neumünster 1988.

Cherusker

Germanischer Stamm, zwischen Elbe und Weser, nördlich des Harzes, im Süden des heutigen Niedersachsen: Erstmals bei Caesar (»De Bello Gallico«) erwähnt, wurden die Cherusker von den Römern unter Drusus (12–9) und Tiberius (4 n. Chr.) unterworfen. Unter Arminius erhoben sie sich im Bündnis mit anderen germanischen Stämmen und besiegten die Römer unter Varus im Teutoburger Wald oder in Kalkriese bei Osnabrück (**9 n. Chr.**): Die Römer verloren drei LEGIONEN. Die Germanen rechts des Rheins behaupteten sich gegen weitere römische Expansionsversuche unter Germanicus (15/16) und die mit Rom verbündeten MARKOMANNEN unter Marbod. Nach der Ermordung des Arminius (19) brachen innere Wirren aus, sodass die Cherusker von den CHATTEN unterworfen wurden (1. Jh.). Tacitus (in: Germania, 98) erwähnt sie nur noch als unbedeutenden Stamm. Sie gingen wahrscheinlich im Stammesverband der SACHSEN auf.

Kaiser

(von lat.: Caesar) Prestigereicher Herrschertitel, über dem König stehend, abgeleitet von CAESAR, dem zum Titel gewordenen Eigennamen Caesars: Der Sache nach war schon Augustus als PRINCEPS Kaiser (27 v. Chr.–**14 n. Chr.**), in der Literatur wird der Titel jedoch meist erst auf seine Nachfolger angewandt. Die römische Kaiserzeit schwankte zwischen quasi-konstitutionellem Regieren im Einklang mit dem SENAT, vor allem unter Augustus im PRINZIPAT, und despotischem Gottkaisertum (DOMINAT) unter Caligula, Nero, Domitian und Commodus. Die kaiserliche AUTOKRATIE in der römischen Spätantike seit Diokletian (284–305) wurde theokratisch überhöht durch das christliche Kaisertum seit Konstantin I. (324–337), fortgesetzt durch OSTROM/Byzanz als Autokratie (bis 1453). Das Kaisertum nahm Karl der Große im lateinischen Westen auf (800–814), Otto I. begründete als schon auf dem Lechfeld (955) von den Truppen zum Kaiser ausgerufener Imperator und europäischer Hegemon das mittelalterliche REICH DER DEUTSCHEN (962–1806). Von Caesar leitete sich der russische und bulgarische Titel ZAR (= Kaiser) her. Napoleon I. (1804–1814/15) beanspruchte für sich, das Kaiserreich Karls des Großen wiederherzustellen. Im 19. Jahrhundert gab es – bis zum Ende des ERSTEN WELTKRIEGS (1918) – Kaiser in Österreich/ÖSTERREICH-UNGARN (seit 1804) und Deutschland (1871–1918), den Kaiser (Zar) von Russland (1724–1917) sowie als (auch geographischer) Grenzfall den SULTAN von Konstantinopel; dazwischen waren vorübergehend Haiti (1811–1820), Brasilien (1822–1888) und Mexiko (1822/23; 1864–1867) Kaisertümer.

Außerhalb Europas trugen Herrscher über den König hinaus weisende imperiale Titel, in westlichen Sprachen als Kaiser bezeichnet, meist identischen Wesensinhalts – in China (Huang-ti), Japan (TENNO), Persien/Iran (Schah-in-Schah), Äthiopien (Negus Negusti), Kha-Khan (GROSSKHAN) der Mongolen, der Moghuln auf dem indischen Subkontinent (GROSSMOGHUL, 1526–1858). Seit dem Sturz der MONARCHIE in

Äthiopien (1975) und Iran (1979) gibt es heute nur noch den Kaiser von Japan.

Literatur: R. Syme: Imperator Caesar. A Study in Nomenclature, in: Historia 7 (1958), S. 172 ff.; L. Lesnier: Le titre de César et son évolution au cours de l'histoire d'empire, in: Études Classiques 29 (1961), S. 271 ff.; H. Beumann: Kaisergestalten des Mittelalters. München [3]1991; M. Höfer: Die Kaiser und Könige der Deutschen. München u. a. 1994; G. Hartmann/K. R. Schnith (Hg.): Die Kaiser. 1200 Jahre europäische Geschichte. Graz u. a. 1996.

Consecratio

APOTHEOSE römischer Kaiser auf Senatsbeschluss: Ursprünglich bedeutete Consecratio die Übergabe einer Sache an die Götter unter Mitwirkung des Staates. Consecratio wurde nach dem Tod des Augustus (**14 n. Chr.**) vom SENAT beschlossen: Divus Augustus. Seit Claudius (54) erfolgte Consecratio praktisch regelmäßig mit der Bestattung, Ausnahme: DAMNATIO MEMORIAE. Vespasian (79), Titus (81) werden vergöttlicht. Die Entscheidung über die Consecratio blieb wesentliches Vorrecht des sonst weitgehend entmachteten Senats. Vergöttlichung zu Lebzeiten, wie im HELLENISMUS üblich, blieb im frühen PRINZIPAT die Ausnahme (Caligula, Domitian): Lokale KAISERkulte, vor allem im Osten, wurden aber seit Augustus geduldet. [M. S.]

Literatur: K. Christ: Geschichte der römischen Kaiserzeit. München [3]1995.

Majestätsprozesse

(lat.: crimen laesae maiestatis) Prozesse in Rom unter Tiberius (14–37) wegen Majestätsbeleidigung (ab **15**): Sie leiteten die Entwicklung zur autokratischen MONARCHIE ein. Initiatoren waren aber regelmäßig SENATOREN, nicht die KAISER. Der Sache nach blieben sie unter ähnlichen Regimen gängiges Herrschaftsinstrument, bis zur Neuzeit, im Deutschland des 2. DEUTSCHEN KAISERREICHS (1871–1918) besonders oft, politisch-sozial längst anachronistisch, unter Kaiser Wilhelm II. (1888–1918).

Prätorianergarde

(lat.: praetoriae cohortes) Elitetruppe und Leibgarde des römischen Kaisers, eingerichtet von Augustus: Die Garde bestand zunächst aus neun Kohorten zu je 1000 (nach M. Dussy: 500) Mann, zum größten Teil Fußvolk, seit Caligula (37–41) zwölf, Vitellius (69) 16 und Vespasian wieder zwölf Kohorten. Prätorianer erhielten einen (erheblich) höheren Sold und leisteten eine um vier Jahre kürzere Dienstzeit als Soldaten der regulären Armee. Die Truppe lag zunächst in Quartieren in und um Rom, später in Kasernen (»castra praetoria«) in Rom konzentriert (**23**). Kommandierender war zunächst der KAISER selbst, bald traten als professionelle Militärs stets zwei der PRÄTORIANERPRÄFEKTE aus dem RITTERstand hinzu (praefecti praetorio, 2 v. Chr.). Die Prätorianergarde wurde politisch erstmals beim LEGIONENaufstand nach dem Tod des Augustus (14 n. Chr.) wirksam, später bei Einsetzung und

Ermordung Caligulas (37–41): Das erste DONATIV wurde, als Präzedenzfall im Verhältnis von Kaiser und Armee im kaiserlichen Rom, ausgegeben (41), seitdem war die kaiserliche Garde auch finanziell am (möglichst häufigen) Kaiserwechsel interessiert – durch Anerkennung eines neuen Kaisers wie durch Beteiligung an Umstürzen. Der Prätorianerpräfekt wurde hinter dem Thron oft der eigentlich starke Mann als »Kaisermacher« – Galba (69) und Pertinax (193) wurden von Prätorianerpräfekten gestürzt. Durch ein extrem hohes Donativ (6250 Denare pro Mann), die Krone geradezu ersteigernd, kam Marchus Didius Julianus auf den Thron (193). Die alte, aus Italikern zusammengesetzte Prätorianergarde wurde von Septimius Severus aufgelöst, durch Provinziale (meist ILLYRER) und GERMANEN ersetzt (197): Die neue Prätorianergarde war viermal so stark, mit höherem Sold, aber niedrigerem Donativ. Sie wurde von Konstantin I. aufgelöst (312).

In Rolle und Funktion vergleichbar mit der Prätorianergarde wurden ähnlich strukturierte Leib- und Palastgarden, vor allem MAMLUKEN im KALIFAT, WARÄGERgarde in Byzanz, Schweizergarde im Kirchenstaat, ansatzweise auch die SS im DRITTEN REICH.

Rote Augenbrauen

Erster oppositioneller GEHEIMBUND in China: Ihr BAUERNAUFSTAND stürzte Wang Mang (**23 n. Chr.**) und ermöglichte die RESTAURATION der HAN-DYNASTIE in China (25) – Östliche Han (bis 220).

Restauration

(lat.: restituere = wiedereinsetzen, restauratio = Wiedereinsetzung) Wiederherstellung eines älteren Zustands, z. B. eines untergegangenen Reichs (Restauratio imperii), einer DYNASTIE, Staatskirche, Staatsform (MONARCHIE oder REPUBLIK): Allgemein ist Restauration universal, z. B. Restauration der HAN-DYNASTIE in China durch Sturz des Usurpators Wang Mang im BAUERNAUFSTAND der ROTEN AUGENBRAUEN (**25**), des Römischen Reichs (800, 962), von Byzanz (1261), der Monarchie in Florenz nach dem Sturz der REPUBLIK (1512, 1530), der Monarchie in Vietnam nach Sturz der TAY-SON-BEWEGUNG (1802).

Stilprägend wurde die RESTORATION in England (1660) und Frankreich bzw. die RESTAURATION in weiten Teilen Europas (1814/15).

Auch: politischer Kampfbegriff, historisch unpräzise, in der BUNDESREPUBLIK nach 1949 gegen konservative, »restaurative« Tendenzen.

Literatur: R. Kann: Die Restauration als Phänomen in der Geschichte. Graz, Köln 1974.

Christentum

(zu griech.: Christos = der Gesalbte, hebr.: Messias) Chronologisch gesehen, nach dem BUDDHISMUS die zweite große Weltreligion: Das Christentum entstand nach der Kreuzigung Jesu in Jerusalem (**ca. 30**) vor jüdisch-orientalischem Hintergrund, d. h., religiöse Vorstellungen und Symbole wurden oft aus dem Alten Vorderen Orient übernommen

(Syskretismen) oder abgewandelt. Das Christentum breitete sich zunächst im Römischen Reich aus, institutionalisiert in der Kirche. Eine Staatskirche entstand zuerst in Armenien (301) und im Römischen Reich (324), etwa zur selben Zeit in Äthiopien. KONZILIEN formten das Christentum, spalteten es aber auch immer wieder in Glaubensgruppen. Die Christenheit teilte sich durch SCHISMEN in zahlreiche Kirchen – darunter Orthodoxe, ARIANER, MONOPHYSITEN (NESTORIANER, KOPTISCHE, SYRISCHE, Armenische Kirche), katholische Kirche. Seit der REFORMATION bildeten sich PROTESTANTISMUS und, stärker als zuvor, Sekten heraus. Das Christentum konzentrierte sich nach Entstehung und Verbreitung des ISLAM im Osten und Süden weitgehend auf Europa, breitete sich von dort seit der EXPANSION EUROPAS IN ÜBERSEE auf alle übrigen Kontinente mehr (Amerika, Australien/Neuseeland) oder weniger (Asien, Afrika) stark aus.

Literatur: Religion in Geschichte und Gegenwart. 6 Bde., Tübingen [3]1957–1965; H. Jedin, K. S. Latourette: Atlas zur Kirchengeschichte. Freiburg 1970; H. Kraft: Die Entstehung des Christentums. Darmstadt 1981; C. Andresen/G. Denzler: dtv-Wörterbuch der Kirchengeschichte. München 1982; G. Barraclough (Hg.): Die Welt des Christentums. München 1982; T. Rendtorff: Christentum, in: O. Brunner u. a. (Hg.): Geschichtliche Grundbegriffe, Bd. 1, S. 772–814.

Donativ

(lat.: donare = schenken) Geldzuwendungen von Machthabern seit dem Ende der RÖMISCHEN REPUBLIK, später von römischen KAISERN an ihre Soldaten aus verschiedenen Anlässen, in der Kaiserzeit meist bei Thronbesteigung: Ein Donativ erging zuerst an die PRÄTORIANERGARDE durch Claudius als Dank für seine Thronbesteigung (**41**), zuletzt als ständige Soldzulage. Septimius Severus senkte nach Auflösung der alten Prätorianergarde das Donativ, erhöhte dafür den Sold (197).

Kushanreich

Reich der TOCHARER, in Afghanistan und Nordwestindien (**48**–ca. 330): Es schloss die Lücke der zivilisierten GROSSREICHE von HAN-China bis Rom zwischen PARTHER-, später SASSANIDENREICH und China und war eine wichtige Station für die kontinentale Nordroute des INTERKONTINENTALEN FERNHANDELS nach West (Rom) und Ost (China). Der einzige näher bekannte König Kanishka (78–?) hatte seine Hauptstadt in Peshawar, kontrollierte den Fernhandel zwischen Rom und China, prägte, nach dem Vorbild des römischen AUREUS, eigene Goldmünzen mit Bildern indischer, griechischer und persischer Götter. Er förderte zumindest den BUDDHISMUS, der sich in Gemengelage mit anderen Religionen, u. a. ZOROASTRISMUS, im Kushanreich synkretistisch zur volksnäheren Variante des Mahayana (»Großes Fahrzeug«) entwickelte. Das Kushanreich erlag den imperialen RECONQUISTAkriegen des mittelpersischen Sassanidenreichs (ca. 330 n. Chr.) zur RESTAURATION des altpersischen ACHÄMENIDENREICHS im alten Umfang.

Literatur: Kushan Culture and History. Hg. von der Historical and Literary Society of Afghanistan Academy. Kabul 1971; B. Rashmi Mani: The Kushan Civilization. Delhi 1987.

Gens

(Plural: Gentes, lat. etwa: »Sippe« = CLAN) Der sich auf eine gemeinsame Abstammung zurückführende Sippenverband in Rom, in der Frühzeit als Einheit zwischen Staat und Familie (etwa gens Claudia; gens Iulia; gens Aemilia): Bei spätrömischen Autoren (Cassiodor) standen Gentes als Bezeichnung für die – um charismatische Führer gescharten – barbarischen Stammesverbände, vor allem bei den Germanen (»Volk in Waffen«), in diesem Sinne auch ungefähr Synonym für »natio« als Ausgangspunkt für die Ausweitung zu NATION. Sie bildeten sich in einem Prozess der Ethnogenese, der durch die Berührung mit Rom einsetzte (**ca. 50**, vgl. RANDKULTUR). Gentes führten sich in konstruierten »origines« (Ursprungssagen) selbst auf göttliche Abkunft zurück (Amaler, Goten, Langobarden). [M. S.]

Literatur: H. Wolfram: Das Reich und die Germanen. Zwischen Antike und Mittelalter. Berlin 1990.

Despotie

(griech.: despotes = der Herr) Schärfste Zuspitzung der AUTOKRATIE, ähnlich der TYRANNIS: Im Römischen Reich, aus der Sicht senatorischer Geschichtsschreiber (Tacitus, Cassius Dio) kritisch dargestellte kaiserliche Willkürherrschaft der Gottkaiser Caligula (37–41), Nero (in Spätphase, **59**/62–68), Domitian (81–96) und Commodus (180–192).

Christenverfolgungen

Repression im Römischen Reich gegen frühe Christen: In großem Stil eröffnete Nero nach dem Großen Brand von Rom die Verfolgungen, nachdem er die Christen der Brandstiftung verdächtigt hatte, um von seiner Tat abzulenken (**64**). Die Apostel Petrus und Paulus erlitten das Martyrium. Decius (250–251) erließ ein Zwangsopfer und verfolgte die opferunwilligen Christen. Christenverfolgungen führten auch Valerian (257–260), Diokletian und dessen unmittelbare Nachfolger durch (303), im Westen (bis 306) und Osten (bis 311); die dialektische Gesamtwirkung bestand in einer langfristigen Stärkung des CHRISTENTUMS.

Später übertragen von christlicher Seite auch auf Verfolgungen von Christen in anderen Staaten, z. B. im SASSANIDENREICH (421–422), in China (844), Japan (1614), Sowjetrussland (1917–1988), Mexiko (1926–1938), Äthiopien (1979–1991), Indonesien (um 2001).

Literatur: J. Moreau: Die Christenverfolgungen im Römischen Reich. Berlin [2]1971; M. Grant: Christen als Bürger im Römischen Reich. Göttingen 1980; K. S. Frank: Grundzüge der Geschichte der Alten Kirche. Darmstadt [3]1993.

Pisonische Verschwörung

Verschwörung im SENAT gegen Nero, angeführt von Caius Calpurnius Piso (**65**): Die Verschwörung scheiterte, die DESPOTIE Neros verschärfte sich.

Jüdischer Aufstand (Jüdischer Krieg, Römischer Krieg)

Kurzfristige Befreiung der JUDEN von römischer Herrschaft (66–70): Nach Konflikten in Caesarea eroberten die Juden Palästina und bildeten eine provisorische Regierung (**66**). Rom eroberte Galiläa und Transjordanien unter Vespasian zurück (67), Jerusalem blieb unter Herrschaft der ZELOTEN, wurde von Titus belagert und erobert. Dabei zerstörten die Römer den TEMPEL IN JERUSALEM (70). Der eigentliche Aufstand war damit vorbei; zuletzt fiel die Bergfestung Massada (73). Viele Juden wurden gekreuzigt oder deportiert, vor allem nach Spanien (Priesteraristokratie und Tempeldiener = Leviten) und an die Rhein-Donau-Grenze, andere flohen nach Arabien und beeinflussten kulturell-religiös arabische Stämme (bis zu Mohammed). Anfänge jüdischer Gemeinden in Römerstädten gehen auf die Deportationen zurück, mit besonders großer Kontinuität an Rhein und Donau (LIMES).

Literatur: Flavius Josephus: Geschichte des Jüdischen Kriegs. München 1977; H. H. Ben-Sasson: Geschichte des jüdischen Volks. Von den Anfängen bis zur Gegenwart. München 1992.

Zeloten

(griech.: zelos = Eifer) Radikale Widerstandsbewegung unter JUDEN, mit fundamentalistischen Zügen zur Errichtung einer jüdischen integralen THEOKRATIE, begründet von Judas dem Galiläer: Die Bewegung der Zeloten hatte ihren Schwerpunkt in Galiläa. Ihr Aufstand gegen die Besteuerung nach der Annexion Judäas durch Rom (6) wurde rasch niedergeschlagen. Zeloten waren stark vertreten unter den Jüngern Jesu (ca. 30). Zeloten führten GUERILLAKÄMPFE auf dem Land gegen die Römer, noch radikalere Gruppen von Terroristen (Siccarier, von lat.: sicca = Dolch) ermordeten prorömische Juden in Jerusalem. Zeloten waren auch Initiatoren und Anführer des JÜDISCHEN AUFSTANDS (**66**), des kompromisslosen Widerstands in Jerusalem, vor allem im TEMPEL (70), zuletzt in Massada (73). Im modernen Israel stehen radikale Zionisten (Begin, Scharon, Likud) in der Tradition der Zeloten.

Auch: radikale Mönchspartei in Byzanz: Sie kämpfte gegen den IKONOKLASMUS (787–834), später für größere Freiheit der Kirche gegenüber dem Staat; antiaristokratische Volkspartei in Thessalonike und Konstantinopel: Sie übten für kurze Zeit die Herrschaft in Thessalonike aus (1342–1349).

Literatur: W. R. Farmer: Maccabees, Zealots and Josephus. New York 1956; Hengel: Die Zeloten. Leiden, Köln 1961.

Bataver

Germanischer Stamm an der Rheinmündung: Unter römischer Herrschaft (ca. 15 v. Chr.), erhoben sich die Bataver erfolglos (**68/69**–70), wurden später von den FRANKEN unterworfen (ca. 350). Ihr Name lebt fort in der Landschaft Betuwe, später, im historischen Rückgriff, in der BATAVISCHEN REPUBLIK (1795–1806).

Literatur: J. E. A. Th. Bogaers: Civitas en stad van de Bataven en Canninfaten. Nimwegen 1960.

Flavier

Römische Kaiserdynastie, begründet von Titus Flavius Vespasianus, nach Neros Sturz (68) und Nachfolgekrise im PRINZIPAT (68–69): Die Dynastie stellte nur drei Kaiser – Vespasian (**69**–79), Titus (79–81) und Domitian (81–96). Sie überwand die große Finanz- und Legitimitätskrise und konsolidierte das Reich. Domitians Erneuerung der kaiserlichen DESPOTIE provozierte seinen Sturz (96).

Literatur: H. Bengtson: Die Flavier. Vespasian, Titus, Domitian. Geschichte eines römischen Kaiserhauses. München 1979; K. Christ: Geschichte der römischen Kaiserzeit. München 1992.

Lex de imperio Vespasiani

(lat.: Gesetz über die Herrschaft Vespasians) »Bestallungsgesetz« Kaiser Vespasians: Beim Machtantritt Vespasians wurden erstmals alle außerordentlichen Machtbefugnisse des Prinzeps in einem Gesetz zusammengefaßt (**69**). Die Lex de imperio Vespasiani war ein wichtiger Schritt zur Institutionalisierung und Verfestigung des PRINZIPATS und dokumentierte das Abrücken von der republikanischen Fassade des römischen Kaisertums. [M. S.]

Literatur: B. Levick: Vespasian. London 1999.

Dominat

(lat.: dominus = der Herr) Autokratisch-absolutistische Variante des römischen KAISERTUMS, im Gegensatz zum eher konstitutionellen, mit dem SENAT zusammenarbeitenden PRINZIPAT: Die römischen Geschichtsschreiber (Tacitus, Cassius Dio) brandmarkten die persönliche DESPOTIE Caligulas, Neros, Domitians (**81**–96) und des Commodus. Als Erster ließ sich Domitian »dominus« (»Herr«) nennen und verstieß damit gegen den Grundsatz des Prinzipats seit Augustus, Senatoren als Standesgenossen und Gleiche zu behandeln (der Princeps konnte unter Gleichen gleichwohl der Erste sein, »primus inter pares«). Nach Wirren der SOLDATENKAISERzeit (235–284) erhob Diokletian (284–305) das Dominat zum generellen System spätrömischer Herrschaft, weiterentwickelt zur AUTOKRATIE.

Literatur: O. Th. Schulz: Vom Prinzipat zum Dominat, in: Studien zur Geschichte und Kultur des Altertums. Bd 9, Paderborn 1919; J. Bleicken: Prinzipat und Dominat. Wiesbaden 1978.

Kaiserkult

Römische Variante des Herrscherkults im HELLENISMUS: Seit der Apotheose Alexanders verlangten hellenistische Herrscher (außer in Makedonien) schon zu Lebzeiten Verehrung als Gott. Nach hellenistischem Vorbild wurde in römischen PROVINZEN, vor allem im Osten, die Verehrung von Augustus als Gott, zusammen mit der Göttin Roma, geduldet. Nach dem Tod von Augustus und Claudius wurden seit Vespasian die meisten KAISER postum als Gott verehrt. Domitian (**81**–96) forderte erstmals seine Verehrung als Gott zu Lebzeiten, sanktioniert durch die Vergöttlichung durch den SENAT, die seit Aurelian (270–275) allgemein üblich wurde. Sie provozierte Konflikte mit JUDEN und Christen. Mit dem christlichen Kaisertum seit Konstantin dem Großen (324–337) endete der Kaiserkult bzw. wurde für Christen annehmbar – der Kaiser war nicht mehr Gott. Vgl. dagegen: DAMNATIO MEMORIAE (96).

Literatur: R. Étienne: Le cult impérial dans la péninsule ibérique d'Auguste à Dioclétian. Paris 1958; A. Wlosok (Hg.): Römischer Kaiserkult. Darmstadt 1978.

Limes

(von lat.: »Feldweg des Ackers« = Grenze) Römische Grenzbefestigung: Der Limes wurde als Militärstraße, gesichert durch Erdwall, Graben, Palisaden, Wachtürme, verstärkt durch Kastelle angelegt. Nach Vorläufern seit Claudius (41–54) wurde er systematisch unter Domitian zum Schutz gegen CHATTEN erbaut (**85**). Er bestand aus dem obergermanisch-rätischen Limes (vom Rhein südlich von Bonn über den Kamm des Taunus, die Wetterau umfassend, parallel östlich des Rheins, nördlich der Donau, oberhalb Regensburg zur Donau) später nach Norden am Niederrhein und im Osten nach Dakien bis zur Dobrudscha fortgesetzt. Hinzu kamen im Norden Britanniens der HADRIANSWALL (122/27) und ANTONINUSWALL (ca. 142–184) sowie im Orient die strata nova Traiana (im NABATÄERland und in Mesopotamien gegen PARTHER und Araber). Lockerer war die Wüstengrenze in Nordafrika (Numidien, Mauretanien) gesichert. Den obergermanischen Limes überwanden erstmals die GERMANEN in der Kaiserzeit von Severus Alexander (222–235), endgültig die ALEMANNEN in Südwestdeutschland (260). Die römische Reichsgrenze wurde zum Rhein zurückgenommen.

Der Limes blieb erste Strukturgrenze Europas weit über den UNTERGANG DES RÖMISCHEN REICHS hinaus. Die Erinnerung an ihn hielt sich im Volksmund als »Pfahlgraben«, »Teufelswall« oder »Heidenmauer«. Sein Verlauf ist auf weite Strecken noch heute sichtbar.

In der historischen Wirkung, auch als langfristige erste Strukturgrenze Europas, vergleichbar mit der CHINESISCHEN MAUER.

Literatur: D. Baatz: Der römische Limes. Berlin 1974; D. J. Breeze: The Frontiers of the Roman Empire. London 1986; T. Charles-Marie: Römisches Deutschland. Stuttgart 1992.

Chatten

Germanischer Stamm, beteiligt an der Varusschlacht (9) und beim BATAVERAUFSTAND (68/69–70) gegen Rom: Von Römern unter Domitian bedrängt (83–**89**), verloren die Chatten die Wetterau, fielen in Obergermanien, Rätien (162) und in die Provinz Belgica (170) ein. Letztmals wurden sie 203 erwähnt; gefolgt von den Hessen.

Daker (Geten)

(lat.: Daci, griech.: Getai) Thrakische Völkerschaft, Bewohner Dakiens (ungefähr heutiges Rumänien): Die dakische Sprache ist nur bruchstückhaft überliefert. Nach ihrer Reichsbildung (ca. 60 v. Chr.) kämpften sie gegen die Römer unter Domitian (86–**89**). Trajan unterwarf die Daker in zwei Dakischen Kriegen (101/02, 105/06) und richtete die Provinz Dacia ein (106), die sich rasch romanisierte. Nach Räumung Dakiens durch die Römer (271) standen sie unter dem Druck wechselnder Völker, wurden ethnisch-kultureller Kern der Rumänen. Ceauşescu griff mit seiner spektakulären 2050-Jahresfeier zur Gründung des Dakerreichs auf die Daker historisierend zurück (1980).

Literatur: H. Daicovicu: La Transylvanie dans l'antiquité. Bukarest [2]1945; ders.: Dacii. Bukarest 1965.

Damnatio memoriae

Ächtung des Andenkens römischer Kaiser, Gegenstück zur Consecratio: Nach dem Tod des Kaisers lag es im Ermessen des Senats, die Apotheose zu verweigern und stattdessen die Damnatio memoriae zu beschließen: Der Name wurde aus Inschriften getilgt, Statuen beseitigt. Sie wurde erstmals formell gegen Domitian verhängt (**96**). Commodus (192), Maximian (310), Maximinus Daia (313) fielen später auch der Damnatio memoriae anheim. [M. S.]

Adoption

Annahme an Kindes Stelle, hier speziell eines erwachsenen Mannes: Adoptionen wurden in altrömischer Zeit von der Nobilität praktiziert, um den Fortbestand von Familien zu sichern. Seit Caesar war die Adoption übliche Praxis zur Nachfolgeregelung beim Fehlen eines männlichen Erben (z. B. Caesar–Octavian, Augustus–Tiberius, Claudius–Nero). Die Adoption des Nachfolgers wurde, unterlegt mit dem stoischen Ideal, dass der jeweils Beste herrschen solle, seit Nerva–Trajan (**97**/98) zum System erhoben (Adoptivkaiser, 98–180). Adoption kam in spätrömischer und byzantinischer Zeit gelegentlich zur Sicherung der Nachfolge noch zu Lebzeiten eines Kaisers zur Anwendung.

Literatur: M. H. Prévost: Les adoptions politiques à Rome. Paris 1949.

Adoptivkaiser

Periode in der römischen Kaiserzeit, in der Kaiser ohne männliche Erben ihre Nachfolger durch Adoption bestimmten: Nach dem Sturz des despotischen Domitian (96) wählte der Senat den schon betagten Nerva zum Kaiser, mit der Auflage, Trajan durch Adoption zum Nachfolger zu bestimmen: Trajan wurde erster Adoptivkaiser (**98**–117). Er blieb, wie die übrigen Adoptivkaiser, ohne männlichen Erben, so eine Kette von Adoptionen begründend – Trajan, Hadrian (117–138), Antoninus Pius (138–161); Marc Aurel (161–180), anfänglich mit Lucius Verus als Mitregenten (161–169). Da Marc Aurel wieder einen Sohn hatte, Commodus (180–192), riss nach Marc Aurel die Kette der Adoptivkaiser ab. Ihre Ära kennzeichnet den äußerlich glänzenden Höhepunkt des Römischen Reichs, aber hinter der scheinbar so harmonischen Fassade bereitete sich schon langfristig die Reichskrise vor.

Gau

(mittelhochdt.: göu, gou = Landschaft, Bezirk, lat.: pagus) Ursprünglich germanischer Stammes- oder Herrschaftsbereich, zuerst von Tacitus in seiner »Germania« erwähnt (**98**), in Landschaftsnamen erhalten – u. a. Aargau, Breisgau, Rheingau, übertragen auch auf andere Kulturen und Epochen (Gaukönige, Gaufürsten in Alt-Ägypten): Im Frühmittelalter war der Gau Siedlungsbezirk eines germanischen Stammes oder Stammesteiles, meist mit Klein- oder Gaukönig; als Verwaltungsbezirk im FRANKENREICH und REICH DER DEUTSCHEN wurde er durch die Grafschaft abgelöst. Später wurde Gau oft regionale Untergliederung größerer Organisationen, z. B. der Turnerbewegung (1815), der Jugendbewegung, vom ADAC, dem Fußball mit Gauligen (bis 1945). Nach Neugründung der NSDAP führte Hitler Gaue als regionale Organisationseinheiten ein (1925). [F. H.]

Dakische Kriege

Zwei Kriege unter Trajan zur Unterwerfung der DAKER (**101**/02, 105/06), dargestellt auf dem Relieffries der TRAJANSSÄULE in Rom (113): Sie brachten Rom letztmalig große Beute an SKLAVEN, SILBER und GOLD (für den FERNHANDEL) und mündeten in die Romanisierung der Daker, als historische Grundlage der späteren Rumänen.

Literatur: C. Patsch: Der Kampf um den Donauraum unter Domitian und Trajan. o. O. 1937; L. Rossi: Trajan's Column and the Dacian Wars. Ithaca (N. Y.) 1971.

Papier

(aus dem Altägyptischen, von da griech.: papyros = Papyrusstaude, aus der die alten Ägypter Papyrusrollen zum Beschreiben herstellten) Überwiegend aus Pflanzenfasern, durch Verfilzen, Verleimen und Pressen hergestellter blattartiger Werkstoff, zum Beschreiben, Bedrucken, als Verpackungsmaterial, in Japan auch traditionelles Baumaterial für Häuser: Papier wurde vom chinesischen Hofbeamten und späteren Minister Ts'au Lun erfunden (**105**), der Papier aus zerkleinerten Lumpen herstellte. Nach der Schlacht am Talas (751) kam es durch chinesische Kriegsgefangene, die in der Gefangenschaft Papier herstellten, nach Westen, zunächst ins KALIFAT – von Samarkand (751) über Bagdad, Syrien, Ägypten (nach 900), das maurische Spanien (vor 1000) auch nach Europa. Die erste Papiermühle mit Wasserkraft wurde in Italien errichtet (1276), die erste Deutschlands in Nürnberg (1390). Im mittelalterlichen Europa löste Papier das teurere Pergament ab, was eine wesenliche Voraussetzung für den BUCHDRUCK war. Das Verfahren zur Papierproduktion wurde immer stärker mechanisiert, zuletzt mit teuren Papiermaschinen in Papierfabriken. Hauptrohstoff ist heute Zellulose aus Nadelhölzern, ergänzt durch Altpapier zum Recyceln. Papier gewann zusätzliche Bedeutung durch PAPIERGELD.

Literatur: K. Keim: Geschichtliche Entwicklung der Papierherstellung und der Rohstoffe. Heidelberg ^{2}1965; H. Blanck: Das Buch in der Antike. München 1992.

Trajanssäule

Ehrensäule aus Marmor für Kaiser Trajan (98–117) in Rom, auf dem Trajansforum (113): Um den Schaft windet sich spiralförmig ein Relief mit Darstellungen der beiden DAKISCHEN KRIEGE (101/02, 105/**106**).

Literatur: L. Rossi: Trajan's Column and the Dacian Wars. Ithaca (N. Y.) 1971; W. Gauer: Untersuchungen zur Trajansäule. 2 Bde., Bd. 1, Berlin 1977.

Nabatäer

Semitischer Volksstamm aus der Arabischen Halbinsel, im Süden Israels und Jordaniens (vor 300 v. Chr.): Nabatäer kontrollierten das nördliche Ende der »Weihrauchstraße« nach Südarabien und den FERNHANDEL zwischen Ägypten und Irak. Sie behaupteten sich gegen Antigonos I. (312), bildeten ein Königreich mit hellenistischen Strukturen, mit der Hauptstadt Petra (nach 200). Sprache und Schrift waren Aramäisch. Auf dem Höhepunkt der Macht bis Damaskus im Norden reichend, war ihr Reich früh Bundesgenosse Roms. Trajan annektierte ihr Gebiet zur besseren strategischen Kontrolle als PROVINZ Arabia (**106**).

Literatur: M. Lindner (Hg.): Petra und das Königreich der Nabatäer. München ^{2}1974.

Hadrianswall

LIMES-Befestigung der Römer gegen CALEDONIER im Norden Britanniens zwischen Irischer See und Nordsee, an der engsten Stelle ca. 120 km lang, auf der Linie Solwa–Tyne: Der Wall (**122**–136) entstand unter Kaiser Hadrian, auf dem längeren östlichen Abschnitt als Steinmauer, im Westen als Erdwall, mit Graben, Türmen und Kastellen. Vorübergehend durch den weiter nördlich vorgeschobenen ANTONINUSWALL ersetzt (ca. 142–184), wurde der Hadrianswall von den PIKTEN mehrmals überrannt (197, 296, 367/69) und aufgegeben (383). Er wurde später Strukturgrenze zwischen England und Schottland (»Border«) bis zur Neuzeit. Der heute noch gut sichtbare, streckenweise erhaltene Wall ist Touristenattraktion.

Literatur: J. C. Bruce: Handbook to the Roman Wall. Newcastle (Pa.) ^{11}1957; D. R. Wilson: Roman Frontiers of Britain. London 1967; D. J. Breeze: The Northern Frontiers of Roman Britain. London 1982; P. A. Holder: The Roman Army in Britain. London 1982.

Caledonier

Keltischer Volksstamm im Norden Britanniens, später hauptsächlich als PIKTEN bekannt: Zuerst erwähnt bei Plinius (77 n. Chr.), gerieten die Caledonier nach der römischen Eroberung Britanniens bis zur Linie Firth of Forth–Clyde durch Agricola (83) erstmals in Kontakt mit Römern. Von Agricola geschlagen (84), hielten sie sich nach dessen Abberufung (85) außerhalb des römischen Machtbereichs. Gegen die Caledonier errichtete Rom den HADRIANSWALL (**122**/36) und den ANTONINUSWALL (ca. 142–184).

Im Mittelalter war Caledonia der lateinische Name für Schottland.

Bar-Kochba-Aufstand

Letzter großer Aufstand der JUDEN gegen Rom, unter Bar Kochba (**132**): Der Aufstand wurde nach Anfangserfolgen niedergeworfen (135), Jerusalem zerstört, Juden nach Westen deportiert: Judäa benannten die Römer nach den PHILISTERN in »Syria Philistaia« um, aus dem später »Palästina« wurde.

Literatur: Y. Yadin: Bar Kochba. Fürst von Israel. Hamburg 1971.

Antoninuswall

LIMESbefestigung der Römer gegen CALEDONIER: Der Wall verlief im nördlichen Britannien, nördlich des HADRIANSWALLS, an der Linie Firth of Forth–Clyde, errichtet von Kaiser Antoninus Pius (**ca. 142**). Unter Druck der Caledonier/PIKTEN gaben die Römer den Antoniuswall früh wieder auf (184). Er ist heute nur noch stellenweise sichtbar.

Literatur: D. J. Breese: The Northern Frontiers of Roman Britain. London 1982.

Fellachen

(arab.: Fallahun = Pflüger) Bauern in arabischen Ländern, besonders in Ägypten: Die Kleinbauern Ägyptens erhoben sich gegen die PTOLEMÄER (210–185 v. Chr.), die Römer (**152**–153 n. Chr.) und Araber (831/32). Sie waren bis in die jüngste Zeit Pächter, abhängig vom Großgrundbesitzer, in gedrückter Stellung. Noch heute leben sie teilweise unter Bedingungen wie vor Jahrtausenden; in Palästina wurden die Fellachen von der ZIONISTISCHEN KOLONISATION verdrängt (nach 1900).

Literatur: H. H. Ayrout: Mœurs et coutûmes des Fellahs. Paris 1938; W. S. Blackman: Les Fellahs de la Haute-Egypte. Paris 1948.

Markomannen

(Mannen = »[Bewohner] einer Mark«) Germanische GENS, Teil der SUEBEN, an der mittleren Elbe: Von KIMBERN und TEUTONEN nach Süden abgedrängt (ca. 115 v. Chr.), verbündeten sie sich mit den DAKERN gegen die Boier in Böhmen (ca. 60). Sie unterlagen den Römern unter Drusus (9 v. Chr.), siedelten unter Marbod in Böhmen. Die Markomannen verhinderten die Einigung der Germanen in Norddeutschland unter Arminius gegen Rom (17 n. Chr.) und wurden römischer KLIENTELSTAAT (19). Unter Druck der GOTEN, QUADEN, WANDALEN und JAZYGEN drängten sie über die Donau ins Römische Reich (**166**) und lösten zwei MARKOMANNENKRIEGE (166–175, 177–180) aus. Teilweise im Römischen Reich angesiedelt, überquerte der Rest wiederholt den Limes (vor 235/36, 253, 295–299, 374/75, 395). Ein Vertrag mit dem Weströmischen Reich (396) machte sie zu römischen Verbündeten. In Pannonien standen sie unter der Oberherrschaft der HUNNEN (433–454) und kamen mit Attila nach Gallien (451). Reste der Markomannen wanderten in Bayern ein (nach 500) und gingen im neuen Volk der BAJUWAREN (= Bayern) auf.

Quaden

Germanische GENS, Teil der SUEBEN: Sie wichen unter dem Druck der Römer vom Main nach Mähren aus (nach 9 v. Chr.) bis ins Karpatenbecken, verbündeten sich mit den MARKOMANNEN gegen Rom (**166**–180). Sie wurden römischer KLIENTELSTAAT (bis ca. 250), zogen aber später mit WANDALEN und ALANEN nach Spanien (nach 407). Eine Minderheit blieb zwischen Waag und Gran unter Oberhoheit der HUNNEN (433–454), später der OSTGOTEN.

Interkontinentaler Fernhandel

Höchste Stufe des älteren traditionellen FERNHANDELS: Der Handel umfasste den eurasischen Tri-Kontinent – vom Fernen Osten zum Fernen Westen, vom Chinesischen Meer zum Atlantik, entlang der Achse zivilisierter GROSSREICHE, von Rom bis zum China der HAN-DYNASTIE. Die gleichzeitige Expansion Chinas (206 v. Chr.–220 n. Chr.) nach Westen und des Römischen Reichs nach Osten (ca. 200 v. Chr.–105 n. Chr.) ermöglichte erstmals systematisierten Fernhandel zwischen China und Europa. Die SEIDENSTRASSE im engeren Sinne verlief überwiegend zu Lande, von Nordchina über Zentralasien zur Krim, von da zur See über das Schwarze Meer und die Meerengen bei Konstantinopel zum Mittelmeer und westlichen Europa auf der kontinentalen Nordroute. Überwiegend zur See bewegte sich der Interkontinentale Fernhandel auf seiner maritimen Südroute von Südchina (Kanton) über Südostasien, Indien und Persien nach Arabien mit Karawanen über die Landengen beiderseits der Sinai-Halbinsel bzw. dem Roten Meer über den Euphrat zu Wasser, von da mit Karawanen durch die Syrische Wüste zur Levanteküste und zum Mittelmeerraum. Ersten direkten offiziellen Kontakt stellte eine römische Gesandtschaft (wahrscheinlich Kaufleute) am chinesischen Kaiserhof her (**166**).

Der Interkontinentale Fernhandel hing weitgehend von der gleichzeitigen Existenz starker Großreiche ab, die ihn organisierten und schützten – Rom/Byzanz, arabisches KALIFAT im Westen, China unter den großen DYNASTIEN im Osten, Großreiche in Indien und Persien. Den Fernhandel der Nordroute kontrollierten Nord-Nomaden Zentralasiens, als Räuber oder Bewacher gegen Schutzgeld. Vorübergehend sicherte ihn das MONGOLENREICH mit seiner Pax Mongolica unter Dschingis Khan und seinen Nachfolgern (ca. 1220–1335); unsicher wurde er durch Timur Länk (1370–1405). Den ersten drastischen Rückgang des Interkontinentalen Fernhandels bewirkten der Untergang Han-Chinas (220) und die erste Phase der römischen Endkrise seit der SOLDATENKAISERZEIT (235–284), beide, China früher, Rom später (ab 375), unter Druck mongolisch-türkischer Nomaden (HSIUNG-NU/HUNNEN). In der Zeit imperialer Instabilität erlangten kleinere Reiche durch Aufrechterhaltung eines Minimums an Fernhandel vorübergehend große historische Bedeutung, vor allem Südostasien seit seiner »Indisierung«.

Die Organisation des Interkontinentalen Fernhandels verlief in großen Sektoren: Auf dem Landweg hatten im chinesischen Machtbereich chinesische Kaufleute die Kontrolle, an der Grenze zu Zentralasien übernahmen Kaufleute aus dem Mittleren Osten die Ware, jetzt unter dem Schutz turkmongolischer Nomaden. Von der Krim an begann die Kontrolle von Ostrom/Byzanz. Auf der maritimen Südroute wechselten sich chinesische, indische, persische, arabische, zuletzt auch europäische Kaufleute in den Umschlaghäfen ab.

Der Interkontinentale Fernhandel, oft ausschlaggebende Quelle zusätzlicher Bereicherung mit in besten Zeiten enormen Profitspannen, lebte von starken Staaten, die den Fernhandel organisierten und schützten. Umgekehrt führte der Verlust lukrativer Fernhandelsverbindungen Reiche oft in die politische Strangulation (z. B. altes ASSYRIEN, MOGHULREICH), da die Krone hohe Einnahmen verlor. Andererseits hatten oft quantitativ kleine Einheiten, meist STADTSTAATEN oder deren lockerer Zusammenschluss, durch Beteiligung am Interkontinentalen Fernhandel überragenden qualitativen Stellenwert – z. B. die Stadtstaaten Phönikiens, Griechenlands, Südarabiens, Karthago, die italienischen Seestädte im Mittelalter (Venedig, Genua, Pisa) oder Städte der deutschen HANSE.

Nach dem UNTERGANG DES WESTRÖMISCHEN REICHS (476) ließ erst die Expansion des Kalifats (ab 634) den Fernhandel im lateinischen Westen veröden, der auf das Niveau des fragmentierten FEUDALISMUS zurückfiel (Pirenne-These). Erst die staatliche Konsolidierung des feudal zersplitterten Westens – Befriedung der NORMANNEN (911/12), Abwehr der Ungarn (955) – ermöglichte die Wiederaufnahme des mediterranen Fernhandels von Venedig über Byzanz und den Wiederanschluss an den wieder angelaufenen Interkontinentalen Fernhandel bis China (ab ca. 1000).

Im traditionellen Interkontinentalen Fernhandel herrschte stets ein ökonomisches Ungleichgewicht, denn der höher entwickelte Alte Osten (China, Indien) lieferte hochwertige Luxus- und Konsumgüter (u. a. SEIDE, Seidenstoffe, Tee, GEWÜRZE), die der bis ca. 1500 unterentwickelte Westen fast nur gegen GOLD beziehen konnte: Seit Vasco da Gama (1498) diktierte Europa »terms of trade« (Verhältnis der Preise für Rohstoffe und Fertigprodukte) zu Lasten des Alten Ostens, der durch Kolonialismus und IMPERIALISMUS auf die Rolle eines Lieferanten von Rohstoffen und eines riesigen Absatzmarktes für die westliche Industrie herabsank. Europas kollektive Kontrolle über den Interkontinentalen Fernhandel war wesentliche Voraussetzungen zu seinem Wirtschaftswachstum in der Neuzeit, von der Ursprünglichen Akkumulation zur INDUSTRIELLEN REVOLUTION.

Seine weltgeschichtlich zentrale Bedeutung erklärt, warum so viele Kriege direkt oder indirekt, offen oder verschleiert, über der Kontrolle des Fernhandels (oder regionale Sektoren) ausbrachen: Umkämpft waren Handelsstraßen zu Wasser (Land- und Meerengen, Kanäle, Flussmündungen und -übergänge) und zu Lande (Straßen, Pässe, Brücken, Städte als Straßenknotenpunkte), Rohstoffquellen, Produktionsstätten, Absatzmärkte, Zolleinnahmen, z. B. während der KREUZZÜGE oder des HUNDERTJÄHRIGEN KRIEGS ZWISCHEN VENEDIG UND GENUA. Umkämpft waren die Goldlagerstätten, die zur Finanzierung des Fernhandels dienten (z. B. Dakische Kriege; Suche von Gold als ein Motiv zur Expansion Europas in Übersee).

Für die Kultur- und Religionsentwicklung hatte der Interkontinentale Fernhandel einen außerordentlichen Rang: Wichtige Güter, Kenntnisse und Techniken wurden über die Wege des Fernhandels vermittelt, meistens von Osten nach Westen – u. a. Seide, Tee, Gewürze, Apfelsine, Pfirsich; Porzellan, Kompass, Papier (aus China), die sog. »arabischen«, in Wirklichkeit indischen Zahlen, Takelage aus Arabien. Mit den erobernden Mongolen kam aus dem Osten das Schießpulver. Auf den Wegen des Fernhandels verbreitete sich aber auch die Pest, vor allem die Grosse Pest, von der Mongolei über China (1338) (evtl. auch über Indien) bis nach Europa (1347–1351). Auch breiteten sich die Weltreligionen durch ihre Mission oder durch Eroberung entlang den Routen des Internationalen Fernhandels aus, zu Lande und zu Wasser: Buddhismus und Christentum (vor allem durch Nestorianer) überwiegend nach Osten, der Islam nach Osten und Westen (auch durch kriegerische Expansion). Kaufleute waren oft Verbreiter der Weltreligionen als Missionare oder nahmen Missionare billig bis kostenlos mit.

Europas ökonomischer Aufstieg ermöglichte, nach Abschluss der Reconquista, von Südwesteuropa (Portugal, Spanien) aus die Expansion Europas in Übersee: Columbus segelte nach Amerika (1492), Vasco da Gama nach Indien (1498). Aus dem Konkurrenzkampf nachdrängender westeuropäischer Seemächte (Holland, Frankreich, England) ging England seit dem 17. Jahrhundert als Sieger hervor: Es kontrollierte auch den regionalen Zwischenhandel und brachte die traditionellen Landrouten (Seidenstraße in Asien, Sahara) zugunsten der billigeren Seeroute um Afrika (Kap der Guten Hoffnung) fast völlig zum Erliegen; zudem wandelte es den traditionellen Interkontinentalen Fernhandel, erweitert um den Fernhandel nach Amerika, in das moderne Welthandelssystem um, das es beherrschte (bis ca. 1945). Eine neue Konkurrenz entstand durch den modernen Imperialismus, als neue Industrie- und Seemächte (Deutschland, USA, Japan) Großbritannien um 1900 aus seiner Quasi-Monopolstellung verdrängten.

Literatur: E. H. Warmington: The Commerce between the Roman Empire and India. Cambridge 1928; M. Wheeler: Der Fernhandel des Römischen Reichs in Europa, Afrika und Asien. München, Wien 1965; D. S. Richards: Islam and the Trade of Asia. Oxford 1970; W. Raunig: Bernstein, Weihrauch, Seide. Waren und Wege der antiken Welt. Wien, München 1971; H. Pirenne: Sozial- und Wirtschaftsgeschichte Europas im Mittelalter. München 1976, [2]1982; M. Meissner: Die Welt der sieben Meere. Auf den Spuren arabischer Kaufleute. Stuttgart 1980; P. Garnsey u. a. (Hg.): Trade in Ancient Economy London 1983; I. Geiss: The Intercontinental Long Distance Trade, in: Itenerario 2/1986, S. 33–51.

Wandalen

Germanische Gens unsicherer Herkunft, vielleicht aus Südschweden, mit Doppelkönigtum: Nach Schlesien eingewandert (1. Jh. n. Chr.), kämpften die Wandalen in den Markomannenkriegen gegen Rom (**166**–180), siedelten sich östlich der oberen und mittleren Theiß an (ca. 270) und wichen unter dem Druck der Westgoten nach Pannonien ins Römische Reich aus (334). Sie zogen, verstärkt durch die Alanen, aus Pannonien nach Westen ab (ca. 400), überquerten den Rhein (406/07), zogen durch Gallien nach Spanien (409) und traten (vielleicht hier) zum CHRISTENTUM (ARIANER) über. Die Wandalen wichen, verdrängt von den Westgoten, unter Geiserich nach Nordafrika aus (429), gründeten dort das Wandalenreich. Sie gerieten durch ihre arianische Glaubensrichtung in Gegensatz zu ihren katholischen bzw. donatistischen Untertanen, mit ständigen Konflikten, die ihre Stellung schwächten. Von ihrer Plünderung Roms (455) leitet sich der Begriff »Wandalismus« ab. Von Ostrom unter Belisar besiegt (534), wurden sie nach Aufständen (550) deportiert.

Literatur: H. J. Diesner: Das Wandalenreich. Stuttgart u. a. 1966; L. Schmidt: Geschichte der Wandalen. München [2]1942, Nachdruck 1970.

Sarmaten

Nomaden-/Reitervolk iranischer Abstammung, (vermutlich) mit Sprache der SKYTHEN, zunächst östlich des Don (ca. 450 v. Chr.): Sarmaten siedelten später auch westlich des Don, wanderten unter dem Druck der West-HUNNEN in die ungarische Tiefebene ab (ca. 50 n. Chr.), kämpften in den MARKOMANNENKRIEGEN mit den JAZYGEN gegen Rom (**166**–180). Nach einem Aufstand ihrer SKLAVEN teilweise vertrieben, wurden sie im Römischen Reich angesiedelt (nach 300), gerieten unter Herrschaft der Hunnen (433–454) und erschienen mit den LANGOBARDEN in Italien (568).

Literatur: J. Harmatta: Studies on the History of the Sarmatians. Budapest 1950.

Jazygen

Stamm der SARMATEN: Jazygen kämpften im 1. MARKOMANNENKRIEG aufseiten der Markomannen gegen Rom (**166**–174). Sie wurden unter Commodus (180–192) von Rom abhängig, kämpften später erneut mit Rom (vor allem 283).

Markomannenkriege

Zwei Kriege Roms gegen die MARKOMANNEN und verbündete QUADEN, WANDALEN, JAZYGEN (**166**–175, 177–180): Nach schweren Einfällen der Verbündeten über die Donau, erleichtert durch den Krieg Roms gegen die PARTHER (161–166) und eine große PEST (166), siegten die Römer unter Marc Aurel. Den 2. Markomannenkrieg brach Commodus ab (180): Die bisherigen Gegner Roms gerieten in Abhängigkeit als KLIENTELSTAATEN.

Prätorianerpräfekt

(lat.: praefectus praetorio) Befehlshaber der PRÄTORIANERGARDE: Der Prätorianerpräfekt war in der Regel als »Kaisermacher« und Stütze der DESPOTIE der starke Mann in Rom, besonders deutlich unter Commodus (**180**–192). Nach Auflösung der Prätorianergarde durch Konstantin den

Großen (312) übernahm der Praefectus praetorio die höchste Zivilgewalt unter dem Kaiser, mit der PRÄFEKTUR als Amtsbezirk.

Partherkriege

Dem großen Krieg zwischen Rom und den PARTHERN (161–166) folgten drei Partherkriege: 1. (**194**–195); 2. (197–199); 3. (216–217). Sie schwächten wechselseitig Rom und das Partherreich und bereiteten dessen Ablösung durch die SASSANIDEN vor.

Caracalla-Thermen

(Thermae Antoninianae) Monumentale Bäderanlage im Süden Roms, von Kaiser Caracalla errichtet (ab **212**): Später erweitert blieben sie bis in die Gotenzeit in Betrieb (bis nach 500). Durch Erdbeben zerstört (847), waren sie in der Moderne Gegenstand von Ausgrabungen (seit 1824).

Literatur: E. Brödner: Untersuchungen an den Caracallathermen. Berlin 1951.

Constitutio Antoniniana

Gesetz des Kaisers Marcus Aurelius Antoninus (Caracalla): Mit der Constitutio Antoniniana erhielten alle Freien des Römischen Reichs das römische Bürgerrecht, offensichtlich aus fiskalischen Motiven (**212**). Ausgenommen blieben »dediticii«, wohl im Reich angesiedelte Barbarenstämme.

Literatur: Ch. Sassa: Die Constitutio Antoniniana. Wiesbaden 1958; A. N. Sherwin-White: The Roman Citizenship. Oxford ^{2}1973.

Drei Reiche

Periode in der Geschichte Chinas (**220**–280): Nach dem Sturz der HAN-DYNASTIE (220) zerfiel China in ein Nordreich und zwei Südreiche. Die Dreiteilung beendeten Eroberungen der WESTLICHEN CHIN-DYNASTIE (280).

Literatur: A. Fang: The Chronical of the Three Kingdoms (A. D. 220–280). 2 Bde., Cambridge (Mass.) 1962/65.

Sassaniden

Persische DYNASTIE (224/27–651), benannt nach dem Ahnherrn Sassan: Ihr Aufstandsversuch gegen die PARTHER scheiterte zunächst (212), war aber nach dem 3. PARTHERKRIEG (216–217) erfolgreich (**224**/27). Die Sassaniden erneuerten das Persische Reich (bis 642/51). Ihr Anspruch als RESTAURATION des ACHÄMENIDENREICHS zur Wiedergewinnung von dessen Territorien stürzte sie in Dauerkonflikt mit Rom/OSTROM. Araber stürzten die Sassaniden (642/51), ihr letzter König ging ins Exil nach China (651).

Literatur: J. Wiesehöfer: Das antike Persien. Zürich 1998.

Zoroastrismus (Parsismus)

Iranische Religion, gestiftet von Zarathustra (nach 600 v. Chr. geboren): Zarathustra vertrat eine dualistische Auffassung, geprägt vom ständigen Kampf zwischen Gut (Ahura Mazda) und Böse (Ahriman), Hell und Dunkel, Iran und Turan. Der Zoroastrismus fordert von Einzelnen die ethische Entscheidung für das Gute. Er gewann seit Dareios (521–485 v. Chr.) durch wandernde MAGIER starken Einfluss auf das ACHÄMENIDENREICH, wurde unter dem HELLENISMUS und den PARTHERN verfolgt und unterdrückt, verbreitete sich jedoch im Untergrund. Der Zoroastrismus stieg im SASSANIDENREICH zur Staatsreligion auf (**224**/27–641 n. Chr.), Elemente gingen im MANICHÄISMUS auf (243). Die radikale Strömung der MAZDAKITEN (ca. 494–ca. 540) wurde vom Islam unterdrückt (nach 641/651), beeinflusste aber den Islam im Iran (SCHIITEN). Anhänger wanderten nach Indien aus (442, PARSEN).

Literatur: G. Widengren: Die Religionen Irans. Stuttgart 1965.

Alemannen

(Alamannen) Germanische GENS, von den SUEBEN abstammend: Alemannen kämpften mit Rom am LIMES in Süddeutschland (213), brachen in Gallien (**233**/34) und Italien ein (254–259, 268, 270, 275), woraufhin Rom mit der AURELIANISCHEN MAUER befestigt wurde (279). Alemannen durchbrachen den Limes und eroberten Süddeutschland (260). Sie erlitten Niederlagen gegen Konstantin I. (312) und unterlagen nach einem erneuten Einbruch in Gallien (ca. 350) den Römern unter Julian bei Straßburg (357). Nach Abzug der Römer vom Limes (405) expandierten sie nach Ostgallien, gerieten unter den Druck der FRANKEN, wurden von Chlodwig geschlagen (496). Das FRANKENREICH unterwarf sie teilweise und gliederte sie als Verbündete an (536). Aus den Alemannen gingen die SCHWABEN hervor.

Ein als »Alemannisch« bezeichneter Dialekt des Deutschen wird heute in Baden, Württemberg, im (bayerischen) Schwaben, im Elsass, im Vorarlberg und in Teilen der deutschsprachigen Schweiz gesprochen.

Von den Alemannen leitet sich der Name für Deutsche im Französischen (»Allemands«) und im Orient her (»Almani«).

Literatur: S. Fischer-Fabian: Die ersten Deutschen. Frankfurt/Main 1983.

Soldatenkaiser

Moderne Bezeichnung für römische KAISER zwischen dem letzten Kaiser der DYNASTIE der Severer (Severus Alexander, 222–235) und Diokletian (284–305): Die Soldatenkaiserzeit (**235**–284) war geprägt durch innere Instabilität, mit häufig wechselnden, überwiegend aus der Armee hervorgegangen Kaisern und häufigen Usurpationen. Bürgerkriegsartige Konflikte erleichterten Einfälle von außen (SASSANIDEN, GERMANEN) und provozierten SEZESSIONEN: SONDERREICH DES POSTUMUS (259–273), SONDERREICH DER SEPTIMIA ZENOBIA (267–272). INFLATION, Bevölkerungsrückgang und weitere CHRISTENVERFOLGUNGEN verschärften die

Reichskrise; im Versuch, ein Gegengewicht zu schaffen, wurde der KAISERKULT ausgebaut. Die Ära der Soldatenkaiser endete mit erneuter Zentralisierung in der Reichsreform Diokletians (284–305) und Pluralisierung der Herrschaft in der TETRARCHIE.

Literatur: F. Altheim: Die Soldatenkaiser. Frankfurt/Main 1939; A. Demandt: Die Spätantike: Die römische Geschichte von Diocletian bis Justinian. München 1988; A. Alföldi: Die Krise des Römischen Reiches. Stuttgart 1989.

Goten

(german.: Gutans) Ostgermanische Stammesgruppe aus Südschweden und/oder von der Insel Gotland: Die Goten landeten an der Mündung der Weichsel (nach 50 v. Chr.), zogen zur Nordküste des Schwarzen Meers (nach 150 n. Chr.) und verdrängten die ALANEN am unteren Dnjepr (ca. 230). Sie übernahmen von Nomaden- und Reitervölkern der südrussischen Steppe die Gliederung der Reiterei in Zehner-, Hundert- und Tausendschaften. Ihre Einfälle ins Römische Reich wurden mühsam abgewehrt (**238**/39, 251). Auch nach der Trennung in OSTGOTEN und WESTGOTEN (269) blieben sie in Beziehung zueinander. Unabhängig von Ost- und Westgoten blieben früh (nach 300) christianisierte Goten auf der Krim zurück, die sich lange (bis zum 16. Jh.) als Gruppe in Rückzugsgebieten des Jaila-Gebirges hielten.

Literatur: E. Schwarz: Die Krimgoten, in: Saeculum. Bd. 4. Freiburg, München 1953, S. 156 ff.; P. Scardigli: Die Goten. München 1972; H. Wolfram: Die Goten. München [3]1990.

Synkretismus

(griech.: synkeránnynai = zusammenmischen) Begriff der Religionswissenschaft: Er kennzeichnet eine Vermischung von Religionen oder einzelner religiöser Elemente, z. B. beim MANICHÄISMUS (**243**), auch bei Aufnahme anderer Elemente in CHRISTENTUM oder ISLAM.

Manichäismus

Religion, gestiftet von Mani (**243**), ausgehend von Persien: Als SYNKRETISTISCHE Religion mit Elementen aus CHRISTENTUM, BUDDHISMUS und ZOROASTRISMUS übernahm der Manichäismus in radikaler Verschärfung die dualistische Weltanschauung vom Kampf zwischen Licht und Finsternis, Gut und Böse vom Zoroastrismus, mit Forderung nach asketischem Leben und Enthaltsamkeit von der Welt der Materie. Er bildete eine eigene hierarchisierte Kirche mit Auserwählten (Electi), um die sich die einfachen Gläubigen (Auditores) scharten.

Die Lehre wurde im SASSANIDENreich von König Šapur I. (241–272) propagiert, von zoroastrischen MAGIERN unterdrückt (272). Sie verbreitete sich über Zentralasien (UIGUREN) bis China im Osten, über Nordafrika bis Spanien im Westen. Diokletian erließ ein Verfolgungsedikt im Römischen Reich (297), wo der Manichäismus damals mehr Anhänger hatte als das Christentum, u. a. in seiner Jugend Augustin (* 354, † 450). Das Christentum bekämpfte daher den Manichäismus.

Frühe KETZER (Katharer) galten als »Manichäer« (ca. 1000), da sie strukturelle Gemeinsamkeiten hatten: dualistische Weltanschauung, Aufbau der Kirche. Die Religion wurde allmählich in GROSSREICHEN des Mittelalters unterdrückt – in Byzanz (vor 1000), im KALIFAT (nach 1000), im UIGURENREICH, im MONGOLENREICH (1209) und in China (nach 1300). Schriftliche Quellen existieren in Griechisch, Latein, Koptisch, Arabisch, Mittelpersisch, Parthisch, Soghdisch, Uigurisch, Tocharisch und Chinesisch.

Literatur: G. Widengren: Mani und der Manichäismus. Stuttgart 1961. A. Adam (Hg.): Texte zum Manichäismus. Berlin [2]1965; G. Widengren (Hg.): Der Manichäismus. Darmstadt 1977.

Burgunder

Ostgermanische GENS: Die Burgunder siedelten, aus Südschweden evtl. über Bornholm (»Burgundaholm«?) kommend, zwischen unterer Weichsel und Oder (1. Jh. n. Chr.) und gelangten (mit den KARPEN) zu Schiff über das Schwarze Meer bis nach Kleinasien. Sie plünderten u. a. Ephesos (**253**) und Bithynien (256). Von ihren Siedlungsgebieten im südlichen Hessen zwischen Neckar und Taunus (vor 400) aus überschritten sie den Rhein (406/07), ließen sich aber als FOEDERATI im Weströmischen Reich auf der anderen Rheinseite nieder und gründeten dort das 1. Burgunderreich von Worms (413). Von den HUNNEN unter Attila vernichtend geschlagen (436/37) – ihr Untergang ist Thema des die historischen Fakten modifizierenden Nibelungenlieds –, wurden sie von Aëtius in Savoyen angesiedelt: Dort gründeten sie das 2. Burgunderreich (443), traten als ARIANER zum Katholizismus über (516) und wurden romanisiert. Die Burgunder wurden in Dauerkämpfen mit ALEMANNEN und WESTGOTEN geschwächt, ihr Reich von FRANKEN erobert, annektiert (534) und rasch assimiliert: Ethnisch gingen sie in den Franzosen auf (nach 1000).

Literatur: O. Perrin: Les Burgondes. Paris 1968.

Karpen

Stamm der DAKER: Die gemeinsam mit anderen Barbaren (u. a. BURGUNDERN) ins Römische Reich eingefallenen (**253**) Karpen wurden teils auf römischem Gebiet angesiedelt (vor 300), teils von WESTGOTEN verdrängt.

Literatur: C. Patsch: Die Völkerbewegungen an der unteren Donau in der Zeit von Diokletian bis Heraklius. Beiträge zur Völkerkunde von Südosteuropa. Wien 1928.

Franken

Sammelname der Römer für westgermanische Stämme rechts des Niederrheins (nach 200) bis zum Main (Franken = Freie): Nach ihrem ersten Einbruch nach Südgallien und Spanien (**259**) wurde ein Teil der unterworfenen Franken linksrheinisch im Gebiet der Nervier und Treverer angesiedelt (291). Franken unternahmen mit SACHSEN Raubzüge über die Nordsee an die Küsten Galliens und Britanniens (286). Nach ihrer Niederlage gegen Konstantin I. (312) unternahmen sie einen verheerenden Raubzug links des Rheins (355), wo Julian sie aufhielt (357–360), expandierten (nach 405) nach Belgien und ins Mosel- und Rheinland (ca. 450). In der Schlacht auf den Katalaunischen Feldern standen sie in unterschiedlichen Lagern (451) – SALISCHE FRANKEN unter Merowech verbündet mit WESTGOTEN und Gallorömern unter Aëtius, RIPUARISCHE FRANKEN mit OSTGOTEN, ALANEN und HUNNEN unter Attila. Die Salischen Franken eroberten unter Chlodwig Gallien (486) und gründeten das FRANKENREICH. Sie besiegten ALEMANNEN (496), Ripuarische Franken (nach 500), Ostfranken, Westgoten (507) und BURGUNDER (534). Als erste Germanen traten sie zum römischen Christentum über (499), schlossen Bayern ihrem KAROLINGERREICH mit AUTONOMIE an (739) und unterwarfen die Sachsen (772–804).

Franken war im deutschen Königreich eines der ursprünglichen vier STAMMESHERZOGTÜMER (911). Von Franken abgeleitet ist der Name für Frankreich (France) und Franzosen (Français).

Auch: übliche Bezeichnung für Europäer aus dem lateinischen Westen im mittelalterlichen Vorderen Orient. Davon abgeleitet: Lingua Franca = allgemein übliche Verkehrs- und Handelssprache, zuerst Italienisch.

Literatur: E. Zöllner: Geschichte der Franken bis zur Mitte des 6. Jahrhunderts. München 1970; H. K. Schulz: Vom Reich der Franken zum Land der Deutschen. Frankfurt/Main 1987.

Sonderreich des Postumus ▪

Römisches eigenständiges Reich mit Kern in Gallien: Unter dem Druck der FRANKEN war das Sonderreich auch Versuch zur separaten regionalen Selbstverteidigung des römischen Gallien mit Teilen Spaniens und Britanniens unter Gegenkaiser Postumus (**259**–268) und Nachfolger (bis 273). Die strukturell dem SONDERREICH DER SEPTIMIA ZENOBIA im Osten entsprechende SEZESSION wurde von Aurelian beendet (273).

Literatur: J. F. Drinkwater: The Gallic Empire. Stuttgart 1987.

Magister equitum ▪

(lat.: Oberbefehlshaber der Reiter) In altrömischer Zeit erster Gehilfe des DIKTATORS, in spätrömischer Zeit wieder Oberbefehlshaber der Reiterei: Seit Gallienus (**260**–268) nach persischem Vorbild gepanzert, war die Reiterei mobile Eingreifreserve gegen Barbaren. Daher rührt die besondere Bedeutung des Amtes.

Westliche Chin-Dynastie ▪

(Pinyin: Jin-Dynastie) Kaiserdynastie in Nordchina (**265**): Die westlichen Chin beendeten durch Eroberung der beiden Südreiche (280) den Zerfall Chinas in »DREI REICHE« seit dem Sturz der HAN-DYNASTIE (220), erlagen jedoch in Nordchina den Ost-HUNNEN und TANGUTEN (316). Die Dynastie wurde fortgesetzt von der ÖSTLICHEN CHIN-DYNASTIE im Süden (317–419).

Nicht zu verwechseln mit: CH'IN-DYNASTIE (221–207 v. Chr.).

Sonderreich der Septimia Zenobia

Unter dem Druck der SASSANIDEN Abspaltungsversuch des äußersten Ostens im Römischen Reich unter Zenobia, Fürstin des arabischen autonomen KLIENTELSTAATS Palmyra (**267**–272): Die SEZESSION verlief ähnlich wie jene des SONDERREICHS DES POSTUMUS im Westen: Das von Palmyra beherrschte Gebiet umfasste Syrien, Teile Kleinasiens und Ägypten. Die offene Abspaltung, gipfelnd in der Erhebung Zenobias zur Augusta (271), beendete Aurelian durch Eroberung Palmyras (272).

Literatur: J. Gagé: La montée des Sassanides et l'heure de Palmyre. Paris 1964; F. Millar: The Roman Near East, 31 BC – AD 337. Cambridge (Mass.) 1996.

Heruler

Germanische GENS aus Skandinavien: Von Dänen vertrieben (ca. 250), zog der westliche (kleinere) Zweig zum Niederrhein und unternahm Einfälle nach Gallien, zunächst vor allem zur See (287), später zu Land. Der östliche (größere) Zweig zog nach Süden zum Asowschen Meer und stieß mit einer Flotte über das Schwarze Meer und die Meerengen ins Römische Reich vor: Griechenland wurde geplündert (**267**), weitere Einfälle folgten (269, 276). Nach Abhängigkeit von OSTGOTEN (ca. 350) und HUNNEN (nach 375–454) wurden die Heruler römische FOEDERATI (ca. 470) und Bundesgenossen des Odoaker (476–491). Auf dem Höhepunkt seiner Macht (ca. 500) zerschlugen die LANGOBARDEN das Reich (512). Ostrom nahm die Mehrheit der Heruler auf und siedelte sie an, eine Minderheit kehrte mit der königlichen Familie nach Skandinavien zurück.

Ostgoten

Östlicher Zweig der GOTEN nach Spaltung in Südrussland (**269**); die Bezeichnung »Ostrogothae« ist schon älter und gilt auch für ein eigenständiges älteres Reich: Von HUNNEN überrannt (375), eröffneten die Ostgoten die VÖLKERWANDERUNG. Ein Teil floh nach Westen, wurde beim Eindringen ins Römische Reich vernichtet (386), der Rest in Phrygien angesiedelt. Die Hunnen zwangen einen anderen Teil als VASALLEN zur Heeresfolge: Ostgoten nahmen unter Attila an der Schlacht auf den Katalaunischen Feldern teil (451). Nach Attilas Tod (453) wieder unabhängig (454), vom oströmischen Kaiser Marcianus (450–457) in Pannonien angesiedelt, bekehrten sich die Ostgoten spätestens hier zum ARIANISMUS. Sie zogen aus Pannonien ab (469), ein Teil nach Westen, wo er mit den WESTGOTEN verschmolz, die Mehrheit nach Süden: Als Bundesgenossen OSTROMS (473) zogen sie unter Theoderich nach Italien, stürzten Odoaker (489–493) und errichteten in Italien das Ostgotenreich (490/93–540), das unter der SUZERÄNITÄT Ostroms stand. Nach dessen Untergang in den Gotenkriegen im Zuge der imperialen Rückeroberung Italiens unter Justinian (540/43) blieben nur noch Reste in Italien, im Frühmittelalter auch »SKYTHEN« genannt.

Literatur: H. Wolfram: Die Goten. München [3]1990.

Westgoten

Westlicher Zweig der GOTEN nach Spaltung in Südrussland (**269**): In ihren Siedlungsgebieten nördlich der unteren Donau wurden die Westgoten Bundesgenossen Roms (332) und teilweise ARIANER. Nach einem Bürgerkrieg flohen christliche Westgoten unter Bischof Wulfila ins Römische Reich (348) und siedelten sich südlich der Donau an. Nach weiteren CHRISTENVERFOLGUNGEN und inneren Konflikten bei den Westgoten nördlich der Donau (370) wurden sie auf der Flucht vor den HUNNEN im Römischen Reich (376) angesiedelt, gerieten aber in Konflikte mit den Römern: Sie errangen den Sieg bei Adrianopel über Valens (378) und kamen als römische FOEDERATI nach Thrakien und Mösien (382). Westgoten fielen auf der Flucht vor den Hunnen unter Alarich in Griechenland ein (396), wurden teilweise in Konstantinopel massakriert (400) und von OSTROM nach Italien abgelenkt (401): Sie standen auf ihrem Zug nach Italien abwechselnd in west- und oströmischen Diensten. Die Hauptstadt Westroms wurde von Mailand nach Ravenna verlegt (402). Nach Abzug der Legionen von Rhein und Donau (405) und aus Britannien (407) plünderten die Westgoten Rom (410) und verursachten damit bei der spätantiken Welt einen tiefen Schock. Sie zogen nach Süditalien weiter, kehrten nach Alarichs Tod (410) nach Norden um und zogen aus Italien nach Südgallien (412) und weiter nach Spanien, um für Westrom die WANDALEN aus Spanien zu vertreiben (416). In Südgallien und Spanien gründeten sie das (1.) Westgotenreich mit der Hauptstadt Toulouse (418–507), kämpften mit Aëtius gegen die Hunnen in der Schlacht auf den Katalaunischen Feldern (451) und erhielten nach dem UNTERGANG DES WESTRÖMISCHEN REICHS volle Unabhängigkeit (476). Nach Niederlagen gegen die FRANKEN (507, 531) verlagerte sich ihr Schwerpunkt südlich der Pyrenäen, unter Oberherrschaft der OSTGOTEN (507–526). In Spanien gründeten sie ihr (2.) Reich (554–711) mit der Hauptstadt Toledo (567/68), traten zum Katholizismus über (589), romanisierten sich und unterwarfen das SUEBENreich (585). Der LIBER IUDICIORUM (654) formulierte ein einheitliches Recht für Romanen und Westgoten. Geschwächt durch einen Bürgerkrieg (709), ging das Westgotenreich in der Invasion der muslimischen Araber/MAUREN (711/12) unter: Es fand seine Fortsetzung im christlichen Widerstand in Nordspanien (ab 722) und christlichen Fürstentümern, als Ausgangspunkte zur RECONQUISTA (1064–1492).

Literatur: D. Claude: Geschichte der Westgoten. Stuttgart 1970; H. Wolfram: Die Goten. München ^{3}1990.

Sonnenkult

Verehrung der Sonne als göttliche Gestalt: Sonnenkulte gehören zu den ältesten Religionen der Menschheit; fast alle animistischen Kulte geben der Sonne einen besonderen Platz. Im Alten Ägypten war der Kult des ATON unter Echnaton verbreitet, als erste monotheistische Religion. Im Römischen Reich war ein Sonnenkult die letzte Staatsreligion vor dem CHRISTENTUM: Unter Aurelian (**270**–275) wurde Sol Invictus (= »unbesiegte[r] Sonne[ngott]«) höchster Reichsgott. Die auf Vorbilder des HELLENISMUS zurückgehende Darstellung des Kaisers mit der Sonnenscheibe um das Haupt wurde später übernommen als »Heiligenschein« (»Nimbus«) in christlichen Darstellungen.

Literatur: K. Lutte: Römische Religionsgeschichte. München 1960; J. Rüpke: Die Religion der Römer. Eine Einführung. München 2001.

Aurelianische Mauer

Befestigungsmauer um Rom, unter Aurelian errichtet (ab **271**), zum Schutz vor den GERMANEN: Begonnen nach dem Vorstoß der ALEMANNEN bis vor Rom (254), vollendet unter Probus (279), war die Mauer lange Zeit eine der stärksten Stadtbefestigungen im Westen.

Sachsen

Westgermanischer Stammesverband, zunächst in Holstein (spätestens nach 100): Nach ihrer Expansion bis zum Niederrhein (2./3. Jh.) unternahmen die Sachsen mit den FRANKEN Raubzüge zur See gegen Nordgallien (**286**) und Britannien (368–372). Sie fielen mit ANGELN und JÜTEN in Britannien ein (nach 449), gründeten Königreiche in Südengland (Essex, Sussex, Wessex, Middlesex) und expandierten auf dem Kontinent weiter nach Süden (6./7. Jh.). Von Karl dem Großen unterworfen (772–804) und gewaltsam christianisiert, stellten sie die erste deutsche Königs- bzw. Kaiser-DYNASTIE (919–1024).

Die Sachsen wurden Hauptträger der deutschen OSTKOLONISATION: Der Name der Sachsen wanderte von der unteren zur mittleren Elbe (Niedersachsen, (Ober-)Sachsen), von dort auch als Name für Deutsche im Osten, z. B. im Finnischen.

Literatur: H. Lammers: Entstehung und Verfassung des Sachsenstammes. Darmstadt 1967.

Tetrarchie

(griech.: Viererherrschaft) Herrschaftssystem im spätrömischen Reich unter Diokletian (**293**): Eingeführt zur besseren Verteidigung des Reichs, basierte die Tetrachie auf der Teilung der Herrschaft in zwei OBERKAISER (Augusti), die für den Osten bzw. Westen zuständig waren und je einen UNTERKAISER (Caesar) an ihrer Seite hatten. Nach der Abdankung Diokletians und Maximians (305) zerfiel die Tetrarchie in Bürgerkriegen, bis zur Alleinherrschaft Konstantins (324–337).

Auch: vier Aufgebotsbezirke der Thessaler; Viertel der drei GALATERSTÄMME in Kleinasien; Titel eines Tetrarchen in hellenistischer Zeit für viele Fürsten im Orient, die nicht bis zum König aufstiegen.

Literatur: F. Kolb: Diocletian und die erste Tetrarchie. Berlin 1987.

Oberkaiser (Augustus)

Hauptherrscher in der römischen Tetrarchie (**293**), mit je einem UNTERKAISER (Caesar).

Unterkaiser (Caesar) ▪

Titel der den OBERKAISER (Augusti) untergeordneten Kaiser in der römischen TETRARCHIE (**293**), die, nach gleichzeitigem Abdanken der Augusti, zu Oberkaisern aufrücken und neue Unterkaiser ernennen sollten.

Diözese ▪

(griech.: Dioikesis = Verwaltung, Verwaltungsbezirk) In der Reichsreform unter Diokletian (**293**) und Konstantin I. mittlere Verwaltungsebene zwischen verkleinerten PROVINZEN (96–120) und Präfekturen: An der Spitze der Diözese stand der vicarius, der vom KAISER direkt ernannt wurde. Den Begriff übernahm zuerst im Osten die christliche Kirche als Bezeichnung für den Amtsbezirk eines Bischofs, später auch im Westen, dort auch Erzdiözese für den Amtsbezirk eines ERZBISCHOFS.

Maya ▪

Früheste Hochkultur in Zentralamerika, mit Schwerpunkt auf der Halbinsel Yucatan (Mexiko): Nach ersten Anfängen (ca. 2000 v. Chr.) erreichte die Maya-Kultur ihre klassische Ausprägung sehr viel später (**ca. 300 n. Chr.**), mit großen Tempelstädten unterschiedlicher Gründungsdaten (320–711), offensichtlich ohne gesamtstaatliche Zusammenfassung imperialen Charakters, aber in einem THEOKRATISCHEN System einer herrschenden Priester-ARISTOKRATIE. Vermutlich unter dem Druck von Invasionen aus dem Norden zerfiel die klassische Maya-Kultur, u. a. nach Aufständen gegen die Priester-Aristokratie. Es folgte die Oberherrschaft eingewanderter Tolteken über Maya-Fürstentümer mit AUTONOMIE. Die Regionaldynastie der Coconen errang, mit Hilfe von Söldnern aus Mexiko, die HEGEMONIE über Yucatan. Nach ihrem Untergang (1441) zerfiel Yucatan in 18 Stadtstaaten als Nachfolgestaaten, die ein Jahrhundert später in ihrer Fragmentierung den Spaniern die Eroberung erleichterten. Unter spanischer Kolonialherrschaft und im unabhängigen Mexiko hielten sich Elemente der Mayakultur.

Literatur: H. Wilhelmy: Welt und Umwelt der Maya. Neuausgabe München u. a. 1989; B. Riese.: Die Maya. Geschichte – Kultur – Religion. München [2]1997; L. Schele/D. Freidel: Die unbekannte Welt der Maya. Neuausgabe München 1999.

Toleranzedikt von Mailand ▪

Dokument von welthistorischer Bedeutung, das dem CHRISTENTUM die Freiheit zur Religionsausübung im Römischen Reich gab: Nach den letzten großen CHRISTENVERFOLGUNGEN, im Westen (303–306) und Osten (303–311), und dem Sieg des Licinius über Maximinus Daia wurde den Christen die Ausübung ihrer Kulte durch das Toleranzedikt gestattet (**313**). Daraufhin verbreitete es sich nun noch rascher und wurde zur dominierenden Religion in weiten Teilen des Römischen Reichs, bis hin zur Staatsreligion (391).

Donatisten

Häretische Abspaltung vom frühen Christentum im römischen Nordafrika, benannt nach dem Kleriker Donatus von Karthago, dem ersten Primas der Donatisten (316–335): Die Anfänge (**313**) gehen u. a. auf Streit um Geld, und Anerkennung »abtrünniger«, d. h. während der CHRISTENVERFOLGUNGENDiokletians vom Glauben abgefallener, Christen sowie soziale Spannungen zwischen numidischen Landarbeitern (Circumcellionen) und römischen Gutsbesitzern zurück, die sich der Allgemeinen (römisch-katholischen) Kirche angeschlossen hatten. Ihre hartnäckige Opposition provozierte Verfolgungen und Aufstände, die WANDALEN (429–534), und OSTROM/Byzanz chronisch schwächten: Donatisten traten bei der Invasion der Araber geschlossen zum ISLAM über (709), waren als Neu-Muslime beteiligt an der Eroberung des WESTGOTENreichs in Spanien (711/12).

Literatur: E. L. Grasmück: Coercitio. Staat und Kirche im Donatistenstreit. Bonn 1964.

Tanguten

Nordosttibetanisches Volk gemischter Struktur (Hirtennomaden und Feldbauern) um den See Koko Nor: Sie drückten, zusammen mit Ost-HUNNEN, auf Nordchina, bis zum Zusammenbruch der WESTLICHEN CHIN-DYNASTIE (**316**). Das von Tanguten im westlichen China gegründete (ca. 990) HSI-HSIA-REICH machte sich von China unabhängig (1037). Mongolen unter Dschingis Khan unterwarfen es (1209) und machten das Reich zu einem mongolischen Vasall. Nach Verweigerung der Heeresfolge (1219) vernichteten die Mongolen die Tanguten (1227). Ihre Nachfahren sind heute die Nomaden von Amdo.

Östliche Chin-Dynastie

(Pinyin: Jin-Dynastie) Nach Zusammenbruch der WESTLICHEN CHIN-DYNASTIE unter Druck von Ost-HUNNEN und TANGUTEN in Nord-China (316) neue Kaiserdynastie im Süden, mit Nanking als Hauptstadt (**317**–419): Die östlichen Chin wurden von T'OPA-Nomaden gestürzt (419).

Nicht zu verwechseln mit: CH'IN-DYNASTIE (221–207 v. Chr.).

Gupta-Reich

GROSSREICH im nördlichen Indien, mit Schwerpunkt im Gangestal (**320**): Das Reich unterlag den WEISSEN HUNNEN (Hephthaliten) (ca. 470).

Sonntag

Christlicher Ruhetag, erstmals von Konstantin I. im Römischen Reich eingeführt (**321**): Der Sonntag wurde mit Beginn der Industrialisierung in Fabriken nicht mehr eingehalten. Seine Einhaltung (mit technisch bedingten Ausnahmen) wurde erst durch die europäische Arbeiterbewegung wieder erkämpft. In der postindustrialisierten Ära steht der Sonntag wieder zur Disposition, soll Arbeits- wie Einkaufstag werden.

Solidus

(ursprüngl.: Solidus aureus = massives Goldstück) Spätrömische/byzantinische GoldMÜNZE: Eingeführt von Konstantin I. in Westrom (307), nach Erringung der Alleinherrschaft auch im Gesamtreich (**324**), löste der Solidus den von Diokletian erneuerten AUREUS ab: 1/72 römisches Pfund = 4,55 g GOLDgehalt, unterteilt in 24 siliquae (SCHILLINGE) aus SILBER und 240 follae aus KUPFER. Die Münze wurde durch periodisches Einziehen, Einschmelzen und Neuprägen ca. 750 Jahre lang im Wert konstant gehalten und gelangte bis nach China. Die erste Abwertung erfolgte nach der Niederlage von Manzikert (1071) unter Kaiser Nikephoros III. Botaneiates (1078–1081). Mit Abstieg des Solidus, parallel zur Agonie von Byzanz, prägte auch der Westen wieder Goldmünzen, in den neuen Zentren ökonomischer Aktivität – Florenz (1254), Venedig (1284). Der Solidus hielt sich, als längste und stabilste Leitwährung der Weltgeschichte.

Literatur: M. R. Alföldi: Die constantinische Goldprägung. Mainz 1963.

Konzil

(von lat.: con + calare= zusammenrufen) SYNODE oder Versammlung von Bischöfen allgemeinen (ökumenischen) oder regionalen Charakters, zur Beratung und Entscheidung theologischer und kirchlicher Fragen, oft auch politischen Charakters: Ökumenische Konzile als geistliche Machtinstrumente wurden zunächst meist vom KAISER, später vom PAPST einberufen. Vom Spätmittelalter bis zur Frühen Neuzeit erhoben sie Anspruch als höchste Instanz der Kirche (Konziliarismus).

Als die 21 ökumenischen Konzile gelten: KONZIL VON NICÄA I (**325**), KONZIL VON KONSTANTINOPEL I (381), KONZIL VON EPHESOS (431), KONZIL VON CHALKEDON (451), die Konzilien von Konstantinopel II und III (553, 680–681), Nicäa II (787), Konstantinopel IV (869–870), die LATERANKONZILIEN I, II, III und IV (1123, 1139, 1179, 1215), die Konzilien von Lyon I, II (1245, 1274), Vienne (1312), KONZIL VON KONSTANZ (1414–1418), KONZIL VON BASEL (1431–1437), KONZIL VON FERRARA/Florenz (1438/39–1443), Lateran V (1512–1517), Trienter Konzil (1545–1563) und 1. und 2. VATIKANISCHES KONZIL (1869/70, 1962–1965).

Literatur: Geschichte der ökumenischen Konzilien. Mainz 1965ff.; H. Jedin: Kleine Konziliengeschichte. Freiburg [8]1969; R. Bäumer (Hg.): Die Entwicklung des Konziliarismus. Darmstadt 1974.

Konzil von Nicäa

Erstes allgemeines Kirchenkonzil: Nach Erringung der Alleinherrschaft (324) von Konstantin einberufen, diente das Konzil der Konsolidierung der christlichen Kirche, unter Vorsitz des KAISERS (obwohl selbst noch nicht Christ, **325**). Das christliche (»nicäische«) Glaubensbekenntnis wurde Kompromissformel: Sohn und Vater sind »wesensgleich« (»homousia«, »consubstantialis«). Die ARIANER wurden verurteilt, vier PATRIARCHATE als gleichberechtigt anerkannt – Jerusalem, Antiochia, Alexandria, Rom. Es gelang nicht, die Einheit des CHRISTENTUMS herzustellen oder zu bewahren, da der Osten die »Wesensgleichheit« überwiegend ablehnte (MONOPHYSITISMUS, SCHISMEN).

Literatur: W. Dallmayr: Die großen vier Konzilien. Nicaea, Constantinopel, Ephesus, Chalcedon. München 1961; R. E. Person: The Mode of Theological Decision Making at the Early Ecumenical Councils. Basel 1978.

Arianer

Anhänger des Arius und des Arianismus: Als erste bedeutende religiöse Abspaltung (Häresie) des CHRISTENTUMS im Osten, noch vor dessen Aufstieg zur Reichsreligion im Römischen Reich, verdammte das KONZIL VON NICÄA den Arianismus (**325**). Er blieb oppositionelle Strömung, mit Mission unter OSTGERMANEN nördlich der unteren Donau, auch bei den WESTGOTEN (341). Von Constantius II. gefördert, verbreitete er sich im Westen (350), wurde durch die SYNODE VON RIMINI Staatsreligion (359).

Nach dem Scheitern der heidnischen RESTAURATION unter Julian Apostata (361–363) entstanden religionspolitische Spaltungen des Römischen Reichs: Valentinian I. (im Westen) blieb orthodox, Valens (im Osten) nahm den Arianismus an (364). Mit dem Tod des Valens in der Schlacht bei Adrianopel gegen die Westgoten (378) war der Arianismus entscheidend geschwächt: Das KONZIL VON KONSTANTINOPEL (381) bestimmte die ORTHODOXIE auf der Basis des Konzils von Nicäa als einzige legale Form des Christentums im gesamten Römischen Reich: Der Arianismus hielt sich danach nur noch bei ostgermanischen Stämmen, auch nach ihrem Eindringen ins Römische Reich, bis zu ihrem Untergang – WANDALEN (534), OSTGOTEN (552) – oder ihrem Übertritt zur römisch-katholischen Kirche des Westens – BURGUNDER (516), Westgoten (589), LANGOBARDEN (nach 650) – womit der Arianismus endgültig erlosch.

Literatur: H. Lietzmann: Geschichte der alten Kirche. Bd. 3, Berlin ^{2}1953.

Patriarchat

Amtsbezirk eines christlichen Patriarchen: Seit dem KONZIL VON NICÄA (**325**) gab es vier Patriarchate (Jerusalem, Antiochia, Alexandria, Rom), später (381) fünf (Konstantinopel). Eingerichtet wurden sie zunächst nur für Bischöfe in Städten von besonderer politischer oder kirchlicher Bedeutung. Der Patriarch von Rom stieg als PAPST, der Patriarch von Konstantinopel als geistliches Oberhaupt der Griechisch-orthodoxen Kirche zu einem besonderen Rang (PRIMAT) auf. In der Kirche des Westens gab es ferner ein (533–678 zunächst schismatisches) Patriarchat von Aquileja, das später auf Venedig überging (1451). Den Ehrentitel eines Patriarchen tragen außerdem der Bischof von Lissabon (seit 1716), der Bischof des katholischen Ritus von Jerusalem (1847) und der Bischof von Goa für Ostindien (1886). Ein Patriarchat für Westindien (1540) ist seit 1963 vakant. Die Ehrentitel des Patriarchen des lateinischen Ritus von Alexandria und Konstantinopel wurden erst jüngst abgeschafft (1964). Außerdem gibt es Patriarchate für die mit Rom unierten Ostkirchen als Mittelinstanz zwischen Bischof und Vatikan, für die (jeweils unierte) Armenische, Chaldäische, Koptische, Maronitische, Melkitische und (West-)Syrische Kirche.

In den Ostkirchen bilden Patriarchate in der Regel die Spitze der Hierarchie. Wichtig war der Patriarch von Konstantinopel als Gegenspieler zum Papst in Rom, nach dem GROSSEN (ABENDLÄNDISCHEN) SCHISMA (1054) als Oberhaupt der Griechisch-orthodoxen Kirche, ferner der Patriarch von Alexandria für die KOPTISCHE KIRCHE mit Einfluss über Nubien bis Äthiopien. In der Orthodoxen Kirche entstanden neben den historischen weitere Patriarchate der von Konstantinopel unabhängigen Nationalkirchen – Russland (formal anerkannt 1589), Serbien, Bulgarien, Rumänien.

Auch: Vorherrschaft des Mannes in einer Gesellschaft, im Gegensatz zum Matriarchat. Das Patriachat gilt in der feministischen Geschichtswissenschaft als wesentliches Strukturprinzip bei Herausbildung moderner Gesellschaften.

Literatur: W. de Vries: Rom und die Patriarchate des Ostens. Freiburg 1963.

Präfektur

Oberste Verwaltungseinheit des spätrömischen Reichs, zwischen DIÖZESEN und KAISER: In Anknüpfung an das Amt des PRÄTORIANERPRÄFEKTEN gliederten seit Konstantin I. (**326**) vier Präfekturen (Oriens, Illyricum, Gallia, Italia), das Reich mit besonderer Macht des Praefectus Orientis.

Colonus

(Plural: Coloni) Halbfreier Pächer in spätrömischer Zeit: Seit Diokletian (284–305) gab es Coloni auf kaiserlichem Besitz, später auch privatem Großgrundbesitz, verstärkt unter Konstantin I. Coloni waren an die Scholle gebunden (»glebae adscripti«), um Landflucht zu verhindern und das Steueraufkommen sicherzustellen. Der Kolonat war ein zentrales Merkmal des spätantiken Zwangsstaats auf dem Lande (**332**), später bildete er eine Zwischenstufe zum FEUDALISMUS, mit charakteristischen Nuancen im Osten und Westen des Römischen Reichs: Im Osten stärker eingebunden in den fiskalischen Zentralismus der Kaisermacht, stand der Kolonat dagegen im sich auflösenden Westen schon früh unter sozialer und politischer Vorherrschaft der neuen Großgrundbesitzer-ARISTOKRATIE, erst recht nach dem UNTERGANG DES WESTRÖMISCHEN REICHS (476). In der Praxis war die Stellung des Colonus von der eines SKLAVEN in der entstehenden Grundherrschaft oft nur schwer zu unterscheiden.

Literatur: M. Rostovtzeff: Studien zur Geschichte des römischen Kolonates, in: Archiv für Papyrusforschung und verwandte Gebiete, Beiheft 1, Leipzig 1910; R. Clausing: The Roman Colonate. Diss. Columbia 1925; M. Pallasse: Orient et Occident à propos du colonat romain. o. O. 1950.

Alanen

(As, Assi) Iranisches Nomadenvolk, den Sarmaten verwandt: Aus Zentralasien nach Südostrussland kommend, siedelten die Alanen zwischen unterer Wolga, unterem Dnjepr und Kaukasus (1. Jh. n. Chr.). Versuche zur Expansion durch den Kaukasus verhinderten die Römer unter Nero durch Befestigungen. Nach Einfällen nach Armenien (134), ins Donaugebiet (166) und nach Thrakien (242) zogen sie unter dem Druck der Goten teilweise nach Westen bis zur unteren Donau, kamen dort in Kontakt mit Hunnen (**355**) und wurden von diesen überrannt (ca. 370). Ein Teil wich nach Süden aus, überschritt mit Wandalen und Sueben den Rhein nach Gallien (406), zog bis nach Spanien (409, Got-Alania = Katalonien) und wich vor den Westgoten mit den Wandalen nach Nordafrika aus (429).

Die im Osten zurückgebliebenen, teilweise auch Jassi genannten Alanen hielten sich nördlich des Kaukasus unter wechselnden turkmongolischen Eroberern (Chasaren, Kumanen, Mongolen/Tataren). Von ihnen stammen die Osseten im Kaukasus ab, die seit dem Zerfall der Sowjetunion (1991) mit russischer Hilfe heute in faktischer Sezession vom modernen Georgien leben.

Literatur: F. Altheim: Geschichte der Hunnen. Bd. 1. Berlin 1959.

Synode

(griech.: Zusammenkunft) Ursprünglich Versammlung von Bischöfen im Rahmen eines ökumenischen Konzils (**359**): In der Katholischen Kirche seit dem Vaticanum II (1963–1965) wurden Synoden auch auf die regionale und lokale Ebene ausgedehnt (Diözesan-, Pastoralsynode). In der Orthodoxen Kirche bezeichnen Synoden Kirchenversammlungen innerhalb der autokephalen Nationalkirchen, in evangelischen Kirchen parlamentsähnliche Gremien von Geistlichen und gewählten Laien auf allen Organisationsebenen (in Deutschland: Kreis-, Landeskirchen-, EKD-Synoden). Eine Besonderheit ist der Heilige Synod der Russisch-orthodoxen Kirche (1721–1917).

Neuplatoniker (Platoniker)

Philosophische Richtung der römischen Kaiserzeit, die sich in die Schultradition Platons stellte, jedoch ohne historisch-kritische Rekonstruktion seiner Lehren: Zentrum war die Akademie in Athen, Hochburg der vorchristlichen (»heidnischen«) Philosophie. Der Versuch zur Restauration des Heidentums auf neuplatonischer Grundlage unter Julian (**361**) scheiterte (363). Die heidnischen Philosophen wanderten nach Schließung der Akademie durch Justinian I. (529) nach Persien aus. Sie hatten nach der arabisch-muslimischen Eroberung (ab 641) großen Anteil an der Übersetzung griechischer Autoren ins Aramäische (Syrische), von da ins Arabische.

Literatur: Th. Whittaker: The Neoplatonists. London ^{2}1928, Nachdruck 1961; Ph. Merlan: From Platonism to Neoplatonism. Den Haag ^{2}1960.

Synode von Rimini

Die Synode von Rimini erhob den Arianismus zur Staatsreligion im Römischen Reich (**359**–378/81).

Pikten

(lat.: Picti = die Bemalten) Keltischer Stamm im nördlichen Britannien, auch CALEDONIER (lat.: Caledonii): Der Einfall der Pikten nach Britannien (**368**–372), gemeinsam mit SKOTEN und FRANKEN/SACHSEN, verstärkt in das seit dem endgültigen Abzug der römischen Legionen (407) entstandene Machtvakuum, bereitete der Eroberung Britanniens durch ANGELN, Sachsen und JÜTEN (nach 449) den Weg. Die Pikten gehören zu den Vorfahren der Schotten.

Literatur: J. Henderson: The Picts. London 1967.

Skoten

(lat.: Scoti) Keltisches Volk, ursprünglich aus Irland, im westlichen Schottland (Argyll, Galloway): Skoten unternahmen mit PIKTEN Einfälle in Britannien (**368**–372, nach 407). Sie sind mit den Pikten Vorfahren der Schotten, die von ihnen ihren Namen ableiten.

Literatur: J. Bannerman: Studies in the History of Dalriada. Edinburgh, London 1974.

Völkerwanderung

Bezeichnung (von Germanen her gesehen) für großräumige Wanderungsbewegung germanischer und anderer Völker (375–568): Der Ausdruck wurde von Völkern jenseits des LIMES übernommen; im Französischen und Englischen heißt der Vorgang, vom untergehenden WESTROM her gesehen, »invasion barbares« bzw. »invasion of the barbarians«. Nach ca. 200 Jahren regional begrenzter Einfälle von GERMANEN über die Rhein-Donau-Grenze lösten Invasionen turkmongolischer Völker aus Zentralasien (HUNNEN, AWAREN) die Völkerwanderung aus und hielten sie in Gang. Sie verursachten Ausweichbewegung von Germanen (anschließend auch SLAWEN), ähnlich wie Eroberungen turkmongolischer Völker, die in Zentralasien geblieben waren und auf China, Indien und Persien drückten.

Im Westen wie Osten sind die Mechanismen und Ergebnisse vergleichbar: Schwächung bzw. Erschütterung von ZIVILISATIONS- und Machtzentren, Spaltung von GROSSREICHEN (OSTROM/Westrom, Nordchina/Südchina), Überwältigung eines der jeweiligen Teilreiche (Westrom, Nordchina) durch die sog. Barbaren, Rückfall vom klassischen Entwicklungsniveau auf ein weit geringeres Zivilisationsniveau, im Westen mit weitgehendem Verlust der Schriftlichkeit in analphabetischen Verhältnissen (Quellenarmut der »dark ages«), einmündend in den FEUDALISMUS im Westen, in China in die Erneuerung des Reichs durch die SUI- und T'ANG-DYNASTIE, in Persien in die Schwächung des SASSANIDENREICHS gegenüber dem ISLAM.

Die (germanische) Völkerwanderung lösten die Hunnen sowie innergermanische Prozesse der Ethnogenese aus: Aus dem Osten kommend, zerstörten die Hunnen das Reich der OSTGOTEN (**375**) und pressten die WESTGOTEN ins Römische Reich (376). Mit ihren ersten direkten Angriffen auf das Römische Reich trieben sie die Westgoten noch weiter nach Süden (395), bis nach Griechenland. Unter dem doppelten Druck von Hunnen und Westgoten zerbrach endgültig die Reichseinheit (TEILUNG DES RÖMISCHEN REICHS, 395). Das Ablenken der Westgoten von Ostrom nach Westrom (401) leitete die Endkrise Westroms ein. Die LEGIONEN zogen vom Rhein ab (405), verließen Britannien (407) und konnten den endgültigen Einbruch der Germanen in Gallien (406) ebenso wenig abwehren wie die Plünderung Roms durch Westgoten (410).

Verschärft wurden die Erschütterungen durch Wirkungen des ersten Großreichs zentralasiatischer Reitervölker in Europa, der Hunnen unter Attila (433–453) mit ihrer TRIBUTSOBERHERRSCHAFT vom Kaukasus bis zum Niederrhein. Weitere Ostgermanen drängten nach Westen (WANDALEN, BURGUNDER, HERULER, SUEBEN), teils als VASALLEN der Hunnen (Ostgoten, GEPIDEN), und füllten das Machtvakuum auf weströmischem Gebiet teilweise durch (meist kurzlebige) post-römische Nachfolgestaaten aus, meist unter formaler Anerkennung der Oberhoheit des Kaisers in Westrom, nach dessen Ende (476) teilweise auch in Ostrom (Ostgoten). Der Hunnenzug Attilas nach Gallien (451) und Italien (452) verschärfte die Agonie Westroms, gefolgt von der Plünderung Roms durch die Wandalen (455), bis zum UNTERGANG DES WESTRÖMISCHEN REICHS (476). Indirekte Folge des Hunnensturms war die erobernde Einwanderung in das Machtvakuum seit der Räumung durch Westrom (407) in Britannien: Von Norden suchten es die PIKTEN und SKOTEN auszufüllen, aber tatsächlich gelang die Eroberung den nordwestgermanischen ANGELN, SACHSEN und JÜTEN (ab 449).

Erst der Zusammenbruch des Hunnenreichs (454) ermöglichte die historisch bedeutendsten Nachfolgestaaten germanischer Völker auf weströmischem Boden – der FRANKEN in Gallien (ab 486) und Ostgoten in Italien (493–552). Das Ostgotenreich erlag der Rückeroberungs- und RESTAURATIONSPOLITIK Ostroms unter Justinian I. (527–565, 540/52). Das FRANKENREICH wurde Ausgangspunkt zur Herausbildung des West-Kaisertums, mit der KAISERKRÖNUNG KARLS DES GROSSEN (800) und Ottos I. (962).

Die Schlussphase der Völkerwanderung begann mit der Eroberung weiter Teile Italiens durch LANGOBARDEN, die (mit den Awaren) zuvor das Gepidenreich in Pannonien vernichtet hatten (567). Die Awaren waren gerade erst nach ihrer Vertreibung durch Alt-Türken aus Zentralasien (552) im Westen eingetroffen und drängten die Langobarden aus Pannonien nach Italien ab. Gleichzeitig setzten Awaren (ab 582), später auch Bulgaren (ab 680), die SÜDSLAWEN in Bewegung und drängten sie nach Südosteuropa, von Slowenien bis Griechenland. Damit erreichten erstmals die südlichen Ausläufer der slawischen Völkerwanderung den Boden des Oströmisch-Byzantinischen Reichs, nachdem sich slawische Völkerbewegungen zuvor außerhalb des Römischen Reichs vollzogen hatten, im Wesentlichen als Nachrücken in von den Ostgermanen nach 375 geräumten Gebiete.

Awaren/Bulgaren und Südslawen hatten in Südosteuropa vergleichbare Wirkungen im überwiegend von Ostrom/Byzanz beherrschten und beeinflussten Gebiet wie zuvor die germanische Landnahme im Westen. Allerdings fügten sich die Südslawen in die mit der endgültigen Teilung des Römischen Reichs (395) vorgegebenen Strukturen ein: Westlich der Drina nahmen sie früher oder später das lateinisch-römische Christentum an, im Osten das byzantinisch-griechische, mit kulturellen und politischen Konsequenzen bis zur Gegenwart (unterschiedliches Alphabet, Gegensätze zwischen KROATEN und SERBEN, JUGOSLAWIENKRIEG).

Die Völkerwanderung war der wichtigste externe Faktor beim Untergang des Weströmischen Reichs, beim Übergang von der Antike zum Mittelalter und mittelalterlichen Feudalismus in Europa. Außerdem legte die Völkerwanderung den ethnischen Kern zur Herausbildung vieler späterer NATIONEN in Europa. Zur welthistorischen Einordnung werden die auslösende und weiter treibende Wirkung von Hunnen und Awaren, die Einbeziehung der slawischen (als räumliche und zeitliche Fortsetzung der germanischen) »Völkerwanderung« sowie der Vergleich mit ähnlichen Prozessen in Asien (China, Persien) unentbehrlich.

Literatur: P. Riche: Les invasions barbares. Paris 1964; E. Demougeot: La formation de l'Europe et les invasions barbares. Paris 1969; F. G. Maier: Die Verwandlung der Mittelmeerwelt. Fischer Weltgeschichte. Bd. 9, Frankfurt/Main 1975; R. Wenskus: Stammesbildung und Verfassung. Das Werden der frühmittelalterlichen Gentes. Köln [2]1977; P. Dixon: Barbarian Europe. Oxford 1976; H. Wolfram: Das Reich und die Germanen. Berlin 1994.

Foederati

Verbündete Roms, in der Spätzeit barbarische Völker, an den Grenzen angesiedelt, zum Dienst als Grenzschutztruppen: Nach früheren Vorläufern – MARKOMANNEN (nach 166), WANDALEN (334) – war modellhaft die Ansiedlung der WESTGOTEN südlich der Donau auf der Flucht vor den HUNNEN (**376**), nach der Schlacht von Adrianopel (378) modifiziert erneuert (382). Foederati waren später wichtiges Instrument zur (vorübergehenden) Integration barbarischer Eindringlinge. Die meisten germanischen Staatsgründungen auf römischem Boden erfolgten formal durch Foederati, deren ADEL als »Gäste« (hospites) des Römischen Reichs meistens ein Drittel des Landes erhielt (Tertia Hospitalitas). Ähnliche Strukturen entwickelten sich auch in OSTROM (z. B. die arabischen Beduinen der Banu Ghassan, 490–633), in Persien und China.

Orthodoxie

(griech.: Rechtgläubigkeit) Ursprünglich Bezeichnung nur für christliche Kirchen, die sich aufgrund der KONZILE VON NICÄA (325), EPHESOS (431), CHALKEDON (451) von ARIANERN, NESTORIANERN und MONOPHYSITEN abgrenzten: Die arianische Phase im Römischen Reich (359–378) endete mit der Rückkehr zur Orthodoxie unter Theodosius I.

(**379**). Nach dem SCHISMA ROM – BYZANZ (1054) blieben die Ostkirchen unter dem PATRIARCHAT von Konstantinopel, organisiert in autokephalen (griech.: auto = selbst + kephalos = Haupt: eigenständig) Kirchen proto-nationalen Charakters.

Seit der REFORMATION auch Periode lutherischer Theologie nach dem AUGSBURGER RELIGIONSFRIEDEN (1555) und der Zeit um 1700.

Bei JUDEN bedeutet Orthodoxie eine strenggläubige konservative Richtung; besonders wichtig im modernen Staat Israel.

Allgemein: starre Rechtgläubigkeit und Intoleranz in fest gefügten politischen und ideologischen Systemen, z. B. im KOMMUNISMUS.

Literatur: F. Heiler: Die Ostkirchen. Neuausgabe München/Basel 1971; H.-C. Diedrich (Hg.): Das Glaubensleben der Ostkirche. München 1989.

(1.) Konzil von Konstantinopel

Kirchenversammlung zur Wiederherstellung der Einheit der Kirche: Das Konzil in Konstantinopel (**381**) stellte gegen die ARIANER die ORTHODOXIE auf der Basis des KONZILS VON NICÄA (325) als einzig legale Form des CHRISTENTUMS im Römischen Reich durch Kaiser Theodosius I. (379–395) wieder her. Der Bischof und PATRIARCH von Konstantinopel erhielt einen besonderen Ehrenrang, direkt hinter dem PAPST.

Literatur: W. Dallmayr: Die großen vier Konzilien. Nicaea, Constantinopel, Ephesus, Chalcedon. München 1961; R. E. Person: The Mode of Theological Decision Making at the Early Ecumenical Councils. Basel 1978.

Papst

(lat.: papa, griech.: Pappas = Vater) Ursprünglich Ehrentitel der Ostkirche für Äbte, Bischöfe und Patriarchen, später auch im Westen, allmählich nur noch für den Bischof von Rom, Oberhaupt der Katholischen Kirche, oft mit Gegenpapst: Als erster Papst gilt der Apostel Petrus (gestorben 64). Daher verstanden sich die Päpste als Petri Nachfolger, mit dem Schlüssel Petri als Wappen. Das Bistum Rom wurde mit den drei PATRIARCHATEN des Ostens gleichgestellt (325), war aber de facto von niedrigerem Rang. Nach 300 Jahren unsicherer Überlieferung war der erste historisch greifbare Papst Damasus I. (366–384). Unter ihm begann die Bibelübersetzung ins Lateinische (VULGATA) durch seinen Sekretär, den heiligen Hieronymus (**383**). Nach Verzicht des Kaisers Gratian auf den altrömischen Sakraltitel des PONTIFEX MAXIMUS (382) übernahmen ihn die Päpste, formell Leo I. (440–461), der das Papsttum kraft seiner Persönlichkeit und geschickten Politik nachhaltig stärkte: Den von Leo I. beanspruchten PRIMAT erkannte der schwache Kaiser Valentinian III. für WESTROM an (445). Leo I. bewegte die HUNNEN unter Attila vor Rom zum Abzug (452). Nach dem UNTERGANG DES WESTRÖMISCHEN REICHS (476) blieb Rom ohne kaiserlichen Oberherrn, musste sich allein behaupten. Im OSTGOTENreich formulierte Papst Gelasius I. (492–496) erstmals die ZWEIGEWALTENLEHRE des geistlichen und weltlichen »Schwerts«. Der Papst steigerte seine Bedeutung, u. a. durch SCHISMEN mit Konstantinopel (484–519, 867–869/70, 1054) und dem Übertritt der FRANKEN zum römischen CHRISTENTUM (499). Die Eroberung Italiens durch OSTROM (540) ordnete den Papst dem Kaiser in Konstantinopel wieder unter.

Unter Gregor I. (dem Großen, 590–604) erstarkte das Mönchtum in der römischen Kirche, gelang die Christianisierung Britanniens unter Führung Roms, begann die Sammlung des PATRIMONIUM PETRI. Im Bilderstreit (730–843) war Gregor I. gegen den IKONOKLASMUS. Pippin III. erkannte den päpstlichen Primat an, dafür salbte der Papst den HAUSMEIER und legitimierte so dessen Putsch und das karolingische Königtum. Der Papst schloss ein Bündnis mit Pippin (754), erhielt dafür Unterstützung gegen die LANGOBARDEN und die PIPPINISCHE SCHENKUNG (756), mit der er den Kirchenstaat begründete (bis 1870). Abermals unter Druck der Langobarden erging ein erneuter päpstlicher Hilferuf an die Franken (772), der zur KAISERKRÖNUNG KARLS DES GROSSEN führte (800).

Nikolaus I. (858–867) beanspruchte ein päpstliches Richteramt über weltliche Herrscher und den innerkirchlichen Primat über die fränkische Reichskirche. Das Papsttum wurde abhängig von römischen Adelsfamilien (9.–10. Jh.). Unter dem Druck des lombardischen Königreichs richtete der Papst Hilferufe an Otto I., der in Rom zum Kaiser gekrönt wurde (962): Mit Konstituierung des REICHS DER DEUTSCHEN stand das Papsttum unter kaiserlicher Vorherrschaft. Die Kaiser hatten als deutsche Könige lange Zeit eine starke Position, dank dem OTTONISCHEN REICHSKIRCHENsystem, das zu einer Art nationaler Stütze wurde. Polen und Ungarn waren hingegen Rom zeitweise direkt unterstellt (1000/01). Auf der SYNODE VON SUTRI (1046) setzte Heinrich III. drei rivalisierende Päpste ab. Robert Guiscard erhielt Capua als päpstliches Lehen (1057). Die KIRCHENREFORM unter Einfluss der Cluniazenser befreite das Papsttum vom kaiserlichen Primat: Die LATERANSYNODE (1059) ließ die Papstwahl nur noch durch das KARDINALSkollegium zu. Der Papst gab der Iberischen RECONQUISTA (1064) und der NORMANNISCHEN EROBERUNG seinen Segen (1066).

Gregor VII. (1073–1085) ergriff die Initiative zur entscheidenden Kirchenreform: ZÖLIBAT (1074), DICTATUS PAPAE gegen Byzanz (1075), INVESTITURSTREIT (1076–1122), GANG NACH CANOSSA (1077), gipfelnd im Kampf zwischen Kaiser und Papst um Rom (1084). Der Papst übernahm die ideelle Führung der KREUZZÜGE (1096–1270). Der INVESTITURSTREIT endete im Kern mit einem Erfolg der weltlichen Herrscher in Frankreich (1106) und England (1107), im Reich mit dem Kompromiss des WORMSER KONKORDATS (1122); bestehen blieb der Konflikt mit Heinrich V. um die MATHILDISCHEN GÜTER (1116). Portugal wurde päpstliches Lehen (1143). Gegen die Herrschaft des Papstes richtete sich ein Aufstand der Kommune in Rom (1143–1155). Alexander III. (1159–1181) erneuerte den Konflikt mit dem Kaiser (Friedrich I. Barbarossa): Er wurde von Friedrich I. aus Rom vertrieben (1167). Der Papst unterstützte den antikaiserlichen Aufstand des (1.) LOMBARDENBUNDS (1167), schloss Frieden mit dem Kaiser (1177), präsidierte dem 3. LATERANKONZIL (1179) und verlangte die Zweidrittelmehrheit im Kardinalskollegium für die Papstwahl. WALDENSER und KATHARER wurden verurteilt (1184). Innozenz III. (1198–1215) erreichte den Höhepunkt päpstlicher Machtstellung. Er war Vormund für den späteren Kaiser Friedrich II. (1198), unterminierte die Macht des Kaisertums mit der BULLE »PER VENERABILEM« für Philipp II. August von Frankreich: »Rex est imperator in regno suo« (1204). Er löste die ALBIGENSERKRIEGE (1209–1229) aus und verhängte ein päpstliches INTERDIKT gegen England (1208–1213), das zu einem päpstlichen Lehen wurde (1213–1366). Das 4. LATERANKONZIL (1215) verfügte Maßnahmen gegen JUDEN und führte die INQUISITION gegen KETZER ein.

Im Konflikt mit Kaiser Friedrich II. wurde Sizilien unter Interdikt gestellt (1227–1230). Die päpstliche Inquisition gegen Ketzer (1231) richtete sich auch gegen den Kaiser bis hin zum Konflikt mit Friedrich II. (1239–1250): Auf dem 1. Konzil von Lyon (1245) wurde Friedrich II. exkommuniziert und für abgesetzt erklärt. Eine weitere Radikalisierung brachte die Bulle »Ad extirpandam« gegen Ketzer, die die FOLTER bei der Inquisition gestattete (1252). Gemäßigte patrizische Kreise in Rom revoltierten gegen den Papst (1252–1258), der nach dem Untergang der STAUFER die Krone Siziliens an Karl von Anjou (1262/65) vergab. Das 2. Konzil von Lyon (1274) verfügte die KONKLAVE für die Papstwahl, die KIRCHENUNION mit Byzanz wurde, mit der Verdammung von Kaiser Michael VIII. durch Papst Martin IV., wieder zerstört (1281). Die Bildung einer Koalition unter Karl von Anjou zur Wiedereroberung von Byzanz (1282) scheiterte an der SIZILIANISCHEN VESPER (1282).

Unter Bonifatius VIII. (1294–1303) geriet das Papsttum in eine Existenzkrise im Konflikt mit Philipp IV. (dem Schönen) von Frankreich (1301). Auf dessen Gipfel ließ der französische König den Papst gefangen nehmen (ATTENTAT von Anagni, 1303). Bonifatius VIII. wurde zwar noch befreit, starb aber kurz darauf (1303). Die schwere Krise der Papstkirche mündete in die BABYLONISCHE GEFANGENSCHAFT DER KIRCHE, die Päpste mussten in Avignon als Anhängsel der französischen Könige residieren (1309–1377). Daher geriet der Papst in Konflikt mit Ludwig dem Bayern (1328–1347), dem deutschen Kaiser, der sich gegen Frankreichs Expansion wandte und selbst das deutsche Imperium neu beleben wollte. Auf die Rückkehr des Papstes nach Rom (1377) folgte mit dem GROSSEN ABENDLÄNDISCHEN SCHISMA (1378–1417) eine erneute Krise, die erst das KONZIL VON KONSTANZ (1414–1418) löste.

In Konstanz begann gleichwohl der Konziliarismus, der Kampf der Anhänger des Konzilprinzips gegen die absolute Macht der Päpste. Das Dekret »Frequens« (1417) bestimmte, dass KONZILIEN häufig tagen sollen. Die Bulle »Execrabilis« (1459) proklamierte den päpstlichen Primat über Konzilien und vergab so die letzte Möglichkeit zur Kirchenreform vor der REFORMATION. Außenpolitisch zeigte sich das Papsttum stark: Die MONOPOLvergabe für überseeische Eroberungen an Portugal in drei Bullen zeigt den ungebrochenen universellen Anspruch (1452, 1455, 1456), der Beitritt des Papstes zur LIGA DER FÜNF ITALIENISCHEN MITTELMÄCHTE (1455–1494) die Etablierung als regionale Mittelmacht.

Unter Alexander VI. (1492–1503) erreichte die Verweltlichung ihren Höhepunkt. Ein päpstlicher Schiedsspruch (1493) vermittelte den VER-

TRAG VON TORDESILLAS zwischen Spanien und Portugal (1494); der Papst trat der HEILIGEN LIGA gegen Frankreich bei (1495, 1512); Savonarola wurde als Ketzer verbrannt (1498). Julius II. (1503–1513) betrieb den Ausbau des Kirchenstaats durch kriegerische Mittel und benötigte Geld für Kriege wie für die Bautätigkeit in Rom (u.a. Baubeginn des neuen Petersdoms in Rom, 1506, finanziert durch PETERSPFENNIG und ABLÄSSE). Im KONKORDAT von Bologna (1516) erkannte das Papsttum die GALLIKANISCHE KIRCHE an.

Der Beginn der Reformation (1517) eröffnete die tiefste Krise des Papsttums: Luther wurde exkommuniziert (1521), im SACCO DI ROMA (1527) erlebte Rom nach Jahrhunderten relativen Friedens eine erniedrigende Plünderung. Die Verweigerung der Ehescheidung durch den Papst beantwortete Heinrich VIII. von England mit der SEZESSION der ANGLIKANISCHEN KIRCHE von Rom (1529), nach dem Vorbild der Böhmischen (1436) und Gallikanischen Nationalkirche (1438). Mit dem Tridentinum (1545–1563) begannen Kirchenreform und GEGENREFORMATION. In der Heiligen Liga beteiligte sich der Papst am Kampf gegen die OSMANEN (1571).

Gregor XIII. (1572–1582) verfügte den GREGORIANISCHEN KALENDER (1582). Der Papst unterstützte die ARMADA des katholischen Spanien gegen das anglikanische England (1588). Den WESTFÄLISCHEN FRIEDEN verwarf der Papst (1648). Der JESUITENORDEN wurde unter dem Druck Portugals und Spaniens vom Papst vorübergehend aufgehoben (1773–1814). Nach Gründung der RÖMISCHEN REPUBLIK nahm Napoleon Bonaparte Papst Pius VI. gefangen (1798–1799). Pius VII. war anwesend bei der Krönung Napoleons I. zum Kaiser (1804), geriet aber in Konflikt mit ihm. Der Kirchenstaat wurde wiederhergestellt (1815). Pius IX. (1846–1878) stellte nach liberalen Reformen und erneuter Proklamation der Römischen Republik in der Revolution (1848/49) den Kirchenstaat wieder her (1850). Er wandte sich gegen das RISORGIMENTO (ab 1859/60) und verkündete auf dem VATICANUM I (1869/70) das Dogma von der päpstlichen Unfehlbarkeit (»ex cathedra«). Der Papst protestierte gegen die Einverleibung Roms in das Königreich Italien (1870) als »Gefangener im Vatikan«.

Leo XIII. (1878–1903) mäßigte den KULTURKAMPF in Deutschland und begründete mit der ENZYKLIKA »RERUM NOVARUM« (1891) die CHRISTLICHE SOZIALLEHRE. Die päpstliche Friedensvermittlung (1917) im ERSTEN WELTKRIEG (1914–1918) scheiterte. In der Enzyklika »MIT BRENNENDER SORGE« nahm Pius XI. verhalten Stellung gegen den NATIONALSOZIALISMUS (1937). Pius XII. verhielt sich während des ZWEITEN WELTKRIEGS ruhig (1939–1958), mischte sich dann aber massiv für die prokatholischen, konservativen Parteien in die italienischen Wahlen ein (1948/49). Er verkündete das Dogma der leiblichen Himmelfahrt Mariä (1950).

Johannes XXIII. (1958–1963) war der bedeutendste Reformpapst seit dem 19. Jahrhundert und öffnete die Kirche zur modernen Welt, z.B. mit grundsätzlicher Anerkennung einer nicht biblischen Evolution auf dem VATICANUM II (1962–1965). Paul VI. (1963–1978) besuchte das Heilige Land (1964). Johannes Paul II. (seit 1978) aus Polen war der erste nichtitalienische Papst seit 450 Jahren und gilt als einer der bedeutendsten Päpste der Neuzeit. Er unternahm zahlreiche Reisen, überlebte ein Attentat (1981) und scheiterte mit seinen Versuchen zur Überwindung des Schismas von 1054. Er trug maßgeblich zum ZUSAMMENBRUCH DES KOMMUNISMUS bei und erkannte an, dass die römische Kirche durch ihre Passivität Mitschuld am HOLOCAUST habe (2000).

Literatur: J. Haller: Das Papsttum. Idee und Wirklichkeit. 5 Bde., Urach, Stuttgart ²1950–1953, Nachdruck Darmstadt 1968; F. X. Seppelt: Geschichte der Päpste. 5 Bde., München ¹⁻²1954–1959; H. Kühner: Das Imperium der Päpste. Kirchengeschichte, Weltgeschichte, Zeitgeschichte. Von Petrus bis heute. Frankfurt/Main 1980; K. Fink: Papsttum und Kirche im abendländischen Mittelalter. München 1981; B. Schimmelpfennig: Das Papsttum. Darmstadt 1984; J. N. D. Kelly (Hg.): The Oxford Dictionary of Popes. Oxford 1988.

Vulgata

(lat.: Versio Vulgata = allgemein übliche Fassung [der Bibel]) Lateinische Bibelübersetzung, begonnen vom heiligen Hieronymus (**383**), erst des Neuen, später (ab 390) des Alten Testaments: Die Vulgata wurde maßgebliche (seit dem 8. Jh.), seit dem Tridentinum (1546) verbindliche lateinische Bibelübersetzung.

Wei-Dynastie

DYNASTIE der erobernden T'OPA-Nomaden, mit Nachfolgereich in Nordchina (**386**): Die Wei besaßen zunächst eine traditionelle Stammesverfassung, erhielten aber bald chinesische Verwaltungsstrukturen und sinisierten sich. Die Dynastie ging in Militäraufständen unter (534), wurde fortgesetzt im sog. Ost-Wei-Staat (534–550) mit kurzlebiger DYNASTIE der Ch'i (550–577).

T'opa

(Toba) Buddhistisches Nomadenvolk aus Zentralasien: T'opa zerstörten das Reich der HUNNEN in der Mongolei (2.–4. Jh.) – Hunnen wichen nach Westen aus oder verstärkten den Druck auf China. T'opa gründeten das Nachfolgereich der (Nördlichen) WEI in Nordchina (**386**–534), eroberten ganz Nordchina (420/40), das sie, auch durch DEPORTATIONEN, sinisierten. Sie verlegten die Hauptstadt nach Luoyang (494). Zusammen mit den Alt-Türken vernichteten sie das Reich der JUAN-JUAN (AWAREN, (552).

Auch: Stamm auf Sumatra; Indianerstamm im Gran Chaco, Nord-Argentinien.

Teilung des Römischen Reichs

Endgültige Teilung des Römischen Reichs beim Tod von Kaiser Theodosius I. (**395**) in OSTROM und WESTROM: Die Teilung geschah unter dem Druck von HUNNEN und WESTGOTEN und war in mehreren historischen Prozessen schon lange vorher in der Geschichte angelegt. Provisorische Reichsteilungen waren schon früher vorgekommen – im

2. Triumvirat Octavian/Marc Anton (40–30/29 v. Chr.), bei Marc Aurel/Lucius Verus (161–169), seit Diokletian mit der TETRARCHIE bis zur Alleinherrschaft Konstantins des Großen (293–324), unter Konstantins Nachfolgern (340–353), nach dem Ende Julian Apostatas (364) bis zur Alleinherrschaft des Theodosius I. (394).

Die Reichsteilung, auf der Balkanhalbinsel entlang der Drina 395, wieder nur als Provisorium gedacht, erwies sich diesmal als endgültig. Nach dem UNTERGANG DES WESTRÖMISCHEN REICHS (476) beanspruchte der oströmische Kaiser wieder die allein legitime Herrschaft, wie sie sich besonders in der RESTAURATIONSPOLITIK Justinians I. (527–565) vorübergehend erfolgreich zeigte. Die endgültige Reichsteilung fixierte eine Grenzlinie zwischen dem lateinischen Westen und griechischen Osten, verlängert durch unterschiedliche Christianisierung von Rom oder Konstantinopel aus nach Norden, zementiert durch das große SCHISMA ROM–BYZANZ (1054). Die Strukturgrenze zwischen Ost- und Westrom ist noch heute sichtbar, vor allem im ehemaligen Jugoslawien, z. B. im Nebeneinander von lateinischer und kyrillischer Schrift, im serbisch-kroatischen Konflikt im JUGOSLAWIENKRIEG (1991–1999).

Literatur: E. Demougeot: De l'unité à la division de l'Empire romain (395–410). Paris 1950; A. Demandt: Die Spätantike. Von Diokletian bis Justinian 284–565 n. Chr. München 1988.

Ostrom (Oströmisches Reich)

Östlicher Teil des Römischen Reichs nach der Teilung (**395**): Das Teilreich war unter der THEODOSIANISCHEN DYNASTIE (bis 450) im Wesentlichen griechisch geprägt, betrachtete sich aber als Kern des römischen Staats, der in Ostrom/Byzanz weiterlebte (offiziell: Reich der »Rhomäer«). Die WESTGOTEN unter Alarich bedrohten Ostrom; sie standen vor Konstantinopel (395) und in Griechenland (396; Massaker an ihnen in Konstantinopel 400), wurden jedoch nach Italien (WESTROM) abgelenkt (401). Ostrom zahlten den HUNNEN TRIBUT (430/441) und erreichte dadurch deren Abzug gen Westen (447). Karthago ging an die (germanischen) WANDALEN (439) verloren. Nach dem Ende der THEODOSIANISCHEN DYNASTIE (450) erlangte der gotische HEERMEISTER Aspar beherrschenden Einfluss. Kirchenpolitisch mit dem Westen abgestimmt, verurteilte Ostrom den MONOPHYSITISMUS (451). Leon I. stürzte Aspar mit Hilfe der ISAURIER (471) und erreichte die Absetzung des weströmischen Kaisers Romulus (»Augustulus«) durch den germanischen Feldherrn Odoaker (476): Das Ende Westroms war besiegelt, Ostrom allein hielt sich, seit dem Arabersturm umgewandelt zu BYZANZ (ca. 640).

Westrom (Weströmisches Reich)

Westlicher Teil des Römischen Reichs nach der Teilung (**395**): Unter der THEODOSIANISCHEN DYNASTIE (bis 455) war Westrom lateinisch geprägt. Die HEERMEISTER erlangten große Macht, darunter Aëtius (433–454), Ricimer (456–472) und Orestes (ca. 472–476). Nach dem Fall des Pannonischen LIMES (ca. 400) fielen WESTGOTEN unter Alarich in

Italien ein (401). Die weströmische Hauptstadt wurde von Mailand nach Ravenna verlegt (402). Nach dem Abzug der römischen Legionen vom Rhein (405) und aus Britannien (407) fielen Germanen in Gallien, Spanien und Italien ein. Westgoten plünderten Rom (410). Nach dem Tod des Kaisers Honorius (423) erschütterten Machtkämpfe das Reich. Hunnen unter Attila drangen ohne Gegenwehr in Gallien (451) und in Italien ein (452). Nach der Ermordung des Aëtius durch Kaiser Valentinian III. (454) brach ein Bürgerkrieg aus, dem auch der Kaiser zum Opfer fiel (455). Wandalen unter Geiserich wurden in den Bürgerkrieg einbezogen und plünderten Rom (455). Der von Ostrom als Kaiser eingesetzte Julius Nepos wurde von Orestes gestürzt (475). Dessen Sohn Romulus (»Augustulus«), der letzte weströmische Kaiser, wurde von dem germanischen Feldherrn Odoaker im Auftrag Ostroms abgesetzt (476), womit das Ende Westroms besiegelt und formal die Reichseinheit wieder hergestellt war.

Heermeister

Deutsche Übersetzung für den spätantiken Titel Magister Equitum: Die Stellung des Heermeisters als Reichsfeldherr gewann an Bedeutung nach dem Tod von Theodosius I. (**395**), da beide Söhne in Ostrom und Westrom unmündig waren und die schwachen Kaiser meist im Schatten bedeutender Heerführer standen: im Westen vor allem Stilicho (395–408), Aëtius (433–454), Ricimer (456–472) und Orestes (474–476).

Juan-juan (Awaren)

Nomadenvolk in Zentralasien: Das Reich der Awaren (seit **402**) wurde von T'opa und Alt-Türken gestürzt (552). Awaren wichen nach Westen aus, brachten Steigbügel und Krummsäbel mit. Sie unternahmen Einfälle in den Osten des Frankenreichs sowie nach Bayern (562) und vernichteten, zusammen mit den Langobarden, das Reich der Gepiden in Pannonien (567). Das neue Awarenreich errichtete eine Tributsoberherrschaft über weite Teile des slawisch geprägten Raums, drängte die Langobarden nach Italien ab (568). Die Awaren expandierten mit den Südslawen nach Südosteuropa (582), verstärkten den Druck auf Byzanz, verheerten Friaul (610) und erlitten eine entscheidende Niederlage vor Konstantinopel (626). Gegen das geschwächte Reich erhoben sich Slawen. Das Machtvakuum füllte das Reich des Samo aus (ca. 630–ca. 660). Awaren expandierten letztmals nach Westen, im Bund mit den Bayern (vor 788): Bayern wurde vom Frankenreich annektiert (788). Für die fränkische Gegenoffensive baute Karl der Große die Fossa Carolina (793) und eroberte das Zentrum des Awarenreichs (»Ring«, 796). Die endgültige Vernichtung des Awarenreichs durch die Franken (803) gab Freiraum zur Gründung erster westslawischer Staaten (Grossmährisches Reich, 830–907). Reste der Awaren traten zum Christentum über (804). Letztmalig erwähnt (822), hielt sich im Russischen die Formel »Verschwunden wie die Awaren«. Im Kaukasus, in Dagestan, leben noch heute ca. 300 000 Awaren.

Literatur: H. W. Haussig: Awaren, Shuan-Shuan und Hephthaliten, in: Handbuch der Orientalistik. Hg. von B. Spuler. Abt. 1, Bd. 5. Leiden, Köln 1966; A. Kollauth/H. Miyakawa: Geschichte und Kultur eines völkerwanderungszeitlichen Nomadenvolkes. Die Jou-Juan der Mongolei und die Awaren Mitteleuropas. 2 Bde., Klagenfurt 1970; W. Pohl: Die Awaren. München 1988.

Tertia hospitalitas

Institution bei Niedergang des Weströmischen Reichs, seit endgültigem Eindringen germanischer Stämme über den Rhein (**406**): Die GERMANEN, ohnehin schon meist FOEDERATI, galten als »hospites« (Gäste) des Römischen Reichs, deren ADEL in der Regel ein Drittel des privaten Landes zugewiesen erhielt, teilweise zur Weiterverteilung an germanische Stammesangehörige. Die Einrichtung wurde wichtig zur Herausbildung des frühmittelalterlichen Feudalismus. Die WESTGOTEN modifizierten das Prinzip bei Gründung ihres Tolosanischen Reichs im südlichen Gallien (418), indem sie zwei Drittel des Bodens für sich in Anspruch nahmen.

»Sechzehn Staaten«

Periode der Fragmentierung in der Geschichte Chinas südlich des Jangtsekiang (**419**–589), nach dem endgültigen Ende des ersten kaiserlichen dynastischen Zyklus und der kurzlebigen WESTLICHEN CHIN-DYNASTIE (280–316), die, nach dem Sturz der HAN (220), für 36 Jahre die Reichseinheit noch einmal hergestellt hatte: Auf altem Kolonisationsboden nördlich des Jangtsekiang herrschten die turkmongolischen T'OPA in post-imperialen Nachfolgestaaten, die sich allmählich sinisierten. Dagegen hielt sich, auch geschützt durch den Jangtsekiang, auf dem erst unter der Han-Dynastie erobertem und zivilisiertem neuen Kolonialboden im Süden das chinesische Element. Es war jedoch nach der ÖSTLICHEN CHIN-DYNASTIE (317–419 in Nanking) in 16 post-imperialen Nachfolgestaaten fragmentiert. Nach Zusammenfassung des Nordens von der westlichen Peripherie durch die sinisierten SUI als neuer Kaiserdynastie (581) eroberten die Sui auch den Süden und stellten die Reicheinheit wieder her (589), nach ihrem frühen Sturz abgelöst von der T'ANG-DYNASTIE (619–907).

Periode der Zerrissenheit

Periode der chinesischen Geschichte: Während T'OPA die barbarischen Nachfolgestaaten in Nordchina eroberten (**420**), hielt sich südlich des Jangtsekiang die politische Fragmentierung unter wechselnden DYNASTIEN, getragen von rivalisierenden ADELScliquen, bis zur Dynastie der SUI (589).

Weiße Hunnen (Hephthaliten)

Nomadenvolk aus Zentralasien, (vielleicht) europider Abstammung, mit nichttürkischer Sprache: Ihr Zusammenhang mit den HUNNEN ist unklar. Die Hephthaliten wurden beim Eindringen der Hunnen nach Turkestan (ca. 150–400) erstmals erwähnt und sollen an der Peripherie des SASSANIDENREICHS gelebt haben (360). Von dort unternahmen sie erste Angriffe auf Persien (427) und Indien (**428**), stürzten das GUPTA-REICH (470), wurden aus Indien (527) und Persien (558) vertrieben, von Belisar vor Konstantinopel vernichtet (559).

Literatur: H. W. Haussig: Awaren, Shuan-Shuan und Hephthaliten, in: Handbuch der Orientalistik. Hg. v. B. Spuler. Abt. 1, Bd 5. Leiden, Köln 1966.

Konzil von Ephesos

Eine der grundlegenden Versammlungen der Frühkirche: Die Mitglieder des Konzils von Ephesos exkommunizierten und verbannten Nestor (**431**): Die NESTORIANER entstanden; der PELAGIANISMUS wurde als häretisch verdammt.

Literatur: W. Dallmayr: Die großen vier Konzilien. Nicaea, Constantinopel, Ephesus, Chalcedon. München 1961; R. E. Person: The Mode of Theological Decision Making at the Early Ecumenical Councils. Basel 1978.

Pelagianismus

Strömung im frühen CHRISTENTUM, benannt nach dem keltisch-britischen Mönch Pelagius (*vor 384, †nach 418/422), nach Plünderung Roms durch die WESTGOTEN (410) in Nordafrika: Pelagius' Gnaden- und Sündenlehre, dass der Mensch die sittliche Freiheit zum Guten und Bösen habe, weshalb er die Erbsünde ablehnte, stieß auf heftigen Widerstand der ORTHODOXIE, angeführt vom heiligen Augustin: Pelagius wurde vom KONZIL VON EPHESOS verurteilt (**431**). Der Pelagianismus wirkte lange nach, bis ins Mittelalter.

Literatur: T. Bohlin: Die Theologie des Pelagius und ihre Genesis. Wiesbaden 1957.

Nestorianer

Anhänger Nestors und der Nestorianischen Kirche: Nach Verurteilung Nestors durch das KONZIL VON EPHESOS (**431**) wanderte die erste Welle nach Persien aus. Die Nestorianer trennten sich von der römischen Reichskirche auf der SYNODE von Beit Lephat (483). Sie wurden von Kaiser Zenon aus OSTROM vertrieben (489), fanden Zuflucht in Persien und gründeten das PATRIARCHAT in Ktesiphon (498). Nestorianer entsandten Missionen zum Jemen (597), bis nach Indien, Zentralasien, China, Tibet und Java. Ein nestorianischer Mönch schmuggelte SEIDENraupen aus China nach Ostrom (551). In China erfolglos und verfolgt (844), konnten Mönche turkmongolische Stämme der Naiman, Keraït und UIGUREN teilweise missionieren. Nestorianer wurden in das Herrschafts- und Verwaltungssystem der Mongolen seit Dschingis Khan integriert. Sie erlitten eine Katastrophe durch Verfolgungen seit dem Einbruch Timur Länks in Persien (1380), mit Ausrottung in Zentralasien: Überlebende unierten sich mit Rom (Chaldäische Kirche, 1553) oder blieben unabhängig als Assyrische Kirche (»Assyrer«). Heute überlebt der Nestorianismus als Minderheit in Irak, Iran, Syrien, den USA.

Literatur: W. de Vries: Der christliche Osten in Geschichte und Gegenwart. Würzburg 1951; B. Spuler: Die morgenländischen Kirchen. Leiden 1964.

Primat

(lat.: primatus = erster Rang) Ursprünglich Vorrang des römischen Stuhls und PAPSTES gegenüber den anderen vier Patriarchen, zuerst gefordert von Leo I. (**440**): Den Primat erkannten Kaiser Valentinian III. (445), Pippin (754) sowie die süditalienischen NORMANNEN (1057) an. Im DICTATUS PAPAE von Papst Gregor VII. gegenüber Byzanz unterstrichen (1075), war er im INVESTITURSTREIT umstritten (1075–1122). Primat bedeutete später allgemein Anspruch des Papstes auf Vorherrschaft in der Römisch-katholischen Kirche, auch gegenüber KONZILIEN, bis hin zum Dogma von der Unfehlbarkeit des Papstes »ex cathedra« durch das VATICANUM I (1870).

Literatur: G. Schwaiger: Päpstlicher Primat und Autorität der Allgemeinen Konzilien im Spiegel der Geschichte. München 1976.

Angeln

Westgermanischer Stamm in Norddeutschland, Schleswig, erstmals bei Tacitus erwähnt (ca. 98): Die Angeln, nach denen die Landschaft Angeln (= im »Winkel« zwischen Schlei, Ostsee und Flensburger Förde) benannt ist, beteiligten sich, nach Abzug der römischen LEGIONEN (407), an der Eroberung des südlichen Britannien, mit SACHSEN und JÜTEN (ab **449**) entlang der Ostküste Englands, in Konflikt mit den PIKTEN/SKOTEN in den Lowlands von Schottland. Ihre wichtigsten Königreiche waren East Anglia, Mercia, Northumbria. Ihre Niederlage bei Dunichen Mere gegen Pikten (685) beendete die Expansion nach Norden: Der Firth of Forth wurde ihre nördliche Grenze. Die nördlichen Angeln vereinigten sich mit Pikten/Skoten in den Lowlands zum Königreich Alba (844). Von Angeln abgeleitet sind »Anglia« = England und: ANGELSACHSEN.

Auch: Westgermanischer Stamm an der Unstrut (Thüringen, 5. Jh.), mit ungeklärter Beziehung zu den nördlichen Angeln.

Literatur: J. Campbell (Hg.): The Anglo-Saxons. Oxford 1982.

Jüten

Germanischer Stamm aus Jütland: Die Jüten waren mit ANGELN und SACHSEN an der Eroberung des südlichen Britannien beteiligt (ab **449**), wo sie das Königreich Kent gründeten. Die Mehrheit blieb in Jütland und wurde kontinentaler Teil der Dänen.

Theodosianische Dynastie

Die unmittelbaren Nachfolger und Nachfahren des letzten gesamtrömischen Kaisers Theodosius I. (379–395): Sie hielten sich in OSTROM (bis **450**) und WESTROM (bis 455) als Schattenkaiser, beherrscht von HEERMEISTERN.

Salische Franken

Nördlicher Zweig der FRANKEN, ursprünglich östlich des Rheindeltas: Die salischen Franken expandierten, unter der DYNASTIE des Merowech (MEROWINGER), nach Westen bis Flandern und kämpften in der Schlacht auf den Katalaunischen Feldern aufseiten der Koalition Aëtius/WESTGOTEN/BURGUNDER (**451**): Unter Chlodwig (481–511) nach Gallien expandierend, gründeten sie das FRANKENREICH und dehnten ihre Herrschaft auch über die RIPUARISCHEN FRANKEN aus (nach 500).

Gepiden

Ostgermanische GENS, ursprünglich Teil der GOTEN: Gepiden blieben bei Abzug der Goten nach Süden (nach 150) an der Weichselmündung, wanderten zum Nordhang der Karpaten (nach 200) und fielen ins Römische Reich ein. Von den HUNNEN unterworfen (ca. 400), kämpften sie als Vasallen mit Attila auf den Katalaunischen Feldern gegen die West-Koalition unter Aëtius (**451**). Nach Attilas Tod (453) und dem Abzug der Hunnen aus Pannonien gründeten sie dort ein eigenes Reich (454). Von OSTROM zum CHRISTENTUM bekehrt, wurden sie ARIANER. Ihr Reich vernichteten AWAREN und LANGOBARDEN (567).

Literatur: H. Sevin: Die Gepiden. München 1955.

Ripuarische Franken

Teil der Rhein-FRANKEN, ursprünglich rechts des Niederrheins, südlich der SALISCHEN FRANKEN: Links des Niederrheins (257–276) expandierend, wurden sie als FOEDERATI angesiedelt (4. Jh.), kämpften in der Schlacht auf den Katalaunischen Feldern aufseiten der HUNNEN (**451**) und expandierten nach Attilas Tod (453) nach Süden. Sie eroberten Köln (457), Mainz, Trier (ca. 475) und gerieten unter die Herrschaft der Salischen Franken (MEROWINGER, nach 500).

Konzil von Chalkedon

Der MONOPHYSITISMUS wurde verurteilt, die Gleichstellung der fünf PATRIARCHATE bestätigt (**451**). Papst Leo I. protestierte gegen die Gleichstellung der übrigen Patriarchate mit Rom und gegen die Formel der Monophysiten, um die NESTORIANER zu versöhnen – Christus sei zugleich Gott und Mensch, unvermischt, aber unzertrennlich in ihm vereinigt. Das Konzil provozierte die SEZESSION der Monophysiten im Osten: der KOPTISCHEN (457) und SYRISCHEN KIRCHE (ca. 550).

Literatur: A. Grillmeier/H. Bacht (Hg.): Das Konzil von Chalkedon. 3 Bde., Würzburg 1951–1953.

Monophysitismus

(griech.: mono + physis = die eine [oder: alleinige] Natur) Altkirchliche Lehre: Göttlicher Logos und menschliche Physis bilden in der Inkarnation Jesu Christi eine unauflösbare Einheit. Die Lehre wurde von der sog.

»Räubersynode« von Ephesos für das Römische Reich gebilligt (449), aber vom KONZIL VON CHALKEDON als häretisch verurteilt (**451**). Vorübergehend dominierend in OSTROM, vor allem in Ägypten und Syrien, fand die Lehre später noch immer zeitweise Förderer, z. B. Kaiser Anastasios I. (491–518), wurde jedoch meist mit Kompromisslösungen konfrontiert (HENOTIKON) oder hart unterdrückt. Monophysitismus dominierte in Ägypten und Syrien in Opposition zur ORTHODOXIE in Konstantinopel. Die Sezession brachte die KOPTISCHE KIRCHE (457) und die SYRISCHE KIRCHE (Jakobinische Kirche, ca. 550) hervor, erleichterte indirekt die politische Trennung Ägyptens und Syriens von Ostrom. Die Eroberung durch die Perser (619) und Araber (636, 641/42) begrüßten die Monophysiten als Befreiung von Ostrom. Zum Monophysitismus bekannte sich auch die Äthiopische (Koptische) Kirche.

Literatur: W. H. C. Frend: The Rise of the Monophysite Movement: Chapters in the History of the Church of the Fifth and Sixth Centuries. London 1972.

Isaurier ■

Bewohner des Landes Isauria, im Innern Kleinasiens, nördlich von Kilikien: Ursprünglich ein nahezu unabhängiger Volksstamm, wurden die Isaurier erst spät wirklich in OSTROM integriert (ca. 450). Als militärische Hauptstütze für Kaiser Leon I. nach dem Sturz Aspars (**471**) gelangte nach dem Tod Leons mit Zenon I. (474–491) ein Isaurier auf den Thron. Die Isaurier wurden von Anastasios I. (491–518) niedergeworfen (498) und als STRATIOTEN nach Thrakien umgesiedelt.

Patricius ■

Spätrömischer personaler (nicht erblicher) hoher Ehrentitel seit Konstantin I. (306/24–337), in WESTROM mit dem Amt des HEERMEISTERS verbunden (nach 400): Orestes wurde Patricius (**475**), von Odoaker gestürzt (476). Theoderich der Große blieb als Patricius OSTROM (488) unterstellt. Im Frühmittelalter trug der Schutzherr von Rom den Titel Patricius. Der Exarch von Ravenna war Patricius als Vertreter des oströmischen Kaisers. Die Einsetzung von Pippin III. (751–768) als Patricius (751) zeigte die Loslösung des Papsttums von Byzanz, als Vorstufe zur KAISERKRÖNUNG KARLS DES GROSSEN (800). Seit Kaiser Otto I. (962) war Patricius Teil des KAISERtitels, dazwischen auch von der römischen Adelsfamilie der Crescentiner geführt (10. Jh.).

Literatur: P. E. Schramm: Kaiser, Rom und Renovatio. Darmstadt ²1957.

Untergang des Weströmischen Reichs ■

Der Sturz von Kaiser Romulus Augustulus durch Odoaker im Auftrag des oströmischen Kaisers Zenon I. bedeutete das Ende des weströmischen Kaisertums (**476**): Der Vorgang gilt in der Geschichtsschreibung als tief greifende Zäsur im Übergang von der Antike zum Mittelalter bzw. vom Sklavenhalterstaat zum FEUDALISMUS. Da er die politischen Verhältnisse wenig veränderte (von sozialen ganz zu schweigen), ist er vor allem als wichtiger symbolischer Vorgang in der breiten Übergangsphase zwischen Spätantike und Frühmittelalter zu verstehen.

Vorgeschichte: Nach der TEILUNG DES RÖMISCHEN REICHS (395) erschienen unter dem Druck der HUNNEN im Zuge der VÖLKERWANDERUNG (375 ff.) die WESTGOTEN in Italien (401–410). Ravenna wurde Hauptstadt WESTROMS (402). Rom zog seine LEGIONEN vom Rhein (405) und aus Britannien (407) ab und ermöglichte den endgültigen Einbruch der GERMANEN in Gallien (406 ff.) und Britannien. Germanische Nachfolgereiche entstanden in Gallien (BURGUNDER, Westgoten), Spanien (SUEBEN, Westgoten/ALANEN), Nordafrika (WANDALEN), England (ab 449), ein kurzlebiger römischer Reststaat unter Aëtius/Syagrius in Gallien (bis 486). Hunnen unter Attila drangen nach Gallien (451) und Italien vor (452); das westliche Kaisertum blieb passiv, Aëtius wurde von Valentinian III. ermordet (454). Der Bürgerkrieg, mit Intervention der Wandalen (455), stürzte das Westreich ins Chaos: Valentinian III. wurde ermordet (455), mit ihm erlosch die THEODOSIANISCHE DYNASTIE in Westrom (seit 395). Ricimer als PATRICIUS beherrschte faktisch wechselnde Schattenkaiser (bis 472). Julius Nepos, von OSTROM als Kaiser in Westrom eingesetzt (474), stürzte den HEERMEISTER Orestes (475) und machte seinen unmündigen Sohn Romulus zum Schattenkaiser (bis 476), den Odoaker im Auftrag Ostroms stürzte (476): Ende des weströmischen Kaisertums.

Erneuert, mit erstmaligem Anspruch auf RESTAURATION (»renovatio imperii«), wurde das Kaisertum durch die KAISERKRÖNUNG KARLS DES GROSSEN (800), und Otto den Großen (962), der das mittelalterliche REICH DER DEUTSCHEN begründete (bis 1806), das, nach REICHSGRÜNDUNG (1871), 2. DEUTSCHEM KAISERREICH (1871–1918) und DRITTEM REICH (1933–1945) zerfiel.

Literatur: M. A. Wes: Das Ende des Kaisertums im Westen des Römischen Reichs. Den Haag 1967; A. Dermandt: Der Fall Roms. München 1984.

Merowinger

DYNASTIE der SALISCHEN FRANKEN, benannt nach Merowech: Bedeutsam seit Chlodwig (**481**–511) als herrschende Dynastie im FRANKENREICH (486), wurden die Merowinger geschwächt durch Reichsteilungen (511–558, 561–613) und Bürgerkriege, entmachtet durch KAROLINGISCHE HAUSMEIER, in Teilreichen (vor 613) und im Gesamtreich. Die Merowinger waren seitdem meist nur Schattenkönige, ersetzt durch den Karolinger Pippin III. (751), im Bündnis mit dem PAPST (751/54).

Henotikon

(griech.: Vereinigungsformel) Unionsedikt von Kaiser Zenon I. in Form eines Briefs an die Bischöfe (**482**): Der Verzicht auf Beschlüsse des KONZILS VON CHALKEDON (451) sollte die MONOPHYSITEN für die Reichskirche zurückgewinnen. Der Versuch scheiterte am Widerspruch des PAPSTES und mündete in das erste SCHISMA zwischen Rom und Konstantinopel (484–519).

Schisma

(griech.: = Trennung) Kirchenspaltung: Nach frühen Schismen im Westen – vor allem Abspaltung bzw. Ausschluss der DONATISTEN (313–697), ARIANER, NESTORIANER, MONOPHYSITEN, KOPTEN, SYRISCHE KIRCHE – wurden Schismen zwischen Rom und Konstantinopel prägend, seit dem Akazianischen Schisma (**484**–519) nach dem HENOTIKON (482). Später folgten das Photianische Schisma (867–869/70) und das große SCHISMA ROM–BYZANZ (1054). In der West-Kirche waren Schismen längere Perioden mit Gegenpäpsten – z. B. gegen Papst Alexander III. (1159–1180) oder während des Großen ABENDLÄNDISCHEN SCHISMAS (1378–1417).

Übertragen auch: Spaltung im ISLAM: SUNNITEN-SCHIITEN (658); des KOMMUNISMUS zwischen Moskau und Peking (1960/61).

Literatur: W. Bauer: Rechtsgläubigkeit und Ketzerei im ältesten Christentum. Tübingen 1934; F. Dvornik: The Photian Schism. History and Legend. London ^{2}1970.

Frankenreich

Größte und dauerhafteste postimperiale Reichsgründung von GERMANEN, nach dem Sieg über den weströmischen Rumpfstaat des Syagrius in Zentral-Gallien (**486**), unter den SALISCHEN FRANKEN mit den DYNASTIEN der MEROWINGER (486–751) und KAROLINGER (751–888): Das Frankenreich verdrängte WESTGOTEN (507, 531), unterwarf THÜRINGER (531), BURGUNDER (532/34), ALEMANNEN, Bayern, die Provence (537), SACHSEN (772/85), LANGOBARDEN (774), die Spanische Mark (778) sowie AWAREN (803) und annektierte Bayern (788). Nach Übertritt zur Römisch-katholischen Kirche (499) integrierte es rasch die einheimische romanische Bevölkerung. Reichsteilungen unter Merowingern (511–558, 561–613) und KAROLINGERN (843/70–885, 888) schwächten das Reich. Das Frankenreich war u. a. Schwerpunkt bei der Herausbildung des europäischen FEUDALISMUS. FRANKEN betrieben für Rom die Missionierung noch nicht christlicher Gebiete rechts des Rheins seit Bonifatius (716–754), mit Gründung von Missionserzbistümern für den Südosten (Salzburg, 798) und Skandinavien (Hamburg–Bremen, 831/46). Von welthistorischer Bedeutung waren die Abwehr der Araber/MAUREN im Westen (ab 732) und das Bündnis KRONE/PAPST beim Aufstieg der Karolinger von HAUSMEIERN zu Königen (751/54). Die karolingische Renaissance (779/81) unter Karl dem Großen (768–814) war eine modellhafte Neuordnung von Wirtschaft, Währung und Gesellschaft (KAPITULARIEN). Mit der KAISERKRÖNUNG KARLS wurde das (West-)Römische Kaisertum erneuert (800). Lange wirkte die Grenzmarkenpolitik Karls des Großen nach, mit Ausstrahlung auf den Osten. Das Karolingerreich zerfiel mit Reichsteilungen in das romanisierte Westfranken (Francia) und das germanische Ostfranken als Keimzellen für Frankreich und Deutschland.

Literatur: F. Steinbach: Das Frankenreich, in: Handbuch der deutschen Geschichte. Bd. 1, Konstanz 1956; H. Fichtenau: Das Karolingische Imperium. Darmstadt ^{2}1982; E. Hlawitschka: Vom Frankenreich zur Formierung der europäischen Staaten und Völkergemeinschaft. 1986.

Zweigewaltenlehre (Zweischwerterlehre)

Von Papst Gelasius I. (**492**–496) in der für Rom kaiserlosen Zeit des OSTGOTENreichs unter Theoderich dem Großen formulierte spezifisch westliche Variante des universalen theokratischen Modells: Gelasius definierte das Verhältnis von Religion und Staat, von Sacerdotium (Priesterschaft) und Imperium unter Berufung auf Lukas 22, 35–38: In der Welt gebe es zwei nebeneinander bestehende oberste Gewalten, die beide von Gott eingesetzt und sanktioniert seien – die geistliche und weltliche (säkulare) Gewalt. Seit dem INVESTITURSTREIT kam das Bild vom Schwert als Symbol der obersten Macht hinzu. Ursprünglich als idealtypisches Bild für die Harmonie zwischen beiden Gewalten gedacht, entfalteten ihm innewohnende unterschiedliche Interpretationen zu ihrer Anwendung in der praktischen Politik gravierende Konflikte: Die kirchliche Interpretation beanspruchte für den PAPST die Überordnung des geistlichen Schwertes über das weltliche, die kaiserliche Interpretation dagegen die Gleichrangigkeit beider Gewalten, beide unmittelbar zu Gott. Die theoretische und gewünschte Harmonie im lateinischen Westen störten daher interne Konflikte, die zur Selbstzerstörung des theokratischen Modells im Westen eskalierten, bis hin zur REFORMATION und GEGENREFORMATION, Säkularisierung, AUFKLÄRUNG und REVOLUTION.

Literatur: W. Levinson: Die mittelalterliche Lehre von den beiden Schwertern, in: Deutsches Archiv für Erforschung des Mittelalters, 9/1952.

Mazdakiten

(Masdakiten) Sozialreligiöse Bewegung im sassanidischen Iran, unter Führung von Mazdak (Masdak) mit zoroastrisch-manichäischen und, damit meist einhergehenden, sozialrevolutionären Zügen: Die Mazdakiten pflegten Güter- und Frauengemeinschaft und stellten sich gegen den ADEL mit seinen Harems. Ihr Aufstand (**ca. 494**), von Kawadh I. (488–531) zeitweilig unterstützt (499), wurde in Massakern niedergeworfen (524). Reste der Mazdakiten wurden von Chosrau I. (531–579) vernichtet, der ZOROASTRISMUS als Staatsreligion im Sassanidenreich endgültig durchgesetzt. Soziale Forderungen der Mazdakiten, von oppositionellen Strömungen im ISLAM aufgegriffen, hatten Einfluss auf SCHIITEN.

Literatur: A. Christensen: Le règne du roi Kawahd I et le communisme mazdakite. Kopenhagen 1925.

Slawen

Indoeuropäische Sprachen- und Völkergruppe: Ursprünglich in Osteuropa, nördlich der Karpaten, zwischen Weichsel und Dnjepr ansässig, verbreiteten sich Slawen seit dem Frühmittelalter auch in Südost- und Mitteleuropa, später (seit 1582) auch in Sibirien. Der Name kommt evtl. von »Sklaven« (älteste überlieferte Form: Sklavonen), andere Etymologien leiten es von »slowo« (slaw.: Wort) oder »slawa « (Ruhm) ab. Wichtigste Gruppen sind Ostslawen (Russen, Ukrainer), Westslawen

(Polen, Tschechen, Sorben, Slowaken) und SÜDSLAWEN (SLOWENEN, KROATEN, SERBEN, Montenegriner Makedonen, Bulgaren).

Zunächst standen Slawen unter der Tributsoberherrschaft wechselnder Reiter- und Nomadenvölker, meist aus Asien (u. a. SKYTHEN, SARMATEN, GOTEN, HUNNEN, AWAREN, PETSCHENEGEN), die sie als lebende TRIBUTE auch oft als Sklaven verkauften. Nach Abzug der Ostgermanen unter dem Druck der HUNNEN seit der VÖLKERWANDERUNG (375) expandierten Slawen nach Süden und Westen, stellenweise bis westlich der Elbe. Nach ersten Einfällen auf den Balkan (ab **528**, 540, 582, 602), mit (Proto-)Bulgaren und Awaren (ab 582), gingen sie zur dauerhaften Landnahme über – Tschechen erreichten Böhmen (nach 531). Die Niederlage der Awaren vor Konstantinopel (626) gab Frei;raum für weitere Expansion: Kroaten und Serben setzten sich auf dem Balkan fest (ab 627), nach dem SLAWENAUFSTAND gegen die Awaren (ca. 630) gründeten Slawen in Böhmen das REICH DES SAMO (ca. 630–660).

Die Christianisierung erfolgte in West und Ost unterschiedlich – Tschechen, Polen, Slowaken, Slowenen, Kroaten wurden römisch-katholisch, Bulgaren, Russen, Ukrainer, Serben, Montenegriner, Makedonen griechisch-orthodox. Ostslawen gerieten unter Tributsoberherrschaft der CHASAREN (7.–9. Jh.) und WARÄGER (ab ca. 850). Westslawen konnten erst nach der Vernichtung der Awaren (803) durch Karl den Großen wieder einen eigenen Staat gründen: das Großmährische Reich (830), das durch die Ungarn vernichtet wurde (907). Der Niederlage der Ungarn bei Augsburg (955) folgte die Staatsgründung Polens (960/66). Die ELBSLAWEN wurden zwischen expandierenden Deutschen und Polen zerrieben (10.–12. Jh.). Der PANSLAWISMUS, u. a. durch Slawenkongresse in Prag (1848) und Moskau (1867), stiftete – teilweise gegen die Fremdherrschaft slawischer Völker in Österreich, Preußen-Deutschland und dem OSMANISCHEN REICH sowie Russland – eine überwölbende Ideologie. Ost- und Westslawen unterstanden nach dem ZWEITEN WELTKRIEG der UdSSR (1945); sie erreichten nach dem ZUSAMMENBRUCH DES KOMMUNISMUS (1989) im Zerfall der SOWJETUNION (1991) erneut Selbstbestimmung. Die Südslawen gingen mit Jugoslawien (1945) und seinem Zerfall (1991) eigene Wege, zuletzt im JUGOSLAWIENKRIEG (1991–1999).

Literatur: R. Portal: Die Slawen. Neuausgabe 1983; J. Herrmann (Hg.): Die Welt der Slawen. Geschichte, Gesellschaft, Kultur. Leipzig u. a. 1986.

Codex Justinianus

Sammlung römischer Gesetze seit Kaiser Hadrian (117–138), in lateinischer Sprache auf der Grundlage älterer Sammlungen, vor allem im östlichen Teil des Reichs (291, 294, 438): Der oströmische Kaiser Justinian ließ den nach ihm benannten Codex zusammenstellen und publizieren (**529**). Die endgültige Fassung trat 534 in Kraft. Ein Teil einer weiteren Sammlung von Gesetzen – Institutionen (533), Digesten (oder: Pandekten = Auszüge aus Werken klassischer Juristen, 533), Novellen (»novellae leges« = »neue Gesetze«) Justinians, zusammengefasst als Corpus Juris Civilis (kritische Ausgabe 1583) – wurde nach oströmischen Rückeroberungen auch im Westen gültig (554) und diente als Grundlage zur Rezeption des Römischen Rechts.

Literatur: H.G. Heumann/E. Seckel: Handlexikon zu den Quellen des römischen Rechts. Graz [11]1971; M. Bretone: Geschichte des römischen Rechts. Von den Anfängen bis Justinian. München [2]1998; P. Krüger u.a. (Hg.): Corpus Iuris Civilis. [11-23]1970–1980.

Mönchtum (Monastische Bewegung)

(zu griech.-kirchenlat.: moanachus = Alleinlebender) Besitz- und ehelose Lebensform von Menschen, meist Männern, im Dienste der Religion, ursprünglich als Einzelne (heilige Männer, Asketen), später auch in auf Dauer angelegten Lebensgemeinschaften in Klöstern: Ausgehend von Indien (Buddhismus, Jainismus), breiteten sich Mönche in allen buddhistisch geprägten Kulturen aus, mit je »nationalen« Varianten, und, wegen der stärker theokratischen Einheit von Staat und Religion, noch heute teilweise mit großer politischer Wirkung – Südostasien (Vietnam, Laos, Kambodscha), Tibet (Lamaismus); Mongolei, China (Taoismus), Japan (Zen-Buddhismus), Sri Lanka.

Der Begriff »monachós« (= einsam) geht auf den Kirchenvater Eusebius von Caesarea zurück (4.Jh.). Aber der Sache nach begann das christliche Mönchtum in der umfassenden Krise des Römischen Reichs seit der Soldatenkaiserzeit (235–283), von Indien ausstrahlend auf das östliche Frühchristentum, als unorganisierte asketische Bewegung; es wurde später – nur im lateinischen Westen – in Orden institutionalisiert: Immer mehr Männer zogen sich aus der Gesellschaft zurück, als Anachoreten (= Zurückgezogene) zu einem Leben in Enthaltsamkeit, Besitz- und Heimatlosigkeit. Im reichen Osten dominierten, unter indischem Einfluss, Wandermönche und Eremiten (= Wüstenbewohner) mit der Extremform des »Säulenheiligen« (Styliten). Vorläufer mönchischer Gemeinschaften erwuchsen aus Eremitenkolonien um einen »Abbas« (Vater), zuerst in Ägypten (ca. 320) und Syrien. Mönche siegten in Alexandria in einer Art fundamentalistischer Kulturrevolution und zerstörten, nach dem ptolemäischen Museion (269/73) und der großen Bibliothek (389), die Grundlagen der antiken (= heidnischen) Kultur (389–391) – ratifiziert durch die Erhebung des Christentums zur Staatsreligion durch Kaiser Theodosius I. (391).

Zuerst in Kleinasien entstanden kodifizierte Regeln des Mönchtums, die später Benedikt von Nursia (*ca. 480, † 547) für den Westen kanonisierte. In den Ostkirchen institutionalisierte sich der Sieg des Mönchtums durch die bis heute gültige Regel, dass höhere Ämter der Kirchenhierarchie vom Bischof an nur aus den Reihen der Mönche besetzt werden durften und wie Mönche dem Zölibat unterworfen sind. Mit ihren oft starken Mauern konnten Klöster in Grenzbezirken, z.B. im alten Russland gegen Mongolen/Tataren, auch in militärische Funktionen hineinwachsen. In Alt-Irland entsprachen Kleinklöster der gaelischen Clan-Struktur. Sie bewahrten Reste antiker Kultur in der Isolierung an der äußersten Peripherie des Westens jenseits des Römischen Reichs und besaßen lange eine kirchliche Eigenständigkeit (bis 1111/32).

In der Agonie WESTROMS wuchs die monastische Bewegung auch im lateinischen Westen (ab 401), zuerst systematisiert und organisiert mit der Klostergründung Montecassino des heiligen Benedikt von Nursia (**529**). Seine Benedektinerregel wurde Grundlage des ersten und stilprägenden Mönchsordens als spezifische Besonderheit der Westkirche, der Benediktiner. Sein Motto »Ora et labora« (Bete und arbeite) umfasste in seinem zweiten Teil körperliche und geistige Arbeit, vor allem das Kopieren alter Autoren, antiker wie christlicher (Kirchenväter). Auch mit später angeschlossenen Klosterschulen trugen Mönche zur (moralischen) Rehabilitierung, Erhaltung und Wiederbelebung der Reste antiker Kultur bei, die den früheren Mönchsturm, vor allem in Alexandria, überlebt hatten. So tradierten schon seit dem Frühmittelalter Mönche, zuerst in Irland, später auch von Italien ausgehend, antikes Wissen und Schriftlichkeit.

Mit Missionierung und landwirtschaftlicher Betätigung gerade in abgelegenen Gegenden wurden Mönchsklöster, gleichsam als Mustergüter, Schrittmacher der ökonomischen Entwicklung, zumal in der Bewegung des mittelalterlichen Landesausbaus, ausgehend von der Île-de-France (987). Die produktive Wirkung verstärkten spätere Reformorden, nach den Cluniazensern vor allem ZISTERZIENSER und Prämonstrazenser. Bettelorden (DOMINIKANER, FRANZISKANER, AUGUSTINER) predigten vor allem unter der Stadtarmut, um KETZERN ihren Einfluss zu nehmen, oft mit antijüdischem Tenor. Später litten Mönchsorden, schwer unter REFORMATION, Säkularisierung und REVOLUTION. Ein besonderes soziales Problem der mittelalterlichen Kirche waren Kinder von Mönchen (und Nonnen) sowie Priestern, diskret dokumentiert in Familiennamen – u. a. Mönch, Nonne, Pfaff.

Literatur: G. Schwaiger (Hg.): Mönchtum, Orden, Klöster. Von den Anfängen bis zur Gegenwart. Ein Lexikon, München ²1994; P. Hawel: Zwischen Wüste und Welt. Das Mönchtum im Abendland. München 1997.

Benediktiner

Ältester Mönchsorden im Westen: Benedikt von Nursia gründete den Orden im Kloster Montecassino (**529**) mit dem Motto »Ora et labora« (Bete und arbeite). Benediktiner prägten die Missionierung der ANGELN und SACHSEN auf den Britischen Inseln unter Papst Gregor dem Großen (590–604), später im Osten des FRANKENREICHS, vor allem unter Bonifatius (716–754). Den Orden schwächten die Erneuerungsbewegung der Cluniazenser (ab 910) und reformierende Abspaltungen, besonders der ZISTERZIENSER (ab 1098). Die Benediktiner verloren im Hochmittelalter durch Bettelorden (FRANZISKANER, DOMINIKANER, Karmeliter, AUGUSTINER) an Bedeutung (nach 1200). Papst Benedikt XII. reagierte mit der Benedictina (1336) zur Straffung und Neugliederung des Ordens. Dennoch erlitten die Benediktiner schwere Verluste, u. a. durch den HUNDERTJÄHRIGEN KRIEG (1337/39–1453), die HUSSITENKRIEGE (1420–1434) und den BAUERNKRIEG in Deutschland (1524/25). Obwohl erneute Reformen, ausgehend von der Kongregation von San Giustina in Padua (1424), den Orden stärker demokratisierten, brachten die REFORMATION und die Glaubenskriege wie für fast alle Orden eine grundsätzliche Krise. Die FRANZÖSISCHE REVOLUTION und die NAPOLEONISCHEN KRIEGE, vor allem SÄKULARISATIONEN, schränkten den Orden drastisch ein. Einen neuen Aufschwung erlebte er ab der Mitte des 19. Jahrhunderts.

Literatur: Ph. Schmitz: Geschichte des Benediktinerordens. 4 Bde., Einsiedeln 1947–60; J. F. Tschudy: Die Benediktiner. Fribourg 1960. D. Knowles: Geschichte des christlichen Mönchtums: Benediktiner, Zisterzienser, Kartäuser. München 1969.

Thüringer

Westgermanisches Volk: Die Thüringer bildeten ein Reich mit Kern im heutigen Thüringen (nach 400), das die FRANKEN eroberten (**531**) und mit den SACHSEN sowie den nachrückenden Tschechen teilten. Die weitere Entwicklung vollzog sich im Rahmen von Thüringen.

Literatur: H. Patze/W. Schlesinger (Hg.): Geschichte Thüringens. 9 Tle., Köln, Graz [1–2]1967–85.

Bajuwaren

Ursprünglicher Name der Bayern: Das Volk wuchs vermutlich aus verschiedenen Stammessplittern zusammen. Prägend waren vor allem die keltischen BOJER, die unter Druck von FRANKEN und Tschechen Böhmen räumten (**531**), die germanischen MARKOMANNEN, SUEBEN, ALEMANNEN, HERULERN, THÜRINGERN sowie Reste von Romanen im Voralpengebiet. Die Stammesbildung erfolgte unter dem Einfluss der Franken unter der Herzogsdynastie der Agilolfinger (558–788), mit Regensburg als Zentrum.

Literatur: H. Roth: Bajuwaren, in: Reallexikon der Germanischen Altertumskunde. Bd. 1. Berlin [2]1973; K. Reindel: Grundlegung: Das Zeitalter der Agilolfinger (bis 788), in: Handbuch der bayrischen Geschichte. Hg. von M. Spindler. Bd. 1, München [2]1981; H. Dannheimer/H. Dopsch (Hg.): Die Bajuwaren von Severin bis Tassilo 488–788 (Ausstellungskatalog). München [2]1989; J. Jahn: Ducatus Baiuvariorum. Das bairische Herzogtum der Agilolfinger. Stuttgart 1991.

Bojer

Volk der KELTEN: Die Bojer wanderten von Gallien nach Oberitalien ein (ca. 400 v. Chr.), wurden von den Römern geschlagen (193) und zogen ins spätere Böhmen ab, das sie zum größten Teil wieder verließen (60 v. Chr.). Zurückgebliebene Stammesreste verbanden sich später mit anderen Volksresten zum neuen Volk der BAJUWAREN (**531**).

Nika-Aufstand

Aufstand der beiden großen DEMEN in Konstantinopel gegen Justinian I. (**532**): Der Name des Aufstands kommt vom Feldgeschrei: »Nika!« (»Siege!«). Belisar, der wichtigste Feldherr Justinians, warf die Erhebung im Auftrag des Kaisers nieder. Konstantinopel erlitt schwere Zerstörungen (u. a. die Hagia Sophia). Der Fehlschlag besiegelte den Untergang der Demen und die Vollendung der kaiserlichen AUTOKRATIE.

Demen

(griech.: demos = Volk; Plural: demoi) Verwaltungseinheit in griechischen Gemeinwesen: Seit Kleisthenes (508/07 v. Chr.) waren Demen Grundzellen des attischen Staats, in größeren oströmischen Städten Reste lokaler Selbstverwaltung. In Konstantinopel waren sie, in Anlehnung an die Zirkusparteien im Hippodrom, faktisch Volksparteien, mit Funktionen als Stadtmiliz und beim Bau der Stadtbefestigungen. Ihre Führer wurden von der Regierung ernannt: »Blaue« waren Führer aus der grundbesitzenden griechisch-römischen Senatsaristokratie und vertraten die ORTHODOXIE; »Grüne« waren Führer aus Handel und Gewerbe, Hofdienst und Finanzverwaltung, meist aus dem Osten, und vertraten MONOPHYSITISMUS und andere Häresien. Meistens standen sie in Rivalität, nur gelegentlich verbunden in gemeinsamem Handeln, so beim NIKA-AUFSTAND gegen Justinian I. (**532**). Mit der Zerschlagung der Demen durch Belisar war die kaiserliche AUTOKRATIE vollendet.

Literatur: G. Ostrogorsky: Geschichte des byzantinischen Staates. München [3]1963, S. 42 f., 48 f.

Autokratie

(griech.: autos + krateia = Selbstherrschaft) Sonderform der ABSOLUTEN MONARCHIE, ohne Kontrolle oder Mitspracherecht von Institutionen oder Versammlungen: Die Autokratie war die Herrschaftsform des oströmisch-byzantinischen KAISERS, der auch den Titel »Autokrator« führte, besonders seit Untergang der DEMEN nach dem NIKA-AUFSTAND (**532**). Da sich die ZAREN im alten Russland an byzantinischen Vorbildern orientierten (seit 1492/93–1906/17), zählen auch sie zu den Autokraten.

Literatur: H. Neubauer: Car und Selbstherrscher. Wiesbaden 1964.

Caesaropapismus

Kunstwort aus dem 18. Jahrhundert für eine Sonderform der THEOKRATIE: Der KAISER hat neben der höchsten weltlichen auch die höchste geistliche Gewalt inne, erreicht in OSTROM/Byzanz nach Niederwerfung des NIKA-AUFSTANDS (**532**), mit Vollendung der kaiserlichen AUTOKRATIE unter Justinian. Im Caesaropapismus manifestierte sich die kaiserliche, von Gott gegebene Macht über den PATRIARCHEN von Konstantinopel, der dem Kaiser als oberstem Priester untergeordnet war.

Auch: quasi-kaiserlicher Herrschaftsanspruch des Papstes im lateinischen Europa, unter Innozenz III. (1198–1216) und Bonifatius VIII. (1294–1303).

Literatur: H. Raab (Hg.): Kirche und Staat. München 1966.

Hagia Sophia

(griech.: Heilige Weisheit) Größter und bedeutendster Kirchenbau in Byzanz: Vermutlich wurde der Bau der Kirche noch unter Konstantin dem Großen begonnen (326) und von seinen Nachfolgern vollendet

(360). Die Hagia Sophia war Krönungskirche der byzantinischen KAISER. Nach Zerstörungen im NIKA-AUFSTAND (**532**) erneuerte Justinian I. die Hagia Sophia in der heutigen Form, ergänzt um die stark gewölbte Kuppel nach einem Erdbeben (563). Kaiser Leon V., Verfechter des IKONOKLASMUS, wurde vor dem Altar ermordet (820). Auf dem Altar wurde auch die römische Bannbulle gegen den PATRIARCHEN Kerullarios von Konstantinopel hinterlegt (1054), die das SCHISMA ROM–BYZANZ eröffnete. Im LATEINISCHEN KAISERREICH war die Hagia Sophia Krönungskirche, dazu Kirche des lateinischen Patriarchen von Konstantinopel (1204–1261). Byzanz verkündete die KIRCHENUNION mit Rom: In der Hagia Sophia wurde die römische Messe zelebriert (1452). Der letzte Gottesdienst von Griechen und Lateinern fand kurz vor dem FALL KONSTANTINOPELS statt (1453). Danach wandelten die Osmanen die Kirche in eine Moschee um. Heute ist sie ein Museum (seit 1934).

Literatur: H. Jantzen: Die Hagia Sophia des Kaisers Justinian in Konstantinopel. Köln 1967; H. Hähler: Die Hagia Sophia. Berlin 1967; R. J. Mainstone: Architecture, Structure and Liturgy of Justinian's Great Church. London 1997.

Seide

Hochwertige Faser für Textilien, überwiegend aus den Puppenkokons des Seidenspinners gewonnen, der sich mit Vorliebe von Maulbeerblättern ernährt: Die Seidenraupenzucht hatte ihre Anfänge in China (3. Jt. v. Chr.). Die Produktionsweise wurde als kaiserliches MONOPOL geheim gehalten, doch gelangten Kenntnisse später nach Südostasien und Japan. Seide wurde meistens als fertige Textilware ausgeführt, auch in den Westen, über die SEIDENSTRASSE durch Zentralasien, als wichtiger Teil des FERNHANDELS. Seide war Luxusartikel im Römischen Reich; seit der römischen Kaiserzeit gab es auch eine begrenzte Ausfuhr von Seidenkokons. Das Monopol zur Verarbeitung hatte Chios (»durchsichtige Gewänder von Chios«). In einem ausgehöhlten Wanderstab schmuggelten zwei nestorianische Mönche Seidenraupen aus China nach OSTROM (**551**), das ein staatliches Monopol errichtete: Die Peloponnes wurde nach dem seither dort angebauten Maulbeerbaum in Mittelalter und Früher Neuzeit auch »Morea« genannt. Später verbreitete sich die Seidenraupenzucht in anderen Mittelmeerländern. Eine Seidenweberei entstand in Lyon (1467/1536), wo Aufstände der Seidenweber ausbrachen (1831, 1834). Naturseide ist auch heute noch rar und – im Vergleich zu Kunstfasern – teuer. Es ist aber ein noch immer in vielen Qualitäten (z. B. Luftaustausch) unerreichter Stoff.

Literatur: H. Ley/E. Ruemisch: Technologie und Wirtschaft der Seide. Berlin 1929; L. von Wilckens: Die textilen Künste von der Spätantike bis um 1500. München 1991.

Steigbügel

Metallbügel als Stütze für den Fuß des Reiters: Der Steigbügel verbreitete sich zunächst in Indien, allerdings bot er nur der großen Zehe Halt (ca. 1000 v. Chr.). Ein Bügel für den ganzen Fuß entstand erst an der Nomadengrenze Chinas (5. Jh. n. Chr.); in den Westen wurde er von

AWAREN gebracht (nach **552**). Der lateinische Westen übernahm das Hilfsmittel (nach 730), als eine Grundvoraussetzung für das Aufkommen schwer gepanzerter RITTER. Bei der Krönung der westlichen Kaiser war es Teil der Zeremonie, dass der deutsche König dem Papst in den Steigbügel half und ihn führte (Stratordienst). Russische Fürsten/GROSSFÜRSTEN mussten den Steigbügel des Khans der GOLDENEN HORDE als Zeichen der Unterwerfung küssen (ca. 1251–ca. 1450). Später entwickelte sich davon abgeleitet der politische Kampfbegriff »Steigbügelhalter« (des Kapitalismus, Faschismus etc.).

Krummsäbel

Leichte Hiebwaffe aus dem Orient: Die AWAREN brachten die Waffe erstmals in den Westen (nach **552**), besonders typisch für turkmongolische Nomaden, später auch osmanische Kavallerie, im Westen für Husaren.

Exarchat

Amtsbereich eines oströmisch-byzantinischen Exarchen, des für Militär wie zivile Angelegenheiten zuständigen Statthalters: Exarchate wurden in von OSTROM zurückeroberten und besonders exponierten Grenzgebieten eingesetzt, zuerst in Italien nach dem Untergang der Ostgoten (552) durch das Exarchat Ravenna (**555**). Die Organisation des Exarchats wurden Vorbild für die späteren THEMEN. Durch die langobardischen Eroberungen (ab 568) verkleinerte sich das Exarchat von Ravenna und wurde von den LANGOBARDEN erobert (751). Kurz darauf besetzte es der Frankenkönig Pippin III. und übergab es an den PAPST (756), der aus dieser PIPPINISCHEN SCHENKUNG die Keimzelle des Kirchenstaat bildete. Das Exarchat Karthago für Nordafrika (591) hielt sich bis zur Einnahme Karthagos durch die Araber (697).

In der Orthodoxie ist Exarch Titel für das Oberhaupt einer autokephalen Kirche, z. B. von Zypern, das Bulgarische Exarchat (1870).

Literatur: Ch. Diehl: Études sur l'administration byzantine dans l'exarchat de Ravenne. Paris 1888, Nachdruck New York 1973; F. W. Deichmann: Ravenna, Hauptstadt des spätantiken Abendlandes. 5 Tle., Wiesbaden 1969–1976.

Südslawen

Südliche Gruppe der SLAWEN, bestehend aus SLOWENEN, SERBEN, KROATEN, Montenegrinern, Makedonen und Bulgaren: Die Südslawen verbreiteten sich parallel zu den AWAREN auf dem Balken (**582**). Byzanz besiegte sie bei Thessalonike (689) und siedelte sie als STRATIOTEN in Kleinasien an. Nach dem Sieg bei Patras (805) begann durch Byzanz die Gräzisierung der südlichsten Südslawen in Griechenland. Die Christianisierung erfolgte später teils vom Westen (Rom), teils vom Osten (Byzanz) aus, wobei die Trennungslinie in etwa der Grenze bei der TEILUNG DES RÖMISCHEN REICHS (395) entsprach. Die Landnahme der Ungarn (896/900) trennte die Südslawen von den Ost- und den Westslawen.

Ungarn, Venedig, Byzanz, Bulgarien, seit dem Spätmittelalter das OSMANISCHE REICH bzw. Österreich bestimmten politisch über die Südslawen. Das Programm zur Einigung aller Südslawen unter Führung Serbiens (1844) provozierte die SÜDSLAWISCHE FRAGE, die im ATTENTAT VON SARAJEVO (28. Juni 1914) eskalierte, als Auftakt zum ERSTEN WELTKRIEG. Nach Kriegsende entstand das Königreich der Serben, Kroaten und Slowenen (1. Dezember 1918), später in Jugoslawien umbenannt (serb./kroat.: »Jugo« = Süden, 1929). Die Föderative Republik Jugoslawien (1945) zerfiel unter blutigen Konflikten (seit 1991).

Literatur: P. Diels: Die slawischen Völker. Wiesbaden 1963; J. Herrmann (Hg.): Die Welt der Slawen. Geschichte, Gesellschaft, Kultur. Leipzig u. a. 1986; E. Hösch: Geschichte der Balkanländer. München [3]1995.

Zehnt

Periodische Naturalabgabe, meist ca. ein Zehntel landwirtschaftlicher Produkte, eingeführter Waren, der Kriegsbeute u. Ä.: Bereits in Babylon, in frühgriechischer und hellenistischer Zeit war der Zehnt bekannt. Im mittelalterlichen Europa forderte zunächst nur die römische Kirche den Zehnt (seit nach 400), der von der SYNODE von Mâcon für das FRANKENREICH institutionalisiert (**585**) und von Karl dem Großen unterstützt wurde (779). Weltliche Grundherren kamen als Inhaber von Eigenkirchen auch in den Genuss des Zehnt (ab 818/19).

Zu unterscheiden sind verschiedene Arten: Großer Zehnt (auch: Feld- oder Fruchtzehnt) umfasste Getreide, Wein, Garten- und Baumfrüchte, Blutzehnt (Fleisch- oder Viehzehnt) die Abgabe von Tieren, Kleiner Zehnt Gemüse und Tierprodukte (Eier, Milch, Butter, Honig). Der Zehnt war die ergiebigste Form der Besteuerung im europäischen Mittelalter, bis zur FRANZÖSISCHEN REVOLUTION (1789) bzw. BAUERNBEFREIUNG und Trennung von Kirche und Staat. In den Kolonisationsgebieten des deutschen Ostens wurde der Slawenzehnt für unterworfene SLAWEN eingeführt, in Frankreich der Kirchenzehnt als Sondersteuer für KREUZZÜGE. Der Rückkehr zur Geldwirtschaft folgte die Umwandlung der Naturalabgabe in Geldzahlung (ab 1200).

Literatur: U. Schultz (Hg.): Mit dem Zehnten fing es an. Eine Kulturgeschichte der Steuer. München [3]1992.

Basken

(span.: Vascos, frz.: Basques; bask.: Euskaldunak = Baskisch-Sprechende) Vorindoeuropäisches Volk im Grenzgebiet zwischen Spanien und Frankreich: Herkunft und Zeit der Einwanderung in die heutigen Siedlungsgebiete sind ungeklärt. Basken hielten sich halbselbstständig in Rückzugsgebieten der Pyrenäen gegen Römer, WESTGOTEN, FRANKEN, Araber/MAUREN. Unter dem Druck der Westgoten wichen sie teilweise nach Aquitanien aus (ab **587**), eroberten es (628) und gründeten das Herzogtum Gascogne. Die Mauren besiegten die Gascogner (ca. 720), wurden von den Franken vertrieben (732), die die Basken unterwarfen (768). Nach der Rückeroberung Pamplonas (753) vernichteten die

Basken wegen der Zerstörung der Stadt durch die Franken unter Karl dem Großen (778) die fränkische Nachhut unter Graf Roland im Tal von Roncesvalles (778), überliefert im Rolandslied. Das baskische Fürstentum (799) verwandelte sich in das Königreich Pamplona/Navarra (816), das sich beiderseits der Pyrenäen ausdehnte (905–1035).

Mit der Christianisierung der Basken in Navarra (nach 1000) schloss sich Navarra dem Widerstand der frühspanischen christlichen Königreiche in Nordspanien gegen die Mauren und der RECONQUISTA an (ab 1064). Das neue Königreich Navarra (1134) verlor an Kastilien endgültig Alava, Biscaya und Guipúzcoa (1179, 1200). Bandenkriege zwischen Adelsfamilien (14./15. Jh.) schwächten das Reich; Kastilien gelang die Eroberung der Gebiete südlich der Pyrenäen (1512), die Autonomie erhielten (bis 1841). Die nördlichen Gebiete Navarras vereinten sich mit Frankreich, als die BOURBONEN aus Navarra die französischen VALOIS auf dem Thron ablösten (1589–1792/1848). Auf Gewohnheitsrecht beruhende FUEROS regelten die Wirtschafts- und Sozialordnung im gesamten Baskenland (14. Jh.–1790, 1841, 1869). Die spanischen Basken unterstützten die KARLISTEN im 1. und 2. KARLISTENKRIEG (1833–1839, 1872–1876); die Niederlage der Karlisten bedeutete das Ende der Fueros im südlichen Baskenland (1876).

An der Biscaya begann die INDUSTRIELLE REVOLUTION der Region (1878–1898), mit starker Zuwanderung. Als Reaktion auf den sozialen Wandel – besonders nach dem 2. Karlistenkrieg – entstand der baskische Nationalismus, basierend auf Rassismus, Katholizismus und Anti-Liberalismus: Ziel war die staatliche Unabhängigkeit, radikal verfochten von der nationalistischen Bewegung der PNV–EAJ (1895). In der 2. SPANISCHEN REPUBLIK (1931–1936/39) erreichten die baskischen Nationalisten unter der Linksregierung die Autonomie (1936). Im SPANISCHEN BÜRGERKRIEG (1936–1939) eroberten Franco-Truppen Bilbao (1937), Flugzeuge der deutschen LEGION CONDOR zerstörten Guernica (1937). Während der Diktatur Francos (1939–1975) wurde die baskische Sprache und Kultur unterdrückt, und es bildete sich eine baskische Exilregierung (1945). In Radikalisierung des Nationalismus gründete sich die Untergrundorganisation ETA (1959), die erste Attentate verübte (1968). Franco reagierte mit Ausnahmezuständen, Massenverhaftungen und Todesurteilen (Prozess von Burgos, 1970). Nach Francos Tod (1975) verstärkte die ETA den TERROR (1978–1980), der spanische Staat antwortete mit Gegenterror, u. a. durch die »Antiterroristische Befreiungsgruppe« (GAL, 1983–1987). Bei der Volksabstimmung zur spanischen Verfassung (1978) gab es eine deutliche Ablehnung im Baskenland, hingegen eine knappe Befürwortung in Navarra. Die Verfassung schrieb die Einheit der spanischen Nation als unauflöslich fest, billigte aber regionale Selbstverwaltung. Das Autonomiestatut – Statut von Guernica – wurde mehrheitlich angenommen (1979), und es entstand die Comunidad Autónoma Vasca. Ab 2000 nahm die Zahl der Anschläge der ETA wieder massiv zu.

Literatur: M. Kasper: Baskische Geschichte in Grundzügen. Darmstadt 1997; R. Collins: The Basques, Oxford 1986; F. García de Cortázar/J. M. Lorenzo Espinosa: Historia del País Vasco. San Sebastián 1997; M. Kurlansk: The Basque History of the World. London 2000.

Sui-Dynastie

3. Kaiserdynastie Chinas: Die Gründer entstammten einer neuen Militäraristokratie aus T'OPA und unterworfenen Chinesen in Nordchina und proklamierten den ersten Kaiser (581). Die Sui erreichten Chinas Wiedervereinigung durch Kombination von Propaganda und militärischer Macht (**589**). Sie führten ein literarisches Prüfungssystem für Beamte (MANDARINE) ein (601–1905), erzwangen die SUZERÄNITÄT über Vietnam und verschiedene Turkvölker (608), intensivierten die KOLONISATION im Süden und erbauten den Kaiserkanal (610). Die zahlreichen Projekte erschöpften China: Die Eroberung Koreas scheiterte, Turkvölker erhoben sich (614), Aufstände eskalierten zum Bürgerkrieg (615) und Sturz der Sui, die durch die T'ANG-DYNASTIE abgelöst wurden (618–906).

Literatur: W. Bingham: The Founding of the T'ang-Dynasty. Baltimore 1941; B. Wiethoff: Grundzüge der älteren chinesischen Geschichte. Darmstadt ^{2}1988; W. Eberhard: Geschichte Chinas. Stuttgart ^{3}1980; J. Gernet: Die chinesische Welt. Frankfurt/Main ^{6}1989.

Patrimonium Petri

(lat.: Erbe Petri) Grundbesitz der römischen Kirche: Ursprünglich durch Schenkungen erworben, erneuerte Papst Gregor I. (**590**–604) den Kirchenbesitz, der in der VÖLKERWANDERUNG verloren gegangen war. Er wurde territoriale Grundlage der Päpste und neben dem EXARCHAT Ravenna Ausgangsbasis zum Kirchenstaat (756–1870).

Eiserne Krone

Königskrone der LANGOBARDEN (**590**) mit einem innen liegenden eisernen Stützband, angeblich aus einem Nagel vom Kreuz Christi geschmiedet: Die Krone in ihrer letzten Ausprägung (ca. 9. Jh.) liegt im Domschatz von Monza. Fast alle deutschen mittelalterlichen Kaiser und viele Könige krönten sich mit der Eisernen Krone zu Königen von Italien, zuletzt Napoleon I. (1805); auch Ferdinand I. von Österreich erhob mit der Krone habsburgische Ansprüche in Italien (1838).

Auch: Napoleonischer Orden (1805–1814/15), erneuert als österreichischer Orden (1816–1918).

Literatur: P. E. Schramm: Herrschaftszeichen und Staatssymbolik. 3 Bde., Stuttgart 1954–1956; M. v. Bárány-Oberschall: Die Eiserne Krone der Lombardei und der lombardische Königsschatz. Wien, München 1966.

Erzbistum

DIÖZESE eines Erzbischofs, in der Regel mehreren anderen Bischöfen (Suffraganbischöfen) übergeordnet: Zunächst erhielten in der alten Kirche nur besonders angesehene Bistümer den Status eines Erzbistums (Alexandria, Antiochia, Rom). Nach der VÖLKERWANDERUNG war die Gründung von Erzbistümern auch für die Missionierung wichtig (z. B. Gnesen für Polen, 1000). Wichtige Neugründungen des Mittelalters waren u. a. Canterbury (**601**), York (627), Toledo (681/1088), Mainz (781/82), Köln (795), Salzburg (798), Trier (ca. 800), Hamburg-Bremen (831/46), Magdeburg (968), Gran (1001), Lund (1104), Sevilla (1248), Prag (1344), Lissabon (1393), Granada (1492). Weitere Erzbistümer entstanden mit der EXPANSION EUROPAS IN ÜBERSEE. Auch in der Orthodoxe Kirche existiert die Institution, nach der REFORMATION auch in der ANGLIKANISCHEN KIRCHE sowie den Lutherischen Kirchen Schwedens und Finnlands.

Mandarin

Chinesischer Verwaltungsbeamter: Der Mandarin verband seit der SUI-DYNASTIE mit der Einführung literarischer Prüfungen für Staatsämter auf allen Ebenen (**601**) in einer für China typischen Kombination grundbesitzenden Adel, literarische Bildung und Staatsbürokratie (in der Fachliteratur oft aus dem Englischen »GENTRY« genannt). Über DYNASTIEwechsel und ANARCHIE (»luan«) hinweg, garantierten Mandarine als eigene Klasse Kontinuität in der chinesischen Geschichte (bis 1905).

Literatur: E. Balazs: Chinese Civilization and Bureaucracy. New Haven 1964; M. Granet: Die chinesische Zivilisation: Familie, Gesellschaft, Herrschaft. Frankfurt/Main [2]1989.

Literarisches Prüfungssystem

Von Wen, dem ersten Kaiser der SUI-DYNASTIE, zur Auslese von Bewerbern für Beamtenstellen eingeführte (**601**) Prüfungen, mit dem Nachweis der Beherrschung der klassischen chinesischen Literatur, vor allem der Schriften des Konfuzius: Je höher die Stellen in der Beamtenhierarchie angesiedelt waren, desto schwieriger wurden die Prüfungen. Die grundbesitzende ARISTOKRATIE (GENTRY) erhielt die meisten Posten. In der Agonie des Chinesischen Kaiserreichs und im Zuge westlicher Reformen wurden die Prüfungen abgeschafft (1905).

Suzeränität

(frz.: Suzeraineté, von lat.: sursum= oben) Abhängigkeit eines Staats von einem übergeordneten Staat (Suzerän) als VASALL mit innerer AUTONOMIE: Der Begriff wurde ursprünglich für Verhältnisse im OSMANISCHEN REICH mit seinen autonomen Vasallenstaaten (z. B. Serbien, Ägypten, Moldau, Walachei) analog zu SOUVERÄNITÄT angewandt, später auch auf vergleichbare Machtstrukturen übertragen, z. B. China und die von ihm abhängigen Staaten wie Vietnam (**608**) oder Korea (668); auch auf das Verhältnis zwischen England und Schottland nach der NORMANNISCHEN EROBERUNG.

Themen

(Singular: Thema, griech.: das Aufgestellte) Byzantinische Armeeabteilung, später auch Verwaltungseinheit: Kaiser Herakleios I. (**610**–641) führte die neue Themenordnung ein, zunächst in Kleinasien, organisiert nach dem Vorbild der EXARCHATE: Zusammenfassung militärischer und ziviler Kompetenzen, verbunden mit Land- und Heeresreform. Freie Wehrbauern bildeten die Grundlage für die MILIZ der STRATIOTEN auf Stratiotengütern. Themen wurden nach Rückeroberung weiterer Gebiete, vor allem in Südosteuropa, eingerichtet. Der Chef eines Themas hatte den Titel eines Strategen, später Dux (nach 1000).

Literatur: J. Karayannopulos: Die Entstehung der byzantinischen Themenordnung. München 1959.

Stratioten

(griech.: stratios = Soldat) Byzantinische Wehrbauern mit Wehrpflicht: Ihre Ansiedlung in THEMEN war Teil der Reformen von Kaiser Herakleios I. (**610**–641), als Grundlage zur Konsolidierung von Byzanz. Nachdem Byzanz die SÜDSLAWEN bei Thessalonike besiegt hatten (689), siedelte es sie als Stratioten in Kleinasien an. Die erneute Bildung von Großgrundbesitz schwächte Byzanz durch Feudalisierung (nach 963) und Übergang zu Söldnerheeren: Byzanz erlitt eine vernichtende Niederlage durch die Seldschuken bei Manzikert (1071), weil sich die normannisch/warägischen Söldner weigerten, in schwieriger Situation zu kämpfen. Die Niederlage eröffnete die Agonie von Byzanz.

Funktional vergleichbar auch: MILITÄRGRENZE (1535–1867), KOSAKEN, Frontier in Nordamerika; KIBBUZIM in Palästina/Israel und Armeesiedlungen in besetzten/annektierten Gebieten Israels.

Arnulfingen (Pippiniden, Karolinger)

Fränkische DYNASTIE von HAUSMEIERN (bis 751) und Königen bzw. Kaisern (bis 888): Stammvater war Arnulf, der Bischof von Metz, der den Aufstand des austrasischen ADELS gegen Brunhild anführte (**611**–613). Bei den MEROWINGERN in Austrien (639) stiegen die Karolinger zu Hausmeiern auf, nach einem Bürgerkrieg im wiedervereinigten FRANKENREICH (687/88) zu erblichen Hausmeiern. Schon Karl Martell (714–741) herrschte de facto im Merowingerreich. Pippin III. (741–768) setzte die Merowinger ab und machte sich selbst zum König (751). Karl der Große (768–814) begründete mit seiner Kaiserkrönung in Rom (800) das westliche KAISERTUM. Seit Ludwig dem Frommen (814–840) zersplitterte sich die Dynastie durch Reichsteilungen in Italien (bis 875), Ostfranken (bis 911) und Westfranken (bis 987).

Literatur: O. G. Oexle: Die Karolinger und die Stadt des heiligen Arnulf: In: Frühmittelalterliche Studien. Hg. v. Karl Hauck. Bd. 1, Berlin 1967; E. Hlawitschka. Die Vorfahren Karls des Großen, in: W. Braunfels (Hg.): Karl der Große. Bd. 1, Düsseldorf [3]1967; R. Schieffer: Die Karolinger. Stuttgart u. a. [2]1997.

Hausmeier

(lat.: Major domus = Herr des Hauses) Hochgestellte Führungsfunktion im MEROWINGERREICH, zunächst in Teilreichen (vor **613**): Die bedeutendsten Hausmeier waren die ARNULFINGER/PIPPINIDEN/KAROLINGER in Austrien, die de facto die eigentlichen Machthaber im Reich waren.

Übertragen auch: Nichtkönigliche oder nichtkaiserliche Machthaber verschiedenen offiziellen Titels, vergleichbar dem GROSSWESIR, SHOGUN oder (spätrömischen) HEERMEISTER.

Serben

Volk der SÜDSLAWEN: Die Serben wanderten auf die Balkanhalbinsel ein (**614**) und Byzanz missionierte sie (orthodox nach 867). Sie gerieten in Spannung zu den katholischen KROATEN.

Literatur: B. Hänsel (Hg.): Die Völker Südosteuropas vom 6. bis 8. Jahrhundert. München 1987.

Kroaten

Volk der SÜDSLAWEN: Die Kroaten wanderten auf die Balkanhalbinsel ein (**614**) und standen unter römisch-lateinischem Einfluss, sichtbar in ihrem Übertritt zum römisch-katholischen CHRISTENTUM (7. Jh.). Spannungen zu den orthodoxen SERBEN halten bis heute an.

Literatur: B. Hänsel (Hg.): Die Völker Südosteuropas vom 6. bis 8. Jahrhunderts. München 1987.

Zwangstaufe

Zwangsmaßnahme zur Christianisierung: Erste Zwangstaufen richteten sich gegen JUDEN in OSTROM (608), im WESTGOTENREICH (**616**) und mit der RECONQUISTA in Kastilien (1391, 1492), später auch in Portugal (1497). In Mitteleuropa unterwarf das FRANKENREICH die SACHSEN der Zwangstaufe (777). Auch die MAUREN in Kastilien (1502) sowie Aragon (1526) wurden zur Christianisierung gezwungen. In den BALKANKRIEGEN griffen SERBEN gegen Albaner zu Zwangstaufen (1912/13), im ZWEITEN WELTKRIEG KROATEN gegen Serben (1941–1944).

T'ang-Dynastie

(Pinyin: Tang-Dynastie) 4. Kaiserdynastie Chinas (618–906): Nach Bürgerkriegen und Aufständen stürzten die T'ang die SUI-DYNASTIE (**618**). Ihre Herrschaft brachte die Konsolidierung nach innen und Expansion nach außen als glanzvollen Höhepunkt des mittelalterlichen China. Die T'ang unterwarfen Turkvölker (630), eroberten das Tarimbecken (639/48), stellten die SUZERÄNITÄT über Korea wieder her (668) und machten Vietnam zum chinesischen Militärprotektorat (679). In Abwehrkriegen gegen Tibetaner überschritten Chinesen Hindukusch und Pamir (747). Die Schlacht gegen die Araber am Talas endete unentschieden (751) – chinesische Kriegsgefangene brachten PAPIER in den Westen. Die Eroberung von NAN-CHAO in Yünnan scheiterte (751). Die erste Militärrevolte von Grenzkommandeuren (755–757) ließ sich nur mit Hilfstruppen (Türken, Tibetanern, UIGUREN) niederwerfen (757). Weitere Militäraufstände schwächten das Reich, das seine Finanzen durch das Staatsmonopol auf Alkoholika (782) und Tee (793) konsolidierte. BUDDHISTEN, NESTORIANER und MANICHÄER wurden verfolgt und ermordet (844). Dagegen steht die Kulturleistung des ersten gedrucktes Buchs (868). Nach weiterer Schwächung durch Aufstände und Bürgerkriege (ab 778) setzten Militärs ein Kind als Schattenkaiser ein (904). Der Abdankung des letzten T'ang (906) folgte die Periode der FÜNF DYNASTIEN und ZEHN STAATEN (907–960).

Literatur: W. Bingham: The Founding of the T'ang-Dynasty. Baltimore 1941; W. Eberhard: Geschichte Chinas. Von den Anfängen bis zur Gegenwart. Stuttgart [3]1980; J. Gernet: Die chinesische Welt. Die Geschichte Chinas von den Anfängen bis zur Jetztzeit. Frankfurt/Main [6]1989.

Hedschra

(Hidschra, arab.: Ausreise) Flucht oder Ausweichen Mohammeds vor politischem Druck im heimatlichen Mekka nach Medina (**622**): Die Hedschra eröffnet die muslimische Zeitrechnung.

Islam

(arab.: Hingabe an Allah) Jüngste der großen Weltreligionen, mit Zügen der beiden älteren monotheistischen »Buchreligionen« (JUDENTUM, CHRISTENTUM): Mit der HEDSCHRA Mohammeds nahm der Islam seinen Anfang (**622**). Er herrschte – gestützt auf MUSLIME – in Medina (627) und breitete sich bis zum Tod Mohammeds (632) durch Unterwerfung oder Anschluss jüdischer und christlicher (monophysitischer) Araber zunächst auf der Arabischen Halbinsel aus. Unter den KALIFEN, den Nachfolgern Mohammeds, verbreitete sich der Islam mit JIHADS bzw. Futuhat-Kriegen (Futuhad = Öffnung [für den Islam]) im Orient und Mittelmeerraum (bis 740), später auch im OSMANISCHEN REICH durch Missionierung entlang den Wegen des FERNHANDELS.

Geschwächt haben den Islam noch in seiner Frühphase innere Spaltungen, vor allem in SUNNITEN und SCHIITEN (658), und noch radikalere Abspaltungen (z. B. CHARIDSCHITEN, 657). Gegen die christlichen KREUZZÜGE proklamierte der Islam den Heiligen Krieg (Jihad). Partielle oder regionale Erneuerungsbewegungen vollzogen sich nach demselben Mechanismus, der den Islam hervorgebracht hatte. Religiöse Erneuerer formulierten in Opposition zu ihrer Umgebung neue Ansätze, zogen sich in die Isolierung zurück (z. B. in einen RIBAT), sammelten militante Anhänger um sich, erklärten andere Muslime zu Ungläubigen (»Kuffar«) und nahmen militärische Eroberungen auf, die in der Gründung eines theokratischen Staats und einer DYNASTIE gipfelten: Wichtige Beispiele sind ABBASIDEN (747), FATIMIDEN (909), ALMORAWIDEN (1042), ALMOHADEN (1121), WAHHABITEN (1744), der JIHAD DES USMAN DAN FODIO (1804), SENUSSI (1833) und der MAHDI-AUFSTAND (1881). Weitere Ausdehnung brachte den Islam nach Schwarzafrika, neuerdings auch nach Mitteleuropa, u. a. gestützt auf (meist türkische) Gastarbeiter, politische Emigranten und Armutswanderer. Der Islam ist die einzige Religion, die mit militärischer Eroberung (Jihad) begann, das Verlassen der Religion (»Riddah«) mit der Todesstrafe bedroht und den Frieden in der Welt erst nach der völligen Eroberung der Erde anerkennt.

Der Islam bildet die ideologische Grundlage für Parteibildungen, islamistische Staaten (»Islamische Republik«) auf der Grundlage der

Scharia und Staatengruppierungen (Arabische Liga). Jüngstens haben islamistische Gruppierungen an Macht gewonnen, die einen Rückgriff auf fundamentalistische Elemente propagieren, besonders seit der Islamischen Revolution im Iran, mit Verschärfung der Spannungen zwischen Sunniten und Schiiten – u. a. im 1. Golfkrieg zwischen Irak und Iran (1980–1988), in Pakistan, Afghanistan seit dem Afghanistankrieg (seit 1979) und dem Zerfall der Sowjetunion (seit 1991), in Bosnien-Herzegovina (seit 1992), den beiden Tschetschenienkriegen, jüngstens seit dem Manhattan-Attentat (11. September 2001).

Literatur: Der Islam. Mit Beiträgen von W. A. Watt/A. T. Welch u. a. 3 Bde., 1980–1990; H. A. Gibb (Hg.): The Encyclopaedia of Islam. Nachdruck 1983ff.; A. Th. Khoury/L. Hagemann/P. Heine: Islam-Lexikon: Geschichte – Ideen – Gestalten. 3 Bde., Freiburg, Basel, Wien 1991; C. Horrie/P. Chippindale: Die muslimische Welt. Religion – Geschichte – Politik. München 1992; M. Haarmann: Der Islam. Neuausgabe München 1992; A. Schimmel: Der Islam. Eine Einführung. Stuttgart 1995; B. Tibi: Einladung in die islamische Geschichte. Darmstadt 2001.

Chasaren

(Chazaren, Khazaren, Khasaren; türk: Nomaden) Halbnomadischer Turkstamm aus Zentralasien, erstmals als Verbündete von Byzanz gegen die Perser erwähnt (**624**), mit einem Reich zwischen Schwarzem und Kaspischem Meer (626): Die Expansion der Chasaren nach Süden in den Kaukasus beendeten die Araber (643–653). Sie besiegten die Wolga-Bulgaren (697), errichteten eine Tributoberherrschaft über Ostslawen und hatten mit der Lage ihres Reichs eine bedeutende Rolle im Fernhandel. Ihre Führungsschicht trat zum Judentum über (ca. 740). Petschenegen schwächten das Reich (ca. 860), das von der Kiewer Rus vernichtet wurde (965). Reste der jüdischen Oberschicht gingen (vielleicht) in den Juden des mittelalterlichen Polen-Litauen auf.

Literatur: D. M. Dunlop: The History of the Jewish Khazars. Princeton (N. J.) 1954; A. Pletnjowa: Die Chasaren. Mittelalterliches Reich an Don und Wolga. Wien 1979; A. Koestler: Der dreizehnte Stamm. Das Reich der Khasaren und sein Erbe. Bergisch-Gladbach 1989.

Basileios

(griech.: König) Bedeutung ungefähr wie »König«, aber mit Nuancen in verschiedenen Epochen der griechisch-hellenistischen Geschichte: Basileios löste in Byzanz den Titel des römischen Imperators ab (**627**), charakteristisch für die fortschreitende Regräzisierung von Byzanz; der byzantinische Kaiser behielt autokratische weltliche und geistliche Herrschaft in einer Hand (Theokratie).

Muslime

Offizielle (und allein korrekte) Selbstbezeichnung der Anhänger des Islam (an Stelle von Mohammedaner u. Ä.), wegen des historischen Ursprungs anfänglich oft gleichgesetzt mit Arabern: Muslime unter Mohammed unterwarfen den letzten jüdischen Stamm in Medina (**628**), besetzten Mekka und unternahmen die erste Razzia gegen Byzanz (630). Als Mohammed starb, beherrschten seine Anhänger die Arabische

Halbinsel (632). Unter den KALIFEN eroberten Muslime Syrien (635), Ktesiphon (ab 637), Jerusalem (638), Ägypten (641), Armenien, Alexandria, erneut Persien (642), Tripolitanien, Cyreneika (647), Georgien (650), Karthago (697), Ceuta (709) und Spanien (711/12). Weitere Entwicklung wie Islam; vgl. auch: Kalifat.

Razzia

(aus dem Arabischen) Streif-, Beute-, Raubzug von Arabern, hier der MUSLIME gegen OSTROM (ab **630**), als Auftakt zur muslimisch-arabischen Expansion der Futuhat-Kriege (632–740): Die erste Razzia weit nach Süden führte durch die Sahara in den Sudan (734).

Auch: Überraschende Großfahndungsaktion der Polizei oder von Besatzungstruppen, z. B. gegen Widerstandsgruppen, Schwarzhändler.

Slawenaufstand

Nach der Niederlage der AWAREN vor Konstantinopel (626) Aufstand der abhängigen SLAWEN und der awarisch-slawischen Mischbevölkerung gegen Awaren (**ca. 630**): Der Aufstand erschütterte das Awarenreich und ermöglichte die Anfänge des REICHS DES SAMO.

Reich des Samo

Erste Staatsbildung von SLAWEN: Nach dem SLAWENAUFSTAND gegen die AWAREN (ca. 630) errichtete der fränkische Waffenhändler Samo über Slawen seine Territorialherrschaft mit Schwerpunkt in Böhmen (**ca. 630**). Nach Samos Tod (ca. 660) zerbrach das Reich.

Kalif (Kalifat)

(arab: Stellvertreter, Nachfolger, d. h. Mohammeds) Geistliches und weltliches Oberhaupt des ISLAM nach Mohammeds Tod (**632**): Kalifat war das Amt bzw. das Reich des Kalifen. Von den vier »rechtgeleiteten Kalifen« (»Rashidun«) unmittelbar nach Mohammeds Tod (Abu Bakr, Omar I., Othman, Ali) anerkannten die SCHIITEN nur Ali als wirklich rechtmäßig. Ihnen folgten die OMAIJADEN (661–750), ohne die Anerkennung der Schiiten, die ein kurzlebiges GEGENKALIFAT in Mekka gründeten (680–692). Die ABBASIDEN stürzten und beerbten die Omaijaden (750–1258), jedoch mit häufigem Wechsel des Sitzes der Kalifen – Medina (634), Kufa (656), Damaskus (661), Harran (744), Damaskus (750), Bagdad (763), Samarra (836), erneut Bagdad (883–1258). Das EMIRAT von Córdoba in Spanien trennte sich vom Kalifat (756) und wurde durch Nachfahren der Omaijaden zum sunnitischen (Gegen-)Kalifat (929–1031) gegen die sunnitischen Abbasiden erhoben, ähnlich wie das Gegenkalifat der schiitischen FATIMIDEN (909–1171) in Nordafrika. Unter dem wachsenden Einfluss der MAMLUKEN als »Beschützer des Kalifen« degenerierten die Abbasiden zum Schattenkalifat (nach 813), fortgesetzt von BUJIDEN (945) und

Seldschuken (1055). Nach der Eroberung Bagdads durch die Mongolen fand es de facto sein Ende (1258). Den Titel erhielten die Osmanen in fiktiver Kontinuität nach Eroberung Ägyptens (1517), wo angeblich die Nachfahren des letzten Kalifen lebten: Der osmanische Sultan beanspruchte den Kalifentitel (1534). Nach dem Friedensschluss von Kütschük-Kainardschi belebte das Osmanische Reich den Titel offiziell durch Eigenerhebung zum Kalifat (1774), das endgültig mit Abschaffung durch Mustafa Kemal Atatürk erlosch (1924).

Literatur: B. Spuler: Die Chalifenzeit. Leiden 1952; T. W. Arnold: The Caliphate. Neudruck London 1967; P. K. Hitti: History of the Arabs From the Earliest Times to the Present. London [10]1970 (Nachdruck 1985); B. Lewis: Die Araber. Aufstieg und Niedergang eines Weltreichs. Wien 1995.

Diwan

Stammrolle der muslimisch-arabischen Armee in Medina zur Verteilung der Kriegsbeute (**634**): Unter den Abbasiden (750–1258) war Diwan die zentrale Steuerverwaltung, Rechnungskammer und Staatskanzlei, unter den Osmanen der kaiserliche Staatsrat, der im Ministerrat aufging (19. Jh.). Sprachlich abgeleitet frz.: douane = Zoll.

Auch: Sitzmöbel; Sammlung von Gedichten (Goethe: »West-östlicher Diwan«).

Syrische Kirche (Jakobitische Kirche)

Monophysitische syrisch-orthodoxe Kirche, abgespalten von der römischen Reichskirche, mit Patriarchat in Antiochia (vor 578): Die Syrische Kirche missionierte über Persien bis Südwestindien (Thomaschristen von Malabar). Ihre Anhänger begrüßten die muslimische Eroberung (**635**) und wurden arabisiert. Das Alt-Syrische blieb nur noch als Kirchensprache erhalten. Die Religionsgemeinschaft pflegte später in Syrien und Palästina ein gutes Verhältnis zu den Kreuzfahrern während der Kreuzzüge (1099–1291). Allmählich geriet sie in die Minderheitsposition bei fortschreitender Islamisierung und zerfiel in mehrere rivalisierende Patriarchate (nach 1200). Mongolen fügten den Gläubigen schwere Verluste zu (ab 1258). Weitere Aufsplitterung brachte der teilweise Anschluss an Rom. Heute ist die Kirche eine kleine Minderheit in Syrien und Libanon (Maroniten) sowie in Südindien.

Literatur: W. Hage: Die syrisch-jakobitische Kirche in frühislamischer Zeit nach orientalischen Quellen. Wiesbaden 1966.

Koptische Kirche

Monophysitische Kirche Ägyptens (Koptisch = Ägyptisch), nach dem Konzil von Chalkedon (451) gegründete Sezession von der allgemeinen Reichskirche (457), mit Patriarchat in Alexandria: Die Koptische Kirche missionierte über Nubien bis Äthiopien und behielt dort lange maßgeblichen Einfluss (bis 1514/17 bzw. 1945). Ihre Anhänger begrüßten die muslimische Eroberung (**641**). Die Kopten nahmen das Arabische als Umgangs- und Literatursprache an. Allmählich gerieten sie in eine

Minderheitsposition bei fortschreitender Islamisierung. Heute sind etwa 7 % der Bevölkerung Ägyptens Kopten, neuerdings wieder in Spannungen mit Islamisten. Nach Konflikten in Kairo wurde der Patriarch von Alexandria von Ägyptens Staatschef Sadat abgesetzt (1981).

Literatur: B. Spuler: Die koptische Kirche, in: Handbuch der Orientalistik. Hg. von B. Spuler. Abt. 1, Bd. 8/2. Leiden 1961; Y. Farag (Hg.): Die Kopten. Hamburg 1981; A. Gerhards/H. Brakmann (Hg.): Die koptische Kirche. Einführung in das ägyptische Christentum. Stuttgart u. a. 1994; A. Brunner-Traut: Die Kopten: Leben und Lehre der ägyptischen Christen in Geschichte und Gegenwart. München ^{5}1997.

Parsen

(pers.: = Perser) Anhänger des Parsismus, Fortsetzung des ZOROASTRISMUS: Nach der muslimischen Eroberung Persiens (**642**) wichen die Parsen nach Indien aus und konzentrierten sich um Bombay. Sie bilden heute eine kleine, ökonomisch aktive Minderheit in Indien (ca. 100 000 Anhänger) und Iran (ca. 10 000), geschwächt durch Tendenzen zum Hinduismus bzw. Bahaismus. Die ISLAMISCHE REVOLUTION in Iran zog blutige Verfolgungen nach sich (1982).

Literatur: E. Kulke: The Parsees in India. A Minority as Agent of Social Change. München 1974.

Taika

(japan.: großer Wandel) Staatsstreich in Japan: Nachdem eine japanische Gesandtschaft China besucht (607) und die Rezeption chinesischer Kultur begonnen hatte, weitete der Putsch die kontrollierte Übernahme chinesischer Elemente aus (**645**). Er brachte einschneidende Reformen, die das präfeudale System in Japan zum zentralisierten Beamtenstaat nach chinesischem Vorbild umformten, und wurde vom SHOGUNAT (1192–1867) beendet.

Koran

(arab.: al-qu'ran) Heilige Schrift des ISLAM, mit Offenbarungen Mohammeds in Arabisch, eingeteilt in 114 Abschnitte (Suren): Der Koran wurde aus fragmentarischen schriftlichen und aus mündlichen Überlieferungen unter KALIF Othman (644–656) schriftlich fixiert (**653**). Er ist Grundlage für die theokratische Grundordnung.

Literatur: Th. Nöldeke: Geschichte des Qorans. 3 Bde., Leipzig ^{2}1909–1938 (Nachdruck 1981); T. Nagel: Der Koran. Einführung – Texte – Erläuterungen. München ^{3}1998.

Liber iudiciorum

Einheitliches Gesetzbuch für Romanen und sich allmählich romanisierende WESTGOTEN in Spanien, an Stelle des bisher nebeneinander gültigen westgotischen Volksrechts und RÖMISCHEN RECHTS (**654**): Nach Übertritt der Westgoten vom ARIANISMUS zur römischen Kirche (589) war die Rechtsangleichung die nächste große Etappe in der Romanisierung der Westgoten.

Charidschiten

(arab.: hariga = ausziehen, weggehen) Erste Sezession im ISLAM: Einstige Anhänger versagten dem KALIFEN Ali die Gefolgschaft, weil er im Kampf gegen Muawija ihrer Ansicht nach nicht ausreichend durchgegriffen und so die Würde des Kalifats verletzt habe (**657**). Die Abspalter fanden u. a. in Ostarabien (Oman) eine Basis, anschließend unter nichtarabischen MUSLIMEN. Sie erlitten gegen Ali zwar eine Niederlage (658), konnten ihn aber ermorden (661). Ihre Lehre wurde von den Ibaditen fortgesetzt, die ihre territoriale Basis in Oman hatten, mit Unabhängigkeit unter eigenem Imam (751–902). Nach weiterer Niederlage (902) wichen sie zur Küste Ostafrikas aus, gründeten dort mit Persern aus Shiraz mehrere Städte bzw. erlangten die Herrschaft über schon bestehende Städte. Der Glaube verbreitet sich auch unter den BERBERN in Nordafrika (nach 658); der innerislamische Konflikt führte zu Aufständen im Maghreb gegen die OMAIJADEN (739/40). Nach deren Sturz (750) bildeten sich charidschitische Staaten im Inland des Maghreb, u. a. Sigilmasa (757–909) und Tahert (761–909). Auch in anderen Regionen des Kalifats brachen Erhebungen der Charidschiten aus (Iran, Arabien). Charidschiten hielten sich bis heute in Nord- und Ostafrika: Ibaditen gibt es noch in Südalgerien, Tripolitanien und Oman; ihr Aufstand in der Großen Moschee von Mekka (1989) wurde blutig niedergeschlagen.

Literatur: Die religiös-politischen Oppositionsparteien im alten Islam. Berlin 1901; E. A. Salem: Political Theory and Institutions of the Khawaridji. Baltimore 1959; R. Strothmann: Schiiten und Charidschiten, in: Handbuch der Orientalistik VII/2 (1961), S. 476–495; W. Schwarz: Die Anfänge der Ibaditen in Nordafrika. Der Beitrag einer islamischen Minderheit zur Ausbreitung des Islam. Wiesbaden 1983.

Sunniten

(von arab.: Sunna, d. h. gewohnte Handlungsweise, Brauch, der Weg, den man beschreitet) Anhänger der Sunna, Mehrheitsrichtung (ca. 90 %) im ISLAM (ausgenommen Irak und Iran), seit der Sezession der SCHIITEN (**661**): Sunniten herrschten im KALIFAT von Damaskus bzw. Bagdad und in Córdoba. Die Konfrontation zwischen osmanischen Sunniten und persischen Schiiten war eine Ursache für Kriege zwischen dem OSMANISCHEN REICH und Neupersischen Reich (nach 1500). Jüngste Konflikte brachen im Irak durch, dessen Führungsschicht unter Saddam Hussein sunnitisch ist, obwohl Schiiten die Bevölkerungsmehrheit stellen (seit 1968/79), außerdem im 1. GOLFKRIEG zwischen Irak und schiitischem Iran. (1980–1988), im LIBANESISCHEN BÜRGERKRIEG (1975–1992), in Afghanistan, Pakistan.

Literatur: wie zu Islam; H. Laoust: Les schismes dans l'Islam. Paris 1965.

Schiiten

(Anhänger der Schia = Partei, auch: Schiat Ali = Partei Alis) Minderheitsrichtung im ISLAM seit ihrer Abspaltung (**661**): Der Name erklärt sich aus der Parteinahme für den 4. KALIFEN und Neffen des Propheten

Mohammed, Ali (656–661), im Bürgerkrieg gegen Muawija, nach dessen Ausrufung zum GEGENKALIFEN (658), als Kalif (661–680) und Gründer der OMAIJADEN (661–750). Hauptrichtungen sind die 12er-Schia, 7er-Schia und 5er-Schia, jeweils mit unterschiedlich anerkannten religiösen Leitern der schiitischen Gemeinde (Imame), und weiteren Abspaltungen noch radikalerer Richtungen, u. a. CHARIDSCHITEN, FATIMIDEN, ISMAILITEN, Imamiten. Staatsgründungen gelangen den schiitischen IDRISIDEN in Marokko (788–926) und den AGHLABIDEN; ein schiitisches Kalifat der Fatimiden bestand in Nordafrika. (909–1171). Schiiten wurden oft von SUNNITEN verfolgt, sie blieben im OSMANISCHEN REICH vom MILLET des Islam ausgeschlossen. Im Iran werden heute nur Nachfahren Alis als rechtmäßige Nachfolger Mohammeds (Imame) anerkannt. Schiiten nahmen oft in sozialrevolutionären Protestbewegungen die Tradition der MAZDAKITEN wieder auf. Im Iran bilden sie eine große, im Irak eine knappe, vom sunnitischen Regime Saddam Husseins unterdrückte Mehrheit; sie sind auch stärkste Gruppe im Libanon. Seit der ISLAMISCHEN REVOLUTION im Iran (1979), dem 1. GOLFKRIEG zwischen Irak und Iran (1980–1988) sowie dem 2. GOLFKRIEG (1991) verschärft sich der Konflikt zu den Sunniten.

Literatur: wie zu Islam; R. Strothmann: Die Zwölfer-Schi'a. Leipzig 1926; Le shî'isme imâmite. Paris 1970; H. Halm: Die Schia. Darmstadt 1988; H. Halm: Der schiitische Islam. Von der Religion zur Revolution. München 1994; M. H. Tabatabai: Die Schia im Islam. Hamburg 1996.

Omaijaden

(Umaijaden, arab.: Banu Ummayya) Aus dem mekkanischen CLAN der Qurais stammende DYNASTIE: Die Omaijaden waren zunächst gegen Mohammed und traten erst relativ spät zum ISLAM über (630). Dennoch stellten sie die 1. KALIFEN-Dynastie (661–750), die nach dem innermuslimischen Bürgerkrieg (656–658) und der Ermordung Alis durch CHARIDSCHITEN (661) von Muawija I. (**661**–680) gegründet wurde. Er machte zunächst Damaskus zur Residenz (661), von Harran abgelöst (744). Nach innerer Konsolidierung erfolgte eine neue Expansion bis nach Spanien im Westen, Afghanistan und Sind im Osten. Den Untergang der Dynastie leiteten Charidschiten-Aufstände im Maghreb ein (739/40). Die ABBASIDEN stürzten die geschwächten Omaijaden und rotteten sie in Damaskus aus (750), bis auf Abd ar-Rahman I., der als einziger entkam und in Spanien das EMIRAT von Córdoba gründete (756). Der spanische Zweig der Omaijaden hielt sich bis zum Ende des KALIFATS VON CÓRDOBA (1031).

Literatur: E. Lévi-Provençal: Histoire de l'Espagne musulmane. 3 Bde., Neuausgabe Paris 1950–1967; A. A. Dixon: The Umayyad Caliphate. London 1971; T. Nagel: Staat und Glaubensgemeinschaft im Islam. Geschichte der politischen Ordnungsvorstellungen der Muslime. Zürich 1981.

Griechisches Feuer

Frühe byzantinische Feuerwaffe, eine Art Flammenwerfer, erfunden vom aus Syrien stammenden griechischen Architekten Kallinikos, mit einem Explosivstoff, den Byzanz geheimzuhalten verstand: Griechisches Feuer wurde (vermutlich) erstmals gegen Schiffe der Araber bei ihrer Belagerung Konstantinopels eingesetzt (**678**), abgefeuert aus metallenen Röhren, die auf byzantinischen Schiffen montiert waren, als die bisher siegreichen arabischen MUSLIME aufgehalten wurden. Später wurde die tödliche Geheimwaffe gegen Araber (717/18) und Alt-Russen (WARÄGER) vor Konstantinopel (941) eingesetzt, noch später vor Silistria (Bulgarien, 972), als Byzanz der expandierenden KIEWER RUS ihre erste schwere Niederlage beibrachte und sie in ihre erste schwere Krise nach innen stürzte. Die chemische Zusammensetzung ist bis heute ungeklärt.

Gegenkalifat

Zusätzliche religiös-geistliche Spaltung im ISLAM durch Errichtung eines KALIFATS gegen das offizielle Kalifat (analog: Gegenpapst zu PAPST): Ein erstes sunnitisches Gegenkalifat entstand in Mekka gegen das »rechtmäßige« Kalifat in Damaskus (**680**–692), mit dem FELSENDOM in Jerusalem als seitdem drittwichtigsten Heiligtum des Islam. Wichtige weitere Gegenkalifate waren das schiitische Kalifat der FATIMIDEN (909–1171), das sunnitische KALIFAT VON CÓRDOBA der spanischen OMAJADEN in al-Andalus (929–1031).

Felsendom

(arab.: Qubbat As-Sahra = Dom der Wüste, irrtümlich oft auch: Omar-Moschee) Drittwichtigstes muslimisches Heiligtum im TEMPELbezirk von Jerusalem: Der Felsendom wurde vom Kalifen Abdal-Malik als Konkurrenzheiligtum zu den Heiligen Stätten des ISLAM (Mekka/Medina) während des GEGENKALIFATS (**680**–692) über dem heiligen Felsen erbaut, auf dem Abraham das Isaak-Opfer vorbereitet haben soll (688–691) und Mohammed nach islamischem Glauben auf einem Schimmel zum Himmel aufstieg. Heute ist er zentraler Konfliktpunkt im NAHOSTKONFLIKT zwischen JUDEN und MUSLIMEN, vor allem seit der Al-Aksa-INTIFADA (seit 2000).

Dinar

GOLDmünze im KALIFAT: In Konkurrenz zum byzantinischen SOLIDUS für den Westen geprägt (**696**), bestand der Dinar zunächst ebenfalls aus 4,25 g Gold, in Asien auch aus SILBER bzw. KUPFER. Später schwankte das Gewicht.

Auch: Währungseinheit in Algerien, Irak, Jemen, Jordanien, im ehemaligen Jugoslawien, Kuwait, Libyen, Tunesien.

Dirhem

(Dirham) SILBERmünze im KALIFAT: Der Dirhem war Nachfolger der persischen Drachme (**696**) und hatte zunächst 3,98 g Silber, später im Osten nur noch 2,97 g. Seine Gültigkeit erstreckte sich nach und nach auf alle islamischen Länder bis nach Spanien.

Doge

(zunächst lat.: dux = Führer, Herzog) Titel für die Oberhäupter der StadtREPUBLIKEN Venedig (**697**–1797) und Genua (1339–1797, 1802–1805): Das Dogenamt entwickelte sich aus dem byzantinischen Dux, der im Dukat Venetia den KAISER vertrat. Klerus und ADEL wählten den Dogen (726), der seit der Unabhängigkeit von Byzanz (992) eine monarchische Stellung gewann, mit eigener Residenz im vielfach umgebauten Dogenpalast. Die Kontrolle der Amtsführung durch den GROSSEN RAT (1172) endete in Oligarchisierung mit Abschließung des Großen Rats (Serrata del Consiglio Maggiore) durch Eintragung der ratsfähigen Familien in das Goldene Buch (1297). Nach einem Umsturzversuch (1310) wurde eine weitere Kontrolle durch den Rat der Zehn institutionalisiert. Das Amt hielt sich bis zum Ende der Republik Venedig (1797).

Analog vollzog sich die Geschichte in Genua, aber später (1339). Die Verfassungsreform des Andrea Doria beschränkte die Amtsdauer auf zwei Jahre (1528), bald hatte der Doge nur noch repräsentative Funktion (ca. 1600). Das Amt erlosch mit Ende der Republik Genua erstmals (1797), nach kurzer Wiedereinführung (1802) endgültig (1805).

Literatur: G. Benzoni (Hg.): I dogi. Mailand 1982; F. Kurowski: Genua aber war mächtiger. München 1990; A. Boholm: The Doge of Venice. The Symbolism of State Power in the Renaissance. Gothenburg 1990.

Taiho-Gesetze

(japan.: taiho = das unveränderliche [»ewige«] Gesetz: Landes- und Grundgesetz) Gesetzeskodex in Japan (**702**), unter chinesischen Einflüssen, mit Strafgesetzen und Verwaltungsverordnungen, die später durch Präzedenzurteile und »Bestimmungen« ergänzt wurden: An Stelle der THEOKRATIE eines Priester-Oberhaupts des Sonnengeschlechts trat der KAISER (TENNO) mit zentralisierter BÜROKRATIE in acht Ministerien, ARISTOKRATIE, Steuer- und Landreform. Es gab drei Rechtskategorien – den (unantastbaren) Kaiser und seine Familie, freie Untertanen (Beamte, Staatsbürger), unfreie Untertanen.

Literatur: J. W. Hall: Das japanische Kaiserreich (Fischer Weltgeschichte Bd. 20). Frankfurt/Main ^{12}2000.

Tenno

(japan.: = himmlischer Herrscher) Seit den TAIHO-GESETZEN der Titel des KAISERS in Japan (**702**): Der Tenno hatte theoretisch eine absolute, gottgleiche Stellung (THEOKRATIE). Im Shogunat drängten ihn die Shogune auf repräsentative Funktionen zurück (1192–1867). Erst in der MEIJI-ÄRA (1868–1912) erhielt der Tenno seine zentrale Bedeutung zurück, die bald Militärs wieder einschränkten. Nach dem Ende des ZWEITEN WELTKRIEGS (1945) beschränkte die neue Verfassung (1946) die Funktion des Tenno auf die des Staatsoberhauptes in einer konstitutionellen MONARCHIE.

Berber

Älteste Bewohner im Maghreb, unterteilt in Stämme, u. a. Kabylen, TUAREG: Verschiedene Eroberer (Karthager, Römer, Araber) drängten die Berber aus der Küstenebene ins Gebirge (Atlas) und in die Sahara ab. Sie kämpften lange gegen die von den Eroberern mitgebrachten Religionen, z. B. in Aufständen der DONATISTEN in christlicher (312–709), der CHARIDSCHITEN in islamischer Periode (nach 709). Die Berber traten zum ISLAM über (nach 709) und waren Hauptträger der Eroberung Spaniens (**711**/12). Sie erhoben sich gegen die OMAIJADEN (739/40) und gründeten eigene Staaten charidschitischer und schiitischer Prägung (Sigilmasa, 757–909; Tahert, 761–709). Marokko geriet unter Herrschaft der IDRISIDEN (789–974/85), Ifriqija der AGHLABIDEN (900–909). Die Berber wurden kulturell arabisiert und waren vielfältiger Unterdrückung ausgesetzt, erhielten aber ihre eigene Volkssprache. Von ihnen ging maßgeblich Widerstand aus, der in den ALGERIENKRIEG gegen die Kolonialmacht Frankreich mündete (1954–1962). Auch im heutigen Algerien gibt es massive Probleme, da die islamisch-arabischen Machthaber den Berbern die kulturelle AUTONOMIE verweigern.

Literatur: G. H. Bousquet: Les Berbères. Paris [4]1974; W. Neumann: Die Berber. Vielfalt und Einheit einer traditionellen nordafrikanischen Kultur. Köln 1983; G. Schweizer: Die Berber. Ein Volk zwischen Rebellion und Anpassung. Salzburg [2]1984.

Mauren

(span.: moros) MUSLIME arabischer und berberischer Herkunft, Träger der muslimischen Eroberung Spaniens (**711**/12) und der muslimischen Herrschaft auf der Iberischen Halbinsel: Erst mit der RECONQUISTA wurden die Mauren aus Spanien und Portugal gedrängt (bis 1492).

Auch: Mischbevölkerung im Maghreb aus Berbern und Arabern, mit negroidem Einschlag. Auf den Philippinen gilt »moros« als verächtliche Bezeichnung für Muslime.

Literatur: M. Brett/W. Forman: Die Mauren. Islamische Kultur in Nordafrika und Spanien. Freiburg/Br. 1981; Die Mauren: Der Islam in Nordafrika und Spanien (642–1800). Berlin [2]1992.

Hinduismus

Volksreligion in Indien: Der Hinduismus ist als Reaktion auf den BUDDHISMUS in einem langen Prozess gewachsen, gleichsam chaotisch, ohne klare Strukturen, geistliche Zentrale oder gar Hierarchie. Als religiös gelebte Realität ist er schwer auf einen Begriff zu bringen. Sozial beruht er auf dem KASTENwesen, das Bestandteil der Religion ist, mit einer außerordentlich großen Zahl an Göttern und zahlreichen regionalen und lokalen Varianten. Einige durchgehende Konstanten sind: der Glaube an die Seelenwanderung, damit eine überwältigende Hinwendung zum Jenseits; TEMPEL als Kultzentren; heilige Schriften der ARIER (Veden); Heiligkeit und Unverletzlichkeit von Kühen und Affen; auch in modernen Städten der große Stellenwert heiliger Männer (Gurus = »Lehrern«), heiliger Städte (z. B. Benares), des Ganges als heiliger Fluss.

Historisch entfaltete sich der Hinduismus stärker, nachdem seine Konkurrenz, der Buddhismus, vom ISLAM in mehreren Schüben aus Indien verdrängt wurde (ab **711** mit der arabischen Eroberung des Sind). Anschließend geriet der Hinduismus zwar selbst unter islamischem Druck, färbte aber umgekehrt mit dem Mystizismus des Sufismus synkretistisch auf den Islam ab, auch auf die SIKHS, die mit ihrer eigenständigen Religionsgemeinschaft auf islamische Verfolgung reagierten. Der Hinduismus hat auch eigene fundamentalistische Extremisten, die erstmals mit der Ermordung Gandhis (1948) in den Wirren nach der Unabhängigkeit und Teilung Indiens (1947) weltweit sichtbar wurden, später in zahlreichen pogromartigen Ausbrüchen des Volkszorns gegen MUSLIME und Sikhs. Heute prägt hinduistischer Fundamentalismus, in staatsmännisch gemildeter Form, die größte Regierungspartei Indiens, die Bharatiya Janata Party (seit 1998).

Literatur: A. Miachels: Der Hinduismus. Geschichte und Gegenwart. München 1998; K. Knott: Der Hinduismus – eine kurze Einführung. Stuttgart 2000; H. von Stietencron: Der Hinduismus. München 2001.

Kantabrier

Iberisches oder ligurisches Volk im mittleren Nordspanien, in den Kantabrischen Bergen: Die Römer unter Augustus unterwarfen die Kantabrier (26–19 v. Chr.). Unter westgotischer Führung leisteten sie erfolgreichen Widerstand gegen die MAUREN und besiegten sie erstmals im Gefecht bei Covadonga (**722**). Die Kantabrier bildeten das Königreich Asturien – die erste Ausgangsbasis für die RECONQUISTA (1064–1492). Nach ihnen ist heute die Region Cantabria in Spanien benannt.

Ikonoklasmus (Bilderstreit)

(griech.: eikon = Bild + klasmos = Zerstörung) Bewegung zur Entfernung von Heiligenbildern aus Kirchen in Byzanz (**730**–843): Der Bilderstreit verursachte eine schwere innere Krise in Byzanz, in zwei Phasen. Der Ikonoklasmus war beeinflusst vom Bilderverbot in den christlichen Kirchen des KALIFATS (723) und wurde von aus dem Osten stammenden byzantinischen Kaisern getragen.

1. Phase (730–786): Der Armenier-Kaiser Leon III. verbot die BILDERVEREHRUNG. Im Bildersturm wurde die Vernichtung aller Heiligenbilder in Byzanz angeordnet (730) – vom Konzil in Konstantinopel bestätigt (754). Kaiser Konstantin VI. ließ Bilderverehrer und Mönche verfolgen. Den Bildersturm verurteilten das KONZIL VON NICÄA (787) und die SYNODE ZU FRANKFURT unter Karl dem Großen (794).

2. Phase (813–843): Kaiser Leon V., der Armenier (813–820), bestätigte die Beschlüsse des ikonoklastischen Konzils von 754 (815) und erneuerte das Bilderverbot. Michael II. (820–829) unterbrach die Verfolgung, ließ aber die Bilderverehrung ebenfalls nicht offiziell zu. Gegen die Toleranz richtete sich der Aufstand des Usurpators Thomas (821–823), der Ikonoklasmus und soziale Forderungen verband. Unter

Kaiser Theophilos (829–842) brach der Ikonoklasmus zusammen, die Bilderverehrung wurde wieder zugelassen (843). Die innere Konsolidierung brachte Byzanz neuen Aufschwung.

Auch: BILDERSTURM zu Beginn der REFORMATION (1522 ff.).

Literatur: G. Ostrogorsky: Studien zur Geschichte des byzantischen Bilderstreites. Breslau 1929, Nachdruck Amsterdam 1964; J. Irmscher (Hg.): Der byzantinische Bilderstreit. Leipzig 1980; H.G. Thümmel: Bilderlehre und Bilderstreit. Arbeiten zur Auseinandersetzung über die Ikone und ihre Begründung vornehmlich im 8. und 9. Jahrhundert. Würzburg 1991.

Uiguren

Turkvolk in Zentralasien: Die Uiguren besiegten, im Bündnis mit China, das 2. Alttürkische Reich (745) und gründeten ein eigenes GROSSREICH (**745**–840). In China unterstützten sie die T'ANG-KAISER und warfen Aufstände nieder (757, 762). Mit ihrem Übertritt zum MANICHÄISMUS waren die Uiguren das erste turkmongolische Volk, das eine Religion aus dem Bereich der Hochkulturen annahm. Der Schritt hatte große Bedeutung für die uigurische Literatur, die in Aramäisch/Syrisch und syrischer Schrift verfasst wurde. Die Kirgisen vertrieben die Uiguren (840). Eine kleinere Gruppe wich nach Süden (Kansu) aus, wurde dort aber von TANGUTEN besiegt (1028). Die Mehrheit siedelte in Oasen nördlich des Tarimbeckens und gründete ein neues Königreich (850–1250), das einen Abschnitt der SEIDENSTRASSE für den FERNHANDEL kontrollierte. Die Mongolen unter Dschingis Khan eroberten das Reich (1207), die Uiguren übernahmen die mongolische Sprache, schrieben aber weiter in uigurischer Schrift. Kurz darauf ging das Königreich unter (1250). Uiguren bildeten später nationale Minderheiten in den asiatischen Republiken der UdSSR und der VOLKSREPUBLIK CHINA (Uigurische Autonome Region Sinkiang, Kansu). In der UdSSR übernahmen sie die kyrillische Schrift, in China zunächst die arabische, 1976 die lateinische Schrift. In Sinkiang stellen sie die Bevölkerungsmehrheit, ihr muslimischer Glaube wird massiv unterdrückt, die Regierung in Peking betreibt Sinisierung, um die separatistische Bewegung auszuschalten.

Literatur: A. v. Gabain: Das uigurische Königreich von Chotscho 850–1250. Berlin 1961.

Abbasiden

(arab.: Banu l'Abbas) Zweite arabisch-islamische KALIFENdynastie (750–1258), mit Ableitung von einem Onkel Mohammeds, Abd ul-Abbas: Als Oppositionsbewegung zunächst schiitischen Charakters, unternahmen die Abbasiden einen ersten Aufstand im Chorassan gegen die OMAIJADEN (**747**), genährt aus wachsender Unzufriedenheit meist nichtarabischer MUSLIME (»Mawli«). Abd ul-Abbas machte sich in Kufa zum Gegenkalifen (749). Die Schlacht am Großen Zab (Januar 750) brachte den entscheidenden Sieg über den letzten Omaijadenkalifen: Bagdad wurde neue Hauptstadt (763). Die Abbasiden grenzten sich allmählich vom Schiismus ab und gerieten unter persischen Einfluss durch die BARMAKIDEN. Unter Harun al-Raschid (786–809) erreichte das Reich den Höhepunkt seiner Macht, doch vollzog sich zugleich die

Ablösung der IDRISIDEN in Marokko (788) und der AGHLABIDEN in Ifriqija (800); der Sturz der Barmakiden (803) schwächte das Reich nach innen. Thronwirren und Bürgerkrieg bestimmten die Zeit unter al-Raschids beiden Söhnen (809–813). MAMLUKEN schwächten die Stellung des Kalifen weiter, gefolgt von BUJIDEN (945) und SELDSCHUKEN (1055), die den Herrscher zum Schattenkalifen degradierten und de facto die Macht inne hatten. Zahlreiche Gebiete an der Peripherie fielen ab oder unterstanden nur noch theoretisch der SUZERÄNITÄT des Kalifats. Chorassan kam unter die Herrschaft der Tahiriden (821–873). Die Residenz wurde nach Samarra verlegt (836–883). Die Eroberung Bagdads durch die Mongolen (1258) beendete faktisch das Kalifat, das nur formal durch ein abbasidisches Scheinkalifat unter den Mamlukensultanen in Kairo fortgesetzt wurde (bis 1517).

Literatur: G. v. Grunebaum: Der Islam in seiner klassischen Epoche (622–1258). Zürich 1966; T. Nagel: Staat und Glaubensgemeinschaft im Islam. Geschichte der politischen Ordnungsvorstellungen der Muslime. 2 Bde., Zürich 1981.

Pentapolis

(griech.: penta + polis = Fünfstadt) Formeller oder informeller STÄDTEBUND aus fünf Städten: In der Antike gab es Fünferbünde u. a. in Ostjordanien (u. a. Sodom, Gomorrha), der PHILISTER (u. a. Gaza, Ashkalon), der dorischen (u. a. Kos, Knidos) und libyschen Städte (u. a. Kyrene, Barkas).

Im Frühmittelalter war es besonders das ökonomisch aktive Gebiet von fünf Hafenstädten an der Ostküste Italiens zwischen Rimini im Norden und Ancona im Süden, das von Ostrom (ca. 550), LANGOBARDEN (727) und den FRANKEN unter Pippin III. erobert wurde, dann als PIPPINISCHE SCHENKUNG an den Papst fiel (**756**).

Pippinische Schenkung

(lat.: Donatio Pippini) Übertragung der den LANGOBARDEN in zwei Feldzügen (754, 756) abgenommenen Gebiete an den PAPST durch den fränkischen König Pippin III. (**756**): Die Schenkung war Teil des Bündnisses von Papst und Pippin (754). Die vormals byzantinischen Gebiete wurden als »Restitution« (Wiedererstattung) des PATRIMONIUM PETRI Teil des Kirchenstaats. Karl der Große bestätigte bzw. erneuerte die Schenkung (781/87).

Literatur: T. Lindner: Die sogenannten Schenkungen Pippins, Karls des Großen und Ottos I. an die Päpste. Stuttgart 1896; H. Fuhrmann (Hg.): Quellen zur Entstehung des Kirchenstaates. Göttingen 1968.

Emirat

Allgemein: Muslimisches Fürstentum, aus dem militärischen Titel Emir (arabisch = Befehlshaber) abgeleitet; speziell: das Emirat von Córdoba, das Abd ar-Rahman I., der als einziger OMAIJADE der Ausrottung durch die ABBASIDEN entronnen war, gründete (**756**). Es kämpfte gegen

Westgoten bzw. spanische Völker, Basken und Franken. Aus dem Emirat ging das Kalifat von Córdoba hervor (929–1031).

Minuskel

(lat.: minusculus = etwas kleiner) Karolingische Kleinbuchstaben des lateinischen Alphabets, im Gegensatz zur bisher üblichen Schreibweise nur in Großbuchstaben (Majuskeln): Eingeführt wurde die Minuskel unter Karl dem Großen (**768**–814). Mit ihrer Ober- und Unterlängen bildete sie die Grundlage für Kleinbuchstaben der modernen Antiqua-Schrift.

Literatur: B. Bischoff: Die südostdeutschen Schreibschulen und Bibliotheken der Karolinger-Zeit Teil I. Wiesbaden [2]1960.

Markgrafschaft

Militärgrenzbezirk unter einem Markgrafen (frz.: Marquis, engl.: Marquesse, ungar.: Banat): Markgrafschaften existierten der Sache nach in Grossreichen vom Fernen Osten bis nach Europa; dem Namen nach sind sie besonders mit Karolingern verknüpft: Bretonische Mark (755), Mark Friaul (**776**), Pannonische Mark (791/803), Spanische Mark (795), Sorbische Mark (806) und Dänische Mark (810). Fortgesetzt wurden die Markgrafschaften durch die Markenpolitik der Sachsen-Dynastie, vor allem gegen den Osten – u. a. mit der Nordmark der Billunger (937–983), Mark Meißen (965) und bayerischen Ostmark (976). Marken bildeten die Ausgangsbasis zur deutschen Ostkolonisation (1134 ff.). Aus Markgrafschaften konnten sich Staaten entwickeln, auch mit der Tendenz, den Mutterstaat zu absorbieren: So entwickelte sich in Deutschland Österreich aus der bayerischen Ostmark und Brandenburg-Preußen aus der Nordmark-Altmark. Der Sache nach war Kastilien ursprünglich eine Markgrafschaft des älteren Königreichs León, Portugal eine Markgrafschaft Kastiliens.

Literatur: E. Klebel: Der Markgraf, in: Die Entstehung des Deutschen Reiches. Hg. v. H. Kämpf. Darmstadt 1956.

Slowenen

Nördlichstes Volk der Südslawen: Die Slowenen kamen vom oberen Dnjepr zur unteren Donau (ca. 550), siedelten in Pannonien (ab 568) und Noricum (ab 590) und bildeten das Herzogtum Carantana (nach 650). Sie gerieten unter Oberherrschaft von Bayern (ca. 750) und wurden nach Errichtung der Markgrafschaft Friaul (**776**) vom Missionserzbistum Salzburg aus christianisiert (nach 798). Bayerische Grafen traten an die Stelle slawischer Stammesherzöge (828). Die Slowenen waren im Reich der Deutschen (911/19–1806). Von Bayern getrennt (976) bildeten sie die eigenen Marken Kärnten und Krain (1012). Ihre weitere Entwicklung vollzog sich in Österreich (seit 1335). In Jugoslawien bildeten sie die Teilrepublik Slowenien mit der Hauptstadt Ljubljana (Laibach). Seit 1991 ist Slowenien eigenständiger Staat, mit nationalen Minderheiten in Italien (Triest), Österreich (Kärnten, Steiermark) und Ungarn.

Literatur: D. Lončar: The Slovenes. A Social History, Cleveland (Ohio) 1939; B. Hänsel (Hg.): Die Völker Südosteuropas vom 6. bis 8. Jahrhundert. München 1987; J. Prunk: Slowenien: Ein Abriß seiner Geschichte. Ljubljana 1996.

Kapitularien

(Capitularia) Königliche Rechtssatzungen im FRANKENREICH: Die in lateinischer Sprache abgefassten Kapitularien gab es der Sache nach schon unter den MEROWINGERN (Decretum, Edictum), dem Namen nach aber erst unter den KAROLINGERN seit Karl dem Großen (ab **779**). Ihren Namen haben sie nach ihrer Einteilung in Kapitel (capitula). Sie waren die grundlegende Gesetzgebung zur Neuregelung der kirchlichen, wirtschaftlichen und sozialen Verhältnisse im FEUDALISMUS, den sie durch Rechtssatzungen festigten. Unterschieden werden Kapitularien nach ihrem Inhalt – kirchliche (ecclesiastica), weltliche (mundana), gemischte Kapitularien (mixta). Daneben spielt die Geltung eine Rolle: Mit Zustimmung des HOCHADELS (Großen) wurden Modifizierungen von Stammesrechten möglich (Capitularia legibus addenda); Gesetze bzw. Erlasse konnten kraft königlicher SOUVERÄNITÄT (Banngewalt) über die Verwaltung von Staat und Kirche ergehen. Daneben gab es Kapitularien zum Straf-, Privat- und Prozessrecht (Capitularia per se scribenda). Als Kapitularien galten auch Instruktionen an Königsboten (Grafen; Capitularia missorum).

Literatur: Ausgabe: Monumenta Germaniae historica. Legum sectio II: Capitularia regum Francorum. Hg. v. A. Boretius/V. Krause. 2 Bde., Berlin 1883–1897, Nachdruck Hannover 1984; F. L. Ganshof: Was waren die Kapitularien? Darmstadt 1961.

Feudalismus

(lat.: feudum = Lehen) Ursprünglich Kampfbegriff des Bürgertums gegen ADEL und MONARCHIE, vor allem seit Montesquieus »DE L'ESPRIT DES LOIS« (1748), mit dem Schlüsselbegriff »féodalité«, zugespitzt seit der FRANZÖSISCHEN REVOLUTION: In Deutschland wurde der Feudalismus zunächst in Verbindung mit der »Lehnsverfassung« gesehen; seit dem Rotteck-Welckerschen »Staatslexikon« (1834) wandelte sich die Bedeutung, wie zuvor in Frankreich, zum überwiegend polemischen Begriff. Seit Saint-Simon, von Stein, Hegel und Marx war Feudalismus auch eine objektivierende Kategorie für umfassende Periodisierungsentwürfe.

Inhaltlich bezeichnen Feudalismus und seine sprachlichen Ableitungen (feudal, Feudalgesellschaft, Feudalsystem u. Ä.) gesellschaftlich-politische Strukturen vor der Herausbildung von Hochkulturen oder nach ihrem Zusammenbruch, oft in Perioden mit spärlicher schriftlicher Überlieferung (engl.: »dark ages«). Besonders geprägt hat den Begriff die Ordnung im westlichen Europa nach dem UNTERGANG DES WESTRÖMISCHEN REICHS (476), besonders im FRANKENREICH (486), u. a. durch Reformen Karls des Großen, niedergelegt in den KAPITULARIEN (seit **779**). Sie verfestigten das Lehnswesen mit dem König an der Spitze der VASALLEN: Der König verlieh – bei Abwesenheit von Geld für öffentliche Leistungen – Land gegen den Treueid seines Vasallen, der ihm Heeresfolge zu leisten und Abgaben zu entrichten hatte. Dafür bot der König neben dem Land auch Schutz. Das Verhältnis wiederholte sich im Kern auch auf den Folgestufen der Lehnspyramide, wenn ein kleinerer Adeliger Land vom Kronvasallen erhielt. »Land« umfasste den Boden, die dort lebenden »Leute« und wie auch immer festgesetzte Rechte (z. B. Wegeregelungen, TRIBUTE, Status der kirchlichen Organisationen). NORMANNEN in Unteritalien (ab 1030) und England (ab 1066) machten den Feudalismus durch Rückgriff auf antike Traditionsreste zentralisierter BÜROKRATIEN effizienter. Ausgehöhlt durch Konsequenzen des erneuerten FERNHANDELS, überlebte sich das Gesellschaftssystem durch Rückkehr zur Geldwirtschaft, Urbanisierung und gewerbliche Produktion mit der INDUSTRIELLEN REVOLUTION.

Der Sache nach gab es vergleichbare Strukturen und Perioden auch in der Geschichte des Alten Orients und der Antike, im Fernen und Mittleren Osten, jeweils vor und nach GROSSREICHEN mit zentralisierten Bürokratien.

Literatur: M. Bloch: Feudal Society. 2 Bde., London [6]1971; H. Wunder (Hg.): Feudalismus. Zehn Aufsätze. München 1974; H. K. Schulze: Grundstrukturen der Verfassung im Mittelalter. 2 Bde., Stuttgart 1985; H. Mitteis: Der Staat des hohen Mittelalters. Weimar [11]1986; F. L. Ganshof: Was ist das Lehenswesen? Darmstadt [7]1989.

Lehen

Kernstück des FEUDALISMUS (seit **779**): Die Verfügung über »Land und Leute« (Otto Brunner) wird einem VASALLEN nur verliehen, der dafür die Verpflichtung eingeht, dem Lehnsherrn mit »Rat und Hilfe« beizustehen. Anfangs und der Theorie nach galt ein Lehen nur für die Lebenszeit des Inhabers. Aber bald entwickelten die Vasallen auf allen Ebenen der Lehnspyramide die Tendenz, ihre Lehen erblich zu machen, sodass sie faktisch in ihren persönlichen Besitz übergingen. In Italien und Deutschland waren diese Bestrebungen erfolgreich und führten zur politischen Fragmentierung. In Frankreich gelang es der KRONE, nach schwachen Anfängen, die Lehnsvergabe unter ihrer Kontrolle zu halten und viele Lehen, nachdem sie (durch Tod oder Illoyalität des Lehnsinhabers) erledigt waren, einzuziehen und dem Krongut zuzuschlagen. Die Rückkehr der Geldwirtschaft bewirkte die Umwandlung von Lehnspflichten in STEUERN, so in England, oder führte zu ihrer Ablösung durch einmalige Zahlung. Die ENGLISCHE REVOLUTION löste die Lehnspflichten (feudal tenure) nach oben gegenüber der Krone ab, jedoch nicht nach unten gegenüber abhängigen Bauern (1646).

Literatur: wie zu Feudalismus.

Karolingische Münzordnung

Münzreform im FRANKENREICH mit der Neuordnung durch Karl den Großen (**780**/81): Nach dem Zerfall der GOLDwährung im Westen Europas seit dem UNTERGANG DES WESTRÖMISCHEN REICHS (476) wurde erstmals eine neue SILBERwährung eingeführt: Das Pfund Silber bestand aus 20 SCHILLINGEN zu je zwölf DENAREN (PFENNIGEN). Nur der Pfennig war ein ausgeprägter Münzwert: Pfund und Schilling, dazu die Mark (= 2/3 Pfund = 13 sh. 4 d.), bezeichneten Recheneinheiten. Offa von Mercia (757–796) übernahm das System in England; es wurde dort erst 1971 durch das Dezimalsystem abgelöst.

Literatur: H. Rittmann: Deutsche Geldgeschichte. 1484–1914. München 1975; A. Luschin v. Ebengreuth: Allgemeine Münzkunde und Geldgeschichte des Mittelalters und der neueren Zeit. München [4]1976; W. Weimer (Hg.): Geschichte des Geldes. Frankfurt/Main 1992; J. Weatherford: Eine kurze Geschichte des Geldes. Von den Anfängen bis in die Gegenwart. Zürich 1999.

Libra

(lat.: Pfund) Als Maßeinheit für SILBER seit den SUMERERN geltende Währungseinheit mit unterschiedlichen Unterteilungen: Die KAROLINGISCHE MÜNZORDNUNG nahm die Recheneinheit wieder auf (**780**/81). Später leiteten sich zahlreiche Bezeichnungen für europäische Währungen von dem Begriff ab – Livre (Frankreich), Lira (Italien), Pound Sterling (sterling = rein, gemeint ist Silber), abgekürzt »£«.

Literatur: W. Weimer (Hg.): Geschichte des Geldes. Frankfurt/Main 1992; J. Weatherford: Eine kurze Geschichte des Geldes. Von den Anfängen bis in die Gegenwart. Zürich 1999.

Schilling

Münzname unklarer Herkunft: Bereits im Gotischen war der Name bekannt und stand zunächst für den (ost)römisch-byzantinischen Solidus. In der KAROLINGISCHEN MÜNZORDNUNG (**780**/81) war der Schilling nur Recheneinheit, im Wert zwischen Pfund (SILBER) und DENAR (PFENNIG). Er variierte später (seit dem 13. Jh.) auf dem Kontinent in verschiedenen Regionen als Münzwert stark. In England war er eine MÜNZE (bis 1971) aus Silber (bis 1964), in Österreich war er bis zur EUROeinführung (2002) eine Währungseinheit zu 100 GROSCHEN.

Literatur: wie zu Libra.

Pfennig (Denar)

Münzname unklarer Herkunft, diente zunächst als Übersetzung für DENAR (seit 8. Jh.): In der KAROLINGISCHEN MÜNZORDNUNG (**780**/81) war der Pfennig der einzige tatsächlich ausgeprägte Münzwert. Er bestand aus SILBER und wurde durch Teilwertmünzen ergänzt, mit regionalen und lokalen Varianten. MÜNZVERSCHLECHTERUNGEN folgten Prägungen höherer Wertstufen (GROSCHEN, GOLDGULDEN, MARK, TALER; seit 13. Jh.). Allmählich setzte sich die KUPFER-Prägung für den Pfennig durch, in England als »penny« (abgekürzt »d«, von »denarius«). Die Reichsmünzreform in Deutschland (1871) definierte die Mark als 100 Pfennige, bis zum EURO (2002).

Literatur: J. Werner: Waage und Geld in der Merowingerzeit. München 1954; W. Weimer (Hg.): Geschichte des Geldes. Frankfurt/Main 1992; J. Weatherford: Eine kurze Geschichte des Geldes. Von den Anfängen bis in die Gegenwart. Zürich 1999.

Erzählungen aus 1001 Nacht

Sammlung (»Diwan«) orientalischer Märchen in arabischer Sprache, mit Materialien aus indischen, persischen, arabischen und ägyptischen Quellen: Eine Hauptfigur ist der (idealisierte) Kalif Harun al-Raschid (**786**–809). In der Rahmenerzählung findet sich eine erste Anspielung auf Kaffee, das schwarze Heißgetränk, mit dem die Erzählerin Sharazad sich und den Kalifen die Nächte hindurch wach hielt.

Literatur: E. Littmann (Übers.): Die Erzählungen aus den tausendundein Nächten. 7 Bde., Leipzig 1921–1928, 1966; H. und S. Grotzfeld: Die Erzählungen aus »Tausendundeiner Nacht«. Darmstadt 1984; W. Walther: Tausendundeine Nacht. Eine Einführung. München u. a. 1987.

Wikinger (Normannen)

Sammelbezeichnung für Kriegerscharen aus Skandinavien, nach der regionalen Abstammung mit unterschiedlichen Namen – Dänen, Normannen (engl.: Norsemen, Normans) aus Norwegen, Waräger aus Schweden. Zunächst unternahmen Wikinger nur Beute- und Plünderzüge (»vikingen«). Erst später folgten Landnahme und Staatsgründungen.

Die Wikinger tauchten außerhalb der skandinavischen Halbinsel erstmals beim Überfall auf die südenglische Küste bei Dorset auf (**787**). Später plünderten sie Lindisfarne (793), kamen nach Irland (795), entdeckten Island (800) und gründeten bei Schleswig Haithabu (804). Begünstigt durch den Zerfall des Frankenreichs nach dem Tod Karls des Großen (814), unternahmen sie alljährliche Plünderungszüge ins Frankenreich (834–924), gründeten Dublin (841), plünderten Lissabon, Sevilla (844), Hamburg (845), Paris (845, 857, 861) und Canterbury (851). Auf dem Kontinent setzten sie sich am Waal (Niederrhein, 851) und an der Seinemündung (856) fest. Erste Plünderungszüge im Mittelmeer wurden unternommen (859). Unter Rurik begann die Waräger-Herrschaft in Nowgorod (862). Graf Balduin I. vertrieb die Normannen aus Flandern (864): Das Königreich Northumbria der Angeln in Nordengland fiel den ausweichenden Normannen zum Opfer, die mit der systematischen Eroberung Englands vom Südosten (Insel Thanet) aus begannen (866): York fiel (867), der Danelag entstand (871). Im staatlich geeinten Norwegen wichen Flüchtlinge in das bis dahin unbewohnte Island aus (874). In England spalteten sich die Dänen auf (874): Der Norden (York) hielt sich, der Süden unterlag den Angelsachsen (878): England wurde zwischen Dänen und Angelsachsen unter Alfred dem Großen geteilt (879, 886).

Eine Neuerung im frühmittelalterlichen Europa war die »Grosse Armee«, ein ständiges Normannenheer im Norden des Frankenreichs (879–892), das die kaiserliche Pfalz in Aachen (881) und Trier zerstörte (882). In Russland vereinigten sich die Warägerfürstentümer Nowgorod und Kiew (882) zur Kiewer Rus. Nach Scheitern der Normannen vor Paris (885) und mit dem Sieg der Westfranken unter Graf Odo bei Montfaçon (888) sowie dem der Ostfranken unter Arnulf von Kärnten bei Löwen (891) endete die Phase normannischer Plünderungen in den Niederlanden. An der Seinemündung besetzten die Normannen endgültig große Teile der Region (899). Der Vertragsabschluss zwischen Westfranken und Normannen unter Rollo (911) ermöglichte die Gründung des Herzogtums Normandie (912) und beendete auch in Westfranken die Plünderungsphase. In England siegte Wessex über die nördlichen Dänen (910).

Ab dem 10. Jahrhundert begann die Christianisierung: Dänen nahmen den römischen Glauben an (ab ca. 960), Norweger (ab 995) und Schweden (ab 1008) folgten. In Russland traten die Waräger und Ostslawen zur ORTHODOXIE über (988). Wikinger erreichten von Island aus Grönland (986), von dort aus auch die Küste Labradors (1000).

Die vereinigten skandinavischen Reiche fielen unter Olaf I. Trygvesson in England ein (991), das von den Dänen unter Sven Gabelbart erobert wurde (1013/14), der die DÄNISCHE DYNASTIE begründete (bis 1042). Normannische Pilger aus der Normandie bekämpften vor Salerno SARAZENEN (1016) und nahmen die normannische Expansion in Süditalien auf, wo mit Aversa das erste normannische Fürstentum entstand (1030). Apulien fiel, die Sarazenen wurden vertrieben (1043). Ein Konflikt mit dem PAPST um Benevent eskalierte, das päpstliche Heer vernichteten die Normannen bei Cività (1053). Robert Guiscard erhielt vom Papst Capua zum Lehen (1057). Sizilien wurde normannisch (1061/90). Die NORMANNISCHE EROBERUNG Englands (1066) und die Zerstörung Haithabus durch Wenden (1066) beendeten die Phase normannischer Expansion.

Historische Bedeutung: Nach den Arabern/MAUREN/Sarazenen, aber noch vor den Ungarn, prägten die Wikinger in geographisch großem Rahmen die staatlich-territoriale Ordnung in Europa, von den Britischen Inseln im Westen bis zur Wolga im Osten. Zu ihrer Zeit waren sie die am besten bewaffnete Streitmacht Europas (mit Kettenpanzer und Streitaxt). Ihre Schiffe waren mit erstaunlicher Mobilität allen anderen überlegen: Sie konnten sie auch über Land bewegen, so um Stromschnellen zu umgehen. Sie hatten starken Einfluss auf die Kriegs- und Militärgeschichte des europäischen Mittelalters, u. a. durch Söldner (DRUŽINA in Byzanz) und Vollendung des RITTERwesens.

Nach den Friesen beherrschten sie Ostsee und Nordsee, erst durch Plünderungs- und Beutezüge, später durch Handel über Haithabu als Nahtstelle zwischen Nordsee und Ostsee. Ihre Gründungen von Siedlungen, Städten und Staaten in weiten Gebieten Europas hatten weit reichende politische Folgen. Im Osten stellten sie eine direkte Verbindung über das russische Fluss- und Seensystem von der Ostsee nach Konstantinopel (»Weg von den Warägern zu den Griechen«) her. In Süditalien setzten sie den traditionellen Antagonismus der LANGOBARDEN in Italien gegen Byzanz und Rom fort. Normannische Ritter und Fürsten aus Unteritalien, Frankreich und England beteiligten sich besonders stark an KREUZZÜGEN und KREUZFAHRERSTAATEN in »Outremer«. Normannen systematisierten und vollendeten den FEUDALISMUS, in England seit der Normannischen Eroberung (1066), in Unteritalien durch Wiederaufnahme der von Arabern und Griechen vermittelten antiken Traditionen zentralisierender BÜROKRATIEN, vor allem im Staat Kaiser Friedrichs II. (1212/15–1250).

Literatur: J. J. Cooper Viscount Norwich: Die Wikinger im Mittelmeer. Das Südreich der Normannen 1016–1130. Wiesbaden ²1974; ders.: Die Normannen in Sizilien 1130–1194. Wiesbaden 1971; T. Capelle: Die Wikinger. Kultur- und Kunstgeschichte. Stuttgart u. a. ²1988; F. D. Logan: Die Wikinger in der Geschichte. Stuttgart 1987; R. A. Brown: Die Normannen. München 1991; E. Roesdahl (Hg.): Wikinger, Waräger, Normannen. Die Skandinavier und Europa 800–1200. Berlin 1992; W. Sawyer: Die Wikinger. Geschichte und Kultur eines Seefahrervolkes. Darmstadt 2000.

Idrisiden ▪

Schiitische DYNASTIE in Marokko, begründet von Idris I. (**789**): Die Idrisiden lösten sich vom KALIFAT und machten Fes zur neuen Hauptstadt (808). Nach Idris' II. Tod (828) folgten Reichsteilungen und Zersplitterungen der Dynastie, bis zu ihrem Untergang (974/85).

Literatur: D. Eustache: Idrisids, in: Encyclopaedia of Islam. Bd. 3., Leiden, London 1971, S. 1035–1037.

Bilderverehrung (Ikonodulie) ▪

In der Ostkirche übliche Verehrung von Ikonen: Dagegen richtete sich der IKONOKLASMUS in Byzanz (730 – 843), den die fränkische Reichskirche auf der SYNODE von Frankfurt am Main unter Vorsitz von Karl dem Großen ablehnte (**794**). Die Bilderverehrung wurde für die Orthodoxe Kirche in Byzanz wieder eingeführt (843).

Kaiserkrönung Karls des Großen ▪

Eine der wichtigsten KAISERkrönungen, zentrales Ereignis im europäischen Mittelalter: Das Bündnis zwischen Pippin III. und dem PAPST (754) bereitete die Kaiserkrönung vor – der Papst profitierte vom Schutz durch die Franken und dem Prestigegewinn durch den mächtigen Verbündeten, Pippin wurde vom Papst als neuer Frankenkönig legitimiert. Pippins Sohn Karl der Große eroberte das Reich der LANGOBARDEN (774) und half dem bedrängten Papst in Rom. Die Krönung durch den Papst (**800**) war wahrscheinlich ein Überraschungscoup und von Karl möglicherweise nicht gewollt. Der Papst krönte ihn in Rom nach byzantinischem Ritus zum Kaiser und erneuerte das westliche Kaisertum, das zunächst ohne Anerkennung durch Byzanz blieb. Die Krönung Ottos I. in Rom, verbunden mit der Wiedergeburt einer westlichen Kaiseridee markierte den Beginn des mittelalterlichen REICHS DER DEUTSCHEN (962). Auch Napoleon I. berief sich auf die Krönung Karls, als er sich zum Kaiser der Franzosen proklamierte (1804).

Literatur: K. Reindel: Die Kaiserkrönung Karls des Großen. Göttingen ²1970; R. Folz: The Coronation of Charlemagne. London 1974; H. Pleticha: Des Reiches Glanz. Reichskleinodien und Kaiserkrönungen im Spiegel der deutschen Geschichte. Freiburg/Br. 1989.

Aghlabiden ▪

DYNASTIE im mittleren Nordafrika (Ifriqija), begründet von Ibrahim ibn al-Aglab, zunächst als STATTHALTER (795), später als vom KALIFAT faktisch unabhängiger Emir (**800**), formal unter Anerkennung der

SUZERÄNITÄT des Kalifen, mit der Hauptstadt Kairouan: Die Aghlabiden, im Westen als SARAZENEN bekannt, kämpften gegen die CHARIDSCHITEN-Staaten im Maghreb, gegen Byzanz zur Ablenkung von inneren Konflikten zwischen der arabischen Kriegeraristokratie und der Palastgarde aus schwarzafrikanischen Kriegersklaven (ähnlich strukturiert wie MAMLUKEN). Sie eroberten Sizilien (827–902), Sardinien (828), Tarent (840) und Bari (841), Teile Korsikas (ca. 850), Malta (870) und Fraxinetum (889), scheiterten aber vor Rom (846, 849). Byzanz verdrängte sie aus Unteritalien (880). Geschwächt durch Aufstände der Kutuma-BERBER (893, 902), wurden sie von den FATIMIDEN gestürzt (909).

Literatur: M. Talbi: L'émirat aghlabide, 800–909. Paris 1967.

Barmakiden

Persische Aristokratenfamilie, vom BUDDHISMUS zum ISLAM übergetreten: Unter den ersten ABBASIDEN waren Barmakiden faktisch WESIRE des KALIFATS. Harun al-Raschid entmachtete sie (**803**), vermutlich wegen zu großer Ansammlung von Reichtum und Macht. Zur Besänftigung des persischen Elements teilte Harun al-Raschid das Kalifat unter zwei Söhne auf (809): Al-Mamun, mit persischer Mutter, siegte im Bürgerkrieg nach Harun al-Raschids Tod, gestützt auf den Iran (813).

Danewerk

(dän.: Danevirke) Landbefestigung der Dänen gegen die FRANKEN, zur Verteidigung der Landenge zwischen Haithabu und Hollingstedt, die Schleppstrecke der WIKINGER von der Ostsee (Schlei) zur Nordsee (Treene) war (**810**): Teilweise wurde die Befestigung später erneuert (1859/60). In den DEUTSCH-DÄNISCHEN KRIEGEN fanden hier Gefechte statt (1848, 1864).

Literatur: H. Jahnkuhn: Haithabu und Danewerk. Neumünster [8]1969; J. Stark: Haithabu – Schleswig – Danewerk. Aspekte einer Forschungsgeschichte mittelalterlicher Anlagen in Schleswig-Holstein. Oxford 1988; H. H. Andersen: Das Danewerk im Früh- und Hochmittelalter. Flensburg 1995.

Mamluken

(arab.: mamluk = Sklave) Ursprünglich: Kriegersklaven türkischer Abstammung: Von jenseits des KALIFATS importiert, wurden die SKLAVEN islamisiert und stiegen nach dem Bürgerkrieg im Kalifat (809–813) zur Palastgarde des Kalifen auf, um die notorisch unzuverlässigen arabischen Stammeskrieger zu ersetzen (seit **813**). Sie gewannen Bedeutung als »Beschützer des Kalifen«, ähnlich der PRÄTORIANERGARDE im kaiserlichen Rom, und drückten die ABBASIDEN rasch zu Schattenkalifen herab. Die BUJIDEN verdrängten sie aus ihrer Machtposition in Bagdad als faktische Machthaber (945).

Übertragen auch Bezeichnung für Kriegersklaven ähnlichen historischen Hintergrunds – unter AGHLABIDEN (800–909), unter TULUNIDEN in Ägypten/Syrien (868/78–905), im MAMLUKEN-SULTANAT VON DELHI

(1206–1398); Mamluken in Ägypten (1250–1517/1811), in zahlreichen Königreichen Schwarzafrikas.

Literatur: D. Ayalon: The Mamluk Military Society. London 1979; J.-D. Brandes: Die Mameluken. Aufstieg und Fall einer Sklavendespotie. Sigmaringen 1996.

Ordinatio imperii

Gesetz über Regelung der Erbfolge zur Erhaltung der Einheit im Reich der KAROLINGER: Auf Drängen des hohen Klerus und mit Zustimmung der fränkischen Reichsversammlung in Aachen erließ Kaiser Ludwig I. (der Fromme) die Regelung (**817**), nach der Lothar I. Mitkaiser, Pippin und Ludwig der Deutsche Unterkönige für Aquitanien bzw. Bayern wurden. Der Ordinatio imperii folgten innere Wirren: Pippin und Ludwig der Deutsche kämpften gegen ihren Vater wegen der Zurückstellung, nach Ludwigs I. Tod (840) auch gegen ihren Bruder Lothar I. (840–843).

Literatur: Monumenta Germaniae historica. Legum sectio III. Capitularia regum Francorum. Bd. 1. Berlin 1883 (Nachdruck Hannover 1984). Nr. 136.

Samaniden

Persische Dynastie in Transoxanien und Chorassan (**819**–1005), praktisch unabhängig vom Bagdader KALIFAT: Die Städte Buchara und Samarkand wurden kulturelle und wissenschaftliche Zentren der islamischen Welt (die Philosophen und Naturforscher Avicenna, al-Biruni, al-Farabi u. a. beeinflussten islamisches und christliches Denken bis zum Ende des Mittelalters). Die Samaniden unterlagen den Karachaniden (nach 999), die sich ihrerseits den GHASNAWIDEN geschlagen geben mussten. [K. G.-H.]

Prätendent

(lat.: praetendere = beanspruchen) Jemand, der einen Thron oder eine Herrschaft, die ihm angeblich zusteht, für sich beansprucht, gegen den bisherigen Inhaber: Ein Beispiel ist der Versuch des Sozialrevolutionärs Thomas, Michael II. als KAISER von Byzanz zu stürzen und seinen Platz einzunehmen (**821**).

Sarazenen

Ursprünglich griechischer Name für einen arabischen Stamm auf der Halbinsel Sinai (1. Jh. n. Chr.), später generell für Nordaraber, besonders AGHLABIDEN aus Ifriqija: Sarazenen eroberten Kreta (**826**), Sizilien (827–902), Sardinien (828), Unteritalien (840/41), scheiterten vor Rom (846, 849), eroberten teilweise Korsika (ca. 850), Malta (870) und Fraxinetum (889). Die Byzantiner vertrieben sie aus Unteritalien (880) und Kreta (961), Provenzalen aus der Provence (949), Abt Hugo von Cluny aus Fraxinetum (972). Ihr Sieg über die Deutschen unter Otto II. bei Cotrone (982) wurde Auslöser zum GROSSEN SLAWENAUFSTAND

(983). Die Sarazenen wurden von Genua aus Korsika (1020), von Pisa aus Sardinien (1022), von den NORMANNEN aus Sizilien (1060–1090) und Malta (1090) vertrieben. Seit den KREUZZÜGEN wurde der Begriff im Westen (fälschlich) Synonym für MUSLIME schlechthin.

Literatur: R. Palm: Die Sarazenen. München 1978; E. Rotter: Abendland und Sarazenen. Das okzidentale Araberbild und seine Entstehung im Frühmittelalter. Berlin 1986.

Großmährisches Reich

Nach dem kurzlebigen REICH DES SAMO (ca. 630–660) und Untergang der AWAREN (803) erste große Staatsgründung der SLAWEN (**830**): Das Großmährische Reich wurde von Tschechen in Mähren und Böhmen getragen, reichte im Osten bis Südpolen um Krakau. Die Slawenapostel Kyrill und Method (863) versuchten erstmals, das Großmährische Reich zu christianisieren. Das Reich wurde zwischen Ostfranken (892/93) und Ungarn zerrieben und ging nach der Niederlage gegen die Bayern und Ungarn bei Preßburg (907) unter – Tschechen lehnten sich an Ostfranken an (907). Nach dem ZUSAMMENBRUCH DES KOMMUNISMUS (1989) berief sich die neue Slowakische Republik auf das Großmährische Reich, u. a. in der Präambel zur Verfassung (1992).

Literatur: F. Grous u. a.: Das Großmährische Reich. Prag 1966; K. Bosl: Das Großmährische Reich in der politischen Welt des 9. Jahrhunderts. München 1966; J. Dekan: Großmähren. Epoche und Kunst. Bratislava 1980; M. Eggers: Das »Großmährische Reich«. Stuttgart 1995.

Bait al-hikma

(arab.: Haus der Weisheit) Zentralarchiv in Bagdad mit eigener BIBLIOTHEK, berühmt durch Übersetzungen griechischer, persischer und indischer Autoren ins Arabische, oft über das Aramäische/Syrische (**830**): Besonders aktiv waren Nachfahren griechischer NEUPLATONIKER und NESTORIANER. So wurden Kenntnisse aus der Antike (u. a. Aristoteles) bewahrt, die über spanische JUDEN in den Westen, nach Paris, kamen.

Kopten

Christen in Ägypten, Anhänger der KOPTISCHEN KIRCHE: Nach dem Scheitern eines Aufstandes gegen die Araber (**831**/32) wurden koptische Bauern massenweise hingerichtet oder versklavt, ihr Land teilweise enteignet. Danach setzte die ISLAMISIERUNG Ägyptens ein.

Straßburger Eide

Feierliche Eide im karolingischen Bürgerkrieg, geleistet von den west- und ostfränkischen Königen Karl (dem Kahlen) und Ludwig dem Deutschen samt ihren Heeren vor Straßburg zur Bekräftigung ihrer Entschlossenheit im Kampf gegen ihren älteren Bruder, Kaiser Lothar I. (seit **840**): Die von Nithard überlieferten altfranzösischen und althochdeutschen Texte sind wichtige Dokumente zur Entstehung der französischen und deutschen Sprache.

Vertrag von Verdun

Erster Teilungsvertrag des KAROLINGERreichs (**843**): Lothar I. erhielt mit der Kaiserkrone das Mittelreich, Karl II. Westfranken, Ludwig der Deutsche Ostfranken. Ost- und Westfranken waren jeweils Keimzellen zum späteren Frankreich und Deutschland. Die Verträge von Meerssen (870) und Ribemont (880) modifizierten den Vertrag von Verdun.

Literatur: Th. Mayer (Hg.): Der Vertrag von Verdun. Leipzig 1943.

Kronlehen

Ein direkt von der KRONE ausgegebenes LEHEN, aber nach unten mit Lehen niederer Rangordnung (AFTERLEHEN) verknüpft: In Westfranken war die Zusicherung Karls II. (des Kahlen), ein Kronlehen »nicht willkürlich« einzuziehen (**843**), ein wichtiger Schritt zur Erblichkeit von Kronlehen und zum Ausbau des FEUDALISMUS. In der Lombardei entstand ein Konflikt zwischen Kronvasallen und nachgeordneten VALVASSORES (1035). In England regelte das HOMAGIUM LIGIUM (1166) die Treuepflicht der VASALLEN gegenüber ihren Lehnsherren.

Literatur: Th. Mayer (Hg.): Studien zum mittelalterlichen Lehen. Lindau, Konstanz 1969.

Waräger

WIKINGER aus Schweden, die ins heutige Russland und die Ukraine eindrangen (nach 800) und es zum großen Teil unterwarfen: Waräger gründeten Kiew (ca. 860), Angriffe auf Konstantinopel scheiterten (**860**, 907, 941, 1043). In Nowgorod kam der Waräger Rurik an die Macht (862). Mit der Vereinigung Nowgorods und Kiews (882) entstand die KIEWER RUS. Waräger zerstörten das Reich der CHASAREN (ca. 965) und intervenierten gegen Bulgarien (971). Die PETSCHENEGEN vernichteten das Heer bei seiner Rückkehr (972). Nach dem ersten Bürgerkrieg (972–980) wurde die Einheit der Kiewer Rus wiederhergestellt (980). Die Christianisierung begann von Byzanz aus (988): Aus der Vermischung mit Ostslawen entstand das Volk der Russen.

Rurikiden

Altrussische DYNASTIE (**862**–1598), gegründet vom WARÄGERherrscher Rurik in Nowgorod (862–879): Die Rurikiden stellten die Herrscher in der KIEWER RUS (882–1169) und in Fürstentümern bzw. Großfürstentümern, mit Einführung des SENIORATS (ab 1054), das die Thronfolge regelte. Nachfahren ohne Fürstentitel etablierten sich als grundbesitzender Hochadel der Bojaren. Mit dem Aufstieg der Großfürsten Moskaus (ab 1328) begann die Beseitigung der rivalisierenden anderen Linien, bis zur Annexion Rjasans (1521). Der Großfürst von Moskau nannte sich seit Iwan IV. (dem Schrecklichen, 1533/47–1584) ZAR (1547). Die Dynastie erlosch mit Fjodor I. (1598): Nach der schweren inneren Krise (SMUTA, bis 1613) begann die neue Dynastie der ROMANOW (1613–1917).

Literatur: E. Donnert: Das Kiewer Rußland. Kultur und Geistesleben vom 9. bis zum beginnenden 13. Jahrhundert. Leipzig 1983; G. Schramm: Die erste Generation der altrussischen Fürstendynastie, in: Jahrbuch für Geschichte Osteuropas. N. F. Bd. 28 (1980).

Slawisches Alphabet (Kyrillisches Alphabet, Kyrilliza)

Nach dem Vorbild der griechischen Majuskeln geschaffene Schrift, die Besonderheiten der Laute in slawischen Sprachen berücksichtigt: Entgegen dem Namen geht sie nicht direkt auf den Slawenmissionar Kyrill zurück, der, zusammen mit seinem Bruder Method, eine eigene Schrift, die Glagoliza, als Instrument der Slawenmission im GROSSMÄHRISCHEN REICH (**863**) schuf. Die Glagoliza wurde später weitgehend von der kyrillischen Schrift verdrängt (10. Jh.), die ähnlich konstruiert ist. Sie wurde alleinige Schrift der griechisch-orthodoxen SLAWEN. Reformen vereinfachten die Schreibung (1707/10, 1918) und näherten die kyrillische Schrift der lateinischen Schrift an. Sie ist noch heute in Russland, Weißrussland, der Ukraine und bei orthodoxen SÜDSLAWEN (Bulgarien, Serbien, Makedonien) im Gebrauch.

Literatur: W. Lettenhauer: Zur Entstehung des glagolitischen Alphabets, in: Slavo 3 (1953); H. Schelesniker: Schriftsysteme bei den Slawen. Innsbruck 1972.

Fujiwara

Altjapanische Aristokratenfamilie: Der Aufstieg der Fujiwara am kaiserlichen Hof begann nach dem TAIKA-Staatsstreich (645). Die Familie erlangte eine WESIR-ähnliche Stellung; sie stellte Kaisergemahlinnen und Regenten über unmündige, später auch mündige Kaiser. Die Fujiwara-Zeit (**866**–1160) gilt als Vorläufer des SHOGUNATS (1192–1868).

Photianisches Schisma

Kürzestes, zugleich vorletztes SCHISMA in der Kirche zwischen Rom und Konstantinopel (**867**–880), provoziert durch Photius, PATRIARCH von Konstantinopel, der Rom der Häresie beschuldigte, Forderungen im liturgisch-dogmatischen Bereich erhob und die päpstliche Jurisdiktion über die Bulgaren nicht anerkannte. Rom setzte sich durch (880).

Tuluniden

DYNASTIE in Ägypten (**868**–905) und Syrien (868/78–905), fast unabhängig vom KALIFAT: Sie stützte sich auf MAMLUKEN, die aus Angehörigen von Turkvölkern, Griechen und Sudanesen rekrutiert wurden.

Literatur: Z. M. Hassan: Les Tulunides. Paris 1953.

Paulikianer

(Paulizianer) Sekte der Ostkirche aus Armenien (Selbstbezeichnung: »Christianer«): Geprägt vom MANICHÄISMUS, stützten sie sich auf den Dualismus Gut–Böse. Ihr Begründer (ca. 660) wurde in Byzanz zum

Tode verurteilt. Begünstigt durch den IKONOKLASMUS (730–787) und von Kaiser Nikephoros I. (802–811), gewannen sie Einfluss im östlichen Kleinasien. Die Orthodoxen und spätere Kaiser bekämpften sie (ab ca. 812), besonders die Regentin Theodora (842–856), die sie blutig verfolgte (ca. 850). Nach ihrer teilweisen Umsiedlung nach Thrakien als STRATIOTEN, warf Basileios I. die Paulikianer endgültig nieder (**872**). Weitere Paulikianer wurden nach Thrakien umgesiedelt und schlossen sich mit den BOGOMILEN zusammen (ca. 950).

Literatur: Karapet Ter-Mkrttschian: Die Paulikianer im byzantinischen Kaiserreich. Leipzig 1893; R. M. Bartikian: Quellen zum Studium der Geschichte der paulizianischen Bewegung. Eriwan 1961; N. G. Garsoian: The Paulician Heresy. A Study of the Origin and Development of Paulicianism in Armenia and the Eastern Provinces of the Byzantine. Den Haag 1967.

Angelsachsen

(engl.: Anglo-Saxons) Westgermanische Stämme in England (seit 449): ANGELN, SACHSEN und JÜTEN standen früh im Konflikt mit KELTEN und NORMANNEN. Angelsachsen besiegten die Süddänen bei Edington (**878**) – England wurde zwischen Dänen und Angelsachsen geteilt (886). Die Dänen besiegten (1013/14) und beherrschten (bis 1042) die Angelsachsen. Nach der NORMANNISCHEN EROBERUNG (1066) wurde der angelsächsische ADEL enteignet. Allmählich verschmolzen sie mit den Normannen. Die englische Sprache behielt die angelsächsische Grundstruktur.

Auch: Sammelname für Engländer und Völker englischer Abstammung im Empire/COMMONWEALTH in Übersee.

Literatur: R. H. Hodgkin: A History of the Anglo-Saxons. London [3]1952; F. M. Stenton: Anglo-Saxon England. Oxford [3]1971; V. I. Evision (Hg.): Angles, Saxons and Jutes. Oxford, New York 1981; I. Campbell (Hg.): The Anglo-Saxons. Oxford 1982; F. Palgrave: History of the Anglo-Saxons. London 1995; B. Yorke: The Anglo-Saxons. Stroud 1999.

Große Armee

Ständiges Heer der NORMANNEN in den Niederlanden (**879**–891): Die Große Armee erlitt Niederlagen gegen Westfranken bei Montfaçon (888), gegen Ostfranken bei Löwen (891).

Nicht zu verwechseln mit: GRANDE ARMÉE Napoleons I. (1812).

Kiewer Rus

Altrussisches Reich (882–1240), aus dem Zusammenschluss der WARÄGER-Herrschaften in Kiew und Nowgorod durch den RURIKIDEN Oleg (**882**), benannt nach der ursprünglichen Hauptstadt Kiew: Das expandierende Reich zerstörte mit den zunächst verbündeten PETSCHENEGEN das jüdische Reich der CHASAREN (ca. 965) und intervenierte in Bulgarien (971). Bürgerkriegsartige Thronwirren und Kämpfe um die Würde des GROSSFÜRSTEN schwächten das Reich (972–980, 1015–1036, 1068–1113, 1165–1169), das von Byzanz aus christianisiert wurde (988). Das SENIORAT (1054) sollte zur Vereinfachung der Thronfolge beitragen, verstärkte aber besonders nach dem Fürstenkongress von Ljubetsch (1097) die Zersplitterung der Kiewer Rus. Die Großfürstenwürde wurde von Kiew nach Suzdal verlegt, tatsächliche Hauptstadt war jedoch Wladimir (1169). Die Mongolen eroberten das schon stark geschwächte Reich (1237/40), das noch einmal eine modifizierte RESTAURATION mit dem Großfürstentum Moskau (ab 1480) erfuhr, im »Sammeln der russischen Erde« (ab 1478).

Literatur: G. Vernadsky: Kievian Russia. New Haven (CT) 1966; E. Donnert: Das Kiewer Rußland. Kultur und Geistesleben vom 9. bis zum beginnenden 13. Jahrhundert. Leipzig 1983.

Petschenegen

Nomadisches Turkvolk, ursprünglich aus Zentralasien: Die Petschenegen siedelten zwischen Wolga und Ural (9. Jh.) und vertrieben die Magyaren aus dem Wolgaknie (**889**). Mit den Bulgaren schlugen sie bei ihrem Zug nach Westen die ebenfalls hierhin ausgewichenen Magyaren (895), die ins heutige Ungarn flüchteten (896/900). Die Petschenegen verbündeten sich mit den Russen gegen Byzanz (943), begannen aber bald die Landnahme in der Steppe mit einem Angriff auf Kiew (969). Sie brachten Swajatoslaw I. eine vernichtende Niederlage bei (972), die einen Bürgerkrieg in der KIEWER RUS auslöste (972–980), kämpften gegen die KUMANEN (nach 1000) und verloren gegen die Russen (1036). Über die Donau drangen sie auf die Balkanhalbinsel vor (1048) und kamen bis nach Ungarn (1067/68). Byzanz siedelte sie teilweise als STRATIOTEN an und bediente sich ihrer als Söldner (1068–1071). Petschenegen griffen Byzanz an (1081) und belagerten Konstantinopel (1090/91), wurden aber von Byzantinern und Kumanen geschlagen (1091). Bei ihrem letzten Angriff erlitten sie eine vernichtende Niederlage (1122). Überlebende wurden als Stratioten angesiedelt und dienten in der byzantinischen Armee.

Literatur: H. Namik: Die Petschenegen. Istanbul 1933; A. P. Horváth: Petschenegen, Kumanen, Jassen: Steppenvölker im mittelalterlichen Ungarn. Budapest 1989.

Arpaden

DYNASTIE der Magyaren (**896**–1301), begründet von Árpád, dem KHAN der Ungarn (ca. 886–907) und Anführer bei der Landnahme (896–900): Die Arpaden nahmen nach der Niederlage bei Augsburg (955) das CHRISTENTUM durch Stephan I. (den Heiligen) an (1000), dem Papst Silvester II. die STEPHANSKRONE verlieh. Die Dynastie erlosch mit Andreas III. (1301): Ungarn geriet in eine schwere Krise (1301–1308), beendet von der Dynastie der ANJOU (1308–1382).

Literatur: T. von Bogyay: Grundzüge der Geschichte Ungarns. Darmstadt [4]1990.

Stammesherzogtum

Ursprüngliche Organisationsform germanischer Stämme: Das Stammesherzogtum wurde nach Einbeziehung ins FRANKENREICH mit der Grafschaftsverfassung abgeschafft, z. B. bei den ALEMANNEN (746) und

Bayern (788). Es lebte wieder auf nach **900** in der Übergangszeit zwischen ostfränkischem und deutschem Königreich (911/19) als regionale Verteidigungsstrukturen im relativen Machtvakuum des zerfallenden Frankenreichs nach außen, vor allem gegen SLAWEN, NORMANNEN und Ungarn. So entstanden die »jüngeren« Stammesherzogtümer der Bayern, FRANKEN, SACHSEN, SCHWABEN und THÜRINGER. Später wählten auch die ethnisch und kulturell heterogenen Lothringer (911, 925) diese Herrschaftsform. Die erste politische Zusammenfassung erfolgte im deutschen Königreich (911/19). Durch ihre Zerschlagung wurden die Stammesherzogtümer die Ausgangsbasis zur territorialen Zersplitterung des mittelalterlichen REICHS DER DEUTSCHEN (ab 1180).

Literatur: H.-W. Goetz: »Dux« und »Ducatus«. Begriffs- und verfassungsgeschichtliche Untersuchungen zur Entstehung des sog. »jüngeren« Stammesherzogtums an der Wende vom 9. zum 10. Jahrhundert. Bochum ^{2}1981; K. Brunner: Die fränkischen Fürstentitel im 9. und 10. Jahrhundert, in: H. Wolfram: Intitulatio. Bd. 2, Wien 1973; G. Tellenbach: Vom karolingischen Reichsadel zum deutschen Reichsfürstenstand, in: Th. Mayer (Hg.): Adel und Bauern im deutschen Staat des Mittelalters. Leipzig 1943, Nachdruck Darmstadt 1980.

Schwaben

Einer der ursprünglichen fünf »jüngeren« deutschen Stämme (nach **900**): Der Name, abgeleitet von SUEBEN (Sweben), verdrängte teilweise die ältere Bezeichnung ALEMANNEN (ab ca. 900). Die Schwaben siedelten im heutigen Südwestdeutschland, im Elsass, in der deutschsprachigen Schweiz und im westlichen Österreich (Vorarlberg). Nach schweren inneren Kämpfen gründeten sie ein STAMMESHERZOGTUM (917), mit Herzögen aus wechselnden Adelsfamilien. Dynastische Kontinuität trat erst mit dem staufischen Herzog Friedrich I. (1079) ein. Das Herzogtum Schwaben war die Machtgrundlage der STAUFER (1138–1250). Nach dem Tod Konradins (1268) und dem Aussterben der Staufer begann die besonders starke territoriale Zersplitterung Südwestdeutschlands.

Literatur: K. Weller: Geschichte des schwäbischen Stammes bis zum Untergang der Staufer. München, Berlin 1944; W. Jaroschka: Schwaben in Geschichte und Gegenwart der staatlichen Archive Bayerns. München 1990.

Fünf Dynastien – Zehn Staaten

Epochennamen der chinesischen Geschichte: Nach dem Sturz der T'ANG-DYNASTIE (**906**) war China politisch extrem zersplittert. Im Norden wechselten sich fünf aufeinander folgende DYNASTIEN mit kaiserlichem Anspruch in rascher Folge ab (bis 960), im Süden bildeten sich zehn Staaten (bis 960).

Fatimiden

Ismailitisch-schiitische DYNASTIE mit einem GEGENKALIFAT in Nordafrika (909–1171), Nachfahren Fatimas, der jüngsten Tochter Mohammeds: Die Fatimiden stürzten die Dynastien der AGHLABIDEN in Ifriqija (**909**) und der ICHSCHIDIDEN in Ägypten/Palästina/Syrien (969) und verlegten ihre Hauptstadt ins neu gegründete Kairo (973). Sie betrieben den Ausbau des FERNHANDELS. Trotz einer generell toleranten Haltung gegenüber Nichtmuslimen verfolgten sie später Christen und JUDEN (1009–1021) und zerstörten christliche Kirchen, u. a. die Grabeskirche in Jerusalem (1009). Die Fatimiden verloren Ifriqija an die Zayriden (1051) und ALMORAWIDEN (1082), Syrien an die SELDSCHUKEN (1076), Palästina im 1. KREUZZUG (1099). Zuletzt lag die faktische Herrschaft in den Händen von WESIREN und Militärs. Ihr letzter Wesir Saladin stürzte die Fatimiden (1171) und begründete die AIJUBIDEN-Dynastie (bis 1250) zur besseren Zusammenfassung muslimischer Kräfte gegen KREUZFAHRERSTAATEN, mit Schwerpunkten in Syrien und Ägypten.

Literatur: D. E. O'Leary: A Short History of the Fatimid Khalifate. London 1923; Y. Lev: State and Society in Fatimid Egypt. Leiden u. a. 1991; H. Halm: Die Fatimiden, in: U. Haarmann (Hg.): Geschichte der arabischen Welt. München [4]2001.

Cluniazensische Reform

Reform des bisher allein von den BENEDIKTINERN repräsentierten Klosterwesens im lateinischen Westen, ausgehend vom neu gegründeten Kloster Cluny in Burgund (ab **910**): Die Reform beinhaltete freie Abtwahl, unabhängig von Feudalherren, die mit der Institution der Eigenkirche bisher große kirchliche Macht ausgeübt hatten. Andere schon bestehende Klöster wurden nach der Klosterordnung von Cluny (»consuetudines«) reformiert und übernahmen die cluniazensische Observanz (»ordo cluniacensis«). Die cluniazensischen Klöster erhielten volle päpstliche Exemtion – sie waren dem Papst direkt unterstellt (998/99). Die Reformbewegung breitete sich in Burgund, Frankreich, Italien, Spanien und England aus, im REICH mit seiner Reichskirche jedoch nur punktuell. Die im deutschsprachigen Raum als Gorzer Reform bezeichnete Reform fand nur in der Schweiz, im Elsass, in Siegburg, St. Blasien und Hirsau (1070/80) statt. Die Cluniazenser als Vorreiter und Rückhalt für die KIRCHENREFORM (seit 1059) wurden später von anderen Reformorden, vor allem ZISTERZIENSERN und Prämonstratensern, zurückgedrängt (ab ca. 1200) und blieben auf Frankreich beschränkt (ab ca. 1300). Die Abtei Cluny wurde während der FRANZÖSISCHEN REVOLUTION aufgehoben (1790) und zum größten Teil abgebrochen (1798).

Literatur: E. Sackur: Die Cluniazenser. 2 Bde., Halle 1892/94 (Neudruck Darmstadt 1965); G. Tellenbach (Hg.): Neue Forschungen über Cluny und die Cluniazenser. Freiburg/Br. 1959; G. de Valous: Le monarchisme clunisien des origines au XVe siècle. Paris [2]1970; H. Richter (Hg.): Cluny. Beiträge zu Gestalt und Wirkung der cluniazensischen Reform. Darmstadt 1975; G. Constable: Cluniac Studies. London 1980; G. Constable: Die Cluniazenser in ihrem politisch-sozialen Umfeld. Münster 1998.

Sachsen-Dynastie (Ottonen, Liudolfinger)

1. DYNASTIE deutscher Könige und KAISER (919–1024), die von Widukind (ca. 800) und Liudolf (866) abstammte: Der sächsische Herzog Heinrich begründete die Herrschaft durch seine Wahl zum Nachfolger Konrads I. (**919**) als Heinrich I. (919–936). Die Dynastie konnte ihr Territorium gegen SLAWEN und Magyaren sichern. Otto I.

(936–973) besiegte die Magyaren (955, Schlacht auf dem Lechfeld). Seine Krönung zum Kaiser in Rom (962) markierte den Beginn des REICHS DER DEUTSCHEN und verband erstmals seit Karl dem Großen wieder Kaiserkrone und hegemoniale Macht. Die Niederlage Ottos II. (973–983) gegen die SARAZENEN (982) provozierte den GROSSEN SLAWENAUFSTAND (983). Kaiser Otto III. (983–1002) erhob in konsequenter Besinnung auf das christliche Imperium Romanum Rom zur Residenz (996), musste aber vor den revoltierenden Römern fliehen (1001). Heinrich II. (1002–1024) kämpfte gegen Polen (1004–1018). Er blieb kinderlos, gefolgt von den SALIERN (1024–1125).

Literatur: R. Holtzmann: Geschichte der sächsischen Kaiserzeit. Berlin [6]1979; H. K. Schulze: Hegemoniales Kaisertum. Ottonen und Salier. München 1998; H. Beumann: Die Ottonen. Stuttgart [5]2000; H. Keller: Die Ottonen. München 2001.

Burg

(griech.: pyrgos, lat.: burgus, frz.: bourg, ital.: borgo, engl.: borough, schott.: burgh) Befestigter Wohnsitz mit Ursprüngen von der Vorgeschichte (Flieh-, Höhenburg) über Mykene bis zur römischen Kaiserzeit: Burgen wurden, wie andere militärische Anlagen (Militärlager), oft Kern für städtische Siedlungen. Im Westen des früheren Römischen Reichs waren städtische Siedlungen (»civitas«) und Burgen (»burgus«) gleichgesetzt (seit nach 600), in Ostfranken und im frühen Deutschland hießen Städte »burgus«, ihre Einwohner »burgari«(»Bürger«). Heinrich I. erbaute nach dem Waffenstillstand mit den Ungarn (**926**) im Osten Burgen als militärische Stützpunkte (Saalelinie) mit Panzerreitern (RITTER). Burgen waren befestigte Amts- und Wohnsitze des mittelalterlichen ADELS, zuletzt nur noch des niederen Adels (Ministerialien, Ritter). Sie hatten teilweise die Funktion von Zollstationen, z. B. am Rhein. Zeitweise waren sie auch Schlupfwinkel für RAUBRITTER, die Rudolf I. nach dem INTERREGNUM (1250–1273) energisch bekämpfte. Mit dem Aufkommen von Feuerwaffen vollzog sich seit der RENAISSANCE allmählich die Aufspaltung der beiden Funktionen – repräsentatives Wohnen im Schloss und militärische Aufgaben für die Festung. Viele Burgen wurden in Südwestdeutschland im DEUTSCHEN BAUERNKRIEG (1525/26) und von den Franzosen im PFÄLZISCHEN ERBFOLGEKRIEG (1689) zerstört. Die Namen deutscher DYNASTIEN leiteten sich oft von ihrer Stammburg ab (z. B. STAUFER, WETTINER, ZÄHRINGER, HOHENZOLLERN, HABSBURGER). Im 19. Jahrhundert führte die Burgenromantik mit ihrer idealisierenden Schau des mittelalterlichen Lebens oft zur Restaurierung und Umgestaltung von Burgen, z. B. Rheineck bei Koblenz durch Friedrich Wilhelm IV. Andere Burgen wurden neu errichtet, z. B. Neuschwanstein.

Auch: NS-Ordensburgen im DRITTEN REICH.

Literatur: C. Schuchardt: Die Burg im Wandel der Weltgeschichte. Potsdam 1931, Nachdruck 1981; B. Ebhardt: Der Wehrbau Europas im Mittelalter. Berlin 1939/58, Nachdruck Würzburg 1998; W. Hotz: Pfalzen und Burger der Stauferzeit. Darmstadt [3]1992; H. Brachmann: Der frühmittelalterliche Befestigungsbau in Mitteleuropa. Untersuchungen zu seiner Entwicklung und Funktion im germanisch-deutschen Bereich. Berlin 1993; F. W. Krahe: Burgen des Deutschen Mittelalters. Würzburg 1994.

Heveller

Teilstamm der elbslawischen Liutizen, an Havel und Spree (ca. 850): Nach Einfällen von Deutschen unter Heinrich I., der ihre Hauptburg Brennaburg (Brandenburg) eroberte, gerieten sie erstmals in lockere Abhängigkeit (**929**), kamen zur MARKGRAFSCHAFT Geros (937) und erlangten im GROSSEN SLAWENAUFSTAND (983) wieder ihre Unabhängigkeit. Ihre Fürsten traten zum CHRISTENTUM über (nach 1100) und vermachten ihr Land dem Markgrafen Albrecht dem Bären (1150). In der Markgrafschaft Brandenburg (1157) wurden die Heveller germanisiert.

Literatur: J. Herrmann (Hg.): Die Slawen in Deutschland. Geschichte und Kultur der slawischen Stämme westlich von Oder und Neiße vom 6. bis 12. Jahrhundert. Neuausgabe Ostberlin 1985.

Kalifat von Córdoba

Herrschaftsbereich der spanischen OMAIJADEN (929–1031): Nach der Selbsterhöhung vom EMIRAT (seit 756) zum SUNNITISCHEN KALIFAT (**929**) durch Abd ar-Rahman III. (912/29–961) erreichte Córdoba den Höhepunkt muslimischer Herrschaft in Spanien. Die nordspanischen christlichen Königreiche mussten TRIBUT leisten (951). Das Kalifat förderte jüdische Kunsthandwerker und Gelehrte. Al-Mansur (976–1002), der als WESIR mit hausmeierähnlicher Stellung den Kalifen faktisch entmachtet hatte, und sein Sohn Abd ul-Malik (1002–1008) erweiterten die Machststellung in Spanien. In seinem Niedergang löste sich das Kalifat in 23 regionale Königreiche (TAIFA) auf (1031).

Literatur: E. Lévi-Provençal: L'Espagne musulmane au Xe siècle. Paris 1932; E. Lévi-Provençal: Histoire de l'Espagne musulmane. 3 Bde., Paris ²1950/53; F. Woerdemann: Die Beute gehört Allah. Die Geschichte der Araber in Spanien. München ²1986.

Althing

Gesamtisländische Volksversammlung (**930**) im Unterschied zu regionalen Things, mit Funktionen als Legislative und Gerichtshof: Das Althing führte das CHRISTENTUM ein (ca. 1000). Die Dänen schafften es ab (1800), mussten es jedoch als Organ der lokalen Selbstverwaltung auf Druck von unten wieder einsetzen (1843) – als isländische PARLAMENT. Es errang die AUTONOMIE (1874) und SOUVERÄNITÄT (1918) für das Land und gilt als weltweit ältestes Parlament.

Qarmaten

(Karmaten, arab.: Qaramitah) Ismailitische Sekte und Volksbewegung, begründet von Hamdan Qarmat (vor 890): Das erste Zentrum der Quarmaten lag bei Kufa (890) im südlichen Irak, später in Salamiya (Nordsyrien). Sie gründeten einen unabhängigen Staat um Bahrain (899–1075) mit republikanischer Struktur, Gütergemeinschaft und Staatssklaven. Die Armee des KALIFEN verdrängte die Qarmaten aus Syrien und Irak (906). Sie raubten den SCHWARZEN STEIN der KAABA aus

Mekka (**930**–951), unternahmen Aufstände in Irak, Syrien und Chorassan (10.–11. Jh.) und eroberten zweimal Damaskus (969–971, 974–978). Die FATIMIDEN vertrieben sie aus Damaskus (978), die SELDSCHUKEN vernichteten ihren Staat um Bahrain (1075).

Literatur: P. M. Mansour: History and Religion of the Kharmatis. London 1937.

Kaaba ▪

(arab.: al-Qa'aba = Würfel) Zentralheiligtum des ISLAM im Innenhof der Großen Moschee in Mekka: Die Kaaba ist ein von einem schwarzen Brokattuch verhängtes würfelförmiges Gebäude, in dessen fensterlosem Innern der SCHWARZE STEIN eingemauert ist. Sie war schon vor dem Islam regionales Heiligtum, Wallfahrten waren MUSLIMEN vor der Eroberung Mekkas gestattet (630). Das nun rein islamische Heiligtum (632) ist die zentrale, für Nicht-Muslime gesperrte Wallfahrtsstätte. Der Schwarze Stein war nach einem Raub kurze Zeit im Besitz der QARMATEN (**930**–951).

Literatur: E. Esin: Mekka und Medina. Frankfurt/Main 1964; S. Faroqhi: Herrscher über Mekka. Die Geschichte der Pilgerfahrt. München 1990; J. L. Burckhardt: In Mekka und Medina. An den heiligen Stätten des Islam. Berlin 1994.

Schwarzer Stein ▪

Als heilig geltender Meteorit in Mekka, schon in vorislamischer Zeit verehrt: Die MUSLIME mauerten den durch ständige Berührung mit Hand und Mund geglätteten Stein in der KAABA ein. Er wurde von den QARMATEN geraubt (**930**) und gegen Lösegeld zurückgegeben (951).

Ichschididen ▪

Muslimische Regionaldynastie in Ägypten und Syrien, begründet von Muhammed ibn Tugg, mit dem vom KALIFEN verliehenen Titel eines al-Ihsid: Die Ichschididen waren formal STATTHALTER in Syrien (vor 935) und Ägypten (**935**) unter Kontrolle des Kalifen (bis 939), in Wirklichkeit aber faktisch unabhängig. Die FATIMIDEN stürzten ihre Herrschaft (969).

Literatur: G. Wiet: L'Egypte arabe de la conquête arabe à la conquête ottomane 642–1517. Paris 1937; S. Lane-Poole: A History of Egypt in the Middle Ages. London [4]1968.

Wang-Dynastie ▪

DYNASTIE in Korea: König T'aejo begründete die Wang nach schweren Kämpfen zur Wiedervereinigung Koreas (**936**) unter der SUZERÄNITÄT Chinas. Die LI-DYNASTIE stürzte die Herrschaft der Wang (1392).

Elbslawen ▪

Westslawische Stämme zwischen Elbe und Oder, z. T. auch westlich der Elbe: Liutizen (Wilzen) und Sorben (Wenden) blieben ohne übergreifende politische Organisation, z. B. als strafferes Königtum; Ausnahme waren die ABODRITEN. Nach der Errichtung von Grenzmarkgrafschaften (seit Karl dem Großen) wurden die Elbslawen seit der SACHSEN-DYNASTIE, vor allem unter Markgraf Gero (**937**), zwischen Deutschen und Polen (nach 1000) zerrieben. Die Deutschen errichteten drei Bistümer – Brandenburg, Havelberg und Oldenburg (948). Im GROSSEN SLAWENAUFSTAND (983) gewannen die Elbslawen ihre Unabhängigkeit noch einmal zurück. Sie wurden von der deutschen OSTKOLONISATION (1134 ff.) unter Kaiser Lothar III. und dem WENDENKREUZZUG der sächsischen Fürsten unterworfen (1147), vermischten sich allmählich mit den Deutschen oder wichen in Rückzugsgebiete aus (Sorben im Spreewald).

Literatur: L. Dralle: Slaven an Havel und Spree. Studien zur Geschichte des hevellisch-wilzischen Fürstentums (6. bis 10. Jahrhundert). Berlin 1981; J. Herrmann (Hg.): Die Slawen in Deutschland. Geschichte und Kultur der slawischen Stämme westlich von Oder und Neiße vom 6. bis 12. Jahrhundert. Neudruck Ostberlin 1985; P. Kunze: Kurze Geschichte der Sorben. Bautzen [2]1997.

Liao-Reich

Reich der turkmongolischen KITAN im Fernen Osten, zunächst in der Mongolei und Mandschurei, mit der DYNASTIE Liao, die nach dem mandschurischen Fluss Liao benannt ist: Die Dynastie nahm den KAISERtitel nach chinesischem Vorbild an (907). Die Bevölkerung des Liao-Reichs setzte sich aus Sesshaften und Nomaden zusammen; entsprechend prägten chinesische und turkmongolische Strukturen Verwaltung und Heer. Die Kitan gründeten das Königreich Parhae nördlich des heutigen Korea (926) und eroberten Nordchina um den Hwangho (936). Sie führten den Namen Liao für die Dynastie ein (**937**). Peking wurde als Nan-king (= Südliche Hauptstadt) neu gegründet (937) und war Nebenhauptstadt. Die Liao vernichteten die späte Chin-Dynastie (947), erhoben Anspruch auf den chinesischen Kaisertitel und übernahmen das chinesische Verwaltungssystem (988). Die SUNG-DYNASTIE erkannte sie an (1004) und musste TRIBUT zahlen. Die DSCHURDSCHEN stürzten die Liao (1115/25): Überlebende gründeten das Reich Kara Kitai, nordwestlich von Tibet (bis 1218).

Literatur: C. A. Wittfogel/Feng' Chia-Sheng: History of Chinese Society: Liao, 907–1125. Philadelphia 1949.

Kitan

(Khitan) Turkmongolisches Nomadenvolk aus der südlichen Mandschurei, nördlich der CHINESISCHEN MAUER: Die 468 erstmals erwähnten Kitan gründeten das LIAO-REICH (**937**). Sie expandierten nach Nordchina und wurden von den DSCHURDSCHEN gestürzt (1115/25). Das Nachfolgereich Kara Kitai wurde von den Mongolen vernichtet (1218). Von Kitan leitet sich in slawischen Sprachen und im ISLAM die Bezeichnung »Khitay« (Kitai) für China ab. Auch bei Marco Polo stand »Chathay« für China.

Literatur: C. A. Wittfogel/Feng' Chia-Sheng: History of Chinese Society: Liao 907–1125. Philadelphia 1949.

Bujiden (Buyiden, Buwaihiden; arab.: Banu Buyah, Banu Buwaih)

Persische DYNASTIE schiitischer Konfession: Ihr Aufstieg begann mit drei Brüdern, die als Söldnerführer in Teilen Persiens (Fars, Medien, Kerman) herrschten. Ahmad eroberte Bagdad (**945**) und stürzte die MAMLUKEN. Die Bujiden übten ihre Herrschaft über einen (SUNNITISCHEN) Schatten-KALIFEN aus, ließen die Sunna aber unangetastet. Sie griffen auf den altpersischen Titel des Schah-in-Schah (König der Könige) zurück. Nach Vereinigung ihrer Herrschaftsgebiete (983) gerieten sie in Erbkonflikte (1055) und wurden von den SELDSCHUKEN gestürzt (1055). Ihre größte historische Wirkung lag in der Stärkung der Schia in Persien.

Literatur: M. Kabir: The Buwayhid Dynasty of Bagdad (334/946–447/1055). Kalkutta 1964; H. Busse: Chalif und Großkönig. Die Buyiden im Iraq (945–1055). Beirut 1969.

Ottonische Reichskirche

Einbeziehung der Bischöfe durch Otto I. zur Verwaltung des Reichs: Otto I. setzte die Bischöfe vor allem als Alternative zur gescheiterten Familienpolitik bei der Besetzung der STAMMESHERZOGTÜMER ein, zuerst seinen jüngeren Bruder Brun als Erzbischof von Köln und Herzog von Lothringen (**953**): Der Kaiser konnte so Einfluss auf die Kirche nehmen und die Entstehung von Erbdynastien in den Territorien weitgehend vermeiden. Die Reichskirche zerbrach aber am Loyalitätskonflikt der Bischöfe zwischen Kaiser und PAPST im INVESTITURSTREIT (1075–1122): Die CONFOEDERATIO CUM PRINCIPIBUS ECCLESIASTICIS (1220) mündete in den geistlichen Reichsfürstenstand (bis 1803).

Literatur: G. Haendler: Von der Reichskirche Ottos I. zur Papstherrschaft Gregors VII. (= Kirchengeschichte in Einzeldarstellungen 9). Leipzig 1994.

Abodriten

(Obodriten) Nördliche ELBSLAWEN (Wagrier, Polaben, Warnower) in Ostholstein und Mittel-Mecklenburg: Die vor 800 erstmals erwähnten Abodriten stiegen unter einem GROSSFÜRSTEN bzw. Oberkönig bis zum Großstammstaat auf. Sie verbündeten sich mit den FRANKEN gegen die SACHSEN und erhielten von Karl dem Großen zum Dank Nordalbingien zur Besiedlung (804). Sie standen zeitweilig in loser Abhängigkeit vom Reich der KAROLINGER bzw. Ostfranken; Heinrich I. brachte sie in stärkere Abhängigkeit (928/29). Sie erlitten eine Niederlage gegen Otto I. (**955**), der die Zwangschristianisierung in den deutschen Grenzmarken durchsetzte. Die Abodriten machten sich im GROSSEN SLAWENAUFSTAND wieder unabhängig (983). Nach dem Sturz des Erzbischofs Adalbert von Bremen brach auch die heidnische Reaktion wieder durch (1066). Während der OSTKOLONISATION wurden die Abodriten allmählich germanisiert. Der Abodritenstaat um Alt-Lübeck zerfiel in zwei Teile (1131), die die Dänen und Heinrich der Löwe eroberten (1160).

Literatur: W. H. Fritze: Probleme der abodritischen Stammes- und Reichsverfassung und ihrer Entwicklung vom Stammesstaat zum Herrschaftsstaat, in: H. Ludat (Hg.): Siedlung und Verfassung der Slawen zwischen Elbe, Saale und Oder. Gießen 1960; J. Herrmann (Hg.): Die Slawen in Deutschland. Geschichte und Kultur der slawischen Stämme westlich von Oder und Neiße vom 6. bis 12. Jahrhundert. Neuausgabe Ostberlin 1985; B. Friedmann: Untersuchungen zur Geschichte des abodritischen Fürstentums bis zum Ende des 10. Jahrhunderts. Berlin 1986.

Oghusen

Westliches Turkvolk: Die Oghusen waren die herrschende Schicht im Alttürkischen Reich in Zentralasien, das sich unterteilte in Ostreich (552–630) und Westreich (552–745/46). Nach dessen Untergang (745) wichen sie nach Westen aus und errichteten um den Aralsee ein eigenes Reich (um 800). Unter ihrem Führer Seldschuk eroberten sie (in der traditionellen Überlieferung) Buchara (**955**). Aus ihnen gingen die SELDSCHUKEN hervor. Islamisierte Oghusen hießen später TURKMENEN.

Literatur: W. Berthold: Turkestan Down to the Mongol Invasion. London [2]1928, Nachdruck Frankfurt/Main 1995.

Seldschuken

Islamisierte OGHUSEN, benannt nach ihrem Führer Seldschuk, mit ungesicherten Anfängen: Die Seldschuken eroberten angeblich Buchara (**955**), traten zum ISLAM über (960) und waren Verbündete des Mahmud von Ghasni (992). Sie eroberten Merw (1029), Chorassan (1044) und Isfahan (1051), das sie zur Hauptstadt des Seldschukenreichs machten. Sie eroberten Bagdad (1055) und gründeten das GROSS-SELDSCHUKENREICH als SULTANAT (ca. 1055–1092). Bei Manzikert errangen sie einen überwältigenden Sieg über Byzanz (1071), eroberten Jerusalem (1071, 1077), den Staat der QARMATEN (1075) und Damaskus (1076). In Kleinasien gründeten sie das unabhängige RUM-SULTANAT (1077). Mit der Eroberung Antiochias (1085) provozierten sie den 1. KREUZZUG (1096–1099). Die Ermordung des seldschukischen Großwesirs Nizam durch ASSASSINEN (1092) leitete den raschen Zerfall des Groß-Seldschukenreichs ein. Die FATIMIDEN vertrieben die Seldschuken aus Palästina (1089/98), die KREUZZÜGE drängten sie in Kleinasien zurück (1097–1190). Sie errangen einen Sieg über Byzanz bei Myriokephalon (1176) und warfen aufständische Nomadenstämme nieder (1236, 1239), wurden aber von den Mongolen vernichtend geschlagen (1243). Das Rum-Sultanat wurde Vasallenstaat der persischen IL-KHANE und zerfiel nach mehreren Aufständen (1261/77) endgültig (1299), abgelöst von den OSMANEN.

Literatur: T. T. Rice: Die Seldschuken. Köln 1963; C. Cahen: Pre-Ottoman Turkey. London 1968; S. G. Agadshanow: Der Staat der Seldschukiden und Mittelasien im 11.–12. Jahrhundert. Berlin 1994.

Sung-Dynastie

(5.) Chinesische Kaiserdynastie: Die von Tai-tsu begründete (**960**) Dynastie vollendete die Einigung Chinas im Süden (979). Sie stellte allmählich die STEUERN von Sachlieferungen auf Geld um, löste steigenden Wohlstand, starkes Bevölkerungs- und Wirtschaftswachstum aus. Die Sung führten das erste PAPIERGELD ein (1024) und hielten alle drei Jahre Beamtenprüfungen ab (seit 1065). Ihre Hauptstadt Kaifeng wurde von den DSCHURDSCHEN erobert (1126). Im Norden herrschte danach die CHIN-DYNASTIE (1126–1234), im Süden setzten sich die SÜDLICHE SUNG fort (1127–1279), mit der Hauptstadt Hangchou (1138).

Literatur: H. Franke: Studien und Texte zur Kriegsgeschichte der südlichen Sungzeit. Wiesbaden 1987; K. Kuhn: Die Song-Dynastie (960–1279). Weinheim 1987.

Piasten

Erste polnische DYNASTIE (960–1370), mit unsicheren Anfängen, angeblich seit Piast (ca. 890) als Herzog oder Fürst (knez): Historisch fassbar sind die Piasten erst mit Herzog Mieszko I. (**960**–992). Er leitete die Christianisierung Polens ein (966) und expandierte nach Westen. Boleslaw I. Chrobry (992–1025) erhielt mit dem Erzbistum Gnesen von Kaiser Otto III. die kirchliche Unabhängigkeit vom Reich (1000). Im Zuge der Expansion auch im Osten nahmen die Piasten den Königstitel an (1025–1034, 1076–1079), führten nach russischem Vorbild das SENIORAT ein (1138): Polen zerfiel in neun Fürstentümer der Piasten, die von Krakau aus annähernd wiedervereinigt wurden, wieder mit Königstitel (1320). Die Piasten erreichten ihre größte Machtfülle unter Kasimir III. (dem Großen, 1333–1370), erloschen aber nach seinem Tod (1370): Polen kam in PERSONALUNION zu Ungarn (1370–1384). Die Piasten im Fürstentum Masowien (um Warschau) starben erst später aus (1526), Masowien wurde mit Polen vereint.

Literatur: G. Hausdorf: Die Piasten Schlesiens. Breslau 1933; W. Dworzaczek: Genealogia. Warschau 1959; O. Kossmann: Polen im Mittelalter. 2 Bde., Marburg 1971–1985; J. Wittmann: Die Daglinger »Piasten« und die germanische Kontinuität. Ardagger 1990.

Reich der Deutschen (kurz: Reich)

Im Kern das mittelalterliche deutsche Kaiserreich bis zur Neuzeit (962–1806): Otto I. (der Große) knüpfte durch seine Krönung zum KAISER in Rom (**962**) an die karoligische Idee der RESTAURATION eines (West-)Römischen Kaisertums (KAISERKRÖNUNG KARLS DES GROSSEN, 800) an und verband die Kaiserkrone mit dem damals mächtigsten Reich in Europa, dem deutschen Königreich. Der exakte Name wechselte häufig und gab meist Reichs- und Kaiserideen der Herrscher wieder – Imperium Romanum war der häufigste Titel; Otto III. sprach von der Renovatio des Imperium Romanum und wollte dessen Restauration im fast wörtlichen Sinne – Residenz sollte Rom werden; Sacrum Imperium nannte Kaiser Friedrich I. sein Reich, um die Verbindung zur Religion in Abgrenzung zum Papsttum auszudrücken (ab 1157); HEILIGES RÖMISCHES REICH DEUTSCHER NATION war der Titel, den erstmals Friedrich III. benutzte (1486) und der bis 1806 bestehen blieb.

DYNASTIEN bildeten die SACHSEN, SALIER, STAUFER, nach dem INTERREGNUM (1250–1273) die LUXEMBURGER (1347–1437), danach die HABSBURGER (1438–1742, 1745–1806). Das Reich umfasste nach der Angliederung Burgunds (1033) drei Königreiche – Deutschland, Italien, Burgund, erweitert um Böhmen (1185, 1198/1203). Es expandierte in der OSTKOLONISATION (1134 ff.) und mit dem sizilianischen Erbfall (1194). Die Herausbildung des Reichsfürstenstandes (ab 1180) mündete in Schwächung und territoriale Zersplitterung. Seit dem Thronstreit zwischen Staufern und WELFEN (1198–1208) erodierte die königliche Macht, sodass im Machtvakuum das Reich de facto zerfiel: Zuletzt war der Kaiser kaum mehr als ein österreichischer Kaiser. Nach der FRANZÖSISCHEN REVOLUTION gab Kaiser Franz II. den Titel auf und beendete das Reich, warf damit aber die DEUTSCHE FRAGE auf, die zunächst mit der Gründung des 2. DEUTSCHEN KAISERREICHS (1870/71) gelöst schien, sich mit dem Untergang des DRITTEN REICHS und der Teilung Deutschlands aber neu stellte (1945–1990).

Literatur: F. Heer: Das Heilige Römische Reich von Otto dem Großen bis zur Habsburgischen Monarchie. München 1977; F. Hubmann/E. Trost: Das Heilige Römische Reich Deutscher Nation. Wien 1978; S. Fischer-Fabian: Die deutschen Kaiser des Mittelalters. Ottonen, Salier, Staufer. Eltville 1987; J. Mötsch: Das Heilige Römische Reich Deutscher Nation: 800–1806. Erfurt 1997.

Christianisierung Polens

Übernahme des CHRISTENTUMS durch den PIASTEN Mieszko I. (**966**): Die Christianisierung gilt als Eintritt Polens in die (damals) moderne Staatlichkeit und wurde in der VOLKSREPUBLIK POLEN durch Millenniumsfeierlichkeiten begangen (1966).

Babenberger

Deutsche FürstenDYNASTIE (976–1246), wahrscheinlich fränkischer Abstammung, zurückgehend auf die sog. Popponen oder alte Babenberger (ab 796/819 belegt), die sich nach der Burg Babenberg (heute: Domberg in Bamberg) benannten: Luitpold wurde Markgraf der bayerischen Ostmark (**976**). Die Expansion nach Osten gegen Ungarn und SÜDSLAWEN bildete die Grundlage des späteren Österreich. Herzog Heinrich II. Jasomirgott (1156–1177) machte mit dem PRIVILEGIUM MINUS von Kaiser Friedrich I. Barbarossa zur Beilegung des Konfliktes zwischen Babenbergern und WELFEN Wien zur Residenzhauptstadt. Leopold V. nahm am 3. KREUZZUG teil (1190–1191) und geriet als zuletzt ranghöchster deutscher Fürst mit Richard Löwenherz vor Akko in Konflikt um die Gleichberechtigung (1191). Er ließ Richard auf der Heimreise bei Wien gefangen nehmen und an Kaiser Heinrich VI. ausliefern (1192), erwarb im Erbgang die Steiermark (1192). Herzog Friedrich II. fiel im Kampf gegen das vom Mongolensturm (1241) geschwächte Ungarn in der Schlacht an der Leitha (1246). Nachdem das Geschlecht im Mannesstamm erloschen war, regierten als ihre Nachfolger die PŘZEMYSLIDEN in der Steiermark (1260) und in Kärnten bzw. Krain (1269), die HABSBURGER in Österreich (1282–1918).

Literatur: G. Juritsch: Geschichte der Babenberger und ihrer Länder. Innsbruck 1894; K.H. Ruess (Red.): Babenberger und Staufer. Göppingen 1987; K. Lechner: Die Babenberger. Markgrafen und Herzöge von Österreich. Wien [6]1996.

Großer Slawenaufstand

Aufstand der ELBSLAWEN (**983**): Ermutigt von der Niederlage Kaiser Ottos II. gegen die SARAZENEN bei Cotrone (982), erlangten die Elbslawen die Unabhängigkeit bis zur deutschen OSTKOLONISATION (ab 1134).

Literatur: J. Herrmann (Hg.): Die Slawen in Deutschland. Geschichte und Kultur der slawischen Stämme westlich von Oder und Neiße vom 6. bis 12. Jahrhundert. Neuausgabe Ostberlin 1985; J. Herrmann (Hg.): Welt der Slawen. München 1986.

Capetinger

(1.) Französische KönigsDYNASTIE (987–1328), begründet von Hugo Capet (987–996), nachdem zwei Anläufe zur Stabilisierung durch ein Wahlkönigtum fehlgeschlagen waren (Odo von Paris, 888–898; Robert, 922/23): Die Dynastie setzte sich nach dem Aussterben der KAROLINGER in Westfranken (**987**) durch und begründete das mittelalterliche Frankreich. Bedeutendste Herrscher: Philipp I. (1060–1108) erzielte eine Verständigung mit dem PAPST über die Investitur (1106); Ludwig VI. (1108–1137) machte die Île-de-France als KRONDOMÄNE zur Geldquelle, im Bündnis mit Kirche und Städten gegen den ADEL; Ludwig VII. (1137–1180) nahm am 2. KREUZZUG (1147–1149) teil; Philipp II. August (1180–1223) brach zum 3. KREUZZUG auf (1190–1191), eroberte die Normandie (1202–1208) und errang den entscheidenden Sieg bei Bouvines (1214); Philipp IV. (der Schöne, 1285–1314) geriet in Konflikte mit Flandern (1297–1302) und dem Papst (1302/03), bis hin zur BABYLONISCHEN GEFANGENSCHAFT DER KIRCHE in Avignon (1309–1378), enteignete LOMBARDEN und JUDEN (1306), unterdrückte die TEMPLER als Häretiker (1307/12); Ludwig X. (1314–1316) eröffnete die Ablösung der LEIBEIGENSCHAFT auf Krondomänen durch Freikauf (1315). Die Hauptlinie erlosch in Frankreich mit dem Tod Karls IV. (1328). Als Nebenlinien regierten die Dynastien VALOIS (1328), BOURBON (1589–1792, 1814–1830) und Orléans (1840–1848). Eine Nebenlinie (Sekundogenitur) regierte im Herzogtum Burgund (1032–1361). Auch die Dynastie der ANJOU war eine Nebenlinie der Capetinger.

Literatur: Ch. Petit-Dutaillis: La monarchie féodale en France et en Angleterre, X. -XIII. siècle. Paris 1933; A. Bailly: Les grands Capétiens. Paris 1952; C. Beaune: Naissance de la nation française. Paris 1985; J. Ehlers: Die Capetinger. Stuttgart 2000.

Družina

(slaw.: Freundschaftsbund) In slawischen Ländern Bezeichnung für die mittelalterliche Gefolgschaft eines Fürsten, noch heute im Polnischen für eine Fußballmannschaft: Im Besonderen war die Družina eine warägisch-russische Hilfstruppe, die im innerbyzantinischen Konflikt die Entscheidung für Kaiser Basileios II. brachte (**989**). Die Družina blieb, immer wieder verstärkt durch WARÄGER, später auch NORMANNEN aus England (nach 1070), als Elitetruppe in Byzanz bestehen, verursachte aber durch Befehlsverweigerung die Katastrophe von Manzikert (1071).

Gottesfrieden (Pax Dei, Treuga Dei)

Von Aquitanien ausgehende kirchliche und staatliche Bewegung zur Eindämmung des FEHDEWESENS im lateinischen Westen: Die Bewegung hatte Vorläufer im kirchlichen Asylrecht, das im 4. Jahrhundert kodifiziert wurde, und berief sich auf das Ideal des inneren Friedens im KAROLINGERreich. Nach dessen Zerfall (nach 814) mit Invasionen von WIKINGERN, NORMANNEN, MUSLIMEN und Ungarn sowie Ausweitung des Fehdewesens (»feudale Anarchie«) war die Gottesfriedensbewegung Teil des großen Erholungssprozesses um 1000, in zwei Phasen:

1. Phase: Pax Dei als Bewegung der reformbereiten Teile von Klerus und Volk, mit ersten Formulierungen auf dem KONZIL von Charroux (**989**): So war den Rittern verboten, Kirchengüter, unbewaffneten Klerus und das Vieh der Bauern und Besitzlosen (pauperes) anzugreifen. Weitere Konzilien in Narbonne (990), Le Puy, Limoges (beide 994) und Poitiers (1000, 1014) ergänzten die Bestimmungen; z. T. erzwangen die Konzilien den ritterlichen Eid auf Friedensstatuten. Der Pax Dei erfasste mit dem Friedenseid von Verdun (1023) ganz Frankreich, mit der Synode in Oudenaarde Flandern (1030). Das Konzil von Bourges (1038) stellte eine Bauernarmee als Friedensmiliz auf; ihr Scheitern beendete den Gottesfrieden als Volksbewegung.

2. Phase: Gottesfrieden durch Treuga (= Landfrieden) Dei, ab ca. 1040 unter Ausschluss der Volksbewegung: Die Friedenszeit wurde auf kirchliche Feiertage beschränkt, zuerst auf den Konzilien von Toulouse und Vich (1033), nachdem die Bestimmungen schon für Katalonien galten (1027). Die klassische Formulierung (ca. 1040) legte die Friedenszeit auf Donnerstagnachmittag bis Montag und Festtage des Kirchenjahres (Advent, Fastenzeit u. a.) fest. Die Institutionalisierung des Landfriedens fand ihren Höhepunkt auf dem Konzil von Narbonne (1054). Danach war das Kriegs- und Fehdewesen nur noch an 80 Tagen im Jahr erlaubt. Der Landfrieden wurde für weite Teile des Reichs verpflichtend (1084). Er wirkte nördlich der Loire als Vorläufer für städtische Schwurverbände und Kommunen (z. B. Le Mans, 1070).

Literatur: V. Achter: Über den Ursprung des Gottesfriedens. Krefeld 1955; H. Hoffmann: Gottesfriede und Treuga Dei. Stuttgart 1964.

Sultan

(arab.: Macht, Herrschaft) Muslimischer Herrschertitel, dem König vergleichbar: KALIFEN verliehen den Titel erstmals an Mahmud von Ghasni (**998**), später an die Rum-SELDSCHUKEN (RUM-SULTANAT), AIJUBIDEN, den Choresm-Schah, das MAMLUKEN-SULTANAT VON DELHI, MAMLUKEN in Ägypten (1250–1517) und OSMANEN.

Ghasnawiden

Türkisch-persische DYNASTIE, benannt nach ihrer ersten Hauptstadt Ghasni: Das Ghasnawidenreich (977–1187) lag im Grenzbereich Persiens, Afghanistans und Indiens. Nachdem der MAMLUKEN-Offizier

Alptigin in Chorassan eingedrungen war und Ghasni erobert hatte (962), begründete Sebüktigin (977–997) die Dynastie und expandierte. Sein Nachfolger Mahmud (998–1030) erhielt vom KALIFEN den Titel eines SULTANS (**998**), eroberte Indien bis zum Panjab und islamisierte das nordwestliche Indien. Masud I. (1030–1040) unterlag den SELDSCHUKEN bei Merw (1040). Das Zentrum des Reichs verlagerte sich auf Nordindien mit Lahore als Hauptstadt. Die (ebenfalls türkischen) GHURIDEN eroberten Ghasni (1150) und Lahore (1186).

Literatur: Y. A. Hashmi: Political, Cultural and Administrative History under the Later Ghasnivids. Diss. Hamburg 1956; C. L. Bosworth: The Ghasnivids: Their Empire in Afghanistan and Eastern Iran (994–1040). New Delhi 1992.

Stephanskrone

Die (angeblich) von Papst Silvester II. dem ungarischen König Stephan I. (dem Heiligen) beim Übertritt zum CHRISTENTUM (**1000**) verliehene KRONE, mit für Ungarn sakraler, Identität stiftender nationaler Bedeutung – »Länder der Stephanskrone« = Ungarn, Oberungarn (Slowakei), Kroatien, Siebenbürgen: Die Krone wurde nach Böhmen entführt (ca. 1270) und ging verloren (1279). Die heutige Krone ersetzt sie seit 1271/72. Gegen Ende des ZWEITEN WELTKRIEGS kam die Stephanskrone in die USA (1945), wurde mit anderen Reichsinsignien feierlich an Ungarn zurückgegeben (1978) und befindet sich heute im Nationalmuseum in Budapest.

Literatur: J. Déer: Die heilige Krone Ungarns. Wien 1968; K. Benda: Tausend Jahre Stephanskrone. Budapest 1988.

Islamisierung von Kanem

Annahme des ISLAM durch die Herrscher von Kanem (**1007**), als erster Ausgangspunkt zur Ausbreitung des Islam in der Großlandschaft Sudan: Zweiter Ausgangspunkt wurde Gao im westlichen Sudan (1009).

Literatur: J. S. Trimingham: A History of Islam in West Africa. London 1962.

Städtischer Schwurverband

(coniuratio = »Verschwörung« = Eidgenossenschaft) Zusammenschluss freier Bürger in der mittelalterlichen Stadt mit dem Anspruch, gegen den bisherigen Stadtherrn die Macht selbst auszuüben, in Wahrnehmung lokaler AUTONOMIE: Das süditalienische Benevent gilt als erste Kommune (**1015**–1041). Das freie Bürgertum gewann große Bedeutung in den oberitalienischen Städten seit dem Bürgeraufstand in Mailand (1045) und der PATARIA (1056–1075). Die Kommune mit städtischer Selbstverwaltung, allmählich auch mit Ratsverfassung, griff zu Beginn des von Bürgeraufständen begleiteten INVESTITURSTREITS auch nördlich der Alpen auf Städte wie Worms (1073), Köln (1074, 1106), Cambrai (1077) und Lüttich (1110) über. Anerkennung bzw. Aufhebung der Kommune samt lokaler Autonomie war stets eine wichtige Zäsur in der Geschichte vieler europäischer Städte.

Zugespitzt auch demokratische Erhebungen mit Anspruch auf lokale Autonomie oder gar SOUVERÄNITÄT – z. B. Stadtrevolutionen in Rom (1143–1154, 1252–1258, 1347–1354, 1434) und Paris (1588–1593). In der Moderne steht Kommune speziell für die revolutionäre Selbstverwaltung von Paris (1793) und die PARISER KOMMUNE (1871).

Generell: Kommune als lokale Selbstverwaltungskörperschaft; in der Bundesrepublik zeitweise Synonym für Wohngemeinschaft (seit 1968); meist pejorativ: »Kommune« = KOMMUNISMUS.

Literatur: E. Pitz: Europäisches Städtewesen und Bürgertum. Von der Spätantike bis zum hohen Mittelalter. Darmstadt 1991; L. Benevolo: Die Geschichte der Stadt. Frankfurt/Main ^{8}2000.

Dänische Dynastie in England

Nach der letzten dänischen Eroberung Englands (1013/14) begründet von Knut dem Großen als König der Dänen in England und von Wessex (**1016**–1035), in PERSONALUNION mit Dänemark (1019) und Norwegen (1028), erlosch bald nach Knuts Tod (1035): Nach Wirren (1042) wurde Eduard der Bekenner König der ANGELSACHSEN (1042–1066).

Drusen

Religionsgemeinschaft im Vorderen Orient, vor allem in Syrien, Libanon und Israel bzw. Palästina, als eine SEZESSION von den ISMAILITEN, benannt nach ihrem Gründer Ismail ad-Darasi († **1019**): Die Drusen verehren den 6. FATIMIDEN-KALIFEN Hakim (996–1021), nennen sich selbst Monotheisten (muwah-hidun) und vereinigen synkretistisch islamische, jüdische und christliche Elemente. Wegen schismatischer Vorwürfe immer wieder vom herrschenden ISLAM verfolgt, konnten sie sich nur in Rückzugsgebieten halten, vor allem im Libanon-Gebirge und auf den Golanhöhen. Die Drusen beteiligten sich an Ausschreitungen gegen die MARONITEN im Libanon (1860) und organisierten einen Aufstand gegen die französische Mandatsherrschaft (1925–1927). Durch die Aufteilung Palästinas kamen sie teilweise zu Israel (1948/49), wo sie sich loyal am Grenzschutz gegen arabische Nachbarn beteiligen. Die Drusen bildeten eine der Parteien im LIBANESISCHEN BÜRGERKRIEG (1975–1992).

Literatur: C. K. Hitti: The Origins of the Druze People and Religion. New York 1928, Neudruck 1966; N. M. Abu-Izzeddin: The Druze in New Studies of their History Faith and Society. Leiden ^{2}1993.

Salier

(2.) DYNASTIE deutscher Könige bzw. römischer KAISER (1024–1125), ursprünglich eine fränkische Adelsfamilie: Ihr Name wird meistens abgeleitet aus dem Althochdeutschen »sal« = Herrschaft. Die Salier begannen ihren Aufstieg mit Konrad dem Roten, Herzog von Lothringen (944–953), der mit einer Tochter Ottos I. vermählt war. Sein Urenkel wurde als Konrad II. König (**1024**) und Kaiser (1027) und machte Speyer zum Zentrum der Reichsgewalt. Burgund kam zum Reich (1033).

Durch die CONSTITUTIO DE FEUDIS (1037) wurden AFTERLEHEN in (Reichs)Italien erblich.

Heinrich III. (1039–1056) erhielt Böhmen als kaiserliches LEHEN (1041). Die SYNODE VON SUTRI (1046) war ein Höhepunkt kaiserlicher Machtstellung gegenüber dem PAPST. Unter Heinrich IV. (1056/65–1106) begann der INVESTITURSTREIT (1076–1122) mit Heinrichs GANG NACH CANOSSA (1077). Er verkündete den GOTTESFRIEDEN für das Reich (1085). Nach der Ächtung seines ältesten Sohnes Konrad, der sich in Italien zum Gegenkönig hatte wählen lassen, geriet er auch in Konflikt mit seinem Sohn Heinrich V. (1105/06), der ihn zur Abdankung zwang. Heinrich V. (1106–1125) lag im Konflikt mit dem Papst wegen der MATHILDISCHEN GÜTER (ab 1116). Das WORMSER KONKORDAT (1122) legte den Investiturstreit bei und beendete die OTTONISCHE REICHSKIRCHE. Die Dynastie erlosch mit Heinrich V. (1125). Alle salischen Kaiser fanden im Dom von Speyer ihre Grablege.

Literatur: K. Hampe: Deutsche Kaisergeschichte in der Zeit der Salier und Staufer. Heidelberg [12]1968; H. Schwarzmeier: Von Speyer nach Rom. Wegstationen und Lebensspuren der Salier. Sigmaringen 1991; S. Weinfurter u. a. (Hg.): Die Salier und das Reich. 3 Bde., Sigmaringen 1991; S. Weinfurter: Herrschaft und Reich der Salier. Sigmaringen [3]1992; H. K. Schulze: Hegemoniales Kaisertum. Ottonen und Salier. München 1998; E. Boshof: Die Salier. Stuttgart [4]2000.

Papiergeld

Besondere Form des Geldes aus PAPIER, wegen des geringen Materialwerts ursprünglich nur als Notgeld: Erstes Papiergeld wurde in China eingeführt (**1024**). In Europa tauchte es viel später erstmals in Schweden auf (1661), danach in England (vor 1700) und Frankreich unter John Law (1716–1720). In der FRANZÖSISCHEN REVOLUTION waren die ASSIGNATEN (1790–1796) faktisch Papiergeld. Danach galt Papiergeld allmählich auch für höhere Geldwerte. Da es durch die Druckerpresse hergestellt wird und einen Gegenwert nur symbolisiert, kann Papiergeld leichter als MÜNZEN mit seinem geringen Realwert zur INFLATION führen, bis hin zu Hyperinflationen.

Literatur: R. Kerschagl: John Law. Die Erfindung der modernen Banknote. Wien [2]1968; R. Sedillot: Muscheln, Münzen und Papier. Die Geschichte des Geldes. Frankfurt/Main 1992; A. Pick: Papiergeld-Lexikon. Regenstauf [3]1992; W. Weimer (Hg.): Geschichte des Geldes. Frankfurt/Main 1992; J. Weatherford: Eine kurze Geschichte des Geldes. Von den Anfängen bis in die Gegenwart. Zürich 1999.

Taifa

Regionale (»Nachfolge«-)Königreiche im muslimischen Andalusien nach Auflösung des KALIFATS VON CÓRDOBA (**1031**): 23 Kleinstaaten verdeutlichten die Fragmentierung der politischen Macht des ISLAM in Spanien; sie wurden zwischen RECONQUISTA (ab 1086) und ALMORAWIDEN (ab 1091) zerrieben. In einigen Städten erreichten Kunst und Kultur des Islam dennoch eine letzte kulturelle Blüte in Andalusien.

Literatur: P. C. Scales: The Fall of the Caliphate of Córdoba. Berbers and Andalusis in Conflict. Leiden 1994.

Valvassores

Inhaber von AFTERLEHEN in Italien, unterhalb der KRONLEHEN bzw. Reichslehen: Nach einem Aufstand gegen die Lehnsherren (CAPITANEI) in der Lombardei (**1035**) machte die CONSTITUTIO DE FEUDIS (1037) Afterlehen erblich. Die Aftervasallen mussten dafür Heeresfolge leisten.

Afterlehen

LEHEN, von Inhabern von KRONLEHEN (oder anderen nachgeordneten Lehnsträgern) vergeben: Ihre willkürliche Vergabe löste den Aufstand gegen die CAPITANEI (**1035**) in der Lombardei aus, bis zur CONSTITUTIO DE FEUDIS (1037). In England verpflichtete das HOMAGIUM LIGIUM (1166) Aftervasallen im Konfliktfall zur Treuepflicht gegenüber der KRONE.

Capitanei

Übergeordnete Lehnsträger in Italien: Gegen sie richtete sich der Aufstand der VALVASSORES in der Lombardei (**1035**).

Constitutio de feudis

Nach Beilegung des Aufstandes der VALVASSORES gegen die CAPITANEI in der Lombardei (1035) Gesetz Konrads II. (**1037**): Fortan waren auch AFTERLEHEN in (Reichs)Italien erblich, ihre Lehnsnehmer dem König aber zur Treue und Heeresfolge verpflichtet. Das Gesetz war ein wichtiger Schritt zum Ausbau des FEUDALISMUS.

Metropolit

Hoher Amtsträger der Orthodoxen Kirche: Ursprünglich war der Metropolit Bischof einer Provinzhauptstadt (Metropole), im Gegensatz zu Bischöfen kleinerer Städte und Landbischöfen. Später bezeichnete der Titel das Haupt einer autokephalen Landeskirche. So war der Metropolit von Kiew für Russland zunächst in die Byzantinische Kirche eingeordnet (**1037**), mit Sitz in Wladimir (1299), später Moskau (1326).

Auch: Titel in der Ostkirche, z. B. für Bischöfe in Griechenland. In der Römischen Kirche mit einem ERZBISTUM verbundener Titel.

Kirchenslawisch

Kultsprache der orthodoxen SLAWEN: Kirchenslawisch entstand aus dem von Kyrill und Method (ca. 862) entwickelten Altkirchenslawisch, einem slawischen Dialekt von Thessaloniki (beide Slawenapostel stammten aus dieser Stadt) mit bulgarischen Elementen (»Altbulgarisch«). Zunächst in der orthodoxen Mission in Mähren verwandt, gelangte die Kultsprache über Bulgarien nach Serbien und Russland, dort mit entsprechenden Varianten. Kirchenslawisch blieb Kirchensprache in Russland, auch nach

Eingliederung der russischen in die byzantinische Kirche (**1037**). Es war allgemeine Lingua franca und Kultursprache der orthodoxen Slawen im Mittelalter, abgelöst vom Russischen (18. Jh.), Serbischen bzw. Bulgarischen (19. Jh.) als nationalen Literatursprachen, vom Deutschen als übernationaler Bildungssprache unterhalb des Französischen für die Spitzen der Gesellschaft (bis 1945).

Literatur: A. Leskien: Handbuch der altbulgarischen (altkirchenslawischen) Sprache. Heidelberg [10]1990.

Hsi-hsia-Reich

Reich der TANGUTEN im Nordwesten Chinas mit Zentrum in Kansu, mit türkischen, tibetischen und tangutischen Elementen, zunächst unter der SUZERÄNITÄT des LIAO-REICHS, mit Tributzahlungen an China (990–**1038**): Das Tangutenreich hatte eine starke Stellung im FERNHANDEL. Nach dem gescheiterten Versuch zur Eroberung Chinas erhob es dennoch Tribut von der SUNG-DYNASTIE (1044). Das Reich wurde Vasallenstaat der DSCHURDSCHEN (1126) und Mongolen nach Unterwerfung durch Dschingis Khan (1209). Es erhob sich im Bunde mit den Dschurdschen gegen die Mongolen (1224), die es vernichteten (1226/27).

Literatur: M. Hermanns: Die Nomaden von Tibet. Wien 1949; P. K. Benedict: Sino-Tibetan. A Conspectus. Cambridge 1972.

Almorawiden

(Almoraviden; arab.: »al-murabitun« = Bewohner eines Wehrklosters = Ribat) BERBER-Dynastie in Marokko (1062–1147) und Spanien (1090/91–1147): Die Almorawiden trugen durch Missionierung und Reformierung zur Ausbreitung des ISLAM in Westafrika bei. Ausgangspunkt war ein RIBAT (Wehrkloster) auf einer Insel im Unterlauf des Senegal unter Abdullah Ibn Yasin (**1039**). Sie missionierten und einten die Lamtuna-Berber in Mauretanien (1042) und expandierten mit einem JIHAD gegen das GHANA-REICH (1054–1076). Nach Eroberung Südmarokkos gründeten sie Marrakesch (1062) als neue Hauptstadt. Sie eroberten Fes (1069), Kumbi Saleh, die Hauptstadt des Ghana-Reichs, und Algier (1082). Nach einem Hilferuf der spanischen MUSLIME besiegten die Almorawiden bei Zallqua die christlichen Spanier (1086), hielten die RECONQUISTA auf und eroberten Spanien bis zum Tajo (1090/91). Die Almorawiden wurden von den ALMOHADEN in Marokko (1147) und Spanien gestürzt (1149–1155).

Literatur: J. B. Vilá: Los Almoravides. Tetuán 1956; C. J. Julien: Histoire de l'Afrique du Nord. Paris [7]1980; V. Lagardère: Les Almoravides. Le Djihad andalous, 1106–1143. Paris 1999.

Ribat

(arab.: Wehrkloster) Militärischer Kristallisationspunkt religiöser Erneuerungsbewegungen im ISLAM: Im von Ibn Yasin auf einer Insel im Unterlauf des Senegal gegründeten Kloster (**1039**) begann der Aufstieg der ALMORAWIDEN.

Fehdewesen

(mittelhochdeutsch: vede = Feindschaft) Dauerkonflikte einzelner Adliger oder auch von Adelsgruppen im FEUDALISMUS zur Durchsetzung des eigenen Rechts kraft Faustrechts: Das Fehdewesen verbreitete sich vor allem bei Abwesenheit einer effektiven Zentralmacht oder einer durchsetzbaren Rechtsordnung und kennzeichnete die Fragmentierung nach dem Untergang oder der Schwächung einer Zentralregierung im sekundären Chaos. Versuche zur Eindämmung waren der GOTTESFRIEDEN (ab 1027/**1040**), eine gewisse Regulierung erfolgte durch den Fehdebrief im lateinischen Europa oder das Hinwerfen des Fehdehandschuhs für die Ritter. Das Fehdewesen wurde durch den EWIGEN REICHSLANDFRIEDEN für das REICH verboten (1495). Seit dem Spätmittelalter wird der Begriff auch auf den Kleinkrieg zwischen den STÄNDEN im Reich übertragen. Analoge Konflikte treten auch in vergleichbaren Situationen auf, z. B. mit Warlords (China, Somalia, Afghanistan).

Literatur: J. Gernhuber: Die Landfriedensbewegung in Deutschland bis zum Mainzer Reichslandfrieden von 1235. Bonn 1952; H. Angermaier: Königtum und Landfriede im deutschen Spätmittelalter. München 1966; E. Wadle: Landfrieden, Strafe, Recht. Berlin 2001.

Synode von Sutri

Um Unruhen in der Kirche zu beenden, setzte Kaiser Heinrich II. drei rivalisierende PÄPSTE ab und ließ den deutschen Bischof Suitger von Bamberg zum Papst Clemens II. wählen (**1046**–1047): Dieser Akt demonstrierte den Höhepunkt kaiserlicher Macht gegenüber dem Papst im Mittelalter. Eine Reaktion war die KIRCHENREFORM seit Papst Leo IX. zur Wiederherstellung der »libertas ecclesiae«.

Literatur: H. Zimmermann: Papstabsetzungen des Mittelalters. Graz, Wien, Köln 1968.

Kirchenreform

An sich Grundprinzip der lateinischen Kirche (»ecclesia semper reformanda«); hier speziell: Bestrebungen zur Reform der römischen Kirche seit dem 11. Jahrhundert, namentlich unter dem Einfluss der CLUNIAZENSISCHEN REFORM. Papst Leo IX. (1049–1054) leitete die Kirchenreform ein, nachdem das Papsttum auf der SYNODE VON SUTRI eine Demütigung erlitten hatte, als Kaiser Heinrich II. drei Päpste absetzte (**1046**). Die LATERANSYNODE (1059) verurteilte SIMONIE und LAIENINVESTITUR und weitere weltliche Einflüsse auf die Papstwahl. Gregor VII. (1073–1085) erließ das ZÖLIBAT (1074), berief die FASTENSYNODE (1075) ein und eröffnete den INVESTITURSTREIT (1075–1122). Die Weigerung im 14. und 15. Jahrhundert, eine weitere, stärker nach innen gerichtete Kirchenreform zu unternehmen, mündete in REFORMATION und Kirchenspaltung.

Literatur: R. Hüls: Kardinäle, Klerus und Kirchen Roms, 1049–1130. Tübingen 1977; R. Bäumer (Hg.): Reformatio Ecclesiae. Beiträge zu kirchlichen Reformbemühungen von der Alten Kirche bis zur Neuzeit. Paderborn 1980; H. Jakobs: Kirchenreform und Hochmittelalter 1045–1215. München [3]1994.

Beni Hilal

Arabischer Beduinenstamm aus dem Osten Nordafrikas: Die FATIMIDEN drängten den Stamm nach Westen ab zur Bekämpfung der SEZESSION der Ziriden in Algerien (**1051**). Die Beni Hilal unternahmen einen verheerenden Raub- und Plünderungszug quer durch Nordafrika bis zum Maghreb, zerstörten die Landwirtschaft, schnitten Städte von ihrem Umland ab und trieben die Hafenstädte Nordafrikas zur SEERÄUBEREI. Sie förderten die Beduinisierung des islamischen Westens. Die ALMOHADEN besiegten den Stamm (1152) und siedelten ihn nach Marokko um.

Literatur: J. Schleifer: Hilal, in: Encyclopaedia of Islam.Bd. 3. Leiden, London 1971, S. 385 ff.

Schisma Rom–Byzanz (Morgenländisches Schisma)

Zentrales Ereignis der mittelalterlichen Kirchengeschichte mit Auswirkungen bis in die Gegenwart: Nach früheren vorübergehenden Schismen (484–519, 867) wurde der Bruch zwischen lateinischer und griechischer Kirche endgültig, u. a. über PRIMAT und ZÖLIBAT (**1054**). Hauptantagonisten waren der Patriarch von Konstantinopel, Michael Kerrullarios (1043–1058), und KARDINAL Humbert. Versuche zur UNION (1274/81, 1438/39) scheiterten. Nach 1438 schlossen sich einige Ostkirchen wieder mit Rom zusammen (KIRCHENUNION). Jüngste Versuche Roms, das Schisma zu überwinden, waren der Besuch von Papst Johannes Paul II. beim Patriarchen von Konstantinopel (1979) und seine Reisen in orthodoxe Länder (2001).

Literatur: St. Runciman: The Eastern Schism. Oxford 1955; J. P. Fallmerayer: Europa zwischen Rom und Byzanz. Bozen 1990; A. Nichols: Rome and the Eastern Churches. A Study in Schism. Edinburgh 1992.

Seniorat

Regelung der Thronfolge unter den RURIKIDEN in der KIEWER RUS (**1054**): Zur Vermeidung weiterer Erbstreitigkeiten bei Thronvakanzen seit dem Tod Jaroslaws des Weisen (1054) wurde das auf der Seniorität basierende System der »Stufenleiter« institutionalisiert – die Kiewer Rus galt im Prinzip als kollektiver Besitz aller Rurikiden. Nur der älteste Sohn (Senior) des GROSSFÜRSTEN in Kiew bestieg den Thron in Kiew und regierte zugleich in Nowgorod als Großfürst; die jüngeren Brüder erhielten Teilfürstentümer, abgestuft nach dem Alter der Söhne und der Größe der Fürstentümer, der jüngste Sohn mit dem kleinsten Fürstentum. Nach dem Tod des ältesten Bruders in Kiew rückte der nächstältere nach, während alle anderen in den Teilfürstentümern aufrückten.

Das System funktionierte in der Praxis überhaupt nicht: Bald wurden viele Ausnahmen gemacht. Zahlreiche nicht als erbberechtigt anerkannte Rurikiden mussten ausscheiden, am Rande des Reichs mit Grundherrschaften als Bojaren abgefunden. Nicht alle Erbberechtigten hielten sich an die vorgeschriebene Reihenfolge, Städte weigerten sich, populäre Fürsten ziehen zu lassen oder unpopuläre Fürsten aufzunehmen. Chaos und innere Konflikte brachen aus. Ein Versuch zur Neuregelung durch den Fürstenkongress von Ljubetsch scheiterte (1097). Die Kiewer Rus zersplitterte (ab 1068, 1169) und erlag den Mongolen (1237/40).

Polen übernahm das System des Seniorats (1138): Das Königreich löste sich in insgesamt neun Fürstentümer der PIASTEN auf (bis 1320).

Literatur: V. Gitermann: Geschichte Russlands. 3 Bde., Frankfurt/Main 1987, Bd. 1, S. 72–74.

Großfürst

Altrussischer Titel, vergleichbar dem des Königs: Nach der Vereinigung der WARÄGER-Herrschaften Nowgorod und Kiew (882) war Großfürst der höchste Herrschertitel der KIEWER RUS. Seit dem SENIORAT (**1054**) entstanden in der zerfallenden Kiewer Rus mehrere Großfürstentümer (ab 1169), auch in Moskau (1328), das seine Vormachtstellung in Russland zunächst unter SUZERÄNITÄT der TATAREN aufbaute. Andere Großfürsten wurden beseitigt – in Suzdal (ca. 1451), Twer (1485) und Rjasan (1521). Die Titel ZAR (1547) und KAISER (1721) überhöhten den Großfürsten-Titel, schafften ihn aber nicht ab.

Auch: Herrschertitel im mittelalterlichen Litauen (1320) nach russischem Vorbild. Nach PERSONALUNION (1386) und REALUNION (1569) mit Polen war er Bestandteil des polnischen Königstitels, mit der 3. TEILUNG POLENS (1795) des russischen Kaisertitels (bis 1917). Der russische Großfürst war auch Großfürst von Finnland (1809–1917).

Jihad (Heiliger Krieg)

Krieg der MUSLIME gegen Nichtgläubige – Heiden und Muslime, die nur oberflächlich dem ISLAM folgten – zur Unterwerfung unter den Islam, zunächst unter Mohammed und seinen Nachfolgern (632–740). Die ALMORAWIDEN führten einen Jihad gegen das GHANA-REICH (**1054**–1076); sunnitische SELDSCHUKEN gegen (schiitische) FATIMIDEN (nach 1076). Der Heilige Krieg wurde auch zur Abwehr der KREUZZÜGE (1096–1291) von den OSMANEN (1290–1566) oder in innermuslimischen Konflikten immer wieder proklamiert, z. B. von den FULBE im heutigen Guinea (1722/25) oder von Usman dan Fodio in Nigeria (1804–1817). Die Erklärung eines Jihad durch den osmanischen Sultan als (nur noch fiktiver) KALIF gegen die Ententemächte im ERSTEN WELTKRIEG (1915) scheiterte. Der irakische Religionsführer Khomeini drohte mit einem Jihad gegen den Westen bei der Geiselnahme von Angehörigen der US-Botschaft (1979/80). Militante Palästinensergruppen berufen sich bei ihren Terroranschlägen bis heute auf den Jihad. Osama bin Laden erklärte den USA den Jihad (2001).

Literatur: U. Robbe: Dschihad – heiliger Krieg. Der Islam in Konfliktsituationen der Gegenwart. Berlin 1989; B. Tibi: Einladung in die islamische Geschichte. Darmstadt 2001.

Ghana-Reich

Mittelalterliches Reich im westlichen Sudan, im heutigen Mali: Das vermutlich von einer BERBER-DYNASTIE gegründete Ghana (ca. 300, letzte Hauptstadt: Kumbi Saleh) war das Ziel des JIHAD der ALMORAWI-

DEN (**1054**), die das Reich unterwarfen (1076). Das mittelalterliche Ghana ist Namenspate des westafrikanischen Staats Ghana (1957).

Literatur: N. Levtzion: Ghana and Mali. London 1973; S. V. Gnielinski: Ghana. Darmstadt 1986.

Pataria

(»zerlumpt Gekleidete«, »Lumpengesindel«) Sozialpolitisch-religiöse Protestbewegung in Oberitalien, nach einem Bürgeraufstand (1045), zuerst in Mailand (**1056**): Die gegen ARISTOKRATIE und adlige Reichskirche gerichtete Bewegung trat für die KIRCHENREFORM ein. Ihren Aufstand in Mailand (1057–1059) gegen den deutschen Erzbischof Guido unterstützte der PAPST. Ein erneuter Aufstand (1066/67), auch in anderen lombardischen Städten, zwang Guido zur Abdankung (1070) und forderte die streng kanonische Bischofswahl durch Klerus und Volk. Heinrich IV. warf den Aufstand nieder (1075) und setzte den Erzbischof wieder ein, als Ausgangspunkt zum INVESTITURSTREIT.

Auch: Später oft auf die KATHARER der Lombardei übertragen (nach 1200).

Literatur: A. Krüger: Die Patarer in Mailand. Breslau 1873/74; E. Werner: Pauperes Christi. Studien zu sozialreligiösen Bewegungen im Zeitalter des Reformpapsttums. Leipzig 1956.

Canmore

Erste schottische DYNASTIE (1057–1286), begründet von Malcolm III. Canmore (**1057**–1093): Nach Beseitigung des Usurpators Macbeth (1040–1057) konsolidierte sich die Herrschaft der Canmore nur langsam. Unter Einfluss der NORMANNISCHEN EROBERUNG (1066) wurden feudale Strukturen und die Diözesanstruktur übernommen. Die Canmore erkannten Englands SUZERÄNITÄT an (1072). Die Dynastie erlosch mit Alexander III. (1286): Schottland wurde abhängig von England.

Literatur: A. H. Dumbar: Scottish Kings, 1005–1625. Edinburgh ^{2}1906; W. C. Dickinson: Scotland From the Earliest Times to 1603. Oxford ^{3}1977.

Lateransynode

Synode in Rom (**1059**): Zur Abwehr weltlicher Einflüsse – des das Papsttum beherrschenden römischen Stadtadels und des seit der SYNODE VON SUTRI (1046) dominierenden Kaisertums – beschloss die Lateransynode die Papstwahl nur noch durch das Kardinalskollegium. Sie verbot die LAIENINVESTITUR als Auftakt zur KIRCHENREFORM.

Literatur: H. J. Sieben: Die Konzilsidee der Alten Kirche. Paderborn 1979.

Kardinal

(von lat.: cardo = Türangel; zur Türangel gehörig = im Angelpunkt, an wichtiger Stelle stehend) Nach dem PAPST höchstes Priesteramt in der Römisch-katholischen Kirche, zusammengefasst im Kardinalskollegium: Ursprünglich an einer Hauptkirche Roms angestellte Kleriker, erhielten Kardinäle mit der KIRCHENREFORM herausgehobene Bedeutung, durch das MONOPOL der Papstwahl (**1059**), später in der KONKLAVE (seit 1274). Das Amt war auf Mitglieder des Presbyteriums in Rom beschränkt (1567, mit drei Gruppen – Kardinalpriester, Kardinaldiakone, Pfalzdiakone). Die Zahl der Kardinäle wurde durch die KONZILIEN von Konstanz (1414–1418) und Basel (1431–1448) auf 24 festgelegt, später auf 70 erweitert (1586), von Johannes XXIII. auf 83, von Paul VI. auf 117 (1967) erhöht, um alle Kontinente und möglichst viele Länder im Kardinalskollegium zu repräsentieren. Das aktive Papstwahlrecht und die Mitgliedschaft in Behörden der römischen Kurie und in der Vatikanstadt erlöschen mit Erreichen des Alters von 80 Jahren (seit 1971).

Literatur: P. C. van Lierde/A. Girand: Das Kardinals-Kollegium. Zürich 1965; C. G. Fürst: Cardinalis. Prolegomena zu einer Rechtsgeschichte des römischen Kardinalskollegiums. München 1967; R. Hüls: Kardinäle, Klerus und Kirchen Roms, 1049–1130. Tübingen 1977.

Laieninvestitur

Einsetzung von Klerikern (Investitur) in ihr geistliches Amt durch Laien, d. h. durch Inhaber weltlicher Macht: Mit der Institution der Eigenkirche verfügten weltliche Herren über Kirchen auf ihrem Gebiet wie über ihr Eigentum, u. a. zur Einsetzung von Klerikern. Der KAISER betrachtete seine Reichskirche als seine Eigenkirche und setzte Bischöfe mit Ring (Symbol geistlicher Macht) und Stab (Symbol weltlicher Macht) ein. Dagegen wandten sich die CLUNIAZENSISCHE REFORM (seit 910) und KIRCHENREFORM. Die LATERANSYNODE (**1059**) verbot die Laieninvestitur. Das Verbot wurde im Konflikt um den (deutschen) Erzbischof von Mailand (1075) von Gregor VII. im DICTATUS PAPAE bekräftigt (1075) und markierte die Eröffnung des INVESTITURSTREITS (bis 1122).

Literatur: St. Beulertz: Das Verbot der Laieninvestitur im Investiturstreit. Hannover 1991.

Simonie

Kauf kirchlicher Ämter: Der Name ist abgeleitet von Simon dem MAGIER, der Petrus vorschlug, ihm gegen Geld geistliche Macht zu verleihen (Apostel, 8, 18–24). Die von den KONZILIEN von Chalkedon (451) und Nicäa (787) verurteilte Simonie wurde von Parteigängern der KIRCHENREFORM auf die LAIENINVESTITUR übertragen, von PATARIA in Mailand als Vorwurf gegen den (deutschen) Klerus erhoben (ab 1056). Sie wurde in dieser Form von der LATERANSYNODE verurteilt (**1059**), mit Ende des INVESTITURSTREITS für Frankreich (1106), England (1107) und das Reich (1122) verboten, bekräftigt vom TRIENTER KONZIL (1563).

Literatur: L. Franz: Theorie und Praxis der Simonie im Zeitalter des Investiturstreits. 1978; D. Embree: The Simonie. Heidelberg 1991.

Reconquista

(span.: Rückeroberung) Die systematische Vertreibung der muslimischen MAUREN aus der von ihnen (ab 711) eroberten Iberischen Halbinsel (**1064**–1492), nach wechselvollen Kämpfen (seit 722) ausgelöst von der Ermordung Ramiros I. von Aragón durch einen MUSLIM (1063): Die

Reconquista endete für Portugal 1248, für Spanien 1492. Mit päpstlichem Segen und Sündenablass für christliche Krieger (1064) ausgestattet, wurde sie zur iberischen Variante der späteren KREUZZÜGE nach Osten (1096–1291), mit entsprechenden geistlichen Ritterorden als Elitetruppen im Kampf gegen die Mauren. Die Reconquista eroberte nach Anfangserfolgen gegen die zersplitterten TAIFA-Staaten Toledo (1085), wurde aufgehalten durch die Intervention der ALMORAWIDEN (1086) und der ALMOHADEN (1147). Sie eroberte Lissabon (1147) und errang einen entscheidenden Sieg über die Almohaden bei Las Navas de Tolosa (1212). Danach eroberte sie die Balearen (1235), Córdoba (1236), Valencia (1238), die Algarve, Sevilla (1248) und Cádiz (1250). Der Mauren-Aufstand (1264) erzwang eine lange Pause. Zuletzt fielen Gibraltar (1462), Malaga (1487) und Granada (1492). Die Reconquista endete mit der Vertreibung der JUDEN aus Spanien (1492) und Portugal (1496/97) und der ENTDECKUNG AMERIKAS durch Columbus (1492). Wichtigste historische Folgen waren die Bildung Portugals und Spaniens und die Überleitung zur EXPANSION EUROPAS IN ÜBERSEE (CONQUISTA).

Literatur: J. N. Hillgarth: The Spanish Kingdoms: 1250–1516. 2 Bde., Oxford 1976–1978; D. W. Lomax: Die Reconquista. Die Wiedereroberung Spaniens durch das Christentum. München 1980; Ph. Conrad: Histoire de la Reconquista. Paris [2]1999.

Cruzada

Kreuzzugszehnter in Spanien als Sondersteuer zur Finanzierung der RECONQUISTA (**1064**): Sie wurde mit päpstlicher Zustimmung als permanente STEUER in Spanien beibehalten (1494), zunächst zur Finanzierung eines spanischen KREUZZUGS gegen Nordafrika.

Literatur: G. Gaztambide: Historia de la Bula de la Cruzada en España. Vitoria 1958; J. Arrarás Iribarren: Historia de la cruzada española. Madrid 1984.

Ablass

In der katholischen Theologie der Erlass von Strafen für Sünden vor Gott durch die Kirche, u. a. durch Umwandlung von Bußwerken in Almosen- oder Geldspenden (nach 900): Der Ablass wurde auch kollektiv und im Voraus vom PAPST gegen besondere Leistung erteilt, z. B. für die Krieger bei der RECONQUISTA (**1064**) und den KREUZZÜGEN (1096–1270). In der Frühen Neuzeit diente der Ablasshandel zur Baufinanzierung des neuen Petersdoms in Rom (1507, 1515). Der u. a. in den Erzbistümern Mainz und Halberstadt praktizierte Ablasshandel provozierte Proteste Luthers (ab 1516), niedergelegt in den 95 Thesen Luthers (1517), als Auftakt zur REFORMATION.

Literatur: N. Paulus: Geschichte des Ablasses im Mittelalter. 3 Bde., Darmstadt [2]2000.

Westminster Abbey

Kirche der früheren Benediktinerabtei in Westminster, London: Von Eduard dem Bekenner vollendet (**1066**), wurde Westminster Abbey nach der Krönung Wilhelms des Eroberers (1066) Krönungs- und Grabkirche der englischen Könige. Die alte Kirche (1245 ff.) wurde durch einen gotischen Bau ersetzt. Westminster Abbey ist auch als Beisetzungsstätte berühmter Persönlichkeiten Großbritanniens eine Touristenziel.

Literatur: E. Carpenter (Hg.): The House of Kings. The History of Westminster Abbey. London 1966.

Normannische Eroberung

Unterwerfung der ANGELSACHSEN durch NORMANNEN aus der Normandie unter Wilhelm dem Eroberer (1066): Nach dem Tod Eduards des Bekenners beanspruchte Wilhelm (1066) die (ihm angeblich zugesagte) Erbfolge. Synchron landeten Normannen aus Norwegen, die Harald in der Schlacht von Stamfordbridge (bei York) abwehrte. Die Landung Wilhelms (mit päpstlichem Segen) in Südengland zum Sturz Haralds war erfolgreich: Harald fiel bei Hastings. Wilhelm wurde in der WESTMINSTER ABBEY zum König gekrönt (**1066**). Das zentrale Ereignis der Geschichte Englands, dargestellt im TEPPICH VON BAYEUX (1087), war von europäischer Bedeutung. Die Normannische Eroberung systematisierte den FEUDALISMUS in England, mit Ausstrahlungen auf Schottland und Irland. Die Doppelvasallität (der König von England war als Herzog der Normandie zugleich KronVASALL Frankreichs) wurde Ausgangspunkt von Kriegen zwischen England und Frankreich.

Literatur: H. R. Loyn: Anglo-Saxon England and the Norman Conquest. London [2]1991; D. C. Douglas: Wilhelm der Eroberer: Herzog der Normandie. München [2]1995; R. A. Brown: Normans and the Norman Conquest. Woodbridge [2]1998; N. J. Higham: The Norman Conquest. Stroud 1998.

Normannische Dynastie

(1.) DYNASTIE Englands (1066–1135): Wilhelm I. (der Eroberer) begründete durch die NORMANNISCHE EROBERUNG (**1066**) die Dynastie. Der TREUEID VON SALISBURY und das DOMESDAY BOOK (1086) festigten den FEUDALISMUS. Nachfolger waren Wilhelm II. (Rufus, 1087–1100) und Heinrich I. (1100–1135), der das »KONKORDAT« VON WESTMINSTER schloss (1107). Nach seinem Tod (1135) trat Stephan von Blois (1135–1154) die umstrittene Thronfolge an. Nach Bürgerkriegen folgten die PLANTAGENET (1154–1399).

Literatur: H. W. C. Davis: England under the Normans and Angevins, 1066–1272. London [13]1958; M. T. Clanchy: England and Its Rulers 1066–1276. London 1983.

Handfeste (Charta; lat.: Carta, engl.: Charter, frz.: Charte)

Mittelalterliche Urkunde: Handfesten wurden vom Aussteller unterzeichnet oder durch Handschlag bekräftigt (»cartam manu firmare«). Eine Sonderform war das PRIVILEG eines Stadtherrn für eine Stadt, z. B. des Bischofs von Lüttich für Huy (**1066**), des englischen Königs für London (1130), des DEUTSCHEN ORDENS für Kulm (1233). Handfesten standen am Anfang kommunaler Selbstverwaltung. Vgl. auch: MAGNA CHARTA (1215), CHARTE CONSTITUTIONELLE (1814), CHARTISTEN (1838).

Handfeste von Huy

(Charta von Huy) Urkunde des Bischofs von Lüttich: Sie gewährte kommunale Rechte für die Stadt Huy an der Maas (**1066**) und markiert den Beginn einer städtischen AUTONOMIE für Kommunen außerhalb Italiens.

Kumanen (Polowzer, Kyptschak, Kiptschak)

Turkvolk aus Zentralasien: Erstmals belegt im südlichen Russland (1061), erfochten sie Siege über die KIEWER RUS (1061, **1067**). Die Bildung des Kumanen-Reichs im südlichen Russland (bis 1237) schnitt Russland von Byzanz ab und hatte eine innere Krise in der Kiewer Rus zur Folge. Kumanen vernichteten im Bündnis mit Byzanz die PETSCHENEGEN vor Konstantinopel (1091). Gegen ihre Einfälle nach Ungarn wurde der DEUTSCHE ORDEN als Grenzschutz im Burzenland (Siebenbürgen) eingesetzt (1211–1225). Von den Mongolen geschlagene Kumanen (1237) flohen teilweise nach Westen. Ihre Ansiedlung in Ungarn lieferte den Vorwand zum Ungarneinfall der sie verfolgenden Mongolen (1241). Überlebende blieben nach dem Abzug der Mongolen in Ungarn, mit AUTONOMIE in Kumanien.

Literatur: A. Pelliot: Kumanen, in: Journal Asiatique, 11, 15 (1920); A. Posselt: Kawaren, Kumanen und Kungaren. Wien 1985; A. P. Horváth: Petschenegen, Kumanen, Jassen: Steppenvölker im mittelalterlichen Ungarn. Budapest 1989.

Veče

Volksversammlung in Teilfürstentümern Russlands: Schon ältere Volksversammlungen (1067) in Fürstenstädten der KIEWER RUS gewannen in der durch die KUMANEN ausgelösten Krise vorübergehend stärkeren Einfluss, vor allem in Kiew (**1068**) und Nowgorod (1141).

Literatur: K. Zernack: Die burgstädtischen Volksversammlungen bei den West- und Ostslawen. Wiesbaden 1967.

Hospitaliter (Johanniter, Malteser)

Ritterlicher ORDEN des heiligen Johannes vom Spital: Ältester und einer der drei bedeutendsten GEISTLICHEN RITTERORDEN. Der Orden wechselte in seiner Geschichte mehrfach den Namen. Er war ursprünglich nur, später (im eigenen Selbstverständnis) überwiegend Krankenpflegeorden mit Krankenhäusern (Hospitälern) als zentralen Ordenseinrichtungen: Am Anfang stand ein Hospital für Pilger in Jerusalem (11. Jh.). Der von Kaufleuten aus Amalfi reorganisierte Orden erhielt die Regel der BENEDIKTINER (**ca. 1070**) und wurde im KÖNIGREICH JERUSALEM (1099) weiter ausgebaut, überwiegend für Italiener. Johannes der Täufer wurde Ordenspatron (nach 1100). Die Hospitaliter erhielten Grundbesitz und gründeten Niederlassungen in Europa, Zweighospitäler in europäischen Städten, besonders an Pilgerstraßen ins Heilige Land und in südeuropäischen Hafenstädten, unter besonderem päpstlichen Schutz

(1113). Das 1126 eingeführte Amt des Konstablers gibt einen ersten Hinweis auf die militärische Funktion.

Im Grenzschutz im Heiligen Land (1137) entstand der geistliche Ritterorden im engeren Sinn: Der Orden erhielt die starke Festung Krak des Chevaliers zur Verteidigung (1142–1271), reichen Landbesitz in Outremer und von Raymund du Puy eine neue Ordensregel (1155). Die Johanniter hielten sich nach der Niederlage am Hattin (1187) im Krak des Chevaliers gegen SULTAN Saladin (1188). Die Eroberung des Krak des Chevaliers durch die MAMLUKEN (1271) war ein schwerer Schlag.

Die Johanniter zogen sich nach der Eroberung Akkos durch die Mamluken (1291) nach Zypern zurück, eroberten Rhodos (1308) als ihren Hauptsitz (1309–1523) und brachten die restliche Dodekanes in ihre Gewalt, als Basis zur weitgehenden Beherrschung des östlichen Mittelmeers durch Handel und SEERÄUBEREI. Die Johanniter erhielten in den meisten Ländern den Besitz der TEMPLER nach deren Auflösung (1312). Als bedeutendste Seemacht im östlichen Mittelmeer besiegten sie osmanische Flotten (1319, 1320, 1334, 1347) und eroberten Smyrna (1344), das sie im Auftrag des PAPSTES besetzten (1348–1402). Sie beteiligten sich am gescheiterten Zug Peters von Zypern gegen Alexandria (1365). Die Johanniter konnten Smyrna nicht gegen Timur Länk halten (1402), behaupteten aber Rhodos gegen Belagerungen durch Mamluken (1444) und OSMANEN (1480). Nach erneuter Belagerung durch die Osmanen unter Suleiman dem Prächtigen (1522) kapitulierten sie mit ehrenvollem Abzug aus Rhodos (1. Januar 1523) und gingen ins Exil.

Nach dem Scheitern des Versuchs, eine neue Basis zu finden, übergab Karl V. Malta an die Johanniter (1530), die fortan als Malteserorden bekannt wurden. Sie kontrollierten weiterhin die Seewege zwischen Sizilien und Nordafrika, zwischen dem östlichen und dem westlichen Mittelmeer. Der Orden erlitt Verluste durch die REFORMATION und wurde in England aufgelöst (1537); im Reich wurde die Ballei (Bezirk) Brandenburg protestantisch (1540), der Großprior in den Reichsfürstenstand erhoben (1548). Der Orden behauptete sich gegen osmanische Belagerungen, zuletzt mit spanischer Hilfe (1565), und war am Seesieg über die Osmanen bei Lepanto (1571) beteiligt. Er verlor seine Güter in Frankreich durch die FRANZÖSISCHE REVOLUTION (1789). Nach der Eroberung Maltas durch Bonaparte (1798) übertrug der letzte Großmeister seinen Titel dem russischen ZAREN Paul I. (1799). Der Orden bestand in mehreren Ländern fort, der Ordenssitz zog nach Rom um (1834). In England wurde er als protestantischer Orden neu gegründet (ca. 1840); in Preußen trat der Preußische Johanniterorden die Nachfolge der protestantischen Ordensprovinz Brandenburg an (1852). Faktisch neu gegründet wurde der karitative katholische Malteserorden in Deutschland (1859/67/79). In der BUNDESREPUBLIK besteht der Malteser-Hilfsdienst (1953), u. a. für Katastrophenschutz, Unfallhilfe und Hospizbetreuung.

Literatur: Y. Karmon: Die Johanniter und Malteser, Ritter und Samariter. Die Wandlungen des Ordens vom Heiligen Johannes. München 1987; A. Wienand (Hg.): Der Johanniter-Orden, der Malteser-Orden: Die ritterlichen Orden des heiligen Johannes vom Spital zu Jerusalem. Köln ^{3}1988; E. Bradford: Johanniter und Malteser. Die Geschichte des Ritterordens. München ^{3}1996.

Welfen

Deutsche FürstenDYNASTIE: Fränkische ADELSfamilie aus dem Gebiet um Maas und Mosel, später aus dem Schwäbischen (746). Töchter Welfs I. wurden mit Kaiser Ludwig I. (dem Frommen, 819) und König Ludwig II. (dem Deutschen, 827) vermählt. Eine burgundische Linie herrschte im Königreich Hochburgund (888) und Burgund (bis 1032). Welf IV. wurde Herzog von Bayern (**1070**) und begründete die Linie Welf-Este. Welfen standen aufseiten des Reformpapsttums gegen SALIER und STAUFER (bis 1235). Heinrich X. (der Stolze) wurde Herzog von Bayern (1126–1138) und Sachsen (1137–1138), Heinrich der Löwe Herzog von Sachsen (1142–1180) und Bayern (1156–1180). Im Konflikt mit Kaiser Friedrich I. Barbarossa wurde der Machtkomplex Bayern/Sachsen zerschlagen (1180), die Welfen mussten sich auf Sachsen beschränken (1180). Nach dem Tod Kaiser Heinrichs VI. (1197) brach ein bürgerkriegsartiger Thronstreit zwischen Welfen und Staufern aus (1198–1208), der den Niedergang des Reichs eröffnete. Otto IV. wurde deutscher König und römischer Kaiser (1208–1215). Im Konflikt mit Papst Innozenz III. unterlag er nach der Niederlage von Bouvines (1214) dem Staufer Friedrich II. (1215) und erhielt zum Ausgleich das Herzogtum Braunschweig-Lüneburg (1235). Die territoriale Zersplitterung durch häufige Erbteilung begann. Die lüneburgische Teillinie Calenberg erhielt die Kurfürstenwürde (1692). Durch dynastische Verbindung mit der Rheinpfalz (WITTELSBACHER), Brandenburg (HOHENZOLLERN) und England (STUART) gewannen die Welfen wieder europäische Bedeutung. Der ACT OF SETTLEMENT (1701) designierte Kurfürst Georg als Georg I. zum König von England und Schottland. Er begründete die Dynastie Hannover in England und die PERSONALUNION von England und Hannover (1714–1837). Als die Welfen in männlicher Linie ausstarben (1837), bestieg Königin Victoria den Königsthron in Großbritannien (1837–1901). Ernst August II., König von Hannover (1837–1851), folgte Georg V. (1851–1866). Die Dynastie wurde nach der Annexion durch Preußen in Hannover abgesetzt (1866), wegen oppositioneller Aktivitäten enteignet; Welfen regierten nur noch in Braunschweig (bis 1884). Bismarck beschlagnahmte das Privatvermögen der Welfen zur Finanzierung des Reiches (Welfenfond, 1868–1892). Die Welfen gingen eine dynastische Verbindung mit den Hohenzollern ein (1913) und erhielten wieder eine Regierung im Herzogtum Wolfenbüttel (1913–1918). Sie dankten mit der NOVEMBERREVOLUTION ab (1918).

Literatur: J. Fleckenstein: Die Herkunft der Welfen und ihre Anfänge in Süddeutschland, in: G. Tellenbach (Hg.): Studien und Vorarbeiten zur Geschichte des großfränkischen Adels. Freiburg/Br. 1957; A. Heine (Hg.): Geschichte der Welfen. Essen [2]1996; B. Schneidmüller: Die Welfen: Herrschaft und Erinnerung (819–1252). Stuttgart 2000.

Zölibat

(lat.: caelebs = unvermählt) Ehelosigkeit, geschlechtliche Enthaltsamkeit: Auch in vor- und außerchristlichen Religionen von Priestern und Mönchen gefordert, wurde der Zölibat in der Römisch-katholischen

Kirche konsequent durchgesetzt, erstmals von der Synode von Elvira für Bischöfe, Priester und Diakone der westlichen Kirche (ca. 306) gefordert. Papst Gregor VII. griff die Forderung im Zuge der Kirchenreform (seit **1074**) erneut auf. Der Zölibat wurde vom 2. Laterankonzil im Kirchenrecht verankert (1139), jedoch erst vom Trienter Konzil (1545–1563) vollständig durchgesetzt und trotz Priestermangel nach dem Vaticanum II (1962–1965) beibehalten.

In der Orthodoxen Kirche gilt der Zölibat nur für Mönche und Bischöfe; im Protestantismus wurde er mit der Reformation abgeschafft.

Literatur: K. Hagemann: Der Zölibat der römisch-katholischen Kirche. Meisenheim/Glan 1971; G. Denzler: Die Geschichte des Zölibats. Freiburg/Br. 1993; J. S. Hohmann: Der Zölibat. Geschichte und Gegenwart eines umstrittenen Gesetzes. Mit einem Anhang wichtiger kirchlicher Quellentexte. Frankfurt/Main u. a. 1993; S. Heid: Zölibat in der frühen Kirche. Die Anfänge einer Enthaltsamkeitspflicht für Kleriker in Ost und West. Paderborn u. a. 2 1998.

Privileg

(lat.: privilegium, privus = beraubt + lex = Gesetz) Ausnahmegesetz, Vorrecht, Rechtsbegünstigung, im altrömischen Recht seit dem Zwölftafelgesetz (451 v. Chr.), später als Sondernormen für Einzelpersonen, Gruppen (z. B. Veteranen), den Fiskus und andere Institutionen: Im europäischen Frühmittelalter war das Privilegium eine besondere Form kirchlicher Urkunden, vor allem des Papstes, später auch der Krone zu Kirchenangelegenheiten. Erst seit dem Hochmittelalter wurde es zur allgemeinen königlichen Urkunde für Sonder- oder Vorrechte, der Sache nach wie eine Handfeste für Personen (Herrscher), Gruppen (Kaufleute) oder Korporationen (Universitäten, Stände, Zünfte, Städte). Das erste königliche Privileg für eine Stadt erhielt Worms (**1074**). Bedeutende Privilegien waren das Privilegium minus (1156) und Privilegium maius (1358/59) für die Herzöge von Österreich, das Sonderrecht für Kölner Kaufleute in London (1157), die Universitäten von Bologna (1158) und Paris (1174), das Generalprivileg von Saragossa (1283), das Privileg für ausländische Kaufleute in England (1290), das Privileg von Kaschau (1374). Generell überwogen bis zur frühen Neuzeit Privilegien zur Verleihung punktueller »Freiheiten«. In England erhielten das Parlament und seine Mitglieder durch das Committee for Privileges (seit 1589) vor allem Redefreiheit und Immunität. Diese Privilegien waren in der Englischen Revolution (1640–1660, 1688/89) wichtige Instrumente zur Ausbildung des Rechtsstaats und Erringung der Souveränität des Parlaments.

Privilegien für Klerus und Adel im Ancien régime, vor allem Steuerfreiheit und das Vorrecht, bestimmte Ämter zu besetzen, wurden in der Französischen Revolution aufgehoben (1789). Privilegien gelten im modernen Verfassungs- und Rechtsstaat als beseitigt, tauchten aber in der Praxis als Bevorzugung und Bevorrechtigung bestimmter Gruppen oder Institutionen immer wieder auf; in den kommunistischen Staaten als Schicht privilegierter Funktionsträger, die Nomenklatura.

Literatur: E. Stammler: Privilegien und Vorrechte. Halle/Saale 1903.

Dictatus Papae

Programmatische Thesen Gregors VII. zur universalen PAPSTgewalt (**1075**): Der Dictatus Papae proklamierte den PRIMAT der allein von Gott gestifteten, irrtumsfreien römischen Kirche und ihres universalen Vorstehers (eben des Papstes) mit uneingeschränkten Weihe-, Gesetzgebungs-, Verwaltungs- und Gerichtsbefugnissen, ohne selbst von irgendjemandem gerichtet werden zu dürfen. Obwohl sich der Dictatus Papae zuvorderst gegen Byzanz richtete, war die Zuspitzung im Streit um den geistlichen und politischen Führungsanspruch des Papstes ein Auslöser des INVESTITURSTREITS (1075–1122).

Literatur: K. Hofmann: Der »Dictatus Papae« Gregors VII. Eine rechtsgeschichtliche Erklärung. Paderborn 1933; J. Laudage: Gregorianische Reform und Investiturstreit. Darmstadt 1993.

Fastensynode

Von Papst Gregor VII. in Rom einberufene Kirchenversammlung zur Fastenzeit (**1075**), als Eröffnung des INVESTITURSTREITS, da sie das Verbot der LAIENINVESTITUR wiederholte und Heinrich IV. mit Kirchenbann drohte.

Investiturstreit

Konflikt zwischen PAPST und König (vor allem mit dem deutschen, englischen und französischen) bzw. West-KAISER um die Investitur von Bischöfen und Äbten (**1075**–1122): Vorausgegangen waren die CLUNIAZENSISCHE REFORM und die OTTONISCHE REICHSKIRCHE. Die KIRCHENREFORM eskalierte mit dem DICTATUS PAPAE und der FASTENSYNODE (1075) zum grundsätzlichen Kampf zwischen geistlicher und weltlicher Macht. Gegen die gewaltsame Durchsetzung eines (deutschen) Erzbischofs von Mailand durch Heinrich IV. (1075) stellte sich die Synode von Worms (1076). Heinrich IV. ließ Papst Gregor VII. von den meisten deutschen Bischöfen für abgesetzt erklären. Im Gegenzug wurde jener von Gregor VII. gebannt (1076). Die Fürstenversammlung von Tribur (1076) zwang Heinrich IV. dazu, sich innerhalb eines Jahres vom Bann lösen zu lassen; sonst würde er abgesetzt. Mit dem GANG NACH CANOSSA (1077) erreichte Heinrich zwar die Loslösung vom Bann, konnte aber einen Bürgerkrieg im Reich nicht vermeiden (1077). Heinrich IV. rückte auf Rom vor (1081) und wurde zum zweitenmal gebannt (1083). Nach der Eroberung Roms und Vertreibung Gregors VII. samt der ihn unterstützenden NORMANNEN ließ er sich vom Gegenpapst zum Kaiser krönen (1084). Unter Heinrich V. (1106–1125) setzte sich der Investiturstreit fort, beigelegt für das Reich im WORMSER KONKORDAT (1122), zuvor auch schon in Frankreich und England mit KONKORDATEN (1104, 1107, »KONKORDAT« VON WESTMINSTER).

Literatur: J. Fleckenstein (Hg.): Investiturstreit und Reichsverfassung. Sigmaringen 1973; J. Fleckenstein (Hg.): Probleme des Investiturstreits. Darmstadt 1982; U.-R. Blumenthal: Der Investiturstreit. Stuttgart 1981; W. Hartmann: Der Investiturstreit. München ^{2}1996; K. Jordan: Investiturstreit und frühe Stauferzeit. 1056–1197. München ^{10}1999; W. Goez: Kirchenreform und Investiturstreit, 910–1122. Stuttgart u. a. 2000.

Gang nach Canossa

Nach dem Bann Heinrichs IV. durch Gregor VII. (1076) unterwarf sich Heinrich vor der Burg Canossa der Gräfin Mathilde von Tuscien Gregor VII., um der Absetzung im Reich, wie von der Fürstenversammlung von Tribur angedroht (1076), zu entgehen (**1077**): Die formale Versöhnung zwischen König und Papst erlaubte Heinrich IV. die Unterwerfung des Gegenkönigs Rudolf von Rheinfelden (1077). Doch war der Gang von Canossa im INVESTITURSTREIT nur eine Atempause.

Der Begriff lebte im KULTURKAMPF in einer Reichstagsrede Bismarcks wieder auf: »Nach Canossa gehen wir nicht!« (1872).

Literatur: H. Kämpf (Hg.): Canossa als Wende. Darmstadt [3]1976; H. Zimmermann: Der Canossagang von 1077. Wien 1975; J. Vogel: Gregor VII. und Heinrich IV. nach Canossa: Zeugnisse ihres Selbstverständnisses. Berlin 1983; W. C. Franz: Heinrich IV. und Canossa. Berlin 1988.

Rum-Sultanat

Das Sultanat der türkischen SELDSCHUKEN in Kleinasien (**1077**/78) nach dem Sieg über Byzanz bei Manzikert (1071) stand zunächst unter der SUZERÄNITÄT des GROSS-SELDSCHUKENREICHS (bis nach 1092). Sein Name leitet sich ab vom türkischen »Rum« für »Rom« (= Byzanz). Die Rum-Seldschuken wurden durch die KREUZZÜGE zurückgedrängt (ab 1096), von den Mongolen geschlagen (1243), zu VASALLEN der persischen IL-KHANE gemacht (bis 1308) und von den OSMANEN verdrängt.

Literatur: T. T. Rice: Die Seldschuken. Köln 1963.

Teppich von Bayeux

Mit Wollfäden besticktes Leinenband, das in Bildern die NORMANNISCHE EROBERUNG aus der Sicht der Sieger darstellt: Der 70 m lange und 50 cm breite Teppich zeigt in 58 Szenen die Vorbereitungen und die Vorgeschichte der Überfahrt Wilhelms des Eroberers nach England und die Entscheidungsschlacht bei Hastings. Der Teppich wurde von Wilhelms Halbbruder Odo, dem Bischof von Bayeux, in Auftrag gegeben und bei der Einweihung seiner Kathedrale gezeigt (**1077**). Er ist eine wichtige Quelle für die Geschichte der Normannischen Eroberung.

Tower

Zitadelle in der Londoner Altstadt, an der Themse: Ältestes erhaltenes Gebäude in London (erbaut **1078**–1097), errichtet von den NORMANNEN als Zwingburg zur Kontrolle des Londoner Ostens nach der NORMANNISCHEN EROBERUNG (1066): Die mehrfach erweiterte Burg war zeitweise Residenz der englischen Könige (bis nach 1600), Staatsgefängnis (bis 1820) und Hinrichtungsstätte für Staatsgefangene. Der Tower ist heute Museum, u. a. mit den englischen Kronjuwelen. Die Touristenattraktion war Ziel eines Bombenanschlags der IRA (1974).

Literatur: M. Heilmann: Der Tower von London. Berlin 1992; E. Impey: The Tower of London. The Official Illustrated History. London 2000.

Staufer (Hohenstaufen)

DYNASTIE schwäbischer Herzöge (1079–1268) und römisch-deutscher Könige bzw. Kaiser (1138–1250/54), benannt nach der Stammburg (Hohen-Staufen): Zu Beginn des INVESTITURSTREITS wurde Friedrich I. als Verwandter und Parteigänger der SALIER Herzog von Schwaben (**1079**–1105), mit Besitz in Schwaben und im Elsass. Die Staufer konnten sich nach dem Tod des kinderlosen Heinrich V. jedoch nicht gegen den mit den WELFEN verbündeten Sachsenherzog Lothar von Supplinburg durchsetzen. Der Staufer Konrad scheiterte als Gegenkönig Lothars (1127–1135), wurde aber nach dessen Tod als Konrad III. zum König gewählt (1138–1152). Er beteiligte sich am 2. KREUZZUG (1147–1149). Sein Neffe Friedrich I. Barbarossa (1152–1190) erweiterte seine Hausmacht und konnte seine Autorität im REICH durchsetzen (SACRUM IMPERIUM), im Konflikt mit Heinrich dem Löwen (bis 1180), dem PAPST und dem (1.) LOMBARDISCHEN STÄDTEBUND (bis 1177/83). Friedrich starb beim 3. KREUZZUG (1190). Sein Sohn Heinrich VI. (1190–1197) führte die staufische Weltpolitik zum Höhepunkt, nachdem er sich im KÖNIGREICH SIZILIEN durchgesetzt hatte (1194). Er starb vor der geplanten Eroberung Konstantinopels (1197).

Mit der Doppelwahl im Reich (1198) begann der Dauerkonflikt zwischen Staufern und Welfen (bis 1215). Der staufische König Philipp von Schwaben wurde ermordet (1208), der welfische Gegenkönig Otto IV. wurde König und Kaiser (1208–1215); nach dem Sieg der Franzosen bei Bouvines (1214) folgte ihm Friedrich II. auf den Thron (1215–1250). Er regierte meist vom Königreich Sizilien aus und baute dessen byzantinisch-arabische Zentralverwaltung aus, schwächte aber die kaiserliche Zentralgewalt durch die CONFOEDERATIO CUM PRINCIPIBUS ECCLESIASTICIS (1220) und das STATUTUM IN FAVOREM PRINCIPUM (1231); zudem geriet er in Konflikt mit dem (2.) LOMBARDENBUND und dem Papst (1237–1250). Konrad IV. (1250–1254) konnte sich als deutscher König im INTERREGNUM (1250–1273) nicht durchsetzen. Manfred, König von Sizilien (1258–1266), wurde von Karl von Anjou im Auftrag des Papstes gestürzt (1266). Konradins Versuch, das Königreich Sizilien zurückzugewinnen, scheiterte: Seine Hinrichtung in Neapel (1268) besiegelte das Ende der Staufer.

Literatur: K. Hampe: Deutsche Kaisergeschichte in der Zeit der Salier und Staufer. Heidelberg [12]1969; R. Hausherr u. a. (Hg.): Die Zeit der Staufer. 5 Bde., (Ausstellungskatalog) Stuttgar [6]1977–1979; J. Lehmann: Die Staufer. Glanz und Elend eines deutschen Kaisergeschlechts. Neuausgabe Bindlach 1991; H. Bookmann: Stauferzeit und spätes Mittelalter in Deutschland 1125–1517. Berlin [2]1993; O. Engels: Die Staufer. Stuttgart [7]1998.

Komnenen

Byzantinische KAISERdynastie (1081–1185): Nach dem Sturz des Nikephoros III. Botaneitas (1081) führte Alexios I. Komnenos die Komnenen auf den Thron (**1081**–1118). Ihre Herrschaft war geprägt von inneren Wirren, Druck von NORMANNEN, KREUZZÜGEN und SELDSCHUKEN, während Venedig an wirtschaftlicher Macht gewann (ab

1082). Die Niederlage von Myriokephalon (1176) verschärfte die Agonie: Die Dynastie erlosch mit Andronikos I. (1183–1185).

Literatur: N. Choniates: Die Krone der Komnenen: Die Regierungszeit der Kaiser Joannes und Manuel Komnenos (1118–1180). Graz u. a. 1958; F. Chalondon: Les Comnènes. 2 Bde., Neudruck New York 1960; O. Jurewicz: Das byzantinische Reich unter den Regierungen der Komnenen. o. O. 1970.

Domesday Book

Katasterähnliches Verzeichnis für 34 englische Grafschaften (shires) Englands für seit der Normannischen Eroberung (1066) verliehene Krongüter und als Ritterlehen verliehene Grundherrschaften (manors; **1086**): Es diente als Grundlage für die Erhebung des Danegelds, einer Sondersteuer, aber auch zum Aufbau einer effektiven Verwaltung in England. Das Domesday Book ist eine grundlegende Quelle zur Wirtschafts- und Sozialgeschichte Englands im Mittelalter. Das Original (erst 1783 veröffentlicht) liegt im Londoner Public Record Office.

Literatur: V. H. Galbraith: The Making of Domesday Book. Oxford 1961; R. W. Finn: Domesday Book. London 1973; R. Fuchs: Das Domesday-book und sein Umfeld. Zur ethnischen und sozialen Aussagekraft einer Landesbeschreibung im England des 11. Jahrhunderts. Stuttgart 1987; A. L. Poole: From Domesday Book to Magna Carta, 1087–1216. Oxford u. a. 1998.

Danegeld

Sondersteuer im angelsächsischen England, zunächst als Tribut zur Abwendung von Plünderungen durch Wikinger (Dänen), anfangs nur selten (seit 865), später (seit 991) häufiger erhoben, schließlich in eine reguläre Grundsteuer umgewandelt: Eduard der Bekenner schaffte es nach dem Ende der Dänischen Dynastie (1042) ab (1051), Wilhelm I. (der Eroberer) führte sie nach der Normannischen Eroberung (1066) als königliche Grund- und Wertsteuer wieder ein (1066–1162). Das Domesday Book (**1086**) war Grundlage zur Erhebung des Danegelds.

Treueid von Salisbury

Angesichts einer drohenden Däneninvasion ließ sich Wilhelm I. (der Eroberer) von England (1066–1087) von allen freien Lehnsinhabern einen Treueid schwören (**1086**). Neben dem Domesday Book bewirkte der Treueid die weitere Straffung und Systematisierung des Feudalismus im normannischen England.

Literatur: W. Kienast. Untertaneneid und Treuvorbehalt in England und Frankreich. Weimar 1952.

Wettiner

Deutsche Fürstendynastie, seit Burchard, Markgraf der Sorbischen Mark (892–908), benannt nach der Stammburg Wettin an der Saale (nach 1100): Die Wettiner waren Markgrafen der Niederlausitz (1033), von Thüringen (1046) und Meißen (**1089**/1125). Sie expandierten in der deutschen Ostkolonisation (ab 1134), ihr Besitztum wurde aber durch

Erbteilungen stark zersplittert (1143, 1379, 1382, 1445, 1485). Die Wettiner wurden Landgrafen von Thüringen (1247). Sie konnten ihre Territorien kurzzeitig wieder vereinigen (1307). Nach dem Aussterben der ASKANIER stellten sie die Herzöge und Kurfürsten von Sachsen (1423). Mit dem Leipziger Vertrag (1485) wurden die Wettiner Lande unter die Linien der Ernestiner (Meißen/Sachsen) und der Albertiner (Thüringen, bis 1918) aufgeteilt. Die Ernestiner verloren die Kurwürde nach dem SCHMALKALDISCHEN KRIEG an die Albertiner (1547). Kurfürst Friedrich der Weise (1486–1525) schützte Luther und förderte die REFORMATION (ab 1521). August II. (der Starke, 1694–1733) trat zum Katholizismus (1697) über – Wettiner waren Könige von Polen in PERSONALUNION (1697–1763) und Herrscher im HERZOGTUM WARSCHAU (1807–1813). Von Napoleon zum König von Sachsen erhoben (1806–1918), standen sie loyal zu Napoleon I. (1806–1813) und wurden vom WIENER KONGRESS mit territorialen Verlusten bestraft (1815).

Thüringen war in zahlreiche sächsische Herzogtümer unterteilt. Das Herzogtum/Großherzogtum Weimar war Zentrum der deutschen Klassik (Goethe, Schiller, Herder, Wieland); an der Universität Jena lehrten Schiller, Hegel, Schelling. Die Linie Sachsen-Coburg-Gotha (ab 1831) hatte europaweite dynastische Verbindungen. Nach der NOVEMBERREVOLUTION dankten sie in allen wettinischen Staaten ab (1918).

Literatur: O. Posse: Die Wettiner. Genealogie des Gesamthauses Wettin Ernestinischer und Albertinischer Linie mit Einschluß der regierenden Häuser von Großbritannien, Belgien, Portugal und Bulgarien. Leipzig 1897 (Nachdruck 1994); H. Helbig: Der wettinische Ständestaat. Münster, Köln ^{2}1980; H. Philippi: Die Wettiner in Sachsen und Thüringen. Limburg 1989; O. Kaemmel: Sächsische Geschichte. Dresden 1990; S. Pätzold: Die frühen Wettiner. Adelsfamilie und Hausüberlieferung bis 1221. Köln u. a. 1997; H. Hoffmeister: Die Wettiner in Thüringen. Arnstadt ^{2}2000.

Assassinen

(arab.: Haschischraucher) Radikale Abspaltung der ISMAILITEN, die angeblich auch HASCHISCH konsumierten: Die Anhänger Nizars, des ältesten Sohnes des FATIMIDEN al-Mustansir (ca. 1080), hatten ihren Schwerpunkt in Iran. Hauptstützpunkt war die Burgfestung Alamut (nördlich von Teheran), die auch als (Wehr-)Kloster (RIBAT) diente. Die Assassinen waren als ORDEN organisiert, zu blindem Gehorsam verpflichtet und setzten Mord als Mittel der Politik ein: Von den Assassinen leitet sich das französische Wort assassin (= Mörder) ab; die Bezeichnung für Ordensmitglieder der untersten Ränge (fida iyun = die sich Opfernden) nahmen die im Untergrund gegen Israel kämpfenden Palästinenser auf (= Fedajin). Assassinen bekämpften die (sunnitischen) SELDSCHUKEN und das KALIFAT von Bagdad, ermordeten den GROSSWESIR des GROSS-SELDSCHUKENREICHS Nizam al-Mulk (**1092**), das danach zerfiel. In Syrien stand ihr Anführer, der »Alte vom Berge«, zur Zeit der KREUZZÜGE mitunter aufseiten der christlichen Ritterorden. Mit dem Mord an SULTAN Mohammed von Ghur (1206) besiegelten die Assassinen das Ende des indischen Reiches der GHURIDEN (Beginn des MAMLUKEN-SULTANATS VON DELHI 1206–1398/99). Sie wurden in Iran von den Mongolen (1256), in Syrien von den MAMLUKEN unter Baibar I. (1260–1277) ausgerottet. In Europa wurden sie u. a. durch den Reisebericht Marco Polos (1298/99) bekannt. Reformierte Assassinen leben noch heute friedlich in Syrien, Nachfolger der iranischen und libanesischen Gruppe sowie andere ismailitische Gruppen als Hodjas oder Hisari im Jemen, in Iran, Indien, Zentralasien und Ostafrika. Ihr religiöses Oberhaupt ist der Aga Khan (nach 1800).

Literatur: M. G. S. Hodgson: The Order of the Assassins. Den Haag 1955; B. Meck: Die Assassinen. Die Mördersekte der Haschisch-Esser. Düsseldorf 1981; B. Lewis: Die Assassinen. Zur Tradition des religiösen Mordes im radikalen Islam. München u. a. 1993.

Ismailiten

Abspaltung der SCHIITEN (seit ca. 765), benannt nach Ismaili (760), der den Ismailiten als rechtmäßiger (7.) Imam galt (deshalb auch 7er-Schia): Wegen ihres Geheimcharakters sind die Ismailiten historisch schwer zu fassen. Ihre Bedeutung wuchs mit QARMATEN (ab ca. 878), FATIMIDEN (ca. 900) und weiteren Abspaltungen, u. a. DRUSEN, ASSASSINEN (**1092**).

Haschisch

(arab.: al-hasia = Gras, Heu) Droge, vor allem aus Blüten, Blättern und Stengeln der weiblichen Hanfpflanze (Cannabis sativa oder indica): Cannabis wurde in Indien und China angebaut (ca. 450 v. Chr.), Haschisch war in der Antike Griechen und Römern medizinisches Heilmittel, den ASSASSINEN Droge (ca. **1092**). Haschisch kam mit den KREUZZÜGEN nach Europa (ab ca. 1100).

Literatur: C. Hartwich: Die menschlichen Genussmittel. Leipzig 1911; F. Rosenthal: The Herb. Leiden 1971; W. Rehm: Haschisch. Ulm 1987; R. C. Clarke: Haschisch: Geschichte, Kultur, Inhaltsstoffe, Genuss, Heilkunde, Herstellung. Aarau 2000.

Groß-Seldschukenreich

Erstes lockeres GROSSREICH der SELDSCHUKEN (ca. 1055–**1092**): Tugril Beg (1055–1063) gründete ein Sultanat nach der Eroberung Bagdads (1055), das in mehrere Teilherrschaften (z. B. RUM-SULTANAT) zerfiel. An der Spitze standen SULTAN Alp Arslan (1063–1072), der bei Manzikert Byzanz besiegte (1071), und Sultan Melikshah (1072–1092), beide mit dem GROSSWESIR Nizam al-Mulk (1063–1092), der von den ASSASSINEN ermordet wurde. Nach dem Tod Melikschahs (1092) löste sich das Reich auf; die seldschukischen Nachfolgestaaten hielten sich aber bis zu den OSMANEN.

Literatur: T. T. Rice: Die Seldschuken. Köln 1963; C. Cahen: Pre-Ottoman Turkey. London 1968; S. G. Agadshanow: Der Staat der Seldschukiden und Mittelasien im 11.–12. Jahrhundert. Berlin 1994.

Lombardischer Städtebund (Lombardenbund, ital.: »Lega«)

Bündnisse lombardischer Städte unter Führung von Mailand. Unter dem Schutz des PAPSTES stehend, verteidigte der Lombardische Städtebund die städtische AUTONOMIE gegen die fiskalischen Zugriffe des KAISERS:

- 1. Lombardenbund: Richtete sich gegen Heinrich IV. (**1093**), der in Oberitalien (Padua/Verona) festgehalten wurde (1093–1096).
- 2. Lombardenbund (1167–1183).
- 3. Lombardenbund (1226–1240).

Der Name lebt in der Lega Nord wieder auf, die als Lega Lombarda gegründet wurde (1981).

Markusdom

(ital: Basilica di San Marco) Kathedralkirche Venedigs am Markusplatz: Mit dem Vorgängerbau wurde nach dem Raub der Markusreliquie aus Alexandria (828) begonnen, nach dem Vorbild der Apostelkirche in Konstantinopel. Der heutige Zentralbau entstand auf Initiative des Dogen Domenico Contarini (bis **1094**); die gotische Fassade wurde nach 1400 angefügt. Mit ihrer wertvollen (z. T. geraubten) Ausstattung (vor allem Mosaike) war die Markuskirche eine der prächtigsten Kirchen des lateinischen Europa und ein Symbol für die Größe und Macht der See- und Handelsmacht Venedig (Republik von San Marco).

Synode von Clermont

Auf der Synode rief Papst Urban II. zum Kreuzzug gegen den Islam und zur Befreiung Jerusalems unter dem Zeichen des Kreuzes auf (**1095**).

Literatur: G. Armanski: Es begann in Clermont. Der erste Kreuzzug und die Genese der Gewalt in Europa. Pfaffenweiler 1995.

Kreuzzug der Armen

Bewaffneter Zug von Angehörigen der Unterschichten aus Frankreich und Deutschland in den Osten: Der Kreuzzug der Armen wurde entfacht durch Predigten Peters des Einsiedlers nach der Synode von Clermont (**1095**/96), im Vorfeld des 1. Kreuzzuges begleitet von Massakern an Juden (»Feinden Christi«) in Köln, Speyer, Worms, Mainz, Trier, Neuss, Xanten und Prag (1096). Angehörige des niederen Adels schlossen sich in Deutschland dem Zug an (1096), der entlang Rhein, Neckar und Donau durch Ungarn nach Konstantinopel führte. Nach Konflikten auf byzantinischem Boden (Belgrad wurde zerstört, Niš geplündert) war der Kreuzzug schwer angeschlagen. In Konstantinopel schlossen sich ihm Italiener und Ritter an. Nach Raub- und Plünderungszügen in Kleinasien, meist gegen griechisch-orthodoxe Christen, vernichteten die Seldschuken den Kreuzzug (1096).

Literatur: P. Barret: Gott will es! Die Geschichte des ersten Kreuzzuges 1095–1099. Herrsching 1987; H. J. Barkenings u. a. (Bearb.): Der erste Kreuzzug 1096 und seine Folgen. Düsseldorf 1996.

Kreuzzüge

Kriege des lateinischen Westens unter dem Zeichen des Kreuzes gegen den Islam (**1096**–1270): Nach der Eroberung Antiochias durch Seldschuken und dem Hilferuf des byzantinischen Kaisers rief Papst

Urban II. auf der SYNODE VON CLERMONT zum Kreuzzug auf (1095):
- KREUZZUG DER ARMEN (1095–1096): scheiterte in Ungarn und Kleinasien;
- 1. KREUZZUG (1096–1099): Jerusalem wurde erobert (1099), KREUZFAHRERSTAATEN (bis 1291) entstanden;
- 2. KREUZZUG (1147–1149): scheiterte vor Damaskus;
- 3. KREUZZUG (1189–1192): Akko wurde zurückerobert;
- 4. KREUZZUG (1202–1204): Konstantinopel wurde erobert und das LATEINISCHE KAISERREICH (1204–1261) errichtet;
- KINDERKREUZZUG (1212);
- Kreuzzug gegen Damiette (1217–1221): blieb erfolglos;
- 5. KREUZZUG (1227–1229): Kaiser Friedrich II. gewann die HEILIGEN STÄTTEN durch Verhandlungen (1229);
- 6. KREUZZUG (1248–1254): scheiterte in Ägypten;
- 7. KREUZZUG (1270): Ludwig der Heilige fand vor Tunis den Tod.

Kreuzzügen in Outremer (Übersee, außerhalb Europas) entsprach die RECONQUISTA gegen die muslimischen MAUREN auf der Iberischen Halbinsel (1064–1492); auch kleinere innereuropäische Feldzüge hießen oft Kreuzzüge, so der WENDENKREUZZUG des sächsischen ADELS (1147), der Kampf gegen die ALBIGENSER (1181, 1209–1221), die Unterwerfung der STEDINGER BAUERNREPUBLIK durch den Bremer Erzbischof (1234), Kriegszüge des DEUTSCHEN ORDENS gegen PRUSSEN und Litauer (1255 Gründung von Königsberg), der Krieg gegen die KATALANISCHE KOMPANIE (1330/32), die HUSSITENKRIEGE (1420–1434) und Versuche zum Entsatz von Konstantinopel (1396, 1444). Nach der EROBERUNG KONSTANTINOPELS durch die OSMANEN (1453) wurden die TÜRKENKRIEGE zu Kreuzzügen hochstilisiert. Entdeckungs- und Eroberungsfahrten der Portugiesen seit der Eroberung Ceutas (1415) verstanden sich ebenfalls als »Kreuzzüge«.

Die Kreuzzüge führten zur Bildung christlicher Kreuzfahrerstaaten und GEISTLICHER RITTERORDEN (vor allem HOSPITALITER/JOHANNITER, TEMPLER, Deutscher Orden). Der Kontakt mit dem byzantinischen Osten und dem islamischen Orient bewirkte die Ausweitung des FERNHANDELS, den italienische Stadtrepubliken beherrschten, und brachte dem Abendland einen Schub an naturwissenschaftlichem Wissen und kulturellen Impulsen. Kreuzzüge und Reconquista leiteten die Expansion des christlichen Europa in Übersee ein. Der große Verlierer war Byzanz, das seine Funktion als christliches Bollwerk, kulturelles Zentrum und Wirtschaftsmacht des Mittelmeerraums verlor.

Literatur: C. Erdmann: Die Entstehung des Kreuzzugsgedankens. Stuttgart 1935 (Nachdruck Darmstadt 1980); K. M. Setton (Hg.): A History of the Crusades. 5 Bde., Madison (Wisc.) [2]1969–1985; St. Runciman: Geschichte der Kreuzzüge. Sonderausgabe München 1995; M. Erbstösser: Die Kreuzzüge. Gütersloh [3]1996; H. E. Mayer: Geschichte der Kreuzzüge. Stuttgart [9]2000.

1. Kreuzzug

Nach dem KREUZZUG DER ARMEN (1095/96) der eigentliche Kriegszug zur Eroberung Jerusalems (**1096**–1099), mit RITTERN und Fürsten meist aus dem französisch-normannischen und lothringisch-niederländischen

Raum, dazu NORMANNEN aus Unteritalien und Deutsche unter dem Herzog von Niederlothringen, Gottfried von Bouillon: In Konstantinopel schlossen die Kreuzfahrer Verträge mit Kaiser Alexios I. Komnenos: Byzanz sollte seine früheren Gebiete zurückerhalten, alle übrigen sollten als LEHEN des Kaisers von Byzanz gelten. Nur Raimund von Toulouse verweigerte den Eid. Nach der Eroberung Nicäas (1097), Antiochias (1098) und Jerusalems (1099), bei der die Bevölkerung massakriert wurde, entstanden KREUZFAHRERSTAATEN – Edessa (1098–1144), Antiochia (1098–1268), das KÖNIGREICH JERUSALEM (1100–1187/1244).

Literatur: Siehe Kreuzzüge; P. Barret: Gott will es! Die Geschichte des ersten Kreuzzuges 1095–1099. Hamburg 1987; H. J. Barkenings u. a. (Bearb.): Der erste Kreuzzug 1096 und seine Folgen. Die Verfolgung von Juden im Rheinland. Düsseldorf 1996; St. Runciman: The First Crusade and the Foundation of the Kingdom of Jerusalem. Neuausgabe Cambridge 1999.

Fürstenkongress von Ljubetsch

Auf der Versammlung versuchten die RURIKIDEN-Fürsten, Probleme zu lösen, die mit der Einführung des SENIORATS (1054) entstanden waren (**1097**). Der Versuch scheiterte: Das Erstarken der Teilfürsten schwächte die KIEWER RUS weiter.

Zisterzienser

(lat.: Sacer Ordo Cisterciensis) Christlicher Reformorden, der vom Kloster Citeaux in Burgund ausging (**1098**): Die Zisterzienser wurden zum selbstständigen Orden (1108, auch weiblicher Zweig), vom PAPST anerkannt (1119). Zu ihren Prinzipien gehörte die Unterordnung der Tochtergründungen unter das Mutterkloster. Die Zisterzienser propagierten eine einfache Lebensweise, Liturgie und Baukunst ohne Prunk und Ausschmückungen. Die handwerkliche und bäuerliche Arbeit blieb Laienmönchen (»conversi«) überlassen. Aufschwung nahmen die Zisterzienser mit Bernhard von Clairvaux (*ca. 1090, † 1153), der nach seinen Eintritt in Cîteaux (1112) das Kloster Clairvaux gründete (1115) – daher galten Zisterzienser auch als Bernhardiner. Der Orden leistete Bedeutendes im mittelalterlichen Landesausbau (von Portugal bis Polen), in der Vieh- und Fischzucht und im Weinbau. Eine Abspaltung waren die Trappisten (1666/1892).

Literatur: K. Elm u. a. (Hg.): Die Zisterzienser. Ordensleben zwischen Ideal und Wirklichkeit. 2 Bde., (Ausstellungskatalog) Köln 1980–1982; A. Schneider u. a. (Hg.): Die Cistercienser. Geschichte. Geist. Kunst. Köln [3]1986; J. Sydow: Die Zisterzienser. Stuttgart 1991; F.-K. Freiherr von Linden: Die Zisterzienser in Europa. Reise zu den schönsten Stätten mittelalterlicher Klosterkultur. Stuttgart u. a. [2]1998.; H. Gaud/J.-F. Leroux-Dhuys: Die Zisterzienser. Geschichte und Architektur. Köln 1998.

Kreuzfahrerstaaten

Auf dem 1. KREUZZUG gründeten die Kreuzfahrer eigene Staatswesen, entgegen dem Vertrag mit dem KAISER von Byzanz, wonach alle einst byzantinischen Gebiete, die Kreuzfahrer eroberten, wieder an Byzanz zurückfallen sollten. Kreuzfahrerstaaten waren die Grafschaft Edessa

(**1098**–1144) in Kleinarmenien – ihre Eroberung durch die SELDSCHUKEN (1144) war Anlass für den 2. KREUZZUG (1147–1149) –, das Fürstentum Antiochia (1098–1268), die Grafschaft Tripolis (1102–1289) und das KÖNIGREICH JERUSALEM (1100–1187/1229–1244).

Literatur: K. M. Setton (Hg.): A History of the Crusades. 5 Bde., Madison (Wisc.) ^{2}1969–1985; St. Runciman: Geschichte der Kreuzzüge. Sonderausgabe München 1995; M. Erbstösser: Die Kreuzzüge. Eine Kulturgeschichte. Gütersloh ^{3}1996; H. E. Mayer: Geschichte der Kreuzzüge. Stuttgart ^{9}2000.

Königreich Jerusalem

Ranghöchster KREUZFAHRERSTAAT (1100–1187, 1229–1244), begründet nach dem Tod von Gottfried von Bouillon (**1100**): Der Anbau von Zuckerrohr und der FERNHANDEL waren die wirtschaftlichen Grundlagen des Königreichs Jerusalem. Trotz der Ansiedlung von Lateinern aus dem Westen und einem straffen FEUDALISMUS schwächten den Kreuzfahrerstaat Konflikte mit den Ritterorden und Kolonien Venedigs, Genuas und Pisas, zumal nach dem Sieg Saladins am Berg Hattin (1187). Der 3. KREUZZUG (1189–1192) stellte das Königreich teilweise wieder her (bis auf die Stadt Jerusalem); Friedrich II. gewann es durch Verhandlungen zurück, allerdings nur auf verkleinertem Territorium (1229). Die Choresm-Türken vernichteten das Königreich (1244). Die ägyptischen MAMLUKEN warfen Antiochia (1268) und Tripolis (1288/89) nieder und vertrieben die Christen aus ihren letzten Stützpunkten im Heiligen Land: Tortosa, Beirut, Tyrus, Sidon und Akko (1291). Die fränkische Dynastie LUSIGNAN auf Zypern erhielt den Anspruch auf das Königreich Jerusalem aufrecht (bis 1489).

Literatur: R. Röhricht: Geschichte des Königreichs Jerusalem. Innsbruck 1898 (Nachdruck Amsterdam 1966); J. Richard: Le Royaume latin de Jérusalem. 1954; J. Prawer: The Latin Kingdom of Jerusalem. European Colonialism in the Middle Ages. London 1972; H. Möhring: Saladin und der Dritte Kreuzzug. Frankfurt/Main 1980; St. Runciman: The First Crusade and the Foundation of the Kingdom of Jerusalem. Neuausgabe Cambridge 1999.

»Konkordat« von Westminster

Nach ähnlicher Vereinbarung mit Frankreich (1104) Regelung des INVESTITURSTREITS für England (**1107**): Das »Konkordat« von Westminster garantierte freie Bischofswahl und Verzicht auf die Investitur durch den König, der den Bischof anschließend in sein LEHEN einführte.

Krondomäne

(Krongut, frz.: »domaine royale«) Domäne (grundherrschaftlicher Besitz) der KRONE (Güter, Dörfer, Wälder, Bergwerke, Salinen u. ä.): Einkünfte aus Krondomänen dienten staatlichen wie privaten Zwecken der Krone. In Deutschland meist zerstreut gelegen, war die Krondomäne in Frankreich vor allem um Paris (Île-de-France) und Orléans konzentriert. Sie bildete seit Ludwig VI. (**1108**–1137) die Basis zum Ausbau einer geschlossenen königlichen Territorialmacht. Königliche Leibeigene konnten sich gegen Freizahlung aufgrund königlicher ORDONNANCE aus der Leibeigenschaft lösen (1315).

Literatur: W. M. Newman: Le domaine royal. Sous les premiers Capétiens 987–1180. Paris 1937; C. Brühl: Fodrum, gistum servitium regis. Studien zu den wissenschaftlichen Grundlagen des Königtums im Frankenreich und den fränkischen Nachfolgestaaten Deutschland, Frankreich und Italien vom 6. bis zur Mitte des 14. Jahrhunderts. Köln, Graz 1968; A. C. Schlunk: Königsmacht und Krongut. Die Machtgrundlage des deutschen Königtums im 13. Jahrhundert. Stuttgart 1988.

Wittelsbacher

DYNASTIE deutscher Fürsten, Könige und Kaiser (1116–1918), benannt nach der Stammburg Wittelsbach. Die Dynastie geht zurück auf die Grafen von Scheyern (nach 1050), mit zahlreichen Nebenlinien und Verzweigungen: Die bayerischen Pfalzgrafen (**1116**/20–1208) wurden Herzöge von Bayern (1180) und Pfalzgrafen bei Rhein (1214). Aus der Teilung (1255) gingen Oberbayern mit der Rheinpfalz (bis 1319) und Niederbayern (bis 1340) hervor. Ludwig IV. (der Bayer) wurde deutscher König bzw. römischer Kaiser (1314–1347). Die MARKGRAFSCHAFT Brandenburg (1323–1371), Holland, Seeland und Friesland begründeten die Wittelsbacher Hausmacht (1346). Der Hausvertrag von Pavia (1329) brachte die Spaltung in bayerische und pfälzische Hauptlinien. Oberbayern und Niederbayern wurden nach kurzer Teilung (1349) wieder vereint (1363), spalteten sich aber wieder in drei Linien auf (1392) – Ingolstadt (bis 1447), Landshut (bis 1503) und München (Primogeniturordnung nach dem Landshuter Erbfolgekrieg, 1506). Jüngere Wittelsbacher wurden oft Bischöfe, u. a. Erzbischöfe von Köln (1583–1761).

Die pfälzische Linie erhielt die Kurwürde (1356–1623, erneut ab 1648). Ruprecht von der Pfalz wurde römisch-deutscher König (1400–1410). Nach seinem Tod spaltete sich die Pfälzische in vier Nebenlinien auf: Kurpfalz bzw. Heidelberg (bis 1559), Oberpfalz (bis 1448), Simmern-Zweibrücken, Mosbach (bis 1499), mit weiteren Unterteilungen. Die Wittelsbacher Linie Pfalz-Zweibrücken wurde Nachfolger der WASA-Dynastie in Schweden (1654–1720). Aus der Linie Pfalz-Birkenfeld gingen die bayerischen Könige (1806–1918) und der griechische König Otto I. (1832–1862) hervor. Bayerische Linie: Der Herzog von Bayern wurde Kurfürst (1623). Maximilian II. Emanuel (1679–1720) trat, mit Hoffnung auf die Erbfolge in Spanien (1700), in den SPANISCHEN ERBFOLGEKRIEG (1701–1713/14) aufseiten Frankreichs ein. Die Österreicher besetzten daraufhin Bayern (1705) und ächteten den Kurfürsten (1706), der jedoch in Bayern wieder eingesetzt wurde (1714). Kurfürst Karl Albrecht von Bayern wurde als Karl VII. Kaiser (1742–1745), konnte die österreichische Besetzung von Bayern jedoch nicht verhindern (1743). Der Füssener Vertrag setzte die Wittelsbacher wieder in Bayern ein; sie stimmten bei der Kaiserwahl für Franz I. von Lothringen (1745), den Ehemann Maria Theresias. Die Wittelsbacher als Könige von Bayern (1806–1918) förderten großzügig die kulturelle Entwicklung. Für die geisteskranken Könige Ludwig II. (1864–1886) und Otto I. (1886–1916) wurden nacheinander als Prinzregenten der dritte Sohn Ludwigs I., Luitpold (1886–1912), und dessen Sohn Ludwig

(1912/13) eingesetzt; Ludwig regierte anschließend auch als König (Ludwig III., 1913–1918). Die NOVEMBERREVOLUTION stürzte die Wittelsbacher.

Literatur: L. Huettl: Das Haus Wittelsbach. Die Geschichte einer europäischen Dynastie. München 1980; H. F. Nöhbauer: Die Wittelsbacher. Bern, München 1979; E. Straub: Die Wittelsbacher. Berlin 1994; H. Rall: Die Wittelsbacher: von Otto I. bis Elisabeth I. Sonderausgabe Wien 1994; R. Reiser: Die Wittelsbacher in Bayern. 1180–1918. München [3]1995.

Mathildische Güter

(Mathildisches Gut) Besitzungen der Markgräfin Mathilde von Tuscien (1069–1116) in Mittel- und Oberitalien: Mathilde schenkte ihr Eigengut (Allod) der Kirche und erhielt es als LEHEN mit freier Verfügung (1079) zurück. Heinrich V. wurde zum Erben eingesetzt (1111). Nach dem Tod der Markgräfin (1115) stritten KAISER und PAPST um die Mathildischen Güter; Heinrich V. zog sie ein (**1116**), Lothar III. erkannte sie als Eigentum der Kirche an (1133). Die Güter fielen als päpstliches Lehen gegen Zinszahlung an den Kaiser und wurden an KRONVASALLEN verliehen. Gegen Ansprüche des Papstes gingen die Güter allmählich im Besitz italienischer Städte und Landadliger auf. Friedrich II. verzichtete endgültig auf sie (1213).

Literatur: A. Overmann: Gräfin Mathilde von Tuscien. Ihre Besitzungen. Geschichte ihres Gutes von 1115–1230 und ihre Regesten. Innsbruck 1895 (Nachdruck Frankfurt/Main 1965); T. Gross: Lothar III. und die Mathildischen Güter. Frankfurt/Main 1990.

Rat

Organ der Selbstverwaltung in städtischen Kommunen, mit gewählten Beamten: Am Beginn im europäischen Mittelalter steht das Konsulamt in Mailand (**1117**). Mitgliedschaft im Rat war in der Regel zunächst auf ratsfähige reiche Kaufmannsfamilien (PATRIZIER) beschränkt. Doch öffnete sich der Rat später auch anderen Vertretern. Gegen den Rat opponierten oft die ZÜNFTE. Sitz des Rates war das Rathaus, ein häufig repräsentativer Bau und Symbol kommunaler AUTONOMIE, z. B. der Frankfurter RÖMER (1405) oder das BREMER RATHAUS (1410). Im 19. Jahrhundert setzte sich das allgemeine Kommunalwahlrecht durch.

Literatur: E. Ennen: Die europäische Stadt des Mittelalters. Göttingen [4]1987; E. Pitz: Europäisches Städtewesen und Bürgertum. Von der Spätantike bis zum hohen Mittelalter. Darmstadt 1991; L. Benevolo: Die Geschichte der Stadt. Frankfurt/Main [8]2000.

Geistliche Ritterorden

In den KREUZZÜGEN und der RECONQUISTA entstandene Ritterorden, deren (meist adliger) Kern auf die Mönchsgelübde verpflichtet war: Im Heiligen Land dienten sie zunächst in der Krankenpflege, übernahmen aber schon bald auch militärische Aufgaben. Die geistlichen Ritterorden (mit eigenen BURGEN) waren straff organisiert, als geschlossene Formationen gegen den ISLAM, zunächst im Heiligen Land. Doch schwächten sie sich selbst durch Rivalität untereinander, vor allem in KREUZFAHRER-

STAATEN. Sie übernahmen von den MUSLIMEN den weißen weiten Mantel (arabischen Burnus). Form und Farbe des abgebildeten Kreuzes unterschieden die einzelnen Ritterorden. Auch der Islam brachte ordensähnliche Gemeinschaften hervor, z. B. Derwische und ASSASSINEN.

Wichtigste christliche Ritterorden waren: HOSPITALITER (1070)/ JOHANNITER/MALTESER, TEMPLER (**1119**), DEUTSCHER ORDEN (1190/98), Order of St. Thomas Acon (1191). Der Lazarusorden (Hospitaler vom heiligen Lazarus in Jerusalem, ab ca. 1200) war überwiegend ein Krankenpflegeorden für leprakranke geistliche RITTER und kämpfte nur in Notfällen. Außerhalb des Heiligen Landes entstand der SCHWERTBRÜDERORDEN (1203–1237). Gegen die Muslime auf der Iberischen Halbinsel kämpften der Orden von Calatrava (1158/64), obwohl von ZISTERZIENSERN begründet, auch mit verheirateten RITTERN; außerdem entstanden der Santiago-Orden (1164/75), der Évora-Orden (1166, ab 1211 Avisorden), der San-Julián-Orden (1176, ab 1217 Ritter von Alcántra) und der CHRISTUSORDEN (1319).

Literatur: H. Prutz: Die geistlichen Ritterorden. Berlin 1908, Nachdruck 1968; D. Seward: The Monks of War. The Military Religious Orders. St. Albans 1974; J. Fleckenstein: Die geistlichen Ritterorden Europas. Sigmaringen 1980; S. J. Klimek: Im Zeichen des Kreuzes. Die anerkannten geistlichen Ritterorden. Stuttgart 1986; Z. H. Nowak: Die Ritterorden zwischen geistlicher und weltlicher Macht im Mittelalter. Thorn 1990.

Templer (Templerorden)

(lat.: »Fratres militae Templi« oder »Pauperes commilitones Christi Templique Salomonis«) Erster GEISTLICHER RITTERORDEN mit militärischen Aufgaben, im Heiligen Land gegründet (**1119**), benannt nach seinem ursprünglichen Sitz, einem Flügel des zum Palast des Königs von Jerusalem umgewandelten FELSENDOMS im Tempelbezirk: Die Aufgabe der Templer war der Schutz christlicher Pilger im Heiligen Land. Sie erhielten ein von Bernhard von Clairvaux ausgearbeitetes Ordensstatut, das an die Ordensregel der ZISTERZIENSER angelehnt war (päpstliche Anerkennung 1128). Der Templerorden war exemt, d. h. dem PAPST direkt und allein unterstellt (1139). Die RITTER trugen als Tracht einen weißen Mantel mit rotem Kreuz (1147). Landschenkungen, vor allem in Frankreich, und die Beteiligung am FERNHANDEL mit eigenen Schiffen machten den Orden reich. Er hatte Niederlassungen in Europa (Kommanderien), die der Finanzierung, dem Nachschub und der Rekrutierung dienten, sowie Festungen und LEHEN im Heiligen Land. Die Templer verlegten ihren Sitz nach dem Fall von Jerusalem (1187) ins zurückeroberte Akko (1191–1291), danach auf die Insel Zypern (1291). In Frankreich wurden die Templer als KETZER verhaftet und verurteilt; ihr Vermögen zog König Philipp IV. zugunsten der Krone ein (1307). Nur wenigen Templern gelang die Flucht ins Ausland, vor allem nach Schottland. Der Papst erklärte den Orden auf dem KONZIL von Vienne für aufgelöst (1312) und übergab sein Vermögen zum größten Teil den JOHANNITERN. Der portugiesische CHRISTUSORDEN war Nachfolgeorganisation der Templer (1319), die sich auch sonst neu formierten und noch heute existieren.

Die FREIMAURER sahen sich als Nachfolger der Templer; ihr Hochgradsystem bezog sich auf die »Templer-Legende«. Das Tempelritter-System, die »Strikte Observanz« (1742), dominierte die Freimaurerei auf dem Kontinent, u. a. mit der Suche nach den sog. »Unbekannten Oberen« (= geheime Templer-Großmeister); als solcher galt zeitweise der 2. STUART-Kronprätendant Karl Eduard (1720–1788). Die Erfolglosigkeit der Suche führte zum Zusammenbruch der »Strikten Observanz« (1782). In das Vakuum stieß der ILLUMINATENORDEN.

Nicht zu verwechseln mit: Tempelgesellschaft (Deutscher Tempel, Jerusalemsfreunde), eine pietistische Freikirche aus Württemberg (1856/61), vor allem in Palästina (ab 1868), in Sachsen, Russland und Nordamerika. Angehörige der Tempelgemeinden, die Verbindungen zur Auslands-NSDAP hatten, wurden zu Beginn des ZWEITEN WELTKRIEGS interniert (1939). Sie gründete sich in Australien neu (nach 1945).

Literatur: R. LeForestier: Die templerische und okkultistische Freimaurerei im 18. und 19. Jahrhundert. Bd. 1: Die Strikte Observanz. Leimen 1987; P. Partner: The Murdered Magicians. The Templars and Their Myth. Neuausgabe Wellingborough 1987; M. Barber: The Trial of the Templars. Neudruck Cambridge 1996; H. Sippel: Die Templer. Geschichte und Geheimnis. Wien u. a. 1996; A. Beck: Der Untergang der Templer. Größter Justizmord des Mittelalters? Neuausgabe Freiburg u. a. ^{2}1997; A. Demurger: Die Templer. Aufstieg und Untergang 1120–1314. München 1997; M. Bauer: Die Tempelritter. Mythos und Wahrheit. München 1998.

Zähringer

DYNASTIE deutscher Fürsten aus Schwaben, benannt nach der Stammburg Zähringen bei Freiburg im Breisgau, seit Berthold I., Herzog von Kärnten (1061–1077): Erster Herzog von Zähringen war Berthold II. (1050–1111), aufseiten des PAPSTES und des Gegenkönigs Rudolf von Rheinfelden (1076). Er war Gegenherzog von Schwaben (1092–1098), das er den STAUFERN überlassen musste. Die Zähringer arrondierten ihre Besitzungen im Südwesten des Reichs zu einem kompakten Territorium (nach 1090). Sie gründeten zahlreiche Klöster und Städte, u. a. Freiburg im Breisgau (**1120**) und Bern (1191). Die Dynastie erlosch im Mannesstamm (1218); eine Nebenlinie (ab 1078) bestand in Baden fort.

Literatur: E. Heyck: Geschichte der Herzöge von Zähringen. Freiburg i. Br. 1891/92, Neudruck Aalen 1980; T. Mayer: Der Staat der Herzöge von Zähringen, in: ders.: Mittelalterliche Studien. Lindau, Konstanz 1959; K. Schmid u. a. (Hg.): Die Zähringer. 2 Bde., Schweizer Vorträge und Forschungen. Sigmaringen 1986; D. Braun/H. G. Giehler: Die Zähringer. Freiburg i. Br. 1989.

Almohaden

(arab.: al-Muwahhidun = die Bekenner der göttlichen Einheit) Nordafrikanisch-spanische Herrscherdynastie, hervorgegangen aus einer Erneuerungsbewegung des ISLAM unter BERBERN: Die Almohaden entstanden in Marokko (1118) und bekämpften die ALMORAWIDEN (**1121**). Bei Tlemcen errangen sie einen entscheidenden Sieg (1145). Sie eroberten Marrakesch und stürzten die Almorawiden im Maghreb (1147) und dem maurischen Spanien (1149–1155). Die Almohaden besiegten die BENI HILAL (1152), unterwarfen den Maghreb bis Ifriqija (1160) und das maurische Spanien (1161–1172). Berber-Aufstände schwächten sie jedoch in ihrem Kernland (ab 1167). Die Almohaden besiegten die Almorawiden in Ifriqija am Gabal-Nafusa (1209), unterlagen aber der christlichen RECONQUISTA bei Las Navas de Tolosa (1212), gefolgt von Bürgerkriegen und dem Zerfall der Almohaden-Herrschaft, deren Ende die Eroberung von Fes (1248) und Marrakesch (1269) durch die KALIFENdynastie der MERINIDEN besiegelten.

Literatur: R. Millet: Les Almohades. Paris 1923; A. H. Miranda: Historia política del imperio almohade. Tetuán 1956/57; C. J. Julien: Histoire de l'Afrique du Nord. Paris [7]1980.

Wormser Konkordat

Kompromiss zwischen Kaiser Heinrich V. und päpstlichen Legaten in Worms zur Beilegung des INVESTITURSTREITS (**1122**), ähnlich wie zuvor in Frankreich (1104) und England (1107): Das Wormser Konkordat, als Text in zwei getrennten Urkunden, dessen Namen der deutsche Philosoph Leibniz (1646–1716) einführte, garantierte die freie kanonische Wahl und Weihe der Bischöfe und Reichsäbte. Der römisch-deutsche König bzw. KAISER verzichtete auf die Investitur mit Ring und Stab (Einsetzung in ihr geistliches Amt), war – nur im Reich selbst – bei der Wahl anwesend und im Falle eines Patts entscheidend. Im Reich konnte der Kaiser oder sein Bevollmächtigter vor, in Burgund und Reichsitalien innerhalb von sechs Monaten nach der Weihe die Belehnung mit den Temporalien durch das Zepter vornehmen, die geistliche Fürsten in ihre weltlichen Ämter einführten. Das Wormser Konkordat beendete das System der OTTONISCHEN REICHSKIRCHE, war Auftakt zur FEUDALISIERUNG der Reichskirche und legte den Grundstock zur Entwicklung der geistlichen Territorialfürstentümer, vollendet mit der CONFOEDERATIO CUM PRINCIPIBUS ECCLESIASTICIS (1220).

Literatur: P. Classen: Das Wormser Konkordat in der deutschen Verfassungsgeschichte, in: J. Fleckenstein (Hg.): Investiturstreit und Reichsverfassung. Sigmaringen 1973; M. Meyer-Gebel: Bischofsabsetzungen in der deutschen Reichskirche vom Wormser Konkordat (1122) bis zum Ausbruch des Alexandrischen Schismas (1139). Siegburg 1992; B. Schimmelpfennig: Könige und Fürsten, Kaiser und Papst nach dem Wormser Konkordat. München 1996.

Scholastik

Sammelname für die Philosophie des europäischen Mittelalters im lateinischen Westen: Die Scholastik war abhängig von Theologie und Autoritäten (Bibel, Kirchenvätern, später auch Aristoteles), mit verschiedenen Richtungen oder Schulen. Seit dem Aufkommen der mittelalterlichen Dialektik war die kontroverse gelehrte Disputation eine wichtige Form scholastischer Auseinandersetzung. Ihre Hauptprobleme waren Dialektik und Universalien (Lehre vom Wesen der Begriffe: Nominalismus kontra Realismus). Bedeutende Philosophen waren Abaëlard (»Sic et non«, **1122**), Albertus Magnus (* 1193/1206, † 1280), Thomas von Aquin (* 1225/26, † 1274). Sie rezipierten Aristoteles und seine arabischen Kommentatoren. Wichtig waren die Oxforder und Pariser Schule, fortgesetzt von Marsilius von Padua. Den Durchbruch des Nominalismus und die Hinwendung zu den Naturwissenschaften erreichte William von Ockham (*ca. 1285, † 1349). Die Spätscholastik erstarrte im Zitieren der Autoritäten zur Verteidigung von Dogmen.

Im übertragenen Sinn ist mit Scholastik auch die Formalisierung des Wissenschaftsprozesses durch exzessives Zitieren, oft von gleichsam kanonisierten Autoritäten, gemeint, z. B. im MARXISMUS.

Literatur: J. Pieper: Scholastik. Gestalten und Probleme der mittelalterlichen Philosophie. München [3]1991; R. Schönberger: Was ist Scholastik? Hildesheim 1991; J. de Vries: Grundbegriffe der Scholastik. Darmstadt [3]1993; K. Flasch: Einführung in die Philosophie des Mittelalters. Darmstadt [3]1994.

Dschurdschen

(Dschürtschäten, Tschurtschen, chin.: Ju-Chen, Ruzhen; mongol.: Jürched, Jürchid) TANGUTEN-Volk aus der Mandschurei, nach 900 schriftlich erwähnt, vom LIAO-REICH der KITAN abhängig: Durch Rebellion gegen die Kitan (1115) wurden sie unabhängig und gründeten nach chinesischem Vorbild die CHIN-DYNASTIE. Im Bündnis mit der SUNG-DYNASTIE (1120) bezwangen sie Kitan (1122/23). Die Dschurdschen eroberten Kaifeng am Hwangho, die Hauptstadt der chinesischen Sung (**1126**), die nach Süden auswichen (1127) und als SÜDLICHE SUNG regierten (bis 1279). Der Frieden mit dem Sung-Reich (1142) machte die Sung tributpflichtig. Die Dschurdschen, die ihre Hauptstadt nach Peking verlegten (1153), wurden allmählich sinisiert. Nach der Eroberung Pekings durch Dschingis Khans (1215) wichen die Dschurdschen nach Kaifeng aus, das für kurze Zeit ihre neue Hauptstadt wurde. Mit der Eroberung Kaifengs durch die Mongolen (1234) stürzte auch die Chin-Dynastie. Die Dschurdschen zogen sich in die Mandschurei zurück.

Literatur: H. Franke: Nordchina am Vorabend der mongolischen Eroberungen. Wirtschaft und Gesellschaft unter der Jin-Dynastie (1115–1234). Opladen 1978.

Südliche Sung

Chinesische DYNASTIE: Die Südlichen Sung folgten der SUNG-DYNASTIE, nachdem sie von den DSCHURDSCHEN (Eroberung der Hauptstadt Kaifeng **1126**) aus dem Norden in den Süden Chinas vertrieben worden waren (1127). Ihre Hauptstadt war Nanking (1127), später Hanchou (1138). Friedensschlüsse mit den Dschurdschen (1142, 1165, 1208) sicherten ein labiles Gleichgewicht; meist waren die Sung jedoch tributabhängig. Die Südlichen Sung verbündeten sich mit den Mongolen gegen die Dschurdschen (1234), wurden aber von den Mongolen gestürzt (1268/79).

Literatur: H. Franke: wie zu Dschurdschen.

Sheriff

Schon in angelsächsischer Zeit Vertreter des englischen Königs im Grafschaftsgericht (nach 900), nach der NORMANNISCHEN EROBERUNG (1066) Vorsitzender des Grafschaftsgerichts. Der Sheriff war der höchste Verwaltungsbeamte und Militärbefehlshaber einer GRAFSCHAFT (**1129**);

er wurde durch Wahl bestimmt (1300), später von Vertretern der KRONE ernannt (1315). Seine Amtsdauer wurde auf ein Jahr begrenzt (1340). Die Kompetenzen des Sheriffs wurden allmählich beschnitten, durch andere Ämter wie den FRIEDENSRICHTER und Gesetze, z. B. den Sheriffs Act (1877). Bis zur Abschaffung der Todesstrafe (1965) war der Sheriff verantwortlich für die Durchführung von Hinrichtungen.

Literatur: W. A. Morris: Medieval English Sheriff to 1300. Manchester 1927; W. S. Holdsworth: A History of English Law. Bd. 1: London [7]1956.

Grafschaft

Amtsbezirk eines Grafen: Im Reich der KAROLINGER unter Karl dem Großen (768–814) bildete die Grafschaft zunächst die untere Verwaltungseinheit. Das Amt des Grafen (lat.: comes) wurde später erblich und der Titel zur Standesbezeichnung. Die Grafschaft (»Konitat«) wurde für andere Territorien übernommen und gelangte mit den KREUZZÜGEN ins Heilige Land (KREUZFAHRERSTAATEN, LATEINISCHES KAISERREICH).

In England ging die Grafschaft (»shire«, »county«) häufig aus einem frühen angelsächsischen Königreich hervor (z. B. Essex, Wessex, Middlesex), mit dem SHERIFF als Vertreter des Königs (**1129**). Die Grafschaft diente für das PARLAMENT auch als Wahlkreis zur Bestimmung der ländlichen Parlamentsvertreter (je zwei RITTER aus einer Grafschaft). Später war die Grafschaft mittlere Verwaltungseinheit mit beschränkter lokaler Selbstverwaltung (1889). Mit Gebietsreformen (1973, 1999) veränderten sich Zahl, Umfang und Namen z. T. erheblich.

Literatur: J. Redlich/F. W. Hirst: The History of Local Government in England. London 1958; G. Wagner: Die Verwaltungsgliederung im Karolingischen Reich. Göttingen 1963; A. Erler/E. Kaufmann: Handwörterbuch zur Deutschen Rechtsgeschichte. Berlin 1971.

Königreich Sizilien

Im Zusammenschluss der normannischen Territorien in Unteritalien (Apulien, Kalabrien) und Sizilien durch Roger II. (**1130**–1154) entstand das Königreich Sizilien mit der Hauptstadt Palermo: Es übernahm durch Griechen und Araber vermittelte ältere Traditionen einer zentralen BÜROKRATIE und wurde Vorreiter moderner Verwaltung. Das Königreich fiel im Erbgang an den STAUFER Heinrich VI. (1189), der es gegen den Widerstand des einheimischen Adels unterwarf (1194). Sizilien war die Basis für staufische Weltmachtpläne gegen Byzanz (bis 1197). Friedrich II. (1208–1250) nahm das Königreich vom PAPST als LEHEN (1208), gründete die UNIVERSITÄT Neapel (1224) und machte das Königreich zu einem kulturellen Zentrum in Europa. Karl von Anjou, der vom Papst mit dem Königreich belehnt wurde (1265), setzte sich gegen den Staufer Manfred durch (1266), nach der SIZILIANISCHEN VESPER (1282) beschränkt auf das unteritalienische Festland (Königreich Neapel); Sizilien fiel an eine aragonesische Nebenlinie (1296). Zum Königreich Aragón (1337) gehörend, wurde Sizilien wieder mit Neapel vereint (1442). Nach dem SPANISCHEN ERBFOLGEKRIEG erhielt Savoyen-Piemont das Königreich Sizilien (1713), musste es aber Österreich überlassen

(1720). Unter einer Nebenlinie der spanischen BOURBONEN wurde es wieder mit Neapel vereint (1735). Der WIENER KONGRESS schuf das Königreich beider Sizilien (1815). Garibaldi stürzte die Bourbonen (1860) und schloss das Königreich im Zeichen des RISORGIMENTO an den neuen italienischen Nationalstaat an (1861).

Literatur: J. J. Norwich: Die Normannen in Sizilien 1130–1194. Wiesbaden ^{2}1973; N. Kamp: Kirche und Monarchie im staufischen Königreich Sizilien. München 1975; R. Neumann: Parteibildungen im Königreich Sizilien während der Unmündigkeit Friedrich II. (1198–1208). Frankfurt/Main 1986; B. Rill: Sizilien im Mittelalter. Das Reich der Araber, Normannen und Staufer. Darmstadt 1995.

Askanier

Deutsche Fürstendynastie (1134–1918): Die Askanier kamen ursprünglich aus Schwaben zum Nordostrand des Harzes (6. Jh.). Ihr Name ist von der latinisierten Form der GRAFSCHAFT Aschersleben, »Aschanien« bzw. »Askanien«, abgeleitet. Unter den salischen Königen waren die Askanier Grafen, Pfalz- und Markgrafen. Albrecht der Bär war als Markgraf der Nordmark bzw. von Brandenburg (**1134**/57) ein Hauptträger der deutschen OSTKOLONISATION. Bernhard III., Herzog von Sachsen (1180), regierte an der unteren Elbe bei Lauenburg, später auch in Wittenberg (1187). Von der sächsischen Linie spaltete sich die Linie Anhalt ab (1212–1918), die sich in weitere Nebenlinien auffächerte. Die brandenburgische Linie spaltete sich zeitweise in die Linien Stendal und Salzwedel auf (1258–1317/19). Zwei sächsische Linien (ab 1296) regierten die Herzogtümer Sachsen-Lauenburg (bis 1689) und Sachsen-Wittenberg (bis 1422). Nach Aussterben der brandenburgischen Linie (1319) und einer langen Übergangsphase war der Weg frei für die HOHENZOLLERN (1415). Die Sachsen-Wittenberger wurden durch die GOLDENE BULLE (1356) zu KURFÜRSTEN, von den WETTINERN beerbt (1422). In der REFORMATION traten die askanischen Kleinstaaten zum CALVINISMUS über, in enger Verbindung mit den ORANIERN und Hohenzollern. Die Linie Sachsen-Lauenburg wurde nach ihrem Aussterben (1689) von den Hannoveraner WELFEN beerbt. Zahlreiche Anhaltiner waren in brandenburgisch-preußischen Diensten, so Fürst Leopold von Anhalt-Dessau (1698–1747), der »Alte Dessauer«, als preußischer General (1704) und Feldmarschall (1712). Im 19. Jahrhundert standen die askanischen Fürstentümer ganz unter preußischem Einfluss. In der NOVEMBERREVOLUTION mussten die Anhaltiner abdanken (1918).

Literatur: H. Wäschke: Die Askanier in Anhalt. Anhalt 1904; H. K. Schulze: Adels- und Landesherrschaft. Köln, Graz 1963; E. Schmidt: Die Mark Brandenburg unter den Askaniern (1134–1320). Köln u. a. 1973; W. Leisering: Zur Geschichte der Askanier. Ein Tabellenbuch mit 200 Abbildungen und historischen Anhalt-Karten. Dessau ^{2}1998.

Ostkolonisation (Deutsche Ostsiedlung)

Prozess germanisierender Expansion im slawischen Ostmitteleuropa, in regional unterschiedlichen Etappen: Nach dem Sieg Karls des Großen über die AWAREN (796) und ersten MARKGRAFSCHAFTEN machte die

Landnahme der Ungarn (896/900) die Ausbreitung der Bayern bis Pannonien zur Theiß wieder rückgängig. Zwischen Elbe und Oder und im Gebiet des DEUTSCHEN ORDENS wechselten militärische Eroberung und friedliche Besiedlung ab. In Schlesien, Böhmen und Mähren, Ungarn, Polen und Siebenbürgen war, auf Einladung nichtdeutscher Fürsten, die Besiedlung friedlich. Seit Heinrich I. war das Gebiet der ELBSLAWEN Ziel deutscher Expansion (Unterwerfung der HEVELLER 929). Die Bildung von Markgrafschaften durch Otto I. (937) erlitt einen schweren Rückschlag im GROSSEN SLAWENAUFSTAND (983). Kaiser Lothar III. von Supplinburg (1125–1137) erneuerte die Expansion. Die Nordmark, spätere Mark Brandenburg, fiel an den ASKANIER Albrecht den Bären (**1134**), die Mark Lausitz an den WETTINER Konrad (1136). Die Germanisierung vollzog sich nach militärischer Unterwerfung durch bäuerliche Siedlung, Städte- und Klostergründungen, vor allem der ZISTERZIENSER, und Aktivitäten der HANSE entlang der Ostsee. Die Unterwerfung der ABODRITEN durch Heinrich den Löwen (1160) eröffnete die Besiedlung Mecklenburgs; Pommern wurde reichsunmittelbares Herzogtum (1181). Die Eroberung des unteren Weichsellandes und des späteren Ostpreußen durch den Deutschen Orden (1230–1283) eröffnete eine partielle Germanisierung. Die Besiedlung Schlesiens durch Deutsche begann erst nach dem großen Mongolensturm (1241). Die Kolonisierung in Böhmen, Polen, Ungarn und Siebenbürgen trugen vor allem deutsche Städte mit Lübecker oder MAGDEBURGER STADTRECHT, deutsche Bergleute, vor allem in Ungarn (Zipser Land, Siebenbürgen), und Wehrbauern (Siebenbürgen) mit PRIVILEGIEN. Das Ende kam mit der GROSSEN PEST (1348/49) und der Niederlage des Deutschen Ordens (1410), abgesehen von Siedlungsbewegungen seit Zurückdrängung der OSMANEN (1683/87) – Banater Schwaben, Wolgadeutsche.

Die mittelalterliche deutsche Ostkolonisation wurde seit dem späten 19. Jahrhundert verklärt und ideologische Basis für die Ostmarkenpolitik im östlichen Preußen oder die deutschen KRIEGSZIELE im Osten im ERSTEN WELTKRIEG (1914–1918). Im DRITTEN REICH (1933–1945) diente sie zur Rechtfertigung der Expansions- und Germanisierungspolitik (u. a. Generalplan Ost). Im historischen Zusammenhang war die deutsche Ostsiedlung auch als Fortsetzung der europäischen Bewegung des Landesausbaus zu sehen, von der Île-de-France (ab ca. 1000) über Deutschland bis in den slawisch-litauischen Osten.

Literatur: W. Schlesinger (Hg.): Die deutsche Ostsiedlung als Problem der europäischen Geschichte. Sigmaringen 1975; W. Schlesinger: Das Zeitalter der deutschen Ostsiedlung (1100–1300). Köln ^{2}1983; K. H. Quirin: Die deutsche Ostsiedlung im Mittelalter. Göttingen ^{2}1986; C. Higounet: Die deutsche Ostsiedlung im Mittelalter. München 1990; R. Riemer: Die deutsche Ostkolonisation im Hochmittelalter. München 1991; U. March: Die deutsche Ostsiedlung. Bonn ^{2}1995.

Katharer

(griech.: Katharoi = die Reinen) Eine der größten religiösen Bewegungen des lateinischen Mittelalters: Die Katharer übernahmen die dualistische Welt- und Gottesanschauung der BOGOMILEN in Bulgarien (Thrakien), die vom MANICHÄISMUS beeinflusst waren. Im Westen traten sie erstmals in Köln auf (**1143**) und breiteten sich rasch auch in England, Nord- und Südfrankreich und Oberitalien aus. Auf ihrem eigenen KONZIL bei Toulouse (1167) vertraten sie die Zweigötterlehre (böser Gott = Teufel gegen guten Gott) und legten eine eigene Bistumsverfassung vor. Sie lehnten Ehe, Eid, Krieg, Sakramente und die überkommene kirchliche Hierarchie ab, schufen aber Differenzierungen mit zwei Gruppen – Perfecti (Vollkommene) und Credentes (Gläubige). Die Katharer hatten ihren Schwerpunkt in der südfranzösischen Grafschaft Toulouse um Albi – daher auch der Name ALBIGENSER. In Italien waren sie in unterschiedliche Richtungen zerfallen (vor 1200). Rom verurteilte die Katharer als Häretiker (KETZER) und ging gegen sie und die WALDENSER mit der INQUISITION vor (1184). Sie wurden auf Initiative des Papstes Innozenz III. (1198–1216) in den Albigenser-KREUZZÜGEN zerschlagen und von Bettelorden (DOMINIKANERN, FRANZISKANERN) bekämpft. Sektenreste hielten sich in Südfrankreich (bis nach 1300).

Literatur: D. Roché: Die Katharer-Bewegung. Ursprung und Wesen. Stuttgart 1992; L. Baier: Die große Ketzerei. Verfolgung und Ausrottung der Katharer durch Kirche und Wissenschaft. Neuausgabe Berlin 1996; A. Borst: Die Katharer. Neuausgabe Freiburg/Br. [6]1998; M. Lambert: Geschichte der Katharer. Aufstieg und Fall der großen Ketzerbewegung. Darmstadt 2001.

Ritualmord

Im Mittelalter verbreitete Anschuldigung, JUDEN begingen geheime Opferung von Christen, meist Kindern, zu rituellen Zwecken (Christenblut in den Mazzen zum Passahfest): Sie wurde nie bewiesen und immer wieder, auch von christlicher Seite (u. a. Kaiser Friedrich II., Papst Innozenz IV.) und in zahlreichen Prozessen als Lüge entlarvt. Seit der ersten Ritualmordanklage gegen Juden in Norwich (**1144**) diente die Beschuldigung wiederholt zur Rechtfertigung antijüdischer Propaganda und Ausschreitungen (noch 1946 in Kielce), auch dem modernen ANTISEMITISMUS, u. a. in Julius Streichers NS-Hetzblatt »Stürmer«.

Literatur: M. Samuel: Blood Accusation. London 1967; H. Knaut: Kulte, Morde, Schwarze Messen. Stuttgart 1979; R. Erb: Die Legende vom Ritualmord. Zur Geschichte der Blutbeschuldigung gegen Juden. Berlin 1993.

2. Kreuzzug

Nach der Eroberung der Grafschaft Edessa durch die SELDSCHUKEN (1144) rief Bernhard von Clairvaux in Predigten zum (2.) Kreuzzug auf, u. a. mit dem römisch-deutschen König Konrad III. und dem französischen König Ludwig VII. (**1147**–1149). Die Deutschen nahmen den Landweg und erlitten schwere Verluste in Kleinasien. Franzosen und Reste der Deutschen scheiterten vor Damaskus (1149).

Wendenkreuzzug

Militärisches, von Dänen und Polen unterstütztes Unternehmen sächsischer Fürsten gegen ELBSLAWEN (ABODRITEN, Liutizen): Der von Bernhard von Clairvaux propagierte, vom PAPST sanktionierte Wendenkreuzzug parallel zum 2. KREUZZUG (**1147**), war von geringem (militärischem) Erfolg gekrönt, hatte aber große Bedeutung für die Christianisierung der SLAWEN und die weitere Ausbreitung der deutschen OSTKOLONISATION.

Literatur: F. Lotter: Die Konzeption des Wendenkreuzzugs. Ideengeschichtliche, kirchenrechtliche und historisch-politische Voraussetzungen der Missionierung von Elb- und Ostseeslawen um die Mitte des 12. Jahrhunderts. Sigmaringen 1977.

Plantagenet

(2.) englische Königsdynastie (1154–1399): Der Name Plantagenet leitet sich ab von der lateinischen Bezeichnung »planta genista« für den Ginsterbusch, den Graf Gottfried (Geoffroi) V. von Anjou († 1151) als Helmzier trug. Gottfrieds Sohn Heinrich wurde als Heinrich II. König von England (**1154**–1189). Die Plantagenets hatten neben Anjou um Angers an der unteren Loire reichen Besitz in Nord- und Westfrankreich (Normandie, Aquitanien). Die Verklammerung Englands und Frankreichs durch die Doppelvasallität der englischen Könige und ihre dynastische Verwandtschaft mit den CAPETINGERN löste sich erst mit dem Ende des HUNDERTJÄHRIGEN KRIEGES (1137/39–1453). Richard I. Löwenherz (1189–1199) beteiligte sich führend am 3. KREUZZUG (1191/92). Johann Ohneland (1199–1216) verlor die meisten französischen Besitzungen (1204/06). Nach der Niederlage bei Bouvines (1214) gegen Frankreich traten innere Konflikte auf, die vorläufig durch die MAGNA CHARTA (1215) beigelegt wurden. Heinrich III. (1216–1272) überstand mit Machtverlust einen Aufstand der BARONE (1258), musste nach dem BARONS' WAR (1264) weitere Zugeständnisse an den niederen ADEL machen. Eduard I. (1272–1307) stärkte das PARLAMENT (MODEL PARLIAMENT 1295), ließ die JUDEN aus England ausweisen (1290–1656) und eroberte Wales (1282/83); die Konflikte mit Schottland verschärften sich (1292). Eduard II. (1307–1327) trug als Thronfolger erstmals den Titel Prince of Wales (1301). Er bekämpfte oppositionelle Barone, die sich gegen seine Günstlingswirtschaft erhoben hatten (1310). Gegen die Schotten unter Robert Bruce erlitt Eduard bei Bannockburn eine Niederlage (1314). Nach weiteren Konflikten mit den Baronen wurde er gefangen genommen (1326), musste abdanken und wurde ermordet (1327). Eduard III. (1327–1377) erkannte die Unabhängigkeit Schottlands an (1327), begann den Hundertjährigen Krieg (1337/39–1453) und errang Siege bei Crécy (1346) und Poitiers (1356). Nach Niederlagen und dem Verlust der meisten französischen Territorien (1369) wurde der unter dem Einfluss seiner Günstlinge stehende König faktisch entmachtet (1371). Richard II. (1377–1399) schlug den WAT-TYLER-AUFSTAND rebellierender Bauern nieder (1381). Sein Willkürregiment (ab 1397) führte zu seinem Sturz (1399). Nachfolger des wahrscheinlich ermordeten Königs kamen aus den Nebenlinien LANCASTER (1399–1461) und YORK (1461–1485).

Literatur: J. Harvey: The Plantagenets. London [4]1976; J. LePatourel: Feudal Empires. Normans and Plantagenets. London 1984; E.M. Hallam: The Plantagenet Encyclopedia. An Alphabetical Guide to 400 Years of English History. London 1990.

Universität

(lat.: Universitas = Gesamtheit; Universitas litterarum et artium liberalium bzw. Universitas magistorum et scholarium = Gesamtheit der Wissenschaften und freien Künste bzw. Gesamtheit der Lehrenden und Lernenden). Wissenschaftliche Hochschule, im Unterschied zu AKADEMIEN mit Verbindung von Forschung und Lehre: Universitäten im engeren Sinne entstanden im (lateinischen) mittelalterlichen Europa; der Name wurde allerdings schon für theologische Hochschulen der Ostkirche in Konstantinopel (425, 1045) und des ISLAM in Kairo (972) gebraucht.

Auch die abendländischen Universitäten waren zunächst kirchliche Einrichtungen – heute noch zu erkennen an der klosterähnlichen Bauform mittelalterlicher Colleges, vor allem in Oxford, Cambridge und Krakau (Collegium Maius), und vielen Universitätsgründungen nach deren Vorbild in angloamerikanischen Ländern oder von diesen beeinflussten Regionen, z. B. in Hongkong und Südkorea. Die Angehörigen der Universitäten englischen Typs trugen Talare. Bis zum 19. Jahrhundert durften die Fellows der Colleges von Oxford und Cambridge nicht verheiratet sein; Frauen hatten keinen Zutritt zu den Colleges. Die ältere Bezeichnung für den Lehrstuhl war in Österreich »Lehrkanzel«. Auch Studenten der mittelalterlichen Colleges waren anfangs angehende Kleriker. Erst seit der REFORMATION und dem Beginn der Neuzeit emanzipierten sich die Universitäten von der Kirche.

Universitätsgründer waren meist Könige und Fürsten, gelegentlich auch der PAPST (z. B. Rom, Pisa, Avignon), später auch der JESUITENORDEN, in der Neuzeit Kommunen (z. B. New York City College, Frankfurt am Main, Köln). In Amerika sowie anderen Ländern (z. B. Japan, Korea, Philippinen) gibt es zahlreiche private Stiftungs-Universitäten. Die Gründung von Universitäten, meist in Hauptstädten oder Zentren ökonomischer Aktivität, war oft politischer Ausdruck des Anspruchs auf kulturelle und nationale bzw. regionale Eigenständigkeit. Daher häuften sich Universitätsgründungen unmittelbar vor oder nach Erringung moderner Staatlichkeit, z. B. in Belgrad (1863), Bukarest (1864). Überall sollten Universitäten den bewussten Eintritt in die Moderne betonen.

Die ältesten modellhaften Lehrstätten waren Universitäten in Bologna (**1154**) und Paris (1174). Vorläufer war anfangs das STUDIUM GENERALE, das später die Zulassungsvoraussetzung zum eigentlichen Studium wurde, z. B. in Oxford (1168). Bereits die mittelalterlichen Universitäten waren in Fakultäten gegliedert: Theologie, Jura, Medizin, Philosophie, die Artistenfakultät der sieben »artes liberales«, nochmals unterteilt in Trivium (Grammatik, Rhetorik, Dialektik) und Quadrivium (Arithmetik, Geometrie, Musik, Astronomie). Unterrichtssprache war Latein. Die landsmannschaftliche Unterteilung der Universitätsangehörigen (Professoren und Studenten) in (jeweils drei) »nationes« hatte große historische Bedeutung, da die spätmittelalterlichen KONZILIEN sie übernahmen und so den modernen Begriff der NATION vorwegnahmen, noch vorpolitisch gemeint.

Protestantische Landesuniversitäten (zuerst Marburg, 1527) vollzogen einen ersten Schritt zur Ablösung von der Kirche. Ihnen entsprachen, als Instrumente und Hochschulen der katholischen GEGENREFORMATION, Universitäten und Kollegs (oft Keimzelle für spätere Universitäten) der Jesuiten, z.B. Graz (1586), Salzburg (1622), Innsbruck (1669). Die Universität Göttingen (1737) mit ihrer straffen Fakultätsstruktur und Philosophischen Fakultät hatte weit über Deutschland hinaus großen Einfluss. Eine »Reformuniversität« mit rascher weltweiter Ausstrahlungskraft war die Berliner Universität (1810–1933). Nach dem ZWEITEN WELTKRIEG wurde in zahlreichen westlichen Ländern die aus den USA kommende Department-Struktur eingeführt; die Gliederung nach Fakultäten hielt sich in Ost- und Südosteuropa, zunächst auch nach dem ZUSAMMENBRUCH DES KOMMUNISMUS (1989/91).

In der FRANZÖSISCHEN REVOLUTION (ab 1792) wurden viele Universitäten in Frankreich und benachbarten Ländern geschlossen. Die Teilungsmächte Polens (Preußen, Russland) schlossen polnische Universitäten (Warschau 1795/1831, Wilna 1832), ebenso die Deutschen im Zweiten Weltkrieg; Polen reagierte (schon im 19. Jh.) mit Untergrunduniversitäten. Die Universität Straßburg wurde viermal geschlossen (1792, 1918, 1940, 1944) und wieder neu gegründet (1872, 1919, 1940, 1945). Universitäten waren oft Zentren oppositioneller bis revolutionärer Strömungen, z.B. 1848/49, im vorrevolutionären Russland und in China, in den USA (Proteste gegen den VIETNAMKRIEG, 1965–1972), in Deutschland (STUDENTENBEWEGUNG, 1967–1970), Frankreich (MAI 1968) und Polen (1968, in der POLENKRISE 1980–1989), in der Türkei und auf den Philippinen.

Wichtige Universitätsgründungen (bis 1945) waren (bei Städten mit mehreren Universitäten ist nur die älteste genannt): Bologna (1154), Paris (1174), Oxford (1168/1214), Cambridge (1209), Padua (1222), Neapel (1224), Toulouse (1229), Salamanca (1254), Montpellier (1289), Lissabon (1289–1537, 1911), Rom (1303), Coimbra (1308), Avignon (1313–1781), Pisa (1343), Valladolid (1346), Prag (1348), Pavia (1361), Krakau (1364), Wien (1365), Pécs (1367), Erfurt (1379–1812), Heidelberg (1386), Köln (1388–1798, 1919), Turin (1404), Leipzig, Aix-en-Provence (1409), St. Andrew (Schottland) (1413), Rostock (1419), Löwen (1426), Catania (1434), Bordeaux (1441), Barcelona (1450), Glasgow (1451), Konstantinopel/Istanbul (1453, 1927), Greifswald (1456), Freiburg im Breisgau (1457), Basel (1460), Nantes (1460–1793, 1962), Preßburg (1467, 1919), Genua (1471), Ingolstadt (1472–1802), Saragossa (1474), Ofen/Buda (1475/1635), Mainz (1476–1798, 1946), Tübingen, Uppsala (1477), Kopenhagen (1478/79), Aberdeen (1494), Valencia (1501), Wittenberg, Sevilla (1502), Granada (1526/31), Marburg/Lahn (1527), Santo Domingo (1538), Königsberg (1544–1945), Reims (1548–1792, 1967), Mexiko, Lima (1551), Jena (1558), Bogotá (1572), Leiden (1575), Warschau (1575–1795, 1817–1831, 1916–1939, 1944), Helmstedt (1576–1810), Würzburg, Edinburgh (1582), Graz (1586), Dublin (1591), Cebu (Philippinen) (1595), Laibach/Ljubljana (1595–1809, 1919), Parma (1601), Gießen (1607), Oviedo (Spanien) (1608), Manila (1611), Córdoba (Argentinien) (1613), Groningen (1614), Straßburg (1621–1792, 1872–1918, 1919–1940, 1945), Salzburg (1622–1816, 1962), Altdorf (1622/23–1809), Dorpat/Tartu (1632–1710, 1802), Amsterdam (1632), Utrecht, Harvard (1636), Turku (1640–1828, 1920), Kiel (1665), Innsbruck, Agram/Zagreb (1669), Halle (1694), Besançon (1699), Yale (New Haven) (1701), Dijon (1722), Caracas (1725), Havanna (1728), Erlangen (1734), Göttingen (1737), Santiago de Chile (1738), Philadelphia (1740), Panama (1751), New York (Columbia) (1754/84), Moskau (1755), Washington D. C. (Georgetown) (1789), Wilna/Vilnius (1803–1832, 1920), Kasan (1804), Palermo (1805), Berlin (1810), Breslau, Oslo (1811), Lüttich, Gent (1817), Bonn (1818), St. Petersburg (1819), Buenos Aires (1821), München, Montreal (1826), London, Cartagena (Kolumbien) (1827), Helsinki (1828), Durham (1832), Zürich (1833), Bern, Brüssel, Kiew (1834), Madrid (1836), Athen (1837), Boston (1839), New Orleans (1842), Ottawa (1848), Montevideo (1849), Sydney (1850), Québec (1852), Melbourne (1853), Clermont-Ferrand (1854), San Francisco (1855), Chicago (1857/90), Madras, Bombay, Calcutta (1857), Jassy (1860), Belgrad (1863), Bukarest (1864), Odessa (1865), Beirut (1866), Berkeley (1868), Pretoria (1873/1930), Christchurch (Neuseeland) (1873/74), Tokio (1877), Stockholm (1878), Algier (1879), Manchester (1880), Sofia (1888), Fribourg (1889), Lausanne, Hobart (Tasmanien) (1890), Santander, Potósi (1892), Lyon (1896), La Plata, Kyoto, Wellington (Neuseeland) (1897), Birmingham (1900), Münster (1902), Liverpool (1903), Leeds (1904), Sheffield (1905), Belfast, Kairo (1908), Brisbane, Bristol (1909), Reykjavík, Hongkong, Peking (1911), Frankfurt am Main (1914), Benares/Varanasi (1915), Stellingbosch (1916), Bangkok, Saigon (1917), Lublin, Kapstadt (1918), Köln, Hamburg, Brünn, Posen, Riga, Tientsin (1919), Lemberg, Rio de Janeiro (1920), Johannesburg, Delhi (1922), Nimwegen, Mailand, Damaskus (1923), Bari (1924), Saloniki, Jerusalem, Kanton (1925), Århus (1928), Kabul (1932), São Paulo (1934), Teheran (1935), Alexandria (1942).

Nach dem Zweiten Weltkrieg gab es zahlreiche Universitätsneugründungen, vor allem in den Staaten Südost- und Osteuropas sowie in den Entwicklungsländern, aber auch in den westlichen Industriestaaten. Häufig wurden auch Ableger bestehender Hochschulen sowie technische Hochschulen, medizinische Akademien, pädagogische Akademien bzw. Hochschulen, theologische Hochschulen etc. zur Universität aufgewertet. Manche von ihnen verfolgten neue Konzepte, z. B. Bremen als »Reformuniversität« (1971). Einige Hochschulen galten bzw. gelten als »Eliteuniversitäten«, z. B. Paris (Sorbonne), Oxford und Cambridge, Berlin (1810–1945), Krakau, Warschau, Moskau, St. Petersburg, die Universitäten der »Ivy League« in den USA, die ehemals Kaiserlichen Universitäten in Japan.

Literatur: H. Denifle: Die Entstehung der Universitäten des Mittelalters bis 1400. Berlin 1885 (Nachdruck Graz 1956); S. d'Irsay: Histoire des universités françaises et étrangères dès origines jusqu'à nos jours. Paris 1933; H. Rashdall: The Universities of Europe in the Middle Ages. 3 Bde., Oxford 1936; R. v. Schwarz (Hg.): Universität und moderne Welt. Ein internationales Symposium. Berlin 1962; H. de Ridder-Symoens: A History of the University. Cambridge 1991ff; Ch. Charle: Histoire des universités. Paris 1994; H. Bookmann: Wissen und Widerstand. Geschichte der deutschen Universität. Berlin 1999.

Privilegium minus

Urkunde Friedrichs I. Barbarossa (**1156**), als Kompromiss im Konflikt zwischen WELFEN und BABENBERGERN um Bayern: Die Babenberger verzichteten auf Bayern, die Welfen auf Österreich, das eigenständiges HERZOGTUM mit Sonderrechten (PRIVILEGIEN) wurde – z. B. weibliche Erbfolge, bei Kinderlosigkeit mit Vorschlagsrecht eines Nachfolgers (ius affectandi), Gerichtshoheit im Herzogtum. Die Urkunde ist ein wichtiges Dokument für die Ausbildung autonomer fürstlicher Territorien im Reich und für die Staatswerdung Österreichs. Sie wurde später inhaltlich erweitert durch das (gefälschte) PRIVILEGIUM MAIUS (1358/59).

Literatur: H. Fichtenau: Von der Mark zum Herzogtum. Grundlagen und Sinn des Privilegium minus für Österreich. Wien [2]1965; H. Appelt: Privilegium minus. Das staufische Kaisertum und die Babenberger in Österreich. Wien [2]1976; K. H. Ruess (Red.): Babenberger und Staufer. Göppingen 1987.

Sacrum Imperium

(Heiliges Reich) Programmatischer Titel unter Kaiser Friedrich I. Barbarossa im Kampf gegen den PAPST zur Untermauerung des kaiserlichen Anspruchs – auch der Kaiser, steht unmittelbar zu Gott, ist also dem Papst ebenbürtig (**1157**). Der Titel war später Namensbestandteil des Reichs: »HEILIGES RÖMISCHES REICH DEUTSCHER NATION« (1486).

Reichstag

a) Im alten Reich die aus den Hoftagen entstandene ständische Vertretung gegenüber dem Kaiser, zunächst nur mit den Fürsten: »Reichstage« hießen schon Versammlungen im Reich der KAROLINGER (z. B. Paderborn, 777), gängig wurde der Name erst mit den STAUFERN. Reichstage fanden an wechselnden Tagungsorten statt – oft in Bischofsstädten, später auch freien Reichsstädten – u. a. in Besançon (**1157**), auf den Roncalischen Feldern (1158), in Mainz (1186), Worms (1254) und Frankfurt am Main (1338). Seit der GOLDENEN BULLE Karls IV. (1356) musste der erste Reichstag eines neu gewählten Königs bzw. Kaisers in Nürnberg stattfinden. Wichtige Reichstage außerdem in (1356), Eger (1389), Worms (1495), Köln (1512), während der REFORMATION in Worms (1521), Speyer (1526, 1529), Augsburg (1530), Nürnberg (1532), Augsburg (1548, 1555). Zu den Kompetenzen gehörten Entscheidungen über Heerfahrten bzw. Reichskriege, Reichssteuern, Reichsgesetze, Erhebung in den Reichsfürstenstand. Durch Hinzuziehung von Grafen und Adligen mit Reichsstandschaft, Reichsstädten und Städten – seit 1254 gelegentlich, später (1489) ständig – war der Reichstag faktisch Reichsständeversammlung; er besaß drei Kurien (Beschlusskollegien) – Kurfürstenrat, Fürstenrat, Städte (unterteilt in Rheinische und Schwäbische Bank). Der Reichstag wurde vom Kaiser einberufen, der sich zuletzt vom kaiserlichen Prinzipalkommissar vertreten ließ (ab 1654). Mit dem SCHMALKALDISCHEN BUND (1531–1547) teilte sich der Reichstag in den Corpus catholicorum und Corpus evangelicorum, vom

WESTFÄLISCHEN FRIEDEN sanktioniert (1648): Itio in partes (= Auseinandertreten in Parteien) – auf Antrag einer Religionspartei konnten Beschlüsse des Reichstags, nach getrennter Beratung in Konfessionen, nur einstimmig durch gütliche Übereinstimmung (amicabilis compositio) zustande kommen. Zuletzt tagte der Reichstag in Regensburg als permanenter Gesandtenkongress: EWIGER REICHSTAG (1663–1806). Der REICHSDEPUTATIONSHAUPTSCHLUSS (1803) leitete die MEDIATISIERUNG und Säkularisierung im Reich ein. Die Tradition des Reichstages setzte im DEUTSCHEN BUND der Bundestag fort (1815–1866).

b) Im NORDDEUTSCHEN BUND (1867–1871) und im zweiten Kaiserreich (1871–1918) war der Reichstag das für den Gesamtstaat zuständige PARLAMENT. In der WEIMARER REPUBLIK (1919–1933) war der Reichstag Ausdruck der VOLKSSOUVERÄNITÄT. Er verlor unter autoritären PRÄSIDIALKABINETTEN (1930–1933) an Bedeutung. Nach dem REICHSTAGSBRAND und dem ERMÄCHTIGUNGSGESETZ (1933) wurde er im DRITTEN REICH (1933–1945) faktisch ausgeschaltet. Die letzte Sitzung fand 1942 statt.

c) Bezeichnung für Ständeversammlungen oder Parlamente anderer Staaten, z. B. in Polen, Ungarn, Dänemark, Schweden, Finnland, Japan.

Literatur: a) C. Wacker: Der Reichstag unter den Hohenstaufen. Leipzig 1882; H. Ehrenberg: Der deutsche Reichstag 1273–1378. Leipzig 1883; R. Bemmann: Zur Geschichte des deutschen Reichstags im 15. Jahrhundert. Leipzig 1907; F. H. Schubert: Die deutschen Reichstage in der Staatslehre der frühen Neuzeit. Göttingen 1966; W. Fürnrohr: Der immerwährende Reichstag zu Regensburg. Das Parlament des alten Reiches. Regensburg [2]1987; T. M. Martin: Auf dem Weg zum Reichstag. Studien zum Wandel der deutschen Zentralgewalt 1314–1410. Göttingen 1993; b) E. R. Huber: Deutsche Verfassungsgeschichte seit 1789. Stuttgart [3]1988; M. Stürmer: Regierung und Reichstag im Bismarckstaat 1871–1880. Düsseldorf 1974; R. Hubert: Uniformierter Reichstag. Die Geschichte der Pseudo-Volksvertretung 1933–1945. Düsseldorf 1992.

Römisches Recht

Ursprünglich das Recht des römischen Staates, danach im weiteren Sinne die Summe der Gesetze und Rechte aus der römischen Kaiserzeit, im CODEX JUSTINIANUS (529) fixiert: Das von der Rechtsschule in Bologna wiederbelebte (ab 1154), danach von oberitalienischen Glossatores weiterentwickelte römische Recht griff Kaiser Friedrich I. Barbarossa aus politischen Gründen (Durchsetzung seiner Machtansprüche gegenüber den oberitalienischen Städten und dem PAPST) wieder auf, da es geltendes Recht im REICH DER DEUTSCHEN als Nachfolger des Römischen Reichs sei. Es fand unmittelbare Umsetzung auf dem REICHSTAG auf den Roncalischen Feldern (**1158**). Vor allem Deutschland übernahm das römische Recht, weniger stark sind seine Einflüsse in England und Frankreich. Es wurde erst im 19. Jahrhundert durch die deutsche Rechtswissenschaft und Naturrechtslehre in Deutschland zurückgedrängt. Die Umstrukturierung fand ihren Niederschlag im BÜRGERLICHEN GESETZBUCH (1900).

Literatur: F. C. v. Savigny: Geschichte des römischen Rechts im Mittelalter. 6 Bde., Heidelberg 1826/34; G. v. Below: Die Ursachen der Rezeption des römischen Rechts in Deutschland. München 1905 (Neudruck Aalen 1964); H. Krause: Kaiserrecht und Rezeption. Heidelberg 1952; P. Koschacker: Europa und das Römische Recht. München [4]1966; G. Hürtel: Römisches Recht und römische Rechtsgeschichte. Weimar 1987.

Hanse

(althochdt.: »hansa« = Schar, hier: von Kaufleuten) Deutscher Kaufmannsbund, später auch STÄDTEBUND in Nord-, Mittel- und Westdeutschland, gestützt auf PRIVILEGIEN: Ein erstes Privileg erhielten Kölner Kaufleute für ihre Niederlassung in London (1157), den späteren STALHOF (1281–1598). Die Gemeinschaft der Kaufleute aus dem römisch-deutschen Reich, die nach Gotland fuhren (**1161**), war ein Vorläufer der Hanse im Ostseeraum. Deutsche Kaufleute hatten in Nowgorod ein Kontor (Peterhof, vor 1200–1494). Die Gründung Lübecks (1159) und Rigas (1201) wurde Auftakt zu weiteren deutschen Städtegründungen an der Ostsee (parallel zur OSTKOLONISATION). Der Sieg norddeutscher Fürsten und Städte bei Bornhöved über Dänemark (1227) förderte den raschen Aufstieg der norddeutschen Hansestädte. Der Vertrag zwischen Lübeck und Hamburg (ca. 1230) bildete den Kern der späteren Städtehanse (erweitert durch ein Abkommen zwischen Lübeck, Riga und Wisby, 1282). Deutsche Kaufleute erhielten Privilegien in Flandern (1252/53), Brügge wurde Hansekontor (bis ca. 1546, mit vielen Unterbrechungen). Die wendischen Städte schlossen sich enger zusammen (1256/64). Die Hanse blockierte Bergen in Norwegen (1284/85). Bremen wurde mehrfach aus der Hanse ausgeschlossen (»verhanst«, 1284, 1427, 1563), weil es Blockaden gegen Bergen nicht mitmachte. Ältere Privilegien wurden in Bergen bestätigt (1343).

Der Handel der niederdeutschen Fernkaufleute spielte sich in Nordeuropa von der Zuijdersee im Westen bis zum Baltikum im Osten, von Visby auf Gotland, bis zu einer Linie Köln–Erfurt–Krakau ab, mit Kontoren in Nowgorod, London, Brügge und Bergen. Haupthandelsachse waren die Nordsee und Ostsee. Wichtigste Handelsgüter waren KUPFER und EISEN (Schweden), Trockenfische und Heringe (Schonen, Norwegen, Island), Butter (Dänemark), Getreide, Holz (Ordensstaat/Preußen, Polen), Pelze (Russland), Flachs, Hanf, Erze (Ungarn), WEIN (Frankreich, Süddeutschland), Metallwaren (Flandern, Rheinland, Süddeutschland), Salz (Lüneburg, Gascogne, Portugal), Bier (Hamburg, Bremen, Dortmund, Einbeck), Wolltuche (Flandern, England), Leinwand (Rheinland, Mitteldeutschland). Verbindungen zum Orienthandel bestanden über Nowgorod im Norden, Lemberg im Osten; über Brügge, Nürnberg und Augsburg war die Hanse an den Mittelmeerhandel nach Genua und Venedig angeschlossen.

Beherrscht wurde die Hanse durch die wirtschaftlichen Interessen der reichen Fernhandelskaufleute vorwiegend in den Städten. Der erste allgemeine Hansetag in Lübeck (1356) war der Auftakt zur Ausweitung der Kaufmannshanse in die Städtehanse (»steden van der dudeschen hanse«, 1358). Von 180–200 Hansestädten gehörten 70 Städte zum Kern, die alle im Reich bzw. im DEUTSCHEN ORDENSSTAAT lagen. Die Kernstädte schickten Kaufleute, zugleich Ratssendeboten, zu den Hansetagen. Die Hanse war nach regionalen Interessen eingeteilt in Quartiere:

- wendische und pommersche Städte: Lübeck, Hamburg, Kiel, Wismar, Rostock, Greifswald und Stralsund. Ihre führende Position in der Hanse wurde später allgemein anerkannt (1418);

- sächsische, thüringische und brandenburgische Städte: Lüneburg (zugleich Mitglied bei den wendischen Städten), Braunschweig, Goslar, Hameln, Hildesheim, Einbeck, Göttingen, Magdeburg, Hannover, Bremen, Halle, Merseburg Naumburg, Erfurt, Mühlhausen, Nordhausen; Salzwedel, Stendal, Berlin-Cölln (1359–1448), Stettin, Brandenburg und Frankfurt/Oder;
- westfälische Städte, die Region mit der größten Dichte an Hansestädten (fast 80): u. a. Dortmund, Soest, Münster, Osnabrück, Minden und Paderborn;
- niederländische und rheinische Städte: Groningen, Kampen, Deventer, Arnheim, Nimwegen, Köln, Wesel, Duisburg, Düsseldorf, Solingen, Neuss;
- preußische und livländische Städte: Danzig, Elbing, Königsberg, Kulm und Thorn, dazu assoziiert Breslau und Krakau sowie Riga, Reval, Dorpat und Wisby.

Der Deutsche Orden und die Bauernrepublik Dithmarschen standen zeitweise mit der Hanse in Verbindung.

Bei Durchsetzung ihrer Interessen kollidierte die Städtehanse nie mit dem Reich: Sie blockierte den Handel mit Flandern (1358–1360, 1388–1392, 1451–1457), eroberte Wisby (1361) und beschloss in der Kölner Konföderation (1367–1385) einen Krieg gegen Dänemark (1367–1370), beendet vom Stralsunder Friede (1370), dem Höhepunkt der hansischen Macht. Kriege führte die Hanse gegen Dänemark (1227, 1367–1370, 1426–1435), die Niederlande (1438–1441) und England (1470–1474). Lombarden wurden als Konkurrenz aus dem Einflussbereich der Hanse verdrängt (1414).

Der Niedergang der Hanse wurde bedingt durch:
- regionale Interessenkonflikte und Konkurrenz durch süddeutsche Städte (u. a. Frankfurt am Main, Leipzig, Nürnberg, Augsburg), schifffahrtstechnische Überlegenheit der Holländer, der englischen Merchant Adventurers;
- den Aufstieg von Nationalmonarchien (England, Frankreich, Dänemark, Schweden, Polen, Moskau bzw. Russland) und Territorialstaaten mit dem Entzug der Privilegien. Der Markgraf von Brandenburg zwang Berlin zum Austritt (1448). Nach der Niederlage des Deutschen Ordens bei Tannenberg gegen Polen-Litauen (1410) kamen die preußischen Hansestädte unter polnische Souveränität (1457/66). Köln wurde ausgeschlossen (1471). Das Großfürstentum Moskau annektierte die Republik Nowgorod (1478); Iwan III. schloss den Peterhof (1494). Die Grafenfehde zwischen Lübeck und Dänemark (1534–1536) schwächte auch die gesamte Hanse. Das Hansekontor wurde aus Brügge verlegt (1546). Russland eroberte Dorpat und Narwa (1558), und das Herzogtum Kurland kam unter polnische Oberherrschaft (1561). Im Dreikronenkrieg (1563–1570) erlitt die lübische Flotte bei Gotland eine Niederlage gegen Schweden (1566). Die Merchant Adventurers erhielten Privilegien in Hamburg (1567) und Elbing (1579). Der Londoner Stalhof musste schließen (1598). Der letzte Hansetag in Lübeck (1669) konnte adlige und fürstliche Herrschaftsansprüche nicht mehr zurückweisen.

- die Expansion Europas in Übersee (1492/98) mit Verlagerung der Haupthandelsströme auf die Weltmeere über den Atlantik.

Traditionen der Hanse setzten Hamburg, Bremen und Lübeck fort (Freie Hansestädte 1815–1933). Ihre Farben (Weiß-Rot) gingen zusammen mit denen Preußens (Schwarz-Weiß) in die Farben Schwarz-Weiß-Rot des Norddeutschen Bundes und des 2. Deutschen Kaiserreichs (1871–1918) ein. In der Bundesrepublik Deutschland (seit 1949) verblieben Hamburg und Bremen als Stadtstaaten. »Hanse« ist offizieller Namensbestandteil auch von Lübeck, seit der Vereinigung Deutschlands (1990) ebenfalls von Wismar, Rostock, Stralsund und Greifswald (1990).

Literatur: K. Fritze/J. Schildauer/W. Stark: Die Geschichte der Hanse. Berlin 1985; J. Schildhauer: Die Hanse. Geschichte und Kultur. Frankfurt/Main [2]1988; K. Friedland: Die Hanse. Stuttgart 1991; H. Stoob: Die Hanse. Graz 1995; Ph. Dollinger: Die Hanse. Stuttgart [5]1998; J. Bracker: Die Hanse. Lebenswirklichkeit und Mythos (Ausstellungskatalog). 2 Bde., Lübeck [3]1999; R. Hammel-Kiesow: Die Hanse. München 2000.

Constitutions of Clarendon

Königlicher Erlass in 16 Punkten Heinrichs II. auf seinem Jagdschloss Clarendon bei Windsor (**1164**): Heinrich II. wollte seine Stellung gegenüber dem englischen Klerus stärken, indem er ihn der weltlichen Jurisdiktion (Rechtsprechung) unterwarf, provozierte damit aber nur den Konflikt mit seinem bisherigen Freund Erzbischof Thomas Becket von Canterbury, der von Rittern in der Kathedrale von Canterbury ermordet wurde (1170).

Homagium ligium

Gesetz der Könige in England (**1166**): Im Konfliktfall hat die Treuepflicht (»homagium«) eines Aftervasallen gegenüber dem königlichen Oberlehnsherrn (engl.: liege) Vorrang vor anderen Lehnsbindungen, z. B. an einen Kronvasallen (engl.: Baron). Das Homagium ligium stärkte die königliche Zentralgewalt gegenüber dem Hochadel.

2. Lombardenbund

Bündnis oberitalienischer Städte gegen Friedrich I. Barbarossa nach der Zerstörung Mailands, von Cremona aus organisiert (**1167**), mit der neuen Bundesfestung Alessandria (1168): Nach dem Ausscheiden Venedigs (1174) eroberte Friedrich I. die westliche Lombardei, unterlag aber bei Legnano (1176). Nach einem Waffenstillstand (1177) gab der Friede von Konstanz (1183) den italienischen Städten die Autonomie.

Studium generale

Vorläufer der Universität, als Zugangsvoraussetzung zum eigentlichen Studium; heute Vorlesungen für Hörer aller Fakultäten: Für Oxford markiert das Studium generale (**1168**) die Anfänge der Universität.

Aijubiden

Muslimische, von Saladin gegründete Herrscherdynastie (**1171**–1250): Saladin stürzte die FATIMIDEN in Ägypten, gewann Syrien, Palästina (1174) und den Jemen (1183–1232). Ägypten wurde wieder sunnitisch, und die Aijubiden erkannten das KALIFAT von Bagdad formal an. Sie führten unter Saladin den muslimischen Widerstand gegen die KREUZFAHRERSTAATEN (JIHAD), nach der Eroberung Jerusalems (1187) gegen den 3. KREUZZUG (1189–1192). Die Nachfolger Saladins führten den Titel SULTAN (1200). Syrien zerfiel in aijubidische Kleinstaaten, die von SELDSCHUKEN, Choresmier und Mongolen unterworfen wurden. Den letzten ägyptischen Aijubiden-Sultan ermordeten die MAMLUKEN (1250) während des 6. KREUZZUGES und beseitigten anschließend die letzten Aijubiden-Fürstentümer (1260).

Literatur: C. Cahen: Aijubiden, in: Encyclopaedia of Islam. Bd. 1, S. 796 ff.

Großer Rat

(ital.: Consiglio maggiore) Gremium aus PATRIZIER-Familien in Venedig zur Kontrolle des DOGEN (**1172**–1797) als Träger der venezianischen SOUVERÄNITÄT. Seine 300–500 Mitglieder (13. Jh.) wurden aus einem geschlossenen Kreis ratsfähiger Familien gewählt, die seit der »Serrata del Consiglio Maggiore« (1297) im »Goldenen Buch« eingetragen wurden. Er verlor allmählich die Macht an den Kleinen Rat und den SENAT, blieb jedoch Wahlorgan für die Staatsämter (bis 1797).

Waldenser

Religiös-soziale, von Südostfrankreich ausgehende Bewegung, begründet von Valdes als »Arme von Lyon« (**1176**): Waldenser predigten als Laien Armut nach dem Vorbild Jesu Christi. Der PAPST verurteilte sie als KETZER, exkommunizierte und verfolgte sie (und KATHARER) mit der bischöflichen INQUISITION (1184). Interne Konflikte spalteten sie in einen französischen und lombardischen Zweig (1205/18): Während Papst Innozenz III. die französischen Waldenser mit Gewalt zur Kirche zurückführte (1298/10), breiteten sich die lombardischen trotz Verfolgung aus. Sie standen in Verbindung mit dem englischen Reformator Wyclif und den LOLLARDEN (ca. 1380), mit den HUSSITEN (ca. 1420) und den BÖHMISCHEN BRÜDERN. Sie schlossen sich der schweizerischen (Zwingli) und oberdeutschen REFORMATION an (1532). In ihrem traditionellen Rückzugsgebiet, den piemontesischen Alpentälern, leisteten sie gegen den Herzog von Savoyen bewaffneten Widerstand (1689). Nach ihrer Vertreibung aus Savoyen (1699, 1709) kamen sie nach Baden, Württemberg und Hessen, konnten aber nach dem SPANISCHEN ERBFOLGEKRIEG (1701–1713/14) wieder zurückkehren. Im ZWEITEN WELTKRIEG eröffneten sie als Partisanen den bewaffneten WIDERSTAND in Italien gegen den FASCHISMUS. Die Waldenser bestehen bis heute als kleine, politisch aktive Minderheit, mit ihrer Chiesa Evangelica Valdense. Ihr Schwerpunkt liegt in Italien, mit Gemeinden auch in Übersee, u. a. in

Uruguay, Argentinien. In Rom gibt es eine theologische Fakultät der Waldenser, jährliche Synoden tagen in Torre Pellice (bei Turin).

Literatur: W. Erk (Hg.): Waldenser. Geschichte und Gegenwart. Frankfurt/Main 1971; A. Patschovsky (Hg.): Quellen zur Geschichte der Waldenser. Gütersloh 1973; A. Molnár: Die Waldenser: Geschichte und europäisches Ausmaß einer Ketzerbewegung. Göttingen 1980; G. Tourn: Geschichte der Waldenser-Kirche. Torino [4]1992; A. de Lange: Die Waldenser: Der Weg einer religiösen Minderheit in Europa. Lahr 1999.

3. Laterankonzil

Konzil der römischen Kirche im päpstlichen Palast des Lateran unter Papst Alexander III. (1179): Das 3. Laterankonzil bestätigte den Frieden von Venedig zwischen Alexander III. und KAISER Friedrich I. Barbarossa (**1177**) und reformierte die Papstwahl, indem es eine $^2/_3$-Mehrheit vorschrieb. Ferner wurden Repressionsmaßnahmen gegen KATHARER und WALDENSER, JUDEN und SARAZENEN beschlossen.

Literatur: R. Foreville: Lateran I–IV. (= Geschichte der ökumenischen Konzilien. Bd. 6). Mainz 1970.

Regalien

(lat.: iura regalia = königliche Rechte) Seit dem FRANKENREICH Hoheitsrechte der KRONE, so benannt seit dem Vertrag von Sutri zwischen Heinrich V. und Papst Paschalis II. (1111) – über Herzogtümer, MARKGRAFSCHAFTEN, GRAFSCHAFTEN, Münzen, Zoll, Markt, Gericht, Königshöfe, Ministerialen und Reichsburgen: Der Roncalische REICHSTAG (1158) erweiterte Regalien auf Verkehrswege (Straßen und Flüsse), konfiszierte Güter, Steuern, Forste, Fischerei und Schätze. Unterschieden wurde zwischen höheren (Gerichtsbarkeit, Heerbann) und niederen (Jagd, Bergbau, Mühlen) Regalien, älteren (Markt, Münze, Zoll) und jüngeren (Jagd, Boden, Fischerei, Strand, Salz, Judenschutz, später POST). Die Rechte behauptete der 2. LOMBARDENBUND gegen das Reich (**1183**).

In Deutschland kamen die meisten Regalien allmählich – legal oder faktisch usurpiert – in die Hand der Landesherren, als rechtlich-materielle Grundlage ihres Territorialstaates mit AUTONOMIE und SOUVERÄNITÄT (seit 1648) auf Kosten der kaiserlichen Zentralgewalt. Im westlichen Europa wurde die Ausübung der Regalien durch die Krone Grundlage zur Herausbildung der Nationalmonarchien. Die heutigen staatlichen Monopolrechte sind eine modernisierte Fortsetzung der Regalien.

Literatur: M. Howell: Regalian Right in Medieval England. London 1962; H. Conrad: Deutsche Rechtsgeschichte. Bd. 1: Frühzeit und Mittelalter. Karlsruhe [2]1962; H. Thieme: Die Funktion der Regalien im Mittelalter. Darmstadt 1968; J. Fried: Der Regalienbegriff im 11. und 12. Jh., in: Deutsches Archiv für Erforschung des Mittelalters, 29/1973, S. 450 ff.

Ketzer

(von Katharer = Katharoi, ital.: gazzari, mittelhochdt.: ketter) Ursprünglich Sammelname für dualistische Sekten im lateinischen Mittelalter, vor allem KATHARER, später generell für von der Kirche Abgefallene, u. a.

LOLLARDEN (ca. 1381), HUSSITEN (1420–1436), seit der REFORMATION auch PROTESTANTEN, auf Dissidenten und politische Abweichler übertragen. Die Verurteilung der Katharer und WALDENSER als Ketzer (**1184**) fällt zusammen mit den Anfängen der INQUISITION. Auch die TEMPLER wurden als Ketzer verfolgt (1307/12).

Literatur: H. Grundmann: Ketzergeschichte des Mittelalters. Göttingen [3]1978; A. Borst: Barbaren, Ketzer und Artisten. Neuausgabe München 1990; M. Lambert: Ketzerei im Mittelalter. Eine Geschichte von Gewalt und Scheitern. Neuausgabe Freiburg/Br. 1991; siehe auch Katharer.

Inquisition

(lat.: inquisitio = Untersuchung) Strafrechtliche Verfahren der Kirche gegen KETZER mit Vollstreckung der Urteile durch weltliche Instanzen, als bischöfliche Inquisition im Zusammenwirken von PAPST und KAISER gegen KATHARER und WALDENSER (**1184**), von Gregor IX. zur päpstlichen Inquisition ausgebaut (1231/32). Kaiser Friedrich II. führte den Feuertod als Strafe (1224/31) ein, später kam die FOLTER hinzu (ab 1252). Inquisitoren waren oft DOMINIKANER, aber auch FRANZISKANER.

In den einzelnen Ländern hatte die Inquisition unterschiedliche historische Bedeutung: Nachdem in Deutschland der Inquisitor Konrad von Marburg von Rittern erschlagen worden war (1233), verlor das Amt bis zu den HEXENVERFOLGUNGEN (ca. 1450) an Bedeutung. In Frankreich richtete sich die Inquisition vor allem gegen ALBIGENSER (ca. 1229) und TEMPLER (1307/12); sie bestand formal bis 1772. In Spanien wurde sie vor dem Ende der RECONQUISTA erneuert (1478–1834), mit Großinquisitor und Autodafés gegen insgeheim ihren alten Glauben weiter praktizierende MAUREN und JUDEN sowie gegen die REFORMATION (1557–1560); das letzte Todesurteil wurde 1781 vollstreckt. In Portugal war die Inquisition zwischen 1536 und 1821 tätig. In Italien ging sie vor allem gegen die Reformation vor (1542–1589). In Rom war die »Congregatio Romanae et universalis inquisitionis« (= Sanctum Officium, 1542–1965) päpstliche Zentralinstanz in Glaubensfragen. Im Kirchenstaat bestand die Inquisition bis zu dessen Eingliederung in den italienischen Nationalstaat (1859/70). In England war sie nur bei der Verfolgung der LOLLARDEN (ca. 1381, 1414) und unter Maria der Katholischen (1553–1558) aktiv. In den Niederlanden erneuerte Karl V. sie gegen die Reformation (1522) und provozierte den NIEDERLÄNDISCHEN UNABHÄNGIGKEITSKRIEG (1566/72–1648).

Literatur: R. Leiber: Die mittelalterliche Inquisition. Kevelaer 1963; M. Hroch/A. Skýbová: Die Inquisition im Zeitalter der Gegenreformation. Stuttgart u. a. 1985; G. Schwaiger (Hg.): Teufelsglaube und Hexenprozesse. München [4]1999; A. Borst: Barbaren, Ketzer und Artisten. Welten des Mittelalters. München 1988; P. Blumenthal (Hg.): Glaubensprozesse – Prozesse des Glaubens? Religiöse Minderheiten zwischen Toleranz und Inquisition. Tübingen 1989; R. Lemm: Die Spanische Inquisition. Geschichte und Legende. München 1996.

Maroniten

Anhänger der Syrisch-maronitischen Kirche, einer christlichen Ostkirche, die mit Rom in UNION verbunden ist (ab **1184**), mit Arabisch und Altsyrisch als Liturgiesprache, benannt nach ihrem Gründer, dem heiligen Maro (oder Maron bzw. Maroon), einem syrischen Einsiedler: Die Anfänge der Maroniten sind unsicher, gehen wahrscheinlich auf die Trennung von der Kirche durch Übernahme des monotheletischen Dogmas zurück, das Christus zwei Naturen (eine menschliche und eine göttliche), aber nur einen göttlichen Willen zusprach. Die Synode von Konstantinopel verdammte den Monothelismus als schismatisch (680). Die Maroniten wurden nach der islamischen Eroberung (ab 635) aus Syrien vertrieben, hielten sich aber im Libanon-Gebirge. Der KALIF Marwan (744–748) erkannte sie als eigene Glaubensgemeinschaft an. Der PAPST seinerseits erkannte das geistliche Oberhaupt der Maroniten als Patriarch von Antiochia an (1216). Die Maroniten richteten in Rom ein Kolleg ein (1584). Angriffe der Türken und DRUSEN (1860) führten zum Eingreifen der europäischen Großmächte (1860). Die Maroniten erhielten im unabhängigen Libanon die politisch führende Position (1944), die sie im LIBANESISCHEN BÜRGERKRIEG zu verteidigen suchten (1975–ca. 1987). Sitz ihres Patriarchen ist Bkerké im Libanon.

Literatur: J. Hajjar: Zwischen Rom und Byzanz. Die unierten Christen des Nahen Ostens. Mainz 1972; P. Kawerau: Ostkirchen-Geschichte. 4 Bde., Löwen 1982–1984; M. Moosa: The Maronites in History. Syracuse (USA) 1986.

Kirchenunion

(abgekürzt auch: Union) Zusammenschluss christlicher Kirchen, meist der katholischen Kirche mit Ostkirchen, in der Regel unter dem PAPST als geistlichem Oberhaupt, während regionale Gebräuche (Kirchensprache, Ritus, evtl. meist auch Priesterehen) erhalten blieben.

a) MARONITEN schlossen die Union mit Rom (**1184**).

b) Auf dem 2. Konzil von Lyon bot Byzanz Rom die Union an, um die Eroberung Konstantinopels durch Karl von Anjou zu vereiteln (1274). Mit Verurteilung des Kaisers Michael VIII. Palaiologos als Häretiker durch ein byzantinisches KONZIL (1278) und den Papst in Rom (1281) war der erste Versuch zur Kirchenunion gescheitert.

c) Die Union auf dem KONZIL VON FLORENZ (1439) zur Rettung von Byzanz vor den OSMANEN scheiterte am Widerstand von Byzanz und Russland.

d) UNION VON BREST (1596).

e) PREUSSISCHE UNION zwischen REFORMIERTEN und LUTHERANERN (1817).

Literatur: a) siehe Maroniten; b) G. J. Geanokoplos: Emperor Michael VIII. Palaiologos and the West. Cambridge (Mass.) 1959; J. Hajjar: Zwischen Rom und Byzanz. Die unierten Christen des Nahen Ostens 1972; c) J. Gill: The Council of Florence. Cambridge 1958; d) J. Pelesz: Geschichte der Union der ruthenischen Kirche mit Rom. 2 Bde., Wien 1878–1880; H.-J. Torke: 400 Jahre Kirchenunion von Brest (1596–1996). Berlin 1998.

Magdeburger Stadtrecht

Das Stadtrecht Magdeburgs (aufgezeichnet **1188**) wurde in der deutschen OSTKOLONISATION bei vielen Stadtgründungen angewandt, weit über den deutschen Siedlungsraum hinaus: Obwohl längst nicht alle

Stadtgründungen nach Magdeburger Recht von Deutschen getragen waren, blieb Magdeburg bis zum 17. Jahrhundert bei Streitfragen Zentralinstanz (Oberhof).

Literatur: F. Ebel (Hg.): Magdeburger Recht. 2 Bde., Köln 1983–1995; H. Lück: Sachsenspiegel und Magdeburger Recht. Europäische Dimension zweier mittelalterlicher Rechtsquellen. Hamburg 1998.

Cortes

(span./portug.: Höfe) STÄNDE bzw. PARLAMENT auf der Iberischen Halbinsel, zunächst in den spanischen Königtümern und Portugal:

a) Spanien: Durch die ständigen Kriege gegen die MAUREN und der daraus resultierenden Finanznot hatten die STÄNDE eine starke Stellung gegenüber der KRONE. Cortes entstanden in León (**1188**), Kastilien (1212), Katalonien (1214/18), Aragón (1247); León-Kastilien mit gewählten Vertretern der Städte (1250), Valencia (1283) und Navarra (1300). Das GENERALPRIVILEG VON SARAGOSSA (1283) gab den Cortes von Aragón u.a. PERIODIZITÄT (1287). In Kastilien waren die Cortes nach dem Scheitern des COMUNEROS-AUFSTANDS (1520/21), in Katalonien nach dem Aufstand gegen die Krone (1640) geschwächt; später wurden die kastilischen Cortes vollends entmachtet. Mit der Zentralisierung schuf die absolute MONARCHIE der BOURBONEN gesamtspanische Cortes (1700–1789), sie wurden jedoch nur achtmal einberufen und hatten keine politische Macht. Im Unabhängigkeitskrieg gegen Napoleon I. verabschiedeten die Cortes in Cádiz (1810–1812), das erste moderne spanische PARLAMENT, die VERFASSUNG VON CÁDIZ (1812). In der Franco-Diktatur (1939–1975) waren die Cortes nur ein Scheinparlament. Nach Franco (1975) wurden sie wieder frei gewählte Volksvertretung und Gesetzgebungsorgan. Nach der demokratischen Verfassung Spaniens (1978) bestehen die Cortes (Generales) aus zwei Kammern, Abgeordnetenhaus und SENAT.

b) Portugal: Nach Ende der RECONQUISTA in Portugal (1248) erstmals einberufen (1254), hatten die Cortes nur eine schwache Stellung. Mit der Expansion Portugals in Übersee und der finanziellen Unabhängigkeit der Krone begann ihr Niedergang (vor 1400); später wurden sie nicht mehr einberufen (ab 1689). In REVOLUTIONEN entstanden verfassunggebende Cortes (1821–1823, 1828, 1911). In der Republik Portugal nach der Nelkenrevolution (1974/76) heißt das Parlament Assembleia Nacional.

Literatur: a) D. Ramos Pérez: Historia de las Cortes tradicionales de España. Madrid 1944; L. García de Valdeavellano y Arcimís: Curso de historia de las instituciones españolas, de los origines al final de la Edad Media. Madrid [4]1975; b) E. Prestage: Royal Power and the Cortes in Portugal. Watford 1927.

Stände

(mittellat.: status = Stand, Stellung; frz.: États, engl.: Estates, niederl.: Staaten) a) Repräsentative Versammlung seit dem Spätmittelalter noch vor dem modernen PARLAMENT, teilweise mit gemeinsamer historischen

Wurzel; aber auch die KRONE beratende Gremien des HOCHADELS (Curia regis) hießen Stände: Entsprechend ihrer Kompetenz waren die Stände für ein Territorium – LANDSTÄNDE (im alten Reich) und PROVINZSTÄNDE (Frankreich, Niederlande) – oder für den Gesamtstaat zuständig wie die GENERALSTÄNDE (Frankreich), die GENERALSTAATEN (Niederlande), der REICHSTAG (Deutschland, Skandinavien u. a.), das Parlament (England, Schottland, Irland), die CORTES (Aragón, Kastilien). Ihr Aufkommen fällt mit der Wiederbelebung des FERNHANDELS und der Geldwirtschaft in Europa zusammen: Ihre wichtigste Funktion bestand in der Bewilligung neuer STEUERN, wenn übliche Finanzquellen der Krone (KRONDOMÄNEN, REGALIEN) für außerordentliche Zwecke, meist Kriege, nicht ausreichten – »Landtage sind Geldtage«. Meist bestanden Stände aus Klerus, ADEL und Bürgertum (= DRITTER STAND), gelegentlich, so in Tirol, Friesland und Schweden, auch mit (freien) Bauern.

Stände hatten in einzelnen Ländern eine unterschiedliche Entwicklung:

- Kastilien-León: Bildung der ersten Cortes (**1188**, 1250).
- Deutschland: Erste Ansätze zu Landständen gab es in fürstlichen Territorien, vom STATUTUM IN FAVOREM PRINCIPUM (1231/32) vorgeschrieben. Die Reichsstände waren im Reichstag repräsentiert.
- England: Das Stände-Parlament (seit 1265) errang in der ENGLISCHEN REVOLUTION (1640–1660, 1688/89) die SOUVERÄNITÄT.
- Dänemark: Die Stände konstituierten sich als Danehof (1282), später als Rigsdag (= Reichstag, 1468).
- Aragón: Die Cortes (1247, 1283) sollten die Finanzierung des Krieges um Sizilien nach der SIZILIANISCHEN VESPER (1282) sichern.
- Frankreich: Neben Generalständen (1343/55–1789) gab es Provinzstände.
- Polen: Der SEJM (nach 1386) war eine Vertretung nur des Adels.
- Niederlande: Nach den Provinzständen entstanden erste gesamtstaatliche Generalstände (Staaten-Generaal = Generalstaaten) für das Herzogtum Burgund (1464), später für die Vereinigten Provinzen (1581).

Die Stände wurden in der GEGENREFORMATION und im Absolutismus (ABSOLUTE MONARCHIE) oft als »intermediäre Gewalten« (Montesquieu) und Vertreter partikularer Interessen von der Zentralgewalt zurückgedrängt oder ausgeschaltet, häufig in Kämpfen mit der Krone. Die Stände waren nach der REFORMATION oft protestantisch, auch in Bayern, Österreich und Polen, wo die Krone katholisch blieb. In Bayern (1564) und Österreich (1588/96) wurden sie völlig ausgeschaltet, in Frankreich nicht mehr einberufen (1614–1789). In Böhmen löste der Konflikt der böhmischen Stände mit den HABSBURGERN den DREISSIGJÄHRIGEN KRIEG aus (1618–1648). In England wurde das Parlament bis zur ENGLISCHEN REVOLUTION nicht einberufen (1629–1640). In Brandenburg schalteten sich die Stände selbst durch den REZESS aus (1653). Wo Stände die Souveränität erkämpften – Holland im NIEDERLÄNDISCHEN UNABHÄNGIGKEITSKRIEG (1567/81), England (1640–1660, 1688/89), Frankreich (1789) – setzte sich der moderne Verfassungsstaat durch.

b) Die sozialen Gruppen (Klerus, Adel, Bürgertum) heißen im Deutschen ebenfalls Stände. In ihren Versammlungen (= Ständen) berieten sie oft getrennt und traten zur Verkündung der gemeinsamen Beschlüsse zusammen. So erklärt sich die Bezeichnung »Stände« für in der »Ständegesellschaft« voneinander getrennte soziale Gruppen, die mit unterschiedlichen Rechten ausgestattet waren (PRIVILEGIEN). Im 19. Jahrhundert hieß das Industrieproletariat auch »Vierter Stand«.

Gegen den parlamentarischen Verfassungsstaat stand die Konzeption des vor- und antiparlamentarischen, autoritären Ständestaates (ab ca. 1850), der sich nach dem ERSTEN WELTKRIEG (1914–1918), nach dem Vorbild des FASCHISMUS in Italien (1922–1943), in Portugal (Estado Novo, 1933–1974), Brasilien (1937–1945), Österreich (1934–1938) und Spanien (1936–1975) vorübergehend durchsetzte.

Literatur: G. Oestreich: Geist und Gestalt des frühmodernen Staates. Berlin 1969; A. R. Myers: Parliaments and Estates in Europe to 1789. London 1975; R. Bowen: German Theories of the Corporate State. New York [2]1971; H. K. Schulze: Grundstrukturen der Verfassung im Mittelalter. 2 Bde., Stuttgart 1985; G. Duby: Die drei Ordnungen. Das Weltbild des Feudalismus. Frankfurt/Main 1993.

3. Kreuzzug

Nach der Niederlage der KREUZFAHRERSTAATEN gegen Saladin am Hattin und nach der Eroberung Jerusalems (1187) rief der PAPST zum 3. Kreuzzug auf (**1189**–1192): Die Deutschen zogen unter Kaiser Friedrich I. (Barbarossa) über Land entlang der Donau nach Konstantinopel, durch Kleinasien ins Heilige Land; nach dem Tod des Kaisers in Kleinasien (1190) gelangte nur ein Teil des deutschen Kontingents ans Ziel. Franzosen unter Philipp II. August und Anglonormannen unter Richard I. Löwenherz benutzten den Seeweg. Die Kreuzfahrer setzten die von Guido von Lusignan (1190) begonnene Belagerung Akkos fort und eroberten die Stadt: Sie war bis zu ihrer Eroberung durch die MAMLUKEN (1291) Zentrum der Kreuzfahrerstaaten. In die Zeit der Belagerung fallen die Anfänge des DEUTSCHEN ORDENS (1190). Nach wechselvollen Kämpfen schlossen Saladin und Richard Löwenherz Frieden (1192).

Literatur: H. Möhring: Saladin und der Dritte Kreuzzug (= Frankfurter historische Abhandlungen 21). Wiesbaden 1980; siehe Kreuzzüge.

Deutscher Orden

GEISTLICHER RITTERORDEN: Bremer und Lübecker Kaufleute gründeten bei der Belagerung Akkos auf dem 3. KREUZZUG (1189–1192) den Deutschen Orden für deutsche Kreuzzugsteilnehmer als Krankenpflegeorden (**1190**), mit Hauptsitz in Akko (1191–1291). Nach dem Vorbild der JOHANNITER und TEMPLER wurde er kurz darauf in einen Ritterorden mit überwiegend militärischen Aufgaben umgewandelt (1198): Seine Hauptfestung im Heiligen Land war Montfort (Starkenburg, bis 1271). Die Ordenstracht bestand aus einem weißen Mantel (Burnus) mit schwarzem Kreuz. Der Orden hatte Niederlassungen in Deutschland, an die mitunter noch Namen wie »Deutsches Eck« und

»Deutsches Haus« erinnern. Im ungarischen Burgenland wurde er als Grenzwache gegen die KUMANEN eingesetzt (1211–1225). Konrad von Masowien rief den Deutschen Orden gegen die PRUSSEN zur Hilfe; die Bulle von Rimini (1226) sanktionierte die territoriale Expansion. Nach der Gründung Thorns (1230) expandierte der Orden von der unteren Weichsel nach Osten, als Teil der mittelalterlichen deutschen OSTKOLONISATION. In Livland, Kurland und Semgallen übernahm er die Besitzungen des SCHWERTBRÜDERORDENS (1237). Ordensritter unterlagen mit dem schlesisch-polnischen Heer bei Liegnitz den Mongolen (1241). Auf dem Eis des Peipussees erlitt er eine Niederlage gegen den Nowgoroder Fürsten Alexander Newski (1242). Im Christburger Vertrag (1249) erhielten die unterworfenen Prussen die Gleichberechtigung, sofern sie die Herrschaft des Ordens anerkannten und zum Christentum übertraten. Königsberg wurde gegründet (1255). Der Orden erreichte die Grenze zu Litauen (1290), eroberte Danzig (1308) und Pomerellen (1309).

Nach dem Fall der Kreuzfahrerfestung Akko (1291) wurde der Sitz des Hochmeisters, nach Zwischenstationen auf Zypern und in Venedig, auf die Marienburg verlegt (1309–1457) und mit dem Aufbau eines straffen Ordensstaates begonnen. Mit Polen schloss der Orden den Frieden von Kalisch (1343). Er erwarb Estland von Dänemark (1346), eroberte Gotland (1398) und Schemaiten/Samogitien (1402). Gegen ein polnisch-litauisches Heer erlitt der Orden bei Tannenberg (1410) eine schwere Niederlage. Der (1.) THORNER FRIEDE (1411) schwächte den Ordensstaat, gegen den sich die STÄNDE (Städte und weltliche RITTER) auflehnten. Der Konflikt verschärfte sich mit Bildung des PREUSSISCHEN BUNDES (1440), der, mit Polen verbündet, Krieg gegen den Orden führte (1454–1466): Der Orden verlor die Marienburg (1457), Königsberg wurde Hauptstadt. Im (2.) Thorner Friede (1466) verlor der Orden Pomerellen, das Culmer Land und Ermland an Polen, musste die SUZERÄNITÄT Polens anerkennen (1525–1660). Der Hochmeister Albrecht von Brandenburg trat zur REFORMATION über und nahm den Ordensstaat als HERZOGTUM PREUSSEN vom polnischen König als LEHEN (1525). Die Nachfolge des Hochmeisters trat der Deutschmeister in Mergentheim an (1530). Das Territorium des Ordens in Livland und Kurland wurde das protestantische Herzogtum Kurland, das unter polnischer Oberhoheit stand (1559–1795). In Österreich wurde der Deutsche Orden als geistlicher Deutscher Ritterorden erneuert (1834) mit dem Tätigkeitsschwerpunkt im seelsorgerischen und sozial-karitativen Bereich. Papst Pius XI. wandelte den Orden in ein geistliches Institut um (1929). Die Nationalsozialisten unterdrückten den Orden nach dem ANSCHLUSS (1938) und wiesen Ordensbrüder und -schwestern aus der zerschlagenen ČSR nach Deutschland aus (1939). Der Ordensbesitz in Jugoslawien wurde enteignet (1945/46). In Deutschland und Österreich wurde der Orden nach dem ZWEITEN WELTKRIEG neu belebt, mit Sitz des Hochmeisters in Wien.

Literatur: W. Hubatsch (Hg.): Quellen zur Geschichte des Deutschen Ordens. Göttingen 1954; F. Bennighoven (Bearb.): Unter Kreuz und Adler. Der Deutsche Orden im Mittelalter. (Ausstellungskatalog). Mainz 1990; M. Tumler: Der Deutsche Orden. Von seinem Ursprung bis zur Gegenwart. Bad Münstereifel [5]1992; W. Sonthofen: Der Deutsche Orden. Neuausgabe Augsburg 1995; H. Boockmann: Der Deutsche Orden. Zwölf Kapitel aus seiner Geschichte. München [4]1994.

Hohenzollern

Deutsche DYNASTIE (1415–1918), benannt nach der Stammburg Zollern bei Hechingen am Nordrand der Schwäbischen Alb: Die Zollern (1061 erstmals erwähnt) wurden BURGGRAFEN in Nürnberg (**1191**), unterteilt in eine fränkische (später brandenburgisch-preußische) und schwäbische (zuletzt Hohenzollern-Hechingen und Hohenzollern-Sigmaringen) Linie (1214, 1623 Reichsfürsten), und nahmen den Namen Hohenzollern an (1350). Mit dem Besitz der MARKGRAFSCHAFT Ansbach-Bayreuth stiegen sie zu Reichsfürsten auf (1363). Als KURFÜRSTEN von Brandenburg (ab 1415) machten die Hohenzollern mit dem Hausgesetz (Dispositio Achillea, 1473) Kurbrandenburg unteilbar, die fränkischen Fürstentümer zu SEKUNDOGENITUREN. Ein Hohenzoller, Albrecht von Brandenburg, war letzter Hochmeister des DEUTSCHEN ORDENSstaates, später Herzog von Preußen (1525). Die brandenburgisch-fränkische Linie wurde protestantisch (1536). Das HERZOGTUM PREUSSEN kam zu Brandenburg (1618). Die Linie Ansbach-Bayreuth starb aus (1791/1806).

Aus der süddeutschen Linie Hohenzollern-Sigmaringen kam Karl, Fürst/König von Rumänien (1866/81–1914); die Dynastie hielt sich bis zum Ende der Monarchie (1947). Die Kandidatur des Erbprinzen als Thronfolger in Spanien (SPANISCHE THRONKANDIDATUR) wurde Auslöser für den DEUTSCH-FRANZÖSISCHEN KRIEG (1870/71). Kurfürst Friedrich Wilhelm (der Große Kurfürst) (1640–1688) begründete den Aufstieg Brandenburgs zur norddeutschen Großmacht; seine Rivalität zu Österreich eröffnete den Deutschen Dualismus (1740–1866). Kurfürst Friedrich III. (1688–1713) wurde in Königsberg zum »König **in** Preußen« gekrönt (1701, Friedrich I.). Friedrich Wilhelm I., der »Soldatenkönig« (1713–1740), und sein Sohn Friedrich II. (der Große) (1740–1786) machten Preußen zur europäischen Großmacht; seit Friedrich II. als »Könige **von** Preußen» (1772). Friedrich Wilhelm III. (1797–1840) bewahrte Preußen als Staat in den napoleonischen Kriegen und ließ die PREUSSISCHEN REFORMEN durchführen (1807–1811). Der WIENER KONGRESS (1815) brachte Preußen großen Gebietsgewinn. Friedrich Wilhelm IV. (1840–1858/61) lavierte in der MÄRZREVOLUTION (1848) und oktroyierte eine Verfassung. Unter Wilhelm I. (1861–1888) wurden die Hohenzollern mit der REICHSGRÜNDUNG KAISER (1871). Wilhelm II. (1888–1918) stürzte mit seiner WELTPOLITIK (ab 1896/98) das Reich in den ERSTEN WELTKRIEG (1914–1918), dankte zu Beginn der NOVEMBERREVOLUTION ab und ging ins Exil (1918–1940).

Literatur: O. Hintze: Die Hohenzollern und ihr Werk. Berlin [7]1915 (Nachdruck Moers 1979); A. Ritthaler: Die Hohenzollern. Solingen [4]1992; Th. Stamm-Kuhlmann: Die Hohenzollern. Berlin 1995; W. Neugebauer: Die Hohenzollern. Stuttgart 1996; W. H. Nelson: Die Hohenzollern. Reichsgründer und Soldatenkönige. München 1997.

Burggraf

(lat.: praefectus, burggravius, castellanus; frz.: castellan) Vertreter der KRONE in BURGEN und Städten mit richterlicher und militärischer Gewalt, im Spätmittelalter auch Vogt oder Schultheiß genannt: Die

Grafen von Zollern wurden BURGGRAFEN in Nürnberg (**1191**), als HOHENZOLLERN (ab 1350) eine führende deutsche DYNASTIE.

Literatur: W. Schlesinger: Zur Gerichtsverfassung des Markengebietes, in: Beiträge zur deutschen Verfassungsgeschichte. Göttingen 1963.

Lusignan

DYNASTIE des fränkisch-lateinischen Königreichs Zypern (1192–1489): Guido de Lusignan, König von Jerusalem (1186–1190), von Richard I. Löwenherz nach der Eroberung Zyperns (1191) als König von Zypern eingesetzt (**1192**), begründete das Herrschergeschlecht der Lusignan: Die Rückeroberung Palästinas nach der Plünderung Alexandrias durch König Peter scheiterte (1365). Nach dem Erlöschen der Linien im Mannesstamm (1473) fiel Zypern an Venedig (1489–1571).

Literatur: S. Painter: Lusignan, in: Speculum 32/1957.

Shogunat

(japan.: shogun = Reichsfeldherr) Japanischer Titel des Kriegsfeldherrn (794): Das später erbliche Shogunat ging an die Minamoto über, die auch die oberste Regierungsgewalt im Kaiserreich übernahmen (**1192**–1333), gefolgt von den Ashikaga (1338–1573). Tokugawa Ieyasu (1600/03–1616) begründete die Edo- oder TOKUGAWA-PERIODE (1600/03–1867). Nach dem Bürgerkrieg (1866/67) wurde das Shogunat aufgehoben, die Kaisermacht restauriert – MEIJI-ÄRA (1868–1912).

Literatur: D. Martel: Shogun. Le pouvoir de la guerre. Puiseaux 1991.

Daimyo

Unter dem SHOGUNAT (**1192**–1867) Regionalfürsten im alten Japan, die unter wechselnden Shogunen die Macht ausübten: Mit Ablösung des Shogunats durch die Meiji-Reformen (ab 1867) verloren die Daimyos ihre Macht, ihre Herrschaftsbezirke wurden Regierungsbezirke (han).

Literatur: Yoshiaki Shimizu (Hg.): Japan. The Shaping of Daimyo Culture 1185 –1868. Ausstellungskatalog. London 1989.

Ghuriden

(Ghoriden) Türkisch-persische DYNASTIE aus Ghur in Zentralafghanistan: Zunächst VASALLEN der GHASNAWIDEN, eroberten die Ghuriden Ghasni (1150), vertrieben die Ghasnawiden aus Chorassan (ca. 1160) und dem Panjab (1187). Nach ihrem Sieg über die HINDU-KONFÖDERATION in der Schlacht an der Pforte von Delhi (**1192**) gründeten sie in Nordindien ein kurzlebiges Reich, das die zweite Welle der Islamisierung einleitete und durch die Eroberung Bihars das Ende des BUDDHISMUS in Indien besiegelte (1199). Mit dem Mord an Mohammed von Ghur (1173–1206) durch einen ASSASSINEN erlosch die Dynastie, abgelöst vom MAMLUKEN-SULTANAT VON DELHI (1206–1398/99).

Literatur: M. A. Ghafur: The Ghurids (Diss.). Hamburg 1959.

Hindu-Konföderation

Zusammenschluss indischer Könige gegen die GHURIDEN: Nach einem ersten Sieg über die Ghuriden (1191) erlitt die Hindu-Konföderation an der Pforte von Delhi ihre vernichtende Niederlage (**1192**).

Přemysliden

(Przemysliden) Böhmische Herrscherdynastie (bis 1306), nach legendärer Überlieferung vom tschechischen Bauern Přemysl begründet (zwischen 700 und 725): Aus den Přemysliden gingen bedeutende Fürsten hervor. Mit Herzog Bořiwoj I. (869 getauft) wurden die Přemysliden erstmals historisch fassbar. Wenzel I. (919–929) erkannte die deutsche Oberherrschaft an, förderte das CHRISTENTUM, wurde aber in einer heidnischen Reaktion ermordet (929) und tschechischer Nationalheiliger. Wratislaw I. (1061–1092) erwarb die persönliche (1085), Ottokar I. (1192/93, 1197–1230) die erbliche Königswürde (**1198**). Ottokar II. machte Böhmen zum mächtigsten Staat in Mitteleuropa im INTERREGNUM (1250–1273); auf einem Kriegszug des DEUTSCHEN ORDENS gegen die PRUSSEN wurde das neu gegründete Königsberg nach ihm benannt (1255). Ottokar konnte die Wahl Rudolfs von Habsburg zum römisch-deutschen König nicht verhindern (1273), verlor Österreich, die Steiermark und Kärnten (1276), fiel in der Schlacht auf dem Marchfeld (1278). Die Přemysliden erloschen mit Wenzel III. im Mannesstamm (1306): Nach einem Bürgerkrieg (bis 1310) ging Böhmen an die LUXEMBURGER über (1310–1437).

Literatur: F. Palácky: Geschichte von Böhmen. Abt. Böhmen als erbliches Königreich unter den Přemysliden: vom Jahre 1197 bis 1306. Osnabrück 1968; H. Kunstmann: Böhmens Urslaven und ihr Troianisches Erbe. Aus der Vorgeschichte der Přemysliden. Hamburg 2000.

Kreuzzugszehnt

Päpstliche Sondersteuer zur Finanzierung der KREUZZÜGE (**1199**), in Spanien/Portugal ursprünglich Kreuzzugsbulle zur Ausschreibung von Ablässen für den Krieg gegen die MAUREN (RECONQUISTA; 1064): Das 4. LATERANKONZIL legte den Kreuzzugszehnt auf ein Zwanzigstel der Jahreseinkünfte der Geistlichkeit fest (1215). Später wurde er Teil des allgemeinen Steuersystems (1494).

4. Kreuzzug

Der 4. Kreuzzug erreichte nie das Heilige Land, da Venedig unter dem DOGEN Dandolo ihn aus machtpolitischen Gründen gegen Byzanz umlenkte (**1202**–1204). Gegen den Willen von Papst Innozenz III. eroberten die Kreuzritter die istrisch-dalmatinische Küste mit Zadar/Zara (1202), ferner Konstantinopel (12003/04), wo sie Massaker an der griechischen Bevölkerung verübten und das LATEINISCHE KAISERREICH (1204–1261) gründeten. Als byzantinische Nachfolgestaaten blieben das Kaiserreich Trapezunt (1204–1461) und das KAISERREICH NICÄA/NI-

KAIA (1204–1261) sowie das Despotat Epeiros (1204–1337). Der 4. Kreuzzug verschärfte die Agonie von Byzanz noch weiter.

Literatur: Siehe Kreuzzüge; E. Bradford: Der Verrat von 1204: Venezianer und Kreuzritter plündern Konstantinopel. Berlin 1978.

Groschen

(ital.: grossi = groß) Ursprünglich venezianische Silbermünze (**1202**), im mehrfachen PFENNIG- bzw. DENAR-Wert: Für Deutschland wichtig waren Prager Groschen (ca. 1300–1547) und Meißener Groschen (1338–ca. 1550), die meist das Zwölffache eines Pfennigs (auch SCHILLING genannt) wert waren. Zu den zahlreichen Varianten gehörten der Reichsgroschen (1524), preußische Silbergroschen (1821–1873) und sächsische Neugroschen (1840–1873), abgelöst vom Zehnpfennigstück (1873), im Volksmund weiterhin »Groschen« genannt. In Polen wurde der Złoty in 100 Groszy (1923), in Österreich der Schilling in 100 Groschen eingeteilt. Vom deutschen Groschen abgeleitet ist Gersch (Plural: Grusch, heute Kuruš), der türkische SILBER-Piaster (1867–1933) $^{1}/_{100}$ des türkischen Pfunds. Aus Gersch wurde in Äthiopien seit Menelik II. (1893–1904) Ghersh, $^{1}/_{16}$ – $^{1}/_{20}$ des Talari (von deutsch: TALER).

Literatur: H. Rittmann: Deutsche Geldgeschichte 1484–1914. München 1975; A. Luschin von Ebensgreuth: Allgemeine Münzkunde und Geldgeschichte des Mittelalters und der neueren Zeit. München [4]1976; B. Sprenger: Das Geld der Deutschen. Geldgeschichte Deutschlands von den Anfängen bis zur Gegenwart. München 1991.

Tataren

Ursprünglich: Östlichste Mongolen, Name erstmals überliefert in den Orchon-Inschriften (731): Tataren unterlagen den DSCHURDSCHEN (**1202**).

Später: Turkmongolisches Mischvolk im äußersten Westen des MONGOLENREICHES, in den südlichen russischen Steppengebieten: In den Tataren gingen die mongolische Herrscherschicht, ihre türkischen Truppen und Angehörige verschiedener Turkvölker (Wolgabulgaren, PETSCHENEGEN, KUMANEN, vielleicht auch CHASAREN), Wolgafinnen und Ostslawen auf. Unter den Tataren der GOLDENEN HORDE (1261–1502) überwog das türkische Element. Sie errangen die Tributsoberherrschaft über die russischen Teilfürstentümer (bis 1480) und fielen mehrfach in Polen ein (1258/59, 1286/87). Die Tataren litten in der GROSSEN PEST schwer (1347), unterlagen erstmals dem Großfürstentum Moskau (1378). Sie waren am polnisch-litauischen Sieg über den DEUTSCHEN ORDEN bei Tannenberg (1410) beteiligt. Die KRIMTATAREN unterstellten sich der SUZERÄNITÄT der OSMANEN (1472). Nach dem Zerfall der Goldenen Horde (1502) unterwarf Moskau die Tataren-Khanate Kasan (1552), Astrachan (1556) und Sibir (ab 1584). Russland annektierte die Krimtataren (1783), worauf sie zum Teil nach Bulgarien (damals im OSMANISCHEN REICH) abwanderten. Nach Rückeroberung der Krim durch die ROTE ARMEE (1944) wurden die

Krimtataren wegen angeblicher Kollaboration mit den Deutschen nach Zentralasien deportiert, nach Stalin nur teilweise rehabilitiert. In Sowjetrussland wurde die Tatarische ASSR mit der Hauptstadt Kasan gegründet (1920); mit Zerfall der UdSSR erklärte sie sich für souverän (1990), blieb aber eine Teilrepublik innerhalb der Russischen Föderation (1991).

Literatur: B. Spuler: Idel-Ural. Völker und Staaten zwischen Wolga und Ural. Berlin 1942; A. Kappeler: Rußlands erste Nationalitäten. Das Zarenreich und die Völker an der mittleren Wolga vom 16. bis 19. Jahrhundert. Köln 1982; A. Fisher: The Crimean Tartars. Neuausgabe Stanford (Cal.) 1987; H. Loth: Russen, Tscherkessen und Tataren. Magdeburg 1991.

Schwertbrüderorden

(lat.: Fratres militiae Christi) GEISTLICHER RITTERORDEN in Livland, meist aus Norddeutschen: Der Schwertbrüderorden entstand um den Rigaer Bischof Albert von Bremen zur Unterstützung der christlichen Mission in Livland, zunächst nur mit zehn RITTERN (**1202**). Die Ordensregel orientierte sich an den TEMPLERN, der Name kommt vom (roten) Schwert mit Kreuz auf weißem Mantel. Der Orden erhielt ein Drittel des nördlichen Livland als Landesherrschaft (1207) und errang mehrere Siege über die Esten (1211, 1217). Er gründete an der Stelle einer älteren estnischen Siedlung die deutsche Stadt Reval (1230), heute Tallin. Durch den Konflikt mit dem Bischof von Riga geschwächt, erlitten die Schwertbrüder gegen die Litauer bei Schaulen eine vernichtende Niederlage (1236). Die Ordensreste wurden mit dem DEUTSCHEN ORDEN verschmolzen (1237), der so sein Einflussgebiet bis Livland ausdehnte (bis 1242).

Literatur: F. Benninghoven: Der Orden der Schwertbrüder. Fratres milicie Christi de Livonia. Köln 1965.

Lateinisches Kaiserreich (Eigenbezeichnung: Romania)

Nach der Eroberung Konstantinopels durch Kreuzritter und Venezianer im 4. KREUZZUG (**1204**) gegründetes Reich mit der Hauptstadt Konstantinopel, dem Schwerpunkt anfangs in Griechenland und Thrakien (1204–1261): Kaiser waren Balduin I. (1204–1205), Heinrich (1206–1216), Peter von Courtenay (1217), Jolante (1217–1219), Robert von Courtenay (1221–1228), Balduin II. (1228–1261). Das KAISERREICH TRAPEZUNT war als Vasallenstaat (1204–1214) von Konstantinopel abhängig. Bei Adrianopel unterlag das Lateinische Kaiserreich den Bulgaren (1205). Danach wurden die Lateiner weitgehend aus Kleinasien verdrängt. Nach einem Geheimbündnis mit dem RUM-SULTANAT (1209) besiegten sie das griechische KAISERREICH NICÄA/NIKAIA (1211) – beide rivalisierende Reiche erkannten sich gegenseitig an (1214). Eroberungen Nicäas/Nikaias und Bulgariens engten das Staatsgebiet der Lateiner auf Konstantinopel samt Umland, einige Ägäische Inseln und Südgriechenland (HERZOGTUM ATHEN, Fürstentum Achaia) ein. Die Eroberung Konstantinopels durch Nicäa/Nikaia beendete das Lateinische Kaiserreich (1261). Das Herzogtum Athen und das Fürstentum Achaia hielten sich bis zur Eroberung durch die OSMANEN (1456/60). Versuche aus dem Westen, Konstantinopel zurückzuerobern, scheiterten, zuletzt durch die SIZILIANISCHE VESPER (1282).

Literatur: E. Gerland: Geschichte des lateinischen Kaiserreichs von Konstantinopel. Hamburg 1905; J. Longnon: L'Empire Latin de Constantinople et la principauté de Morée. Paris 1949; R. L. Wolff: Studies in the Latin Empire of Constantinople. London 1976.

Kaiserreich Nicäa

(Kaiserreich Nikaia) Wichtigster byzantinischer Nachfolgestaat nach Gründung des LATEINISCHEN KAISERREICHS (**1204**), mit der Hauptstadt Nicäa/Nikaia, fünf Herrscher. Theodor I. Laskaris (1204–1222) erlitt zunächst Niederlagen gegen die Lateiner (1205), wurde aber durch den Sieg der Bulgaren bei Adrianopel über die Lateiner (1205) gerettet und konnte sich gegen die SELDSCHUKEN behaupten (1209). Theodor schloss nach einer erneuten Niederlage (1211) Frieden mit dem Lateinischen Kaiserreich (1214). Er eroberte den westlichen Teil der Schwarzmeerküste gegen das KAISERREICH TRAPEZUNT (1214) und schloss einen Handelsvertrag mit Venedig (1219). Johannes III. Vatatzes (1222–1254) besiegte die Lateiner (1225) und verdrängte sie fast völlig aus Kleinasien, setzte sich auch gegen Epeiros durch (1242). Nicäa/Nikaia blieb vom großen Mongolensturm verschont (1243), eroberte Thrakien und Makedonien (1246). Im westlichen Kleinasien wurden KUMANEN als Wehrbauern (STRATIOTEN) angesiedelt. Johannes IV. Laskaris (1258–1261) besiegte eine Koalition Epeiros, Lateiner, Sizilien, Serbien (1259). Michael VIII. Palaiologos (1259–1282) schloss einen Vertrag mit Genua zur Rückeroberung Konstantinopels; im Gegenzug gewährte er Genua Handelsvorrechte im erneuerten Byzantinischen Reich (1261).

Literatur: G. Ostrogorsky: Geschichte des byzantinischen Staates. München ^{3}1966; E. Bradford: Government in Exile. Government and Society under the Laskarides of Nicaea 1204–1261. London 1975.

Kaiserreich Trapezunt

Byzantinisches (griechisches) Nachfolgereich (**1204**–1461), nach der Eroberung Konstantinopels gegen das LATEINISCHE KAISERREICH von David Komnenos von Georgien gegründet, mit Zentrum in Trapezunt (heute Trabzon) am Schwarzen Meer: Das Kaiserreich Trapezunt, am Ende einer Karawanenstraße wichtige Fernhandelsbasis, war zunächst Vasallenstaat der Lateiner (1204–1214). Seine Expansion an der pontischen Schwarzmeerküste nach Westen wurde vom KAISERREICH NICÄA/NIKAIA beendet, das die Gebiete westlich von Sinope annektierte. Die SELDSCHUKEN eroberten Sinope (1214). Als Vasallenstaat des RUM-SULTANATS (bis 1243) war das Kaiserreich vom Westen isoliert. Es unterlag den Mongolen (1243), die Trapezunt zum Vasallenstaat machten, den die OSMANEN unterwarfen (1461).

Literatur: J. Ph. Fallermayer: Geschichte des Kaisertums von Trapezunt. München 1827 (Nachdruck Hildesheim 1964); W. Miller: Trebizond. The Last Greek Empire. London 1926.

Bulle »Per venerabilem«

Bulle von Papst Innozenz III. (1198–1216) für den französischen König Philipp II. August (1185–1223): Der Grundsatz »Rex est imperator in regno suo« (Der König ist Kaiser in seinem Königreich) sanktionierte das Streben der französischen MONARCHIE nach Gleichberechtigung gegenüber dem KAISER (**1204**) – eine wesentliche Voraussetzung zum Aufstieg der Nationalmonarchien im westlichen Europa.

Literatur: Th. Holzapfel: Papst Innozenz III., Philipp II. August, König von Frankreich und die englisch-welfische Verbindung 1198–1216. Frankfurt/Main 1991.

Mamluken-Sultanat von Delhi

Nach Ermordung des letzten GHURIDEN Mohammed von Ghur (1206) durch ASSASSINEN regierten das MAMLUKEN-Sultanat drei DYNASTIEN (**1206**–1398/99), deren Herrscher der KALIF als SULTANE anerkannte (1211): Die dünne Schicht der muslimischen Eroberer betrieb nur teilweise eine gewaltsame Islamisierung; daneben vollzog sich eine gegenseitige ASSIMILATION von MUSLIMEN und Hindus. Häufigen inneren Konflikten zum Trotz expandierte das Mamluken-Sultanat nach außen, geriet aber unter den Druck der persischen IL-KHANE (ca. 1260). Nachdem sich das Sultanat gegen die Mongolen behauptet hatte (1304, 1306, 1307), eroberte Alauddin (1296–1316) ganz Indien. Dem gescheiterten Versuch, Tibet zu erobern (1337), folgten Steuererhöhungen, Währungsverfall und innere Konflikte. Eine letzte Konsolidierung gelang Sultan Firoz Shah (1351–1388); danach versank das indische Mamluken-Reich im Chaos. Seinen Untergang besiegelte die Zerstörung Delhis durch Timur Länk (1398/99).

Literatur: A. L. Srivatava: The Sultanate of Delhi. Agra 1931; R. Irwin: The Middle East in the Middle Ages: The Early Mamluk Sultanate, 1250–1382. 1986; P. Jackson: The Delhi Sultanate. A Political and Military Political History. Cambridge u. a. 1999.

Khuriltai

Fürstenrat turkmongolischer Völker zur Wahl eines GROSSKHANS: Nach der Bildung einer STAMMESKONFÖDERATION wurde Temudschin als Dschingis Khan zum Großkhan gewählt (**1206**–bis 1227), gefolgt von Ögödei (1229–1241), Küyük (1246–1248), Möngke in umstrittener Wahl (1251–1259), Kublai Khan (1260–1294).

Mongolenreich

Reich Dschingis Khans und seiner Nachfolger (Dschingiskiden, 1206–ca. 1335): Als GROSSKHAN (Khakhan) seit dem KHURILTAI (**1206**) begründete Dschingis Khan das größte GROSSREICH der Weltgeschichte. Nach früheren Eroberungen in Zentralasien – u. a. gegen TATAREN (1202), Kereït, Naiman – expandierte das Mongolenreich in alle Richtungen, mit Massakern, DEPORTATIONEN und Zwangsrekrutierungen. Neben den UIGUREN (1207) und dem HSI-HSIA-REICH (1209) unterwarf Dschingis Khan das CHIN-Reich der DSCHURDSCHEN (1211/12), Peking (1215), Kara-Kitai (1218), das Reich des Choresm-Schah (1219–1221). Nach der Eroberung Merws (1221) wichen TURKMENEN nach Kleinasien aus. Hauptstadt des Mongolenreichs war zunächst Karakorum (1220–1264). Nach dem Sieg über Russen und KUMANEN (Polowzer) an der Kalka (1223) wandte sich der letzte Feldzug Dschingis Khans gegen die aufständischen TANGUTEN (1226/27). Nach seinem Tod (1227) wurde das Reich aufgeteilt: An der Spitze stand zunächst ein gemeinsamer, jedoch nie unangefochtener Großkhan: Ögödei (1229–1241) eroberte Nordchina (1234), Szetschuan (1236), Russland (1237–1240), Korea (1241). Er besiegte bei Mohi die Ungarn, bei Liegnitz ein polnisch-deutsches Heer (1241). Auf Ögödei folgten die Regentschaft der Törene Khatun (1241–1246) und Küyük (1246–1248). Die GOLDENE HORDE unter Batu (1242) besiegte die SELDSCHUKEN bei Köndag (1243). Der Mission des FRANZISKANERS Carpini im Auftrag von Innozenz IV. in Karakorum blieb erfolglos (1246): Der Bündnisversuch des PAPSTES mit den Mongolen gegen den ISLAM scheiterte. Großkhan Möngke (1251–1259) unterwarf das westliche Persien und vernichtete die ASSASSINEN (1257), beendete mit der Eroberung Bagdads (1258) das KALIFAT. Bei Aïn Dschalut erlitt er eine Niederlage gegen die MAMLUKEN (1260).

Unter Kublai Khan (1260–1294) sprengte das Bündnis zwischen der Goldenen Horde und den Mamluken gegen die IL-KHANE (1263) den innermongolischen Zusammenhalt. Er verlegte die Hauptstadt nach Peking (1264). Nachdem er das südliche China unterworfen hatte (1279), herrschten die Mongolen als YÜAN-DYNASTIE (1271/80–1368). Kublai Khan eroberte auch das nördliche Birma (1287), scheiterte jedoch mit Invasionen in Japan (1274, 1281), Vietnam (1284) und Java (1293). Unter ihm erreichte das Mongolenreich seine größte Ausdehnung, mit ungefähr der Hälfte der damaligen Weltbevölkerung. Den Fernhandel sicherte die »Pax Mongolica«. Temür (1294–1307) war letzter gemeinsamer Großkhan. Mit der Unabhängigkeit der persischen Il-Khane (1295), zerfiel das Großreich (bis 1335). Der Versuch einer RESTAURATION durch Timur Länk (1379–1405) scheiterte.

Literatur: B. Spuler: Geschichte der Mongolen. Zürich, Stuttgart 1968; J. J. Saunders: The History of the Mongol Conquests. London 1971; D. Morgan: The Mongols. Oxford 1986; M. Taube (Hg.): Geheime Geschichte der Mongolen. Herkunft, Leben und Aufstieg Cinggis Quans. München 1989; W. Heissig/C. C. Müller (Hg.): Die Mongolen. Ausstellungskatalog, 2 Bde., Innsbruck 1989; A. Eggebrecht (Hg.): Die Mongolen und ihr Weltreich. Mainz 1989; S. Conermann/J. Kusber: Die Mongolen in Asien und Europa. Frankfurt/Main 1997.

Interdikt

(lat.: interdicere = verbieten) Im RÖMISCHEN RECHT: Zunächst nur einstweilige Verfügung des PRAETORS (Ge- oder Verbot) auf Antrag einer Partei, vor allem bei Streit um Besitzfragen, ohne gerichtliches Verfahren:

Im Kirchenrecht: Strafe der Kirche gegen Orte oder Regionen (lokales Interdikt) oder Personen (personales Interdikt) als Waffe der Kirche, vor allem des PAPSTES: Das Interdikt verbietet kirchliche Handlungen (Gottesdienste, Sakramente u. a.). Der Papst verhängte das Interdikt z. B.

über England gegen König Johann Ohneland (**1208**–1213), über Sizilien gegen Kaiser Friedrich II. (1227–1230), Böhmen und Jan Hus (1412). Das personale Interdikt gilt noch heute als Verbot gottesdienstlicher Handlungen an vom Interdikt Betroffene (Bann).

Literatur: A. Haas: Das Interdikt nach geltendem Recht mit einem geschichtlichen Überblick (= Kanonistische Studien und Texte 2). Bonn 1929.

Albigenser

Sammelname für KETZER in und um das südfranzösische Albi (vor 1200), auch Synonym für KATHARER: Dem ersten Katharerbistum in Albi (1145/55) folgten weitere Bistümer in Carcassonne, Toulouse und Val d'Aran. Albigenser vertraten zunächst einen gemäßigten Dualismus, der sich unter Einfluss der BOGOMILEN seit dem Ketzerkonzil bei Toulouse unter dem Missionsbischof der Bogomilen (1167) zum MANICHÄISMUS radikalisierte. Sie hatten starken Einfluss im ADEL (u.a. Graf Raimund von Toulouse) und bei der Bevölkerung des Languedoc. Kirchliche Bekehrungsversuche der ZISTERZIENSER und des heiligen Dominikus scheiterten ebenso wie der erste Kreuzzug gegen die Albigenser (1181). Nach Ermordung eines päpstlichen Legaten (1208) proklamierte Innozenz III. (1198–1216) den erneuten Kreuzzug gegen die Albigenser (1208), die ALBIGENSERKRIEGE (**1209**–1229). Gegen die Albigenser wurden in Toulouse der Orden der DOMINIKANER (1215) und die UNIVERSITÄT (1229) gegründet. Nach dem Frieden von Meaux (1229) warf die KRONE die GRAFSCHAFT Toulouse nieder. Massenhinrichtungen von Katharern auf dem Scheiterhaufen (1234, 1239) und die militärische Zerschlagung des Bündnisses mit dem provenzalischen Adel durch Frankreich brachen den Widerstand. Der Fall Montségurs endete mit Massakern an der Bevölkerung (1244). Endgültig unterdrückt wurden die Albigenser von der INQUISITION (1330).

Literatur: F. Niel: Albigeois et Cathares. Paris 1955; O. de Montegout: Le drame albigeois. Paris 1962; J. Madaule: Das Drama von Albi. Olten 1964; D. Müller: Albigenser – die wahre Kirche? Würzburg 1986.

Albigenserkriege

Kriegszüge zur Ausrottung der ALBIGENSER (**1209**–1229): Papst Innozenz III. rief zum Kreuzzug gegen die Albigenser auf (1208). Politisch standen sich Graf Raimund VI. von Toulouse (unterstützt durch König Peter II. von Aragón) und Simon de Montfort (verbündet mit Frankreich) gegenüber. Albi wurde erobert (1209), Toulouse mehrfach eingenommen (1215, 1216) und belagert (1217, 1219). Der Frieden von Meaux zwischen Frankreich und Raimund VIII. von Toulouse (1229) beendete die Albigenserkriege vorläufig. Belagerung (1243/44) und Einnahme (1244) von Montségur folgten Massenhinrichtungen auf dem Scheiterhaufen (1244). Der letzte Widerstand der Albigenser wurde 1255 militärisch gebrochen, die KRONE annektierte das Languedoc (1271).

Literatur: Z. Oldenbourg: Le bûcher de Montségur. 16 mars 1244. Paris 1959; J.P. Cartier: Histoire de la Croisade contre les Albigeois. Paris 1968.

Bettelorden

Sammelbegriff für drei neue Mönchsorden, die das Ideal der Armut Christi wieder ernst nahmen, gegründet gegen KETZER und JUDEN in den Städten, mit besonderem Schwerpunkt auf der Volksseelsorge für die Stadtarmut – FRANZISKANER (**1210**), DOMINIKANER (1215), AUGUSTINER (1256): Zu den Kennzeichen der Bescheidenheit gehören in der Tracht das Tragen von Sandalen, in der Kirchenarchitektur der Verzicht auf Prunk und Symbole weltlicher Herrschaft (Kirchtürme). Stattdessen haben ihre Kirchen über der Vierung (Kreuzung von Hauptschiff und Querschiff) in der Regel nur einen Dachreiter für eine kleine Glocke.

Literatur: D. Berg: Armut und Geschichte. Studien zur Geschichte der Bettelorden im Hohen und Späten Mittelalter. Kevelaer 2001.

Franziskaner (Ordo Fratrum Minorum, auch Minoriten oder Minderbrüder)

Ältester BETTELORDEN (spätere: DOMINIKANER, 1215; Karmeliter, 1245; AUGUSTINER, 1256); da die Mönche gewöhnlich Sandalen tragen, gilt der Orden als Barfüßerorden: Die Franziskaner gehen auf die Büßergemeinschaft des heiligen Franz von Assisi zurück (1209), den Innozenz III. (mündlich) als Orden (**1210**) mit eigener Regel (1223 bestätigt) anerkannte. Das Armutsideal und die besondere Betonung der Predigt richteten sich gegen die als KETZER verfolgten KATHARER und WALDENSER. Verschiedene Richtungen provozierten ständig innere Spannungen und Konflikte (vor allem Armutsstreit): Spiritualen, die strikte Befolgung der Ordensregeln im Sinne des Gründers forderten, standen gegen Konventualen, die für eine Angleichung an die älteren Orden eintraten; dazwischen stand eine kompromissbereite Mittelposition. Die Franziskaner breiteten sich trotz innerer Konflikte rasch aus. Ihre drei Arbeitsbereiche waren die städtische Seelsorge, UNIVERSITÄTEN (mit eigener großer Wissenschaftstradition) und Mission, auch in Übersee, u. a. in China (seit ca. 1290), den Philippinen, Lateinamerika und Kalifornien, wo sie eine Kette von Missionsstationen – z. B. San Francisco (1776) und Los Angeles (1781) – gegen von Alaska vordringende Russen gründeten. Als späte Folge des Armutsstreits spaltete sich der Orden (1517) in selbstständige Ordensfamilien: reformierte (Observanten) und nichtreformierte Franziskaner (Konventualen, in Deutschland »Minoriten«). Die Observanten, in der GEGENREFORMATION einflussreich, teilten sich in vier halbautonome Familien auf, mit den Kapuzinern als selbstständiger Abspaltung (1528/1619). Nach schweren Verlusten in der FRANZÖSISCHEN REVOLUTION nahmen die Observanten im 19. Jahrhundert einen Wiederaufschwung, auch durch Wiedervereinigung der vier Observantenfamilien (1897). Die Franziskaner sind nach den JESUITEN der zweitgrößte Orden der Katholischen Kirche. Bedeutende Franziskaner waren u. a. Bonaventura (*ca. 1225, † 1274), Papst Nikolaus IV. (1288–1292) und Wilhelm von Ockham (*ca. 1285, † 1347).

Literatur: H. Holzapfel: Handbuch der Geschichte des Franziskanerordens. Freiburg 1909; L. Iriarte: Der Franziskusorden. Handbuch der franziskanischen Ordensgeschichte. Altötting 1984; H. Feld: Franziskus von Assisi und seine Bewegung. Neuausgabe Darmstadt 1996.

Kinderkreuzzug

Zug einiger Tausend »Kinder» (pueri) aus dem Rheinland und Teilen Frankreichs (Vendôme) nach Genua bzw. Marseille (**1212**), meist aus den Unterschichten: Viele Kinder kehrten in Genua wieder um, ein Teil stach von Marseille in See. Zwei Schiffe gingen bei Sardinien unter, zahlreiche Kinder wurden als SKLAVEN verkauft, vor allem in Alexandria.

Mali-Reich

Westafrikanisches Reich der Mande, mit der Hauptstadt Timbuktu: Die Expansion (ab **1212**) erreichte ihren Höhepunkt unter Mansa Musa (1307–1332). Wirtschaftlich basierte das Mali-Reich auf dem GOLD-, SKLAVEN- und Salzhandel. Es wurde von SONGHAI und BAMBARA zerschlagen (15. Jh.). Letzte Reste eroberten die Bambara von Segou (1670).

Literatur: N. Levtzion: Ancient Ghana and Mali. London 1973; R. Fischer: Gold, Salz und Sklaven. Die Geschichte der großen Sudanreiche Gana, Mali, Songhai. Oberdorf/Schweiz [2]1991.

Arabische Ziffern

Modernes System zur schriftlichen Darstellung von Zahlen: »Arabische« Ziffern samt Null (arabisch: šifre = Null, von da abgeleitet »Chiffre«), gelangten aus Indien über Arabien in den Westen, vermittelt vor allem mit dem Werk »Traktat über das Rechenbrett« (**1212**) von Leonardo Fibonacci.

Magna Charta

(Magna Charta Libertatum) Vertrag zwischen dem englischen König Johann Ohneland und aufständischen BARONEN, abgeschlossen auf der Themse-Insel Runnymede bei Staines (Surrey, **1215**): Nach der despotischen Herrschaft Johanns – u. a. mit flämischen Söldnern, erhöhtem Steuerdruck, Verlust der Normandie (1204) und der meisten französischen Besitzungen (1206), Unterwerfung unter den PAPST nach dem INTERDIKT über England (1208–1213) und Niederlage bei Bouvines (1214) – erhoben sich Barone gegen Johann (1214). Sie einigten sich mit ihm (1215) auf einen Vergleich in 61 Artikeln – Freiheit der Kirche, Normierung der Rechtsprechung, Kontrolle der königlichen Gerichtsbarkeit, Ansätze zur Kontrolle der KRONE durch die geistlichen und weltlichen Barone. Johann versuchte, u. a. durch eine von ihm veranlasste Nichtigkeitserklärung Innozenz' III. (1215), die Magna Charta anzufechten. Nach Johanns Tod (1216) erhielt sie ihre endgültige Form (1217), wurde als Fortführung, Erweiterung und schriftliche Fixierung älterer Feudalrechte bestätigt (1225). Sie war der Ausgangspunkt zur Verfassungsentwicklung Englands, mit dem PARLAMENT (1265) als englischer Variante der STÄNDE. Das Original der Magna Charta liegt im BRITISCHEN MUSEUM (London).

Literatur: J. C. Dickinson: The Great Charter. London 1955; J. C. Holt: Magna Carta. Cambridge 1965 (Nachdruck 1976); K. Kluxen: Englische Verfassungsgeschichte. Mittelalter. Darmstadt 1987.

Baron

Adelstitel (ursprünglich: Lehnsmann), in Frankreich und England Kronvasall (Pair, Lord; seit ca. 1100): In England erzwangen Barone nach einem Aufstand (1214) die MAGNA CHARTA (**1215**) und im BARONS' WAR (1264/65) das erste PARLAMENT (1265). Neben den Baronen waren im MODEL PARLIAMENT der hohe Klerus und die COMMONS vertreten (1295). Später war Baron der niedrigste Rang im englischen HOCHADEL. In Frankreich stellten Barone den niederen Landadel (nach 1200). In Deutschland war Baron Anrede für einen Freiherrn (ca. 1600). In Russland führte Peter der Große den Titel in die Tabelle der Rangstufen ein (1722). In Japan war er einer der fünf Adelsränge (1884).

Ghibellinen/Guelfen

Italienische Adelsparteien, seit dem Konflikt zwischen dem STAUFER Friedrich II. und dem WELFEN Otto IV. (1212–1218), zuerst überliefert in Florenz (**1215**): Ghibellinen (nach dem staufischen »Waiblingen«) waren für unitarischen Zentralismus und den KAISER; Guelfen (= Welfen) waren partikularistisch-föderalistisch und standen aufseiten des PAPSTES und der ANJOU in Neapel (nach 1265). Der politische Konflikt erreichte soziale Dimensionen: Ghibellinen galten später als Partei der ARISTOKRATIE, Guelfen als »Volkspartei«. Obwohl Papst Benedikt XIII. beide Namen verbot (1334), hielten sie sich als Parteinamen in innerstädtischen Kämpfen (bis nach 1600).

Literatur: Ch. Paulet: Guelfes et Gibelins. 2 Bde., Paris 1972; P. Herde: Guelfen und Neoguelfen. Stuttgart 1986.

4. Laterankonzil

Von Papst Innozenz III. einberufene (1213) Kirchenversammlung im Lateranpalast in Rom (November **1215**), eines der wichtigsten KONZILIEN des europäischen Mittelalters: Es übertrug den Kampf gegen KETZER, besonders ALBIGENSER, der bischöflichen INQUISITION und verschärfte Dekrete des 3. LATERANKONZILS (1179) zur Trennung der JUDEN von Christen, indem es Juden eine KLEIDERORDNUNG vorschrieb, den gesellschaftlichen Verkehr zwischen beiden Glaubensgemeinschaften sowie den Juden den Erwerb von Grund und Boden verbot. Das Konzil führte den unentgeltlichen Unterricht an Schulen und die jährliche Beichtpflicht für Christen ein. Zur Finanzierung des von ihm ausgerufenen 5. KREUZZUGS wurde ein KREUZZUGSZEHNT erhoben.

Literatur: R. Foreville: Lateran I–IV. (Geschichte der ökumenischen Konzilien, Bd. 6). Mainz 1970; H. Schreckenberg: Die christlichen Adversus-Judaeos-Texte. Frankfurt/Main 1988.

Kleiderordnung

Anordnungen der Obrigkeit über die Art der Bekleidung, um bestimmte Gruppen (u. a. PATRIZIER, Kaufleute, Handwerker; Henker, Prostituierte, Aussätzige und JUDEN) äußerlich zu kennzeichnen: Kleiderordnungen gab es in Europa seit Karl dem Großen (768–814) bis zur FRANZÖSISCHEN REVOLUTION, auch im alten China. In der muslimischen Welt bestand z. B. die Anordnung des KALIFEN Omar, dass Nicht-MUSLIME durch Gürtel, Kopfbinden oder eine Naht auf dem Oberkleid bzw. auf den Schultern zu kennzeichnen seien: Für Christen war blau, für MAGIER (= Anhänger des ZOROASTRISMUS) schwarz, für Juden gelb vorgeschrieben (634). Speziell gegen die Juden (und SARAZENEN) gerichtet waren Bestimmungen des 4. LATERANKONZILS (**1215**) – Tragen eines GELBEN FLECKS und des Judenhuts.

Literatur: L. C. Eisenbart: Kleiderordnungen deutscher Städte zwischen 1350 und 1700. Göttingen 1962; G. Hampl-Kallbrunner: Beiträge zur Geschichte der Kleiderordnungen. Mit besonderer Berücksichtigung Österreichs. Wien 1962; N. B. Harte u. a. (Hg.): Cloth and Clothing in Medieval Europe. London 1983.

Gelber Fleck (auch: Judenzeichen, Schandfleck)

Nach dem Vorbild der KLEIDERORDNUNG im KALIFAT (gelbe Kleidungsfarbe für JUDEN, 634), zuletzt aus Sizilien übernommener Bestandteil der Kleidung von Juden: Das Tragen des gelben (in Frankreich rotweißen) Flecks, meist ein Stück Tuch unterschiedlicher Größe und Form, war seit dem 4. LATERANKONZIL (**1215**) verbindlich vorgeschrieben. Die Kennzeichnung wurde uneinheitlich gehandhabt, zu unterschiedlichen Zeiten eingeführt (England 1217, Frankreich 1219), in Kastilien wieder abgeschafft (1219), später bei Judenverfolgungen strikter durchgeführt (1391). In Italien galt die Kennzeichnungspflicht (ab ca. 1350) zunächst nur milde. In Polen wurde der Kleiderordnung nach der jüdischen Einwanderung aus Deutschland nach der GROSSEN PEST (ab 1349) meist ebenso wenig Folge geleistet wie in der Neuen Welt (ab 1492). Papst Paul IV. verordnete jüdischen Frauen ein gelbes Kopftuch von 1 1/2 Ellen Länge (1555). In Deutschland setzte sich das Kleidermerkmal erst allmählich durch (nach 1400–1530). Besonders propagierte den »gelben Fleck« Kardinallegat Nikolaus von Kues (1401–1464) auf seiner Legationsreise durch Deutschland (1450–1452). Die Bestimmung wurde in Deutschland seit dem 17. Jahrhundert regional gelockert, mit der AUFKLÄRUNG – in Österreich mit den JOSEPHINISCHEN REFORMEN (1781) – und der JUDENEMANZIPATION nach der FRANZÖSISCHEN REVOLUTION abgeschafft.

Das DRITTE REICH führte die Kennzeichnung im ZWEITEN WELTKRIEG zur weiterhin sichtbaren Stigmatisierung der Juden wieder ein, in Polen (1939), dem Großdeutschen Reich (1941), Holland, Belgien, Frankreich und Bulgarien (1942), Griechenland (1943) und Ungarn (1944), jedoch wegen des Widerstands König Christians X. nicht in Dänemark. Vorgeschrieben war meist ein auf der äußeren Kleidung (Mantel, Jacket) am Revers aufgenähter gelber Davidstern, mit oder ohne Aufschrift »J« oder »Jude« (bzw. entsprechenden Varianten in verschiedenen Sprachen).

Literatur: F. Singermann: Die Kennzeichen der Juden im Mittelalter. Diss. Freiburg 1915; H. Graetz: Das Judentum im Mittelalter bis zu den Verfolgungen in der Zeit des Schwarzen Todes. Nachdruck München 1985.

Dominikaner

(Ordo Fratrum Praedicatorum, dt. Predigerorden) BETTELORDEN: Als Kanonikergemeinschaft in Toulouse gegen ALBIGENSER vom heiligen Dominikus (1181–1221) mit der Augustinerregel gegründet (**1215**), vom PAPST anerkannt (1216), lagen die Schwerpunkte auf Seelsorge, Predigt in Städten, INQUISITION (1232) und HEXENVERFOLGUNG (ab 1484). Dominikaner hatten großen Einfluss als theologische Berater der päpstlichen Kurie. Zu ihnen gehöhrten Gelehrte wie Albertus Magnus (*ca. 1193, † 1280) und Thomas von Aquin (* 1225/27, † 1274), Prediger wie Eckehart (*ca. 1265, † 1327) und Savonarola (* 1452, † 1498). Sie entfalteten in Übersee eine intensive Missionstätigkeit. Nach der FRANZÖSISCHEN REVOLUTION und der SÄKULARISATION verschwanden Dominikaner fast völlig, erlebten jedoch im 19. Jahrhundert, in Deutschland nach dem KULTURKAMPF, neuen Aufschwung.

Literatur: A. Walz: Compendium historiae Ordinis Praedicatorum. Rom ^{2}1948; W. Walz: Wahrheitskünder. Die Dominikaner in Geschichte und Gegenwart 1206–1960. Essen 1960; W. A. Hinnebusch: The Dominicans. A Short History. New York 1975; A. Hertz/H. N. Loose: Dominikus und die Dominikaner. Freiburg/Br. 1981.

Bogomilen (Boghumilen)

Nach dem (bulgarischen oder makedonischen) Popen Bogomil benannte, von den PAULIKIANERN beeinflusste Sekte auf dem Balkan (seit ca. 930): Die Bogomilen vertraten das dualistische Weltbild des MANICHÄISMUS – auch Satan sei ein Sohn Gottes, daher ein Bruder Christi, mit Herrschaft über die Welt. Sie predigten die asketische Abkehr von der Welt, lehnten Sakramente, religiöse Bilder, Verehrung des Kreuzes, Kult und Kirche ab. Besonderen Einfluss hatten sie auf dem Balkan (bis ca. 1200). Nach Untergang des Westbulgarischen Reichs breitete sich die Sekte auch in Byzanz aus, mit eigener Kirchenstruktur. Sie unterstützten die PETSCHENEGEN (1090) gegen Byzanz, wurden von der griechisch-orthodoxen Kirche bekämpft (ab 1110) und vertrieben. Im lateinischen Westen hatten sie großen Einfluss auf die KATHARER, u. a. durch einen Missionsbischof beim Ketzerkonzil bei Toulouse (1167). In Bosnien hielten sie sich gegen zwei vom PAPST angeregte KREUZZÜGE (13. Jh.) und gründeten dort die Bosnische Kirche (**1219**), Staatskirche des unabhängigen Bosnien (1335–1463). Die meisten traten nach Eroberung durch die OSMANEN (1463) zum ISLAM über: Ihre muslimischen Nachfahren galten den orthodoxen Serben als »Renegaten« und »Verräter«.

Literatur: D. Obolensky: The Bogomils. Cambridge 1948; E. Roll: Ketzer zwischen Orient und Okzident. Patarener, Paulikianer, Bogomilen. Stuttgart 1978; K. Papasov: Christen oder Ketzer – die Bogomilen. Stuttgart 1983.

Reich des Choresm-Schah

Reich der ostiranischen Choresmier (arab.: Chwarizmier) mit Zentrum am unteren Oxus (Amu-Darja): Die Choresmier standen (vor der Eroberung durch Alexander den Großen) unter Herrschaft der ACHÄME-

NIDEN, später der HEPHTHALITEN (5. Jh. n. Chr.), des KALIFATS (712), der Mamuniden (995), der GHASNAWIDEN (1017) und SELDSCHUKEN (1047). Die choresmischen Herrscher trugen ab dem 4. Jahrhundert den aus der iranischen Tradition stammenden Titel »Schah«. Das Reich des Choresm-Schah hatte eine hoch entwickelte Bewässerungswirtschaft und betrieb FERNHANDEL. Nach dem Tod des Melikschah (1092) löste es sich aus dem GROSS-SELDSCHUKENREICH (4. Dynastie der Choresm-Schah, ab 1097/98) und griff später nach Süden aus (1194). Ihr bedeutendster Herrscher, Mohammed II. (1200–1220), nahm Buchara und Samarkand ein (1202) hielt sich gegen die GHURIDEN (1204), eroberte Herat und Ghur (nach 1206). Mit der Unterwerfung des Iran bis zum Sagrosgebirge (1217) brachte er das Kalifat in Bedrängnis. Mohammed ließ mongolische Kaufleute hinrichten (1218) und provozierte die Eroberung seines Reichs durch die Mongolen unter Dschingis Khan (**1219**–1221). Das Kernland der Choresmier wurde später von Turkvölkern besiedelt.

Literatur: B. Spuler: Iran in früh-islamischer Zeit. Politik, Kultur, Verwaltung und öffentliches Leben zwischen der arabischen und seldschukischen Eroberung 633 bis 1055. Wiesbaden 1952; H. Horst: Die Staatsverwaltung der Grosselguqen und Horazmšahs, 1038–1231. Wiesbaden 1964.

Confoederatio cum principibus ecclesiasticis

Zusammenfassung früherer PRIVILEGIEN für deutsche Bischöfe: Die Confoederatio war Zugeständnis Friedrichs II. (1215–1250) für die Zustimmung der geistlichen Reichsfürsten zur Wahl seines minderjährigen Sohnes Heinrich (VII.) zum römisch-deutschen König (**1220**). Die Vereinbarung umfasste u. a. den Verzicht auf das Spolienrecht (Verfügung über den Nachlass verstorbener Kleriker), auf die Einrichtung neuer MÜNZ- und Zollstätten, BURGEN oder Städte auf geistlichen Territorien ohne Zustimmung der Bischöfe. Die Bischöfe erhielten freie Verfügung über frei werdende Kirchenlehen. Die Reichsacht sollte sechs Wochen nach der Verhängung des Kirchenbanns automatisch eintreten. Die Confoederatio wurde wichtig als Präzedenzfall zur Weiterentwicklung der Territorialstaaten im Reich, mit Landständen und AUTONOMIE. Den weltlichen Reichsfürsten gestand Friedrich II., nach den geistlichen, das STATUTUM IN FAVOREM PRINCIPUM zu (1231/32).

Literatur: E. Klingelhöfer: Die Reichsgesetze von 1220, 1231/32 und 1235. Weimar 1955.

Goldene Bulle

Durch äußere Merkmale, vor allem das goldene Siegel in einer Kapsel (lateinisch: »bulla«), hervorgehobene Urkunde, meist nur von KAISERN oder Königen: Ursprünglich aus Byzanz stammend, war die Goldene Bulle seit Karl dem Großen (768/800–814) auch im lateinischen Westen üblich. Die kaiserliche Goldbulle trug vorn das Porträt des Kaisers, auf der Rückseite die aurea Roma (ab 1033), seit Maximilian I. (1493–1519) Wappen und Reichsadler. Geschichtlich bedeutsam waren vier Goldene Bullen:

- Mit der Goldenen Bulle von Eger (**1213**) verzichtete Friedrich II. gegenüber Innozenz III. für Gebiete in Mittelitalien auf das Spolien-

und REGALIENrecht, Mitwirkung bei der Wahl von Bischöfen und Reichsäbten (laut WORMSER KONKORDAT, 1122). Er ließ die Appellation an die Kurie zu und versprach weltliche Hilfe bei der Bekämpfung der KETZER.

- Die Goldene Bulle des ungarischen Königs Andreas II. (1222) ist ältestes Grundgesetz Ungarns: Sie befreite den ADEL von der Besteuerung und gewährte ihm weitere PRIVILEGIEN.
- Die Goldene Bulle von Rimini (1226) Friedrichs II. für den Hochmeister des DEUTSCHEN ORDENS, Hermann von Salza (1209–1239), bestätigte die Schenkung des (christlichen) Kulmer Landes durch Herzog Konrad von Masowien (1206–1247) und gewährte dem Orden das von den PRUSSEN zu erobernde Land.
- Die von Karl IV. erlassene GOLDENE BULLE (1356) war das wichtigste Grundgesetz des Alten Reichs.

Literatur: wie zu Deutscher Orden, Goldene Bulle (1356), Regalien.

3. Lombardenbund

Bündnis oberitalienischer Städte gegen den Versuch Friedrichs II., die kaiserliche Reichsgewalt wieder herzustellen (**1226**–1240): Der 3. Lombardenbund verbündete sich mit dem gegen den Kaiser rebellierenden Heinrich (VII.) (1234), wurde bei Cortenuova geschlagen (1237); Brescia behauptete sich jedoch (1238). Unter päpstlicher Vermittlung erneuerten Venedig, Genua, Mailand und Piacenza das Bündnis gegen den KAISER (1239). Nach Friedrichs Sieg (1240) kamen Ober- und Mittelitalien unter straffe kaiserliche Herrschaft. Die Städte verloren durch die Einrichtung von SIGNORIEN ihre kommunale AUTONOMIE.

Literatur: F. Ficker: Forschungen zur Reichs- und Rechtsgeschichte Italiens. 3 Bde., Innsbruck 1868–1870; A. Haverkamp: Herrschaftsformen der Frühstaufer in Reichsitalien. Stuttgart 1970/71.

Prussen (auch: Pruzzen)

Baltisches Volk in Nordosteuropa: Nach Abzug der GOTEN (nach 150) breiteten sich die Prussen bis zur unteren Weichsel aus. Die oberflächliche Christianisierung wurde rückgängig gemacht (1222). Überfälle der Prussen auf das polnische Masowien veranlassten Herzog Konrad, den DEUTSCHEN ORDEN um Unterstützung zu bitten (**1226**). Der Orden konnte die Prussen in schweren Kämpfen unterwerfen (1231–1283). Nach einem Aufstand (1242) gab der Vertrag von Christburg (1249) den Prussen, die Christen wurden, die rechtliche Gleichstellung mit deutschen Neusiedlern, wenn sie sich der Herrschaft des Ordens unterstellten. Erst nach letzten Kämpfen (1283) setzte eine allmähliche Germanisierung ein, die erst später nachhaltige Wirkung hatte (15. Jh.). Der Name Prussen lebte in »Preußen« fort, das nach der SÄKULARISATION des Ordensstaats HERZOGTUM wurde (1525–1618).

Literatur: Å. V. Ström/ H. Biezais: Germanische und baltische Religion. Stuttgart u. a. 1975; L. Kilian: Zur Herkunft und Sprache der Prussen. Bonn 1980; M. Gimbutas: Die Balten. Geschichte eines Volkes im Ostseeraum. München, Berlin 1983; M. Bikup/G. Labuda: Die Geschichte des Deutschen Ordens in Preußen. Wirtschaft – Gesellschaft – Staat – Ideologie. Osnabrück 2000.

5. Kreuzzug

Den ursprünglich schon vom 4. LATERANKONZIL (1215) ausgerufenen Kreuzzug verschob Friedrich II. nach Scheitern eines christlichen Heeres in Ägypten (1219–1221) und brach ihn wegen Krankheit ab (**1227**–1229). Der mehrmalige Aufschub führte zum Konflikt mit Papst Gregor IX., der den KAISER bannte (1227). Dennoch zog Friedrich ins Heilige Land (1228) und erreichte auf diplomatischem Wege (1229) die Oberhoheit des KÖNIGREICHS JERUSALEM, mit den HEILIGEN STÄTTEN (Jerusalem, Bethlehem, Nazareth, bis 1244), zu denen auch MUSLIME freien Zugang erhielten. Der Kompromiss stieß jedoch bei Muslimen wie Christen auf Widerstand. Friedrich krönte sich selbst zum König von Jerusalem (1229).

Literatur: R. Röhricht: Die Kreuzfahrt Kaiser Friedrichs II., in: Beiträge zur Geschichte der Kreuzzüge. Bd. 1 Berlin 1874; siehe Kreuzzüge.

Heilige Stätten

Allgemein: Besonders hervorgehobene Kultstätten, speziell: Heilige Stätten der JUDEN, des ISLAM (Mekka, Medina, Jerusalem) und des CHRISTENTUMS (Jerusalem, Bethlehem, Nazareth): Die Rückeroberung der christlichen Heiligen Stätten war Ziel der KREUZZÜGE. Auf dem 5. KREUZZUG erreichte Friedrich II. die Oberhoheit auf diplomatischem Weg (**1229**–1244). Ludwig IX. (der Heilige) versuchte auf dem 6. KREUZZUG (1248–1250) die Heiligen Stätten zurückzugewinnen, scheiterte aber in Ägypten. Die OSMANEN eroberten die Heiligen Stätten von den MAMLUKEN (1517) und überließen in Erneuerung des osmanisch-französischen Handelsvertrags Frankreich das PROTEKTORAT über die Christen im OSMANISCHEN REICH und über die Heiligen Stätten (1556). Auf dem PARISER KONGRESS (1856) und dem BERLINER KONGRESS (1878) wurde der Status quo bestätigt. Die Frage der Souveränität über die Heiligen Stätten in Palästina, vor allem Jerusalem (Klagemauer, Al-Aksa-Moschee, Felsendom), aber auch in Hebron (Patriarchengrab, Haram al-Halil), provozierte ständige Konflikte zwischen Israel (ab 1948), Palästinensern und arabischen Staaten. Die wahhabitischen Könige aus dem Haus Saud verstehen sich als Beschützer der islamischen Heiligen Stätten in Mekka und Medina (Hedschas/Saudi-Arabien).

Literatur: H. Rust: Heilige Stätten. Leipzig 1933; C. Kopp: Die heiligen Stätten der Evangelien. Regensburg ^{2}1964; K. Müller-Grüffshagen: Heilige Stätten der Christenheit. Augsburg 1985; H.-Ch. von Nayhauss: Heilige Stätten: Pilgerziel Jerusalem. Pforzheim 1988; E. Gorys: Das Heilige Land. Historische und religiöse Stätten von Judentum, Christentum und Islam in dem 10 000 Jahre alten Kulturland zwischen Mittelmeer, Rotem Meer und Jordan. Köln ^{9}1989.

Statutum in favorem principum

In Worms für die weltlichen Reichsfürsten ausgestelltes PRIVILEG, analog zur CONFOEDERATIO CUM PRINCIPIBUS ECCLESIASTICIS (1220) für die geistlichen Fürsten: Die dem römisch-deutschen König Heinrich (VII.)

von seinem Vater, Kaiser Friedrich II., aufgezwungene Vereinbarung ging zulasten der Städte, auf die sich Heinrich stützen wollte (**1231**). Das Statutum sicherte den Landesfürsten wichtige REGALIEN zu, erweiterte die Gerichtsbarkeit der LANDESHERREN (domini terrae) und verbot den Städten die Ausdehnung ihrer Herrschaft. Die Bestimmungen wurden in Cividale (Friaul) von Friedrich II. bestätigt (1232). Zwar bedeutete das Statut eine weitere Schwächung der kaiserlichen Zentralgewalt bzw. Anerkennung des Status quo, zugunsten der sich ausbildenden Territorialherrschaften, die jedoch an die Zustimmung von Landständen (meliores et maiores terrae) gebunden waren.

Literatur: E. Klingelhöfer: Die Reichsgesetze von 1220, 1231/32 und 1235. Weimar 1955.

Landesherren

(lat.: domini terrae) Herrscher fürstlicher Territorien im Reich, entstanden aus verschiedenen ADELsherrschaften (auch Grafschaften): Die CONFOEDERATIO CUM PRINCIPIBUS ECCLESIASTICIS (1220) und das STATUTUM IN FAVOREM PRINCIPUM (**1231**) überließen den Reichsfürsten weitere königliche Rechte (REGALIEN) bzw. sanktionierten die Übertragung. Die GOLDENE BULLE Karls IV. gab den KURFÜRSTEN (1356) eine hervorgehobene Stellung unter den Landesherren. Der Ausbau der (geistlichen und weltlichen) Landesherrschaft mit AUTONOMIE fand seinen Abschluss durch Garantie der Teutschen Libertät (1648–1806) im WESTFÄLISCHEN FRIEDEN (1648).

Literatur: W. Schlesinger: Die Entstehung der Landesherrschaft. Dresden 1941, Nachdruck Darmstadt 1983; O. Brunner: Land und Herrschaft. Grundfragen der territorialen Verfassungsgeschichte Österreichs im Mittelalter. Wien [5]1965, Nachdruck Darmstadt 1984; H. Mitteis: Der Staat des hohen Mittelalters. Weimar [11]1986; O. Hageneder/H. Weigl (Hg.): Kaisertum, Königtum, Landesherrschaft. Studien zur mittelalterlichen Verfassungsgeschichte. Wien 1987.

Provinzstände (Landstände)

STÄNDE auf regionaler Ebene: Aus der im römisch-deutschen Reich seit dem STATUTUM IN FAVOREM PRINCIPUM (**1231**) vorgeschriebenen Beteiligung der »meliores et maiores terrae« entwickelte sich die Mitbestimmung landständischer Repräsentativorgane (Landtage). Provinzstände hielten sich vor allem im französischen ANCIEN RÉGIME als regionale Zwischengewalten gegenüber der ABSOLUTEN MONARCHIE.

Literatur: J.R. Major: Representative Government in Early Modern France. New Haven (Conn.) 1980.

Reichsunmittelbarkeit (Reichsfreiheit)

Im Alten Reich der KRONE (dem König oder KAISER) unmittelbar (oder immediat) unterstellte (geistliche und weltliche) Fürsten, Städte und Dörfer, RITTER und Beamte (vor allem an den Reichsgerichten): Die Reichsunmittelbarkeit ohne zwischengeschaltete LANDESHERREN war rechtliche Basis zum Aufstieg der deutschen Reichsstädte und späteren Unabhängigkeit der Schweizer URKANTONE (Uri **1231**, Schwyz

1240–1273). Den Verlust der Reichsunmittelbarkeit (MEDIATISIERUNG) erfolgte z. B. mit dem REICHSDEPUTATIONSHAUPTSCHLUSS (1803).

Stedinger Bauernrepublik

Freie Bauern, an der Unterweser zur Urbarmachung der Stedinger Marsch mit besonderen Rechten angesiedelt (1142/49), mit weit gehender AUTONOMIE (ca. 1215): Nachdem die Stedinger dem Erzbischof von Bremen den ZEHNTEN verweigert hatten (1229), wurden sie zu KETZERN erklärt (1230). Nach anfänglichem Erfolg im KREUZZUG gegen sie (1233) unterlagen die Bauern einem Ritterheer in der Schlacht von Altenesch (**1234**) – das Stedinger Land wurde zwischen Bremen und Oldenburg aufgeteilt.

Literatur: H. Goens/B. Ramsauer: Stedinger, in: Oldenburger Jahrbuch 28 (1924); G. Meiners: Stedingen und die Stedinger. Bremen 1987.

Mainzer Reichslandfriede

Erstes mittelalterliches Gesetz für das römisch-deutsche Reich, neben der amtlichen lateinischen Fassung auch in deutscher Sprache: Friedrich II. wollte auf dem Mainzer REICHSTAG dem Machtverlust der kaiserlichen Zentralgewalt durch die Fürstenprivilegien (CONFOEDERATIO CUM PRINCIPIBUS ECCLESIASTICIS, 1220; STATUTUM IN FAVOREM PRINCIPUM, 1231/32) entgegensteuern (**1235**), indem er ihm verbliebene Hoheitsrechte betonte, Reichshofrichter einsetzte und das FEHDEWESEN beschränkte.

Literatur: H. Angermeier: Königtum und Landfriede im deutschen Spätmittelalter. München 1966.

Semgaller

Ostbaltischer Volksstamm: Mit den Litauern brachten die Semgaller dem SCHWERTBRÜDERORDEN bei Bauske eine schwere Niederlage bei (**1235**), wurden jedoch vom DEUTSCHEN ORDEN unterworfen (1290). Semgallen gehörte zum Herzogtum Kurland (1561), wurde später Provinz in der unabhängigen Republik Lettland (Hauptstadt: Mitau/Jelgava).

Einhegungen

(engl.: enclosures) Agrargeschichtlicher Vorgang in England (12. Jh. – vor 1900): Durch Einhegungen wurden Teile des dörflichen Gemeineigentums (Allmende) in Privatbesitz umgewandelt bzw. Grundstücke aus der bisherigen Gemengelage herausgenommen und zu einem größeren zusammenhängenden Besitz zusammengelegt (Flurbereinigung). Die Neuordnung war meist verbunden mit Übergang vom Getreideanbau zur SCHAFzucht. Die neuen Grundstücke wurden mit Hecken umzäunt (»Einhegungen«). Besonders für Süd- und Mittelengland, heute noch im Landschaftsbild sichtbar, war der Wechsel von »open fields« zu »enclosures« typisch. Einhegungen mussten von der KRONE, später dem PARLAMENT genehmigt werden. Sie waren durch das Statute of Merton

(**1236**) und das Statute of Westminster (1285) in beschränktem Ausmaß erlaubt, wurden bis zur Frühen Neuzeit immer häufiger, trotz gesetzlicher Beschränkungen (1489, 1515, 1563, 1597). Einhegungen verdrängten bisher freie Bauern (»yeomen«), die teilweise zu Armen (»poor«) und Entwurzelten (»vagrants«) absanken und in die Städte abwanderten. Enclosures schufen Voraussetzungen einer »agrikolen Revolution« (Marx), d. h. die Verbindung von intensiver Landwirtschaft und gewerblicher Produktion (Wolle) im Übergang zur INDUSTRIELLEN REVOLUTION.

Literatur: M. Beresford: The Lost Villages of England. London 1954; J. Thirsk: Tudor Enclosures. London 1959; E. Leuze: Die Halbinsel von Devon und Cornwall. Bremen 1969; E. Miller/J. Hatcher: Medieval England. Rural Society and Economic change 1086–1348. London [6]1994.

Parlamentum (Parlement)

(frz.: parler = sprechen, reden) Königliches Hofgericht in Paris (**1238**) und weitere Obergerichte in verschiedenen Provinzen (bis 1789), im Unterschied zu PARLAMENT in England (ab 1265): Das Pariser Gericht hatte das Recht, königliche Erlasse in ein Register einzutragen (»enregistrement«), sie zu überprüfen oder auch zu verweigern (»remontrances«). Die Ämter waren meist von bürgerlichen Juristen (»légistes«) besetzt und wurden früh käuflich. Ihre Inhaber im ANCIEN RÉGIME gehörten zum Amtsadel (»noblesse de robe«).

Aus politischen Gründen spaltete sich das Pariser Parlement im HUNDERTJÄHRIGEN KRIEG (1337/39–1453): Während ein Teil der Mitglieder in Paris unter der englischen Besatzung (1418–1436) blieb, amtierten die übrigen Mitglieder als Parlement von Poitiers (1418–1436) beim DAUPHIN Karl (VI.). Mit der territorialen Expansion bildeten sich in den neu zu Frankreich gekommenen Provinzen weitere Parlements, so in Toulouse (Provence, 1420–1425, ab 1443), Grenoble (Dauphiné, 1453/46), Bordeaux (1462), Perpignan (1463–1493), Dôle (Bourgogne, 1477) – später Dijon (1480/94) –, Aix-en-Provence (1501), Rouen (Normandie, 1515), Rennes (Bretagne, 1515/61), Lyon (1523–1696) – später verlegt nach Trévoux (1697–1771) –, Pau (1620), Metz (1633), für das Artois (1641), das Elsass (1657), für Flandern (1668), Besançon (1676), Korsika (1768) und Nancy (1775). Die Provinz-Parlements waren, wie die PROVINZSTÄNDE, wichtig als Vertretungen regionaler Interessen und AUTONOMIE gegenüber der ABSOLUTEN MONARCHIE.

Von nationaler Bedeutung war das Parlement von Paris. In strikter Verteidigung katholischer Interessen verweigerte es lange Zeit die Eintragung des KONKORDATS von Bologna (1516), der Beschlüsse des TRIENTER KONZILS (1563) und des EDIKTS VON NANTES (1598). In der Endphase der HUGENOTTENKRIEGE (1561–1598) stand es teils aufseiten der KATHOLISCHEN LIGA, teils aufseiten Heinrichs IV. (1589–1610); zwischen beiden Parteien tendierte eine Mehrheit zur Gruppe der »POLITIQUES«. Später war es häufig in Opposition zur KRONE, die die Eintragung von Gesetzen oft nur in Anwesenheit des Königs (»lit de justice«) erzwingen konnte. Das Pariser Parlement löste den Aufstand der FRONDE (1648–1653) aus. Ludwig XIV. schaltete es weitgehend aus (1673); erst in der Regentschaft des Herzogs von Orléans für den unmündigen Ludwig XV. (1715–1723) konnte es seine Befugnisse zurückgewinnen (1715). Unter dem Einfluss der AUFKLÄRUNG und Montesquieus, erzwang es die Aufhebung des JESUITENORDENS (1762) und lehnte die Reformen Turgots (1776) und Briennes (1787), zuletzt mit Verweis auf die GENERALSTÄNDE, ab. Seine Verweigerung der Garantie für eine Staatsanleihe (1788) löste die »Révolte nobiliaire« aus. In der Agonie des Ancien régime leisteten einzelne Provinz-Parlements Widerstand gegen Reformprojekte der Krone (1788), so in Dijon, Toulouse und Rennes; der Aufruhr von Grenoble war Auftakt zur Revolution (1789).

Literatur: E. Glasson: Le parlement de Paris. 2 Bde., Paris 1901; R. Holtzmann: Französische Verfassungsgeschichte von der Mitte des 9. Jahrhunderts bis zur Revolution. München 1910. Nachdruck 1965; A. R. Myers: Parliaments and Estates in Europe to 1789. London 1975; J.-F. Lemarignier: La France médiévale. Neuausgabe Paris 1984; J. H. Shennan: The Parlement of Paris. Stroud 1998.

6. Kreuzzug

Erster Kreuzzug Ludwigs IX. (des Heiligen) von Frankreich **1248**–1254: Von Aigues-Mortes bei Marseille, das als Kreuzzugshafen angelegt war (1241), brach der König auf; der Hauptteil seines Heeres schiffte sich in Marseille ein. Über Zypern (1248/49), dem Winterlager des Kreuzfahrerheeres, ging der Kreuzzug nach Ägypten, wo Damiette kampflos eingenommen wurde (1249). Vor Kairo wurde der König mit seinem Heer gefangen gesetzt (1250) und erst gegen ein hohes Lösegeld und die Rückgabe Damiettes kam Ludwig IX. (1250). In Palästina (1250–1254) schloss er einen Vertrag mit den MAMLUKEN (1252), die kurz vor seiner Freilassung in Ägypten die Macht übernommen hatten: Ludwig erreichte die Freilassung des französisches Heeres und den Erlass der zweiten Lösegeldrate. Der Kreuzzug war militärisch gescheitert, begründete aber das traditionelle Interesse Frankreichs am Heiligen Land (Outremer) und an den HEILIGEN STÄTTEN. Ludwig IX. blieb bis 1254 im Heiligen Land und ließ u. a. Befestigungen weiter ausbauen.

Mamluken

Herrschende Schicht in Ägypten (1250–1517) und Syrien (1260–1516): Mamluken im KALIFAT waren ursprünglich Kriegersklaven aus dem Herrschaftsbereich der GOLDENEN HORDE, meist aus Turkvölkern. In der Krise des 6. KREUZZUGS stürzten sie die AIJUBIDEN (**1250**), denen sie als Elitetruppe gedient hatten, und errichteten ein Sultanat, das zunächst Kyptschak-Türken (1250–1382), dann Tscherkessen (1382–1517) beherrschten. Sie gewannen eine starke Stellung im FERNHANDEL, kontrollierten das Rote Meer, die Landenge von Suez (mit Venedig gegen Genua) und den Gewürzhandel aus Indien. Nach dem Sieg über die Mongolen bei Aïn Dschalut (1260) verbündeten sie sich mit der Goldenen Horde (1263), um Nachschub für die Mamlukenheere über Byzanz zu sichern. Mamluken vernichteten die KREUZFAHRERSTAATEN (1261–1291), verwüsteten nach dem Fall Akkos (1291) Palästina und führten Kriege gegen den IL-KHAN (1288, 1299). Sie fielen in Sudan ein

(1314) und zerstörten das nördliche monophysitische Nubierreich Dongola – Nubier wurden von Arabern, die vor den Mamluken auswichen, islamisiert. Der Vorstoß Peters von LUSIGNAN gegen Alexandria scheiterte (1365). Mamluken eroberten Kleinarmenien (1375), unterlagen Timur Länk in Syrien (1400), gewannen nach dessen Tod Syrien zurück (1405). Zypern wurde ihr Vasallenstaat (1426). Die Belagerung der JOHANNITER auf Rhodos scheiterte (1444).

Der Niedergang der Mamluken-Herrschaft begann mit der Erschöpfung der nubischen Goldminen – der westliche Sudan (Mali) stieg zum wichtigsten Goldlieferanten Europas auf (ab ca. 1300). Verluste brachten die GROSSE PEST (1347), HUNGERSNÖTE und der Einfall Timur Länks (1400). Mit der Entdeckung des Seewegs nach Indien entlang der afrikanischen Küste durch die Portugiesen (1498) verlagerten sich die Fernhandelsströme. Die ägyptische Flotte wurde von Portugiesen vernichtet (1500, 1509), der Gewürzhandel der Mamluken brach zusammen. Militärische Niederlagen und Wirtschaftsprobleme provozierten schwere innere Krisen; ein Bündnis mit Persien (1515) konnte den Vormarsch der OSMANEN nicht aufhalten: Nach der Niederlage bei Aleppo (1516) gingen Kleinarmenien und Syrien verloren, Palästina und Ägypten wurden von den Osmanen erobert (1517), Mamluken blieben jedoch weiter die sozial führende Schicht Ägyptens. Erst Napoleons Ägyptenfeldzug und sein Sieg bei den PYRAMIDEN beendete die Ära der Mamluken endgültig (1798). Mohamed Ali ließ die Mamlukenführer im Massaker auf der Zitadelle Kairos ausrotten (1811).

Literatur: W. Muir: The Mameluke or Slave Dynasty of Egypt, 1260–1517. London 1896; D. Ayalon: Studies on the Mamluks of Egypt. London 1977.

Interregnum

(lat.: Zwischenherrschaft) Die Zeit zwischen der Herrschaft zweier Könige bzw. Herrscher: In der RÖMISCHEN REPUBLIK die Zeit zwischen frühzeitiger Vakanz (z. B. durch Tod eines Konsuls vor Ablauf der Amtsperiode) und Neuwahl, ausgefüllt für fünf Tage von einem Interrex aus dem Kreis der patrizischen Senatoren zur Neuwahl des Beamten.

Im Mittelalter Periode im REICH zwischen Erlöschen der STAUFER (**1250**/54) und der Wahl Rudolfs I. (von Habsburg) zum König (1273), ohne allseitig anerkannten römisch-deutschen Herrscher, abgesehen von insgesamt drei, jeweils zwiespältig gewählten Königen, die sich jedoch nicht durchsetzen konnten – Wilhelm von Holland (1247–1256), Richard von Cornwall (1257–1272), Alfons X. von Kastilien (1257–1273/75): Beim Fehlen einer funktionsfähigen Zentralgewalt erstarkten partikulare Kräfte – (fürstliche) Territorialstaaten, Städte, die sich teilweise zu Städtebünden zusammenschlossen, auf der untersten Ebene RITTER, oft als RAUBRITTER; der König von Böhmen wurde mächtigster Reichsfürst. Im Interregnum erfasste eine erste Welle von FLAGELLANTEN auch Deutschland (1260–1262). Mit der Wahl Rudolfs von Habsburg zum König (1273) endete das Interregnum; die Wahl durch das Kurfürstenkollegium fand verfassungsrechtliche Verankerung in der GOLDENEN BULLE (1356), die zwei REICHSVERWESER bei Thronvakanz vorsah.

In Wahlmonarchien die Thronvakanz bis zur Wahl eines neuen Königs: In Polens RZECZPOSPOLITA (1573–1795) gab es häufig lange Thronvakanzen. Interrex war dann der Erzbischof von Gnesen.

Strukturell vergleichbare Perioden gab es bei vielen Völkern.

Literatur: J. Kempf: Geschichte des Deutschen Reiches während des großen Interregnums 1245–1273. Würzburg 1893; M. Lynch: The Interregnum. Kent 1993; H. Bookmann: Stauferzeit und spätes Mittelalter in Deutschland 1125–1517. Berlin [2]1993; M. Firnkes: Vom Interregnum zu Karl IV. 1254–1378. Gütersloh 1993.

Khanat (Khan)

Herrscherbereich bzw. Herrschertitel turkmongolischer Nomaden im Rang eines Königs, bei AWAREN, Proto-Bulgaren (z. B. Khan Krum, 803–814), Mongolen und der GOLDENEN HORDE (**1251**): Der Titel wurde bei Übertritt zum CHRISTENTUM (z. B. Bulgarenkhan Boris I. 864/65 mit neuem Namen Michael) oder ISLAM durch dort übliche Herrschertitel ersetzt (z. B. König bzw. Fürst, Emir, SULTAN).

Ulus

(zu turkmongol.: »ulan« = Krieger) Kriegerlehen bei den Mongolen: Aus den Ulus an der Peripherie des MONGOLENREICHS entwickelten sich selbstständige KHANATE, z. B. das Khanat der GOLDENEN HORDE (**1251**), das sich in das Khanat der KRIMTATAREN (1435) sowie die Khanate Kasan (1452) und Astrachan (1466) spaltete.

Goldene Horde

(mongol.: »Ordu« = Lager, Heerlager; »Golden« vom vergoldeten Zelt und/oder goldenen Thron des Khans) Russischer Name für das Reich der TATAREN (Solotaja Orda, Eigenbezeichnung: Kyptschak-Khanat): Die Goldene Horde wurde von Batu, Enkel Dschingis Khans, nach dem Abzug aus Polen und Ungarn als autonomer ULUS im MONGOLENREICH gegründet (1242), mit Hauptort Sarai an der unteren Wolga. Das KHANAT (**1251**–1502), das sich vom Großkhanat unabhängig machte (1260), gewann die Tributsoberherrschaft über Russland (bis 1480), kontrollierte die Besetzung des Großfürstenthrons und die Routen des FERNHANDELS. Nach dem Übertritt zum ISLAM (ab 1258) fiel die Goldene Horde in Polen (1258/59, 1286/87) und Byzanz (1265, 1271) ein, führte Krieg gegen den IL-KHAN um den Kaukasus, im Bündnis mit den MAMLUKEN (1261) und Byzanz (1272). Innere Konflikte brachen aus (1290, 1298–1299). Da die tatarischen STEUEReintreiber (»baskaks«) in Russland belästigt wurden, wurden die Steuern durch TRIBUTE der russischen Fürsten ersetzt (nach 1300). Verantwortlich für die Eintreibung des TATARENTRIBUTS wurde der als GROSSFÜRST eingesetzte Iwan Kalita (»der Geldsack«) von Moskau.

Der Niedergang der Goldenen Horde begann mit der GROSSEN PEST (1347) und der Sperrung der Dardanellen durch die OSMANEN (1354). Nach dem Erlöschen der DYNASTIE Batus (1359) schwächten Bürgerkriege das Reich. Russische Fürsten verweigerten erstmals den Tribut und die Huldigungsfahrt nach Sarai (1371). Niederlagen gegen Moskau bei Rjasan (1378) und auf dem Schnepfenfeld (Kulikowo pole, 1380) provozierten einen Rachefeldzug gegen Russland, in dem Moskau zerstört wurde (1382). Timur Länk (1385–1395), der Sarai plünderte (1391) und zerstörte (1395), schwächte die Goldene Horde entscheidend. Im Westen wurde der KHAN in Kriege Moskaus mit Litauen hineingezogen (Sieg über Litauen, 1399). Mit der SEZESSION der Khanate Krim (1435), Kasan (1452), Astrachan (1466) und Sibir (bis 1582/98) zerfiel die Goldene Horde. Moskau wurde unabhängig, nach Abruch eines Feldzuges gegen das Großfürstentum wegen der Gefahr einer Invasion durch die mit Moskau verbündeten Krimtataren (1480). Die Eroberung Sarais durch die Krimtataren (1502) besiegelte das Ende der Goldenen Horde. Russland unter Iwan IV. eroberte die Nachfolgekhanate Kasan (1552) und Astrachan (1566).

Literatur: B. Spuler: Die Goldene Horde. Die Mongolen in Rußland 1223–1502. Wiesbaden [2]1965; G. Vernadsky: The Mongols and Russia. New Haven, London [4]1966; G. A. Fedorow-Dawydow: Die Goldene Horde und ihre Vorgänger. Leipzig 1973.

Feme (Fememord)

(auch: Veme; von altdeutsch: feme oder feime = Gericht) Im Mittelalter Sondergericht für besonders schwere Straftaten: Ursprünge gehen auf germanische Rechtstraditionen zurück, erstmals als »vehma« in Westfalen im INTERREGNUM belegt (**1251**). Femegerichte urteilten, im Anspruch stellvertretend für den KAISER, über Leben und Tod (»Blutbann«). Ihre Mitglieder (»Freischöffen«, »Wissende«) waren wie Geheimbünde organisiert, Verhandlungen waren meist nicht öffentlich (»heimliches Gericht«). Da sie ein Minimum an Rechtssicherheit wahrten, erhob Kaiser Karl IV. sie in den Rang von Landfriedensgerichten (1356). Danach verbreiteten sie sich im REICH, gegen den Widerstand der Städte, lösten sich aber mit Reformbeschlüssen des Wormser REICHSTAGS (EWIGER REICHSLANDFRIEDE, REICHSKAMMERGERICHT) auf (1495), außer in Westfalen, wo sie sich als Mittelinstanz unter Landesgerichten bis zur Verwaltungsreform Jérôme Bonapartes hielten (1808). In Anlehnung an die mittelalterliche Feme erneuerten in der WEIMARER REPUBLIK rechtsextreme Geheimbünde Fememorde unter Angehörigen der FREIKORPS und Schwarzen Reichswehr (1919–1923). [F. H.]

Literatur: E. J. Gumbel: Verräter verfallen der Feme. Opfer, Mörder, Richter. 1919–29. Berlin 1929; T. Lindner: Die Feme. Geschichte der »heimlichen Gerichte« Westfalens. Nachdruck Paderborn 1989; J. P. Wurm: Veme, Landfriede und westfälische Herzogswürde in der 2. Hälfte des 14. Jahrhunderts, in: Westphalia 1991, S. 25–91.

Folter

Mittel zur Erzwingung von Aussagen, meist für Gerichtsprozesse, durch Zufügung körperlicher Schmerzen: In Europa wurde die Folter mit der päpstlichen Bulle »Ad extirpandum« als Beweismittel der INQUISITION institutionalisiert (**1252**), mit großer Bedeutung bei den HEXENVERFOL-

GUNGEN (ab 1484), durchgeführt mit ausgeklügelten Vorrichtungen (Folterkammern) des Scharfrichters. Strafgesetzbücher schränkten die Folter ein, z. B. im REICH die Carolina (1532) und Theresiana (1768). Unter dem Einfluss der AUFKLÄRUNG verschwand sie in Europa allmählich, zuerst in Preußen (1740/54). Nach dem ERSTEN WELTKRIEG (1914–1918) war sie jedoch in zahlreichen Ländern weiter Praxis (u. a. Dunkelhaft, Schlafentzug, Elektroschocks, Isolationshaft, Hunger), in totalitären und diktatorisch regierten Staaten, wenn auch offiziell geleugnet. Nach 1945 wurde die Folter international geächtet, unter Strafe gestellt, durch die Allgemeine Erklärung der MENSCHENRECHTE (1948), Genfer Konventionen (1949) und UN-Antifolterkonvention (1987). Trotzdem ist sie in vielen Staaten weiter üblich. Amnesty international setzt sich für Folteropfer und politische Gefangene ein.

Literatur: E. Peters: Folter. Geschichte der Peinlichen Befragung. Hamburg 1991; K. Farrington: Geschichte der Folter und Todesstrafe. Die dunkle Seite der Justiz. Augsburg 1999.

Goldgulden

(mittelhochdt.: güldin pfennic) Erste im lateinischen Westen geprägte GoldMÜNZE, zuerst in Florenz (**1252**), benannt nach dessen Stadtsymbol, der Lilie (lat.: »flos«), auch Florenus, Floren, Florin, Florentiner, als Ersatz des abgewerteten SOLIDUS, mit einem Münzgewicht von 3,537 g GOLD: Der Goldgulden fand Nachahmer in Ungarn (Forint), Venedig (DUKATEN) und Polen (Złoty, 1528–1864), auch in SILBER, so in Deutschland, Holland (1601, abgekürzt »Fl.«). Florin hieß die englische Pfundgoldmünze, der Sovereign (seit Heinrich VII., 1485–1509).

Literatur: A. Luschin v. Ebengreuth: Allgemeine Münzkunde und Geldgeschichte des Mittelalters und der neueren Zeit. München [4]1976; W. Weimer (Hg.): Geschichte des Geldes. Frankfurt/Main 1992; J. Weatherford: Eine kurze Geschichte des Geldes. Von den Anfängen bis in die Gegenwart. Zürich 1999.

Weistum

Allgemein: Im mittelalterlichen Deutschland Rechtsweisung durch Aussage rechtskundiger Männer zur Findung und Verkündung geltenden Rechts – Stammesrechte, bäuerliche Weistümer (nach 1200), Beschlüsse der deutschen Fürsten mit Gesetzescharakter: Hier speziell: Fürstenweistum von **1252**, nach dem der von den Fürsten gewählte deutsche König auch römischer KAISER ist, unabhängig von der Zustimmung durch den PAPST. Auch: das Weistum des KURVEREINS VON RHENS (1338).

Literatur: D. Werkmüller: Über Aufkommen und Verbreitung der Weistümer nach der Sammlung von Jacob Grimm. Berlin 1972; P. Bickle (Hg.): Deutsche ländliche Rechtsquellen. Probleme und Wege der Weistumsforschung. Stuttgart 1977.

Nan-Chao

(chin.: »südliches Land«) Reich der Thai in Südwestchina, Yünnan (nach 700–1253): Nan-Chao war nach chinesischem Vorbild organisiert, lehnte sich politisch jedoch an Tibet an. Nach Kriegen (Siege über China

751, 766) schloss es Frieden mit China (794; Austausch von Gesandtschaften 802, 807). Nan-Chao expandierte ins nördliche Birma (ca. 760) und vernichtete dort das ältere Reich der Pyu (832). Nan-Chao hatte reiche Vorkommen an GOLD und Edelsteinen. Mongolen vernichteten Nan-Chao (**1253**) – Thai wichen teilweise nach Thailand aus, Yünnan wurde sinisiert.

Literatur: The Nan-chao Kingdom and T'ang China's Southwest Frontier. Cambridge u. a. 1981.

Rheinischer Bund

STÄDTEBUND (1254–1257): Dem Bündnis von Mainz und Worms zum Schutz von Handel und Verkehr gegen RAUBRITTER (**1254**) traten Oppenheim, Bingen und andere Städte am Rhein (von Köln bis Basel) und in der Wetterau bei (1254), zuletzt rd. 70 Städte in Nord-, Mittel- und Süddeutschland, u. a. Aachen, Bremen, Lübeck, Mühlhausen/Thüringen, Würzburg, Nürnberg, Regensburg und Zürich, auch geistliche und weltliche Territorien. Der Bund war Ausdruck der inneren Unsicherheit und Fragmentierung im REICH zu Beginn des INTERREGNUMS. Wilhelm von Holland erkannte den Bund an (1255), der nach seinem Tod (1256) an der Doppelwahl Richards von Cornwall und Alfons' X. von Kastilien zerbrach (1257).

Raubritter

In Deutschland Angehörige des niederen ADELS (RITTER), in Zeiten schwacher Zentralgewalt (INTERREGNUM, 1250–1273), Räuber und Erpresser, formal in »unrechtmäßiger Fehde«: Motive waren materielle Not durch das Wachsen der Geldwirtschaft, die das Lehnswesen schwächte, und die große Zahl von Adligen durch natürliches Bevölkerungswachstum, sodass LEHEN immer kleiner wurden oder viele Adlige unversorgt blieben. Der RHEINISCHE BUND galt u. a. dem Schutz vor Raubrittern (**1254**), die Rudolf von Habsburg (1273–1291) energisch bekämpfte. Raubritter traten nochmals verstärkt in der Krise des FEUDALISMUS um 1400 auf, bekämpft von den deutschen Territorialstaaten.

Literatur: H. Angermeier: Königtum und Landfrieden im deutschen Spätmittelalter. München 1966; U. Andermann: Ritterliche Gewalt und bürgerliche Selbstbehauptung. Frankfurt/Main 1991; J. Fleckenstein: Vom Rittertum im Mittelalter. Perspektiven und Probleme. Goldbach 1997; A. Borst (Hg.): Das Rittertum im Mittelalter. Darmstadt [3]1998.

Hundertjähriger Krieg Venedig–Genua

Krieg der beiden führenden italienischen Seestädte um die Kontrolle des FERNHANDELS über Konstantinopel und das östliche Mittelmeer in den Orient (**1256**–1381), in drei Phasen:

- 1. Phase (1256–1299): Genua half beim Sturz des LATEINISCHEN KAISERREICHS und der RESTAURATION von Byzanz (1261). Zunächst siegte Venedig (1263, 1264), dann Genua (1284, 1294). Kaffa wurde von Venedig, Kreta von Genua geplündert (1297). Nach einer erneuten

Niederlage Venedigs (1298) geriet Marco Polo in genuesische Gefangenschaft (1298/99). Es folgte eine Friedensperiode (1299–1352).

- 2. Phase (1352–1355): Der unentschiedenen Seeschlacht im Bosporus zwischen Genua und einem Bündnis zwischen Venedig, Aragón und Byzanz (1352) folgte ein Sieg Venedigs (1353), wonach Genua unter die Herrschaft Mailands geriet (1353–1356). Eine erneute Niederlage Genuas (1354) beendete die zweite Phase (Frieden 1355–1378).
- 3. Phase (Chioggiakrieg, 1378–1381): Im Konflikt um Famagusta auf Zypern (1378) eroberte Genua die Hafenstadt Chioggia im Süden der Lagune von Venedig (1379). Nach der Rückeroberung durch Venedig (1380) bestätigte der Friede von Turin (1381) Venedigs Vorherrschaft im östlichen Mittelmeer.

Augustiner

(lat.: Ordo Eremitarum S. Augustini) Nach Franziskanern (1210) und Dominikanern (1215) letzter der drei großen Bettelorden im europäischen Hochmittelalter, entstanden aus der Fusion mehrerer Eremitenverbrüderungen (**1256**), mit Priestern und Laienbrüdern, auf der Grundlage der schon älteren Augustinerregel (nach 1050): Wie die beiden anderen Bettelorden hatten die Augustiner ihren Schwerpunkt in der Seelsorge in Städten und auf in Mission, später auch in Übersee. In Italien wurden sie durch Verbindung des christlichen und antiken Erbes wichtig für den Humanismus. In Deutschland stellten sie besonders viele frühe Anhänger der Reformation, angefangen mit Luther selbst, sodass danach in Sachsen die Augustinerprovinz nicht zufällig völlig unterging. Schwere Verluste setzten sich fort durch Aufhebung ihrer Klöster im Josephinismus, in der Französischen Revolution und im Zuge der Säkularisation in der Agonie des Reichs (1803), kurz vor dem Untergang des Heiligen Römischen Reichs Deutscher Nation (1806). Nach Neugründungen (19. Jh.) bildete die deutsche Provinz einen Schwerpunkt der Augustiner.

Literatur: Geschichte des Augustinerordens. Veröffentlicht von der Generalkurie des Ordens. 4 Bde., Rom 1975–1988.

Turkmenen

Nomadische muslimische Turkvölker in West-Zentralasien und noch weiter westlich: Nach Eroberung Merws durch Dschingis Khan (1221) wichen Turkmenen vor den Mongolen nach Kleinasien aus, wurden dort mit dem Kaiserreich Nicäa von den Mongolen geschlagen (**1256**). Turkmenische Fürstentümer (ab 1263) wurden von den Osmanen (nach 1300) und Timur Länk erobert (1402). Die Osmanen unterwarfen die Turkmenen endgültig (1423–1427) und annektierten ihre Territorien (1454). Turkmenen im westlichen Turkestan kamen unter die Herrschaft Russlands (1881), das versuchte, sie sesshaft zu machen. Im zentralasiatischen Aufstand (1916) leisteten Turkmenen der Sowjetmacht anhaltenden Widerstand. Aus der Turkestanischen ASSR sowie anderen Gebieten wurde die Turkmenische SSR in der UdSSR gebildet (1924/25), die mit

Ende der Sowjetunion zur Republik Turkmenistan wurde (1991). Dort stellen die Turkmenen etwa drei Viertel der Bevölkerung. Turkmenen leben noch in Usbekistan, Tadschikistan, Afghanistan, Russland, Iran, im Irak, in Syrien und der Türkei.

Literatur: S. G. Agadzanov: Seljukiden und Turkmeniden im 11.–12. Jahrhundert. Hamburg 1986; A. Dzikiev: Das turkmenische Volk im Mittelalter. Berlin 1994.

Kurfürsten

(lat.: Principes electores imperii, Electores) Seit der gespaltenen Königswahl im Reich (1198) waren die Kurfürsten als Wähler des römisch-deutschen Königs eine hervorgehobene Gruppe von Reichsfürsten, zunächst die Erzbischöfe von Trier, Mainz und Köln und der Pfalzgraf bei Rhein: Der Sachsenspiegel (ca. 1230) erhöhte die Anzahl auf sechs durch Hinzunahme des Herzogs von Sachsen und des Markgrafen von Brandenburg (1221/24). Seit der Doppelwahl von **1257** war auch der König von Böhmen Kurfürst. Das Weistum des Kurvereins von Rhens (1338) führte u. a. Mehrheitswahl ein. Die Goldene Bulle (1356) regelte das Wahlverfahren endgültig (bis 1806): Jeder Kurfürst hatte eines der sieben Erzämter des Reichs, die Kurlande wurden für unteilbar erklärt, Kurfürsten erhielten besondere Privilegien, die zu Neuwahlen ständig erweitert wurden (Wahlkapitulationen). Massive Geldzuwendungen an die Elektoren beeinflussten den Wahlausgang (vor allem 1519 bei der Wahl Karls V.). Kaiser (Sigismund) und Kurfürsten sind zusammen an der Fassade des Bremer Rathauses dargestellt (1410). Die Kurfürsten bildeten auf dem Reichstag die 1. Kurie (1489). Mit der Reformation spaltete sich das Kurfürstenkollegium konfessionell. Nach dem Schmalkaldischen Krieg (1546/47) ging die sächsische Kurwürde der Wettiner von den Ernestinern auf die Albertiner über (1547). Die Niederlage Friedrichs V. von der Pfalz im Böhmischen Aufstand zu Beginn des Dreissigjährigen Krieges (1620) brachte die pfälzische Kur an Bayern (1623). Durch den Westfälischen Frieden (1648) erhielt die Pfalz die achte Kurwürde; sie wurde nach dem Aussterben der bayerischen Wittelsbacher wieder mit der bayerischen vereint (1777). Die neunte (ab 1778 achte) Kurwürde erhielt das Haus Braunschweig-Lüneburg (= Hannover, 1692). Die Kurfürsten von Sachsen wurden Könige von Polen (1697), die von Brandenburg Könige in Preußen (1701), die von Hannover Könige von England (1714). Mit dem Reichsdeputationshauptschluss verloren Köln und Trier die Kurwürde, die Mainzer Kur ging an Regensburg-Aschaffenburg. Neue Kurfürstentümer wurden das ehemalige Erzbistum Salzburg (1805 auf Würzburg übertragen), die Markgrafschaft Baden, das Herzogtum Württemberg, die Landgrafschaft Hessen-Kassel (1803/04). Mit dem Untergang des Reichs endete auch die Kurwürde (1806), den Titel führte nur noch Hessen-Kassel (»Kurhessen«) weiter (bis 1866).

Literatur: H. Mitteis: Die deutsche Königswahl: ihre Rechtsgrundlagen bis zur Goldenen Bulle. Darmstadt [6]1987; W. Becker: Der Kurfürstenrat. Grundzüge seiner Entwicklung in der Reichsverfassung und seine Stellung auf dem Westfälischen Friedenskongreß. Münster 1973; B. Castorph: Die Ausbildung des römischen Königswahlrechts. Göttingen 1978; F. R. Erkens: Der Erzbischof von Köln und die deutsche Königswahl. Siegburg 1987.

Provisions of Oxford

Beschränkung der Macht der englischen Krone, nach kostspieligen außenpolitischen Abenteuern und einem Aufstand der BARONE Heinrich III. (1216–1272) abgerungen (**1258**): Ein ständiger Rat aus 15 Persönlichkeiten, in der Mehrheit Kronvasallen (Barone), erhielt ein VETOrecht gegen königliche Entscheidungen; den Großen Rat ersetzte ein Zwölferausschuss, der dreimal jährlich, mit dem Rat der 15 tagen sollte. Alle königlichen Beamten, der König und sein Sohn sollten den Eid auf die Provisions of Oxford ablegen. In dem Regelwerk drückte sich die Polarisierung zwischen Krone und einem Teil der Barone einerseits, dem niederen ADEL (RITTERN), Städten und reformbereiten Baronen andererseits aus, eskalierend zum Bürgerkrieg (BARONS' WAR 1264/65) und dem ersten PARLAMENT (1265).

Palaiologen

Letzte byzantinische DYNASTIE (1259/61–1453), begründet von Michael VIII. Palaiologos (1259/61–1282): Palaiologen gehörten zu den byzantinischen ARCHONTEN (nach 1050), bevor Michael VIII. Palaiologos Mitkaiser von Nikaia wurde (**1259**). Er eroberte Konstantinopel, stürzte das LATEINISCHE KAISERREICH (1261), befürwortete die KIRCHENUNION mit Rom, die jedoch scheiterte (1278). Die von den ANJOU geplante Rückeroberung Konstantinopels scheiterte an der SIZILIANISCHEN VESPER (1282). Fast ganz Kleinasien ging an die OSMANEN verloren (ca. 1300). Innere Konflikte schwächten die Palaiologen (u. a. Herrschaft der ZELOTEN 1342–1349, im Bündnis mit den Osmanen, 1346). Von der Halbinsel Gallipoli (1354) drangen die Osmanen nach Südosteuropa vor. Die Palaiologen wurden osmanische VASALLEN (1372–1402, 1422). Die in Florenz verkündete (1439) und gegen heftigen inneren Widerstand in Kraft gesetzte (1452) Kirchenunion mit Rom, Voraussetzung zur Hilfe des lateinischen Westens für Byzanz, rettete das griechische Kaisertum nicht vor dem Untergang: Konstantin XI. fiel bei der Eroberung Konstantinopels (1453); seine Familienangehörigen traten als Renegaten in den Dienst des SULTANS oder gingen ins Exil nach Italien und Frankreich.

Literatur: A. Th. Papadopoulos: Versuch einer Genealogie der Palaiologen, 1259–1453. München 1938, Nachdruck Amsterdam 1962; E. Trapp: Prosopographisches Lexikon der Palaiologenzeit. Wien 1955.

Barons' War

Bürgerkrieg in England (1264/65): Aufstand der BARONE unter Simon de Montfort gegen die KRONE wegen Nichtachtung der PROVISIONS OF OXFORD (1258): Heinrich III. wurde in der Schlacht bei Lewes gefangen (**1264**), Simon de Montfort berief das erste PARLAMENT nach Westminster ein (1265). Prinz Eduard besiegte Simon de Montfort bei Evesham (1265) und nahm ihn gefangen. Die Barone unterlagen zwar militärisch, erreichten aber mit dem Dictum of Kenilworth einen

Ausgleich mit der Krone (1266), im Statute of Marlborough weitere Zugeständnisse (1267): Der König musste sich fortan Unterstützung durch Parlamente sichern (ab 1275).

Literatur: F. M. Powicke: King Henry III. and the Lord Edward The Community of the Realm in the 13th Century. 2 Bde., Oxford 1947.

Parlament

(mittellat.: Parlamentum) Gewählte Volksvertretung zur Gesetzgebung und Kontrolle der Regierung, Repräsentant der VOLKSSOUVERÄNITÄT; früher Vertretung der STÄNDE; ältestes Parlament ist der isländische ALTHING (seit 930): Nicht zu verwechseln mit: PARLEMENT in Frankreich, den Gerichtshöfen des ANCIEN RÉGIME.

England: Als »Mother of Parliaments« gilt das englische Parlament, erstmals von Simon de Montfort im BARONS' WAR nach Westminster einberufen (**1265**). Die Vertretung der Kronvasallen, Grafschaften und Städte hatte, wie das französische PARLEMENT (1238), auch richterliche Kompetenzen, aber noch ohne PERIODIZITÄT. Allmählich erreichte das Parlament die Ausweitung seiner gesetzgeberischen Befugnisse. Das erste Parlament der KRONE berief Eduard I. ein (1275). Das MODEL PARLIAMENT (1295) erhielt das STEUERbewilligungsrecht (1297). Englisch ersetzte Französisch als Verhandlungssprache (bei Eröffnung der Parlamentssession 1363). Das Parlament erklärte die päpstliche Lehnsherrschaft über England (seit 1213) für beendet (1366). Im GOOD PARLIAMENT (1376) tagten die COMMONS (Unterhaus) erstmals getrennt von den anderen Ständen, mit neuem Amt des SPEAKER und erstem IMPEACHMENTverfahren. Das BAD PARLIAMENT (1377) erhob erstmals die Poll tax. Richard II. wurde abgesetzt, die erste Rede wurde in Englisch gehalten (1399). WAHLRECHTSREFORMEN (1430; 1832, 1867, 1874, 1884, 1918, 1929, 1945) erweiterten die Wählerbasis. Das REFORMATIONS-PARLAMENT, mit bis dahin längster Sitzungsperiode (1529–1536), wurde gleichberechtigter Partner der Krone, geriet aber unter den STUARTS (ab 1603) mit ihr in Konflikt – PETITION OF RIGHTS (1628), die parlamentslose Zeit unter Karl I. (1629–1640), SHORT PARLIAMENT (1640), LONG PARLIAMENT (1640–1660), Sieg des Parlaments über die Krone in der ENGLISCHEN REVOLUTION (1643–1645), bis zur Abschaffung des Oberhauses (HOUSE OF LORDS, 1646) und Hinrichtung Karls I. (1649). Nach der Restoration (1660) tagte das CAVALIERS' PARLIAMENT (1661–1679), das den HABEAS CORPUS ACT und die EXCLUSION BILL formulierte (1679). Die BILL OF RIGHTS (1689) legalisierte die GLORIOUS REVOLUTION (1688/89), der ACT OF SETTLEMENT regelte die Thronfolge (1701). Damals formierten sich parlamentarische Gruppen (WHIGS, TORIES). Unter Walpole (1721–1742) begann das Kabinettssytem. Wahlrechtsreformen des 19. Jahrhunderts schufen die Grundlage zum modernen britischen Parteiensystem.

Schottland: Erste Parlamente tagten in Schottland zur Finanzierung von Kriegen gegen England (1295, 1326). Parlamentarischer Hauptausschuss waren die Lords of the Articles (1424). Das Parlament entschied sich für die REFORMATION (1560) und unternahm eine

Parlamentsreform (1587). Mit der Restoration wurde das Parlament wiederhergestellt (1660), in der REALUNION mit England aufgelöst (1707). Mit der Devolution erhielt Schottland wieder AUTONOMIE und ein eigenes Parlament (2000).

Irland: In Irland war das Parlament meist Herrschaftsinstrument Englands. In Dublin tagte es zuerst mit gewählten Mitgliedern aus GRAFSCHAFTEN (1297) und Städten (1300). Die STATUTES OF KILKENNY sollten Angloiren von Iren trennen (1366). Mit dem POYNINGS' LAW (1494) wurde das Parlament abhängig vom englischen (bis 1782). Das englische »Reformations-Parlament« setzte die königliche Oberhoheit über die Kirche durch (1536/37). Heinrich VIII. wurde als König von Irland anerkannt (1541). Durch das Parlament wollte die Krone Irland die ANGLIKANISCHE KIRCHE aufzwingen (1560). Das »Patriotische Parlament« entschied sich für den Stuart Jakob II. (1689). Nach dem Sieg Wilhelms III. von Oranien (1690) wurden Katholiken vom Parlament ausgeschlossen (1692). Das Parlament beschloss die »Penal Laws« (Strafgesetze gegen Katholiken, ab 1695); seine Befugnisse wurden noch weiter eingeschränkt (1720), Katholiken verloren das Wahlrecht. GRATTAN'S PARLIAMENT (1782) stellte Irlands Autonomie wieder her. Mit der Union mit England (1800) nach dem IRISCHEN AUFSTAND (1796–1799) verschwand das Parlament (1801): Irische Abgeordnete kamen in das Parlament von Westminster (bis 1918), zunächst nur PROTESTANTEN (bis 1829). Ein irisches Untergrund-Parlament in Dublin (1919) proklamierte die Unabhängigkeit Irlands: Der ANGLO-IRISCHE KRIEG (bis 1921) endete mit der Teilung Irlands (1922).

Im modernen Verfassungsstaat entstanden auch in anderen Staaten Parlamente, oft unter Rückgriff auf ältere Stände, z. T. mit einer zweiten Kammer. In den USA wurde der Kongress parlamentarische Vertretung (1787). In Frankreich erklärten sich die GENERALSTÄNDE zur NATIONALVERSAMMLUNG (1789). In Deutschland bildeten sich in Einzelstaaten des DEUTSCHEN BUNDES Landtage (ab 1817); im europäischen Revolutionsjahr 1848 konstituierte sich in der PAULSKIRCHE die deutsche Nationalversammlung (1848/49), im NORDDEUTSCHEN BUND (1867) bzw. Deutschen Reich (1871) der REICHSTAG (1867–1933/45). Parlamente entstanden u. a. auch in Japan (Reichstag 1889), Russland (DUMA 1906–1917, 1991), Polen (SEJM 1919–1939, 1945).

Die Herrschaft des Parlaments (Gesetzgebung und Budgethoheit, Regierungskontrolle) umschreibt der Begriff Parlamentarismus.

Literatur: C. Ilbert: Parliaments. Its History, Constitution and Practice. London 1950; K. Löwenstein: Der britische Parlamentarismus. Entstehung und Gestalt. Reinbek 1964; J. E. A. Joliffe: The Constitutional History of Medieval England. New York [4]1967; H. Boldt: Parlament, Parlamentarische Regierung, Parlamentarismus, in: O. Brunner u. a. (Hg.): Geschichtliche Grundbegriffe, Bd 4 S. 649–676; B. Lyon: A Contitutional and Legal History of Medieval England. New York [2]1980; R. G. Davies/J. H. Denton (Hg.): The English Parliament in the Middle Ages. Manchester 1981.

Gentry

Niederer grundbesitzender LandADEL: In England bestand die Gentry ursprünglich aus »gentlemen« (von frz.: »gentilhommes«) und »knights« (= RITTER), unterhalb der Nobility (= HOCHADEL). Sie war im PAR-

LAMENT mit zwei Vertretern pro GRAFSCHAFT vertreten (seit **1265**). Außerdem stellte die Gentry die FRIEDENSRICHTER (1330–1888). Ihre Öffnung zum Hochadel wie zum Bürgertum war begünstigt durch die Primogenitur (Erstgeburtenrecht) und die Unteilbarkeit des Adelstitels, denn nachgeborene Söhne waren zu anderweitigen Beschäftigungen gezwungen, nach dem ACT OF RETAINER (1504) meist als Kaufleute im Bürgertum. Die Aufhebung der Klöster in der REFORMATION (1536) beendete die Versorgung für Adelstöchter, die nun vermehrt ins Bürgertum einheirateten. Die neue Schicht der Gentry-Bourgeoisie trug die ENGLISCHE REVOLUTION (1640–1660) und hatte bis zur Industrialisierung Englands (ca. 1850) große Bedeutung (Kapitalakkumulation in den Händen der »squires«, die die Frühindustralisierung einleiteten).

Entsprechend auch: Landadel in Ungarn; im alten China Grund besitzende Aristokratie, die weitgehend die MANDARINE stellte.

Literatur: L. Stone (Hg.): Social Change and Revolution in England 1545–1640. London ⁵1973 (mit weiterführender Literatur); G. E. Mingay: The Gentry. London 1976; M. Schüssler: Die Gentry und das Verbrechen im England des 13. und 14. Jahrhunderts. Stuttgart 1989.

Borough ▪

(engl.: Burg) Englische Städte mit Selbstverwaltung: Boroughs waren im PARLAMENT vertreten (seit **1265**), daher auch Wahlkreis (borough = constituency). Durch Bevölkerungsverschiebungen entstanden ROTTEN BOROUGHS, abgeschafft von WAHLRECHTSREFORMEN (1832, 1867). Borough bezeichnete nach Kommunalreformen (1835–1888) die untere Ebene der Selbstverwaltung.

Literatur: B. u. S. Webb: The Manor and the Borough. London 1934; J. Tait: The medieval English Borough. London 1936; J. Redlich/F. W. Hirst: The History of Local Government in England 2 Bde., London ²1958; C. Platt: The English Medieval Town. London 1976; R. Holt: The English Medieval Town. A Reader in English Urban History, 1200–1540. London 1990.

Anjou ▪

Die französische SEKUNDOGENITUR der CAPETINGER, benannt nach der zentralfranzösischen Landschaft an der unteren Loire um Angers, stieg später zu königlichen DYNASTIEN eigenen Rechts in Sizilien/Neapel (1266–1282/1435) und Ungarn (1308–1382) auf, vorübergehend auch in PERSONALUNION mit Polen unter Ludwig dem Großen (1370–1382): Karl von Anjou eroberte Sizilien als LEHEN von den letzten süditalienischen STAUFERN (**1266**), verlor es durch die SIZILIANISCHE VESPER (1282) an Aragón, behauptete sich aber im Königreich Neapel, gefolgt von Aragón (1435). Die ungarischen Anjou kamen mit Robert von Anjou an die Macht (1308) und beendeten die Feudalanarchie nach dem Erlöschen der ARPADEN (1301). Die kurze Zeit der Personalunion mit Polen verlängerte dort nach dem Tod Kasimirs III. (des Großen; 1330–1370) die lange Abwesenheit der KRONE als Zentralgewalt vor der RESTAURATION des Königtums in Polen (1320) und stärkte so das Übergewicht des ADELS, ratifiziert durch das PRIVILEG VON KASCHAU

(1374), das die Herrschaft des Adels (SCHLACHTA) in Polen festschrieb, bis hin zu den TEILUNGEN POLENS (1772–1795).

Meriniden

KALIFEN-Dynastie in Marokko (**1269**–1420/58), aus dem BERBERstamm der Zanata: Die Meriniden eroberten Fes (1248) und Marrakesch (1269). Sie stürzten die ALMOHADEN (seit 1147), eroberten unter Abu Yusuf (1258/59–1286) ganz Marokko und intervenierten in Spanien (Siege über Kastilien 1275, 1285). Sie wurden durch Kastilien von der Iberischen Halbinsel vertrieben (1344), eroberten aber Tunis (1347). Mit der Ermordung des Kalifen Abu Inan (1358) verschärften sich innere Konflikte (ab 1347): Tetuan wurde von Kastilien (1391), Ceuta von Portugal (1415) erobert. Die Wattasiden führten die Staatsgeschäfte (1420–1458) und übernahmen offiziell die Herrschaft in Marokko (1458/65); neue Hauptstadt wurde Fes (1472–1524).

7. Kreuzzug

Zweiter Kreuzzug Ludwigs IX. von Frankreich, wieder mit einem großen Heer von Aigues-Mortes aus: Ziel war das (an sich christenfreundliche) Tunis (**1270**). Seuchen, denen auch der König mit vielen Großen Frankreichs zum Opfer fiel, beendeten diesen Kreuzzug, den letzten der üblichen Zählung, vor Tunis. Karl von Anjou, der Bruder Ludwigs IX., schloss mit dem SULTAN von Tunis einen Vertrag, der ihm als König von Sizilien Rechte auch in Nordafrika zubilligte.

Yüan-Dynastie

(Pinyin: Yuan-Dynastie) Offizieller Name der Mongolendynastie in China unter Kublai Khan (**1271**/80–1368). Die Yüan wurden nach ungewöhnlich vielen Naturkatastrophen (1333–1345), der GROSSEN PEST (1338) und Bauernaufständen (ab 1351) in einer nationalen Bewegung gestürzt und zogen sich in die Mongolei zurück (1368). Die MING-DYNASTIE folgte den Yüan nach (1368–1644).

Literatur: Hok-lam Chan: China and the Mongols. Alderhot u. a. 1999.

Habsburger

Europäische DYNASTIE aus schwäbischem Adel (seit ca. 950), mit Besitzungen im Elsass, am Oberrhein, zwischen Aare und Reuß in der Schweiz; Stammburg war die Habsburg (= Habichtsburg, ca. 1020): Die Habsburger wurden Landgrafen im Elsass (1135), Grafen im Zürichgau (1170) und Aargau (spätestens 1239), mit dem größten geschlossenen Territorium in Südwestdeutschland, teilweise in Nachfolge der ZÄHRINGER (nach 1218). Rudolf I. als römisch-deutscher König (**1273**–1291) beendete das INTERREGNUM (seit 1250/54). Er besiegte Ottokar II. von Böhmen (1278) und belehnte seine Söhne mit Österreich (Albrecht) und der Steiermark (Rudolf, 1282). Die Bildung einer habsburgischen

Hausmacht ging vom Südosten des Reichs aus, erst später wurden die Verbindung mit dem Südwesten gegen WITTELSBACHER und LUXEMBURGER erreicht: Kärnten und Krain (1335), Tirol (1363), Freiburg im Breisgau (1368), Triest (1382), Görz (1500) kamen in habsburgischen Besitz. Die Habsburger verloren jedoch ihre Schweizer Stammgebiete, vor allem Aargau (1415/18) und Thurgau (1460). Sie stiegen nie zu KURFÜRSTEN auf (1356). Ausgleich sollte das (gefälschte) PRIVILEGIUM MAIUS (1358/59) schaffen, das Herrschaftsrechte über Österreich (gegenüber dem PRIVILEGIUM MINUS) erweiterte. So beanspruchten die Habsburger (unrechtmäßig) eine Rangerhöhung als ERZHERZOG (ab 1414 unangefochten geführt). Mit einer kurzen Unterbrechung (1742–1745) stellten stets Habsburger die römisch-deutschen Könige bzw. KAISER (1438–1806).

Das Haus Österreich (Casa d'Austria) als Erzherzogtum (1453), teilte sich in die Albertinische (1379–1457) und Leopoldinische Linie (1379); zu den Leopoldinern gehörten der steirische und Tiroler Zweig (1411–1490). Beide Linien standen in Konflikten (bis 1463) und wurden unter Kaiser Friedrich III. (aus dem steirischen Zweig der Leopoldiner) wieder vereint (1490). Seit Friedrich III. betrieben die Habsburger eine europäische Heiratspolitik (»Bella gerant alii, tu felix Austria nube«; »A. E. I. O. U.« = »Alles Erdreich ist Österreich untertan«), die große Gebietserweiterungen, aber auch Dauerkonflikte, besonders mit Frankreich (VALOIS/BOURBONEN) provozierte. Durch die Heirat Maximilians mit Maria von Burgund (1477) erhielten die Habsburger mit dem burgundischen Erbe die Niederlande und Freigrafschaft Burgund (1493). Maximilians Sohn, Philipp der Schöne, heiratete Johanna (die Wahnsinnige), Erbin Kastiliens und Aragóns (SPANISCHE HEIRAT, 1496). Spanischer König wurde – aufgrund verschiedener Todesfälle anderer Anwärter – ihr Sohn Karl (als Karl I. 1516). Zuvor hatte er von seinem Vater Burgund und die Niederlande geerbt (1506), als Karl V. wurde er Kaiser des HEILIGEN RÖMISCHEN REICHES DEUTSCHER NATION (1519–1556). Durch den Erbvertrag mit den JAGIEŁŁONEN (1515) fielen nach dem Tod Ludwigs II. in der Schlacht von Mohács (1526) Böhmen (mit Mähren und Schlesien) und Ungarn an Habsburg (1526). Nach der Abdankung Karls V. (1556) wurde das »Reich, in dem die Sonne nicht unterging« geteilt, nachdem Karl seinem Bruder Ferdinand I. schon vorher die österreichischen Erblande überlassen hatte (1521/22): Die Spanische MONARCHIE mit Nebenländern (Niederlande, Freigrafschaft Burgund/Franche-Comté, Mailand) fiel an Philipp II. (1556–1598), das Reich an Ferdinand I. (1556–1564).

Habsburger waren Vorkämpfer des Katholizismus, der GEGENREFORMATION und des ABSOLUTISMUS, vor und im DREISSIGJÄHRIGEN KRIEG (1618–1648). Nach der Belagerung Wiens durch die OSMANEN und ihrer Niederlage (1683) eroberten die Habsburger Ungarn (1686/87). Die Expansion nach Südosteuropa fand erst mit der Annexion Bosniens ein Ende (BOSNISCHE ANNEXIONSKRISE 1908).

Nach Aussterben der spanischen Habsburger (1700) entbrannte der SPANISCHE ERBFOLGEKRIEG (1701–1713/14), nach dem Habsburger nur die Nebenländer der Spanischen Monarchie behaupteten und Neapel und

Sizilien (1713 bzw. 1720–1735) erhielten. Die PRAGMATISCHE SANKTION (1713) ermöglichte die weibliche Erbfolge (Maria Theresia). Nach dem Tod Kaiser Karls VI. provozierte Preußen den ÖSTERREICHISCHER ERBFOLGEKRIEG (1740–1748); das Kaisertum der WITTELSBACHER war nur von kurzer Dauer (Karl VII., 1742–1745). Die Heirat Maria Theresias mit Franz Stephan von Lothringen (1736) begründete das Haus Habsburg-Lothringen. Österreich wurde ein eigenes Kaiserreich (1804–1867). Unter dem Druck Napoleons I. legte Franz II. (als Franz I. Kaiser von Österreich 1804–1835), die Krone des Reichs nieder (UNTERGANG DES HEILIGEN RÖMISCHEN REICHS DEUTSCHER NATION 1806). Nach einer erneuten Niederlage gegen Napoleon (1809) wurde die Kaisertochter Marie Louise mit Napoleon vermählt (1810). Mit der RESTAURATION entstanden habsburgische SEKUNDOGENITUREN in Italien (1815–1859). In der REVOLUTION 1848/49 geriet die Herrschaft der Habsburger in eine Krise. Das Kaisertum des Habsburgers Maximilian in Mexiko (1864–1867) scheiterte. Im DEUTSCHEN KRIEG erlitten die Habsburger eine Niederlage (1866). Der AUSGLEICH mit Ungarn schuf die DOPPELMONARCHIE ÖSTERREICH-UNGARN (1867–1918). Am Ende des ERSTEN WELTKRIEGS (1914–1918) zerfiel die Donaumonarchie an inneren nationalen Gegensätzen. Karl I. wurde gestürzt (1918), ohne offiziell auf den Thron zu verzichten (erst 1961/66). Ungarn blieb formal Monarchie (1919). Zwei (auf Ungarn beschränkte) Restaurationsversuche des Ex-Kaisers Karl scheiterten (1921).

Literatur: E. J. Gorlich: Grundzüge der Geschichte der Habsburgermonarchie und Österreichs. Darmstadt 1988; A. Wandruszka: Das Haus Habsburg. Freiburg/Br. [7]1989; B. Hamann (Hg.): Die Habsburger. Ein biographisches Lexikon. Neuausgabe Wien 1993; R. A. Kann: Geschichte des Habsburgerreiches 1526–1918. Wien [3]1993; K.-F. Krieger: Die Habsburger im Mittelalter. Stuttgart 1994; J. Bérenger: Die Geschichte des Habsburgerreiches 1273–1918. Wien [2]1996.

Konklave

(lat.: conclave = verschließbarer Raum, von »clavis« = der Schlüssel) Von der Außenwelt abgeschlossene Räume im Quirinal, später dann im Vatikan (ab 1870), in dem die Kardinäle bleiben müssen, bis sie einen neuen PAPST gewählt haben, vorgeschrieben vom 2. Lyoner KONZIL (**1274**).

Kamikaze

(japan.: Götterwind) Japanischer Name für einen Taifun, der die Invasionsflotte der Mongolen traf (**1274**), gegen Ende des ZWEITEN WELTKRIEGS übertragen auf Selbstmordkampfflieger Japans gegen die alliierte Flotte (1944/45).

Stalhof

(niederdt.: »stal« = zum Verkauf ausgelegtes Muster) HANSEkontor in London (1281–1598): Der Stalhof entwickelte sich aus der Niederlassung für privilegierte Kaufleute aus Köln (1157) an der Themse bei der London Bridge (offizielles Kontor der Hanse **1281**). Nach der

Aufhebung der Hanseprivilegien wurde der Stalhof geschlossen (1598). Das Gebäude fiel dem Großen Brand von London zum Opfer (1666). Doch bestand der Stalhof als Handelsplatz weiter, bis zum Verkauf (1853) im Besitz der Hansestädte.

Sizilianische Vesper

Aufstand in Palermo gegen Karl von Anjou am Ostermontag (30. März **1282**) zur Vesper: Aus dem Massaker an den seit 1266 in Sizilien herrschenden Franzosen erwuchs ein Volksaufstand, der die gesamte Insel und Teile Süditaliens erfasste, angeführt von der sizilianischen Adelsopposition gegen Karl von Anjou. Byzanz und Aragón unterstützten die Erhebung, die zur Oberhoheit Aragóns über Sizilien führte (1285–1713). Zur Sicherung ihrer überseeischen Pläne musste die Krone Aragóns den CORTES (STÄNDEN) das GENERALPRIVILEG VON SARAGOSSA zugestehen (1283). Die Herrschaft Karls von Anjou blieb danach auf das süditalienische Festland (Königreich Neapel) beschränkt. Auch vereitelte die Sizilianische Vesper die geplante Eroberung Konstantinopels. Zur Durchsetzung seiner Erbansprüche auf Sizilien führte Aragón Krieg gegen Neapel (1282–1303).

Literatur: St. Runciman. Die Sizilianische Vesper. ^{2}1976.

Zünfte

(mittelhochdt.: zumft, zunft = was sich ziemt, Regel, nach der eine Genossenschaft lebt, daher auch: Gilde, Amt, Innung; frz./engl.: corporations, engl. auch: guilds, z. B. Guild Hall in London, ital.: arti) Genossenschaftlicher Zusammenschluss von Gewerbetreibenden und Handwerkern, mit Vorläufern schon im Alten Orient seit Sumer (ca. 3000 v. Chr.), im lateinischen Westen (besonders Italien und Südfrankreich) mit spätantiken Zwangskorporationen (seit Diokletian, 284–305): In germanischen Ländern entwickelten sich Zünfte (vermutlich) aus frühmittelalterlichen Genossenschaften und religiösen Bruderschaften, in Deutschland zuerst in Städten am Rhein (Mainz, Worms, ca. 1100). Für die Stadt- und Sozialgeschichte waren Handwerkerzünfte wichtig: Gesellen und Lehrlinge befanden sich in Abhängigkeit der Meister, die allein Vollgenossen waren. Aufgabe der Zünfte waren u. a. Qualitäts- und Quantitätskontrolle der gewerblichen Produktion und soziale Sicherung ihrer Mitglieder durch Kranken- und Sterbekassen. Zünfte hatte eigene Wappen, Fahnen und Ordnung; sie waren Teil der städtischen MILIZ, u. a. verantwortlich für Bau, Unterhaltung und Verteidigung des ihnen zugewiesenen Teils der Stadtmauern.

In Florenz und Flandern spielten Zünfte eine wichtige politische Rolle, in Florenz unterteilt in sieben Obere Zünfte (»arti maggiori« = »Popolo Grasso«) und 14 Untere Zünfte (»arti minori« = »Popolo Minuto«). Die Oberen Zünfte stürzten die ARISTOKRATIE (**1282**), später herrschten die niederen Zünfte (1343). In Flandern brachen Konflikte zwischen Patriziat und Zünften aus. Der Brugse Metten in Brügge (ab 1280) richtete sich gegen das Patriziat und Frankreich. Flandrische

Zünfte siegten in der Sporenschlacht von Courtrai (1302), herrschten aber nur bis 1325. Konflikte gab es auch in deutschen Städten, jedoch konnte sich Zunftherrschaft nur phasenweise durchsetzen, z. B. in Straßburg (1332–1482), Augsburg (1368–1548), Köln (1370–1396). Gelegentlich waren Zünfte am Stadtregiment bzw. am RAT beteiligt, z. B. in Lübeck (1408–1416), Bremen (1427–1433). Seit Aufkommen der MANUFAKTUR und der industriellen Produktion erstarrte das Zunftwesen, ökonomisch bedrängt durch nichtzünftige Unternehmer außerhalb der Städte. Als Zwangskorporationen verschwanden sie allmählich – in England (18. Jh.), in Frankreich mit der FRANZÖSISCHEN REVOLUTION (1791), in Preußen mit der GEWERBEFREIHEIT (1807/10), im übrigen Deutschland, in Österreich und der Schweiz meist während der REVOLUTION 1848/49. Handwerkerinnungen setzten zünftige Traditionen fort.

Literatur: R. Wissell: Des alten Handwerks Recht und Gewohnheiten. 6 Bde., Berlin [2]1971–1988; B. Schwineköper: Gilden und Zünfte. Kaufmännische und gewerbliche Genossenschaften im frühen und hohen Mittelalter. Sigmaringen 1985; D. Mohr: Zünfte als soziale Gruppe. Göttingen 1996.

Generalprivileg von Saragossa

(span.: Privilegio General de Saragossa) Erweiterte Rechte der CORTES Aragóns (**1283**), unter dem Druck einer französischen Invasion in Katalonien, als Gegenleistung zur Bewilligung neuer STEUERN zur Finanzierung des Krieges gegen die ANJOU nach der SIZILIANISCHEN VESPER (1282): Keine neuen Gesetze, Verhaftungen, Hinrichtung von Adligen oder Konfiszierung ihrer Güter waren ohne Zustimmung der Cortes erlaubt, erweitert um die PERIODIZITÄT 1287).

Dukat

GoldMÜNZE, erstmals (im ehemals byzantinischen »Dukat«) Venedig geprägt (**1284**): Vorgänger waren der ungarische GOLDGULDEN und die venezianische Zechine. Bis ins 19. Jahrhundert war der Dukat eine wichtige Goldmünze im FERNHANDEL (Hauptgoldmünze im REICH 1559), mit Varianten in den Niederlanden (1586) und Lübeck. Auch war er in Polen, Russland und in Skandinavien verbreitet.

Periodizität

Das Recht von STÄNDEN, später auch PARLAMENTEN, auf regelmäßige Einberufung, z. B. jedes Jahr: Periodizität erhielten die Stände Aragóns nach dem GENERALPRIVILEG VON SARAGOSSA (1283) im Jahr **1287**, das englische Parlament in der ENGLISCHEN REVOLUTION (1640–1660).

Osmanen (Ottomanen)

DYNASTIE im OSMANISCHEN REICH (**1288**/90–1922), benannt nach Osman (Othman, Uthman) I. (1288/90–1326): Die Osmanen institutionalisierten den BRÜDERMORD (1451–1617) und das SENIORAT (1617–

1922). Zeitweise wurden sie von JANITSCHAREN, Eunuchen und GROSSWESIREN als Schatten-SULTANE in den Harem zurückgedrängt (ca. 1640–1826). Abdul Hamid II. herrschte in einer AUTOKRATIE (1878–1909). Nach der Niederlage im ERSTEN WELTKRIEG wurden die Osmanen gestürzt (1922).

Osmanisches Reich (Ottomanisches Reich)

GROSSREICH der OSMANEN mit Kern in Kleinasien, seit SULTAN Osman I. (**1290**/1300), mit Bithynien als Ausgangspunkt: Träger waren zunächst TURKMENEN, die aus dem Umland von Merw vor den Mongolen unter Dschingis Khan nach Westen geflohen waren (1221). Als Ghasi-Krieger kämpften sie unter der SUZERÄNITÄT der SELDSCHUKEN im JIHAD gegen Byzanz. Osmanische Hauptstädte waren Brussa/Bursa (1326), Adrianopel (1365), Konstantinopel (1453).

Osman I. (1288/90–1326), Orchan I. (1326–1359) und Murad I. (1359–1389) dehnten ihre Herrschaft von Anatolien bis Südosteuropa aus, u.a. mit JANITSCHAREN-Regimentern (1337–1826). Osmanen eroberten Bursa (1326), Gallipoli (1354), Adrianopel (1361) und Philippopol (1363), besiegten an der Maritza SERBEN und Bulgaren (1371). Das südliche Serbien, Bulgarien und Byzanz wurden osmanische VASALLEN (1372). Murad I. besiegte die Serben auf dem Amselfeld (1389), wurde aber ermordet (1389). Nach der Niederlage der Kreuzfahrer bei Nikopolis durch Bajezid I. (1389–1403) wurde Bulgarien osmanische PROVINZ (1396–1878). Die Osmanen türkisierten Teile Thrakiens, Bulgariens und Makedoniens, unterwarfen die meisten turkmenischen EMIRATE Kleinasiens (bis vor 1400), erlitten gegen Timur Länk bei Angora eine verheerende Niederlage (1402), die das Reich in eine schwere Krise stürzte – Bajezid I. starb in Gefangenschaft (1403), Byzanz und fast ganz Kleinasien fielen ab. Mehmed I. (1413–1421) gelang die Konsolidierung von Südosteuropa her. Murad II. (1421–1451) erneuerte die Expansion, u.a. gestützt auf die damals beste ARTILLERIE der Welt. Er unterwarf Albanien (1419), in Kleinasien annektierte er die westlichen turkmenischen EMIRATE, machte die meisten östlichen Fürstentümer und Byzanz zu osmanischen Vasallenstaaten (1423–1427), eroberte Saloniki (1430), unterwarf Serbien (ohne Belgrad, 1439). Die Osmanen besiegten christliche Heere bei Warna (1444), Serben auf dem Amselfeld (1448). Mehmed II. (der Eroberer) (1451–1481) vollzog bei Regierungsantritt zur Sicherung seiner Herrschaft (1451–1617) erstmals den Brüdermord. Er unterdrückte den ersten Janitscharenaufstand (1451, spätere: 1655, 1805–1807, 1826), eroberte Konstantinopel (1453), zerschlug die letzten turkmenischen Emirate in Anatolien (1454), gewann Athen (1456), Serbien (1459), Morea (1460), Trapezunt (1461), Bosnien (1463), die Krim (1472), Kaffa (1476), Albanien und Epirus (1479), Otranto (1480). Die Eroberung von Rhodos scheiterte jedoch (1480). Bajezid II. (1481–1512) machte die Fürstentümer Moldau und Walachei zu Vasallenstaaten (1484 bzw. 1504), eroberte Lepanto (1503) und bekämpfte Aufstände der SCHIITEN in Anatolien (1508–1511). Selim I. (1512–1520) stürzte seinen Vater (1512). Massaker an Schiiten (1513) provozierten Kriege mit Persien (1514–1516, 1533–1534, 1548–1555, 1578–1590, 1616–1619, 1623–1624, 1635–1639). Mit seiner Artillerie besiegte er bei Tschaldiran die persischen SAFAWIDEN vernichtend (1514), eroberte Ostanatolien, Nordirak (1514–1616), Kleinarmenien und Syrien (1516), Palästina, Ägypten, Mekka und Medina (1517); Algier unterstellte sich (1519). Die Osmanen stürzten die MAMLUKEN (1517) – neuer KALIF und »Beschützer der beiden heiligen Stätten« wurde der Sultan.

Suleiman II. (»der Prächtige«, 1520–1566) führte die osmanische Expansion zum Höhepunkt: Er eroberte Belgrad (1521), den Dodekanes, mit Rhodos (1523, Vertreibung der JOHANNITER), führte den ersten TÜRKENKRIEG gegen Österreich (1526–1555). Ein erster Vertrag (1526) machte Frankreich zum (Fast-)Dauerverbündeten: Nach dem Sieg über Ungarn bei Mohács (1526) gliederte er das zentrale ungarische Tiefland und Siebenbürgen seinem Herrschaftsbereich ein, aber die (1.) Belagerung Wiens scheiterte (1529). Suleiman II. führte Kriege gegen Spanien (1532–1547), eroberte Täbris, Bagdad (1534), Aden (1538), Gran (1543), den Jemen (1546), Teile Georgiens (1555) und Massawa (1557), scheiterte aber vor Malta (1565). Ein Handelsvertrag verschaffte Frankreich Vorteile im Osmanischen Reich (1536, KAPITULATIONEN). Selim II. (1566–1574) scheiterte vor Astrachan an den Russen (1569). Im Krieg gegen die HEILIGE LIGA (1570–1573) erlitt er bei Lepanto eine Niederlage (1571). Doch gelang die Eroberung von Zypern (1571) und Tunis (1574).

Murad III. (1574–1595) eroberte Teile Aserbaidschans (1578) und schloss mit England einen Konsulatsvertrag (1580). Aufstände (der Serben) im Banat (1594), in Anatolien (1595, 1599–1603, 1607–1609) und Bulgarien (1595, 1598), die Große Bauernflucht aus Anatolien (1603–1609) offenbarten erste Schwächen, Aserbaidschan und Georgien gingen wieder an Persien verloren (1619). Nach der Ermordung Osmans II. (1618–1622) durch Janitscharen dominierten diese und Eunuchen die GROSSWESIRE der Sultane (ab 1640). In der letzten Expansionsphase waren die Osmanen siegreich gegen Bagdad (1638), weitere Teile Ungarns (1663), gegen Venedig (1645–1669, Niederlage in den Dardanellen, 1656), Kreta (1669), Polen (1672–1676), die Ukraine und Teile Podoliens. Die Regierungsgeschäfte führte die albanische Großwesirdynastie der Köprülü (1656–1702, mit Unterbrechungen).

Die gescheiterte (2.) BELAGERUNG WIENS (1683) leitete den 5. Türkenkrieg ein (bis 1697), in dem Ungarn (1686) und Siebenbürgen (1687) für das Osmanische Reich verloren gingen. Der Umsturz in Konstantinopel (1687) – Mehmed IV. (ab 1648) wurde von den Janitscharen abgesetzt, durch seinen Bruder Suleiman III. ersetzt (bis 1691) – eröffnete den Niedergang. Das Osmanische Reich wurde von Österreich im 6.–8. Türkenkrieg (1716–1718, 1737–1739, 1787–1791), von Russland in acht RUSSISCH-TÜRKISCHEN KRIEGEN (1711–1878) zurückgedrängt. Mit einer Gesandtschaftsreise nach Paris (1720) öffnete sich das Osmanische Reich dem Westen. Besoldete Staatsämter wurden käuflich, Korruption lähmte die einst effektive Verwaltung (1740). Osmanen intervenierten zugunsten der PATRIOTEN in Polen (1768) und lösten den 3. Russisch-türkischen Krieg aus (1768–1774): Die Mamluken in Ägypten machten sich im Krieg faktisch unabhängig (1768), unterstützt von Russland; Griechen erhoben sich erstmals (1770).

Der Friede von Kütschük-Kainardschi (1774) eröffnete die Agonie des Reichs (Nikolaus I.: »Kranker Mann am Bosporus«) und die Orientalische Frage (1774–1923): Russland verfolgte das Griechische Projekt (1781) und gewann die Krim (1783). Die Ägyptische Expedition stürzte das Osmanische Reich in einen Krieg gegen Frankreich (1798–1802). Aufstände erschütterten die osmanische Herrschaft in Südosteuropa: Der Serbische Aufstand (1804–1813, 1815–1817) ertrotzte für Serbien als erste osmanische Provinz Autonomie (1817). Nach dem Griechischen Unabhängigkeitskrieg (1821–1829) musste der Sultan Griechenlands Unabhängigkeit, die erweiterte Autonomie der Moldau und Walachei anerkennen (1830). Aufstände in den Donaufürstentümern (1821, 1848), auf Kreta (1821, 1866–1868, 1896–1897, 1905), Zypern (1840) und in Niš (1841) wurden niedergeschlagen. Mehmed II. (1808–1839) entmachtete die Janitscharen (1826) und führte nach preußischem Vorbild eine Heeresreform durch. Der Friede von Adrianopel (1829) schwächte das Osmanische Reich, sodass sich fortan Großbritannien zu dessen Schutz gegen Russland stellte. Über den Konflikt mit Ägypten brachen die 1. Orientkrise und 2. Orientkrise aus (1831–1833, 1839/40), für Unterstützung des Sultans erhielt Russland Konzessionen in der Meerengenfrage (Vertrag von Unkiar-Skelessi, 1833). Mehmed II. führte weitere Reformen durch (1834–1838) – er schaffte u. a. das Lehnswesen ab. Der Hatt-i Sherif (1839) eröffnete die Tanzimat-(Reform)-Periode (1839–1876). Die Meerengenfrage wurde im Londoner Dardanellenvertrag neu geregelt (1841, erneut auf der Pontuskonferenz 1871), die Allgemeine Wehrpflicht für Muslime eingeführt (1843). Aufständen in Widin, Bosnien (1845), Bukarest (1848), Aleppo und Makedonien (1850) folgte der 7. Russisch-türkische Krieg (1853–1856), in dem die Westmächte das Osmanische Reich retteten (Krimkrieg 1854–1856). Der Pariser Kongress (1856) nahm das Osmanische Reich (formal) ins Konzert der Mächte auf, das seinen territorialen Bestand garantierte. Der Hatt-i Humayun (1856) setzte Rechts- und Sozialreformen fort. Das Osmanische Reiche schlug weitere Aufstände nieder, u. a. im Libanon (1858–1861), in Armenien, Bosnien (1862) und auf Kreta (1866–1868). Der Geheimbund der Jungosmanen wurde gegründet (1865). Agrarreformen (1867) folgte die Einrichtung eines Staatsrates mit begrenzten Kompetenzen (1868). In Palästina begann die jüdische Kolonisation (1870).

Hohe Verschuldung nach dem Krimkrieg endete im (1.) Staatsbankrott (1875). Die Grosse Orientkrise (1875–1878) verschärfte die Agonie – Aufstände in der Herzegovina, Bosnien (1875), Makedonien (1876), Krieg gegen Serbien und Montenegro, »Bulgarengräuel« (Gladstone; 1876). Jungosmanen unter Midhat Pascha übernahmen die Macht (1876–1878). Der neue Sultan Abdul Hamid II. (1876–1909) gestand eine Verfassung (1876–1878) und ein Parlament zu (1877/78).

Der 8. Russisch-türkische Krieg (1877/78, auch gegen Rumänien und Bulgaren) brachte das Osmanische Reich in schwere Bedrängnis: Russische Truppen vor Konstantinopel konnte nur die Intervention der Großmächte aufhalten. Abdul Hamid II. suspendierte die Verfassung, kehrte zur Autokratie zurück (bis 1908). Den Vorfrieden von San Stefano korrigierte der Berliner Kongress (1878): Serbien, Montenegro, Rumänien erhielten die Unabhängigkeit, Bulgarien Autonomie; Zypern fiel an Großbritannien, Kars und Batum an Russland; Bosnien-Herzegovina wurde von Österreich-Ungarn besetzt (1878, annektiert 1908); Griechenland erhielt Thessalien und Epirus (1881).

Der 2. Staatsbankrott brachte das Osmanische Reich unter internationale Schuldenverwaltung (Dette Ottomaine 1881). Tunesien wurde von Frankreich (1881), Ägypten von Großbritannien (1882) besetzt. In Palästina begann die zionistische Kolonisation (1882). Die Konzession für die Anatolische Eisenbahn ging an die Deutsche Bank (1888). Die Jungtürken konstituierten sich als Geheimorganisation (1894). Die armenische Nationalbewegung wurde in den Armeniergräueln unterdrückt (1895/96, 1909). Politische und wirtschaftliche Interessen Deutschlands unterstrich der Staatsbesuch Wilhelm II. (1898). Zentral wurde der Bau der Bagdadbahn (1899), in Konflikt mit Großbritannien, der Vormacht im arabischen Raum. Einem Aufstand in Makedonien (1903) folgten Unruhen in Anatolien (1906/07). Die Jungtürkische Revolution erzwang die Wiedereinsetzung der Verfassung von 1876 (1908) und Abdankung Abdul Hamids II. (1909), Bulgarien (mit Ostrumelien) wurde unabhängig (1908). Die Annexion Libyens durch Italien provozierte den Tripoliskrieg (1911/12) und leitete zum 1. Balkankrieg über (1912/13), samt Unabhängigkeit Albaniens (1912); Makedonien und Thrakien gingen an Serbien, Bulgarien und Griechenland verloren (1913). Nach dem 2. Balkankrieg (1913) gewann das Osmanische Reich Ostthrakien zurück (1913). Deutsche Hilfe zur Reorganisation des osmanischen Militärs provozierte die Liman-von-Sanders-Krise (1913) zwischen Russland und Deutschland.

Im Bündnis mit Deutschland (2. August 1914) trat das Osmanische Reich aufseiten der Mittelmächte in den Ersten Weltkrieg ein (29.10.1914), verteidigte die Dardanellen bei Gallipoli gegen die Alliierten (1915). Das Sykes-Picot-Abkommen sah die Aufteilung des Osmanischen Reichs vor (1916). Die Jungtürken verübten Völkermord an den mit Russland sympathisierenden Armeniern (Massaker, Deportationen 1915/16). Nach dem Arabischen Aufstand (1911) eroberten die Briten Bagdad und Jerusalem (1917). Die Balfour-Deklaration stellte ein »National Home« für die Juden in Palästina in Aussicht (1917). Bei Megiddo brach die osmanisch-deutsche Palästinafront zusammen (19. September 1918). Nach dem Waffenstillstand von Mudros (30. Oktober 1918) besetzten die Alliierten Konstantinopel (1918–1923). Italiener und Griechen landeten an der kleinasiatischen Küste (1919). Gegen die Invasion und die Bedingungen des Frieden von Sèvres formierte sich unter Mustafa Kemal Pascha (Atatürk) nationaler Widerstand (1920–1922). Die Griechen wurden besiegt, die Italiener mussten abziehen (1922). Die seit der Antike in Anatolien ansässige griechische Bevölkerung musste ihre Heimat verlassen, ebenso die Türken Griechenland (1923). Die Absetzung des Sultans (Mehmed VI., ab 1918) und die Ausrufung der Türkischen Republik beendete das Osmanische Reich (1922, Abschaffung des Kalifats 1924).

Literatur: J. v. Hammer: Geschichte des Osmanischen Reichs. 9 Bde., Pest 1827–1835, Neudruck Graz 1963; N. Jorga: Geschichte des Osmanischen Reichs. 5 Bde., Gotha 1908–1913, Neuausgabe Darmstadt 1997; A. D. Alderson: The Structure of the Ottoman Dynasty. Oxford 1956, Nachdruck Westport (Conn.) 1982; E. Werner: Die Geburt einer Großmacht – Die Osmanen (1300–1481). Ein Beitrag zur Genesis des türkischen Feudalismus. Wien u. a. [4]1985; S. Faroqhi: Kultur und Alltag im Osmanischen Reich. Vom Mittelalter bis zum Anfang des 20. Jahrhunderts. München 1995; W.Gust: Das Imperium der Sultane. Eine Geschichte des Osmanischen Reichs. München 1995; J. Matuz: Das Osmanische Reich. Grundlinien seiner Geschichte. Darmstadt [3]1996; S. Faroqhi: Geschichte des osmanischen Reiches. München 2000.

Lombarden

Mittelalterliche italienische Kaufleute, ursprünglich aus der Lombardei: Ähnlich wie JUDEN waren die Lombarden durch PRIVILEGIEN meist vom kirchlichen Zinsverbot befreit, betrieben Pfandleih- und Kreditgeschäfte bis zu einer Zinshöhe von 40 %. Mit den Lombarden nahm das moderne Kreditwesen seinen Anfang (bis zum 15. Jh.), heute noch vielfach abzulesen an Fachtermini, z. B. Lombardgeschäfte, Lombardkredit, Lombardsatz (siehe auch LOMBARDVERBOT, 1887), Ortsbezeichnungen, z. B. Lombard Street in London, Lombardsbrücke in Hamburg. In England erhielten die Lombarden neben Flamen und Deutschen (HANSE) nach der Vertreibung der Juden (**1290**) Privilegien. In Frankreich wurden sie, mit Juden (1306) und noch vor den TEMPLERN (1307), von König Philipp dem Schönen enteignet. Die Hanse schloss die Lombarden aus ihrem Bereich aus (Lüneburger Hansetag, 1414).

Ewiger Bund

Unbefristetes (= »ewiges«, im Gegensatz zu zeitlich befristetem) Bündnis: Hier: Bund der Schweizer URKANTONE (**1291**) zur Verteidigung ihrer REICHSUNMITTELBARKEIT gegen die HABSBURGER, als Keimzelle der Schweizer EIDGENOSSENSCHAFT.

Urkantone (Waldstätten)

Die drei ersten Kantone der Schweiz, die sich im EWIGEN BUND zusammenfanden (**1291**) – Uri, Schwyz und Unterwalden als Keimzellen der EIDGENOSSENSCHAFT, mit Luzern erweitert zum Vierwaldstätterbund (1332): In der REFORMATION blieben die Urkantone katholisch – als Bündnis der »Fünf Orte« (1524) führten sie die KAPPELER KRIEGE gegen die protestantischen Kantone unter Zwingli (1529–1531). Der 2. Landfrieden mit Luzern und Zug (1531) schrieb die Hegemonie der Fünf Orte in der Schweiz fest (bis 1656/1712). Sie waren später der harte Kern des SONDERBUNDS (1845–1847) gegen die liberale »Regeneration« der Schweiz, eskalierend zum SONDERBUNDSKRIEG (1947).

Literatur: W. Meyer: 1291, der ewige Bund. Die Entstehung der Eidgenossenschaft. Berlin 1994.

Eidgenossenschaft

Im europäischen Mittelalter Vereinigung von Bürgern zum gemeinsamen Handeln mit Eidesleistung in einem SCHWURVERBAND (Coniuratio), meist gegen den (bischöflichen) Stadtherrn (z. B. Köln 1074) gerichtet: Eidgenossenschaften ging von Städten (z. B. Florenz, 1293) auf das Land über: Aus den Schweizer URKANTONEN (**1291**) erwuchs die Schweizerische Eidgenossenschaft bzw. Confoederatio Helvetica.

Literatur: K. Meyer: Der Ursprung der Eidgenossenschaft. Zürich 1941; B. Meyer: Die Bildung der Eidgenossenschaft im 14. Jahrhundert. Vom Zugerbund zum Pfaffenbrief. Zürich 1972; H. Achermann u. a. (Bearb.): Innerschweiz und frühe Eidgenossenschaft. 2 Bde., Olten 1990; W. Meyer: 1291, der ewige Bund. Die Entstehung der Eidgenossenschaft. Berlin 1994.

Wahlkapitulation

Schriftlicher Vertrag deutscher Reichsfürsten mit dem designierten König bzw. KAISER im spätmittelalterlichen Reich vor dessen Wahl, zuerst nach dem Tod Rudolfs von Habsburg (**1292**): Der designierte Monarch versprach, die Rechte der Fürsten zu achten. Seit 1711 waren Wahlkapitulationen immer gleich (Capitulatio perpetua), gewissermaßen als Grundgesetz des Reichs. Auch deutsche Kirchenfürsten (Bischöfe, Erzbischöfe) schlossen mit ihren Domkapiteln Wahlkapitulationen ab.

Im Wahlkönigtum der polnischen RZECZPOSPOLITA (1572–1795) gab es ebenfalls Wahlkapitulationen, zuerst mit den ARTICULI HENRICIANI (1572).

Literatur: B. Kleinheyer: Die kaiserlichen Wahlkapitulationen. Karlsruhe 1968; R. Vierhaus (Hg.): Herrschaftsverträge, Wahlkapitulationen, Fundamentalgesetze. Göttingen 1977.

Ordinamenti di giustizia

Verfassung in Florenz nach dem Aufstand der ZÜNFTE: Die Ordinamenti di giustizia (**1293**–1434) schwächten den Stadtadel zugunsten der Bürgerschaft, organisiert in 21 Zünften (»arti«) unter Giano della Bellas als EIDGENOSSENSCHAFT unter Führung der sieben »arti maggiori«. 147 Adelsfamilien und die 14 »arti minori« wurden von allen politischen Ämtern ausgeschlossen. Nach Absetzung und Flucht Giano della Bellas wurden die Bestimmungen gelockert (1295). Mit den Ordinamenti begann die Entwicklung zur oligarchischen Stadtrepublik.

Literatur: R. Davidson: Geschichte von Florenz. Bd 4. (Neudruck Osnabrück 1969); A. Grote: Florenz. Gestalt und Geschichte eines Gemeinwesens. Darmstadt [7]1997.

Il-Khan

(Ilkhan, Ilchan: Stammesfürst, einheimischer Fürst) Titel der Mongolenherrscher in Iran und Irak seit Hülägü (1261–1265): Ghazan Khan trat zum ISLAM über (**1295**), nahm den SULTANStitel an und nannte sich fortan Mahmud Ghazan. Er begründete die DYNASTIE der Il-Khaniden (bis 1335/1410). Ein Teil der mongolischen ARISTOKRATIE iranisierte sich – Mahmud Ghazan sagte sich vom GROSSKHAN los. Letzter

Gesamtherrscher war Abu Said (1316–1355). Danach zerfiel das Reich; die Il-Khaniden im Irak (1336–1410) wurde von den SCHWARZEN HAMMELN gestürzt (1410).

Literatur: B. Spuler: Die Mongolen in Iran. Politik, Verwaltung und Kultur der Ilchanzeit 1220–1350. Berlin [4]1985.

Model Parliament

Englisches PARLAMENT, zur Finanzierung des Kriegs gegen Schottland und Frankreich: Im Model Parliament saßen HOCHADEL (BARONE), hoher Klerus (Bischöfe, Äbte) und die COMMONS (**1295**). In der Grundstruktur blieb es bis zu den großen WAHLRECHTSREFORMEN erhalten (ab 1832).

Commons

(engl.: die »Gemeinen«) Vertreter des niederen englischen ADELS (GENTRY) im PARLAMENT, gegenüber BARONEN und hohem Klerus (Lords Temporal, Lords Spiritual): Die Commons, zuerst im MODEL PARLIAMENT erkennbar (**1295**), tagten später getrennt im House of Commons (Unterhaus, ab 1376), im Gegensatz zum HOUSE OF LORDS (Oberhaus).

Auld Alliance

Schottisches Dauerbündnis mit Frankreich gegen England (**1295**–1560): Die Auld Alliance wurde durch den VERTRAG VON EDINBURGH (1560) aufgelöst und endete mit der PERSONALUNION (1603). In den jakobitischen Aufständen zur RESTAURATION der STUARTS (1715, 1745) lebte sie noch einmal auf.

Messe

Seit dem Frühmittelalter in Westeuropa an kirchlichen Festtagen (lat.: feriae, frz.: foire, engl.: fair) oder zum Jahrestag der Kirchweihe jährlicher (Jahr-)Markt, nach kirchlicher Messe: Daraus erklären sich unterschiedliche Namen – »Kirchweih«, »Kirmess«. Messen fanden oft an Verkehrsknotenpunkten statt, erstmals in St. Denis (bei Paris, seit ca. 629). Sie förderten unter weltlichem und geistlichem Schutz später das mittelalterliche Geld- und Kreditwesen. Messeorte erhielten besondere Messeprivilegien, zunächst in der Champagne (11.–14. Jh.) in Troyes, Bar-sur-Aube, Lagny-sur-Marne und Provins. Auf den Märkten wurden Waren aus dem Orient im FERNHANDEL (über das Mittelmeer und Nordwesteuropa), vor allem Textilien aus Flandern umgeschlagen. Erste Messestädte im Reich waren Frankfurt am Main (Herbstmesse 1150, mit kaiserlichem PRIVILEG 1240 und zusätzlicher Frühjahrsmesse 1330) und Leipzig (ca. 1165, mit Privileg 1268, ab 1458 drei Messen pro Jahr), für den Osthandel mit Polen und Russland. Neue Handelswege, vor allem die regelmäßige Schiffsverbindung Genua–Brügge–London (**1298**), nahmen den Champagne-Messen ihre Bedeutung. Neue

Messeplätze wurden Brügge, Gent, Chalons-sur-Saône, Genf, später auch Lyon, Paris, Padua, Brüssel, Nischnij Nowgorod (Russland). Im Reich wurden auch Frankfurt/Oder, Braunschweig, Straßburg, Worms, Linz und Nördlingen wichtig.

Mit der Industrialisierung wandelten sich Verkaufsmessen weltweit zu Muster- und Spezialmessen (z. B. Frankfurter Buchmesse).

Literatur: Receuils de la Société Jean Bodin. Bd 5.: La Foire. Brüssel 1953; E. Maurer: Missa profana. Geschichte und Morphologie der Messen und Fachausstellungen. Stuttgart 1973; P. Johanek/ H. Staab: Europäische Messen und Märktesysteme in Mittelalter und Neuzeit. Köln 1996.

Heiliges Jahr (Jubiläumsjahr, Jubeljahr)

Wie das Jobeljahr der JUDEN (nach sieben Sabbatjahren = 49 Jahren, u. a. Schuldenerlass, Freigabe israelitischer SKLAVEN) kirchliches Feierjahr in Rom, erstmals unter Papst Bonifatius VIII. (**1300**), später alle 25 Jahre (seit 1475), mit JubiläumsABLASS

Literatur: E. M. Jung-Inglessis: Das Heilige Jahr in der Geschichte. 1300–1975. Bozen 1974; E. M. Jung-Inglessis: Das heilige Jahr in Rom: Geschichte und Gegenwart. Vatikanstadt 1997.

Prince of Wales

Titel des englischen/britischen Thronfolgers, zuerst dem neugeborenen Sohn Eduards I., dem späteren Eduard II., verliehen (**1301**), nachdem die Unabhängigkeit von Wales endgültig beseitigt war (1282).

Attentat von Anagni

Höhepunkt des Konflikts zwischen Philipp IV. von Frankreich und Papst Bonifatius VIII. um die weltliche Besteuerung des Klerus durch die KRONE: Bonifatius VIII. wurde unter Führung des französischen Kanzlers Nogaret (seit 1307) und des Kardinals Sciarra Colonna in seiner Residenz in Anagni gefangen. Nach fünf Tagen erzwang ein Aufstand der Bürger Anagnis die Freilassung (**1303**). Bonifatius VIII. starb kurze Zeit später (1303). Mit dem Attentat von Anagni geriet das Papsttum in eine schwere Krise, eskalierend zur BABYLONISCHEN GEFANGENSCHAFT DER KIRCHE (1309–1377).

Literatur: A. Duc de Lévis-Mirepoix: L'Attentat d'Anagni. 1303. Paris 1969.

Marsch nach Süden

a) Mittelalterliche bis frühneuzeitliche Expansion der Vietnamesen vom Delta des Roten Flusses nach Süden, von Zentral-Annam (**1306**) bis Saigon (1691): Sie drängte die KHMER und Cham nach Kambodscha ab. Die vietnamesische Expansion begründete den Antagonismus zwischen Vietnamesen und Khmer (Kambodschaner).

b) Expansion der Fulani und Haussa aus dem Norden Nigerias nach dem JIHAD des Usman Dan Fodio (1804) und der Gründung des SULTANATS VON SOKOTO (1817) nach Süden, vor allem gegen die YORUBA, bis vor Ibadan (1840). Nach der AUTONOMIE für Nigeria (1951) und Unabhängigkeit (1960) erlangte der Norden die HEGEMONIE in der Föderation, mit Anspruch auf Fortsetzung des Marsches nach Süden: Spannungen eskalierten zum BIAFRAKRIEG (1966/67–1970) und in blutigen Konflikten seit Einführung der Scharia im Norden Nigerias (2000).

Khmer

Kernvolk Kambodschas: Die Khmer schufen das Reich von Angkor (598, 802–nach 1220). Sie wurden von Vietnamesen auf deren MARSCH NACH SÜDEN aus Zentral-Annam (**1306**) verdrängt, später auch die mit den Khmer verwandten Cham (1691). Die kommunistischen ROTEN KHMER (1970/75–1979) provozierten einen Krieg gegen Vietnam (1979), der ihre Terrorherrschaft beendete.

Literatur: I. G. Edmonds: The Khmers of Cambodia. Indianapolis (Ind.) 1970; I. Mabbett: The Khmers. Oxford 1995; Th. Zéphir: Khmer, Lost Empire of Cambodia. London 1998; D. P. Chandler: A History of Cambodia. Boulder (Col.) ^{3}2000.

Münzverschlechterung

(Abknappung) Senkung des Münzfußes in MÜNZEN aus GOLD oder SILBER durch Beimengung minderwertiger Metalle (z. B. KUPFER) bei gleichem Nominalwert oder Erhöhung des Nennwerts ohne angemessene Erhöhung des Feingehalts: Seit der Geldwirtschaft in der Antike war Münzverschlechterung häufige Praxis als ältere Form der INFLATION, so im Mittelalter in Frankreich unter Philipp IV., dem Schönen (**1306**).

Literatur: A. Luschin v. Ebengreuth: Allgemeine Münzkunde und Geldgeschichte des Mittelalters und der neuen Zeit. München ^{4}1976.

Luxemburger

Europäische DYNASTIE (1308–1437), benannt nach ihrer gräflichen Stammburg Lützelburg (Luxemburg, 963): Die Luxemburger beteiligten sich am Limburgischen Erbstreit (Schlacht bei Worringen, 1288). Nach der Ermordung des HABSBURGERS Albrecht I. (1308) wurde Heinrich VII. zum römisch-deutschen König gewählt (**1308**–1313, KAISER 1312). Für seinen Sohn Johann (den Blinden) gewann er Böhmen (König 1310–1346). Karl IV., der Sohn Johanns, wurde böhmischer König (1346), römisch-deutscher König und Kaiser (1346/55–1378): Schlesien und die Lausitz wurden böhmische Nebenländer (1348), Luxemburg zum HERZOGTUM erhoben (1354). Auch die MARKGRAFSCHAFT Brandenburg kam unter die Herrschaft der Luxemburger (1373–1415). Karls Sohn Wenzel I. war König von Böhmen (1363–1419), bis zu seiner Absetzung römisch-deutscher König und Kaiser (1376/78–1400). Ein weiterer Sohn Karls IV., Sigismund, erlitt als König von Ungarn (1387–1437) eine Niederlage bei Nikopolis gegen die OSMANEN (1396). Sigismund wurde König von Böhmen (ab 1420), deutscher König und Kaiser (1410/33–1437): Er berief das KONZIL VON KONSTANZ ein, das Jan Hus als KETZER verbrannte (1415), setzte die HOHENZOLLERN als

Markgrafen von Brandenburg ein (1415). Nach ihm erlosch das Herrscherhaus der Luxemburger im Mannesstamm (1437).

Literatur: T. Lindner: Deutsche Geschichte unter den Habsburgern und Luxemburgern 1273–1437. Stuttgart 1885–1893, Nachdruck Darmstadt 1970; A. Gerlich: Habsburg-Luxemburg-Wittelsbach im Kampf um die Deutsche Königskrone. Wiesbaden 1960; H. Bookmann: Stauferzeit und spätes Mittelalter in Deutschland 1125–1517. Berlin [2]1993; J. K. Hoensch: Die Luxemburger: eine spätmittelalterliche Dynastie gesamteuropäischer Bedeutung 1308–1437. Stuttgart 2000.

Babylonische Gefangenschaft der Kirche (Avignoneser Exil)

Residenz der Päpste in Avignon (**1309**–1377) unter Vormundschaft der französischen Krone, nach Wirren in Italien: Der Begriff spielt auf die Babylonische Gefangenschaft der Juden (586–538 v. Chr.) an. Papst Clemens V. (1305–1314), ein Franzose, residierte in Avignon (1309), einem päpstlichen Territorium, gefolgt von sechs weiteren Päpsten. Unter Gregor XI. (1370–1378) kehrte die Kurie nach Rom zurück (1376), gefolgt vom Papst (1377). Die Doppelwahl in Avignon und Rom nach Gregors Tod eröffnete das Abendländische Schisma (1378–1417).

Literatur: G. Mollat: Les papes d'Avignon. 1305–78. Paris [9]1966; Y. Renouard: La papauté à Avignon. Paris 1970; D. Paladilh: Les papes en Avignon ou l'exil de Babylone. Paris 1975; K. Bihlmeyer/H. Tüchle: Kirchengeschichte. Bd. 2: Das Mittelalter. Paderborn [18]1968.

Visconti

Lombardische Adelsfamilie: Die Visconti errangen als Ghibellinen durch den Sieg von Erzbischof Ottone Visconti (1262–1295) über die Guelfen (1277/78) erstmals die Herrschaft in Mailand. Nach dessen Tod errichtete Matteo I. eine Signorie (1295). Von den Guelfen vertrieben (1300), wurden die Visconti auf dem Italienzug Heinrichs VII. wieder eingesetzt (**1311**). Sie dehnten Mailands Machtbereich in Oberitalien aus (bis 1447). Gian Galeazzo erlangte die Herzogswürde (1395–1402). Nach dem Erlöschen der Familie im Mannesstamm (1447) wurde in Mailand die Republik des heiligen Ambrosius errichtet (1447–1450): Im Erbfolgekrieg um die Mailänder Stadtherrschaft setzten sich die Sforza gegen Venedig und Aragón durch (1450–1526).

Literatur: G. Nicomedi: La signoria dei Visconti. Mailand 1966; F. Cognasso: I Visconti. Mailand [2]1972; G. P. Giusti: Visconti e Sforza: I signori de Milano. Pavia 1997.

Katalanische Kompanie

Söldnertruppe aus Katalanen, die für Aragón gegen die Anjou in Sizilien gekämpft hatte; sie stand nach Kriegsende (1302) im Sold von Byzanz gegen die Osmanen (1303): Die Katalanische Kompanie besiegte die Osmanen (1304) und plünderte Teile Griechenlands; ihr Führer Roger de Flor wurde in Konstantinopel ermordet (1305). Im Rachezug gegen Byzanz verheerte die Katalanische Kompanie Thrakien (1305–1307), scheiterte aber vor Saloniki (1308). Sie wich nach Thessalien aus (1309/10) und trat in den Dienst des Herzogs von Athen (1310). Die

Kompanie eroberte das HERZOGTUM ATHEN (**1311**), formal unter der SUZERÄNITÄT Siziliens (1312). Ein KREUZZUG gegen die Katalanische Kompanie zugunsten des französischen Condottiere Walter de Brienne (1330) scheiterte (1332). Erst Nero Acciajuoli von Korinth konnte die Katalanische Kompanie aus Theben (1379) und Athen (1388) vertreiben.

Herzogtum Athen

Lateinisch-fränkischer Vasallenstaat des LATEINISCHEN KAISERREICHS (1204–1261) in Griechenland: Das Herzogtum Athen mit der Hauptstadt Theben (bis 1379) gründete Otho de la Roche. Die DYNASTIE de la Roche wurde von Walter de Brienne abgelöst (1308), der sich aber nicht gegen die KATALANISCHE KOMPANIE durchsetzen konnte (**1311**). Erst Nero Acciajuoli von Korinth gelang es, sie aus Theben (1379) und Athen (1388) zu vertreiben. Die OSMANEN eroberten das Herzogtum Athen (1456).

Literatur: F. Gregorovius: Geschichte der Stadt Athen im Mittelalter. Von der Zeit Justinians bis zur türkischen Eroberung. 1889, Neuausgabe München 1980.

Nation

(lat.: natio = Geburt, Volksstamm, zu nasci = geboren werden) Vielschichtiger Begriff der modernen Geschichte:

- Einteilung der Lehrer und Studenten an mittelalterlichen UNIVERSITÄTEN nach Landsmannschaften, auf regionale Untergliederungen spätmittelalterliche KONZILIEN übertragen, zuerst in Vienne (**1312**): Mit dem Zerfall der lateinischen Christenheit in OBÖDIENZEN im ABENDLÄNDISCHEN SCHISMA (1378–1417) erhielt »natio« auch (kirchen)politischen Charakter. Auf dem KONZIL VON KONSTANZ (1414–1418) gab es eine italienische, deutsche, französische, englische und spanische Nation, noch ohne sprachlich-ethnische Identifizierungen.
- Säkularisiert wurde Nation auf proto-nationale Nationalmonarchien in West- und Südeuropa und das Heilige Römische Reich Deutscher Nation (1486) übertragen. Teilweise verstand sich ein Stand als Nation, z. B. die SCHLACHTA in Polen, die »Adelsnation« in Ungarn.
- Ein neue Dimension erhielt Nation mit der Französischen REVOLUTION (1789), als sich der DRITTE STAND zur Nation und die GENERALSTÄNDE zur NATIONALVERSAMMLUNG erklärten, mit dem Anspruch, das gesamte (Staats-)Volk zu repräsentieren, seit den JAKOBINERN als »la nation une et indivisible« (»die eine und unteilbare Nation«).
- Gegen Napoleon begehrten Nationalismen auf, in Deutschland war eher sprachlich-ethnische und religiöse Homogenität (auch: »Kulturnation«) als der Wille zur Zusammengehörigkeit prägend. Nationalismen fanden ihren ersten Höhepunkt in der REVOLUTION 1848/49. Während mit Mazzini zunächst Gleichberechtigung der Nationen im Vordergrund stand, eskalierte teilweise das Streben nach nationaler Einheit (in Italien: RISORGIMENTO, Deutschland: REICHSGRÜNDUNG) zum Chauvinismus, in dem sich Nationen als Feinde gegenüberstanden. Nation

enthielt auch den Anspruch »staatenloser« Völker (»Nationalitäten«) auf einen eigenen STAAT, in AUTONOMIE oder SOUVERÄNITÄT, nach dem ERSTEN WELTKRIEG (1914–1918) auch gegen Kolonialreiche.

- Spätestens seit der DEKOLONISATION (ab 1945) umfasst Nation mit VOLKSSOUVERÄNITÄT die Gesamtheit des Staatsvolkes. Nationale bzw. Nationalitäten-Konflikte entbrannten dort, wo über verschiedene Völker mit unterschiedlicher historischer und kultureller Entwicklung in einem Staat (z. B. SERBEN, KROATEN, Bosnier, Albaner in Jugoslawien) die HEGEMONIE einer Staatsnation gegenüber Minderheiten durchschlug, oft unter Rückgriff auf eigene ältere imperiale Herrschaft, oder neo-imperiale Nationalismen territoriale Ansprüche auf dasselbe Gebiet erhoben (Makedonien, umstritten bzw. geteilt zwischen Jugoslawien, Bulgarien, Griechenland) oder Nationalismus auf SEZESSION abzielt (KURDEN, BASKEN, Korsen). Neue national heterogene Staaten entstanden als post-sowjetische bzw. post-jugoslawische Nachfolgestaaten (ab 1988).

Literatur: C. J. Hayes: The Historical Evolution of Modern Nationalism. New York 1931; K. G. Hugelmann: Stämme, Nation und Nationalstaat im deutschen Mittelalter. Stuttgart 1956; H. Christ: Die Rolle der Nationen in Europa. Andernach [3]1968; H. Seaton-Watson: Nations and States. Boulder (Col.) 1977; Schulze: Staat und Nation in der europäischen Geschichte. München [2]1995; B. Anderson: Die Erfindung der Nation. Zur Karriere eines folgenreichen Konzepts. Neuausgabe Berlin 1998; I. Geiss: Imperien und Nationen – Zur universalhistorischen Topographie von Macht und Herrschaft, in: Tel Aviver Jahrbuch für deutsche Geschichte XXVIII, 1999, S. 57–91.

Hungersnöte

Katastrophe bei Mangel an Grundnahrungsmitteln, meist Getreide, ausgelöst durch Missernten, Kriege, Bürgerkriege, Umweltkatastrophen (Überschwemmungen, Dürren), Teuerungen (INFLATION): Chronischer Nahrungsmittelmangel eröffnete oft die Chance zu raschen massiven Gewinnen durch überhöhte Preise (»Wucher«, vgl. Sage vom Binger Mäuseturm; Goldenes Haus in Danzig, 1605). Die erste schriftliche Nachricht über eine Hungersnot stammt aus dem alten Ägypten (ca. 2500 v. Chr.). Als Reflex auf Hungersnöte ist auch die biblische Josephsgeschichte (sieben fette, sieben magere Jahre) zu verstehen. Nach Jahrhunderten relativer Prosperität (ab 1000) lösten in West- und Mitteleuropa Missernten ausgedehnte Hungersnöte aus (ab **1313**–1317). Einer Hungersnot in China (1334–1337) folgte die PEST (1338), die auch Europa erreichte (GROSSE PEST 1347–1351).

In der Neuzeit gab es schwere Hungersnöte u. a. in Russland (1557, 1600, 1650–1652), Indien (1584–1598, 1600, 1677, 1769/70; vor allem in Bengalen 1838, 1873/74, 1943/44), Frankreich (1693, 1709/10, 1769). Hungerrevolten mündeten in den Niederlanden in den BILDERSTURM (1566) und NIEDERLÄNDISCHEN UNABHÄNGIGKEITSKRIEG (1572–1648). REVOLUTIONEN in Frankreich (1788/89, 1847/48) und Russland (1917) gingen Hungersnöte voraus. In Irland löste die Kartoffelfäule eine Hungersnot aus (Potato Blight 1845, 1846, 1848). Eine besonders schwere Hungersnot traf Nordchina (1876–1879) mit ca. 9–13 Mio. Toten. In Russland hatten Hungersnöte ökonomisch-politische Ursachen: So wurde im Zarenreich trotz Missernten in der Ukraine Getreide zur

Finanzierung der eigenen Industrialisierung exportiert (1891/92), später wiederholt unter Stalin. Der RUSSISCHE BÜRGERKRIEG (1921/22) und die Zwangskollektivierung Stalins (1932–1934) ging mit Hungersnöten (1,5–5 Mio. bzw. rd. 6 Mio. Toten) einher. In beiden Weltkriegen (1914–1918, 1939–1945) wurden zur Sicherung der Nahrungsmittelversorgung in den meisten Krieg führenden Staaten Europas die Lebensmittel rationiert. Dennoch litt Indien im ZWEITEN WELTKRIEG unter einer schweren Hungersnot (1943). Nach 1945 wüteten immer wieder regionale Hungersnöte, so in einer Dürrekatastrophe in der afrikanischen Sahelzone (1974/75), vor und nach dem Sturz der äthiopischen Monarchie (1974). Hungersnöte gingen auf die Misswirtschaft diktatorischer Regime (z. B. Uganda, Kambodscha, Äthiopien, Nordkorea) und Bürgerkriege (mit Flüchtlingsströmen) zurück. Nach beiden Weltkriegen wurden private Hungerhilfsaktionen organisiert, vor allem für Deutschland und Österreich, nach dem ERSTEN WELTKRIEG auch für Russland – besonders aktiv waren amerikanische QUÄKER (Quäkerspeisung), nach 1945 durch Care-Pakete. Seitdem wird die ständige, auch vorsorgende Hilfe zur ausreichenden Nahrungsmittelversorgung durch verschiedene internationale und nationale Organisationen gewährleistet (z. B. UNO, WFP, FAO, Welthungerhilfe, ROTES KREUZ, Caritas, Brot für die Welt, Oxfam). Fallweise liefern Regierungen Nahrungsmittel, kostenlos oder stark verbilligt, vor allem in die Dritte Welt. Zur Vermeidung von Hungersnöten kaufte die UdSSR in westlichen Industriestaaten Getreide (ab 1979), weil die kollektivierte Landwirtschaft die Bevölkerung nicht mehr ausreichend ernähren konnte.

Literatur: W. Abel: Agrarkrisen und Agrarkonjunktur. Hamburg, Berlin [2]1966; W. Abel: Massenarmut und Hungerkrisen im vorindustriellen Deutschland. Göttingen [3]1986; M. Montanari: Der Hunger und der Überfluss. Kulturgeschichte der Ernährung in Europa. Frankfurt/Main [2]1995.

Ordonnance

(Ordonnance royale) Königlicher Erlass mit Gesetzeskraft (Ordonnanz) in Frankreich vom Mittelalter (12. Jh.) bis zur RESTAURATION (1815–1830): Ordonnanzen regelten z. B. die Freilassung königlicher Leibeigener gegen Freizahlung auf KRONDOMÄNEN (**1315**), führten die Gabelle (SALZSTEUER) ein (1341), begründeten Verwaltungs- und Heeresreformen – Grande Ordonnances (1357, 1439) sowie die Aufstellung der ORDONNANZKOMPANIEN (1445). Die JULI-ORDONNANZEN (1830) lösten die JULIREVOLUTION aus (1830).

Leibeigenschaft

Persönliche Abhängigkeit eines Leibeigenen (mittellat.: homo proprius de corpore, ab 13. Jh.) von einem Leibherrn, in Westeuropa im Frühmittelalter im Rahmen von Grundherrschaft und FEUDALISMUS (mit regionalen Varianten): Die Leibeigenschaft hatte spätantike (Kolonat, COLONUS) und germanische Wurzeln. Es werden drei Kategorien unterschieden:

- »Mansionarii« oder »servi casati«: Bauern in einem Fronhofverband als Hörige (Grundholden);

- Gesinde und Dienstleute, jederzeit zur Verfügung des Dienstherrn;
- Tagelöhner (»servi quotidiani«) mit eigener Hütte (Kate).

Leibeigene leisteten dem Leibherrn unentgeltliche Frondienste, mussten Geld- und Naturalabgaben zahlen. Im westlichen Europa begann mit Aufkommen der Geldwirtschaft eine allmähliche Lockerung: In Frankreich konnten sich Leibeigene auf KRONDOMÄNEN (Königsbauern) freikaufen (ORDONNANCE Ludwigs X., **1315**). In England bereiteten soziale Folgen der GROSSEN PEST (1348/49) und der WAT-TYLER-AUFSTAND (1381) die Aufhebung der Leibeigenschaft vor. In Südwestdeutschland vollzog sich eine allmähliche Auflösung, verbliebene Reste gaben Anstoß zum DEUTSCHEN BAUERNKRIEG (1524/25). Östlich der Elbe, in Ungarn, Polen und Russland entwickelte sich mit der Gutswirtschaft die Zweite LEIBEIGENSCHAFT bis dahin freier Bauern (ab 1492/98).

Literatur: S. Painter: Feudalism and Liberty. Baltimore 1961; M. Bloch: Liberté et servitude personelle au Moyen Age, particulièrement en France, in: ders.: Melanges historiques Bd. 1. Paris 1963; F. Lütge: Geschichte der deutschen Agrarverfassung, in: Deutsche Agrargeschichte. Hg. v. G. Franz, Bd. 3. Stuttgart [2]1967; H. Hausherr: Wirtschaftsgeschichte der Neuzeit vom Ende des 14. Jahrhunderts bis zur Höhe des 19. Jahrhunderts. Köln u. a. [5]1981.

Christusorden

(portug.: Ordem de Cristo) Portugiesischer Ritterorden, Nachfolgeorganisation der 1312 verbotenen TEMPLER in Portugal (**1318**), vom PAPST anerkannt (1319): Neben dem Avisorden spielte der Christusorden, auch mit seinem Vermögen, eine tragende Rolle bei der portugiesischen Expansion in Übersee. In einem Kreuzzug gegen Marokko (1414/15) eroberten Ritter des Ordens Ceuta (1415). Prinz Heinrich der Seefahrer wurde Großmeister (1418); er organisierte erste Forschungsexpeditionen zur Küste Westafrikas (ab 1419). Der Orden erhielt die kirchliche Jurisdiktion über portugiesische Kolonien in Afrika und Asien (1456). Das Amt des Großmeisters fiel an den König von Portugal (1461), das Zölibatsgebot endete (1496). Nach der FRANZÖSISCHEN REVOLUTION wurde der Orden säkularisiert (1797), verlor alle Güter (1834). Er blieb erhalten als portugiesischer Verdienstorden, mit fünf Klassen (seit 1918), dem Templerkreuz als Ordenszeichen.

Literatur: J. V. da S. Guimarões: A Ordem de Cristo. Lissabon 1901.

Zigeuner (Sinti, Roma)

Nomaden, mit eigener Prägung und Stellung zu Sesshaften in ZIVILISATIONEN: Die Etymologie ihres älteren Namens (ital.: »zingaro«, frz.: »tsigane«, ungar.: »Czigány«) bleibt unklar. Sprache, Name und Wanderungsüberlieferungen verweisen als Ursprungsland auf Indien: Zigeunersprachen sind indoarische Sprachen. Die englische Bezeichnung »gypsies« weist auf Ägypten, die im Deutschen neuerdings üblichen Namen für zwei Untergruppen noch weiter nach Osten – »Roma« aus OSTROM/Byzanz (türk.: »Rum«, z. B. RUM-SULTANAT), »Sinti« aus dem Sind (im engeren Sinn = Region am Westufer des unteren Indus, im weiteren Sinn = Indien).

Bräuche der Zigeuner in ihrer auch von ihnen oft selbst gewollten Abschließung ähneln denen einer niederen KASTE Indiens, der »dhôm« aus umherziehenden Musikanten, Schaustellern und Gauklern. Eine Eigenüberlieferung mit historischer Plausibilität berichtet, ein persischer SASSANIDEN-Großkönig habe um 420 von den Künsten der »dhôm« erfahren und sie nach Persien eingeladen. Andere Überlieferungen deuten katastrophale Ereignisse an, vor denen Zigeuner flohen. Denkbar wären die Eroberung des Sind durch Araber (711/12), Nordwestindiens durch Mahmud von Ghasni (998) und Dschingis Khan (1221), Timur Länks Einfall bis Delhi (1398/99). Beide Erklärungen zusammen machen historischen wie geographischen Sinn – Iran als erste Station nach Westen, spätere Fluchtwellen vor Eroberungen. Die historische Erklärung findet politische Bestätigung: Seit seiner Unabhängigkeit (1947) tritt Indien als Schutzmacht der Zigeuner auf, als wären sie Auslandsinder, obwohl »dhôm« zu Hause ebenfalls diskriminiert sind.

Jedenfalls wanderten Zigeuner in Schüben, mit Zwischenaufenthalten, über Armenien, wo sie einige Jahrhunderte blieben, weiter nach Westen. Vielleicht flohen sie vor der Eroberung Armeniens durch die seldschukischen Türken nach der Schlacht bei Manzikert (1071) oder nach der Eroberung durch die Mongolen unter Dschingis Khan (Merw 1221), in diesem Falle mit TURKMENEN, aus denen osmanische Türken wurden. In Europa ist die Ankunft von Zigeunern genauer zu datieren, von Südost nach Nordwest: In Konstantinopel trafen sie, über Kreta (1322) aus Ägypten kommend, ein (**1322**). Nächste Etappen waren Berg Athos (1325/30), Dubrovnik/Ragusa (1362), Serbien (1348), Moldau (1370), Walachei (1385), Hildesheim (1405), Basel (1414), Straßburg (1418), Brüssel 1420), Bologna (1422), Spanien (1425), Paris (1427), Schweden (1512), England (1514), Norwegen (1544), Finnland (1597). Im Reich bewegten sie sich (angeblich oder wirklich) mit einem Schutz- und Geleitbrief von Kaiser Sigismund (1410–1437), der auch König von Ungarn und Böhmen war. Später wurde »Bohème«, heute fast vergessen, Synonym für »Zigeuner«.

Im Gegensatz zu Vieh züchtenden Nomaden in den Steppen und Wüsten Eurasiens und Afrikas waren Zigeuner sekundäre, sozusagen abgeleitete Nomaden, ursprünglich ohne Primärproduktion (Viehzucht, ergänzenden Ackerbau), wie sie, nach Zeit und Raum mit Varianten, auch sonst vorkamen, seit dem Alten Orient. Vielmehr bewegten sich Zigeuner in den großen Zivilisationen – von Indien bis Irland, – und übten teilweise auch handwerkliche Tätigkeiten aus (engl.: »tinkers« = Kesselflicker; dazu Scherenschleifer u. Ä.).

Das phänotypische Aussehen vieler europäischer Zigeuner verweist auf noch archaischere Schichten ihrer Existenz: Ihre oft dunkle Hautfarbe legt nahe, dass ihre Vorfahren zur vor-arischen Dravidenbevölkerung gehörten, von »weizenfarbenen« ARIER als »dasa« (= Fremde, SKLAVEN) und Nicht-Menschen unterdrückt, institutionalisiert im protorassistischen Kastenwesen. Religiös sanktionierte Abneigung Hellhäutiger gegen Dunkelhäutige und Nomaden übertrug sich auch auf Zigeuner in Europa, die ihrerseits Sesshafte als »Barbaren« verachteten. Angst vor Fremden unsteten Lebens und oft dunkler Erwerbsquellen erzeugte

Spannungen, die Zigeuner zu Blitzableitern in Krisen sesshafter Gesellschaften machen konnten – zuerst im Großen sichtbar in Spaniens Dauermalaise, seinem Abstieg als Großmacht seit dem PYRENÄENFRIEDEN (1659), mit pogromartigen Massakern (1734). Im ZWEITEN WELTKRIEG folgten genozidale Massenmorde an Zigeunern, parallel zum HOLOCAUST an JUDEN im DRITTEN REICH und seinen Klientelstaaten (USTAŠA-Kroatien; 1941–1944), zuletzt auch in Auschwitz: Die NSDAP hatte schon vor ihrer »MACHTERGREIFUNG« Zigeuner als »Untermenschen« eingestuft (1931), wie einst die arischen Eroberer Indiens vor 3500 Jahren. Umgekehrt zog Ceauşescu im kommunistischen Rumänien Zigeuner zu Stützen seines Regimes heran (1965–1989), sodass nach seinem Sturz, wie in anderen post-kommunistischen Ländern Südosteuropas, Diskriminierung und Verfolgung über Zigeuner hereinbrachen, von denen viele nach Deutschland flüchteten. In Industriegesellschaften zeichnet sich ein Unterschied zwischen sich assimilierenden, sesshaft werdenden und am Nomadentum festhaltenden Flügeln ab. Umgekehrt ist die Befassung mit Zigeunern, selbst schon die Benutzung ihres traditionellen Namens, emotional aufgeladen und teilweise tabuisiert.

Literatur: A. L. Basham: The Wonder that Was India. A Survey of the History and Culture of the Indian Subcontinent before the Coming of the Muslims. New York [3]1967, Appendix XII, »the Gypsies«, S. 514–517; R. Gronemeyer/G. A. Rakelmann: Die Zigeuner. Reisende in Europa. Köln 1988; D. M. Crowe: A History of the Gypsies of Eastern Europe and Russia. New York 1996; D. Kenrick: Von Indien bis zum Mittelmeer. Die Wanderwege der Sinti und Roma. Berlin 1998; D. Kenrick: Historical Dictionary of the Gypsies (Romanies). Lamham 1998.

»Defensor Pacis«

Grundlegendes Werk des Marsilius von Padua (**1324**), gegen den Herrschaftsanspruch des PAPSTES mit antiklerikaler Staatstheorie: »Defensor Pacis« brachte erstmals die Idee der VOLKSSOUVERÄNITÄT auf. Es forderte die Unabhängigkeit der staatlichen Gewalt von der Kirche, der Bischöfe vom Papst, Abhaltung eines allgemeines KONZILS. Die Schrift gab Kaiser Ludwig dem Bayern Auftrieb im Konflikt mit dem Papst, wurde jedoch von der Kirche als häretisch verurteilt (1327).

Literatur: H. Segall: Der »Defensor Pacis« des Marsilius von Padua. Wiesbaden 1969; M. Löffelberger: Marsilius von Padua. Das Verhältnis zwischen Kirche und Staat im »Defensor pacis«. Berlin 1992; C. J. Nederman: Community and Consent. The Secular Political Theory of Marsiglio of Padua's Defensor Pacis. Lanham (Md.) 1995.

Volkssouveränität

Lehre von der SOUVERÄNITÄT des Volkes (»Alle Staatsgewalt geht vom Volke aus«), im Gegensatz zur Souveränität der KRONE: Den Gedanken der Volkssouveränität formulierte zuerst Marsilius von Padua in seinem antiklerikalen und antipäpstlichen Werk »DEFENSOR PACIS« (**1324**). Später ergänzten naturrechtliche Vorstellungen die Idee der Volkssouveränität, vor allem auch gegen die ABSOLUTE MONARCHIE, besonders bei Rousseau im »Contrat Social« (Gesellschaftsvertag, 1762). Auf die Volkssouveränität beriefen sich die Amerikanische REVOLUTION (1776–1783), die VERFASSUNG DER USA (1787) und die FRANZÖSISCHE

Revolution (1789), der demokratische und liberale Verfassungsstaat, aber auch die Räterepublik. Mit Durchsetzung der Volkssouveränität stellten sich die Fragen: Wer ist das Volk? Wie kontrolliert das Volk seine gewählten Vertreter bzw. die Regierung?

Literatur: H. Kurz (Hg.): Volkssouveränität und Staatssouveränität. Darmstadt 1970; E. Reibstein: Volkssouveränität und Freiheitsrechte. Texte und Studien zur politischen Theorie des 14.–18. Jahrhunderts. 2 Bde., Darmstadt 1972; P. Graf Kielmannsegg: Volkssouveränität. Stuttgart [2]1994; M. Kriele: Einführung in die Staatslehre. Opladen [5]1994.

Valois

(2.) französische Königsdynastie (1328–1589): Die Nebenlinie der Capetinger mit der Apanagengrafschaft Valois (1285) kam nach dem Erlöschen der Capetinger im Mannesstamm (**1328**) auf den Königsthron – als Herrscher in direkter Linie (bis 1498), später über das Haus Orléans (bis 1589). Philipp VI. (1328–1350) besiegte die flandrischen Städte bei Cassel (1328). Im Hundertjährigen Krieg (1337/39–1453) erlitt er Niederlagen bei Sluys (1340) und Crécy (1346), gewann die Dauphiné für die Krone (1349). Johann II. (der Gute, 1350–1364) verlor bei Poitiers (1356), war bis zum Frieden von Brétigny in englischer Gefangenschaft (1356–1360, erneut 1364). Sein Sohn, Philipp der Kühne (1363–1404), erhielt das Herzogtum Burgund als Apanage, Ausgangspunkt zum burgundischen Zwischenreich (1363–1477). Karl V. (1364–1380) erneuerte den Krieg gegen England (1369–1380). Unter Karl VI. (dem Wahnsinnigen, 1380–1422) tobte ein Bürgerkrieg zwischen Orléans und Burgund (1397–1435), unterlagen die Franzosen bei Azincourt den Engländern und Burgundern (1415). Durch den Vertrag von Troyes (1420) erbte Heinrich V. von England (1413–1422) die französische Krone. Militärische Siege der Jungfrau von Orléans brachten die Wende: Karl VII. (1422–1461) wurde in Reims zum König gekrönt (1429). Er führte die Taille ein (1439) und stellte Ordonnanzkompanien auf (1445), beendete den Hundertjährigen Krieg siegreich (1453). Ludwig XI. (1461–1483) führte nach dem Tod Karls des Kühnen (1477) Krieg gegen Habsburg um das burgundische Erbe (1477–1493). Karl VIII. (1483–1498) schloss mit Maximilian I. den Frieden von Senlis (1493) und griff militärisch in Italien ein (Eroberung Neapels, 1494/95). Ludwig XII. (1498–1515) kämpfte um Mailand (1498/99, 1511–1513). Franz I. (1515–1547) siegte im Kampf um Mailand bei Marignano über die Eidgenossen (1515) und schloss das Konkordat von Bologna (1516); er unterlag Karl V. bei der Kaiserwahl (1519), geriet nach der Niederlage bei Pavia (1525) in Gefangenschaft des Kaisers. Franz I. verbündete sich gegen die Habsburger mit dem Osmanischen Reich (1536). Heinrich II. (1547–1559) leitete mit dem Vertrag von Chambord (1552) den Krieg gegen Spanien ein (1552), der mit dem Frieden von Cateau-Cambrésis endete (1559). Seine drei Söhne standen zunächst unter Vormundschaft bzw. Einfluss ihrer Mutter Katharina de' Medici: Franz II. (1559/60) wurde mit Maria Stuart (1558) vermählt. Unter Karl IX. (1560–1574) begannen die Hugenottenkriege (1562–1598, Bartholomäusnacht 1572). Heinrich III.

(1574–1589) wandte sich von der Katholischen Liga ab, belagerte Paris (1588/89), wurde ermordet (1589). Mit Heinrich IV. (1589–1610) begann die Herrschaft der Bourbonen (1589–1792, 1814/15–1830).

Literatur: G. Dodu: Les Valois. Histoire d'une maison royale (1328–1589). Paris 1934; A. de Maricourt: Les Valois (1293–1589). Hérédités, pathologie, amours et grandeur. Paris 1939; A. Coville: Les premiers Valois et les débuts de la guerre de cent ans, 1328–1422. Paris 1982; S. Bertière: Les reines de France au temps des Valois. Paris 1994.

Friedensrichter

(engl.: Justice of Peace) Neues königliches Organ in England mit Polizei- und Gerichtsbefugnissen (**1330**–1888): Der Friedensrichter drängte den Sheriff in den Hintergrund. Das Amt lag in der Hand der Gentry und entwickelte sich allmählich zum lokalen Selbstverwaltungsorgan.

Literatur: W. S. Holdsworth: A History of English Law. London [7]1956; J. Bellamy: Crime and Public Order in England in the Later Middle Ages. London 1973.

Großserbisches Reich

Kurzlebiges Reich der Serben unter Stephan Dušan (**1331**–1355) auf der Balkanhalbinsel. Stephan Dušan eroberte Makedonien und Albanien und ließ sich zum »Zar der Serben und Griechen« krönen (1364). Nach seinem Tod (1355) zerfiel das Reich. Bestrebungen zur Restauration (ab 1844) eröffneten die Südslawische Frage. Serbische Nationalisten veruchten im Jugoslawienkrieg (1991–1999), Großserbien wiederherzustellen, mit »ethnischen Säuberungen«.

Literatur: F. Kanitz: Das Königreich Serbien und das Serbenvolk von der Römerzeit bis zur Gegenwart. 3 Bde., Leipzig 1909–14; D. Jireček: Geschichte der Serben. 4 Bde., Wien 1912–1919; M. Mladenović: L'état serbe au moyen âge. Paris 1931.

Hundertjähriger Krieg

Neben der Grossen Pest (1347/51) als längster internationaler Konflikt (1337/39–1453, mit Unterbrechungen) zentrales Ereignis im europäischen Spätmittelalter: Nach Erlöschen der Capetinger und Regierungsantritt der Valois (1328) verfochten die englischen Könige seit Eduard III. (1327–1377) gegen die Valois Ansprüche auf den französischen Thron (1332, 1337, 1338, 1414). Wichtiges ökonomisches Motiv war die Kontrolle über Flandern als Hauptabsatzgebiet für englische Wolle. Die bewaffneten Konflikte verliefen in drei Phasen (**1337**/39–1360, 1369–1375/81, 1415–1453), mit Waffenstillständen und Friedensschlüssen. England war mit Kaiser Ludwig IV. (dem Bayern, 1337), Flandern (1339–1345), Burgund (1414–1435) und Portugal (1366) verbündet. Nach dem Frieden von Arras (1435) wechselte Burgund auf die Seite der französischen Krone. Mit Frankreich verbündet waren Böhmen und Kastilien, Schottland kämpfte mit Kriegen gegen England (1341/42, 1355/56, 1384/85, 1400, 1402) – parallel zu den Obödienzen im grossen Schisma (1378–1417).

1. Phase (1337/39–1360): Die französische Krone wurde von Eduard III. beansprucht (1332, 1337/38), England verbot den Wollexport nach Flandern. Der Einzug des von England beherrschten LEHEN Guyenne (1337) vollendete den Bruch zwischen England und Frankreich – englische Truppen landeten in Antwerpen (1338), eroberten Cambrai (1339), besiegten eine französisch-kastilische Flotte bei Sluys (1340). Frankreich führte zur Finanzierung des Kriegs die SALZSTEUER (Gabelle) ein (1341). Die Engländer siegten bei Crécy (1346) und eroberten Calais (1347, erstmals mit Hilfe von Kanonen). Die Große Pest (1348) lähmte die Kriegshandlungen. Mit dem englischen Sieg bei Poitiers (1356) geriet der französische König Johann II. (1350–1364) in Gefangenschaft (bis 1360). Die Niederlage stürzte Frankreich in die Krise: Die GENERALSTÄNDE wurden einberufen (1355–1358, 1413), der Aufstand des Marcel Étienne und die JACQUERIE erschütterten das Land (1358). Nach dem Frieden von Brétigny (1360) beherrschte England Norden und Westen Frankreichs.

2. Phase (1369–1375/81): Nach Erneuerung des Krieges durch Frankreich (1369) wurden die Engländer zurückgedrängt, hielten nur noch Calais, Brest, Bordeaux und Bayonne (Waffenstillstand 1375). Franzosen und Kastilien unternahmen Plünderungszüge zur englischen Südküste (1377, 1380). Die französische Flotte erlitt vor Irland eine Niederlage (1380). Die Engländer stießen gegen die Bretagne vor (1380/81), schlossen Waffenstillstand (1381, erneuert 1396). In Frankreich tobte Bürgerkrieg zwischen Orléans (ARMAGNACS) und Burgund (1407–1435).

3. Phase (1415–1453): England verbündete sich mit Burgund (1414–1435), Heinrich V. (1413–1422) erneuerte den Anspruch auf Frankreichs Krone (1414/15). England nahm den Krieg wieder auf und siegte bei Azincourt (1415). Die Burgunder besetzten Paris (1418). Der Vertrag von Troyes (1420) anerkannte Heinrich V. als Herzog der Normandie und als Nachfolger von Karl VI. (1380–1422). Der DAUPHIN Karl (VII., 1422–1461) setzte den Kampf gegen England südlich der Loire fort, zunächst erfolglos (1422–1428): Orléans wurde belagert (1428/29), von französischen Truppen unter Jeanne d'Arc entsetzt (1429) – Karl VII. wurde in Reims gekrönt (1429). Die Aussöhnung zwischen Frankreich und Burgund im Frieden von Arras (1435) war Voraussetzung zum Sieg Frankreichs: Paris wurde befreit (1436), zwischen England und Burgund Waffenstillstand geschlossen (1439). Die Engländer wurden schrittweise aus Nord- und Westfrankreich verdrängt (1442–1453). Der Sieg bei Castillon (Châtillon) brachte die Entscheidung für die Franzosen. Mit der Einnahme von Bordeaux (1453) war der Krieg beendet, ohne förmlichen Frieden, der später nachgeholt wurde (1475). Nur noch Calais (bis 1558) und die (normannischen) Kanalinseln blieben bei England.

Das säkulare Ringen hatte starke innere Rückwirkungen: In Frankreich brachen nach militärischen Rückschlägen Krisen auf (1356–1358), in England der WAT-TYLER-AUFSTAND (1381) und Aufstand des Jack Cade (1450), nach Kriegsende die ROSENKRIEGE (1455–1485). Gabelle (1341), TAILLE (1439) und ORDONNANZKOMPANIEN (1445) stärkten die

Stellung der französischen Krone. In England erhielt das PARLAMENT größeren Einfluss. Feuerwaffen verteuerten die Kriegführung; den erhöhten Geldbedarf deckten teilweise höhere STEUERN. Der Bedeutungsverlust der Ritterheere verschärfte die Krise des FEUDALISMUS.

Literatur: E. Perroy: The Hundred Years War. London, New York [5]1965; Ph. Contamine: La guerre de cent ans. Paris [5]1989; Barbara Tuchman: Der ferne Spiegel. Das dramatische 14. Jahrhundert. München [11]1992; A. Curry: The Hundred Years War. New York 1993; Ch. Allmand: The Hundred Years War. England and France at War 1300–1450. Cambridge 1994; J. Favier: La guerre de cent ans. Neuausgabe Paris 1996; M. Vale: The Origins of the Hundred Years War. The Angevin Legacy, 1250–1340. Oxford 1996.

Janitscharen

(türk.: Yeni čeri = neue Truppen; Eigenbezeichnung: Odjak = Herd) Elitekorps der OSMANEN, mit Funktion einer Garde: Die Janitscharen rekrutierten sich zunächst aus SKLAVEN (wie MAMLUKEN), später meist über den Knabenzins (türk.: DEVŞIRME, südslaw.: devširme) aus ehemaligen, zum ISLAM zwangsbekehrten Christen (meist von der Balkanhalbinsel), zuletzt auch aus MUSLIMEN, ZIGEUNERN u. a. Orchan I. stellte reguläre Infanterieregimenter aus Janitscharen (»Orta«) auf (**1337**), damals noch in Kleinasien: Sie drängten die Kavallerie in den Hintergrund und entschieden, neben der ARTILLERIE, Schlachten und Belagerungen – ca. hundert Jahre vor entsprechenden Entwicklungen im europäischen Westen. Der Oberbefehlshaber der Janitscharen (Yeni-čeri-aghasy) residierte in einem eigenem PALAST mit eigener Kanzlei (DIWAN); in der Hauptstadt war er zugleich Polizeichef. Janitscharen waren kaserniert, durften anfangs nicht heiraten (bis 1566). Teilweise wurden sie in eroberten Gebieten ständig stationiert, so in Syrien (1516), Arabien (1517), Algier (1519) und Tunis (1576), wo sie bald die Führungsschicht bildeten (in Algier bis 1830). Durch den Bektashiorden (Derwische) wurden die Janitscharen islamisiert. Suleiman II. hob die Ehelosigkeit auf (1566). Allmählich bildeten die Janitscharen eine erblichen KASTE mit PRIVILEGIEN. Von Murad III. (1574–1595) erreichten sie die Aufnahme von Ringkämpfern und Akrobaten (1582). Aufstände zur Erzwingung von »Bakhschisch« (Geschenken zur Thronbesteigung, entsprechend dem DONATIV in römischer Kaiserzeit) wurden von Mehmed II. unterdrückt (1451). Osman II. (seit 1618) wurde von Janitscharen beseitigt (1622): Mit Harem-Eunuchen usurpierten sie weitgehend die Herrschaft im OSMANISCHEN REICH (ab 1640); SULTANE und GROSSWESIRE waren von ihnen abhängig (ähnlich wie die PRÄTORIANERGARDE im kaiserlichen Rom, Mamluken im KALIFAT). Mehrmals erhoben sich Janitscharen (1655, 1730–1732, 1805–1807, 1826). Libyen wurde unter der Janitscharen-DYNASTIE der Karamanli faktisch unabhängig (1721–1835). Die Käuflichkeit besoldeter Ämter (1740) erhöhte die ANARCHIE – Soldaten blieben oft ohne Lohn, lebten von Raub und Erpressung. Die Janitscharen widersetzten sich Heeresreformen, ihr letzter Aufstand scheiterte, sie wurden aufgelöst (1826).

Die Janitscharen hatten eine eigene Militärmusik, die nach der Belagerung Wiens (1683) in den Westen gelangte – Schellenbaum (mit Rossschweif = osmanisches Ehren- und Rangabzeichen), Becken, Triangel, Tamburin – mit Einfluss auf die europäische Militärmusik (nach 1700; auch: Haydns »Militärsymphonie«), Mozart (»Entführung aus dem Serail«, »Türkischer Marsch« in der Klaviersonate A-Dur).

Literatur: J. A. B. Palmer: The Origin of the Janissaires, in: Bulletin John Ryland's Library 35 (1953); N. Weissmann: Les janissaires. Paris 1964; G. Schweizer: Die Janitscharen. Geheime Macht des Türkenreichs. Wien [3]1990.

Devşirme

(südslaw.: devširme; von türk.: devshir = sammeln, einsammeln, auch: Knabenzins, Knabenlese) TRIBUT im OSMANISCHEN REICH zur Auffüllung des JANITSCHARENkorps durch Knaben, meist Christen in den unterworfenen Gebieten der Balkanhalbinsel: Die Knabenlese wurde nach Gründung der Janitscharen (**1337**) eingeführt; der genaue Zeitpunkt ist ungewiss bzw. umstritten (früheste Erwähnung 1395). Sie wurde offensichtlich erst nach Überwindung der großen Reichskrise wieder aufgenommen (nach 1422). Das Versprechen, bei freiwilliger Unterwerfung von Devşirme freigestellt zu werden (1430), weist auf unregelmäßige Abstände in der Zwangsrekrutierung hin. Verheiratete waren ausgenommen – daher die Praxis der Frühehen bei Balkanchristen. Die ausgewählten Knaben dienten in Konstantinopel im PALAST oder in Landarbeit (ASSIMILATION, Konvertierung zum ISLAM, Türkisierung), bevor sie ins Janitscharenkorps kamen. Devşirme wurde nach Ende der Ehelosigkeit für Janitscharen (1566) und Aufnahme muslimischer Abkömmlinge (1582) nur noch selten durchgeführt (z. B. 1638, 1663, 1666, 1674, 1705).

Literatur: B. D. Papoulia: Ursprung und Wesen der »Knabenlese« im Osmanischen Reich. München 1963.

Kurverein von Rhens

Versammlung von sechs deutschen KURFÜRSTEN (ohne König von Böhmen): Der Kurverein von Rhens verkündete in Anwesenheit des (vom PAPST gebannten) Kaisers (Ludwig der Bayer) in seinem WEISTUM, dass der von den Kurfürsten gewählte König nicht mehr päpstlicher Bestätigung bedürfe. Das Weistum wurde von Ludwig auf dem REICHSTAG zu Frankfurt in erweiterter Form als Reichsgesetz verkündet (**1338**): Der Wahl zum König folgt automatisch das Recht auf Kaiserkrönung. Der Kurverein von Rhens hatte große Bedeutung für die Verfassungsgeschichte des HEILIGEN RÖMISCHEN REICHS (DEUTSCHER NATION).

Literatur: E. E. Stengel: Avignon und Rhens. Weimar 1930.

Ashikaga-Zeit

HEGEMONIE der Ashikaga-Familie als SHOGUNE (**1338**–1573), mit der Hauptstadt Kyoto: Die Ashikaga-Zeit war eine Periode feudaler ANARCHIE. Portugiesen (1542/43) brachten erstmals Feuerwaffen nach Japan. Der JESUITENORDEN (1549) gewann Einfluss. Beim Sturz der Ashikaga durch Nobunaga Oda (1573) wurden Christen aus Japan vertrieben.

Große Pest (auch: Schwarzer Tod)

Schwerste Epidemie der BeulenPEST der Geschichte (von Ostasien bis Europa): Die Große Pest brach in der Mongolei aus (Wüste Gobi, **1338**), verbreitete sich über infizierte Ratten in China und Indien entlang den FERNHANDELSrouten nach Westen, auf der kontinentalen Nordroute über Zentralasien, auf der maritimen Südroute über den Indischen Ozean: In China trat die Große Pest nach Naturkatastrophen (Dürre, Überschwemmungen, Heuschreckenplagen, Erdbeben) und HUNGERSNÖTEN auf (1333–1337), die sich nach der Pest (1338) fortsetzten (bis 1345): Bauernaufstände vertrieben die YÜAN-DYNASTIE (ab 1351), gefolgt von den MING (1368–1644). Das MAMLUKEN-SULTANAT von Delhi, die Mamluken in Ägypten/Syrien und die GOLDENE HORDE wurden geschwächt. Weitere Stationen der Pest waren Georgien, Kleinasien, das Gebiet der Goldenen Horde (Krim, 1346), Syrien, Palästina, Ägypten (1347) und Konstantinopel (1347/48). Die TATAREN brachten die Pest in das von ihnen belagerte genuesische Kaffa (1347), indem sie Pestleichen mit Katapulten über die Stadtmauern in die Stadt schleuderten. Nach Ausbruch der Pest flohen Überlebende auf einer Galeere nach Genua (1347), wurden dort abgewiesen und setzten ihre Fahrt nach Messina und Marseille fort.

So kam die Beulenpest nach Oberitalien, Sizilien und Südfrankreich (1347) und breitete sich weiter in Europa aus – Spanien, Portugal, Frankreich, Südengland, Südosteuropa bis ins südliche Österreich (1348), Süd-, Mittel-, West- und Nordwestdeutschland, Dänemark, Südwestnorwegen, übriges England, Irland (1349), Nord- und Ostdeutschland, Schottland, Schweden, das Baltikum, Litauen, Russland (1350). Einzelne Städte und Regionen blieben zum größten Teil oder ganz verschont, z. B. Nürnberg, Lüttich, Mailand, Béarn, Böhmen, der größte Teil Polens (QUARANTÄNE an den Grenzen).

Der Großen Pest, die jeweils ca. sechs Monate an einem Ort wütete, fiel ca. ein Drittel der Bevölkerung zum Opfer (rd. 25 Mio. Tote). Schwere soziale und politische Verwerfungen waren die Folge: In den Städten gab es umfangreiche Besitzumschichtungen. Die steigende Nachfrage nach knapp gewordenen Arbeitskräften ließen die Löhne steigen. Gleichzeitig geriet die Landwirtschaft in die Krise (bis ca. 1470), weil Agrarprodukte wegen des Bevölkerungsverlustes nicht mehr ausreichend abgenommen wurden, Preise verfielen, Anbauflächen und Siedlungen wurden aufgegeben, viele Landstriche entvölkerten sich (Wüstungen). Die LEIBEIGENSCHAFT im Europa westlich der Elbe verfiel.

In Frankreich lähmte die Pest im HUNDERTJÄHRIGEN KRIEG die Kampfhandlungen (1348) und verschärfte, mit militärischen Niederlagen (1346, 1356), die innere Krise (Einberufung der GENERALSTÄNDE 1355–1357, Aufstand des Marcel Étienne und JACQUERIE 1358). In den großen Städten Italiens, vor allem in Florenz, folgten der Großen Pest soziale und politische Umwälzungen. In Deutschland traten in ihrem Gefolge FLAGELLANTEN auf. In der Krise verschärfte sich die Hetze gegen JUDEN (BRUNNENVERGIFTUNG) zu Massakern und hatte eine jüdische Auswanderungswelle nach Polen zur Folge (1349).

In England stiegen durch den Arbeitskräftemangel die Löhne, die der Staat nach oben begrenzte (STATUTE OF LABOURERS, 1351/81). Mit den LOLLARDEN nahmen neue religiöse Gruppen soziale Forderungen auf, u. a. im WAT-TYLER-AUFSTAND (1381). Die Kirche verlor viele Geistliche: Priestermangel ließ viele Stellen unbesetzt, sodass Geistliche oft mehrere Pfründen kumulierten. Die säkulare Krise von Kirche und Papsttum verschärfte sich bis zur REFORMATION. Dennoch überwand das lateinische Europa Bevölkerungsverluste der Pest rascher als andere Gesellschaften. Der Großen Pest folgten später mehrere kleinere Pestausbrüche, zeitlich und regional beschränkt, ohne die verheerenden Wirkungen der Großen Pest, der größten gemeinsamen Erfahrung Eurasiens in so kurzer Zeit.

Literatur: P. Ziegler: The Black Death. Harmondsworth [4]1975, Nachdruck New York 1999; G. Beckmann: Eine Zeit großer Traurigkeit. Die Pest und ihre Auswirkungen. Marburg 1987; M. Vasold: Pest, Not und schwere Plagen. Seuchen und Epidemien vom Mittelalter bis heute. München 1991; S. Cohn (Hg.): Der schwarze Tod und die Verwandlung Europas. Berlin 1998; K. H. Burmeister: Der Schwarze Tod. Die Judenverfolgungen anläßlich der Pest von 1348/49. Göppingen 1999; K. Bergdolt: Der Schwarze Tod in Europa. Die Große Pest und das Ende des Mittelalters. München [4]2000; B. Naphy: The Black Death. A History of Plagues 1345–1730. Oxford 2000.

Salzsteuer (frz.: Gabelle)

Durch königliche ORDONNANZ eingeführte Sondersteuer in Frankreich (**1341**) zu Beginn des HUNDERTJÄHRIGEN KRIEGS (1337/39–1453): Die FRANZÖSISCHE REVOLUTION schaffte die zuletzt verhasste Steuer des ANCIEN RÉGIME ab (1790).

Signorie

(ital.: Signoria = Herrschaft) Herrschaft eines Einzelnen (AUTOKRATIE) in italienischen Städten, an Stelle der Kommune mit RÄTEN (seit dem 13. Jh.), wurde oft erblich: In Oberitalien schuf die Signorie Flächenstaaten (z. B. VISCONTI in Mailand). In Venedig war sie das wichtigste politische Gremium (Kleiner Rat, 1200) als eigentlicher Träger der SOUVERÄNITÄT, im republikanischen Florenz die oberste unter einem Gonfaloniere stehende Behörde (seit den ORDINAMENTI DI GIUSTIZIA, 1293). Der französische Condottiere Walter de Brienne, der in Florenz die Signorie erhielt (**1342**), wurde vom POPOLO MINUTO gestürzt (1343). Eine Variante war die BALIA der MEDICI in Paris (1434–1464).

Literatur: E. Salzer: Über die Anfänge der Signorie in Oberitalien, in: Historische Studien. Heft 14 Berlin 1900; D. Hay: Geschichte Italiens in der Renaissance. Stuttgart 1962; D. Waley: Die italienischen Stadtstaaten. München 1969.

Popolo minuto

(auch: arti minuti) Niedere ZÜNFTE in Florenz: Die ORDINAMENTI DI GIUSTIZIA schlossen den StadtADEL und Popolo minuto von der Stadtregierung aus (1293). Doch stürzte dieser die SIGNORIE des Walter de Brienne (**1343**), worauf die Herrschaft der Zünfte auf eine breitere Basis gestellt, die REPUBLIK restauriert wurde.

Dauphin

(lat.: delphinus = Nachfolger) Titel am französischen Königshof: Seit Vereinigung der seitdem Dauphiné genannten Region mit Frankreich (1349) und ihrer Zuweisung als Apanage für den Thronfolger (1349–1460) war Dauphin der Titel des französischen Thronfolgers (**1343**–1791, 1814/15–1830).

Generalstände

(frz.: États généraux) Für ganz Frankreich zuständige STÄNDE, nur unregelmäßig in Notlagen einberufen: Nach der SIZILIANISCHEN VESPER (1282) tagten in Bourges (1283) und Paris (1284) erste Ständeversammlungen. Sie dienten Philipp VI. als Propaganda- und Akklamationsforum gegen Papst Bonifatius VIII. (1302) zur Rechtfertigung seines Vorgehens gegen die TEMPLER (1308). Zu Beginn des HUNDERTJÄHRIGEN KRIEGS (1337/39–1453) konstituierten sich die Generalstände für den Languedoc (**1343**) in Opposition zur Krone. Sie erwirkten die Grand ORDONNANCE (1357), reformierten die Zentralregierung und stellten die Steuerverwaltung unter öffentliche Kontrolle. Generalstände für den Languedoc tagten erst wieder nach dem Vertrag von Troyes (1421). Der DAUPHIN Karl (VII.) berief die Generalstände erstmals für ganz Frankreich ein (1439), erneut Ludwig XI. (1468) und Regenten für Karl VIII. (1484); dazwischen tagten in größeren Abständen Provinzialstände. Katharina de' Medici setzte in den Generalständen harte Maßnahmen gegen die HUGENOTTEN durch (1560), in den HUGENOTTENKRIEGEN berief Heinrich III. sie zweimal ein (1576, 1588), Maria de' Medici löste sie auf (1615): Bis zur FRANZÖSISCHEN REVOLUTION (1789) tagten keine Generalstände mehr.

Literatur: C. M. R. Picot: Histoire des États généraux au point de vue de leur influence sur le gouvernement de la France de 1335 à 1614. 5 Bde., Paris [2]1888 (Nachdruck Genf 1979); J. M. Hayden: France and the Estates General of 1614. London 1974; R. Mousnier: Les institutions de la France sous la monarchie absolue 1598–1789. Paris 1980; N. Bulst: Die französischen Generalstände von 1468 und 1484. Prosoprographische Untersuchungen zu den Delegierten. Sigmaringen 1992.

Flagellanten (Geißler)

Schwärmerisch-fromme, chiliastische Laienbewegung, die Bußübungen mit Selbstgeißelung verband: Flagellanten traten im Gefolge schwerer Krisen auf, erstmals nach HUNGERSNÖTEN, Epidemien und den Verwüstungen durch Bürgerkriege zwischen GUELFEN und GHIBELLINEN in Mittelitalien (ab 1258). Die Bewegung nahm die chiliastischen Prophezeiungen des Joachim von Fiore (*um 1130, † 1202) auf, breitete sich in Süddeutschland und im Rheinland aus (1260/61), genährt durch Unsicherheiten des INTERREGNUMS (1250–1273). Die Flagellanten wurden als KETZER unterdrückt (1262), wirkten aber im Untergrund weiter; im Rheinland trat das Flagellantentum wieder nach einer Hungersnot auf (1296). Das Auftreten der Flagellanten in der GROSSEN PEST hatte weit reichende Folgen. Nach Anfängen in Ungarn (1348) breiteten sie sich in Deutschland und den Niederlanden bis England aus (**1348**/49). Lange Prozessionszüge, oft angeführt von ehemaligen Priestern und Mönchen, zogen von Stadt zu Stadt und halfen vielleicht sogar bei der Ausbreitung der Pest indirekt mit. Mit öffentlichen Geißelungen und Gesängen brachten die Flagellanten die Bevölkerung (auch die städtischen Unterschichten und Bettler) gegen die JUDEN auf, denen u. a. BRUNNENVERGIFTUNG vorgeworfen wurde, z. B. in Frankfurt am Main, Mainz, Köln, Brüssel. Ausschreitungen richteten sich gegen die Kirche, wenn sie Juden zu schützen suchte.

Die Flagellanten wurden nach einer päpstlichen Bulle (1349) gewaltsam unterdrückt, z. B. in der Stadt Köln (1351), der Diözese Utrecht (1353), Erzdiözese Köln (1353/57), in Nordhausen (1368) und Würzburg (1370). Ein Rückzugsgebiet der Flagellanten war Thüringen (bis 1391/92, weitere Verfolgungen 1414–1416, 1446, 1454, nach 1480), vor allem am Kyffhäuser, wo sich flagellantische Ideen mit apokalyptischen Erwartungen vermengten (KYFFHÄUSERSAGE). Nach regionaler Pestepidemie in Teilen der Niederlande lebte die Flagellantenbewegung wieder auf (1400); das KONSTANZER KONZIL verbot sie (1417). Thomas Münzer wurde im Zentrum thüringischer Flagellantentradition geboren (1488/89).

Literatur: M. Erbstösser: Sozialreligiöse Strömungen im späten Mittelalter. Geißler, Freigeister und Waldenser im 14. Jahrhundert. Ostberlin 1970; N. Cohn: Das neue irdische Paradies. Revolutionärer Millenarismus und mystischer Anarchismus im mittelalterlichen Europa. Reinbek 1988; M. Lambert: Ketzerei im Mittelalter. Neuausgabe Freiburg/Br. 1991.

Quarantäne

Ursprünglich 40-tägige Hafensperre (frz.: quarante = vierzig) zur Isolierung seuchenverdächtiger Personen auf Schiffen, heute Isolierungsmaßnahmen bei Seuchen(gefahr): Zur Abwehr der GROSSEN PEST verhängte Kasimir III. in Polen erstmals eine Quarantäne (**1348**/49); später folgte Venedig. In Marseille dauerte die Quarantäne 30 Tage (nach 1350), in Dubrovnik erstmals 40 Tage (1377).

Literatur: B. K. Rachford: Quarantäne, in: Journal of the History of Medicine 1 (1950).

Brunnenvergiftung

Frei erfundener Vorwurf der FLAGELLANTEN gegen die JUDEN, Brunnen zur Verbreitung der GROSSEN PEST vergiftet zu haben, als Vorwand zu Massakern an Juden, vor allem in Deutschland (**1348**/49): Bismarck griff den Terminus als polemische Wendung wieder auf (»moralische Brunnenvergiftung«, 1850); »politische Brunnenvergiftung«, 1882).

Hosenbandorden

(engl.: The most noble order of the garter) Von König Eduard III. gestifteter (**1348**) und bedeutendster noch heute bestehender Orden neuen Typs: Seine Devise geht auf einen galanten Zwischenfall bei einem Hoftanz zurück, als der König (seiner Mätresse) das verlorene Strumpfband mit den Worten zurückgab: »Honni soit qui mal y pense« – »Verdammt sei, wer schlecht darüber denkt«.

Literatur: D. Schneider: Der englische Hosenbandorden. Bonn 1988; St. Patterson: Royal insignia. British and Foreign Orders of Chivalry from the Royal Collection. London 1996.

Orden

Mehrschichtiger historischer Begriff:

- Geistliche Orden (Mönchsorden), z. B. BENEDIKTINER, Cluniazenser, ZISTERZIENSER, FRANZISKANER, DOMINIKANER und JESUITEN. Geistliche Orden gibt es auch im ISLAM, z. B. Derwische.
- Historisch mit den geistlichen Orden verwandt sind GEISTLICHE RITTERORDEN wie die HOSPITALITER/JOHANNITER/MALTESER, TEMPLER, der DEUTSCHE ORDEN (im Islam: ASSASSINEN). – Im DRITTEN REICH verstand sich die SS als ordensähnliche Elite.
- Ritterorden neuen Typs knüpften an die Tradition geistlicher Ritterorden (z. B. »Großmeister«) und die Artussage (»König« Artus und seine Paladine in der Artusrunde) an, z. B. HOSENBANDORDEN in England (**1348**), Annunziatenorden in Savoyen (1360), ORDEN VOM GOLDENEN VLIES in Burgund (1429), Elefantenorden in Dänemark (1462). Voraussetzung der Mitgliedschaft war die Zugehörigkeit zum ADEL. Später wurde die Aufnahme mit der Erhebung in den Adelsstand verknüpft, vor allem in England (»Knight of the Garter«, K. G.).
- Es entstanden militärische Tapferkeits- und Verdienstorden, in mehreren Klassen, deren Mitglieder den Ehrentitel »Ritter« trugen, z. B. Orden des heiligen Ludwig (Frankreich, 1693–1789), Orden Pour le Mérite (Preußen, 1740), mit Friedensklasse (1842), Georgsorden (Russland, 1769–1917), Maria-Theresia-Orden (Österreich, 1757–1918).
- Seit der FRANZÖSISCHEN REVOLUTION kamen zu den alten Orden mit feudalen Assoziationen Verdienstorden: die Ehrenlegion in Frankreich, gestiftet von Napoleon I. (1802/05), noch mit traditionellen Rangstufen (fünf Klassen – 1. Großkreuz; 2. Großoffizier/Großkomtur; 3. Komtur/Kommandant; 4. Offizier; 5. Ritter), das EISERNE KREUZ in Preußen (1813). In kommunistischen Staaten gab es viele Verdienstorden, die z. T. auf die vorrevolutionäre Geschichte zurückgriffen, z. B. Skanderbeg-Orden (Albanien), Kyrill- und Method-Orden (Bulgarien), Scharnhorst-Orden (DDR), Grundwaldkreuz (Polen), Suworow-, Kutusow-, Bogdan-Chmelnizki- und Alexander-Newski-Orden (UdSSR), Orden des Jan Žižka von Trocnov (ČSSR). Auch andere Staaten nehmen (nationale) Traditionen auf: z. B. mit dem Ritterorden vom Heiligen Grabe zu Jerusalem (Apostolischer Stuhl), Danebrogorden (Dänemark), Victoriaorden, Order of the British Empire (Großbritannien), Sankt-Olafs-Orden (Norwegen), CHRISTUSORDEN, Avisorden, Orden des Infanten Dom Enrique, Imperiumorden (Portugal), Orden Isabellas der Katholischen, Alfons-X.-Orden (Spanien) und dem WASA-Orden (Schweden).

Literatur: a) M. Heimbucher: Die Orden und Kongregationen der katholischen Kirche. 3 Bde., 1908–1987; A. Dubach: Geistliche Gemeinschaft und christliche Gemeinde. Zum Verhältnis Orden-Kirche. Freiburg 1977; G. Schaiger (Hg.): Mönchtum, Orden, Klöster. Von den Anfängen bis zur

Gegenwart. München 1993; b) wie zu Geistliche Ritterorden; c), d), e) K. G. Klietmann/O. Neubecker (Hg.): Ordenslexikon. 3 Teile. Berlin 1984; D. Herfurth: Der Informationsgehalt von Orden und Ehrenzeichen und seine Nutzung in historischen Museumsausstellungen. Berlin 1991; J. Nimmergut (Hg.): Orden Europas. Augsburg [2]1991.

Kyffhäusersage

Sagenkomplex um den Kyffhäuser am Rande des Harzes: Angeblich schläft Kaiser Friedrich I. Barbarossa (1152–1190) mit seinen Rittern im Kyffhäuser, bis die Einheit des Deutschen Reiches wiederhergestellt ist. In der Kyffhäusersage verschmolzen mehrere Figuren und Themen: Der KAISER der Kyffhäusersage ist ein Produkt apokalyptisch-chiliastischer Vorstellungen mit dem »Endkaiser« Friedrich als Vorläufer des am Ende der Tage wiederkehrenden Christus. Anknüpfungspunkt war ein vom Kreuzzug nicht zurückgekehrter thüringischer Landgraf Friedrich, später Kaiser Friedrich II. (1212/15–1250), der sich ohnehin selten in Deutschland aufhielt: Er hielt erst am Ende der GROSSEN PEST (**1349**), als sich Reste der unterdrückten FLAGELLANTEN um den Kyffhäuser zurückzogen, Einzug im Kyffhäuser, später projiziert auf Friedrich Barbarossa. In der Romantik (1817 Friedrich Rückerts Ballade »Kaiser Friedrich im Kyffhäuser«) und im Vorfeld der REICHSGRÜNDUNG (1871) wurde die Sage reichspatriotisch nationalisiert, in der DDR mit der Münzer-Verehrung säkularisiert und sozialisiert.

Literatur: H. Müller: Der Kyffhäuser. Leipzig 1922.

Ostjuden

ASCHKENASIM aus Polen und Russland mit JIDDISCH als Umgangssprache: Überlebende der Judenmassaker während der GROSSEN PEST in Deutschland (1348/49) wurden von Kasimir III. in Polen aufgenommen (ab **1349**), wo sie als »Ostjuden« isoliert eine eigene Kultur und Lebensweise ausbauten; als Reaktion auf Verfolgungen und POGROME entstand der CHASSIDISMUS (ab 1740). Nach den TEILUNGEN POLENS (1772–1795) wurden die Ostjuden im Zarenreich im RAYON zusammengefasst (ab 1791, mit NUMERUS CLAUSUS 1887). Nach Pogromen (1881) wanderten sie nach Westen aus, oft über Deutschland. Mit JUDENEMANZIPATION und Auflösung der GHETTOS kamen Ostjuden aus Galizien nach Österreich, besonders Wien, wo ANTISEMITISMUS, auch als Ablehnung schon etablierter, weitgehend assimilierter Juden, einen seiner (sozialen) Ursprünge hat. ZIONISMUS fand bei den Ostjuden eine Massenbasis, viele wanderten nach Palästina aus (1.–4. ALIJA), gewannen führende Positionen im Staat Israel. Das Ostjudentum ging im DRITTEN REICH unter (»ENDLÖSUNG«, HOLOCAUST 1941–1945). Überlebende wurden aus dem kommunistischen Polen verdrängt (zuletzt 1967). Auch aus der UdSSR wanderten Juden aus, vornehmlich nach Israel (ab ca. 1970), aus den GUS-Staaten vermehrt nach Deutschland (seit 1991).

Literatur: P. von der Osten-Sacken (Hg.): Das Ostjudentum. Berlin 1981; D. D. Moore (Hg.): East European Jews in two worlds. Evanston, Ill. 1990; H. Haumann: Geschichte der Ostjuden. München [5]1999.

Aschkenasim

(= »Juden aus Deutschland«) Eine der drei großen Gruppen der JUDEN (neben SEPHARDIM und orientalischen Juden): Ursprünge gehen auf DEPORTATIONEN der Juden nach Zerstörung des TEMPELS IN JERUSALEM (70) zum LIMES an Rhein und Donau zurück. Nach der VÖLKERWANDERUNG (375–568) führend im FERNHANDEL (ca. 1000), kamen sie mit der NORMANNISCHEN EROBERUNG (1066) nach England (Vertreibung 1290). Bei KREUZZÜGEN (1096, 1097, 1147) wurden sie teilweise Opfer von Massakern (u. a. Beschuldigung des RITUALMORDS). Nach Massakern während der GROSSEN PEST (1348/49) wichen sie nach Polen aus (**1349**). In Osteuropa prägte sich die Kultur der OSTJUDEN aus (mit JIDDISCH als Sprache, CHASSIDISMUS ab 1740). Nach Massakern in der Ukraine beim KOSAKENaufstand unter Chmelnitzki (1648–1654) und weiteren POGROMEN wanderten Teile nach Westeuropa, Nordamerika und ins OSMANISCHE REICH aus. Dort gab es häufig Konflikte mit Sephardim. Unter den Aschkenasim in Polen und Russland überwog die ORTHODOXIE, im Westen begannen mit der AUFKLÄRUNG die JUDENEMANZIPATION und ASSIMILATION. Aschkenasim übernahmen in der Industrialisierung die innerjüdische Führung. Gegen ihre Assimilierung entwickelte sich der moderne ANTISEMITISMUS, der viele Juden zur Auswanderung nach Westeuropa (aus Russland), Amerika, Australien, Südafrika und, veranlasst durch den ZIONISMUS, nach Palästina (1.–5. ALIJA 1882–1939) trieb. Unter den Juden waren die Aschkenasim am schwersten von der »Endlösung« im HOLOCAUST betroffen. Nach Gründung des Staates Israel (1948) stellten sie die politisch, ökonomisch und kulturell führende Elite.

Literatur: H. J. Zimmels: Ashkenazim and Sephardim. London 1958; V. Baviskar (Hg.): The Language and Culture Atlas of Ashkenazic Jewry. Tübingen 1955.

Jiddisch

Verkehrs-, später auch Literatursprache der ASCHKENASIM (seit ca. 1000): Grundlage war das Mittelhochdeutsche mit Dialektfärbungen der Regionen, in der mitteleuropäische JUDEN lebten, vor allem an Rhein, Main und Donau (entlang des LIMES) in alten Römer-, später Bischofs- und Kaufmannsstädten. In der Neuzeit gebrauchten nur noch OSTJUDEN das Jiddische (mit hebräischer Schrift), mit semitischen (hebräischen, aramäischen), rumänischen, litauischen bzw. slawischen (polnischen, weißrussischen, ukrainischen) Elementen (Wortschatz, Aussprache); die Sprache blieb bis in die Gegenwart erhalten (nach **1349**). Nach Abwanderung vieler Juden aus Osteuropa und ihrer Ermordung im HOLOCAUST (1941–1945) wird Jiddisch heute nur noch vereinzelt gesprochen, z. B. im Jiddischen Theater; in Israel wird Jiddisch als »GHETTOsprache« häufig abgelehnt, bei orthodoxen Juden als Umgangssprache gepflegt, z. B. im Jerusalemer Stadtteil Mea Shearim.

Literatur: M. Weinreich: Geschichte fun der jidischer sprach. 4 Bde., New York 1974; B. Simon: Jiddische Sprachgeschichte. Frankfurt/Main 1988; S. A. Birnbaum: Die jiddische Sprache. Ein kurzer Überblick und Texte aus acht Jahrhunderten. Hamburg ^{3}1997.

Tonnage und Poundage

Import- und ExportSTEUER in England (1347/50–1787), nach Fass (»tun«) oder Gewicht (»pound«): Die Steuer wurde von der KRONE getrennt erhoben (Poundage 1347, Tonnage **1350**), später zusammen. Das PARLAMENT bewilligte Tonnage und Poundage auf Zeit (1373), dem Monarchen meist für die gesamte Regierungszeit (1422–1603). König Karl I. wurde sie jedoch nur für ein Jahr zugestanden (1625), sodass er die Steuer ohne parlamentarische Zustimmung erhob (1626–1640). Das Parlament verurteilte den König dafür (1629) gestand sie ihm nur noch für zwei Monate zu, erklärte sie sonst für ungesetzlich (1641). Mit der RESTORATION (1660) durfte Karl II. Tonnage und Poundage wieder für die gesamte Regierungszeit erheben. Seit Königin Anna (1701–1714) waren sie ständige Steuern (bis 1787).

Literatur: N. S. B. Gras: The Early English Custom System. Cambridge (Mass.) 1918.

Statute of Labourers

Gesetz des englischen PARLAMENTS zur Begrenzung des Lohnanstiegs nach der GROSSEN PEST (**1351**): Der WAT-TYLER-AUFSTAND forderte u. a. die Aufhebung des zuvor erneuerten Statute of Labourers (1381).

Literatur: A. R. Bridbury: Economic Growth. England in the Later Middle Ages. Brighton 1962; J. L. Bolton: The Medieval English Economy 1150–1500. London 1980.

Stapel

Ausladen und Anbieten von Waren zum Verkauf auf dem Weg vom Ursprungs- zum Bestimmungsort: Der Stapel war Praxis im älteren FERNHANDEL – in vielen Städten herrschte Stapelzwang. Danach mussten Kaufleute ihre Waren in der Stadt anbieten, meist für drei Tage. Ein bedeutender Stapelplatz, u. a. der HANSE, war Brügge für die englische Wolle (wichtig für die flandrische Textilindustrie). Die Verlegung des Stapels aus Brügge durch die Hanse (1358–1360, 1388–1392, 1451–1457, ca. 1546) galt als handelspolitische Kampfmaßnahme (z. B. ORDINATIO STAPULARUM, **1353**). Der Stapel war im Mittelalter ein bedeutender Wirtschaftsfaktor, verlangsamte jedoch den Handel und verteuerte die dem Stapelzwang unterworfenen Waren. Während die Hanse am Stapelprinzip festhielt, ignorierten die Holländer im Seehandel die Stapelplätze der Hanse, indem sie einfach an den Hansestädten vorbeisegelten. Der Aufstieg der Holländer (seit dem 15. Jh.) vollzog sich daher auf Kosten der Hanse.

Literatur: M. Hafemann: Das Stapelrecht. Eine rechtshistorische Untersuchung. Leipzig 1910; W. Stieda: Stapelrecht, in: Handbuch der Staatswissenschaften, 3. Aufl. 1911, Bd. 7, S. 808–824.

Ordinatio stapularum

Durch die Ordinatio stapularum verlegte Eduard III. von England den STAPEL für englische Wolle von Brügge nach England (**1353**) zur Kontrolle des flandrischen Wollmarkts im HUNDERTJÄHRIGEN KRIEG

(1337/39–1453): Gleichzeitig bereitete die Ordinatio den Weg der englischen Textilindustrie vor – den Export übernahmen die MERCHANT ADVENTURERS (1363): Die Textilindustrie Flanderns geriet in die Krise.

Goldene Bulle

Reichsgesetz Karls IV., verkündet auf den REICHSTAGEN von Nürnberg und Metz: Die Goldene Bulle schuf das Verfassungsgrundgesetz des REICHS (**1356**–1806), ergänzt vom AUGSBURGER RELIGIONSFRIEDEN (1555) und WESTFÄLISCHEN FRIEDEN (1648). In 31 Kapiteln regelte sie erstmals und abschließend die deutsche Königswahl und die Stellung der KURFÜRSTEN: Der Kreis der Wähler ist auf sieben Kurfürsten beschränkt (»vox et potestas elegendi Romanorum regem«); die Wahl erfolgt mit Stimmenmehrheit. Der Erzbischof von Mainz als Erzkanzler setzt die Wahl in Frankfurt am Main an. Dann geben nacheinander Trier, Köln, Böhmen, Pfalz, Sachsen, Brandenburg und Mainz ihre Stimmen ab. Die Krönung erfolgt in Aachen, der erste Reichstag des neuen Königs in Nürnberg. Bei Thronvakanz ist der Erzbischof von Mainz als Erzkanzler provisorischer Interrex. Die Kurlande sind unteilbar; in den weltlichen Territorien herrscht die Primogenitur. Die Kurfürsten erhalten quasikönigliche Rechte in der Gerichtsbarkeit, da der Kaiser darauf verzichtet, noch nicht rechtskräftig entschiedene Rechtsangelegenheiten an sich zu ziehen, auch durften die Kurfürsten ihren Untertanen die Anrufung des Reichshofgerichts (des REICHSKAMMERGERICHTS nach 1495) untersagen. Bündnisse dürfen nur zum Zweck des Landfriedens abgeschlossen werden, Städtebünde werden damit indirekt verboten. Pfahlbürger (Einwohner vor den Mauern, nur durch Pfähle = Palisaden gesichert) haben kein Bürgerrecht (Wiederholung von Bestimmungen des STATUTUM IN FAVOREM PRINCIPUM 1231 und MAINZER REICHSLANDFRIEDENS 1235). Die Goldene Bulle enthielt auch Bestimmungen zur FEHDE. Sie galt im Prinzip bis zum UNTERGANG DES HEILIGEN RÖMISCHEN REICHS DEUTSCHER NATION (1806), später mit Modifizierungen, u. a. Zahl der Kurfürsten (1648–1803).

Literatur: K. Zeumer: Die Goldene Bulle Karls IV. Weimar 1908, Nachdruck 1972; W. D. Fritz (Hg.): Die Goldene Bulle Kaiser Karls IV. vom Jahre 1356. Weimar 1972; H. Mitteis: Die deutsche Königswahl: ihre Rechtsgrundlagen bis zur Goldenen Bulle. Darmstadt [6]1987.

Hansetag

Beschlussfassende Versammlung von Vertretern der HANSEstädte (1356–1669), meist in Lübeck: Der Hansetag von **1356** wandelte die lockere Kaufmannshanse in eine (relativ straff organisierte) Städtehanse um. In Köln wurde die KÖLNER KONFÖDERATION ins Leben gerufen (1367), der Hansetag von Lüneburg schloss LOMBARDEN vom Hansehandel aus (1412). Gegen ausländische Konkurrenz richtete sich der Beschluss, dass fremde Kaufleute in Hansestädten nur an Großhandel und Bürger verkaufen durften (1417). Die Hanse gab sich eigene Statuten (1418). In Stralsund wurde der Verkauf holländischer Tuche verboten, die Einfuhr auf Tuche beschränkt, die in Brügge gekauft waren

(1452). Holländische Schiffe wurden in Brügge unter STAPELZWANG gestellt (1455). Die Hanse versuchte eine Reorganisierung (1557). Im Niedergang aufgefordert, im Namen der Gesamthanse (1629) zu handeln, bildeten Lübeck, Hamburg und Bremen einen engeren Bund (1630). Am letzten Hansetag in Lübeck beteiligten sich nur noch sechs Städte (1669).

Joyeuse Entrée

(frz.: freudiger Einzug; niederländ.: Blijde Inkomst) Begriff aus dem Mittelalter, der im Allgemeinen Antrittsbesuche, im Speziellen PRIVILEGIEN für Brabant kennzeichnet:

a) Allgemein: Im spätmittelalterlichen und frühzeitlichen Europa der erste festliche Einzug eines Fürsten/Königs in die wichtigsten Städte seines Landes, oft mit Vergabe oder Bestätigung ständischer oder städtischer Privilegien.

b) Speziell: Urkunde des Herzogs von Brabant, die ältere Privilegien der STÄNDE (seit 1312) feierlich bestätigte (**1356**–1792): Die Stände erhielten Mitbestimmung bei wichtigen Fragen – u. a. Münzprägung, Abschluss auswärtiger Bündnisse, Kriegserklärung. Ein Versuch des Herzogs, Privilegien aufzuheben, entband die Stände von allen Pflichten ihm gegenüber – »si non, non!«. Ämter standen nur noch Einheimischen offen (INDIGENAT); das Übergewicht der Städte wurde festgeschrieben. Die Joyeuse Entrée garantierte die Unteilbarkeit Brabants, war von jedem Herzog beim ersten Einzug in Brüssel neu zu beschwören. Sie wurde Modell für ständische Privilegien in andere Provinzen der Niederlande. Beim Übergang der SPANISCHEN NIEDERLANDE an Österreich (ÖSTERREICHISCHE NIEDERLANDE) wurde sie durch den FRIEDEN VON UTRECHT bestätigt (1713). Die JOSEPHINISCHEN REFORMEN hoben die Joyeuse Entrée auf; die Verletzung ihrer AUTONOMIE (1787) beantworteten Brabant und Hennegau mit Steuerverweigerung (1788), bis zur REVOLUTION in den Österreichischen Niederlanden (1789). Die Joyeuse Entrée wurde letztmalig von Franz II. beschworen (1792).

Literatur: E. Poullet: La Joyeuse Entrée. o. O. 1863; R. van Brayt: De Blijde Inkomst van de Hertogen van Brabant. Löwen 1956.

Jacquerie

(frz., von »Jacques Bonhomme«, aus »jacque« = Kittel, Jacke: Spottname für leibeigene Bauern in Frankreich) Erster großer europäischer BAUERNAUFSTAND im Spätmittelalter: Ausgehend von der Île-de-France, breitete sich die Jacquerie über die Normandie, Ponthieu und Picardie aus, von einzelnen Städten unterstützt, in Paris durch den Aufstand des Marcel Etienne (**1358**). Die Jacquerie entwickelte sich nach den schweren Niederlagen Frankreichs (1346, 1356) zu Beginn des HUNDERTJÄHRIGEN KRIEGS (1337/39–1453) und nach der GROSSEN PEST (1348/49). Der ADEL schlug die Jacquerie nieder, doch wurde die LEIBEIGENSCHAFT weiter zurückgedrängt.

Literatur: S. Luce: Histoire de la Jacquerie. Paris ^{2}1894, Neudruck Genf 1979.

Privilegium maius

Wichtigste der für Herzog Rudolf IV. von Österreich gefälschten Urkunden (**1358**/59): Das Privilegium maius mit angeblich von Caesar gewährten, von Kaiser Heinrich IV. bestätigten Rechten für das Herzogtum Österreich sollte Rechte der HABSBURGER im PRIVILEGIUM MINUS (1156) ersetzen und den Anspruch auf eine Sonderstellung der Habsburger begründen, als Kompensation für die den KURFÜRSTEN in der GOLDENEN BULLE (1356) gewährten Rechte. Das Privilegium sah die Rangerhöhung der Herzöge zu »Pfalzherzögen« (1453: Erzherzöge) vor, Unteilbarkeit der österreichischen Lande und die Primogenitur für die Linie Herzog Rudolfs. Der Luxemburger Karl IV. erkannte das Privilegium nicht an, der Habsburger Kaiser Friedrich III. bestätigt es jedoch (1453). Der deutsche Historiker Wilhelm Wattenbach wies die Fälschung nach (1852).

Literatur: A. Lhotsky: Privilegium maius. München 1957.

Riksdag

STÄNDEvertretung in Schweden (**1359** erstmals als Vertretung aller Stände einberufen): Unter Reichsverweser Sten Sture dem Älteren (1470–1503) waren auf dem Riksdag nach dem Sieg über die Dänen (1471) auch Bauern und Bergleute vertreten. Der Riksdag tagte auch unter Gustav Wasa (1523–1560). Gustav II. Adolf (1611–1632) stärkte seine Stellung als Faktor der nationalen Einigung. Karl XI. (1680–1697) drängte ihn zurück. In der ABSOLUTEN MONARCHIE Karls XII. (1697–1718) wurde er ausgeschaltet. Nach seinem Tod wiederbelebt (1719), übernahm der Riksdag für die Stände die Herrschaft (1720–1772), mit rivalisierenden Gruppen – »Mützen« (LANDADEL/GENTRY, mit Anlehnung an Bürgertum) und »Hüte« (ARISTOKRATIE), jeweils gegen oder für Russland. Gustav III. (1771–1792) schaltete die Stände in einem unblutigen Staatsstreich aus (1772). Später hatte der Riksdag nur noch eine schwache Stellung (1778). Im Gefolge der Wirren nach der Ermordung Gustavs III. durch Adlige (1792) wandelte er sich zum modernen PARLAMENT (bis 1810).

Merchant Adventurers

(engl. = wagemutige Kaufleute) Englische Handelskompanie: Im Gefolge der ORDINATIO STAPULARUM (1353) erhielten die Merchant Adventures, zunächst ein loser Zusammenschluss von Kaufleuten, in Calais einen TuchSTAPEL (**1363**). Sie exportierten englisches Tuch (PRIVILEG von 1407, erweitert 1505), vor allem in die Niederlande (MONOPOL 1497). Die Merchant Adventures verließen ihren bisherigen MESSEplatz Antwerpen (1563) und nahmen eine neue Charta an (1564, Monopolgesellschaft bis 1689). Sie erreichten die Schließung des STALHOFS der HANSE (1598), verloren jedoch mit Beginn des Überseehandels an Bedeutung.

Literatur: E. M. Carus-Wilson: Medieval Merchant Adventures. 1954; O. Coleman: England's Export Trade, 1275–1547. Oxford 1963; Sh. Lewenhak: The Merchant Adventures. London 1968.

Statutes of Kilkenny

Gesetze des irischen PARLAMENTS in Kilkenny (**1366**), zum (vergeblichen) Versuch, die ASSIMILATION der Angloiren im gälisch geprägten Irland zu verhindern, u. a. durch Heirats- und Kleidungsverbote.

Literatur: R. Frame: Colonial Ireland 1169–1369. Dublin 1981; M. Richter: Irland im Mittelalter. Kultur und Geschichte. München 1996.

Kölner Konföderation

Auf dem einzigem HANSETAG in Köln geschlossenes Kriegsbündnis von HANSEstädten (Lübeck, Rostock, Wismar, Stralsund; Kulm, Thorn, Elbing, Kampen, Harderwijk, Elburg) sowie Amsterdam und Brill gegen Dänemark (**1367**–1385): Die Kölner Konföderation wurde von weiteren Hansestädten unterstützt, von Hamburg und Bremen nur finanziell. Der Krieg gegen Dänemark endete mit dem Frieden von Stralsund (1370) und führte die Hanse zum Höhepunkt ihrer Machtentfaltung.

Ming-Dynastie

(7.) chinesische Kaiserdynastie (1368–1644): An die Macht gelangten die Ming nach BAUERNAUFSTÄNDEN (ab 1351) gegen die mongolische YÜAN-DYNASTIE (**1368**). Sie reorganisierten Staat und Verwaltung, beschränkten die Macht der BÜROKRATIE durch ein Großsekretariat (nei-ko) mit konfuzianischen Gelehrten, die den KAISER berieten (1400). Zum Schutz gegen die Mongolen erhielt die CHINESISCHE MAUER ihre heutige Form (Ausbau in Stein). Mit Übersee-Expeditionen unter dem Eunuchen Admiral Cheng Ho bis zur Ostküste Afrikas (1405–1433) wollten die Ming die maritime Südroute des INTERKONTINENTALEN FERNHANDELS unter ihre Kontrolle bringen, als Reaktion auf die Eroberungen Timur Länks (1370–1405) entlang der kontinentalen SEIDENSTRASSE. Portugiesen erreichten China, später kamen Spanier aus Mexiko über die Philippinen (1575), gefolgt von JESUITEN (1598), Holländern (1604) und Engländern (1637). Bauernaufstände (seit 1606) erzwangen den Sturz der Ming, abgelöst von den MANDSCHU (1644). Kulturhistorisch wurde die Ming-Ära durch ihr Porzellan und die kaiserlichen Gräber (Minggräber) außerhalb Pekings berühmt.

Literatur: P. Greiner: Thronbesteigung und Thronfolge im China der Ming, 1368–1644. Wiesbaden 1977; G. Foccardi: The Chinese Travelers of the Ming Period. Wiesbaden 1986.

Bastille

(zu altfrz.: bastir = herrichten, fertig stellen, [er]bauen) Ursprünglich schlossartige Befestigungsanlage, später die im HUNDERTJÄHRIGEN KRIEG (1337/39–1453) erbaute (**1370**–1382) königliche Zwingburg im Osten von Paris, an der Porte Saint-Antoine: Die Bastille, im ANCIEN RÉGIME (bis 1789) seit Kardinal Richelieu (1624–1642) Staatsgefängnis, wurde zuletzt kaum noch benutzt, sodass ein Abbruch erwogen wurde (1784). Der STURM AUF DIE BASTILLE (14. Juli 1789) leitete die

Französische Revolution ein; die Bastille wurde abgerissen. Die Place de la Bastille ist noch heute häufiger Versammlungsort der französischen Linken.

Literatur: F. Funck-Brentano: Die Bastille in der Legende nach historischen Dokumenten. Breslau 1899; H. J. Lüsebrink/R. Reichardt: Die Bastille. Frankfurt/Main 1990.

Stuart

(auch: Steward, Stewart) Königsdynastie Schottlands (1371–1714) und Englands (1603–1714): Die Anfänge der Stuarts liegen im Dunkeln; vielleicht waren sie normannischen Ursprungs (11. Jh.). Sie traten in den Dienst der schottischen Krone (ca. 1136), erhielten Amt des Stewards (Seneschall, 1157). Als erster Stuart wurde Robert II. König (**1371**–1390). Wegen häufiger Abwesenheit (z. B. in englischer Gefangenschaft) oder Minderjährigkeit mit langen Regentschaften, waren die Stuart-Könige weitgehend vom Hochadel abhängig. In der Reformation (1560) blieben sie katholisch, im Konflikt mit den schottischen Calvinisten (Kirk). Nach der Abdankung Maria Stuarts (1567) wurde Jakob VI. König von Schottland (1567–1625), nach dem Erlöschen der Tudors (1603) in Personalunion auch König von England (1603–1625). Karl I. (1625–1649) geriet in Konflikt mit dem Parlament (Englische Revolution, 1640–1660) und wurde hingerichtet (1649). Mit Karl II. (1660–1685) kehrten die Stuarts auf den Thron zurück (Restoration 1660, Konstitutionelle Monarchie). Jakob II. (1685–1688) betrieb die Rekatholisierung und versuchte, eine Absolute Monarchie zu errichten, scheiterte jedoch in der Glorious Revolution (1688/89). Der Act of Settlement (1701) schloss die katholischen Stuarts von der Thronfolge aus. Erbberechtigt wurde nach dem Tod der (protestantischen) Königin Anna (1702–1714) das Haus Hannover. Versuche Jakob Eduards (»Old Pretender«, 1715) und seines Sohnes Karl Eduard (»Young Pretender«, 1745/46), die Stuarts wieder auf den englischen Thron zu bringen, scheiterten. Die Stuarts erloschen im Mannesstamm (1807).

Literatur: A. Ch. Addington: The Royal House of Stuart. The Descendants of King James VI of Scotland, James I of England. London 1969; B. Coward: The Stuart Age. England 1603–1714. London [2]1994.

Privileg von Kaschau

Urkunde, die die Adelsherrschaft in Polen (**1374**–1795) begründete: Im Machtvakuum nach dem Erlöschen der Piasten mit dem Tode Kasimirs des Großen (1370) ließ sich der polnische Adel vom neuen, sich meist außer Landes aufhaltenden König Ludwig I. (dem Großen) von Polen und Ungarn wichtige Privilegien garantieren – Königswahlrecht, Steuerfreiheit, Beschränkung der Pflicht zur Heeresfolge außerhalb Polens, Indigenat (die Schlachta als geschlossener Stand). Die Adelsherrschaft wurde durch »Nihil Novi« (1505), Articuli Henriciani (1573) und Liberum Veto (1654) ausgebaut.

Literatur: O. Kossmann: Polen im Mittelalter. 2 Bde., Marburg 1971–1985.

Indigenat

(lat.: indigena = eingeboren, einheimisch) Ursprünglich Zugehörigkeit zu einem höheren Stand, später zum Rechtsverband eines Territoriums, Vorläufer der modernen Staatsangehörigkeit: Im spätmittelalterlichen und frühneuzeitlichen Ständestaat das von STÄNDEN erkämpfte PRIVILEG, nur Einheimische mit öffentlichen Ämtern zu betrauen. Besonders wichtig wurde das Indigenat für den Fall, dass ein landfremder Fürsten oder König herrschte. Historische Beispiele für das Privileg des Indigenats waren die JOYEUSE ENTRÉE für Brabant (1356), das PRIVILEG VON KASCHAU für Polen (**1374**).

Schlachta

(poln.: Szlachta = Stand, aus dt.: Geschlecht) Ursprünglich der gesamte, später nur der niedere ADEL in Polen: Das PRIVILEG VON KASCHAU (**1374**) machte aus der Schlachta einen geschlossenen Stand, sodass sie allmählich zum Inbegriff der »polnischen Nation« schlechthin wurde: Formal gleichberechtigt mit den Magnaten, war sie faktisch jedoch von ihnen abhängig. Die Schlachta beherrschte den SEJM; ihre Macht wurde durch das Privileg von Nieszawa (1454) und die Konstitution von Radom (»Nihil Novi«, 1505) erweitert. Sie umfasste im 18. Jahrhundert knapp ein Viertel der Bevölkerung Polens, mit großen Unterschieden in der ökonomischen Stellung. Sie war Hauptträger der Aufstände gegen Russland (1794/95, 1830/31, 1863), Rückgrat des polnischen Offizierskorps, der Intelligenz und Beamtenschaft.

Katalaunische Karte

Karte Afrikas, besonders Nordwest- und Westafrikas, hergestellt vom jüdischen Kartographen Abraham Cresques auf Mallorca (**1375**): Die Katalaunische Karte verzeichnet die Handelswege durch die Sahara in den Sudan. Sie bildet einen (verschleierten) TUAREG auf einem Kamel und den König von Mali (»Melli«) in Timbuktu ab. Mali wurde so als GOLDland im Westen bekannt. Die Karte weckte europäisches Interesse am Goldhandel durch die Sahara (konkretisiert durch Aussagen von Kriegsgefangenen nach der Eroberung Ceutas durch die Portugiesen, 1415). Sie kam später in den Besitz von Kaiser Karl V. (1519–1555/56).

Good Parliament

Volkstümlicher Name für das erste englische PARLAMENT, in Opposition zur königlichen Regierung (**1376**): Das Good Parliament klagte Kronbeamte, die sich im HUNDERTJÄHRIGEN KRIEG bereichert haben sollten, wegen Korruption an (IMPEACHMENT). Teilweise tagten die COMMONS getrennt. Das BAD PARLIAMENT hob die Gesetze des Good Parliament wieder auf (1377).

Literatur: G. Vavies/J. H. Denton (Hg.): The English Parliament in the Middle Ages. Manchester 1981.

Impeachment

a) Ministeranklage des englischen Parlaments, erhoben vom Unterhaus (House of Commons) als Ankläger vor dem Oberhaus (House of Lords) als Gericht: Kronbeamte wurden von den Commons des Good Parliament wegen Korruption angeklagt (**1376**). Nach langer Pause (seit 1459) wurde das Impeachment vor und in der Englischen Revolution (1621–1667) zum Mittel des politischen Kampfes, u. a. gegen Francis Bacon (1621), Buckingham (1626), Strafford (Thomas Wentworth, 1640), Erzbischof Laud (1641), Clarendon (Edward Hyde, 1667), Warren Hastings (1788–1795) und Lord Melville (1806).

b) Das Impeachment wurde als Element in die Verfassung der USA übernommen (1787): Vom Repräsentantenhaus ausgehend, können Präsidenten, Vizepräsidenten und Bundesbeamte vor den Senat gebracht werden, der als Gericht tagt. Für die Entscheidung, das Impeachment durchzuführen, ist eine Zweidrittelmehrheit erforderlich. Die Anklage gegen Präsident Andrew Johnson scheiterte im Senat mit einer Stimme (1868), das Verfahren gegen Nixon wegen der Watergate-Affäre (1972) wurde nach dessen Rücktritt eingestellt (1974). Wegen Meineids und Behinderung der Justiz in der Lewinsky-Affäre leitete das Repräsentantenhaus gegen Clinton ein Amtsenthebungsverfahren ein (1998), das im Senat die Mehrheit zur Eröffnung verfehlte (1999).

Freimaurer

(engl.: freemason) Mitglieder weltweit aktiver Männerbünde (Brüderschaften) mit humanistischer Zielsetzung (Gleichheit, religiöse Toleranz, Brüderlichkeit), hervorgegangen aus mittelalterlichen Steinmetzgilden in England: Urkundlich erstmals erwähnt wurde »freemason« als Berufsbezeichnung für Steinmetzen in London (**1376**). Freimaurer sind in Logen (auch: Bauhütten, von engl. »lodge« = Holzgebäude, Arbeitsbereich der Steinmetzen) und nationalen Dachverbänden (Großlogen) organisiert, mit öffentlich unzugänglichen Ritualvorschriften (»Arkandisziplin«) – als geschlossene, nicht geheime Gesellschaft. Der Vereinigung von vier Londoner Logen zur ersten Großloge (1717) folgten die schriftliche Fixierung der »Alten Pflichten« (»The Constitutions of the Freemasons«, 1723) und Ausbreitung auf dem Kontinent – in Frankreich (1725), Italien (1733), Deutschland, mit erster Loge in Hamburg (1737), erst recht nach Eintritt des späteren Preußenkönigs Friedrich II. (1738). Logen wurden ständeübergreifende Diskussionszirkel der Intelligenz aus Adel und Bürgertum. Eine päpstliche Bulle untersagte Katholiken die Mitgliedschaft (1738), bis 1918 zwölf Mal erneuert. Frankreich lieferte eine neue Ursprungstheorie (ca. 1740) – Freimaurer seien eine Fortsetzung des Templerordens (»Templer-Legende«). Die Neugründung des Templerordens als Freimaurer der »Strikten Observanz« (1742) verdrängte das traditionelle Drei-Grad-System (Lehrling, Geselle, Meister) durch inflationäre Rittergrade (ab 1764) und dominierte auf dem Kontinent. Folgen waren Hierarchisierung auf Kosten der Gleichheit, vergebliche Suche nach geheimen Templer-Großmeistern

(»Unbekannten Oberen«), Einbruch mystisch-theosophischer Gruppen angeblich templerischer Vergangenheit (u. a. Gold- und Rosenkreuzer).

Mit dem Verbot des JESUITENORDENS (1773) entstand gegen die Jesuiten die erste moderne Verschwörungstheorie: Der Jesuitenorden existiere im Untergrund fort, infiltriere unter dem Deckmantel der »Unbekannten Oberen« die Freimaurerei, um sie als Instrument der Aufklärung unschädlich zu machen. Der ILLUMINATENORDEN (1776), gegründet als anti-jesuitischer Geheimbund, betrieb die illuminatische »Gegeninfiltration« von Freimaurerlogen (ab 1780). Der internationale Reformkonvent der »Strikten Observanz« in Wilhelmsbad beschloß, nach Aufgabe der »Templer-Legende«, die Selbstauflösung (1782). Danach erlebten die Illuminaten eine sprunghafte Ausbreitung als maurerische Alternative. Ihr Verbot in Bayern und weiteren deutschen Staaten (1784/85) leitete über zur anti-illuminatischen Verschwörungstheorie und Polarisierung zwischen pro- und anti-aufklärerischen Kräften, mit Imageschaden für die Freimaurerei als (angebliche) Rekrutierungsbasis des Illuminatenordens.

Seit der Radikalisierung der FRANZÖSISCHEN REVOLUTION (1792/93) denunzierten konservative Publizisten, wegen Beteiligung prominenter Freimaurer, die Freimaurerei als illuminatische Verschwörung gegen Kirche und Staat. Ein ehemaliger Jesuitenpater publizierte sein Enthüllungswerk über die Französische Revolution (1797/98) mit einer anti-illuminatischen Verschwörungstheorie unter Einbeziehung der gesamten Freimaurerei. Widerstand in England und Deutschland beharrte auf Differenzierung zwischen Illuminaten und Freimaurern. Unter Napoleon I. gedieh die Freimaurerei, u. a. mit der jüdisch-christlichen Loge in Frankfurt am Main (1807), als Ausgangspunkt zu antijüdischen Infiltrationsvorwürfen. Die Stabilisierung der deutschen Freimaurerei auf christlich-konservativer Basis und die Mitgliedschaft der HOHENZOLLERN (seit 1840) galten als Belege ihrer politischen Integrität. Wichtig wurde der jüdische Freimaurerorden »B'nai Brith« in New York (1843).

Im ERSTEN WELTKRIEG begannen deutsche Vorwürfe gegen westliche Freimaurer als Kriegstreiber, u. a. durch Ermordung des österreichischen Thronfolgers 1914 (»Freimaurermord von Sarajevo«). Dem Gesetz gegen Freimaurer im faschistischen Italien (1925) entsprach in der WEIMARER REPUBLIK völkische Agitation auch gegen deutsche Freimaurerei als »unbewusstes« Werkzeug jüdischer Weltherrschaftspläne. Die Ludendorffs behaupteten ab 1926 die Identität von »Unbekannten Oberen« mit fiktiven »Geheimen Oberen« des JUDENTUMS (»Das Geheimnis der Freimaurerei ist überall der Jude«). Dem Verbot der Freimaurer in NS-Deutschland (1933/35) folgte das im VICHY-REGIME (1940), entsprechend auch in den meisten autoritären Staaten. Heute hat die Freimaurerei ihre Schwerpunkte in den USA, Südamerika und Europa. Weitere prominente Freimaurer waren u. a. (mit Eintrittsdatum) Benjamin Franklin (1731), George Washington (1752), Johann Gottfried von Herder (1766), Gotthold Ephraim Lessing (1771), Johann Wolfgang von Goethe (1780), Gebhard Lebbrecht Blücher (1782), Wolfgang Amadeus Mozart (1784), August Neidhardt von Gneisenau (1788), Johann Gottlieb Fichte (1794), Ludwig Börne (1809), Robert Blum (1836),

Wilhelm I. (1840), Giuseppe Garibaldi (1844), Friedrich III. (1853), Léon Gambetta (1869), Henry Ford (1894), Winston Churchill (1901), Carl von Ossietzky (1919), Gustav Stresemann (1923), Edvard Beneš (1924). [F. H.]

Literatur: J. Rogalla v. Bieberstein: Die These von der Verschwörung 1776–1945. Philosophen, Freimaurer, Juden, Liberale und Sozialisten als Verschwörer gegen die Sozialordnung. Frankfurt/Main 1976; P. C. Ludz (Hg.): Geheime Gesellschaften. Heidelberg 1979; H. Neuberger: Freimaurerei und Nationalsozialismus. 2 Bde., Hamburg 1980; H. Reinalter (Hg.): Freimaurer und Geheimbünde im 18. Jahrhundert in Mitteleuropa. Frankfurt/Main 1983; D. A. Binder: Die Freimaurer. Ursprung, Rituale und Ziele einer diskreten Gesellschaft. Freiburg, Basel, Wien 1998.

Bad Parliament

Volkstümlicher Name für das PARLAMENT nach dem GOOD PARLIAMENT (**1377**): Das Bad Parliament hob die Gesetze des Good Parliament wieder auf, führte die KOPFSTEUER ein und wählte einen SPEAKER.

Literatur: G. Davies, J. H. Denton (Hg.) The English Parliament in the Middle Ages. Manchester. 1981.

Speaker

(engl.: Sprecher) Vorsitzender des englischen House of COMMONS, anfangs als Vertreter der Krone im Unterhaus, später des Unterhauses gegenüber der Krone und des US-Repräsentantenhauses (seit 1787/89): Erster Speaker war Sir Thomas Hungerford im BAD PARLIAMENT (**1377**). Abgeordnete hinderten den Speaker gewaltsam an der Verkündung des Auflösungsbeschlusses durch Karl I. (1629). Die königliche Zustimmung zur Wahl des Speakers durch die Abgeordneten galt später nur noch formal (1729). Der Speaker ist zur strikten Unparteilichkeit verpflichtet, darf sich nicht an parlamentarischen Abstimmungen beteiligen und wird bei Wahlen automatisch wiedergewählt.

Literatur: M. MacDonagh: The Speaker of the House. London 1914; G. B. Galloway: History of the House of Representatives. New York 1961; J. S. Roskell: The Commons and Their Speakers in English Parliaments, 1376–1523. Manchester 1965.

Kopfsteuer (engl.: poll tax; mittelengl.: polle = Kopf)

Sondersteuer auf jeden steuerpflichtigen Bewohner eines Territoriums ohne Rücksicht auf Einkommens- oder Besitzunterschiede: Das englische BAD PARLIAMENT erhob die Kopfsteuer nach Niederlagen im HUNDERTJÄHRIGEN KRIEG (1337/39–1453) zur Finanzierung weiterer Feldzüge gegen Frankreich (**1377**): Jede Person ab 16 Jahre, außer Armen (meist Frauen), musste Fourpence zahlen. Die Steuer, mehrfach wiederholt (1379, 1380) löste den WAT-TYLER-AUFSTAND aus (1381). Auch Karl I. (1641) und Karl II. (1660–1685) bedienten sich mehrfach der Poll tax. In Frankreich wurde die Kopfsteuer als TAILLE erhoben (1439–1789), in Russland von Peter dem Großen als »Seelensteuer« (1716/17), in den europäischen Kolonien in Afrika als Kopfsteuer, u. a. um die Kolonialverwaltung zu finanzieren. In den Südstaaten der USA diente die Poll tax durch Kopplung an das WAHLRECHT zur Ausgrenzung der AFRO-AME-

RIKANER (ab 1920 in den meisten Staaten abgeschafft). In Deutschland galt in der WELTWIRTSCHAFTSKRISE durch Notverordnung eine »Bürgersteuer« (1930), umgewandelt in die »rohe Einkommensteuer« (1934/35–1942). Der Versuch der konservativen britischen Regierung Thatcher, die Poll tax einzuführen, provozierte gewalttätige Proteste (1990), über die Thatcher stürzte (1991). Die Poll tax wurde von ihrem Nachfolger John Major um ein Drittel gekürzt (1991), dann ganz abgeschafft.

Literatur: F. Scornik Gerstein: The Future of Taxation. The Failure of the Poll Tax in the United Kingdom. Neuausgabe London 1999.

Großes Schisma (Abendländisches Schisma)

Schwerste Krise der Römisch-katholischen Kirche (1378–1417) bis zur REFORMATION: Nach Ende der BABYLONISCHEN GEFANGENSCHAFT DER KIRCHE in Avignon (1309–1377) wurden mit Urban VI. und Clemens VII. zwei Päpste gewählt (**1378**) – Clemens residierte wieder in Avignon. Zur Beseitigung der Kirchenspaltung mit rivalisierenden OBÖDIENZEN wurde eine allgemeines KONZIL gefordert, da seit dem Konzil von Pisa (1409) drei Päpste gleichzeitig amtierten. Das KONZIL VON KONSTANZ (1414–1418) wollte das SCHISMA durch Absetzung von Johannes (XXIII., 1415) und Benedikt XIII. (1417) beenden, der sich jedoch nicht fügte. Erst nach dem Verzicht Gregors XII. (1417) und mit der Neuwahl Martins V. (1417–1431) endete das Schisma, ohne die Krise der Kirche zu überwinden.

Literatur: W. Ullmann: The Origins of the Great Schism. London 1948, Neudruck Hamden (Conn.) 1972; W. Brandmüller: Papst und Konzil im Großen Schisma (1378–1431). Paderborn 1990; F. Baethgen: Schisma und Konzilszeit, Reichsreform und Habsburgs Aufstieg. München [8]1999.

Obödienzen

(lat.: oboedire = gehorchen) Anhängerschaften der rivalisierenden Päpste in Rom und Avignon beim GROSSEN SCHISMA (**1378**–1417): England, Portugal, Skandinavien, der größte Teil des REICHS DER DEUTSCHEN und Italien waren für Rom, Frankreich, Aragón, Kastilien, Schottland und Neapel (ab 1386) für Avignon, parallel zur Parteinahmen im HUNDERTJÄHRIGEN KRIEG (1337–1453).

Ciompi

Populäre Bezeichnung für die Wollarbeiter in Florenz, seit der SIGNORIE des Walter de Brienne (1342/43): Ciompi leitet sich vom Französischen »compère« = Gevatter ab (CIOMPI-AUFSTAND, **1378**).

Ciompi-Aufstand

Aufstand der Wollarbeiter in Florenz mit sozialrevolutionären Zügen (**1378**), unter einer ersten Revolutionsregierung – »otti santi« (acht Heilige): Den Aufstand schlugen, nach Anfangserfolgen der Aufständischen, die florentinischen Oberschichten nieder. Die innere Krise in

Florenz hatte sich seit der SIGNORIE des Walter de Brienne (1342/43) und der GROSSEN PEST (1348) zugespitzt.

Literatur: A. Stella: La révolte des Ciompi. Les hommes, les lieux, le travail. Paris 1993; E. Piper: Der Aufstand der Ciompi. Neuausgabe Zürich 2000.

Tatarentribut

Regelmäßiger TRIBUT, den die GOLDENE HORDE von den russischen Teilfürstentümern bzw. Großfürstentümern erhob: Der Tatarentribut wurde zunächst durch eigene Beauftragte (»baskak«) eingezogen, aber nach Anfeindungen den russischen Fürsten (nach 1300), zuletzt für alle russischen Fürstentümer an GROSSFÜRST Iwan I. von Moskau übertragen (1328). Erstmals verweigerte den Tatarentribut Dmitri Donskoi (**1380**–1382), endgültig ZAR Iwan III. (1480).

Wat-Tyler-Aufstand

Bedeutendster BAUERNAUFSTAND in England unter Wat Tyler und John Ball (**1381**): Der Wat-Tyler-Aufstand begann als Widerstand gegen die KOPFSTEUER (1377, 1379, 1380), mit Schwerpunkt im Südosten (Kent, Essex) und in Mittelengland (Lincolnshire, Leicestershire). Mit Hilfe städtischer Unterschichten eroberten die Aufständischen Canterbury und London, ermordeten den königlichen Kanzler und Treasurer. Von König Richard II. forderten sie die Aufhebung der meisten jüngsten Gesetze – u.a. STATUTE OF LABOURERS (1351, 1381), Abschaffung der LEIBEIGENSCHAFT, Einziehung der Kirchengüter, staatliche Bezahlung der Priester, nur noch einen Bischof für ganz England. Der König ging zum Schein auf die Forderungen ein, ließ Wat Tyler bei einem Treffen durch das königliche Gefolge erschlagen und die Erhebung niederwerfen. Auf Erhebung der Kopfsteuer verzichtete er jedoch, die Leibeigenschaft wurde abgeschafft. Das populäre, auf John Ball zurückgehende Couplet »When Adam delved and Eve span, where was then the gentleman?« tauchte auch im deutschen BAUERNKRIEG (1524/25) auf: »Als Adam grub und Eva spann, wo war da der Edelmann?«.

Literatur: R.H. Hilton/H. Fagan: Der englische Bauernaufstand von 1381. Ostberlin 1953; H. Gerlach: Der englische Bauernaufstand von 1381 und der deutsche Bauernkrieg. Ein Vergleich. Meisenheim/Glan 1969; R. Webber: The Peasant's Revolt. Lavenham 1980; R.B. Dobson (Hg.): The Peasant's Revolt of 1381. London [2]1983.

Lollarden

(mittelholländ.: lollaerd) Name für flämische und andere Gruppen am Rande der Häresie, übertragen auf Anhänger des John Wyclif: Lollarden forderten als Wanderprediger das Abendmahl auch durch Laien (Laienkelch), waren gegen die Kirchenhierarchie und predigten aus der englischen Bibelübersetzung Wyclifs (Lollarden-Bibel). Auftrieb erhielten sie vom WAT-TYLER-AUFSTAND (**1381**). Sie legten ihr Bekenntnis »Twelve Conclusions« dem PARLAMENT vor (1395), wurden jedoch als KETZER verfolgt (Statute »De haeretico comburendo«, 1401). Ihr Aufstand unter

Sir John Oldcastle in London (1414) wurde niedergeschlagen. Trotz Verfolgungen (1424–1431, 1510, 1527, 1532) hielten sich die Lollarden im Untergrund und verbanden sich später mit der REFORMATION.

Literatur: M. E. Aston: Lollardy and Sedition, 1381–1431, in: Past and Present 17 (1960); J. A. F. Thomson: The Latter Lollards, 1414–1526. Oxford 1965; K. B. McFarlane: John Wyclif and the Beginnings of English Nonconformity. Harmondsworth ²1972; A. Hudson: Lollards and Their Books. London 1985.

Public School

(engl.: = Öffentliche Schule) Elitäre englische Privatschule mit Internat (im 19. Jh. Schule des englischen »gentleman«): Die berühmtesten Public Schools sind Winchester College (**1382**), Eton College (1441), Rugby School (1567), Harrow (1571/1611). Sie wurden nach dem ZWEITEN WELTKRIEG von Labour-Regierungen zurückgedrängt.

Literatur: I. Weinberg: The English public schools: New York 1967; J. MacConnel: English Public Schools. London 1985.

Burgunder-Dynastie

1. portugiesische Königsdynastie (1095–1383), begründet von Heinrich von Burgund (1095–1106), Graf von Portucalia und Coimbra: Die Burgunder setzten als Könige von Portugal die Unabhängigkeit gegenüber Kastilien durch (1139/43). Nach ihrem Ende (**1383**) versank Portugal im Bürgerkrieg, gefolgt von der AVIS-DYNASTIE (1385–1578/80).

Avis-Dynastie

2. portugiesische Königsdynastie (1385–1578/80), benannt nach dem Avisorden, einem GEISTLICHEN RITTERORDEN Portugals: Nach Erlöschen der BURGUNDER-DYNASTIE (1383) setzte Johann, unehelicher Sohn Peters I. (1355–1367) und Großmeister des Avisordens, seinen Anspruch auf den portugiesischen Thron mit englischer Hilfe gegen Kastilien durch (**1385**). Der WINDSOR-VERTRAG besiegelte das Bündnis mit England (1386) und den Frieden mit Kastilien. Die Eroberung Ceutas (1415) leitete Portugals Expansion in Übersee ein, die unter Alfons V. (1438–1481), Johann II. (1481–1495) fortgesetzt und unter Manuel I. (dem Großen, 1495–1521) ihren Höhepunkt erreichte: Vasco da Gama erreichte Indien (1498). König Sebastian (1557–1578) fiel im gescheiterten Kreuzzug gegen Marokko; sein Onkel, Kardinal Heinrich, wurde Regent (bis 1580), bis die Spanier unter Herzog Alba die PERSONALUNION mit Portugal erzwangen (1580–1640).

Windsor-Vertrag

Bündnis zwischen England und Portugal (**1386**): Der Windsor-Vertrag ist, abgesehen von gelegentlichen Unterbrechungen, der älteste noch heute gültige Bündnisvertrag.

Polnisch-Litauische Union

PERSONALUNION Polen-Litauen (**1386**–1569): Auf das Erlöschen der PIASTEN (1370) und der Personalunion mit Ungarn unter Ludwig I. (1382) folgten Bürgerkriege in Polen (bis 1384) und Ungarn (bis 1387). Die Tochter Ludwig I., Jadwiga (auch: Hedwig, Thronbesteigung 1384), heiratete den GROSSFÜRSTEN von Litauen Jagiełło (1386), der als Władislaw II. in Personalunion König von Polen wurde (1386–1434) und die Dynastie der JAGIEŁŁONEN begründete (bis 1572). Litauen, mit AUTONOMIE, wurde christianisiert (1387). Mit der Polnisch-Litauischen Union, einem zentralen Vorgang im spätmittelalterlichen Europa, entstand der größte europäische Flächenstaat, primär als Bündnis gegen den DEUTSCHEN ORDEN. Die REALUNION zwischen beiden Teilen wurde durch die LUBLINER UNION hergestellt (1569). Die UNION VON BREST zwang in der GEGENREFORMATION die ukrainische und weißrussische orthodoxe Kirche zur Kirchenunion mit der Katholischen Kirche Polens als UNIERTE KIRCHE und verstärkte so die Polonisierung der litauischen Oberschicht, damit auch die Degradierung der Litauer zu einem von Polen verachteten Bauernvolk.

Literatur: O. Kossmann: Polen im Mittelalter. 2 Bde., Marburg 1971–1985.

Jagiełłonen

2. polnische Herrscherdynastie (**1386**–1572): Die Herrscherdynastie begründete Jagiełło, GROSSFÜRST von Litauen (seit 1377), der nach seiner Heirat mit der polnischen Königstochter Jadwiga (Hedwig) als in Władisław II. (1386–1434) in PERSONALUNION auch König von Polen wurde. Die Jagiełłonen christianisierten Litauen (1387), schlugen den DEUTSCHEN ORDEN bei Tannenberg (Grunwald, 1410) erzwangen den 1. THORNER FRIEDEN (1411). Sigismund II. August (1548–1572) wandelte mit der LUBLINER UNION die Personal- zur staatsrechtlichen Verbindung der REALUNION um (1569). Mit dem Tod Sigismunds erlosch die Dynastie der Jagiełłonen (1572), Polen wurde WAHLMONARCHIE (1573–1795). Unter den Jagiełłonen expandierte Polen-Litauen nach Osten. Die sog. Jagiełłonenlinie Pilsudskis bezeichnete in der Zwischenkriegszeit expansionistische gegen Russland bzw. die Sowjetunion gerichtete Bestrebungen Polens.

Literatur: O. Kossmann: Polen im Mittelalter. 2 Bde., Marburg 1971–1985.

Reichslandfriede zu Eger

Vom REICHSTAG zu Eger (**1389**) beschlossener, auf sechs Jahre befristeter Landfriede für Bayern, Schwaben, Rheinland, Thüringen, Meißen und Franken: Der Reichslandfriede zu Eger verbot überregionale Städtebünde, ohne die REICHSUNMITTELBARKEIT der Städte anzutasten, bestätigte aber frühere Entscheidungen gegen Pfahlbürger (zuletzt die GOLDENE BULLE von 1356).

Literatur: H. Angermeier: Königtum und Landfrieden im deutschen Spätmittelalter. München 1966.

Städtebund

Zusammenschluss von Städten im spätmittelalterlichen REICH, u. a. HANSE (1159), RHEINISCHER BUND (1254). Der SCHWÄBISCHE (1376–1389) und der Rheinische Städtebund (1381–1389) wurden miteinander verbunden (1381–1389). Der REICHSLANDFRIEDE ZU EGER verbot Städtebünde (**1389**).

Conversos (Marranos)

(span.: »Bekehrte« bzw. »Schweine«) Bezeichnung für durch ZWANGSTAUFE zum CHRISTENTUM übergetretene JUDEN in Spanien (**1391**): Die INQUISITION ging mit scharfen Maßnahmen gegen Conversos vor (1478) und provozierte damit die Flucht vieler Juden (nach 1391, 1492).

Li

(auch: Ri, Yi) Letzte koreanische KönigsDYNASTIE (1392–1910): Nach dem Sturz der Korjo-Dynastie (1388) wurde Korea von den Li beherrscht (formell ausgerufen **1392**). Die Li-Dynastie, unter SUZERÄNITÄT Chinas, verlegte die Hauptstadt von Kaesong nach Seoul (1394), führte Reformen durch, u. a. in Landwirtschaft, Verwaltung und Kultur (Einführung einer eigenständigen koreanischen Schrift, 1443). Sie behaupteten sich gegen eine japanische Invasion (1592/97) – deportierte Koreaner brachten die Porzellanherstellung nach Japan – konnten sich jedoch nur kurz gegen die MANDSCHU halten (1627), wurden erobert (1636/37), zum VASALLENstaat gemacht (bis 1897) und gegen den Westen abschlossen (Entvölkerung der Küstengebiete, ca. 1650). Aufstände erschütterten das Land (1751–1753, 1811–1813). Europäische Missionare fielen CHRISTENVERFOLGUNGEN zum Opfer (1815–1834). Die erzwungene Öffnung der Häfen für japanische (1876) und US-Schiffe (1882) brachte zunehmende Abhängigkeit von Japan (ab 1883). Eine Hungersnot provozierte einen Aufstand (1893), den chinesische und japanische Truppen niederschlugen (1894). Das nach dem 1. CHINESISCH-JAPANISCHEN KRIEG (1894/95) und dem RUSSISCH-JAPANISCHEN KRIEG (1904/05) erstarkte Japan stürzte die Li-Dynastie endgültig (1910) und annektierte Korea (bis 1945). Syngman Rhee, erster Ministerpräsident Südkoreas (1948–1960) entstammte der Li (Ri)-Dynastie.

Literatur: H. Woo-Keun: The History of Korea. Seoul [10]1978; M. Haydt (Hg.): Ostasien-Ploetz. Geschichte Chinas, Japans und Koreas zum Nachschlagen. Freiburg/Br. 1986.

Kalmarer Union

PERSONALUNION zwischen Dänemark, Schweden (samt Finnland) und Norwegen (samt Island, Grönland) als (instabile) Zusammenfassung der »drei Kronen« Skandinaviens (1397–1523): Margarete von Dänemark heiratete Haakon VI. von Norwegen (1363) und eroberte Schweden (1389). Die Vereinigung der Königreiche wurde von den STÄNDEN in Kalmar bestätigt (**1397**). Aufstände in Schweden setzten die Union zeitweise außer Kraft (1434–1436, 1448–1471). Reichsverweser aus dem Haus Sture (1471–1520) regierten Schweden de facto unabhängig von Dänemark, bis es gewaltsam versuchte, die Kalmarer Union wiederherzustellen: Christian II. ließ im »Stockholmer Blutbad« (1520) die Sture-Anhänger hinrichten und sich in Stockholm zum König von Schweden krönen, provozierte damit jedoch den Aufstand gegen Dänemark (1521), der Schweden unter den Wasa (1523) wieder in die Unabhängigkeit führte. Mit den drei Kronen im Staatswappen (1546) unterstrich Dänemark seinen Anspruch auf Schweden (Dreikronenkrieg 1563–1570 um die Hegemonie in der Ostsee).

Armagnacs

(Armagnaken, in Deutschland auch spöttisch: Arme Gecken) Französische Söldnertruppe, benannt nach Bernhard VII. von Armagnac, der die Adelspartei der Orléans gegen Burgund stützte (ab **1397**): Im Hundertjährigen Krieg (1337/39–1453) wechselten die Armangnacs mehrfach die Seiten, vertrieben die Burgunder aus Paris (1413). Nach dem Frieden von Arras (1435) lenkte Karl VII. die Armagnac-Söldner nach Osten, wo sie Lothringen, das Elsass und die Schweiz plünderten (1439–1445). Von den Schweizern geschlagen (1444), zogen sie sich nach Schwaben und ins Elsass zurück, mit Plünderungen bis 1445.

Literatur: H. Witte: Die Armagnaken im Elsass 1439–45. Straßburg 1889.

Eidechsenbund

Vereinigung weltlicher Ritter zur Wahrung ihrer ständischen Interessen gegen den Deutschen Orden, von kulmländischen Rittern ins Leben gerufen (**1397**): Der vorzeitige Rückzug des Eidechsenbundes in der Schlacht bei Tannenberg trug zur Niederlage des Deutschen Ordens bei (1410). Er trat dem Preussischen Bund bei (1440) und beteiligte sich am Ständekrieg gegen den Deutschen Orden (1454–1466).

Literatur: E. Weise: Das Widerstandsrecht im Ordenslande Preußen und das mittelalterliche Europa. Göttingen 1955.

Timuriden

Zentralasiatische Dynastien in der Nachfolge Timur Länks (**1405**): Die Timuriden förderten die persische Kultur, erloschen zu unterschiedlichen Zeitpunkten (ab 1469). Babur, letzter bedeutender Timurid, errichtete das Reich des indischen Gross-Moghuls (1526–1858).

Literatur: L. Golombek/M. Subtelny (Hg.): Timurid Art and Culture. New York 1991; S. Ando: Timuridische Emire nach dem Mu'izz al-ansab. Untersuchung zur Stammesaristokratie Zentralasiens im 14. und 15. Jahrhundert. Berlin 1992; I. Prasad: History of Indian Timurids. Allalabad 1994.

Schwarze Hammel

(türk.: Karako-junlo, Qara-qoyunlu) Stammeskonföderation der Turkmenen, benannt nach dem Totemzeichen ihres führenden Clans:

Die Schwarzen Hammel eroberten den Irak (**1410**). Sie wurden von den WEISSEN HAMMELN gestürzt (1467).

(1.) Thorner Friede

Friede zwischen Polen und DEUTSCHEM ORDEN zur Beendigung ihres Krieges (1409–1411): Trotz der Niederlage in der Schlacht bei Tannenberg (1410) ging der Ordensstaat nicht unter, da Seuchen das polnische Heer dezimierten, die Polen vor der Marienburg scheiterten und Livland, das Reich und das GROSSFÜRSTENTUM Moskau zugunsten des Deutschen Ordens eingriffen. Der Thorner Friede (**1411**) bewahrte den Status quo, abgesehen vom Verlust von Schemaiten (Westlitauen), die Machtstellung des Deutschen Ordens war jedoch erschüttert. Hohe Lösegelder zur Freilassung der Gefangenen zwangen zu schwerer Besteuerung im Ordensland, die die Konflikte zwischen preußischen STÄNDEN und dem Orden verschärften.

Literatur: E. Weise (Hg.): Die Staatsschriften des Deutschen Ordens in Preußen im 15. Jahrhundert. 2 Bde., Göttingen 1955–1970.

Cabochien

Anhänger des Pariser Metzgers Simon Caboche aufseiten Burgunds: Der Volksaufstand unter Caboche in Paris scheiterte (**1413**).

Konzil von Konstanz

Auf Druck König Sigismunds von Papst Johannes (XXIII.) einberufenes Konzil (**1414**–1418), erstmals mit Abstimmung nach fünf NATIONEN: Die Verbrennung von Jan Hus als Ketzer (1415) provozierte die HUSSITENKRIEGE (1420–1436). Das Konzil setzte Johannes (XXIII.) ab, Gregor XII. trat zurück, Benedikt XIII. wurde von Spanien fallen gelassen (1415). Die Wahl Martins V. zum alleinigen Papst (1417) beendete das GROSSE SCHISMA (seit 1378). Auf dem Konzil schlossen einige Länder KONKORDATE mit der Kirche. Eine umfassende Kirchenreform blieb aus, aber in regelmäßigen Abständen folgten Generalkonzile – KONZIL VON BASEL (1431), KONZIL VON FLORENZ (1439).

Literatur: A. Franzen/W. Müller (Hg.): Das Konzil von Konstanz. Freiburg 1964; R. Bäumer (Hg.): Das Konstanzer Konzil. Darmstadt 1977; W. Brandmüller: Das Konzil von Konstanz, 1414–1418. Paderborn 1991–1997; I. Hlavaček/A. Patschovsky (Hg.): Reform von Kirche und Reich zur Zeit der Konzilien von Konstanz (1414–1418) und Basel (1431–1449). Konstanz 1996; F. Baethgen: Schisma und Konzilszeit, Reichsreform und Habsburgs Aufstieg. München [8]1999.

Hussiten

Anhänger des vom KONZIL VON KONSTANZ (**1415**) als KETZER verbrannten Reformators Jan Hus in Böhmen: Dem Protest beim Konzil von Konstanz folgte der Zusammenschluss der Hussiten, der ersten tief greifenden kirchlichen Reformbewegung nationalen Charakters in Europa. Die Ankündigung der Repression durch König Wenzel provozierte den Prager Aufstand (1. PRAGER FENSTERSTURZ, 1419), gefolgt von der Spaltung in gemäßigte UTRAQUISTEN und radikale TABORITEN sowie den HUSSITENKRIEGEN (1420–1436). Auf der Grundlage der PRAGER KOMPAKTATEN (1433) schloss das KONZIL VON BASEL einen Kompromiss mit den Utraquisten (1433) und löste damit einen innerhussitischen Bürgerkrieg aus, in dem die Taboriten bei Lipan den Utraquisten und Katholiken unterlagen (1434). Die IGLAUER KOMPAKTATEN beendeten die Hussitenkriege (1436). Hussitische Söldner kämpften im christlichen Heer, das bei Warna den OSMANEN erlag (1444).

Literatur: J. Macek: Die hussitische revolutionäre Bewegung. Berlin 1958; H. Kaminsky: A History of the Hussite Revolution. Berkeley (Cal.) 1967; R. Kalivoda: Revolution und Ideologie. Der Hussitismus. Köln, Wien 1976; J. Kejr: Die Hussitenrevolution. Prag 1988; F. Seibt: Hussiten-Studien München [2]1991; H. Rieder: Die Hussiten. Gernsbach 1998.

1. Prager Fenstersturz

Anlass für die HUSSITENKRIEGE: Beim Sturm auf das Neustädter Rathaus in Prag (**1419**) wurden Stadträte des Patriziats zum Fenster herausgeworfen und getötet. Der Fenstersturz leitete die Hussitenkriege ein (1420–1436), der 2. PRAGER FENSTERSTURZ wurde Auftakt zum DREISSIGJÄHRIGEN KRIEG (1618–1648).

Taboriten

Radikale Richtung der HUSSITEN, benannt nach Tabor, ihrem befestigten Heerlager (1420) und dem gleichnamigen Berg in Palästina, dem Ort der Verklärung Christi: Die Taboriten, die sich nach dem (1.) PRAGER FENSTERSTURZ (**1419**) konstituierten, waren besonders stark in den Unterschichten. Sie standen in der Tradition chiliastischer Strömungen, bereit, das Reich Gottes auf Erden mit dem Schwert zu erkämpfen. Unter Jan Žižka und Andreas Prokop (1420/24–1434) waren sie gegen Kirche und UTRAQUISTEN, die sich in den PRAGER KOMPAKTATEN (1433) mit den Katholiken einigten, und die Taboriten bei Lipan entscheidend schlugen (1434). Taboritische Traditionen setzte Thomas Münzer fort. Theoretiker des Sozialismus/KOMMUNISMUS reklamierte Taboriten als »Vorläufer« (Karl Kautsky).

Literatur: F. G. Heymann: John Ziska and the Hussite Revolution. Princeton 1955; R. Schwarz: Die apokalyptische Theologie Thomas Müntzers und die Taboriten. Tübingen 1977; siehe Hussiten.

Utraquisten (Kalixtiner)

Gemäßigte Richtung der HUSSITEN, benannt nach ihrer Forderung nach Darreichung des Abendmahls in beiderlei (lat. utraque) Gestalt (Brot und Wein) auch für Laien (LAIENKELCH; lat.: »calixta« = Kelch): Utraquisten waren vor allem im ADEL und Bürgertum vertreten. Ihr Programm fassten die vier Prager Artikel zusammen (**1420**) – freie Predigt, Laienkelch, SÄKULARISATION der Kirchengüter, apostolische Armut, strenge Kirchendisziplin für den Klerus. In den PRAGER KOMPAKTATEN fanden sie einen Kompromiss mit dem KONZIL VON BASEL (1433); sie schlugen in Koalition mit den Katholiken die TABORITEN bei Lipan (1434). Die IGLAUER KOMPAKTATEN beendeten die HUSSITENKRIEGE (1436). BÖHMISCHE BRÜDER setzten ihre Traditionen später fort (ab 1467).

Hussitenkriege

Konflikte in Mitteleuropa, ausgelöst durch die HUSSITEN (**1420**–1436): Ausgangspunkt war eine päpstliche Bulle, die zum KREUZZUG gegen die Hussiten aufrief (1420). Nach Siegen gegen Reichsheere (1420–1426) fielen die Hussiten in Schlesien, Sachsen, Brandenburg und Preußen ein, kamen bis Danzig (1426/27). Das Reichsheer musste sich zurückziehen (1427, 1431). Ein Kennzeichen hussitischer Kriegführung war die befestigte Wagenburg. Die Kompromisslösung der PRAGER KOMPAKTATEN (1433) und der Sieg von UTRAQUISTEN und Katholiken über die TABORITEN in der Schlacht bei Lipan (1434) beendeten die Hussitenkriege, formell durch die IGLAUER KOMPAKTATEN (1436).

Sundzoll

Von Dänemark erhobener Sonderzoll für Schiffe zwischen Nordsee und Ostsee: Mit Erhebung des Sundzolls (**1425**) provozierte Dänemark, das damals auch Südschweden beherrschte, einen Krieg gegen die HANSE (1425–1435). Der Friede von Vordingborg (1435) befreite die wendischen Städte der Hanse vom Sundzoll. Mit der einmaligen Zahlung von 30,5 Mio. dänischen Reichstalern wurde der Sundzoll aufgehoben (1857).

Orden vom Goldenen Vlies

Spätmittelalterlicher ORDEN: Herzog Philipp der Gute stiftete den Orden (**1429**) zur sozialen und politischen Homogenisierung des ADELS in dem territorial heterogenen, noch weiter wachsenden Herzogtum Burgund, fortgesetzt von den HABSBURGERN (bis 1918).

Literatur: Ch. Terlinden: Der Orden vom goldenen Vlies. Wien 1970.

Medici

Italienische Adelsfamilie, HerrscherDYNASTIE in Florenz: Die schon früh (nach 1200) bezeugten Medici kamen als Bankiers zu Reichtum und Macht, waren führend an der Stadtregierung von Florenz beteiligt (seit vor 1300). Cosimo de' Medici stand an der Spitze der Volkspartei (**1429**); nach kurzem Exil (1433) errichtete er die BALIA (1434–1464). Lorenzo il Magnifico (der Prächtige, 1469–1492) erreichte nach Scheitern der Pazzi-Verschwörung (1478) eine fürstenähnliche Position und betätigte sich als großzügiger Kunstmäzen. Zweimal wurden die Medici durch die RESTAURATION der REPUBLIK vertrieben (1494–1512, 1527–1530), wieder eingesetzt mit Hilfe der HEILIGEN LIGA (1512) und durch Karl V. (1530), der Alessandro de' Medici zum Herzog erhob (1531). Später stellten die Medici die Herzöge bzw. Großherzöge der Toskana (1531/69–1737), Päpste – Leo X. (1513–1521), Clemens VII. (1523–1534), Leo XI. (1605) – und Gattinnen französischer Könige – Katharina de' Medici, verheiratet mit Heinrich II. (1533–1559), Regentin für Karl IX. (1560–1563); Maria de' Medici, verheiratet mit Heinrich IV. (1600–1610), Regentin für Ludwig XIII. (1610–1614).

Literatur: J.R. Hale: Die Medici und Florenz. Die Kunst der Macht. Stuttgart, Zürich 1979; M. Brion: Die Medici. Eine Florentiner Familie. München [9]1991; V. Reinhardt: Die Medici: Florenz im Zeitalter der Renaissance. München 1998; J. Cleugh: Die Medici. Macht und Glanz einer europäischen Familie. Neuausgabe München [4]1999.

Krimtataren

TATAREN, die sich im Zerfall der GOLDENEN HORDE als eigenes KHANAT selbstständig gemacht hatten (**1430**), inzwischen schon längst muslimisch: Das KrimKHANAT unterstellte sich der SUZERÄNITÄT des OSMANISCHEN REICHS (1472), eroberte die genuesische Stadt Kaffa mit Hilfe türkischer Artillerie (1474), sodass sich Genua verstärkt der Expansion in Übersee über Portugal zuwandte. Durch ein Bündnis mit dem Großfürstentum Moskau halfen die Krimtataren Moskau, die TRIBUTSOBERHERRSCHAFT (Suzeränität) der Goldenen Horde durch Verweigerung des TATARENTRIBUTS (1480) abzuschütteln, gerieten aber seit Peter dem Großen unter expansiven Druck des sich modernisierenden Russland: Im Frieden von Kütschük-Kainardschi erzwang Russland die formale Unabhängigkeit des Khanats der Krimtataren (1774), als Vorstufe zu seiner Aufhebung durch Annexion (1783), wonach viele Krimtataren ins Osmanische Reich auswanderten, u.a. nach Bulgarien. Die Annexion bereitete die spätere Russifizierung der Krim vor, u.a. durch intensive russische Kolonisation. Im ZWEITEN WELTKRIEG unter deutscher Besatzung (1941–1944), wurden die Krimtataren wegen (angeblicher oder wirklicher) Kollaboration nach Zentralasien und Sibirien deportiert (1945): Nach einer allgemeinen AMNESTIE (1967) kämpften sie um ihre Rehabilitierung und Rückkehr, auch nach dem Zusammenbruch der Sowjetunion (1991) nur mit bescheidenem Erfolg. Heute leben Krimtataren nur noch als Minderheit in der seit 1954 zur Ukraine gehörenden Krim.

Sandschak

(türk.: = Standarte) Verwaltungsbezirk im OSMANISCHEN REICH, ähnlich einer PROVINZ: Nach der Eroberung durch die OSMANEN wurde Albanien Sandschak (**1430**). Zu historischer Bedeutung gelangten weitere Sandschaks:

- Das Sandschak Novibasar (Novi Pazar) – überwiegend von MUSLIMEN bewohnt – wurde wegen seiner strategischen Bedeutung (zwischen Serbien und Montenegro liegend) von Österreich-Ungarn beansprucht (1878–1908), war danach wieder osmanisch (bis 1912), bis es nach den BALKANKRIEGEN unter Serbien und Montenegro aufgeteilt wurde.

Die Muslime waren in Jugoslawien (ab 1918) dem starkem Assimilierungsdruck der SERBEN ausgesetzt, zuletzt mit »ETHNISCHEN SÄUBERUNGEN« (1992/93).

- Sandschak Alexandrette (Hatay) hatte im französischen Mandat Syrien AUTONOMIE (1920), bevor es zur Türkei kam (1938): Die Bevölkerung wurde gewaltsam asssimiliert, ihr Arabisch verboten.

Konzil von Basel

Nachfolgekonzil zum KONZIL VON KONSTANZ (1431–1448): Hauptziel des KONZILS, das bald im Konflikt mit Papst Eugen IV. geriet (Auflösungsbefehl 1431–1433), war die Beendigung der Häresie der HUSSITEN. Delegationen des Konzils wurden nach Prag entsandt, während sich Hussiten beider Richtungen (UTRAQUISTEN, TABORITEN) in Basel aufhielten (1433). Die PRAGER KOMPAKTATEN erzielten den Kompromiss mit den Utraquisten (**1433**). Die IGLAUER KOMPAKTATEN (1436) beendeten die HUSSITENKRIEGE. Das Konzil von Basel beschloss Reformdekrete im Sinne der konziliaren Theorie (1437), die den Papst dem Konzil unterordnete, als Basis zur PRAGMATISCHEN SANKTION von Bourges (1438). Eugen IV. verlegte das Konzil nach Ferrara (KONZIL VON FERRARA 1438), provozierte damit aber dessen Spaltung, sodass das Basler Konzil den Papst suspendierte (1438), absetzte und mit Felix V. den letzten Gegenpapst benannte (1439). Auf Druck Kaiser Friedrichs III. wurde das Konzil in Lausanne fortgesetzt (1448); dort löste es sich auf, Felix V. dankte ab (1449).

Literatur: J. Haller u. a. (Hg.): Concilium Basiliense. Studien und Quellen zur Geschichte des Konzils von Basel. 8 Bde., Basel 1896–1936; J. Helmrath: Das Basler Konzil 1431–1449. Forschungsstand und Probleme. Köln 1987; D. Papandreou: Die Konzilien von Basel und Ferrara-Florenz. Orthodoxe Kirche – Unionsbestrebungen. Frankfurt/Main 1992; I. Hlavaček/A. Patschovsky (Hg.): Reform von Kirche und Reich zur Zeit der Konzilien von Konstanz (1414–1418) und Basel (1431–1449). Konstanz 1996.

Tuareg

(arab.: Al-Tawarik, Singular: Targi; Eigenbezeichnung: Imuschag) Volk in der Sahara und der Sahelzone: Von BERBERN abstammend, wurden die Tuareg von Arabern in die Wüste abgedrängt (709). Ca. 90 % leben in Savannegebieten im westlichen Sudan (Mali, Niger), der andere Teil in Gebirgen der zentralen Sahara (Algerien). Überwiegend Nomaden, kontrollierten sie über Jahrhunderte den Handel durch die Sahara, mit Raubzügen (RAZZIAS) nach Süden zum Einfangen von SKLAVEN. Die Tuareg traten zum ISLAM über (nach 1300). Mit der Eroberung von Timbuktu (**1433**) schwächten sie das MALI-REICH entscheidend. Sie wurden vom SONGHAI-REICH aus Timbuktu vertrieben (1463). Den Franzosen gelang es erst spät, die Tuareg der Sahara zu unterwerfen (1902). Seit der DEKOLONISATION leben sie in Algerien und den schwarzafrikanischen Savanne- und Sahel-Staaten als Randgruppen; ihnen wurde in Dürreperioden von den (schwarzen) Zentralregierungen jede Hilfe verweigert. Aufstände in Mali zur Erkämpfung der AUTONOMIE (1990–1995) scheiterten bisher.

Literatur: M. Krebser/F. de Cesko: Tuareg, Nomaden der Sahara. Berlin 1971; G. M. Soldini u. a. (Bearb.): Tuareg. Leben in der Sahara. Zürich 1983; G. Göttler: Die Tuareg. Köln 1989.

Prager Kompaktaten (Baseler Kompaktaten)

Kompromisslösung zwischen UTRAQUISTEN und dem KONZIL VON BASEL nach Verhandlungen in Prag und Basel (**1433**): Gemäßigte HUSSITEN (Utraquisten) erhielten den LAIENKELCH; im Gegenzug kehrten die Utraquisten als faktisch erste autonome Nationalkirche zu Rom zurück. Die verbündeten Utraquisten und Katholiken besiegten die TABORITEN bei Lipan (1434) Mit den IGLAUER KOMPAKTATEN (1436) endeten die HUSSITENKRIEGE (seit 1420).

Laienkelch

In der christlichen Kirche Kelch zur Darreichung geweihten WEINS an Laien im Abendmahl: Im Mittelalter war der Laienkelch für die lateinische Kirche verboten (seit ca. 1200); von den HUSSITEN wurde er wieder gefordert (1420), in den PRAGER KOMPAKTATEN den gemäßigten UTRAQUISTEN konzediert (**1433**). Die REFORMATION griff das Thema wieder auf; der Laienkelch wurde den PROTESTANTEN im AUGSBURGER INTERIM (1548–1552) neben der PRIESTEREHE zugestanden. In den protestantischen Kirchen wird der Laienkelch ebenso praktiziert wie in den Ostkirchen (unierten wie orthodoxen) und bei ALTKATHOLIKEN.

Balia

Herrschaft des Cosimo de' Medici in Florenz (**1434**–1464): Er wahrte die republikanischen Formen (bis 1494), de facto als SIGNORIE.

Iglauer Kompaktaten

Friede zwischen Kaiser Sigismund und den UTRAQUISTEN (**1436**): Der Friedensschluss kam auf der Grundlage der PRAGER KOMPAKTATEN (1433) zustande, zur Beendigung der HUSSITENKRIEGE (seit 1420). Vom KONZIL VON BASEL ratifiziert (1437), wurden die Iglauer Kompaktaten von Papst Pius II. für nichtig erklärt (1462).

Pragmatische Sanktion

Bedeutendes Edikt oder Grundgesetz zur Regelung wichtiger Staatsangelegenheiten:

- Pragmatische Sanktion von Bourges: Die auf der Grundlage der Reformdekrete des KONZILS VON BASEL (1437) gefassten Beschlüsse einer Versammlung königlicher Räte und des französischen Klerus in Bourges begründeten die GALLIKANISCHE NATIONALKIRCHE (**1438**).
- Hausgesetz der HABSBURGER (1713).
- Gesetz zur Regelung der spanischen Thronfolge (PRAGMATISCHE SANKTION, 1830).

Gallikanische Nationalkirche

(auch: Gallikanismus) Autonome französische Staatskirche innerhalb der Katholischen Kirche, im Gefolge der Böhmischen Nationalkirche: Der Gallikanismus betont die Rechte von Bischöfen und KONZILIEN bzw. der KRONE gegenüber dem PAPST, seit den Kämpfen Philipps IV. (des Schönen) gegen Papst Bonifatius VIII. (nach 1300). Die gesetzliche Grundlage lieferte die PRAGMATISCHE SANKTION von Bourges (**1438**), die der Krone einen starken Einfluss bei Stellenbesetzungen, geistlicher Gerichtsbarkeit und Annaten (Abgaben an die Kurie bei Erwerb eines kirchlichen Amts) sicherte. Das KONKORDAT von Bologna (1516) bestätigte die Gallikanische Nationalkirche und baute Missstände ab, sodass die REFORMATION in Frankreich weniger Ansatzpunkte als im REICH fand. Unter Ludwig XIV. musste die Sorbonne den Gallikanismus verbindlich anerkennen (1663). Die Krone zwang den französischen Klerus, die »Declaratio cleri Gallicani« anzunehmen (1682), mit vier Artikeln über gallikanische Freiheiten: Die kirchliche Gewalt gilt nur für den geistlichen Bereich; das Dekret des KONZILS VON KONSTANZ über die Oberhoheit des Konzils gegenüber dem Papst bleibt verbindlich; »Gewohnheiten« (coutûmes = Gewohnheitsrechte) Frankreichs und der gallikanischen Kirche bleiben in Kraft; Entscheidungen des Papstes gelten nur mit Zustimmung der Gesamtkirche. Zwar wurden die gallikanischen Artikel später zurückgezogen (1693), doch blieben sie im vorrevolutionären Frankreich (bis 1789) von großem Einfluss. In Österreich nahmen die Reformen des Josephinismus den Gallikanismus auf. Im Konkordat zwischen Frankreich und der Kurie wurde er formal preisgegeben (1801), blieb aber bis zum VATICANUM I (1869/70) faktisch weiter in Kraft.

Literatur: V. Martin: Les origines du Gallicanisme. 2 Bde., Paris 1938/39, Neudruck Genf 1978.

Konzil von Ferrara

Sezessionistische Fortsetzung des KONZILS VON BASEL (1438/39): Eine Minderheit der Konzilsväter zog auf Anordnung Papst Eugens IV. nach Ferrara (**1438**) und beriet dort die UNION mit der griechischen Kirche. Der Papst verlegte das Konzil nach Florenz (KONZIL VON FLORENZ 1439).

Literatur: J. Gill: Konstanz und Basel-Florenz. München 1967; D. Papandreou: Die Konzilien von Basel und Ferrara-Florenz. Orthodoxe Kirche – Unionsbestrebungen. Frankfurt/Main 1992.

Konzil von Florenz

Fortsetzung des vom PAPST beherrschten KONZILS VON FERRARA (1439–1443, danach in Rom): Das Konzil von Florenz beschloss unter päpstlichem PRIMAT die UNION mit der Griechischen, Armenischen Kirche und anderen Ostkirchen (**1439**). Mit dem Konzil setzte sich das Papsttum über den Konziliarismus hinweg. Das WIENER KONKORDAT (1448) bestätigte die Beschlüsse für das REICH.

Literatur: wie zu Konzil von Ferrara.

Unierte Kirche

Allgemein: Ostkirche, die nach dem SCHISMA zwischen Rom und Konstantinopel (ORTHODOXIE) zur Überwindung des Schismas mit Rom eine KIRCHENUNION einging, zuerst die MARONITEN (1184), auf dem KONZIL VON FLORENZ (**1439**); auch eine SEZESSION der Armenischen Kirche und andere Ostkirchen: Die Unierte Kirche anerkannte den PAPST in Rom als kirchliches Oberhaupt, behielt aber ihre Besonderheiten bei, vor allem Kirchensprache und Ritus, auch die jeweils gültige Regelung des ZÖLIBAT.

Speziell und so meist im allgemeinen Sprachgebrauch: Die Unierte Kirche im östlichen Polen seit der UNION VON BREST (1596), im Zuge der (in Polen milden) GEGENREFORMATION, in Weißrussland und der westlichen Ukraine, zu den üblichen Bedingungen: Seitdem schwächte die Unierte Kirche die zweite europäische Strukturgrenze (von 395/1054) wieder ab. Nach den Annexionen dieser Gebiete durch Russland (1667–1772) schwankte die Unierte Kirche im Zuge der Russifizierung zwischen Aufhebung der Union in Weißrussland (1839) und der Ukraine (1875) und Unterstellung unter die Russisch-orthodoxe Kirche, Wiederzulassung in der RUSSISCHEN REVOLUTION (1917) und erneute Unterdrückung im STALINISMUS. Nach dem ZUSAMMENBRUCH DES KOMMUNISMUS (1991) lebte die Unierte Kirche neu auf, auch am Ostrand Polens, in der Ukraine in komplizierter Rivalität zur russischen Orthodoxie (Moskau) und ukrainischen Orthodoxie (Kiew).

Literatur: O. Bârlea: Ostkirchliche Tradition und westlicher Katholizismus. Die rumänische unierte Kirche zwischen 1713–1727. Monachii 1966; R. Grulich: Die unierte Kirche in Mazedonien, 1856–1919. Würzburg 1977.

Taille

KOPFSTEUER in Frankreich (1439–1789): Ursprünglich eine willkürliche, d. h. nicht festgelegte Abgabe Unfreier an den Grundherrn (»taille servile«), später eine vom Lehnsherrn erhobene Einkommensteuer (»taille seigneuriale«). Karl VII. wandelte die Taille am Ende des HUNDERTJÄHRIGEN KRIEGES (**1439**) in eine allgemeine Sondersteuer um, zur Finanzierung vor allem der ORDONNANZKOMPANIEN. ADEL und Klerus waren, im Unterschied zur englischen POLL TAX, befreit. Im ANCIEN RÉGIME (bis 1789) war die Taille besonders verhasst.

Preußischer Bund

Zusammenschluss der STÄNDE (RITTER und Städte) im DEUTSCHEN ORDENSSTAAT (Preußen), mit dem EIDECHSENBUND: Der Preußische Bund verlangte Mitwirkung bei inneren Angelegenheiten des Ordensstaats (**1440**). Doch lehnte der Hochmeister die Bundesordnung ab. Auf Betreiben des Ordens erklärten Papst und Kaiser den Preußischen Bund für aufgelöst (1453), woraufhin dieser im Bündnis mit Polen den STÄNDEKRIEG gegen den Orden führte (1454–1466). Mit dem (2.) THORNER FRIEDEN (1466) endete der Bund faktisch.

Sklavenhandel

Transaktionen mit SKLAVEN: In der Antike und im Mittelalter wickelten Städte auf der Krim den Sklavenhandel über Byzanz/Konstantinopel zum Mittelmeer ab, von ostafrikanischen Küstenstädten über den Indischen Ozean und Persischen Golf nach Indien, Persien, Arabien, Ägypten und ins OSMANISCHE REICH. BERBER und TUAREG brachten schwarze Sklaven aus dem Sudan durch die Sahara nach Nordafrika.

Europäischer Sklavenhandel mit Afrika begann seit Portugals Expansion in Übersee; Lagos (Algarve) war der erste portugiesische Sklavenmarkt (**1441**). Nach der ENTDECKUNG AMERIKAS (1492) wurden Sklaven aus Afrika in die Neue Welt eingeführt (Beginn der TRANSATLANTISCHEN SKLAVEREI, 1505); das MONOPOL (ASIENTO), das zunächst die Portugiesen hatten, gewannen später Holländer, Franzosen und Engländer. Der TRANSATLANTISCHE SKLAVENHANDEL wurde betrieben als DREIECKSHANDEL zwischen Westeuropa, Westafrika und den Westindischen Inseln/Amerika, systematisiert durch halbstaatliche Monopolgesellschaften, z. B. die ROYAL AFRICAN COMPANY (1672–1751) und »interlopers«, später im FREIHANDEL (1698). Der ABOLITIONISMUS erreichte allmählich das VERBOT DES SKLAVENHANDELS im Britischen Empire (1807), in den USA (1808) und durch den WIENER KONGRESS (1815). Sein Ende fand der Sklavenhandel weitgehend mit dem VERBOT DER SKLAVEREI im britischen (1834/38) und französischen Kolonialreich (1848), in den USA (1862/65) und Brasilien (1888). Mehr oder weniger betreiben heute noch einige arabische und afrikanische Länder Sklaverei und Sklavenhandel.

Literatur: Ph. D. Curtin: The Atlantic Slave Trade. A Census. Madison 1972; P. C. Hogg: The African Slave Trade and Its Suppression. London 1973; J. Meyer: Sklavenhandel, Ravensburg 1991; H. Thomas: The Slave Trade. The History of the Atlantic Slave Trade. 1440–1870. London 1997; D. Eltis (Hg.): Routes to Slavery. Direction, Ethnicity and Mortality in the Transatlantic Slave Trade. London 1997.

Kolonie

(zu lat.: colonia) Vielschichtiger Begriff, im häufigsten Verständnis Administrationseinheit europäischer Kolonialreiche, sprachlich abgeleitet von der römischen COLONIA: ursprünglich eine Militäransiedlung zur strategischen Beherrschung eroberten Landes, später eine römischen Stadt außerhalb des antiken Italien (also ohne Poebene und große Inseln). Nach dem stilprägenden römischen Präzedenzfall heißen auch vergleichbare Siedlungen vor und nach den Römern, oft mit überwiegend kommerziellen Charakter, außerhalb des eigenen Kernbereichs Kolonien (z. B. der Phöniker, Griechen).

Die modernen Kolonien gaben auch den Namen für die Kolonialreiche seit der EXPANSION EUROPAS IN ÜBERSEE, zunächst Portugals entlang der Westküste Afrikas (ab **1445**). Zu unterscheiden sind grundsätzlich zwei Typen von Übersee-Kolonien, am reinsten repräsentiert von Portugal und Spanien: Das kleine, bevölkerungsschwache Portugal bevorzugte (räumlich kleine) Handelskolonien und -stützpunkte, meist an Küsten, mit oft nur beschränkter europäischer Bevölkerung, von den Portugiesen quantitativ verstärkt durch gezielte Vermischung assimilierter Mischlinge (»assimilados«). Spanien setzte auf mehr oder weniger ausgedehnte Flächenkolonien mit massiver Einwanderung aus Spanien, Portugal nur ausnahmsweise in Brasilien, zuletzt auch in Angola und Moçambique, beide als Überseeprovinzen annektiert (1951). England, als partieller Erbe beider Kolonialreiche, kombinierte beide Kolonietypen. Mit der DEKOLONISATION erreichten die meisten Kolonien (Ausnahmen u. a. kleine Übersee-Territorien Frankreichs, z. B. Martinique, Gouadaloupe) als post-koloniale Nationalstaaten die Unabhängigkeit, meist friedlich, oft auch nach kolonialen Befreiungskriegen (z. B. VIETNAMKRIEG, ALGERIENKRIEG), häufig mit post-kolonialen Nachfolgekriegen nach außen oder innen (Bürgerkriegen).

Übertragen heißen auch (meist kleinere) Gemeinschaften einer Nation im Ausland »Kolonie«, z. B. »deutsche Kolonie in Schanghai«.

Faktorei

(portug.: feitoria) Ursprünglich portugiesische Handelsniederlassung: Die Portugiesen errichteten nach dem Vorbild von Venedig, Genua und der HANSE Handelsniederlassungen in Brügge und Antwerpen (»Feitoria de Flandres«, vor 1400). Die erste Faktorei der Portugiesen in Arguim an der westafrikanischen Küste (**1445**) diente der Systematisierung des Handels mit Afrika (GOLD, SKLAVEN, ELFENBEIN, GUMMIARABIKUM). Mit der portugiesischen Expansion in Übersee wurde das Faktorei-System bis nach China und Japan ausgedehnt. Den Begriff übernahmen oberdeutsche Kaufleute (ca. 1450) und die Hanse (1475).

Durch Bedeutungswandel auch verwandt mit engl.: factory = Fabrik.

Elfenbein

Elefantenstoßzähne: Elfenbein ist als leicht schnitzbares Material für Schmuckwaren begehrt und entsprechend wertvoll. Es wurde aus Asien (Indien, Südostasien) nach Europa eingeführt, bis Portugiesen mit ihrer ersten FAKTOREI in Arguim an der westafrikanischen Küste eine direkte und dauerhafte Verbindung nach Afrika schufen (ab **1445**). Seit dem späten 18. Jahrhundert diente Elfenbein in Europa auch als Material für Klaviertasten und Billardkugeln: Elefanten in Nordafrika, später auch Westafrika (»Elfenbeinküste«) wurden ausgerottet. Ägypten und Äthiopien kämpften um die letzten großen freien Elefantenherden Ostafrikas (1875/77). Letzte Elefantenherden in Reservaten Ostafrikas sind heute von Wilderern bedroht.

Gummiarabikum

Pflanzenprodukt aus der Rinde verschiedener Akazienarten: Gummiarabikum wird in Arabien und Ägypten (seit der Pharaonenzeit aus dem Saft der Maulbeerfeige) gewonnen, vor allem als Klebstoff. Als wichtiges afrikanisches Handelsprodukt bezogen es Portugiesen direkt über ihre

FAKTOREI in Arguim an der westafrikanischen Küste (ab **1445**). Durch Kautschuk und synthetischen Gummi verlor Gummiarabikum seine einstige Bedeutung.

Ordonnanzkompanien ■

In der Endphase des HUNDERTJÄHRIGEN KRIEGES (1337/39–1453) von Karl VII. aus dem Ertrag der TAILLE (1439) finanzierte Reitertruppe, ergänzt durch Armbrustschützen: Gesetzliche Grundlage war eine königliche ORDONNANCE (**1445**). Die Truppe, auch im Frieden beibehalten und daher erste stehende Armee im spätmittelalterlichen Europa, stärkte die Krone in Frankreich. Söldnertruppen lösten sie allmählich ab.

Republik des heiligen Ambrosius (Ambrosianische Republik) ■

Kurze Periode der Geschichte Mailands: Nach Erlöschen der VISCONTI im Herzogtum Mailand (**1447**) wurde die REPUBLIK des heiligen Ambrosius errichtet, benannt nach dem Kirchenlehrer und spätantiken Bischof von Mailand. Sie endete nach dem Sieg der SFORZA über Venedig und Aragon im Erbfolgekrieg um Mailand (1447–1450).

Buchdruck ■

Verfahren zur Vervielfältigung von Texten und Bildern: Eine Vorform des Buchdrucks, eingefärbte Stein- und Metallstempel für figürliche Darstellungen, Buchstaben und Namen, war schon aus der Antike bekannt. Nach Erfindung des PAPIERS in China (105) wurden Bücher mit festen Druckplatten gedruckt (ca. 650). Das Verfahren gelangte als Blockbuch durch Araber nach Europa (ab ca. 1400). Versuche mit Lettern aus gebranntem Ton wurden ebenfalls in China gemacht (nach 1000). In Europa gelang Gutenberg in Straßburg (1436) und Mainz (1440) der Druck mit beweglichen Lettern aus Metall und Druckerpresse. Dabei kombinierte der Schöpfer der Gutenbergbibel (**ca. 1448**, ab 1900 im Gutenberg-Museum Mainz) Verfahren aus der hoch entwickelten Goldschmiedekunst (Gießen beweglicher Letter) und dem Weinbau (Weinpresse als Druckerpresse).

Der Buchdruck fand rasche Verbreitung, zunächst in Deutschland und Italien (Venedig), später in ganz Europa. Die ersten gedruckten Bücher ahmten noch handschriftlich verfasste Bücher nach, später wurden neue Schrifttypen entwickelt, die teilweise noch heute in Gebrauch sind, z. B. Antiqua (1520), Fraktur und Garamond.

Mit der Verbreitung des Buchdrucks starben alte Schreibertraditionen, vor allem in den Klöstern, aus, und neue freie Berufe entstanden, z. B. Verleger, Drucker, Buchstabenzeichner, Stempelschneider, Schriftgießer, Setzer und Buchbinder. Druckereien und Verlagen siedelten sich vorzugsweise in den Hauptstädten der großen Nationalmonarchien (London, Paris u. a.) an, im REICH vor allem in Frankfurt am Main und Leipzig (jeweils mit bedeutenden Buchmessen), Straßburg, Köln und Nürnberg, in den Niederlanden in Amsterdam, Leiden und Antwerpen;

in der Schweiz in Basel und, seit der calvinistischen REFORMATION, auch in Genf.

Buchdruck als damals modernstes Medium erlaubte die rasche Verbreitung der Schriften der REFORMATION in Form von Flugblättern, z. B. die 95 THESEN LUTHERS (1517) und andere frühe Schriften Luthers sowie Aufrufe im DEUTSCHEN BAUERNKRIEG (1524/25). Breiteren Schichten diente er zur Aneignung von Wissen und Kulturtechniken. Die Drucktechnik wurde durch zahlreiche Erfindungen immer weiter mechanisiert, zuletzt durch Revolutionierung von Satz und Druck mit Lichtsatz, Scannerverfahren und computergestützter Druckautomatisierung (seit ca. 1970). Die GEWERKSCHAFT der Drucker und Setzer in Deutschland (ab ca. 1850) verstand sich als intellektuelle Avantgarde der frühen Arbeiterbewegung.

Literatur: D. C. McMurtie: The Book. The Story of Printing and Bookmaking. London [10]1972, H. J. Wolf: Schwarze Kunst. Eine illustrierte Geschichte der Druckverfahren. Dornstadt [3]1988; M. Giesecke: Der Buchdruck in der frühen Neuzeit. Frankfurt/Main 1991.

Wiener Konkordat (auch: Aschaffenburger Konkordat)

ReichsKONKORDAT (1448–1806): Nach vorausgegangenen Fürstenkonkordaten und Aschaffenburger Fürstenversammlung (1447) wurde in Wien das Konkordat abgeschlossen (**1448**). Formal knüpfte es an Reformdekrete des KONZILS VON FLORENZ an (1439), inhaltlich stärkte es die Position des Papstes (päpstlicher Einspruch bei Bischofswahl gegen Domkapitel, Annatengelder für Rom). Obwohl nie als formales Reichsgesetz verkündet, regelte das Wiener Konkordat die kirchlichen Verhältnisse im Reich, nach der REFORMATION im katholisch gebliebenen Teil (bis 1806).

Oldenburger

Weit verzweigte europäische DYNASTIE deutscher Herkunft: Die sächsische ADELsfamilie (seit 1088), von Heinrich dem Löwen mit der Grafschaft Oldenburg belehnt (1150), kam von sächsischer Lehnsabhängigkeit frei (1180), eroberte den größten Teil Stedingens (1234) und Teile Ostfrieslands (ab 1435). Graf Christian VIII. wurde in PERSONALUNION als Christian I. König von Dänemark (**1448**), Norwegen (1450) und Schweden (1457), Herzog von Schleswig und Graf von Holstein (1460); das vertragliche Teilungsverbot von Schleswig und Holstein bildete den Ausgangspunkt zur SCHLESWIG-HOLSTEINISCHEN FRAGE. Durch Erbteilung in Schleswig und Holstein spaltete sich die Nebenlinie (Schleswig-Holstein)-Gottorf ab (benannt nach Schloss Gottorf bei Schleswig, 1544/81), rivalisierte in Schleswig und Holstein mit der königlich-dänischen Hauptlinie. Die Gottorfer Frage ging auf die Erbteilung des königlichen Anteils in Schleswig und Holstein sowie Abspaltung der Nebenlinie Sonderburg (1564) zurück, von der sich weitere Linien trennten, so Glücksburg (1622) und Augustenburg (1627), beide auch mit dem Zusatz Schleswig-Holstein-Sonderburg. Die Lex Regia in Dänemark führte – historisch einmalig – den ABSOLUTIS-

MUS gesetzlich ein, legte die männliche und weibliche Thronfolge fest (1665). Als die gräflich-oldenburgische Linie ausstarb (1667), fiel die Grafschaft Oldenburg an die königlich-dänische Hauptlinie zurück, die im Okkupationspatent (1713) auch von der Gottorfer Nebenlinie Anteile im Herzogtum Schleswig erhielt, womit sich deren Herrschaft auf herzogliche Anteile in Holstein (fortan: Holstein-Gottorf) beschränkte.

Der Gottorfer Herzog Karl Friedrich heiratete eine Tochter Peters des Großen (1725) und gab so der Zarendynastie ROMANOW ersten Zutritt ins deutsche Machtvakuum. Sein Sohn Karl Peter Ulrich wurde als GROSSFÜRST russischer Thronfolger (1742) und begründete als ZAR Peter III. (1762) die Dynastie Romanow-Holstein-Gottorf (bis 1917); die herzoglichen Anteile in Holstein kamen als großfürstliche Anteile zu Russland. Ein Cousin Karl Friedrichs wurde König von Schweden (1751) und begründete die königlich-schwedische Linie Holstein-Gottorf (bis 1818). Im Tauschvertrag (1773) trat Russland die Großfürstlichen Anteile in Holstein an den König von Dänemark als Herzog von Holstein ab, erhielt dafür die Grafschaft (ab 1777: Herzogtum) Oldenburg, die er einem Holstein-Gottorfer Seitenzweig überließ, der Oldenburger (seit 1829: großherzoglichen) Linie. Die königlich-schwedische Linie Holstein-Gottorf erlosch mit dem Tod Karls XIII. (1818).

Beim absehbaren Aussterben der königlich-dänischen Linie erhob der (nicht regierende) Herzog von Augustenburg Anspruch auf die männliche Erbfolge in Dänemark und den Herzogtümern (1837). Gegen die Augustenburger Ansprüche verkündigte der »Offene Brief« des dänischen Königs (1846) die weibliche Erbfolge in Dänemark und Schleswig. Die damit implizierte mögliche Annexion Schleswigs verstieß jedoch gegen das Teilungsverbot von 1460. Die Folge waren u. a. der 1. DEUTSCH-DÄNISCHE KRIEG (1848–1850). Das 2. LONDONER PROTOKOLL (1852) regelte mit Garantie der Großmächte die einheitliche (weibliche) Erbfolge in Dänemark, in den Herzogtümern zu Gunsten des Prinzen Christian aus der Nebenlinie Schleswig-Holstein-Sonderburg-Glücksburg (kurz: Glücksburg), während der Herzog von Augustenburg gegen Entschädigung auf den Erbanspruch verzichtete; ein Sohn Christians wurde König von Griechenland (1863) und begründete die Dynastie Glücksburg in Griechenland (bis 1967/73).

Mit dem Tod des dänischen Königs (1863) endete die königliche Hauptlinie, gefolgt, gemäß dem 2. Londoner Protokoll, von der Dynastie Glücksburg durch Christian IX. Dagegen erhob der Augustenburger erneut Erbanspruch, aber nur für die Herzogtümer, mit starker Unterstützung der deutschen Öffentlichkeit in Schleswig-Holstein (»Augustenburger Bewegung«). Nach dem 2. DEUTSCH-DÄNISCHEN KRIEG (1864), verzichteten die Augustenburger endgültig auf jeden Erbanspruch (1884). Ein Enkel Christians wurde König von Norwegen (1905) und begründete die Dynastie Glücksburg in Norwegen.

Die RUSSISCHEN REVOLUTIONEN beendeten die Dynastie Romanow-Holstein-Gottorf in Russland (1917), die deutsche NOVEMBERREVOLUTION 1918 den Gottorfer Seitenzweig im Großherzogtum Oldenburg (1918), der Militärputsch die Dynastie Glücksburg in Griechenland (1967/73). [F. H.]

Banat

Verwaltungsbezirk eines ungarischen Ban, etwa der Mark eines Grafen entsprechend: Das Banat Rama wurde zum Schutz gegen Osmanen als Herzogtum deutsches Reichslehen (**1448**) – der serbokroatische Name Herzegovina bedeutet »Herzogsland«. Ein weiteres historisch wichtiges Banat war Kroatien. Nach dem Frieden von Passarowitz (1719) wurde der Name »Banat« auf das Gebiet zwischen Donau, Theiß, Maros und den Südkarpaten übertragen, ohne je einem Ban zu unterstehen.

Limpieza de sangre

(span.: »Reinheit des Bluts«, portug.: »Limpieza de sangue«) Wichtiges Prinzip der spätmittelalterlichen Geschichte Spaniens und Portugals, als ethnische Abgrenzung und soziale Diskriminierung eine Vorstufe zum modernen Antisemitismus: Nach antijüdischen Ausschreitungen in Toledo wurden Juden von allen öffentlichen Ämtern ausgeschlossen (**1449**); auch jüdische Vorfahren aus der dritten Generation (Großvater bzw. Großmutter) genügten zum Ausschluss (bis 1773); entsprechend auch in in Portugal. Verschärft angewandt wurde das Prinzip seit der spanischen Inquisition und der Vertreibung der Juden aus Spanien (1492) und Portugal (1497). Spanier trugen es mit der Entdeckung Amerikas (1492) in die Neue Welt, auch gegen Indios und Nachfahren afrikanischer Sklaven. Die Conquistadoren und ihre Nachkommen (weiße Kreolen) errichteten eine »reinblütige« Oligarchie.

Sforza

HerrscherDynastie in Mailand (1457–1535), ursprünglich aus der Gegend um Ravenna: Der Familienname leitete sich ab vom Beinamen (»Sforza« = der Starke) des Condottiere (italienischen Söldnerführers) Muzio Attendelo (1369–1424). Dessen Sohn Francesco wurde nach Erlöschen der Visconti (1447) und dem Scheitern der Republik des heiligen Ambrosius (1447–1450) Herzog von Mailand (**1450**). Die Sforza wurden von den Franzosen vertrieben (1499–1526), kehrten aber wieder zurück (1526). Mit dem Erlöschen der Dynastie im Hauptstamm (1535) wurde Mailand spanisch (1535–1706/14). Zwei Nebenlinien bestehen noch heute; ein bekannter Vertreter war der liberale Politiker Carlo Graf Sforza (1872–1952, italienischer Außenminister 1947–1951).

Literatur: C. Santoro: Gli Sforza. Mailand,Varese 1968; K. Schelle: Die Sforza. Bauern – Condottieri – Herzöge. Geschichte einer Renaissancefamilie. Stuttgart 1980.

Monomotapa

Afrikanisches Reich in Simbabwe, abgeleitet vom Titel seines Herrschers, »mwene mutapa« (= »der den Tribut einsammelt«), von Portugiesen sprachlich umgewandelt, gegründet von Mutota (**ca. 1450**) als ein Nachfolgestaat Großsimbabwes: Zugleich macht schon der Herrschertitel Monomotapa zu einem klassischen Beispiel für Tributsoberherrschaft. Ökonomische Grundlage war FERNHANDEL (GOLD, ELFENBEIN) zur ostafrikanischen Küste. Auf seinem Höhepunkt (1480) umfasste Monomotapa das heutige Simbabwe und das Tal des Sambesi bis zum Indischen Ozean. Später besetzten Portugiesen von Moçambique aus die Hauptstadt (1629–1693) und schwächten das Reich, das sich als Rumpfstaat noch länger hielt.

Literatur: W.G.L. Randles: L'empire du Monomotapa du 15e au 19e siècle. Paris 1975; H.A. Wieschoff: The Simbabwe-Monomotapa Culture in Southeast Africa. Neudruck New York 1979; S.I.G. Mudenge: A Political History of Munhumutapa, ca. 1400–1902. Harare/London 1988.

Brüdermord

Praxis der OSMANEN zur Sicherung der politischen Stabilität seit dem Regierungsantritt Mehmeds II. (des Eroberers, **1451**): Mit Ermordung der Brüder des neuen SULTANS bei Regierungsantritt wurden im OSMANISCHEN REICH Rivalen beseitigt, abgelöst vom SENIORAT (1617).

Eroberung Konstantinopels

Einnahme von Konstantinopel durch die OSMANEN (**1453**); eines der zentralen Ereignisse der Weltgeschichte mit weit reichenden und vielfältigen Auswirkungen: Mit dem Untergang von Byzanz konsolidierte sich das OSMANISCHE REICH und expandierte weiter nach Westen (Balkanhalbinsel), Osten (Anatolien, Mesopotamien) und Süden (Syrien/Palästina, Ägypten, Nordafrika). Aus Konstantinopel geflohene Gelehrte gaben der italienischen RENAISSANCE Auftrieb. Die Kontrolle des östlichen Mittelmeers und der Meerengen für den INTERKONTINENTALEN FERNHANDEL durch die Türken verstärkte im lateinischen Europa die Suche nach dem SEEWEG NACH INDIEN als eine Voraussetzung zur EXPANSION EUROPAS IN ÜBERSEE, die das Mittelmeer ökonomisch veröden ließ.

Literatur: St. Runciman: Die Eroberung von Konstantinopel 1453. München [4]1990.

Artillerie

(frz.: »Geschütz«) Waffengattung, entstanden aus der Weiterentwicklung mongolischer Feuerwaffen (älterer Name: »Stück«), zunächst gegen Befestigungen (Vorläufer: Katapulte) und in der offenen Feldschlacht, später auch gegen Feldbefestigungen: Schon früh gab es verschiedene Arten, so Haubitzen und Mörser. Die Artillerie war im Spätmittelalter und in der Frühen Neuzeit am weitesten im OSMANISCHEN REICH entwickelt. Mit ihrer Hilfe gelangen den Türken die EROBERUNG KONSTANTINOPELS (**1453**), Siege über die Perser bei Tschaldiran (1514), die MAMLUKEN bei Aleppo (1516), die Ungarn bei Mohács (1526). Technische Neurerungen erlaubten größeren Beweglichkeit, Treffsicherheit, Reichweite und Durchschlagskraft. Artillerie auf Segelschiffen sicherte den Portugiesen die Überlegenheit im Indischen Ozean über Mamluken und Gujurati (1500/09), später die europäische Seeherrschaft.

Artillerie technisierte und verteuerte die Kriegführung. BURGEN des ADELS wurden zerstört und dessen MONOPOL im Kriegswesen gebrochen, während KRONE und Bürgertum an Macht und Bedeutung gewannen. Friedrich II. (der Große) von Preußen (1740–1786) führte die reitende Artillerie ein. Nach Kartätschen mit Schrapnells führte Napoleon I. konzentriertes und massiertes Flächenfeuer ein (ca. 1800). Im 19. Jahrhundert wurden Vorderlader durch Hinterlader aus Gussstahl mit gezogenen Rohren ersetzt. Die industrielle Waffenproduktion ermöglichte den Aufstieg von Kanonenfabrikanten – Krupp (Essen), Schneider-Creusot (Besançon), Škoda (Pilsen). Im ERSTEN WELTKRIEG (1914–1918) wurde großkallibrige Artillerie eingesetzt, z. B. die »Dicke Berta« (42 cm-Mörser von Krupp), EISENBAHNgeschütze, Fliegerabwehrkanonen (Flak); in den letzten Kriegsjahren wurde Artillerie auch auf Panzer (Tanks) montiert. Im ZWEITEN WELTKRIEG kamen Sturmgeschütze, Panzerartillerie und Raketenartillerie (»Stalinorgel«, Nebelwerfer) zum Einsatz. Atomsprengsätze (ab 1945) wurden auf Kurz-, Mittel- und Langstreckenraketen montiert sowie mit Artilleriewaffen kombiniert (atomare Artillerie).

Literatur: R. Schneider: Die Artillerie des Mittelalters. Berlin 1910, Neudruck Aalen 1985; B. Rathgen: Das Geschütz im Mittelalter. Berlin 1928, Neudruck Düsseldorf 1987; A. Muther: Das Gerät der Artillerie vor, in und nach dem Weltkrieg. 5 Tle. Berlin 1925–43.

Renaissance

(frz., zu lat.: renasci = wiedergeboren werden) Kulturgeschichtlicher Begriff, seit Giorgi Vasari (1511–1574) für die Wiedergeburt der klassischen Antike in der Kunstgeschichte (rinascità), nach 1850 allgemein für den Übergang vom Spätmittelalter zur Neuzeit (u. a. J. Michelet, J. Burckhardt): Eingeleitet wurde die Renaissance in Italien durch verstärkte Hinwendung zur klassischen Antike in Literatur (HUMANISMUS), u. a. Petrarca (1304–1374), und Wissenschaft (1397 arbeitete in Florenz erstmals seit fast 700 Jahren wieder ein Griechischlehrer), in Malerei und Architektur. Starken Auftrieb erhielt sie durch Griechen, die nach der EROBERUNG KONSTANTINOPELS durch die OSMANEN geflüchtet waren (**1453**), vor allem in Florenz (Platonische AKADEMIE, 1499–1512), Venedig und Rom. Von Italien aus setzte die Renaissance ihren Weg in das übrige Europa fort. Epochengeschichtlich steht sie zwischen Romanik und Gotik einerseits, Barock und Rokoko andererseits. Als »Illumination« (Erhellung) einer neuen Humanität gegen das »dunkle Mittelalter« bereitete sie die AUFKLÄRUNG vor.

Der Begriff »Renaissance« wurde auch auf andere Epochen übertragen, die auf die »Klassik« früherer Zeiten zurückgriffen, z. B. karolingische (ca. 800), ottonische (ca. 950), staufische (ca. 1200), sumerische Renaissance (ca. 2000 v. Chr.).

Literatur: J. Burckhardt: Die Kultur der Renaissance in Italien. Basel 1860 ff., Neudruck Frankfurt/Main 1997; K. Brandi: Die Renaissance in Florenz und Rom. Leipzig ^{7}1927; H. Kristeller: Humanismus und Renaissance. 2 Bde., Neuausgabe München 1980; A. Buck: Studien zu Humanismus und Renaissance. Wiesbaden 1991; J. Huizinga: Das Problem der Renaissance. Neuausgabe Darmstadt 1991; J. Hale: Die Kultur der Renaissance in Europa. München 1994; P. Burke: Die Renaissance in Italien. Neuausgabe Darmstadt 1996.

Humanismus

(lat.: humanum= menschlich) Geistige Haltung («Humanität«), die Menschenwürde und die freie Entfaltung der Persönlichkeit durch umfassende Bildung und Erziehung, unter Rückgriff auf klassische Kulturwerte, in den Mittelpunkt stellt; speziell, in Wechselwirkung mit der RENAISSANCE, verstärkte Hinwendung zur europäischen, vor allem griechischen Antike: Der Humanismus kam zuerst in Italien auf (vor allem Florenz); er erhielt durch geflohene Griechen nach der EROBERUNG KONSTANTINOPELS durch die OSMANEN (**1453**) weitere Impulse. Er wandte sich, besonders auf dem Gebiet der Naturwissenschaften, gegen die SCHOLASTIK. Nördlich der Alpen wurde er durch das KONZIL VON KONSTANZ (1414–1418) und das KONZIL VON BASEL (1431–1448) verbreitet – mit unterschiedlichen Positionen zur REFORMATION. Als größter »Humanist« seiner Zeit galt Erasmus von Rotterdam (* 1469, † 1536), in Deutschland waren u. a. Ulrich von Hutten (* 1488, † 1523), in England Thomas Morus (* 1477, † 1535) seine Exponenten. Eine starke Stütze fand der Humanismus in AKADEMIEN; er griff auf deutsche UNIVERSITÄTEN und (humanistische) Gymnasien über und beeinflusste die REFORMATION. Durch seinen Kampf gegen Aberglauben und HEXENVERFOLGUNG bereitete er die AUFKLÄRUNG vor und begünstigte mit seiner Hinwendung zur Volkssprache und zur älteren Geschichte von den Völkern den Nationalismus, u. a. mit der Rezeption der »Germania« von Tacitus. Der SOZIALISMUS dehnte den Begriff des Humanismus auch auf Bestrebungen zur Herstellung von Gleichheit, den Abbau von Bildungsprivilegien, zur Förderung der sozialistischen REVOLUTION aus. Marx, Engels und Lenin galten als »Klassiker« des »sozialistischen Humanismus«.

Literatur: K. Burdach: Reformation, Renaissance, Humanismus. Zwei Abhandlungen über die Grundlage moderner Bildung und Sprachkunst. Berlin ^{2}1926 (Nachdruck Darmstadt 1978); G. Voigt: Die Wiederbelebung der classischen Antike oder Das erste Jahrhundert des Humanismus. Berlin ^{4}1960; E. Kessler: Das Problem des frühen Humanismus. München 1968; H. Kristeller: Humanismus und Renaissance. 2 Bde., Neuausgabe München 1980; A. Buck: Humanismus. Seine europäische Entwicklung in Dokumenten und Darstellungen. Freiburg/Br. 1987; A. Buck: Studien zu Humanismus und Renaissance. Wiesbaden 1991.

Drittes Rom

Anspruch Russlands, nach der Eroberung Konstantinopels (= »Zweites Rom«) durch die OSMANEN (**1453**) als neuer Hort der christlichen ORTHODOXIE zu gelten – mit Moskau als »Drittem Rom«: Den im Ansatz vom METROPOLITEN Zosima formulierten Anspruch (1492) weitete der Mönch Filofej (Philotheos, nach 1500) aus Pskov zum christlich-kulturellen Hegemonialanspruch Moskaus aus, später verschmolzen mit Welterlösungsideen: SLAWEN als neue Träger der Heilsgeschichte.

Literatur: H. Schaeder: Moskau, das Dritte Rom. Studien zur Geschichte der politischen Theorien in der slawischen Welt. Darmstadt ^{2}1957; W. Lettenbauer: Moskau, das Dritte Rom. Zur Geschichte einer politischen Theorie. München 1961; H. Leiner: ... und das dritte Rom wird Moskau sein. Anspruch und Wirklichkeit des russischen Imperiums von Iwan dem Schrecklichen bis zur Gegenwart. Bonn 1981.

Millet

(türk.: Volk, Religionsgemeinschaft) Organisationsstruktur des OSMANISCHEN REICHS nach Religionszugehörigkeit: Das Millet entstand in Ansätzen schon im arabisch-muslimischen KALIFAT und im SASSANIDENREICH. Vier große Religions- und Volksgemeinschaften waren als Buchreligionen anerkannt: der ISLAM (mit allen MUSLIMEN, ohne »nationale« Unterteilung, unter Ausschluss der SCHIITEN) als herrschendes Millet, JUDEN, armenisch-orthodoxe sowie griechisch-orthodoxe Christen. Die nichtmuslimischen Millets hatten innere AUTONOMIE, aber auch die Pflicht, STEUERN zu zahlen. Seit der EROBERUNG KONSTANTINOPELS (**1453**) stand an ihrer Spitze jeweils der oberste Repräsentant der Religion (PATRIARCH bzw. Oberrabbiner) in Konstantinopel, der auch Geisel für Wohlverhalten und Loyalität seiner Glaubensgenossen war. Das System hielt sich fast 400 Jahre lang als einzigartige Form der inneren Autonomie ohne territorialer Grundlage, zerbrach jedoch in der Agonie des Osmanischen Reichs (ORIENTALISCHE FRAGE) zunächst im GRIECHISCHEN UNABHÄNGIGKEITSKRIEG (1821–1829). Das dem SULTAN bis dahin »allerloyalste Millet« der Armenier forderte auf dem BERLINER KONGRESS territoriale Autonomie (1878) und eröffnete eine Eskalationskette – Repression und gewaltsame Assimilation provozierten Armenieraufstände und SEZESSIONsbestrebungen, die mit Massakern und Völkermord an den Armeniern (GENOZID) beantwortet wurden (1895/96, 1909, 1915/16). Aber auch unter den JUNGTÜRKEN wandelte sich die ältere religiöse Zugehörigkeit zu Gunsten eines ethnisch geprägten Nationalismus, der das überlieferte Millet-System sprengte.

Erzherzog

Titel der HABSBURGER in Österreich (1453–1918): Das (gefälschte) PRIVILEGIUM MAIUS (1358) schuf bereits den Titel »Pfalzherzog«, mit dessen Bestätigung durch den Habsburgerkaiser Friedrich III. (**1453**), der das »Erzhaus Österreich« begründete entstand der Titel »Erzherzog«.

Ständekrieg

Krieg des PREUSSISCHEN BUNDS und Polens gegen den DEUTSCHEN ORDEN (1454–1466): Der Preußische Bund sagte sich vom Orden los, unterstellte sich Polen und provozierte den Krieg (**1454**). Nach Einnahme der Marienburg durch Danzig (1456) verlegte der Orden seinen Sitz nach Königsberg (1457–1525). Der Ständekrieg fand seinen Abschluss im 2. THORNER FRIEDEN (1466).

Liga

(lat.: ligare = [fest]binden, frz.: Ligue, engl.: League, ital.: Lega) Älteres Wort für Bündnis, Koalition, Allianz; in der Geschichte stand der Ausdruck für unterschiedliche Bündnisformen:

- Lega = drei LOMBARDENBÜNDE (1093, 1167, 1226);

- LIGA (»Lega«) DER FÜNF ITALIENISCHEN MITTELMÄCHTE (**1455**–1494);
- Ligue du bien public (1475): Adelsopposition gegen den französischen König Ludwig XI. unter Führung von Burgund;
- LIGA VON CAMBRAI (1508);
- HEILIGE LIGA (1511);
- Liga von Cognac (1526);
- (1). KATHOLISCHE LIGA in Deutschland (1538–1547) gegen den protestantischen SCHMALKALDISCHEN BUND (1531–1547);
- KATHOLISCHE LIGA (»Sainte Ligue«) in Frankreich gegen die HUGENOTTEN (1576/77) und die KRONE (1586–1596);
- (2.) KATHOLISCHE LIGA in Deutschland (1609–1635) gegen die protestantische Union (1608–1621);
- Ligue des patriotes (1882–ca. 1938): nationalistischer Verband in Frankreich;
- Liga für Menschenrechte (1898/1922), seit dem DREYFUS-PROZESS;
- »League of Nations« (englisch für VÖLKERBUND, 1919);
- ARABISCHE LIGA (1945).

Liga der fünf italienischen Mittelmächte (Lega Italica)

Friedensordnung für Italien nach dem Frieden von Lodi (1454), erstmals seit den GOTENkriegen, als eine Voraussetzung zur Hochblüte der RENAISSANCE: Die Friedensordnung wird auch als Italienische PENTARCHIE bezeichnet, nach dem ihr zugrunde liegenden Pakt der fünf italienischen Mittelstaaten – Mailand, Venedig, Neapel, Florenz, Kirchenstaat (**1455**–1494).

Pentarchie

(griech.: Herrschaft der fünf Mächte) a) Italienische Pentarchie: Nach dem Frieden von Lodi (1454) vereinbarte LIGA DER FÜNF ITALIENISCHEN MITTELMÄCHTE als Friedensordnung für Italien (**1455**–1494).

b) Europäische Pentarchie: Herrschaft der fünf europäischen Großmächte im 18. und 19. Jahrhundert – Großbritannien, Frankreich, Russland, Österreich (seit 1867: Österreich-Ungarn), Preußen (seit 1871 Deutschland), erweitert durch Italien und das OSMANISCHE REICH (1856); KONZERT DER MÄCHTE (1815–1914).

Literatur: L. Dehio: Gleichgewicht oder Hegemonie. 1948; F. R. Bridge: The Great Powers and the European States System 1815–1914. London 1980; H. Duchardt: Balance of Power und Pentarchie. Internationale Beziehungen 1700–1785. Paderborn 1997; P. M. Kennedy: Aufstieg und Fall der großen Mächte. Frankfurt/Main 2000.

Rosenkriege

(engl.: War of the Roses) Bürgerkriege in England (**1455**–1485) zwischen den Nebenlinien der (1399) im Mannesstamm erloschenen DYNASTIE PLANTAGENET, YORK (weiße Rose) und LANCASTER (rote Rose), nach der Niederlage im HUNDERTJÄHRIGEN KRIEG (1453): Die

Rosenkriege begannen mit dem Angriff Richards von York auf den englischen Hof in St. Albans und den (seit 1453 geisteskranken) Heinrich VI. (Lancaster, 1455). Lancaster stützte sich auf den HOCHADEL, York auf Städte und Landadel (GENTRY). Nach wechselvollen Kämpfen siegte York mit Eduard IV. (1461–1483) und Richard III. (1483–1485), Richard III. unterlag jedoch Heinrich VII. (Sieg bei Bosworth, 1485). Die Rosenkriege, historischer Hintergrund zu Shakespeares Königsdramen, dezimierten den alten Hochadel.

Literatur: C. D. Ross: The Wars of the Roses. London 1976; A. E. Goodman: The Wars of the Roses. Military Activity and English Society 1452–1497. London 1981; J. Gillingham: The Wars of the Roses. Peace and Conflict in 15th Century England. London 1981; J. R. Lander: The Wars of the Roses. Neuausgabe Stroud 1997; B. Webster: The Wars of the Roses. London 1998; A. Cheetham: The Wars of the Roses. London 2000.

Lancaster

Englische DYNASTIE (1399–1461/71), Nebenlinie der PLANTAGENET: Begründet von John of Gaunt (1340–1399), gelangte das Haus Lancaster nach dem Sturz Richards II. mit Heinrich IV. (1399–1413) auf den englischen Thron, gefolgt von Heinrich V. (1413–1422). Er nahm den HUNDERTJÄHRIGEN KRIEG gegen Frankreich wieder auf (Sieg bei Azincourt, 1415). Heinrich VI. (1422/36–1461) wurde geisteskrank (1453). Der Kampf um dessen Vormundschaft war der Ausgangspunkt für die ROSENKRIEGE (**1455**–1485). Heinrich VI. wurde gestürzt (1461), vorübergehend wieder eingesetzt (1470/71), im TOWER ermordet (1471). Erbansprüche wurden aufgenommen von Herzog von Richmond, dem späteren Heinrich VII. (1485–1509), aus dem Haus TUDOR. Das Haus Lancaster führte die rote Rose in seinem Wappen.

Literatur: J. H. Ramsay: Lancaster and York. 2 Bde., Oxford ^{2}1912; K. B. McFarlane: Lancastian Kings and Lollard Knights. Oxford 1972; A. Weir: Lancaster and York. The Wars of the Roses. London 1998; R. L. Storey: The End of the House of Lancaster. London ^{2}1999.

York

Englische DYNASTIE (1461–1485); Nebenlinie der PLANTAGENET: Nach der Niederlage Englands im HUNDERTJÄHRIGEN KRIEG und mit beginnender Geisteskrankheit Heinrichs VI. (1453) nahm Richard von York (1415–1460) in den ROSENKRIEGEN (**1455**–1485) den Kampf um die Thronfolge gegen das regierende Haus LANCASTER auf. Nach dem Sieg bei Wakefield wurde Eduard IV. englischer König (1461–1483), jedoch vorübergehend von Lancaster vertrieben (1470/71). Ihm folgte sein unmündiger Sohn als König Eduard V. (1483), den sein Onkel und Vormund Richard beseitigte. Mit der Niederlage König Richards III. (1483–1485) bei Bosworth gegen Heinrich Tudor, dem späteren König Heinrich VII. (1485) begann die Herrschaft der TUDOR-Dynastie (1485–1603). Ein letzter Aufstand der York, gestützt auf das oppositionelle Irland, wurde niedergeschlagen; mit der Hinrichtung des Earls of Warwick (1499) erlosch die Dynastie. Das Haus York führte die weiße Rose im Wappen.

Monopol

(griech.: mono = allein, einzig + polein = verkehren, Handel treiben, verkaufen) Anspruch auf alleinige Verfügung über eine Sache (z. B. Handel mit einer Ware, Zugang zu Rohstoffen) durch Ausschluss von Konkurrenten (z. B. durch zentrale Kontrolle des Markts oder der MÜNZprägung) mit staatlicher Macht (KRONE, REGALIEN) oder genossenschaftlich organisierten Zusammenschlüssen (z. B. HANSE): Das Monopol war schon Strukturmerkmal der antiken Wirtschaft, z. B. TEMPELwirtschaft der SUMERER, Athens Monopol auf MÜNZEN, Maße und Gewichte im ATTISCH-DELISCHEN SEEBUND, Staatsmonopole im hellenistischen Ägypten der PTOLEMÄER, in Rom auf Bergbau, Waffenproduktion, Prägung von GOLD- und SILBERmünzen (im spätantiken Zwangsstaat ausgeweitet und verschärft). Im europäischen Mittelalter versuchten Venedig, Genua und die Hanse regionale Monopolansprüche im Handel durchzusetzen. In den Städten entwickelten sich die ZÜNFTE zu lokalen, die Berufsausübung und die handwerkliche Produktion kontrollierenden Monopolverbänden.

Monopole entstanden durch Geheimhaltung von Herstellungsverfahren, (z. B. EISEN, PAPIER), Kontrolle von FERNHANDELSrouten. Der Aufstieg neuer Handels- und Wirtschaftsmächte vollzog sich meist im Kampf gegen ältere Monopole und für einen FREIHANDEL; neue Mächte tendierten jedoch zu eigenen Monopolen. Daher waren Wirtschafts- und Handelskriege oft Konflikte zur Durchsetzung, Brechung oder Erhaltung von Monopolen.

Die Suche des SEEWEGS NACH INDIEN wurde ausgelöst durch das Bemühen Europas, die Kontrolle des Fernhandels nach Europa durch die OSMANEN und MAMLUKEN (Meerengen, Landenge von Suez) zu umgehen und einen direkten Zugang zu den Märkten Asiens (Indien, China) zu erhalten. Die päpstliche Bulle »Romanus pontifex« ermächtigte die Portugiesen, einen KREUZZUG gegen SARAZENEN und Heiden zu führen und sicherte ihnen das Monopol auf Eroberungen und Handel zwischen Kap Bojador und Indien zu (**1455**) – die EXPANSION EUROPAS IN ÜBERSEE kombinierte wirkungsvoll KREUZZUG, Mission, Entdeckungen, Eroberungen und Handelsmonopol miteinander. Die zunächst exklusive portugiesische Stellung wurde durch den Frieden von Alcaçovas (1479) regional (die Kanarischen Inseln wurden spanisch), nach der ENTDECKUNG AMERIKAS (1492) durch den VERTRAG VON TORDESILLAS (1494) global modifiziert. Das portugiesisch-spanische Monopol auf Kolonialbesitz und Überseehandel fochten andere europäische Mächten an, mit nationalen Monopolhandelsgesellschaften, z. B. EAST INDIA COMPANY (1600), VEREENIGDE OOSTINDISCHE COMPAGNIE (VOC) (1602), ROYAL AFRICAN COMPANY (1672).

Im MERKANTILISMUS sicherte sich die Krone Einnahmen durch den Verkauf staatlicher Monopole an Personen oder Personengruppen (u. a für Salz, TABAK, Branntwein, POST). Mit der INDUSTRIELLEN REVOLUTION, dem Freihandel und der GEWERBEFREIHEIT verschwanden ältere Monopole (19. Jh.). Doch schlossen sich mit der Entfaltung der Industrie Unternehmen oder Branchen zu kartellartigen Verbänden mit monopolähnlicher Macht zusammen, laut MARXISMUS als Übergang vom Konkurrenz- zum Monopolkapitalismus (ca. 1900). Allerdings waren »Monopole« selten Realität; in ihnen manifestierte sich meist nur der Vormachtanspruch in bestimmten Bereichen (auch jüngster multinationaler Konzerne). Nach 1900 versuchten Gesetzgeber, die Bildung (privater) Monopole zu verhindern und überwachen die Wettbewerbsfreiheit durch eigene Behörden (in Deutschland: Bundeskartellamt).

Monopole prägten sich auch in anderen Bereichen aus: So hatte im europäischen Mittelalter die Kirche faktisch das Bildungsmonopol (später UNIVERSITÄTEN). Der moderne Staat setzte allmählich sein Gewaltmonopol gegen Konkurrenten durch, etwa durch Eindämmung des FEHDEWESENS und den Aufbau stehender Heere. Moderne Parteien haben die Tendenz, politische Macht und Medien zu »monopolisieren«. In kommunistischen Staaten kontrolliert die Staatspartei die öffentliche Meinung.

Literatur: J. Höffner: Wirtschaftsethik und Monopol im 15. und 16. Jahrhundert. Jena 1941; E. Maschke: Grundzüge der deutschen Kartellgeschichte bis 1914. Dortmund 1964, F. Blaich: Die Reichsmonopolgesetzgebung im Zeitalter Karls V. Stuttgart 1967; P. A. Baran/P. M. Sweezy: Monopolkapital. Frankfurt/Main 1967; F. Blaich: Kartell- und Monopolpolitik im kaiserlichen Deutschland. Düsseldorf 1973.

Bill of Attainder

Gesetz des englischen PARLAMENTS, das ihm die Rolle eines Klägers und Richters gegen eine Person ohne ordentlichen Prozess zusprach (**1459**–1798): Die Bill of Attainder diente seit den ROSENKRIEGEN – von der letzten Anwendung des IMPEACHMENT (1459) bis zu dessen Wiederaufnahme (1621) – der Ausschaltung politischer Gegner durch die Krone oder Parlamentsmehrheit: durch Verurteilung zur Haft im Londoner TOWER oder Hinrichtung, z. B. Thomas More (1534), Thomas Cromwell (1540), Earl of Strafford (1641); zuletzt angewandt gegen Lord Edward Fitzgerald wegen dessen führender Rolle im IRISCHEN AUFSTAND (1798).

Schaumburg

(auch: Schauenburg) Deutsche DYNASTIE (1111–1460/1640), benannt nach ihrer Stammburg (Schauenburg) an der Mittelweser: Kaiser Lothar III. belehnte die Schaumburger mit der Grafschaft Holstein und Stormarn (1110, erste Gründung Lübecks 1143). Aus Teilungen (1241) entstanden die Kieler (bis 1321) und Itzehoer Linien, die sich unterteilten (1295) – Plöner (bis 1390), Rendsburger oder Herzogslinie (bis 1459), Pinneberger Linie (bis 1640). Dynastische Verbindungen der Rendsburger Linie mit dem schleswigschen Herzogshaus Abel (seit 1237) verquickten die Schauenburger mit Dänemark. Verwicklungen Holsteins in innerdänische Konflikte führten die schauenburg-holsteinische Macht unter Graf Gerhard III. (dem Großen, ca. 1293–1340) auf ihren Höhepunkt: Er brachte seinen Neffen, den Herzog von Schleswig, als Waldemar III. (ca. 1315–1364) auf den dänischen Königsthron und wurde an dessen Stelle Herzog von Schleswig (1326), womit Schleswig und Holstein erstmals in PERSONALUNION vereint waren (1326–1330). Im dänischen INTERREGNUM (1332–1340) war Gerhard faktisch dänischer REICHSVERWESER, wurde aber von einem jütischen Adligen ermordet (1340). Die Schaumburger erneuerten die Personalunion zwischen Schleswig und Holstein (1386). Der dänische Versuch, Schleswig zu annektieren, scheiterte im Krieg gegen Holstein (1410–1435). Der letzte Schauenburger aus der Rendsburger Linie, Adolf VIII. (1401–1459), empfahl den Ständen die Wahl seines Neffen, König Christian I. von Dänemark (seit 1448), zum Herzog von Schleswig und Grafen von Holstein. Das vertragliche Teilungsverbot von Schleswig und Holstein (»Up ewig ungedeelt«, **1460**) nach dem Tod Adolfs (1459) und die komplizierte Verbindung mit Dänemark warf später die SCHLESWIG-HOLSTEINISCHE FRAGE auf (1846–1864). [F. H.]

Literatur: H. bei der Wieden: Schaumburg. Genealogie. Bückeburg 1966; U. Lange: Grundlagen der Landesherrschaft der Schauenburger in Holstein. Neumünster 1974 ; W. Maack: Die Geschichte der Grafschaft Schaumburg. Rinteln 1986.

Realunion

Im Gegensatz zur PERSONALUNION eine staatsrechtlich enge Verbindung zwischen zwei Ländern, in der der schwächere Partner die AUTONOMIE mehr oder weniger verliert: Die SOUVERÄNITÄT (Vertretung nach außen, meist auch die ausschlaggebenden Teile der Verwaltung nach innen) verlagert sich zum stärkeren Partner: Äußeres Merkmal der Realunion ist eine gemeinsame repräsentative Vertretung (z. B. PARLAMENT oder REICHSTAG). Realunionen wurden z. B. zwischen Schleswig und Holstein (**1460**), Polen und Litauen (1569), England und Schottland (1707–2000), England, Schottland und Irland gebildet (1800–1922).

Doppeladler

Symbol imperialer Macht von GROSSREICHEN im mediterran-europäischen Bereich, durch zwei Adler, deren Köpfe voneinander abgewandt sind, auf einem Wappen: Das Herrschersymbol geht zurück auf die SUMERER; es wurde von HETHITERN, Babyloniern und SASSANIDEN und Byzanz als Zeichen kaiserlicher Würde übernommen. Im lateinischen Westen konkurrierte der Doppeladler zunächst mit dem einköpfigen Adler als kaiserlichem Herrschaftssymbol (ab 1100), setzte sich aber später durch (nach 1300). Nach der EROBERUNG KONSTANTINOPELS (1453) übernahm das GROSSFÜRSTENTUM Moskau mit dem Doppeladler (**1462**) auch die Formel vom DRITTEN ROM und den kaiserähnlichen Titel ZAR als Anspruch, byzantinische Tradition fortzuführen (russisches Staatswappen bis 1917, wieder seit 1991). Den Doppeladler führten das Kaiserreich Österreich (1806) und die DOPPELMONARCHIE ÖSTERREICH-UNGARN (1867–1918) im Wappen, nach den BALKANKRIEGEN war er in Albanien Staatswappen (1913), selbst in Albaniens kommunistischer Phase (1945–1990), entsprechend auch bei den Kosovo-Albanern.

Zar

Dem Titel eines KAISERS gleichwertiger Titel im alten Russland, abgeleitet von CAESAR (altslaw.: cesař): Im Slawischen ursprünglich Name für die byzantinischen Kaiser und TATAREN-Khane, trugen auch die mittelalterlichen Bulgarenfürsten (erneut 1908–1946) und verschiedene serbische Herrscher den Zarentitel. Nach der EROBERUNG KONSTANTINOPELS (1453) durch die OSMANEN nannten sich die GROSSFÜRSTEN von Moskau seit Iwan III. (**1462**–1505) Zar; Iwan IV. verwendete den Titel offiziell (1547). Peter der Große behielt den Zarentitel bei, jedoch, am westlichen Vorbild orientiert, auch als »Kaiser aller Reußen« (1721–1917).

Literatur: F. Carr: Iwan der Schreckliche. Der erste Zar. München 1990.

Songhai-Reich

Drittes und letztes mittelalterliches GROSSREICH in Westafrika, nach GHANA und MALI: Das Songhai-Reich, getragen vom Volk der Songhai, erreichte unter Sunni Ali (**1464**–1492) und Mohammed Askia (1493–1529), dem Begründer der ASKIA-DYNASTIE (1493–1591), seinen Höhepunkt. Mit Hilfe europäischer Söldner eroberte Marokko das Songhai-Reich (1591).

Literatur: R. Fischer: Gold, Salz und Sklaven. Die Geschichte der großen Sudanreiche Gana, Mali, Songhai. Oberdorf/Schweiz ^{2}1992.

Generalstaaten

(niederl.: Staten-Generaal, analog zu frz.: États Généraux) Nach dem Vorbild der französischen GENERALSTÄNDE gebildete STÄNDE für das Herzogtum Burgund: Deputierte der Provinzstände mit festen Instruktionen wurden von Herzog Philipp dem Guten zur Finanzierung eines Kreuzzugs nach Brügge einberufen (**1464**); danach tagten sie in unregelmäßigen Abständen in verschiedenen Städten, vor allem Brüssel, Gent und Mecheln. Nach Übernahme der Herrschaft durch HABSBURG erhielten die Generalstaaten (Name üblich seit 1506) das GROSSE PRIVILEG (1477). In den sieben Provinzen der UTRECHTER UNION (1579) spielten sie in der Außen-, Innen-, Finanz- und Militärpolitik eine führende Rolle (ständiger Sitz in Den Haag ab 1585). Sie verwalteten die Generalitätslande, d. h. vom Norden eroberte Gebiete der Südprovinzen, die nicht in der Utrechter Union waren. Auch übernahmen sie, im Wesentlichen durch Ausschüsse, Regierungsverantwortung, (1593). Der Name Generalstaaten ging auf die Niederlande über (bis 1795); in der BATAVISCHEN REPUBLIK wurden sie von der NATIONALVERSAMMLUNG abgelöst (1796–1806). Später wurde der Name Generalstaaten für das nationale PARLAMENT übernommen (seit 1814).

Für die zehn südlichen Provinzen, die sich in der UNION VON ARRAS (1579) der spanischen ABSOLUTEN MONARCHIE anschlossen, hatten die Generalstaaten in Brüssel (1598, 1600, 1619) nur noch geringe Bedeutung. Allerdings gab es weiterhin Provinzstände.

Literatur: Th. Juste: Histoire des États Généraux des Pays-Bas. 2 Bde., Brüssel 1864; 500 Jaren Staten-Generaal. Assen 1964.

Böhmische Brüder

(auch: Mährische Brüder; tschech.: Jednota braterska, latein.: Unitas Fratrum= Brüderunität) Religionsgemeinschaft, aus Resten der UTRAQUISTEN und WALDENSER in Böhmen hervorgegangen: Nach Gründung der ersten Gemeinde (1457) konstituierten sich die Böhmischen Brüder als eigene, von der Kirche getrennte Glaubensgemeinschaft (**1467**). Sie lehnten Eid, Kriegsdienst und die Bekleidung öffentlicher Ämter ab, stellten nach dem Vorbild Christi Sanftmut, Geduld, Armut und Feindesliebe in den Mittelpunkt ihres Glaubens. Nach Kontakten mit Luther bildeten sie eine eigenständige evangelische Kirche (1528–1628). Als Verfolgte (seit 1548) fanden sie Schutz beim böhmischen ADEL oder wanderten nach Polen und Schlesien aus. Der MAJESTÄTSBRIEF gewährte den Böhmischen Brüdern öffentliche Religionsausübung (Confessio Bohemica, 1609). Nach Niederschlagung des BÖHMISCHEN AUFSTANDS am Weißen Berg (1620) gerieten sie unter Rekatholisierungsdruck und mussten emigrieren (1628); in der Oberlausitz bildeten sie die Herrnhuter Brüdergemeinde (1722) mit besonderen Formen christlichen Zusammenlebens und umfangreicher Missionstätigkeit, auch in Übersee (ab 1732). In Böhmen, Mähren und Schlesien durften die Böhmischen Brüder unter Joseph II. eigene Gemeinden bilden (1781).

Literatur: J. Th. Müller: Geschichte der Böhmischen Brüder. 3 Bde., Herrnhut 1922–31, P. Říčan: Die Böhmischen Brüder. Berlin 1961.

Weiße Hammel

(türk.: Ak-Kojunlo, Ag-Qoyunlo) STAMMESKONFÖDERATION der TURKMENEN, benannt nach dem Totem ihres führenden CLANS: Weiße Hammel stürzten SCHWARZE HAMMEL im Irak (**1468**). Sie wurden ihrerseits von OSMANEN vertrieben (1515).

Ewige Richtung

Unbefristeter (= »Ewiger«) Vertrag zwischen Österreich und der EIDGENOSSENSCHAFT zur Abwehr der burgundischen Expansion unter Karl dem Kühnen (**1474**): Die Ewige Richtung verpflichtete zu gegenseitiger Hilfeleistung und sah bei Streitigkeiten ein Schiedsgericht vor. Sie enthielt das Verbot, Untertanen des anderen Vertragspartners aufzunehmen.

Literatur: R. Janeschitz-Kriegl: Geschichte der Ewigen Richtung, in: Zeitschrift für die Geschichte des Oberrheins 105/1957.

Großes Privileg

(niederl.: het Groot-Privilege) Grundgesetz für die GENERALSTAATEN des ehemaligen Herzogtums Burgund nach dem Tod Karls des Kühnen und Übergang der Herrschaft an HABSBURG (**1477**): Das Große PRIVILEG –

für Flandern, Holland, Namur und Brabant jeweils ein eigenes – sah die Mitbestimmung der Generalstaaten bei Kriegserklärungen vor. Generalstaaten (und Provinzialstände) durften aus eigener Initiative tagen, nicht mehr abhängig von der Einberufung durch die Krone. Französisch wurde offizielle Amtssprache. Bei Vertragsverletzungen durch Herzogin Maria oder ihre Erben hatten die Generalstaaten ein Widerstandsrecht bis zur Wiedergutmachung des Unrechts. Auch in Kriegszeiten durften die Generalstaaten mit Gegnern Handel treiben. Der Unterstützung der Regierung diente ein Großer Rat von 25 Vertretern aus allen Provinzen. Das Große Privileg stärkte die Stellung der Generalstaaten und förderte das Zusammenwachsen der (alten) Niederlande.

Literatur: L. Hommel: Marie de Bourgogne de Le grand héritage. Brüssel [4]1951.

Sammeln des Landes der Rus (auch: Sammeln der russischen Erde)

Außenpolitisches Programm des Grossfürstentums Moskau, faktisch zur Restaurierung der Kiewer Rus, jetzt unter Führung Moskaus: Iwan III. leitete es durch Annexion der Stadtrepublik (Groß-)Nowgorod ein (**1478**). Moskau annektierte weitere russische Teilfürstentümer und expandierte weit über altrussische Territorien hinaus.

Großinquisitor

Leiter der staatlichen Inquisition in Spanien (**1478**), meist der Erzbischof von Toledo.

Zeitalter der streitenden Reiche

Epoche japanischer Feudalanarchie (**1480**–1600/03): Bürgerkriege zwischen Adelsfamilien beendeten in drei Anläufen (ab 1568) die drei »Einiger« des frühneuzeitlichen Japan – Nobunaga Oda (1568–1582), Hideyoshi Toyotome (1584–1598), Tokugawa Ieyasu (1600–1616).

Heiliges Römisches Reich Deutscher Nation

Offizieller Titel des mittelalterlichen Reiches der Deutschen: Der Name Imperium Romanum (962) wurde zum Sacrum Imperium Romanum (1157) und durch den Zusatz »Deutscher Nation« (**1484**) auf einem Wormser Reichstag in der endgültigen Fassung erweitert. Die Bezeichnung galt bis zum Untergang des Reichs (1806).

Literatur: R. A. Müller: Heiliges Römisches Reich Deutscher Nation. Anspruch und Bedeutung des Reichstitels in der frühen Neuzeit. Regensburg 1990.

Hexen

Frauen (oft ältere), aber auch Männer mit »übernatürlichen Kräften«, die sie nach dem Hexenglauben durch einen »Dämonenpakt« erhielten: Hexen tauchen häufig in Märchen und Sagen auf, in Dichtung und Malerei. Der Hexenglauben entstammte vorchristlichen Vorstellungen, mit Parallelen in nichtchristlichen Religionen. Als Volksaberglaube im christlichen Mittelalter wurde er von führenden Theologen des Hochmittelalters übernommen. Eine päpstliche Bulle eröffnete die systematische HEXENVERFOLGUNG (**1484**).

Literatur: H. Mögenburg: Hexen und Ketzer – der Umgang mit Minderheiten vom Mittelalter bis heute. Frankfurt/Main 1987; J. Michelet: Die Hexe. Wien 1988; E. Labouvie: Zauberei und Hexenwerk. Ländlicher Hexenglaube in der frühen Neuzeit. Frankfurt/Main 1993; R. van Dülmen (Hg.): Hexenwelten. Magie und Imagination vom 16.–20. Jahrhundert. Frankfurt/Main 1993.

Hexenverfolgung

Systematische Verfolgung sog. HEXEN vor allem in Europa: Karl der Große (768–814) verurteilte ihre Verbrennung in seinem Sachsenkapitular. Hexenverfolgungen setzten verstärkt im Spätmittelalter mit Bekämpfung der KETZER (vor allem WALDENSER) ein, mit der päpstlichen Bulle »Summis desiderantes affectibus« auf breiter Basis (**1484**). Die INQUISITION bestrafte »Hexen« und »Zauberer«, ohne Berufungsmöglichkeit. »Handwerkszeug« der Ankläger wurde der »Hexenhammer« (»Malleus maleficarum«), von Institoris und Sprenger als Kommentar zur päpstlichen Bulle gedacht, als Gesetzbuch für Hexenprozesse veröffentlicht (1487). Der Überführung von Hexen dienten Denunziation, »Hexenprobe« und FOLTER. Hexenprozesse fanden in ganz Europa statt, auch Amerika (1692); meist endeten sie mit Verbrennung auf dem Scheiterhaufen. Zehntausende fielen den Hexenverfolgungen zum Opfer, oft nach Massenaburteilungen. Die erste umfassende Kritik am Hexenglauben formulierte der Arzt J. Weyer (Wier) in »De praestigiis daemonum« (1563), von den JESUITEN Paul Laymann (1625) und Adam von Tanner aufgenommen (1626), von Friedrich von Spee (*1591, †1635) in seiner (anonym erschienenen) Schrift »Cautio criminalis contra sagas« (1631) zur umfassenden Anklage gegen die Umenschlichkeit der Hexenprozesse erweitert. Die AUFKLÄRUNG leitete die Überwindung des Hexenglaubens ein (letzter Hexenprozess in Deutschland 1793).

Übertragen auch, nach Arthur Millers »Hexenjagd« (1953), auf Diskriminierung in den USA im MCCARTHYISMUS (1950–1954).

Literatur: J. Hansen: Zauberwahn, Inquisition und Hexenprozeß im Mittelalter und die Entstehung der großen Hexenverfolgung. München [2]1900, Neuausgabe Aalen 1983; J. Hansen (Hg.): Quellen und Untersuchungen zur Geschichte des Hexenwahns und der Hexenverfolgung im Mittelalter. Bonn 1901, Neudruck Hildesheim 1963; H. Ch. Lea: Materials Toward a History of Witchcraft. 3 Bde., Philadelphia (Pa.) 1939, Nachdr. New York 1986); A. Blauert: Frühe Hexenverfolgungen. Ketzerei, Zauberei- und Hexenprozesse des 15. Jahrhunderts. Hamburg 1989; W. Behringer: Hexen. Glaube, Verfolgung, Vermarktung. München 1998; W. G. Soldan: Geschichte der Hexenprozesse. 2 Bde., neu bearbeitet und hg. von M. Bauer. Köln 1999; B. P. Levack: Hexenjagd. Die Geschichte der Hexenverfolgungen in Europa. München [2]1999; G. Schwaiger (Hg.): Teufelsglaube und Hexenprozesse. München [4]1999.

Seeweg nach Indien

Alternative FERNHANDELSroute von Europa nach Asien, um der Kontrolle der Meerengen durch OSMANEN sowie der Landenge von Suez durch MAMLUKEN (bis 1517) zu entgehen: Entdeckungsfahrten der

Portugiesen entlang der westafrikanischen Küste (seit 1419) fielen zunächst zusammen mit Suche nach den afrikanischen GOLDquellen. Die Suche alternativer Fernhandelswege verstärkte sich nach der EROBERUNG KONSTANTINOPELS durch die Osmanen (1453) und der Eroberung des genuesischen Kaffa auf der Krim durch die TATAREN (1476). Genua engagierte sich finanziell und personell in Portugal, während Venedig weiter mit den Mamluken bei der Kontrolle der Seeroute über die Landenge von Suez und das Rote Meer zum Indischen Ozean kooperierte. Der Genuese Columbus kam auf der Suche nach dem westlichen Seeweg nach Portugal (1479–1485). Nachdem er vergeblich versucht hatte, die portugiesische Krone für seine Pläne zu gewinnen, ging er nach Kastilien (**1485**), von wo aus er seine Fahrten durchführte (ENTDECKUNG AMERIKAS, 1492); Vasco da Gama erreichte Indien über das Kap der Guten Hoffnung (1498) – beides wurde Auftakt zur EXPANSION EUROPAS IN ÜBERSEE.

Literatur: H. H. Hart: Vasco da Gama und der Seeweg nach Indien. Bremen 1965; G. Hamann: Der Eintritt der südlichen Hemisphäre in die europäische Geschichte. Wien u. a. 1968; F. P. Marjay: Portugues navigators. Lissabon 1970; G. Giertz (Hg.): Vasco da Gama. Die Entdeckung des Seewegs nach Indien. Ein Augenzeugenbericht. Stuttgart [3]1990.

Tudor

Englische Dynastie (1485–1603) walisischer Abstammung (nachweisbar seit 1232): Der erste Tudor auf dem englischen Thron war Heinrich VII., der sich gegen das Haus YORK durchsetzte (**1485**) und die ROSENKRIEGE (1455–1485) beendete, gestützt auf GENTRY und Bürgertum. Er verhalf der Nationalmonarchie zur Anerkennung und leitete mit dem ACT OF RETAINER (1504) eine Periode des inneren Friedens ein, eine Voraussetzung für die INDUSTRIELLE REVOLUTION in England. Heinrich VIII. (1509–1547) förderte die REFORMATION (ab 1529, SÄKULARISATION der Klöster 1536), die sich unter der Regentschaft für den minderjährigen Eduard VI. (1547–1553) radikalisierte. Im Gegenschlag versuchte Maria Tudor (1553–1558), England im Bündnis mit Spanien zu rekatholisieren und ließ Anhänger der Reformation verfolgen. Elisabeth I. (1558–1603) schuf die ANGLIKANISCHE STAATSKIRCHE (1560), etablierte England als See- und Handelsmacht (Sieg über spanische ARMADA, 1588) und gab dem Land Stabilität auf dem Höhepunkt der Harmonie von Krone, Gentry und Bürgertum (Elisabethanisches Zeitalter). Nach ihrem Tod ging die Herrschaft an die STUART-Dynastie über (1603–1714).

Literatur: R. A. Griffith/R. S. Thomas: The Making of the Tudor Dynasty. New York 1985; D. M. Loades: The Tudor Court. London 1986; J. D. Mackie: The Earlier Tudors. 1485–1558. Oxford 1994; P. Williams: The Later Tudors. England 1547–1603. Oxford 1995; G. R. Elton: England Under the Tudors. London [3]1999.

Star Chamber

(dt.: Sternkammer) Im mit Sternen ausgemalten Raum im Westminster Palast hielt ein Ausschuss des PRIVY COUNCIL als königliches Kriminal- und Verwaltungsgericht seine geheimen Sitzungen ab, als Symbol königlicher Geheimjustiz und Unterdrückung der Opposition: Das Star Chamber als Institution ging auf ein Gesetz des PARLAMENTS zurück (**1487**). Seine Tätigkeit wurde unter Kanzler Thomas Wolsey (1515–1529) ausgeweitet, die ENGLISCHE REVOLUTION hob es auf (1641).

Literatur: C. L. Scofield: Court of Star Chamber. London 1900; J. A. Guy: The Court of Star Chamber and its Records to the Reign of Elizabeth I. London 1985.

Privy Council

(dt.: Geheimer Rat) Zentrales Exekutivorgan der englischen bzw. britischen KRONE (1487–1721/42): Anfänge des Privy Council liegen im 14. Jahrhundert. Heinrich VII. richtete ihn als Institution förmlich ein (**1487**) mit dem Ausschuss des STAR CHAMBER (1487–1641). Der Privy Council erhielt eine eigene Registratur (1540). In der ENGLISCHEN REVOLUTION stellte er seine Tätigkeit ein, wurde aber offiziell nie abgeschafft; die Restoration belebte ihn wieder (1660), ohne dass er seine frühere Bedeutung zurückerlangen konnte. Allmählich wurde der Privy Council vom Kabinett vergedrängt (ab 1701). Heute hat er meist nur noch formale und repräsentative Bedeutung, u. a. zum Erlass von Orders-in-Council (Regierungsrordnungen). Ein Ausschuss, das Judicial Committee (seit 1833), ist höchste Berufungsinstanz für kirchliche Gerichte sowie für Gerichte abhängiger Territorien und einiger COMMONWEALTH-Länder.

Literatur: A. V. Dicey: The Privy Council. London 1860; Th. P. Taswell-Langmead: English Constitutional History from the Teutonic Conquest to the Present Time. London [11]1960; D. L. Sir Keir: The Constitutional History of Modern Britain Since 1485. London [9]1969.

Schwäbischer Bund (»Bund im Lande Schwaben«)

Regionaler Zusammenschluss zum Schutz der HABSBURGER Hausmacht in Südwestdeutschland, gegründet von südwestdeutschen RITTERN, 20 schwäbischen Reichsstädten, dem ERZHERZOG von Tirol und dem Grafen von Württemberg (**1488**–1534): Der Kreis der Mitglieder wurde durch den Beitritt weiterer Reichsstädte und Fürsten, u. a. des späteren Kaisers Maximilian I. erweitert. Der Schwäbische Bund führte den SCHWABENKRIEG (1499), beteiligte sich am Bayerischen Erbfolgekrieg (1504/05), vertrieb Herzog Ulrich nach dessen Bruch mit dem Schwäbischen Bund aus Württemberg (1519) und schlug den BAUERNKRIEG in Schwaben und Franken unter Truchsess von Waldburg-Zeil nieder (1525). In der REFORMATION zerbrach er an der unterschiedlichen konfessionellen Parteinahme seiner Mitglieder (1534).

Literatur: E. Bock: Der Schwäbische Bund und seine Verfassungen. 1488–1534. Breslau 1927 (Neudruck Aalen 1968); H. Carl: Der Schwäbische Bund 1488–1534. Landfrieden und Genossenschaft im Übergang vom Spätmittelalter zur Reformation. Leinfelden-Echterdingen 2000.

Andalusier

Aus Südspanien (Andalusien) in der letzten Phase der RECONQUISTA nach Marokko vertriebene MAUREN (**1492**): Die Andalusier sind dort noch heute als kulturelles Element erkennbar (z. B. Lieder, eigener Stadtteil in Fes).

Sephardim

Einer der drei großen Teilzweige des JUDENTUMS – Juden aus Spanien: Der Begriff leitet sich vom hebräischen »Sephar« ab, in der Bibel Wohnsitz der Nachkommen Sems. Er wurde als Synonym für die Iberische Halbinsel identifiziert. Die JUDEN, die bis zu ihrer Vertreibung in Spanien (**1492**) und Portugal (1497) lebten, waren nach dem JÜDISCHEN AUFSTAND (66–70) ins römische Spanien deportiert worden. Nach Verfolgungen im Reich der WESTGOTEN (bis 711) stießen sie unter den MUSLIMEN zunächst auf TOLERANZ (nach 711). Verfolgungen und Diskriminierungen, die unter den ALMOHADEN begannen (1148), wurden im christlichen Spanien fortgesetzt (1391, 1449 LIMPIEZA DE SANGRE). Nach der RECONQUISTA wurden die Sephardim aus Spanien (1492) und Portugal (1497) vertrieben. Sie wanderten in mehreren Wellen vor allem ins OSMANISCHE REICH aus (Saloniki, Makedonien, Bosnien, Serbien, Rumänien, Smyrna, Thrakien, Konstantinopel, Rhodos, Syrien/Palästina, Ägypten), nach Italien (Neapel, Rom, Livorno, Genua, Venedig), Südfrankreich (Marseille) und in den Maghreb. Im 17. Jahrhundert emigrierten CONVERSOS (Marranos) auf der Flucht vor der INQUISITION über Belgrad nach Norden bis Budapest, Wien und Krakau, ferner nach Frankreich (u. a. Bordeaux, Paris, Normandie). Juden aus Portugal wichen u. a. nach Amsterdam (ca. 1590), Hamburg (1612), London (1656) und Dublin (1660) sowie nach Amerika aus. In ihrer neuen Heimat waren die Sephardim führend im Kultur- und Wirtschaftsleben, bis zur Dominanz der ASCHKENASIM seit der INDUSTRIELLEN REVOLUTION. Umgangssprache der Sephardim war SPANIOLISCH.

Auch orientalische Juden werden fälschlich als Sephardim bezeichnet.

Literatur: H. J. Zimmels: Ashkenazim and Sephardim. Their Relations, Differences and Problems as Reflected in the Rabbinical Responsa. London 1958; R. D. Barnett: The Sephardim Heritage. New York 1971: B. Leroy: Die Sephardim. Geschichte des iberischen Judentums. Frankfurt/Main 1991.

Spaniolisch (auch: Ladino)

Romanische Sprache der SEPHARDIM, basierend auf dem Kastilischen, mit hebräischen, später französischen, im OSMANISCHEN REICH mit arabischen, türkischen, griechischen Elementen, auch Ladino genannt: Das Spaniolische entstand nach der Vertreibung der Sephardim aus Spanien (**1492**), zunächst unter Konservierung älterer spanischer Sprachelemente, vergleichbar mit dem JIDDISCHEN der ASCHKENASIM. Insgesamt prägten sich zwei große Sprachgruppen aus, das westliche und östliche Ladino, die seit dem 19. Jahrhundert unter starken Einfluss der Sprachen der Gastländer, vor allem des Französischen, gerieten. Spaniolisch war Umgangssprache (auch: Judenspanisch), fand Eingang in die religiöse, später auch weltliche Literatur, blieb lebendig in Liedern aus Spanien.

Ladino bezeichnet auch: das Rätoromanische in der Schweiz und in Südtirol; Mischlinge von Weißen und Indios in Mittelamerika.

Literatur: M. L. Wagner: Beiträge zur Kenntnis des Judenspanischen von Konstantinopel. Wien 1914; S. Kowallik: Beiträge zum Ladino und seiner Orthographiegeschichte. Hamburg 1989.

Entdeckung Amerikas

Zentrales Ereignis der Weltgeschichte: Auf der Suche nach einem westlichen SEEWEG NACH INDIEN erreichte der in spanischen Diensten stehende Columbus Amerika (**1492**), zunächst nur die Westindischen Inseln. In der Neuen Welt entstanden Kolonialreiche der Spanier und Portugiesen, denen andere europäische Völker folgten. Mit der Entdeckung Amerikas und Verlagerung der Haupthandelsströme vom Mittelmeer zum Atlantik begann die EXPANSION EUROPAS IN ÜBERSEE und die Erschließung des amerikanischen Kontinents durch die Europäer.

Literatur: J. H. Parry: Zeitalter der Entdeckungen. Zürich 1963; R. Konetzke: Entdecker und Eroberer Amerikas. Frankfurt/Main 1963; J. H. Elliot: The Old World and the New, 1492–1650. London 1970; U. Bitterli: Die Entdeckung Amerikas. Neuausgabe München 1999.

Expansion Europas in Übersee

Zentraler Prozess der Weltgeschichte im Übergang vom Mittelalter zur Neuzeit: Ausgelöst wurde er durch Bevölkerungszunahme und ökonomisches Wachstum in Europa (ca. seit 1000), Strukturveränderungen im FERNHANDEL, vor allem seit EROBERUNG KONSTANTINOPELS durch die OSMANEN (1453). Mit der Suche des SEEWEGS NACH INDIEN leiteten Portugiesen und Genua die Expansion Europas in Übersee ein; Wegmarken waren die Eroberung Ceutas durch die Portugiesen (1415), die Suche nach den Quellen des westafrikanischen GOLDS und die ENTDECKUNG AMERIKAS (**1492**). Vasco da Gama erreichte Indien auf dem Seeweg über das Kap der Guten Hoffnung (1498). Es entstanden frühe europäische Kolonial- und Handelsreiche. Die SKLAVEREI erreichte die Neue Welt (TRANSATLANTISCHER SKLAVENHANDEL ab 1505). Neues Kapital erreichte Westeuropa; England und die Niederlande traten in Konkurrenz zu den Seemächten Portugal und Spanien. In Übersee setzte sich die Rivalität der europäischen Großmächte fort.

Literatur: J. H. Parry: Zeitalter der Entdeckungen. Zürich 1963; P. Chaunu: European Expansion in the Later Middle Ages. Amsterdam 1979; H. L. Wesseling (Hg.): Comparative Studies in Overseas History. 4 Bde., Den Haag 1978 ff.; E. Schmitt (Hg.): Dokumente zur Geschichte der europäischen Expansion. 7 Bde., München 1984 ff..

Globus

(lat.: = Kugel) Kugelmodell der Erde (oder anderer Himmelskörper) oder Himmelskugel mit Fixsternen (Himmelsglobus): Den ältesten bekannten erhaltenen Erdglobus baute Martin Behaim in Nürnberg (**1492**).

Literatur: O. Maris/G. Saarmann: Der Globus im Wandel der Zeiten. Eine Geschichte der Globen. Berlin 1961; A. Fauser: Kulturgeschichte des Globus. Bad Harzburg 1988; L. Zögner: Die Welt in Händen. Globus und Karte als Modell von Erde und Raum. Berlin 1989.

Zweite Leibeigenschaft

Nach der mittelalterlichen LEIBEIGENSCHAFT breitete sich entlang der früheren Ostgrenze des KAROLINGERREICHS, im Wesentlichen östlich der Elbe, mit Agrargesetzen von Brandenburg über Böhmen, Ungarn, Polen bis Russland (Moskau) eine neue Form der Leibeigenschaft aus (ab **1492**/98), nach Osten sich verschärfend bis zur faktischen Agrarsklaverei: Die Zweite Leibeigenschaft war gekoppelt mit der agrarkapitalistischen Gutswirtschaft meist adliger Gutsherren als Getreidelieferanten des sich modernisierenden Westen. Sie war soziale Grundlage der ABSOLUTEN MONARCHIE, Adelsherrschaft in Polen, AUTOKRATIE in Russland. Gemildert wurde die Leibeigenschaft durch Reformen des aufgeklärten ABSOLUTISMUS (vor 1789), abgeschafft seit den PREUSSISCHEN REFORMEN (1807–1812), zuletzt in Russland mit der BAUERNBEFREIUNG (1861).

Literatur: Z. P. Zach: Die ungarische Agrarentwicklung im 16. und 17. Jahrhundert. Abbiegen vom westeuropäischen Entwicklungsgang. Budapest 1964; R. E. F. Smith: The Enserfment of the Russian Paysantery. London, New York 1968; J. Szücs: Die drei historischen Regionen Europas. Frankfurt/ Main [2]1990; E. Maur: Gutsherrschaft und zweite Leibeigenschaft in Böhmen. München 2001.

Gutsherrschaft

Fortentwicklung der Grundherrschaft in Ostmitteleuropa östlich der Elbe (15.–19. Jh.): Der Grundherr arrondierte seinen Grundbesitz durch Bauernlegen (Einziehen gutsherrlicher Bauernstellen), meist konzentriert auf ein oder zwei Herrengüter mit dazugehörigem Dorf. Der Gutsherr war die unterste Ebene von Verwaltung und Rechtsprechung, Inhaber staatlicher Gewalt und Gerichtsherr (Patrimonialgerichtsbarkeit). Gutsherrschaft als Form der ZWEITEN LEIBEIGENSCHAFT (ab **1492**/98) gab es in Brandenburg, Böhmen, Ungarn, Polen, Russland. In verschiedenen Varianten verschärfte sie die Abhängigkeit der Bauern (Erbuntertänigkeit; z. B. REZESS der brandenburgischen Stände 1653). Sie verschwand in Ostelbien seit den PREUSSISCHEN REFORMEN (1807–1812) und der BAUERNBEFREIUNG.

Literatur: G. Franz: Geschichte der deutschen Agrarverfassung vom frühen Mittelalter bis zum 19. Jahrhundert. Stuttgart [2]1967; G. Franz: Geschichte des deutschen Bauernstandes vom frühen Mittelalter bis zum 19. Jahrhundert. Stuttgart [2]1976.

Bundschuh

Im europäischen Mittelalter Fußbekleidung der Bauern, über die Knöchel mit Riemen über den Fuß gebunden; auch Symbol für die Bauernschaft – im Gegensatz zum gespornten Stiefel der RITTER (seit nach 1200): Der Bundschuh war, auf eine Fahne gemalt oder an einer Stange befestigt, das Zeichen aufständischer Bauern, zuerst bei Basel (1443) und im Hegau (Südwestdeutschland, 1460). Aufstände gab es im Elsass (**1493**). Verschwörungen und Aufstandsversuche unter dem Bauernführer Joß Fritz (*ca. 1470, †ca. 1525) – im Bistum Speyer (1502), Breisgau (1513), am Oberrhein (1517) – wurden vorzeitig entdeckt oder zerschlagen. Die

Bauern forderten »Göttliche Gerechtigkeit«, ein Ende der LEIBEIGENSCHAFT und der drückenden regionalen und lokalen Herrschaftsverhältnisse durch die direkte Unterordnung unter KAISER und PAPST. Die Aktivitäten der aufständischen Bauern mündeten in den DEUTSCHEN BAUERNKRIEG (1524/25).

Literatur: A. Rosenkranz: Der Bundschuh. Die Erhebungen des südwestdeutschen Bauernstandes in den Jahren 1493–1517. 2 Bde., Heidelberg 1927; W. Andreas: Der Bundschuh. Die Bauernverschwörungen am Oberrhein. Karlsruhe ^{2}1953; H. Buszello: Vom Bundschuh zum deutschen Bauernkrieg. Paderborn 1979.

Conquista

(span.: = Eroberung) Eroberung und Kolonisation der Neuen Welt durch Spanier seit der zweiten Amerikafahrt des Columbus (**1493**) nach Abschluss der RECONQUISTA: INDIOS wurden ausgerottet oder unterworfen.

Literatur: W. Otto: Conquista: Kultur und Ketzerwahn. Spanien im Jahrhundert seiner Weltherrschaft. Göttingen 1992; M. Zenske: Die Conquista. Leipzig 1992.

Askia

Letzte DYNASTIE im SONGHAI-REICH (1493–1591), begründet von Mohammed Askia (Touré, **1493**–1529): Unter den Askia erreichte das Songhai-Reich den Höhepunkt seiner Macht. Es wurde durch Marokko mit Hilfe europäischer Söldner gestürzt (1591).

Syphilis

Geschlechtskrankheit: Die Syphilis wurde von Teilnehmern der 1. Columbus-Expedition (1492) nach Europa eingeschleppt. Als Söldner im französischen Heer Karls VIII. brachten sie die Krankheit nach Italien; sie trat erstmals bei der Belagerung Neapels auf (**1494**) – daher »Neapolitanische Krankheit« oder »Franzosenkrankheit«. Später gelang der Nachweis des Syphilis-Erregers (1905) und die erste Therapie durch die von Ehrlich und Hata entwickelte Arsenverbindung Salvarsan (1909).

Vertrag von Tordesillas

Abkommen über die Aufteilung bisheriger und künftiger überseeischer Entdeckungen in eine portugiesische und spanische Einflusssphäre (**1494**): Nach der ENTDECKUNG AMERIKAS durch Columbus (1492) und einem Schiedsspruch von Papst Alexander VI. (Bulle »Inter cetera divinae«, 1493) verständigten sich die Kronen von Portugal und Kastilien/Aragon (später Spanien) auf eine Trennungslinie 370 Meilen westlich der Azoren; für die östliche Hälfte beanspruchte Portugal das MONOPOL, für die westliche Kastilien/Aragon. Diese Regelung fochten später die nachdrängenden westeuropäischen Seemächte England, Holland, Frankreich an. Brasilien lag bei seiner Entdeckung (1500) östlich der Demarkationslinie, wurde daher von Portugal erschlossen. Da die Quellen der TRANSATLANTISCHEN SKLAVEREI im portugiesischen Bereich lagen, war Spanien zur Einfuhr afrikanischer SKLAVEN auf Portugal angewiesen (ab 1505, ASIENTO de negros 1595). Der Vertrag legte die Grundstrukturen der EXPANSION EUROPAS IN ÜBERSEE fest.

Poynings' Law

Gesetz des irischen PARLAMENTS, eingebracht von Sir Edward Poynings, Stellvertreter Heinrichs VII. in Irland, in Drogheda (**1494**): Das irische Parlament durfte demnach erst tagen, nachdem der König und seine Regierung von allen geplanten Gesetzesvorhaben unterrichtet waren und wenn eine königliche Genehmigung vorlag. Hauptziel war, die Anerkennung von Thronprätendenten aus dem Hause YORK durch das irische Parlament zu verhindern – Irland geriet weitgehend unter die Kontrolle Englands, unterbrochen durch Phasen von AUTONOMIE (bis 1541) und irische Aufstände (1641–1649, 1689–1690). Nach Niederlagen Englands im AMERIKANISCHEN UNABHÄNGIGKEITSKRIEG (1775–1783) wurde Poyning' Law außer Kraft gesetzt, um einem irischem Unabhängigkeitskrieg vorzubeugen (GRATTAN'S PARLIAMENT, 1782).

Literatur: A. Conway: Henry VII's Relation with Scotland and Ireland 1485–1498. Cambridge 1932.

Heilige Liga

Name für Bündnisse bzw. Allianzen, an denen der PAPST beteiligt war, oder Konfessionsbündnisse in RELIGIONSKRIEGEN der REFORMATION:

- Kastilien, Aragón, Habsburg, England, Venedig, Mailand und der Papst gegen Frankreich (**1495**): Das Bündnis in Reaktion auf den Einfall Frankreichs unter Karl VIII. nach Italien (1494) erzwang die Räumung Italiens durch die Franzosen (1495–1498);
- Spanien, Venedig, Papst, England, deutscher Kaiser und EIDGENOSSENSCHAFT (1512) gegen Frankreich (1511–1515/16): Das Bündnis gegen eine erneute Invasion Frankreichs in Italien stürzte die REPUBLIK in Florenz, restaurierte die MEDICI in Florenz, die SFORZA in Mailand (1512). 1513 stellte sich Venedig aufseiten Frankreichs. Der Krieg wurde beendet durch Separatfrieden Frankreichs mit seinen Gegnern (1515/16);
- auch: Name für die LIGA von Cognac (1526);
- Spanien, Venedig und Papst gegen das OSMANISCHE REICH in der Schlacht bei Lepanto (1571);
- von Péronne (1576–1595), auch KATHOLISCHE LIGA (Saint Ligue), in den HUGENOTTENKRIEGEN;
- Kaiser, Papst, Venedig gegen das Osmanische Reich (1684–1699): Ab 1686 schloss sich Russland der Liga an – auch: HEILIGE ALLIANZ.

Reichsreform

Versuche zur Reform des Reichs durch Zentralisierung: Nach einem ersten Anlauf (1434–1438) nahm der Wormser REICHSTAG die Reichsreform wieder auf (**1495**) und beschloss den EWIGEN REICHSLANDFRIE-

DEN, das REICHSKAMMERGERICHT, den GEMEINEN PFENNIG und die jährliche Tagung des Reichstags. Der Augsburger Reichstag (1500) richtete das von Kaiser Maximilian verweigerte REICHSREGIMENT (bis 1502) und sechs REICHSKREISE ein (bis 1803/06) – vom Kölner Reichstag auf zehn erhöht (1512). Die Reichsreform scheiterte insgesamt, ebenso ein Anlauf Karls V. nach dem SCHMALKALDISCHEN KRIEG (1546/47) auf dem Augsburger Reichstag (1548) zur Stärkung der kaiserlichen Zentralmacht (den die STÄNDE abwehrten), endgültig mit dem AUGSBURGER RELIGIONSFRIEDEN (1555), der den Territorialfürsten noch mehr AUTONOMIE gab.

Literatur: G. v. Below: Die Reichsreform, in: Morgenrot der Reformation. Hg. v. Pflugk-Hartung. Stuttgart 1912; F. Hartung: Die Reichsreform von 1485 bis 1495, in: Historische Vierteljahresschrift 16 (1913), H. Angermeier: Die Reichsreform 1410–1555. München 1984; F. Baethgen: Schisma und Konzilszeit, Reichsreform und Habsburgs Aufstieg. München [8]1999.

Ewiger Reichslandfriede ▪

Absolutes FEHDEverbot: Angelehnt an ältere Reichslandfrieden – Mainz (1186), Eger (1389) – verkündete der Wormser REICHSTAG den Ewigen Reichslandfrieden als Teil der REICHSREFORM (**1495**).

Literatur: H. Angermeier: Königtum und Landfrieden im deutschen Spätmittelalter. München 1966.

Reichskammergericht ▪

Mit der REICHSREFORM vom Wormser REICHSTAG aus dem königlichen Kammergericht entstandenes oberstes Reichsgericht (**1495**): Sitz war in Frankfurt und Worms (bis 1526), Speyer (1527) und Wetzlar (1589–1806). Reichskammergerichtsordnungen änderten sich häufig (1521, 1548, 1555, 1654). Vorsitzender war ein Kammerrichter aus dem HOCHADEL, den der KAISER ernannte. Darunter standen zwei bis vier Präsidenten mit bis zu 50 Beisitzern (Assessoren), die Kaiser und Reichstag paritätisch mit Adligen und Juristen besetzten; die Parität erstreckte sich seit dem WESTFÄLISCHEN FRIEDEN (1648) auch auf die Konfessionen. Eine ständige STEUER (Kammerzieler) finanzierte das Gericht (1548). Es war für Landfriedensbruch, Missachtung der Reichsacht, Fiskalsachen, Zivilklagen gegen und zwischen REICHSUNMITTELBAREN zuständig, war außerdem Visitationsdeputation des Reichstags zur Aufsicht und Revisionsinstanz, Appellationsgericht, außer für Territorien mit dem PRIVILEG »de non appellando et de non evocando«. Das Reichskammergericht tagte anfangs permanent (1507–1588), danach nur noch von Fall zu Fall. Da Prozesse nur schriftlich geführt wurden, arbeitete das Gericht schleppend, war aber sonst modellhaft für Verfahren bei landesfürstlichen Hof- und Appellationsgerichten. Johann Wolfgang von Goethe war Praktikant am Reichskammergericht (Mai–September 1772). Mit dem UNTERGANG DES HEILIGEN RÖMISCHEN REICHS DEUTSCHER NATION wurde das Reichskammergericht aufgelöst (1806); Nachfolgegericht war das REICHSGERICHT in Leipzig (1873–1945).

Literatur: R. Smend: Das Reichskammergericht. Weimar 1911; B. Diestelkamp: Das Reichskammergericht im Rechtsleben des Heiligen Römischen Reiches Deutscher Nation. Wetzlar 1985; V. Press: Das Reichskammergericht in der deutschen Geschichte. Wetzlar 1987; B. Diestelkamp: Das Reichskammergericht in der deutschen Geschichte. Köln 1990.

Gemeiner Pfennig

Allgemeine Reichssteuer zur Finanzierung der mit der Reichsreform vom Wormser Reichstag eingesetzten Zentralinstanzen (**1495**): Die Verweigerung der Zahlung durch die Schweizer Eidgenossen provozierte den Schwabenkrieg, der mit dem Baseler Frieden endete (1499). Mit ihm schied die Schweiz faktisch aus dem Reich aus.

Reichsregiment

Versuch des Reichstags, als Kern der Reichsreform eine permanente zentrale Reichsexekutive über dem Kaiser und den Partikularstaaten im Reich zu bilden: Zunächst verweigerte Maximilian I. dem Wormser Reichstag das Reichsregiment (**1495**), bewilligte es aber auf dem Augsburger Reichstag (1500). Unter Vorsitz des Kaisers oder seines Bevollmächtigten tagten 20 Mitglieder: sechs Kurfürsten, je ein geistlicher und weltlicher Fürst, je ein Vertreter der burgundischen und österreichischen Länder, der Prälaten, Grafen, zwei der Reichsstädte und je einer der sechs Reichskreise. Das Reichsregiment, ohne eigene Finanzen und Machtmittel, scheiterte und wurde aufgelöst (1502). Von Karl V. bei Abwesenheit vom Reich unter König Ferdinand I. erneut eingesetzt (1521–1530), blieb es ohnmächtig: Seine Erfolglosigkeit wurde Symbol für die Unreformierbarkeit des Reichs, das keine Kraft zur Anpassung an die modernen Nationalmonarchien mit starker Zentralmacht fand.

Literatur: V. von Kraus: Das Nürnberger Reichsregiment 1500–1502. Ein Stück deutscher Verfassungsgeschichte aus dem Zeitalter Maximilians I. Innsbruck 1883, Neudruck 1969; A. Grabner: Die Geschichte des 2. Nürnberger Reichsregiments 1521–1523. Berlin 1903; W. Römisch: Das Reichsregiment. Eine verfassungsgeschichtliche Studie. 1970; Ch. Roll: Das Zweite Reichsregiment 1521–1530. Köln 1996.

Spanische Heirat

Bedeutsame dynastische Verbindung des Hauses Habsburg mit der durch Personalunion verbundenen Spanischen Monarchie Kastilien-Aragon (**1496**): Johanna (die Wahnsinnige), Tochter Isabellas I. von Kastilien und Ferdinands II. von Aragon, wurde vermählt mit Philipp dem Schönen, dem Sohn Maximilians I., als Unterpfand für das faktische Bündnis zwischen dem (niedergehenden) Reich und dem (expandierenden) Spanien, gegen das (ebenfalls expandierende) Frankreich, das sich so von dem seit dem Kampf um das burgundische Erbe (1477) feindlichen Habsburg und Spanien eingekreist fühlte. Der Spanischen Heirat entstammen Carlos I./Karl V. und König/Kaiser Ferdinand I. Damit bestimmte die Spanische Heirat langfristig die machthistorische

Konstellation Europas, bis zum Spanischen Erbfolgekrieg (1701–1713/14), der um Ende oder Fortsetzung der spanisch-deutschen Verbindung der Casa d'Austria ausgefochten wurde.

Nordwestpassage

Seit der Entdeckung Amerikas (1492) gesuchter alternativer Seeweg nach Indien, frei von spanischer Kontrolle, nördlich des amerikanischen Kontinents: Als erster suchte der genuesische Seefahrer Giovanni Caboto (John Cabot) im Auftrag des englischen Königs Heinrich VII. die Nordwestpassage (**1497**), erreichte aber nur Labrador. Auch Fahrten seines Sohns Sebastiano Caboto (ca. 1508/09, 1526–1530), des Franzosen Jacques Cartier (1534/35) sowie der Engländer Martin Frobisher (1576), John Davis (1585–1587), Henry Hudson (1609–1511), William Baffin (1612–1616) und Luke Foxe (1631) blieben erfolglos. Ab 1818 wurde die Suche neu aufgenommen, jetzt nicht mehr aus ökonomischen Motiven. Im 19. Jahrhundert wurde die Nordwestpassage schrittweise erforscht, zuletzt von Roald Amundsen (1903–1906). Entsprechend: Nordostpassage.

Literatur: R. Ch. Howard: The North-West Passage. London 1968; B. Keating: The Northwest Passage: from the Methew to the Manhattan. 1497 to 1969. Chicago (Ill.) 1970; E. Struzik: Die Nordwestpassage. Braunschweig 1991; H. Weyer: Nordwestpassage. Hamburg 1995; Ann Savours: The Search for the Northwest Passage. London 1999.

Schwabenkrieg (auch: Schweizerkrieg)

Krieg des Reichs (**1499**) gegen die Eidgenossenschaft, nach deren Verweigerung die finanziellen Lasten der Reichsreform (1495) mitzutragen (Gemeiner Pfennig) und das Reichskammergericht anzuerkennen: Für das Reich wurde der Kampf im Wesentlichen bestritten vom Schwäbischen Bund. Nach dem Sieg der Eidgenossen und dem Frieden von Basel (1499) schied die Schweiz faktisch aus dem Reich aus, anerkannt im Westfälischen Frieden (1648).

Literatur: H. Witzig: Von Morgarten bis Marignano. Zürich 1957; W. Pirckheimer: Der Schweizerkrieg. Ost-Berlin 1988.

Reichskreise

Seit der Reichsreform (1495) eingerichtete Organe regionaler Selbstverwaltung mit beschränkten Kompetenzen (u. a. Steuern, Militär), über den partikularen Territorien im Reich stehend (1500–1803/06): Nach fehlgeschlagenen Versuchen (1434, 1438) wurden erstmals unter Maximilian I. sechs Reichskreise eingeführt (**1500**), später zehn (1512). Nach Modifizierung der Einteilung (1521) existierten Bayerischer, Burgundischer, Fränkischer, Kurrheinischer, Niedersächsischer, Niederrheinisch-Westfälischer, Oberrheinischer, Obersächsischer, Österreichischer und Schwäbischer Reichskreis. Böhmen, Mähren, Schlesien sowie einige kleinere Territorien und Gebiete der Reichsritter blieben ausgenommen. Reichskreise wurden zuständig für Wahrung des Landfriedens und Vollstreckung der Reichskammergerichtsurteile (1555). Zunächst war der Kreishauptmann, später (1555) der Kreisoberst Befehlshaber der Kreistruppen im Kriegsfall. Die Stände waren repräsentiert in unregelmäßig tagenden Kreistagen, die zuletzt nur von den Ständen einberufen wurden (1648).

Literatur: W. Dotzauer: Die deutschen Reichskreise (1383–1806). Stuttgart 1998.

Safawiden

Persische Dynastie (1501–1722): Nach der Eroberung von Täbris (**1501**) begründete Ismail I. (1501–1524), ursprünglich Meister des Sufi-Ordens, die Safawiden und vollzog mit Annahme des Titels des Schah-in-Schah die Rückkehr Persiens zur Schia. Ismail eroberte den Irak (1503), erlitt jedoch eine Niederlage bei Tschaldiran gegen die Osmanen (1514) und verlor den Nordirak sowie Hormuz an die Portugiesen (1515). Die Herrschaft der Safawiden erreichte ihren Höhepunkt unter Abbas I. (dem Großen, 1587–1629), mit Isfahan als Hauptstadt (1598). Die Portugiesen eroberten Hormuz zurück (1622), unter Safi II. (1629–1642) ging Bagdad endgültig an die Osmanen verloren (1638), was den Niedergang beschleunigte. Der Sturz der Safawiden erfolgte nach der Eroberung Isfahans durch die Afghanen (1722). Das folgende Chaos in Persien beendete erst die vorletzte persische Dynastie, die Kadscharen (1794–1925).

Literatur: W. Hinz: Irans Aufstieg zum Nationalstaat im 15. Jahrhundert. Berlin 1936; R. Savory: Iran under the Safavids. Cambridge 1980; J. Calmard (Hg.): Etudes Safavides. Paris 1993.

Zensur

Ursprünglich Amt des römischen Censor; der Begriff wurde später auf die Praxis oder eine Institution zur Kontrolle von Schriften und Büchern übertragen: In China gab es schon 1072 Zensur. Nach Aufkommen des Buchdrucks wurde sie in Europa für Bücher eingeführt – später auch für Zeitungen/Zeitschriften–, zunächst im Reich (**1501**), in Spanien (1502), für die gesamte Römisch-katholische Kirche 1515). Der Reichstag zu Speyer verankerte die Zensur als Reichsgesetz (1529). In England aufgehoben (1641), wurde die Zensur nach der Restoration (1660) wieder eingeführt (1662–1695). In Frankreich war sie zu Beginn der Französischen Revolution vorübergehend aufgehoben. Mit den Karlsbader Beschlüssen für den Deutschen Bund verschärft (1819), war die Zensur seit der Märzrevolution in Deutschland abgeschafft (1848), wurde im Dritten Reich wieder eingeführt (1933–1945), in der SBZ/DDR weiter praktiziert. In der UdSSR wurde sie streng gehandhabt, später auch in östlichen Volksdemokratien (nach 1945). Mit dem Zusammenbruch des Kommunismus fiel die Zensur in ehemals sozialistischen Ländern (1989–1991). Zensur herrscht in allen zeitgenössischen Diktaturen theokratischen und autoritären Regimen.

Literatur: U. Eisenhardt: Die kaiserliche Aufsicht über Buchdruck, Buchhandel und Presse im Heiligen Römischen Reich Deutscher Nation. Karlsruhe 1970; H.-J. Schütz: Verbotene Bücher. Eine Geschichte der Zensur von Homer bis Henry Miller. München 1990.

Moriscos

(auch: Morisken) Spanischer (pejorativer) Name für MAUREN in Andalusien, die nach dem Aufstand in Granada (1409) angesichts der Alternative ZWANGSTAUFE oder Emigration (nach Marokko) in Spanien blieben (**1501**): »Neuchristen«, meist Handwerker und Bauern, waren wirtschaftlich überdurchschnittlich erfolgreich. Ihre Zahl stieg beständig, durch natürliches Bevölkerungswachstum und Verbot des ISLAM in Spanien (1525). Das Verbot maurischer Sprache, Kleidung und Gebräuche in Granada (1567) provozierte einen Aufstand – mit Appellen um Hilfe an die OSMANEN (1568) –, den Juan d'Austria niederwarf (1570). Wegen angeblich nur äußerlicher Annahme des CHRISTENTUMS und des Verdachts, mit berberischen SEERÄUBERN (KORSAREN) in Verbindung zu stehen, wies Spanien ca. 275 000 Moriscos aus (1609–1614) – mit der Folge schwerer ökonomischer Schädigung für Spanien.

Literatur: H. C. Lea: The Moriscos of Spain. Their Conversion and Expulsion. London 1901, Neudruck New York 1968; H. Lapeyre: Géographie de l'Espayne morisque. Paris 1960; A. Domínguez Ortiz: Historia de los moriscos. Vida y tragedia de una minoria. Neuausgabe Madrid 1997.

Casa de Contratación

Börsenartige Zentrale für den spanischen Überseehandel in Sevilla (**1503**) zur Verwaltung des MONOPOLS der Krone auf den spanischen Amerikahandel (bis 1713/76): Das Monopol war seit dem FRIEDEN VON UTRECHT (1713) durch das »ANNUAL SHIP« durchbrochen. Es wurde mit Einführung des FREIHANDELS zwischen Spanien und seinen Kolonien endgültig aufgehoben (1776).

Literatur: R. Pike: Aristocrats and Traders. Sevillian Society in the Sixteenth Century. Ithaca 1972.

Casa da India

Zentrale für portugiesischen Überseehandel in Portugal (**1503**–1808): Hauptaufgabe war die Verwaltung des MONOPOLS der Krone auf den portugiesischen Überseehandel, bis zur Besetzung Portugals durch Napoleon I. (1808).

Literatur: C. R. Boxer: The Portuguese Seaborne Empire (1415–1825). London 1969, Nachdruck Manchester 1997; A. J. Russell-Woods: The Portuguese Empire. 1414–1808. A World on the Move. Baltimore 1998.

Encomienda

(span.: Auftrag) Vielschichtiger Begriff der spanischen und spanisch-amerikanischen Geschichte, mit Variante im Portugiesischen (Comenda):

- Kirchliches Benefizium (im Deutschen: Pfründe);
- in der RECONQUISTA (bis 1492) Komturei spanischer RitterORDEN für einen RITTER (Caballero) mit militärischen Verteidigungspflichten;
- in der CONQUISTA der Neuen Welt, zunächst auf den Westindischen Inseln, Zuteilung (Repartimiento) freier INDIOS an spanische Siedler (Conquistadoren) zu Arbeitsleistung und seelsorgerischer Betreuung

(**1503**): Die Encomienda wurde später auf den amerikanischen Kontinent übertragen, durch Zwangsarbeit (Mita) und KOPFSTEUER ergänzt. Von den LEYES NUEVAS wegen vielfältigen Missbrauchs abgeschafft (1542), wurde sie nach Rebellion der Conquistadoren faktisch beibehalten und erst nach dem FRIEDEN VON UTRECHT (1713) mit Kolonialreformen aufgehoben (1720). Die Encomienda bildete sozialgeschichtlich die Grundlage für Latifundien der Kreolen (Weiße europäischer Abstammung, gemäß dem Prinzip der LIMPIEZA DE SANGRE).

Literatur: L. B. Simpson: The Encomienda in New Spain. Berkeley 1950.

Act of Retainers (Statute against Liveries)

Wichtiges Gesetz des englischen PARLAMENTS unter Heinrich VII.: Der Act of Retainers – das Verbot bewaffneter und quasiuniformierter (d. h. in Livreen, daher »Statute against Liveries«) Gefolgschaften der Magnaten, mit denen der englische HOCHADEL zuletzt die ROSENKRIEGE (1455–1485) ausgefochten hatte – war als Teil des Kampfs gegen die Feudalanarchie (**1504**) von großer sozialgeschichtlicher Bedeutung. Jüngere Söhne des niederen Landadels (GENTRY), die in Gefolgschaften ein »standesgemäßes« Auskommen gefunden hatten, wandten sich jetzt bürgerlichen Berufen zu, oft als Kaufleute in den großen Städten, vorzugsweise in der City of London. Der Act of Retainers war ein wesentlicher Schritt im Zusammenwachsen von Bürgertum und Gentry, verstärkt durch die SÄKULARISATION der Klöster (1536/40).

Konstitution von Radom (»Nihil Novi«)

Verfassungsgesetz für Polen, erlassen vom REICHSTAG in Radom, auch benannt nach seinem Anfang »Nihil Novi« (**1505**): Kein neues Gesetz durfte ohne Zustimmung von SENAT (Consilarii) und Landboten (Nuntii terrestres) erlassen werden. Die Konstitution wurde Grundlage der Adelsherrschaft in der 1. RZECZPOSPOLITA (bis 1795).

Sejm

Polnischer REICHSTAG – unterteilt in SENAT (Magnaten) und Landbotenstube (SCHLACHTA): Seit der KONSTITUTION VON RADOM hatte der Sejm, dessen Mitglieder nur aus dem ADEL kamen, die höchste gesetzgebende Gewalt (**1505**–1795). Er tagte seit dem Übergang zur WAHLMONARCHIE alle zwei Jahre in Warschau oder Grodno (Litauen, ab 1573). Das LIBERUM VETO lähmte den Sejm (1652), seine Beschlüsse wurden zunehmend durch »zerrissene Reichstage« unwirksam. Reformversuche (seit 1768) führten unter dem Druck polnischer PATRIOTEN zur VERFASSUNG VOM 3. MAI (1791). Der Sejm wurde mit der 3. TEILUNG POLENS aufgelöst. Erst in der 2. POLNISCHEN REPUBLIK (1919–1939) gab es wieder ein PARLAMENT aus Senat und zweiter Kammer. Nach dem ZWEITEN WELTKRIEG war der Sejm ein Einkammerparlament (1947), das seit der POLENKRISE wieder Debatten über aktuelle Probleme führte

(1980/81). Gleichwohl legalisierte der kommunistische Sejm zunächst den KRIEGSZUSTAND (nach 13. Dezember 1981). Mit Tadeusz Mazowiecki wählte der Sejm zum erstenmal seit 40 Jahren einen Nichtkommunisten zum Regierungschef (1989) und ist seitdem ein voll handlungsfähiges und frei gewähltes Parlament, mit Zersplitterung der Parteienlandschaft.

Transatlantischer Sklavenhandel

SKLAVENHANDEL von Schwarzafrika über den Atlantik nach Amerika, seit der Einfuhr afrikanischer SKLAVEN nach Kuba (**1505**), als Ersatz für die rasch schwindende INDIObevölkerung: Nach genaueren Untersuchungen (Ph. D. Curtin) wurden in ca. 350 Jahren ca. 12 Mio. Menschen aus Afrika nach Amerika verschleppt. Als ein zentraler Vorgang der Neuzeit, mit strukturellen Auswirkungen auf Schwarzafrika und die europäischen Kolonien in Amerika, war Sklavenhandel Voraussetzung für SKLAVEREI in Amerika und weißen RASSISMUS. Seit dem Verbot (»abolition«) des Sklavenhandels in England (1807) und (formal) den USA (1808) sowie der Verurteilung durch den WIENER KONGRESS (1815) verboten allmählich auch andere Kolonialmächte den Sklavenhandel, befördert durch Abschaffung der Sklaverei in den europäischen Kolonialreichen (1834/38–1848), den USA (1863/65) und Brasilien (1888).

Literatur: wie zu Sklavenhandel.

Transatlantische Sklaverei

Nach der ENTDECKUNG AMERIKAS (1492) und der EXPANSION EUROPAS IN ÜBERSEE (1492/98) moderne Version der SKLAVEREI in der Neuen Welt: Erste SKLAVEN wurden aus Afrika durch den TRANSATLANTISCHEN SKLAVENHANDEL in die spanischen Kolonien in Amerika eingeführt (**1505**). Aufgrund der Teilung der Welt in die Interessensphären Portugals und Spaniens im VERTRAG VON TORDESILLAS (1494) erfolgte die Lieferung der Sklaven von Afrika nach Amerika durch die Portugiesen (ASIENTO). Afrikaner mussten vor allem in der Landwirtschaft (ZUCKERROHRplantagen) und im Bergbau arbeiten. Damit trugen sie wesentlich zum Aufbau der Kolonialwirtschaft bei, als zusätzliche Quelle der Bereicherung für Europa und den DREIECKSHANDEL, der den MERKANTILISMUS, indirekt die INDUSTRIELLE REVOLUTION beflügelte. Andere Seemächte (Holland, Frankreich, England) fochten das portugiesische MONOPOL an und durchbrachen es durch eigene Expansion in Übersee (Westindische Inseln, Westafrika) als Ausgangspunkt zu Kolonialreichen und Handelskriegen in Übersee mit Spanien und Portugal.

In den späteren USA begann die Transatlantische Sklaverei 1619, mit INDENTURED LABOUR als Zwischenstufe, im BODY OF LIBERTIES verankert (1641). Die Kapkolonie führte die Transatlantische Sklaverei ein (1657). CODE NOIR (1685) und SLAVE CODE (1688) systematisierten die Sklaverei in den französischen und englischen Kolonien. Der erste Protest kam von deutschstämmigen QUÄKERN in Germantown, Philadelphia (1688). In England erklärte das Mansfield-Urteil (1772), mit Signalwirkung für den ABOLITIONISMUS, die Sklaverei für ungesetzlich. Die Nordstaaten der USA schafften die Transatlantische Sklaverei allmählich ab, geographisch von Norden nach Süden (1777–1827); die Südstaaten lehnten das Verbot in der neuen VERFASSUNG DER USA ab (1787), dehnten die Sklaverei durch Intensivierung des Anbaus von BAUMWOLLE weiter aus und verschärften sie – (I.) FUGITIVE SLAVE LAW (1794), »King Cotton«.

In Europa schaffte Dänemark die Sklaverei ab (1792), der KONVENT in Frankreich untersagte die Sklaverei für die französischen Kolonien (1794). Napoleon I. führte sie im KONSULAT wieder ein (1802), was den Konflikt mit Saint Domingue provozierte, bis zur Gründung des unabhängigen Haiti (1804). Nach der FEBRUARREVOLUTION wurde die Sklaverei von der II. FRANZÖSISCHEN REPUBLIK im französischen Kolonialreich endgültig abgeschafft (1848).

Das VERBOT DER SKLAVEREI im Britischen Empire (1834/38) war Ausgangspunkt zum GROSSEN TREK (1835–1837) und zur Rückwanderung der SIERRA LEONEANS (ab 1838). In den Südstaaten der USA verhärtete sich die Sklaverei (ab 1835), zu deren Rechtfertigungsideologie sich der RASSISMUS systematisierte. Spannungen mit dem Norden eskalierten bis hin zum SEZESSIONSKRIEG (1861–1865), den die Nordstaaten gewannen. Als letzter an der Transatlantischen Sklaverei beteiligter Staat hob Brasilien die Sklaverei auf (1888) und wurde Republik (1889).

Die Transatlantische Sklaverei war grundlegend für die historische Entwicklung der modernen Welt, mit Rückwirkungen bis zur Gegenwart (u. a. AFRO-AMERIKANER, Bürgerrechtsbewegung in den USA, APARTHEID).

Literatur: L. Foner/E. D. Genovese (Hg.): Slavery in the New World. Englewood Cliffs (N. J.) 1969; D. B. Davis: The Problem of Slavery in Western Culture. Ithaca (N. Y.) 1969; R. B. Toplin (Hg.): Slavery and Race Relations in Latin America. Westport (Conn.) 1974; A. Weinstein/A. Gatell (Hg.): American Negro Slavery. London [3]1979; J. Oakes: The Ruling Race. A History of American Slaveholders. New York 1982; W. Binder (Hg.): Slavery in the Americas. Würzburg 1993; R. Zoller (Hg.): Amerikaner wider Willen. Beiträge zur Sklaverei in Lateinamerika und ihren Folgen. Frankfurt/Main 1994; R. W. Fogel/S. L. Engerman: Time on the Cross. The Economics of American Negro Slavery. Neuausgabe New York 1995; D. Eltis: The Rise of African Slavery in the Americas. Cambridge u. a. 2000.

Rassismus

Ensemble systematisierter Ideen und Praktiken zur Diskriminierung von Menschen nach »Rassen«: Im Rassismus sind »Rassen« hierarchisch angeordnet – von weiß (oben) bis schwarz (unten). Innerhalb der »Rassen« wird je nach Niveau zivilisatorischer Entwicklung unterschieden, gemäß der klassischen Trias WILDHEIT – BARBAREI – ZIVILISATION bzw. feineren Abstufungen innerhalb der einzelnen Formationen. Im engeren Sinn kam Rassismus erst seit dem späten 18. Jahrhundert als ideologische Rechtfertigung der europäisch-nordamerikanischen (»weißen«) faktischen Weltherrschaft auf, u. a. dank technologischer und militärischer Überlegenheit seit der EXPANSION EUROPAS IN ÜBERSEE (1492/98), gesteigert seit der INDUSTRIELLEN REVOLUTION (ca. 1760) und dem IMPERIALISMUS (ca. 1869–1960). Dem Begriff nach gibt es Rassismus erst mit dem Aufkommen der (sich positiv als selbst so bezeichnenden) »Rassenlehre« etwa nach 1850, die seit den 1920er-Jahren im demokratischen Westen negativ-polemisch als »Rassismus« gegen die Rassenlehre des FASCHISMUS und NATIONALSOZIALISMUS gilt. Der Sache nach aber und in einem weiteren Sinn ist Rassismus mit zahlreichen konstitutiven Elementen – u. a. Fremdenhass/Xenophobie, ADELSstolz und Blutreinheit (LIMPIEZA DE SANGRE) mit Endogamie (Heiraten nur in der eigenen Gruppe), Ethnozentrismus (das eigene Volk steht im Mittelpunkt der Welt, ist die beste oder gar einzige Menschengruppe), KASTENordnung, SKLAVEREI, Zivilisationsstolz gegenüber Barbaren und Wilden – schon sehr viel älter, bei allen Völkern anzutreffen: als anthropologische universale Konstante.

Der westlich-weiße Rassismus, kulminierend u. a. in der »ENDLÖSUNG bzw. in HOLOCAUST und APARTHEID, bündelte, verstärkte und hob auf eine universale Ebene, was diffus, ohne intellektuelle Systematisierung durch Aufsätze, Bücher, zitierbare Verordnungen und Gesetze die meisten Völker stillschweigend praktizierten. Älteste historisch fassbare Apartheid ist das indische Kastensystem (seit ca. 500 v. Chr.), das aus der Versklavung unterworfener »Schwarzer« (»dasai« = Feind = Sklave; die besiegte Draviden dunkler Hautfarbe) durch »weizenfarbige« ARIER hervorging, deren Hierarchie aus zu Kasten gewordenen Berufsständen (Priester, Krieger, Kaufleute, Bauern) bestand. Rassismus schließt stets Verneinung oder Verletzung der MENSCHENRECHTE ein – in Japan heißt noch heute eine der beiden unreinen Kasten »Eti« = Nicht-Mensch.

Im europäisch-weißen Rassismus lassen sich zwei Hauptstränge unterscheiden, in chronologischer Reihenfolge ihres Auftretens in der modernen Geschichte (umgekehrt dagegen in der älteren Geschichte) – Anti-Negrismus, basierend auf der Verachtung der Schwarzen, weil sie jahrhundertelang den weißen Europäern als Sklaven dienten, vor allem in der Neuen Welt (ab **1505**); ANTISEMITISMUS, basierend auf dem älteren, religiös fundierten Antijudaismus seit der christlich gewendeten Spätantike. Beide konkretisierten und institutionalisierten sich im Übergang zur INDUSTRIELLEN REVOLUTION. Anti-Negrismus entwickelte sich aus den Bedingungen der TRANSATLANTISCHEN SKLAVEREI, Antisemitismus brach in akuten Krisen eruptiv durch – in ökonomischen (WELTWIRTSCHAFTSKRISEN 1873, 1929) wie politischen Krisen (meist nationalen Niederlagen, im und nach dem ERSTEN WELTKRIEG). Deutschland kombinierte beide Erscheinungsformen – der Antisemitismus trat erstmals mit der Weltwirtschaftskrise 1873 auf, wie von den meisten Nationalismen zur Konstruktion eines einenden Feind- bzw Gegenbildes instrumentalisiert und zugespitzt, erlebte seinen ersten Durchbruch 1914–1918, seinen entscheidenden mit der Weltwirtschaftskrise 1929 im Sieg der NATIONALSOZIALISTISCHEN DEUTSCHEN ARBEITERPARTEI (»MACHTERGREIFUNG«) 1933. In Varianten mit wechselnden Konstellationen und unterschiedlicher Gewichtung der einzelnen Faktoren findet sich Rassismus mehr (England, Frankreich, Russland, Lateinamerika, USA, Ost- und Südosteuropa u. a.) oder weniger (Italien, Griechenland), offen oder versteckt, je nach spezifischen nationalen Bedingungen, auch in kommunistischen Regimen. Die in den Kolonien praktizierte, mit rassistischen Theorien gerechtfertigte Reduzierung von Menschen auf ihren wirtschaftlichen Nutzen für das jeweilige »Mutterland« erleichterte später in den Industrienationen die Ausbreitung eines ökonomisierten Menschenbildes auch gegenüber der eigenen Bevölkerung.

Erst nach den Erfahrungen des ZWEITEN WELTKRIEGS, kulminierend in Auschwitz, gingen die zumindest deklamatorische Anerkennung der Menschenrechte und Verurteilung des Rassismus durch die UNO Hand in Hand, obwohl die Praxis meist anders aussah und aussieht. Mit dem Sieg der DEKOLONISATION wurde der europäisch-weiße Rassismus von der Spitze einheimischer Herrschafts- und Machtstrukturen weggesprengt. Zum Vorschein kamen von der Kolonialherrschaft unterdrückte oder instrumentalisierte Rassismen, die sich in der fortan Dritten Welt in Repressions- und Bürgerkriegen austoben. Sie senden – ebenso wie postkommunistische Nachfolgekonflikte in Ost- und Südosteuropa, verschärft durch den ökonomischen und sozialen Abstieg sowie die politische Instabilität der postkommunistischen Misere – Millionen von Armuts- und Bürgerkriegsflüchtlinge in noch wohlhabende Industrieländer des Westens bzw. Nordens, wo sie den in Einwanderungsländern (USA, Südafrika, Israel) üblichen fremdenfeindlichen Reaktionen gegen »Asylanten« etc. ausgesetzt sind.

Solche Praktiken passen nicht mehr in das traditionelle Links-Rechts-Schema, weil die kommunistischen Länder ebenfalls nie aktiv, sondern nur verbal-ideologisch gegen Rassismus angingen bzw. ihre Führungsschichten selbst den traditionellen Rassismus nicht überwinden konnten: So mussten in der UdSSR Politiker jüdischer Herkunft bei Aufstieg ihre Namen russifizieren, nicht-russische Menschen wurden als »Schwarzfüße« stigmatisiert, in Polen blieb der Antisemitismus auch im Kommunismus virulent. Westliche Linke, die sich über »rechten« Rassismus und Fremdenfeindlichkeit empörten, protestierten nur in den seltensten Fällen zuvor auch gegen parallele Erscheinungen in den kommunistischen Ländern.

Literatur: F. de Fontette: Le Racisme. Paris [4]1984; L. Poliakov u. a.: Über den Rassimus. 16 Kapitel zur Anatomie, Geschichte und Deutung des Rassenwahns. Neuausgabe Frankfurt/Main 1984; Institut für Sozialforschung (Hg.): Aspekte der Fremdenfeindlichkeit. Frankfurt/Main, New York 1992; I. Geiss. Geschichte des Rassismus. Frankfurt/Main [2]1993; G. L. Mosse: Geschichte des Rassismus in Europa. Frankfurt/Main [3]1996; R. Miles: Rassismus. Einführung in die Geschichte und Theorie eines Begriffs. Hamburg [3]1999.

Peterspfennig

(Denarius, Census Sancti Petrii) Ursprünglich freiwillige jährliche Abgabe im angelsächsischen England, zuerst unter Offa von Mercia (757–796), an den PAPST zur Förderung der Petrusverehrung: Die Kurie forderte den Peterspfennig von England als Anerkennungszins für die päpstliche Lehnsoberherrschaft über England, später (nach 1100) war er kirchliche Sondersteuer zugunsten des Papstes, teilweise in Ländern, die der Papst als Lehen betrachtete (England, Irland, Polen, Ungarn, Schweden, Dänemark, Norwegen). Der Peterspfennig diente der Finanzierung der neuen PETERSKIRCHE (**1506**), bis zur REFORMATION.

Zunächst in Österreich und Irland (1860) erlebte er eine Erneuerung als freiwillige Spende von Katholiken, seit Auflösung des Kirchenstaates (1870) verallgemeinert.

Literatur: O. Jensen: Der englische Peterspfennig im Mittelalter. Heidelberg 1903; C. Daux: Le denier de S. Pierre. Paris 1907; E. Maschke: Der Peterspfennig in Polen und im deutschen Osten. Sigmaringen [2]1979.

Mark

Deutsche Währungseinheit, ursprünglich 2/3 Pfund SILBER (so noch bei Chaucer in den »Canterbury Tales«, ca. 1400): Die Mark begann als Währung Lübecks (»lübische Mark«, **1506**), von der Reichsmünzordnung zum TALER festgesetzt im Verhältnis 2:1 (1566) und 3:1 (1624), nach der REICHSGRÜNDUNG im 2. DEUTSCHEN KAISERREICH übernommen (1871), nun bimetall als GOLDmark auch mit Silbermünzen, bis zum Auslaufen des Talers (1908). Nach der deutschen HyperINFLATION (bis 1923) wurde die Renten- bzw. Reichsmark (1923) eingeführt, abgelöst durch die Deutschmark in der TRIZONE und West-Berlin (1948), und die ostdeutsche Mark in der SBZ/DDR, von denen aber nur die West-D-Mark bald zu einer harten Währung wurde. Mit Untergang der DDR (1990) wurde die Ostmark abgeschafft. An die Stelle der Mark trat der EURO als neue europäische Währungseinheit (2002).

Literatur: C.-L. Holtfrerich: Requiem auf eine Währung. Die Mark 1873–2001. Stuttgart u. a. 2001.

Liga von Cambrai

Bündnis zwischen Kaiser Maximilian I. (1493–1519), Ludwig XII. von Frankreich (1498–1515), Papst Julius II. (1503–1513) und Ferdinand von Aragon (1468–1516) gegen Venedig, um dessen Macht zu brechen (**1508**): Maximilian scheiterte mit der Belagerung von Padua (1509); der Papst trat aus der Liga aus und schloss mit Venedig und Aragon die HEILIGE LIGA (1511), jetzt gegen Frankreich.

Gewürze

(alt- und mittelhochdt.: wurz = Pflanze, Kraut, Wurzel) Teile (z. B. Wurzeln, Blätter, Blüten, Samen, Zwiebeln, Schoten, Rinde) aromatischer oder pikanter Gewürzpflanzen, frisch, getrocknet oder gemahlen, meistens mit ätherischen Ölen als wirksamen Bestandteilen, zur Verbesserung von Geschmack und Bekömmlichkeit: In Europa einheimische Pflanzen (z. B. Beifuß, Brunnenkresse, Kümmel, Lauch, Minze, Sauerampfer, Schnittlauch, Sellerie, Wacholder, Zwiebel) wurden ergänzt durch in Europa heimisch gemachte Gewürzpflanzen aus dem erweiterten Mittelmeergebiet (z. B. Kleinasien) und Übersee seit der Römerzeit (z. B. Anis, Basilikum, Bohnenkraut, Borretsch, Dill, Fenchel, Gartenkresse, Knoblauch, Liebstöckel, Melisse, Paprika, Petersilie, Rosmarin, Salbei, Safran, Thymian). Historisch besonders wichtig waren tropische und subtropische Gewürze aus Asien, wegen ihres geringen Gewichts als leicht transportable hochwertige Güter des FERNHANDELS, vor allem

Pfeffer (Indien), Zimt (Ceylon), Muskat, später Vanille aus Mittelamerika (16. Jh.), Gewürznelke (Indonesien) und Ingwer (China). Der direkte Zugang zur Gewürzproduktion »Indiens« war wesentliches Motiv zur Suche des SEEWEGS NACH INDIEN und die EXPANSION EUROPAS IN ÜBERSEE. Hohe strategische Bedeutung besaßen die von den Portugiesen kontrollierten (**1513**–1605) »Gewürzinseln«, die Molukken mit der Hauptinsel Ambon (Anbau von Gewürznelken). Der Hauptumschlagplatz des Gewürzhandels verlagerte sich von Venedig nach Lissabon, später Amsterdam als Grundlage des niederländischen Kolonialreichs (seit 1605). 1840 wurde die Gewürznelke auf Sansibar angebaut.

Literatur: F. Salentiny: Die Gewürzroute. Die Entdeckung des Seewegs nach Asien. Köln 1991; H. Küster: Kleine Kulturgeschichte der Gewürze. Ein Lexikon von Anis bis Zimt. München 1997.

Bauernkrieg

Name für Bauernaufstände im Mitteleuropa der Frühen Neuzeit:

- Ungarischer Bauernkrieg (**1514**): Bauernmassen, ursprünglich zum KREUZZUG gegen die OSMANEN bei Pest zusammengeströmt, wandten sich nach faktischer Einstellung des Kreuzzugs unter dem Burgkastellan György Székely (Dózsa, ca. 1474–1514) gegen die Magnaten, die den Kreuzzug hintertrieben hatten. Nach Anfangserfolgen wurden sie von Johann Zápolya niedergeworfen; Dózsa wurde verbrannt, ein Massaker an Bauern folgte. Die Niederlage der Bauern verstärkte die Machtstellung des ungarischen ADELS (1514), der die LEIBEIGENSCHAFT der Bauern einführte (1515): Ungarn war geschwächt und erlitt eine verheerende Niederlage bei Mohács gegen die Osmanen (1526);
- DEUTSCHER BAUERNKRIEG (1524/25);
- Schweizer Bauernkrieg (1524/25): Der Aufstand gegen die Klöster konnte überwiegend durch Verhandlungen beigelegt werden.

Ghetto

(auch: Getto) Historisch mehrere Bedeutungen:

a) Wohnviertel für JUDEN in Städten christlicher Länder: Das Ghetto, meist durch Mauer und Tor von der übrigen Stadt getrennt, wurde Juden zwangsweise zugewiesen. Es ist daher sorgfältig zu unterscheiden von Stadtvierteln für Juden auf freiwilliger Grundlage seit der Antike – z. B. war bei Gründung Alexandrias (331 v. Chr.) einer der vier Stadtteile für Juden reserviert (Konzept der orientalischen Stadt), ebenso in einigen spanischen Städten, die von Arabern gegründet worden waren (Toledo, Sevilla, Saragossa). In Speyer erhielten Juden auf eigenen Wunsch eine trennende Mauer (1084). Solche Viertel hießen unterschiedlich – lat.: Platea Judaeorum; ital.: Giudecca; span.: Juderia; portug.: Judarias; frz.: Juiverie, carrière des Juifs; engl.: Jewry; dt.: Judengasse, Judenviertel; poln.: Ulica Żydowska.

Die Herkunft des Begriffs ist umstritten – am plausibelsten ist die Ableitung vom ersten auch so bezeichneten Ghetto in Venedig (**1516**): »geto nuovo« (= neue Gießerei, nach einer benachbarten Kanonengießerei). Der erstmals 1531 überlieferte Name ging auf »geto vecchio«

(= Alte Gießerei) für SEPHARDIM über (1541), danach im Sprachgebrauch nur noch »ghetto«, bald auch amtlich in päpstlicher Bulle (1562).

Historische Grundlagen waren diskriminierende Beschlüsse des 3. LATERANKONZILS und 4. LATERANKONZILS gegen Juden (1179, 1215), der Konzilien von Breslau (1267), Valencia (1338) und Basel (1434). Die Ghettobildung erfolgte allmählich, mit Schwerpunkt in Italien mit frühen Vorbildern – Valencia (1390), dem päpstlichen Comitat Venissain mit Avignon (1344–1791), Mureia (1412), Bologna (1417), Turin (1425), Frankfurt am Main (»Judengasse«, 1462), Spanien (1480–1492) sowie dem namengebenden Beispiel in Venedig (1516/31). In Rom erhielt das Ghetto (1555–1870) nach der von Papst Paul IV. erzwungenen Umsiedlung der Juden sofort eine Mauer. Ghettos wurden auch in anderen Städten des Kirchenstaats eingerichtet, im übrigen Italien (bis auf Livorno): u. a. Toskana (1570/71), Verona (1599), Padua (1601/03) und Mantua (1610/12). Außerhalb Italiens gab es Ghettos in den päpstlichen Gebieten Südfrankreichs (Avignon, Comitat-Venaissin), in zahlreichen Städten Deutschlands und Osteuropas. Ghettos hatten meist eine innere Selbstverwaltung der Juden. Mit der JUDENEMANZIPATION seit der FRANZÖSISCHEN REVOLUTION (1791) wurden sie allmählich aufgelöst, zuletzt in Rom (1870). In Russland wurden die Ghettos gleichsam regional erweitert durch den RAYON (1791–1917).

Der Sache (nicht dem Namen) nach gab es ghettoähnliche Viertel auch in muslimischen Ländern – in Ägypten unter dem FATIMIDEN-KALIFEN al-Hakim in Kairo während der Verfolgung von Juden und Christen (1009–1021); in schiitischen Ländern, vor allem Persien und Afghanistan, ghettoähnliche Wohnviertel für Juden, im Iran ohne gesetzliche Grundlage, in Marokko die Mellahs von Fez (1438), Marrakesch (1557), Meknes (ca. 1682), Tetuan, Salé, Rabat und Mogador (1808).

b) Im ZWEITEN WELTKRIEG griffen die Nazis im Osten auf Ghettos zurück (1940–1944), u. a. in Warschau, Lodz, Wilna, Riga und Theresienstadt: Von der Bevölkerung geräumte Stadtviertel dienten als erzwungene und überfüllte Zwischenstation (»Judenviertel«, »jüdischer Wohnbezirk«) zwischen DEPORTATION und KONZENTRATIONSLAGER. Die Ghettos dienten als Teil des Massenmords (»Vernichtung durch Hunger und Seuchen«, »ENDLÖSUNG(/HOLOCAUST«), mit einem »Judenrat« als dürftigem Minimum innerer Selbstverwaltung. Kärglich bewaffneter Widerstand gegen die Liquidierung der Ghettos – verbunden mit Abtransporten in KZs, vor allem nach Auschwitz – eskalierte zu Ghettoaufständen: Der WARSCHAUER GHETTOAUFSTAND (1943) wurde von der SS blutig niedergeschlagen, das Ghetto liquidiert, zuletzt das Ghetto in Lodz (1944). Im modernen Israel erinnert der Begriff an Erniedrigung und Verfolgung der Juden, ist daher negativ besetzt. In Warschau gibt es ein Ghetto-Museum und Denkmal.

c) Übertragen auch slumartige Stadtviertel: Überwiegend bezeichnet der Begriff Ghetto Viertel, die von rassischen oder nationalen Minderheiten bewohnt werden (z. B. AFRO-AMERIKANER in Harlem in New York, Gastarbeiter in der Bundesrepublik Deutschland, Pakistani/Westinder in Großbritannien, Algerier in Frankreich, Suburb-Siedlungen in

Südafrika). Sie bilden ein Subproletariat mit faktischer ökonomisch-sozial-kultureller Segregation, aber, außer in Südafrika zu Apartheid-Zeiten, ohne staatliche Institutionalisierung: Afro-Amerikaner verwendeten den Begriff zur Umschreibung ihrer eigenen Situation ironisch (ca. 1960). In solchen Ghettos gab es Unruhen in den USA (1963, 1992) und Großbritannien (1980/81, 1991, 2000, 2001).

Literatur: a) ; L. Wirth: The Ghetto. Chicago 1928, Neudruck Chicago (Ill.) 1956; R. Heuberger: Hinaus aus dem Ghetto. Juden in Frankfurt am Main, 1800–1950. Frankfurt/Main 1988; G. Schwarzberg: Das Ghetto. Spaziergang in die Hölle. Frankfurt/Main 1991; R. Vishniak. Verschwundene Welt. Neuausgabe München 1996; Zu b) wie zu »Endlösung«, Holocaust, Warschauer Ghettoaufstand; Zu c) K. B. Clark: Dark Ghetto. The Dilemmas of Social Power. New York, London 1965; A. H. Spear: Black Chicago. The Making of a Negro Ghetto 1890–1920. Chicago, London 1967; G. Osofsky: Harlem: The Making of a Ghetto, Negro New York 1890–1930. New York [2]1971; G. J. Borjas: To Ghetto or Not to Ghetto. Ethnicity and Residential Segregation. Cambridge (Mass.) 1997.

95 Thesen Luthers

Kritik Luthers am ABLASSHANDEL: Nach traditioneller Auffassung veröffentlichte Luther seine 95 Thesen durch Anschlag an die Tür der Schlosskirche zu Wittenberg (31. Oktober **1517**), nach neuerer Forschung übersandte er sie Kollegen als Grundlage zur öffentlichen Disputation. Sie wurden durch den BUCHDRUCK rasch in Deutschland verbreitet, als Auftakt zur REFORMATION. Der 31. Oktober ist im protestantischen Deutschland Feiertag, zuerst in Kursachsen (1667).

Literatur: E. Iserloh: Luther zwischen Reform und Reformation. Der Thesenanschlag fand nicht statt. Münster [3]1968; V. Joestel: Der Reformator mit dem Hammer. Zur Wirkungsgeschichte von Luthers »Thesenanschlag« bis 1917. Ausstellungskatalog Wittenberg 1992.

Ablasshandel

Allgemein: kirchlicher ABLASS (Sündenerlass) gegen Geldzahlung; speziell: Papst Julius II. verkündete den Ablass als Beitrag zur Finanzierung der neuen PETERSKIRCHE (1507), erneuert von Leo X. (1515) auch in Deutschland: Die Hälfte der Einnahmen floss nach Rom. Albrecht von Brandenburg ließ in seinen Erzdiözesen Mainz und Magdeburg sowie in der Diözese Halberstadt und im Staat des DEUTSCHEN ORDENS den Ablasshandel zu, um das Darlehen der Fugger zum Kauf beider Ämter zurückzuzahlen. Die Kommerzialisierung von Ablass und damit verbundener Absolution provozierte Luthers 95 Thesen (**1517**).

Literatur: N. Paulus: Die Geschichte des Ablasses im Mittelalter. 3 Bde., 1922/23 (Neudruck Darmstadt 2000); W. Köhler (Hg.): Dokumente zum Ablaßstreit von 1517. Tübingen [2]1934; J. Hüttenbügel: Der Ablaß. Köln 1999.

Reformation

(lat.: reformatio = Neugestaltung, Erneuerung) Zentrale, epochemachende religiös-kirchliche Bewegung in der Frühen Neuzeit zur Reform bzw. Erneuerung (im Eigenverständnis) bzw. schismatischen Abspaltung (im Verständnis der Katholischen Kirche): Die säkulare Krise von Kirche und

Papsttum, eingeleitet seit dem Spätmittelalter und den »Frühreformatoren« (John Wyclif, Jan Hus) mit Anhängern (Lollarden, Hussiten), bereiteten der Reformation den Boden. Ausgelöst durch die 95 Thesen Luthers gegen den Ablasshandel (**1517**), konzentrierte sich die Reformation zunächst auf Deutschland, genährt von Disputationen (1518/19) und frühen Streitschriften Luthers (1520). Auf dem Reichstag zu Worms (1521) wurde Luther durch das Wormser Edikt mit Acht und Bann belegt, hatte aber Anhänger unter den Fürsten (u. a. Kurfürst Friedrich des Weisen von Sachsen) und Städten. 1522 erschien das Neue Testament in Luthers Übersetzung. Nach einem Bildersturm in Kursachsen (1522) unter Andreas Rudolf Bodenstein, genannt Karlstadt, (ca. 1480–1547), distanzierte Luther sich von »Schwarmgeistern«, später auch von Thomas Münzer, und vom Deutschen Bauernkrieg (1524/25).

Mit der Säkularisation des südlichen Teils des Staats des Deutschen Ordens (1525) wurde das Herzogtum Preussen gegründet (1525–1618) – eine direkte Auswirkungen der Reformation. Kursachsen erhielt eine Landeskirche und die lutherische Kirchenordnung (1526). Zwei Reichstage zu Speyer (1526, 1529) beschlossen eine gemäßigte, dann harte Umsetzung des Wormser Edikts (Verbot von Luthers Schriften). Daraufhin protestierten zu Speyer 19 evangelische Reichsstände (1529): von dieser »protestatio« leitet sich die Bezeichnung Protestanten ab. Die Reformation hielt sich wegen der gleichzeitigen Bedrohung durch die Expansion des Osmanischen Reiches (»Türkengefahr«), die Kräfte des Reiches nach außen band. Im Marburger Religionsgespräch zwischen Luther und Zwingli über die 15 Marburger Artikel scheiterte die Einigung an der Frage der leiblichen Gegenwart Christi beim Abendmahl (1529). Melanchthon legte Kaiser Karl V. und dem Reichstag die Confessio Augustana der evangelischen Reichsstände vor (1530), die grundlegende Bekentnisschrift der Protestanten. Die Reformation dehnte sich weiter aus und konsolidierte sich in Deutschland. Der Schmalkaldische Bund zur Verteidigung des Protestantismus (1531–1547) unterlag im Schmalkaldischen Krieg (1546/47) der Katholischen Liga. Das Augsburger Interim (1548) mit nur wenigen Zugeständnissen an die Protestanten löste der Augsburger Religionsfriede (1555) ab, mit gegenseitiger Toleranz von Lutheranern und Katholiken.

Eine erste Ausbreitung außerhalb Deutschlands erlebte die Reformation zunächst durch deutsche Kaufleute (in England, Niederlande, Skandinavien) und Minderheiten (Staat des Deutschen Ordens, in Siebenbürgen, Böhmen, Mähren und Polen), rasch aufgegriffen von älteren oppositionellen Gruppen – Lollarden in England, Waldensern (1532) und Böhmischen Brüdern (1528). Es folgte eine Ausbreitung auf Teile der Schweiz (zunächst Zürich unter Zwingli, 1523), Schweden (1527), England (1534) und Dänemark (1536), als Calvinismus auf Genf (1536), Schottland (1559), die Niederlande (1566), Frankreich (Hugenotten), Ungarn und Polen. Drei große Strömungen oder Flügel prägten sich aus: Lutheraner, Clavinisten radikalere Bewegungen in der Tradition mittelalterlicher Ketzer (Münzer, Täufer, Sektierer).

Allgemeine Auswirkungen: Auflösung der Glaubenseinheit im lateinischen Europa; Stärkung des Territorialstaats im Reich, der Nationalmonarchien in England und Skandinavien, des Bürgertums in calvinistisch geprägten Regionen; Säkularisation von Klöstern und Kirchengut, mit langfristig umwälzenden Konsequenzen besonders in England; Zerschlagung des kirchlichen Krankenhaus- und Armenwesens, Säkularisierung des Bildungswesens; GEGENREFORMATION und RELIGIONSKRIEGE, z. B. KAPPELER KRIEGE (1529/31), HUGENOTTENKRIEGE (1562–1598), DREISSIGJÄHRIGER KRIEG (1618–1648); Religionsfrieden u. a. EDIKT VON NANTES (1598), WESTFÄLISCHER FRIEDE (1648).

Die Reformation strahlte aus über England, Schottland und die Niederlande nach Nordamerika, Australien/Neuseeland, durch Mission in Teile Schwarzafrikas.

Literatur: A. G. Dickens: Reformation und Society in Sixteenth-Century Europe. London ²1975; R. Wohlfeil: Einführung in die Geschichte der deutschen Reformation. München 1982; G. R. Elton: Europa im Zeitalter der Reformation 1517–1559. München ²1982; R. Stupperich: Die Reformation in Deutschland. München ³1988; H. O. Obermann: Werden und Wertung der Reformation. Vom Wegestreit zum Glaubenskampf. Tübingen ³1989; H. J. Hillerbrand (Hg.): The Oxford Encyclopedia of the Reformation. 4 Bde., New York 1996; H. Lutz: Reformation und Gegenreformation. München, Wien ⁴1997; E. Iserloh: Geschichte und Theologie der Reformation im Grundriss. Paderborn ⁴1998; K.-H. zur Mühlen: Reformation und Gegenreformation. Göttingen 1999; P. Blickle: Die Reformation im Reich. Stuttgart ³2000.

Azteken

Größter Stamm der Nahua-INDIOS in Mexiko, mit bedeutendem altamerikanischen Reich: Die Azteken, als Nomaden ins Hochbecken von Mexiko eingewandert (ca. 1250), gründeten Tlateloco (ca. 1260) und die spätere Hauptstadt Tenochtitlán (1370). Durch den Dreistädtebund Tlateloco-Tenochtitlán-Tlapocan und den Sieg über die vorherrschenden Tepaneken (1430) gründeten sie das Aztekenreich, dessen Kern der Dreistädtebund war. Die Azteken forderten von Unterworfenen TRIBUTE, namentlich in Form von Menschenopfern für ihren Sonnenkult. Spanier unter Cortéz vernichteten das Aztekenreich (**1519**–1521). In abgelegenen Gegenden Mexikos hielten sich Grundzüge der Aztekenkultur bis heute. Der MEXIKANISCHEN REVOLUTION (1911–1917) folgte ein bewusster Rückgriff auf aztekisches Kulturerbe.

Literatur: M. Porter-Weaver: The Aztecs, Maya and their Predecessors: Archeology of Mesoamerica. New York 1981; A. Eggebrecht (Hg.): Die Azteken und ihre Vorläufer. Glanz und Untergang des Alten Mexiko (Ausstellungskatalog). Mainz 1986; N. Davies: Die Azteken. Meister der Staatskunst – Schöpfer hoher Kultur. Neudruck Reinbek 1989; H. J. Prem: Die Azteken: Geschichte – Kultur – Religion. München ²1999.

Stockholmer Blutbad

Massaker an schwedischen Adligen: Nach vorübergehendem Zerfall der KALMARER UNION (1513) wurde Christian II. von Dänemark zum König von Schweden gewählt (1520). Bei seiner Krönung in Stockholm verübten Dänen ein Massaker an schwedischen Adligen (**1520**), das den

Aufstand in Dalarne (1521) provozierte und Schwedens endgültige Unabhängigkeit unter der WASA-Dynastie (1523) einleitete.

Comuneros-Aufstand

Aufstand der »Comunidades de Castilla« in Kastilien gegen Kaiser Karl V. (in Spanien: König Carlos I., **1520**/21): Den durch Opposition gegen ausländische, meist niederländische Ratgeber der Krone und Tendenzen zur ABSOLUTEN MONARCHIE ausgelösten Aufstand trugen die Städte, unterstützt vom ADEL, zuletzt mit sozialrevolutionären Tendenzen, weshalb der Adel wieder zur Krone überging. Das königliche Heer besiegte die Revoltierenden in der Schlacht bei Villalar (23. April 1521). Nach der Invasion Frankreichs in Navarra (1521) erfolgte eine rasche Aussöhnung zwischen Krone und Aufständischen; die Städte standen seither unter schärferer Kontrolle der KRONE.

Literatur: J. Pérez: La révolution des Comunidades de Castille (1520/21). Bordeaux 1970.

Taler

(von: Joachimsthaler) Deutsche SilberMÜNZE, abgekürzt benannt nach dem ursprünglichen Herkunfts- und ersten Prägungsort, Joachimsthal im Erzgebirge, mit einer Deutschlands staatliche Fragmentierung widerspiegelnden komplizierten Geschichte und Außenwirkung: Nach ersten Vorläufern in Tirol als Münze aus SILBER im Wert eines rheinischen GOLDguldens (1486) wurden erste »Guldengroschen« in Sachsen (1500) und Joachimsthal geprägt (**1520**), während sich, im Konflikt zwischen Sachsen und Österreich/Tirol, der Taler durchsetzte, formalisiert in der Reichsmünzordnung (1566), und sich das Reich in überwiegend in Guldenländer (Österreich, Süddeutschland) und Talerländer (Mittel-, große Teile Nord- und Westdeutschlands) spaltete, ergänzt durch Markländer mit der lübischen MARK (1 Reichstaler = 2 Mark; 1566). Im DEUTSCHEN ZOLLVEREIN war der Taler als »Vereinsmünze« verbindliche Währung (1838), zuletzt geprägt im Jahr der REICHSGRÜNDUNG (1871), außer Kraft gesetzt (1908).

Abgeleitet vom Taler, teilweise noch am Namen erkennbar, auch Währungen in anderen Ländern – u. a. Peso in Spanien (1497); Daler (16. Jh.) und Rigsdaler (ca. 1625) in Dänemark, Riksdaler in Schweden (1512), Rubel als Silbermünze in Russland (1704–1924); Talar in Polen, 1564–1814), Maria-Theresientaler in Österreich (1753/80), Talari in Äthiopien (seit 1893), DOLLAR in den USA (1792).

Bildersturm

Frühneuzeitliche Variante des IKONOKLASMUS: Häufig stand der Bildersturm zu Beginn der REFORMATION in einer Region oder Stadt, als Bewegung oft mit sozialrevolutionärem Einschlag. Er brach unter Karlstadt in Wittenberg und Kursachsen aus (**1522**), wurde von Luther bekämpft (»Schwarmgeister«). Bilderstürmer wirkten auch in Zürich, Danzig (1523) und im TÄUFERreich Münster (1534). In Perth (1559) eröffnete der Bildersturm die Reformation in Schottland unter John Knox. In den Niederlanden, ausgehend von Gent und Brügge (1566), gab er den Auftakt zum Sieg des CALVINISMUS und zum NIEDERLÄNDISCHEN UNABHÄNGIGKEITSKRIEG. Insgesamt verursachte der Bildersturm schwere Verluste an mittelalterlicher sakraler Kunst.

Literatur: W. Schöne u. a.: Das Gottesbild im Abendland. Witten, Berlin [2]1959; B. Scribner (Hg.): Bilder und Bildersturm im Spätmittelalter und in der frühen Neuzeit. Wiesbaden 1990.

Wasa

Schwedische und polnische KönigsDYNASTIE (**1523**–1654, 1587–1668): Gustav I. Wasa (1523–1560) begründete die Dynastie nach dem STOCKHOLMER BLUTBAD (1520) im Unabhängigkeitskampf gegen Dänemark. Sigismund III. (1587–1599), zugleich König von Polen (bis 1632), wurde in Schweden wegen Rekatholisierungsversuchen gestürzt (1599), blieb aber in Polen an der Macht und begründete die dort herrschende Linie der Wasa (bis 1668). Nach Gustav II. Adolfs (1611–1632) Intervention im DREISSIGJÄHRIGEN KRIEG (1630) wurde Schweden Großmacht (bis 1718). Christine (* 1626, † 1689) trat zum Katholizismus über und dankte ab (1656).

Literatur: M. Roberts: The Early Vasas. Cambridge, London 1968.

Indienrat

(span: Consejo Real y Supremo de las Indias, wörtlich: Königlicher und Oberster Rat der Indien) Zentrale Behörde in Kastilien/Spanien zur Verwaltung aller spanischen Kolonien in Übersee, namentlich in Amerika (**1524**–1812).

Deutscher Bauernkrieg

Bedeutendster BAUERNAUFSTAND der deutschen Geschichte: Vorbereitet durch BUNDSCHUH-Aufstände und ausgelöst durch die REFORMATION, begann der Deutsche Bauernkrieg bei Waldshut, in unmittelbarer Nähe der Schweiz (**1524**). Die Erhebung gegen den ADEL unterstützten einige RITTER (z. B. Florian Geyer, Götz von Berlichingen) und kleinere Städte (z. B. Würzburg), im Erzstift Salzburg und in Tirol die Bergknappen sowie frühere LANDSKNECHTE. Die Aufständischen zerstörten BURGEN und Klöster. Programmatische Forderungen waren in den zwölf Artikeln zusammengefasst – u. a. Abschaffung der LEIBEIGENSCHAFT, Bauern sollten nur dem Kaiser untertan sein, allgemeines Bekenntnis zur Lehre Luthers. Nach ersten Übergriffen verurteilte Luther die Aufstände (»Wider die räuberischen und mörderischen Rotten der Bauern«, 1524). Nach Anfangserfolgen wurde der Aufstand niedergeworfen (1525), vor allem vom SCHWÄBISCHEN BUND mit Landsknechten unter Gebhardt Truchseß von Waldburg-Zeil, der ein Massaker an Bauern verübte. Thomas Münzer und die Thüringer Bauern wurden bei Frankenhausen (am Kyffhäuser) vernichtet: Die deutsche Bauernschaft war auf Jahrhunderte politisch gelähmt.

Der Marxismus (Engels) übertrieb aus ideologisch-politischen Motiven den historischen Stellenwert des Deutschen Bauernkriegs.

Literatur: W. Zimmermann: Der große deutsche Bauernkrieg. Nach Urkunden und Augenzeugen. 2 Bde., Stuttgart ²1856, Neuauflage Berlin ¹³1993; R. Wohlfeil (Hg.): Der Bauernkrieg 1524–1526. München 1975; G. Franz: Der deutsche Bauernkrieg. Darmstadt ¹²1984; F. Winterhager: Bauernkriegsforschung. Darmstadt 1981; P. Blickle: Die Revolution von 1525. München, Wien ³1993; H. Buszello u. a. (Hg.): Der Deutsche Bauernkrieg von 1525 als politische Bewegung. Paderborn ³1995; J. Kettel/P. Wietzorek: Der deutsche Bauernkrieg 1524–1526. Stuttgart 1995.

Herzogtum Preußen

Nach der Säkularisierung des Staats des DEUTSCHEN ORDENS Herzogtum unter polnischer Lehnshoheit: Der Übertritt des Hochmeisters des Deutschen Ordens, Albrecht von Brandenburg, zur REFORMATION vollzog die SÄKULARISATION des südlichen Teils des Deutschordensstaats. Auf den Rat Luthers hin leistete Albrecht in Krakau den Vasalleneid auf die polnische Krone (**1525**). Das Herzogtum Preußen stand unter einer Nebenlinie der HOHENZOLLERN (1525–1618) und fiel bei deren Erlöschen durch Erbvertrag an das Kurfürstentum Brandenburg (1618). Das Herzogtum lieferte als eine der Keimzellen den Namen für den Staat Preußen.

Livländische Konföderation

Fortsetzung des Staats des DEUTSCHEN ORDENS, nach Schaffung des Herzogtums Preußen, im nördlichen Teil des Deutschordensstaats durch den livländischen Ordensmeister (**1525**–1560): Die Livländische Konföderation war zwischen Moskau/Russland, Schweden, Dänemark und Polen im LIVLÄNDISCHEN KRIEG (1558–1582) umstritten. Kurland wurde Herzogtum (1560) und kam unter polnische SUZERÄNITÄT (1561–1703/13), der Norden Estlands kam zu Schweden, das Zentrum zu Polen.

Türkenkriege

Acht Kriege des Reichs bzw. Österreichs gegen das OSMANISCHE REICH (**1526**–1791), seit dessen Einbruch in Ungarn (1526):

- 1. Türkenkrieg (1526–1555): Nach dem osmanischen Sieg bei Mohács (1526) erhoben die HABSBURGER gegen den Gegenkönig Zápolya Anspruch auf Ungarn. Nach einem deutschen Sieg bei Tokay (1527) erschienen die OSMANEN erneut in Ungarn und belagerten erstmals Wien (1529). Es folgten kaiserliche Siege (1532). Nach zwei Friedensschlüssen (1533, 1538) begann der Krieg erneut; die Deutschen besetzten Siebenbürgen (1540), die Osmanen eroberten Buda (1541) und Gran (1543). Im Waffenstillstand zwischen Kaiser und Osmanen (1547) war ein jährlicher TRIBUT von 30 000 Dukaten an den SULTAN festgeschrieben. Einer Niederlage der Kaiserlichen bei Palast (1552) folgte ein auf acht Jahre befristeter Friede (1555).
- 2. Türkenkrieg (1566–1568): Eine Empörung Johann Zápolyas II. mit deutscher Hilfe gegen den Sultan (1566) blieb ohne große Schlachten.

Der Waffenstillstand von Adrianopel (1568) war wieder auf acht Jahre befristet.

- 3. Türkenkrieg (1593–1616): Zur Abwehr eines der fast jährlichen osmanischen Einfälle siegten die Kaiserlichen bei Sissek, verloren aber bei Kersztes (1593). Dem Frieden von Zsitva-Torok (1606) folgte die Wiederaufnahme des Kriegs (1611), beendet durch Erneuerung des Friedens von Zsitva-Torok (1615)
- 4. Türkenkrieg (1663–1664): Eine Offensive der Osmanen scheiterte an Siegen der Kaiserlichen bei Leva und St. Gotthard (Raab, 1664) und endete mit dem Frieden von Vasvar-Eisenburg (1664)
- 5. Türkenkrieg (1683–1697): Ein polnisch-deutsches Heer unter Jan III. Sobieski siegte in der Schlacht am Kahlenberg (1683) und beendete die 2. BELAGERUNG WIENS (1683). Durch Fortsetzung der Offensive Habsburgs wurden Ungarn (1686) und Siebenbürgen (1687) befreit. Die Eroberung von Belgrad, Serbien und Bosnien (1688) gingen unter osmanischem Druck verloren (1690). Dem entscheidenden Sieg Prinz Eugens bei Zenta (1697) folgte der Frieden von Karlowitz (1697)
- 6. Türkenkrieg (1716–1718): Nach dem Sieg Prinz Eugens bei Peterwardein (1716) wurden Bosnien, Moldau und die Walachei besetzt, Belgrad erobert (1717). Der Frieden von Passarowitz beendete den Krieg (1718).
- 7. Türkenkrieg (1737–1739): Der parallel zum 2. RUSSISCH-TÜRKISCHEN KRIEG (1735–1739) geführte Krieg zur Eroberung Bosniens brachte insgesamt Erfolge der Osmanen und endete im Frieden von Belgrad (1739).
- 8. Türkenkrieg (1787–1791): Der Offensivkrieg zur Aufteilung des Osmanischen Reichs, parallel zum 4. RUSSISCH-TÜRKISCHEN KRIEG (1787–1792), war erfolglos. Trotz der Eroberung Belgrads (1789) und dem Sieg bei Kalafat (1790) brachte der Frieden von Sistowa (1791) Österreich nur mäßige Gewinne.

Historische Gesamtwirkung der Türkenkriege: Die frühe Phase (1526/35) schuf die MILITÄRGRENZE. Im Schatten der Bedrohung durch die Osmanen behauptete sich die REFORMATION, da Karl V. nicht für beide Bedrohungen nach innen und außen Kraft hatte. Seit der Befreiung Wiens (1683) begannen der Niedergang des Osmanischen Reichs, die Expansion Habsburgs nach Südosteuropa und Aufstände gegen die Osmanen. Die Reichskrise im Osmanischen Reich spitzte sich zu, eskalierte seit dem 3. RUSSISCH-TÜRKISCHEN KRIEG (1768–1774) und dem FRIEDEN VON KÜTSCHÜK KAINARDSCHIE (1774) zur Agonie in der ORIENTALISCHEN FRAGE (1774–1923).

Literatur: Lexikon der deutschen Geschichte, Artikel »Türkenkriege«, S. 1217 f..

Moghulreich

Letztes GROSSREICH in der Abfolge traditioneller Imperien (ganz oder annähernd) subkontinentalen Ausmaßes auf indischem Boden, gegründet von Eroberern, die auf dem klassischen Landweg von Afghanistan über den Khyber-Pass kamen (**1526**), mit Delhi als Hauptstadt: Reichsgründer war Babur, Nachfahre Timur Länks und Dschingis Khans, ethnisch als

Usbeke eher zu den Turkvölkern zählend, aber ganz in der mongolischen Reichsideologie; daher auch sein Titel »Groß-Moghul«: Seine entscheidenden Siege errang Babur durch Feuerwaffen samt Artillerie. Nach Baburs Tod (1530) war sein eigentlicher Nachfolger Sher Khan (1536–1545) von der kurzlebigen Afghanischen Dynastie, eine Art Gegen-König zu Baburs Sohn Humayun (1530–1555). Sher Khan verwaltete große Teile Nordindiens zum ersten Mal durch eine BÜROKRATIE, die direkt dem Herrscher unterstellt war, auf der Grundlage nicht willkürlicher STEUERN, sondern in ihrer Höhe fixiert: Seit Akbar dem Großen (1556–1605) betrugen die Steuern für die Bauern ein Drittel der Jahresernte, unterteilt zwischen Reichs- und Provinzsteuern. Das Moghulreich eröffnete die letzte Phase der (Teil-)Islamisierung Indiens, schwankend zwischen Diskriminierung (Religions- und KOPFSTEUER) und (partieller) Heranziehung der Hindus. Die Rechtsprechung erfolgte auf Grundlage der Scharia. Akbar, Enkel Baburs, eroberte in seiner langen Regierungszeit fast ganz Indien. Seinen zweiten Höhepunkt erreichte das Moghulreich unter Aurangseb (1658–1707), unter dem sich jedoch Engländer zusätzlich, Franzosen an einigen Punkten festsetzten – neben Madras (1639) nun auch in Bombay (1668), Calcutta (1690), Surat (1668), Pondicherry (1674). Die Verfolgung der Hindus durch Aurangseb verursachte Wunden, die noch heute schwären, vor allem zwischen Indien und Pakistan.

Nach Aurangsebs Tod (1707) stieg das Reich in Machtkämpfen zwischen schwachen Nachfolgern zum Machtvakuum ab, sodass Invasionen von außen folgten, zuerst von Afghanen (1739), die technisch noch zum Moghulreich gehörten. Beginnend mit dem Abfall Bengalens (1740), gestützt von Frankreich, zerfiel das Moghulreich, kompliziert durch die Rivalität Großbritanniens und Frankreichs, die jeweils das indische Machtvakuum für sich ausfüllen wollten. Die EAST INDIA COMPANY, formal VASALL des Moghul-KAISERS, setzte sich seit der Schlacht bei Plassey (1757) im säkularen Ringen durch, mit Vollendung der Eroberung Indiens (1856) und Absetzung des letzten (Schatten-)Moghuls im Sepoy-Aufstand (1857). Den vakant gewordenen Kaisertitel nahm Königin Victoria als Kaiserin von Indien wieder auf, in PERSONALUNION mit der englischen Krone (1877), bis zur Unabhängigkeit und Teilung Indiens (1947).

Die realhistorische Nachwirkungen des Moghulreichs in Indien, Pakistan und Bangladesh sind vielfältig, bis hin zum Gegensatz zwischen Hindus und MUSLIMEN, Indien und Pakistan. Weniger offensichtlich sind zwei subtile geistesgeschichtliche Nachwirkungen: Der französische Arzt François Bernier war mehrere Jahre Leibarzt am Hofe Aurangsebs. Er schrieb ein Buch, das erstmals den späteren Schlüsselbegriff »races« im Titel führte – »Nouvelle Division de la Terre par les différentes espèces ou races d'hommes qui l'habitent« (1684), als früher Ausgangspunkt zum RASSISMUS. Außerdem beschrieb Bernier ausführlich die Agrarstruktur des Moghulreiches, die Marx später als Grundlage zu seinem (bald aufgegebenen) Versuch machte, die »Asiatische Produktionsweise« zu einer eigenen historischen »Produktionsweise« zu erheben. Nach 1968 griffen deutsche Marxisten noch einmal auf diese Theorie zurück dogmatisierten sie als »APW« = »Asiatische Produktionsweise«, womit sie jedoch nur mehr Verwirrung als theoretische Klarheit stifteten.

Literatur: J.F. Richards: The Mughal Empire, in: The New Cambridge History of India, Bd. 1.5, Cambridge 1993; M. Taher: Mughal India. New Delhi 1997.

Groß-Moghul (auch: Moghul)

KAISERähnlicher Titel Baburs (1526–1530) und seiner Nachfolger in ihrer Herrschaft über Indien (1526–1858): Babur, ein Türke mit mongolischer Reichsideologie und islamischem Glauben, eroberte von Kabul aus Nordindien, mit Delhi als Hauptstadt (**1526**). Weitere wichtige Herrscher waren Akbar der Große (1556–1605) und Aurangseb (1618–1707), der den Gipfel der Expansion erreichte, aber das Moghulreich durch Kriege und Aufstände finanziell erschöpfte. Unter seinen Nachfolgern trieb das Reich in den Niedergang, durch die von Frankreich gestützte SEZESSION Bengalens (1740) entscheidend geschwächt. Die englische EAST INDIA COMPANY unterstützte den Moghul gegen Bengalen/Frankreich, drängte ihn in den Hintergrund, als Pensionär der East India Company war seine Herrschaft (1803) zuletzt faktisch auf Delhi beschränkt. Der letzte Moghul wurde wider seinen Willen von Aufständischen zum Kaiser von Indien ausgerufen (1857), nach dem Kollaps des GROSSEN AUFSTANDS und der Eroberung Delhis von den Briten abgesetzt und verbannt (1858). Königin Victoria übernahm auf Anraten Disraelis den vakanten Titel als Empress (unter ihren Nachfolgern: Emperor) of India (1877–1947).

Literatur: B. Gascoigne: Die Großmoguln. Gütersloh 1987; H.-G. Behr: Die Moguln. Basel 1990; A. Schimmel: Im Reich der Großmoguln. Geschichte, Kunst, Kultur. München 2000.

Sacco di Roma

Schwere, monatelange Plünderung Roms durch kaiserliche LANDSKNECHTE: Im Krieg Karls V. gegen die LIGA von Cognac kam es zum Konflikt zwischen KAISER und PAPST, in dem kaiserliche Truppen Rom eroberten und plünderten (**1527**). Papst Clemens VII. war zuvor aus der Stadt geflohen. Die Plünderung durch die im Kampf gegen die REFORMATION verbündeten Söldner versetzte dem Lebensgefühl der RENAISSANCE einen tiefen Schock (ähnlich wie die Eroberung Roms durch die WESTGOTEN 410, für die Antike eine tiefe Zäsur war).

Literatur: J. Hook: The Sack of Rome. London 1972; L. Guicciardini: The Sack of Rome. New York 1993.

Landsknechte

(von Lanze: Söldner, die vorwiegend mit Lanzen kämpften) Söldner aus Deutschland (ca. 1500), ähnlich wie, aber auch in Konkurrenz zu, den Schweizer Söldnern: Die Landsknechte, erstmals erwähnt unter Kaiser Maximilian I. (1493–1519), waren Fußvolk, organisiert in Regimentern mit zehn bis 16 Fähnlein unter einem Obersten bzw. Hauptmann, kämpfend in Gewalt- oder Gevierthaufen. Ehemalige Landsknechte kämpften teilweise aufseiten der aufständischen Bauern im DEUTSCHEN BAUERNKRIEG (1524/25). Landsknechte schlugen als Söldner des SCHWÄBISCHEN BUNDS den Deutschen Bauernkrieg nieder (1525) und waren entscheidend in der kaiserlichen Armee beim Sieg über die Franzosen unter Franz I. bei Pavia (1525) und beim SACCO DI ROMA (**1527**). Bis in den DREISSIGJÄHRIGEN KRIEG (1618–1648) hinein waren Landsknechte die typische Form des Söldners im deutschen Kriegswesen – im Übergang vom mittelalterlichen RITTER zum modernen stehenden Heer.

Literatur: H. M. Möller: Das Regiment der Landsknechte. Untersuchungen zu Verfassung, Recht und Selbstverständnis in deutschen Söldnerheeren des 16. Jahrhunderts. Wiesbaden 1976; F. Blau: Die deutschen Landsknechte. Ein Kulturbild. Kettwig 1985; R. Baumann: Landsknechte. Ihre Geschichte und Kultur vom späten Mittelalter bis zum Dreißigjährigen Krieg. München 1994.

Protestanten

Zeitgenössische Bezeichnung für Anhänger der lutherischen REFORMATION: Der Begriff kommt vom Protest (»protestatio«) lutherisch gesinnter Reichsstände (Kursachsen, Landgrafschaft Hessen, Brandenburg-Ansbach, Lüneburg, Anhalt; Isny, Heilbronn, Kempten, Konstanz, Lindau, Memmingen, Nördlingen, Nürnberg, Reutlingen, St. Gallen, Straßburg, Ulm) auf dem REICHSTAG von Speyer (**1529**) gegen den Beschluss der katholischen Mehrheit, frühere beschlossene Maßnahmen gegen Luther und seine Anhänger tatsächlich durchzuführen.

Marburger Religionsgespräch

Theologische Diskussion zwischen Luther und Zwingli samt Anhängern: Parallel zu in den SCHMALKALDISCHEN BUND (1531) einmündenden Bündnisverhandlungen der PROTESTANTEN seit dem Speyerer Protest (1529), sollten in Marburg – auf Einladung des Landgrafen Philipp von Hessen – Luther und Zwingli ihre theologischen Differenzen ausräumen (**1529**). Kernpunkt der Kontroverse war das Abendmahl, worüber es zu keiner Einigung kam. Punkte der Übereinstimmung fanden in den 15 Marburger Artikeln ihren Niederschlag, aber der Bündnisversuch der deutschen Protestanten mit der Schweizer REFORMATION war gescheitert.

Literatur: W. Koehler: Luther und Zwingli. Gütersloh 1953; G. Bezzenberger: Was zu Marpurgk geschah... Eine Einführung in die Geschichte des Marburger Religionsgesprächs im Jahr 1529. Kassel ^{2}1982.

Kappeler Kriege

Erster der europäischen RELIGIONSKRIEGE: Zwinglianer unter der Vorherrschaft Zürichs führten in der Schweiz die Kappeler Kriege gegen die Fünf Orte (katholische Waldstätten) in zwei Phasen:

- 1. Kappeler Krieg (**1529**): Die erste Konfrontation endete kampflos mit dem Kappeler Landfrieden (1529), der den Katholizismus respektierte, aber das Bündnis der katholischen Fünf Orte mit König Ferdinand auflöste.

• 2. Kappeler Krieg (1531): Das fast isolierte Zürich unterlag in der Schlacht bei Kappel (1531) den Fünf Orten – Zwingli fiel (1531). Mit dieser Niederlage war die konfessionelle Spaltung der Schweiz besiegelt; später fusionierten die Zwinglianer mit dem CALVINISMUS (1549).

Literatur: L. Weisz: Die Geschichte der Kappelerkriege nach Hans Edlibach (1932). Neujahrsblatt der Zürcher Hülfsgesellschaft. Zürich 1937.

Religionskriege

Europäische Kriege im Kontext von REFORMATION und GEGENREFORMATION:

- KAPPELER KRIEGE (**1529**, 1531);
- SCHMALKALDISCHER KRIEG (1546/47);
- HUGENOTTENKRIEGE (1562–1598);
- DREISSIGJÄHRIGER KRIEG (1618–1648).

Die Religionskriege verschärften in ihrer Gesamtwirkung die konfessionelle Spaltung des Reichs und weiter Teile Europas. Religion und Kirche sanken im Ansehen – von der AUFKLÄRUNG über Säkularisierung und Trennung von Kirche und Staat bis hin zum Atheismus.

Literatur: R. S. Dunn: The Age of Religious Wars 1559–1689. London 1971; F. Hartung: Deutsche Geschichte im Zeitalter der Reformation, der Gegenreformation und des Dreißigjährigen Krieges. New York [3]1971; E. W. Zeeden: Das Zeitalter der Gegenreformation von 1555–1648. München 1979; ders.: Hegemonialkriege und Glaubenskämpfe 1556–1648. Frankfurt u. a. [2]1980.

Reformations-Parlament

Längstes bis dahin in England tagendes PARLAMENT (**1529**–1536): Das Reformations-Parlament trug, als Partner der KRONE, die für die Anfangsphase der REFORMATION in England notwendige Gesetzgebung, u. a.: Acts of Annates (1532/34), die Annaten (jährliche Kirchenabgaben) an Rom sperrten und dem Kronvermögen zuschlugen; ACT OF SUPREMACY (1534), durch die der König Oberhaupt der englischen Kirche wurde; SÄKULARISATION DER KLÖSTER (1536). Die Entscheidungen brachten dem Parlament enormen Zuwachs an politischem Gewicht.

Literatur: St. E. Lehmberg. The Reformation Parliament 1529–1536. London 1970.

Confessio Augustana (Augsburger Konfession, Augsburger Bekenntnis)

Von Melanchthon für den REICHSTAG zu Augsburg ausgearbeitete, von Luther gebilligte systematische Darlegung der neuen Glaubensgrundsätze (**1530**), in deutscher und lateinischer Sprache: Die Confessio Augustana wurde von den protestantischen Reichsständen als Grundlage des lutherischen Bekenntnisses übernommen, im AUGSBURGER RELIGIONSFRIEDEN (1555) reichsrechtlich anerkannt.

Literatur: H. Bornkamm (Hg.): Das Augsburger Bekenntnis. Gütersloh 1978; B. Lohse/O. H. Pesch (Hg.): Das »Augsburger Bekenntnis« von 1530, damals und heute München 1980; E. Iserloh: Confessio Augustana und Confutatio. Der Augsburger Reichstag 1530 und die Einheit der Kirche. Münster/Westf. [2]1981; W. Reinhard (Hg.): Bekenntnis und Geschichte. Die Confessio Augustana im historischen Zusammenhang. Augsburg 1981; L. Grane: Die Confessio Augustana. Einführung in die Hauptgedanken der lutherischen Reformation. Göttingen [5]1996.

Sektierer ▪

(Pejorative) Sammelbezeichnung für Anhänger radikaler Strömungen in der REFORMATION – Anhänger Karlstadts und Münzers sowie TÄUFER. Luther nannte sie seit dem BILDERSTURM in Kursachsen (1522) »Schwärmer« bzw. »Schwarmgeister«. Gegen sie grenzte sich die CONFESSIO AUGUSTANA ab (**1530**).

In der Gegenwart auch: abwertend für radikale politische Strömungen, rechts wie links.

Literatur: H. Fast (Hg.): Der linke Flügel der Reformation. Glaubenszeugnisse der Täufer, Spiritualisten, Schwärmer und Antitrinitarier. Bremen 1962; R. van Dulmen: Reformation als Revolution. München 1976; G. H. Williams: The Radical Reformation. Kirksville (Mo.) [3]1992.

Inka ▪

Ursprünglich CLAN eines Indiovolkes aus Cuzco in den Anden, Peru, später Titel für Herrscher des INKAREICHS (ca. 1200 – 1572): Mit Pizarros Landung in Südamerika (**1531**) begann der Niedergang des Inkareichs.

Literatur: wie zu Inkareich.

Inkareich ▪

Reich der INKA, in den Anden, Peru (ca. 1200 – 1533): Die Inka herrschten zunächst nur in der Stadt Cuzco, die Hauptstadt blieb (ca. 1200). Nach dem Sieg über das Volk der Colla (1438) erstreckte sich die Herrschaft des Inkareichs über das Hochtal von Cuzco, mit weiterer Expansion nach Norden und Süden. Das Inkareich war organisiert durch Zentralisation und BÜROKRATIE, betrieb Straßenbau und führte DEPORTATIONEN und Menschenopfer durch. Es besaß großen Reichtum durch GOLD. Seinen Höhepunkt erlebte es unter Huaina Cápac (1493 – 1527), nach dessen Tod durch aus Europa eindringende Seuchen Bürgerkrieg und Thronkämpfe ausbrachen. Pizarro eroberte nach seiner Landung (**1531**) das Inkareich (1532 – 1533). Nach der Gründung Limas (1535) wurde Peru das bedeutendste Zentrum spanischer Herrschaft auf dem südamerikanischen Kontinent. 1572 wurde der letzte Inka-Herrscher hingerichtet. Die Inka-Tradition lebte fort, u. a. mit Indio-Aufständen (1780 – 1783, 1809, 1811, 1885, 1914, 1931).

Literatur: L. und T. Engl: Glanz und Untergang des Inkareiches. München [2]1981; H. Helfritz: Amerika. Inka, Maya und Azteken. Augsburg 1986; W. Westphal: Unter den Schwingen des Kondor. Das Reich der Inka gestern und heute. Frankfurt/Main 1989; M. Stingl: Das Reich der Inka. Neuausgabe Augsburg 1995; L. Baudin: Das Leben der Inka. Zürich [2]1993.

Schmalkaldischer Bund ▪

Defensivvertrag zur Verteidigung der REFORMATION (**1531**–1547): Nach dem Speyerer Protest, dem Geheimbündnis von Kursachsen, Hessen, Straßburg und Ulm, dem MARBURGER RELIGIONSGESPRÄCH (1529) und der CONFESSIO AUGUSTANA (1530) führten Verhandlungen in Schmalkalden (Thüringen) zur Gründung des Schmalkaldischen Bunds (1531). Den Vertrag unterzeichneten u. a. Kursachsen, Hessen, Braunschweig-Lüneburg, Anhalt, Bernburg, Mansfeld, Biberach, Bremen, Isny, Konstanz, Lindau, Lübeck, Magdeburg, Memmingen, Reutlingen, Straßburg und Ulm; hinzu traten Braunschweig, Göttingen, Esslingen, Goslar und Einbeck (1532), später Pommern, Württemberg, Anhalt-Dessau, Augsburg, Frankfurt am Main, Kempten, Hamburg, Hannover, Dänemark, Brandenburg-Küstrin, Heilbronn und Schwäbisch Hall. Die Laufzeit von zunächst sechs Jahren wurde auf elf Jahre verlängert (1535). Der Schmalkaldische Bund erhielt eine Bundesverfassung (1535; revidiert 1536); Sachsen und Hessen waren Führungsmächte, auch militärisch. Hessen setzte Herzog Ulrich gewaltsam wieder in Württemberg ein (1534), was eine weitere Ausbreitung der Reformation in Deutschland bedeutete. Gegen den Schmalkaldischen Bund gründete sich die KATHOLISCHE LIGA (1538). Die Doppelehe des Landgrafen Philipp von Hessen, der einen Geheimvertrag mit Kaiser Karl V. hatte (1541), schwächte den Bund moralisch. Die Ablehnung der Teilnahme am TRIENTER KONZIL durch den SCHMALKALDISCHEN BUND (1545) war Ausgangspunkt zum SCHMALKALDISCHEN KRIEG (1546/47), an dessen Ende der Bund nach seiner Niederlage aufgelöst wurde (1547).

Literatur: E. Fabian: Die Entstehung des Schmalkaldischen Bundes und seiner Verfassung 1524/29–1531/35. Tübingen [2]1962; G. Dommasch: Die Religionsprozesse der rekusierenden Fürsten und Städte und die Erneuerung des Schmalkaldischen Bundes 1534–1536 Tübingen 1961; G. Schlütter-Schindler: Der Schmalkaldische Bund und das Problem der causa religionis. Frankfurt/Main 1986; P. Handy/K.-H. Schmöger: Fürsten, Stände, Reformatoren. Schmalkalden und der Schmalkaldische Bund. Gotha 1996.

Börse

(frz.: Bourse; ital.: Borsa; niederl.: Beurs; span.: Bolsa; engl.: Exchange, Royal Exchange, Stock Exchange) Märkte für fungible – also genormt handelbare – Waren, etwa Wertpapiere oder Devisen, mit institutionalisierten Regeln, um den Handelnden Rechtssicherheit zu geben – nur bestimmte Personenkreise (u. a. Makler) sind zugelassen: Konkret meint Börse das entsprechende Handelsgebäude, die Bezeichnung wird aber auch auf die Versammlung selbst übertragen. Der Name leitete sich von der Brügger Kaufmannsfamilie van der Burse ab (vermutlich aus niederl.: beurs = Geldbeutel, aus spätlat.: bursa = Ledersack, dazu griech.: bursa = Leder). Schon früh gab es Gebäude für börsenähnliche Geschäfte, so von Geld- und Wechselhändlern (nach 1200), mit Entsprechungen schon in der Antike (Emporium in Athen; Collegium mercatorum). Mit Expansion von Handel und Wirtschaft (FERNHANDEL, nach 1000) wurden Börsen in Zentren der ökonomischen Aktivitäten als feste Institutionen gegründet (mit in verschiedenen Lexika oft stark abweichenden Daten) – Brügge (1409), Antwerpen (1460), Lyon (1462), Amsterdam (1530), Antwerpen als erste internationale Börse (**1531**), Augsburg, Nürnberg (1540), Lyon, Toulouse (1549), Rouen (1556), Hamburg (1558), Köln (1566), London (1566/70, 1773), Danzig (1593), Lübeck (1605), Königsberg (1613), Bremen (1614), Frankfurt am Main (1615), Leipzig (1635), Berlin (1717), Paris (1724), Wien (1753), New

York (1792), Brüssel (1801), Mailand (1808), Rom (1821), Madrid (1831), Genf (1850), Genua (1851), Zürich (1877), Tokio (1878). Larousse (1960) gibt für die älteren französischen Börsen folgende abweichende Daten – Lyon, Toulouse, Bordeaux, Marseille (1595), Lilles (1651), Nantes (1705).

Börsen spezialisierten sich auch auf besondere Waren (z. B. TABAK, BAUMWOLLE, Kaffee). Sie waren durch plötzliche Zusammenbrüche von Kursen nach Überspekulationen in Phasen der Hausse oft Ausgangspunkte für schwere WIRTSCHAFTSKRISEN (z. B. 1857, 1873, 1929). Seit dem 18. Jh. war London bedeutendste Börse, abgelöst von New York (seit 1914), in Deutschland hatte Frankfurt am Main die größte Bedeutung (bis 1866), danach Berlin (bis 1945); seit dem Zweiten Weltkrieg ist erneut Frankfurt am Main bedeutenster Börsenplatz Deutschlands. In der BUNDESREPUBLIK bestehen heute acht Wertpapierbörsen – Berlin, Bremen, Düsseldorf, Frankfurt am Main, Hamburg, Hannover, München, Stuttgart. Im Zuge der Globalisierung verstärkt sich auch die Tendenz zur Fusion oder engen Zusammenarbeit von Großbörsen. In den kommunistischen Ländern wurden die Börsen nach dem Sieg der REVOLUTION abgeschafft.

Literatur: G. Bernhard: Die Börse, ihre Geschichte, ihr Wesen und ihre Bedeutung. Berlin 1906; A. E. Sayous: Les Origines du marché à terme sur marchandise. Les origines de la Bourse en valeurs. Brüssel 1932; A. Colling: La Prodigieuse Histoire de la Bourse. Paris 1949.

Täufer

(pejorativ auch: Wiedertäufer, Anabaptisten) Aus der Tradition mittelalterlicher KETZERbewegungen hervorgegangene, (später) radikalste Richtung der REFORMATION: Täufer forderten, daher der Name, die Erwachsenentaufe. Ihr Ausgangspunkt war Zürich (1525), wo sie vom Stadtrat verfolgt wurden. Ihre Bewegung breitete sich aus in der Schweiz, Tirol, Mähren, Deutschland, Holland. Der Speyerer REICHSTAG bedrohte Täufer mit der Todesstrafe (1529). Die an Luther orientierte Reformation setzte sich von ihnen durch die CONFESSIO AUGUSTANA ab (1530). Die Täuferherrschaft in Münster (**1534**/35) war eine theokratische Diktatur, anfangs mit sozialrevolutionärem Anspruch, später ein Königtum mit neuen Hierarchien terroristischen Charakters (Erwachsenentaufe wurde erzwungen, BÜCHERVERBRENNUNGEN u. Ä.). Der Bischof von Münster zerschlug die Münsteraner Täuferkommune nach langer Belagerung (1535). Die Bewegung erneuerte sich in Holland und England. Täufer-Elemente hielten sich bis heute bei Mennoniten und BAPTISTEN. »Täufer« wurden vom MARXISMUS und KOMMUNISMUS als Sozialrevolutionäre idealisiert.

Literatur: R. van Dülmen (Hg.): Das Täuferreich zu Münster 1534–1535. Bericht und Dokumente. München 1974; R. van Dulmen: Reformation als Revolution. Soziale Bewegung und religiöser Radikalismus in der Deutschen Reformation. München 1976; U. Stift: Die Täufer zu Münster. Münster 1983; H. J. Goertz: Die Täufer. Geschichte und Deutung. München [2]1988; F. Staeck/C. Welsch: Ketzer, Täufer, Utopisten. Pfaffenweiler 1991; R. Klötzer: Die Täuferherrschaft von Münster. Stadtreformation und Welterneuerung. Münster 1992; Th. Seifert: Die Täufer zu Münster. Münster 1993; B. Rommé (Hg.): Reformation und Herrschaft der Täufer in Münster. (Ausstellungskatalog) Münster 2000.

Principal Secretary

Titel Thomas Cromwells als leitender Minister Englands (**1534**–1540) unter Heinrich VIII. (1509–1547).

Act of Supremacy

Grundlegendes Gesetz des englischen PARLAMENTS zur SEZESSION bzw. Loslösung der englischen Kirche von Rom (**1534**): Der König machte sich zum Oberhaupt der englischen Kirche und schuf so den bis heute existierenden Anglikanismus, zunächst nur – ähnlich wie der GALLIKANISMUS (1438) – mit königlichen Rechten der Visitation, Predigt- und Liturgieüberwachung sowie der Kirchenreform. Das Gesetz diente zur rechtlichen Absicherung des Treasons Act (1532); Thomas More wurde wegen Nichtanerkennung des Act of Supremacy hingerichtet (1535). Das Gesetz blieb auch unter Maria Tudor (1553–1558) unangetastet. Durch die Supremacy Bill von Elisabeth I. (1559) kam der Act of Uniformity (1559) hinzu, der eigentlich erst die ANGLIKANISCHE KIRCHE gründete.

Anglikanische Kirche

(lat.: Ecclesia Anglicana; offiziell: Church of England) Seit der REFORMATION Staatskirche in England: Die Anglikanische Kirche entstand aus der Reformation, aber im Selbstverständnis nur als Vollendung älterer Bestrebungen zu Nationalkirchen, ähnlich wie die GALLIKANISCHE NATIONALKIRCHE. Heinrich VIII. gründete sie im weiteren Sinne mit dem ACT OF SUPREMACY (**1534**), der den Bruch mit Rom eröffnete. Nach Heinrich VIII. war sie stärker CALVINISTISCH geprägt, vor allem mit der zweiten Fassung des COMMON PRAYER BOOK (1552) von PURITANERN. Die Repression unter Maria der Katholischen (1553–1558) endete unter Elisabeth I. (1559): Sie gründete die Anglikanische Kirche im engeren Sinne als Established Church (= Staatskirche) (1559/60):

Der König ist Kirchenoberhaupt, unter ihm stand der Erzbischof von Canterbury. Die Anglikanische Kirche dehnte sich auf Irland aus, wo die Mehrheit der katholischen Iren sie jedoch ablehnte. Die Puritaner versuchten, u.a. mit der HAMPTON COURT CONFERENCE (1604), stärkeren Einfluss zu nehmen. Der Versuch von Erzbischof William Laud (1633–1641/45), die durch SÄKULARISATION (1536 ff.) verloren gegangenen Kirchengüter wenigstens teilweise wieder zurückzugewinnen, trieb die GENTRY-Bourgeoisie in die Opposition und mündete in die ENGLISCHE REVOLUTION.

Zunächst als Unterströmung begann die Herausbildung der METHODISTEN (1738), nach deren Abspaltung entstand die Bewegung der Evangelicals (vor 1800), eine Erweckungsbewegung ähnlich dem Pietismus in Deutschland, die intensive Missionstätigkeit betrieb (CHURCH MISSIONARY SOCIETY, 1799). Die Oxford-Bewegung (1833 ff.) markierte den Höhepunkt des Anglo-Katholizismus (Hochkirche: »High Church«); dagegen richtete sich die Strömung der »Broad Church«. Seit 1867 finden alle zehn Jahre die Lambeth-Konferenzen statt. Das Britische

Empire und COMMONWEALTH ermöglichte die Ausdehnung der Anglikanischen Kirche in Übersee. 1967 nahm die Kirche einen neuen Katechismus an. Die anglikanische Kirchengemeinschaft umfasst 19 aus der Anglikanischen Kirche herausgewachsene selbstständige Tochterkirchen, mit bischöflicher Struktur (»Episcopalian Church« u. Ä.). Beim Besuch von Papst Johannes Paul II. in England (1982) wurden Tendenzen zur Union mit der katholischen Kirche bekräftigt.

Literatur: W. R. W. Stephens/W. Hunt: A History of the English Church. 9 Bde., London 1899–1910; J. R. H. Moorman: A History of the Church of England. London 1953; E. W. Watson: Church of England. London [3]1961; St. Ch. Neills: Anglicanism. Harmondsworth [3]1965; H. H. Harms (Hg.): Die Kirche von England und die Anglikanische Kirchengemeinschaft. Stuttgart 1966; P. Grabowski: Anglikanismus in England. München 1991.

Jesuitenorden (Gesellschaft Jesu, Societas Jesu)

Von Ignatius von Loyola (* 1491, † 1556) gegründeter katholischer ORDEN: Der Jesuitenorden geht zurück auf den Zusammenschluss von sieben Studenten in Paris nach einem Gelöbnis auf dem Montmartre unter Loyolas Führung (**1534**). Der Papst erkannte den Orden an (1540), Loyola wurde der erste Generalobere (1541). Ziele des Jesuitenordens waren die Ausbreitung des katholischen Glaubens durch Predigt, Exerzitien, karitative Arbeit, Seelenführung und Schulen. Der Orden war führend in der Reform der Katholischen Kirche (GEGENREFORMATION), breitete sich über ganz Europa aus, unterhielt die Indien Mission in Goa (1542) und begründete das Collegium Romanum (Gregoriana, 1551) sowie das Collegium Germanicum (1552) in Rom. 1558 wurde die Ordensregel (»Konstitutionen«) endgültig verabschiedet.

Die wichtigsten Arbeitsfelder des Jesuitenordens waren Schulen, Seelsorge und Mission. Jesuiten gründeten die UNIVERSITÄT Graz (1585), gewannen Einfluss in Japan (1549–1587) und China (1582), vermittelten westliche Technik und Naturwissenschaft nach China, die Kenntnis Chinas in den Westen. Als Beichtväter waren sie politische Berater von Fürsten, agierten für Gegenreformation und ABSOLUTE MONARCHIE. Ihre Machtposition, ihr elitäres Bewusstsein und politische Aktivität provozierte den Antijesuitismus; der Jesuitenorden wurde u. a. für die Ermordung König Heinrichs IV. von Frankreich (1610) und politische Komplotte im DREISSIGJÄHRIGEN KRIEG verantwortlich gemacht. Die Jesuiten gestatteten bei der Mission den Missionierten die Fortführung ihrer kulturellen Besonderheiten – diese außergewöhnliche Toleranz führte zum Ritenstreit mit Rom, der mit dem Verbot der TOLERANZ gegenüber Landesbräuchen endete, in Indien (1704/44), China (1707/42–1935/40).

Jesuiten gründeten REDUKTIONEN für INDIOS zum Schutz vor Versklavung (1610–1757), wurden wegen Widerstands gegen die Abtretung von sieben Reduktionen an das portugiesische Brasilien nach dem Vertrag von Madrid (1750) von Pombal in Portugal verboten (1759). Damals formierte sich in Europa geballtes Misstrauen gegen die Jesuiten; ihre Ergebenheit gegenüber dem Papst provozierte die Gegnerschaft absolutistischer Herrscher, ihr Einsatz für KIRCHENREFORMEN die von Klerikern, verschärft von Intellektuellen der Aufklärung (»philosophes«) wie Voltaire. In Frankreich (1764) und Spanien (1766) verboten, auf Drängen der Bourbonen vom Papst aufgehoben (1773–1814), fand der Jesuitenorden nur in Preußen und Russland Zuflucht. Die antijesuitische Verschwörungstheorie (nach 1773) nährte sich aus der Anschuldigung, trotz Verbot im Untergrund weiter zu arbeiten und Gegnerorganisationen systematisch zu infiltrieren, vor allem die Hochgrad-Freimaurerei; der Illuminatenorden begann als Antijesuitenbund (1776).

Der Papst stellte den Jesuitenorden wieder her (1814), die meisten Staaten ließen ihn allmählich wieder zu; er galt aber im gesamten 19. und der ersten Hälfte des 20. Jahrhunderts als staatsgefährdend. Er wurde in Russland (1817/20), in der Schweiz (1848–1973), von der Paulskirche (1848–1850), im Rahmen des Kulturkampfes in Deutschland (1872–1917) und in der Volksrepublik China (ca. 1950) verboten. In Deutschland entwickelte sich eine Synthese von antijesuitischer und antisemitisch-antifreimaurerischer Verschwörungstheorie (1927), die ein angebliches Zweckbündnis von Jesuiten und Juden im »Rassenkampf« gegen die Arier propagierte. Nach dem Zweiten Weltkrieg stellte der Jesuitenorden die meisten Arbeiterpriester in Frankreich. Er wurde nach einem Plebiszit in der Schweiz wieder zugelassen (1973). 1981/82 geriet er in Konflikt mit Papst Johannes Paul II. Der Jesuitenorden gewann große Bedeutung für Literatur (Dichtung, Drama) und Baukunst (Jesuitenstil als Variante des kirchlichen Barock) und tritt generell ein für die Wissenschaft und die katholische Soziallehre.

Literatur: H. Becher: Die Jesuiten. Gestalt und Geschichte des Ordens. München 1951; M. Barthel: Des Heiligen Vaters ungehorsame Söhne. Die Jesuiten zwischen Gestern und Morgen. Gernsbach 1991; G. Cubitt: The Jesuit Myth. Conspiracy Theory and Politics in Nineteenth-Century France. Oxford 1993.

Tercios

(span.: Drittel) Spanische Bezeichnung für Fußvolk: Die Bezeichung wandelte sich bald, da das Fußvolk (formal) vom Infanten kommandiert wurde, zur Infanterie (**1534**).

Infanterie

Ursprünglich spanisches Fußvolk (Tercios), vom Infanten (= spanischen Thronfolger) kommandiert (**1534**): Infanterie ist der übliche Name für modernes, diszipliniertes, später uniformiertes Fußvolk in stehenden Heeren, neben Kavallerie und Artillerie die dritte Waffengattung, seit dem Zweiten Weltkrieg überwiegend motorisiert. Seit dem 19. Jahrhundert gibt es Marineinfanterie, besonders wichtig für Kolonialkriege. In den USA wurde die Infanterie als Eliteeinheit im Vietnamkrieg (1965–1973) und bei anderen Unternehmen in Übersee eingesetzt. Schon zuvor kämpften die Janitscharen der Sache nach als Infanterie.

Literatur: W. Rüstow: Geschichte der Infanterie. Nordhausen 1864, Neudruck Wiesbaden 1981.

Grafenfehde

Name für zwei kriegerische Konflikte:

- Erhebung thüringischer Grafen gegen den Markgrafen von Meißen und dessen Territorialpolitik (1342–1346), beendet mit dem Sieg des Markgrafen (1346);
- Krieg zwischen Lübeck und Dänemark (**1534**–1546): Die Lübecker eroberten zunächst Kopenhagen und dänische Inseln (1534), erlitten auf Fünen und zur See bei Bornholm Niederlagen (1535). Die Dänen eroberten Kopenhagen zurück (1536). Bürgermeister Wüllenwever wurde gestürzt (1536), die Grafenfehde endete mit dem Frieden von Hamburg (1536), der die Vormachtstellung Lübecks brach, die HANSE weiter schwächte.

Literatur: G. Waitz: Lübeck unter Jürgen Wüllenwever. 3 Bde., Berlin 1855/56; L. Sellmer: Albrecht VII. von Mecklenburg und die Grafenfehde (1534–1536). Frankfurt/Main 1999.

Korsar (ital.: Seeräuber)

SEERÄUBER, auch übertragen Seeräuberschiff, vor allem für muslimische Piraten (Barbaresken) im Maghreb: Die Korsaren verbündeten sich unter Chaïr ad-Din (Barbarossa) mit Frankreich und eroberten Tunis (**1534**). Sie agierten seit der Niederlage der OSMANEN in der Seeschlacht von Lepanto. Ihr besonderer Schwerpunkt war Algier (1571). Von hier aus unternahmen sie häufige Überfälle auf Schiffe und Küstengebiete, auch jenseits des Mittelmeers, bis nach England. Sie deportierten Teile der Bevölkerung und versklavten sie. Zur Bekämpfung der Piraterie im Mittelmeerraum unternahmen europäische Seemächte, im 19. Jahrhundert auch die USA, immer wieder Expeditionen gegen Algier oder Tunis, u. a. Spanien unter Karl V. Erst mit der französischen Eroberung Algiers waren die Korsaren besiegt (1830).

Literatur: H. Schreiber: Piraten und Korsaren der Weltgeschichte. Rastatt 1990; R. Platt: Piraten: von Kaperkapitänen, Bukaniern, Korsaren, Barbaresken und anderen Seeräubern. Hildesheim [3]1997.

Militärgrenze

(lat.: Confinium militare) Grenzgebiete im Südosten des HABSBURGERREICHS Österreich, mit Befestigungen und Wehrbauern zum Schutz gegen die OSMANEN (1522–1881): Die Militärgrenze war von großer militärischer und sozialgeschichtlicher Bedeutung für Südosteuropa. Nach ersten Anfängen (1522/26) erfolgte eine systematische Ansiedlung von Flüchtlingen (Uskoken, von serbokroatisch: uskoci = Flüchtlinge) aus Serbien, Kroatien und Bosnien, mit PRIVILEGIEN (ab **1535**) – persönliche Freiheit, STEUERfreiheit, lokale Selbstverwaltung (»zadruga«), Militärgrenzlehen gegen Militärdienst als bodenständige MILIZ. Die rechtliche Weiterentwicklung erfolgte mit dem Statutum Valachorum (1630), dem Militärgrenzgesetz (1754) und dem Grenzgrundgesetz (1807).

Die Militärgrenze umfasste zunächst nur Gebiete von der nördlichen Adria zur Drau, seit dem 5. TÜRKENKRIEG (1683–1739) nach Osten über BANAT bis Siebenbürgen verlängert. Zuletzt war sie eingeteilt in die kroatische (1578–1881), slawonische (1702–1881), Banater (ungarische, 1742–1872) und siebenbürgische (1764–1851) Militärgrenze. Seit dem 7. Türkenkrieg (1737–1739) verlor die Militärgrenze an militärischer Bedeutung, die Grenzregimenter dienten allmählich nur noch als Pestkordon (»CORDON SANITAIRE«). Militärgrenzlehen wurden in persönliches Eigentum umgewandelt (1850), die Militärgrenze schrittweise aufgehoben (1851–1881) – zunächst die siebenbürgische als Teil des Kronlands Kroatien-Slowenien, das dem Kriegsministerium direkt unterstellt war (1851). Nach dem AUSGLEICH (1867) kam die Banater (ungarische) Militärgrenze zu Ungarn (1872), die kroatische und slawonische zu Kroatien (1881).

Literatur: G. E. Rothenberg: Die österreichische Militärgrenze in Kroatien 1522–1881. Wien, München 1970; P. Kraysaich: Die Militärgrenze in Kroatien. Wien 1974; C. Göllner: Die siebenbürgische Militärgrenze 1762–1851. München 1974; G. Ernst (Hg.): Die österreichische Militärgrenze. Geschichte und Auswirkungen. Regensburg 1982; K. Kaser: Freier Bauer und Soldat. Die Militarisierung der agrarischen Gesellschaft an der kroatisch-slawonischen Militärgrenze (1535–1881). Wien 1985.

Kopeke

Russische MÜNZE und Währungseinheit – ein 1/100 Rubel, in SILBER (**1535**–1719), KUPFER (1701–1924) und Aluminiumbronze (seit 1926), mit Mehrfachwerten auch in anderen Metallen.

Säkularisation der Klöster

Umwandlung von klösterlichem in weltlichen Besitz, meist durch Enteignung: Säkularisation der Klöster in England, in der REFORMATION betrieben von Thomas Cromwell in zwei Phasen (**1536**/40), hatte enorme politische, ökonomische und sozialgeschichtliche Bedeutung. Durch Verkäufe oder Schenkungen der KRONE und Weiterverkäufe kam Kirchenland meist in die Hände von GENTRY und Bürgertum; ein Teil des Landes diente der Stiftung von Grammar Schools für das Bürgertum mit technisch-naturwissenschaftlichen Fächern. Die Auflösung der Frauenklöster förderte das Konnubium von ADEL und Bürgertum in England.

Literatur: J. Youings (Hg.): The Dissolution of the Monasteries. London 1971; D. D. Knowles: Bare Ruined choirs. The Dissolution of the English Monasteries. Neuausgabe Cambridge 1977; G. W. O. Woodward: The Dissolution of the Monasteries. Neuausgabe London 1993.

Kapitulation

(zu lat.: capitulum = Hauptabschnitt; vgl. auch: Kapitularien) Vielschichtiger Begriff in der Geschichte:

a) Vorrechte europäischer Mächte in orientalischen GROSSREICHEN, zuerst völkerrechtlich kodifiziert im Handelsvertrag Frankreichs mit dem OSMANISCHEN REICH (**1536**), über freie Religionsausübung, Konsulargerichtsbarkeit, Freiheit der Niederlassung, des Verkehrs, des Handels und der Schifffahrt, gefolgt u. a. von England (1580), Österreich (1718), Preußen (1761). Analog hatten Russland (1828–1919) und England

(1838–1928) in Persien Kapitulationen, seit den Ungleichen Verträgen auch in China (1842/60–1949).

b) Schriftliches Versprechen gewählter Amtspersonen vor ihrer Wahl gegenüber ihren Wählern – z. B. bei Bischöfen und Königen: Historisch wichtig war die Kapitulation in Wahlmonarchien, in Deutschland bis zum Untergang des Reichs (1806) und in der polnischen Rzeczpospolita (1573–1795), da Versprechungen oft aus Privilegien für die Wähler (Kurfürsten, Adel) bestanden.

c) Übergabevertrag für eine Festung, einen Truppenteil oder die gesamte Streitmacht im Krieg, noch vor allgemeinem Waffenstillstand oder gar Friedensschluss: Die Bedingung der Unterlegenen war oft ein ehrenvoller Abzug (mit oder ohne Waffen), weniger ehrenvoll gestaltete sich der Abzug z. B. für die Römer mit dem Caudinischen Joch (321 v. Chr.). Ein Sonderfall war die bedingungslose Kapitulation Deutschlands und Japans am Ende des Zweiten Weltkriegs (1945).

Literatur: a) J. L. G. Pélissié du Rausas: Le régime des capitulations dans l'empire ottoman. 2 Bde., Paris [2]1910/11; b) B. Kleinheyer: Die kaiserlichen Wahlkapitulationen. Karlsruhe 1968; R. Vierhaus (Hg.): Herrschaftsverträge, Wahlkapitulationen, Fundamentalgesetze. Göttingen 1977; c) E. Bauer: Kapitulation, in: Wörterbuch des Völkerrechts. Bd. 2, Berlin [2]1961.

Calvinismus

Nach der von Luther begründeten, die zweite, jüngere und radikalere Richtung der Reformation, gleichsam die Reform der Reformation, benannt nach Johannes Calvin; Anhänger wurden auch Reformierte genannt: Der Calvinismus begann in Neuenburg (Neufchâteau), Grandson und Murten unter Guillaume Faurel (* 1489, † 1565), in Genf unter Faurel (1535/36) und Calvin (1536–1538), mit Calvins Werk »Institutio Religionis Christianae« als grundlegendem Dokument (**1536**). Seit Calvins Rückkehr (1541) war Genf Hochburg des Calvinismus, mit Ausstrahlungen auf Teile Europas.

Der Calvinismus expandierte durch Anschluss der Böhmischen Brüder in Polen (1548), der Zwinglianer in der Schweiz (1549), durch Ausbreitung in Ungarn und Siebenbürgen (nach 1550), starken Einfluss auf die Puritaner in England (später in Nordamerika) und Ausdehnung in Deutschland. Der Calvinismus blieb aus der Toleranz im Augsburger Religionsfrieden noch ausgeschlossen (1555). Die Gründung der theologischen Akademie in Genf, die Nationalsynode der Hugenotten in Frankreich, die Confessio Gallicana, der Bildersturm in Perth und der Sieg der Reformation unter John Knox in Schottland markieren Erfolge des Calvinismus in einem Jahr (1559), gefolgt von der Kirk in Schottland (1560) und dem Ungarischen Bekenntnis (1562). In Frankreich brachen die Hugenottenkriege aus (1562–1598). Die Kurpfalz trat mit dem Heidelberger Katechismus bei (1563). Die meisten Reformierten übernahmen die 2. Confessio Helvetica (1564/66); es folgte der Bildersturm in den Niederlanden und die Gründung der Calvinistischen Kirche in Holland (1566). Lutheraner, Reformierte und Böhmische Brüder schlossen mit dem Consensus von Sandomir ein Bündnis in Polen (1570). Nassau

(1572/74), Bremen (1595), Hessen-Kassel (1604), Brandenburg (1614) und das Herzogtum Berg traten zum Calvinismus über, Polen (PAX DISSIDENTUM, 1573) und Frankreich (EDIKT VON NANTES, 1598–1685) tolerierten ihn. Gleichstellung (Parität) der Calvinisten mit Katholiken und LUTHERANERN im Reich kam erst mit dem WESTFÄLISCHEN FRIEDEN (1648). Seit Gründung Kapstadts (1652) breitete sich der Calvinismus auch nach Südafrika aus, dort mit der Tendenz zur theologisch begründeten APARTHEID.

Nach der PREUSSISCHEN UNION mit den Lutheranern (1817) spaltete sich die Alt-Reformierte Kirche ab (1838). Der internationale Calvinismus organisierte sich im Reformierten Weltbund (engl.: Alliance of the Reformed Churches, holding the Presbyterian System, seit 1970: World Alliance of Reformed Churches; 1875), mit Sitz zunächst in Edinburgh (bis 1949), jetzt in Genf, in Deutschland als Reformierter Bund (1884). Der Calvinismus besaß große Bedeutung auf vielen Gebieten (z. B. Max-Weber-These: »Wahlverwandtschaft von calvinistischer Wirtschaftsethik und kapitalistischer Rationalität«). Oft wirkten Calvinisten demokratischer als Lutheraner.

Literatur: M. Weber: Die protestantische Ethik und der Geist des Kapitalismus. 1920, Neuausgabe Weinheim ^{3}2000; H. Rößler: Der Calvinismus. Versuch einer Erfassung und Würdigung seiner Grundlagen und Wirkungen. Bremen 1951; G. Marshall: Presyteries and Profits. Calvinism and the Development of Capitalism in Scotland 1560–1707. Oxford 1980; M. Prestwich: International Calvinism 1541–1715. Neudruck Oxford 1985; H. Kretzer: Calvinismus versus Demokratie respektive »Geist des Kapitalismus«? Oldenburg 1988; A. Petegree: Calvinism in Europe. 1540–1620. Cambridge 1994; E. Koch: Das konfessionelle Zeitalter – Katholizismus, Luthertum, Calvinismus (1563–1675). Leipzig 2000.

Reformierte

Andere Bezeichnung für CALVINISTEN, Anhänger des CALVINISMUS: Die Reformierten wurden in Frankreich verfolgt (**1536**), im REICH noch beim AUGSBURGER RELIGIONSFRIEDEN aus der TOLERANZ ausgeschlossen (1555), erst im WESTFÄLISCHEN FRIEDEN (1648) aufgenommen.

Literatur: wie zu Calvinismus.

Katholische Liga

Name für konfessionelle Zusammenschlüsse gegen die Reformation:

- (1.) Katholische Liga (auch: Nürnberger Bund) (**1538**): Katholisches Gegenbündnis in Deutschland: Das Bündnis des KAISERS und Bayerns mit weltlichen (Herzöge von Sachsen, Calenberg, Braunschweig) und geistlichen (Erzbischöfe von Mainz, Magdeburg, Halberstadt, Salzburg) Fürsten gegen den SCHMALKALDISCHEN BUND (1531–1547) war auf elf Jahre konzipiert. Es war wenig effektiv, brachte aber erstmals die Formierung der Katholiken gegen die PROTESTANTEN. Die Katholische Liga wurde neu aufgegriffen im Landsberger Bund (1556–1598);
- KATHOLISCHE LIGA (Sainte Ligue) in Frankreich (1576–1595) gegen die HUGENOTTEN;
- (2.) KATHOLISCHE LIGA in Deutschland (1609–1635) gegen die protestantische UNION (1608–1621).

Galla

Älterer Name für das Volk der Oromo: Ihre Invasion aus dem Norden wehrte Äthiopien mithilfe der Portugiesen ab (**1541**). Als MUSLIME stellen sie heute eine starke Minderheit im modernen Äthiopien. Galla waren beteiligt am Sturz des kommunistischen Regimes Mengistu (1991).

Literatur: T. Bitima/J. Steuber: Die ungelöste nationale Frage in Äthiopien. Studie zur Befreiungsbewegung der Oromo und Eritreas. Frankfurt/Main 1983; B. Tafla (Hg.): Asma Giyorgis and his Work. History of the Galla and the Kingdom of Sawa. Stuttgart 1987.

Leyes Nuevas

(span.: Neue Gesetze) Gesetzesreform in den spanischen Kolonien der Neuen Welt zum Schutz der INDIOS: Unter dem Einfluss von Bartholomé de las Casas erließ Karl V. die Leyes Nuevas zur Abschaffung der ENCOMIENDA (**1542**). Danach fielen Encomiendas, deren Besitzer starben, an die Krone zurück, neue wurden nicht ausgegeben. Verboten war die Versklavung von Indios in »gerechten Kriegen«. Die neuen Gesetze zeigten wenig Wirkung, da der Vizekönig in Neuspanien sie wegen des Widerstands der Kolonisten nicht anwandte. Ihre Einführung in Peru provozierte einen bewaffneten Aufstand der Kolonisten.

Conquistadores

(span.: = die Eroberer, von »conquista« = Eroberung) Erste Generation spanischer Siedler und Eroberer in Mittel- und Südamerika, Träger der CONQUISTA: Die Conquistadores, mit enormen PRIVILEGIEN (u. a. ENCOMIENDA-System), widersetzten sich erfolgreich den LEYES NUEVAS (**1542**). Durch das Prinzip der LIMPIEZA DE SANGRE blieben sie ohne Vermischung mit Einheimischen oder afrikanischen SKLAVEN, sodass bis heute KREOLEN die oligarchische Führungsschicht in Lateinamerika bilden (außer in Kuba und Nicaragua, jeweils nach REVOLUTIONEN).

Literatur: R. Konetzke: Entdecker und Eroberer Amerikas. Von Christoph Columbus bis Hernán Cortés. Frankfurt/Main 1963; H. Innes: Die Konquistadoren. Bern u. a. 1978.

Konvoi

(frz./engl. = Geleitzug) Handelsschiffe mit bewaffneten Geleitschiffen gegen SEERÄUBER, Kaperer, feindliche Flotten, U-Boote: In großem Stil setzten die Spanier Konvois zum Schutz ihrer SILBERFLOTTE ein (**1543**). Im ERSTEN WELTKRIEG und ZWEITEN WELTKRIEG waren die ALLIIERTEN erfolgreich mit Konvois gegen deutsche U-Boote (1917/18, 1940–1945).

Silberflotte

(span.: Flota) Regelmäßig zwischen Spanien (Sevilla) und Amerika (Havanna) verkehrende spanische Flotte mit SILBER aus Mexiko und Peru: Die Silberflotte, zum Schutz gegen europäische SEERÄUBER in

Konvois von Kriegsschiffen begleitet (ab **1543**), wurde gelegentlich von englischen (Sir Francis Drake, 1573), zuletzt mit großer Wirkung im Dreissigjährigen Krieg von niederländischen Kaperschiffen (1628) aufgebracht.

Geozentrisches Weltbild

Vorstellung, dass die Erde (griechisch: geo) Zentrum des Weltalls sei: Das Geozentrische Weltbild, seit der Antike vorherrschende Vorstellung, von Ptolemaios (ca. 100–160) zusammengefasst, wurde unter Rückgriff auf sein Werk von der christlichen Scholastik als allein gültig festgeschrieben. Mit Kopernikus (**1543**) und Galilei (1642) begann seine allmähliche Ablösung durch das heliozentrische Weltbild.

Heliozentrisches Weltbild

Vorstellung, dass die Sonne (griech.: helios) Zentrum des Weltalls sei: Das heliozentrische Weltbild wurde gegenüber dem geozentrischen Weltbild nur vereinzelt in der Antike vertreten, z. B. von Aristarchos von Samos (ca. 275 v. Chr.). Kopernikus griff es in seinem Werk »De revolutionibus orbium coelestium libri VI« neu auf (**1543**) und leitete mit seinem neuen Weltsystem die sprichwörtliche »kopernikanische Wende« ein. Galilei verhalf ihm zum Sieg (»Dialog über die beiden hauptsächlichen Weltsysteme, das ptolemäische und das kopernikanische«, 1632). Später wurde das heliozentrische Weltbild modifiziert – unser Sonnensystem ist nur eines unter vielen in unserer Milchstraße, diese nur eine unter vielen anderen Galaxien.

Literatur: A. Koyré: The Astronomical Revolution. Copernicus, Kepler, Borelli. Nachdruck London 1980; M. Boas: Die Renaissance der Naturwissenschaften. 1450–1630; das Zeitalter des Kopernikus. Nördlingen 1988.

Friede von Crépy

Vertrag zur Beendigung des 3. Spanisch-französischen Kriegs (1542–1544), nach Siegen Spaniens/des Kaisers und Englands über Frankreich, aber ohne Beteiligung Englands (**1544**): Er verfügte wechselseitige Rückgabe der Eroberungen seit dem Waffenstillstand von Nizza (1538). Frankreich verzichtete auf Neapel, Flandern, Artois und Geldern, Karl V. auf Burgund. Der Friede von Crépy war nur Zwischenfriede bis zum nächsten Krieg zwischen Habsburgern und Valois (1552–1559), ebnete aber den Weg zum Trienter Konzil (1545–1563).

Trienter Konzil

(Konzil von Trient, Tridentinum) Bedeutendstes Konzil der Katholischen Kirche in der Frühen Neuzeit in Trient, mit drei Sitzungsperioden (**1545**–1563): Vorgeschichte: Ein allgemeines Konzil, von Luther (seit 1517) und Protestanten gefordert, war von Papst Pius III. (1534–1549) angekündigt (1535) und nach Mantua einberufen (1536), aber –

vom SCHMALKALDISCHEN BUND abgelehnt, von Frankreich boykottiert – wieder aufgelöst worden (1538). Karl V. schlug Trient als Tagungsort vor (1541), die südlichste Bischofsstadt im Reich, sprachlich-kulturell aber schon italienisch. Nach dem Scheitern des Regensburger Religionsgesprächs zwischen Katholiken und Protestanten (1541) berief Papst Paul III. das Konzil nach Trient ein (1542), das wegen des BOYKOTTS Frankreichs aber wieder suspendiert wurde (1543). Erst nach dem FRIEDEN VON CRÉPY (1544) entsandte Frankreich seine Vertreter und ermöglichte die Eröffnung in Trient (1545) – unter Abwesenheit der Protestanten, was den offiziellen Grund für den SCHMALKALDISCHEN KRIEG (1546–1547) lieferte.

1. Phase (1545–1547): In Abgrenzung zu den Protestanten wurden Dogmenlehre, kirchliche Sakramente und katholische Rechtfertigungslehre formuliert. Die Beratung kirchlicher Reformen begann. Wegen Epidemiegefahr (Flecktyphus) und Spannungen zu Karl V. wurde das Konzil nach Bologna, außerhalb des Reichsgebiets, verlegt (1547–1548). Es tagte zunächst mit kaiserlicher Minderheit in Trient weiter. Nach ihrer Niederlage im Schmalkaldischen Krieg verpflichtete der Kaiser die Protestanten zur Teilnahme am Konzil (geharnischter Reichstag zu Augsburg, 1547/48). Zur Vermeidung eines SCHISMAS suspendierte der Papst das gespaltene Konzil (1548).

2. Phase (1551–1552): Das Konzil wurde wieder nach Trient einberufen. Mit protestantischen Vertretern, aber ohne deren Beteiligung an den Sitzungen, beriet es über die Sakramente (Eucharistie). Das Konzil wurde wegen der FÜRSTENVERSCHWÖRUNG und Flucht Karls V. aus Innsbruck suspendiert (1552).

3. Phase (1562–1563): Nach dem AUGSBURGER RELIGIONSFRIEDEN (1555) konzentrierte sich das Konzil ohne Rücksichtnahme auf die Protestanten auf Reform und Konsolidierung der katholischen Kirche. Spannungen zum Papst zwangen zu einer Verhandlungspause (1562/63). Danach bekräftigte das Konzil u. a. die Residenzpflicht der Bischöfe, machte ein Priesterseminar an jedem Bischofssitz verbindlich (1563) und beriet über den LAIENKELCH. Nach Verlesung aller angenommenen Dekrete, auch jener früherer Sitzungsperioden (Dezember 1563), bestätigte sie der Papst als Tridentinisches Glaubensbekenntnis (1564).

Historische Gesamtwirkung: Das Konzil zur Reform und Konsolidierung der Katholischen Kirche wurde Auftakt zur GEGENREFORMATION.

Literatur: H. Jedin: Geschichte des Konzils von Trient. 5 Tle. Freiburg [1–3]1975–1982; R. Bäumer (Hg.): Concilium Tridentinum. Darmstadt 1979; H. Kirchner: Reformationsgeschichte von 1532–1555/66. Festigung der Reformation, Calvin, katholische Reform und Konzil von Trient. Berlin 1988.

Schmalkaldischer Krieg

Zweiter Religionskrieg in Europa seit Beginn der REFORMATION (**1546**/47): Ein Bündnis aus KAISER, PAPST und Bayern nahm das Fernbleiben der PROTESTANTEN vom TRIENTER KONZIL (1545) als Anlass zum Krieg gegen den SCHMALKALDISCHEN BUND, weil der FRIEDE VON CRÉPY (1544) Karl V. freie Hand zur Niederwerfung der Protestanten gab, im Widerspruch zur Wahlkapitulation (1519) mit spanischen Truppen. Moritz von Sachsen erhielt für seine Unterstützung des Kaisers die Kurwürde (1547). Nach der Besetzung von Teilen Kursachsens und Böhmens verließen die kursächsischen Truppen das Bundesheer des Schmalkaldischen Bunds. In Süddeutschland unterwarfen sich die Protestanten einzeln, der Bund verlor die Schlacht bei Mühlberg in Sachsen und löste sich auf (1547). Danach mussten die geschwächten Protestanten das AUGSBURGER INTERIM hinnehmen (1548).

Literatur: J. G. Jahn: Geschichte des Schmalkaldischen Krieges. Leipzig 1837; A. Schüz: Der Donaufeldzug Karls V. 1546. Tübingen 1930; W. Held: 1547, die Schlacht bei Mühlberg, Elbe. Entscheidung auf dem Wege zum albertinischen Kurfürstentum Sachsen. Beucha 1997.

Augsburger Interim

Zwischenlösung der Religionsfrage im Reich nach dem SCHMALKALDISCHEN KRIEG (**1548**): Nach der Niederlage des SCHMALKALDISCHEN BUNDes im Schmalkaldischen Krieg (1547) diktierte Kaiser Karl V. auf dem »geharnischten« Augsburger Reichstag (1547/48) den protestantischen Ständen seine Forderungen; PRIESTEREHE und LAIENKELCH waren die einzigen Konzessionen an die REFORMATION. Die gewaltsame Durchsetzung des Augsburger Interims scheiterte teilweise am Widerstand in Norddeutschland, vor allem an Magdeburg (1548–1551). Nach der FÜRSTENVERSCHWÖRUNG hoben der PASSAUER VERTRAG (1552) und der AUGSBURGER RELIGIONSFRIEDE (1555) das Interim auf.

Literatur: H. Rabe: Reichsbund und Interim. Die Verfassungs- und Religionspolitik Karls V. und der Reichstag von Augsburg 1547/48. Köln 1971; J. Mehlhausen (Hg): Das Augsburger Interim: Nach den Reichstagsakten deutsch und lateinisch. Neukirchen-Vluyn [2]1996.

Priesterehe

Verheiratung von Priestern in christlichen Kirchen: Die Priesterehe war in der lateinischen Kirche durch den ZÖLIBAT verboten, in der Ostkirche für den niederen Klerus (Popen) erlaubt, aber nicht für Mönche und Bischöfe. Von Luther und der REFORMATION gefordert, gewährte das AUGSBURGER INTERIM (**1548**) die Priesterehe neben dem Laienkelch als einzige Konzession an die PROTESTANTEN; sie blieb in protestantischen Kirchen üblich. Bei Konvertierung verheirateter protestantischer Pfarrer zum Katholizismus ist die Priesterehe ausnahmsweise auch in der katholischen Kirche möglich. Sie wird heute zunehmend gefordert.

Literatur: Arbeitskreis Zölibat und Kirche (Hg.): Kirche und Zölibat Eine Dokumentation. Tübingen 1978.

Common Prayer Book

Bekenntnis- und Kirchenordnung der ANGLIKANISCHEN KIRCHE, erstmals eingeführt **1549** und revidiert 1552, mit calvinistischem Einschlag: Nach seinem Verbot in der Phase der katholischen Reaktion unter Maria (1553–1558) führte es Elisabeth I. wieder ein (1559). Seine erzwungene Einführung in Schottland als SCOTTISH PRAYER BOOK (1637) provozierte den Aufstand und NATIONAL COVENANT (1638) als Auftakt zur ENGLISCHEN REVOLUTION (1640–1660). Nach der Restoration (1660) erschien die endgültige Fassung (1662), mit letzten Revisionen (1905–1927).

Literatur: S. Leuenberger: Cultus ancilla scripturae. Das Book of Common Prayer als erweckliche Liturgie – ein Vermächtnis des Puritanismus. Basel 1984; S. Leuenberger: Archbishop Cranmer's Immortal Bequest: the Book of Common Prayer of the Church of England. Grand Rapids, Mich. 1990; A.G. Dickens: The English Reformation. University Park (Pa.) [2]1996; W.J. Sheils: The English Reformation: 1530–1570. London [7]1997; siehe auch Anglikanische Kirche.

Fürstenverschwörung

Geheimer Zusammenschluss protestantischer Fürstenopposition gegen Karl V. (1551/52): Die Verschwörung war eine Reaktion auf das AUGSBURGER INTERIM (1548) und die Stationierung spanischer Truppen im REICH sowie gegen Pläne Karls V. zur Erblichkeit der Kaiserkrone im Hause HABSBURG unter Bevorzugung der spanischen Linie. Kurfürst Moritz von Sachsen, im SCHMALKALDISCHEN KRIEG (1546/47) noch Verbündeter des Kaisers, schloss ein Bündnis mit Hessen, Brandenburg-Küstrin und Mecklenburg (1551). Die Fürstenopposition verbündete sich mit Frankreich im Vertrag von Chambord (1551/52). Nach einer gewaltsamen Erhebung (**1552**) und Eroberung Innsbrucks konnte sich Karl V. nur mit Mühe retten; einen vorläufigen Ausgleich im PASSAUER VERTRAG vermittelte König Ferdinand (1552). Folgen waren: Frankreich gewann die Bistümer Metz, Toul, Verdun; Karl V. scheiterte und dankte ab (1555/56), womit der Weg frei war für den AUGSBURGER RELIGIONSFRIEDEN (1555).

Literatur: F. Hartung: Karl V. und die deutschen Reichsstände von 1546 bis 1555. Halle/Saale 1906. Nachdruck Darmstadt 1971; K.E. Born: Moritz von Sachsen und die Fürstenverschwörung gegen Karl V., in: Historische Zeitschrift 191 (1960), S. 18–66, Nachdruck Darmstadt 1972.

Passauer Vertrag

Regelung der Religionsfragen im REICH, zwischen AUGSBURGER INTERIM und AUGSBURGER RELIGIONSFRIEDEN: Die Sieger der FÜRSTENVERSCHWÖRUNG (1552) schlossen in Passau mit König Ferdinand I. einen Vertrag, der in Frankfurt am Main endgültig unterzeichnet, von Kaiser Karl V. in München (**1552**) ratifiziert wurde. Hauptpunkte waren: Haftentlassung protestantischer Fürsten (seit dem SCHMALKALDISCHEN KRIEG, 1547), Aufhebung des Augsburger Interims (1548), paritätischer Ausschuss zur Beendigung der Religionskonflikte, Zulassung der PROTESTANTEN zum REICHSKAMMERGERICHT, allgemeine AMNESTIE; der territoriale Status quo von vor 1546 wurde wiederhergestellt. Die endgültige Regelung der Konfessionsfragen wurde dem Reichstag übertragen, aber wesentliche Entscheidungen des Augsburger Religionsfriedens (1555) waren präjudiziert.

Literatur: G.W. T. Bonwetsch: Geschichte des Passauischen Vertrages von 1552. Göttingen 1907; F. Hartung: Karl V. und die deutschen Reichsstände von 1546 bis 1555. Halle/Saale 1901, Nachdruck Darmstadt 1971.

Puritaner

(engl: Puritans, lat.: purus = rein) Radikale Strömung der englischen REFORMATION, vom CALVINISMUS stark beeinflusst: Als Opposition gegen die ihnen nicht weit genug gehende Abwendung der ANGLIKANISCHEN KIRCHE von Rom und dem Katholizismus wurden die Puritaner von der katholischen Reaktion in England unter Maria (**1553**–1558) verfolgt. Sie emigrierten auf den Kontinent, mit besonders wichtigen Flüchtlingsgemeinden in Emden, Frankfurt am Main und Genf, die Ausgangspunkte für den verstärkten Einfluss des Calvinismus waren. Nach dem Tod Marias (1558) kehrten die Puritaner nach England zurück, schottische Puritaner von dort nach Schottland (1559), z. B. John Knox. Die Opposition zur wiederhergestellten Anglikanischen Kirche wuchs (nach 1560). Die Bezeichnung »Puritaner« war zunächst ein polemischer Kampfbegriff. Die Ablehnung einer Petition der (jetzt oft auch PRESBYTERIANER genannten) Puritaner auf der HAMPTON COURT CONFERENCE (1604) durch Jakob I. regte zur Emigration nach Nordamerika an, u. a. mit der »MAYFLOWER« (1620), oft über Holland. Die Verbliebenen hatten starken Einfluss auf oppositionelle Strömungen innerhalb wie außerhalb des PARLAMENTS, bis zur ENGLISCHEN REVOLUTION (auch: »Puritanische Revolution«, 1640–1660).

Die Independenten waren die konfessionspolitische Partei Cromwells. Nach Cromwells Sieg über die KRONE (1645/49) prägten sie politisch, kulturell und geistig England im COMMONWEALTH (1649–1660) – u. a. Abschaffung des Bischofsamts (1646), Verbot von Orgeln in Kirchen, Schließung von Theatern und öffentlichen Vergnügungsstätten. Nach der RESTORATION (1660) ging ihr öffentlicher Einfluss zurück, und sie litten unter Diskriminierung u. a. (ebenso wie die Katholiken) durch den TEST ACT (1673), der eine neue Auswanderungswelle nach Nordamerika als NONKONFORMISTEN und »Dissenters« auslöste. Die TOLERANZAKTE (1689) und die Aufhebung des Test Act für Nonkonformisten (1828) ermöglichten eine schrittweise Gleichstellung. In zahlreichen Freikirchen in Großbritannien und Nordamerika üben sie erheblichen und vielfältigen Einfluss aus, auch auf die frühe Arbeiterbewegung (bis ca. 1900).

Literatur: H. W. Clark: History of English Nonconformity. 2 Bde., London 1911/12; J. Marlow: The Puritan Tradition in English Life. London 1956; Ch. Hill: Puritanism and Revolution. London 1958; S. E. Prall (Hg.): The Puritan Revolution. A Documentary History. London 1968; A. T. Vaughan: The Puritan Tradition in America 1620–1730. New York 1972; J. R. Beeke: Assurance of Faith. Calvin, English Puritanism and the Dutch Second Reformation. New York 1991; Ch. Durston: The Culture of English Puritanism: 1560–1700. Basingstoke 1996; J. Spurr: English Puritanism, 1603–1689. Basingstoke 1998; R. Sibbes: Puritanism and Calvinism in Late Elizabethan and Early Stuart England. Macon (Ga.) 2000; P. Collinson: The Elizabethan Puritan Movement. Neudruck Oxford 2000; D. G. Mullan: Scottish Puritanism, 1590–1638. Oxford 2000.

Muscovy Company

Englische Handelsgesellschaft, als erste »joint stock company« (Aktiengesellschaft) gegründet (**1553**), im Anschluss an die Reise Richard Chancellors auf der Suche nach der NORDOSTPASSAGE nach Moskau (1553): Die Muscovy Company erhielt ein königliches PRIVILEG

(Charter) (1555) und ein eigenes, noch bis heute in Moskau (als Museum) erhaltenes Haus. Sie genoss Handelsfreiheit im GROSSFÜRSTENTUM Moskau (1567) für erste Handelsbeziehungen Englands zu Russland.

Literatur: T. S. Willan: The Early History of the Russia Company 1553–1603. Manchester 1956.

Nordostpassage

Gegenstück zur NORDWESTPASSAGE: Der Seeweg vom Atlantik über den Pazifik nach Osten, entlang der Nordküste Eurasiens, war die zweite Alternative für den direkten Seeweg von Europa nach Indien und China jenseits der spanisch-portugiesischen Kontrolle. Erstmals erkundete Richard Chancellor die Nordostpassage (**1553**), kam aber nur bis zum Weißen Meer, von da auf dem Landweg nach Moskau (vgl.: MUSCOVY COMPANY). Spätere Forschungsreisende, u. a. von Willem Barentsz (ca. 1550–1597), drangen bis zur Inselgruppe Nowaja Semlja (1596/97) vor. Die Reisen von Vitus Jonassen Bering (* 1680, † 1741) und Henry Hudson (* ca. 1550, † 1611) scheiterten. Nach weiteren Anläufen bezwang erstmals Adolf Erik von Nordenskjöld (* 1831 † 1901) die Route (1878–1880). Später hielt die UdSSR die Nordostpassage mit Eisbrechern systematisch offen, vor allem zur wirtschaftlichen Erschließung des nördlichen Sibirien, auch für die internationale Schifffahrt (1967).

Literatur: J. Burney: Chronological history of the north-Eastern voyages of discovery. 1819 (Nachdruck Amsterdam 1969); F.-F. von Nordenskjöld: Nordostpassage. Der Polarforscher Nordenskjöld erzwingt mit der Vega den nordsibirischen Seeweg 1878/80. Herford 1980.

Augsburger Religionsfriede

Reichsgesetz zur Beilegung der Konfessionskonflikte seit der REFORMATION: Nach AUGSBURGER INTERIM (1548), FÜRSTENVERSCHWÖRUNG und PASSAUER VERTRAG (1552) verabschiedete der Augsburger REICHSTAG unter Vorsitz von König Ferdinand I. ein Grundgesetz des REICHS in 144 Paragraphen (**1555**), nachdem Kaiser Karl V. zuvor abgedankt hatte. Wichtigste Punkte waren: Gegenseitige TOLERANZ für Katholiken und LUTHERANER, aber nicht für REFORMIERTE, das IUS REFORMANDI (»CUIUS REGIO, EIUS RELIGIO«). Geistlichen Reichsständen war es unter Androhung des Verlustes aller PRIVILEGIEN und Lehen untersagt, zur Reformation überzutreten (geistlicher Vorbehalt, »reservatum ecclesiasticum«), Landständen geistlicher Territorien war es erlaubt. SÄKULARISATION von Kirchengut und Klöstern bis zum Passauer Vertrag (1552) wurde legalisiert, weitere blieben untersagt. Bei Religionswechsel des Landesherrn durften Angehörige der anderen Konfession nach Verkauf des persönlichen Eigentums auswandern.

Der Augsburger Religionsfriede war ursprünglich nur gedacht als Provisorium bis zu einem allgemeinen KONZIL, er blieb aber, zumal nach dem TRIENTER KONZIL (1563), gesetzlicher Dauerzustand, wurde vom Papst verworfen. Nach dem DREISSIGJÄHRIGEN KRIEG (1618–1648) wurde der Augsburger Religionsfriede im WESTFÄLISCHEN FRIEDEN (1648) bestätigt, als Reichsgesetz bis zum UNTERGANG DES REICHS

(1806): Er besiegelte die konfessionelle Spaltung Deutschlands, trug zur Festigung der Territorialstaaten bei, u. a. durch Legalisierung und Ausbau des landesherrlichen Kirchenregiments, das die konfessionellen Grenzen in Deutschland ungefähr festgelegte (bis 1945). Der Augsburger Religionsfriede wurde Modell für die PAX DISSIDENTUM in Polen (1573).

Literatur: K. Brandi (Hg.): Der Augsburger Religionsfriede vom 25. 9. 1555. Kritische Ausgabe des Textes mit den Entwürfen und der königlichen Deklaration. Göttingen [2]1927; M. Simon: Der Augsburger Religionsfriede: Augsburg 1955; siehe auch Reformation.

Toleranz

(lat.: tolerare = ertragen, erdulden) Duldung, Gewährenlassen gegensätzlicher Kräfte auf dem Kompromissweg, vor allem nach Konflikten um die Religion: Das TOLERANZEDIKT VON MAILAND (312) markiert das Ende der CHRISTENVERFOLGUNGEN im Römischen Reich. In Deutschland führte ein Reichsgesetz (AUGSBURGER RELIGIONSFRIEDE) die Toleranz für Katholiken und LUTHERANER ein (**1555**), das der WESTFÄLISCHE FRIEDE (1648) bestätigte und auf die REFORMIERTEN erweiterte. Praktizierte Toleranz war in Polen die PAX DISSIDENTUM (1573), in Frankreich für die HUGENOTTEN das EDIKT VON NANTES (1598–1685), in England die TOLERANZAKTE für die PURITANER (NONKONFORMISTEN) (1689). Toleranz, ausgedehnt auf JUDEN, begünstigte die Einwanderung von Juden und den ökonomischen Aufschwung der Niederlande (ca. 1590). Sie war ein wesentliches Prinzip der AUFKLÄRUNG und der FRANZÖSISCHEN REVOLUTION, ihre Maximen prägten zuvor schon das Toleranzpatent Josephs II. für Österreich (1781/82) und die JUDENEMANZIPATION in Frankreich (1791), die von anderen Ländern übernommen wurde. Im modernen Verfassungsstaat ist Toleranz ein Grundprinzip zur Wahrung der Menschen- und Bürgerrechte.

Literatur: G. Mensching: Toleranz und Wahrheit in der Religion. Heidelberg 1955; H. Kamen: Intoleranz und Toleranz zwischen Reformation und Aufklärung. München 1967; H. Lutz (Hg): Zur Geschichte der Toleranz und Religionsfreiheit. Darmstadt 1977.

Lutheraner

Anhänger Luthers und der lutherischen REFORMATION, im Gegensatz zu den REFORMIERTEN oder TÄUFERN, von denen sie sich früh abgrenzten, u. a. in der CONFESSIO AUGUSTANA (1530): Im Unterschied zu Reformierten und Täufern waren die Lutheraner in die wechselseitige TOLERANZ mit den Katholiken seit dem AUGSBURGER RELIGIONSFRIEDEN (**1555**) einbezogen. Durch Landeskirchentum und Obrigkeitsglauben rasch theologisch wie politisch erstarrt (ORTHODOXIE), organisierten sie sich in lutherischen Kirchen und schlossen sich mit den Reformierten zur PREUSSISCHEN UNION zusammen (1817). Im Protest dagegen spalteten sich Altlutheraner als lutherische Freikirchen ab und schlossen sich in der selbstständigen Evangelisch-Lutherischen Kirche zusammen (1972). Lutheraner waren besonders stark in Deutschland (Vereinigte Evangelisch-Lutherische Kirche in Deutschland = VELDK), Skandinavien und den USA (oft deutschen Ursprungs). In größeren lutherischen

Kirchenverbänden zusammengefasst, schlossen sie sich später auf internationaler Ebene zusammen im Lutherischen Weltbund (1947).

Literatur: T. und M. Bachmann: Lutheran Churches in the World. A Handbook. Minneapolis (Minn.) 1989; E. Koch: Das konfessionelle Zeitalter – Katholizismus, Luthertum, Calvinismus (1563–1675). Leipzig 2000.

Calvinisten

Anhänger des CALVINISMUS, auch REFORMIERTE – in Frankreich HUGENOTTEN, in England PURITANER: Calvinisten, im AUGSBURGER RELIGIONSFRIEDEN noch außerhalb der reichsgesetzlichen TOLERANZ (**1555**), wurden erst im WESTFÄLISCHEN FRIEDEN einbezogen (1648).

Ius reformandi

(lat.: Recht zur Reformierung) Dem Landesherrn im AUGSBURGER RELIGIONSFRIEDEN (**1555**) gewährtes Recht, in seinem Territorium die konfessionelle Einheit gemäß dem eigenen Bekenntnis herzustellen: Der Grundsatz CUIUS REGIO, EIUS RELIGIO wurde Ansatzpunkt für die GEGENREFORMATION (ab 1564).

Cuius regio, eius religio

(lat.: Wessen Herrschaft, dessen Religion) Zugespitzte Formulierung für das leitende Prinzip des IUS REFORMANDI im AUGSBURGER RELIGIONSFRIEDEN (**1555**): Der jeweilige Territorialherr bestimmte für seine Untertanen die Religion; auch bei einem konfessionellen Wechsel mussten sich alle Untertanen fügen, durften aber unter Mitnahme ihres beweglichen Besitzes nach vorherigem Verkauf der unbeweglichen Habe auswandern (»ius emigrandi«). Davon ausgenommen waren geistliche Territorien, gemäß dem »Geistlichen Vorbehalt«.

Universalmonarchie

Konzeption Karls V., aus den HABSBURGER Reichsteilen (REICH, Österreich; Spanien samt Nebenländern Niederlande, Mailand, Neapel/Sizilien) ein GROSSREICH zu errichten: Der Katholizismus sollte religiöse Grundlage werden, das Reich in der Nachfolge des antiken Römischen Reichs stehen, seit Ausweitung in Übersee durch das spanische Kolonialreich (»In meinem Reich geht die Sonne nicht unter«). Die Konzeption scheiterte an der REFORMATION und FÜRSTENVERSCHWÖRUNG (1552), besiegelt vom AUGSBURGER RELIGIONSFRIEDEN (**1555**).

Tabak

(karaib.: tobako, span.: tabaco = Rauchrohr) Nachtschattengewächs mit rund 100 Arten, vor allem in Amerika, vereinzelt auch Südostasien und Australien, von INDIOS im präcolumbischen Amerika konsumiert, im Norden in der Pfeife geraucht, im Süden auch geschnupft und gekaut:

Nach der ENTDECKUNG AMERIKAS (1492) in Europa eingeführt (**1555**) und am spanischen Hof unter Philipp II. als Zierpflanze angebaut, brachte der französische Botschafter in Spanien, Jean Nicot (* 1530, † 1600), den Tabak nach Paris (1560): Schnupfen wurde Mode am französischen Hof und in Portugal. In England führten John Hawkins (1565) und Sir Walter Raleigh den Tabak ein (1586). Das Tabakrauchen wurde Sitte bei niederländischen Seeleuten (ca. 1570) und im DREISSIGJÄHRIGEN KRIEG durch schwedische Soldaten auf dem europäischen Kontinent verbreitet: Tabaksteuer und staatliche Tabak-MONOPOLE (nach 1600) entstanden.

Die Tabakpflanze, nach Nicot Herba nicotiana benannt (1586), wurde in Virginia (ab 1612) die Grundlage für den Reichtum und die führende Stellung Virginias unter den englischen Kolonien in Nordamerika (bis nach 1800) und Glasgows als wichtigstem Importhafen von Tabak. In vielen Ländern wurde der Tabakgenuss verboten – in Deutschland herrschte Rauchverbot auf der Straße (bis 1848). Angebaut wurde Tabak in Deutschland zuerst in Brandenburg (1676); seit König Friedrich I. (1701–1713) gab es ein Tabakskollegium. Die erste Tabakfabrik entstand in Preußen (1720), die erste deutsche Zigarrenfabrik in Hamburg (1788). Ca. 1800 wurde die Zigarette eingeführt. In Deutschland waren Zigarrenarbeiter (neben Buchdruckern) führend in gewerkschaftlicher Organisation. Der Tabak fand seine stärkste Verbreitung seit dem ERSTEN WELTKRIEG (1914–1918). Tabak-Museen gibt es in Bünde (1937) und Wien (1960), die Tabakbörse sitzt in Bremen (1959/61). Hauptanbauländer für Tabak sind heute neben China Indien, Brasilien, die USA sowie die Türkei und Simbabwe (Stand 1999). Öffentliche Reklame für Rauchwaren werden jüngst gesetzlich eingeschränkt; in den USA sprachen Gerichte Klägern hohe Entschädigungen zu.

Literatur: W. Kloos: Tabak-Kollegium. Ein kulturgeschichtlicher Almanach. Bremen 1967; H. Döbler: Kultur- und Sittengeschichte der Welt. Kochkünste und Tafelfreuden. München 1972.

Erblande

Sammelbegriff für Stammlande oder Hausgut einer DYNASTIE: Besonders wichtig waren seit dem Spätmittelalter die Österreichischen oder HABSBURGER Stammländer, im Wesentlichen Österreich im engeren Sinne, Tirol, Steiermark, Kärnten, Krain und Vorderösterreich (Vorarlberg, Breisgau). Dort waren die Habsburger Landesherren. Nach der Abdankung Karls V., als sich das Habsburgerreich in die spanische und österreichische Linie spaltete (**1556**), erhielt Karls Bruder Ferdinand die österreichischen Erblande (bis 1564).

Staatsbankrott

Unfähigkeit des STAATES, die Zahlung fälliger Zinsen auf Staatsanleihen (in der alten Monarchie: Kredite an die KRONE) oder auf Auslandskredite zu leisten: Erste Staatsbankrotte in Europa ereigneten sich in Frankreich (**1557**) und Spanien (1557, 1576, 1596), die den Zusammenbruch der Kredit gebenden Banken, vor allem in Genua und Augsburg (Fugger), nach sich zogen. Später gab es Staatsbankrotte in Dänemark (1813), im Osmanischen Reich (1875) und in Ägypten (1876), die unter Finanzkontrolle der Kredit gewährenden imperialistischen Staaten gerieten, vor allem Großbritanniens und Frankreichs, mit krisenhaften Rückwirkungen. Ein faktischer Staatsbankrott löste die Polenkrise (1980 ff.) aus; Rumänien und Jugoslawien waren vom Staatsbankrott bedroht. In Argentinien endete der Falklandkrieg (1982) im Staatsbankrott. Seit dem Erdölschock (1973) waren viele Länder der Dritten Welt, u. a. Mexiko (1982), davon bedroht, jüngstens wieder Argentinien (2001).

Livländischer Krieg

Krieg des Grossfürstentums Moskau unter Iwan IV. (dem Schrecklichen) zur Eroberung eines Zugangs zur Ostseeküste (**1558**–1582): Nach der Vernichtung des Heeres des Deutschen Ordens (1560) brach die Livländische Konföderation zusammen (1561). Polen und Schweden griffen in den Krieg ein, um Moskau zurückzudrängen, die Polen schlugen die Russen entscheidend bei Wenden (1578). Am Ende war Moskau erschöpft (1582) und versank in den Wirren der Smuta (1604–1613), Livland wurde polnisch (bis 1629).

Literatur: E. Donnert: Der livländische Ordensritterstaat und Rußland. Der livländische Krieg und die baltische Frage in der europäischen Politik 1558–1583. Berlin 1963.

Akademie

Allgemein: Seit Platons Akademie in Athen (ca. 385 v. Chr.–529 n. Chr.) Name für höhere Schule und/oder Forschungseinrichtung. Hier speziell: Theologische Ausbildungsstätte für Prediger in Genf, gegründet von Calvin (**1559**): Die Akademie erlangte große Bedeutung für die Ausbreitung des Calvinismus, vor allem in Frankreich, wurde Keimzelle für die Universität Genf (1873). Seitdem ist sie das älteste, noch immer prestigereiche Gymnasium in Genf.

Calvinistische Nationalsynode

Organisationsform des Calvinismus auf nationaler Ebene: Eine Calvinistische Nationalsynode tagte erstmals in Frankreich (**1559**) und erließ die Confessio Gallicana (1559); eine weitere fand wenig später in Holland statt (1566). Sie schuf in den jeweiligen Ländern die Anfänge des organisierten Calvinismus.

Confessio Gallicana

Calvinistisches, von Calvin entworfenes Glaubensbekenntnis für Frankreich, in 40 Artikeln (**1559**): Die dem französischen König übergebene Confessio (1561) bildete die Grundlage des Calvinismus in Frankreich. Sie war Anlass des Religionsgesprächs von Poissy (1561), nach dessen Scheitern die Hugenottenkriege (1562–1598) ausbrachen.

Literatur: E. F. Müller (Hg.): Die Bekenntnisschriften der reformierten Kirchen. Leipzig 1903.

Kirk

(of Scotland) Staatskirche der REFORMIERTEN/CALVINISTEN in Schottland: John Knox begründete nach dem BILDERSTURM von Perth (1559) in Edinburgh die Kirk (**1560**). Ihr oberstes Organ war die National Assembly. Zunächst noch mit bischöflichen Elementen, bildete die Kirk den Kern des Widerstands gegen die Oktroyierung der Bischofsverfassung und des COMMON PRAYER BOOK in Schottland (1637) durch den schottisch/englischen König Karl I., mit dem NATIONAL COVENANT (1638). Der Sturz der schottischen Bischöfe löste die Einführung des Kongregationalismus aus, als Auftakt zur ENGLISCHEN REVOLUTION (1640–1660). Nach der RESTORATION (1660) wurde die Kirk erneut durch bischöfliche Elemente modifiziert (1662–1690). Sie erhielt nach der GLORIOUS REVOLUTION (1688/89) eine kongregationalistische Verfassung (1690/1921), in der die General Assembly wieder oberstes Organ wurde; letzte Revision 1921.

Literatur: J. Buchan/G. A. Smith: The Kirk in Scotland, 1560–1929. London 1930; S. Wormald: Court, Kirk and Community. Scotland 1470–1625. London 1981; E. Beaton: Scotland's Parish Churches. The Kirk in Town and Country. Edinburgh 1998.

Vertrag von Edinburgh

Vertrag zwischen England und calvinistischen Schotten, in Opposition zu ihrer Königin Maria STUART, (**1560**) über den Abzug französischer Truppen, die bisher Maria Stuart und den Katholizismus in Schottland unterstützt hatten: Nach dem Sieg der REFORMATION in Schottland unter John Knox (1559/60) beendete der Vertrag die AULD ALLIANCE (seit 1295) und führte einen protestantischen Regentschaftsrat ein. Die SOUVERÄNITÄT Englands und Königin Elisabeths I. wurde anerkannt, Ansprüche Maria Stuarts auf den englischen Thron wurden annulliert. Die Weigerung Maria Stuarts, den Vertrag zu ratifizieren, wurde Ausgangsbasis zu ihrem Konflikt mit Elisabeth. Der Vertrag war eine wichtige Etappe auf dem Weg zur Union Englands und Schottlands in zwei Stufen – zunächst der PERSONALUNION (1603), dann der REALUNION (1707–2002).

Religionsgespräch von Poissy

Disputation zwischen Katholiken und CALVINISTEN (wie zu Beginn der deutschen REFORMATION und dem MARBURGER RELIGIONSGESPRÄCH Luther–Zwingli, 1529) in Frankreich: Die Königinmutter Katharina de' Medici suchte die konfessionellen Gegensätze zu überbrücken. Vor König Karl IX. und Katharina de' Medici fand in Poissy (bei Paris) die Diskussion zwischen Kardinal de Lorraine, Charles de Guise (*1524, †1574), und Theodore Beza (*1519, †1605) für die HUGENOTTEN statt (**1561**). Ein Kompromiss stieß beim extrem konservativen Flügel der katholischen Kirche (u.a. Jesuitengeneral, Theologische Fakultät der Sorbonne) auf Ablehnung (1561), sodass die HUGENOTTENKRIEGE ausbrachen (1562–1598).

Hugenotten

Bezeichnung (ungeklärter Herkunft, vielleicht Verballhornung aus »Eidgenossen«) für REFORMIERTE (Anhänger des CALVINISMUS) in Frankreich (seit 1559 überliefert als »huguenots«), mit regionalen Schwerpunkten in Süd- und Westfrankreich: Die erste Konstituierung erfolgte auf der CALVINISTISCHEN NATIONALSYNODE mit der CONFESSIO GALLICANA (1559). Nach dem Scheitern des RELIGIONSGESPRÄCHS VON POISSY (**1561**) brachen die HUGENOTTENKRIEGE (1562–1598) aus. Spanier (1565) bzw. Portugiesen (1565–1567) zerstörten Kolonien der Hugenotten in Florida und im heutigen Rio de Janeiro (1562). Der BARTHOLOMÄUSNACHT (1572) und dem EDIKT VON NANTES (1598) folgten die Belagerung (1627) und Eroberung (1628) hugenottischer SICHERHEITSPLÄTZE. Mit dem Gnadenedikt von Nîmes (1629) verloren die Hugenotten ihre politischen Sonderrechte, behielten aber ihre religiösen Freiheiten. Das Ende der TOLERANZ gegenüber Hugenotten kam mit den DRAGONNADEN, Zwangsbekehrungen (1683) und der Aufhebung des Edikts von Nantes (1685). Danach flohen viele Hugenotten aus Frankreich, wanderten vor allem nach Deutschland (Brandenburg) und Holland aus, von dort auch teilweise in die Kapkolonie (1688). »Refugiés« (= Flüchtlinge) waren eine große kulturelle und wirtschaftliche Bereicherung in den neuen Gastländern, vor allem in Deutschland. In Frankreich behaupteten sie sich im Untergrund (»Église du désert« = Kirche der Wüste). Hugenotten sind seit der FRANZÖSISCHEN REVOLUTION (1789) wieder legal zugelassen und bilden heute in Frankreich eine konfessionelle Minderheit mit relativ hohem Anteil am Wirtschaftsleben.

Literatur: J. Chambon: Der französische Protestantismus. Sein Weg bis zur französischen Revolution. Zollikon ^{6}1948 (Nachdruck 1977); O. Zopf: Die Hugenotten. Geschichte eines Glaubenskampfes. Konstanz 1948; E. G. Leonard: Le protestant français. Paris 1953; H. Duchardt (Hg.): Der Exodus der Hugenotten. Die Aufhebung des Edikts von Nantes 1685 als europäisches Ereignis. Köln 1985; R. von Thadden (Hg.): Die Hugenotten, 1685–1985. München ^{2}1986; I. Brandenburg: Hugenotten. Geschichte eines Martyriums. Leipzig 1990; F. Hartweg: Die Hugenotten und das Refuge. Deutschland und Europa. Beiträge zu einer Tagung. Berlin 1990.

Hugenottenkriege

(frz.: »guerres de religion«) Dritter Religionskrieg Europas; komplizierter Dreieckskampf, in wechselnden Konstellationen zwischen HUGENOTTEN, Katholiken und der KRONE in Frankreich (**1562**–1598): Die Hugenottenkriege sind als konfessioneller Bürgerkrieg stets in engem Zusammenhang mit Vorgängen vor allem in den Niederlanden (BILDERSTURM, 1566; NIEDERLÄNDISCHER UNABHÄNGIGKEITSKRIEG, 1572–1609/48) und England (Konflikt mit Spanien) sowie den wechselvollen Beziehungen zwischen Frankreich und Spanien zu sehen. Der Krieg begann nach dem Scheitern des RELIGIONSGESPRÄCHS VON POISSY (1561) und dem Edikt von St.-Germain-en-Laye (1562). Trotz staatlicher TOLERANZ für die Hugenotten kam es in Vassy zu einem Blutbad an den Hugenotten (1562), organisiert vom Herzog François I. de Guise (* 1519, † 1563). Die Hugenottenkriege umfassen insgesamt acht Bürgerkriege, unterbrochen durch provisorische Waffenstillstände und Friedensschlüsse:

- 1. Hugenottenkrieg (1562/63): Ein Bündnis der Hugenotten unter Louis Condé mit England und einigen protestantischen deutschen Fürsten (Nassau-Dillenburg, Kurpfalz) kämpfte gegen die Katholiken unter Guise mit dem lutheranischen Herzog von Württemberg (1562). Die Katholiken kontrollierten Paris und die königliche Familie, die Hugenotten besetzten Orléans und Lyon. Nach dem Einfall englischer Truppen in Le Havre erlitten die Hugenotten eine Niederlage bei Dreux (1562), während Condé und Montmorency in Gefangenschaft gerieten. Guise fand bei der Belagerung von Orléans den Tod (1563). Der Friede von Amboise beschränkte die Toleranz für die Hugenotten auf jene Plätze, wo sie sich schon vor Kriegsbeginn befunden hatten, außer Paris; Katholiken und Hugenotten kämpften gemeinsam gegen die Engländer in Le Havre;
- 2. Hugenottenkrieg (1567/68): Nach dem Zug Herzog Albas in die Niederlande zur Niederwerfung der Opposition nach dem BILDERSTURM (1566) versuchten die Hugenotten vergeblich, sich mit Hilfe deutscher Truppen der königlichen Familie in Meaux zu bemächtigen. Condé belagerte Paris (1567), die Belagerung von Orléans scheiterte (1568). Der Frieden von Longjumeau (März 1568) bestätigte den Frieden von Amboise;
- 3. Hugenottenkrieg (1568–1570): Nach dem Sturz des um Mäßigung bemühten Kanzlers Michel de l'Hôpital (1505/07–1573) flammte der Bürgerkrieg erneut auf (September 1568). Die Hugenotten erlitten Niederlagen (1569), Condé fiel, Coligny wurde neuer Führer (1569–1572) in der unentschiedenen Schlacht bei Arnay le Duc (1570). Der Frieden von St. Germain (1570) bestätigte die religiöse Toleranz für die Hugenotten und räumte ihnen vier befestigte Städte als SICHERHEITSPLÄTZE ein. Coligny übte großen Einfluss am königlichen Hof aus (bis 1572);
- 4. Hugenottenkrieg (1572/73): Nach Fortschritten der niederländischen Aufständischen unter Wilhelm von Oranien (1572) provozierte das Drängen Colignys auf eine Intervention Frankreichs in den Niederlanden gegen Spanien für die Aufständischen die BARTHOLOMÄUSNACHT (Nacht vom 23. zum 24. August 1572), als Rache für die Ermordung des Herzogs von Guise (1563). Die führerlosen Hugenotten zogen sich nach La Rochelle, Nîmes und Montauban zurück. Die Mittelgruppe der »POLITIQUES« unter l'Hôpital setzte sich für die Hugenotten ein, doch dominierte die katholische Familie der Guise wieder am Hof. Hugenotten emigrierten nach England und Deutschland. La Rochelle behauptete sich (1572/73). Die Pazifikation von Boulogne (1573) sicherte den Hugenotten AMNESTIE und Gewissensfreiheit zu, Gottesdienste waren nur in La Rochelle, Nîmes und Montauban erlaubt;
- 5. Hugenottenkrieg (1574–1576): Der Krieg begann wieder nach dem Aufruf an alle Hugenotten, für religiöse Toleranz, Verwaltungsreformen und die Vertreibung der Familie Guise (November 1574) zu kämpfen. Nach wechselvollen Kämpfen schlossen die Konfliktparteien Waffenstillstand (1575). Heinrich von Navarra wurde nach seiner Flucht aus Paris (1576) neuer Führer der Hugenotten. Mit dem Paix du

Monsieur (benannt nach dem Herzog von Anjou) und dem Edikt von Beaulieu (1576) erhielten die Hugenotten in Frankreich (außer in Paris) Religionsfreiheit und acht Sicherheitsplätze. Die KATHOLISCHE LIGA bildete sich zum Sturz der Hugenotten (1576–1995), unter Heinrich von Lothringen und dem Herzog von Guise;

- 6. Hugenottenkrieg (1577): Die GENERALSTÄNDE von Blois, die von der Katholischen Liga beherrscht waren und gegen die »Politiques« standen, betrachteten das Edikt von Beaulieu als durch Gewalt aufgezwungen und erklärten es für aufgehoben, worauf der Bürgerkrieg vor allem in Westfrankreich erneut ausbrach. Der Friede von Bergerac (1577) brachte den Hugenotten weitere Konzessionen;
- 7. Hugenottenkrieg (1580): Nach wechselvollen Kämpfen der Hugenotten unter Heinrich von Navarra bekräftigte der Friede von Fleix (1580) den Frieden von Bergerac (1577);
- 8. Hugenottenkrieg (1585–1598): Die Katholische Liga, die Heinrich von Navarra als Thronfolger nicht billigte, zwang Heinrich III., die Toleranz für die Hugenotten rückgängig zu machen – der Krieg der drei Heinriche (Heinrich III., Heinrich von Navarra, Heinrich von Guise) brach aus. Die revolutionäre Kommune von Paris (1586–1591) trat für die Katholische Liga und Heinrich von Guise ein. Siege der Hugenotten, aber auch des Herzogs von Guise über deutsche Söldner im Dienste der Hugenotten (1587), endeten im Patt. Zwischen Heinrich III. und dem Herzog von Guise brach ein Konflikt um Paris aus (1587/88), der zum Tag der Barrikaden in Paris führte (12. Mai 1588). Heinrich III. floh aus Paris, die Generalstände von Blois traten zusammen (1588): Nach der Ermordung des Herzogs von Guise und Kardinals Ludwig von Guise auf Befehl Heinrich III. (1588) schloss Heinrich III. mit Heinrich von Navarra einen Waffenstillstand (1589). Heinrich III. belagerte Paris, das sich in den Händen der Katholischen Liga befand. Nach der Ermordung von Heinrich III. vor Paris (1589) wurde Heinrich von Navarra als Heinrich IV. König von Frankreich (1589). Er besiegte die Liga (1589/90) und belagerte (erfolgreich) Paris (1590–1594).

Die Invasion spanischer Truppen aus den Niederlanden in Frankreich (1590) verschob die innerfranzösischen Fronten: Die nationale Komponente gewann für Frankreich die Oberhand im Bürgerkrieg: 1593 trat Heinrich IV. vom Calvinismus zum Katholizismus über (»Paris vaut bien une messe!« = »Paris ist eine Messe wert!«). Nach seiner Krönung in Chartres (1594) strömten ihm Anhänger der Liga zu. Mit englischer Hilfe gelang es, die Spanier aus der Bretagne zu vertreiben (1594). Das Edikt von St.-Germain-en-Laye (1594) gewährte den Hugenotten Religionsfreiheit. Nach der Kriegserklärung Frankreichs an Spanien und seinem Bündnis mit England und Holland löste sich die Liga auf (1595). Bis auf die Bretagne war ganz Frankreich Heinrich IV. untertan (1596). Das Edikt von Nantes (1598) beendete die Hugenottenkriege auch formal.

Literatur: J. Chartrou-Charbonnel: La réforme et les guerres de religion. Paris 1936; P. Miquel: Les guerres de religion. Paris 1980; G. Livet: Les guerres de religion (1559–1598). Paris [5]1983; A. Jouana u. a.: Histoire et dictionnaire des guerres de religion. Paris 1998.

Gegenreformation

Ursprünglich (seit 1776) polemische Bezeichnung der PROTESTANTEN für gewaltsame systematische Rekatholisierung protestantischer Gebiete nach der REFORMATION, später auch Epochenbegriff der deutschen Geschichte (1889) zwischen AUGSBURGER RELIGIONSFRIEDEN (1555) und WESTFÄLISCHEM FRIEDEN (1648). Dagegen betont die katholische Geschichtsschreibung (seit 1880) die Reform der Kirche als konstruktive Antwort auf die Reformation: Wichtigste Instrumente der Gegenreformation waren: der INDEX LIBRORUM PROHIBITORUM (1564); der Einsatz von JESUITEN und Nuntiaturen (päpstliche Gesandtschaften), zunächst nur bei katholischen Fürsten; die Deutsche Kongregation (1586), die, generell ergänzt durch die schon ältere INQUISITION als Kurienkongregation (1542), seit dem TRIENTER KONZIL (**1563**) als strategischer Ansatz bei Ländern mit katholisch gebliebener Krone, aber überwiegend protestantisch gewordenen STÄNDEN fungierte.

- Die Gegenreformation siegte in Deutschland, gestützt auf das IUS REFORMANDI des Augsburger Religionsfriedens, in Bayern (1564), in süddeutschen Bistümern (Salzburg, Bamberg, Würzburg) und in von WITTELSBACHERN besetzten Bistümern (Freising; Hildesheim, Lüttich, Köln, Münster), nach bayerischem Vorbild in Österreich, erst in Graz (1596).
- In Polen setzte Sigismund III. (1587–1632) die Gegenreformation in milder Form durch, scheiterte aber in Schweden (1599).
- In Frankreich siegte sie in den HUGENOTTENKRIEGEN (1562–1598), modifiziert mit dem EDIKT VON NANTES (1598) und der TOLERANZ für HUGENOTTEN (1598–1685).
- In den Niederlanden begann sie als Reorganisation der katholischen Kirche und Gründung von 14 Bistümern (1561), scheiterte aber mit dem BILDERSTURM IN DEN NIEDERLANDEN (1566) und dem NIEDERLÄNDISCHEN UNABHÄNGIGKEITSKRIEG (1572–1609/48) am Widerstand, zunächst in den gesamten Niederlanden, seit der UTRECHTER UNION (1579) nur in den nördlichen Niederlanden, während sie sich in den südlichen Niederlanden (heutiges Belgien) durchsetzte.
- In England begann die Gegenreformation in der Reaktionsperiode unter Maria der Katholischen (1553–1558), scheiterte am einheitlichen Widerstand von KRONE und PARLAMENT unter Elisabeth I. (1558–1603) und an der GLORIOUS REVOLUTION (1688/89).
- In Böhmen war sie Anlass zum DREISSIGJÄHRIGEN KRIEG (1618–1648).

Ihren Höhepunkt in Deutschland erreichte die Gegenreformation mit dem RESTITUTIONSEDIKT (1629). Nach dem Westfälischen Frieden (1648) klang sie ab, blieb aber von großer historischer Wirkung, z. B. in der Aufhebung des Edikts von Nantes durch Ludwig XIV. (1685) und der Vertreibung der Protestanten aus dem Erzbistum Salzburg (1731/33).

Neben der EXPANSION EUROPAS IN ÜBERSEE und der Reformation war die Gegenreformation der bedeutendste Vorgang in der Frühen Neuzeit Europas, mit Ausstrahlung auf Politik, Kultur und Religion.

Literatur: M. Ritter: Deutsche Geschichte im Zeitalter der Gegenreformation. 3 Bde., Stuttgart, Berlin 1889–1908, Nachdruck Darmstadt 1974; H. Jedin: Katholische Reformation oder Gegenreformation? Luzern 1946; K. D. Schmidt: Katholische Reformation oder Gegenreformation? Lüneburg 1957; H. Daniel-Rops: The Catholic Reformation. London 1962; E. M. Burns: The Counter Reformation. Princeton 1964; E. W. Zeeden: Das Zeitalter der Gegenreformation. Freiburg 1967; A. G. Dickens: The Counter Reformation. London 1968; E. W. Zeeden (Hg.): Gegenreformation. Darmstadt 1973; J. H. Elliot: Europe Divided 1559–1598. London [7]1975; K. Brandi: Reformation und Gegenreformation. Frankfurt/Main [5]1979; E. Iserloh: Reformation: katholische Reform und Gegenreformation. Sonderausgabe Freiburg/Breisgau 1985 (= Handbuch der Kirchengeschichte 4); H. Lutz: Reformation und Gegenreformation. München [4]1997; K.-H. Zur Mühlen: Reformation und Gegenreformation. Göttingen 1999.

Heidelberger Katechismus

Glaubensbekenntnis für REFORMIERTE in der Kurpfalz nach dem Übertritt Kurfürst Friedrichs III. zum CALVINISMUS, 1559 in Auftrag gegeben, 1562 von den Superintendenten gebilligt, **1563** veröffentlicht: Er fand Eingang in die pfälzische Kirchenordnung, wurde übernommen auch von anderen Territorien (seit 1568; u. a. Ostfriesland, Hessen-Kassel, Holland, Bremen). Die Synode von Dordrecht (1618/19) machte ihn für alle reformierte Kirchen verbindlich.

Literatur: K. Barth: Die christliche Lehre nach dem Heidelberger Katechismus. München 1949; W. Hollweg: Neue Untersuchungen zur Geschichte und Lehre des Heidelberger Katechismus. Neukirchen 1968; L. Coenen (Hg.): Handbuch zum Heidelberger Katechismus, Neukirchen-Vluyn 1963; O. Weber (Hg.): Der Heidelberger Katechismus. Gütersloh [5]1996.

Dreikronenkrieg

Krieg zwischen Dänemark und Schweden (**1563**–1570) um Livland/Estland und die HEGEMONIE in der Ostsee, parallel zum LIVLÄNDISCHEN KRIEG (1558–1582): Auslöser war Schwedens Protest gegen die Entscheidung Dänemarks, nach Ende der KALMARER UNION (1523) die drei Kronen Dänemarks, Schwedens und Norwegens wieder ins Wappen aufzunehmen (1546), um so den dänischen Anspruch auf Schweden zu unterstreichen. Die Schweden siegten zur See, die Dänen mit Hilfe Lübecks zu Lande. Nach Sperrung des Sunds für Getreideschiffe aus Polen provozierte eine HUNGERSNOT den BILDERSTURM IN DEN NIEDERLANDEN (1566). Nach dem Sturz Eriks XIV. (1568) bestätigte der Friede von Stettin (1570) den Status quo; die HANSE war fortan als Seemacht bedeutungslos.

Index librorum prohibitorum (»Index der verbotenen Bücher«)

Nach Vorläufern (1543, 1557) im Anschluss an das TRIENTER KONZIL (1545–1563) veröffentlichte Liste von für Katholiken verbotenen Büchern (**1564**), durch die Index-Kongregation (1571) und das Sanctum Officium herausgegeben und häufig revidiert: Der Index war ein Mittel geistlicher Disziplinierung und Waffe der Kirche in der GEGENREFORMATION, später gegen AUFKLÄRUNG, Atheismus, LIBERALISMUS, SOZIALISMUS, KOMMUNISMUS und wurde vom VATICANUM II (1962/65) aufgehoben.

Übertragen auch: Liste verbotener Bücher oder Autoren, z. B. in kommunistischen, faschistischen und autoritären Staaten; vgl. auch ZENSUR.

Literatur: F. H. Reusch: Die Indices librorum prohibitorum des 16. Jahrhunderts. Tübingen 1886, Nachdruck Nieuwkoop 1961; A. Sleumer: Index Romanus. Osnabrück [11]1956; siehe auch Zensur.

Opritschnina

(russ.: = Sondergebiet) Große, durch gewaltsame Enteignung entstandene Ländereien im alten Russland, vom ZAREN direkt regiert: Iwan IV. (der Schreckliche) zerschlug die Bojaren-Opposition mit TERROR, z. B. durch Massenhinrichtungen und DEPORTATION angeblicher oder wirklicher Gegner samt Familien (**1565**–1576). Hinzu kam die Teilung des GROSSFÜRSTENTUMS Moskau in »Semschtschina« (= Land [russisch: Semlja] mit lokaler Selbstverwaltung = SEMSTWO) und Opritschnina (vom Zaren direkt regierte Gebiete). Ursprünglich nur kleine Enklaven, umfassten sie später riesige zusammenhängende Gebiete, die von Moskau samt Umland bis zum Weißen Meer reichten. Die Bojaren-Güter erhielten ergebene Anhänger des Zaren (»Opritschniki«), die in Eliteeinheiten als zusätzliche Instrumente des Terrors dienten. Historische Gesamtwirkung: Die Umverteilung des Grundbesitzes schuf im altrussischen Kernland eine neue Schicht von Dienstleuten, die später nobilitiert wurden. »Opritschnina« wurde ersetzt durch »Dwor« = Hof (1572), sodass die Schicht der »dworjanen« entstand. Nach Entvölkerung, Absinken der Bodenerträge und Verschärfung der LEIBEIGENSCHAFT begann eine Abwanderung vieler Bauern an die Peripherie zu den KOSAKEN.

Literatur: V. Gitermann: Geschichte Rußlands. 3 Bde., Frankfurt/Main 1965, Bd. 1, S. 174–183.

Bildersturm in den Niederlanden

Auftakt zum NIEDERLÄNDISCHEN UNABHÄNGIGKEITSKRIEG: Gegen die kirchliche Reorganisation der Niederlande (14 neue Diözesen zur geplanten GEGENREFORMATION, 1561) und die INQUISITION, verstärkt durch eine Hungersnot wegen Ausbleiben der Getreideschiffe aus der Ostsee im DREIKRONENKRIEG (1563–1570), erzwang eine breite Massenbewegung, zuerst in flandrischen Städten (Gent, Brügge), die Entfernung der Bilder aus den Kirchen (**1566**). Die Inquisition wurde aufgehoben. Nach Herzog Albas Strafexpedition (1567) wichen vor dem TERROR viele CALVINISTEN und SEPHARDIM in den Norden nach Holland aus. Der Bildersturm eröffnete den »Abfall der Niederlande« (Schiller) und den Niederländischen Unabhängigkeitskrieg (1572–1609/48).

Literatur: W. Schöne u. a.: Das Gottesbild im Abendland. Witten, Berlin [2]1959; O. J. de Jong: Beeldenstormen in de Niederlanden. Groningen 1964; B. Scribner: Bilder und Bildersturm im Spätmittelalter und in der frühen Neuzeit. Wiesbaden 1990.

Geusen

(niederl.: Geuzen, frz.: geux = Bettler) Ursprünglich herabsetzende Bezeichnung für Mitglieder der großen Petition von ca. 400 Landadligen in den Niederlanden an die Gouverneurin Margarete von Parma in

Brüssel: Die Geusen waren gegen die INQUISITION und Verfolgung von PROTESTANTEN bzw. REFORMIERTEN (**1566**). Der Name ging später auf den radikalen Flügel der Aufstandsbewegung gegen Spanien über, z. B. die SEEGEUSEN.

Literatur: D. M. Cornelissen: Waarom zij geuzen werden genoemd. Tilburg 1936; H. Neukirchen: Geusen. Der Freiheitskampf der Niederlande. Berlin (Ost) 1980.

Lubliner Union

REALUNION zwischen Polen und Litauen, nach der PERSONALUNION (1386) beschlossen vom REICHSTAG in Lublin (**1569**): Drei Woiwodschaften (Podlachien, Wolhynien, Kiew) kamen direkt zu Polen, das so reduzierte GROSSFÜRSTENTUM Litauen vereinte sich mit Polen als »ein unteilbarer Leib«. Gemeinsam wurden die Wahl des Königs in Polen, seine Krönung in Krakau, der Reichstag, die Außenpolitik und Münze; getrennt, in AUTONOMIE für Litauen, blieben noch Verwaltung, Armee, Finanzen und Recht. Die Vorteile lagen überwiegend bei Polen, u. a. durch weitere Polonisierung, mit Latifundienbesitzen des polnischen (oder polonisierten) ADELS in Litauen, Weißrussland und der Ukraine.

Gleichzeitig nahm die Inkorporation des Königlichen Preußens den seit dem 2. THORNER FRIEDEN (1466) polnischen Gebieten des ehemaligen Staats des DEUTSCHEN ORDENS weitgehend die Autonomie; ausgenommen die großen Städte, vor allem Danzig.

Sicherheitsplätze

(frz.: Places de sûreté) Einmaliges Kompromisselement europäischer Religionsfriedensschlüsse in den HUGENOTTENKRIEGEN (1562–1598): Der Friede von St.-Germain-en-Laye (**1570**) am Ende der dritten Phase der Hugenottenkriege (1568–1570) sicherte den HUGENOTTEN befestigte Städte – Cognac, La Charité, Montauban, La Rochelle – als Zufluchtsorte mit Religionsfreiheit zu. Sie wurde nach Schwankungen im weiteren Verlauf der Hugenottenkriege, nach der Pazifikation von Boulogne (1573) und dem Edikt von Beaulieu (1576), im EDIKT VON NANTES (1598) bestätigt, das ca. 100 Sicherheitsplätze festschrieb. Nach der Eroberung von La Rochelle (1628) beseitigte Richelieu mit dem Edikt von Alès (1629) die Sicherheitsplätze.

Literatur: wie zu Hugenottenkriege.

Amnestie

(griech.: vergessen, vergeben) Kollektive Strafbefreiung, historisch bedeutsam für politische Gegner nach inneren Konflikten (Bürgerkriegen, Aufständen, REVOLUTIONEN), ganz (Generalamnestie) oder teilweise: Wichtige Amnestien waren das Edikt Alexanders des Großen über die Rückkehr der politischen Verbannten in ihre Heimat (324 v. Chr.); die Amnestie nach Herzog Albas Strafexpedition (1567) in den Niederlanden (**1570**); nach der ENGLISCHEN REVOLUTION mit der RESTORATION (1660, mit Ausnahmen); in Frankreich für Kommunarden (1880); in der

Bundesrepublik Deutschland für Straftatbestände in der STUDENTENBEWEGUNG (1970).

Vgl. auch Amnesty International (seit 1961) für politische Gefangene.

Bartholomäusnacht (Bluthochzeit)

Massaker von Katholiken an HUGENOTTEN in Paris und in der Provinz: Dem Massaker anlässlich der Hochzeit von Heinrich von Navarra mit Margarete VALOIS, der Tochter der Königinmutter Katharina de' Medici, fielen in der Nacht vom 23. zum 24. August **1572** ca. 2000 Menschen in Paris (u.a. Coligny und zahlreiche hugenottische Adlige) und ca. 20 000 in der Provinz zum Opfer. Heinrich geriet in Gefangenschaft und sah sich zur Konversion zum Katholizismus gezwungen. Die Bartholomäusnacht, als neue Phase in den HUGENOTTENKRIEGEN, hinterließ einen tiefen Eindruck in der protestantischen Welt.

Literatur: P. Erlanger: Bartholomäusnacht. Die Pariser Bluthochzeit am 24. August 1572. München 1966; N.M. Sutherland: The Massacre of Saint Bartholomew and the European Conflict, 1559–1572. London 1973; H. Schreiber: Die Bartholomäusmacht. Frankfurt/Main 1994.

Seegeusen (Wassergeusen)

Name für GEUSEN, die von der See aus agierten, zunächst von England aus als Piraten gegen die Spanier, aber auch gegen Schiffe anderer Länder: Auf spanischen Druck von England ausgewiesen, eroberten sie Brill, erlitten eine Niederlage gegen die Spanier auf der Zuidersee. Ihre Eroberung Hollands und Seelands (**1572**) wurde Auftakt zum NIEDERLÄNDISCHEN UNABHÄNGIGKEITSKRIEG (1572–1609/48).

Statthalter

(niederl.: Stadhouder) Generell: Titel von Vertretern der KRONE; in den Niederlanden Vertreter des Königs in den Provinzen, gewählt von Provinzständen: Wilhelm von Oranien war Statthalter von Holland, Seeland und Utrecht (1559), bis ihn Philipp II. absetzte (1567). Nach der Befreiung der Provinzen im NIEDERLÄNDISCHEN UNABHÄNGIGKEITSKRIEG (1572–1609/48) durch die SEEGEUSEN setzten ihn die Provinzstände in Holland und Seeland (**1572**) sowie in Utrecht (1577) wieder ein. Das Amt gewährleistete eine quasi-monarchische Stellung der ORANIER. Nach vorübergehender Aufhebung (1650–1672, 1702–1747) war es die Basis ihres Königtums (seit 1815).

Niederländischer Unabhängigkeitskrieg

SEZESSIONSKRIEG nach dem BILDERSTURM (1566) und der Strafexpedition Herzog Albas in den Niederlanden (1567) nach der Eroberung Hollands und Seelands durch die SEEGEUSEN und der erfolgreichen Operation Wilhelms von Oranien im Süden der Niederlande (**1572**): Nach wechselvollen Kämpfen unterbrach ihn die PAZIFIKATION VON GENT (1576). In der UTRECHTER UNION erklärten sich die nördlichen

Provinzen unter Führung der GENERALSTAATEN für unabhängig (1581). Die Rückeroberungskampagne der Spanier unter Alexander von Parma (Farnese) war im Süden siegreich, während sich der Norden (1578–1585) behauptete. Nach dem Scheitern der ARMADA (1588) und der spanischen Intervention in den HUGENOTTENKRIEGEN (1590) beendeten die Eroberungen unter Moritz von Nassau (1590–1606) den Krieg. Im Bündnis mit England und Frankreich gegen Spanien erreichten die Generalstaaten als unabhängige Macht erstmals die internationale Anerkennung (1596). Nach Ablauf des zwölfjährigen Waffenstillstands mit Spanien (1609) brach der Krieg erneut aus, jetzt im Rahmen des DREISSIGJÄHRIGEN KRIEGS (1621). Im WESTFÄLISCHEN FRIEDEN folgte die endgültige Anerkennung der Unabhängigkeit (1648).

Literatur: J. Presser: De tachtigjarige oorlog. Amsterdam [2]1963; G. Parker: Der Aufstand der Niederlande: von der Herrschaft der Spanier zur Gründung der Niederländischen Republik 1549–1609. München 1979; P. Geyl: The Revolt of the Netherlands (1555–1609). London [2]1980; H. Romberg: Der Prinz von Oranien und der Freiheitskampf der Niederlande. Lahr-Dinglingen [3]1991.

Wahlmonarchie

Form der MONARCHIE, in der meistens der HOCHADEL den Monarchen (in der Regel den König) wählt, dieser also nicht kraft Erbrecht zur Krone kam: Die Wahlmonarchie war meist Ausdruck einer starken Stellung des Adels und einer schwachen der Zentralmacht (KRONE). Elemente der Wahlmonarchie waren zeitweise schon in der Kaiserzeit des Römischen Reichs, später in Byzanz vorhanden. Auf sie folgte die Erbmonarchie, wann immer sich eine DYNASTIE bilden konnte, in Rom vorübergehend auch durch ADOPTIVKAISER. Ähnliche Elemente traten im europäischen Mittelalter auf, im REICH DER DEUTSCHEN, vor allem nach dem INTERREGNUM (1250–1273) und seit Rudolf von Habsburg (1273–1291). Aber die fast automatische Wahl eines HABSBURGERS (1438–1806, mit Ausnahme 1742–1745) höhlte die Wahlmonarchie aus.

Eine konsequente Variante findet sich in Polen nach dem Erlöschen der JAGIEŁŁONEN (**1572**) in der RZECZPOSPOLITA: Die Wahl erfolgte durch den SEJM, somit nur durch den Adel. Aus machttaktischen Erwägungen entschied sich der Adel oft für ausländische Fürsten, zuerst für Heinrich von Valois (mit WahlKAPITULATION: ARTICULI HENRICIANI, 1573). Zweimal entstanden aus der Wahlmonarchie Ansätze zur Dynastiebildung – WASA (1587–1668) und Sachsen (1697–1763). Das LIBERUM VETO (1652), der NORDISCHE KRIEG (1700–1721), der POLNISCHE ERBFOLGEKRIEG (1733–1735) und KONFÖDERATIONEN zerrieben die polnische Wahlmonarchie.

Adelsrepublik (poln.: Rzeczpospolita)

Polen als WAHLMONARCHIE seit den ARTICULI HENRICIANI, als polnische Variante der Feudalanarchie (**1573**–1795): Die Herrschaft des polnischen ADELS war mit dem LIBERUM VETO (1652) zur Reformunfähigkeit gediehen. Ausländische Mächte (Russland) nutzten sie zur Schwächung Polens bis die Adelspolitik mit den TEILUNGEN POLENS (1772/95) ein Ende fand. »Rzeczpospolita« war später der offizielle Name für den polnischen Staat mit SOUVERÄNITÄT, die 2. POLNISCHE REPUBLIK (1918–1939), die 3. Republik (seit 1990), während die VOLKSREPUBLIK POLEN (RZECZPOSPOLITA LUDOWA, 1944/46–1990) nachträglich nicht als vollsouverän galt. »Rzeczpospolita« hieß auch die regierungsamtliche Tageszeitung seit dem KRIEGSZUSTAND (1981/82).

Literatur: J. K. Fedorowicz (Hg.): A Republic of Nobles. Studies in Polish History to 1864. Cambridge 1982.

Articuli Henriciani (Conditio Henricana)

WahlKAPITULATION vor der Wahl Heinrichs von Valois zum König von Polen (**1573**) als Grundgesetz der polnischen ADELSREPUBLIK und WAHLMONARCHIE (bis 1795), später bei allen Wahlen in Polen wiederholt: Sie fasste alle wichtigen PRIVILEGIEN seit dem PRIVILEG VON KASCHAU (1374) zusammen als Garantie der weiteren freien Königswahl: Neue STEUERN, Zölle, MONOPOLE, allgemeines Heeresaufgebot waren nur mit Zustimmung des REICHSTAGS möglich. Ein Rat von 16 Senatoren stand dem König zur Seite. Die Wahrung des religiösen Friedens (PAX DISSIDENTUM) wurden ergänzt durch »Pacta conventa«, kurzfristige Zusagen, die jeder gewählte König gesondert geben musste.

Pax Dissidentum

Religionsfriede in Polen: Beim Übergang zur WAHLMONARCHIE (**1573**) wahrte die Warschauer Generalkonföderation (Art. 3, 4) den Religionsfrieden. Die Pax Dissidentum orientierte sich am AUGSBURGER RELIGIONSFRIEDEN (1555), ging aber in einzelnen Punkten darüber hinaus: Sie gab den LUTHERANERN, REFORMIERTEN, Orthodoxen und JUDEN TOLERANZ. Polen war der Hort der Toleranz Europas in der GEGENREFORMATION, obwohl Stephan Báthory sie später (milde) durchführte.

Politiques

Selbstbezeichnung der kleinen Mittelgruppe im Frankreich der HUGENOTTENKRIEGE (1562–1598): Die Politiques nahmen im Konflikt zwischen Katholiken und HUGENOTTEN auf den von der KATHOLISCHEN LIGA beherrschten GENERALSTÄNDEN von Blois (**1576**) eine vermittelnde Position ein, um das Wohl des Gesamtstaates über Partikularinteressen zu stellen. Von dieser Gruppe, zu der auch Jean Bodin gehörte, leitet sich der moderne Begriff »Politik« ab.

Literatur: J. Lecler: Geschichte der Religionsfreiheit im Zeitalter der Reformation. Bd 2. Stuttgart 1965; H. Lutz (Hg): Zur Geschichte der Toleranz und Religionsfreiheit. Darmstadt 1977.

»Six Livres de la République«

Grundlegendes Werk von Jean Bodin, auf Lateinisch und Französisch erschienen (**1576**): In den Wirren der HUGENOTTENKRIEGE (1562–1598) prägte Bodin erstmals den Begriff der SOUVERÄNITÄT.

Literatur: P. C. Mayer (Hg.): J. Bodin. Sechs Bücher über den Staat. Buch I–III. München 1981; J. Bodin: Über den Staat. Nachdruck Stuttgart 1999.

Souveränität

(frz.: souveraineté, aus lat.: summa potestas = höchste Macht) Schlüsselbegriff der Staatslehre, geprägt von Jean Bodin in »LES SIX LIVRES DE LA RÉPUBLIQUE« (**1576**): Der Sache nach existierte Souveränität schon vorher als oberste Macht im STAAT, ausgeübt von der KRONE (MONARCHIE) oder vom Volk, vertreten durch das PARLAMENT (VOLKSSOUVERÄNITÄT). Sie ist im weiteren Sinne auch Synonym für die volle Unabhängigkeit eines Staates, im Unterschied zur AUTONOMIE: Souveränität bedeutet Vollmacht über Leben und Tod – individuell (Todesstrafe) und kollektiv (Entscheidung über Krieg und Frieden).

Literatur: J. Dennert: Ursprung und Begriff der Souveränität. Stuttgart 1964; H. Quaritsch: Staat und Souveränität. Bd I. Die Grundlagen. Frankfurt/Main 1970.

Katholische Liga

(frz.: Sainte Ligue) Zusammenschluss der katholischen Partei in Frankreich unter dem Herzog von Guise gegen die HUGENOTTEN, zur Verhinderung der Ausführung des Edikts von Beaulieu (**1576**–1595): Die Katholische Liga beherrschte die GENERALSTÄNDE von Blois (1576), gegen die Opposition der »POLITIQUES« in der sechsten Phase der HUGENOTTENKRIEGE (1576–1577). Ferner stellte sie sich gegen Heinrich von Navarra als Thronfolger. Im Vertrag von Nemours (1585) zwang die Liga Heinrich III., die TOLERANZ für die Hugenotten aufzuheben (bis 1598). Paris unter dem »Rat der 16« trat für die Liga (1586) ein, mit ihren Forderungen an Heinrich III. (1588), harte Maßnahmen gegen die Hugenotten zu ergreifen. Paris stellte sich im Namen der Liga gegen Heinrich III. (1589). Nach dessen Ermordung vor Paris (1589) hielt sich die Liga gegen Heinrich IV. Nach dessen Übertritt zum Katholizismus (1593) erfolgte ein rascher Verfall ihrer Machtposition, und sie löste sich auf (1595).

Literatur: M. Wilkinson: A History of the League. 1575–95. Glasgow 1929.

Pazifikation von Gent

(Genter Pazifikation) Zwischenlösung im NIEDERLÄNDISCHEN UNABHÄNGIGKEITSKRIEG (**1576**): Vertreter aller 17 Provinzen vereinten sich auf Einladung von Wilhelm von Oranien und forderten von Philipp II. den Abzug der spanischen Truppen, religiöse TOLERANZ, die Einberufung einer repräsentativen Versammlung sowie Erzherzog Matthias als künftigen Gouverneur. Die GENERALSTAATEN in Antwerpen ratifizierten diese Forderungen (1576), die Don Juan d'Austria formal akzeptierte (1577); ihre Durchführung scheiterte aber. Die Genter Pazifikation war die letzte gemeinsame politische Aktion der 17 Provinzen der alten Niederlande und wurde formale Grundlage der UNION VON ARRAS (1579) der zehn südlichen Provinzen.

Sebastianismus

Volksglaube in Portugal: Der nach dem Tod von König Sebastian in der Schlacht bei al-Kasr al-Kabir gegen die Marokkaner (**1578**) aufgekommene Glaube an die Wiederkehr Sebastians zur Erlösung Portugals ist noch heute anzutreffen, besonders in Krisenzeiten. Strukturell ähnelt der Sebastianismus der KYFFHÄUSERSAGE.

Union von Arras

Zusammenschluss der zehn südlichen Provinzen der Niederlande (ungefähr heutiges Belgien und Luxemburg) zum Schutz der katholischen Konfession (6. Januar **1579**): Formal diente die Union der Durchführung der PAZIFIKATION VON GENT, tatsächlich zur Abwehr der radikalen CALVINISTEN, die Gent (1576–1584) und Brüssel (1578–1585) beherrschten. Nach der UTRECHTER UNION (25. Januar 1579) der sieben nördlichen Provinzen erkannte die Union von Arras im Frieden von Arras mit Spanien (17. Mai 1579) die spanische Herrschaft wieder an und besiegelte die Spaltung in die SPANISCHEN NIEDERLANDE (Süden) und die GENERALSTAATEN (Norden).

Literatur: C. H. Th. Bussemaker: De afscheiding der Waalschegewesten van de Generale Unie. o. O. 1895/96.

Utrechter Union

(niederl.: Unie van Utrecht) Zusammenschluss der sieben nördlichen Provinzen der Niederlande: Nach Bildung der UNION VON ARRAS taten sich in Utrecht die sieben nördlichen Provinzen (Holland, Zeeland, Utrecht, Geldern, Friesland, Groningen und Overijssel) zum Schutz ihrer Rechte und Freiheiten gegen Spanien und für freie Religionsausübung (25. Januar **1579**) zusammen. Die Union wurde staatsrechtliche Grundlage für die REPUBLIK der Niederlande (auch: GENERALSTAATEN), besiegelt durch die Unabhängigkeitserklärung (1581).

Literatur: J. W. Berkelbach van der Sprenkel: Oranje en de vestiging van de Nederlandse staat. Amsterdam 1946; H. Lademacher: Die Stellung des Prinzen von Oranien als Statthalter in den Niederlanden von 1572–1584. Ein Beitrag zur Verfassungsgeschichte der Niederlande. Bonn 1958.

Spanische Niederlande

Die zehn südlichen Provinzen der alten Niederlande, die sich mit der UNION VON ARRAS (**1579**) Spanien erneut unterstellten: Die Spanischen Niederlande, ökonomisch gegenüber den sieben nördlichen Provinzen der UTRECHTER UNION (1579) zurückgefallen, bildeten das Ziel der Expansion Frankreichs unter Ludwig XIV. im DEVOLUTIONSKRIEG (1667/68). Mit dem FRIEDEN VON NIMWEGEN gingen die großen Grenzfestungen an Frankreich (1678/79). Aufgrund der REUNIONSKAMMERN besetzte Frankreich teilweise die Spanischen Niederlande (1679). Sie bildeten an der Südgrenze die BARRIERE gegen Frankreich (1697–1781), waren im SPANISCHEN ERBFOLGEKRIEG (1701–1713/14) umkämpft und fielen im FRIEDEN VON UTRECHT (1713) und im FRIEDEN VON RASTATT/BADEN (1714) an Österreich, als ÖSTERREICHISCHE NIEDERLANDE (1713/14–1792), dem Kern des späteren Belgien (seit 1830).

Literatur: H. Pirenne: Histoire de la Belgique. 7 Bde., Brüssel 1929–1932; G.-H. Dumont: Histoire de la Belgique. Bruxelles 2000.

Generalstatthalter

(niederl.: Generaal Stadenhouder) Allgemein: Vertreter des spanischen Königs in den 17 Provinzen der alten Niederlande – u. a. Margarete von Österreich (1507–1530), Margarete von Parma (1559–1567), Herzog Alba (1567–1572/73), Juan d'Austria (1576–1578), Alexander Parma (1578–1592).

Speziell: Titel der ORANIER in den Nördlichen Niederlanden als Vertreter des Königs von Spanien, seit der Unabhängigkeitserklärung (**1581**–1795) eines (nie gefundenen) Monarchen, in den sieben Provinzen der UTRECHTER UNION – u. a. Wilhelm von Oranien (1581–1584), Moritz (1584–1625), Wilhelm II. (1647–1650), Wilhelm III. (1672–1702): Abgesehen von der kurzen Zeit des »Ewigen« Ausschlusses (EWIGES EDIKT, 1650–1672), hatte der Generalstatthalter eine quasi-königliche Position in einer Ständerepublik (»Staten Generaal«). Nachdem der Versuch Wilhelms II. scheiterte, sich zum König zu machen (1650), mündete die Entwicklung zuletzt doch in die Monarchie (1815).

Literatur: H. Lademacher: Die Stellung des Prinzen von Oranien als Statthalter in den Niederlanden von 1572 bis 1584. Ein Beitrag zur Verfassungsgeschichte der Niederlande. Bonn 1958; H. Lademacher (Hg.): Oranien-Nassau, die Niederlande und das Reich. Beiträge zur Geschichte einer Dynastie Münster u. a. 1995.

Gregorianischer Kalender

Weiterentwicklung des JULIANISCHEN KALENDERS, notwenig geworden, da eine Diskrepanz von zehn Tagen aufgelaufen war: Der von Papst Gregor XIII. eingeführte (**1582**) Gregorianische Kalender übersprang die zehn Tage Differenz, sodass auf den 4. unmittelbar der 15. Oktober folgte. Schaltjahre fallen seitdem in vollen Jahrhunderten weg, die nicht glatt durch 400 teilbar sind, daher waren 1600 und 2000 Schaltjahre, nicht aber 1700, 1800, 1900, 2100 usw. Die Einführung des Kalenders erfolgte zunächst nur im Kirchenstaat, in Spanien, Portugal, Frankreich und den SPANISCHEN NIEDERLANDEN (1582); nichtkatholische Länder schlossen sich, abgesehen von Dänemark/Norwegen (1582), aus konfessionell-ideologischen Gründen nur zögernd an, so das protestantische Deutschland (1700), England (1752), Schweden (1753); Japan (1873), Russland (1918) und Griechenland (1923). Inzwischen ist der Gregorianische Kalender Grundlage für die Jahreszählung in der ganzen Welt, selbst in den muslimischen Ländern neben der Datierung nach der HEDSCHRA (622).

Literatur: H. Grotefend: Taschenbuch der Zeitrechnung des deutschen Mittelalters und der Neuzeit. Hannover [13]1991.

Kosaken

(türk: Kazak = freier Mann, Räuber) Ursprünglich turktatarische Wach- und Plünderungskommandos, später vermischt mit ostslawischen Bauern zu freien Bauernkriegern als Grenzbevölkerung der wandernden Grenzen Russlands zu den TATAREN und OSMANEN: Die Kosaken erhielten Zulauf durch Flucht orthodoxer Bauern aus Weißrussland vor dem Katholisierungsdruck in Polen-Litauen seit der PERSONALUNION (1386) und der UNION VON BREST (1596) und aus dem GROSSFÜRSTENTUM Moskau. Bauern flohen vor der Verschlechterung ihrer sozialen Lage (Leibeigenschaft), verstärkt seit der OPRITSCHNINA (1565), in die Steppe am Don und am Dnjepr. Zwei Gruppen bildeten sich heraus: die »Register«-Kosaken als Grenztruppe im Sold der polnischen Krone und die »Saporoger«-Kosaken südlich der Stromschnellen des Dnjepr (»Porogi«) in voller Ungebundenheit; als Söldner unter ihrem HETMAN Jermak eröffneten sie mit der Eroberung des Khanats Sibir für die Stroganow vom Ural aus die Eroberung Sibiriens (**1582**). Sie wurden Schrittmacher der russischen Expansion bis zum Pazifik (1582–1648), mit erheblichem Einfluss in der SMUTA (1604–1613), allerdings ohne einheitliche Linie und unter häufigem Wechsel der Fronten. Bei ihren Plünderungszügen übers Schwarze Meer verbrannten sie u.a. Sinop (1614), vernichteten jenseits der Stromschnellen des Dnjepr die Festung Kudak mit polnischer Besatzung (1635) und lehnten sich wiederholt auf (1635, 1637). Die Kosaken schlossen ein Bündnis mit den Krimtataren und erhoben sich im großen KOSAKENAUFSTAND unter ihrem Hetman Bogdan Chmelnitzki gegen Polen (1648). Ihre Anlehnung an Russland zum Schutz vor Polen, Tataren und Osmanen besiegelten sie mit einem Schutzvertrag, der ihnen AUTONOMIE einräumte (1654). Peter I. schränkte die Autonomie der Don-Kosaken ein (1708). Nach verschiedenen Aufständen, u.a. dem PUGATSCHOW-AUFSTAND (1773–1774), hob Katharina II. die Autonomie völlig auf (1775).

Kosaken dienten als Reiterverbände zum Grenzschutz und Niederschlagen innerer Unruhen in Europa, allgemein bekannt durch die Napoleonischen Kriege, vor allem 1812–1814 als leichte Kavallerie der russischen Armee. Als Eliteeinheit schufen sie in Persien (1879) die Basis für einen Staatsstreich des Reza Khan (1921). In Russland lebten sie nach der OKTOBERREVOLUTION (1917) in einer unabhängigen Don-Republik (Januar–Mai 1918), die der ROTEN ARMEE bald erlag; die Sowjetregierung hob auch die Autonomie auf (Juni 1918). Daher kämpften im RUSSISCHEN BÜRGERKRIEG die Kosaken meist aufseiten der Gegenrevolutionäre (»Weiße«) gegen die Bolschewiki (»Rote«, 1918–1920). Nach der Niederlage der »Weißen« emigrierten ca. 30 000 Kosaken in den Westen, wo die Kosaken-Chöre bekannt wurden. In der UdSSR waren sie Teil der ukrainischen Folklore. Seit dem Sturz des KOMMUNISMUS (1991) sind die Kosaken wieder ein eigenständiger politisch-militärischer Faktor orthodox-chauvinistischer Prägung.

Literatur: Ph. Longworth: Die Kosaken: Legende und Geschichte. München 1973; W. Schwarz: Kosaken. Kampf und Untergang eines Reitervolkes. Neuausgabe Frankfurt/Main 1992; K.J. Gröper: Die Geschichte der Kosaken: Wilder Osten 1500–1700. Sonderausgabe Blindlach 1994.

Hetman (auch: Ataman; ostmitteldt.: Häuptmann = Hauptmann)

Militärisch-politischer Titel in Osteuropa mit zwei wichtigen Varianten: In Litauen-Polen war der Hetman Oberbefehlshaber des Heeres (bis 1792); bei den KOSAKEN ein zunächst jährlich gewählter Anführer, vor allem am Dnjepr, später gewählter Heerführer aller Kosaken (1572–1764). So eroberte Hetman Jermak im Dienst der Stroganow mit seinen Kosaken das KHANAT Sibir (**1582**). Gegen Polen brach ein Aufstand der Kosaken unter Hetmann Chmelnitzki aus (1648–1654). Titel und Funktion des Hetman wurden von Katharina II. abgeschafft (1764), von den Deutschen nach dem Sturz der Sozialisten in der Ukrainischen Republik wieder eingeführt (1918): Hetman Skoropadski.

Kölner Erzbistumsstreit (Kölnischer Krieg, Kölner Krieg)

Konflikt um das Erzbistum Köln (1582–1585): Nach dem Übertritt des Erzbischofs Gebhard Truchsess von Waldburg zum Protestantismus (**1582**) drohten – entgegen dem geistlichen Vorbehalt im AUGSBURGER RELIGIONSFRIEDEN (1555) – weit reichende Konsequenzen für den Katholizismus in Deutschland: Das Erzstift Köln sollte möglicherweise protestantisch werden, der Übertritt weiterer Bischöfe und Prälaten zur REFORMATION stand bevor. Daher setzten Domkapitel und Landtag des Erzstifts den Erzbischof ab und wählten Herzog Ernst von Wittelsbach zum neuen Erzbischof. Bayrische und spanische Truppen besetzten das Erzstift (1583), mit heftigen Kämpfen um Bonn, Neuss und Wesel gegen den alten protestantisch gewordenen Erzbischof (1583–1585) und schweren Verwüstungen: Das Rheinland und Westfalen blieben überwiegend katholisch, eine SEKUNDOGENITUR der WITTELSBACHER regierte im Erzstift Köln (bis 1761). Der Streit war Vorläufer zum DREISSIGJÄHRIGEN KRIEG (1618–1648).

Literatur: M. Lossen: Der Kölnische Krieg. 2 Bde., Gotha 1882/97.

Banken

(ital.: banca, banco = [langer] Tisch des Geldwechslers) Finanz- und Kreditinstitute: Erste Vorläufer der Banken gab es schon seit dem Alten Orient (Ägypten, Mesopotamien) und in der Antike. Im Europäischen Mittelalter kamen sie erst mit dem erneuten Aufschwung von FERNHANDEL und Geldwirtschaft (nach 1000) wieder auf, zunächst in Italien, ausgehend vom Geschäft des Geldwechselns, vor allem durch LOMBARDEN, mit Depositen- und Wechselgeschäft, Giroverkehr, doppelter Buchführung, Wechsel und Depositenschein (Banknoten). Schwerpunkte von Privatbanken waren zunächst Florenz (vor allem die MEDICI), Siena und Genua (u.a. die Grimaldi, Vivaldi); in Deutschland entstanden Banken vor allem in Augsburg (Fugger, Welser), im Kontext des Handels, dann des Bergbaus. Sie wurden die wichtigsten Kreditgeber für Fürsten, Könige und Kaiser – u.a. Fugger für Karl V. (1519). Banken erlitten umgekehrt schwere Verluste bis zu Zusammenbrüchen bei STAATSBANKROTTEN, in Frankreich (1557) und Spanien (1557, 1576, 1596).

Zur Minimierung privater Risiken und zwecks Beschaffung von Krediten für den Staat zu möglichst niedrigen und gleichmäßigen Zinssätzen entstanden Banken öffentlich-rechtlichen Charakters, die zum Typ der Nationalbank überleiteten. Nach Vorläufern in Barcelona (1401) und der Casa di San Giorgio in Genua (1407) entstand in Venedig die RIALTO-BANK (**1587**), gefolgt von weiteren Gründungen: Banca di San Ambrosio in Mailand (1598), Amsterdamsche Wisselbank (1609), Hamburger Bank (1619), Banco Publico zu Nürnberg (1621); auf staatlicher Ebene: Nationalbank in Stockholm (1668), BANK OF ENGLAND (1694), Banque de France (1720), Preußische Bank in Berlin (1765).

Berühmteste Privatbank in Familienbesitz der Neuzeit war das Haus Rothschild, begründet von Mayer Amschel Rothschild in Frankfurt am Main (1780), mit eigenständigen Filialen unter seinen Söhnen in London (1798), Paris (1812), Wien (1816) und Neapel (1821). Mit Ausdehnung der Industrialisierung entstanden Aktienbanken: Société Générale du Crédit Mobilier in Lyon (1852), in Deutschland die so genannten D-Banken – die Darmstädter Bank (1852), Disconto-Gesellschaft (1856), DEUTSCHE BANK in Berlin, Dresdner Bank (1872). Dazu kamen weitere wichtige Aktienbanken, wie Schaffhausenscher Bankverein in Köln (1848), Berliner Handelsgesellschaft (1856). Ein neuer Typ der Zentralbanken bildete sich heraus: die Nationalbank in Frankreich (1800), Österreich (1816), Russland (1860), Italien (1866), die Reichsbank als Nachfolgerin der Preußischen Staatsbank (1875), fortgeführt in der Bundesrepublik durch die Bundesbank mit weitgehend unabhängiger Währungspolitik; auf EU-Ebene entstand die Europäische Zentralbank (1998). Mit fortschreitender Industrialisierung gewannen die Banken durch Kreditvergabe, Beteiligung an Großobjekten usw. große Bedeutung für den Bau der EISENBAHNEN und die wirtschaftliche Expansion der Industrieländer in Übersee. Der Zusammenbruch von Banken verschärfte u. a. die WELTWIRTSCHAFTSKRISE (1929).

Literatur: H. T. Easton: History and Principles of Banks and Banking. London [3]1924; A. P. Usher: The Early History of Deposit Banking in Mediterranean Europe. Cambridge (Mass.) 1943; R. Cameron u. a.: Banking in the Early Stages of Industrialization. A Study in Comparative Economic History. New York 1967; W. Sombart: Der moderne Kapitalismus. Historisch-systematische Darstellung des gesamteuropäischen Wirtschaftslebens von seinen Anfängen bis zur Gegenwart. München 1987; H. Pohl (Hg.): Europäische Bankengeschichte. Frankfurt/Main 1993.

Rialto-Bank

Erste Bank öffentlichen Charakters, im Unterschied zu schon älteren Privatbanken, in Venedig (**1587**).

Armada

(span.: Armee) Ursprünglich jede bewaffnete spanische Streitmacht zu Land oder Wasser, später (in Begriffsverengung) nur noch für die spanische Flotte zur Eroberung Englands (**1588**): Nach der Hinrichtung Maria Stuarts (1587) schickte Spanien mit päpstlicher Finanzhilfe eine Flotte – »La Armada Invincible« (Die unbesiegbare Armada) –, geschwächt durch Drakes Überfall auf Cádiz (1587). Beim Einlaufen in den Kanal besaß sie ca. 130 Schiffe, die in Flandern Truppen Alexanders von Parma für eine Invasion Englands aufnehmen sollten. Die kleineren englischen Schiffe, wendiger und überlegen in der Schiffsartillerie, besiegten sie in der Seeschlacht von Gravelines. Auf dem Rückzug entlang der Ostküste Englands und Schottlands erlitt die Armada weitere Verluste durch Stürme und Schiffbruch, sodass sie mit nur noch 60 Schiffen heimkehrte. Weitere Armadas zur Unterstützung des Aufstands in Irland scheiterten an Stürmen (1597–1599). Die Niederlage der Armada eröffnete Spaniens Abstieg als Hegemonialmacht und Englands Aufstieg zur Seemacht, anfangs in Harmonie zwischen KRONE und PARLAMENT.

Literatur: G. Mattingly: Die Armada. 7 Tage machen Weltgeschichte. München u. a. [3]1988; M. Lewis: The Spanish Armada. New York 1970; W. Graham: The Spanish Armadas. London [2]1976; P. Padfeld: Armada. Braunschweig 1988; C. Martin/G. Parker: The Spanish Armada. Manchester u. a. [2]1999.

Reduktionen

Von JESUITEN geführte Siedlungen mit Landwirtschaft, vor allem in Paraguay und Brasilien, zum Schutz der Guarani-INDIOS vor Versklavung durch Sklavenjäger aus São Paulo (Paulistaner): Erste Siedlungen (**1588**) wurden zusammengefasst zu theokratischen Gebilden (1610–1757), die nach Angriffen von Paulistanern zweimal verlegt wurden (1630/31, 1636). Reduktion-Indios warfen Aufstände spanischer Kolonisten gegen die KRONE nieder (1660, 1734), leisteten aber Widerstand gegen die Abtretung von sieben Reduktionen an Brasilien durch den Madrider Vertrag (1750). Nachdem sie ihren Widerstand aufgeben mussten (1757), folgte das Verbot der Jesuiten in Portugal (1759), von dort aus in weiten Teilen Europas.

Literatur: S. Dignath: Die Pädagogik der Jesuiten in den Indio-Reduktionen von Paraguay (1609–1767). Frankfurt/Main u. a. 1978; J. Mayr: Ein Südtiroler im Jesuitenstaat. Bozen 1988; P. Hartmann: Der Jesuitenstaat in Südamerika 1609–1768. Eine christliche Alternative zu Kolonialismus und Marxismus. Weißenhorn 1994.

Indios

Name für Indianer in Südamerika, teilweise in pejorativer Absicht: Die Indios, von den Spaniern mit der CONQUISTA unterworfen, leisteten regional unterschiedlichen Widerstand. JESUITEN gründeten für sie REDUKTIONEN, vor allem in Paraguay (**1588**/1610–1757). In den Anden erhoben sich Indios, unter Berufung auf die INKA-Tradition (1785–1783, 1809, 1811, 1885, 1914, 1931). Indios bilden auch heute noch die ausgebeutete, verarmte Unterschicht in vielen Staaten des modernen Lateinamerika. Die Vernichtung des Regenwalds und die Einführung riesiger Weidegebiete hatten in jüngster Zeit die physische Vernichtung mehrerer Stämme in Brasilien (Amazonasbecken) zur Folge.

Literatur: F. Trupp: Die letzten Indianer. Kulturen Südamerikas. Wörgl 1981. Siehe außerdem Conquista.

Bourbonen

Europäische KönigsDYNASTIE aus Südwestfrankreich: Die Bourbonen stiegen nach Erlöschen der VALOIS durch Ermordung des kinderlosen Heinrich III. vor Paris (1589) zur (3.) Königsdynastie Frankreichs auf (**1589**–1792, 1814–1830), begündet von Heinrich IV. (von Navarra) (1589–1610). Nach dem Ende der HUGENOTTENKRIEGE und dem EDIKT VON NANTES (1598) erlebte Frankreich eine neue Prosperität und begann die Kolonisation in Übersee, u. a. mit der Gründung Quebecs (1608).

Unter Ludwig XIII. (1610–1643) tagten die GENERALSTÄNDE (1614) letztmals bis zur FRANZÖSISCHEN REVOLUTION (1789). Richelieu amtierte als Prinzipalminister (1629–1642). Ludwig XIV. (1643–1715) schloss den PYRENÄENFRIEDEN (1659) und übte nach Mazarins Tod (1661) die Alleinherrschaft aus (ABSOLUTE MONARCHIE). Neben reger Bautätigkeit (u.a. Schloss von Versailles, 1682) führte er Eroberungskriege – DEVOLUTIONSKRIEG (1667/68), HOLLÄNDISCHER KRIEG (1672–1678), PFÄLZISCHER ERBFOLGEKRIEG (1688–1697), SPANISCHER ERBFOLGEKRIEG (1701–1713/14): Frankreichs Erschöpfung war eine langfristige Voraussetzungen der Französischen Revolution (1789).

Ludwig XV. (1715–1774) verschärfte die Krise durch weitere Niederlagen – im ÖSTERREICHISCHEN ERBFOLGEKRIEG (1740–1748), SIEBENJÄHRIGEN KRIEG (1756–1763) – und koloniale Verluste in Indien (1757) und Kanada (1750/60). Die Reformunfähigkeit eskalierte zur Agonie des ANCIEN RÉGIME. Unter Ludwig XVI. (1774–1792) wuchs die Staatsschuld durch die Intervention in den AMERIKANISCHEN UNABHÄNGIGKEITSKRIEG (1778–1783). Das Ancien régime war paralysiert, Reformversuche scheiterten. Die Einberufung der Generalstände (1789) wurde Auftakt zur Französischen Revolution. Nach gescheitertem Fluchtversuch (1791) wurde Ludwig XVI. hingerichtet (1792).

Ludwig XVIII. (1814–1824) erließ die CHARTE CONSTITUTIONNELLE (1814) und leitete die RESTAURATION ein (1814/15). Er wurde von den ULTRAS entmachtet (1820/21). Karl X. (1824–1830) betrieb eine offen reaktionäre Politik, mit Staatsanleihen für eine weitere Entschädigung für den Adel (MILLIARDE DER EMIGRANTEN, 1825). Karl eroberte Algier und erließ die JULIORDONNANZEN, womit er die JULIREVOLUTION provozierte; er musste abdanken und floh nach Großbritannien ins Exil (1830). Die Bourbonen stellten Thronprätendenten (bis 1883).

Bourbonen regierten auch in Spanien (mit kurzen Unterbrechungen 1700–1931, wieder seit 1975). Das RISORGIMENTO stürzte die SEKUNDOGENITUR der Bourbonen (seit 1748) in Parma (1859) und im Königreich Sizilien (1860) die Herrschaft der Bourbonen (seit 1735).

Literatur: L. H. Parias u. a.: Les Bourbons de Henri IV à Louis XVI. Paris 1959; Y. Bottineau: Les Bourbons d'Espagne, 1700–1808. Paris 1993.

Asiento

(Assiento; eigentl.: Sitz, Lage) Ursprünglich allgemein Abkommen, Vertrag; durch Begriffsverengung nur noch Vertrag mit der spanischen KRONE über ein wirtschaftliches MONOPOL (16.–18. Jh.): Historisch am bedeutendsten war das Asiento de negros, die Lizenz zur Einfuhr von 38 250 SKLAVEN aus Afrika in die spanischen Kolonien innerhalb von 9 Jahren (**1595**). Weitere Asientos bestanden mit Portugiesen, Holländern, Genuesen und Franzosen, mit Großbritannien im FRIEDEN VON UTRECHT (1713) über die jährliche Einfuhr von 4800 Sklaven (bis 1750). Der britische Sklavenschmuggel aus Jamaika legte die spanische Asientogesellschaft (1750–1780) lahm. Das VERBOT DES SKLAVENHANDELS in Spanien brachte auch das Ende der Asientos (1820).

Literatur: G. Scelle: La Traite négrière aux Indes de Castille. Contrats et Traités d'Assiento. 2 Bde., Paris 1906; V. Sorsby: British Trade with Spanish America Under the Asiento 1713–1740. Boston u. a. 1975.

Union von Brest

Unterstellung der Orthodoxen Kirche in Weißrussland und der Westukraine unter Rom im Zuge der polnischen GEGENREFORMATION (**1596**): Der orthodoxe Ritus wurde beibehalten. Viele Bauern wichen vor der Polonisierung nach Südosten zu den KOSAKEN aus. Mit der Russifizierung hob Russland die Abhängigkeit von Rom in Weißrussland (1839) und der Ukraine (1875) wieder auf.

Literatur: B. Gudziak: Crisis and Reform. The Kyivan Metropolitanate, the Patriarchate of Constantinople and the Fenesis of the Union of Brest. Cambridge (Mass.) 1998; W. van den Bercken/B. Groen: Four Hundred Years Union of Brest (1596–1996). A Critical Re-evaluation. Leuven 1999.

Poor Law

Gesetz des englischen PARLAMENTS: Als Ersatz für die durch die REFORMATION zerschlagene kirchliche Armenfürsorge führte das Gesetz die Sozialfürsorge durch die Gemeinden und das Kirchspiel (»parish«) ein. Vagabundieren wurde verboten, Armenhäuser wurden eingerichtet (**1598**). Das Poor Law wurde zu Beginn der INDUSTRIELLEN REVOLUTION aufgehoben (1834).

Literatur: S. Webb/B. Webb: English Poor Law History, in: Dies.: English Local Government. Bde. 7 u. 8, London 1927–1929; G. R. Boyer: An Economic History of the English Poor Law 1750–1850. Cambridge u. a. 1993.

Edikt von Nantes

TOLERANZedikt zur Beendigung der HUGENOTTENKRIEGE (1562–1598), mit der Anerkennung Heinrichs IV. als König (ab 1593), zuletzt auch in der Bretagne (**1598**): Das Edikt von Nantes bestätigte den Katholizismus als Staatsreligion, gewährte aber den HUGENOTTEN Toleranz, Gewissens- und Kultfreiheit in allen Orten, in denen Hugenotten seit zwei Jahren Gottesdienste abgehalten hatten; ca. 100 SICHERHEITSPLÄTZE wurden eingerichtet. Richelieu höhlte das Edikt durch Aufhebung der Sicherheitsplätze aus (1629), Ludwig XIV. hob es im Revokationsedikt von Fontainebleau auf (1685): Viele Hugenotten emigrierten (illegal) nach England, Holland, Deutschland, in die Schweiz und die Kapkolonie.

Literatur: E. Mengin (Hg.): Das Edikt von Nantes. Flensburg 1963; J. Garrisson: L'Édit de Nantes.

Chronique d'une paix attendue. Paris 1998; M. Grandjean/B. Roussel: Coexister dans l'intolérance. L'édit de Nantes (1598). Paris 1998.

East India Company (Englische Ostindienkompanie)

Prototyp der Chartered Company, Modell für ähnliche Gesellschaften anderer Länder – Holland (VOC; 1602–1795), Dänemark (1616–1845), Frankreich (1664–1769), Österreich (1717–1721): Von englischen Kaufleuten gegründet (1599), besaß die East India Company ein PRIVILEG auf das MONOPOL des (englischen) Ostindienhandels (**1600**) und unternahm ihre erste Fahrt nach Indien (1601) in Konkurrenz zu den Holländern. Nach Gründung einer FAKTOREI in Surat (1612) half sie Persien gegen Portugal bei der Rückeroberung von Hormuz (1622). Nach dem MASSAKER VON AMBON (1623), der Gründung einer Faktorei in Madras (1639) und der Besetzung von St. Helena (1651) erhielt sie von Karl II. Bombay (1688). Kalkutta wurde gegründet (1690), die East India Company gab sich eine neue Charta (1693), fusionierte mit der rivalisierenden New East India Company (1708). Die Gesellschaft betrieb FREIHANDEL im MOGHULREICH gegen eine jährliche Abgabe (1717) und übernahm, nach Scheitern des SOUTH SEA BUBBLE, zusammen mit der BANK OF ENGLAND die Aktien der SOUTH SEA COMPANY (1721). Sie führte Krieg gegen Bengalen und Frankreich (1756), siegte unter Clive bei Plassey (1757) und eroberte Indien (1757–1856) – Bengalen, Bihar, Orissa (1765), Mysore (1799), Delhi (1803), Sind (1843), Panjab (1856). Warren Hastings (* 1732, † 1818) wurde Generalgouverneur (1773), unter Kontrolle des PARLAMENTS in London (1773/84). Der Moghul wurde auf Delhi beschränkt und war nur noch Pensionär der Company (1803). Großbritannien unterwarf aufständische Fürsten und verwaltete ihre Gebiete direkt; gefügige Fürsten blieben mit AUTONOMIE im Amt, später als Modell für die Indirect Rule in Nigeria. Der BOYKOTT des nach Nordamerika eingeführten Tees kulminierte in der BOSTON TEA PARTY (1773). Die East India Company verlor das Monopol auf den Handel mit Indien und China (1833). In Indien betrieb sie den Anbau von Opium, das, nach China eingeführt (seit 1773), Ausgangspunkt zum OPIUMKRIEG wurde (1840/41). Nach dem GROSSEN AUFSTAND (Great Mutinity, 1857/58) übernahm die KRONE die politische Macht (1858).

Literatur: L. Blusse/F. Gaastra (Hg.): Companies and Trade. Essays on Overseas Trading Companies during the Ancien régime. Leiden 1981; P. Tuck (Hg.): Britain and the China trade, 1635–1842. 7 Bde., Nachdruck London u. a. 2000; W. Hartung: Geschichte und Rechtsstellung der Compagnie in Europa. Eine Untersuchung am Beispiel der englischen East-India Company, der niederländischen Vereenigten Oostindischen Compagnie und der preußischen Seehandlung. o. O. 2000.

Mandschu

Stark sinisiertes Volk im Fernen Osten, Mandschurei, von den TANGUTEN abstammend: Ca. 1600 politisch geeint, mit straffer militärischer Organisation (»acht Banner«, **1601**), eroberten sie Mukden (1621), unterwarfen Korea (1626/27), machten die Mongolen abhängig (1628), fielen in Nordchina ein (1629). Sie führten offiziell den Namen »Mandschu« (1635) und riefen die kaiserliche DYNASTIE der CHING aus (1636). Nach dem Sturz der MING-DYNASTIE herrschten die Mandschu als Ching-Dynastie in China (1644–1911) und wurden rasch sinisiert. Bis zu ihrem Sturz lehnten die Chinesen sie als fremde Eroberer ab.

Literatur: F. Michael: Origins of Manchu Rule in China. Baltimore 1942; S. M. Shirokogroff: Social Organization of the Manchus. New York [3]1973; M. Gimm (Hg.): Beiträge zur Geschichte, Sprache und Kultur der Mandschuren und Sibe. Wiesbaden 1998.

Vereenigde Oostindische Compagnie (VOC)

Holländische Handelsgesellschaft für den Ostindienhandel mit Hauptsitz in Amsterdam, gegründet nach Rückkehr der ersten holländischen Indonesienexpedition (1599) auf Initiative Oldenbarnevelts durch Fusion mehrerer Gesellschaften (**1602**): Sie hatte SOUVERÄNITÄTSrechte (bewaffnete Streitkräfte, Recht auf Kriegführung) und MONOPOL für den GEWÜRZhandel – zunächst mit Indonesien, nach Vertreibung der Portugiesen mit Ambon (1605) als Zentrum. Die VOC unterstützte die Entdeckungsfahrten Henry Hudsons zur NORDWESTPASSAGE. Mit Gründung Batavias (1619) erhielt sie einen zweiten Hauptsitz in Indonesien. Im MASSAKER VON AMBON ließ der Gouverneur von Ambon zehn englische Kaufleute hinrichten (1623). Die VOC besetzte Formosa als Basis für den Chinahandel (1624/42), vertrieb die Portugiesen aus Ceylon (1638/56), das sie danach beherrschte (bis 1796/1802), und Malakka (1641). Sie gründete eine FAKTOREI vor Nagasaki (1641–1854) und erwirkte nach Vertreibung der Spanier und Portugiesen als einzige Europäer die Zulassung im Japan der TOKUGAWA-PERIODE. Die VOC unterstützte Tasmans Entdeckungsreisen nach Neuseeland/Tasmanien (1642) und gründete Kapstadt als Versorgungsstation für Schiffe zwischen Holland und Batavia (1652), als Anfänge der Kapkolonie. Von den Chinesen aus Formosa vertrieben (1662), betrieb sie die weitere Expansion in Indonesien (17.–18. Jh.) und führte die Kaffeekultur aus Arabien nach Java ein (ca. 1695). Als die EAST INDIA COMPANY Zugang zu den Molukken erhielt (1784), verdrängten die Engländer die VOC von Ceylon (1796). Nach schweren finanziellen Verlusten übernahm die BATAVISCHE REPUBLIK ihre Schulden (1798) und löste sie auf (1799).

Literatur: W. P. Coolhaas: A Critical Survey of Studies on Dutch Colonial History. Den Haag [2]1980; W. Pers: Dutch Enterprise and the VOC, 1602–1799. Zutphen 1998; W. Hartung: Geschichte und Rechtsstellung der Compagnie in Europa. Eine Untersuchung am Beispiel der englischen East-India Company, der niederländischen Vereenigten Oostindischen Compagnie und der preußischen Seehandlung. o. O. 2000.

Tokugawa-Periode (Edu-Periode)

Periode der japanischen Geschichte, benannt nach dem SHOGUN Tokugawa Ieyasu bzw. der Shogunatshauptstadt Edo (= Tokio) (**1603**–1868): Nach dem endgültigen Sieg Tokugawas (1600/03) brach eine Periode inneren Friedens und kultureller Blüte an. Japan isolierte sich durch Schließung aller Häfen, außer Nagasaki für die VOC

(1639/41). Die USA erzwangen die Öffnung (1853/54), was den Bürgerkrieg (1866–1868) und Sturz der Shogunatsherrschaft (seit 1192) auslöste, gefolgt von der Wiederherstellung der Kaisermacht und der MEIJI-ÄRA (1868–1912).

Literatur: P. C. Swann: Japan. Von der Jomon- zur Tokugawa-Zeit. Baden-Baden [3]1979.

Hampton Court Conference

Konferenz über eine weitere Reform der ANGLIKANISCHEN KIRCHE, aufgrund einer Petition der PURITANER: Die Konferenz in Hampton Court (London) diente der Klärung der – durch unterschiedliche Staatskirchen in Schottland (PRESBYTERIANER, CALVINISTISCHE KIRK) und England (Anglikanische Kirche) zugespitzten – religionspolitischen Konflikte: Die Puritaner hofften auf Angleichung der Kirchenverhältnisse Englands an die in Schottland und verlangten u. a. die Abschaffung des Bischofsamts (**1604**). Sie wurden von Jakob I. mit den Worten abgewiesen: »No bishop, no king, no aristocracy«, ein Schlüsselzitat zum Verständnis der Entwicklung zur und in der ENGLISCHEN REVOLUTION (1640–1660).

Smuta

(russ.: Zeit der Wirren) Periode der russischen Geschichte, vom Ende Boris Godunows (**1604**) bis zum Antritt der ROMANOW (1613), mit Interventionen Polens (bis 1612) und Schwedens (bis 1617): Russland, erschöpft von Wirren (OPRITSCHNINA) und dem LIVLÄNDISCHEN KRIEG (1558–1582), erlebte nach Erlöschen der RURIKIDEN (1598) innere Konflikte. HUNGERSNÖTE brachen in Zentralrussland aus (1601–1604), der (1.) falsche Demetrius trat auf, unterstützt von Polen und den Massen. Nach Boris Godunow wurde der 1. PSEUDO-DEMETRIUS in Moskau gekrönt (1605), kurz darauf aber ermordet (1606). Gegen Zar Wassilij Schujskij (1606–1610) erhob der 2. Pseudo-Demetrius Anspruch auf den Thron (1608), Südrussland fiel vom Zaren ab, Moskau hielt sich (1608–1610). Als Schweden dem Zaren Hilfe schickte, erklärte Polen Russland den Krieg (1609). Ein Teil der Aufständischen schloss einen Vertrag mit Polen – Prinz Władysław sollte Zar werden, Russland orthodox bleiben, nur in PERSONALUNION mit Polen verbunden. Der Niederlage der Russen gegen Polen und dem Sturz Schujskijs (1610) folgte die DUMA der Bojaren als provisorische Staatsspitze. Polen besetzte Moskau (1610–1612). Als Sigismund III. von Polen selbst als Katholik Zar werden wollte, belagerte die innerrussische Opposition die Polen im Kreml (1611) und bildete eine provisorische Regierung im Belagerungsheer. Die Polen besetzten Smolensk, die Schweden Nowgorod (1611). Eine nationale Erhebung unter Minin und Poscharsky von Nischni-Nowgorod aus besiegte die polnische Entsatzarmee vor Moskau (1612), die Polen im Kreml kapitulierten (1612). Die REICHSVERSAMMLUNG zur Wahl eines Zaren (»Semski Sobor«) wählte Michael Romanow (1613). Ein Vertrag mit Schweden (1617) beendete auch die schwedische Intervention.

Literatur: H. Fleischhacker: Russland zwischen zwei Dynastien, 1598–1613. Brünn 1933; M. Perrie: Pretenders and Popular Monarchism in Early Modern Russia. The False Tsars of the Time of Troubles. Cambridge u. a. 1995.

Pseudo-Demetrius

Thronprätendenten in der SMUTA in Russland, benannt nach dem jüngsten Sohn Iwan IV. Groznyi, Dimitrij: Bedeutend waren Grischka Otrepjew, der 1. Pseudo-Demetrius, der mit polnischer Hilfe (1604) ZAR wurde (**1605**/06), und Pseudo-Demetrius II., der sich als Zarensohn Fjodor Iwanowitsch ausgab und, gestützt auf eine quasi-sozialrevolutionäre Bewegung unter Iwan Bolotnikow (1606), einen Feldzug gegen Zar Wassili startete (1607). Vor Moskau wurde er vom größten Teil seiner Anhänger verlassen und ermordet (1610).

Flight of the Earls

Flucht führender irischer Adliger nach Italien (**1607**); nach Niederschlagung des Aufstands in Ulster (1593–1603): Nach der Flight of the Earls war die irische Opposition gegen England lange Zeit führerlos, die englische Machtposition wurde durch die ULSTER-PLANTATION (1609) noch gefestigt.

Union

Bündnis süddeutscher protestantischer Reichsstände (**1608**–1621), in Anknüpfung an den SCHMALKALDISCHEN BUND (1531–1547): Nach der Reichsexekution gegen Donauwörth in Bayerns GEGENREFORMATION (1607) zogen die PROTESTANTEN aus dem REICHSTAG aus. Unter Führung der Kurpfalz verbündeten sich Ansbach, Kulmbach, Baden-Durlach, Sachsen-Anhalt, Pfalz-Neuburg, Württemberg, Öttingen und 17 Reichsstädte (u. a. Straßburg, Nürnberg, Ulm). Dagegen gründete sich die KATHOLISCHE LIGA (1609–1635), womit in Deutschland die Parteien zum DREISSIGJÄHRIGEN KRIEG (1618–1648) formiert waren. Die Union verbündete sich mit England (1612), Holland (1613) und Schweden, geschwächt durch Spannungen zwischen CALVINISTEN und LUTHERANERN; eine Verständigung mit norddeutschen Protestanten scheiterte. Die Union gab Friedrich V. von der Pfalz als König von Böhmen keine Hilfe, sondern blieb neutral (1620). Der Schlacht am Weißen Berg bei Prag (1620) folgte die Auflösung.

(2). Katholische Liga

Gegenbündnis katholischer Reichsstände zur protestantischen UNION (1608–1621), in Anknüpfung an die (1.) KATHOLISCHE LIGA (1538) und den Landsberger Bund (1556–1598): Die Katholische Liga wurde nach dem Überfall der Pfalz auf Bruchsal (im Bistum Speyer) in München gegründet (**1609**), zur Verteidigung der katholischen Religion. Ihr traten Bayern, die meisten katholischen geistlichen und weltlichen Reichsstände

Süddeutschlands, die KURFÜRSTEN von Köln, Mainz und Trier bei. Das Direktorium lag bei Bayern bzw. Mainz. Unter Tilly siegte das kaiserliche Heer am Weißen Berg (1620), eroberte die Pfalz und trug die Offensive nach Norddeutschland. Durch das Heer unter Wallenstein (1626) verlor die Liga an Einfluss und wurde nach dem FRIEDEN VON PRAG aufgelöst (1635).

Literatur: F. Neuer-Landfried: Die Katholische Liga. Kallmürz 1968; M. Kaiser: Politik und Kriegführung. Maximilian von Bayern, Tilly und die Katholische Liga im Dreißigjährigen Krieg. Münster 1999.

Majestätsbrief

Im inneren Konflikt im Hause Habsburg von den böhmischen Ständen erzwungenes PRIVILEG (**1609**) der TOLERANZ: Seine Verletzung durch Ferdinand II. provozierte den 2. PRAGER FENSTERSTURZ (1618) und den BÖHMISCHEN AUFSTAND als Auftakt zum DREISSIGJÄHRIGEN KRIEG (1618–1648).

Literatur: A. K. Röss: Die Erpressung des Majestätsbriefs von Kaiser Rudolf II., in: Zeitschrift für katholische Theologie 31/32, 1907/08.

Bank von Amsterdam

Öffentlich-rechtliche Bank in Holland (**1609**), nach dem Vorbild der venezianischen RIALTO-BANK: Nach der GLORIOUS REVOLUTION (1688/89) und PERSONALUNION England/Holland unter Wilhelm III. (1689–1702) wurde die Bank von Amsterdam in Übertragung holländischer Finanztechniken Vorbild für die BANK OF ENGLAND (1694).

Ulster-Plantation

Ansiedlung von ca. 100 000 PROTESTANTEN, meist PRESBYTERIANERN aus den anglisierten Lowlands Schottlands in Nordirland (**1609**–1612): Nach Erlöschen des irischen Aufstands in Ulster (1593–1603) durch Unterwerfung unter Jakob I. (1603) und der FLIGHT OF THE EARLS (1607) schuf die Ulster-Plantation die Massenbasis für die englische Herrschaft, ergänzt durch spätere Kolonisation (PLANTATIONS). Die Eingewanderten behaupteten sich in irischen Aufständen (1642, 1689), bildeten die Basis zur Rückeroberung Irlands durch England (1649, 1690) und die Grundlage für die protestantische Bevölkerung in Ulster. Damit war der NORDIRLANDKONFLIKT vorprogrammiert.

Literatur: P. Robinson: The Plantation of Ulster. British Settlement in an Irish Landscape, 1600–1670. Belfast 1994.

Plantation

Älterer englischer Begriff für Siedlungen bzw. die Anlage von Kolonien, auch in Übersee: Der Begriff, historisch geprägt durch die ULSTER-PLANTATION in Irland (**1609**), erscheint noch im Namen BOARD OF TRADE AND PLANTATIONS (1696).

Jülich-Klevescher Erbfolgestreit

Konflikt zwischen Sachsen, Brandenburg, Pfalz-Neuburg und Pfalz-Saarbrücken um die Erbschaft der 1609 ausgestorbenen Herzöge von Kleve: Wegen der drohenden Intervention Englands und Frankreichs schuf der Jülich-Klevesche Erbfolgestreit internationale Komplikationen. Die Ermordung Heinrichs IV. von Frankreich (**1610**) entschärfte die Krise und verschob die Konfrontation der Religionsparteien in Deutschland noch einmal, entlud sich später im DREISSIGJÄHRIGEN KRIEG (1618–1648).

Literatur: M. Ritter: Deutsche Geschichte im Zeitalter der Gegenreformation und des Dreißigjährigen Krieges 1555–1648. 3 Bde., Stuttgart 1889/1909, Darmstadt 1974; H. Ollmann-Kösling: Der Erbfolgestreit um Jülich-Kleve (1609–1614). Ein Vorspiel zum Dreißigjährigen Krieg. Regensburg 1996.

Reichsversammlung (Semski Sobor, Zemski Sobor)

In der SMUTA (1604–1613) Organ aus Bojaren, Dienstadel, Geistlichen und Städtern, als Ansatz zu ständisch-parlamentarischen Strukturen im alten Russland: Von Iwan IV. (dem Schrecklichen) zur Legitimierung seiner TERRORherrschaft (OPRITSCHNINA, 1565) benutzt, wurde die ältere Bojarenversammlung um Vertreter des neuen Dienstadels (Opritschniki) erweitert (1566). Nach Erlöschen der RURIKIDEN (1598) erhielt die Reichsversammlung erstmals Wahlfunktion und wählte Boris Godunow zum ZAREN (1598). Der 1. PSEUDO-DEMETRIUS berief sie zur Legitimierung seiner Herrschaft ein (1605). Nach Vertreibung der Polen aus Moskau (1612) wählte sie den neuen Zaren Michael Romanow (**1613**), blieb danach bestehen (bis 1622), um die Finanzen zu sanieren (Kredite, Steuern), aber ohne politische Rechte. Sie tagte zuletzt nur noch gelegentlich (bis 1654) und verschwand unter der AUTOKRATIE.

Literatur: G. Stökl: Semskij Sobor, in: Jahrbuch für Geschichte Osteuropas. 8/1960; M. Fleischhacker: Russland zwischen zwei Dynastien, 1598–1613: Brünn [4]1933; J. L. H. Keep: The Decline of Zemsky Sobor, in: Slavonic and East European Review. 36/1957, S. 100–122.

Romanow

2. (und letzte) DYNASTIE im alten Russland, begründet von Michael Romanow (1613–1645); seit Peter III. (1762), dem Herzog von Holstein-Gottorf, hieß die Dynastie Romanow-Holstein-Gottorf: Nach Erlöschen der RURIKIDEN (1598) und dem Ende der SMUTA (1604–1613) wählte die russische REICHSVERSAMMLUNG Michael Romanow zum ZAREN (**1613**). Bedeutendster Romanow-Herrscher war Peter I. (der Große, 1682/89–1725): Er betrieb die Expansion Russlands und reformierte das Zarenreich (ab 1700). Im FRIEDEN VON NYSTAD (1721) erhob er Russland zur europäischen Großmacht, mit St. Petersburg (1703) als neuer Hauptstadt (bis 1918). Katharina II. (die Große) (1762–1796) setzte die Expansion fort im 2. und 3. RUSSISCH-TÜRKISCHEN KRIEG (1768–1774, 1787–1792) sowie mit den TEILUNGEN POLENS (1772–1795), der Annexion der Krim (1783) und dem GRIECHISCHEN PROJEKT (1781).

Paul I. (1796–1801) führte den 2. KOALITIONSKRIEG gegen Frankreich (1798/99) und plante die Eroberung Indiens. Er wurde ermordet. Alexander I. (1801–1825) führte den 3. und 4. Koalitionskrieg gegen Napoleon I. (1805, 1806/07), beteiligte sich nach dem FRIEDEN VON TILSIT (1807) an der KONTINENTALSPERRE (1807–1811) und eroberte Finnland (1809). Die GRANDE ARMÉE Napoleons I. (1812) besiegte er im Winterfeldzug (1812/13), zog an der Spitze der Alliierten in Paris ein (1814) und spielte eine führende Rolle auf dem WIENER KONGRESS (1814/15).

Nikolaus I. (1825–1855) schlug den DEKABRISTENAUFSTAND nieder (1825), betrieb nach innen und außen eine reaktionäre Politik. Er führte erfolgreich Kriege gegen Persien (1826–1828) und das OSMANISCHE REICH (1828/29), warf den POLNISCHEN AUFSTAND (1830/31) und die Revolution in Ungarn (1849) nieder und begann den KRIMKRIEG (1855–1881). Alexander II. (1855–1881) beendete den Krimkrieg (1856) und leitete liberale Reformen ein (1861–1874) – u.a. BAUERNBEFREIUNG (1861), beschränkte Selbstverwaltung (SEMSTWO, 1864/70), Heeresreform (1870). Er warf den JANUARAUFSTAND nieder (1863), führte den 8. RUSSISCH-TÜRKISCHEN KRIEG (1877/78), der mit dem Vorfrieden von San Stefano und dem BERLINER KONGRESS (1878) endete. Seiner Ermordung (1881) folgten POGROME gegen JUDEN (1881/82).

Alexander III. (1881–1894) schloss ein Bündnis mit Frankreich (1894), den Zweiverband. Nikolaus II. (1894–1917) verlor den RUSSISCH-JAPANISCHEN KRIEG (1904/05) und gab in der 1. RUSSISCHEN REVOLUTION mit der DUMA faktisch die Autokratie auf (1906). Er schloss die ENGLISCH-RUSSISCHE VERSTÄNDIGUNG (1907, Tripelentente). Niederlagen im ERSTEN WELTKRIEG zogen mit der RUSSISCHEN FEBRUARREVOLUTION seinen Sturz nach sich, gefolgt von der OKTOBERREVOLUTION (1917). Nikolaus wurde mit seiner Familie von den Bolschewiki ermordet (1918).

Literatur: A. G. Mazour: The Rise and Fall of the Romanovs, Princeton (N. J.) 1960; E. M. Almedingen: Die Romanows. Frankfurt/Main ²1993.

Böhmischer Aufstand

Erhebung der böhmischen STÄNDE gegen die HABSBURGER (**1618**–1620): Im Böhmischen Aufstand explodierten Spannungen zwischen (meist) protestantischen Ständen und (katholischem) Kaiser Rudolf II., provoziert durch die GEGENREFORMATION in den Habsburger ERBLADEN, verschärft durch interne Konflikte zwischen Rudolf II. und Matthias (»Bruderzwist im Hause Habsburg«). Nach dem Böhmischen MAJESTÄTSBRIEF (1609) und der gescheiterten Unterwerfung der böhmischen Stände (1611) wurde Matthias König von Böhmen (1611–1617). Die Stände akzeptierten die Wahl Ferdinands II. zu seinem Nachfolger (1617). Als Protest gegen Rekatholisierung (z.B. in Braunau) und Verletzung des Majestätsbriefs trat der protestantische Landtag in Prag trotz Verbot erneut zusammen. Dem 2. PRAGER FENSTERSTURZ (1618) folgte die Böhmische Konföderation (1618) – Böhmen, Schlesien und der Lausitz, erweitert um Mähren, Ober- und Niederösterreich, als Auftakt zum DREISSIGJÄHRIGEN KRIEG (1618–1648). Der böhmische Landtag erklärte Ferdinand II. für abgesetzt und wählte Kurfürst Friedrich V. von der Pfalz zum König (1619). Seine Niederlage am Weißen Berg bei Prag (1620) besiegelte das Ende des Aufstands, leitete die Rekatholisierung Böhmens ein, mit Enteignung des ADELS und Barock (»ecclesia triumphans)«: Die Tschechen verloren ihre Eigenständigkeit (bis 1918)

Literatur: H. Sturmberger: Aufstand in Böhmen, München 1959; M. Toegel: Der Beginn des Dreißigjährigen Krieges. Der Kampf um Böhmen. Quellen zur Geschichte des Böhmischen Krieges (1618–1621). Prag 1972.

(2.) Prager Fenstersturz

Handgreifliche Opposition protestantischer ADLIGER gegen zwei kaiserliche Räte und ihren Schreiber: In der Tradition des (1.) PRAGER FENSTERSTURZES durch die HUSSITEN (1419) warfen protestantische Adlige die kaiserlichen Räte im Hradschin aus dem Fenster, aus Protest gegen die Verletzung des MAJESTÄTSBRIEFS (1609) durch Rekatholisierung im Zuge der GEGENREFORMATION (**1618**). Der Fenstersturz war Auftakt zum BÖHMISCHEN AUFSTAND (1618–1620) und DREISSIGJÄHRIGEN KRIEG (1618–1648).

Literatur: H. Sturmberger: Aufstand in Böhmen. München 1959.

Dreißigjähriger Krieg

Vierter europäischer Religionskrieg (**1618**–1648), ausgelöst in Böhmen: Der Dreißigjährige Krieg wurde überwiegend in Deutschland ausgefochten, mit – zumindest vorübergehender – Beteiligung der meisten kontinentalen Staaten Europas. Ihn prägten viele Faktoren:

- Religionskrieg zwischen PROTESTANTEN und Katholiken, ausgelöst durch die GEGENREFORMATION;
- verfassungspolitischer Konflikt zwischen STÄNDEN und KRONE wegen deren Tendenz zur ABSOLUTEN MONARCHIE;
- Kampf um die HEGEMONIE zwischen Spanien und Frankreich, seit dem Konflikt zwischen VALOIS und HABSBURG (seit 1477);
- Konflikt zwischen Dänemark und Schweden um die Vorherrschaft an der Ostsee (»Dominium maris baltici«);
- letzte Phase (1621–1648) des NIEDERLÄNDISCHEN UNABHÄNGIGKEITSKRIEGS;
- Frankreichs Bündnis mit Schweden gegen KAISER/Spanien (Habsburg; 1635–1648) sprengte machtpolitisch die konfessionellen Fronten, mit Rückwirkungen auf die koloniale Expansion Frankreichs, das Martinique, Guadeloupe (1635) und den Senegal (1638) besetzte.

Zur Vorgeschichte des Dreißigjährigen Krieges gehören AUGSBURGER RELIGIONSFRIEDE (1555), TRIENTER KONZIL (1545–1563), Gegenreformation (ab 1564), KÖLNER ERZBISTUMSSTREIT (1582–1584), Reichsexekution gegen Donauwörth (1607), protestantische UNION (1608–1621) und (2.) KATHOLISCHE LIGA (1609–1635), der Böhmische MAJESTÄTSBRIEF (1609), (2.) PRAGER FENSTERSTURZ und BÖHMISCHER AUFSTAND (1618).

Der Dreißigjährige Krieg zerfällt in vier Phasen – Böhmisch-Pfälzischer (1618–1623), Dänisch-Niedersächsischer (1625–1629), Schwedischer (1630–1635), Schwedisch-Französischer Krieg (1635–1648). Wichtigste Kriegsteilnehmer waren Böhmen (1618–1620), der Kaiser (1618–1648), die Liga (1619–1635), die Kurpfalz, Bayern (1619–1648), Siebenbürgen (1619–1627), Sachsen (1620–1635), Spanien (1620–1648), Holland (1621–1648), Dänemark (1625–1629), Schweden (1630–1648) und Frankreich (1635–1648).

1. Böhmisch-Pfälzischer Krieg (1618–1623): Nach dem Scheitern Böhmens und Siebenbürgens vor Wien (1619) blieb die Union unter dem Druck Englands und Frankreichs neutral. Spanien trat in den Krieg ein. Nach dem Sieg der Kaiserlichen und der Liga am Weißen Berg (1620) und der Eroberung Böhmens durch Ferdinand II. (1620–1622) begann die Rekatholisierung des Landes, mit Enteignung des böhmischen ADELS, Rekatholisierung und Absoluter Monarchie in Böhmen. Die Union löste sich auf (1621), die Kurpfalz wurde erobert, die Kurwürde ging von der Pfalz an Bayern (1623). Graf Ernst von Mansfeld und Christian von Halberstadt setzten den Krieg für Friedrich V. fort. Die Liga leitete unter Tilly die Rekatholisierung in Nordwestdeutschland ein.

Als Überleitung zur nächsten Phase flammte, nach Ablauf des zwölfjährigen Waffenstillstands zwischen Holland und Spanien (1609–1621), der Niederländische Unabhängigkeitskrieg wieder auf (1621). Nach der spanischen Offensive (1622) und Eroberung Bredas (1625) schlossen im Haager Vertrag (1625) England, Holland, Dänemark und Pfalz ein Bündnis, um die Truppen des Kaisers und der Liga zur Entlastung Hollands aus Nordwestdeutschland zu vertreiben.

2. Dänisch-niedersächsischer Krieg (1625–1629): König Christian IV. von Dänemark war als Herzog von Holstein und Oberst des Niedersächsischen REICHSKREISES Führer der deutschen Protestanten (1626–1629). Wallenstein kämpfte mit eigener Armee im Dienst des Kaisers (1626–1629, 1632–1634). Tilly besiegte die Dänen (1626). Der letzten Intervention Siebenbürgens (1626) folgte ein Waffenstillstand mit dem Kaiser (1627). Nach seinem Sieg über Mansfeld (1626) rückte Wallenstein in Norddeutschland und Dänemark bis Jütland vor (1627–1628), scheiterte vor Stralsund (1628/29). Der Kaiser erließ das RESTITUTIONSEDIKT, schloss den FRIEDEN VON LÜBECK (1629). Als Reaktion der KURFÜRSTEN auf die Machtsteigerung des Kaisers zwangen sie ihn auf dem REGENSBURGER KURFÜRSTENTAG (1630), Wallenstein zu entlassen.

3. Schwedischer Krieg (1630–1635): König Gustav II. Adolf landete mit schwedischen Truppen auf Usedom (1630) und zog als Verteidiger der Protestanten quer durch Deutschland nach Süden, mit SUBSIDIENVERTRAG aus Frankreich (1631). Tilly eroberte Magdeburg, unterlag den Schweden bei Breitenfeld (1631) und Rain (1632). Nach Tillys Tod wurde Wallenstein wieder kaiserlicher Oberbefehlshaber (1632); in der unentschiedenen Schlacht bei Lützen (1632) fiel Gustav Adolf. Wegen Geheimverhandlungen mit Schweden und Sachsen wurde Wallenstein in Eger ermordet (1634). Der Sieg der Kaiserlichen bei Nördlingen über die Schweden (1634) leitete deren Vertreibung aus Süddeutschland ein und

sprengte die protestantische Front. Dem FRIEDEN VON PRAG traten die meisten Reichsstände bei (außer Baden, Hessen-Kassel, Württemberg).

4. Französisch-schwedischer Krieg (1635–1648): Frankreich schloss Bündnisse mit allen Gegnern Habsburgs (Holland, Schweden, Savoyen, Mantua, Parma). Die Schweden besiegten unter Bernhard von Weimar die Kaiserlichen (1636, 1638, 1642, 1645), die Kaiserlichen die Franzosen unter Turenne, die Franzosen die Kaiserlichen (1645) und, zusammen mit den Schweden, die Kaiserlichen (1648). Der Kaiser führte getrennte Friedensverhandlungen mit Schweden (in Osnabrück) und Frankreich (in Münster, seit 1644). Bayern fiel schweren Verwüstungen zum Opfer. Nach gegenseitiger Ermattung wurde der WESTFÄLISCHE FRIEDEN geschlossen (1648). Der Krieg zwischen Spanien und Frankreich ging weiter bis zum PYRENÄENFRIEDEN (1659).

Wichtigste Folgen: Deutschland wurde schwer zerstört, litt unter starken Bevölkerungsverlusten und wurde Machtvakuum (bis 1871). Die Reichsstände gewannen faktisch SOUVERÄNITÄT (»TEUTSCHE LIBERTÄT«), die Territorialfürsten verstärkten Tendenzen zur Absoluten Monarchie, Frankreichs Aufstieg zur europäischen Hegemonie begann.

Literatur: H. U. Rudolf (Hg.): Der Dreißigjährige Krieg. Perspektive und Strukturen. Darmstadt 1977; G. Parker: Der Dreißigjährige Krieg. Darmstadt 1987; J. Burkhardt: Der Dreißigjährige Krieg. Frankfurt/Main ^{4}1997; J. Findeisen: Der Dreißigjährige Krieg. Eine Epoche in Lebensbildern. Darmstadt 1998; B. von Krusenstjern (Hg): Zwischen Alltag und Katastrophe. Der Dreißigjährige Krieg aus der Nähe. Göttingen 1999; G. Schmidt: Der Dreißigjährige Krieg. München ^{4}1999.

Indentured labour

Arbeitskräfte minderen Rechts im frühneuzeitlichen England: Freie Personen, die nach Nordamerika auswandern wollten, aber nicht die Schiffspassage bezahlen konnten, hatten die Möglichkeit, sich als »Indentured labour« zu verdingen: Sie mussten in den englischen Kolonien für eine bestimmte Zeit, meist sieben Jahre (nach dem Vorbild des biblischen »Sabbatjahr«), in abhängiger Stellung ohne Entgelt arbeiten. Das System galt auch für erste afrikanische SKLAVEN in Jamestown (Virginia, **1619**), als Vorstufe zur SKLAVEREI (ab ca. 1660).

Literatur: A. E. Smith: Colonists in Bondage. Neudruck Gloucester (Mass.) 1965; P. C. Emmer (Hg.): Colonialism and Migration. Indentured Labour Before and After Slavery. Dordrecht u. a. 1986; C. A. Palmer (Hg.): The Worlds of Unfree Labour. Aldershot u. a. 1998.

Haussklaverei

Wichtige Variante der TRANSATLANTISCHEN SKLAVEREI: Im Unterschied zur Feldsklaverei, für die meisten direkt aus Afrika ankommenden SKLAVEN und deren Nachfahren, war Haussklaverei weniger drückend. Haussklaven waren afrikanische Konkubinen und ihre Nachfahren (sog. Mulatten), die zunächst im Herrenhaus beschäftigt waren, später auch halbfreie Tätigkeiten als Handwerker u. Ä. ausübten. Eine Vorstufe der Haussklaverei war INDENTURED LABOUR für die ersten 20 afrikanischen Sklaven in Jamestown (Virginia, **1619**). Haussklaverei war Ausgangsbasis zum Entstehen freier AFRO-AMERIKANER.

»Mayflower«

Segelschiff, das die Pilgerväter (»Pilgrim Fathers«) aus England, mit einer längeren Zwischenstation im calvinistischen Holland, nach Nordamerika brachte: Die »Mayflower« landete am Cape Cod (Massachusetts; **1620**). Der »Mayflower«-Compact wurde Modell für die staatliche Ordnung als Gesellschaftsvertrag in Neuengland.

Literatur: wie zu Pilgerväter.

Pilgerväter

(engl.: Pilgrim Fathers) Puritanische Auswanderer aus England: Die Pilgerväter, die mit Zwischenstation in Holland auf der »Mayflower« am Cape Cod (Massachusetts) landeten (**1620**) und Plymouth gründeten, markierten den Beginn des puritanisch geprägten Massachusetts. Ihre Nachfahren bilden als »Mayflower«-Adel einen Teil der US-Oberschicht, seit dem späten 19. Jahrhundert als WASP: White-Anglo-Saxon Protestant.

Literatur: G. F. Willison (Hg.): Saints and Strangers. New York 1964; R. Thames: The Mayflower and the Pilgrim Fathers. Neuausgabe London 1968; J. Brown: The Pilgrim Fathers of New England and their Puritan Successors. Pasadena (Tex.) 1970.

Niederländische Westindienkompagnie

(niederl.: Geoctrieerde Westindische Compagnie) Nach Auslaufen des zwölfjährigen Waffenstillstands mit Spanien (1609–1621) gründeten die Generalstaaten als Kriegsmaßnahme gegen Spanien die Niederländische Westindienkompagnie (**1621**), für Kaperei und ersten Handel (mit Sklaven und Produkten der Sklaverei) mit Westindien: Sie eroberte San Salvador (Bahia) in Brasilien (1624), kaufte den Delaware-Indianern die Insel Manhattan ab (1625), gründete Neu-Amsterdam (New York). Die Westindienkompagnie brachte die spanische Silberflotte (Flota) auf (1628), eroberte El Mina (Goldküste; 1637), Luanda (Angola; 1641) und betrieb Gold- und Sklavenhandel. Nach ihrer Vertreibung aus Angola (1648) und Brasilien (1654) verlor sie ihre Basis für Kaperfahrten. Der Auflösung der Gesellschaft folgte eine zweite Gesellschaft (1674), die nach schweren Verlusten im 4. Englisch-niederländischen Krieg (1780–1784) ihre Tätigkeit einstellte (1792).

Literatur: W. J. van Hoboken: The Dutch West India Company: the Political Background of its Rise and Decline, in: Britain and the Netherlands. Bd. 1, Hg. v. J. S. Bromley/E. H. Kossman. Groningen 1960; J. M. Postma: The Dutch in the Atlantic Slave Trade 1600–1815. Cambridge u. a. 1990.

Massaker von Ambon

Hinrichtung von englischen Kaufleuten der East India Company durch den holländischen Gouverneur der Insel Ambon (**1623**): Der Gouverneur ließ zehn Engländer, zehn Japaner und einen Portugiesen hinrichten. Das Massaker verschärfte die Konkurrenz zu England, das als Rache den 1. Englisch-niederländischen Seekrieg (1652–1654) begann.

Absolute Monarchie (Absolutismus)

Form der MONARCHIE, in der die KRONE uneingeschränkt (»absolut« = losgelöst von Zwischengewalten und bindenden Rechtsnormen) regierte – in Byzanz und Russland als AUTOKRATIE: Historisch stand die absolute Monarchie zwischen der ständischen Monarchie (Einschränkung durch STÄNDE, vor allem in Finanzfragen) und der KONSTITUTIONELLEN MONARCHIE (Einschränkung durch schriftliche Verfassung, mit PARLAMENT). Sie wurde, von Russland abgesehen, nie vollständig verwirklicht. Die Tendenz zur absoluten Monarchie erreichte ihren Höhepunkt in Spanien, in Frankreich unter Richelieu (**1624**–1642) und Ludwig XIV. (1661–1715).

Kriterium für die Tendenz zur absoluten Monarchie war der Versuch, Stände/Parlamente auszuschalten, in Europa mit unterschiedlichem Ausgang – gelungen in Bayern (1564), Österreich/Böhmen (1596/1620), Brandenburg (1653), den meisten übrigen Staaten des REICHS, gescheitert in den sieben nördlichen Provinzen (GENERALSTAATEN; 1581) und ihrer Anerkennung im WESTFÄLISCHEN FRIEDEN (1648), ferner in England durch die ENGLISCHE REVOLUTION (1640–1660), ratifiziert durch RESTORATION (1660) und GLORIOUS REVOLUTION (1688/89). Der Untergang der absoluten Monarchie begann seit der FRANZÖSISCHEN REVOLUTION (1789), in Russland mit der RUSSISCHEN REVOLUTION (1905/07).

Literatur: W. Hubatsch: Das Zeitalter des Absolutismus, 1600–1789. Darmstadt [4]1975; M. Ashley: Das Zeitalter des Absolutismus: 1648–1775. München 1978; G. Barudio (Hg.): Das Zeitalter des Absolutismus und der Aufklärung. 1648–1779. Augsburg 1998; J. Kunisch: Absolutismus. Europäische Geschichte vom Westfälischen Frieden bis zur Krise des Ancien régime. Göttingen [2]1999; P. H. Wilson: Absolutism in Central Europe. London u. a. 2000.

Petition of Rights

Allgemein: Recht englischer Bürger, Petitionen zur Durchsetzung eines Rechts gegen die KRONE vorzulegen. Speziell: Petition des PARLAMENTS an Karl I., formuliert u. a. von Sir Edward Coke (**1628**): Die Petition of Rights fasste die Rechte des Bürgers gegen die Krone zusammen – Erhebung von STEUERN nur mit Billigung des Parlaments; Verbot willkürlicher Verhaftungen; Garantie für ordentliche Gerichtsverfahren; Verbot der Einquartierung von Militär in Privathäusern. Karl I. erkannte die Petition formal an. Im Konflikt um ihre Interpretation und Anwendung war sie ein auslösender Faktor für die ENGLISCHE REVOLUTION (1640–1660). Sie wurde fortgeführt und ergänzt durch HABEAS CORPUS ACT (1679) und BILL OF RIGHTS (1689). Im eskalierenden Konflikt zwischen Krone und Parlament war sie eine wichtige Station der englischen und europäischen Verfassungsentwicklung zum Rechts- und Verfassungsstaat.

Auch: Privatklage gegen die Krone (STAAT) in Großbritannien (bis 1947).

Literatur: F. H. Relf: The Petition of Right. Minneapolis 1917; E. Keller: Die englischen Freiheitsrechte des 17. Jahrhunderts. Bern [2]1962; J. Hostettler: Sir Edward Coke. A Force for Freedom. Chichester 1997.

Restitutionsedikt

Kaiserlicher Erlass von Ferdinand II., nach den Siegen Wallensteins in Norddeutschland über Dänemark, parallel zu den in den FRIEDEN VON LÜBECK mit Dänemark (22. Mai **1629**) mündenden Verhandlungen, zur Festigung der neuen kaiserlichen Machtstellung auch im Norden des Reichs (6. März 1629): Das Restitutionsedikt bestätigte den AUGSBURGER RELIGIONSFRIEDEN (1555, weiterhin nur für LUTHERANER), den Geistlichen Vorbehalt, doch sollten alle seit dem PASSAUER VERTRAG (1552) säkularisierten geistlichen Territorien und Güter zum Katholizismus zurückkehren. Katholische Reichsstände durften ihre Untertanen rekatholisieren. Zahlreiche norddeutsche Bistümer sollten an das Haus HABSBURG fallen. Die Durchführung scheiterte an der Opposition der Fürsten aller Konfessionen, die den enormen Machtgewinn des Hauses Habsburg vereiteln wollten. Das Edikt wurde daher auf dem REGENSBURGER KURFÜRSTENTAG (1630) suspendiert, im FRIEDEN VON PRAG (1635) aufgehoben, mit dem WESTFÄLISCHEN FRIEDEN (1648) durch ein neues Normaljahr (1624) als Richtjahr endgültig überholt.

Literatur: M. Ritter: Der Ursprung des Restitutionsedikts, in: Historische Zeitschrift 76 (1895), S. 62–102; H. Bühler: Das Restitutionsedikt von 1629 im Spannungsfeld zwischen Augsburger Religionsfrieden 1555 und dem Westfälischen Frieden 1648. Regensburg 1991; M. Frisch: Das Restitutionsedikt Kaiser Ferdinands II. vom 6. März 1629. Tübingen 1993.

Friede von Lübeck

Friede zwischen dem Kaiser und Dänemark (**1629**): Nach Siegen der Kaiserlichen unter Wallenstein und der (2.) KATHOLISCHEN LIGA unter Tilly über Dänemark im Dänisch-niedersächsischen Krieg (1625–1629) und nach dem RESTITUTIONSEDIKT (1629) bestätigte der Friede von Lübeck den territorialen Status quo – Dänemark schied aus dem DREISSIGJÄHRIGEN KRIEG aus.

Literatur: E. Wilmans: Der Lübecker Friede 1629. Diss. Bonn 1905.

Regensburger Kurfürstentag

Versammlung der deutschen KURFÜRSTEN nach dem RESTITUTIONSEDIKT und dem FRIEDEN VON LÜBECK (1629) in Regensburg (Juli–November **1630**): Der Kaiser scheiterte mit der Absicht, die Wahl seines Sohns, des späteren Ferdinands III. (1637–1657), zu sichern. Der Regensburger Kurfürstentag beschloss die Verringerung der kaiserlichen Armee und erzwang die Entlassung Wallensteins: Die kaiserliche Macht war geschwächt, als die Schweden auf Usedom landeten (Juli 1630).

Literatur: D. Albrecht: Richelieu, Gustav Adolf und das Reich. München, Wien 1959.

Oranier

Kurzform für die DYNASTIE Oranien-Nassau: Ursprünglich eine Linie der deutschen Dynastie Nassau (mit Stammsitz in Dillenburg), wurden die Oranier durch das Erbe von Besitzungen in den Niederlanden (1544) und des Fürstentums Orange (Oranien) an der Rhône (1545) nach dem Verzicht Wilhelms I. auf die deutschen Erblande zur selbstständigen Linie Oranien-Nassau in den Niederlanden.

Wilhelm I. von Oranien war führend im Niederländischen Unabhängigkeitskrieg (1572–1648) als Statthalter von Holland, Seeland und Utrecht (seit 1544). Später besaßen auch Wilhelms Nachfahren – mit Unterbrechungen, als die Statthalterwürde ruhte (1650–1672, 1702–1747) – eine quasi-monarchische Stellung.

Moritz (1585–1624) errang militärische Erfolge gegen die Spanier im Norden (1590–1598), u. a. dank der Reorganisation der Armee mit Anfängen eines stehenden, disziplinierten Heeres. Er schloss ein Bündnis mit England und Frankreich (1596), erreichte einen zwölfjährigen Waffenstillstand mit Spanien (1609), nahm den Krieg wieder auf, jetzt im Dreissigjährigen Krieg (1621). Nach seinem Tod wurde die Statthalterwürde für die Oranier faktisch erblich, ging (**1631**) über auf Friedrich-Heinrich (1625–1647).

Wilhelm II. (1647–1650) erreichte die Anerkennung der Unabhängigkeit der Niederlande (Generalstaaten) im Westfälischen Frieden (1648). Er scheiterte mit seinem Versuch, seine quasi-monarchische Stellung durch einen Staatsstreich in eine tatsächlich königliche umzuwandeln, vor Amsterdam (1650). Nach seinem Tod stieg die Republikanische Partei unter Johan de Witt auf. Die Statthalterwürde wurde ausgesetzt (1650–1672), das Ausschliessungsgesetz (1654–1660) schloss die Oranier von Statthalterschaft und militärischem Oberbefehl aus.

Wilhelm III. (Statthalter 1672–1702), zu Beginn des Holländischen Kriegs (1672–1678) Statthalter geworden, behauptete Holland gegen Frankreich unter Ludwig XIV., u. a. durch Allianzen und das Gleichgewicht der Kräfte, nach seiner Heirat mit Maria Stuart (1677) seit der Glorious Revolution (1688/89) in Personalunion auch als König von England (1689–1702). In Wilhelms Amtszeit fielen der Act of Settlement (1701) und der Beginn des Spanischen Erbfolgekriegs (1701–1713/14). Nach seinem Tod ruhte die Statthalterwürde erneut (1702–1747).

Wilhelm IV. (1747–1751) wurde Erbstatthalter aller niederländischen Provinzen und führte den Titel »Prinz von Oranien und Nassau«. Wilhelm V. (1751–1795) wurde gestürzt durch die Batavische Republik (1795). Wilhelm I. trat als König der Vereinigten Niederlande (also mit Belgien und Luxemburg, 1815–1840) auf dem Wiener Kongress auf (1815). Mit der nationalen Revolution (1830/31) verlor er Belgien wieder.

Nach Wilhelms III. (1849–1890) Tod begann die weibliche Thronfolge in den Niederlanden – mit Wilhelmina (1890–1948), Juliana (1948–1980) und Beatrix (seit 1980). Dagegen führte Luxemburg die männliche Thronfolge als Großherzöge fort.

Literatur: A. W. E. Dek: Genealogie van het vorstenhuis Nassau. Zaltbommel 1970; P. Geyl: Orange und Stuart. London 1969; S. Arnoldi: Geschichte der Oranien-Nassauischen Länder und ihrer Regenten. Nachdruck Kreuzthal 1990; H. Stevens (Bearb.): Shades of Orange. A History of the Royal House of the Netherlands. Zwolle 2001.

Friede von Prag

Nach der Niederlage der Schweden bei Nördlingen (1634) und dem Vorfrieden von Pirna vereinbarter Sonderfrieden zwischen Sachsen und Schweden in Prag (**1635**), dem sich die meisten Reichsstände anschlossen: Der Friede von Prag hob das RESTITUTIONSEDIKT (1629) auf; der Besitzstand der LUTHERANER in den seit 1552 säkularisierten geistlichen Territorien des Reichs blieb zunächst auf 40 Jahre gewahrt, gemäß dem Geistlichen Vorbehalt des AUGSBURGER RELIGIONSFRIEDENS (1555), aber ohne Stimmrecht im REICHSTAG für diese Gebiete. Neben territorialen Bestimmungen wurde die Absicht erklärt, den Abzug ausländischer Truppen zu erreichen: Dem sollten eine AMNESTIE (mit einigen Ausnahmen), ein Reichskriegsheer und die Auflösung aller Sonderbündnisse (u. a. [2.] KATHOLISCHE LIGA) dienen. Der Friede blieb weitgehend nur formal, da nach der Kriegserklärung Frankreichs an Spanien (1635) der DREISSIGJÄHRIGE KRIEG auf deutschem Boden weiterging.

Literatur: K. Repgen: Die römische Kurie und der Westfälische Friede. Tübingen 1962.

Hyde Park

Berühmtester (aber nicht größter) Park in London, erster öffentlicher Park in Europa (**1635**), wurde bekannt durch Speaker's Corner.

Literatur: H. C. Edlin: The Public Park. London 1971.

Académie Française

Berühmteste der heute noch bestehenden modernen AKADEMIEN: Richelieu gründete die Académie Française (**1635**) zur Pflege und Regelung der französischen Sprache (»Dictionnaire de l'Académie«, 1696, 8. Aufl. 1932 ff.). Die Akademie, in der FRANZÖSISCHEN REVOLUTION vorübergehend aufgehoben (1793–1803), übt durch jährlich vergebene Preise großen Einfluss auf die französische Literatur und Sprachpflege aus.

Literatur: Trois siècles de l'Académie française. 1635–1935. Paris 1935.

Ching-Dynastie

Herrschende DYNASTIE der MANDSCHU: Die Ching-Dynastie wurde nach Eroberung von Teilen Nordchinas proklamiert (**1636**), in der Tradition des (1634) erloschenen GROSSKHANATS der Mongolen und in Rivalität zur MING-DYNASTIE in China. Sie trat die Nachfolge der in Aufständen durch Usurpatoren gestürzten Ming-Dynastie in Peking an (1644), war die letzte Kaiserdynastie in China (bis 1911) und sinisierte sich rasch. Als Ausgangsgebiete der Mandschu hatten die Mandschurei und die Mongolei zunächst AUTONOMIE. Die Mandschu gerieten in Grenzkonflikt mit Russland (1683–1689) und beendeten ihn mit dem Vertrag von Nertschinsk (1689). Sie eroberten Tibet (1717–1720), das sie formal als PROTEKTORAT unter chinesische Herrschaft stellten, sowie Sinkiang (1757–1759). Ihren glanzvollen Höhepunkt erreichten die Mandschu unter Kaiser K'ang-hsi (1662–1722). Nach ersten Aufständen (1766) und dem (1.) OPIUMKRIEG (1840–1842) zu den UNGLEICHEN VERTRÄGEN gezwungen (1842ff.), gerieten die Mandschu in die Krise, die den TAI-PING-AUFSTAND (1855–1864) auslöste. Die Europäer eroberten Peking (1860). Die letzte Regentin, Kaiserwitwe Tse-hsi (1861–1908), ließ den Taiping-Aufstand mit westlicher Militärhilfe niederschlagen (1864). China erlitt Niederlagen im Chinesisch-französischen Krieg (1884/85) und CHINESISCH-JAPANISCHEN KRIEG (1894/95). Kiautschou fiel an Deutschland (1897), Port Arthur an Russland, Weihai-wei an England (1898) – Ausgangspunkt zur Reformbewegung der 100 Tage (1896) und zum BOXERAUFSTAND (1899–1900), den westliche Intervention niederschlug (1900). Der Kaiserhof konnte sich einer Modernisierung des Landes nicht mehr verschließen und leitete einzelne Reformen ein, u. a. Abschaffung des LITERARISCHEN PRÜFUNGSSYSTEMS für Beamte (1905). Nach dem Tod der Kaiserwitwe (1908) wurde der Schatten-Kind-Kaiser zu Beginn der CHINESISCHEN REVOLUTION gestürzt (1911), der Wirren und Bürgerkriege (bis 1949) folgten. Der Kaiser dankte offiziell ab (1912). Eine vorübergehende RESTAURATION erfolgte im Kaiserstaat Mandschukuo unter japanischer Herrschaft (1934–1945).

Literatur: F. Michael: The Origins of Manchu Rule in China. Baltimore 1942; Wan Yi/Wang Shu-qing/Lu Yanzhen u. a.: Das Leben in der Verbotenen Stadt. Die Ching-Dynastie 1644–1911. Hong Kong 1989.

Scottish Prayer Book ▪

Schottische Variante des englischen COMMON PRAYER BOOK der ANGLIKANISCHEN KIRCHE: Karl I. oktroyierte das Scottish Prayer Book mit Bischofsverfassung in Schottland (**1637**) und provozierte den Aufstand der Schotten und die Proklamation des NATIONAL COVENANT (1638) als Ausgangspunkt zum 1. BISHOPS' WAR und 2. BISHOPS' WAR (1639/40).

Literatur: G. Donaldson: The Making of the Scottish Prayer Book of 1637. Edinburgh 1954.

National Covenant ▪

Nach dem Vorbild des Alten Testaments (Bund Gottes mit dem Volk Israel) öffentliche Erklärung der Opposition in Schottland (**1638**) gegen das SCOTTISH PRAYER BOOK (1637): Vor der Presbyterianischen Geistlichkeit und dem Volk fand die Unterzeichnung des National Covenant statt, der die Abschaffung des Bischofsamts beschloss (1638) und so den 1. BISHOPS' WAR und 2. BISHOPS' WAR (1639/40) provozierte.

Literatur: J. Morrill (Hg.): The Scottish National Covenant in its British Context. Edinburgh 1990.

1. Bishops' War ▪

Konflikt zwischen Schotten und Karl I. (**1639**): Nach Scharmützeln und der Pazifikation von Berwick (1639) wurde die schottische Armee aufgelöst, kirchliche Streitfragen blieben der General Assembly der KIRK, politische Fragen dem PARLAMENT zur Entscheidung vorbehalten. Es folgten SHORT PARLIAMENT und 2. BISHOPS' WAR (1640).

Katalanischer Aufstand

Aufstand gegen die spanische Zentralregierung: Der von Barcelona ausgehende Katalanische Aufstand (**1640**–1652) errichtete eine REPUBLIK unter französischem Schutz. Nach der Besetzung Barcelonas durch die Franzosen brachen Aufstände auch in anderen Teilen Spaniens und in Portugal (1640) aus. Spanier belagerten Barcelona (1651), eroberten die Stadt und schlugen den Aufstand nieder (1652).

Literatur: J. H. Elliot: The Revolt of the Catalans. A Study in the Decline of Spain (1598–1640). London 1963.

Braganza

(3.) Königsdynastie in Portugal, benannt nach der Stadt Braganza: Die Braganza proklamierten nach dem Aufstand gegen Spanien die Unabhängigkeit Portugals (**1640**) und beendeten die PERSONALUNION mit Spanien (1585–1640). Nach ihrer Vertreibung aus Portugal durch Napoleon I. (1807), wichen die Braganza nach Brasilien aus (bis 1821). Die Braganza-DYNASTIE regierte zuletzt als konstitutionelle MONARCHIE mit Maria II. da Glória (1834–1853), bevor die Dynastie Sachsen-Coburg-Gotha (1853–1910) sie ablöste.

Literatur: J. Lanz: Die 64 Ahnen der Katharina von Braganza, Königin von England. Wien 1983; M. Howe: The Braganza Story. A Visit to the Royal Pantheon of Portugal. Carcavelos 1999.

Short Parliament

(Kurzes Parlament) Englisches PARLAMENT (**1640**): Das nach elf Jahren ohne Parlament (1629–1640) von Karl I. einberufene Parlament weigerte sich, Geld zu bewilligen und griff die königliche Kirchenpolitik an. Es wurde sofort aufgelöst. Ihm folgte das LONG PARLIAMENT (1640–1660).

Literatur: E. S. Cope (Hg.): Proceedings of the Short Parliament of 1640. London 1977; J. D. Maltby (Hg.): The Short Parliament (1640) Diary of Sir Thomas Aston. London 1988.

2. Bishops' War

Konflikt zwischen Schotten und Karl I. (**1640**): Nach einem erneuten Aufstand der Schotten ging Karl I. militärisch gegen sie vor. Nach einer schottischen Invasion in England beendete ein Waffenstillstand und der Vertrag von Ripon den Krieg. Karl trug bis zur Regelung der Streitfragen mit 860 Pfund pro Tag zum Unterhalt der schottischen Armee bei.

Long Parliament

(Langes Parlament) Nach dem SHORT PARLIAMENT letztes PARLAMENT (**1640**–1653, 1659/60) Karls I., zur Deckung der vom 2. BISHOPS' WAR verursachten Kosten und Lösung der in der parlamentlosen Zeit (1629–1640) angestauten Probleme, tagte nach SEZESSIONEN, Hinrichtungen und Ausschlüssen royalistischer Abgeordneter allmählich nur noch als Rumpf-Parlament (RUMP): Das Long Parliament betrieb ein

Impeachment gegen Wentworth und Laud (1640). Es verabschiedete nach dem Irischen Aufstand die Grand Remonstrance und »19 Propositions«, im Konflikt mit der Krone über den militärischen Oberbefehl gegen Irland. Die Star Chamber wurde abgeschafft (1641). Nach dem gescheiterten Versuch des Königs, Pym und vier Abgeordnete im Unterhaus zu verhaften, geriet London in Aufruhr, als Auftakt zum Bürgerkrieg zwischen Parlament und Krone. Es kam zur Sezession der Royalisten und Bildung des Committee of Safety (1642), dessen Verhandlungen mit Karl I. ergebnislos blieben. Das Long Parliament verbündete sich mit den schottischen Presbyterianern gegen Karl I. (Solemn League and Covenant, 1643), beschloss die Self-Denying Ordinance (Unvereinbarkeit von militärischem Amt und politischem Mandat, Cromwell ausgenommen) und reorganisierte die Parlamentsarmee (New Model Army, 1645). Nach der Flucht Karls I. zu den Schotten erfolgten weitere Beschlüsse, u. a. Abschaffung des Feudal tenure und Bischofsamts (1646). Gegen eine Zahlung von 400 000 Pfund (Rückstände gemäß Vertrag von Ripon, 1640) lieferten die Schotten Karl I. ans Parlament aus. Es schlug dem König »4 Bills« vor, die dieser ablehnte (1647). Im Pride's Purge (Militärstaatsstreich des Obersten Pride) wurden die Presbyterianer aus dem Long Parliament ausgeschlossen, das fortan als »Rump« tagte, beherrscht von Independenten. Nachdem letzte Verhandlungen mit Karl I. gescheitert waren (1648), machte das Parlament Karl I. den Prozess, richtetete ihn hin (30. Januar 1649), schaffte Monarchie und Oberhaus ab, gründete das Commonwealth and Free State (1649). Um die Holländer aus dem englischen Seehandel auszuschalten, erließ es die Navigationsakte (1651). Der Act of Pardon and Oblivion gewährte Amnestie (1652). Cromwell löste das Long Parliament auf (1653). Nach Oliver Cromwells Tod (1658) wurde es erneut als »Rump« einberufen. Nach der Abdankung Richard Cromwells erfolgte die Wiederherstellung des Commonwealth and Free State (1659). Das Parlament wurde aufgelöst, von Monk wieder einberufen, nach Wiederaufnahme der Presbyterianer endgültig aufgelöst (1660), womit die Restoration begann (1660).

Literatur: M. F. Keeler: The Long Parliament. Philadelphia 1964; J. R. MacCormack: Revolutionary Politics in the Long Parliament. Cambridge (Mass.) 1973; D. Underdown: Revel, Riot and Rebellion. Popular Politics and Culture in England 1603–1660. Nachdruck Oxford, New York 1989; Ferdinand Tönnies (Hg.): Behemoth or The long Parliament/Thomas Hobbes. Chicago 1990.

Englische Revolution (Englischer Bürgerkrieg)

Tief greifender Konflikt in England, zunächst zwischen Krone und Parlament, bald auch mit sozialen Dimensionen (**1640**–1660), ausgelöst durch Aufstände in Schottland (1639/40) und Irland (1641–1652): Vorbereitet wurde die Englische Revolution durch: wachsende Entfremdung von Krone und Parlament, u. a. über Tendenzen Karls I. zur absoluten Monarchie in der parlamentlosen Zeit (1629–1640); Zurückhaltung der Krone bei der von Bürgertum und Gentry geforderten Expansion in Übersee gegen Spanien; Differenzen über Fragen der Religion und Kirchenverfassung; den 1. Bishops' War

(1639), gefolgt von Short Parliament, dem 2. Bishops' War und dem Long Parliament (1640), das die Grand Remonstrance erließ (1641).

Nach einem Aufstand in London begann der Bürgerkrieg zwischen Cavaliers und Roundheads (1648–1651) mit dem Committee of Safety (1642) als provisorischer Revolutionsregierung. Die Stadtmiliz wehrte die Eroberung Londons durch die Royalisten ab. Oxford wurde provisorische Hauptstadt der Royalisten (1642). Nach militärischen Vorteilen für die Royalisten (1642) schloss das englische Parlament mit den schottischen Presbyterianern das Bündnis Solemn League and Covenant (1643) Die schottische Armee rückte in England ein und siegte mit der Parlamentsarmee bei Marston Moor (1644). Fairfax wurde Oberbefehlshaber der Parlamentsarmee. Die Levellers kamen auf. Mit der Self-Denying Ordinance wurde die Parlamentsarmee reorganisiert, die unter Cromwell bei Naseby siegte (1645). Die Hinrichtung von Erzbischof Laud beendete die erste Phase der Englischen Revolution (1645).

Das Parlament beschloss die Abschaffung des Bischofsamts und des Feudal tenure als Teil des Lehnswesens (1646). Die Schotten lieferten Karl I. dem Parlament aus (1647). Die Putney Debates zwischen Cromwell und Soldatenräten (Agitators) der New Model Army und Levellers über das Wahlrecht blieben ergebnislos (1647). Cromwell schlug die zur Befreiung Karls I. nach England eingefallenen Schotten und Royalisten bei Preston. Nach einem Militärstreich (Pride's Purge) zur Vertreibung der Presbyterianer aus dem Parlament wurde aus diesem das Rump (= Rumpf-Parlament, 1648). Nach der Hinrichtung Karls I. verkündete das Parlament die Abschaffung von Monarchie und Oberhaus, die Gründung des Commonwealth and Free State. Die Rebellion von Burford gegen Cromwell durch Levellers in der New Model Army wurde unterdrückt (1649), der Irische Aufstand (1649–1652) niedergeschlagen, u. a. mit dem Massaker von Drogheda (1649). Die Navigationsakte (1651) verschloss den Holländern die englischen Seehäfen (auch der Kolonien).

Mit seiner Landung in Schottland eröffnete der 1649 zum schottischen König ausgerufene und 1651 gekrönte Karl II. (Sohn und Nachfolger Karls I.) die 2. Phase des Bürgerkriegs. Cromwell siegte über die Schotten bei Dunbar und über Karl II. bei Worcester (1651) Mit dem Act of Pardon and Oblivion gewährte das Parlament Amnestie, Cromwell schlug den Irischen Aufstand endgültig nieder (1652). Der 1. Englisch-niederländische Seekrieg (1652–1654) brach aus. Cromwell löste das Rumpf-Parlament auf. Mit dem Instrument of Government, der ersten geschriebenen Verfassung, beseitigte er das Commonwealth and Free State und richtete das Protectorate ein, mit Cromwell als Lord Protector (1653–1658). England, Schottland und Irland bildeten eine Realunion (1654–1660). Das 1. Parlament des Protektorats tagte (1654–1655). Die Eroberung Jamaikas (1655) wurde wichtige Etappe zur Expansion Englands in Übersee. Die »Oceana« von Harrington erschien (1656). Nach dem 2. Parlament des Protektorats (1656/57) ging das 3. Parlament des Protektorats sofort wieder auseinander.

Nach dem Tod Oliver Cromwells (1658) folgte ihm sein Sohn Richard Cromwell als Lord Protector (1658/59), als Auftakt zur ANARCHIE in England. Nach Einberufung des Parlaments erfolgte bald dessen Auflösung. Als das Rumpf-Parlament erneut zusammentrat, erzwang es den Rücktritt Richard Cromwells, beschloss die Wiedereinsetzung des Commonwealth and Free State. Die Armee löste das Rumpf-Parlament jedoch wieder auf. General Monk besetzte an der Spitze eines Heers London (1659) und nahm die Presbyterianer ins einberufene Parlament auf, womit das Long Parliament wiederhergestellt war. Zugleich rief er Karl II. aus dessen holländischem Exil nach England zurück. Karl II. erklärte sich in seiner DEKLARATION VON BREDA bereit, nach seiner Rückkehr mit einem frei gewählten Parlament zu regieren, und versprach eine Amnestie (außer für »Königsmörder« = Republikaner) und religiöse TOLERANZ. Mit seiner Rückkehr nach England begann die RESTORATION (1660) als KONSTITUTIONELLE MONARCHIE.

Die Ergebnisse der Englischen Revolution fanden ihre Bestätigung durch die GLORIOUS REVOLUTION (1688/89). Insgesamt war sie ein grundlegendes Ereignis für die weitere Entwicklung Englands und der modernen Revolution, zunächst in Europa.

Literatur: J. E. C. Hill: The English Revolution 1640. Neudruck London [3]1979; P. Wende: Probleme der Englischen Revolution Darmstadt 1980; T. N. Corns: Uncloistered Virtue. English Political Literature, 1640–1660. Oxford 1992; J. E. C. Hill: The Century of Revolution, 1603–1714. London [2]1993; H. C. Schröder: Die Revolutionen Englands im 17. Jahrhundert. Frankfurt/Main [3]1995; L. Stone (Hg.): Causes of the English Revolution 1529–1642. Neudruck London u. a. 1996; I. Roots: The Great Rebellion, 1642–1660. Neudruck Stroud 1998.

Revolution

(lat./frz.: Umwälzung, tief greifende Veränderung) Grundlegende Umwälzung einer bestehenden Ordnung: Das Bild aus der Astronomie (Umlauf der Sterne, z. B. Kopernikus: »De revolutionibus orbium coelestium libri VI«, 1543) wurde übertragen auf politische Prozesse, erstmals von Zeitgenossen zur Charakterisierung der GLORIOUS REVOLUTION (1688/89), später auch auf ältere politische Umwälzungen – z. B. »Römische Revolution« (Theodor Mommsen), »Neolithische Revolution« (Gordon V. Childe) und Umstürze im mittelalterlichen Rom (1143–1144, 1343–1347), in Florenz (1378), Portugal (1383–1385), auf die HUSSITENbewegung (1419–1436), den DEUTSCHEN BAUERNKRIEG (1524/25) und den NIEDERLÄNDISCHEN UNABHÄNGIGKEITSKRIEG (1572–1648). Noch umstritten, aber durchaus sinnvoll ist die Anwendung des Begriffs auf die ENGLISCHE REVOLUTION (**1640**–1660), die als erste eine Art Beispielcharakter entwickelte und spätere Revolutionen seit der Industrialisierung zutiefst prägte. Der Übergang von der agrarischen zu industriellen Produktion gilt als »INDUSTRIELLE REVOLUTION« (u. a. Marx, Tocqueville).

Die wichtigsten Revolutionen fanden zunächst in Europa statt, ausgehend von Frankreich: Die FRANZÖSISCHE REVOLUTION (1789) hatte Auswirkungen auf weite Teile Europas, auf Ägypten/Syrien und Lateinamerika. Es folgten die SPANISCHE REVOLUTION (1820–1823), die

JULIREVOLUTION in Frankreich (1830), die BELGISCHE REVOLUTION (1830/31) und 1848/49 Revolution in weiten Teilen Europas sowie die 1. RUSSISCHE REVOLUTION (1905/07). Ausweitungen auf Übersee waren die MEXIKANISCHE REVOLUTION (1910–1917) und die CHINESISCHE REVOLUTION (1911–1949), im Gefolge des ERSTEN WELTKRIEGS (1914–1918) die russische FEBRUARREVOLUTION und OKTOBERREVOLUTION (1917), die NOVEMBERREVOLUTION in Österreich, Ungarn und Deutschland (1918) als klassische Kollapsrevolutionen. Als Folge des ZWEITEN WELTKRIEGS siegte u. a. die Revolution in China (1949), Vietnam (1954/75), Ägypten (1952) und Kuba (1959). Revolutionen erzwangen 1989 den ZUSAMMENBRUCH DES KOMMUNISMUS.

Literatur: E. Hobsbawm: Europäische Revolution. Zürich 1962; K. Lenk: Theorien der Revolution. München ²1991; I. Geiss: Bürgerliche und proletarische Revolution, in: Das Parlament, B. 42/75, 1975, S. 3–47; K. H. Bender: Revolutionen. Die Entstehung des politischen Revolutionsbegriffes in Frankreich zwischen Mittelalter und Aufklärung. München 1977; I. Rachum: »Revolution«. The Entrance of a New Word into Western Political Discourse. Lanham u. a. 1999.

Grand Remonstrance

Resolution des LONG PARLIAMENT (23. November **1641**): Nach Analyse der politischen Lage übte sie massive Kritik an Karl I., forderte für das PARLAMENT Kontrolle der Exekutive und Einfluss auf die Kirchenverfassung: Die Eskalation zum Bürgerkrieg verschärfte sich.

Body of Liberties

Grundgesetz der englischen Kolonie Massachusetts in Nordamerika (**1641**): Der Body of Liberties schrieb u. a. das Recht der weißen Siedler auf SKLAVEN fest, steht so am Beginn der Legalisierung der SKLAVEREI in den nordamerikanischen Kolonien Englands.

Committee of Safety

Ausschuss des LONG PARLIAMENT zur Führung des Bürgerkriegs gegen Karl I., faktisch als revolutionäre Gegenregierung (**1642**), u. a. mit Pym und Edward Montague (Earl of Manchester).

Cavaliers

(spätlat.: caballarius; span.: caballero, frz.: chevalier) Zeitgenössischer Name für (meist adlige) Anhänger der KRONE (Royalisten) in der ENGLISCHEN REVOLUTION (ab **1642** überliefert): Nach der RESTORATION (1660) tagte das CAVALIERS' PARLIAMENT (1661–1679).

Roundheads

(engl.: Rundköpfe) Zeitgenössischer Name für (meist bürgerlich-plebejische) Anhänger des PARLAMENTS in der ENGLISCHEN REVOLUTION (ab **1642**).

(2.) Compagnie des Indes orientales

Französische Ostindienkompanie: Nachdem bereits mehrere Versuche zur Gründung einer kolonialen Handelsgesellschaft gescheitert waren (1615–1626, 1626, 1627), schlug auch der erste Gründungsversuch der Compagnie des Indes orientales (**1642**) zur Kolonisierung Madagaskars fehl. Erst Colbert gelangt es unter führender Beteiligung Ludwigs XIV., die Compagnie des Indes orientales als AKTIENGESELLSCHAFT nach dem Vorbild der EAST INDIA COMPANY (1600) zur Organisierung des französischen Indienhandels zu etablieren (1664). Die Kompanie beanspruchte das MONOPOL für den Handel östlich vom Kap der Guten Hoffnung und Souveränitätsrechte (Eroberung von Ländern). Der Versuch zur Kolonisierung Madagaskars scheiterte (1665–1674). Die Kompanie besetzte die Inseln Dauphine und Bourbon (1671), gründete Pondicherry (1672) und schickte eine französische Gesandtschaft nach Siam (1681). 1719 fusionierte sie mit anderen Gesellschaften unter John Law zur Compagnie des Indes.

Literatur: M. Morineau: Les grandes compagnies des Indes orientales (XVIe–XIXe siècles). Paris 1994.

Solemn League and Covenant

In Anknüpfung an den NATIONAL COVENANT (1638) Bündnis der oppositionellen schottischen PRESBYTERIANER mit dem englischen PARLAMENT gegen Karl I. (**1643**): Es scheiterte mit der schottischen Forderung nach einer presbyterianischen Kirchenverfassung in England.

New Model Army

Nach der Self-Denying Ordinance erfolgte Reorganisation der Parlamentsarmee: Die New Model Army baute auf Disziplin, reguläre Bezahlung bzw. Freiwilligkeit (Reiterei), mit hoher ethischer Motivation. Als gepanzerte Kavallerie unter Cromwell (»Ironsides«) wurde sie zur Elitetruppe, zumeist rekrutiert aus Unter- und Mittelschichten, vor allem aus East Anglia. Die New Model Army stand unter starkem Einfluss der PURITANER und LEVELLERS; Fairfax war ihr Oberbefehlshaber (**1645**–1650). Sie siegte gegen Schotten, Royalisten und Iren (1645–1652). Die Levellers in der New Model Army waren beteiligt an den PUTNEY DEBATES (1647) und an der REBELLION VON BURFORD (1649).

Literatur: C. H. Firth: Cromwell's Army. A History of the English Soldier During the Civil Wars, the Commonwealth and the Protectorate. London [4]1962; R. Ludwig: Die New Model Army und die Levellers (1647/48). Köln 1992; I. Gentles: The New Model Army. In England, Ireland and Scotland, 1645–1653. Neudruck Oxford u. a. 1994.

Levellers

(engl.: Gleichmacher) Radikale Strömung sozialrevolutionären Charakters in der ENGLISCHEN REVOLUTION: Die Levellers, aus unteren Mittelschichten (Handwerker, Freibauern; **1645**–1649), waren stark vertreten in der New Model Army (Soldatenräte, Agitators) und gewannen nachhaltigen Einfluss in den Putney Debates (1647). Ihr populärster Führer war John Lilburne. Die Levellers betrieben erstmals Agitation wie eine moderne Partei. Sie forderten eine Agrarreform und die Erweiterung des Wahlrechts. Nach der Rebellion von Burford wurden sie unterdrückt (1649); viele Leveller, u. a. Lilburne, wandten sich den Quäkern zu.

Literatur: H. N. Brailsford: The Levellers and the English Revolution. Nottingham 1976; G. E. Aylmer: The Levellers in the English Revolution. London 1975; A. Sharp (Hrsg.): The English Levellers. Cambridge u. a. 1998.

Feudal tenure

Englischer Terminus technicus für Lehen: Als Kampfmaßnahme gegen die Krone in der Englischen Revolution beschloss das Parlament **1646** die Abschaffung des Feudal tenure. Es hob Pflichten der (oft inzwischen längst bürgerlichen) Lehnsinhaber gegenüber der Krone auf (vor allem Kriegsdienst für den König), Pflichten der abhängigen Bauern gegenüber dem Grundherrn blieben jedoch bestehen. Dies war ein wichtiger Schritt zur Auflösung des Feudalismus in England.

Putney Debates

Diskussion zwischen der Führung der New Model Army (u. a. Cromwell und Schwiegersohn General Ireton, 1611–1651) und Soldatenräten (Agitators) mit Levellers in Putney (heute Teil Londons), vor allem über das Wahlrecht (**1647**): Levellers und Soldatenräte forderten die Ausweitung des (seit 1430 gültigen) 40-shillings-freehold-Wahlrechts auf alle Männer, ausgenommen »servants« (Diener = damals lohnabhängige Arbeiter und Angestellte) und »beggars« (Bettler = Almosenempfänger). Es gelang nicht, die Forderungen durchzusetzen.

Literatur: A. S. P. Woodhouse (Hg.): Puritanism and Liberty. Being the Army Debates (1647–1649) from the Clarke Manuscripts with Supplementary Documents. London [3]1974.

Soldatenräte

Gewählte Vertreter militärischer Einheiten zur Durchsetzung politischer Interessen: Soldatenräte vertraten erstmals in der New Model Army in der Englischen Revolution (Agitators) die Armee in den Putney Debates gegenüber der Armeeführung (**1647**). Später waren Räte eine typische Organisationsform in sozialistisch-kommunistischen Revolutionen seit der russischen Februarrevolution (1917), mit Arbeiterräten bzw. Arbeiter- und Soldatenräten.

Agitators

Bezeichnung für die in der New Model Army gewählten Soldatenräte, je zwei pro Regiment (**1647**); Ursprung des Worts »Agitator«.

Westfälischer Friede (Friede von Münster und Osnabrück)

Europäischer Friede zur Beendigung des Dreissigjährigen Kriegs (1618–**1648**), erstmals nach einem Kongress: Politische und protokollarische Komplikationen erzwangen getrennte Aushandlung und Unterzeichnung des Friedens – im katholischen Münster mit Frankreich (6. August), im protestantischen Osnabrück mit Schweden (8. September) – an beiden Orten gleichzeitig unterzeichnet (24. Oktober 1648). Beide Vertragsinstrumente enthielten zur inhaltlichen Verklammerung identische Artikel, u. a. Generalamnestie. Sie wurden für das Reich, als »ewiges« Grundgesetz (»perpetua lex et pragmatica imperii sanctio«), zugleich Verfassungsdokument (bis 1806), mit völkerrechtlicher Garantie der Signatarstaaten (bis 1871).

Verfassungs- und konfessionspolitische Bestimmungen: Weitgehend blieb der territoriale Status quo im Reich erhalten, mit Modifizierungen. Der Friede bestätigte den Augsburger Religionsfrieden (1555) – ausgeweitet auf Calvinisten (Reformierte), bestätigte das »Normaljahr« (1. Januar 1624) zur Festlegung des neuen konfessionellen Besitzstandes, verankerte das Prinzip »Teutsche Libertät«, garantierte konfessionelle Parität bei Ausschüssen und Deputationen des Reichstags und beim Reichskammergericht. Bei konfessionellen Streitfragen war Majorisierung verboten und das Auseinandertreten (»Itio in partes«) des Reichstags in das »Corpus evangelicorum« und »Corpus catholicorum« mit getrennten Beratungen und gütlicher Einigung (»amicabilis compositio«) vorgesehen. Bayern behielt die Wittelsbacher Kurwürde, eine achte Kurwürde ging an die Pfalz, Bremens Reichsunmittelbarkeit wurde bestätigt. Die Funktionsfähigkeit der Reichskreise wurde wiederhergestellt. Schweden erhielt Sitz und Stimme im Reichstag zur Vertretung seiner deutschen Territorien.

Wichtigste territoriale Veränderungen: Schweden erhielt als Reichslehen Vorpommern, Teile Hinterpommerns (mit Stettin), Rügen, das als Herzogtum säkularisierte Erzstift Bremen (aber ohne die Stadt Bremen), das Bistum Verden, die Küstenzölle, als Entschädigung 5,6 Mio. Taler vom Reich. Brandenburg erhielt die Bistümer Halberstadt, Minden und Kammin, die Anwartschaft auf das Erzstift Magdeburg (1680 zu Brandenburg). Gewinne für Frankreich (Bistümer Metz, Toul, Verdun, seit 1552) erhielten völkerrechtliche Anerkennung; Breisach und der größte Teil des Elsass kamen zu Frankreich (gegen Ablösung von 3 Mio. Livres an Österreich), das Besatzungsrecht in der Festung Philippsburg und allgemeines Durchzugsrecht durch das Reich erhielt.

Der Separatfrieden zwischen Spanien und Holland (30. Januar 1648) anerkannte völkerrechtlich die Unabhängigkeit der Generalstaaten. Entsprechend anerkannte Art. 6 des Friedensabkommens von Osnabrück die Unabhängigkeit der Schweiz (faktisch seit 1499).

Ausdrücklich einbezogen waren: Schweden, Spanien, das Haus Österreich und die deutschen Reichsstände, Savoyen, England, Dänemark/Norwegen, Polen, Lothringen, alle italienischen Fürsten und Staaten, die Niederlande, die Schweiz, Siebenbürgen, Frankreich, Portugal, das Großfürstentum Moskau und Venedig. Der Westfälische

Friede wurde trotz Verurteilung durch eine päpstliche Bulle ratifiziert (1648/49) und durchgeführt (bis 1654). Der Krieg zwischen Frankreich und Spanien (seit 1635) ging weiter, bis zum PYRENÄENFRIEDEN (1659).

Der Westfälische Friede war ein zentraler Vorgang in der Frühen Neuzeit für Deutschland und Europa: Das Reich wurde als Machtvakuum völkerrechtlich festgeschrieben (bis 1871). Die Reichsstände wurden faktisch souverän. Der Frieden bot ausländischen Mächten vielfältige Interventionsmöglichkeiten in Deutschland. Außenwirtschaftlich war Deutschland durch die Kontrolle Schwedens über seine Flussmündungen (Oder, Elbe, Weser) vom Überseehandel weitgehend abgeschnürt.

Literatur: K. Repgen (Hg.): Krieg und Politik 1618–1648. Europäische Studien und Perspektiven. München 1986; B. M. Kremer: Der Westfälische Friede in der Deutung der Aufklärung. Tübingen 1989; H. Duchhardt (Hg.): Bibliographie zum Westfälischen Frieden. Münster 1996; H. Duchardt (Hg.): Der Westfälische Friede. Diplomatie, politische Zäsur, kulturelles Umfeld, Rezeptionsgeschichte. München 1998; F. Dickmann: Der Westfälische Friede. Münster [7]1998.

»Teutsche Libertät«

Verfassungsprinzip im REICH, völkerrechtlich verankert im WESTFÄLISCHEN FRIEDEN (**1648**): Der KAISER war bei allen Regierungsakten an die Zustimmung der Reichsstände gebunden, die die Freiheit erhielten, Bündnisse zu schließen, aber nicht gegen Kaiser und Reich. Die Reichsstände stiegen von der AUTONOMIE zur faktischen SOUVERÄNITÄT auf, das Reich war als lockere KONFÖDERATION weitgehend zerfallen (bis 1806).

Fronde

(frz.: Schleuder) Opposition in Frankreich gegen Mazarins ABSOLUTISMUS zur Zeit der Minderjährigkeit Ludwigs XIV. (1643–1651): Die Fronde, unter dem Einfluss der ENGLISCHEN REVOLUTION, war getragen von PARLEMENT, HOCHADEL und dem Volk von Paris (**1648**–1653), unterteilt in zwei Phasen:

- Parlementsfronde (1648/49): Das Parlement von Paris verweigerte die Einschreibung eines STEUERedikts (1648) aus Protest gegen erhöhte Steuerlast, ausgelöst durch hohe Kriegskosten (DREISSIGJÄHRIGER KRIEG, Fortgang des Kriegs gegen Spanien), zusätzlich verschärft durch eine Wirtschaftskrise. Sechs weitere Provinz-Parlements unterstützten die Aktion. Die Verhaftung des Sprechers des Pariser Parlements löste einen Volksaufstand in Paris aus (»Journée des Barricades«). Der Hof floh nach St. Germain (1649), Condé blockierte Paris, ließ die Stadt aushungern. Einen Ausgleich brachte der Friede von Rueil (März 1649) mit Reformversprechungen.
- Prinzenfronde (1652–1653), getragen vom HOCHADEL und Teilen des Klerus, mithilfe von Condé und spanischer Unterstützung (als Teil des weitergehenden Französisch-spanischen Kriegs, 1635–1659). Nach einem Votum des Parlement für die Freilassung des verhafteten Condé floh Mazarin aus Paris. Condé wurde freigelassen, stellte sich auf die

Seite Spaniens (1651), wurde mit der Fronde vom Herzog von Orléans unterstützt. Turenne schlug die Fronde und Condé mehrfach. Ein Aufstand in Paris zugunsten der Fronde führte Condé wieder nach Paris, der nach einem Konflikt mit den Bürgern wieder fliehen musste (1651). Bordeaux war Hochburg der Fronde mit einem demokratisch-republikanischen Regime. Ludwig XIV., wieder in Paris (1652), verbannte die Führer der Fronde. Mazarin, vorübergehend im Exil, wurde als leitender Minister zurückgerufen (1653). Nach der entscheidenden Niederlage der Fronde bei Bordeaux (1653) wurde Bordeaux wieder unterworfen. Der Zusammenbruch der Fronde machte den Weg endgültig frei für die ABSOLUTE MONARCHIE in Frankreich.

Seitdem ist die übertragene Bedeutung auch: Fronde/Frondeur = (verdeckte) Opposition, eher konspirativen als offenen Charakters.

Literatur: E. H. Kossmann: La Fronde. Leiden 1954; P. G. Lorris: La Fronde. Paris 1961.

Kosakenaufstand

Nach früheren KOSAKENaufständen (1635, 1637) großer Aufstand der Dnjeprkosaken gegen Polen unter Bogdan Chmelnitzki (**1648**–1654), mit ausgedehnten Massakern an JUDEN in der Ukraine und in Polen: Die Kosaken schlossen ein Bündnis mit den KRIMTATAREN, ihren Todfeinden (1648), errangen Siege über Polen. Unter Chmelnitzki fielen sie in Kiew ein (1648) und schlossen einen Waffenstillstand (1649), später ein Bündnis mit dem OSMANISCHEN REICH (1651). Die Polen besiegten die Kosaken bei Berestecko (1651). Der SEJM lehnte mit der ersten Anwendung des LIBERUM VETO die Ratifizierung eines Vertrags mit den Kosaken ab (1652); die Polen erlitten eine Niederlage bei Batoh (1652). Chmelnitzki wollte durch den Eid auf den orthodoxen (»den östlichen, den rechtgläubigen«) ZAREN die AUTONOMIE der Kosaken sichern (1654): Die Unterstellung, die der Zar als Einverständnis mit der Wiedervereinigung der Ukraine mit Russland auslegte, wurde Ausgangspunkt zum Krieg zwischen Polen und Russland (1654–1667).

Literatur: W. Schwarz: Kosaken. Kampf und Untergang eines Reitervolkes. Frankfurt/Main 1992; N. V. Feodoroff: History of the Cossacks. Commack (N. Y.) 2000.

Presbyterianer

(griech.: Presbyter = der Ältere, Gemeindeobere) Eine Hauptströmung des PURITANISMUS: Im Unterschied zu den Kongregationalisten, die in ihrer Kirchenverfassung die absolute Unabhängigkeit der Kirchengemeinde (lat.: Congregatio) praktizierten, ersetzten die Presbyterianer die traditionelle Obergewalt der Bischöfe durch ein Kollegium von Kirchen- bzw. Gemeindeältesten (Presbytern), zuerst in der schottischen KIRK (1560). Allmählich errangen sie auch in England starken Einfluss: Im Bündnis des PARLAMENTS mit schottischen Presbyterianern siegte der Presbyterianismus mit der SOLEMN LEAGUE AND COVENANT (1643) – formal durchgesetzt mit der Westminster Confession. PRIDE'S PURGE vertrieb die Presbyterianer aus dem LONG PARLIAMENT (**1648**), die nach dem Scheitern des PROTECTORATE (1653–1659) wieder in den RUMP zurückkehrten (1660). Die Restoration (1660) zerschlug die Presbyterianer (1662): Viele gingen nach Nordamerika, betrieben Mission. Ihre Glaubensrichtungen fassten sie im Reformierten Weltbund zusammen (1875).

Literatur: G. D. Henderson: Presbyterianism. Aberdeen 1954; I. Meenken: Reformation und Demokratie. Zum politischen Gehalt protestantischer Theologie in England 1570–1660. Stuttgart-Bad Cannstatt 1996.

Pride's Purge

Militärstaatsstreich im Alleingang des Obersten Thomas Pride aus der Cromwell-Armee: Der Pride's Purge schloss die Presbyterianer, die inzwischen in eine den Fortgang der Englischen Revolution hemmende Position getrieben waren, mit Waffengewalt aus dem Long Parliament aus (**1648**), das fortan nur noch als Rump bestand (bis 1659).

Literatur: D. E. Underdown: Pride's Purge: Politics in the Puritan Revolution. Oxford 1971.

Rump

(Rumpf-Parlament) Long Parliament nach Ausschluss der Presbyterianer durch Pride's Purge (**1648**): Der Rump verurteilte Karl I. zum Tode (1649). Nach seiner Auflösung durch Cromwell (1653) wieder eingesetzt, stellte der Rump das Commonwealth and Free State wieder her (1659). 1660 erfolgte die Wiederaufnahme der Presbyterianer ins Parlament.

Literatur: B. Worden: The Rump Parliament, 1648–1653. London 1974.

Quäker

(engl.: Quakers = die Zitterer; offizieller Name: Society of Friends = Gesellschaft der Freunde) Aus der Gärung der Englischen Revolution entstandene religiöse Gemeinschaft, zunächst Baptisten und Levellers, begründet von George Fox (ab **1648**): Der Name Quäker geht auf eine ursprünglich polemisch-ironische Bezeichnung ihrer Gegner zurück, als Anspielung auf die ekstatischen Zuckungen der Anhänger bei ihren »Meetings«. Die Quäker lehnten kirchliche Strukturen und Hierarchien, Eid und Kriegsdienst ab. Vor vielfältigen Verfolgungen emigrierten viele, vor allem nach Nordamerika – 1683 gründete der Quäker William Penn Philadelphia. Sein vorübergehender Einfluss auf Jakob II. ermöglichte die Indulgenzerklärung (1688), auch für Nonkonformisten. Viele Quäker erreichten Wohlstand als Kaufleute und (Schokolade-)Fabrikanten (u. a. Fry, Cadbury, Rowntree), waren aktiv im Abolitionismus, in der Förderung von Sozialreformen (u. a. Strafvollzug, Schulbildung, Frauenwahlrecht), für Bürgerrechte in den USA, und setzten sich mit pazifistischem Radikalismus für internationale Abrüstung ein. In und nach dem Ersten Weltkrieg waren sie karitativ tätig – in Belgien, Deutschland, Österreich (»Quäkerspeisung«), Russland in und nach dem Russischen Bürgerkrieg (1918–1923). Nach dem Zweiten Welt-

KRIEG agierten sie in Europa und Japan, wofür sie den FriedensNOBELPREIS erhielten (1947).

Literatur: P. Oestereicher: Die Quäker. Ein Orden in der Gemeinschaft der Christen. Bad Pyrmont 1991; H.-U. Tschirner: Quäker in der Gesellschaft. Philantropen, Revolutionäre oder nur religiöse Phantasten. Bad Pyrmont 1998; A. Davies: The Quakers in English Society, 1655–1725. Oxford u. a. 2000.

Commonwealth and Free State

Offizieller Name für das Staatswesen in England nach der Hinrichtung Karls I. und der Abschaffung der MONARCHIE (**1649**): Cromwell löste das Commonwealth (= engl. für lat.: »res publica« = Republik) and Free State auf und ersetzte es mit dem INSTRUMENT OF GOVERNMENT durch das PROTECTORATE (1653). Nach Scheitern des Prectorate stellte der RUMP es als Zwischenlösung vor der RESTORATION wieder her (1659).

Der Name lebte wieder auf im britischen COMMONWEALTH of Nations, als Nachfolgeorganisation des Britischen Empire.

Literatur: T. Barnard: The English Republic, 1649–1660. London u. a. [2]1997; R. Hutton: The British Republic, 1649–1660. Basingstoke u. a. [2]2000.

House of Lords (dt.: Oberhaus)

Durch Abspaltung des House of COMMONS (Unterhaus) entstandene 2. Kammer, aus geistlichen und weltlichen Magnaten (»Lords Spiritual and Temporal«) im englischen PARLAMENT; allmählich vom Unterhaus zurückgedrängt: Das House of Lords wurde auf dem Höhepunkt der ENGLISCHEN REVOLUTION nach der Hinrichtung Karls I. und Abschaffung der MONARCHIE vom Unterhaus aufgehoben (**1649**), mit der RESTORATION wieder eingesetzt (1660), durch die REFORM BILL (1832) geschwächt. Es ließ die Gesetze für AUTONOMIE (HOME RULE) für Irland scheitern (1893, 1912). Nach Widerstand gegen Sozialreformen und Erbschaftssteuer (PEOPLE'S BUDGET) bewirkte die REFORM DES OBERHAUSES durch Liberale (1911) eine Schwächung des Oberhauses als Hochburg der Konservativen. Die Labour-Regierung reduzierte das suspendierende VETO von zwei Jahren auf ein Jahr (1949) und eliminierte faktisch den HOCHADEL (2001). Das House of Lords ist heute überwiegend nur noch Forum zur Diskussion öffentlicher Fragen, immer noch höchste Berufungsinstanz in Kriminalprozessen, dann nur besetzt von Juristen als Mitgliedern des Hauses.

Literatur: I. W. Jennings/G. A. Ritter: Das britische Regierungssystem. Köln, Opladen [2]1970; P. A. Bromhead: The House of Lords and Contemporary Politics. 1911–1957. London 1958; The House of Lords. London 1994; Lord Longford: A History of the House of Lords. Stroud 1999.

Rebellion von Burford

Meuterei einiger von den LEVELLERS stark beeinflusster Regimenter der NEW MODEL ARMY gegen Cromwell: Die Rebellion von Burford, ausgelöst durch die Weigerung der Soldaten, den IRISCHEN AUFSTAND zu bekämpfen, wurde von anderen Regimentern unterdrückt (**1649**): Mit dem Ende der Levellers war der Höhepunkt der ENGLISCHEN REVOLUTION überschritten.

Literatur: wie zu Levellers.

Massaker von Drogheda

Massaker zu Beginn der Rückeroberung Irlands (**1649**): Nach Einnahme Droghedas richteten die Engländer unter Cromwell ein Massaker unter den Verteidigern und der Zivilbevölkerung an. Flüchtlinge wurden in einer Kirche verbrannt. Das von Cromwell in einem Armeebefehl als Gott wohlgefällige Tat gerühmte Massaker von Drogheda ist in Irland noch heute als Erinnerung mit traumatischer Wirkung lebendig.

Navigationsakte

(engl.: Navigation Act) Gesetze des englischen PARLAMENTS zur Förderung der englischen Schifffahrt (seit 1381): Zur Verdrängung der Holländer aus Zwischenhandel und Trampschifffahrt erlaubte das berühmteste und folgenreichste Gesetz unter Cromwell nach dem Sieg der ENGLISCHEN REVOLUTION (**1651**) den Handelsverkehr nach England sowie zwischen englischen Kolonien und die Küstenschifffahrt nur auf englischen Schiffen; Güter aus Übersee durften auch auf Schiffen der Kolonien mit überwiegend englischer Besatzung transportiert werden, Waren aus Europa und Russland auch auf Schiffen des Ursprungslandes. Als englische Variante des MERKANTILISMUS war die Navigationsakte, ergänzt und präzisiert (1660, 1663, 1673), die Grundlage zum Aufstieg Englands zur führenden Seemacht. Kurzfristige Folge waren drei ENGLISCH-NIEDERLÄNDISCHE SEEKRIEGE (1652–1674). Ihre Aufhebung (1849) leitete zum FREIHANDEL über.

Literatur: L. A. Harper: The English Navigation Laws. New York 1939; R. Davies: The Rise of the English Shipping Industry in the 17th and 18th Centuries. London 1962; Ch. Wilson: England's Apprenticeship 1603–1763. London ^{2}1984.

»Leviathan«

Grundlegendes staatsphilosophisches Werk von Thomas Hobbes (**1651**): Als Reflex der ENGLISCHEN REVOLUTION betonte das Werk auf der Grundlage eines Gesellschaftsvertrags die absolute SOUVERÄNITÄT der Zentralmacht – ausgeübt von einem einzelnen despotischen Herrscher (Monarchen) oder einer Versammlung (PARLAMENT) –, um die im Naturzustand des Menschen sonst übermächtige ANARCHIE zu bändigen. »Leviathan« erschien auch in lateinischer Sprache (1668). Der Titel spielt auf das drachenähnliche Seeungeheuer der Urzeit aus dem Alten Testament an, das seinerseits die Vorstellung von den alten Babyloniern übernahm.

Literatur: F. Tönnies: Thomas Hobbes Leben und Lehre. Neudruck Stuttgart u. a. ^{3}1971; J. W. N. Watkins: Hobbes' System of Ideas. Neudruck Aldershot u. a. 1989; D. P. Gauthier: The Logic of Leviathan. The Moral and Political Rheory of Thomas Hobbes. Neudruck Oxford 2000; R. Voigt (Hg.): Der Leviathan. Baden-Baden 2000.

Englisch-niederländische Seekriege

Drei Seekriege Englands zur Durchsetzung der NAVIGATIONSAKTE (1651) gegen die Niederlande (**1652**–1674):

- 1. Englisch-niederländischer Seekrieg (1652–1654): Noch vor der Kriegserklärung siegte die englische Flotte vor Folkstone über die Niederländer. Nach Seesiegen überwiegend der Engländer (1652/53) erkannten die Niederlande die Navigationsakte an (Frieden von Westminster).
- 2. Englisch-niederländischer Seekrieg (1665–1667): In Übersee hatten die Engländer insgesamt Vorteile zur See (1665). Nach Ausbruch des DEVOLUTIONSKRIEGS (1667) beendete der Frieden von Breda den Krieg (1667). England behielt u. a. (das 1664 eroberte) Neu-Amsterdam (= New York) und verbündete sich mit den Niederlanden gegen Frankreich (1667).
- 3. Englisch-niederländischer Seekrieg (1672–1674): Nach einer Kriegserklärung Englands, im Bündnis mit Frankreich, gab es Siege der Niederländer (1672/73). Die Niederlande schlossen ein Bündnis mit dem Kaiser (1672). Im Frieden von Westminster (1674) blieb der territoriale Status quo erhalten, die Niederlande und England verbündeten sich gegen Frankreich unter Ludwig XIV.

Literatur: Ch. Wilson: Profit and Power. A Study of England and the Dutch Wars. Den Haag u. a. [2]1978; R. Hainsworth/C. Churches: The Anglo-Dutch Naval Wars, 1652–1674. Stroud 1998.

Liberum Veto

Erforderliche Einstimmigkeit für Beschlüsse im polnischen SEJM: Als äußerste Zuspitzung des Prinzips der ADELSherrschaft und -freiheit in der Spätphase der polnischen ADELSREPUBLIK (WAHLMONARCHIE) konnte jeder einzelne Abgeordnete (»Landbote«) mit seinem Einspruch (VETO) eine Gesetzesvorlage zu Fall bringen. Erstmals wurde das Liberum Veto im Zusammenhang mit dem KOSAKENAUFSTAND eingelegt (**1652**). Nach einem Liberum Veto war ein REICHSTAG »zerrissen« (= aufgelöst) – alle Beschlüsse der Session wurden nachträglich für unwirksam erklärt, auf dem Weg zur Adelsanarchie: Bis 1764 waren von 55 Reichstagen 48 »zerrissen« (1700–1720 50 %, 1720–1740 über 60 %, 1740–1760 100 % aller Reichstage); Polen wurde unregierbar. Russland verhinderte durch politisch-militärischen Druck alle polnischen Versuche, das Liberum Veto wieder abzuschaffen (ab 1764). Polen zerfiel in KONFÖDERATIONEN (rivalisierende Adelsparteien), einmündend in einen Bürgerkrieg (1768) und die drei TEILUNGEN POLENS (1772–1795).

Literatur: W. Konopczynski: Liberum veto. Krakau 1918; W. Czaplinski: Dwa sejmy w roku 1652. Warschau 1955.

Veto

(lat.: »ich verbiete«) Einspruchsrecht eines Amtsinhabers oder einer Institution gegen Entscheidungen (Beschlüsse, Gesetze) einer anderen Institution, abgeleitet aus dem Vetorecht (lat.: intercessio= Dazwischentreten, Einschreiten) eines römischen Magistrats gegen seine(n) Kollegen und dem Verbietungsrecht eines höheren gegenüber einem niederen Beamten, vor allem der VOLKSTRIBUNEN:

In der Frühen Neuzeit wurde das Veto erst wieder mit dem LIBERUM VETO im polnischen SEJM (**1652**–1795) bedeutend. Im Verfassungsstaat wurde es später institutionalisiert als Reservats(= Vorbehalts)recht des Staatsoberhaupts, zunächst in der KONSTITUTIONELLEN MONARCHIE gegenüber Beschlüssen des PARLAMENTS oder, im Zweikammersystem, durch eine Kammer (OBERHAUS, SENAT) gegenüber Beschlüssen der anderen (UNTERHAUS, Abgeordnetenkammer) oder beider Kammern untereinander. Zu unterscheiden sind zwei Arten: suspensives (aufschiebendes) und absolutes Veto. In der VERFASSUNG DER USA (1787) erhielt der Präsident ein suspensives Veto gegenüber dem Kongress; in der konstitutionellen Monarchie (z. B. in der 1. Verfassung der FRANZÖSISCHEN REVOLUTION 1791) hatte die Krone meist ein absolutes Veto. In der PARLAMENTARISCHEN MONARCHIE Englands folgte, als Ersatz für das weggefallene Veto der KRONE, das zunächst absolute Veto des HOUSE OF LORDS gegenüber den COMMONS. Die REFORM DES OBERHAUSES (1911) hob das Veto teils völlig auf – gegenüber Finanzvorlagen (»Money Bills«) des Unterhauses – und wandelte es teils in ein suspensives Veto (um 2 Jahre), später auf ein Jahr beschränkt (1949). Im UN-Sicherheitsrat haben die fünf Ständigen Mitglieder (USA, UdSSR/Russland, England, Frankreich, China) ein absolutes Veto (seit 1945).

Literatur: D. C. Müller: Voting by Veto and Majority rule. Berlin 1992; W. Güth, J. Kovács: Why Do People Veto? An Experimental Analysis of the Valuation and the Consequences of Carying Degrees of Veto Power. München 2000.

Instrument of Government

Erste schriftliche Verfassung Englands (**1653**): Im Instrument of Government wurde das COMMONWEALTH AND FREE STATE (seit 1649) aufgelöst, das PROTECTORATE gegründet (1653–1655), mit Cromwell als LORD PROTECTOR. Erstmals entstand eine REALUNION zwischen England, Schottland und Irland (bis 1660).

Literatur: J. R. Tanner: English Constitutional Conflicts of the 17th Century, 1603–1689. Neudruck London 1960; S. R. Gardiner: History of the Commonwealth and Protectorate. Bde. 2 u. 3. London 1897–1901.

Protectorate

Staatsform Englands in der ENGLISCHEN REVOLUTION, nach Auflösung des RUMP und des COMMONWEALTH AND FREE STATE (**1653**): LORD PROTECTOR mit monarchischer Stellung war Oliver Cromwell (1653–1658), gefolgt von seinem Sohn Richard Cromwell (1658/59). Nach der Abdankung Richards schaffte der wieder einberufene Rump das Protectorate ab (1659) und stellte als Zwischenstation zur RESTORATION (1660) das Commonwealth and Free State wieder her.

Literatur: S. R. Gardiner: History of the Commonwealth and Protectorate. 4 Bde., London 1897–1903.

Lord Protector

Offizieller Titel Oliver Cromwells (**1653**–1658) und seines Sohns Richard (1658/59) als Staatsoberhaupt Englands im PROTECTORATE (1653–1659), mit monarchischer Stellung.

Literatur: R. S. Paul: The Lord Protector: Religion and Politics in the Life of Oliver Cromwell. London 1955.

Rezess

(lat.: Rückschritt) Allgemein: Im älteren deutschen Staatsrecht Terminus technicus für Beschlüsse offizieller Gremien vor ihrem Auseinandergehen, z. B. der Hansetage des REICHSTAGS sowie von STÄNDEN (auch: Abschied; noch heute werden in deutschen PALRAMENTEN Beschlüsse »verabschiedet«); speziell: Rezess der LANDSTÄNDE Brandenburgs (**1653**): Als Kompromiss zwischen KRONE (Kurfürst) und ADEL erhielt der Landadel PRIVILEGIEN (STEUERfreiheit, GUTSHERRSCHAFT über in ZWEITE LEIBEIGENSCHAFT absinkende Bauern), gegen pauschale Besteuerung durch die Krone – ohne weitere Zustimmung der Stände – zur Finanzierung eines stehenden Heeres: So begann die ABSOLUTE MONARCHIE in Brandenburg (später Preußen).

Dynastie Pfalz-Zweibrücken

Schwedische Königsdynastie (**1654**–1720): Nach Abdankung der Königin Christine (1654) begründete Karl X. Gustav (1654–1660) die DYNASTIE aus der Zweibrücken-Linie der Pfälzer WITTELSBACHER. Karl X. führte den SCHWEDISCH-POLNISCHEN KRIEG (1655–1660). Karl XI. (1660–1697) verlor als Verbündeter Frankreichs gegen Brandenburg bei Fehrbellin (1675). Karl XII. (1697–1718) verlor im NORDISCHEN KRIEG (1700–1721) Schwedens Position als Großmacht.

Literatur: I. G. Lehmann: Vollständige Geschichte des Herzogtums Zweibrücken und seiner Fürsten. München 1867; A. Kaul: Zweibrücken. Zweibrücken 1983.

Ausschließungsgesetz

(niederl.: Akte van Seclusie) Beschluss der STÄNDE der Niederlande, die ORANIER (mit STUARTS verheiratet) auf immer von Statthalterschaft und militärischem Oberbefehl zu Lande und zu Wasser auszuschließen (**1654**): Das nach dem Frieden von Westminster zur Beendigung des 1. ENGLISCH-NIEDERLÄNDISCHEN SEEKRIEGS (1654) beschlossene Ausschließungsgesetz wurde nach der RESTORATION der Stuarts in England wieder aufgehoben (1660).

Schwedisch-polnischer Krieg (1. Nordischer Krieg)

Krieg Schwedens gegen Polen (**1655**–1660), mit wechselnder Intervention Brandenburgs und Moskaus: Schweden eroberte Polen weitgehend, bis auf das Kloster Tschenstochau (1655). Schweden und Brandenburger siegten bei Warschau über Polen (1656). Nach wechselvollen Kämpfen, auch Schwedens gegen Dänemark (1658), endete der Krieg mit dem FRIEDEN VON OLIVA (1660): Die Schwächung Polens eröffnete seinen Abstieg zum Machtvakuum, bis zu den TEILUNGEN POLENS (1772–1795).

Literatur: E. Opitz: Österreich und Brandenburg im schwedisch-polnischen Krieg. Boppard 1969; R. I. Frost: After the Deluge. Poland-Lithuania and the Second Northern War 1655–1660. Cambridge u. a. 1993; R. I. Frost: The Northern Wars. Harlow u. a. 2000.

»Oceana« (»The Commonwealth of Oceana«)

Staatspolitische Schrift von James Harrington, in London erschienen (**1656**), mit einer verschlüsselten Analyse der historischen Entwicklung in »Oceana« (= England) bis zur ENGLISCHEN REVOLUTION, eingebettet in weite historische Zusammenhänge – von der antiken BÜROKRATIE und der Zentralisierung im Römischen Reich (»Roman Balance«) über den FEUDALISMUS (»Gothic Balance«) bis zur jüngsten Umwälzung in der Verteilung des Grundbesitzes durch das Übergewicht des »Volks« (»people« = GENTRY und Bürgertum): Die erste strukturgeschichtliche Analyse in Europa mündete ein in Vorschläge für eine REPUBLIK.

Literatur: E. Voegelin (Hg.): Zwischen Revolution und Restauration. Politisches Denken in England im 17. Jahrhundert. München 1968; S. Etzold: A Commonwealth Made at Once. Der Gedanke der Gründung in James Harringtons »Oceana«. Köln 1987; A. Riklin: Die Republik von James Harrington 1656. Bern 1999.

Rheinbund

Regionalbündnisse zwischen Territorien des Reichs unter Frankreichs PROTEKTORAT zur Förderung seiner machtpolitischen Interessen auf Kosten der deutschen Zentralgewalt (**1658**–1668, 1806–1813):

- (1.) Rheinbund (frz.: Alliance du Rhin, 1658–1668): Die KURFÜRSTEN von Mainz, Trier, Köln, Pfalz, die Herzöge von Bayern, Jülich, Kleve und Berg, Braunschweig-Lüneburg, der schwedische König als Herzog von Bremen-Verden, der Landgraf von Hessen, Frankreich, später auch der Bischof von Münster (1660), die Herzöge von Württemberg, Zweibrücken und der Kurfürst von Brandenburg schlossen ein Bündnis in Frankfurt am Main zur Sicherung des WESTFÄLISCHEN FRIEDENS; gegenseitige Waffenhilfe wurde zugesagt, jedoch nicht bei einem Krieg Frankreichs gegen das Reich. Der 1. Rheinbund wurde im DEVOLUTIONSKRIEG (1667/68) wieder aufgelöst (1668).
- (2.) RHEINBUND (frz.: Confédération du Rhin, 1806–1813).

Literatur: E. Joachim: Die Entwicklung des Rheinbunds Leipzig 1886; R. Schnur: Der Rheinbund von 1658, in: Rheinisches Archiv 47/1955.

Pyrenäenfriede

Frieden zur Beendigung des Kriegs zwischen Spanien und Frankreich (1635–1659): Der Krieg, begonnen als Teil des DREISSIGJÄHRIGEN KRIEGS (1635) und bilateral fortgeführt nach zahlreichen militärischen

Erfolgen Frankreichs nach dem WESTFÄLISCHEN FRIEDEN (1648), endete mit dem Pyrenäenfrieden (**1659**). Fortan bildete der Pyrenäenkamm die Grenze zwischen Frankreich und Spanien. Spanien verlor Territorien an Frankreich – das Roussillon und Cerdaña nördlich der Pyrenäen, Teile des Artois, des Hennegau (Hainault), Flanderns und Luxemburgs. Frankreich setzte die Herzöge von Lothringen, Savoyen und Modena wieder ein. Ludwig XIV. heiratete die spanische Königstochter Maria Theresia, aber unter Verzicht auf die Thronfolge in Spanien nach Erlöschen der spanischen HABSBURGER. Spaniens HEGEMONIE war gebrochen, Frankreichs Aufstieg zur führenden Macht in Europa begann. Der Erbanspruch der BOURBONEN auf Spanien (1700) provozierte den SPANISCHEN ERBFOLGEKRIEG (1701–1713/14).

Deklaration von Breda

Nach Auflösung des LONG PARLIAMENT und langwierigen Verhandlungen Grundsatzerklärung Karls II. aus dem holländischen Exil in Breda (**1660**): Die Deklaration von Breda versprach AMNESTIE, religiöse TOLERANZ für NONKONFORMISTEN, Verzicht auf einschneidende Veränderungen der Besitzverhältnisse. Das Convention Parliament in Westminster sprach daraufhin die Einladung an Karl II. zur Rückkehr nach England als König aus, als Auftakt zur RESTORATION.

Restauration (engl.: Restoration)

Allgemein: Wiederherstellung eines früheren Zustands; hier speziell: Jeweils nach ENGLISCHER REVOLUTION (1640–1660) und FRANZÖSISCHER REVOLUTION (1789–1814/15) modifizierte Wiederherstellung der MONARCHIE, aber nicht mehr als ABSOLUTE MONARCHIE, sondern als KONSTITUTIONELLE MONARCHIE bei Wahrung der durch die Revolution entstandenen (1789 ff.) neuen oder bestätigten politisch-sozialen Verhältnisse – z. B. in England der Landverteilung seit der REFORMATION (SÄKULARISATION DER KLÖSTER, 1536).:

a) Restoration in England (**1660**): Nach Scheitern des COMMONWEALTH (1649–1653, 1659/60) und PROTECTORATE (1653–1659) ermöglichte die DEKLARATION VON BREDA die Rückkehr Karls II. auf Einladung des Convention Parliament. Beschlossen wurden die Wiedereinführung der (nun konsitutionellen) Monarchie, der ANGLIKANISCHEN KIRCHE mit Bischöfen und des Oberhauses, eine AMNESTIE (nicht für »Königsmörder« = Abgeordnete des LONG PARLIAMENT, die für die Hinrichtung von Karl I. gestimmt hatten, 1649). Die zugesagte TOLERANZ für NONKONFORMISTEN löste das CAVALIERS' PARLIAMENT nicht ein.

Auch: »Restoration« = Periode der englischen Geschichte, auch für Literatur (»Restoration Drama«), Malerei, Architektur.

b) RESTAURATION in Frankreich (1814/15).

»Restauration« ist auch ein politischer Kampfbegriff, meist ohne die politisch-soziale Präzision wie bei den genannten historischen Prozessen. Der Begriff war in der BUNDESREPUBLIK z. B. für diffuse Linke (u. a.

»Frankfurter Hefte«) ein polemisches Schlagwort für die Entwicklung seit der WÄHRUNGSREFORM (1948).

Literatur: Allgemein: R. Kann: Die Restauration als Phänomen in der Geschichte. Graz 1974; a) D. Ogg: England in the Reign of Charles II. 2 Bde., London 1955; W. L. Sachse: Restoration England 1660–1689. London 1971; A. Houston/S. Pincus (Hg.): A Nation Transformed. England After the Restoration. New York 2001.

Konstitutionelle Monarchie

Variante der MONARCHIE, wichtig für die Neuere Geschichte Europas, zwischen ABSOLUTER und PARLAMENTARISCHER MONARCHIE: Im Unterschied zur ständischen Monarchie, in der STÄNDE bzw. GENERALSTÄNDE die Macht der KRONE punktuell einschränkten (STEUERN, Finanzen), wird bei der konstitutionellen Monarchie die Macht der Krone systematisch eingeschränkt durch das PARLAMENT, auf Basis einer (meist schriftlichen) Verfassung – daher auch »Konstitutionalismus«. Es herrscht ungefähres Gleichgewicht zwischen Krone und Parlament, später aufgelöst zur parlamentarischen Monarchie auf Grundlage der VOLKSSOUVERÄNITÄT bzw. faktischen SOUVERÄNITÄT des Parlaments – zuerst in England, seit der GLORIOUS REVOLUTION (1688/89).

Die konstitutionelle Monarchie wurde erstmals in England nach der ENGLISCHEN REVOLUTION (1640–1660) mit der RESTORATION (**1660**) errichtet. Spätere Beispiele: Polen mit der VERFASSUNG VOM 3. MAI (1791–1795); Frankreich zu Beginn der FRANZÖSISCHEN REVOLUTION mit der 1. FRANZÖSISCHEN VERFASSUNG (1791/92), mit der CHARTE CONSTITUTIONNELLE in der Restauration (1814/15–1830), in der Julimonarchie (1830–1848), in der Endphase des II. EMPIRE (»Empire Libéral«, 1869/70); im DEUTSCHEN BUND mit der Restauration seit dem WIENER KONGRESS (1814/15) in zahlreichen Einzelländern, mehr oder weniger eingeschränkt zugunsten der Krone, vor allem in Baden (1818), Württemberg und Bayern (1819); auch in anderen europäischen Ländern im Übergang zur PARLAMENTARISCHEN MONARCHIE bzw. REPUBLIK; mit erheblichen Einschränkungen in den Verfassungen des NORDDEUTSCHEN BUNDES (1867–1871) und 2. DEUTSCHEN KAISERREICHS (1871–1918); noch stärker eingeschränkt in Russland seit der 1. RUSSISCHEN REVOLUTION (1906–1917).

Literatur: O. Hintze: Das monarchische Prinzip und die konstitutionelle Verfassung, in: ders.: Staat und Verfassung. Leipzig 1941; V. Bogdanor: The Monarchy and the Constitution. Oxford u. a. 1997; G. Antonetti: La monarchie constitutionnelle. Paris 1998.

Lordkanzler

(engl.: Lord High Chancellor) Leitender Minister im mittelalterlichen und frühneuzeitlichen England, mit meist juristischen Aufgaben, auch Präsident des HOUSE OF LORDS. Zu Beginn der RESTORATION war Edward Hyde (Earl of Clarendon) unter Karl II. Lordkanzler (**1660**–1667).

Literatur: R. Stevens: The Independence of the Judiciary. The View From the Lord Chancellor's Office. Oxford 1997; D. Woodhouse: The Office of Lord Chancellor. Oxford u. a. 2001.

Royal Society ▪

(Royal Society of London for Improving Natural Knowledge) Wissenschaftliche Vereinigung in England, in London gegründet (**1660**): Der Royal Society gehörten zunächst nur Naturwissenschaftler an, die mit der RESTORATION (1660) ihre akademischen Positionen an den UNIVERSITÄTEN Oxford und Cambridge verloren hatten, da die modernen Naturwissenschaften damals noch Oppositionswissenschaften gegen die herrschende SCHOLASTIK waren. Ihr Tagungsort war zunächst das Gresham College (bis 1666). Die Royal Society erhielt eine königliche Charta (1662, 1663, 1669) und erweiterte ihre PRIVILEGIEN mit der Funktion als AKADEMIE der Wissenschaften (1663). Sie gab »Philosophical Transactions« heraus (1665). Isaac Newton wurde Mitglied (1672) und Präsident (1703–1727) der Gesellschaft, die die Entwicklung der Naturwissenschaften in England vorantrieb. Jonathan Swift parodierte sie in »Gulliver's Travels«.

Literatur: E. N. da Costa Andrade: A Brief History of the Royal Society. London 1960; M. Purver: The Royal Society. Concept and Creation. London 1967; Thomson's history of the Royal Society. From Its institution to the End of the Eighteenth Century. Bristol 2001.

Friede von Oliva ▪

Friedensschluss zur Beendigung des SCHWEDISCH-POLNISCHEN KRIEGS (seit 1655) im Zisterzienserkloster Oliva bei (heute: in) Danzig (**1660**): Der polnische König (DYNASTIE WASA) verzichtete auf Ansprüche auf den schwedischen Thron, auf Livland und Estland. Er erkannte die SOUVERÄNITÄT Brandenburgs über das HERZOGTUM PREUSSEN an – Auftakt zum Aufstieg Brandenburg-Preußens zu Lasten Polens.

Merkantilismus ▪

(lat.: mercari = Handel treiben) Wirtschaftssystem im frühneuzeitlichen Europa (ca. 16.–18. Jh.), parallel zur ABSOLUTEN MONARCHIE, mit Varianten in England (NAVIGATIONSAKTE, 1651) und den Niederlanden: Der Merkantilismus betrieb systematische staatliche Wirtschaftsförderung und -lenkung zur Stärkung der militärischen Macht. Gewerbliche Produktion (u. a. Manufakturen), staatliche und private MONOPOLE, Binnen- und Außenhandel, Kolonial- und Überseehandel standen unter Kontrolle des STAATS. Der Merkantilismus verfolgte den Ausbau von Verkehrswegen (Straßen, Kanälen), Förderung von Tendenzen zu einheitlichen Binnenmärkten durch Abschaffung von Binnenzöllen, Vereinheitlichung von MÜNZEN, Maßen und Gewichten (auf dem Kontinent meist unvollkommen), die Hebung der Bevölkerungszahl (»Peuplierung«) u. a. durch Erschließung weiter Gebiete für die Landwirtschaft. Ökonomisches Ziel war u. a. der Import von GOLD und Edelmetallen, verknüpft mit dem Verbot, Edelmetalle auszuführen. Die Förderung des Exports gewerblicher Produkte bei gleichzeitiger restriktiver Importpolitik sollte zur aktiven Handelsbilanz und wachsenden Geldreserven (Schatzbildung) beitragen.

In England begleitete den Merkantilismus nur ein lockerer Rahmen staatlicher Aktivitäten (Navigationsakte, Monopolhandelsgesellschaften), auf dem Kontinent war er straffer von der Zentrale gelenkt und beaufsichtigt, am schärfsten in Russland. In Frankreich erzielte Colbert, Finanz- und Wirtschaftsminister Ludwigs XIV. (**1661**–1683), einen relativ hohen Grad der Vereinheitlichung, was in Deutschland und Italien tendenziell nur auf territorialstaatlicher Ebene gelang. Seit dem Übergang zur INDUSTRIELLEN REVOLUTION lösten FREIHANDEL und LIBERALISMUS den Merkantilismus allmählich ab. 1860 vereinbarten England und Frankreich im COBDEN-VERTRAG faktisch Freihandel. Der spätere Schutzzoll des Protektionismus gilt oft auch als Neo-Merkantilismus.

Literatur: L. Magnusson: Mercantilism. The Shaping of an Economic Language. London u. a. 1994; ders. (Hg.): Mercantilism. London u. a. 1995; R. Gömmel: Die Entwicklung der Wirtschaft im Zeitalter des Merkantilismus 1620–1800. München 1998; I. Wallerstein: Der Merkantilismus. Europa zwischen 1600 und 1750. Wien 1998; H. Reinermann/C. Roßkopf: Merkantilismus und Globalisierung. Baden-Baden 2000.

Compagnie des Indes occidentales

Französische Westindienkompagnie, gegründet von Colbert (**1661**–1683), als Chartergesellschaft zur Organisation des französischen Anteils am TRANSATLANTISCHEN SKLAVENHANDEL (1664): Die Kompagnie beanspruchte das MONOPOL für den Handel mit Amerika und der westafrikanischen Küste von Kap Verde bis zum Kap der Guten Hoffnung. Sie wurde nach schweren Verlusten durch Kriege aufgelöst, ihre Stützpunkte wurden der KRONE direkt unterstellt (1674).

Cavaliers' Parliament

Nach dem LONG PARLIAMENT (1640–1660) am längsten tagendes PARLAMENT in England (**1661**–1679): Das Cavaliers' Parliament, nach der RESTORATION (1660) royalistisch, von CAVALIERS beherrscht, erließ im Act of Uniformity (1663) eine neue Fassung des COMMON PRAYER BOOK: Die PRESBYTERIANER in England wurden zerschlagen. Das Parlament tagte wegen der PEST in Oxford (1665). Es wurde vertagt (1671–1673) und erließ den TEST ACT (1673). Karl II. löste das Cavaliers' Parliament auf (1679), um der Verabschiedung der EXCLUSION BILL zuvorzukommen.

Company of Royal Adventurers of England Trading into Africa

Königliche Chartergesellschaft in England für den SKLAVENHANDEL mit Afrika: Die Company, als AKTIENGESELLSCHAFT gegründet (1660) – u. a. mit Karl II., dem Duke of York (später König Jakob II.) –, besaß das MONOPOL für den Handel zwischen der Straße von Gibraltar und dem Kap der Guten Hoffnung und erhielt eine königliche Charter (**1663**). Sie richtete Forts und Stützpunkte an der Goldküste ein, mit Cape Coast als Verwaltungszentrum in Afrika. Die Lieferung von 3000 SKLAVEN pro

Jahr zu den Westindischen Inseln stieß auf Opposition der Niederländer und provozierte einen Kolonialkrieg in Afrika und Amerika (1664), der im 2. ENGLISCH-NIEDERLÄNDISCHEN SEEKRIEG gipfelte (1665–1667). Die durch den Krieg ruinierte Gesellschaft wurde aufgelöst; ihre Nachfolgerin war die ROYAL AFRICAN COMPANY (1672).

Literatur: G. F. Zook: The Company of Royal Adventurers Trading into Africa. Lancaster (Pa.) 1919.

Aktiengesellschaft

(engl.: Joint Stock Company, frz: Société anonyme) Unternehmensform: Bei der Aktiengesellschaft bringt eine Gesellschaft von Personen Kapital auf, aufgeteilt in Anteile (engl.: »shares« = Aktien), in Westeuropa nach 1600: Die COMPANY OF ROYAL ADVENTURERS OF ENGLAND TRADING INTO AFRICA (**1663**–1672) wurde als Aktiengesellschaft gegründet. Mit der INDUSTRIELLEN REVOLUTION weitete sich das Prinzip der Aktiengesellschaft aus, als typische Organisationsformen zur Mobilisierung von Kapital für industrielle Projekte.

Literatur: W. R. Scott: The Constitution and Finance of English, Scottish and Irish Joint Stock Companies to 1720. 3 Bde., Cambridge 1910–1912; R. Reuschenbach: Die Geschichte der deutschen Aktiengesellschaften. o. O. 1982.

Guinea

Englische GoldMÜNZE, geprägt aus westafrikanischem GOLD von der Goldküste (Guinea; **1663**–1816): Die Guinea war 1 £ wert, wurde wegen des hohen Feingehalts des westafrikanischen Golds aber zu 21 SCHILLINGEN (statt der sonst üblichen 20) berechnet. Bis zum Dezimalsystem in England (1971) war sie übliche Verrechnungseinheit für Honorare der freien Berufe und Preise gehobener Konsumartikel.

Ewiger Reichstag (Immerwährender Reichstag)

Im Gegensatz zu den vom KAISER in Übereinstimmung mit den KURFÜRSTEN einberufenen REICHSTAGEN in wechselnden Reichsstädten ständig tagender Reichstag in Regensburg (**1663**–1806): Der Ewige Reichstag trat als permanenter Gesandtenkongress der deutschen Reichsstände zusammen. Wegen der PEST wurde er nach Augsburg (1713), im ÖSTERREICHISCHEN ERBFOLGEKRIEG nach Frankfurt am Main (1742–1745) verlegt. Der Ewige Reichstag verabschiedete den REICHSDEPUTATIONSHAUPTSCHLUSS (1803) und wurde mit dem Untergang des Reichs aufgelöst (1806). Seine modifizierte Fortsetzung fand er im Bundestag des DEUTSCHEN BUNDS in Frankfurt am Main (1815–1866). Die UN-Volksversammlung (seit 1945) folgt demselben Prinzip.

Literatur: W. Fürnrohr: Der immerwährende Reichstag zu Regensburg. Regensburg, Kallmünz ^{2}1987; A. Schindling: Die Anfänge des immerwährenden Reichstags zu Regensburg. Mainz 1991; K. Härter. Reichstag und Revolution 1789–1806. Die Auseinandersetzung des immerwährenden Reichstags zu Regensburg mit den Auswirkungen der Französischen Revolution auf das Alte Reich. Göttingen 1992; Akten der Prinzipalkommission des Immerwährenden Reichstages zu Regensburg, 1663 bis 1806. München u. a. 1993.

Alawiten

(Alouiten) DYNASTIE von SULTANEN in Marokko (seit **1666**): Die von Mulai Raschid (1666–1672) begründete Dynastie geriet nach inneren Konflikten unter französisches PROTEKTORAT (1912–1956). Mohammed V. (1927–1961) erreichte für Marokko die Unabhängigkeit (1956) und wandelte das Sultanat in ein Königreich um (1957). Seine Nachfolger waren Hassan II. (1961–1999) und Mohammed VI. (seit 1999).

Auch: Schismatische Abspaltung vom ISLAM, vor allem in Syrien.

Literatur: B. A. Mojuetan: The Rise of the Alawi Dynasty in Marocco, 1631–1672. Diss. London 1969; J. Brignon u. a.: Histoire du Maroc. Paris, Casablanca 1967.

Kabbalah

(Kabbala, hebr.: »Überlieferung«) Mystische Strömung im JUDENTUM in Mittelalter und Neuzeit: In der Kabbalah fließen das neuplatonische und jüdisch-religiöse Weltbild zusammen. Hauptthemen sind die Schöpfungsgeschichte, die unendliche Gottheit (hebr.: En Sof) im absoluten Jenseits sowie ihre Wirkungskräfte (zehn Sefirot), die in die Welt emanieren. Sie sind Urbilder des Weltinhalts, damit auch des Schicksals des Volkes Israel und der jüdischen Gesetzgebung, deren Befolgung eine Begegnung mit dem inneren Wesen des En Sof ist. Für die Kabbalah ist En Sof in der Heiligen Schrift, deren tieferer Sinn sich über den Zahlenwert der hebräischen Buchstaben erschlösse, Erkenntnis über das göttliche Geheimnis. Ferner charakterisiert die Kabbalah ein dualistisches System der Engel- und Dämonenlehre, Magie und Gegenmagie als Objekt der praktischen Kabbalah, die durch die Legende des Golem, eines durch kabbalistische Formeln geschaffenen Menschen, berühmt wurde.

Das kabbalistische Grundsystem begann in Südfrankreich (12. Jh.) und wurde in Spanien zur Geheimlehre weiterentwickelt im Buch »Sohar« von Mosche ben Schemtov de Leon († 1305). Seit dem Spätmittelalter und der Neuzeit, besonders nach Vertreibung der Juden aus Spanien (1492), kamen auch Messiaserwartungen in die Kabbalah-Lehre, popularisiert durch Isaac Luria (* 1534, † 1572). So wurde die Kabbalah zum Inhalt der pseudomessianischen Bewegung des Sabbatai Zwi (um **1666**), dessen Scheitern als »falscher Messias« der Kabbalah einen Ruf von KETZEREI brachte. Im Osteuropa des 18. Jahrhunderts bildete die Kabbalah das Grundgerüst der chassidischen Lehre (CHASSIDISMUS), die sich gegenüber dem herrschenden Rabbinismus zunächst als progressiv, insgesamt aber als streng konservativ erwies. Seit der RENAISSANCE beeinflusste die Kabbalah auch christliche Denker (vor allem Johannes Reuchlin); als (vermeintliche) Geheimlehre wurde sie seit der Aufklärung von Gegenrevolutionären zur Bildung von Verschwörungstheorien missbraucht (z. B. FREIMAURER-Mythos). Erst mit der Erforschung der Geschichte und Lehre der Kabbalah durch Gershom Scholem (* 1897, † 1982) erhielt die Kabbalah positive Deutung. [M. M.-F.]

Literatur: G. Scholem: Von der mystischen Gestalt der Gottheit. Studien zu Grundbegriffen der Kabbala. Frankfurt/Main 1973; M. Idel: Abraham Abulafia und die mystische Erfahrung. Frankfurt/Main1994.

Devolutionskrieg

Erster Eroberungskrieg Frankreichs unter Ludwig XIV. zur Unterwerfung der SPANISCHEN NIEDERLANDE (**1667/68**), benannt nach dem Devolutionsrecht (brabantisches Privatrecht, das Kindern aus erster Ehe den Vorzug vor Kindern aus späteren Ehen gab): Ludwig XIV. forderte die Abtretung der Spanischen Niederlande, da die verspätete Auszahlung der Mitgift für seine Heirat mit der Infantin Maria Theresia aufgrund des PYRENÄENFRIEDENS (1659) den ursprünglichen Verzicht auf die französische Erbfolge hinfällig gemacht habe (1665). Frankreich eroberte Flandern und Hennegau. Der KAISER blieb neutral (1668); England und die Niederlande schlossen ein Bündnis gegen Frankreich (1667), um Schweden erweitert zur TRIPELALLIANZ (1668), die über Frankreich siegte. Im FRIEDEN VON AACHEN (1668) erhielt Frankreich zwölf Festungen in Flandern und im Hennegau.

Literatur: J. de Stuers: Étude historique sur les droits successoraux de la reine Marie-Thérèse de France. Genf 1949.

Cabal-Ministerium

Regierung in England nach dem Sturz Edward Hydes als LORDKANZLER (**1667**–1673), benannt nach den Anfangsbuchstaben der fünf Minister – Clifford, Arlington, Buckingham, Ashley und Lauderdale.

Seitdem übertragen auch: »Kabale« = Intrigen.

Literatur: M. Lee, Jr.: The Cabal. Urbana (Ill.) 1965.

Tripelallianz

Bündnis zwischen England und den Niederlanden (1667), erweitert durch Beitritt des (seit 1630 mit Frankreich verbündeten) Schweden zur Unterstützung Spaniens gegen Frankreichs Expansion im DEVOLUTIONSKRIEG (**1668**): Nach dem FRIEDEN VON AACHEN (1668) sprengte der Geheimvertrag von Dover zwischen Frankreich und England die Tripelallianz.

Ewiges Edikt

Verfügung, die ORANIER auf alle Zeiten vom Amt des Generalstatthalters der Niederlande auszuschließen (**1668**): Das Ewige Edikt hielt nur bis zum Einfall Frankreichs unter Ludwig XIV. im HOLLÄNDISCHEN KRIEG (1672).

Literatur: G. Parker: Der Aufstand der Niederlande. München 1980.

Bambara

Volk in Westafrika: Die Bambara beteiligten sich an der Zerschlagung des MALI-REICHS (nach 1500) und zerstörten seinen letzten Rest (**1670**).

Literatur: E. Beuchelt: Kulturwandel bei den Bambara. Bonn 1962.

Hofjuden

Übliche Bezeichnung für wohlhabende Juden an den Höfen der deutschen absolutistischen Fürsten, die der KRONE, unter Umgehung der meist formal weiter existierenden STÄNDE, Geldmittel durch Anleihen verschafften: Der Sache nach übten Juden diese Funktion von alters her auch in orientalischen Großstaaten, im Mittelalter auf der Iberischen Halbinsel (bis 1391), in England (bis 1290) und in Frankreich (bis 1394) aus. Kurfürst Friedrich Wilhelm lud fünfzig aus Wien ausgewiesene wohlhabende Juden nach Brandenburg ein (**1671**). Zuletzt waren Hofjuden in Preußen, vertreten durch den Bankier Gerson Bleichröder (mit Vermittlung der deutschen Rothschilds), für Bismarck in der Zeit der REICHSGRÜNDUNG tätig.

Literatur: Die Hoffinanz und der moderne Staat. 6 Tle. Berlin 1953–1967; S. Stern: The Court Jew. A Contribution to the History of Absolutism in Europe. Neudruck New Brunswick (N. J.) 1985; K. Schubert (Hg.): Die österreichischen Hofjuden und ihre Zeit. Eisenstadt 1991.

Holländischer Krieg

2. Eroberungskrieg Frankreichs unter Ludwig XIV. (**1672**–1678), verknüpft mit dem 3. ENGLISCH-NIEDERLÄNDISCHEN SEEKRIEG (1672–1674): Bayern, Kurköln und Münster (bis 1674) unterstützten die Invasion Frankreichs in den Niederlanden, für die zunächst nur Brandenburg eintrat (1672/73, 1674/75). Nach Anfangserfolgen der Franzosen wurde Ratspensionär Johan de Witt gestürzt und gelyncht, Wilhelm III. von Oranien wurde STATTHALTER in fünf von sieben Provinzen und Oberbefehlshaber (1672). Zur Rettung der Städte, vor allem Amsterdams, durchstachen die Niederländer selbst die Deiche, das flache Land wurde überschwemmt (»Holland in Not!«). Der KAISER, Brandenburg und die Niederlande schlossen eine Allianz gegen Frankreich (1672), der sich Spanien, Dänemark, Lothringen, Sachsen, Kurtrier (1673) sowie England (1674) anschlossen. Die Brandenburger schlugen einen Einfall Schwedens in Brandenburg bei Fehrbellin zurück (1675). Die wechselvollen Kämpfe zu Lande und zur See endeten mit dem FRIEDEN VON NIMWEGEN (1678).

Literatur: P. Sonnino: Louis XIV. And the Origins of the Dutch War. Cambridge u. a. 1988.

Royal African Company

Englische Nachfolgeorganisation der COMPANY OF ROYAL ADVENTURERS OF ENGLAND TRADING INTO AFRICA (**1672**–1752): Die Royal African Company, mit noch stärkerer staatlicher Beteiligung als ihre Vorgängerin, behielt den Schwerpunkt im Küstenfort Cape Castle an der Goldküste. Sie erhielt das MONOPOL für den SKLAVENHANDEL, für den gegen eine Gebühr von 10 % der FREIHANDEL eingeführt wurde (1698, völlig frei 1712). Die Company erhielt den ASIENTO (1713), formal als Unterlieferant für die SOUTH SEA COMPANY. Nach Verlusten wurde sie aufgelöst (1752).

Literatur: K. G. Davies: The Royal African Company. Neudruck London 1999.

Test Act

(dt.: Testakte) Gesetz des englischen PARLAMENTS (**1673**) gegen die Katholisierungspolitik Karls II.: Nur Mitglieder der ANGLIKANISCHEN KIRCHE durften unter Leistung des Suprematseids und Verwerfung der Transsubstantiationslehre Staatsämter bekleiden. Das Gesetz diente als Waffe gegen Katholiken und NONKONFORMISTEN und zwang den Duke of York (später Jakob II.) zum Rücktritt als Lord High Admiral (1673). Das Gesetz wurde im Zuge der politischen Reformen abgeschafft – für Nonkonformisten 1828, für Katholiken 1829 (KATHOLIKENEMANZIPATION). JUDEN blieben bis 1858 aus dem Parlament ausgeschlossen.

Literatur: A. Browning (Hg.): English Historical Documents. Bd. 8. London 1953.

Friede von Nimwegen

Insgesamt neun getrennte Friedensverträge Frankreichs mit einzelnen ALLIIERTEN (**1678/79**), ausgehandelt auf dem Friedenskongress in Nimwegen zur Beendigung des HOLLÄNDISCHEN KRIEGS (1672–1678): Im Frieden von Nimwegen blieb ungefähr der Status quo erhalten, aber mit territorialen Gewinnen für Frankreich (Franche-Comté, 15 Grenzfestungen im Nordosten, Freiburg im Breisgau) und Brandenburg (Vorpommern). Der Friedensschluss begründete die kurzfristige HEGEMONIE Frankreichs unter Ludwig XIV. in Europa.

Literatur: P. O. Höynck: Frankreich und seine Gegner auf dem Nimwegener Friedenskongreß. Bonn 1960.

Habeas Corpus Act

Gesetz des englischen PARLAMENTS, benannt nach der traditionellen Anfangsformel von Haftbefehlen (lat.: »habeas corpus« = du habest den Körper), zum Schutz der Freiheit der Person gegen willkürliche Verhaftungen (**1679**): Der Habeas Corpus Act, nach dem niemand ohne richterliche Anordnung verhaftet oder in Haft gehalten werden darf, ist ein Staatsgrundgesetz Englands, wie die MAGNA CHARTA (1215) und die BILL OF RIGHTS (1689). Er ist die erste gesetzliche Fixierung bürgerlicher Grundrechte und nur in Ausnahmesituationen (z. B. Krieg) vorübergehend außer Kraft zu setzen.

Literatur: R. J. Sharpe: The Law of Habeas Corpus. Oxford ^{2}1989; D. Clark, G. McCoy: The Most Fundamental Legal Right. Habeas Corpus in the Commonwealth. Oxford u. a. 2000.

Exclusion Bill

Gesetzesantrag im englischen PARLAMENT zum Ausschluss des katholischen Duke of York (später Jakob II.) von der Thronfolge (**1679**): Die zweimalige Auflösung des Parlaments brachte die Exclusion Bill zu Fall, löste eine schwere politische Krise in England aus und begründete die Anfänge von WHIGS und TORIES.

Literatur: J. R. Jones: The First Whigs: the Politics of the Exclusion Crisis 1678–1683. London 1961.

Whigs

Parteiähnliche Gruppe im englischen PARLAMENT: »Whigs«, ursprünglich Name für Viehdiebe, wurde in der ENGLISCHEN REVOLUTION (1640–1660) polemisch übertragen auf schottische PRESBYTERIANER, später auf die Opposition gegen die katholische Thronfolge Jakobs II. in der Exclusion-Krise (**1679**): Whigs unterstützten, im Gegensatz zu TORIES, die GLORIOUS REVOLUTION (1688/89) und die protestantische Thronfolge des Hauses Hannover (1714); sie waren lange führend in der Regierung (1714–1756). Zunächst Repräsentanten der ARISTOKRATIE, später eher der NONKONFORMISTEN und des aufsteigenden Industriebürgertums, traten sie für gesellschaftliche Reformen ein. Seit der FRANZÖSISCHEN REVOLUTION (1789) spaltete sich ein konservativer Flügel um Burke ab. Der liberale Flügel kam unter dem Eindruck der französischen JULIREVOLUTION an die Macht (1830), setzte die REFORM BILL (1832) und die Umwandlung in die LIBERALE PARTEI durch. Wichtig für die Geschichtsschreibung ist die »Whig Interpretation« der englischen Geschichte.

Auch: Partei in den USA (1834–1856), die über die SKLAVENfrage zerfiel. Sie ging im Süden in der DEMOKRATISCHEN PARTEI, im Norden in der REPUBLIKANISCHEN PARTEI auf.

Literatur: F. O'Gorman: The Whig Party and the French Revolution. London 1967; A. Mitchell: The Whigs in Opposition, 1815–1830. New York 1967; B. Williams: The Whig Supremacy, 1714–1760. Oxford [2]1982; N. Rogers: Whigs and Cities. Popular Politics in the Age of Walpole and Pitt. Neudruck Oxford 2000.

Tories

(ir.: toraidhe = Verfolger, Räuber) Parteiähnliche Gruppierung im englischen PARLAMENT: Die in der Exclusion-Krise (**1679**) als Gegner der WHIGS entstandene Gruppierung war für die katholische Thronfolge Jakobs II.. Die Tories, allein an der Regierung 1710–1714 und 1784–1830 (mit kurzen Unterbrechungen), stürzten durch die REFORM BILL (1830) in eine schwere Krise und wandelten sich allmählich zur KONSERVATIVEN PARTEI um, die heute in der politischen Alltagssprache ihrer Gegner noch immer »Tories« heißt.

Auch: In Nordamerika englische Loyalisten im AMERIKANISCHEN UNABHÄNGIGKEITSKRIEG (1776–1783).

Literatur: K. Feiling: A History of the Tory Party, 1640–1714 Oxford [2]1950; K. Feiling: The Second Tory Party, 1714–1832. London u. a. 1959.

Reunionskammern

(frz.: Chambres de réunion) Nach dem FRIEDEN VON NIMWEGEN (1678/79) von Ludwig XIV. eingesetzte Gremien in Metz, Besançon, Breisach, Tournai (**1679**): Die Reunions-Kammern sollten, gemäß der Theorie der »réunion« (= Wiedervereinigung), den rechtlichen Anspruch Frankreichs auf alle Gebiete begründen, von denen Teile seit dem Vertrag von Chambord (1552) zu Frankreich gekommen waren, um den Rest mit den jetzt französischen Teilen (wieder) zu »vereinigen« (1679). Danach annektierte Frankreich ohne Rechtstitel weite Gebiete beiderseits des Rheins (bis 1681), die Reichsstadt Straßburg (1681) und Teile der Spanischen Niederlande. Die Annexionen, vom Reich provisorisch anerkannt (1684), wurden durch die Frieden von Rijswijk (1697) und Baden (1714) rechts des Rheins wieder rückgängig gemacht.

Literatur: M.-O. Piquet-Marchal: La chambre de réunion de Metz. Paris 1969.

Dsungaren

Turkmongolisches Nomaden- und Reitervolk in Zentralasien, einer der vier Stämme der Oiraten: Die Dsungaren bildeten ein eigenes Reich (ca. 1630–1758). Sie eroberten Ostturkestan (**1679**) und gerieten in Kollision mit dem Mandschu-Reich. Sie fielen in die Äußere Mongolei ein (1686), eroberten Lhasa und Teile Tibets (1717/18); nach ihrer Vertreibung durch Tibetaner und Chinesen (1720) blieben die Chinesen in Tibet. Die Chinesen eroberten die Dsungarei und vernichteten faktisch die Dsungaren im Ili-Tal durch Massaker und Massendeportationen (Genozid, 1756/57). Die Überlebenden hießen Ölöten (Oloten).

Literatur: C. R. Bawden: The Modern History of Mongolia. London 1989.

Dragonnaden

(frz.: dragonnades) Repressionsmaßnahmen gegen Hugenotten in den Cevennen durch Entsendung von Dragonern und ihre Zwangseinquartierung bei der oppositionellen Zivilbevölkerung (**1683**).

2. Belagerung Wiens

Zweiter Versuch der Osmanen, als Verbündete Frankreichs Wien zu erobern (1683), zu Beginn des 5. Türkenkriegs (1683–1697): Wien hielt sich unter Rüdiger von Starhemberg (1638–1701). Nach dem Sieg des deutsch-polnischen Entsatzheeres unter Johann III. Sobieski am Kahlenberg wurde Wien entsetzt (**1683**): Die Türken waren seitdem in der Defensive; der Niedergang des Osmanischen Reichs und der Aufstieg Österreichs zur europäischen Großmacht begannen. Zur Entlastung der Osmanen fielen französische Truppen zu Beginn des Pfälzischen Erbfolgekriegs (1688–1697) in West- und Südwestdeutschland ein.

Literatur: J. Stoye: Wien 1683 oder Die Rettung des Abendlandes. Wien u. a. 1967; R. F. Kreutel: Kara Mustafa vor Wien. 1683 aus der Sicht türkischer Quellen. Graz u. a. 1982; C. Düsedau. Die Schlacht von Wien 1683 im Spiegel geschichtswissenschaftlicher Veröffentlichungen zum Erinnerungsjahr 1983. o. O. 1987.

Code Noir

(frz.: schwarzer Code) Erste schriftliche Fixierung des Rechtsverhältnisses zwischen weißen Sklavenhaltern und schwarzen Sklaven in den französischen Kolonien der Westindischen Inseln (**1685**): Die Vereinheitlichung der Rechts- und Lebensverhältnisse brachte gegenüber dem damaligen Stand (zumindest theoretisch) Erleichterungen. Einige englische Kolonien entwickelten den Code Noir weiter zum SLAVE CODE (1688).

Literatur: L. Sala-Molins: Le code noir ou le calvaire de Canaan. Paris [3]1993.

Liga von Augsburg (Augsburger Allianz)

Defensivbündnis in Augsburg (**1686**) gegen die Ansprüche Ludwigs XIV. auf die Erbfolge in Pfalz-Simmern (1685): KAISER, Spanien (für den burgundischen REICHSKREIS), Bayern, Schweden (für das HERZOGTUM Bremen-Verden), Sachsen, Bayerischer, Fränkischer und Oberrheinischer Reichskreis, Fürsten und STÄNDE des Westerwalds, Pfalz und Holstein-Gottorf schlossen sich auf drei Jahre zur Liga von Augsburg zusammen. Sie war ein Vorläufer der GROSSEN ALLIANZ (1689).

Literatur: R. Fester: Die Augsburger Allianz von 1686. München 1893.

Nguyen

KaiserDYNASTIE in Vietnam (1804–1945/55): Zunächst herrschten die Nguyen nur im Süden Vietnams, unabhängig von Hanoi (1558–1776), ihre Residenzstadt war Huê (seit **1687**). Ihr Krieg gegen die in Hanoi faktisch herrschende Familie der Trinh (1627–1672) provozierte einen Aufstand der TAY-SON-BEWEGUNG (1772). Nguyen Anh floh nach Siam (1783) und gewann Frankreich zur Intervention gegen die Tay-Son-Bewegung (1787). Daraufhin begann eine Armee französischer Abenteurer (aufgestellt 1790) mit der Rückeroberung Südvietnams. Sie nahm Huê (1801) und Hanoi ein (1802): Die Nguyen wurden als KAISER von Annam Herrscher von ganz Vietnam (1804). Nach der KAPITULATION Japans im ZWEITEN WELTKRIEG dankte Kaiser Bao Dai ab (1945), den die Franzosen wieder einsetzten (1949), bevor er von Ngo Dinh Diem (1955) endgültig gestürzt wurde.

Literatur: O. Chapuis: A History of Vietnam. From Hong Bang to Tu Duc. Westport (Conn.) u. a. 1995; O. Chapuis: The Last Emperors of Vietnam. From Tu Duc to Bao Dai. Westport (Conn.) u. a. 2000.

Baptisten

Fortentwicklung der Anabaptisten (TÄUFER): Die erste baptistische Gemeinde bildeten Engländer in Amsterdam (1609), die zweite Gemeinde entstand in London (1612), die erste amerikanische in der Kolonie Rhode Island (1639). Baptisten, in der ENGLISCHEN REVOLUTION (1640–1660) aktiv unter Führung der LEVELLERS, gingen nach deren Zerschlagung (1649) teilweise auf in den QUÄKERN. Der erste Protest von Quäkern gegen die SKLAVEREI in Germantown bei Philadelphia kam von deutschstämmigen Baptisten aus Krefeld (**1688**). Die Baptisten spalteten sich in den USA in einen südlichen und nördlichen Zweig, dazu in zwei Kirchen schwarzer Baptisten. Auf dem europäischen Kontinent fasste nur eine Minderheitsgruppe Fuß (ca. 1,2 Mio. getaufte Mitglieder). Größere Zusammenschlüsse erfolgten zur Baptist World

Alliance (1905) und European Baptist Federation (1949). In Deutschland bilden Baptisten eine der wichtigsten Freikirchen.

Literatur: J. D. Hughey: Die Baptisten. Einführung in Lehre, Praxis und Geschichte. Kassel 1959; W. H. Brackney: Pilgrim Pathways. Essays in Baptist History in Honour of B. R. White. Macon (Ga.) 1999.

Slave Code

Modifizierte Übernahme des CODE NOIR (1685) durch englische Sklavenhalter auf Barbados (**1688**): Später übernahmen englische Kolonien auf dem nordamerikanischen Festland den Slave Code.

Indulgenzerklärung

(engl.: Declaration of Indulgence) Zugang zu Staatsämtern für Katholiken und NONKONFORMISTEN (**1688**), entgegen dem TEST ACT (1673): Nach dem Präzedenzfall unter Karl II. (1672), abgewehrt durch den Test Act (1673), suchte Jakob II. Verbündete für seine Katholisierungspolitik gegen die ANGLIKANISCHE KIRCHE, beraten u. a. vom QUÄKER William Penn. Die Opposition der WHIGS gegen die Indulgenzerklärung eskalierte zur GLORIOUS REVOLUTION (1688/89).

Literatur: G. R. Abernethy: Clarendon and the Declaration of Indulgence, in: Journal of Economic History 11 (1960), S. 60ff.; F. Hansford-Miller: The Declaration of Indulgence. Canterbury u. a. 1995.

Nonkonformisten (Dissenters)

Sammelname (seit dem 19. Jh.) für evangelische Gruppierungen, meist PURITANER, die sich der Einordnung unter die ANGLIKANISCHE KIRCHE (Act of Uniformity, 1549, 1559, 1662) entzogen, seit dem 20. Jahrhundert als »Free Churches« (Freikirchen) bekannt: Der TEST ACT (1673) schloss Nonkonformisten von Staatsämtern aus; für sie war die INDULGENZERKLÄRUNG Jakobs II. geplant (**1688**). Nach der GLORIOUS REVOLUTION (1688/89) wurden zu ihren Gunsten die TOLERANZAKTE erlassen (1689). Volle bürgerliche Rechte erhielten die Nonkonformisten erst mit Aufhebung des Test Act (1828). Dissenters hatten großen Einfluss auf das Entstehen der Arbeiterbewegung in England (LABOUR PARTY).

Literatur: E. Routley: English Religious Dissent London 1960; H. Davies: The English Free Churches London [2]1963; F. Engehausen: Von der Revolution zur Restauration. Die englischen Nonkonformisten 1653–1662. Heidelberg 1995.

Glorious Revolution

Bewegung zum Sturz des katholischen Jakob II. (**1688/89**): Die Glorious Revolution richtete sich gegen die Katholisierungspolitik und die Tendenz zur ABSOLUTEN MONARCHIE. Den letzten Anstoß gaben Proteste gegen die INDULGENZERKLÄRUNG. Auf Einladung von sieben Whig-Lords kam Wilhelm III. von Oranien nach London; Jakob II. floh nach

Frankreich (1688). Das Convention Parliament (1688–1690) erklärte Jakob II. für abgesetzt und erließ die BILL OF RIGHTS. Jakob II. floh nach Irland, während Wilhelm III. und Maria II. Stuart gekrönt wurden. In Schottland herrschte Bürgerkrieg (1689). In England wurde die PARLAMENTARISCHE MONARCHIE errichtet; ein irischer Aufstand wurde niedergeschlagen. Insgesamt hatte die Glorious Revolution große historische Wirkung: Sie brachte faktische AUTONOMIE für die englischen Kolonien in Nordamerika, förderte die AUFKLÄRUNG und den LIBERALISMUS.

Literatur: T. B. Macaulay: Die glorreiche Revolution. Geschichte Englands 1688/89. Zürich 1998; E. Cruickshanks: The Glorious Revolution. Basingstoke u. a. 2000.

Jakobiten

(engl.: Jacobites) Parteigänger der STUARTS nach dem Sturz Jakobs II. durch die GLORIOUS REVOLUTION (**1688**): In England gehörten vor allem Katholiken und anglikanische TORIES zu den Jakobiten, in Wales und Schottland aus dynastischer Anhänglichkeit, im katholischen Irland aus konfessioneller. Insgesamt gab es fünf Versuche, davon drei bedeutende, die Stuarts gewaltsam auf den Thron zurückzuführen:

- Nach der Niederlage Jakobs II. mit einem französisch-irischen Heer (1689) gegen Wilhelm III. von Oranien in der Schlacht an der Boyne (1690) erfolgte die KAPITULATION von Limerick (1691).
- Ein rein französisches Landungsunternehmen im Rahmen des SPANISCHEN ERBFOLGEKRIEGS (1701–1713/14) scheiterte von vornherein.
- Der Landungsversuch von Schottland aus unter dem Old Pretender (Jakob Eduard; 1715) schlug rasch fehl.
- Der von Spanien unterstützte Versuch eines Unternehmens in den Highlands von Schottland scheiterte sofort.
- Das aussichtsreichste Unternehmen, diesmal im Rahmen des ÖSTERREICHISCHEN ERBFOLGEKRIEGS (1740–1748), unter dem Young Pretender (Karl Eduard), nahm zunächst Schottland ein. Der Young Pretender rückte nach zwei siegreichen Schlachten bis nach Derby (Mittelengland) vor (1745), kehrte aber zum Winter nach Schottland zurück, wo ihn die englischen Truppen bei Culloden schlugen (1746).
  Die Folgen waren vor allem für die schottischen Highlands katastrophal: Die Engländer zerschlugen systematisch die CLAN-Struktur der Highlands, die weitgehend entvölkert wurden, sodass englische Grundherren das Land fast nur noch zur Schafweide und Jagd nutzten.

Literatur: D. Szechi: The Jacobites. Britain and Europe 1688–1788. Neudruck Manchester 1996.

Pfälzischer Erbfolgekrieg

(frz.: Guerre de la ligue de Augsbourg; engl.: War of the League of Augsburg) Dritter Eroberungskrieg Frankreichs unter Ludwig XIV. (**1688**–1697), ausgebrochen über der Erbfolgekrise in Pfalz-Simmern (1685): Ludwig XIV. begann den Krieg u. a. zur Entlastung der Türken nach ihren Niederlagen seit dem Scheitern der 2. BELAGERUNG WIENS (1683). Französische Truppen fielen in West- und Südwestdeutschland ein, Kaiser und Reich stellten sich gegen die französischen Forderungen (Magdeburger Konzert, 1688), England und die Niederlande erweiterten durch ihren Beitritt die Liga von Augsburg zur Grossen Allianz (1689), der auch Savoyen beitrat (1690–1696). Gegen die Hegemoniebestrebungen Frankreichs trat das Gleichgewicht der Kräfte (»Balance of Power«) als bewusstes Prinzip in die europäische Geschichte ein. Bei ihrem Rückzug verwüsteten die Franzosen das Rheintal, u. a. Heidelberg mit Schloss (1689). Im Gegensatz zum wechselvollen Landkrieg (1690–1693) vernichteten die Engländer die französische Flotte für eine Invasion Englands in der Seeschlacht bei La Hogue (1692). Die Franzosen plünderten Württemberg und nochmals Heidelberg (1693). Nach getrennten Verhandlungen schlossen Frankreich und Savoyen einen Separatfrieden in Turin (1696), die übrigen Kriegsparteien den Frieden von Rijswijk (1697).

Literatur: G. Clark: The Nine Years' War 1688–1697, in: The New Cambridge Modern History. Bd 6. Hg. von J. S. Bromley. London 1970; G. Fritz (Red.): Der Franzoseneinfall 1693 in Südwestdeutschland. Ursachen – Folgen – Probleme. Remshalden-Buoch 1994.

Große Allianz

Gegen Ludwig XIV. gerichtete europäische Koalition zur Abwehr der französischen Invasion in die Kurpfalz zu Beginn des Pfälzischen Erbfolgekriegs (1688–1697): Die Große Allianz entstand durch den Beitritt Englands und der Niederlande zur Liga von Augsburg (**1689**), vorübergehend auch Savoyens (1690–1696). Sie verfolgte zur Wiederherstellung des Westfälischen Friedens (1648) und des Pyrenäenfriedens (1659) das Gleichgewicht der Kräfte. Aufgelöst nach dem Frieden von Rijswijk (1697), wurde die Allianz zu Beginn des Spanischen Erbfolgekriegs (1701–1713/14) modifiziert erneuert, löste sich aber schon vor dessen Ende (1713/14) allmählich auf.

Gleichgewicht der Kräfte (Balance of Power)

Prinzip der englischen Außenpolitik seit der (1.) Grossen Allianz gegen Frankreich (**1689**–1697): England, gestützt auf die Personalunion mit den Niederlanden unter Wilhelm III. (1689–1702), richtete sich gegen jede Macht, die auf dem Kontinent die Hegemonie anstrebte, institutionalisiert in der Europäischen Pentarchie und dem Konzert der Mächte. Auch sollten die Mündungen von Schelde und Rhein, bequemste Ausgangspunkte zur Invasion gegen England, nicht in die Hand einer Großmacht fallen. Konkret wandte sich England gegen Frankreich unter Ludwig XIV. und Napoleon I. (1680–1815), gegen Russland (1829–1907) seit seiner massiven Expansion auf Kosten des Osmanischen Reichs sowie gegen Deutschland unter Wilhelm II. und Hitler (1904–1945). Nach dem Zweiten Weltkrieg wurde das Gleichgewicht zwischen den Weltmächten USA und UdSSR vorrangig (bis 1989/91).

Literatur: H. Fenske: Gleichgewicht, in: O. Brunner u. a. (Hg.): Geschichtliche Grundbegriffe, Bd. 2, S. 959–996, vor allem S. 971–975; M. Sheehan: The Balance of Power. History and Theory. Neudruck London u. a. 1997.

Bill of Rights

Gesetz des englischen PARLAMENTS auf Grundlage der Declaration of Rights (**1689**): Dem Sturz Jakobs II. durch die GLORIOUS REVOLUTION (1688/89) folgte die Krönung Marias II. Stuart und Wilhelms III. von Oranien als Königin/König von England, Schottland und Irland – unter der Bedingung, dass sie die Declaration of Rights annähmen. Gesetze oder Aufhebung von Gesetzen ohne Zustimmung des Parlaments wurden illegal. Die Bill of Rights ist zentrales Dokument der englischen Verfassungsgeschichte auf dem Weg zur PARLAMENTARISCHEN MONARCHIE.

Auch: In den USA die ersten zehn Zusatzartikel (Amendments) der US-Verfassung (1791).

Literatur: A. Browning (Hg.): English Historical Documents. Bd. 8, London 1953; J. de Waal u. a.: The Bill of Rights Handbook. Kenwyn ³2000.

Parlamentarische Monarchie

SOUVERÄNITÄT des PARLAMENTS über die KRONE – im Unterschied zu ständischer Monarchie, ABSOLUTER MONARCHIE und KONSTITUTIONELLER MONARCHIE: Zuerst erreichte England mit der GLORIOUS REVOLUTION (1688/89) die parlamentarische Monarchie, deren verfassungsrechtliche Ratifizierung mit der BILL OF RIGHTS erfolgte (**1689**). Praktische Konsequenz war u. a. die ZIVILLISTE im ACT OF SETTLEMENT (1701).

Literatur: R. Kleinhenz: Königtum und parlamentarische Vertrauensfrage in England, 1689–1841. Berlin 1991; R. Häusler: Herrscher der Herzen? Vom Sinn des Königtums im 21. Jahrhundert. Die parlamentarische Monarchie als psychologische Staatsform. Frankfurt/Main 1998.

Toleranzakte

(engl.: Act of Toleration) Gesetz des englischen PARLAMENTS nach der INDULGENZERKLÄRUNG Jakobs II. (1688) und dem Sieg der GLORIOUS REVOLUTION (**1689**): TOLERANZ galt nur für NONKONFORMISTEN.

Literatur: A. Browning (Hg.): English Historical Documents. Bd. 8. London 1953.

»Two Treatises on Government«

Grundlegendes Werk des englischen Staatsphilosophen John Locke (**1690**): Als theoretische Fundierung der GLORIOUS REVOLUTION gegen die patriarchalische Gewalt der KRONE bezog »Two Treatises on Government« Stellung für Gleichheit, Freiheit und das Recht auf Unverletzlichkeit von Person und Eigentum, zu sichern durch einen GESELLSCHAFTSVERTRAG, mit WIDERSTANDSrecht gegen TYRANNEN. Das Werk wurde theoretische Grundlage des liberalen Verfassungsstaats, mit direkten Auswirkungen auf die amerikanische UNABHÄNGIGKEITSERKLÄRUNG (1776), die 1. FRANZÖSISCHE VERFASSUNG (1791) und spätere Verfassungen parlamentarischer DEMOKRATIEN.

Literatur: A. Klemmt: John Locke. Theoretische Philosophie. Meisenheim ²1967; M. Cranston: John Locke. A Biography. Oxford 1985; D. A. Lloyd Thomas: Locke on government. Neudruck London u. a. 1998.

Bank of England

Aktienbank, einst privaten Charakters, mit öffentlich-rechtlicher Funktion (**1696**): Die in der Zeit der englisch-niederländischen PERSONALUNION unter Wilhelm III. (1689–1702) nach dem Vorbild der Amsterdamer Bank (1609) gegründete Bank of England vergab Kredite für den Staat und die Wirtschaft zum konstanten Zinsfuß von 8 %. Die Regulierung der Staatsschuld als Grundlage der öffentlichen Finanzen war unentbehrlich für Englands ökonomische Expansion in die INDUSTRIELLE REVOLUTION und politische Stabilität. Nach dem ERSTEN WELTKRIEG löste sich die Bank in der WELTWIRTSCHAFTSKRISE vom Goldstandard (1931). Nach dem ZWEITEN WELTKRIEG wurde sie von der LABOURregierung verstaatlicht (1946).

Literatur: J. Giuseppi: The Bank of England: A History from its Foundation in 1694. London 1966; E. Schumann-Bacia: Die Bank von England und ihr Architekt John Soane. Zürich 1989; R. Roberts (Hg.): The Bank of England. Money, Power and Influence 1694–1994. Oxford 1995.

Board of Trade and Plantations

Englisches Ministerium für (Außen-)Handel (meist SKLAVENHANDEL = DREIECKSHANDEL), und Kolonien (= PLANTATIONS; **1696**): Das Board of Trade and Plantations systematisierte Englands ökonomische Expansion, später geteilt in Board of Trade (Handelsministerium) und Colonial Office (Kolonialministerium; 1854).

Friede von Rijswijk

Nach dem europäischem Friedenskongress in Rijswijk Friedensschluss in vier Einzelverträgen zur Beendigung des PFÄLZISCHEN ERBFOLGEKRIEGS (**1697**): Im Frieden von Rijswijk behielt Frankreich das Elsass mit Straßburg und gewann den westlichen Teil von Hispaniola (St. Domingue). Holland erhielt die BARRIERE gegen Frankreich (bis 1781).

Barriere

Kette von Festungen im Süden der SPANISCHEN bzw. ÖSTERREICHISCHEN NIEDERLANDE zum Schutz gegen Frankreichs Expansion, besetzt in Friedenszeiten durch niederländische Truppen: Die erstmals im FRIEDEN VON RIJSWIJK zugestandene Barriere (**1697**) blieb im SPANISCHEN ERBFOLGEKRIEG (1701–1713/14) wirkungslos. Sie wurde im FRIEDEN VON UTRECHT erneuert (1713) durch den Barriere-Vertrag in Amsterdam zwischen England, den Niederlanden und dem Kaiser (1715) über die gemeinsame Unterhaltung eines Heers im Süden der Österreichischen Niederlande, mit alleinigem Garnisonsrecht der Niederlande in acht Festungen. Die Niederlande erhielt vom KAISER SUBSIDIEN von ½ Mio. Talern jährlich. Die Barriere, auch im ÖSTERREICHISCHEN ERBFOLGEKRIEG (1740–1748) unwirksam, wurde von Joseph II. annulliert (1781).

Literatur: R. Geikie/J. A. Montgomery: The Dutch Barrier 1705–1719. Cambridge 1930; W. Hahlweg: Barriere – Gleichgewicht – Sicherheit In: HZ 187/1959, S. 54–89.

Freihandel

Prinzip des freien und gleichberechtigten Zugangs aller zu einem Markt, im Gegensatz zu Protektionismus und staatlichem Dirigismus mit Belastung des Handelsverkehrs durch MONOPOLE, Zölle und STEUERN, vor allem im MERKANTILISMUS und seinen modernen Fortsetzungen (Autarkie, zentrale Planwirtschaften, antizyklische Konjunkturpolitik). Freihandel wird meistens gefordert von Exporteuren der je stärksten Wirtschaftsmacht, erst England, später den USA (mit Ausnahmen – »National Interest«), von Importeuren bekämpft. England führte erstmals den Freihandel punktuell ein, schaffte zunächst das Monopol der ROYAL AFRICAN COMPANY auf den englischen Westafrikahandel (vor allem mit SKLAVEN und Produkten der TRANSATLANTISCHEN SKLAVEREI) ab (**1698**) und erweiterte den Freihandel nach Schaffung der REALUNION mit Schottland (1707). England forderte den Freihandel als Tendenz seit Beginn der INDUSTRIELLEN REVOLUTION, um den Export englischer Industriewaren (Textilien, Eisenwaren) zu fördern. Er wurde durchgesetzt mit AUFHEBUNG DER KORNZÖLLE (1846) und der NAVIGATIONSAKTE (1849) sowie mit dem COBDEN-VERTRAG (1860), dann erweitert durch Preußen bzw. Deutschland (DEUTSCHER ZOLLVEREIN, 1862–1879), wieder eingeschränkt durch Deutschlands Übergang zum SCHUTZZOLL (1879). Die ökonomisch positive Auswirkung des Freihandels ist Grunddogma liberaler Wirtschaftstheorie, begründet von Adam Smith (»WEALTH OF NATIONS«, 1776), wird aber in der Praxis nur selten realisiert, höchstens regional in der von den USA beherrschten Weltwirtschaftsordnung seit 1945. Der Freihandel brach in der WELTWIRTSCHAFTSKRISE (1929) durch massive US-SCHUTZZÖLLE zusammen, bedroht durch eine neue Weltwirtschaftskrise seit dem ERDÖLSCHOCK (1973 ff.). Das Abkommen GATT (GENERAL AGREEMENTS ON TARIFFS AND TRADE) versucht die weltweite Durchsetzung des Freihandels (seit 1948). Als Gegengewicht zur EWG (EG, EU) erfolgte die Gründung der EUROPÄISCHEN FREIHANDELSZONE (EFTA, 1959).

Literatur: W. Bickel: Die ökonomische Begründung der Freihandelspolitik. Zürich 1926; D. A. Irwin: Against the Tide. An Intellectual History of Free Trade. Princeton (N.J.) 1998.

Strelitzen

(russ.: Schützen) Erste stehende Truppe in Russland mit Feuerwaffen, von Zar Iwan IV. gegründet: Die Strelitzen versahen einen lebenslänglichen, erblichen Dienst, gegen Sold und Handelsprivilegien, als Kerntruppe mit Gardecharakter in eigenen Vorstädten in Moskau angesiedelt. Nach Aufständen (1682, 1685, 1689, **1698**) verfügte Zar Peter I. ihre Auflösung und ersetzte sie durch eine Armee nach westlichem Muster.

Goldrausch

(engl.: Gold Rush) Nach ausgedehnten GOLDfunden massiver Zustrom von Goldsuchern und -gräbern in eine Region, mit entsprechenden sozialen Problemen: Erstmals brach ein Goldrausch in Brasilien aus, im sofort zum Sperrbezirk erklärten Gebiet der »Minas Gerais« (heute brasilianischer Bundesstaat, **1698**). Den nächsten größeren Goldrausch in klassisch gewordener Ausprägung gab es in Kalifornien (1849), weitere in Australien (1851, 1882, 1892), Südafrika (Johannesburg; 1886) und Alaska (1896). Der neue Goldrausch in Brasilien (ca. nach 1980) hat verheerende Folgen für INDIOS und Umwelt.

Literatur: E. West: The Contested Plains. Indians, Goldseekers and the Rush to Colorado. Lawrence 1998.

Dreieckshandel

Anschauliche Umschreibung des Atlantischen Handelssystems in der Frühen Neuzeit, zur Systematisierung des TRANSATLANTISCHEN SKLAVENHANDELS, durch Einführung des FREIHANDELS für den SKLAVENHANDEL durch England (**1698**): (Teilweise minderwertige) Konsumgüter kamen aus Westeuropa (Niederlande, England, Frankreich) an die westafrikanische Küste (»Guinea«), wurden dort in meist europäischen Handelsstützpunkten und -forts gegen SKLAVEN eingetauscht. Die Sklaven wurden über den Atlantik in die Neue Welt gebracht, oft in die Karibik (»Westindien«) als Zwischenstation zur Akklimatisierung (engl.: »seasoning«), dann nach Nord- oder Lateinamerika. Von dort fuhren Schiffe mit »Kolonialwaren« nach Europa zurück. Der Dreieckshandel »blühte« vor allem im 18. Jahrhundert und endete allmählich nach dem Verbot des Sklavenhandels im Britischen Empire (1807).

Literatur: H. Mögenborg: Sklaverei und Dreieckshandel. Menschen als Ware. Frankfurt/Main 1988; J. E. Inikori/ St. L. Engerman (Hg.): The Atlantic Slave Trade. Effects on Economies, Societies, and Peoples in Africa, the Americas, and Europe. Durham u. a. [3]1992.

Nordischer Krieg

(Großer Nordischer Krieg) Großer europäischer Konflikt in Ost- und Nordosteuropa (**1700**–1721), auch Bürgerkrieg in Polen, in dem August II. (der Starke), unterstützt von Russland, gegen Stanislaus I. Leszczynski, unterstützt von Schweden, stand: Der Nordische Krieg verlief zeitweise parallel zum SPANISCHEN ERBFOLGEKRIEG (1701–1713/14) und 1. RUSSISCH-TÜRKISCHEN KRIEG (1710/11). Gegner waren Russland – verbündet mit Sachsen-Polen und Dänemark – und Schweden. Nach einem Einfall sächsischer Truppen in Livland siegten die Schweden über die Russen bei Narwa (1702). Die Schweden fielen in Livland, Kurland, Polen ein (1701) und eroberten Warschau und Krakau; bei Putulsk siegten sie über die Russen, unterlagen ihnen aber an der Newa. Am Ort des Sieges gründete Peter der Große St. Petersburg (1703). Die Russen eroberten Narwa und Dorpat (1704). Bei Fraustadt siegten die Schweden über Russen und Sachsen (1706): August II. erkannte im Frieden von Altranstädt (1706) Stanislaus I. Leszczynski als polnischen König an (bis 1709).

Einem Sieg der Schweden über die Russen bei Holowczyn folgte eine Invasion der Schweden, die mit ihrer entscheidenden Niederlage bei Poltawa endete (1709): Karl XII. floh in die Türkei (bis 1714), die schwedische Position in Polen brach zusammen: Nach der Flucht Stanislaus I. Leszczynskis aus Polen wurde August II. wieder König. Mit der Kriegserklärung der OSMANEN an Russland begann der 1. Russisch-türkische Krieg (1710–1711). Die Schweden besiegten die Dänen in Schonen und Mecklenburg (1710), Dänemark besetzte Bremen, Verden und Hannover (1710). Nach Niederlagen gegen Dänen und Russen (1712) kapitulierten die Schweden in Oldenburg. Karl XII. kehrte wieder nach Schweden zurück (1714). Russische Truppen aus Dänemark fielen in Mecklenburg ein (1716–1717). Nach koalitionsinternen Streitigkeiten und dem Tod Karls XII. (1718) kam in Schweden ein neues Adelsregime an die Macht. Schweden schloss einen Separatfrieden in Stockholm mit Hannover (1719) und Preußen (1720), in Frederiksborg mit Dänemark (1720), wonach Bremen und Verden zu Hannover, Vorpommern mit Stettin zu Preußen kamen; Schleswig fiel wieder an Dänemark zurück. Der FRIEDE VON NYSTAD mit Russland beendete endgültig den Nordischen Krieg (1721): Schweden verlor seine Großmachtstellung, Russland stieg zur europäischen Großmacht auf, Polen war durch Verwüstungen geschwächt.

Literatur: C. Schirren: Zur Geschichte des Nordischen Krieges. Kiel 1913; D. Kraack (Bearb.): Der Flensburger »Atlas Major«. Ein Sammelatlas zum Großen Nordischen Krieg und zu den Türkenkriegen. Flensburg 1997.

Transsilvanische Schule

(rumän.: şcoala ardeleana, şcoala transilvaneana) Bewegung griechisch-katholischer (unierter) Würdenträger und Mönche zur Gewinnung der Gleichstellung der Rumänen mit Katholiken und Protestanten im Habsburgerreich: Grundlage der Transsilvanischen Schule war die Wiederentdeckung der Latinität Rumäniens im Gefolge der Union mit Rom (**1700**) und der Studien rumänischer Gelehrter in Rom und Wien. Der kulturellen »Erweckung« folgten politische Forderungen, formuliert im »Supplex Libellus Valachorum« (1791), die jedoch von den ungarischen Magnaten nicht akzeptiert wurden. Wichtige Verteter waren Ioan Inocentiu Micu-Klein (* 1692, † 1768), Samuel Micu (* 1745, † 1806), Gheorghe Şincai (* 1754, † 1816). [G. I.\V. R.]

Literatur: D. Prodan: Supplex Libellus Valachorum, or the Political Struggle of the Romanians in Transylvania During the 18th Century. Aus dem Rumänischen. Bukarest 1971; O. Bârlea: Die Rumänische Unierte Kirche und der Ökumenismus der Koryphäen der kulturellen Renaissance. (dt. und rumän.) München 1983.

Spanischer Erbfolgekrieg

Europäischer Hegemonialkrieg um die Erbfolge in Spanien nach Ende der spanischen HABSBURGER (1701–1713/14), mit Bürgerkrieg in Spanien, parallel zum NORDISCHEN KRIEG (1700–1721): Nach dem Tod Karls II. von Spanien (1700) beanspruchte Ludwig XIV. das spanische Erbe für seinen Enkel Philipp V. Da den BOURBONEN so die HEGEMONIE in Europa und ein Übergewicht über alle europäischen Konkurrenten in Übersee zugefallen wäre, formierte sich dagegen die

2. GROSSE ALLIANZ (**1701**). Gegen Frankreich, Bayern, Kurköln sowie Portugal und Savoyen (bis 1703) standen der KAISER, England, die Niederlande und Schweden, ab 1703 auch Portugal und Savoyen. Hauptkriegsschauplätze waren die SPANISCHEN NIEDERLANDE, Süddeutschland, Oberitalien und Spanien.

Die Kaiserlichen siegten unter Prinz Eugen bei Carpi und Chiara (1701). England, die Niederlande und der Kaiser erklärten Frankreich den Krieg (1702) und vertrieben die Franzosen aus Kurköln (1702). Franzosen und Bayern verloren gegen aufständische Bauern in Tirol und Kaiserliche bei Höchstädt. Erzherzog Karl (späterer Kaiser Karl VI.) wurde zum König von Spanien ausgerufen. 1703 traten Savoyen und Portugal der Großen Allianz bei. Die Engländer eroberten Gibraltar. Nach einem Sieg der Engländer und Kaiserlichen bei Höchstädt (1704) wurde Bayern besetzt. Die Engländer eroberten Barcelona (1705). Nach Siegen der Engländer und Niederländer über die Franzosen bei Ramillies sowie der Kaiserlichen bei Turin nahmen Engländer und Portugiesen Madrid ein (1706). Die Kaiserlichen brachen die Belagerung Toulons ab (1707); sie und die Engländer siegten über die Franzosen bei Oudenaarde (1708). Erste Friedensverhandlungen in Den Haag scheiterten an Ludwig XIV. Der verlustreiche Sieg der Verbündeten über die Franzosen bei Malplaquet (1709) war die blutigste Schlacht des 18. Jahrhunderts und löste HUNGERSNÖTE und eine innere Krise in Frankreich aus. Parallel zu Friedensverhandlungen in Gertruidenberg (1710) wechselten Siege und Niederlagen der Engländer in Spanien, siegten die Franzosen über die Kaiserlichen bei Villa Vidosa. Nach dem Sturz der WHIGS in England agierte die Regierung der TORIES (1710–1714) für Frieden. Kaiser Joseph I. starb (1711), Carlos III. wurde zugleich Kaiser Karl VI. (1711–1740). Zur Wahrung des GLEICHGEWICHTS DER KRÄFTE stellte sich England gegen das drohende Übergewicht der HABSBURGER in Europa – die Große Allianz zerbröckelte: Die Franzosen eroberten Rio de Janeiro (1711).

Im Friedenskongress von Utrecht (eröffnet 1712) schlossen England und Frankreich Waffenstillstand, dem die Niederlande nach einer Niederlage gegen die Franzosen bei Denain beitraten. Der Spanische Erbfolgekrieg endete mit dem FRIEDEN VON UTRECHT (1713), ergänzt durch den FRIEDEN VON RASTATT/BADEN (1714). Die Eroberung Barcelonas durch Franzosen und Spanier (1714) beendete den Bürgerkrieg in Spanien.

Historische Gesamtwirkung: Frankreichs erste Hegemoniephase (seit 1661) war gebrochen, der Abstieg Spaniens zur Mittelmacht besiegelt. England gewann die Vorherrschaft zur See und stieg als neue europäische Großmacht auf. Das ANCIEN RÉGIME war entscheidend geschwächt: Seine Krise eskalierte zur Agonie (ab ca. 1748) bis zur FRANZÖSISCHEN REVOLUTION (1789).

Literatur: C. v. Noorden: Europäische Geschichte im 18. Jahrhundert. Abt. 1: Der spanische Erbfolgekrieg. Düsseldorf 1870; H. A. F. Kamen: The War of Succession in Spain, 1700–1715. London 1969; W. Calvin Dickinson/E. R. Hitchcock: The War of the Spanish Succession, 1702–1713. A Selected Bibliography. Westport (Conn.) u. a. 1996; U. Naujokat: England und Preußen im spanischen Erbfolgekrieg. Bonn 1999.

Act of Settlement

Gesetz des englischen PARLAMENTS zur Regelung der Thronfolge in England (**1701**): Für die Zeit nach dem Tod Wilhelms III. (1702) und der Königin Anna (1714) wurde die protestantische Thronfolge durch das Haus Hannover beschlossen (1714–1837). Festgesetzt wurden außerdem die ZIVILLISTE und die Unabsetzbarkeit der Richter.

Literatur: W. L. Costin/J. Steven Watson: The Law and Working of the Constitution. Bd. 1. London 1952.

Zivilliste

(engl.: Civil List) Krondotation als festes Einkommen für den Monarchen und seine Familie, jährlich festgesetzt vom PARLAMENT: Die Zivilliste wurde in England als Teil des ACT OF SETTLEMENT beschlossen (**1701**). Damit war in der Neuzeit erstmals der öffentlich-staatliche vom königlich-privaten Haushalt getrennt, die faktische SOUVERÄNITÄT des Parlaments über die KRONE hergestellt, die PARLAMENTARISCHE MONARCHIE konstituiert.

Methuen-Vertrag

Vertrag zwischen England und Portugal zu Beginn des SPANISCHEN ERBFOLGEKRIEGS (1701–1713/14), benannt nach dem englischen Unterhändler Methuen (* 1672, † 1757): Der Methuen-Vertrag stellte den WINDSOR-VERTRAG zwischen England und Portugal (seit 1386) wieder her; Portugal schied aus dem Bündnis mit Frankreich (seit 1701) aus und war fortan Teil der GROSSEN ALLIANZ (**1703**). Der Vertrag ermöglichte den zollfreien Import englischer Wolle nach Portugal, portugiesischen WEINS nach England (bis 1842). Portugal bezahlte mit GOLD, später auch DIAMANTEN aus Brasilien, importierte englische Manufakturwaren, mit Anlaufen der INDUSTRIELLEN REVOLUTION auch Industriewaren. Der erste moderne bilaterale Handelsvertrag erwies sich als vorteilhaft für das stärkere England an der Schwelle zur Industrialisierung. Das portugiesische Kolonialreich geriet ökonomisch in den Sog des britischen Empire.

Literatur: Sir R. Ludge: The Treaties of 1703, in: Chapters in Anglo-Portugiese Relations. Hg. v. E. Prestage. Watford 1935; A. D. Francis: The Methuens and Portugal, 1691–1708. Cambridge 1966.

Russisch-türkische Kriege

Acht Kriege Russlands gegen das OSMANISCHE REICH (**1710**–1878), nach Russlands Beteiligung an der (2.) HEILIGEN ALLIANZ (1686) im Rahmen des 5. TÜRKENKRIEGS (1683–1699) und dem ersten Krieg Peters des Großen gegen die OSMANEN (1695–1700):

- 1. Russisch-türkischer Krieg (1710–1711), im Rahmen des NORDISCHEN KRIEGS (1700–1721): Nach einem Aufruf des ZAREN an SÜDSLAWEN und Griechen im Osmanischen Reich zum Aufstand (1710) brachen Aufstände in Montenegro, Serbien und Albanien aus. Die

russische Armee stieß zur unteren Donau vor, wurde aber am Pruth von den Türken eingeschlossen (1711) und kapitulierte zu milden Bedingungen: Asow wurde wieder türkisch, Karl XII. erhielt freien Abzug aus der Türkei.
- 2. RUSSISCH-TÜRKISCHER KRIEG (1735–1739);
- 3. RUSSISCH-TÜRKISCHER KRIEG (1768–1774);
- 4. RUSSISCH-TÜRKISCHER KRIEG (1787–1792);
- 5. RUSSISCH-TÜRKISCHER KRIEG (1806–1812);
- 6. RUSSISCH-TÜRKISCHER KRIEG (1828–1829);
- 7. RUSSISCH-TÜRKISCHER KRIEG (1853–1856);
- 8. RUSSISCH-TÜRKISCHER KRIEG (1877–1878), Höhepunkt der GROSSEN ORIENTKRISE (1875–1878).
- Der ERSTE WELTKRIEG (1914–1918) war faktisch (so aber nicht genannt) der 9. Russisch-türkische Krieg.

Historische Gesamtwirkung: Der Schwächung des Osmanischen Reichs entsprach die Expansion Russlands durch den Kaukasus und über den Balkan sowie das Schwarze Meer und Konstantinopel, im Zusammenwirken mit nationalrevolutionären Bewegungen der Balkanvölker bis hin zur Unabhängigkeit (SÜDSLAWISCHE FRAGE, PANSLAWISMUS).

Literatur: G. S. Georgier: Der russisch-türkische Krieg 1877/78 und die Weltöffentlichkeit. Sofia 1987; M. S. Anderson: The Eastern Question 1774–1923. A Study in International Relations. Neudruck Basingstoke u. a. 1991.

Regierender Senat

Gremium in Russland, zur Fortführung der Regierung bei Abwesenheit Peters I. aus Russland (**1711**): Der Regierende Senat war der erste Ansatz zu zentraler Kollegienverwaltung in Russland.

Phanarioten

(Fanarioten) Griechen im Stadtteil Phanar von Konstantinopel, Sitz des Orthodoxen PATRIARCHEN von Konstantinopel (seit 1612): Die Phanarioten entstammten dem byzantinischen ADEL vor Eroberung Konstantinopels (1453), standen später (17. Jh.) im Dienst des OSMANISCHEN REICHS, als Dolmetscher (»Dragomanen«) für westliche Sprachen, sodann als Sekretäre, Diplomaten und außenpolitische Berater der Hohen Pforte (= Regierung des osmanischen SULTANS). Der Sultan setzte in Moldau (**1711**) und Walachei (1716) Phanarioten als Landesfürsten (»Domni«, »Gospodar«) ein, mit großer Bedeutung für die Donaufürstentümer. Gegen deren ausbeuterisches Regime brach in den Donauprovinzen ein Aufstand aus (1821), in enger Verbindung mit dem GRIECHISCHEN UNABHÄNGIGKEITSKRIEG (1821–1829), den teilweise Phanarioten finanzierten und anführten (z. B. Alexander Ypsilanti, 1792–1828). Danach verloren die Phanarioten ihre zentrale Stellung im Osmanischen Reich (1821), im 8. RUSSISCH-TÜRKISCHEN KRIEG wurden alle Christen, Armenier ausgenommen, vom Staatsdienst ausgeschlossen (1877). Die meisten Griechen wurden nach der Niederlage Griechenlands im GRIECHISCH-TÜRKISCHEN KRIEG (1919–1922, »Kleinasiatische

Katastrophe«) und dem Bevölkerungstausch auf Grund des Friedens von Lausanne (1923) aus Kleinasien, auch Konstantinopel, nach Griechenland umgesiedelt.

Friede von Utrecht

Auf dem europäischen Friedenskongress (1712/13) vereinbarter Komplex von neun Friedensverträgen zur Beendigung des SPANISCHEN ERBFOLGEKRIEGS (1701–1713/14) zwischen Frankreich und Spanien mit der GROSSEN ALLIANZ (**1713**), Spanien mit den Niederlanden und Portugal (1714/15): Die Thronfolge des Hauses Hannover in England wurde anerkannt, Frankreich durfte den STUARTS weder Asyl geben noch Hilfe leisten und keine PERSONALUNION mit Spanien bilden. Die Hudsonbai, Neufundland, Neuschottland und die Insel St. Christoph kamen zu England. Das ASIENTO ging nach England über; das ANNUAL-SHIP-Recht wurde eingeführt. Frankreich verzichtete endgültig auf die SPANISCHEN NIEDERLANDE, die als ÖSTERREICHISCHE NIEDERLANDE an Österreich fielen (1714–1794). Die BARRIERE gegen Frankreich wurde erneuert. Brandenburg-Preußen erzielte Territorialgewinne, die Erhebung des KURFÜRSTEN von Brandenburg zum König »in« Preußen (1701) wurde anerkannt. Der Friede stellte den kolonialen Status quo zwischen Spanien und Portugal wieder her, nur die Stadt Sacramento am La Plata ging von Portugal an Spanien. Gibraltar und Menorca (bis 1783) kamen zu England, Savoyen erhielt Sizilien. Frankreich schloss mit KAISER und Reich den FRIEDEN VON RASTATT/BADEN (1714).

Literatur: O. Weber: Der Friede von Utrecht. Verhandlungen zwischen England, Frankreich, dem Kaiser und den Generalstaaten, 1710–1713. Gotha 1891.

Annual Ship

Recht Englands seit dem FRIEDEN VON UTRECHT (**1713**), einmal im Jahr ein Handelsschiff nach Puerto Bello (Mittelamerika) zu entsenden, zunächst von der SOUTH SEA COMPANY wahrgenommen (bis 1720). Obwohl England wegen häufiger Kriege mit Spanien das Recht nur selten ausübte, durchbrach das Annual Ship erstmals die Abschließung des spanischen Kolonialreichs in Amerika gegen den Außenhandel und ebnete den Weg zum FREIHANDEL für die spanischen Kolonien (1778).

Pragmatische Sanktion

Vertrag zur Sicherung der Thronfolge für seine eigenen Töchter durch Kaiser Karl VI. (**1713**), unter Umgehung der Töchter des 1711 verstorbenen Joseph I.: Die STÄNDE Ungarns erkannten die Pragmatische Sanktion an (1723). Sie wurde als Grundgesetz Österreichs (1724) von Bayern und Sachsen (mit Herrschern, die Töchter Josephs I. geheiratet hatten) zunächst nicht anerkannt, von den europäischen Mächten aber nach zähen Verhandlungen allmählich garantiert, u. a. Spanien (1725), Preußen (1726), England, Niederlande (1731), dem REICH (1732), Frankreich (1735/38). Nach Maria Theresias Thronbesteigung (1740) widerriefen Bayern und Preußen ihre Zustimmung, gefolgt vom Österreichischen Erbfolgekrieg (1740–1748). Die Pragmatische Sanktion wurde von Bayern im Füssener Vertrag (1745), allgemein im Frieden von Aachen (1748) anerkannt.

Literatur: G. Turba (Hg.): Die Grundlagen der Pragmatischen Sanktion. 2 Bde., Wien 1911–1913.

Friede von Rastatt/Baden

Folgefrieden zum Frieden von Utrecht (1713), zur Beendigung des Spanischen Erbfolgekriegs (1701–1713/14) zwischen Frankreich und dem Kaiser in Rastatt, Frankreich und dem Reich in Baden (Schweiz; **1714**): Stadt und Festung Landau kamen zu Frankreich, die Spanischen Niederlande zu Österreich als Österreichische Niederlande, Österreich erhielt Mailand zurück. Der Friede von Rastatt/Baden war der erste internationale Vertrag in Französisch (statt Latein), das zur Sprache der internationalen Diplomatie aufstieg (bis ca. 1945).

Literatur: O. Weber: Der Friede von Rastatt, in: Deutsche Zeitschrift für Geschichtswissenschaft 8/1892, S. 273–320; R. Stücheli: Der Friede von Baden (Schweiz) 1714. Ein europäischer Diplomatenkongress und Friedensschluss des »Ancien régime«. Fribourg (Schweiz) 1997.

Österreichische Niederlande

Name für die Spanischen Niederlande nach ihrem Übergang von Spanien an Österreich im Frieden von Rastatt (**1714**): Frankreich besetzte die Österreichischen Niederlande (1746–1748) im Österreichischen Erbfolgekrieg. Nach Entzug der Autonomie durch den Josephinismus (1787) brach die Revolution aus (1789), die Österreichischen Niederlande wurden zur Republik erklärt (1790). Von den Franzosen erobert (1792, 1794), von den Österreichern zurückerobert (1792, 1793), von Frankreich annektiert (1795–1813/14), dann zum Königreich der Vereinigten Niederlande gehörend (1815), bildeten sie schließlich den Kern des modernen Belgien seit der Belgischen Revolution (1830/31).

Literatur: R. Zedinger: Die Verwaltung der Österreichischen Niederlande in Wien (1714–1795). Wien u. a. 2000.

Hannover-Dynastie

Offizieller Name für die in England regierenden Welfen (1714–1837): Nach der Glorious Revolution und Vertreibung der katholischen Stuarts aus England (1688/89) sicherte der Act of Settlement (1701) die protestantische Thronfolge in England nach dem Tod Anna Stuarts: Der Kurfürst von Hannover wurde als englischer König Georg I. anerkannt (**1714**–1727) und begründete die Personalunion England-Hannover (1714–1837). Die Hannover-Dynastie betrieb den Ausbau der parlamentarischen Monarchie in England. Ihre weiteren Könige waren Georg II. (1727–1760), Georg III. (1760–1820), Georg IV. (1820–1830) und Wilhelm IV. (1830–1837), mit dem die Dynastie in direkter männlicher Linie erlosch und die Personalunion endete. In England folgte Königin Victoria (1837–1901), in Hannover der Herzog von Cumberland als König Ernst August von Hannover (1837–1851).

Literatur: A. Redman: Auf Englands Thron. Das Haus Hannover. München 1961; E. Burton: The Georgians at Home. London 1973; J. H. Plumb: The First Four Georges. London 1978; P. Königs: Die Dynastie aus Deutschland. Die hannoverschen Könige von England und ihre Heimat. Hannover 1998.

Ancien régime

(frz.: altes Regime, alter Staat) Häufige Bezeichnung für Frankreich vor der Französischen Revolution, seit dem Spanischen Erbfolgekrieg (1701–1713/14) bzw. Tod Ludwigs XIV. (**1715**): Merkmale des Ancien régime waren eine erstarrte Gesellschaftsordnung (Stände, Privilegien), das Anwachsen der Staatsschuld seit dem Spanischen Erbfolgekrieg und Reformunfähigkeit. Die Diskrepanz zwischen theoretischer Allmacht der zentralisierten absoluten Monarchie und faktischer Ohnmacht oder Untätigkeit der Regierung auf vielen Gebieten, zwischen Wohlstand einer Oberschicht und Armut des Staats, erhöhten Ausgaben und Unzufriedenheit über Steuerungerechtigkeit, Luxus am Hof und Armut der Massen in Krisenzeiten verursachten Missstimmung, seit dem Frieden von Aachen (1748) verschärft zur Agonie. Montesquieu übte mit »De l'esprit des lois« (1748) Kritik an der absoluten Monarchie. Die Krise verschärfte sich durch den Amerikanischen Unabhängigkeitskrieg (1776–1783), als republikanische Ideen nach Frankreich strömten, und durch die Kosten für die französische Intervention (1778–1783). Die gewachsene Staatsschuld wurde öffentlich im Compte Rendu (1781). Der drohende Staatsbankrott und die Weigerung der privilegierten Stände, Steuerreformen von oben zuzulassen (1787), erzwangen das Ende – die Generalstände wurden ausgeschrieben (1788) und einberufen (1789), die Französische Revolution (1789–1799) begann.

Übertragen auch für vorrevolutionäre Periode in anderen Ländern (z. B. in Russland vor 1917), die Spätphase kommunistischer Staaten.

Literatur: A. de Tocqueville: L'Ancien régime et la Révolution. Paris 1856, dt.: Der Alte Staat und die Revolution. München 1989; H. Méthivier: L'Ancien régime. (Que sais je? No. 925), Paris 1961; D. Ogg: Europe of the Ancien régime 1715–1783. London, Glasgow [9]1978; E. N. Williams: The Ancien Régime in Europe. Government and Society in the Major States 1648–1789. London 1999; H. E. Bädeker/E. Hinrichs: Alteuropa – Ancien régime – frühe Neuzeit. Stuttgart 1991; W. Doyle: The Ancien Regime. Basingstoke [2]2001.

Notenbank

Zentrales Geldinstitut zur Ausgabe von Banknoten (= Papiergeld), mit drei Varianten:

- unter staatlicher Aufsicht, staatliches Institut, gemischtes System (Zentralbank, ergänzt durch kleinere Banken), z. B. die Bank of England (1694);
- Notenbank in Frankreich (**1715**), abgelöst durch Privatbank unter John Law (1716);
- Staatsbank (1718).

Allmählich erfolgte überall eine Verstaatlichung der Notenbanken. Heute sind sie Instrument allgemeiner Währungspolitik, auch zur Bereitstellung von Krediten für die Wirtschaft.

Literatur: R. D. Richards: Early History of Banking in England. London 1929; E. Faure: La Banqueroute de Law. 17 juillet 1720. Paris 1978; A. S. Blinder: Central Banking in Theory and Practice. Cambridge (Mass.) u. a. [2]1999.

Tripelallianz ▪

Bündnis zwischen England, den Niederlanden und Frankreich gegen Spanien und Schweden (**1717**): Die Tripelallianz richtete sich gegen Spaniens Versuch, durch Eroberung Sardiniens (1717) und Siziliens (1718) den SPANISCHEN ERBFOLGEKRIEG (1701–1713/14) gewaltsam zu revidieren. Sie erweiterte sich durch Beitritt des KAISERS zur Quadrupelallianz (1718).

South Sea Bubble ▪

Zusammenbruch der SOUTH SEA COMPANY nach exzessiven Aktienspekulationen in der gesamten englischen Gesellschaft, verbunden mit schwerer Korruption bis in die höchsten Kreise (**1720**): Der Zusammenbruch löste eine schwere Regierungskrise aus, Walpole wurde faktischer PREMIERMINISTER (1721–1742).

Literatur: J. Carswell: The South Sea Bubble. London 1961; S. Stratmann: Myths of Speculation. The South Sea Bubble and 18th-Century English Literature. München 2000.

South Sea Company ▪

AKTIENGESELLSCHAFT in England (1711–1720): Die South Sea Company erhielt gegen eine Anleihe auf 10 Mio. Pfund an den Staat das MONOPOL für den Handel mit Süd- und Mittelamerika (1711), übernahm die englischen Rechte aus dem FRIEDEN VON UTRECHT (1713), so das ANNUAL SHIP, und einen Teil der englischen Staatsschuld gegen Aktien der Gesellschaft. Eine Fusion mit der EAST INDIA COMPANY und der BANK OF ENGLAND scheiterte. Der Zusammenbruch kam nach ausgedehnten Aktienspekulationen im SOUTH SEA BUBBLE (**1720**).

Premierminister ▪

(engl.: Prime Minister) Englischer Regierungschef seit Walpole (**1721**–1742) als Vorsitzender des Kabinetts: Spätere bedeutende Amtsträger waren William Pitt der Ältere (1756–1761, 1766–1768), William Pitt der Jüngere (1783–1801, 1804–1806), Palmerston (1855–1858, 1859–1865), Disraeli (1868, 1874–1880), Gladstone (1868–1874, 1880–1885, 1886, 1892–1894), Salisbury (1886, 1886–1892, 1895–1902), Asquith (1908–1916), Lloyd George (1916–1922), Churchill (1940–1945, 1951–1955). Entsprechend regieren in (nicht allen) früheren oder gegenwärtigen Mitgliedstaaten des britischen COMMONWEALTH of Nations (z. B. Irland, Südafrika; Kanada, Australien, Neuseeland, Indien)

Premierminister, vergleichbar mit kontinentalen Ministerpräsidenten oder Kanzlern.

Literatur: M. Foley: The Rise of the British Presidency. Manchester u. a. 1993; D. Englefield u. a.: Facts About the British Prime Ministers. London 1995; R. Eccleshall (Hg.): Biographical Dictionary of British Prime Ministers. London u. a. 1998.

Friede von Nystad

Frieden zwischen Schweden und Russland zur Beendigung des (GROSSEN) NORDISCHEN KRIEGS (1700–**1721**): Schweden verlor Estland, Livland, Ingermanland und Teile Kareliens an Russland und seine Vormachtstellung im Ostseeraum; Russland stieg zur europäischen Großmacht auf.

Literatur: C. Schirren: Zur Geschichte des Nordischen Krieges. Rezensionen. Kiel 1913.

Heiliger Synod (Allerheiligster Synod)

Oberste Kollegialbehörde der Russisch-orthodoxen Kirche mit vom ZAREN ernannten Mitgliedern (**1721**): Nach der Auflösung des PATRIARCHATS übergab Peter I. die Kirchenleitung einem Kollektivorgan, das 1917 während der RUSSISCHEN REVOLUTION wieder abgeschafft wurde.

Literatur: I. Smolitsch: Geschichte der russischen Kirche 1700–1917. Bd. 1. Leiden 1964.

Fulbe

(engl.: Fulani, frz.: Peuls) Volk in Westafrika, ungeklärter Herkunft: Wahrscheinlich verließen die Fulbe nach der Austrocknung der Sahara die Wüste und verteilten sich im Savannengürtel zwischen Sahara und Regenwald von Senegal bis Kamerun. Historisch nachgewiesen ist ihre Verbreitung vom unteren Senegal nach Osten (1100). Sie lebten als Viehnomaden (»cow Fulani«) und Sesshafte in Städten (»town Fulani«). Im Gebirgsland von Fouta Djalon gründeten Fulbe nach einem JIHAD einen islamisch-theokratischen Staat (**1725**). Später folgte im Staatengebiet der Haussa im Norden Nigerias das SULTANAT VON SOKOTO (1817). Die Fulbe nahmen mit den Haussa im unabhängigen Nigeria und in Kamerun führende Positionen ein.

Literatur: L. Tauxier: Mœurs et histoire des Peuls. Paris 1937; E. Mohammadou (Hg.): L'Histoire des Peuls Férôbé du Diamaré Maroua et Pétté. Tokyo 1976.

Diamanten

(griech.: adamas = Stahl) Wertvolles Mineral aus reinem Kohlenstoff, härtestes aller Minerale, ursprünglich (nach Schliff) nur Schmuckgegenstand, später wegen seiner Härte auch mit industrieller Verwendung, vor allem zum Bohren: Diamanten waren ursprünglich nur in Asien, vor allem Südostasien, bekannt. Größere Funde bzw. größere Lagerstätten wurden in Brasilien (Minas Gerais, **1727**), Südafrika (1867), Angola, Deutsch-Südwestafrika (1907), im Kongo, an der Goldküste (1919) und in Tanganjika (1925) ausgebeutet. 1955 gelang erstmals die synthetische

Herstellung kleinerer Industriediamanten. Größte Förderländer sind Australien, Russland, Botswana, Demokratische Republik Kongo und Südafrika.

Literatur: S. Tolansky: The History and Use of Diamonds. London 1962; F. Littich: Historische Diamanten und ihre Geschichte. Stuttgart 1982; G. Wermusch: Adamas. Diamanten in Geschichte und Geschichten. Berlin [3]1987.

Kantonreglement

Einteilung Preußens durch Friedrich Wilhelm I. in Kantone zur Rekrutierung eines Regiments (**1733**–1814): Mit dem Reglement verband sich eine eingeschränkte ALLGEMEINE WEHRPFLICHT für Männer ab 20 Jahren, die jedoch durch vielfältige Ausnahmen (für ADEL, Pfarrer, Theologiestudenten, Beamte, erste Söhne von Familien u. Ä.) vorwiegend Bauern traf. Die zunächst lebenslängliche Dienstpflicht betrug später 20 Jahre. Es bestand eine hohe Desertionsrate, wodurch sich der Begriff »unsicherer Kantonist« prägte. In Preußen schafften die PREUSSISCHEN REFORMEN das Kantonreglement ab (1814), das in Ländern wie Österreich fortbestand; vgl. auch MILITARISMUS.

Literatur: O. Büsch: Militärsystem und Sozialleben im Alten Preußen 1713–1807. Die Anfänge der sozialen Militarisierung der preußisch-deutschen Gesellschaft. Frankfurt/Main u. a. 1981.

Militarismus

(zu »Militär«, von lat.: miles = Soldat; militaris = das Kriegswesen betreffend) Modernes, zunächst unter Gegnern Napoleons III. (1852–1870) geprägtes polemisches Schlagwort gegen eine Politik, in der das Militärische überwiegt: Militarismus existierte, stilprägend und der Sache nach, jedoch schon in Preußen, mit dem drückenden Übergewicht der Armee über alle anderen Belange der Gesellschaft: Seine erste Ausformung fand der Militarismus im KANTONREGLEMENT (**1733**); später diente die Armee in den SCHLESISCHEN KRIEGEN und im SIEBENJÄHRIGEN KRIEG (1756–1763) der kriegerischen Expansion, illustriert von einem Zitat des Grafen Mirabeau (1786): »Preußen ist kein Staat, der eine Armee hat, sondern eine Armee, die einen Staat hat«. Erneut spitzte sich der Militarismus im PREUSSISCHEN HEERESKONFLIKT (1861–1866) zu: In der (beschränkt) KONSTITUTIONELLEN MONARCHIE behielt die preußische Armee ihre Sonderstellung, in der Krise des ERSTEN WELTKRIEGS zuletzt (1916–1918) zur quasi-diktatorischen Macht für die 3. OBERSTE HEERESLEITUNG ausgeweitet. Im DRITTEN REICH (1933–1945), auch im modernen Japan (1932–1945), steigerte sich der Militarismus zum Kult. Der Kampf der ALLIIERTEN richtete sich im ERSTEN WELTKRIEG und ZWEITEN WELTKRIEG auch gegen den »preußisch-deutschen Militarismus«.

Entsprechend gab es ähnliche Erscheinungen auch anderswo, so im zaristischen Russland, in der UdSSR und den meisten kommunistischen Staaten. Typisch waren PRIVILEGIEN des Offizierskorps, Verzahnung von Partei und Streitkräften bis zu den höchsten Führungsspitzen, Militärparaden zum 1. MAI und zu den Staatsfeiertagen, paramilitärische

Verbände, Wehrerziehung an Schulen und in staatlichen Jugendverbänden, Militarisierung des Sports (»Spartakiaden« in UdSSR und DDR 1945–1989), Propagierung von Kriegsspielzeug (»patriotisches Spielzeug«) vom Kindergarten an. Ähnliche Züge von Militarismus traten auch in der Südafrikanischen Republik und im modernen Israel auf, besonders im LIBANONKRIEG (1982).

Literatur: G. Ritter: Staatskunst und Kriegshandwerk. Das Problem des »Militarismus« in Deutschland. 4 Bde., München [1–4]1964–1970; V. Berghahn (Hg.): Militarismus. NWB 83. Köln 1975; W. Conze u. a.: Militarismus, in: O. Brunner u. a. (Hg.): Geschichtliche Grundbegriffe, Bd. 4, S. 1–47; P. Bachmann/K. Zeisler: Der deutsche Militarismus. Berlin 1986; W. Wette: Militarismus und Pazifismus. Auseinandersetzung mit den deutschen Kriegen. Bremen 1991; U. Bröckling: Disziplin. Soziologie und Geschichte militärischer Gehorsamsproduktion. München 1997.

Polnischer Erbfolgekrieg (Polnischer Thronfolgekrieg)

Nach dem Tod König Augusts II. (des Starken) ausgebrochener Bürgerkrieg in Polen mit ausländischer Intervention (**1733**–1735): Ausgangspunkt war die gespaltene Königswahl: Russland, Preußen und Österreich unterstützten August III. (1733–1763) gegen den früheren Gegenkönig Stanislaus I. Leszczynski, für den Frankreich und Schweden waren. Russische Truppen vertrieben den zuerst gewählten Stanislaus (1733), Frankreich, Spanien und Sardinien standen gegen Österreich, das Reich, Sachsen und Russland. Frankreich besetzte Lothringen, mit Sardinien auch die Lombardei (1733). Russisch-sächsische Truppen belagerten Stanislaus Leszczynski in Danzig (1733/34) und zwangen ihn zur Flucht nach Frankreich. Im Reichskrieg gegen Frankreich (1734) erreichten russische Hilfstruppen für den KAISER 1735 erstmals den Rhein. Den Krieg beendeten die Wiener Präliminarien (Vorfriede) zwischen Frankreich und Österreich faktisch (1735), durch Beitritt Sardiniens und Spaniens formal und definitiv (1738): Der sächsische Kurfürst Friedrich August II. erhielt als August III. die polnische Krone (bis 1763), während Stanislaus Leszczynski mit den HERZOGTÜMERN Bar und Lothringen entschädigt wurde. Nach seinem Tod (1766) fielen beide Gebiete an Frankreich. Nach dem Erlöschen des Hauses MEDICI (1737) erhielt Franz Stephan von Lothringen, der spätere Kaiser Franz I., die Toskana. Österreich erhielt alte Besitzungen in der Lombardei zurück, dazu Parma -Piacenza. Dessen bisheriger Herrscher, König Karl III., erhielt stattdessen Neapel und Sizilien (1735–1759). Frankreich garantierte die PRAGMATISCHE SANKTION.

Literatur: E. v. Puttkammer: Frankreich, Rußland und der polnische Thron 1733. Königsberg 1937; J. L. Sutton: The King's Honor and the King's Cardinal. »The War of the Polish Succession«. Lexington (Ky.) 1980.

Escorial-Vertrag (auch: Familienpakt der Bourbonen)

Zu Beginn des POLNISCHEN ERBFOLGEKRIEGS (1733–1735) Bündnis der regierenden BOURBONEN in Frankreich und Spanien gegen Großbritannien (**1733**, erneuert 1743, 1761): Die Übereinkunft beinhaltete gegenseitige Garantie des Besitzstandes, sicherte französische Hilfe zur Rückeroberung Gibraltars und die spanische Expansion in Italien, proklamierte die unauflösliche Verbindung beider Linien Bourbon. Mit dem Bündnis gelang es den Spaniern, Neapel und Sizilien zu erobern.

Molasses Act

(engl.: Molasses = sirupartiges Rohprodukt für die Herstellung von Rohrzucker) Gesetz des englischen PARLAMENTS (**1733**): Großbritannien erhob rigorose STEUERN auf Importe von Zucker und Melasse aus französischen und holländischen Kolonien Westindiens in die britischen Kolonien Nordamerikas, um die britische Zuckerproduktion Westindiens zu schützen. Dem Schmuggel zwischen Westindien und Nordamerika begegneten die britischen Kolonialbehörden mit verschärften Kontrollen (ab 1761/63), die wachsende Verbitterung und Entfremdung zwischen den britischen Kolonien und Großbritannien erzeugten.

2. Russisch-türkischer Krieg

Krieg zwischen dem OSMANISCHEN REICH und dem russischen Zarenreich (**1735**–1739), teilweise parallel zum 7. TÜRKENKRIEG (1737–1739): Die Russen verwüsteten die Krim (1736) und errangen Siege in Bessarabien (1737), jedoch unterlagen die Kaiserlichen in Serbien (1737–1738). Nach dem Friedensschluss von Belgrad (1739) kamen die saporogischen KOSAKEN endgültig zu Russland, jedoch wurden weder auf dem Asowschen Meer noch auf dem Schwarzen Meer russische Schiffe zugelassen.

Corvée

Zwangsarbeit im ANCIEN RÉGIME Frankreichs für Bauern zum Bau und zur Instandhaltung von Überlandstraßen (**1738**): Die unpopuläre Maßnahme wurde noch vor der FRANZÖSISCHEN REVOLUTION von Brienne abgeschafft (1787).

Nabob

(ursprüngl.: Nawab) Titel des Vizekönigs im MOGHULREICH, später Titel der sich vom Moghulreich abspaltenden Herrscher in Bengalen (**1740**), in Oudh und Arcot: Trotz französischer Hilfe unterlag der Nabob den Truppen der EAST INDIA COMPANY unter General Clive in der Schlacht bei Plassey (1757). Der Nabob unterwarf sich den Briten und wurde abgesetzt (1764).

Auch: Im indischen Kolonialdienst zu Reichtum gelangte Briten, die nach ihrer Rückkehr auch Sitze im Unterhaus kauften (bis 1832).

Österreichischer Erbfolgekrieg

Europäischer Konflikt um die weibliche Thronfolge in Österreich (**1740**–1748), darin eingeschlossen zwei SCHLESISCHE KRIEGE (1740–1742, 1744/45): Nach dem Tod Karls VI. (1740) fochten Bayern und

Preußen die PRAGMATISCHE SANKTION an: Karl Albrecht von Bayern beanspruchte die Kaiserkrone, Preußen forderte Schlesien. Im Erbfolgekrieg tobten der Konflikt zwischen HABSBURG und WITTELSBACH um die Kaiserkrone (bis 1745), der See- und Kolonialkrieg zwischen England und Frankreich. Preußen unter Friedrich II. fielen in Schlesien ein (1740) und siegte über Österreich in der Schlacht bei Mollwitz (1741). Bayern fand Unterstützung bei Frankreich, Sachsen-Polen, Kurköln, Schweden und Neapel; für Österreich traten Großbritannien, Russland und die Niederlande ein. Bayerische und französische Truppen fielen in Oberösterreich ein, die Sachsen eroberten Böhmen. Karl Albrecht von Bayern wurde zum König von Böhmen (1741) gekrönt, als Karl VII. zum Kaiser (1742). Österreich griff Bayern an. Nach militärischen Erfolgen in Italien verloren die Österreicher gegen Preußen bei Chotusitz. Dem Sonderfrieden von Breslau zwischen Preußen und Österreich schloss sich Sachsen an. Die französische Armee kapitulierte in Prag (1742), verlor gegen Briten und Niederländer bei Dettingen (1743), zog sich hinter den Rhein zurück.

Mit dem Bündnis zwischen Savoyen und Österreich (1743), dem erneuten Bund zwischen Preußen und Frankreich und der FRANKFURTER UNION (1744) formierten sich die Konfliktparteien zum 2. SCHLESISCHEN KRIEG (1744/45), aus dem Preußen im Frieden von Dresden (1745) siegreich hervorging. Der Tod Karls VII. und der Sieg Österreichs über Frankreich bei Pfaffenhofen (1745) ebneten den Weg zum Vertrag von Füssen und Frieden zwischen Österreich und Bayern, das die Pragmatische Sanktion anerkannte. Nach dem Sieg über die Briten bei Fontenoy besetzten die Franzosen die ÖSTERREICHISCHEN NIEDERLANDE (1745), wurden von Österreich und Savoyen aus Oberitalien verdrängt (1746). Der FRIEDEN VON AACHEN (1748) beendete den Krieg.

Literatur: Die Kriege unter der Regierung der Kaiserin-Königin Maria Theresia. Österreichischer Erbfolgekrieg. Hg. vom K. u. K. Kriegsarchiv. Wien 1896–1914; M. S. Anderson: The War of the Austrian Succession, 1740–1748. London u. a. 1995.

Schlesische Kriege

Drei Kriege zwischen Preußen und Österreich um Schlesien, die ersten beiden im Rahmen des ÖSTERREICHISCHEN ERBFOLGEKRIEGS:

- 1. Schlesischer Krieg (**1740**–1742): Preußen fiel unter Friedrich II. ohne Kriegserklärung in Schlesien ein (1740). Der preußische Sieg bei Mollwitz (1741) bereitete den Breslauer Vertrag mit Frankreich und die Geheimkonvention von Kleinschnellendorf zwischen Preußen und Österreich vor (1741). Der Waffenstillstand sprach Preußen Niederschlesien und Netze zu. Preußen brach den Vertrag durch den Einfall nach Mähren (1741/42), sein Sieg bei Chotusitz erzwang den Vorfrieden von Breslau, bestätigt vom Berliner Frieden (1742): Preußen erhielt Niederschlesien, Teile Oberschlesiens und die Grafschaft Glatz; Sachsen trat dem Frieden bei.
- 2. Schlesischer Krieg (1744/45): Vorausgegangen waren die FRANKFURTER UNION und die Offensivallianz von Versailles zwischen Preußen und Frankreich gegen Österreich und Großbritannien. Preußen fiel in

Böhmen ein und eroberte Prag (1744). Österreich, Sachsen, Großbritannien und die Niederlande bildeten eine Quadrupelallianz gegen Preußen (1745). Dennoch siegte Preußen gegen Österreicher und Sachsen bei Hohenfriedberg, gegen Österreicher bei Soor, gegen Sachsen bei Kesseldorf: Mit dem Frieden von Dresden sicherte sich Preußen Schlesien.

- 3. Schlesischer Krieg (1756–1763): SIEBENJÄHRIGER KRIEG.

Literatur: Die Kriege Friedrichs des Großen. Hg. vom Großen Generalstabe. Teil 1: Der 1. Schlesische Krieg. Berlin 1890–1893: Teil 2: Der 2. Schlesische Krieg. Berlin 1895/96; M. von Hoen (Hg.): Der 1. und 2. Schlesische Krieg. Berlin 1907; A. Kloppert: Der Schlesische Feldzug von 1762. Bonn 1988; P. Baumgart (Hg.): Kontinuität und Wandel: Schlesien zwischen Österreich und Preußen. Sigmaringen 1990; S. Mazura: Die preußische und österreichische Kriegspropaganda im Ersten und Zweiten Schlesischen Krieg. Berlin 1996.

Chassidismus

(Hassidismus; von hebr.: chassid, hasid = der Fromme) Jüdische volkstümliche Bewegung der »religiösen Wiedergeburt« unter den ASCHKENASIM in Osteuropa: Chassidismus entstand als jüdische religiös-mystische Antwort auf den antijüdischen KOSAKENAUFSTAND unter Chmelnitzki (1648), aus Enttäuschung über das Scheitern der Sabbatai-Zwi-Bewegung (1666) und den Zerfall der Vierländersynode (1764), in Opposition zum konservativ-gelehrten Rabbinismus. Erst durch seine Verbreitung unter verarmten jüdischen Massen entwickelte sich das Ostjudentum als eigene Kulturgruppe mit JIDDISCH als Muttersprache. Chassidismus ist stark eschatologisch untermauert und lehnt die Autorität des Talmuds ab. Er stützt sich auf die KABBALAH von Isaac Lurias (* 1534, † 1572), in deren Zentrum die Beziehung des Menschen zu Gott steht: Gott ist als kleiner Funken in jeder Materie und Tätigkeit. Es liegt in der Macht eines jeden, auch des ungebildeten Menschen, sich durch ekstatische Hingabe an Gott zu befreien und mit ihm zu vereinen, da erst mit der Vollkommenheit Gottes die Menschheit erlöst werde. Popularisiert wurde die Lehre der Kabbalah in Podolien von Israel Ben Eliezer (* 1699, † 1760), genannt Baal Schem Tov (»Träger des guten Namens«), der als geistiger Führer des Chassidismus die lurianische Mystik der geistigen Welt des einfachen Volkes anpasste (ab **1740**). Obwohl von der rabbinischen ORTHODOXIE als Sekte verurteilt, bildete der Chassidismus später oft eine gemeinsame Front mit seinen orthodoxen Gegnern (»mitnaggedim«) gegen die aus dem Westen eindringende HASKALAH. Der heutige Chassidismus, mit Zentren in Jerusalem und New York, verbindet Lehren der noch im 19. Jahrhundert entgegengesetzten Strömungen, zerfällt aber in zahlreiche sektenartige Gruppen, jeweils geschart um einen charismatischen Rabbi. Dennoch hatten Chassidim, zusammen mit Orthodoxen und Nationalreligiösen, stets enormen indirekten, seit Netanjahus Wahl zum Ministerpräsidenten (1996) auch direkten Einfluss auf die Politik Israels. [M. F.-F.]

Literatur: S. Dubnov: Geschichte des Chassidismus. Berlin 1931 f., Jerusalem 1965; A. Rubinstein: Der Baal Schem Tow und die Anfänge des Chassidismus, in: M. Brocke (Hg.): Beter und Rebellen. Aus 1000 Jahren Judentum in Polen, Frankfurt/Main 1983, S. 79–105; G. Scholem: Die jüdische Mystik in ihren Hauptströmungen. Frankfurt/Main 1993.

Wahhabiten

Islamistische Reformbewegung auf der Arabischen Halbinsel, nach den Lehren des Gelehrten Muhammad ibn 'Abdawahhab (1703/04–1792) aus dem Najd (Arabien), für einen streng gereinigten ISLAM, gegen Neuerungen, einfach und gleichsam puritanisch: Abdawahhab begann mit seinen Predigten (**1741**), erhielt eine politische Basis durch das Bündnis mit einem lokalen Herrscher bei Riyad (1744) als Ausgangspunkt zu einem wahhabitischen Gottesstaat auf der Arabischen Halbinsel – durch Betonung eines alt-arabischen Nationalismus, gegen die OSMANEN gerichtet. Auch zur Abwehr wahhabitischer Einflüsse auf Syrien und Irak fiel Mohamed Ali von Ägypten aus in Arabien ein (1811–1818, 1838–1840) und eroberte den Hedschas mit den HEILIGEN STÄTTEN des Islam (Mekka, Medina) für den SULTAN. Die heutigen Herrscher Saudi-Arabiens seit Ibn Saud gehen auf Abdawahhab im direkten Mannesstamm zurück. Mit ihrem enormen Ölreichtum verbreiten sie die wahhabitische Variante des Islam, auch in akuten Krisenregionen (z. B. Bosnien-Herzegovina, Zentralasien, Förderung der TALIBAN in Afghanistan), in Spannung zur ursprünglichen Schlichtheit, womit sie den Protest des saudischen Millionär-Fundamentalisten Osama bin Laden provozierten, der ihnen Korruptheit vorwirft.

Literatur: L. A. Olivier De Corancez: The History of the Wahabis. From Their Origins Until the End of 1809. The Founders of Saudi Arabia. Reading 1995; U. Pfullmann: Thronfolge in Saudi-Arabien. Wahhabitische Familienpolitik von 1744 bis 1953. Berlin 1997.

Frankfurter Union

Bündnis zwischen Kaiser Karl VII., Preußen, Hessen-Kassel und der Pfalz in Frankfurt am Main (**1744**) zur Sicherung der Reichsverfassung (Wiedereinsetzung der WITTELSBACHER in Bayern) und des Friedens im Reich: Die Frankfurter Union trat für die Anerkennung von Karl VII. als Kaiser durch Österreich und Schlichtung der Erbfolge in Österreich durch die Reichsstände ein. Ergänzt wurde das Bündnis durch ein Abkommen Preußens mit Bayern, das preußische Ansprüche in Böhmen anerkannte, und ein Offensivbündnis mit Frankreich (formalisiert in Versailles, 1744), als Ausgangslage zum 2. SCHLESISCHEN KRIEG.

Friede von Aachen

Friedensschluss zur Beendigung des ÖSTERREICHISCHEN ERBFOLGEKRIEGS (1740–1748) zwischen Österreich, Großbritannien, den Niederlanden, Sardinien einerseits, Frankreich, Spanien, Modena, Genua andererseits (**1748**): Österreich trat das HERZOGTUM Parma und Piacenza an den spanischen Infanten Philipp für die spanisch-bourbonische SEKUNDOGENITUR ab. Frankreich räumte die ÖSTERREICHISCHEN NIEDERLANDE und erklärte sich einverstanden mit der Wiederherstellung der BARRIERE. Die Erbfolge des Hauses Hannover in Großbritannien, die PRAGMATISCHE SANKTION (1711) und der Besitz Preußens an Schlesien und der Grafschaft Glatz wurden völkerrechtlich anerkannt. Wechselseitige Rückgabe von Eroberungen Englands und Frankreichs stellte in Übersee den Status quo wieder her, ohne den Fortgang der See- und Kolonialkriege zu hindern. In Europa hielt der Friede nur bis zum SIEBENJÄHRIGEN KRIEG (1756–1763).

Wesentliche Rückwirkung zeigte der Friede von Aachen vor allem auf Frankreich, das außenpolitische Misserfolge trotz militärischen und finanziellen Anstrengungen erlitt: Die Agonie des ANCIEN RÉGIME begann, bis zur FRANZÖSISCHEN REVOLUTION (1789).

Literatur: T. R. Kraus: »Europa sieht den Tag leuchten... «. Der Aachener Friede von 1748. Aachen 1998.

Sekundogenitur

(lat.: secundus = der Zweite + genitur = wird geboren) Nebenlinie einer fürstlichen/königlichen DYNASTIE, getragen von nachgeborenen Söhnen, mit Vermögens- oder Landesteilen zur Ausstattung: Wichtige Beispiele in Europa sind die VALOIS im HERZOGTUM Burgund (1363–1477), die HABSBURGER in der Toskana (1737–1859, mit Unterbrechungen), die spanischen BOURBONEN in Parma und Modena seit dem FRIEDEN VON AACHEN (**1748**). Nach dem WIENER KONGRESS standen Teile Italiens unter Sekundogenituren der Habsburger (bis 1859).

»De l'esprit des lois«

Grundlegendes staatsphilosophisches und -theoretisches Werk von Montesquieu, anonym veröffentlicht (**1748**), das mit sofortigem Erfolg 20 Auflagen (allein bis 1750) erreichte: Montesquieu propagierte nach (idealisiertem) britischem Vorbild die Gewaltenteilung in Exekutive, Legislative und unabhängige Rechtsprechung als Alternative zur ABSOLUTEN MONARCHIE. Das Werk hatte großen Einfluss auf die Endkrise des ANCIEN RÉGIME bis zur FRANZÖSISCHEN REVOLUTION (1789) und ihre Verfassungsentwürfe, auf die AUFKLÄRUNG in Europa, die VERFASSUNG DER USA (1787) sowie auf das moderne Verfassungsdenken und den LIBERALISMUS.

Literatur: L. Desgraves: Montesquieu. Frankfurt/Main 1992; P.-L. Weinacht (Hg.): Montesquieu – 250 Jahre »Geist der Gesetze«. Beiträge aus politischer Wissenschaft, Jurisprudenz und Romanistik. Baden-Baden 1999.

Aufklärung

(frz.: lumières = Lichter; engl.: Enlightenment) Bewegung der europäischen Geistesgeschichte, die nach dem »finsteren Mittelalter«, die menschlichen Beziehungen – individuelle, soziale, staatliche – auf Grundlage des kritischen Verstandes (Rationalismus) neu gestalten und ordnen wollte: Die Aufklärung ging in Weiterführung des HUMANISMUS der RENAISSANCE, neuer Kenntnisse durch Entdeckungen und Naturwissenschaften zunächst von den Niederlanden aus (ca. 1650), griff mit der GLORIOUS REVOLUTION (Locke, Hume, Newton) auf England über, von dort nach Frankreich (**1750**; Montesquieu, Voltaire, Diderot, Rousseau,

ENZYKLOPÄDIE) und Deutschland (Lessing, Moses Mendelssohn, Kant) – »Ausgang des Menschen aus seiner selbst verschuldeten Unmündigkeit« (Kant). Politische Wirkungen zeigten sich im aufgeklärten ABSOLUTISMUS (u. a. Friedrich II., Joseph II.). Aufklärung lebte vom optimistischen Glauben an Fortschritt und unbegrenzte Verbesserungsfähigkeit des Menschen. Zentral waren GESELLSCHAFTSVERTRAG, Hebung des allgemeinen Wohlstands (»Glück«), Ausdehnung der Bildung auf alle Volksschichten, Reformen zur Milderung und Humanisierung von Recht und Strafvollzug. Mit Verweis auf unverzichtbare Menschenrechte trat die Aufklärung für das Ende der HEXENVERFOLGUNG ein. FOLTER als staatliches Beweismittel wurde allmählich abgeschafft, die LEIBEIGENSCHAFT gemildert. In der Gesellschaft wuchs Opposition zu SKLAVEREI und SKLAVENHANDEL. China mit seiner rationellen BÜROKRATIE diente als Modell für die kritische Intelligenz (»philosophes« in Frankreich). Kritik an PRIVILEGIEN und MONOPOLEN im ANCIEN RÉGIME mündete in allgemeine Forderungen nach Gleichheit vor dem Gesetz und Steuergerechtigkeit, unmittelbar einmündend in die FRANZÖSISCHE REVOLUTION (1789). Der Optimismus der Aufklärung wurde erstmals durch das ERDBEBEN VON LISSABON (1755) erschüttert.

Literatur: W. Philipp (Hg.): Das Zeitalter der Aufklärung. Neudruck Wuppertal 1988; H. Stuke: Aufklärung, in: O. Brunner u. a. (Hg.): Geschichtliche Grundbegriffe, Bd. 1., S. 243–342; Winfried Schulze: Aufklärung, Politisierung und Revolution. Pfaffenweiler 1991; R. Porter: Kleine Geschichte der Aufklärung. Berlin 1995; S. Jüttner, J. Schlobach: Europäische Aufklärung(en). Einheit und nationale Vielfalt. Hamburg 1992; M. Horkheimer/T. W. Adorno: Dialektik der Aufklärung. Philosophische Fragmente. Frankfurt/Main [13]2001.

Enzyklopädie

(griech.: enzyklios = im Kreise laufend + paidia = Erziehung) Allgemein: Umfassende, übersichtliche (systematisch oder alphabetisch angeordnete) Gesamtdarstellung des Wissens einer Zeit oder eines Fachgebiets seit der griechischen Antike (Werke des Aristoteles): Der im europäischen Mittelalter als »Summa« bezeichnete Wissenskanon tauchte erst seit der RENAISSANCE wieder unter dem klassischen Namen auf. Zu den bedeutendsten Enzyklopädien zählten u. a. Francis Bacon (* 1561, † 1626): »Novum organum scientiarum« (1620); E. Chambers: »Cyclopaedie« (2 Bde., 1728); J. P. Ludewig: »Großes vollständiges Universallexikon« (68 Bde., 1731–1754); die »Encyclopédie« (24 Bde., **1751**–1772), »Encyclopaedia Britannica« (3 Bde., 1768–1771, 1797). Seither erschienen Enzyklopädien in zahlreichen Sprachen und Ländern. Nach 1800 kam in Deutschland das Konversationslexikon auf, um Laien Chancen zur »guten Conversation« zu eröffnen.

Die von den Enzyklopädisten d'Alembert und Diderot unter Mitwirkung u. a. von Voltaire, Montesquieu, Rousseau, Turgot, Antoine Marquis de Condorcet (1743–1794) in Paris herausgegebene »Encyclopédie« war das Sammelbecken der französischen AUFKLÄRUNG und vertrat ein relativ einheitliches Weltbild. Sie setzte die umfassende Darstellung des Wissens als Mittel der Aufklärung ein, z. B. durch Artikel über technisch-naturwissenschaftliche Themen (u. a. Modernisierung der Landwirtschaft, Verbesserungen), auch mit ätzender Polemik gegen »Obskurantismus« von Klerus und Kirche (»Ecrasez l' infâme«). Die französische »Enzyklopädie« war repräsentatives Sammelwerk, Selbstdarstellung und Instrument der Aufklärung, mit Einfluss auch außerhalb Frankreichs, und regte z. B. die Gründung des BRITISCHEN MUSEUMS an (1759).

Literatur: E. Weis: Geschichtsschreibung und Staatsauffassung in der französischen Enzyklopädie. Wiesbaden 1956; J. L. d'Alembert (Hg.): Einleitung zur »Enzyklopädie«. Hamburg 1997; S. Jüttner: Schriftzeichen. Die Wende zur Universalliteratur unter Frankreichs Enzyklopädisten (1750–1780). Stuttgart 1999; M. Naumann (Ausw.): Diderots Enzyklopädie. Eine Auswahl. Leipzig 2001.

Erdbeben von Lissabon

Schweres Erdbeben in Portugal und Teilen Spaniens, das vor allem Lissabon zerstörte (**1755**): Im Zuge der Rettungs- und Wiederaufbauarbeiten stieg Pombal zum leitenden Minister Portugals auf (1756–1777) und setzte im Geist des aufgeklärten ABSOLUTISMUS umfassende Reformen durch. Das Erdbeben erschütterte erstmals den Optimismus der AUFKLÄRUNG.

Literatur: W. Breidert (Hg.): Die Erschütterung der vollkommenen Welt. Die Wirkung des Erdbebens von Lissabon im Spiegel europäischer Zeitgenossen. Darmstadt 1994.

Renversement des Alliances

(dt.: Umsturz der Bündnisse) Nach dem ÖSTERREICHISCHEN ERBFOLGEKRIEG (1740–1748) und FRIEDEN VON AACHEN (1748) Aufmarsch der Koalitionen zum SIEBENJÄHRIGEN KRIEG (1756–1763), seit dem Frontwechsel Englands und Frankreichs (**1756**): Die Westminsterkonvention war ein Bündnis mit Preußen, das SUBSIDIEN gegen Österreich erhielt (bis 1761). Im Vertrag von Versailles schloss Frankreich (1756) ein Bündnis mit Österreich, seinem langjährigen Hauptgegner, ergänzt durch eine russisch-schwedische Allianz (1757).

Literatur: L. Schilling: Kaunitz und das Renversement des alliances. Berlin 1994.

Siebenjähriger Krieg

Europäischer Hegemonialkrieg (**1756**–1763), identisch mit dem 3. SCHLESISCHEN KRIEG: Als Kriegsparteien standen sich Preußen und England einerseits, Österreich, Frankreich, Sachsen, die meisten Reichsstände, Russland und Schweden (bis 1762) andererseits gegenüber. Hauptkriegsschauplatz war Deutschland, ferner Indien und Nordamerika (Kanada), um die Großbritannien und Frankreich einen See- und Kolonialkrieg führten.

Auslöser war ein »präventiver« Überfall Preußens auf Sachsen, dessen Armee nach längerem Widerstand kapitulierte und der preußischen Armee eingegliedert wurde (1756). Russland, Schweden und die meisten Reichsstände schlossen sich Österreich an (1757). Preußen fiel in Böhmen ein und siegte bei Prag. Nach der Niederlage bei Kolin musste sich Preußen wieder aus Böhmen zurückziehen. Franzosen besiegten britisch-hannoversche Truppen bei Hastenbeck (1757). Preußen verlor bei

Breslau gegen Österreich, bei Großjägerndorf gegen Russland, siegte aber über das Reichsheer und die Franzosen bei Roßbach, über die Österreicher bei Leuthen (1757), sodass Österreich erneut Schlesien räumte. In Indien besiegten Truppen der EAST INDIA COMPANY Franzosen und Bengalen bei Plassey (1757) und setzten den Grundstein zur britischen Eroberung Indiens (bis 1856).

Nach dem ergebnislosen Einfall der Preußen in Mähren verhinderte die unentschiedene Schlacht zwischen Preußen und Russen bei Zorndorf (1758) die Vereinigung der Russen mit den Österreichern. Österreich siegte über Preußen bei Hochkirch, Preußen und Hannoveraner setzten sich gegen die Franzosen bei Krefeld durch (1758). Nachdem Österreich in Schlesien eingefallen war (1759), fügte es im Bündnis mit Russland den Preußen bei Kunersdorf (1759) eine vernichtende Niederlage zu, Russen besetzten Ostpreußen: Die preußische Armee entging knapp der Auflösung und war nun endgültig in der Defensive. Es folgten der Sieg der Franzosen über Preußen bei Bergen-Enkheim, der Preußen und Hannoveraner über die Franzosen bei Minden. Im Mittelmeer und Atlantik verbuchten die Briten Seesiege über Frankreich und eroberten Quebec (1759). In der Schlacht bei Landshut siegte Österreich über Preußen, verlor aber bei Liegnitz und Torgau (1760). Russen und Österreicher besetzten Berlin (1760), Briten eroberten Montreal (1760) und damit Kanada. Österreich eroberte Schlesien, während Preußen bei Langensalza über Sachsen, bei Vellinghausen über Franzosen siegten. Großbritannien stellte seine SUBSIDIEN an Preußen ein (1761).

Nach dem Tod der Zarin Elisabeth schied Russland aus dem Krieg aus, gefolgt von Schweden (1762), was Preußen rettete. Bei Burkersdorf schlugen Preußen die Österreicher, bei Freiberg die Reichsarmee, bei Wilhelmsthal (1762) die Franzosen. Friedenspräliminarien zwischen Großbritannien und Frankreich (1762) eröffneten Verhandlungen (Dezember 1762) zum FRIEDEN VON PARIS und Hubertusburg (1763).

Ergebnis: Preußen behauptete seine Position, wurde als kleinste europäische Großmacht anerkannt. Da es diese Stellung jedoch nur mit russischer Hilfe erreicht hatte, geriet es durch sein Bündnis (1764) in Abhängigkeit zu Russland, bis zur REICHSGRÜNDUNG (1871). England setzte seinen Aufstieg als führende See- und Kolonialmacht fort.

Literatur: J.W. Archenholz: Geschichte des Siebenjährigen Kriegs. Leipzig [12]1892. Nachdruck 1997; J. Burkhardt: Abschied vom Religionskrieg. Der Siebenjährige Krieg und die päpstliche Diplomatie. Tübingen 1985; T. Pocock: Battle for Empire. The Very First World War, 1756–63. London 1998; F. Anderson: Crucible of war. The Seven Years' War and the Fate of Empire in British North America, 1754–1766. New York [5]2000.

Britisches Museum

(engl.: The British Museum) BIBLIOTHEK und Museum in London: Ein von der ENZYKLOPÄDIE beeinflusster Parlamentsbeschluss führte zur Gründung des Britischen Museums (1753). Die neue Institution erhielt das Pflichtexemplarrecht, die Bestände der alten königlichen Bibliothek (1757), später die Bibliothek Georgs III. (1823). Erster Standort war das Montague House (**1759**), später ein Neubau im klassizistischen Stil

(1823–1857), mit rundem Lesesaal und Kuppel als zentraler Lichtquelle (1855–1857). Das Britische Museum besitzt neben der Bibliothek (»British Museum Library«) eine ausgedehnte Sammlung altorientalischer und antiker Kunst.

Literatur: D. M. Wilson: The British Museum. Purpose and Politics. London 1989; M. J. Price: British Museum. London 1992; M. Caygill: The Story of the British Museum. London [2]1992; M. Wilson (Hg.): The Collection of the British Museum. London [5]1993; P. R. Harris: A History of the British Museum Library, 1753–1973. London 1998.

Industrielle Revolution

Übergang von der agrarischen zur industriellen Produktion, ausgehend von Nordengland und Südschottland (**ca. 1760**), nach langer Vorgeschichte (EXPANSION EUROPAS IN ÜBERSEE, Frühkapitalismus, MERKANTILISMUS, Ursprüngliche Akkumulation), später auch auf dem Kontinent als beschleunigter technologischer, wirtschaftlicher und sozialer Wandel: Den Begriff benutzten zuerst Louis Auguste Blanqui (1837), Friedrich Engels (1845), Karl Marx, Alexis de Tocqueville und Arnold Toynbee d. Ä.

Die Industrielle Revolution hat universalhistorische Bedeutung für die gesamte Menschheit. Ihre umstürzenden Konsequenzen betrafen alle Gebiete, ökonomische und technische, soziale, politische und geistige. Ausgangspunkt war zunächst die Textilindustrie (Wolle, BAUMWOLLE), deren mechanisierte Produktion Eisenindustrie und Kohlenbergbau anregte. Es entstanden neue Verkehrsmittel – EISENBAHN, Dampfschiff, Auto und Flugzeug. Ihre Ausbreitung auf dem europäischen Kontinent nach 1800 (indirekt gefördert durch die KONTINENTALSPERRE) folgte ungefähr entlang der umfangreichen Kohlevorkommen – von Belgien über Nordostfrankreich, das Ruhr- und Saargebiet, Böhmen, Oberitalien, Oberschlesien bis zum Donezbecken und in dem Ural. Sie erreichte nach Westen die USA, nach Osten Japan seit der MEIJI-ÄRA (1868–1912). Südafrika industrialisierte sich – einzigartig – mit DIAMANTEN und GOLD (seit 1867/86). Mit der Kolonialherrschaft im Zeitalter des IMPERIALISMUS wurden die neuen Industrien auch Grundlage für die Industrialisierung in der sog. Dritten Welt.

Die Industrielle Revolution bewirkte ein generelles Wachstum von Produktion und Produktivität, förderte den Fortschrittsglauben, unterbrochen durch WELTWIRTSCHAFTSKRISEN, ERSTEN und ZWEITEN WELTKRIEG, begleitet von Bevölkerungswachstum und INFLATION. Sie ermöglichte die Technisierung der Kriegführung, bis zu Nuklear- und Raketenwaffen, bakteriologischen und chemischen Kampfstoffen (ABC-Waffen). Nach 1945 zeigten sich Überindustrialisierung, UMWELTKATASTROPHEN, Ökologie- und Rüstungskrisen. Energie- und Wasserknappheit verweisen auf die Begrenztheit von Ressourcen bei gleichzeitiger Bevölkerungsexplosion: Kriegerische Konflikte und die Tendenz zur vielfältigen Selbstzerstörung nehmen zu.

Literatur: D. S. Landers: Der entfesselte Prometheus. Köln 1973; E. J. Hobsbawm: Industrie und Empire. Frankfurt/Main Bd. 1 [12]1989, Bd. 2 [8]1985; A. Paulinyi: Industrielle Revolution. Vom Ursprung der modernen Technik. Reinbek 1989; P. Hudson: The Industrial Revolution. London u. a.

[7]1998; C. More: Understanding the Industrial Revolution. London u. a. 2000; W. Köllmann: Die industrielle Revolution: Bevölkerung, Technik, Wirtschaft, Industrie, Unternehmer, Arbeiterschaft, Sozialreform, Sozialpolitik. Stuttgart u. a. [6]2000; M. Grohmann/W. Jäger: Industrielle Revolution und Moderne um 1900. Der Prozess der Industrialisierung und die Herausforderungen der Gesellschaft. Berlin 2001.

Manufaktur

(zu lat.: manu = mit der Hand + factum = gemacht) Vorstufe zur Fabrik seit der Industriellen Revolution (ab **ca. 1760**): Viele Handwerker arbeiteten zwar in einer großen Fertigungshalle unter einem Dach, übten jedoch noch ihr altes Gewerbe mit einem geringen Grad an Arbeitsteilung (Spezialisierung) aus. Manufaktur steht im Gegensatz zur industriellen Produktion der Fabrik, mit Mechanisierung und Spezialisierung. Heute dient der Begriff im Deutschen auch noch als Bezeichnung für die (meist staatliche) Herstellung von Porzellanwaren, z. B. Meißener oder Nymphenburger Porzellanmanufaktur.

Literatur: R. Spohn: Kampf um die Arbeitskraft. Abwerbung von Handwerksgesellen im Zeitalter der Protoindustrialisierung. Frankfurt/Main 1993.

»Le contrat social«

Grundlegendes Werk von Jean-Jacques Rousseau (**1762**); deutsch: »Der gesellschaftliche Vertrag oder die Grundlagen des allgemeinen Staatsrechts« (1763), ausgehend von älteren Ansätzen, rasch mit vielen Auflagen und Übersetzungen in europäische Sprachen: Der Staat sei aus freiem Übereinkommen zwischen Regierten und Regierenden entstanden; zu unterscheiden sei zwischen Vereinigungsvertrag theoretisch gleichberechtigter Partner (»pactum unionis«) und Unterwerfungsvertrag (»pactum subiectionis«). Rousseau hatte eine tiefe Wirkung auf die sich revolutionierende Intelligenz im ausgehenden Ancien régime bis zur Französischen Revolution (1789), auch abzulesen an der postumen Verehrung für Rousseau in der Revolution.

Literatur: J. W. Gough: The Social Contract. A Critical Study of its Development. Oxford [3]1963; A. Voigt (Hg.): Der Herrschaftsvertrag. Neuwied 1965; J. J. Rousseau: Vom Gesellschaftsvertrag. Hg. v. H. Brokkard. Stuttgart 1977; L. Strauss: Naturrecht und Geschichte. Frankfurt/Main 1989; R. Brandt/K. Herb: Jean-Jacques Rousseau. Vom Gesellschaftsvertrag oder Prinzipien des Staatsrechts. Schriftenreihe: Klassiker auslegen. Berlin 2000.

Friede von Paris

Friede Großbritanniens mit Frankreich und Spanien zur Beendigung des Siebenjährigen Kriegs (**1763**): Großbritannien erhielt von Frankreich Kanada, Neuschottland (Nova Scotia), Kap Breton, die Westindischen Inseln (St. Vincent, Tobago, Dominica, Grenada), den Senegal und Menorca, von Spanien Florida, gab dafür Martinique, Guadeloupe, Gorée, Niederlassungen in Indien und Fischereirechte vor Neufundland an Frankreich zurück. Louisiana wechselte von Frankreich zu Spanien. Der Friede verschärfte die Agonie des Ancien régime.

Friede von Hubertusburg

Erschöpfungs- und Kompromissfriede zwischen Österreich und Preußen, auch zwischen Sachsen, Polen und dem Reich (**1763**), der den SIEBENJÄHRIGEN KRIEG beendete: Der Frieden garantierte den territorialen Status quo in Zentraleuropa und bestätigte Preußens Herrschaft über Schlesien. Friedrich II. wurde als König von Preußen (statt bisher: »in Preußen«) und Großmacht anerkannt. Preußen versprach die brandenburgische Kurstimme für die Kaiserwahl Josephs II. (1765).

Literatur: C. v. Beaulieu-Marconnay: Der Hubertusburger Friede. Leipzig 1871; R. Vierhaus: Staaten und Stände. Vom Westfälischen bis zum Hubertusburger Frieden. 1648–1763. Berlin 1990.

»Familie«

Adelspartei in Polen seit dem INTERREGNUM von August III. zu Stanislaus II. August Poniatowski (**1763/64**), unter der Magnatenfamilie der Czartoryski, aus deren »Familie« der neue König kommen sollte: Die Partei betrieb Reformen (u.a. Abschaffung des LIBERUM VETO), die sie mit militärischer Hilfe Russlands durchzusetzen suchte. Auch die Wahl Poniatowskis erfolgte unter dem »Schutz« russischer Truppen (1764).

Patrioten

Allgemein: Seit dem 18. Jahrhundert häufiger Name für politische Gruppierungen, gegen fremde Einflüsse oder Fremdherrschaft; hier speziell: Eine der beiden Adelsparteien im sich abzeichnenden Bürgerkrieg in Polen, seit dem INTERREGNUM von August III. zu Stanislaus II. August Poniatowski (**1763/64**): Die Patrioten waren gegen TOLERANZ für Nichtkatholiken (Dissidenten), für Beibehaltung des LIBERUM VETO. Nachdem ein prorussischer Flügel zuvor die KONFÖDERATION VON RADOM (1767) gebildet hatte, schlossen die Patrioten die KONFÖDERATION VON BAR (1768). Nach der 1. TEILUNG POLENS (1772) setzten sie die VERFASSUNG VOM 3. MAI durch (1791). Nach der 2. TEILUNG POLENS (1793) erhoben sie sich im Kosciusko-Aufstand (1794), viele emigrierten nach der 3. TEILUNG POLENS (1795).

Auch: Aufständische im AMERIKANISCHEN UNABHÄNGIGKEITSKRIEG (1775–1783), in den Niederlanden (1785–1788), in den ÖSTERREICHISCHEN NIEDERLANDEN (1789–1794); entschiedene Verfechter der FRANZÖSISCHEN REVOLUTION (1789), Gegner Napoleons I. in Deutschland (1807–1815). Später steht der Begriff allgemein für Nationalisten; im kommunistischen Wortgebrauch auch für Anhänger der REVOLUTION.

Sugar Act

Gesetz des englischen PARLAMENTS (**1764**): Die Bestimmung verschärfte den MOLASSES ACT (1733) durch zusätzliche Zölle auf Zucker und Melasse aus nichtenglischen für nordamerikanische Kolonien und das Verbot der Einfuhr von Rum aus Nordamerika nach Großbritannien. Das Gesetz stürzte viele Importkaufleute der nordamerikanischen

Kolonien in die Krise. Verstöße gegen den Sugar Act fielen in den Kompetenzbereich des neuen Gerichtshofs der Admiralität (»Vice-Admirality Court«) für alle 13 nordamerikanischen Kolonien.

Colonial Currency Act

Gesetz des englischen PARLAMENTS, zunächst für Neuengland (1751), später für alle 13 britischen Kolonien in Nordamerika (**1764**): Landbanken waren verboten, Kreditbriefen blieb die Anerkennung als gesetzliches Zahlungsmittel verweigert. Der Colonial Currency Act bewirkte eine weitere Schwächung des Kreditmarkts in den Kolonien, die zahlreiche Bankrotte nach sich zog und zunehmende Unzufriedenheit unter den britischen Kolonisten in Nordamerika hervorrief.

Stamp Act

Gesetz des englischen PARLAMENTS zur Besteuerung der nordamerikanischen Kolonien (**1765**): Die Stempelgebühren auf rechtliche und geschäftliche Dokumente, Zeitungen, Zeitschriften, Almanache, Spielkarten und Würfel stießen auf massiven Protest in den Kolonien. Proteste mündeten im STAMP ACT CONGRESS (1765), der die Rücknahme des Stamp Act erreichte (1766), gefolgt vom DECLARATORY ACT (1766).

Literatur: E. S. Morgan, H. M. Morgan: The Stamp Act Crisis. Prologue to Revolution. New York (N.Y.) u. a. [7]1976; J. L. Bullion: A Great and Necessary Measure. George Grenville and the Genesis of the Stamp Act, 1763–1765. Columbia u. a. 1982.

Quartering Act

Gesetz des englischen PARLAMENTS (**1765**), das bei Mangel an Kasernen die Einquartierung britischer Soldaten in den 13 nordamerikanischen Kolonien auch in Gast- und Privathäusern verfügte: Heftige Proteste, besonders in der Kolonie New York, beantworteten die Behörden mit der Auflösung der Vertretung der Kolonie (New York Assembly, 1767).

Stamp Act Congress

Tagung von 28 Delegierten aus neun Kolonien in New York (**1765**): Die Delegation formulierte erstmals Protest gegen den STAMP ACT in einem Memorandum an den König und das PARLAMENT. Aufgrund der »Declaration of Rights and Liberties« zog London den Stamp Act zurück (1766).

»Instruktionen«

Kompilation aus verschiedenen Werken der AUFKLÄRUNG, vor allem den Schriften Montesquieus, durch Katharina II., als Rahmen für moderne Reformen in Russland (**1765**), deren Details eine »Vertretung aller Stände des russischen Volkes«, die GESETZGEBENDE KOMMISSION (1767/68), erarbeiten sollte: Äußerlich repräsentierten die »Instruktionen« modern-fortschrittliche Ideen der Aufklärung. Für ihre Umsetzung fehlte jedoch die reale Basis in der russischen Gesellschaft, u. a. Bereitschaft, von der AUTOKRATIE zu lassen.

Britisch-Indien

Unter direkter Herrschaft stehendes Gebiet innerhalb des von der EAST INDIA COMPANY eroberten Indien: Britisch-Indien wurde nach militärischem Widerstand einheimischer Fürsten erobert und, nach Absetzung der Fürsten, der direkten Herrschaft der Company unterstellt (zuerst Bengalen, **1765**). Später unterstand Britisch-Indien der britischen KRONE (ab 1858). Es war stilprägendes Beispiel für den Unterschied zwischen direkter und indirekter Herrschaft in den »FÜRSTENSTAATEN« Indiens.

Literatur: E. Thornton: The History of the British Empire in India. New Delhi 1988; M. Lal Gupta: History of British Rule in India. New Delhi 1993; R. Cavaliero: Strangers in the Land. The Rise and Decline of the British Indian Empire. London 2002.

Declaratory Act

Nach Rücknahme des STAMP ACT unter Druck des STAMP ACT CONGRESS erlassenes Gesetz des englischen PARLAMENTS (**1766**): Es bekräftigte das Recht der KRONE, auch für die britischen Kolonien in Nordamerika bindende Gesetze zu erlassen und STEUERN zu erheben. Mit dem Gesetz verschärfte sich die Opposition in den Kolonien.

»No taxation without representation«

(dt.: Keine BESTEUERUNG OHNE VERTRETUNG) Parole der Opposition in den 13 nordamerikanischen Kolonien gegen den vom DECLARATORY ACT bekräftigten Anspruch des englischen PARLAMENTS, auch die nordamerikanischen Kolonien zu besteuern (**1766**): London lehnte die in der Parole implizierte Forderung nach einer Vertretung der Kolonien in Westminster ab: Oppositionelle Kolonisten beriefen den (1.) CONTINENTAL CONGRESS (1774) ein.

Konföderation von Radom (Generalkonföderation)

Zusammenschluss der polnischen Opposition gegen Reformen in Radom unter dem früheren PATRIOTEN Karol Radziwill (**1767**): Die Konföderation forderte Gleichberechtigung der Dissidenten, Aufhebung aller bisherigen Reformen, Absetzung Stanislaus II. Poniatowskis. Sie schloss einen »ewigen Vertrag« mit Russland, um sich dessen militärische Hilfe zu sichern. Im innenpolitischen Bereich behielt sie u. a. das Prinzip des LIBERUM VETO und die freie Königswahl bei (lehnte also die Erbmonarchie ab). Obwohl Nichtkatholiken größere TOLERANZ gewährt wurde, behielt die katholische Kirche ihre dominierende Stellung (1768). Dagegen bildete sich die KONFÖDERATION VON BAR (1768).

Literatur: J. K. Hoensch: Sozialverfassung und politische Reform in Polen im vorrevolutionären Zeitalter. Köln 1973.

Gesetzgebende Kommission

Repräsentative Versammlung (»Vertretung aller Stände«) in Russland, von der Kaiserin Katharina II. (**1767**) einberufen: Das Gremium, ohne allgemeines und gleiches Wahlrecht, jedoch mit zahlreichen Ausschüssen, bestand aus verschiedenen gesellschaftlichen Lagern – 161 Deputierte des Adels, 208 der Städte, 79 der freien Bauern, 88 der Kosaken und asiatischen Stämme, 27 Mitglieder von Regierungsorganen (u. a. Senat); der Heilige Synod war durch den Metropoliten von Nowgorod vertreten. Ziel der Kommission war, auf Grundlage der Instruktionen (1765) eine moderne Rechts- und Verfassungskodifikation für das Zarenreich zu schaffen. Dazu wurden Beschwerdehefte ausgelegt. Die Sitzungen fanden in Moskau, später St. Petersburg statt (1768). Im 3. Russisch-türkischen Krieg (1768–1774) löste Katharina II. Plenum (1768) und Ausschüsse (1774) auf: Ihr quasi-parlamentarischer Reformversuch war gescheitert.

Literatur: G. Sacke: Die gesetzgebende Kommission Katharinas II. Ein Beitrag zur Geschichte des Absolutismus in Rußland. Breslau 1940.

Konföderation von Bar

Polnisches Gegenbündnis zur Konföderation von Radom (**1768**–1772): Der Zusammenschluss gegen Russland trat für Wiederherstellung des Katholizismus als Staatsreligion in Polen ein. Obwohl russische Truppen und Aufstände orthodoxer Bauern in der Ukraine gegen katholische, polnische Grundherren das Bündnis schwächten, konnte es Erfolge in Polen und Litauen (1768) verzeichnen: Konflikte eskalierten zu Bürgerkrieg und Anarchie (bis 1772). Da die Konföderation die Hilfe Frankreichs und der Türkei anrief, provozierte sie den 3. Russisch-türkischen Krieg (1768–1774). Ein Attentat auf Poniatowski (1771) scheiterte. Nach der 1. Teilung Polens (1772) zerschlugen die Teilungsmächte das Bündnis (1772).

Literatur: W. Konopczynski: Konfederacja Barska. 2 Bde., o. O. 1935–37.

3. Russisch-türkischer Krieg

Konflikt zwischen zaristischem Russland und Osmanischem Reich (1768–1774): Im Bürgerkrieg in Polen standen die Osmanen aufseiten der (von Frankreich unterstützten) Konföderation von Bar (**1768**) und eröffneten nach Grenzzwischenfällen den Krieg gegen Russland. Russische Truppen fielen in die Donaufürstentümer Moldau und Walachei ein, (1769), vernichteten (mit Unterstützung britischer Offiziere) die osmanische Flotte im Hafen von Tscheschme (1770) und eroberten die Krim (1771). Der Ablenkung Russlands vom Balkan diente die 1. Teilung Polens (1772). Zugleich brach im Süden Russlands der Pugatschow-Aufstand (1773–1774) aus. Der Sieg der Russen über die Osmanen bei Schumla (1774) beendete den Krieg. Der Friede von Kütschük-Kainardschi eröffnete die Orientalische Frage (1774–1923).

Teilungen Polens

Aufteilung Polens durch Russland, Österreich und Preußen, in drei Etappen (1772, 1793, 1795), jeweils mit Teilungsverträgen in St. Petersburg besiegelt:

- 1. Teilung Polens (**1772**); Vorgeschichte: Seit dem Kaschauer Privileg (1374) dominierte der ADEL (SCHLACHTA und Magnaten) in Polen, verstärkt seit der Konstitution von Radom (Nihil Novi, 1505), der WAHLMONARCHIE (RZECZPOSPOLITA), der ARTICULI HENRICIANI (1573) und dem LIBERUM VETO (1652) – Adelsherrschaft eskalierte zur Adelsanarchie, die Polen zum Machtvakuum, Schlachtfeld und Durchzugsgebiet in Kriegen machte – SCHWEDISCH-POLNISCHER KRIEG (1655–1660), der (GROSSE) NORDISCHE KRIEG (1700–1721), POLNISCHER ERBFOLGEKRIEG (1733–1735/38), SIEBENJÄHRIGER KRIEG (1756–1763). Die Großmächte wollten die Unregierbarkeit Polens seit dem LIBERUM VETO aufrechthalten, vor allem Russland. Die Konfrontation zwischen der KONFÖDERATION VON RADOM (1767) und der KONFÖDERATION VON BAR (1768) eskalierte zum Bürgerkrieg (1768–1772), den Österreich zur Annexion der Zips (1769) und von Teilen des Karpatenvorlandes in Galizien nutzte (1770). Nach dem (1.) Petersburger Teilungsvertrag (1772) annektierten die Teilungsmächte Ostgalizien, Lodomerien (Österreich); Teile Litauens, Weißrusslands (Russland); Ermland, Westpreußen, Kulmer Land (ohne Danzig und Thorn), Netzedistrikt (Preußen). Während Polen meist Gebiete mit nichtpolnischen Bevölkerungsmehrheiten verlor, gewann Preußen die Landverbindung zu Brandenburg. Der polnische SEJM billigte, unter Druck, den Teilungsvertrag (1773): Die schwere Krise provozierte Reformen in Polen, die VERFASSUNG VOM 3. MAI (1791).
- 2. TEILUNG POLENS (1793).
- 3. TEILUNG POLENS (1795).

Spätere faktische Teilungen Polens erfolgten auf dem WIENER KONGRESS (1814/15) und durch den HITLER-STALIN-PAKT (1939).

Literatur: H. Kaplan: The First Partition of Poland. New York 1972; F. B. Kaiser/B. Stasiewski (Hg.): Die erste polnische Teilung 1772. Köln, Wien 1974; M. G. Müller: Die Teilungen Polens 1772–1793–1795. München 1984; T. Cegielski: Das alte Reich und die erste Teilung Polens 1768–1774. Wiesbaden 1988; J. Lukowski: The Partitions of Poland. 1772, 1793, 1795. London u. a. 1999.

Tay-Son-Bewegung

BAUERNAUFSTAND in Südvietnam gegen die NGUYEN-Dynastie (**1772**–1802), unter drei Brüdern (1772): Die Aufständischen eroberten Saigon (1776) und errichteten eine neue MONARCHIE. Mit dem Feldzug gegen den Norden (1786) und der Eroberung Hanois (1789) gelangen die Wiederherstellung der nationalen Einheit Vietnams und der Sieg über eine chinesische Interventionsarmee (1789). Unter den Nachfolgern der Bewegung erfolgte eine Refeudalisierung (ab 1793). Mit der bewaffneten Intervention Frankreichs (ab 1791) – Eroberung Huês (1801) und Hanois (1802) – brach der Aufstand zusammen. Die restaurierte

DYNASTIE der Nguyen regierte nun ganz Vietnam von Huê aus (1800–1945/55).

Boston Tea Party

Der Aufhebung von Zöllen auf PAPIER, Glas und Druckerschwärze durch das englische PARLAMENT (1770) folgte eine Aktion der oppositionellen BOYKOTT-Bewegung in den amerikanischen Kolonien in Boston, Massachusetts, gegen weiterhin durch Zölle verteuerten Tee, importiert von der EAST INDIA COMPANY (**1773**): Als Indianer verkleidete Kolonisten warfen nachts im Hafen von Boston Kisten mit Tee aus britischen Schiffen. Als Strafe schloss London den Hafen (1774). Die Kolonisten beriefen den CONTINENTAL CONGRESS ein (1774). Der Zwischenfall verschärfte den Konflikt zwischen Kolonisten und Mutterland.

Literatur: P. D. G. Thomas: Tea Party to Independence. The Third Phase of the American Revolution 1773–1776. Oxford u. a. 1991; L. A. O'Neill: The Boston Tea Party. Brookfield (Conn.) 1996.

Opium

(griech.: opós = milchiger Pflanzensaft) Arznei- und Rauschmittel aus Milchsaft unreifer Mohnkapseln: Ägyptische Ärzte benutzten vermutlich als Erste Opium (7. Jh. v. Chr.), das sich später bei Griechen und Römern verbreitete. Das von der EAST INDIA COMPANY in Indien angebaute Rauschmittel importierten Briten erstmals nach China (**1773**): Die Opiumsucht schädigte die chinesische Gesellschaft schwer; China verfügte ein Importverbot für Opium (1830) und ergriff Maßnahmen zur Unterdrückung des illegalen Imports (1840). Großbritannien nahm die Beschlagnahmung britischer Opiumvorräte in Kanton zum Anlass, um militärisch einzugreifen: Der Konflikt weitete sich zu den OPIUMKRIEGEN (1840–1842, 1860) aus. Der VERSAILLER VERTRAG ratifizierte (1919) das Haager Abkommen zur Bekämpfung des Opiummissbrauchs (1912). Später war Opium Ausgangsprodukt einer neuen Welle der Drogensucht vor allem im Westen (ab ca. 1965). Ein Gürtel von Anbaugebieten erstreckt sich heute von der Türkei bis China.

Literatur: M. Taylor: Plant Drugs that Changed the World. London 1966; M. Booth: Opium. A History. New York 1998; C. A. Trocki: Opium, Empire, and the Global Political Economy. A Study of the Asian Opium Trade, 1750–1950. London u. a. 1999.

Pugatschow-Aufstand

Großer BAUERNAUFSTAND im Süden Russlands unter Jemeljan Pugatschow, mit Unterstützung von Jaik-KOSAKEN, Nichtrussen (MUSLIME), Leibeigenen im Wolgagebiet und Arbeitern im Ural (**1773**/74): Auf rasche Anfangserfolge (1773) wie die Eroberung Kasans (1774) folgten Niederlagen. Die Unruhen erreichten die Städte Nischni-Nowgorod und Moskau. Nach Beendigung des 3. RUSSISCH-TÜRKISCHEN KRIEGS schlug Suworow den Aufstand nieder. Pugatschow wurde gefangen genommen (1774) und hingerichtet (1775). Einem grausamen Strafgericht folgte eine allgemeine AMNESTIE (1775). Der Jaik-Fluss erhielt den Namen

»Ural«. Die Regierung hielt den Aufstand gegenüber dem Ausland geheim.

Literatur: P. Pascal: La révolte de Pougatchev. Paris 1971; U. Krökel: Nationaler Freiheitskampf oder soziale Revolution? Die nichtrussischen Nationalitäten im Aufstand des Emel'jan Pugacev. O. O. 1996.

Friede von Kütschük-Kainardschi

Frieden zur Beendigung des 3. RUSSISCH-TÜRKISCHEN KRIEGS (**1774**): Die TATAREN auf der Krim und im Kubangebiet erhielten ihre Unabhängigkeit, die Mündungen von Don, Dnjepr und Bug kamen zu Russland, ferner Gebiete im Kaukasus. Bessarabien, Moldau und Walachei fielen ans OSMANISCHE REICH zurück; Russland leitete für sich doppeltes Interventionsrecht im Osmanischen Reich ab – für südslawische Orthodoxe und in den Donaufürstentümern – als Hebel zur weiteren Expansion auf dem Balkan: Die ORIENTALISCHE FRAGE war eröffnet.

Literatur: E. I. Druzhinina: Kyuchuk-Kainardzhiiskii mir 1774 goda. Moskau 1955.

Orientalische Frage

Eines der kompliziertesten Probleme der neueren Geschichte, vom FRIEDEN VON KÜTSCHÜK-KAINARDSCHI (**1774**) bis zum Frieden von Lausanne (1923): In der Krise des OSMANISCHEN REICHS stellte sich die Frage, was aus dem Reich und seinen nichttürkischen Nationalitäten wird. Am säkularen Konflikt nach innen waren verschiedene Volksgruppen beteiligt – das Reichsvolk der OSMANEN und zahlreiche Minderheiten, vor allem Griechen, Bulgaren, Rumänen, SERBEN, Makedonen, Albaner, Armenier, JUDEN, Araber und KURDEN; Ägypten dagegen war (seit 1804) faktisch aus dem Reichsverband ausgeschieden. Die europäischen Großmächte – Frankreich, Österreich, Russland, Großbritannien, später auch Italien und Deutschland – verfolgten unterschiedliche Interessen und nahmen von außen Einfluss.

Konfliktlage

Ausgangspunkt war die Krise des Osmanischen Reichs seit dem Scheitern der 2. BELAGERUNG WIENS (1683), mit der Niederlage im 3. RUSSISCH-TÜRKISCHEN KRIEG und dem Frieden von Kütschük-Kainardschi (1774) zur Agonie verschärft. Russlands Intervention begünstigte orthodoxe SÜDSLAWEN und die eigene Expansion auf dem Balkan. Komplikationen eskalierten zu mehreren Kriegen – GRIECHISCHER UNABHÄNGIGKEITSKRIEG (1821–1829), 4.–8. RUSSISCH-TÜRKISCHER KRIEG (1787–1792, 1806–1812, 1828/29, 1853–1856, 1877/78), TRIPOLISKRIEG (1911/12), 1. und 2. BALKANKRIEG (1912/13), ERSTER WELTKRIEG (1914–1918).

Hinzu kamen innere Konflikte (Aufstände, Massaker, Umstürze, die JUNGTÜRKISCHE REVOLUTION), die ausgelöst oder verschärft wurden durch Nationalismen christlicher Völker von Griechenland bis Armenien, vom Aufruf Peters des Großen zu Beginn des 1. Russisch-türkischen Kriegs (1710) bis zur FRANZÖSISCHEN REVOLUTION (1789).

Konfliktpotenzierend wirkte die Meerengenfrage. Instabilität mündete in die 1. ORIENTKRISE und 2. ORIENTKRISE (1831–1833, 1839–1841), GROSSE ORIENTKRISE (1875–1878). Die Erosion des Osmanischen Reichs hatte direkte wie indirekte Auswirkungen auf Europa, den Nahen Osten (Syrien, Palästina, Arabien) und Ägypten.

Innere Spannungen und Konflikte erklären sich aus dem Zerfall der MILLET-Struktur im Osmanischen Reich durch die auf AUTONOMIE im Rahmen eines eigenen Nationalstaats drängenden, von außen unterstützten ethnisch-religiösen Gruppierungen (Nationalitäten). Sie agierten von Beginn an von unterschiedlichen Ausgangspositionen aus, die die weitere Entwicklung bestimmten: Während Griechisch-Orthodoxe, Armenier und Juden als Religionsgemeinschaften (»millet« = Volk) über eine quasi-autonome Stellung verfügten, aber ohne territoriale Basis, waren ethnische Minderheiten der Muslime (Albaner, Araber, KURDEN, Tscherkessen usw.) als Millet gemeinsam unter dem sunnitischen ISLAM zusammengefasst (aber SCHIITEN ausgeschlossen) und verfügten somit über keine eigene Vertretung. Die Osmanen waren als Muslime und Reichsvolk ohnehin privilegiert. Die Griechisch-Orthodoxen zerfielen in zahlreiche nationale Gruppen wie Griechen, Serben, Bulgaren, Rumänen und Makedonen, von jeweils unterschiedlichen sozialen und politischen Strukturen geprägt.

Verlauf

Als erste erhoben sich die Griechen im Aufstand (1770); die Serben verfügten über keinen eigenen ADEL (sie hatten ihn nach der Eroberung durch die Osmanen verloren); die Rumänen in den Donaufürstentümern (Moldau, Walachei) befanden sich vorübergehend unter Herrschaft von PHANARIOTEN (Griechen aus Konstantinopel) als Statthalter des SULTANS (1711–1821); Bulgaren und Makedonen blieben ohne eigene Autonomie; Albaner waren überwiegend muslimisch.

Meist vollzog sich die Entwicklung vom Status einer zentralistisch regierten PROVINZ aus über die Autonomie bis hin zur nationalen SOUVERÄNITÄT (Unabhängigkeit). Mit dem Aufkommen eines nationalen Bewusstseins, zunächst unter den christlichen Völkern auf dem Balkan, später auch in Georgien und Armenien, brachen immer wieder nationale Aufstände aus, seit der Französischen Revolution mit zusätzlicher ideologischer Intensität – SÜDSLAWISCHE FRAGE, Nationalismus.

In der Dauerkrise des Osmanischen Reichs wandelte sich auch das politische Bewusstsein der Osmanen: Für das traditionelle Reichsvolk versuchten die Jungosmanen (1876) und JUNGTÜRKEN (1908), mit einer Verfassung und einem PARLAMENT einen türkischen Nationalismus zu entwickeln, gleichzeitig aber die zentralistische Reichsstruktur und ihre führende Stellung im Osmanischen Reich beizubehalten. Ihre ambivalente Haltung verschärfte die internen Konflikte zwischen Osmanen und nationalen Minderheiten, bis zu den Massakern an den Armeniern – BULGARENGRÄUEL (1876), Armeniergräuel (1896, 1915).

Logische Konsequenz aus dem demokratischen und nationalen Prinzip für die Osmanen wäre die durchgängige Demokratisierung und Föderalisierung gewesen, freiwillige Selbstauflösung des Osmanischen

Reichs von innen. Der Versuch, türkischen Nationalismus mit Festhalten am imperialen Zentralismus zu kombinieren, machte die innere Problematik vollends unlösbar. Hier bietet sich aufschlussreiches Anschauungsmaterial für vergleichbare Situationen in anderen Regionen (Österreich-Ungarn, Russland/UdSSR, Äthiopien, Iran, Jugoslawien). Für einen chronologischen Überblick vgl. Osmanisches Reich, seit 1774.

Interessen und Positionen der Großmächte

Frankreich war traditionell ein Verbündeter des Osmanischen Reichs (seit 1526/36), der nur gelegentlich der Türkei seine Unterstützung entzog – ÄGYPTISCHE EXPEDITION Bonapartes (1798–1802), Hilfe für Griechenland im Unabhängigkeitskrieg (1827–1829), Hilfe für Ägypten in Orientkrisen (1831–1841). Die deutsche Expansion und die Jungtürken erreichten zuletzt Frankreichs weitgehende Ausschaltung.

Russland war mit seiner Expansion im Kaukasus, auf dem Balkan und nach Konstantinopel stärkster Machtfaktor von außen, der am längsten auf die Zerstörung des Osmanischen Reichs drängte, gestützt auf die südslawische Bewegung und den PANSLAWISMUS. Sein besonderes Interesse galt der freien Durchfahrt durch die Meerengen.

Großbritannien nahm in der Orientalischen Frage eine ambivalente und schwankende Position ein: Aus Sympathie für die nationalen Bewegungen der christlichen Völker unterstützte es zunächst die Griechen im Unabhängigkeitskampf, stellte sich später jedoch – vor allem im KRIMKRIEG (1854–1856), auf dem Höhepunkt der GROSSEN ORIENTKRISE (1878) und auf dem BERLINER KONGRESS (1878) – zur Eindämmung der russischen Expansion auf die Seite des Osmanischen Reichs. Andererseits drängte Großbritannien auf innere Reformen im Osmanischen Reich zugunsten der nationalen Minderheiten, schon um dessen weitere Schwächung durch Aufstände und innere Konflikte zu verhindern. Zuletzt sah es sich durch die deutsche Expansion und die Jungtürken ausgeschaltet. Im Ersten Weltkrieg (1914–1918) wandelte sich Großbritannien zum Gegner des Osmanischen Reichs.

Österreich(-Ungarn) stand anfangs noch gegen das Osmanische Reich, zuletzt im 8. TÜRKENKRIEG (1787–1791), parallel zum 4. RUSSISCH-TÜRKISCHEN KRIEG (1787–1792). Aus dynastisch-monarchischer Solidarität wurde Österreich seit der Französischen Revolution überwiegend Stütze des Osmanischen Reichs, durch Verweigerung jeglicher Hilfe für den SERBISCHEN AUFSTAND (1804–1813/17) und den Griechischen Unabhängigkeitskrieg (1821–1829). In der Großen Orientkrise (1875–1878) stand Österreich-Ungarn mit Großbritannien gegen Russland und erreichte die Okkupation Bosnien-Herzegovinas (1878). Dessen Annexion (1908) provozierte die Bosnische ANNEXIONSKRISE (1908/09).

Deutsche Fürsten traten als Philhellenen zunächst für die Unabhängigkeit der Griechen ein, so der bayerische Kronprinz und spätere König (ab 1825) Ludwig I., dessen Sohn Otto I. (1832–1862) die Großmächte (Großbritannien, Frankreich, Russland) zum König von Griechenland bestimmten. In der Orientalischen Frage war das Deutsche Reich seit der REICHSGRÜNDUNG (1871) zunächst nur indirekt engagiert, so noch auf dem Berliner Kongress (1878). Mit der deutschen WELTPOLITIK betrieb es aber eine Expansion nach Südosten, den Bau der BAGDADBAHN (ab 1898) und die wirtschaftliche Durchdringung des Osmanischen Reichs. Nach der Jungtürkischen Revolution (1908) war das Osmanischen Reich zunehmend abhängig von Deutschland, das Frankreich und Großbritannien zurückdrängte.

Italien begann in Anknüpfung an ältere imperiale Traditionen nach dem RISORGIMENTO (1859/61) seine Expansion auf Kosten des Osmanischen Reichs (eine Stoßrichtung sollte Albanien sein). Im Tripoliskrieg (1911/12) eroberte es Tripolis/Libyen und den Dodekanes (1912).

Im Ersten Weltkrieg zielten die ALLIIERTEN auf die Aufteilung des Osmanischen Reichs. Sie unterstützten den Arabischen Aufstand (1916), vereinbarten das SYKES-PICOT-ABKOMMEN (1916) zur Aufteilung des Osmanischen Reichs und sicherten Palästina eine jüdisch-zionistische Besiedlung zu (BALFOUR-DEKLARATION, 1917). Nach dem Ende des Kriegs zerfiel das Osmanische Reich; Mustafa Kemal Pascha (Atatürk) errichtete die Türkische Republik (1920), mit Folgekonflikten.

Historische Gesamtwirkung

Allmählich entstand ein riesiges Machtvakuum auf dem Balkan und im Nahen Osten, das die verschiedenen Nationalbewegungen und die Großmächte auszufüllen suchten. Die instabile Lage war Mitursache für zahlreiche europäische Krisen und Kriege: NAHOSTKONFLIKT, Kosovokonflikt, JUGOSLAWIENKRIEG, Zypern-, Armenien-, KURDENkonflikt.

Literatur: M. S. Anderson: The Eastern Question 1770–1923. London [6]1978; W. Baumgast: Vom Europäischen Konzert zum Völkerbund. Friedensschlüsse und Friedenssicherung von Wien bis Versailles. Darmstadt 1974, S. 19–55; A. L. Macfie: The Eastern Question, 1774–1923. London u. a. 1996; G. Schöllgen: Imperialismus und Gleichgewicht. Deutschland, England und die orientalische Frage 1871–1914. München [3]2000.

Continental Congress

PARLAMENT der Aufständischen in den nordamerikanischen Kolonien bzw. den USA (1774–1789), meist in Philadelphia, ab 1785 in New York:

- 1. Continental Congress (September/Oktober **1774**): Nach der BOSTON TEA PARTY (1773) und der Schließung des Hafens von Boston (1774) traten auf Vorschlag Virginias Delegierte aller Kolonien (Georgia ausgenommen) zusammen und bekräftigten ihre Opposition gegen die von Großbritannien verordneten Maßnahmen mit der DECLARATION OF RIGHTS AND GRIEVANCES. Die Kolonisten drohten Großbritannien mit Handelsboykott.
- 2. Continental Congress (Mai 1775–Dezember 1776): Die Delegierten beschlossen die Wahl eines 2. Congress. Nach dem Gefecht von Lexington gegen die Briten traten die Vertreter aller Kolonien zusammen (1775), um den AMERIKANISCHEN UNABHÄNGIGKEITSKRIEG zu organisieren: Aus der lokalen MILIZ, die vor der Boston Tea Party entstanden war, entwickelte sich die CONTINENTAL ARMY. Eine Kriegsflotte wurde improvisiert, die UNABHÄNGIGKEITSERKLÄRUNG (1776) verabschiedet.

- Der 3. Continental Congress (1777) beschloss die ARTICLES OF CONFEDERATION zur Gründung der USA und die Stars and Stripes zur Nationalflagge.

Literatur: C. Jillson, R. K. Wilson: Congressional dynamics. Structure, Coordination, and Choice in the First American Congress, 1774–1789. Stanford (Cal.) 1994; D. H. Davis: Religion and the Continental Congress, 1774–1789. Contributions to Original Intent. Oxford u. a. 2000.

Declaration of Rights and Grievances

Resolution des 1. CONTINENTAL CONGRESS in Philadelphia (**1774**), als Zusammenfassung der Kritik der Kolonisten an der Politik des britischen Mutterlandes und wichtige Etappe auf dem Weg zur UNABHÄNGIGKEITSERKLÄRUNG (1776).

Miliz

(lat.: militia = Kriegsdienst, zu lat.: miles = Soldat) Der Begriff bezeichnete im 17. und 18. Jahrhundert die Gesamtheit der Streitkräfte, später nur noch, im Unterschied zum stehenden Heer, ein lokales oder regionales Bürgerheer, nur im Krieg mit Verteidigungspflicht für die eigene Region: Kurze Ausbildung, geringe Bewaffnung und hohe Kampfkraft zeichneten das Bürgerheer aus, das der Sache nach schon seit dem Mittelalter (Landesaufgebot, städtisches Bürgeraufgebot) bekannt war, gelegentlich mit besonderer Durchschlagskraft, z. B. die Londoner Stadtmiliz (»trained bands«) zu Beginn der ENGLISCHEN REVOLUTION vor London gegen die CAVALIERS (1642/43), Tiroler Landsturm gegen Bayern und Frankreich zu Beginn des SPANISCHEN ERBFOLGEKRIEGS (1703), später unter Andreas Hofer (1809).

In den britischen Kolonien Nordamerikas kämpften Milizen meist gegen INDIANER: Die Gefechte von Lexington und Concord, wo sie gegen britische Truppen (**1775**) auftraten, waren Auftakt zum AMERIKANISCHEN UNABHÄNGIGKEITSKRIEG (1775–1783) mit den Anfängen der CONTINENTAL ARMY.

Milizen waren von erheblicher militärischer Bedeutung u. a. auf russischer Seite gegen Napoleons GRANDE ARMÉE (1812), in Preußen als Landsturm/LANDWEHR (1813). Als bürgerlich-demokratisches Element stand die Miliz gegen das königliche Berufsheer, was in Preußen zur Krise um die Heeresreform (1859) und zum Verfassungskonflikt (1861–1866) führte. Im modernen Militärwesen ist die Miliz als Ergänzung zur regulären Armee weit verbreitet (u. a. Territorialkräfte, National Guard in den USA). Die Schweiz stützt sich militärisch nur auf die Miliz, im Kern mit Berufsoffizieren. In der RUSSISCHEN REVOLUTION (1917) entstanden Arbeitermilizen, im ZWEITEN WELTKRIEG waren sie an der Verteidigung von Leningrad (St. Petersburg), Stalingrad und Moskau (1941/43) beteiligt.

Auch: Name für die Polizei in der UdSSR und in den meisten kommunistischen Ländern (bis 1989/91).

Literatur: J. R. Western: The English Militia in the 18th Century. London 1965; J. R. Jacobs: Beginning of the U. S. Army, 1783–1812. Neudruck Westport 1977; H. Fernau: Zum Thema: Miliz-

Begriff. Wien 1987; I. F. W. Beckett: The Amateur Military Tradition, 1558–1945. Manchester u. a. 1991; J. Metzger: Die Milizarmee im klassischen Republikanismus. Die Odyssee eines militärpolitischen Konzeptes von Florenz über England und Schottland nach Nordamerika (15.–18. Jahrhundert). Bern u. a. 1999.

Continental Army

Nach Gefechten bei Lexington und Concord (**1775**) erste reguläre Armee der Aufständischen, aus MILIZEN der Einzelstaaten vor der BOSTON TEA PARTY (1773) hervorgegangen, vom CONTINENTAL CONGRESS unter George Washington geschaffen, Keimzelle zur US-Army.

Literatur: C. P. Neimeyer: America Goes to War. A Social History of the Continental Army. New York u. a. 1996; C. Royster: A Revolutionary People at War. The Continental Army and American Character, 1775–1783. Chapel Hill (N.C.) [3]1996.

Amerikanischer Unabhängigkeitskrieg (Amerikanische Revolution)

Krieg Großbritanniens gegen die 13 nordamerikanischen Kolonien bzw. Staaten (**1775**–1783): Auslöser waren die Gefechte von Lexington und Concord zwischen Kolonisten und britischen Truppen. Der 2. CONTINENTAL CONGRESS stellte die CONTINENTAL ARMY auf (1775) und verabschiedete die UNABHÄNGIGKEITSERKLÄRUNG (1776). Von Frankreich erhielten die Aufständischen geheime Finanz- und Materialhilfen. Wechselvolle Kämpfe prägten den Kriegsverlauf (1776–1780): Die Aufständischen verabschiedeten die ARTICLES OF CONFEDERATION zur Gründung der USA (1777). Frankreich intervenierte nach einem Handels- und Bündnisvertrag (1778) offen gegen Großbritannien, gefolgt von Spanien (1779). Russland lähmte mit der BEWAFFNETEN SEENEUTRALITÄT (1780) die britische Seeherrschaft, die Niederlande griffen mit dem 4. ENGLISCH-NIEDERLÄNDISCHEN SEEKRIEG ein (1785/84). So erzwangen die USA die Kapitulation in Yorktown (1781): Im Frieden von Versailles (1783) erkannte London die Unabhängigkeit der USA an: Die Schifffahrt auf dem Mississippi war für Amerikaner und Briten frei, die Fischereirechte vor Neufundland erhielten die USA. Großbritannien und Frankreich stellten den kolonialen Status quo wieder her. Menorca und Florida kamen erneut zu Spanien.

Historische Gesamtwirkung: Der Amerikanische Unabhängigkeitskrieg ermöglichte die Unabhängigkeitserklärung und Anfänge der USA und beeinflusste nachhaltig Entwicklungen in Amerika und Europa. In Nordamerika öffnete er der »Manifest-Destiny«-Ideologie die Türen, die alle Schranken für die Expansion nach Westen gegen die INDIANER beseitigte. Die Niederlagen eröffneten in Großbritannien die politische Krise: GRATTAN'S PARLIAMENT (1782) konnte die AUTONOMIE für Irland erreichen. Als Ersatz für die Deportation von Strafgefangenen nach Nordamerika wählte Großbritannien nunmehr ein neues Ziel: Australien, das damit am Anfang seiner Geschichte als Sträflingskolonie stand (1788). Durch die Kosten der französischen Intervention in das Kriegsgeschehen erhöhte sich die Staatsschuld in Frankreich weiter. Kritik am ANCIEN RÉGIME verschärfte sich durch republikanische Ideen aus Amerika und bereitete die FRANZÖSISCHE REVOLUTION (1789) mit vor. Die Unabhängigkeit der USA wirkte sich auch auf die spanischen Kolonien in Amerika aus, bis zu den UNABHÄNGIGKEITSKRIEGEN IN LATEINAMERIKA (1810–1826). In den USA wurde der Unabhängigkeitskrieg Wegbereiter für organisierte Anfänge der freien AFRO-AMERIKANER (1787 ff.).

Literatur: F. Herve: Die amerikanische Revolution. Bergisch-Gladbach 1981; H. C. Schröder: Die Amerikanische Revolution. Eine Einführung. München 1982; R. L. Blanco: The American Revolution, 1775–1783. An Encyclopedia. New York u. a. 1993; M. Breunig: Die Amerikanische Revolution als Bürgerkrieg. Münster 1998; J. P. Greene (Hg.): A Companion to the American Revolution. Malden (Mass.) u. a. 2000; I. Barnes/C. Royster: The Historical Atlas of the American Revolution. New York 2000; S. Conway: The British Isles and the War of American Independence. Oxford u. a. 2000.

Unabhängigkeitserklärung

(engl.: Declaration of Independence) Zu Beginn des AMERIKANISCHEN UNABHÄNGIGKEITSKRIEGS (1775–1783) verabschiedete Erklärung des 2. CONTINENTAL CONGRESS in Philadelphia, konzipiert von Thomas Jefferson (**1776**): Das Dokument fasste noch einmal, ähnlich wie die DECLARATION OF RIGHTS AND GRIEVANCES (1775), Vorwürfe gegen die britische KRONE zusammen und proklamierte die SEZESSION von Großbritannien: Die 13 Kolonien wurden selbstständige Staaten, mit naturrechtlicher Begründung des Rechts auf Wohlstand (= Glück; engl.: happiness), politische Unabhängigkeit, WIDERSTAND und MENSCHENRECHTE. Die Unabhängigkeitserklärung hatte weit reichende Wirkung auf vergleichbare historische Situationen. Sie wurde zuletzt noch zitiert von Vertretern politisch-ideologisch stark variierender Richtungen wie Ho Chi Minh bei Ausrufung der Demokratischen Republik Vietnam in Hanoi (September 1945) und Ian Smith in der Unabhängigkeitserklärung der weißen Siedlerrepublik Rhodesien (EINSEITIGE UNABHÄNGIGKEITSERKLÄRUNG RHODESIENS, 1965).

Literatur: C. L. Becker: The Declaration of Independence. A Study in the History of Political Ideas. New York [7]1960; A. Jayne: Jefferson's Declaration of Independence. Origins, Philosophy, and Theology. Lexington (Ky.) 1998; J. P. Boyd: A Declaration of Independence. The Evolution of the Text as Shown in Facsimiles of Various Drafts by Its Authors. Neuausgabe Hanover u. a. 1999.

»Wealth of Nations«

Nationalökonomisches Werk von Adam Smith (vollständiger Titel: »An Inquiry into the Nature and Causes of the Wealth of Nations«; **1776**), deutsch: »Untersuchung über die Natur und Ursache des Nationalreichthums« (1794–1796), Standardwerk der klassischen Nationalökonomie: An der Schwelle zur INDUSTRIELLEN REVOLUTION vertrat Smith das Prinzip des liberalen FREIHANDELS als selbstregulierenden Mechanismus der Wirtschaft ohne staatliche Eingriffe oder gar Lenkung. Er propagierte LIBERALISMUS, Abschaffung von SKLAVEREI und SKLAVENHANDEL und erhob Konkurrenz zur Naturform des Wirtschaftens.

Literatur: S. Hollander: The Economics of Adam Smith. Toronto 1973; H. D. Kurz (Hg.): Adam Smith (1723–1790). Ein Werk und seine Wirkungsgeschichte. Marburg [2]1991; Ökonomie und

Gesellschaft (Hg.): Adam Smith und die Gesellschaftswissenschaft. Frankfurt/Main 1991; D. Brohlmeier: Die Rechts- und Staatslehre von Adam Smith und die Interessentheorie der Verfassung. Berlin 1988; S. Copley/K. Sutherland (Hg.): Adam Smith's Wealth of Nations. New Interdisciplinary Essays. Manchester u. a. 1995; A. Smith: Der Wohlstand der Nationen. Hg. v. H. C. Recktenwald. München [8]1999.

Konföderation (Staatenbund)

(lat.: foedus = Bundesgenosse) Lockerer Zusammenschluss von Staaten mit SOUVERÄNITÄT, im Gegensatz zum Bundesstaat (engl.: »Union«), wo die Gliedstaaten nur noch innere AUTONOMIE haben: Konföderationen haben daher keine gemeinsame Staatsspitze, weder ein Staatsoberhaupt noch eine gemeinsame Regierung, sondern werden in der Regel von einem Ausschuss aus Delegierten von STÄNDEN oder Staaten mit gebundenem Mandat, d. h. Instruktionen ihrer Wahlgremien, regiert. Das berühmteste Beispiel in reiner Form der Theorie und dem offiziellen Namen nach sind die Anfänge der USA – nach ihrer UNABHÄNGIGKEITSERKLÄRUNG (1776) zunächst als Confederate States of America (**1776**–1789), abgelöst von der Unions-Verfassung von 1787 nach ihrer Ratifizierung (1789). Der Sache nach waren auch die EIDGENOSSENSCHAFT (bis 1848) und die GENERALSTAATEN der nördlichen Niederlande seit der Union von Utrecht (1579) und der Unabhängigkeitserklärung (1581) faktisch Konföderationen, meist mit dem GENERALSTATTHALTER als Stellvertreter oder Platzhalter des nicht mehr vorhandenen Monarchen. Ebenso der Sache nach waren die KIEWER RUS (ca. 882–1240), das HEILIGE RÖMISCHE REICH DEUTSCHER NATION seit dem WESTFÄLISCHEN FRIEDEN (1648) Konföderationen. Gleiches gilt für die GUS (seit 1991) nach dem Untergang der Sowjetunion – sie ist faktisch eine freilich so nie genannte Konföderation. Umgekehrt war die Sowjetunion dem Namen und Anspruch nach eine Konföderation, sogar mit Sezessionsrecht, faktisch aber zentralistischer Zwangsstaat.

Illuminatenorden

(lat.: illuminati = die Erleuchteten, Aufgeklärten) GEHEIMBUND zur Förderung der AUFKLÄRUNG, in Bayern vom Jesuitenzögling Adam Weishaupt (* 1748, † 1830) als Gegengewicht zum (1773) verbotenen, angeblich geheim fortbestehenden JESUITENORDEN gegründet (**1776**): Illuminaten traten für allmähliche Reformen im Übergang zu patriarchalisch-organischen Staats- und Lebensformen ein, langfristig bis zur Abschaffung der MONARCHIE. Der ORDEN kopierte die hierarchische Organisationsstruktur der Jesuiten, mit FREIMAUREREI als Zwischenstufe. Die Illuminaten versuchten, staatliche Institutionen zu beherrschen (u. a. das REICHSKAMMERGERICHT) und unterwanderten Freimaurerlogen (ab 1782). Prominente Mitglieder waren u. a.: Johann Wolfgang von Goethe, Johann Gottfried von Herder, Adolph Freiherr von Knigge, Maximilian Joseph de Garnerin, Graf von Montgelas, Friedrich Nicolai; ferner zwei regierende Fürsten: Ernst II. von Sachsen-Gotha (* 1745, † 1804) und Karl II. August von Sachsen-Weimar (* 1757, † 1828). Der

Orden wurde in Bayern (1784/85) und im Reich verboten, löste sich bald endgültig auf (bis 1790/93).

Publizistische Kontroversen zwischen Gegnern und Anhängern des Ordens nährten europaweit anti-illuminatische Verschwörungstheorien (1784–1788, 1792–1803) zulasten der Freimaurer: Der Illuminatenorden galt als Urheber der FRANZÖSISCHEN REVOLUTION und ihrer Folgen, diente nach 1866 antiliberalen Kreisen zur Diffamierung der Spätaufklärung (B. Bauer: »Combination von Jesuitismus und Revolution«) und zum »Beweis« einer »Weltverschwörung« von JUDEN, Jesuiten und Freimaurern (A. Rosenberg, E. Ludendorff). Als Prototyp moderner Kaderorganisationen wurde er Modell für revolutionäre Geheimbünde in Russland und Mitteleuropa (u. a. BUND DER GEÄCHTETEN).[F. H.]

Literatur: R. van Dülmen: Der Geheimbund der Illuminaten. Stuttgart-Bad Cannstatt 1975; M. Agethen: Geheimbund und Utopie. Illuminaten, Freimaurer und deutsche Spätaufklärung. München ^{2}1987; H. Reinalter (Hg.): Der Illuminatenorden (1776–1785/87). Ein politischer Geheimbund der Aufklärungszeit. Frankfurt/Main u. a. 1997; C. Hippchen: Zwischen Verschwörung und Verbot. Der Illuminatenorden im Spiegel deutscher Publizistik (1776–1800). Köln u. a. 1998.

Articles of Confederation

Nach der UNABHÄNGIGKEITSERKLÄRUNG (1776) vom 3. CONTINENTAL CONGRESS (**1777**) beschlossene Grundsätze, auf deren Grundlage sich die 13 nordamerikanischen Staaten zum lockeren Staatenbund (KONFÖDERATION) zusammenschlossen: Mit den 1781 ratifizierten Articles of Confederation wurden die United States of America (USA) gegründet. Nach dem Frieden von Versailles (1783) und inneren Krisen wandelte sich der Staatenbund durch Ausarbeitung (1787) und Ratifizierung (1788) der neuen Verfassung zum Bundesstaat (Union) mit starker Zentralgewalt (1789).

Josephinische Reformen (Josephinismus)

Reformen in Österreich unter Kaiser Joseph II. (**1780**–1790) im Sinne des aufgeklärten ABSOLUTISMUS: Maßnahmen zur Zentralisierung schon unter Maria Theresia setzte Joseph II. auch gegen Interessen von Kirche und ADEL durch. Bürokratisierung und Vereinheitlichung der Verwaltung förderten die Germanisierung in nichtdeutschen Gebieten des Vielvölkerreichs. Das TOLERANZpatent (1781) gewährte freie Religionsausübung, bürgerliche Gleichstellung für nichtkatholische Kirchen (LUTHERANER, CALVINISTEN, Griechisch-Orthodoxe). Zu den Reformen zählten die Abschaffung von LEIBEIGENSCHAFT, ZENSUR und Zunftzwang, Aufhebung von über 700 Klöstern, die nicht mit Krankenpflege oder Schulausbildung befasst waren (1781). In Böhmen wurde Deutsch als Amtssprache eingeführt (1783). Eine Justizreform (nur für deutsche Erblande) verfügte u. a. den Erlass des Allgemeinen Bürgerlichen Gesetzbuchs, 1. Teil, (1786), Überarbeitung des Strafgesetzbuchs (1787), Reform des Prozessrechts (1787).

Reformen zugunsten der JUDEN (»Judenreformen«, 1781) legten die Grundlage zur Integration der jüdischen Bevölkerung: GELBER FLECK und Leibmaut/Leibzoll wurden abgeschafft (1781). Ein Jahr später folgte das Toleranzpatent für Juden (1782). Joseph II. verweigerte den Rabbinern das PRIVILEG der Gerichtsbarkeit (1784), verpflichtete auch Juden zum Militärdienst, führte deutsche Vornamen und Familiennamen für Juden ein (1787). Nach dem Tod Josephs II. (1790) erfolgte die modifizierte Festschreibung der Judenreformen im Systempatent (1797). Juden mussten im Rahmen der Neuerungen zwar allen Pflichten als Staatsbürger nachkommen, blieben jedoch wie bisher ohne Rechte. Dennoch bildeten die Reformen die Grundlage zur JUDENEMANZIPATION.

In Siebenbürgen wurde die ständische Landesverfassung aufgehoben (1784), was de facto die AUTONOMIE des Fürstentums abschaffte. Mit Überführung der ungarischen STEPHANSKRONE von Budapest nach Wien (1784) wuchs in Ungarn die Opposition gegen den Kaiser.

Durch Aufhebung der regionalen Autonomie waren die ÖSTERREICHISCHEN NIEDERLANDE zur PROVINZ degradiert, was heftige Unruhen in Löwen und Brüssel (1787) auslöste. Auch die ständischen Verfassungen von Brabant (JOYEUSE ENTRÉE) und Hennegau (Hainault) wurden aufgehoben: Als Reaktion brachen dort Aufstände der PATRIOTEN aus, die in die FRANZÖSISCHE REVOLUTION mündeten. Noch auf dem Sterbebett musste Joseph II. unter dem Druck der Opposition viele seiner Reformen zurücknehmen (1790). Trotz vielen Modifizierungen legten seine Reformen die Basis zum neuzeitlichen Österreich.

Literatur: F. Maaß: Der Josephinismus (1760–1850). 5 Bde., Wien 1950–1960; E. Winter: Der Josephinismus und seine Geschichte. Wien [2]1962; H. Reinalter (Hg.): Der Josephinismus. Bedeutung, Einflüsse und Wirkungen. Frankfurt/Main u. a. 1993; H. Klueting (Hg.): Der Josephinismus. Ausgewählte Quellen zur Geschichte der theresianisch-josephinischen Reformen. Darmstadt 1995.

Bewaffnete Seeneutralität

Im AMERIKANISCHEN UNABHÄNGIGKEITSKRIEG (1775–1783), nach dem Eintritt Frankreichs (1778) und Spaniens (1779) in den Krieg gegen Großbritannien, Erklärung Russlands gegen die Durchsuchung neutraler Schiffe nach Konterbande durch die britische Flotte (**1780**–1783): Frankreich, Spanien, Dänemark und Schweden unterstützten die russische Position, sodass Großbritannien weitestgehend isoliert war. Um die Niederlande zu zwingen, sich der Erklärung nicht anzuschließen, führte Großbritannien den 4. ENGLISCH-NIEDERLÄNDISCHEN SEEKRIEG (1780–1784). Später schlossen sich auch Preußen (1781) und Portugal (1782) der Bewaffneten Seeneutralität an: Großbritannien verlor die Seeherrschaft und damit den Amerikanischen Unabhängigkeitskrieg.

2. Bewaffnete Seeneutralität: Russland, Schweden, Dänemark, Preußen schlossen sich erneut gegen Großbritannien zusammen und verweigerten das Durchsuchungsrecht auf ihren Schiffen (16. Dezember 1800). Großbritannien verhängte ein Embargo gegen Schiffe der Bewaffneten Seeneutralität (14. Januar 1801). Nach einer Seeschlacht vor Kopenhagen mit Großbritannien unter Nelson musste Dänemark Waffenstillstand schließen (April 1801). Die Bewaffnete Seeneutralität brach zusammen, die Mitgliedsländer sicherten Großbritannien im Vertrag von St. Petersburg das Durchsuchungsrecht zu (Oktober 1801).

Griechisches Projekt

Nach dem FRIEDEN VON KÜTSCHÜK-KAINARDSCHI (1774), massiver Russifizierung und dem Bau einer starken Flotte auf dem Schwarzen Meer, von Potemkin angeregter Plan in St. Petersburg zur Eroberung Konstantinopels; Ziel war die RESTAURATION des griechisch-byzantinischen Imperiums, mit einem Enkel Katharinas auf dem KAISERthron (**1781**): Auf die Annexion der Krim durch Russland (1783) reagierte das OSMANISCHE REICH mit Präventivmaßnahmen. Nach offenen Feindseligkeiten gegen Russland eröffneten die Osmanen ohne Kriegserklärung den 4. RUSSISCH-TÜRKISCHEN KRIEG (1787–1792). Das Griechische Projekt wurde durch den Frieden von Jassy (1792) zunächst zurückgestellt, aber Konstantinopel blieb Fernziel russischer Expansion.

Compte Rendu

(frz.: Rechenschaft) Eine Art Staatshaushalt, veröffentlicht von Finanzminister Necker in Frankreich (**1781**), um auf die Misere der Staatsfinanzen aufmerksam zu machen: Necker wurde von Ludwig XVI. wegen Bruchs der bisher üblichen Geheimhaltung der Staatsfinanzen entlassen (1781); die Agonie des ANCIEN RÉGIME verschärfte sich.

Literatur: H. Grange: Les idées de Necker. Paris 1974.

Grattan's Parliament

Protestantisch dominiertes PARLAMENT Irlands, das unter Henry Grattan die Katholikenemanzipation vorantrieb: Nach britischen Niederlagen im AMERIKANISCHEN UNABHÄNGIGKEITSKRIEG (1775–1783), seit der Kapitulation von Yorktown (1781), brachen Unruhen in Irland aus: Unter Grattan erreichte das irische Parlament die Aufhebung von POYNINGS' LAW (1494) und Ireland Act (1720): Irland erhielt AUTONOMIE (**1782**–1800). Das irische Parlament, in dem Grattan eine dominierende Position einnahm, bestand jedoch nur aus PROTESTANTEN. Mit dem IRISCHEN AUFSTAND (1798) geriet Irland in die nächste große Krise.

Gnadenurkunde

Kodifizierung der Rechte des russischen ADELS als abgeschlossener Stand durch Katharina II. (**1785**): Die Gnadenurkunde verschärfte die LEIBEIGENSCHAFT noch weiter.

Notabeln

(frz.: notable = bemerkenswert) Männer, die aufgrund ihres Rangs (ADEL, Geistlichkeit), ihres Vermögens oder ihrer Bildung hohes Ansehen genossen: Frankreich berief seit dem 15. Jahrhundert, zuletzt am Ende des ANCIEN RÉGIME (**1787**), statt den GENERALSTÄNDEN, NOTABELNVERSAMMLUNGEN ein. Ähnlich griffen auch später Herrschende auf Notabeln als Alternative zu gewählten repräsentativen Versammlungen

(z. B. im ERSTEN WELTKRIEG durch Deutschland im besetzten Flandern und Polen) zurück. In Afganistan ist die traditionelle Loja Tschirga (seit 1747) eine Notabelnversammlung.

Notabelnversammlung

(frz.: Assemblée des notables) Erweiterte Ratsversammlung mit vom König ernannten NOTABELN aus allen drei STÄNDEN, zur Ergänzung oder Umgehung der GENERALSTÄNDE: Die letzte Notabelnversammlung tagte unter Ludwig XIII. (1626/27). Nachdem sie unter der ABSOLUTEN MONARCHIE nicht mehr zusammengetreten war, sollte sie nach Verweigerung weiterer Staatsanleihen in Frankreich (1786) die Sanierung der Staatsfinanzen durch STEUERreformen ermöglichen (**1787**). Die Notabeln votierten jedoch gegen die Reformvorschläge, die auf Kosten der von ihnen repräsentierten privilegierten Stände gehen sollten. Mit der Ablehnung verschärften sie die Agonie des ANCIEN RÉGIME: Letzter Ausweg war die Ausschreibung der Generalstände (1788); sie wurden Auftakt zur FRANZÖSISCHEN REVOLUTION (1789).

Verfassunggebende Versammlung in den USA

(Constitutional Convention) Nach der Krise der KONFÖDERATION der USA Versammlung von Delegierten aus zwölf Staaten (Rhode Island fehlte) in Philadelphia: Unter Vorsitz von Washington arbeitete sie die neue VERFASSUNG DER USA aus (**1787**).

Literatur: T. Anderson: Creating the Constitution. The Convention of 1787 and the First Congress. University Park (Pa.) 1993.

Verfassung der USA

Von der VERFASSUNGGEBENDEN VERSAMMLUNG unter Washington in Philadelphia (**1787**) ausgearbeitete Bundesverfassung (Union) der USA, die an die Stelle der lockeren KONFÖDERATION der 13 nordamerikanischen Staaten (ARTICLES OF CONFEDERATION, 1777) trat: Die Exekutive übte die Bundesregierung aus, der Präsident erhielt als Ersatzmonarch eine starke Stellung, ohne Kabinettssystem. Die Legislative war durch Zweiteilung des PARLAMENTS (Congress) in Repräsentantenhaus und SENAT ein Zweikammersystem. Die Bundesstaaten bewahrten ihre starke AUTONOMIE, behielten in wichtigen Fragen (Abschaffung oder Beibehaltung der SKLAVEREI, Todesstrafe) die SOUVERÄNITÄT (»States rights«). Die starke Betonung der Gewaltenteilung (»checks and balances«) dokumentiert den Einfluss von Montesquieu (»DE L'ESPRIT DES LOIS«, 1748). Nach Ratifizierung durch die Parlamente der einzelnen Staaten (1788) trat die Verfassung der USA in Kraft (1789). Sie wurde danach durch zahlreiche Verfassungszusätze (Amendments) ergänzt und diente als Vorbild für spätere Präsidialverfassungen.

Literatur: E. H. Heller: USA. Verfassung und Politik. Wien 1987; A. H. Kelly u. a.: The American Constitution. Its Origins and Development. 2 Bde., New York u. a. [7]1991; M. Eberenz: Die Verfassung der USA. Erfurt 1996.

Abolitionismus

(engl.: abolition = Abschaffung) Bewegung zur Abschaffung von SKLAVENHANDEL und SKLAVEREI, etwa zeitgleich in Großbritannien und den USA (**1787**): Die Bewegung setzte das Verbot des Sklavenhandels im britischen Kolonialreich (1807) und in den USA (1808) durch. Es folgte das Verbot der Sklaverei, zunächst im britischen Kolonialreich (1834/48), in Frankreich (1848), in den USA (1863/65) und Brasilien (1888). Der Abolitionismus war für alle betroffenen Länder von großer Bedeutung, direkt für Afrika, indirekt auch für Indien und China, denn indische und/oder chinesische Kontraktarbeiter kamen in viele tropische und subtropische Kolonien als Ersatz für afrikanische SKLAVEN (z. B. in Natal, Mauritius, Surinam).

Literatur: D. L. Dumond: Antislavery: The Crusade for Freedom in America. New York 1961; S. Miers: Britain and the Ending of the Slave Trade. London 1975; M. Craton u. a.: Slavery, Abolition and Emancipation. Black Slaves and the British Empire. London 1976; R. Anstey: The Atlantic Slave Trade and British Abolition 1760–1810. Aldershot 1992.

Afro-Amerikaner

(engl.: Afro-Americans) Seit einigen Jahrzehnten Selbstbezeichnung für Nachfahren afrikanischer SKLAVEN in den USA, im Gegensatz vor allem zu »Neger« (»Negro«): Die erste Organisation freier Afro-Amerikaner als Nachfahren von Haussklaven wurde in Philadelphia gegründet (**1787**). Afro-Amerikaner verstanden sich als Teil des beginnenden ABOLITIONISMUS.

Literatur: R. J. Saunders: They Came in Chains. Philadelphia 1950; J. H. Franklin: From Slavery to Freedom: A History of American Negroes. New York 1956; L. Bennett, Jr.: Before the Mayflower. A History of the Negro in America 1619–1964. Harmondsworth ^{3}1964; E. Brooks Higginbotham (Hg.): The Harvard Guide to African-American History. Cambridge (Mass.) u. a. 2001.

»Potemkinsche Dörfer«

Bei der Inspektionsreise Katharinas II. durch die (**1787**) neu eroberten Südgebiete Russlands bis zur Krim ließ der russische Gouverneur, Fürst Potemkin, am Ufer des unteren Dnjepr Attrappen von Dörfern errichten, um eine stärkere Besiedlung (und Russifizierung) vorzutäuschen, als bis dahin tatsächlich erreicht war. Seitdem entstand im übertragenen Sinn die Redewendung für Schein, Trug, Täuschung.

4. Russisch-türkischer Krieg

Mit der russischen Expansion im Rahmen des GRIECHISCHEN PROJEKTS (1781) und der Annexion des KHANATS der Krimtataren (1783) unternahm Katharina II. eine demonstrative Krimreise, zuletzt in Begleitung von Kaiser Joseph II. von Österreich. Dem Bündnis zwischen Russland und Österreich (1787) folgte die Kriegseröffnung des OSMANISCHEN REICHS gegen Russland, ohne Kriegserklärung (**1787**). Ein Jahr später trat Österreich in den Krieg ein (1788), womit der 8. TÜRKENKRIEG ausbrach (1787–1791), beendet vom Frieden von Sistowa (1791). Gleichzeitig führten Russland und Dänemark Krieg gegen Schweden (1788–1790). Unter der militärischen Führung Potemkins siegte Russland, gemeinsam mit Österreich (1789): Der Frieden von Jassy (1792) bestimmte den Dnjestr als Grenze zwischen der Türkei und Russland, gab dem Osmanischen Reich das von Russen eroberte Fürstentum Moldau und Bessarabien zurück.

»Qu'est-ce que le Tiers État?« (»Was ist der dritte Stand?«)

Einflussreiche Flugschrift des Abbé Sieyès vor dem Zusammentreten der GENERALSTÄNDE in Frankreich (**1789**): Die Schrift definierte das Bürgertum, den DRITTEN STAND, als die NATION schlechthin. Daher gebühre ihm die Macht im Staate. Die Thesen von Abbé Sieyès beeinflussten die Öffentlichkeit vor Ausbruch der Revolution.

Literatur: E. J. Sieyès: Was ist der dritte Stand? Essen 1988.

Dritter Stand

Kollektivname für Angehörige aller Schichten unterhalb der mit PRIVILEGIEN ausgestatteten oberen zwei STÄNDE (Klerus, ADEL) in der ständischen, zuletzt ABSOLUTEN MONARCHIE: Der Dritte Stand umfasste besonders das städtische Bürgertum und wohlhabende Bauern, die in PROVINZSTÄNDEN/LANDSTÄNDEN und GENERALSTÄNDEN vertreten waren. Ausgeschlossen blieb, nach allgemeinem Verständnis, die Unterschicht ohne versteuerungsfähiges Einkommen. In der Agonie des ANCIEN RÉGIME forderte Abbé Sieyès in seiner berühmten Streitschrift »QU'EST-CE QUE LE TIERS ÉTAT?« (**1789**) die Macht für den Dritten Stand durch Gleichsetzung mit der NATION. Analog entstand mit der Industrialisierung der Begriff »Vierter Stand« für das Industrieproletariat.

Französische Revolution

Zentrales Ereignis der neueren Weltgeschichte, vom STURM AUF DIE BASTILLE bis zum 18. BRUMAIRE (**1789**–1799):

Vorgeschichte
Die Zersetzung des FEUDALISMUS in Frankreich seit dem Spätmittelalter bei Verhärtung ständischer PRIVILEGIEN in der ABSOLUTEN MONARCHIE, Niederlagen seit dem SPANISCHEN ERBFOLGEKRIEG (1701–1713/14) und Reformunfähigkeit stürzten das ANCIEN RÉGIME in die Agonie. Den Versuch, mit einer STEUERreform den drohende STAATSBANKROTT abzuwenden, blockierte die NOTABELNVERSAMMLUNG (1787), öffentliche Forderungen zwangen Ludwig XVI. zur Einberufung der GENERALSTÄNDE (1788). Ein strenger Winter verstärkte die WIRTSCHAFTSKRISE, mit Hungerrevolten (1788/89) in vielen Teilen Frankreichs. Beschwerdehefte (»cahiers de doléances«) spiegelten die innere Krise wider. Flugschriften, u. a. »Qu'est-ce que le Tiers État?« von Sieyès (Januar 1789), erschienen ohne ZENSUR und verschärften die Spannungen.

Verlauf

Im Mai traten die GENERALSTÄNDE in Versailles zusammen (5. Mai). Im Protest erklärte sich der Dritte Stand zur NATIONALVERSAMMLUNG (17. Juni–30. September 1791) und leistete den BALLHAUSSCHWUR (20. Juni). Ludwig XVI. konzentrierte Truppen um Versailles und entließ den populären Finanzminister Necker (11. Juli). Straßenkämpfe in Paris (12.–14. Juli) eskalierten zum Sturm auf die Bastille (14. Juli), in den Provinzen zu Bauernaufständen (LA GRANDE PEUR) und ADELSEMIGRATION. Unter Lafayette wurde die NATIONALGARDE aktiv (15. Juli). Die Nationalversammlung schaffte den Feudalismus ab (11. August), verabschiedete die Erklärung der MENSCHENRECHTE (26. August), wurde, mit dem königlichen Hof, nach Paris in die TUILERIEN verlegt (6. Oktober). Der Fluchtversuch der königlichen Familie scheiterte (21. Juni), die Nationalversammlung schuf die ZIVILVERFASSUNG DES KLERUS (12. Juli). Der JAKOBINERKLUB spaltete sich (16. Juli) in FEUILLANTS und radikale JAKOBINER.

Eine antimonarchische Demonstration der Jakobiner unterdrückte die Nationalgarde mit dem Blutbad auf dem MARSFELD (17. Juli) und trieb die radikale Agitation für die REPUBLIK weiter an. Die DEKLARATION VON PILLNITZ Österreichs und Preußens (27. August), die sich mit der französischen Monarchie solidarisch erklärten, verschärfte die Radikalisierung. Mit Verabschiedung der Verfassung (3. September 1791) wurde Frankreich KONSTITUTIONELLE MONARCHIE (1791/92). Die Nationalversammlung beschloss die JUDENEMANZIPATION (28. September). Die Regierung der GIRONDISTEN (15. März 1792–2. Juni 1793) erklärte Österreich den Krieg (20. April). Zu Beginn der REVOLUTIONSKRIEGE entstand die MARSEILLAISE (25. April 1792). Militärische Rückschlägen in Belgien und der Konflikt um das Dekret gegen Priester, die den Eid auf die Zivilverfassung verweigerten, trugen zur Radikalisierung bei. Deshalb entließ der König das Girondisten-Ministerium (12. Juni). Bei einer Massendemonstration der Girondisten gegen den König (20. Juni) drangen Volksmassen erstmals in die Tuilerien ein. Die Nationalversammlung verabschiedete das Dekret »Das Vaterland in Gefahr« (5. Juli). Das MANIFEST DES HERZOGS VON BRAUNSCHWEIG (25. Juli) begründete den bevorstehenden Einmarsch der Alliierten in Frankreich. Der STURM AUF DIE TUILERIEN leitete den Sturz der MONARCHIE ein.

Die Girondisten übernahmen wieder die Regierung (10. August) und internierten die königliche Familie (13. August). Kurz darauf begann die Invasion Frankreichs (19. August). Die SEPTEMBERMORDE waren ein Massaker an den Eid verweigernden Priestern (2.–6. September). Die KANONADE VON VALMY (20. September) beendete den Vorstoß der österreichisch-preußischen Invasionstruppen. Der KONVENT (21. September 1792–26. Oktober 1795) proklamierte die 1. FRANZÖSISCHE REPUBLIK (21. September 1792–November 1799).

KONTERREVOLUTION: Unruhen in der Vendée (10. März–23. Dezember 1792) und in Lyon (29. Mai–9. Oktober) eskalierten zum Aufstand der Pariser SANSCULOTTEN gegen die Girondisten (31. Mai–2. Juni 1793), deren Sturz. Die JAKOBINERHERRSCHAFT (1793/94) trieb Frankreich in den Bürgerkrieg. Mit Verabschiedung der JAKOBINISCHEN VERFASSUNG (24. Juni 1793) begann der GROSSE TERROR unter Robespierre (1793/94). Am 9. THERMIDOR (27. Juni 1794) stürzten gemäßigte Republikaner die Jakobiner: Die Republik erhielt die Direktorialverfassung (22. August 1795); das DIREKTORIUM (1795–1799) wurde oberstes Regierungsorgan. Frankreich begann seine Eroberungskriege in Europa und versuchte unter Napoleon Bonaparte mit der ÄGYPTISCHEN EXPEDITION (1798–1802) weitere Gebiete außerhalb Europas zu erobern. Bonapartes Staatsstreich am 18. Brumaire (9. November 1799) etablierte das KONSULAT (1799–1804), eine verschleierte Militärdiktatur unter Bonaparte als 1. KONSUL, der die REVOLUTION für beendet erklärte. Mit dem I. EMPIRE (1804–1814/15) unter Kaiser Napoleon I. fand die Revolution auch formal ihr Ende.

Historische Gesamtwirkung

Die Französische Revolution verhalf der bürgerlichen Gesellschaft in Frankreich zum Durchbruch, mit Rückwirkungen auf Europa und darüber hinaus. Frankreich annektierte zahlreiche Gebiete und gründete TOCHTERREPUBLIKEN, die in der bonapartistischen-napoleonischen Phase Vasallenstaaten wurden und den CODE CIVILE (1804) übernahmen. Der RHEINBUND war Zwischenlösung nach dem UNTERGANG DES HEILIGEN RÖMISCHEN REICHS DEUTSCHER NATION (1806). Die PREUSSISCHEN REFORMEN (1807–1812) übernahmen Prinzipien der Französischen Revolution. In Polen entstand das HERZOGTUM WARSCHAU (1807–1813). Mit dem SERBISCHEN AUFSTAND (1804–1817) entfaltete sich der Nationalismus auf dem Balkan. Auch Russland (DEKABRISTENAUFSTAND, 1825), der Nahe Osten (Araber, Ägypten durch Ägyptische Expedition), die UNABHÄNGIGKEITSKRIEGE IN LATEINAMERIKA (1810–1825), die Loslösung Haitis (1804), generell Revolutionen bis zur RUSSISCHEN REVOLUTION waren von Frankreich geprägt. Zum 100. Jahrestag gründete sich die 2. INTERNATIONALE in Paris (1889), der 200. Jahrestag wurde in Frankreich mit Feierlichkeiten begangen (1989).

Literatur: G. Lefebvre: La Révolution française. Paris [3]1963; E. Furet/D. Richet: Die Französische Revolution. Frankfurt/Main 1968; A. Soboul: Die Große Französische Revolution. Frankfurt/Main 1973; E. Schmitt: Einführung in die Geschichte der Französischen Revolution. München 1982; H. Timmermann (Hg.): Die Französische Revolution und Europa 1789–1799. Saarbrücken 1989; O. Flake: Die Französische Revolution 1789 bis 1799. Zürich [2]1989; E. Schulin: Die Französische Revolution. München [3]1990; H. Reinalter (Hg.): Die Französische Revolution. Forschung – Geschichte – Wirkung. Frankfurt/Main 1991; W. Doyle: Origins of the French Revolution. Oxford u. a. [3]1999; R. Reichardt: Das Blut der Freiheit. Französische Revolution und demokratische Kultur. Frankfurt/Main [2]1999; A. Kuhn: Die Französische Revolution. Stuttgart 1999.

Nationalversammlung (Verfassunggebende Versammlung, Konstituante)

(frz.: Assemblée Nationale, Assemblée Constituante, Constituante) 1. PARLAMENT der FRANZÖSISCHEN REVOLUTION, auf Antrag von Sieyès von Abgeordneten des DRITTEN STANDS gebildet (17. Juni **1789**). Der Klerus schloss sich dem Parlament mehrheitlich an (19. Juni): Nach dem BALLHAUSSCHWUR (20. Juni) widersetzten sich die Abgeordneten des Dritten Stands der Auflösungsorder des Königs, proklamierten ihre

Immunität (23. Juni) und erklärten sich als in Permanenz tagend (13. Juli). Nach dem STURM AUF DIE BASTILLE (14. Juli) erließ sie eine revolutionäre Gesetzgebung, indem sie zahlreiche von der provisorischen Regierung getroffene Maßnahmen auf eine rechtliche Grundlage stellte. Die NATIONALGARDE entstand (15. Juli) als Bürgerwehr. Der ADEL verzichtete auf einen Teil seiner PRIVILEGIEN (4. August). Die Nationalversammlung, die wenig später, mit dem königlichen Hof von Versailles, nach Paris (6. Oktober) und in die TUILERIEN (9. November) verlegt wurde, verkündete die MENSCHENRECHTE (26. August), verfügte die NATIONALISIERUNG DER KIRCHENGÜTER (2. November), gab zur Deckung der Staatsschulden die ASSIGNATEN aus (19. Dezember 1789), suspendierte das PARLEMENT als königliches Hofgericht (3. November) und schaffte es ab (6. September 1790). Frankreich wurde in DEPARTEMENTS eingeteilt (12. November). Das Zensuswahlrecht (22. Dezember) teilte Franzosen in Aktiv- und Passivbürger (»citoyen actif, citoyen passif«) auf, ca. 50 000 Wahlmänner (»électeurs«) wurden für die Wahl der Abgeordneten, Richter und der Departementverwaltung bestimmt. Die Nationalversammlung wandelte die Klöster in Nationalgüter um (12. Februar 1790), schaffte Gabelle (13. März), Erbadel (19. Juni), Feudalgerichte (16. August) und Binnenzölle (31. Oktober) ab, unterstellte die Geistlichen der ZIVILVERFASSUNG DES KLERUS (12. Juli), führte die TRIKOLORE als Nationalflagge (21. Oktober) und eine allgemeine Grundsteuer (23. November) ein. Sie verlangte den Eid des Klerus auf die Zivilverfassung (27. November) und provozierte damit weitere Konflikte (1791/92). Der Aufhebung der ZÜNFTE (16. Februar 1791) folgte das Verbot neuer gewerblicher Zusammenschlüsse mit dem LOI LE CHAPELIER (14. Juni). Die neue Verfassung nahm Bezug auf die MENSCHENRECHTE und machte Frankreich zur KONSTITUTIONELLEN MONARCHIE (3. September). Nach dem Gesetz über die JUDENEMANZIPATION (28. September) löste sich die Nationalversammlung selbst auf.

Auch: Bezeichnung für spätere PARLAMENTE in Frankreich nach einem inneren Bruch – zu Beginn der II. FRANZÖSISCHEN REPUBLIK (1848), III. FRANZÖSISCHEN REPUBLIK (1871), IV. FRANZÖSISCHEN REPUBLIK (1945/46). Nach französischem Vorbild in vergleichbaren Situationen Verfassunggebende Nationalversammlungen, z. B. in Deutschland – PAULSKIRCHE (1848/49), für Preußen (1848), die WEIMARER NATIONALVERSAMMLUNG (1919/20).

Literatur: J.-J. Chevallier: Histoire des institutions et des régimes politiques de la France moderne, 1789–1958. Paris [3]1967; G. C. G. Wedekind: Die Rechte des Menschen und des Bürgers, wie sie die französische konstituierende Nationalversammlung 1791 proklamierte. Reprint von 1793 mit Erläuterungen von Georg Wedekind. Mainz 1989; M. P. Fitzsimmons: The Remaking of France. The National Assembly and the Constitution of 1791. Cambridge u. a. 1996.

Ballhausschwur

(frz.: Serment du Jeu de Paume) Eid der Deputierten des DRITTEN STANDS zu Beginn der FRANZÖSISCHEN REVOLUTION: Nach Konstituierung der NATIONALVERSAMMLUNG durch den Dritten Stand (17. Juni) in Versailles leistete der König Widerstand (19. Juni): Die Türen des

Sitzungssaals waren verschlossen, die Nationalversammlung sollte nicht tagen können. Im benachbarten Ballspielsaal legten die Abgeordneten (bis auf einen) den Eid ab, bis zur Ausarbeitung einer Verfassung zusammenzubleiben (20. Juni **1789**).

Sturm auf die Bastille

(frz.: Prise de Bastille) Im engeren Sinn Beginn der FRANZÖSISCHEN REVOLUTION: Nach Druck des Königs auf die NATIONALVERSAMMLUNG und Entlassung Neckers (11. Juli) brachen Straßenkämpfe in Paris aus (12.–14. Juli). Aufständische stürmten die Bastille (14. Juli **1789**), gefolgt von Bauernaufständen (LA GRANDE PEUR). Der 14. Juli ist französischer Nationalfeiertag (seit 1880). Zur Erinnerung an den Sturm auf die Bastille erfolgte 100 Jahre später die Gründung der 2. INTERNATIONALE in Paris (1889).

Literatur: J. Godechot: La prise de la Bastille. Paris 1965; B. Jeschonnek: Sturm auf die Bastille. Berlin 1989; P. Gallmeister (Hg.): Der Sturm auf die Bastille. Die Französische Revolution in Augenzeugenberichten und Stellungnahmen. Rastatt 1989.

La Grande Peur

(dt.: Die große Furcht) Nach dem STURM AUF DIE BASTILLE (14. Juli) brachen Bauernaufstände in der Provinz gegen adlige Grundherren aus (Juli/August **1789**), mit gewaltsamer Inbesitznahme des Landes durch Bauern, gefolgt von der ADELSEMIGRATION.

Literatur: G. Lefèbvre: La grande peur. Paris [3]1970; ders.: Die Große Furcht von 1789, in: Geburt der bürgerlichen Gesellschaft: 1789. Hg. v. I. A. Hartig. Frankfurt/Main 1979, S. 88–135.

Adelsemigration

Nach dem STURM AUF DIE BASTILLE (14. Juli 1789) und agrarrevolutionären Umwälzungen in der Provinz (LA GRANDE PEUR) emigrierten viele Adlige, vor allem nach Deutschland (ab Juli/August **1789**). Koblenz wurde Zentrum gegenrevolutionärer Aktivitäten: Emigranten formulierten das MANIFEST DES HERZOGS VON BRAUNSCHWEIG (Koblenzer Manifest, 1792). Im 1. KOALITIONSKRIEG kämpfte auf alliierter Seite ein Emigrantenkorps, bis zum FRIEDEN VON LUNÉVILLE (1801). Nach dem Sturz der JAKOBINERHERRSCHAFT (1794) erlaubte das DIREKTORIUM (1795–1799) den Adligen teilweise die Rückkehr (ab 1796/97). Nach Sturz des I. EMPIRE (1814) und der RESTAURATION (1814/15) kehrten die meisten Adligen zurück, erhielten eine erste Entschädigung (1814) und wurden zum harten Kern der ULTRAS. Ihre zweite Entschädigung (MILLIARDE DER EMIGRANTEN, 1825) war Ausdruck einer verschärften Reaktion, die die JULIREVOLUTION provozierte (1830).

Literatur: H. Forneron: Histoire générale des Emigrés pendant la Révolution française. 3 Bde., Paris 1884–1890; J. Vidalenc: Les Emigrés Français 1789–1825. Paris 1963; G. Badia u. a.: Deutsche Emigranten in Frankreich, französische Emigranten in Deutschland, 1685–1945. Paris [2]1984; E. Schöler: Emigranten der französischen Revolution in Franken. Triesdorf 1990; E. Kruse: Die Emigranten der französischen Revolution in Kurhannover. Hannover 1991; T. Höpel: Emigranten der Französischen Revolution in Preußen 1789–1806. Leipzig 2000.

Menschenrechte

Nach dem Vorbild der Virginia Bill of Rights (1776), beeinflusst von der Amerikanischen UNABHÄNGIGKEITSERKLÄRUNG (1776), beschloss die NATIONALVERSAMMLUNG die »Déclaration des droits de l'homme et du citoyen« (26. August **1789**) – politisch-rechtliche Gleichheit der Menschen als Individuum und Staatsbürger, Recht auf »Freiheit, Eigentum, Sicherheit und Widerstandsrecht gegen Unterdrückung«: Später wurden die Menschenrechte in die Verfassungen der FRANZÖSISCHEN REVOLUTION übernommen (1791; modifiziert 1793, 1795).

Abgewandelt fanden sie Eingang auch in Verfassungen anderer Länder, z. B. in Deutschland – PAULSKIRCHE (1849), in der WEIMARER VERFASSUNG (1919), in den Grundrechten der BUNDESREPUBLIK DEUTSCHLAND (1949). Sie hatten Einfluss auf die UN-Menschenrechtsdeklaration (1948), die Europäische Menschenrechtskonvention (1950), die UN-Menschenrechtskonventionen (1966) und die Amerikanische Menschenrechtskonvention (1966). Die Helsinki-Charta (1977) erklärte die Menschenrechte in Ost und West zu verbindlichen Werten. Obwohl häufig verletzt, sind die Menschenrechte Teil eines globalen Codex.

Literatur: G. Kleinheyer: Grundrechte. Menschen- und Bürgerrechte, Volksrechte, in: O. Brunner u. a. (Hg.): Geschichtliche Grundbegriffe, Bd. 2, S. 1047–1082; M. Gauchet: Die Erklärung der Menschenrechte. Die Debatte um die bürgerlichen Freiheiten 1789. Reinbek 1991; A. Eide/B. Hagtvet (Hg.): Human Rights in Perspectives. Oxford, Cambridge (Mass.) 1992; G. Commichau (Hg.): Die Entwicklung der Menschen- und Bürgerrechte von 1776 bis zur Gegenwart. Göttingen u. a. [6]1998; O. Hufton (Hg.): Menschenrechte in der Geschichte. Frankfurt/Main [2]1999; F. Wolfinger: Die Religionen und die Menschenrechte. Eine noch unentdeckte Allianz. München 2000.

»Ami du Peuple«

(dt.: »Volksfreund«) Zeitschrift radikaler Revolutionäre, herausgegeben von Jean-Paul Marat (12. September **1789**): Nach Marats Ermordung (13. Juli 1793) führte Jacques Roux die Zeitschrift als »Publiciste de la République Française« fort (bis 10. November 1793).

Literatur: C. Fortuny: Marat en entier et plus que Marat. Vrais et faux journaux de l'Ami du peuple à la bibliothèque de Lunel. Brüssel 1996.

Nationalgarde

(frz.: Garde nationale) Bürgerwehr MILIZartigen Charakters zu Beginn der FRANZÖSISCHEN REVOLUTION: Die Nationalgarde wurde unter Lafayette (15. Juli **1789**) in Paris aktiv, dann auch in der Provinz. Sie unterdrückte die Demonstration radikaler JAKOBINER auf dem MARSFELD mit einem Massaker (17. Juli 1791). Neugegründet in der JULIREVOLUTION (1830) und später in der FEBRUARREVOLUTION (1848), hatte sie an der Niederwerfung der Arbeiterschaft in der JUNISCHLACHT in Paris (1848) entscheidenden Anteil. Nach dem Sturz des II. EMPIRE bestand die Nationalgarde als Mobilgarde (»garde mobile«) weiter (1870/71).

Auch: Milizartige Truppenteile in vielen Staaten, z. B. in den USA.

Literatur: L. Girard: La garde nationale, 1814–1871. Paris 1964.

Tuilerien

(frz.: Palais des Tuileries) Ehemaliges Königsschloss in Paris, nahe dem Louvre, das an Stelle einer früheren Ziegelei (»tuilerie«) für Katharina de' Medici erbaut (ab 1564) und später durch prächtige Gartenanlagen (ab 1664) erweitert wurde: Nach dem Zug der Marktfrauen nach Versailles und der erzwungenen Umsiedlung der königlichen Familie dienten die Tuilerien als Residenz Ludwigs XVI. (ab 6. Oktober **1789**) und Sitzungsort der NATIONALVERSAMMLUNG (9. November 1789–30. September 1791). Der STURM AUF DIE TUILERIEN durch die Volksmassen (10. August 1792) eröffnete den Sturz der MONARCHIE. Danach wurde das Schloss Sitz des KONVENTS (1792–1795). Beim Aufstand der PARISER KOMMUNE brannte es nieder (1871). Reste der Gebäude wurden abgetragen (1882).

Literatur: J. Hillairet: Le Palais des Tuileries. Paris 1965.

Nationalisierung der Kirchengüter

Konfiskation (SÄKULARISATION) der Kirchengüter in Frankreich durch die NATIONALVERSAMMLUNG (2. November **1789**), auf Vorschlag Talleyrands zur Deckung der Staatsschulden durch Schuldverschreibungen (ASSIGNATEN) belastet (1789–1796).

Assignaten

(frz.: Assignats; zu lat.: assignare = anweisen, zuteilen) Faktisches PAPIERGELD der FRANZÖSISCHEN REVOLUTION (1789–1796): Nach NATIONALISIERUNG DER KIRCHENGÜTER durch die NATIONALVERSAMMLUNG (2. November 1789) wurden die Assignaten als verzinsliche Staatsobligationen auf enteignete Kirchengüter, KRONDOMÄNEN und Emigrantenbesitz zur Deckung der Staatsschulden in mehreren Stufen ausgegeben (19. Dezember **1789**): Anfangs war Papiergeld im Wert von 400 Mio. Livres mit festgesetztem Zwangskurs im Umlauf; zuletzt ergab sich ein Wert von fast 46 Mrd. Livres. Die Assignaten verursachten eine rasche INFLATION, wurden abgeschafft (19. Februar 1796) und durch »Mandats territoriaux« ersetzt, die ebenfalls durch Ländereien gedeckt waren; ihr Umlauf war auf 2,4 Mrd. Livres begrenzt. Auch sie inflationierten rasch, deckten zuletzt nur noch ein Viertausendstel des Nennwerts, wurden abgeschafft (Mai 1797), ersetzt durch Münzgeld aus Kontributionen nach französischen Eroberungen.

Literatur: S. A. Falkner: Das Papiergeld der Französischen Revolution 1789–1797. München 1924, Nachdruck Liechtenstein 1993; S. E. Harris: The Assignats. Cambridge (Mass.) 1930; A. D. White: Fiat Money Inflation in France. Irvington-on-Hudson (N. Y.) [2]1959.

Departement

Moderne Verwaltungseinheit in Frankreich, an Stelle der historischen PROVINZEN, mit geographischen Namen, zur verstärkten Zentralisierung: Die Neugliederung in 83, heute 95 Einheiten beschloss die NATIONAL-

VERSAMMLUNG (22. Dezember **1789**). Dem Departement, unterteilt in Arrondissements, steht der Präfekt (»préfet«) vor, mit einem gewählten Generalrat (»Conseil général«). Departements wurden auch in annektierten Gebieten eingeführt, wie in Belgien, im Rheinland (1795–1813/14), in Nordwestdeutschland (1815–1813) oder Algerien (1848–1962), in napoleonischen Vasallenstaaten, z. B. im KÖNIGREICH WESTPHALEN und HERZOGTUM WARSCHAU (1807–1813). Dezentralisierung der Verwaltung in der V. FRANZÖSISCHEN REPUBLIK unter den Sozialisten (1981/82 ff.) durch Regionen relativierte die Departements.

Auch: Ältere Bezeichnung für Ministerien (z. B. in Preußen vor FACHMINISTERIEN, 1808); heute noch in den USA (»Department«, seit 1789) und in der Schweizer Bundesregierung (seit 1848), ferner Bezeichnung für Verwaltungsorgane in einigen Schweizer Kantonen; Fachbereich (»Department«) an angloamerikanischen UNIVERSITÄTEN.

Zivilverfassung des Klerus

Gesetz der NATIONALVERSAMMLUNG (12. Juli **1790**) zur Trennung der französischen Kirche von Rom: Priester wurden vom STAAT bezahlt und mussten den Eid auf die Zivilverfassung leisten (27. November). Die LEGISLATIVE erließ ein Dekret gegen eidverweigernde Priester (27. Mai 1792), gegen das der König sein VETO einlegte (11. Juni). Die Entlassung des GIRONDISTEN-Ministeriums (12. Juni) durch den König provozierte die Massendemonstration der Girondisten in den TUILERIEN (20. Juni). In den SEPTEMBERMORDEN (2.–6. September) wurden viele eidverweigernde Priester getötet. Das KONKORDAT (1801) hob die Zivilverfassung auf.

Trikolore

(frz.: Tricolore, von lat.: tres, tri = drei + color = Farbe) Dreifarbige Nationalflagge, von der NATIONALVERSAMMLUNG für Frankreich eingeführt (21. Oktober **1790**): Die senkrecht gestreifte (ab 1774) Flagge hatte die Farben blau-weiß-rot (weiß: Farbe der BOURBONEN, blau und rot: Stadtfarben von Paris). Ähnlich auch für andere Länder, z. B. Deutschland: schwarz-rot-gold (1848/49, 1919–1933, seit 1949), schwarz-weiß-rot (1867/71–1918, 1933–1945).

Konvention von Reichenbach

Abkommen zwischen Österreich und Preußen (27. Juli **1790**): Preußen verpflichtete sich, auf weitere Expansion im Osten zu verzichten (gebrochen durch die 2. TEILUNG POLENS, 1793), sagte zu, Hilfe für Aufständische in Ungarn und den ÖSTERREICHISCHEN NIEDERLANDEN gegen die JOSEPHINISCHEN REFORMEN einzustellen. Dafür stimmte Österreich zu, den 8. TÜRKENKRIEG (1787–1791) ohne Annexionen zu beenden. Das Abkommen vermied Krieg zwischen den deutschen Großmächten; ihr Zusammengehen gegen das revolutionäre Frankreich zeichnete sich an.

»Reflections on the Revolution in France«

Werk Edmund Burkes (**1790**); deutsche Ausgabe übersetzt von Friedrich von Gentz (* 1764, † 1832) »Betrachtungen über die Französische Revolution«, 2 Bde. (1793–1794): Burke war früher WHIG, wurde in Reaktion auf die FRANZÖSISCHE REVOLUTION zum TORY. In der ersten konservativen Kritik der Französischen Revolution sagte er ihre Radikalisierung bis zur Militärdiktatur voraus. Unter Berufung auf die ENGLISCHE REVOLUTION und ihre Errungenschaften verurteilte Burke die Französische Revolution und ihre Anhänger in England. Sein Werk wurde stilprägende ideologische Grundlage für den KONSERVATIVISMUS.

Literatur: D. Hilger: Edmund Burke und seine Kritik der Französischen Revolution. Stuttgart 1960; J. Whale (Hg.): Edmund Burke's Reflections on the Revolution in France. Manchester u. a. 2000.

Konservativismus (Konservatismus)

(lat.: conservare = erhalten) Moderne politische Strömung mit vielen Nuancen und Aufspaltungen: Die theoretische Position formulierte erstmals Burke in »REFLECTIONS ON THE REVOLUTION IN FRANCE« (**1790**). Seine negative Reaktion auf die FRANZÖSISCHE REVOLUTION wirkte vor allem auf den Kontinent. Die soziale Basis der neuen Strömung bestand ursprünglich aus der ARISTOKRATIE, Teilen des Bürgertums und der Bauern. In Opposition zur Französischen Revolution verfocht der Konservativismus die MONARCHIE (zunächst die ABSOLUTE MONARCHIE, nachdem sich die Revolution durchgesetzt hatte, auch die KONSTITUTIONELLE MONARCHIE), Erhaltung des ADELS und seiner PRIVILEGIEN. Der Konservatismus gab sich klerikal und wandte sich zugunsten der Herrschaft von Eliten gegen jede Beteiligung der Massen an der Politik. Er war Träger der RESTAURATION und Reaktion seit dem WIENER KONGRESS und der HEILIGEN ALLIANZ (1815).

Nach und nach entstanden konservative Parteien im modernen Sinn: In England wandelten sich die TORIES in Reaktion auf die (1.) WAHLRECHTSREFORM (1832) zur KONSERVATIVEN PARTEI seit dem TAMWORTH-MANIFEST (1834). Auf dem Kontinent kristallisierten sich Parteien aus konservativen Strömungen erst als Reaktion auf die REVOLUTION 1848/49 heraus, mit konservativen Fraktionen in der deutschen (PAULSKIRCHE) und preußischen NATIONALVERSAMMLUNG (1848/49). Wichtigstes Organ des Konservatismus war die »Kreuzzeitung« (1848). Eine Mittelposition bezog die liberalere WOCHENBLATTPARTEI (1852). Die FREIKONSERVATIVE PARTEI (1866–1918) unterstützte Bismarck. Die Deutsch-Konservative Partei (1875–1918) hatte vor allem in Preußen durch das DREIKLASSENWAHLRECHT und das Herrenhaus eine starke Stellung. Nach der NOVEMBERREVOLUTION (1918) wurde die DEUTSCHNATIONALE VOLKSPARTEI Sammelbecken der Konservativen, konservative Strömungen trafen sich auch im katholischen ZENTRUM. In der BUNDESREPUBLIK DEUTSCHLAND sind konservative Traditionen (mit liberalen vermischt) weitgehend in der CDU/CSU aufgegangen.

In Österreich trat die Konservative Partei (ab 1860) für Föderalismus und gegen den Zentralismus der Liberalen ein. Nach Einführung des allgemeinen WAHLRECHTS in Österreich (1907) fusionierten die katholischen Konservativen mit der Christlich-Sozialen Partei. In der (2.) Österreichischen Republik vertritt die ÖSTERREICHISCHE VOLKSPARTEI (ÖVP, seit 1945) eine mit der CDU/CSU vergleichbare Position.

In anderen Ländern bestehen – mit je nationalen Varianten – entsprechende Strömungen und Parteien, z. B. DEMOCRAZIA CRISTIANA und MOUVEMENT RÉPUBLICAIN POPULAIR. In den Niederlanden ist der Konservativismus traditionell aufgespalten in christliche Parteien. In Japan firmiert er als LIBERAL-DEMOKRATISCHE PARTEI (1955).

In der Agonie des KOMMUNISMUS galten zuletzt Verfechter einer harten Linie (in Polen: »Betonköpfe«) als »konservativ«, was zugleich die traditionelle Unterscheidung »links« – »rechts« verwischt.

Literatur: K. Epstein: Die Ursprünge des Konservativismus in Deutschland. 2 Bde., Berlin 1974; H.-G. Schumann: Konservativismus. Königstein/Ts. [2]1984; R. Vierhaus: Konservativ, Konservatismus, in: O. Brunner u. a. (Hg.): Geschichtliche Grundbegriffe, Bd. 3, S. 531–565; J. H. Schoeps/ J. H. Knoll u. a: Konservativismus, Liberalismus, Sozialismus. Einführung, Texte, Bibliographien. Nachdruck München 1991; P. Suvanto: Conservatism from the French Revolution to the 1990s. Basingstoke, Hampshire u. a. 1997; A. Schildt: Konservatismus in Deutschland. München 1998.

Loi Le Chapelier

Nach Aufhebung der ZÜNFTE und Korporationen durch die NATIONALVERSAMMLUNG (16. Februar 1791) beschlossenes Gesetz, benannt nach dem Antragsteller Le Chapelier (14. Juni **1791**): Neue berufliche Zusammenschlüsse, GEWERKSCHAFTEN und STREIKS wurden verboten. Das Gesetz war in wechselnden Regimen in Kraft, im II. EMPIRE (1852–1870) zuletzt nur noch formal. Erst nach seiner Aufhebung in der III. FRANZÖSISCHEN REPUBLIK (1884) wurden Gewerkschaften in Frankreich legal.

Jakobinerklub

(frz.: Société des amis de la constitution = Gesellschaft der Verfassungsfreunde) Anhänger der FRANZÖSISCHEN REVOLUTION, benannt nach dem Tagungsort, dem aufgehobenen Dominikanerkloster St. Jacques (St. Jakob) in Paris, rue Saint-Honoré: Vorläufer war der Club Breton (30. April 1789) von Abgeordneten der GENERALSTÄNDE des DRITTEN STANDES aus der Bretagne, der sich zum Treffpunkt der PATRIOTEN (Oktober 1789) entwickelte. Der Jakobinerklub spaltete sich nach der Flucht des Königs (20./21. Juni 1791) in FEUILLANTS als Mehrheit, radikale JAKOBINER als Minderheit (16. Juli **1791**). Nach dem GROSSEN TERROR (1793/94) wurde er geschlossen (11. November 1794), im DIREKTORIUM geöffnet (November 1795), geschlossen (28. Februar 1796), nach dem Staatsstreich des 30. Prairial geöffnet (18. Juni 1799), nach dem 18. BRUMAIRE (9. November) endgültig geschlossen.

Auch: MAINZER JAKOBINERKLUB.

Literatur: J. W. Zinkeisen: Der Jakobiner Klub. 2 Teile. Berlin 1852/53; W. Grab: Jakobinismus und Demokratie in Geschichte und Literatur. Frankfurt/Main u. a. 1998; S. N. Eisenstadt: Die Antinomien der Moderne. Die jakobinischen Grundzüge der Moderne und des Fundamentalismus. Frankfurt/Main 1998.

Feuillants

Mehrheit konstitutioneller Monarchisten nach Spaltung des JAKOBINERKLUBS (16. Juli **1791**), benannt nach dem Kloster der Feuillanten (reformierte ZISTERZIENSER) in Paris: Feuillants waren gegen die Suspendierung des Königs bis zur Annahme der Verfassung. Ihre soziale Basis bestand aus dem ehemaligen ADEL und Großbürgertum. Sie hatten die Mehrheit in der LEGISLATIVE (1791/92), wurden mit Radikalisierung der FRANZÖSISCHEN REVOLUTION zu Beginn der Revolutionskriege durch die GIRONDISTEN aus der Regierung verdrängt (15. März 1792). Ihre Führer wurden Opfer des GROSSEN TERRORS (1793).

Girondisten

(frz.: Gironde, Girondins) Politische Richtung in der FRANZÖSISCHEN REVOLUTION: Der Name leitete sich vom DEPARTEMENT Gironde (mit Bordeaux) ab, aus dem mehrere ihrer Führer stammten, u. a. Jacques Pierre Brissot (1754–1793), wo aber auch das Zentrum der Interessen des von GIRONDISTEN repräsentierten liberalen Wirtschafts- und Handelsbürgertums lag (u. a. Kolonialhandel nach Westindien und Westafrika). Girondisten waren ursprünglich im JAKOBINERKLUB. Nach Abspaltung der FEUILLANTS (16. Juli **1791**) bildeten sie dessen gemäßigten Flügel. In der LEGISLATIVE forderten sie den revolutionären Krieg gegen die konservativen MONARCHIEN (ab 20. Oktober 1791), im Widerspruch zu den radikalen JAKOBINERN (Robespierre, 2. Januar 1792). Mit Dumouriez, Roland de la Platiere (1734–1793), Antoine P. Barnave (1761–1793) u. a. stellten sie das 1. Girondisten-Ministerium (15. März–12. Juni), das die Kriegserklärung an Österreich (20. April) durchsetzte. Militärisch erlitten sie Rückschläge in Belgien, innenpolitisch betrieben sie das Dekret gegen Priester, die den Eid auf die Zivilverfassung verweigerten (27. Mai), weshalb sie von Ludwig XVI. entlassen wurden (12. Juni). Eine Massendemonstration der Girondisten vor den TUILERIEN (20. Juni) und der STURM AUF DIE TUILERIEN ermöglichte ihnen die Bildung des 2. Girondisten-Ministeriums (10. August).

Im KONVENT waren die Girondisten (ab 21. September) stärkste Partei (ca. 200 Abgeordnete), gegen die Jakobiner (Bergpartei = Montagne), die den Sturz der Monarchie betrieben. Brissots Ausschluss aus dem Jakobinerklub (10. Oktober) provozierte den Bruch mit den Jakobinern. Girondisten traten nach Prozessbeginn gegen Ludwig XVI. für die Rettung des Königs ein (31. Dezember). Ihr Konflikt mit den Jakobinern (22. Mai 1793) eskalierte in Lyon zum Aufstand (29. Mai). Der Aufstand der Pariser SANSCULOTTEN (31. Mai – 2. Juni) stürzte die Girondisten; ihre Führer wurden verhaftet (2. Juni), ihre Anhänger aus dem Konvent ausgeschlossen. Die Konferenz entflohener Girondisten in Caen (Normandie) votierte für den Bürgerkrieg gegen die Jakobiner (13. Juni). Das Gesetz über die Verdächtigen (17. September) eröffnete den GROSSEN TERROR, in dem Führer der Girondisten hingerichtet wurden (31. Oktober–November). Nach Sturz und Hinrichtung Robespierres (27./28. Juli 1794) und Schließung des Pariser Jakobinerklubs

(11. November) kehrten Abgeordnete, die sich für Girondisten eingesetzt hatten (8. Dezember), und überlebende Girondisten (8. März 1795) in den Konvent zurück.

Literatur: M. J. Sydenham: The Girondins. Nachdruck Westport (Conn.) 1972; G. Kates: The Cercle Social, the Girondists, and the French Revolution. Princeton 1985; A. Mathiez: Girondins et Montagnards. Nachdruck Montreuil 1988; B. Melchior-Monnet: Les Girondins. Paris [2]1989; F. Furet: La Gironde et les Girondins. Paris 1991; J. Presser: Night of the Girondists. London 1992.

Jakobiner

(frz.: Jacobins) Radikale Vertreter der Französischen Revolution: Nach Abspaltung der Feuillants aus dem bis dahin gemeinsamen Jakobinerklub (16. Juli **1791**) tagten die Jakobiner weiterhin im Jakobinerkloster, mit einem rechten (Girondisten) und linken Flügel (Bergpartei). Unter Robespierre organisierten die radikalen Jakobiner die Massendemonstration auf dem Marsfeld (17. Juli 1791), die von der Nationalgarde blutig unterdrückt wurde: Jakobiner betrieben den Sturz des Königs; in Konvent und Legislative waren sie jedoch nur Minderheit (Juli 1792). Nach der Trennung von den Girondisten (10. Oktober 1792) waren sie identisch mit der Bergpartei. Sie drängten auf Gründung der I. Französischen Republik (1792), Hinrichtung des Königs (1793), Einsetzung des Pariser Volkstribunals (10. März 1793) und Bildung des Wohlfahrtsausschusses (6. April).

Nach dem Pariser Aufstand der Sansculotten (31. Mai–2. Juni) errichteten sie die Jakobinerherrschaft (1793/94) und eröffneten den Grossen Terror. Linke Jakobiner (Hébertisten) betrieben die Entchristianisierung (Oktober-November 1793), bis zu ihrer Verhaftung (14. März 1794) und Hinrichtung (24. März). Der 9. Thermidor (27. Juli 1794) stürzte die Herrschaft der Jakobiner, gefolgt vom Weissen Terror der Jeunesse dorée gegen Jakobiner und Sansculotten; der Jakobinerklub wurde geschlossen. Zum Direktorium (1795–1799) standen Jakobiner teils in Opposition, teils unterstützten sie es. Mit dem 30. Prairial (18. Juni 1799) erhielten sie noch einmal Einfluss in der 1. Republik. Nach Schließung der Jakobinerklubs (13. August) zerschlug Napoleon Bonaparte nach dem 18. Brumaire (9. November 1799) die Jakobiner endgültig. Sie behielten in neuen Formen unter ihrem früheren Anhänger Napoleon Bonaparte Einfluss im Konsulat (1799–1804) und I. Empire (1804–1814/15).

Außerhalb Frankreichs organisierten sich Anhänger der Jakobiner in vielen Ländern Europas als kleine Minderheiten, die nur vorübergehend in Tochterrepubliken (formal) an die Macht kamen (in Italien mit dem Ziel einer gesamtitalienischen Republik), sonst aber verfolgt und unterdrückt wurden, vor allem in den Niederlanden, Deutschland, Italien, Polen und Ungarn.

Generell auch: Seit der Restauration gilt »Jakobiner« als diffamierende Bezeichnung für radikale Vertreter der Revolution.

Literatur: G. Martin: Les Jacobins. (Que sais je? No. 190). Paris [3]1963; W. D. Edmonds: Jacobinism and the Revolt of Lyon 1789–1793. Oxford 1990; P. Higonnet: Goodness Beyond Virtue. Jacobins During the French Revolution. Cambridge (Mass.) u. a. 1998.

Marsfeld

(frz.: Champs de Mars) Wie im alten Rom (Campus Martius als Exerzierplatz für römisches Militär) ursprünglich Paradeplatz in Paris: Die NATIONALGARDE unter Lafayette unterdrückte auf dem Marsfeld eine antimonarchische Kundgebung der JAKOBINER blutig (17. Juli **1791**), trug damit aber zur weiteren Radikalisierung der FRANZÖSISCHEN REVOLUTION bei, bis zur Gründung der REPUBLIK. Das Marsfeld diente später als Ausstellungsgelände (ab 1867), z.B. für die WELTAUSSTELLUNG 1889, mit dem Eiffelturm.

1. Französische Verfassung

Von der NATIONALVERSAMMLUNG verabschiedete (3. September **1791**) Grundordnung, u.a. mit MENSCHENRECHTEN, KONSTITUTIONELLER MONARCHIE, Einkammersystem und Vetorecht für den König: Der König erkannte durch Eid die Verfassung an (14. September). Durch Abschaffung der MONARCHIE und Einführung der REPUBLIK wurde die Verfassung aufgehoben (21. September 1792), ersetzt durch die JAKOBINISCHE VERFASSUNG (10. August 1793). Es folgten die Direktorialverfassung mit DIREKTORIUM (1795–1799) und Konsulatsverfassung (1799–1804).

Literatur: W. Grab (Hg.): Die Französische Revolution. Eine Dokumentation. München 1973; F. Furet, R. Halévi: La monarchie républicaine. La constitution de 1791. Paris 1996; M.P. Fitzsimmons: The Remaking of France. The National Assembly and the Constitution of 1791. Cambridge u.a. 1996.

Judenemanzipation

In der Spätaufklärung Bestandteil der allgemeinen Emanzipationsdebatte, maßgeblich angestoßen durch den preußischen Beamten Christian Wilhelm Dohm (*1751, †1820) in der Schrift »Über die bürgerliche Verbesserung der Juden« (1781): Als Konsequenz aus der Proklamation der MENSCHENRECHTE (1798) erfolgte nach der bürgerlichen Gleichstellung der SEPHARDIM (1790) durch Gesetz der NATIONALVERSAMMLUNG auch die Gleichstellung der ASHKENASIM (28. September **1791**). Die auf ASSIMILATION setzende französische Haltung war beispielgebend für die Emanzipation der JUDEN in den Teilen Europas, die französische Armeen vorübergehend besetzten. Die Reformen übernahmen – in modifizierter Form – verschiedene deutsche Staaten (nach 1808), u.a. Preußen mit den PREUSSISCHEN REFORMEN (1812), die Niederlande und Dänemark (1814). Nach dem WIENER KONGRESS wurde die Judenemanzipation in deutschen Bundesstaaten im Vormärz teils revidiert, teils durchgeführt: Die Gleichberechtigung aller Glaubensrichtungen war in der deutschen Reichsverfassung (1849) vorgesehen, wurde im NORDDEUTSCHEN BUND (1867), in Österreich-Ungarn (1869) und in der deutschen Reichsverfassung (1871) garantiert, mit Einschränkungen (Offizierslaufbahn, Ministerposten). In der WELTWIRTSCHAFTSKRISE (»Gründerkrach«, 1873) brach ANTISEMITISMUS in Deutschland und

Österreich offen aus – uneingeschränkte Gleichstellung der Juden kam erst mit der WEIMARER VERFASSUNG (1919).

Die generelle Wirkung war ambivalent: Die Judenemanzipation erzeugte einerseits den Drang vieler Juden nach Assimilation, förderte andererseits dialektisch, d. h. gegen die eigene Absicht, den Antisemitismus, bis hin zu POGROMEN (Russland, 1881), gefolgt von Emigration, ZIONISMUS und Gründung des Staats Israel.

Literatur: A. Hertzberg: French Enlightenment and the Jews. New York, London 1968; R. Rürup: Emanzipation und Antisemitismus. Göttingen 1975; R. Erb: Die Nachtseite der Judenemanzipation. Der Widerstand gegen die Integration der Juden in Deutschland 1785–1860. Berlin 1989; W. Grab: Der deutsche Weg der Judenemanzipation 1789–1933. München 1991; J. Hensel: Polnische Adelsnation und jüdische Vermittler 1815–1830. Über den vergeblichen Versuch einer Judenemanzipation in einer nicht emanzipierten Gesellschaft. Heidelberg 1983.

Legislative

Generell die gesetzgebende Gewalt im STAAT, gemäß Montesquieus Lehre von der Gewaltenteilung (»DE L'ESPRIT DES LOIS«, 1748). Hier speziell: die Assemblée Législative (Gesetzgebende Versammlung) im revolutionären Frankreich: Nach der Selbstauflösung der NATIONALVERSAMMLUNG entstand die Assemblée Législative als 2. Parlament der FRANZÖSISCHEN REVOLUTION (1. Oktober **1791**–20. September 1792), mit den FEUILLANTS als Mehrheit, JAKOBINERN als Minderheit. Da kein Abgeordneter der Nationalversammlung der Legislative angehören durfte, kamen die GIRONDISTEN an die Regierung (15. März–12. Juni 1792). Die Legislative nahm die Kriegserklärung Frankreichs an Österreich mit sieben Gegenstimmen an (20. April) und erließ das Dekret »Das Vaterland in Gefahr« (5. Juli). Sie war nach dem STURM AUF DIE TUILERIEN (10. August) mit der Opposition der radikaleren Kommune von Paris konfrontiert. Nachdem die MONARCHIE suspendiert war, bildeten die zuvor von Ludwig XVI. entlassenen Girondisten ihr 2. Ministerium (10. August). Die Legislative beschloss die Wahl des KONVENTS (11. August) und setzte den außerordentlichen revolutionären Gerichtshof ein (17. August). Sie verabschiedete die Proklamation zur nationalen Einheit und das Dekret zur Beendigung der SEPTEMBERMORDE (3. September). Nach ihrer letzten Sitzung (20. September) wurde die Legislative vom KONVENT abgelöst.

Deklaration von Pillnitz

Erklärung, mit der Österreich und Preußen ihre Solidarität mit der französischen MONARCHIE bekundeten: Die Mächte erklärten sich bereit, zur Rettung der Monarchie in Frankreich militärisch einzugreifen, falls andere bedeutende Mächte sich anschlössen (27. August **1791**). England verhielt sich neutral. Frankreich fühlte sich bedroht und reagierte mit weiterer Radikalisierung der REVOLUTION. Kaiser Leopold II. zog die Deklaration nach Anerkennung der Verfassung durch Ludwig XVI. (16. September) zurück (12. November 1791). Trotzdem bildete sie, nach erneuten Konflikten, die Grundlage für die Koalition Preußens mit Österreich (1792) im 1. KOALITIONSKRIEG (1792–1797).

Verfassung vom 3. Mai

Erste Verfassung Polens und erste moderne geschriebene Verfassung: Die Verfassung war unter französischen Einfluss entstanden, wurde aber noch vor der liberalen Verfassung Frankreichs (3. September 1791) in Warschau unter dem Druck polnischer PATRIOTEN vom Rumpf-SEJM angenommen (3. Mai **1791**): Polen wurde KONSTITUTIONELLE MONARCHIE und Erbmonarchie, mit zwei Kammern. LIBERUM VETO und KONFÖDERATIONEN wurden abgeschafft, PRIVILEGIEN des ADELS beschnitten, die LEIBEIGENSCHAFT blieb jedoch unangetastet. Trotz Fortführung der inneren Reformen blieben katholische Kirche und Adel dominierend. Die Verfassung veranlasste Russland und Preußen zur 2. TEILUNG POLENS (1793), durch die sie aufgehoben wurde. Der NOVEMBERAUFSTAND setzte sie wieder in Kraft (1830). In der 2. POLNISCHEN REPUBLIK (1919–1939) war der 3. Mai Nationalfeiertag. Unter dem KRIEGSZUSTAND (ab 1981) fanden am Jahrestag der Verfassungsgebung verbotene Demonstrationen für die SOLIDARNOŚĆ (1982/83) statt, mit blutigen Zusammenstößen zwischen Polizei und Demonstranten. In der 3. Polnischen Republik (seit 1991) ist der 3. Mai wieder Nationalfeiertag.

Rayon

(russ.: Cherta postoyannoy yevreyskoy osedlosti, engl.: Pale of Settlement) Westliches Grenzgebiet Russlands, in dem JUDEN legal leben durften, gleichsam in einem erweiterten GHETTO: Der Rayon, zwischen 1. (1772) und 2. TEILUNG POLENS (1793) eingerichtet (**1791**), umfasste die bisher zu Polen gehörenden Gebiete und die seit dem FRIEDEN VON KÜTSCHÜK-KAINARDSCHI (1774) annektierten Gebiete, u.a. die Krim (1783), die rasch neu besiedelt werden sollte. Juden blieb der Handel mit Inner-Russland untersagt. Nach der 2. und 3. TEILUNG POLENS (1793, 1795) weitete Russland den Rayon auf die neuen Gebiete aus (1794/95), ferner auf Kurland (1799–1829), Astrachan, Kaukasus (1804–1835), Bessarabien (1812) und faktisch (aber nicht formal) das Königreich Polen nach dem WIENER KONGRESS (1815). Ähnliche Beschränkungen galten für Juden in Kiew (1827). Später wurden Juden aus einem Streifen von ca. 50 km Breite entlang der Westgrenze Russlands deportiert (1843). ZAR Alexander II. lockerte die antijüdischen Bestimmungen für wohlhabende Kaufleute (1859), Akademiker (1861), Angehörige verschiedener Handwerke (1865) und medizinischer Berufe (Zahnärzte, Krankenpfleger und -schwestern, Hebammen u.a., 1879). Nur Kantonisten (Juden, die als Kinder für die Armee zwangsrekrutiert waren und 25 Jahre Dienstpflicht absolviert hatten, aber Juden geblieben waren) und deren Nachkommen (sog. Nikolaus-Soldaten) durften sich außerhalb des Rayons niederlassen. Noch auf dem BERLINER KONGRESS (1878) verteidigte Staatskanzler Gortschakow die Diskriminierung der Juden. Nach der Ermordung Alexanders II. durch NARODNIKI untersagte Russland sogar im Rayon neue Ansiedlungen von Juden (1881). Einzelne Städte wie Rostow, Taganrog (1887) und Jalta (1893) wurden aus dem

Rayon herausgenommen und de facto für Juden gesperrt. Tausende von Juden mussten Moskau verlassen (1891/92). In der DUMA scheiterte ein Antrag auf Aufhebung des Rayon (1910/11). Erst im ERSTEN WELTKRIEG, nach der Eroberung Polens und Litauens durch die MITTELMÄCHTE (1915), wurde der Rayon durch das Einströmen jüdischer Flüchtlinge faktisch, mit der FEBRUARREVOLUTION (1917) gesetzlich außer Kraft gesetzt.

Literatur: S. W. Baron: The Russian Jews under Tsars and Soviets. New York [2]1987; B. Pinkus: The Jews of the Soviet Union. The History of a National Minority. Cambridge 1989; E. Lederhendler: The Road to Modern Jewish Politics. Political Tradition and Political Reconstruction in the Jewish Community of Tsarist Russia. Oxford 1989.

Haskalah

(hebr.: Bildung) Von der europäischen AUFKLÄRUNG stark beeinflusste geistige Strömung im Judentum, die sich um kulturelle Annäherung der JUDEN an die christliche Gesellschaft bemühte: Als innerjüdische Aufklärung ging die Haskalah der JUDENEMANZIPATION in Frankreich (**1791**) um ca. ein Jahrzehnt voraus. Mit der Aussicht auf Einstieg des Judentums in die bürgerliche Gesellschaft forderte die Haskalah die geistige Befreiung der JIDDISCH sprechenden Juden aus dem GHETTO durch Annäherung an die deutsche Kultur. Hebräische Sprache und jüdische Offenbarungsreligion dienten als Identitätskonstanten der in die christliche Gesellschaft zu integrierenden Juden. Zugleich forderte die Aufklärung als Preis für die langsam voranschreitende politische Emanzipation der Juden immer stärkere Angleichung oder gar ASSIMILATION an die christliche Gesellschaft, auch im religiösen Bereich. Von Berlin aus, dem Zentrum der Haskalah, erreichten aufklärerische Ideen Juden in anderen Ländern Europas und fanden zahlreiche Anhänger besonders unter westeuropäischen Juden. Im autokratisch regierten Osteuropa hatte die Haskalah mit der eigenständigen Kultur des Ostjudentums und dem CHASSIDISMUS zu kämpfen. Bemühungen um Akkulturation der OSTJUDEN an ihre Umgebung scheiterten nach POGROMEN (seit 1881): Wachsender ANTISEMITISMUS stellte die Haskalah, die eine Isolierung der Juden von der christlichen Gesellschaft nicht beseitigen konnte, in Frage und förderte ein neues politisches Bewusstsein: ZIONISMUS und jüdischen SOZIALISMUS. [M.-M.F.]

Literatur: M. A. Meyer: Von Moses Mendelssohn zu Leopold Zunz. Jüdische Identität in Deutschland 1749–1824. München 1994; K. Gründer/N. Rotenstreich (Hg.): Aufklärung und Haskala in jüdischer und nichtjüdischer Sicht. Heidelberg 1990.

Koalitionskriege

Kriege wechselnder europäischer Koalitionen gegen das revolutionäre bzw. napoleonische Frankreich (1792–1807):

- 1. KOALITIONSKRIEG (**1792**–1797);
- 2. KOALITIONSKRIEG (1798–1801/02);
- 3. KOALITIONSKRIEG (1805);
- 4. KOALITIONSKRIEG (1806/07).

1. Koalitionskrieg

Erster großer Krieg europäischer Mächte gegen das revolutionäre Frankreich (1792–1797): Die Konvention von Reichenbach (1790) und die Deklaration von Pillnitz (1791) legten den Grundstein zum gemeinsamen Vorgehen Österreichs und Preußens gegen die Revolution in Frankreich. Die Girondisten reagierten mit dem Ultimatum an Österreich, auf eine Intervention in Frankreich zu verzichten (25. Januar 1792). Auf das Defensivbündnis Preußens mit Österreich (18. März) folgte ein erneutes französisches Ultimatum (18. März), das die Entwaffnung Österreichs und die Auflösung des Bündnisses mit Preußen forderte. Österreich lehnte ab. Frankreich erklärte Österreich den Krieg (20. April **1792**). Preußen (25. Mai), Hessen-Kassel, Baden (September) traten der Koalition bei, die im Manifest des Herzogs von Braunschweig (25. Juli) an die königstreue Bevölkerung in Frankreich appellierte. Es begann die Invasion Frankreichs, in deren Verlauf Lafayette zu den Alliierten überging (19. August), die Städte Longwy (23. August) und Verdun (2. September) kapitulierten. Innenpolitisch reagierte Frankreich mit den Septembermorden (2.–6. September). Die Kanonade von Valmy (20. September) markierte die Wende im Krieg. Die Alliierten traten den Rückzug an, Frankreich eroberte Belgien und besetzte Speyer, Worms, die Kurpfalz und Mainz (Oktober). In Mainz entstand der Mainzer Jakobinerklub (23. Oktober). Dumouriez besiegte die Österreicher bei Jemappes (6. November). Savoyen wurde von Frankreich annektiert (27. November). In Frankreich folgte die Hinrichtung Ludwigs XVI. (21. Januar 1793). Frankreich erklärte England, den Niederlanden (1. Februar) und Spanien (7. März) den Krieg. Mit der Vendée begann im Inneren des Landes der Aufstand gegen die Französische Revolution (10. März). In einer Phase militärischer Rückschläge unterlag Dumouriez bei Neerwinden (18. März), Belgien und das Rheinland wurden von den Alliierten zurückerobert. Nach Ausrufung der Rheinischen Republik (18. März) verkündete Frankreich den Anschluss von Mainz (21. März), das die Alliierten belagerten (30. März–23. Juli). Unter der Jakobinerherrschaft (1793/94) erließ der Konvent das Dekret Levée en Masse zur Verteidigung der Französischen Republik (23. August). Toulon wurde von Engländern erobert (27. August). Nach wechselhaften Kämpfen (August–September 1793) gelang den Franzosen in Belgien bei Fleurus (26. Juni 1794) der entscheidende Sieg:

Frankreich eroberte Belgien und das Rheinland erneut. Der Staatsstreich des 9. Thermidor (27. Juli) stürzte die Jakobiner. Es folgte im Januar 1795 die Eroberung der Niederlande (Generalstaaten). Nach Vertreibung der Oranier wurde die Batavische Republik als erste französische Tochterrepublik (16. Mai 1795) gegründet. Frankreich schloss den Sonderfrieden zu Basel mit Preußen (5. April), der Batavischen Republik (16. Mai), Spanien (22. Juli), Württemberg (7. August 1796) und Baden (22. August), mit Bayern einen Waffenstillstand (7. September). Österreich, das den Krieg fortsetzte, errang in Süddeutschland einige militärische Erfolge. Entscheidende Siege gelangen

Napoleon Bonaparte in Italien, vor allem bei Lodi (10. Mai). Es folgten der Frieden mit Sardinien-Piemont (15. Mai 1796), die Eroberung Mailands und die Gründung der CISPADANISCHEN REPUBLIK (Lombardischen Republik, 16. Mai). Frankreich verband sich mit Spanien gegen England (19. August). Österreicher siegten über die Franzosen bei Würzburg (3. September), Franzosen unter Napoleon Bonaparte bei Arcole (15.–17. November). Die französische Expedition unter General Hoche vor der irischen Küste scheiterte an Stürmen (Dezember). Der Sieg der Franzosen bei Rivoli (4. Januar 1797) führte zur Einnahme der Festung Mantua (2. Februar). Die spanische Flotte wurde von Engländern (u. a. unter Nelson) bei St. Vincent vernichtet (14. Februar). Frankreich gewann durch den Frieden mit dem Kirchenstaat (19. Februar) die Romagna, Bologna und Ferrara. Die französische Armee unter Napoleon Bonaparte marschierte über Tirol auf Wien. Dem Waffenstillstand von Judenburg (7. April) folgten der Vorfriede von Leoben (18. April) und der FRIEDE VON CAMPO FORMIO (17. Oktober). Der Krieg zwischen England und Frankreich, vor allem zur See, ging weiter (bis 1802).

Marseillaise

Französische Nationalhymne, in Straßburg von C. J. Rouget de Lisle (* 1760, † 1836) verfasst und komponiert (25. April **1792**): Ein Freiwilligenbatallion aus Marseille sangen den »Kriegsgesang der Rheinarmee« beim Einmarsch in Paris (30. Juli 1792) – daher der Name »Marseillaise«. Die Komposition wurde kurze Zeit später erstmals (1795), endgültig (1880) zur Nationalhymne Frankreichs erklärt. Präsident Mitterrand (1982–1995) verfügte eine Abschwächung des stellenweise blutrünstigen Wortlauts.

Literatur: F. Chailley: La Marseillaise. Étude critique sur ses origines, in: Annales Historiques de la Révolution Française 32/1960.

Manifest des Herzogs von Braunschweig (Koblenzer Manifest)

Proklamation des Oberbefehlshabers des österreichisch-preußischen Heeres, Herzog Karl Wilhelm Ferdinand, zu Beginn des 1. KOALITIONSKRIEGS (1792–1797) in Koblenz zur Begründung des Einmarsches der Alliierten in Frankreich (25. Juli **1792**): Der von französischen Emigranten verfasste Appell an die königstreue Bevölkerung Frankreichs benannte die Beseitigung der ANARCHIE und Befreiung des Königs als Kriegsziele. Nach Wiedereinsetzung einer legalen Regierung sollte auf Eroberungen und Einmischung in Frankreichs innere Angelegenheiten verzichtet werden. Der Appell forderte die NATIONALGARDE, die Offiziere, Soldaten usw. zum Gehorsam gegenüber dem König auf. Zivilisten, die Widerstand leisteten, sollten nach Kriegsrecht bestraft werden (u. a. sollten ihre Wohnungen zerstört werden). Die NATIONALVERSAMMLUNG, die Verwaltung (DEPARTEMENTS, Stadträte) und die Bevölkerung von Paris wurden für die Sicherheit und das Leben des Königs verantwortlich gemacht. Im Falle eines Sturmes auf die

Tuilerien wurde Rache durch Zerstörung von Paris angedroht: Das Manifest beschleunigte die Radikalisierung in Frankreich.

Literatur: Vollständiger Text in deutscher Übersetzung in: W. Grab (Hg.): Die Französische Revolution. München 1973, S. 108–111.

Sturm auf die Tuilerien

Nach Bekanntwerden des Manifests des Herzogs von Braunschweig (25. Juli) stürmten Volksmassen die Tuilerien (10. August **1792**): Unter der Führung der (2.) Girondisten-Regierung (ab 10. August) wurde die königliche Familie drei Tage später interniert (13. August).

Septembermorde

Nach dem Manifest des Herzogs von Braunschweig (25. Juli), dem Sturm auf die Tuilerien (10. August) und dem Beginn der Invasion Frankreichs (19. August) radikalisierte sich die Französische Revolution weiter: Im Rahmen der Septembermorde wurden ca. 1100 politische Gefangene, meistens Priester, die den Eid auf die Zivilverfassung des Klerus verweigert hatten, massakriert, teilweise nach Urteilen von Volkstribunalen (2.–6. September **1792**). Ein Dekret der Legislative beendete die Massaker (3. September).

Volkstribunal (Revolutionstribunal)

Institut revolutionärer Volksjustiz in der Französischen Revolution, außerhalb der ordentlichen Gerichte: Das Gremium fällte die Urteile bei den Septembermorden (2.–6. September **1792**) und wirkte im Grossen Terror der Jakobinerherrschaft (17. September 1793–27. Juli 1794).

Kanonade von Valmy

Artillerieduell und Wende im 1. Koalitionskrieg: Nach Anfangserfolgen der alliierten Interventionsarmee (Longwy, Verdun) beendete das Artillerieduell zwischen der französischen Armee unter Dumouriez und der alliierten Armee bei Valmy in der Champagne (20. September **1792**) den Vormarsch: Die Alliierten zogen sich zurück, die französische Armee übernahm die strategische Initiative. Goethe, der bei der Kanonade anwesend war, sprach vom Beginn eines neuen Zeitalters.

Literatur: L. Bourliaguet: Die Kanonade von Valmy. Stuttgart 1969.

Konvent

(Nationalkonvent, frz.: Convention) Nach Nationalversammlung (1789) und Legislative (1791) das 3. Parlament der Französischen Revolution: Nachdem die Legislative die Wahl eines Konvents beschlossen hatte (11. August **1792**) und den Unterschied zwischen

Aktiv- und Passivbürgern aufgehoben hatte, trat der Konvent zusammen (21. September). Er zählte 750 Mitglieder, ca. 200 waren GIRONDISTEN, ca. 120 JAKOBINER (Montagne, Bergpartei), der Rest war politisch nicht festgelegt (»Ebene«, »Sumpf« = Plaine, Marais). Als eine der ersten Amtshandlungen schaffte der Konvent die MONARCHIE ab und gründete die I. FRANZÖSISCHE REPUBLIK (21. September 1792–November 1799). Im November folgte das Dekret über die Unterstützung anderer Völker (19. November 1792). Im Dezember begann der Prozess gegen Ludwig XVI. (11. Dezember), der mit dessen Verurteilung (18. Januar 1793) und Hinrichtung endete (21. Januar). Der Konvent schaffte die SKLAVEREI in den französischen Kolonien ab (4. Februar), beschloss die Kriegserklärung an England, die Niederlande (1. Februar) und Spanien (7. März) und verfügte die Aushebung von 300 000 Mann (24. Februar) gegen die VENDÉE (10. März). Er erließ Dekrete über den revolutionären Aufruhr (19. März) und die Bestrafung der Emigranten (28. März), befahl die Annexion der RHEINISCHEN REPUBLIK (30. März) und hob die Immunität der Abgeordneten auf (1. April). Er setzte den WOHLFAHRTSAUSSCHUSS ein (6. April), legte einen Zwangskurs für die ASSIGNATEN fest (11. April), erhob Anklage gegen Marat und beschloss die Nichteinmischung in fremde Länder (13. April). Es folgten das KLEINE MAXIMUM zur Kontrolle des Mehl- und Getreidehandels (4. Mai) und die Erhebung nationaler Zwangsanleihen in Höhe von 1 Mrd. Livres (20. Mai). Nach dem Sieg der SANSCULOTTEN in Paris und der Niederlage der Girondisten (2. Juni) errichtete der Konvent die JAKOBINERHERRSCHAFT (bis 27. Juli 1794). Er beschloss die endgültige BAUERNBEFREIUNG (10. Juni 1793), und verabschiedete die JAKOBINISCHE VERFASSUNG (24. Juni), erließ, unter Druck der ENRAGÉS (25. Juni), das GROSSE MAXIMUM mit Höchstpreisen für Nahrungsmittel (29. September). Zur Verteidigung gegen Feinde von rechts und von außen führte der Konvent den GROSSEN TERROR ein (1793/94), verfügte die allgemeine Schulpflicht (19. Dezember), schaffte die SKLAVEREI in den französischen Kolonien ab (4. Februar 1794). Nach dem Sieg über die Österreicher bei Fleurus (26. Juni 1794) stürzte er am 9. THERMIDOR (27. Juli 1794) die Jakobinerherrschaft und beendete die radikale Phase der Revolution.

Der Konvent reorganisierte Regierung, Pariser Stadtverwaltung und Revolutionskomitees (24. August), begann den WEISSEN TERROR gegen Jakobiner und Sansculotten (ab September) und schloss erstmals den Jakobinerklub (11. November). Er ließ Abgeordnete, die sich für die Girondisten eingesetzt hatten, wieder zu, hob die MAXIMUM-Gesetze auf (8. Dezember) und nahm nach der Invasion in den Niederlanden (5. Januar 1795) den Konventsbeschluss vom 13. April 1793 über Nichteinmischung in fremde Länder zurück (6. Januar). Im März 1795 wurden auch Girondisten zum Konvent zugelassen (8. März). Nach Niederschlagung des Hungeraufstands der Sansculotten (1. April) und verfügte der Konvent die Niederwerfung ihres Prairialaufstands (20.–23. Mai). Im April wurde die BATAVISCHE REPUBLIK proklamiert (16. April), die Direktorialverfassung verabschiedet (22. August). Während Frankreich Belgien annektierte (1. Oktober), warf Napoleon Bonaparte den royalistischen Aufstand in Paris nieder (5. Oktober). Der Konvent löste sich auf (26. Oktober) und machte der Regierung des DIREKTORIUMS Platz (1795–1799).

Literatur: J.-J. Chevallier: Histoire des institutions et des régimes politiques de la France moderne, 1789–1958. Paris [3]1967.

Französische Republik

Bisher hatte Frankreich insgesamt fünf REPUBLIKEN:

- Die I. Republik (1792–1799) entstand zu Beginn des 1. KOALITIONSKRIEGS (1792–1797). Das MANIFEST DES HERZOGS VON BRAUNSCHWEIG radikalisierte die Revolution weiter, mit dem STURM AUF DIE TUILERIEN und den SEPTEMBERMORDEN. Der KONVENT schaffte die MONARCHIE ab (21. September **1792**) und führte die Republik ein (22. September), zunächst unter Herrschaft der GIRONDISTEN (bis 1793). Ludwig XVI. wurde hingerichtet (21. Januar 1793). WOHLFAHRTSAUSSCHUSS (6. April), JAKOBINERHERRSCHAFT (2. Juni) und GROSSER TERROR (17. September), beendet am 9. THERMIDOR (27. Juli 1794), bezeichneten das Extrem der Radikalisierung, symbolisiert von GUILLOTINE und REPUBLIKANISCHEM KALENDER (5. Oktober 1793). Die Revolutionsregierung (10. Oktober) zerschlug die VENDÉE (Oktober–Dezember 1793), verbot die SKLAVEREI (4. Februar 1794), schuf nach der Eroberung der Niederlande (Januar 1795) die BATAVISCHE REPUBLIK (16. Mai). Der 9. THERMIDOR (27. Juli) führte zur Direktorialverfassung (22. August) und zum DIREKTORIUM (31. Oktober 1795). Die I. Republik endete mit dem Staatsstreich des 18. BRUMAIRE (9. November 1799).
- II. FRANZÖSISCHE REPUBLIK (1848–1852);
- III. FRANZÖSISCHE REPUBLIK (1870–1940);
- IV. FRANZÖSISCHE REPUBLIK (1944/46–1958);
- V. FRANZÖSISCHE REPUBLIK (seit 1958).

Literatur: J. Godechot: La Grande Nation. L'expansion révolutionnaire de la France dans le monde, 1789–1799. 2 Bde., Paris 1956; A. Patrick: The Men of the First French Republic. Baltimore 1972; M. J. Seydenham: The First French Republic, 1792–1504. London 1974.

Revolutionskriege

Europäische KOALITIONSKRIEGE im Zusammenhang mit der FRANZÖSISCHEN REVOLUTION (**1792**–1802):

- 1. KOALITIONSKRIEG, von Frankreich (GIRONDISTEN) erklärt (1792–1797/1802), nach wechselvollen Kämpfen entschieden zu Lande zugunsten Frankreichs durch Siege Napoleon Bonapartes in Italien (1796/97), zur See durch Siege Nelsons (1797), beendet – nur für die Landmächte – im SONDERFRIEDEN ZU BASEL mit Preußen (1795) und FRIEDEN VON CAMPO FORMIO (1797), während der Krieg gegen England weiterging (bis 1802).
- 2. KOALITIONSKRIEG (1798–1801), nach wechselvollen Kämpfen entschieden, nach Rückkehr Napoleon Bonapartes von seiner ÄGYPTISCHEN EXPEDITION (1798/99), durch Siege Napoleon Bonapartes in

Italien (1800), beendet im FRIEDEN VON LUNÉVILLE (1801) mit den Landmächten und Amiens mit England (1802).

Historische Gesamtwirkung: Ausbreitung des revolutionären Prinzips in Europa, Aufstieg Frankreichs zur HEGEMONIE, u. a. mit Annexionen, TOCHTERREPUBLIKEN als Klientelstaaten, Schwächung des europäischen ANCIEN RÉGIME, vor allem des REICHS DER DEUTSCHEN in seiner Agonie. Fortgesetzt wurden die Revolutionskriege von den NAPOLEONISCHEN KRIEGEN (1805–1815).

Mainzer Jakobinerklub

Nach Eroberung von Mainz durch die französische Revolutionsarmee (21. Oktober) gegründeter JAKOBINERKLUB als »Gesellschaft der deutschen Freunde der Freiheit und Gleichheit« (23. Oktober **1792**). Der Naturforscher und Reiseschriftsteller Georg Forster (* 1754, † 1794) amtierte ab 1793 als Präsident. Als der Rheinische Nationalkonvent in Mainz die RHEINISCHE REPUBLIK auf Grundlage der VOLKSSOUVERÄNITÄT (17. März 1794) proklamierte und um Anschluss an Frankreich bat (21. März), wandte sich Forster an den KONVENT, der die Rheinische Republik annektierte (30. März). Daraufhin wurde Mainz von preußischen Truppen belagert (30. März), nach der Kapitulation eingenommen (23. Juli). Preußen löste den Jakobinerklub auf.

Die Mainzer Fassenacht parodiert Sitzungen des Jakobinerklubs.

Literatur: Deutsche Jakobiner. Mainzer Republik und Cisrhenanien 1792–98. 3Bde., Mainz 1981 (Ausstellungskatalog); C. Freihofer: »Fräulein Wörtchen und Fräulein Thätchen«. Die Mainzer Jakobiner und die Entwicklung einer emanzipatorisch-didaktischen Ästhetik am Beispiel des National-Bürgertheaters in einem kritischen Vergleich zu Schiller und Goethe. o. O. 1993; Die Schriften der Mainzer Jakobiner und ihrer Gegner (1792–1802). Hg. von der Stadtbibliothek Mainz. München 1994.

Dollar

(niederdt., niederl.: daler = Taler) Währungseinheit, nach Gründung der USA als Bundesstaat (Union, 1787) durch Bundesgesetz eingeführt (**1792**), unterteilt in 100 Cents, nach dem Vorbild des spanisch-mexikanischen Peso geschaffen, zeitweise auch Bimetall, in SILBER und GOLD: Nach dem ZWEITEN WELTKRIEG wurde der US-Dollar durch das Bretton-Wood-System (1944) faktisch Leitwährung in der ganzen Welt, in der Agonie des KOMMUNISMUS inoffiziell auch in kommunistischen Staaten. In der INFLATION, verursacht durch hohe Kosten für den VIETNAMKRIEG, wurde der US-Dollar von der Golddeckung gelöst (1973). Auch Währungen vieler anderer Länder heißen, mit »nationalem« Zusatz, ebenfalls »Dollar« – u. a. Australien-, Barbados-, Brunei-, Guyana-, Hongkong-, Kanada-, Liberia-, Malaysia-, Neuseeland-, Singapur-, Taiwan-Dollar. Andere Länder haben den US-Dollar einfach übernommen (Grenada) oder – wie viele Staaten Lateinamerikas – ihre Landeswährung an ihn gebunden, in Argentinien (1996–2001), beim Fehlen gesellschaftlicher Voraussetzungen und ökonomischer Disziplin, mit katastrophalen Folgen (2001/02).

Literatur: A. Zischka: Der Dollar. Glanz und Elend einer Währung. München ^{3}1995.

Rheinische Republik

Nach Besetzung durch die französische Revolutionsarmee vom Rheinischen Nationalkonvent in Mainz proklamierte REPUBLIK (17. März **1793**), vom französischen NationalKONVENT annektiert (21./30. März).

Literatur: K. Tervooren: Die Mainzer Republik 1792/93. Frankfurt/Main 1982; F. Dumont: Die Mainzer Republik von 1792/93. Alzey [2]1993; D. M. Peckhaus (Red.): Die Mainzer Republik. Der Rheinisch-Deutsche Nationalkonvent. Mainz 1993.

Konterrevolution (Gegenrevolution)

In der FRANZÖSISCHEN REVOLUTION von Verteidigern der Revolution geprägter Begriff zur Charakterisierung gegen die Revolution gerichteter Bestrebungen, seit der VENDÉE (10. März) mit dem Dekret des KONVENTS über den gegenrevolutionären Aufruhr (19. März **1793**). Im KOMMUNISMUS war er Argument zur Niederschlagung innerer Opposition, wie beim KRONSTÄDTER AUFSTAND (1921), SÄUBERUNGEN (1934 ff.), AUFSTAND DES 17. JUNI in der DDR (1953), UNGARNAUFSTAND (1956), MILITÄRINTERVENTION DES WARSCHAUER PAKTS IN DER ČSSR (1968), AFGHANISTANKRIEG (1979 ff.), KRIEGSZUSTAND IN POLEN (1981/82).

Literatur: J. Godechot: La Contre-Révolution, doctrine et action, 1789–1804. Paris [2]1984; E. E. Rice (Hg.): Revolution and Counter-revolution. Oxford, Cambridge (Mass.) 1991; M. Middell/R. Dupuy (Hg.): Widerstände gegen Revolutionen 1789–1989. Leipzig 1994; J.-C. Martin: Contre-révolution, révolution et nation en France, 1789–1799. Paris 1998.

Vendée

Synonym für KONTERREVOLUTION, benannt nach der westfranzösischen Landschaft, wo der Aufstand gegen die FRANZÖSISCHE REVOLUTION (März–Dezember 1793) ausbrach: Nach dem Konventsdekret über die Aushebung von 300 000 Mann (24. Februar **1793**) erhoben sich in der Vendée (10. März) die Bauern, die erst später vom ADEL und von Priestern, die den Eid auf die ZIVILVERFASSUNG DES KLERUS verweigerten, angeführt wurden. Die Unruhen eskalierten zum Bürgerkrieg. Der Aufstand verzeichnete anfangs Erfolge, aber nur auf dem flachen Land, ohne an die Küste zu gelangen und Verbindung zu England zu schaffen. Später erlitt die Vendée Niederlagen gegen republikanische Armeen (Oktober–23. Dezember 1793). In Nantes fanden Massenhinrichtungen statt. Spätere royalistische Aufstände mit englischer Unterstützung (1795/96, 1799/1800) wurden nach langwierigen Kämpfen unterdrückt (1800), noch spätere kämpften für die BOURBONEN (1815, 1832).

Literatur: M. Lidove: Les Vendéens de 93. Paris 1971; Ch. Tilly: The Vendée. Cambridge (Mass.) [3]1976.

Wohlfahrtausschuss

(frz.: Comité du salut public) Ausschuss des KONVENTS, durch Dekret aus neun (später zwölf) Mitgliedern des Konvents gebildet (6. April **1793**), zunächst nur für einen Monat zur Überwachung der Regierung.

Zu den wichtigsten Mitglieder zählten Saint-Just (* 1767, † 1794), Danton (1793), Robespierre (1793/94) und Carnot (1793–1795). Als Organ der JAKOBINER-Revolutionsregierung auf dem Höhepunkt des GROSSEN TERRORS (10. Oktober) hatte der Wohlfahrtausschuss diktatorische Vollmachten, die noch erweitert wurden (4. Dezember). Mit Ende der JAKOBINERHERRSCHAFT (27. Juli 1794) schwächte sich die Position des Ausschusses ab, dessen Wirkungsbereich danach vorwiegend auf Kriegführung und Diplomatie (24. August) beschränkt war. Vom DIREKTORIUM wurde, mit dem Konvent (26. Oktober 1795), auch der Wohlfahrtausschuss aufgelöst.

Literatur: R. R. Palmer: Le gouvernement de la Terreur. L'année du Comité de salut public. Paris 1989; B. Gainot: Dictionnaire des membres du Comité de salut public. Dictionnaire analytique biographique et comparé des 62 membres du Comité de salut public. Paris 1990.

Kleines Maximum (1. Maximum)

Dekret des KONVENTS, unter dem Druck von SANSCULOTTEN und JAKOBINERN gegen die (noch herrschenden) GIRONDISTEN durchgesetzt (4. Mai **1793**), zur scharfen Kontrolle des Getreide- und Mehlhandels im Kampf gegen Wucherpreise für Brot, gefolgt vom GROSSEN MAXIMUM (29. September 1793) und MAXIMUM DER LÖHNE (23. Juli 1794).

Literatur: W. Grab (Hg.): Die Französische Revolution. Eine Dokumentation. München 1973, S. 145–148 (fast vollständige dt. Übers.); S. Petersen: Lebensmittelfrage und revolutionäre Politik in Paris Studien zum Verhältnis von revolutionärer Bourgeoisie und Volksbewegung bei Herausbildung der Jakobinerdiktatur 1792–1793. Tübingen 1979.

Sansculotten

(frz.: sans = ohne + culottes = Kniehose, der vom Hof geprägten Kleidermode des 18. Jh.) Radikale Sozialrevolutionäre, die ihre Gesinnung durch Tragen von langen (blau-weiß-rot gestreiften) Hosen (»pantalons«) zeigten, als Demonstration gegen die gewohnte Ordnung und Symbol der sozialen Einordnung: Sansculotten waren Angehörige der Unterschichten von Paris, radikale PATRIOTEN, Anhänger eines sozialrevolutionären Republikanismus. Aus dem ursprünglichen Spottnamen wurde in der FRANZÖSISCHEN REVOLUTION, vor allem in Paris, eine radikale Massenbewegung der vorproletarischen Unterschichten, meist kleine Händler, Handwerker, Gesellen, Tagelöhner und Arbeitslose, in Sektionen organisiert, oft mit Piken bewaffnet. Sie trugen maßgeblich den Teuerungsaufstand gegen Preissteigerungen (Januar/Februar 1792) und bildeten die soziale Basis für die jakobinische Massenbewegung bei der Demonstration auf dem MARSFELD (17. Juli 1791) und dem STURM AUF DIE TUILERIEN (10. August 1792). Sie erzwangen das KLEINE MAXIMUM und das GROSSE (2.) MAXIMUM (4. Mai, 29. September 1793). Ihr projakobinischer Aufstand in Paris (31. Mai–2. Juni **1793**) stürzte die GIRONDISTEN (2. Juni) und ermöglichte die JAKOBINERHERRSCHAFT (1793/94). Die ENRAGÉS etablierten sich als ihr linker Flügel. Die Sansculotten bildeten die soziale Massenbasis für die LEVÉE EN MASSE (23. August) und stellten egalitäre Forderungen an den KONVENT

(2. September). Nach dem Sturz der JAKOBINER scheiterte ihr Aufstand gegen den Konvent (5. September). Mit Jakobinern wurden sie von der JEUNESSE DORÉE im WEISSEN TERROR verfolgt (September 1794). Ihr Hungeraufstand gegen den Konvent (1. April 1795 = 12. Germinal) scheiterte ebenso wie der Prairialaufstand (20.–23. Mai).

Literatur: W. Markov/A. M. Soboul: Die Sansculotten von Paris. Berlin 1957; G. Rudé: Die Massen in der Französischen Revolution. München 1961; A. M. Soboul: Französische Revolution und Volksbewegung. Die Sansculotten. Hg. von W. Markov. Frankfurt/Main [2]1989.

Jakobinerherrschaft

Höhepunkt der FRANZÖSISCHEN REVOLUTION: Nach dem Sturz der GIRONDISTEN durch die SANSCULOTTEN brachte der Aufstand in Paris die JAKOBINER an die Macht (2. Juni **1793**). Mit Hilfe von KONVENT und WOHLFAHRTSAUSSCHUSS, unter dem Druck von Bürgerkrieg und Invasion, verschärften sie ständig ihre Diktatur; die JAKOBINISCHE VERFASSUNG (24. Juni) blieb bis zum Frieden suspendiert (10. Oktober). Linke Jakobiner (Hébertisten) inszenierten die Entchristianisierung (Oktober/November), die Girondisten-Führer wurden hingerichtet (31. Oktober–November). Die Revolutionsregierung schlug den VENDÉE-Aufstand nieder (23. Dezember), verbot die mittlerweile gefährlich gewordenen Hébertisten und ließ viele hinrichten (14. März). Kurz vor Ende ihrer Herrschaft verschärften die Jakobiner noch einmal den Terror (10. Juni). Nach dem entscheidenden Sieg über Österreich bei Fleurus (26. Juni) und der Rettung der REPUBLIK stürzte die Opposition die Jakobinerherrschaft durch den Staatsstreich des 9. THERMIDOR (27. Juli) im Konvent. Es folgten WEISSER TERROR und das DIREKTORIUM (1795–1799). Die Jakobinerherrschaft rettete zwar die Revolution gegen Feinde nach innen und außen, ihr Diktatur- und Terrorregime diskreditierte aber die Revolution in weiten Kreisen innerhalb wie außerhalb Frankreichs.

Literatur: R. Cobb: Terreur et subsistances 1793–1795. Paris 1965; A. Soboul: Mouvement populaire et governement revolutionnaire en l'an II (1793–1794). Paris 1973; M. Bouloiseau: La République jacobine. Paris 1989.

Jakobinische Verfassung

In der JAKOBINERHERRSCHAFT (1793/94) vom KONVENT verabschiedete 2. Verfassung der FRANZÖSISCHEN REVOLUTION (24. Juni **1793**): Neben einem erweiterten und modifizierten Katalog der MENSCHENRECHTE schrieb sie die radikaldemokratische, zentralisierte (»une et indivisible«) REPUBLIK mit VOLKSSOUVERÄNITÄT und allgemeinem WAHLRECHT (für Männer) fest. Ein PLEBISZIT bestätigte die Annahme der Verfassung (4. August), die kurz darauf verkündet wurde und in Kraft trat (10. September). Wegen der inneren und äußeren Gefahren für die Revolution blieb sie bis zum Friedensschluss suspendiert (10. Oktober). Der Sturz der JAKOBINER (27. Juli 1794) setzte ihre Verfassung außer Kraft.

Literatur: W. Grab (Hg.): Die Französische Revolution. München 1973, S. 150–162 (Text in deutscher Übersetzung).

Levée en Masse

(frz.: Massenerhebung) Dekret des KONVENTS über das Massenaufgebot zur Verteidigung der FRANZÖSISCHEN REPUBLIK unter der JAKOBINERHERRSCHAFT (23. August **1793**) unter dem Druck der SANSCULOTTEN von Carnot im WOHLFAHRTSAUSSCHUSS durchgebracht: Das Dekret stellte die Wissenschaftler vor kaum zu bewältigende technische Herausforderungen: enorme organisatorische Probleme bei der Produktion von Waffen, Munition und Ausrüstung sowie im Bereich der Logistik. Ein GENERALSTAB wurde gebildet, die ALLGEMEINE WEHRPFLICHT für 18–25-jährige Ledige eingeführt. Die Massenheere waren Voraussetzung für Siege der Revolutionsarmeen und Napoleon Bonapartes. Auch Napoleon I. bediente sich in der Endkrise des I. EMPIRE (Februar 1814) der Levée en Masse, Gambetta nach dem Sturz des II. EMPIRE (1870).

Literatur: R. Warschauer: Studien zur Entwicklung der Gedanken Lazare Carnots über Kriegführung. 1784–1793. Berlin 1937; J. P. Bertaud: La révolution armée. Paris 1979.

Enragés

(frz.: Wütende) Linksradikaler Flügel der SANSCULOTTEN, der erstmals bei den sozialen Unruhen in Frankreich (Herbst 1792) auftrat: Die in Paris von Jacques Roux angeführte Gruppe erzwang unter der JAKOBINERHERRSCHAFT (seit 2. Juni **1793**) durch Druck auf den KONVENT zum Kampf gegen INFLATION, Spekulation und Preiswucher das KLEINE MAXIMUM und das GROSSE MAXIMUM. Sie veröffentlichten das »Manifest der Enragés« (25. Juni). Ab August bekämpften sie Robespierre, der Roux nach dem gescheiterten Aufstandsversuch der Sansculotten verhaften ließ (5. September) und die Enragés ausschaltete. Später beging Roux Selbstmord im Gefängnis (10. Februar 1794).

Literatur: W. Markov: Die Freiheiten des Priesters Roux. Ostberlin 1967; R. B. Rose: The Enragés. Sydney [2]1968; H. Jallon/P. Monier: Les enragés de la république. Paris 1999.

Großer Terror (Schreckensherrschaft, frz.: Grande Terreur)

Selbstbezeichnung für die Terrorherrschaft der JAKOBINER unter Robespierre: Im Selbstverständnis der Jakobiner diente der Große Terror der Verteidigung der FRANZÖSISCHEN REVOLUTION gegen innere Feinde von rechts (KONTERREVOLUTION, VENDÉE) und links (SANSCULOTTEN, ENRAGÉS) sowie von außen (1. KOALITIONSKRIEG), ausgeübt durch den WOHLFAHRTSAUSSCHUSS. Mit Beginn der JAKOBINERHERRSCHAFT/-diktatur (2. Juni) fanden unter dem Druck der Volksmassen Säuberungswellen in der Verwaltung (u. a. gegen die »Lauen«) statt, im KONVENT eingeleitet vom »Gesetz über die Verdächtigen« (17. September **1793**). Alle politisch Verdächtigen, u. a. Adlige, die sich nicht aktiv für die Revolution eingesetzt hatten, sowie suspendierte, abgesetzte oder nicht wiedereingesetzte Staatsbeamte, dazu alle zwischen 1. Juli 1789 und April 1792 Emigrierten, selbst wenn sie in den vorgeschriebenen Fristen wieder zurückgekehrt waren, wurden verhaftet und – auf eigene Kosten – gefangen gehalten. Der Wohlfahrtsausschuss erhielt diktatorische Vollmachten. Im Oktober bildete sich eine Revolutionsregierung (10. Oktober). Politische Prozesse gegen politische Gegner in Paris und in der Provinz endeten mit Hinrichtungen, u. a. vollstreckt durch die GUILLOTINE (ab Oktober 1793); hingerichtet wurden neben Marie Antoinette (16. Oktober) und vielen Vertretern der GIRONDISTEN (Oktober/November) auch Danton und Desmoulins (5. April 1794). Der Terror gegen »VOLKSFEINDE« wurde verschärft: Alle Bürger waren zur Denunziation verpflichtet, Sondergerichte (Revolutionstribunale) verurteilten Angeklagte. Insgesamt erfolgten mindestens 16 594 Hinrichtungen, außerdem starben Tausende von Menschen bei Massenexekutionen ohne Gerichtsurteil, so in Lyon und in der Normandie. Nach dem Sturz der Jakobiner am 9. THERMIDOR (27. Juli 1794) wurden überlebende »Verdächtige« freigelassen (5.–10. August). Die JEUNESSE DORÉE eröffnete den WEISSEN TERROR gegen Jakobiner und Sansculotten (September 1794–März 1795), bis zum DIREKTORIUM (1795).

Literatur: L. Mortimer-Ternaux: Histoire de la terreur, 1792–94. 8 Bde., Paris 1862–1881; D. Green: The Incidence of the Terror During the French Revolution. Cambridge (Mass.) 1935; O. Blanc: Der letzte Brief. Die Schreckensherrschaft der Französischen Revolution in Augenzeugenberichten. Darmstadt 1988.

Guillotine

Nach Vorläufern seit der Antike mechanisches Fallbeil zur Hinrichtung: Die Guillotine erhielt ihren Namen nach dem französischen Arzt Joseph Ignace Guillotin (* 1738, † 1814), der aus humanitären Gründen die Hinrichtung durch eine Maschine an Stelle des Handbeils vorschlug, aber nicht an ihrer Konstruktion beteiligt war. Das erste Modell baute ein in Paris lebender deutscher Mechaniker (1791). Ihre erste Verwendung (1792) fand die Guillotine, als typisches (aber nicht alleiniges) Instrument, bei Exekutionen im GROSSEN TERROR (17. September **1793**–27. Juli 1794), später auch gegen Exponenten des Terrors wie Robespierre und seine Anhänger. Die Guillotine war das bis zur Abschaffung der Todesstrafe in Frankreich (1981) übliche Instrument zur Hinrichtung zum Tode Verurteilter. Auch andere Länder übernahmen sie.

Literatur: A. Kershaw: Die Guillotine. Eine Geschichte des mechanischen Fallbeils. Hamburg 1959; D. Arasse: Die Guillotine. Die Macht der Maschine und das Schauspiel der Gerechtigkeit. Reinbek bei Hamburg 1988; G. Lenôtre: Die Guillotine und die Scharfrichter zur Zeit der französischen Revolution. Berlin 1996; C. Süßenberger: Im Schatten des Schafotts: Lebenswege zwischen Bastille und Guillotine. Augsburg 2000.

Großes Maximum (2. Maximum)

Nach dem KLEINEN MAXIMUM (4. Mai) Dekret des KONVENTS (29. September **1793**): Es legte Höchstpreise fest für Grundnahrungsmittel der Städter (Fleisch, Speck, Butter, Speiseöl, Salzfleisch, WEIN, Branntwein, Bier, Salz, ZUCKER, Honig), Bedarfsartikel (u. a. Brennholz, Holzkohle, Steinkohle, Kerzen, Brennöl, Soda, unbeschriebenes PAPIER, Holzpantinen, Schuhe, Seife, TABAK) und Rohstoffe für die gewerbliche Produktion

(Raps, Rübsamen, Pottasche; Leder, EISEN, Gusseisen, Blei, Stahl, KUPFER, Hanf, Leinen, Wolle). Bei Übertretungen drohten Geldstrafen und die Eintragung in die Liste der »Verdächtigen«. Für die Dauer des Kriegs war die Ausfuhr von Bedarfsartikeln und Grundlebensmitteln, ausgenommen Salz, verboten.

Literatur: W. Grab (Hg.): Die Französische Revolution. München 1973, S. 178 f.; S. Petersen: Lebensmittelfrage und revolutionäre Politik in Paris. Studien zum Verhältnis von revolutionärer Bourgeoisie und Volksbewegung bei Herausbildung der Jakobinerdiktatur 1792–1793. Tübingen 1979.

Republikanischer Kalender

Dekret des KONVENTS über den neuen Kalender im revolutionären Frankreich (5. Oktober **1793**): Die Monatsnamen Vendémiaire, Brumaire, Frimaire, Nivôse, Pluviôse, Ventôse, Germinal, Floréal, Prairial, Messidor, Thermidor, Fructidor wurden meist dem Naturgeschehen des Jahresablaufs entnommen. Als Jahresbeginn wurde der 1. Vendémaire des Jahres II (22. September 1793) festgelegt. Das Jahr war unterteilt in zwölf Monate zu je 30 Tagen, mit 5 Schalttagen als »Jours Sansculottides« (17.–21. September) und einem weiteren Sansculottentag in Schaltjahren (1796, 1800, 1804). Der Republikanische Kalender wurde offiziell zu Beginn des I. EMPIRE von Napoleon I. wieder abgeschafft (1805).

Folgende Ereignisse zählen zu den wichtigen historischen Daten nach dem Revolutionskalender: 22. Prairial II (10. Juni 1794): Verschärfung des GROSSEN TERRORS; 9. THERMIDOR II (27. Juli 1794): Sturz der JAKOBINERHERRSCHAFT; 1. Prairial III (20. Mai 1795): Aufstand der SANSCULOTTEN; 18. Fructidor V (4. September 1797): Staatsstreich innerhalb des DIREKTORIUMS, mit Hilfe Napoleon Bonapartes; 22. Floréal VI (11. Mai 1798): Manipulation von Wahlergebnissen durch das Direktorium; 21. Prairial VI (18. Juni 1798): Letzte neojakobinische Phase der 1. FRANZÖSISCHEN REPUBLIK; 18. BRUMAIRE VIII (9. November 1799): Mit dem Militärstaatsstreich Bonapartes begann das KONSULAT.

Literatur: A. Soboul: Die Große Französische Revolution. Frankfurt/Main 1973; M. Meinzer: Der französische Revolutionskalender (1792–1805). Planung, Durchführung und Scheitern einer politischen Zeitrechnung. Mit 48 Tabellen. München 1992.

2. Teilung Polens

Mittlere der drei TEILUNGEN POLENS: PATRIOTEN setzten, mit König Stanislaus II. August Poniatowski, die VERFASSUNG VOM 3. MAI durch (1791). Katharina II. befürchtete das Überspringen der »französischen Pest« auf Osteuropa und wurde aktiv. Nach dem 4. RUSSISCH-TÜRKISCHEN KRIEG (1787–1792) proklamierte die in St. Petersburg gegründete Konföderation von Targowica u. a. unter Fürst Felix Potocki (* 1752, † 1805) das Manifest gegen die Verfassung (1792). Russische Truppen schlugen die kleinere polnische Armee, Stanislaus trat der Konföderation von Targowica bei. Der (2.) Teilungsvertrag von St. Petersburg (**1793**) gab Teile Litauens, die westliche Ukraine, halb Wolhynien, Podolien, Teile der polnischen Palatinate Polock und Minsk an Russland. Danzig,

Thorn, Posen, Gnesen, Kalisch, Dobrzyn und Tschenstochau fielen an Preußen. Unter massivem Druck ratifizierte der »stumme Reichstag« in Grodno die Abtretungsverträge und hob fast alle Reformen wieder auf (1793): Polen war daraufhin nicht mehr lebensfähig. Dem KOŚCIUSZKO-AUFSTAND (1794) der Patrioten folgte die 3. TEILUNG POLENS (1795).

Literatur: R. H. Lord: The Second Partition of Poland. Cambridge (Mass.) 1915, Nachdruck New York 1969; M. G. Müller; Die Teilungen Polens. 1772, 1793, 1795. München 1984.

(1.) Fugitive Slave Law

Gesetz des US-Kongresses (**1794**): Herren entlaufener SKLAVEN konnten ihr menschliches »Eigentum« auch in anderen US-Bundesstaaten ergreifen, namentlich im allmählich sklavenfrei werdenden Norden. Die Bestimmungen wurden wegen ihrer langjährigen Nichtbeachtung vom (2.) Fugitive Slave Law (1850) unterstrichen.

Volksfeinde

Gesetz des KONVENTS vom 22. Prairial II (10. Juni **1794**), das den GROSSEN TERROR weiter verschärfte: Es kündigte die Aburteilung aller Volksfeinde durch das Revolutionstribunal an (Art. 4). Als Volksfeinde galten »alle, die die Freiheit durch Gewalt oder List vernichten wollen« (Art. 5). Alleinige Strafe war der Tod (Art. 7).

Literatur: W. Grab (Hg.): Die Französische Revolution. München 1973, S. 224–227.

Maximum der Löhne

Nach KLEINEM MAXIMUM und GROSSEM MAXIMUM (4. Mai, 29. September 1793) Dekret des KONVENTS (23. Juli **1794**): Es setzte eine Höchstgrenze für Löhne und ihre Einfrierung fest. Als Reaktion erhoben sich die SANSCULOTTEN gegen die JAKOBINERHERRSCHAFT.

9. Thermidor

Sturz der JAKOBINERHERRSCHAFT: Nach Niederschlagung der inneren Opposition (VENDÉE, ENRAGÉS, SANSCULOTTEN) und dem Sieg gegen die Interventionsarmee bei Fleurus (26. Juni 1794) beendete die Konventsopposition das TERRORregime der JAKOBINER unter Robespierre durch einen Staatsstreich (27. Juli **1794**). Robespierre und 81 seiner Anhänger wurden hingerichtet (28. Juli). Es folgte der WEISSE TERROR, der JAKOBINERKLUB wurde geschlossen, die MAXIMUM-Gesetze wurden aufgehoben. Die Verschärfung der INFLATION, die völlige Entwertung der ASSIGNATEN und eine Hungersnot verschärften die sozialen Spannungen. Das DIREKTORIUM (1795–1799) schlug den Aufstandsversuch der »VERSCHWÖRUNG DER GLEICHEN« unter Babeuf nieder (10. Mai 1796).

Literatur: G. Walter: La Conjuration du Neuf Termidor. 27 juillet 1794. Paris 1974; M. Bouloiseau: La République jacobine. 10 août 1792–9 thermidor an II. Paris 1989.

Weißer Terror

Generell Gegenbegriff zu GROSSEM TERROR oder Rotem Terror: Nach dem Sturz der JAKOBINERHERRSCHAFT am 9. THERMIDOR (27. Juli 1794) begann der Weiße Terror in Frankreich als blutige Verfolgung von JAKOBINERN und SANSCULOTTEN (September **1794**–März 1795), vor allem in Paris. Entsprechende gewalttätige Bewegungen gegen die »Roten« traten auch im RUSSISCHEN BÜRGERKRIEG nach der OKTOBERREVOLUTION (1918–1920) und im SPANISCHEN BÜRGERKRIEG (1935–1939) auf.

Jeunesse dorée

Junge Leute aus dem Bürgertum, die nach dem 9. THERMIDOR den WEISSEN TERROR gegen die gestürzten JAKOBINER ausübten (September **1794**–März 1795): Der Begriff bezeichnet übertragen auch analoge Gruppierungen in vergleichbaren Situationen.

Literatur: F. Gendron: La jeunesse dorée. Episodes de la Révolution française. Québec 1979.

»Tribun du peuple«

Zeitschrift von Babeuf, dem Exponenten der »linkesten« proto-proletarischen Strömung in der FRANZÖSISCHEN REVOLUTION (**1794**): Die Publikation begrüßte nachträglich den Sturz Robespierres (27. Juli).

Literatur: G. Babeuf: Le tribun du peuple (1794–1796). Textes choisis et présentés par Armando Saitta. Paris 1969.

Kościuszko-Aufstand

Erhebung polnischer PATRIOTEN unter General Tadeusz Kościuszko gegen Preußen und Russland, die Teilungsmächte der 2. TEILUNG POLENS (1793): Der Aufstand ging von Krakau aus (**1794**). Er wurde von Russland und Preußen niedergeworfen und mit der 3. TEILUNG POLENS (1795) beendet. Zu Ehren des Generals benannten polnische Auswanderer den höchsten Berg Australiens nach ihm.

Literatur: H. Kocój: Beiträge zu Preußens Stellung gegenüber dem Kościuszko-Aufstand vom Jahre 1794. Ausgewählte Probleme. Katowice 1996.

Kadscharen

Vorletzte DYNASTIE des Perserreichs (1794–1925), die sich mit der Eroberung des eigentlichen Iran (**1794**) etablierte und sofort mit Eroberung der peripheren Provinzen des SAFAWIDEN-Reichs (Chorassan, Georgien, Armenien) expandierte (ab 1795): Die Kadscharen kamen in Konflikt mit dem ebenfalls expandierenden Russland, das Georgien (1801) und das nördliche Armenien um Eriwan (1828) annektierte. Innere Probleme, vor allem eine konstitutionelle REVOLUTION (1905), schwächten das Kadscharenreich. Die ENGLISCH-RUSSISCHE VERSTÄNDIGUNG (1907) teilte Persien in drei Zonen (eine russische im Norden, eine britische im

Süden, eine neutrale mittlere). Nach dem ERSTEN WELTKRIEG gelang zwar die Wiedervereinigung des Iran, aber den letzten Kadscharen-Schah stürzte der Führer der Kosakenbrigade Reza Khan Pahlewi (1925), der die Pahlewi-Dynastie (bis 1979) begründete.

Literatur: N. R. Keddie: Qajar Iran and the Rise of Reza Khan, 1796–1925. Costa Mesa (Cal.) 1999.

Batavische Republik

(frz.: République batave, niederl.: Bataafse Republiek) Erste französische TOCHTERREPUBLIK: Während der Eroberung der Niederlande durch die Franzosen proklamierte ein revolutionäres Komitee in Amsterdam (18. Januar **1795**) unmittelbar vor Einnahme der Stadt die REPUBLIK. Sie schloss einen Friedens- und Bündnisvertrag mit Frankreich (16. Mai) und berief eine NATIONALVERSAMMLUNG (»Nationale Vergadering«) mit allgemeinem WAHLRECHT ein (1. März 1796). Nach Besetzung Nordhollands durch Briten und Russen (Juni–Oktober 1799) schenkte die Batavische Republik Frankreich 3 Mio. Gulden für Kriegskosten (1800). Die Batavische Republik wurde auf Druck Napoleons I. unter seinem Bruder Louis Bonaparte in das Königreich Holland umgewandelt (1806–1810), das der KONTINENTALSPERRE beitreten musste.

Literatur: H. T. Colenbrander: De Bataafsche Republiek. Amsterdam 1908.

Tochterrepublik (Schwesterrepublik; frz.: République-sœurs)

VASALLENrepubliken des revolutionären Frankreichs: Nach dem 9. THERMIDOR (1794/95) begann das DIREKTORIUM (1795–1799), in einigen eroberten Gebieten einheimische Revolutionäre (»PATRIOTEN«) zu unterstützen, und förderte die Proklamation der formal von Frankreich unabhängigen REPUBLIKEN, mit Verfassungen. Zu den Tochterrepubliken zählten: BATAVISCHE REPUBLIK (**1795**–1806), TRANSPADANISCHE (Lombardische), CISPADANISCHE (1796/97), CISALPINISCHE (1797–1801/02)/ITALIENISCHE (1801/02–1805), LIGURISCHE (1797–1805), RÖMISCHE (Tiberinische) (1798/99), HELVETISCHE (1798–1803) und PARTHENOPÄISCHE REPUBLIK (1799). Als Instrumente französischer Machtpolitik waren sie mit neuen, vom revolutionären Frankreich übernommenen Grundsätzen in Verfassung, Verwaltung und Gesetzgebung ausgestattet – VOLKSSOUVERÄNITÄT, Rechtsgleichheit (Aufhebung von FEUDALISMUS, ständischen Rechten und PRIVILEGIEN), GEWERBEFREIHEIT, Rechts- und Bildungsreform. Nach dem 22. Floréal VI (11. Mai 1798) brach Frankreich mit den ausländischen JAKOBINERN in den Tochterrepubliken. Von den Alliierten wurden im 2. KOALITIONSKRIEG die Römische und die Parthenopäische Republik erobert (1799); die Helvetische Republik wurde durch die MEDIATIONSAKTE aufgelöst (1803). Im I. EMPIRE (1804–1814/15) folgte die Umwandlung der verbliebenen Tochterrepubliken in VASALLEN-Königreiche: Italienische Republik und Ligurische Republik wurden zum KÖNIGREICH ITALIEN (1805), die Batavische Republik zum Königreich Holland (1806).

Literatur: M. Dunan (Hg.): Napoléon et l'Europe. Paris 1961; O. Connelly: Napoleon's Satellite Kingdoms. New York 1969; W. v. Groote (Hg.): Napoleon I. und die Staatenwelt seiner Zeit. Freiburg 1969; H. Berding (Hg.): Napoleonische Herrschaft und Modernisierung, in: Geschichte und Gesellschaft 4/1980.

Sonderfriede zu Basel

Im 1. KOALITIONSKRIEG (1792–1797) geschlossener Friede zwischen Frankreich und Preußen (5. April **1795**): Frankreich räumte die rechtsrheinischen Gebiete Preußens, das linke Rheinufer kam bis zum Frieden mit dem REICH DER DEUTSCHEN zu Frankreich. Preußen erhielt Entschädigungen mit SÄKULARISATIONEN rechts des Rheins (Geheimartikel). Eine Demarkationslinie sicherte in Nordwestdeutschland die Neutralität und Freiheit des Handels. Die Friedensvereinbarungen gaben Preußen freie Hand zur 3. TEILUNG POLENS (1795), sie wurden bestätigt vom FRIEDEN VON CAMPO FORMIO (1797). Weitere Folge war der REICHSDEPUTATIONSHAUPTSCHLUSS (1803).

Literatur: W. Real: Von Potsdam nach Basel. Studien zur Geschichte der Beziehungen Preussens zu d. europäischen Mächten vom Regierungsantritt Friedrich Wilhelms II. bis zum Abschluss d. Friedens von Basel. 1786–1795. Basel, Stuttgart 1958.

Direktorium (frz.: Directoire)

Nach dem Sturz der JAKOBINERHERRSCHAFT durch den 9. THERMIDOR (27. Juli 1794) oberstes Regierungsorgan, von der 3. Verfassung (22. August **1795**) des revolutionären Frankreichs legitimiert: Die Verfassung sah u. a. Gewaltenteilung vor. Die Regierung (Direktorium) bestand aus fünf Mitgliedern, daneben existierten zwei parlamentarische Kammern – der Rat der Alten (SENAT) und der Rat der 500 (alljährlich mit Zensuswahlrecht neu gewählt). Das Direktorial-Regime verfügte nur über eine schmale soziale Basis. Bekämpft wurde es von der ARISTOKRATIE, Teilen des Bürgertums und breiten Teilen des Volks, besonders den SANSCULOTTEN.

1. Phase (1795–1797): Frankreich annektierte Belgien (1. Oktober); den Royalisten-Aufstand in Paris schlug Napoleon Bonaparte nieder (5. Oktober); Anhänger des GROSSEN TERRORS erhielten AMNESTIE (25. Oktober); der KONVENT tagte letztmals (26. Oktober); das erste Direktorium wurde gebildet (31. Oktober), u. a. mit Barras und Carnot. Der JAKOBINERKLUB wurde wieder eröffnet (November 1795). Trotz Abschaffung der ASSIGNATEN (19. Februar) ging die INFLATION weiter. Bonaparte eröffnete den italienischen Feldzug (30. März) und setzte den Eroberungskrieg fort. Die VERSCHWÖRUNG DER GLEICHEN gegen das Direktorium scheiterte (10. Mai). Die JAKOBINER wurden erneut unterdrückt. Zahlreiche Emigranten und deportierte Priester (1796/97) kehrten zurück. Bei ersten Neuwahlen im Gérminal V (März/April 1797) siegten die Monarchisten: Carnot wurde ebenso ausgeschaltet wie Royalisten, Emigranten und Priester.

2. Phase (1797–1799): Nachdem der FRIEDE VON CAMPO FORMIO den 1. KOALITIONSKRIEG beendet hatte (17. Oktober 1797), setzten

zahlreiche Ausnahmegesetze (1797/98) die Instabilität fort – u.a. wurden viele Zeitungen verboten. Das Direktorium, auf antiklerikalem, antiroyalistischem und antijakobinischem Kurs, manipulierte das Ergebnis der Neuwahlen am 22. Floréal VI (11. Mai 1798). Parallel zu Reformen nach innen ging die Expansion nach außen weiter, mit Annexionen und TOCHTERREPUBLIKEN (1797–1799); die ÄGYPTISCHE EXPEDITION (1798–1802) scheiterte. Im 2. KOALITIONSKRIEG (1799–1801/02) lösten anfängliche Niederlagen Krisen im Innern aus (1799) – Sieyès trat ins Direktorium ein (9. Juni); die Kammern wandten sich offen gegen das Direktorium (21. Prairial, 18. Juni), es begann die letzte republikanische Phase neojakobinischer Prägung: Der Jakobinerklub wurde wieder eröffnet (18. Juni); eine Zwangsanleihe sollte den Krieg finanzieren helfen (28. Juni); das Geiselgesetz wurde erlassen (12. Juli); der Bürgerkrieg verschärfte sich; die Pressefreiheit wurde dekretiert (1. August) und die vollständige Wehrpflicht wieder durchgeführt. Gegen die Zwangsanleihe regte sich PASSIVER WIDERSTAND, gegen die Jakobiner bis hin zum royalistischen Aufstand in Südwestfrankreich (5. August): Der Jakobinerklub wurde endgültig geschlossen (13. August). Nach Siegen über die 2. Koalition (Herbst) beendete Bonaparte die Direktoriumsherrschaft mit dem Staatsstreich des 18. BRUMAIRE (9. November) und errichtete das KONSULAT (1799–1804).

Literatur: P. Bessand-Massenet: La France après la terreur, 1795–1799. Genf, Paris 1946; G. Lefebvre: Le Directoire. Paris 1971; M. Lyons: France under the Directory. Cambridge 1975; G. Lefebvre: La France sous le directoire 1795–1799. Paris 1984; D. Woronoff: La république bourgeoise, de Thermidor à Brumaire, 1794–1799. Paris 1989.

»Manifest der Plebejer«

Programmatische Plattform Babeufs im »TRIBUN DU PEUPLE« (30. November **1795**): Mit seinen radikal-egalitären Forderungen für das Proletariat bereitete Babeuf die VERSCHWÖRUNG DER GLEICHEN (1796) vor.

3. Teilung Polens

Teilung Polens, die zur völligen Auflösung des Staates führte: Nachdem Russland und Preußen den KOŚCIUSZKO-AUFSTAND gegen die 2. TEILUNG POLENS niedergeschlagen hatten (1794), schlossen sie mit Österreich den (3.) Teilungsvertrag von St. Petersburg (**1795**): Rest-Litauen, Kurland und das östliche Polen kamen zu Russland, Westgalizien, Sandomir, Lublin, Radom, Teile Podoliens und Masowiens zu Österreich, der Rest Masowiens mit Warschau, das Gebiet zwischen Weichsel, Bug und Narew sowie ein Teil des Bezirks Krakau zu Preußen. Mit dem Ende der RZECZPOSPOLITA – »Finis Poloniae« – und der TEILUNG POLENS (bis 1918) stellte sich die POLNISCHE FRAGE: Viele PATRIOTEN gingen in die Emigration, wo sie u.a. die POLNISCHE LEGION gründeten.

Literatur: M.G. Müller: Die Teilungen Polens. 1772, 1793, 1795. München 1984.

Polnische Frage

Nationale Frage seit der 3. TEILUNG POLENS (**1795**), ob, wie und in welchen Grenzen Polen wieder als Staat erstehen soll: Emigrierte Polen gründeten mit der Polnischen Deputation in Paris die erste polnische Emigrantenorganisation. Sie stellten in der TRANSPADANISCHEN REPUBLIK die POLNISCHE LEGION auf, deren Marschlied »NOCH IST POLEN NICHT VERLOREN«. (1797) polnische Hymne wurde (1927). Napoleon I. ließ aus taktischen Gründen das HERZOGTUM WARSCHAU zu (1807–1813), der WIENER KONGRESS beschloss die erneute Teilung des Landes (1815), mit der REPUBLIK KRAKAU als letztem Rest polnischer Staatlichkeit (bis 1846). Alle Teilungsgebiete erhielten durch PERSONALUNION innere Autonomie, so auch das Königreich Polen in Russland (bis 1832). Die Teilungsmächte waren sich einig, Polen niederzuhalten (bis 1914); NOVEMBERAUFSTAND (1830/31), POLNISCHER AUFSTAND IN KRAKAU (1846) und Posen (1848) und JANUARAUFSTAND (1863) wurden niedergeschlagen.

Der ERSTE WELTKRIEG (1914–1918) warf die Polnische Frage neu auf, u.a. durch Beteiligung polnischer Verbände wie der Polnische Legion unter Piłsudski (1914). Nachdem die MITTELMÄCHTE mit dem POLEN-MANIFEST das Königreich Polen proklamiert hatten (1916), entstand aus dem Zusammenbruch aller Teilungsmächte (1917/18) die 2. POLNISCHE REPUBLIK (1918–1939). Nach ihrer Zerschlagung durch Deutschland und die UdSSR (September 1939) zu Beginn des ZWEITEN WELTKRIEGS (1939–1945) wurde Polen erneut geteilt (1939–1941). Die Exilregierung saß in Paris (1939) und London (1940). Die nicht von Deutschland oder der UdSSR annektierten Gebiete kamen als GENERALGOUVERNEMENT POLEN unter deutsche Herrschaft (1939–1945). Der WARSCHAUER AUFSTAND gegen die Naziherrschaft scheiterte (1944). Unter sowjetischer Vorherrschaft entstand Polen neu (1944), mit Westverschiebung samt umfangreichen Umsiedlungen und DEPORTATIONEN. Die VOLKSREPUBLIK POLEN (1947 ff.) endete 1988/89. Die 3. Polnische Republik schloss mit Deutschland den Deutsch-Polnischen Grenzvertrag (1990), in dem Deutschland die polnische Westgrenze völkerrechtlich anerkannte.

Literatur: G. Rohde: Geschichte Polens. Ein Überblick. Darmstadt [3]1980; K. Zernack (Hg.): Zum Verständnis der polnischen Frage in Preußen und Deutschland 1772–1871. Berlin 1987.

Verschwörung der Gleichen

Versuchter Aufstand Babeufs gegen das DIREKTORIUM: Die Verschwörung wurde entdeckt und zerschlagen (10. Mai **1796**), Babeuf hingerichtet (27. Mai 1797). Die vom Mitverschworenen Buonarroti (* 1761, † 1837) veröffentlichten Prozessprotokolle (1828) wurden der Anfang des organisierten revolutionären KOMMUNISMUS.

Literatur: P. Buonarroti: Babeuf und die Verschwörung für die Gleichheit. Hg. von A. und W. Blos. Stuttgart 1909, Nachdruck Ostberlin 1975; K.H. Bergmann: Babeuf. Gleich und Ungleich. Köln, Opladen 1965; J.A. Scott (Hg.): Gracchus Babeuf. Die Verschwörung für die Gleichheit. Mit Essays von Herbert Marcuse und Albert Soboul. Hamburg 1988.

Transpadanische Republik (Lombardische Republik)

(frz.: République Transpadane, ital.: Repubblica Transpadana) TOCHTERREPUBLIK Frankreichs (16. Mai **1796**) in der Lombardei: Napoleon Bonaparte errichtete sie nach seinem Sieg über die Österreicher bei Lodi (10. Mai 1796) und der Besetzung Mailands (15. Mai) auf habsburgischem Gebiet; sie wurde später mit der CISPADANISCHEN REPUBLIK zur CISALPINISCHEN REPUBLIK vereinigt (15. Juli 1797). Polnische Emigranten stellten hier die POLNISCHE LEGION auf (1797).

Cispadanische Republik

(frz.: République Cispadane, ital.: Repubblica Cispadana) TOCHTERREPUBLIK Frankreichs (16. Oktober **1796**) südlich des Po: Napoleon Bonaparte errichtete sie nach dem Sieg über die Österreicher bei Lodi (10. Mai 1796), der Bildung der TRANSPADANISCHEN REPUBLIK (16. Mai) und der Besetzung des Kirchenstaats (Mai/Juni). Sie umfasste Bologna, Ferrara, Modena, Reggio und wurde mit der Transpadanischen Republik zur CISALPINISCHEN REPUBLIK vereinigt (15. Juli 1797).

Literatur: O. Rombaldi: La Repubblica Cispadana. Modena 1997.

Ligurische Republik

(frz.: République Ligurienne, ital.: Repubblica Ligura) TOCHTERREPUBLIK Frankreichs an der Stelle der früheren Adelsrepublik Genua (6. Juni **1797**): Sie ging später im ebenfalls napoleonisch dominierten KÖNIGREICH ITALIEN auf (1805).

Cisalpinische Republik

(frz.: République Cisalpine, ital.: Repubblica Cisalpina) Aus der Fusion von TRANSPADANISCHER REPUBLIK und CISPADANISCHER REPUBLIK entstandene TOCHTERREPUBLIK Frankreichs (15. Juli **1797**): Die Republik, mit zeitweise 25 000 französischen Besatzungssoldaten, umfasste die Lombardei und die Emilia-Romagna, Hauptstadt war Mailand. Mit Frankreich war sie durch ein Bündnis- und Handelsabkommen verbunden (21. Februar 1798). Aufstände wurden, u. a. von der POLNISCHEN LEGION, niedergeworfen. Die Republik wurde nach österreichisch-russischen Siegen im 2. KOALITIONSKRIEG in Oberitalien aufgelöst (1799), von Napoleon Bonaparte wieder hergestellt (1800). Er wandelte sie in die ITALIENISCHE REPUBLIK (1801/02), der er als Präsident vorstand, später in das KÖNIGREICH ITALIEN um (1805).

Friede von Campo Formio

Friedensvertrag zwischen Frankreich und Österreich zur Beendigung des 1. KOALITIONSKRIEGS (1792–1797). Den Frieden von Campo Formio (17. Oktober **1797**) vorausgegangen waren Frankreichs SONDERFRIEDE ZU BASEL mit Preußen (1795) und der Vorfriede von Leoben mit

Österreich (18. April 1797). Österreich verzichtete auf die Österreichischen Niederlande (Belgien), die (venezianischen) Ionischen Inseln, auf Teile der Lombardei und erklärte seine Anerkennung der Cisalpinischen Republik. Die Übernahme Venedigs durch Österreich beendete die Republik Venedig. Den Frieden mit dem Reich präjudizierten auf dem Kongress von Rastatt geheime Zusatzabmachungen, die das linke Rheinufer von Basel bis Nette (bei Andernach) Frankreich gaben mit Entschädigungen für die deutschen weltlichen Fürsten rechts des Rheins. Der Reichsdeputationshauptschluss (1803) setzte die Säkularisation um. Frankreich und England führten den Krieg weiter (bis 1802).

Literatur: P. Hersche (Neubearb.): Napoleonische Friedensverträge. Campo Formio 1797, Lunéville 1801, Amiens 1802, Preßburg 1805, Tilsit 1807, Wien-Schönbrunn 1809. Bern [2]1973.

Polnische Legion

Seit der 3. Teilung Polens (1795) polnische Exileinheiten, die den Anspruch auf Wiedergewinnung der polnischen Staatlichkeit und Unabhängigkeit aufrechterhielten, als Teil der Polnischen Frage: Die Polnische Legion stellte General Jan Henryk Dabrowski (1755–1818) in der Transpadanischen Republik auf. Ihr Marschlied »Noch ist Polen nicht verloren« (**1797**) wurde Nationalhymne Polens (1927). Die Truppen standen nach dem Frieden von Campo Formio (1797) im Dienst der Cisalpinischen Republik, u.a. zur Niederschlagung von Aufständen in der Lombardei (1798). Im 2. Koalitionskrieg (1799–1801) gegen Neapel (1798) und Russen (1799) wurde sie weitgehend aufgerieben. Neu aufgestellt, kämpfte sie direkt für Frankreich in Oberitalien (Herbst 1799). Zusätzlich wurde in Süddeutschland die polnische Donau-Legion aufgestellt (1800). Nach dem Frieden von Lunéville (1801) waren zwei Halbbrigaden in St. Domingue an der Beseitigung der Autonomie unter Toussaint l'Ouverture (1802/03) beteiligt. Nach dem Kollaps Preußens wurde die Polnische Legion als »Nordische Legion« neu belebt und eroberte Posen (Herbst 1806). Im Herzogtum Warschau (1807) war sie mit 50 000 Mann am Feldzug von 1807 beteiligt.

Im Krimkrieg gegen Russland (1854–1856) wurde die Polnische Legion neu aufgestellt, ebenso zu Beginn des Ersten Weltkriegs (1914–1918) auf österreichischem Boden (Galizien) unter Piłsudski (1914). Die Legionen waren die Keimzelle der polnischen Armee in der 2. Polnischen Republik.

»Noch ist Polen nicht verloren«

(poln.: »Jeszcze Polska nie zginela«) Polnische Nationalhymne (seit 1927): Das ursprüngliche Marschlied der Polnischen Legion in der Transpadanischen Republik (**1797**) reklamierte den Anspruch auf die Wiederherstellung der polnischen Unabhängigkeit. Der Refrain »Marsch, Marsch Dabrowski, aus Italien nach Polen« spiegelt die historische Situation bei Entstehung des Liedes wider.

Ukas

(russ.: Befehl) Allgemein: Erlass des russischen Zaren: Speziell: Erlass, der die bäuerliche Fronarbeit in Russland auf drei Tage in der Woche begrenzte (**1797**).

Helvetische Republik

Nach der Eroberung der Schweizer Eidgenossenschaft durch die Franzosen (1798) von Schweizer Patrioten auf französischen Druck gegründete Tochterrepublik (9. Februar **1798**–1803), ohne Genf und Mühlhausen, die Frankreich annektierte (1798): An die Stelle der oligarchischen Föderation mit der Herrschaft über die Untertanenlande (z. B. Basel, Bern) trat der demokratische Einheitsstaat, der die Kantone zu Verwaltungseinheiten degradierte. Die Neuordnung provozierte Konflikte zwischen (revolutionären) Unitariern und (konservativen) Föderalisten. Die Helvetische Republik schloss ein Bündnis mit Frankreich (19. August 1789). Wallis wurde als Tochterrepublik unter französischer Herrschaft abgetrennt (1802). Nach dem Frieden von Amiens zogen die französischen Besatzungstruppen ab (1802). Der Aufstand der Urkantone (Uri, Schwyz, Unterwalden) und des Berner Patriziats weitete sich zum »Stecklikrieg« aus. Die Mediationsakte löste die Helvetische Republik auf (1803).

Literatur: D. Fahrni: Schweizer Geschichte. Ein historischer Abriß von den Anfängen bis zur Gegenwart. Zürich [6]1994; H. Böning: Der Traum von Freiheit und Gleichheit. Helvetische Revolution und Republik (1798–1803). Die Schweiz auf dem Weg zur bürgerlichen Demokratie. Zürich 1998.

Römische Republik (Tiberinische Republik)

(République Romaine, Repubblica Romana) Tochterrepublik Frankreichs: Nach dem Aufstand italienischer Patrioten in Rom (28. Dezember 1797) kamen den Aufständischen die Franzosen zu Hilfe, eroberten Rom (11. Februar 1798), gründeten die Tochterrepublik und nahmen Papst Pius VI. gefangen (15. Februar **1798**). Nach Rückeroberung Roms im 2. Koalitionskrieg lösten die Alliierten sie wieder auf (Juli 1799).

Auch: Römische Republik unter Mazzini (1849).

Kongress von Rastatt

Friedenskongress zwischen Frankreich und dem Reich zur Ausführung der Bestimmungen von Campo Formio (1797): Frankreich erreichte die Besetzung von Mainz und der Rheinschanze bei Mannheim (4. April **1798**) und die Annexion des linken Rheinufers; die deutschen Fürsten rechts des Rheins wurden durch den Reichsdeputationshauptschluss entschädigt (1803). Der kaiserliche Bevollmächtigte Metternich löste den Kongress nach Ausbruch des 2. Koalitionskriegs auf (23. April 1799). Nachdem sie Rastatt verlassen hatten, wurden zwei französische Gesandte von österreichischen Husaren ermordet, einer verletzt (28. April 1799, Rastatter Gesandtenmord).

Literatur: H. Hüffer: Der Rastatter Kongreß und die 2. Koalition. 2 Bde., o. O. 1878/79; P. Montarlot/E. Pingaud (Hg.): Congrès de Rastatt. Correspondance et Documents. 3 Bde., Paris 1912/13.

Ägyptische Expedition

Versuch der Franzosen unter Napoleon Bonaparte, Ägypten als Sprungbrett zur Verdrängung Großbritanniens aus Indien zu erobern: Die französische Flotte startete mit seinem Expeditionskorps (38 000 Mann) von Toulon (19. Mai **1798**). Maltas Besetzung (6. Juni) gab u. a. Anstoß zum 2. KOALITIONSKRIEG (1798–1801). Die Truppen eroberten Alexandria (2. Juli), nach dem Sieg über die MAMLUKEN bei den PYRAMIDEN (21. Juli) auch Kairo (22. Juli). Bei Abukir vernichtete die britische Flotte unter Nelson die französische (1. August) und schnitt Bonaparte vom Nachschub ab. Am 12. September erklärte das OSMANISCHE REICH Frankreich den Krieg. Der Vertrag zwischen Russland und dem Osmanischen Reich öffnete der russischen Kriegsflotte die Meerengen (13. Dezember). Die französische Armee drang nach Syrien vor (Januar 1799), belagerte die von England unterstützten OSMANEN in Akko(n) (19. März–20. Mai) und besiegte die Osmanen bei Abukir (24. Juli). Bonaparte verließ Ägypten (22. August). Nachdem die Franzosen unter J. B. Kléber (* 1753, † 1800) die Osmanen bei Heliopolis besiegt hatten (20. März 1800), verloren sie gegen die Briten bei Alexandria (21. März 1801). Die Briten besetzten Kairo (27. Juni), die Franzosen räumten Ägypten (September). Der Vorfriede zum FRIEDEN VON AMIENS (1. Oktober) beließ britische Truppen in Kairo.

Militärisch war die Ägyptische Expedition ein Fehlschlag für Frankreich, historisch aber von großer Bedeutung: Sie provozierte Anfänge des modernen arabischen Nationalismus in Ägypten und Syrien unter französischem Einfluss. Bonaparte nahm, nach dem Vorbild Alexanders des Großen beim ALEXANDERZUG (334–330 v. Chr.), eine Kommission aus 187 Gelehrten, Schriftstellern und Künstlern mit: Die Entdeckung des STEINS VON ROSETTE (1799) eröffnete die moderne Ägyptologie.

Literatur: V. Denon: Mit Napoleon in Ägypten 1798–1799. Hg. v. H. Arndt. München 1978; O. Nolin: Bonaparte et les savants français en Égypte. 1798–1801. Paris 1998.

Irischer Aufstand

Aufstand in Irland (Mai **1798**) gegen die Briten, motiviert von der FRANZÖSISCHEN REVOLUTION: Obwohl eine französische Expedition unter General Hoche vor der irischen Küste scheiterte (19. Dezember 1796), brach der Irische Aufstand aus, den die Briten jedoch niederschlagen konnten (12. Juni). Ein weiteres französisches Landungsunternehmen in Irland scheiterte ebenfalls (August–Oktober 1798). Der Anführer des Aufstands, Wolfe Tone, wurde gefangen genommen und zum Tode verurteilt; er beging Selbstmord (19. November). Großbritannien erzwang die (Real-)Union mit Irland (1800/01).

Literatur: E. Rüdebusch: Irland im Zeitalter der Revolution. Politik und Publizistik der United Irishmen 1791–98. Frankfurt/Main 1989; T. Pakenham: The Year of Liberty. The Story of the Great Irish Rebellion of 1798. London 1997.

2. Koalitionskrieg

Krieg der 2. Koalition gegen die französische Expansion (**1798**–1801): Nach Gründung der Cisalpinischen, Ligurischen und Helvetischen Republik (1797/98) sowie der Eroberung Maltas, Piemonts und Ägyptens (1798) durch die Franzosen erklärten das Osmanische Reich (12. September) und Neapel Frankreich den Krieg (29. November). Nachdem die Franzosen Rom und Neapel erobert hatten (Dezember), schlossen Großbritannien und Russland ein Bündnis (24. Dezember), dem auch das Osmanische Reich beitrat (2. Januar 1799). Die russische und osmanische Flotte eroberten die Ionischen Inseln (1. März). Österreich zog mit einer weiteren Kriegserklärung an Frankreich nach (12. März) und besiegte mit den Russen die Franzosen. Turin wurde von den Russen besetzt, die Cisalpinische Republik aufgelöst (1799–1800). Der nun auch formell beschlossenen 2. Koalition (1. Juni) gehörten Großbritannien, Russland, Österreich, die Türkei, Portugal und Neapel an. Nach Siegen der Österreicher über die Franzosen bei Zürich (4. Juni), der Russen an der Trebbia (17.–20. Juni) und bei Novi (15. August) verloren beide bei Bergen-op-Zoom (19. September). Nach der Niederlage der Russen bei Zürich (25.–27. September) zog sich General Suworow über die Alpen zurück, Napoleon Bonaparte kehrte nach Frankreich zurück (8. Oktober). Die britische Armee kapitulierte bei Alkmaar (18. Oktober), die Flotte errichtete eine Seeblockade gegen die Niederlande (21. Oktober). Nach Spannungen mit Österreich verließ Russland die 2. Koalition (22. Oktober).

Nach dem Staatsstreich vom 18. Brumaire (9. November) besiegte Bonaparte die Österreicher bei Biberach (9. Mai 1800) und fiel über den Großen St. Bernhard in Italien ein (15.–20. Mai). Mit der Eroberung Mailands (2. Juni) und dem Sieg gegen die Österreicher bei Marengo (14. Juni) kam Italien wieder in französische Hand. Malta wurde von den Briten erobert (5. September). Nach dem Sieg über die letzte österreichische Armee bei Hohenlinden (3. Dezember) marschierten die Franzosen auf Wien. Russland, Schweden, Dänemark und Preußen verweigerten mit der 2. Bewaffneten Seeneutralität (16. Dezember) der britischen Flotte das Durchsuchungsrecht (bis 1801). Der Krieg zwischen Frankreich und Österreich endete mit dem Frieden von Lunéville (1801), der Krieg zwischen Frankreich und Großbritannien erst im Frieden von Amiens (1802).

Literatur: H. Hüfler: Der Krieg des Jahres 1799 und die zweite Koalition. 2 Bde., Gotha 1900/01; A. B. Rodger: The War of the Second Coalition 1798–1801. Oxford 1964.

Fürstenstaaten

Staaten im britisch beherrschten Indien, die sich der Herrschaft der East India Company mehr oder weniger freiwillig unterstellten, daher ihre Herrscher (maharaj = »Großkönig«) samt traditioneller Funktionselite beibehielten: Mit innerer Autonomie wurden die Fürstenstaaten moderne stilprägende Beispiele für indirekte Herrschaft, im Gegensatz zu Britisch-Indien unter direkter Herrschaft. Erstmals wandte der britische Generalgouverneur Richard Wellesley das neue System gegenüber Nizam Ali Khan, dem Herrscher von Hyderabad an (**1798**). Als dieser sich von den Marathen bedrängt sah, unterstellte er sich den Briten und erhielt dafür Schutztruppen der East India Company. Bei der Unabhängigkeit Indiens (1947) gab es mehr als 550 Fürstenstaaten, die im souveränen Indien beseitigt wurden, während ihre Fürsten mit erheblichem Besitz abgefunden wurden.

Literatur: J. A. L. Molitor: Portraits in sechs Fürstenstaaten Rajasthans vom 17. bis zum 20. Jahrhundert. Voraussetzungen – Entwicklungen – Veränderungen. Stuttgart 1985.

Stein von Rosette

Stele mit identischem Text in drei Sprachen (Trilingue) und Schriften (ägyptischen HIEROGLYPHEN, Demotisch, Griechisch), gefunden bei Schanzarbeiten in Rosette, am Nildelta, beim Ägyptenfeldzug Napoleon Bonapartes (**1799**): Die Stele ermöglichte die Entzifferung der Hieroglyphen durch den französischen Gelehrten Jean-François Champollion (1822). Das Original befindet sich im BRITISCHEN MUSEUM, eine Kopie im Bremer Übersee-Museum.

Literatur: E. A. Thompson Wallis Budge: Der Stein von Rosette. London 1975; R. Parkinson: Cracking Codes. The Rosetta Stone and Decipherment. London 1999; C. Andrews: Der Stein von Rosette. London 1999.

Parthenopäische Republik

(frz.: République Parthénopéenne, ital.: Repubblica Partenopea) Nach der Eroberung Neapels durch Franzosen (Dezember 1798) gegründete TOCHTERREPUBLIK Frankreichs (Januar **1799**); sie wurde nach der Rückeroberung durch die Alliierten wieder aufgelöst (Juni 1799).

18. Brumaire

Datum (nach dem REPUBLIKANISCHEN KALENDER) des Militärstaatsstreichs Napoleon Bonapartes: Er stürzte das DIREKTORIUM (9. November **1799**) und errichtete das KONSULAT (bis 1804), das die Beendigung der FRANZÖSISCHEN REVOLUTION proklamierte (15. Dezember). Bonaparte herrschte de facto als Militärdiktator.

Literatur: J. Thiry: Le coup d'état du 18 Brumaire. Paris 1947; A. Ollivier: Le dix-huit Brumaire. Paris [5]1959; W. Giesselmann: Die brumairianische Elite. Stuttgart 1977; T. Lentz: Le 18-Brumaire. Les coups d'Etat de Napoléon Bonaparte (novembre–décembre 1799). Paris 1997; J. Tulard: Le 18 brumaire. Comment terminer une révolution. Paris 1999.

Konsulat

Übergangsregime nach dem 18. BRUMAIRE (9. November 1799), vom DIREKTORIUM (1795–1799) zum I. EMPIRE (1804), mit drei Konsuln – Napoleon Bonaparte, Sieyès und Ducos (10. November **1799**): Die Konsulatsverfassung (24. Dezember) setzte Bonaparte als 1. Konsul auf zehn Jahre ein und bestimmte SENAT und Tribunat zur LEGISLATIVE. Das

Konsulat führte den 2. KOALITIONSKRIEG fort und schloss ihn siegreich ab; u. a. trat Spanien an Frankreich Louisiana in Nordamerika ab (1800). Französische Siege, u. a. bei Marengo (1800), erzwangen den FRIEDEN VON LUNÉVILLE mit Österreich und dem Reich, das KONKORDAT mit dem Heiligen Stuhl (1801) und den FRIEDEN VON AMIENS mit Großbritannien (1802). Das Konsulat stiftete den Orden der Ehrenlegion, Bonaparte wurde alleiniger Konsul auf Lebenszeit, mit dem Recht, seinen Nachfolger zu ernennen. Frankreich annektierte Piemont, Parma und Piacenza (1802), die Expedition gegen Saint Domingue unter Toussaint l'Ouverture scheiterte (1802/03). Die MEDIATIONSAKTE für die HELVETISCHE REPUBLIK und der REICHSDEPUTATIONSHAUPTSCHLUSS für das Reich wurden durchgesetzt, Bonaparte verkaufte Louisiana mit New Orleans an die USA. Frankreich nahm den Krieg gegen England wieder auf und besetzte Hannover (1803). Bonaparte erließ den CODE CIVILE (1804). Die Proklamation Bonapartes zum Kaiser (16. Mai 1804) und seine Krönung (2. Dezember) begründeten das I. EMPIRE (1804–1814/15).

Literatur: G. Parisef: Le Consulat et l'Empire. Paris 1921; L. Madelin: Histoire du Consulat et de l'Empire. 16 Bde., Paris 1937–1954; L. Bergeron: L'épisode napoléonien (Aspects intérieurs 1799–1815). Bd. 1, Paris 1998.

Combination Act

Gesetz des britischen PARLAMENTS gegen Anhänger der FRANZÖSISCHEN REVOLUTION (**1799**): Es verbot politische und gewerkschaftliche Vereinigungen (bis 1824). Seine Aufhebung im Zuge der Reformpolitik (1824) ermöglichte erste GEWERKSCHAFTEN (Trade Unions; 1825).

Church Missionary Society (CMS)

Offizielle Missionsgesellschaft der ANGLIKANISCHEN KIRCHE, gegründet unter Einfluss der »Evangelical«-Bewegung in London (**1799**): Die CMS missionierte vor allem in Asien und Afrika, zunächst in Sierra Leone. Sie hatte großen Einfluss auf die sich europäisierende Schicht an der Küste Westafrikas, besonders in Sierra Leone und Nigeria, u. a. durch die CMS-GRAMMAR SCHOOL in Freetown (1845) und Lagos (1859).

Literatur: J. Murray: Proclaim the Good News. A Short History of the Church Missionary Society. London 1985; K. Ward/B. Stanley (Hg.): The Church Mission Society and World Christianity, 1799–1999. Grand Rapids (Mich.) 2000.

Union England–Irland (Realunion England–Irland)

Nach Niederwerfung des IRISCHEN AUFSTANDS (1798) im zweiten Anlauf im irischen PARLAMENT von William Pitt (dem Jüngeren) durchgesetzte REALUNION: Irland verlor seine seit GRATTAN'S PARLIAMENT (1782) bestehende AUTONOMIE. Das irische Parlament wurde aufgelöst, 100 Abgeordnete zogen ins britische Unterhaus ein, die irischen Lords ins Oberhaus in Westminster (**1801**–1922). Die Realunion eröffnete die IRISCHE FRAGE.

Literatur: G. C. Boulton: The Passing of the Irish Act of Union. Oxford 1966; D.G. Boyce (Hg.): Defenders of the Union. A Survey of British and Irish Unionism Since 1801. London 2001.

Irische Frage

Eine der Nationalen Fragen seit der (Real-)UNION ENGLAND-IRLAND (**1801**), ob, wie und in welchen Grenzen Irland wieder als Staat entstehen würde: Der irische Kampf gegen die Union – friedlich (politisch) oder gewaltsam in Aufständen (1803, 1848, 1867, 1916), zielte auf AUTONOMIE (HOME RULE) oder Unabhängigkeit Irlands, als MONARCHIE oder REPUBLIK, bürgerlich oder sozialistisch. Reformen – KATHOLIKENEMANZIPATION (1829), WAHLRECHTSREFORMEN (1832, 1872, 1884), AUFHEBUNG DER KORNZÖLLE (1846) – förderten in Irland die Katholische Bewegung, durch Gründung u. a. der Catholic Association (1823), Catholic Defence Association (1851) und Catholic University of Ireland (1854). Nach dem Scheitern O'Connells (1843), der sich für eine parlamentarische Union zwischen Irland und Großbritannien eingesetzt hatte, wurde die radikale Gruppe »YOUNG IRELAND« gegründet. Die Verelendung der irischen Bevölkerung durch POTATO BLIGHT und HUNGERSNOT (1846–1848) löste eine massive Emigration nach Großbritannien und in die USA aus. Die Tenant Right League (1850–1859) und die FENIER-BEWEGUNG (1858) engagierten sich für die Unabhängigkeit und die Republik. Die HOME RULE CONFEDERATION (1873) betrieb OBSTRUKTION der Irish Party in Westminster unter dem radikaleren Parnell (1877–1890), die IRISH NATIONAL LAND LEAGUE den BOYKOTT gegen britische Grundbesitzer (1880). Home Rule Bills, die Autonomie für Irland bringen sollten, scheiterten im Unterhaus am Widerstand auf der Rechten bzw. am OBERHAUS (1886, 1893, 1913). Nach der Gaelic League (1893) entstanden die SINN-FÉIN-Bewegung (1905) und die Irish Republican Brotherhood (1910), die für die Unabhängigkeit, eine Republik und den SOZIALISMUS kämpften. Nachdem das Oberhaus die 3. Home Rule Bill abgelehnt hatte (1913), eskalierte in Ulster eine Bürgerkriegssituation (1913/14) bis zum OSTERAUFSTAND (1916). Nach dem ERSTEN WELTKRIEG proklamierte das Untergrundparlament des SINN FÉIN die Unabhängigkeit Irlands (1919) als Auftakt zum ANGLO-IRISCHEN KRIEG (1919–1921). Nach der Teilung Irlands (1921) tobte der IRISCHE BÜRGERKRIEG im Freistaat Irland (bis 1923). Der Bürgerkrieg in Ulster (seit 1968) hält als NORDIRLANDKONFLIKT die Irische Frage weiter offen.

Literatur: Ch. B. Hyams: Irland im 19. Jahrhundert. Die Bauern, Hungersnot, Emigration. Marburg 1977; F. S. Lyons: Ireland since the Famine. London [13]1992; G. Ayres: The Irish Question 1801–1922. Kent 1993; L. J. McCaffrey: The Irish Question. Two Centuries of Conflict. Lexington (Kent) [2]1995; P. Adelman/R. Pearce: Great Britain and the Irish Question, 1800–1922. London [2]2001.

Friede von Lunéville

Friede zwischen Frankreich und Österreich, ausgedehnt auf das REICH DER DEUTSCHEN, zur Beendigung des 2. KOALITIONSKRIEGS (**1801**): Er bestätigte den FRIEDEN VON CAMPO FORMIO (1797), also die Entschädigung deutscher Fürsten für Verluste links des Rheins durch SÄKULARISATION rechts des Rheins, umgesetzt vom REICHSDEPUTATIONSHAUPTSCHLUSS (1803). Die Armee der ADELSEMIGRATION (seit 1792) wurde aufgelöst, die Toskana mit Parma zum KÖNIGREICH ETRURIEN zusammengefasst, die BATAVISCHE, CISALPINISCHE, HELVETISCHE und LIGURISCHE REPUBLIK anerkannt.

Literatur: wie zu 2. Koalitionskrieg.

Konkordat

Vertrag zwischen Frankreich und dem PAPST (**1801**): Die Katholische Kirche in Frankreich wurde wiederhergestellt, band sie aber an den Staat. In der III. FRANZÖSISCHEN REPUBLIK tobten schwere Konflikte um die Trennung von Staat und Kirche (1905).

Literatur: M. Bierbaum: Das Konkordat in Kultur, Politik und Recht. Freiburg 1926; A. v. Campenhausen: Staatskirchenrecht. Ein Studienbuch. München [3]1996.

Friede von Amiens

Friede zwischen Großbritannien und Frankreich zur Beendigung des Kriegs (seit 1793; **1802**): Großbritannien gab koloniale Eroberungen (außer Trinidad und Ceylon) zurück. Die Franzosen räumten Neapel, die Briten verließen Ägypten, die Ionischen Inseln wurden unabhängig. Entgegen den Vereinbarungen behielt Großbritannien Malta (bis 1964).

Königreich Etrurien

Französisches VASALLENkönigreich, gebildet aus dem Großherzogtum Toskana (**1802**): Napoleon I. annektierte das Königreich (1808), u. a. zur Durchsetzung der KONTINENTALSPERRE. 1813/15 wurde das Großherzogtum Toskana wiederhergestellt.

Literatur: P. Marmottan: Le royaume d'Étrurie. 1801–07. Paris [2]1896; G. Drei: Il regno d'Etruria 1801–07. Modena 1935.

Italienische Republik

(frz.: République Italienne, ital.: Repubblica Italiana) Fortsetzung der CISALPINISCHEN REPUBLIK (**1802**) mit Mailand als Hauptstadt und Napoleon Bonaparte als Präsident (bis 1805); sie wurde in das KÖNIGREICH ITALIEN umgewandelt (1805–1814/15).

Reichsdeputationshauptschluss

Beschluss der letzten außerordentlichen Reichsdeputation zur Neuordnung des REICHS DER DEUTSCHEN: In Ausführung der Friedensvereinbarungen von Basel (1795), Campo Formio (1797), Rastatt (1798) und Lunéville (1801) erarbeitete ein Ausschuss (Deputation) des REICHSTAGES (2. Oktober 1801) einen Plan zur Entschädigung der deutschen Reichsfürsten für die Annexion ihrer linksrheinischen Gebiete durch

Frankreich, den der Reichstag annahm (**1803**): Österreich, Preußen und Mittelstaaten (z. B. Bayern, Württemberg, Hannover) wurden durch die SÄKULARISATION rechtsrheinischer Gebiete und MEDIATISIERUNGEN erweitert. Die Gebietsreform führte Napoleon I. fort (1805–1807). An die Stelle der erloschenen geistlichen und weltlichen Kurfürstentümer (Köln, Trier, Kurpfalz) traten Salzburg, Württemberg-Baden und Hessen-Kassel als neue Kurfürstentümer (bis 1806). Der Reichsdeputationshauptschluss war mit seinen Gebietsveränderungen ein wichtiger Schritt zum UNTERGANG DES REICHS (1806), aber auch zur Reform in den deutschen Staaten in weniger, dafür lebensfähigeren Gebilden.

Literatur: K. O. van Aretin: Heiliges Römisches Reich 1775–1806. Reichsverfassung und Staatssouveränität. Wiesbaden 1967; K. D. Hörnig: Der Reichsdeputationshauptschluß vom 25. Februar 1803 und seine Bedeutung für Staat und Kirche. Tübingen 1969; K.-P. Schroeder: Das alte Reich und seine Städte. Untergang und Neubeginn. Die Mediatisierung der oberdeutschen Reichsstädte im Gefolge des Reichsdeputationshauptschlusses 1802/1803. München 1991.

Säkularisation

Enteignung bzw. Aufhebung geistlicher Institutionen (Stifte, Klöster) oder Entzug der weltlichen Macht und territorialer Besitzungen in der Agonie des REICHS DER DEUTSCHEN: Geistliche Reichsstände, anfangs Teile des Erzbistums Mainz, das Bistum Regensburg, den MALTESER- und DEUTSCHEN ORDEN ausgenommen, wurden durch den REICHSDEPUTATIONSHAUPTSCHLUSS beseitigt (**1803**). Von den Gebietsveränderungen waren etwa 2 Mio. Bewohner betroffen. Die Säkularisation, bei der viele wertvolle Kunstschätze verloren gingen, war der schwerste Schlag für die katholische Kirche in Deutschland seit der REFORMATION.

Literatur: A. Langner (Hg.): Säkularisation und Säkularisierung im 19. Jahrhundert. München 1978; W. Schieder (Hg.): Säkularisation und Mediatisierung in den vier rheinischen Departements 1803–1813. Boppard am Rhein 1987; D. Burkard: Staatskirche, Papstkirche, Bischofskirche. Die »Frankfurter Konferenzen« und die Neuordnung der Kirche in Deutschland nach der Säkularisation. Rom u. a. 2000.

Mediatisierung

Aufhebung der REICHSUNMITTELBARKEIT weltlicher Reichsstände (RITTER, kleinere Fürsten, Städte), die ein größerer Staat annektierte: Der REICHSDEPUTATIONSHAUPTSCHLUSS verfügte (**1803**), mit der SÄKULARISATION, die Mediatisierung von 41 Reichsstädten und -dörfern. Nur Augsburg, Nürnberg, Frankfurt am Main, Bremen, Hamburg und Lübeck blieben reichsunmittelbar. Weitere Mediatisierungen folgten nach dem FRIEDEN VON PRESSBURG (1805, z. B. Augsburg), bei Gründung des RHEINBUNDS (1806) und des KÖNIGREICHS WESTPHALEN (1807) sowie auf dem WIENER KONGRESS (1815), sodass Reichsritter und kleinere Fürsten die Reichsunmittelbarkeit verloren. Die Wiener BUNDESAKTE räumte den mediatisierten Fürsten als Standesherren eine Sonderstellung ein.

Literatur: H. Gollwitzer: Die Standesherren. Göttingen [2]1964; M. Furtwängler: Die Standesherren in Baden (1806–1848). Politische und soziale Verhaltensweisen einer bedrängten Elite. Frankfurt/Main u. a. 1996.

Mediationsakte

Nach dem Scheitern der HELVETISCHEN REPUBLIK (1798–1803) durch (erzwungene) »Vermittlung« (frz.: médiation) modifiziert wiederhergestellte Verfassung der EIDGENOSSENSCHAFT, mit schwacher Zentralgewalt und weitgehender SOUVERÄNITÄT der 19 Kantone (**1803**), Rechtsgleichheit sowie Niederlassungs- und GEWERBEFREIHEIT: Die Eidgenossenschaft war durch ein Bündnis an Frankreich gebunden, das die Republik Wallis annektierte und den Tessin okkupierte (1810). Schweizer Hilfstruppen nahmen am RUSSLANDFELDZUG Napoleons I. teil (1812). Nach Napoleons Sturz wurde die Schweiz für neutral erklärt (1813), aber zunächst von den Alliierten besetzt (1813–1815). Die Wiederherstellung der Eidgenossenschaft als KONFÖDERATION souveräner Kantone mit IMMERWÄHRENDER NEUTRALITÄT durch den WIENER KONGRESS (1815) wurde grundlegend für die moderne Schweiz.

Serbischer Aufstand

Aufstand der SERBEN unter Karadjordje (**1804**) für die Unabhängigkeit vom OSMANISCHEN REICH: Mit dem Aufstand eröffnete sich die SÜDSLAWISCHE FRAGE, in der Russland die Serben zunächst verdeckt, im 5. RUSSISCH-TÜRKISCHEN KRIEG (1806–1812) offen unterstützte. Der Aufstand war anfangs erfolgreich, nach dem FRIEDEN VON BUKAREST mit Russland (1812) schlugen ihn die Osmanen jedoch nieder (1813); Karadjordje ging ins Exil. Die Serben nahmen den Aufstand unter Miloš Obrenović wieder auf (1815), der mit einer begrenzteren Zielsetzung erfolgreich war. Die Hohe Pforte, d.h. die osmanische Regierung, erkannte die serbische AUTONOMIE an (1817). Serbien wurde der Motor der südslawischen Befreiungs- und Unabhängigkeitsbewegung. Unterschiedlich weitgehende Konzeptionen führten zu Rivalitäten zwischen den DYNASTIEN Karadjordjević und Obrenović.

Literatur: L. Ranke: Serbische Revolution. Aus serbischen Papieren und Mittheilungen. Hamburg 1829.

Südslawische Frage

Seit dem SERBISCHEN AUFSTAND (**1804**), als Gegenstück zur ORIENTALISCHEN FRAGE, aufgeworfene Nationale Frage, ob, wie und in welchen Grenzen die SÜDSLAWEN auf dem Balkan wieder zu eigenen Staaten kommen würden: Nach der AUTONOMIE – Serbien (1817), Moldau/Walachei (1856, vereint zu Rumänien 1859/61) und Bulgarien (1878) – erreichten Serbien, Rumänien und Montenegro (1878), Bulgarien (1908) sowie Albanien (1912) ihre Unabhängigkeit und SOUVERÄNITÄT. Hegemoniebestrebungen Russlands, innersüdslawische Konflikte, europäische Krisen und Kriege komplizierten die Südslawische Frage. Dazu zählten die 1. ORIENTKRISE und die 2. ORIENTKRISE (1831/33, 1839/40), der KRIMKRIEG (1853–1856), die GROSSE ORIENTKRISE (1875–1878) mit dem 8. RUSSISCH-TÜRKISCHEN KRIEG (1877–1878), der BERLINER KONGRESS (1878), der Serbisch-bulgarische Krieg (1885/86), die BOSNISCHE

ANNEXIONSKRISE (1908–1909), der 1. BALKANKRIEG und 2. BALKANKRIEG (1912/13). Der Konflikt mit Österreich-Ungarn gipfelte im ATTENTAT VON SARAJEVO (1914), und im ERSTEN WELTKRIEG (1914–1918), an dessen Ende die Balkanisierung Südosteuropas stand. Jugoslawien (= Südslawien) scheiterte zweimal am großserbischen Zentralismus (1919/21–1941, 1944/45–1990). Das Ergebnis waren Bürgerkriege und wechselseitige Massaker (1941–1945), der Zerfall Jugoslawiens (1990), großserbische Eroberungskriege mit Massakern, Vertreibungen und »ethnischen SÄUBERUNGEN« gegen Kroatien, Bosnien-Herzegovina, Kosovo und den Sandschak (1991–2000).

Literatur: R. W. Seton- Watson: Die Südslawische Frage im Habsburger Reiche. Berlin 1913; D. Djordjević: Révolutions nationales des peuples balkaniques, 1804–1914. Belgrad 1965; A. Wandruszka u. a. (Hg.): Die Donaumonarchie und die südslawische Frage von 1848 bis 1918. Texte des 1. Österreichisch-Jugoslawischen Historikertreffens, Gösing 1976. Wien 1978.

Code Civile (Code Napoléon)

Zivilgesetzbuch Frankreichs, ausgearbeitet von einer vierköpfigen Kommission (1800–1804), verkündet am 21. März **1804**, zu Personen-, Sachen-, Erb-, Schuld-, Ehegüter-, Pfand- und Hypothekenrecht: Mit Gleichheit vor dem Gesetz, Freiheit des Individuums und Eigentums sowie der obligatorischer Zivilehe setzte der Code Civile Prinzipien der FRANZÖSISCHEN REVOLUTION um, als umfassende Neuordnung des Rechtswesens. Es folgten das Zivilprozessbuch (Code de procédure civile, 1806), Handelsrecht (Code de commerce, 1807) und die Strafprozessordnung (Code d'instruction criminelle, 1808), die nach britischem Vorbild das GESCHWORENENGERICHT auf dem Kontinent einführte. Den Code Civile übernahmen und behielten die von Frankreich annektierten oder als TOCHTERREPUBLIKEN beherrschten Gebiete sowie die Rheinbundstaaten; er blieb im Rheinland auch nach der Annexion durch Preußen gültig (1815). In Deutschland wurde er erst vom BÜRGERLICHEN GESETZBUCH (BGB, 1900) abgelöst, das vom Code Civile stark beeinflusst ist. Außer in Frankreich gilt der Code Civile heute noch weitgehend in Belgien, Luxemburg, den Niederlanden, Spanien, Portugal und Rumänien.

Literatur: E. Fehrenbach: Traditionelle Gesellschaft und Revolutionäres Recht. Die Einführung des Code Napoléon in den Rheinbundstaaten. Göttingen 1974; M. Ferid: Das französische Zivilrecht. Völlig neubearb. von H. J. Sonnenberger. Heidelberg 1986; E. M. Theewen: Napoléons Anteil am Code civil. Berlin 1991; B.-R. Kern: Die französische Gesetzgebung unter Napoleon. Leipzig 1995.

I. Empire

Kaisertum Napoleons I., errichtet mit Bezügen zum Kaisertum Karls des Großen (800), das von den Deutschen auf die Franzosen übergegangen sei (**1804**–1814/15): Als KAISER wandelte Napoleon die ITALIENISCHE REPUBLIK in das KÖNIGREICH ITALIEN um und löste den 3. KOALITIONSKRIEG aus. Seinem Sieg in der DREIKAISERSCHLACHT folgte der FRIEDE VON PRESSBURG (1805). Die Gründung des (2.) RHEINBUNDS war Auftakt zur Auflösung des REICHS DER DEUTSCHEN (1806). Der 4. KOA-

LITIONSKRIEG (1806/07) endete mit der Niederlage Preußens (1806). Napoleon verhängte die KONTINENTALSPERRE (1806–1813). Der FRIEDE VON TILSIT (1807) schuf das HERZOGTUM WARSCHAU (1807–1813). Napoleon eroberte Portugal (1807) und Spanien und löste den SPANISCHEN UNABHÄNGIGKEITSKRIEG aus (1808–1813). Der Fürstentag zu Erfurt (1808) mündete in einen französisch-russischen Allianzvertrag. Den Krieg gegen Österreich (1806) beendete Napoleon mit dem FRIEDEN VON WIEN (Schönbrunn, 1809) siegreich. Er heiratete Marie Louise, die Tochter des österreichischen Kaisers Franz I. (1810). Der Annexion Dalmatiens (1809), der Niederlande und Nordwestdeutschlands bis Lübeck (1810) folgte der gescheiterte RUSSLANDFELDZUG (1812). Die 5. KOALITION (1813/14) aus Russland, Preußen, Österreich, Großbritannien und Schweden leitete die BEFREIUNGSKRIEGE ein (1813–1815), bis zum Sieg über Napoleon in der VÖLKERSCHLACHT BEI LEIPZIG (1813). Obwohl Napoleon eine umfassende Mobilmachung, die (2.) LEVÉE EN MASSE, anordnete, zogen die ALLIIERTEN in Paris ein (1814). Napoleon musste (zum erstenmal) abdanken und wurde nach Elba verbannt (1814/15). Während der WIENER KONGRESS (1814/15) die Neuordnung Europas verhandelte, übernahm Napoleon erneut die Macht. Seine HERRSCHAFT DER 100 TAGE endete mit seiner Niederlage bei Waterloo und seiner zweiten Abdankung (1815).

Auch: Stilrichtung (»Empire«).

II. EMPIRE unter Napoleon III. (1852–1870).

Literatur: L. Madelin: L'Empire de Napoléon. Paris 1946; G. Broun: Europe and the French Imperium, 1799–1814. New York, London 1954; W. Markov: Grand Empire. Virtue and Vice in the Napoleonic Era. Leipzig 1990; V. Markov: Napoleon und seine Zeit. Geschichte und Kultur des Grand Empire. Leipzig [2]1996.

Jihad des Usman dan Fodio

Religiös motivierter Eroberungszug (JIHAD) der FULBE im mittleren Sudan zur Reinigung des ISLAM (**1804**–1817): Die Fulbe eroberten die STADTSTAATEN der Haussa, drangen bis nach Kamerun vor und gründeten das SULTANAT VON SOKOTO (1817–1967). Das grundlegende Ereignis in der neueren präkolonialen Geschichte Westafrikas hatte Auswirkungen bis zur Gegenwart (BIAFRAKRIEG).

Literatur: M.G. Smith: The Jihad of Shehu dan Fodio, in: Islam in Tropical Africa. Hg. v. I.M. Lewis. London [2]1969; M. Hiskett: The Sword of Truth. The Life and Times of the Shehu Usuman dan Fodio. Evanston (Ill.) [2]1994.

Königreich Italien

Napoleonischer Vasallenstaat, entstanden durch Umwandlung der ITALIENISCHEN REPUBLIK (**1805**): Napoleon I. ernannte sich zum König von Italien und regierte durch den Vizekönig Eugène de Beauharnais (1805–1814/15). Im Norden wurde das Staatsgebiet durch Gebietsabtretungen Österreichs im FRIEDEN VON WIEN (Schönbrunn) erweitert (1809). Gegen die französische Herrschaft kämpften die CARBONARI (1811). Das Königreich wurde nach dem Sturz Napoleons aufgelöst (1815).

Literatur: C. Dipper (Hg.): Napoleonische Herrschaft in Deutschland und Italien. Verwaltung und Justiz. Berlin 1995.

Napoleonische Kriege

Nach den REVOLUTIONSKRIEGEN (1792–1801/2) europäische KOALITIONSKRIEGE gegen Napoleon I. (**1805**–1815), in denen Frankreich zunächst seinen Aufstieg zur HEGEMONIE über Europa fortsetzte, zuletzt aber an der überlegenen 5. KOALITION fast ganz Europas scheiterte:

- 3. KOALITIONSKRIEG (1805), entschieden durch die DREIKAISERSCHLACHT bei Austerlitz (1805), beendet mit dem VERTRAG ZU SCHÖNBRUNN und FRIEDEN VON PRESSBURG (1805).
- 4. KOALITIONSKRIEG (1806/7), entschieden durch die DOPPELSCHLACHT VON JENA UND AUERSTEDT und Preußens Zusammenbruch (1806), beendet im SONDERFRIEDEN VON POSEN (1806) Frankreichs mit Sachsen sowie im FRIEDEN VON TILSIT (1807) mit Russland und Preußen.
- Invasion Frankreichs und SPANISCHER UNABHÄNGIGKEITSKRIEG, mit Kleinkrieg (»GUERILLA«), unter Beteiligung Großbritanniens (engl.: »Peninsular War«; 1808–1813/14).
- Erhebung Österreichs (1809), entschieden durch die Schlacht bei Wagram, beendet im FRIEDEN VON WIEN (Schönbrunn; 1809).
- BEFREIUNGSKRIEGE (FREIHEITSKRIEGE) als Kriege der 5. Koalition in zwei Phasen (1813–1815), entschieden durch die Völkerschlacht bei Leipzig (1813), beendet im 1. PARISER FRIEDEN (1814), und durch die Schlacht bei Waterloo (1815), beendet im 2. PARISER FRIEDEN (1815). Endgültig endeten die Befreiungskriege wie die Napoleonischen Kriege durch den WIENER KONGRESS (1814/15).

Historische Gesamtwirkung: Die Napoleonischen Kriege sicherten zunächst die Hegemonie Frankreichs und zerstörten das GLEICHGEWICHT DER KRÄFTE in Europa. Mit seinen Kriegszügen provozierte Napoleon I. vor allem in Deutschland (UNTERGANG DES HEILIGEN RÖMISCHEN REICHS DEUTSCHER NATION, 1806) einen weithin antifranzösischen Nationalismus. Als Frankreich zuletzt, durch Überanstrengung erschöpft, den Koalitionsmächten unterlag, verlor es seinen Rang als stärkste Großmacht Europas. Es war gescheitert an den beiden kommenden Weltmächten zu See (Großbritannien) und zu Lande (Russland) und wurde ein gutes halbes Jahrhundert später auch von Deutschland überrundet, das mit der REICHSGRÜNDUNG (1871) und der Industrialisierung Frankreich deklassierte.

Literatur: D. Wenzlik: Die Napoleonischen Kriege. Hamburg 1995; G. Rothenberg: Die Napoleonischen Kriege. Berlin 2000.

3. Koalitionskrieg

Krieg Russlands, Österreichs, Großbritanniens und Schwedens gegen Frankreich und süddeutsche Staaten (**1805**): Nach einem Einfall in Bayern musste die österreichische Armee in Ulm kapitulieren; die Franzosen besetzten Wien. Der Sieg Napoleons I. in der DREIKAISER-

SCHLACHT erzwang den VERTRAG ZU SCHÖNBRUNN und den FRIEDEN VON PRESSBURG (1805).

Literatur: H. Schaeder: Die 3. Koalition und die Heilige Allianz. Königsberg 1934.

Dreikaiserschlacht

Sieg KAISER Napoleons I. bei Austerlitz (Mähren) gegen die Kaiser von Russland (Alexander I.) und Österreich (Franz I.) am 1. Jahrestag seiner Kaiserkrönung (2. Dezember **1805**), gefolgt vom VERTRAG ZU SCHÖNBRUNN und FRIEDEN VON PRESSBURG (1805).

Literatur: E. Mayerhoffer: Die Schlacht bei Austerlitz. Wien 1912.

Vertrag zu Schönbrunn

Vertrag zwischen Frankreich und Preußen (1805): Nach dem Sieg Napoleons I. in der DREIKAISERSCHLACHT griff Preußen nicht, wie verabredet, in den 3. KOALITIONSKRIEG gegen Frankreich ein, sondern unterwarf sich in dem von Napoleon besetzten Wien französischen Bedingungen (**1805**) und schloss ein Bündnis mit Frankreich. Es trat Ansbach an Bayern, Kleve an Napoleon zur Weitergabe an einen deutschen Reichsfürsten sowie Neuchâtel (Schweiz) an Napoleon ab. Die Bestimmungen bestätigte und verschärfte das Pariser Traktat (15. Februar 1815), wogegen sich innerpreußische Opposition (»PATRIOTEN«) erhob.

Literatur: E. Kieseritzky: Die Sendung von Haugwitz nach Wien November und Dezember 1805. O. O. 1895.

Friede von Preßburg

Friedensschluss zur Beendigung des 3. KOALITIONSKRIEGS zwischen Österreich und Frankreich (**1805**): Österreich erlitt massive Gebietsverluste (ca. 3 Mio. Einwohner) – Venetien an das KÖNIGREICH ITALIEN, Tirol, Vorarlberg, Eichstätt und Teile Passaus an Bayern, Vorderösterreich an Bayern, Württemberg und Baden. Bayern und Württemberg wurden als Königreiche anerkannt; Salzburg und Berchtesgaden kamen zu Österreich. Der Friede beschleunigte den UNTERGANG DES HEILIGEN RÖMISCHEN REICHS DEUTSCHER NATION (1806).

Literatur: R. Freiin von Oer: Der Friede von Preßburg. Münster 1965; P. Hersche: Napoleonische Friedensverträge. Campo Formio 1797, Lunéville 1801, Amiens 1802, Preßburg 1805, Tilsit 1807, Wien-Schönbrunn 1809. Bern [2]1973.

(2.) Rheinbund (Confédération du Rhin)

Bund west- und südddeutscher Reichsstände, nach dem Sieg Napoleons I. im 3. KOALITIONSKRIEG (1805), in Paris mit der Rheinbund-Akte geschlossen (12. Juli **1806**): 16 deutsche Reichsstände traten aus dem REICH DER DEUTSCHEN aus, u. a. Bayern, Württemberg, der Kurerzkanzler (Mainz), Berg-Kleve und Hessen-Darmstadt, und schlossen sich, teilweise mit Rangerhöhung, im Rheinbund zusammen. Der Bundestag sollte in Frankfurt am Main tagen, wurde jedoch nie einberufen. Die meisten Mitglieder vergrößerten ihre Territorien durch MEDIATISIERUNG; alle hatten für Frankreich Militärkontingente zu stellen – insgesamt 63 000 Mann. Mit dem Rheinbund war der Untergang des REICHS DER DEUTSCHEN besiegelt (6. August 1806); Nach dem Zusammenbruch Preußens (im Oktober) traten alle deutschen Fürsten, außer Österreich, Preußen, (Dänisch-)Holstein und (Schwedisch-)Pommern, dem Rheinbund bei, u. a. Sachsen (1806), Mecklenburg-Strelitz, Mecklenburg-Schwerin und Oldenburg (1808), die den CODE CIVILE einführten. Der Rheinbund stellte Truppen für Napoleons Feldzüge gegen Österreich (1809), Russland (1812) und Preußen (1813). Er zerbrach nach der VÖLKERSCHLACHT BEI LEIPZIG (Oktober 1813) durch Übertritte zur antinapoleonischen Koalition. Historisch war er Zwischenphase vom Alten Reich (962–1806) zum DEUTSCHEN BUND (1815–1866) und beeinflusste einige bundesstaatliche Verfassungsformen, z. B. den Bundestag in Frankfurt am Main.

Literatur: P. Sauer: Napoléons Adler über Württemberg, Baden und Hohenzollern. Südwestdeutschland in der Rheinbundzeit. Köln 1987; A. Schulz: Herrschaft durch Verwaltung. Die Rheinbundreformen in Hessen-Darmstadt unter Napoléon 1803–1815. Stuttgart 1991; Historische Kommission bei der Bayerischen Akademie der Wissenschaften (Hg.): Quellen zu den Reformen in den Rheinbundstaaten. München 1992.

Untergang des Heiligen Römischen Reichs Deutscher Nation

(Untergang des Reichs) Ende des römisch-deutschen Reichs: Nach dem REICHSDEPUTATIONSHAUPTSCHLUSS (1803) und der Gründung des I. EMPIRE (1804) traten mit Bildung des (2.) RHEINBUNDS (**1806**) 16 Reichsstände aus dem Reich aus. Unter dem Druck eines Ultimatums von Napoleon I. legte KAISER Franz II. die KRONE nieder (6. August 1806): Damit war das Ende des Reichs (seit 962) besiegelt. Der Untergang des Reichs zog die DEUTSCHE FRAGE nach sich.

Literatur: K. O. von Aretin: Heiliges Römisches Reich 1775–1806. Wiesbaden 1967; G. Walter: Der Zusammenbruch des Heiligen Römischen Reichs Deutscher Nation und die Problematik seiner Restauration in den Jahren 1814/15. Heidelberg 1980.

Deutsche Frage

Nach dem UNTERGANG DES REICHS (**1806**) und des (2.) RHEINBUNDS (1813) die für Europa buchstäblich zentrale Nationale Frage, ob, wie und in welchen Grenzen die Deutschen wieder zu einem gemeinsamen Staat kommen würden: Obwohl durch den WIENER KONGRESS (1815) der DEUTSCHE BUND ins Leben trat (1815), blieb in Deutschland ein Machtvakuum bestehen. Seit der REVOLUTION 1848/49 existierte ein Konflikt um die Reichseinigung – als großdeutsche Lösung unter Führung Österreichs oder kleindeutsche Lösung unter Führung Preußens ohne Österreich. Beide Lösungen scheiterten in der Revolution 1848/49 als »Einigung von unten«, doch blieben sie als Alternativen bestehen. Preußen erzwang die kleindeutsche Lösung von oben in drei »Reichseinigungskriegen« (1864, 1866, 1870/71). Über die Etappe des NORD-

DEUTSCHEN BUNDS (1867) entstand mit der kleindeutschen REICHSGRÜNDUNG (1871) das 2. DEUTSCHE KAISERREICH (1871–1918) als neues Machtzentrum in Europa. Nach der gescheiterten Expansion im ERSTEN WELTKRIEG (1914–1918) formierte sich – nach NOVEMBERREVOLUTION (1918) und WEIMARER REPUBLIK (1919–1933) – das DRITTE REICH (1933–1945). Mit dem »ANSCHLUSS« (März 1938) entstand das GROSSDEUTSCHE REICH (bis 1945), das durch die Annexion des »Sudetenlandes« (Oktober 1938) und das REICHSPROTEKTORAT BÖHMEN UND MÄHREN (1939) erweitert wurde. Am Ende des ZWEITEN WELTKRIEGS (1939–1945) ging das Deutsche Reich unter (1945). Deutschland wurde geteilt. Das erneut herrschende Machtvakuum füllten die USA und die UdSSR in ihren Besatzungs- und Einflusszonen unterschiedlich aus. Mit dem Dualismus zwischen BUNDESREPUBLIK und DDR stellte sich die Deutsche Frage neu (1949). Die BUNDESREPUBLIK leitete noch im KALTEN KRIEG die NEUE OSTPOLITIK ein (1970 ff.), erkannte die DDR und die ODER-NEISSE-GRENZE faktisch an (1972), doch der Wiedervereinigungsauftrag blieb im GRUNDGESETZ festgeschrieben. Der FALL DER BERLINER MAUER (9. November 1989) bewirkte den Beitritt der DDR zur Bundesrepublik (1990). Die DEUTSCHE VEREINIGUNG löste schwere gesellschaftliche, politische und soziale Krisen zwischen Ost- und Westdeutschland aus.

Literatur: Jüttner: Die deutsche Frage. Köln 1971; J. Becker/A. Hillgruber (Hg.): Die deutsche Frage im 19. und 20. Jahrhundert. München 1983; W. D. Gruner: Die deutsche Frage. Ein Problem der europäischen Geschichte seit 1800. München 1985; I. Geiss: Die deutsche Frage, 1806–1990. Mannheim 1992; W. D. Gruner: Die deutsche Frage in Europa 1800–1990. München u. a. 1993.

4. Koalitionskrieg

Krieg zwischen der Koalition Preußen, Russland und Sachsen gegen Frankreich (**1806**/07): Unter dem Druck innerpreußischer Opposition gegen die Bindung an Frankreich seit dem VERTRAG ZU SCHÖNBRUNN (1805) und dem Pariser Traktat (1806) näherte sich Preußen an Russland an. Es ordnete die Mobilmachung an (9. August) und stellte Napoleon I. ein Ultimatum (26. September) zur Räumung aller rechtsrheinischen Gebiete. Preußen, dem sich Sachsen anschloss, erklärte Frankreich den Krieg (9. Oktober 1806). Der Sieg Napoleons in der DOPPELSCHLACHT VON JENA UND AUERSTEDT (14. Oktober) löste den militärischen und politischen Zusammenbruch Preußens aus: Die Franzosen besetzten Berlin (27. Oktober), und Napoleon verhängte die KONTINENTALSPERRE (21. November). Nachdem die Franzosen in Warschau eingerückt waren (28. November), schlossen Frankreich und Sachsen den SONDERFRIEDEN VON POSEN (11. Dezember). Die Schlacht von Preußisch-Eylau zwischen Franzosen und Russen/Preußen (7./8. Februar 1807) blieb unentschieden. Russland und Preußen gingen im Bartensteiner Vertrag ein formelles Bündnis ein (26. April). Nach der Kapitulation Danzigs hielten sich nur noch Graudenz und Kolberg. Der Sieg der Franzosen über Russen und Preußen bei Friedland (14. Juni) führte zum FRIEDEN VON TILSIT (9. Juli), gefolgt von den PREUSSISCHEN REFORMEN (1807–1812).

Literatur: O. von Lettow-Vorbeck: Der Krieg von 1506 und 1807. Bd. 1 und 4, Berlin 1891–1896.

Doppelschlacht von Jena und Auerstedt

Entscheidender Sieg Napoleons I. im 4. KOALITIONSKRIEG (1806/07) gegen Preußen/Sachsen (14. Oktober **1806**): Durch rasche Offensive nach Thüringen verhinderte Napoleon die Vereinigung der beiden preußischen Armeen und vernichtete sie einzeln – die Hauptarmee bei Auerstedt, die Heeresgruppe Hohenlohe bei Jena. Die Niederlage trieb zum Kollaps Preußens und zur Kapitulation der Heeresreste bei Prenzlau (28. Oktober). Den Krieg beendeten der SONDERFRIEDE VON POSEN zwischen Frankreich und Sachsen (1806) und der FRIEDE VON TILSIT (1807).

Literatur: G. Fesser: Die Schlacht bei Jena und Auerstedt 1806. Berlin 1987; G. Fesser: Jena und Auerstedt. Der preußisch-französische Krieg von 1806/07. Jena 1996; H. Nowak: Lexikon zur Schlacht bei Jena und Auerstedt 1806. Personen, Ereignisse, Begriffe. Jena 1996; G. Fesser/R. Jonscher (Hg.): Umbruch im Schatten Napoleons. Die Schlachten von Jena und Auerstedt und ihre Folgen. Jena 1998; K.-H. Bichler/H. Prochazka: Napoleons Krieg gegen Preußen und Sachsen 1806 (Saalfeld, Jena und Auerstedt). Reinbek 1998.

Kontinentalsperre

(frz.: Blocus continental, engl.: Continental System) Handelsembargo Napoleons I. gegen Großbritannien (1806–1813): Erste Importverbote gegen britische Waren hatte Napoleon schon für Italien (1805) und Frankreich verhängt (1806). Nach seinem Sieg in der DOPPELSCHLACHT VON JENA UND AUERSTEDT und der Besetzung Berlins verbot das Dekret von Berlin (21. November **1806**) den Import von Textilien, Eisen-, Kolonialwaren und Zucker aus Großbritannien. Als Gegenmaßnahmen (Orders-in-Council) verhängte London eine Blockade über Frankreich und dessen Verbündete, bombardierte Kopenhagen, kaperte die dänische Flotte und besetzte Helgoland (1807), von wo aus es Waren über Hamburg und Bremen auf den Kontinent schmuggelte. Russland und Preußen mussten im FRIEDEN VON TILSIT (1807) der Kontinentalsperre beitreten. Um sie wasserdicht zu machen, besetzte Frankreich Portugal (November 1807) und Spanien (Februar 1808), provozierte aber Widerstand (GUERILLA), den SPANISCHEN UNABHÄNGIGKEITSKRIEG (1808–1814) und die UNABHÄNGIGKEITSKRIEGE IN LATEINAMERIKA (1810–1826); Frankreich annektierte das KÖNIGREICH ETRURIEN (1808). Nach dem FRIEDEN VON WIEN (Schönbrunn) trat auch Österreich der Kontinentalsperre bei. Frankreich annektierte Dalmatien (1809), die Niederlande, Ostfriesland, das mit Russland dynastisch verbundene Oldenburg, Bremen, Hamburg und Lübeck. Das Dekret von Fontainebleau befahl die öffentliche Verbrennung aller geschmuggelten britischen Waren (1810). Britische Gegenmaßnahmen führten zum ENGLISCH-AMERIKANISCHEN KRIEG (1812–1814). Russland verließ die Kontinentalsperre wegen ökonomischer Schwierigkeiten (31. Dezember 1810). Die Kontinentalsperre zerbrach mit dem Sturz des I. EMPIRE (1813/14). Wichtigste ökonomische Wirkung der Kontinentalsperre war der Schutz Kontinentaleuropas gegen die überlegene britische Industrie zu Beginn der INDUSTRIELLEN REVOLUTION. So konnten Industriezweige erstmals Fuß fassen oder wurden gefördert, z. B. die Textilindustrie, KRUPP-WERKE in Essen (1811). Für einige Rohstoffe fanden sich

Ersatzstoffe: Zucker wurde nun statt aus westindischem Rohrzucker aus der ZUCKERRÜBE hergestellt, Ersatzkaffee aus gerösteter GERSTE, chemische Farbstoffe wurden entwickelt. In Ostdeutschland löste die Kontinentalsperre eine Agrarkrise aus, da Großbritannien als Exportmarkt für Getreide ausfiel. In Großbritannien herrschte dagegen eine Krise wegen Überproduktion.

Literatur: R. Hoeniger: Die Kontinentalsperre und ihre Einwirkung auf Deutschland. Berlin 1905; R. v. Roosebroeck: Betrachtungen über Ziel und Wirkung der Kontinentalsperre, in: W. Groote (Hg.): Napoleon I. und die Staatenwelt seiner Zeit Freiburg 1969. S. 119–142; F. Crouzet: L'économie britannique et blocus continental. Paris ²1987.

Zuckerrübe

Zuchtform der Gemeinen Runkelrübe: Nach erstem Nachweis von Saccharose (1747) gelang die Zuckergewinnung aus Runkelrüben (ab 1786). Die Zuckerrübe wurde erstmals im größeren Stil während der KONTINENTALSPERRE (**1806**–1813) angebaut. Ihr Zucker, industriell verarbeitet in Fabriken, ersetzte den westindischen ROHRZUCKER. Zuckerrübenschnitzel und die grünen Blätter dienten als Viehfutter. Heute liegen die größten Anbaugebiete in China, Russland, den USA, Frankreich, Deutschland, Polen, Italien und der Ukraine.

Literatur: G. Bruhns: 250 Jahre Rübenzucker, 1747–1997. Berlin 1997; T. Büter: Raffiniert! Zur Geschichte des Rübenzuckers. Magdeburg 1999.

Sonderfriede von Posen

Nach Napoleons I. Sieg in der DOPPELSCHLACHT VON JENA UND AUERSTEDT Sonderfriede mit Sachsen (11. Dez. **1806**): Sachsen wurde Königreich, im (2.) RHEINBUND, in PERSONALUNION mit dem HERZOGTUM WARSCHAU (1807–1813), und war letzter Verbündeter Napoleons in Deutschland, bis zur VÖLKERSCHLACHT BEI LEIPZIG (18. Oktober 1813).

5. Russisch-türkischer Krieg

Krieg Russlands gegen das OSMANISCHE REICH (**1806**–1812), nach dem SERBISCHEN AUFSTAND (1804), eröffnet mit der Besetzung der Donauprovinzen: Die Russen besiegten die Osmanen (1809), nach wechselvollen Kämpfen in den Donauprovinzen (1810), endgültig (1811). Vor der drohenden Invasion Napoleons I. schloss Russland den FRIEDEN VON BUKAREST (1812): Bessarabien kam erstmals zu Russland, der Pruth bildete die russisch-osmanische Grenze. Russland ließ Serbien fallen, das von den Osmanen wieder unterworfen wurde (1813).

Verbot des Sklavenhandels

Nach dem Verbot in Dänemark (1792) erster Erfolg des ABOLITIONISMUS in Großbritannien (**1807**), mit weit reichenden Folgen: Das Verbot des SKLAVENHANDELS wurde auf die USA ausgedehnt (1808), dort zunächst jedoch formal gehandhabt. Ein vor der Küste Westafrikas stationiertes britisches Geschwader brachte Schiffe der Sklavenhändler auf (1808–1865); befreite SKLAVEN (»Liberated Africans«) wurden in und um Freetown/Sierra Leone angesiedelt. Die Ächtung des Sklavenhandels griff der WIENER KONGRESS mit seinem Verbot auf (1815). Großbritannien setzte in bilateralen Verträgen mit Spanien und Portugal (1820) das Verbot durch, u. a. mit einem Durchsuchungsrecht von Schiffen in den tropischen Bereichen des Atlantiks, zwischen den Wendekreisen. Langfristige Konsequenzen waren die Abschaffung der SKLAVEREI (ab 1833/34/38) und der »legitimate trade« in Westafrika: Palmöl und Kakao ersetzten den illegitimen Sklavenhandel.

Literatur: wie zu Abolitionismus; J. R. Oldfield: Popular Politics and British Anti-Slavery. The Mobilisation of Public Opinion Against the Slave Trade 1787–1807. Manchester u. a. 1995; J. Jennings: The Business of Abolishing the British Slave Trade, 1783–1807. London u. a. 1997; P. M. Kielstra: The Politics of Slave Trade Suppression in Britain and France, 1814–48. Basingstoke u. a. 2000; J. Voigt: Die Abschaffung des transatlantischen europäischen Sklavenhandels im Völkerrecht. Zürich 2000.

Friede von Tilsit

Nach den Siegen Napoleons I. im 4. KOALITIONSKRIEG (1806/07) geschlossener Friedensvertrag Russlands und Preußens mit Frankreich (**1807**): Alexander I. konnte die Auflösung Preußens und die Erhebung Polens zum unabhängigen Königreich verhindern, aber Preußen musste schwere Gebiets- und Bevölkerungsverluste hinnehmen. Es verlor alle Territorien westlich der Elbe, im Osten fielen seine Gewinne aus der 2. TEILUNG POLENS und der 3. TEILUNG POLENS an das HERZOGTUM WARSCHAU. Die KÖNIGREICHE WESTPHALEN, Holland, Neapel und Italien wurden anerkannt, Erfurt französisch und Danzig Freistaat. Russland und Preußen traten der KONTINENTALSPERRE bei (bis 1810/13). Der Friedensvertrag beschränkte die preußische Armee auf 42 000 Mann. Die Kriegsentschädigung an Frankreich, über 140 Mio. Franken (1808), wurde auf dem Fürstentag zu Erfurt auf 120 Mio. Franken reduziert. Die Räumung Preußens von französischen Truppen war an die Zahlung dieser Kriegsentschädigung gekoppelt – ein Verfahren, das mit umgekehrten Vorzeichen mit dem Frankfurter Frieden (1871) wiederholt wurde. Die Niederlage Preußens war ein wichtiger Anstoß zu den PREUSSISCHEN REFORMEN (1807–1812).

Literatur: O. von Lettow-Vorbeck: Der Krieg von 1806 und 1807. Bd. 4. Berlin 1896; W. Baumgart: Preußen – Deutschland und Rußland. Vom 18. bis zum 20. Jahrhundert. Berlin 1991.

Königreich Westphalen

Napoleonischer Vasallenstaat im westlichen Deutschland, nach dem FRIEDEN VON TILSIT gebildet aus Braunschweig sowie Teilen Kurhessens, Hannovers und Preußens: Das Königreich wurde Mitglied im (2.) RHEINBUND. König war der Bruder Napoleons I., Jérôme Bonaparte (**1807**–1813), der in Kassel residierte. Er gab Westphalen eine liberale Verfassung, organisierte die Verwaltung nach französischem Vorbild und führte den CODE CIVILE, GEWERBEFREIHEIT und die französische Währung ein. Aber das Land litt unter häufigen Interventionen

Napoleons, Zwangsaushebungen, hohen STEUERN und ökonomischen Schäden durch die KONTINENTALSPERRE. Hannover (ohne Lauenburg) und die nordwestlichen Gebiete von Frankreich (1810) wurden annektiert. Westphalen stellte ein starkes Kontingent für den RUSSLANDFELDZUG und die GRANDE ARMÉE (1812). Nach der Besetzung Kassels durch die Russen wurde das Königreich aufgelöst (1. Oktober 1813).

Literatur: A. Kleinschmidt: Geschichte des Königreichs Westphalen. Gotha 1893; H. Berding: Herrschafts- und Gesellschaftspolitik im Königreich Westphalen, 1807–1813. Göttingen 1973; D. Puhle: Das Herzogtum Braunschweig-Wolfenbüttel im Königreich Westphalen und seine Restitution, 1806–1815. Braunschweig 1989.

Herzogtum Warschau (auch: Großherzogtum Warschau)

Nach Preußens Kollaps im 4. KOALITIONSKRIEG und dem FRIEDEN VON TILSIT durch partielle Revision der TEILUNGEN POLENS neu geschaffener Staat (**1807**–1813): Mit Rücksicht auf Russland erhielt Warschau nicht den Status eines Königreichs mit voller Souveränität, sondern nur den eines HERZOGTUMS; es wurde in PERSONALUNION vom König von Sachsen regiert und trug daher nicht den traditionellen Namen »RZECZPOSPOLITA«. Zunächst bestand das Herzogtum nur aus den Gebieten, die in der 2. TEILUNG POLENS (1772) und 3. TEILUNG POLENS (1795) an Preußen gefallen waren. Napoleon I. diktierte und oktroyierte eine Verfassung mit einer starken Stellung des Monarchen, einer schwachen Stellung des Reichstags (SEJM, SENAT) und einer zentralistischen Verwaltung nach französischem Vorbild, gefolgt von der BAUERNBEFREIUNG (1807–1813) und Einführung des CODE CIVILE (1808). Das Herzogtum unterhielt französische Truppen und war Nebenschauplatz im Krieg zwischen Frankreich und Österreich (1809). Der FRIEDE VON WIEN (Schönbrunn) sprach ihm das seit der 3. Teilung Polens (1795) österreichische Westgalizien zu (1809). Für Napoleons Russlandfeldzug diente das Land als Aufmarsch- und Etappengebiet (1812). Es stellte ca. 100 000 Mann in der GRANDE ARMÉE (1812). Das Herzogtum wurde nach seiner Besetzung durch die Russen aufgehoben (1813), auf dem WIENER KONGRESS verkleinert, in Personalunion als Königreich Polen mit Russland vereint (KONGRESSPOLEN, 1815).

Preußische Reformen

Nach dem Kollaps Preußens im Gefolge der Niederlage in der DOPPELSCHLACHT VON JENA UND AUERSTEDT (1806) und dem FRIEDEN VON TILSIT (1807) komplexe Reformen unter Freiherr vom Stein (1807/08) und Hardenberg (bis 1812): Dazu gehörten, in Anlehnung an die Prinzipien der FRANZÖSISCHEN REVOLUTION: die BAUERNBEFREIUNG, Freiheit der Person, des Besitzes und der Berufswahl, Rechtsgleichheit, MOBILITÄT DES BODENS (1807), Städteordnung mit kommunaler Selbstverwaltung, Heeresreform (1807–1814), Fachministerien zur Straffung der Regierungsarbeit (1808), Gewerbefreiheit, Abschaffung der PRIVILEGIEN der Zünfte (1810), das Regulierungsedikt (1811) zur Ablösung der Grundherrschaft, Gleichberechtigung der JUDEN (1812).

Dem zaristischen Russland dienten die Preußischen Reformen nach dem KRIMKRIEG (1853–1856) als Modell zur Modernisierung, beginnend mit der BAUERNBEFREIUNG IN RUSSLAND (1861).

Literatur: R. Koselleck: Preußen zwischen Reform und Revolution. Stuttgart [2]1975; B. Voyel (Hg.): Preußische Reformen 1807–1820. Königstein/Ts. 1980; W. Hubatsch: Die Stein-Hardenbergschen Reformen. Darmstadt [2]1989; P. Nolte: Staatsbildung als Gesellschaftsreform. Politische Reformen in Preußen und den süddeutschen Staaten 1800–1820. Frankfurt/Main 1990; B. Sösemann (Hg.): Gemeingeist und Bürgersinn. Die preußischen Reformen. Berlin 1993.

Bauernbefreiung

Agrarreformen zur Abschaffung des FEUDALISMUS (Begriff im Deutschen üblich seit 1887): Erste Schritte zur Ablösung grundherrlicher Abgaben auf bäuerlichen Grundbesitz und der persönlichen Unfreiheit begannen schon im aufgeklärten ABSOLUTISMUS in Savoyen (1761/71), Preußen (1777), auf französischen KRONDOMÄNEN (1779), in Österreich (JOSEPHINISCHE REFORMEN, 1781), Baden (1783). Nach der Selbstbefreiung der Bauern von unten durch LA GRANDE PEUR und die FRANZÖSISCHE REVOLUTION folgte nach der Abschaffung des FEUDALISMUS in Frankreich (1789) die endgültige Bauernbefreiung durch den KONVENT (1793). Die Bauernbefreiung war eine wichtige Etappe im Rahmen der PREUSSISCHEN REFORMEN von oben (1807), mit Ende der Gutsuntertänigkeit und Leibeigenschaft (**1807**). Das REGULIERUNGSEDIKT (1816) verfügte die Entschädigung an Gutsherren durch die Bauern, oft durch Landabtretung. Außerhalb Preußens, u. a. in Polen (HERZOGTUM WARSCHAU), war die Bauernbefreiung nur vorübergehend (1807–1813). Sie kam nach der JULIREVOLUTION (1830) in Sachsen (1832) und Hannover (1833), in den übrigen deutschen Staaten erst mit der REVOLUTION 1848/49, in Russland (1861) nach dem Vorbild Preußens.

Literatur: W. Conze (Hg.): Quellen zur Geschichte der deutschen Bauernbefreiung. Göttingen 1957; C. Dipper: Die Bauernbefreiung in Deutschland, 1790–1850. Stuttgart 1980; T. Pierenkemper (Hg.): Landwirtschaft und industrielle Entwicklung. Stuttgart 1989.

Mobilität des Bodens

Freie Verkäuflichkeit des Bodens: Dieses Prinzip war ein wesentliches Symptom für die Auflösung bzw. das Ende des FEUDALISMUS. Es markierte den Beginn der bürgerlichen Gesellschaft und der Kapitalisierung der Landwirtschaft: in England seit der REFORMATION (SÄKULARISATION DER KLÖSTER, 1536), in Frankreich seit der FRANZÖSISCHEN REVOLUTION (1789), in Preußen seit den PREUSSISCHEN REFORMEN. Die mit der Reform einhergehende BAUERNBEFREIUNG (**1807**) war eine wichtige Voraussetzung für die INDUSTRIELLE REVOLUTION.

Städteordnung in Preußen

Die mit den PREUSSISCHEN REFORMEN von Freiherr zum Stein durchgesetzte kommunale Selbstverwaltung (**1808**), u. a. als Ersatz für eine gesamtstaatliche parlamentarische Vertretung: Die Städteordnung beschränkte das Bürgerrecht auf STEUERzahler – für die Wahl und Beschickung kommunaler Vertretungen mit Magistrat und Bürgermeister bzw. Oberbürgermeister galt ein Zensuswahlrecht. Finanzen, Schulen und Fürsorge kamen in städtische Kompetenz, die Polizei blieb beim Staat. Die Städteordnung bildete die Grundstruktur der Kommunalverfassung in Deutschland, mit regionalen Modifizierungen bis heute.

Literatur: P. Clauswitz: Die Städteordnung von 1808 und die Stadt Berlin. Berlin 1908, Nachdruck Berlin 1986; H. Scheel/D. Schmidt (Hg.): Das Reformministerium Stein. Akten zur Verfassungs- und Verwaltungsgeschichte. Bd. 3. Berlin/DDR 1968; M. Thiel: Die preußische Städteordnung von 1808. Speyer 1999.

Fachministerien

Im Gegensatz zum älteren Prinzip der DEPARTEMENTS jeweils für bestimmte Regionen (Provinzen), Gliederung von Ministerien nach dem Fachprinzip, eingeführt von Freiherr zum Stein mit den PREUSSISCHEN REFORMEN, nach französischem Vorbild (**1808**).

Literatur: wie zu Städteordnung in Preußen.

Krümpersystem

(zu: Krümper = krumm, gekrümmt) Von Scharnhorst eingeführtes System als Teil der PREUSSISCHEN HEERESREFORM zur Umgehung der im Pariser Vertrag (**1808**) festgelegten Höchstgrenze von 42 000 Soldaten: Durch kurzfristige Ausbildung von Rekruten, raschen Wechsel, planmäßige Beurlaubungen und Neueinstellungen bildeten sich Reserven von ca. 150 000 Mann für den Krieg gegen Napoleon I.

Generalstab

Zentrales Leitungsorgan moderner Armeen für den Massenkrieg: Im revolutionären Frankreich mit der LEVÉE EN MASSE (1794) von Carnot eingeführt, übernahm Preußen den Generalstab (ab 1803), den Scharnhorst mit der PREUSSISCHEN HEERESREFORM weiter ausbaute (**1808**). Seit 1821 eigenständige Behörde mit einem Generalstabschef an der Spitze, war der Generalstab unter Moltke d. Ä. seit dem DEUTSCHEN KRIEG (1866) zentrales militärisches Führungsorgan. Seine Offiziere wurden an der Kriegsakademie ausgebildet, sammelten Erfahrung im Truppenkommando bis zum Regiment und wechselten häufig zwischen Generalstab und Truppendienst. Der Große Generalstab fungierte als Zentralbehörde mit mehreren Abteilungen; hinzu kamen Generalstäbe bei Divisionen und Korps, im Kriegsfall auch bei Armeen und Heeresgruppen. Im ERSTEN WELTKRIEG (1914–1918) gewann die OBERSTE HEERESLEITUNG unter Hindenburg und Ludendorff (3. OHL) diktaturähnlicher Macht (1916–1918). Der VERSAILLER VERTRAG verbot Deutschland einen Generalstab, der als Truppenamt der REICHSWEHR getarnt wurde. Das DRITTE REICH führte ihn mit der ALLGEMEINEN WEHRPFLICHT wieder offiziell ein (1935), nach dem ZWEITEN WELTKRIEG wurde er aufgelöst (1945). Nachfolgestrukturen existierten in der

Bundesrepublik und der DDR bei der BUNDESWEHR bzw. der NATIONALEN VOLKSARMEE (bis 1990). Entsprechende Strukturen entstanden allmählich in den meisten Staaten, u. a. in Frankreich (1818, nach 1871), Österreich (1865/66) und Großbritannien (1903/04).

Literatur: T. N. Dupuy: A Genius for War. The German Army and General Staff, 1807–1945. London 1977; K. Kraus: Der preußische Generalstab und das 19. Jahrhundert. Frankfurt/Main1991; A. Bucholz: Moltke, Schlieffen and Prussian War Planning. New York, Oxford 1991; O. Hackl: Die Vorgeschichte, Gründung und frühe Entwicklung der Generalstäbe Österreichs, Bayerns und Preußens. Osnabrück 1997; C. E. O. Millotat: Das preußisch-deutsche Generalstabssystem. Zürich 2000.

Guerilla

(span.: Kleinkrieg) Kleinkrieg meist irregulärer Verbände (MILIZ, Partisanen) in einem besetzten Land gegen den (militärisch überlegenen) Gegner, mit oder ohne Unterstützung durch reguläre Verbände: Die Guerilleros sind meist auf dem Land, besonders in unzugänglichen Rückzugsgebieten, erfolgreich, während die Invasoren in der Regel – tagsüber – die Städte und die Verbindungswege dazwischen kontrollieren. Der Sache nach ist die Guerilla fast so alt wie die Staaten- und Kriegsgeschichte, wie der MAKKABÄERAUFSTAND zeigt. Sie entstand dem Namen nach aber erst seit dem Volkskrieg gegen die französische Besetzung Spaniens unter Napoleon I. zur Erzwingung der KONTINENTALSPERRE (**1808**): Nach dem ERFURTER FÜRSTENTAG zog Napoleon mit einer 300 000 Mann starken Armee nach Spanien, um den Widerstand niederzuwerfen, einmündend in den SPANISCHEN UNABHÄNGIGKEITSKRIEG (Peninsular War, 1808–1814) und den Untergang des I. EMPIRE; die Franzosen wurden aus Portugal und Spanien verdrängt (1813).

Generell: Kleinkrieg mit zunehmender historischer Bedeutung, u. a. in Kuba gegen Spanien (1895–1898), der KOMMANDOS im BURENKRIEG (1899–1902), im ZWEITEN WELTKRIEG gegen die ACHSENMÄCHTE in den besetzten Gebieten (1939–1945), in nationalen Befreiungskriegen wie im VIETNAMKRIEG (1946–1975), im ALGERIENKRIEG (1954–1962), in Kuba (1956–1959), Guinea-Bissau (1961–1974), Moçambique (1961–1974) und Angola (1962–1974), im AFGHANISTANKRIEG (1979–1988), in Nicaragua (1979), El Salvador (1979–1992), Simbabwe (1968–1979), Südostasien (Osttimor, Aceh, Mindanao). Theoretische Grundlagen schufen Mao Tse-tung und Ernesto (Che) Guevara Serna.

Literatur: W. Laqueur: Guerilla. A Historical and Critical Study. London 1977; F. Hampel: Zwischen Guerilla und proletarischer Selbstverteidigung. Clausewitz – Lenin – Mao Tse-tung – Che Guevara – Körner. Frankfurt/Main 1989; M. Radu: The New Insurgencies. Anticommunist Guerrillas in the Third World. New Brunswick, London 1992; T. P. Wickham-Crowley: Guerrillas and Revolution in Latin America. A Comparative Study of Insurgents and Regimes Since 1956. Princeton (N.J.) 1993; J. L. Anderson: Guerrillas. The Inside Stories of the World Revolutionaries. London 1994; R. B. Asprey: War in the Shadows. Guerillas in History. New York 1994.

Spanischer Unabhängigkeitskrieg

Aufstand in Madrid (2. Mai **1808**) nach der Besetzung Spaniens durch die Franzosen zur Erzwingung der KONTINENTALSPERRE und Abdankung der spanischen BOURBONEN (1808): Widerstand, angeführt von der

Junta Suprema Central, weitete sich zum Volkskrieg (Guerilla) aus. Unterstützung erhielten die Spanier durch ein britisches Expeditionskorps unter Wellington (Peninsular War, 1808–1813). Dennoch gewannen Napoleon I. und seine Armee nach dem Erfurter Fürstentag nach spanischen Anfangserfolgen die Oberhand und eroberten ganz Spanien (1808/09), bis auf das belagerte Cádiz, wo die verfassunggebenden Cortes tagten. Allmählich warfen Engländer und Spanier die Franzosen weitgehend auf die großen Städte zurück. Nach dem Sieg der Spanier und Briten bei Vitoria (21. Juni 1813) wurde Spanien bis zu den Pyrenäen befreit (Ende 1813).

Der Spanische Unabhängigkeitskrieg löste die Erhebung Österreichs gegen Napoleon (1809) und die Unabhängigkeitskriege in Lateinamerika (1810–1826) aus.

Literatur: R. Wohlfeil: Spanien und die deutsche Erhebung 1808–14. Wiesbaden 1965; G. Loutt: Napoleon and the Birth of Modern Spain. 2 Bde., New York 1965; F. Kurowski: Spanien. Aufstieg und Niedergang eines Weltreiches. Berg am See 1991; P. Griffith (Hg.): Modern Studies of the War in Spain and Portugal, 1808–1814. London 1999.

Junta

(span. = Rat, Versammlung, zu lat.: iunctus = vereinigt, verbunden) Im Zusammenschluss lokaler Leitungsorgane des Widerstands gegen die französische Besetzung bildete sich die Junta Suprema Central als provisorische Regierung (September **1808**–Januar 1810), zu Beginn des Spanischen Unabhängigkeitskriegs: Der Regentschaftsrat und die verfassunggebenden Cortes hatten ihren Sitz in Cádiz. Auch in den spanischen Kolonien Lateinamerikas entstanden regionale Juntas zur Organisierung des Widerstands zu Beginn der Unabhängigkeitskriege in Lateinamerika.

Seitdem heißen durch Putsch an die Macht gekommene Militärregierungen, vor allem in Lateinamerika, auch Junta.

Auch: Bezeichnung für Verwaltungsorgane, z. B. Junta de Defensa Nacional (Verteidigungsrat) in Spanien.

Erfurter Fürstentag

Gipfeltreffen Napoleons I. mit Alexander I. im (seit 1806/07) französischen Erfurt, unter Anwesenheit der meisten Rheinbundfürsten (27. September–8. Oktober **1808**): Der Kongress bestätigte und modifizierte die Teilung der Macht zwischen Frankreich und Russland. Russland fielen die Donaufürstentümer Moldau und Walachei sowie Finnland zu, dafür erhielt Napoleon freie Hand zur Niederwerfung des Spanischen Unabhängigkeitskriegs (1808–1814) und der Guerilla. Ferner sagte Alexander Hilfe zu, sollte Österreich Frankreich angreifen. Der Fürstentag bildete äußerlich den glänzenden Höhepunkt des I. Empire, war aber, wegen des Spanischen Unabhängigkeitskriegs, schon der Anfang vom Ende Napoleons I.

Literatur: G. Brünnert: Napoleons Aufenthalt in Erfurt im Jahre 1808. Erfurt 1899; G. Fesser: Der Erfurter Fürstenkongress 1808. Erfurt 1996.

Allgemeine Wehrpflicht

Zwangsweise Erfassung aller diensttauglichen Männer für den Heeresdienst: Preußen führte die Allgemeine Wehrpflicht mit dem KANTONREGLEMENT (1733) ansatzweise ein; in Frankreich galt sie mit der LEVÉE EN MASSE (1793) für den Bedarfsfall, in Österreich als Dauereinrichtung, ergänzt durch die LANDWEHR (MILIZ, **1808**) im Krieg gegen Napoleon I. (1809). In Preußen für Männer zwischen dem 20. und 40. Lebensjahr angeordnet (1814), übernahmen der NORDDEUTSCHE BUND (1867) und das 2. DEUTSCHE KAISERREICH (1871) die Allgemeine Wehrpflicht. Nachdem sie im VERSAILLER VERTRAG verboten worden war (1919), wurde sie in Deutschland wieder eingeführt (1935). Die Wehrpflicht wird in vielen anderen Staaten ähnlich gehandhabt. Großbritannien und die USA führten sie nur im ERSTEN und ZWEITEN WELTKRIEG und schaffte sie früher oder später nach dem Zweiten Weltkrieg wieder ab.

Literatur: R. G. Foerster: Die Wehrpflicht. Entstehung, Erscheinungsformen und politisch-militärische Wirkung. München 1994; E. Opitz/F. S. Rödiger (Hg.): Allgemeine Wehrpflicht. Geschichte, Probleme, Perspektiven. Bremen [2]1995.

Erhebung Österreichs

(fälschlich auch: 5. Koalitionskrieg) Krieg Österreichs gegen Frankreich und die RHEINBUNDstaaten (**1809**), mit einem regionalen Volksaufstand (Tirol) und GUERILLAzügen (in Norddeutschland): Nach Heeresreformen – u. a. wurde eine LANDWEHR eingerichtet – nutzte Österreich den SPANISCHEN UNABHÄNGIGKEITSKRIEG (1808), in der Hoffnung, mit Hilfe von Preußen, Russland, Großbritannien und Volksaufständen (Kriegsaufruf an die »deutschen Völker« zum Kampf gegen Napoleon I.) die französische Hegemonie in Mitteleuropa zu brechen: Die Invasion Österreichs in Bayern und Tirol löste in Tirol den Volksaufstand unter Andreas Hofer gegen die französisch-bayerischen Besatzungstruppen (9. April) aus. Die Österreicher wurden aus Bayern vertrieben (27. April). Der Guerillazug des preußischen Majors Schill begann, gegen den Willen Friedrich Wilhelms III., in Berlin (28. April). Schill fiel in Stralsund, sein Freikorps wurde vernichtet (31. Mai). Die Franzosen besetzten Wien (13. Mai), wurden aber in der Schlacht bei Aspern erstmals geschlagen (21./22. Mai). Die Tiroler siegten in der 1. und 2. Schlacht am Berg Isel bei Innsbruck (25./29. Mai) über Franzosen und Bayern. Die entscheidende Schlacht bei Wagram (5./6. Juli) gewann Napoleon I. Auch nach einem Waffenstillstand (12. Juli) dauerten Guerillaaktivitäten in Norddeutschland an. So besetzte der Herzog von Braunschweig mit einem Freikorps (»Schwarze Schar«) Braunschweig (31. Juli), schiffte sich von Elsfleth (Unterweser) aus nach England ein (8. August) und kämpfte mit seinen Truppen auf britischer Seite im Spanischen Unabhängigkeitskrieg (1810–1814). Nach einem weiteren Sieg der Tiroler über Franzosen und Bayern in der 3. Schlacht am Berg Isel (13. August) regierte Hofer im Namen des österreichischen KAISERS, bis zum FRIEDEN VON WIEN (Schönbrunn, 14. Oktober). Nach der Niederlage der nun isolierten Tiroler in der 4. Schlacht am Berg Isel

(1. November) brach der Tiroler Volksaufstand zusammen; Hofer floh, wurde verhaftet (27. Januar 1810) und erschossen (20. Februar). [F. H.]

Friede von Wien (Friede von Schönbrunn)

Friedensschluss zwischen Österreich und Frankreich zur Beendigung der ERHEBUNG ÖSTERREICHS gegen Napoleon I. nach der entscheidenden Niederlage der Österreicher bei Wagram (**1809**): Österreich erlitt Territorialverluste mit ca. 3,5 Mio. Einwohnern – u. a. fielen Berchtesgaden, Salzburg und das Innviertel an Bayern, Görz, Triest, Krain und Villach an das KÖNIGREICH ITALIEN, Westgalizien, Krakau und Zamość an das HERZOGTUM WARSCHAU, Teile Ostgaliziens an Russland. Frankreich annektierte Dalmatien. Österreich musste der KONTINENTALSPERRE beitreten, über 85 Mio. Franken Kriegsentschädigung zahlen, seine Armee auf 150 000 Mann beschränken. Napoleons Heirat mit Marie Louise, der Tochter des österreichischen KAISERS, stellte eine dynastische Verbindung zwischen HABSBURG und Frankreich her (1810).

Gewerbefreiheit

Freigabe gewerblicher Tätigkeit durch Aufhebung des Zunftzwangs und sonstiger ständischer Einschränkungen: Die Gewerbefreiheit – eine Voraussetzung zur Industrialisierung – besteht in Frankreich seit Aufhebung der ZÜNFTE in der FRANZÖSISCHEN REVOLUTION (16. Februar 1791), danach auch in französischen Klientelstaaten im Geltungsbereich des CODE CIVILE, in Preußen als Teil der PREUSSISCHEN REFORMEN (**1810**). Der NORDDEUTSCHE BUND dehnte sie auf weite Teile Deutschlands aus (1869). Das DRITTE REICH schränkte die Gewerbefreiheit ein, nach ihrer Wiederherstellung in der US-Besatzungszone (1945) galt sie anschließend in der BUNDESREPUBLIK (1949).

Literatur: I. Mieck: Preußische Gewerbepolitik in Berlin 1806–1844. Berlin 1965; B. Vogel: Allgemeine Gewerbefreiheit. Die Reformpolitik des preußischen Staatskanzlers Hardenberg (1810–1820). Göttingen 1983; P. John: Handwerk im Spannungsfeld zwischen Zunftordnung und Gewerbefreiheit. Entwicklung und Politik der Selbstverwaltungsorganisationen des deutschen Handwerks bis 1933. Köln 1987.

Carbonari

(Karbonari, ital.: Köhler) Nationalrevolutionäre Geheimorganisation in Italien gegen die französische Fremdherrschaft, zunächst im Königreich Neapel (1807): Die Carbonari kämpften für die Unabhängigkeit eines einheitlichen Italien (**1810**), später gegen die Ordnung des WIENER KONGRESSES und die RESTAURATION in Italien (1815). Sie organisierten die REVOLUTION in Neapel unter General Pepe (1820/21) und in Piemont (1821) und wurden vom PAPST verurteilt (1821). Die Revolution in Modena scheiterte (1830). Aus der Organisation entwickelte sich der neue GEHEIMBUND GIOVINE ITALIA unter Mazzini (1832). Geheimorganisationen bereiteten das RISORGIMENTO vor (1847–1870).

Literatur: G. Leti: Carboneria e massoneria nel Risorgimento Italiano. Bologna 1966.

Unabhängigkeitskriege in Lateinamerika

Erhebungen in spanischen Kolonien, die in unabhängige Staaten mündeten (**1810**–1826): Nach Spaniens Besetzung durch Frankreich erhob sich mit dem SPANISCHEN UNABHÄNGIGKEITSKRIEG (1808–1814) in den Kolonien Widerstand gegen Beauftragte des Königs Joseph Bonaparte, organisiert von regionalen JUNTAS im Namen der BOURBONEN-Dynastie (ab 1808). Den ersten Aufstand in Quito (Ecuador, 1809) schlugen die Spanier von Peru aus nieder (1810).

Den eigentlichen Beginn markieren Erhebungen in Venezuela, Neugranada (Kolumbien), Mexiko und Argentinien, die nach dem Eintreffen der Nachricht von der Auflösung der Junta Suprema Central in Spanien losbrachen (1810). Hochburg des royalistischen Widerstandes wurden Peru und Kuba. Nur in Venezuela und Mexiko entwickelten Aufstandsbewegungen eine sozialrevolutionäre Dimension über die nationale Unabhängigkeit hinaus. Gegen Spaniens koloniale Rückeroberung von Peru und Bolivien aus (1810–1815) erklärten sich Ecuador, Chile, Venezuela, Kolumbien und Paraguay für unabhängig (1811/13). Bolivar, Kopf der Unabhängigkeitsbewegung, floh nach Niederlagen (1812–1814) nach Jamaika (1815), erhielt jedoch finanzielle und militärische Unterstützung Haitis (1816). Nach Argentiniens Unabhängigkeit (1816) wurden von dort aus Venezuela, Neugranada und, nach San Martins Überquerung der Anden, Chile befreit (1817). Die Schwächung der Royalisten durch die SPANISCHE REVOLUTION (Januar 1820) nutzend, befreiten San Martin und Bolivar von Chile aus Peru (1820/24). Mexiko war nach seiner Unabhängigkeit (1822) kurzfristig Kaiserreich (bis 1823).

Nach Niederschlagung der Revolution in Spanien durch Frankreich im Auftrag der HEILIGEN ALLIANZ (1823) drohte die Einmischung der Heiligen Allianz zur Niederwerfung der lateinamerikanischen Unabhängigkeitsbewegungen. Um die neuen Staaten zu schützen, intervenierten die USA dagegen diplomatisch mit der MONROE-DOKTRIN (1823). Spanien war nun politisch isoliert. Nach dem Sieg Bolivars in Peru (1824) zogen die Spanier aus Lateinamerika (bis auf Kuba) ab. Bolivien machte sich von Peru unabhängig (1825). Versuche, frühere Vizekönigreiche als unabhängige Staaten zu erhalten, scheiterten: Spanisch-Lateinamerika zersplitterte in schwache, labile und oligarchisch beherrschte REPUBLIKEN.

Literatur: J. Lynch: The Spanish American Revolutions 1808–1826. London 1973; J. Ziegler: Gegen die Ordnung der Welt. Befreiungsbewegungen in Afrika und Lateinamerika. Wuppertal ^{2}1986; J. E. Rodríguez: The Independence of Spanish America. Cambridge u. a. 1998; B. Schröter: Volksbewegungen in den lateinamerikanischen Unabhängigkeitsrevolutionen von 1810–1826. Mexiko, Paraguay und Uruguay im Vergleich. Leipzig 2000.

Kreolen

(span.: criollo; portug.: crioulo; engl.: Creols) Vielschichtiger Begriff aus der Sozialgeschichte in Übersee unter Einwirkung der EXPANSION EUROPAS IN ÜBERSEE:

- Lateinamerika: Nachfahren spanischer bzw. portugiesischer Einwanderer ohne Vermischung mit INDIOS oder AFRO-AMERIKANERN, gemäß dem Prinzip der LIMPIEZA DE SANGRE (Blutreinheit). Als »weiße« Kreolen bildeten sie die herrschende OLIGARCHIE, in Spannung zu den Kolonialbeamten aus dem Mutterland. Kreolen waren Träger der UNABHÄNGIGKEITSKRIEGE IN LATEINAMERIKA (**1810**–1824) und führten die neuen Nationalstaaten Lateinamerikas.
- Brasilien: Nachfahren afrikanischer SKLAVEN heißen »schwarze« Kreolen.
- Sierra Leone (Westafrika): Name für afrikanische Sklaven, die nach ihrer Befreiung durch die britische Flotte von Sklavenschiffen nach dem VERBOT DES SKLAVENHANDELS (1807) in und um Freetown angesiedelt (1808 ff.) und von der CHURCH MISSIONARY SOCIETY (CMS) christianisiert wurden (SIERRA LEONEANS). Sie wurden die führende Schicht an der Küste Westafrikas.

Literatur: A. T. Porter: Creoldom. A Study of the Development of Freetown Society. London 1963.

Krupp-Werke

Berühmteste EISEN- und Stahl-, später Rüstungsfabrik Europas: Die in Essen während der KONTINENTALSPERRE von Friedrich Krupp (**1811**) begründeten Werke wurden Symbol der Industrialisierung und Rüstungsindustrie in Deutschland, schon früh mit Fürsorge für Werksangehörige (ab 1836) und einer Konzernstruktur (nach 1860). Die Fabrik profitierte vom Ausbau der Infrastruktur (EISENBAHNEN), der Rüstung (»Kanonenkönig«) und dem deutschen Schlachtflottenbau (ab 1898). Bekannt war die »Dicke Berta« (42-cm-Riesenmörser, 1914). Nach 1945 wurde die Entflechtung des Konzerns eingeleitet. Anteile hielten u. a. die Krupp-Stiftung (1968) und der Iran, der die Sperrminorität des Aktienkapitals aufkaufte (1974). Der Konzern wurde zur AKTIENGESELLSCHAFT (AG) umgewandelt und fusionierte 1999 mit der Thyssen AG.

Literatur: E. Schröder: Krupp. Geschichte einer Unternehmerfamilie. Göttingen u. a. [4]1991; F. Stenglein: Krupp. Höhen und Tiefen eines Industrieunternehmens. München u. a. [2]1999; L. Gall: Krupp. Der Aufstieg eines Industrieimperiums. Berlin 2000.

Turnerbewegung

Deutsche Sport- und nationalistische Protestbewegung, gegründet von »Turnvater« Friedrich Ludwig Jahn (* 1778, † 1852) und Karl Friedrich Friesen (* 1785, † 1814), mit Turnplatz auf der Berliner Hasenheide (**1811**): Ziel der Turnerbewegung war die körperliche und geistige Ertüchtigung für die BEFREIUNGSKRIEGE, durch ideologische Indoktrination, vormilitärische Übungen, Geländespiele. Viele Turner schlossen sich den FREIKORPS (1813) und BURSCHENSCHAFTEN (1815) an. Danach verbreitete sie sich in ganz Deutschland, zunächst mit staatlicher Protektion (ab 1815). Er geriet wegen Verbindung zu den BURSCHENSCHAFTEN unter wachsenden Druck. Nach den KARLSBADER BESCHLÜSSEN (1819) wurden Turnplätze geschlossen, Jahn kam in Haft (1819–1825). Im VORMÄRZ war die Turnerbewegung weitgehend zerschlagen, gelähmt durch den Konflikt zwischen Jahn (reaktionärer Abgeordneter der PAULSKIRCHE) und nationalrevolutionären Turnern (1848/49). Dennoch weitete sie sich, im Vorfeld der Reichsgründung 1871, als Massenbewegung erneut aus, u.a. mit großen Turnerfesten: Jahn und Friesen wurden Namensgeber von Sportvereinen (z. B. »TV Jahn Regensburg«, »BTV Friesen Bremen«). Parallelbewegungen in slawischen Ländern waren »Sokol« (= Falken). [F.H.]

Literatur: F.L. Jahn/E. Eiselen: Die deutsche Turnkunst. Neuausgabe Ostberlin 1960; D. Klenke: Turnerbewegung und organisierter Nationalismus in Deutschland. In: Sozial- und Zeitgeschichte des Sports 1996, S. 21–34.

Verfassung von Cádiz

Erste Verfassung Spaniens: Die neu berufenen CORTES arbeiteten die Verfassung nach der Invasion Spaniens durch die Franzosen (1808) und der Selbstauflösung der JUNTA Suprema Nacional (Januar 1810) in der provisorischen Hauptstadt Cádiz aus (**1812**). Sie verankerte die nationale SOUVERÄNITÄT, die KONSTITUTIONELLE MONARCHIE mit Einkammer-PARLAMENT und Kommunalreformen, schaffte die ZENSUR, den Katholizismus als Staatsreligion und die INQUISITION ab. »Liberal« als politischen Begriff erstmals verwendend, avancierte sie zum Vorbild für radikalere Varianten des konstitutionellen Liberalismus, vor allem in West- und Südeuropa, im Unterschied zur gemäßigteren CHARTE CONSTITUTIONNELLE (1814). Nach einem Militärstaatsstreich beseitigt (April 1814), folgte die Rückkehr zum ABSOLUTISMUS. Durch die SPANISCHE REVOLUTION wurde die Verfassung wieder in Kraft gesetzt (1820–1823).

Literatur: J.F. Badia: Die spanische Verfassung von 1812 und Europa, in: Der Staat 2 (1963).

Liberalismus (Liberal)

Politische Strömung seit der FRANZÖSISCHEN REVOLUTION, dem Namen nach seit der spanischen VERFASSUNG VON CÁDIZ (**1812**), der Sache nach mit älteren Vorläufern und Theorien: Seit der ENGLISCHEN REVOLUTION forderten Anhänger der KONSTITUTIONELLEN MONARCHIE die Kontrolle durch das PARLAMENT mit Zensuswahlrecht, Presse- und Redefreiheit sowie TOLERANZ. Locke (»TWO TREATISES ON GOVERNMENT«, 1690: Naturrecht auf Eigentum und VOLKSSOUVERÄNITÄT), Montesquieu (»DE L'ESPRIT DES LOIS«, 1748: Gewaltenteilung) und Adam Smith (»WEALTH OF NATIONS«, 1776: Garantie von Privateigentum, Marktwirtschaft und FREIHANDEL) begründeten liberale Ideen theoretisch. Zu Beginn der Französischen Revolution vertraten die FEUILLANTS liberale Ideen.

Seit der RESTAURATION (1814/15) prägten sich zwei Varianten aus, repräsentiert durch je eine Verfassung – eine radikalere in West- und Südeuropa mit der Verfassung von Cádiz (1812), eine gemäßigtere mit der französischen CHARTE CONSTITUTIONNELLE (1814). Seitdem war der Liberalismus oft gespalten in Rechts- und Linksliberale. Die JULIREVOLUTION (1830) strahlte auf Belgien und Polen und die (1.) WAHLRECHTSREFORM in Großbritannien aus. Seinen Durchbruch auf dem

Kontinent erzielte der Liberalismus mit der Europäischen REVOLUTION 1848/49, im Gegensatz zur Reaktion und Konservativen (rechts), demokratischen Republikanern und Sozialisten (links). Seine Anhänger vertraten zunehmend antiklerikale Positionen und forderten eine Verfassung und die nationale Unabhängigkeit. Seine soziale Basis lag im modernen Wirtschafts- und Bildungsbürgertum.

Die Ausbildung liberaler Parteien begann in Großbritannien mit der Umwandlung der WHIGS zur LIBERALEN PARTEI (ab ca. 1850–1868/77). Der Vorgang war von prägender Bedeutung, auch für Deutschland und Lateinamerika (dort mit wechselnden politischen Inhalten), Russland und Japan. In Deutschland und England bot der linke Flügel das erste organisatorische Dach der frühen Arbeiterbewegung (LIB-LAB-PERIODE, Arbeiterbildungsvereine). Die deutschen Liberalen engagierten sich in der REICHSGRÜNDUNG (1870/71), im KULTURKAMPF (1871–1887) gegen den SOZIALISMUS, aber auch gegen das SOZIALISTENGESETZ (1878–1890) und die SOZIALPOLITIK; sie unterstützten vor und im ERSTEN WELTKRIEG (wie in anderen Ländern) den IMPERIALISMUS.

Da im modernen Verfassungsstaat viele Forderungen des Liberalismus erfüllt sind, können sich liberale Positionen nur mühsam zwischen Konservativen und Sozialdemokraten bzw. Sozialisten behaupten. Liberale Organisationen sind in der Liberalen Weltunion (1947) zusammengefasst. Siehe auch: FORTSCHRITTSPARTEI (1861), ALTLIBERALE (1861), NATIONALLIBERALE PARTEI (1867–1918), FORTSCHRITTLICHE VOLKSPARTEI (1910–1918), DEUTSCHE DEMOKRATISCHE PARTEI (1918–1930), DEUTSCHE VOLKSPARTEI (1918–1933), FDP (1945 ff.); RADIKALSOZIALISTEN (1901 ff.).

Literatur: L. Gall (Hg.): Liberalismus. Königstein/Ts. [3]1985; R. Vierhaus: Liberalismus, in: O. Brunner u. a. (Hg.): Geschichtliche Grundbegriffe. Bd 3, S. 741–785; D. Langewiesche (Hg.): Liberalismus im 19. Jahrhundert. Deutschland im europäischen Vergleich. Göttingen 1988; W. in der Maur: Liberalismus. Wien 1990; D. Langewiesche: Liberalismus in Deutschland. Frankfurt/Main [4]1995; R. Faber (Hg.): Liberalismus in Geschichte und Gegenwart. Würzburg 2000.

Friede von Bukarest

Friedensabkommen zwischen Russland und dem OSMANISCHEN REICH (28. Mai **1812**), das den 5. RUSSISCH-TÜRKISCHEN KRIEG (seit 1806) beendete: Der Pruth bildete den neuen Grenzverlauf zwischen Russland und dem Osmanischen Reich. Bessarabien und die Donauinseln Ismail und Kilia kamen zu Russland, Serbien erhielt AUTONOMIE. Russland gewann freie Hand zum Kampf gegen Napoleon I. (RUSSLANDFELDZUG), das Osmanische Reich zur (vertragswidrigen) Niederwerfung Serbiens (1813).

Englisch-amerikanischer Krieg

Konflikt zwischen den USA und Großbritannien (**1812**–1814) um britische Handelsbeschränkungen (»Orders-in-Council«) als Reaktion auf die napoleonische KONTINENTALSPERRE (1806): Die USA erklärten Großbritannien den Krieg (19. Juni 1812). Nach wechselvollen Kämpfen, teilweise in Kanada, legte der Friede von Gent (24. Dezember 1814) den Status quo fest, plädierte für Frieden mit den INDIANERN und Abschaffung des SKLAVENHANDELS. Noch vor Bekanntwerden des Friedens siegte die US-Armee unter General Jackson bei New Orleans (8. Januar 1815).

Literatur: R. Horsman: The Causes of the War of 1812. Philadelphia 1962; G. R. Taybr (Hg.): The War of 1812: Past Justifcations and Present Interpretations. Boston 1963; D. R. Hickey: The War of 1812. A Forgotten Conflict. Urbana u. a. 1990.

Russlandfeldzug

Versuch Napoleons I., mit der GRANDE ARMÉE Russland zur Rückkehr in die KONTINENTALSPERRE zu zwingen: Napoleon bereitete den Krieg durch Aufrüstung (1811/12) und Hilfskontingente in Preußen (20 000 Soldaten) und Österreich (30 000) vor, die die Nord- und Südflanke sichern sollten (24. Februar; 14. März). Russland schloss ein Bündnis mit Schweden (12. April). Die Armee marschierte im HERZOGTUM WARSCHAU (**1812**) auf. Nach dem FRIEDEN VON BUKAREST (28. Mai) überschritten die Franzosen die Memel (1812). Der Frieden zwischen Großbritannien, Schweden und Russland ermöglichte ein Bündnis gegen Napoleon (18. Juli). Die Russen wendeten beim Rückzug die Taktiken der verbrannten Erde und des GUERILLAkriegs an. Die Franzosen errangen bei Smolensk (17./18. August) und Borodino (westlich Moskau, 7. September) verlustreiche Siege. Napoleon besetzte Moskau (14. September–18. Oktober), das die Russen in Brand steckten (15.–20. September). ZAR Alexander I. lehnte Friedensverhandlungen ab, sodass sich die Grande Armée schließlich aus Moskau zurückzog (19. Oktober), verfolgt von russischen Partisanen und KOSAKEN. Beim Überschreiten der Beresina (26.–28. November) erlitten die Franzosen eine katastrophale Niederlage; Napoleon verließ die Armee (5. Dezember) und flüchtete in rascher Schlittenfahrt nach Paris (18. Dezember), von der Hauptarmee kamen nur geringe Reste zurück: Die KONVENTION VON TAUROGGEN (30. Dezember) bereitete die 5. KOALITION und die BEFREIUNGSKRIEGE (1813–1815) vor.

Literatur: C. v. Clausewitz: Der russische Feldzug von 1812. Wiesbaden 1953; E. Kleßmann: Napoleons Rußlandfeldzug in Augenzeugenberichten. München [2]1982; F. von Kausler (Bearb.): Ch. W. von Faber Du Faur: Mit Napoleon in Rußland 1812. Stuttgart 1987; N. Nicolson: Napoleon in Rußland. Köln 1987; P. B. Austen: 1812. Napoleon in Moscow. London 1995.

Grande Armée (Große Armee)

Streitmacht Napoleons auf dem RUSSLANDFELDZUG (**1812**): Die Grande Armée unfasste 610 000 Soldaten, je zur Hälfte Franzosen und Hilfstruppen aus annektierten Gebieten, Vasallenstaaten ([2.] RHEINBUND, Italien) und Klientelstaaten – u. a. 20 000 Preußen, 30 000 Österreicher, 100 000 Polen vom HERZOGTUM WARSCHAU, Schweizer. Die Hauptarmee unter Napoleon erreichte nach schwer erkämpften Siegen bei Smolensk und Borodino Moskau (14. September). Nach katastrophalen Niederlagen auf dem Rückmarsch war sie bei Temperaturen von bis zu

–30 °C Überfällen von Partisanen und Kosaken ausgesetzt, wurde praktisch aufgerieben.

Literatur: P. Graf Ségur: Napoleon und die Große Armee in Rußland. Bremen 1965.

Konvention von Tauroggen

Abmachung in der Mühle von Poscherun bei Tauroggen (Litauen): Beim Rückzug der Grande Armée schnitten die Russen unter Diebitsch das preußische Hilfskorps unter Yorck ab. Diebitsch und Yorck schlossen eigenmächtig ein Neutralitätsabkommen (30. Dezember **1812**), das der preußische König Friedrich Wilhelm III. ablehnte. Yorck marschierte nach Ostpreußen ein, die vom Freiherrn von Stein organisierten ostpreußischen Stände erhoben sich gegen Napoleon I. (Januar 1813), als Anstoß zur 5. Koalition und zu den Befreiungskriegen (1813–1815).

Literatur: W. Elze: Der Streit um Tauroggen. Breslau 1926.

5. Koalition

Dem nach der Konvention von Tauroggen (1812) geschlossenen Bündnis von Kalisch zwischen Russland und Preußen (26. Februar **1813**) traten Schweden (22. April), Großbritannien (15. Juni) und Österreich (27. Juni/11. August) bei: Die 5. Koalition kämpfte in den Befreiungskriegen gegen Napoleon I. – Großbritannien gab Preußen und Russland finanzielle Unterstützung (Subsidien). Die Koalition schloss Frieden mit Frankreich (1. Pariser Friede, 1814), erneuerte sich nach Napoleons Rückkehr von Elba (23. März 1815). Österreich, Preußen, Großbritannien und Russland beteiligten sich mit je 180 000 Mann am Krieg gegen Napoleon (2. Pariser Friede, 1815).

Literatur: wie zu Befreiungskriege.

Befreiungskriege (Freiheitskriege)

Kriege der 5. Koalition gegen Napoleon I. (**1813**/14, 1815), aus deutscher Sicht: Die verbündeten Russen marschierten in Berlin ein (4. März). Mit der Stiftung des Eisernen Kreuzes (10. März) und dem Aufruf Friedrich Wilhelms III. »An mein Volk!« (17. März) stieg die patriotische Stimmung in Deutschland. Die Kalischer Proklamation (25. März) forderte den (2.) Rheinbund zum Abfall von Napoleon auf.

1. Phase (1813/14): Preußens Kriegserklärung an Frankreich (27. März) leitete den preußisch-russischen Frühjahrsfeldzug der Schlesischen Armee (zwei Drittel Russen) unter Blücher ein. Die Franzosen siegten verlustreich bei Großgörschen (Lützen, 2. Mai) und Bautzen (20./21. Mai). Den Waffenstillstand von Poischwitz (4. Juni–20. Juni) nutzten beide Seiten zur Verstärkung ihrer Kräfte. Der Versuch Metternichs, Napoleon zum Frieden zu bewegen (26. Juni), und der Friedenskongress von Prag (28. Juli–10. August) blieben ergebnislos. Daraufhin erklärte Österreich Frankreich den Krieg (12. August). Drei alliierte Armeen marschierten gegen Napoleon in Sachsen auf: die

Böhmische (Haupt)armee unter Schwarzenberg, die Schlesische Armee unter Blücher, die Nordarmee unter Bernadotte. Die Alliierten siegten bei Großbeeren (23. August) und Katzbach (26. August), Napoleon bei Dresden (26./27. August), die Alliierten bei Kulm und Nollendorf (30. August), Dennewitz (6. September). Mit dem Vertrag von Ried (8. Oktober) fiel Bayern von Napoleon ab. Die Entscheidung fiel in der VÖLKERSCHLACHT BEI LEIPZIG (16.–19. Oktober). Napoleon trat den Rückzug an, der (2.) RHEINBUND löste sich auf. Nachdem Blücher den Rhein bei Kaub überschritten hatte (Neujahrsnacht 1814), gewannen die Allierten nach wechselvollen Kämpfen in Frankreich die Schlachten bei Laon (9./10. März), Arcis-sur-Aube (20./21. März) und La Fère-Champenoise (25. März). Napoleon konnte die Franzosen in einer umfassenden (2.) LEVÉE EN MASSE noch einmal mobilisieren, doch die Alliierten erstürmten den Montmartre (30. März) und zogen in Paris ein, an ihrer Spitze ZAR Alexander I. (31. März). Napoleon dankte (zum ersten Mal) ab (11. April) und erhielt Elba als souveränes Fürstentum. Wichtige Ergebnisse waren die (1.) RESTAURATION der BOURBONEN, der 1. PARISER FRIEDE (30. Mai) und der WIENER KONGRESS (1814/15).

2. Phase (1815): HERRSCHAFT DER 100 TAGE (20. März–22. Juni): Nach der Erneuerung der 5. Koalition (23. März) versprach der preußische König eine Verfassung (25. Mai). Die Franzosen besiegten Preußen bei Ligny (16. Juni), erlitten aber bei Waterloo (Belle-Alliance, 18. Juni) die entscheidende Niederlage. Mit der zweiten Abdankung Napoleons (22. Juni) endete das I. EMPIRE. Die Alliierten besetzten Paris (7. Juli) und führten die Bourbonen wieder zurück. Die 2. Phase der Befreiungskriege schloss der 2. PARISER FRIEDEN ab (20. November).

Literatur: H.-B. Spies (Hg.): Die Erhebung gegen Napoleon 1806–1814/15. Darmstadt 1981; R. Knötel/F. Weiss: Bilder aus den Befreiungskriegen 1813–1815. Paderborn 1989; H. W. Koch: Die Befreiungskriege, 1807–1815. Napoleon gegen Deutschland und Europa. Berg ²1998; P. Hofschröer: The German Victory. From Waterloo to the Fall of Napoleon. London 1999.

Eisernes Kreuz

Preußisch-deutscher Orden, dessen Form, von König Friedrich Wilhelm III. entworfen, und Farben Schwarz-Weiß auf den DEUTSCHEN ORDEN zurückgehen, zunächst in zwei Klassen, mit Großkreuz: Gestiftet zu den BEFREIUNGSKRIEGEN (20. März **1813**), wurde der Orden mehrmals erneuert (1870, 1914, 1939), im ZWEITEN WELTKRIEG mit weiteren Klassen (z. B. Ritterkreuz). In der BUNDESREPUBLIK darf das Eiserne Kreuz getragen werden (ab 1957, ohne Hakenkreuz).

Literatur: V. Oertle: Das Eiserne Kreuz der Befreiungskriege 1813–15. Bischofszell 1987; H. Geißler: Das Eiserne Kreuz. 1813 bis heute. Norderstedt 1995.

Freikorps

Militärische Verbände in den BEFREIUNGSKRIEGEN, aus deutschen Freiwilligen außerhalb Preußens (ab März **1813**): Das berühmteste war das Lützowsche Freikorps (mit den Farben Schwarz-Rot-Gold). Aus den Freikorps gingen die BURSCHENSCHAFTEN (1815) hervor.

Auch: Rechtsgerichtete deutsche Freiwilligenverbände nach dem ERSTEN WELTKRIEG (Freikorps, 1919).

Landwehr

Milizverbände: Österreich stellte eine Landwehr auf (1808–1853), später Preußen zu Beginn der BEFREIUNGSKRIEGE (**1813**). Die Landwehreinheiten wählten ihre Offiziere selbst (bis 1860). Nach dem 1. PARISER FRIEDEN (1814) war die Landwehr Teil des preußischen, später deutschen Heeres; als nicht stehendes Heer wurde die Landwehr ergänzt durch den Landsturm für Wehrfähige über 40 Jahre. Aktive Regimenter (1. Linie) drängten die Landwehr zurück, was den PREUSSISCHEN HEERESKONFLIKT (1861–1866) auslöste. In Ungarn hieß die stehende Armee »Landwehr«, seit dem AUSGLEICH (1867) HONVED genannt.

Auch: Grenzbefestigung mit Wall und Graben, gelegentlich auch mit dichter Baumbepflanzung (»Gebück« im Rheingau) in Deutschland.

Literatur: H. Conradi: Geschichte der deutschen Wehrverfassung. Bd 1. München 1939.

Kalischer Proklamation

Von einem Mitarbeiter des Freiherrn vom Stein verfasster Aufruf des russischen Oberbefehlshabers Kutusow aus seinem Hauptquartier Kalisch vor den BEFREIUNGSKRIEGEN (25. März **1813**): Die Proklamation forderte die Fürsten des (2.) RHEINBUNDS zum Abfall von Napoleon auf und versprach eine deutsche Nationalverfassung nach dem Krieg.

Völkerschlacht bei Leipzig

Sieg der Alliierten über Napoleon (16.–19. Oktober **1813**): Drei zahlenmäßig überlegene Armeen der Alliierten (330 000 : 200 000 Mann) kreisten Napoleon bei Leipzig nahezu ein und zwangen ihn zur Schlacht. Nach schweren Kämpfen (16. Oktober) traten Württemberger und Sachsen zu den Alliierten über, die die Franzosen weiter zurückdrängten (18. Oktober). Nach dem Rückzug Napoleons (18./19. Oktober) besetzten die Alliierten Leipzig (19. Oktober) und nahmen den sächsischen König gefangen. Die damals größte Schlacht der Weltgeschichte (über 100 000 Gefallene und Verwundete) entschied die erste Phase der BEFREIUNGSKRIEGE. Am vierten Jahrestag (1817) fand das WARTBURGFEST statt, zur Hundertjahrfeier die Einweihung des Völkerschlachtdenkmals (18. Oktober 1913).

Literatur: F. Bauer: Die Völkerschlacht bei Leipzig, Oktober 1813. Berlin 1988; G. Latsch (Red.): Leipzig zur Zeit der Völkerschlacht 1813. Leipzig 1988; T. Rehtwisch: Leipzig, Oktober 1813. Berg, Potsdam 1998.

1. Pariser Friede

Friede zur Beendigung der 1. Phase der BEFREIUNGSKRIEGE (30. Mai **1814**): Der 1. Pariser Friede garantierte Frankreich die Grenzen von 1792, gab die Schiffahrt auf dem Rhein frei und schuf das Vereinigte

Königreich der Niederlande (mit Holland und Belgien). Malta wurde britisch, Frankreich erhielt die meisten seiner Kolonien zurück. Napoleons Schwager, Joachim Murat, wurde als legitimer Herrscher im Königreich Neapel anerkannt. Die Kriegsgegner verzichteten gegenseitig auf finanzielle Forderungen (seit 1792), Frankreich durfte geraubt Kunstschätze behalten. Gegen die Vereinbarungen erhob sich unter deutschen PATRIOTEN heftiger Protest. Der zweiten Abdankung Napoleons (22. Juni 1815) folgte der 2. PARISER FRIEDE (20. November 1815).

Restauration

Allgemein: Wiederherstellung früherer politischer Zustände; speziell: Epoche zwischen dem Sturz des I. EMPIRE und den Revolutionen von 1830 (JULIREVOLUTION) bzw. 1848 (FEBRUARREVOLUTION, MÄRZREVOLUTION): Die völkerrechtlich vom WIENER KONGRESS und ideologisch von der HEILIGEN ALLIANZ abgesicherte Restauration (1815) war eine (meist modifizierte) Rückkehr zu vorrevolutionären Zuständen im kontinentalen Europa. Den rechtlichen Rahmen bildete der 1. PARISER FRIEDE und die CHARTE CONSTITUTIONNELLE (4. Juni). So wurde nach dem Sturz des I. Empire die MONARCHIE in Frankreich unter dem BOURBONEN Ludwig XVIII. (1814–1824) wiederhergestellt, aber nicht mehr als ABSOLUTE MONARCHIE, sondern als KONSTITUTIONELLE MONARCHIE (**1814**) – ähnlich bei der RESTORATION in England (1660). Der CODE CIVILE wurde beibehalten, der aus der ADELSEMIGRATION zurückgekehrte ADEL erhielt Entschädigungen (1814, 1825). Die extrem royalistischen ULTRAS und Napoleons HERRSCHAFT DER 100 TAGE (März–Juni 1815) stellten die Restauration in Frage – Ludwig XVIII. flüchtete nach Gent. Nach Napoleons endgültigem Sturz verübten die Ultras in Südfrankreich TERROR gegen BONAPARTISTEN und PROTESTANTEN. Die reaktionäre Politik Karls X. mit dem Versuch, den Absolutismus wieder einzuführen, scheiterte in der Julirevolution (1830). Restauration als blanke Reaktion provozierte die SPANISCHE REVOLUTION (1820), Julirevolution und BELGISCHE REVOLUTION (1830)

Literatur: J. H. Stewart: The Restoration Era in France, 1814–1830. Princeton (N. J.) 1968; J. Vidalenc: La Restauration (1814–1830). Paris [5]1983; G. Gersmann/H. Kohle (Hg.): Frankreich 1815–1830. Trauma oder Utopie? Die Gesellschaft der Restauration und das Erbe der Revolution. Stuttgart 1993; E. de Waresquiel/B. Yvert: Histoire de la Restauration, 1814–-1830. Naissance de la France moderne. Paris 1996.

Charte constitutionnelle

Verfassungsmäßige Grundlage für die RESTAURATION der BOURBONEN in Frankreich bei der Thronbesteigung Ludwigs XVIII. (4. Juni **1814**): Die Charta war freies Geschenk des Monarchen an das Volk; sie leitete sich nicht vom Gesellschaftsvertrag oder gar von der VOLKSSOUVERÄNITÄT ab. Der Begriff »Verfassung« wurde wegen seiner programmatisch-revolutionären Bedeutung vermieden. Trotzdem bildete sich die KONSTITUTIONELLE MONARCHIE aus, mit starker Stellung der Krone, einem schwachen PARLAMENT mit zwei Kammern und Zensuswahlrecht (ca. 100 000 Wähler), mit Katholizismus als Staatsreligion, Pressefreiheit mit Einschränkungen. Die Charte constitutionnelle diente dem gemäßigten LIBERALISMUS auf dem Kontinent als Vorbild, im Gegensatz zur radikalliberalen VERFASSUNG VON CÁDIZ (1812). Nach der JULIREVOLUTION (1830) ersetzte eine neue Charte constitutionnelle die alte (14. August 1830), bis zur FEBRUARREVOLUTION (1848).

Auch: Verfassung Portugals (1826).

Literatur: F. A. Helie: Les constitutions de la France. Paris 1879, S.88 ff.

Ultras

(lat.: ultra = jenseits von, übertrieben) Reaktionärer Flügel der französischen Monarchisten (»royalistischer als der König«): Die Ultras stützten sich auf Teile der mit der RESTAURATION aus der ADELSEMIGRATION nach Frankreich zurückgekehrten Adeligen (**1814**). Angeführt vom späteren König Karl X., kämpften sie gegen die CHARTE CONSTITUTIONNELLE und die KONSTITUTIONELLE MONARCHIE, für Wiederherstellung der Besitzverhältnisse vor 1789 durch Rückerstattung enteigneter Adelsgüter. Sie erhielten Entschädigung durch die MILLIARDE DER EMIGRANTEN (1825). Unter Karl X. (1824–1830) hatten sie noch größeren Einfluss als unter dem gemäßigten Ludwig XVIII. Mit den reaktionären JULIORDONNANZEN provozierte Polignac die JULIREVOLUTION (1830).

Wiener Kongress

Kongress europäischer Monarchen (mit ZAR Alexander I.) und Diplomaten zur Neuordnung Europas nach der FRANZÖSISCHEN REVOLUTION, den KOALITIONSKRIEGEN, dem Sturz des I. EMPIRE und den BEFREIUNGSKRIEGEN (**1814**/15): Der Wiener Kongress wurde nach Vorverhandlungen (18. September) vom Kongresspräsidenten, dem österreichischen Staatskanzler Metternich, eröffnet (1. November). Die wichtigsten Entscheidungen fielen im Komitee der fünf Großmächte und im Europäischen Ausschuss (die acht Signatarmächte des 1. PARISER FRIEDENS, ferner Spanien, Portugal, Schweden) unter Metternich. Weitere Ausschüsse berieten Sonderfragen – u. a. Flussschifffahrt, SKLAVENHANDEL. Das Deutsche Komitee (Österreich, Preußen, Bayern, Württemberg, Hannover) erarbeitete eine Verfassung für Deutschland.

Schwierigstes Problem war die Zukunft Polens und Sachsens: Russland wollte sich ganz Polen, Preußen ganz Sachsen (als Strafe für die Treue zu Napoleon bis zur VÖLKERSCHLACHT BEI LEIPZIG 1813) einverleiben. Dagegen schlossen Österreich, Großbritannien und Frankreich ein Geheimbündnis (3. Januar 1815). Ein britischer Kompromiss (Teilung Polens und Sachsens, 7. Januar), vermied den drohenden Krieg.

Napoleons Rückkehr von Elba (1. März) veränderte die Lage: Der Kongress ächtete Napoleon (13. März); beschleunigte Beratungen endeten mit Verabschiedung der BUNDESAKTE und der Wiener Kongressakte (8. Juni). Die Neugestaltung Europas unter dem Zeichen der RESTAURATION kombinierte Legitimität des monarchischen Prinzips nach innen mit Solidarität der Monarchien zur Abwehr drohender REVOLUTIONEN und dem GLEICHGEWICHT DER KRÄFTE. Das Dauerbündnis der HEILIGEN ALLIANZ (26. September 1815) wurde durch den 2. PARISER FRIEDEN (20. November 1815) ergänzt. Die wichtigsten territorialen Bestimmungen betrafen:

- Polen (POLNISCHE FRAGE): Nach der (»4.«) TEILUNG POLENS erhielt Russland KONGRESSPOLEN, während Posen und Westpreußen (Danzig, Thorn) zu Preußen, Galizien zu Österreich kamen, alle Teilungsgebiete mit AUTONOMIE; die REPUBLIK KRAKAU wurde autonom (bis 1846).
- Deutschland: Preußen erhielt fast die Hälfte Sachsens (das als Königreich erhalten blieb), das Rheinland, Teile Westfalens, Schwedisch-Pommern mit Rügen; die Pfalz kam zu Bayern (bis 1945), dazu Ansbach und Bayreuth; Ostfriesland, Hildesheim, Goslar, Lingen und das nördliche Münsterland gingen von Preußen an das neue Königreich Hannover; Österreich trat Vorderösterreich (u.a. Breisgau) an Württemberg und Baden ab und verzichtete auf die ÖSTERREICHISCHEN NIEDERLANDE (später Belgien), gewann dafür eine dominierende Stellung in Ober- und Mittelitalien (Venetien, Lombardei, SEKUNDOGENITUREN) und starken Einfluss in Südosteuropa (Dalmatien). Gegen den Widerstand des päpstlichen Vertreters wurden die SÄKULARISATION und MEDIATISIERUNG anerkannt. Nachfolgeorganisation für das REICH DER DEUTSCHEN (962–1806) und den (2.) RHEINBUND (1806–1813) wurde der DEUTSCHE BUND (1815–1866), mit einer Konstitution durch die WIENER SCHLUSSAKTE (1820).
- Italien: Die unter Napoleon fast erreichte staatliche Einheit wurde wieder rückgängig gemacht – Italien war nur ein »geographischer Begriff« (Metternich). Der Kirchenstaat wurde wiederhergestellt; Österreich erhielt die Lombardei und Venetien; Habsburgische Sekundogenituren regierten Modena und die Toskana. Es enstanden die Herzogtümer Lucca und Parma und wieder das Königreich beider Sizilien (Neapel-Sizilien). Von Sardinien-Piemont (mit Genua) ging später die Einigung Italiens aus (RISORGIMENTO, bis 1870).
- Niederlande: Holland und die Österreichischen Niederlande (Belgien) wurden unter den ORANIERN zum Königreich der Vereinigten Niederlande vereint (bis zur BELGISCHEN REVOLUTION 1830/31, Luxemburg bis 1890).

Anhänge: Die Rheinschifffahrtsakte garantierte freie Schifffahrt auf Rhein und Donau. Der Kongress verabschiedete eine Erklärung gegen den Sklavenhandel und verbreiterte den Kampf gegen die SKLAVEREI.

Weitere Vereinbarungen: Die Besitzrechte Großbritanniens in Hannover (bis 1837), Helgoland (bis 1890), der Kapkolonie (bis 1910), Ceylon (bis 1948) und Malta (bis 1964) wurden bestätigt. Die Briten errichteten ein PROTEKTORAT über die Ionischen Inseln (bis 1863). Die um drei Kantone (Wallis, Neuenburg, Genf) erweiterte EIDGENOSSENSCHAFT verpflichtete sich zur IMMERWÄHRENDEN NEUTRALITÄT, garantiert von den Großmächten. Schweden und Norwegen gingen eine PERSONALUNION ein (bis 1905).

Der Wiener Kongress ordnete Europa nach traditionellen dynastischen und machtpolitischen Prinzipien, ideologisch abgesichert durch die Heilige Allianz. So blieben bzw. wurden die Polnische, Italienische,

Belgische Frage, ebenso die DEUTSCHE FRAGE, ORIENTALISCHE FRAGE und SÜDSLAWISCHE FRAGE virulent. Die Wiener Beschlüsse motivierten Revolutionen und Aufstände (Polen, Griechenland). Außenpolitisch wurde die britische HEGEMONIE auf den Meeren sowie die Rolle Russlands als Ordnungsmachte auf dem Kontinent bestätigt. Österreich gewann Territorien im Südosten Europas, beanspruchte aber weiterhin die Führung in Deutschland. Mit Westfalen und dem Rheinland fielen Zentren der anlaufenden Industrialisierung an Preußen, das zur stärksten Wirtschaftsmacht im deutschen Raum aufstieg (u. a. über den DEUTSCHEN ZOLLVEREIN, 1834). Die territorialen Verschiebungen nahmen die Lösung der Deutschen Frage in der REICHSGRÜNDUNG (1871) vorweg. Die Inbesitznahme der Kapkolonie durch Großbritannien löste den GROSSEN TREK (1836) aus. Revolutionen (1830, 1846, 1848/49), der PARISER KONGRESS (1856), das Risorgimento (1847–1870), die Reichsgründung in Deutschland (1871) und der BERLINER KONGRESS (1878) modifizierten die Wiener Ordnung.

Literatur: H. Spiel (Hg.): Der Wiener Kongreß in Augenzeugenberichten. München [3]1978; K. Müller (Hg.): Wiener Kongreß 1814/1815. Quellen zur Geschichte des Wiener Kongresses. Darmstadt 1986; A. von Ilsemann: Die Politik Frankreichs auf dem Wiener Kongreß. Hamburg 1996; T. Chapman: The Congress of Vienna. Origins, Processes, and Results. London u. a. 1998.

Herrschaft der 100 Tage

Zweite Herrschaftsperiode Napoleons: Nach Napoleons Rückkehr aus Elba nach Frankreich (1. März 1815) floh König Ludwig XVIII. nach Gent (19. März), Napoleon zog in Paris ein (20. März) restaurierte das I. EMPIRE (20. März–22. Juni **1815**), gestützt auf eine breite Koalition von BONAPARTISTEN (Marschall Ney), ehemaligen Republikanern (Carnot) und Liberalen (Benjamin Constant, 1767–1830). Er erließ als Zugeständnis eine liberale Verfassung »Le Champ de Mai« (2. Juni). Die entscheidende Niederlage bei Waterloo (18. Juni) besiegelte den endgültigen Kollaps des I. Empire: Napoleon dankte zum zweiten Mal ab (22. Juni). Die Alliierten besetzten Paris (7. Juli) und verbannten Napoleon nach St. Helena (bis 1821). Die Legendenbildung um Napoleon wurde ideologische Grundlage des Bonapartismus.

Literatur: E. Saunders: The Hundred Days. London 1964; F. Sieburg: Napoleon. Die 100 Tage. Frankfurt/Main u. a. 1987; D. Chandler: Waterloo. The Hundred Days. Nachdruck London 1988; A. Bolz (Hg.): Die hundert Tage. Napoléons Herrschaft der 100 Tage in Quellen. Lüneburg 1997.

Bonapartisten

Anhänger der beiden Bonapartes, Napoleon I. und Napoleon III., und ihres Regierungssystems nach dem Sturz des I. EMPIRE (1814/15): Die Bonapartisten plädierten für eine MONARCHIE mit VOLKSSOUVERÄNITÄT und PLEBISZITEN. Sie unterstützten Napoleons HERRSCHAFT DER 100 TAGE (März–Juni 1815). Nach dem Ende des I. Empire wurden sie mit JAKOBINERN vom WEISSEN TERROR der ULTRAS verfolgt (**1815**); sie reagierten mit Komplotten (1816, 1822). Nach dem Tod des Herzogs von Reichstadt, des Sohns Napoleons (1832), wurde Louis Napoleon

Bonaparte Thronanwärter, jedoch scheiterten zwei Aufstandsversuche (1836, 1840). Die Asche Napoleons wurde nach Paris überführt (1840). Die FEBRUARREVOLUTION 1848 bereitete dem II. EMPIRE (1852–1870) den Weg. Die Bonapartisten verwarfen den Frankfurter Frieden, der den DEUTSCH-FRANZÖSISCHEN KRIEG beendete (1871) und konstituierten sich als Partei (1874), mit ersten Wahlerfolgen (1874–1877). Bei der Abstimmung in der NATIONALVERSAMMLUNG über die Staatsform gaben sie den Ausschlag für die Republik (1875), spalteten sich (1880) und verloren nach der BOULANGER-KRISE (1886) an Bedeutung.

Kongresspolen

Der vom WIENER KONGRESS Russland zugesprochene Teil Polens, als Königreich Polen (**1815**–1868) mit AUTONOMIE und liberaler Verfassung: Nach dem NOVEMBERAUFSTAND (1830/31) verlor Kongresspolen die Autonomie (1832). Der JANUARAUFSTAND (1863) leitete die Russifizierung ein, das Königreich Polen wurde aufgehoben (1868). In der 1. RUSSISCHEN REVOLUTION (1905) häuften sich Aufstände. Die MITTELMÄCHTE eroberten das Gebiet (1915), proklamierten das Königreich Polen (1916), das in der 2. POLNISCHEN REPUBLIK aufging (1918–1939).

Republik Krakau

Vom WIENER KONGRESS eingerichteter autonomer, von den Großmächten kontrollierter Freistaat – Krakau und Umland (**1815**–1846): Als letzter Rest polnischer Staatlichkeit war Krakau auch eine Keimzelle kultureller Eigenständigkeit des Polentums. Von Krakau ging der POLNISCHE AUFSTAND aus: Österreich annektierte Krakau (1846).

Immerwährende Neutralität

Wegen der strategischen Bedeutung der Schweiz durch ihre Alpenpässe (St. Gotthard, Großer St. Bernhard) im 1. KOALITIONSKRIEG und 2. KOALITIONSKRIEG im Anschluss an den WIENER KONGRESS von den Signaturmächten garantierte Neutralität der EIDGENOSSENSCHAFT (20. November **1815**): Sie wurde in allen Kriegen respektiert.

Der ÖSTERREICHISCHE STAATSVERTRAG enthielt auch für Österreich nach dem Zweiten Weltkrieg eine immerwährende Neutralität (1955).

Literatur: E. Bonjour: Geschichte der schweizerischen Neutralität. 2 Bde., Basel [6]1980; J. M. Gabriel: Die Schweizer Neutralität: Wandel und Konstanz. St. Gallen 1986; D. Majer: Neutralitätsrecht und Neutralitätspolitik am Beispiel Österreichs und der Schweiz. Heidelberg 1987; A. Riklin: Funktionen der schweizerischen Neutralität. St. Gallen 1991.

Bundesakte

Verfassung des DEUTSCHEN BUNDS: Die Bundesakte wurde von den Regierungen der deutschen Länder beim WIENER KONGRESS angenommen (8. Juni **1815**). Sie enthielt 20 Artikel, von denen die Signaturmächte Artikel 1–12 als Teil der Wiener Kongressakte völkerrechtlich garantierten: Deutschland konstituierte sich als lockerer Staatenbund (KONFÖDERATION) der 37 »souveränen Fürsten und vier freien Städte Deutschlands« (Präambel). Preußen und Österreich gehörten ihm nur mit den Gebieten an, die früher zum Reich gehörten. Ausländische Mitglieder waren Großbritannien für Hannover (bis 1837), Dänemark für Holstein (bis 1864), die Niederlande für Luxemburg (bis 1866). Der Bundestag tagte als ständiger Gesandtenkongress in Frankfurt am Main (1815–1848, 1850–1866). Präsidialmacht war Österreich. Die vier verbliebenen freien Städte waren Frankfurt, Bremen, Hamburg, Lübeck. Artikel 13 sah »landständische Verfassungen« vor. Die Bundesakte löste große Enttäuschung unter den deutschen PATRIOTEN (u. a. von Stein und Arndt) aus. Sie erhielt ihre endgültige Form durch die WIENER SCHLUSSAKTE (1820). Die DEUTSCHE FRAGE blieb ungelöst, bis zur REICHSGRÜNDUNG (1871).

Literatur: E. R. Huber: Deutsche Verfassungsgeschichte seit 1789. 4 Bde., Stuttgart u. a. [1–2]1967–1970; ders. (Hg.): Dokumente zur deutschen Verfassungsgeschichte. Köln 1987; H. Boldt: Deutsche Verfassungsgeschichte. Politische Strukturen und ihr Wandel. München 1990; D. Grimm: Deutsche Verfassungsgeschichte, 1776–1866. Vom Beginn des modernen Verfassungsstaats bis zur Auflösung des Deutschen Bundes. Nachdruck Frankfurt/Main 1995.

Deutscher Bund

Nachfolgeorganisation für das REICH DER DEUTSCHEN (962–1806) und den (2.) RHEINBUND (1806–1813), als dezentraler, föderaler Staatenbund souveräner Staaten (Konföderation): Rechtsgrundlagen waren die vom WIENER KONGRESS beschlossene BUNDESAKTE (8. Juni **1815**–1866) und die WIENER SCHLUSSAKTE (1820). Der Deutsche Bund wurde dominiert vom Dualismus Österreich–Preußen (1740–1866). Er erhielt eine »Kriegsverfassung« (1821) und eine Bundesarmee von 550 000 Mann. Nach der JULIREVOLUTION (1830) und dem HAMBACHER FEST (1832) verschärfte sich nochmals die Repression, die bereits mit den KARLSBADER BESCHLÜSSEN (1819) und der ZENTRALUNTERSUCHUNGSKOMMISSION gegen die liberale und demokratische Opposition (»revolutionäre Umtriebe«) begonnen hatte. Zu Beginn der MÄRZREVOLUTION (1848/49) wurde der Bundestag aufgelöst (28. Juni 1848), nach dem Scheitern der Revolution (1849) wieder eingesetzt (10. Mai 1850). Preußen kehrte erst nach dem VERTRAG VON OLMÜTZ (30. November 1850) wieder in den Bundestag zurück (1851). Mit Bismarck als preußischem Gesandten beim Deutschen Bund (bis 1859) verschärfte sich der preußisch-österreichische Gegensatz. Der Bund zerbrach am DEUTSCHEN KRIEG (1866), der die Grundlage für den NORDDEUTSCHEN BUND (1867) und das 2. DEUTSCHE KAISERREICH legte (REICHSGRÜNDUNG 1871) und Österreich zum AUSGLEICH mit Ungarn zwang (1867).

Literatur: L. Bentfeldt: Der Deutsche Bund als nationales Band, 1815–1866. Zürich 1985; H. Rumpler (Hg.): Deutscher Bund und deutsche Frage 1815–1866. Europäische Ordnung, deutsche Politik und gesellschaftlicher Wandel im Zeitalter der bürgerlich-nationalen Emanzipation. München 1990; J. Angelow: Von Wien nach Königgrätz. Die Sicherheitspolitik des Deutschen Bundes im europäischen Gleichgewicht (1815–1866). München 1996; T. Schieder: Vom Deutschen Bund zum Deutschen Reich 1815–1871. München [16]1999.

2. Pariser Friede

Friede der QUADRUPEL-ALLIANZ mit Frankreich (20. November **1815**) zur Beendigung der zweiten Phase der BEFREIUNGSKRIEGE mit verschärften Bedingungen gegenüber dem 1. PARISER FRIEDEN: Er legte die Grenzen für Frankreich nach dem Status quo von 1790 fest; u. a. fielen Saarlouis und Saarbrücken an Preußen, Landau an Bayern, Savoyen und Monaco an Sardinien-Piemont. Der AACHENER KONGRESS (1818) verringerte die Kriegsentschädigung von 700 Mio. auf 265 Mio. Franken. Für drei bis fünf Jahre blieb eine alliierte Besatzungsarmee (500 000 Mann) in Frankreich stationiert. Geraubte Kunstschätze waren zum größten Teil zurückzugeben: Der Vertrag löste in Frankreich heftige Empörung aus.

Literatur: H. C. von Gagern: Der zweite Pariser Friede. 2 Tle. Leipzig 1844.

Quadrupelallianz (Vierbund)

Bündnis zwischen Österreich, Russland, Preußen und Großbritannien gegen das besiegte Frankreich (20. November **1815**) zur Garantie des 2. PARISER FRIEDENS: Der Vierbund zerbrach, wie die HEILIGE ALLIANZ, am GRIECHISCHEN UNABHÄNGIGKEITSKRIEG (1821–1829).

Konzert der Mächte

Das durch die QUADRUPEL-ALLIANZ (VIERBUND **1815**) institutionalisierte Zusammenwirken der Großmächte nach dem Sturz Napoleons, erweitert um Frankreich (1818) zur PENTARCHIE: Sardinien-Piemont und das OSMANISCHE REICH traten auf dem PARISER KONGRESS (1856) hinzu. Das Konzert der Mächte regelte die territoriale und politische Ordnung in Europa, entschied über Grenzveränderungen oder AUTONOMIE bzw. SOUVERÄNITÄT von Staaten, bis zum BERLINER KONGRESS (1878), zuletzt auf der Londoner Botschafterkonferenz (1913). Das Konzert der Mächte fand seine modifizierte Fortsetzung im VÖLKERBUND (1919) und in der UNO (1945).

Literatur: W. Baumgart: Vom Europäischen Konzert zum Völkerbund. Darmstadt [2]1987; St. Verosta: Kollektivaktionen der Mächte des europäischen Konzerts, 1886–1914. Wien 1988; J. Lowe: The Concert of Europe: International Relations 1814–70. London u. a. [4]1993; W. Baumgart: Europäisches Konzert und nationale Bewegung. Internationale Beziehungen 1830–1878. Paderborn u. a. 1999.

Heilige Allianz

Monarchisch-konservatives Dauerbündnis auf christlicher Basis zur Garantie der monarchischen Ordnung Europas nach dem WIENER KONGRESS: Der von ZAR Alexander I. unter dem Einfluss der deutschen politischen Romantik vorgeschlagene, von Metternich überarbeitete Bündnisentwurf wurde als Vertrag in Paris (26. September **1815**) unterzeichnet. Alle kontinentalen Staaten traten bei, bis auf den PAPST und (aus religiösen Gründen) den SULTAN des Osmanischen Reichs.

Großbritannien gab eine Sympathieerklärung ab, schloss sich aber nicht an. Frankreich fand später Aufnahme (1818). Kongresse tagten u. a. zur Bekämpfung der REVOLUTION in Italien und Spanien: AACHENER KONGRESS (1818), KONGRESS VON TROPPAU (1820), KONGRESS VON LAIBACH (1821) und KONGRESS VON VERONA (1822). Gegen die drohende Intervention des Bündnisses in den UNABHÄNGIGKEITSKRIEGEN IN LATEINAMERIKA richtete sich die MONROE-DOKTRIN der USA (1823). Die Heilige Allianz zerbrach an Differenzen über den GRIECHISCHEN UNABHÄNGIGKEITSKRIEG (1821–1829). Spätere Versuche zur Neubelebung scheiterten. Die Heilige Allianz wurde, obwohl sie de facto nur geringe Bedeutung hatte, zum Symbol für das reaktionäre »System Metternich« (bis 1848). Der KRIMKRIEG (1854–1856) und der PARISER KONGRESS (1856) beendeten sie endgültig.

Literatur: J. H. Pirenne: La Sainte Alliance. 2 Bde., Neuchâtel 1946–1949; H. Schaeder: Autokratie und Heilige Allianz. Darmstadt [2]1963; M. Kossok: Legitimität gegen Revolution. Die Politik der Heiligen Allianz gegenüber der Unabhängigkeitsrevolution Mittel- und Südamerikas 1810–1830. Kommentare und Quellen. Ostberlin 1987; K. Holzapfel: Julirevolution 1830 in Frankreich. Französische Klassenkämpfe und die Krise der Heiligen Allianz, 1830–1832. Berlin 1990.

Corn Laws (Kornzölle)

Getreideschutzzölle in Großbritannien (**1815**–1846) nach der KONTINENTALSPERRE (1806–1813): Durch die Corn Laws, mehrfach modifiziert (1822, 1828, 1842), erhöhte sich der Brotpreis. Massive Proteste der hungernden Bevölkerung endeten im Massaker von PETERLOO (1819). Richard Cobden und andere leiteten mit der »Anti-Corn Law League« (1839 in Manchester gegründet) eine Massenagitation gegen die Corn Laws ein. Nach Getreide- (1839–1841) und KARTOFFELMISSERNTEN (1845–1848), vor allem in Irland (Potato Blight), setzte Premierminister Peel die AUFHEBUNG DER KORNZÖLLE durch (1846).

Literatur: N. McCord: The Anti-Corn Law League, 1838–1846. London 1958; D. G. Barnes: A History of the English Corn Laws from 1660 to 1846. New York [2]1961; P. A. Pickering/A. Tyrell: The People's Bread. A History of the Anti-Corn Law League. London u. a. 2000; J. R. Wordie (Hg.): Agriculture and Politics in England, 1815–1939. Basingstoke u. a. 2000.

Burschenschaft

(Deutsche Burschenschaft) Studentische Bewegung in Deutschland nach den BEFREIUNGSKRIEGEN, zunächst meist aus den FREIKORPS rekrutiert: Nach ihrer Gründung in Jena (**1815**) breitete sich die Burschenschaft an den UNIVERSITÄTEN in Deutschland rasch aus: mit nationalistischem, altdeutschem Reichspatriotismus, modernen konstitutionellen Ideen und ANTISEMITISMUS. Die Jenaer Burschenschaft organisierte das WARTBURGFEST (1817). Sie gab sich eine nach Universitäten gegliederte föderative Gesamtvertretung (1818). Die Ermordung Kotzebues durch den UNBEDINGTEN Karl Ludwig Sand provozierte die KARLSBADER BESCHLÜSSE (1819). Danach wirkte die Burschenschaft im Untergrund weiter. Sie war maßgeblich am HAMBACHER FEST beteiligt (1832). Der radikale Flügel organisierte den FRANKFURTER WACHENSTURM (1833), der die Repressionen verschärfte. Viele Burschenschaftler waren Abgeordnete der FRANKFURTER NATIONALVERSAMMLUNG in der PAULSKIRCHE (1848/49). Nach einem gemeinsamen Studentenkongress (1848) bildeten sich verschiedene Gruppierungen (nach 1850). Nach der REICHSGRÜNDUNG (1871) entwickelte sich die Burschenschaft zu einem Farben tragenden, schlagenden Studentenverband nationaler, nach dem ERSTEN WELTKRIEG (1914–1918) nationalistischer Gesinnung. Sie war im DRITTEN REICH gleichgeschaltet (nach 1933), nahm ihre Aktivitäten nach dem ZWEITEN WELTKRIEG in der BUNDESREPUBLIK DEUTSCHLAND wieder auf (nach 1949).

Literatur: M. Ballerstedt: Die politische Reaktivierung und Differenzierung der Burschenschaften und ihre Teilnahme an den revolutionären Volksbewegungen sowie an den Organisationsbestrebungen der bürgerlich-antifeudalen Opposition in den Jahren 1824/25–1833. 2 Bde., Magdeburg 1986; H. Strole-Bühler: Studentischer Antisemitismus in der Weimarer Republik. Eine Analyse der burschenschaftlichen Blätter 1918 bis 1933. Frankfurt/Main 1991; H. Brunck: Die Deutsche Burschenschaft in der Weimarer Republik und im Nationalsozialismus. München 1999; D. Heither: Verbündete Männer. Die Deutsche Burschenschaft. Weltanschauung, Politik und Brauchtum. Köln 2000.

Unbedingte

(auch: Schwarze, nach ihrer altdeutschen Tracht) Radikaler, teilweise geheimbündlerischer Ableger als elitärer Kern der BURSCHENSCHAFT, in Gießen von Karl Follen (* 1796, † 1840) gegründet (**1815**): Die Ideologie der Unbedingten aus nationalrevolutionärem Sendungsbewusstsein, romantischem Reichspatriotismus, westlichem Konstitutionalismus und Antijudaismus orientierte sich u. a. an der Tugendlehre der französischen JAKOBINER und legitimierte, im Rückgriff auf mittelalterliche FEME und jesuitischen Probabilismus, IndividualTERROR im »unbedingten« Kampf gegen die soziale und politische Ordnung. Ihr Verfassungsentwurf (1818) forderte nationale Einheit in einem zentralistischen Reich durch Aufhebung territorialer Zersplitterung, Gliederung in GAUE nach dem Vorbild der französischen DEPARTEMENTS, Gewaltenteilung, VOLKSSOUVERÄNITÄT in KONSTITUTIONELLER MONARCHIE nach westlichem und idealisiertem germanischen Vorbild (gewählter Fürst an der Spitze eines Volkskönigtums). Ihr Christentum als Staatsreligion (»christlich-teutsche Kirche«) forderte Konversion oder DEPORTATION der JUDEN. Die Ermordung Kotzebues durch den Unbedingten Karl Ludwig Sand provozierte die KARLSBADER BESCHLÜSSE (1819): Follen wurde inhaftiert, die Organisation zerschlagen. [F. H.]

Literatur: H. Haupt: Karl Follen und die Gießener Schwarzen. Gießen 1907; W. Hardtwig: Protestformen und Organisationsstrukturen der deutschen Burschenschaft 1815–1833, in: H. Reinalter (Hg.): Demokratische und soziale Protestbewegungen in Mitteleuropa 1815–1848/49. Frankfurt/Main 1986, S. 37–76.

Regulierungsedikt

Preußisches Edikt zur Entschädigung des LandADELS für mit der BAUERNBEFREIUNG in Preußen (1808) verlorene gutsherrliche Rechte: Durchführungsbestimmungen des ersten Regulierungsedikts (1811) wurden auf Druck des preußischen Landadels suspendiert (1815). Eine neue

Deklaration berücksichtigte die Interessen des Landadels stärker (**1816**), durch »Arrondierung« (= enorme Vergrößerung) der adligen Güter in Ostelbien, analog den Enclosures in England. Viele Bauern konnten ihre Existenz nicht mehr sichern und wanderten ab. Die Landflucht schuf ein städtisches Proletariat als Voraussetzung zur Industrialisierung.

Literatur: wie zu Bauernbefreiung.

American Colonization Society

Organisation aus Vertretern der Südstaaten der USA in Washington D. C. (**1816**) zur Rücksiedlung befreiter SKLAVEN nach Afrika: Nach einem gescheiterten Versuch in Sierra Leone initiierte die American Colonization Society das LIBERIA-PROJEKT (1821/22). Das Vorhaben stieß u. a. auf die Kritik freier AFRO-AMERIKANER im Norden, vor allem in Philadelphia (1817), organisiert im Negro Convention Movement (1831). Aktivistischer ABOLITIONISMUS (ab 1835) verschärfte die Gegensätze in den USA bis zum SEZESSIONSKRIEG (1861–1865).

Literatur: J. P. Staudenraus: The African Colonization Movement 1816–1865. Nachdruck New York 1980.

Liberia-Projekt

Plan der AMERICAN COLONIZATION SOCIETY, aus der Sklaverei entlassene AFRO-AMERIKANER aus den US-Südstaaten in Afrika anzusiedeln (**1816**): Gegen das Liberia-Projekt erhob sich Protest freier Afro-Amerikaner aus dem Norden, vor allem in Philadelphia (ab 1817). Der Kolonisationsverein siedelte – oft zu diesem Zweck erst freigelassene – SKLAVEN aus den Südstaaten im späteren Liberia an (ab 1822), das Unabhängigkeit erhielt (1847). Afro-Amerikaner und ihre Nachfahren (»Americo-Liberians«) bildeten in Liberia die herrschende OLIGARCHIE (bis 1980). Der Protest gegen das Liberia-Projekt politisierte die freien Afro-Amerikaner und gab dem ABOLITIONISMUS neuen Auftrieb.

Literatur: P. J. Staudenraus: The American Colonization Movement 1815–1865. Nachdruck New York 1980.

Zulu

Bantuvolk in Südafrika, besonders in Natal: Ursprünglich ein kleiner Stamm, den sein Führer und späterer König Shaka militärisch straff organisierte, unterwarfen die Zulu ihre Nachbarvölker in blutigen Eroberungszügen. Die BUREN im GROSSEN TREK besiegten das Königreich der Zulu (**1816**–1879) am Blood River (1838). Nach Unterwerfung durch die Briten (1879) zerfiel das Reich in 13 Häuptlingstümer unter einem König (Paramount Chief). Zululand kam in die SÜDAFRIKANISCHE UNION (1910) und bildete in der Zeit der APARTHEID das Homeland Kwazulu (1972). Der Präsident des AFRICAN NATIONAL CONGRESS (ANC, 1952), Albert Luthuli (* 1898, † 1967), aus einer Zulu-Häuptlingsfamilie, erhielt den FriedensNOBELPREIS (1960). In Auflösung der Apartheid organisierten sich die Zulu in der INKATHA-

Bewegung unter Buthelezi, anfangs in Konflikt mit dem ANC, bis hin zu gegenseitigen Massakern (1989–1994).

Literatur: A. T. Bryant: A History of the Zulu and Neighbouring Tribes. Kapstadt 1964; J. D. Omer-Cooper: The Zulu Aftermath. London 1975; D. R. Morris: The Washing of the Spears. A History of the Rise of the Zulu Nation Under Shaka and Its Fall in the Zulu War of 1879. New York 1998.

Sultanat von Sokoto

Nach dem JIHAD DES USMAN DAN FODIO (1804–1817) gegründetes Reich der FULBE/Haussa als KONFÖDERATION (**1817**–1967) im zentralen Sudan (Hauptstadt: Sokoto): Das Sultanat von Sokoto besiegte die YORUBA in Ilorin (1821) und das OYO-REICH. Nach der gescheiterten Eroberung Ibadans (1840) unterwarfen Briten unter Lugard das Reich (1903) und machten den größten Teil zum PROTEKTORAT, beherrscht durch Indirect Rule (INDIREKTE HERRSCHAFT); der Rest ging an Frankreich (heute: Niger, Kamerun). In Britisch-Nigeria (1914) dehnte das Sultanat seine beanspruchte Herrschaft auf das Jos-Plateau und den Middle Belt aus, auch als Kern der Northern Region (1947, ab 1964 im unabhängigen Nigeria). Nach einem Militärputsch eskalierten ethnisch-soziale Spannungen zum Massaker an (aus dem Süden eingewanderten) IBO (1966) und BIAFRAKRIEG (1967–1970). Das Sultanat wurde mit Nigerias staatlicher Neuordnung formal aufgelöst (1967), behielt aber durch den Sultan als religiösen Führer aller Muslime in Nigeria überragenden geistlich-politischen Einfluss.

Literatur: M. Last: The Sokoto Caliphate. London 1977; R. Osswald: Das Sokoto-Kalifat und seine ethnischen Grundlagen. Eine Untersuchung zum Aufstand der Abd as-Salam. Wiesbaden 1986; R. Marjomaa: War on the Savannah. The Military Collapse of the Sokoto Caliphate Under the Invasion of the British Empire 1897–1903. Helsinki 1998.

Oyo-Reich

Reich der YORUBA (ca. 1400), als KONFÖDERATION mit AUTONOMIE der einzelnen Stämme unter einem Oberkönig (Alafin), Hauptstadt (Old) Oyo: Das Oyo-Reich dehnte seinen Einflussbereich weiter aus (nach 1500). Seit der TRANSATLANTISCHEN SKLAVEREI dienten periodische Kriegszüge (alle drei Jahre) dem Gewinn von Gefangenen für den SKLAVENHANDEL. Dahomey geriet unter die SUZERÄNITÄT Oyos (1729/48–1819). Ein Bürgerkrieg (ca. 1754–1774) und eine Niederlage gegen Borgu (ca. 1760) schwächten das Reich, gefolgt von Aufständen unterworfener Gebiete (ab 1783) und inneren Konflikten (1795–1797). Die FULBE (JIHAD DES USMAN DAN FODIO) besiegten Oyo (1811) – Ilorin fiel ab, wurde islamisiert (**1817**). Nach erneuten Bürgerkriegen (bis 1893) löste sich Dahomey vom Oyo-Reich (1819), das auf die Stadt Oyo und ihr Umland beschränkt wurde (1821). Die Yoruba stellten fortan das größte Kontingent von SKLAVEN nach Amerika (bis ca. 1861). Mit Verlegung der Stadt Oyo nach Süden (1837) endete das Oyo-Reich.

Literatur: J. Atlanda: The Fall of the Old Oyo Empire, in: Journal of the Historical Society of Nigeria. 4/1971; R. C. C. Law: The Oyo Empire, ca. 1600–ca. 1836. Oxford 1977.

Preußische Union (Kirchenunion, Unierte Kirche)

Zusammenschluss der REFORMIERTEN und LUTHERANER in Preußen zum 300. Jahrestag der REFORMATION, auf Betreiben von König Friedrich Wilhelm III. gebildet (**1817**): Andere deutsche Länder schlossen sich der Union an, u. a. Herzogtum Nassau (1817), Rheinpfalz (1818), Großherzogtum Hessen (1817/22), Baden, Kurhessen/Waldeck (1821), Dessau (1827). Aus Protest spalteten sich Alt-Lutheraner (ab 1830) und Alt-Reformierte (1838) ab. Aus der Evangelischen Kirche der Altpreußischen Union (1922–1953) ging die Evangelische Kirche der Union hervor (EKU, ab 1954), die während der deutschen Teilung (sieben unierte Landeskirchen) ebenfalls geteilt war (1972–1992), mit Sitz in beiden Teilen Berlins. Die EKU bildet mit den lutherischen und reformierten Gliedkirchen die Evangelische Kirche in Deutschland (EKD, ab 1948).

Analog auch in Übersee: »The United Church of South India« (1901), »The Church of Christ in China« (1927), »The Church of Christ in Japan« (1940), »The United Church of Christ in the Philippines« (1948).

Literatur: F. Brandes: Geschichte der evangelischen Union in Preußen. 2 Bde., Gotha 1872/73; J. Webster Grant (Hg.): Die unierten Kirchen. Stuttgart 1973; F. W. Kantzenbach: Einigungsbestrebungen im Wandel der Kirchengeschichte. Gütersloh 1979.

Wartburgfest

Demonstration der BURSCHENSCHAFT auf der Wartburg bei Eisenach am vierten Jahrestag der VÖLKERSCHLACHT BEI LEIPZIG (18./19. Oktober **1817**): Zum Wartburgfest waren nur Studenten evangelischer UNIVERSITÄTEN geladen; sie pflegten romantisch-schwärmerische Erinnerungen an REFORMATION und BEFREIUNGSKRIEGE, demonstrierten für nationale Einheit und Freiheit Deutschlands, verbrannten Bücher missliebiger Autoren (u. a. Kotzebue), den CODE CIVILE, preußische Polizeigesetze sowie Symbole des Obrigkeitsstaats, u. a. preußischen Ulanenschnürleib, Zopf (Zeichen des ABSOLUTISMUS), österreichischen Korporalstock.

Literatur: G. Steiger: Aufbruch. Urburschenschaft und Wartburgfest. Berlin ^{2}1991.

Preußisches Zollgesetz

Das Preußische Zollgesetz hob innerpreußische Binnenzölle auf und machte Preußen zum einheitlichen Zollgebiet (**1818**), als Voraussetzung zum DEUTSCHEN ZOLLVEREIN (1834).

Aachener Kongress

Erster Monarchenkongress der QUADRUPEL-ALLIANZ (**1818**): Auf dem Aachener Kongress wurden die französischen Kriegsentschädigungen von 700 Mio. auf 265 Mio. Franken reduziert. Frankreich fand als fünfte Großmacht Aufnahme in die HEILIGE ALLIANZ und das KONZERT DER MÄCHTE.

Tschetschenen

(Eigenbezeichnung: Nochtschi) Autochthones Volk in Nordostkaukasien, das in etwa 170 Clans organisiert ist (Staatsbildung setzte erst als ASSR in der Sowjetunion ein): Die meisten Stämme wurden seit dem 17. Jahrhundert durch Sufi-Bruderschaften islamisiert. Im Widerstand gegen die russische Expansion (erstmals 1587) schlossen sich die Tschtschenen mit anderen islamischen Völkern zusammen. Scheich Mansur Uschurmas siegte über die russische Armee (1785). Symbolisch für die russische Eroberung und ihre Methoden (Massaker, massive russische Kolonisation) wurde der Name der Hauptstadt im Tschetschenenland, Grosny (**1818**) – als strategische Zwingfestung erbaut und benannt nach Iwan dem Schrecklichen (»Grosny«). Nach lang andauerndem Aufstand unter Imam Schamil gelang Russland der endgültige Sieg (1859). Nach Entdeckung von Erdölfeldern um Grosny (um 1890) siedelten sich Russen in der Vor-Kaukasus-Ebene an. Zwischen Tschetschenen und Russen wuchsen die Konflikte. Tschetschenen unterstützten 1918/21 die ROTE ARMEE im RUSSISCHEN BÜRGERKRIEG, widersetzten sich aber der Kollektivierung. Stalin ließ das gesamte Volk nach Zentralasien (1944) deportieren. Die Tschetschenen kehrten nach ihrer Rehabilitierung zurück (1957).

Nach dem Untergang der Sowjetunion (1990/91) spaltete sich die autonome REPUBLIK der Tschetschenen und Inguschen in die autonome Republik Inguschetien und die von Russland nicht anerkannte unabhängige Republik Tschetschenien. Russische Streitkräfte verwüsteten das Land im 1. TSCHETSCHENIENKRIEG (1994–1996) mit unzähligen Opfern. Nach ungeklärten Bombenanschlägen in russischen Städten eskalierten die Spannungen zum 2. TSCHETSCHENIENKRIEG (seit 1999), mit GENOZIDalen Massakern und ETHNISCHEN SÄBERUNGEN vom Westen seit dem 11. SEPTEMBER (2001) stillschweigend toleriert. [K.G.-H.]

Literatur: H. Krech: Der russische Krieg in Tschetschenien (1994–1996). Berlin 1997; K. Grobe-Hagel: Tschetschenien. Köln 2000.

Hepp-Hepp-Unruhen

(nach dem Ausruf »Hepp-Hepp-Jud-verreck!«) Ausschreitungen gegen JUDEN in Würzburg (**1819**), erster Ausbruch des anlaufenden ANTISEMITISMUS, als Reaktion auf die JUDENEMANZIPATION seit der FRANZÖSISCHEN REVOLUTION und die Wirtschaftskrisen nach dem WIENER KONGRESS (1815): Die Übergriffe setzten sich in Südwestdeutschland, Hessen (u. a. Darmstadt, Frankfurt, Fulda, Kassel; besonders stark in ländlichen Gebieten), in Teilen Preußens (Koblenz, Köln, Düsseldorf, Hamm; Halle, Breslau, Elbing, Danzig, Königsberg) fort, erreichten (über Hamburg und Lübeck) auch Dänemark (u. a. Kopenhagen), Riga, Prag und Krakau. Ausschreitungen gegen Juden flammten immer wieder auf lokaler Ebene auf, zuletzt nach der JULIREVOLUTION (1830).

Literatur: R. Erb: Die Nachtseite der Judenemanzipation. Der Widerstand gegen die Integration der Juden in Deutschland 1780–1860. Berlin 1989; W. Grab: Der deutsche Weg der Judenemanzipation, 1789–1938. München 1991.

Karlsbader Beschlüsse

Nach Ermordung Kotzebues durch den UNBEDINGTEN Sand erlassene Gesetze des Frankfurter Bundestags (**1819**–1848): Die Karlsbader Beschlüsse verboten die BURSCHENSCHAFT, verordneten die staatliche Überwachung der UNIVERSITÄTEN (DEMAGOGENVERFOLGUNG) und Vorzensur für Schriften unter »20 Bogen im Druck« (= 320 Druckseiten); Redakteure verbotener Zeitungen oder Zeitschriften erhielten fünf Jahre Berufsverbot. Ihre Überwachung oblag der ZENTRALUNTERSUCHUNGSKOMMISSION.

Literatur: E. Büssem: Die Karlsbader Beschlüsse von 1819. Hildesheim 1974.

Demagogenverfolgung

Maßnahmen zur Unterdrückung der liberalen und nationalen Opposition (»Demagogen«) im DEUTSCHEN BUND seit den KARLSBADER BESCHLÜSSEN (**1819**): Die Demagogenverfolgung wurde von der ZENTRALUNTERSUCHUNGSKOMMISSION überwacht.

Literatur: B.C. Schwedhelm: Demagogenjagd. Frankfurt um 1830. Frankfurt/Main 1988.

Zentraluntersuchungskommission

Seit den KARLSBADER BESCHLÜSSEN eingesetzte Behörde des DEUTSCHEN BUNDS (**1819**) zur Untersuchung »revolutionärer Umtriebe und demagogischer Verbindungen« mit Sitz zunächst in Mainz (1819–1828), nach dem FRANKFURTER WACHENSTURM in Frankfurt am Main (1833–1842): Die Zentraluntersuchungskommission war Hauptinstrument der DEMAGOGENVERFOLGUNG, hatte aber keine richterlichen Befugnisse.

Literatur: E. Weber: Die Mainzer Zentraluntersuchungskommission. Karlsruhe 1970.

»Peterloo«

(aus: Peter's Field + Waterloo) Polemische Bezeichnung für das Massaker auf dem St. Peter's Field in Manchester bei einer Massendemonstration von Arbeitern (unter ihnen VETERANEN von Waterloo) gegen die (u.a. wegen der CORN LAWS) hohen Brotpreise in Großbritannien (**1819**): In Reaktion auf die Ausschreitungen beschloss das britische PARLAMENT die SIX ACTS.

Literatur: R. Reid: The Peterloo Massacre. London 1989.

Six Acts

Sechs Gesetze des britischen PARLAMENTS zur raschen Verurteilung Oppositioneller durch die Gerichte: Die Six Acts, Reaktion auf Unruhen in Manchester (PETERLOO, **1819**), verboten Waffenübungen, erleichterten die Beschlagnahmung von Waffen und Hausdurchsuchungen, verschärften Gesetze gegen Blasphemie und aufrührerische Schmähschriften (Zeitungssteuer für radikale Periodika) und schränkten die Versammlungsfreiheit ein – vergleichbar mit den KARLSBADER BESCHLÜSSEN.

Spanische Revolution

Liberale Erhebung gegen den ABSOLUTISMUS in Spanien (1820–1823): Der Aufstand begann als Meuterei von Truppen, die von Cádiz in die spanischen Kolonien nach Lateinamerika verschifft werden sollten, um dort die Unabhängigkeitsbewegung niederzuschlagen (Januar **1820**). Ursache war der verschärfte Druck der RESTAURATION nach Aufhebung der liberalen VERFASSUNG VON CÁDIZ (1812) durch Ferdinand VII. (1814). Dem PRONUNCIAMENTO folgte der Marsch auf Madrid, wo sich die Garnison der Erhebung anschloss. Ferdinand VII. musste die Verfassung von Cádiz wieder in Kraft setzen und auf sie den Eid ablegen (1820). Ergebnisse waren u. a. radikale liberale Reformen, Abschaffung von FOLTER und INQUISITION, Konfiskation vieler Klöstergüter. Die revolutionäre Bewegung spaltete sich in einen radikalen linken (»Exaltados«) und einen gemäßigt monarchistischen Flügel (»Moderados«). Die Exaltados errangen mit ihrem antiklerikalen Programm einen Wahlsieg (1822), lösten aber Aufstände aus, getragen vor allem von Großgrundbesitzern. Auf dem KONGRESS VON VERONA (1822) sicherte die HEILIGE ALLIANZ Ferdinand VII. militärische Hilfe zu. Französische Truppen, unterstützt von spanischen Reaktionären, warfen die Revolution und die liberale Bewegung nieder (1823). Die Regierung flüchtete nach Cádiz und ergab sich (1823); ihr Anführer Riego Nuñez wurde hingerichtet. Es folgte die Restauration des ABSOLUTISMUS (bis 1833).

Literatur: S. G. Payne: The Spanish Revolution. London, New York 1970.

Pronunciamento

(span.: Ausrufung, Proklamation) Proklamation der als Militärrevolte in Cádiz beginnenden SPANISCHEN REVOLUTION (**1820**): Seither Synonym für einen Staatsstreich des Militärs in Spanien, Portugal oder in lateinamerikanischen Staaten.

Wiener Schlussakte

Als Ergänzung der BUNDESAKTE (1815) in Wien zur Konstitution des DEUTSCHEN BUNDS ausgearbeitetes Dokument, das der Frankfurter Bundestag als Bundesgrundgesetz annahm (15. Mai **1820**): Die Wiener Schlussakte war die endgültige Verfassung des Deutschen Bunds (bis 1866). Ihre Hauptprinzipien: Bei Aufruhr und REVOLUTION in einem Bundesstaat konnte Bundesintervention, bei einem gravierenden Verstoß gegen Bundesgesetze Bundesexekution erfolgen; der Deutsche Bund konnte Kriege erklären und Frieden schließen; das monarchische Prinzip wurde ausdrücklich betont; einziges Bundesorgan war der Bundestag.

Iguala-Plan

Politisches Programm einer Koalition aus mexikanischen Monarchisten, höherem Klerus, Großgrundbesitzern und Militärs unter Agustín de Itúrbide (* 1783, † 1824), vorgelegt in Iguala (**1820**): Der Iguala-Plan richtete sich gegen sozialrevolutionäre Tendenzen unter Mestizen und INDIOS (unter Hidalgo und Morelos), das Übergreifen der liberalen und antiklerikalen Bewegung der SPANISCHEN REVOLUTION (1820) auf Mexiko. Ziele waren die Unabhängigkeit Mexikos von Spanien unter konservativen Vorzeichen, Gleichberechtigung von Spaniern und KREOLEN, Katholizismus als Staatsreligion. Der Iguala-Plan wurde Grundlage für die Unabhängigkeitserklärung Mexikos (1821) und das Kaisertum Itúrbides als Augustin I. (1822/23).

Kongress von Troppau

Nach dem AACHENER KONGRESS (1818) in Troppau, Nordmähren, einberufener zweiter Monarchenkongress der QUADRUPEL-ALLIANZ (**1820**): Der Kongress beschloss die militärische Intervention gegen die SPANISCHE REVOLUTION (1820) und gegen liberale Erhebungen in Portugal und Neapel-Sizilien auf Druck der drei Ostmächte (Russland, Preußen, Österreich), gegen britischen Protest. Der Kongress wurde fortgesetzt mit dem KONGRESS VON LAIBACH (1821). Die Spaltung der HEILIGEN ALLIANZ bahnte sich an.

Missouri-Kompromiss

Kompromisslösung zur Erhaltung des zahlenmäßigen Gleichgewichts zwischen Südstaaten mit und Nordstaaten ohne SKLAVEREI im US-Senat (**1821**): Maine kam als Staat ohne, Missouri als Staat mit Sklaverei in die Union (1820/21), Sklaverei in neuen Territorien des Westens wurde nördlich der Linie 36°30' verboten. Der KANSAS-NEBRASKA-ACT (1854) gab die Entscheidung über die Sklaverei wieder frei, um die Besiedlung des Westens zu fördern, setzte den Missouri-Kompromiss außer Kraft: Spannungen eskalierten zum SEZESSIONSKRIEG (1861–1865).

Kongress von Laibach

Dritter Kongress de QUADRUPEL-ALLIANZ (**1821**) in Laibach (heute Ljubljana, Slowenien), als Fortsetzung des KONGRESSES VON TROPPAU (1820): Auf Antrag des Königs von Neapel-Sizilien, Ferdinand I. beauftragte die HEILIGE ALLIANZ Österreich mit der Niederschlagung der CARBONARI-Revolution in Neapel, gegen den Willen Großbritanniens und Frankreichs. Österreichische Truppen intervenierten in Neapel und stellten die ABSOLUTE MONARCHIE Ferdinands I. wieder her. Auch warfen sie einen Aufstand in Sardinien-Piemont nieder (1821).

Griechischer Unabhängigkeitskrieg

Erhebung der Griechen gegen die OSMANEN; nach Internationalisierung erreichte Griechenland die Unabhängigkeit: Der SERBISCHE AUFSTAND (1804–1817) gegen das OSMANISCHE REICH mobilisierte auch die Griechen gegen die osmanische Herrschaft. Ein erster Aufstand, im Vertrauen auf russische Hilfe mit unzureichenden Kräften in der

Walachei gegen die PHANARIOTEN, schlug fehl. Ihm folgten, ausgerufen u.a. vom Erzbischof von Patras, Revolten der Griechen in der Walachei und Morea (Peloponnes). Mit Ausnahme weniger Städte gewannen die Aufständischen die gesamte Peloponnes und Athen und bildeten eine provisorische Regierung (**1821**). Massaker an der türkischen Minderheit beantworteten die Türken mit Massakern an Griechen und Exekution des PATRIARCHEN von Konstantinopel (1822). Russland forderte ultimativ Schutz für die griechischen Christen und drohte mit Intervention.

Die griechische Nationalversammlung proklamierte die Unabhängigkeit und nahm mit dem an westeuropäischen REVOLUTIONEN orientierten »Organischen Gesetz von Epidauros« eine liberale Verfassung an (1822). Die bisher in gutem Einvernehmen mit den Türken lebenden griechischen Bewohner von Chios wurden von Türken massakriert oder in die SKLAVEREI verkauft. Obwohl Griechen die Truppen des SULTANS schlugen und die osmanische Flotte zunächst besiegten, eroberten die Türken, Griechenland bis zum Golf von Korinth zurück (1822). Der griechische Versuch, Epirus zu gewinnen, schlug fehl; Truppen Mohamed Alis (Ägypten) besetzten Kreta (1822–1824). Auf dem KONGRESS VON VERONA (1822) verurteilte die HEILIGE ALLIANZ den griechischen Aufstand, der sich zum innergriechischen Bürgerkrieg auswuchs (1824).

Die Rückeroberung der Peloponnes (1825) und Athens (1826/27) rief die europäische Öffentlichkeit auf den Plan: Philhellenismus (= Bewegung zur Unterstützung der Griechen) und Griechenbegeisterung erfassten vor allem Deutschland, Italien und Frankreich, mit Griechenvereinen und Freiwilligen für Griechenland. Prominente Philhellenen waren der bayerische König Ludwig I. und der englische Dichter Lord Byron (1788–1824). Im LONDONER VERTRAG (1827) sicherten Frankreich, Großbritannien und Russland den Griechen militärische Hilfe zu, sollte das Osmanische Reich einen Waffenstillstand verweigern. Die Vernichtung der ägyptischen Flotte im Hafen von Navarino durch eine britisch-französisch-russische Flotte (1827) provozierte den 6. RUSSISCH-TÜRKISCHEN KRIEG (1828/29). Die Ägypter mussten sich aus Griechenland (1828) zurückziehen. Mit dem LONDONER PROTOKOLL (1829) entstand ein griechischer Staat, dessen Landesgrenze nördlich des Golfs von Korinth verlief. Im FRIEDEN VON ADRIANOPEL trat das Osmanische Reich dem Londoner Protokoll bei. Die Londoner Konferenz (1829) bestätigte die SOUVERÄNITÄT Griechenlands. Jedoch zerbrach die Heilige Allianz am Streit um Hilfe für die Griechen. Es folgte die 1. ORIENTKRISE (1831–1833).

Literatur: T. Cremer-Suoboda: Der griechische Unabhängigkeitskrieg. Augsburg 1974; P.N. Diamanturos: Political Modernization, Social Conflict and Cultural Cleavage in the Formation of the Modern Greek State 1821–1828. Ann Arbor 1976; D. Brewer: The Flame of Freedom. The Greek War of Independence, 1821–1833. London 2001.

Yoruba

Westafrikanisches Volk, vor allem im Südwesten Nigerias: Das Volk sudanischer Herkunft – (vielleicht) vom mittleren Nil kommend – eroberte Nupe (ca. 1300) und errichtete das OYO-REICH (ca. 1400–

1821). Die Yoruba verloren Ilorin an die islamischen Fulbe (1817). Dem Kollaps des Oyo-Reichs (**1821**) folgten Bürgerkriege, sodass viele Yoruba als Sklaven in die Transatlantische Sklaverei gerieten. Viele kehrten als freigelassene Sierra Leoneans in ihre Heimat zurück (ab 1838), durch Rückkehrer aus Brasilien verstärkt. Dort suchten sie britischen Schutz, formalisiert zum Protektorat (ab 1893, Southern Nigerian Protectorate 1900). Im unabhängigen Nigeria dominierten die Yoruba die Western Region (1947–1962). Traditionell in großen Stadtdörfern lebend, betrieben sie Landwirtschaft (Kakao).

Literatur: R. S. Smith: Kingdoms of the Yoruba. London [3]1988; U. Beier (Hg.): Yoruba. Das Überleben einer westafrikanischen Kultur. Bamberg 1991.

Kongress von Verona

Vierter und letzter Kongress der Quadrupel-Allianz (**1822**): Der Kongress von Verona befristete die österreichische Besetzung Piemonts und reduzierte die Besatzungstruppen in Neapel. Der Vierbund verurteilte den Griechischen Unabhängigkeitskrieg. Frankreich erhielt den Auftrag zur Niederwerfung der Spanischen Revolution und Restauration der spanischen Bourbonen (1823) – gegen britischen Protest.

Literatur: I. C. Nichols: The European Pentarchy and the Congress of Verona, 1822. Den Haag 1971.

Provinziallandstände

Ständische Vertretungen: In später und teilweiser Einlösung des Verfassungsversprechens der Befreiungskriege und landständischer Verfassungen (1815), wie sie die Bundesakte vorsah, entstanden in den preußischen Provinzen ständische Vertretungen mit nur geringen Befugnissen (**1822**): Sitz ihrer vereinigten Ausschüsse war Berlin (1842). Die Delegierten wurden zum Vereinigten Landtag (1847) zusammengerufen, im Vorfeld der Märzrevolution (Vormärz).

Monroe-Doktrin

Grundlegendes Prinzip der US-Außenpolitik, formuliert in der Botschaft des Präsidenten Monroe an den Kongress (**1823**), gegen die drohende Intervention der Heiligen Allianz in den Unabhängigkeitskriegen Lateinamerikas und die russische Expansion in Alaska: Die Monroe-Doktrin verfocht, die populäre Forderung »Amerika den Amerikanern« aufnehmend, die strikte politische Trennung der Neuen von der Alten Welt – auf dem amerikanischen Kontinent sollte keine weitere europäische Kolonie mehr geduldet werden. Dafür würden sich die USA nicht in europäische Angelegenheiten einmischen. Die Monroe-Doktrin wurde, nach Eroberung des Westens, ein Instrument der US-Hegemonie in Mittel- und Südamerika (z. B. Blockade Venezuelas 1904).

Literatur: D. Perkins: A History of the Monroe Doctrine. Boston (Mass.) 1963; Ch. M. Wilson: The Monroe Doctrine. Princeton (N. J.) 1971.

Saint-Simonismus

Frühsozialistische Staats- und Gesellschaftslehre, die Claude Henri Graf von Saint-Simon (*1760, †1825) durch seine kritische Analyse der gesellschaftlichen Rahmenbedingungen (FEUDALISMUS, Anfänge der INDUSTRIELLEN REVOLUTION) in umfangreichen Werken (u. a. »Système industriel«, 1821/22; »Nouveau Christianisme«, 1825) entwickelte (ab 1802): Der Saint-Simonismus richtete sich gegen ADEL und Klerus als herrschende, aber parasitäre Klassen und forderte eine hierarchische Neuordnung des Staats durch Machtübertragung an alle produktiv Tätigen (»la classe industrielle« = Arbeiter, Bauern, Unternehmer, Bankiers). Privateigentum sollte nicht abgeschafft, aber eingeschränkt werden – ein Teil der Einkünfte der produktiv Tätigen war als eine Art Sozialabgabe für ein Arbeitsbeschaffungsprogramm vorgesehen. In Kombination mit einem erneuerten Christentum sollten so die Grundlagen für eine bessere Gesellschaft entstehen, ergänzt um weitere Forderungen (Emanzipation der Frau, Recht auf Ehescheidung, freie Liebe). Nach Saint-Simons Tod (**1825**) verbreitete sich seine Lehre, außer in Frankreich, vor allem in Deutschland mit großem Einfluss auf die frühe Arbeiterbewegung, bis zur REVOLUTION 1848/49. [F. H.]

Literatur: T. Petermann: Der Saint-Simonismus in Deutschland. Bemerkungen zur Wirkungsgeschichte. Frankfurt/Main 1983; R. M. Emge: Saint-Simonismus. Einführung in ein Leben und Werk, eine Schule, Sekte und Wirkungsgeschichte. München 1987.

Gewerkschaften

Organisationen von Arbeitnehmern zum Schutz ihrer wirtschaftlichen Interessen, nach Berufen, Branchen oder Regionen gegliedert: Gewerkschaften, oft aus STREIKS entstanden, wurden zu Beginn der FRANZÖSISCHEN REVOLUTION vom Loi le Chapelier (1791), in Großbritannien durch den COMBINATION ACT (1799) verboten.

Großbritannien: Nach Aufhebung des Combination Act (1824) bildeten sich im Zentrum der INDUSTRIELLEN REVOLUTION rasch wachsende Trade Unions (**1825**). Die Grand National Consolidated Trade Union (1834) existierte jedoch nur kurz; erst nach dem Scheitern der CHARTISTEN (1848) gab es mit der Amalgamated Society of Engineers einen Neubeginn (1851), der auch anderen Gewerkschaften als Modell diente (z. B. Miner's National Association 1863). Teile der Trade Unions traten der INTERNATIONALEN bei (1864–1867). Nach dem Zusammenschluss der Einzelorganisationen auf dem Trade Union Congress (TUC, 1868) wurden Gewerkschaften legalisiert (1871). Mit dem Hafenarbeiterstreik in London (1889) formierte sich der militante »New Unionism«. INDEPENDENT LABOUR PARTY (1893) und LABOUR REPRESENTATION COMMITTEE (1900) stärkten die Gewerkschaften; in der LABOUR PARTY (1906) waren die finanzstarken Gewerkschaften korporative Mitglieder. Die britischen Gewerkschaften organisierten den GENERALSTREIK (1926). Nach dem ZWEITEN WELTKRIEG standen sie unter dem Einfluss des rechten, in 1970er-Jahren eher des linken Flügels von Labour. Unter der konservativen Regierung Thatcher (ab 1979) verloren die Gewerkschaften an politischer Macht, die sie auch nach dem Wahlsieg der Labour Party (1997) nicht wieder gewannen.

Frankreich: Gewerkschaften, vom Loi le Chapelier (1791) verboten, wurden gegen Ende des II. Empire geduldet (1868–1870). Nach Aufhebung des Verbots (1884) gründeten sich zahlreiche einzelne Gewerkschaften, teils als Confédération Générale du Travail (CGT) zusammengefasst (1895), sowie später christliche Gewerkschaften (1919). Von der CGT unter KP-Führung (1945) spaltete sich die sozialistische CGT-Force Ouvrière ab (1948).

Deutschland: Die Allgemeine Deutsche Arbeiterverbrüderung (gegründet 1848) wurde in den Bundesstaaten verboten (ab 1850). Die Gewerkschaften zersplitterten sich in liberale, christliche (katholische) und sozialistische. Nach dem Sozialistengesetz (1878–1890) kooperierte die Generalkommission (1890) eng mit der Sozialdemokratischen Partei Deutschlands. Mit Anerkennung durch das Hilfsdienstgesetz (1916) beteiligte sie sich mit den Arbeitgeberverbänden an der Zentralarbeitsgemeinschaft (1918). Nach dem Ersten Weltkrieg wurde der Allgemeine Deutsche Gewerkschaftsbund (ADGB, 1919–1933) gegründet, von den Nationalsozialisten zerschlagen (2. Mai 1933). Nach dem Zweiten Weltkrieg geriet der Freie Deutsche Gewerkschaftsbund (FDGB, 1945) unter kommunistische Führung, als Staatsgewerkschaft in der SBZ/DDR. In der Bundesrepublik entstanden der Deutsche Gewerkschaftsbund (DGB, 1949) als Dachverband autonomer, nach Branchen organisierter Einzelgewerkschaften, die Deutsche Angestelltengewerkschaft (DAG), der Christliche Gewerkschaftsbund. Nach dem Fall der Berliner Mauer (1989) wurde der FDGB aufgelöst (1990). Vier DGB-Gewerkschaften fusionierten mit der DAG zur Vereinigten Dienstleistungsgewerkschaft (ver.di, 2001).

In vielen Ländern entstanden Gewerkschaften nach britischem Muster als zersplitterte Berufsgewerkschaften, unterschiedlich politisch orientiert – in Spanien und Italien auch unter anarcho-syndikalistischen Einflüssen. In kommunistischen Staaten hatten sie als »Transmissionsriemen der Partei« (Lenin) nachgeordnete Aufgaben (Planerfüllung, Betriebsklima, Ferien, Urlaub). In Polen setzte sich mit der Solidarność eine unabhängige Gewerkschaft durch (1980).

Als internationaler Dachverband bestand der kommunistisch dominierte Weltgewerkschaftsbund (WGB, 1945). Im Kalten Krieg spaltete sich der Internationale Bund Freier Gewerkschaften ab (IBFG, 1949). Der WGB wurde mit dem Zusammenbruch des Kommunismus (1989–1991) und der Demokratisierung in Ostmitteleuropa bedeutungslos.

Literatur: W. Kendall: Gewerkschaften in Europa. Hamburg 1977; G. Beier: Geschichte und Gewerkschaft. Köln 1981; W. Abendroth: Sozialgeschichte der europäischen Arbeiterbewegung. Frankfurt/Main 1989; G. A. Ritter (Hg.): Der Aufstieg der deutschen Arbeiterbewegung. München 1990; E. P. Thompson: The Making of the English Working Class. Nachdruck London u. a. 1991; H. Pelling: A History of British Trade Unionism. London [5]1992; B. Koch: 100 Jahre christliche Gewerkschaften. Historisches, Grundsätzliches, Erlebtes. Würzburg 1999; M. Schneider: Kleine Geschichte der Gewerkschaften. Ihre Entwicklung in Deutschland von den Anfängen bis heute. Bonn 2000; H. Stadtland: Herrschaft nach Plan und Macht der Gewohnheit. Sozialgeschichte der Gewerkschaften in der SBZ/DDR 1945–1953. Essen 2001.

Eisenbahn

Schienengebundenes Güter- und Personentransportmittel, mit dampfgetriebenen, später elektrischen (ab 1879/1903) und Diesellokomotiven (nach 1908); Produkt und erstes Vehikel der INDUSTRIELLEN REVOLUTION: Sie begann ihren Siegeszug in England. Vorläufer waren Karren (Loren) auf hölzernen, später gusseisernen Schienen, bewegt von Hunden, Ponys, Menschen (Frauen, Kindern), unter Tage im Kohlenbergbau zum Abtransport von Kohle und Abraum. Vorläufer über Tage war die private, dann öffentliche Pferdebahn bei London (1801). Richard Trevithick baute die erste Dampflokomotive (1804).

Die erste Eisenbahn mit Dampflokomotive für den Güterverkehr befuhr die Strecke Stockton–Darlington in Mittelengland (**1825**), für den Personenverkehr zwischen Manchester und Liverpool (1830). Im Wechsel zwischen Verstaatlichung und Re-Privatisierung in Großbritannien nach 1945, zuletzt unter Thatcher (ab 1979), wurde das Eisenbahnwesen, auf der Jagd nach schnellen Profiten, völlig ruiniert.

Die Eisenbahn breitete sich von England aus auf dem europäischen Kontinent und in Übersee aus. Private Eisenbahn-Aktiengesellschaften wurden später meist verstaatlicht. Bald verkehrten auch Eisenbahnen mit Speise- und Schlafwagen, mit unterschiedlichen Spurbreiten: Normalspur (Großbritannien), Breitspur (Russland, Spanien) und verschiedene Schmalspuren. Die Eisenbahn wurde zur der großräumigen wirtschaftlichen Erschließung eingesetzt und diente unterentwickelten Gebieten (Balkan, Naher Osten, Russland, Übersee) auch zur Durchsetzung politischer Ziele (z. B. BAGDADBAHN). Der Bau neuer Strecken war oft mit riskanten Finanzoperationen und Spekulationen (»Eisenbahnfieber« in England zwischen 1830 und 1850), sozialen und politischen Konflikten verbunden. Seit dem ITALIENISCHEN KRIEG (1859) und DEUTSCH-FRANZÖSISCHEN KRIEG (1870/71) wurden viele Strecken für den raschen Truppenaufmarsch ausgebaut. Wegen ihrer wirtschaftlichen und strategischen Bedeutung war die Eisenbahn in Kriegen auch Ziel militärischer Operationen oder Partisanenangriffe.

Erste Eisenbahnlinien in Deutschland entstanden zwischen Nürnberg und Fürth (1835), Dresden und Leipzig (1839), Hamburg und Bergedorf (1842). Umstritten war die Staatsanleihe für den Bau der Linie Berlin–Königsberg (Ostbahn im VEREINIGTEN LANDTAG, 1847). Internationale Bedeutung erlangten u. a.: Pazifikeisenbahn New York–San Francisco (1869), ANATOLISCHE EISENBAHN (1888/96), TRANSSIBIRISCHE EISENBAHN (1891–1916), Bagdadbahn (ab 1899), DELAGOABAHN in Moçambique (1894), Hedschas-Bahn in Arabien (1902/08), die Linie Tansania–Sambia (1975). Der Bau der Mandschurischen Bahn durch Russland (1896) führte zum RUSSISCH-JAPANISCHEN KRIEG (1904/05). Angriffe auf Eisenbahnlinien leiteten den BOXERAUFSTAND ein (1900); der Aufstand gegen die Verstaatlichung von chinesischen Linien mündete in die CHINESISCHE REVOLUTION (1911). Der deutsche EISENBAHNVORMARSCH in der Ukraine (Februar/März 1918) zwang die Sowjets zum FRIEDEN VON BREST-LITOWSK. Der Waffenstillstandsvertrag zwischen den ALLIIERTEN und Deutschland wurde vom französischen General

Foch in einem Salonwagen im Wald von Compiègne unterzeichnet (11. November 1918) – am selben Ort ließ Hitler den deutsch-französischen Waffenstillstandsvertrag unterzeichnen (22. Juni 1940). Die Deutsche Reichsbahn (1924) haftete für deutsche Kriegsschulden. Mit der Eisenbahn wurden JUDEN in die NS-Vernichtungslager transportiert (1942–1945), in der UdSSR Häflinge und Deportierte des GULAG. Nach ca. 1950 verdrängten Auto und Flugzeug die Eisenbahn als wichtigstes Transportmittel auf Fernverkehrsstrecken; in Europa und Japan gewannen jedoch Hochgeschwindigkeitszüge für Fernstrecken an Bedeutung. Untergrundbahnen entstanden in Großstädten: London (1864), Chicago (1892), Budapest (1896), Boston (1897), Paris (1898), Berlin (1902), New York (1904), Hamburg, Tokio (1912), Buenos Aires (1913) und Moskau (1935). Eine jüngste Entwicklung in Deutschland ist der Transrapid, jedoch zuerst in China erbaut (2002).

Literatur: R.M. Robbins: The Radway Age. London 1962; R. Fremdlind: Eisenbahnen und deutsches Wirtschaftswachstum 1840–1879. Dortmund 1973; A.B. Gottwaldt: Eisenbahnbrennpunkt Berlin. Die Deutsche Reichsbahn 1920–1939. Stuttgart [2]1986; L. Gall/M. Pohl (Hg.): Die Eisenbahn in Deutschland. Von den Anfängen bis zur Gegenwart. München 1999.

Milliarde der Emigranten

Entschädigung für den in der FRANZÖSISCHEN REVOLUTION geschädigten französischen ADEL: Die französische Staatsanleihe Karls X. über 1 Mrd. Franken diente zur zweiten Entschädigung für die ADELSEMIGRATION (**1825**) durch Kredite zum individuellen Rückkauf 1789 enteigneter Adelsgüter. Die Staatsanleihe markierte eine offen reaktionäre Politik und eskalierte Spannungen zur JULIREVOLUTION (1830).

Literatur: A. Franke-Postberg: Le milliard des émigrés. Die Entschädigung der Emigranten im Frankreich der Restauration (1814–1830). Bochum 1999.

Dekabristenaufstand

Militärputsch in Russland (1825): Die Unsicherheit über die Thronfolge nach Alexander I. nutzten jüngere Aristokraten und Gardeoffiziere zum Aufstand (26. Dezember **1825**, daher Dekabristen) gegen die AUTOKRATIE, für westliche Ideen (LIBERALISMUS, KONSTITUTIONELLE MONARCHIE). Die schlecht vorbereitete Erhebung schlug der neue Zar Nikolaus I. rasch nieder; Hauptverantwortliche wurden hingerichtet oder nach Sibirien verbannt (bis 1856). Mit dem Dekabristenaufstand begann der revolutionäre Gärungsprozess im zaristischen Russland.

Literatur: A. Mazour: The First Russian Revolution, 1825. The Decembrist Movement. Standord (Cal.) [3]1963; H. Lemberg: Die nationale Gedankenwelt der Dekabristen. Graz, Köln 1963; N.J. Ejdel'man: Verschwörung gegen den Zaren. Porträt der Dekabristen. Moskau 1984.

6. Russisch-türkischer Krieg

Nach Vernichtung der ägyptisch-türkischen Flotte im GRIECHISCHEN UNABHÄNGIGKEITSKRIEG (1827) erklärte Russland dem SULTAN den Krieg (**1828**): Erstmals überschritten russische Truppen das Balkangebirge (1828). Den Krieg beendete der FRIEDE VON ADRIANOPEL (1829), mit Vorherrschaft Russlands im OSMANISCHEN REICH.

Katholikenemanzipation

Rechtliche und politische Gleichstellung der Katholiken in Großbritannien (**1829**) durch Aufhebung des gegen sie gerichteten TEST ACT (1673): Nach Zulassung von GEWERKSCHAFTEN (Aufhebung der COMBINATION ACTS, 1824) und Gleichstellung der NONKONFORMISTEN (1828) war die Katholikenemanzipation eine weitere bedeutende Reform vor der JULIREVOLUTION (1830). Sie entfaltete ihre größte Wirksamkeit jedoch nicht im weitgehend protestantischen England (mit Schottland und Wales), sondern im überwiegend katholischen Irland, weil sie die gleichberechtigte Teilnahme der Iren in der Politik ermöglichte. WAHLRECHTSREFORMEN (1832, 1867, 1884) und die geheime Stimmabgabe (1874) führten die Katholikenemanzipation fort.

Friede von Adrianopel

Friede zur Beendigung des 6. RUSSISCH-TÜRKISCHEN KRIEGS (**1829**): Russland gab seine Eroberungen bis auf Gebiete südlich des Kaukasus zurück und erhielt dafür Handelsfreiheit im OSMANISCHEN REICH. Die Meerengen und das Schwarze Meer wurden für Handelsschiffe aller Nationen geöffnet, das Osmanischen Reich musste die AUTONOMIE der Donaufürstentümer Moldau und Walachei und Serbiens anerkennen, die unter russisches PROTEKTORAT kamen (bis 1853).

Juliordonnanzen

Verfassungswidrige Erlasse (ORDONNANCES) König Karls X. nach dem Sieg der liberalen Opposition bei den Kammerwahlen (**1830**): Die Juliordonnanzen führten die ZENSUR ein und benachteiligten das liberale Bürgertum durch Änderung des WAHLRECHTS. Die Regierung löste die neu gewählte Kammer auf. Die Erlasse gaben den Anstoß zur JULIREVOLUTION.

Julirevolution

Nach den JULIORDONNANZEN (25. Juli) erhob sich die Pariser Bevölkerung (27.–29. Juli **1830**), erstmals unter Beteiligung der Arbeiterschaft: König Karl X. und das Ministerium Polignac wurden in der Julirevolution gestürzt, die JULIMONARCHIE unter dem »Bürgerkönig« Louis Philippe übernahm die Macht (bis 1848). Die Revolution in Frankreich löste auch in anderen Ländern Europas revolutionäre Erschütterungen aus – in Belgien (BELGISCHE REVOLUTION), Teilen Deutschlands (1830), Italien (Aufstände in Modena und Parma; Krise im Kirchenstaat; Gründung von GIOVINE ITALIA, 1831), Polen (NOVEMBERAUFSTAND, 1830/31) und der Schweiz (REGENERATION, ab 1830). Hessen-Kassel, Hannover, Sachsen erhielten Verfassungen (1831). WAHLRECHTSREFORM in Großbritannien (1832) und HAMBACHER FEST (1832) gaben dem LIBERALISMUS Auftrieb.

Literatur: J.-L. Bory: La Révolution de Juillet. 29. Juillet 1830. Paris 1979; M. Kossok (Hg.): Die französische Julirevolution von 1830 und Europa. Vaduz 1985; K. Holzapfel: Julirevolution 1830 in Frankreich. Französische Klassenkämpfe und die Krise der Heiligen Allianz, 1835–1832. Berlin 1990; P. M. Pilbeam: The 1830 Revolution in France. Basingstoke u. a. 1991.

Julimonarchie

(frz.: Monarchie de Juillet) Königtum des »Bürgerkönigs« Louis Philippe nach der JULIREVOLUTION (**1830**–1848): Die Julimonarchie erließ die zweite CHARTE CONSTITUTIONNELLE, mit erweitertem Zensuswahlrecht (ca. 200 000 statt bisher 100 000 Wahlberechtigte; Motto: »ENRICHISSEZ-VOUS!«) und faktischer Ministerverantwortlichkeit gegenüber der Kammer. Die Verfassungsänderung verstärkte das Großbürgertum auf Kosten der Arbeiterschaft. Unter der Julimonarchie setzte die Industrialisierung Frankreichs ein, begleitet von der Agitation des SOZIALISMUS. Die von Karl X. begonnene Eroberung Algeriens wurde fortgesetzt. Durch die FEBRUARREVOLUTION (1848) wurde die Julimonarchie gestürzt.

Literatur: J. Lucas-Dubreton: La restauration et la monarchie de Juillet. Paris 1949–1950; Ph. Vigier: La monarchie de juillet. (Que sais je? 1002) Paris [5]1976; H. Robert: La monarchie de Juillet. Paris 1994.

»Enrichissez-vous!«

Schlagwort der JULIMONARCHIE (**1830**), geprägt von dem Politiker Guizot als Antwort auf die Forderungen, das WAHLRECHT zu erweitern: »Enrichissez-vous par le travail, et vous deviendrez électeurs!« (»Werdet reich durch Arbeit, und ihr werdet Wähler!«), d. h., ihr erhaltet unter dem Zensuswahlrecht das Stimmrecht.

Vormärz

In Deutschland und Österreich Bezeichnung meist für die Zeit zwischen JULIREVOLUTION (**1830**) und MÄRZREVOLUTION (1848): »Vormärz« betont, gegen Biedermeier oder RESTAURATION, die politische und gesellschaftliche Dynamik, gekennzeichnet durch Emanzipation (LIBERALISMUS, FRÜHSOZIALISMUS, Forderung nach nationaler Einheit), Anfänge der INDUSTRIELLEN REVOLUTION und literarische Bewegungen (Junges Deutschland). Der Begriff tauchte schon bald nach der Märzrevolution in der Memoirenliteratur auf, weniger in der Geschichtsschreibung. Die Literaturwissenschaft drängte ihn seit etwa 1900 durch den unpolitischen Gegenbegriff »Biedermeier« in den Hintergrund. Nach Wiedereinführung des Begriffes durch die marxistische Literaturwissenschaft (nach 1970) fand »Vormärz« auch Eingang in die Geschichtswissenschaft und hat sich heute weitgehend durchgesetzt: Als Restaurationsperiode gilt gewöhnlich nur noch die Zeit zwischen 1815 und 1830. Seltener ist die Bezeichnung »Nachmärz« für die Reaktion 1850–1864. [F. H.]

Literatur: W. W. Behrens/G. Bott/H.-W. Jäger u. a.: Der Literarische Vormärz 1830 bis 1847. München 1973; P. Stein: Epochenproblem »Vormärz« (1815–1848). Stuttgart 1974; W. Hardtwig: Vormärz. Der monarchische Staat und das Bürgertum. München [3]1993.

Utopischer Sozialismus (Frühsozialismus)

Britische und französische Reformbewegung, die in der INDUSTRIELLEN REVOLUTION gewaltfreie Evolution gesellschaftlicher Rahmenbedingungen anstrebte, u. a. durch Sozialisierung und genossenschaftliche Organisationsformen, oft auf Grundlage eines christlichen FUNDAMENTALISMUS: Den Begriff prägten Marx und Engels im »KOMMUNISTISCHEN MANIFEST« (1847/48), um frühsozialistische Bewegungen als überholte Vorformen ihres »wissenschaftlichen SOZIALISMUS« abzuwerten. Bedeutendste Theoretiker waren Claude Henri Saint-Simon (* 1760, † 1825), Charles Fourier (* 1772, † 1837), Robert Owen (* 1771, † 1858). Die Bewegung erreichte ihren Höhepunkt nach der JULIREVOLUTION (**1830**), in England mit ersten GEWERKSCHAFTEN und CHARTISTEN, in Frankreich und Deutschland durch SAINT-SIMONISMUS und Fourierismus bei Bildung erster Arbeiterorganisationen. [F. H.]

Literatur: B. W. Bouvier: Die Anfänge der sozialistischen Bewegung, in: H. Reinalter (Hg.): Demokratische und soziale Protestbewegungen in Mitteleuropa 1815–1848/49. Frankfurt/Main 1986, S. 265–302; W. Schmidt/G. Seeber (Hg.): Sozialismus und frühe Arbeiterbewegung. Ostberlin 1989.

Sozialismus

(lat.: socius = Genosse) Moderne politische Lehre und Bewegung, die sich aus den sozialen Folgen der INDUSTRIELLEN REVOLUTION für die Industriearbeiterschaft (»Proletariat«) entwickelte, anfangs nahezu mit KOMMUNISMUS gleichgesetzt: Theoretiker und Führer kamen oft aus der bürgerlichen Intelligenz. Programmatische Forderungen waren Gleichheit, Abschaffung erblicher PRIVILEGIEN, Gemeineigentum, genossenschaftliche Organisationsformen, Internationalismus, Gleichberechtigung von Mann und Frau, Wohlstand für alle durch Fortschritt von Wissenschaft und Technik, gerechte Verteilung der zunehmend industriell produzierten Güter. Vorläufer hatte der von Marx und Engels formulierte (»wissenschaftliche«) Sozialismus im SAINT-SIMONISMUS und FRÜHSOZIALISMUS.

Ihren Anfang nahm die sozialistische Bewegung in Frankreich (1828) mit Veröffentlichung der Protokolle des Prozesses gegen Babeuf (1796) durch den Mitverschworenen Buonarroti (* 1761, † 1837) und mit der für die Arbeiterschaft enttäuschenden JULIREVOLUTION (**1830**). Erste sozialistische Organisationen entstanden in Paris. Als frühe sozialistische Theoretiker, z. T. auch politische Führer, traten u. a. Charles Fourier (* 1772, † 1837), Louis Blanc (* 1811, † 1882), Pierre Joseph Proudhon (* 1809, † 1865) und Louis Auguste Blanqui (* 1805, † 1881) hervor. Sozialisten in England gründeten erste GEWERKSCHAFTEN (ab 1825) und betätigten sich bei den CHARTISTEN (1837–1848). Der deutsche Sozialismus hatte seine Anfänge unter Emigrantenorganisationen in Paris und London – BUND DER GEÄCHTETEN (1834), BUND DER GERECHTEN

(1836), Bund der Kommunisten (1847–1852). Die Sozialisten inspirierten die Februarrevolution in Frankreich (1848), unterlagen aber in der Junischlacht (1848).

Erste sozialistische Parteien waren in Deutschland ADAV (1863), Sächsische Volkspartei (1866), SDAP (1869), SAPD (1875) und SPD (1890), in Großbritannien Scottish Labour Party (1889), Independant Labour Party (1893) und Labour Party (1906), in Polen PPS (1892) und SDKP (1893), in Russland SDAPR (1898), in Frankreich SFIO (1905), z. T. zusammengeschlossen in der Internationalen. Streit gab es vor allem um den Revisionismus und die Possibilisten. Von sozialdemokratischen Arbeiterparteien spalteten sich revolutionäre und kommunistische Gruppen ab, z. B. USPD (1917) und KPD (1919). Die russischen Bolschewiki siegten in der Oktoberrevolution (1917).

In der Terminologie kommunistischer Staaten und Organisationen wurde der Begriff »Sozialismus« in enger Anlehnung an den »Kommunismus« verwandt (z. B.: »real existierender Sozialismus«, »Realsozialismus« als Vorstufe zum eigentlichen Kommunismus). Dagegen unterschied vor allem die Sozialdemokratie zwischen Kommunismus und »freiheitlichem/demokratischem Sozialismus«. Der Begriff verwischte sich in der friedlichen Koexistenz durch erneute Rezeption des Marxismus teilweise wieder, u. a. »Aktionseinheit« zwischen »fortschrittlichen Kräften«. In die Krise geriet der Sozialismus durch die Erschütterung des Fortschrittsglaubens mit Umweltkatastrophen und dem Zusammenbruch des Kommunismus (1989–1991).

Literatur: K. Kautsky u. a.: Die Vorläufer des neueren Sozialismus. 2 Bde., Stuttgart 1895; T. Ramm: Der Frühsozialismus. Stuttgart ^{2}1968; J. Droz (Hg.): Histoire générale du socialisme. 2 Bde., Paris 1972–1974; M. Hahn (Hg.): Vormarxistischer Sozialismus. Frankfurt/Main 1974; C. D. Kernig: Sozialismus. Ein Handbuch. 3 Bde., Stuttgart 1979 ff.; W. Theimer: Geschichte des Sozialismus. Tübingen 1988; H. Grebing (Hg.): Sozialismus in Europa. Bilanz und Perspektiven. Essen 1989; W. Schmidt/G. Seeber (Hg.): Sozialismus und frühe Arbeiterbewegung. Ostberlin 1989; T. Grimm: Was von den Träumen blieb. Eine Bilanz der sozialistischen Utopie. Berlin 1993; R. Faber (Hg.): Sozialismus in Geschichte und Gegenwart. Würzburg 1994.

Belgische Revolution

Erhebung, die zur Unabhängigkeit Belgiens führte: Nach der Julirevolution (1830) brachen Unruhen in der belgischen Arbeiterschaft aus, Liberale forderten die politische Autonomie (25. August). Nach Straßenkämpfen in Brüssel zwischen Arbeitern und holländischen Truppen (23.–26. September **1830**) sowie der Vertreibung der Holländer wurde eine provisorische Regierung eingesetzt. Mit der Unabhängigkeitserklärung Belgiens (4. Oktober) konstituierte sich ein verfassunggebender Kongress. Die Holländer beschossen Antwerpen (27. Oktober). Erst die Großmächte erzwangen einen Waffenstillstand (4. November). Die Dynastie der Oranier wurde abgesetzt, Belgien Konstitutionelle Monarchie (10. November). Die Londoner Konferenz der Großmächte (20. Dezember) erkannte die Unabhängigkeit des belgischen Staats an. Nach dem Erlass einer liberalen Verfassung (7. Februar 1831) wurde Leopold von Sachsen-Coburg zum König gewählt (4. Juni 1831). Die Großmächte erließen Richtlinien für die Trennung Belgiens von Holland

(26. Juni), die Holland jedoch ablehnte. Holländische Truppen drangen in Belgien ein (2. August), wurden aber von den Franzosen zurückgeschlagen. Großbritannien und Frankreich zwangen Holland zu einem unbefristeten Waffenstillstand (1833). Nach dem LONDONER PROTOKOLL akzeptierte Holland die Unabhängigkeit Belgiens, dessen Neutralität die Großmächte garantierten (1839). Belgien wurde Aufnahmeland für politische Flüchtlinge (z. B. Marx). Die Weigerung polnischer Truppen, gegen die Belgische Revolution zu kämpfen, löste den NOVEMBERAUFSTAND aus (1830).

Literatur: R. Demoulin: La Révolution de 1830. Bruxelles 1950; W. Conze (Hg.): Beiträge zur deutschen und belgischen Verfassungsgeschichte im 19. Jahrhundert. Stuttgart 1967.

Novemberaufstand

Aufstand in KONGRESSPOLEN gegen die russische Vorherrschaft (29. November **1830**–1831): Die Erhebung wurde von der Absicht Zar Nikolaus' I. ausgelöst, die polnische Armee gegen die JULIREVOLUTION und BELGISCHE REVOLUTION einzusetzen. Nach Proklamation der VERFASSUNG VOM 3. MAI bildete sich eine provisorische Regierung (»Verwaltungsrat«) unter Fürst Czartoryski. General Józef Chlopicki erhielt diktatorische Vollmachten (5. Dezember–17. Januar 1831). Da es nicht zur BAUERNBEFREIUNG kam, blieb die soziale Basis mit SCHLACHTA (im polnischen Offizierskorps) und Bürgertum schmal. Konflikte über den politischen Kurs (Verhandlungen mit St. Petersburg [Chlopicki] oder energische Vorbereitung auf einen Krieg mit Russland) wirkten sich lähmend aus. Die ROMANOW wurde für abgesetzt erklärt (25. Januar 1831). Nach militärischen Anfangserfolgen (Februar–April) erlitten die Polen bei Ostrołęka (26. Mai) und vor Warschau (6./7. September) entscheidende Niederlagen: Warschau kapitulierte (8. September), Kämpfe zogen sich noch bis Oktober hin. Die Aufständischen flohen nach Preußen und Österreich, wo sie interniert wurden. Sie wurden teils an Russland ausgeliefert, das sie teilweise deportierte (u. a. Kaukasus), teils durften sie nach Frankreich oder in die USA emigrieren (GROSSE EMIGRATION). Russland suspendierte die polnische Verfassung (1832). Der Aufstand mobilisierte die europäische Öffentlichkeit des VORMÄRZ.

Literatur: R. F. Leslie: Polish Politics and the Revolution of 1830. London, New York 1956; J. A. Betley: Belgium and Poland in International Relations 1830–1831. Den Haag 1960; H. Kocój: Preussen und Deutschland gegenüber dem Novemberaufstand, 1830–1831. Kattowitz 1990; M. Jaroszewski: Der polnische Novemberaufstand in der zeitgenössischen deutschen Literatur und Historiographie. Warschau 1992.

Regeneration

Unter dem Einfluss der JULIREVOLUTION gewann der LIBERALISMUS in der Schweiz an Boden, vor allem in Basel, Bern und Genf (ab **1830**): Bern erhielt eine demokratische Verfassung (1831). Im Siebener Concordat (1832) garantierten sieben Kantone einander ihre liberale Verfassungen. Nach Gründung der UNIVERSITÄT (1834) entwickelte sich Bern zu einer liberalen Hochburg, die auch Emigranten aus Deutschland aufnahm. Gegen die Regeneration formierte sich der SONDERBUND (1845). Beide Kräfte kollidierten im SONDERBUNDSKRIEG (1847).

Literatur: Baselland vor 150 Jahren, Wende und Aufbruch. Chronologie der Basler Wirren und der Eidgenössischen Regenerationszeit 1830–1833. Liestal 1983; L. Lenherr: Ultimatum an die Schweiz. Der politische Druck Metternichs auf die Eidgenossenschaft infolge ihrer Asylpolitik in der Regeneration (1833–1836). Frankfurt/Main 1991.

Pragmatische Sanktion

Von Ferdinand VII. eingeführte weibliche Thronfolge, um zugunsten seiner Tochter Isabella deren Bruder Don Carlos (1788–1855) von der spanischen Thronfolge auszuschließen (**1830**): Don Carlos focht die Regelung an (1830), sodass der König sie wiederholte (1833). Nach Ferdinands VII. Tod (1833) erschütterten die KARLISTENKRIEGE Spanien (ab 1834).

1. Orientkrise

Teil der ORIENTALISCHEN FRAGE (ab 1774): Nach dem Verlust des südlichen Griechenland (1829) geriet das OSMANISCHE REICH in eine schwere Krise mit internationalen Auswirkungen (**1831**–1833): Der ägyptische Statthalter Mohamed Ali forderte für sein massives Engagement im GRIECHISCHEN UNABHÄNGIGKEITSKRIEG als Kompensation Syrien vom SULTAN (1831), der sie verweigerte. Daraufhin marschierte Ägypten mit Truppen in Syrien (1831) und Anatolien (1832) ein, siegte bei Alexandretta und Konia (1832). Der weitere Vormarsch auf Konstantinopel rief die Großmächte auf den Plan: Russland intervenierte für den Sultan (Landung bei Konstantinopel), Frankreich für Ägypten (1832/33). Doch musste der Sultan Syrien und Adana Ägypten überlassen. Der VERTRAG VON UNKIAR SKELESSI (1833) schwächte das Osmanische Reich, in Abhängigkeit von Russland. Die 2. ORIENTKRISE (1839–1841) folgte.

Literatur: M. S. Anderson: The Eastern Question, 1774–1923. A Study in International Relations. Nachdruck Basingstoke u. a. 1991; A. Cunningham: Eastern Questions in the Nineteenth Century. London 1993.

Große Emigration

Nach Niederschlagung des NOVEMBERAUFSTANDES (**1831**) begann eine massive Emigration aus KONGRESSPOLEN, vor allem nach Frankreich (Paris): Die polnischen Emigranten zerfielen in zwei Hauptlager – »Weiße« (Aristokraten, Konservative) des »Hôtel Lambert« unter Czartoryski, »Rote« (Demokraten) im »Polnischen Nationalkomitee«. Sie versuchten mit diplomatischen Aktivitäten Verbündete gegen Russland zu gewinnen, vor allem in der 1. ORIENTKRISE sowie in der 2. ORIENTKRISE (1831–1833, 1839–1841) und im KRIMKRIEG (1853–1856). Polnische Emigranten beteiligten sich aktiv an revolutionären Bewegungen, am HAMBACHER FEST (1832) sowie in Ungarn und Wien (1848/49) bis zur PARISER KOMMUNE (1871).

Literatur: H. H. Hahn: Außenpolitik in der Emigration. Die Exildiplomatie Adam Jerzy Czartoryskis 1830–40. München, Wien 1979; E. Winzer: Emigranten. Geschichte der Emigration in Europa. Frankfurt/Main 1986; C. Pallaske (Hg.): Die Migration von Polen nach Deutschland. Zu Geschichte und Gegenwart eines europäischen Migrationssystems. Baden-Baden 2001.

Fremdenlegion ▪

(frz.: Légion étrangère) Französische Söldnertruppe, ursprünglich in Algerien (**1831**): In der Fremdenlegion dienten vor allem Ausländer unter französischen Offizieren; sie wurden in allen Kolonialkriegen Frankreichs eingesetzt, z. B. in Vietnam (1946 – 1954) und im ALGERIENKRIEG (1954 – 1962). Ihre eiserne Disziplin und ihr hoher Ausbildungsstand machten sie zur Elitetruppe; sie wurde jedoch wegen ihrer Härte gefürchtet. Nach dem ZWEITEN WELTKRIEG wurde die Fremdenlegion vorübergehend aufgelöst (1945/46). Seit dem ALGERIENKRIEG hat sie an Bedeutung verloren, bleibt aber Elitetruppe, mit Ausbildungslagern auf Korsika, Tahiti und Französisch-Guyana.

Ähnliche Truppenteile gibt es auch in anderen Staaten, z. B. in die Spanien die »Tercio de extranjeros« (1920).

Literatur: G. Blond Die Fremdenlegion. Wien, Hamburg 1966; E. Michels: Deutsche in der Fremdenlegion 1870–1965. Mythen und Realitäten. Paderborn u. a. [3]2000.

Giovine Italia ▪

(ital.: Junges Italien) Nationale Kampforganisation, nach Niederschlagung der CARBONARI-Aufstände in Modena und Parma (1831) von Mazzini im französischen Exil gegründet (**1831**), zur Befreiung Italiens und Errichtung einer REPUBLIK auf christlicher Grundlage: Italien sollte Mitglied in einem Bund freier europäischer Republiken werden. Die Gruppe bereitete eine allgemeine Erhebung in Italien vor, wurde jedoch vorher zerschlagen (1832). Ein Umsturzversuch in Savoyen scheiterte (1833). Als europaweites Pendant gründete Mazzini in der Schweiz JUNGES EUROPA (1834 – 1836).

Literatur: S. Mastellone: Mazzini e la Giovine Italia (1831–1834). 2 Bde., Pisa 1960.

Wahlrechtsreform (engl.: 1. Reform Bill) ▪

Ausgangspunkt der ersten Wahlrechtsreform in England seit 1430 war die französische JULIREVOLUTION: Die WHIGS unter Grey (1830) lösten das TORY-Kabinett Wellington ab, ihre erste Gesetzesvorlage (Bill) im PARLAMENT scheiterte in zweiter Lesung im Unterhaus (1831). Neuwahlen unter der Parole: »The Bill, the whole Bill, nothing, but the whole Bill« gewannen die Whigs. Das Scheitern der zweiten Bill im OBERHAUS an den Tories (1831) eskalierte zu außerparlamentarischen Unruhen, die auch die Arbeiterschaft erfasste. Doch blockierte das Oberhaus auch eine weitere Gesetzesvorlage (1832) und provozierte heftige Tumulte. Nach Drohung mit Peerschub (Ernennung von ausreichend vielen Lords [= Peers], um eine Mehrheit für die Regierung zu sichern) nahm das Oberhaus die Vorlage an (4. Juni **1832**). Die

Wahlrechtsreform setzte eine Neuverteilung der Parlamentssitze fest: 56 dünn besiedelte Pocket boroughs und ROTTEN BOROUGHS (mit 111 Abgeordneten) und 32 kleinere Wahlkreise wurden aufgelöst. Stattdessen erhielten 22 Großstädte je zwei Mandate, 21 Städte je ein Mandat; 65 Mandate wurden auf die englischen GRAFSCHAFTEN verteilt, 13 Mandate an Schottland und Irland. Der Zensus wurde gesenkt.

Die Wahlrechtsreform markiert einen tiefen Einschnitt in der neueren Geschichte Großbritanniens: Weitere Wahlrechtsreformen (1867, 1872, 1884, 1918, 1928, 1945) und Sozialreformen sowie FABRIKGESETZE folgten (ab 1833), um die drohende REVOLUTION abzuwenden, innerer Friede als Voraussetzung zum weiteren Aufstieg blieb erhalten. Aber die Arbeiterschaft war enttäuscht, da die auch von ihr erkämpfte Wahlrechtsreform nur dem Bürgertum zugute kam. Im Zuge von Radikalisierung und weiterer Politisierung entstanden eigenständige politische Organisationen sozialistischen Charakters, u. a. CHARTISTEN.

Literatur: J. R. M. Butler: The Passing of the Great Reform Bill. London 1914, Nachdruck New York 1971; H. Setzer: Wahlsystem und Parteienentwicklung in England. Wege zur Demokratisierung der Institutionen 1832 bis 1948. Frankfurt/Main 1973; J. Cannon: Parliamentary Reform, 1640–1832. London ²1973; J. A. Phillips: Great Reform Bill in the Boroughs. English Electoral Behaviour, 1818–41. Oxford u. a. 1992; J. R. Dinwiddy: From Luddism to the First Reform Bill. Reform in England 1810–1832. Nachdruck Oxford 1995.

Rotten boroughs

(engl.: verrottete Wahlkreise) Wahlkreise in England, in denen durch Bevölkerungsverschiebungen nur noch wenige, im Extremfall (Old Sarum bei Salisbury) überhaupt keine Wahlberechtigten mehr wohnten: Wohlhabende Kandidaten konnten in diesen überschaubaren Kreisen Wahlen durch Wählerbestechung entscheiden, soweit es überhaupt Gegenkandidaten gab. Die 1. REFORM BILL schaffte die Rotten boroughs weitgehend (**1832**), die 2. REFORM BILL endgültig ab, zusammen mit den Pocket boroughs, wo lokale Grundherren über Kandidatur und Wahl entschieden (1867).

Hambacher Fest

Massendemonstration des liberalen und demokratischen Bürgertums mit ca. 30 000 Teilnehmern zum Hambacher Schloss (Maxburg) bei Neustadt an der Weinstraße (Pfalz, **1832**): U. a. mit BURSCHENSCHAFTLERN und polnischen Emigranten, stand es unter dem Eindruck der JULIREVOLUTION. Die Teilnehmer traten für die VOLKSSOUVERÄNITÄT ein, forderten den bewaffneten Aufstand und Einheitsstaat (wie GIOVINE ITALIA) in einem »konföderierten republikanischen Europa«, erklärten ihre Solidarität mit Polen nach dem NOVEMBERAUFSTAND. Verschärfte Repression nach dem Hambacher Fest – auch gegen einzelne Redner – löste den FRANKFURTER WACHENSTURM aus (1833).

Literatur: W. Herzberg: Das Hambacher Fest. Ludwigshafen 1908, Nachdruck Leipzig 1974; K. Baumann: Das Hambacher Fest. 27. Mai 1832. Speyer ²1982; W. Münch: Singst du das Lied der Freiheit. Die Hambacher Demokratie. Bad Kreuznach 1984; H. Asmus: Das Hambacher Fest. Berlin 1985; U. Schüren (Hg.): Von der Wartburgfeier bis zum Hambacher Fest. München 1986.

Fes

(Fez) Kappe aus (meist rotem) Filz, als Kegelstumpf mit schwarzer, blauer oder goldener Quaste (Stilisierung eines Pferdeschwanzes), vermutlich benannt nach der Stadt Fes in Marokko: Der Fes ersetzte den Turban als obligatorische Kopfbedeckung für Beamte und Soldaten im OSMANISCHEN REICH (**1832**) und ging in Volkstrachten des Balkans und Mittelmeerraums ein. In der Türkei schaffte Kemal Atatürk ihn ab (1925, in Ägypten erst 1953). Im faschistischen Italien gehörte er (in schwarz) zur Parteiuniform.

Fabrikgesetze (engl.: Factory Acts)

Teil der britischen Sozialgesetzgebung seit Beginn der INDUSTRIELLEN REVOLUTION: Fabrikgesetze hoben frühere Regelungen (1802–1830) auf, die unwirksam geblieben waren, um soziale Missstände zu beseitigen, mit staatlichen Kontrollen durch FABRIKINSPEKTOREN (seit **1833**). Sie verboten Fabrikarbeit für Kinder unter neun Jahren, begrenzten sie für 9–13-Jährige auf neun Stunden am Tag. Spätere Sozialgesetzgebung schuf weitere Regelungen: So wurde die Kinderarbeit beim Schornsteinfegen verboten (1840), ebenso Frauen- und Kinderarbeit bis zum Alter von 13 Jahren in Kohlenbergwerken unter Tage (1842). Frauenarbeit wurde auf zwölf, Kinderarbeit für 9–13-Jährige auf 6 Stunden pro Tag begrenzt. Für Maschinenarbeit gab es erste Schutzbestimmungen (1844). Frauen- und Kinderarbeit (für 13–18-Jährige) wurde auf maximal zehn Stunden am Tag begrenzt (1847). Ähnlich entwickelte sich die SOZIALGESETZGEBUNG in anderen Ländern, in Deutschland im Rahmen der staatlichen SOZIALPOLITIK (ab 1883).

Literatur: H. Samuels: Factory Law. London [8]1973; F. Engels: Die Lage der arbeitenden Klasse in England. Nach eigener Anschauung u. authentischen Quellen (1845). Hg. v. W. Kumpmann. München [3]1980.

Fabrikinspektoren

Staatliches Aufsichtpersonal, das Bestimmungen der FABRIKGESETZE überwachen sollte (ab **1833**): Berichte der Fabrikinspektoren waren eine wichtige Quelle für Friedrich Engels »Die Lage arbeitenden Klasse in England«, 1845) und das »Kapital« von Karl Marx (1867).

Frankfurter Wachensturm

Aufstand radikaler BURSCHENSCHAFTLER und Handwerker gegen verschärfte Repression im DEUTSCHEN BUND seit dem HAMBACHER FEST (1832): Ein Handstreich auf die Frankfurter Hauptwache und Konstabler-Wache sollte den Sturz des Bundestags auslösen (**1833**). Nach der raschen Niederschlagung setzte der Bund die ZENTRALUNTERSUCHUNGSKOMMISSION wieder ein, mit Sitz in Frankfurt (1833–1842).

Literatur: E. R. Huber: Der Frankfurter Wachensturm, in: Deutsche Verfassungsgeschichte seit 1789. Bd. 2 Stuttgart u. a. [2]1975, S. 164–173; N. B. Kassandrus (Pseudonym): Die Entlarvung der reaktionären Umtriebe vom Wiener Kongress bis zum Frankfurter Wachensturm. Aspekte zu einer Verteidigung der liberal-demokratischen Bewegung. 2 Bde., Gießen 1987; M. Walz: Es müsse gestürmt werden. . . : 3. April 1983. 150 Jahre Frankfurter Wachensturm. Frankfurt/Main 1983.

Vertrag von Unkiar Skelessi (Vertrag von Hünkiar Iskelesi)

Defensivbündnis zwischen Russland und dem OSMANISCHEN REICH nach dem 6. RUSSISCH-TÜRKISCHEN KRIEG (1828/29) und russischer Hilfe für den SULTAN gegen Mohamed Ali in der 1. ORIENTKRISE (**1833**): Der Vertrag, geschlossen für acht Jahre, sah gegenseitige Bündnishilfe im Kriegsfall vor, für das Osmanische Reich beschränkt auf Schließung der Meerengen für ausländische Kriegsschiffe. Das Osmanische Reich geriet so in die Abhängigkeit Russlands. Der Londoner DARDANELLENVERTRAG ersetzte den Vertrag von Unkiar Skelessi (1841).

Deutscher Zollverein

Dem PREUSSISCHEN ZOLLGESETZ (1818) und der Entstehung regionaler Zollvereine in Süd- und Mitteldeutschland, sowie Preußen mit Hessen-Darmstadt (1828) folgte der Zusammenschluss der meisten deutschen Staaten zur Zollunion (1833, in Kraft am 1. Januar **1834**): Der Zollverein war eine Voraussetzung zur Industrialisierung Deutschlands, unter Preußens ökonomischer und politischer Dominanz. Ihm schlossen sich Sachsen, die Thüringischen Staaten (1833), Nassau (1836), Frankfurt am Main (1836), Lippe, Braunschweig (1842), Luxemburg (1842–1919), Hannover, Oldenburg, Schaumburg-Lippe (1854), Schleswig und Holstein (1867), die beiden Mecklenburg (1868), Bremen und Hamburg (1888) an. Österreich blieb ausgeschlossen; einen großdeutschen Zollverein konnte Preußen verhindern (ab 1849, erneute Ablehnung 1862). Der Zollverein trat dem COBDEN-VERTRAG zur Teilnahme am FREIHANDEL bei (1861).

Literatur: H. Oncken/F. E. Saemisch (Hg.): Vorgeschichte und Begründung des deutschen Zollvereins 1815–34. 3 Bde., Berlin 1934; W. O. Henderson: The Zollverein. Chicago [3]1984; A. Meyer: Der Zollverein und die deutsche Politik Bismarcks. Eine Studie über das Verhältnis von Wirtschaft und Politik im Zeitalter der Reichsgründung. Frankfurt/Main [2]1987; R. H. Tilly: Vom Zollverein zum Industriestaat. Die wirtschaftlich-soziale Entwicklung Deutschlands 1834 bis 1914 München 1990; J. R. Davis: Britain and the German Zollverein, 1848–66. Basingstoke u. a. 1997.

Verbot der Sklaverei

Bezogen auf das britische Empire: Nach dem Sklavenaufstand auf Jamaika (1831) verbot das britische PARLAMENT die SKLAVEREI im britischen Empire (1. August **1834**). Doch konnten minderjährige SKLAVEN noch übergangsweise als »apprentices« (Lehrlinge) in abhängiger Arbeit (wie INDENTURED LABOUR) verbleiben (bis 1838). Sklavenbesitzer erhielten hohe Entschädigungen (20 Mio. Pfund Sterling). Dagegen erhoben sich die in der Kapprovinz die BUREN. Das Sklavereiverbot hatte weit reichende Konsequenzen, zunächst vor allem in Britisch-Westindien, wo viele ehemalige Sklaven von den Plantagen in die Städte abwanderten. In Westafrika begann die Migration der SIERRA

Leoneans (ab 1838). Als Ersatz für die schwarzen Arbeiter wurden Inder, z. T. auch Chinesen (Kulis) als Kontraktarbeiter angeworben. Das Verbot gab dem Kampf zur Abschaffung von Sklavenhandel und Sklaverei (Abolitionismus) Auftrieb, vor allem in den USA (1862/65).

Literatur: H. Temperley: British Antislavery 1833–1870. London 1972; C. D. Rice: The Rise and Fall of Black Slavery. London 1975; W. A. Green: British Slave Emancipation. The Sugar Colonies and the Great Experiment 1830–1865. Nachdruck Oxford 1992.

Tamworth-Manifest

Programmatische Erklärung der britischen Tories (**1834**), die sich zur Wahlrechtsreform (1832) bekannten und ihre Bereitschaft zur Unterstützung weiterer Reformen ankündigten, im Unterschied zu den meisten Konservativen auf dem Kontinent: Das Tamworth-Manifest leitete die Umwandlung zur Konservativen Partei ein.

Konservative Partei

(engl.: Conservative and Unionist Party) Britische Partei: Die Konservative Partei ging nach dem Tamworth-Manifest (**1834**) aus den Tories hervor; die Bezeichnung geht auf den britischen Außenminister Canning zurück (1824). Die Konservativen bildeten unter Peel die Regierung (1841–1846), spalteten sich nach Aufhebung der Kornzölle (1846). Unter Disraeli (1849–1881) führten Konservative die Sozialreformen fort, betrieben nach außen eine Politik des Imperialismus. Die Partei regierte allein (1852, 1858/59, 1866–1868, 1874–1880, 1885/86, 1886–1905, 1922–1924, 1924–1929, 1935–1945, 1951–1964, 1970–1974, 1979–1997), in einer Allparteienregierung (National Government) im Ersten Weltkrieg (1915–1918), danach unter Lloyd George (1918–1922), unter MacDonald (1931–1935), im Zweiten Weltkrieg unter Churchill (1940–1945).

Die Konservativen setzten die 2. Reform Bill durch (1867). Sie fusionierten nach der Spaltung der Liberalen über Gladstones Home Rule Bill für Irland (1886) mit den Unionists unter J. Chamberlain (ab 1912: Conservative und Unionist Party). Der von den Konservativen befürwortete Burenkrieg (1899–1902) und der Streit um den Schutzzoll (imperiale Präferenzzölle, 1903) schwächten die Konservativen; sie verloren gegen die Liberalen (1905). Konservative Regierungen schlossen den Locarno-Vertrag (1925) und trugen die Appeasement-Politik (1935–1939). Verstaatlichungen der Labour-Regierung (1945–1950) wurden teilweise rückgängig gemacht (1951–1955). Die Konservativen setzen sich für eine Gipfelkonferenz zur Beendigung des Kalten Kriegs (1953/54) ein. Sie überstanden die Suez-Krise (1956), setzten die Dekolonisation fort (1957–1964), führten Großbritannien in die Europäische Gemeinschaft (1973). Premierministerin Thatcher betrieb eine rigorose Spar- und neoliberale Wirtschaftspolitik (1979–1990) und siegte im Falkland-Krieg (1982). Verheerende Wahlniederlagen (1997, 2001) gegen die Labour Party brachten die Konservativen ins politische Abseits.

Literatur: T. F. Lindsay/M. Harrington: The Conservative Party, 1918–1970. London [2]1979; R. Blake: The Conservative Party from Peel to Major. London 1997; J. Ramsden: An Appetite for Power. A History of the Conservative Party Since 1830. London 1998.

Junges Europa

Nach dem Scheitern einer multinationalen Militäraktion politischer Flüchtlinge zur Befreiung und Einigung Italiens (Savoyerzug, 1834) von Mazzini in Bern gegründete internationale Geheimorganisation (**1834**): Das Junge Europa als »Verbrüderung« von Revolutionären aus Italien, Deutschland und Polen propagierte gegen die HEILIGE ALLIANZ einen »Völkerbund«, kämpfte für ein auf dem Christentum basierendes republikanisches Europa (»Freiheit, Gleichheit, Humanität«) gegen ARISTOKRATIE und PAPSTTUM. Die Organisation gliederte sich zunächst (in der Schweiz) drei Zweige: GIOVINE ITALIA, JUNGES DEUTSCHLAND, Junges Polen. Sektionen in weiteren Ländern waren geplant, wurden nur teil- und ansatzweise verwirklicht (u. a. Junges Belgien, Junges Spanien), um den nationalen Befreiungskampf voranzutreiben, international koordiniert durch ein gesamteuropäisches Zentralkomitee, das jedoch von Agenten der ZENTRALUNTERSUCHUNGSKOMMISSION infiltriert wurde. Auf Druck des DEUTSCHEN BUNDS musste die Schweiz Aktivisten des Jungen Europa ausweisen, sodass die Organisation rasch zerfiel (1836/37). Mazzinis »Europäisches Zentralkomitee« (1852) versuchte das Modell in England wieder zu beleben. Das Junge Europa diente anderen nationalen Befreiungsbewegungen als Vorbild: z. B. YOUNG IRELAND (1840/42), Jungosmanen (ab 1860), JUNGTÜRKEN (1896), JUNG-BOSNIEN (1908). [F. H.]

Literatur: H. G. Keller: Das »Junge Europa« 1834–1836. Zürich, Leipzig 1938.

Junges Deutschland

Deutscher Zweig des JUNGEN EUROPA, in der Schweiz gegründet (**1834**): Das Junge Deutschland kämpfte für eine zentralistische deutsche Republik, anfangs auch gegen frühsozialistische Konkurrenz (BUND DER GERECHTEN). Mit Propagierung eines nationalrevolutionären Sonderweges geriet es in Gegensatz zu Mazzini (1835), gewann aber Einfluss auf die deutsche Arbeiterbewegung, z. B. durch Bildungs- und Lesegesellschaften für deutsche Handwerker in der Schweiz. Führende Mitglieder entfalteten eine aggressive literarische Propaganda, weshalb die literarische Bewegung gleichen Namens als Sprachrohr der Geheimorganisation galt und Schriften, u. a. Heinrich Heines, vom Bundestag verboten wurden (1835). Die Organisation wurde zerschlagen (1836–1839), reorganisierte sich unter Wilhelm Marr (1842/43), der später (1879) den Begriff ANTISEMITISMUS prägte, zerfiel endgültig mit Marrs Ausweisung aus der Schweiz (1845). [F. H.]

Literatur: W. Schieder: Anfänge der deutschen Arbeiterbewegung. Die Auslandsvereine im Jahrzehnt nach der Julirevolution von 1830. Stuttgart 1963; A. Gerlach: Deutsche Literatur im Schweizer Exil. Die politische Propaganda der Vereine deutscher Flüchtlinge und Handwerksgesellen in der Schweiz von 1833 bis 1845. Frankfurt/Main 1975; W. Zimmermann: Wilhelm Marr. The Patriarch of Anti-Semitism. New York, Oxford 1986.

Bund der Geächteten

Aus dem »Deutschen Volksverein« (1832–1834) hervorgegangene Geheimorganisation aus Deutschland emigrierter Handwerksgesellen, Studenten, Kaufmannsgehilfen, Journalisten in Paris (**1834**): Der Bund der Geächteten lehnte sich an ähnliche französische Geheimgesellschaften an. Seine Ziele waren die nationale Wiedergeburt Deutschlands und die Befreiung der Proletarier. Der Bund hatte nur wenige Stützpunkte in Südwestdeutschland (u.a. Frankfurt am Main, Mainz). Der BUND DER GERECHTEN (1836) setzte seine Arbeit fort.

Literatur: W. Schieder: Anfänge der deutschen Arbeiterbewegung. Die Auslandsvereine im Jahrzehnt nach der Julirevolution von 1830. Stuttgart 1963; E. Schraepler: Handwerkerbünde und Arbeitsvereine 1830–1853. Berlin, New York 1972; G. Trautmann (Hg.): Entstehung und Wandel der deutschen Arbeiterbewegung. Hamburg 1989; A. Klönne: Die deutsche Arbeiterbewegung. Geschichte, Ziele, Wirkungen. München 1989.

Karlisten

Politische Bewegung in Spanien, benannt nach dem Thronprätenden Don Carlos: Die Karlisten kämpften für die ABSOLUTE MONARCHIE und eine starke Stellung der Katholischen Kirche (Klerikalismus, Traditionalismus), gegen LIBERALISMUS, die VERFASSUNG VON CÁDIZ (1812), das PARLAMENT und die PRAGMATISCHEN SANKTION (1830). Don Carlos versuchte im 1. KARLISTENKRIEG (**1834**–1839) und 2. KARLISTENKRIEG (1869/72–1876) vergeblich, seinen Thronanspruch durchzusetzen. Dennoch hielten sich die Karlisten als politische Strömung. Als Gegner der 2. SPANISCHEN REPUBLIK (1931–1936/39) unterstützten sie Franco im SPANISCHEN BÜRGERKRIEG (1936–1939), der sie zum Anschluss an die FALANGE zwang (1937). Die Karlisten traten zunächst für Juan Carlos als neuen spanischen König ein, gingen jedoch wegen seiner Unterstützung der Demokratisierung in Spanien (ab 1975) in Opposition.

Literatur: J. Canal: El carlismo. Dos siglos de contrarrevolución en España. Madrid 2000.

1. Karlistenkrieg

Bürgerkrieg zwischen KARLISTEN und LIBERALEN in Spanien (**1834**–1839): Auslöser des Kriegs war die Weigerung der Karlisten, die PRAGMATISCHE SANKTION (1830) anzuerkennen, die nach dem Tod des spanischen Königs Ferdinands VII. (1833) die Nachfolge regelte. Die Liberalen siegten mit Hilfe Großbritanniens, Frankreichs und Portugals (1836/37). Nach dem Frieden (Konvention von Vergara, 1839) ging Don Carlos ins Exil nach Frankreich.

Literatur: R. del Valle-Inclan: Der Karlistenkrieg. Frankfurt/Main 1991.

Buren

(niederl./afrikaans: Boeren = Bauern; engl.: Boers) Nachfahren holländischer Siedler seit der Gründung Kapstadts durch die VEREENIGDE OOST-LNDISCHE COMPAGNIE (VOC, 1652): Da den Buren anfangs europäische Frauen fehlten, entstand aus Verbindungen mit Afrikanerinnen (San, Khoikhoi) im Vorlauf zur APARTHEID die Zwischengruppe der »Coloured« (»Farbige« = Mischlinge) minderen Rechts, u. a. die »Rehobother Baster«. Die Buren hatten mit Afrikaans eine eigene Sprache, ein erstarrtes Holländisch, modifiziert durch nichteuropäische Bestandteile, und gehörten meist zur Reformierten Kirche. Zunächst versorgten sie als Siedler im Dienst des VOC Kapstadt und ihre Schiffe mit Getreide, Gemüse und Obst (1657), von Anfang an mit SKLAVEN. Später expandierten Buren als freie Bauern und Viehzüchter im Umland von Kapstadt, gerieten mit ihrer Landnahme (gegen den Willen der VOC) in Konflikt mit aus dem Norden vordringenden Bantu (ab 1799). Nach dem WIENER KONGRESS, unter britischer Herrschaft (1815), eskalierte der Konflikt über die Behandlung der Afrikaner mit der Kolonialmacht, zugespitzt seit dem VERBOT DER SKLAVEREI (1834), bis zur Sezession vieler Buren auf dem GROSSEN TREK (**1835**–1837). Sie besiegten die ZULU am Blood River (1838), gründeten die Republiken Transvaal (1836), Natal (1838–1843) und Oranje (1842). DIAMANTEN (1867) und GOLD (1886) eröffneten die Industrialisierung. Durch Einwanderung der UITLANDERS sahen sich die Buren bedroht. Sie konnten den JAMESON-RAID zum Sturz der Republik Transvaal zwar abwehren (1895/96), doch der Konflikt mit England eskalierte im BURENKRIEG (1899–1902), an dessen Ende die Buren die britische Souveränität im FRIEDEN VON VEREENIGING (1902) anerkannten. In der SÜDAFRIKANISCHEN UNION (1910) und Südafrikanischen Republik (seit 1961) saßen die Buren an den Schaltstellen der Macht; ihre Partei, die Nationalpartei (ab 1912), war ab 1920 stärkste Partei. Die Apartheid wurde staatstragendes Prinzip, durchgesetzt mit u. a. JOB RESERVATION (1911), NATIVE LANDS ACT (1913), Verankerung der Rassentrennung in der Verfassung (1948), Supression of Communism Act (1950), PASSGESETZEN (1952). Offener Widerstand der Schwarzen wurde niedergeworfen (MASSAKER VON SHARPEVILLE, Unruhen in Soweto 1975). Die Buren isolierten sich international als letzte Exponenten europäischer Kolonialherrschaft in Afrika. Das Ende der Apartheid (ab 1989) löste unter den Buren eine Identitätskrise und Auswanderung aus.

Literatur: S. Patterson: The Last Trek. A Study of the Boer People and the Afrikaner Nation. London 1957; J. Fisch: Geschichte Südafrikas. München [2]1991; C. Marx: Im Zeichen des Ochsenwagens. Der radikale Afrikaaner-Nationalismus in Südafrika und die Geschichte der Ossewabrandwag. Münster 1998.

Großer Trek

(engl.: The Great Trek, afrikaans: Grote Trek) SEZESSION von ca. 10 000 BUREN aus der Kapkolonie nach Norden aus Protest gegen die (humanere) Behandlung der Afrikaner durch die britischen Kolonialbehörden und gegen das VERBOT DER SKLAVEREI (1834): Der Große Trek zog in mehreren Wellen (**1835**–1837) in Gebiete, die von ZULU (vorübergehend) weitgehend entvölkert waren (oder schienen). Die Zulu massakrierten eine Vorausabteilung, wurden als Vergeltung von den Buren am Blood River vernichtend geschlagen (1838). Die Briten vertrieben die Buren aus dem von ihnen 1839 besiedelten Natal (1843). Im weiteren Verlauf des Großen Trek gründeten Buren die Republiken Transvaal (1852) und Oranje-Freistaat (1854), mit rassistischen Ideologien, bis hin zur APARTHEID.

Literatur: E. A. Walker: The Great Trek. London ⁵1970.

Bund der Gerechten ■

Geheimorganisation deutscher Emigranten in Paris (**1836**–1847): Der Bund der Gerechten war aus dem BUND DER GEÄCHTETEN hervorgegangen und hatte »Gemeinden« in Hamburg, Frankfurt am Main, in der Schweiz (1839–1843) und London (1839/40–1847; Leitung 1846), zuletzt unter Einfluss von Marx und Engels. Aus ihm bildete sich der BUND DER KOMMUNISTEN (1847–1852).

Literatur: wie zu Bund der Geächteten.

Göttinger Sieben ■

Nach Auflösung der PERSONALUNION zwischen Großbritannien und Hannover (**1837**) protestierten sieben Professoren der UNIVERSITÄT Göttingen gegen die Aufhebung der Verfassung (Staatsgrundgesetz von 1833) durch den neuen König Ernst August (1837): Zu den Göttinger Sieben gehörten u. a. die Historiker Friedrich Christoph Dahlmann (*1785, †1860), Georg Gottfried Gervinus (*1805, †1871), die Germanisten Jacob Grimm (*1785, †1863) und Wilhelm Grimm (*1786, †1859). Sie wurden sofort entlassen. Ihr Protest fand großen Widerhall in der liberalen Öffentlichkeit Deutschlands. Vier der Göttinger Sieben wurden Abgeordnete der FRANKFURTER NATIONALVERSAMMLUNG in der PAULSKIRCHE (1848/49).

Literatur: R. von Thadden: Die Göttinger Sieben. Ihre Universität und der Verfassungskonflikt von 1837. Hannover 1987; A. Machinek (Hg.): Dann wird Gehorsam zum Verbrechen. Die Göttinger Sieben. Ein Konflikt um Obrigkeitswillkür und Zivilcourage. Göttingen 1989; K. von See: Die Göttinger Sieben. Kritik einer Legende. Heidelberg ³2000.

Sierra Leoneans ■

Ehemalige, von der britischen Flotte vor Westafrika befreite SKLAVEN (vor allem YORUBA aus Nigeria), die in und um Freetown (Sierra Leone) angesiedelt wurden (ab 1808): Die Sierra Leoneans traten z. T. zum CHRISTENTUM über. Nach dem VERBOT DER SKLAVEREI (1834/38) begann ihre Rückwanderung entlang der westafrikanischen Küste in ihre frühere Heimat, vor allem ins Yorubaland (ab **1838**), während Kontakte nach Sierra Leone blieben. Befreite Sklaven wurden wichtig bei der Europäisierung und Christianisierung noch vor Beginn der europäischen Kolonialherrschaft: Sie und andere »Heimkehrer« aus Britisch-Westindien und Brasilien (»Brazilians«) stellten häufig die soziale Führungsschicht, oft an der CMS-GRAMMAR SCHOOL (1845) ausgebildet.

Literatur: J. H. Kopytoff: Preface to Modern Nigeria: The »Sierra Leonians« in Yoruba, 1830–1890. Madison (Milw.), London 1965.

Methodisten

Protestantische Gruppierung: Die Methodisten formierten sich als kirchliche Erneuerungsbewegung mit stark pietistischen Elementen in England unter John Wesley (* 1703, † 1791). Sie wurden gegen den Willen Wesleys aus der ANGLIKANISCHEN KIRCHE ausgeschlossen: Die Glaubensbewegung hatte stark pietistische Züge und fand Anhänger weitgehend in den Unterschichten (ca. ab 1738). In den USA entstanden eigene methodistische Kirchen (ab 1784), auch für AFRO-AMERIKANER, zuerst in Philadelphia (1787) und New York (1794). Methodisten gründeten auch eine Mission an der afrikanischen Goldküste (Ghana, **1838**) und trugen zur Ausbreitung des CHRISTENTUMS in Westafrika bei. Organisiert sind über 60 Kirchen im Methodistischen Weltbund (World Methodist Council, seit 1881).

Literatur: F. L. Bartels: The Roots of Ghana Methodism. Cambridge 1965; E. Halévy: The Birth of Methodism in England. Chicago u. a. 1971; M. Weyer: Die Bedeutung von Wesleys Lehrpredigten für die Methodisten. Stuttgart 1987.

Chartisten

Britische Arbeiterbewegung, nach der für die Arbeiterschaft enttäuschenden 1. REFORM BILL (1832): Organisatorische Basis war die »Working Men's Association« mit ihrer PEOPLE'S CHARTER (**1838**). Sie veranstaltete Massendemonstrationen und legten dem Unterhaus Petitionen vor (1839, 1842, 1848), die jedoch zurückgewiesen wurden. Ein Aufstand mit Aufruf zum GENERALSTREIK scheiterte (1839), worauf sich die Bewegung in Gemäßigte und Radikale spaltete (1840–1842). Auch in Birmingham und Newport beteiligten sich Chartisten an Arbeiterunruhen (1842). Sie hatten starken Einfluss auf den in Manchester lebenden Friedrich Engels (1842–1844). Die programmatisch uneinheitliche Bewegung scheiterte an der Kluft zwischen gewerkschaftlichen und politischen Zielen (Ausbau des liberalen Verfassungsstaates), doch ebnete sie den Weg zur Herausbildung der GEWERKSCHAFTEN.

Literatur: A. Briggs (Hg.): Chartist Studies. Nachdruck London u. a. 1978; M. Morris: Von Cobbett bis zu den Chartisten 1815–1848. Berlin 1954; M. Hovell: The Chartist Movement. [3]1994; G. Claeys: The Chartist Movement in Britain. 6 Bde., London u. a. 2001.

People's Charter

Grundsatzprogramm der CHARTISTEN, von Unterhausabgeordneten formuliert und der »Workings Men's Association« vorgelegt (**1838**): Ältere liberale Verfassungsforderungen aufnehmend, war die People's Charter für allgemeines und geheimes WAHLRECHT (für Männer), jährliche Wahlen zum PARLAMENT, Aufhebung des Zensus für Parlamentskandidaten, DIÄTEN für Unterhausabgeordnete, eine gerechte Wahlkreisordnung, die sich alle zehn Jahre nach einer Volkszählung der veränderten Einwohnerzahl anpassen sollte. Petitionen an das UNTERHAUS (1839, 1842, 1848) wurden abgelehnt, Forderungen aber später zum größten Teil erfüllt.

Londoner Protokoll

Abschluss der durch die Belgische Revolution aufgeworfenen Probleme: Nach der Belgischen Revolution und Unabhängigkeitserklärung (1830), der Londoner Konferenz (1831) sowie dem Holland von England und Frankreich aufgezwungenen Waffenstillstand (1833) legte das Protokoll die Anerkennung der Unabhängigkeit Belgiens durch Holland fest und garantierte Belgiens Neutralität durch die Großmächte (**1839**). Ihre Verletzung durch Deutschland (3. August 1914) provozierte die britische Kriegserklärung zu Beginn des Ersten Weltkriegs (4. August).

2. Orientkrise

Folgekonflikt der 1. Orientkrise 1831–1833: Die Spannungen zwischen Ägypten und dem Sultan verschärften sich, als die osmanische Flotte zu den Ägyptern überging und den Weg nach Konstantinopel freigab. Die Großmächte außer Frankreich intervenierten für das Osmanische Reich, der Sultan stellte in seiner Proklamation Hatt-i-Sherif umfassende Reformen in Aussicht (Beginn der Tanzimat-Ära, **1839**). Großbritannien, Preußen und Russland schlossen mit dem Osmanischen Reich einen Schutzvertrag (1840), der jedoch die Gefahr eines Kriegs zwischen der Koalition und Frankreich, das Ägypten stützte, heraufbeschwor. Die britische Flotte und ein Aufstand zwangen die Ägypter zur Räumung Syriens. Die Konvention von Alexandria sah die Rückgabe der osmanischen Flotte an den Sultan vor. Der ägyptische Statthalter Mohamed Ali verzichtete auf Syrien und wurde dafür als erblicher Herrscher (Khedive) anerkannt (1840), bestätigt vom Sultan 1841), womit Ägypten faktisch unabhängig wurde. Die 2. Orientkrise endete mit dem Dardanellenvertrag (1841).

Literatur: M. S. Anderson: The Eastern Question 1774–1923. Nachdruck Basingstoke u. a. 1991.

Hatt-i Sherif von Gülhané

(türk.: Erhabenes Schreiben vom Rosenhaus) Proklamation des Sultans in der 2. Orientkrise (**1839**): Hatt-i-Sherif versprach Verwaltungs-, Heeres- und Steuerreformen sowie eine Reform des staatlichen Bildungswesens nach westlichem Vorbild. Mit dieser Prinzipienerklärung begann die Tanzimat-Ära (1839–1876).

Literatur: T. Scheben: Verwaltungsreformen der frühen Tanzimatzeit. Gesetze, Maßnahmen, Auswirkungen. Von der Verkündigung des Ediktes von Gülhane 1839 bis zum Ausbruch des Krimkrieges 1853. Frankfurt/Main u. a. 1991.

Tanzimat

(türk.: Nützliche Verordnungen) Zusammenfassende Bezeichnung für die Reformdekrete im Osmanischen Reich, vom Sultan in schweren inneren und äußeren Krisen (u. a. 2. Orientkrise) erlassen (**1839**–1876): Dazu zählten Hatt-i Sherif (1839), Hatt-i Humayun (1856), Verfassung (1876).

Literatur: Tanzimat, in: Enzyklopaedie des Islam. Leiden 1934, S. 710–714; T. Scheben: Verwaltungsreformen der frühen Tanzimatzeit. Gesetze, Maßnahmen, Auswirkungen. Von der Verkündigung des Ediktes von Gülhané 1839 bis zum Ausbruch des Krimkrieges 1853. Frankfurt/Main 1991; A. Pistor-Hatam: Iran und die Reformbewegung im Osmanischen Reich. Persische Staatsmänner, Reisende und Oppositionelle unter dem Einfluss der Tanzimat. Berlin 1992; S. Akşin Somel: The Modernization of Public Education in the Ottoman Empire, 1839–1908. Islamization, Autocracy, and Discipline. Leiden u. a. 2001.

Londoner Vertrag

Koalitionvereinbarung zwischen Großbritannien, Preußen, Russland und dem Osmanischen Reich zur Rettung des Sultans in der 2. Orientkrise (**1840**): Der Londoner Vertrag war gegen Ägypten gerichtet und zog die Gefahr eines Kriegs in Europa mit sich, da Frankreich Ägypten stützte. Der ägyptische Statthalter von Ägypten, Mohamed Ali, lehnte daher, im Vertrauen auf Frankreichs Hilfe, eine Kompromisslösung ab. Danach richtete sich eine britische Flottenaktion gegen Syrien (1840).

»Die Wacht am Rhein«

Deutsches Kampflied: Die »Wacht am Rhein« entstand in der 2. Orientkrise angesichts eines drohenden Kriegs gegen Frankreich (**1840**); es war besonders populär im Deutsch-Französischen Krieg (1870/71) und Ersten Weltkrieg (1914–1918).

Literatur: K. Hofmann-Heidelberg: Max Schneckenburger und seine »Wacht am Rhein«. Geschichte eines deutschen Volks- und Vaterlandsliedes. Tuttlingen 1940.

Opiumkrieg

Aus der Beschlagnahme von Opium, das die Briten (illegal) aus Indien eingeführt hatten, im Hafen von Kanton (1839) entwickelte sich der Opiumkrieg: Erste Feindseligkeiten eskalierten zu Kriegshandlungen (**1840**/41). Die Briten besetzten strategische Küstenplätze, u.a. Hongkong (1841). Der Vertrag von Nanking (1842) beendete als erster der neueren »Ungleichen Verträge« den Opiumkrieg und machte die Agonie Chinas offenbar, die vom Taipingaufstand (1850–1864) über den Boxeraufstand (1900) bis zur Chinesischen Revolution (1911–1949) eskalierte.

Literatur: F.S. Turner: British Opium Policy and its Results to India and China London 1876; R. Koller: Der Opiumkrieg: 1840–1842. Das Aufeinanderprallen zweier Kulturen oder politisches Verbrechen? Radolfzell am Bodensee 1985.

Briefmarke

Postwertzeichen zum Freimachen (Frankieren) von Briefen, Postkarten, Päckchen und Paketen: Erste aufklebbare Briefmarken wurden in Großbritannien eingeführt (**1840**), gefolgt von anderen Ländern – z.B. Bayern (1849), Sachsen, Preußen (1850), 2. Deutsches Kaiserreich (1872). Sie wurden, auch als Kapitalanlage, begehrtes Sammlergebiet (Philatelie) und spiegeln in ihren Motiven politische Veränderungen.

Damaskus-Affäre

Judenfeindliche Ausbrüche in Damaskus (**1840**), hervorgerufen durch den Vorwurf eines RITUALMORDS: Trotz der Haltlosigkeit der Anschuldigung, JUDEN hätten am vermissten Kapuzinerpater Thomaso Ritualmord begangen, wurden Juden verhaftet und gefoltert. Erst Interventionen von Moses Montefiore (* 1784, † 1885) und Adolphe Crémieux (* 1796, † 1880) bei der französischen und ägyptischen Regierung sowie öffentlicher Druck erzwangen die Freilassung der Inhaftierten. Mit dem Engagement Montefiores und Crémieux' bewährte sich erstmals internationale jüdische Solidarität, institutionalisiert in der Gründung der ALLIANCE ISRAÉLITE UNIVERSELLE (1860).

Literatur: F. Battenberg: Das europäische Zeitalter der Juden. Zur Entwicklung einer Minderheit in der nichtjüdischen Umwelt Europas. Darmstadt 1990; J. S. Stanford: The Jews of the Ottoman Empire and the Turkish Republic. London 1991; J. Frankel: »Ritual Murder« in the Modern Era. The Damascus Affair of 1840, in: Jewish Social Studies 1997, 3(2), S. 1–16.

Dardanellenvertrag (Meerengenkonvention)

Regelung den Schiffsverkehr zwischen Schwarzem Meer und Mittelmeer betreffend: Die Konvention zum Abschluss der 2. ORIENTKRISE (1839–**1841**), bestätigt im PARISER FRIEDEN (1856), ersetzte den VERTRAG VON UNKIAR SKELESSI (1833), sperrte Dardanellen und Bosporus für ausländische Kriegsschiffe – Russland wurde zurückgedrängt, Frankreich schloss sich wieder dem KONZERT DER MÄCHTE (PENTARCHIE) an.

»Das nationale System der politischen Ökonomie«

Die für die nationalökonomische Theorie und deutsche Volkswirtschaft grundlegende Schrift von Friedrich List (**1841**) forderte »Erziehungszölle« zum Schutz der einheimischen Industrie gegen die überlegene britische Konkurrenz (SCHUTZZOLL), stärkte den DEUTSCHEN ZOLLVEREIN und förderte den EISENBAHNbau.

Vertrag von Nanking

Friede zur Beendigung des OPIUMKRIEGS (**1842**): Chinas Handelsbeziehungen mit dem Ausland, geprägt von der TRIBUTpflicht anderer Staaten gegenüber China, wurden vom Vertrag von Nanking geregelt. Der Hafen von Kanton, einziger Auslandshafen, verlor sein MONOPOL, britische Kaufleute erhielten Konzessionen für fünf VERTRAGSHÄFEN, unter Aufsicht von KONSULN. Hongkong wurde britisch (bis 1997), ein einheitlicher Einfuhrzoll wurde eingeführt. China musste eine Kriegsentschädigung an Großbritannien zahlen, das durch die MEISTBEGÜNSTIGUNGSKLAUSEL (1843) vom Handel mit China profitierte. Der Vertrag markierte einen tiefen Einschnitt in den Beziehungen Chinas zum Westen. Dem ersten der von China so bezeichneten UNGLEICHEN VERTRÄGE folgten weitere Handelsverträge, u. a. mit Frankreich, den USA (1844) und Preußen bzw. dem DEUTSCHEN ZOLLVEREIN (1861).

Ungleiche Verträge

Chinesische (polemische) Bezeichnung für China in der Schwächeperiode der MANDSCHU-DYNASTIE vom Westen auferlegte Verträge, beginnend mit dem VERTRAG VON NANKING (**1842**): Es folgten die Verträge von Tientsin, Aigun (1858) und Peking (1860). Nach chinesischer Auffassung von der absoluten Überlegenheit des Kaisers von China, der nur Unterwerfung kannte, waren alle internationalen Verträge – selbst solche auf der Ebene gleichberechtigte Staatsführer – »ungleiche Verträge«.

Literatur: G. Rodney: The Unequal Treaties – China and the Foreigners. London 1929.

Vertragshäfen

Häfen, die China seit dem VERTRAG VON NANKING (**1842**) für den Handel mit England, später auch anderen europäischen Staaten und den USA, öffnen musste, zunächst fünf (Kanton, Amoy, Shanghai, Fuzhou, Ningbo): Nach dem Frieden von Tientsin (1858) kamen neun weitere (u.a. Hankau) hinzu, zuletzt 80, auch im Landesinnern. Ihre Öffnung erfolgte auf direkten Druck der europäischen Mächte und Japans, später (ab 1898), für elf Häfen auch »freiwillig«. Die Hafenstädte entwickelten sich zu Zentren der Modernisierung und wirtschaftlichen Durchdringung Chinas durch den IMPERIALISMUS. Die Verträge wurden durch die ausländischen Mächte zwischen dem ERSTEN WELTKRIEG und ZWEITEN WELTKRIEG allmählich wieder aufgelöst. Bedeutendster Vertragshafen war Shanghai – mit einer »Konzession« (= »Internationale[n] Niederlassung[en]«), eigener Verwaltung und Polizei (bis 1949).

Literatur: C. Elder (Hg.): China's Treaty Ports. Half Love and Half Hate. An Anthology. Hong Kong u.a. 1999; F. Wood: No Dogs and Not Many Chinese. Treaty Port Life in China, 1843–1943. London 2000.

Eiderdänen

(dän.: Ejderdanske) Dänische Nationalliberale, seit dem deutsch-dänischen Sprachenstreit (1840/42): Die Eiderdänen forderten, gegen die schleswig-holsteinische Verfassungsbewegung (**1842/43**), den nationalen Einheitsstaat bis zur Eider, unter Annexion Schleswigs, jedoch ohne Holstein, u.a. mit Massenkundgebungen auf der Skamlingsbanke bei Kolding (1843/44). Auf der Ständeversammlung in Roskilde scheiterten sie mit ihrem Verfassungsentwurf (1846), zerfielen in eine demokratische und konservative Richtung, die jeweils für den Einheitsstaat mit oder ohne Verfassung eintrat. Sie wehrten sich gegen die Ankündigung einer Gesamtstaatsverfassung durch den neuen dänischen König (28. Januar 1848), waren führend in der »Casino«-Revolution von Kopenhagen (21./22. März) und bildeten eine erste Regierung (1848–1851), die den König zur Ankündigung einer eiderdänischen Verfassung zwang. Ihre Zuspitzung der SCHLESWIG-HOLSTEINISCHEN FRAGE trieb in den 1. DEUTSCH-DÄNISCHEN KRIEG (1848–1850). Als Opposition waren sie gegen das 2. LONDONER PROTOKOLL (1852) und eine modifizierte Gesamtstaatsverfassung (1855). Ihre zweite Regierung (1857–1864) eskalierte mit forcierter Annexionspolitik (Ausschluss Holsteins und Lauenburgs aus dem Geltungsbereich der Gesamtstaatsverfassung, Erlass der eiderdänischen Verfassung) den Konflikt zum 2. DEUTSCH-DÄNISCHEN KRIEG (1864). Nach der dänischen Niederlage gingen die Eiderdänen in Rechtsparteien auf (1869). [F. H.]

Literatur: R. Skovmand/V. Dybdahl u. a.: Geschichte Dänemarks 1830–1939. Die Auseinandersetzungen um nationale Einheit, demokratische Freiheit und soziale Gleichheit. Neumünster 1973; H. Vammen: Die Casino-»Revolution« in Kopenhagen 1848, in: Zeitschrift der Gesellschaft für Schleswig-Holsteinische Geschichte 1998, S. 57–90.

Meistbegünstigung

Vorteile im Außenhandel (z. B. Zollermäßigung, FREIHANDEL), auch für dritte Handelspartner: Die Gleichstellung aller Außenhandelspartner in einem Land, z. B. in China durch den Zusatzvertrag zum VERTRAG VON NANKING (**1843**) oder in Japan durch den VERTRAG VON KANAGAWA (1854), galt in vielen Handelsverträgen mit europäischen Staaten. Das bedeutendste System multilateraler Meistbegünstigung war das GENERAL AGREEMENT ON TARIFFS AND TRADE (GATT, 1948), fortgesetzt von der World Trade Organization (WTO, 1995).

Literatur: G. Jaenicke: Meistbegünstigung, in: Wörterbuch des Völkerrechts. Hg. v. H. J. Schlochauer u. a. Bd. 2, Berlin ^{2}1961.

Weberaufstand

Hungerrevolte von ca. 3000 schlesischen Hauswebern in Peterswaldau und Langenbielau (Schlesien) gegen die Verschlechterung ihrer Lebensbedingungen durch Konkurrenz, ungünstige Zolltarife, Maschinen, Unterbezahlung: Das preußische Militär unterdrückte den Weberaufstand blutig (**1844**), was die vorrevolutionären Spannungen in Deutschland verschärfte. Der Weberaufstand wurde in der Literatur verarbeitet (u. a. Heinrich Heine, Gerhart Hauptmann).

Literatur: H.-E. Bremes (Hg.): 140 Jahre Weberaufstand in Schlesien. Industriearbeit und Technik – gestern und heute. Münster 1985; C. v. Hodenberg: Aufstand der Weber. Die Revolte von 1844 und ihr Aufstieg zum Mythos. Bonn 1997.

Konsumgenossenschaften

(engl.: Cooperative Societies) Genossenschaften für gemeinsamen Großeinkauf (später auch Produktion) von Lebensmitteln und Konsumgütern sowie Weiterverkauf an eingeschriebene Mitglieder zu möglichst geringen Preisen; Gewinne wurden an die Mitglieder durch Rückvergütung teilweise wieder ausgeschüttet: Von den ROCHDALE PIONEERS (**1844**) ins Leben gerufene, sich rasch verbreitende Genossenschaften organisierten die Selbsthilfe der Arbeiterschaft, zurückgehend auf Anregungen und Experimente Robert Owens (* 1771, † 1858). Dachverband war die Cooperative Wholesale Society in Manchester (1864), mit erstem Cooperative Congress (1869). Die Cooperative Party, die mit eigenen Kandidaten ein Bündnis mit der LABOUR PARTY einging (1918), war eine britische Besonderheit. Kosumgenossenschaften entstanden auch in anderen Ländern.

Literatur: M. Digby: The World Co-operative Movement. London 1960; A. Bonner: British Co-operation. The History, Principles and Organisation of the British Co-operative Movement. Manchester 1970; J. Brazda (Hg.): Pioniergenossenschaften. Am Beispiel der Konsumgenossenschaften in Großbritannien, Schweden und Japan. Frankfurt/Main u. a. 1996.

Rochdale Pioneers

Gruppe von acht Arbeitern aus Rochdale (Lancashire), die die erste Konsumgenossenschaft ins Leben riefen (**1844**).

Sonderbund

»Schutzvereinigung« katholisch-konservativer URKANTONE (Uri, Schwyz, Unterwalden) mit vier weiteren Kantonen (Zug, Luzern, Fribourg, Wallis, **1845**), zur Wahrung ihrer SOUVERÄNITÄT gegen den liberalen und demokratischen Zentralismus der REGENERATION: Konflikte mit den liberalen Kantonen entluden sich im SONDERBUNDSKRIEG (1847).

Literatur: H. Müller: Zur Geschichte des Schweizer Sonderbundes, in: Zeitschrift für Schweizer Geschichte 11 (1961).

CMS-Grammar School

Oberschule der CHURCH MISSIONARY SOCIETY (CMS) in Freetown (Sierra Leone) für KREOLEN und SIERRA LEONEANS (**1845**): In der CMS-Grammar School, der ersten höheren Schule Westafrikas, wurde die moderne afrikanische Elite, besonders in Sierra Leone und Nigeria, ausgebildet.

Polnischer Aufstand in Krakau

Von Krakau ausgehende Erhebung zur Befreiung Polens von russischer Herrschaft: Der Krakauer Aufstand wurde rasch niedergeschlagen, die REPUBLIK KRAKAU Österreich einverleibt (**1846**–1918).

Amerikanisch-mexikanischer Krieg

Krieg zwischen den USA und Mexiko: Nach der Proklamation einer unabhängigen Republik Texas (1836) und Annexion des Gebiets durch die USA (1845) eskalierte der Konflikt mit Mexiko, das den Verkauf von Neu-Mexiko an die USA ablehnte (1846). US-Grenzprovokationen führten zum Krieg (**1846**–1848), in dem die US-Army Mexiko-City eroberte (1847). Im Frieden von Guadelupe-Hidalgo (1848) fielen Texas, Kalifornien, Arizona, Neu-Mexiko, Utah und Colorado gegen die Zahlung von 15 Mio. US-DOLLAR an die USA.

Literatur: J. D. Fuller: The Movement for the Acquisition of All Mexiko, 1846–1848. Baltimore 1936, Nachdruck New York 1969; O. B. Faulk/J. A. Strout (Hg.): The Mexican War. Changing Interpretations. Chicago 1973; M. Solka: Der Amerikanisch-Mexikanische Krieg. Wyk auf Föhr 1997.

Aufhebung der Kornzölle

(engl.: Repeal of the Corn Laws) Nach anhaltender und intensiver Agitation der »Anti-Corn Law League« (1838–1846) und der ersten GROSSEN KARTOFFELMISSERNTE (1845) wurden die CORN LAWS in Großbritannien aufgehoben (**1846**): Der Sieg für den FREIHANDEL führte zur Spaltung der TORIES und Entstehung der KONSERVATIVEN PARTEI.

Literatur: C. Schonhardt-Bailey (Hg.): Free Trade. The Repeal of the Corn Laws. Bristol 1996.

Kartoffel

(aus ital.: tartufo = Trüffel, beruht auf einer Verwechslung mit der ähnlich aussehenden Knolle) Stärkehaltige Knolle der Kartoffelpflanze, Hauptnahrungsmittel einiger INDIO-Kulturen der Hochanden: Der spanische CONQUISTADOR Pizarro brachte die Pflanze nach Spanien (1526). Im DREISSIGJÄHRIGEN KRIEG (1618–1648) wurde die Kartoffel gelegentlich in Deutschland angebaut, seit dem SIEBENJÄHRIGEN KRIEG (1756–1763) verstärkt in Preußen. In Irland war sie seit dem 17. Jahrhundert Hauptnahrungsmittel der Unterschichten. Seit den NAPOLEONISCHEN KRIEGEN (1799–1815) weitete sich der Anbau auf dem europäischen Festland weiter aus. Die GROSSE KARTOFFELMISSERNTE in der Schweiz (1845/46) und Irland (**1846**, 1848) eskalierte zu HUNGERSNÖTEN und politischen Krisen.

Literatur: R. N. Salaman: The History and Social Influence of the Potato. Nachdruck Cambridge 1989; H. Hobhouse: Sechs Pflanzen verändern die Welt. Chinarinde, Zucker, Tee, Baumwolle, Kartoffel, Kokastrauch. Stuttgart ^{4}2001.

Große Kartoffelmissernte (Große Hungersnot, Potato Blight)

Schwer wiegender Ernteausfall, besonders in Irland: Nach Kartoffelmissernten durch Kraut- und Knollenfäule (Potato Blight), zunächst an der Ostküste der USA und Kanadas (1842), verdarb auch in der Schweiz (1845/46), in Südengland und Irland (1845–1848) fast die Hälfte der Ernte (1845, **1846**, 1848). In Irland brachen trotz staatlichen und privaten Hilfsmaßnahmen HUNGERSNÖTE aus, verschärft durch Epidemien (u. a. Typhus) und einen strengen Winter (1846/47). Etwa eine Million Iren verhungerten, viele wanderten aus, vor allem in die USA.

Literatur: C. B. Hyams: Irland im 19. Jahrhundert. Marburg 1977.

»Il Risorgimento«

In Turin herausgegebene Zeitschrift Graf Cavours (**1847**): Der Titel RISORGIMENTO wurde Programm der italienischen Nationalbewegung.

Risorgimento

(ital.: Wiedererstehung, Wiedergeburt) Epoche der Herstellung des italienischen Nationalstaats vom WIENER KONGRESS bis zur Einnahme Roms (1815–1870), benannt nach der Zeitschrift »IL RISORGIMENTO«

(**1847**): Das Risorgimento reagierte auf die Wiederherstellung der vorrevolutionären Fragmentierung Italiens. Vier Phasen sind zu unterscheiden:

- (1815–1847): Geheimorganisationen wie die Carbonari und Junges Italien entstanden; Cavours Zeitschrift »IL RISORGIMENTO« erschien.
- (1848/49): Mehrere Aufstände scheiterten, hatten aber Vorbildcharakter, Enttäuschung über den »liberalen« Papst Pius IX.
- (1850–1861): Aufstieg Sardinien-Piemonts, das mit Hilfe Frankreichs (1858/59), später Preußens (1866), das Königreich Italien herstellte.
- (1861–1870): Konsolidierung des neuen Staats. Nachdem die Franzosen Rom geräumt hatten, besetzten italienische Truppen die Stadt, annektierten den Kirchenstaat und erklärten Rom zur neuen Hauptstadt (1870). Übrig blieb die »IRREDENTA« (= »unerlöste« Brüder), bis zur Eingliederung italienischer, zu Österreich-Ungarn gehörender Gebiete (Trient, Friaul, Istrien). Sie kamen zum größten Teil erst nach dem ERSTEN WELTKRIEG (1914–1918) zu Italien

Prominentester Vorkämpfer des Risorgimento war Garibaldi, gefolgt von seinen Anhängern eines linken integralen Nationalismus, bis hin zu Mussolini, der ihn mit SOZIALISMUS zum FASCHISMUS verband.

Literatur: D. Beales: The Risorgimento and the Unification of Italy. London [10]1981; F. J. Coppa (Hg.): Studies in Modern Italian History. From the Risorgimento to the Republic. Frankfurt/Main 1986; A. Stiles: The Unification of Italy 1815–70. Kent 1989; J. A. Davis/P. Ginsborg: Society and Politics in the Age of the Risorgimento. Cambridge u. a. 1991; L. Riall: The Italian Risorgimento. State, Society, and National Unification. London u. a. 1994.

Vereinigter Landtag

Versammlung aller preußischen PROVINZIALLANDSTÄNDE in Berlin (**1847**), aus Herrenkurie (Prinzen, Fürsten, Standesherren) und Dreiständekurie (RITTER, Bürger, Bauern): Der Vereinigte Landtag hatte nur wenige Kompetenzen und tagte unregelmäßig (ohne PERIODIZITÄT), doch nahm dort die konstitutionelle Bewegung in Preußen ihren Anfang. Er lehnte eine Staatsanleihe zur Finanzierung der Ostbahn Königsberg–Berlin ab. In der MÄRZREVOLUTION wurde der Vereinigte Landtag erneut einberufen und verabschiedete das Wahlgesetz zur preußischen NATIONALVERSAMMLUNG (1848).

Hapag

Abkürzung für Hamburg-Amerikanische Packetfahrt-Aktiengesellschaft (Hamburg–Amerika-Linie) für Personen- und Frachtverkehr zwischen Hamburg und New York: Die in Hamburg gegründete (**1847**) Hapag entwickelte sich unter Albert Ballin (1889–1918) zur weltweit größten Schifffahrtsgesellschaft. In beiden Weltkriegen erlitt sie hohe Verluste, wurde aber wieder aufgebaut, zuletzt in Interessengemeinschaft mit dem NORDDEUTSCHEN LLOYD, mit dem sie zur Hapag-Lloyd fusionierte (1970).

Literatur: O. J. Seiler: Brücke über den Atlantik. 135 Jahre Nordamerikafahrt. Hapag–Lloyd 1848–1983. Herford 1991; H. J. Witthöft: HAPAG. Hamburg-Amerika-Linie. Hamburg [3]1997; S. Wiborg/K. Wiborg: Unser Feld ist die Welt. 1847–1997. 150 Jahre Hapag-Lloyd. Hamburg 1997.

Sonderbundskrieg ■

Bürgerkrieg in der Schweizer EIDGENOSSENSCHAFT (**1847**): Ein Beschluss der liberalen Tagsatzungsmehrheit (Delegiertenversammlung der eidgenössischen Kantone) verfügte die Auflösung des SONDERBUNDS durch Bundesexekution. Der Bundesvertrag (1815) wurde revidiert, die JESUITEN wurden ausgewiesen. Die Einnahme von Fribourg und Luzern erzwang die KAPITULATION der Sonderbund-Kantone. Diplomatische Einmischungsversuche der europäischen Mächte wies die Eidgenossenschaft zurück. Der neue Bundesvertrag machte aus der Schweiz faktisch einen Bundesstaat mit gemeinsamer Bundesregierung (Kollegium von Bundesräten), einem PARLAMENT aus zwei Kammern (Nationalrat und Ständerat) und der Bundeshauptstadt Bern. Die Kantone behielten jedoch ein hohes Maß an AUTONOMIE; die SOUVERÄNITÄT wurden zwischen ihnen und dem Bund geteilt.

Literatur: E. Bucher: Die Geschichte des Sonderbundkriegs. Zürich 1966; J. Remak: Bruderzwist, nicht Brudermord. Der Schweizer Sonderbundskrieg von 1847. Zürich 1997.

Bund der Kommunisten ■

Unter maßgeblichem Einfluss von Marx und Engels aus dem BUND DER GERECHTEN hervorgegangene revolutionäre Organisation in London (**1847**): Grundsatzprogramm war das »KOMMUNISTISCHE MANIFEST« (1848). Marx redigierte die Kölner »Neue Rheinische Zeitung« (1848/49); die »Gemeinde« der Stadt war in der REVOLUTION (1848/49) besonders aktiv, doch hatte der Bund insgesamt nur wenig politischen Einfluss. Marx löste den Bund auf (Juni 1848), einige Gruppen blieben bestehen, vor allem in London. Der Versuch von Marx, die Organisation neu aufzubauen (1849), scheiterte. Nach dem Kölner Kommunistenprozess löste sich der Bund endgültig auf (1852).

Literatur: E. Schraepler: Handwerkerbünde und Arbeitervereine. 1835–1853. Berlin, New York 1972; M. Hundt: Geschichte des Bundes der Kommunisten. 1836–1852. Frankfurt/Main u. a. 1993.

»Kommunistisches Manifest« ■

Von Marx und Engels verfasstes Grundsatzprogramm des BUNDS DER KOMMUNISTEN, das am Vorabend der REVOLUTION 1848/49 erschien (Februar **1848**): Das »Kommunistische Manifest« fand rasche und weite Verbreitung. Der Schlusssatz »Proletarier aller Länder vereinigt euch!« wurde später zum Motto der Zentralorgane kommunistischer Parteien.

Literatur: K. Löw: Kam das Ende vor dem Anfang? 150 Jahre »Manifest der Kommunistischen Partei«. Köln 1998; R. Rorty: Das Kommunistische Manifest 150 Jahre danach. Frankfurt/Main 1998; E. Hobsbawm: Das Manifest – heute. 150 Jahre Kapitalismuskritik. Hamburg [2]2000.

Wirtschaftskrise ■

Gravierender Rückgang von Produktion und Beschäftigung, vor allem seit der INDUSTRIELLEN REVOLUTION, zunächst in Industriezentren, von dort übergreifend auf überwiegend agrarische Regionen, meist mit schweren politischen Konsequenzen: Ein Wirtschaftskrise hat viele Ursachen, tritt aber häufig nach Phasen stürmischer Expansion und hektischer Spekulation (Überproduktionskrise) auf, als wirtschaftlicher Zusammenbruch (wie beim »Börsenkrach«), mit Arbeitslosigkeit und Rückgang der STEUEReinnahmen. Laut marxistischer Krisentheorie ereignet sie sich zyklisch nur im Kapitalismus, doch gab es Wirtschaftskrisen auch im »realen SOZIALISMUS«.

Bedeutende Wirtschaftskrisen: Die durch einen strengen Winter (1788/89) verschärfte Krise in Frankreich (1788) führte zur FRANZÖSISCHEN REVOLUTION (1789), die allgemeine Rezession in Europa (1847) bereitete den Boden für die REVOLUTION 1848/49 (**1848**). WELTWIRTSCHAFTSKRISEN gingen seit 1857 von den USA aus, in Deutschland mit dem »Gründerkrach« und der GROSSEN DEPRESSION (1873–ca. 1895), im OSMANISCHEN REICH und Ägypten mit dem STAATSBANKROTT (1875). Nach dem ERSTEN WELTKRIEG (1914–1918) gab es in den europäischen Ländern und Japan schwere Wirtschaftskrisen, z. T. verschärft durch galoppierende INFLATION. Die Weltwirtschaftskrise hielt sich lange in den USA (1929–1939). Nach dem ZWEITEN WELTKRIEG (1939/45) überwanden die USA die wirtschaftliche Not in Europa mit dem MARSHALL-PLAN. Nach einer Phase der Hochkonjunktur löste der VIETNAMKRIEG eine Wirtschaftskrise in den USA (1965–1973) aus, mit Inflation und Arbeitslosigkeit. Der ERDÖLSCHOCK nach dem YOM-KIPPUR-KRIEG (1973) verschärfte in vielen Ländern die krisenhafte Entwicklung. Zur Überwindung dienten die Weltwirtschaftsgipfel der führenden Industriestaaten (ab 1974). Wirtschaftsprobleme im Ostblock traten mit der POLENKRISE (1980), in Rumänien und Jugoslawien zutage (1982). Die Aussichtslosigkeit, der Wirtschaftsprobleme mit den Mitteln der Planwirtschaft Herr zu werden, trug zum ZUSAMMENBRUCH DES KOMMUNISMUS bei (1989/91). Das MANHATTAN-ATTENTAT (2001) verschärfte eine schon vorher anlaufende Wirtschaftskrise.

Literatur: H. Rosenberg: Die Weltwirtschaftskrise von 1857–1859. Göttingen [2]1974; C. P. Kindleberger: Die Weltwirtschaftskrise: 1929–1939. München [3]1984; S. B. Saul: The Myth of the Great Depression, 1873–1896. Houndmills u. a. [2]1985; J. Bergmann: Wirtschaftskrise und Revolution. Handwerker und Arbeiter 1848/49. Stuttgart 1986.

Revolution 1848/49

Hauptsächlich vom Bürgertum getragene REVOLUTION in weiten Teilen Europas: Nach den politischen Umbrüchen der FRANZÖSISCHEN REVOLUTION (1789), dem I. EMPIRE (1804–1815), dem WIENER KONGRESS samt RESTAURATION (1815) erlangte das Bürgertum in der JULIREVOLUTION (1830) politische Macht. Spannungen, verursacht oder verschärft durch die beginnende INDUSTRIELLE REVOLUTION, die WIRTSCHAFTSKRISE (1847) und einen strengen Winter (1847/48), eskalierten zu revolutionären Unruhen in Europa als Kettenreaktion (u. a. dank Telegraph), so in Palermo, Mailand (Januar 1848) und Paris (FEBRUARREVOLUTION). Es folgten die MÄRZREVOLUTION in Deutschland, revolutionäre Erhebungen in Österreich und Nebenländern (u. a. UNGARISCHE REVOLUTION, Prag, Krakau, Oberitalien, Siebenbürgen), in Preußen, in

Madrid, Irland, den Donaufürstentümern (Moldau, Walachei). Nur in Frankreich war die Revolution schon von proletarischen Elementen geprägt. Wie beim Ausbruch so war auch bei der Niederlage (JUNISCHLACHT in Paris) die Entwicklung in Frankreich für die anderen Länder maßgebend.

Chronologie: Unruhen in Mailand (2.–4. Januar **1848**), Aufstand in Palermo (12. Januar), Verfassung in Neapel (10. Februar), Reformkommission im Kirchenstaat (14. Februar), Verfassung für die Toskana (17. Februar); die Februarrevolution in Paris (22.– 24. Februar) gründete die II. FRANZÖSISCHE REPUBLIK; mit NATIONALWERKSTÄTTEN (26. Februar). Es folgten: Revolution in Neuchâtel (Neuenburg/Schweiz, 1. März), Verfassung für Sardinien-Piemont (5. März), Märzrevolution in Wien (13. März), Budapest (15. März) und Berlin (18. März), Verfassung für den Kirchenstaat (14. März); »5 Tage« in Mailand (18.–22. März). Dänemark kündigte die Annexion Schleswigs an (21. März), die Widerstand provozierte (SCHLESWIG-HOLSTEINISCHE FRAGE). Die Revolution in Venedig (22. März) endete mit der Gründung einer REPUBLIK (bis 22. August 1849); Kriegserklärung Sardinien-Piemonts an Österreich (23. März); Unruhen in Madrid (26. März) und Jassy (Moldau) (27. März); FRANKFURTER VORPARLAMENT (30. März–3. April); das Unterhaus wies die CHARTISTEN-Petition ab (10. April); Badischer Aufstand unter Hecker (12.–27. April); Papst Pius IX. verurteilte die italienische Nationalbewegung (29. April); Unterdrückung der Erhebungen in Krakau (25. April) und Posen (9. Mai); FRANKFURTER NATIONALVERSAMMLUNG (18.–30. Mai 1849); nach dem I. SLAWENKONGRESS (3.–28. Juni) Revolution in Prag (12. Juni), von Österreichern unterdrückt (17. Juni); Junischlacht in Paris (23.–26 Juni); Russen und Türken schlugen die Revolution in Bukarest (Juni) nieder (September); Österreicher siegten bei Custozza über Sardinien-Piemont (25. Juli); Aufstand des YOUNG IRELAND (Munster, Juli/August); Waffenstillstand zwischen Österreich und Sardinien-Piemont (9. August–12. März 1849); Waffenstillstand von Malmö zwischen Dänemark und Preußen (26. August 1848); Angriff der KROATEN gegen Ungarn (10. September); neue Bundesverfassung der EIDGENOSSENSCHAFT (12. September); Kossuth wurde Führer der Ungarischen Revolution (24. September); nach dem Aufstand in Wien (6. Oktober) eroberte Feldmarschall Windischgrätz die Hauptstadt (31. Oktober); die Revolution in Rom (15./16. November) vertrieb Pius IX. (24./25. November); Louis Napoléon wurde Präsident der II. FRANZÖSISCHEN REPUBLIK (10. Dezember, bis 1852); Toskanische Republik (8. Februar–23. März 1849), RÖMISCHE REPUBLIK unter Mazzini (9. Februar–30. Juni); Dänemark kündigte den Waffenstillstand auf (26. Februar); Sieg der Österreicher über die Piemontesen bei Novara (23. März); FRANKFURTER REICHSVERFASSUNG (27. März); die Wahl Friedrich Wilhelms IV. von der Nationalversammlung der PAULSKIRCHE zum KAISER (28. März) wurde vom König abgelehnt (3. April); Wiederherstellung der Monarchie in der Toskana (12. April); Ungarn erklärte die Unabhängigkeit (14. April); französische Truppen im Kirchenstaat zum Schutz des Papstes (25. April); REICHSVERFASSUNGSKAMPAGNE in der Pfalz (1. Mai), in Dresden (3.–9. Mai), Elberfeld (9. Mai), Baden

(19. Mai); Niederschlagung der Revolution in Sizilien (15. Mai); letzte Ausgabe der »Neuen Rheinischen Zeitung« (19. Mai); Einführung des DREIKLASSENWAHLRECHTS in Preußen (30. Mai); Frankfurter Nationalversammlung beschloss Verlegung nach Stuttgart (31. Mai); Dänemark wurde konstitutionelle MONARCHIE (5. Juni); RUMPF-PARLAMENT tagte in Stuttgart (6.–18. Juni); russisch-österreichische Offensive gegen Ungarn (15./18. Juni); KAPITULATION der RÖMISCHEN REPUBLIK (1. Juli): französische Truppen in Rom setzten Papst Pius IX. wieder ein (3. Juli); Preußen schlug Badischen Aufstand nieder (23. Juli); Kapitulation der Ungarn (13. August) und Venedigs (28. August). Den revolutionären Unruhen folgte die Reaktion, u. a. Staatsstreich von Louis Napoléon (2. Dezember 1851), Errichtung des II. EMPIRE (1852–1870).

Historische Wirkungen: Die Revolution von 1848/49 erschütterte weite Teile Europas. Außerhalb Frankreichs scheiterte sie zwar politisch, hatte aber wirtschaftliche und sozial weit reichende Folgen. Die BAUERNBEFREIUNG wurde abgeschlossen. Eine Phase der Hochkonjunktur (ca. 1850–1857) gab der Industrialisierung neuen Anschub, der das Bürgertum u. a. für entgangene »politische Gewinne« entschädigte. Die nationale Bewegung in Italien (RISORGIMENTO) wurde gestärkt. In Deutschland entstanden Voraussetzungen zur Lösung der DEUTSCHEN FRAGE: Nachdem die Herstellungen der nationalen Einheit durch die Revolution »von unten« gescheitert war (1849), war der Weg frei zur REICHSGRÜNDUNG »von oben« (1871). Der österreichische Vielvölkerstaat zeigte starke Risse im Innern, schwankte zwischen dem SYSTEM BACH (NEOABSOLUTISMUS) und Konstitutionalismus (»DURCHWURSTELN« bis 1918).

Literatur: V. Valentin: Geschichte der deutschen Revolution 1848–1849, 2 Bde., 1930/31, Nachdruck Weinheim 1998; F. Eyck: The Revolutions of 1848–49. New York 1972; R. Stadelmann: Soziale und politische Geschichte der Revolution von 1848. München [2]1973; W. Grab (Hg.): Die Revolution von 1848. Eine Dokumentation. München 1980; O. Voßler: Die Revolution von 1848 in Deutschland. Frankfurt/Main [8]1985; R. Price: 1848. Kleine Geschichte der europäischen Revolutionen. Berlin 1992; W. J. Mommsen: 1848. Die ungewollte Revolution. Die revolutionären Bewegungen in Europa 1830–1849. Frankfurt/Main 2000.

Februarrevolution

Demonstrationen von Arbeitern und Studenten in Paris eskalierten über Barrikadenkämpfe (22.–24. Februar **1848**) zum Sturz der JULIMONARCHIE (1830–1848), als Auftakt zur REVOLUTION 1848/49: Die provisorische Regierung unter Lamartine (24. Februar) proklamierte die II. FRANZÖSISCHE REPUBLIK (bis 1852). In der JUNISCHLACHT (23.–26. Juni 1848) wurde der Aufstand blutig niedergeschlagen.

Literatur: H. Guillemin: La première résurrection de la République. Paris 1967.

II. Französische Republik

Die FEBRUARREVOLUTION schuf die II. französische REPUBLIK (24. Februar **1848**–1852): Das Arbeitsbeschaffungsprogramm der NATIONALWERKSTÄTTEN (26. Februar–21. Juni) und die Massendemonstration von Arbeitern (17. März) schürte Furcht vor einer kommunistischen Revolution. Bei der Wahl zur NATIONALVERSAMMLUNG (23. April) siegten gemäßigte Republikaner. Ein Arbeiteraufstand scheiterte (15. Mai), die Nationalwerkstätten wurden aufgelöst (21. Juni). Nach der JUNISCHLACHT (23.–26. Juni) ging die Regierung mit Repression gegen die Linken vor. Die Republik erhielt eine Verfassung (4. November); die Präsidentschaftswahlen gewann Louis Napoléon (10. Dezember). Mit einem Ministerium aus Orléanisten (20. Dezember) begann der gleitende Übergang ins II. EMPIRE – trotz republikanischer Mehrheit in der Nationalversammlung. Militärischer Druck erzwang die Selbstauflösung der Nationalversammlung (29. Januar 1849). Frankreich intervenierte gegen die RÖMISCHE REPUBLIK (April–Juli). Bei Neuwahlen gewannen Monarchisten (Orléanisten, Legitimisten, BONAPARTISTEN) die Mehrheit im Parlament (»Corps législatif«, 13. Mai). Sie unterdrückten einen linksradikalen Aufstandsversuch (13. Juni); Massenverhaftungen folgten. Die neue Regierung, mit persönlichen Gefolgsleuten Bonapartes besetzt (31. Oktober), erließ repressive Gesetze gegen Radikale und Republikaner (ab 9. Juni 1850). Der Ablehnung des Parlaments, Art. 45 der Verfassung (keine zwei aufeinander folgenden Amtsperioden für den Präsidenten) zu revidieren (15. Juli 1851), folgte der Staatsstreich (2. Dezember). Ein Volksaufstand in Paris (3. Dezember) endete mit einem Massaker an Barrikadenkämpfern und Zivilisten (4. Dezember). Ein PLEBISZIT (21. Dezember) erteilte dem Präsidenten das Recht, Frankreich eine Verfassung zu geben (14. Januar 1852); Louis Napoléon schuf ein auf sich als Präsidenten zugeschnittenes Zweikammersystem. Der SENAT beschloss das II. Empire (2. November), bestätigt durch Plebiszit (21. November) und Proklamation (2. Dezember 1852, bis 1870).

Literatur: R. Price: The French Second Republic. A Social History. London 1972; M. Agulhon: 1848 ou l'apprentissage de la république 1848–1852. Paris 1999.

Nationalwerkstätten

(frz.: Ateliers nationaux) Regierungsprogramm gegen Arbeitslosigkeit in Frankreich: Nach der FEBRUARREVOLUTION erkannte die Provisorische Regierung der II. FRANZÖSISCHEN REPUBLIK (1848–1852) unter dem Druck des linken Flügels das Recht auf Arbeit an (25. Februar) und schuf nach Plänen von Louis Blanc (1811–1882) die Nationalwerkstätten (26. Februar **1848**) als staatliches Programm gegen die Arbeitslosigkeit in Paris. Ihre Auflösung wegen hoher Kosten und politischer Risiken (21. Juni) provozierte den Arbeiteraufstand (23. Juni), der in der JUNISCHLACHT niedergeschlagen wurde (23.–26. Juni).

Märzrevolution

Nach der FEBRUARREVOLUTION in Frankreich erfasste die REVOLUTION 1848/49 auch Deutschland, mit Schwerpunkten in Österreich und Nebenländern (u.a. UNGARISCHE REVOLUTION), Südwestdeutschland, Preußen (**1848**/49): Der Bundestag hob die ZENSUR auf. Kossuth verlangte im ungarischen Landtag (3. März) AUTONOMIE für Ungarn. Die Heidelberger Volksversammlung (5. März) forderte eine Deutsche

Nationalversammlung und setzte den Siebener-Ausschuss ein. Demonstrationen und Straßenkämpfe in München veranlassten König Ludwig I. zu Reformversprechen (6. März). Der Bundestag beschloss die Nationalfarben Schwarz-Rot-Gold (9. März). In vielen deutschen Bundesstaaten amtierten liberale »Märzministerien«, u. a. in Sachsen, Hannover, Hessen-Kassel, Hessen-Darmstadt, Württemberg, Baden. Demonstrationen (12. März) eskalierten in Wien zu Zusammenstößen mit dem Militär: Metternich trat zurück und floh (13. März).

In Wien entstand eine Bürgerwehr als Nationalgarde. Nach Aufhebung der Zensur (14. März) versprach der Kaiser eine Österreichische Nationalversammlung. Die Revolution in Budapest setzte in Ungarn »Märzgesetze« durch. Kroaten forderten Autonomie von Ungarn. Demonstranten bauten in Berlin Barrikaden (15. März): Kämpfe mit Militär hinterließen die »Märzgefallenen« (16. März). In Sachsen (16. März) und Preußen (17. März) wurde die Zensur aufgehoben. Der preußische König berief den Vereinigten Landtag; ein allgemeiner Aufstand erzwang den Abzug der Truppen aus Berlin (18. März). Friedrich Wilhelm IV. ehrte die Märzgefallenen, eine Bürgerwehr wurde gebildet (19. März). Amnestie für politische Gefangene in Preußen galt auch für Polen (20. März). In seiner Proklamation »Preußen geht fortan in Deutschland auf« (21. März) sagte der König politische Reformen und eine Volksvertretung für Preußen zu (Eröffnung der preussischen Nationalversammung, 22. März).

Nach der Revolution in Venedig (22. März) wurde die Republik (bis 28. August 1849) proklamiert. In der revolutionären Hochburg Mailand (»5 Tage« von Mailand, 18.–22. März) vertrieben Mailänder die Österreicher (23. März). Sardinien-Piemont erklärte Österreich den Krieg (23. März).

Deutsche erhoben sich gegen die Annexion Schleswigs durch Dänemark (21. März, Schleswig-Holsteinische Frage); die Bildung einer provisorischen deutschen Regierung in den Herzogtümern (24. März) trieb zum 1. Deutsch-Dänischen Krieg (30. März). In Preußen amtierte das liberale Ministerium Camphausen-Hansemann (29. März–20. Juni). 500 Vertrauensmänner aus den deutschen Bundesstaaten bereiteten im Frankfurter Vorparlament die Einberufung der Nationalversammlung vor (31. März–3. April). Der Bundestag hob die Ausnahmegesetze gegen demokratische Bestrebungen seit den Karlsbader Beschlüssen (1819) auf (2. April). Als Sprecher des Bunds der Kommunisten (5. April) riefen Marx und Engels zur Revolution auf. Der Bundestag beschloss die Wahl einer Deutschen Nationalversammlung (7. April). Auch Böhmen sollte eine Verfassunggebende Versammlung erhalten; die Revolution erfasste Mähren, Galizien, Dalmatien und Siebenbürgen (8. April). Im (1.) Badischen Aufstand rief Hecker (12.–20. April) die Republik aus: Die Republikaner erlitten bei Kandern (20. April) eine Niederlage, die aus Frankreich kommende »Deutsche Legion« unter Herwegh (1817–1875) bei Sossenbach (27. April). In Krakau brachen Unruhen aus (25. April). Den Österreichern wurde eine Verfassung im monarchischen Sinn aufgezwungen (25. April). In Posen brach die politische Bewegung der Polen zusammen (9. Mai).

Ein erneuter Aufstand in Wien (15. Mai) zwang den Kaiser zur Rücknahme der oktroyierten Verfassung und Einberufung eines Österreichischen Reichstags (Eröffnung am 22. Juli); Ferdinand I. flüchtete mit der kaiserlichen Familie nach Innsbruck (16./17. Mai). Die FRANKFURTER NATIONALVERSAMMLUNG tagte in der PAULSKIRCHE (18. Mai 1848–31. Mai 1849). Demonstrationen und Barrikadenkämpfe in Wien (26. Mai) führten zur Bildung eines Sicherheitsausschusses (bis 24. August). In Köln erschien die von Marx redigierte »Neue Rheinische Zeitung« (1. Juni–19. Mai 1849). Dem 1. SLAWENKONGRESS in Prag (3.–28. Juni) in Prag folgte der Pfingstaufstand tschechischer Radikaler (13. Juni), den österreichische Truppen unter Feldmarschall Windischgrätz niederschlugen (17. Juni). Das Zeughaus in Berlin wurde erstürmt (14. Juni). In Preußen bildeten Auerwald und Hansemann das zweite liberale Ministerium (20. Juni–8. September). In der Pariser JUNISCHLACHT wurde der Arbeiteraufstand niedergeschlagen (23.–26. Juni). Nach Auflösung des Bundestags übernahm Erzherzog Johann Heinrich als REICHSVERWESER die provisorische Zentralgewalt (28. Juni) und berief das Reichsministerium Schmerling (15. Juli–15. Dezember). Nach dem Sieg der Österreicher unter Feldmarschall Radetzky über Sardinien-Piemont bei Custozza (25. Juli) und Einnahme Mailands (6. August) wurde ein Waffenstillstand geschlossen (9. August–12. März 1849). Der erste Allgemeine Arbeiterkongress in Berlin (23. August–3. September) gründete die ALLGEMEINE DEUTSCHE ARBEITERVERBRÜDERUNG (1848–1850/52). Der WAFFENSTILLSTAND VON MALMÖ beendete den 1. DEUTSCH-DÄNISCHEN KRIEG (26. August), bestätigt durch die Nationalversammlung (16. September): In Frankfurt erhob sich ein Volksaufstand gegen die Paulskirche (17./18. September). Der Österreichische Reichstag leitete die BAUERNBEFREIUNG ein (7. September). Der (2.) Badische Aufstand (21.–24. September) proklamierte die Deutsche Republik. Ein dritter Aufstand in Wien wollte die Entsendung von Truppen gegen die Ungarische Revolution verhindern (6. Oktober): Kaiser Ferdinand floh nach Olmütz (7. Oktober), der Reichstag wurde nach Kremsier (Mähren) verlegt (27. November). Feldmarschall Windischgrätz belagerte (20. Oktober) und eroberte Wien (31. Oktober) – der deutsche Abgeordnete Robert Blum wurde, mit anderen, standrechtlich erschossen (9. November). Nach Bildung eines konservativen Ministeriums in Preußen (1. November) befahl der König die Vertagung der preußischen Nationalversammlung (8. November). Preußische Truppen unter General Wrangel verhängten den Belagerungszustand über Berlin (10. November): Die preußische Nationalversammlung verweigerte die STEUERN (15. November), wurde nach Brandenburg verlegt (27. November). Kaiser Ferdinand dankte ab (2. Dezember), gefolgt von seinem Neffen Franz Joseph (bis 1916). Friedrich Wilhelm IV. ließ die preußische Nationalversammlung durch Militär auflösen und oktroyierte eine konservative PREUSSISCHE VERFASSUNG (5. Dezember). Louis Napoléon wurde Präsident der II. FRANZÖSISCHEN REPUBLIK (10. Dezember). Das Reichsministerium Schmerling trat zurück (15. Dezember), neuer Reichsministerpräsident wurde Heinrich von Gagern (bis 10. Mai 1849). Die Österreicher eroberten Budapest (5. Januar 1849). In Preußen wurde ein neuer Landtag gewählt (22. Januar). Die preußische Zirkularnote (23. Januar) forderte einen kleindeutschen Bund unter Führung Preußens. In Rom wurde die RÖMISCHE REPUBLIK ausgerufen (5. Februar–30. Juni 1849). Dänemark kündigte den Waffenstillstand von Malmö (23. Februar). Nach Auflösung des Kremsier Reichstags okroyierte der Kaiser eine gesamtösterreichische Verfassung (4. März); das Schwarzenberg-Projekt propagierte eine einheitliche Habsburgmonarchie in einem großdeutschen Reich (8. März). Die Österreicher siegten, wieder unter Radetzky, nach Aufkündigung des Waffenstillstands (12. März) bei Novara über Sardinien-Piemont (23. März): Erneuerung des Waffenstillstands (26. März), Friede von Mailand (August). Die Frankfurter Nationalversammlung wählte Friedrich Wilhelm IV. zum deutschen KAISER, verabschiedete die FRANKFURTER REICHSVERFASSUNG (27./28. März). Friedrich Wilhelm IV. lehnte die Kaiserkrone ab (3. April). Die österreichischen Abgeordneten wurden aus Frankfurt abberufen (5. April). Die ungarische Unabhängigkeitserklärung erklärte die HABSBURGER für abgesetzt (14. April). Nach der ungarischen Rückeroberung von Pest (24. April) schlossen Russland und Österreich ein Abkommen (2. Mai) gegen die Ungarische Revolution (15./18. Juni). Die REICHSVERFASSUNGSKAMPAGNE in der Pfalz (1. Mai–ca. 30. Juni, Provisorische Regierung 17. Mai), Dresden (3.–9. Mai), Elberfeld (9.–17. Mai) und Baden (3. Badischer Aufstand, 19. Mai–28. Juni, KAPITULATION von Rastatt (23. Juli) wurde niedergeworfen. Das Reichsministerium Gagern trat zurück (10. Mai), die preußischen Abgeordneten wurden aus der Frankfurt abberufen (14. Mai). Der preußische Unionsplans (26. Mai 1849) sah eine »Deutsche Union« mit Österreich unter preußischer Führung vor. Preußen führte das DREIKLASSENWAHLRECHT ein (30. Mai). Nach Abzug der österreichischen und preußischen Abgeordneten wurde in Stuttgart RUMPF-PARLAMENT (6. Juni) vom Militär gesprengt (18. Juni). Die Revolution scheiterte auch in Ungarn (13. August) und Venedig (22. August); 13 ungarische Revolutionsgenerale wurden hingerichtet (6. Oktober). Reichsverweser und Reichsregierung traten zurück (20. Dezember).

Literatur: G. Eberbach: Die deutsche Revolution 1848/49. Wien 1990; H. Berding: Die deutsche Revolution von 1848/49. Stuttgart [6]1998; S. Freitag (Hg.): Die Achtundvierziger. Lebensbilder aus der deutschen Revolution 1848/49. München 1998; T. Heuss: 1848. Die gescheiterte Revolution. Neuausgabe mit einem Geleitwort von Richard von Weizsäcker. Stuttgart 1998; J. D. Randers-Pehrson: Germans and the Revolution of 1848–1849. New York u. a. 1999.

Frankfurter Vorparlament

Zu Beginn der MÄRZREVOLUTION tagende Versammlung von über 500 Vertrauensmännern aus den deutschen Bundesstaaten in der Frankfurter PAULSKIRCHE (31. März–3. April **1848**): Das Frankfurter Vorparlament bereitete die Einberufung einer Nationalversammlung (FRANKFURTER NATIONALVERSAMMLUNG) vor; Anträge der Linken, ein ständiges Vorparlament einzurichten und die deutsche REPUBLIK auszurufen, wurden abgelehnt. Das Vorparlament forderte die Unabhängigkeit Polens und ein allgemeines, direktes und gleiches Wahlrecht, auch für Schleswig, Ost-

und Westpreußen. Ein Fünfziger-Ausschuss diente der Kontrolle und Durchführung der Beschlüsse.

Literatur: K. Obermann: Die Wahlen zur Frankfurter Nationalversammlung im Frühjahr 1848. Die Wahlvorgänge in den Staaten des Deutschen Bundes im Spiegel zeitgenössischer Quellen. Berlin 1987; R. Koch: Die Frankfurter Nationalversammlung 1848/49, in: Handlexikon der Abgeordneten der Deutschen Verfassunggebenden Reichs-Versammlung. Kelkheim 1989.

Frankfurter Nationalversammlung

Zu Beginn der MÄRZREVOLUTION vom FRANKFURTER VORPARLAMENT vorbereitetes, vom Bundestag (7. April) beschlossenes erstes gesamtdeutsches PARLAMENT (ohne Tschechen, die eine Einladung durch Palacký ablehnten) in der PAULSKIRCHE (18. Mai **1848**): Die Frankfurter Nationalversammlung hatte 585 Abgeordnete, meist Akademiker (daher: »Professorenparlament«). Allmählich bildeten sich politische Fraktionen, nach ihren Versammlungslokalen benannt – von links nach rechts: Donnersberg, Deutscher Hof, Westendhall, Württemberger Hof, Augsburger Hof, Casino, Steinernes Haus/Café Milani. Ca. 150 Abgeordnete waren Unabhängige. Erster Präsident war Heinrich von Gagern.

Die Nationalversammlung beschloss eine provisorische Zentralgewalt und die Auflösung des Bundestags (28. Juni). Erzherzog Johann wurde, gegen den Protest der äußersten Linken (Donnersberg), REICHSVERWESER (29. Juni 1848–16. Juni 1849). Der Aussprache über Grundrechte (5. Juli–20./27. Dezember) schloss sich eine Militärdebatte (7. Juli) an, in der ein Reichsheer abgelehnt wurde (15. Juli). Doch wurde ein vorläufiges Reichsministerium Schmerling gebildet (15. Juli–15. Dezember). Die Nationalversammlung lehnte den WAFFENSTILLSTAND VON MALMÖ zur Beendigung des 1. DEUTSCH-DÄNISCHEN KRIEGS (26. August) zunächst ab (5. September), musste ihm aber unter Druck Preußens zustimmen (16. September): Einen Volksaufstand in Frankfurt (17. September) schlugen österreichische und preußische Truppen nieder (18. September). Auch in Köln endeten Unruhen mit dem Belagerungszustand (25. September). Eine Deputation der äußersten Linken reiste ins revolutionäre Wien (17. Oktober), wo der Abgeordnete Blum standrechtlich erschossen wurde (9. November). Schmerling trat zurück, Reichsministerpräsident wurde Gagern (15. Dezember). Die Nationalversammlung nahm einen Grundrechtskatalog (20./27. Dezember) und das allgemeine, gleiche und geheime WAHLRECHT in die Verfassung auf (3. März 1849). Der Plan Schwarzenbergs sah die Aufnahme der Gesamtmonarchie ins Reich vor (großdeutsche Lösung, 8. März). Im Konflikt zwischen Großdeutschen und Kleindeutschen wurde die FRANKFURTER REICHSVERFASSUNG angenommen (27. März) und König Friedrich Wilhelm IV. von Preußen zum Erbkaiser gewählt (28. März), der die KAISERkrone jedoch ablehnte (3. April). Die österreichischen Abgeordneten wurden aus Frankfurt abberufen (5. April). Die Nationalversammlung beschloss ein Wahlgesetz (12. April) und erließ eine Aufforderung zur Durchsetzung der Reichsverfassung (4. Mai). Sie protestierte gegen die Unterdrückung des sächsischen Aufstands (10. Mai), worauf auch die preußischen Abgeordneten abberufen wurden (14. Mai). Ein Aufruf an das deutsche Volk (26. Mai) forderte Wahlen zu einem REICHSTAG. In Stuttgart wurde ein RUMPF-PARLAMENT ohne österreichische und preußische Abgeordnete eröffnet (31. Mai): Ein von ihm berufener Reichsregentschaftsrat (6. Juni) setzte den Reichsverweser Erzherzog Johann ab (16. Juni). Das württembergische Innenministerium erklärte die Nationalversammlung daraufhin für aufgelöst (17. Juni) und vertrieb sie durch Militär (18. Juni).

Literatur: F. Eyck: Deutschlands große Hoffnung. Die Frankfurter Nationalversammlung 1848/49. München 1973; G. Hildebrandt: Die Paulskirche. Parlament in der Revolution 1848/49. Berlin 1986; G. Mick: Die Paulskirche. Streiten für Einigkeit und Recht und Freiheit. Darmstadt [2]1997; W. Ribhegge: Das Parlament als Nation. Die Frankfurter Nationalversammlung 1848/49. Düsseldorf 1998; H. Best/W. Weege: Biographisches Handbuch der Abgeordneten der Frankfurter Nationalversammlung 1848/49. Düsseldorf 1998; F. J. Düwell (Hg.): Recht und Juristen in der deutschen Revolution 1848/49. Baden-Baden 1998.

Paulskirche

Ehemalige evangelische Kirche in Frankfurt am Main: Die Paulskirche (erbaut 1789–1833) war Tagungsstätte der FRANKFURTER NATIONALVERSAMMLUNG (**1848**/49); die Namen werden daher auch häufig synonym gebraucht. Die im ZWEITEN WELTKRIEG ausgebrannte Paulskirche (1944) wurde zum 100. Jubiläum der Frankfurter Nationalversammlung mit Spenden wieder aufgebaut (1948, Einweihung 1949). In der Paulskirche finden politische und kulturelle Veranstaltungen statt, u. a. die Verleihung des Friedenspreises des Deutschen Buchhandels.

1. Slawenkongress

Als Gegengewicht zur FRANKFURTER NATIONALVERSAMMLUNG (ohne Tschechen) tagten in Prag Vertreter slawischer Völker (3.–28. März **1848**) – meist Tschechen und Slowaken, einige SÜDSLAWEN, Ruthenen (Ukrainer), Polen, nur ein Russe (Bakunin) – unter dem tschechischen Historiker Palacký: Der Slawenkongress trat für die Solidarität aller SLAWEN in der österreichischen MONARCHIE ein, wandte sich gegen eine HEGEMONIE der Ungarn, plädierte für die Unabhängigkeit Polens, setzte gegen den russischen PANSLAWISMUS (Föderationsplan Bakunins) den AUSTROSLAWISMUS. Der Kongress erließ ein Manifest an die Völker Europas (12. Juni) u. a. mit der Forderung nach Einberufung eines Kongresses aller europäischen Staaten zur Herstellung der politischen Selbstbestimmung für die Slawen. Österreicher warfen den Pfingstaufstand tschechischer Radikaler (13. Juni) nieder (17. Juni) und lösten den Slawenkongress auf (28. Juni). Er wurde fortgesetzt vom 2. SLAWENKONGRESS in Moskau (1867).

Literatur: A. Moritsch (Hg.): Der Prager Slavenkongress 1848. Wien u. a. 2000.

Austroslawismus

Konzeption der Alt-Tschechen gegen deutsche, ungarische und russische HEGEMONIEbestrebungen (PANSLAWISMUS) seit dem 1. SLAWENKONGRESS (**1848**): Der Austroslawismus forderte AUTONOMIE für SLAWEN durch

Föderalisierung der HABSBURGERmonarchie (Trialismus). Vom Austroslawismus distanzierten sich erst die Jung-Tschechen im ERSTEN WELTKRIEG; sie forderten stattdessen SOUVERÄNITÄT der slawischen Völker, die mit dem Ende Österreich-Ungarns (1918) Wirklichkeit wurde.

Literatur: R. A. Kann: Das Nationalitätenproblem der Habsburgermonarchie. Graz [2]1964; B. Chropovsky: Die Slawen. Historische, politische und kulturelle Entwicklung und Bedeutung. Prag 1988; S. Spieler/H. Hecker: Deutsche, Slawen und Balten. Aspekte des Zusammenlebens im Osten des Deutschen Reiches und in Ostmitteleuropa. Bonn 1989; A. Moritsch (Hg.): Der Austroslavismus. Ein verfrühtes Konzept zur politischen Neugestaltung Mitteleuropas. Symposium Klagenfurt 1994, Wien u. a. 1996.

Schleswig-Holsteinische Frage

Zwischen Dänemark und Preußen zeitweise (**1848**–1850, 1864) militärisch ausgetragene Kontroverse um die nationale Zugehörigkeit Schleswig-Holsteins: Aus dem gemeinsamen Interesse des dänischen Königs und sächsischen Herzogs (ca. 1100), die slawischen Wagrier in Holstein durch Grenzmarken in Schleswig und Holstein abzuwehren, entwickelte sich aus komplexer Verschränkung von PERSONAL- und REALUNIONEN, Teilungen und Wiedervereinigungen ursprünglich deutscher bzw. dänischer Gebiete in dem Übergangs- und Grenzland eines der kompliziertesten Einzelprobleme der Geschichte.

Vorgeschichte: Seit dem Spätmittelalter bildeten das (trotz deutscher Zuwanderung seit dem 13. Jh.) überwiegend dänische Schleswig und das deutsche Holstein eine Realunion (ab 1460), in Personalunion mit Dänemark und mit einem Teilungsverbot. Der König von Dänemark war als Herzog von Schleswig und Holstein allein regierender Landesherr (1460–1490, 1523–1544, 1721–1864), bzw. regierte mit zwei (1544–1581) bzw. einem Mitregenten (1581–1721), dem Gottorfer Herzog. Jede Aufteilung der Regentschaft ging einher mit Aufteilung der Herzogtümer in königliche und herzogliche Anteile (1490, 1544, 1581), aber für die Herzogtümer galt die männliche (1608), für Dänemark die weibliche Erbfolge. Mit Ende des KONDOMINIUMS (1721) und Aufgehen des Gottorfer Reststaats in Holstein (1773) wurden die Herzogtümer im dänischen Gesamtstaat, mit weitgehender AUTONOMIE, wieder vereint – Schleswig als dänisches Teilfürstentum, nach Süden mit der Eidergrenze, Holstein als Teil des REICHS DER DEUTSCHEN (bis 1806) und des DEUTSCHEN BUNDS (1815–1866).

Zwei Phasen akuter Krisen (1848–1854, 1863/64) eskalierten zu zwei Deutsch-dänischen Kriegen (1848–1850, 1864):

- 1. DEUTSCH-DÄNISCHER KRIEG (1848–1850): Im 19. Jahrhundert verschärfte der aufkommende Nationalismus die territorial-dynastischen Komplikationen: Die dänische Mehrheit im Norden Schleswigs und dänische Liberale (»Eiderdänen«) forderten die Eingliederung Schleswigs in den dänischen Staat bis zum Grenzfluss der Eider, somit die Teilung Schleswigs und Holsteins. Dagegen pochte die deutsche Mehrheit im Süden Schleswigs auf das Teilungsverbot von 1460, wollte Schleswig also nicht von Holstein trennen, sondern beide einem deutschen Nationalstaat eingliedern. Als Dänemark 1848 eine gemeinsame Verfassung für Dänemark und Schleswig (nicht für Holstein) ankündigte, bedeutete dies die faktische Auflösung der schleswig-holsteinischen Realunion, die in der Annexion Schleswigs durch Dänemark (22. März) mündete. Daraufhin erklärten die Deutschen in Schleswig und Holstein den dänischen König als ihren Herzog für »unfrei«, die Herzogtümer als »Land ohne Regierung«. Ihre provisorische Regierung in Kiel (24. März) wurde vom Deutschen Bundestag anerkannt (12.4.), der Schleswig in den Deutschen Bund aufnahm (12.5.) und den Aufständischen zu Hilfe kam, womit der 1. Deutsch-dänische Krieg (1848–1850) begann. Unter dem Druck der Großmächte Russland und Großbritannien musste sich Preußen aus Schleswig-Holstein zurückziehen. Im 2. LONDONER PROTOKOLL (1852) garantierten die Großmächte die territoriale Integrität Dänemarks. Gleichzeitig verpflichtete sich Dänemark jedoch, Schleswig nicht aus seiner historischen Einheit mit Holstein zu lösen.

- 2. DEUTSCH-DÄNISCHER KRIEG (1864): Dänemark schloss Holstein und Lauenburg aus dem Geltungsbereich seiner Gesamtstaatsverfassung aus (30. März 1863) und löste damit, entgegen dem 2. Londoner Protokoll, die Verbindung Schleswigs und Holsteins. Der dänische Reichsrat nahm eine neue, eiderdänische Verfassung für Dänemark und Schleswig an (13. November), die bei ihrem In-Kraft-Treten (1. Januar 1864) faktisch die Annexion Schleswigs nach sich zog. Preußen und Österreich verlangten ultimativ die Aufhebung der neuen Verfassung (16. Januar), was Dänemark ablehnte (18. Januar). Der 2. Deutsch-dänische Krieg (1864) zwischen dem Deutschen Bund (Preußen und Österreich) und Dänemark war die Folge. Im Frieden von Wien (30. Oktober 1864) musste Dänemark Schleswig-Holstein an Preußen und Österreich abtreten, die jedoch unterschiedliche Vorstellungen von der Zukunft Schleswig-Holsteins hatten.

Folgen: In der GASTEINER KONVENTION (1865) legten Preußen und Österreich ihre Differenzen vorläufig bei und bildeten ein Kondominium: Schleswig wurde von einem preußischen, Holstein von einem österreichischen Statthalter verwaltet. Doch der Konflikt schwelte fort, bis zum DEUTSCHEN KRIEG (1866) zwischen Preußen und Österreich. Nach dem PRAGER FRIEDEN annektierte Preußen Schleswig und Holstein. Für Nordschleswig war ein Plebiszit vorgesehen, das jedoch nie abgehalten wurde. Die Nordschleswigfrage (1866–1920) wurde erst geklärt, als Nordschleswig nach einer vom VERSAILLER VERTRAG geforderten Volksabstimmung an Dänemark fiel (1920). Nach dem ZWEITEN WELTKRIEG warb eine dänische Bewegung in Südschleswig für den Anschluss an Dänemark: Die Südschleswigfrage (1945–1955) legten die »Bonn-Kopenhagener Grundsatzerklärungen« bei (29. März 1955).

Literatur: K. Malettke (Hg.): Die schleswig-holsteinische Frage (1862–1866). Göttingen 1969; Lorenz-von-Stein-Institut für Verwaltungswissenschaften: Die Schleswig-Holstein-Frage. Kiel 1986.

Junischlacht

Entscheidungsschlacht zwischen Revolutionären und regulären Truppen in Paris: Nach einem gescheitertem Arbeiteraufstand in Paris (15. Mai) und der Auflösung der NATIONALWERKSTÄTTEN (21. Juni) brach ein sozialistischer Aufstand der Pariser Arbeiterschaft aus (23.–26. Juni **1848**). Er wurde von Militär, NATIONALGARDE und Arbeiter-Bataillonen unter General Cavaignac als DIKTATOR »pro tempore« (auf Zeit) blutig niedergeschlagen und kostete etwa 3000 Menschenleben. Mit dem Sieg des Bürgertums war der Höhepunkt der FEBRUARREVOLUTION überschritten: Die Linken waren zunehmender Repression ausgesetzt, auch im übrigen Europa. In Frankreich eskalierten ungelöste soziale Konflikte zur PARISER KOMMUNE (1871).

Ungarische Revolution

Revolutionäre Entwicklung in Ungarn (1848/49) im Rahmen der MÄRZREVOLUTION in Österreich und der Europäischen REVOLUTION 1848/49: Der liberale Führer der ungarischen Revolution, Lajos Kossuth, forderte im ungarischen (ständischen) Landtag (15. März **1848**) AUTONOMIE für Ungarn. Die unblutige Revolution in Budapest erzwang Zugeständnisse von Wien: Der bisherige Oppositionsführer Lajos von Batthyány wurde Ministerpräsident (17. März), der Landtag erhielt freie Hand zu den verfassungsähnlichen Märzgesetzen (ab 15. März) – u. a. teilweise BAUERNBEFREIUNG, Ende der ZENSUR, Schaffung einer Landwehr (HONVED), Allgemeine Schulpflicht und Abschaffung des KirchenZEHNTS. Mit dem Ministerium Batthyány (7. April–2. Oktober) war Ungarn faktisch souverän: Ein neuer, nicht ständischer, sondern repräsentativer Landtag (5. Juli) nahm die Arbeit auf. Forderungen der nationalen Minderheiten Ungarns (Slowaken, Rumänen, SÜDSLAWEN) nach kultureller (Muttersprache) und politischer Autonomie lehnte die Mehrheit der Ungarn jedoch ab, sodass sich die Nationalitäten rasch gegen die ungarische Revolution wandten: Ein Aufstand der SERBEN, gestützt vom kaisertreuen kroatischen Ban Josef Graf Jellačić, brachte die Revolutionsregierung in Not: Die Regierung Batthyány trat zurück, der Landesverteidigungsausschuss unter Kossuth übernahm die Exekutive und schlug mit der neuen Honved den Aufstand nieder (29. September), erlitt jedoch bei dem Versuch, den Wiener Aufstand zu unterstützen, eine Niederlage (30. Oktober). Vor dem Angriff der kaiserlichen Truppen unter Feldmarschall Windischgrätz (13. Dezember) flohen der Landtag und der Verteidigungsausschuss nach Debrecen (Januar 1849). Nach dem Sieg gegen die Österreicher (März/April) erklärte Ungarn in der Unabhängigkeitserklärung von Debrecen die HABSBURGER für abgesetzt (14. April), Kossuth wurde Gouverneur (DIKTATOR, 15. April–11. August), Budapest wieder von Ungarn erobert.

Kaiser Franz Joseph verbündete sich mit Russland gegen Ungarn (2. Mai), um die ungarische Revolution niederzuschlagen. Der Offensive der Russen (15. Juni) und Österreicher (18. Juni) erlag das zahlenmäßig unterlegene und politisch zersplitterte Ungarn (Juli/August): Kossuth trat zurück (11. August) und floh ins OSMANISCHE REICH, Ungarn kapitulierte bedingungslos bei Világos (13. August), 13 Revolutionsgenerale wurden hingerichtet (6. Oktober). Damit war Ungarn erneut politisch rechtlose PROVINZ im zentralistischen Einheitsstaat Österreich. Erst nach der Niederlage Österreichs im DEUTSCHEN KRIEG (1866) forderte das

Land erneut die Unabhängigkeit und erreichte einen Kompromiss mit dem AUSGLEICH (1867).

Literatur: E. W. Stroup: Hungary in early 1848. The Constitutional Struggle against Absolutism in Contemporary Eyes. Buffalo (N. Y.) 1977; I. Deak: Die rechtmäßige Revolution. Lajos Kossuth und die Ungarn, 1848–1849. Wien u. a. 1989; H. Fischer (Hg.): Die ungarische Revolution von 1848/49. Vergleichende Aspekte der Revolutionen in Ungarn und Deutschland. Hamburg 1999.

Preußische Nationalversammlung

Verfassunggebende Versammlung in Preußen: Nach der MÄRZREVOLUTION in Preußen billigte Friedrich Wilhelm IV. eine Volksvertretung (22. März). Der 2. VEREINIGTE LANDTAG verabschiedete ein Wahlgesetz (April) zur Wahl der preußischen Nationalversammlung (1. Mai 1848), die nach ihrer Eröffnung (22. Mai **1848**) Verfassungsberatungen aufnahm (12. Oktober). Nach der Eroberung Wiens durch den österreichischen Feldmarschall Windischgrätz (31. Oktober) ließ Friedrich Wilhelm IV. die preußische Nationalversammlung durch Truppen unter Marschall von Wrangel auflösen (»Gegen Demokraten helfen nur Soldaten!«). In Brandenburg neu eröffnet (27. November), wurde die Natonalversammlung vom Militär endgültig aufgelöst (5. Dezember). Friedrich Wilhelm IV. oktroyierte die PREUSSISCHE VERFASSUNG.

Literatur: S. Böhr: Die Verfassungsarbeit der preußischen Nationalversammlung 1848. Frankfurt/Main 1992; W. Nitschke: Volkssouveränität oder monarchisches Prinzip? Die Frage des Staatsaufbaus in den Debatten der preußischen Nationalversammlung (22. Mai–1. Dezember 1848). Frankfurt/Main u. a. 1995.

Preußische Verfassung

Nach Auflösung der PREUSSISCHEN NATIONALVERSAMMLUNG von Friedrich Wilhelm IV. oktroyierte Verfassung für Preußen, (5. Dezember **1848**), erst 1850 in Kraft: Sie schuf ein Zweikammersystem mit einem Abgeordnetenhaus, dessen Mitglieder nach dem DREIKLASSENWAHLRECHT gewählt wurden (1849–1918), und einem Herrenhaus. Der Spannung zwischen der liberalen Mehrheit (ab 1858) im Abgeordnetenhaus sowie der Krone und dem konservativen Herrenhaus entsprang der PREUSSISCHE HEERESKONFLIKT (1861–1866). Nach der REICHSGRÜNDUNG (1871) dominierten die Konservativen das Abgeordnetenhaus, 1908 zogen erstmals SPD-Abgeordnete ein. Die preußische Verfassung wurde mit der NOVEMBERREVOLUTION aufgehoben (1918).

Literatur: F. Siebert (Hg.): Von Frankfurt nach Bonn. Die deutschen Verfassungen, 1849–1949. Frankfurt/Main [9]1968; F. Ebel: »Der papierne Wisch«. Die Bedeutung der Märzrevolution 1848 für die preußische Verfassungsgeschichte. Vortrag gehalten vor der Juristischen Gesellschaft zu Berlin. Berlin u. a. 1998.

1. Deutsch-dänischer Krieg

Krieg zwischen Dänemark und DEUTSCHEM BUND um die nationale Zugehörigkeit Schleswig-Holsteins (**1848**–1850): Der Dauerkonflikt um die SCHLESWIG-HOLSTEINISCHE FRAGE eskalierte, als Dänemark Schleswig annektierte (22. März 1848). Dagegen erhob sich ein Aufstand der Deutschen in Schleswig-Holstein (24. März). Sie bildeten unter Wilhelm Hartwig Beseler (* 1806, † 1884) und Friedrich Graf von Reventlow (* 1797, † 1874) eine provisorische Regierung in Kiel. Die FRANKFURTER NATIONALVERSAMMLUNG unterstützte den Aufstand und entsandte preußische und andere Bundestruppen gegen Dänemark. Nach ersten Siegen über die Dänen am DANEWERK und bei Schleswig (23. April) marschierten die deutschen Truppen nach Jütland über die Düppeler Schanzen hinaus. Der Druck der Großmächte erzwang den WAFFENSTILLSTAND VON MALMÖ (26. August), den Dänemark aufkündigte (23. Februar 1849, zum 1. April). Deutsche Bundestruppen und Schleswig-Holsteiner rückten bis Jütland vor, erlitten aber bei Fredericia eine Niederlage (5./6. Juli). Erneut unter dem Druck der Großmächte kamen der Waffenstillstand von Berlin (10. Juli) und der Berliner Frieden zwischen Preußen und Dänemark (2. Juli 1850) zustande, den die Deutschen in Schleswig-Holstein jedoch nicht anerkannten. Daraufhin besetzten österreichische und preußische Truppen Holstein (1851/52) und übergaben zunächst Schleswig, später auch Holstein wieder an Dänemark. Im Gegenzug garantierte Dänemark im 2. LONDONER PROTOKOLL (1852) die Einheit Schleswig-Holsteins. Der Bruch dieser Vereinbarung und der erneute Versuch Dänemarks, Schleswig zu annektieren, löste den 2. DEUTSCH-DÄNISCHEN KRIEG aus (1864).

Literatur: Graf Baudissin: Geschichte des Schleswig-Holsteinischen Krieges. Hannover 1862; B. Gaethke: Die Bildberichterstattung zu den Kriegen um Schleswig-Holstein 1848/50 und 1864. Kiel 1991; G. Stolz: Die schleswig-holsteinische Erhebung. Die nationale Auseinandersetzung in und um Schleswig-Holstein von 1848/51. Husum 1996.

Waffenstillstand von Malmö

Waffenstillstand vom 26. August **1848** im 1. DEUTSCH-DÄNISCHEN KRIEG (1848–1850): Nach Siegen der Deutschen am DANEWERK und bei Schleswig und ihrem Vormarsch in Jütland erzwangen die Großmächte den Waffenstillstand: Die deutschen und dänischen Truppen mussten die Herzogtümer räumen; an die Stelle der deutschen provisorischen Regierung sollte eine »Gemeinsame Regierung« (KONDOMINIUM) Dänemarks und Preußens treten. Die FRANKFURTER NATIONALVERSAMMLUNG lehnte den Waffenstillstand ab (5. September), nahm ihn aber unter Preußens Druck an (16. September). Dänemark kündigte den Waffenstillstand (23. Februar 1849) zum 1. April 1849 und eröffnete die zweite Phase des 1. Deutsch-dänischen Kriegs (bis Juli 1850).

Literatur: V. Weimar: Der Malmöer Waffenstillstand von 1848. Neumünster 1959.

Allgemeine Deutsche Arbeiterverbrüderung

Zusammenschluss meist norddeutscher Arbeitervereine, auf Initiative Stephan Borns (* 1824, † 1898) vom ersten deutschen Arbeiterkongresses in Berlin (23. August–3. September **1848**) als erste deutsche Arbeiterorganisation gegründet: Die Arbeiterverbrüderung bildete ein Zentralkomitee mit Sitz in Leipzig, gab das Organ »Die Verbrüderung« heraus und hatte ca. 18 000 Mitglieder (1850). Nach dem Scheitern der Revolution wurde der Zusammenschluss unterdrückt. Staatliche Repression ließ nur noch regionale Teilorganisationen zu (bis 1851/52).

Literatur: F. Balser: Sozial-Demokratie 1848/49–63. Die erste deutsche Arbeiterorganisation. »Allgemeine deutsche Arbeiterverbrüderung« nach der Revolution. 2 Bde., Stuttgart [2]1965; F. Rogger: »Wir helfen uns selbst!« Die kollektive Selbsthilfe der Arbeiterverbrüderung 1848/49 und die individuelle Selbsthilfe Stephan Borns. Borns Leben, Entwicklung und seine Rezeption der zeitgenössischen Lehren. Erlangen 1986.

Lib-Lab-Periode

Nach dem Scheitern der CHARTISTEN neue Phase der englischen Arbeiterbewegung (**1848**): Der linke Flügel der LIBERALEN (»Radicals«) unterstützte die Arbeiterbewegung (Labour), u. a. bei der Arbeiterbildung und Förderung der Kandidatur von Arbeitervertretern zum Unterhaus (ab 1850). Die Lib-Lab-Periode endete mit Gründung der INDEPENDENT LABOUR PARTY (1893); weitere Schritte waren das LABOUR REPRESENTATION COMMITTEE (1900) und die LABOUR PARTY (1906).

Eine ähnliche, jedoch kürzere Phase gab es auch in der Geschichte der deutschen Arbeiterbewegung, nach Verbot der ALLGEMEINEN DEUTSCHEN ARBEITERVERBRÜDERUNG (1850/52) bis zur Gründung des ALLGEMEINEN DEUTSCHEN ARBEITERVEREINS (1863) und der Sächsischen Volkspartei (1866).

Literatur: G. D. H. Cole: A Short History of the British Working-Class Movement 1789–1947. London 1966.

Young Ireland

Irische Nationalbewegung, um die Zeitschrift »Nation« (1840/42–1848): Young Ireland agitierte gegen die Abschaffung der KORNZÖLLE (1846) und führte einen bewaffneten Kampf gegen die UNION mit Großbritannien (1801). Unter dem Eindruck der REVOLUTION 1848/49 organisierte sie in Munster (Tipperary) einen Aufstand (29. Juli **1848**), der jedoch von den Bauern nicht unterstützt, von den Briten rasch niedergeschlagen wurde. Ihre Anführer wurden nach Australien deportiert oder emigrierten in die USA. Young Ireland fand eine radikale Fortsetzung in der FENIER-BEWEGUNG (1858).

Literatur: D. R. Gwynn: Young Ireland and 1848. Cork 1949.

System Bach

Politische Reorganisation Österreichs und seiner Nebenlande unter Alexander Bach (**1849**/52–1859): Nach der Niederschlagung der MÄRZREVOLUTION kehrte Österreich zum ABSOLUTISMUS zurück. Bach prägte als Innenminister und Ministerpräsident den österreichischen NEOABSOLUTISMUS. Er zentralisierte die Verwaltung und baute den Polizeiapparat aus; das KONKORDAT mit dem Vatikan (1855) stärkte den klerikalen Einfluss. Gleichzeitig profitierte Österreichs Wirtschaft von der beginnenden Industrialisierung. Das System Bach endete mit der Niederlage

Österreichs im ITALIENISCHEN KRIEG (1859) und setzte das »DURCHWURSTELN« (seit 1851) fort (bis 1918).

Literatur: F. Walter: Die österreichische Zentralverwaltung. Wien 1964; ders.: Die Geschichte der Ministerien vom Durchbruch des Absolutismus bis zum Ausgleich mit Ungarn, 1852–67. Wien 1970.

Frankfurter Reichsverfassung

Von der FRANKFURTER NATIONALVERSAMMLUNG verabschiedete erste deutsche Verfassung (27/28. März **1849**): Die Reichsverfassung definierte das Deutsche Reich als KONSTITUTIONELLE MONARCHIE in den Grenzen des DEUTSCHEN BUNDS; eine Verbindung mit nichtdeutschen Staaten war nur durch PERSONALUNION möglich. Damit hatte sich die kleindeutsche gegen die großdeutsche Lösung durchgesetzt. Die Verfassung sah Erbkaisertum, allgemeines (Männer-)WAHLRECHT und Gewaltenteilung mit Zweikammersystem (Reichstag aus Volkshaus und Staatenhaus) vor. Die Nationalversammlung wählte Friedrich Wilhelm IV. von Preußen zum deutschen KAISER, der die Kaiserkrone (»aus Dreck und Letten« = Kot) jedoch ablehnte (3. April). 28 kleinere deutsche Staaten erkannten die Reichsverfassung an, aber nicht Preußen und Österreich (14. April, 7. Mai). Die REICHSVERFASSUNGSKAMPAGNE (Mai/Juni) wurde niedergeschlagen. Ein Neuansatz durch das ERFURTER UNIONSPARLAMENT scheiterte (1850). Dennoch beeinflusste die Frankfurter Reichsverfassung die Verfassungen des NORDDEUTSCHEN BUNDS (1867) und 2. DEUTSCHEN KAISERREICHS (1871–1918), der WEIMARER REPUBLIK (1919–1933) und das GRUNDGESETZ (1949).

Literatur: E. R. Huber. Deutsche Verfassungsgeschichte seit 1789. Bd. 2. Stuttgart u. a. [2]1975; J.-D. Kühne: Die Reichsverfassung der Paulskirche. Vorbild und Verwirklichung im späteren deutschen Rechtsleben. Neuwied u. a. [2]1998.

Reichsverfassungskampagne

Zeitgenössische Bezeichnung für Aufstände in Teilen Deutschlands (Sachsen, Rheinland, Westfalen, Pfalz, Baden) zugunsten der FRANKFURTER REICHSVERFASSUNG: Gegen die sich abzeichnende Ablehnung der Reichsverfassung durch Preußen (7. Mai **1849**) erhob sich ein Aufstand in Dresden (3. Mai). Dem Aufruf der FRANKFURTER NATIONALVERSAMMLUNG zur Durchsetzung der Reichsverfassung (4. Mai) folgten der Protest rheinischer Gemeinderäte gegen die Haltung der preußischen Regierung (8. Mai), Aufstände in Elberfeld und anderen rheinischen und westfälischen Städten (9. Mai), ferner in der Pfalz (17. Mai) und Baden (19. Mai), jeweils mit einer Revolutionsregierung. Alle Erhebungen wurden niedergeschlagen: in Dresden (9. Mai) von preußisch-sächsischen Truppen, in Elberfeld (17. Mai), in der Pfalz und Baden durch preußisches Militär (13. Juni). Nach dem Zusammenbruch der Revolutionsregierung in Baden (28. Juni) belagerten preußische Truppen Rastatt (1. Juli), bis die Aufständischen kapitulierten (23. Juli).

Literatur: E. R. Huber: Der Kampf um die Reichsverfassung, in: ders.: Deutsche Verfassungsgeschichte seit 1789. Bd. 2, Stuttgart u. a. [2]1975, S. 767–841.

Rumpf-Parlament

Name für die nach Abberufung der österreichischen (5. April) und preußischen Abgeordneten (14. Mai 1849) verbliebenen Abgeordneten der FRANKFURTER NATIONALVERSAMMLUNG: Das Rumpf-Parlament, nach Stuttgart verlegt (31. Mai/6. Juni **1849**), berief einen Reichsregentschaftsrat ein (6. Juni) und setzte den REICHSVERWESER Erzherzog Johann ab (16. Juni). Der württembergische Innenminister verfügte die Auflösung des Rumpf-Parlaments (17. Juni) durch Militär (18. Juni).

Literatur: A. Krause: Rettet die Freiheit. Das Rumpf-Parlament 1849 in Stuttgart. Eine Revolution geht zu Ende. Ausstellung in Stuttgart vom 11. Mai bis zum 1. August 1999. Stuttgart 1999.

Dreiklassenwahlrecht

Zensuswahlrecht in Preußen zur Wahl des Abgeordnetenhauses gemäß der von der Krone oktroyierten PREUSSISCHEN VERFASSUNG (**1849**–1918): Auf Grundlage des preußischen Dreiklassenwahlrechts wurden die Abgeordneten indirekt von Wahlmännern gewählt, die aus Wahlen der steuerzahlenden Bevölkerung (»Urwähler«) hervorgingen. In jedem Wahlkreis gab es drei Steuerklassen mit jeweils der gleichen Zahl von Wahlmännern. Das Gesamtsteueraufkommen eines Wahlkreises wurde durch »3« geteilt und jeder Wähler der Klasse zugeordnet, die seinem Steueraufkommen entsprach. Wenige Hochbesteuerte wählten daher ebenso viele Wahlmänner wie viele Niedrigbesteuerte. Das absolute Steueraufkommen schwankte von Wahlkreis zu Wahlkreis, sodass die Zugehörigkeit zu einer Steuerklasse auch davon abhing, in welchem Wahlkreis ein Wähler wohnte. So gehörte Reichskanzler von Bülow als Gutsbesitzer in seinem heimischen Wahlkreis zur 1. Steuerklasse, aber im Westen Berlins unter vielen Millionären nur zur 3. Steuerklasse. Modifiziert übernahm Sachsen das preußische DREIKLASSENWAHLRECHT (1896). Von der SPD heftig angegriffen (vor 1914), stellte die kaiserliche OSTERBOTSCHAFT (7. April 1917) die Revision des Dreiklassenwahlrechts nach dem Ende des ERSTEN WELTKRIEGS in Aussicht. Tatsächlich abgeschafft wurde es in der NOVEMBERREVOLUTION (1918).

Literatur: H. v. Gerlach: Die Geschichte des preußischen Wahlrechts. Berlin 1908; R. Luxemburg: Der preußische Wahlrechtskampf und seine Lehren. Militarismus, Krieg und Arbeiterklasse. Nachdruck Frankfurt/Main 1988; T. Kühne: Dreiklassenwahlrecht und Wahlkultur in Preußen 1867–1914. Landtagswahlen zwischen korporativer Tradition und politischem Massenmarkt. Düsseldorf 1994; J. Rössel: Soziale Mobilisierung und Demokratie. Die preußischen Wahlrechtskonflikte 1900 bis 1918. Wiesbaden 2000.

Römische Republik

Revolutionäre Stadtrepublik in Kontinuität mittelalterlicher Vorläufer in Rom: Nach der Revolution in Rom (15. November 1848) proklamierte die Verfassunggebende Versammlung (5. Februar 1849) die Römische Republik (9. Februar **1849**). Nach der Niederlage Piemonts gegen Österreich bei Novara (23. März) regierte ein TRIUMVIRAT (u. a. mit Mazzini). Erste Angriffe der Franzosen (24. April) wehrte Garibaldi ab (29./30. April). Nach der Belagerung durch französische Truppen (ab 3. Juni) kapitulierte Rom (30. Juni). Garibaldi zog sich zurück (2. Juli). Zum Schutz des PAPSTES stationierte Frankreich Truppen in Rom (bis 1870).

Erfurter Unionsparlament

Parlament, das zur Neuordnung Deutschlands einberufen war: Nach Ablehnung der FRANKFURTER REICHSVERFASSUNG (7. Mai 1849) schloss Preußen mit Hannover und Sachsen das Dreikönigsbündnis (26. Mai), das sich auf eine neue Verfassung verständigte. Das Deutsche Reich, unter Preußens Führung, wurde kombiniert mit einer weiter gefassten »Deutschen Union«, der auch der österreichische Gesamtstaat mit seinen nichtdeutschen Teilen angehörte. Preußen veranlasste die Einberufung des Unionsparlaments in Erfurt (20. März–29. April **1850**), unter BOYKOTT der demokratischen Linken. Das Erfurter Unionsparlament nahm eine neue Verfassung an, die der FRANKFURTER REICHSVERFASSUNG nahe kam, aber keine demokratischen Elemente enthielt (29. April); auf dem Berliner Fürstenkongress wurde sie auf Druck Österreichs nur von Preußen übernommen (8. Mai). Den auf österreichische Initiative wiederhergestellten Bundestag in Frankfurt (16. Mai) musste auch Preußen im VERTRAG VON OLMÜTZ anerkennen (29. November).

Literatur: H. Mittelsdorf (Red.): 150 Jahre Erfurter Unionsparlament (1850–2000). Erfurt 2000; G. Mai (Hg.): Die Erfurter Union und das Erfurter Unionsparlament 1850. Köln u. a. 2000; J. Lengemann: Das Deutsche Parlament (Erfurter Unionsparlament) von 1850. Ein Handbuch. Mitglieder, Amtsträger, Lebensdaten, Fraktionen. München u. a. 2000.

Vertrag von Olmütz (Olmützer Punktation)

Vertrag zwischen Österreich und Preußen zur Vermeidung eines Kriegs um die HEGEMONIE in Deutschland: Der preußisch-österreichische Dualismus spitzte sich zu, als beide Staaten Truppen nach Kurhessen entsandten, um für den KURFÜRSTEN einen Aufstand niederzuwerfen (29. November **1850**). Um eine weitere Eskalation zu verhindern, intervenierte Russland und zwang Preußen, seine Unionspläne (ERFURTER UNIONSPARLAMENT) aufzugeben. Preußen räumte Kurhessen, gab Schleswig-Holstein preis und kehrte mit Bismarck als Bundesgesandten (1851–1859) in den von Österreich schon vorher (16. Mai 1850) wiederhergestellten Bundestag nach Frankfurt am Main zurück: Olmütz wurde sprichwörtlich für einen demütigenden politischen Rückzug.

Literatur: J. Hoffmann: Russland und die Olmützer Punktation. Forschungen zur osteuropäischen Geschichte 7/1959.

Taipingaufstand

Schwere innere Krise in China (1855–1864): Die religiöse Sekte der Taiping kämpfte für Gleichheit auf Erden (chines.: »t'ai-p'ing«). Ihr Gründer, Hung-Hsiu-ch'üan (* 1814, † 1864), entwickelte nach beruflichen Krisen (vergeblichen Bewerbungen um eine Beamtenstelle, 1827–1837) eine sozial-religiöse Utopie, ähnlich dem persischen MANICHÄIS-

MUS und christlichen Utopien (FLAGELLANTEN, TÄUFER in Münster). Hung erklärte sich zum jüngeren Bruder Jesu, mit der Mission, die Gleichheit auf Erden zu verwirklichen, die Feinde Gottes und der (von Hung vertretenen) christlichen Lehre, insbesondere die China regierenden MANDSCHU, zu bekämpfen. Anhänger fand Hung vor allem unter der ethnischen und religiösen Minderheit der Hakka, mit Schwerpunkt in Kwantung und Kwangsi. Hung und seine Anhänger gerieten in Konflikt mit lokalen SelbstverteidigungsMILIZEN und entfachten den Taipingaufstand (**1850**–1864). Nach ersten Siegen proklamierte Hung »das himmlische Reich des großen Friedens« (T'ai-p'ing t'ien-kuo, 1851), sich selbst als »Himmelskönig« (T'ien Wang) und Nanking als Hauptstadt (1853–1864). Seine egalitäre Ordnung ohne Privateigentum bildete eine OLIGARCHIE aus, die sich skrupellos bereicherte. Die militärische und zivile Gewalt wurde in einer Hand vereint. Für die Bauern bestand Abgabe- und Wehrpflicht, die Bevölkerung wurde militärisch organisiert. Hung setzte Unterführer (»Regionalkönige«) ein, die miteinander rivalisierten. Ein Angriff auf Peking scheiterte (1855), u. a. an der Verlagerung des Flussbetts des Gelben Flusses (1853), jedoch besiegten die Taiping eine kaiserliche Armee (1856). Inneren Konflikten zwischen Regionalherrschern folgten weitere, noch stärker christlich beeinflusste Reformversuche (ab 1859), die jedoch scheiterten. Nach militärischen Niederlagen in den Provinzen gegen konfuzianisch gesinnte Kräfte konnte auch ein letzter Sieg über eine kaiserliche Armee (1860) die Belagerung Nankings nicht abwenden (1861). Mit Erstürmung der Stadt (1864) brach der Taipingaufstand zusammen.

Der Aufstand löste auch Erhebungen in anderen Teilen Chinas aus – Nien Fei in Nordchina (1853–1868), muslimische Hui in Yünnan (1855–1873) mit Zentrum in Tali, der früheren Hauptstadt des NAN-CHAO-Reichs, und Miao-Stämme (1855–1881). Sie erschütterten die Herrschaft der Mandschu, die in der Endphase des Taipingaufstands sogar westliche Söldner (»Ever victorious Army«) einsetzten.

Literatur: F. Michael: The Taiping Rebellion. 3 Bde., Seattle 1966–1971; S. Teng: The Taiping Rebellion and the Western Powers. London, New York 1971; J. D. Spence: God's Chinese son. The Taiping Heavenly Kingdom of Hong Xiuquan. New York u. a. 1996.

Weltausstellung

Internationale Ausstellung in wechselnden Großstädten, als Forum für die Leistungsfähigkeit der Industriestaaten und Schau des technischen Fortschritts: Auf der ersten Weltausstellung in London – auf Initiative des Prinzgemahls Albert im Crystal Palace – zeigten die deutschen KRUPP-WERKE einen Riesenblock aus GUSSEISEN (**1851**). Weltausstellungen folgten in Paris (1855, 1867, 1878, 1889 mit Eiffelturm, 1900), Wien (1873) zeitgleich mit Beginn des Gründerkrachs (J. Strauss: »Die Fledermaus«). Moderne Weltausstellungen (»Expo«), in Brüssel (1958), Montreal (1967), Osaka (1970), New Orleans (1984), Vancouver (1986), Sevilla (1992), Lissabon (1996) und Hannover (2000), spiegeln den Wandel zur globalen Informationsgesellschaft – Wirtschaft, Umwelt, Ressourcen.

Literatur: U. Haltern: Die Londoner Weltausstellung von 1851. Münster 1971; E. Mattie: Weltausstellungen. Stuttgart u. a. 1998; W. Kretschmer: Geschichte der Weltausstellungen. Frankfurt/Main u. a. 1999.

Neoabsolutismus

RESTAURATION absolutistischer Verhältnisse in Österreich (31. Dezember **1851**): Nach Aufhebung der autoritären Verfassung kehrte Österreich zum kaiserlichen ABSOLUTISMUS im SYSTEM BACH zurück (1852–1859).

»Durchwursteln«

Selbstironische Bezeichnung für konzeptionsloses Handeln der HABSBURGER nach der MÄRZREVOLUTION: Die MONARCHIE schwankte lange zwischen konstitutionellem Regieren, NEOABSOLUTISMUS und AUSGLEICH (**1851**/52–1867). »Durchwursteln« blieb typisch bis zum Untergang der DOPPELMONARCHIE ÖSTERREICH-UNGARN (1918).

II. Empire

(Second Empire) Zweites französisches KAISERreich unter Napoleon III. (1852–1870): Louis Napoléon als Präsident (1848–1852) der nach der FEBRUARREVOLUTION (1848) installierten II. FRANZÖSISCHEN REPUBLIK trieb durch einen Staatsstreich (2. Dezember 1851) den Übergang zum Kaisertum unter seiner Führung als Napoleon III. voran. Er ließ sich durch ein PLEBISZIT bestätigen (21. Dezember) und dekretierte eine autoritäre Verfassung (14. Januar 1852). Das II. Empire wurde vom SENAT beschlossen (2. November), durch ein Plebiszit bestätigt (21. November) und offiziell proklamiert (2. Dezember **1852**). Napoleon III. betrieb eine aktive Wirtschaftspolitik und räumte der Katholischen Kirche weitgehende Konzessionen ein. Der KRIMKRIEG (1853–1856), diplomatische Erfolge auf dem PARISER KONGRESS (1856), WELTAUSSTELLUNGEN in Paris (1855, 1867) und ein öffentliches Bauprogramm – mit dem Baron Hausmann, der u. a. die Boulevards von Paris anlegte – festigten Frankreichs internationales Prestige und Napoleons III. Popularität – »L'Empire, c'est la prosperité«.

Auf den Rückschlag durch die WELTWIRTSCHAFTSKRISE (1857) reagierte das Empire mit der Eroberung Vietnams (1859); auch finanzierte französisches Kapital den Bau des Suezkanals (1859–1869). Auf dem Geheimtreffen von Plombières verbündete sich Frankreich mit Sardinien-Piemont (1858) und provozierte den Krieg mit Österreich (ITALIENISCHER KRIEG, 1859). Nach Siegen bei Magenta und Solferino (1859) brachten Plebiszite Savoyen und Nizza an Frankreich (1860). Der COBDEN-VERTRAG (1860) schuf den FREIHANDEL zwischen Frankreich und Großbritannien. Das PARLAMENT erhielt zusätzliche legislative Kompetenzen (24. November). Frankreich, Großbritannien und Spanien entsandten Truppen nach Mexiko, um die Rücknahme des von der mexikanischen Regierung erlassenen Schuldenmoratoriums zu erzwingen (1861). Französische Truppen eroberten Mexiko City (1863) und setzten den österreichischen Erzherzog Maximilian als Kaiser ein (1864–1867). Der von den USA erzwungene Rückzug aus Mexiko, Konflikte mit dem PAPST und den französischen Katholiken (1864) sowie der Sieg Preußens im DEUTSCHEN KRIEG (1866) brachten Frankreich in die Defensive. Wachsender Widerstand in Parlament und Öffentlichkeit zwang Napoleon zur Duldung von GEWERKSCHAFTEN und Zulassung eines liberales Pressegesetzes (1868). Nachdem die linke Opposition (Liberale, Republikaner) gestärkt aus den Wahlen hervorgegangen waren (1869), erzwang die Kammermehrheit eine parlamentarische Regierung (»L'Empire libéral« 1869/79). Frankreichs Niederlage im DEUTSCH-FRANZÖSISCHEN KRIEG (1870/71) samt Gefangennahme Napoleons in Sédan (2. September 1870) brachte den Sturz des II. Empire und die Proklamation der III. FRANZÖSISCHEN REPUBLIK (1870/75–1940).

Literatur: A. Dansette: Histoire du Second Empire. Paris 1961; L. Labracherie: Le Second Empire. 2 Bde., Paris 1962–1967; G. Pradalić: Le Second Empire. Paris [3]1966; A. Gérard: Le Second Empire, innovation et réaction. Paris 1973.

2. Londoner Protokoll

Verständigung zwischen England, Frankreich, Russland, Preußen, Österreich, Schweden in der SCHLESWIG-HOLSTEINISCHEN FRAGE: Die Unterzeichner garantierten die territoriale Integrität und staatliche Einheit Dänemarks, in PERSONALUNION mit Schleswig und Holstein (**1852**). Da die Augustenburger gegen Entschädigung auf ihre Thronrechte verzichteten, sollte nach Erlöschen der Hauses OLDENBURG die königliche Erbfolge in Dänemark und in den Herzogtümern an die Nebenlinie Schleswig-Holstein-Sonderburg-Glücksburg gehen. Der Bruch dieser Vereinbarungen nach Erlöschen der königlichen Linie in Dänemark (1863) löste den 2. DEUTSCH-DÄNISCHEN KRIEG aus (1864).

7. Russisch-türkischer Krieg (Krimkrieg)

Nachdem das OSMANISCHE REICH das von Russland geforderte PROTEKTORAT über die Orthodoxe Kirche in Konstantinopel »und anderswo« abgelehnt hatte, besetzte Russland die Donaufürstentümer Moldau und Walachei als Faustpfänder; das Osmanische Reich erklärte Russland den Krieg (4. Oktober **1853**): Die Vernichtung der osmanischen Flotte bei Sinope (30. November) veranlasste Großbritannien und Frankreich zum Eingreifen: Eine britisch-französische Flotte lief zum Schutz der osmanischen Küsten ins Schwarze Meer aus (3. Januar 1854), worauf Russland seine Beziehungen zu den Westmächten abbrach (6. Februar). Ein britisch-französisches Ultimatum an Russland (27. Februar), die Donaufürstentümer zu räumen (bis 30. April), blieb unbeantwortet, sodass sich die Westmächte mit dem Osmanischen Reich verbündeten (12. März) und Russland, das die Donau (20. März) überschritten hatte, den Krieg erklärten (28. März). Preußen, innenpolitisch gelähmt vom Konflikt zwischen Konservativen (für Russland) und WOCHENBLATTPARTEI (gegen Russland), blieb neutral, schloss allerdings mit Österreich ein Verteidigungsbündnis (20. April).

Nach dem Aufmarsch österreichischer Truppen in Galizien und Siebenbürgen räumte Russland die Donaufürstentümer (8. August), die nun Österreich besetzte (22. August). Alliierte Truppen, in ihren Reihen auch eine POLNISCHE LEGION, landeten auf der Halbinsel Krim (14. September) und belagerten die russische Festung Sewastopol (1854/55). Für die verwundeten alliierten Soldaten organisierte Florence Nightingale das Lazarettwesen. Nach dem Kriegseintritt Sardinien-Piemonts auf alliierter Seite (26. Januar 1855), dem Tod des Kaisers Nikolaus I. (2. März) und weiteren militärischen Erfolgen der Alliierten räumten die Russen Sewastopol (11. September), eroberten jedoch die türkische Festung Kars in Armenien (28. November). Ein Ultimatum Österreichs (28. Dezember) zwang Russland zum Wiener Vorfrieden (1. Februar 1856) und PARISER FRIEDEN (1856). Der KRIMKRIEG gab der italienischen Einigungsbewegung (RISORGIMENTO, ab 1859) und der BAUERNBEFREIUNG in Russland (1861) entscheidende Impulse und begründete den österreich-russischen Antagonismus auf dem Balkan.

Literatur: W. Baumgart (Hg.): Akten zur Geschichte des Krimkriegs (AGKK). 73 Bde., München 1979 ff.; A. D. Lambert: The Crimean War. British Grand Strategy Against Russia, 1853–56. Manchester 1991; G. Werth: Der Krimkrieg. Geburtsstunde der Weltmacht Rußland. Frankfurt/Main [2]1992; D. M. Goldfrank: The Origins of the Crimean War. London u. a. 1994; W. Baumgart: The Crimean War, 1853–1856. London u. a. 1999.

Wochenblattpartei

Sezession preußischer Konservativer um das »Preußische Wochenblatt zur Besprechung politischer Tagesfragen« (1851–1861): Zur Wochenblattpartei unter Moritz August von Bethmann Hollweg gehörten hohe Staatsbeamte und Diplomaten (1851–ca. 1858). Sie plädierte gegen die Konservativen um Edwin Freiherr von Manteuffel (* 1809, † 1885) und die Gebrüder Gerlach für einen Verfassungsstaat und die preußische HEGEMONIE in Deutschland. Im KRIMKRIEG (1853/**1854**–1856) forderte sie vergeblich die Intervention gegen Russland. Als ihr Einfluss schwand (ab ca. 1855), erweiterte sie sich um eine kleine rechtsliberale Fraktion (1858). Die politische Gruppe zerfiel, war jedoch u. a. mit Bethmann Hollweg in der liberalen Regierung in der NEUEN ÄRA (1858–1862) vertreten.

Literatur: R. Müller: Die Partei Bethmann Hollwegs und die Orientalische Krise 1853–56. Halle 1926; M. Behnen: Das Preußische Wochenblatt (1851–61). Göttingen u. a. 1971.

Republikanische Partei

(Republican Party, »Grand Old Party« = G. O. P.) Jüngere der beiden großen Parteien in den USA: Thomas Jefferson gründete eine Vorläuferin der Republikanischen Partei (1792), die sich gegen die Zentralisierungspolitik der Föderalisten unter Alexander Hamilton (* 1755, † 1804) engagierte und sich über Differenzen in Zollfragen unter Andrew Jackson (1829–1837) in National Republicans (auch WHIGS) im Süden (1833) und in die DEMOKRATISCHE PARTEI spaltete. Die neue Republikanische Partei ging aus einer Koalition von FREE SOILERS, Whigs und

Demokraten aus dem Norden (**1854**) hervor; sie beschloss ihr Grundsatzprogramm in Chicago auf der Wigwam Convention – für SCHUTZZOLL, ein Siedlungsprogramm im Westen, Bau transkontinentaler EISENBAHNEN und Abschaffung der SKLAVEREI (SKLAVENEMANZIPATION). Gegen die zerstrittenen Demokraten (1860) siegte die Republikanische Partei unter Abraham Lincoln, der im SEZESSIONSKRIEG (1861–1865) für die Einheit von Nord- und Südstaaten kämpfte. Später wandelten sich die Republikaner zur konservativen Partei des »Big Business«. Der liberale Flügel spaltete sich als Liberalrepublikaner (1872), später Progressive (1912), ab.

Republikanische Präsidenten: Lincoln (1861–1865), Andrew Johnson (1865–1869), Grant (1869–1877), Hayes (1877–1881), Garfield (1881), Arthur (1881–1885), Harrison (1889–1893), McKinley (1897–1901), Theodore Roosevelt (1901–1909), Taft (1909–1913), Harding (1921–1923), Coolidge (1923–1929), Hoover (1929–1933), Eisenhower (1953–1961), Nixon (1969–1974), Ford (1974–1977), Reagan (1981–1989), George Bush (1989–1993), George W. Bush (seit 2001).

Literatur: A. M. Schlesinger jr. (Hg.): History of the U. S. Political Parties. 4 Bde., New York 1973; R. A. Rutland: The Republicans. From Lincoln to Bush. Columbia u. a. 1996; G. T. Kurian: The Encyclopedia of the Republican Party. Armonk (N. Y.) 1997.

Kansas-Nebraska Act

Gesetz des US-Kongresses zur Besiedlung des Westens (**1854**): Der Kansas-Nebraska Act verfügte die Einrichtung der Territorien Kansas und Nebraska gemäß dem Prinzip der VOLKSSOUVERÄNITÄT (freie Entscheidung über SKLAVEREI) und setzte den MISSOURI-KOMPROMISS (1820), den letzten großen Kompromiss in Fragen der SKLAVEREI, außer Kraft. Aus Protest gegen das Gesetz entstand die »Know Nothing Partei«. Die WHIGS spalteten sich (1850); ein Teil formierte sich in der REPUBLIKANISCHEN PARTEI und beteiligte sich als Gegner der Sklaverei am Bürgerkrieg in Kansas (»War for Bleeding Kansas«, 1854–1858). Die innenpolitischen Spannungen eskalierten zum SEZESSIONSKRIEG (1861–1865).

Free Soilers

Entschiedene Gegner der SKLAVEREI in den USA – für den Boden (»soil«) frei (»free«) von Sklaverei: Die Free Soil Party (1848), die in der REPUBLIKANISCHEN PARTEI aufging (**1854**), beteiligte sich am Bürgerkrieg um Kansas (1854–1858).

Literatur: F. J. Blue: The Free Soilers. Third Party Politics, 1848–54. Urbana 1973.

Vertrag von Kanagawa

Handelsvertrag zwischen Japan und den USA (**1854**): Mit einer Flottenmission unter Commodore Perry in der Bucht von Edo (Tokio, 1853, 1854) zwangen die USA Japan, sich dem bilateralen Handel zu öffnen. Im Vertrag von Kanagawa verpflichtete sich Japan, zwei Häfen

(Shimoda, Hakodate) für die Proviantierung von US-Schiffen nach China (Shanghai) freizugeben, US-Seeleute gut zu behandeln und einen Konsul in Shimoda zu akkreditieren. Dem Vertrag von Kanagawa folgten ähnliche Verträge mit anderen Staaten, so mit Großbritannien (1854), Russland (1855), den Niederlanden (1855/56), ein weiterer Handelsvertrag mit den USA (1858). Die Abkommen erschütterten die traditionelle Isolationspolitik Japans und lösten eine schwere innere Krise und einen Bürgerkrieg aus (1866–1868), der mit dem Sturz des SHOGUNATS (1868) und dem Beginn der MEIJI-ÄRA (1868–1912) endete.

Kondominium

Herrschaft zweier oder mehrerer Mächte über ein Gebiet: Kondominien waren labil und lösten sich oft nach Konflikten zwischen den Teilmächten auf. Historisch bedeutsam waren das Kondominium Russlands und Japans über Sachalin (**1855**), Österreichs und Preußens über Schleswig-Holstein (1864–1866) sowie das anglo-ägyptische Kondominium über den Sudan (1899–1956), errichtet nach dessen anglo-ägyptischer Eroberung (1898–1955).

Pariser Kongress (Pariser Friede)

Der Pariser Friede beendete den 7. RUSSISCH-TÜRKISCHEN KRIEG – KRIMKRIEG (**1856**), als Zwischenetappe zur Lösung der ORIENTALISCHEN FRAGE: Gleichzeitig markierte der Kongress den Höhepunkt des außenpolitischen Prestiges des II. EMPIRE. Der Friedensvertrag regelte die Räumung der besetzten Gebiete und den Eintritt des OSMANISCHEN REICHS in das KONZERT DER MÄCHTE, das die Unabhängigkeit und den territorialen Bestand des Osmanischen Reichs garantierte. Dafür musste das Osmanische Reich Reformen akzeptieren (HATT-I HÜMAYUN). Die Mächte bestätigten den DARDANELLENVERTRAG (1841) und erhoben das Schwarze Meer mit der PONTUSKLAUSEL (bis 1870) zur neutralen Zone. Russland verlor die Kontrolle über die Donauschifffahrt, die einer Internationalen Donaukommission unterstellt wurde, und musste das Donaudelta an Moldau abgeben. Formal blieben die Donaufürstentümer der Hohen Pforte (= Osmanische Regierung) unterstellt.

Literatur: W. Baumgart: Der Friede von Paris 1856. München, Wien 1972; K. Heitmann (Hg.): Südosteuropa in der Wahrnehmung der deutschen Öffentlichkeit. Vom Wiener Kongress (1815) bis zum Pariser Frieden (1856). München 1990; A. Doering-Manteuffel: Vom Wiener Kongress zur Pariser Konferenz. England, die deutsche Frage und das Mächtesystem 1815–1856. Göttingen 1991.

Pontusklausel

Bestimmungen des PARISER FRIEDENS über den militärischen Status des Schwarzen Meers (= Pontus, **1856**–1870): Mit der Erklärung des Schwarzen Meers zur neutralen Zone war es für alle ausländischen Handelsschiffe offen. Nur Russland und das OSMANISCHE REICH durften wenige kleinere Kriegsschiffe stationieren, jedoch keine Küstenbefestigungen errichten. Während des DEUTSCH-FRANZÖSISCHEN KRIEGS

(1870/71) kündigte Russland einseitig die Pontusklausel (1870), worauf die Pontuskonferenz (1871) den Status des Schwarzen Meers zugunsten Russlands abänderte.

Literatur: K. Rheindorf: Die Schwarze Meer-(Pontus)Frage vom Pariser Frieden 1856 bis zum Abschluss der Londoner Konferenz von 1871. Berlin 1925.

Hatt-i Hümayun

Bedeutendstes Reformedikt in der Tanzimat-Periode: Hatt-i Hümyun wurde dem Osmanischen Reich vom Pariser Kongress aufgezwungen (**1856**). Es löste die Christen aus der Millet-Struktur, garantierte ihnen Sicherheit und unterstellte sie der Wehrpflicht, jedoch verbunden mit dem Recht, sich davon freizukaufen. Weiter garantierte das Reformedikt Religionsfreiheit, schaffte die Folter ab, erlaubte Ausländern, Grund und Boden zu erwerben und entzog den Kirchen die Gerichtsbarkeit.

Literatur: J. v. Hammer: Staatsverfassung und Staatsverwaltung des Osmanischen Reichs, dargestellt aus den Quellen seiner Grundgesetze. Wien 1915, Nachdruck Hildesheim [2]1977.

Weltwirtschaftskrise

Weltweite ökonomische Krise mit Auswirkungen auf alle bedeutenden nationalen Wirtschaftssysteme: Die erste große Weltwirtschaftskrise nahm in den USA ihren Ausgang und griff über Großbritannien auch auf den europäischen Kontinent über (**1857**). Mit dem schweren ökonomischen Rückschlag begann der Abstieg des II. Empire. Weitere Krisen: Grosse Depression (1873–1895), Weltwirtschaftskrisen 1929 und 1973, ausgelöst durch den Erdölschock.

Großer Aufstand (Sepoy-Aufstand)

(engl.: Great Mutiny) Erhebung in Indien gegen die britische Kolonialherrschaft: Der Große Aufstand im nördlichen Indien ging von Sepoys (einheimischen Soldaten der britischen Indien-Armee) in Meerut (**1857**/58) aus, begleitet von lokalen Aufständen von Hindus und Muslimen, die für die Wiederherstellung ihrer früheren Rechte kämpften. Die Aufständischen nahmen Delhi ein, stellten den letzten Gross-Moghul gegen dessen Willen als Kaiser von Indien an die Spitze des Aufstandes und verübten Massaker an britischen Soldaten und ihren Angehörigen. Die Briten konnten mit Truppen aus dem Panjab Delhi und Lucknow zurückerobern (1858). Sie setzten den Groß-Moghul ab und verbannten ihn (Ende des Moghulreichs, ab 1526). Die East India Company übertrug die Souveränität auf die britische Krone (1858); Königin Victoria nahm den Titel Empress of India (Kaiserin von Indien) an (1877).

Literatur: M. Edwardes: Red Year. The Indian Rebellion of 1857. London 1973; S. Sen: The Historiography of the Indian Revolt of 1857. Kalkutta 1992; P. J. O. Taylor (Hg.): A Companion to the »Indian Mutiny« of 1857. Delhi u. a. 1996; ders.: What Really Happened During the Mutiny. A Day-by-day Account of the Major Events of 1857–1859 in India. Delhi u. a. 1997.

Sikhs

Religionsgemeinschaft im Panjab (Nordwest-Indien): Die Religion der Sikhs vereint Elemente aus dem ISLAM mit dem im muslimischen Reich des GROSS-MOGHULS unterdrückten HINDUISMUS. Die Gemeinschaft führten zunächst zehn aufeinander folgende religiöse Führer (guru = Lehrer, 1499–1708). Anfangs pazifistisch orientiert, wurden die Sikhs nach schweren Verfolgungen durch Moghul-KAISER Aurangseb (1658–1707) unter dem letzten Guru Govind Singh (1675–1708) zur militärisch organisierten Gemeinschaft. Govind führte die Taufe (1699), bei der jeder Sikh den Namen »Singh« (= Löwe) annimmt, und die fünf »K« ein: »kes« (Verbot, Haupthaar und Bart zu schneiden), »kanga« (Kamm), »kach« (Hose), »kartha« (eisernes Armband), »kirpan« (Dolch). Das religiöse Zentrum der Sikhs ist der Goldene TEMPEL von Amritsar.

Nach der Ermordung Govinds (1708) erhoben sich die Sikhs gegen die Moghul-Herrscher. Ranjit Singh errichtete einen eigenen Staat mit der Hauptstadt Lahore (1802). Die Sikhs eroberten einen Teil des Panjab sowie Kaschmir (1819) und Peshawar (1834), wurden jedoch nach inneren Konflikten von den Briten in zwei Kriegen unterworfen (1845/46, 1848/49). Später unterstützen die Sikhs die Briten bei der Niederwerfung des GROSSEN AUFSTANDS (**1857**/58). Sie bildeten danach, neben den Gurkhas aus Nepal, das Rückgrat der britischen Indienarmee und der Polizei und kämpften in beiden Weltkriegen für das British Empire, waren danach führend an der indischen Unabhängigkeitsbewegung beteiligt. Nach der Unabhängigkeit Indiens und der Teilung des Panjab zwischen Indien und Pakistan (1947) flohen Sikhs in den indischen Teil. Sie erreichten die Teilung des indischen Panjab in den überwiegend Hindi sprechenden Bundesstaat Haryana (1966) und einen verkleinerten Bundesstaat Panjab, in dem sie als Mehrheit die Wirtschaftselite stellten. Radikale Sikhs forderten angesichts zunehmender Spannungen zwischen Sikhs und Hindus die staatliche Unabhängigkeit des Panjab von der Indischen Union (ca. ab 1980). Im Verlauf sich verschärfender Unruhen zerstörte die indische Armee den Goldenen Tempel in Amritsar (1984). Sikh-Leibwächter ermordeten Premierministerin Indira Gandhi (1984), Hindus provozierten daraufhin POGROME gegen die Sikhs.

Literatur: J.D. Cunningham: History of the Sikhs From the Origin of the Nation to the Vattles of the Sutlej. London 1849, Neuausgabe Neu Delhi 1994; K. Singh: A History of the Sikhs. 2 Bde., 1963/66, Neuausgabe Delhi u.a. ^{3}1992; W.H. McLeod: Evolution of the Sikh Community. Oxford 1976; M. Stukenberg: Der Sikh-Konflikt. Eine Fallstudie zur Politisierung ethnischer Identität. Stuttgart 1995; M. Stukenberg: Die Sikhs. Religion, Geschichte, Politik. München 1995; H. Singh Bhatia: Encyclopaedic History of the Sikhs and Sikhism. Neu Delhi 1999 ff.

Slawische Komitees

Komitees zur Unterstützung des PANSLAWISMUS in Russland (ab **1857**): Die slawischen Komitees forderten die Unterstützung der nationalrevolutionären Bewegung der SÜDSLAWEN auf dem Balkan, vor allem im 8. RUSSISCH-TÜRKISCHEN KRIEG (1877/78).

Panslawismus

Wissenschaftlicher und politischer Begriff für den Anspruch auf kulturelle und politische Eigenständigkeit aller Slawen und ihren Zusammenschluss unter Führung Russlands, des einzigen souveränen slawischen Staats im 19. Jahrhundert: Schon die DEKABRISTEN kämpften für eine allslawische Konföderation unter der Führung Russlands (1825). Diese Vorstellung prägte auch den Konföderationsplan des russischen Revolutionärs Michail Bakunin auf dem 1. SLAWENKONGRESS in Prag (1848). Die Slawophilen vertraten die Idee, Slawen hätten die Aufgabe der Welterlösung. Nach der Niederlage Russlands im KRIMKRIEG (1853/54–1856) erhielt der Panslawismus als Ideologie zur Stärkung Russlands neuen Auftrieb, doch nahm er zunehmend großrussisch-chauvinistisches Gedankengut auf. In SLAWISCHEN KOMITEES (**1857**) hatten Michail Katkow und Nikolai Pawlowitsch Graf Ignatiew (* 1832, † 1908) führende Positionen. Den Panslawismus stärkten die nationalistische Reaktion auf die diplomatische Intervention der Westmächte beim polnischen JANUARAUFSTAND (1863) und der als demütigend empfundene österreichisch-ungarische AUSGLEICH (1867). Polen blieben dem 2. SLAWENKONGRESS in Moskau (1867) fern. In der GROSSEN ORIENTKRISE (1875–1878) forderten Panslawisten die Intervention Russlands im Krieg zwischen Serbien und dem OSMANISCHEN REICH (1876); sie organisierten Geldsammlungen, Sach- und Waffenlieferungen; Freiwillige kämpften für Serbien. Nach dem 8. RUSSISCH-TÜRKISCHEN KRIEG (1877/78) und VORFRIEDEN VON SAN STEFANO schien die Erfüllung des panslawistischen Programms erreicht, wurde jedoch vom BERLINER KONGRESS (1878) verhindert: Fortan betrachteten Panslawisten Deutschland als ihren Hauptgegner, was Deutschland in den ZWEIBUND mit Österreich-Ungarn (1879) gegen Russland führte.

Der Panslawismus, kombiniert mit ANTISEMITISMUS, trat nach der RUSSISCHEN FEBRUARREVOLUTION (1905) in eine neue Phase; weitere Slawenkongresse in Prag (1908) und Sofia (1910) folgten, jetzt auch mit der polnischen Nationaldemokratie unter Roman Dmowski. Nach dem ERSTEN WELTKRIEG verlor der Panslawismus durch Gegensätze zwischen slawischen Staaten an Stoßkraft.

Literatur: H. Kohn: Die Slawen und der Westen. Die Geschichte des Panslawismus. Wien, München 1956; M. B. Petrowitch: The Emergence of Russian Pan-Slavism, 1856–1870. New York 1956; B. Chropovsky: Die Slawen. Historische, politische und kulturelle Entwicklung und Bedeutung. Prag 1988; J. Milojković-Djurić: Panslavism and National Identity in Russia and in the Balkans, 1830–1880. Images of the Self and Others. Boulder 1994.

Norddeutscher Lloyd

Bedeutende deutsche Schifffahrtsgesellschaft, gegründet in Bremen (**1857**) von H. H. Meier (* 1809, † 1898), zunächst zum Transport deutscher Amerika-Auswanderer von Bremen und Bremerhaven: Nach dem SEZESSIONSKRIEG (1861–1865) erlebte der Norddeutsche Lloyd seine Blütezeit, in Konkurrenz zur HAPAG. Trotz schweren Verlusten im ERSTEN WELTKRIEG und im ZWEITEN WELTKRIEG wurde das Unternehmen neu aufgebaut und fusionierte mit der Hapag (1970) zu Hapag-Lloyd, mit Sitz in Hamburg.

Literatur: G. Bessell: Norddeutscher Lloyd. Geschichte einer bremischen Reederei. Bremen 1957; H. J. Witthöft: Norddeutscher Lloyd. Hamburg [3]1997; S. Wiborg/K. Wiborg: Unser Feld ist die Welt. 1847–1997. 150 Jahre Hapag-Lloyd. Hamburg 1997; A. Kludas: Die Seeschiffe des Norddeutschen Lloyd. 1857 bis 1970. Augsburg 1998.

Neue Ära

Periode der preußischen Geschichte (**1858**–1862), geprägt von gemäßigten liberalen Reformen unter Prinzregent/König Wilhelm I. und »moralischen Eroberungen« Preußens in Deutschland: Die Neue Ära endete mit der KONFLIKTZEIT (1861–1866): Wilhelm I. entließ liberale Minister und berief Bismark zum preußischen Ministerpräsidenten (1862–1890).

Literatur: W. Grube: Die Neue Ära und der Nationalverein. Diss. Marburg 1933; E. N. Anderson: The Social and Political Conflict in Prussia (1858–64). Lincoln (Nebr.) 1954, Neuauflage New York 1968.

Mexikanischer Bürgerkrieg

Nachdem die Liberalen den Diktator Santa Anna (1853–1855) gestürzt hatten (1855), erließen sie für Mexiko ein Reformprogramm und eine Verfassung. Dagegen formierte sich Widerstand der Konservativen, bis zu Bürgerkrieg (**1858**–1860) und vorübergehender Spaltung Mexikos: Die Konservativen herrschten in der Hauptstadt Mexiko-Stadt, die LIBERALEN unter Benito Juárez in Vera Cruz. Nach dem Sieg der Liberalen (1860) intervenierten Frankreich, Großbritannien und Spanien (1861), um Mexiko zur Rückzahlung ausländischer Schulden zu zwingen. Sie wurden unterstützt von mexikanischen Konservativen und Klerikalen. Während sich Briten und Spanier bald zurückzogen (1862), versuchte Frankreich nach der Einnahme von Mexiko-Stadt (1863) in Mexiko ein katholisches Kaisertum unter dem österreichischen Erzherzog Maximilian (1864–1867) zur Sicherung von Rohstoffen und Absatzmärkten durchzusetzen – in Konkurrenz zu den USA, die ihren Einfluss erst nach dem SEZESSIONSKRIEG (1861–1865) wieder zur Geltung bringen konnten. Maximilian konnte den Widerstand von Juárez nicht brechen; nach dem Abzug Frankreichs musste er kapitulieren und wurde standrechtlich erschossen (1867). Die Niederlage in Mexiko war ein schwerer Misserfolg für Napoleon III. und das II. EMPIRE.

Literatur: R. Roeder: Juárez Garcia and his Mexiko. 2 Bde., New York 1947; W. V. Scholes: Mexican Politics during the Juárez Regime 1855–1872. Columbia (Miss.) 1969.

Fenier-Bewegung (Irish Republican Brotherhood)

Radikale irische Nationalbewegung, gegründet von Teilnehmern am irischen Aufstand des YOUNG IRELAND (1848) in New York und Dublin (**1858**): Die Fenier agierten im Untergrund für eine irische REPUBLIK. Ein Aufstand musste wegen des Ausbleibens von Waffen aus Amerika verschoben (1865) werden. Nach einem gescheiterten Aufstand (1867) reorganisierte sich die Organisation als Teil der irischen Opposition und übernahm, mit SINN FÉIN, beim irischen OSTERAUFSTAND (1916) eine führende Rolle.

Literatur: T. W. Moody (Hg.): The Fenian Movement. Cork 1968; J. Newsinger: Fenianism in Mid-Victorian Britain. London u. a. 1994; R. V. Comerford: The Fenians in Context. Irish Politics and Society, 1848–82. Nachdruck Dublin 1998.

Zentrum

Partei des politischen Katholizismus in Deutschland, benannt nach der zentralen Position ihrer Abgeordneten in parlamentarischen Sitzungssälen: Das Zentrum ging aus der katholischen Fraktion im preußischen Abgeordnetenhaus (1852) und »Fraktion des Zentrums« (**1858**) hervor, die im PREUSSISCHEN HEERES-/VERFASSUNGSKONFLIKT (ab 1862) zerfiel. Sie konstituierte sich neu im preußischen Abgeordnetenhaus (Dezember 1870) und Deutschen REICHSTAG (März 1871) als Zentrumspartei. Gestützt auf Katholiken in Stadt (Arbeiter, Angestellte, Bürgertum) und Land (Bauern), widerstand sie im KULTURKAMPF (1871–1887) dem starken Druck der preußischen Regierung und unterstützte Bismarcks SCHUTZZOLL- (1879) und SOZIALPOLITIK (ab 1883). Nach dessen Sturz (1890) hatte sie eine parlamentarische Schlüsselstellung und unterstützte die Regierung, z. B. beim Bau der SCHLACHTFLOTTE (ab 1898). Das Zentrum befürwortete die FRIEDENSRESOLUTION des Reichstags (1917) und die Parlamentarisierung des Reichs (1917/18). Mit Georg Freiherr von Hertling stellte die Partei erstmals den Reichskanzler (1917/18).

Nach dem ERSTEN WELTKRIEG spaltete sich das bayerische Zentrum als Bayerische Volkspartei (1918–1933) ab. Das Zentrum bildete mit SPD und DEUTSCHER DEMOKRATISCHER PARTEI die WEIMARER KOALITION (1919/20), war in der WEIMARER REPUBLIK in neun Regierungen vertreten (bis 1930/32) und stellte vier Reichskanzler: Konstantin Fehrenbach (1920/21), Josef Wirth (1921/22), Wilhelm Marx (1923/24, 1926–1928) und Heinrich Brüning (1930–1932). Bei der Reichspräsidentenwahl scheiterte ihr Kandidat Wilhelm Marx gegen Paul von Hindenburg (1925). Nach einer Wahlniederlage (1928) tendierte das Zentrum unter Prälat Ludwig Kaas zunehmend nach rechts, obwohl es Mitglied der GROSSEN KOALITION war. Nach dem Sturz der Großen Koalition unter dem Sozialdemokraten Hermann Müller (1930) bildete Brüning PRÄSIDIALKABINETTE (1930–1932). Das Zentrum plädierte für eine Wiederwahl Hindenburgs gegen Hitler, nach dem Sturz Brünings zeitweise für eine Koalition mit der NSDAP. Es stand gegen die Regierung des Parteiaußenseiters Franz von Papen (1932). Nach der Machtergreifung Hitlers stimmte die Partei für das ERMÄCHTIGUNGSGESETZ, geködert durch das REICHSKONKORDAT (1933). Dennoch wurde sie zur Selbstauflösung gezwungen (5. Juli 1933). Nach dem ZWEITEN WELTKRIEG wieder gegründet (1945), wurde die Zentrumspartei von der überkonfessionellen CDU aufgesogen (1949–1961).

Literatur: W. Becker (Hg.): Die Minderheit als Mitte. Die Deutsche Zentrumspartei in der Innenpolitik des Reiches 1871–1933. Paderborn 1986; M. Martin: Der katholische Weg ins Reich. Der Weg des deutschen Katholizismus vom Kulturkampf bis zur staatstragenden Kraft. Frankfurt/Main u. a. 1998; B. Haunfelder: Reichstagsabgeordnete der Deutschen Zentrumspartei, 1871–1933. Biographisches Handbuch und historische Photographien. Düsseldorf 1999.

Italienischer Krieg

Krieg Frankreichs und Sardinien-Piemonts gegen Österreich (**1859**), als wichtige Etappe auf dem Weg zum italienischen Nationalstaat (RISORGIMENTO): In der Italienischen Frage, die auf dem PARISER KONGRESS (1856) erörtert wurde, engagierte sich vor allem das II. EMPIRE unter Napoleon III.: Nach dem Geheimtreffen von Plombière zwischen Napoleon III. und Cavour (1858) verbündete sich Frankreich mit dem Königreich Sardinien(-Piemont, 1858). Piemont lehnte ein Ultimatum Österreichs ab (1859), das die Reduzierung der Armee und Entlassung der Freiwilligen verlangte. Daraufhin drang die österreichische Armee in Piemont ein, die von piemontesischen und (erstmals auf der EISENBAHN herangeführten) französischen Truppen bei Magenta und Solferino geschlagen wurde. Preußen machte zwar mobil, blieb aber neutral. Dem Waffenstillstand von Villafranca folgte der Frieden von Zürich, der die Lombardei zunächst Frankreich überließ; erst durch den Vertrag von Turin gelangte sie an Sardinien-Piemont (1860). Mit Beseitigung der HABSBURGER SEKUNDOGENITUREN in Modena und der Toskana sowie dem Sturz der BOURBONEN in Parma machte der Italienische Krieg den Weg für das Königreich Italien frei (1861–1946); erster König wurde Viktor Emanuel II. von Sardinien-Piemont (1861–1878). Eine weitere Konsequenz war das Ende des NEOABSOLUTISMUS in Österreich. Savoyen und Nizza wurden nach einem PLEBISZIT französischer Besitz (1860). Probleme bei der Mobilisierung führten zur PREUSSISCHEN HEERESREFORM, begleitet vom PREUSSISCHEN HEERES-/VERFASSUNGSKONFLIKT (1861–1866). Der Schweizer Henri Dunant gründete nach den Erfahrungen des Italienischen Kriegs das ROTE KREUZ (1863/64).

Literatur: Der Krieg in Italien 1859. 3 Bde., Bearbeitet vom K. u. K. Generalstabsbureau. Wien 1872–1876.

Alliance Israélite Universelle

Erste internationale jüdische Organisation, mit Paris als Hauptsitz unter dem Eindruck der DAMASKUS-AFFÄRE (1840) und des Mortara-Falls (1858) gegründet (**1860**): Ziele waren die Stärkung jüdischer Solidarität gegen den ANTISEMITISMUS und für die JUDENEMANZIPATION. Die Alliance engagierte sich für Gleichberechtigung der JUDEN in Griechenland, dem Kirchenstaat, der Schweiz, Serbien und Rumänien. Nach POGROMEN in Russland (1881/82, 1903–1905) leistete sie den Opfern karitative Hilfe, unterstützte Flüchtlinge bei der Auswanderung nach Amerika. Die Alliance führte unentgeltliche Volksschulen und Lehrwerkstätten im Orient und auf dem Balkan mit Französisch als Unterrichtssprache (ab 1862). Nach 1933 öffnete sie sich dem ZIONISMUS. [M. M.-F.]

Literatur: A. Chouraqui: Cent ans d'histoire – L'Alliance Israélite Universelle et la renaissance juive contemporaine, Paris 1965; B. Marx: Juden Marokkos und Europas. Frankfurt/Main 1991.

Mafia

GEHEIMBUND in Italien; heute meist synonym für organisierte Kriminalität: Ausgehend von Sizilien, agiert die Mafia auch mit lokal-regional unterschiedlichen Akzenten in und um Neapel (Camorra) und in Kalabrien (Nrangheta = Mafia calabrese). Die Wurzeln liegen in der Zeit nach der NORMANNISCHEN EROBERUNG Unteritaliens (ab 1030) und Siziliens (1060–1090), in der sich unter den NORMANNEN und später unter den BOURBONEN ein besonders harter FEUDALISMUS etablierte. Anfänge der modernen Mafia entwickelten sich nach dem Sieg des RISORGIMENTO (**1860**/61) aus Zusammenschlüssen der Großpächter (»gabelloto«), meist abwesender Großgrundbesitzer und irregulär Bewaffneter (»bravi«) zur Einschüchterung der Bauern, die auch nach der (formalen) Abschaffung des Feudalismus im Mezzogiorno (1806–1812) wegen des bestehenden Klientelsystems ökonomisch und sozial vom »padrone« abhängig blieben. Mafiosi (»capo«) ersetzten durch Kauf der Güter oder Usurpation als neue »padrones« die alten Großgrundbesitzer. Meist in Familien (»cosca«) organisiert und einer rigoros erzwungenen Schweigepflicht (»omerta«) unterworfen, übten sie faktisch soziale und indirekt, wegen ihrer Beziehungen zu Politikern, auch politische (»sottogoverne«= Unterregierung) Macht aus. Angst und Schrecken verbreiteten auch Gewalttaten gegen Rivalen, z. T. motiviert von der Blutrache (»Vendetta«). In den USA organisierten sizilianische Emigranten nach den Mafia-Prinzipien städtische Gangstersyndikate (Cosa nostra), die während der Prohibition (absolutes Alkoholverbot) in den USA (1920–1923) großen Auftrieb erhielten.

Mussolini ließ die Mafia zwar unterdrücken (1925–1927), doch trat an die Stelle des Mafia-Terrors staatlicher Terror. Nach dem ZWEITEN WELTKRIEG erzwang die Mafia mit einem fingierten Separatistenaufstand für Sizilien einen AUTONOMIEstatus (1946). Mit Korruption und Erpressung spielte sie eine führende Rolle bei der Vergabe der Finanzmittel, die mit groß angelegten Industrialisierungsprogrammen in den Süden (ab 1947) und in die Kassen der Mafia flossen. Weitere Kapitalquellen waren Spielhöllen, organisierte Prostitution, Entführung und Schutzgelderpressung. Auch stieg die Mafia in das internationale Drogen- und Waffengeschäft ein. Die enge Verquickung von Staat und Gesellschaft mit der Mafia griff auch auf das nördliche Italien sowie das europäische Ausland über. Einsichten in Struktur und Arbeitsweise des organisierten Verbrechens lieferte der Craxi-Prozess (1986/87), auf den die Mafia mit zunehmendem TERROR gegen die Polizei und Justiz reagierte. Einen schweren Rückschlag erlitt sie nach Fahndungserfolgen und der Verhaftung von Mafia-Angehörigen, die oft als Kronzeugen aussagten (1993). Mafiose Strukturen und Korruption in der italienischen Parteienlandschaft förderten Untersuchungen vor allem der Mailänder Justiz zu Tage (Aktion »Mani pulite«, ab 1992)

Literatur: W. Raith: Die ehrenwerte Firma. Berlin [2]1986; P. Müller: Die Mafia in der Politik. München 1990; W. Raith: Parasiten und Patrone. Siziliens Mafia greift nach der Macht. Frankfurt/Main 1992; K. Freiberg/B. G. Thamm: Das Mafia-Syndrom. Organisierte Kriminalität. Geschichte, Verbrechen, Bekämpfung. Hilden/Rhld. 1992; G. Bocca: Verfilzt und vergiftet. Ein Land in den Fängen der Mafia. Wien 1994.

Cobden-Vertrag ■

Britisch-französischer Handelsvertrag mit MEISTBEGÜNSTIGUNG, benannt nach dem britischen Unternehmer und Politiker Richard Cobden (**1860**): Der Cobden-Vertrag, ein Kernstück liberaler Wirtschafts- und Handelspolitik, mündete mit drastischer Senkung der Außenzölle faktisch in den FREIHANDEL zwischen beiden Ländern. Dem Abkommen traten Preußen bzw. der DEUTSCHE ZOLLVEREIN bei (1861).

Demokratische Partei ■

(Democratic Party) Ältere der beiden großen Parteien in den USA: Gegründet von Andrew Jackson (1828, »Jacksonian Democracy«), bildeten zunächst Siedler der Frontier die Hauptbasis. Differenzen über die SKLAVEREI in den Südstaaten eskalierten zur Abspaltung der Demokraten im Norden, die mit den FREE SOILER und WHIGS zur REPUBLIKANISCHEN PARTEI fusionierten (1854). Die Sklaverei-Frage spaltete die Demokraten erneut (**1860**): Sie verloren gegen Abraham Lincoln und betrieben die SEZESSION (1860) der Südstaaten, bis hin zum AMERIKANISCHEN BÜRGERKRIEG (SEZESSIONSKRIEG, 1861–1865). Nach der RECONSTRUCTION-PERIODE (1865–1877) dominierte die Partei im NEUEN SÜDEN (bis ca. 1965), gewann aber auch im Norden neue Anhänger (ab ca. 1880). Zwar propagierte sie die Rassentrennung, öffnete sich jedoch allmählich liberalen Ideen. Mit Woodrow Wilson stellten die Demokraten den 26. Präsidenten der USA (1913–1921) und erlebten im NEW DEAL (1933) eine demokratische Erneuerung. Die Macht der konservativen Demokraten im Süden schwand mit der BÜRGERRECHTSGESETZGEBUNG (ab 1965). Demokratische Präsidenten waren: Jackson (1829–1837), van Buren (1837–1841); Polk (1845–1849); Pierce (1853–1857), Buchanan (1857–1861); Cleveland (1885–1889, 1893–1897); Wilson (1913–1921); Franklin D. Roosevelt (1933–1945), Truman (1945–1953); Kennedy (1961–1963), Johnson (1963–1969); Carter (1977–1981); Clinton (1993–2001).

Literatur: wie zu Republikanische Partei; R. A. Rutland: The Democrats. Columbia u. a. 1995.

Sezession ■

(lat.: secessio = Abspaltung) Allgemein: Abspaltung von einer größeren (z. B. politischen, staatlichen oder kirchlichen) Struktur (vgl. auch SECESSIO PLEBIS, 494 v. Chr.). Hier speziell: Sezession South Carolinas von der Union (USA) nach der Wahl Abraham Lincolns zum Präsidenten (**1860**): Der Sezession schlossen sich Mississippi, Florida, Alabama, Georgia, Louisiana, Texas, Virginia, Arkansas, Tennessee, North Carolina an (Januar–Mai 1861). Die elf Staaten bildeten die CONFEDERATE STATES OF AMERICA und kämpften im SEZESSIONSKRIEG (1861–1865) um ihre Unabhängigkeit. Der Sieg der Union beendete die Sezession (1865); ihr folgte die RECONSTRUCTION-PERIODE (1865–1877).

Literatur: D. M. Potter: Lincoln and His Party in the Secession Crisis. New Haven 1942, Nachdruck New Haven 1979; A. Nevins: The Emergence of Lincoln. 2 Bde., New York 1950.

Confederate States of America (Confederacy, Konföderierte)

Staatenbund (KONFÖDERATION) der mit der SEZESSION aus der Union (USA) ausgetretenen elf Südstaaten (1861–1865): Die Confederate States of America wurden in Montgomery (Alabama) von sieben Staaten gegründet (4. Februar **1861**), um Virginia, Arkansas, Tennessee und North Carolina erweitert (Februar–Mai). Die provisorische Regierung machte Richmond (Virginia) zur Hauptstadt der Konföderation. Ihre Verfassung erklärte die SKLAVEREI für legal. Im SEZESSIONSKRIEG (1861–1865) erkannte Großbritannien die Konföderation als Krieg führende Macht an (1861). Nach der Niederlage gegen die Nordstaaten wurde sie aufgelöst (24. April 1865). Die Flagge der »Confederacy« gilt im Süden der USA noch immer als politisches Gesinnungssymbol.

Literatur: C. P. Roland: The Confederacy. Chicago 1972.

Sezessionskrieg (Amerikanischer Bürgerkrieg)

(engl.: War of the Secession, American Civil War) Bürgerkrieg zur Überwindung der SEZESSION der CONFEDERACY und Wiederherstellung der Union (**1861**–1865): Zunächst waren die konföderierten Südstaaten dank ihres traditionellen Übergewichts in der US-Army militärisch im Vorteil, langfristig konnte der stärker industrialisierte Norden jedoch die höhere Bevölkerungszahl und sein größeres Wirtschaftspotenzial mobilisieren. Die KONFÖDERIERTEN eröffneten die Feindseligkeiten mit der Beschießung von Fort Sumter (12./13. April 1861). Die Anerkennung der Confederacy als Krieg führende Macht durch Großbritannien (13. Mai) beantworteten die USA mit der Blockade des Exports von BAUMWOLLE aus den Südstaaten, was eine Wirtschaftskrise in Großbritannien auslöste. Die Briten ließen nun in Ägypten Baumwolle für ihre Textilindustrie anbauen. Auf die Niederlage bei Bull Run bei Washington D. C. (21. Juli) reagierte die Union mit der Massenmobilisierung. Die Unionstruppen eroberten New Orleans (1. Mai 1862), hatten Erfolge bei Antietam (17. September) und proklamierten erstmals für den Süden die SKLAVENEMANZIPATION (22. September). Nach dem Rückschlag bei Fredericksburg (13. Dezember) und wechselvollen Kämpfen an verschiedenen Fronten gelang der Unionsarmee ein erster Sieg bei Gettysburg (Pennsylvania, 1.–3. Juli 1863): Die Südstaaten waren seitdem in der Defensive. General Sherman unternahm seinen verheerenden Feldzug von Tennessee durch Georgia zum Atlantik (Mai–Dezember 1864). Die Armeen der Konföderierten wurden eingekesselt und kapitulierten nach weiteren Niederlagen (in Appomattox, 9. April 1865). Kurz darauf ermordete ein Südstaatler den Präsidenten Abraham Lincoln (14. April). Dem Krieg folgte die RECONSTRUCTION-PERIODE (1865–1877).

Literatur: J. G. Randall/D. Donald: The Civil War and Reconstruction. Boston (Mass.) [2]1973; G. Schomaekers u. a.: Der Bürgerkrieg in Nordamerika. München [3]1987; D. T. Schiller: Der amerikanische Bürgerkrieg. Düsseldorf 1990; K. Stampp (Hg.): The Causes of the Civil War. New York u. a. [3]1991; S. E. Woodworth (Hg.): The American Civil War. A Handbook of Literature and Research. Westport (Conn.) u. a. 1996; C. F. Ritter (Hg.): Leaders of the American Civil War. London u. a. 1998; G. Carocci: Kurze Geschichte des amerikanischen Bürgerkriegs. Berlin 1998; D. S. Heidler: Encyclopedia of the American Civil War. Santa Barbara (Cal.) u. a. 2000.

Bauernbefreiung in Russland

Beendigung der LEIBEIGENSCHAFT im Zarenreich (**1861**): Nach der Niederlage im KRIMKRIEG (1853–1856) gegen die Westmächte erließ Zar Alexander II. ein Reform- und Modernisierungsprogramm, zu dessen Beginn er die Leibeigenschaft aufhob, nach dem Vorbild der PREUSSISCHEN REFORMEN (1807–1811). Es bot Ansätze zur Erweiterung der Selbstverwaltung (Einrichtung von SEMSTWOS) und begründete das Recht, Grund und Boden (mit Einschränkungen) zu kaufen und zu verkaufen (MOBILITÄT DES BODENS). Als Folge der Bauernbefreiung und des starken Bevölkerungswachstums auf dem Lande wanderte ein großer Teil der Bauern in die neuen russischen Industriezentren ab (Moskau, St. Petersburg, Donezbecken, Ural), wo sie das Proletariat bildeten. Die dort sich formierende Arbeiterbewegung wurde die Massenbasis der RUSSISCHEN REVOLUTION (1905–1907, 1917).

Literatur: P. Scheibert: Die russische Agrarreform von 1861. Köln 1973; F. Daniel: The End of Serfdom. Nobility and Bureaucracy in Russia 1855–1861. Cambridge (Mass.) 1976; K.-H. Gräfe: Zur Geschichte Russlands 1861–1917. Bauernbefreiung – Industrialisierung – Parlamentarismus und Parteien – Sowjetbewegung – Revolutionsprozeß. Dresden 1990; B. Eschment: Die »Große Reform«? Die Bauernreform von 1861 in Russland in der vorrevolutionären Geschichtsschreibung. Münster u. a. 1994.

Fortschrittspartei

Linksliberale Partei in Preußen und im DEUTSCHEN KAISERREICH (1861–1884): Hervorgegangen aus einer SEZESSION der ALTLIBERALEN (**1861**), forderte die Fortschrittspartei die Einigung Deutschlands unter Führung Preußens und die konsequente Verwirklichung des Verfassungsstaates. Ihre soziale Basis war das städtische Bürgertum. Zunächst stärkste Partei im Abgeordnetenhaus (1861/62), erlitt sie bei den folgenden Wahlen (3. Juli 1866) eine schwere Niederlage. Im Streit über die INDEMNITÄTSVORLAGE spaltete sich der rechte Flügel ab (1866) und formierte sich zur NATIONALLIBERALEN PARTEI (1867–1918). Die Fortschrittspartei unterstützte Bismarck im KULTURKAMPF (1871–1887) und in der Frage der Beibehaltung des preußischen DREIKLASSENWAHLRECHTS. Obwohl sie in der Sozialdemokratie ihren politischen Gegner sah, bekämpfte sie das SOZIALISTENGESETZ (1878–1890). Die Fortschrittspartei gab sich ein linksliberales Wahlprogramm (1878) und fusionierte mit der Liberalen Vereinigung (1884) zur Deutschen Freisinnigen Partei (bis 1893).

Literatur: H. A. Winkler: Preußischer Liberalismus und deutscher Nationalstaat. Studien zur Geschichte der Deutschen Fortschrittspartei 1861–1866. Tübingen 1964; G. Seeber: Zwischen Bebel und Bismarck. Zur Geschichte des Linksliberalismus in Deutschland 1871–93. Ostberlin 1965.

Altliberale

Bezeichnung für gemäßigte Liberale im preußischen Abgeordnetenhaus seit dem Aufkommen der FORTSCHRITTSPARTEI (**1861**): Die Altliberalen unter Georg Freiherr von Vincke hatten zunächst die Mehrheit im Abgeordnetenhaus (1858–1861), erlitten jedoch nach der Abspaltung der Fortschrittspartei massive Einbußen. Sie gingen in der Nationalliberalen Partei und der Freikonservativen Partei auf (1867).

Preußische Heeresreform

Reform der preußischen Armee zur Behebung von Schwächen, die bei der Mobilmachung im Italienischen Krieg (1859) aufgetreten waren, initiiert von Prinzregent/König Wilhelm I.: Die preußische Heeresreform erhöhte die Präsenzstärke des Heeres im Frieden von 140 000 auf 213 000 Soldaten, die Zahl der jährlichen Rekruten von 40 000 auf 63 000. Die dreijährige Dienstzeit blieb erhalten. Teile der Landwehr wurden zur Reserve der Linie eingesetzt (d. h. der ständig einsatzbereiten Truppen). Damit schwächte die Heeresvorlage die Landwehr zugunsten der Linie, damit auch das liberale Element (Wahl der Offiziere durch die Landwehr). Die liberale Mehrheit im Abgeordnetenhaus lehnte den Plan ab, genehmigte aber zweimal den Haushalt jeweils für ein Jahr als Provisorium (1860, **1861**). Der Streit um die preußische Heeresreform eskalierte zur Systemkrise im Preussischen Heeres-/Verfassungskonflikt (1861–1866).

Literatur: wie zu Fortschrittspartei; A. Hess: Das Parlament, das Bismarck widerstrebte. Köln, Opladen 1964; R. Helfert: Der preußische Liberalismus und die Heeresreform von 1860. Diss. Berlin 1988, Bonn 1989.

Preußischer Heereskonflikt (Preußischer Verfassungskonflikt, Konfliktzeit)

Auseinandersetzung zwischen Krone/Regierung und Abgeordnetenhaus um die Preussische Heeresreform (**1861**–1866): Die liberale Mehrheit des Abgeordnetenhauses lehnte die in der Heeresvorlage vorgesehene dreijährige Dienstpflicht ab (1860). Aus den Neuwahlen (Dezember 1861, Mai 1862) ging die Fortschrittspartei, die die Heeresvorlage ablehnte, als stärkste Fraktion hervor. Wilhelm I. entließ die liberalen Minister und beendete die Neue Ära (1858–1862). Er ernannte den Konservativen Otto von Bismarck, der sich bereit erklärte, auch gegen die Verfassung und den gewählten Landtag zu regieren, zum Ministerpräsidenten (1862–1890). Bismarck löste das Abgeordnetenhaus auf, nachdem es eine Erhöhung des Heeresbudgets verweigert hatte. Er kompensierte den vom Parlament nicht gebilligten Haushalt (»Lückentheorie«), indem er sich geheime Darlehen vom Hause Rothschild verschaffte und verfügte u. a. eine Verschärfung der Zensur (1863). Die Billigung der bismarckschen Indemnitätsvorlage durch den Landtag (3./14 September 1866) beendete die Konfliktzeit.

Literatur: K. Kaminsky: Verfassung und Verfassungskonflikt in Preußen. Königsberg 1938.

Sklavenemanzipation in den USA

Erster Schritt zur Beendigung der Sklaverei in den USA: Nach der Schlacht bei Antietam (Maryland) im Sezessionskrieg proklamierte US-Präsident Lincoln die Sklavenemanzipation (22. September **1862**) und die Befreiung der Sklaven in den von der Union abgefallenen

Südstaaten (Confederacy, zum 1. Januar 1863). Der Kapitulation von Appomattox (1865) folgte die endgültige Aufhebung der Sklaverei im 13. Verfassungszusatz (Amendment, 18. Dezember 1865).

Literatur: J. H. Franklin: The Emancipation Proclamation. Garden City (N. Y.) 1965; M. Diedrich: Ausbruch aus der Knechtschaft. Die amerikanischen slave narrative zwischen Unabhängigkeitserklärung und Bürgerkrieg. Stuttgart 1986.

Januaraufstand

Aufstand in Kongresspolen gegen die russische Herrschaft (Januar 1863–Mai 1864): Nachdem Polen seine Autonomie im Zarenreich zurückerhalten hatte (1862), forderten radikale polnische Nationalisten (»Roten«) Polens vollständige Unabhängigkeit. In Warschau brach, zunächst unter Führung der »Roten«, ein Aufstand aus. Oppositionelle Gruppen bildeten eine »provisorische Volksregierung« (22. Januar **1863**), die keine regulären polnischen Armeeeinheiten hatte (wie beim Novemberaufstand 1830/31), sondern nur Partisanenverbände. Die provisorische Regierung versprach die Bauernbefreiung und eine Bodenreform; sie wurde jedoch von adligen »Weißen« sabotiert. Preußen und Russland verständigten sich in der Alvenslebenschen Konvention (8. Februar) auf die Niederschlagung des Aufstands. Diplomatische Interventionen Großbritanniens, Frankreichs, Österreichs zugunsten der Polen (April, Juni, August) blieben wirkungslos, reizten nur den russischen Panslawismus. Russland unterdrückte die Erhebung mit Gewalt (bis Mai 1864). Polen verlor erneut seine Autonomie und wurde in Provinzen (Gouvernments) aufgegliedert (März 1863), ein Teil des polnischen Adels wurde enteignet, begleitet von Deportationen nach Sibirien und der Verhängung von Zuchthausstrafen und Zwangsarbeit.

Literatur: R. E. Leslie: Reform and Insurrection in Russian Poland 1855–1865. London; New York 1963.

Alvenslebensche Konvention

Preußisch-russische Militärkonvention, benannt nach dem preußischen General von Alvensleben als Sondergesandten Bismarcks, abgeschlossen in St. Petersburg (8. Februar **1863**): Die Konvention legte gegenseitige grenzüberschreitende Hilfe gegen den polnischen Januaraufstand fest. Preußen wollte eine Verständigung Russlands mit den Polen und ein Übergreifen der polnischen Freiheitsbewegung auf das preußische Teilungsgebiet (Provinz Posen) verhindern. Auf Druck Frankreichs gab Preußen die Alvenslebensche Konvention zwar wieder auf, dennoch blieb Bismarcks erste außenpolitische Initiative wichtig: Als Gegenleistung für die Hilfe gegen die Polen gab Russland Preußen Rückendeckung zur Reichsgründung (1864–1871) – gegen Österreich im Deutschen Krieg (1866), gegen Frankreich im Deutsch-französischen Krieg (1870/71).

Literatur: E. Zechlin: Bismarck und die Grundlegung der deutschen Großmacht. Stuttgart 1930, Neudruck 1960, S. 412–528; K.-E. Jeismann/L. Trzeciakowski: Polen im europäischen Mächtesystem des 19. Jahrhunderts. Die »Konvention Alvensleben« 1863. Frankfurt/Main 1994.

Frankfurter Fürstentag

Versammlung deutscher Fürsten in Frankfurt am Main, auf Einladung von Kaiser Franz Joseph (17. August–1. September **1863**), ohne Beteiligung Preußens: Österreich schlug die Reform des DEUTSCHEN BUNDS vor – u. a. ein fünfköpfiges Fürstendirektorium und eine Delegiertenversammlung aus 300 Abgeordneten der Landtage. Der Vorschlag scheiterte am Widerstand Preußens, das Gleichberechtigung mit der Präsidialmacht Österreich, ein VETORECHT der deutschen Großmächte bei Kriegserklärungen und direkte Wahlen zu einem deutschen PARLAMENT forderte.

Literatur: N. Wehner: Die deutschen Mittelstaaten auf dem Frankfurter Fürstentag 1863. Frankfurt/Main u. a. 1993.

Rotes Kreuz

Organisation zur medizinischen Versorgung Verletzter auf dem Schlachtfeld: Unter dem Eindruck der Schlacht von Solferino im ITALIENISCHEN KRIEG (1859) rief der Schweizer Henri Dunant in seiner Heimatstadt Genf das Internationale Komitee vom Roten Kreuz (IKRK) ins Leben (**1863**). Die Organiation wählte als Fahne die Schweizer Flagge, allerdings in umgekehrter Farbgebung mit rotem Kreuz auf weißem Grund, und erließ die Genfer Konvention »Zur Verbesserung des Loses der verwundeten Soldaten der Armeen im Felde« (1864). Später bildeten sich nationale Rotkreuzorganisationen (in islamischen Ländern: »Roter Halbmond«), die mit dem IKRK in der »Internationalen Föderation der Rotkreuz- und Rothalbmondgesellschaften« zusammengeschlossen sind. Das Rote Kreuz setzt sich für Kriegsgefangene ein und leistet auch in Friedenszeiten Katastrophenhilfe. Es wurde dreimal mit dem FRIEDENSNOBELPREIS ausgezeichnet (1917, 1944, 1963).

Literatur: H. Dunant: Eine Erinnerung an Solferino. Bern 1988; H. Haug: Menschlichkeit für alle. Die Weltbewegung des Roten Kreuzes und des Roten Halbmonds. Bern u. a. [2]1993; H. Seithe/F. Hagemann: Das Deutsche Rote Kreuz im Dritten Reich (1933–1939). Mit einem Abriß seiner Geschichte in der Weimarer Republik. Frankfurt/Main [2]2001.

Allgemeiner Deutscher Arbeiterverein

(ADAV) Erste deutsche Arbeiterpartei, gegründet von Ferdinand Lassalle in Leipzig (**1863**): Die Gründung erfolgte durch Zusammenschluss von Arbeitervereinen bzw. -komitees (Leipzig, Dresden, Hamburg, Hamburg, Frankfurt am Main, Düsseldorf, Elberfeld, Barmen, Solingen) zur Durchsetzung des allgemeinen WAHLRECHTS und Schaffung von staatlich geförderten Produktivassoziationen der Arbeiter. Zentralorgan des ADAV war der »Der Socialdemokrat« (1865–1870). Nach Lassalles Tod (1864) führte Jean Baptist Schweitzer (*1833, †1875) den ADAV. Aus Opposition gegen seinen diktatorischen Führungsstil spaltete sich der linke Flügel unter August Bebel und Wilhelm Liebknecht ab und gründete in Eisenach (1869) die SOZIALDEMOKRATISCHE ARBEITERPARTEI (SDAP). Der ADAV hatte Abgeordnete im REICHSTAG des

NORDDEUTSCHEN BUNDS (1867–1871) und des 2. DEUTSCHEN KAISERREICHS (1871–1875). Nach dem Betätigungsverbot (1872) fusionierte er in Gotha mit der SDAP (1875) zur SOZIALISTISCHEN ARBEITERPARTEI Deutschlands (SAPD).

Literatur: H. Wachenheim: Die deutsche Arbeiterbewegung 1844–1914. Frankfurt/Main [2]1971; S. Na'aman: Die Konstituierung der deutschen Arbeiterbewegung 1862/63. Assen 1975; J. v. Freyberg: Geschichte der deutschen Sozialdemokratie. Von 1863 bis zur Gegenwart. Köln [3]1989.

2. Deutsch-dänischer Krieg

Nach dem 1. DEUTSCH-DÄNISCHEN KRIEG (1848–1850) spitzte sich die SCHLESWIG-HOLSTEINISCHE FRAGE (1863) erneut zu, bis zum Krieg Preußens und Österreichs (für DEUTSCHEN BUND) gegen Dänemark (**1864**): Die Deutschen überschritten die Eider (1. Februar), worauf die Dänen das DANEWERK räumten (5./6. Februar) und sich in die Düppeler Schanzen zurückzogen. Nach deren Erstürmung (18. April) und einem Waffenstillstand (12. Mai) scheiterte eine erste Friedenskonferenz in London (12. Mai–25. Juni). Nach Wiederaufnahme der Kämpfe besetzten preußische Truppen Alsen (29. Juni) und österreichische Truppen Jütland. Ein erneuter Waffenstillstand (20. Juli), der Präliminarfrieden von Wien (1. August) und der FRIEDE VON WIEN (30. Oktober) beendeten den Krieg: Dänemark musste die Herzogtümer Schleswig, Holstein und Lauenburg an Preußen und Österreich abtreten.

Die Niederlage stürzte Dänemark in eine schwere Krise. Kontroversen über das preußisch-österreichische KONDOMINIUM für Schleswig-Holstein (bis 1866) trieben, trotz vorübergehender Einigung in der GASTEINER KONVENTION (1865), die beiden Mächte in den DEUTSCHEN KRIEG (1866).

Literatur: wie zu 1. Deutsch-Dänischer Krieg; ferner: Th. Fontane: Der Schleswig-Holsteinische Krieg im Jahre 1864. Berlin 1866, Nachdruck Düsseldorf [2]1978; W. Vogel: Entscheidung 1864. Das Gefecht bei Düppel im Deutsch-Dänischen Krieg und seine Bedeutung für die Lösung der deutschen Frage. Bonn [2]1995.

Semstwo

(russ.: Zemstvo = Landschaft, Landstand) Organ der lokalen und regionalen Selbstverwaltung (Kreise, Gouvernements, PROVINZEN), zunächst nur im europäischen Russland (**1864**–1917), später auch im übrigen Reich: Zar Alexander II. richtete Semstwos als Teil der Refomen nach dem KRIMKRIEG (1853–1856) ein (1./13. Januar 1864), auch weil eine tiefer gestaffelte Verwaltung durch die BAUERNBEFREIUNG IN RUSSLAND (1861) notwendig geworden war. Die Semstwos waren keine Einrichtung des öffentlichen Rechts, hatten nur beschränkte Kompetenzen unter strenger staatlicher Kontrolle. Ihre Vertreter aus ADEL, Städtern und Bauern wurden durch ein kompliziertes Wahlverfahren ermittelt. Sie wurden Sammelbecken für LIBERALE und Reformer, die durch staatliche Schikanen (ab 1866) teilweise in den revolutionären Untergrund abgedrängt wurden, und stellten einen Ansatz zur KONSTITUTIONELLEN MONARCHIE und Beschränkung der AUTOKRATIE.

Die Semstwos erhielten neuen Aufschwung mit der Industrialisierung (nach 1880) und gewannen besondere Bedeutung vor und in der 1. RUSSISCHEN REVOLUTION durch vier Semstwo-Kongresse (1904/05), die PARLAMENT (DUMA) und konstitutionelle Monarchie forderten. Die Semstwos warnten Zar Nikolaus II. vor innerem Chaos als Folge der Niederlagen im RUSSISCH-JAPANISCHEN KRIEG (Mai/Juni 1905); sie plädierten für eine vollwertige Duma und protestierten gegen ihre Einschränkung (August 1905). Mitglieder von Semstwos gründeten die Konstitutionell-Demokratische Partei (Kadetten). Durch die Reaktionsperiode wieder zurückgedrängt (1907), nahmen sie einen letzten Aufschwung in der RUSSISCHEN FEBRUARREVOLUTION (März 1917), bevor die Bolschewiki sie in der OKTOBERREVOLUTION endgültig zerschlugen (November 1917).

Literatur: D. Beyrau: Die Einrichtung der »Landschaften« (Zemstvo) und die Reform der Stadtverwaltung, in: Handbuch der Geschichte Rußlands, Bd. 3 Stuttgart 1981 ff.

Internationale

Zusammenschluss sozialistischer/kommunistischer Arbeiterparteien und GEWERKSCHAFTEN:

- 1. Internationale (1864–1876): Die Internationale Arbeiterassoziation wurde zur WELTAUSSTELLUNG in London (1862) nach Sympathiekundgebungen britischer Gewerkschaften für den JANUARAUFSTAND (1863) auf britische und französische Initiative in London gegründet (**1864**). Ihre Mitglieder in 13 europäischen Ländern und den USA waren politisch heterogen – u.a. Marxisten (vor allem aus Deutschland), Anhänger Mazzinis (Italien), ANARCHISTEN unter Bakunin (Italien, Spanien, Russland) und Proudhonisten (Frankreich). Marx und Engels gewannen rasch eine führende Rolle, vor allem im Generalrat mit Sitz in London (bis 1872). Das Programm, die »Inauguraladresse«, und die Statuten verfasste Marx (1864): »Vernichtung aller Klassenherrschaft« und die Eroberung der politischen Macht durch die Arbeiterklasse waren oberstes Ziel. Konferenzen/Kongresse fanden statt in London (1865), Genf (1866), Lausanne (1867), Brüssel (1868), Basel (1869), London (1871), Den Haag (1872), Genf (1873) und Philadelphia (1876). Die britischen Gewerkschaften schieden aus (ab 1867). Die Mehrheit der deutschen Arbeitervereine unter Bebel und Liebknecht traten der 1. Internationale hingegen bei (1868), ebenso die SOZIALDEMOKRATISCHE ARBEITERPARTEI (SDAP, 1869). Die PARISER KOMMUNE (1871) fand bei den Internationalisten ein positives Echo (Marx: »Der Bürgerkrieg in Frankreich. Adresse des Generalraths der Internationalen Arbeiter-Association«, 1871; Bekenntnis Bebels im REICHSTAG). Nach Konflikten zwischen Marx und Bakunin spaltete sich die 1. Internationale (1872): Die Antiautoritäre Internationale und die Anarchistische Internationale hielten eigene Konferenzen/Kongresse ab (1873–1877, 1881–1907). Der Generalrat der 1. Internationale ging nach New York (1872), doch endete seine Tätigkeit kurz darauf faktisch (1873), formell mit der Auflösung (1876).
- 2. SOZIALISTISCHE INTERNATIONALE (1938);

- 3. KOMMUNISTISCHE INTERNATIONALE (KOMINTERN) (1919–1943);
- 4. (Trotzkistische) Internationale (1938).

Literatur: J. Braunthal: Die Geschichte der Internationale. 3 Bde., Berlin [3]1978; G. Novack u. a.: The First Three Internationals. New York 1974; H. Timmermann: Die Geschichte der Kommunistischen Internationale in neuem Licht. Köln 1988; A. Watlin: Die Komintern 1919–1929. Mainz 1993; U. Peters: Kommunismus und Anarchismus. Die Zeit der Ersten Internationale. Köln 1997.

Reconstruction-Periode

(engl.: Wiederaufbau-Periode) Abschnitt der US-Geschichte nach dem SEZESSIONSKRIEG (1861–1865), mit Wiederaufbau der Union (1865–1877) und Versuchen zur Gleichstellung der AFRO-AMERIKANER in den Südstaaten: Zwei Phasen lassen sich unterscheiden – Presidential Reconstruction (1865–1867) und Congressional Reconstruction (1867–1877).

a) In der Presidential Reconstruction erging eine AMNESTIE für einfache Anhänger der SEZESSION (29. Mai **1865**). Gegen das »Joint Committee of Fifteen on Reconstruction« des Kongresses (Dezember 1865) operierte der KU-KLUX-KLAN. Mit Ratifizierung des 13. Amendment (Verfassungszusatz) endete die SKLAVEREI (18. Dezember). Das VETO des Präsidenten Andrew Johnson gegen die Verlängerung des »Freedman's Bureau« (staatliche Wohlfahrts- und Bildungsorganisation für ehemalige SKLAVEN in den Südstaaten, Februar 1866), eröffnete den Konflikt zwischen Präsident und Kongress. Der Civil Rights Act (April 1866), durchgesetzt gegen das Veto des Präsidenten, ging in das 14. Amendment ein (13. Juni): Fortan waren alle in den USA geborenen Personen vor dem Gesetz gleichgestellt. In einigen Städten des Südens begannen daraufhin Ausschreitungen gegen Schwarze (»race riots«, vor allem in New Orleans 1866).

b) Der Basic Reconstruction Act (1867) markiert den Übergang zur Congressional Reconstruction – der Kongress übernahm im Konflikt mit Präsident Johnson die Führung der Reconstruction. Die Wiederaufnahme von Südstaaten in die Union erfolgte nach neuen Verfassungen, an deren Verabschiedung neben dem Kongress der Einzelstaaten auch die Wähler inklusive der Afro-Amerikaner zu beteiligen waren. Das 14. Amendment wurde ratifiziert, ein IMPEACHMENT gegen Johnson scheiterte jedoch (1868). Nach dem 15. Amendment (verabschiedet 1869) sollte es keine Beschränkung des WAHLRECHTS wegen »Rasse, Farbe oder früherer Sklaverei« (»race, color, or previous condition of servitude«) geben. Nach einer umstrittenen Präsidentenwahl (1876) kam ein Kompromiss zwischen Republikanern und Demokraten zustande (1877): Die Demokraten erkannten den Republikaner Rutherford B. Hayes (* 1822, † 1893) als Präsident an (1877–1881), dafür mussten die Republikaner der Beendigung der Reconstruction zustimmen. Aus den letzten drei Südstaaten wurden Bundestruppen (Louisiana, Florida, South Carolina) abgezogen, Liberale und Afro-Amerikaner allmählich zurückgedrängt (»NEW SOUTH«).

Literatur: M. Perman: Reunion without Compromise. The South and Reconstruction, 1865–1868. Cambridge 1973; E. Foner: Reconstruction. America's Unfinished Revolution, 1863–1877. Nachdruck New York u. a. 1994.

Ku-Klux-Klan

(von griech.: kyklos = Kreis) Terroristischer, rassistisch orientierter Geheimbund im Süden der USA, mit drei Phasen:

- 1. Phase (1865–1871): Der in Tennessee durch frühere Offiziere der SEZESSIONS-Armee gegründete (**1865**) Ku-Klux-Klan schüchterte AFRO-AMERIKANER und weiße Liberale in den Südstaaten seit Beginn der RECONSTRUCTION-PERIODE ein, u. a. durch Aufstellen flammender Kreuze in der Nacht, Brandstiftung und FEMEMORDE. Der hierarchisch strukturierte Klan bekämpfte die Gleichstellung der Afro-Amerikaner, besonders ihre Aufnahme in die Wählerlisten. Zur besseren Tarnung trugen Mitglieder bei Demonstrationen und Aktionen weiße Kutten mit spitzer Kapuze. Der Klan wurde 1869/71 offiziell aufgelöst.
- 2. Phase (1915–ca. 1929): Der neu gegründete (1915) Ku-Klux-Klan richtete sich nun auch gegen Liberale und Nichtprotestanten (Katholiken, Iren, JUDEN). Auf seinem Höhepunkt (1924/25) hatte er etwa 5 Mio. Mitglieder. Noch vor der WELTWIRTSCHAFTSKRISE (1929) stellte er seine Aktivitäten faktisch ein.
- 3. Phase (seit ca. 1961): Erneute Aktivitäten gegen Bürgerrechtsbewegung und Rassenintegration, mit tödlichen Bombenanschlägen gegen Kirchen und Schulen in Birmingham, Alabama (1963).

Literatur: A. S. Rice: The Ku Klux Klan in American Politics. Washington D. C. 1962; W. P. Randel: Ku-Klux-Klan. Bern 1965; D. M. Chalmers: Hooded Americanism. The First Century of the Ku Klux Klan, 1865–1965. Garden City (N. Y.) 1965; A. W. Trelease: White Terror, the Ku Klux Klan Conspiracy and Southern Reconstruction. Baton Rouge 1999.

Gasteiner Konvention

Vertrag zwischen Preußen und Österreich über die Verwaltung Schleswig-Holsteins (**1865**): Nach dem 2. DEUTSCH-DÄNISCHEN KRIEG (1864) verschärften sich Spannungen über das KONDOMINIUM in Schleswig-Holstein – Österreich wollte die Einsetzung der Augustenburger, Preußen die Annexion. Die von Bismarck bei seinem Kuraufenthalt in Gastein abgeschlossene Gasteiner Konvention vereinbarte formal den Fortbestand des Kondominiums, aber Preußen verwaltete nun Schleswig, Österreich Holstein. Kiel wurde Bundeshafen, Rendsburg Bundesfestung. Preußen erhielt Durchgangsrechte und das Recht, einen Kanal durch Holstein zu bauen. Lauenburg ging gegen 2,5 Mio. dänische Taler an Preußen. Die Konvention erreichte im Effekt nur den Aufschub des DEUTSCHEN KRIEGS (1866).

Literatur: J. C. G. Röhl: Kriegsgefahr und Gasteiner Konvention, in: I. Geiss/B. J. Wendt (Hg.): Deutschland in der Weltpolitik des 19. und 20. Jahrhunderts. Fritz Fischer zum 65. Geburtstag. Düsseldorf 1973; B. Mesmer: Friedensverträge aus der Zeit der deutschen Einigung. Bern u. a. 1974.

Reform League

Organisation in England zur weiteren Reform des WAHLRECHTS (**1865**): Sie erwirkte die 2. REFORM BILL (1867).

Literatur: G. Mayer: The Era of the Reform League. Mannheim 1995.

Deutscher Krieg

2. Reichseinigungskrieg um die Hegemonie in Deutschland (**1866**) zwischen Österreich samt den meisten Mittelstaaten und Preußen mit 13 Kleinstaaten: Seit dem 2. Deutsch-dänischen Krieg (1864) spitzte sich der Deutsche Dualismus zu, die Gasteiner Konvention (1865) dämpfte ihn nur kurzfristig. Preußens Antrag im Bundestag (9. April 1866) – Wahl eines deutschen Parlaments mit allgemeinem direkten Wahlrecht, Reform des Deutschen Bunds unter Ausschluss Österreichs (1. Juni) – trieb die Spannungen zum Konflikt: Als preußische Truppen in Holstein einrückten (7. Juni), setzte Österreich die Mobilmachung des Bundesheeres gegen Preußen durch. Preußen erklärte den Deutschen Bund für aufgelöst und Österreich den Krieg.

Italien, aufseiten Preußens, unterlag Österreich zu Lande bei Custozza, zur See bei Lissa. Preußen schlug die Hannoveraner bei Langensalza, die süddeutschen Staaten einzeln im Mainfeldzug und besetzte Frankfurt am Main. Die Entscheidung fiel in Böhmen durch Siege der Preußen, zuletzt bei Königgrätz (Sadowa, 3. Juli). Entscheidend war die Mobilität des preußischen Heeres dank der Eisenbahn, der erstmals eine zentrale Rolle in einem Krieg zufiel. Cholera im preußischen Heer verhinderte den Vormarsch auf Wien. Die Friedensverträge von Berlin zwischen Preußen und den deutschen Staaten (13. August–3. September) sahen Abtretungen (z. B. Orb, Homburg) und Kriegsentschädigungen an Preußen vor. Dem Vorfrieden von Nikolsburg (26. Juli) folgte der Prager Friede zwischen Preußen und Österreich (23. August). Mit dem Frieden von Wien zwischen Österreich und Italien (3. Oktober) viel Venetien an Italien.

Der Deutsche Bund (seit 1815) wurde aufgelöst. Die großdeutsche Lösung der Deutschen Frage war durch Ausschluss Österreichs erledigt, die kleindeutsche Lösung mit Preußens Hegemonie im Kern Realität. Österreich konzentrierte sich danach auf den Südosten, schloss den Ausgleich mit Ungarn und bildete die Doppelmonarchie Österreich-Ungarn (1867). Bismarck beendete mit der Indemnitätsvorlage (1866) den Preussischen Verfassungskonflikt. Bündnisse mit süddeutschen Staaten (1866), Gründung des Norddeutschen Bunds (1867), Luxemburg-Krise (1867), Deutsch-französischer Krieg (1870/71) gingen der Reichsgründung voraus (1871).

Literatur: O. von Lettow-Vorbeck: Geschichte des Krieges von 1866. 3 Bde., Berlin 1896–1902; W. v. Groote/U. v. Gerstorff (Hg.): Entscheidung 1866. Der Krieg zwischen Österreich und Preußen. Stuttgart 1966; G. Fesser: 1866, Königgrätz–Sadowa. Bismarcks Sieg über Österreich. Berlin 1994; G. A. Craig: Königgrätz 1866 – eine Schlacht macht Weltgeschichte. Nachdruck Wien 1997; G. Wawro: The Austro-Prussian War. Austria's War With Prussia and Italy in 1866. Cambridge u. a. 1997; S. Förster (Hg.): On the road to Total War. The American Civil War and the German Wars of Unification, 1861–1871. Washington D. C. 1999.

Vorfriede von Nikolsburg (Prager Friede)

Zwei Verträge zur Beendigung des Deutschen Kriegs: Nach dem entscheidenden Sieg der Preußen über Österreicher bei Königgrätz (3. Juli 1866) vereinbarten beide Seiten im Vorfrieden von Nikolsburg

(26. Juli **1866**), auf Drängen Bismarcks, der die Intervention der Großmächte befürchtete, einen Waffenstillstand, gefolgt vom Prager Frieden (23. August 1866) als Festlegung für den endgültigen Frieden: Der DEUTSCHE BUND wurde aufgelöst, die Neuordnung Deutschlands erfolgte ohne Österreich, der NORDDEUTSCHE BUND wurde skizziert (1867). Österreich blieben territoriale Verluste (außer Venetien an Italien) erspart. Dafür entschschädigte sich Preußen mit ausgiebigen Annexionen in Deutschland nördlich des Mains – Schleswig-Holstein, Lauenburg, Hannover, Kurhessen, Nassau und Frankfurt am Main. Der Prager Friede (23. August) bestätigte alle Punkte. Ein PLEBISZIT für Nordschleswig (Art. V) führte Preußen nie durch (1878 von Preußen und Österreich-Ungarn aufgehoben). Preußen erhielt eine Kriegsentschädigung von 40 Mio. Talern.

Indemnitätsvorlage

Vorlage Bismarcks (3. September **1866**) mit Bitte um nachträgliche parlamentarische Bewilligung der Kosten für die PREUSSISCHE HEERESREFORM, den 2. DEUTSCH-DÄNISCHEN KRIEG (1864) und den DEUTSCHEN KRIEG (1866): Nach der Niederlage der FORTSCHRITTSPARTEI bei Neuwahlen und dem Sieg der Preußen über Österreich bei Königgrätz (3. Juli 1866) reichte Bismarck im preußischen Abgeordnetenhaus die Indemnitätsvorlage ein. Sie wurde mit Stimmen des rechten Flügels der Fortschrittspartei angenommen, womit der PREUSSISCHE HEERESKONFLIKT (1861–1866) beendet war. Die Fortschrittspartei spaltete sich durch Bildung der NATIONALLIBERALEN PARTEI (1867–1918).

Literatur: K. Kaminsky: Verfassung und Verfassungskonflikt in Preußen. Königsberg 1938.

Sächsische Volkspartei

Nach DEUTSCHEM KRIEG (1866) erste von Bebel/Liebknecht gegründete Arbeiterpartei (**1866**) gegen die drohende HEGEMONIE Preußens: Die Sächsische Volkspartei fand ihre soziale Basis bei Arbeitern und Kleinbürgern, im Bündnis mit süddeutschen Demokraten. Sie ging in der SDAP auf (1869).

Irredenta

(ital.: »Unerlöste«) »Unerlöste« Brüder und Schwestern der eigenen Nationalität unter Fremdherrschaft: Der Begriff wurde zuerst in Italien nach dem Sieg des RISORGIMENTO (1859/61) für verbliebene italienische Minderheiten in Österreich geprägt (**1866**), die nach dem ERSTEN WELTKRIEG zu Italien kamen (1918/19), dann aber neue Minderheiten nach sich zogen (deutsche, jugoslawische).

Generalisiert sind Irredenta nationale Minderheiten, die ein (in der Regel benachbarter, damit meist feindlich eingestellter) Nationalstaat für sich aktiv reklamiert, meist unter (geleugnetem) Assimilationsdruck. Irredenta dienten daher oft als Speerspitze zur Destabilisierung benachbarter Staaten mit Minderheiten. Der VÖLKERBUND beschloss ein System von Verträgen zum Schutz der Minderheiten, die aber in der Zwischenkriegszeit wenig effektiv blieben. Beispiele außeritalienischer Irredentismen sind die dänische Irredenta in Nord- und Südschleswig (1866–1920, 1945–1955), die polnische Irredenta in Oberschlesien (1919–1922), die deutsche Irredenta im Sudetenland (1933–1938), generell in weiten Teilen der Welt in national heterogenen Regionen: u. a. ungarische Irredenta in Rumänien (Transsilvanien), Serbien (Wojwodina) und der Slowakei (»Oberungarn«); serbische und kroatische Irredenta in Bosnien-Herzegovina, albanische Irredenta in Makedonien, Montenegro und Kosovo; pakistanische Irredenta in Kaschmir; PASCHTUNEN in Afghanistan gegen Pakistan; Somalis in allen Nachbarstaaten. [I. G./ F. H.]

Literatur: D. Carment: The International Politics of Ethnic Conflict. The Interstate Dimensions of Secession and Irredenta in the Twentieth Century. A Crisis-based Approach. Diss. Ottawa (Mikrofiche) 1993.

Norddeutscher Bund

Nach dem DEUTSCHEN KRIEG und der Auflösung des DEUTSCHEN BUNDS (1866) Zwischenstufe (**1867**–1871) zum 2. DEUTSCHEN KAISERREICH: Noch im Deutschen Krieg schloss Preußen ein Bündnis mit 17 norddeutschen Kleinstaaten (18. August 1866) zur Errichtung eines Bundesstaats auf Basis der preußischen Reformvorschläge vom 10. Juni. Es folgten die Beitritte Hessen-Darmstadts (nur für Gebiete nördlich des Mains), Sachsens, Sachsen-Meiningens und von Reuß ältere Linie. Zum REICHSTAG galt das allgemeine, gleiche WAHLRECHT (12. Februar 1867). Die Verfassung, angelehnt an die FRANKFURTER REICHSVERFASSUNG (1849), trat nach Annahme durch den Reichtag (16. April) in Kraft (1. Juli 1867): Der preußische König war Bundespräsident, die Exekutive lag beim Bundesrat, der preußische Ministerpräsident war Bundeskanzler. Die offiziellen Farben waren Schwarz-Weiß-Rot (als Kombination von Schwarz-Weiß = Preußen, Weiß-Rot = Städte der HANSE), später vom 2. Deutschen Kaiserreich übernommen (1871–1918). Es folgte eine liberale Reformgesetzgebung, u. a. mit Koalitionsfreiheit (1869). Bismarck lehnte zunächst die Ausweitung auf Süddeutschland ab, die im DEUTSCH-FRANZÖSISCHEN KRIEG (1870/71) mit der REICHSGRÜNDUNG erfolgte.

Literatur: R. Dietrich (Hg.): Europa und der Norddeutsche Bund. Berlin 1968; H. Böhme (Hg.): Probleme der Reichsgründungszeit 1848–1879. Köln [2]1972; W. Rolf: Das Verhältnis der süddeutschen Staaten zum Norddeutschen Bund (1867–1870). Historische Studien 431. Hamburg 1978; B. Haunfelder/K. E. Pollmann: Reichstag des Norddeutschen Bundes 1867–1870. Historische Photographien und biographisches Handbuch. Düsseldorf 1989; U. Björner: Die Verfassungsgerichtsbarkeit im Norddeutschen Bund und Deutschen Reich (1867–1918). Frankfurt/Main u. a. 2000.

Nationalliberale Partei

Durch Spaltung der FORTSCHRITTSPARTEI nach Annahme der INDEMNITÄTSVORLAGE im preußischen Abgeordnetenhaus (3. September 1866) entstandene Partei: Die »neue Fraktion der nationalen Partei« im Abgeordnetenhaus (1866) vereinigte sich mit der Fraktion der Nationalliberalen Partei im REICHSTAG des NORDDEUTSCHEN BUNDS (März 1867). Ihr Gründungsprogramm (12. Juni **1867**) forderte Deutschlands Einigung, Ausbau des Parlamentarismus und liberale Reformen. Die Nationalliberalen waren anfangs stärkste Fraktion im REICHSTAG und wichtigste Stütze für Bismarck bei der REICHSGRÜNDUNG, beim Ausbau des 2. DEUTSCHEN KAISERREICHS und im KULTURKAMPF (1872–1887). Sie waren zunächst gegen das SOZIALISTENGESETZ (1878–1890), schwenkten aber nach dem zweiten Attentat auf Wilhelm I. um. Die meisten Abgeordneten waren für den SCHUTZZOLL (1878/79), dessen Gegner bildeten als freihändlerischer Flügel die SEZESSION. Die Nationalliberalen gehörten zum KARTELL, dem Wahlbündnis der Rechtsparteien (1887–1890), unterstützten den Bau der SCHLACHTFLOTTE und die WELTPOLITIK (1898–1914), auch als Teil des BÜLOW-BLOCKS (1906–1909). Ihr rechter Flügel hatte Verbindungen zu den ALLDEUTSCHEN, während die »Jungliberalen« für die Öffnung der Partei nach links arbeiteten. Im ERSTEN WELTKRIEG traten die Nationalliberalen überwiegend für expansive KRIEGSZIELE und den uneingeschränkten U-BOOT-KRIEG ein. Sie stützten die 3. OHL von Ludendorff (1916–1918) und lehnten die FRIEDENSRESOLUTION ab, betrieben die PARLAMENTARISIERUNG des Reichs, forderten die Reform des preußischen DREIKLASSENWAHLRECHTS (1917/18) und stimmten für den FRIEDEN VON BREST-LITOWSK (1918). In der NOVEMBERREVOLUTION (1918) löste sich die Partei auf (Dezember 1918): Ihr rechter Flügel ging zur DEUTSCHNATIONALEN VOLKSPARTEI (DNVP), Teile des linken Flügels zur DEUTSCHEN DEMOKRATISCHEN PARTEI (DDP); die Mehrheit unter Stresemann gründete die DEUTSCHE VOLKSPARTEI (DVP, 1918–1933).

Literatur: G. A. Ritter (Hg.): Die deutschen Parteien vor 1918. Köln 1973; G. A. Ritter: Die deutschen Parteien 1830–1914. Parteien und Gesellschaft im konstitutionellen Regierungssystem. Göttingen 1985; A. Lauterbach: Im Vorhof der Macht. Die nationalliberale Reichstagsfraktion in der Reichsgründungszeit (1866–1880). Frankfurt/Main u. a. 2000.

Freikonservative Partei (seit 1871 auch: Deutsche Reichspartei)

Liberal-Konservative Partei im NORDDEUTSCHEN BUND und 2. DEUTSCHEN KAISERREICH (1867–1918): Die »Freie konservative Vereinigung« im preußischen Abgeordnetenhaus (1866) stimmte für Bismarcks INDEMNITÄTSVORLAGE und preußische Annexionen. Die Honoratiorenpartei war im Norddeutschen REICHSTAG als »Freikonservative Partei« (**1867**) vertreten. Sie konstituierte sich überwiegend aus Mitgliedern des HOCHADELS, schlesischer und rheinischer Schwerindustrieller und höheren Beamten. Ihr Einfluss war trotz geringer Größe erheblich, denn sie stellte viele Minister und Staatssekretäre. Zwischen der DEUTSCHKONSERVATIVEN und der NATIONALLIBERALEN PARTEI stehend, war die Freikonservative Partei für Bismarck, unterstützte KULTURKAMPF, SOZIALISTENGESETZ und SCHUTZZOLL und gehörte dem KARTELL, dem Wahlbündnis der Rechtsparteien, an (1887–1890). Sie stimmte für KOLONIALPOLITIK, SCHLACHTFLOTTENBAU und WELTPOLITIK. Sie gehöhrte zum BÜLOW-BLOCK (1906–1909). Im ERSTEN WELTKRIEG vertrat die Partei die expansiven KRIEGSZIELE der ALLDEUTSCHEN und der

3. OHL, lehnte die FRIEDENSRESOLUTION ab und unterstützte die DEUTSCHE VATERLANDSPARTEI. In der NOVEMBERREVOLUTION aufgelöst, ging sie in der DEUTSCHEN VOLKSPARTEI und der DEUTSCHNATIONALEN VOLKSPARTEI auf.

Literatur: V. Stalmann: Die Partei Bismarcks. Die Deutsche Reichs- und Freikonservative Partei 1866–1890. Düsseldorf 2000; M. Alexander: Die Freikonservative Partei 1890–1918. Gemäßigter Konservatismus in der konstitutionellen Monarchie. Düsseldorf 2000.

Ausgleich

Verfassungsrechtliche Vereinbarungen, die das Kaiserreich Österreich in die DOPPELMONARCHIE ÖSTERREICH-UNGARN umwandelten (**1867**): Nach dem Scheitern der UNGARISCHEN REVOLUTION (1848/49) und der Niederlage Österreichs im DEUTSCHEN KRIEG (1866) erzielte der Ausgleich, eine der kompliziertesten staats- und verfassungsrechtlichen Konstruktionen der Neuzeit, einen Kompromiss zwischen Ungarn und Österreich über die Staatsorganisation. Ungarn hatte zuvor durch SEZESSION die nationale Unabhängigkeit (SOUVERÄNITÄT) angestrebt und den bisherigen (seit 1849) Status als von der Zentrale regierte PROVINZ mit nur wenig innerer AUTONOMIE (Ungarischer Landtag mit beschränkten Kompetenzen) bekämpft. Der Ausgleich stellte den ungarischen REICHSTAG mit der Verfassung von 1848 wieder her (Februar 1867); die »Dezemberverfassung« (ungarischer Gesetzesartikel XII) und das österreichische Delegationsgesetz (12. Juni/21. Dezember 1867) mündeten in die Doppelmonarchie Österreich-Ungarn (bis 1918).

Ungarn erreichte faktisch die Unabhängigkeit, blieb mit Österreich im Kern nur durch die KRONE in PERSONALUNION und einige gemeinsame (»kaiserliche und königliche« = »k. u. k.«) Institutionen verbunden, vor allem gemeinsamen Ministerrat und DELEGATIONEN. Beiden Staaten gemeinsam waren »Reichsministerien«, nur für die auswärtige Politik, Finanzen und Verteidigung (»pragmatisch gemeinsame Angelegenheiten«) jeweils den Delegationen verantwortlich, ferner Staatsschulden, Handel, Zölle, indirekte Steuern, Währung und EISENBAHNEN (»paktiert gemeinsame Angelegenheiten«). PARLAMENTE bestanden in beiden Reichshälften – Reichsrat in Österreich (= Cisleithanien), Reichstag in Ungarn (= Transleithanien). Der Schlüssel für die Aufteilung der Kosten wurde mit einer »Quote« von 70 % für Österreich, 30 % für Ungarn festgesetzt (1867), während die Reichsämter paritätisch besetzt wurden, was das faktische Übergewicht Ungarns im Gesamtreich (z. B. in der Diplomatie) bedeutete. Die Quote war alle zehn Jahre neu festzusetzen, womit die periodische Krise in Österreich-Ungarn alle zehn Jahre, bis hin zur Drohung mit der Sezession Ungarns, programmiert war.

Der Ausgleich hatte wichtige Folgen für die Entwicklung bis zum ERSTEN WELTKRIEG (1914–1918): Die Macht zwischen Deutschen und Magyaren war geteilt (Dualismus), bei faktischem VETOrecht der Ungarn durch chronische Sezessionsdrohung; die MILITÄRGRENZE wurde aufgelöst; nur partiell fand ein innerungarischer Ausgleich statt durch begrenzte Autonomie für das Königreich Kroatien-Slawonien (Verwaltung, Justiz, Kultus, Unterricht). Sonst dominierte Magyarisierung gegen nationale Minderheiten (SÜDSLAWEN, Rumänen, Slowaken, JUDEN). Der PANSLAWISMUS erhielt neuen Auftrieb (2. SLAWENKONGRESS in Moskau, 1867), die SÜDSLAWISCHE FRAGE eskalierte zum ATTENTAT VON SARAJEVO (28. Juni 1914). Versuche, den Dualismus zum Trialismus zu erweitern (Südslawen vor 1914, Polen im Ersten Weltkrieg, vgl. auch AUSTRO-POLNISCHE LÖSUNG) scheiterten an Ungarn – die Doppelmonarchie blieb reformunfähig.

Literatur: P. Berger (Hg.): Der österreich-ungarische Ausgleich von 1867. Wien, München 1967; T. Mayer (Hg.): Der österreich-ungarische Ausgleich von 1867. Seine Grundlagen und Auswirkungen. Buchreihe der Südostdeutschen Historischen Kommission, Bd. 20. München 1968; L. Holotik (Hg.): Der österreich-ungarische Ausgleich 1867. Materialien der internationalen Konferenz in Bratislava 1967. Bratislava 1971; E. Somogyi: Vom Zentralismus zum Dualismus. Der Weg der deutsch-österreichischen Liberalen zum Ausgleich von 1867. Wiesbaden 1983; K. Olechowski-Hrdlicka: Die gemeinsamen Angelegenheiten der Österreichisch-Ungarischen Monarchie. Vorgeschichte; Ausgleich 1867; staatsrechtliche Kontroversen (= Rechtshistorische Reihe, Bd. 232). Frankfurt/Main u. a. 2001.

Doppelmonarchie Österreich-Ungarn

Gängiger Name für das komplizierte Staatswesen, das aus dem AUSGLEICH (**1867**) hervorging: Die Doppelmonarchie Österreich-Ungarn war ein äußerst instabiler Staat, geschwächt durch die Magyarisierungspolitik von Ungarn, vor allem gegenüber den SÜDSLAWEN, unterteilt in zwei voneinander fast unabhängige Staaten. Die Leitha trennte die »Länder der ungarischen Krone« (Ungarn = Transleithanien) und die »Im Reichsrat vertretenen Königreiche und Länder« (Österreich mit Nebenländern = Cisleithanien). Staatswappen blieb der DOPPELADLER.

Russland zwang Österreich-Ungarn zur Neutralität im DEUTSCH-FRANZÖSISCHEN KRIEG (1870/71). Der BERLINER KONGRESS (1878) sanktionierte die Besetzung Bosniens-Herzegovinas durch die Doppelmonarchie (1878). Österreich-Ungarn war in ZWEIBUND (1879) und DREIBUND (1882–1914), führte gegen Serbien den »SCHWEINEKRIEG« (1906–1911) und löste durch die Annexion Bosnien-Herzegovinas die ANNEXIONSKRISE aus (1908/09). Das ATTENTAT VON SARAJEVO (1914) eskalierte über die JULIKRISE (1914) zum ERSTEN WELTKRIEG (1914–1918), der die Donaumonarchie gegenüber dem 2. DEUTSCHEN KAISERREICH weiter schwächte. Das nationale Selbstbestimmungsrecht der Völker löste gegen Kriegsende (Oktober/November 1918) den Zerfall Österreich-Ungarns aus. Die Doppelmonarchie galt polemisch als »Völkergefängnis«, gab jedoch als Rechtsstaat den Nationalitäten mehr Spielraum als die meisten Nachfolgestaaten.

Nachfolgestaaten waren die 1. REPUBLIK ÖSTERREICH, Ungarn und die ÇSR; Galizien kam zum neuen Polen, Siebenbürgen zu Rumänien, die südslawischen Gebiete zu Jugoslawien.

Literatur: A. J. P. Taylor: The Habsburg Monarchy 1809–1918. A History of the Austrian Empire and Austria-Hungary. London 1948. Nachdruck Chicago 1996; R. Kann: Werden und Zerfall des Habsburger-Reiches. Graz, Wien, Köln 1962; J. Galantai: Der österreichisch-ungarische Dualismus. 1867–1918. Wien 1990; M. Rauchensteiner: Der Tod des Doppeladlers. Österreich-Ungarn und der Erste Weltkrieg. Graz u. a. 1993; A. S. v. Reden: Österreich-Ungarn. Die Donaumonarchie in historischen Dokumenten. Wien [5]1995; V. Heuberger: Unter dem Doppeladler. Die Nationalitäten der Habsburger Monarchie 1848–1918. Wien u. a. 1997.

Delegationen

Allgemein: Abordnung von Vertretern unterschiedlichster Art; speziell: Seit dem AUSGLEICH (**1867**) in der DOPPELMONARCHIE ÖSTERREICH-UNGARN (1867–1918) gebildete Ausschüsse zu je 60 Mitgliedern, gewählt von den PARLAMENTEN in beiden Reichshälften (REICHSRAT in Österreich, REICHSTAG in Ungarn): Ihnen waren die drei k. u. k. (»gemeinsamen«) Reichsministerien (Äußeres, Finanzen, Krieg) verantwortlich. Außerdem setzten sie alle zehn Jahre die »Quote« für die Aufteilung der gemeinsamen Kosten fest.

(2.) Reform Bill

(Second Reform Act) 2. WAHLRECHTSREFORM in Großbritannien, von den Konservativen unter Premierminister Disraeli durchgesetzt: Unter dem Druck u. a. der REFORM LEAGUE (1865) kam eine Verdoppelung der Wahlberechtigten zum UNTERHAUS zustande (**1867**). WAHLRECHT erhielten alle STEUERzahler und städtischen Haushaltsvorstände mit mindestens zehn Pfund Jahreseinkommen (darunter ca. 2 Mio. Arbeiter), auf dem Lande kleine Grundbesitzer und Pächter (tenants). Die letzten »ROTTEN BOROUGHS« wurden abgeschafft, zugunsten neuer Wahlkreise für die bisher im UNTERHAUS unterrepräsentierten Industriezentren. Weitere Modifizierungen brachten der BALLOT ACT (geheime Stimmabgabe, 1874) und die 3. REFORM BILL (1884).

Literatur: F. B. Smith: The Making of the Second Reform Bill. Cambridge 1966; M. Cowling: 1867. Disraeli, Gladstone, and Revolution. The Passing of the Second Reform Bill. London 1967; C. Hall u. a.: Defining the Victorian Nation. Class, Race, Gender and the British Reform Act of 1867. Cambridge u. a. 2000.

Luxemburg-Krise

Krise zwischen Preußen und Frankreich um die Stellung Luxemburgs: Gegenüber dem Macht- und Prestigegewinn Preußens im DEUTSCHEN KRIEG (1866) wollte Napoleon III. als Kompensation von den Niederlanden das Großherzogtum Luxemburg abkaufen, das, mit den Niederlanden in PERSONALUNION verbunden, 1867 dem NORDDEUTSCHEN BUND nicht beigetreten war. Bismarck förderte diesen Plan zunächst diskret, lehnte ihn dann unter dem Druck der öffentlichen Meinung in Deutschland ab, sprach sich aber auch gegen einen PRÄVENTIVKRIEG gegen Frankreich aus. Nach der Internationalen Londoner Luxemburg-Konferenz (**1867**) wurde Luxemburg unabhängig und neutral (mit Kollektivgarantie der Mächte, wie für Belgien 1839). Preußen zog seine Besatzungstruppen ab, die (starke) Bundesfestung Luxemburg wurde geschleift. Luxemburg blieb weiter im DEUTSCHEN ZOLLVEREIN (bis 1919). Das Misstrauen Frankreichs gegenüber Preußen blieb bestehen und trieb zum offenen Konflikt (SPANISCHE THRONKANDIDATUR, 1870; DEUTSCH-FRANZÖSISCHER KRIEG, 1870/71).

Literatur: A. Schierenberg: Die deutsch-französische Auseinandersetzung um die Luxemburger Frage. Diss. Marburg 1933.

Dominion

(engl.: Herrschaftsgebiet) Ursprünglich jede Überseebesitzung im britischen Empire, später eingeengt auf sich selbst verwaltende (»self-governing«), von Weißen dominierte Ex-Kolonien: Dominien erhielten AUTONOMIE (HOME RULE) – Kanada (**1867**), Australien (1901), Neuseeland, Neufundland (1907), die SÜDAFRIKANISCHE UNION (1910–1961), Irland (1921–1949). Seit der Empire-Konferenz und (2.) BALFOUR-DEKLARATION (1926) waren Dominien faktisch souverän, bekräftigt vom WESTMINSTER STATUTE (1931). Nach dem ZWEITEN WELTKRIEG (1939–1945) folgte die DEKOLONISATION auch nichtweißer Dominien im COMMONWEALTH of Nations (1946), u. a. Indien, von dem sich Pakistan, Birma (heute: Myanmar) und Ceylon (heute: Sri Lanka) abspalteten (1947/48), Ghana (1957), Nigeria (1960), Tanganjika und Sierra Leone (1961). Dominions sind bei der britischen Regierung in London nicht durch Botschafter, sondern durch High Commissioner vertreten. 1952 ersetzte »Country of the Comonwealth« die Bezeichnung »Dominion«.

Literatur: W. R. Brock: Britain and the Dominions. London 1951; F. Madden (Hg.): The dominions and India since 1900 (= Select Documents on the Constitutional History of the British Empire and Commonwealth, Bd. 6). Westport (Conn.) 1993.

»Das Kapital«

Die »Kritik der politischen Ökonomie« – so der Untertitel – ist das grundlegende Werk von Karl Marx: Band 1, erschienen in Hamburg in deutscher Sprache (**1867**), wurde rasch in viele Sprachen übersetzt und erlebte viele Auflagen. Die Bände 2 und 3 gab Engels postum in Hamburg heraus (1885, 1894). »Das Kapital« enthält eine theoretische Analyse der Industrialisierung und die historisch-systematische Entfaltung des Kapitalbegriffs. Es wurde grundlegend für den »wissenschaftlichen SOZIALISMUS«, die marxistische Arbeiterbewegung und den MARXISMUS-Leninismus. Besonders fruchtbar für Historiker ist in Bd. 1 Kapitel 24: »Die sogenannte Ursprüngliche Akkumulation«.

Literatur: D. Smith: Das Kapital für Anfänger. Reinbek bei Hamburg 1986; G. Havemann: Marx' »Kapital« und das Problem der Formations– und Phasenspezifik der Dialektik von Basis und Überbau. Berlin 1987; W. Goldschmidt (Hg.): Zur Kritik der politischen Ökonomie. 125 Jahre Das Kapital. Hamburg 1992.

2. Slawenkongress

Kongress in Moskau (**1867**), in Verbindung mit einer ethnologischen Ausstellung (u. a. mit Palacký, Katkov): Als unmittelbare Reaktion auf den AUSGLEICH (1867) erhielt der PANSLAWISMUS Auftrieb. Der 2. Slawenkongress wies eine starke westslawische Beteiligung auf; die Tschechen waren, im Gegensatz zu den Polen, russlandfreundlich orientiert. In der GROSSEN ORIENTKRISE (1875–1878) propagierte der Panslawismus die Solidarität mit den SÜDSLAWEN unter russischer Führung und unterstützte Serbien gegen das OSMANISCHE REICH (1876/77) und im 8. RUSSISCH-TÜRKISCHEN KRIEG (1877/78).

Dynamit ■

(griech.: dýnamis = Kraft) Besonders wirksamer Sprengstoff, von Alfred Nobel (*1833, †1896) erfunden (**1867**): Dynamit wurde für kriegerische wie friedliche Zwecke eingesetzt, u. a. Sprengungen zum Bau von Tunneln, Gebirgsstraßen und im Bergbau. Aus seinen Gewinnen stiftete Nobel das Kapital für die NOBELPREISE (erstmals 1903 vergeben).

Literatur: S. J. v. Romocki: Geschichte der Explosivstoffe. 2 Bde., Berlin, Hannover 1895/96.

Meiji-Ära ■

(japan.: mei = hell, klar – aufgeklärt; ji = regieren) Periode raschen und tief greifenden Wandels im modernen Japan (**1868**–1912), benannt nach der Regierungsdevise des KAISERS Mutsuhito (1868–1912): Indirekter Ausgangspunkt für die Meiji-Ära war der VERTRAG VON KANAGAWA (1854), der die Öffnung Japans gegenüber den USA erzwang und Japan in eine schwere innere Krise stürzte, bis zum Bürgerkrieg (1866–1868). Ergebnisse des Bürgerkriegs waren das Ende des SHOGUNATS (seit 1192) und die RESTAURATION der absoluten Macht des Kaisers (TENNO, 1868). Der Tenno betrieb die Modernisierung Japans nach innen (u. a. mit Studienmissionen im westlichen Ausland, ausländischen Experten in Japan) und Expansion nach außen. Die erste Verwaltungsreform verfügte, nach französischem Vorbild, die Rückgabe der DAIMYO-Fürstentümer (»han«) an den Kaiser und ihre Umwandlung in Präfekturen; die enteigneten Daimyos wurden finanziell entschädigt (1869). Die Heeresreform (1869) begann nach französischem, seit dem DEUTSCH-FRANZÖSISCHEN KRIEG (1870/71) nach preußischem Vorbild, der Aufbau der Flotte orientierte sich an Großbritannien. Finanz- und Währungsreformen (1871/72) brachten die Einführung des Yen und ein Grundsteuersystem (1871/73). Die ALLGEMEINE WEHRPFLICHT wurde eingeführt, ein Innenministerium eingerichtet (1873). CLANS sowie der Landbesitz der SAMURAI und TEMPEL wurden aufgehoben. Japan eroberte Formosa (1874) und erreichte durch militärischen Druck die Öffnung Koreas (1876). Die Pensionen der Samurai wurden von Reislieferungen in Rentenpapiere umgewandelt. Das Verbot des Schwerttragens (1876) provozierte den Großen Samurai-Aufstand (1877). Entschädigungen für Daimyos und Samurai und die Kosten des Samurai-Aufstands provozierten eine INFLATION (1876–1881). Auf die finanzielle Sanierung (Deflation, 1881–1886) folgte die rasche Industrialisierung, die auf immer besser ausgebildete Japaner zurückgreifen konnte: Kaiserliche UNIVERSITÄTEN wurden nach deutschem Vorbild eingerichtet, u. a. Tokio (1877) und Kyoto (1897). Außerdem gliederte der Kaiser den japanischen ADEL nach preußischem Vorbild in fünf Stufen (1884). Im neuen Kabinettssystem (1885) stieg Hirobumi Ito zum ersten Premierminister auf (1886–1901, mit Unterbrechungen). Das Verfassungsversprechen des Kaisers (1881) löste Ito ein, und auch die Verfassung war an deutschen Vorbildern orientiert (1889), u. a. mit dem REICHSTAG. Der neue Geheime Staatsrat (1889–1890), fortgeführt als Rat der Genro (elder statesmen), gewann großen Einfluss hinter den Kulissen

(1890–1914). Der 1. CHINESISCH-JAPANISCHE KRIEG (1894/95) endete mit dem Sieg Japans im FRIEDEN VON SHIMONOSEKI (1895). Mit der Aufhebung der Exterritorialitätsrechte für Europäer und Amerikaner (1899) war Japan völkerrechtlich gleichberechtigt. Das Land beteiligte sich an der Expedition imperialistischer Mächte gegen den BOXERAUFSTAND (1900). Japan schloss das anglo-japanische Bündnis (1902), das erste Bündnis der Neuzeit zwischen einer »weißen« Großmacht und einem nichtweißen Staat, auch Londons erster Schritt aus der Splendid Isolation. Japan besiegte im RUSSISCH-JAPANISCHEN KRIEG eine der fünf Großmächte der damaligen Zeit, stieg damit selbst zur Großmacht auf (1904/05), annektierte Korea (1910) und betrieb auch nach der Meiji-Ära imperialistische Expansion (bis 1945).

Literatur: P. Duus: Economic Aspects of Meiji Imperialism. Berlin [2]1985; W. G. Beasley: The Meiji Restoration. Stanford 1991; P.-C. Schenck: Der deutsche Anteil an der Gestaltung des modernen japanischen Rechts- und Verfassungswesens. Deutsche Rechtsberater im Japan der Meiji-Zeit. Stuttgart 1997; P. F. Kornicki (Hg.): Meiji Japan. 4 Bde., London u. a. 1998.

Liberale Partei

(Liberal Party) Eine der großen politischen Parteien Großbritanniens: Die Liberale Partei ging hervor aus den WHIGS, im allmählichen Übergang seit der 1. REFORM BILL (1832) unter den Premierministern Grey (1830–1834), Melbourne (1830–1841), Lord John Russell (1846–1852), Lord Aberdeen (1852–1855), Palmerston (1855–1858, 1859–1865) und abermals Russell (1865/66). Sie bildete die liberalen Regierungen unter Gladstone (**1868**–1874, 1880–1885, 1886, 1892–1894). Ihre programmatischen Schwerpunkte – FREIHANDEL, politische Reformen, Zurückhaltung in Außen- und Empirepolitik – setzten die Liberalen über eine zentralisierte Parteiorganisation um (National Liberal Federation, 1877). Nach der Spaltung über die HOME RULE Bill für Irland (1886) erfolgte die Gründung der LIBERAL UNIONISTS unter Joseph Chamberlain, die eine Vorherrschaft der Konservativen (bis 1905) ermöglichte, bis zum überwältigenden Wahlsieg der Liberalen unter Campbell-Bannerman (1905–1908). Die Regierung Asquith (1908–1916) setzte die Sozialreformen fort, u. a. PEOPLE'S BUDGET (1909) und REFORM DES OBERHAUSES (1911).

Die Partei spaltete sich im ERSTEN WELTKRIEG (1914–1918) über dem Konflikt zwischen Asquith und Lloyd George (1916 ff.) und beteiligte sich am NATIONAL GOVERNMENT unter Lloyd George (1916–1922). Der linke Flügel (vor allem bürgerliche Intellektuelle) wanderte zur LABOUR PARTY ab. Die Liberalen, 1918 mit zwei Fraktionen im UNTERHAUS, tolerierten beide Labour-Minderheitsregierungen MacDonald (1924, 1929–1931) und hatten einzelne Politiker im National Government MacDonalds (1931–1935). Im britischen Mehrheitswahlrecht nur noch mit wenigen Abgeordneten im Unterhaus vertreten, vor allem im »Celtic fringe« (Wales, Schottland), propagierte die Liberale Partei das Proporzwahlrecht. 1981 ging sie ein Wahlbündnis mit der neu gegründeten SOCIAL DEMOCRATIC PARTY ein und hatte Erfolge bei Nachwahlen (1981/82). Da das Wahlrecht noch heute kleinere Parteien massiv benachteiligt, entspricht die Zahl ihrer Mandate nicht den Wählerstimmen für die Liberalen.

Literatur: J. S. Rasmussen: The Liberal Party. A Study of Retrenchment and Revival. London 1965, J. R. Vincenk: The Formation of the British Liberal Party 1857–1868. Harmondsworth 1972; C. Cook: A Short History of the Liberal Party 1900–1997. Basingstoke u. a. [5]1998; G. R. Searle: The Liberal Party. Triumph and disintegration, 1886–1929. New York [2]2001.

Sozialdemokratische Arbeiterpartei (SDAP)

Erste marxistische Arbeiterpartei in Deutschland: Bebel und Liebknecht (SÄCHSISCHE VOLKSPARTEI, Vereinstag Deutscher Arbeitervereine) sowie aus dem ALLGEMEINEN DEUTSCHEN ARBEITERVEREIN (ADAV) ausgetretene Ex-Lassalleaner (Ferdinand Lassalle) gründeten in Eisenach die SDAP (**1869**). Die Partei kam in den REICHSTAG des NORDDEUTSCHEN BUNDS (1867–1871) und des 2. DEUTSCHEN KAISERREICHS, vertreten durch Bebel und Liebknecht. Sie trat der 1. INTERNATIONALE bei (1869). 1875 fusionierte sie in Gotha mit dem ADAV zur SOZIALISTISCHEN ARBEITERPARTEI DEUTSCHLANDS (SAPD).

Literatur: wie zu SPD.

Margarine

Speisefettzubereitung aus erstarrter Wasser-in-Öl-Emulsion, aus meist pflanzlichen Rohstoffen (Kokos- oder Palmkernfett, Erdnuss-, Sonnenblumen-, BAUMWOLLsaat-, Palm-, Sojaöl): Die vom französischen Lebensmittelchemiker H. Mège-Mouriès (* 1817, † 1880) nach einem Preisausschreiben Napoleons III. aus niedrigschmelzenden Teilen des Rindertalgs entwickelte Margarine (**1869**) diente als billiger Butterersatz für die rasch wachsende Industriebevölkerung. Seit möglicher Fetthärtung durch Wasserstoff (1900) wird Margarine vor allem aus Pflanzenölen hergestellt.

Literatur: W. Schüttauf: Die Margarine in Deutschland und in der Welt. Hamburg [6]1978; Union Deutsche Lebensmittelwerke (Hg.): 111 Jahre Fett nach Maß. Zeitdokumente von Napoleon bis heute erzählen die Geschichte der Margarine u. a. Pflanzenfette am Beispiel von Rama, Sanella, Palmin. Hamburg 1986; R. Herbst: Die Entwicklung der Margarineindustrie zwischen 1869 und 1930 unter besonderer Berücksichtigung des Hamburger Wirtschaftsraumes. Hamburg 1989; B. Pelzer/R. Reith: Margarine. Die Karriere der Kunstbutter. Berlin 2001.

Spanische Thronkandidatur

Kandidatur des Erbprinzen Leopold von HOHENZOLLERN-Sigmaringen (* 1835, † 1905) um den spanischen Thron (Februar **1870**): Nach der Vertreibung Isabellas von Spanien (1868) erging ein förmliches Angebot der spanischen Krone an Leopold. König Wilhelm I. war dagegen, Bismarck dafür. Leopolds vorzeitig bekannt gewordene Zusage (1. Juli 1870) empörte Frankreich, da es das Gleichgewicht in Europa sowie »die Interessen und die Ehre Frankreichs« (Außenminister Olivier Gramont, * 1819, † 1880) gefährdet sah und mit Krieg gegen Preußen drohte. Auf französischen Druck verzichtete Leopold (12. Juli). Weitergehende Forderungen (auch für die Zukunft die Thronkandidatur eines HOHEN-

ZOLLERN auszuschließen) lehnte Wilhelm I. in Bad Ems ab (13. Juli): Die sog. Emser Depesche, von Bismarck durch Redigieren zugespitzt, gab den Anstoß zum DEUTSCH-FRANZÖSISCHEN KRIEG (1870/71).

Literatur: R. Fester (Hg.): Briefe, Aktenstücke und Regesten zur Geschichte der Hohenzollernschen Thronkandidatur in Spanien. 2 Hefte. Leipzig, Berlin 1913; J. Dittrich: Bismarck, Frankreich und die spanische Thronkandidatur der Hohenzollern. München 1962; E. Kolb: Der Kriegsausbruch 1870. Göttingen 1970.

Deutsch-französischer Krieg

3. Reichseinigungskrieg; NORDDEUTSCHER BUND und die süddeutschen Staaten gegen Frankreich (1870/71): Der Deutsch-französische Krieg war ein Zusammenstoß des krisenhaft geschwächten II. EMPIRE (Scheitern der französischen Intervention im MEXIKANISCHEN BÜRGERKRIEG und in der LUXEMBURG-KRISE, 1867) mit dem expandierenden Preußen. Die Krise um die SPANISCHE THRONKANDIDATUR (1870) und die Emser Depesche (13. Juli) provozierten die Kriegserklärung Frankreichs an Preußen (19. Juli **1870**). Österreich-Ungarn wollte zunächst zugunsten Frankreichs intervenieren (»Rache für Sadowa«), wurde aber von Russland gehindert. Die süddeutschen Staaten stellten sich auf die Seite von Preußen und dem Norddeutschem Bund. Italien, auf das Napoleon III. angesichts seiner Hilfe bei der italienischen Nationalstaatsbildung gehofft hatte, blieb ebenso neutral wie Großbritannien, das auf dem europäischen Kontinent vorwiegend am Erhalt der Integrität und Neutralität Belgiens interessiert war. Den raschen Aufmarsch der Deutschen unter Moltke beschleunigte die EISENBAHN. Saarbrücken wurde geräumt und von den Franzosen vorübergehend besetzt. Die Deutschen erzielten Erfolge bei Weißenburg (4. August), Wörth und Spichern (6. August). Nach dem Abzug der französischen Truppen aus Rom (19. August) besetzten die Italiener die Stadt (20. September). Nach weiteren deutschen Siegen wurden die Franzosen in Metz eingeschlossen, die Entsatzarmee unter MacMahon kapitulierte bei Sedan, Napoleon III. ging in Gefangenschaft (2. September: Im Deutschen Reich als »Tag von Sedan« ein Feiertag) und dankte ab (3. September).

Die Provisorische Regierung der III. FRANZÖSISCHEN REPUBLIK lehnte einen Frieden mit Gebietsverlusten (Elsass-Lothringen) ab, der Volkskrieg (LEVÉE EN MASSE) begann. Die Deutschen schlossen Paris ein, Straßburg (27. September) und Metz (27. Oktober) kapitulierten, neu aufgestellte französische Armeen wurden besiegt. Auf Bismarcks Drängen begann das Bombardement gegen Paris, u. a. mit aus Ballons abgeworfenen Sprengsätzen (27. Dezember). Französische Ausbruchs- und Entsatzversuche scheiterten (bis 19. Januar 1871). Die KAISERPROKLAMATION in Versailles vollzog die REICHSGRÜNDUNG (18. Januar 1871). Der Kapitulation von Paris folgten ein allgemeiner Waffenstillstand (28. Januar), der Präliminarfriede von Versailles (26. Februar) und der Frankfurter Friede (10. Mai): Elsass-Lothringen fiel an Deutschland (mit Optionsrecht für die Bevölkerung), die Kriegsentschädigung von 5 Mrd. Franken war bis 1874 zahlbar. Bis dahin sollten deutsche Besatzungstruppen in Frankreich bleiben. Das Verhältnis zwischen

Deutschland und Frankreich blieb durch die harten Konditionen dauerhaft belastet (Revanchismus in Frankreich). Das Kräftegewicht in Europa verlagerte sich – Deutschland stieg zur stärksten Landmacht auf.

Literatur: W. v. Groote/U. v. Gersdorff (Hg.): Entscheidung 1870. Stuttgart 1970; F. Kühlich: Die deutschen Soldaten im Krieg von 1870/71. Eine Darstellung der Situation und der Erfahrungen der deutschen Soldaten im deutsch-französischen Krieg. Frankfurt/Main u. a. 1995.

III. Französische Republik

Bisher dauerhafteste der französischen Republiken (**1870**/75–1940): Nach der Niederlage im DEUTSCH-FRANZÖSISCHEN KRIEG bei Sedan war das II. EMPIRE gestürzt (3. September 1870). Die Provisorische Regierung, amtierend in Paris, Bordeaux und Versailles, führte den Krieg gegen die Deutschen weiter, um den Verlust Elsass-Lothringens zu verhindern – mit NATIONALGARDE und LEVÉE EN MASSE –, erlitt jedoch weitere Niederlagen (1870/71). Wahlen zur NATIONALVERSAMMLUNG (8. Februar 1871) erbrachten eine monarchistische Mehrheit (Legitimisten, Orléanisten). Nach dem Frankfurter Frieden (10. Mai) wurde die PARISER KOMMUNE niedergeschlagen (21.–28. Mai). Eine RESTAURATION der MONARCHIE scheiterte an der Spaltung der Monarchisten. Thiers wurde provisorischer Präsident (1871–1873). Nach vorzeitiger Zahlung der Kriegsentschädigung an Deutschland (5 Mrd. Franken) zogen die letzten deutschen Besatzungstruppen ab (September 1873).

Die Monarchisten stürzten Thiers in der Nationalversammlung (24. Mai). MacMahon wurde Präsident (1873–1879), in seine Amtszeit fiel die KRIEG-IN-SICHT-KRISE zwischen Deutschland und Frankreich (1875). Die ersten Kammerwahlen (1876) brachten einen Sieg der Republikaner, der die MAC-MAHON-KRISE (1877) auslöste, die im Endergebnis die III. Republik festigte. Der Jahrestag des STURMS AUF DIE BASTILLE (1789) wurde Nationalfeiertag, die MARSEILLAISE (1792) Nationalhymne, eine Amnestie für Kommunarden erlassen (1880). Die Republik bekämpfte die JESUITEN und andere katholische Orden (1880/81). Unter Jules Ferry (* 1832, † 1898) betrieb sie als Kompensation für Elsass-Lothringen Kolonialpolitik; Tunesien wurde PROTEKTORAT (1881–1955). Nach dem Wahlsieg der linken »Union Républicaine« (1881) wurde Gambetta Ministerpräsident (1881/82). Der Aufstieg der POSSIBILISTEN (1882–1901) begann. Frankreich eroberte Madagaskar (1883–1896). Nach einer Kommunalreform wurden die Bürgermeister (außer in Paris) von den Stadträten gewählt. Ehescheidung wurde erlaubt, GEWERKSCHAFTEN wurden legalisiert (1884). Frankreich beteiligte sich am SCRAMBLE FOR AFRICA (1884/85). Nach dem Französisch-chinesischen Krieg (1884/85) wurde Annam französisches PROTEKTORAT (1885). Die Thronprätendenten der DYNASTIEN BOURBON und Bonaparte wurden des Landes verwiesen, anderen Mitgliedern öffentliche Ämter verboten (1886). Erstmals waren Sozialisten als unabhängige Fraktion in der Kammer (1889). Krisen erschütterten die Republik – BOULANGER-KRISE (1886–1889), PANAMASKANDAL (1893, danach wieder konservative Ministerien, bis 1899), DREYFUS-PROZESS (1894–1899), LAIENGESETZE (1904/05). Frankreich schloss die RUSSISCH-FRANZÖSISCHE

Militärkonvention (1894), nach der Faschoda-Krise (1898/99) mit England die Entente Cordiale (1904), um Russland erweitert zur Tripelentente (1907). Frankreich hatte linke Regierungen (1899) mit den Possibilisten, Radikalsozialisten (1901) und der Section Française de l'Internationale Ouvrière (SFIO, 1905–1969). Expansion in Marokko (1905) provozierte die 1. Marokkokrise (1905/06). Clemenceau wurde Ministerpräsident (1906–1909). Intervention in Marokko provozierte die 2. Marokkokrise (1911): Marokko wurde Protektorat (1912–1955). Poincaré wurde Ministerpräsident (1912/13) und Staatspräsident (1913–1920), schloss die Flottenkonvention mit England (1912) und führte die dreijährige Dienstzeit ein, gegen den Widerstand der Linken (1913). Der Wahlsieg der Linken (Radikalsozialisten, Sozialisten, 26. April/3. Mai 1914) brachte die Regierung Viviani (Unabhängiger Sozialist) hervor (1914/15).

Im Ersten Weltkrieg regierten in der Union Sacrée u.a. die Kabinette Briand (1915–1917) und Clemenceau (1917–1920). Die Republik litt unter schweren Kriegszerstörungen in Ost- und Nordostfrankreich, Nachkriegsinflation und sozialen Unruhen (1919). Der Versailler Vertrag (1919) leitete über zum Cordon sanitaire und zur Kleinen Entente gegen Deutschland und Sowjetrussland. Der Wahlsieg des »Bloc National« bei den ersten Neuwahlen (mit Proporzwahlsystem, 1919) führte zum Rücktritt Clemenceaus (1920). Der Spaltung der Section Française de l'Internationale Ouvrière (SFIO) auf dem Parteitag von Tours (Dezember 1920) folgte die Gründung der Kommunistischen Partei Frankreichs (KPF). Die Regierung Poincaré (1922–1924) verfolgte eine harte Politik gegen Deutschland (Reparationen) und Sowjetrussland (Beharren auf Anerkennung der russischen Vorkriegsschulden) – die Konferenz von Genua scheiterte (1922), Deutschland und Sowjetrussland schlossen den Rapallo-Vertrag (1922). 1923 begann der Ruhrkampf. Nach dem Wahlsieg des Linkskartells (1924) anerkannte die Regierung Herriot (1924/25, 1926) die UdSSR (1924), lenkte gegenüber Deutschland ein (Locarno-Verträge, 1925, mit europäischem Sicherheitssystem, ergänzt durch den Briand-Kellogg-Pakt, 1928), warf den Aufstand der Rif-Kabylen nieder (1925/26). Als sich die Inflation verschärfte, stabilisierte die Regierung Poincaré (1926–1929) den Franc (1926–1928) durch Rückkehr zum Goldstandard und Abwertung des Franc (1928). Der Bau der Maginotlinie (1930–1940) sollte Schutz gegen Deutschland geben. In der Weltwirtschaftskrise bildeten sich nach dem Wahlsieg der Linken (SFIO, Radikalsozialisten, 1932) die Regierungen Herriot (1932), Daladier und abermals Herriot (1933, ohne Sozialisten). Der Stavisky-Skandal provozierte Demonstrationen und einen rechtsextremen Putsch (6.–9. Februar 1934), Generalstreik und ein Volksfront-Bündnis für die Kammerwahlen (1936). Frankreich schloss ein Bündnis mit der UdSSR (1935), blieb aber sonst passiv gegen das Dritte Reich.

Nach dem Wahlsieg der Volksfront (3. Mai 1936) folgte die Volksfrontregierung Blum (1936–1938), die zahlreiche Sozialreformen durchführte. Die Regierungen Daladier (1938–1940) und Reynaud (1940) markieren das Ende der Reformen und der Volksfront. Frankreich blieb im Schlepptau der APPEASEMENT-Politik, die zum MÜNCHNER ABKOMMEN führte (Oktober 1938). Ein GENERALSTREIK scheiterte (November/Dezember 1938), ein deutsch-französischer Nichtangriffspakt wurde geschlossen (6. Dezember 1938). Die Annäherung an Deutschland und Italien wurde nach der deutschen Besetzung Prags beendet (15. März 1939). Trotz Widerwillen, wegen Danzig einen Krieg gegen Deutschland zu riskieren (»Mourir pour Dantzig?«), erklärte Frankreich, wie Großbritannien, Deutschland den Krieg (3. September 1939), in dem beide aber zunächst weitgehend untätig blieben (SITZKRIEG, »Drôle de Guerre« 1939/40). Die KPF, die sich seit dem HITLER-STALIN-PAKT (23. August 1939) gegen Kriegsanstrengungen gegen Nazi-Deutschland wandte, wurde verboten (26. September), weite Teile der Arbeiterschaft blieben im Krieg passiv. Frankreich, gelähmt durch die Polarisierung zwischen Rechten (»Lieber Hitler als Blum«) und Linken, erlitt Niederlagen (Mai/Juni 1940). Die Regierung Pétain (16. Juni) schloss einen Waffenstillstand (22. Juni). Der III. Republik folgten VICHY-REGIME und RÉSISTANCE (1940–1944), danach die IV. FRANZÖSISCHE REPUBLIK (1944/46–1958).

Literatur: C. Bloch: Die Dritte Französische Republik: Stuttgart 1973; H. Dubief: Le déclin de la Troisième République (1929–1938). Paris 1976; J.-M. Mayeur: Les Débuts de la Troisième République (1871–1898). Paris 1995; M. Rebérioux: La République radicale? (1898–1914). Paris 1997.

1. Vatikanisches Konzil (Vaticanum I)

Erstes KONZIL der Katholischen Kirche seit dem TRIENTER KONZIL (TRIDENTINUM, 1545–1563), unter Pius IX.: Der Papst berief das Konzil ein (1868) und eröffnete es (8. Dezember 1869). Das Konzil bezog Stellung zum Dogma der Unbefleckten Empfängnis Mariae (1854) und »Syllabus Errorum« (1864), der »Listung der Irrtümer«, in der Papst Pius IX. (1846–1878) u. a. Pantheismus, Naturalismus, SOZIALISMUS, KOMMUNISMUS, Nationalismus, FREIMAUREREI, LIBERALISMUS und RISORGIMENTO angriff. Das Konzil betonte den päpstlichen PRIMAT über die Konzilien und beschloss das Dogma der päpstlichen Unfehlbarkeit »ex cathedra« (18. Juli **1870**). Österreich kündigte daraufhin am 30. Juli 1870 das KONKORDAT (1855). Rom wurde vom Königreich Italien besetzt (20. September), nach einem PLEBISZIT annektiert (2. Oktober). Wegen des Konflikts zwischen Papst und Italien (bis 1929) wurde das Konzil auf unbestimmte Zeit vertagt (20. Oktober). Folgen des Konzils waren der KULTURKAMPF in Deutschland (1871–1887) und die Bildung der ALTKATHOLIKEN.

Literatur: T. Granderath: Geschichte des vatikanischen Konzils. Hg. v. K. Kirch. 3 Bde., Freiburg 1903–06; C. Butler: Das 1. vatikanische Konzil. München [2]1961; K. Schatz: Vaticanum I. 1869–1870. Paderborn u. a. 1992–1994.

Ultramontanismus

(lat.: ultra montes = jenseits der Berge, d. h. der Alpen, in Anspielung auf Rom als Sitz des Papstes) Ursprünglich wertneutraler, nur geographischer Begriff, später polemisches Schlagwort gegen papsttreue Katholiken oder den Katholizismus insgesamt: Der Ultramontanismus hatte vor allem im konfessionell gespaltenen Deutschland (Antiultramontanismus) Bedeutung, zunächst im innerkatholischen Streit um nationalkirchliche Bestrebungen (nach ca. 1750). Er setzte sich in Deutschland in der protestantischen Aufklärungspublizistik durch, als Synonym für mangelnden Reichspatriotismus, seit Entstehung des politischen Katholizismus für antinationale, romhörige Gesinnung – potenziert durch das päpstliche Unfehlbarkeitsdogma (**1870**) und den KULTURKAMPF (1871–1887). Im 2. DEUTSCHEN KAISERREICH und in der WEIMARER REPUBLIK avancierte »Ultramontanismus« zum Kampfbegriff gegen angebliche Weltherrschaftspläne des Papsttums. [F. H.]

Literatur: H. Raab: Zur Geschichte und Bedeutung des Schlagwortes »ultramontan« im 18. und frühen 19. Jahrhundert, in: Historisches Jahrbuch 1962, S. 159–173; O. Weiß: Der Ultramontanismus. Grundlagen – Vorgeschichte – Struktur, in: Zeitschrift für bayerische Landesgeschichte 1978, S. 821–877; T. Mergel: Für eine bürgerliche Kirche – Antiultramontanismus, Liberalismus und Bürgertum 1820–1850. Rheinland und Südwestdeutschland im Vergleich, in: Zeitschrift für Geschichte des Oberrheins 1996, S. 397–429.

Altkatholiken

Religionsgemeinschaft, im Protest gegen das vom VATICANUM I verkündete Dogma der päpstlichen Unfehlbarkeit (**1870**) von Katholischer Kirche abgespalten: Die Altkatholiken waren, unter Berufung auf Ignaz Döllinger, orientiert an der Kirche der christlichen Frühzeit – u. a. gegen ZÖLIBAT, Ohrenbeichte, Transsubstantiationslehre (mystische Umwandlung von Brot und Wein in Fleisch und Blut Christi beim Abendmahl) und Heiligenverehrung. Bismarck förderte die 1871/72 konstituierte altkatholische Kirche im KULTURKAMPF. Sie erhielt eine Episkopalverfassung (1874), wurde aber keine Massenbewegung.

Literatur: V. Conzemius: Katholizismus ohne Rom. Zürich u. a. 1969; U. Küry: Die altkatholische Kirche. Ihre Geschichte, ihre Lehre, ihr Anliegen. Frankfurt/Main ^{3}1982; H. Rein: Kirchengemeinschaft. Die anglikanisch-altkatholisch-orthodoxen Beziehungen von 1870–1990 und ihre ökumenische Relevanz. 2 Bde., Bern u. a. 1993/94.

Home Rule

Synonym für AUTONOMIE für Irland, als Kompromiss zwischen Union, DIREKTER HERRSCHAFT Londons über Irland (1800/01) und Unabhängigkeit von England: Isaac Butt, der die Home-Rule-Bewegung (**1870**) ins Leben rief, gründete die 1873 als HOME RULE CONFEDERATION OF GREAT BRITAIN (1873). Nach ihrem Wahlsieg (1874), u. a. dank dem BALLOT ACT (1872) übernahm der radikalere Parnell die Irische Fraktion im UNTERHAUS (1877–1890) und betrieb mit ihr parlamentarische OBSTRUKTION. Home Rule Bills der Liberalen scheiterten im Unterhaus an den LIBERAL UNIONISTS (1886), danach am OBERHAUS (1893, 1913). Sie befanden sich kurz vor dem ERSTEN WELTKRIEG in 3. Lesung (Mai 1914): Irland war am Rande des Bürgerkriegs, eine friedliche Lösung der IRISCHEN FRAGE wurde blockiert. Die Krise eskalierte vom OSTERAUFSTAND (1916) über den ANGLO-IRISCHEN KRIEG (1919–1921) und die Teilung Irlands (1921/22) zum IRISCHEN BÜRGERKRIEG (1922/23).

»Home Rule« bezeichnet übertragen auch: Autonomie für Teile des britischen Empire: COMMONWEALTH, DOMINION.

Literatur: ferner: M. McDonagh: The Home Rule Movement. Dublin 1920; A. O'Day: Irish Home Rule, 1867–1921. Manchester u. a. 1998.

Kaiserproklamation

Ausrufung des 2. DEUTSCHEN KAISERREICHS im Spiegelsaal des Schlosses von Versailles, während der Belagerung von Paris (18. Januar **1871**): Die KAISERproklamation fand improvisiert während des Gedenkgottesdienstes zum 170. Jahrestag der preußischen Königskrönung in Königsberg (1701) statt. Bismarck drängte auf die Proklamation, der preußische König Wilhelm I. war zögerlich. Das größte politische Problem, die Titelfrage (»Kaiser der Deutschen« oder »Kaiser von Deutschland«?) wurde überspielt durch die spontane Formel »Kaiser Wilhelm«. Mit der Kaiserproklamation war auch die REICHSGRÜNDUNG vollzogen, der 18. Januar wurde Reichsgründungstag.

Reichsgründung

Lösung der DEUTSCHEN FRAGE: Das 2. DEUTSCHE KAISERREICH begann mit der KAISERPROKLAMATION von Versailles (18. Januar **1871**), als Höhepunkt eines langfristigen Prozesses (vgl. auch: DEUTSCHER BUND [1815–1866], DEUTSCHER ZOLLVEREIN [1834], MÄRZREVOLUTION [1848], PAULSKIRCHE [1848/49] und FRANKFURTER REICHSVERFASSUNG [1849]). Drei Reichseinigungskriege (1864–1871) – 2. DEUTSCH-DÄNISCHER KRIEG (1864), DEUTSCHER KRIEG (1866), DEUTSCH-FRANZÖSISCHER KRIEG (1870/71) – mündeten über den NORDDEUTSCHEN BUND (1867–1871) ins neue Reich (1871–1918).

Literatur: H. Böhme (Hg.): Die Reichsgründung. München ^{2}1967; T. Schieder/E. Deuerlein (Hg): Reichsgründung 1870/71. Stuttgart 1970; H. Böhme (Hg.): Probleme der Reichsgründungszeit, 1848–1879. NWB 26. Köln ^{2}1972; E. Deuerlein (Hg.): Die Gründung des Deutschen Reiches 1870/71 in Augenzeugenberichten. München 1977; H. Feske (Hg.): Der Weg zur Reichsgründung, 1850–1870. Darmstadt 1977; E. Zechlin: Die Reichsgründung. Frankfurt/Main ^{4}1981; M. Stürmer: Die Reichsgründung. München ^{5}1997.

2. Deutsches Kaiserreich

Erster deutscher Gesamtstaat seit dem UNTERGANG DES HEILIGEN RÖMISCHEN REICHS (1806): Das Kaiserreich (**1871**–1918) begann nach drei Reichseinigungskriegen (1864–1871) mit der KAISERPROKLAMATION (18. Januar 1871, REICHSGRÜNDUNG) als kleindeutsche Antwort auf die DEUTSCHE FRAGE. Deutschland war liberaler Rechts- und Verfassungsstaat, KONSTITUTIONELLE MONARCHIE unter den HOHENZOLLERN Wilhelm I. (1871–1888), Friedrich III. (1888) und Wilhelm II. (1888–1918), zeitweise mit »persönlichem Regiment« (1894–1908). In der bundesstaatlichen Verfassung war der Kaiser als König von Preußen Präsident des Bunds der deutschen Fürsten und Freien Städte. Preußen hatte eindeutiges Übergewicht, als Hegemon auch im Kriegsfall den Oberbefehl. Kompetenzen des REICHSTAGS waren beschränkt, vor allem auf das Budgetrecht. Zentrale Entscheidungsbefugnisse lagen formal beim Bundesrat, der sich aus Vertretern der Regierungen der Bundesstaaten zusammensetzte. Der Kaiser berief den Reichskanzler, der, formal nur dem Monarchen verantwortlich, faktisch nicht lange gegen den Reichstag regieren konnte. Reichskanzler, meist in Personalunion auch preußische Ministerpräsidenten, waren Bismarck (1871–1890), Caprivi (1890–1894), Hohenlohe-Schillingsfürst (1894–1900), Bülow (1990–1909), Bethmann Hollweg (1909–1917), Michaelis (1917), Hertling (1917/18), Prinz Max von Baden (1918).

Komplizierte innere Widersprüche erwuchsen aus dem Übergang vom Agrar- zum Industriestaat (um 1885), zwischen dem agrarisch-konservativen Ostelbien und (dem so nie genannten) industriellen, überwiegend liberal bis sozialdemokratischen »Westelbien«: Dem entsprachen Tendenzen zur Demokratisierung, symbolisiert im Aufstieg der SPD zur stärksten Partei, mit Tendenzen zu »stiller PARLAMENTARISIERUNG« und sozialstaatlichen Reformen (u.a. Kranken- und Rentenversicherung, ab 1883). Dagegen stand eine zunehmende Militarisierung der Gesellschaft, mit Antiliberalismus und (noch relativ schwachem) ANTISEMITISMUS, u.a. durch Adolf Stoecker (ab 1878). Das Kaiserreich brachte eine Vereinheitlichung u.a. der Rechtsprechung (BÜRGERLICHES GESETZBUCH, 1900), von Maßen und Gewichten. Außenpolitisch versuchten Bismarck und seine unmittelbaren Nachfolger mit der Kontinentalpolitik die Absicherung der latent halbhegemonialen Machtstellung des Reichs – durch Isolierung Frankreichs, da seit der Annexion Elsass-Lothringens als Reichslande (1871) der Gegensatz zu Frankreich eine Konstante im europäischen Mächtesystem war. Dreikaiservertrag und Dreikaiserbündnis (1881), jeweils zwischen Österreich-Ungarn, Russland und Deutschland, waren nur lockere Vereinbarungen. Handfester war, nach dem BERLINER KONGRESS (1878), der ZWEIBUND mit Österreich-Ungarn (1879), erweitert um Italien zum DREIBUND (1882).

Eine qualitative Veränderung brachten die wilhelminische WELTPOLITIK (ab 1896/98) und der Bau der SCHLACHTFLOTTE. Russland, schon zuvor durch SCHUTZZÖLLE (ab 1879), LOMBARDVERBOT (1887) und Nichtverlängerung des RÜCKVERSICHERUNGSVERTRAGS (1890) entfremdet, schloss mit Frankreich den Zweiverband (RUSSISCH-FRANZÖSISCHE MILITÄRKONVENTION 1894, Ende der französischen Isolation). Großbritannien trat aus seiner Isolation angesichts des deutschen Schlachtschiffbaus: Nach seinem Bündnis mit Japan (1902) mündeten die ENTENTE CORDIALE mit Frankreich 1904 und die ENGLISCH-RUSSISCHE VERSTÄNDIGUNG (1907) in die TRIPELENTENTE. Parallel suchte London mit Berlin ein Flottenübereinkommen, zuletzt in der gescheiterten HALDANE-MISSION (1912). Inzwischen hatte das Reich durch die 1. und 2. MAROKKOKRISE (1905/06, 1911) gegen Frankreich und die BOSNISCHE ANNEXIONSKRISE (1908/09) gegen Russland Kompromisspotenzial aufgebraucht, während der 1. und 2. BALKANKRIEG (1912/13) weitere Konflikte offenbarten, die sich über die JULIKRISE 1914 im ERSTEN WELTKRIEG entluden. Im Kriegsende ging nach Niederlagen mit der NOVEMBERREVOLUTION (4. November 1918) die Monarchie unter, gefolgt von der WEIMARER REPUBLIK (1919–1933).

Vgl. auch: GRÜNDERJAHRE (1871–1873), KULTURKAMPF (1871–1887), GROSSE DEPRESSION (1873–1895), KRIEG-IN-SICHT-KRISE (1875), SEPTENNAT (1874–1887), SOZIALISTISCHE ARBEITERPARTEI DEUTSCHLANDS (1875), DEUTSCHKONSERVATIVE PARTEI (1876–1918), SOZIALISTENGESETZ (1878–1890), KOLONIALPOLITIK (ab 1884/85), BERLINER AFRIKAKONFERENZ (1884/85), ANSIEDLUNGSKOMMISSION (1886–1918), MITTELMEERENTENTE (1887), KARTELL (1887–1890), ALLDEUTSCHER VERBAND (1891–1939), GENERALKOMMISSION DER GEWERKSCHAFTEN DEUTSCHLANDS (1890), BUND DER LANDWIRTE, OSTMARKENVEREIN (1894), KRÜGER-DEPESCHE (1896), WELTPOLITIK (1896/98), SCHLACHTFLOTTENBAU (1898), REVISIONISMUSSTREIT (1899 ff.), BOXERAUFSTAND und »HUNNENREDE« (1900), BAGDADBAHN (1903–1914), HERERO-, NAMA- und MAJI-MAJI-AUFSTAND (1904/08), (1905), ALGECIRAS-KONFERENZ (1906) 1. HAAGER FRIEDENSKONFERENZ und 2. HAAGER FRIEDENSKONFERENZ (1900, 1907), »HOTTENTOTTEN-WAHLEN« (1907), BÜLOW-BLOCK (1907–1909), REICHSFINANZREFORM (1909), FORTSCHRITTLICHE VOLKSPARTEI (1910–1918), »PANTHER-SPRUNG« (1911), »KRIEGSRAT« (8. Dezember 1912), WEHRBEITRAG (1913), LIMAN-VON-SANDERS-KRISE (1913), KRIEGSKREDITE, BURGFRIEDE), SEPTEMBERPROGRAMM, KRIEGSZIELE, U-BOOT-KRIEG (1915, 1917/18), POLEN-MANIFEST der MITTELMÄCHTE (1916), HILFSDIENSTGESETZ (1916), FRIEDENSANGEBOT DER MITTELMÄCHTE (1916), ZIMMERMANN-TELEGRAMM, RUSSISCHE FEBRUARREVOLUTION (März 1917), OSTERBOTSCHAFT (April 1917), USPD (11. April), JULIKRISE 1917, FRIEDENSRESOLUTION, DEUTSCHE VATERLANDSPARTEI (2. September), PÄPSTLICHE FRIEDENSVERMITTLUNG, VIERZEHN PUNKTE (Januar 1918), JANUARSTREIKS, FRIEDEN VON BREST-LITOWSK (2. März, »SCHWARZER TAG«), PARLAMENTARISIERUNG, NOVEMBERREVOLUTION 1918.

Literatur: A. Hillgruber: Die gescheiterte Großmacht. Eine Skizze des Deutschen Reichs 1871–1945. Düsseldorf [4]1984; H. U. Wehler: Das Deutsche Kaiserreich 1871–1918. Göttingen [6]1988; G. A. Ritter (Hg.): Das Deutsche Kaiserreich. Ein historisches Lesebuch. Göttingen [5]1992; M. Stürmer: Das ruhelose Reich. Deutschland 1866–1918. Berlin 1998; T. Nipperdey: Deutsche Geschichte 1866–1918. 3 Bde., München 1998; K. E. Born: Von der Reichsgründung bis zum Ersten Weltkrieg. dtv-Handbuch der deutschen Geschichte. Bd. 16. München [16]1999; H.-P. Ullmann: Politik im Deutschen Kaiserreich 1871–1918. München 1999.

»Reichslande«

Verfassungsrechtliche Sonderstellung Elsass-Lothringens im 2. DEUTSCHEN KAISERREICH (**1871**–1918): Das nach dem DEUTSCH-FRANZÖSISCHEN KRIEG annektierte Elsass-Lothringen erhielt weder den Status eines Bundesstaats, noch wurde es anderen Bundesstaaten zugeschlagen. Als »Reichslande« war es direkt dem Reich unterstellt, von einem STATTHALTER in Straßburg regiert, zunächst ohne AUTONOMIE. Erst spät erhielt es eine Verfassung mit beschränkter Autonomie (1911). In der Zabernaffäre (1913) – Konflikt zwischen deutscher Garnison und Bevölkerung in Zabern – behielt das Militär die Oberhand gegenüber den Linksparteien im REICHSTAG und Reichskanzler Bethmann Hollweg.

Eine ähnliche Stellung besaß Bosnien-Herzegovina in Österreich-Ungarn nach Okkupation (1878) und Annexion (1908–1918).

Literatur: H.-U. Wehler: Unfähig zur Verfassungsreform. Das »Reichsland« Elsass-Lothringen von 1870 bis 1918, in: ders.: Krisenherde des Kaiserreichs. 1871–1918. Göttingen [2]1979; M. Rehm: Reichsland Elsass-Lothringen. Regierung und Verwaltung 1871 bis 1918. Bad Neustadt/Saale 1991.

Pariser Kommune

Revolutionäre Bewegung in Paris am Ende des DEUTSCH-FRANZÖSISCHEN KRIEGS: Die NATIONALGARDE verweigerte die Niederlegung der Waffen und Auslieferung der Kanonen des Montmartre an die Regierung (18. März **1871**). Daher zog Thiers alle Truppen aus Paris zurück, in der Stadt entstand ein Machtvakuum, das die Pariser Kommune ausfüllte (26. März). Der Name knüpfte an den revolutionären Gemeinderat in Paris (1789–1795) an. Paris wurde von der deutschen Armee und französischen Regierungstruppen isoliert. Nach Wahlen (Ende März) wurden zehn Kommissionen als Ministerien gebildet. Die Pariser Kommune führte die Trennung von Staat und Kirche durch, ersetzte Armee und Polizei durch Nationalgarde und proletarische MILIZEN und beschloss Sozialreformen sowie die Gleichberechtigung der Frau. Wechselseitige Grausamkeiten kulminierten im Geiselmord, u. a. am Erzbischof von Paris (Mai 1871). Ein Vorstoß auf Versailles scheiterte (Anfang April). Die Kommune, zerstritten zwischen verschiedenen Fraktionen, wurde von Regierungstruppen unter MacMahon niedergeworfen, mit Massakern (»Blutige Woche«, 21.–28. Mai, ca. tote 25 000 Kommunarden) und Massendeportationen. 1880 erging eine AMNESTIE.

Die I. INTERNATIONALE begrüßte die Kommune und feierte sie als Modell sozialistisch-kommunistischer REVOLUTION.

Literatur: J. Bruhat u. a.: Die Pariser Kommune von 1871. Berlin 1971; H. Swoboda (Hg.): Die Pariser Kommune 1871. München [2]1973; H. Hoffacker (Hg.): Materialien zum historisch-politischen Unterricht: Modelle des Sozialismus. Pariser Kommune, UdSSR, DDR, China. Stuttgart 1986; R. Le Quillec: La Commune de Paris. Bibliographie critique, 1871–1997. Paris 1997; R. Tombs: The Paris Commune, 1871. London u. a. 1999.

Kulturkampf

Konflikt zwischen preußischem Staat und Katholischer Kirche (1871–1887): Der Kulturkampf, benannt nach einer Formulierung im Wahlaufruf des bekannten Arztes und linksliberalen Politikers Rudolf Virchow (* 1821, † 1902, »Kampf für die Kultur«), wandte sich gegen das Dogma päpstlicher Unfehlbarkeit »ex cathedra« (VATICANUM I) und die Verurteilung des LIBERALISMUS durch die Katholische Kirche (1870). Nach der REICHSGRÜNDUNG ergriff Preußen Kampfmaßnahmen gegen den »politischen Katholizismus«, das ZENTRUM und die Abgeordneten der Polen im REICHSTAG (»Reichsfeinde«), mit Ausstrahlungen teilweise auf ganz Deutschland. Die katholische Abteilung im preußischen Kultusministerium wurde aufgelöst (8. Juli **1871**). Gegen »Kanzelmissbrauch« wurde der KANZELPARAGRAPH in das Strafgesetzbuch eingefügt (4. Juli 1872), mit dem Jesuitengesetz der JESUITENORDEN verboten (bis 1904/17). Weitere Maßnahmen waren staatliche Schulaufsicht, Abbruch der diplomatischen Beziehungen zum Vatikan, Bismarcks Reichstagsrede

(»Nach Canossa gehen wir nicht!«, 1872). Die Maigesetze (1873) zur staatlichen Reglementierung der Katholischen Kirche wurden von den Katholiken weitgehend nicht befolgt. Daraufhin setzte die Regierung Bischöfe und Geistliche ab und verurteilte sie zu Gefängnisstrafen – auf die Repression verstärkte sich der Widerstand. Das Expatriierungsgesetz (1874–1890) erlaubte es, Geistliche auf einen festgelegten Aufenthaltsort zu beschränken oder aus dem Reich auszuweisen, die Zivilehe wurde eingeführt (1874/75). Die Katholische Kirche in Preußen erhielt keine staatlichen Zuschüsse mehr. Das Klostergesetz (1875) hob Niederlassungen geistlicher ORDEN (außer für Krankenpflege) in Preußen auf. Unter Leo XIII. (1878–1903) deeskalierte der Kulturkampf mit drei Milderungsgesetzen (1880–1883), der Wiederaufnahme diplomatischer Beziehungen zum Vatikan (1882) und zwei Friedensgesetzen (1886/87).

Auswirkungen: Der Kulturkampf belastete das Verhältnis der Katholiken zum 2. DEUTSCHEN KAISERREICH nachhaltig, ohne jedoch die Zentrumspartei zu schwächen; der »Volkstumskampf« gegen (katholische) Polen begann in den Ostprovinzen Preußens; Bismarck und der deutsche Liberalismus erlitten eine schwere Niederlage. Bis heute blieben staatliche Schulaufsicht und Zivilehe erhalten.

Literatur: E. Schmidt-Volkmar: Der Kulturkampf in Deutschland (1871–90). Göttingen 1962; J. Allerhand: Toleranzpolitik und Kulturkampf. Eisenstadt 1982; E. R. Huber/W. Huber: Staat und Kirche von der Beilegung des Kulturkampfs bis zum Ende des Ersten Weltkriegs. Berlin ^{2}1990; R. Lill (Hg.): Der Kulturkampf. Paderborn u. a. 1997; R. J. Ross: The Failure of Bismarck's Kulturkampf. Catholicism and State Power in Imperial Germany, 1871–1887. Washington D. C. 1998.

Kanzelparagraph

Verbot für Geistliche, in Ausübung ihres Amtes staatliche Angelegenheiten »in einer den öffentlichen Frieden gefährdenden Weise« zu behandeln (**1871**): Der Kanzelparagraph kam zu Beginn des KULTURKAMPFes als Art. 130a ins Strafgesetzbuch (»Kanzelmissbrauch«), bis 1953.

Pontuskonferenz

Konferenz in London zur Neuregelung der Meerengenfrage (**1871**): Nach Aufkündigung der PONTUSKLAUSEL (1856) im DEUTSCH-FRANZÖSISCHEN KRIEG durch Russland (31. Oktober 1870), unterstützt von Bismarck, hob die Pontuskonferenz die Entmilitarisierung und Neutralität des Schwarzen Meers auf: Die Meerengen blieben für fremde Kriegsschiffe gesperrt, die Durchfahrt war von osmanischer Erlaubnis abhängig. Russland baute eine neue Schwarzmeerflotte (ab 1881).

Literatur: K. Rheindorf: Die Schwarze Meer-(Pontus-) Frage vom Pariser Frieden 1856 bis zum Abschluss der Londoner Konferenz von 1871. Berlin 1925.

Gründerjahre

Hektische Hochkonjunktur in Deutschland (**1871**–1873) nach DEUTSCH-FRANZÖSISCHEM KRIEG und REICHSGRÜNDUNG (1871): Die Gründerjahre waren u. a. begünstigt durch die französische Kriegsentschädigung von 5 Mrd. Goldfranken, ein Mehrfaches der gesamten damals in Deutschland umlaufenden Geldmenge. Die Phase überschäumender Spekulation mit Gründung zahlreicher AKTIENGESELLSCHAFTEN endete in der allgemeinen WELTWIRTSCHAFTSKRISE, die in Deutschland zum Zusammenbruch der meisten spekulativen Neugründungen (»Gründerkrach« 1873) führte.

Literatur: M. Müller-Jabusch: So waren die Gründerjahre. Düsseldorf 1957; G. Ogger: Die Gründerjahre. Als der Kapitalismus jung und verwegen war. München 1995.

Samurai

(japan.: Dienstmann) Bewaffnetes Begleitpersonal der kaiserlichen Familie und des ADELS in Japan, später direkte VASALLEN des SHOGUNS (1192–1868) und ihm untergeordneter Regionalfürsten (DAIMYOS) – vergleichbar mit RITTERN (vgl. auch »Ministeriale« im europäischen Mittelalter): Der oberste Stand der Samurai (»Buke«) war unter dem HOCHADEL angesiedelt (Militär, Beamte, Priester), mit strengem Ehrenkodex. Noch in der TOKUGAWA-PERIODE (ab ca. 1750) ging die Bedeutung der Samurai zurück. Die Samurai befürworteten teilweise die Reformen der MEIJI-ÄRA (1868–1912), verloren aber ihre feudalen PRIVILEGIEN, die teils dem ADEL, teils dem Bürgertum zugewiesen wurden. Ihr Landbesitz wurde aufgehoben (**1871**), die ALLGEMEINE WEHRPFLICHT eingeführt (1873). Nach zwei Samurai-Aufständen gegen die Reformen (1874, 1876) provozierte die Umwandlung der Pensionen für die Samurai von Naturalien (Reislieferungen) in Rentenpapiere (1876) den großen Samurai-Aufstand (1877), der jedoch scheiterte.

Literatur: K. Mauer: Die Samurai. Ihre Geschichte und ihr Einfluß auf das moderne Japan. Darmstadt 1983; R. Storry: Die Samurai. Ritter des Fernen Ostens. Luzern 1986; I. Morris: Samurai oder von der Würde des Scheiterns. Tragische Helden in der Geschichte Japans. Frankfurt/Main 1989; U. Koike-Good: Die Auflösung der Samuraiklasse und die Samuraiaufstände. Bern u. a. 1994.

Ballot Act

Gesetz des britischen PARLAMENTS über die geheime Stimmabgabe bei UNTERHAUSwahlen, betrieben von den KONSERVATIVEN PARTEI unter Disraeli (**1872**): Der Ballot Act galt erstmals bei den Unterhauswahlen 1874, in denen die Konservativen siegten. Besondere Wirkung hatte das Gesetz in Irland, wo die von ihren (meist englischen) Grundherrn abhängigen irischen Pächter (tenants) und Landarbeiter für die oppositionelle HOME RULE Association stimmten, die 59 Mandate (von 100) gewann.

2. Karlistenkrieg

Bürgerkrieg in Spanien (**1872**–1876), ausgefochten von den royalistischen KARLISTEN gegen die liberale Zentralmacht: Vorausgegangen waren der 1. KARLISTENKRIEG (1834–1839), bürgerkriegsähnliche Konflikte (bisweilen als »2. Karlistenkrieg« bezeichnet), der Erlass einer liberalen Verfassung (1869) und ein Angebot an die HOHENZOLLERN zur

Spanischen Thronkandidatur (1870). Der Ausschluss einzelner Karlisten-Kandidaten von den ersten Wahlen zum Parlament gab den Anstoß zu neuen Aufständen mit Schwerpunkt im Baskenland (1872–1876); sie wandten sich gegen die liberale Konstitutionelle Monarchie unter Amadeus von Savoyen (1870–1873), die 1. Spanische Republik (1873/74) und die Konstitutionelle Monarchie nach Restauration der spanischen Bourbonen (1874–1876). Letzte Aufstände der Karlisten im Baskenland wurden niedergeworfen (1876).

Literatur: R. Vallverdú i Martí: El tercer carlisme a les comarques meridionals de Catalunya, 1872–1876. Barcelona 1997.

1. Spanische Republik

Parlamentarische Republik in Spanien (1873/74): Nach Revolution und Abdankung Königin Isabellas (1868) war Spanien Parlamentarische Monarchie (1868–1873). Amadeus I. wurde nach dem Scheitern der Spanischen Thronkandidatur der Hohenzollern (1869/70) König (1870–1873): Seine Regierungszeit war gekennzeichnet von politischer Instabilität, mit häufigen Wahlen, Wahlboykott der Konservativen, regionalen Aufständen und Militärcoups. Die antiliberalen Karlisten versuchten im 2. Karlistenkrieg erfolglos, den Absolutismus zu restaurieren (1872–1876). Nach Amadeus' Abdankung (Februar 1873) wurde Spanien auf Beschluss der Cortes parlamentarische Republik (**1873**); Städte und Provinzen in Süd- und Ostspanien erhielten Autonomie (faktische Unabhängigkeit). Es folgte eine Periode der Anarchie, mit häufigen Wechseln der Präsidenten und Aufständen der Anarchisten, die in einem Militärstaatsstreich kulminierte (Dezember 1874), der die 1. Spanische Republik beseitigte. Ihr folgte eine Konstitutionelle Monarchie, mit Restauration der spanischen Bourbonen (1874–1931).

Große Depression

Periode ökonomischer Stagnation bzw. nur langsamen industriellen Wachstums (**1873**–1895), nach der (2.) Weltwirtschaftskrise (1873, in Deutschland eingeleitet durch den »Gründerkrach«): Der Staatsbankrott im Osmanischen Reich und Aufstände in Bosnien-Herzegovina gegen verschärften Steuerdruck (1875) waren in der Großen Depression Mitauslöser der Grossen Orientkrise (1875–1879). Antisemitismus brach in Deutschland und Österreich erstmals durch. Deutschland führte den Schutzzoll gegen Großbritannien (Industrie) und Russland (Landwirtschaft) ein (1879). Imperialismus und Kolonialismus der europäischen Staaten bzw. der USA und Japans nahmen zu, um durch Marktausdehnung und Ressourcensicherung, besonders in Afrika südlich der Sahara, die eigene Wirtschaft zu stärken. Eine neue Hochkonjunktur (1896–1914) löste die Große Depression ab: Deutschland stieg zur stärksten Wirtschaftsmacht Europas auf.

Literatur: H. Rosenberg: Große Depression und Bismarckzeit. Frankfurt/Main ^{2}1976; S. B. Saul: The Myth of the Great Depression, 1873–1896. Houndmills ^{2}1985.

Aeternat

(lat.: aeternum = ewig) Forderung Bismarcks, dass der REICHSTAG die Friedenspräsenzstärke (401 000 Mann) ohne zeitliche Begrenzung bewilligen solle (**1874**): Das Aeternat bedeutete eine erhebliche Beschränkung des Budgetrechts des Reichstags (4/5 des Reichshaushalts für Militär). Zur Vermeidung eines neuen PREUSSISCHEN HEERES-/VERFASSUNGSKONFLIKTS (wie 1861–1866) wurde mit dem SEPTENNAT ein Kompromiss gefunden. Tirpitz strebte später durch Flottengesetze und -novellen ein verschleiertes Aeternat für den Bau der SCHLACHTFLOTTE an (1898 ff.).

Septennat

(lat.: septem = sieben + annus = Jahr, d. h. Zeitraum von sieben Jahren) Kompromiss im 2. DEUTSCHEN KAISERREICH, beendete den Konflikt zwischen Bismarck und REICHSTAG über die Finanzierung der Militärausgaben (**1874**–1887): Nach dem AETERNAT galt der Militärhaushalt mit dem Septennat nur noch für sieben Jahre. Das Septennat wurde, mit Erhöhung der Friedenspräsenzstärke, erneuert (1880, 1887), unter Caprivi durch das Quinquennat (Militärhaushalt über fünf Jahre) abgelöst (1893).

Narodniki

(russ.: narod = Volk, Freund des Volkes) Vormarxistische sozialistische Strömung in Russland: Die Narodniki kombinierten slawischen »Urkommunismus« (u. a. Dorfgemeinschaft des »Mir«) mit vormarxistischem »utopischem« SOZIALISMUS. Nach der BAUERNBEFREIUNG entstand unter der jungen Intelligentsia aus Bürgertum und Gutsadel eine Bewegung gegen die zaristische AUTOKRATIE. Sie demonstrierte ihre Verbundenheit mit dem russischen Volk (Bauern, Landproletariat), das dazu prädestiniert sei, ohne Umweg über den Kapitalismus den Sozialismus zu verwirklichen, wenn es durch volkspädagogische Aktionen in Stadt (seit 1864) und Land (1873) aufgeklärt werde. Mit dem »Zug ins Volk« (**1874**) wollten bis zu 2000 Studenten mit einer Agitations- und Aufklärungskampagne unter Bauern der Wolga- und Uralregion die REVOLUTION vorbereiten, stießen jedoch auf Ablehnung und und wurden von der OCHRANA zerschlagen (Ende 1874). Die Narodniki leisteten aktiven Widerstand, griffen zum IndividualTERROR (1876/77), bildeten die Untergrundorganisationen »Zemla i Volja« (1877) und »Volkswille« (1879). Geschwächt durch Prozesse (1877/78) und von den russischen Marxisten abgelehnt (ab 1880), fanden sie eine Generation später ihre Fortsetzung mit den SOZIALREVOLUTIONÄREN (1901).

Literatur: R. S. Seth: The Russian Terrorists. The Story of the Narodniki. London 1967; S. Striegnitz: Die Narodniki-Parteien von der Jahrhundertwende bis zur bürgerlich-demokratischen Revolution von 1905/07 in Russland. Zur Geschichte der revolutionären und liberalen Richtung im kleinbürgerlichen Demokratismus. 2 Bde., Berlin 1986; J.-S. Hahn: Sozialismus als »bäuerliche Utopie«? Agrarsozialistische Konzeptionen der Narodniki und Neonarodniki im 20. Jahrhundert in Rußland. o. O. 1994.

Anarchisten

Anhänger des Anarchismus, der Lehre von der ANARCHIE, einer Gesellschaft ohne Herrschaft, STAAT und Unterdrückung: Der individualistische Anarchismus etablierte sich als politisch-philosophische Strömung seit dem 19. Jahrhundert. Historisch bedeutsamer war der kollektivistisch-revolutionäre Anarchismus (Bakunin; Fürst Pjotr Alexejewitsch Kropotkin, *1842, †1921). Er propagierte sich frei verbindende Gruppen mit Kollektiveigentum und eine Gesellschaft ohne Unterschiede von Stadt und Land, Kopf- und Handarbeit. Von Bakunin in der 1. INTERNATIONALE vertreten (1864–1872), kam es zum Bruch mit Marx ab (1872), einmündend in die Gründung einer eigenen Anarchistischen Internationalen (1873–1877). Anarchisten verübten Attentate gegen Vertreter des Staats (»direkte Aktion«), u. a. zweimal gegen Kaiser Wilhelm I. (1878), was den Anstoß zum SOZIALISTENGESETZ (1878–1890) gab. Ein Bombenattentat richtete sich gegen die französische Kammer (1893). Anarchisten ermordeten den französischen Staatspräsidenten Sadi Carnot (1887–1894), Kaiserin Elisabeth (»Sissi«) von Österreich-Ungarn, König Umberto I. von Italien (1900) und US-Präsident McKinley (1901). Der Anarcho-SYNDIKALISMUS war besonders einflussreich in Frankreich, Spanien und Italien. Aufstände in Spanien (**1874**) eskalierten zum Sturz der 1. SPANISCHEN REPUBLIK. In der 2. SPANISCHEN REPUBLIK (1931–1936/39) organisierten Anarchosyndikalisten Aufstände (Asturien, Katalonien); die Republik endete durch den SPANISCHEN BÜRGERKRIEG (1936–1939), in dem die Anarchisten auf republikanischer Seite kämpften, von den Kommunisten jedoch bekämpft wurden.

Der Anarchismus erlebte im Westen eine Renaissance mit der STUDENTENBEWEGUNG (ab ca. 1965).

Literatur: P. Lösche: Anarchismus. Darmstadt [2]1987; C. Meier/P. C. Ludz: Anarchie, in: Geschichtliche Grundbegriffe, Bd. 1, S. 49–109; A. Graf: Anarchismus in der Weimarer Republik. 2 Bde., Berlin 1990; W. Beyer (Hg.): Anarchisten. Zur Aktualität anarchistischer Klassiker. Berlin 1993; H. Diefenbacher (Hg.): Anarchismus. Zur Geschichte und Idee der herrschaftsfreien Gesellschaft. Darmstadt 1996; Was ist eigentlich Anarchie? Einführung in Theorie und Geschichte des Anarchismus. Berlin [2]1997.

Krieg-in-Sicht-Krise

Erste große außenpolitische Krise nach der REICHSGRÜNDUNG 1871: Nach dem Abzug der deutschen Besatzungstruppen (1873) erholte sich Frankreich überraschend schnell und rüstete auf. Bismarck sah die Wiederaufrüstung als Bedrohung und lancierte in der deutschen Zeitung »Post« mit dem Artikel »Krieg in Sicht?« (**1875**) eine verschleierte Drohung des PRÄVENTIVKRIEGS gegen Frankreich. Großbritannien und Russland erklärten, dass sie bei einem deutschen Angriff nicht wieder passiv bleiben würden: Bismarck trat den Rückzug an und war seitdem Friedenspolitiker.

Literatur: A. Hillgruber: Die »Krieg-in-Sicht-Krise« 1875 – Wegscheide der Politik der europäischen Großmächte in der späten Bismarckzeit, in: E. Schulin (Hg.): Studien zur europäischen Geschichte. Gedenkschrift für Martin Göhring. Wiesbaden 1968, S. 239–253; R. Ziegs: Die »Krieg-in-Sicht-Krise« von 1875 und ihr militärpolitischer Hintergrund. Hamburg 2000.

Sozialistische Arbeiterpartei Deutschlands (SAPD)

Partei, hervorgegangen aus der Fusion des Allgemeinen Deutschen Arbeitervereins (ADAV, »Lassalleaner«) und der Sozialistischen Deutschen Arbeiterpartei (SDAP, »Eisenacher«, **1875**): Vorsitzender der SAPD wurde Bebel (bis 1913). Die Partei verabschiedete das Gothaer Programm (1875), gab das Zentralorgan »Vorwärts« heraus (ab 1876) und wurde mit dem Sozialistengesetz (1878–1890) verboten. Die Reichstagsfraktion blieb legal, in Opposition gegen Bismarcks Sozialpolitik (1883 ff.). Sie wurde bei Reichstagswahlen mit 20 % der Stimmen stärkste Partei (1890). Nach Aufhebung des Sozialistengesetzes formierte sie sich neu als Sozialdemokratische Partei (SPD, 1890).

Literatur: wie zu SPD.

Gothaer Programm

Gründungsprogramm der SAPD in Gotha (**1875**): Das Gothaer Programm war ein Kompromiss zwischen Lassalleanern (staatssozialistisch) und Eisenachern (marxistisch). Ziele waren u. a. die Erreichung des Sozialismus »mit allen gesetzlichen Mitteln« und die »Zerbrechung des ehernen Lohngesetzes« (Lassalles These, dass sich der durchschnittliche Arbeitslohn immer um das Existenzminimum bewegt). Marx und Engels kritisierten das Programm (»Kritik des Gothaer Programms«). Das Erfurter Programm löste es ab (1891).

Große Orientkrise

Bedeutsamste der Orientkrisen (1875–1878) – Teil der Orientalischen Frage: Die Große Orientkrise brach aus in der Agonie des Osmanischen Reichs. Zu ihren Auslösern gehörten als Folgen der Weltwirtschaftskrise (1873) erhöhter Steuerdruck auf nichtmuslimische Nationalitäten und der Staatsbankrott im Osmanischen Reich (1875). Aufstände in Herzegovina, Bosnien (**1875**), Bulgarien und Makedonien (1876) wurden von den Osmanen niedergeworfen (Bulgarengräuel). Die Mächte forderten Reformen im Osmanischen Reich (1876), das sich danach liberalisierte: Sultan Abdul Hamid II. erließ eine Verfassung, mit einem (in seinen Rechten beschränkten) Parlament – das Osmanische Reich wurde Konstitutionelle Monarchie (1876–1878). Im Krieg Serbiens und Montenegros gegen das Osmanische Reich (1876/77) leistete Russland inoffizielle Hilfe für Serbien, das jedoch unterlag. Auf Druck Russlands schloss der Sultan Frieden mit Serbien (1877). Zur Entlastung Serbiens und Montenegros griff Russland militärisch ein und löste den 8. Russisch-türkischen Krieg (1877/78) aus. Die russische Armee und die britische Flotte gerieten vor Konstantinopel in Konfrontation, womit ein Krieg Großbritanniens und Östertzten, gegen Russland drohte. Der Vorfriede von San Stefano beendete den Krieg, die Große Orientkrise fand ihren Abschluss auf dem Berliner Kongress (1878).

Literatur: D. Harris: A Diplomatic History of the Balkan Crisis of 1875–1878. Stanford (Cal.) 1969; M. S. Anderson: The Eastern Question 1774–1923. Nachdruck Basingstoke u. a. 1991; A. Cunningham: Eastern Questions in the Nineteenth Century. London 1993.

Bulgarengräuel

Massaker der OSMANEN bei Niederschlagung von Aufständen in Makedonien und Bulgarien (**1876**): Gladstone klagte die proosmanische, imperialistische Politik der konservativen Regierung Disraeli an (»Mid-Lothian Campaign«, 1879/80).

»Vorwärts«

Zentralorgan der SPD: Die Zeitung »Vorwärts«, gegründet in Berlin (**1876**), wurde mit dem SOZIALISTENGESETZ verboten (1878–1890). Sie erschien getarnt als »Berliner Volksblatt« (1884); nach der Wiederzulassung der Sozialisten wurde der »Vorwärts« als Tageszeitung neu gegründet (1891). Im ERSTEN WELTKRIEG gerieten Redaktion und Parteivorstand über den BURGFRIEDEN in Konflikt (»Vorwärts«-Konflikt, 1915/16), die linke Redaktion wurde entlassen (1916). Mit Beginn des DRITTEN REICHS musste die Zeitung in den Untergrund gehen (1933), ein »Neuer Vorwärts« erschien als Wochenzeitung im Prager Exil (1933–1937) und in Paris (1938–1940). 1948 in Hannover neu gegründet, erschien die Zeitung 1955 wieder unter dem alten Titel »Vorwärts«, später zusammengelegt mit der SPD-Mitgliederzeitschrift »Sozialdemokrat-Magazin« (1989). Seit 1994 erscheint der »Vorwärts« wieder, jetzt als monatliches SPD-Mitgliederblatt.

Literatur: G. Grunwald/F. Merz (Hg.): Vorwärts 1876–1976. Ein Querschnitt in Faksimiles. Berlin, Bonn 1976.

Deutschkonservative Partei

Größte konservative Partei im 2. DEUTSCHEN KAISERREICH (1876–1918): Die Deutschkonservative Partei, entstanden aus dem Zusammenschluss verschiedener konservativer Gruppen, war beschränkt auf das ostelbische Preußen, Sachsen und Mecklenburg (**1876**). Sie vertrat vor allem ostelbische Großagrarier (»Junker«), war für Erhaltung der MONARCHIE und gegen die Sozialisten. Sie hatte die größte Machtposition im preußischen Abgeordnetenhaus (aufgrund des DREIKLASSENWAHLRECHTS) und im preußischen Herrenhaus. Die Partei war für das SOZIALISTENGESETZ (1878), den Übergang zum SCHUTZZOLL (1879) und den Abbruch des KULTURKAMPFES. Sie gehörte zur Mehrheit der KARTELL-Parteien für Bismarck (1887–1890), nahm vorübergehend den ANTISEMITISMUS in ihr (»Tivoli«)-Programm auf (1892), wurde beherrscht vom BUND DER LANDWIRTE (1893 ff.). Die Partei war gegen Caprivis Handelsverträge, den Bau des Mittellandkanals (»Kanalrebellen«), zunächst auch die (»grässliche«) SCHLACHTFLOTTE (1898 ff.), wurde allmählich aber für die Flotte gewonnen. Nach anfänglichem Zögern war sie auch für KOLONIALPOLITIK. Sie gehörte dem BÜLOW-

BLOCK (1907–1909) an. Die Partei erlitt eine schwere Niederlage bei den Wahlen zum REICHSTAG (1912). Sie vertrat im ERSTEN WELTKRIEG expansive KRIEGSZIELE, politisch verbündet mit Alldeutschen und der 3. OHL (Ludendorff/Hindenburg). Sie war für den uneingeschränkten U-BOOT-KRIEG, gegen die FRIEDENSRESOLUTION (1917), die Einführung der PARLAMENTARISIERUNG (1917/18) und die NOVEMBERREVOLUTION (1918). Nach ihrem Zerfall (November 1918) ging die Partei faktisch in der DNVP auf (Dezember 1918).

Literatur: H. Booms: Die Deutsch-Konservative Partei. Preußischer Charakter, Reichsauffassung, Nationalbegriff. Düsseldorf 1954; J. N. Retallack: Notables of the Right. The Conservative Party and Political Mobilization in Germany, 1876–1918. Boston u. a. 1988.

Fueros

(Adjektiv: foral) Aus dem Mittelalter stammendes, auf Gewohnheitsrecht beruhendes spanisches rechtlich-politisches System, das innere Angelegenheiten und die Beziehungen zur KRONE regelte: Das System institutionalisierte sich in den vier baskischen Territorien (Alava, Biskaya, Gipuzkoa, Navarra) in jeweils spezifischem Zusammenwirken königlicher und lokaler Macht (14. Jh.–1841/76). Der königliche Repräsentant unterstand foralem Recht. Über dessen Einhaltung wachte die Generalversammlung kommunaler und städtischer Delegierter (Junta General). Kennzeichnend für das Foralsystem sind neben bemerkenswerten Elementen von DEMOKRATIE und AUTONOMIE verschiedene Sonderrechte: Anstelle der üblichen Besteuerung bewahrten die Fueros das Recht, die Höhe einer an den König gerichteten Zahlung selbst zu bestimmen. Innerhalb der jeweiligen Territorien galt allgemeine Zoll- und Handelsfreiheit. Die Bevölkerung war weitgehend vom Militärdienst befreit. Der ADELStitel eines Hidalgo war grundsätzlich allen BASKEN zugänglich, wodurch sich die hohe Zahl baskischer Verwaltungskarrieren in der spanischen Monarchie erklärt. Trotz der Benachteiligung der Städte durch den Wahlmodus der Generalversammlung und dem Zentralismus der Krone bestand das Foralsystem über fünf Jahrhunderte fort. Gänzlich abgeschafft wurde es nach dem 2. KARLISTENKRIEG (**1876**). In den daraufhin gebildeten Conciertos Economicos behielt das Baskenland wirtschaftliche und administrative Sonderrechte. Als historisches Vermächtnis einer weit reichenden Autonomie ist das Foralsystem bedeutender Bezugspunkt des baskischen Nationalismus. [M. K.]

Literatur: C. Bartolomé: Fueros Vascos. Historia in tiempos de constitución. Barcelona 1985; F. García de Cortazar/M. Montero: Diccionaro de historia del País Vasco. San Sebastian 1999.

Home Rule Confederation of Great Britain

Organisation der HOME-RULE-Bewegung für Irland: Von Isaac Butt in Manchester gegründet (1873), errang die Home Rule Confederation den Sieg bei den ersten Wahlen mit geheimer Stimmabgabe (1874) nach dem BALLOT ACT (1872). Charles Stuart Parnell kam als Abgeordneter ins UNTERHAUS (1875) und betrieb gezielt parlamentarische OBSTRUKTION. Als Präsident der Confederation und Vorsitzender der Irischen Fraktion im Unterhaus (**1877**–1890) verschärfte und systematisierte Parnell die Obstruktion, wandte sich gegen Gladstones Land Act, rief zu BOYKOTT-maßnahmen auf (»Land War«, 1879–1882) und kam, mit anderen Home-Rule-Führern, in Haft (1881/82). Nach einem Pakt Parnells und Gladstones in der Landfrage (1882) ließ Parnell von seiner Boykottstrategie ab und kam im Gegenzug frei. Bei den folgenden Wahlen gewann die Home Rule Confederation bis auf zwei alle Mandate für Irland (1885) und verfügte damit über ein Stimmenpotenzial im britischen Unterhaus, das die Irische Fraktion zum Zünglein an der Waage machte. Sie unterstützte die Liberalen unter Gladstone, die die irischen Abgeordnetenstimmen zur Bildung einer Regierung brauchten. Das erste Home Rule Bill, das Gladstone ins Parlament einbrachte, scheiterte dennoch an den LIBERAL UNIONISTS (1886). Nach dem Sturz Parnells (1890) spaltete sich die Partei.

Literatur: C. C. O'Brien: Parnell and His Party. 1880–90. Oxford 1957; J. L. Hammond: Gladstone and the Irish Nation. Westport (Conn.) 1974; D. Thornley: Isaac Butt and Home Rule. Nachdruck Westport 1976.

Obstruktion

(lat.: obstruere = entgegenbauen) Versuch einer Minderheit im PARLAMENT, durch Anträge zur Geschäftsordnung, Verfahrensdebatten, Dauerreden zu nebensächlichen Punkten oder durch unparlamentarische Aktionen (z. B. Lärmen, Pultdeckelschlagen) ihr unbequeme Beschlüsse zu verhindern (im US-Kongress: »Filibustern«): Nach seiner Wahl zum Vorsitzenden der Irischen Fraktion im UNTERHAUS (**1877**) praktizierte Parnell systematische Obstruktion, die Premierminister Gladstone zum Arrangement mit Parnell (1882) und zur Vorlage des 1. HOME -RULE-Bill veranlasste (1886). Durch Änderung der Geschäftsordnung im Unterhaus (»Guillotine«) erhielt die Regierung das Recht, die Zeit zur Behandlung umstrittener Gesetzesvorlagen zu begrenzen.

Literatur: E. Brandenburg: Die parlamentarische Obstruktion. Geschichte und Bedeutung. Dresden 1904; K. Loewenstein: Staatsrecht und Staatspraxis in Großbritannien. London 1967; D. Thornley: The Irish Home Rule Party and Parliamentary Obstruction, 1874–87, in: Irish Studies XII, S. 38–57.

MacMahon-Krise

Staatskrise in Frankreich (**1877**), entstanden durch die Diskrepanz zwischen dem monarchistischen Präsidenten, Maurice Marquis de MacMahon, und der republikanischen Mehrheit seit der ersten Kammerwahl (1876): Vorausgegangen waren das Scheitern der RESTAURATION der MONARCHIE zu Beginn der III. FRANZÖSISCHEN REPUBLIK (1871) und die Annahme der republikanischen Verfassung (1875). MacMahon entließ den Ministerpräsidenten (16. Mai 1877); die neue Regierung wurde jedoch von der Kammer abgelehnt (19. Juni) und die Kammer aufgelöst. Neuwahlen ergaben wieder eine republikanische Mehrheit (14./28. Oktober). Mit der neuen gemäßigt republikanischen Regierung (13. Dezember) war das parlamentarische System zwar wieder gefestigt, die Stellung des Präsidenten jedoch geschwächt (eine weitere vorzeitige

Kammerauflösung war nicht mehr möglich). Da auch den SENAT eine republikanische Mehrheit dominierte (5. Januar 1879), trat MacMahon als Präsident zurück (30. Januar 1879).

Literatur: J. Silvestre de Sacy: Le maréchal de MacMahon, Duc de Magenta (1808–1893). Paris 1960.

»Zemlja i Volja«

(»Land und Freiheit«) Nach Zerschlagung der NARODNIKI-Bewegung durch die OCHRANA in Russland revolutionäre Untergrundorganisation radikaler Narodniki (**1877**): Benannt nach einer gleichnamigen kurzlebigen früheren Vereinigung (von 1862), übte »Zemlja i Volja« IndividualTERROR gegen Repräsentanten der zaristischen AUTOKRATIE aus (ab 1878). Die Organisation spaltete sich (1879) in einen größeren terroristischen Flügel (Narodna Volja =Volkswille) und einen kleinen Flügel (Tschornij Peredjel = Schwarze Umteilung), der an Zielen der Aufklärung festhielt.

Literatur: R. S. Seth: The Russian Terrorists. The Story of the Narodniki. London 1966.

8. Russisch-türkischer Krieg

In der GROSSEN ORIENTKRISE (1875–1878) griff Russland für Serbien und Montenegro gegen das OSMANISCHE REICH militärisch ein und erklärte ihm den Krieg (**1877**), unterstützt von Rumänien und den aufständischen Bulgaren: Die russische Armee rückte in Rumänien ein (24. April). Großbritannien warnte Russland u. a. vor der Besetzung Konstantinopels (6. Mai). Der Kriegserklärung des OSMANISCHEN REICHS an Rumänien (8. Mai) folgte die Unabhängigkeitserklärung Rumäniens (21. Mai). Nach Einrücken der russischen Armee in Bulgarien (21. Juni) rief Zar Alexander II. die Bulgaren zum Aufstand gegen die Türken auf (28. Juni). Nach Siegen der Russen in Armenien (15. Oktober, 17./18. November) gelang nach hartnäckigem Widerstand die Eroberung des Schipka-Passes im Balkan (13. Juli–9. Januar). Nach erstem Scheitern vor der türkischen Festung Plewna (25. Juli–14. September) brachte die KAPITULATION Plewnas (10. Dezember) die entscheidende Wende des Kriegs auf dem Balkan. Serbien erklärte dem Osmanischen Reich erneut den Krieg (14. Dezember). Der russischen Besetzung Sofias (4. Januar 1878) folgten Warnungen Großbritanniens und Österreich-Ungarns an Russland (4./8. Januar). Als russische Truppen gegen Konstantinopel vorrückten (ab 31. Januar), drohten Großbritannien und Österreich-Ungarn mit Krieg gegen Russland; die britische Flotte erschien vor Konstantinopel (15. Februar). Im VORFRIEDEN VON SAN STEFANO (3. März) musste das Osmanische Reich territoriale Verluste hinnehmen, während Russland seine Machtposition auf dem Balkan deutlich ausbaute. Einspruch erhoben Österreich-Ungarn auf dem Höhepunkt der Kriegsentschlossenheit (60 Mio. Gulden wurden von den DELEGATIONEN für Rüstungen bewilligt, 19/21. März) und Großbritannien, das die Forderung nach dem Rückzug Russlands mit einer Kriegsdrohung verband (14. Mai): Russland war durch Überdehnung seiner Verbindungslinien bis vor Konstantinopel bei militärischem Eingreifen Großbritanniens und durch die revolutionäre Gärung im Innern zum Einlenken gezwungen. Auf Betreiben Österreich-Ungarns (Mobilmachung, 8. Juni) und unter Vermittlung Bismarcks revidierten die Großmächte auf dem BERLINER KONGRESS (13. Juni–13. Juli) den Vorfrieden von San Stefano und ordneten die Machtverhältnisse auf dem Balkan neu.

Literatur: B. M. Sumner: Russia and the Balkans, 1870–1880. Oxford 1937; P. K. Fortunatow: Der Krieg von 1877/78 und die Befreiung Bulgariens. Berlin 1953; G. S. Georgiev: Der russisch-türkische Krieg 1877/78 und die Weltöffentlichkeit. Sofia 1987.

Vorfriede von San Stefano

Nach dem Sieg Russlands im 8. RUSSISCH-TÜRKISCHEN KRIEG (1877/78) stellte Russland in dem Vorfrieden harte Friedensbedingungen für das OSMANISCHE REICH (3. März **1878**), in Übereinstimmung mit den Forderungen des PANSLAWISMUS: Großbulgarien sollte bis zur Ägäis mit Makedonien reichen, nur formal mit AUTONOMIE, faktisch unter russischer HEGEMONIE. Der Vorfriede setzte die Unabhängigkeit und territoriale Erweiterung für Serbien und Montenegro fest sowie die Abtretung Bessarabiens von Rumänien und weiterer Teile Armeniens an Russland. Der russische Machtzuwachs durch San Stefano verschärfte die GROSSE ORIENTKRISE (1875–1878) und provozierte heftige Reaktionen vor allem in Großbritannien, Österreich-Ungarn und Rumänien, die den PARISER KONGRESS (1856) verletzt sahen und die Revision durch das KONZERT DER MÄCHTE auf dem BERLINER KONGRESS (13. Juni–13. Juli 1878) verlangten.

Berliner Kongress (Berliner Vertrag)

Abschluss der GROSSEN ORIENTKRISE (1875–1878): Zur Vermeidung eines Kriegs Großbritanniens und Österreich-Ungarns gegen Russland wurde der VORFRIEDE VON SAN STEFANO revidiert. Zuvor traf Großbritannien mit Russland und dem OSMANISCHEN REICH grundlegende Vereinbarungen: Mit Russland einigte sich Großbritannien über die Einberufung des Kongresses (22. Mai 1878) und die territoriale Beschneidung Bulgariens (London, 30. Mai). Vom Osmanischen Reich erhielt London die Zustimmung, Zypern zu besetzen, wenn Russland Batumi erhielte (4. Juni). Dafür würde London das übrige Territorium des Osmanischen Reichs garantieren, wenn sich das Osmanische Reich zu weiteren Reformen bereit erklärte.

Auf dem Berliner Kongress (13. Juni–13. Juli **1878**), unter Vorsitz Bismarcks als »ehrlichem Makler«, waren sieben Großmächte (PENTARCHIE, Italien, Osmanisches Reich) vertreten. Delegierte betroffener Staaten (Griechenland, Rumänien, Persien) wurden angehört. Der Berliner Vertrag setzte folgende Friedensbedingungen fest: Makedonien fiel an das OSMANISCHE REICH zurück. Bulgarien wurde entlang dem Kamm des Balkangebirges geteilt, mit Vereinigungsverbot (nördlich autonomes Fürstentum Bulgarien, südlich – formal weiterhin – osmanische Provinz Ostrumelien, mit weitgehender AUTONOMIE). Serbien, Montenegro (beide territorial erweitert) und Rumänien wurden unabhängig, jedoch mit Anerkennung der MENSCHENRECHTE und Bürgerrechte auch für JUDEN. Die Abtretung Bessarabiens von Rumänien an Russland wurde bestätigt, jedoch erhielt Rumänien (auf Kosten Bulgariens) die Süddobrudscha; die Donaumündung war somit wieder rumänisch. Bosnien und Herzegovina wurden unter Okkupation Österreich-Ungarns gestellt (Annexion: 1908). Teile Armeniens (Batumi, Kars) kamen zu Russland. Zypern wurde von Großbritannien okkupiert (Annexion: 1914). Die Internationale Donaukommission wurde eingerichtet, die Donauschifffahrt internationalisiert.

Historische Gesamtwirkung: Ein Weltkrieg über Balkanfragen (bis 1914) wurde aufgeschoben, die Expansion Russland auf den Balkan blockiert (bis 1945). Als Reaktion auf die russische Verstimmung schlossen das Deutsche Reich und Österreich-Ungarn den ZWEIBUND (1879), durch den Beitritt Italiens zum DREIBUND erweitert (1882). Mehrere Konflikte entwickelten sich im Gefolge des Berliner Vertrags, u. a. zwischen Serbien, Griechenland und Bulgarien um Makedonien, die BOSNISCHE ANNEXIONSKRISE (1908/09), der 1. BALKANKRIEG und 2. BALKANKRIEG (1912/13).

Literatur: W. N. Medlicott: The Congress of Berlin and After. A Diplomatic History of the Eastern Settlement 1878–1880. London [2]1963; I. Geiss (Hg.): Der Berliner Kongress 1878. Protokolle und Materialien. Boppard/Rhein 1979; R. Melville/H.-J. Schröder (Hg.): Der Berliner Kongreß von 1878. Die Politik der Großmächte und die Probleme der Modernisierung in Südosteuropa in der zweiten Hälfte des 19. Jahrhunderts. Wiesbaden 1982.

Antisemitismus

Sammelbezeichnung für antijüdische Bestrebungen, inhaltlich nicht ganz korrekt, da er sich nicht auf Semiten schlechthin bezieht: Der Begriff wurde im Deutschen Reich geprägt (1879), die Sache ist jedoch älter: Religiös motivierter Hass auf JUDEN (Antijudaismus) existierte seit der Antike (KREUZZÜGE, GELBER FLECK, FLAGELLANTEN, GHETTO). Rassisch argumentierender Antisemitismus der Neuzeit, kombiniert mit alten Wahnvorstellungen (z. B. RITUALMORD), entwickelte sich seit der Industrialisierung gegen JUDENEMANZIPATION und ASSIMILATION nach der FRANZÖSISCHEN REVOLUTION. Juden dienten, wegen ihres oft prominenten Anteils an der Industrialisierung und dem modernen Kapitalismus (z. B. Rothschilds), in Krisen oft als Blitzableiter für soziale Spannungen (HEPP-HEPP-UNRUHEN, 1819).

Russland führte als PROTEKTORATSmacht in den Donaufürstentümern (1829–1853) und in Serbien eine antijüdische Gesetzgebung ein: Rumänien entwickelte sich zur Hochburg des Antisemitismus auf dem Balkan (1866 ff.). In Ungarn gab es antisemitische Anfänge seit dem österreichisch-ungarischem AUSGLEICH (1867). Auch in Russland waren die Juden zunehmenden Repressalien ausgesetzt. Antijüdische Diskriminierung im RAYON (seit 1791) wurde von Gortschakow beim BERLINER KONGRESS verteidigt (1878). Auf die Ermordung Zar Alexanders II. durch radikale NARODNIKI (»Volkswille«, 1881) folgten in Russland

Pogrome gegen Juden (1881 ff.), eine antijüdische Gesetzgebung (1882) und der Numerus clausus gegen Juden (1887). Unter dem Druck der Verfolgung wanderten zahlreiche Juden aus, hauptsächlich nach Westen, eine Minderheit nach Palästina. Antisemiten in Deutschland sahen sich durch die zuwandernden »Ostjuden« bestätigt und verschärften ihre Agitation. Als Reaktion von Juden auf den Antisemitismus bildete sich das politisch-soziale Konzept des Zionismus heraus (1882 ff.); die 1. Alija erfolgte durch Pioniere aus Russland, Rumänien und Galizien. Nach 1900 diente Antisemitismus in Russland als Waffe gegen die Revolution (Plehwe: »die Revolution im jüdischen Blut ertränken«), u. a. im Pogrom von Kischinew (1903) und in den fingierten »Protokollen der Weisen von Zion« (1905).

In Westeuropa wurde der politische Antisemitismus durch zahlreiche Schriften vorbereitet und ideologisch verbrämt: Als weit verbreitetes und wirkungsvollstes antisemitisches Buch in Frankreich veröffentlichte Edouard Drumont (* 1844, † 1917) »La France Juive« (1886), während in Deutschland ein Jahr später der »Antisemiten-Catechismus« erschien (1887; 43. Auflage als »Handbuch der Judenfrage«, 1933). Hier hatte der Antisemitismus seit der Grossen Depression (1873 ff.) an Einfluss gewonnen, auch durch die wirkungsvolle Agitation des Hofpredigers Adolf Stoecker in Berlin (**1878**). Heinrich von Treitschke (* 1834, † 1896) löste durch antisemitischen Parolen (»Der Jude ist unser Unglück«), gegen Theodor Mommsen (* 1817, † 1903) den Antisemitismusstreit in Deutschland aus (1879/80). Houston Stewart Chamberlain (1855–, † 1927) gab in den »Grundlagen des 19. Jahrhunderts« (1899) dem Antisemitismus Auftrieb. Bei den Wahlen zum Reichstag (1881 ff.) gewann die antisemitische »Deutschsoziale Reformpartei« 16 Mandate u. a. in ländlichen Gebieten Hessens (1893); mit anderen »völkischen« Gruppen war sie Vorläuferin der NSDAP. In Österreich griff der Antisemitismus auf die Christlichsoziale Partei Österreich über (ca. 1891 ff.). In Frankreich wurde er im Panamaskandal virulent (1893), mit Höhepunkt im Dreyfus-Prozess (1894–1899).

Nach dem Ersten Weltkrieg brach der Antisemitismus in Deutschland u. a. mit der Dolchstosslegende durch, wurde von der DNVP und NSDAP organisiert und vorangetrieben. Im Dritten Reich kulminierte der Antisemitismus zum staatlichen systematischen Massen- und Völkermord (siehe auch Nürnberger Gesetze, 1935; »Reichskristallnacht«, 1938; »Endlösung«/Holocaust, 1941–1945). Der Antisemitismus wirkte in subtilerer Form auch im Sowjetkommunismus, u. a. in politischen Prozessen in Osteuropa und dem Ärzteprozess unter Stalin (1952/53). In Polen, wo der Antisemitismus zwischen den beiden Weltkriegen zu einem Höhepunkt gekommen war, lastete Druck auf »zionistischen Elementen« (1967/68).

Antijüdische Tendenzen nahm auch die arabische, kommunistische, teilweise auch neu-linke Agitation gegen den Zionismus und modernen Staat Israel auf. Noch heute ist Antisemitismus eine latente Strömung in vielen Gesellschaften, wird allerdings auch als Schlagwort zur Diffamierung sachlicher Kritik am modernen Israel missbraucht, z. B. an seinem Vorgehen im Libanonkrieg mit dem Massaker von Beirut (1982) und seiner Politik gegenüber den PALÄSTINENSERN. Neuen Auftrieb erhielt der Antisemitismus mit der Agonie und dem ZUSAMMENBRUCH DES KOMMUNISMUS in den früheren Ostblockstaaten, vor allem in der Sowjetunion/Russland und in Polen (seit ca. 1984); er löste verstärkte Auswanderung nach Israel aus. In Deutschland nahmen antisemitische Vorfälle (u. a. Grabschändungen) seit der deutschen Einigung (1990) zu.

Literatur: B. Lazare: Anti-Semitism. Its History and Causes. New York 1903, Neuausgabe Lincoln (NE) 1995; L. Poliakov: Geschichte des Antisemitismus. 8 Bde., Worms 1977 ff.; T. Nipperdey/R. Rürup: Antisemitismus, in: O. Brunner u. a. (Hg.): Geschichtliche Grundbegriffe, Bd. 1, S. 129–153; H. O. Horch (Hg.): Judentum, Antisemitismus und europäische Kultur. Tübingen 1988; G. Brakelmann (Hg.): Antisemitismus. Von religiöser Judenfeindschaft zur Rassenideologie. Göttingen 1989; K. Schneider/N. Simon (Hg.): Judenhaß und Antisemitismus im 19. Jahrhundert. Frankfurt/Main ^{2}1991; I. Geiss: Geschichte des Rassismus. Frankfurt/Main ^{4}1993; R. Heuer (Hg.): Antisemitismus – Zionismus – Antizionismus. 1850–1940. Frankfurt/Main u. a. 1997.

Sozialistengesetz

Reichsgesetz »wider die gemeingefährlichen Bestrebungen der Sozialdemokratie« (1878–1890), von Bismarck erlassen, um die in Gotha (1875) gegründete SOZIALISTISCHE ARBEITERPARTEI DEUTSCHLANDS (SAPD) zu zerschlagen: Den Vorwand gaben zwei Attentate von ANARCHISTEN auf Kaiser Wilhelm I. (1878). Nach dem ersten Attentat (11. Mai) fand die Vorlage vor dem REICHSTAG zunächst keine Mehrheit; nach vorgezogenen Neuwahlen und dem zweiten Attentat (2. Juni) wurde sie nach Änderungen mit Stimmen der NATIONALLIBERALEN angenommen (21. Oktober **1878**): Verboten wurden alle Vereine mit sozialdemokratischen, sozialistischen oder kommunistischen Bestrebungen (»Umsturz der bestehenden Staats- und Gesellschaftsordnung«). SAPD und sozialistische GEWERKSCHAFTEN wurden zerschlagen, aber die sozialistische Reichstagsfraktion konnte legal weiterarbeiten, die Beteiligung an Reichstagswahlen blieb erlaubt. Zunächst befristet (bis März 1881), wurde das Gesetz vom Reichstag mehrfach verlängert (bis 1890). Die Sozialdemokratie reorganisierte sich im Untergrund, erzielte Wahlerfolge bei den Reichstagswahlen, wurde mit 20 % aller abgegebenen Stimmen stärkste Partei nach Stimmen (1890), aufgrund des WAHLRECHTS aber nicht nach Sitzen. Nach Bismarcks Sturz lief das Sozialistengesetz aus, Sozialdemokratie und Gewerkschaften waren wieder legal. Die SAPD formierte sich neu als SOZIALDEMOKRATISCHE PARTEI (SPD, 1890) mit dem Erfurter Programm (1891). Das Sozialistengesetz war, nach dem KULTURKAMPF (1871–1887), die schwerste, besonders lange nachwirkende innenpolitische Belastung des 2. DEUTSCHEN KAISERREICHS.

Literatur: W. Pack: Das parlamentarische Ringen um das Sozialistengesetz Bismarcks, 1878–1890. Düsseldorf 1961; R. Maaß: Die Generalklausel des Sozialistengesetzes und die Aktualität des präventiven Verfassungsschutzes. Heidelberg 1990.

Weltpostverein

(Universal Postal Union, Union Postale Universelle) Ursprünglich Gründung von 21 Mitgliedstaaten als Allgemeiner Postverein (1874): Auf Grundlage des Weltpostvertrages wurde die Organisation zur ungehinderten Beförderung der Post in den Mitgliedstaaten eingerichtet, mit Sitz in Bern als Weltpostverein (**1878**). Als Sonderorganisation der UNO (seit 1948) half er beim Aufbau des Postwesens in der Dritten Welt. Die 189 (2002) Vertragsländer gelten als einheitliches Postgebiet.

Literatur: G. A. Codding: The Universal Postal Union. New York 1964.

Heilsarmee

(Salvation Army, Armée du Salut) Internationale karitative Organisation: Aus einer Zeltmission im East End von London (1865) hervorgegangen, wurde die Heilsarmee nach ihren bis heute bestehenden »Regeln« organisiert und erhielt ihren endgültigen Namen (**1878**). Sie arbeitet mit äußerlich militärischer Struktur auf christlicher Basis und konzentriert sich auf den Kampf gegen Laster (u. a. Alkoholismus) und die Sorge für sozial Schwache (z. B. Obdachlosenfürsorge).

Literatur: M. Gruner: Revolutionäres Christentum. 2 Bde., Berlin 1953/54; R. Chevalley: 100 Jahre Heilsarmee in der Schweiz 1882–1982. Siegeszug einer Friedensarmee. Bern 1982; H. Horie: William Booth und seine Heilsarmee. Wetzlar 1988; D. Gnewekow/T. Hermsen: Die Geschichte der Heilsarmee. Das Abenteuer der Seelenrettung. Eine sozialgeschichtliche Darstellung. Opladen 1993.

Schutzzoll

Einfuhrzoll zum Schutz der einheimischen Wirtschaft (Industrie, Landwirtschaft) gegen preisgünstigere Konkurrenz aus dem Ausland: Der Schutzzoll, ein typisches Instrument des Merkantilismus, wurde mit der Industriellen Revolution zunächst vom Freihandel zurückgedrängt. Die USA führten den Schutzzoll schon früh ein (1816). Nach Verlagerung der parlamentarischen Basis Bismarcks von den Liberalen zu den Konservativen beschloss der Reichtag in der Grossen Depression Schutzzölle (**1879**) für die Industrie (vor allem gegen Großbritannien) und die Landwirtschaft (vor allem gegen russisches Getreide). Die deutsche Konfrontation mit Russland eskalierte im Lombardverbot (1887). Danach wurden die Getreidezölle – mit Ausnahme einer vorübergehenden Senkung durch Caprivis Handelsvertragspolitik (1894) – weiter erhöht (1885, 1887, 1902). Der Schutzzoll konservierte die Stellung der ostelbischen Junker, vergrößerte jedoch den Anhang der SPD in der städtischen Bevölkerung, die erhöhte Brotpreise hinnehmen musste. In Großbritannien tobte der Konflikt um imperiale Präferenzzölle (1897–1903), die erst in der Weltwirtschaftskrise eingeführt wurden (1932), entsprechend auch Schutzzölle in vielen anderen Staaten. Schutzzollpolitik löste oft heftige innenpolitische Konflikte aus.

Zweibund

Defensivbündnis des Deutschen Reichs mit Österreich-Ungarn (**1879**) als Reaktion auf die Verstimmung Russlands über die deutsche Haltung auf dem Berliner Kongress: Die Beziehungen verschlechterten sich weiter durch den deutschen Schutzzoll gegen russisches Getreide. Nach einer schriftlichen Beschwerde Zar Alexanders II. an Kaiser Wilhelm I. über Bismarck (»Ohrfeigenbrief«) einigte sich Bismarck mit Gyula Graf Andrássy. Gegen den Widerstand Wilhelms I. (aus altpreußischen Ressentiments gegen HABSBURGER) wurde das Bündnis auf zunächst fünf Jahre geschlossen: Bei Angriff Russlands auf einen Vertragspartner sollte der andere mit seiner gesamten Streitmacht zur Hilfe kommen; bei Angriff einer anderen Macht galt zumindest wohlwollende Neutralität. Der Bündnisfall sollte auch bei Unterstützung eines Angriffs durch Russland eintreten. Aus dem Zweibund entstand durch Italiens Beitritt der DREIBUND (1882) als erstes Bündnis zwischen europäischen Großmächten seit dem KRIMKRIEG (1853–1856).

Siehe auch: RUSSISCH-FRANZÖSISCHE MILITÄRKONVENTION (1894), WELTPOLITIK, ENTENTE CORDIALE (1904), TRIPELALLIANZ (1907), ERSTER WELTKRIEG (1914–1918).

Literatur: E. Erhard: Großdeutsches im Kleindeutschen Reich. Wirkung und Verbreitung des großdeutschen Gedankengutes im Deutschen Reich zwischen Reichsgründung und Abschluss des Zweibunds. Darmstadt 1986; H. Rumpler: Der »Zweibund« 1879. Das deutsch-österreichisch-ungarische Bündnis und die europäische Diplomatie. Wien 1996; J. Angelow: Kalkül und Prestige. Der Zweibund am Vorabend des Ersten Weltkrieges. Köln u. a. 2000.

Reichsgericht

Höchstes Gericht im Deutschen Reich mit Sitz in Leipzig (**1879**–1945): Es war die letzte Revisionsinstanz für Straf- und Zivilsachen sowie Erst- und Letztinstanz für Hoch- und Landesverrat (bis 1934, danach beim Volksgerichtshof). Der berühmteste politische Prozess war derjenige um den REICHSTAGSBRAND (Dezember 1933). Im geteilten Deutschland wurden die Funktionen vom Bundesgerichtshof (Karlsruhe) bzw. Obersten Gericht der DDR (bis 1990) wahrgenommen; das höchste ordentliche Gericht im vereinten Deutschland ist der Bundesgerichtshof.

Literatur: K. Müller: Der Hüter des Rechts. Die Stellung des Reichsgerichts im Deutschen Kaiserreich 1879–1918. Baden-Baden 1997.

Narodnaja Volja

(russ.: Volkswille) Untergrundbewegung radikaler NARODNIKI: Nach der Spaltung von »ZEMLJA I VOLJA« gegründet (**1879**), systematisierte Narodnaja Volja den TERROR gegen die russische AUTOKRATIE, bis zur Ermordung des Zars Alexander II. (1881).

Literatur: R. S. Seth: The Russian Terrorists. The Story of the Narodniki. London 1967.

Irish National Land League

Organisation der irischen Nationalbewegung: Bei Gründung der Irish National Land League wurde Parnell zum Präsidenten gewählt (1879). Die Organisation half im Hungerwinter, durch Lebensmittelverteilung eine Hungerkatastrophe in Irland abzuwenden (1879/80). Sie wandte sich im »Land War« (1879–1882) gegen die Zwangsräumung von Pächtern, stritt für die Ermäßigung des Pachtzinses sowie freien Landbesitz der Pächter (tenants) und organisierte zur Durchsetzung ihrer Forderungen die Boykott-Bewegung gegen die Gutsherrn (**1880**). Ihre Führer (darunter Parnell) wurden verhaftet, die Organisation wurde verboten (1881). Wenig später einigten sich Parnell und Gladstone auf einen Kompromiss in der Landfrage (1882). Im selben Jahr trat die National League als Wahlkampforganisation für die irische Home-Rule-Bewegung an die Stelle der verbotenen Land League (1882).

Literatur: D. C. O'Brien: Parnell and his Party, 1880–1890. Oxford 1957; J. F. Pomfret: The Struggle for Land in Ireland, 1800–1923. New York [2]1969; P. Bew: Land and the National Question in Irland 1858–82. Dublin u. a. 1978.

Boykott

Maßnahmen zur gesellschaftlichen und/oder wirtschaftlichen Isolierung von Individuen, Gruppen oder Staaten: Der Boykott ist ein weit verbreitetes Kampfmittel und kennt viele Formen u. a. Verweigerung von Zusammenarbeit, Kontakten, Belieferung wichtiger Güter, Arbeitskraft (Streik) oder der Teilnahme an Wahlen, Olympischen Spielen, Gremien u. Ä. Der Begriff entstand im »Land War« der Irish National Land League, als sich irische Pächter gegen den Landverwalter Captain Charles Boycott auflehnten (**1880**).

Literatur: P. Ortmann: Der politische Boykott. Berlin 1925; J. Polizius: Zulässigkeit und Grenzen des wirtschaftlichen Boykotts. Diss. Köln 1961.

Ochrana

(russ.: Bewachung, Schutz) Politische Geheimpolizei im zaristischen Russland: Dem Polizeidepartment in St. Petersburg unterstellt, hatte die Ochrana Sondervollmachten (u. a. Verhaftung ohne Angabe von Gründen) diente als Hauptwaffe gegen die Revolution, oft unter Verwendung von Agents provocateurs. Sie zerschlug die Narodniki (1874) und löste die Sozialdemokratische Arbeiterpartei Russlands (SDAPR) auf (1898), förderte den Antisemitismus, z. B. durch Pogrome nach der Ermordung Alexanders II. (**1881**) und lancierte die »Protokolle der Weisen von Zion« (1905). Der Priester Gapon organisierte in Kontakt mit der Ochrana eine Demonstration, deren Niederschlagung am »Blutsonntag« Ausgangspunkt zur 1. Russischen Revolution wurde (1905). In der Sowjetunion übernahmen Tscheka, GPU, NKWD und KGB Aufgaben und Techniken der Ochrana.

Literatur: A. T. Vassiljew: The Ochrana: The Russian Secret Police. London 1930; R. Deacon: A History of the Russian Secret Service. London u. a. 1987; S. Blaß: Die Ochrana. Funktion und Organisation der politischen Polizei in Rußland zwischen 1880 und 1917. o. O. 1997.

Pogrom

(russ.: Verwüstung) In Russland ursprünglich Angriff gegen einen Volksteil, mit Zerstörungen, Plünderungen, Vergewaltigungen usw.: Außerhalb Russlands wurde Pogrome zum Inbegriff systematischer Angriffe christlicher Bevölkerungsteile auf Juden im Zuge des wachsenden Antise-

MITISMUS seit der Ermordung von Zar Alexander II. (1881), mit stillschweigender Duldung bis geheimer oder gar offener aktiver Förderung durch staatliche Behörden, in Russland von der OCHRANA zur Ablenkung von inneren Spannungen organisiert (**1881**).

Pogrome (mit Morden an Juden) traten in drei großen Wellen auf:

- 1. Pogrom (1881–1884): Pogrome vor allem in der Ukraine wurden Ausgangspunkt zur 1. ALIJA und Begründung des ZIONISMUS (1882/97);
- 2. Pogrom (1903–1906): Das größte Einzelpogrom der »Schwarzen Hundertschaften« mit 49 000 Toten fand in Kishinew statt (1903). Jüdische Selbstverteidigung wurde von den Behörden oft entwaffnet; in der I. RUSSISCHEN REVOLUTION fanden Pogrome reaktionärer Kreise vor allem im RAYON statt. Sie waren Ausgangspunkt für die 2. Alija.
- 3. Pogrom (1917–1921): Pogrome nach der OKTOBERREVOLUTION im RUSSISCHEN BÜRGERKRIEG gingen meist von Weißen aus (WEISSER TERROR), anfangs teilweise auch von Einheiten der ROTEN ARMEE (1918–1920). Sie wurden bald von Bolschewiki untersagt und bestraft: Die Pogrome lösten die 3. Alija aus.

Ähnliche Pogrome in Polen (1919 ff.) und in Rumänien (1921 ff.) leiteten eine 4. Alija ein. Insgesamt wanderten ca. 2,6 Mio. Juden aus Osteuropa aus (1881–1914), meist in die USA.

Der Begriff wird übertragen u. a. auch auf die staatlich organisierten Judenverfolgungen im DRITTEN REICH (1933–1945), speziell während der »REICHSKRISTALLNACHT« (1938) in der Vorgeschichte zum systematischen Völkermord an den Juden (»ENDLÖSUNG«/HOLOCAUST, 1941–1945).

Literatur: Encyclopaedia Judaica. Bd. 13. »Pogroms«, Sp. 690–702; B. Pinkus: The Jews of the Soviet Union. The History of a National Minority. Cambridge 1989; E. Lederhendler: The Road to Modern Jewish Politics. Political Tradition and Political Reconstruction in the Jewish Community of Tsarist Russia. Oxford 1989; E. Carlton: Massacres. A Historical Perspective. Aldershot u. a. 1994.

Assimilation

(lat.: similis = ähnlich) Meist langfristiger Prozess der Angleichung oder Anpassung, als freiwillige oder erzwungene Homogenisierung heterogener Gesellschaften: Assimilation erfolgt oft nach Eroberungen (z. B. Romanisierung, Germanisierung, Polonisierung, Russifizierung, Sinisierung, Magyarisierung). Angleichung vollzieht sich vor allem über Sprache, Religion, Verwaltung, Rechtsprechung, Schulen, Kirchen, UNIVERSITÄTEN, Armee und sozioökonomische Strukturen.

Hier speziell: Die Assimilation ist ein generelles Phänomen jüdischer Geschichte seit der Antike (z. B. MAKKABÄERAUFSTAND gegen Hellenisierung, 167–160 v. Chr.), in der Neuzeit als häufiges Bestreben vieler JUDEN seit der AUFKLÄRUNG und JUDENEMANZIPATION, sich den Bedingungen der sie dominierenden Gesellschaft anzupassen, mit oder ohne Preisgabe ihrer Religion (Übertritt zum CHRISTENTUM). Von der Anpassung erhoffte man sich, von Pogromen wie sie z. B. **1881** in Russland ausbrachen, verschont zu bleiben. Die Assimilation wurde von Christen oft als Bedingung der Emanzipation verlangt. Von liberalen, aufgeklärten, jüdischen Kreisen propagiert, wurde sie – mit Höhepunkt in Deutschland – von orthodoxen jüdischen Kreisen bekämpft. Mit Aufkommen des modernen ANTISEMITISMUS scheiterte die Assimilation weitgehend.

Siehe auch: NUMERUS CLAUSUS (1887), DREYFUS-PROZESS in Frankreich (1894–1899), ZIONISMUS.

Literatur: »Assimilation«, in: Encyclopaedia Judaica, Bd. 3, Sp. 770–783; M. L. Rozenblit: Die Juden Wiens. 1867–1914. Assimilation und Identität. Köln 1989; Z. Bauman: Moderne und Ambivalenz. Das Ende der Eindeutigkeit. Frankfurt/Main 1996, Kap. 4 f.

Mahdi-Aufstand ▪

Nationale Revolution im Sudan gegen die osmanisch-ägyptische Herrschaft (**1881**): Der Befreiungskampf (im Selbstverständnis arab.: »Tahrir« = Befreiung) wurde angeführt von Mohammed Ahmed ibn Abdullah, der den Titel Mahdi (religiöser Führer und Erneuerer des ISLAM) beanspruchte und den Aufstand zum JIHAD (Heiliger Krieg) erklärte. Er besiegte Briten/Ägypter (1883) und gründete den MAHDI-STAAT (bis 1898). Omdurman wurde neue Hauptstadt. Mit einem weiteren Sieg über die Briten brachte er Khartum unter seine Herrschaft (1885).

Literatur: P. M. Holt: The Mahdist State in the Sudan 1881–1898. A Study of Its Origins, Development and Overthrow. Oxford ²1979; H. Pleticha (Hg.): Der Mahdiaufstand in Augenzeugenberichten. München 1981; W. Westphal: Sturm über dem Nil. Der Mahdi-Aufstand. Aus den Anfängen des islamischen Fundamentalismus. Sigmaringen 1998.

Dreibund ▪

Defensivbündnis zwischen dem Deutschen Reich, Österreich-Ungarn und Italien (**1882**) durch Erweiterung des ZWEIBUNDS (1879) um Italien: Nach Eroberung des von Italien beanspruchten Tunesien durch Frankreich (1881, als Kompensation für die britische Okkupation Zyperns 1878), schloss sich Italien dem Zweibund an (1882–1914/15). Ziele waren die Stabilisierung des monarchischen Prinzips und »Aufrechterhaltung der sozialen und politischen Ordnung in ihren Staaten« (Präambel): Bei einem unprovozierten Angriff Frankreichs erhielt Italien Hilfe der anderen Vertragspartner. Bei einem Angriff Frankreichs auf Deutschland sollte nur Italien zu Hilfe kommen. Der Bündnisfall für alle drei Partner gleichzeitig sollte bei unprovoziertem »Krieg mit zwei oder mehreren Großmächten« gegen einen oder zwei der Partner eintreten. Bei Krieg gegen nur eine Großmacht galt zumindest wohlwollende Neutralität. Im Kriegsfall war ein separater Waffenstillstand oder Frieden verboten. Deutsche Zusatzerklärung: Wegen seiner langen Küsten brauchte Italien nicht in einen Krieg gegen England einzutreten. Der Vertrag hatte zunächst eine Laufzeit von fünf Jahren und wurde später erneuert.

Rumänien schloss sich in einem bilateralen Geheimvertrag (nur dem König und Ministerpräsidenten bekannt) mit Österreich-Ungarn dem Dreibund an. Das Vertragssystem wurde ergänzt durch die MITTELMEERENTENTE (1887) zwischen Großbritannien und Italien, erweitert um

Österreich-Ungarn. Der RÜCKVERSICHERUNGSVERTRAG (1887–1890) stand in Spannung zum Dreibund. Den Dreibund schwächten Rivalitäten zwischen Italien und Österreich-Ungarn auf dem Balkan und im Adriaraum, sodass die Erneuerung erst nach zähen Verhandlungen und mündlichen Zusagen an Italien (Status quo auf dem Balkan, Erwerb von Tripolis) zustande kam (1902). Der italienisch-französische geheime Neutralitätsvertrag (1902) höhlte den Dreibund teilweise faktisch aus. Gegen den Dreibund richteten sich die RUSSISCH-FRANZÖSISCHE MILITÄRKONVENTION (1892/94), die britisch-französische ENTENTE CORDIALE (1904), um Russland zur TRIPELALLIANZ (1907) erweitert. Im 1. BALKANKRIEG (1912/13) erfolgte die letzte Verlängerung des Dreibunds (1912). Er zerbrach im ERSTEN WELTKRIEG mit der Neutralitätserklärung Italiens (1914) und dem italienischen Kriegseintritt gegen die MITTELMÄCHTE (1915/16).

Literatur: F. Fellner: Der Dreibund. Europäische Diplomatie vor dem Ersten Weltkrieg. München, Wien [2]1964; F. Fellner: Vom Dreibund zum Völkerbund. Studien zur Geschichte der internationalen Beziehungen, 1882–1919. Wien 1994.

Zionismus

Bewegung zur Gründung jüdischer Siedlungen und eines Staats der JUDEN in Palästina: Die Bezeichnung leitet sich vom Namen des Berges Zion in Jerusalem ab, der sich zum Synonym (»pars pro toto«) für Jerusalem oder gar Palästina/Erez Israel ausweitete. Vorläufer des Zionismus bildeten sich in Russland (1860 ff.) als Reaktion auf den sich ankündigenden ANTISEMITISMUS. Traumatischer Ausgangspunkt waren POGROME nach der Ermordung Zar Alexanders II. (1881).

Anfänge des Zionismus lagen im CHIBBAT ZION – noch vor Herzls politischen Zionismus. Leon Pinsker (* 1843, † 1913) schlug in seiner einflussreichen Broschüre »Autoemanzipation« (1882) jüdische Niederlassungen in Amerika oder Palästina als »praktischen Zionismus« vor. Die systematische Gründung jüdischer Landwirtschaftsiedlungen in Palästina begann ab 1870 in mehreren Wellen (1.–4. ALIJA, **1882**–1928). »Zionismus«, wie sich die Bewegung nannte (1890), verstand sich als Ausweg für Juden in Russland seit 1881, in Konkurrenz zum Kampf für Gleichberechtigung der Juden durch eine sozialistische REVOLUTION. Die starke Beteiligung der jüdischen Intelligentsia an der revolutionären Bewegung in Russland wurde Ausgangspunkt zur Rivalität zwischen Zionismus und KOMMUNISMUS, fortgesetzt auf staatlicher Ebene in der Feindschaft zwischen der Sowjetunion und Israel.

Der Zionismus brachte unterschiedliche Konzepte hervor. So befürwortete der »Kultur-Zionismus«, u. a. Ahad Ha-am (* 1856, † 1927), die jüdische Siedlung in Palästina, wollte aber auf einen jüdischen Nationalstaat mit Rücksicht auf die Araber verzichten (1891). Hingegen konzentrierte sich der »politische Zionismus« auf die nationaljüdische Staatsgründung in Palästina.

Später entstand als Verbindung aus dem politischen (Herzl/Westjuden) und dem praktischen Zionismus (Ussischkin, Weizmann/Ostjuden) der »synthetische Zionismus« (ab 1910). Nach dem DREYFUS-PRO-

ZESS in Frankreich (1894–1899) erschien Theodor Herzls »Der Judenstaat« (1896). Der 1. ZIONISTISCHE WELTKONGRESS in Basel (1897) verabschiedete das BASELER PROGRAMM (1897). Im gleichen Jahr erfolgte die Gründung der Zionistischen Organisation (seit 1960: World Zionist Organization) zur Vorbereitung weiterer Zionistenkongresse. Die Jüdische Colonialbank (Jewish Colonial Trust, 1899/1902) übernahm die Finanzierung der Siedlungsprojekte in Palästina, überwiegend mit Kleinaktien (1 £ Sterling). Der jüdische Nationalfonds (1901) sollte dem systematischen Aufkauf von Siedlungsland in Palästina dienen (»Das Volk ohne Land in das Land ohne Volk«). Das britische Angebot, als Alternative zu Palästina Gebiete in Ostafrika als mögliches Siedlungsland zu erwägen (sog. Uganda-Kontroverse 1903), wurde verworfen. In Jaffa nahm das Palästina-Amt zur Hilfeleistung für jüdische Siedler die Arbeit auf (1908), gefolgt vom ersten KIBBUZ (1909). Im ERSTEN WELTKRIEG kämpfte die »Jewish Legion« aufseiten Großbritanniens gegen Deutschland und das OSMANISCHE REICH (1917). Der britische Außenminister stellte den Juden eine jüdische Heimstätte in Palästina in Aussicht (1917); die (I.) BALFOUR-DEKLARATION (1917) wurde später in das britische VÖLKERBUNDSMANDAT (1920–1948) über Palästina aufgenommen.

Als Antwort auf zunehmenden Widerstand der arabischen Bevölkerung gegen die seit 1920er-Jahren verstärkt einsetzende Einwanderung gründete sich die Haganah (»Selbstschutz«) als jüdische MILIZ in Palästina (1920); erste Moshavim (= ländliche Siedlungen mit Privatbesitz) wurden errichtet (1921), die Jewish Agency fungierte als eine Art provisorische Regierung (1922–1948). Es bildeten sich politische Parteien (sozialistische, liberale, religiöse), darunter die zionistisch-revisionistische Partei unter Vladimir Jabotinsky (* 1880, † 1940), die maximalistische Territorialforderungen (beiderseits des Jordan) vertrat (1925). In Jerusalem wurde die Hebräische UNIVERSITÄT (1925) gegründet. In den 1930er-Jahren entwickelte sich Palästina zum Zufluchtsort für aus Mitteleuropa (Deutschland, Österreich, ČSSR) flüchtende oder vertriebene Juden (5. ALIJA, 1933/39). Danach verschärfte sich der schwelende Konflikt mit den Arabern in Palästina. Auf der Biltmore-Konferenz (USA) wurde die Errichtung eines jüdischen Staatswesens nach Kriegsende gefordert (1942). Kleinere jüdische Einheiten (seit 1939) bildeten den Kern der Jewish Brigade in der britischen Armee. Dem Ende des britischen Mandats folgte die Gründung des Staats Israel (1948); die arabischen Staaten unterlagen im I. NAHOSTKRIEG (1948/49). Das Einwanderungsgesetz (1950) schrieb das Recht aller Juden auf Einwanderung nach Israel fest.

Literatur: H. J. Schoeps (Hg.): Zionismus. Vierunddreißig Aufsätze. München 1973; W. Z. Laqueur: Der Weg zum Staat Israel. Geschichte des Zionismus. Wien 1975; H. Meier-Cronemeyer: Kleine Geschichte des Zionismus, von den Anfängen bis zum Jahr 1948. Berlin 1980; M. Krupp: Zionismus und Staat Israel. Ein geschichtlicher Abriß. Gütersloh [3]1992; J. Epke: Zur Ideengeschichte des Zionismus, in: Liberalismus, Parlamentarismus und Demokratie. Festschrift für Manfred Botzenhart zum 60. Geburtstag. Göttingen 1994, S. 356–406; R. Heuer (Hg.): Antisemitismus – Zionismus – Antizionismus. 1850–1940. Frankfurt/Main u. a. 1997; S. Avineri: Profile des Zionismus. Die geistigen Ursprünge des Staates Israel. 17 Porträts. Gütersloh 1998; H. Haumann (Hg.): Der Traum von Israel. Die Ursprünge des modernen Zionismus. Weinheim 1998; A. Shapira: Land and Power. The Zionist Resort to Force 1881–1948. Stanford (Cal.) 1999.

Alija

(hebr.: Aufstieg) Ursprünglich Aufstieg nach Jerusalem und zum Berg Zion; übertragen: der ethisch-moralische Aufstieg im Sinn jüdischer Ideale im Zionismus: Man unterscheidet fünf Alijas (= Wellen) jüdischer Einwanderer (meist Ashkenasim) nach Palästina (Erez Israel) bis zur Staatsgründung Israels (1948). Auslöser war der von Pogromen begleitete Antisemitismus in Europa seit 1881:

- 1. Alija (**1882**–1904): Die 1. Alija ging von Russland, Rumänien und Galizien (Österreich-Ungarn) aus und wurde von Baron Edmond de Rothschild (* 1845, † 1934) finanziell unterstützt. Die Einwanderer in Palästina begannen mit dem Anbau von Wein und Zitrusfrüchten, weitgehend mit arabischen Arbeitskräften. Aus der Einbeziehung der Araber ergaben sich Spannungen mit der 2. Alija.
- 2. Alija (1904–1914): Nach dem Pogrom von Kischinew (1903) und der 1. Russischen Revolution (1905/06) kamen ca. 40 000 Einwanderer nach Palästina, meistens aus Russland (während viele Einwanderer der 1. Alija Palästina wieder verließen). Sie gründeten landwirtschaftliche, aber auch städtische Siedlungen, hebräische Schulen, organisierten eine politische Selbstverwaltung mit ersten Parteien und schufen die Grundlagen zum Jishuv (jüdischen Gemeinwesen in Palästina) und Staat Israel. Sozialistische Strömungen dominierten seit der 1. Russischen Revolution, u. a. wurde die marxistische Partei Po'ale Zion gegründet (1906), gewerkschaftliche Gruppen entstanden. Konflikte um die Stellung der jüdischen Handarbeit förderten Spannungen zu den Juden der 1. Alija, die mit arabischen Arbeitern und Siedlern eng zusammenlebten. Das Palästina-Amt in Jaffa für jüdische Siedler wurde gegründet (1908). Aus Mitgliedern jüdischer Selbstverteidigungsorganisationen gegen Pogrome in Russland entstand die bewaffnete Organisation der Hashomer (»Wächter«) gegen Übergriffe der Araber (1908). Tel Aviv wurde gegründet, der erste Kibbuz entstand (1909), der Karmel oberhalb Haifas (1911) wurde besiedelt. Die 2. Alija wurde unterbrochen durch den Ersten Weltkrieg (1914–1918).
- 3. Alija (1919–1923): Ca. 35 000 Einwanderer kamen meist aus Russland (über 50 %) und Polen (ca. 35 %), dazu Veteranen der Jewish Legion, die im Ersten Weltkrieg mit den Briten in Palästina gekämpft hatte. Sozialistische Tendenzen dominierten weiterhin, organisiert in der Ahdut 'Avoda (Vereinigte Zionistische Arbeiterpartei, 1919–1929) und dem Gewerkschaftsbund Histadrut (1920). Nach Zusammenstößen mit Arabern (1919) wurde die Miliz Haganah (Selbstschutz) aufgebaut (1920–1948). Untergrundstreitkräfte sollten dem Schutz jüdischer Siedlungen gegen Araber dienen, vor allem bei größeren Unruhen (1921). Erste Moshavim entstanden (1921).
- 4. Alija (1924–1928): In der vierten Phase kamen ca. 67 000 Einwanderer, zur Hälfte aus Polen. In diese Phase fallen Anfänge der jüdischen Klein- und Mittelindustrie in Palästina.
- 5. Alija (1929–1936/39): Die jüdische Bevölkerung in Palästina nahm stark zu. Ca. 188 000 legale und ca. 12 000 illegale Einwanderer

kamen meist aus Mitteleuropa – Deutschland (seit 1933), Österreich und der ČSR (seit 1938), oft aus dem städtischem Bürgertum. Mit Kapital und hoher Ausbildung trugen sie zum Wachsen der Städte und Industrialisierung bei. Konflikte mit den Arabern (1936–1939) verschärften sich, sodass London im WHITE PAPER eine von Zionisten bekämpfte Beschränkung der Einwanderung verfügte.

- Nach dem ZWEITEN WELTKRIEG wanderten – teilweise »illegal« – Überlebende des HOLOCAUST ein (»Exodus«). Seit der Staatsgründung Israels (Hebr.: »medina«, 1948) kamen, nicht mehr als »Alija« bezeichnet, verstärkt orientalische Juden (aus Jemen, Syrien, Irak, Marokko, Algerien, Ägypten, ab 1949), später Juden vor allem aus der UdSSR und Rumänien (ab ca. 1965), seit dem neuen Antisemitismus mit Beginn des ZUSAMMENBRUCHS DES KOMMUNISMUS in den früheren Ostblockländern, hauptsächlich wiederum aus Russland.

Historische Gesamtwirkung: Die politische Führungsschicht des modernen Israel stellten OSTJUDEN (Aschkenasim) aus Russland und Polen, die wirtschaftliche und intellektuelle Elite stammte meist aus Mitteleuropa. Orientalische Juden wurden jüdisches Proletariat, mit Arabern als Subproletariat.

Literatur: A. Bein: The Return to the Soil: A History of Jewish Settlement in Israel. Jerusalem 1952, H. M. Sachar: Aliyah: The Peoples of Israel. Neuausgabe New York 1990; L. Mertens: Alija. Die Emigration der Juden aus der UdSSR/GUS. Bochum [2]1993.

Chibbat Zion

(hebr.: Zionsliebe) Frühzionistische Bewegung zur Palästinakolonisation durch Juden: Chibbat Zion wurde, noch vor Herzls politischem ZIONISMUS, als Reaktion auf POGROME in Russland nach der Ermordung Zar Alexanders II. (1881) gegründet. Zu den Initiatoren gehörte Leo Pinsker mit seiner Schrift »AUTOEMANZIPATION«. In zahlreichen Städten Russlands und Rumäniens betrieben Studentenverbindungen die ALIJA der Pogromopfer nach Palästina und gründeten die erste jüdische Siedlung »Rischon le Zion« in Judäa (Juli **1882**). Bis 1896 folgten 18 weitere Siedlungen. Zwar bekannte sich die Bewegung 1887 zum jüdischen Nationalismus, bewahrte aber anfangs gegenüber dem politischen Zionismus ihre Eigenständigkeit bei der Besiedlung Palästinas. Erst nach 1918 schwanden Differenzen zum Zionismus. [M. M.-F.]

Literatur: S. Bernstein: Der Zionismus, sein Wesen und seine Organisation. Berlin 1919; Y. Eloni: Zionismus in Deutschland. Von den Anfängen bis 1914. Gerlingen 1987; D. Schwara: »Lo se haderech!« – »Nicht dies ist der Weg!«. Ostjüdische Zionisten in Palästina, in: H. Haumann (Hg.): Der erste Zionistenkongress von 1897 – Ursachen, Bedeutung, Aktualität. Basel 1997, S.79–84.

Autoemanzipation

Bewegung zur nationalen Selbstbefreiung der JUDEN: Der Begriff entstammt dem Titel einer von Leo Pinsker (* 1821, † 1891) in Berlin veröffentlichten Broschüre (**1882**). Unter dem Eindruck der POGROME (1881/82) und des mangelnden Fortschritts der Emanzipation der Juden in Russland forderte Pinsker für das Judentum den Status einer eigenen

Nation mit eigenem Territorium. Während er zahlreiche OSTJUDEN für seine Idee gewann, distanzierte sich die bereits emanzipierte Westjudenheit von Pinskers Projekten, die im Westen erst mit Herzls politischem ZIONISMUS eine Entsprechung fanden. Nur vereinzelt wurde vorher im Westen die Dringlichkeit der »Selbstbefreiung« anerkannt: 1885 erschien in Wien die Zeitschrift »Selbstemanzipation« von Nathan Birnbaum im Sinne der Idee Pinskers. [M. M.-F.]

Literatur: L. Pinsker: Autoemanzipation. Mahnruf an seine Stammesgenossen von einem russischen Juden. Berlin 1882; J. H. Schoeps: Leon Pinsker: »Autoemanzipation!« – Ein Mahnruf von 1882, in: M. Brocke (Hg.): Beter und Rebellen, Frankfurt/Main 1983, S. 223–235.

Sozialpolitik

(in Deutschland) Staatliche Maßnahmen zur materiellen Grundsicherung der Bevölkerung: Nach ersten sozialpolitischen Maßnahmen (ähnlich den britischen FABRIKGESETZEN, ab 1833) griff der Staat im 2. DEUTSCHEN KAISERREICH unter dem Druck der Arbeiterbewegung ab den 1880er-Jahren verstärkt ein. Als sozialpolitische Ergänzung zum SOZIALISTENGESETZ (1878–1890) initiierte Bismarck die Sozialgesetze, um die Arbeiterschaft für sich zu gewinnen und sie von der Sozialdemokratie zu trennen. Kranken- (**1883**), Unfall- (1884), Invaliditäts- und Altersversicherung (1889) wurden eingeführt. Verstärkter Arbeiterschutz (1891), obligatorische Gewerbegerichte (1901), Ausbau und Erweiterung von Unfall- und Krankenversicherung (1900/03), die Verbesserung des Kinderschutzes (1903) und die Reichsversicherungsordnung (1911) folgten. Zwar verfehlte Bismarck sein politisches Ziel, jedoch war Deutschland um 1900 führend in der staatlichen Sozialgesetzgebung.

Im ERSTEN WELTKRIEG wurden GEWERKSCHAFTEN im HILFSDIENSTGESETZ anerkannt (1916). Die NOVEMBERREVOLUTION (1918) brachte den ACHTSTUNDENTAG und Betriebsräte (Betriebsrätegesetz (1920). Zu den sozialpolitischen Errungenschaften der WEIMARER REPUBLIK gehören die staatliche Arbeitsvermittlung (1922), Arbeitsgerichtsbarkeit (1926) und Arbeitslosenversicherung (1927). Nach dem ZWEITEN WELTKRIEG folgte der Ausbau des Sozialstaats in der BUNDESREPUBLIK DEUTSCHLAND und DDR (seit 1945/49) zum Wohlfahrtstaat bzw. Staatssozialismus. Moderne Sozialreformen in westlichen Staaten orientierten sich lange am deutschen Vorbild (USA, Großbritannien, Frankreich).

Literatur: W. J. Mommsen/W. Mock (Hg.): Die Entstehung des Wohlfahrtsstaates in Großbritannien und Deutschland 1850–1950. Stuttgart 1982; G. A. Ritter: Sozialversicherung in Deutschland und England. Entstehung und Grundzüge im Vergleich. München 1983; V. Hentschel: Geschichte der deutschen Sozialpolitik (1880–1980). Soziale Sicherung und kollektives Arbeitsrecht. Frankfurt/Main [4]1991; L. Machtan (Hg.): Bismarcks Sozialstaat. Frankfurt/Main u. a. 1994; W. Wangler: Bürgschaft des inneren Friedens. Sozialpolitik in Geschichte und Gegenwart. Opladen u. a. 1998.

Marxismus

Wirtschafts- und Gesellschaftstheorie mit wissenschaftlichem Anspruch, die sich auf Karl Marx (* 1818, † **1883**) und Friedrich Engels (* 1820, † 1895) beruft, als ideologische Grundlage des SOZIALISMUS und KOMMUNISMUS, in Auseinandersetzung mit Hegel und den Linkshegelianern: Dogmen sind die Abhängigkeit des »Überbaus« (Recht, Politik, Kultur, Religion) von der ökonomischen »Basis«, die schnellere Entwicklung der »Produktivkräfte« gegenüber den »Produktionsverhältnissen«, deren Kluft immer wieder REVOLUTIONEN aufheben. Marx erklärte so die Abfolge der »Gesellschaftsformationen« (SKLAVENhaltergesellschaft – FEUDALISMUS – Kapitalismus – Sozialismus). Der Marxismus erstarrte nach dem Tod von Marx (1883) zu einem festen System des »dialektischen und historischen Materialismus«, in der Sowjetunion, vor allem unter Stalin, weiter dogmatisiert zum »Marxismus-Leninismus« (ML, 1938), im STALINISMUS politisch umgesetzt. Jugoslawien (TITOISMUS), China (MAOISMUS) und Kuba (FIDELISMUS) entwickelten eigene Varianten. Nach Stalins Tod (1953) und der Entstalinisierung (1956) traten im Ostblock zunehmend Systemkritiker auf, die Reformen innerhalb des Systems anstrebten (u. a. in Polen, Ungarn, der ČSR: PRAGER FRÜHLING), jedoch früher oder später am harten Durchgreifen der Sowjetunion im eigenen Land scheiterten. Entsprechend entwickelten sich auch im Westen, neben den Ablegern der herrschenden Kommunisten in den jeweiligen KPs, flexiblere Varianten des Marxismus. Der ZUSAMMENBRUCH DES KOMMUNISMUS (1989/91) stürzte auch den Marxismus als theoretische Legitimationsbasis in eine tiefe Krise.

Literatur: P. Vranicki: Geschichte des Marxismus. 2 Bde., Frankfurt/Main 1983; I. Fetscher: Von Marx zur Sowjetideologie. Darstellung, Kritik und Dokumentation des sowjetischen, jugoslawischen und chinesischen Marxismus. Frankfurt/Main [22]1987; L. Kolakowski: Die Hauptströmungen des Marxismus. Aus dem Polnischen. 3 Bde. München [3]1988f; M. Levi (Hg.): Marxism. Schools of Thought in Politics. 2 Bde., Aldershot, Brookfield (Verm.) 1991; D. McLellan: Marxism after Marx. An Introduction. Basingstoke u. a. [3]1998.

3. Reform Bill

Fortführung der WAHLRECHTSREFORM in Großbritannien (seit 1832, 1867): Nach dem BALLOT ACT (1872) wurde ein erweitertes Wahlrecht von den Städten auf das Land ausgedehnt (**1884**). So erhielten ca. 2 Mio. Landarbeiter das Wahlrecht, gefolgt von der Bildung weiterer Wahlkreise in den Industriezentren (London, Liverpool, Yorkshire, 1885). Die Reform trug zum Wahlsieg der Liberalen bei (1885).

Social Democratic Federation

Erste sozialdemokratische Organisation in Großbritannien (**1884**–1911): Die Social Democratic Federation emanzipierte sich von der LIB-LAB-Strategie der CHARTISTEN. Sie verfolgte ein marxistisches Programm und lehnte die politische Haltung der GEWERKSCHAFTEN (Trade Unions) ab. Im gleichen Jahr spaltete sich die Social League ab (1884) und scheiterte mit drei Kandidaten bei UNTERHAUSwahlen (1885). Sie agitierte gegen die Arbeitslosigkeit (1886/87), beteiligte sich am LABOUR REPRESENTATION COMMITTEE (1900–1902) und distanzierte sich von der LABOUR PARTY (1906 gegründet). Die Gruppierung ging in der British Socialist Party auf (1911).

Literatur: C. Tsuzuki: H. M. Hyndman and British Socialism. Oxford 1961; M. Crick: The History of the Social-Democratic Federation. Keele 1994.

Fabian Society

Gesellschaft (ursprünglich bürgerlicher) Intellektueller in Großbritannien (**1884** gegründet): Die Fabian Society, nach dem Namen des römischen DIKTATORS Quintus Fabius Maximus Cunctator (= der Zauderer) im 2. PUNISCHEN KRIEG (218–201 v. Chr.), propagierte einen pragmatischen nichtmarxistischen, nichtrevolutionären, schrittweise vorgehenden SOZIALISMUS. Zu den prominenten Mitgliedern gehörten George Bernard Shaw, Sidney und Beatrice Webb. In den programmatischen »Fabian Essays« (1889) forderte die Fabian Society Kommunalreformen (»Gas and Water Socialism«) und verteidigte den Parlamentarismus. Sie war an der Gründung der INDEPENDENT LABOUR PARTY beteiligt (1893) und gehörte zum LABOUR REPRESENTATION COMMITTEE (1900), aus dem die LABOUR PARTY hervorging (1906). Nach Zulauf liberaler Bürgerlicher entwickelte sie sich seit dem ERSTEN WELTKRIEG (1918ff.) zum Forschungs- und Diskussionsforum der Labour Party, mit eigenem Tagungszentrum im »Beatrice Webb House« bei London.

Literatur: G. D. H. Cole: The Fabian Society, Past and Present. London [2]1946; M. J. Cole: The Story of Fabian Socialism. Stanford (Cal.) 1961; A. M. McBriar: Fabian Socialism and English Politics 1884–1918. Nachdruck Cambridge 1966.

Kolonialpolitik

(in Deutschland) Nach der REICHSGRÜNDUNG (1871) und der inneren Konsolidierung des 2. DEUTSCHEN KAISERREICHS beteiligte sich das Deutsche Reich am SCRAMBLE FOR AFRICA und der Rivalität der Großmächte im IMPERIALISMUS, entgegen anfänglichem Zögern Bismarcks – zunächst in der lockeren Form moderner Chartered Companies, unter dem »Schutz« des Deutschen Reichs, später mit direkter Kolonialverwaltung: Unter Ausnutzung weltpolitischer Differenzen zwischen Großbritannien und Frankreich (Sudan) sowie Großbritannien und Russland (Afghanistan) wurden deutsche Kolonien (»Schutzgebiete«) in Afrika (Togo, Kamerun, Deutsch-Südwestafrika, Deutsch-Ostafrika) und im Pazifik (Neuguinea, Bismarck-Archipel, Marschall-Inseln) gegründet (**1884**/85). Hinzu kamen die Karolinen, Marianen, Westsamoa u. a. (1899). Aufstände in Deutsch-Ostafrika (1888, 1905) und Deutsch-Südwestafrika (1904–1908) wurden niedergeworfen. Als Konsequenz aus den Missständen richtete das Deutsche Reich das KOLONIALAMT ein (1907), das Reformen in den Kolonien durchführte (1907). In Deutsch-Südwestafrika wurden DIAMANTEN entdeckt (1907). Im ERSTEN WELTKRIEG besetzten die ALLIIERTEN die deutschen Kolonien (1914–1918), die das Deutsche Reich im VERSAILLER VERTRAG verlor (1919), umgewandelt zu VÖLKERBUNDSMANDATEN. Versuche zur Wiederaufnahme einer aktiven Kolonialpolitik in der WEIMARER REPUBLIK und im DRITTEN REICH scheiterten.

Literatur: H.-U. Wehler: Bismarck und der Imperialismus. Frankfurt/Main [2]1985; J. Horstmann (Hg.): Die Verschränkung von Innen-, Konfessions- und Kolonialpolitik im Deutschen Reich vor 1914. Schwerte 1987; W. Wagner (Hg.): Rassendiskriminierung, Kolonialpolitik und ethnisch-nationale Identität. Referate des 2. Internationalen Kolonialgeschichtlichen Symposiums 1991 in Berlin. Münster 1992; H. Gründer: Geschichte der deutschen Kolonien. Paderborn u. a. [4]2000.

Sozialimperialismus

Begriff der politischen Theorie mit unterschiedlichen Bedeutungen:

- wissenschaftliche Kategorie in der Kolonialismustheorie zur Charakterisierung der sozialen Basis des modernen Imperialismus, illustriert an der deutschen KOLONIALPOLITIK (ab **1884**) und der WELTPOLITIK (1896/98–1914). Als Motiv für die koloniale Expansion des IMPERIALISMUS gelten u. a. Ablenkung von inneren Problemen und Einrichtung eines sozialen Sicherheitsventils (Rohstoffe, Absatzmärkte, Arbeitsplätze in der heimischen Wirtschaft, Ansiedlung für Bevölkerungsüberschuss, koloniale Betätigungsfelder), der Sache nach schon von Wilhelm Liebknecht in der Kolonialdebatte des REICHSTAGS (1884) formuliert (»Export der sozialen Frage in die Kolonien«). Der Begriff ist auch auf andere und ältere Expansions- und Siedlungsbewegungen mutatis mutandis (mit je entsprechender Modifizierung der verschiedenen Faktoren) übertragbar (z. B. RECONQUISTA, CONQUISTA).
- Kampfbegriff, den Lenin im ERSTEN WELTKRIEG gegen jene Sozialdemokraten verwendete, welche die Kriegspolitik ihrer jeweiligen Regierung unterstützten. Eine analoge Begriffsbildung benutzte später die KPD gegen die SPD vor 1933 (»SOZIALFASCHISMUS«).

Literatur: H.-U. Wehler: Bismarck und der Imperialismus. Frankfurt/Main ²1985.

Berliner Afrika-Konferenz (Kongokonferenz)

Internationale Konferenz (14 europäische Mächte, OSMANISCHES REICH, USA) in Berlin (15. November **1884**–26. Februar 1885), ursprünglich nur zur Abgrenzung des KONGO-FREISTAATS einberufen: Das Ergebnis wurde in der Kongo-Akte festgehalten (26. Februar 1885): Der belgische König Leopold II. wurde in seiner persönlichen SOUVERÄNITÄT über den Kongo-Freistaat bestätigt, die Grenzen wurden festgelegt. Neben der Freiheit der Schifffahrt auf dem Kongo (und Niger) schrieb sie die Neutralität des Kongobeckens und grundsätzliche Handelsfreiheit für die Signatarstaaten fest. Zu den weiteren Vereinbarungen gehörten ein Verbot des SKLAVENHANDELS sowie der gegenseitige Verzicht, farbige Truppen auf europäischem Kriegsschauplatz einzusetzen. Unter dem Oberbegriff »effective occupation« legten die Teilnehmer die Kriterien für die völkerrechtliche Anerkennung kolonialer Inbesitznahme fest; der SCRAMBLE FOR AFRICA wurde in der Folge intensiviert.

Literatur: R. J. Gavin/J. A. Bentley (Hg.): The Scramble for Africa. Documents on the Berlin West African Conference and Related Subjects 1884/1885. Ibadan 1973; F. T. Gatter (Hg.): Kongokonferenz Berlin. Protokolle und Generalakte der Berliner Afrika-Konferenz 1884–1885. Bremen 1984; E. Bendikat (Hg.): Imperialistische Interessenpolitik und Konfliktregelung 1884/85. Zur Rezeption der Berliner Westafrika-Konferenz von 1884/85 in der deutschen, französischen und englischen Presseberichterstattung. Berlin 1985.

Kongo-Freistaat

Als Kolonie persönlicher Besitz des belgischen Königs Leopold II.: Das Gebiet wurde von Henry Morton Stanley mit Hilfe der »Africa Association« erobert (1879/80). Eine Abgrenzung gegen portugiesische

Ansprüche erfolgte auf der BERLINER AFRIKA-KONFERENZ (**1884**/85), niedergelegt in der Kongo-Akte (1885): Die Konferenz bestätigte den Kongo-Freistaat als Eigentum Leopold II., erklärte das Kongo-Becken zum neutralen Gebiet und beschloss ein Verbot des SKLAVENHANDELS sowie Handelsfreiheit für die Signatarmächte. Die Ausbeutung der Kolonie brachte Riesengewinne für Leopold II. ein (u. a. Wildkautschuk, KUPFER). Jedoch geriet er aufgrund der brutalen Ausbeutung und der Bevölkerungsverluste der Afrikaner (KONGOGRÄUEL) international in die Kritik. Als Konsequenz übernahm der belgische Staat das Gebiet (1908) als Belgisch-Kongo, das er als Demokratische Republik Kongo in die Unabhängigkeit entließ (1960 und seit 1997, Zaire 1971–1997).

Literatur: R. Slade: King Leopold's Congo. Nachdruck Westport 1974.

Scramble for Africa

(engl.: Wettlauf um Afrika) Bezeichnung für die Vollendung der kolonialen Aufteilung Afrikas durch die europäischen Mächte Ende des 19. Jahrhunderts nach langer Vorgeschichte (siehe: EXPANSION EUROPAS IN ÜBERSEE, TRANSATLANTISCHE SKLAVEREI, VERBOT DES SKLAVENHANDELS, 1807): Nach dem WIENER KONGRESS (1815) begann die Ausdehnung europäischer Kolonien, u. a. Algerien (ab 1830), Lagos (1851/61), Hinterland des Senegal (1854–1865), Transvaal (1852), Oranje-Freistaat (1854), Goldküste/Ashanti (1874), KONGO-FREISTAAT (1879/80), Tunesien (1881), Ägypten (1882), Eritrea (ab 1882) und Madagaskar (1883–1896). Die BERLINER AFRIKA-KONFERENZ sanktionierte und regulierte die koloniale Inbesitznahme völkerrechtlich (**1884**/85). Anschließend wurde die Aufteilung Afrikas vollendet; lediglich Liberia und Äthiopien blieben unabhängig. Zuletzt wurden der Sudan (1898, FASCHODA-KRISE), Marokko (1905/11) und Libyen unterworfen (1911/12). Auch einzubeziehen sind innerafrikanische Eroberungsvorgänge quasi-imperialen Charakters, u. a. die Expansion Äthiopiens um das Doppelte (ab 1855) und die Eroberung des Sudans durch Ägypten in zwei Phasen (1820–1822, 1874).

Literatur: R. F. Betts (Hg.): The Scramble for Africa. Causes and Dimensions of Empire. Lexington ^{2}1972; R. J. Gavin/J. A. Bentley (Hg.): The Scramble for Africa. Documents on the Berlin West African Conference and Related Subjects 1884/1885. Ibadan 1973; R. Robinson/J. Gallagher: Africa and the Victorians. The Official Mind of Imperialism. London ^{2}1985; T. Pakenham: Der kauernde Löwe. Die Kolonialisierung Afrikas, 1876–1912. Düsseldorf u. a. ^{2}1994; M. E. Chamberlain: The Scramble for Africa. Neuausgabe London 1999; T. Pakenham: The Scramble for Africa, 1876–1912. London 2001.

Mahdi-Staat

Einheimischer Staat im Sudan, gegründet nach dem erfolgreichem MAHDI-AUFSTAND (1881–1885), mit der Hauptstadt Omdurman (**1885**): Mit einer Erneuerung des ISLAM begann die Beseitigung islamischer Sekten (»Tariqa«) und der mit ihnen verbundenen sozialen Missstände (Sektenhäupter waren gleichzeitig Großgrundbesitzer). Die Stammesgegensätze wurden gemildert. Die Einführung eines gerechten Steuersystems ersetzte die drückende Steuerlast der bisherigen ägyptisch/

osmanischen Grundherren. Landverteilung erfolgte nur an Bauern (gegen Stammesfeudalismus), die dafür einen Teil der Ernte an den Staat ablieferten. Nach dem Tod des Mahdi (1885) ließen die Reformimpulse nach. Der Mahdi-Staat wurde von Großbritannien und Ägypten unterworfen (1895–1898) und nach der Niederlage bei Omdurman (1898) in ein ANGLO-ÄGYPTISCHES KONDOMINIUM verwandelt (1899–1955). Trotz der Niederlage war die Ära des Mahdi-Staats ein die nationale Identität stiftendes Ereignis des modernen Sudan.

Literatur: P. M. Holt: The Mahdist State in the Sudan. A Study of its Origins Development and Overthrow. Oxford [2]1979.

Indischer Nationalkongress

(Indian National Congress; All-India Congress) Erste politische Partei Indiens: Der Nationalkongress wurde von der indischen Oberschicht, meist Absolventen der ersten drei englischen UNIVERSITÄTEN in Indien (Madras, Bombay, Calcutta, 1857), gegründet (**1885**). Prägenden Einfluss hatte die Familiendynastie Nehru: Motilal Nehru war Mitbegründer und Präsident des Nationalkongresses (1929/30), wie sein Sohn Pandit Jawaharlal Nehru (1930/31), der mit der Unabhängigkeit Indiens erster Ministerpräsident wurde (1947–1964). Seine Tochter Indira Gandhi war Präsidentin des Nationalkongresses (1959/60), dritte und fünfte indische Ministerpräsidentin (1966–1977, 1980–1984). Ihr zweiter Sohn Rajiv Gandhi folgte ihr nach ihrer Ermordung in das Amt (1984) und fiel ebenfalls einem Attentat zum Opfer (1991). Seit 1996 führt den Nationalkongress als Oppositionspartei Sonia Ghandi.

In Südafrika gründete Mahatma Gandhi zur Verteidigung der Inder gegen die heraufziehende APARTHEID den Natal Indian Congress (1894), Modell für spätere Parteigründungen der Afrikaner, vor allem im südlichen Afrika. Nach Indien zurückgekehrt (1914), begann Gandhi den Kampf der Inder um AUTONOMIE (»self-government«), als führende Persönlichkeit des Nationalkongresses (bis zu seinem Austritt, 1934). Nach dem ERSTEN WELTKRIEG und den MASSAKER VON AMRITSAR (1919) propagierte er, gegen die Kolonialmacht, Nicht-Zusammenarbeit (»non-cooperation«) und unterstrich die Forderung nach Autonomie durch friedliche Mittel, geriet darüber jedoch auch in Spannung zu den MUSLIMEN (MUSLIMLIGA). Nach der Weigerung Großbritanniens, Indien den DOMINION-Status zuzuerkennen (1928), rief Gandhi erneut zu PASSIVEM WIDERSTAND, STREIKS, und BOYKOTT britischer Waren auf und organisierte u. a. den »Marsch zum Meer« (»Salzmarsch«, 1930). Für den Nationalkongress nahm er an der ROUND-TABLE-KONFERENZ in London teil (1931), ohne sich mit seinen Forderungen durchzusetzen. Wegen ihres passiven Widerstands (1932–1934) wurde die Partei verboten, Gandhi kam in Haft (1932; Massenverhaftungen 1932/33). Nach beiderseitigem Einlenken (1935) erkannte das britische PARLAMENT die Autonomie für Indien an (1937). Der Nationalkongress errang einen großen Wahlerfolg, bildete in sieben von elf Provinzen die Regierung (1937) und lehnte ein Koalitionsangebot der Muslimliga ab. Im ZWEITEN WELTKRIEG verweigerte der Nationalkongress Großbritannien die Unterstützung (1939). Sein passiver Widerstand (1942) provozierte sein Verbot, was zu Aufständen, Sabotage und Massenverhaftungen führte.

Nach Kriegsende wieder zugelassen (1945), siegte der Kongress bei Neuwahlen (1946) und wurde nach der SEZESSION Pakistans im unabhängigen Indien Regierungspartei (1947–1977, 1980–1989, 1991–1996), mit zahlreichen Absplitterungen, z. B. Sozialisten. Die Partei propagierte einen eigenen »Indischen Sozialismus« und außenpolitische Neutralität im KALTEN KRIEG. Nach Nehrus Tod (1964) wurde der Nationalkongress unter Indira Gandhi mit einer stärkeren Betonung der sozialistischen Programmelemente durch heftige innere Konflikte und Abspaltungen geschwächt. Nach ihrem Comeback (1980) lehnte sich Indira Gandhi stärker an die Sowjetunion an. Unter Rajiv Gandhi verlor die Partei durch Korruptionsskandale weiter an Ansehen und verlor bei den Wahlen die absolute Mehrheit im Parlament (1989). Bei den Wahlen nach Rajiv Gandhis Ermordung siegte sie noch einmal (1991) und stellte mit P. V. Rao den Premierminister (bis 1996). Seit 1996 in der Opposition, verlor der Nationalkongress die Wahlen unter Sonia Ghandi, Rajiv Ghandis Witwe, mit seinem schlechtesten Wahlergebnis (1999).

Literatur: B. P. Sitaramayya: History of the Indian National Congress. 2 Bde., Bombay 1935–47; D. Rothermund: Die politische Willensbildung in Indien, 1900–1960. Wiesbaden 1965; B. N. Pandey: The Indian Nationalist Movement 1885–1947. London 1979; G. Hellriegel: 100 Jahre Indischer Nationalkongress (1885–1985). Berlin 1985; S. R. Mehrotra: A History of the Indian National Congress. Neu-Delhi 1995 ff.

Liberal Unionists

Abspaltung von der britischen Liberal Party, die gegen das 1. HOME-RULE-Bill Gladstones im UNTERHAUS votierte (**1886**): Die Liberal Unionists unter Joseph Chamberlain bildeten eine Koalition mit den Konservativen (1886–1892, 1895–1903). Sie fusionierten später mit den Konservativen zur Conservative and Unionist Party (1912).

Auch: Unionists = protestantische Partei in Ulster zur Verteidigung der Union England-Irland.

Bulgarienkrise

Internationale Krise, entstanden aus dem Bestreben Fürst Alexanders I. (Battenberg), Bulgarien aus der russischen HEGEMONIE seit dem BERLINER KONGRESS (1878) zu lösen: Vorausgegangen waren die Vereinigung Bulgariens mit Ostrumelien (1885) und der Sieg im Serbisch-bulgarischen Krieg (1885/86). Alexander I. erreichte im Frieden von Bukarest die Anerkennung der Annexion Ostrumeliens (1886), wurde jedoch wenig später von einer prorussischen Offiziersverschwörung gefangen genommen und dankte nach vorübergehender Rückkehr endgültig ab (**1886**). Aus Rücksicht auf Russland erhielt er keine Unterstützung von Deutschland. Ferdinand I. von Sachsen Coburg wurde sein Nachfolger als bulgarischer Fürst/ZAR (1887/1909–1918).

Literatur: E. C. Corti: Alexander von Battenberg. Sein Kampf mit dem Zaren und Bismarck. Wien 1920.

Boulanger-Krise

Krise der III. Französischen Republik, ausgelöst durch den chauvinistisch-revanchistischen General Georges Boulanger: Er versuchte als Kriegsminister (**1886**/87) durch Anheizung antideutscher Revanchestimmung eine starke politische Stellung zu erringen und schürte in Deutschland die Angst vor einem Revanchekrieg. Er wurde durch eine konservative Kammermehrheit gestürzt (1887) und als Korpskommandeur in die Provinz abgeschoben. Nach seiner Zwangspensionierung (1888) war er Anziehungspunkt heterogener politisch Unzufriedener. Erneut in die Kammer gewählt (1888), sammelte er Gleichgesinnte um sich (sog. Boulangisten), forderte eine Revision der Verfassung und wurde mit großer Mehrheit in Paris gewählt (1889). Als wegen angeblicher Staatsstreichpläne ein Hochverratsprozess gegen ihn vorbereitet wurde, floh er nach Brüssel (1889). Die Krise mündete in die entscheidende Niederlage der Monarchisten und Bonapartisten, danach in die Konsolidierung der III. Französischen Republik.

American Federation of Labor (AFL)

Ältester und größter Gewerkschaftsdachverband der USA: Nach Vorläufern (National Labor Union 1866, Knights of Labor 1869) wurde die AFL von ehemaligen Mitgliedern der Knights of Labor gegründet (1881), nach Unruhen in Chicago (Haymarket Square, 4. Mai 1886) mit ihrem endgültigen Namen (**1886**). Die AFL organisierte nur weiße Facharbeiter, vertrat kein sozialistisches Programm, sondern verstand sich als »Lohnmaschine«. Sie organisierte Massendemonstrationen für den Achtstundentag zum 1. Mai (beschlossen 1888). Nach der Weltwirtschaftskrise (1929 ff.) durch Roosevelts New Deal gestärkt (1933 ff.), schränkte das Taft-Hartley-Gesetz (1947) die Macht der AFL wieder ein, vor allem durch Begrenzung des Rechts auf Streik und das Verbot des »closed shop« (d. h. in Betrieben mit Gewerkschaftsorganisation müssen alle Arbeiter in der AFL sein). Der Congress of Industrial Organization (CIO) spaltete sich als eigenständige Gewerkschaft ab (1938) und fusionierte später zur AFL/CIO (1955). Auch die Automobil-, Transport- und Chemiearbeiter machten sich in der Alliance for Labor Action (ALA, 1968) selbständig. Die AFL trat aus dem Internationalen Bund Freier Gewerkschaften (IBFG) aus (1969). Politische Aussagen traf sie meist nur zu Präsidentschaftswahlen, in der Regel für Demokraten.

Literatur: D. Guérin: Die amerikanische Arbeiterbewegung 1867–1967. Frankfurt/Main 1970; P. S. Foner: History of the Labor Movement in the United States. 7 Bde., New York 1975–1988; P. S. Foner: Die amerikanische Arbeiterbewegung von der Kolonialzeit bis 1945. Berlin 1990.

1. Mai

Internationaler Demonstrationstag, zunächst der sozialistischen Arbeiterbewegung: Nach Streiks amerikanischer Arbeiter für den Achtstundentag und Unruhen in Chicago (Haymarket Square, Mai **1886**) bestimmte die AMERICAN FEDERATION OF LABOUR den 1. Mai zum alljährlichen Demonstrationstag (1888). Der Gründungskongress der 2. INTERNATIONALE in Paris (1889) erklärte den 1. Mai zum Tag der Arbeit, mit streikähnlichen Demonstrationen erstmals begangen 1890, oft von Polizei oder Militär bekämpft, von Unternehmern mit Aussperrung beantwortet, sodass der 1. Mai in vielen Ländern innere Konflikte zutage brachte (1891 ff.). Später wurde er oft mit politischen Forderungen verbunden, z. B. in der 1. RUSSISCHEN REVOLUTION (1905/06) und im Kampf gegen das preußische DREIKLASSENWAHLRECHT (1910 ff.). Der 1. Mai diente zu Friedensdemonstrationen, im ERSTEN WELTKRIEG in Deutschland (1915/16) und Russland nach der RUSSISCHEN FEBRUARREVOLUTION (1917). In England eröffnete er den Großen GENERALSTREIK (1926). In Berlin provozierte die KPD blutige Krawalle auf ihrer 1.-Mai-Kundgebung (1929). Im DRITTEN REICH zum »Feiertag der nationalen Arbeit« zum Staatsfeiertag erklärt, wurden die Gewerkschaften zur Beteiligung gezwungen (1. Mai 1933), danach verboten (2. Mai 1933). In der Sowjetunion (und nach 1945 in anderen kommunistischen Staaten) war der 1. Mai Staatsfeiertag mit groß angelegten Militärparaden. Auch in vielen westlichen Ländern wurde der 1. Mai zum Feiertag erklärt. Trotz der Entwicklung vom gewerkschaftlichen Kampftag zum nationalen Feiertag bot der 1. Mai weiterhin oft Gelegenheit, gesellschaftliche Konflikte auf die Tagesordung zu setzen. Blutige Unruhen brachen in Oporto (Portugal) nach dem Versuch kommunistischer Demonstranten aus, eine Maiversammlung sozialistischer Gewerkschafter zu sprengen (1982). In Polen demonstrierte am 1. Mai die suspendierte »SOLIDARNOŚĆ« in Warschau und anderen Städten gegen den KRIEGSZUSTAND (1982).

Literatur: D. Fricke: Kleine Geschichte des Ersten Mai. Die Maifeier in der deutschen und internationalen Arbeiterbewegung. Berlin/DDR 1980; I. Marßolek (Hg.): 100 Jahre Zukunft. Zur Geschichte des 1. Mai. Frankfurt/Main 1990; D. Schuster: Zur Geschichte des 1. Mai in Deutschland. Düsseldorf ^{2}1991.

Ansiedlungskommission

Staatliche Kommission zum systematischen Ankauf polnischen Grundbesitzes und Ansetzen deutscher bäuerlicher Siedler (»innere Kolonisation«) in den preußischen Ostprovinzen (»Ostmark«) zur Verschärfung des deutschen Volkstumskampfes gegen Polen seit dem KULTURKAMPF (1871–1887): Die Ansiedlungskommission arbeitete auf Basis des Gesetzes (**1886**–1918) zur »Beförderung deutscher Ansiedlungen in der Provinz Westpreußen und Posen«, mit Sitz in Posen und einem Etat von 100 Mio. Mark. Sie schuf ca. 23 000 Siedlerstellen (bis 1918). Die Polen wehrten sich durch bäuerliche Genossenschaften. Trotz einer weiteren Verschärfung der Ostmarkenpolitik war die aggressive Verdrängungspolitik politisch ein Fehlschlag und stärkte indirekt nur den polnischen Nationalismus. Alfred Hugenberg begann seine politische Laufbahn als Regierungsassessor in der Ansiedlungskommission (1894). Im Gebäude der Ansiedlungskommission befindet sich heute die Medizinische Fakultät der UNIVERSITÄT Posen.

Literatur: R. W. Tims: Germanizing Prussian Poland. New York 1941; J. Mai: Die preußisch-deutsche Polenpolitik 1885–1887. Berlin/DDR 1962; M. Broszat: Zweihundert Jahre deutsche Polenpolitik. Frankfurt/Main 1986.

Lombardverbot

Sperrung des deutschen Kapitelmarktes durch Bismarck für russische Anleihen (**1887**): Das Lombardverbot verschärfte die wachsende Entfremdung zwischen Deutschland und Russland mit gegenseitig eskalierenden Maßnahmen. Russland wandte sich an den französischen Kapitalmarkt: Die »REVANCHEANLEIHE« (1888) beschleunigte die Annäherung Frankreichs und Russlands.

Literatur: H. Müller-Link: Industrialisierung und Außenpolitik. Preußen-Deutschland und das Zarenreich von 1860 bis 1890. Göttingen 1977.

Rückversicherungsvertrag

Deutsch-russischer Geheimvertrag, der beide Mächte auf drei Jahre zu gegenseitiger Neutralität im Kriegsfall verpflichtete (**1887**): Der Rückversicherungsvertrag diente dem Ausgleich wachsender Irritationen zwischen dem Reich und Russland seit dem BERLINER KONGRESS (1878), u. a. durch ZWEIBUND, SCHUTZZOLL (1879), BULGARIENKRISE (1886) und das LOMBARDVERBOT (1887). Mit dem Vertrag wollte Bismarck den »Draht nach St. Petersburg« erhalten. Von der gegenseitigen Neutralitätsverpflichtung ausgenommen waren ein unprovozierter Angriffskrieg Russlands gegen Österreich-Ungarn und des Deutschen Reichs gegen Frankreich. Das Deutsche Reich erkannte die HEGEMONIE Russlands über die Balkanhalbinsel (Bulgarien) und die Schließung der Meerengen für ausländische Kriegsschiffe an. Im »ganz geheimen« Zusatzprotokoll sicherte das Deutsche Reich Russland Unterstützung zu, sollte es sich gezwungen sehen, selbst »die Verteidigung des Zuganges zum Schwarzen Meere zu übernehmen« (d. h. Konstantinopel mit Meerengen zu besetzen). Der Rückversicherungsvertrag stand in Spannung zum DREIBUND (1882) und zur MITTELMEERENTENTE (1887). Er wurde nach Bismarcks Sturz trotz der Bereitschaft Russlands zu Konzessionen von Reichskanzler Caprivi nicht mehr verlängert (1890). Danach näherte sich Russland mit der RUSSISCH-FRANZÖSISCHEN MILITÄRKONVENTION an Frankreich an (1892/94). Die Bedeutung des Rückversicherungsvertrags wurde in der älteren deutschen Geschichtsschreibung oft übertrieben.

Literatur: H. Hallmann (Hg.): Zur Geschichte und Problematik des deutsch-russischen Rückversicherungsvertrages von 1857. Darmstadt 1968; S. Kumpf-Korfes: Bismarcks »Draht nach Rußland«. Berlin/DDR 1968; H. Elzer: Bismarcks Bündnispolitik von 1887. Erfolg und Grenzen einer europäischen Friedensordnung. Frankfurt/Main 1991.

Numerus clausus

(lat.: geschlossene Zahl) Zulassungsbeschränkung zu Ausbildungsstätten oder Berufen: Der Numerus clausus wurde in Russland unter dem Vorzeichen des ANTISEMITISMUS zur Einschränkung des wachsenden

Anteils von Juden in höheren Schulen und Universitäten bzw. freien Berufen eingeführt (**1887**). Im Rayon durften Juden nur 10 % der Schüler und Studenten stellen, außerhalb des Rayons 5 %, in St. Petersburg und Moskau 3 %. Danach versuchten Juden oft, den Numerus clausus zu umgehen, u. a. durch Übertritt zum Christentum, Emigration nach West- und Mitteleuropa, externe Prüfungen oder jüdische Privatschulen. In der 1. Russischen Revolution (1905/06) wurde der Numerus clausus zeitweilig nur für Knabenschulen abgeschafft, danach der Anteil von Juden an Schülern und Studenten auf 15 % im Rayon, 10 % außerhalb des Rayons, 5 % in St. Petersburg und Moskau erhöht. Die endgültige Abschaffung erfolgte in der Russischen Februarrevolution (1917). In der Sowjetunion gab es indirekte und versteckte Diskriminierungen.

In Polen reduzierte der Numerus clausus zwischen dem Ersten und dem Zweiten Weltkrieg den Anteil jüdischer Studenten von 24,6 % (1921) auf 13,2 % (1935/36). Ungarn führte den Numerus clausus verschleiert ein (1920); der Anteil jüdischer Studenten wurde später, entsprechend dem an der Gesamtbevölkerung, noch einmal reduziert (1939). In den USA diente er als versteckte, aber wirksame Diskriminierung gegen Juden (1881–1946); in Rumänien galt er offiziell nicht, wurde aber von christlichen Studenten propagiert (1992 ff.), die ihn mit tätlichen Angriffen gegen jüdische Studenten zu erzwingen suchten.

Auch: Zulassungsbeschränkungen an deutschen Universitäten für überlaufene Fächer.

Literatur: L. Greenberg: Jews in Russia. The Struggle for Emancipation. New Haven, London 1965; »Numerus clausus«, in: Encyclopedia Judaica, Bd. 12, Sp. 1263–1270.

Kartell

Vielschichtiger Begriff der modernen Geschichte:

- Heute allgemein bekannt als Begriff aus der Wirtschaft: Zusammenschluss großer Wirtschaftsunternehmen zur Herstellung monopolartiger Marktbedingungen; in diesem Sinne können auch Staaten Kartelle bilden, z. B. die OPEC für Erdölförderung (1958). Zu ihrer Kontrolle gibt es Kartellbehörden (USA, Deutschland, Europäische Union).
- Im älteren politischen Sprachgebrauch ein lockeres Zusammengehen politischer Parteien: Ein Kartell aus mehreren Rechtsparteien (Deutschkonservative Partei, Freikonservative Partei, Nationalliberale Partei) bildete sich als Wahlbündnis im 2. Deutschen Kaiserreich zur Stützung Bismarcks im Reichstag (**1887**–1890). Das Kartell siegte bei den Reichstagswahlen und setzte mit seiner Mehrheit im Reichstag u. a. den Septennat durch. Nach Ausscheren eines Teils der Konservativen zugunsten der Zusammenarbeit mit dem Zentrum (1889/90) zerbrach das Kartell und verlor die ersten Reichstagswahlen unter Wilhelm II. (1890). Die Sozialistische Arbeiterpartei Deutschlands wurde stärkste Partei nach Stimmenanteil; das Sozialistengesetz (seit 1878) wurde nicht mehr verlängert.
  Auch: Linkskartell (Cartel de Gauche) in Frankreich (1924–1927) als Wahlbündnis der Radikalsozialisten mit der SFIO.

- Cartellverband der katholischen deutschen Studentenverbindungen (CV, 1856). Aus ihm ging durch SEZESSION der Kartellverband katholischer deutschen Studentenvereine (KV) hervor (1863), ein Zusammenschluss nichtfarbentragender katholischer Studenten (im Gegensatz zum CV).

Literatur: H. Heffter: Die Kreuzzeitungspartei und die Kartellpolitik Bismarcks. Leipzig 1927; H. Bechtold: Die Kartellierung der deutschen Volkswirtschaft und die sozialdemokratische Theorie-Diskussion vor 1933. Frankfurt/Main 1986.

Mittelmeerentente ▪

Verständigung zwischen Großbritannien und Italien durch geheimen Notenwechsel, erweitert um Österreich-Ungarn (**1887**): Ziel des Abkommens war die Erhaltung des Status quo im Mittelmeer, besonders im Schwarzen Meer. Großbritannien erhielt jedoch freie Hand in Ägypten, Italien in Tripolis. Als Absicherung des DREIBUNDS nach Süden kam die Bildung der Mittelmeerentente den Interessen des Deutschen Reichs entgegen. Das Bündnis endete, als Großbritannien in Reaktion auf die KRÜGER-DEPESCHE ausschied (1896).

Literatur: L. Israel: England und der orientalische Dreibund. Stuttgart 1937.

Deutsche Bank ▪

Größte deutsche private Kreditbank: Als AKTIENGESELLSCHAFT in Berlin gegründet (1870), entwickelte sich die Deutsche Bank rasch zur führenden deutschen Großbank neuen Stils (Universalbank). Sie war wesentlich an der deutschen ökonomischen Expansion ins Ausland beteiligt, u. a. mit der Deutschen Ueberseeischen Bank als Spezialinstitut (1886). Die Deutsche Bank erhielt die Konzession für die ANATOLISCHE EISENBAHN (**1888**/93) und BAGDADBAHN (1899/1903) und war an der rumänischen Erdölindustrie beteiligt (1904). Durch Übernahme anderer deutscher Banken baute sie ihre Spitzenstellung aus (1917 ff.), u. a. fusionierte sie mit der Disconto-Gesellschaft (1929). Im DRITTEN REICH profitierte sie u. a. von »Arisierungen« und »Judengold«. Nach dem ZWEITEN WELTKRIEG lösten die Besatzungsmächte die Deutsche Bank in zehn Nachfolgeinstitute auf (1947), die später in drei Regionalbanken zusammengefasst wurden (1952) und dann wieder fusionierten (1957). Die Deutsche Bank formierte sich neu mit Sitz in Frankfurt am Main (1957). Sie hält umfangreiche Beteiligungen an großen Unternehmen und wuchs, auch durch Übernahmen, zu einer der größten Banken der Welt.

Literatur: F. Seidenzahl: 100 Jahre Deutsche Bank 1870–1970. Frankfurt/Main 1970; C. Buchheim: Die Geschichte der Deutschen Bank. Ein Spiegelbild deutscher Geschichte 1870–1960, in: Neue politische Literatur. Berichte über das internationale Schrifttum 40 (1995), S. 359–364.

Anatolische Eisenbahn ▪

Erste größere Eisenbahnstrecke im OSMANISCHEN REICH, von Konstantinopel über Ankara bis Konya: Nach Vergabe der Baukonzession an die DEUTSCHE BANK (**1888**) und der Gründung der Anatolischen Eisenbahn-

Gesellschaft (1889) begann der Bau der Eisenbahnstrecke bis Ankara (1892) und Konya (1896). Ihre Fortsetzung bis Bagdad war die BAGDADBAHN (1903–1914).

Literatur: J. Nagel: Zwischen Kapitalarmut und Kapitalexport. Zum Problem der Auslandsinvestitionen deutscher Großbanken am Beispiel der Eisenbahnunternehmen der Deutschen Bank in Südosteuropa und dem Osmanischen Reich zwischen 1888 und 1914. Frankfurt/Main u. a. 1996.

»Revancheanleihe«

Deutsche Bezeichnung für die erste russische Anleihe in Frankreich nach dem LOMBARDVERBOT im Deutschen Reich (1887): Die »Revancheanleihe« diente der Finanzierung der Industrialisierung und Aufmarsch-EISENBAHNEN Russlands gegen Deutschland (**1888**) und bereitete die politische Annäherung Frankreichs und Russlands vor, bis zur RUSSISCH-FRANZÖSISCHEN MILITÄRKONVENTION (1894).

Dreikaiserjahr

In Deutschland Bezeichnung für das Jahr mit drei Kaisern: Wilhelm I. starb (9. März **1888**); ihm folgte der schwer kranke Friedrich III., der nach drei Monaten starb (15. Juni), gefolgt von Wilhelm II. (1888–1918). [F. H.]

Achtstundentag

Begrenzung des Arbeitstags auf acht Stunden: Schon früher punktuell praktiziert (z. B. im Tiroler Bergbau um 1500), war der Achtstundentag seit der Arbeitszeitverlängerung in der INDUSTRIELLEN REVOLUTION eine zentrale sozialpolitische Forderung der Arbeiterbewegung, erstmals in New South Wales (Australien) für Bauarbeiter erhoben (1856). Seine generelle Durchsetzung errreichten Demonstrationen am 1. MAI (ab **1889**/90). Der Achtstundentag wurde Wirklichkeit in verschiedenen Ländern zu verschiedenen Zeitpunkten, später auch unterschritten: In Deutschland kam er mit der NOVEMBERREVOLUTION (1918), wurde aber im DRITTEN REICH aufgehoben (1933–1945). In Frankreich führte die VOLKSFRONT die 40-Stunden-Woche ein (1936). In Deutschland liegt die Arbeitszeit in vielen Tarifbereichen unter 40 Stunden.

Literatur: I. Steinisch: Arbeitszeitverkürzung und sozialer Wandel. Der Kampf um die Achtstundenschicht in der deutschen und amerikanischen Eisen- und Stahlindustrie 1880–1929. Berlin u. a. 1986.

2. Internationale (Sozialistische Internationale)

Zusammenschluss (ursprünglich nur) europäischer Arbeiterparteien: Die 2. Internationale wurde auf deutsche Anregung in Paris am 100. Jahrestag des Sturms auf die BASTILLE gegründet (14. Juli **1889**). Auf ihrem Gründungskongress erklärte sie den 1. MAI zum internationalen Demonstrationstag für den ACHTSTUNDENTAG (ab 1890). Die 2. Internationale war marxistisch orientiert, die SPD hatte eine führende Position.

Ihre Arbeit stimmte sie auf den in unregelmäßigen Abständen stattfindenden Kongressen ab: Brüssel (1891), Zürich (1893), London (1896), Paris (1900), Amsterdam (1904), Stuttgart (1907), Kopenhagen (1910), Basel (1912). Ab 1900 übernahm ein ständiges Koordinationsbureau in Brüssel die Vorbereitung der Kongresse. Die Kongresse vor dem ERSTEN WELTKRIEG waren Schauplatz grundsätzlicher Kontroversen, u. a. ging es um den Massenstreik und die Haltung zum drohenden Krieg. Der Stuttgarter Kongress beschloss einen Kompromiss – grundsätzlich gegen den Krieg, aber praktisch für das Recht auf nationale Selbstverteidigung (1907). Die Internationale zerbrach im Ersten Weltkrieg, da sich die sozialistischen Parteien (bis auf Bolschewiki in Russland, Sozialisten in Serbien) auf die Seite ihrer Regierungen stellten. Wiederbelebungsversuche durch radikale Linke auf der ZIMMERWALDER (1915) und KIENTHALER KONFERENZ (1916) scheiterten zunächst. Die Internationale wurde in Frontstellung zur 3. INTERNATIONALE (KOMINTERN, 1920) wieder ins Leben gerufen, dominiert von der britischen LABOUR PARTY (1923–1940). Nach dem ZWEITEN WELTKRIEG wurde sie unter sozialdemokratischem Vorzeichen als Sozialistische Internationale (SI) in Frankfurt am Main neu gegründet (1951). Vorsitzender war u. a. Willy Brandt (1976–1992), mit Vizepräsident Bruno Kreisky (1976–1990).

Literatur: J. Braunthal: Geschichte der Internationale. 3 Bde., Bonn-Bad Godesberg (Bd. 1) [2]1974; K.-L. Günsche/K. Lantermann: Kleine Geschichte der Sozialistischen Internationale. Bonn-Bad Godesberg 1977.

Scottish Labour Party

Erste Arbeiterpartei in Schottland unter James Keir Hardie (**1889**–1893), im Bruch mit der LIB-LAB-Strategie: Nach Beteiligung an UNTERHAUSwahlen, die Hardie als ersten Sozialisten ins PARLAMENT brachten (1892), verbreiterte die Scottish Labour Party ihre Basis und war führend bei der Gründung der INDEPENDENT LABOUR PARTY (ILP, 1893).

Literatur: K. O. Morgan: Keir Hardie. Radical and Socialist. London 1997; G. Hassan: Labour and Scottish Nationalism. A History from Keir Hardie to the Present. London 1999; J. J. Smyth: Labour in Glasgow, 1896–1936. Socialism, Suffrage, Sectarianism. East Linton, Schottland 2000.

Sozialdemokratische Arbeiterpartei Österreichs (SDAP)

Aus reformerischen und revolutionären sozialistischen Gruppen auf dem Hainfelder Parteitag (30. Dezember 1888–1. Januar **1889**) von Victor Adler gegründete sozialistische Partei: Das HAINFELDER PROGRAMM des Gründungsparteitags (1889) wurde im Brünner Programm (1899) um die Forderung nach Föderalisierung Österreichs zum demokratischen »Nationalitäten-Bundesstaat« erweitert. Seit Einführung des allgemeinem WAHLRECHTS in Österreich (1907) war die SDAP mit einer starken Fraktion im österreichischen REICHSRAT vertreten, geschwächt durch die Abspaltung der »Tschechischen Sozialdemokratischen Arbeiterpartei in Österreich« (1911). Die SDAP entwickelte (seit etwa 1900) eine eigene Variante des MARXISMUS (»Austromarxismus«), der die Notwendigkeit der sozialistischen REVOLUTION in die fernere Zukunft verlegte und die praktische politische Arbeit der Partei in der Gegenwart mit Reformen und demokratischer Beteiligung in der kapitalistischen Gesellschaft legitimierte. Im ERSTEN WELTKRIEG aufseiten der Regierung, bildete sie nach Kriegsende eine Revolutionsregierung unter Karl Renner (November 1918), befürwortete den ANSCHLUSS Österreichs an Deutschland (1918/19) und ging eine Koalition mit der CHRISTLICHSOZIALEN PARTEI ein (1919/20). Seit 1920 stand sie auf nationaler Ebene in der Opposition, war jedoch kommunalpolitisch aktiv, vor allem in ihrer Hochburg, dem »Roten Wien«, wo sie u.a. den Bau von Arbeitersiedlungen vorantrieb und den »Republikanischen Schutzbund« als sozialistischen Wehrverband gründete (1923). Das Linzer Programm (1926) entwickelte den Austromarxismus weiter. Nach den Wiener Unruhen (Brand des Justizpalastes, Juli 1927) geriet die Partei zunehmend unter Druck. Nach dem bewaffneten Konflikt mit der Regierung Dollfuß, den die HEIMWEHREN auf Drängen Mussolinis provoziert hatten (Februar 1934), wurde die SDAP verboten und agierte im Untergrund als »Revolutionäre Sozialisten«. Nach dem ZWEITEN WELTKRIEG (1945) als SOZIALISTISCHE PARTEI ÖSTERREICHS (SPÖ) neu gegründet (1945), regierte sie in Koalition mit der ÖVP im PROPORZ-System (1945–1966) und war für vier Jahre in der Opposition. SPÖ-Bundeskanzler waren Bruno Kreisky (1970–1983), Fred Sinowatz (1983–1986), Franz Vranitzky (1986–1997), Viktor Klima (1997–2000); danach ging sie in die Opposition (seit 2000).

Literatur: H. Mommsen: Die Sozialdemokratie und die Nationalitätenfrage im habsburgischen Vielvölkerstaat. Wien 1963; H. Hautmann/R. Kropf: Die österreichische Arbeiterbewegung vom Vormärz bis 1945. Wien ³1978; P. Kulemann: Am Beispiel des Austromarxismus. Sozialdemokratische Arbeiterbewegung in Österreich von Hainfeld bis zur Dollfuß-Diktatur. Hamburg ²1982; H. Steiner: Die Arbeiterbewegung in Österreich 1867–1889. Wien 1988; E. Fröschl (Hg.): Die Bewegung – 100 Jahre Sozialdemokratie in Österreich. Wien 1990; P. Kurth: Im Schatten Victor Adlers. Die österreichische Sozialdemokratie zwischen Wahlrechtskampf und Revisionismusstreit (1889–1907). Husum 1998.

Hainfelder Programm

Erstes Programm der SOZIALDEMOKRATISCHEN ARBEITERPARTEI ÖSTERREICHS (SDAP), vom Hainfelder Parteitag beschlossen (1. Januar **1889**): Zu den zentralen Forderungen gehörten der ACHTSTUNDENTAG, die WAHLRECHTsreform, Rechte für Arbeiter, verbesserter Arbeitsschutz, Vergesellschaftung von Betrieben und die Einrichtung eines Volksheers.

Literatur: K. Berchtold (Hg.): Österreichische Parteiprogramme 1868–1966. Wien 1967; P. Schöffer: Der Wahlrechtskampf der österreichischen Sozialdemokratie 1888/89–1897. Vom Hainfelder Einigungsparteitag bis zur Wahlreform Badenis und zum Einzug der ersten Sozialdemokraten in den Reichsrat. Stuttgart 1986.

»Die Waffen nieder!«

Roman der österreichischen Pazifistin Bertha von Suttner (**1889**): Das zweibändige Werk übte große Wirkung auf den entstehenden PAZIFISMUS in Österreich und Deutschland aus.

Literatur: I. Kleberger: Bertha von Suttner. Die Vision vom Frieden. München [2]1989; E. Biedermann: Erzählen als Kriegskunst. »Die Waffen nieder!« von Bertha von Suttner. Studien zu Umfeld und Erzählstrukturen des Textes. Stockholm 1995; B. Hamann: Bertha von Suttner. Ein Leben für den Frieden. München [3]1999.

Pazifismus

(lat.: pacificare = befrieden) Organisierte Bewegung zur Erhaltung des Friedens: In seiner modernen Bedeutung wurde der Begriff um 1900 geprägt (sicher überliefert: 1901). Die philosophische Grundlegung geht auf Immanuel Kant (* 1724, † 1804), »Zum ewigen Frieden« (1795), zurück. Lokale Friedensgesellschaften bildeten sich im 19. Jahrhundert (oft mit QUÄKERN als hartem Kern) in den USA (1815) und Großbritannien (ab 1816). Weitere Gründungen schlossen sich an: »American Peace Society« (1828), »Société de la Paix« in Genf (1834), »Società internazionale per la pace« in Mailand (1887). Zur Verbreitung des Pazifismus trugen Internationale Friedenskongresse bei: London (1843), Brüssel (1848), Paris (1849), Frankfurt am Main (PAULSKIRCHE, 1850), Im deutschen Sprachraum erhielt er Auftrieb durch Bertha von Suttners Roman »DIE WAFFEN NIEDER!« (**1889**) und ihre Gründung der »Österreichischen Friedensgesellschaft« (Wien 1889), gefolgt von der »Deutschen Friedensgesellschaft« in Berlin (1892). Sozialisten, die sich selbst als proletarische Friedensbewegung empfanden, hielten sich zu den bürgerlich-liberalen Pazifisten auf Distanz. Die pazifistische Bewegung protestierte gegen den BURENKRIEG (1899–1902), unterstützte die 1. und 2. HAAGER FRIEDENSKONFERENZ (1899, 1907) und regte die Stiftung der NOBELPREISE (1901 ff.) an.

Im ERSTEN WELTKRIEG (1914–1918) propagierte sie die Kriegsdienstverweigerung, vor allem in Großbritannien, und setzte Hoffnungen auf Wilson (VIERZEHN PUNKTE, VÖLKERBUND 1918/19). Auch in der WEIMARER REPUBLIK (»Nie wieder Krieg!«) blieb die Friedensbewegung einflusslose Minderheit. Im DRITTEN REICH wurde sie unterdrückt, Pazifisten waren zur Emigration gezwungen (1933–1945). In Großbritannien befanden sich die LABOUR PARTY und der linke Pazifismus, der gleichermaßen nach Abrüstung und Unnachgiebigkeit gegenüber faschistischen Diktatoren verlangte, im Dilemma gegenüber der APPEASEMENT-Politik (ca. 1934–1938). Seit dem KALTEN KRIEG dominierte in der »Weltfriedensbewegung« kommunistischer Einfluss, innenpolitisch wurde der Pazifismus in der Sowjetunion und in der DDR bekämpft. Pazifistische Bewegungen in der BUNDESREPUBLIK DEUTSCHLAND waren u. a. die »Ohne-mich«-Bewegung (1950–ca. 1952), »Kampf dem Atomtod« (1956–1958) und die Ostermarsch-Bewegung. Eine neue FRIEDENSBEWEGUNG entwickelte sich in den 1970er- und 1980er-Jahren, als Partei organisiert in den GRÜNEN. In Protestdemonstrationen gegen den 2. GOLFKRIEG (1991) lebte sie in den 1990er-Jahren erneut auf, aber nicht gegen den großserbischen Eroberungskrieg im ehemaligen Jugoslawien (1992/93).

Literatur: R. Chickering: Imperial Germany and a World Without War. The German Peace Movement and German Society, 1892–1914. Princeton (N. J.) 1975; K. Holl: Pazifismus, in: O. Brunner

u. a. (Hg.): Geschichtliche Grundbegriffe, Bd 4, S. 767–787; E. Krippendorf (Hg.): Pazifismus in den USA. 2 Bde., Berlin 1986; K. Holl: Pazifismus in Deutschland. Frankfurt/Main 1988; W. Benz (Hg.): Pazifismus in Deutschland. Dokumente zur Friedensbewegung 1890–1939. Frankfurt/Main 1988; W. Beutin: Zur Geschichte des Friedensgedankens seit Immanuel Kant. Hamburg 1996; P. Brock/N. Young: Pacifism in the Twentieth Century. Syracuse (N. Y.) 1999.

1. Panamerikanische Konferenz

Zusammenkunft von Vertretern aller amerikanischer Staaten (bis auf San Domingo) in Washington D. C. zur Förderung der politischen und wirtschaftlichen Zusammenarbeit (**1889**): US-Vorschläge, wie Reziprozität (Gegenseitigkeit bei Handelsvergünstigungen) und Friedenswahrung durch Schlichtung, wurden abgelehnt. Als Ergebnis der Konferenz wurde die Pan-American Union als Informationsbüro (1890) eingerichtet. Spätere Kongresse fanden statt u. a. in Mexiko (1901), Rio de Janeiro (1906), Buenos Aires (1910, 1936), Santiago de Chile (1923), Havanna (1928, 1940) und Montevideo (1933). Die Konferenz in Lima (1938) beschloss eine verstärkte militärische Zusammenarbeit (1945). Die Konferenz in Bogotá (1948) führte zur Gründung der Organization of American States (OAS, 1948), die die Arbeit der Panamerikanischen Konferenzen weiterführte.

Literatur: S. Inman: Inter-American Conferences, 1826–1954. Washington D. C. 1965; R. Fiebig-von Hase: Lateinamerika als Konfliktherd der deutsch-amerikanischen Beziehungen 1890–1903. Vom Beginn der Panamerikapolitik bis zur Venezuelakrise von 1902/03. Göttingen 1986.

Jungtürken

Nationalrevolutionäre Bewegung im Osmanischen Reich: Vorläufer der Jungtürken waren die Jungosmanen (1860 ff.), Oppositionelle im Untergrund und Pariser Exil. Anfänge gehen auf die »Gesellschaft für Einheit und Fortschritt« zurück (**1889**), in der Offiziere, Beamte, und Intellektuelle für Wiedereinführung der Verfassung von 1876 kämpften, die Sultan Abdul Hamid II. suspendiert hatte (1878). Nach einem gescheiterten Attentat auf den Sultan (1892) emigrierten viele Oppositionelle und spaltete sich die Bewegung. Konspirative Aktivitäten begannen wieder seit der 1. Russischen Revolution, besonders in Saloniki (1906). Auf dem Einigungskongress in Paris (1907) fusionierten Oppositionsgruppen zum »Komitee für Einheit und Fortschritt« als Führungsorgan. Sein Aufstand eröffnete die Jungtürkische Revolution (1908), unter u. a. Enver Pascha; jedoch kamen die Jungtürken erst nach einem gegenrevolutionären Putschversuch an die Macht: Abdul Hamid II. wurde gestürzt (1909). Der Demokratisierungsversuch bei Behauptung der Reichsstruktur unter Führung der Türken scheiterte, provozierte Opposition und Aufstände nationaler Minderheiten. Nach der Niederlage im Tripoliskrieg (1911/12) vorübergehend gestürzt (1912), kamen die Jungtürken im 1. Balkankrieg (1912/13) durch einen Staatsstreich wieder an die Macht (1913). Alle Parteien wurden verboten. Sie betrieben eine konsequente Türkisierung, u. a. wurde Türkisch einzige Amtssprache; der Turanismus (Pantürkismus) bildete sich als türkischer Chauvinismus aus. Die Jungtürken stützten sich zunehmend auf Deutschland (siehe auch: LIMAN-VON-SANDERS-KRISE, 1913) und schlossen mit ihm ein Bündnis (2. August 1914): Die deutschen Kriegsschiffe »Goeben« und »Breslau« operierten im osmanischen Dienst und eröffneten ohne Kriegserklärung die Feindseligkeiten gegen Russland (1914); die Proklamation des JIHAD blieb in der islamischen Welt ohne Widerhall (1914). Nach dem militärischen Zusammenbruch lösten sich die Jungtürken selbst auf (Oktober 1918).

Literatur: E. E. Ramsauer: The Young Turks: Prelude to the Revolution of 1908. Princeton 1957; F. Ahmad: The Young Turks. The Committee of Union and Progress in Turkish Politics 1903–1914. Oxford 1969; H. Kayali: Arabs and Young Turks. Ottomanism, Arabism and Islamism in the Ottoman Empire, 1908–1918. Berkeley u. a. 1997; M. Naim Turfan: Rise of the Young Turks. Politics, the Military and Ottoman Collapse. London u. a. 2000.

Sozialdemokratische Partei (SPD)

Nachfolgeorganisation der SOZIALISTISCHEN ARBEITERPARTEI DEUTSCHLANDS: Die SPD gründete sich nach Auslaufen des SOZIALISTENGESETZES (1878–1890) auf dem Parteitag von Halle (**1890**), im engen Bündnis mit den sozialistischen (»freien«) GEWERKSCHAFTEN, unter Vorsitz August Bebels (bis 1913). Auf dem Erfurter Parteitag gab sich die Partei ein neues, das Erfurter Programm (1891; Folgeprogramme: Görlitzer Programm 1921, Heidelberger Programm 1925). Die SPD war führend in der 2. INTERNATIONALEN (bis 1914). Die Spannung zwischen offizieller marxistischer Grundposition und faktischem REVISIONISMUS (1899 ff.) provozierte heftige Konflikte über die Orientierung (u. a. Massenstreikdebatte 1905/06). Das Konzept der WELTPOLITIK (1896/98–1914) lehnte sie ab. Mit einer Reorganisation (1905) gab sie sich eine Parteistruktur aus Orts- und Wahlkreisvereinen, Bezirks-, Provinzial- und Landesverbänden; der Parteivorstand wurde oberste Reichsorganisation. Nach Wahlerfolgen verlor sie erstmals in den »HOTTENTOTTENWAHLEN« (1907) an Mandaten, zog aber nach Wahlen erstmals ins preußische Abgeordnetenhaus ein (1908) und bekämpfte nun auch auf parlamentarischer Bühne das DREIKLASSENWAHLRECHT. Als erstmals stärkste Fraktion im REICHSTAG (1912) stimmte die SPD für den WEHRBEITRAG (1913). Bei Ausbruch des ERSTEN WELTKRIEGS befürwortete sie die KRIEGSKREDITE (4. August 1914) und den BURGFRIEDEN. Von der Mehrheitssozialdemokratie (MSPD) spaltete sich die UNABHÄNGIGE SOZIALDEMOKRATISCHE PARTEI (USPD) ab (1917).

Nach Kriegsende war die SPD führend im RAT DER VOLKSBEAUFTRAGTEN (1918/19) und in der Rätebewegung. Anders als USPD und KPD entschied sich die SPD mehrheitlich für die NATIONALVERSAMMLUNG (1919) und die parlamentarisch-demokratische Republik. Als wählerstärkste Partei (bis 1930) war sie beteiligt an der WEIMARER KOALITION (1919/20) unter Philipp Scheidemann sowie an der GROSSEN KOALITION unter Gustav Stresemann (1923) und Hermann Müller (1928–1930), stellte mit Friedrich Ebert den ersten Reichspräsidenten (1919–1925). Bis zum »PAPENSCHLAG« (1932) regierte sie unter Otto Braun Preußen (1920–1932). Nach dem Zusammenschluss des linken

USPD-Flügels mit der KPD vereinigte sich der rechte Flügel der USPD wieder mit der SPD (1922). Der linksgerichtete Kampfverband REICHSBANNER »SCHWARZ-ROT-GOLD« (1924 gegründet) bestand vor allem aus Mitgliedern der SPD. Während der WELTWIRTSCHAFTSKRISE (1929 ff.) erlitt die Partei Verluste zugunsten der KPD (1930, 1932).

Nach dem Verbot der KPD stimmte die SPD allein gegen das ERMÄCHTIGUNGSGESETZ (23. März 1933), wurde verboten und arbeitete im Exil und im Untergrund. Nach dem ZWEITEN WELTKRIEG reorganisierte sich die SPD mit rivalisierenden Zentren in West (Hannover: Schumacher) und Ost (Berlin: Grotewohl). In der SBZ erfolgte die Zwangsfusion mit der KPD zur SED (1946). In der BUNDESREPUBLIK stärkste Oppositionspartei (1946–1966), verabschiedete die SPD nach Wahlniederlagen (1953, 1957) das GODESBERGER PROGRAMM (1959). Mit ihm vollzog sie den Schritt von der Arbeiterpartei zur linken Volkspartei und bekannte sich zur bündnispolitischen Anbindung der Bundesrepublik an den Westen (1960). Nach drei Jahren mit der CDU/CSU in der GROSSEN KOALITION (1966–1969) bildete sie die SOZIALLIBERALE KOALITION unter Willy Brandt und Helmut Schmidt (1969–1982) und leitete die NEUE OSTPOLITIK ein (1969 ff.). Über kontroverse Konzepte zur Bewältigung der WIRTSCHAFTSKRISE und Arbeitslosigkeit sowie durch die ökologische Bewegung, die FRIEDENSBEWEGUNG und die Krise der Entspannungspolitik geriet die SPD in den 1980er-Jahren in eine innere Krise (ab ca. 1978). Zusätzlich geschwächt wurde sie durch die neue Partei der GRÜNEN (1979 ff.) und Absplitterungen nach links (1981/82). Nach Niederlagen in Landtagswahlen (1981/82) gaben Einsparungen bei Sozialleistungen (1982) den Anlass zum Bruch der Sozialliberalen Koalition (17. September 1982).

Nach dem Sturz der SPD-Minderheitsregierung Schmidt durch ein konstruktives Misstrauensvotum (1. Oktober 1982) ging die SPD wieder in die Opposition, jetzt zur neuen Koalition CDU/CSU/FDP unter Helmut Kohl. Nach dem Fall der Mauer fusionierte die wiedergegründete Sozialdemokratische Partei in der DDR (1989) mit der SPD (1990). Die Partei verlor die letzten Volkskammer- und ersten gesamtdeutschen Bundestagswahlen (1990). Nach 16 Jahren in der Opposition übernahm die SPD in Koalition mit Bündnis 90/Die Grünen wieder die Regierung unter Bundeskanzler Gerhard Schröder (1998).

Literatur: J. Rovan: Geschichte der deutschen Sozialdemokratie. Frankfurt/Main 1980; H. Grebing: Geschichte der deutschen Arbeiterbewegung. Ein Überblick. München [11]1981; W. L. Guttsmann: The German Social Democratic Party, 1875–1933. From Ghetto to Government. London 1981; A. Klönne (Hg.): Der lange Abschied vom Sozialismus. Eine Jahrhundertbilanz der SPD. Hamburg 1999; S. Berger: Social Democracy and the Working Class in Nineteenth and Twentieth Century Germany. Harlow u. a. 2000; T. Welskopp: Das Banner der Brüderlichkeit. Die deutsche Sozialdemokratie vom Vormärz bis zum Sozialistengesetz. Bonn 2000.

Generalkommission der Gewerkschaften Deutschlands

Lockeres Koordinierungsorgan der sozialistischen (»freien«) GEWERKSCHAFTEN in Deutschland, nach dem SOZIALISTENGESETZ (**1890**): Die SPD-nahen Gewerkschaften wurde gestärkt durch das HILFSDIENSTGESETZ (1916) und die Zentralarbeitsgemeinschaft mit den Arbeitgeberverbänden (15. November 1918). Die Generalkommission ging im Allgemeinen Deutschen Gewerkschaftsbund (ADGB) auf (1919–1933).

Literatur: H.-J. Varain: Freie Gewerkschaften, Sozialdemokratie und Staat. Die Politik der Generalkommission unter Führung Carl Legiens (1895–1920). Düsseldorf 1956; J. A. Moses: Trade Unionism in Germany from Bismarck to Hitler 1869–1933. 2 Bde., London, New York 1982; H. Limmer: Die deutsche Gewerkschaftsbewegung. Geschichte, Gegenwart, Zukunft. Ein kritischer Grundriß. München u. a. [13]1996.

Indianer

Bezeichnung für die Ureinwohner Amerikas, im engeren Sinn nur im (überwiegend) englischsprachigen Nordamerika, im Gegensatz zu den INDIOS im spanisch- bzw. portugiesischsprachigen Mittel- und Südamerika: Der Name wurde von Columbus geprägt, der irrtümlich annahm, er sei in Indien, dem eigentlichen Ziel seiner Reisen, gelandet. Indianer waren teils Jäger und Sammler (WILDHEIT), teils auf der Stufe der agrarischen Produktion (BARBAREI). Das typische Bild von ihnen wurde durch Prärie- und Plainsindianer geprägt, die jedoch das PFERD erst durch die Spanier erhielten. Alle Indianer wurden von Einwanderern aus Europa unterworfen, früher oder später verdrängt, teils ausgerottet, in der Wirkung oder der Absicht nach bis zum GENOZID. Die Europäer verschärften ihre Vernichtungspolitik mit dem kalifornischen GOLDRAUSCH (ab 1848) und dem Erreichen der Westküste: Millionen Büffel wurden abgeschlachtet, um Indianern die Lebensgrundlage zu nehmen, Skalpprämien wurden ausgesetzt; ein letzter Sieg gelang den SIOUX gegen die US-Armee am Little Bighorn (1876). Mit der Niederwerfung ihres Aufstandsversuchs am Wounded Knee (**1890**) wurde der indianische Widerstand endgültig gebrochen. Die US-Regierung, vertreten durch das Bureau of Indian Affairs (BIA, seit 1824), verfügte die Umsiedlung in Reservate. Nach 1950 wuchs eine unterschiedlich starke RENAISSANCE einheimischer Traditionen, bis zur Forderung von Indianern in den USA und Kanada, ihr Land zurück oder wenigstens finanzielle Entschädigung zu erhalten: Spektakuläre Protestaktionen waren u. a. die Besetzung der Gefängnisinsel Alcatraz (1969), der Ortschaft Wounded Knee (1973), der 1. Weltkongress der Eingeborenen (1975) und Aktionen zu 500-Jahr-Feiern der Entdeckung Amerikas (1992).

Literatur: W. C. Sturtevant (Hg.): A Handbook of North American Indians. 20 Bde., Washington D. C. 1978 ff.; W. Lindig (Hg.): Die Indianer. Kulturen und Geschichte. 2 Bde., München [3]1985; E. B. Leacock/N. O. Lurie (Hg.): North American Indians in Historical Perspective. Neuausgabe Prospect Hights (Ill.) 1988; B. M. Fagan: Die ersten Indianer. Das Abenteuer der Besiedlung Amerikas. München [2]1992; J. R. Swanton: The Indian Tribes of North America. Washington [7]1994; D. Hurst Thomas: Die Welt der Indianer. Geschichte, Kunst, Kultur von den Anfängen bis zur Gegenwart. München [4]1998.

Sioux

Bedeutendes Indianervolk in den USA: Schon vor Einführung von PFERD und Gewehr (nach 1700) waren die Sioux sesshafte Feldbauern. Sie wurden von den weißen Siedlern als kriegerisch gefürchtet und nach Westen verdrängt. Im Kampf gegen die vorrückende US-Zivilisation blieb der Sieg über eine US-Armee-Einheit am Little Bighorn nur Episode (1876). Ihr letzter Aufstandsversuch in South Dakota unter Häuptling Sitting Bull wurde mit dem Massaker von Wounded Knee durch die US-Kavallerie unterdrückt (**1890**). Ihre Nachkommen leben heute in Reservaten.

Literatur: H. Hartmann: Die Plains- und Prärieindianer Nordamerikas. Berlin [2]1979; E. Engel: Sitting Bull und die Sioux. Göttingen 1995.

Antitrustgesetzgebung

Gesetze gegen Wettbewerbsbeschränkungen und Monopolisierung in den USA (ab **1890**): Der Versuch in den USA, durch Gesetze die Bildung großer Trusts (KARTELLE) in der Industrie zu verhindern, blieb weitgehend formal und ineffektiv gegen das »Big Business«. Nach dem ZWEITEN WELTKRIEG wurden in der BUNDESREPUBLIK, in Österreich und der Schweiz analoge Gesetze erlassen. In Deutschland überwacht das Bundeskartellamt die wirtschaftliche Konzentration (1957).

British South Africa Company

Wirtschaftsunternehmen zur Kontrolle der GOLD und DIAMANTEN verarbeitenden Industrie in Südafrika: Von Cecil Rhodes gegründet (1887), erhielt die British South Africa Company die königliche Charta für die Expansion nördlich des Sambesi. Sie gründete Salisbury (heute Harare, **1890**), Hauptstadt des späteren Rhodesien (1895). Aufstände der MATABELE gegen die massive Einwanderung von Europäern wurden niedergeworfen (1893, 1896). Der JAMESON-RAID zur Unterstützung einer geplanten Revolution gegen die Republik Transvaal scheiterte (1895). Das eroberte Gebiet nördlich des Sambesi wurde als Nordrhodesien britisches PROTEKTORAT (1911). Ein Jahrzehnt später verzichtete die Gesellschaft auf die SOUVERÄNITÄT in Rhodesien/Nordrhodesien (1923). Sie betrieb im Copper Belt Bergbau auf KUPFER (1899/1910) und wurde nach Sambias Unabhängigkeit für die Aufgabe von Bergwerksrechten entschädigt (1963).

Literatur: J. S. Galbraith: Crown and Charter. The Early Years of the British South African Company. Berkeley (Cal.) 1974; British South Africa Company, Betschuanaland and Rhodesia, 1885–1895. Frederick (Md.) 1995.

Enzyklika »Rerum Novarum«

Erste päpstliche Sozialenzyklika (**1891**): Papst Leo XII. wandte sich gegen Wirtschaftsliberalismus und SOZIALISMUS, plädierte für staatliche SOZIALPOLITIK, wirtschaftliche Selbsthilfe und Bildung von Eigentum in Arbeitnehmerhand, als Grundlage für die katholische CHRISTLICHE SOZIALLEHRE, die KATHOLISCHE ARBEITERBEWEGUNG und katholische Parteien (u. a. ZENTRUM, CHRISTLICHSOZIALE PARTEI). Die Enzyklika »QUADRAGESIMO ANNO« knüpfte mit dem Vorschlag einer berufsständisch organisierten Gesellschaft an »Rerum Novarum« ausdrücklich an (1931).

Literatur: Texte zur katholischen Soziallehre. Die sozialen Rundschreiben der Päpste und andere kirchliche Dokumente. Mit einer Einführung von O. v. Nell-Breuning. Bornheim u. a. [8]1992; H. Gottwald: 1891, Rerum novarum. Das soziale Gewissen des Heiligen Stuhls. Berlin 1994; P. Knorn: Arbeit und Menschenwürde. Kontinuität und Wandel im Verständnis der menschlichen Arbeit in den kirchlichen Lehrschreiben von Rerum novarum bis Centesimus annus. Eine sozialwissenschaftliche und theologische Untersuchung. Leipzig 1996.

Christliche Soziallehre

Moderne Gesellschaftslehre über das Verhältnis von Individuum, Gesellschaft und Staat aus christlicher (evangelischer, katholischer) Sicht: Die katholische Soziallehre basiert vor allem auf den päpstlichen Sozialenzykliken »Rerum Novarum« (**1891**), »Quadragesimo Anno« (1931), »Mater et magistra« (1961), »Populorum Progressio« (1967). Zunächst überwiegend konservativ (gegen Gewerkschaften und Sozialismus), enthalten sie jüngst auch progressive Tendenzen (1967).

Literatur: F. Klüber: Katholische Gesellschaftslehre. Osnabrück 1968; R. Antoncich: Die Soziallehre der Kirche. Düsseldorf 1988; D. Mieth (Hg.): Christliche Sozialethik im Anspruch der Zukunft. Tübinger Beiträge zur katholischen Soziallehre. Freiburg/Schweiz 1992; A. Rauscher (Hg.): Christliche Soziallehre heute. Probleme, Aufgaben und Perspektiven. Köln 1999.

Katholische Arbeiterbewegung

Wichtigster Zweig der nichtsozialistischen, nichtmarxistischen Arbeiterbewegung, besonders in Deutschland, Österreich und Frankreich: In Deutschland zählen dazu: der Kolpingverein (1849), Katholische Arbeitervereine (1881 ff.) und Christliche Gewerkschaften (1899/1901). Die katholische Arbeiterbewegung orientierte sich seit der Enzyklika »Rerum Novarum« (**1891**) an der katholischen Christlichen Soziallehre, in enger Zusammenarbeit mit dem Zentrum.

Literatur: H. Budde: Handbuch der christlich-sozialen Bewegung. Recklinghausen 1967; H. Grebing: Geschichte der deutschen Arbeiterbewegung. Ein Überblick. München [11]1981; U. Schmidt: Katholische Arbeiterbewegung zwischen Integralismus und Interkonfessionalität. Wandlungen eines Milieus. Herzogenrath 1987; D. H. Müller: Arbeiter, Katholizismus, Staat. Der Volksverein für das katholische Deutschland und die katholischen Arbeiterorganisationen in der Weimarer Republik. Bonn 1996.

Christlichsoziale Partei Österreichs (CP)

Christlich-konservative Volkspartei der Deutschen in Österreich (**1891**–1934), katholisch, antiliberal gemäß der Enzyklika »Rerum Novarum« (1891), antisemitisch: Die CP war zunächst auf Wien und Niederösterreich beschränkt, mit $^{2}/_{3}$-Mehrheit im Wiener Stadtrat (1895). Nach Fusion mit den katholischen Konservativen wurde sie bei Wahlen zum Reichsrat mit dem allgemeinen Wahlrecht stärkste Partei (1907), verlor jedoch bei den Reichsratswahlen in Wien gegen die Sozialdemokratische Arbeiterpartei Österreichs (1911). Nach der Revolution sprach sie sich für die 1. Republik Österreich und den Anschluss an Deutschland aus (1918), in Koalition mit den Sozialisten (1918–1920). Danach führende Regierungspartei unter wechselnden Kanzlern (1920–1934), verfolgte die CP in der Weltwirt-

SCHAFTSKRISE einen schärfer werdenden Rechtskurs. Mit engen Verbindungen zur HEIMWEHR regierte sie unter Dollfuß autoritär und ging in seiner Vaterländischen Front als einziger legaler Partei auf (1934). Nach dem »Anschluss« (1938) gingen viele ihrer Führer in die Emigration oder kamen in Haft. Nach dem ZWEITEN WELTKRIEG setzte die ÖVP ihre Tradition modifiziert fort (1945 ff.).

Transsibirische Eisenbahn

(Abkürzung: Transsib) Längste EISENBAHNstrecke Russlands: Die Eisenbahnstrecke von Moskau nach Wladiwostok (9300 km), die Hauptverkehrsader Sibiriens (erbaut **1891**–1916), war von strategischer Bedeutung für Truppentransporte und wurde im RUSSISCHEN BÜRGERKRIEG zeitweise von der TSCHECHOSLOWAKISCHEN LEGION beherrscht (1918), die so Abtransport und Ausreise über Wladiwostok erzwang (1919). Heute ist die Transsib elektrifiziert, teilweise viergleisig ausgebaut, für den Personen- und Güterverkehr als wichtige Verbindung nach Japan und China. Zur Entlastung wurde die Baikal-Amur-Magistrale gebaut (bis 1986).

Literatur: H. Tupper: To the Great Ocean. Siberia and the Transsiberian Railway. London 1965; J. DesCars: Die Transsibirische Bahn. Geschichte der längsten Bahn der Welt. Wiesbaden 1987; S. G. Marks: Road to Power. The Trans-Siberian Railroad and the Colonization of Asian Russia, 1850–1917. London 1991.

Alldeutscher Verband

Chauvinistische Organisation in Deutschland (1891–1939): In der imperialistischen Agitation gegen den Helgoland-Sansibar-Vertrag (1890) gegründet (**1891**/94), betrieben die Alldeutschen »Pflege und Unterstützung deutschnationaler Bestrebungen in allen Ländern, wo Angehörige unseres Volkes um die Behauptung ihrer Eigenart zu kämpfen haben, und Zusammenfassung aller deutschen Elemente auf der Erde für diesen Zweck«. Dazu instrumentalisierte der Verband deutsche Minderheiten (vor allem in Ost- und Südosteuropa) für deutsche Macht- und Expansionspolitik, um alle Deutsche in einem mächtigen Reich zu vereinen. Der Verband (Zentralorgan: »Alldeutschen Blätter«, 1894), agitierte für WELTPOLITIK, SCHLACHTFLOTTE, KOLONIALPOLITIK und ANTISEMITISMUS. Er bekämpfte die SPD und nationale Minderheiten in Deutschland, seit der 2. MAROKKOKRISE (1911) mit Einfluss auf die deutsche Außenpolitik. Im ERSTEN WELTKRIEG stützte er, mit Anhängern für weit gespannte KRIEGSZIELE in allen bürgerlichen Parteien, die 3. OBERSTE HEERESLEITUNG (Ludendorff) und DEUTSCHE VATERLANDSPARTEI (1917). Im Kampf gegen die WEIMARER REPUBLIK (1919–1933) befürwortete er den KAPP-PUTSCH, kooperierte als ideologischer Wegbereiter für den NATIONALSOZIALISMUS mit DNVP und NSDAP, auch in der HARZBURGER FRONT (1931). Er wurde 1939 aufgelöst.

Literatur: A. Kruck: Geschichte des Alldeutschen Verbandes 1890–1939. Wiesbaden 1954; M. Peters: Der Alldeutsche Verband am Vorabend des Ersten Weltkrieges (1908–1914). Frankfurt/Main u. a. [2]1996.

Polnische Sozialistische Partei (PPS)

(Polska Partia Socialistyczna) Erste sozialistische Partei Polens: Im Pariser Exil gegründet (**1892**), agierte die PPS unter Józef Piłsudski zunächst im Untergrund (ab 1893). Gegen die dominierende nationale und antirussische Ausrichtung spaltete sich der linke Flügel als PPS-Lewica ab (1906–1918). Im Ersten Weltkrieg bildete die PPS die politische Basis für die Polnische Legion (1914–1916), kam in Konflikt mit der deutschen Besatzung (1916–1918) und spielte eine führende Rolle bei Gründung der 2. Polnischen Republik (1918/19). Nach Kriegsende vereinigte sich die PPS-Lewica mit der SDKPiL zur KPRP (Dezember 1918). Die PPS unterstützte Piłsudskis Staatsstreich (1926), war später in Opposition und beteiligte sich an der Exilregierung (1939). Nur der linke Flügel arbeitete im Untergrund zusammen mit der KPRP gegen die deutsche Besatzungsmacht (1941–1944). Ab 1944 wieder eigenständige Partei, erfolgte die Zwangsfusion mit der KPP (1948) zur Vereinigten Polnischen Arbeiterpartei (PZPR). Ansätze zur Neubildung (1980/81) wurden während des Kriegszustands (13. Dezember 1981) wieder zerschlagen. Nach dem Zusammenbruch des Kommunismus blieb die neu gegründete Partei erfolglos (1989).

Literatur: U. Haustein: Sozialismus und nationale Frage in Polen. Die Entwicklung der sozialistischen Bewegung in Kongresspolen von 1875 bis 1900. Köln 1969.

Bund der Landwirte (BdL)

Interessenvertretung der deutschen Landwirtschaft (**1893**): Konzentriert auf Preußen, versuchte der BdL vor allem die Vormachtstellung der ostelbischen Großgrundbesitzer in Wirtschaft und Politik zu erhalten, in Zusammenarbeit mit der Deutschkonservativen Partei (bis 1918). Er war gegen die Senkung der Getreidezölle durch Caprivi (1894) und den Bau des Mittellandkanals, für Erhalt des Dreiklassenwahlrechts. Anhänger des BdL saßen als »Wirtschaftliche Vereinigung« in allen bürgerlichen Fraktionen des Reichstags (meistens ca. 100 Abgeordnete). Er vertrat im Ersten Weltkrieg expansive Kriegsziele im Osten. Der BdL fusionierte mit dem Deutschen Landbund zum Deutschen Reichslandbund (1921), der im Reichsnährstand aufging (1933).

Literatur: H.-J. Puhle: Agrarische Interessenpolitik und preußischer Konservatismus 1893–1914. Bonn-Bad Godesberg [2]1975.

Independent Labour Party (ILP)

Erste Arbeiterpartei Englands: Zu den Gründern der von Keir Hardie in London ins Leben gerufenen Partei (**1893**) gehörten Anhänger der Fabian Society (1884) und Scottish Labour Party (1889). Die ILP propagierte Sozialisierungen, war aber nicht marxistisch. Zentralorgan war der »Labour Leader«. Die ILP blieb erfolglos bei den Unterhauswahlen (1895). Im Labour Representation Committee (1900) und als korporatives Mitglied (»affiliated member«) der Labour Party

(1906–1946) vertrat sie linkssozialistische, pazifistische, antikolonialistische Positionen. Mit Kommunisten und der Socialist League bildete sie die antifaschistische »United Front« (analog der VOLKSFRONT, 1938).

Literatur: R.E. Dowse: Left in the Centre. The Independent Labour Party 1893–1940. London 1966; H. Pelling: The Origins of the Labour Party 1880–1900. Oxford [2]1971; H. Pelling/A.J. Reid: A Short History of the Labour Party. Basingstoke u.a. [11]1996; A. Thorpe: A History of the British Labour Party. Basingstoke u.a. [2]2001.

Sozialdemokratische Partei des Königreichs Polen (SDKP)

(Socjal-Demokracja Królestwa Polskiego) In Konkurrenz zur PPS gegründete internationalistische, marxistische Partei, mitgegründet (**1893**) und geführt von Rosa Luxemburg: Die SDKP hielt die nationale Unabhängigkeit Polens für Utopie, befürwortete auf ihrer ersten Tagung in Warschau (1894) die REVOLUTION in Russland und wurde zerschlagen (1895). In Paris gab sie die Zeitschrift »Sprawa Robotnicza« heraus. Erweitert um eine sozialistische Gruppierung aus Litauen, gründete sie sich neu als Socjal-Demokracja Królestwa Polskiego i Litwy (SDKPiL, 1899) mit den Parteiorganen »Przegląd Socjaldemokratyczna« und »Czerwony Sztandar«. Die SDKPil bereitete in der I. RUSSISCHEN REVOLUTION den bewaffneten Aufstand vor (1905), war im ERSTEN WELTKRIEG an der ZIMMERWALDER KONFERENZ beteiligt (1915) und fusionierte mit dem linkem Flügel der PPS (PPS-Lewica) zur Kommunistyczna Partia Robotnicza Polski (KPRP, Dezember 1918).

Literatur: G.W. Strobel: Quellen zur Geschichte des Kommunismus in Polen, 1878–1918. Köln 1968; M.K. Dziewanowski: The Communist Party of Poland. Cambridge (Mass.) [2]1976.

Panamaskandal

Krise der III. FRANZÖSISCHEN REPUBLIK (**1893**), ausgelöst vom Bankrott der Panama-Gesellschaft unter Ferdinand de Lesseps (1889) zur Finanzierung des Panamakanals: Zunächst konnte die Regierung Verluste für die Aktionäre geheim halten. Bei Bekanntwerden erhob sich öffentliche Entrüstung: Zahlreiche Politiker wurden der Korruption beschuldigt. Über den Skandal stürzten die Linksregierungen Émile Loubet (1892/93) und Alexandre Ribot (1893). Der Panamaskandal, in den auch jüdische Finanziers mit undurchsichtigen Transaktionen verwickelt waren, gab dem ANTISEMITISMUS in Frankreich Auftrieb.

Literatur: B. Weil: Panama. Berlin 1934; J. Bouvier: Les deux scandales de Panama. Paris 1964; J.M. Skinner: France and Panama. The Unknown Years, 1894–1908. Frankfurt/Main 1989.

Matabele (Ndebele)

Bantuvolk im Südwesten Simbabwes, mit ZULU-Sprache: Die Matabele kamen aus Natal (1832–1837) und errichteten ein eigenes Reich, das mit der Kolonisierung britisches PROTEKTORAT wurde (1888). Die BRITISH SOUTH AFRICA COMPANY warf Aufstände der Matabele nieder (**1893**, 1896) und zerschlug das Matabele-Reich. Heute bilden die

Matabele eine Minderheitsgruppe (rd. 16 % der Bevölkerung) im unabhängigen Simbabwe, in Konflikten mit dem Mehrheitsvolk der MASHONA.

Maschinengewehr (MG)

Schnellfeuerwaffe: Ein Vorläufer des Maschinengewehrs war das Maxim Gun, in Kolonialkriegen seit den Aufständen der MATABELE entscheidend eingesetzt (**1893**/96). Seit dem ERSTEN WELTKRIEG wurde es weiterentwickelt, vor allem für Infanteristen in der Defensive, später auch in Flugzeugen, zur Luftabwehr und in Panzern (Tanks).

Literatur: F. W. A. Hobart: Das Maschinengewehr, die Geschichte einer vollautomatischen Waffe. Stuttgart [3]1976.

Russisch-französische Militärkonvention (Zweiverband)

Militärbündnis zwischen Russland und Frankreich, als Antwort auf deutsche Bündnisinitiativen gegen Russland (ZWEIBUND 1879, DREIBUND 1882) und eine zunehmende Entfremdung zwischen Deutschland und Russland (LOMBARDVERBOT, 1887; REVANCHEANLEIHE, 1888): Nach Unterzeichnung (1892) ratifizierte Zar Alexander III. das Bündnis erst nach langem Zögern (**1894**). Es verpflichtete zu gegenseitiger Hilfe bei Angriff eines Mitglieds des Dreibunds auf einen Partner. Der Mobilmachung des Dreibunds oder eines seiner Mitglieder sollte automatisch die Mobilmachung beider Partner zum Zweifrontenkrieg gegen Deutschland folgen. Ein SONDERFRIEDEN war verboten. Mit dem Zweiverband befreite sich Frankreich aus der machtpolitischen Isolierung (seit 1870/71). Das Bündnis war Ausgangspunkt für die ENTENTE CORDIALE zwischen Großbritannien und Frankreich (1904), um Russland zur TRIPELENTENTE erweitert (1907). Die russisch-französische Zusammenarbeit setzte sich in der Marinekonvention fort (1912).

Literatur: B. Nolde: L'Alliance franco-russe. Paris 1939; P. Jakobs: Das Werden des französisch-russischen Zweibunds 1890–94. Wiesbaden 1968; M. Butenschön: Zarenhymne und Marseillaise. Zur Geschichte der Rußland-Ideologie in Frankreich (1870/71–1893/94). Stuttgart 1978; G. F. Kennan: Bismarcks europäisches System in der Auflösung. Die französisch-russische Annäherung 1875 bis 1890. Frankfurt/Main 1981.

Apartheid

(afrikaans: Gesondertheit) Regierungs- und Herrschaftssystem der BUREN in der SÜDAFRIKANISCHEN UNION/Republik mit möglichst strikter Rassentrennung (1948–1991), mit langer Vorgeschichte: Protesten gegen eine liberale Afrikanerpolitik der Briten in der Kapprovinz (seit 1815), vor allem gegen Abschaffung der SKLAVEREI (1834), folgte die SEZESSION eines Teils der Buren im GROSSEN TREK (1835 ff.). Mit der Entdeckung von Vorkommen an GOLD in Transvaal (1886) zeichnete sich die beginnende Rassentrennung im Goldbergbau ab; unabhängige afrikanische (»äthiopische«) Kirchen entstanden. Als Führer der indischen Einwanderer organisierte Mohandas Karamchand Gandhi (1893 eingewandert) den politischen Widerstand der Inder Natals gegen Diskriminierung, gestützt auf den Natal Indian Congress (**1894**). Nach dem Burenkrieg gab der Frieden von Vereeniging (1902) den Buren freie Hand gegen Afrikaner, in der Südafrikanischen Union (1910) auch die Hegemonie über die Briten in Natal und in der Kapprovinz. Die Apartheid begann mit Job Reservation (1911) und Native Lands Act (1913). Gegen die Diskriminierung organisierte sich der South African Native Congress/ANC (1912). Nach dem Streik weißer Arbeiter am Witwatersrand (1922) institutionalisierte die Nationale Partei, in Koalition mit der Labour Party (1924–1933), Rassendiskriminierung in der Industrie als »civilised labour policy«. Rechte der Nichtweißen wurden weiter eingeschränkt (1936). Nach dem Wahlsieg der »Gesäuberten Nationalen Partei« unter Daniel F. Malan mit der systematischen »Apartheid« als politischem Programm (1948) begann eine umfassende Apartheidgesetzgebung – Suppression of Communism Act zur Unterdrückung der afrikanischen Nationalbewegung (1950), Group Areas Act (1950) zur Trennung der Wohngebiete auch in den Städten. Nach Umsiedlungsaktionen von Afrikanern und Indern begann der Widerstand der Schwarzen, beantwortet von Repression, u. a. im Massaker von Sharpville mit 69 Opfern unter den Afrikanern (1960). Reservate als »autonome« »Bantustans« (»Homelands«) erhielten Selbstverwaltung, zuerst Transkei (1962). Die Niederschlagung eines Massenprotestes von Schülern gegen die Apartheid in Soweto (1976) provozierte landesweite Unruhen. Mehrfach verurteilten die UNO und die OAU die Apartheid. Nach ersten Reformversuchen unter Präsident Pieter Willem Botha begann erst de Klerk (1989–1994) in bürgerkriegsähnlicher Situation die schrittweise Abkehr von der Apartheid: Verhandlungen des ANC unter Nelson Mandela mit der Regierung (seit 1990) erreichten die Aufhebung der zentralen Apartheidgesetze (1991), vollendet mit der Übergangsverfassung (1994).

Literatur: M. Cornevin: Apartheid. Mythos und Wirklichkeit. Wuppertal 1981; E. Runge: Südafrika – Rassendiktatur zwischen Elend und Widerstand. Protokolle und Dokumente zur Apartheid. Reinbek 1987; H. Jaenecke: Die weißen Herren. 300 Jahre Krieg und Gewalt in Südafrika. Hamburg [2]1989; J. Rüsen/H. Vörös (Hg.): Südafrika: Apartheid und Menschenrechte in Geschichte und Gegenwart. Pfaffenweiler 1992; Truth and Reconciliation Commission of South Africa Report. London u. a. 1999; J. Kramer: Apartheid und Verfassung. Das Staatsrecht als Instrument der Rassentrennung und ihrer Überwindung in Südafrika. Baden-Baden 2001.

Ostmarkenverein

Chauvinistische Organisation in Deutschland, die in den preußischen Ostprovinzen (»Ostmark«) gegen Polen agierte (1894–1933): Als »Verein zur Förderung des Deutschtums in den Ostmarken« in Posen gegründet (**1894**), erhielt die Organisation mit Sitz in Berlin fünf Jahre später ihren endgültigen Namen »Deutscher Ostmarkenverein« (1899), von polnischen Gegnern in Anspielung auf die Anfangsbuchstaben der Hauptgründer (Hansemann, Kennemann, Tiedemann) polemisch »HaKaTistenverein« genannt. Der Ostmarkenverein propagierte die Germanisierung im Sinne der Ansiedlungskommission (1886), vertrat im Ersten Weltkrieg expansive Kriegsziele im Osten gegenüber Polen, mit Annexion und Germanisierung eines polnischen Grenzstreifens. In der WEIMARER REPUBLIK forderte er die Revision der deutschen Ostgrenze, ging im »Bund deutscher Osten« auf (1933) und wurde nach der deutsch-polnischen Nichtangriffserklärung verboten (1934).

Literatur: A. Galos u. a.: Die Hakatisten. Der deutschen Ostmarkenverein. 1894–1934. Berlin/DDR 1966; S. Grabowski: Deutscher und polnischer Nationalismus. Der Deutsche Ostmarken-Verein und die polnische Straz 1894–1914. Marburg 1998.

Dreyfus-Prozess (Dreyfus-Skandal, Dreyfus-Affäre)

Schwere Krise der III. FRANZÖSISCHEN REPUBLIK (1894–1899) seit der Verurteilung des jüdischen Hauptmanns Alfred Dreyfus: Dreyfus wurde wegen Landesverrats mit gefälschten Materialien zur DEPORTATION auf die »Teufelsinsel« (Französisch-Guyana) verurteilt (**1894**). Der von ANTISEMITISMUS geprägte Prozess setzte eine Welle antisemitischer Propaganda frei und gab dem ZIONISMUS Auftrieb. Erste Versuche zur Wiederaufnahme des Prozesses scheiterten (1896/97). Liberale und Intellektuelle traten öffentlich für Dreyfus ein, vor allem Émile Zola mit seiner Anklageschrift »J'ACCUSE« (1898). Der Skandal polarisierte die politischen Kräfte in »Dreyfusards« (Republikaner, Sozialisten, »Liga für Menschenrechte« zur Revision des Dreyfus-Prozesses, 1898) und »Anti-Dreyfusards« (Armee, Royalisten, konservative Katholiken, Antisemiten, »ACTION FRANÇAISE«, 1899). Das Dreyfus-Urteil wurde vom Kassationsgerichtshof verworfen, das einen erneuten Prozess in Rennes anordnete (1899). Dreyfus wurde wieder verurteilt zu (immer noch) zehn Jahren Gefängnis, von der neuen französischen Regierung unter Ministerpräsident Waldeck-Rousseau begnadigt (1899). Später hob der Kassationshof auch das zweite Urteil auf (1906): Dreyfus wurde rehabilitiert und wieder in die Armee aufgenommen.

Die Dreyfus-Affäre spaltete Frankreich seitdem in eine (überwiegend) nicht-antisemitische Linke und eine (bis 1945) antisemitisch geprägte Rechte.

Literatur: S. Thalheimer: Die Affäre Dreyfus. München ^{2}1986; M. Matray: Dreyfus. Ein französisches Trauma. Frankfurt/Main 1988; A. S. Lindemann: The Jews Accused. Three Antisemitic Affairs (Dreyfus, Beilis, Frank) 1894–1915. Cambridge 1991; M. P. Johnson: The Dreyfus Affair. Honour and Politics in the Belle Epoque. Basingstoke u. a. 1999; M. Burns: France and the Dreyfus Affair. A Documentary History. Boston 1999.

Gesellschaft zur Wiedererstehung Chinas

Revolutionärer GEHEIMBUND gegen die Herrschaft der MANDSCHU im Vorfeld der CHINESISCHEN REVOLUTION: Die Organisation wurde von Sun Yat-sen zur Errichtung einer republikanischen Regierung in Kanton gegründet (**1894**). Nach dem 1. CHINESISCH-JAPANISCHEN KRIEG (1894/95) scheiterte ein erster Aufstand (1895). Sun Yat-sen ging ins Exil (1895–1911) und gründete in Japan den CHINESISCHEN REVOLUTIONSBUND (1905), nach Beginn der Chinesischen Revolution (1911) und dem Sturz des Kaisers Pu-Yi (1912) auch die KUOMINTANG (1912).

Literatur: H. Z. Schiffrin: Sun Yat-sen and the Origins of the Chinese Revolution. Berkeley 1968.

1. Chinesisch-japanischer Krieg

Erster imperialer Krieg des modernen Japan: Der Krieg (**1894**/95) endete mit dem Sieg Japans. Mit dem FRIEDEN VON SHIMONOSEKI (1895) wurde Japan imperiale Macht in Ostasien. Im ERSTEN WELTKRIEG richtete Japan das Geheimultimatum der 21 FORDERUNGEN an China (1915).

Siehe auch: 2. CHINESISCH-JAPANISCHER KRIEG (1937–1945).

Literatur: O. Franke: Die Großmächte in Ostasien von 1894–1914. Braunschweig 1923; S. Lone: Japan's First Modern War. Army and Society in the Conflict with China, 1894–95. New York 1994.

Umsturzvorlage

Gesetzesnovelle im REICHSTAG zur Verschärfung des politischen Strafrechts in Deutschland gegen SPD und ANARCHISTEN: Die Umsturzvorlage inkriminierte u. a. »Aufreizung zum Klassenhass«, öffentliche Angriffe auf Ehe, Familie und Eigentum, Verächtlichmachung des Staats und seiner Organe. Reichskanzler Caprivi lehnte die Novelle im Vorfeld ab und wurde von Kaiser Wilhelm II. entlassen. Sein Nachfolger Hohenlohe (1894–1900) brachte die Vorlage in den Reichstag ein (17. Dezember 1894) und scheiterte, weil die Liberalen die Forderung des ZENTRUMS ablehnten, auch Angriffe auf die christliche Religion und die Kirche zu ahnden (**1895**). Wilhelm II. erlitt mit dem Scheitern der Umsturzvorlage eine erste politische Niederlage.

Kampfbund zur Befreiung der Arbeiterklasse

Zusammenschluss marxistischer Zirkel in St. Petersburg unter Lenin (**1895**): Der Kampfbund betrieb Agitation unter Arbeitern. Auch nach der Verhaftung Lenins und anderer Führer (Dezember 1895) wurde die Agitation fortgeführt, u. a. durch STREIKS (1896). Ähnliche Organisationen entstanden in anderen russischen Städten, vor allem die SOZIALDEMOKRATISCHE ARBEITERPARTEI RUSSLANDS (SDAPR, 1898).

Literatur: D. Geger: Lenin in der russischen Sozialdemokratie. Köln 1962; R. Pipes: Social Democracy and the St. Petersburg Labour Movement, 1885–97. Irvine (Cal.) ²1985.

Friede von Shimonoseki

Friedensschluss zwischen Japan und China (**1895**) zur Beendigung des 1. CHINESISCH-JAPANISCHEN KRIEGS (seit 1894): Die für das besiegte China harten Bedingungen wurden nach gemeinsamer Intervention Deutschlands, Frankreichs und Russlands gemildert. China musste die »Unabhängigkeit« Koreas anerkennen, Formosa und Pescadores an Japan abtreten, Kriegsentschädigung zahlen und vier weitere VERTRAGSHÄFEN öffnen, was die Agonie der CHING-DYNASTIE verschärfte. Danach trat das geschwächte China Stützpunkte an Deutschland, Großbritannien und Russland ab (1897/98). Nach dem Scheitern der REFORMBEWEGUNG DER »HUNDERT TAGE« zur Modernisierung Chinas (1898) verschärfte sich die innere Krise weiter.

Italienisch-äthiopischer Krieg

Zweiter Versuch Italiens, Äthiopien zu erobern (**1895**/96): Ausgangspunkt war die Niederlage Italiens bei Dogola (1887). Der Vertrag von Ucciali (1889) enthielt teilweise unterschiedliche Versionen in italienischer und amharischer Sprache – laut italienischer Fassung war Äthiopien angeblich italienisches PROTEKTORAT. Italienische Truppen fielen in Äthiopien ein (1895) und erlitten nach ersten Misserfolgen (1895/96) bei Adua die entscheidende Niederlage (1896): Gefangene Kolonialtruppen aus Eritrea wurden von Äthiopiern als »Verräter« massakriert, Italiener gegen Lösegeld freigelassen. Im Frieden von Addis Abeba (1896) musste Italien die Unabhängigkeit Äthiopiens anerkennen. Der Niederlage folgte der Sturz der liberalen Regierung Crispi; erste protofaschistische Gruppen bildeten sich. Das Scheitern eines kolonialen Eroberungsversuchs stärkte das Selbstbewusstsein der Afrikaner auf dem Höhepunkt des SCRAMBLE FOR AFRICA erstmals. Der Konflikt erneuerte sich im ABESSINIENKRIEG (1935/36), die Kluft zwischen Äthiopien und Eritrea, seit 1890 italienische Kolonie, hatte sich vertieft.

Literatur: R. Battaglia: La prima guerra d'Africa. Turin 1959.

Delagoabahn

Eisenbahnlinie zwischen Lourenço Marques (heute: Maputo, Moçambique, Delagoa-Bai) und Johannesburg (Südafrika/Transvaal): Noch vor Goldfunden in Transvaal und der Gründung von Johannesburg (1886) wurde die Konzession zum Bau der EISENBAHNlinie erteilt (1883). Der Bau der Delagoabahn (**1895**), der die Republiken der BUREN Oranje/Transvaal unabhängig von der Verbindung über Kapstadt machte, erfolgte gegen britischen Widerstand: Spannungen zwischen den Burenrepubliken und Großbritannien verschärften sich, vom JAMESON-RAID (1895/96) bis zum BURENKRIEG (1899–1902).

Armeniermassaker

Drei Massaker mit sich steigernder Intensität in der Agonie des OSMANISCHEN REICHS an Armeniern: Die Armeniermassaker waren eine Antwort des türkischen Reichsvolkes auf Forderung territorialer AUTONOMIE und Aufstände von Armeniern (seit 1860), die bis dahin als das »loyalste« MILLET des Sultans galten.

- 1. Armeniermassaker: In Konstantinopel (**1895**) als Reaktion auf die Besetzung der Banque Ottomane durch eine militante Gruppe Armenier, verbunden mit der Drohung, die Bank in die Luft zu sprengen, wenn ihre Forderungen nicht erfüllt würden.
- 2. Armeniermassaker: In Kilikien als regionaler Ausbruch schon älterer Spannungen (1909).
- 3. Armeniermassaker: Im ERSTEN WELTKRIEG, vor dem Herannahen der russischen Armee (1915) in die armenischen Provinzen des Osmanischen Reichs, durch Massendeportationen der Armenier auf Gewaltmärschen unter mörderischen Bedingungen, auch mit Massenmorden

genozidalen Ausmaßes, teilweise exekutiert durch KURDEN, die danach die Städte und Dörfer der Armenier erhielten (1915/16).

Eine genozidale Endlösung wurde nach Zerschlagung der autonomen Republik für die Armenier durch den FRIEDEN VON SÈVRES (1920) nur dadurch verhindert, dass sich überlebende Armenier, zerrieben zwischen Nationaltürken und Bolschewiki, mit einer Sowjetrepublik in Russisch-Armenien um Eriwan abfanden (1921). Da die Türkei bis heute das Faktum der GENOZID-Massaker leugnet, noch nicht einmal Armenier (wie Kurden und andere Minderheiten) als nationale Minderheiten anerkennt oder gar behandelt, schwärt das armenische Trauma weiter.

Literatur: T. Hofmann (Hg.): Armenier und Armenien. Heimat und Exil. Reinbek 1994.

Jameson Raid

Bewaffneter Einfall einer Truppe unter Leander Starr Jameson in Transvaal: Jameson, ein Vertrauter von Cecil Rhodes, führte den Überfall mit 660 Mann von Betschuanaland aus zur Unterstützung einer geplanten REVOLUTION der UITLANDERS in Johannesburg zum Sturz der Republik Transvaal im Rahmen der »Kap-Kairo«-Strategie von Rhodes. Der Jameson Raid war vorläufiger Höhepunkt der eskalierenden Spannungen zwischen BUREN und Uitlanders. Das Losschlagen wurde durch eine Verschwörung verschoben; im letzten Moment erging die Weisung von Rhodes an Jameson, die Aktion zu unterlassen. Die Buren wurden von den Plänen informiert und wehrten den Einfall Jamesons (29. Dezember **1895**) ab (1./2. Januar 1896). Kaiser Wilhelm II. gratulierte mit der KRÜGER-DEPESCHE zum Sieg.

Literatur: J. van der Poel: The Jameson Raid. Kapstadt 1951; E. Pakenham: Jameson's Raid. London 1960; Relations with the South African Republic (1895–1896). The Jameson Raid and its Aftermath. Frederick (Md.) 1995.

Uitlanders

(afrikaans: Ausländer) Mit Beginn des Abbaus von GOLD in Johannesburg (1886) eingewanderte Arbeiter, meist britischer Abstammung: Der schwelende Konflikt zwischen den BUREN Transvaals und den von Großbritannien unterstützten Uitlanders entzündete sich am WAHLRECHT, das die Buren aus Angst vor nationaler Überfremdung und britischer Expansion den Uitlanders verweigerten. Der JAMESON RAID zur Unterstützung einer Revolte der Uitlanders gegen die Burenregierung misslang (**1895**/96). Die Petition an Königin Victoria mit 120 000 Unterschriften mit der Bitte um die Hilfe Großbritanniens (1899) gab den Anstoß zum BURENKRIEG (1899–1902).

Literatur: W. P. Morrell: The Gold Rushes. New York 1941.

Krüger-Depesche

Glückwunschtelegramm Wilhelms II. an den Präsidenten von Transvaal, Paulus (»Ohm«) Krüger, zur Niederschlagung des JAMESON RAID (3. Januar **1896**): Ein noch schärferes Vorgehen des Kaisers wendete das Auswärtigen Amt noch ab. Die Krüger-Depesche als öffentliche Parteinahme Deutschlands für die Buren galt in Großbritannien als Einmischung in die inneren Angelegenheiten und verschlechterte erstmals das Verhältnis zu Deutschland: Als Reaktion verließ Großbritannien die MITTELMEERENTENTE (1887).

Mashona

(Shona, Schona) Hauptsächlich in Simbabwe ansässiges Volk, wo es die Mehrheit (ca. 75 %) der Bevölkerung ausmacht: Die Mashona waren in Stammeskönigtümern organisiert und trieben Goldhandel mit Arabern an der ostafrikanischen Küste (seit 8. Jh.). Ihr im 17. Jahrhundert errichtetes großes Königreich Rozwi wurde von ZULUS zerstört (ca. 1824). Später kamen die Mashona teilweise unter die Herrschaft der MATABELE, die aus dem Süden vor den kriegerischen Zulus flohen (seit ca. 1840). Die Entdeckung von GOLD in ihrem Gebiet (1865) zog Weiße an, die von den Mashona zunächst als Befreier begrüßt wurden. Unter der Herrschaft der BRITISH SOUTH AFRICA COMPANY (1890) schlossen sie sich jedoch dem Matabeleaufstand an (**1896**). Sie leben heute als Mehrheitsvolk im seit 1980 souveränen Simbabwe, aber in Spannung zu den Matabele.

Literatur: H. Kuper: The Shona and Ndebele of Southern Rhodesia. London 1955; Ch. Bullock: The Mashona and Ndebele. Kapstadt 1956; D. N. Beach: The Simbabwean Past. Shona Dynastic Histories and Oral Traditions. Gweru 1994.

Weltpolitik

Deutsche Variante des IMPERIALISMUS unter Kaiser Wilhelm II., nach der Kontinentalpolitik Bismarcks: Erklärtes Ziel war der Aufstieg von einer Kontinental- zur Weltmacht, gleichberechtigt mit dem Britischen Empire. Wilhelm II. proklamierte die Weltpolitik zum 25. Jahrestag der REICHSGRÜNDUNG (»Von heute an ist das Deutsche Reich ein Weltreich!«, 18. Januar **1896**), gestützt auf die SCHLACHTFLOTTE, deren Ausbau er forcierte (1898). Die deutsche Expansion nach Übersee wurde jedoch nur marginal erreicht. Neben Flottenstützpunkten in Übersee konzentrierte sich die KOLONIALPOLITIK auf »MITTELAFRIKA«. Instrument der Weltpolitik im OSMANISCHEN REICH war vor allem die BAGDADBAHN (1899 ff.). Reichskanzler Bülow (1900–1909) forcierte das Konzept der »Weltpolitik« weiter (»Platz an der Sonne«). Bethmann Hollweg modifizierte sie (»Weltpolitik und kein Krieg«), scheiterte jedoch im ERSTEN WELTKRIEG (1914–1918), schon weil eine machtpolitische Änderung nicht friedlich zu erzwingen war.

Siehe auch: ENTENTE CORDIALE 1904, MAROKKOKRISEN 1905/06, 1911, SCHLIEFFENPLAN 1905, TRIPELENTENTE 1907, »EINKREISUNG«, ANNEXIONSKRISE 1908/09, HALDANE-MISSION, »KRIEGSRAT« 1912, LIMAN-VON-SANDERS-KRISE 1913, JULIKRISE 1914.

Literatur: I. Geiss: German Foreign Policy 1871–1914. London [2]1979; M. Fröhlich: Imperialismus. Deutsche Kolonial- und Weltpolitik 1880–1914. München [2]1997; F. Fischer: Krieg der Illusionen. Die deutsche Politik von 1911 bis 1914. Nachdruck Düsseldorf 1998.

»Der Judenstaat«

Theodor Herzls programmatische Schrift des politischen ZIONISMUS (**1896**): Sie formulierte die Vision eines jüdischen Staats, als Grundlage für den 1. ZIONISTISCHEN KONGRESS und das BASELER PROGRAMM (1897).

Literatur: T. Herzl: Der Judenstaat. Nachdruck Zürich [2]1996; Der Bericht. Theodor-Herzl-Symposion Wien. 100 Jahre »Der Judenstaat«. Wien 1996.

Olympische Spiele

Internationale Sportfestspiele, in Anlehnung an die antiken OLYMPISCHEN SPIELE (776 v. – 391 n. Chr.) alle vier Jahre (seit **1896**), zunächst nur für Männer, bald auch für Frauen (seit Paris 1900): Neben den Sommerspielen fanden 1924 erstmals auch Winterspiele statt. Die Unterbringung der Sportler erfolgte üblicherweise in einem olympischem Dorf (1932 ff.). Obwohl angeblich unpolitisch, waren die Spiele oft von politischen Spannungen gezeichnet. Im ERSTEN und ZWEITEN WELTKRIEG fielen mehrere Spiele aus (1916, 1940, 1944). Nach beiden Weltkriegen war Deutschland zunächst nicht zugelassen (1920, 1948). Die Olympischen Spiele in Berlin (1936) wurden mit Werbeabsicht für das DRITTE REICH ausgerichtet, erstmalig mit Nationalhymnen und -flaggen bei Siegerehrungen. Die Sowjetunion beteiligte sich nach dem Zweiten Weltkrieg (1948) und trat in sportliche Rivalität zu den USA (seit dem KALTEN KRIEG). Vor Eröffnung der Spiele in Mexiko verübten Ordnungskräfte ein Massaker an opponierenden Studenten; AFRO-AMERIKANISCHE US-Athleten demonstrierten bei der Medaillen-Verleihung für »Black Power« (1968). Der Überfall palästinensischer Terroristen (»SCHWARZER SEPTEMBER«) auf die israelische Olympiamannschaft überschattete die »heiteren Spiele« von München (1972). Aus Protest gegen den AFGHANISTANKRIEG boykottierten westliche Länder die Spiele in Moskau (1980). Den Spielen in Los Angeles (1984) blieben die Länder des Ostblocks fern (außer Rumänien und Jugoslawien).

Literatur: K. A. Scherer: 100 Jahre Olympische Spiele. Idee. Analyse und Bilanz. Dortmund 1995; A. Gunschera: Die Politisierung und Kommerzialisierung der modernen Olympischen Spiele im Kontext ihrer hundertjährigen Geschichte. o. O. 1996; K. Georgiadis: Die ideengeschichtliche Grundlage der Erneuerung der Olympischen Spiele im 19. Jahrhundert in Griechenland und ihre Umsetzung 1896 in Athen. Kassel 2000.

Schlachtflotte

Allgemein: Harter Kern von Kriegsflotten aus schwer gepanzerten Großkampfschiffen (Linien-, Schlachtschiffen, Schlachtkreuzern) für die rangierte Hochseeschlacht, zugleich Symbol der industriellen Kriegstechnologie zur See um 1900. Speziell: Instrument deutscher WELTPOLITIK, deren Bau angekündigt wurde (**1897**): Die massive Propaganda des Flottenvereins für den Bau finanzierten die KRUPP-WERKE. Die ersten Flottengesetze (1898/1900) verstärkten die Flotte um zunächst 24 auf 36 Linienschiffe. Die antibritische Stoßrichtung als »Risikoflotte«, die so stark werden sollte, dass ein Angriff auf sie für Großbritannien zum »Risiko« würde, blieb verschleiert. Großbritannien antwortete mit dem »DREADNOUGHT«-Sprung (1905/06), sodass sich die deutsch-britische Flottenrivalität verschärfte, mit Flottennovellen (1908, 1912), die jährliche Neubauten von Schlachtschiffen vorsahen (1908–1911 je 4, 2 ab 1912; dreimal wurden jedoch drei Schlachtschiffe pro Jahr neu gebaut: 1913, 1915, 1917). Der volle Ausbau der Schlachtflotte war für 1920 geplant, mit automatischer Erneuerung der ausgedienten Schiffe (verschleiertes AETERNAT). Eine Verständigung mit Großbritannien scheiterte am deutschen Tempo des Schlachtflottenbaus, zuletzt mit der HALDANE-MISSION (1912). Der Abschluss der Erweiterungsarbeiten am Nord-Ostsee-Kanal (1914) steigerte die Mobilität der Flotte und gestattete eine zügige Schwerpunktverlagerung zwischen beiden Nebenmeeren des Atlantiks.

Im ERSTEN WELTKRIEG hatte Deutschland die zweitstärkste Flotte der Welt hinter Großbritannien. Sie wurde durch die britische FERNBLOCKADE auf die Nordsee beschränkt und entging nur durch zweimalige Flucht der Vernichtung in der Schlacht am Skagerrak (1916). Um eine Wende im Krieg zu erzwingen, eröffnete Deutschland den uneingeschränkten U-BOOT-KRIEG (1917), der jedoch die USA in den Krieg zog. Den Zusammenbruch eröffnete die Marinerevolte von Wilhelmshaven (Oktober 1918), die sich zur NOVEMBERREVOLUTION ausweitete. Um zu verhindern, dass die im britischen Scapa Flow (zwischen den südlichen Orkney-Inseln) internierte Schlachtflotte mit Unterzeichnung des VERSAILLER VERTRAGS an Großbritannien fiel, versenkten die deutschen Mannschaften sie selbst (1919). Ein begrenzter Neuaufbau begann am Ende der WEIMARER REPUBLIK (Panzerkreuzer »A«, »B«). Das DEUTSCH-BRITISCHE FLOTTENABKOMMEN gestand dem DRITTEN REICH eine begrenzte Aufrüstung zu (1935).

Literatur: E. Kehr: Schlachtflottenbau und Parteipolitik 1894–1901. Versuch eines Querschnitts durch die innenpolitischen, sozialen und ideologischen Veraussetzungen des deutschen Imperialismus. Berlin 1930, Nachdruck Nendeln (Liechtenstein) 1975; V. R. Berghahn: Der Tirpitz-Plan. Genesis und Verfall einer innenpolitischen Krisenstrategie unter Wilhelm II. Düsseldorf 1971; H. Schottelius/W. Deist (Hg.): Marine und Marinepolitik 1871–1914. Düsseldorf ^{2}1981; J. Steinberg: Yesterday's Deterrent. Tirpitz and the Birth of the German Battle Fleet. Nachdruck Aldershot 1992.

Zionistischer Weltkongress

27 Kongresse des organisierten politischen ZIONISMUS (1897–1968): Der erste, von Herzl initiierte Zionistenkongress (**1897**) verabschiedete das BASELER PROGRAMM (1897) und gründete die Zionistische Organisation (seit 1960: World Zionist Organization) zur Vorbereitung weiterer Kongresse. Sie fanden zunächst jährlich (bis 1901), später alle zwei Jahre statt (1903–1913, 1921–1939), oft in Basel (1897–1999, 1901–1905, 1911, 1927, 1931, 1946), seit der Staatsgründung Israels (1948) in Jerusalem (1951, 1956, 1960/61, 1964/65, 1968). Verhandlungssprache war anfangs Deutsch (bis 1933), danach Englisch. Der Zionistische Weltkongress setzt sich zusammen aus Delegierten beitragszahlender (»Shekel« = Mitgliedsbeitrag) Mitglieder (seit 1900).

Literatur: H. Haumann/P. Haber: Der Erste Zionistenkongress von 1897. Ursachen, Bedeutung, Aktualität. Basel u. a. 1997; P. Heumann: Israel entstand in Basel. Die phantastische Geschichte einer Vision. Zürich 1997.

Baseler Programm

Grundsatzprogramm des politischen Zionismus, verabschiedet vom 1. Zionistischen Kongress in Basel (**1897**): »Der Zionismus erstrebt für das jüdische Volk die Schaffung einer öffentlich-rechtlich gesicherten Heimstätte in Palästina«. In Einwanderungswellen (2.–5. Alija) begann die jüdische Kolonisation in Palästina (1905–1939), abgesichert durch die Balfour-Deklaration (1917), das Palästina-Mandat (1920/22) und die Staatsgründung Israels (1948). Die jüdische Staatsgründung löste den Nahostkonflikt aus (seit 1948).

Spanisch-amerikanischer Krieg

Eroberungskrieg der USA gegen Spanien (**1898**): Den Vorwand bot der ungeklärte Untergang des US-Schlachtschiffs »Maine« im Hafen von Havanna (1898). Die USA, die schon bei Aufständen in Kuba und auf den Philippinen interveniert hatten (seit 1895/96), forderten von Spanien ultimativ den Rückzug aus Kuba. Spanien nahm alle Forderungen an, dennoch erklärten die USA den Krieg (1898) und siegten zu Lande und zu Wasser. Mit dem Frieden von Paris (1898) wurde Kuba unabhängig, unter dem Protektorat der USA (bis 1934), Guam, Puerto Rico und die Philippinen kamen an die USA, die so zu einer imperialistischen Macht aufstiegen. Einen Aufstand auf den Philippinen warfen die USA nieder (1899–1902). Der verlorene Krieg besiegelte das Ende der spanischen Weltmachtrolle und verschärfte die Dauerkrise (seit 1659).

Literatur: J. L. Offner: The Unwanted War. The Diplomacy of the United States and Spain over Cuba 1895–1898. Chapel Hill, London 1992; B. K. Berner: The Spanish-American War. A Historical Dictionary. Lanham (Md.) u. a. 1998; M. J. Crawford u. a.: The Spanish-American War. Historical Overview and Select Bibliography. Washington 1998.

»J'accuse«

(frz.: »Ich klage an«) Offener Brief Émile Zolas an den französischen Staatspräsidenten Faure (1895–1899), in Clemenceaus Pariser Tageszeitung »L'Aurore« (**1898**): Zola plädierte für die Wiederaufnahme des Dreyfus-Prozesses und eröffnete die Agitation zur Rehabilitierung von Dreyfus. Zola erhielt wegen Verleumdung ein Jahr Gefängnis.

Literatur: E. Fuchs/G. Fuchs: »J'accuse!«. Zur Affäre Dreyfus. Mainz 1994; A. Pages (Hg.): The Dreyfus Affair. »J'Accuse« and Other Writings. Emile Zola. New Haven u. a. 1997.

Reformbewegung der »Hundert Tage«

Reform von oben unter K'ang Yu-wei in China, mit Billigung von Kaiser Kuang-hsü (Juni–September **1898**), in der Agonie der Ching-Dynastie, die sich durch die deutsche Besetzung von Kiautschou zuspitzte

(1897/98): Die Reformbewegung nach westlichem Vorbild (ähnlich wie in der MEIJI-ÄRA in Japan) sollte China in eine KONSTITUTIONELLE MONARCHIE umwandeln, scheiterte aber an der Kaiserinwitwe Tse (Tzu)-hsi. Mit Hilfe des Oberbefehlshabers der Armee, Yüan Shih-kai, unternahm sie einen Staatsstreich, ließ den KAISER gefangen nehmen und die Reformer verhaften, soweit sie nicht ins Exil fliehen konnten. Das Scheitern der Reform von oben wurde Ausgangspunkt zur CHINESISCHEN REVOLUTION von unten (1911–1949).

Literatur: China-Handbuch: »Reformbewegung 1898«, Sp. 1104–1013.

Anglo-ägyptisches Kondominium

Von Großbritannien und Ägypten errichtetes KONDOMINIUM über den Sudan (1899–1955) nach Eroberung des MAHDI-STAATS durch anglo-ägyptische Truppen unter Kitchener (**1898**): Während der animistische (»heidnische«), von Schwarzafrikanern besiedelte Süden gegen die Islamisierung aus dem arabisierten Norden abgeschirmt wurde, erhielt dort die christliche Mission Zugang (1924). Das Kondominium wurde mit der DEKOLONISATION aufgehoben (1955). Nach einem PLEBISZIT erhielt der Sudan auch von Ägypten die Unabhängigkeit (1956).

Faschoda-Krise

Britisch-französischer Kolonialkonflikt in Afrika: Nach Eroberung des MAHDI-STAATS durch anglo-ägyptische Truppen (1898) stießen Briten unter Kitchener auf Franzosen unter Marchand bei Faschoda (am oberen Nil, **1898**/99). Die monatelange Kriegsgefahr entschärften beide Seiten durch Nachgeben – Großbritannien wegen des heraufziehenden BURENKRIEGS (1899–1902), Frankreich vor dem Hintergrund der Dauerkonfrontation mit Deutschland über Elsass-Lothringen seit dem DEUTSCH-FRANZÖSISCHEN KRIEG (1870/71). Im Faschoda-Abkommen (1899) verzichtete Frankreich auf den oberen Nil; dafür erkannte Großbritannien die französische Herrschaft über das Tschadseebecken an. Die Einigung ebnete den Weg zur ENTENTE CORDIALE (1904).

Literatur: G. N. Sanderson: England, Europe and the Upper Nile, 1882–1899. Edinburgh 1965; R. G. Brown: Fashoda Reconsidered. The Impact of Domestic Politics on French Policy in Africa 1893–98. Baltimore 1970; D. Bates: The Fashoda Incident of 1898. Encounter on the Nile. Oxford 1984.

Enosis

(griech.: Vereinigung) Schlagwort für die Forderung nach einer Vereinigung mit Griechenland:

- Der Anschluss an Griechenland wurde von Kreta nach Aufständen gegen das OSMANISCHE REICH angestrebt (1896/97), jedoch von den Großmächten verboten, die Kreta unter internationale Verwaltung stellten (**1898**). Nach der JUNGTÜRKISCHEN REVOLUTION in einem Aufstand erneut proklamiert (1908), erfolgte der Anschluss nach dem 2. BALKANKRIEG (1913).

- Die Inselgriechen Zyperns versuchten, den Anschluss an Griechenland durch Aufstände durchzusetzen (1921, 1948 ff.). Das Zypern-Abkommen zwischen Großbritannien, Griechenland und der Türkei über die Unabhängigkeit von Zypern verbot die Angliederung an Griechenland (1959). Der Staatsstreich, auf Befehl der griechischen Militärjunta, sollte den Anschluss erzwingen, scheiterte aber an der Militärintervention der Türkei (1974): Zypern zerfiel in einen griechischen und einen türkischen Teilstaat, die griechische Militärregierung fiel (1974): ZYPERNKONFLIKT.

Literatur: N. Cranshaw: The Cyprus Revolt. An Account of the Struggle for Union with Greece. London 1978; I. Zelepos: Erzbischof Makarios III. von Zypern und die »Enosis«. Kontinuität und Wandel in der Politik Makarios' in der Frage der Vereinigung Zyperns mit Griechenland von 1950–1974. Hamburg 1994.

Sozialdemokratische Arbeiterpartei Russlands (SDAPR)

Erste marxistische Partei Russlands: Die SDAPR entstand aus dem Zusammenschluss dreier marxistischern Gruppen – KAMPFBUND ZUR BEFREIUNG DER ARBEITERKLASSE unter Wladimir I. Lenin, »Rabotschaja Gaseta« (Arbeiterzeitung) und »Allgemeiner Jüdischer Bund«. Die Gründung erfolgte auf dem 1. (illegalen) Parteitag in Minsk (**1898**) in Abwesenheit wichtiger Führer (in Verbannung oder Exil); u. a. fehlten Lenin und Georgi Plechanow. Die Parteiführung wurde nach Parteigründung sofort von der OCHRANA zerschlagen. Als Parteiorgan erschien die »ISKRA« (1900–1905). Auf dem 2. Parteitag in London (1903) spaltete sich die SDAPR in BOLSCHEWIKI und MENSCHEWIKI, beide Flügel blieben aber in der Partei. Die SDAPR spielte in der 1. RUSSISCHEN REVOLUTION (1905/06) eine aktive Rolle. Auf dem 4. Parteitag (1906) versöhnten sich die beiden Flügel vorübergehend, wählten jedoch getrennte Führungsgremien und besiegelten die Spaltung (1912). Die SDAPR war mit Abgeordneten in der DUMA vertreten (1906–1917).

Literatur: J. H. L. Keep: The Rise of Social Democracy in Russia. Oxford 1963; D. Lane: The Roots of Russian Communism. A Social and Historical Study of Russian Social Democracy 1898–1907. London 1975.

1. Haager Friedenskonferenz

Erste von zwei Friedenskonferenzen in Den Haag (**1899**), auf Initiative des russischen Zars Nikolaus II., der eine Abrüstungskonferenz vorgeschlagen hatte (1898): 26 Staaten, auch außereuropäische, waren vertreten. Der von Russland vorgeschlagene begrenzte Rüstungsstillstand wurde abgelehnt. Zustande kamen Konventionen zur Kriegführung, u. a. das Verbot einiger Waffen (nur bis 1904: Abwurf von Geschossen und Sprengstoff aus Luftschiffen, Gaskrieg, Dum-Dum-Geschosse) und zur besseren Behandlung von Verwundeten und Gefangenen. Da eine obligatorische Schiedsgerichtsbarkeit am deutschen Widerstand scheiterte, einigte man sich auf den Ständigen Schiedshof (1901) mit fakultativer Schiedsgerichtsbarkeit. Fortsetzung: 2. HAAGER FRIEDENSKONFERENZ (1907).

Literatur: J. Dülffer: Regeln gegen den Krieg. Die Haager Friedenskonferenzen 1899 und 1907 in der internationalen Politik Berlin 1981; B. v. Suttner: Die Haager Friedenskonferenz. Nachdruck Düsseldorf 1985; A. Eyffinger: The 1899 Hague Peace Conference. »The Parliament of Man, the Federation of the World«. Den Haag u. a. 1999.

Burenkrieg

Krieg zwischen Großbritannien und den Burenrepubliken Transvaal und Oranje (**1899**–1902) um den Anspruch auf SUZERÄNITÄT Großbritanniens über die Burenrepubliken Oranje und Transvaal: Nach einem Aufstand der BUREN erkannte Großbritannien die Eigenständigkeit Transvaals zunächst an (1880/81). Nach der Entdeckung von GOLD am Witwatersrand (Johannesburg, 1886) gewann der Burenstaat für Großbritannien wieder besonderes Interesse. Großbritannien unterstützte die meist britischen Einwanderer (»UITLANDERS«), denen Präsident Paulus Krüger die vollen Bürgerrechte verweigerte. Spannungen um deren WAHLRECHT eskalierten über den JAMESON RAID (1895/96), die Petition an Königin Victoria mit 120 000 Unterschriften und der Bitte um Hilfe (1899). Nach der ergebnislosen Konferenz zwischen Krüger und dem britischen Gouverneur Alfred Milner erneuerte Großbritannien seinen Suzeränitätsanspruch bis zur Kriegserklärung Transvaals an Großbritannien (1899).

Der Burenkrieg verlief in drei Phasen: Nach Anfangserfolgen der zuerst zahlenmäßig überlegenen Buren (1899/1900) siegten die aus dem Empire verstärkten britischen Truppen in der zweiten Phase, eroberten und annektierten Oranje und Transvaal (1900). In der dritten Phase (1900–1902) führten Buren-KOMMANDOS einen GUERILLAKRIEG, den die Briten mit harten Repressalien gegen die Zivilbevölkerung (u.a. Taktik der verbrannten Erde, KONZENTRATIONSLAGERN) beantworteten. Der Burenkrieg endete mit dem FRIEDEN VON VEREENIGING (1902). Die Kriegführung isolierte Großbritannien international (»not so splendid isolation«). Kritik kam besonders von Pazifisten und Liberalen, die 1906 einen Wahlsieg erzielten. Angeregt durch den Burenkrieg, veröffentlichte John Atkinson Hobson sein Werk »IMPERIALISM« (1902).

Literatur: B. Faravell: The Great Boer War. London 1977; A. N. Porter: The Origins of the South African War. New York 1980; P. Warwick (Hg.): The South African War. The Anglo-Boer War 1899–1902. London 1980; T. Pakenham: The Boer War. Johannesburg 1993; I. R. Smith: The Origins of the South African War, 1899–1902. London u. a. 1996; F. R. van Hartesveldt: The Boer War. Historiography and Annotated Bibliography. Westport (Conn.) u. a. 2000.

Bagdadbahn

EISENBAHNLINIE zwischen Konya über Bagdad nach Basra: Die DEUTSCHE BANK erhielt die Baukonzession zur Fortsetzung der ANATOLISCHEN EISENBAHN (**1899**). Baubeginn war 1903. Die Bagdadbahn wurde zum Hauptinstrument der deutschen WELTPOLITIK im OSMANISCHEN REICH, provozierte aber Spannungen zu Großbritannien und Russland, die ihren Einflussbereich bedroht sahen. Zwischen Deutschland und Russland konnten die Unstimmigkeiten durch einen Vertrag beigelegt werden

(1911). Ein weiterer Vertrag zwischen Deutschland und Großbritannien wurde vor Kriegsausbruch nur noch paraphiert (15. Juni 1914): Er sah die Fertigstellung bis Bagdad unter deutscher, der Endstrecke von Bagdad nach Basra unter britischer Leitung vor. Die ersten 600 km (von insgesamt 2250 km) wurden nach zehnjähriger Bauzeit in Betrieb genommen (1913). Die Bagdadbahn wurde nach dem ERSTEN WELTKRIEG von den Nachfolgestaaten fertig gestellt (bis 1940).

Literatur: J. Lodemann: Die Bagdadbahn. Geschichte und Gegenwart einer berühmten Eisenbahnlinie. Mainz 1988; J. Nagel: Zwischen Kapitalarmut und Kapitalexport. Zum Problem der Auslandsinvestitionen deutscher Großbanken am Beispiel der Eisenbahnunternehmen der Deutschen Bank in Südosteuropa und dem Osmanischen Reich zwischen 1888 und 1914. Frankfurt/Main u. a. 1996; M. Beşirli: Die europäische Finanzkontrolle im Osmanischen Reich in der Zeit von 1908 bis 1914. Die Rivalitäten der britischen, französischen und deutschen Hochfinanz und der Diplomatie vor dem Ersten Weltkrieg am Beispiel der türkischen Staatsanleihen und der Bagdadbahn. Berlin 1999.

Possibilisten

(frz.: possible = möglich) Reformistische Sozialisten in Frankreich (1882–1901), konzentriert auf erreichbare Ziele: Die Possibilisten waren erstmals in der Linksregierung Waldeck-Rousseau mit Alexandre Millerand (**1899**–1902). Konflikte um den Possibilismus waren die französische Variante der Debatte über den REVISIONISMUS in der SPD.

Literatur: S. Humbert: Les possibilistes. Paris 1911; P. Louis: Histoire du socialisme en France, 1789–1945. Paris [5]1950.

»Die Voraussetzungen des Sozialismus und die Aufgaben der Sozialdemokratie«

Programmatisches Buch von Eduard Bernstein (**1899**), mit dem er den REVISIONISMUS begründete: Beeinflusst durch den pragmatischen SOZIALISMUS in England (FABIAN SOCIETY, ILP), formulierte er die Revision der Marx'schen kurzfristigen Erwartung einer REVOLUTION. Die SPD solle nicht mehr den kurzfristigen Umsturz der kapitalistischen Gesellschaftsordung anstreben, sondern Fortschritte auf dem Weg zum Sozialismus, u. a. durch den parlamentarischen Kampf für die Verbesserung der Lage der Arbeiterklasse und demokratische Reformen.

Literatur: wie zu Revisionismus.

Revisionismus

Allgemein: Lehre oder politische Bewegung zur Rückgängigmachung eines historischen Tatbestands, z. B. einer Staatsgrenze oder des VERSAILLER VERTRAGS (1919); hier speziell: die kritische Überprüfung des MARXISMUS, vor allem der Marx'schen Revolutionserwartung:

Die theoretische Grundlage lieferte Bernsteins Werk »DIE VORAUSSETZUNGEN DES SOZIALISMUS UND DIE AUFGABEN DER SOZIALDEMOKRATIE« (**1899**), das den Revisionismusstreit in der SPD auf dem Parteitag in Hannover entfachte (1899). Auf dem Parteitag in Dresden (1903) offiziell verurteilt, wurde der Revisionismus stillschweigend von einem Teil der SPD praktiziert. Nach Abspaltung von USPD (1917) und

KPD (1919) war er Mehrheitsrichtung in der SPD. Eine analoge Problematik gab es auch in anderen sozialistischen Parteien, z. B. bei den französischen POSSIBILISTEN. Kommunisten benutzten den Begriff zur Diffamierung für von der Generallinie abweichende Ansichten.

Literatur: P. Glotz: Der Weg der Sozialdemokratie. Der historische Auftrag des Reformismus. Frankfurt/Main u. a. 1976; H. Grebing: Der Revisionismus. Von Bernstein bis zum »Prager Frühling«. München 1977; H.-J. Steinberg: Sozialismus und deutsche Sozialdemokratie. Berlin [5]1979; V.-M. Rautio: Die Bernstein-Debatte. Die politisch-ideologischen Strömungen und die Parteiideologie in der Sozialdemokratischen Partei Deutschlands 1898–1903. Helsinki 1994.

Action Française

Rechtsextreme Organisation in Frankreich, als Reaktion gegen die Revisionsentscheidung des obersten französischen Gerichts in der DREYFUS-AFFÄRE (**1899**) und KONTERREVOLUTIONÄRE Sammelbewegung gegen die »Ideen von 1789«: Sie war antisemitisch, antideutsch, gegen REPUBLIK, Parlamentarismus, FREIMAURER, Protestanten, Einwanderer. Als Grundkonsens eines »integralen Nationalismus« forderte sie Rückkehr zur autoritären MONARCHIE, zum Katholizismus als Staatsreligion und vertrat einen philosophisch inspirierten Sozialdarwinismus. Ihre Anhängerschaft hatte sie meist im Kleinbürgertum, suchte aber auch in der Arbeiterschaft eine Massenbasis durch Überwindung der Klassengesellschaft mit antikapitalistischer Zielsetzung und Annäherung an den revolutionären SYNDIKALISMUS (1907–1914). Sie gab eine gleichnamige Zeitschrift (ab 1899) und Tageszeitung heraus (ab 1908). Daneben gründete sie Jugend- und Frauenorganisationen (1903/05) sowie die »Camelots du Roi« (1908) als paramilitärische Untergliederung für Saalschutz und bei Demonstrationen. Mit dem ERSTEN WELTKRIEG verlor die Action Française an Bedeutung: Der PAPST untersagte Katholiken die Mitgliedschaft (1926–1939), die Volksfrontregierung verbot sie (1936), aber ihre Zeitung bestand weiter (bis 1944). Bei Ausbruch des ZWEITEN WELTKRIEGS war sie gegen den Kriegseintritt Frankreichs und unterstützte das VICHY-REGIME. Nach Kriegsende wurden zahlreiche Anhänger der KOLLABORATION beschuldigt. Die Action gilt als Prototyp moderner faschistischer Bewegungen und übte starke Impulse u. a. auf den italienischen und spanischen Faschismus aus. [F. H.]

Literatur: P. Mazgaj: The Action Française and Revolutionary Syndicalism. Chapel Hill 1979; A. Zobel: Frankreichs extreme Rechte vor dem Ersten Weltkrieg unter besonderer Berücksichtigung der »Action Francaise«. Ein empirischer Beitrag zur Bestimmung des Begriffs Präfaschismus. Berlin 1982; O. L. Arnal: Ambivalent alliance. The Catholic Church and the Action française 1899–1939. Pittsburgh 1985; E. Nolte: Der Faschismus in seiner Epoche. Action française, italienischer Faschismus, Nationalsozialismus. Neuausgabe München [3]1990; A. M. Denis: L'Action Française et l'Allemagne. Saint Julia 1997.

Boxeraufstand

Nationale Oppositionsbewegung in China: Der Aufstand begann in einem Dorf in Shantung, wo deutsche Missionare buddhistische Tempel in katholische Kirchen umgewandelt hatten (1887). »Boxer« war der europäische Name für die Geheimgesellschaft I-ho ch'üan (»Gerechte und harmonische Fäuste«), die Box- und Körperertüchtigungsübungen pflegten. Als I-ho-t'uan (= »Schutzverband für Gerechtigkeit und Eintracht«, 1898) offiziell anerkannt, kämpften die Boxer gegen den ausländischen (christlichen) Einfluss in China, mit der Parole: »Stützt die mandschurische Ching-Dynastie und vernichtet die Ausländer!« Den Widerstand verstärkten Geheimbewegungen, die Eisenbahnlinien, Telegraphenleitungen, Missionsstationen zerstörten (**1900**). Der Aufstand breitete sich nach Peking aus, wo die Kaiserinwitwe das Gesandtschaftsviertel belagern ließ (19. Juni). Nach Ermordung des deutschen Gesandten von Ketteler entsandten die imperialistischen Mächte ein Expeditionskorps. Kaiser Wilhelm II. schickte Graf Waldersee (»Weltmarschall«) als Oberbefehlshaber der Interventionstruppen und hielt zur Verabschiedung des deutschen Kontingents die »HUNNENREDE«. Das Expeditionskorps eroberte Peking (14. August), plünderte es drei Tage lang und warf den Aufstand nieder, mit Massakern an Chinesen. Russland besetzte die Mandschurei (1900–1903), gefolgt vom RUSSISCH-JAPANISCHEN KRIEG (1904/05). Die Siegermächte diktierten im »Boxerprotokoll« (1901) harte Bedingungen – Bestrafung der »Rädelsführer«, hohe Kriegsentschädigung, Entsendung chinesischer Sühnegesandtschaften (»Sühneprinzen«). Im gedemütigten und finanziell ausgebluteten China eskalierten innere Widersprüche zur CHINESISCHEN REVOLUTION (1911–1949).

Literatur: C.C. Tan: The Boxer Catastrophe. New York 1955; P. Fleming: Die Belagerung zu Peking. Stuttgart 1961; V. Purcell: The Boxer Uprising. Cambridge 1963; R. O'Connor: Der Boxeraufstand. München 1980; G. Kaminski: Der Boxeraufstand – entlarvter Mythos. Wien 2000.

»Hunnenrede«

Rede Kaiser Wilhelms II. in Bremerhaven zur Verabschiedung des deutschen Truppenkontingents, das gegen den BOXERAUFSTAND nach China entsandt wurde (**1900**): Kernsätze: »Wer euch in die Hand fällt, sei euch verfallen. Wie vor tausend Jahren die HUNNEN unter König Etzel sich einen Namen gemacht, der sie noch jetzt in Überlieferung und Märchen gewaltig erscheinen lässt, so möge der Name Deutsche in China auf tausend Jahre durch euch in einer Weise bestätigt werden, dass niemals wieder ein Chinese es wagt, einen Deutschen auch nur scheel anzusehen!« Offiziell gereinigt, inoffiziell durch eine Lokalzeitung im vollen Text veröffentlicht, hatte die Rede eine verheerende Wirkung in der internationalen Öffentlichkeit. Im ERSTEN WELTKRIEG wurde »Hunnen« Schimpfwort der alliierten Propaganda gegen Deutsche.

Literatur: H.E. Hansen: Die »Hunnenrede« Kaiser Wilhelms II. in Bremerhaven, in: Jahrbuch der Männer vom Morgenstern. Nr. 50. Bremerhaven 1969, S. 207 ff.; M. Schädler: Die »Hunnenrede« Kaiser Wilhelm II. in Bremerhaven, in: Bremen – Ostasien. Eine Beziehung im Wandel. Bremen 2001, S. 191–194.

Politik der Offenen Tür (Open Door Policy)

Politik der Großmächte im Zeitalter des IMPERIALISMUS, für ihren eigenen Handel freien Zutritt zu geschlossenen Märkten zu erhalten, notfalls mit Gewalt oder ihrer Androhung: Ziel war die Durchsetzung des Freihandels für den eigenen Export, ohne unbedingt bei sich Freihandel für Import auf der Basis der Gleichberechtigung zuzulassen. Der Sache nach erzwang der erste der (von China sog.) »Ungleichen Verträge«, der Vertrag von Nanking (1842) zur Beendigung des Opiumkriegs, die anfangs nur begrenzte »Offene Tür« für britische Waren (Opium) nach China, schon in der Abschwungphase seines letzten dynastischen Zyklus, gefolgt von der 1853 durch Commodore erzwungenen Öffnung Japans im Vertrag von Kanagawa (1854). Auch dem Namen nach, dazu auf multilateraler Ebene, führte die Madrider Konvention (1880) erstmals die Politik der Offenen Tür für das Sultanat Marokko ein. Aber weltweit und zugleich spektakulär mit einem Paukenschlag wurde die Praxis durch die »Open Door«-Note des US-Außenministers John Hay (**1900**) bekannt, die für die USA freien Zugang zum Markt der Zukunft forderte (China), während die USA an ihrem Protektionismus mit massiven Schutzzöllen festhielt, bis lange nach 1945. Die »Open Door«-Note kündigte, bei der realen Wirtschaftskraft der USA, ihren Anspruch auf zumindest ökonomische Vorherrschaft über China an, vorbereitet durch die Expansion über den Pazifik (Hawaii, Philippinen 1898), gebrochen auch in der Klage über den »Verlust Chinas« an die Kommunisten (1949).

Bürgerliches Gesetzbuch (BGB)

Vereinheitlichung des Privatrechts im 2. Deutschen Kaiserreich: Seit 1874 arbeitete eine Kommission an der Schaffung des BGB. Der erste Entwurf (1888) wurde überarbeitet (1890–1895), von Bundesrat und Reichstag angenommen (1896, in Kraft seit **1900**). Das Gesetzeswerk wurde maßgeblich beeinflusst vom Code Civile (1804). Es ist mit Veränderungen in Deutschland noch heute gültig und seit 1990 auch in den neuen Bundesländern in Kraft, nachdem es in der DDR durch das Zivilgesetzbuch ersetzt worden war (1976).

Literatur: L. Enneccerus u. a.: Lehrbuch des bürgerlichen Rechts. Tübingen [19]1959 ff.

Zeppelin

Gasgefülltes Starrluftschiff: Benannt nach seinem Erfinder, Graf Ferdinand von Zeppelin (* 1837, † 1917), unternahm das Zeppelin-Luftschiff »LZ 1« den ersten Start (**1900**). Obwohl extrem schadensanfällig, wurden Zeppeline im Ersten Weltkrieg militärisch eingesetzt, u. a. zur Aufklärung und zum Bombardement aus der Luft, vor allem Londons (1915 ff.). Später dienten sie zur zivilen Luftfahrt (u. a. Tourismus), auch mit Transatlantikflügen in die USA ohne Zwischenlandung (seit 1924). Nach der Explosion des Zeppelins »Hindenburg« (»LZ 129«) in Lakehurst/USA (1937) wurde der Luftschiffbau mit dem letzten Zeppelin »LZ 130« in Deutschland eingestellt (1938). Heute erfolgt nur noch beschränkter Einsatz kleinerer Typen (z. B. für Reklame).

Literatur: H. G. Knäusel: Zeppelin. Die Geschichte der Zeppelin-Luftschiffe. Konstrukteure, Technik, Unternehmen. Oberhaching 2000; H. G. Knäusel: Die große Verheißung: LZ 1 der erste Zeppelin. Bonn 2000.

»Iskra«

(russ.: »Funke«) Erste gesamtrussische illegale Zeitschrift russischer Sozialisten (**1900**–1905): Redigiert von Plechanow und Lenin im Leipziger Exil, wurde die Zeitschrift durch Kuriere nach Russland eingeschmuggelt. Zunächst Parteiorgan der SDAPR, kam sie nach der Spaltung der Partei unter den Einfluss der MENSCHEWIKI. Lenin, Führer der BOLSCHEWIKI, schied daraufhin aus der Redaktion aus (1903). Die Zeitschrift erschien dann von London, später von Genf aus bis zur 1. RUSSISCHEN REVOLUTION (1905).

Literatur: J. H. L. Keep: The Rise of Social Democracy in Russia. Oxford 1963.

(1.) Panafrikanische Konferenz

Erstes organisiertes Auftreten von AFRO-AMERIKANERN und Afrikanern in London (**1900**) zur Bestandsaufnahme der Situation Afrikas auf dem Höhepunkt des IMPERIALISMUS: Die Konferenz forderte AUTONOMIE für die Kolonien (»The Problem of the 20th Century is the Problem of the Color Line«). Fortgesetzt von sechs Panafrikanischen Kongressen (1919–1958) – Brüssel, Paris, London (1921), London (1924), New York (1927); Manchester (1945); Accra (1958).

Literatur: I. Geiss: Panafrikanismus. Zur Geschichte der Dekolonisation. Frankfurt/Main 1968, S. 139–156.

Panafrikanismus

Afrikanische Einigungsbewegung zur Befreiung und Einigung des afrikanischen Kontinents, als Variante des afrikanischen Nationalismus und anderer Pan-Bewegungen: Panafrikanismus als Konzept entstand zuerst unter Intellektuellen der afrikanischen »Diaspora« außerhalb Afrikas, AFRO-AMERIKANERN der USA und Karibik, die Afrika von außen als Gesamtheit sehen konnten, aus der Ferne aber auch idealisierten. Ihre Reaktion gegen europäischen Kolonialismus und RASSISMUS konkretisierte sich mit der PANAFRIKANISCHEN KONFERENZ in London (**1900**), auf Initiative von Henry Sylvester-Williams (Trinidad) mit Erfahrungen in Südafrika, aber auch schon mit William Edward Burghardt Du Bois und Afrikanern aus West- und Südafrika. Über deren mehr allgemeine Forderungen der Gleichberechtigung hinaus forderte der 1. Panafrikanische Kongress am Rande der PARISER FRIEDENSKONFERENZ (1919), von nun an unter Leitung von Du Bois, das Verbot der SKLAVEREI und Zwangsarbeit, Anerkennung der Rechte für Afrikaner, in weiteren Kongressen (1921, 1923, 1927) präzisiert zur AUTONOMIE für afrikanische Kolonien.

Nach dem ZWEITEN WELTKRIEG ging die Hauptinitiative von George Padmore aus, einem früheren Kader der Profintern (kommunistischen Gewerkschaften) und Neffen von Henry Sylvester-Williams, der nach seinem Bruch mit dem KOMMUNISMUS (1935) in London lebte. Er organisierte mit einigen späteren Führern afrikanischer Nationalbewegungen (u. a. Kwame Nkrumah, Jomo Kenyatta) den 5. Panafrikanischen

Kongress in Manchester (1945). Danach konzentrierte sich Panafrikanismus auf die politische DEKOLONISATION durch Erlangung der SOUVERÄNITÄT für die Kolonien Schwarzafrikas. u. a. mit der Goldküste/Ghana unter Nkrumah (1957), der den 6. Panafrikanischen Kongress nach Accra (1958) einlud, jetzt schon mit unabhängigen afrikanischen Staaten (u. a. Liberia, Äthiopien) und Nationalbewegungen (u. a. Patrice Lumumba in Belgisch-Kongo). Nach seinem überraschend schnellen Erfolg auf nationaler Ebene, zumal im »Jahr Afrikas« (1960), zerschellten weiter gespannte Projekte Nkrumahs (»Union Government for Africa«, d. h. Vereinigte Staaten Afrikas in einem kontinentalen Bundesstaat) an den enormen Distanzen und national-ethnischen Heterogenitäten. Hinzu kam das Dilemma zwischen realen afrikanischen Nationalismen mit ihren tribal-ethnischen Zerklüftungen und erträumter kontinentaler Einheit auf »rassischer« Basis tunlichst nur Negrider, mit einem Quentchen (emanzipatorisch gedachten) Gegen-Rassismus zum europäisch-weißen Rassismus. Das einzige institutionelle Ergebnis war bisher die Organisation für Afrikanische Einheit (engl.: OAU, 1963), die 2002 in die Afrikanische Union überführt werden soll.

Literatur: I. Geiss: Panafrikanismus. Ein Beitrag zur Geschichte der Dekolonisation. Frankfurt/Main 1968; V. B. Thompson: Africa and Unity. The Evolution of Panafricanism. London 1968; H. Traeder: Panafrikanismus und Staatsnationalismus. Frankfurt/Main 1975; P. Olisanwuche Esedebe: Pan-Africanism. The Idea and Movement, 1776–1991. Washington (D.C.) [2]1994; W. Ackah: Pan-Africanism. Exploring the Contradictions. Politics, Identity and Development in Africa and the African Diaspora. Aldershot u. a. 1999.

Labour Representation Committee

Politische Organisation des SOZIALISMUS in England (1900–1906): Das Labour Representation Committee aus INDEPENDENT LABOUR PARTY, GEWERKSCHAFTEN und FABIAN SOCIETY sollte der Arbeiterschaft durch die Wahl unabhängiger Labour-Abgeordneter zur eigenen Vertretung im Parlament verhelfen. Erster Sekretär war Ramsay MacDonald (**1900**). Die Vereinigung erhielt nur zwei Mandate bei den KHAKI ELECTIONS im BURENKRIEG (1900), drei Mandate bei Nachwahlen (1902/03), konnte bei UNTERHAUSwahlen schon 30 Mandate gewinnen (1906). Auch durch seine Umbenennung in LABOUR PARTY (1906) war das Committee unmittelbarer Vorläufer der Labour Party.

Literatur: F. Bealey/H. Pelling: Labour and politics 1900–1906. A History of the Labour Representation Committee. London 1958; H. Pelling: The Origins of the Labour Party, 1880–1900. Oxford [2]1971.

Kommandos

Mobile kleine Reiterverbände der BUREN im GUERILLAKRIEG gegen die Briten: Die Verbände mit MILIZartigem Charakter leisteten in der dritten Phase des BURENKRIEGS (**1900**–1902) Widerstand gegen die Briten in den Burenrepubliken Transvaal und Oranje. Mit der Taktik der verbrannten Erde und KONZENTRATIONSLAGERN erzwangen die Briten die Kapitulation.

Allgemeiner auch: militärische Spezialeinheiten mit Sonderauftrag.

Konzentrationslager

Gefängnisähnliches Massenlager, in dem politische Gegner oder aus anderen Gründen missliebige Personen, meist ohne Prozess, gefangen gehalten werden: Im Kampf gegen die KOMMANDOS der BUREN in der dritten Phase des BURENKRIEGS (**1900**–1902) wurde die Zivilbevölkerung von britischem Militär in große Lager deportiert: Katastrophalen sanitären Verhältnissen fielen ca. 20 000 Menschen (von 120 000 Internierten) zum Opfer. Liberale und Pazifisten in Großbritannien protestierten gegen die rücksichtslose Kriegführung.

Allgemeiner: Im DRITTEN REICH wurden in Konzentrationslagern Regimegegner und JUDEN interniert und getötet (1933–1945). Einige KZs dienten im Rahmen der »ENDLÖSUNG« (Holocaust) als reine Vernichtungslager (1942–1945). Analog gab es auch Konzentrationslager in der Sowjetunion (GULAG) und anderen totalitären Staaten.

Literatur: A. J. Kaminski: Konzentrationslager 1896 bis heute. Geschichte, Funktion, Typologie. München 1990.

Platt-Amendment

Beschluss des US-Kongresses auf Antrag des Senators Orville Hitchcock Platt (1827–1905) nach dem SPANISCH-AMERIKANISCHEN KRIEG (1898) zur Definition der Stellung Kubas (**1901**): Die US-Truppen zogen zwar ab, aber die SOUVERÄNITÄT Kubas blieb erheblich beschränkt. Kuba durfte keine Verträge mit einer auswärtigen Macht abschließen, die seine Unabhängigkeit und Verfassung beeinträchtigen könnte, musste US-Interventionen zum Schutz seiner Unabhängigkeit und Verfassung akzeptieren und durfte seine Staatsschuld nicht über das Maß zu erwartender staatlicher Einkünfte erhöhen. Die Bedingungen wurden von Kuba angenommen (1901) und in den Vertrag mit den USA aufgenommen (1903). Das Platt-Amendment ermöglichte mehrere Interventionen der USA in Kuba. Auf Drängen Präsident F. D. Roosevelts hob der US-Kongress die Eingriffsrechte auf (1934). Ein neuer US-kubanischer Vertrag anerkannte Kubas Unabhängigkeit.

Literatur: L. A. Perez: Cuba Under the Platt Amendment, 1902–1934. Nachdruck Pittsburgh (Pa.) 1991.

Nobelpreis

Jährlich vergebene Auszeichnung für besondere Leistungen auf den Gebieten Physik, Chemie, Physiologie/Medizin, Literatur sowie für Verdienste zur Erhaltung des Friedens, durch testamentarische Verfügung finanziert aus den Zinsen des Kapitalvermögens von Alfred Nobel (seit **1901**): Der Friedensnobelpreis ging u. a. an: Henri Dunant (1901), Bertha von Suttner (1905), Internationales Komitee des ROTEN KREUZES (1917, 1947, 1963), Woodrow Wilson (1919), Fritjof Nansen (1922), Joseph Austen Chamberlain/Dawes (1925), Aristide Briand/Gustav Stresemann (1926), Ferdinand Buisson/Ludwig Quidde (1927), Frank B. Kellogg (1929), Arthur Henderson (1934), Carl von Ossietzky (1935:

Annahme durch Hitler verboten), QUÄKER (1947), Albert Schweitzer (1952), Martin Luther King (1964), UNICEF (1965), Internationale Arbeitsorganisation (1969), Willy Brandt (1971), Henry A. Kissinger/Lê Duc Tho (Annahme von Lê Duc Tho abgelehnt, 1973), Andrej D. Sacharow (1975), Menachem Begin/Anwar el-Sadat (1978), Lech Wałesa (1983), Desmond Tutu (1984), Michail S. Gorbatschow (1990), Nelson Mandela/Frederik Willem de Klerk (1993), Jasir Arafat/Shimon Peres/ Itzhak Rabin (1994), Kofi Annan (2001).

Literatur: I. Abrahms: The Nobel Peace Prize and the Laureats. An Illustrated Biographical History 1901–1987. Boston 1988; P. McGuire: Nobel Prize Winners Supplement 1987–91. An H. W. Wilson Biographical Dictionary. New York 1992; Harenberg-Lexikon der Nobelpreisträger. Alle Preisträger seit 1901. Ihre Leistungen, ihr Leben, ihre Wirkung. Dortmund ²2000.

Radikalsozialisten ▪

(Parti Républicain Radical et Radical-Socialiste) Bedeutendste politische Partei der III. FRANZÖSISCHEN REPUBLIK: Die Partei wurde gegründet durch Fusion verschiedener linksrepublikanischer Gruppen (**1901**), u. a. »Gauche Progressiste« (1895, zuvor: »Gauche Radical«, 1881) und Georges Clemenceaus »Groupe Républicain Radical-Socialiste« (1892). Sie stellte sich in die Tradition der FRANZÖSISCHEN REVOLUTION, vor allem der JAKOBINER, und war betont antiklerikal. Entgegen dem radikal klingenden Namen waren die Radikalsozialisten die klassische Partei des französischen LIBERALISMUS im 20. Jahrhundert, mit rivalisierenden Flügeln. In der III. und IV. FRANZÖSISCHEN REPUBLIK bildeten sie die große Partei der linken Mitte mit einer parlamentarischen Schlüsselstellung und waren in den meisten Regierungen der III. Französischen Republik vertreten, auch an der VOLKSFRONT (1936–1938). Anfänglich für das VICHY-REGIME (1940), schlossen sich bald führende Radikalsozialisten der RÉSISTANCE und de Gaulle an.

In der IV. Französischen Republik waren die Radikalsozialisten wieder in allen Regierungen (1946–1958), zunächst auch in der V. FRANZÖSISCHEN REPUBLIK (1958/59). Danach spielte die Partei nur noch eine untergeordnete Rolle und verlor durch Absplitterungen an Bedeutung; u. a. schloss sich Pierre Mendès-France der »Parti Socialiste Unifié« (PSU) an (1960). Weitere Abspaltungen gingen zum Mouvement des Radicaux de Gauche (1972) und Union pour la Démocratie Française (UDF, 1978).

Literatur: F. de Tarr: The French Radical Party from Herriot to Mendès-France. London 1961; R. Bloch: Histoire du Parti Radical-Socialiste. Paris 1968.

Sozialrevolutionäre ▪

Partei in Russland, aus der Fusion von Gruppen der NARODNIKI als Geheimorganisation gegründet (**1901**): Mit ihrer Massenbasis im Agrarproletariat (Kleinbauern, Landarbeiter) propagierten sie im Unterschied zum MARXISMUS die agrarsozialistische Revolution und setzten in der Tradition der Narodniki auf IndividualTERROR durch Ermordung von Vertretern der AUTOKRATIE (1902–1911), u. a. Ministerpräsident Stolypin (1911). In der Russischen Februarrevolution unterstützten sie die Provisorische Regierung (1917). Nach der Oktoberrevolution ging der linke Flügel eine Koalition mit den Bolschewiki ein. In der Verfassunggebenden Versammlung (25. November 1917) bildeten sie die stärkste Partei. Die Ermordung des deutschen Botschafters Graf Mirbach (August 1918) führte den Bruch mit den Bolschewiki herbei. Im Russischen Bürgerkrieg wurde die Partei von den Bolschewiki zerschlagen (bis 1922).

Literatur: M. Hildermeier: Die Sozialrevolutionäre Partei Rußlands (1900–1914). Köln, Wien 1978; L. Häfner: Die Partei der linken Sozialrevolutionäre in der russischen Revolution von 1917/18. Köln u. a. 1994; M. Hildermeier: The Russian Socialist Revolutionary Party before the First World War. Münster u. a. 2000.

Friede von Vereeniging

Vertrag zur Beendigung des Burenkriegs (**1902**): Die Burenrepubliken Transvaal und Oranje wurden britische Kolonien, die Buren legten die Waffen nieder und anerkannten die Souveränität Großbritanniens, das ihnen dafür Autonomie gewährte, damit freie Hand gegenüber den Afrikanern. Ferner erhielten die Buren Kredite zum Wiederaufbau. Der Vertrag bestätigte die Hegemonie der Buren in Südafrika und schuf die Basis zur Südafrikanischen Union (1910) und Apartheid.

»Imperialism«

Grundlegendes Werk des britischen Liberalen und Pazifisten John A. Hobson, erschienen (**1902**): In Auseinandersetzung mit dem Burenkrieg analysierte Hobson den britischen Imperialismus. Das Werk wurde Ausgangspunkt moderner Imperialismustheorien, u. a. für Rudolf Hilferding (1910), Rosa Luxemburg (1913) und Wladimir I. Lenin (1916/17). Die deutsche Ausgabe erschien 1968.

Literatur: J. A. Hobson: Der Imperialismus. Köln u. a. [2]1970; W. J. Mommsen: Imperialismustheorien. Ein Überblick über die neueren Imperialismusinterpretationen. Göttingen [3]1987.

Imperialismus

(lat.: Imperium = Großreich) Allgemein: Expansion großen Stils von Mächten zu allen Zeiten; gebraucht auch als diffamierender politischer Kampfbegriff; speziell: Expansion der Industriemächte in Übersee aus ökonomischen und sozialen Gründen (Sozialimperialismus, ab ca. 1880), einschließlich Russlands mit kontinentaler Expansion in Asien, Japan (1894/95) und die USA (ab 1898):

Zur Vorgeschichte gehören die Expansion Europas in Übersee (ab 1492), frühe Kolonialreiche, Transatlantische Sklaverei, Sklavenhandel, Industrielle Revolution, II. Empire sowie der Kolonialismus mit dem vorrangigen Ziel, Ressourcen der Kolonie für die eigene Wirtschaftsentwicklung auszubeuten.

Die Hochphase der Konkurrenz unter den imperialistischen Großmächten um noch unerschlossene Teile der Welt eröffnete der britische

Premierminister Disraeli mit seiner programmatischen Rede im Londoner Crystal Palace, in der er die imperialistische Expansion zur außenpolitischen Maxime Großbritanniens erhob (1872); die LIBERAL PARTY unter William Gladstone bekämpfte dagegen den »Imperialismus« in seiner aggressiven Stoßrichtung (1876); Victoria nahm den Titel »Empress« (Kaiserin) von Indien an (1876).

Der SCRAMBLE FOR AFRICA (ab 1884/85) besiegelte die koloniale Eroberung Afrikas durch die europäischen Mächte, gefolgt von der Durchdringung Asiens. Hauptkonkurrenten im Wettlauf um die Aufteilung der Welt waren zunächst Großbritannien und Frankreich, später zusätzlich Deutschland mit seiner WELTPOLITIK (1896/98), Russland, Japan und die USA. Auf dem Höhepunkt imperialistischer Politik warf ein europäisches Expeditionskorps den BOXERAUFSTAND in China nieder (1900/01). Nach 1900 verschärfte sich die Kritik an Praxis und Ideologie des Imperialismus: Der BURENKRIEG (1899–1902) gab John A. Hobson Anstoß zu seinem »IMPERIALISM« (**1902**) und modernen Imperialismustheorien. Parallel eskalierten regional begrenzte Kriege um Einflusssphären – Französisch-chinesischer Krieg (1884/85), 1. CHINESISCH-JAPANISCHER KRIEG (1894/95), ITALIENISCH-ÄTHIOPISCHER KRIEG (1895/96), SPANISCH-AMERIKANISCHER KRIEG (1898), Burenkrieg (1899–1902), RUSSISCH-JAPANISCHER KRIEG (1904/05), TRIPOLISKRIEG (1911/12). Der ERSTE WELTKRIEG (1914–1918) erschütterte den Imperialismus, als Auftakt zur DEKOLONISATION nach dem ZWEITEN WELTKRIEG (1939–1945) .

Literatur: H.-U. Wehler (Hg.): Imperialismus. Königstein [3]1979; F. Fisch/D. Groh: Imperialismus, in: O. Brunner u. a. (Hg.): Geschichtliche Grundbegriffe, Bd 3, S. 171–236; H. Gründer: Der moderne Imperialismus. Düsseldorf [5]1990; W. Reinhard (Hg.): Imperialistische Kontinuität und nationale Ungeduld im 19. Jahrhundert. Frankfurt/Main 1991; W. J. Mommsen: Das Zeitalter des Imperialismus. Frankfurt/Main [21]1998.

2. Parteitag der SDAPR

Erster gemeinsamer Parteitag der russischen Sozialdemokratie im Exil in London (**1903**): Die SDAPR spaltete sich in MENSCHEWIKI und BOLSCHEWIKI. Auslöser war Artikel 1 des Parteistatuts, Definition des Parteimitglieds: Während die Bolschewiki um Wladimir I. Lenin eine Partei von aktiven Berufsrevolutionären anstrebten, wollten die Menschewiki am Konzept einer Massenpartei festhalten. Lenin gewann unter chaotischen Abstimmungsverhältnissen eine Zufallsmehrheit (Bolschewiki = Mehrheitler) von 25 gegen 20 Stimmen (55 Delegierte).

Menschewiki

(russ.: menschinstwo = Minderheitler) Der gemäßigte Flügel der SDAPR, der bei der Spaltung auf dem 2. PARTEITAG DER SDAPR in London gegenüber den BOLSCHEWIKI in die Minderheit geriet (**1903**): Der Name Menschewiki blieb erhalten, obwohl die Fraktion unter Georgi Plechanow, die den Aufbau einer Massenpartei des westlichen sozialdemokratischen Typus befürwortete, die eigentliche Mehrheitsströmung in der

Gesamtpartei bildete. Nach der 1. Russischen Revolution (1905/07) gingen ihre Führer wieder in die Emigration. Im Ersten Weltkrieg traten sie für die Vaterlandsverteidigung ein (1914–1917). Nach der Russischen Februarrevolution (1917) kehrten sie aus dem Schweizer Exil nach Russland zurück und gehörten zeitweise der Provisorischen Regierung an. In der Oktoberrevolution unterlagen die Menschewiki den Bolschewiki (1917/19).

Literatur: A. Ascher: The Menschewiks in the Russian Revolution. London 1976; Z. Galili y Garcia: The Menshevik Leaders in the Russian Revolution. Social Realities and Political Strategies. Princeton 1989; T. Reißer: Menschewismus und Nep (1921–28). Diskussion einer demokratischen Alternative. Münster 1996; A. Liebich: From the Other Shore. Russian Social Democracy After 1921. Cambridge (Mass.) u. a. 1997.

Bolschewiki

(russ.: bolschinstwo = Mehrheitler) Der radikalere Flügel der SDAPR unter Lenin, der bei der Spaltung auf dem 2. Parteitag der SDAPR in London gegenüber den Menschewiki die Mehrheit hatte (**1903**): Zunächst eigentliche Minderheitsströmung in der Gesamtpartei, befürworteten die Bolschewiki den Aufbau einer revolutionären Kaderpartei im Untergrund (»Partei neuen Typs«). Sie waren aktiv in der 1. Russischen Revolution (1905/07), ihre Führer gingen nach deren Scheitern wieder in die Emigration. Im Ersten Weltkrieg agitierten sie gegen die zaristische Kriegführung (1914–1917). Die Organisation der Partei wurde, nachdem revolutionäre Kader zunächst von der Polizei zerschlagen worden waren, neu aufgebaut. Nach der Russischen Februarrevolution reisten Lenin und andere revolutionäre Führer aus dem Schweizer Exil im plombierten Sonderzug durch Deutschland über Schweden nach Russland (April 1917), arbeiteten gegen die Provisorische Regierung mit finanzieller Unterstützung des Deutschen Reichs (20 Mio. Goldmark). Nach einem misslungenen Aufstand (Juli 1917) gegen die Provisorische Regierung in Petrograd verboten, gewannen die Boleschewiki nach Niederschlagung des Kornilow-Putsches (August) an Zulauf und übernahmen im Rahmen der Oktoberrevolution (1917) die Macht, die sie im Russischen Bürgerkrieg behaupten konnten (1917–1920).

Literatur: L. Schapiro: Die Geschichte der KPdSU. Frankfurt/Main 1962; R. G. Wesson: Lenin's Legacy. The Story of the CPSU. Stanford (Cal.) 1978; B. M. Ponomarjow u. a.: Geschichte der Kommunistischen Partei der Sowjetunion. Frankfurt/Main [7]1985; R. Pipes: Die Macht der Bolschewiki (= Die Russische Revolution, Bd. 2). Berlin 1992; H. G. Linke: Die russischen Revolutionen 1905/1917. Zusammenbruch der zaristischen Herrschaft und Machtergreifung der Bolschewiki. Stuttgart u. a. [3]1995.

Russisch-japanischer Krieg

Konflikt zwischen Russland und Japan um Korea und die Mandschurei (1904/05): Spannungen zwischen Russland und Japan um Einflusssphären in Ostasien eskalierten seit dem Frieden von Shimonoseki (1895). Russlands Vertrag mit China (1896) ermöglichte die wirtschaftliche Durchdringung der nördlichen Mandschurei (Bau einer

EISENBAHNLINIE); bald pachtete Russland Port Arthur von China (1898). Als Russland nach dem BOXERAUFSTAND (1900–1903) die Mandschurei besetzte und Anstalten machte, auch Korea in seinen Machtbereich mit einzubeziehen, spitzte sich der Interessenkonflikt mit Japan zu. Japans Verständigungsvorschläge lehnte Russland ab oder beantwortete sie ausweichend.

Japan eröffnete die Feindseligkeiten ohne Kriegserklärung (**1904**), vernichtete die russische Ostasienflotte in Port Arthur, brachte Russland in der Mandschurei mehrere Niederlagen (1904/05) bei und vernichtete die russische Ostseeflotte in der Meeresstraße von Tsushima. Durch US-Vermittlung kam der Frieden von Portsmouth (USA) zustande (1905), in dem Russland die japanische Kontrolle Koreas anerkannte und die Pachtrechte der Halbinsel Liaotung sowie Südsachalin an Japan abtrat. Japan erhielt keine Kriegsentschädigung, was zu antiamerikanischen Protesten und Unruhen in Tokio führte (1905).

Historische Wirkungen: In Russland brach kurz nach dem Friedensschlukss die 1. RUSSISCHE REVOLUTION (1905/07) aus. Russland war militärisch und außenpolitisch auf Jahre geschwächt und sein Bündnispartner Frankreich (RUSSISCH-FRANZÖSISCHE MILITÄRKONVENTION 1892/94) gegenüber Deutschland auf dem Kontinent weitgehend isoliert (siehe auch 1. MAROKKOKRISE, 1905/06, SCHLIEFFENPLAN, 1905). Japan konnte seine Position in Ostasien durch die Annexion Koreas ausbauen (1910).

Literatur: D. Walter: The Short Victorians War. The Russo-Japanese Conflict 1904–05. London 1973; N. R. Adami: Eine schwierige Nachbarschaft. Die Geschichte der russisch-japanischen Beziehungen. München 1990; I. Nish: The Origins of the Russo-Japanese War. London u. a. [5]1996.

Entente Cordiale

(frz.: herzliches Einverständnis) Britisch-französische Verständigung nach der FASCHODA-KRISE (1898/99) und dem BURENKRIEG (1899–1902) über Kolonialfragen (**1904**): Frankreich erkannte die britische Besetzung Ägyptens an (seit 1882), Großbritannien unterstützte Frankreichs Pläne in Marokko (1905 ff.). Die Entente war kein förmlicher Bündnisvertrag, eröffnete jedoch eine politische Zusammenarbeit. Für das 2. DEUTSCHE KAISERREICH war die Entente Cordiale eine Niederlage seiner WELTPOLITIK. Die Entente wurde durch die 1. MAROKKOKRISE und die 2. MAROKKOKRISE (1905/06, 1911) gefestigt, mit der ENGLISCH-RUSSISCHEN VERSTÄNDIGUNG (1907) zur TRIPELENTENTE erweitert.

Literatur: C. Andrew: Théophile Delcassé and the Making of the Entente Cordiale. London 1968; P. J. V. Rob: Entente Cordiale. London 1969; G. Monge: Ursachen und Entstehung der englisch-französischen Entente 1900–1907. Seeheim 1969.

Herero

Volk in Namibia, als Hirtennomaden von Großvieh lebende Bantu: Die Herero wanderten im 16. Jahrhundert in die heutigen Siedlungsgebiete ein. Dauerkonflikte mit den NAMA (»Hottentotten«) beendeten sie auf deutsche Missionsvermittlung (1870). Danach kamen sie unter deutsches

PROTEKTORAT (1884) und erhoben sich im HEREROAUFSTAND gegen die Deutschen (1893, **1904**). Überlebenden Herero wurde die Haltung von Großvieh verboten (1906 ff.). Im unabhängigen Namibia stellen sie eine politisch bedeutsame Gruppe und fordern jetzt von Deutschland Entschädigung (2001).

Literatur: H. Vedder (Hg.): The Native Tribes of South West Africa. Kapstadt 1928; H. R. Bilger: Südafrika in Geschichte und Gegenwart. Konstanz 1976; J.-B. Gewald: Herero Heroes. A Socio-political History of the Herero of Namibia, 1890–1923. Oxford u. a. 1999.

Hereroaufstand

Aufstand der HERERO gegen die deutsche Kolonialmacht (**1904**–1908), von deutschen Schutztruppen blutig unterdrückt: Die Herero unterlagen in der Schlacht am Waterberg (1905), Überlebende wurden in die Kalahari abgedrängt und verdursteten zum größten Teil. Das deutsche Vorgehen provozierte scharfe Kritik im REICHSTAG, vor allem von SPD und ZENTRUM (1907).

Literatur: J. M. Bridgman: The Revolt of the Hereros. London 1981; W. Nuhn: Sturm über Südwest. Der Hereroaufstand von 1904. Koblenz [4]1997; G. Krüger: Kriegsbewältigung und Geschichtsbewußtsein. Realität, Deutung und Verarbeitung des deutschen Kolonialkriegs in Namibia 1904 bis 1907. Göttingen 1999.

Nama (Hottentotten; Eigenbezeichnung: Khoikhoi)

Afrikanisches Volk ungeklärter Herkunft in Südafrika (vielleicht aus Verbindung von Buschmännern und Bantus): Die Nama wurden von BUREN verdrängt und in den sog. »Hottentottenkriegen« (1658–1660, 1673–1677) unterworfen. Sie wanderten nach Namibia ein (ab ca. 1760), wo sie in Konflikt mit den HERERO gerieten. Unter deutschem PROTEKTORAT (1890 ff.) beteiligten sie sich an Aufständen (1893/94, **1904**–1909), die die deutsche Kolonialmacht blutig unterdrückte. Die innenpolitische Kontroverse über die deutsche Kolonialpolitik prägte die »HOTTENTOTTENWAHLEN« (1907).

Literatur: W. Nuhn: Feind überall. Der große Nama-Aufstand (Hottentottenaufstand) 1904–1908 in Deutsch-Südwestafrika (Namibia). Der erste Partisanenkrieg in der Geschichte der deutschen Armee. Bonn 2000.

Russische Revolution

Politische Umwälzung in Russland: Die Russische Revolution vollzog sich in drei Phasen: Der 1. RUSSISCHEN REVOLUTION (**1905**–1907) folgten die RUSSISCHE FEBRUARREVOLUTION und die OKTOBERREVOLUTION (1917) – Sturz des Zarismus und Sowjetperiode (bis 1991).

1. Russische Revolution

Erste Phase der RUSSISCHEN REVOLUTION (**1905**–1907): Die breite Unzufriedenheit der russischen Bevölkerung mit der autokratischen Herrschaft der ZAREN resultierte aus den schwierigen wirtschaftlichen und sozialen Lebensbedingungen. Bereits nach dem RUSSLANDFELDZUG Napoleons (1812) machte sich Enttäuschung über das Ausbleiben liberaler Reformen für Russland im DEKABRISTENAUFSTAND Luft (1825). Hoffnungen der Bauern auf Erwerb von Landbesitz durch die BAUERNBEFREIUNG blieben uneingelöst (1861). Auch die übrigen Reformen (u. a. Schaffung von SEMSTWOS, 1864) blieben hinter den Erwartungen an eine liberale Verfassung zurück. Die Ermordung des Reformzaren Alexanders II. (1881) durch die NARODNAJA VOLJA provozierte schärfste Repression, die Industrialisierung lief auf Kosten der Bauern an, mit einem schnell anwachsenden Industrieproletariat. Bei Missernten grassierten HUNGERSNÖTE auf dem Land wegen des forcierten Getreideexports (1892–1894). So entstanden erste revolutionäre Organisationen im Untergrund – SDAPR (1898), gespalten in MENSCHEWIKI und BOLSCHEWIKI (1903). Aus den NARODNIKI ging die Partei der SOZIALREVOLUTIONÄRE hervor (1901), die nach Niederlagen im RUSSISCH-JAPANISCHEN KRIEG (1904/05) Innenminister Plehwe ermordeten (1904). Der Semstwo-Kongress in St. Petersburg forderte die KONSTITUTIONELLE MONARCHIE (1904).

Den Anstoß zur Revolution gab der »Blutsonntag« (22. Januar 1905), an dem KOSAKEN eine friedliche Demonstration (im heimlichen Einvernehmen mit der Polizei, angeführt vom Popen Gapon) vor dem Winterpalais in St. Petersburg zusammenschossen: Überall im Land brachen STREIKS und Bauernaufstände aus. Zar Nikolaus II. berief eine beratende Versammlung ein (3. März) und machte erste Zugeständnisse (u. a. religiöse TOLERANZ in KONGRESSPOLEN, Polnisch in polnischen Schulen wurde zugelassen, im RAYON Erleichterungen für JUDEN, u. a. Lockerung des NUMERUS CLAUSUS). Nationale Minderheiten begehrten auf. Die Meuterei auf dem Panzerkreuzer »Potemkin« im Schwarzen Meer wurde Fanal revolutionärer Unruhen. Ihren Höhepunkt erreichten sie im landesweiten GENERALSTREIK (20.–30. Oktober). In St. Petersburg formierten sich ARBEITERRÄTE als Streikkomitees. Der Zar sah sich zu weiteren Zugeständnissen gezwungen und versprach im Oktobermanifest eine Verfassung mit DUMA (30. Oktober). Der konstitutionelle Monarchist Sergei Witte wurde Ministerpräsident (bis 1906). Die bürgerliche Opposition spaltete sich: Während sich Gemäßigte mit dem Erreichten zufrieden gaben (Oktobristen), verlangten Liberale die volle Konstitutionelle Monarchie (Konstitutionelle-Demokratische Partei, KD = »Kadetten«). Die Mitglieder des St. Petersburger SOWJETS wurden verhaftet (16. Dezember), der Arbeiteraufstand in Moskau (22. Dezember – 1. Januar 1906) nach blutigen Straßenkämpfen niedergeschlagen. Auf dem Land gingen Armee und Schwarze Hundertschaften gegen Aufständische vor. Witte wurde entlassen (2. Mai). Um der Duma zuvorzukommen, erließ der Zar ein Grundgesetz, das seine AUTOKRATIE nur geringfügig einschränkte (6. Mai). In der 1. Duma (10. Mai–21. Juli) stellten die »Kadetten« die stärkste Fraktion, die Linke fehlte wegen ihres Wahlboykotts. Bereits im Juli löste Nikolaus wegen der scharfen Kritik der »Kadetten« (u. a. Aufruf zum Steuerstreik) die Duma wieder auf (21. Juli). Der neue Ministerpräsident Pjotr Stolypin (1906–1911) leitete Agrarreformen ein. Der 2. Duma (5. März–16. Juni 1907), gehörten diesmal auch Abgeordnete der revolutionären Linken an. Die »Kadetten« befürworteten die Zusammenarbeit mit der Regierung, die jedoch unter dem Druck der Linken stand. Nach Auflösung der 2. Duma ging aus Neuwahlen mit verschärftem Zensuswahlrecht zugunsten der besitzenden Klassen die 3. Duma (1907–1912) mit konservativer Mehrheit hervor. Ihre Rechte waren noch weiter eingeschränkt, sodass sie weitgehend handlungsunfähig war (Scheinkonstitutionalismus).

Literatur: S. M. Schwarz. The Russian Revolution 1905. Chicago 1967; J. H. L. Keep: The Russian Revolution. A Study in Mass Mobilization. London 1976; D. Geyer: Die Russische Revolution. Göttingen [4]1985; E. Benz: Die Revolution von 1905 in den Ostseeprovinzen Rußlands. Mainz 1989; R. Pipes: Die Russische Revolution. Bd 1: Der Zerfall des Zarenreiches. Berlin 1992; M. Hildermeier: Die russische Revolution 1905–1921. Frankfurt/Main [4]1995.

Arbeiterräte (Sowjets)

Organ der revolutionären Bewegung in der Russischen Revolution: In der 1. Russischen Revolution agierte ein Arbeiterrat als Streikkomitee für den Generalstreik in St. Petersburg (26. Oktober **1905**) und anderen Industriestädten. In der Russischen Februarrevolution (1917) bildeten sich erneut Arbeiterräte. Der Doppelherrschaft zwischen Petrograder Sowjet und Provisorischer Regierung folgte die Machtergreifung der Bolschewiki im Namen der Räte (»Alle Macht den Räten!«, Oktober 1917). In späteren sozialistisch-kommunistischen Revolutionen bildeten sie das dominierende politische Strukturprinzip, in Mitteleuropa erweitert um Soldatenräte – Ungarische Räterepublik, Münchener Räterepublik (1919). Nach Niederwerfung des Kronstädter Aufstands (1921) faktisch ausgeschaltet, wurden die Räte durch den Parteiapparat ersetzt. Von ihnen blieb nur noch der Name für Organe der Staatsbürokratie auf allen Ebenen in der UdSSR. Angelehnt an das Vorbild der Arbeiterräte entstanden später in China auf der Basis von Räten (»Su-wei-ai«) kommunistische Stützpunkte und Bauernrepubliken (1927–1934).

Der Sache (nicht dem Namen nach) lebten Räte in der Gewerkschaftsbewegung »Solidarność« in Polen wieder auf (1980/81), aber politisch konträr zum Sowjetsystem.

Literatur: O. Anweiler: Die Rätebewegung in Rußland, 1905–1921. Leiden 1958; N. B. Rentsch: Das System der Räte. Frankfurt/Main 1976; V. Arnold: Rätebewegung und Rätetheorien in der Novemberrevolution. Hamburg [2]1985; S. Roß: Politische Partizipation und nationaler Räteparlamentarismus. Determinanten des politischen Handelns der Delegierten zu den Reichsrätekongressen 1918/1919. Eine Kollektivbiographie. Köln 1999.

Laiengesetze

Gesetze zur Trennung von Kirche und Staat in Frankreich (**1905**): Die Laiengesetze, von Aristide Briand als Unterrichtsminister durchgesetzt (1906), hoben das Konkordat Napoleons I. (1801) auf und verursachten schwere innere Spannungen.

Ähnliche Gesetze gab es in Deutschland im Kulturkampf (1871–1887).

1. Marokkokrise

Erste internationale Krise als Folge der deutschen WELTPOLITIK, ausgelöst durch kollidierende französische und deutsche Interessen an Marokko (1905/06): Der deutsche Protest richtete sich gegen die französische Expansion in Marokko, um die ENTENTE CORDIALE (1904) zu sprengen. Russland war gelähmt durch seine Niederlage im RUSSISCH-JAPANISCHEN KRIEG (1904/05) und die 1. RUSSISCHE REVOLUTION, Frankreich durch den Konflikt um die LAIENGESETZE (1905/06), nach außen durch die Paralyse Russlands auf dem Kontinent isoliert. Die demonstrative Landung Kaiser Wilhelms II. in Tanger löste die Marokkokrise aus (31. März **1905**). Die Deutschen drängten auf eine internationale Konferenz (Mai) zur Regelung der Marokkofrage, die Frankreich von einer Durchdringung Marokkos abhalten sollte. Der französische Außenminister Delcassé wurde auf deutschen Druck entlassen (6. Juni). Die ALGECIRAS-KONFERENZ (1906) bestätigte zwar die SOUVERÄNITÄT des Sultans von Marokko, trieb das Deutsche Reich jedoch in die politische Isolation. Die beiden Ententemächte Großbritannien und Frankreich reagierten mit engerer Zusammenarbeit, u. a. General- und Admiralstabsgesprächen für einen Krieg mit Deutschland (ab Dezember/Januar 1906), während in Deutschland der SCHLIEFFENPLAN für einen Zweifrontenkrieg gegen Russland und Frankreich entstand (1905). Die 2. MAROKKOKRISE (1911) verschärfte Deutschlands außenpolitische Isolation (»EINKREISUNG«).

Literatur: E. N. Anderson: The First Moroccan Crisis, 1904–1906. Hamden (Conn.) 1966; P. Guillen: L'Allemagne et le Maroc de 1870 à 1905. Paris 1967.

Schlieffenplan

Operationsplan des deutschen GENERALSTABSCHEFS Alfred Graf von Schlieffen für einen Zweifrontenkrieg gegen Russland und Frankreich, ausgearbeitet in der 1. MAROKKOKRISE (**1905**): Da Russland durch die 1. RUSSISCHE REVOLUTION gelähmt war, wurde die Abfolge von Offensive und Defensive gegenüber Planungen des älteren Moltke verändert. Grundgedanke war eine hinhaltende Defensive gegen Russland (mit einer Armee) und eine Blitzoffensive gegen Frankreich (mit sieben Armeen). Das Westheer südlich von Metz sollte defensiv bleiben (fünf Korps), die Offensive (mit 35 Armeekorps) auf dem rechten Flügel durch die Niederlande, Luxemburg und Belgien sollte die französischen Armeen westlich von Paris umfassen. Der Vernichtung der französischen Armee sollte die Niederwerfung der russischen Truppen mit Hilfe Österreich-Ungarns folgen. Der Schlieffenplan galt in Deutschland lange Zeit als unfehlbares Siegesrezept. Schlieffens Nachfolger als Generalstabschef, der jüngere Moltke, wandte den Schlieffenplan modifiziert zu Beginn des ERSTEN WELTKRIEGS an (1914), sparte jedoch die Niederlande aus der deutschen Offensive aus, wollte dafür aber die Festung Lüttich überfallartig aus dem Stand erobern und den rechten Flügel zugunsten des linken schwächen (26:8 Korps). Die deutsche Strategie zur Vermeidung eines Zweifrontenkriegs scheiterte mit der Marneschlacht

(9. September 1914), u. a. am britischen Kriegseintritt nach der Neutralitätsverletzung Belgiens und an der nur vorübergehenden Schwäche Russlands. Gründe für das Scheitern: Neutralitätsverletzungen im Westen zogen England in den Krieg. Dazu waren gegen Frankreich weniger Korps tatsächlich vorhanden, als im Schlieffenplan vorgesehen (40) – nur 34 Korps. Schlieffen hatte allein für den rechten Offensivflügel 35 Korps eingeplant, das Defizit von sechs Korps war nicht aufzuholen. Somit operierte schon Schlieffen mit Geisterarmeen (wie zuletzt Hitler im Frühjahr 1945). Dazu setzte er alles auf die eine Karte der erfolgreichen Blitzoffensive, ohne Rücksicht auf Stockungen oder örtliche Niederlagen: Alle elf Reservekorps wurden sofort in die erste Linie geworfen – für kritische Lagen gab es keine strategischen Reserven.

Literatur: G. Ritter: Der Schlieffenplan. Kritik eines Mythos. München 1958; J. L. Wallach: Das Dogma der Vernichtungsschlacht. Die Lehren von Clausewitz und Schlieffen und ihre Wirkungen in zwei Weltkriegen. München [2]1970; A. Bucholz: Moltke, Schlieffen, and Prussian War Planning. Oxford 1991.

Maji-Maji-Aufstand

Aufstandsbewegung in Deutsch-Ostafrika (Tansania) gegen die deutsche Kolonialherrschaft (**1905**–1907): Der Name ist von Suaheli »maji« (= Wasser) abgeleitet und erklärt sich aus der weit verbreiteten magischen Vorstellung, die Kugeln der Weißen würden sich in Wasser verwandeln, also harmlos sein. Der Aufstand wurde durch blutige Massaker niedergeworfen: ca. 125 000 Afrikaner starben.

Literatur: J. Iliffe: Tanganyika under German Rule, 1905–1912. Nachdruck Nairobi 1972; K.-M. Seeberg: Der Maji-Maji-Krieg gegen die deutsche Kolonialherrschaft. Berlin 1989; W. Nuhn: Flammen über Deutschost. Der Maji-Maji-Aufstand in Deutsch-Ostafrika 1905–1906. Bonn 1998; J. Iliffe: A Modern History of Tanganyika. Neuausgabe Cambridge 1999.

Präventivkrieg

(zu lat.: praevenire = zuvorkommen) Offensivkrieg, um einem drohenden Angriff zuvorzukommen: Angebliche oder wirkliche Kriegsvorbereitungen oder Angriffsabsichten des Gegners dienten als Rechtfertigungsgrund für einen militärischen Angriff, z. B. Preußens im SIEBENJÄHRIGEN KRIEG (1756). Vor dem ERSTEN WELTKRIEG drängte besonders stark der Generalstabschef von Österreich-Ungarn, Hötzendorf, auf Präventivkriege gegen Serbien und Italien, in Deutschland der GENERALSTAB gegen Russland (u. a. 1887) und gegen Frankreich seit der 1. MAROKKOKRISE (**1905**). Die Tendenz zum Präventivkrieg gegen Russland verschärfte sich durch den SCHLIEFFENPLAN (1914), da der Generalstab die militärische Erholung Russlands erwartete (bis ca. 1916/17). Im Ersten Weltkrieg und ZWEITEN WELTKRIEG rechtfertigte die deutsche Propaganda deutsche Angriffskriege mit der angeblichen Notwendigkeit eines »Präventivkriegs«, so auch gegenüber Jugoslawien, Griechenland und der UdSSR (1941), die UdSSR im SOWJETISCH-FINNISCHEN WINTERKRIEG (1939/40), Japan gegenüber den USA (1941), Israel im 2. NAHOSTKRIEG und im 3. NAHOSTKRIEG (1956, 1967) gegenüber arabischen Staaten.

Literatur: A. Vagts: Defense and Diplomacy. New York 1956, Kap. 8; K.-E. Jeismann: Das Problem des Präventivkrieges im europäischen Staatensystem mit besonderem Blick auf die Bismarckzeit. Freiburg, München 1957.

Persische Revolution

Volksbewegung gegen den Schah in Teheran (Dezember **1905**–1908): Sie zwang Schah Muzz-affar a-Din, eine NATIONALVERSAMMLUNG einzuberufen und eine Verfassung zu erlassen, die Persien zur KONSTITUTIONELLEN MONARCHIE machte (1906). Den Norden Persiens (Aserbaidschan) erfasste eine agrarrevolutionäre Bewegung, mit Aufteilung des Großgrundbesitzes (1907). Die Nationalisten forderten eine eigenständige Politik Persiens, das nach der ENGLISCH-RUSSISCHEN VERSTÄNDIGUNG (Petersburger Vertrag) über die Aufteilung Persiens in drei Zonen (1907) zunehmend unter ausländischen Einfluss geriet. Der nächste Schah Mohammad Ali scheiterte mit einem Putschversuch gegen das PARLAMENT (1907). Mit russischer Hilfe (u. a. KOSAKEN-Brigade) war die Gegenrevolution erfolgreich (1908), das Parlament wurde gewaltsam aufgelöst, viele Führer wurden hingerichtet. Später nahmen Revolutionäre Teheran ein und zwangen Schah Mohammad Ali zur Abdankung (1909). Auch in Aserbaidschan siegte die bewaffnete Revolution (1909). Die neue ANGLO-PERSIAN OIL COMPANY (1909) baute die erste Pipeline und die erste Raffinerie. Nach einer Militärintervention Russlands wurde das Parlament von Russen endgültig aufgelöst (1911). Persien befand sich weitgehend unter russischer HEGEMONIE (bis 1914).

Literatur: S. Roschke-Bugzel: Die revolutionäre Bewegung in Iran 1905–1911. Sozialdemokratie und russischer Einfluß. Frankfurt/Main u. a. 1991; J. Foran (Hg.): A Century of Revolution. Social Movements in Iran. London 1994.

Sinn Féin

(gäl.: Wir selbst) Politische Partei in Irland: Von Arthur Griffith (* 1872, † 1922) in Dublin gegründet (**1905**), trat Sinn Féin erst allmählich für eine unabhängige irische REPUBLIK ein. Die Partei war nach dem OSTERAUFSTAND (1916) führend in der Agitation gegen die Ausdehnung der ALLGEMEINEN WEHRPFLICHT auf Irland (Frühjahr 1918). Bei den KHAKI ELECTIONS errang sie 73 von 105 Sitzen (16. Dezember 1918); die Abgeordneten weigerten sich jedoch, ihre Sitze im PARLAMENT in Westminster einzunehmen. 26 Sinn-Féin-Abgeordnete konstituierten stattdessen ein eigenes Parlament (»Dáil Éireann«) in Dublin. Die Proklamation der unabhängigen Republik Irland (21. Januar 1919) provozierte den ANGLO-IRISCHEN KRIEG (1919–1921) und das Verbot der Partei (November 1921). Nach Unterzeichnung des Teilungsvertrags (1921) brach der IRISCHE BÜRGERKRIEG aus (1921–1923): Sinn Féin spaltete sich in Befürworter (Fine Gael) und Gegner (Sinn Féin; seit 1926 Fianna Fáil) der Teilung.

Den Namen übernahm der politische Flügel der IRA, der einen Wahlerfolg bei Parlamentswahlen in Nordirland erzielte (1982), die Mandate jedoch nicht wahrnahm. Nach 1990 fanden Mehrparteiengespräche über Nordirland statt, an denen nach einer von der IRA verkündeten Waffenruhe (1994) auch Sinn Féin beteiligt war, jedoch nach Gewaltausbrüchen ausgeschlossen wurde. Dem Stormont-Abkommen (1998) stimmte auch die Basis von Sinn Féin zu. Die Umsetzung geriet durch Terroranschläge und den Streit um die Entwaffnung der IRA wiederholt ins Stocken (seit 2000). Bei Parlamentswahlen in der Republik Irland erzielte Sinn Féin einen Achtungserfolg (2002).

Literatur: M. Laffan: The Resurrection of Ireland. The Sinn Féin Party, 1916–1923. Cambridge u. a. 1999; B. O'Brien: The Long War. The IRA and Sinn Féin. Dublin [2]1999.

Chinesischer Revolutionsbund

(chin.: Chungkuo t'ung-meng-hui) Zusammenschluss der wichtigsten revolutionären Gruppen unter Sun Yat-sen in Tokio (**1905**), mit der Zeitschrift »Hsin-min ts'ung pao« (»Neues Volk«) als Sprachrohr: Der Revolutionsbund kämpfte für den Sturz der MANDSCHU und die Gründung einer REPUBLIK. Aufstände in Südchina scheiterten (1906–1911), vor allem in Kanton (1910). Nach der CHINESISCHEN REVOLUTION (1911) ging der Revolutionsbund in der KUOMINTANG auf (1912).

Literatur: H. Z. Schiffrin: Sun Yat-sen and the Origins of the Chinese Revolution. Berkeley 1968.

Section Française de l'Internationale Ouvrière (SFIO)

(dt.: Französische Sektion der Arbeiterinternationale) Sozialistische Partei Frankreichs: Die Partei entstand aus dem Zusammenschluss der wichtigsten sozialistischen Parteien unter Jaurès (**1905**). Da keine Einigung auf einen eigenen Parteinamen zu erzielen war, blieb als kleinster gemeinsamer Nenner der formale Bezug zur 2. INTERNATIONALE. Die SFIO wandte sich gegen Einführung der dreijährigen Militärdienstzeit (1913) und siegte bei Kammerwahlen (1914). Nach der Ermordung von Jaurès (31. Juli 1914) befürwortete die SFIO die UNION SACRÉE zur Verteidigung Frankreichs im ERSTEN WELTKRIEG. Die Partei spaltete sich auf dem Parteitag von Tours (1920); aus der Mehrheitsrichtung entstand die KPF. Die SFIO wurde als Minderheitengruppe fortgeführt, schon bald mit mehr Wählern als die Kommunisten. Sie war Kern der VOLKSFRONT (1936–1938) und unterstützte im ZWEITEN WELTKRIEG aktiv die RÉSISTANCE (1940–1944). Nach Kriegsende war die SFIO in Regierungen der IV. FRANZÖSISCHEN REPUBLIK (1946–1951, 1956/57). Sie lehnte im KALTEN KRIEG die Zusammenarbeit mit der KPF ab (1947 ff.), unterstützte den ALGERIENKRIEG (1954 ff.) und war für de Gaulle und die V. FRANZÖSISCHE REPUBLIK (1958). In der Opposition (1959) wurde die Partei durch Abspaltungen geschwächt, im Zusammengehen mit anderen sozialistischen Parteien als PARTI SOCIALISTE (PS) neu gegründet (1969). Sie war nach dem Sieg Mitterrands bei Präsidentschaftswahlen (1981) Regierungspartei, zunächst in Koalition mit der KPF (1981–1983), danach allein (1983–1984, 1986–1993). Sie erlitt eine vernichtende Niederlage (1993), wurde jedoch bei vorgezogenen Neuwahlen (1997) stärkste Partei und regierte unter Jospin, der bei den Präsidentschaftswahlen eine schwere Schlappe hinnehmen musste (2002).

Literatur: D. Ligou: Histoire du socialisme en France (1871–1961). Paris 1962; J. Droz: Socialisme et syndicalisme de 1914 à 1939. Paris 1972; Ch. Hurtig (Hg.): De la S.F.I.O. au nouveau Parti Socialiste. Paris 1970.

»Dreadnought«

(engl.: »Fürchtenichts«) Erstes englisches Großkampfschiff mit stärkerer Ausrüstung gegenüber älteren Linienschiffen: Das damals größte Panzerschiff der Welt lief in Portsmouth vom Stapel (**1905**). Der »Dreadnought«-Sprung (17 900 t, 21–22 Knoten, zehn Geschütze Kaliber 30,5 cm in Doppeltürmen) entwertete ältere Linienschiffe. Die Dreadnoughts waren schneller, stärker bewaffnet und stärker gepanzert. Bald liefen noch stärkere Schiffe vom Stapel (mit bis zu 38 cm schwerer Schiffsartillerie). Das deutsch-britische Flottenwettrüsten (SCHLACHTFLOTTE) erreichte ein neues Stadium, denn auch die Deutschen mussten ähnliche Schiffe bauen, hinkten aber stark nach. Die Überlegenheit der Briten blieb trotz taktischen deutschen Teilerfolgen in der Schlacht am Skagerrak unangefochten (1916).

Literatur: A. J. Marder: From the Dreadnought to Scapa Flow. 5 Bde., London 1961–1970; (Weyers) Taschenbuch der Kriegsflotten. Mit Benützung amtlicher Quellen. 2. Neuauflage München u. a. 1982; D. K. Brown: Warrior to Dreadnaught. Warship Development 1860–1905. London 1997.

»Protokolle der Weisen von Zion«

Antisemitische Fälschung zur Wahl der 1. DUMA in Russland (**1905**), angeblich das Protokoll einer (fiktiven) Geheimsitzung jüdischer Führer zur Vollendung ihrer Weltherrschaft durch Vernichtung des zaristischen Russland: Die »Protokolle« wurden in Paris von OCHRANA-Agenten aus einer älteren Broschüre gegen Napoleon III. hergestellt. Im RUSSISCHEN BÜRGERKRIEG von Weißen verbreitet, sollten die »Protokolle« POGROME rechtfertigen (1918–1920). Später wurden sie von russischen Emigranten im Westen verbreitet, mit größter Wirkung in Deutschland. In Bern wurde die Fälschung gerichtlich nachgewiesen (1934). Die »Protokolle« wurden von der NS-Propaganda (bis 1945), danach von der arabischen Propaganda gegen Israel massiv benutzt.

Literatur: J. L. Sammons (Hg.): Die Protokolle der Weisen von Zion. Die Grundlage des modernen Antisemitismus – eine Fälschung. Göttingen 1998; N. Cohn: »Die Protokolle der Weisen von Zion«. Der Mythos von der jüdischen Weltverschwörung. Baden-Baden u. a. 1998; H. Ben-Itto: »Die Protokolle der Weisen von Zion«. Anatomie einer Fälschung. Berlin 1998.

Duma

(russ.: Gedanke) Beratende Versammlung und gewählte Volksvertretung in Russland: Ursprünglich Rat des altrussischen Bojarenadels, war die Duma (im Deutschen auch: Reichsduma) später das PARLAMENT in Russland (**1906**–1917), das ZAR Nikolaus II. zu Beginn der 1. RUSSISCHEN REVOLUTION mit seinem Oktobermanifest gewährte (1905). Als Legislaturperiode galten fünf Jahre, aber nur die 3. Duma hielt sich tatsächlich die ganze Legislaturperiode (1907–1912). Die Duma besaß beschränktes Budgetrecht: ca. ein Drittel des Budgets unterlag ihrer Kontrolle. Die 1. Duma (1906) löste der Zar wegen zu großer Radikalität der Bauerndeputierten rasch auf (1906). Auch die 2. Duma (1907) bestand nur kurze Zeit, das Wahlrecht wurde zugunsten der konservativen Klassen eingeschränkt. Die 3. Duma (1907–1912) mit entsprechender Zusammensetzung unterstützte die Politik von Ministerpräsident Stolypin, u. a. die Bodenreform. Die 4. Duma (1912–1917) trug die FEBRUARREVOLUTION in Russland und war Basis für die Provisorische Regierung (1917). Sie wurde von den BOLSCHEWIKI nach der OKTOBERREVOLUTION aufgelöst (1917).

Die Bezeichnung Duma lebte nach Einsetzung der Verfassung von 1993 für das UNTERHAUS des Zweikammerparlaments Russlands (Staatsduma) wieder auf.

Literatur: G. A. Hosking: The Russian Constitutional Experiment. Government and Duma, 1907–1914. Cambridge 1973; M. Hagen: Die Entfaltung politischer Öffentlichkeit in Rußland, 1906–1914. Wiesbaden 1982; I. Rybkin: Die Staatsduma. Das russische Parlament – Rückblick und Aufbruch. Wien 1995; T. F. Remington: The Russian Parliament. Institutional Evolution in a Transitional Regime, 1989–1999. New Haven u. a. 2001.

Labour Party (Arbeiterpartei)

Partei der britischen Sozialdemokratie: Die Labour Party ging aus dem LABOUR REPRESENTATION COMMITTEE (1900) hervor, anfangs nur mit korporativen Mitgliedern – u. a. GEWERKSCHAFTEN, FABIAN SOCIETY, INDEPENDENT LABOUR PARTY –, das nach UNTERHAUSwahlen in eine Partei mit diesem Namen umgewandelt wurde (**1906**). Im ERSTEN WELTKRIEG trat Labour für Vaterlandsverteidigung ein (1914–1918), bis auf den kleinen pazifistischen Flügel, und beteiligte sich an der Allparteienregierung des NATIONAL GOVERNMENT (1915–1918). Die Partei wuchs rasch und profitierte vom Zerfall der LIBERALEN PARTEI (1916 ff.), da liberale Arbeiterwähler wie bürgerliche Intellektuelle zu Labour übergingen, weshalb die individuelle Mitgliedschaft eingeführt wurde (1918). Die Partei nahm ein sozialistisches Parteiprogramm an und entwickelte sich zur stärksten Oppositionspartei (1922). Sie stellte zwei Minderheitsregierungen unter Ramsay MacDonald (1924, 1929–1931). Als er in der WELTWIRTSCHAFTSKRISE (1929 ff.) die Minderheitsregierung in eine Allparteienregierung umwandelte (National Government, 1931–1935), versagte ihm die Partei die Gefolgschaft und ging in die Opposition. »The Great Betrayal« mit Abspaltung der meisten Minister führte in eine traumatische Niederlage bei den Neuwahlen (1931). Unter ihrem neuen Parteivorsitzenden Clement Attlee erholte sich die Partei wieder leicht (1935). Sie lehnte die APPEASEMENT-Politik ab, gelähmt im Dilemma zwischen Antifaschismus und PAZIFISMUS (ca. 1934–1938). Im ZWEITEN WELTKRIEG war die Labour Party in der Allparteienregierung Winston Churchill (1940–1945). Nach ihrem Wahlsieg (1945) stellte sie die Regierung Attlee (1945–1951) mit einem breit angelegten wirtschaftlichen und sozialen Reformprogramm. Innere Spannungen über die Aufrüstung seit dem KOREAKRIEG (1950–1953) trieben die Partei in eine Wahlniederlage und in die Opposition

(1951–1964). Anschließend stellte sie erneut Regierungen unter Harold Wilson (1964–1970, 1974–1976) und James Callaghan (1976–1979), bevor sie nach Unterhauswahlen wieder in die Opposition geriet. Innerparteiliche Spannungen – der linke, marxistisch orientierte Flügel erstarkte (1979 ff.) – provozierten die Abspaltung der SOCIAL DEMOCRATIC PARTY (SDP, 1981) und die scharfe Abgrenzung der Partei unter Michael Foot gegen Linksextreme (1982). Nach Niederlagen in Unterhauswahlen (1983, 1987, 1992) vollendete Tony Blair die Modernisierung der Labour Party in eine Mitte-Links-Partei (»New Labour«) und siegte bei der Unterhauwahl gegen die TORIES (1997). Blair wurde Premierminister und siegte auch bei der nächsten Unterhauswahl (2001).

Auch: LABOUR PARTY VON SÜDAFRIKA (1922); Parteien dieses Namens gibt es außerdem in Australien, Neuseeland, Südafrika und Irland.

Literatur: H. Pelling: A Short History of the Labour Party. Basingstoke u. a. [11]1996; B. Brivati (Hg.): The Labour Party. A Centenary History. Basingstoke u. a. 2000; K. Laybourn: A Century of Labour. A History of the Labour Party 1900–2000. Stroud 2000.

Algeciras-Konferenz

Internationale Konferenz zum Abschluss der 1. MAROKKOKRISE (**1906**): Die Konferenz in der spanischen Stadt Algeciras fand auf deutschen Druck statt, um französische Ansprüche in Marokko abzuwehren und die junge ENTENTE CORDIALE zu schwächen. Die Deutschen erlitten eine unerwartet schwere diplomatische Niederlage, denn nicht Frankreich, sondern Deutschland fand sich mit seinem Bündnispartner Österreich-Ungarn diplomatisch isoliert. Die Algeciras-Akte, drei Jahre später um das Marokko-Abkommen ergänzt (1909), bestätigte die territoriale Integrität Marokkos und internationale Handelsfreiheit (POLITIK DER OFFENEN TÜR). Jedoch wurde die marokkanische Polizei französischen und spanischen Offizieren unterstellt, die Bank von Marokko je einem französischen, spanischen und deutschen Zensor. Damit war der formellen französischen Besitzergreifung Marokkos Einhalt geboten. Der äußere Erfolg konnte aber nicht das Scheitern der WELTPOLITIK verdecken: Deutschland war isoliert, die Entente Cordiale (1904) ging gefestigt aus der Krise hervor, sodass sich das 2. DEUTSCHE KAISERREICH nie wieder auf eine große internationale Konferenz einließ. Die 2. MAROKKOKRISE (1911) verschärfte Deutschlands außenpolitische Isolation und innenpolitische Polarisierung.

Literatur: G. Dierks: Die Marokkofrage und die Konferenz von Algeciras. Berlin 1906; A. Tardieu: La Conférence d'Algéciras. Paris 1907.

Muslimliga

(Moslemliga; All-India Muslim League) Politische Organisation/Partei der indischen MUSLIME: Die in Dacca (Bengalen) unter Mohammed Ali Jinnah gegründete politische Vereinigung der muslimischen Minderheit in Britisch-Indien (**1906**) forderte einen autonomen Bundesstaat für Muslime und ihre Beteiligung in Minderheitspositionen an politischen

Körperschaften künftiger indischer Bundesstaaten. Die Muslimliga schloss den Lucknow-Pakt (1916) mit dem INDISCHEN NATIONALKONGRESS, lehnte jedoch sein Koalitionsangebot ab. In ihrer Pakistan-Resolution forderte sie die Teilung Indiens (1940) und gewann zunehmend an Einfluss. Nach dem Wahlerfolg (1945) boykottierte sie die Konstituierende Versammlung (1946) und konnte die Gründung Pakistans durchsetzen. Als Regierungspartei (1947) verlor sie jedoch bald an Einfluss: Mehrere Bewegungen spalteten sich ab (ab 1954), u. a. die Awamiliga in Ostpakistan (1954), gegen die sie dort verlor (1955). Sie wurde noch einmal stärkste Partei (1965–1970), trat aber nach der Wahlniederlage (1970) mit der SEZESSION Ostpakistans als Bangladesch (1971) und der Präsidentschaft Bhuttos (1971–1977) in den Hintergrund. Später schloss sie sich mit anderen islamischen Parteien zu einem Wahlbündnis zusammen, das die Parlamentswahlen gewann (1990). Die Partei errang erneut einen hohen Wahlsieg (1997), wurde jedoch durch einen Militärputsch aus der Regierung gedrängt (1999).

Literatur: L. Bahadur: The Muslim League: Its History. Agra 1954; A. Hamid: Muslim Separatism in India 1858–1947. Oxford 1967; O. P. Ralhan: All India Muslim League. 2 Bde., Neu Delhi 1997.

»Schweinekrieg«

Zollkrieg zwischen Österreich-Ungarn und Serbien (1906–1911): Wegen der Weigerung des seit dem Sturz der Obrenović-DYNASTIE (1903) selbstbewusst auftretenden Serbiens, einen Rüstungsauftrag (Kanonen) an die Škoda-Werke (Pilsen) zu vergeben (stattdessen: Schneider-Creusot, Besançon), verhängte Österreich-Ungarn ein Embargo für Agrarprodukte aus Serbien (u. a. Schweine, Rinder, **1906**). Fortan gingen serbische Agrarexporte über Saloniki und das Mittelmeer. Serbien erhielt die industrielle Ausrüstung nun aus Deutschland. Der Konflikt verschärfte sich mit der ANNEXIONSKRISE (1908–1909), wurde mit einem Handelsvertrag zwischen Österreich-Ungarn und Serbien beigelegt (1911). Der »Schweinekrieg« trieb Serbien in seine ökonomische Emanzipation von Österreich-Ungarn und schuf unter den Bauern die Massenbasis für den serbischen Nationalismus. In Serbien wurde die österreichische Industrie weitgehend von der deutschen verdrängt.

Literatur: D. Djordjević: La Guerre Douanière entre l'Autriche-Hongrie et la Serbie de 1906–1911. Belgrad 1962.

Reichsrat

PARLAMENT Österreichs (1861–1918): Der Reichsrat wurde erstmals mit dem Februarpatent für die Gesamtmonarchie eingeführt (1861). Nach dem AUSGLEICH in der DOPPELMONARCHIE ÖSTERREICH-UNGARN war er nur auf Österreich (Cisleithanien) beschränkt (1867), mit zwei Kammern, Herrenhaus und Abgeordnetenhaus. Das WAHLRECHT wechselte mehrfach: Die Wahl der Delegierten erfolgte indirekt aus Abgeordneten der Einzellandtage der Kronländer (bis 1873), später direkt nach dem Zensuswahlrecht, erst spät mit dem allgemeinen Wahlrecht (nur für Männer, **1907**). Die CHRISTLICHSOZIALE PARTEI stellte die stärkste

Fraktion; der Reichsrat war jedoch parteipolitisch und national stark zersplittert. Weitgehend mehrheitsunfähig, wurde er nur noch selten einberufen.

2. Haager Friedenskonferenz

Nach der 1. Haager Friedenskonferenz wiederum von Russland angeregte internationale Konferenz, mit 44 Staaten (**1907**): Wichtigstes Ergebnis war die Haager Landkriegsordnung, die das Kriegs- und Neutralitätsrecht kodifizierte. Die Behandlung der Abrüstung, vor allem die von Großbritannien gewünschte Begrenzung der Flottenrüstung, scheiterte am Widerstand Deutschlands und Österreich-Ungarns.

Literatur: wie zu 1. Haager Friedenskonferenz.

Haager Landkriegsordnung (HLKO)

Beschluss der 2. Haager Friedenskonferenz (**1907**) zur Zivilisierung der Kriegführung: Die HLKO schreibt die strikte Trennung von Krieg Führenden und Zivilbevölkerung, die Pflicht zur formellen Kriegserklärung und das Annexionsverbot für besetzte Gebiete im Krieg vor. Die HLKO wurde seit den Balkankriegen (1912/13) vielfach verletzt.

Literatur: J. Dülffer: Regeln gegen den Krieg. Die Haager Friedenskonferenzen von 1899 und 1907 in der internationalen Politik. Berlin 1981.

Kolonialamt

Behörde des Deutschen Reichs für koloniale Angelegenheiten: Das neue Reichskolonialamt (**1907**–1918) ging aus der Kolonialabteilung des Auswärtigen Amtes hervor und führte Reformen in den Kolonien durch. Die Gründung zog Konsequenzen aus Aufständen in den deutschen Kolonien, ausgelöst durch schwere Missstände, u. a. Hereroaufstand (1904–1908) und Maji-Maji-Aufstand (1905–1907).

»Hottentottenwahlen«

Wahlen zum 12. Deutschen Reichstag, nach dem Hereroaufstand in einer chauvinistischen Wahlkampfatmosphäre so benannt: Der Reichstag war nach seiner Verweigerung der Militärkredite zur Niederschlagung der Herero- und Nama-Aufstände in Deutsch-Südwestafrika (1904–1908) aufgelöst worden (1906). Bei der Neuwahl (**1907**) erzielte der Bülow-Block aus konservativen und liberalen Parteien gegen Zentrum und SPD Gewinne, wobei das Zentrum zwar zulegen konnte (105: 100 Mandate), die SPD aber massiv einbrach (43: 81). Der Erfolg gründete u. a. in Stichwahlabkommen der meisten bürgerlichen Parteien (Zentrum teilweise ausgenommen) gegen die SPD. Die Wahlen bedeuteten einen ersten schweren Rückschlag für die SPD bei Reichstagswahlen (nach Mandaten, nicht Stimmenzahl).

Literatur: H. Lorenzen: Stereotypen des kolonialen Diskurses in Deutschland und ihre innenpolitische Funktionalisierung bei den »Hottentottenwahlen« 1907. Hamburg 1991.

Bülow-Block

Wahlbündnis von Konservativen und Liberalen, das Reichskanzler Bülow unterstützte, gebildet nach der Auflösung des REICHSTAGS: Das in Fortsetzung der Allianz von Hochofen und Rittergut gegen ZENTRUM und SPD gerichtete Bündnis errang bei den »HOTTENTOTTENWAHLEN« (**1907**) aufgrund des Mehrheitswahlrechtes einen Wahlsieg, aber mit weniger Stimmen als Zentrum und SPD zusammen. Der Bülow-Block zerbrach mit dem Scheitern der REICHSFINANZREFORM; Bülow trat daraufhin zurück (1909).

Literatur: Th. Eschenburg: Das Kaiserreich am Scheideweg: Bassermann, Bülow und der Block. Berlin 1929; G. Fesser: Reichskanzler Bernhard Fürst von Bülow. Eine Biographie. Berlin 1991.

Englisch-russische Verständigung (Petersburger Vertrag)

Verständigung (kein Bündnis!) zwischen Großbritannien und Russland über die Abgrenzung beider Interessen in Persien, Afghanistan und Tibet (**1907**): Afghanistan wurde neutraler Pufferstaat zwischen Russland und Indien (bis 1979), Chinas SUZERÄNITÄT über Tibet wurde anerkannt, Persien in drei Zonen eingeteilt: Im Norden dominierten die Russen, im Süden die Briten, die Mitte blieb neutrale Pufferzone. Die ENTENTE CORDIALE (1904) erweiterte sich so zur TRIPELENTENTE (bis 1914); der britische Geldmarkt öffnete sich für russische Anleihen.

Literatur: G.W. Monger: The End of Isolation: British Foreign Policy, 1900–1907. London 1963; G. Monger: Ursachen und Entstehung der englisch-französisch-russischen Entente, 1900–1907. Darmstadt 1972.

Tripelentente (Dreiverband)

Bündniskonstellation zwischen Russland, Frankreich und Großbritannien: Die Tripelentente gegen den DREIBUND (1882) war kein vertraglich fixiertes Bündnis, sondern ein Komplex zweiseitiger Vereinbarungen – RUSSISCH-FRANZÖSISCHE MILITÄRKONVENTION (1894), ENTENTE CORDIALE (1904) und ENGLISCH-RUSSISCHE VERSTÄNDIGUNG (**1907**). Die gemeinsame Ausrichtung gegen die deutsche WELTPOLITIK galt in Deutschland als »EINKREISUNG«. Die 2. MAROKKOKRISE (1911) stärkte die Tripelentente. Zu Beginn des ERSTEN WELTKRIEGS wurde sie durch den LONDONER VERTRAG in ein Kriegsbündnis (Allianz) umgewandelt (5. September 1914).

Literatur: B.E. Schmitt: Triple Entente and Triple Alliance. New York 1934; E.E. Mccullough: How the First World War Began. The Triple Entente and the Coming of the Great War of 1914–1918. Montréal u. a. 1999.

»Einkreisung«

Deutsches Bild von der Politik Großbritanniens, Frankreichs, Russlands gegenüber dem Deutschen Reich vor 1914: Der Ausdruck tauchte erstmals in einer Reichstagsrede des Reichskanzlers Bülow auf (14. November 1906), Schlieffen konkretisierte ihn in einem Zeitschriftenartikel

(Januar 1909). Deutschland sei umstellt von feindseligen Mächten, die seinen Aufstieg als Industrie- und kommende Weltmacht hemmten. Tatsächlich hatte sich Deutschland selbst isoliert (»Auskreisung«). Besonders Großbritannien reagierte auf die deutsche WELTPOLITIK (1896/98–1914) und den Bau der SCHLACHTFLOTTE (1898 ff.) mit »Eindämmung« (»containment«), um die deutsche Expansion friedlich im Rahmen des IMPERIALISMUS zu halten (Sir Eyre Crowe's Memorandum; 1. Januar 1907). Gegengewicht zum DREIBUND wurde die TRIPELENTENTE (**1907**); deutsche Versuche, sie aufzubrechen, scheiterten. Siehe auch: 1. MAROKKOKRISE und 2. MAROKKOKRISE, 1905/06, 1911; ANNEXIONSKRISE 1908/09; »PRÄVENTIVKRIEG«, 1905 ff.; »KRIEGSRAT«, 8. Dezember 1912; JULIKRISE 1914, KRIEGSSCHULDFRAGE.

Literatur: H. Kantorowicz: Der Geist der englischen Politik und das Gespenst der Einkreisung Deutschlands. Berlin 1929; H. Kantorowicz: Gutachten zur Schuldfrage 1914. Aus dem Nachlaß herausgegeben und eingeleitet von I. Geiss. Frankfurt/Main 1967.

Jungtürkische Revolution

Militärputsch der JUNGTÜRKEN von Saloniki aus (**1908**), gegen die sich abzeichnende gemeinsame Kontrolle Großbritanniens und Russlands über das (seit 1903) von Aufständen erschütterte Makedonien: Die von den Jungtürken proklamierte Wiederherstellung der Verfassung von 1876 musste SULTAN Abdul Hamid II. akzeptieren. Unmittelbare Folgen waren die weitere Schwächung des OSMANISCHEN REICHS, die Unabhängigkeit Bulgariens, der Anschluss Kretas an Griechenland (ENOSIS, 1908), die Annexion der osmanischen Provinzen Bosnien und Herzegovina durch Österreich-Ungarn (ANNEXIONSKRISE, 1908/09). Die Jungtürken übernahmen die Regierung, stürzten Abdul Hamid II. (1909), erweiterten die Rechte des PARLAMENTS und förderten den osmanisch-türkischen Reichspatriotismus und Nationalismus. Da sie die Existenz von Nationalitäten im Osmanischen Reich negierten, wurde es durch Verweigerung einer demokratischen Föderalisierung reformunfähig.

Literatur: E. E. Ramsauer: The Young Turks. Prelude to the Revolution of 1908. Princeton 1957; Feroz Ahmad: The Young Turks. The Committee of Union and Progress in Turkish Politics 1903–1914. Oxford 1969.

Bosnische Annexionskrise

Internationale Krise über die Annexion der (seit 1878) von Österreich-Ungarn besetzten osmanischen Provinzen Bosnien und Herzegovina durch die k. u. k.-Monarchie (1908/09): Nach der JUNGTÜRKISCHEN REVOLUTION und Ausschreibung von Wahlen zum türkischen PARLAMENT erklärte Österreich-Ungarn die Annexion von Bosnien und Herzegovina (**1908**). Sie rief heftige Proteste Serbiens und Montenegros hervor, die von Russland gestützt wurden. Mobilisierung auf beiden Seiten, u. a. zum Aufbau der serbischen Partisanenorganisation NARODNA ODBRANA, erhöhte die Kriegsgefahr zwischen Österreich-Ungarn und Serbien. Ein deutsches Ultimatum an Russland beendete die Krise: Serbien wurde ebenso wie Russland gedemütigt und zum Einlenken gezwungen (1909), aber die Massenbasis der südslawischen Bewegung verstärkte sich, auch in Österreich-Ungarn. Die Konfrontation Österreich-Ungarns mit Serbien und Russland auf dem Balkan verschärfte sich. Der 1. BALKANKRIEG und der 2. BALKANKRIEG (1912/13) eskalierten die Spannungen zwischen den Großmächten weiter, über das ATTENTAT VON SARAJEVO (1914) zur JULIKRISE 1914 bis zum Ausbruch des ERSTEN WELTKRIEGS (1914–1918).

Literatur: B. E. Schmitt: The Annexation of Bosnia 1908/09. Cambridge 1937; M. Nintchitch: La Crise Bosnique et les Puissances Européennes. 2 Bde., Paris 1937; M. M. Cupic Amrein: Die Opposition gegen die österreichisch-ungarische Herrschaft in Bosnien-Herzegovina (1878–1914). Frankfurt/Main 1987.

Narodna Odbrana

(serb.: Volkswehr) Offizielle serbische Partisanenorganisation in der ANNEXIONSKRISE (1908): Gegründet für einen von Österreich-Ungarn angedrohten Krieg (**1908**), betrieb die Organisation danach serbische Propaganda für die Einheit der SÜDSLAWEN. Sie wurde im österreichisch-ungarischen Ultimatum an Serbien (23. Juli 1914) fälschlich als verantwortlich für das ATTENTAT VON SARAJEVO benannt und sollte deshalb aufgelöst werden.

»Daily-Telegraph«-Affäre

Staatskrise im 2. DEUTSCHEN KAISERREICH, ausgelöst durch die Veröffentlichung von Äußerungen Kaiser Wilhelms II. im »Daily Telegraph«: Die Zeitung zitierte ein Gespräch mit dem Kaiser als Interview ohne ausreichende Korrektur des Manuskripts durch Reichskanzler Bülow (**1908**). Die Veröffentlichung verursachte wegen taktloser Bemerkungen über Großbritannien dort und in Deutschland helle Empörung. Wilhelm II. war fast zur Abdankung bereit, aber die Parteien der Mitte und Linken trieben ihn, wegen der ALLDEUTSCHEN Gesinnung des Kronprinzen Wilhelm, nicht zur letzten Konsequenz. Die Stellung Bülows und das Selbstbewusstsein Wilhelms II. waren erschüttert. Die Affäre trug zur (zaghaften) PARLAMENTARISIERUNG im 2. Deutschen Kaiserreich bei, belastete aber das Verhältnis zu Großbritannien.

Literatur: W. Schüssler: Die Daily-Telegraph-Affäre 1908. Fürst Bülow, Kaiser Wilhelm und die Krise des Zweiten Reiches. Göttingen 1952.

Kongogräuel

Ausbeutung der Afrikaner durch Zwangsarbeit und Massaker im KONGO-FREISTAAT, von E. D. Morel (* 1873, † 1924) und Sir Roger Casement (* 1864, † 1916) der Weltöffentlichkeit enthüllt (1903): Die Kongogräuel lösten internationale Proteste aus. Der belgische König Leopold II., dessen Privatbesitz die Kolonie war, leugnete zunächst, musste jedoch eine Untersuchungskommission zulassen, die die brutale Ausbeutung bestätigte (1904): Den Kongo übernahm der belgische Staat (**1908**–1960).

Literatur: R. Slade: King Leopold's Congo. Nachdruck Westport (Conn.) 1974; A. Hochschild: Schatten über dem Kongo. Die Geschichte eines der großen, fast vergessenen Menschheitsverbrechen. Stuttgart [1-5]2000.

Reichsfinanzreform ▪

Erster Reformversuch zur Deckung des wachsenden Defizits im Haushalt des 2. DEUTSCHEN KAISERREICHS, u. a. durch Ausgaben für den Bau der SCHLACHTFLOTTE (1898 ff.), die Niederwerfung des BOXERAUFSTANDS (1900) und der Kolonialaufstände (1904–1908): Erhöhte Konsum- und Erbschaftssteuern (1906) hatten nur begrenzten Erfolg. Die Ausweitung der Besteuerung durch Reichskanzler Bülow blockierten Konservative und ZENTRUM (**1909**). Bülow reichte den Rücktritt ein, der erst angenommen wurde, als beide Parteien mit eigenen Plänen das Defizit schlossen: Statt auf die Erbschaftssteuer (wegen des Widerstands der Agrarier) setzten sie auf eine schärfere Besteuerung des mobilen Kapitals. Neuer Reichskanzler wurde Bethmann Hollweg (1909–1917).

Literatur: P.-C. Witt: Die Finanzpolitik des Deutschen Reichs von 1903 bis 1913. Lübeck, Hamburg 1970.

People's Budget ▪

(engl.: Volksbudget) Etatentwurf in Großbritannien, vorgelegt von Schatzkanzler Lloyd George: Das umstrittene Vorhaben (**1909**) zielte auf Sozialreformen; u. a. sah es Pensionen, ärztliche Schulbetreuung, Schulspeisung, Krankenfürsorge und Arbeitslosenunterstützung vor, zu finanzieren durch Luxus- und gestaffelte Einkommens- und Vermögenssteuern. Die Vorlage lehnte das OBERHAUS mit großer Mehrheit ab und provozierte damit die REFORM DES OBERHAUSES (1911). Zur Rettung der Sozialreformen suchte Großbritannien eine Verständigung mit Deutschland über die SCHLACHTFLOTTE, zuletzt mit der HALDANE-MISSION (1912).

Literatur: Siehe Sozialpolitik (1883); außerdem: B. K. Murray: The People's Budget 1909/10. Lloyd George and Liberal Politics. Oxford 1980.

Kibbuz ▪

(hebr.: Versammlung, Plural: Kibbuzim) Ländliche Siedlung in Palästina/Israel mit kollektiven Eigentums-, Wirtschafts- und Lebensverhältnissen: Den ersten Kibbuz gründeten sozialistische Siedler der 2. ALIJA im Jordantal im Dorf Degania (**1909**). Kibbuzim breiteten sich rasch aus, auch als sozioökonomische Basis für die Gewerkschaft »Histadrut« (1920) und die sozialistischen Parteien in Palästina/Israel. Die meisten Kibbuzim betrieben anfangs nur Landwirtschaft, legten sich jedoch zunehmend auch handwerklich-industrielle Betriebe zu. Eine Sonderform entwickelte sich für Grenzbereiche nach der Unabhängigkeit Israels (1948): In den sog. Nachal-Kibbuzim leben Angehörige der israelischen Armee, die jederzeit einsatzfähig sind (vgl. auch: STRATIOTEN, MILIZ, MILITÄRGRENZE).

Literatur: N. Brik: Kibbuz. Legende und Wirklichkeit. Die Rolle des Kibbuz in der zionistischen Siedlungspolitik. Hamburg 1991; M. Fölling-Albers/W. Fölling: Kibbutz und Kollektiverziehung. Entstehung, Entwicklung, Veränderung. Opladen 2000.

Anglo-Persian Oil Company

Britische Gesellschaft zur Ausbeutung des persischen Erdöls: Die Gesellschaft wurde nach der Englisch-russischen Verständigung (1907) gegründet und baute die Pipeline nach Abadan und die dortige Erdölraffinerie (**1909**). Die Konzession zur Erdölförderung (bis 1961) gewann an Bedeutung durch die Ölfeuerung der britischen Flotte (1911). Die britische Regierung wurde größter Aktionär der Ölgesellschaft (1914). Die Konzession wurde verlängert (laut Vertrag bis 1991), jedoch die Ölfelder im Umfang reduziert, die Zahlung von Steuern und Royalties neu geregelt (1933). Die Regierung Mossadegh verstaatlichte die Gesellschaft als Anglo-Iranian Oil Company (1951), gab Anstoß zum Konflikt mit Großbritannien und inneren Konflikte mit dem Schah (bis 1953).

Literatur: L. Fischer: Oil Imperialism. The International Struggle for Petroleum. New York 1926.

Südafrikanische Union

Zusammenschluss der britischen Kolonien in Südafrika zum Dominion (**1910**): Der South Africa Act (1909) fasste die Kapkolonie mit Natal und den im Burenkrieg (1899–1902) unterworfenen ehemaligen Burenrepubliken Oranje/Transvaal unter der Hegemonie der Buren zusammen. Nicht-Weiße blieben ohne Wahlrecht. Basutoland, Swaziland und Betschuanaland blieben britische Protektorate (bis 1966/68). Die Apartheid begann mit Job Reservation (1911) und Native Lands Act (1913), bekämpft vom ANC (1912), ausgebaut von der Koalition aus Nationaler Partei und Labour Party von Südafrika (1924–1933). Nach seinem Sieg (1948) verschärfte Daniel Malan die Apartheid (u. a. Suppression of Communism Act, 1950). Nach dem Massaker von Sharpeville (1960) verließ Südafrika als Reaktion auf die massive Kritik an der Apartheid das Commonwealth und proklamierte die Südafrikanische Republik (1961). Die stärkste Industrie- und Militärmacht Afrikas manövrierte sich mit der Apartheid in die kontinentale und weltweite Isolierung, die erst der friedliche Umbruch unter Präsident de Klerk (seit 1989) und Nelson Mandela als erster farbiger Präsident Südafrikas (1994–1999) beendete.

Literatur: L. M. Thompson: The Unification of South Africa, 1902–1910. Oxford 1960; M. Wilson/L. Thompson (Hg.): The Oxford History of South Africa. 2 Bde., Oxford 1969/71; T. R. H. Davenport/C. Saunders: South Africa. A Modern History. Basingstoke u. a. [5]2000; A. Hagemann: Kleine Geschichte Südafrikas. München 2001.

»New South«

Eigenbezeichnung der herrschenden Weißen für die Südstaaten der USA nach Überwindung der Reconstruction-Periode (1865–1877): Rassendiskriminierung, Segregation und politische Rechtlosigkeit der Afro-

AMERIKANER wurden in den Verfassungen der Südstaaten verankert (1890–**1910**). Als erste Bürgerrechtsorganisation setzte sich die NAACP (1910) für die Rechte der Afro-Amerikaner ein. Später kämpfte die Bürgerrechtsbewegung (Civil Rights Movement, 1955–1968) für Gleichberechtigung der Farbigen und das Ende der Rassendiskriminierung in den Schulen und Universitäten des Südens. Protestmärsche beschleunigten die BÜRGERRECHTSGESETZGEBUNG (1957–1965).

Literatur: P. Lewinson: Race, Class and Party. A History of Negro Suffrage and White Politics in the South. New York [2]1965; K. C. Barnes: Who Killed John Clayton? Political Violence and the Emergence of the New South, 1861–1893. Durham u. a. 1998.

National Association for the Advancement of Colored People (NAACP)

Älteste Bürgerrechtsorganisation der AFRO-AMERIKANER in den USA, mit der Zeitschrift »Crisis«: Begründet von weißen Liberalen und afro-amerikanischen Intellektuellen (**1910**), u. a. W. E. B. Du Bois (* 1868, † 1963), kämpfte die NAACP gegen Rassendiskriminierung, Segregation, politische Rechtlosigkeit und Lynchjustiz vor allem im Süden der USA (»NEW SOUTH«). Hauptinstrument waren Rechtsprozesse zur Erkämpfung der Gleichberechtigung. Sie unterstützte inoffiziell die von Du Bois organisierten PANAFRIKANISCHEN KONFERENZEN/KONGRESSE (1919–1927, 1945). Der wichtigste Erfolg des NAACP war ein Urteil des Supreme Court der USA (1954), das die Rassendiskriminierung an Schulen für verfassungswidrig erklärte. Die Organisation war Kern der Bürgerrechtsbewegung (1955–1968), verlor jedoch in den 1960er-Jahren unter den Schwarzen an Bedeutung zugunsten radikalerer und dynamischer Gruppen, u. a. unter Malcolm X und Martin Luther King.

Literatur: C. F. Kellogg: A History of the National Association for the Advancement of Colored People. Bd. 1 (1909–1920). Baltimore 1967; J. M. McPherson: The Abolitionist Legacy. From Reconstruction to the NAACP. Princeton (N.J.) [2]1995; M. Berg: The Ticket to Freedom. Die NAACP und das Wahlrecht der Afro-Amerikaner. Frankfurt/Main u. a. 2000.

Fortschrittliche Volkspartei (FVP)

Linksliberale Partei im 2. DEUTSCHEN KAISERREICH, als Fusion von DEUTSCHER VOLKSPARTEI und Freisinniger Vereinigung/Freisinniger Volkspartei (**1910**), u. a. mit Friedrich Naumann: Zum »freiheitlichen Ausbau der Reichsverfassung im konstitutionellen Sinne« war sie gegen das DREIKLASSENWAHLRECHT, für ein allgemeines und gleiches WAHLRECHT, PARLAMENTARISIERUNG des Reichs, Reform des Militärwesens und Ausbau der SOZIALPOLITIK, in Zusammenarbeit mit SPD und NATIONALLIBERALEN (»von Bassermann bis Bebel«). Die Partei stützte in der JULIKRISE 1917 als einzige Kanzler Bethmann Hollweg und befürwortete die FRIEDENSRESOLUTION (1917). Ihr Vorsitzender von Payer stieg unter Reichskanzler Hertling (1917/18) zum Vizekanzler auf. Nach der NOVEMBERREVOLUTION fusionierte die FVP mit dem linken Flügel der Nationalliberalen zur DEUTSCHEN DEMOKRATISCHEN PARTEI (DDP, 1918–1930).

Literatur: B. Heckart: From Bassermann to Bebel. London 1975.

2. Marokkokrise

Internationale Krise nach der 1. Marokkokrise (1905/06): Gegen die französische Militärintervention (»Marsch auf Fes«) auf den Hilferuf des von aufständischen Berbern bedrängten Sultans (April **1911**) protestierte Deutschland, um Frankreichs Herrschaft über Marokko zu verhindern (1. Juli). Berlin entsandte das Kanonenboot »Panther« nach Agadir (»Panthersprung«) und forderte als Kompensation Französisch-Kongo (15. Juli). London warnte Berlin (Mansion-House-Rede, 21. Juli). Der Marokko-Kongo-Vertrag (4. November) schuf ein französisches Protektorat über Marokko (1912–1956), mit Handelsfreiheit für alle Mächte. Zwei Gebietsstreifen von Französisch-Kongo fielen an das deutsche Schutzgebiet Kamerun. In Deutschland provozierte der Vertrag Proteste: Erstmals übte der Alldeutsche Verband starken Einfluss aus. Die außenpolitische Isolation (»Einkreisung«) verstärkte sich. Italien besetzte Tripolis (Tripoliskrieg, 1911/12). Die Tripelentente ging aus der Krise gestärkt hervor. Das Reich erhöhte die Kriegsbereitschaft (Kriegsrat, 1912).

Literatur: J.-C. Allain: Agadir 1911. Une crise imperialiste en Europe pour la conquête du Maroc. Paris 1976; E. Oncken: Panthersprung nach Agadir. Die deutsche Politik während der Zweiten Marokkokrise. Düsseldorf 1981; F. Fischer: Krieg der Illusionen. Die deutsche Politik von 1911 bis 1914. Nachdruck Düsseldorf 1998.

»Panthersprung«

Entsendung des deutschen Kanonenboots »Panther« in den südmarokkanischen Hafen Agadir zum Schutz deutscher kommerzieller Interessen (1. Juli **1911**): Das deutsche Vorgehen verursachte die 2. Marokkokrise und bewirkte nationale Erregung in Deutschland, erstmals unter Einfluss der Alldeutschen bis zur Kriegsbereitschaft.

Literatur: W. Gutsche: »Panthersprung« nach Agadir 1911. Berlin-DDR 1988; T. Meyer: »Endlich eine Tat, eine befreiende Tat ...«. Alfred von Kiderlen-Wächters »Panthersprung nach Agadir« unter dem Druck der öffentlichen Meinung. Husum 1996.

Mansion-House-Rede

Stellungnahme des britischen Schatzkanzlers David Lloyd George im Mansion House (Amtssitz des Lord Mayor der City of London) zur 2. Marokkokrise (21. Juli **1911**): Lloyd George warnte Deutschland, Großbritannien werde (anders als 1870/71) bei einem deutschen Angriff gegen Frankreich nicht wieder passiv bleiben. Die deutsche Reichsleitung lenkte konsterniert gegenüber Frankreich ein. Dennoch hielt sich die Illusion, Großbritannien werde im Ernstfall doch Neutralität wahren.

Reform des Oberhauses

Gesetz des Unterhauses (**1911**): Die Liberalen unter Herbert H. Asquith setzten die Reform im Oberhaus durch, nachdem sie damit gedroht hatten, in großer Zahl neue Peers (Mitglieder des Oberhauses) zu ernennen (»Peerschub«). Nach der Blockade der Sozialreformen im PEOPLE'S BUDGET (1909) wurde das Oberhaus geschwächt – Ablehnung oder Änderung von Finanzvorlagen (»Money Bills«) durch das Oberhaus waren nicht mehr möglich; andere Vorlagen (»Bills«) wurden fortan Gesetz (»Act«), wenn sie dreimal in aufeinander folgenden Sessionen vom Unterhaus angenommen wurden. Das gleiche Gesetz verkürzte die Legislaturperiode des Unterhauses von sieben auf fünf Jahre. Später folgten die weitere Schwächung des Oberhauses unter der Labourregierung Attlee (1949) und seine faktische Auflösung unter Blair (2000).

Literatur: I. Jennings: Parliament. London [3]1969, S. 402–453.

Ölfeuerung

Die britische Flotte wurde auf Betreiben Winston Churchills als Marineminister zuerst von Kohle- auf Ölfeuerung mit dem Öl der ANGLO-PERSIAN OIL COMPANY umgestellt (**1911**): So gewann die britische Flotte Vorteile gegenüber der deutschen SCHLACHTFLOTTE – höhere Geschwindigkeit, geringeres Gewicht des Treibstoffs, geringere Sichtbarkeit auf hoher See. Erdöl wurde strategischer Rohstoff für die Großmächte.

»Schwarze Hand«

(serb.: Crna Ruka) Volkstümlicher Name eines radikal-nationalistischen GEHEIMBUNDES in Serbien (»Ujedjinje ili Smrt« = Einheit oder Tod): Unter Oberst Dragutin Dimitrijević (Deckname Apis) in Belgrad gegründet (**1911**), rekrutierte sich die »Schwarze Hand« aus Offizieren und Intellektuellen und gab die Zeitschrift »Piemont« heraus. Ziel war die Vereinigung aller SÜDSLAWEN unter serbischer Führung. Die »Schwarze Hand« geriet über die Verwaltung der im 1. BALKANKRIEG und 2. BALKANKRIEG (1912/13) eroberten Gebiete (Makedonien) in Konflikt mit der serbischen Regierung Pašić. Sie organisierte, mit JUNG-BOSNIEN, das ATTENTAT VON SARAJEVO (1914). Im ERSTEN WELTKRIEG wurde die Organisation zerschlagen (1917) und zerfiel in Nationalisten und Kommunisten.

Literatur: V. Dedijer: The Road to Sarajevo. New York 1971, S. 371 ff.

Tripoliskrieg

Krieg zwischen Italien und dem OSMANISCHEN REICH (1911/12): Als Kompensation für die französische Expansion in Marokko besetzte Italien das osmanische Tripolis (5. Oktober **1911**) und annektierte es (5. November) gegen den heftigen Widerstand der einheimischen SENUSSI und der Türken. Zum Schutz vor der italienischen Flotte in den Dardanellen (16.–19. April 1912) wurden die Meerengen von den OSMANEN gesperrt, was eine Wirtschaftskrise in Russland zur Folge hatte. Im Mai besetzte Italien Rhodos und Dodekanes (4.–16. Mai). Friedensverhandlungen wurden durch den drohenden 1. BALKANKRIEG beschleunigt. Der Friede von Lausanne (18. Oktober 1912) gab Tripolis an Italien, während der Dodekanes nach der Räumung von Tripolis, wieder osmanisch werden sollte (wurde von Italien nicht eingehalten). Der Tripoliskrieg verschärfte die Agonie des Osmanischen Reichs, fortgesetzt im 1. und 2. BALKANKRIEG (1912/13).

Literatur: T. W. Childs: Italo-Turkish Diplomacy and the War Over Libya 1911–1912. Leiden u. a. 1990.

Chinesische Revolution

Sturz der von den MANDSCHU geführten CHING-DYNASTIE (**1911**), ging in einen langwierigen Bürgerkrieg über (1911–1949): Die Krise der Mandschu begann bereits im 19. Jahrhundert, als die westlichen Mächte und Japan zunehmend wirtschaftlichen und militärischen Druck ausübten. Nach der Niederlage im OPIUMKRIEG (1839/41) musste China die UNGLEICHEN VERTRÄGE (1841 ff.) hinnehmen, gefolgt von schweren inneren Unruhen, kulminierend im TAIPING-AUFSTAND (1850–1864). Weitere Niederlagen im Chinesisch-französischen Krieg (1884/85) und im 1. CHINESISCH-JAPANISCHEN KRIEG (1894/95) erzwangen Pachtverträge mit Deutschland, Großbritannien und Russland (1898/99). Nach dem Scheitern der REFORMBEWEGUNG DER »HUNDERT TAGE« (1898) eskalierten innere Spannungen im fremdenfeindlichen BOXERAUFSTAND (1900/01), den die westlichen Mächte niederwarfen. Nationalisten, u. a. im CHINESISCHEN REVOLUTIONSBUND (1905), propagierten den Sturz der Mandschu. Reformvorhaben, u. a. der Übergang zu konstitutionellem Regieren (1906), blieben stecken. Nach dem Tod der Kaiserinwitwe Tse-hsi und des von ihr verdrängten Kaisers Kuang-hsü (1908) wurde der minderjährige Pu-Yi (zwei Jahre alt) letzter Kaiser (bis 1911).

Nach ca. 100 lokalen Aufständen gegen Hunger und zu hohe STEUERN (1910) brach ein Aufstand gegen die »Verstaatlichung« der EISENBAHNEN (in Wirklichkeit Maßnahmen zugunsten ausländischer Interessen) in Hupei aus (10./11. Oktober 1911). Ein erster Sieg der Revolutionäre über die kaiserliche Armee bei Hankau (17. Oktober) weitete die REVOLUTION auf fast ganz China aus, bis auf Peking und einige Provinzen im Norden. Waffenstillstandsverhandlungen zwischen dem republikanischen Süden und kaiserlichen Norden fanden statt (18. Dezember). Sun Yat-sen wurde in Nanking zum provisorischen Präsidenten der Republik (29. Dezember) gewählt und bildete eine republikanische Regierung (3. Januar 1912). China blieb gespalten in Süden und Norden. Der letzte kaiserliche Premierminister Yüan Shih-kai (am 8. November 1911 ernannt) erzwang die Abdankung der Mandschu (12. Februar 1912) und Sun Yat-sens Rücktritt als provisorischer Präsident der Republik China (13. Februar). Yüan Shih-kai wurde neuer Staatspräsident (15. Februar). Mit Gründung von Oppositionsparteien, besonders der KUOMINTANG (KMT = Nationalpartei) unter Sun Yat-sen, formierten sich die Fronten des anhebenden Bürgerkriegs (bis 1949). Bis eine provisorische Verfassung in Kraft trat (10. März 1912) und ein PARLAMENT zusammentrat (1913), regierte Yüan Shih-kai diktatorisch. Nach einer »Zweiten Revolution« im Süden (Juli/August) gegen seine Alleinherrschaft, schloss er zur Verhinderung des Inkrafttretens einer ordentlichen Verfassung KMT-Abgeordnete aus dem Parlament aus

(4. November) und löste das Parlament auf (10. Januar 1914): Yüan Shih-kai wurde Staatspräsident auf Lebenszeit (1. Mai); seine Erhebung zum neuen Kaiser verhinderten ein Aufstand in Yünnan (Dezember 1915) und sein Tod (1916).

China zerfiel in Herrschaftsbezirke regionaler Militärmachthaber (WARLORDS, 1916/20–1926), die blutige Bürgerkriege um die Macht führten (1920–1926). Die RESTAURATION der Ching-Dynastie scheiterte (1917). Die BEWEGUNG DES 4. MAI (1919) gegen die 21 FORDERUNGEN Japans mündete in Anfänge der KOMMUNISTISCHEN PARTEI CHINAS (KPCh), die zunächst noch mit der KMT zusammenarbeitete. Mithilfe sowjetrussischer Berater errichtete die KMT die Whampoo-Militärakademie (1924). Nach dem Tod Sun Yat-sens (1925) übernahm Chiang Kai-shek die Führung der KMT.

Auf ihrem NORDFELDZUG brach die KMT (1926–1928) mit der KPCh: Massaker an Kommunisten in Städten, vor allem Shanghai (1927) eröffneten den Bürgerkrieg zwischen KMT und KPCh (bis 1949). Unter Mao Tse-tung errichtete die KPCh in Kiangsi eine Sowjet-Bauernrepublik (1927–1934). Chiang Kai-shek erließ die provisorische Verfassung von Nanking (1931), Japan besetzte die Mandschurei (1931/33) und Shanghai (1932) und rief den unter seinem PROTEKTORAT stehenden »unabhängigen« Staat Mandschukuo aus (1932). Eroberungskampagnen der KMT-Armeen (1928 ff.) gegen Kiangsi zwangen die Kommunisten zum LANGEN MARSCH unter Mao Tse-tung (1934/35). Die verbliebene Rote Armee formierte sich in Shensi neu (Oktober 1935). Nach den sieben Forderungen Japans an China (1936), die von der Nanking-Regierung abgelehnt worden waren, musste Chiang Kai-shek den Bürgerkrieg gegen die Kommunisten abbrechen (Dezember 1936): Die neue Nationale Einheitsfront KMT-KPCh gegen Japan (2. CHINESISCH-JAPANISCHER KRIEG 1937–1945) stärkte die Machtbasis der KPCh vor und hinter den japanischen Linien in »befreiten Gebieten«. Nach dem ZWEITEN WELTKRIEG ging der Bürgerkrieg zwischen Kommunisten und KMT weiter (1945–1949). Eine US-Vermittlung scheiterte (Januar 1947): Die Kommunisten eroberten China (1948/49) und riefen die VOLKSREPUBLIK CHINA aus (1949).

Literatur: D. J. Li: The Road to Communism: China since 1912. New York 1970; W. Franke: Das Jahrhundert der Chinesischen Revolution 1851–1949. München [2]1980; S. H. Chang/L. H. D. Gordon (Hg.): Bibliography of Sun Yat-sen in China's Republican Revolution, 1885–1925. Lanham (Md.) u. a. [2]1998.

Mexikanische Revolution

Politisch-soziale Umwälzungen in Mexiko (1911–1927): Nach der »Wiederwahl« (1910) des diktatorisch herrschenden Staatspräsidenten Porfirio Díaz (1876–1911) erhob sich die Opposition der LIBERALEN (1910/11). Unter Pancho Villa und Emiliano Zapata bildeten die unterprivilegierten Bauern und Landarbeiter die Massenbasis und traten in einen GUERILLAkrieg ein. In bürgerkriegsähnlichen und revolutionären Wirren wurde Díaz gestürzt (**1911**). Nach US-Interventionen übernahm Francisco Madero das Präsidentenamt (1911–1913), bis er von Victoriano Huerta gestürzt wurde (Februar 1913, kurz darauf erschossen). US-Truppen besetzten Vera Cruz (April 1914). Nach weiteren Konflikten wurde Huerta von Venustiano Carranza gestürzt (Juli), der als Präsident die Macht übernahm (1915–1920). Unter ihm tobte ein Bürgerkrieg zwischen Carranza und Villa. Mexiko versank in ANARCHIE und zerfiel in zahlreiche Herrschaftsbereiche. Nach einem Übergriff Villas unternahmen die USA eine Strafexpedition nach Mexiko (1916/17). Carranza erließ eine bürgerlich-demokratische Verfassung (1917), u. a. mit dem Recht auf Verstaatlichung und Enteignung des Grundbesitzes sowie einer Sozialgesetzgebung. Die agrarrevolutionäre Bewegung (Villa/Zapata) wurde unterdrückt (1917), Erdöl zum nationalen Besitz erklärt (1918), GEWERKSCHAFTEN (Confederación Regional Obrero Mexicana, CROM) gegründet (1918). Später erfolgte die SÄKULARISATION der Kirchengüter (1927). Nach dem Sturz und der Ermordung Carranzas (1920) folgte Alvaro Obregón als Präsident (1920–1924), der Beziehungen zur UdSSR aufnahm (1924–1930). Unter ihm und seinen Nachfolgern (1924–1934), begann sich das Land zu stabilisieren, trotz weiteren Aufständen (vor allem 1923, 1929).

Literatur: R. E. Ruiz: The Great Rebellion. Mexiko 1905–1924. New York, London 1980; H. W. Tobler: Die mexikanische Revolution. Gesellschaftlicher Wandel und politischer Umbruch, 1876–1940. Frankfurt/Main 1992.

Job Reservation

Beschränkung besser bezahlter Arbeitsplätze in Südafrika für Weiße (»poor white«), unter Ausschluss von Indern, Mischlingen, Afrikanern: In der SÜDAFRIKANISCHEN UNION (1910) legte der Mines and Work Act die Vorrangstellung der Weißen gesetzlich fest, zunächst nur im Bergbau (**1911**), eröffnete aber schon faktisch die APARTHEIDgesetzgebung. Unter Druck der weißen Arbeiterschaft dehnte eine Koalition von NATIONALER PARTEI und LABOUR PARTY (1924–1931) das System der Job Reservation (»civilized labour«) auch auf andere Wirtschaftszweige aus (1924–1926).

Kuomintang (KMT)

(chin.: »Nationale Volkspartei«) Erste revolutionäre Partei Chinas mit nationalem und sozialem Anspruch, gegründet von Sun Yat-sen zu Beginn der CHINESISCHEN REVOLUTION (**1912**) durch Fusion des CHINESISCHEN REVOLUTIONSBUNDES mit kleineren Gruppen. Die heterogene Zusammensetzung zog eine erste Spaltung nach sich (1912). Nach Scheitern der »2. Revolution« Sun Yat-sens mithilfe südchinesischer Generale verbot Yüan Shih-kai die Partei (1913). Die KMT bildete eine Gegenregierung in Kanton (1919), die ein Putsch vertrieb (1922). In Shanghai erhielt sie Sowjethilfe (für Kaderpartei und Parteiarmee) und ging eine enge Bindung mit der KOMMUNISTISCHEN PARTEI CHINAS (KPCh) ein, die damals nur 300 Mitglieder zählte (1923). Das Grundsatzprogramm ruhte auf drei Prinzipien (1924) – Einheit des Volkes (Nationalismus), Rechte des Volkes (Demokratie), Wohlfahrt des Volkes

(Sozialismus). Danach gewann die KPCh an Einfluss in Massenorganisationen.

Nach Suns Tod (1925) brach der rechte KMT-Flügel mit der KPCh (1925). Chiang Kai-shek übernahm durch Militärputsch die Führung der KMT (1926): Er drängte den Einfluss der sowjetischen Berater zurück, brach im NORDFELDZUG gegen die WARLORDS mit der KPCh und wurde nach einer Reorganisation auch formell Führer der KMT (1928). Er eroberte Peking und beanspruchte die KMT-Herrschaft über ganz China; jedoch herrschten weiterhin zahlreiche faktisch unabhängige Warlords. Er setzte den Bürgerkrieg fort, bis er zur Einheitsfront mit der KPCh gegen Japan gezwungen wurde (1937). Im 2. CHINESISCH-JAPANISCHEN KRIEG (1937–1945) profilierte sich Chiang Kai-shek als Anführer im Kampf gegen die Japaner, beteiligte sich aber in der KriegsINFLATION an der Korruption (ab ca. 1941). Außenpolitisch trat er als Sprecher Chinas auf und wurde von den Mächten der Anti-Hitler-Koalition auch so anerkannt (mehrere Treffen mit Roosevelt und Churchill).

Nach dem ZWEITEN WELTKRIEG brach der Bürgerkrieg zwischen KMT und KPCh erneut aus (1946–1949). Die KP setzte sich gegen die KMT durch und proklamierte die VOLKSREPUBLIK CHINA (1949). Die KMT wich nach Formosa aus (1949), erklärte den Fortbestand der Republik China (Taiwan) und blieb im eigenen Selbstverständnis Staatspartei. Nach dem Tod Chiang Kai-sheks (1975) übernahm dessen Sohn Tschiang Tsching-kuo die Führung der Partei, die sich zunehmend aus einheimischen taiwanesischen Mitgliedern und Führern rekrutierte. Auch nach ersten freien Wahlen (1992) blieb die KMT stärkste Partei, erlebte aber 2001 eine Niederlage im heute demokratisierten Taiwan.

Literatur: J. Domes: Vertagte Revolution. Die Politik der Kuomintang in China. 1923–1927. Berlin 1969; J. Domes: Kuo-min tang, in: China-Handbuch. Düsseldorf 1974, Sp. 692–705; H. Jianli: The Politics of Depoliticization in Republican China. Guomindang Policy Towards Student Political Activism, 1927–1949. Bern u. a. 1999.

Haldane-Mission

Letzter Versuch einer britisch-deutschen Annäherung im Flottenstreit: Die Initiative ist nach dem britischen, sehr deutschfeindlichen Kriegsminister Richard Burton Haldane benannt, der die deutsche Regierung gegen koloniale Zugeständnisse zur Begrenzung seiner SCHLACHTFLOTTE bewegen wollte (Februar **1912**). Haldane verhandelte im Schatten einer neuen Flottennovelle zum weiteren Ausbau der Schlachtflotte. Kaiser Wilhelm II. und Tirpitz wiesen jegliche Abstriche zurück. Auf die deutsche Forderung nach unbedingter britischer Neutralität für den Kriegsfall mit Frankreich konnte die Regierung in London nicht eingehen. Die Haldane-Mission war gescheitert.

Balkanbund

Bündnissystem zwischen Bulgarien, Serbien, Griechenland und Montenegro: Der Balkanbund basierte auf vier bilateralen Verträgen – Bulgarien je mit Serbien, Griechenland, Montenegro, Montenegro mit

Serbien (März–Oktober **1912**). Gemeinsames Ziel war die Vertreibung der OSMANEN aus Europa. Die endgültige Verteilung Makedoniens, Thrakiens und Albaniens war erst nach dem Krieg vorgesehen, notfalls mit russischer Vermittlung. Siehe auch 1. BALKANKRIEG und 2. BALKANKRIEG (1912/13).

Literatur: O. Bickel: Rußland und die Entstehung des Balkanbundes. Königsberg, Berlin 1933; E. C. Thaden: Russia and the Balkan Alliance of 1912. University Park (Pa.) 1965.

1. Balkankrieg

Krieg des BALKANBUNDS gegen das OSMANISCHE REICH (1912/13): Die Wurzeln des Konfliktes um Gebietsansprüche auf dem Balkan reichen weit zurück (siehe auch ORIENTALISCHE FRAGE, 1774 ff.; SÜDSLAWISCHE FRAGE, 1804 ff.). Die Schwächung des Osmanischen Reichs durch die JUNGTÜRKISCHE REVOLUTION (1908) und den TRIPOLISKRIEG (1911/12) bot den Balkanstaaten die Gelegenheit zur Vertreibung der OSMANEN vom Balkan. Der Kriegserklärung Montenegros (8. Oktober) schlossen sich Bulgarien, Serbien und Griechenland an (18. Oktober **1912**). Makedonien wurde von Bulgaren, Serben und Griechen besetzt, Griechenland eroberte Epirus und, in Rivalität zu Bulgarien, Saloniki. Die Osmanen hielten sich vor Konstantinopel. Die Cholera schwächte die Bulgaren. Der Friede von London beendete den 1. Balkankrieg (30. Mai 1913): Das Osmanische Reich musste alle von den verbündeten Gegnern eroberten Gebiete, auch Ost-Thrakien, und die ägäischen Inseln abtreten. Der Friede führte zu neuen Konflikten zwischen den Balkanstaaten um die Kriegsbeute. Serbien, das jetzt Zugang zur Adria beanspruchte, eroberte den Kosovo (mit Massakern an Albanern, 1912/13) und riskierte Krieg mit Österreich-Ungarn. Der Konflikt um Makedonien trieb zum 2. BALKANKRIEG (1913).

Literatur: C.E. Helmreich: The Diplomacy of the Balkan Wars 1912–1913. Cambridge (Mass.) 1938; M. Lalkov: Die denkwürdigen Ereignisse auf dem Balkan 1912/13. Sofia 1987; R.C. Hall: The Balkan Wars 1912–1913. Prelude to the First World War. London u. a. 2000.

»Titanic«

Britischer Luxusdampfer und größtes Passagierschiff seiner Zeit: Die 1911 vom Stapel gelaufene »Titanic« galt mit ihrem neuen Schottensystem als unsinkbar. Bei der Jungfernfahrt von Southampton nach New York (u. a. zur Erringung des begehrten »Blauen Bandes« für die schnellste Atlantiküberquerung) kollidierte das Schiff mit einem Eisberg vor Neufundland und sank (**1912**) – mit 1503 Toten die größte Schiffskatastrophe in Friedenszeiten. Um die Sicherheit auf See zu verbessern, wurde der Eiswarndienst gegründet (1913). Die Internationale Konvention zum Schutz des menschlichen Lebens auf hoher See erließ Bestimmungen für den Schiffbau (1914).

Literatur: H. Hess: Titanic. Zwei Gesichter einer Katastrophe. Nachdruck Berlin 1991; W. Schneider: Mythos Titanic. Das Protokoll der Katastrophe – 3 Stunden, die die Welt erschütterten. Augsburg 1997; B. Driessen: Tragödie der Technik, Triumph der Medien. Die Berichterstattung über den Untergang der Titanic in der zeitgenössischen deutschen und britischen Presse. Münster 1999.

Senussi

(arab.: As-Sanusiyyah) Religiöser Orden zur Erneuerung des ISLAM und Befreiung von europäischen Einflüssen: Nach dem Vorbild des Derwisch-Ordens und beeinflusst von den WAHHABITEN in Arabien gründete Muhammed Abbu Ali Sanus (1791–1859) den Orden in Libyen (1844). Er verbreitete sich über die Saharaoasen bis zum Sudan. Mit osmanischen Truppen leisteten die Senussi heftigen Widerstand gegen die Italiener im TRIPOLISKRIEG (1911/12), fortgesetzt in Aufständen gegen Italien (seit **1912**). Der Enkel des Gründers wurde König Idris I. von Libyen (1950–1969).

Literatur: E. E. Evans-Pritchard: The Sanusi of the Cyrenaica. Oxford 1949; N. A. Ziadeh: Sanusiyah. A Study of a Revivalist Movement. Nachdruck Leiden 1983; K. S. Vikør: Sufi and Scholar of the Desert Edge. Muhammad Ali al-Sanusi and His Brotherhood. London 1995.

Syndikalismus

(griech.: syn = zusammen + dike = Recht; frz.: syndicat = Gewerkschaft) Variante des SOZIALISMUS bzw. ANARCHISMUS, besonders in den romanischen Ländern Europas (Frankreich, Italien, Spanien) und Lateinamerikas: Der Syndikalismus sah freie GEWERKSCHAFTEN als Kristallisationskerne einer sozialistischen Gesellschaft und lehnte den Parlamentarismus ab. Die den ANARCHISTEN nahe stehende Bewegung wollte ihre Ziele durch GENERALSTREIK, Fabrikbesetzungen, BOYKOTT und Sabotage erreichen. Mussolini war ursprünglich Exponent des Syndikalismus in der italienischen Sozialistischen Partei und Direktor (Chefredakteur) des sozialistischen Zentralorgans »AVANTI!« (**1912**–1914).

Literatur: A. Uisk: Syndikalismus. Eine Ideenskizze. Berlin 1985; B. Russell: Wege zur Freiheit: Sozialismus, Anarchismus, Syndikalismus. Frankfurt/Main ^{6}1987; D. Peters: Der spanische Anarcho-Syndikalismus. Anriß über eine revolutionäre Bewegung. Ulm 1989; H. M. Bock: Syndikalismus und Linkskommunismus von 1918 bis 1923. Ein Beitrag zur Sozial- und Ideengeschichte der frühen Weimarer Republik. Darmstadt 1993.

»Avanti!«

(ital.: vorwärts) Zentralorgan der Sozialistischen Partei Italiens: Ursprünglich Titel mehrerer linker Zeitschriften (1871–1895), begann der »Avanti« als Parteiorgan in Mailand (1896), später als Tageszeitung ab 1911 in Rom, mit Mussolini als Chefredakteur (**1912**–1914). Faschistische Terrorgruppen verwüsteten das Gebäude (1919). In den 1920er-Jahren verboten (1926), wurde die Zeitschrift später wiedergegründet (1944) und erscheint heute mit drei Ausgaben in Mailand, Rom, Turin.

Literatur: G. Arfé: Storia dell Avanti!. 2 Bde., Mailand, Rom 1956–1958.

»Kriegsrat«

Politische Besprechung Kaiser Wilhelms II. mit Spitzen der Armee und Marine (Name wurde vom nichtbeteiligten Reichskanzler Bethmann Hollweg nachträglich ironisierend geprägt): Ausgangspunkt war die

Kriegsgefahr im 1. Balkankrieg (1912/13) zwischen Österreich-Ungarn und Serbien. In einer Reichstagsrede hatte Bethmann Hollweg angekündigt, Deutschland werde bei Intervention einer dritten Großmacht (Russland) im Balkankrieg für Österreich-Ungarn kämpfen (2. Dezember 1912). Großbritannien warnte, es werde bei einem Angriff Österreich-Ungarns auf Serbien nicht passiv bleiben (3. Dezember). Über die Situation beriet der »Kriegsrat« (8. Dezember **1912**): Die Armee (Moltke) war für sofortiges Losschlagen, die Flotte (Tirpitz) für Zurückhaltung, bis der Nord-Ostsee-Kanal erweitert und der U-Boothafen Helgoland fertig gestellt sei (konkret: 1 1/2 Jahre Wartezeit = Juni 1914). Der Kaiser wies den General- und Admiralstab an, die Invasion Großbritanniens vorzubereiten. Bethmann Hollweg wurde angewiesen, »durch die Presse das Volk darüber aufzuklären, welche großen nationalen Interessen auch für Deutschland bei einem durch den österreichisch-serbischen Konflikt entstehenden Krieg auf dem Spiele ständen«. Weitere Ergebnisse galten der Aufstockung des Heeres (1912/13) und Erhebung eines Wehrbeitrags (1913). Der Ostaufmarsch als Alternative zum Schlieffenplan für den Zweifrontenkrieg (Offensive gegen Russland, Defensive gegen Frankreich) wurde kassiert (1. April 1913) und vom Generalstab nicht mehr bearbeitet. Der »Kriegsrat« war Ausdruck der wachsenden Kriegsbereitschaft in Deutschland. Seine konkrete Bedeutung ist in der historischen Forschung umstritten.

Literatur: F. Fischer: Krieg der Illusionen. Nachdruck Düsseldorf 1987, S. 226–269; J. C. R. Röhl: An der Schwelle zum Weltkrieg, in: Militärgeschichtliche Mitteilungen 1/1977, S. 77–134.

South African Native Congress (African National Congress, ANC)

Älteste politische Organisation der Schwarzafrikaner in der Südafrikanischen Union/Republik, nach dem Vorbild des Natal Indian Congress (1894) begründet (1912): Anlass war der Protest gegen den Native Lands Act (**1913**), der, auch mit einer Deputation in London (1914), ergebnislos blieb. Die Organisation, die sich am 1. Panafrikanischen Kongress (Panafrikanismus) in Paris (1919) beteiligte, gab sich den endgültigen Namen – African National Congress (ANC, 1923). Mit der politischen Kontrolle durch die KP Südafrikas (ab 1928) sank des ANC politische Bedeutung (1930–1940). Er nahm am 5. Panafrikanischen Kongress in Manchester teil (1945).

Seit formeller Durchsetzung der Apartheid (1948) nahm der ANC unter Albert Luthuli (1952–1960) den Kampf gegen die Diskriminierung verstärkt auf. Er war führend beim Congress of the People, der die Freedom Charter als Grundsatzprogramm verkündete (1955). Trotz Gewaltfreiheit des Kampfes traf den ANC die Repression – ANC-Führer wurden verhaftet. Als Abspaltung (1958) des ANC entstand der Pan-Africanist Congress (1959), mit noch militanterem afrikanischen Nationalismus. Nach dem Massaker von Sharpeville wurden beide Organisationen verboten (1960). Danach radikalisierte sich der ANC im Untergrund und organisierte unter Nelson Mandela den bewaffneten Widerstand (»Speer der Nation«). Mandela wurde verhaftet (1962), die Leitung des aus dem Exil operierenden ANC übernahm Oliver Tambo

(1967–1990). Nach Mandelas Freilassung (1990) wieder zugelassen, geriet der ANC in heftige Konflikte mit der konkurrierenden INKATHA-Bewegung (seit 1990). In den ersten freien Wahlen nach dem Ende der Apartheid errang der ANC mit 62,6 % der Stimmen die absolute Mehrheit; Mandela wurde Staatspräsident (1994). Ihn löste Thabo Mbeki als Parteivorsitzender (1997) und Staatspräsident ab (1999).

Literatur: E. Feit: South Africa. The Dynamics of the African National Congress. London 1962; P. Walshe: Black Nationalism in South Africa. Johannesburg 1973; H. von Löwis of Menar: Der Afrikanische Nationalkongress (ANC). Moskaus Speerspitze gegen Südafrika. Bonn 1986; C. L. Jordaan: Der Afrikanische Nationalkongreß (ANC) und die Kirchen in Südafrika. Kapstadt 1990.

2. Balkankrieg

Konflikt im BALKANBUND (1912) um die vom OSMANISCHEN REICH im 1. BALKANKRIEG (1912/13) gewonnenen Gebiete um die Aufteilung Makedoniens, mit wechselseitigen Massakern an der Zivilbevölkerung und ETHNISCHEN SÄUBERUNGEN: Bulgarien griff seine ehemaligen Verbündeten Serbien und Griechenland an (29./30. Juni **1913**). Rumänien (10. Juli) und das Osmanische Reich (12. Juli) traten in den Krieg gegen Bulgarien ein. Die Bulgaren erlitten eine Niederlage; Adrianopel wurde von den Osmanen zurückerobert. Im FRIEDEN VON BUKAREST (10. August 1913) erhielten Serbien und Griechenland den größten Teil Makedoniens; nur ein Zipfel ging an Bulgarien, als schmaler Zugang zur Ägäis. Die Süddobrudscha fiel an Rumänien, Ostthrakien an das Osmanische Reich. Der Krieg schwächte Bulgarien, das auf Seite der MITTELMÄCHTE im ERSTEN WELTKRIEG gegen Serbien (1915) und Rumänien (1916) erneut seine Kriegsziele durchzusetzen versuchte.

Literatur: wie zu 1. Balkankrieg.

Ethnische Säuberungen

Beseitigung nationaler oder religiöser Minderheiten in gemischten Gebieten, oft in Grenzgebieten, mit TERROR, Massakern und/oder DEPORTATIONEN, im fließenden Übergang zu VÖLKERMORD/Genozid: Moderne ethnische Säuberungen folg(t)en dem Prinzip der »nation une et indivisible« (der »einen und unteilbaren Nation«). Sie ereigneten sich in ethnisch und/oder religiös heterogenen Nationalstaaten ohne Traditionen des Rechts- und Verfassungsstaats und in totalitären Regimen, in denen solche Strukturen außer Kraft gesetzt waren (UdSSR, DRITTES REICH). Nach Vorläufern in der EXPANSION EUROPAS IN ÜBERSEE (Behandlung der INDIANER in den frühen USA) begannen, der Sache wie dem Begriff nach, in Europa ethnische Säuberungen, nach dem Vorspiel von Massakern an Komitadschi-Kämpfern im Makedonischen Aufstand (1903–1908), im 2. BALKANKRIEG (**1913**) mit wechselseitigen Massakern zwischen Bulgaren und Serben, von Serben auch an muslimischen Albanern. Im ERSTEN WELTKRIEG beriefen sich ALLDEUTSCHE auf den Präzedenzfall zur Rechtfertigung von Annexionen mit »völkischer Flurbereinigung« eines »größeren Deutschland«. Umsiedlungen von Griechen und Türken nach dem FRIEDEN VON LAUSANNE (1923) waren erste völkerrechtlich besiegelte ethnische Säuberungen, ohne weitere Gewaltanwendung. Die NS-Umsiedlungs- und Volkstumspolitik in Osteuropa vor und im ZWEITEN WELTKRIEG seit der Vertreibung von Tschechen aus dem »Sudetenland« (ab 1938), zugespitzt zum Generalplan Ost (1941), sowie der Völkermord an JUDEN (»ENDLÖSUNG«/HOLOCAUST) und ZIGEUNERN waren deutsche ethnische Säuberungen. Sie provozierten nach dem ZWEITEN WELTKRIEG Übergriffe gegen Deutsche (1945 ff.), u. a. in der ČSR (Beneš-Dekrete, 1945) und in den annektierten ehemaligen deutschen Ostgebieten. Strukturell und zeitlich parallel liefen Massendeportationen im STALINISMUS (u. a. Wolgadeutsche, KRIMTATAREN, TSCHETSCHENEN nach Sibirien und Kasachstan). Nach 1945 vertrieben die Sowjets auch Polen und Japaner aus den annektierten Gebieten. In postkolonialen Nachfolgekonflikten gingen ethnische Säuberungen mit Massakern genozidalen Ausmaßes ineinander über, u. a. Israels durch Vertreibung der PALÄSTINENSER zu Beginn des 1. NAHOSTKRIEGS (1948), in Ruanda, Burundi, im Sudan, Indonesiens in Osttimor, der Russen in beiden TSCHETSCHENIENKRIEGEN. Auch der Zerfall der kommunistischen Regime setzte ethnische Säuberungen frei (JUGOSLAWIENKRIEG, KOSOVOKONFLIKT). Starke Kräfte in Israel fordern faktisch ethnische Säuberungen (»Transfer«, »Araber raus!«) gegen Palästinenser.

Wehrbeitrag

Sondersteuer im 2. DEUTSCHEN KAISERREICH zur Finanzierung der Heeresvermehrung gemäß dem »KRIEGSRAT« (**1913**): Neben der einmaligen Vermögensabgabe (knapp 1 Mrd. Mark) wurde eine Reichsbesitzsteuer als erste größere direkte Steuer eingeführt, daher mit Zustimmung der SPD.

Auch: Nach dem ZWEITEN WELTKRIEG im KALTEN KRIEG Umschreibung der Aufrüstung der BUNDESREPUBLIK im Rahmen der EVG/NATO (1950/55).

Literatur: P.-Chr. Witt: Die Finanzpolitik des Deutschen Reiches von 1903 bis 1913. Historische Studien 415. Lübeck, Hamburg 1970.

Liman-von-Sanders-Krise

Russischer Protest gegen Entsendung des deutschen Generals Otto Liman von Sanders ins OSMANISCHE REICH: Liman von Sanders war als Leiter der deutschen Militärmission im Osmanischen Reich und Kommandeur des 1. Armeekorps (Konstantinopel) mit der Reorganisation der osmanischen Armee beauftragt (**1913**). Russland intervenierte energisch, weil es einen Zugriff Deutschlands auf die Meerengen befürchtete. Als Kompromiss gab Liman von Sanders das Kommando über das 1. Korps wieder ab, wurde aber als Marschall Generalinspekteur des osmanischen Heeres (1914). Er verteidigte im ERSTEN WELTKRIEG erfolgreich die Dardanellen (1915).

Literatur: F. Fischer: Krieg der Illusionen. Düsseldorf [3]1978, S. 481–515; J. L. Wallach: Anatomie einer Militärhilfe. Die preußisch-deutschen Militärmissionen in der Türkei, 1835 bis 1919. Düsseldorf 1976.

Zabernaffäre

Politischer Skandal im 2. DEUTSCHEN KAISERREICH (**1913**): Gegen aufmüpfige elsässische Jugendliche im Städtchen Zabern ließ der deutsche Kommandeur des dort stationierten Infanterieregiments 28 Demonstranten – rechtswidrig – verhaften, wurde von einem Kriegsgericht freigesprochen. Der REICHSTAG verurteilte das Vorgehen, aber Reichskanzler Bethmann Hollweg musste es, wider seine persönliche Meinung, verteidigen. Der Vorfall vergiftete das Klima im Reichsland Elsass-Lothringen als Manifestation des preußischen MILITARISMUS weiterhin nachhaltig und neutralisierte die, ohnehin verspätete und beschränkte, AUTONOMIE für die »REICHSLANDE« (1911).

Literatur: K. Stenkewitz: Immer feste druff. Zabernaffäre 1913. Berlin 1962; D. Schoenbaum: Die Zabern-Affäre im Spiegel der Hamburger Presse. Norderstedt 1984.

Native Lands Act

Gesetz der SÜDAFRIKANISCHEN UNION (**1913**): Das Gesetz wies den Schwarzafrikanern beschränkte RESERVATE zu (ca. 7,3 % des Landes, meist mit minderwertigen Böden). Außerhalb der Reservate war ihnen Landerwerb verboten. Schwarzafrikaner wurden in Reservate vertrieben oder zwangsweise umgesiedelt. Das Gesetz legte die Grundlage für die Rassentrennung (APARTHEID) auf dem Lande. Im Protest gegen die Gesetzesvorlage (Bill) gründete sich der SOUTH AFRICAN NATIVE CONGRESS (1912). Der Native Lands Act wurde nach Ende der Apartheid aufgehoben (1993).

Reservate

Besondere Siedlungsgebiete, die bestimmten Bevölkerungsgruppen, oft Rückzugsvölkern, von quantitativ wie zivilisatorisch überlegenen Einwanderern zwangsweise zugewiesen wurden: Mit der Expansion der europäischen Siedler schufen die nordamerikanischen Kolonien bzw. die USA (seit ca. 1750 ff.) und Kanada (seit 1887) Indianerreservate, die australische Regierung für Aborigines. In der SÜDAFRIKANISCHEN UNION wies die regierende weiße Minderheit auf Basis des NATIVE LANDS ACT den Afrikanern Reservate zu (**1913**) – ca. 7,3 % (meist ärmeres Land) des Staatsgebiets für die Mehrheit der Bevölkerung. Die Reservate waren überfüllt, litten unter Überweidung und zunehmender Bodenerosion. Schwarzafrikaner waren zu schlecht bezahlter Wanderarbeit gezwungen, z. B. im Bergbau. Als billige Arbeitskräfte in den Städten durften die Schwarzafrikaner teilweise nur in Großlagern (»compounds«) leben. Trotzdem fand teilweise eine Urbanisierung der Afrikaner statt. Die Gebiete wurden allmählich ausgeweitet (1956 ff.); vorgesehen waren bis zu 13,7 % des Staatsgebiets. Die Reservate bildeten die Grundlage für »Bantustans« (»Homelands«, ab 1959) mit stark eingeschränkter AUTONOMIE.

Literatur: Ph. Mayer: Urban Africans and the Bantustans. South African Institute of Race Relations. Johannesburg 1972.

»Großer Marsch«

Demonstrationsmarsch unter Gandhi nach Johannesburg: Nach dem GENERALSTREIK in Natal demonstrierten die Inder mit ihrem Protestmarsch gegen ihre Einbeziehung in die APARTHEID (**1913**). Die Polizei unterdrückte den Protest und verhaftete Gandhi. Dennoch brachte der Marsch als Form des gewaltlosen Kampfes Teilerfolge für die Inder und war Modell für den späteren PASSIVEN WIDERSTAND Gandhis in Indien.

Literatur: H. Kuper: Indian People in Natal. Nachdruck Westport (Conn.) 1974.

Universal Negro Improvement Association (UNIA)

Organisation von Marcus Garvey in Jamaika (**1914**): Nach der Übersiedlung Garveys nach New York (Harlem, 1916) und der Etablierung der UNIA in den USA (1918 ff.) erlangte die Organisation besondere Bedeutung für die AFRO-AMERIKANER und die afrikanischen Nationalisten. Nach Garveys Haft (1924) und seiner Ausweisung aus den USA (1927) zerfiel die UNIA in zahlreiche Gruppierungen. Sie war trotzdem für den PANAFRIKANISMUS und die Afro-Amerikaner wichtig.

Literatur: E. D. Cronon: Black Moses. The Story of Marcus Garvey and the Universal Negro Improvement Association. Madison 1955; E. Nowicka: The Jamaikan Roots of the Garvey Ideology, in: Acta Poloniae Historica 37/1978, S. 129–1661.

Attentat von Sarajevo

Ermordung des österreichisch-ungarischen Erzherzogs Franz Ferdinand und seiner Gemahlin Sophie durch ein Mitglied der Gruppe JUNG-BOSNIEN, Gavrilo Princip (* 1895, † 1918), in Sarajevo (28. Juni **1914**): Die politischen Motive waren eng verknüpft mit der SÜDSLAWISCHEN FRAGE. Nach der Okkupation von Bosnien und Herzegovina durch Österreich-Ungarn (1878) entwickelte sich die Region zu einem Zentrum des Kampfes für nationale Unabhängigkeit. Das Gymnasium in Mostar (1893) war Pflanzstätte der modernen Intelligentsia in Bosnien und Herzegovina. Die Annexion von Bosnien und Herzegovina durch Österreich-Ungarn (1908, ANNEXIONSKRISE) verstärkte die Massenbasis für die südslawische Nationalbewegung und begünstigte eine Zusammenarbeit der radikal-nationalistischen Gruppen JUNG-BOSNIEN und »SCHWARZE HAND« (Januar 1914), die zum Besuch Franz Ferdinands in Sarajevo nach Manövern in Bosnien das Attentat von Belgrad aus vorbereiteten. Es wurde im letzten Moment abgeblasen, konnte aber nicht mehr verhindert werden. Der 28. Juni (St. Veitstag: Erinnerung an die Schlacht auf dem Amselfeld, 1389) wurde erstmals in Serbien als offizieller Staatsfeiertag begangen (1914). Zur Neutralisierung der damit verbundenen großserbischen Propaganda traf Erzherzog Franz Ferdinand zum offiziellen Besuch in Sarajevo ein (28. Juni) und wurde beim zweiten Attentatsversuch am gleichen Tag von Gavrilo Princip erschossen. Das Attentat, später in Jugoslawien als nationale Tat gefeiert, war Auslöser für die JULIKRISE 1914 und den ERSTEN WELTKRIEG (1914–1918).

Literatur: V. Dedijer: Die Zeitbombe. Sarajevo 1914. Zürich 1967; F. Würthle: Dokumente zum Sarajevoprozeß. Ein Quellenbericht. Wien 1978; H. Fronius: Das Attentat von Sarajevo. Köln 1988; W. Aichelburg: Sarajevo – das Attentat 28. Juni 1914. Wien 1999.

Jung-Bosnien

Radikale nationalistische Gruppe in Bosnien und Herzegovina (1908–1914): Gegründet nach der Annexion Bosniens durch Österreich-Ungarn (ANNEXIONSKRISE, 1908), wurde Jung-Bosnien von russischen SOZIALREVOLUTIONÄREN und Masaryk beeinflusst. Die Gruppe plante das ATTENTAT VON SARAJEVO (28. Juni **1914**), finanziert, ausgebildet und geleitet von der »SCHWARZEN HAND« in Belgrad. Die Attentäter wurden verhaftet und verurteilt: Der einzige Täter über 21 Jahren wurde hingerichtet, die übrigen kamen in Haft (bis 1918). Der Attentäter Gavrilo Princip (* 1895, † 1918) starb in Festungshaft in Theresienstadt, der letzte, Vaso Cubrilović, war bis zu seinem Tod (1990) Geschichtsprofessor in Belgrad.

Literatur: V. Dedijer: Die Zeitbombe. Sarajevo 1914. Zürich 1967; R. Parezanin: Die Attentäter. Das Junge Bosnien im Freiheitskampf. München 1976; M. M. Cupic-Amrein: Die Opposition gegen die österreichisch-ungarische Herrschaft in Bosnien-Hercegovina, 1878–1914. Bern u. a. 1987.

Julikrise 1914

Internationale Krise vor dem ERSTEN WELTKRIEG, ausgelöst durch das ATTENTAT VON SARAJEVO: Seit einer Anfrage der österreichischen Regierung über die deutsche Haltung für den Fall eines Kriegs zwischen Österreich-Ungarn und Serbien (Hoyos-Mission) und Potsdamer Beratungen Wilhelms II. mit politischen und militärischen Führern (5. Juli **1914**) drängte Deutschland in Österreich-Ungarn auf rasches Vorgehen gegen Serbien, mit der Zusage der bedingungslosen Unterstützung auch bei russischem Kriegseintritt (»Blankoscheck«). Erst danach (7. Juli) beschloss der Ministerrat in Wien den Krieg gegen Serbien samt Ultimatum, das absichtlich unannehmbar gehalten war (23. Juli). Wien hielt Berlin über alle Schritte auf dem Laufenden.

Um den Krieg zu lokalisieren, lehnten Österreich-Ungarn und Deutschland einen britischen Vermittlungsvorschlag (Verlängerung der Antwortfrist) ab, da beide fürchteten, andere Mächte würden umso sicherer intervenieren, je länger Wien wartete. Trotz einer entgegenkommenden serbischen Antwort brach Wien die Beziehungen zu Belgrad ab (25. Juli). Es folgten die Teilmobilmachung Österreich-Ungarns und die Mobilmachung Serbiens (25. Juli). Österreich-Ungarn wurde von Deutschland zu schneller Kriegserklärung und Kriegseröffnung (»fait accompli«) gedrängt, um russische und britische Vermittlungsvorschläge (europäische Konferenz, »Halt in Belgrad«) abzuwehren. Russland war als Schuldiger hinzustellen, ohne selbst als Kriegstreiber zu erscheinen, um England neutral zu halten. Wenige Tage später erklärte Österreich-Ungarn Serbien den Krieg (28. Juli) und begann mit der Beschießung Belgrads (29. Juli). Russland antwortete mit der Teilmobilmachung, die es nach Bedenken des Zaren zunächst zurücknahm (29. Juli). Einen Tag später erging die russische Generalmobilmachung (30. Juli), die in Deutschland einen Tag später bekannt wurde (31. Juli: »Zustand drohender Kriegsgefahr«). Deutschen Ultimaten an Frankreich und Russland (31. Juli) folgten die Mobilmachung und Kriegserklärung an Russland (1. August) und Frankreich (3. August). Dem Einfall deutscher Truppen – gemäß modifiziertem SCHLIEFFENPLAN – ins neutrale Belgien zur raschen Eroberung Lüttichs (3. August) folgten ein britisches Ultimatum und die Kriegserklärung Großbritanniens an das Deutsche Reich (4. August).

Die Julikrise galt in Deutschland als »günstige Gelegenheit« (Wilhelm II.: »Jetzt oder nie!«), um die Eindämmung seiner WELTPOLITIK durch die TRIPELENTENTE aufzubrechen. Die deutsche Taktik baute Russland als Verantwortlichen auf, um innenpolitisch den BURGFRIEDEN mit der SPD zu schließen, u. a. zur Bewilligung der KRIEGSKREDITE. Danach diente die »Überfall«-These zur Rechtfertigung expansiver deutscher KRIEGSZIELE.

Literatur: P. Renouvin: Les origines immédiates de la guerre. Paris 1925; L. Albertini: The Origins of the War of 1914. 3 Bde., London [2]1966; I. Geiss (Hg.): Julikrise und Kriegsausbruch 1914. Eine Dokumentensammlung. 2 Bde., Hannover [2]1976; I. Geiss: Juli 1914. Die europäische Krise und der Ausbruch des Ersten Weltkriegs. München [2]1980; J. Joll: Die Ursprünge des Ersten Weltkriegs. München 1988; I. Geiss: Der lange Weg in die Katastrophe. Die Vorgeschichte des Ersten Weltkrieges 1815–1914. München [2]1991; F. Fischer: Griff nach der Weltmacht. Die Kriegszielpolitik des kaiserlichen Deutschland 1914–1918. Nachdruck Düsseldorf 1994.

Erster Weltkrieg

Erster globaler Großkonflikt der Weltgeschichte (**1914**–1918), der mit Vorgeschichte, Verlauf und Wirkungen buchstäblich die gesamte Welt umspannte:

Vorgeschichte

Zur weiteren und engeren Vorgeschichte siehe: EXPANSION EUROPAS IN ÜBERSEE (1492 ff.), INDUSTRIELLE REVOLUTION (ca. 1760 ff.), TEILUNGEN POLENS (1772–1795): POLNISCHE FRAGE; ORIENTALISCHE FRAGE (1774 ff.), FRANZÖSISCHE REVOLUTION (1789–1799), I. EMPIRE (1804–14/15), SÜDSLAWISCHE FRAGE (1804 ff.), UNTERGANG DES REICHS (1806): DEUTSCHE FRAGE; WIENER KONGRESS (1814/15); Italienische Frage: RISORGIMENTO; REVOLUTION 1848/49, PANSLAWISMUS (1848 ff.), KRIMKRIEG (1853–1856): PARISER KONGRESS (1856); DEUTSCHER KRIEG (1866), AUSGLEICH (1867), DOPPELMONARCHIE ÖSTERREICH-UNGARN (1867–1918); DEUTSCH-FRANZÖSISCHER KRIEG (1870/71); REICHSGRÜNDUNG (1871): 2. DEUTSCHES KAISERREICH (1871–1918); Annexion von Elsass-Lothringen (1871); KRIEG-IN-SICHT-KRISE (1875); GROSSE ORIENTKRISE (1875–1878); BERLINER KONGRESS (1878); ZWEIBUND (1879), DREIBUND (1882); SCRAMBLE FOR AFRICA (1884/85): KOLONIALPOLITIK, IMPERIALISMUS; LOMBARDVERBOT (1887); RÜCKVERSICHERUNGSVERTRAG (1887–1890); deutsche WELTPOLITIK (1896/98–1914); SCHLACHTFLOTTE (1898 ff.): FASCHODAKRISE (1898); 1. HAAGER FRIEDENSKONFERENZ (1899); BURENKRIEG (1899–1902); BAGDADBAHN (1899/1903–1914); Anglo-japanisches Bündnis (1902);

Entente Cordiale (1904), Russisch-japanischer Krieg (1904/05): 1. Russische Revolution (1905–1907); 1. Marokkokrise (1905/06), Schlieffenplan (1905), Algeciras-Konferenz (1906), Englisch-russische Verständigung: Tripelentente (1907) – »Einkreisung«; 2. Haager Friedenskonferenz (1907); Jungtürkische Revolution (1908): Annexionskrise (1908/09); 2. Marokkokrise (1911); Tripoliskrieg (1911/12), Haldane-Mission (1912), 1./2. Balkankrieg (1912/13): »Kriegsrat« (8. Dezember 1912), Heeresvermehrungen in Deutschland und Frankreich (1913); Liman-von-Sanders-Krise (1913/14); Drängen auf deutschen Präventivkrieg gegen Russlands (zuletzt durch Moltke Mai/Juni 1914); Attentat von Sarajevo (28. Juni), Julikrise 1914.

Verlauf

Der Krieg entwickelte sich in drei Stufen – vom Lokalkrieg über den Kontinentalkrieg zum Weltkrieg, zwischen den Mittelmächten (Deutschland, Österreich-Ungarn, Osmanisches Reich, Bulgarien) und der Tripelentente/Alliierten des Londoner Vertrags (5. September 1914). Wichtigste Kriegserklärungen: Österreich-Ungarn an Serbien (28. Juli), Deutschland an Russland (1. August) und Frankreich (3. August), Großbritannien an Deutschland (4. August), Österreich-Ungarn an Russland (6. August), Frankreich und Großbritannien an Österreich-Ungarn (11./12. August), Japan an Deutschland (23. August), Russland, Großbritannien, Frankreich an das Osmanische Reich (2.–5. November), Italien an Österreich-Ungarn (23. Mai 1915), Bulgarien an Serbien (14. Oktober 1915), Italien an Deutschland (26. August 1916), Rumänien an Österreich-Ungarn (27. August), USA an Deutschland (6. April 1917), Österreich-Ungarn (7. Dezember 1917).

Militärischer Verlauf: Rasch scheiterten alle Offensiven (Österreich-Ungarn gegen Serbien; Russland gegen die Mittelmächte; Frankreich gegen Deutschland). Die deutsche Offensive gegen Frankreich gemäß dem modifizierten Schlieffenplan scheiterte in der Marneschlacht, (9. September 1914). Danach erstarrte vor allem die Westfront im Stellungskrieg, Durchbruchoffensiven der Alliierten (1915–1917) – Champagne, Argonnerwald (1915), Somme (1916), Flandern (1917) – und die deutsche Abnutzungsoffensive (Verdun, 1916) scheiterten. Im Osten eroberten die Mittelmächte Polen, Litauen, Kurland, Serbien (1915), Montenegro und den größten Teil Rumäniens (1916). Alliierte Versuche, mit dem Gallipoli-Unternehmen Konstantinopel zu erobern, scheiterten (1915/16): Russland blieb geographisch vom alliierten Nachschub isoliert und trieb in die Russische Revolution.

Im Süden blieben zwölf Isonzo-Schlachten zwischen Italienern und Österreichern/Deutschen unentschieden (1915–1917). Die deutschen Kolonien wurden von den Alliierten erobert (1914–1917). Die Osmanen kämpften mit wechselndem Erfolg im Irak gegen Briten, an der Kaukasusfront gegen Russen, mit Massakern an den Armeniern (1915/16). Großbritannien schnitt die Mittelmächte durch die Fernblockade von Handelsverbindungen in Übersee ab, Deutschland antwortete mit dem U-Boot-Krieg. Nach der Schlacht am Skagerrak

(1916) nahm Berlin den 1915 abgebrochenen uneingeschränkten U-Boot-Krieg wieder auf (1917) und provozierte so den Kriegseintritt der USA (1917). Russland war nach dem Scheitern der BRUSSILOW-OFFENSIVEN (1916, 1917) erschöpft, erst recht nach FEBRUARREVOLUTION und OKTOBERREVOLUTION (1917) und schloss einen Waffenstillstand mit den Mittelmächten (15. Dezember 1917).

US-Präsident Wilson verkündete in einer Rede vor dem Kongress seine VIERZEHN PUNKTE für einen Verständigungsfrieden (8. Januar 1918). In Österreich-Ungarn und im Deutschen Reich waren die JANUARSTREIKS Ausdruck einer allgemeinen Kriegsmüdigkeit (Januar 1918). Nach dem deutschen »EISENBAHNVORMARSCH« an der Ostfront wurde Russland im FRIEDEN VON BREST-LITOWSK (3. März 1918) zu weit reichenden Gebietsabtretungen gezwungen. Im FRIEDEN VON BUKAREST schied auch Rumänien aus dem Krieg aus (7. Mai 1918). Letzte deutsche Westoffensiven (21. März–15. Juli 1918) blieben, nach Anfangserfolgen, stecken. Erfolgreiche alliierte Gegenoffensiven im Westen (ab 18. Juli 1918) drängten die deutschen Armeen zurück, nach dem »SCHWARZEN TAG« (8. August) im offenen Rückzug. Die »Spanische Grippe«, die weltweit bis zu 50 Millionen Menschenleben forderte, trug zur Kriegsmüdigkeit bei (September–November).

Die Kriegsentscheidung fiel im Nahen Osten und auf dem Balkan: Dem Kollaps der türkisch-deutschen Palästinafront (22. September) und bulgarischen Salonikifront (26. September) folgten der Waffenstillstand mit Bulgarien (26./29. September), dem Osmanischen Reich (18./20. Oktober) und Österreich-Ungarn (27. Oktober/4. November). Berlin bat die USA um Waffenstillstand (4. Oktober). Kaiser Karl versprach im VÖLKERMANIFEST (16. Oktober) Autonomie und Föderalisierung, aber die Donaumonarchie zerfiel in Nachfolgestaaten. Der militärischen Niederlage folgte der Zusammenbruch, den die PARLAMENTARISIERUNG in Deutschland nicht mehr aufhielt (27. Oktober). Matrosenaufstände in Wilhelmshaven und Kiel (30. Oktober/4. November) eskalierten zur NOVEMBERREVOLUTION und zum Sturz der Monarchie. Der Waffenstillstand von Compiègne mit Deutschland (11. November) und die PARISER VORORTVERTRÄGE (1919/20) beendeten formal den Ersten Weltkrieg.

Militärische Neuheiten waren: U-Boote, ZEPPELINE, Flugzeuge, KAMPFGAS, Trommelfeuer, Eisenbahngeschütze, Flammenwerfer, Tanks.

Politische Dimensionen: In den meisten Krieg führenden Ländern wurde der Kriegseintritt von nationaler Begeisterung begleitet (BURGFRIEDEN, UNION SACRÉE). Erst mit dem Ausbleiben von Siegen bzw. mit Niederlagen und Hunger schwand der innere Zusammenhalt. Das Ergebnis war eine Radikalisierung nach links und innere Polarisierung, in Deutschland zusätzlich als Reaktion gegen expansive Kriegsziele der Reichsleitung (seit dem SEPTEMBERPROGRAMM, 9. September 1914) und ALLDEUTSCHEN. Die inneren Spannungen schlugen am stärksten in der SPD durch, deren linker Flügel sich mit SPARTAKUSBUND und USPD abspalteten (1917). Auf der Rechten sammelten sich die Kräfte in der DEUTSCHEN VATERLANDSPARTEI (1917). Wesentliche Konsequenzen in Großbritannien waren die Allparteienregierung des NATIONAL GOVERNMENT (1915), Spaltung der Liberalen und ALLGEMEINE WEHRPFLICHT. In

Irland entluden sich die Spannungen im Dubliner OSTERAUFSTAND (1916). In Italien erfolgte durch Stellungswechsel Mussolinis (1914) die Vorbereitung des FASCHISMUS (1919). Nach der Ermordung des österreichischen Ministerpräsidenten Stürgkh durch Friedrich Adler und dem Tode Kaiser Franz Josephs (1916) begann die nationale Dekomposition Österreich-Ungarns. In Russland mündete die politische Krise in den Sturz des zaristischen Regimes durch die RUSSISCHE FEBRUARREVOLUTION und OKTOBERREVOLUTION (1917). Die japanisch-chinesische Konfrontation eskalierte seit den 21 FORDERUNGEN.

Nachwirkungen

Kurzfristige Folgen des Ersten Weltkriegs waren: der Untergang Österreich-Ungarns, des zaristischen Russlands, des 2. Deutschen Kaiserreichs und des Osmanischen Reichs; Nachfolgestaaten mit Nachfolgekrisen und Nachfolgekriegen, u. a. zwischen Polen und Russland, Litauen, ČSR und Deutschland (1918–1921); Italien und Jugoslawien um Triest, Fiume und Dalmatien (1919–1921); der ANGLO-IRISCHE KRIEG (1919–1921); Kirege zwischen Griechenland und der Türkei (1919–1922), Armeniern und der Türkei (1918–1920). Der NAHOSTKONFLIKT zeichnete sich zwischen Juden und Arabern ab (1919 ff.). Aus der Kriegsallianz gegen Deutschland ging mit dem VÖLKERBUND eine erste global angelegte Institution zur friedlichen Konfliktlösung hervor (1919). Deutschland verlor seine Kolonien, die die Siegermächte als VÖLKERBUNDSMANDATE übernahmen, und erlebte die WEIMARER REPUBLIK (1919–1933) als INTERREGNUM vom Zweiten zum DRITTEN REICH.

Generelle Auswirkungen: Die Nachkriegszeit stellte alle Länder vor schwere ökonomische Probleme (INFLATION, WIRTSCHAFTSKRISEN). Komplizierte innere Konflikte weiteten das politische Spektrum in Totalitarismen links (KOMMUNISMUS) und rechts (Faschismus, NATIONALSOZIALISMUS). Die Polarisierung verschärfte Spannungen zwischen beiden Extremen in vielen Ländern, national wie international auf staatlicher Ebene durch die Sowjetunion und vor allem das DRITTE REICH (ab 1933), bis hin zum ZWEITEN WELTKRIEG (1939–1945).

Literatur: H. Herzfeld: Der Erste Weltkrieg. München [7]1985; I. Geiss: Das Deutsche Reich und die Vorgeschichte des Ersten Weltkriegs. München u. a. 1985; P. Renouvin: La première guerre mondiale. Paris [7]1987; I. Geiss: Das Deutsche Reich und der Erste Weltkrieg. München 1978, [3]1981; K.D. Erdmann: Der Erste Weltkrieg. München [11]1999; H. Mommsen (Hg.): Der Erste Weltkrieg und die europäische Nachkriegsordnung. Sozialer Wandel und Formveränderung der Politik. Köln u. a. 2000; N. Ferguson: Der falsche Krieg. Der Erste Weltkrieg und das 20. Jahrhundert. München 2001; J. Keegan: Der Erste Weltkrieg. Eine europäische Tragödie. Reinbek 2001.

Burgfrieden

Nationale Einheit im 2. DEUTSCHEN KAISERREICH zu Beginn des ERSTEN WELTKRIEGS (August **1914**): Ursprünglich bezeichnete das Wort im Mittelalter die Situation bei der Belagerung einer Burg, wenn zur Abwehr von Gefahren von außen Einheit nach innen erforderlich wurde. Die nationale Einheit beschwor Kaiser Wilhelm II. beim Kriegsausbruch: »Ich kenne keine Parteien mehr, ich kenne nur noch Deutsche!«. Um die nationale Einheit zu wahren, stimmte die SPD-Reichstagsfraktion geschlossen für die Kriegskredite (4. August 1914), die Gewerkschaften verzichteten auf Streiks. Das Ausbleiben des Sieges und der Kampf der Linken gegen extreme deutsche Kriegsziele zerrieben jedoch den Burgfrieden allmählich – in der SPD wuchs die Ablehnung der Kriegskredite (ab 2. Dezember 1914), Demonstrationen gegen den Krieg und inoffizielle Streiks mehrten sich (1915–1918), die SPD spaltete sich (1916/17). Der Burgfriede zerbrach endgültig mit Freigabe der öffentlichen Kriegszieldiskussion (1916) und der Polarisierung zwischen Spartakusbund/USPD und Deutscher Vaterlandspartei (1917).

In Frankreich entsprach dem Burgfrieden die Union Sacrée.

Literatur: M. Faust: Sozialer Burgfrieden im Ersten Weltkrieg. Sozialistische und christliche Arbeiterbewegung in Köln. Essen 1992; W. Kruse: Krieg und nationale Integration. Eine Neuinterpretation des sozialdemokratischen Burgfriedensschlusses 1914/15. Essen 1993.

Union Sacrée

(frz: Heilige Union, Heilige Einheit) Französische Variante des Burgfriedens zu Beginn des Ersten Weltkriegs: Nach der Ermordung des Sozialisten Jean Jaurès (31. Juli 1914) sagten die Gewerkschaften (CGT) zu (1. August), keinen Generalstreik gegen die Generalmobilmachung durchzuführen. Die SFIO stimmte für einen Verteidigungskrieg ohne Annexionen, jedoch für die Rückgewinnung Elsass-Lothringens (2. August). Die Kammer votierte einstimmig für weit reichende, unbefristete Vollmachten für die Regierung (4. August **1914**).

In Großbritannien gab es entsprechende Vereinbarungen zwischen National Government (1915) und Labour Party. In Russland unterstützten die Menschewiki den Kriegseintritt, nicht aber die Bolschewiki.

Literatur: J.-P. Hirou: Parti socialiste ou CGT? (1905–1914). De la concurrence révolutionnaire à l'union sacrée. Pantin 1995.

Kriegskredite

Wichtigste Form der Kriegsfinanzierung: Im 2. Deutschen Kaiserreich gewährte die Reichsbank im Ersten Weltkrieg der Regierung Kredite (im Unterschied zu Kriegsanleihen der Öffentlichkeit) in der Hoffnung auf massive Kriegsentschädigung nach dem Sieg. Der Reichstag (einschließlich der SPD) bewilligte die Kredite einstimmig (4. August **1914**). Der Burgfrieden stieß in der SPD-Fraktion auf wachsende Ablehnung, zunächst durch Karl Liebknecht und Otto Rühl (2. Dezember 1914), später durch Teile der SPD-Fraktion unter Hugo Haase (1916/17). Gegner der Kriegskredite sammelten sich als Sozialdemokratische Arbeitsgemeinschaft (1916), aus der 1917 die USPD hervorging. Die auch von Mehrheitssozialdemokraten angedrohte Verweigerung der Kriegskredite löste die Julikrise 1917 aus. Als Folge der Kriegskredite stieg die Kriegsinflation bis 1918 auf ca. 50 %.

In England und Frankreich waren Steuern, vor allem auf Kriegsgewinne, und Auslandskredite Hauptquellen der Kriegsfinanzierung.

Literatur: M. Lanter: Die Finanzierung des Kriegs. Diss. Zürich 1950; F. Lütge: Die deutsche Kriegsfinanzierung im ersten und zweiten Weltkrieg, in: Beiträge zur Finanzwissenschaft. Hg. v. F. Voigt. Göttingen 1953; R. Zilch: Die Reichsbank und die finanzielle Kriegsvorbereitung von 1907 bis 1914. Berlin 1987.

Fernblockade

Sperrung des Ärmelkanals und des Ausgangs zum Atlantik auf der Linie Schottland–Südnorwegen durch die britische »Home Fleet« (**1914**–1919): Statt der von Deutschland erwarteten engen britischen Blockade der deutschen Flussmündungen von Elbe, Weser und Ems in die Nordsee mit Angriffsmöglichkeiten für die eigene SCHLACHTFLOTTE gegen die Blockadeflotte, im Idealfall bei Helgoland, verhängte Großbritannien die Fernblockade. Damit waren die MITTELMÄCHTE von Rohstoffen und Nahrungsmittellieferungen fast völlig abgeschnitten. Da die deutsche Schlachtflotte einen geringeren Aktionsradius hatte, war sie de facto lahm gelegt. Der uneingeschränkte U-BOOT-KRIEG (1915) wurde nach der Skagerrakschlacht (1916) neu aufgenommen (1917) und provozierte den Kriegseintritt der USA (1917). Die Briten setzten die Blockade nach dem Waffenstillstand (November 1918) gegen Deutschland bis zum VERSAILLER VERTRAG und gegen die UNGARISCHE RÄTEREPUBLIK (1919) fort. In den Interventionskriegen (1918–1920) dehnten sie die Blockade auf Sowjetrussland aus. Sie wurde im ZWEITEN WELTKRIEG (1939–1945) gegen die ACHSENMÄCHTE wiederholt, mit analoger Wirkung.

Literatur: L. Guichard: Histoire du Blocus navale, 1914–1918. Paris 1929; A. C. Bell: A History of the Blockade of Germany and of the Countries Associated, 1914–1918. London 1937; M. C. Siney: Allied Blockade of Germany, 1914–1916. Ann Arbor 1957.

Stellungskrieg

Vorherrschende Form der Kriegführung im ERSTEN WELTKRIEG: Typisch ist die oft nur minimale Veränderung im Frontverlauf (**1914**–1918), nach tagelangem ARTILLERIEbeschuss das System von einander gegenüberliegenden, tief gestaffelten Erdbefestigungen (»Schützengräben«) nach Vorläufern (Schanzen) in früheren Kriegen, besonders im KRIMKRIEG. Der Stellungskrieg begann nach dem Scheitern der deutschen Westoffensive an der Marne und dem Rückzug auf eine Linie von der Schweizer Grenze bis zum Kanal. An der Ostfront wurde er später durch längere Phasen des Bewegungskriegs abgelöst (1915, 1918). Nach dem ERSTEN WELTKRIEG wurden Stellungen mit Bunkern gesichert, die teilweise unter der Erde lagen, wie die MAGINOTLINIE in Nordostfrankreich, die Metaxalinie in Griechenland, der deutsche Westwall.

Oberste Heeresleitung (OHL)

Höchster militärischer Führungsstab im 2. DEUTSCHEN KAISERREICH während des ERSTEN WELTKRIEGS: Die OHL war nach den wechselnden Chefs des GENERALSTABS numeriert: 1. OHL (Moltke d. Jüngere, **1914**), 2. OHL (Falkenhayn, 1914–1916) und 3. OHL (Hindenburg/Ludendorff, 1916–1918). Der Sitz des Generalhauptquartiers wechselte von Koblenz (1914) über Luxemburg (1914/15), Plessen (1915–1917) und Kreuznach (1917/18) nach Spa (1918). Unter Hindenburg und Ludendorff (3. OHL) übte die OHL eine verschleierte Militärdiktatur aus (1916–1918), u. a. mit expansiven KRIEGSZIELEN und, nach der JULIKRISE 1917, mit der Ablehnung der FRIEDENSRESOLUTION. Zu Beginn der NOVEMBERREVOLUTION schloss die neue OHL unter General Groener und Friedrich Ebert (SPD), Vorsitzender des RATS DER VOLKSBEAUFTRAGTEN, einen Pakt über die Wahrung der öffentlichen Ordnung in Deutschland (10. November 1918), um die drohende Anarchie zu bekämpfen.

Literatur: T. N. Dupuy: A Genius for War. The German Army and General Staff, 1807–1945. London 1977; G. Ritter: Staatskunst und Kriegshandwerk. Das Problem des Militarismus in Deutschland. 4 Bde., München 1954–1967.

Kriegsziele

Ziele einer Krieg führenden Macht, die sie mit Krieg durchsetzen will: Historisch besonders bedeutend (und wissenschaftlich umstritten) waren die Kriegsziele des 2. DEUTSCHEN KAISERREICHS (1914–1918). Reichsleitung, OHL und Marine, Parteien, Verbände (z. B. ALLDEUTSCHE, OSTMARKENVEREIN, BUND DER LANDWIRTE) verfochten direkte (Annexionen) und indirekte Ziele (VASALLENstaaten, »MITTELEUROPA«). Das SEPTEMBERPROGRAMM (9. September **1914**) nannte als Gesamtziel (modifiziert durch einzelne Gruppen sowie durch die militärische Lage), dass Deutschland gleichberechtigt neben Großbritannien und dem Britischen Empire Weltmacht werden sollte. Voraussetzungen dafür seien die Verbreiterung der territorialen Basis in Europa in Ost und West, die Erweiterung des deutschen Kolonialreichs (»MITTELAFRIKA«), Stützpunkte in Übersee und Kriegsentschädigungen. De facto strebte Deutschland mit den Kriegszielen die HEGEMONIE in Kontinentaleuropa an, ein Programm, das für die Westmächte unannehmbar war. Die politischen Folgen zeigten sich im Scheitern des SONDERFRIEDENS, der Erosion des BURGFRIEDENS und in verstärkten Spannungen mit Österreich-Ungarn sowie in der Stärkung des Durchhaltewillens der ALLIIERTEN.

Die Alliierten erlebten ihrerseits eine Radikalisierung der Kriegsziele. War zu Anfang wahrscheinlich noch ein Friedensschluss möglich, der zum status quo ante zurückführte, so mussten Frankreich und Großbritannien schon wegen ihrer extremen Verschuldung immer weiter reichende Ziele definieren, bis zu ihrem Endsieg. Diese Zwänge wurden deutlich beim Scheitern der Friedensvermittlung Wilsons (1916/17) und der Argumentation der Westalliierten gegenüber der FRIEDENSRESOLUTION des Deutschen Reichtags (1917).

Deutsche Kriegsziele im ZWEITEN WELTKRIEG standen in der Kontinuität mit denen im ERSTEN WELTKRIEG, waren aber übersteigert im Hinblick auf den angestrebten Umfang im Osten und enthielten rassistische Komponenten (Generalplan Ost).

Die Kriegsziele Japans wurden in den 21 FORDERUNGEN (1915) formuliert.

Literatur: W. J. Mommsen: Die Kriegsziele der europäischen Mächte im Ersten Weltkrieg. Darmstadt 1982; F. Fischer: Griff nach der Weltmacht. Die Kriegszielpolitik des kaiserlichen Deutschland 1914–1918. Nachdruck Düsseldorf 1994; M. Eickelpasch: Deutsche Orientpolitik im Ersten Weltkrieg. Kriegsziele auf fernem Territorium. Hamburg 1996.

Septemberprogramm

KRIEGSZIELE der deutschen Reichsleitung (9. September **1914**), vom Kanzlergehilfen Kurt Riezler (1882–1955) konzipiert: Annektiert werden sollten von Frankreich das Erzbecken Longwy-Briey, evtl. Belfort und Gebiete vom Kanal bis Boulogne, dazu Teile Belgiens und Luxemburg. Frankreich sollte durch KRIEGSENTSCHÄDIGUNG und Handelsvertrag langfristig als Großmacht ausgeschaltet, Russland auf die Grenzen vor Peter dem Großen zurückgedrängt werden. Allgemeinziel war die deutsche HEGEMONIE in Europa auf der Basis von »MITTELEUROPA«, die Weltmachtstellung u. a. durch »MITTELAFRIKA«. Das Septemberprogramm umschrieb ungefähr den Durchschnitt späterer Kriegsziele, die je nach militärischer Lage schwankten (bis 1918), im Osten vom FRIEDEN VON BREST-LITOWSK (1918) verwirklicht.

Literatur: wie zu Kriegsziele.

»Mitteleuropa«

Wichtigstes deutsches KRIEGSZIEL in Europa im ERSTEN WELTKRIEG: Es bezeichnete, über den geographischen Begriff hinaus, das Ziel, Deutschland zur hegemonialen Großmacht mit Weltgeltung zu machen. Vorläufer gab es seit dem Projekt von Schwarzenberg/Bruck (1850). Vor 1914 propagierte Walther Rathenau diesen Entwurf, im Ersten Weltkrieg der Liberale Friedrich Naumann in seinem einflussreichen Buch »Mitteleuropa« (1915). Es fasste direkte und indirekte deutsche Kriegsziele zusammen, vom SEPTEMBERPROGRAMM (9. September **1914**) bis zu den Salzburger Verträgen zwischen Deutschland und Österreich-Ungarn (1918) mit einer Zollunion als hartem Kern. Die übrigen MITTELMÄCHTE (Bulgarien, OSMANISCHES REICH) sollten politisch und ökonomisch enger angebunden werden. Hinzu kamen annektierte Gebiete und VASALLENstaaten, mittels PERSONALUNIONEN oder Zollunion anzugliedernde Staaten (skandinavische Länder, Belgien, Serbien, Rumänien), um die wirtschaftliche und politische HEGEMONIE Deutschlands in Europa zu sichern, überhöht u. a. durch »MITTELAFRIKA« zur Weltmachtstellung.

Literatur: H. C. Meyer: Mitteleuropa in German Thought and Action 1815–1945. Den Haag 1955; J. Droz: L'Europe centrale. Evolution historique de l'idée de »Mitteleuropa«. Paris 1959; K. Riezler: Tagebücher, Aufsätze, Dokumente. Eingeleitet und herausgegeben von K. D. Erdmann. Göttingen 1972; R. Riemeck: Mitteleuropa. Bilanz eines Jahrhunderts. Stuttgart [4]1997.

»Mittelafrika«

Wichtigstes deutsches KRIEGSZIEL in Übersee im ERSTEN WELTKRIEG: Das KOLONIALAMT wollte im SEPTEMBERPROGRAMM (**1914**) die zerstreuten deutschen Kolonien in Afrika durch die Eroberung von

Belgisch-Kongo (KONGO-FREISTAAT), Teilen Angolas und Moçambique zusammenfassen, als überseeische Entsprechung zu »MITTELEUROPA« und im Zusammenhang mit der WELTPOLITIK seit der 2. MAROKKOKRISE (1911).

Literatur: B. Wedi-Pascha: Die deutsche Mittelafrika-Politik 1871–1914. Pfaffenweiler 1992.

Kriegsentschädigung

Finanzielles deutsches KRIEGSZIEL im ERSTEN WELTKRIEG: Formuliert im SEPTEMBERPROGRAMM (**1914**), dort von Frankreich nach dem deutschen Sieg gefordert, um die mit KRIEGSKREDITEN/Anleihen finanzierten deutschen Kriegskosten vorläufig abzudecken. Stattdessen wurden im VERSAILLER VERTRAG (1919) deutsche REPARATIONEN an die ALLIIERTEN verfügt.

Sonderfriede (Separatfriede)

Allgemein: Einzelfrieden eines Mitglieds einer Allianz mit einem Kriegsgegner vor dem allgemeinen Frieden, besonders ab dem 17.–19. Jahrhundert oft praktizierte Möglichkeit; war im DREIBUND (1882) und LONDONER VERTRAG (1914) verboten.

Hier speziell: Bestrebungen der deutschen Reichsleitung im ERSTEN WELTKRIEG, nach dem Scheitern der Westoffensive an der Marne mit Russland oder im Westen mit Belgien und Frankreich Sonderfrieden zu schließen, um an der jeweils anderen Front den militärischen Sieg zu erringen (**1914**–1918); scheiterten zunächst an den deutschen KRIEGSZIELEN (1914–1917). Nach der OKTOBERREVOLUTION (1917) und dem militärischen Zusammenbruch Russlands (1917) erzwang das Deutsche Reich den Sonderfrieden mit Russland (FRIEDE VON BREST-LITOWSK) und Rumänien (Bukarest, 1918), um freie Hand im Westen zu haben.

Im ZWEITEN WELTKRIEG strebte Deutschland den Friedensschluss mit Großbritannien an. Die ALLIIERTEN fürchteten ihrerseits einen deutsch-sowjetischen Sonderfrieden (1943), eine Furcht, die Stalin ausnutzte, um immer massiver die Errichtung einer Zweiten Front zu fordern.

Londoner Vertrag

Kriegsbündnis zu Beginn des ERSTEN WELTKRIEGS durch Umwandlung der lockeren TRIPELENTENTE (5. September **1914**): Der Vertrag verbot einen SONDERFRIEDEN. Belgien war zur Unterstreichung seiner ursprünglichen Neutralität nicht ALLIIERTE, sondern nur assoziierte Macht, auch die USA nach ihrem Kriegseintritt gegen die MITTELMÄCHTE (1917).

Alliierte

Allgemein: Mitglieder einer Kriegsallianz; hier speziell: Im ERSTEN WELTKRIEG Mitglieder des Kriegsbündnisses gegen die MITTELMÄCHTE im LONDONER VERTRAG (5. September **1914**), um assoziierte Mächte ergänzt – Belgien (1914), die USA (1917). Auch die Gegner der

ACHSENMÄCHTE im ZWEITEN WELTKRIEG bezeichneten sich als Alliierte; sie schlossen sich zu den VEREINTEN NATIONEN (UN) zusammen (1945); im 2. GOLFKRIEG hießen die Gegner des Irak Alliierte (1991).

Mittelmächte

Die Bündnisgruppe ZWEIBUND (Deutschland/Österreich-Ungarn), OSMANISCHES REICH (**1914**) und Bulgarien (1915) im ERSTEN WELTKRIEG: Die Mittelmächte eroberten Polen, Litauen, Kurland und Serbien (1915), Montenegro und fast ganz Rumänien (1916). Im POLEN-MANIFEST (1916) proklamierten sie das Königreich Polen. Ihr Friedensangebot (1916) lehnten die ALLIIERTEN ab. Mit Russland (FRIEDE VON BREST-LITOWSK), Rumänien (Bukarest) und Finnland (Berlin) schlossen die Mittelmächte SONDERFRIEDEN (1918). Ihr Zusammenbruch (September/November 1918) eskalierte zur NOVEMBERREVOLUTION, Auflösung Österreich-Ungarns (1918) und des OSMANISCHEN REICHS (1918/23).

Literatur: J. Kreiner (Hg.): Japan und die Mittelmächte im Ersten Weltkrieg und in den zwanziger Jahren. Bonn 1986; H. H. Herwig: The First World War. Germany and Austria-Hungary, 1914–1918. London u. a. ^{2}1997.

Austro-polnische Lösung

Absicht Österreich-Ungarns im ERSTEN WELTKRIEG, sich das von den MITTELMÄCHTEN gemeinsam eroberte Polen (**1915**) anzugliedern: Der Plan scheiterte am Widerstand Ungarns, das die Gefahr eines Trialismus Deutsche–Ungarn–Polen befürchtete, der die Stellung der Ungarn geschwächt hätte, und Deutschlands, das die GERMANO-POLNISCHE LÖSUNG betrieb. Bei einer austro-polnischen Lösung forderte Deutschland erhebliche Annexionen polnischer Gebiete (»polnischer Grenzstreifen«) und »Garantien« in Polen.

Literatur: W. Conze: Polnische Nation und deutsche Politik im Ersten Weltkrieg. Köln, Graz 1958.

Germano-polnische Lösung

Plan Deutschlands im ERSTEN WELTKRIEG, sich das von den MITTELMÄCHTEN eroberte Polen (**1915**) als Vasallenstaat durch PERSONALUNION, Zollunion und Militärkonvention anzugliedern: Nach anfänglicher Unterstützung der AUSTRO-POLNISCHEN LÖSUNG forderte Deutschland diese Lösung und setzte sie auch intern durch (1916), auf Kosten von Spannungen zu Österreich-Ungarn.

Literatur: wie zu Austro-polnische Lösung.

Saloniki-Armee

Landung der alliierten (britisch-französischen) Armee als Hilfe für Serbien in Saloniki (1915), ohne die Eroberung Serbiens durch die MITTELMÄCHTE (**1915**) verhindern zu können: Der kriegsentscheidende Durchbruch der bulgarischen Front (15. September 1918) leitete den Zusammenbruch der Mittelmächte ein (September/November 1918).

Kampfgas

Giftgas, systematisch gegen feindliche Truppen eingesetzt: Zuerst benutzten die Deutschen im Ersten Weltkrieg vereinzelt Kampfgas an der Ostfront. Bei Ypern an der Westfront setzte es die deutsche Armee zum ersten Mal in großer Menge als offensive Waffe ein (22. April **1915**). Frankreich und Großbritannien übernahmen die Waffe, die für den Stellungskrieg prägend wurde: Die Kampfgasmaske ist eines der Symbole für den Ersten Weltkrieg. Nach Kriegsende wurde der Einsatz von Kampfgas völkerrechtlich verboten (1925), es wurde aber von Italien im Abessinienkrieg benutzt (1935/36). Im Zweiten Weltkrieg produzierten beide Seiten Giftgas, setzten es jedoch nicht ein. Seit 1945 verfügten Ost und West über chemische Waffen (C-Waffen), die sich spätestens in den 1970er-Jahren auch Länder der Zweiten und Dritten Welt beschafften. Der Irak setzte im 1. Golfkrieg Giftgas gegen Kurden im eigenen Land ein (1988), die Aum-Sekte benutzte erstmals Giftgas für terroristische Zwecke (Anschlag auf U-Bahn in Tokio, 1995).

Literatur: K. Otto u. a.: Chemische Waffen. Mittel und Methoden des chemischen Schutzes. Berlin/DDR 1973; O. Groehler: Der lautlose Tod. Einsatz und Entwicklung deutscher Giftgase von 1914 bis 1945. Reinbek 1989; E. Geißler: Biologische Waffen – nicht in Hitlers Arsenalen. Biologische und Toxin-Kampfmittel in Deutschland von 1915 bis 1945. Münster [2]1999.

U-Boot-Krieg

Deutsche Kriegführung gegen alliierte (besonders britische) Handelsschiffe im Ersten Weltkrieg (1914–1918), mit zwei Varianten: Im eingeschränkten U-Boot-Krieg nach Prisenordnung (»Kreuzerkrieg«) tauchte das U-Boot auf, untersuchte das Handelsschiff nach kriegswichtigen Gütern (»Konterbande«), übernahm die Besatzung oder übergab sie einem neutralen Handelsschiff und versenkte erst danach das Schiff. Diese Art der Kriegführung führte bei dichter werdender Bewachung durch Überwasserschiffe und (meist getarnter) Bewaffnung von Handelsschiffen zu hohen Verlusten deutscher U-Boote.

Die zweite Variante war der uneingeschränkte (rücksichtslose) U-Boot-Krieg, bei der das getauchte U-Boot Handelsschiffe ohne Vorwarnung torpedierte. Deutschland eröffnete diese Form des U-Boot-Kriegs (**1915**), stellte sie jedoch nach der Versenkung des britischen Passagierschiffes »Lusitania« unter dem Druck des sonst drohenden Kriegseintritts der USA ein und kehrte zum eingeschränkten U-Boot-Krieg zurück (1915). Nach der Skagerrakschlacht (1916) nahm es erneut den uneingeschränkten U-Boot-Krieg auf (1. Februar 1917–20. Oktober 1918), der den Kriegseintritt der USA nach sich zog (6. April 1917). Anfangs hohe Versenkungsziffern gingen mit Einführung des Konvoi-Systems der Amerikaner und Briten drastisch zurück. Die deutschen U-Boote versenkten entgegen den leichtfertigen Versprechungen des deutschen Admiralstabs keinen einzigen US-Truppentransporter.

Der Versailler Vertrag untersagte Deutschland den Bau von U-Booten (1919), das ihn jedoch mit der offenen Wiederaufrüstung (ab 1935) wieder aufnahm. Im Zweiten Weltkrieg führte Deutschland von vornherein einen uneingeschränkten U-Boot-Krieg. Dessen Höhepunkt war die Atlantikschlacht (1941–1943). Nach Anfangserfolgen scheiterte Deutschland zuletzt jedoch genauso wie im Ersten Weltkrieg, u. a. am Radar.

Literatur: A. Spindler: Der Handelskrieg mit U-Booten. 5 Bde., Berlin 1932–1961; K. Birnbaum: Peace Moves and U-Boat-Warfare. Uppsala 1958; L.-G. Buchheim: U-Boot-Krieg. München [6]1998; J. Schlemm: Der U-Boot-Krieg 1939–1945 in der Literatur. Eine kommentierte Bibliographie. Hamburg u. a. 2000.

»Lusitania«

Britischer Passagierdampfer, der neben Passagieren auch Munition aus den USA nach Großbritannien brachte und von einem deutschen U-Boot im uneingeschränkten U-Boot-Krieg versenkt wurde (**1915**): Beim Untergang des Schiffes ertranken 1200 Menschen, darunter über 100 Amerikaner. Nach scharfen Protesten der USA rückte Deutschland vom uneingeschränkten U-Boot-Krieg ab (bis 1. Februar 1917). Dennoch stellten sich die USA auf eine direkte Kriegsbeteiligung ein.

Literatur: D. Hickey: Lusitania. Die Chronik der letzten Fahrt eines Ozeanriesen, dessen Untergang die Zeitgeschichte bis heute beschäftigt. München 1986; C. Simpson: Die Lusitania. Amerikas Eintritt in den Ersten Weltkrieg. Frankfurt/Main 1987; P. O'Sullivan: Die Lusitania. Mythos und Wirklichkeit. Hamburg u. a. 1999.

Gruppe Internationale

Illegale Gruppierung der äußersten Linken in der SPD, benannt nach ihrer Zeitschrift »Die Internationale«, u. a. mit Rosa Luxemburg und Karl Liebknecht: Die Gruppe lehnte den Burgfrieden und die Bewilligung der Kriegskredite durch die SPD ab, kämpfte für die Revolution und nahm an der Zimmerwalder Konferenz (**1915**) teil. 1916 benannte sie sich in Spartakusbund um, aus dem – nach einem Zwischenspiel als Teil der USDP (1917/18) – die KPD hervorging (30. 12. 1918).

Zimmerwalder Konferenz

Tagung linkssozialistischer Gruppierungen in Zimmerwald bei Bern (5.–9. September **1915**): Unter 37 Delegierten aus zehn Ländern (Bulgarien, Niederlande, Italien, Frankreich, Russland, Rumänien, Deutschland, Schweiz, Dänemark, Schweden) war die Gruppe um Wladimir Ilijtsch Lenin in der Minderheit, erreichte aber die Verurteilung von Sozialdemokraten, die den Krieg unterstützten, und den Appell für einen Frieden ohne Annexionen. Eine Resolution Lenins zur Umwandlung des imperialistischen Kriegs in einen Bürgerkrieg wurde jedoch abgelehnt. Fortsetzung des Treffens in Zimmerwald war die Kienthaler Konferenz (1916).

Literatur: J. Humbert-Droz: Der Krieg und die Internationale. Die Konferenzen von Zimmerwald und Kienthal. Wien 1964; H. Lademacher (Hg.): Die Zimmerwalder Bewegung. Protokolle und Korrespondenz. 2 Bde., Den Haag, Paris 1967.

»21 Forderungen«

Japanische KRIEGSZIELE im ERSTEN WELTKRIEG (**1915**), als Geheimultimatum an China: Obwohl die Erfüllung China zum Vasallenstaat Japans herabdrückte, nahm die chinesische Regierung die Forderungen weitgehend an (1916). Das Bekanntwerden der 21 Forderungen provozierte in China die BEWEGUNG DES 4. MAI (1919).

Spartakusbund

Nachfolger der GRUPPE INTERNATIONALE (1915), benannt nach dem römischen Gladiator Spartacus: Der Spartakusbund wurde in Berlin gegründet (1. Januar **1916**) und war auf der KIENTHALER KONFERENZ vertreten. Bei ihrer Antikriegsdemonstration auf dem Potsdamer Platz in Berlin (1. Mai) wurden Karl Liebknecht und andere Führer verhaftet (1916). 1917 schloss sich die Gruppe der USPD an, nahm aktiv an den JANUARSTREIKS und der NOVEMBERREVOLUTION (1918) teil, und lehnte die Wahl der NATIONALVERSAMMLUNG strikt ab. Nach der SEZESSION von der USPD ging der Spartakusbund mit anderen Gruppen in der KPD auf (1. Januar 1919).

Literatur: G. Schmidt: Spartakus. Rosa Luxemburg und Karl Liebknecht. Frankfurt/Main 1974.

Brussilow-Offensiven

Zwei russische Großoffensiven unter General Brussilow gegen die österreichische Armee (**1916**, 1917), die zweite Offensive auch als Kerenski-Offensive bezeichnet: Beide Offensiven nahmen einen ähnlichen Verlauf. Nach großen Anfangserfolgen der Russen, u. a. durch Überlaufen slawischer, meist tschechischer Regimenter, stoppten deutsche Truppen die Offensiven. Ihr Scheitern trug zur Erschöpfung der militärischen, ökonomischen und moralischen Kräfte in Russland bei und ebnete der OKTOBERREVOLUTION (1917) den Weg.

Literatur: A. A. Brussilov: A Soldier's Note-Book, 1914–1918. London 1930. Nachdruck Westport (Conn.) 1971.

Sozialdemokratische Arbeitsgemeinschaft

Zusammenschluss von 18 SPD-Abgeordneten im REICHSTAG unter Hugo Haase: Sie waren gegen die KRIEGSKREDITE und wurden deshalb von der SPD-Fraktion ausgeschlossen. Daraufhin konstituierten sie sich als eigene Gruppe (**1916**), aus der 1917 die USPD hervorging.

Osteraufstand

Irisch-republikanischer Aufstand in Dublin zu Ostern (24.–29. April **1916**), den vor allem die Irish-Republican Brotherhood und die Irish Citizen Army trug, mit deutscher Waffenhilfe: Die Aufständischen proklamierten die Unabhängigkeit Irlands, wurden jedoch nach schweren Straßenkämpfen von britischen Truppen geschlagen. Die britische

Regierung griff hart durch und ließ 15 Anführer erschießen. Der Aufstand war danach, seinem militärischen Scheitern zum Trotz, nachträglich ein psychologisch-politischer Erfolg für die irische Nationalbewegung. Alljährlich zu Ostern erinnern die Iren in Gedenkfeiern und Demonstrationen an den Aufstand.

Literatur: T. Gundelach: Die irische Unabhängigkeitsbewegung 1916–1922. 2 Bde., Frankfurt/Main 1977; M. Foy/B. Barton: The Easter Rising. Stroud 1999; The Stationery Office (Hg.): The Irish Uprising, 1914–1921. Papers from the British Parliamentary Archive. London ^{2}2000.

Kienthaler Konferenz

Radikalere Fortsetzung der ZIMMERWALDER KONFERENZ (1915) in Kienthal (Berner Oberland), unter Führung Lenins (24.–30. April **1916**): Die Teilnehmer sprachen sich gegen jede Unterstützung der Kriegspolitik aus, namentlich gegen Bewilligung von KRIEGSKREDITEN.

Literatur: wie zu Zimmerwalder-Konferenz.

Sykes-Picot-Abkommen

Geheimabkommen zwischen Großbritannien und Frankreich, mit Zustimmung Russlands, im ERSTEN WELTKRIEG zur Aufteilung des OSMANISCHEN REICHS (**1916**), benannt nach den Chefunterhändlern Mark Sykes für Großbritannien und Georges Picot für Frankreich: Russland sollte Teile Armeniens und Kurdistans erhalten, Frankreich den Libanon, die syrische Küste sowie Adana und Kilikien, Großbritannien den Irak mit Bagdad, ferner Haifa und Akko. Zwischen den britischen und französischen Besitzungen sollte ein arabischer Staat bzw. eine Konföderation arabischer Staaten entstehen, die in britische und französische Einflusssphären eingeteilt war. Alexandrette (Iskenderun) sollte ein freier Hafen, Palästina wegen der Heiligen Stätten unter internationale Kontrolle gestellt werden. Die Vereinbarung stand in Widerspruch zu Zusagen an die Araber und Italien sowie der späteren BALFOUR-DEKLARATION (1917). Der auf Russland bezogene Teil wurde durch den FRIEDEN VON BREST-LITOWSK hinfällig (1918). Das Abkommen löste nach seinem Bekanntwerden (1917) große Verstimmung unter den Arabern aus, Italien erhielt zur Besänftigung Süd- und Südwestanatolien zugesprochen. Die Verabredungen gingen stark modifiziert in den FRIEDEN VON SÈVRES ein (1920).

Literatur: Isaiah Friedman: The British, the Arabs and Zionism, 1915–1920. New Brunswick (N. J.) u. a. 2000.

Warlords

Regionale oder lokale Militärherrscher in China: Warlords traten verstärkt nach dem Zerfall der zentralen Autorität seit dem Tod Yüan Shih-kais auf (**1916**), besonders im Norden bekämpften sie sich gegenseitig (ab 1920). Die Warlords wurden durch den NORD-FELDZUG der KUOMINTANG zum großen Teil vernichtet (1926), einige hielten sich jedoch länger.

Übertragen auch für ähnliche Militärherrscher in vergleichbaren Situationen, z. B. in Somalia nach dem Sturz der Regierung Barre (1988), in Afghanistan nach dem Sieg der MUDSCHAHEDDIN und dem Sturz des kommunistischen Regimes (1992).

Literatur: J. E. Sheridan: Chinese Warlord. The Career of Feng Yü-hsiang. Stanford 1966; Ch'i Hsi-Sheng: Warlord Politics in China, 1916–1928. Stanford (Cal.) 1976.

Polen-Manifest

Proklamation der MITTELMÄCHTE (5. November **1916**): Das Polen-Manifest sprach sich für ein Königreich Polen aus, ließ aber dessen völker- und staatsrechtliche Stellung sowie die Grenzen unklar. Sein unmittelbarer Zweck, die Gewinnung polnischer Hilfstruppen gegen Russland, scheiterte weitgehend. Die Einsetzung eines REGENTSCHAFTSRATS (1917) führte zum Konflikt zwischen den Deutschen und Piłsudski, dem Führer der POLNISCHEN LEGION (1917/18). In der Auflösung der deutschen Macht übergab der Regenschaftsrat seine Befugnisse an Piłsudski (November 1918). So erleichterte das Manifest indirekt die nationale Erneuerung Polens in der 2. POLNISCHEN REPUBLIK (1918).

Literatur: W. Conze: Polnische Nation und Deutsche Politik im Ersten Weltkrieg. Köln, Graz 1958.

Hilfsdienstgesetz

Rüstungsprogramm der 3. OHL unter Hindenburg und Ludendorff (»Hindenburgprogramm«, Ende August 1916): Das »Gesetz über den Vaterländischen Hilfsdienst« wurde am 5. Dezember **1916** vom REICHSTAG verabschiedet. Es verpflichtete alle nicht zum Wehrdienst eingezogenen Männer zwischen 17 und 60 Jahren zur Arbeit in der Rüstungsindustrie und forderte außerdem den verstärkten Einsatz von Frauen. Außerdem ließ es in Schlichtungsausschüssen auch Mitglieder der GEWERKSCHAFTEN zu, die damit erstmals indirekt vom Staat anerkannt wurden.

Literatur: G. D. Feldman: Armee, Industrie und Arbeiterschaft in Deutschland 1914–1918. Berlin, Bonn 1985.

Friedensangebot der Mittelmächte

Nach dem HILFSDIENSTGESETZ (5. Dezember) und der Eroberung Bukarests durch die MITTELMÄCHTE (6. Dezember) überreichte Note an die ALLIIERTEN (über die USA) mit dem Angebot von Friedensverhandlungen (12. Dezember **1916**): Das Friedensangebot sollte eine amerikanische Friedensinitiative unterbinden, die den Verlust Belgiens für Deutschland bedeutet hätte. Die Note war mit deutschen KRIEGSZIELEN und der indirekten Androhung des uneingeschränkten U-BOOT-KRIEGS im Fall der Ablehnung belastet. Die Alliierten lehnten ab, auch weil die deutschen Drohungen bei ihrer Realisierung die USA zum Kriegseintritt gezwungen hätten

Literatur: W. Steglich: Bündnissicherung oder Verständigungsfrieden. Untersuchungen zu dem Friedensangebot der Mittelmächte vom 12. Dezember 1916. Göttingen 1958.

Zimmermann-Telegramm

Telegramm des deutschen Staatssekretärs im Auswärtigen Amt, Arthur Zimmermann, nach Mexiko (17. Januar **1917**): Die Note enthielt ein Bündnisangebot an Mexiko, um den uneingeschränkten U-BOOT-KRIEG gegen die USA abzusichern. Mexiko wurde die Wiedergewinnung der im AMERIKANISCH-MEXIKANISCHEN KRIEG (1848) verlorenen Gebiete (Texas, Arizona, Neu-Mexiko) angeboten. Der britische Geheimdienst fing das Telegramm ab, entschlüsselte es und spielte es den USA zu. Die Veröffentlichung (1. März) löste heftige Reaktionen aus und trieb die USA in den Krieg gegen Deutschland (6. April 1917).

Literatur: B.W. Tuchman: Die Zimmermann-Depesche. Bergisch-Gladbach 1982; M. Nassua: »Gemeinsame Kriegführung, gemeinsamer Friedensschluß«. Das Zimmermann-Telegramm vom 13. Januar 1917 und der Eintritt der USA in den 1. Weltkrieg. Frankfurt/Main 1992.

(Russische) Februarrevolution

Sturz des zaristischen Regimes (März **1917**, Februar nach dem damals in Russland noch geltend JULIANISCHEN KALENDER) in Weiterführung der I. RUSSISCHEN REVOLUTION (1905/07) und als Folge der Erschöpfung des von den übrigen ALLIIERTEN geographisch isolierten Russland im ERSTEN WELTKRIEG: Niederlagen der russischen Armee führten zu Hungerunruhen, STREIKS (8. März) und Truppenmeuterei (10. März) in Petrograd. Die DUMA verweigerte den kaiserlichen Befehl zu ihrer Auflösung (11. März) und setzte die »provisorische Regierung« unter Fürst Lwow ein (12. März), die sofort in Konflikt mit den SOWJETS geriet, zunächst über die Stellung der (adligen) Offiziere in der Armee (»Befehl Nr. 1«, 14. März), und die Abdankung des ZAREN forderte. Am 15. März erklärte Zar Nikolaus II. seinen Verzicht auf den Thron. Als eine ihrer ersten Maßnahmen erkannte die provisorische Regierung die Unabhängigkeit Finnlands und Polens an (21., 30. März), gewährte Estland AUTONOMIE, kündigte Sozialreformen an und schlug einen »Frieden ohne Annexionen und Kontributionen« vor. Die Veränderungen hatten eine tief greifende Wirkung auf die übrigen Krieg führenden Staaten, vor allem Deutschland und Österreich-Ungarn. Lenin und andere Revolutionäre kehrten aus der Schweizer Emigration über Deutschland und Schweden (16. April), Trotzki aus den USA bzw. Großbritannien (Anfang Mai) nach Russland zurück. Danach radikalisierte sich die REVOLUTION, gegen die MENSCHEWIKI und SOZIALREVOLUTIONÄRE in der Regierung, u.a. im Aufstand der Schwarzmeerflotte in Sewastopol (24. Juni). Als die 2. BRUSSILOW-OFFENSIVE (26. Juni–9. Juli) gegen die MITTELMÄCHTE scheiterte, löste sich die russische Armee weitgehend auf. Die Bolschewiki wollten die Stimmung nutzen, scheiterten jedoch mit einem Putschversuch (16.–18. Juli), dem sich ein Verbot anschloss. Fürst Lwow trat zurück (20. Juli), die Kerenski-Regierung wurde mit Hoffnung auf Stabilisierung gebildet (22. Juli). Nach dem Kornilow-Intermezzo (Putschversuch zur Errichtung einer Militärdiktatur, 9.–14. September) war die Provisorische Regierung entscheidend geschwächt. Die Situation nutzten die Bolschewiki zur Machtergreifung durch den Sturz der Provisorischen Regierung in der OKTOBERREVOLUTION (7. November).

Nicht zu verwechseln mit: FEBRUARREVOLUTION in Frankreich (1848).

Literatur: M. Hellmann (Hg.): Die russische Revolution 1917. Von der Abdankung des Zaren bis zum Staatsstreich der Bolschewiki. München 1987; B. Bonwetsch: Die russische Revolution 1917. Eine Sozialgeschichte von der Bauernbefreiung 1861 bis zum Oktoberumsturz. Darmstadt 1991; M. Frame: The Russian Revolution, 1905–1921. A Bibliographic Guide to Works in English. Westport (Conn.) u. a. 1995; H. G. Linke: Die russischen Revolutionen 1905/1917. Zusammenbruch der zarischen Herrschaft und Machtergreifung der Bolschewiki. Stuttgart [3]1995.

Unabhängige Sozialdemokratische Partei (USPD)

SEZESSION von der SPD nach links, entstanden aus der SOZIALDEMOKRATISCHEN ARBEITSGEMEINSCHAFT: Die USPD wurde in Gotha (6.–8. April **1917**) unter Hugo Haase und Wilhelm Dittmann (1874–1954) gegründet. Ihr Zentralorgan »Freiheit« erschien ab November 1918. Radikal sozialistisch, trat sie entschieden gegen Krieg und KRIEGSKREDITE ein. Nach dem Beitritt des SPARTAKUSBUNDES zur USPD galt die SPD polemisch als MSPD (»Mehrheitssozialdemokraten«). Die USPD war aktiv an den JANUARSTREIKS und der NOVEMBERREVOLUTION (1918) beteiligt und im RAT DER VOLKSBEAUFTRAGTEN (9. November–31. Dezember) vertreten. In der Rätebewegung (1918–1920) besaß sie eine starke Stellung. So stellte sie die Revolutionsregierung Eisner in Bayern. Bei den bayerischen Landtagswahlen (12. Januar 1919) musste die USPD jedoch eine schwere Niederlage hinnehmen. Nach der Ermordung Eisners war sie aktiv bei der Bildung der MÜNCHENER RÄTEREPUBLIK. In der WEIMARER NATIONALVERSAMMLUNG (1919/20) mit nur 22 Mandaten (7,6 % der Stimmen) vertreten, steigerte sie sich bei den Wahlen zum 1. REICHSTAG der WEIMARER REPUBLIK auf Kosten der SPD auf 81 Mandate (18,8 % der Stimmen). Konflikte über die Haltung zum Rätesystem und das Eintreten der Mehrheit für den Anschluss an die 3. INTERNATIONALE (KOMINTERN) auf dem Parteitag von Halle (1920) eskalierten zur Spaltung: Der linke Flügel (mit den meisten Wählern) schloss sich der KPD an (1920), der rechte Flügel mit der Mehrheit der Mandatsträger der SPD (1922). Unter Georg Ledebour (* 1850, † 1947) existierte die USPD als Splitterpartei bis 1933.

Literatur: H. Krause: USPD. Zur Geschichte der Unabhängigen Sozialdemokratischen Partei Deutschlands. Frankfurt/Main 1975; R. F. Wheeler: USPD und Internationale. Berlin 1975; D. W. Morgan: The Socialist Left and the German Revolution. A History of the German Independent Social Democratic Party, 1917–1922. Ithaca (N. Y.) 1975; D. Engelmann/H. Naumann: Zwischen Spaltung und Vereinigung. Die Unabhängige Sozialdemokratische Partei Deutschlands in den Jahren 1917–1922. Berlin 1993.

Osterbotschaft

Versprechen durch eine kaiserliche Proklamation, nach dem deutschen Sieg das DREIKLASSENWAHLRECHT in Preußen abzuschaffen (7. April **1917**): Die vage Zusage eines direkten und geheimen, aber nicht gleichen WAHLRECHTS löste in der Arbeiterschaft Enttäuschung aus. Die Osterbotschaft scheiterte als Mittel zur Neutralisierung der alliierten Propaganda und der RUSSISCHEN FEBRUARREVOLUTION, verschärfte die Polarisierung in Deutschland, bereitete indirekt die JULIKRISE 1917 vor.

Literatur: L. Bergsträßer: Die preußische Wahlrechtsfrage im Kriege und die Entstehung der Osterbotschaft 1917. Tübingen 1929.

Sixtusaffäre

Vergeblicher Versuch des österreichischen Kaisers Karl I., durch Geheimfühler vor allem über seinen Schwager Prinz Sixtus von Bourbon-Parma zu einem SONDERFRIEDEN für Österreich-Ungarn mit Frankreich zu kommen (**1917**): Schon vor Kriegsende wurde der geheime Versuch bekannt (1918) und belastete die Beziehungen zwischen Deutschland und Österreich-Ungarn schwer. In Österreich-Ungarn selbst erstarkte die großdeutsch-deutschnationale Opposition unter den Deutschen gegen HABSBURG.

Literatur: R. Kann: Die Sixtus-Affäre und die geheimen Friedensverhandlungen Österreich-Ungarns im Ersten Weltkrieg. München 1966; T. Griesser-Pecar: Die Mission Sixtus. Österreichs Friedensversuch im Ersten Weltkrieg. Wien 1988.

Julikrise 1917

Sturz des Reichskanzlers Bethmann Hollweg in konfuser Situation (13. Juli **1917**): Die Kriegsmüdigkeit Österreich-Ungarns und der deutschen Arbeiterschaft steigerte sich zur Drohung der SPD, ihre Zustimmung zu den nächsten KRIEGSKREDITEN zu verweigern, falls die Reichsleitung nicht auf KRIEGSZIELE verzichte und gleiches WAHLRECHT in Preußen einführe (27. Juni). Angriffe Eberts (3. Juli) und Erzbergers (6. Juli) im Hauptausschuss des REICHSTAGS auf Bethmann Hollweg richteten sich gegen den uneingeschränkten U-BOOT-KRIEG und die Unterschätzung der USA. Bethmann Hollweg befürwortete im Kronrat gleiches Wahlrecht in Preußen (9. Juli), doch nach Konsultationen des Kronprinzen Wilhelm mit Kaiser Wilhelm II. und den Parteiführern stimmten alle Parteien außer der FVP, aus unterschiedlichen Gründen, gegen Bethmann Hollweg (11. Juli). Das Eintreten des Kanzlers für die FRIEDENSRESOLUTION provozierte die Intervention der 3. OHL bei Wilhelm II. (12. Juli), der Bethmann Hollweg entließ und Michaelis berief. Am 19. Juli wurden die Friedensresolution angenommen und der Interfraktionelle Ausschuss des Reichstags zur Beratung der PARLAMENTARISIERUNG (1917/18) gebildet.

Literatur: wie zu »Kriegsziele«.

Friedensresolution

Resolution des REICHSTAGS der neuen parlamentarischen Mehrheit aus ZENTRUM, FVP und SPD im 2. DEUTSCHEN KAISERREICH während des ERSTEN WELTKRIEGS (19. Juli **1917**): Die spätere WEIMARER KOALITION (1919) forderte einen Verständigungsfrieden ohne »erzwungene Gebietserwerbungen und politische, wirtschaftliche oder finanzielle Vergewaltigungen«. Der Krieg sollte nur fortgesetzt werden, wenn die ALLIIERTEN nicht zur Verständigung bereit seien. Die Resolution wurde von Reichskanzler Michaelis sofort entwertet (»wie ich sie auffasse«). Aus Protest gründete die extreme Rechte die DEUTSCHE VATERLANDSPARTEI (1917). Die Friedensresolution wurde von Zentrum und FVP durch ihre Zustimmung zum FRIEDEN VON BREST-LITOWSK desavouiert (23. März 1918).

Literatur: W. Steglich: Die Friedenspolitik der Mittelmächte 1917/18. Wiesbaden 1964; K. Epstein: Matthias Erzberger und das Dilemma der deutschen Demokratie. Frankfurt/Main u. a. 1976; W. Ribhegge: Frieden für Europa. Die Politik der deutschen Reichstagsmehrheit 1917/18. Berlin 1988.

Deutsche Vaterlandspartei

Als Protest gegen die FRIEDENSRESOLUTION von der extremen Rechten in Königsberg gegründete Partei (2. September **1917**) unter dem Vorsitz von Großadmiral Tirpitz und Wolfgang Kapp: Die Partei war die größte Sammelbewegung nationalistischer Kräfte in Deutschland vor der NSDAP. Durch den korporativen Beitritt vieler Verbände (u. a. Flottenverein) zählte sie insgesamt ca. 1,25 Mio. Mitglieder. Sie rekrutierten sich meistens aus dem Bürgertum, aber auch aus Gruppen rechter Arbeiter. Die von den ALLDEUTSCHEN und den DEUTSCHKONSERVATIVEN sowie vielen NATIONALLIBERALEN unterstützte Partei verfocht extreme KRIEGSZIELE und war gegen die SPD gerichtet. Sie löste sich in der NOVEMBERREVOLUTION auf (10. Dezember 1918). Die Deutsche Vaterlandspartei gilt wegen der Vereinigung von Mitgliedern aller gesellschaftlichen Schichten als erste Volkspartei der deutschen Geschichte und war gleichzeitig die erste präfaschistische Massenpartei in Deutschland, Vorläufer der um eine Arbeitergruppe in München gebildeten DEUTSCHEN ARBEITERPARTEI (1919) und NSDAP (1920).

Literatur: G. E. Etue jr.: The German Fatherland Party 1917/18. Diss. Berkeley (Cal.) 1959; H. Hagenlücke: Deutsche Vaterlandspartei. Die nationale Rechte am Ende des Kaiserreiches. Düsseldorf 1997.

Päpstliche Friedensvermittlung

Friedensaktion Papst Benedikts XV. (1914–1922), übermittelt durch Nuntius Pacelli (1. August **1917**): Obwohl im Sinne der MITTELMÄCHTE beabsichtigt, scheiterte die Initiative an der deutschen Weigerung, das »Faustpfand« Belgien als deutsches KRIEGSZIEL bedingungslos freizugeben (24. September).

Literatur: W. Steglich: Die Friedenspolitik der Mittelmächte 1917/18. Wiesbaden 1964; W. Steglich (Hg.): Der Friedensappell Papst Benedikts XV. vom 1. August und die Mittelmächte. Wiesbaden 1970.

Regentschaftsrat

Generell: Ein Gremium, das eine fehlende monarchische Spitze, z. B. bei längerer Abwesenheit des Monarchen, Gefangenschaft, Geisteskrankheit oder Minderjährigkeit, ersetzt oder als Übergangslösung bis zur RESTAURATION der Monarchie (REICHSVERWESER) dient: Hier speziell:

Regentschaftsrat für das Königreich Polen, nach der Proklamation durch das POLEN-MANIFEST der MITTELMÄCHTE (1916) in Warschau eingesetzt (**1917**), als Neubeginn einer provisorischen und beschränkten Staatlichkeit in Polen. Der Regentschaftsrat übergab Piłsudski, dem Führer der POLNISCHEN LEGION, die Macht (November 1918) in der 2. POLNISCHEN REPUBLIK (1918–1939).

Literatur: W. Conze: Polnische Nation und Deutsche Politik im Ersten Weltkrieg. Köln, Graz 1958.

(1.) Balfour-Deklaration

Zusage der britischen Regierung, die Errichtung einer Nationalen Heimstätte (»National home«) für JUDEN in Palästina zu unterstützen: Nach zähen Verhandlungen zwischen dem britischen Außenminister James Balfour und Chaim Weizmann als Vertreter der Zionisten (2. November **1917**) hatte der ZIONISMUS mit der Deklaration eines der wichtigsten Ziele des BASELER PROGRAMMS von 1897 erreicht. Jedoch sollten die Rechte nichtjüdischer Bewohner (»communities«) gewahrt werden (»it being clearly understood that nothing shall be done which may prejudice the civil and religious rights of existing non-Jewish communities in Palestine«). Die ALLIIERTEN sanktionierten diese Vereinbarung auf der Konferenz von San Remo (1920) völkerrechtlich durch das VÖLKERBUNDSMANDAT über Palästina (1922–1948), eine langfristige Voraussetzung zum NAHOSTKONFLIKT.

Nicht zu verwechseln mit: (2.) BALFOUR-DEKLARATION (1926).

Literatur: L. Stein: The Balfour Declaration. London 1961; I. Friedman: The British, the Arabs and Zionism. 1915–1920. New Brunswick (N. J.) u. a. 2000.

Oktoberrevolution

Radikale Fortsetzung der RUSSISCHEN FEBRUARREVOLUTION, beginnend mit dem Staatsstreich der Bolschewiki in St. Petersburg (7. November **1917**, »Oktober« nach dem damals in Russland noch gültigen Julianischen Kalender) durch den Sturz der Kerenski-Regierung: Die Bolschewiki unter Lenin und Trotzki bildeten mit den linken SOZIALREVOLUTIONÄREN den Rat der Volkskommissare als Revolutionsregierung (8. November). Der 2. Gesamtrussische Rätekongress (8. November) erließ Dekrete »über den Frieden«, den Grund und Boden« sowie über den allgemeinen Frieden auf demokratischer Grundlage und sanktionierte die Agrarrevolution, die Inbesitznahme des Landes durch die Bauern. Die Wahl zur VERFASSUNGGEBENDEN VERSAMMLUNG (25. November) gab den Sozialrevolutionären die Mehrheit. Mit weiteren Dekreten führte der Rätekongress die Arbeiterkontrolle in den Fabriken ein (28. November), proklamierte die (formale) Gleichberechtigung der nationalen Minderheiten (auch der JUDEN) und Geschlechter, verstaatlichte BANKEN und beschlagnahmte Privatguthaben, verfügte die Trennung von Kirche und Staat, die Konfiszierung der Kirchengüter (SÄKULARISATION, 17. Dezember).

Das Recht auf Selbstbestimmung für alle Nationalitäten führte zur SEZESSION der nichtrussischen Gebiete – u. a. erklärten Litauen (9. Dezember) und die Ukraine (18. Januar 1918) ihre Unabhängigkeit. Der Aufstand der DONKOSAKEN (9. Dezember) eröffnete den RUSSISCHEN BÜRGERKRIEG zwischen den »Roten« (Bolschewiki) und »Weißen« (Bürgerlich-Liberale, Monarchisten, Nationalisten). Mit den MITTELMÄCHTEN schlossen die Bolschewiki den Waffenstillstand (15. Dezember) und FRIEDEN VON BREST-LITOWSK (3. März 1918), in dem sie die Unabhängigkeit Finnlands, Polens, der baltischen Staaten, der Ukraine, Georgiens und Armeniens anerkannten, ergänzt durch Zusatzverträge (27. August). Einen Tag nach Zusammentreten der Nationalversammlung lösten die Bolschewiki die Nationalversammlung gewaltsam auf (19. Januar) – die Diktatur der Bolschewiki begann. Sie verstaatlichten den Grund und Boden (19. Februar) und größere Fabriken (28. Juni). In den Interventionskriegen der ALLIIERTEN gegen die Bolschewiki (März 1918–1920) verlegte die bolschewistische Führung die Hauptstadt in das zentraler gelegene Moskau (9. März) und verabschiedete durch den 3. Gesamtrussischen Rätekongress die Verfassung der Russischen Sowjetrepublik (10. Juli).

Mit der »Diktatur des Proletariats« bediente sich die Kommunistische Partei gewaltsamer, staatsdiktatorischer Mittel, u. a. wurden Zar Nikolaus II. und seine Familie ermordet (16. Juli). Nach dem Attentat auf Lenin (30. August) brachen die Bolschewiki mit den linken Sozialrevolutionären und verschärften mit »Rotem TERROR« den RUSSISCHEN BÜRGERKRIEG, mit der Geheimpolizei TSCHEKA als Vorläufer von GPU, NKWD bzw. KGB und der ROTEN ARMEE. Mit der 3. INTERNATIONALE (KOMINTERN, 1919–1943) nahm Lenin Einfluss auf die revolutionären Bewegungen in Europa. Der SOWJETISCH-POLNISCHE KRIEG (1920/21) um die Grenzziehung endete mit dem FRIEDEN VON RIGA (18. März 1921). Im Krieg brach die russische Wirtschaft zusammen (Anfang 1921). Auch die NEUE ÖKONOMISCHE POLITIK (NEP, ab 17. März) konnte eine HUNGERSNOT (1921/22) nicht verhindern. Während des Parteitags revoltierten Matrosen im KRONSTÄDTER AUFSTAND (23. Februar–17. März) gegen die Diktatur. International aufgewertet wurden die Sowjets durch die Teilnahme an der Wirtschaftskonferenz von Genua (10. April–19. Mai 1922) und den RAPALLO-VERTRAG (16. April). Mit der Konstituierung der UdSSR (30. Dezember 1922) fand die Oktoberrevolution einen formalen Abschluss.

Die Oktoberrevolution hatte enorme Auswirkungen auf die übrige Welt gegen Ende des ERSTEN WELTKRIEGS (VIERZEHN PUNKTE, JANUARSTREIKS, NOVEMBERREVOLUTION 1918, KPD, UNGARISCHE RÄTEREPUBLIK, MÜNCHENER RÄTEREPUBLIK 1919, CHINESISCHE REVOLUTION usw.): Zum ersten Mal hatte sich der Kommunismus auf staatlicher Ebene konstituiert. 1924 folgte die Mongolische Volksrepublik.

Literatur: E. H. Carr: Die Russische Revolution, Lenin und Stalin 1917–1929. Stuttgart 1980; M. Hellmann (Hg.): Die russische Revolution 1917. Von der Abdankung des Zaren bis zum Staatsstreich der Bolschewiki. München 1987; J. D. White: The Russian Revolution 1917–1921. A Short History. London u. a. 1994; H. G. Linke: Die russischen Revolutionen 1905/1917. Zusammenbruch der zarischen Herrschaft und Machtergreifung der Bolschewiki. Stuttgart [3]1995; H. Altrichter: Staat und Revolution in Sowjetrussland. 1917–1922/23. Darmstadt [2]1996; O. Figes/B. Kolonitskii: Interpreting the Russian Revolution. The Language and Symbols of 1917. New Haven u. a. 1999; R. A. Wade: The Russian Revolution, 1917. Cambridge u. a. 2000.

Kommunismus

(lat.: communis = gemeinsam, allgemein) Moderne politische und soziale Bewegung mit umfassendem Anspruch auf totale unumkehrbare Umgestaltung der Welt durch REVOLUTION und Errichtung einer egalitären Gesellschaft ohne individuelles Eigentum zur Bedürfnisbefriedigung für alle, ermöglicht durch den materiellen Überfluss mit Hilfe moderner Technik seit der INDUSTRIELLEN REVOLUTION: Der Kommunismus erhebt Anspruch auf allseitige und universale Gültigkeit für alle Lebensbereiche des Menschen und die gesamte Menschheit. Ziel ist die Aufhebung aller bisherigen politischen und historischen Strukturen (Ausbeutung, Diskriminierung, PRIVILEGIEN, Klassenkämpfe, Kriege) im entwickelten Kommunismus (»Sprung vom Reich der Notwendigkeit ins Reich der Freiheit«). Als dogmatische Ideologie mit Absolutheitsanspruch duldet er keine Opposition gegen die jeweilige »Generallinie« oder Modifizierungen (u.a. REVISIONISMUS) als »konterrevolutionäre Abweichungen«. In der Praxis resultiert daraus der totalitäre Einparteienstaat, mit ZENSUR, TERROR, »SÄUBERUNGEN«.

Als historische Vorläufer reklamiert der Kommunismus chiliastische, egalitäre Strömungen wie die mittelalterliche Bewegungen der KATHARER (ALBIGENSER) und HUSSITEN, seit der REFORMATION Bewegungen wie die von Thomas Münzer im DEUTSCHEN BAUERNKRIEG (1554/55) und die Kommune der TÄUFER in Münster (1534/35), radikale Strömungen der ENGLISCHEN REVOLUTION (1640–1660), u.a. LEVELLERS, Diggers, Fifth Monarchists, utopische Strömungen seit Thomas Morus und Reformer der AUFKLÄRUNG. Seine soziale Basis gewann der Kommunismus seit der INDUSTRIELLEN REVOLUTION mit dem Entstehen der Industriearbeiterschaft (»Proletariat«), mit der FRANZÖSISCHEN REVOLUTION (1789ff.) und der sozialistischen Arbeiterbewegung (GEWERKSCHAFTEN, sozialistische Parteien, z.B. SPD). Die von Babeuf und seinem Geheimbund VERSCHWÖRUNG DER GLEICHEN (1796) entwickelten Ideen wurden durch die Veröffentlichung der Protokolle des Babeuf-Prozesses durch Buonarroti (1828) politisch wirksam. Zu den sozialistischen Strömungen vor und seit der Bürgerlichen REVOLUTION 1848/49 gehörte u.a. der BUND DER KOMMUNISTEN (1847–1852). Marx und Engels gaben den kommunistischen Ideen eine theoretische Basis und setzten sie politisch um, u.a. im »KOMMUNISTISCHEN MANIFEST« (1848), in »DAS KAPITAL« (1867, 1884) und in der Internationalen Arbeiterassoziation (1. INTERNATIONALE, 1864–1872). Lenin erweiterte den MARXISMUS als Weltanschauung zum Marxismus-Leninismus.

Kommunistische Parteien in Europa entstanden aus der Spaltung bzw. SEZESSION von sozialdemokratisch/sozialistischen Parteien, nach den Bolschewiki (1903), im Gefolge des ERSTEN WELTKRIEGS (Lenin: »Geburt der Revolution aus dem Krieg«) – KPP (1918), KPD (1918), KPF (1920), KPCh und KPI (1921). Mit der Entstehung von Sowjetrussland (**1917**) bzw. der UdSSR (1922/24–1991) seit dem Sieg der Bolschewiki in der OKTOBERREVOLUTION (1917) war der Kommunismus erstmals staatlich organisiert. Die kommunistische Staatsform war nach innen gekennzeichnet durch Bodenreformen, Verstaatlichungen, forcierte

Industrialisierung, demokratischen Zentralismus und zentrale Planwirtschaft. Die Außenpolitik war geprägt vom »proletarischen Internationalismus« im Interesse der UdSSR (KOMINTERN, 1919–1943).

Die Expansion des Kommunismus über Sowjetrussland hinaus scheiterte zunächst, so die MÜNCHENER RÄTEREPUBLIK, die UNGARISCHE RÄTEREPUBLIK (1919) und die kommunistischen Aufstände in Deutschland (1919–1923). Terror, STALINISMUS und Säuberungen brachten den Kommunismus in eine schwere innere Krise, verschärft durch den HITLER-STALIN-PAKT und die (4.) TEILUNG POLENS. Erst im weiteren Verlauf des ZWEITEN WELTKRIEGS, in dem Widerstandsbewegungen gegen die ACHSENMÄCHTE meist unter kommunistischer Führung standen, konnte sich der Kommunismus auch in andere Länder ausbreiten (Ausnahme: Mongolische Volksrepublik schon 1924). Mit Volksdemokratien in Ost- und Südosteuropa im Zuge des KALTEN KRIEGS und in Nordkorea bildete sich das sozialistische Lager, das sich mit dem Sieg der CHINESISCHEN REVOLUTION (1949), des Kommunismus in Vietnam (1954/75) und des FIDELISMUS in Kuba (1958) sowie der Zuwendung vieler afrikanischer Staaten zum Kommunismus weiter vergrößerte.

Zur Absicherung der HEGEMONIE der UdSSR dienten zahlreiche überstaatliche Organisationen, u. a. RGW (COMECON, 1949) und WARSCHAUER PAKT (1955). In friedlicher Koexistenz breitete sich der Kommunismus auch in zahlreiche Länder der Dritten Welt aus. Schwere Krisen und die Erschütterungen durch den Stalinismus führten zum Bruch Jugoslawiens mit der KOMINFORM (1948). Chruschtschow geißelte den Personenkult Stalins (Geheimrede auf dem XX. PARTEITAG DER KPDSU), milderte den diktatorischen Terror durch Reformen (1956).

Gegen den Kommunismus stalinistischer/sowjetischer Prägung richteten sich u. a. der AUFSTAND DES 17. JUNI in der DDR (1953), der POLNISCHE OKTOBER und der UNGARNAUFSTAND (1956). Auf dem XX. Parteitag wurde der Bruch der UdSSR mit der VOLKSREPUBLIK CHINA ideologisch vorbereitet und vollzogen (1960), später auch mit der VR Albanien (1961). Die Militärintervention des Warschauer Pakts in der ČSSR (1968), der AFGHANISTANKRIEG (1979–1988) und die POLENKRISE (1980–1988) waren weitere Indizien für die Fragmentierung und die Krise des Kommunismus. Westeuropa ging mit dem Eurokommunismus einen eigenen Weg. Die Ostblockstaaten waren geprägt von WIRTSCHAFTSKRISEN, zunehmender Auslandsverschuldung, (verschleierter) Arbeitslosigkeit, INFLATION, chronischer Versorgungsmisere (außer in Ungarn, nach 1960), Abhängigkeit bei der Versorgung von Lebensmitteln, moderner Technologie und Krediten aus dem westlichen Ausland, während der ideologische Anspruch auf Überlegenheit des Sozialismus blieb. Rückkehr zu früheren Entwicklungsstufen blieb ausgeschlossen und wurde, gemäß der BRESCHNEW-DOKTRIN (1968), notfalls mit Gewalt verhindert.

Die allgemeine Krise verschärfte sich massiv nach dem Tod Breschnews (1982) und mündete in die Agonie unter Gorbatschow (1985–1991), die im FALL DER BERLINER MAUER (1989) gipfelte. Der

ZUSAMMENBRUCH DES KOMMUNISMUS in Ostmittel- und Südosteuropa (1989/90) und die DEUTSCHE VEREINIGUNG (1990) besiegelten das Ende der UdSSR, das auch der AUGUSTPUTSCH (1991) nicht mehr aufhalten konnte. Die KPdSU wurde verboten, die UdSSR aufgelöst (1991). Die meisten postsowjetischen Nachfolgestaaten schlossen sich in der Gemeinschaft Unabhängiger Staaten (GUS) zusammen (1991). Das Scheitern des Kommunismus in der UdSSR und die Form seiner Realisierung haben den Kommunismus als Utopie und Ideologie nachhaltig diskreditiert.

Literatur: W. Leonhard: Was ist Kommunismus? Wandlungen einer Ideologie. München 1978; W. Schieder: Kommunismus, in: O. Brunner (Hg.): Geschichtliche Grundbegriffe, Bd. 3, S. 455–529; H. Weber: Kommunistische Bewegung und realsozialistischer Staat. Beitrag zum deutschen und internationalen Kommunismus. Köln 1988; M. Kollmer: Idee und Wirklichkeit des Kommunismus. Ein Abriß seiner Geschichte von Babeuf bis Stalin. Wien 1994; S. Courtois: Das Schwarzbuch des Kommunismus. Unterdrückung, Verbrechen und Terror. Erweiterte Studienausgabe. München, Zürich 2000.

Tscheka

(Abkürzung für russ.: Tschrewytschajnaja Komisija = Außerordentliche Kommission) Russische, später sowjetische politische Geheimpolizei, gegründet zu Beginn der OKTOBERREVOLUTION durch ein Dekret des Rats der Volkskommissare (20. Dezember **1917**) unter dem polnischen Kommunisten Felix E. Dzierzynski (* 1877, † 1926): In den Interventionskriegen und im RUSSISCHEN BÜRGERKRIEG (1917–1922) gegen KONTERREVOLUTION und Sabotage eingesetzt, war sie für den »Roten TERROR« verantwortlich. Nach Auflösung der Tscheka (1922) übernahm die GPU, die 1934 dem NKWD eingegliedert wurde, später der KGB (bis 1991, seitdem SFB) ihre Funktionen.

Literatur: L. D. Gerson: The Secret Police in Lenin's Russia. Philadelphia 1976; J. A. Achapkin: W. I. Lenin und die Gesamtrussische Tscheka. Eine Dokumentensammlung 1917–1922. Berlin 1977; R. Deacon: A History of the Russian Secret Service. Neuausgabe London 1987.

Friedens- und Landdekret

Erstes Dekret der Regierung Lenin nach der Machtübernahme in der OKTOBERREVOLUTION (**1917**): Lenin versprach Russland sofortigen Frieden ohne Annexionen und Kontributionen (= Kriegsentschädigungen) sowie Land für die Bauern. Das Dekret trug wesentlich zur anfänglichen Popularität der Bolschewiki im kriegsmüden und erschöpften Russland bei.

Russischer Bürgerkrieg

Bürgerkrieg in Russland im Anschluss an die OKTOBERREVOLUTION, seit dem Aufstand der DONKOSAKEN (9. Dezember **1917**): Generell tobte er zwischen antibolschewistischen »Weißen« und »Roten« (Bolschewiki) mit blutigen wechselseitigen Massakern (»roter«/»weißer« TERROR) durch TSCHEKA (1917) und ROTE ARMEE (1918) bzw. verschiedene Militärs und MILIZEN. Interventionskriege der ALLIIERTEN (1918–1922) und die TSCHECHOSLOWAKISCHE LEGION (1918/19) komplizierten die

Lage zusätzlich. Der Bürgerkrieg endete im europäischen Russland und in Sibirien mit Siegen der Sowjets (1920). Die Unterstützung der Ukraine durch Polen mündete in den SOWJETISCH-POLNISCHEN KRIEG (1920/21). Im Bürgerkrieg brach die Versorgung des Landes zusammen. Die Folge waren Unruhen, Aufstände und eine landesweite HUNGERSNOT (1921/22). Die wirtschaftlichen Probleme versuchte Lenin durch die NEUE ÖKONOMISCHE POLITIK (NEP, 1921) zu lösen. Letzte Kämpfe endeten im Fernen Osten (1922).

Literatur: P. Kenez: Civil War in South Russia, 1919–1920. The Defeat of the Whites. Berkeley (Cal.) 1977; R. Karmann: Der Freiheitskampf der Kosaken. Die weiße Armee in der russischen Revolution 1917–1920. Puchheim 1985; V. P. Butt (Hg.): The Russian Civil War. Documents From the Soviet Archives. Basingstoke u. a. 1996; N. Katzer: Die weiße Bewegung in Russland. Herrschaftsbildung, praktische Politik und politische Programmatik im Bürgerkrieg. Köln u. a. 1999.

Vierzehn Punkte

Programm des US-Präsidenten Woodrow Wilson für den Weltfrieden und die Neuordnung Europas nach dem ERSTEN WELTKRIEG als Alternative zur OKTOBERREVOLUTION (1917): In einer Rede vor dem US-Kongress (8. Januar **1918**) forderte Wilson die Offenlegung internationaler Verträge (gegen Geheimdiplomatie), Freiheit der Meere und des Handels, Abrüstung, nationales Selbstbestimmungsrecht der Völker, eine gerechte Neuordnung des Kolonialsystems, auch gegenüber der Kolonialbevölkerung, die Räumung aller von den MITTELMÄCHTEN besetzten Gebiete (Russland, Belgien, Frankreich, Serbien u. a.). Elsass-Lothringen sollte zu Frankreich zurückkehren, die Grenzziehung in den Alpen und im Adriaraum zugunsten Italiens nach nationalen Gesichtspunkten verbessert werden, Serbien einen Zugang zum Meer erhalten. Wilson verlangte die AUTONOMIE der Völker Österreich-Ungarns und des OSMANISCHEN REICHS, Öffnung der Dardanellen (Meerengen) für die internationale Schifffahrt, ein unabhängiges Polen mit »unbestreitbar polnischen Gebieten« und einem sicheren Zugang zum Meer und schlug einen VÖLKERBUND vor. Das Programm wurde von den MITTELMÄCHTEN abgelehnt (24. Januar). Das Waffenstillstandsgesuch Deutschlands an die USA appellierte jedoch an die Vierzehn Punkte (3. Oktober 1918), die in den VERSAILLER VERTRAG (1919) nur teilweise eingingen.

Literatur: K. Schwabe: Deutsche Revolution und Wilson-Friede. Die amerikanische und deutsche Friedensstrategie zwischen Ideologie und Machtpolitik 1918/19. Düsseldorf 1971; M. L. Eiland: Woodrow Wilson. Architect of World War II. Frankfurt/Main 1991.

Januarstreiks

Inoffizielle (»wilde«) Streiks und Friedensdemonstrationen in Österreich-Ungarn und Deutschland gegen die schlechte Versorgungslage, kriegsverlängernde KRIEGSZIELE und aggressive Verhandlungsführung Deutschlands bei den Friedensverhandlungen in Brest-Litowsk (13. Januar–4. Februar **1918**): Mit Friedensdemonstrationen in Budapest (13. Januar), Streiks u. a. in Wien (14.–25. Januar), Prag, Budapest und Brünn äußerte die Bevölkerung ihren Unmut.

In Deutschland lag der Schwerpunkt in der Metallindustrie. Gestreikt wurde vor allem in Berlin (28. Januar–4. Februar), aber auch in München, Nürnberg und Hamburg. Maßgeblich an den Streiks beteiligt waren der SPARTAKUSBUND, die Revolutionären Obleute und die USPD. Neben weiteren SPD-Mitgliedern saß Friedrich Ebert, der für eine baldige Beendigung der Streiks eintrat, im zentralen Streikkomitee. Von rechts wurden die Sozialisten später des »Vaterlandverrats« (»DOLCHSTOSSLEGENDE«), von links des »Klassenverrats« bezichtigt. Die Januarstreiks wurden ohne sichtbare Konzession für die Arbeiter von den Regierungen unterdrückt. Sie waren als Ausdruck von Kriegsmüdigkeit und Erschöpfung von großer politischer und psychologischer Bedeutung: In ihnen bildeten sich erstmals ARBEITERRÄTE in Deutschland; es folgten Unruhen in der k. u. k.-Flotte von Cattaro (Februar 1918). Nach den Streiks wurden viele Arbeiter in die Armee eingezogen, was die Kriegsmüdigkeit auch in der deutschen Armee erhöhte und zur NOVEMBERREVOLUTION (1918) beitrug .

Literatur: L. Stern (Hg.): Die Auswirkungen der Großen Sozialistischen Oktoberrevolution auf Deutschland. 4 Bde., Berlin/DDR 1957–1959; P. Kröning: Die Januar-Streiks in Berlin und Wien 1918. o. O. 1987.

»Eisenbahnvormarsch«

Deutscher Vormarsch im Osten, um die Sowjets zur Annahme der Friedensbedingungen zu zwingen (18. Februar–2. März **1918**): Nach dem SONDERFRIEDEN mit der Ukraine (9. Februar) verschärften die MITTELMÄCHTE ihre Bedingungen bei den Friedensverhandlungen, u. a. Abtretung der Ostsee- und Schwarzmeerküsten. Mit der Parole: »Kein Krieg, kein Friede« brach Trotzki die Verhandlungen ab (9. Februar 1918). Da die russische Armee kaum Widerstand leistete, konnten die deutschen Truppen oft unbehelligt mit der EISENBAHN vorankommen. Sie besetzten Kiew (1. März) und Narwa (2. März). Auf Lenins Drängen wurden die deutschen Bedingungen angenommen, der FRIEDE VON BREST-LITOWSK (3. März) unterzeichnet.

Friede von Brest-Litowsk

SONDERFRIEDE zwischen Sowjetrussland und den MITTELMÄCHTEN nach dem Waffenstillstand (15. Dezember 1917): Dem Friedensschluss waren lange Verhandlungen (20. Dezember 1917–9. Februar 1918), JANUARSTREIKS in Österreich-Ungarn und Deutschland sowie der »EISENBAHNVORMARSCH« vorausgegangen. Lenin setzte die Unterzeichnung des Vertrags in Brest-Litowsk (3. März **1918**) nach schweren Konflikten in der bolschewikischen Führung durch: Russland verlor Finnland, Kurland, Litauen, Polen, die Ukraine und Gebiete in Transkaukasien (an das OSMANISCHE REICH). Der REICHSTAG ratifizierte den Vertrag gegen die Stimmen der USPD, bei Enthaltung der SPD (23. März). Er wurde ergänzt durch den Frieden von Bukarest mit Rumänien (7. Mai) und Zusatzverträge mit Sowjetrussland, die u. a. die Unabhängigkeit Estlands, Livlands und Georgiens festlegten (27. August). Zusätzlich zur

Kriegsentschädigung über 6 Mrd. Goldmark markiert der Friede samt Zusatzverträgen den Höhepunkt der Erreichung deutscher Kriegsziele im Osten gemäß dem Septemberprogramm, gab somit einen Vorgeschmack auf einen deutschen »Siegfrieden«.

Der Vertrag provozierte den Bruch der linken Sozialrevolutionäre mit den Bolschewiki und das Attentat auf Lenin (30. August). Da die Bolschewiki als einzige politische Kraft in Russland bereit waren, den Vertrag einzuhalten, wurden sie vom Reich im Russischen Bürgerkrieg und in den Interventionskriegen gegen die »Weißen« und die Alliierten gestützt. Nach der Novemberrevolution (1918) kündigte die Sowjetregierung den Vertrag (13. November), die Alliierten hoben ihn im Versailler Vertrag auf (1919). Dennoch blieb die Abtretung der westlichen nichtrussischen Grenzgebiete bestehen (Cordon Sanitaire, 1919–1939).

Literatur: J. W. Wheeler-Bennett: The Forgotten Peace. London 1938, Nachdruck New York 1971; W. Bihl: Österreich-Ungarn und die Friedensschlüsse von Brest-Litowsk. London 1970; W. Hahlweg (Hg.): Der Friede von Brest-Litowsk. Düsseldorf 1971.

»Schwarzer Tag«

Von General Ludendorff geprägter Begriff für den 8. August **1918**: Nach dem Scheitern der deutschen Westoffensiven (März–Juli 1918) erzwang die alliierte Gegenoffensive (ab 18. Juli) am Schwarzen Tag einen tiefen Einbruch in die deutschen Stellungen. Die Armee zeigte erste Auflösungserscheinungen, erkennbar an der hohen Zahl von Kriegsgefangenen, die sich ohne viel Widerstand ergaben.

Parlamentarisierung

Im Kontext des Ersten Weltkriegs und 2. Deutschen Kaiserreichs Umwandlung des Reichs von einer (ohnehin nur beschränkt) Konstitutionellen Monarchie in eine Parlamentarische Monarchie: Eine parlamentarische Staatsform forderten zuvor die Linksliberalen, besonders die FVP, sowie die SPD. Im Krieg begann mit dem Burgfrieden und der Bewilligung der Kriegskredite eine »Stille Parlamentarisierung«, die mit der Friedensresolution (1917) offenkundig wurde. Seitdem bereitete der Interfraktionelle Ausschuss des Reichtags die eigentliche Parlamentarisierung vor (1917/18), zumal die Alliierten, allen voran die USA, die Parlamentarisierung zur Vorbedingung für Waffenstillstandsverhandlungen machten. Nach dem Zusammenbruch der bulgarischen Front (26. September 1918) waren auch Ludendorff und die deutsche Reichsleitung in ihrem Waffenstillstandsgesuch für die Parlamentarisierung (29. September **1918**). Am 30. September trat Reichskanzler Hertling zurück, Prinz Max von Baden übernahm das Amt (4. Oktober). Der Reichstag stimmte den Verfassungsgesetzen zu (27. Oktober) – Deutschland wurde »Volksstaat« mit einer Parlamentarischen Monarchie (bis 9. November). Nach den Unruhen der Novemberrevolution (1918) brach die Monarchie mit Ausrufung der Republik(en) endgültig zusammen (Weimarer Republik, 1919–1933).

Literatur: M. Rauh: Die Parlamentarisierung des Deutschen Reiches. Düsseldorf 1977; G. A. Ritter (Hg.): Handbuch der Geschichte des deutschen Parlamentarismus. Düsseldorf 1977 ff.; K. Kluxen: Geschichte und Problematik des Parlamentarismus. Frankfurt/Main [2]1990; K. Schäfer (Red.): Geschichte des deutschen Parlamentarismus. Bonn 1999.

Völkermanifest

Versuch Kaiser Karls I., den Zerfall Österreich-Ungarns zu verhindern (16. Oktober **1918**): Sein Angebot für AUTONOMIE und Föderalisierung blieb jedoch auf Cisleithanien (Österreich) beschränkt, da die Ungarn die Anwendung auf Transleithanien blockierten. Das Angebot kam zu spät, die Donaumonarchie zerfiel (ab Ende Oktober 1918).

Literatur: H. Rumpler: Das Völkermanifest Kaiser Karls vom 16. Oktober 1918. Letzter Versuch zur Rettung des Habsburgerreiches. Wien 1966.

1. Republik Österreich

Nachfolgestaat nach dem Sturz der HABSBURGER und der Auflösung der DOPPELMONARCHIE ÖSTERREICH-UNGARN in der NOVEMBERREVOLUTION (1918) auf erheblich reduzierter territorialer Basis: Die Österreicher selbst hielten ihren Staat für nicht lebensfähig. Doch der Einspruch der ALLIIERTEN unterband den versuchten ANSCHLUSS an die WEIMARER REPUBLIK (1918/19) zu einer großdeutschen Republik, völkerrechtlich ratifiziert durch das Anschlussverbot im VERSAILLER VERTRAG und im FRIEDEN VON ST. GERMAIN (1919). In der 1. Republik koalierten die Sozialisten unter Karl Renner (**1918**) mit der CHRISTLICHSOZIALEN PARTEI (1918–1920). Eine Räterepublik, wie die MÜNCHNER RÄTEREPUBLIK und die UNGARISCHE RÄTEREPUBLIK, wurde abgewehrt. Die Verfassung (1920) sah einen Bundesstaat mit einem Zweikammersystem vor. Die Regierungen wurden von den Christlichsozialen (1920–1934) dominiert. Blutige Zusammenstöße im Burgenland, das 1921 zu Österreich gekommen war, und Unruhen in Wien, die im Brand des Justizpalastes (1927) gipfelten, zeigten die beginnende politische Polarisierung zwischen rechts und links an. Die Unruhen beschleunigten den Aufstieg der paramilitärischen rechten HEIMWEHR, ein von ihr initiierter Putsch scheiterte jedoch (1931). In der WELTWIRTSCHAFTSKRISE (ab 1929/30) verstärkte sich die innenpolitische Rechtsorientierung. Die Zollunion mit Deutschland scheiterte am Einspruch Frankreichs, der KLEINEN ENTENTE und am Haager Gerichtshof (1931). Bei Landtagswahlen steigerte die NSDAP zum ersten Mal ihren Stimmenanteil auf ca. 20 % (1932), blieb damit jedoch hinter der NSDAP im Reich zurück. Die Ausschaltung des PARLAMENTS durch Notverordnungen (1933) ließ einen autoritären Staat entstehen, der die NSDAP u. a. mit ihrem Verbot (1933) bekämpfte – die Vaterländische Front (1933) blieb einzig legale Partei (1934). Doch die »MACHTERGREIFUNG« der NSDAP in Deutschland brachte einen starken Auftrieb für die Partei in Österreich. Drohungen der Heimwehr lösten einen sozialistischen Aufstand aus, mit heftigen Bürgerkriegskämpfen in Wien (Februar 1934), der unter dem Druck des faschistischen Italien blutig niedergeworfen wurde. Ein

Putschversuch der NSDAP scheiterte, begleitet von militärischen Demonstrationen Italiens (»Wacht am Brenner«). Nach der Ermordung von Dollfuß (25. Juli 1934) musste sich die Regierung Schuschnigg (1934–1938) mit dem DRITTEN REICH (1936) arrangieren. Nachdem Deutschland die Souveränitat Österreichs anerkannt hatte, stellte die Regierung die Propaganda gegen die NSDAP in Österreich ein und erließ eine AMNESTIE für NSDAP-Führer. Die Heimwehr wurde ausgeschaltet und aufgelöst (1936). Begünstigt vom APPEASEMENT (1935 ff.), erzwang Hitler den »ANSCHLUSS« Österreichs (1938) zum GROSSDEUTSCHEN REICH. Nach der KAPITULATION (1945) entstand die 2. REPUBLIK ÖSTERREICH (seit 1945).

Literatur: H. Benedikt (Hg.): Geschichte der Republik Österreich. Wien 1954, Nachdruck Wien 1977; Österreich 1918–1938. Hg. vom Institut für Österreichkunde. Wien 1970; F. L. Carsten: Die erste österreichische Republik im Spiegel zeitgenössischer Quellen. Köln 1988; W. Bihl: Von der Donaumonarchie zur Zweiten Republik. Daten zur österreichischen Geschichte seit 1867. Köln 1989; W. Goldinger: Geschichte der Republik Österreich 1918–1938. München 1992.

Anschluss

Allgemein: Im zwischenstaatlichen Bereich die Vereinigung zweier oder mehr Staaten durch Beitritt, unter Beibehaltung der Ordnung des Staats, der den anderen oder die anderen aufnimmt; hier speziell: Nach der Auflösung Österreich-Ungarns und der NOVEMBERREVOLUTION (1918) der Wunsch der Deutschen in Österreich (und Böhmen/Mähren), Teil Deutschlands zu werden (1918/19): Die Nationalversammlung proklamierte den Anschluss (12./13. November **1918**). Obwohl die ALLIIERTEN ihn untersagten, wurde er in die Verfassung der 1. REPUBLIK ÖSTERREICH aufgenommen (1919). Der FRIEDEN VON ST.-GERMAIN schrieb jedoch das Anschlussverbot fest. Zwar kam eine landesweite Volksabstimmung auf Druck der Alliierten nicht zustande, aber in Länderplebisziten stimmte die Bevölkerung in Tirol und Salzburg (1921) für den Anschluss. Nach dem Scheitern der Zollunion mit Deutschland (1931) verzichtete Österreich auf den Anschluss (1932). Nach der »MACHTERGREIFUNG« der NSDAP in Deutschland ließen die österreichischen Sozialisten endgültig die Forderung nach einem Anschluss fallen (1933). Im DRITTEN REICH war das Wort »ANSCHLUSS« verharmlosende Bezeichnung für die Annexion Österreichs (1938) und seine Eingliederung ins GROSSDEUTSCHE REICH (1938–1945).

Literatur: J. Geyl: Austria, Germany and the Anschluss. New York 1963; S. Stanley: The Anschluss Question in the Weimar Era. A Study of Nationalism in Germany and Austria 1918–1932. Baltimore 1974; A. D. Low: Die Anschlußbewegung in Österreich und Deutschland 1918–1919 und die Pariser Friedenskonferenz. Wien 1975; H. Andics: Der Staat, den keiner wollte. Österreich 1918–1938. München [2]1981.

2. Polnische Republik

Erster unabhängiger und geeinter polnischer Staat seit den TEILUNGEN POLENS (1772/95): Die Wiederherstellung der Eigenstaatlichkeit Polens nahm nach der preußischen Niederlage gegen Napoleon I. (1806) mit dem Herzogtum Warschau (1807–1813) ihren Anfang. Auf dem Wiener Kongress (1814/15) wurde Polen neu aufgeteilt. Den Novemberaufstand (1830/31) und Januaraufstand (1863) in Kongresspolen schlug Russland blutig nieder. Im Ersten Weltkrieg unterstützte die von Piłsudski neu gebildete Polnische Legion (1914) die Mittelmächte, die sich im Polen-Manifest (1916) für ein Königreich Polen aussprachen und einen Regentschaftsrat einsetzten (1917). Auch US-Präsident Wilson forderte in seinen Vierzehn Punkten (8. Januar 1918) einen polnischen Nationalstaat.

Nach dem Zusammenbruch der Mittelmächte wurde, parallel zur Novemberrevolution in Deutschland, die Republik ausgerufen (6. November 1918). Sie war bei der Staatsgründung unter »Staatschef« Piłsudski (11. November **1918**) territorial auf Kongresspolen und Westgalizien beschränkt. Über Gebietsansprüche herrschten unterschiedliche Auffassungen: Während die Nationaldemokraten unter Roman Dmowski einen zentralistischen Einheitsstaat und eine Wendung gegen Deutschland forderten (Piastenlinie), befürwortete Piłsudski eine föderalistischere Struktur und ein weites Ausgreifen nach Osten gegen Sowjetrussland (Jagełłionenlinie). Im Versailler Vertrag (1919) erhielt Polen die Provinzen Posen und Westpreußen (teilweise), vergrößerte sein Staatsgebiet (bis 1922) u. a. durch die Besetzung Ostgaliziens. Es besetzte (1920) und annektierte (1922) das Wilna-Gebiet, im Dauerkonflikt mit Litauen, und die Hälfte Teschens (1920). Die polnische Ablehnung der Curzon-Linie löste den Sowjetisch-polnischen Krieg (1920) aus, beendet vom Frieden von Riga (1921), in dem Polen Teile Weißrusslands und der Ukraine erhielt. Danach verschärfte Polen durch Polonisierung Spannungen zu den weißrussischen und ukrainischen Minderheiten sowie den Juden (polnischer Antisemitismus, 3. Alija). Die Expansion war mit dem Gewinn Ostoberschlesiens nach umstrittenem Plebiszit (1922) abgeschlossen.

Innenpolitik

Innenpolitisch fand die Wahl zum Verfassunggebenden Sejm statt (1919), der eine demokratische Verfassung verabschiedete (1921), in der die Regierung nur eine schwache Stellung hatte. Die Sejmwahlen (1922) erbrachten bei der extremen Zersplitterung der Parteien keine klaren Mehrheitsverhältnisse. Die Folge der schwachen Regierung und des schwachen Sejms waren rasche Wechsel instabiler, nichtparlamentarischer Kabinette, meist unter Einfluss der nationaldemokratischen Rechten. Die schwere Inflation (bis 1924) führte zu bürgerkriegsartigen Konflikten mit der Arbeiterbewegung (Krakau, 1923). Piłsudskis Militärputsch, den PPS und KPP unterstützten, richtete sich gegen die »exzessive Parteienwirtschaft«, Ineffizienz und Korruption (1926). Piłsudski behielt zwar die Prinzipien des Pluralismus und Parlamentarismus bei, brachte aber als starker Mann (1926–1935 Kriegsminister, zusätzlich auch andere Posten) die Exekutive unter seine Kontrolle. Aus den letzten freien Wahlen (1928) ging die Linke gestärkt hervor. Piłsudski zerschlug die Mitte-links-Opposition (»Centrolew«); bei (manipulierten) Wahlen erhielt er die Mehrheit für seine »Sanacja«(= Gesundung,

Säuberung)-Bewegung (1930). Verstärkt wurden die sozialen Probleme, vor allem in der strukturschwachen Landwirtschaft, die 60 % der Erwerbstätigen beschäftigte, durch die WELTWIRTSCHAFTSKRISE (ab 1929). Mit einem Ermächtigungsgesetz schuf Piłsudski im April 1935 eine autoritäre Präsidialverfassung. Nach seinem Tod kurz darauf (1935) scheiterte sein System an der linken und liberalen Opposition innerhalb der ideologisch umfassenden, zunehmend zerfallenden Sanacja (ab 1936). PPS und die seit 1931 geeinte Bauernpartei forderten immer stärker eine Redemokratisierung, unterstützt durch massive STREIKS der Arbeiter (1936) und den großen landesweiten Streik der Bauern (1937). Der politischen Gärung und potenziell demokratischen Entwicklung setzte der ZWEITE WELTKRIEG vorerst ein Ende.

Außenpolitik

Durch Verträge mit Frankreich und Rumänien (1921) war Polen der stärkste Faktor in dem französischen Bündnissystem CORDON SANITAIRE, gehörte jedoch aufgrund des territorialen REVISIONISMUS gegen die ČSR (Teschen) nicht zur KLEINEN ENTENTE. Die mit einem Nichtangriffspakt mit der UdSSR (1932) und dem DRITTEN REICH (1934) versuchte Politik einer Balance zwischen beiden revisionistischen Nachbarn wurde zunehmend durch den Versuch zum Arrangement mit Deutschland aufgegeben. Nach dem MÜNCHNER ABKOMMEN annektierte Polen das übrige Teschen-Gebiet (1938). Wachsende Spannungen mit Deutschland über Danzig und den »Korridor« eskalierten zur DANZIGKRISE (1939). Polen lehnte die von Hitler vorgeschlagene gemeinsame Aggression gegen die UdSSR ab, schloss ein Bündnis mit Großbritannien und verweigerte das Durchmarschrecht für die ROTE ARMEE im Kriegsfall gegen Deutschland.

Die im HITLER-STALIN-PAKT geplante Vernichtung und Aufteilung der 2. Polnischen Republik setzten zu Beginn des Zweiten Weltkriegs Deutschland und die UdSSR um (September 1939): Polen existierte nur noch durch eine Exilregierung in Paris (1939), später London (1940). Gegen die brutale Unterdrückung durch die deutschen Besatzer, Vertreibung und VÖLKERMORD, formierte sich zunehmender WIDERSTAND; 1942 bildete sich die Untergrundarmee ARMIJA KRAJOWA. Nach dem deutschen Überfall auf die UdSSR (1941) nahm Stalin diplomatische Beziehungen zur polnischen Exilregierung auf, die er nach deren Anfrage zu den Hintergründen des Massakers von Katyn abbrach (1943). Beim Vormarsch der Roten Armee auf polnisches Territorium setzte die UdSSR das aus moskautreuen Kräften gebildete LUBLINER KOMITEE ein, das eine Machtübernahme der Kommunisten vorbereitete. Um sich der polnischen nationalen Widerstandsbewegung zu entledigen, verweigerte Stalin der Roten Armee bei Ausbruch des WARSCHAUER AUFSTANDS den Vormarsch auf die Stadt und ließ der deutschen Wehrmacht und der Waffen-SS so freie Hand für ein Massaker (1944). 1947 wurde die VOLKSREPUBLIK POLEN gegründet.

Literatur: R.L. Buell: Poland: Key to Europe. New York 1939; F. Zweig: Poland Between Two Wars. London 1944; A. Polonsky: Politics in Independent Poland 1921–1939. The Crisis of Constitutional Government. Oxford 1972; R.M. Watt: Bitter Glory. Poland and Its Fate 1918–1939. New York 1979.

Kommunistische Partei Polens (KPP)

(Kommunistyczna Partia Polski) Entstanden durch die Fusion der Sozialdemokratischen Partei des Königreichs Polen (SDKPiL) und der 1906 von der Polnischen Sozialistischen Partei (PPS) abgespaltenen PPS-Linken (**1918**). Die KPP betrieb im Gegensatz zu Lenin linksradikale Politik. Sie war antinational und antiparlamentarisch, befürwortete die sofortige Kollektivierung der Bauern. Sie lehnte die 2. Polnische Republik ab und ging freiwillig in die Illegalität (1919). An den Parlamentswahlen beteiligte sie sich über Tarnlisten (ab 1922), blieb zunächst jedoch bedeutungslos. Nach ihrer Stellungnahme gegen Stalin wurde ihr ZK von der Komintern abgesetzt (1924). Trotz ihrer Namensänderung in KPRP (1925, Robotnicza = Arbeiter) konzentrierte sie sich nicht mehr ausschließlich auf die Arbeiter. Ihre Zustimmung zum Piłsudski-Putsch (Mai 1926) wurde später als »Mai-Irrtum« zentraler Konfliktpunkt der von scharfen Flügelkämpfen geschwächten Partei.

Die prosowjetischen Teile des Kleinbauerntums der Ostgebiete waren zeitweilig eine Hochburg der KPP (über autonome Tochterparteien Westweißrusslands und der Westukraine); bei den Parlamentswahlen 1928 erhielt sie 7 % der Stimmen. Seit der Kollektivierung in der UdSSR (ab 1929) ging die Basis zunehmend verloren, sie gewann jedoch in der Weltwirtschaftskrise verstärkt Anhang in der Arbeiterschaft, vor allem durch revolutionäre Gewerkschaften und die Arbeitslosenpolitik. Die Führung der PPS lehnte die schon seit 1933 propagierte Volksfront-Strategie ab, Teile der PPS-Basis praktizierten sie jedoch. Der größte Teil der Führung wurde in der UdSSR während der Säuberungen (1937/38) ermordet. Die Komintern löste die KPP wegen angeblicher Durchsetzung mit Agenten auf (1938). Sie wurde »offiziell« erst nach dem Polnischen Oktober (1956) rehabilitiert. Nach ihrer Neugründung als Polnische Arbeiterpartei (Polska Partia Robotnicza, PPR, 1942) gewann sie erst mit dem Vordringen der Roten Armee nach Polen eine Machtbasis (1944/45). Sie spielte eine führende Rolle im Lubliner Komitee (1944) und bei Errichtung der Volksrepublik Polen (1947) und erweiterte sich durch Zwangsfusionierung mit der PPS zur Vereinigten Polnischen Arbeiterpartei (PZPR).

Literatur: M. K. Dziewanowski: The Communist Party of Poland. Cambridge (Mass). ^{2}1976; G. W. Strobel: Arbeiterschaft und Linksparteien in Polen 1928–1938, in: Jahrbücher für Geschichte Osteuropas 10 (1962), S. 67–102; J. B. de Weydenthal: The Communists of Poland. Stanford (Cal.) ^{2}1986; G. Simoncini: The Communist Party of Poland, 1918–1929. A Study in Political Ideology. Lewiston u. a. 1993.

Novemberrevolution (Deutschland)

Politische Umwälzung in Deutschland als Kollapsrevolution am Ende des Ersten Weltkriegs im Gefolge von militärischer Niederlage und Kriegsmüdigkeit (4. November **1918**): Zur Vorgeschichte gehören die Entwicklungen im 2. Deutschen Kaiserreich (1871–1918), die Weltpolitik (1896/98–1914), der Erste Weltkrieg (1914–1918), der gescheiterte Burgfriede und die Zustimmung der SPD zu den Kriegskrediten

(1914) samt Spaltung der SPD (1916/17), Entbehrungen und Hunger, die zivilen Opfer in Deutschland im Krieg – vor allem im »Steckrübenwinter« (1916/17) und durch die Spanische Grippe (1918), die JANUARSTREIKS (1918), RUSSISCHE FEBRUARREVOLUTION und OKTOBERREVOLUTION (1917).

Nach der deutschen Niederlage im Westen und dem Zusammenbruch der übrigen MITTELMÄCHTE im Osten (September/Oktober 1918) bat Deutschland über die USA um Waffenstillstand (4. Oktober), und beschloss, auch auf Forderung der ALLIIERTEN, die PARLAMENTARISIERUNG (27. Oktober). Aktueller Auslöser wurde der Befehl zum Auslaufen der SCHLACHTFLOTTE gegen England (29. Oktober), den die Matrosen in Wilhelmshaven (30. Oktober) mit Meuterei beantworteten. Von Kiel (4. November) aus verbreitete sich die Revolte rasch in anderen Städten, erreichte zuletzt München (7. November) und Berlin (9. November). Reichskanzler Prinz Max von Baden erklärte die Abdankung KAISER Wilhelms II. und übergab die politische Macht an Friedrich Ebert (SPD). Überall bildeten sich Arbeiter- und SOLDATENRÄTE. Gegen Eberts Willen rief Scheidemann die »Deutsche Republik« aus und kam damit Karl Liebknecht zuvor, der zwei Stunden später die »Sozialistische Republik« proklamierte. Die Arbeiter- und Soldatenräte in Berlin erklärten sich zum Reichszentralorgan und wählten einen Vollzugsrat, der die Macht an den aus SPD und USPD gebildeten »RAT DER VOLKSBEAUFTRAGTEN« abgab, der kollektive Arbeitsverträge und den ACHTSTUNDENTAG einführte (10. November). Ein Pakt zwischen Ebert und General Groener übertrug die Wahrung der inneren Sicherheit dem GENERALSTAB. Gegen die Revolution und das Rätesystem richtete sich die Zentralarbeitsgemeinschaft von Arbeitgeberverbänden und GEWERKSCHAFTEN (15. November). Den Streit zwischen SPD und USPD um den weiteren revolutionären Weg entschied der Rätekongress in Berlin (16.–20. Oktober) zugunsten der SPD: Er lehnte das Rätesystem ab und beschloss Wahlen zur (WEIMARER) NATIONALVERSAMMLUNG. Nach Unterzeichnung des Waffenstillstands (11. November) kehrte die Armee nach Deutschland zurück und löste sich rasch auf. Rechtsgerichtete bewaffnete Kräfte (u. a. FREIKORPS) zur Niederschlagung linksextremer Aufstände polarisierten die innere Lage. Die Kämpfe um den Berliner Marstall mit der Volksmarinedivision (24. Dezember) endeten mit dem Austritt der USPD aus dem Rat der Volksbeauftragten (29. Dezember). Die neue KPD (30. Dezember 1918/1. Januar 1919) rief zum GENERALSTREIK auf, löste Unruhen und Straßenkämpfe (SPARTAKUSAUFSTAND) in Berlin aus (6.–15. Januar). FREIKORPS schlugen den Aufstand nieder und ermordeten Rosa Luxemburg und Karl Liebknecht (15. Januar). Am 19. Januar fanden die Wahlen zur Nationalversammlung statt, die sich am 6. Februar als Weimarer Nationalversammlung konstituierte. Unter Reichspräsident Ebert (11. Februar) bildeten SPD, ZENTRUM und DDP die WEIMARER KOALITION.

Literatur: K. A. Otto: Die Revolution in Deutschland 1918/19. München 1979; V. Arnold: Rätebewegung und Rätetheorien in der Novemberrevolution. Hamburg ^{2}1985; S. Mattl/K. Stuhlpfarrer (Red.): Revolution und bürgerliche Gesellschaft 1918–20. Wien, Salzburg 1989; E. Bernstein: Die deutsche Revolution von 1918/19. Geschichte der Entstehung und ersten Arbeitsperiode der deutschen Republik. Bonn 1998.

Novemberrevolution (Österreich)

Politische Umwälzung in Österreich am Ende des ERSTEN WELTKRIEGS, die analog der NOVEMBERREVOLUTION in Deutschland verlief: Dem VÖLKERMANIFEST (16. Oktober **1918**) zum Trotz löste sich Österreich-Ungarn auf, und am 21. Oktober trat die provisorische NATIONALVERSAMMLUNG des selbstständigen deutsch-österreichischen Staats in Wien zusammen. Sie ersuchte die ALLIIERTEN um Waffenstillstand und SONDERFRIEDEN (27. Oktober). In anderen Gebieten Österreich-Ungarns entstanden durch REVOLUTIONEN Nachfolgestaaten (Prag: 28. Oktober; Budapest: 30. Oktober; Krakau: Proklamation der 2. POLNISCHEN REPUBLIK am 6. November). Nach dem politischen Rückzug KAISER Karls I. (11. November) proklamierte die provisorische Nationalversammlung die Republik Deutschösterreich und den ANSCHLUSS an Deutschland (12. November). Bei Wahlen zur Nationalversammlung (16. Februar 1919) wurden die Sozialisten stärkste Partei. Die Regierung übernahm eine sozialistisch/christlichsoziale Koalition unter Renner (bis 1920). Am 14. März wurde die Verfassung verabschiedet.

Literatur: R. G. Plaschka/K. Mack (Hg.): Die Auflösung des Habsburgerreiches. Zusammenbruch und Neuorientierung im Donauraum. München 1970; Z. A. Zeman: Der Zusammenbruch des Habsburgerreichs. München 1973; L. Valiani: The End of Austria-Hungary. New York 1973; E. Zöllner (Hg.): Revolutionäre Bewegungen in Österreich. Wien 1989.

Rat der Volksbeauftragten

Deutsche Revolutionsregierung in der NOVEMBERREVOLUTION nach russischem Vorbild (»Rat der Volkskommissare«): Prinz Max von Baden setzte Friedrich Ebert als Reichskanzler ein (9. November **1918**). Der Rat der Volksbeauftragten war paritätisch mit je drei Vertretern der SPD und USPD besetzt, vom Vollzugsrat der Berliner Arbeiter- und SOLDATENRÄTE legitimiert (10. November). Die tatsächliche Macht lag bei Ebert, der einen Pakt mit General Groener gegen die rätesozialistische Revolution geschlossen hatte. Der Rat der Volksbeauftragten beschloss Sozialreformen, u. a. kollektive Arbeitsverträge und den ACHTSTUNDENTAG, ordnete die Demobilisierung der Armee an und votierte für die Erfüllung der Waffenstillstandsbedingungen. Die SPD setzte gegen SPARTAKUSBUND und linken Flügel der USPD Wahlen zur NATIONALVERSAMMLUNG durch, vom Reichsrätekongress (16.–20. Dezember) bestätigt. Nach Kämpfen um den Berliner Marstall mit der Volksmarinedivision (24. Dezember) trat die USPD (29. Dezember) aus dem Rat aus, in dem nun nur noch die SPD vertreten war. Den SPARTAKUSAUFSTAND warfen Freiwillige von rechts (FREIKORPS) nieder (15. Januar 1919). Die Übergabe der Regierungsgewalt durch den Rat der Volksbeauftragten an die WEIMARER NATIONALVERSAMMLUNG (4. Februar 1919) markiert den Beginn der WEIMARER REPUBLIK (1919–1933).

Literatur: wie zu »Novemberrevolution« (Deutschland); ferner: S. Miller (Hg.): Die Regierung der Volksbeauftragten 1918/19. Düsseldorf 1969; K. Hock: Die Gesetzgebung des Rates der Volksbeauftragten. Pfaffenweiler 1987; L. Melzer: Die Gesetzgebung des Rats der Volksbeauftragten (1918/1919). Hamburg 1988.

Deutsche Demokratische Partei (DDP)

Linksliberale Partei der WEIMARER REPUBLIK (1918–1930/33): Die in der NOVEMBERREVOLUTION aus FVP und linkem Flügel der NATIONALLIBERALEN hervorgegangene Partei (20. November **1918**) war in der WEIMARER NATIONALVERSAMMLUNG drittstärkste Kraft (18,5 % der Stimmen, 75 Mandate), verlor jedoch bei folgenden Wahlen. Die DDP hatte großen Einfluss auf die Gestaltung der WEIMARER VERFASSUNG (1919), votierte gegen den VERSAILLER VERTRAG. Sie war in der WEIMARER KOALITION und späteren Regierungen bis 1932 (außer 1927/28) vertreten. Nach schweren Verlusten bei den Reichstagswahlen (1928: 4,8 % der Stimmen, 25 Mandate) fusionierte sie mit rechten Gruppen zur Deutschen Staatspartei (1930). Doch der Zerfall war nicht aufzuhalten: Zuletzt hatte sie noch fünf Reichstagssitze (1933), stimmte für das ERMÄCHTIGUNGSGESETZ und löste sich selbst auf (28. Juni).

Literatur: K. Wegner: Linksliberalismus in der Weimarer Republik. Düsseldorf 1980; J. Stang: Die Deutsche Demokratische Partei in Preußen, 1918–1933. Düsseldorf 1994; C. Dorbandt: Die Deutsche Demokratische Partei (DDP) und der Organisierte Pazifismus in der Weimarer Republik. o. O. 1999.

Deutsche Volkspartei (DVP)

Rechtsliberale Partei der Großindustrie und Finanzwelt in der WEIMARER REPUBLIK (1918–1933): Die DVP entstand unter Gustav Stresemann in der NOVEMBERREVOLUTION aus der Mehrheit der NATIONALLIBERALEN, dem linken Flügel der FREIKONSERVATIVEN und rechten Flügel der FVP (Dezember **1918**). Sie war zunächst gegen die Weimarer Republik und den VERSAILLER VERTRAG und sympathisierte mit dem KAPP-PUTSCH (1920). Im 1. REICHSTAG (1920) erreichte sie mit 14 % der Stimmen und 65 Mandaten ihre größte Stärke. Sie war in den meisten Regierungen vertreten (bis 1932), u.a. mit Stresemann als Reichsaußenminister (1923–1929). In der WELTWIRTSCHAFTSKRISE (1929) vollzog sie eine Rechtswendung (ab 1930) und stimmte für den Bruch der GROSSEN KOALITION unter Reichskanzler Müller (27. März 1930). Zuletzt war sie nur noch Splitterpartei mit zwei Mandaten (1933). Nach ihrer Zustimmung zum ERMÄCHTIGUNGSGESETZ erzwangen die Nationalsozialisten ihre Selbstauflösung (4. Juli 1933).

Nicht zu verwechseln mit der gleichnamigen Deutschen Volkspartei (1868–1910), einer demokratischen, zuletzt linksliberalen Partei in Württemberg und Baden, die in der FVP aufging (1910).

Literatur: W. Hartenstein: Die Anfänge der Deutschen Volkspartei 1918–20. Düsseldorf 1962; L. Döhn: Politik und Interessen. Meisenheim/Glan 1970; S. Neumann: Die Parteien der Weimarer Republik. Stuttgart [5]1986.

Deutschnationale Volkspartei (DNVP)

Nationalistisch-konservative Rechtspartei der WEIMARER REPUBLIK (1918–1932/33): Die DNVP begann in der NOVEMBERREVOLUTION als Sammlung verschiedener Rechtsparteien und -gruppen des 2. DEUTschen Kaiserreichs (Ende November **1918**), mit Deutschkonservativen, dem rechten Flügel der Freikonservativen, Alldeutschen, Christlich-Sozialen und Antisemiten, unterstützt von einflussreichen Verbänden wie dem Bund der Landwirte/Reichslandbund Stahlhelm. Im Gründungsaufruf (22. November) forderte sie die Restauration der Monarchie. Generell war sie gegen die Weimarer Republik und den Versailler Vertrag, unterstützte die »Dolchstosslegende« und den Kapp-Putsch (1920). 1922 spaltete sich nach rechts die deutschvölkische Bewegung ab. Ihren größten Einfluss (um 1925) hatte die DNVP im 2. Reichstag (1924 I) als stärkste Fraktion (106 Mandate). Es begann eine konstruktive Phase, in der die DNVP Regierungen unterstützte; so stimmte sie teilweise für den Dawes-Plan (1924 II). Im 3. Reichstag (1924) wurde sie zweitstärkste Fraktion (103 Mandate). In der Regierung Luther (1925, 1927/28) unterstützte sie die Wahl Hindenburgs zum Reichspräsidenten (1925–1934). Nach starken Verlusten (1928) vollzog sie unter dem Medienzaren Hugenberg eine Wendung nach rechts und stimmte mit der NSDAP gegen den Young-Plan (1929). Aus Protest gegen den Rechtsruck spalteten sich Teile ab (1929/30), u. a. die Volkskonservative Vereinigung. Die DNVP beteiligte sich an der Harzburger Front (1931), unterstützte die Regierung Papen (1932) und verhalf der NSDAP durch eine Koalition zur Macht (30. Januar 1933). Als »Kampffront Schwarz-Weiß-Rot« erreichte sie bei den letzten Reichstagswahlen (5. März) 7,9 % der Stimmen und 51 Mandate. Mit der Gleichschaltung wurde sie zur Auflösung gezwungen (27. Juni).

Literatur: W. Liebe: Die Deutschnationale Volkspartei 1918–1924. Düsseldorf 1956; M. Dörr: Die Deutschnationale Volkspartei 1925–1928. Diss. Marburg 1964; C. F. Trippe: Konservative Verfassungspolitik 1918–1923. Die DNVP als Opposition in Reich und Ländern. Düsseldorf 1995.

Stahlhelm (Bund der Frontsoldaten)

Größter Wehrverband der Weimarer Republik: Die nationalistische, konservative, der DNVP nahe stehende Gruppierung wurde in Magdeburg gegen die Novemberrevolution gegründet (13. November **1918**). Der Stahlhelm zählte, mit »Jungstahlhelm« und »Stahlhelm-Studentenring Langemarck«, ca. ½ Mio. Mitglieder (1930). Nach der Ermordung Rathenaus (1922) wurde er vorübergehend verboten (1922/23). Der Wehrverband erklärte sich zum Feind der Weimarer Republik, der Demokratie, des Parlamentarismus, des Reichsbanners Schwarz-Rot-Gold, der Katholischen Kirche und der Juden. Seine Satzung enthielt einen Arierparagraphen, der u. a. Juden von der Mitgliedschaft ausschloss (1924). Der Verband agitierte gegen den Dawes-Plan (1924), initiierte, mit der NSDAP und DNVP das Volksbegehren gegen den Young-Plan (1929), beteiligte sich an der Harzburger Front (1931). Der Stahlhelm unterstützte das Präsidialkabinett Papen (1932) und das Kabinett Hitler/Papen (30. Januar 1933). Nachdem Teile der Gruppierung in die SA eingegliedert worden waren (ab April 1933), wurde der Restverband »Nationalsozialistischer Deutscher Frontkämpferbund« (März 1934) aufgelöst (1935). Seine Neugründung in der Bundesrepublik (1951) blieb ohne Bedeutung.

Literatur: V. Berghahn: Der Stahlhelm. Düsseldorf 1966; J. Tautz: Militaristische Jugendpolitik in der Weimarer Republik. Die Jugendorganisationen des Stahlhelm, Bund der Frontsoldaten: Jungstahlhelm und Scharnhorst, Bund Deutscher Jungmannen. Regensburg 1998.

Tschechoslowakische Legion

Militärische Einheiten aus tschechischen Kriegsgefangenen, Überläufern und Freiwilligen in Russland (1917), Frankreich (1917) und Italien (1918), vor allem in Russland nach der OKTOBERREVOLUTION (1917): Die Tschechoslowakische Legion wandte sich im RUSSISCHEN BÜRGERKRIEG gegen die Bolschewiki (**1918**/19) und beherrschte zur Sicherung ihres Abtransports über Wladiwostok zeitweilig die TRANSSIBIRISCHE EISENBAHN (1919). Danach bildeten ihre Offiziere den Kern der Armee der ČSR (ähnlich wie die POLNISCHE LEGION Piłsudskis in Polen).

Literatur: G. Thunig-Nittner: Die tschechoslowakische Legion in Rußland. Wiesbaden 1970; M. V. Fic: The Bolsheviks and the Czechoslovak Legion. The Origins of Their Armed Conflict (March-May 1918). New Delhi 1978; J. F. N. Bradley: The Czechoslovak Legion in Russia, 1914–1920. Diss. Boulder 1991.

Khaki Elections

(von »Khaki«, Farbe der britischen Felduniform) Bezeichnung für die UNTERHAUSwahlen in Großbritannien im BURENKRIEG (1900) und unmittelbar nach dem ERSTEN WELTKRIEG (14. Dezember **1918**): Bestandteil des Wahlkampfs waren emotionale Parolen, wie »Hang the Kaiser!« (Hängt den Kaiser) oder »Squeeze them till the pips come out!« (Presst sie [d. h. die Deutschen, durch REPARATIONEN u. Ä.] aus, bis die Kerne [wie bei der Zitrone] herauskommen). Die Khaki Elections bestätigten das NATIONAL GOVERNMENT unter Lloyd George (seit 1916; Sitzverteilung nach den Wahlen: KONSERVATIVE 395, LIBERALE 163, LABOUR 59, SINN FÉIN 73 Mandate). Nach den Wahlen bildeten Sinn-Féin-Abgeordnete ein irisches Parlament und eine provisorische Regierung, die von Großbritannien nicht anerkannt wurde. Konflikte zwischen irischen Unabhängigkeitskämpfern und britischen Einheiten eskalierten zum ANGLO-IRISCHEN KRIEG (1919–1921).

Kommunistische Partei Deutschlands (KPD)

Politische Partei nach der NOVEMBERREVOLUTION durch Fusion von Teilen der USPD mit dem SPARTAKUSBUND und revolutionären Gruppen (u. a. Bremer Linksradikalen), mit dem Zentralorgan »Rote Fahne« in Berlin gegründet (30. Dezember 1918/1. Januar **1919**), anfangs unter dem Einfluss von ANARCHISTEN und im ERSTEN WELTKRIEG radikalisierten Bürgerlichen: Sie lehnten, gegen Rosa Luxemburg und Karl Liebknecht, Wahlen zur WEIMARER NATIONALVERSAMMLUNG ab und begannen den SPARTAKUSAUFSTAND (6.–15. Januar 1919). Die KPD war aktiv in der Rätebewegung, auch der MÜNCHNER RÄTEREPUBLIK und Bremer Räterepublik (1919), gegen den KAPP-PUTSCH (1920) und führend in Nachfolgekämpfen. Innerparteiliche Konflikte, häufige Abspaltungen und häufiger Wechsel der Generallinie nach »rechts« und »links«, Taktik und Führung schwächten die Partei. Bei Wahlen zum 1. Reichstag erhielt sie 2 % der Stimmen (4 Mandate), wurde nach Vereinigung mit dem linken USPD-Flügel (1920) durch Gewinn der meisten USPD-Wähler Massenpartei, schwankend zwischen Aufständen (Mitteldeutschland 1921, Hamburg 1923) und Einheitsfront mit der SPD (Koalitionen in Sachsen, Thüringen 1923), internationalistischer und nationalistischer Linie, u. a. in Protesten gegen den Versailler Vertrag und im Ruhrkampf (1923).

Mit der Wendung zum Stalinismus und »demokratischen Zentralismus« (straffe Zentralisierung, Bürokratisierung, Herrschaft des Parteiapparats) unter Ernst Thälmann (1925–1933) in der Stabilitätsphase der Weimarer Republik (1924–1928) begann die Abhängigkeit von der Komintern. Die KPD unterhielt den Roten Frontkämpferbund als Parteitruppe (1924–1933). Ihr »Programm zur nationalen und sozialen Befreiung des deutschen Volkes« (1929) richtete in der Weltwirtschaftskrise (ab 1929) gegen den »Sozialfaschismus« der SPD, die Revolutionäre Gewerkschaftsopposition (RGO) und die Gewerkschaften (ADGB; 1929–1933). Sie gewann auf Kosten der SPD vor allem unter Arbeitslosen Wähler bei Reichstagswahlen (1932 II) 16,9 % der Stimmen (100 Mandate), bildete im Reichstag und in Länderparlamenten mit der NSDAP Sperrmehrheiten gegen die SPD und bürgerliche Parteien. Trotz ihrer (realistischen) Parole »Wer Hitler wählt, wählt den Krieg« (1932/33) schwächte sie die Weimarer Republik durch Polarisierung und Zerreiben der politischen Mitte. Auch gingen viele ihrer Anhänger zur SA über und stärkten dort das proletarische Element. Bei Wahlen (5. März 1933) nach dem Reichstagsbrand (27. Februar) erlitt die KPD starke Verluste, ihre Mandate wurden kassiert. Ihrem Verbot folgte eine Verhaftungswelle. KPD-Mitglieder gingen in die Emigration oder beteiligten sich im Untergrund am Widerstand.

Im besetzten Deutschland nach dem Zweiten Weltkrieg wurde die KPD neu gegründet (1945), zunächst in der SBZ, wo ihr die sowjetische Besatzungsmacht führende Positionen verschaffte. Sie erzwang, auch mit Terror, die Fusion mit der SPD zur SED (1946), wo sie, gestützt auf die sowjetische Besatzungsmacht, dominierte. In den Westzonen war die KPD mit einzelnen Ministern in den meisten Länderregierungen (1945/46). Sie erzielte bei der Wahl zum 1. Bundestag (1949) 5,7 % der Stimmen (15 Mandate), scheiterte jedoch bei der Wahl zum 2. Bundestag (1953) mit 2,2 % der Stimmen an der 5-%-Klausel und wurde vom Bundesverfassungsgericht verboten (1956). Die Nachfolgeorganisation Deutsche Kommunistische Partei (DKP) hatte nach ihrer Gründung (1968) nur einen Bruchteil der früheren Mitgliederzahl, in Konkurrenz zu kommunistischen Splitterparteien wie der maoistischen KPD (1968–1980) oder der Marxistisch-Leninistischen Partei Deutschlands (MLPD) in der Studentenbewegung.

Literatur: H. Weber: Kommunismus in Deutschland. 1918–1945. Darmstadt 1983; G. Fülberth: Die Beziehungen zwischen SPD und KPD in der Kommunalpolitik der Weimarer Periode 1918/19 bis 1933. Köln 1985; O. K. Flechtheim: Die KPD in der Weimarer Republik. Hamburg 1986; K.-M. Mallmann: Kommunisten in der Weimarer Republik. Sozialgeschichte einer revolutionären Bewegung. Darmstadt 1996.

Spartakusaufstand (Januaraufstand in Berlin)

Geläufiger, aber historisch nicht ganz korrekter Name für Unruhen nach der NOVEMBERREVOLUTION 1918 in Berlin (5.–11. Januar **1919**): Demonstrationen der äußersten Linken (Revolutionäre Obleute, USPD, KPD) gegen die Entlassung des Berliner Polizeipräsidenten Eichhorn (linker Flügel der USPD), der sich mit seiner Sicherheitswehr in den Kämpfen um den Berliner Marstall zu Weihnachten 1918 auf die Seite der meuternden Volksmarinedivision, also gegen die eigene Regierung des RATS DER VOLKSBEAUFTRAGTEN, gestellt hatte, eskalierten rasch zum Aufstand zur Verhinderung der Wahl der WEIMARER NATIONALVERSAMMLUNG, unterstützt durch einen Aufruf Karl Liebknechts (KPD). Nach Besetzung des »VORWÄRTS« (SPD) des linksliberalen »Tageblatts«, der Verlage Mosse, Ullstein, Scherl u. a. setzte die Regierung erstmals FREIKORPS ein. Obwohl der Aufstand schon niedergeschlagen war (11. Januar), marschierten sie in Berlin ein (12. Januar) und ermordeten Rosa Luxemburg und Karl Liebknecht (15. Januar).

Nicht zu verwechseln mit: (Polnischer) JANUARAUFSTAND (1863) in KONGRESSPOLEN gegen Russland.

3. Internationale (Kommunistische Internationale, Komintern)

Weltorganisation der KOMMUNISTISCHEN Parteien (1919–1943), auf Lenins Initiative in Moskau gegründet (März **1919**), zur Förderung der Weltrevolution: Die Komintern stand unter dem beherrschenden Einfluss von Bolschewiki/KPdSU. Tagungsort der Kongresse war Moskau, offizielle Sprache war Deutsch. Der 2. Weltkongress (1920) forderte u. a. die Sowjetisierung Polens im Zuge des SOWJETISCH-POLNISCHEN KRIEGS und proklamierte den »demokratischen Zentralismus«, die Diktatur des Proletariats und Räteherrschaft. Die 21 Bedingungen für den Anschluss an die Komintern förderten die Spaltung von USPD und SFIO (1920). Der 4. Weltkongress beschloss die »Bolschewisierung« (d. h. Gleichschaltung) der kommunistischen Parteien im außenpolitischen Interesse der UdSSR, der 6. Weltkongress (1928) die Stalinisierung aller Mitgliederparteien (z. B. auch der KPD). Die Zustimmung des 7. Weltkongresses zur Volksfrontpolitik, (1935) bot den äußeren Anlass zum ANTIKOMINTERNPAKT (1936). Danach entwickelte sich die Komintern zum Herrschaftsinstrument des STALINISMUS. Stalin ließ die polnische KPRP auflösen und deren Führer in Moskau erschießen (1938). Im SPANISCHEN BÜRGERKRIEG (1936–1939) bekämpfte die Komintern erst recht auch nichtkommunistische Republikaner (SOZIALISTEN, ANARCHISTEN), bevor Stalin sie im ZWEITEN WELTKRIEG auf Drängen der westlichen ALLIIERTEN auflöste (1943). Ihre Aufgaben übernahm später z. T. die KOMINFORM.

Literatur: H. Timmermann: Moskau und der internationale Kommunismus. Von der Komintern zur kommunistischen Weltbewegung. Köln 1986; H. Heinz (Hg.): Die Komintern und Stalin. Sowjetische Historiker zur Geschichte der Kommunistischen Internationale. Berlin 1990; M. Kessler (Hg.): Aufstieg und Zerfall der Komintern. Studien zur Geschichte ihrer Transformation (1919–1943). Mainz 1992; K. McDermott/J. Agnew: The Comintern. A History of International Communism From Lenin to Stalin. Basingstoke u. a. 1996.

Freikorps

Bewaffnete Freiwilligenverbände, die im Deutschen Reich nach dem ERSTEN WELTKRIEG überwiegend in bürgerkriegsähnlichen Konflikten nach der NOVEMBERREVOLUTION und zu Beginn der WEIMARER REPUBLIK (1919–1923) kämpften; allgemein auch Verbände von Freiwilligen, die mit Zustimmung eines Kriegsherrn für ein bestimmte Dauer eingesetzt werden, z.B. Freikorps in den BEFREIUNGSKRIEGEN (1813/14): Freikorps entstanden nach dem Ersten Weltkrieg meist auf Initiative von Offizieren, die in der REICHSWEHR nicht untergekommen waren. Die schwache Revolutionsregierung des RATS DER VOLKSBEAUFTRAGTEN nutzte die ca. 400 000 Mann starken Verbände (**1919**), trotz ihrer überwiegend rechtsextremen Ausrichtung, zur Niederschlagung linksextremer Aufstände, zunächst im unruhigen Berlin: Freikorps-Angehörige warfen den SPARTAKUSAUFSTAND in Berlin (Januar 1919) sowie die Bremer und MÜNCHNER RÄTEREPUBLIK (Februar/April/Mai 1919) nieder. Sie beteiligten sich an Kämpfen in Litauen, Lettland und Estland (»Baltikumunternehmen«) gegen die Bolschewiki (1919) sowie an Grenzkämpfen gegen Polen (1919–1921). Das Freikorps BRIGADE EHRHARDT war die militärische Basis für den KAPP-PUTSCH (März 1920). Freikorpsverbände kämpften gegen KOMMUNISTEN in Aufständen nach dem Kapp-Putsch in Mitteldeutschland (1920/21). Auch nach ihrer offiziellen Auflösung (1920) wurden sie fortgesetzt in rechtsextremen Kampfbünden unter Verwendung der Reichskriegsflagge, u.a. in der ORGANISATION CONSUL, im Kampfbund Oberland und in Arbeitskommandos, im RUHRKAMPF und im HITLER-PUTSCH (1923). Nach der endgültigen Auflösung der Freikorps wurden viele Mitglieder in SA und STAHLHELM ein wichtiges Element der Kontinuität vom Zweiten zum DRITTEN REICH.

Literatur: H. Schulze: Freikorps und Republik 1918–1920. Boppard 1969; H.W. Koch: Der deutsche Bürgerkrieg. Eine Geschichte der deutschen Freikorps. Berlin 1978; R. Thoms: Bibliographie zur Geschichte der deutschen Freikorps 1918–1923. Berlin 1997.

Deutsche Arbeiterpartei (DAP)

Rechtsextreme Partei völkischer, antisemitischer, antikommunistischer Ausrichtung, u.a. von Mitgliedern der DEUTSCHEN VATERLANDSPARTEI in München (5. Januar **1919**) gegründet: Nach seinem Eintritt (September 1919) und Aufstieg in der DAP straffte Adolf Hitler die Partei nach dem Führerprinzip und radikalisierte sie als NSDAP (1920).

Literatur: W. Maser: Die Frühgeschichte der NSDAP. Frankfurt/Main 1965. Sonderausgabe Düsseldorf u.a. 1994.

Weimarer Nationalversammlung

»Verfassunggebende Deutsche Nationalversammlung«, benannt nach dem Tagungsort Weimar, wo sie wegen der Unsicherheit in Berlin tagte: Die Mandate wurden nach dem Verhältniswahlrecht vergeben. Aus den Wahlen zur Nationalversammlung (19. Januar **1919**) ging die SPD als stärkste Partei hervor. Die Nationalversammlung übernahm die Regierungsgewalt vom RAT DER VOLKSBEAUFTRAGTEN (4. Februar 1919) mit Regierungsbildung (6. Februar 1919) und Wahl Friedrich Eberts zum Reichspräsidenten (11. Februar 1919), als Beginn der WEIMARER REPUBLIK (1919–1933) und WEIMARER KOALITION. Das Plenum stimmte (im zweiten Anlauf) der Unterzeichnung des VERSAILLER VERTRAGS zu (22. Juni 1919), verabschiedete die WEIMARER VERFASSUNG (11. August) und richtete einen parlamentarischen Untersuchungsausschuss über die Ursachen des deutschen Zusammenbruchs ein. Nach Verlegung des Tagungsortes nach Berlin (30. September) verabschiedete die Nationalversammlung bedeutsame Gesetze (1920), u. a. Bildung der REICHSWEHR, Reichsfinanzreform, Betriebsrätegesetz. Der KAPP-PUTSCH (März 1920) forderte ihre Auflösung, die nach den Wahlen zum 1. REICHSTAG (6. Juni 1920) erfolgte.

Literatur: W. Oehme: Die Weimarer Nationalversammlung 1919. Erinnerungen. Berlin 1962; R. Boden: Die Weimarer Nationalversammlung und die deutsche Außenpolitik. Frankfurt/Main u. a. 2000.

Weimarer Republik

Erste deutsche, demokratisch-parlamentarische REPUBLIK (**1919**–1933), benannt nach dem Tagungsort der WEIMARER NATIONALVERSAMMLUNG: Die Weimarer Republik entstand nach Ende des ERSTEN WELTKRIEGS (1914–1918) aus der NOVEMBERREVOLUTION (1918) und der Weimarer Nationalversammlung (1919/20). Sie musste sich gegen linksextreme Aufstände und Räterepubliken (u. a. MÜNCHNER RÄTEREPUBLIK) mit REICHSWEHR und FREIKORPS behaupten. Sie wurde stets von der Rechten bekämpft, von der »DOLCHSTOSSLEGENDE«, der Agitation gegen die »Novemberverbrecher« und dem KAPP-PUTSCH (1920) bis zur »MACHTERGREIFUNG« der NSDAP (30. Januar 1933).

Die WEIMARER KOALITION hatte zunächst die Mehrheit und stellte die erste republikanische Regierung. Nach Unterzeichnung des VERSAILLER VERTRAGS und Annahme der WEIMARER VERFASSUNG (1919) stand sie vor den schwierigen Problemen der Grenzziehung, Demobilmachung und Umstellung auf die Friedenswirtschaft, Fragen nach den Ursachen von Ausbruch und Ausgang des ERSTEN WELTKRIEGS (KRIEGSSCHULDFRAGE, Dolchstoßlegende). Wirtschaftlich geschwächt durch INFLATION und Reparationsforderungen der ALLIIERTEN sowie durch Gebietsverluste, litt die junge Republik unter dem Kapp-Putsch (1920), Aufständen der KPD (1921, 1923), politischen Morden rechtsradikaler Gruppen (FEMEmorde; u. a. 1921 an Matthias Erzberger, 1922 Walther Rathenau). In schweren innenpolitischen Konflikten und extremer Zersplitterung des politischen Spektrums wechselten die Regierungen häufig. Allgemein ergab sich im Laufe der Zeit ein Rechtstrend (abgesehen von GROSSER KOALITION, 1928–1930). Abstimmungskämpfe in den umstrittenen Grenzgebieten (1920/21) und der RAPALLO-VERTRAG (1922) mit der Sowjetunion stießen auf die Kritik der Westmächte. Im Krisenjahr 1923 erreichte die Inflation ihren Höhepunkt, erschütterten der RUHRKAMPF und die REICHSEXEKUTION gegen die SPD/KPD-Koalitionen in Thüringen und Sachsen die Republik, versuchte Hitler mit seiner NSDAP (1920) von der »Ordnungszelle Bayern« aus, die geschwächte Reichsregierung zu stürzen (1923, HITLER-PUTSCH). Die Beilegung der Unruhen gelang nur durch Anwendung des Art. 48 der Weimarer Verfassung (Notstandsverordnung).

Die Währungsumstellung auf die Rentenmark (über die Zwischenstation der Getreidemark) beendete die Inflation und ermöglichte durch den DAWES-PLAN die wirtschaftliche Erholung. Bei den Reichstagswahlen im Dezember 1924 erlitten die links- und rechtsextremen Parteien Stimmenverluste, wovon vor allem die DNVP profitierte, die nach dem Tod Eberts die Wahl Paul von Hindenburgs zum Reichspräsidenten (1925–1934) unterstützte und in der Regierung war (1925, 1927/28). Die internationale Anerkennung der Republik als gleichwertiger Partner und die Rückkehr ins Mächtesystem unter Reichsaußenminister Gustav Stresemann (1923–1929) zeigte sich in den LOCARNO-VERTRÄGEN (1925), im Beitritt zum VÖLKERBUND und im BERLINER VERTRAG (1926), das Erstarken nationalistischer Kräfte u. a. im Flaggenstreit, da die republikanischen Parteien nur einen Kompromiss (Nutzung der schwarz-weiß-roten und schwarz-rot-goldenen Flagge) erzielten (1926).

Nach dem letzten Wahlsieg der SPD (1928) regierte die Große Koalition unter Hermann Müller (1928–1930). Proteste gegen den YOUNG-PLAN (1929, ab 1930 in Kraft) gaben rechtsradikalen Kräften neuen Auftrieb, die WELTWIRTSCHAFTSKRISE (1929) schwächte die Regierung, die an der Arbeitslosenversicherung scheiterte (27. März 1930). Danach blieben autoritäre PRÄSIDIALKABINETTE (1930–1933) ohne parlamentarische Mehrheit und regierten mit Notverordnungen (Art. 48), seit Reichskanzler Brüning (1930–1932). Die NSDAP errang bei vorgezogenen Reichstagswahlen (1930) einen ersten Wahlerfolg (107 Mandate) und schloss sich mit rechtsnationalen Parteien zur HARZBURGER FRONT zusammen (1931). Hindenburg gewann die Wiederwahl knapp vor Hitler (10. April 1932). Nach Brünings Sturz (31. Mai 1932) folgte Papen als Reichskanzler (1. Juni–17. November 1932). In den Reichstagswahlen (31. Juli 1932) wurde die NSDAP stärkste Partei (230 Mandate), die Polarisierung zur KPD zerrieb die parlamentarische Demokratie, u. a. im Preußenschlag (20. Juli 1932). Bei erneuten Reichstagswahlen (6. November 1932) verloren NSDAP und SPD, während die KPD Stimmen gewann. Schleichers Kabinett (3. Dezember 1932–27. Januar 1933) scheiterte an seinem Arbeitsbeschaffungsprogramm: Der Weg zur Machtergreifung des Präsidialkabinetts Hitler/Papen war frei (30. Januar 1933). Das ERMÄCHTIGUNGSGESETZ nach dem REICHSTAGSBRAND eröffnete den Weg ins DRITTE REICH (1933–1945), das die Weimarer Republik als »Weimarer System« denunzierte.

Literatur: A. Rosenberg: Geschichte der Weimarer Republik Frankfurt/Main 1956, Neuausgabe Hamburg 1991; H. Herzfeld: Die Weimarer Republik. Frankfurt/Main [6]1980; H. Mommsen: Die verspielte Freiheit. Der Weg der Republik von Weimar in den Untergang. Berlin 1990; M. Stürmer (Hg.): Die Weimarer Republik. Belagerte Civitas. Frankfurt/Main [3]1993; P. Longerich: Deutschland 1918–1933. Die Weimarer Republik. Handbuch zur Geschichte. Hannover 1995; H. Heiber: Die Republik von Weimar. München [22]1996; K. D. Bracher (Hg.): Die Weimarer Republik 1918–1933. Politik, Wirtschaft, Gesellschaft. Bonn [3]1998; K. D. Erdmann: Die Weimarer Republik. München [13]1999; E. Kolb: Die Weimarer Republik. München [5]2000.

Weimarer Koalition

Erste Koalitionsregierung der Weimarer Republik aus SPD, Zentrum und DDP (= Mehrheit der Friedensresolution, 1917), die in den Wahlen zur Weimarer Nationalversammlung die Mehrheit erhielt, unter Philipp Scheidemann (SPD) als (einzigem) Reichsministerpräsidenten (Februar–Juni **1919**). Sie zerbrach an dessen Weigerung, die Zustimmung zur Unterschrift unter den Versailler Vertrag zu geben (20. Juni 1919). Die Vertragsunterzeichnung erfolgte unter Gustav Bauer (SPD; 1919/20) nach Androhung einer militärischen Besetzung Deutschlands durch die Alliierten (28. Juni 1919). Nach Bauers Rücktritt im Anschluss an den Kapp-Putsch wurde Hermann Müller (SPD) Reichskanzler (27. März–21. Juni 1920), verlor jedoch bei der Wahl zum 1. Reichstag (6. Juni 1920) die absolute Mehrheit für die Weimarer Koalition, die sich unter Joseph Wirth nur noch als Minderheitskoalition hielt (1921/22), erweitert um die DVP zur Grossen Koalition (1923, 1928–1930).

Allgemeiner Deutscher Gewerkschaftsbund (ADGB)

Nach der Novemberrevolution neuer Dachverband der »freien« (= sozialistischen) Gewerkschaften in Deutschland (1918–1933), zunächst unter Carl Legien (**1919**/20), als Fortsetzung der Generalkommission der Gewerkschaften Deutschlands (1890). Der ADGB unterstützte die SPD, rief zum Generalstreik gegen den Kapp-Putsch auf (1920) und gründete gemeinnützige Unternehmen (ab 1923) sowie die Akademie der Arbeit (1925). Die Rote Gewerkschaftsopposition (RGO) der KPD (1929/30–1933) schwächte den ADGB. Er stellte sich in der Weltwirtschaftskrise (ab 1929/30) gegen den Abbau der Sozialleistungen und die Erhöhung des Beitrags zur Arbeitslosenversicherung, förderte so den Bruch der Grossen Koalition (27. März 1930) und blockierte die Zusammenarbeit des Kabinetts Kurt von Schleicher (1932/33) mit Gregor Strasser (NSDAP). Nach der erzwungenen Teilnahme an den Feiern zum 1. Mai zu Beginn des Dritten Reichs wurde der ADGB verboten (2. Mai 1933). Er ging nach dem Zweiten Weltkrieg in der SBZ/DDR im FDGB (1945), in der Bundesrepublik Deutschland im DGB (1949) auf.

Literatur: H. Potthoff: Freie Gewerkschaften 1918–1933. Der Allgemeine Deutsche Gewerkschaftsbund in der Weimarer Republik. Düsseldorf 1987; D. Brunner: Bürokratie und Politik des Allgemeinen Deutschen Gewerkschaftsbundes 1918/19 bis 1933. Köln 1992; L. Limmer: Die deutsche Gewerkschaftsbewegung. Geschichte, Gegenwart, Zukunft. München u. a. [13]1996.

Münchner Räterepublik

Nach der Bremer Räterepublik (10. Januar–4. Februar 1919) stärkste regionale Zuspitzung in Deutschland (7. April – 1./2. Mai 1919) seit der Novemberrevolution: Mit der Revolution in München (7. November 1918) stieg Kurt Eisner (USPD) zum Ministerpräsidenten auf. Nach der Niederlage der USPD bei den Landtagswahlen (12. Januar **1919**) wurde Eisner auf dem Weg zum Landtag, wo er seinen Rücktritt erklären wollte, ermordet (21. Februar), gefolgt von der Ausrufung der Räterepublik (7. April). Nach dem Ausweichen der SPD-Regierung Hoffmann nach Bamberg übten Volksbeauftragte die Regierungsgewalt aus. Eine Gegenaktion der Münchner Garnison scheiterte (13. April 1919), kommunistisch geführte Betriebs- und SOLDATENRÄTE kamen an die Macht samt Vollzugsrat, den die Betriebsräte absetzten (27. April), zugunsten der Roten Armee. Regierungstruppen und FREIKORPS (1./2. Mai 1919) zerschlugen die Räterepublik mit Massakern. Als rechte Reaktion auf die Räterepublik wurde die »Ordnungszelle Bayern« Keimzelle der NSDAP (ab 1920).

Literatur: T. Dorst (Hg.): Die Münchner Räterepublik. Zeugnisse und Kommentar. Frankfurt [13]1983; R. Höller: Der Anfang, der ein Ende war. Die Revolution in Bayern 1918/19. Berlin 1999.

Pariser Friedenskonferenz

Internationale Konferenz zur Beendigung des ERSTEN WELTKRIEGS und Neuordnung Europas, eröffnet am 38. Jahrestag der KAISERPROKLAMATION (18. Januar **1919**), mit 32 ALLIIERTEN und assoziierten Mächten: Nur die Großmächte (USA, Großbritannien, Frankreich, Italien, Japan) hatten Entscheidungsbefugnis, Besiegte waren nicht zugelassen. US-Präsident Wilson (1913–1921) konnte seine VIERZEHN PUNKTE (1918) nur teilweise durchsetzen, vor allem den VÖLKERBUND mit VÖLKERBUNDSMANDATEN. Der britische Außenminister Curzon schlug zur Neuordnung Osteuropas die CURZON-LINIE zwischen Sowjetrussland und Polen vor. Ergebnis der Verhandlungen waren fünf PARISER VORORTVERTRÄGE. Am Rande machten Vertreter abhängiger Völker Eingaben – 1. Panafrikanischer Kongress, Ho Chi Minh für Vietnam, »Jung-Algerien«.

Literatur: W. V. Temperley (Hg.): A History of the Peace Conference of Paris. 6 Bde., Oxford 1920–1924, London [2]1964; M. Gunzenhäuser: Die Pariser Friedenskonferenz 1919 und die Friedensverträge 1919/20. Literaturbericht und Bibliographie. Frankfurt/Main1970.

Völkerbund

(engl.: League of Nations, frz.: Société des Nations) Internationale Organisation nach dem ERSTEN WELTKRIEG zur Wahrung des Friedens sowie zur wirtschaftlichen und kulturellen Zusammenarbeit mit Sitz in Genf (1920–1946): Der Völkerbund samt VÖLKERBUNDSMANDATEN war eines der Hauptkriegsziele des US-Präsidenten Wilson (1913–1921) in seinen VIERZEHN PUNKTEN (1918), die er auf der PARISER FRIEDENSKONFERENZ vorstellte. Die Satzung des Völkerbunds (Völkerbundakte) war Bestandteil des VERSAILLER VERTRAGS und der anderen PARISER VORORTVERTRÄGE (**1919**). Seinen Organen (Generalversammlung, Völkerbundrat und Ständiges Sekretariat) standen als wichtigste Unterorganisationen das Internationale Arbeitsamt (International Labor Office) und der Ständige Internationale Gerichtshof (Permanent Court of International Justice) zur Seite. Dem Völkerbund gehörten zunächst nur die ALLIIERTEN und Assoziierten und 13 neutrale Staaten an. Wilson konnte die Ratifizierung des Versailler Vertrags durch den US-Kongress und den Beitritt der USA zum Völkerbund nicht durchsetzen (1920). Das Genfer Protokoll der Völkerbundversammlung zur friedlichen Beilegung internationaler Krisen (1924) blieb wegen der fehlenden Zustimmung Großbritanniens unratifiziert. Reichsaußenminister Gustav Stresemann erreichte die Aufnahme Deutschlands (1926), das unter Hitler wieder austrat (1933). Die UdSSR wurde Mitglied (1934).

Der Völkerbund verhielt sich beim Einfall Japans in die Mandschurei (1931) passiv, verhängte aber gegen Italien wegen des ABESSINIENKRIEGS (1935; milde und unwirksame) SANKTIONEN, die den Austritt Italiens nach sich zogen (1937). Der Verurteilung Japans als Aggressor gegen China zu Beginn des 2. CHINESISCH-JAPANISCHEN KRIEGS (1937) folgte der Austritt Japans (1938), und auch Franco-Spanien verließ den Völkerbund (1939). Zu Beginn des ZWEITEN WELTKRIEGS schloss der Völkerbund die UdSSR als Aggressor im SOWJETISCH-FINNISCHEN WINTERKRIEG aus (1940). Nach Kriegsende entstand die UNO als Nachfolgeorganisation (1945), die Völkerbundversammlung löste sich auf (1946).

Literatur: A. Pfeil: Der Völkerbund. Literaturbericht und kritische Darstellung seiner Geschichte. Darmstadt 1976; J. A. Joyce: Broken Star. The Story of the League of Nations 1919–1939. Swansea 1978; W. Baumgart: Vom europäischen Konzert zum Völkerbund. Friedensschlüsse und Friedenssicherung. Darmstadt ^{2}1987.

Pariser Vorortverträge

Sammelbezeichnung für die fünf Friedensverträge der PARISER FRIEDENSKONFERENZ mit den besiegten MITTELMÄCHTEN bzw. Österreich und Ungarn: Dazu gehören der VERSAILLER VERTRAG (Deutschland), der FRIEDE VON ST. GERMAIN (Österreich), der Friede von Neuilly (Bulgarien, **1919**), der FRIEDE VON TRIANON (Ungarn) und der FRIEDE VON SÈVRES (Türkei, 1920), alle mit Satzung des VÖLKERBUNDS und Verbot des ANSCHLUSSES Österreichs an Deutschland.

Versailler Vertrag

Erster der PARISER VORORTVERTRÄGE zur Beendigung des ERSTEN WELTKRIEGS, unterzeichnet im Spiegelsaal des Schlosses von Versailles zwischen Deutschland und den Siegermächten (28. Juni **1919**), in Kraft am 20. Januar 1920, als Ergebnis der PARISER FRIEDENSKONFERENZ: Mit insgesamt 440 Artikeln in 15 Teilen, Annexen und Ergänzungsverträgen war er der längste und komplizierteste Friedensvertrag der Geschichte. Die Reichsregierung verweigerte die Unterzeichnung, schriftliche Gegenvorschläge wurden meist abgelehnt. Ein Ultimatum (Unterzeichnung binnen fünf Tagen) und die Drohung mit Besetzung Deutschlands durch die ALLIIERTEN erzwangen die Annahme: Nach Scheidemanns Rücktritt als Reichsministerpräsident (20. Juni 1919) unterzeichnete Außenminister Hermann Müller unter Protest (28. Juni).

Teil I des Versailler Vertrags enthielt die Völkerbundsatzung, Teile II und III territoriale Regelungen, die Grenzen Deutschlands und politische Bestimmungen. Dazu gehörten die Annullierung des FRIEDENS VON

Brest-Litowsk und des Friedens von Bukarest, das Völkerbundmandat über Danzig, Abtretung Elsass-Lothringens an Frankreich, des Memellands an Litauen, Posens, Westpreußens und Pomerellens (»Polnischer Korridor«) an Polen, des Hultschiner Ländchens an die ČSR. Nach Abstimmungen kamen Eupen-Malmedy zu Belgien, Nordschleswig zu Dänemark, Ostoberschlesien zu Polen. Teil IV schrieb den Verlust aller Kolonien fest. Teil V enthielt Bestimmungen zum Militär – u. a. das Verbot schwerer Waffen (schwere Artillerie, Tanks), Kriegsschiffe über 10 000 t, U-Boote, Kriegsflugzeuge, Abschaffung der allgemeinen Wehrpflicht und des Generalstabs, Begrenzung der Armee auf ein 100 000-Mann-Berufsheer (Reichswehr), der Marine auf 15 000 Mann, Verbot der Ausbildung von Reservisten. Teile V–XV verfügten u. a. die Auslieferung Wilhelms II. und anderer Persönlichkeiten als Kriegsverbrecher, unbegrenzte Reparationen aufgrund der deutschen Alleinkriegsschuld (Art. 231; Kriegsschuldfrage), umfangreiche Sachlieferungen (Lokomotiven und Waggons der Eisenbahn, 90 % der Handelsflotte, Fernkabel, 11 % des deutschen Rinderbestandes, auf 10 Jahre ca. 40 Mio. t Kohle an Frankreich, Belgien, Luxemburg, Italien), Konfiskation des deutschen Eigentums im Ausland, Meistbegünstigung für alle Alliierten ohne Gegenseitigkeit, Vorrechte der Alliierten im Luftverkehr, in deutschen Häfen, auf Flüssen und dem Nord-Ostsee-Kanal, Einrichtung eines Internationalen Arbeitsamts, Rückzug der deutschen Truppen aus ehemals russischen Gebieten. Als Faustpfand für die Einhaltung des Vertrags wurde das Saargebiet abgetrennt, provisorisch unter Völkerbundverwaltung gestellt, die endgültige Entscheidung auf 1935 verschoben. Ferner besetzten alliierte Truppen das linke Rheinufer und bildeten Brückenköpfe rechts des Rheins. Die Pariser Vorortverträge (Friede von St. Germain, Friede von Neuilly, Friede von Trianon, Friede von Sèvres; 1919/20) ergänzten den Versailler Vertrag. Die USA verweigerten die Ratifizierung (1920) und schlossen einen Separatfrieden mit Deutschland (1921).

Mit seinen gravierenden Folgen steht der Versailler Vertrag auch für die Friedensordnung nach dem Ersten Weltkrieg (Versailler System). In Deutschland löste der Vertrag Ressentiments und Empörung über das »Versailler Diktat« und die Kriegsschuldfrage aus, mit jährlichen Protestversammlungen am Jahrestag der Unterzeichnung (28. Juni). Für die Weimarer Republik war er eine wirtschaftliche, moralische und politische Bürde. Nach der versuchten friedlichen Revision durch Weimar zerriss ihn das Dritte Reich durch einzelne Verletzungen und einseitige Kündigung (30. Januar 1937). Die Appeasement-Politik der Westmächte vor dem Zweiten Weltkrieg (1939–1945) war u. a. auch eine Reaktion auf zum Teil harte Vertragsbedingungen. Aber trotz allem blieb Deutschland als europäische Großmacht erhalten. Verglichen mit den deutschen Kriegszielen im Ersten Weltkrieg, dem Frieden von Brest-Litowsk und den Ergebnissen nach dem Zweiten Weltkrieg, war der Versailler Vertrag noch relativ mild.

Literatur: wie zu Pariser Friedenskonferenz; ferner: Der Vertrag von Versailles. Mit Beiträgen von S. Haffner u. a. München 1978; K. Schwabe (Hg.): Quellen zum Friedensschluß von Versailles. Darmstadt 1997.

Kriegsschuldfrage

Politisch-wissenschaftliche Kontroverse um die Verantwortung für den Ausbruch des ERSTEN WELTKRIEGS (1914), meist konzentriert auf die JULIKRISE 1914, zugespitzt durch Art. 231 des VERSAILLER VERTRAGS über die alleinige deutsche Schuld am Ersten Weltkrieg als juristische Begründung für die REPARATIONEN. Deutsche Revisionsforderungen gründeten sich vor allem auf »Widerlegung« des Art. 231: Die Kriegsschuldfrage war Thema umfangreicher Aktenpublikationen und publizistischer Veröffentlichungen. Das Schuldreferat des deutschen Auswärtigen Amts dirigierte, koordinierte und finanzierte teilweise die deutsche Kriegsunschuldskampagne (**1919**–1936), deren Vertreter die Formel von Lloyd George »Sie sind alle in den Krieg hineingeschlittert« aufgriffen. Wichtigste wissenschaftlichen Arbeiten erschienen im Ausland, von Gegnern (H. E. Barnes, Sydney B. Fay) und Befürwortern (Pierre Renouvin, Marc Bloch, B. E. Schmitt, Luigi Albertini) der deutschen Kriegsschuld. In Deutschland erschien die erste umfassende Darstellung erst unmittelbar vor dem ZWEITEN WELTKRIEG (Alfred von Wegerer, 1939). Fritz Fischer löste eine erneute Diskussion aus (Fischer-Kontroverse; ab 1961). Heute gilt als Mehrheitsmeinung: Deutschland wollte in der Julikrise 1914 nicht unbedingt den Großen Krieg, drängte aber mit dem Blankoscheck an Österreich-Ungarn Wien zum raschen Krieg gegen Serbien, und eskalierte damit den Lokalkrieg über den Kontinentalkrieg zum Weltkrieg.

Literatur: wie zu Julikrise 1914; ferner: H. Kantorowicz: Gutachten zur Kriegsschuldfrage. Aus dem Nachlaß herausgegeben und eingeleitet von I. Geiss. Frankfurt/Main 1967; I. Geiss: Die Fischer-Kontroverse, in: I. Geiss: Studien zur Geschichte und Geschichtsschreibung. Frankfurt/Main ^{2}1979; J. A. Moses: The Politics of Illusion. The Fischer Controversy in German Historiography. London 1975; J. Burkhardt: Lange und kurze Wege in den Ersten Weltkrieg. Vier Augsburger Beiträge zur Kriegsursachenforschung. München 1996; E. E. Mccullough: How the First World War Began. The Tripelentente and the Coming of the Great War of 1914–1918. Montréal u. a. 1999.

Reparationen

(lat.: reparare = wiederherstellen) Moderner Name für KRIEGSENTSCHÄDIGUNG; Kontributionen, die Besiegte eines Kriegs zur Wiedergutmachung an Sieger zu zahlen haben: Der VERSAILLER VERTRAG begründete Reparationsforderungen erstmals mit der Kriegsschuld (KRIEGSSCHULDFRAGE, Art. 231). Reparationen dienten als Wiedergutmachung für Schäden, die den alliierten Ländern im ERSTEN WELTKRIEG entstanden waren. Die Forderungen waren zunächst zeitlich und in der Höhe unbegrenzt (**1919**) und umfassten bis zur endgültigen Fixierung der Gesamtschuld Vorleistungen Deutschlands in Höhe von 20 Mrd. GOLDMARK in bar sowie Sachlieferungen. Die erste begrenzte Gesamtforderung der alliierten Reparationskommission belief sich auf 269 Mrd. Goldmark (Januar 1921). Nach der Weigerung Deutschlands und der Besetzung Düsseldorfs und Duisburgs durch ALLIIERTE legte das Londoner Ultimatum Reparationen auf 132 Mrd. Mark in 37 Jahresraten und eine 26-%-ige Abgabe auf den deutschen Export fest (1921). Deutschland beugte sich dem Londoner Ultimatum, das die INFLATION verschärfte (1922/23). Wegen der Verzögerung einer Sachlieferung (Grubenholz) besetzten Frankreich und Belgien das Ruhrgebiet (1923; RUHRKAMPF). DAWES-PLAN und YOUNG-PLAN (1924, 1929) brachten eine Neuregelung der Reparationen. In der WELTWIRTSCHAFTSKRISE (1929 ff.) verfügte das Hoover-Moratorium (1931) die Stundung für ein Jahr, bis die Lausanner Konferenz eine Schlusszahlung von 3 Mrd. Goldmark vereinbarte, die aber praktisch nicht mehr erfolgte.

Zwischen Kriegsschulden Großbritanniens und Frankreichs gegenüber den USA, Reparationen, dem Dawes-Plan, US-Krediten an Deutschland und der Weltwirtschaftskrise bestand ein enger Zusammenhang: Frankreich forderte möglichst hohe Reparationen von Deutschland, um seine Weltkriegsschulden an die USA zurückzahlen zu können, während die USA nach der Inflation mit dem Dawes-Plan Kredite an Deutschland vergaben, um die deutsche Wirtschaft zu beleben und ihre Zahlungsfähigkeit zu erhöhen. Die US-Kredite, meist kurzfristig vergeben, wurden oft unproduktiv (z. B. in Fußballstadien) und langfristig angelegt, sodass sich in der Weltwirtschaftskrise die Abberufung der kurzfristigen Kredite für Deutschland besonders verheerend auswirkte.

Im Vorgriff auf einen späteren Friedensvertrag leisteten Deutschland und seine ehemaligen Verbündeten nach dem ZWEITEN WELTKRIEG Reparationen. Da die Westmächte Forderungen der UdSSR in Höhe von 10 Mrd. US-Dollar nicht anerkannten (1945/47), nahm sich die UdSSR Reparationen aus der SBZ/DDR in Höhe von ca. 13 Mrd. US-Dollar, als Sachlieferungen (Demontage von Fabrikanlagen, EISENBAHNschienen) und aus der laufenden Produktion. Ähnlich entschädigten sich auch die Westmächte. Die Reparationen waren für die BUNDESREPUBLIK DEUTSCHLAND und Österreich faktisch 1947, formell 1954/55 beendet. Eine der ökonomischen Folgen für beide, dazu Finnland und Italien, war die effektive Modernisierung des Produktionsapparats.

Literatur: P. Krüger: Deutschland und die Reparationen 1918/19. Die Genesis des Reparationsproblems in Deutschland. Stuttgart 1973; W. Fischer: Weltwirtschaftliche Rahmenbedingungen für die ökonomische und politische Entwicklung Europas, 1919–1939. Wiesbaden 1980; P. Heyde: Das Ende der Reparationen. Deutschland, Frankreich und der Youngplan 1929–1932. Paderborn u. a. 1998.

Friede von St. Germain

PARISER VORORTVERTRAG zum Frieden mit Österreich zur Beendigung des ERSTEN WELTKRIEGS: Österreich nahm den Vertrag nur unter Protest an (10. September **1919**, in Kraft ab 16. Juli 1920): Der Friede von St. Germain bestätigte die Auflösung Österreich-Ungarns, beschränkte Österreich auf sein heutiges Territorium; es verlor Südtirol bis zum Brenner an Italien, erhielt von Ungarn nach Abstimmung das Burgenland (ohne Ödenburg). Deutschsprachige Randgebiete Böhmens und Mährens (»Sudetenland«) kamen zur ČSR, Nordkärnten blieb nach Abstimmung bei Österreich. Der Vertrag enthielt ein ANSCHLUSS-Verbot, beschränkte das Bundesheer auf 30 000 Mann, gab Österreich freien Zugang zu Adriahäfen und befristete Kohlelieferungen aus Polen und der ČSR.

Literatur: K. Bosl (Hg.): Versailles–St. Germain–Trianon. Umbruch in Europa vor 50 Jahren. München 1971; H. Kindl: Der Friede von St. Germain vom 10. September 1919 oder unser gestörtes

Verhältnis zum Recht. Paderborn 1989; F. Ermacora: Der unbewältigte Friede. St. Germain und die Folgen, 1919–1989. Wien 1989.

Cordon Sanitaire

Ursprünglich Sperrzone zur Isolierung eines Seuchengebiets (z. B. bei der PEST). Hier: Frankreichs Politik zur Isolierung Sowjetrusslands und Sicherung des VERSAILLER VERTRAGS (**1919**) durch einen Gürtel aus Nachfolgestaaten Russlands (Estland, Lettland, Litauen, Polen) und Österreich-Ungarns (ČSR, Jugoslawien, Rumänien): Eindämmung des KOMMUNISMUS, KLEINE ENTENTE und Nichtanerkennung Sowjetrusslands sollten sich gegenseitig ergänzen. Zuerst durchbrach Deutschland die Nichtanerkennung im RAPALLO-VERTRAG (1922), danach Großbritannien (1924/29), ferner durch die POLITIK DER KOLLEKTIVEN SICHERHEIT gegen das DRITTE REICH, den Eintritt der UdSSR in den VÖLKERBUND (1934), Frankreichs Bündnis mit der UdSSR (1935). Dennoch wirkte der Cordon Sanitaire bis zum MÜNCHNER ABKOMMEN (1938).

Nach dem ZWEITEN WELTKRIEG führte die UdSSR den Cordon Sanitaire mit umgekehrten Vorzeichen weiter, als strategisches Vorfeld gegen den Westen, institutionalisiert im WARSCHAUER PAKT (1955).

Literatur: P. S. Wandycz: France and Her Eastern Allies 1919–1925. French-Czechoslovak-Polish Relations From the Paris Peace Conference to Locarno. Nachdruck Westport 1974; P. S. Wandycz: The Twilight of French Eastern Alliances, 1926–1936. French-Czechoslovak-Polish Relations From Locarno to the Remilitarization of the Rhineland. Princeton (N. J.) 1988.

Kleine Entente

Bündnissystem in Südost- und Ostmitteleuropa zur Ausfüllung des Machtvakuums nach dem ERSTEN WELTKRIEG, Sicherung des VERSAILLER VERTRAGS (**1919**) und Ergänzung des CORDON SANITAIRE: Gegen RESTAURATIONSversuche der HABSBURGER schlossen Jugoslawien, die ČSR (1920) und Rumänien (1921) Defensivbündnisse und Militärkonventionen, gestützt von Frankreich durch Verträge mit Polen (1921) und Ländern der Kleinen Entente (1924–1927) sowie Krediten. Ein Organisationspakt mit Sekretariat, Wirtschaftsrat und Ständigem Rat der Außenminister wurde eingerichtet (1933). Der Balkanpakt (Balkanentente, 1934: Jugoslawien, Griechenland, Rumänien, Türkei) gegen Deutschland und die UdSSR sollte die Kleine Entente stärken. Darauf reagierten Italien, Österreich und Ungarn mit dem Dreipakt (1934).

Die Kleine Entente scheiterte an der Heterogenität der Staaten und dem Wiedererstarken Deutschlands wie der UdSSR. Sie wurde ferner geschwächt durch die deutsch-polnische Nichtangriffserklärung (1934) und das Bündnis zwischen Frankreich und der UdSSR (1935). Mit dem MÜNCHNER ABKOMMEN (1938) zerbrach die Kleine Entente, gefolgt von der Expansion Deutschlands (1938–1943) und der UdSSR (1944/45 ff.).

Literatur: G. Reichert: Das Scheitern der Kleinen Entente. Donauraum von 1933 bis 1938. München 1971; N. Iordache: La Petite Entente et l'Europe. Genf 1977; M. Adam: Richtung Selbstvernichtung: Die Kleine Entente 1920–1938. Wien 1989; M. Adam: The Little Entente and Europe (1920–1929). Budapest 1993.

Dolchstoßlegende

Schlagwort für die Behauptung rechter Gruppierungen, das im Felde angeblich »unbesiegte deutsche Heer« sei im ERSTEN WELTKRIEG infolge der NOVEMBERREVOLUTION durch Marxisten, Pazifisten, JUDEN (im NS-Jargon »Novemberverbrecher«) von hinten »erdolcht« und um den Sieg gebracht worden: Paul von Hindenburg formulierte die These erstmals vor dem Untersuchungsausschuss der WEIMARER NATIONALVERSAMMLUNG (19. November **1919**), inspiriert von Erich Ludendorff. Seitdem war die Dolchstoßlegende wichtiges Mittel der Agitation der Rechten (DNVP, NSDAP) gegen die WEIMARER REPUBLIK, so im »Dolchstoß«-Prozess über Eberts Rolle im Januarstreik (1925).

Tatsächlich war jedoch die strategische Lage Deutschlands im Herbst 1918 unhaltbar: Seit den alliierten Gegenoffensiven (18. Juli 1918), besonders dem »SCHWARZEN TAG« (8. August 1918), befand sich die deutsche Armee auf ständigem Rückzug. Der Zusammenbruch der übrigen MITTELMÄCHTE (September/Oktober 1918) und der Waffenstillstand der ALLIIERTEN mit Österreich-Ungarn (3. November 1918) öffnete die Grenzen für alliierte Truppen, die Westfront hing nach Süden (Tirol) und Südosten (Böhmen) in der Luft. Der Waffenstillstand von Compiègne (11. November 1918) verhinderte die Konstellation des Mai 1945 – vollständige Niederkämpfung (debellatio) des Reichs auf eigenem Boden, totale Besetzung durch die Alliierten.

Literatur: J. Petzold: Die Dolchstoßlegende. Ostberlin 1963; K. Thiessenhusen-Fries: Politische Kommentare deutscher Historiker 1918/19 zur Revolution und Neuordnung 1918/19, in: Aus Politik und Zeitgeschichte B 45/69, 8. November 1969, verkürzt in: E. Kolb (Hg.): Vom Kaiserreich zur Weimarer Republik NWB 49. Köln 1969.

Weimarer Verfassung

Verfassung der WEIMARER REPUBLIK, verabschiedet von der WEIMARER NATIONALVERSAMMLUNG (31. Juli **1919**), gegen die Stimmen von DNVP, DVP, USPD: Die Weimarer Verfassung war eine Weiterentwicklung der Frankfurter Reichsverfassung (1849) sowie der Bismarck-Verfassungen für den NORDDEUTSCHEN BUND (1867–1971) und das 2. DEUTSCHE KAISERREICH. Deutschland war parlamentarische, föderative REPUBLIK mit einem starken Reichspräsidenten als »Ersatzmonarch«. Er ernannte und entließ den Reichskanzler, der aber dem REICHSTAG verantwortlich war. Die Verfassung hatte mit Art. 48 eine Notstandsregelung (REICHSEXEKUTION, Notverordnungen), ferner waren Volksbegehren und Volksentscheid vorgesehen. Präsidialkabinette (1930–1933) höhlten die Weimarer Verfassung aus; sie wurde im DRITTEN REICH vom ERMÄCHTIGUNGSGESETZ (1933) ohne förmliche Aufhebung faktisch außer Kraft gesetzt.

Literatur: G. Schulz: Zwischen Demokratie und Diktatur. Verfassungspolitik und Reichsreform in der Weimarer Republik. 2 Bde., Berlin u. a. 1987/92; C. Gusy: Die Weimarer Reichsverfassung.

Tübingen 1997; H. Mittelsdorf (Red.): 80 Jahre Weimarer Reichsverfassung (1919–1999). Hg. vom Thüringer Landtag Erfurt. Weimar 1998; E. Eichenhofer (Hg.): 80 Jahre Weimarer Reichsverfassung – was ist geblieben? Tübingen 1999.

Fasci di Combattimento

(ital.: fascio« = Bündel) Zusammenschluss italienischer Frontkämpfer, Syndikalisten und Interventionisten, die den Kriegseintritt Italiens gegen die MITTELMÄCHTE (1915) befürwortet hatten: Mussolini gründete die Fasci in Mailand (**1919**) als Keimzelle des organisierten italienischen FASCHISMUS. Sie verübten TERRORanschläge gegen Sozialisten und GEWERKSCHAFTEN (1919–1922), teilweise unterstützt von Behörden.

Literatur: G. Scheuer: Genosse Mussolini? Wurzeln und Wege des Ur-Faschismus. Wien 1985.

Faschismus

(ital.: fascio = Bündel) Rechtsextreme, antiparlamentarische, antisozialistische Bewegung (**1919**–1945) in Italien und Mussolinis Herrschaftssystem (1922–1943/45); später übertragen auf ähnliche Strömungen in anderen, vor allem europäischen Ländern, die sich bewusst den italienischen Faschismus zum Vorbild nahmen (z. B. »Faschistengruß«) oder im politischen Spektrum ihres Landes ähnliche Positionen einnahmen, z. B. NATIONALSOZIALISMUS in Deutschland und Österreich, Action Française in Frankreich (manchmal mit dem programmatischen Schlüsselwort »Faisceau des combattants et producteurs«, 1925), EISERNE GARDE in Rumänien, PFEILKREUZLERBEWEGUNG in Ungarn, die »British Union of Fascists« (1931/32): Der Name Faschismus geht auf »fascio« zurück, das aus der Antike entlehnte Symbol des italienischen Faschismus, das zudem Name für eine Ortsgruppe der Faschistischen Partei ist. Er avancierte zum Oberbegriff für ähnliche Bewegungen, sodass der italienische Faschismus nur noch die italienische Variante des Gesamtphänomens darstellt. Die marxistische Theorie und Propaganda deutete den Begriff als »Form bürgerlicher Herrschaft« kapitalistischer Gesellschaften in tiefen Krisen (R. Kühnl); er diente auch, allein oder mit anderen Elementen (z. B. »Sozialfaschismus« = Parole der KPD gegen die SPD, 1929–1933), zur politischen Diffamierung und wurde als wissenschaftliche Kategorie fragwürdig. Daher taugt er als Oberbegriff für »faschistische« Bewegungen nur noch bei sorgfältiger Abgrenzung gegen ideologisch-propagandistischen Missbrauch. In den Faschismen gab es ein Spektrum politischer Positionen (vom italienischen Faschismus bis zum deutschen Nationalsozialismus) und Abstufungen der Brutalität im Umgang mit politischen Feinden. So war der italienische Faschismus von sich aus nicht antisemitisch.

Der italienische Faschismus ging zurück auf die FASCI DI COMBATTIMENTO (1919), die als halbmilitärische bewaffnete Kampfgruppen (»squadre d'azione«) in Norditalien »Strafaktionen« (»spedizione punitive«) gegen GEWERKSCHAFTEN, Genossenschaften und sozialistische Redaktionen verübten. Die Fasci kamen im »Nationalen Block« (»Blocco nazionale«) erstmals ins Parlament (1921) mit 35 Mandaten, gefolgt von der Gründung der »Partito Nazionale Fascista« (1921), mit Faschistischem Großrat, Kampfgruppen und halbstaatlicher Parteiarmee (1922). Faschisten unterdrückten gewaltsam den GENERALSTREIK gegen ihren TERROR (August 1922) und erzwangen durch den MARSCH AUF ROM Mussolinis Berufung zum Ministerpräsidenten einer Koalitionsregierung mit Liberalen, Konservativen und Christlicher Volkspartei (1922–1924), die mit einem auf ein Jahr befristeten Ermächtigungsgesetz begann (1922). Ein neues WAHLRECHT begünstigte die stärkste Partei (1923), sodass bei Neuwahlen (1924) Faschisten und verbündete Rechtsliberale die 2/3-Mehrheit im Parlament erzielten. Der Mord am Sozialistenführer Giacomo Matteotti (1924) löste neue Gewalttätigkeiten und eine politische Krise aus, bis zum Verbot nichtfaschistischer Parteien und Bildung des Einparteienstaats (1925). Mussolini schloss die Lateranverträge (1929) und errichtete einen ständischen Korporationsstaat (1934). Außenpolitisch stellte er sich gegen das DRITTE REICH, antwortete mit Mobilmachung auf den NS-Putsch in Österreich (25. März 1934; »Wacht am Brenner«), war gegen die Rheinlandbesetzung und Einführung der Wehrpflicht (FRONT VON STRESA, 1935).

Die Beziehungen zum Dritten Reich verbesserten sich im ABESSINIENKRIEG (1935/36), da nur Hitler Italien stützte. Italien intervenierte mit Deutschland im SPANISCHEN BÜRGERKRIEG (1936–1939). Der Beitritt Japans erweiterte die ACHSE BERLIN–ROM (1936), wenig später folgten Italiens Beitritt zum ANTIKOMINTERNPAKT (1936) und Austritt aus dem VÖLKERBUND (1937). Nach dem MÜNCHNER ABKOMMEN (1938) besetzte Italien Albanien und schloss mit Deutschland den STAHLPAKT (1939). Nach Ausbruch des ZWEITEN WELTKRIEGS trat Italien in den Krieg gegen Frankreich und Großbritannien ein (1940), verbündet mit Deutschland und Japan (DREIMÄCHTEPAKT, 1940). Es unterlag Griechenland, trat in den Krieg gegen die UdSSR und USA ein (1941). Nach Niederlagen in Nordafrika (1942/43) und der Landung der ALLIIERTEN in Sizilien (Juli 1943) folgten Mussolinis Sturz und Verhaftung sowie die Auflösung der Faschistischen Partei. Ein SS-Kommando befreite Mussolini (1943), das Dritte Reich half ihm bei Gründung der Faschistischen REPUBLIK VON SALÒ (Sitz: Salò am Gardasee, 1943–1945), mit syndikalistischen Elementen. Gegen die erneuerte Diktatur kämpfte der antifaschistische WIDERSTAND (»resistenza«).

Nach dem Zweiten Weltkrieg entstand in Italien der Neofaschismus als Nachfolgebewegung; analoge Strömungen gab es auch in anderen Ländern. 2001 kamen die Neofaschisten im Kabinett Berlusconi in die Regierung.

Literatur: Italienischer Faschismus: P. Milja/S. Bernstein: Le fascisme italien, 1919–1945. Paris 1980; J. Petersen: Faschismus und Gesellschaft in Italien. Staat, Wirtschaft, Kultur. Köln 1998; B. Mantelli: Kurze Geschichte des italienischen Faschismus. Berlin 1999; Faschistische Bewegungen; S. J. Woolf (Hg.): European Fascism. London u. a. 1981; E. Nolte: Die Krise des liberalen Systems und die faschistischen Bewegungen. München [9]1984; E. Nolte: Faschismus, in: O. Brunner u. a. (Hg.): Geschichtliche Grundbegriffe, Bd. 2, S. 329–336; M. Bach: Die charismatischen Führerdiktaturen. Drittes Reich und italienischer Faschismus im Vergleich. Baden-Baden 1990; K. D. Bracher (Hg.): Faschismus und Nationalsozialismus. Berlin 1991; E. Nolte: Der Faschismus in seiner Epoche. Die Action française. Der italienische Faschismus. Der Nationalsozialismus. München [5]2000; S. Payne: Geschichte des Faschismus. Aufstieg und Fall einer europäischen Bewegung. München u. a. 2001.

Griechisch-türkischer Krieg

Bewaffneter Konflikt zwischen Griechenland und der Türkei, 1919–1923, in Kontinuität mit früheren Kriegen gegen das OSMANISCHE REICH (1821–1829, 1878, 1896/97, 1912/13): In Fortsetzung des ERSTEN WELTKRIEGS landeten griechische Truppen mit Unterstützung der ALLIIERTEN in Smyrna (Mai **1919**). Im FRIEDEN VON SÈVRES (10. August 1920) erhielt Griechenland das VÖLKERBUNDMANDAT über Smyrna und Hinterland. Die griechischen Offensiven (22. Juni 1920–1921) stießen auf Widerstand der Türken unter Kemal Atatürk, den Sowjetrussland unterstützte. Nach den Frieden von Sèvres (von Kemal Atatürk nicht anerkannt) erlitten die Griechen Niederlagen bei Inönü (Januar, April 1921) und am Sakkaria (August/September) – »Kleinasiatische Katastrophe«. Die türkische Gegenoffensive erzwang den Rückzug der Griechen. Nach der Rückeroberung Smyrnas (9. September 1922) brannten türkischen Truppen die Stadt nieder (13. September). Im FRIEDEN VON LAUSANNE (1923) gingen die meisten Ägäischen Inseln an Griechenland; Kleinasien-Ionien und Pontos kamen zur Türkei, mit wechselseitigen Umsiedlungen: ca. 1,4 Mio. Griechen aus Gebieten, die fast 3000 Jahre zum griechischen Kulturkreis gehört hatten; Türken aus Kontinental- und Inselgriechenland: Griechenland stürzte in die Dauerkrise. Bis heute halten territoriale Konflikte um die Ägäis und Zypern zwischen Türkei und Griechenland an.

Literatur: M. J. Llewellyn Smith: Ionian Vision. Greece in Asia Minor, 1919–1922. London 1973, Neuausgabe 1998.

Anglo-Irischer Krieg

Nachfolgekonflikt des ERSTEN WELTKRIEGS, ausgelöst durch die irische Unabhängigkeitsbewegung, gegen die REALUNION mit England (1800) als Zuspitzung der IRISCHEN FRAGE: Von den USA aus agitierte SINN FÉIN (1905) für eine unabhängige irische sozialistische Republik. Den von den Deutschen unterstützten OSTERAUFSTAND (1916) schlugen britische Truppen blutig nieder. Nach dem Wahlsieg der Sinn Féin bei den KHAKI ELECTIONS (14. Dezember 1918) erklärten sich 26 Sinn-Féin-Abgeordnete, die nicht in britischen Gefängnissen saßen, in Dublin zum irischen PARLAMENT (»Dáil Éireann«, 21. Januar 1919) und riefen die Unabhängigkeit als REPUBLIK unter Präsident Eamon de Valera aus, mit Sinn Féin als Parallelregierung zur britischen Regierung. Gleichzeitig führte die IRISH REPUBLICAN ARMY (IRA) mit ca. 5000 Bewaffneten einen GUERILLAkrieg gegen die britische Armee (ab Mai **1919**) und provozierte britische Vergeltung, das Verbot des Dáil (10. September) und der Sinn Féin (November). Auf die Verhängung des Kriegsrechts über Irland (1920) folgte die Zerstörung des Stadtzentrums von Cork durch einen Brand (11. Dezember). Die Repression der britischen Regierung beantwortete die IRA mit Brandanschlägen in England. Der Government of Ireland Act (23. Dezember) verfügte getrennte Parlamente für Ulster und das südliche Irland, den Briten gelang die Festnahme de Valeras (22. Juni 1921). Nach einem Waffenstillstand (11. Juli) nahm die

Mehrheit des Dáil den Friedens- und Teilungsvertrag (6. Dezember) an (7. Januar 1922) und gründete den Freistaat Irland. Die Spaltung der Sinn Féin und der IRA löste den IRISCHEN BÜRGERKRIEG aus (1922/23).

Literatur: P. O'Farrell: Who's Who in the Irish War of Independence and Civil War. 1916–1923. Dublin 1997; W. H. Kautt: The Anglo-Irish War, 1916–1921. A People's War. Westport (Conn.) 1999.

Irish Republican Army (IRA)

Radikale nationalistische und sozialistische Untergrundorganisation in Irland, gegründet im OSTERAUFSTAND in Dublin (1916), mit ersten Erfolgen im ANGLO-IRISCHEN KRIEG (**1919**–1921). Mit Gründung des Freistaats Irland spaltete sich die IRA: Ein Teil bildete den Kern der neuen offiziellen Irischen Armee, während der militante Flügel im Untergrund den IRISCHEN BÜRGERKRIEG (1922/23) als GUERILLAkrieg eröffnete, zur Schaffung eines sozialistischen, republikanischen Gesamtirland. Nach einer kompromissbereiten Phase spaltete sich der radikalere »Provisorische Flügel« ab (1962), der im NORDIRLANDKONFLIKT (seit 1968) Attentatswellen in England organisierte (1974 ff.), mit Hungerstreiks in britischen Gefängnissen, um für IRA-Häftlinge den Status als politische Gefangene zu erzwingen (1981). Der Tod einiger IRA-Häftlinge löste erneut schwere Unruhen in Nordirland aus, die bis heute immer wieder aufflammen. Als in den späten 1990er-Jahren indirekte Verhandlungen zwischen IRA und britischer Regierung anliefen, spaltete sich gegen den Friedensprozess die »wahre IRA« ab.

Literatur: W. F. Multhaupt: Die Irisch-Republikanische Armee (IRA). Bonn 1988; J. B. Bell: The Secret Army. The IRA. Dublin [3]1997; J. Bittner/C. L. Knoll: Ein unperfekter Frieden. Die IRA auf dem Weg vom Mythos zur Mafia. Frankfurt/Main 2000; T. P. Coogan: The IRA. London 2000.

Ungarische Räterepublik

Größte Räterepublik nach dem ERSTEN WELTKRIEG (**1919**): Der ungarischen Unabhängigkeit vorausgegangen waren der AUSGLEICH (1867) und das VÖLKERMANIFEST (16. Oktober 1918). Eine Föderalisierung scheiterte in Ungarn zunächst am ANCIEN RÉGIME. Dagegen bildeten sich unter Michael Károlyi ein ungarischer Nationalrat, in der ungarischen REVOLUTION die Regierung Károlyi (31. Oktober) und der Budapester Arbeiterrat (2. November). Dem Waffenstillstand mit den ALLIIERTEN (3. November) folgte die Ausrufung der ungarischen REPUBLIK (15. November). Die KP Ungarn betrieb nach ihrer Gründung (24. November) Sozialreformen, u. a. ACHTSTUNDENTAG (November/Dezember) und Betriebsbesetzungen (1. bis 5. Januar 1919) unter der Regierung Dénes Berinkey (18. Januar–20. März). Der Bodenreform (16. Februar), Verhaftung von KP-Führern (21. Februar) und Besetzung des Großgrundbesitzes folgte die Machtübernahme durch Arbeiter (März). Nachdem die Alliierten die Bildung neutraler Zonen gefordert hatten (20. März), trat die Regierung Berinkey zurück (21. März), gefolgt von der Räterepublik unter Béla Kun, in Koalition von SOZIALISTEN und KOMMUNISTEN, mit Bildung von ROTER ARMEE,

Revolutionstribunal und ROTER GARDE (25./26. März). Eine provisorische Verfassung mit erweitertem WAHLRECHT wurde erlassen (2. April). Die Verstaatlichung des Grundbesitzes und die Bildung von Kolchosen (3. April) stießen auf den Widerstand der Mittel- und Großbauern. Nach dem Einmarsch von Truppen Rumäniens und der ČSR (April/Mai) und ersten Erfolgen der Roten Armee forderten die Alliierten in zwei Ultimaten (6., 13. Juni) den Rückzug der Roten Armee aus den abzutretenden Gebieten. Die Ausrufung der Slowakischen Räterepublik (16. Juni) löste in Budapest einen Aufstand der Arbeiter und Soldaten aus (24. Juni), der scheiterte (20./21. Juli). Einen ungarischen Angriff (21. Juli) beantworteten rumänische und gegenrevolutionäre ungarische Truppen unter Miklós Horthy mit einer Offensive (24. Juli): Sie besetzten Budapest (16. November) und zerschlugen die Räterepublik – Ungarn wurde MONARCHIE ohne Monarch (1920–1944/45), mit Horthy als REICHSVERWESER (1920–1944).

Literatur: R. Tökés: Béla Kun and the Hungarian Soviet Republic. London 1967; S. Szilassy: Revolutionary Hungary, 1918–1921. Astor Park (Fla.) 1971; J. Farkas (Hg.): Räterepublik und Kultur Ungarns 1919. Budapest 1979; G. Tokody: Deutschland und die Ungarische Räterepublik. Budapest 1982.

Curzon-Linie

Demarkationslinie zwischen Polen und Sowjetrussland, gebildet auf Vorschlag einer Kommission der PARISER FRIEDENSKONFERENZ unter dem britischen Außenminister Lord Curzon (8. Dezember **1919**), später nach Norden (nördlich von Grodno) und Süden (Galizien) erweitert (11. Juli 1920): Die Ablehnung der Curzon-Linie durch Polen unter Piłsudski löste den SOWJETISCH-POLNISCHEN KRIEG (1920/21) aus. Gemäß dem FRIEDEN VON RIGA (1921) verlief die Grenze zwischen Polen und Sowjetrussland dann weiter östlich, etwa entsprechend der Demarkationslinie zwischen der UdSSR und dem GENERALGOUVERNEMENT (28. September 1939), wie sie auch das geheime Zusatzprotokoll zum HITLER-STALIN-PAKT (23. August 1939) vorgesehen hatte. Der Änderung des Grenzverlaufs gemäß dem Frieden von Riga folgten Massendeportationen polnischer Bürger nach Sibirien und Zentralasien. Stalin setzte im ZWEITEN WELTKRIEG die Curzon-Linie als sowjetische Westgrenze gegenüber den ALLIIERTEN durch (Dezember 1941), mit Modifizierungen der JALTA-KONFERENZ (Februar 1945). Mit der »Westverschiebung Polens« verbunden waren Deportationen und Vertreibungen von Polen und Deutschen als »ETHNISCHE SÄUBERUNGEN«.

Literatur: G. Rhode: Die Entstehung der Curzon-Linie, in: Osteuropa, 5/1955, S. 81–92; R. Yakemtchouk: La ligne Curzon et la deuxième guerre mondiale. Paris 1957; H. J. Elcock: Britain and the Russo-Polish Frontier, 1919–21, in: Historical Journal 1969, S. 137–154.

Völkerbundmandat

Nach dem ERSTEN WELTKRIEG mit Art. 22 der Völkerbundsatzung erlassene Verwaltungsform für ehemals deutsche KOLONIEN und nichttürkische Gebiete, die zum OSMANISCHEN REICH gehört hatten (**1919**), mit dem Auftrag (Mandat), sie auf die spätere Unabhängigkeit vorzubereiten: A-, B-, und C-Mandate hatten unterschiedlichen völkerrechtlichen Status. Als A-Mandate unterstanden Syrien (formal bis 1936, faktisch bis 1945) und der Libanon (bis 1943) Frankreich, der Irak (bis 1932/45) und Palästina (bis 1948) kamen zu Großbritannien. Britische B-Mandate waren Deutsch-Ostafrika/Tanganjika, Teile Togos und Kameruns, während die anderen Teile Togos und Kameruns Frankreich zugewiesen wurden und Ruanda und Burundi zu Belgien kamen. Als C-Mandatsgebiete kamen Deutsch-Südwestafrika/Namibia zur SÜDAFRIKANISCHEN UNION, Samoa zu Neuseeland, Nordostguinea zu Australien, die pazifischen Inseln nördlich des Äquators zu Japan.

Völkerbundmandate waren primär im Interesse der Völker zu verwalten – kein Kolonialstatus, Verbot der Annexion und wirtschaftlicher Ausbeutung, alljährliche Berichtspflicht an den Völkerbund. A-Mandate galten für Völker, die im Prinzip selbstständig waren, deren AUTONOMIE unter Aufsicht der Mandatsmacht zu sichern war. B-Mandate sollten später die Autonomie erhalten. C-Mandate unterstanden Gesetzen des Mandatars als integrierter Teil seines Staats, aber ohne Annexion.

Nach dem ZWEITEN WELTKRIEG wurden die A- und B-Mandate zumeist UN-Treuhandgebiete. Meist war das Mandat Vorstufe zur Unabhängigkeit, in einigen Regionen löste es aber auch Konflikte aus. So verschärfte das griechische Mandat über Smyrna und Hinterland im FRIEDEN VON SÈVRES (1920) den GRIECHISCH-TÜRKISCHEN KRIEG. Konflikte entzündeten sich am PALÄSTINA-MANDAT (NAHOSTKONFLIKT), mit arabischen Aufständen nach der Konferenz von San Remo (1920), die alle Länder von Syrien bis Marokko erfassten. Konflikte gab es auch in Südwestafrika bzw. Namibia nach der Annexion durch die SÜDAFRIKANISCHE UNION (1949). Nach dem Zweiten Weltkrieg erfolgte die Ausweitung des Mandatsprinzips auch auf die italienischen Kolonien – Libyen und Italienisch-Somalia, Eritrea.

Literatur: R. N. Chowdhury: International Mandates and Trusteeship Systems. Den Haag 1955.

Wafd-Bewegung

(arab.: Wafd = Delegation) Unabhängigkeitsbewegung und nach dem ERSTEN WELTKRIEG erste politische Partei in Ägypten: Nachdem die Anführer der Bewegung in Kairo verhaftet worden waren (**1919**), boykottierte die ägyptische Bevölkerung britische Waren, erhob sich im Aufstand (1919–1921) und erzwang die Unabhängigkeitserklärung Ägyptens (1922), das jedoch de facto weiter unter britischer Aufsicht blieb. Die Wafd-Partei gewann bei ersten Parlamentswahlen (1923) die absolute Mehrheit. Sie war mehrfach Regierungspartei, wurde aber vom König ebenso oft auf britischen Druck wegen nationalistischer Forderungen entlassen (1924, 1937, 1938, 1944). Eine Wafd-Regierung schloss einen Bündnis- und Militärvertrag mit Großbritannien (1936). Die Ägyptische REVOLUTION löste die Wafd-Partei auf (1952), die gleichwohl zur Unabhängigkeit beigetragen hatte.

Literatur: M. Deeb: Party Politics in Egypt The Wafd and Its Rivals, 1919–1939. London 1979.

Bewegung des 4. Mai

Revolutionäre Bewegung in China: Im Protest gegen Japans 21 FORDERUNGEN (1915) bildete sich an der UNIVERSITÄT Peking ein marxistischer Zirkel (1917). Als die PARISER FRIEDENSKONFERENZ die Bitte Chinas ablehnte, die 21 Forderungen und ausländische Rechte in China aufzuheben, wandten sich neue Studentenproteste auch gegen die Übertragung deutscher Rechte in Shantung an Japan. Ein tödlicher Zwischenfall bei Demonstrationen in Peking (4. Mai **1919**) und die Verhaftung von Demonstranten eskalierten zum GENERALSTREIK der Studenten, BOYKOTT japanischer Waren und STREIKS: Die CHINESISCHE REVOLUTION radikalisierte sich zur ersten KULTURREVOLUTION und Gründung der KPCh (1921).

Literatur: W. Franke: Chinas kulturelle Revolution. Die Bewegung vom 4. Mai 1919. München 1957; Chow Tse-tung: The May Fourth Movement. Cambridge (Mass.) u. a. 1980.

Massaker von Amritsar

Massaker britischer Einheiten an indischen Demonstranten in der heiligen Stadt der SIKHS: Da Indien Großbritannien im ERSTEN WELTKRIEG unterstützt hatte (ca. 800 000 indische Soldaten kämpften an vielen Fronten, u. a. in Frankreich, Suez, Irak, Palästina, Makedonien, Deutsch-Ostafrika), wuchs bei Kriegsende in Indien die Enttäuschung über unzureichende politische Reformen (1918) und eine eingeschränkte AUTONOMIE. So eskalierten zunächst friedliche, von Gandhi initiierte Protestdemonstrationen. Ausschreitungen folgte die gewaltsame Unterdrückung von Protesten in Amritsar durch die britische Armee; ca. 400 Menschen starben, 1500 wurden verwundet (**1919**). Die britische ZENSUR unterdrückte zunächst die Berichterstattung über das Massaker, dann folgte jedoch eine offizielle Untersuchung (1919) und die Veröffentlichung eines Berichts über die Vorfälle (1920). Danach bildeten Gandhis Kampagnen des PASSIVEN WIDERSTANDS den Auftakt zur Unabhängikeit Indiens (1946) und zur DEKOLONISATION.

Literatur: Rupert Furneaux: Massacre at Amritsar. London 1963.

Passiver Widerstand

(engl.: civil disobedience) Form des gewaltlosen Kampfes, von Mahatma Gandhi erfolgreich angewandt, durch Verweigerung der Zusammenarbeit mit der Besatzungs-/Kolonialmacht (»Noncooperation«), STREIK, STEUERstreik, BOYKOTT und das massenhafte Übertreten von als ungerecht empfundenen Gesetzen: Gandhi erprobte den passiven Widerstand zuerst in Südafrika zur Verteidigung der Rechte der Inder mit dem Natal Indian Congress gegen die heraufziehende APARTHEID (1894) und systematisierte ihn in Indien nach dem MASSAKER VON AMRITSAR (**1919**), von der Kolonialmacht beantwortet mit Massenverhaftungen (1929–1944). Passiver Widerstand war ein wichtiges Instrument zur Massenmobilisierung in Indien, aber auch in anderen Gesellschaften mit unterschiedlichem Erfolg und Ausmaß, z. B. beim KAPP-PUTSCH (1920) und Ruhrkampf (1923) in Deutschland, bei der Bürgerrechtsbewegung in den USA (1955–1968) und nach der Militärintervention des Warschauer Pakts in der ČSSR (1968). Er wurde im Westen als Alternative zur eigenen Rüstung diskutiert (Zivile Verteidigung), bei Demonstrationen zum Umweltschutz angewandt. Die Polen praktizierten im Kriegszustand weitgehend passiven Widerstand (1981/82).

Literatur: T. Ebert: Gewaltfreier Aufstand. Alternative zum Bürgerkrieg. Waldkirch [3]1983; R. Hildebrandt: Von Gandhi bis Wałesa. Gewaltfreier Kampf für Menschenrechte. Eine Dokumentation mit 181 Fotos. Berlin 1987; C. Clement: Gandhi. Der gewaltlose Widerstand. Ravensburg [2]1993; B. Müller: Passiver Widerstand im Ruhrkampf. Eine Fallstudie zur gewaltlosen zwischenstaatlichen Konfliktaustragung und ihren Erfolgsbedingungen. Münster 1995; C. Bartolf (Hg.): Wir wollen die Gewalt nicht. Die Buber-Gandhi-Kontroverse. Ein Beitrag zur praktischen Philosophie. Berlin 1998.

Reichswehr

Bewaffnete Streitmacht der Weimarer Republik und zu Beginn des Dritten Reichs (**1919**–1935): Der Versailler Vertrag begrenzte das Berufsheer auf 100 000 Mann und verbot schwere Waffen. 7 Infanterie- und 3 Kavalleriedivisionen der 7 Wehrkreise unterstanden dem Truppenamt (anstelle des verbotenen Generalstabs), an dessen Spitze der Reichswehrminister stand. Die Reichswehr war nach außen hin unpolitisch, spielte als »Staat im Staat« und in Distanz zur Weimarer Republik jedoch tatsächlich eine bedeutsame politische Rolle. So war Hitler in der Deutschen Arbeiterpartei Spitzel für die bayerische Reichswehr (1919). Die Reichswehr unterstützte die Freikorps und die Schwarze Reichswehr (1919–1923), verhielt sich aber beim Kapp-Putsch passiv (13.–17. März 1920). Sie förderte nach dem Rapallo-Vertrag (1922) die Aufrüstung der Roten Armee der UdSSR, um Militärflugzeuge (1924 ff.) und Tanks (1930 ff.) erproben zu können. Bis zum Hitler-Putsch (1923) unterstützte sie die NSDAP in Bayern zumindest indirekt. Danach führte die Reichswehr die Reichsexekution gegen die SPD/KPD-Koalition in Sachsen und Thüringen (1923) durch. Obwohl sie sich offiziell gegen den Hitler-Putsch ausgesprochen hatte, deckte der Ulmer Reichswehrprozess (1930) Verbindungen jüngerer Offiziere zur NSDAP auf. Unter Kurt von Schleicher als Reichswehrminister (1932) und Reichskanzler (1932/33) erhielt die Reichswehr eine politische Schlüsselstellung. Sie stellte sich in den Dienst des Dritten Reichs (1933) und deckte den »Röhm-Putsch« (1934), der ihre Stellung stärkte. Mit Wiedereinführung der Allgemeinen Wehrpflicht erfolgte die Umwandlung in die Wehrmacht (1935).

Literatur: F. L. Carsten: Reichswehr und Politik 1918–1933. Köln, Berlin [3]1966; R. Wohlfeil/H. Dollinger: Die deutsche Reichswehr. Bilder, Dokumente, Texte. Wiesbaden 1977; M. Zeidler: Reichswehr und Rote Armee 1920–1933. Wege und Stationen einer ungewöhnlichen Zusammenarbeit. München [2]1994.

Kapp-Putsch

Rechtsextremer Umsturzversuch in der Weimarer Republik unter General von Lüttwitz und Wolfgang Kapp (März **1920**): Nach Truppenreduzierungen gemäß dem Versailler Vertrag sollte auch die

Brigade Ehrhardt aufgelöst werden: Die Brigade marschierte in Berlin ein, um die Rücknahme der Auflösung zu erzwingen (13. März 1920). Die Reichsregierung lehnte ab, die Reichswehr blieb passiv (von Seeckt: »Truppe schießt nicht auf Truppe!«). Die Reichsregierung wich über Dresden nach Stuttgart aus. Kapp und Lüttwitz bildeten eine provisorische Regierung; sie scheiterte am Generalstreik und am passiven Widerstand der Beamtenschaft vor allem in Berlin. Nach der Flucht Kapps nach Schweden (17. März 1920) erzwang der ADGB durch Fortsetzung des Generalstreiks den Rücktritt des SPD-Reichskanzlers Gustav Bauer und des Reichswehrministers Gustav Noske. Freikorps schlugen den kommunistischen Aufstand im Ruhrgebiet nieder. Danach verlor die Weimarer Koalition bei den Wahlen zum 1. Reichstag (6. Juni 1920) die absolute Mehrheit, sodass der Kapp-Putsch die Weimarer Republik nachhaltig schwächte.

Literatur: H. Hürten: Der Kapp-Putsch als Wende der Rahmenbedingungen der Weimarer Republik seit dem Frühjahr 1920. Opladen 1989; E. Könnemann/G. Schulze: Der Kapp-Lüttwitz-Ludendorff-Putsch. Dokumente. München 2001.

Brigade Ehrhardt

Freikorpsverband in Deutschland nach dem Ersten Weltkrieg (1919/20), militärischer Arm des Kapp-Putsches (13.–17. März **1920**): Die Brigade Erhardt marschierte mit Hakenkreuz am Stahlhelm in Berlin ein; sie wurde nach dem Scheitern des Putsches aufgelöst.

Hakenkreuz

(Swastika; Sanskrit: svasti = Glück, Segen) Rechtsextremes Symbol, besonders für NS-Deutschland und die deutsche NS-Bewegung: Das Hakenkreuz ist in vielen Kulturen Europas, Asiens, Afrikas, Amerikas traditionelles Sonnensymbol, als Stilisierung eines Rades des Sonnenwagens. Seit dem frühen 19. Jahrhundert war es angeblich rein »arisches« Symbol für Germanen- und Deutschtümelei und Antisemitismus. Nach dem Ersten Weltkrieg benutzte es die Brigade Ehrhardt beim Kapp-Putsch (13.–17. März **1920**) als Emblem, danach war es Signet der Parteifahne der »Deutschen Nationalsozialistischen Arbeiterpartei« im späteren Sudetenland. Die NSDAP übernahm das Hakenkreuz (1920), auch in die Staatsflagge des Dritten Reichs (1934–1945). Varianten werden von anderen Faschismen und neonazistischen Gruppen in der Bundesrepublik Deutschland benutzt.

Literatur: J. Lechler: Vom Hakenkreuz: Die Geschichte eines Symbols. Leipzig [2]1934; W. Scheuermann: Woher kommt das Hakenkreuz? Nachdruck Bremen 1983; R. Wiebel: Das Hakenkreuz, seine Herkunft und Bedeutung. Wien 1985.

Nationalsozialistische Deutsche Arbeiterpartei (NSDAP)

Rechtsextreme Partei in der Weimarer Republik (1920–1933) und Staatspartei im Dritten Reich (1933–1945), deren ideologische Grundlage der Nationalsozialismus war (1920–1945): Vorläufer der

NSDAP war u.a. die »Deutsche Nationalsozialistische Arbeiterpartei« (Mai 1918) im späteren Sudetenland, die ebenfalls die HAKENKREUZfahne benutzte (Anfang 1920). Direkte Vorgängerpartei der NSDAP war die in München gegründete DEUTSCHE ARBEITERPARTEI (**1920**), verpflichtet auf ein »unabänderliches« Parteiprogramm – für ANSCHLUSS Österreichs, Ausweitung der deutschen Kolonialmacht, deutsche Großmachtstellung, ANTISEMITISMUS. Parteiemblem war das Hakenkreuz, Zentralorgan der »Völkische Beobachter« (1920). Als »Führer« der Partei (ab 1922) hatte Hitler unumschränkte Vollmachten. Die erste Ortsgruppe außerhalb Bayerns entstand in Hannover. Parteitruppe war die SA, zum großen Teil aus ehemaligen FREIKORPSkämpfern (1921). Hitlers »Marsch auf Berlin« sollte einen Putsch gegen die Reichsregierung auslösen (HITLER-PUTSCH). Nach dem gescheiterten Marsch auf die Feldherrnhalle (9. November 1923) erfolgten Verbot und Auflösung der NSDAP. Ersatzorganisationen waren die »Großdeutsche Volksgemeinschaft« und »Nationalsozialistische Freiheitsbewegung Großdeutschlands«, die bei den Reichstagswahlen (1924 II) 14 Mandate errangen (Dezember 1924). Nach der Haftentlassung Hitlers und Neugründung der NSDAP (1925) – in Österreich nannte sich die »Hitlerbewegung« Nationalsozialistischer Deutscher Arbeiterverein (1926) – entstand die SS als Elitekader; eine neue Parteisatzung wurde verabschiedet (1926). Die Partei hielt in Weimar (1926) und Nürnberg (1926, 1929) Parteitage ab, erhielt bei Reichstagswahlen zwölf Mandate (1928) und stimmte mit der DNVP im Volksbegehren gegen den YOUNG-PLAN (1929).

Der Aufstieg begann in der WELTWIRTSCHAFTSKRISE (1929 ff.), als mit Wilhelm Frick (Landesminister in Thüringen) erstmals ein Mitglied der NSDAP einen Ministerposten errang (Januar 1930). Nachdem die NSDAP bei Reichstagswahlen 107 Mandate erzielt hatte (14. September 1930), leistete Hitlers im Ulmer Reichswehrprozess (25. Oktober 1930) einen »Legalitätseid« und schloss die NSDAP mit der DNVP und Freikorpsverbänden zur HARZBURGER FRONT zusammen (1931). Bei der Reichspräsidentenwahl verlor Hitler gegen Hindenburg, allerdings stieg die NSDAP bei den Reichstagswahlen (1932) zur stärksten Fraktion im Reichstag auf. Teilweise durch Spenden aus der Wirtschaft finanziert, betrieb die NSDAP teure Wahlkämpfe, bei denen sie sich als moderne »Volksbewegung« darstellte. Hitlers straff zentralistische Führung gliederte die NSDAP in Unterorganisationen, entwickelte neue massenwirksame Methoden der Propaganda und Techniken der Manipulation. Der Rückschlag bei den Reichstagswahlen 1932 II (196 Mandate, 6. November) löste eine Finanz- und Parteikrise aus, bis zu Hitlers »MACHTERGREIFUNG« (30. Januar 1933).

Den REICHSTAGSBRAND (27. Februar 1933) nutzte die NSDAP wahlkampftaktisch: Bei den letzten halbwegs freien Reichstagswahlen (5. März 1933) erhielt sie mit der verbündeten DNVP die absolute Mehrheit (52 %). Durch GLEICHSCHALTUNG, das ERMÄCHTIGUNGSGESETZ und die Ausschaltung der übrigen Parteien machte sich die NSDAP zur alleinigen Staatspartei (1933–1945). Ihre Nürnberger Reichsparteitage (1933–1938) waren geprägt vom Führerkult. Mit dem Sturz des DRITTEN REICHS wurde die NSDAP verboten (1945).

Literatur: D.O. Orlow: The History of the Nazi Party, 1919–1945. 2 Bde., North Pomfret (Vt.) 1969/73; E. Deuerlein (Hg.): Der Aufstieg der NSDAP. München [5]1982; P. Manstein: Die Mitglieder und Wähler der NSDAP 1919–1933. Untersuchungen zu ihrer schichtmäßigen Zusammenfassung. Frankfurt/Main [3]1990; S. Zelnhefer: Die Reichsparteitage der NSDAP. Nürnberg [2]1991; K. Pätzold/M. Weißbecker: Geschichte der NSDAP, 1920–1945. Neuausgabe Köln 1998.

Nationalsozialismus

Ideologie der NSDAP (**1920**) und des DRITTEN REICHS, als deutsche Variante des FASCHISMUS, jedoch radikaler und brutaler als der italienische Faschismus: Nationalsozialismus war gekennzeichnet durch das Streben nach einer Großmachtstellung für Deutschland, Ablehnung des VERSAILLER VERTRAGS, MILITARISMUS (Wehrerziehung), ANTISEMITISMUS (bis zum Völkermord an den JUDEN), Unterscheidung in »Herrenmenschen« (ARIER) und »Untermenschen« (Nicht-Arier, vor allem SLAWEN). Er war antidemokratisch, antiparlamentarisch, antimarxistisch, antikommunistisch, antikapitalistisch, (national)sozialistisch und (rechts)totalitär. Ihre Macht sicherten die Nationalsozialisten u. a. durch Massenindoktrination, ZENSUR, RASSISMUS und Unterdrückung Andersdenkender (TERROR, KONZENTRATIONSLAGER). Seine Ideologie lancierte Geschichtsfälschungen – vom Primat der Arier als alleinige Kulturträger über »EINKREISUNGS«- und DOLCHSTOSSLEGENDE zur »jüdisch-bolschewistischen Weltverschwörung«. Der NS-Herrschaft fielen zahlreiche Behinderte durch die »Euthanasie« (Aktion T4: »Vernichtung unwerten Lebens«) zum Opfer (1939–1942).

Analoge Strömungen in anderen Ländern erleichterten und unterstützten die Expansion des Nationalsozialismus, so die NSDAP in Österreich und Danzig, SUDETENDEUTSCHE PARTEI im Sudetenland, Faschismen in anderen Staaten als Verbündete (Italien, Spanien), als Kollaborateure in eroberten Ländern (u. a. Quisling in Norwegen) und Satellitenstaaten (u. a. USTAŠA-BEWEGUNG in Kroatien). Freiwillige wurden militärisch in SS-Einheiten organisiert. Seit dem Ende des Dritten Reichs ist der Nationalsozialismus als Ideologie des politischen Verbrechens diskreditiert. Dennoch gibt es Deutschland und anderen Ländern Erneuerungsversuche (Neonazismus).

Literatur: H. Grebing: Der Nationalsozialismus. München [18]1974; G. Grimm: Der Nationalsozialismus. Programm und Verwirklichung. München 1981; A. Drüppel: Nationalsozialismus – Gleichschaltung. Münster 1983; K. D. Bracher (Hg.): Faschismus und Nationalsozialismus. Berlin 1991; H. Kistler: Der Nationalsozialismus. München 1991; K. D. Bracher: Die deutsche Diktatur. Entstehung, Struktur, Folgen des Nationalsozialismus. Köln [7]1993; R. Knigge-Tesche (Hg.): Berater der braunen Macht. Wissenschaft und Wissenschaftler im NS-Staat. Frankfurt/Main 1999; M. Büttner: Theorie und Ideologie des Rechtsextremismus und Nationalsozialismus in Geschichte und Gegenwart. Baltmannsweiler 1999.

Friede von Trianon

Friedensvertrag der ALLIIERTEN mit Ungarn (4. Juni **1920**), einer der PARISER VORORTVERTRÄGE: Der Vertrag sanktionierte die völkerrechtliche Anerkennung der Territorialveränderungen bei Auflösung Österreich-Ungarns (1918). Ungarn verlor mehr als zwei Drittel des königlichungarischen Staatsgebiets (»Länder der STEPHANSKRONE«) mit starken magyarischen Minderheiten (Siebenbürgen, Bukowina, Arad). Zwei Drittel des Banats gingen an Rumänien, Kroatien und Slowenien, ein Drittel ging an Jugoslawien, die Slowakei (»Oberungarn« mit Preßburg) an die ČSR, das Burgenland fiel an Österreich. Trianon beschränkte die ungarische Armee auf 35 000 Mann. Die Bedingungen provozierten einen starken Revisionsdruck, der seinen Ausdruck im Dreipakt mit Italien und Österreich gegen die KLEINE ENTENTE fand (1934), zuletzt in Ungarns Position als Klientelstaat des DRITTEN REICHS (1938–1944/45).

Literatur: A. Kovács-Bertrand: Der ungarische Revisionismus nach dem ersten Weltkrieg. Der publizistische Kampf gegen den Friedensvertrag von Trianon (1918–1931). München 1997.

Friede von Sèvres

Friedensvertrag der ALLIIERTEN mit dem OSMANISCHEN REICH (10. August **1920**), einer der PARISER VORORTVERTRÄGE: Der Friede von Sèvres schrieb den Verlust Makedoniens, Thrakiens und der meisten Ägäisinseln an Griechenland fest, das auch das VÖLKERBUNDMANDAT über Smyrna und Hinterland erhielt. Rhodos u.a. Territorien fielen an Italien. Der Vertrag sanktionierte die britische Annexion Zyperns (1914), die Völkerbundmandate Großbritanniens (Irak, Palästina) und Frankreichs (Syrien, Libanon), die AUTONOMIE Armeniens und der KURDEN. Die Dardanellen kamen unter internationale Kontrolle, die Stärke des Heeres wurde begrenzt. Die Regierung des SULTANS unterzeichnete den Vertrag, provozierte damit aber nationalen Widerstand in der Türkei und leitete ihren eigenen Sturz ein. Am Ende standen die Absetzung des Sultans (1922) und die Gründung der Türkischen Republik unter Kemal Atatürk (1923). Mit ihm schlossen die Alliierten den FRIEDEN VON LAUSANNE (1923) – eine teilweise revidierte Fassung des Friedens von Sèvres –, der auch den GRIECHISCH-TÜRKISCHEN KRIEG beendete.

Palästina-Mandat

Britisches A-VÖLKERBUNDMANDAT über Palästina (mit dem heutigen Jordanien; **1920**), als völkerrechtliche Sanktionierung der BALFOUR-DEKLARATION (1917): Die Araber lehnten das Mandat ab, u.a. weil sie die Förderung der jüdischen Einwanderung und die Entstehung jüdischer Siedlungen befürchteten. Erster ziviler Hochkommissar war Sir Herbert Samuel (selbst JUDE und ZIONIST). Unter ihm fungierte die JEWISH AGENCY wie eine provisorische Regierung des jüdischen Gemeinwesens (»Jishuw«) in Palästina, rief aber Angriffe der Araber auf Juden hervor (1920/21). Nach der Abtrennung Transjordaniens (Jordaniens; 1922) forderte die nationalistische Zionistisch-Revisionistische Partei (1925) die »Revision« der Teilung des Mandats. Die Antwort waren neue Aufstände der Araber gegen die Mandatsregierung (1926–1939) sowie Unruhen, die sich vor allem in Hebron und Jerusalem an der Kontrolle der Klagemauer im Tempelbezirk entzündeten (1929). Gegen das WHITE PAPER (1939) mit Beschränkung jüdischer Einwanderung richtete sich jüdischer Widerstand, mit Anschlägen radikaler zionistischer Terrorgruppen (1945–1947). Nachdem die UNO vorgeschlagen hatte, das Mandatsgebiet zu teilen (1947), legte Großbritannien das Palästina-Mandat nieder (15. Mai 1948). Die Proklamation des Staats Israel (14. Mai) provozierte den 1. NAHOSTKRIEG (1948/49), mit dem Israel sein Territorium erweiterte: Der NAHOSTKONFLIKT hält bis heute an.

Literatur: N. Bethell: Das Palästina-Dreieck. Juden und Araber im Kampf um das britische Mandat 1935–1948. Frankfurt/Main 1979; H. Arendt: Israel, Palästina und der Antisemitismus. Berlin 1991; G. Biger: An Empire in the Holy Land. Historical Geography of the British Administration in Palestine, 1917–1929. New York u. a. 1994; N. Shepherd: Ploughing Sand. British Rule in Palestine, 1917–1948. London 1999; R. Shamir: The Colonies of Law. Colonialism, Zionism and Law in Early Mandate Palestine. Cambridge u. a. 2000.

Kommunistische Partei Frankreichs (KPF)

Die KPF entstand aus der Mehrheitsrichtung durch Spaltung der SFIO auf dem Parteitag von Tours (**1920**), mit »L'Humanité« als Zentralorgan. Sie war unter Generalsekretär Maurice Thorez (1930–1964) stalinististisch, für die VOLKSFRONT (1934), stützte aber nur bedingt die parlamentarische Volksfrontregierung (1936–1938). Nach dem HITLER-STALIN-PAKT (23. August 1939) verurteilte sie die Kriegsbeteiligung Frankreichs, wurde verboten (26. September 1939), trat aber nach dem Überfall des DRITTEN REICHS auf die UdSSR (22. Juni 1941) der RÉSISTANCE bei, in der sie bald eine führende Position einnahm. Später war die KPF Regierungspartei (1944–1947) und unterstützte den kolonialen Rückeroberungskrieg (VIETNAMKRIEG) und die Niederwerfung des Aufstands auf Madagaskar (1946). Zu Beginn des KALTEN KRIEGS wurde sie aus der Regierung gedrängt (1947), trat in die Front Républicain ein (1956), stand in Opposition zur V. FRANZÖSISCHEN REPUBLIK unter Charles de Gaulle (1958 ff.), schloss später Wahlbündnisse mit der Linken (1967–1984, mit Unterbrechungen). Sie stellte sich gegen die STUDENTENBEWEGUNG im MAI 1968 und versuchte, mit den Sozialisten ein linkes Regierungsprogramm zu realisieren (1973). Der Bruch mit den Sozialisten (1977) war begründet in der vorbehaltlosen Billigung der Politik der UdSSR: u. a. Niederschlagung des UNGARNAUFSTANDS (1956), MILITÄRINTERVENTION DES WARSCHAUER PAKTS IN DER ČSSR (1968), AFGHANISTANKRIEG (1979–1988) und KRIEGSZUSTAND in Polen (1981–1983). Bei Präsidentschafts-, Parlaments- und Kantonalwahlen (seit 1981) erlitt die KPF schwere Verluste, beteiligte sich dennoch an sozialistischen Regierungen (1981–1984, 1997–2002).

Literatur: M. Schuler: Die Kommunistische Partei Frankreichs. Ein Abriß ihrer Geschichte von der Gründung bis zur Libération. Marburg 1980; J.-J. Becker: Le parti communiste veut-il prendre le pouvoir? La stratégie du PCF de 1930 à nos jours. Paris 1981; S. Courtois/M. Lazar: Histoire du Parti communiste français. Paris 1995; R. Martelli: Le rouge et le bleu. Essai sur le communisme dans l'historie française. Paris 1995; Y. Santamaria: Histoire du Parti communiste français. Paris 1999.

Sowjetisch-polnischer Krieg

Nachfolgekonflikt des ERSTEN WELTKRIEGS: Bereits Anfang der 1920er-Jahre lehnte Polen den Grenzvorschlag Sowjetrusslands (CURZON-LINIE) ab, während die Sowjets und die KOMINTERN nach Beendigung des

Russischen Bürgerkriegs (1920) die Ausbreitung der Weltrevolution über Polen nach Mitteleuropa (Münchner Räterepublik, Ungarische Räterepublik), vor allem nach Deutschland, anstrebten. Dem begegnete das neue Polen unter Józef K. Piłsudski mit einer Offensive nach Osten, um die Ukraine durch eine Konföderation unter Führung antikommunistischer Ukrainer (Petljura) politisch zu gewinnen und Polen als europäische Großmacht zu etablieren. Der Vorstoß der Polen bis Kiew (April/Mai **1920**) scheiterte u. a. an der Passivität der von Krieg und Bürgerkrieg erschöpften Ukraine: Der Niederlage der Polen bei Kiew (Mai) folgte die Offensive der Roten Armee unter Michail N. Tuchatschewski. Zugleich blockierten Kommunisten in Frankreich, Großbritannien, Italien und der ČSR sowie Streiks in Danzig (»Hands off Russia«) Waffen- und Materiallieferungen für Polen aus dem Westen. Unerwartete Siege der Polen bei Warschau (August) und Neman (Ende September; »Wunder an der Weichsel«) und der Rückzug der Sowjets mündeten im Vorfriedensvertrag (Dezember) und Frieden von Riga (1921): Der Kommunismus blieb in Europa vorläufig auf Sowjetrussland beschränkt. Die Niederlage der Sowjets wurde Ausgangspunkt für den Konflikt zwischen Stalin und Trotzki (1924–1927): Stalin befürwortete den »Sozialismus in einem Lande«, Trotzki die »permanente Weltrevolution«. Später ließ Stalin Tuchatschewski ermorden (1937). Der sowjetische Revisionsdruck im Vorfeld des Zweiten Weltkriegs richtete sich gegen das Versailler System und Polen. Der Aufteilung Polens im Zweiten Weltkrieg zwischen dem Dritten Reich und der UdSSR (1939/41) folgte nach Kriegsende die »Westverschiebung Polens« (Annexion des Ostens durch die UdSSR) und Gründung der Volksrepublik Polen (1947–1990).

Literatur: P. S. Wandycz: Polish-Soviet Relations, 1917–1921. London 1969; N. Davies: White Eagle. Red Star. The Polish-Soviet War 1919–1920. London 1972.

Rote Armee

(eigentl.: Rote Arbeiter- und Bauern-Armee, nach 1946: Sowjetarmee) Streitkräfte Sowjetrusslands/der UdSSR, nach der Oktoberrevolution von Trotzki (Januar/Februar 1918) aus Freiwilligen aufgebaut, bis zur Allgemeinen Wehrpflicht für Arbeiter zwischen 18 und 40 Jahren (April 1918): Die Rote Armee siegte im Russischen Bürgerkrieg und in den Interventionskriegen (1918–1920), erlitt aber im Sowjetisch-polnischen Krieg (**1920**) vor Warschau Niederlagen. Nach dem Rapallo-Vertrag (1922) kooperierte sie heimlich mit der Reichswehr. Trotz blutigen Säuberungen (1937/38) siegte die Rote Armee im unerklärten Grenzkrieg gegen Japan (1937/38). Im Zweiten Weltkrieg besetzte sie Ostpolen (17. September 1939), erlitt im Winterkrieg gegen Finnland (1939/40) anfangs schwere Niederlagen. Sie überstand die Offensiven der Wehrmacht im »Großen Vaterländischen Krieg« (1941/42) und siegte dank Umrüstung, Nachschub der Alliierten, Divisionen aus Sibirien, T-34 und Stalinorgeln. In Stalingrad brach sie die Offensivkraft der Wehrmacht (1942/43) und übernahm nach der deutschen Niederlage bei Kursk (Juli 1943) die strategische Initiative.

Nach 1945 installierte die Rote Armee Volksdemokratien in Ost-, Südost- und Ostmitteleuropa (1945/47) und sicherte die sowjetische Oberherrschaft durch militärische Interventionen (gegen den AUFSTAND DES 17. JUNI 1953 in der DDR, den UNGARNAUFSTAND 1956, den PRAGER FRÜHLING 1968 in der ČSSR) und Stationierung außerhalb der UdSSR (Ungarn, Polen, ČSSR). Im eigenen Selbstverständnis war sie die beste, stärkste und modernste Armee der Welt, Garant des Friedens und Instrument zur Ausbreitung der Weltrevolution, verlor aber den AFGHANISTANKRIEG (1979–1988). Nach Auflösung der UdSSR ging die Sowjetarmee in Armeen der Nachfolgestaaten auf. Erst danach wurde das Ausmaß der Misshandlungen und Grausamkeiten gegenüber einfachen Soldaten allgemeiner bekannt.

Vorher hießen auch kommunistische Revolutionseinheiten Rote Armee, so in der UNGARISCHEN RÄTEREPUBLIK (1919), in Deutschland (1920–1923).

Literatur: P. Gasztony: Die rote Armee. Geschichte und Aufbau der sowjetischen Streitkräfte seit 1917. München 1980; C. Schofield: Die Rote Armee. Zürich 1991; M. Zeidler: Reichswehr und Rote Armee 1920–1933. Wege und Stationen einer ungewöhnlichen Zusammenarbeit. München 1994; V. Koop: Zwischen Recht und Willkür. Die Rote Armee in Deutschland. Bonn 1996.

Destour-Partei

(arab.: destur = Verfassung) Liberal-konstitutionelle Partei in Tunesien (gegründet **1920**): Sie trat für Wiedereinsetzung der vorkolonialen Verfassung Tunesiens und Gleichberechtigung der Tunesier und Unabhängigkeit Tunesiens ein. Sie erreichte aber nur konsultative Räte mit Kompetenzen (1922). Daher wurde sie durch die SEZESSION der radikaleren NEO-DESTOUR-PARTEI unter Habib Bourgiba (1934) geschwächt.

Literatur: K. Münchow: Nationalreformismus in Programmatik und Politik der Sozialistischen Destourpartei Tunesiens. Leipzig 1991.

National Congress of British West Africa (NCBWA)

Erste moderne Organisation der Afrikaner südlich der Sahara und nördlich Südafrikas: Gegründet in Accra (**1920**) von Vertretern der modernen afrikanischen Eliten der vier britischen KOLONIEN Westafrikas (Gambia, Sierra Leone, Goldküste/Ghana, Nigeria), mit Schwerpunkt an der Goldküste, organisierte der NCBWA Konferenzen an wechselnden Orten (1920–1930) und setzte sich für die Autonomie der afrikanischen Kolonien ein. In der WELTWIRTSCHAFTSKRISE (1929 ff.) verlor er zugunsten radikaler Organisationen an Bedeutung (nach 1930).

Literatur: D. Kimble: A Political History of Ghana 1850–1928. Bd. 1. Oxford [2]1965, S. 374–403.

Jewish Agency (JA)

Gemäß Art. 4 des PALÄSTINA-MANDATS (**1920**) repräsentatives Gremium für den Jischuw (jüdische Gemeinschaft in Palästina) zur Beratung und Kooperation mit der Mandatsregierung, eng verbunden mit der World

Zionist Organisation (WZO): Nach langwierigen Verhandlungen begann die Jewish Agency, erweitert um Vertreter zionistischer und nichtzionistischer jüdischer Organisationen (1929, zunächst im Verhältnis 1:1). Präsident der Jewish Agency war satzungsgemäß der Präsident der WZO, zunächst Chaim Weizman. Durch die PERSONALUNION an der Spitze und kraft des Faktischen wurden Jewish Agency und WZO fast identisch; sie agierten faktisch als jüdisch-zionistische Nebenregierung zur Mandatsregierung und (so nicht genannte) Provisorische Regierung des kommenden »Judenstaats« (Theodor Herzl) – daher auch der offizielle Zusatz »for Israel« zum Namen der Jewish Agency. Aufgaben waren die Förderung der jüdischen Einwanderung nach Palästina, die Pflege der jüdischen Religion, Kultur, des Hebräischen und landwirtschaftlicher Siedlungen sowie der Erwerb von Land als jüdisches Eigentum. Im Staat Israel (seit 1948) besteht die Jewish Agency weiter, engagiert sich u. a. für Integration mittelloser Einwanderer durch Sprachkurse – in enger Zusammenarbeit mit der Regierung, aber auch mit Friktionen über Kompetenzen.

Literatur: Y. Katz: Partner to Partition. The Jewish Agency's Partition Plan in the Mandate Era. London u. a. 1998.

Organisation Consul (O. C.)

Rechtsextreme Untergrund- und TERRORorganisation in Deutschland, nach dem ERSTEN WELTKRIEG, aus FREIKORPSmitgliedern von Korvettenkapitän a. D. Hermann Ehrhardt (1881–1971) in München (1920) gegen die WEIMARER REPUBLIK gegründet. O. C.-Mitglieder verübten die Morde an Matthias Erzberger (**1921**) und Walther Rathenau (1922) sowie das Blausäure-Attentat auf Philipp Scheidemann (1922). Gegen Gerichtsverfahren deckte die bayerische Regierung die O. C. Dennoch wurden 20 Mitglieder wegen Geheimbündelei verurteilt (1924), restliche Mitglieder bildeten teilweise den Bund Wiking (1923–1928).

Literatur: H. Langemann: Das Attentat. Hamburg 1957; E. J. Gumbel: Vom Fememord zur Reichskanzlei. Heidelberg 1962.

Friede von Riga

Friede zwischen Polen und Sowjetrussland zur Beendigung des SOWJETISCH-POLNISCHEN KRIEGS (1920), nach einem Vorfriedensvertrag (Dezember 1920) in Riga geschlossen (18. März **1921**): Der Friede bestimmte die Grenze zwischen Sowjetrussland und Polen östlich der CURZON-LINIE – Westweißrussland und die Westukraine gingen an Polen (bis 1939), bis zur sowjetischen Okkupation (17. September 1939) und Annexion Ostpolens zu Beginn des ZWEITEN WELTKRIEGS.

Kronstädter Aufstand

Erhebung von Matrosen und Arbeitern in der Seefestung Kronstadt bei Petrograd (28. Februar **1921**), als Protest gegen den wirtschaftlichen Zusammenbruch Sowjetrusslands und die HUNGERSNOT im Gefolge des

RUSSISCHEN BÜRGERKRIEGS und des »KRIEGSKOMMUNISMUS«: Die Aufständischen forderten die Neuwahl von SOWJETS, ZENSURfreiheit für die linke Presse, Freilassung politischer Gefangener, Zulassung aller sozialistischen Parteien, gleiche Lebensmittelrationen, Abschaffung der Getreiderequisition, freie Verfügung der Bauern und Kleinhandwerker über ihre Produkte. Die ROTE ARMEE unter Trotzki und Tuchatschewski schlug den Aufstand blutig nieder (7.–17. März), gefolgt von der NEUEN ÖKONOMISCHEN POLITIK (NEP).

Literatur: S. Berkman: Die Kronstadt-Rebellion. Berlin 1923. Nachdruck Berlin 1990; A. Skirda: Kronstadt 1921. Prolétariat contre bolshevisme. Paris 1971; F. Kool/E. Oberländer (Hg.): Arbeiterdemokratie oder Parteidiktatur. München 1972; P. H. Avrich: Kronstadt 1921. Princeton (N.J.) ^{2}1991.

Kriegskommunismus

Sowjetische Wirtschaftsform im RUSSISCHEN BÜRGERKRIEG (1917–1921): Verstaatlichungen, Kommunen in der Landwirtschaft und harte Requisitionen provozierten Konflikte mit Bauern und Handwerkern, und führten zum ökonomischen Kollaps und Protest im KRONSTÄDTER AUFSTAND (**1921**), dem Lenin, nach blutiger Niederschlagung, mit der NEUEN ÖKONOMISCHEN POLITIK (NEP) begegnete. Den Kriegskommunismus nahm Stalin im 1. FÜNFJAHRESPLAN (1929–1933) wieder auf.

Literatur: C. P. Roberts: »War Communism«, in: Slavic Review 1970, S. 238–261; S. Merl (Hg.): Sowjetmacht und Bauern. Dokumente zur Agrarpolitik und zur Entwicklung der Landwirtschaft während des »Kriegskommunismus« und der neuen ökonomischen Politik. Berlin 1993.

Neue Ökonomische Politik (NEP)

(russ.: Nowaja ekonomitscheskaja politika) Wirtschaftspolitik Lenins als Reaktion auf den KRIEGSKOMMUNISMUS und den KRONSTÄDTER AUFSTAND (**1921**): Die NEP lockerte das kommunistische Wirtschaftssystem durch Konzessionen an den Marktmechanismus. Ein relativ freier Binnenhandel, Privatisierung des Handwerks und kleinerer Unternehmen, ausländische Investitionen und eine feste Naturalsteuer (statt willkürlicher Getreiderequisitionen) gaben der Wirtschaft Auftrieb. Stalins zentrale Planwirtschaft (FÜNFJAHRESPLAN, 1929–1933) löste die NEP ab.

Literatur: E. Zaleski: Planning for Economic Growth in the Soviet Union, 1928–1932. Chapel Hill 1980; A. Nove: An Economic History of the USSR, 1917–1991. London u. a. ^{3}1992.

Aufstand der Rif-Kabylen

Aufstand von BERBERN im Rif-Gebirge (Atlas) unter Abd el-Krim gegen die Beschlüsse der Konferenz von San Remo (1920) und die spanische Protektoratsmacht in Marokko (**1921**): Der Aufstand war zunächst erfolgreich, bis hin zur Proklamation der unabhängigen Rif-Republik (1921), und löste in Spanien eine politische Krise aus. Nach dem Übergreifen des Aufstands auf die französische Zone (1922) warfen französische Truppen unter Pétain den Aufstand nieder (1925/26).

Dennoch war er wichtige Etappe der DEKOLONISATION: Abd el-Krim unterstützte im Kairorer Exil den ALGERIENKRIEG (1954–1962).

Literatur: D. W. Wollman: Rebels in the Rif. Abd El Krim and the Rif Rebellion. Stanford 1968; Abd el-Krim et la République du rif. Actes du colloque international d'études historiques et sociologiques 18–20 janvier 1963. Paris 1976.

Kommunistische Partei Chinas (KPCh)

Größte kommunistische Partei, entstanden aus der BEWEGUNG DES 4. MAI (1919) durch Fusion marxistischer Gruppen, beeinflusst von der OKTOBERREVOLUTION (1917) und der KOMINTERN, gegründet in Shanghai (**1921**): Die KPCh konzentrierte sich auf Arbeiter in den Städten und GEWERKSCHAFTEN (z. B. der Eisenbahner) und bildete eine Einheitsfront mit der KUOMINTANG (KMT, 1923). Nach dem Tod Sun Yat-sens (1925) brach die KMT mit der KPCh. Das Verbot der KPCh durch die KMT-Regierung und die Zerschlagung von KPCh-Zellen in den Städten (vor allem in Shanghai) mündeten in Aufstände der KPCh (1927) und den 1. Bürgerkrieg in seiner agrarrevolutionären Phase (1927–1937). Der Versuch, auf Moskauer Direktive Städte zu erobern, scheiterte an Offensiven der KMT (1928–1934). Nach dem LANGEN MARSCH (1934/35) gewann Mao Tse-tung eine neue Machtbasis im Norden (Shensi) und erzwang die erneute Einheitsfront mit der KMT. Der erfolgreiche Guerillakrieg im 2. CHINESISCH-JAPANISCHEN KRIEG (1937–1945) war Ausgangsbasis für den endgültigen Sieg im 2. Bürgerkrieg (1946–1949) und die Gründung der VOLKSREPUBLIK CHINA (1949).

Die Volksrepublik half Nordkorea im KOREAKRIEG (1950–1953) und Vietnam im VIETNAMKRIEG (1949–1975). Nach innen gab es häufige Wechsel von Generallinien und Kampagnen. Der Bodenreform und Vernichtung der GENTRY (1947–1952) und Kollektivierung der Landwirtschaft (1955/56) folgten die liberalere »LASST-100-BLUMEN-BLÜHEN«-Bewegung (1957), der GROSSE SPRUNG nach vorn mit VOLKSKOMMUNEN (1958). Die KULTURREVOLUTION nach dem Bruch mit Moskau (1960) war durch Mao-Kult und innere Konflikte geprägt, mit Einfluss auf die Neue Linke im Westen (1966–1974). Nach dem Tod Maos (1976) und der Ausschaltung der VIERERBANDE vollzog die KPCh unter Deng Xiaoping eine Öffnung der Märkte nach Westen unter Beibehaltung der eigenen Herrschaft – nach innen mit harter Hand (Massaker auf dem Tienanmen-Platz 1989) –, die sich in der rasanten Industrialisierung allmählich lockert.

Literatur: J. Guillermaz: Histoire du Parti Communiste Chinois (1921–1949). Paris 1968; J. P. Harrison: Der lange Marsch zur Macht. Die Geschichte der Chinesischen Kommunistischen Partei von ihrer Gründung bis zum Tode Mao Tse-tungs. Stuttgart 1977; T. Kampen: Die Führung der KP Chinas und der Aufstieg Mao Tse-tungs. (1931–1945). Berlin 1998.

Rapallo-Vertrag

Vertrag zwischen Deutschland und Sowjetrussland, am Rande der Wirtschaftskonferenz von Genua in Rapallo (**1922**): Vertragsinhalte waren wechselseitige Anerkennung, diplomatische Beziehungen, Verzicht der Sowjets auf REPARATIONEN bzw. Auslandsguthaben, MEISTBEGÜNSTIGUNG, wirtschaftliche Zusammenarbeit, gefolgt von geheimer Zusammenarbeit zwischen REICHSWEHR und ROTER ARMEE gegen Versailles und Polen. Der Vertrag stieß auf Misstrauen im Westen (»Rapallo-Komplex«). Die antipolnische Zielsetzung wurde weitergeführt im BERLINER VERTRAG (1926) und im geheimen Zusatzprotokoll zum HITLER-STALIN-PAKT (1939), bis zur erneuten Teilung Polens (1939–1941).

Literatur: H. Helbig: Die Träger der Rapallo-Politik. Göttingen 1958; C. Fink (Hg.): Genoa, Rapallo, and European Reconstruction in 1922. Cambridge 1991; H. Klümpen: Deutsche Außenpolitik zwischen Versailles und Rapallo. Revisionismus oder Neuorientierung? Münster 1992.

Washingtoner Flottenabkommen

Internationaler Vertrag zur Begrenzung der Flottenrüstung (**1922**) mit Festlegung von Höchstgrenzen für Tonnage und Bewaffnung von Großkampfschiffen, schweren Kreuzern und Flugzeugträgern: Die Gesamtstärke der Flotten der USA, Großbritanniens, Japans, Frankreichs und Italiens sollte sich im Verhältnis 5:5:3:1,75:1,75 bewegen; der Vertrag wurde von Japan gekündigt (1934).

Literatur: H. Kowark: Die Konferenz in Washington 1921–1922. Archivalien, Literaturbericht und Bibliographie, in: Jahresbibliographie Bibliothek für Zeitgeschichte 45/1973, S. 473–503; H. Kowark: Die französische Marinepolitik 1919–1924 und die Washingtoner Konferenz. Stuttgart 1978.

Irischer Bürgerkrieg

Bürgerkrieg nach dem ANGLO-IRISCHEN KRIEG (1919–1921): Der Teilungsvertrag (1921) löste die Spaltung von SINN FÉIN und IRA aus und mündete in einen blutigen Bürgerkrieg zwischen Befürwortern und Gegnern der Teilung (**1922**/23), bis zum Sieg der Befürworter (1923).

Literatur: C. Young: Ireland's Civil War. London 1968.

Marsch auf Rom

(ital.: Marcia su Roma) Bewaffneter Sternmarsch 30 000 italienischer Faschisten auf Rom (27./28. Oktober **1922**), nach dem antiken Vorbild Sullas (88, 82 v. Chr.): Mussolini erzwang eine Koalition aus Faschisten, Liberalen, Konservativen und Christlicher Volkspartei (30. Oktober 1922), als Auftakt zum FASCHISMUS in Italien. Spätere Nachahmungen waren Hitlers »Marsch auf Berlin« als Auftakt zum (gescheiterten) HITLER-PUTSCH in Deutschland (1923), der »Marsch auf Madrid« Primo de Riveras, der die Militärdiktatur in Spanien (1923–1930) erzwang.

Literatur: A. Repaci: La marcia su Roma. Mito e realità. Mailand ^{2}1972; H. Woller: Rom, 28. Oktober 1922. Die faschistische Herausforderung. München 1999.

Union der Sozialistischen Sowjetrepubliken (UdSSR)

Offizieller Name der Sowjetunion (30. Dezember **1922**): Formal eine Föderation, war die UdSSR stets streng zentralistisch organisiert, unter HEGEMONIE der Großrussen und der KPdSU(B) unter Stalin und seinen

Nachfolgern. Die forcierte Industrialisierung durch Planwirtschaft (1. Fünfjahresplan, 1929–1933) ging einher mit der Zwangskollektivierung der Landwirtschaft, u.a. mit erzwungener Sesshaftmachung und Zwangsumsiedlungen (1929–1933). Der Stalinismus richtete sich gegen Oppositionelle und Nichtrussen; Mitglieder »feindlicher« Klassen wurden ermordet oder deportiert (Säuberungen, 1934–1938); Instrumente waren (Tscheka/GPU/NKWD/KGB) und Gulag. Der Beitritt zum Völkerbund (1934–1939) und Bündnisse, u.a. mit Frankreich und der ČSR (1935), durchbrachen die Isolierung. Die Intervention in den Spanischen Bürgerkrieg (1936–1939) war nicht von Erfolg gekrönt. Das Münchner Abkommen (1938) wurde Anstoß zum Hitler-Stalin-Pakt (23. August 1939), mit Aufteilung Polens (September/Oktober) und wirtschaftlicher Zusammenarbeit mit dem Dritten Reich (bis 1941). Im besetzten Ostpolen erstickte die sowjetische Besatzungsmacht jeden Widerstand im Keim, u.a. durch Terror und Massendeportationen praktisch aller Gebildeten nach Sibirien und Zentralasien (1939–1941). Stalins Sowjetisch-finnischer Winterkrieg (1939–1941) ermöglichte die territoriale Expansion im Norden.

Nach dem deutschen Überfall auf die Sowjetunion (22. Juni 1941) mobilisierte Stalin die Bevölkerung zum »Großen Vaterländischen Krieg« (1941–1945). Das Bündnis mit den Westmächten und deren Materialhilfen ermöglichten, nach dem Sieg bei Stalingrad (1943), Offensiven der Roten Armee (1943–1945). Auf der Jalta-Konferenz und der Potsdamer Konferenz legte die UdSSR die Grundlagen (1945) für ihre Expansion nach dem Zweiten Weltkrieg. Sie errichtete ihre Hegemonie durch die Sowjetisierung Ostmittel- und Südosteuropas (1945–1947) zu Beginn des Kalten Kriegs, u.a. initutionalisiert im Rat für gegenseitige Wirtschaftshilfe (RGW/COMECON, 1949–1990) und im Warschauer Pakt (1955–1990). Sie brach mit kommunistischen Staaten, die sich nicht der Kominform fügten – Jugoslawien (1948), Volksrepublik China (1960), Albanien (1961) – und ging notfalls auch mit Militärinterventionen gegen Reformbestrebungen in den assoziierten Staaten vor: gegen den Aufstand des 17. Juni in der DDR (1953), gegen den Ungarnaufstand (1956) und den Prager Frühling (1968), im Afghanistankrieg (1979–1988), aber schon nicht mehr zur Beendigung der Polenkrise (1980 ff.).

Nach Stalins Tod (1953) eröffnete Chruschtschow nach innen im »Tauwetter« die Entstalinisierung (u.a. Auflösung des Gulag, Rehabilitation der Opfer), nach außen auf dem XX. Parteitag der KPdSU die Politik der Friedlichen Koexistenz (1956), verschärfte aber durch militärische Unterstützung für revolutionäre Befreiungsbewegungen in der Dritten Welt den Systemgegensatz zum Westen. Im Rahmen der Neuen Ostpolitik (1970) schloss die UdSSR den Moskauer Vertrag mit der Bundesrepublik, während sie massiv aufrüstete, zuletzt mit SS-20-Raketen, auf die der Westen mit dem NATO-Doppelbeschluss antwortete (1979).

Der Afghanistankrieg (1979–1988) und das Wettrüsten mit den Amerikanern überforderten die Kräfte der UdSSR. Gleichzeitig verschärfte sich die innere Paralyse unter den greisen und kranken

Generalsekretären Breschnew (1965–1982), Andropow (1982–1984) und Tschernenko (1984/85). Gorbatschow (1985–1991) leitete Reformen mit GLASNOST und PERESTROIKA ein (1986). Der Vertrag mit den USA über die Reduzierung der Mittelstreckenraketen (1987) ermöglichte die Entspannung im Ost-West-Konflikt. Mit dem ZUSAMMENBRUCH DES KOMMUNISMUS zerfiel die UdSSR. Seitdem gehören Russland und die meisten ehemaligen Sowjetrepubliken zur GEMEINSCHAFT UNABHÄNGIGER STAATEN (GUS).

Literatur: F. Meyer: UdSSR, Gesicht einer Weltmacht. Vom selbstzerstörerischen Drang nach Überlegenheit. Hamburg 1986; H.-H. Nolte: Rußland, UdSSR. Geschichte, Politik, Wirtschaft. Hannover 1991; D. Vernet: Die UdSSR. Freiburg 1991; R. Pipes: The Formation of the Soviet Union. Communism and Nationalism, 1917–1923. Cambridge (Mass.) [6]1997.

Nationale Partei Südafrikas

(afrikaans: Nasionale Party van Suid-Afrika; engl.: National Party) Partei der englandfeindlichen BUREN in Südafrika: Die Partei entstand unter James B. M. Hertzog als Abspaltung der Südafrikanischen Partei (1914) und vertrat anfangs vor allem die burische Unterschicht. Sie bildete nach dem von Jan C. Smuts niedergeschlagenen STREIK am Witwatersrand (**1922**) mit der LABOUR PARTY eine Koalitionsregierung (1924–1933), die die APARTHEID durch ihre »civilized labour policy« radikalisierte, durch Bevorzugung der Weißen gegenüber Schwarzen bei Arbeitsplätzen (JOB RESERVATION). In der WELTWIRTSCHAFTSKRISE koalierte sie mit der Südafrikanischen Partei (1933) und fusionierte mit ihr zur UNITED PARTY (UP, 1934). Zugleich spalteten sich Gegner der Fusion von beiden Parteien ab (1934): Die neue DOMINION PARTY war für enge Anlehnung an Großbritannien, die Gesäuberte Nationale Partei (GNP) unter Daniel F. Malan für den burischen Nationalismus; die UP bildete die Regierung unter Hertzog und Smuts (bis 1939).

Im ZWEITEN WELTKRIEG wechselten Gegner des Kriegseintritts Südafrikas um Hertzog von der UP zur GNP, die sich wieder in Nationale Partei (NP) umbenannte (1940). Nach Kriegsende bildete die NP nach ihrem Wahlsieg eine Koalitionsregierung mit der Afrikaanerpartei (1948), verschärfte die Apartheid und vereinigte sich mit der Afrikaanerpartei (1951). Von der NP spaltete sich die Konservative Partei ab (1982), die zum ernsthaften Konkurrenten aufstieg, gerade angesichts der Lockerung der Apartheid. Die NP leitete unter ihrem Vorsitzenden (1988–1997) und Staatspräsidenten (1989–1994) de Klerk die Abschaffung der Apartheid ein, gegen zum Teil gewaltsamen Widerstand in der weißen Bevölkerung (1993). Aus den von einem Übergangsrat vorbereiteten Parlamentswahlen (1994) ging die NP als zweitstärkste Kraft hervor, de Klerk wurde Zweiter Vizepräsident der »Regierung der Nationalen Einheit« (1994–1996). Nach der Stabilisierung der politischen Verhältnisse zog sich die NP aus der Regierung zurück (1997) und ist seitdem wichtigste Oppositionspartei.

Literatur: H. D. Lass: Nationale Integration in Südafrika. Die Rolle der Parteien zwischen den Jahren 1922 und 1934. Hamburg 1969; H. R. Bilger: Südafrika in Geschichte und Gegenwart. Konstanz 1976; J. Fisch: Geschichte Südafrikas. München [2]1991.

Labour Party von Südafrika

Partei der Englisch sprechenden weißen Arbeiterschaft (»poor white«) in Südafrika, nach Gründung der SÜDAFRIKANISCHEN UNION (1910): Die Labour Party erzielte nach STREIKS der weißen Bergarbeiter (1913) und dem GENERALSTREIK (1914) erste Wahlerfolge in Transvaal (1914), arbeitete beim Streik am Witwatersrand (**1922**) eng mit der NATIONALEN PARTEI (NP) zusammen und bildete nach einem Wahlsieg eine Koalitionsregierung mit der NP (1924–1933). Nach dem Wahlsieg der Südafrikanischen Partei und NP ging die Labour Party in die Opposition (1933). Sie beteiligte sich an der Kriegskoalition (1939–1945) und schloss ein Wahlbündnis mit der UNITED PARTY (1948, 1953). Sie war zuletzt mit nur noch fünf Mandaten im Parlament vertreten (1953–1958).

Literatur: wie zu Nationale Partei.

Ruhrkampf

Konflikt zwischen Frankreich und Deutschland (1923) über der REPARATIONSfrage: Französische und belgische Truppen besetzten das Ruhrgebiet (19. Januar **1923**) nach einem Rückstand deutscher Sachlieferungen (Grubenholz) zur Eintreibung »produktiver Pfänder«. Die Reichsregierung Wilhelm Cuno (1922/23) reagierte mit PASSIVEM WIDERSTAND (19. Januar 1923) und verweigerte die Zusammenarbeit: Die Franzosen wiesen daraufhin deutsche EISENBAHN- und POSTbeamte aus dem Ruhrgebiet aus, während das Reich die Arbeitslosen im Ruhrgebiet (rd. 2 Mio.) finanziell unterstützte. Nach Reparationslieferungen an Frankreich wurde die Produktion im Ruhrgebiet eingestellt. Der Wirtschaftsboykott durch Frankreich verschärfte die INFLATION und beschleunigte den wirtschaftlichen Zusammenbruch der Weimarer Republik. Sabotageakte, meist von ehemaligen FREIKORPSmitgliedern, beantwortete die französische Verwaltung mit Todesstrafen. Zugleich operierte die KPD mit nationalistischen Parolen in der nationalen Einheitsfront. Die GROSSE KOALITION unter Gustav Stresemann beendete den passiven Widerstand (26. September 1923), der DAWES-PLAN (1924) leitete das Ende der Ruhrbesetzung ein (bis August 1925).

Literatur: J. F. Flynn: The 1923 Ruhrcrisis as a Two Front War. Intra-German and German-French Confrontations. Ann Arbor (Mich.) 1980; M. Ruck: Die Freien Gewerkschaften im Ruhrkampf 1923. Köln 1986; B. Müller: Passiver Widerstand im Ruhrkampf. Eine Fallstudie zur gewaltlosen zwischenstaatlichen Konfliktaustragung und ihren Erfolgsbedingungen. Münster 1995; S. Jeannesson: Poincaré, la France et la Ruhr 1922–1924. Histoire d'une occupation. Straßburg 1998; E. O'Riordan: Britain and the Ruhr Crisis. Basingstoke 2001.

Inflation

(lat.: inflare = aufblähen) Geldentwertung über einen längeren Zeitraum, mit Preisanstieg: Inflation (im älteren Sprachgebrauch: »Teuerung«) ist ein universales Phänomen in komplexeren Wirtschaftsstrukturen. Auf Geldentwertung reagiert die Volkswirtschaft mit Zunahme der zirkulierenden Geldmengen (MÜNZEN oder PAPIERGELD) und ihrer Umlaufgeschwindigkeit, Preiserhöhungen, Flucht in Sachwerte, Schwarzmarkt und Kapitalflucht. Charakteristisch ist auch das Dominieren einer ausländischen Währung (z. B. 1921–1923 des US-Dollars in Deutschland, 1980–1990 des US-Dollars und der DM-West in Polen). Im Extrem führt Inflation zur Zurückweisung von Geld als Zahlungsmittel überhaupt, zum Rückfall in den Tauschhandel.

Historisch gab es zwei Formen der Inflation durch Geldentwertung: In älterer Zeit löste die Verringerung des Edelmetallgehalts (staatlich oder privat, z. B. »Kipper und Wipper«, 17. Jh.) bei gleichbleibendem Nominalwert Münzverschlechterung aus, in der Neuzeit (seit Einführung des Papiergelds) führte vermehrtes und rascheres Drucken von Papiergeld ohne ausreichende Deckung (z. B. durch Goldbestände) zur modernen Form der Inflation. Inflationen können beginnen durch exzessive Ausgaben (meist für Krieg und Rüstung, umfangreiche öffentliche Bautätigkeit, extreme Staatsverschuldung), hohe Investitionen, massive Einfuhr von Edelmetallen, rasches Wirtschaftswachstum (Hochkonjunktur), auch parallel zu raschem Bevölkerungswachstum.

Zu unterscheiden ist zwischen langfristiger und kurzfristiger Inflation: Langfristige Inflation kann über Jahrhunderte verlaufen, in Antike und Mittelalter z. B. im römischen Kaiserreich (von Augustus bis Konstantin dem Großen), in Byzanz nach der Schlacht von Manzikert (1071), im Mamluken-Sultanat von Delhi (ca. 1340). In der Neuzeit löste das Einströmen amerikanischen Silbers seit dem 16. Jahrhundert eine langfristige Inflation aus (»Preisrevolution«). Kurzfristige, aber extreme Inflationsschübe erfolgten im Dreissigjährigen Krieg (1618–1648), in und nach dem Amerikanischen Unabhängigkeitskrieg (1776–1783), in der Französischen Revolution (Assignaten; 1789–1796), in den USA im Sezessionskrieg (1861–1865), in allen Krieg führenden Ländern in und nach dem Ersten Weltkrieg, besonders in Deutschland, Österreich, Ungarn, Sowjetrussland, Polen.

In der Weimarer Republik verschärften die Inflation zusätzlich die Finanzierung der Kriegskosten mit Kriegskrediten und Kriegsanleihen, Reparationen, der Ruhrkampf und die Spekulation gegen die Mark im Inland, kurzfristige Kredite der Reichsbank an die Industrie mit Rückzahlung in inzwischen entwerteten Summen zum Nominalwert (Reichsbankpräsident von Havenstein: »Mark gleich Mark«). Die Inflation erreichte ihren Höhepunkt im Krisenjahr **1923**, als Quelle vielfältiger innerer Konflikte. Zur Überwindung der Inflation wurde die Währung auf die Rentenmark (1 Billion Mark = 1 Rentenmark) umgestellt (15. November 1923). Folgen der Hyperinflation waren Verarmung bis Proletarisierung des bürgerlichen Mittelstandes, Entschuldung des bäuerlichen Grundbesitzes und des Staats, Konzentration der Wirtschaft.

Nach dem Zweiten Weltkrieg beendete die Währungsreform (1948) die erneute Geldentwertung in Deutschland. Eine allgemeine Weltinflation setzte mit dem Koreakrieg/Koreaboom (1950–1953) ein, beschleunigt durch den Vietnamkrieg der USA (ca. 1965 ff.), Erdölschock (1973 ff.), massive Aufrüstung der UdSSR (1972 ff.) und USA unter Ronald Reagan (1981 ff.). Die Weltinflation verschärfte in den kommunistischen Ländern die ökonomische Misere, vor allem in Polen (ab ca. 1976; Polenkrise 1985–1992). Nach dem Zusammenbruch

DES KOMMUNISMUS beschleunigte die Inflation die krisenhafte Zuspitzung in den postkommunistischen Staaten bei der Umstellung von der Plan- auf die Marktwirtschaft. In verschiedenen Regionen der Welt, z. B. in Lateinamerika, sind schwere Inflationen chronisch.

Insgesamt sind Inflationen Symptom und Faktoren der Verschärfung ökonomischer, sozialer und politischer Krisen.

Literatur: W. Guttmann/P. Meehan: The Great Inflation. Germany 1919–1923. London 1976; C. L. Holtferich: Die deutsche Inflation 1914–1923. Berlin, New York 1980; G. D. Feldman (Hg.): Konsequenzen der Inflation. Berlin 1989; G. D. Feldman: The Great Disorder. Politics, Economics, and Society in the German Inflation, 1914–1924. New York u. a. [2]1997.

Reichsexekution

Einschreiten der REICHSWEHR nach Art. 48 der WEIMARER VERFASSUNG gegen SPD/KPD-Regierungen (»Regierungen der republikanischen und proletarischen Verteidigung« gegen den FASCHISMUS) in Sachsen und Thüringen (Oktober/November **1923**), deren proletarische Hundertschaften zu ihrer Bewaffnung zunehmend Waffenschmuggel trieben: In der Polarisierung zwischen (rechter) »Ordnungszelle Bayern« und linkem Sachsen-Thüringen verbot die Reichswehr die proletarischen Hundertschaften wegen TERRORS und Einschüchterung (13. Oktober), worüber sich die KPD hinwegsetzte (15. Oktober), SPD-Ministerpräsident Zeigner deckte im Sächsischen Landtag illegale Organisationen der »Schwarzen Reichswehr« auf (17. Oktober). Berlin rief den Ausnahmezustand aus und ließ zur Sicherung des inneren Friedens die Reichswehr in Sachsen (22. Oktober) und Thüringen (24. November) einrücken. Nach Absetzung der SPD/KPD-Koalitionsregierungen bildeten sich in Thüringen und Sachsen wieder SPD-Regierungen. Folgen der Reichsexekution waren der Auszug der SPD aus der GROSSEN KOALITION Stresemann (2. November) und Sturz des Kanzlers (23. November).

Literatur: H. Weiler: Die Reichsexekution gegen den Freistaat Sachsen unter Reichskanzler Dr. Stresemann im Oktober 1923. Historischer, politischer Hintergrund, Verlauf und staatsrechtliche Beurteilung. Frankfurt/Main 1987; Landeszentrale für Politische Bildung Thüringen (Hg.): Die »Reichsexekution« 1923 in Thüringen. Erfurt 1997.

Hitler-Putsch

Putschversuch der NSDAP in München (8./9. November **1923**), im Krisenjahr 1923: Nach Hitlers Übernahme der NSDAP in München (1920) wuchs der rechtsextreme Einfluss in Bayern. Den Konflikt zwischen Bayern und dem Reich (1923) nutzte Hitler, der bei NSDAP, SA und rechtsextremen Kampfbünden Unterstützung fand. Auf einer Versammlung der Rechtsverbände im Münchner Bürgerbräukeller proklamierte er den »Marsch auf Berlin« (nach dem Vorbild von Mussolinis MARSCH AUF ROM, 1922) und erklärte die bayerische Regierung, den Reichspräsidenten und die Reichsregierung Gustav Stresemann für abgesetzt (8. November 1923). Auf ein Verbot der NSDAP und der rechtsextremen Kampfbünde reagierte Hitler mit dem »Marsch zur Feldherrnhalle«. Bei blutigen Zusammenstößen mit der Polizei (9. November) starben 16 Putschisten und 3 Polizisten, Hitler wurde nach einem Fluchtversuch verhaftet und vor Gericht gestellt (1924). Im DRITTEN REICH ließ Hitler Gedenkfeiern in München abhalten (8./9. November), einmal mit einem misslungenen Attentat auf Hitler (8. November 1939).

Literatur: E. Deuerlein (Hg.): Der Hitlerputsch. Bayerische Dokumente zum 8./9. November 1923. Stuttgart 1962; H.-J. Gordon: Hitlerputsch 1923. Machtkampf in Bayern 1923–1924. München [2]1978; R. Jordan: Der Hitler-Putsch vom 8. November 1923. Der Hitler-Prozeß – 1924. Bremen 1986; J. Dornberg: Der Hitlerputsch. 9. November 1923. München [2]1998.

Große Koalition

Reichsregierungen in der WEIMARER REPUBLIK aus WEIMARER KOALITION (SPD, DDP, ZENTRUM) und gemäßigten Rechtsparteien (DVP, 1923) sowie der Bayerischen Volkspartei (BVP, 1928–1930):

- Große Koalition unter Stresemann (13. August–23. November **1923**): Sie beschloss den Abbruch des RUHRKAMPFES. Im Doppelkonflikt mit Bayern und SPD/KPD-Regierungen in Sachsen und Thüringen entschied sich Stresemann für die REICHSEXEKUTION in Sachsen und Thüringen (22. Oktober) und Bayern vor dem Hintergrund des HITLER-PUTSCHES (8./9. November). Zur Beendigung der INFLATION beschloss sie die Währungsumstellung auf die RentenMARK (ab 15. November). Aus Protest gegen die Reichsexekution verließ die SPD die Koalition (2. November) und stürzte die Regierung Stresemann (23. November).
- Große Koalition unter Hermann Müller (SPD, DDP, Zentrum, BVP, DVP, 1928–1930): Sie wurde geschwächt durch den Konflikt um den Panzerkreuzer »A«, zerbrach in der WELTWIRTSCHAFTSKRISE (1929) an der steigenden Arbeitslosigkeit (27. März 1930), als letzte vom REICHSTAG gestützte Regierung, gefolgt von PRÄSIDIALKABINETTEN. Große Koalitionen bestanden auch in zahlreichen Ländern des Reichs (bis 1932/33).

Auch: In der BUNDESREPUBLIK: GROSSE KOALITION (CDU/CSU/SPD; 1966–1969), in Bundesländern; in der 2. REPUBLIK ÖSTERREICH (1947–1966, 1987–2000; PROPORZ).

Friede von Lausanne

Friedensschluss zwischen ALLIIERTEN und der Türkischen Republik unter Kemal Atatürk (**1923**) zur Beendigung des letzten Nachfolgekriegs des ERSTEN WELTKRIEGS, vor allem mit Griechenland, das versucht hatte, das griechisch bewohnte Kleinasien zu erobern, um das großgriechische (panhellenische) Projekt (»megala idéa«) zu verwirklichen: Der Friede ersetzte den FRIEDEN VON SÈVRES (1920), den das OSMANISCHE REICH verworfen hatte. Wichtigste dauerhafte Ergebnisse waren beiderseitige Umsiedlungen, von Griechen aus Kleinasien, Türken aus (vor allem Nord-)Griechenland als faktische, nunmehr völkerrechtlich sanktionierte ETHNISCHE SÄUBERUNGEN. Außerdem verloren Armenier und KURDEN die AUTONOMIE, die ihnen der Friede von Sèvres gewährt hatte, womit sich der Konflikt mit den Armeniern verlängerte, bis zur faktischen

Auslöschung der Armenier in der Türkei, während der Konflikt mit den Kurden erst begann, bis hin zum faktischen Krieg gegen die PKK.

Red Scare Letter ▪

Name für einen Brief des Vorsitzenden des Exekutivkomitees der KOMINTERN Grigori J. Sinowjew mit Anweisungen zur Entfachung einer REVOLUTION in Großbritannien während des Wahlkampfs (**1924**): Die Bekanntgabe des Briefs löste in Großbritannien eine schwere politische Krise aus und schadete der LABOUR PARTY bei den Wahlen. Die Labour Party hielt den Brief für gefälscht, was bisher herrschende Meinung war. Nach Bekanntwerden kommunistischer Praktiken stellt sich die Frage nach Echtheit oder Fälschung des Sinowjew-Briefs jedoch neu.

Dawes-Plan ▪

Vertrag zwischen Deutschland und den Westmächten zur Neuregelung der REPARATIONEN mit Sanierung der Wirtschaft, auf einer Konferenz in London (mit deutscher Beteiligung) unterzeichnet (16. August **1924**): Basis war das Gutachten eines Sachverständigenausschusses der alliierten Reparationskommission, geleitet vom US-Bankier Charles G. Dawes. Der Dawes-Plan sah vor: Senkung der Reparationen (Geld- und Sachlieferungen) für fünf Jahre auf 2,5 Mrd. GoldMARK pro Jahr; Belastung von Reichsbahn und Reichsbank als Pfänder; Verpfändung der Zölle und Verbrauchssteuern; Verpflichtung der deutschen Industrie, den Zinsendienst für Obligationen über 5 Mrd. Goldmark zu tragen; Auslandsanleihen über 800 Mio. Goldmark zur Stabilisierung der Mark, weitere Auslandskredite, vor allem aus den USA; Räumung des Ruhrgebiets; einen deutsch-französischen Handelsvertrag.

Dagegen agitierte vor allem die extreme Rechte. Der Dawes-Plan wurde vom REICHSTAG mit Stimmen der DNVP (Reflex der Kreditwünsche der Industrie) angenommen und konnte in Kraft treten (1. September). Er ermöglichte den Wirtschaftsaufschwung und Rückgang rechts- wie linksextremer Wählerstimmen bei den nächsten Reichstagswahlen 1924 II (Dezember). Dawes erhielt den FriedensNOBELPREIS (1925). Später wurde der Plan aufgehoben (1928), ersetzt vom YOUNG-PLAN (1929).

Literatur: W. Link: Die amerikanische Stabilisierungspolitik in Deutschland 1921–1932. Düsseldorf 1970; E. Wandel: Die Bedeutung der Vereinigten Staaten von Amerika für das Reparationsproblem 1924–29. Tübingen 1971; J. Flaskamp: Aufgaben und Wirkungen der Reichsbank in der Zeit des Dawes-Planes. Bergisch Gladbach 1986.

»Mein Kampf« ▪

Adolf Hitlers programmatisches Buch, geschrieben während der Festungshaft in Landsberg nach dem HITLER-PUTSCH (1923) und Hitler-Prozess (**1924**), mit Bd. 1 (1925) und Bd. 2 (1927): Das Buch erschien in vielen Auflagen, auch im Ausland. Es kündigte die Schwerpunkte des NS-Programms nach innen (rechtsextreme Diktatur, ANTISEMITISMUS) und außen (gewaltsame Expansion) an und begründete die völkisch-rassistische Ideologie des NATIONALSOZIALISMUS.

Literatur: K. Lange: Hitlers unbeachtete Maximen. »Mein Kampf« und die Öffentlichkeit. Stuttgart 1968; B. Zehnpfennig: Hitlers Mein Kampf. Eine Interpretation. München 2000; W. Maser: Adolf Hitlers Mein Kampf. Geschichte, Auszüge, Kommentare. Esslingen [9]2001.

Reichsbanner »Schwarz-Rot-Gold«

Republikanische Selbstschutzorganisation, gegründet in Magdeburg von Vertretern der früheren WEIMARER KOALITION mit Schwergewicht bei der SPD (**1924**): Der militärisch organisierte Verband kämpfte in der Agonie der WEIMARER REPUBLIK (1930–1933) gegen Parteiarmeen der NSDAP (SA, SS) und KPD (Roter Frontkämpferbund) in Straßen- und Saalschlachten. Die EISERNE FRONT stärkte ihn verbal, aber nicht real (1931). Das Reichsbanner blieb beim »Papenschlag« (20. Juli 1932) und bei der »MACHTERGREIFUNG« (30. Januar 1933) passiv. Es wurde zu Beginn des DRITTEN REICHS aufgelöst (März 1933).

Literatur: H. Gotschlich: Zwischen Kampf und Kapitulation. Zur Geschichte des Reichsbanners Schwarz-Rot-Gold. Berlin 1987; U. Grimm (Red.): Dokumentation zur Ausstellung »Reichsbanner Schwarz-Rot-Gold« anläßlich des 75. Gründungsjubiläums vom 24. Februar bis 16. April 1999 im Landtag von Sachsen-Anhalt. Magdeburg 1999; R. Becker: Der Wahrheit die Ehre! Das Reichsbanner Schwarz-Rot-Gold – die vergessene »Judenschutztruppe« der Weimarer Republik. Wiesbaden 2000.

Troika

(russ.: Gespann von drei Pferden vor Schlitten/Kutsche) Labile Übergangskonstellationen in der KPdSU beim Machtkampf um die Nachfolge eines starken kommunistischen Führers, zuerst nach Lenins Tod (**1924**) aus Stalin, Sinowjew und Kamenew gegen Trotzki: Nach Stalins Tod entstand die Troika von Chruschtschow, Malenkow und Berija (1953). Nach der Ermordung Berijas (1953) und dem Sturz Malenkows (1955) hatte Chruschtschow die alleinige Macht inne (1955–1964). Die Troika lebte nach Breschnews Tod (1982) nicht wieder auf. Stattdessen betonte Generalsekretär Andropow die »kollektive Führung«.

Literatur: H. Brahm: Trotzkijs Kampf um die Nachfolge Lenins 1923–1926. Köln 1964; B. Souvarine: Stalin. Anmerkungen zur Geschichte des Bolschewismus. München 1980, S. 303–81.

Locarno-Pakt (Locarno-Verträge)

Nach der Locarno-Konferenz (5.–16. Oktober 1925) abgeschlossenes komplexes Vertragswerk mit mehreren Einzelverträgen zwischen Deutschland, Frankreich, Belgien, Großbritannien, Italien, Polen und der ČSR, unterzeichnet in London (1. Dezember **1925**): Voraussetzung war besonders die Verständigung zwischen Stresemann und Briand. Die Verträge begründeten ein Sicherheitssystem für Mitteleuropa im Rahmen des VÖLKERBUNDS, bei gleichberechtigter Teilnahme Deutschlands (Kollektive Sicherheit). Im Kernstück, dem West-/Rheinpakt, verzichtete Deutschland auf eine Revision der Westgrenze mit Frankreich und Belgien; Frankreich verpflichtete sich zur vorzeitigen Räumung des

Rheinlands. Hinzu kamen Schiedsverträge u.a. zwischen Deutschland, Frankreich und Belgien sowie zwischen Deutschland, Polen und der ČSR (aber ohne OST-LOCARNO und ohne Garantie durch Frankreich und Großbritannien). Ferner erkannte Deutschland Defensivverträge Frankreichs mit Polen und der ČSR an, verzichtete auf gewaltsame Revision seiner Ostgrenzen. Der Locarno-Pakt trat erst mit dem deutschen Eintritt in den Völkerbund in Kraft (1926). Außerdem enthob das Schlussprotokoll das Reich von der Pflicht, sich an Völkerbundaktionen gegen die UdSSR zu beteiligen (Art. 16 der Völkerbundsatzung: Durchmarschrecht durch Deutschland). Zur Westorientierung Deutschlands ausgelegt, wurde der Locarno-Pakt ausbalanciert vom RAPALLO-VERTRAG (1922) und BERLINER VERTRAG mit der UdSSR (1926), bei Aufrechterhaltung des deutschen Revisionsanspruchs nach Osten. Die Unterzeichnung der Locarno-Verträge veranlasste die DNVP-Minister zum Austritt aus der Reichsregierung. Für ihre Leistung erhielten die Außenminister Chamberlain (1925), Briand und Stresemann (1926) den Friedensnobelpreis. Der Kündigung der Locarno-Verträge durch das DRITTE REICH (1936) folgte die REMILITARISIERUNG DES RHEINLANDES.

Literatur: H. Rößler/E. Hölzle: Locarno und die Weltpolitik 1924–1932. Göttingen 1969; J. Jacobson: Locarno Diplomacy. Princeton (N. J.) 1972; F. Knipping: Deutschland, Frankreich und das Ende der Locarno-Ära, 1928–1931. München 1987.

Ost-Locarno

Name für die Forderung Polens und der ČSR nach Vollendung der LOCARNO-VERTRÄGE (**1925**) durch Deutschlands Anerkennung seiner Ostgrenzen auf der Locarno-Konferenz (analog zum deutschen Revisionsverzicht im Westen), was Deutschland und die Westmächte ablehnten.

Literatur: C. Höltje: Die Weimarer Republik und das Ost-Locarno-Problem 1919–34. Würzburg 1958; M. Alexander: Der deutsch-tschechoslowakische Schiedsvertrag von 1925 im Rahmen der Locarno-Verträge. München, Wien 1970; R. Schattkowsky (Hg): Locarno und Osteuropa. Fragen eines europäischen Sicherheitssystems in den 20er Jahren. Marburg 1994.

Kommunistische Partei der Sowjetunion (KPdSU)

Linkstotalitäre Staats- und Regierungspartei der Sowjetunion (1917/18–1919), hervorgegangen aus der SDAPR, die sich in »Kommunistische Partei (Bolschewiki)« (1918) umbenannte, dann in »KPdSU (B)« (= Bolschewiki, **1925**) und Kommunistische Partei der Sowjetunion (KPdSU, 1952) ohne Zusatz »Bolschewiki«: Die Partei war organisiert nach dem Prinzip des »demokratischen Zentralismus« mit Willensbildung von oben nach unten und bedingungslosem Gehorsam. Sie stützte sich auf die Geheimpolizei (TSCHEKA, GPU, NKWD, KGB), propagierte die Diktatur des Proletariats und die Weltrevolution unter Führung der Sowjetunion (UdSSR). Die KPdSU dominierte die in Moskau gegründete KOMINTERN (1919). Als Reaktion auf den KRONSTÄDTER AUFSTAND (1921) ersetzte sie den KRIEGSKOMMUNISMUS durch die NEUE ÖKONOMISCHE POLITIK (NEP, 1921).

In Nachfolgekämpfen nach Lenins Tod (1924 ff.) bildete sich eine Troika, in der sich Stalin gegen Trotzki durchsetzte (1925) und die Partei zum Instrument seiner persönlichen Herrschaft machte (Personenkult, Stalinismus). Innenpolitisch forcierte er die Bürokratisierung und eine zentrale Wirtschaftsplanung im Rahmen des 1. Fünfjahresplans (1929–1933), um die Produktion in Industrie und Landwirtschaft massiv zu steigern. Kern des Fünfjahresplans war die Kollektivierung der Landwirtschaft mit Vernichtung der Kulaken. Mit Säuberungen (1934–1938) und Terror verfolgte Stalin echte und vermeintliche Gegner rücksichtslos. Außenpolitisch initiierte er die Politik der Volksfront westeuropäischer kommunistischer Parteien (1934) und vereinbarte im Hitler-Stalin-Pakt (1939) eine begrenzte Kooperation mit dem Dritten Reich (1939–1941). Nach dem Angriff Deutschlands auf die Sowjetunion proklamierte Stalin den Großen Vaterländischen Krieg gegen Deutschland (1941–1945). Nach dem Krieg brach er mit Jugoslawien (1948), bekämpfte Titoismus und »nationalistische« Abweichungen.

Nach Stalins Tod (1953) leitete die Partei unter Chruschtschow (1955–1964) in Abkehr von den Herrschaftsmethoden Stalins eine Kurskorrektur ein (Entstalinisierung). Für die Außenpolitik entwickelte er die Politik der »Friedlichen Koexistenz, brach mit China (1960) und propagierte den »Gulaschkommunismus«. Breschnew, nach dem Sturz Chruschtschows (1964) Erster Parteisekretär (1964–1982), bekräftigte den sowjetischen Vorherrschaftsanspruch im Ostblock (Breschnew-Doktrin) und rechtfertigte so den Einmarsch der Warschauer-Pakt-Truppen in die ČSSR zur Unterdrückung des Prager Frühlings (1968). Nach einer Phase der Entspannung gegenüber den NATO-Staaten (u. a. Abrüstungsvereinbarungen) geriet die Ost-West-Entspannung mit dem Afghanistankrieg (1979) und der Polenkrise (1980 ff.) ins Stocken. Innenpolitisch war das Land von einer permanenten Wirtschaftskrise und einer bürokratisierten Oligarchie (»Nomenklatura«) mit Privilegien und Korruption gelähmt. Auf Breschnews Tod folgten die greisen Generalsekretäre Andropow (1982–1983) und Tschernenkow (1983–1985). Gorbatschow (1985–1991) wollte die KPdSU und ihr System durch Reformen retten, erreichte aber mit Perestroika und Glasnost nur das Gegenteil: Die KPdSU wurde nach dem gescheiterten Augustputsch gegen Gorbatschow verboten (1991). Als Nachfolgeorganisation konstituierte sich in Russland die Kommunistische Partei der Russischen Föderation (KPFR, 1993).

Literatur: K. Westen: Die KPdSU und der Sowjetstaat. Köln 1968; R. G. Wesson: Lenin's Legacy: The Story of the CPSU. Stanford (Cal.) 1978; M. Volensky: Nomenklatura. Die herrschende Klasse der Sowjetunion. Wien 1980; B. M. Ponomarjow u. a.: Geschichte der Kommunistischen Partei der Sowjetunion. Frankfurt/Main [3]1984; H. Brahm: Der historische Holzweg der KPdSU. Köln 1991.

Generalstreik

Ausweitung des Streiks als ökonomische oder politische Waffe auf die gesamte Wirtschaft: Schon Androhung oder Ankündigung konnte Druckmittel in Krisensituationen werden (»Alle Räder stehen still, wenn dein starker Arm es will!«). Im SYNDIKALISMUS galt Generalstreik als Waffe im Klassenkampf, die 2. INTERNATIONALE diskutierte ihn auf dem Stuttgarter Kongress (1907) zur Verhinderung des Kriegs. Generalstreiks konnten Vorstufe zur REVOLUTION werden, z. B. in Russland 1905, Deutschland und Österreich-Ungarn 1918; sogar die neutrale Schweiz erschütterte ein Generalstreik (1918).

Als politisches Druckmittel war der Generalstreik gegen den KAPP-PUTSCH erfolgreich (1920). In Großbritannien drohten die Gewerkschaften gegen die konservative Regierung Baldwin im Kampf um Löhne und Arbeitsbedingungen im Kohlenbergbau mit Generalstreik (1925). Zur Unterstützung eines Bergarbeiterstreiks (Mai–November 1926) streikten Eisenbahner, Transport-, Eisen-, Stahl- und Bauarbeiter sowie Drucker (3.–12. Mai **1926**). Der »Generalstreik« brach nach zehn Tagen zusammen, da Churchill als Innenminister ihn durch harte Gegenmaßnahmen unterlief. Folgen des Scheiterns waren die Aufhebung des Siebenstundentags und Lohnsenkungen (im Trade Disputes and Trade Unions Act, 1927). Die Konservativen, moralisch geschwächt, verloren die nächsten Unterhauswahlen (1929): Großbritannien erhielt die 2. LABOUR-Minderheitsregierung (bis 1931).

Generalstreiks sind ein häufiges Instrument in sozialpolitischen und politischen Konflikten, z. B. in Spanien (1934), Frankreich unter der VOLKSFRONTregierung (1936). Im AUFSTAND DES 17. JUNI proklamierte die Arbeiterschaft der DDR (vor allem Ostberlins) einen Generalstreik (1953). Auch in Polen drohte die »SOLIDARNOŚĆ« mit Generalstreik (1980/81).

Literatur: R. P. Arnot: The General Strike, May 1926. Its Origin and History. London 1926, Nachdruck New York 1967; K. Laybourn: The General Strike of 1926. Manchester u. a. 1993.

Berliner Vertrag

Vertrag auf fünf Jahre zwischen WEIMARER REPUBLIK und Sowjetunion in Berlin (**1926**), zum Ausbalancieren der deutschen Westbindung durch die LOCARNO-VERTRÄGE (1925) und den bevorstehenden Eintritt Deutschlands in den VÖLKERBUND: Mit Billigung der Westmächte und zur Beruhigung der UdSSR versprachen sich die Partner, in einem Verteidigungskrieg oder bei einem Wirtschaftsboykott neutral zu bleiben – Deutschland würde sich nicht an kriegerischen oder wirtschaftlichen Maßnahmen des Völkerbunds gegen die UdSSR beteiligen. Der Berliner Vertrag, vom Reich zweimal verlängert (1931, 1933), verlor bald danach seine Relevanz.

Literatur: L. Zimmermann: Deutsche Außenpolitik in der Ära der Weimarer Republik. Göttingen 1958.

(2.) Balfour-Deklaration

Grundsatzerklärung zur britischen DOMINIEN-Politik, benannt nach dem britischen Außenminister Arthur Balfour, auf Druck der Dominien (besonders Südafrikas) auf der Empire-Konferenz (»Imperial Conference«) in London (Oktober/November **1926**): Die Dominien erhielten formal AUTONOMIE, faktisch SOUVERÄNITÄT im COMMONWEALTH, »durch gemeinsame Treue zur Krone miteinander verbunden«, verankert durch das WESTMINSTER STATUTE (1931).

Literatur: wie zu Commonwealth.

Britisch Commonwealth of Nations

(kurz: British Commonwealth) Nachfolgeorganisation des britischen Empire, durch Föderalisierung und DEKOLONISATION: Die weißen Siedlungskolonien Großbritanniens in Übersee erhielten nach Umwandlung in DOMINIEN mit der (2.) BALFOUR-DEKLARATION (**1926**) und dem WESTMINSTER STATUTE (1931) faktische SOUVERÄNITÄT. Sie hielten auch im ZWEITEN WELTKRIEG loyal zu Großbritannien. Seit der DEKOLONISATION und Aufnahme farbiger Dominien (1947 ff.) hat das Commonwealth nur noch repräsentative und konsultative Bedeutung.

Literatur: W. D. McIntyre: The Commonwealth of Nations. Origins and Impact, 1869–1971. Minneapolis 1977; J. Baden (Hg.): Empire, Commonwealth, Europe. The Course of Britain's Foreign Relations. Stuttgart 1988; M. Kitchen: The British Empire and Commonwealth. A Short History. Basingstoke u. a. 1996.

Duce

(ital.: Führer) Titel Mussolinis als Führer des italienischen FASCHISMUS (**1926**), wie zuvor schon Hitler als »Führer« der NSDAP (1921).

Literatur: Ch. Hibbert: Der Duce. Das Leben des Benito Mussolini. Rastatt 1987.

Nordfeldzug

Etappe in der CHINESISCHEN REVOLUTION, Kampagne der KUOMINTANG (KMT) gegen WARLORDS im Norden Chinas: Die KMT-Armee eroberte im Süden (Kwangtung, Kwangsi) – zunächst im Bündnis mit der KPCh (**1926**–1928) – Wu-han (1926). Danach spaltete sich die KMT in einen linken (Wang Ching-wei, 1884–1944) und rechten Flügel (Chiang Kai-shek). Nach Eroberung Shanghais durch revolutionäre Arbeiter besetzte die KMT-Armee die Stadt mit Massakern an Kommunisten, eskalierend zum Bruch mit der KPCh und Bildung der Nationalregierung in Nanking (1927). Die KMT eroberte Peking (1928), die Mandschurei wurde ihr unterstellt: Der Nordfeldzug begründete die KMT-Herrschaft über China, als Ausgangslage zum Bürgerkrieg (bis 1949).

Literatur: J. Domes: Vertagte Revolution. Die Politik der Kuomintang in China. 1923–1927. Berlin 1969.

Legion des Erzengels Michael

(rumän.: Legiunea Arhanghelului Mihail) Faschistische Bewegung in Rumänien, in Anlehnung an die Lehren Mussolinis, Barres und Maurras rekrutiert aus studentischen und militärischen Kreisen: Als Abspaltung der Nationalen Liga zur Christlichen Verteidigung des Antisemiten Alexandru C. Cuza (* 1857, † 1947) entstand in Iasi die antidemokratische, antikommunistische und antisemitische Legion des Erzengels Michael (**1927**). Ihr Führer (Capitanul), Corneliu Zelea Codreanu, Sohn eines Lehrers deutsch-polnischer Abstammung, kopierte paramilitärische Organisation und Führerkult vom italienischen FASCHISMUS und deutschen NATIONALSOZIALISMUS, mit der EISERNEN GARDE als politischem Arm (1930). Das Ideal war Erzengel Michael, der Führer der himmlischen Heerscharen gegen Satan. Religöser Mystizismus und zivilisationsfeindliche Verherrlichung der orthodoxen Volkskultur als Inkarnation des Reinen unterscheidet die Legion von westlichen Faschismen. Anarchische Feindschaft gegen die »parasitäre Stadt«, Appelle an nationale Opferbereitschaft, Unbestechlichkeit und Selbstverleugnung zogen enttäuschte Jugendliche und Bauern an, der soziale Messianismus brachte den Segen der orthodoxen Kirche.

Als die Legion unter Ministerpräsident Ion Gheorghe Duca (1933) massiv verfolgt wurde (Presseverbot, Tötung mehrerer Legionäre), ermordeten Anhänger der Legion Duca (1933). Nach dem Verbot der Eisernen Garde gründete Codreanu mit General Gheorghe Cantacuzino-Granicerul die Partei »Alles für das Vaterland« (1934) und wurde mit ihr drittstärkste Fraktion (1937). König Karl II. stellte durch Staatsstreich das Land unter Kriegsrecht, verbot die Parteien und ließ Codreanu töten (1938). Unter General Antonescu war die Legion, geführt von Horea Sima (*1907, †1993), an der Regierung beteiligt (1940/41), unterlag jedoch im innerrumänischen Machtkampf und wurde in Vorfeld des Kriegs gegen Russland von Hitler fallen gelassen (Januar 1941). Sima und führende Legionäre verbrachten den Krieg als »Ehrenhäftlinge« in deutschen KZs. Nach dem Krieg und dem Freispruch im NÜRNBERGER PROZESS gingen die Legionäre meist ins Spanien Francos. Nach 1989 versuchte sie vergeblich, in Rumänien wieder Fuß zu fassen. [G. I./V. R.]

Literatur: A. Ronnett: Romanian Nationalism: The Legionary Movement. New York 1974; F. V. Rodriguez: La quardia de hierro: fascismo y populismo agraria Romania, Diss. Barcelona 1981; E. Hibbeln: Codreanu und die Eiserne Garde. Siegen 1984; A. Heinen: Die Legion Erzengel Michael in Rumänien. München 1987.

Briand-Kellogg-Pakt

Internationaler Vertrag, von 15 Staaten (u. a. Signatarstaaten der LOCARNO-VERTRÄGE 1925) in Paris unterzeichnet (**1928**, in Kraft seit 1929), benannt nach den Außenministern Frankreichs (Aristide Briand) und der USA (Frank B. Kellogg): Der Pakt ächtete den »Krieg als Mittel für die Lösung internationaler Streitfälle«, zuletzt durch den Beitritt von 63 Staaten (1939). Kellogg erhielt den FriedensNOBELPREIS (1929).

Literatur: E. Buchheit: Der Briand-Kellogg-Pakt von 1928 – Machtpolitik oder Friedensstreben? Münster 1998.

Maginotlinie

Befestigungslinie an der Ostgrenze Frankreichs, auf Betreiben Pétains nach Erfahrungen des ERSTEN WELTKRIEGS (Verdun, 1916) erbaut (1929–1940), benannt nach dem französischen Kriegsminister André

Maginot (**1929**–1932), mit betonierten unterirdischen Befestigungen, Bunkern und Panzersperren: Hitler ließ dagegen den (schwächeren) Westwall bauen (1938–1940). Im ZWEITEN WELTKRIEG umging die Wehrmacht die Maginotlinie im Frankreichfeldzug (Mai/Juni 1940) durch das neutrale Belgien von Norden und bedrohte sie vom Westen.

Literatur: E. Antérieu: Grandeur et sacrifice de la ligne Maginot. Paris 1962; Kurt Grasser u. a.: Westwall, Maginotlinie, Atlantikwall. Bunker- und Festungsbau 1930–1945. Herrsching 1988.

Fünfjahresplan

Instrument der Planwirtschaft in kommunistischen Ländern: Der 1. Fünfjahresplan (**1929**–1933) der UdSSR forcierte die Schwerindustrie als Grundlage für die Rüstungsindustrie auf Kosten der Landwirtschaft; deren Zwangskollektivierung forderte Millionen von Opfern (KULAKEN, Nomaden) durch Massaker und Verhungern. Die WELTWIRTSCHAFTSKRISE (1929 ff.) gefährdete den Fünfjahresplan, u. a. durch Sinken der Rohstoffpreise für den Export. Der Fünfjahresplan wurde im DRITTEN REICH (VIERJAHRESPLAN, 1936), nach der DEKOLONISATION auch in Entwicklungsländern nachgeahmt.

Literatur: E. Zaleski: Stalinist Planning for Economic Growth 1933–1952. Chapel Hill, London 1980; A. Nove: The Soviet Economic System. Boston u. a. [3]1988.

Young-Plan

Plan zur Neuregelung der deutschen REPARATIONSlasten, benannt nach dem Vorsitzenden der Pariser Sachverständigenkonferenz, dem US-Bankier Owen D. Young: Der Young-Plan löste den DAWES-PLAN (1924) ab und trat nach Ratifizierung (17. Mai 1930) in Kraft (rückwirkend zum 1. September **1929**). Kernpunkte waren: Verteilung der Reparationen auf 37 Jahresraten von durchschnittlich 2,05 Mrd., danach 22 Jahresraten von 1,65 Mrd. ReichsMARK (bis 1988); Ende der Kontrollen über Reichsbahn und Reichsbank; internationale Anleihe für Reparationsleistungen (1930); Räumung des Rheinlands (fünf Jahre vor der im VERSAILLER VERTRAG vorgesehenen Frist, 1930). Der Young-Plan scheiterte an der WELTWIRTSCHAFTSKRISE (1929 ff.), war Ausgangspunkt für die Agitation der KPD und extremen Rechten. Das Volksbegehren von NSDAP und DNVP gegen den Young-Plan misslang, verhalf der NSDAP jedoch erstmals zu politischem Einfluss.

Literatur: J. Curtius: Der Young-Plan. Stuttgart 1950; M. Vogt (Hg.): Die Entstehung des Youngplans. Boppard 1970; G. Meyer: Die deutsche Reparationspolitik von der Annahme des Young-Plans im Reichstag (12. März 1930) bis zum Reparationsabkommen auf der Lausanner Konferenz (9. Juli 1932). Bonn 1991; P. Heyde: Das Ende der Reparationen. Deutschland, Frankreich und der Youngplan 1929–1932. Paderborn u. a. 1998.

»Schwarzer Freitag«

Sturz der Kurse an der New Yorker BÖRSE (Wall Street, 29. Oktober **1929**) – Beginn der WELTWIRTSCHAFTSKRISE (1929 ff.).

Literatur: F. Blaich: Der Schwarze Freitag. Inflation und Wirtschaftskrise. München [3]1994;

H. Bierman: The Causes of the 1929 Stock Market Crash. A Speculative Orgy or a New Era? Westport (Conn.) u. a. 1998.

Weltwirtschaftskrise

3. WIRTSCHAFTSKRISE (1929–ca. 1933), nach früheren Weltwirtschaftskrisen (1857, 1873) die schwerste und politisch folgenreichste: Der Kollaps der Aktienkurse an der New Yorker BÖRSE am »SCHWARZEN FREITAG« (29. Oktober **1929**) kam nach einer langen Hochkonjunktur, mit Rationalisierung und hektischer Hochspekulation in den USA (»Roaring Twenties«). Nach dem Börsenkrach griff die Wirtschaftskrise auf die gesamte Welt über, mit gravierenden Folgen – Rückgang der Produktion, Arbeitslosigkeit, Pleiten von Firmen und BANKEN, Ende des FREIHANDELS durch Warenkontingentierungen und Schutzzölle (zuerst in den USA), Deflation und Abwertungen. Auch in liberal gebliebenen Staaten folgten mäßige Eingriffe des Staats (Keynesianismus).

Die Weltwirtschaftskrise stürzte viele Staaten in politische Krisen, besonders die von der INFLATION geschwächte WEIMARER REPUBLIK, auf dem Höhepunkt mit 6 Mio. Arbeitslosen (1932), abhängig von Krediten im Rahmen des DAWES-PLANS: Dem Sturz der GROSSEN KOALITION (1930) folgten PRÄSIDIALKABINETTE (1930–1933) und das DRITTE REICH (1933–1945). Die Krise förderte in Österreich den Staatsstreich von Engelbert Dollfuß (1933), in den Balkanländern KÖNIGSDIKTATUREN. In Großbritannien zogen die Pfundabwertung und das Abgehen vom Goldstandard den Sturz der 2. Labour-Regierung nach sich, die Spaltung der LABOUR PARTY und die Bildung des NATIONAL GOVERNMENT (1931–1935). Frankreich litt unter häufigen Regierungswechseln (1930–1934). Den rechtsextremen Putschversuch (6. Februar 1934) beantwortete die Linke mit der VOLKSFRONT (1936–1938).

In Spanien folgten nach dem Sturz der MONARCHIE die 2. SPANISCHE REPUBLIK (1931–1936/39) und der SPANISCHE BÜRGERKRIEG (1936–1939), in Italien verschärfte sich der FASCHISMUS. In der UdSSR gefährdeten die fallenden Rohstoffpreise die anlaufende Industrialisierung im 1. FÜNFJAHRESPLAN, verschärften TERROR gegen Bauern (KULAKEN) und Nomaden, bis zu den SÄUBERUNGEN (1934–1938). In Japan beendete ein Militärstaatsstreich (1932) die »Parteienherrschaft« (seit 1918). Der Militärstaat (unter formalem Fortbestand der Verfassung aus der MEIJI-ÄRA) setzte mit der Besetzung der Mandschurei (1931) und dem (2.) CHINESISCH-JAPANISCHEN KRIEG (1937–1945) die territoriale Expansion Japans fort. In Portugal errichtete António Salazar (1932–1968) seinen autoritären Ständestaat (»Estado Novo«) nach italienischem Vorbild. In den USA kamen die Demokraten an die Macht (1932), die unter Franklin D. Roosevelt die Reformpolitik des NEW DEAL einleiteten (1933 ff.). Argentinien kam unter die Militärdiktatur (1930–1946) Juan D. Peróns (1946 ff.). Chile schwankte zwischen Militärdiktatur (1931/32), sozialistischer REPUBLIK (1932), Militärdiktatur (1932) und Herrschaft der VOLKSFRONT (1936–1947). In Brasilien gründete Getúlio D. Vargas als Diktator (1930–1945) einen autoritären Ständestaat nach portugiesischem und italienischem Vorbild.

Australien erhielt nach dem Sturz der Labor Party eine konservative Regierung (1931). In Neuseeland fusionierten Konservative und Liberale (= National Party) gegen den Aufstieg der Labour Party (1931), die erstmals die Regierung stellte (1935–1949). In der SÜDAFRIKANISCHEN UNION zerbrach die Koalition der NATIONALEN PARTEI mit der LABOUR PARTY (1933), kam die neue UNITED PARTY (1933) unter Hertzog und Smuts an die Macht (bis 1939). Allgemeinste Folge war der ZWEITE WELTKRIEG. Der Neoliberalismus schürte die Hoffnung, aus den Lehren von 1929 ließen sich künftig Weltwirtschaftskrisen vermeiden. Dies erwies sich spätestens seit der Weltwirtschaftskrise nach dem ERDÖLSCHOCK (1973 ff.) als Illusion.

Literatur: C. P. Kindleberger: Die Weltwirtschaftskrise 1929–1939. München [3]1984; H. James: Deutschland in der Weltwirtschaftskrise 1924–1936. Darmstadt 1988; B. S. Bernanke: Essays on the Great Depression. Princeton (N.J.) 2000; P. Clavin: The Great Depression in Europe, 1929–1939. Basingstoke u. a. 2000.

Kulaken

(russ.: kulak = Bauer) Bauern, seit den Reformen Stolypins (1906–1911) besonders Mittel- und Großbauern in Russland: Stalin befahl während des 1. FÜNFJAHRESPLANS (**1929**–1933) die Vernichtung der Kulaken als Vertreter eines »agrarischen Kapitalismus«; mehrere Millionen starben. Zwangsweise Umsiedlung der Bauern in die Städte zur Forcierung der Industrialisierung und Kollektivierung der Landwirtschaft (Kolchosen, Sowchosen) stürzten die UdSSR in eine schwere HUNGERSNOT (1931/32), mit langfristigen Strukturschäden in der Landwirtschaft und chronischen Versorgungsmängeln. Nach sowjetischem Vorbild folgte auch in anderen Ländern nach der Errichtung der kommunistischen Herrschaft die Vernichtung des freien Bauerntums (z. B. China, Vietnam), mit entsprechenden Wirkungen.

Literatur: T. Shanin: The Awkward Class. Political Sociology of Peasantry in a Developing Society. Russia 1910–1925. Oxford 1972.

Königsdiktatur

Typische Herrschaftsform des Balkans zwischen ERSTEM WELTKRIEG und ZWEITEM WELTKRIEG mit faschistischen Zügen, in Bulgarien (1923–1944), Jugoslawien (**1929**–1941), Griechenland (1936–1941) und Rumänien (1938–1940), jeweils nach Krisen der parlamentarischen DEMOKRATIE durch Ausschaltung der verfassungsmäßigen Regierung.

Literatur: M. Schmidt-Neke: Entstehung und Ausbau der Königsdiktatur in Albanien (1912–1939). Regierungsbildungen, Herrschaftsweise und Machteliten in einem jungen Balkanstaat. München 1987.

Präsidialkabinett

Nach Sturz der GROSSEN KOALITION (27. März 1930) in der WELTWIRTSCHAFTSKRISE aufgrund von Art. 48 der WEIMARER VERFASSUNG gebildete autoritäre Regierungen, nur vom Reichspräsidenten abhängig

(**1930**–1933): Notverordnungen waren vom Reichstag erst nachträglich zu billigen. Die Präsidialkabinette Brüning (1930–1932), Papen (1. Juni–17. November 1932), Schleicher (2. Dezember–28. Januar 1933) und Hitler/Papen (30. Januar 1933) vollzogen den fließende Übergang von der Weimarer Republik zum Dritten Reich.

Literatur: K.-D. Bracher u. a.: Die Auflösung der Weimarer Republik. Villingen [5]1971.

Heimwehr

Konservativ-völkischer Kampfverband in der 1. Republik Österreich, gebildet aus Frontkämpfervereinigungen, Kameradschaftsverbänden, Orts- und Bürgerwehren: Heimwehren agierten zunächst in Grenz- und Abwehrkämpfen, vor allem Kärnten und der Steiermark gegen Slowenen, politisch in Verbindung mit Großdeutschen und der Christlichsozialen Partei. Sie war antisozialistisch und antiparlamentarisch, nach Unruhen (Brand des Justizpalastes in Wien, 1927) finanziell unterstützt vom faschistischen Italien, und gaben sich mit dem Korneuburger Programm eine faschistische Zielsetzung (**1930**). Eine Heimwehr-Splittergruppe in der Steiermark gründete die NSDAP Österreichs (1933). Die Heimwehr war an der Niederwerfung des sozialistischen Aufstands (Februar 1934) und des NSDAP-Putsches (25. Juli 1934) beteiligt, verlor aber unter Bundeskanzler von Schuschnigg an Einfluss (1934 ff.). Nach ihrer Auflösung (1936) formierten sich Reste in der Vaterländischen Front.

Literatur: W. Wiltschegg: Die Heimwehr. Eine unwiderstehliche Volksbewegung? Wien 1985.

Round-Table-Konferenz (Runder Tisch)

Konferenz ohne hierarchische Abstufung des Oben und Unten: Erste Round-Table-Konferenzen fanden in London zwischen dem indischen Vizekönig und indischen Parteiführern über den Dominion-Status für Indien (1929) statt, zunächst ohne den Indian National Congress (November/Dezember **1930**). Mahatma Gandhi konnte nach Suspendierung seiner Kampagne des passiven Widerstands (März 1931) teilnehmen (7. September–1. Dezember 1931); die Konferenz scheiterte nach dem letzten Gespräch (19.–24. Dezember 1932) ohne Einigung über die politische Repräsentanz religiöser Gemeinschaften (Muslime, Hindus). Die Round-Table-Konferenz in Den Haag beschloss das Ende des niederländischen Kolonialreichs (1949). In Polen leitete der Runde Tisch mit der Solidarność den Sturz des Kommunismus ein (1989). Analog wirkten Runde Tische mit Bürgerrechtsbewegung, Kirche und SED-Staat in der Agonie der DDR (1989/90).

Literatur: R. J. Moore: The Crisis of Indian Unity, 1917–1940. Oxford 1974, S. 103–164.

Gulag

(Abkürzung für russ.: Glawnoje Uprawlenije Lagerei = Hauptverwaltung der Strafarbeitslager) System von Strafarbeitslagern in der Sowjetunion, anfänglich zur Internierung (angeblicher oder wirklicher) Gegner der

Bolschewiki seit der OKTOBERREVOLUTION (1917): Aus dem Instrument des Terrors der TSCHEKA, später aller anderen Geheimdienste (GPU, NKWD, KGB), erwuchs rasch ein weit verzweigtes System von KONZENTRATIONSLAGERN, mit ähnlichen Strukturen (z. B. Kapo-System) und Wirkungen (Zwangsarbeit, Mord durch Überarbeiten und schlechten Lebensbedingungen) wie im DRITTEN REICH.

Institutionalisiert wurden die Lager durch die Einrichtung des Gulag (**1930**), der als geheime Kommandosache galt, mit Schweigegebot für Täter wie Opfer. Auf dem Höhepunkt der Kollektivierung der Landwirtschaft (1929–1932) und der »Großen SÄUBERUNGEN« (1936–1938) waren gleichzeitig bis zu 1,5 Mio. Menschen in mehreren Hundert Lagern interniert, während des ZWEITEN WELTKRIEGS waren es 2 Mio., beim Tod Stalins (1953) 2,75 Mio. Menschen. Betroffen waren vor allem Bauern (»KULAKEN«) sowie Abweichler von der offiziellen Parteilinie, im und nach dem Zweiten Weltkrieg auch Angehörige der Nationalitäten der ACHSENMÄCHTE und Kriegsgefangene sowie Angehörige nichtrussischer Nationalitäten. Nach Stalins Tod wurden viele Gefangenen amnestiert (1,2 Mio. Menschen allein 1953) und die meisten Lager allmählich aufgelöst. Das ganze Ausmaß des Staatsterrors wurde erst nach dem ZUSAMMENBRUCH DES KOMMUNISMUS offensichtlich, in Russland selbst nur von einer kleinen Gruppe (»Memorial«) durch eigene Forschungen zur Kenntnis gebracht. Vermutlich starben bis zu 10 Mio. Menschen im Gulag.

Literatur: A. I. Solschenitzyn: Der Archipel GULAG. 3 Bde., Bern 1973–1975; N. Werth: Ein Staat gegen sein Volk. Gewalt, Unterdrückung, Terror in der Sowjetunion, in: St. Courtois u. a. (Hg.): Das Schwarzbuch des Kommunismus. Unterdrückung, Verbrechen und Terror. München 1998; R. Stettner: »Archipel GULag«. Stalins Zwangslager – Terrorinstrument und Wirtschaftsgigant. Entstehung, Organisation und Funktion des sowjetischen Lagersystems 1928–1956. Paderborn u. a. 1996; G. M. Ivanova: Der Gulag im totalitären System der Sowjetunion. Berlin 2001.

Eiserne Garde

Militanter Arm der rechtsextremen LEGION DES ERZENGELS MICHAEL in Rumänien **1930**–1933: Nach ihrer Auflösung formierten sich Mitglieder zum Teil in der Nachfolgeorganisation »Alles für das Vaterland«.

National Government

Allparteienregierung in Großbritannien, jeweils gebildet in schweren Krisen:

- Im ERSTEN WELTKRIEG unter Herbert H. Asquith (1915/16) und David Lloyd George (1916–1918), nach dem Wahlsieg bei den KHAKI ELECTIONS (1918) ohne die LABOUR PARTY fortgesetzt (1918–1922).
- Auf dem Höhepunkt der WELTWIRTSCHAFTSKRISE unter Ramsay MacDonald (**1931**–1935), ohne die Labour Party, die in die Opposition ging, daher nur unter Beteiligung des ehemaligen Ministerflügels der vorangegangenen 2. Labour-Minderheitsregierung und mit einem Übergewicht der Konservativen. Der überwältigende Sieg des National Government bei den UNTERHAUSwahlen (1931) war ein traumatischer Schock für die Labour Party (»The Great Betrayal«).

- Im ZWEITEN WELTKRIEG nach dem Rücktritt Neville Chamberlains (10. Mai 1940) unter Winston Churchill (1940–1945). In Neuwahlen nach Kriegsende siegte die Labour Party unter Clement R. Attlee (1945).

Literatur: H. Berkeley: The Myth that Will Not Die. The Formation of the National Government 1931. London 1978; N. Smart: The National Government, 1931–40. Basingstoke, Hampshire u. a. 1999.

Westminster Statute

Staats- und verfassungsrechtliche Sanktionierung der (2.) BALFOUR-DEKLARATION (1926; **1931**): Die DOMINIEN erhielten faktische SOUVERÄNITÄT, im Übergang vom Empire zum COMMONWEALTH OF NATIONS.

Literatur: K. C. Wheare: The Statute of Westminster and Dominion Status. London [5]1953.

2. Spanische Republik

Übergangsregime in Spanien zwischen MONARCHIE/Diktatur und Franco-Regime (**1931**–1936/39): Nach der 1. SPANISCHEN REPUBLIK (1873/74) und RESTAURATION der BOURBONEN (1874) verschärften Niederlagen im Kolonialbereich, der SPANISCH-AMERIKANISCHE KRIEG (1898) und der AUFSTAND DER RIF-KABYLEN (1921–1926) Spaniens Dauerkrise seit dem PYRENÄENFRIEDEN (1659). Die Diktatur Primo de Riveras (1923–1930) scheiterte an der WELTWIRTSCHAFTSKRISE (1929 ff.). Nach dem Wahlsieg der Republikaner in Großstädten bei den Kommunalwahlen (1931) ging Alfons XIII. ohne förmliche Abdankung ins Exil.

Die 2. SPANISCHE REPUBLIK begann mit einer Koalition der meisten Linksparteien, zerbrach jedoch am Kirchen- und Klostersturm (Mai 1931). In der verfassunggebenden CORTES (Juni 1931) beschloss eine Koalition aus Sozialisten und Linksrepublikanern (Oktober 1931–1933) eine antiklerikale Verfassung (Dezember) und betrieb Agrarreformen. Gegenüber der starken parteipolitischen Zersplitterung der Linken (samt ANARCHISTEN) organisierten sich konservativ-katholische Parteien im Wahlbündnis der CEDA (Confederación Española de Derechas Autónomas). Aus erneuten Cortes-Wahlen ging die CEDA als stärkste Partei hervor, gefolgt von linksrepublikanischen Radikalen und Sozialisten (November 1933). Nach Minderheitskabinetten der Radikalen (1933/34) koalierten Radikale und CEDA (Oktober 1934–Dezember 1935), beantwortet von Aufständen von Sozialisten, Anarchisten, Kommunisten und katalanischen Nationalisten in Katalonien und Asturien gegen die Zentralregierung in Madrid. Nach der blutigen Niederschlagung der Aufstände verstärkte die Rechtsentwicklung der Zentralregierung die Polarisierung zwischen Rechts und Links, bis zum Sturz der Regierung und Bildung einer Übergangsregierung.

Bei Neuwahlen (Februar 1936) trat die VOLKSFRONT (»Frente Popular«) gegen die Nationalfront (»Frente Naciónal«) an: Die Volksfront siegte mit sicherer Mehrheit im PARLAMENT (aber knapper Mehrheit der Stimmen), während die Mitte an Einfluss verlor. Unter der

Volksfrontregierung provozierten Landbesetzungen (nachträglich von der Regierung legalisiert) eine Streikwelle, Kapitalflucht und Straßenkämpfe zwischen Linken und der FALANGE, mit wechselseitigen politischen Morden. Der Druck der Linken auf die Regierung wuchs, bis zu Francos Militärstaatsstreich (17. Juli 1936) als Beginn des SPANISCHEN BÜRGERKRIEGS (1936–1939).

Literatur: G. Jackson: Spanish Republic and Civil War. Princeton (N.J.) ³1972.

»Quadragesimo Anno«

(lat.: im vierzigsten Jahr) Päpstliche Sozialenzyklika (**1931**), die 40 Jahre nach der ENZYKLIKA »RERUM NOVARUM« (1891) erschien: Papst Pius XI. entwickelte die christliche katholische Soziallehre weiter und sprach sich für gesellschaftliche Reformen und Subsidiarität aus – bei sozialen Problemen soll der Staat nur stützend und helfend eingreifen, indem die jeweils nächste Ebene sozialer Organisation (Familie, Verband, Kommune, Provinz, Land, Staat) erst nach Versagen der untergeordneten Instanz tätig wird (Prinzip der Subsidiarität).

Literatur: W. J. Mückl (Hg.): Die Enzyklika Quadragesimo anno und der Wandel der sozialstaatlichen Ordnung. München 1991; P. Knorn: Arbeit und Menschenwürde. Kontinuität und Wandel im Verständnis der menschlichen Arbeit in den kirchlichen Lehrschreiben von Rerum novarum bis Centesimus annus. Eine sozialwissenschaftliche und theologische Untersuchung. Leipzig 1996.

Kurden

Volk im Vorderen Orient mit indoeuropäischer Sprache, angeblich auf die GUTÄER oder HURRITER zurückgehend: Die Kurden lebten ohne eigenen nationalen Gesamtstaat, unterteilt in verschiedene Stämme und Clans in der Türkei (ca. 50 %), im Iran, im Irak und in Syrien, ohne politische Rechte oder auch nur Anerkennung ihrer eigenen Nationalität. Sie gelten in der Türkei als »Bergtürken«, im Iran als »Bergperser«, im Irak und in Syrien als »Bergaraber« und stehen überall unter schwerem Assimilationsdruck. Kleinere Gruppen leben im Libanon, in Armenien, Aserbaidschan und Georgien. Ihre Wohngebiete liegen in den Gebirgen zwischen Taurus, Sagrosgebirge und Großem Kaukasus, jeweils mit unsicheren und schwankenden Angaben über ihre zahlenmäßige Stärke. Die Kurden standen daher meist unter Fremdherrschaft und traten nach Eroberung ihrer Siedlungsgebiete überwiegend zum (sunnitischen) ISLAM über (ca. 650). Nach dem ERSTEN WELTKRIEG errichteten sie auf türkischem Boden eine autonome REPUBLIK, die im FRIEDEN VON SÈVRES anerkannt wurde (1920). Kemal Atatürk ließ die kurdische Republik zerschlagen. Spätere Aufstände unter Mulla M. Barsani gegen den Irak (**1931**–1975), anfangs mithilfe der UdSSR, scheiterten. Nach dem ZWEITEN WELTKRIEG errichteten sie im nördlichen Iran auf dem von der UdSSR besetzten Gebiet die »Volksrepublik von Mahabad« (1945–1946), die vom Iran zerschlagen wurde. Mithilfe des Iran erhielten die Kurden nach erneuten Aufständen im Irak (1961–1970) eingeschränkte AUTONOMIE unter dem Schutz eigener Truppen (1970–1974). Der faktische Widerruf durch den Irak (1974) provozierte einen erneuten Aufstand, der jedoch zusammenbrach, als sich Iran und Irak gegen Konzessionen am umstrittenen Schatt al-Arab arrangierten (1975).

Danach scheiterten die Kurden im Iran beim Versuch, nach der ISLAMISCHEN REVOLUTION ihre Autonomie gegen das Khomeini-Regime gewaltsam durchzusetzen (1979/80). Der Irak setzte im 1. GOLFKRIEG Giftgas gegen die Kurden ein (1988), unterdrückte nach dem 2. GOLFKRIEG gewaltsam einen erneuten kurdischen Aufstand (1991). Im kurdischen Teil der Türkei eskalierten staatliche Repression und terroristischer Widerstand der KURDISCHEN ARBEITERPARTEI (PKK) zum faktischen Krieg (1992/93). 1995 gründete sich in Den Haag ein kurdisches Exilparlament. Trotz Gefangennahme des PKK-Führers Öcalan und Rückzug der PKK (1999) schwelt der Konflikt weiter, da die Repression gegen die Kurden weitergeht und die Kurden auf Autonomie beharren. Der Wunsch der Türkei, Mitglied der EU zu werden, erzwingt eine konstruktive Regelung des Konflikts, beginnend mit ersten Reformen (ab 2001), u. a. der Aufhebung des Verbots, die kurdische Sprache zu sprechen.

Literatur: M. Wimmer: Brennpunkt. Die Kurden. Hintergründe, Geschichte, Analysen. München 1991; J. Bulloch/H. Morris: No Friends but the Mountains. The Tragic History of the Kurds. Hamondsworth 1992; D. McDowall: A Modern History of the Kurds. London u. a. 2000; M. Strohmeier/L. Yalçin-Heckmann: Die Kurden. Geschichte, Politik, Kultur. München 2000.

Harzburger Front

Zusammenschluss der rechtsextremen Opposition in der Agonie der WEIMARER REPUBLIK, gegründet auf einer Massendemonstration gegen das PRÄSIDIALKABINETT Brüning in Bad Harzburg (11. Oktober **1931**): NSDAP, DNVP, STAHLHELM, ALLDEUTSCHER VERBAND, »vaterländische« Verbände, prominente Einzelpersönlichkeiten – u. a. Hjalmar Schacht, Hans von Seeckt sowie andere Generale und Kronprinz Wilhelm (* 1882, † 1951) – unterstützten die Gründung der Harzburger Front. Da sie keinen Kandidaten für die Reichspräsidentenwahl aufstellte (1932), kandidierte Adolf Hitler für die NSDAP gegen Hindenburg. Die Rechtskoalition unter Hitler nannte sich nach dem Scheitern des Kabinetts Schleicher (Januar 1933) Harzburger Front, bis zur »MACHTERGREIFUNG« (30. Januar 1933).

Literatur: V. R. Berghahn: Die Harzburger Front und die Kandidatur Hindenburgs für die Präsidentschaftswahlen 1932, in: Vierteljahrshefte für Zeitgeschichte 13/1965, S. 64–82.

Eiserne Front

Organisation des republikanischen Widerstands gegen die HARZBURGER FRONT (16. Dezember **1931**), als Erweiterung des REICHSBANNERS »SCHWARZ-ROT-GOLD« um den ADGB, Arbeitersportverbände und einige Vertreter des linken ZENTRUMSflügels. Sie stand unter starkem Einfluss der SPD und agierte in der Agonie der WEIMARER REPUBLIK wie das Reichsbanner, zerfiel nach Auflösung der GEWERKSCHAFTEN zu Beginn des DRITTEN REICHS (2. Mai 1933).

Literatur: K. Rohe: Das Reichsbanner Schwarz-Rot-Gold. Düsseldorf 1966.

»Papenschlag«

Staatsstreich des Reichskanzlers Papen in der Agonie der WEIMARER REPUBLIK gegen die preußische Regierung Otto Braun (SPD/ZENTRUM): Bei der letzten Landtagswahl in Preußen waren die Mitte-Parteien durch Anstieg von NSDAP und KPD in die Minderheit geraten (24. April 1932). Nach dem Scheitern der Koalitionsverhandlungen war die preußische Regierung nur noch geschäftsführend im Amt, bis Reichskanzler Papen sie durch Reichspräsident Hindenburg) nach Art. 48 der WEIMARER VERFASSUNG absetzte (20. Juli **1932**) und sich selbst zum Reichskommissar ernannte: REICHSBANNER »SCHWARZ-ROT-GOLD« und EISERNE FRONT blieben passiv, die WEIMARER REPUBLIK war geschwächt, die NSDAP siegte in den Reichstagswahlen (6. Juli 1932) als stärkste Fraktion (230 Mandate).

Literatur: H. Grund: »Preußenschlag« und Staatsgerichtshof im Jahre 1932. Baden-Baden 1976; W. Benz/I. Geiss: Staatsstreich gegen Preußen. Der 20. Juli 1932. Düsseldorf 1982; H. Müller: Parlamentarismus in Preußen 1919–1932. Düsseldorf 1985.

New Deal

Programm des US-Präsidenten Franklin D. Roosevelt zur Überwindung der WELTWIRTSCHAFTSKRISE in den USA (**1933**–1938) durch freiwilligen Arbeitsdienst als Arbeitsbeschaffung, Ausweitung der öffentlichen Bautätigkeit (u. a. Tennessee Valley Authority) und Sozialreformen: Zur Überwindung der GROSSEN DEPRESSION nur von begrenztem Erfolg, hatte der New Deal als demokratische Alternative zu KOMMUNISMUS und FASCHISMUS psychologisch-politisch große Bedeutung. Er mündete in die Rüstungs- und Kriegskonjunktur des ZWEITEN WELTKRIEGS (1939–1945) ein.

Literatur: A. L. Hamby (Hg.): The New Deal. Analysis and Interpretation. London [2]1981; P. K. Conkin: The New Deal. Arlington Heights (Ill.) [3]1992; W. E. Leuchtenburg: F. D. Roosevelt and the New Deal. 1932–1940. New York [47]1998; R. Edsforth: The New Deal. America's Response to the Great Depression. Oxford u. a. 2000.

»Machtergreifung«

Bezeichnung der NS-Propaganda für Hitlers Berufung zum Reichskanzler (30. Januar **1933**): Wirtschaftlicher und politischer Hintergrund der »Machtergreifung« waren die WELTWIRTSCHAFTSKRISE (1929 ff.), die Agonie der WEIMARER REPUBLIK und der allgemeine Revisionismus gegen den VERSAILLER VERTRAG. Daneben begünstigten die PRÄSIDIALKABINETTE (1930–1933), die Unterstützung durch die HARZBURGER FRONT (1931) und der »PAPENSCHLAG« (1932) den Aufstieg der NSDAP (1930/32) zur stärksten Fraktion im REICHSTAG (1932). Schleichers Versuch, eine verfassungskonforme Regierung gegen Hitler zustande zu bringen, scheiterte (1932/33). Reichspräsident Hindenburg geriet unter wachsenden Druck von Landwirtschaft und Industrie, die Hitler als Reichskanzler forderten. Dem Sturz Schleichers (28. Januar 1933) folgte Hitlers Ernennung zum Reichskanzler (30. Januar), mit einer Koalition aus NSDAP und DNVP unter Hitler, Papen und Hugenberg: Die »Machtergreifung« war formal nur ein neues Präsidialkabinett, aber begleitet von TERROR, als Auftakt zum DRITTEN REICH (bis 1945) und ZWEITEN WELTKRIEG (1939–1945).

Literatur: K.D. Bracher u.a.: Die nationalsozialistische Machtergreifung. Studien zur Errichtung des totalitären Herrschaftssystems in Deutschland 1933/34. Neuauflage Frankfurt/Main 1974; H. Höhne: Die Machtergreifung. Deutschlands Weg in die Hitler-Diktatur. Stuttgart 1985; W. Eschenhagen (Hg.): Die »Machtergreifung«. Tagebuch einer Wende nach Presseberichten. Darmstadt, Neuwied 1982; J./R. Becker: Hitlers Machtergreifung. Dokumente vom Machtantritt Hitlers. München [3]1993; M. Broszat: Die Machtergreifung. Der Aufstieg der NSDAP und die Zerstörung der Weimarer Republik. München [5]1994.

Drittes Reich

Häufige Kurzform für NS-Deutschland unter Hitler (1933–1945), zunächst von der NS-Propaganda benutzt, später offiziell verboten (10. Juli 1939): Das Dritte Reich war im nationalsozialistischen Verständnis Nachfolger des mittelalterlichen (1.) REICHS DER DEUTSCHEN (962–1806) und des 2. DEUTSCHEN KAISERREICHS (1871–1918). Nach der »MACHTERGREIFUNG« (30. Januar **1933**) und dem REICHSTAGSBRAND sicherte sich Hitler durch das ERMÄCHTIGUNGSGESETZ umfassende Sondervollmachten u.a. zur »GLEICHSCHALTUNG«. Die Katholische Kirche konnte ihre Stellung im REICHSKONKORDAT vorläufig wahren. Wichtige ideologische Grundlage war der ANTISEMITISMUS. Den totalitären Herrschaftsanspruch setzten Hitler und die NSDAP mit TERROR, u.a. der GESTAPO, und KONZENTRATIONSLAGERN durch. Den Austritt des Reichs aus der Abrüstungskonferenz und dem VÖLKERBUND (1933) kompensierte Hitler gegenüber dem kritischen Ausland durch eine Nichtangriffserklärung gegenüber Polen (1934). Zur Sicherung seiner innenpolitischen Macht ließ Hitler Röhm, andere SA-Führer und politische Gegner ermorden (»RÖHM-PUTSCH«, 1934). Großbritannien betrieb gegenüber dem Reich, nach der FRONT VON STRESA gegen die Einführung der ALLGEMEINEN WEHRPFLICHT (1935), die Politik des APPEASEMENT, u.a. durch das DEUTSCH-BRITISCHE FLOTTENABKOMMEN (1935).

Die innen- und außenpolitische Orientierung des Dritten Reichs verdeutlichten die NÜRNBERGER GESETZE (1935), die Zusammenarbeit mit dem faschistischen Italien (ACHSE BERLIN–ROM, 1936), der ANTIKOMINTERNPAKT, die Remilitarisierung des Rheinlands, die Kündigung des LOCARNO-PAKTS, die Intervention des Reichs im SPANISCHEN BÜRGERKRIEG (1936–1939) und der VIERJAHRESPLAN (1936). Bei den Olympischen Spielen in Berlin präsentierte sich das Dritte Reich selbstbewusst und wirtschaftlich erstarkt (1936). Die »Entkonfessionalisierung des öffentlichen Lebens« löste den KIRCHENKAMPF aus und veranlasste Papst Pius XI. zur Enzyklika »MIT BRENNENDER SORGE« (1937). Die territoriale Expansion durch den »ANSCHLUSS« Österreichs zur Bildung eines »Großdeutschen Reichs« stieß bei der WEHRMACHT teilweise auf Widerstand (FRITSCH-KRISE). Das MÜNCHNER ABKOMMEN (1938) trieb die territoriale Revision des VERSAILLER VERTRAGS weiter voran, antijüdische Kampagnen erreichten mit der »REICHSKRISTALLNACHT« einen vorläufigen Höhepunkt (9. November). Die Zerschlagung der ČSR (15. März 1939) u. a. durch das REICHSPROTEKTORAT BÖHMEN UND MÄHREN (1939–1945) überschritt die Grenze des vom Appeasement bis dahin Tolerierten.

Auf die Annexion des Memelgebiets (April) folgten der HITLER-STALIN-PAKT und Ausbruch des ZWEITEN WELTKRIEGS (1939–1945) mit dem deutschen (1. September) und sowjetischen Einmarsch in Polen (17. September): Massenmorde und Deportationen von JUDEN und Polen, ergänzt durch Umsiedlung von VOLKSDEUTSCHEN, sollten deutschen »Lebensraum« nach Osten erweitern. Der DREIMÄCHTEPAKT (vor allem Deutschland, Japan, Italien) der ACHSENMÄCHTE sollte den Kriegseintritt der USA verhindern.

Im Machtbereich des Reichs mussten Juden den Judenstern (»GELBER FLECK«) tragen (1941). Der deutsche Überfall auf die UdSSR (22. Juni 1941) und die Kriegserklärung an die USA (11. Dezember 1941) weiteten den Krieg zum Weltkrieg aus. Parallel begann die »ENDLÖSUNG der Judenfrage«, der Völkermord an den europäischen Juden (1941), organisiert seit der WANNSEE-KONFERENZ (20. Januar 1942). Nach der Niederlage der Wehrmacht bei Stalingrad (Februar 1943) steigerte sich das Reich zum »TOTALEN KRIEG«, doch mit der Niederlage des AFRIKAKORPS (Mai 1943), des Ostheeres bei Kursk und der Landung der ALLIIERTEN auf Sizilien (Juli 1943) war der Krieg an allen Fronten strategisch verloren. WIDERSTAND gegen die nationalsozialistische Herrschaft wurde nach dem Scheitern des ATTENTATS AUF HITLER (20. Juli 1944) zerschlagen. Letzte Aufgebote (»Volkssturm«) konnten die alliierten Endoffensiven (Januar–Mai 1945) nicht aufhalten: Nach Hitlers Selbstmord kapitulierte das Reich unter der »geschäftsführenden Reichsregierung« Dönitz (8./9. Mai 1945). Das Dritte Reich zerfiel endgültig nach Auflösung der NSDAP.

Literatur: M. Broszat/H. Möller (Hg.): Das Dritte Reich. Herrschaftsstruktur und Geschichte. München [2]1986; A. Ritter: Daten und Fakten zum Dritten Reich. Vorgeschichte und Verlauf des Zweiten Weltkrieges. Tübingen [2]1989; R. Baumgärtner: Das Dritte Reich. München [4]1991; F. Bedürftig: Lexikon III. Reich. Hamburg 1994; K. Hildebrand: Das Dritte Reich. München [5]1995; J. C. Fest: Das Gesicht des Dritten Reiches. Profile einer totalitären Herrschaft. München [5]1997; M. Broszat/N. Frei (Hg.): Das Dritte Reich im Überblick. Chronik, Ereignisse, Zusammenhänge. München u. a. [6]1999; M. Broszat: Der Staat Hitlers. Grundlegung und Entwicklung seiner inneren Verfassung. München [15]2000.

Reichstagsbrand

Zerstörung des REICHSTAGS durch Brandstiftung (27. Februar **1933**), die die NS-Propaganda der KPD zuschrieb, gefolgt von der Reichstagsbrandverordnung (28. Februar 1933), die Grundrechte aufhob (u. a. »Schutzhaft«, Anfänge der KONZENTRATIONSLAGER). Der Reichstagsbrand war u. a. Vorwand zum ERMÄCHTIGUNGSGESETZ und Verbot der KPD. Der Leipziger Reichstagsprozess konnte die Schuld der KPD nicht beweisen und endete mit Freispruch für die angeklagten KPD-Funktionäre. Die Urheberschaft des Brands ist bis heute in der Forschung heftig umstritten. Neben der Täterschaft Marinus van der Lubbes (* 1909, † 1934) wird auch Brandstiftung auf Anordnung der NS-Führung nicht ausgeschlossen. Die tatsächliche Schuldzuweisung ist jedoch politisch irrelevant, da die NS-Führung die Tat politisch so ausbeutete, als hätte die KPD sie begangen, und Hitler Schlimmeres beging als den Reichstagsbrand.

Literatur: F. Tobias: Der Reichstagsbrand. Legende und Wirklichkeit. Rastatt/Baden 1962; W. Hofer u. a. (Hg.): Der Reichstagsbrand. Eine wissenschaftliche Dokumentation. 2 Bde., Berlin 1972–1978, Neuausgabe Freiburg 1992; U. A. Backes u. a.: Reichstagsbrand – Aufklärung einer historischen Legende. München [2]1987; A. v. Thadden: Reichstagsbrand. Die Geschichte einer jahrzehntealten Lüge. Rosenheim 1993; A. Bahar/W. Kugel: Der Reichstagsbrand. Wie Geschichte gemacht wird. Mit Dokumenten. Berlin 2001.

Ermächtigungsgesetz (»Gesetz zur Behebung der Not von Volk und Reich«) ■

Gesetz des Deutschen REICHSTAGS (23. März **1933**): Dem Ermächtigungsgesetz waren die »MACHTERGREIFUNG«, der REICHSTAGSBRAND, die Reichstagsbrandverordnung (28. Februar 1933) und der Wahlsieg der NSDAP-DNVP-Koalition (52 %) vorausgegangen. Nach der Verhaftung von 81 KPD- und acht SPD-Abgeordneten konnte das ZENTRUM durch vage mündliche Versprechungen über den Abschluss des REICHSKONKORDATS gewonnen werden. Die Sitzung des Reichstags fand unter starkem Druck auf die Abgeordneten (Anwesenheit bewaffneter SA- und SS-Mitglieder im Plenarsaal) in der Kroll-Oper statt (23. März 1933). Die Annahme erfolgte gegen die Stimmen der SPD (ablehnende Rede von Otto Wels) mit Zweidrittelmehrheit. Die Reichsregierung erhielt auf vier Jahre das Recht, Gesetze (auch Haushaltsgesetze) ohne Zustimmung von Reichstag, Reichsrat und Reichspräsident zu erlassen und internationale Verträge abzuschließen. Mit seiner Verkündung (24. März 1933) war die WEIMARER VERFASSUNG nicht formal, aber faktisch außer Kraft gesetzt, als Voraussetzung zur »GLEICHSCHALTUNG«. Später wurde das Gesetz auf vier Jahre (1937), dann auf unbestimmte Zeit (1943) verlängert, als Grundlage für die NS-Diktatur im DRITTEN REICH (bis 1945).

Literatur: J. Biesemann: Das Ermächtigungsgesetz als Grundlage der Gesetzgebung im nationalsozialistischen Staat. Münster [3]1988; R. Morsey (Hg.): Das »Ermächtigungsgesetz« vom 24. März 1933. Quellen zur Geschichte und Interpretation des »Gesetzes zur Behebung der Not von Volk und Reich«. Düsseldorf 1992.

»Gleichschaltung« ■

Verharmlosende Umschreibung für die faktische Unterwerfung aller Organe und relevanten Gruppen unter die NS-Herrschaft: Die republikanischen Landesregierungen mussten zu Beginn des DRITTEN REICHS abtreten, ersetzt durch NSDAP-geführte Koalitionen wie nach den Reichstagswahlen vom 5. März **1933**. Später folgte als Gleichschaltung auch die Auflösung bürgerlicher Parteien sowie die Übernahme politischer und gesellschaftlicher Verbände in Gliederungen der NSDAP (1933/34), z. B. von Teilen des STAHLHELMS in die SA. Die NS-orientierten »Deutschen Christen« strebten die Gleichschaltung der Evangelischen Kirche an (KIRCHENKAMPF, bis 1945).

Literatur: W. Horn: Hitler-Macht in Deutschland. Nationalsozialismus von der Gleichschaltung bis zum Krieg. Wassenberg 1983; M. Schramm: Der Gleichschaltungsprozeß der deutschen Armee

1933 bis 1938. München 1990; D. Erb (Hg.): Gleichgeschaltet. Der Nazi-Terror gegen Gewerkschaften und Berufsverbände 1930 bis 1933. Eine Dokumentation. Göttingen 2001.

Reichskonkordat

KONKORDAT zwischen Deutschland und dem Heiligem Stuhl (1933), betrieben durch Franz von Papen, den ZENTRUMSvorsitzenden Ludwig Kaas und Nuntius Pacelli (Papst Pius XII.): Das Reich garantierte mit der Unterzeichnung des Reichskonkordats durch den Vatikan (20. Juni 1933) und der Ratifizierung des Vertrags (10. September **1933**) die Länderkonkordate von Bayern (1924), Preußen (1929) und Baden (1932) und schrieb die Rechte der Katholischen Kirche fest. Das Konkordat regelte die kirchliche Organisation und Ämterbesetzung, die Ausbildung des Klerus, den katholischen Religionsunterricht an Schulen, die Stellung der Bekenntnisschulen, die Militärseelsorge sowie das kirchliche Steuerrecht, schrieb aber auch die Entpolitisierung des Klerus fest. Das Konkordat bedeutete einen Prestigegewinn für das DRITTE REICH, das so erstmals seine internationale Isolierung durchbrach. Später verstieß das Reich häufig gegen das Konkordat (KIRCHENKAMPF), beantwortet von der Enzyklika »MIT BRENNENDER SORGE« (1937).

Literatur: E. Deuerlein: Das Reichskonkordat. Düsseldorf 1956, Nachdruck Goldbach 1995; L. Volk: Das Reichskonkordat vom 20. Juli 1933. Mainz 1972.

Gestapo

(Geheime Staatspolizei) Politische Staatspolizei des DRITTEN REICHS, mit Sondervollmachten ohne Rechtsbindung: Die Einrichtung der Gestapo durch Hermann Göring (März/April **1933**) knüpfte an die politische Polizei Preußens und Bayerns an. Göring unterstellte nach der »MACHTERGREIFUNG« Himmler bzw. dessen Mitarbeiter Reinhard Heydrich auch alle Länderpolizeien (1934), die Himmler als Chef der Deutschen Polizei reichseinheitlich umorganisierte. Die Kriminalpolizei wurde zur Sicherheitspolizei (Sipo, 1936), der SS-Sicherheitsdienst (SD) im Reichssicherheitshauptamt (1939) zusammengefasst, das auch die Gestapo integrierte. Instrumente des NS-TERRORS waren »Schutzhaft«, FOLTER, Deportation in KONZENTRATIONSLAGER Ermordung von Kriegsgefangenen und JUDEN (»ENDLÖSUNG«/HOLOCAUST). Die NÜRNBERGER PROZESSE erklärten die Gestapo zur verbrecherischen Organisation (1946).

Literatur: R. Manvell: Die Herrschaft der Gestapo. Rastatt 1988; R. Gellately: Die Gestapo und die deutsche Gesellschaft. Die Durchsetzung der Rassenpolitik 1933–1945. Paderborn ²1994; J. von Lang: Die Gestapo. Instrument des Terrors. München ³1995; G. Paul/K.-M. Mallmann (Hg.): Die Gestapo im zweiten Weltkrieg. »Heimatfront« und besetztes Europa. Darmstadt 2000; E. A. Johnson: Der nationalsozialistische Terror. Gestapo, Juden und gewöhnliche Deutsche. Berlin 2001.

Sicherheitsdienst des Reichsführers SS (SD)

Instrument des rechtstotalitären Polizeistaats im DRITTEN REICH, gegründet als parteiinterner Nachrichtendienst der SS unter Reinhard Heydrich zur Überwachung anderer Parteien und Opposition in eigenen

Reihen (1931): Nach der »Machtergreifung« wurde der SD faktisch Regierungsorgan, da Heydrich auch die Geheime Staatspolizei (GESTAPO) übernahm (**1933**). Der SD behielt seine eigene Organisation, zuletzt mit 55 SD-Abschnitten, 13 SD-Leitabschnitten und dem SD-Hauptamt, das 1939 mit der Sicherheitspolizei im Reichssicherheitshauptamt zusammengeschlossen wurde. Hauptaufgaben waren – ohne polizeiliche Exekutivgewalt – Beobachtung von Kirchen, Sekten, JUDEN, konservativen Gegnern, Beurteilung der Wirkung von Regierungsmaßnahmen in der Bevölkerung (»Berichte zur Lage«), Beschaffung von Nachrichten im Ausland. In von Deutschen besetzten Gebieten gewann der SD eine führende Rolle durch faktische Fusion von Gestapo, Kriminalpolizei und SD in Einsatzgruppen, mit SD-Abzeichen an der Uniform. Die NÜRNBERGER PROZESSE stuften den SD als verbrecherische Organisation ein.

Literatur: A. Ramme: Der Sicherheitsdienst der SS. Zu seiner Funktion im faschistischen Machtapparat und im Besatzungsregime des sogenannten Generalgouvernements Polen. Berlin 1970; H. Boberach (Hg.): Meldungen aus dem Reich. Die geheimen Lageberichte des Sicherheitsdienstes der SS. Herrschung 1984; W. Dierker: Himmlers Glaubenskrieger. Der Sicherheitsdienst der SS und seine Religionspolitik 1933–1941. Paderborn u. a. 2002.

Konzentrationslager (KZ)

Verschärfung des älteren Typs KONZENTRATIONSLAGER durch das DRITTE REICH (1933–1945): Nach der REICHSTAGSBRANDverordnung (28. Februar) sperrten SA und SS »Schutzhäftlinge« und politische Gegner in »wilde Lager« (ab 20. März **1933**), die nach Entmachtung der SA durch den »RÖHM-PUTSCH« (1934) meist aufgelöst wurden. Verbliebene Lager organisierte die SS straffer und baute sie aus, nun auch für nichtpolitische Häftlinge, z. B. ZIGEUNER (Sinti und Roma, Homosexuelle). Seit dem »ANSCHLUSS« entstanden KZs auch in Österreich, später in annektierten Gebieten (z. B. Stutthof bei Danzig). Im ZWEITEN WELTKRIEG dienten KZs der Rüstungsindustrie (»Vernichtung durch Arbeit«). SS-Ärzte wie Mengele führten medizinische Versuche an Häftlingen mit oft tödlichem Ausgang durch. Mit der »ENDLÖSUNG« kamen KZs neuen Typs hinzu – zum Massenmord an JUDEN (1941–1945), »Minderwertigen« (z. B. Deserteuren, schwer Erbkranken), der Intelligenz im GENERALGOUVERNEMENT (Auschwitz, Majdanek, Treblinka u. a.) – alles streng geheim. Informationen fanden im westliche Ausland zunächst kaum Glauben. Beim Vormarsch der ALLIIERTEN wurden die Lager auf Befehl Himmlers geräumt, mit hohen Verlusten unter Häftlingen durch Todesmärsche, Hunger und Erschießungen (1944/45).

Ähnlich organisiert (ohne systematischen Massenmord) waren Zwangslager in der UdSSR (GULAG) für (angebliche oder wirkliche) politische Gegner, Deportierte aus annektierten Gebieten. Auch Militärjuntas in Griechenland (1967–1974) und Chile (ab 1973) unterhielten Konzentrationslager, ferner Serben für Kroaten und muslimische Bosnier (1992/93) im Jugoslawienkrieg (1991–1995).

Literatur: H. Kühnrich: Der KZ-Staat. Die faschistischen Konzentrationslager 1933–1945. Berlin [5]1988; U. Herbert (Hg.): Die nationalsozialistischen Konzentrationslager. Entwicklung und Struktur. Göttingen 1998; K. Orth: Das System der nationalsozialistischen Konzentrationslager. Eine politische Organisationsgeschichte. Hamburg 1999; W. Sofsky: Die Ordnung des Terrors. Das Konzentrationslager. Frankfurt/Main [3]1999; K. Orth: Die Konzentrationslager-SS. Sozialstrukturelle Analysen und biographische Studien. Göttingen 2000.

Sudetendeutsche Heimatfront

Rechtsextreme deutsche Partei in der ČSR (»Sudetenland«): Die von Konrad Henlein gegründete (**1933**) Partei benannte sich später in SUDETENDEUTSCHE PARTEI (SdP) um (1935).

Falange

(Falange Española Tradicionalista y de las Juntas de Ofensiva Nacional-Sindicalista) Staatspartei faschistischen Typs in Spanien unter der Franco-Diktatur (1936–75): Von Primo de Rivera gegründet (**1933**), fusionierte die Falange mit der faschistischen »Juntas de Ofensiva Nacional-Sindicalista« (J.O.N.S., 1934). Ihr 27-Punkte-Programm (1934) forderte die HEGEMONIE Spaniens auf der Iberischen Halbinsel. Nach dem Wahlsieg der VOLKSFRONT verboten (Februar 1936), schloss sie sich Francos Militärputsch gegen die 2. Spanische REPUBLIK an (Juli 1936), zwangsweise fusioniert mit anderen Rechtsverbänden (1937) zur neuen Einheitspartei, die stärker autoritär-monarchistisch als faschistisch war. Danach verlor sie politischen Einfluss, vor allem seit Francos Tod (1975) und der RESTAURATION von Monarchie und DEMOKRATIE.

Auch: Rechtsgerichtete Organisation von Christen (Maroniten) im Libanon, gegen Muslime und PLO, von Israel militärisch ausgerüstet. Sie war aktiv bei der Vertreibung der PLO in Westbeirut im LIBANONKRIEG (1982), u. a. dem MASSAKER VON BEIRUT (1982).

Literatur: B. Nellesen: Die verbotene Revolution. Aufstieg und Niedergang der Falange. Hamburg 1963; K. v. Beyme: Vom Faschismus zur Entwicklungsdiktatur. Machtelite und Opposition in Spanien. München 1971; M. Böcker: Ideologie und Programmatik im spanischen Faschismus der Zweiten Republik. Frankfurt/Main u. a. 1996; S. G. Payne: Fascism in Spain, 1923–1977. Madison u. a. 1999.

Dominion Party

Liberale Abspaltung von der South African Party nach deren Koalition (**1933**) und Fusion (1934) mit der NATIONALEN PARTEI in Südafrika, mit Schwerpunkt in Natal: Die Gruppe ging in der NATIONALEN PARTEI auf. Mit sieben Mandaten zuletzt 1943 im Parlament, verließ sie die Kriegskoalition (1945).

Literatur: D. W. Krueger: South African Parties and Policies 1910–1960. A Select Source Book. Kapstadt 1960, S. 89–94.

United Party

(UP; Africaans: Vereenigde Party) Erste umfassende angloburische Partei in Südafrika: Die UP entstand nach Bildung der Regierungskoalition (1933) und durch Fusion der Südafrikanischen Partei unter Smuts mit der NATIONALEN PARTEI unter Hertzog (**1934**). Gegner der Fusion schlossen sich in der DOMINION PARTY und »Gesäuberten Nationalen Partei« unter Malan zusammen. 1938 siegte die UP bei den Parlamentswahlen. Über die Frage der Teilnahme Südafrikas am ZWEITEN WELTKRIEG kam es zum Bruch zwischen Hertzog und Smuts (1939): Hertzog verließ die Regierung und trat der Nationalen Partei bei. Die UP schloss eine Kriegskoalition mit der LABOUR PARTY und der Dominion Party (1939–1945). Nach ihrer Wahlniederlage (1948) ging sie in die Opposition, wo ihr Anteil an Stimmen und Mandaten ständig zurückging. 1959 wurde sie durch die Sezession der Progressive Party weiter geschwächt.

Literatur: D. W. Krueger: South African Parties and Policies 1910–1960. A Select Source Book. Kapstadt 1960, S. 85–88.

Röhm-Putsch

Name der NS-Propaganda für die Mordaktion gegen Röhm und SA-Führer (30. Juni **1934**), angeblich um einem Putsch der SA zuvorzukommen: Vorausgegangen waren Differenzen zwischen Hitler und Röhm – Hitler erklärte die »NS-Revolution« für »beendet«, Röhm wollte die »2. Revolution« und einen eher sozialistischen »SA-Staat« mit der SA als eigentlicher bewaffneter Macht, um die REICHSWEHR einzugliedern. Röhm verfolgte keine Putschabsicht, wie ihm Hitler zur Rechtfertigung unterstellte. Mit Billigung der Reichswehr wurden Röhm und SA-Führer von SS und Polizei ermordet, ebenso konservative Gegner des NS-Regimes (u. a. Gregor Strasser, Schleicher und Frau), von der Reichsregierung legalisiert als »Staatsnotwehr« (3. Juli). Die SA war auf Dauer politisch ausgeschaltet, die Reichswehr gestärkt, der Aufstieg der SS im DRITTEN REICH begann.

Literatur: M. Gallo: Der Schwarze Freitag der SA. Die Vernichtung des revolutionären Flügels der NSDAP durch Hitlers SS im Juni 1934. Wien [2]1977; H. Roschmann: Röhm-Putsch 1934. Überlingen 1989; O. Gritschneder: »Der Führer hat Sie zum Tode verurteilt... «. Hitlers »Röhm-Putsch«-Morde vor Gericht. München 1993; I. v. Fallois: Kalkül und Illusion. Der Machtkampf zwischen Reichswehr und SA während der Röhm-Krise 1934. Berlin 1994.

SA (Sturmabteilung)

Parteiarmee der NSDAP, für Straßenkämpfe, Saalschlachten und TERROR gegen politische Gegner, in München als Saalschutz für die NSDAP gegründet (1920), meist mit Frontkämpfern des ERSTEN WELTKRIEGS. Unter früheren FREIKORPSoffizieren wurde die SA ein paramilitärischer Verband (1921), den die bayerische REICHSWEHR (Röhm) förderte (1922/23). Nach dem HITLER-PUTSCH wurde die SA mit der NSDAP (1923) verboten (auch April–Juni 1932). Mit Neugründung der NSDAP wurde die SA neu aufgebaut (1925) – gegen Röhms Willen als eng an die NSDAP gebundene Parteitruppe, mit der SS als Eliteeinheit (1925). Mit einer Obersten SA-Führung (1926) wurde Hitler Oberster SA-Führer, Röhm Stabschef (1932–1934). In der WELTWIRTSCHAFTSKRISE (ab 1929) expandierte die SA, parallel zur NSDAP. Sie organisierte am

Abend der »Machtergreifung« den Fackelzug durch das Brandenburger Tor (30. Januar 1933). Mit der SS war sie nach der REICHSTAGSBRAND-verordnung (28. Februar) als Hilfspolizei in Preußen im Wahlkampf zu den REICHSTAGSwahlen aktiv (5. März). Ihre »wilden Lager« waren Vorläufer der KZs. Mit der »GLEICHSCHALTUNG« übernahm die SA Teile des STAHLHELMS (1933). Nach der Mordaktion des RÖHM-PUTSCHES (30. Juni **1934**) wurde sie auf Dauer politisch ausgeschaltet, durch Ausgliederung von SS, NS-Kraftfahrkorps und NS-Fliegerkorps verkleinert. Unter ihrer neuen gefügigen Führung war sie auf »Wehrsport«, vor- und nachmilitärische Ausbildung, Absperrung bei Hitlerbesuchen im Reich und demonstrative Massenaufmärsche beschränkt, wirkte jedoch aktiv in der »REICHSKRISTALLNACHT« mit (1938): Dem Abstieg der SA entsprach der Aufstieg der SS.

Literatur: T. Balistier: Gewalt und Ordnung: Kalkül und Faszination der SA. Münster 1989; P. Longerich: Die braunen Bataillone. Geschichte der SA. München 1989; B. Campbell: The SA Generals and the Rise of Nazism. Lexington (Ky.) 1998.

SS (Schutzstaffel)

NS-Elitekader, zunächst im Rahmen der SA (bis 1934), mit »Stabswache« und »Stoßtrupp Adolf Hitler« (1923) als Vorläufer: Gegründet wurde die SS nach Wiederzulassung der NSDAP und SA (1925), zu Hitlers persönlichem Schutz und Störung gegnerischer Versammlungen. Unter Reichsführer Himmler (1929) avancierte sie zur politischen Parteipolizei der NSDAP als ORDEN, mit sehr jungem, oft gut ausgebildetem Personal. Mit der SA war sie Hilfspolizei in Preußen (1933), agierte führend bei der Mordaktion gegen den »RÖHM-PUTSCH« (30. Juni **1934**) und wurde nach Ausschaltung der SA selbstständige Gliederung. Sie gewann im DRITTEN REICH an Macht, als »SS-Staat« im Staat mit eigenem Wirtschaftsimperium, u. a. auf der Basis der KZs: Sie übernahm von der SA Bewachung und Ausbau der KZs durch die SS-Verfügungstruppe, u. a. mit der »Leibstandarte Adolf Hitler« (1933). Als Chef der Länderpolizeien und der GESTAPO (1934) kam Himmler an die Spitze der Deutschen Polizei (1936). Die Waffen-SS (1938), als Eliteeinheit in Rivalität zur Wehrmacht, wurde im ZWEITEN WELTKRIEG massiv ausgebaut, zuletzt auch mit europäischen Freiwilligen, eingezogenen Deutschen und VOLKSDEUTSCHEN. Mit GESTAPO und SICHERHEITSDIENST (SD) war sie u. a. zuständig für KZs, ideologisch und bevölkerungspolitisch agierte sie mit Himmler als »Reichskommissar für die Festigung des deutschen Volkstums« (1939) für »Ahnenerbe« und »Lebensborn«. Sie organisierte und exekutierte den Völkermord an den JUDEN, u. a. durch Einsatzgruppen im Osten (1941/42) und KZs vom Typ Auschwitz (»ENDLÖSUNG«, 1941–1944). Die Nürnberger Kriegsverbrecherprozesse stuften die SS als verbrecherische Organisation ein (1946).

Literatur: E. Kogon: Der SS-Staat. Frankfurt/Main 1946, München [37]1999; H. Buchheim u. a.: Die Anatomie des SS-Staates. München [6]1994; H. Höhne: Der Orden unter dem Totenkopf. Geschichte der SS. Neuausgabe Augsburg 1995; R. Ogorreck: Die Einsatzgruppen und die »Genesis der Endlösung«. Berlin 1996; B. Wegner: Hitlers politische Soldaten. Die Waffen-SS 1933–1945. Leitbild, Struktur und Funktion einer nationalsozialistischen Elite. Paderborn [6]1999.

Politik der kollektiven Sicherheit ▪

Konzept zur Friedenssicherung mit verbindlichen Regeln für die Zulässigkeit bzw. Ächtung von Krieg und Sanktionierung der Regeln, zuerst im Rahmen von VÖLKERBUND und Briand-Kellog-Pakt: Nach dem Austritt des DRITTEN REICHS aus dem Völkerbund (Oktober 1933) und dem Eintritt der UdSSR (**1934**) wollte die UdSSR mit den Westmächten eine Abwehrfront gegen NS-Deutschland aufbauen, parallel zur VOLKSFRONT. Kernproblem war die Definition von Aggression. In Verhandlungen zeigte sich die UdSSR zu Konzessionen an die Westmächte bereit; so stellte sie die Agitation in den KOLONIEN ein. Mit dem MÜNCHNER ABKOMMEN war die Politik gescheitert (1938), Stalin schloss den HITLER-STALIN-PAKT. Nach Stalins Tod griff Chruschtschow das Konzept wieder auf (1954 ff.), noch vor der Agonie der Sowjetunion bis hin zur KSZE (1975).

Literatur: J. Barros: Betrayal From Within. Joseph Avenol, Secretary-General of the League of Nations, 1933–1940. New Haven, London 1969, S. 23–102.

Volksfront ▪

(frz: Front Populaire, span.: Frente Popular) Wahlbündnis oder Regierungskoalition kommunistischer, sozialistischer, linksbürgerlicher Parteien in Frankreich, Spanien und Chile gegen den FASCHISMUS:

- Frankreich: Gegen den Putsch der rechtsextremen Croix de feu in Paris (6. Februar 1934) veranstalteten SFIO und KPF eine gemeinsame Demonstration (12. Februar). Nach dem SFIO/KPF-Aktionsbündnis »gegen Faschismus und Krieg« (27. Juli) regte die KPF die Erweiterung zur »Volksfront« an (10. Oktober **1934**), schloss Frankreich mit der UdSSR ein Bündnis (1935). Das Konzept erhob die KOMINTERN auf ihrem VII. Kongress zur verbindlichen Generallinie (Juli/August 1935), dem Beitritt der RADIKALSOZIALISTEN folgte ein gemeinsames Wahlprogramm (10. Januar 1936). Der Wahlsieg (April/Mai 1936) ermöglichte Volksfrontregierungen, meist unter Blum (1936/37, 1938), denen die KPF nur bedingt parlamentarische Unterstützung gab. Zu ihren Sozialreformen gehörten die 40-Stunden-Woche, Sozialversicherung und Kolonialreformen, die jedoch STREIKS und Kapitalflucht nicht beenden konnten. Die Polarisierung nach innen, die sich in der Parole der Rechten »Lieber Hitler als Blum!« ausdrückte, lähmte Frankreich nach außen, sichtbar mit der NICHTINTERVENTION in den SPANISCHEN BÜRGERKRIEG (1936–1939) und dem APPEASEMENT. Die Volksfront scheiterte an der Finanzierung der Sozialreformen und wachsender innerer Polarisierung. Sie wurde nach dem MÜNCHNER ABKOMMEN (1938) von der KOMINTERN fallen gelassen, nach dem ZWEITEN WELTKRIEG wieder aufgegriffen, u. a. in der (1967) Union de la Gauche (Sozialisten, KPF, linke Radikalsozialisten, 1973–1977). Nach einer Niederlage (1973) siegte sie bei Präsidentschafts- und PARLAMENTSwahlen (1981), zugunsten der Sozialisten, zu Lasten der KPF.
- Spanien: Nach GENERALSTREIK und Aufständen in Asturien und Katalonien (1934) schlossen sich Sozialisten, KP, bürgerliche Links-

republikaner und katalanische Linke im Vorfeld der CORTES-Wahlen (1936) zur Volksfront zusammen (1935/36), siegten bei den Wahlen (16. Februar 1936) und bildeten eine Volksfrontregierung mit zwei KP-Ministern. Sie betrieb AMNESTIE, Sozialreformen, Boden- und Bildungsreform, antiklerikale Gesetze und AUTONOMIE für Katalonien. Der Militärputsch gegen sie (18. Juli) wurde von Italien und NS-Deutschland unterstützt und eskalierte zum Spanischen Bürgerkrieg (1936–1939). Die Volksfront wurde durch innere Konflikte gelähmt, u. a. zwischen KP und Sozialisten sowie ANARCHISTEN. Der Sieg Francos (1939) trieb zur Flucht ins Exil vor der Unterdrückung im Franco-Staat (bis 1975).
- Chile: Die Volksfront unter Führung der KP (1936) stellte nach dem Sieg bei Präsidentschaftswahlen (1938) eine Volksfrontregierung (1938–1947), die diplomatische Beziehungen zu Deutschland, Italien und Japan erst spät abbrach (20. Januar 1943). Der Aufnahme diplomatischer Beziehungen zur UdSSR (11. Dezember 1944) folgten Kriegserklärungen an Deutschland (15. Februar) und Japan (11. April 1945), von den USA indirekt erzwungen. Nach dem ZWEITEN WELTKRIEG wurde das Konzept in der »Frente de Acción Popular« wieder aufgegriffen (1956). Nach zwei Kandidaturen Salvador Allendes (1958, 1964) siegte die Volksfront im dritten Anlauf knapp (1970). Sozialreformen konnten den Militärputsch und den Sturz Allendes (1973) nicht verhindern.

In Großbritannien entsprechend »United Front« (1937), zusammengesetzt aus CP, ILP und Socialist League.

Literatur: J. Wegmüller: Das Experiment der Volksfront. Untersuchungen zur Taktik der Kommunistischen Internationale der Jahre 1934 bis 1938. Frankfurt/Main 1972; G. Dellacasa: Revolucion y Frente Popular en España (1936–1939). Madrid 1977; G. Lefranc: Histoire du Front Populaire (1934–1938). Paris [6]1984; D. Blaazer: The Popular Front and the Progressive Tradition. 1884–1939. Cambridge 1992; S. Wolikow: Le Front populaire en France. Paris 1996; J.-P. Brunet: Histoire du Front populaire (1934–1938). Paris [2]1998.

»Säuberungen«

Typischer Vorgang in Parteien kommunistischer Staaten mit Ausschluss der (gegenwärtigen und/oder vergangenen) Parteiopposition und »Abweichler«, »Liquidierung« (= Ermordung) der »Parteifeinde« und ihrer (angeblichen oder wirklichen) Anhänger nach Geheim- oder SCHAUPROZESSEN. Im engeren Sinn ist der Begriff die (verharmlosende) Umschreibung für die TERRORwellen im STALINISMUS (**1934**–1938): Der Mord am potenziellen Stalin-Nachfolger Kirow (1934), den Stalin der innerparteilichen Opposition zuschrieb, gab den Vorwand zur »Großen Säuberung«: Führer der Bolschewiki (u. a. Sinowjew, Kamenew, Radek und Bucharin), politische, wirtschaftliche, intellektuelle und militärische Spitzenkräfte der UdSSR sowie in die Sowjetunion emigrierte ausländische Kommunisten wurden ermordet oder kamen in Zwangsarbeitslager. Danach sank die KPdSU zum gefügigen Instrument der persönlichen Diktatur Stalins mit ihrem Personenkult herab, die ROTE ARMEE wurde durch Ermordung ihrer fähigsten Offiziere wegen angeblicher antistalinistischer Umtriebe geschwächt. Seit der Entstalinisierung

(1953/56 ff.) rehabilitierte Moskau viele Opfer. Nach dem ZWEITEN WELTKRIEG erlebten auch kommunistische Staaten (1949–1952), »Säuberungen«, u. a. die DDR (1953), Ungarn (1956), die ČSSR (1968), im KRIEGSZUSTAND die VR Polen (1981). Auch China hatte »Säuberungen«, u. a. in der KULTURREVOLUTION (1966–1974), nach Maos Tod (1975) und mit dem MASSAKER AUF DEM PLATZ DES HIMMLISCHEN FRIEDENS (1989).

Literatur: H. Weber: »Weiße Flecken« in der Geschichte. Die KPD-Opfer der Stalinschen Säuberungen und ihre Rehabilitierung. Frankfurt/Main [2]1990; H. Weber (Hg.): Kommunisten verfolgen Kommunisten. Stalinistischer Terror und »Säuberungen« in den kommunistischen Parteien Europas seit den dreißiger Jahren. Berlin 1993; R. Conquest: Der große Terror. Sowjetunion 1934–1938. München [2]2001; G. H. Hodos: Schauprozesse. Stalinistische Säuberungen in Osteuropa 1948–1954. Berlin 2001.

Schauprozesse

Instrument des TERRORS in totalitären Staaten: Im Gegensatz zu Geheimprozessen werden in Schauprozessen politische »Feinde« öffentlich abgeurteilt, die vorher durch Haft und FOLTER zum »Eingeständnis« ihrer »Schuld« gezwungen waren. So veranstaltete Stalin nach dem Mord an Kirow (**1934**) auf dem Höhepunkt der »SÄUBERUNGEN« Schauprozesse gegen Bolschewiki-Führer (u. a. Sinowjew, Kamenew, Bucharin, Radek, 1936–1939), die meist mit der Todesstrafe endeten. Andere kommunistische Staaten hielten seit dem ZWEITEN WELTKRIEG Schauprozesse ab (1949–1952). Im DRITTEN REICH veranstaltete der Volksgerichtshof unter Freisler Schauprozesse gegen WIDERSTANDSkämpfer des 20. JULI (ab August 1944).

Literatur: W. Maderthaner (Hg.): »Ich habe den Tod verdient«. Schauprozesse und politische Verfolgung in Mittel- und Osteuropa 1945–1956. Wien 1991; S. v. Krosigk/L. Graf: »Gib mir das Recht zur Seite ... «. Die großen Schauprozesse von der Antike bis zur Gegenwart. Frankfurt/Main u. a. 1991; G. H. Hodos: Schauprozesse. Stalinistische Säuberungen in Osteuropa 1948–1954. Berlin 2001.

Stalinismus

Absolute Herrschaft Stalins in der UdSSR, nach Lenins Tod (1924) sowie nach der Ausschaltung Trotzkis (1927) und der TROIKA-Mitglieder: Mit dem 1. FÜNFJAHRESPLAN (1929–1933) kollektivierte Stalin die Landwirtschaft und forcierte die Industrialisierung mit TERROR. KOMINTERN, KPdSU und Geheimpolizei (GPU, NKWD) dienten als Instrumente totalitärer Herrschaft. Sie gipfelte in den SÄUBERUNGEN (**1934**–1938) und SCHAUPROZESSEN (1937/38). Nach dem ZWEITEN WELTKRIEG dehnte sich der Stalinismus auch auf neue kommunistische Staaten und VOLKSREPUBLIKEN aus, u. a. Polen (1947), ČSR, Ungarn, Rumänien. Stalins Kampf gegen den TITOISMUS (1948 ff.) endete im Bruch mit Jugoslawien und neuen Schauprozessen. Auf Stalins Tod (1953) folgte mit »Tauwetter« und »Entstalinisierung« seit dem XX. PARTEITAG DER KPdSU (1956) eine Modifizierung. Stalinismus herrscht(e) weiter in der VR Albanien (bis 1985), in Nordkorea (bis heute) und Rumänien (bis 1989). Dialektische Folgen der Entstalinisierung waren der AUFSTAND

DES 17. JUNI in der DDR (1953), der POLNISCHE OKTOBER und der UNGARNAUFSTAND (beide 1956). Die chronische Krise endete im ZUSAMMENBRUCH DES KOMMUNISMUS (1989/91).

Literatur: R. Schörken (Hg.): Russische Revolution und Stalinismus. Stuttgart 1987; R. Medwedew: Das Urteil der Geschichte. 3 Bde., Berlin 1992; W. Neugebauer (Hg.): Von der Utopie zum Terror. Stalinismus-Analysen. Wien 1994; S. Plaggenborg (Hg.): Stalinismus. Berlin 1998; M. Hildermeier (Hg.): Stalinismus vor dem Zweiten Weltkrieg. Neue Wege der Forschung. München 1998.

Langer Marsch

(chin.: Ch'ang-cheng) Zentrales Ereignis in der kommunistischen Phase der CHINESISCHEN REVOLUTION (**1934**/35): Nach dem Bruch der KUOMINTANG mit der KPCh (1927) hatten sich lokale regionale Bauernsowjets gebildet, in Kiangsi unter Führung Mao Tse-tungs. In jährlichen Kampagnen von KMT-Truppen angegriffen (1928–1934), wurde die ROTE ARMEE eingeschlossen (1934). Die 1. Armee, ca. 50 000–140 000 Mann, schlug sich unter Mao (Oktober 1934) nach Westen bis Yünnan durch. Nach verlustreichen Kämpfen in Szetschuan vereinigte sie sich mit der 4. Armee (1935). Im Konflikt zwischen Führern der 1. und 4. Armee über Strategie, Taktik und Ziel des Langen Marsches kehrten die 4. Armee und ein Teil der 1. Armee in den Süden zurück, wo sie zum größten Teil vernichtet wurden (1936); der Hauptteil der 1. Armee unter Mao erreichte, erheblich geschwächt, Shensi, südlich der CHINESISCHEN MAUER (Oktober 1935): Shensi wurde Basis der Kommunisten.

Literatur: D. Wilson: Mao Tse-tungs Langer Marsch 1935. Der Ursprung der Volksrepublik China. Wiesbaden 1974; H. E. Salisbury: Der lange Marsch. München 1991.

Neo-Destour-Partei

Tunesische Unabhängigkeitspartei, von Bourguiba in SEZESSION von der DESTOUR-PARTEI gegründet (**1934**): Aus Enttäuschung über die französische VOLKSFRONTregierung (1936–1938) setzte die Partei militante Aktionen fort und wurde verboten (1938). Nach dem ZWEITEN WELTKRIEG kämpfte sie für die Unabhängigkeit, im Konflikt mit der französischen PROTEKTORATSmacht. Nachdem Tunesien die Souveränitat (1956) erhalten hatte, hieß sie als Staatspartei Sozialistische Destour Partei (1956).

Literatur: S. Ronart: Lexikon der arabischen Welt. Zürich, München 1972, S. 820–825.

Front von Stresa

Konferenz von Großbritannien, Frankreich und Italien (11.–14. April **1935**) gegen die Wiedereinführung der ALLGEMEINEN WEHRPFLICHT in Deutschland: Die drei Länder kündigten militärische Schritte bei einer Remilitarisierung des Rheinlands an, unterlaufen vom DEUTSCH-BRITISCHEN FLOTTENABKOMMEN (18. Juni 1935) im Rahmen der APPEASEMENTpolitik. Italien stellte sich auf der Konferenz von Stresa zum letzten Mal gegen das DRITTE REICH.

Literatur: F. Noël: Les illusions de Stresa. L'ltalie abandonnée à Hitler. Paris 1975.

Deutsch-britisches Flottenabkommen

Trotz britischen Protesten gegen die ALLGEMEINE WEHRPFLICHT und Aufrüstung in Deutschland (FRONT VON STRESA) geschlossenes Abkommen Großbritanniens mit dem DRITTEN REICH zur Begrenzung der deutschen Flotte (18. Juni **1935**): Großbritannien gestand Deutschland die Erhöhung seiner Flottengröße bei Überwasserschiffen auf 35 % der britischen Gesamttonnage zu, bei U-Booten auf 100 %. Die deutsche Flottenrüstung, in Bruch des VERSAILLER VERTRAGS, wurde durch das Abkommen von den Briten völkerrechtlich legalisiert (APPEASEMENT-politik). Deutschland kündigte das Abkommen am 27. April 1939.

Literatur: S. W. Roskill: Naval Policy between the Wars. London [2]1978.

Appeasement

(engl.: Beschwichtigung) Britische Außenpolitik der Nachgiebigkeit gegenüber faschistischen Diktaturen: Aus Skrupeln über die Härte des VERSAILLER VERTRAGS und in Frontstellung gegen die UdSSR zwang Großbritannien auch Frankreich die Appeasementpolitik auf, vom DEUTSCH-BRITISCHEN FLOTTENABKOMMEN (**1935**) und Stillhalten im ABESSINIENKRIEG (1935/36) über die Remilitarisierung des Rheinlands (1936) und die NICHTINTERVENTION in den SPANISCHEN BÜRGERKRIEG (1936–1939) und der »ANSCHLUSS« (1938). Die Beschwichtigungspolitik erreichte ihren Höhepunkt mit dem MÜNCHNER ABKOMMEN (1938) und der Besetzung Prags durch das DRITTE REICH (15. März 1939); sie wurde danach beendet mit der britisch-französischen Garantieerklärung für Polen (31. März 1939). Die Wende der Westmächte beantwortete Hitler mit dem HITLER-STALIN-PAKT. Im ZWEITEN WELTKRIEG war der »SITZKRIEG«, als Stillhalten der Westmächte, die letzte Nachwirkung des Appeasement (1939/40).

Literatur: W. R. Rock: British Appeasement in the 1930s. London 1977; G. Schmidt: England in der Krise. Grundzüge der britischen Appeasement-Politik (1930–1937). Opladen 1981; S. Beer: Der »unmoralische« Anschluß. Britische Österreichpolitik zwischen Containment und Appeasement 1931–1934. Köln 1988; T. L. Lewis: A Climate for Appeasement. Frankfurt/Main 1991; R. A. C. Parker: Churchill and Appeasement. London u. a. 2000.

Wehrmacht

Offizieller Name der deutschen Streitkräfte (Heer, Marine, Luftwaffe) im DRITTEN REICH: Seit der (völkerrechtswidrigen, weil den VERSAILLER VERTRAG verletzenden) Wiedereinführung der ALLGEMEINEN WEHRPFLICHT (**1935**) ersetzte die Wehrmacht die REICHSWEHR der WEIMARER REPUBLIK; nach dem ANSCHLUSS (1938) hieß die Armee »Großdeutsche Wehrmacht«. Die Wehrmacht stand in Spannung zwischen enger Bindung an den »Führer« (persönlicher Eid auf Hitler), opportunistischer Anpassung zur Wahrung des Waffenmonopols (gegen die SA bis zum »RÖHM-PUTSCH« 1934, später gegen die Waffen-SS) und ihrer Eigenständigkeit in eher nationalkonservativer Distanz – bis hin zum WIDERSTAND, kulminierend im 20. Juli 1944. Als Hauptinstrument der

NS-Eroberungspolitik samt ETHNISCHEN SÄUBERUNGEN und VÖLKERMORD waren zumindest Teile der Wehrmacht auch an NS-Massenverbrechen direkt oder indirekt beteiligt. Bei der KAPITULATION der Wehrmacht (8./9. Mai 1945) gehörten ihr noch ca. 11 Mio. Soldaten an. Traditionen der Wehrmacht wurden im geteilten Deutschland unterschiedlich fortgesetzt und verändert, in der (seit 1990 gesamtdeutschen) BUNDESWEHR und in der NATIONALEN VOLKSARMEE (NVA) der DDR (1955–1990).

Literatur: K.H. Pohl: Wehrmacht und Vernichtungspolitik. Militär im nationalsozialistischen System. Göttingen 1999; C. Dirks: Der Krieg der Generäle. Hitler als Werkzeug der Wehrmacht. Berlin [4]1999; R.-D. Müller: Die Wehrmacht. München 1999; D. Bald u. a.: Mythos Wehrmacht. Nachkriegsdebatten und Traditionspflege. Berlin 2001; U. Jureit (Hg.): Verbrechen der Wehrmacht. Dimensionen des Vernichtungskrieges 1941–1944. Ausstellungskatalog. Hamburg 2002.

Nürnberger Gesetze

Zwei vom REICHSTAG auf dem Nürnberger Reichsparteitag verabschiedete Gesetze (15. September **1935**), als »rechtliche« Grundlage für weitere Diskriminierung, Verfolgung und Ermordung der Juden (»ENDLÖSUNG«) im HOLOCAUST: Das »Reichsbürgergesetz« nahm JUDEN die deutsche Staatsbürgerschaft, das »Gesetz zum Schutze des deutschen Blutes und der deutschen Ehre« verbot Ehen und außereheliche Beziehungen mit Juden unter Androhung von Zuchthausstrafen.

Literatur: A. Rethmeier: »Nürnberger Rassegesetze« und Entrechtung der Juden im Zivilrecht. Frankfurt/Main u. a. 1995; M. Ley: »Zum Schutze des deutschen Blutes...«. »Rassenschandegesetze« im Nationalsozialismus. Bodenheim bei Mainz 1997; R. Faupel/K. Eschen: Gesetzliches Unrecht in der Zeit des Nationalsozialismus. Vor 60 Jahren. Erlaß der Nürnberger Gesetze. Baden-Baden 1997; I. Eckler (Hg.): A Family Torn Apart by »Rassenschande«. Politische Verfolgung im Dritten Reich. Dokumente und Berichte aus Hamburg. Schwetzingen [3]2001.

Sudetendeutsche Partei

Rechtsextreme deutsche Partei in der ČSR (1935–1938): Entstanden aus der Umbenennung der SUDETENDEUTSCHEN HEIMATFRONT (**1935**), wurde die Sudetendeutsche Partei bei den PARLAMENTSwahlen in der ČSR stärkste deutsche Partei (1935), mit 66 % der deutschen Stimmen und 44 von 66 Mandaten. Die Hitler und der NSDAP unterstellte Partei provozierte Unruhen, indem sie u. a. das Parlament boykottierte (1937). Auf Anweisung Berlins entfachte und verschärfte sie die SUDETENKRISE. Nach dem MÜNCHNER ABKOMMEN ging sie in der NSDAP auf (1938).

Erziehungsdiktatur

Politischer Begriff der Zwischenkriegszeit: Er geht auf die Ansicht zurück, in den Nachfolgestaaten Ostmittel- und Südosteuropas sei zur Modernisierung durch Industrialisierung vorübergehend eine Diktatur, oft in Form der KÖNIGSDIKTATUR, unumgänglich. Auch die Militärdiktatur Piłsudskis in Polen (1926) gilt als Erziehungsdiktatur. Mit Änderung der Verfassung (**1935**) verschärft, geriet sie unter Piłsudskis Nachfolgern in die Krise (1935), beendet vom ZWEITEN WELTKRIEG (1939).

Rex-Bewegung

Faschistische Bewegung in Belgien, gegründet von León Degrelle aus reaktionären christlichen Kreisen um den wallonischen Verlag »Rex Christi« (1930): Politisch aktiv seit **1935**, gewann die Rex-Bewegung bei Wahlen 21 Mandate (1936). Nach der Besetzung Belgiens durch das DRITTE REICH kollaborierte sie (1940–1944): Eine wallonische Legion kämpfte in der Waffen-SS an der Ostfront (1941–1945).

Literatur: J. M. Etienne: Le mouvement rexiste jusqu'en 1940. Paris 1968.

Abessinienkrieg

Überfall des faschistischen Italien auf Äthiopien (damals: Abessinien, **1935**/36), u. a. als Rache für die italienische Niederlage von Adua (1896), trotz einem Freundschafts- und Nichtangriffsvertrag zwischen beiden Ländern (1928): Italienische Truppen provozierten in der von Italien beanspruchten Oase Wal-Wal einen Zwischenfall (1934). Unter dem Druck der Westmächte nahm Italien den äthiopischen Vorschlag zur Anrufung eines Schiedsgerichts an, der im VÖLKERBUND verschleppt wurde. Am 3. Oktober 1935 fielen italienische Truppen in Äthiopien ein, u. a. mit Luftangriffen gegen die Zivilbevölkerung. Vor der militärischen Überlegenheit wichen Äthiopier auf den GUERILLAkrieg aus. Nach der Eroberung Addis Abebas (1936) wurde Äthiopien mit Eritrea und Italienisch-Somaliland zu Italienisch-Ostafrika vereinigt (1936–1941); König Viktor Emanuel III. wurde Kaiser von Abessinien. Der Völkerbund verhängte über Italien formale, aber unwirksame SANKTIONEN (1936), beschleunigte mit seiner Ohnmacht den eigenen Niedergang. Deutsche Hilfe für Italien begründete die Achse Berlin–Rom (1936). Italien trat aus dem Völkerbund aus (1937). Empörung unter Afrikanern und AFRO-AMERIKANERN stärkte den afrikanischen Nationalismus.

Literatur: M. Funke: Sanktionen und Kanonen – Hitler, Mussolini und der internationale Abessinien-Konflikt 1934–1936. Düsseldorf 1971; T. M. Coffey: Lion by the Tail. The Story of the Italian-Ethiopian War. London 1974; A. Sbacchi: Il colonialismo italiano in Ethiopia (1936–1940). Mailand 1980.

Sanktionen

(lat.: sancire = heiligen, unverbrüchlich festsetzen) Zwangsmaßnahmen (wirtschaftliche oder politische) gegen die Völkerrechtsverletzung eines Staats, angedroht oder durchgeführt: Der VÖLKERBUND forderte gegen Italien Sanktionen wegen des ABESSINIENKRIEGS (**1935**/36), die jedoch formal blieben (1936). Die effektivste Sanktion (Sperre des Suezkanals für italienische Truppentransporter und Versorgungsschiffe) kam nie in Frage: Großbritannien fürchtete eine Ausweitung des Konflikts, da Italien massive Rückendeckung beim DRITTEN REICH fand. Nach dem ZWEITEN WELTKRIEG wurden mehrfach Sanktionen verhängt, anfangs oft unterlaufen – so gegen Kuba (seit 1962), Rhodesien nach dessen EINSEITIGER UNABHÄNGIGKEITSERKLÄRUNG (1965–1979), die UdSSR wegen des Afghanistankriegs (1979–1988), Polen wegen Verhängung des Kriegszustands in der Polenkrise (1982–1987), Südafrika wegen der Apartheid (verstärkt 1985–1991), den Irak nach dessen Einmarsch in Kuwait als Auftakt zum 2. Golfkrieg (seit 1990), gegen Rest-Jugoslawien im Jugoslawienkrieg (bis 2001). Sanktionen waren wirksam, wenn sie langfristig und wirklich weltweit durchgehalten wurden, wirkten als moralische Verurteilung auf Dauer politisch.

Literatur: M. Funke: Sanktionen und Kanonen. Hitler, Mussolini und der internationale Abessinienkonflikt 1934–36. Düsseldorf 1971.

»Sozialfaschismus«

These der Komintern und KPD, die SPD als sozialreformerische Variante des Faschismus sei »Hauptfeind« (1928): Sie blockierte den gemeinsamen Kampf gegen die Rechtsparteien. Nachdem sich das Dritte Reich fest etabliert hatte, löste die Volksfront-Politik die Sozialfaschismus-These ab (**1935**).

Literatur: H. Heer: Sozialfaschismus: Die Politik der KPD 1928–33. Bonn 1974.

Spanischer Bürgerkrieg

Folgenreichster Bürgerkrieg Europas zwischen Erstem und Zweitem Weltkrieg, nach älteren Bürgerkriegen im 19. Jahrhundert (Karlistenkriegen): Gegen die 2. Spanische Republik (1931–1936/39) eröffnete Franco, unterstützt von Falange und Karlisten, mit seinem Militärputsch (18. Juli **1936**) den Bürgerkrieg. Die meisten Mächte folgten der Nichtintervention, formal auch die UdSSR, die Waffen lieferte und Internationale Brigaden entsandte, sowie Italien und das Dritte Reich, die Franco militärisch unterstützten, u. a. mit dem geheimen Transport von Kolonialtruppen in Flugzeugen (Ju 52) aus Marokko nach Spanien (Juli) sowie der Legion Condor. Die Republikaner, durch sozialrevolutionäre Radikalisierung und innere Konflikte zwischen KP und Sozialisten/Anarchisten geschwächt, hielten Madrid (1936), unterlagen jedoch an der Nordfront (1937). Ein Durchbruch der Aufständischen zum Mittelmeer (Juni 1938) spaltete ihre Front. Nach dem Scheitern der republikanischen Ebro-Offensive (Juli/November) fielen Katalonien (Februar 1939) und Madrid (28. März): Franco übernahm die Macht mit seinem autoritären Regime (bis 1975). Der Spanische Bürgerkrieg verschärfte die Polarisierung der internationalen Politik.

Literatur: S. G. Payne: The Spanish Revolution. London 1970; G. Jackson: A Concise History of the Spanish Civil War. New York 1974; W. Schieder/C. Dipper (Hg.): Der Spanische Bürgerkrieg in der internationalen Politik (1936–1939). München 1976; P. Broué/E. Témime: Revolution und Krieg in Spanien. 2 Bde., Frankfurt/Main [5]1987; W. L. Bernecker: Krieg in Spanien, 1936–1939. Darmstadt 1997.

Legion Condor

Deutsche Sondereinheit im Spanischen Bürgerkrieg (**1936**–1939): Sie bestand aus maximal 5500 Mann, meist Luftwaffen-, Panzer- und Lehreinheiten zur Ausbildung nationalspanischer Offiziere. Sie erprobte neue Waffen und Taktiken und griff teilweise entscheidend in Kämpfe ein, bombardierte u. a. Guernica (1937).

Literatur: K. Ries/H. Ring: Legion Condor, 1936–1939. Eine illustrierte Dokumentation. Mainz 1980; J. Arráez Cerdá: Los cazadores de la Legión Cóndor. Valladolid 1993.

Internationale Brigaden

Freiwilligeneinheiten aufseiten der Republikaner im SPANISCHEN BÜRGERKRIEG, meist aus ausländischen Kommunisten (ca. 60 %) und Sozialisten, auf Anregung französischer und belgischer Kommunisten von Stalin akzeptiert, von der KOMINTERN organisiert (**1936**–1938): Die ca. 40 000 Mann waren nach nationaler Herkunft in Bataillone eingeteilt. Sie hatten historisch-politisch aufschlussreiche Namen – Bataillon »Thälmann« (Deutsche, Österreicher, Deutsch Sprechende, Schweizer, Skandinavier), »Dabrowski« (Gründer der 1. POLNISCHEN LEGION, 1795, Polen), »Commune de Paris« (Franzosen, Belgier), »Garibaldi« (Italiener) – oder Nummerierung, z. B. XV. Brigade (Briten, US-Amerikanern, Kanadiern). Die Brigaden waren zum Teil an entscheidenden Einsätzen beteiligt, z. B. bei der Verteidigung von Madrid. Sie zerbrachen an von Kommunisten, entfachten inneren Konflikten, die die Kampfmoral erschütterten (parallel zu »Säuberungen« in der UdSSR). Auf Anordnung des NICHTINTERVENTIONSkomitees wurden sie aufgelöst (1938); auch Stalin ließ sie fallen.

Literatur: G. Orwell: Mein Katalonien. Erstausgabe engl. 1938, Zürich 2000; L. Longo: Die Internationalen Brigaden in Spanien. Berlin [2]1976; A. Kantorowicz: Spanisches Kriegstagebuch. Frankfurt/Main 1986; K. Hommel: Die internationalen Brigaden im Spanischen Bürgerkrieg 1936–1939. Regensburg 1990.

Nichtintervention (Nichteinmischung)

Allgemein: Das politische Prinzip, sich nicht in innere Konflikte anderer Staaten oder zwischenstaatliche Konflikte einzumischen. Speziell: Haltung der Westmächte im SPANISCHEN BÜRGERKRIEG: Die Anregung der französischen VOLKSFRONTregierung Blum (nach anfänglicher offizieller Hilfe für die spanische Volksfrontregierung), alle Staaten sollten sich heraushalten, akzeptierten ursprünglich u. a. Großbritannien, Frankreich, Italien, das DRITTE REICH, die UdSSR. Portugal und einige andere Staaten (u. a. Schweden). Der »Internationale Ausschuss zur Sicherung der Nichteinmischung« (»Non-Intervention Committee«) in London (9. September **1936**–März 1939) verschleierte jedoch nur die britisch-französische Passivität, während Deutschland und Italien intervenierten, u. a. durch Truppen wie die LEGION CONDOR, ebenso die UdSSR mit Waffen- und Munitionslieferungen (samt politischen Kommissaren) und indirekt mit den INTERNATIONALEN BRIGADEN. Deutschland und Italien traten aus dem »Non-Intervention Committee« aus (1937).

Literatur: W. E. Watters: An International Affair: Non-Intervention in the Spanish Civil War, 1936–39. New York 1971; H. Geiss: Das »Internationale Komitee für die Anwendung des Abkommens über die Nichteinmischung in Spanien« als Instrument sowjetischer Außenpolitik 1936–38. Diss. Frankfurt/Main 1977; V. Matthies (Hg.): Frieden durch Einmischung? Der Schrecken des

Krieges und die (Ohn)Macht der internationalen Gemeinschaft. Bonn 1993; H. Jäckel (Hg.): Ist das Prinzip der Nichteinmischung überholt? Baden-Baden 1995.

Achse Berlin–Rom

Bündnis zwischen dem DRITTEN REICH und Italien (1936–43/45); der Begriff wurde von Mussolini geprägt: Nach erster Annäherung mit dem Besuch Hitlers in Venedig (1934) und deutscher Hilfe für Italien im ABESSINIENKRIEG (1935/36) beschlossen beide Länder eine enge Zusammenarbeit (25. Oktober **1936**), vertieft durch Italiens Beitritt zum ANTIKOMINTERNPAKT (1937), erweitert vom STAHLPAKT (1939) und DREIMÄCHTEPAKT (1940). Übertragen auch: »ACHSENMÄCHTE«.

Literatur: J. Petersen: Hitler-Mussolini. Die Entstehung der Achse Berlin-Rom 1933–1936. Tübingen 1973; J. Steinberg: All or Nothing. The Axis and the Holocaust 1941–1943. London u. a. 1990.

Antikominternpakt

Vertrag zwischen dem DRITTEN REICH und Japan »über die gemeinsame Abwehr gegen die Kommunistische Internationale« (KOMINTERN) in Berlin (25. November **1936**), durch gegenseitige Information und gemeinsame Beratung. In einem geheimen Zusatzprotokoll sicherten sich beide Staaten wohlwollende Neutralität und Konsultationen für den Fall eines »provozierten Angriffs oder einer nicht provozierten Angriffsdrohung« zu und bekräftigten, keine politischen Verträge gegen den »Geist dieses Abkommens« abzuschließen. Den Pakt brachen Japan nach Grenzkämpfen mit der UdSSR 1938, Deutschland mit dem HITLER-STALIN-PAKT 1939. Italien (1937), Ungarn, Spanien (1939), Bulgarien, Finnland, Rumänien, Dänemark, Kroatien, die Slowakei (1941) traten bei, als Symbol ihrer Unterordnung unter die NS-Machtpolitik, besonders gut abzulesen am Beispiel Jugoslawiens: Nachdem es unter deutschem Druck dem Pakt beigetreten war (25. März 1941), fiel die Regierung durch einen Staatsstreich (27. März); den Pakt mit der UdSSR (5. April) beantwortete Hitler mit dem Überfall auf Jugoslawien (und Griechenland, 6. April).

Literatur: T. Sommer: Deutschland und Japan zwischen den Mächten 1935–1940. Tübingen 1962; B. Martin: Deutschland und Japan im Zweiten Weltkrieg. Göttingen 1969; G. Krebs/B. Martin (Hg.): Formierung und Fall der Achse Berlin-Tokyo. München 1994.

Remilitarisierung des Rheinlandes

Nach Wiedereinführung der ALLGEMEINEN WEHRPFLICHT, Aufrüstung und DEUTSCH-BRITISCHEM FLOTTENABKOMMEN (1935) nächste Etappe Hitlers zur einseitigen Revision des VERSAILLER VERTRAGS (**1936**): Die Besetzung des linken Rheinufers traf Frankreich im Wahlkampf, gelähmt durch innere Polarisierung zwischen Rechten und VOLKSFRONT. Die Kündigung der LOCARNO-VERTRÄGE durch Einmarsch deutscher Truppen nahmen die Westmächte mit ihrer APPEASEMENTpolitik hin.

Literatur: J. T. Emerson: The Rhineland Crisis, 7. March 1936. A Study in Multilateral Diplomacy. London 1977.

Vierjahresplan

Dem sowjetischen FÜNFJAHRESPLAN (1929 ff.) nachgeahmter zentraler Wirtschaftsplan des DRITTEN REICHS (18. Oktober **1936**), eingerichtet unter Göring für rasche Aufrüstung und baldige »Kriegsfähigkeit« (»Kanonen statt Butter«): Ein Ziel war die Erreichung der Autarkie (Unabhängigkeit in der Versorgung mit Roh- und Grundstoffen und in der Lebensmittelerzeugung), u. a. durch die »Reichswerke Hermann Göring« (Salzgitter). Die Umstellung auf eine umfassende Kriegswirtschaft unter Speer löste den Vierjahresplan faktisch ab (1942–1945).

Literatur: D. Petzina: Autarkiepolitik im Dritten Reich. Der nationalsozialistische Vierjahresplan. Stuttgart 1968; A. E. Bagel-Bohlan: Hitlers industrielle Kriegsvorbereitung 1936 bis 1939. Koblenz 1975.

»Mit brennender Sorge«

Enzyklika von Papst Pius XI. (**1937**): Die einzige deutschsprachige Enzyklika, an der deutsche Bischöfe mitwirkten, protestierte gegen die Verletzungen des REICHSKONKORDATS (1933) im KIRCHENKAMPF.

Literatur: H.-A. Raem: Pius XI. und der Nationalsozialismus. Die Enzyklika »Mit brennender Sorge« vom 14. März 1937. Paderborn u. a. 1979; Erzbischöfliches Generalvikariat (Hg.): Pius XI. Mit brennender Sorge. Paderborn ^{2}1989.

Kirchenkampf

Konflikt zwischen Staat bzw. Partei und Kirchen im DRITTEN REICH: Der Kirchenkampf entzündete sich an Hitlers Parteinahme für die »Deutschen Christen«, eine NS-Richtung in der Evangelischen Kirche. Nach deren Wahlsieg bei Kirchenwahlen (23. Juli 1933) betrieb Hitler die »GLEICHSCHALTUNG« der Evangelischen Kirche, gegen die sich der »Pfarrernotbund« unter Martin Niemöller (* 1892, † 1984) wandte. Gruppen der kirchlichen Opposition gründeten die Bekennende Kirche (1934), die staatlichen Eingriffen und Schikanen ausgesetzt war. Verletzungen des REICHSKONKORDATS (1933) lösten den Protest des PAPSTES in der Enzyklika »MIT BRENNENDER SORGE« aus. (**1937**). In beiden Kirchen hielt sich trotz Verboten und Verhaftungen Widerstand, bis hin zum politischen WIDERSTAND, vor allem in der Evangelischen Kirche teilweise mit theologischer und kirchlicher Neubesinnung.

Literatur: J. S. Conway: Die nationalsozialistische Kirchenpolitik 1933–1945. München 1969; K. Scholder: Die Kirchen und das Dritte Reich. Frankfurt/Main ^{3}1977; E. C. Helmreich: The German Churches under Hitler. Background, Struggle and Epilogue. Detroit 1979; M. Kringels u. a.: Katholische Kirche und NS-Staat. Frankfurt/Main ^{2}1982; K. Herbert: Der Kirchenkampf – Historie oder bleibendes Erbe? Frankfurt/Main 1985; R. Weyer: Kirche – Staat – Gesellschaft in Autobiographien des Kirchenkampfes. Waltrop 1997.

Pfeilkreuzlerbewegung

Ungarische nationalsozialistische Partei: Sie entstand durch die Fusion der »Partei des nationalen Willens« mit drei kleineren faschistischen Parteien in Ungarn (**1937**) und war nach ihrem Parteisymbol benannt.

Sie verband die Idee eines Großungarn mit einem radikalen ANTISEMITISMUS und hatte starken Einfluss auf die Regierungspartei. Bei Parlamentswahlen gewann sie ca. 40 % der Stimmen (Mai 1939). Die Pfeilkreuzler hatten maßgeblichen Anteil an der Beteiligung Ungarns am Krieg gegen die UdSSR (22. Juni 1941). Als nach dem Eindringen der Sowjetarmee Horthy Ungarns Austritt aus dem Krieg verkündete, stürzten ihn die Pfeilkreuzler und übernahmen mit deutscher Hilfe die Regierung (Oktober 1944), mit blutigem TERROR. Nach der deutschen Niederlage (Januar 1945) flohen sie ins Ausland.

Literatur: G. Barany: The Dragon's Teeth: The Roots of Hungarian Fascism, in: P. F. Sugar (Hg.): Native Faschism in the Successor States, 1918–1945. Santa Barbara (Cal.) 1971; M. Szöllösi-Janze: Die Pfeilkreuzlerbewegung in Ungarn. Historischer Kontext, Entwicklung und Herrschaft. München 1989.

2. Chinesisch-japanischer Krieg

Angriffskrieg Japans gegen China (**1937**), einmündend in den ZWEITEN WELTKRIEG im Fernen Osten (1941–1945): Im Chinesischen Bürgerkrieg (1911–1949) nutzte Japan Chinas Schwäche zur Besetzung der Mandschurei (1937). Im Vorfeld der japanischen Invasion bildeten die Bürgerkriegsgegner KMT und KPCh eine Einheitsfront gegen Japan (1937). Nach dem inszenierten Zwischenfall an der Marco-Polo-Brücke bei Peking (7. Juli 1937) fiel Japan in China ein, eroberte die Küstengebiete und sicherte die großen EISENBAHNlinien, besetzte Peking, Tientsin, Shanghai, Nanking (mit Massakern an der chinesischen Zivilbevölkerung, ca. 300 000 Toten, 1937), Tsingtau, Kanton, Wu-han, Hankau (1938), die Insel Hainan (1939): Tschungking wurde provisorische Hauptstadt KMT-Chinas (1938–1946). Der VÖLKERBUND verurteilte Japan als Aggressor, das daraufhin austrat (1938). In Nanking setzten die Japaner eine Marionettenregierung unter Wang Ching-wei ein (1940). Die KPCh führte einen erfolgreichen GUERILLAkrieg gegen die Japaner, errichtete »befreite Gebiete« hinter den japanischen Linien. Der militärische Hauptwiderstand konnte sich nicht entfalten, da KMT-Truppen und ROTE ARMEE häufig gegeneinander kämpften (ab 1939). Die Japaner schnitten den Nachschub für die KMT-Regierung ab, indem sie Indochina besetzten (1940). Nach dem Neutralitätspakt zwischen Japan und der UdSSR (1941) stellte auch die UdSSR die Hilfe für Nationalchina ein; die Japaner riegelten, mittlerweile im Kriegszustand mit Briten und den USA, die Birmastraße ab (1942–1944). Wegen des Pazifikkriegs zog Japan den größten Teil seiner Truppen aus China ab; die USA unterstützten die KMT-Regierung. Die letzte Offensive der Japaner in Südchina (1944) stellte die Verbindung zu ihrer Besatzungsarmee in Indochina her. Die UdSSR besetzten nach ihrem Kriegseintritt die Mandschurei (6. August 1945). Die US-ATOMBOMBEN über Hiroshima und Nagasaki (6./9. August) erzwangen die KAPITULATION Japans (14. August). Nach dem Scheitern einer US-Vermittlung begann die Endphase des Bürgerkriegs (1946–1949).

Literatur: D. Kuhn: Der Zweite Weltkrieg in China. Berlin 1999; D. P. Barrett (Hg.): China in the Anti-Japanese War, 1937–1945. Politics, Culture and Society. New York u. a. 2001.

Fritsch-Krise

Politische Krise im DRITTEN REICH: Generaloberst Freiherr von Fritsch, Oberbefehlshaber des Heeres, wurde wegen seiner kritischen Haltung zum geplanten Expansionskrieg Hitlers zusammen mit Kriegsminister Werner von Blomberg durch Himmler und Göring gestürzt (Februar **1938**). Hitler übernahm den Oberbefehl über die WEHRMACHT und schloss deren »Gleichschaltung« in Vorbereitung auf den Krieg ab.

Literatur: H.C. Deutsch: Das Komplott oder Die Entmachtung der Generale. Blomberg- und Fritsch-Krise. Hitlers Weg zum Krieg. Köln 1972; K.-H. Janßen/F. Tobias: Der Sturz der Generäle. Hitler und die Blomberg-Fritsch-Krise 1938. München 1994.

»Anschluss«

Verharmlosende Umschreibung der NS-Propaganda für die Annexion Österreichs durch das DRITTE REICH (März 1938), im Gegensatz zum freiwillig gewünschten Anschluss an die WEIMARER REPUBLIK (1918/19): Zur Vorgeschichte gehören der FRIEDE VON ST. GERMAIN (1919) mit Anschlussverbot, und, parallel zu Deutschland, der Aufstieg der österreichischen NSDAP (ab 1933), das Scheitern der Zollunion mit Deutschland (1931), das Verbot der NSDAP unter Dollfuß (1932), der (gescheiterte) NS-Putsch in Wien und die Ermordung Dollfuß' (25. Juli 1934). Auch danach forcierte Berlin die politische Krise: Auf Druck Hitlers trat Arthur Seyß-Inquart als NS-Minister in die Regierung Schuschnigg ein (16. Februar 1938). Nach Schuschniggs erzwungenem Rücktritt wurde Seyß-Inquart Bundeskanzler (11. März). Wie mit Berlin abgesprochen, forderte er die WEHRMACHT an, die den »Anschluss« vollzog (13. März **1938**) – trotz politischem Zwang mit breiter Zustimmung in Österreich. Die Westmächte nahmen den »Anschluss« unter Protest hin (APPEASEMENT). Das nun GROSSDEUTSCHE REICH (bis 1945) dehnte die Verfolgung von Juden und politischen Gegnern auch auf die »Ostmark« (amtliche Bezeichnung für Österreich ab 1938) aus. Österreich wurde in ReichsGAUE eingeteilt (1939), seine Bevölkerung war in die Lasten des ZWEITEN WELTKRIEGS eingespannt. Nach Kriegsende konstituierte sich die 2. REPUBLIK ÖSTERREICH (1945), mit neuerlichem Anschlussverbot im ÖSTERREICHISCHEN STAATSVERTRAG (1955).

Literatur: N. Schausberger: Der Griff nach Österreich. Der Anschluß. Wien u.a. [3]1988; W. Kleindel: »Gott schütze Österreich!«. Der Anschluß 1938. Wien 1988; G.L. Weinberg: Der gewaltsame Anschluß 1938. Die deutsche Außenpolitik und Österreich. Wien 1988; C. Zentner: Heim ins Reich. Der Anschluß Österreichs 1938. München 1988; V. Sima (Hg.): Der »Anschluß« und die Minderheiten in Österreich. Klagenfurt 1989.

Sudetenkrise

Internationale Krise um das sog. Sudetenland, die überwiegend von Deutschen bewohnten Grenzgebiete der ČSR, in Böhmen und Mähren (**1938**): Der Wunsch der Deutschen, sich nach dem Untergang Österreich-Ungarns am Ende des ERSTEN WELTKRIEGS mit Österreich dem Deutschen Reich anzuschließen (ANSCHLUSS, 1918/19), wurde von der

PARISER FRIEDENSKONFERENZ und den Tschechen abgelehnt: Der FRIEDE VON ST. GERMAIN (1919) sprach die Gebiete der ČSR zu. Die Deutschen wurden nicht unterdrückt, volle Integration oder AUTONOMIE blieben ihnen jedoch versagt. Der Aufstieg der NS-Bewegung begann mit der »MACHTERGREIFUNG« in Deutschland (1933), der Gründung der SUDETENDEUTSCHEN HEIMATFRONT (1933) bzw. SUDETENDEUTSCHEN PARTEI (SdP) unter Henlein (1935). Geschürt von der SdP, brachen Unruhen aus (17. Oktober 1937). Hitler gab die Anweisung, die ČSR niederzuwerfen (5. November); Henlein proklamierte in einer Denkschrift (ca. 10. November) den Anschluss des Sudetenlands an das Deutsche Reich. Ein erster Besuch des britischen Außenministers Lord Halifax (*1881, †1959) bei Hitler blieb ergebnislos (17.–21. November). Berlin und Henlein heizten die Sudetenkrise zur Zerschlagung der ČSR an. So beantwortete die SdP ein Versammlungsverbot mit dem BOYKOTT des PARLAMENTS (29. November) und forderte nach dem »ANSCHLUSS« Österreichs (1938) auf Anweisung Berlins Autonomie für das Sudetengebiet (23. April 1938). Bei Kommunalwahlen ging die SdP mit TERROR gegen die Sozialdemokraten vor (April/Mai).

Nach der deutschen Mobilmachung (12. August) wuchs britischer Druck auf Beneš (Runciman-Mission, August/September); gleichzeitig wurde der deutsche Einmarsch vorbereitet (31. August). Die SdP brach mit der ČSR-Regierung (7. September); Reservisten wurden in Frankreich eingezogen. Hitlers Aufforderung zum Aufstand (12. September) löste eine regionale Erhebung im Egerland aus, die jedoch scheiterte (12.–14. September). Prag reagierte mit dem Standrecht, das nach einem Ultimatum der SdP wieder zurückgenommen wurde (13. September). Bei Chamberlains Besuch auf dem Obersalzberg (15. September) unterstrich Hitler seine Forderung nach Annexion des Sudetenlandes aufgrund des Selbstbestimmungsrechts der Völker. Großbritannien und Frankreich bedrängten die ČSR, die deutschen Forderungen anzunehmen (18. September), sodass das Kabinett in Prag zurücktrat (22. September). In der Zwischenzeit wurde auch die Royal Navy mobilisiert. Nach einem weiteren Besuch Chamberlains bei Hitler in Bad Godesberg (22./23. September) legte die Münchner Konferenz (29./30. September) im MÜNCHNER ABKOMMEN die Annexion des Sudetenlandes fest.

Literatur: R. M. Smelser: Das Sudetenproblem und das Dritte Reich, 1933–1938. Von der Volkstumspolitik zur nationalsozialistischen Außenpolitik. München 1980; A. Schickel: 1938. Sudetendeutsches Schicksalsjahr. Vorgeschichte, Bestandsaufnahme, Folgen. Asendorf 1988; F. Leoncini: Die Sudetenfrage in der europäischen Politik. Von den Anfängen bis 1938. Essen 1988; Y. Lacaze: France and Munich. A Study of Decision Making in International Affairs. Boulder (Col.) 1995; B. Rearden Farnham: Roosevelt and the Munich Crisis. Princeton (N. J.) 1997.

Münchner Abkommen

Internationaler Vertrag zwischen dem DRITTEN REICH, Italien, Großbritannien und Frankreich zur Lösung der SUDETENKRISE, abgeschlossen auf der Münchner Konferenz (ohne die UdSSR, 29./30. September **1938**): Vor der deutschen Kriegsdrohung zwangen die Westmächte die ČSR, das Sudetenland an Deutschland abzutreten. Damit verlor die ČSR ein Fünftel ihres Staatsgebiets mit 3,63 Mio. Einwohnern, darunter

800 000 Tschechen, außerdem ihre natürlichen und befestigten Grenzen zu Deutschland – die ČSR war nicht mehr verteidigungsfähig. Das Sudetenland wurde von der WEHRMACHT besetzt (10. Oktober), Ungarn annektierte die Südslowakei, Polen die bisher tschechische Hälfte Teschens. Die Slowakei spaltete sich als VASALLenstaat ab, die Karpato-Ukraine erhielt die AUTONOMIE. Das Münchner Abkommen war Höhepunkt der APPEASEMENT-Politik.

Literatur: H. Merkel: 50 Jahre Münchner Abkommen. Leverkusen 1989; P. Glotz (Hg.): München 1938. Das Ende des alten Europa. Essen 1990; Y. Lacaze: France and Munich. A Study of Decision Making in International Affairs. Boulder (Col.) 1995; B. Rearden Farnham: Roosevelt and the Munich Crisis. A Study of Political Decision-Making. Princeton (N. J.) 1997; R. H. Haigh/D. S. Morris: Munich 1938. The Peace of Delusion. Sheffield 1999.

»Reichskristallnacht«

Selbstironische Bezeichnung des Volksmunds für die Reichspogromnacht (9./10. November **1938**): Anlass für das Pogrom war die Ermordung des deutschen Botschaftsangehörigen Ernst von Rath in Paris durch den Juden Herschel Grynspan (7. November). Ca. 7000 jüdische Geschäfte und 29 Warenhäuser wurden – u. a. unter Beteiligung der SA – zerstört und geplündert, 265 Synagogen in Brand gesetzt oder demoliert. Zahlreiche Wohnungen, Schulen und Betriebe waren nach der Gewaltnacht abbruchreif. Viele JUDEN wurden misshandelt, 91 ermordet. 30 000 Juden kamen in »Schutzhaft« oder KZs, um ihre Auswanderung zu erpressen. Von Versicherungsgesellschaften gezahlte Entschädigungen wurden beschlagnahmt, Juden mussten 1,25 Mrd. Reichsmark als »Buße« aufbringen. »Arisierung« jüdischer Betriebe und Geschäfte zwang zum Verkauf zu Schleuderpreisen an »Arier«: Juden wurden zunehmend diskriminiert – u. a. Verbot der Teilnahme an kulturellen Veranstaltungen, des Besuchs von Schulen und UNIVERSITÄTEN, Einrichtung von Sperrgebieten (»Judenbann«), Berufsverbot für jüdische Apotheker, Ärzte und Zahnärzte. Die meisten Verhafteten wurden wieder freigelassen (Januar 1939). Sie emigrierten zum großen Teil u. a. nach Palästina (Verstärkung der 5. Alija).

Literatur: H. Lauber: Judenpogrom. »Reichskristallnacht« November 1938 in Großdeutschland. Gerlingen 1981; R. Thalmann/E. Feinermann: Die Kristallnacht. Hamburg 1993; W. H. Pehle (Hg.): Der Judenpogrom 1938. Von der »Reichskristallnacht« zum Völkermord. Frankfurt/Main 1994; W.-A. Kropat: »Reichskristallnacht«. Der Judenpogrom vom 7. bis 10. November 1938. Wiesbaden 1997; H. Graml: Reichskristallnacht. Antisemitismus und Judenverfolgung im Dritten Reich. München [3]1998; H.-J. Döscher: »Reichskristallnacht«. München [3]2000.

Congress of Industrial Organization (CIO)

Abspaltung der AMERICAN FEDERATION OF LABOR (AFL, **1938**): Die CIO, ursprünglich ein Komitee in der AFL zur Bindung der Industriearbeiter an die GEWERKSCHAFTSzentrale (1935), trennte sich als eigenständige Gewerkschaft von der AFL im Konflikt über die Organisationsstruktur (nach Industriezweigen, wie von der CIO gefordert, oder nach Berufszweigen). Sie stand zunächst unter Führung der Bergarbeitergewerkschaft von J. L. Lewis (1938–1940) und nahm auch Ungelernte und

Farbige als Mitglieder auf. Nachdem die Differenzen mit der AFL beigelegt waren, vereinigten sich beide Organisationen zur AFL-CIO (1955), nach Berufs- wie Industriezweigen organisiert.

Literatur: P. S. Foner: History of the Labor Movement in the United States. 7 Bde., New York 1975–1988; R. H. Ziegler: American Workers, American Unions, 1920–1985. Baltimore (Md.) 1986; P. S. Foner: Die amerikanische Arbeiterbewegung von der Kolonialzeit bis 1945. Berlin 1990.

Reichsprotektorat Böhmen und Mähren

Herrschaftsstruktur des DRITTEN REICHS über die Rumpf-ČSR, nach SEZESSION der Slowakei als deutscher VASALLENstaat (**1939**–1945): Das Gebiet erhielt eine PROTEKTORATSregierung mit eingeschränkter AUTONOMIE für die Tschechen. Sie waren verstärkt dem NS-TERROR ausgesetzt, besonders nach dem Attentat auf Heydrich (1942). Zur Vergeltung erschoss die SS in Lidice (1942) alle männlichen Bewohner über 16 Jahre, Frauen kamen ins KZ. Das Reichsprotektorat diente der WEHRMACHT als Rückzugsgebiet (April/Mai 1945). Zum Teil befreiten sich die Tschechen selbst, zuletzt durch den Prager Aufstand (5.–7. Mai 1945).

Literatur: D. Brandes: Die Tschechen unter deutschem Protektorat. 2 Bde., München 1969/75; M. Kárný (Hg.): Deutsche Politik im »Protektorat Böhmen und Mähren« unter Reinhard Heydrich 1941–1942. Eine Dokumentation. Berlin 1997.

White Paper

Allgemein: Sammlung amtlicher Schriftstücke der britischen Regierung zur Vorlage im PARLAMENT. Hier speziell: Sechs White Papers zur britischen Palästinapolitik (1922–1939), zuletzt das von Malcolm MacDonald (Mai **1939**): Palästina sollte mit Rücksicht auf die Araber weder geteilt noch allein jüdischer Staat werden, sondern innerhalb von zehn Jahren ein unabhängiger palästinensischer Staat, in dem sich Araber und JUDEN gemäß ihrem Bevölkerungsanteil an der Verwaltung beteiligen. Jüdische Einwanderung sollte bis 1944 auf 75 000 beschränkt werden, danach nur noch mit Zustimmung der palästinensischen Araber möglich sein. In einigen Gebieten wurde Landverkauf an Juden untersagt, in anderen eingeschränkt. Der Vorschlag provozierte scharfe Opposition der Juden gegen die Mandatsregierung: ZIONISTISCHE Untergrundgruppen, u. a. unter Begin, begannen mit TERROR. Mit der NS-Verfolgung nahm die illegale Einwanderung zu.

Literatur: C. Sykes: Kreuzwege nach Israel. Die Vorgeschichte des jüdischen Staates. München 1967.

Stahlpakt

Beistandspakt zwischen dem DRITTEN REICH und Italien (22. Mai **1939**), auf zehn Jahre abgeschlossen: Beide Staaten verpflichteten sich zu gegenseitiger Hilfe, wirtschaftlicher und militärischer Zusammenarbeit. Im Kriegsfall war kein SONDERFRIEDE oder Waffenstillstand erlaubt. Deutschland erkannte die Brennergrenze an und verzichtete auf

Südtirol; Südtiroler wurden teilweise ins Reich umgesiedelt. Der Pakt festigte die ACHSE BERLIN–ROM.

Literatur: M. Toscano: The Origins of the Pact of Steel. Baltimore 1968; F. Siebert: Der deutsch-italienische Stahlpakt, in: Vierteljahreshefte für Zeitgeschichte, 7/1959.

Danzigkrise

Internationale Krise um deutsche Forderungen nach der Annexion Danzigs (**1939**): Seit dem VERSAILLER VERTRAG (1919) war Danzig mit Umland Freie Stadt, unter polnischer SOUVERÄNITÄT, aber mit AUTONOMIE. Oberste Instanz bei Streitigkeiten war der VÖLKERBUND. Hafen- und Zollrechte sowie die exterritoriale POST unterstanden Polen (1920–1939). 1933 kam die NSDAP auch in Danzig an die Macht, Hitler forderte die Annexion (seit 1937). Polen verwarf deutsche Vorschläge (Annexion Danzigs, aber Unversehrheit der wirtschaftlichen Rechte Polens, exterritoriale EISENBAHN und Autostraße durch den Korridor) aus Angst vor weiteren Forderungen und Verlust der Souveränität. Daraufhin traf Deutschland militärische Vorbereitungen für einen Angriff (»Fall Weiß«, Mai 1939). Die europäischen Mächte sahen zwar die Gefahr für den Frieden, aber Intervention zugunsten Polens war unpopulär – in Frankreich wurde offen die Frage gestellt: »Mourir pour Dantzig?« (Sterben für Danzig?). Mit dem HITLER-STALIN-PAKT war der Weg für Deutschland frei (23. August): Der Überfall auf Polen (1. September) eröffnete den ZWEITEN WELTKRIEG (1939–1945).

Literatur: L. Denne: Das Danzigproblem in der deutschen Außenpolitik 1934–39. Bonn 1959; Danzig and the Polish Corridor. Threshold to War. 3 Bde., Liechtenstein 1979.

Hitler-Stalin-Pakt

(Molotow-Ribbentrop-Pakt) Deutsch-sowjetischer Nichtangriffsvertrag (1939–1941): Nach dem MÜNCHNER ABKOMMEN (1938) gab Stalin die POLITIK DER KOLLEKTIVEN SICHERHEIT auf und suchte ein Bündnis, um Expansionswünsche der UdSSR durchzusetzen: Verhandlungen mit den Westmächten zur Abwehr gegen NS-Deutschland scheiterten an der polnischen Weigerung, im Kriegsfall der ROTEN ARMEE den Durchmarsch durch Polen zu gewähren (August). Auch stand Stalin insgeheim mit dem DRITTEN REICH in Kontakt (ab März 1939), das ihm enorme Zugeständnisse zu machen bereit war. Der Vorsitzende des Rats der Volkskommissare, Molotow, und Deutschlands Außenminister Ribbentrop unterzeichneten den Pakt in Moskau (23. August **1939**): Er verpflichtete zum Verzicht auf gegenseitige Gewaltanwendung und Beteiligung an einer gegnerischen Mächtegruppierung, zu Neutralität im Kriegsfall (auch bei einem Angriffskrieg), Konsultationen und freundschaftlicher Schlichtung von Streitfällen. Ein geheimes Zusatzprotokoll teilte Ost- und Südosteuropa in Interessensphären auf – Finnland, Estland, Lettland, Litauen und Südosteuropa zur UdSSR. Die TEILUNG POLENS machte den Weg frei zum deutschen Überfall auf Polen (1. September), mit dem der ZWEITE WELTKRIEG begann; am 17. September marschierte die Rote Armee in Ostpolen ein. Es folgten das deutsch-sowjetische Grenz- und Freundschafts- (28. September) und das Wirtschaftsabkommen (11. Februar 1940), in dem die UdSSR die Lieferung von Rohstoffen und Getreide für Deutschland zusagte (bis 22. Juni 1941).

Die kommunistischen Länder verschwiegen bzw. leugneten den Vertrag, vor allem das geheime Zusatzprotokoll (besonders in Polen). Erst mit GLASNOST (1986) erfuhr auch die breitere Öffentlichkeit im Ostblock von seiner Existenz. Die Ablehnung einer Nichtigkeitserklärung durch Gorbatschow verstärkte die Unabhängigkeitsbestrebungen in den baltischen Republiken und in Moldawien.

Literatur: P. W. Fabry: Der Hitler-Stalin-Pakt 1939–1941. Darmstadt 1962; I. Fleischhauer: Der Pakt. Hitler, Stalin und die Initiative der deutschen Diplomatie 1938–1939. Frankfurt/Main 1990; G.-H. Gornig: Der Hitler-Stalin-Pakt. Eine völkerrechtliche Studie. Frankfurt/Main 1990; B. Wegner (Hg.): Zwei Wege nach Moskau. Vom Hitler-Stalin-Pakt bis zum »Unternehmen Barbarossa«. München u. a. 1991; E. Vagts: Die nationalsozialistische Pressepolitik gegenüber der Sowjetunion in der Zeit des Hitler-Stalin-Paktes von 1939 bis 1941. o. O. 1993.

Zweiter Weltkrieg

Größter internationaler Nachfolgekrieg zum ERSTEN WELTKRIEG: Vorgeschichte: Nach der deutschen Niederlage im Ersten Weltkrieg, Gründung der WEIMARER REPUBLIK und Unterzeichnung des VERSAILLER VERTRAGS (1919) schwächte eine zunehmende Radikalisierung mit DOLCHSTOSSLEGENDE und REVISIONISMUS die Demokratie, während extreme Parteien, vor allem KPD und NSDAP, zunahmen, bis zum DRITTEN REICH (1933). Begünstigt durch das APPEASEMENT (1935–1938), verfolgte Hitler eine aggressive Außenpolitik, mit ACHSE BERLIN–ROM, ANTIKOMINTERNPAKT und VIERJAHRESPLAN (1936). Dem »ANSCHLUSS« Österreichs, MÜNCHNER ABKOMMEN (1938) samt Annexion des »Sudentenlands« und Zerschlagung der ČSR folgten das REICHSPROTEKTORAT BÖHMEN UND MÄHREN (**1939**), die Annexion des Memellandes (April) und die DANZIGKRISE. Der HITLER-STALIN-PAKT (23. August) sicherte die Expansion nach Osten ab: Nach vorgetäuschten Grenzzwischenfällen überfiel Deutschland Polen (1. September).

Verlauf: Der Weltkrieg war zunächst ein europäischer Krieg. Nach Ultimaten folgten die Kriegserklärungen Großbritanniens und Frankreichs an Deutschland (3. September). Italien und Japan blieben zunächst neutral (bis 1940, 1941). Im Polenfeldzug wurde die quantitativ wie qualitativ unterlegene polnische Armee von drei Seiten angegriffen und zerschlagen. Nach Einrücken der ROTEN ARMEE in Ostpolen (17. September) wurden Zivilisten nach Sibirien und Zentralasien deportiert. Die Staatlichkeit Polens war beendet (Exilregierung in Paris, später London). Gegen TERROR, DEPORTATIONEN und Exekutionen der deutschen Besatzer formierte sich WIDERSTAND, u. a. der Untergrundarmee ARMIJA KRAJOWA. Im Westen blieb es beim »SITZKRIEG« (»drôle de guerre«). In Skandinavien eröffnete der SOWJETISCH-FINNISCHE WINTERKRIEG (1939/40) einen weiteren Kriegsschauplatz. Deutschland besetzte das neutrale Dänemark und Norwegen (9. April 1940).

Der Westfeldzug gegen Frankreich begann mit der Invasion in die neutralen Niederlande, Belgien und Luxemburg (10. Mai). Am 10. Juni trat Italien in den Krieg gegen Frankreich ein; die WEHRMACHT besetzte Paris und schloss die französische Ostarmee an der MAGINOTLINIE ein (17. Juni). Nach dem Waffenstillstand (22. Juni) ersetzte Marschall Pétain die III. FRANZÖSISCHE REPUBLIK durch das VICHY-REGIME (1940–1944). Mit dem DREIMÄCHTEPAKT (27. September 1940) sicherten sich die ACHSENMÄCHTE gegenseitige Hilfe im Falle eines Angriffs der USA zu. Nach dem Sieg im Westen bereitete Hitler die Invasion Großbritannien vor, u. a. mit Luftangriffen auf London und Coventry, stellte sie jedoch nach der deutschen Niederlage in der Luftschlacht um England (»Battle of Britain«) wieder ein. Während der Vorbereitungen des deutschen Angriffs auf die UdSSR (1940/41), besetzte Japan Indochina. Der 2. WIENER SCHIEDSSPRUCH sollte Grenzkonflikte in Südosteuropa entschärfen (1940), die Achsenmächte stabilisieren. In wechselvollen Kämpfen in Nordafrika (1940–1943) half Deutschland mit dem AFRIKAKORPS aus (1941). Die UdSSR und Japan schlossen einen Nichtangriffspakt (13. April), zu Lasten Deutschlands. Hitler eroberte Jugoslawien und Griechenland (April/Mai), verögerte aber so den Angriff auf die UdSSR. Zur See dominierte der U-BOOT-KRIEG gegen Großbritannien. Im Mai versenkte die »Bismarck« die »Hood« (27. Mai), bevor sie sich, schwer angeschlagen, selbst versenkte (1. Juni).

Mit VASALLENstaaten griff Deutschland die UdSSR an (22. Juni), Hitlers eigentliches Ziel samt »Lebensraum« im Osten. Im »Großen Vaterländischen Krieg« scheiterte, nach deutschen Anfangserfolgen, die WEHRMACHT vor Moskau (Dezember). Parallel begann der Judenmord (»ENDLÖSUNG«/HOLOCAUST, bis 1945), organisiert auf der WANNSEE-KONFERENZ (20. Januar 1942). Vor dem Kriegseintritt der USA legten US-Präsident Roosevelt und PREMIERMINISTER Churchill mit der ATLANTIKCHARTA (14. August 1941) die Grundlage zur Anti-Hitler-Koalition der VEREINTEN NATIONEN (1. Januar 1942). Deutschland intensivierte den uneingeschränkten U-BOOT-KRIEG in der ATLANTIKSCHLACHT (1941–1943). Äthiopien wurde von Großbritannien erobert (1941).

Mit dem Überfall auf Pearl Harbor (7. Dezember 1941) eröffnete Japan den Krieg gegen die USA, mit Eroberung der Philippinen, Indonesiens und Malayas (1941/42) auch gegen Großbritannien und die Niederlande. Deutschland, gefolgt von Italien, erklärte den USA den Krieg (11. Dezember 1941). 1942/43 eroberte Japan Birma. Aber schon mit der Schlacht um die Midways (1942) errangen die USA die strategische Initiative. Auf der CASABLANCA-KONFERENZ fanden Roosevelt und Churchill eine gemeinsame Strategie gegen Deutschland. Den Gegenoffensiven der ALLIIERTEN gegen Japan (»Inselspringen«, 1942–1945) folgte der alliierte Luftkrieg gegen Deutschland und Japan (bis 1945). Im Osten führte die deutsche Offensive bis zum Kaukasus und vor Stalingrad (1942), wo die 6. Armee unterging (Januar/Februar 1943). Damit, erst recht nach der verlorenen Panzerschlacht um Kursk (Juli 1943), verlor Deutschland die strategische Initiative an die Rote Armee, nach der Niederlage bei El Alamein (November 1942) an die Westalliierten. Im Westen besetzte Deutschland, nach Landung der Alliierten in Marokko und Algerien (November 1942), den unter dem VICHY-REGIME noch freien Teil Frankreichs. Zur Mobilisierung der letzten Kräfte nach den Niederlagen proklamierte Goebbels im Sportpalast (18. Februar 1943) den »TOTALEN KRIEG«. Den WARSCHAUER GHETTOAUFSTAND schlugen die Deutschen nieder (April), lösten das GHETTO auf, ermordeten die meisten Überlebenden in den KZs.

Nach der Kapitulation der deutsch-italienischen Truppen in Tunesien (Mai 1943) und der Landung der Alliierten auf Sizilien (Juli), stürzte Mussolini (25. Juli). Im September drangen die Alliierten auch auf das italienische Festland vor. Auf der TEHERANER KONFERENZ legten Roosevelt, Churchill und Stalin das weitere Vorgehen gegen Deutschland und erste Grundzüge der Nachkriegspolitik fest (28. November–1. Dezember). Letzte Offensiven der Japaner in Südchina (Mai–Dezember 1944) und deutsche V-(= »Vergeltungs«-)Waffen gegen Großbritannien (ab 3. Juni) konnten die Alliierten nicht mehr aufhalten. Die alliierte Invasion in der Normandie (6. Juni) eröffnete die Befreiung Frankreichs. Im Osten erzwang die sowjetische Sommeroffensive (22. Juni 1944) den Kollaps der deutschen Heeresgruppe Mitte.

Auch in Deutschland regte sich zunehmend Widerstand: Das ATTENTAT AUF HITLER (20. Juli) scheiterte und löste verschärften Terror aus, u. a. durch SS, GESTAPO und den Volksgerichtshof; der WARSCHAUER AUFSTAND scheiterte (August/September). Nachdem alliierte Armeen in West und Ost die Reichsgrenzen erreicht hatten (September/Oktober), wurden Männer zwischen 16 und 60 Jahren zum »Volkssturm« gerufen (25. September). Letzte deutsche Offensiven – Ardennen (16.–27. Dezember) und Plattensee (April 1945) – scheiterten. Nach der JALTA-KONFERENZ (4.–11. Februar) starteten die Alliierten ihre Endoffensiven in Ost (12. Januar) und West (März), bis zum Zusammenbruch der WEHRMACHT, Hitlers Selbstmord (30. April) und der KAPITULATION (5.–8. Mai). Die UdSSR eroberte die Mandschurei (6. August). Dem Abwurf der ATOMBOMBEN auf Hiroshima (6. August) und Nagasaki (9. August) folgte die KAPITULATION JAPANS (14. August).

Historische Wirkungen: Unmittelbare Folgen waren der Untergang des Deutschen Reichs, die Teilung Deutschlands (bis 1990) und Koreas. Die USA und UdSSR stiegen zu Weltmächten auf, die UNO sollte den Weltfrieden sichern. Die Ausbreitung des KOMMUNISMUS provozierte den Ost-West-Konflikt im KALTEN KRIEG (bis 1991). In Asien und Afrika begann die DEKOLONISATION.

Literatur: C. Zentner (Hg.): Lexikon des Zweiten Weltkriegs. München 1977; A. Hillgruber/G. Hümmelchen: Chronik des Zweiten Weltkriegs. Kalendarium militärischer und politischer Ereignisse Königstein/Ts. [2]1978; Ploetz: Geschichte des Zweiten Weltkriegs. Würzburg [2]1980; C. Kleßmann (Hg.): Nicht nur Hitlers Krieg. Der Zweite Weltkrieg und die Deutschen. Düsseldorf 1989; K.D. Erdmann: Der zweite Weltkrieg. München [9]1999; M.T. Greven (Hg.): Der Krieg in der Nachkriegszeit. Der Zweite Weltkrieg in Politik und Gesellschaft der Bundesrepublik. Opladen 2000.

Generalgouvernement Polen

Deutsche Herrschaftsstruktur in Polen (**1939**–1944), außer in den von Deutschland und der UdSSR annektierten Gebieten, nach dem deutschen Überfall auf die UdSSR erweitert um den Bezirk Lemberg (Ostgalizien, 1941–1943): Sitz des Generalgouverneurs Hans Frank war Krakau. Der

Status des Generalgouvernements war staats- und völkerrechtlich unklar: Hitler schwankte zwischen einer Art Reservat für Polen und einer späteren Germanisierung. Es blieb vom Reichsgebiet isoliert, deutschen Machtansprüchen ausgeliefert, da es keine AUTONOMIE, sondern nur eine lokale polnische Verwaltung unter deutscher Kontrolle hatte. Es litt unter Ausbeutung TERROR, DEPORTATIONEN, Massenexekutionen und Zwangsarbeit. WIDERSTAND leistete die ARMIJA KRAJOWA. Das Generalgouvernement war Aufmarsch- und Etappengebiet für den Krieg gegen die UdSSR (1940–1944) und Hauptschauplatz der »ENDLÖSUNG«/HOLOCAUST (1941–1945). Die Deutschen brachten JUDEN aus den GHETTOS in größeren Städten in die Vernichtungslager der KZs Auschwitz, Treblinka und Majdanek (1942–1944), schlugen den WARSCHAUER GHETTOAUFSTAND (1943) und WARSCHAUER AUFSTAND (1944) blutig nieder. Kämpfe und planmäßige Zerstörungen beim deutschen Rückzug trafen das Land schwer (1944/45). Krakau räumte die WEHRMACHT unzerstört (17. Januar 1945).

Literatur: M. Broszat: Nationalsozialistische Polenpolitik 1939–1945. Frankfurt/Main 1965; W. Präg/W. Jacobmeyer (Hg.): Das Diensttagebuch des deutschen Generalgouverneurs in Polen 1939–1945. Stuttgart 1975; I. Geiss/W. Jacobmeyer (Hg.): Deutsche Politik in Polen 1939–1945. Aus dem Diensttagebuch von Hans Frank, Generalgouverneur in Polen. Opladen 1980.

»Sitzkrieg«

(frz.: »drôle de guerre«; engl.: »Phoney War«) Ironische Bezeichnung für die Ruhe an der Westfront zu Beginn des ZWEITEN WELTKRIEGS (September **1939**–9. Mai 1940), als Fortsetzung des APPEASEMENT mit anderen Mitteln: Französisch-britische Truppen blieben passiv, ohne Entlastung für Polen.

Literatur: F. Fonvieille-Alquier: Les Français dans la drôle de guerre. Paris 1971; Comité d'Histoire de la 2e Guerre Mondiale (Hg.) Français et Britanniques dans la drôle de guerre. Actes du colloque franco-britannique tenu à Paris du 8 au 12 décembre 1975. Paris 1979; H.-J. Heimsoeth: Der Zusammenbruch der Dritten Französischen Republik. Frankreich während der »Drôle de Guerre« 1939/1940. Bonn 1990.

Blitzkrieg

Deutsche Kriegsstrategie zu Beginn des ZWEITEN WELTKRIEGS, mit schnellen Panzervorstößen und massiver ARTILLERIE- und Luftunterstützung für einen raschen Sieg über quantitativ wie qualitativ unterlegene, tunlichst isolierte Gegner – Polen (**1939**), Norwegen, Niederlande, Belgien, Frankreich (1940), Griechenland, Jugoslawien (1941), aber gescheitert gegen die Sowjetunion (1941/42).

Modifiziert wurde der Blitzkrieg auch Strategie der israelischen Armee im 2. und 3. NAHOSTKRIEG (1956, 1967) sowie der USA im 2. GOLFKRIEG (1991). [F. H.]

Literatur: C. Massenger: Blitzkrieg. Eine Strategie macht Geschichte. Herrsching 1989; U. Bitzel: Konzeption des Blitzkrieges bei der deutschen Wehrmacht. Frankfurt/Main u. a. 1991; W. J. Tanning: The Origin of the Term »Blitzkrieg«. Another View, in: American Military Institute 1997, S. 283–303.

Sowjetisch-finnischer Winterkrieg

Zu Beginn des ZWEITEN WELTKRIEGS Angriffskrieg der UdSSR gegen Finnland (**1939**/40): Trotz Nichtangriffsvertrag mit Finnland (1932) schlug das Geheimprotokoll zum HITLER-STALIN-PAKT (23. August 1939) Finnland der sowjetischen Interessensphäre zu. Ultimative Forderungen der UdSSR nach strategischen Grenzverbesserungen für das exponierte Leningrad (5. Oktober) lehnte Finnland ab. Nach einem angeblich von Finnland ausgelösten Grenzzwischenfall marschierte die ROTE ARMEE in Finnland ein (30. November). Gegen die Einheitsfront unter Beteiligung der Sozialdemokraten setzte Stalin eine kommunistische Gegenregierung (1939/40) unter Otto Wilhelm Kuusinen (*1881, †1964) ein. Trotz großer sowjetischer Überlegenheit erzielte die finnische Armee Anfangserfolge. Der VÖLKERBUND erklärte die UdSSR zum Aggressor und schloss sie aus (Dezember). Der geplante Einsatz eines Expeditionskorps der Westmächte für Mitte März wurde mit dem Friedensvertrag von Moskau (12. März 1940) hinfällig: Die UdSSR erhielt die Karelische Landenge, Gebiete im Norden und einige Inseln. Am 22. Juni 1941 trat Finnland aufseiten Deutschlands in den Zweiten Weltkrieg ein (bis 19. September 1944).

Literatur: R. W. Condon: Winterkrieg Rußland–Finnland. München 1980; A. Sandström: Krieg unter der Mitternachtssonne. Finnlands Freiheitskampf 1939–1945. Graz u. a. 1996; C. Van Dyke: The Soviet Invasion of Finland, 1939–40. London u. a. 1997.

Balten

Ursprünglich Sammelbezeichnung für indoeuropäische (Kuren, Letten, Litauer) und finno-ugrische (Esten, Liven) Sprachen- und Völkergruppe im nordöstlichen Ostseegebiet – davon abgeleitet: Baltikum, als geographischer Begriff, obwohl rechtsextrem belastet, heute doch weitgehend durchgesetzt: Mit Eroberungen des DEUTSCHEN ORDENS (1230–1283) setzte sich in Lettland und Estland eine deutsche Oberschicht in Stadt (Bürger) und Land (Barone) fest. Ihre soziale und kulturelle Dominanz überdauerte den Ordensstaat und die wechselnde Oberherrschaft von Schweden, Polen, zuletzt Russen (seit 1703/21/95): Livland, Kurland und Estland wurden als »deutsche Provinzen« Teil Russlands, »Balten« wurde Synonym für Deutschbalten bzw. Baltendeutsche – im Gegensatz zu Letten, Esten, Litauern, die sich selber nicht als Balten bezeichnen. Baltendeutsche machten als Staatsmänner, Offiziere und Gelehrte Karriere in russischen Diensten. Nach dem ERSTEN WELTKRIEG versuchten deutsche FREIKORPS vergeblich, die deutsche Vorherrschaft im sichern (»Baltikumskämpfer«, 1919). Der Konsolidierung mit Bodenreformen (= Enteignung deutschen Landbesitzes) in Estland (1919) und Lettland (1920) folgte eine Emigrationswelle; die deutsche Minderheit erhielt kulturelle AUTONOMIE. Nach dem HITLER-STALIN-PAKT wurden die Baltendeutschen »heim ins Reich« (Wartheland, Westpreußen) umgesiedelt (**1939**/40). [F. H.]

Literatur: G. v. Rauch: Geschichte der baltischen Staaten. München 1977; G. v. Pistohlkors: Deutsche Geschichte im Osten Europas. Baltische Länder. Berlin 1994.

Birmastraße

Strategische Nachschubstraße der Nationalchinesen von Tschungking nach Birma (1937–1939), zur Versorgung Chinas aus dem Westen (**1939**–1942). Mit der Eroberung Birmas schnitten die Japaner den Nachschubweg ab (1942–1944). In der VOLKSREPUBLIK CHINA (ab 1949) blieb die Straße ohne große Bedeutung.

Vichy-Regime

(»État Français«) Autoritäres Regime Pétains im nach dem Waffenstillstand unbesetzten Frankreich (**1940**–1944), benannt nach der Hauptstadt Vichy: Die französische Niederlage (Mai/Juni 1940) und der Waffenstillstand (22. Juni) beendeten die III. FRANZÖSISCHE REPUBLIK (seit 1870). Das Vichy-Regime besaß beschränkte AUTONOMIE und betrieb teilweise KOLLABORATION. Es brach mit Großbritannien, das sich fortan an die Freifranzosen unter de Gaulle hielt (5. Juli). Die Flotte und die meisten Überseegebiete standen zu Vichy. Nach der alliierten Landung in Marokko und Algerien besetzten die Deutschen das unbesetzte Frankreich (November 1942) und entmachteten die Vichy-Regierung, provozierten aber die »RÉSISTANCE« (Widerstand). Das Regime brach mit Frankreichs Befreiung zusammen (Juli/August 1944). Unter der provisorischen Regierung de Gaulle (29. August) eskalierte die Abrechnung mit Kollaborateuren stellenweise zu Massakern.

Literatur: E. Jäckel: Frankreich in Hitlers Europa. Stuttgart 1966; P. Anphan: Histoire élémentaire de Vichy. Paris 1971; S. Klarsfeld: Vichy – Auschwitz. Die Zusammenarbeit der deutschen und französischen Behörden bei der »Endlösung der Judenfrage« in Frankreich. Nördlingen 1989; J.-P. Azéma: Le régime de Vichy et les Français. Paris 1996; M. O. Baruch: Das Vichy-Regime. Frankreich 1940–1944. Stuttgart 2000.

Résistance

(frz.: Widerstand) Französische WIDERSTANDSbewegung gegen die deutsche Besatzungsmacht und das VICHY-REGIME (**1940**–1944): Nach dem Zusammenbruch Frankreichs rief de Gaulle von London aus das »Freie Frankreich« auf, weiterhin Widerstand zu leisten (1940). Mit dem deutschen Angriff auf die Sowjetunion (Juni 1941) trat die KPF auf die Seite der Résistance. Das Londoner Comité National Français (September 1941) gab der Résistance eine erste organisatorische Struktur; dennoch blieb die Bewegung zuächst heterogen. Erst der Conseil National de la Résistance (Mai 1943) brachte eine straffere Zusammenfassung. De Gaulle übernahm den Oberbefehl über das Comité Français de Libération Nationale (CFLN) in Algier (Mai 1943), zuletzt unter Einbeziehung kommunistischer Partisanen (1944). Das CFLN de Gaulles wurde von den Alliierten nach der Befreiung von Paris (August 1944) als provisorische Regierung anerkannt (Oktober 1944). [G. I.]

Literatur: P. Dreyfus: Die Résistance. Geschichte des französischen Widerstandes. München 1979; J.-M. Guillon/P. Laborie: Mémoire et histoire. La Résistance. Toulouse 1995; J.-F. Muracciole: Histoire de la Résistance en France. Paris [2]1996.

Kollaboration

Meist pejorativer Kampfbegriff, ursprünglich des WIDERSTANDS (RÉSISTANCE) gegen das VICHY-REGIME und die deutsche Besatzungsmacht im besetzten Frankreich (**1940**–1944) im ZWEITEN WELTKRIEG: Von da wurde »Kollaboration« übertragen auf vergleichbare Situationen, besonders im kommunistischen Sprachgebrauch im östlichen Europa: Wertfrei bedeutet Kollaboration nur »Zusammenarbeit«, in diesem Fall einer abhängig schwachen Regierung eines (ganz oder teilweise) besetzten Gebietes, ohne SOUVERÄNITÄT, allenfalls nur mit mehr oder minder begrenzter AUTONOMIE. In diesem Sinne würden, vom Standpunkt des jeweiligen Widerstandes, alle Regime oder Gruppierungen, die sich mit überlegenen Mächten arrangieren, »Kollaboration« begehen, z. B. auch die »Satellitenstaaten« im »Imperium Sovieticum« oder TSCHETSCHENEN, die seit dem 1. TSCHETSCHENIENKRIEG mit Russland zusammenarbeiten. Erst recht untauglich ist die Übertragung auf die koloniale Situation, wo die Verhältnisse viel zu komplex für eine so grobe Kategorie waren. »Kollaboration« ist daher nur bedingt eine objektiv-wissenschaftliche Kategorie, sondern eine subjektiv-parteiliche, deren Entstehen aus der konkreten historischen Situation (Frankreich 1940) gleichwohl zu kennen ist, sonst aber nur mit aller Vorsicht zu gebrauchen.

Literatur: W. Benz (Hg.): Anpassung, Kollaboration, Widerstand. Berlin 1996.

Volksdeutsche

Im NS-Jargon deutsche Minderheiten außerhalb des Reichs (in den Grenzen von 1937) und Österreichs, vor allem in Ost- und Südosteuropa (bis 1945), auch: »Auslandsdeutsche«. Die Expansion des DRITTEN REICHS nutzten Volksdeutsche als Hebel gegen Nachbarstaaten, wie in der SUDETENKRISE (1938), DANZIGKRISE, bei »Zwischenfällen« in Polen vor dem ZWEITEN WELTKRIEG (1939). In annektierten Gebieten waren sie bevorzugt, im GENERALGOUVERNEMENT gehörten sie zur »Herrenschicht« (1939–1945). Aus den von der UdSSR annektierten Gebieten (baltischen Staaten, Bessarabien, **1940**) wurden sie umgesiedelt, zuvor teilweise aus Südtirol nach dem STAHLPAKT (1939). Sie waren der ALLGEMEINEN WEHRPFLICHT unterworfen, auch in der Waffen-SS. Viele wurden im eroberten Polen angesiedelt, weitere Siedlungsstützpunkte waren in der UdSSR. Nach Kriegsende floh der größte Teil, wurde vertrieben, ausgesiedelt. Minderheiten blieben dennoch in Polen, in der Sowjetunion, in Rumänien (Siebenbürgen, Banat) und Ungarn. Ihre Mitglieder wurden z. T. enteignet und teilweise nach Sibirien oder Zentralasien (u. a. Wolgadeutsche, Rumäniendeutsche) deportiert. Mit der relativen Liberalisierung unter Ceauşescu konnten Volksdeutsche gegen eine »Kopfprämie« von rd. 10 000 DM aus Rumänien in die BUNDESREPUBLIK auswandern (ab ca. 1965). Bei der letzten Volkszählung (1992) lebten von über 800 000 Deutschen vor 1940 gerade noch 100 000 in Rumänien. Mit der Liberalisierung in der UdSSR kamen auch zunehmend Wolgadeutsche in die Bundesrepublik (seit Ende 1980er-Jahre).

Literatur: C. Jansen: Der »Volksdeutsche Selbstschutz« in Polen 1939/40. München 1992; V. O. Lumans: Himmler's Auxiliaries. The Volksdeutsche Mittelstelle and the German National Minorities of Europe, 1933–1945. Chapel Hill (N.C.) u. a. 1993; Michael Fahlbusch: »Wo der deutsche ... ist, ist Deutschland!«. Die Stiftung für Deutsche Volks- und Kulturbodenforschung in Leipzig 1920–1933. Bochum 1994.

Dreimächtepakt

Militärbündnis zwischen dem DRITTEM REICH, Italien und Japan (27. September **1940**) zur gegenseitigen Hilfe bei einem Angriff der USA: Der Dreimächtepakt teilte die Welt in »Großräume«, in denen je ein Partner die HEGEMONIE übernehmen sollte – Deutschland in Europa und Mittelafrika, Italien im Mittelmeer, Japan in Großostasien, die UdSSR mit eigenem Hegemonialbereich, die eine Einbeziehung jedoch ablehnte (12./13. November). Später traten Ungarn, Rumänien (1940), Bulgarien und Kroatien (1941) dem Pakt bei. Seine politisch-psychologische Bedeutung entsprach dem ANTIKOMINTERNPAKT (1936).

Literatur: T. Sommer: Deutschland und Japan zwischen den Mächten 1935–40. Tübingen 1962; E. Presseisen: Germany and Japan. New York 1969; B. Martin: Deutschland und Japan im 2. Weltkrieg. Göttingen 1969; A. Hillgruber: Hitlers Strategie. Politik und Kriegführung 1940–1941. Bonn [3]1993.

Wiener Schiedsspruch

Zwei deutsch-italienische Entscheidungen der Außenminister Ribbentrop und Ciano über Grenzrevisionen in Südosteuropa, jeweils in Wien (1938, 1940), zugunsten Ungarns:

- 1. Schiedsspruch: Nach Scheitern der Verhandlungen zwischen Ungarn und der Slowakei sowie einer deutsch-italienischen Vermittlung erhielt Ungarn als Zusatz zum MÜNCHNER ABKOMMEN (1938) die Südslowakei und einen Teil der Karpato-Ukraine (2. November), nach Ende der ČSR auch den Rest (1939).
- 2. Schiedsspruch: Nach gescheiterten Verhandlungen mit Rumänien erhielt Ungarn Nordsiebenbürgen (30. August **1940**): Die Staatskrise in Rumänien eskalierte zur Diktatur Antonescu (1940–1944), anfangs mithilfe der EISERNEN GARDE (bis 1941).

Nach dem ZWEITEN WELTKRIEG machten die Alliierten im Pariser Friedensvertrag die Grenzrevisionen wieder rückgängig (1947); Ungarn musste die gewonnenen Gebiete wieder abtreten.

Literatur: M. Broszat: Deutschland-Ungarn-Rumänien. Entwicklung und Grundfaktoren nationalsozialistischer Hegemonial- und Bündnispolitik 1938–1941, in: Historische Zeitschrift 206/1968, S. 45–96; F. Christof: Befriedung im Donauraum. Der Zweite Wiener Schiedsspruch und die deutsch-ungarischen diplomatischen Beziehungen 1939–1942. Frankfurt/Main u. a. 1998.

Großdeutsches Reich

(Großdeutschland) Anfangs propagandistische, später offizielle Eigenbezeichnung NS-Deutschlands (seit **1940**): Der Begriff »großdeutsch« entstand nach 1800. Ernst Moritz Arndt (* 1769, † 1860) und Friedrich

Ludwig Jahn (* 1778, † 1852) forderten einen nationalen Einheitsstaat mit allen deutschsprachigen Gebieten (»Was ist des Deutschen Vaterland? So weit die deutsche Zunge reicht!«). Die FRANKFURTER NATIONALVERSAMMLUNG (1848/49) stand vor der Wahl – nationale Einheit als Großdeutschland oder Kleindeutschland, mit oder ohne Österreich? Großdeutsch blieb auch nach der kleindeutschen REICHSGRÜNDUNG (1871) nationalistisches Ideal, mit weit reichenden Annexionsforderungen der ALLDEUTSCHEN im ERSTEN WELTKRIEG. Der »ANSCHLUSS« Österreichs wurde im FRIEDEN VON ST. GERMAIN untersagt (1919), aber durch NS-Expansionspolitik vor und im ZWEITEN WELTKRIEG schrittweise umgesetzt: Annexion Österreichs (März 1938), des Sudetenlands (Oktober 1938), Memellands (März 1939), Danzig-Westpreußens und Warthelands (Oktober 1939), Eupen-Malmedys (Juni 1940). Das REICHSPROTEKTORAT BÖHMEN UND MÄHREN (März 1939), das polnische GENERALGOUVERNEMENT (Oktober 1939) und Elsass-Lothringen (Juni 1940) galten als »Nebenländer«. Pläne für ein »Großgermanisches Reich« (= Großdeutschland plus »artverwandte« Nationen) blieben NS-Utopie. [F. H.]

Ustaša-Bewegung

(kroat.: Ustaša = Aufständischer) Faschistische Partei in Kroatien, aus Protest gegen die KÖNIGSDIKTATUR in Jugoslawien (1929) und politische Morde für die Unabhängigkeit Kroatiens im italienischen Exil gegründet, mit Italiens Hilfe: Nach einem gescheiterten Aufstand (1932) ermordete sie König Alexander I. (und den französischen Außenminister Louis Barthou) in Marseille (1934), proklamierte, nach der Eroberung Jugoslawiens, den »Unabhängigen Staat Kroatien« (10. April **1941**), als VASALLenstaat des DRITTEN REICHS, beging Massaker an JUDEN und Serben mit ca. 800 000 Toten. Nach dem ZWEITEN WELTKRIEG bildete sie eine Exilregierung in Argentinien (1949), verfocht alte Ziele aus Exil und Untergrund, auch mit TERROR. Nach der Wende wurde sie in Kroatien unter Tudjman weitgehend rehabilitiert (1992).

Literatur: L. Hory/M. Broszat: Der kroatische Ustaša-Staat 1941–1945. Stuttgart ^{2}1965; B. Stanojevic: Kollaborateure des Faschismus. Andrija Artukovic und das Ustaša-Regime. Belgrad 1985; V. Dedijer: Jasenovac. Das jugoslawische Auschwitz und der Vatikan. Freiburg/Breisgau ^{4}1993.

»Blaue Division«

(span.: »División Azul«) Freiwilligentruppe Franco-Spaniens, etwa 45 000 Soldaten, im deutschen Ostkrieg gegen die UdSSR (**1941**–1943).

Literatur: G. R. Kleinfeldt/L. A. Tambs: Hitler's Spanish Legion. The Blue Division in Russia. Carbondale (Ill.) 1979; J. García Hispán: La Guardia Civil en la División Azul. Alicante 1992.

Atlantikschlacht

Allgemein: Abkürzende Bezeichnung für den Seekrieg im Atlantik im ZWEITEN WELTKRIEG generell, mit Überwasserkriegsschiffen, U-Booten und Flugzeugen (teilweise auf Flugzeugträgern). Speziell: Versuch der deutschen Kriegsmarine, vor allem durch U-Boote die alliierte Handelsmarine auf dem Höhepunkt des Zweiten Weltkriegs (**1941**–1943) zu schädigen: Die Atlantikschlacht sollte die Versorgung Großbritanniens zur See zu verhindern, nach dem deutschen Überfall auf die Sowjetunion (22. Juni 1941) auch die Lieferung alliierten Kriegsmaterials nach Murmansk, nicht zuletzt durch den Einsatz deutscher schwerer Überseekriegsschiffe. Schon wegen seiner seestrategisch ungünstigen Lage – zunächst, wie im Ersten Weltkrieg, nur im »nassen Dreieck« der Nordsee – aber auch wegen seiner quantitativen wie (in entscheidenden Punkten, u.a. Radar) technischen Unterlegenheit, konnte das Dritte Reich den Seekrieg nie gewinnen, erst recht nicht nach dem Kriegseintritt der USA über Pearl Harbor, gefolgt von der deutschen Kriegserklärung (Dezember 1941). Trotz zeitweise beeindruckenden »Erfolgen« der U-Boot-Waffe (1941–1943) konnten die Alliierten durch Abwehr der U-Boote die Versorgung Großbritanniens und der UdSSR sicherstellen und den Aufmarsch über den Atlantik für die Invasionen gegen die Achsenmächte von Nordafrika (November 1942) über Italien (Juli 1943) bis Normandie (Juni 1944) bewerkstelligen.

Literatur: J. Costello: Atlantikschlacht. Der Krieg zur See 1939–1945. Bergisch-Gladbach 1979.

Leih- und Pachtgesetz (Lend-Lease-Act)

Gesetz des US-Kongresses (11. März **1941**) zur Lieferung von Waffen, Kriegsmaterialien und Lebensmitteln auf Kreditbasis an Länder, deren Verteidigung gegen die Achsenmächte für die USA lebensnotwendig (»vital«) war, zunächst über 7 Mrd. US-Dollar, bis 1945 insgesamt 43 Mrd. US-Dollar: Lieferungen gingen meist an Großbritannien und das Commonwealth (30 Mrd. US-Dollar), auch an die UdSSR (ab 7. November 1941) mit Gütern im Wert von ca. 10 Mrd. US-Dollar, über Murmansk-Archangelsk, Iran und Wladiwostok (1942/43). Nach Kriegsende reduzierten die USA die Lieferungen an die UdSSR (1945), im aufziehenden Kalten Krieg wurden sie völlig eingestellt. Großbritannien zahlte ca. 2 % des Wertes an die USA zurück, die UdSSR nur Schiffe im Wert von 30 Mio. US-Dollar.

Literatur: W.F. Kimball: »The Most Unsordid Act«. Lend-Lease 1939–1941. Baltimore 1969; W. Schlauch: Rüstungshilfe der USA 1939–1945. Von der »wohlwollenden Neutralität« zum Leih- und Pachtgesetz und zur entscheidenden Hilfe für Großbritannien und die Sowjetunion. Koblenz [2]1985; H.-J. Mau/H. H. Stapfer: Unter Rotem Stern. Lend-Lease-Flugzeuge für die Sowjetunion. 1941–1945. Berlin 1991; G. McJimsey: The Lend-Lease Act, December 1940–April 1941. Bethesda (Md.) 2001.

»Endlösung« (Holocaust)

Systematische Ausrottung der Juden, gemäß Definition der Nürnberger Gesetze, im Machtbereich des Dritten Reichs, vielleicht auf Hitlers (mündlichen) »Führerbefehl« an Göring (31. Juli **1941**): Bereits vorher wurden Juden in NS-Deutschland systematisch verfolgt, mit Massenmord, »Vernichtung durch Arbeit« in den KZs, »Hunger und Krankheit« in den Ghettos. Mit dem Überfall auf die UdSSR (22. Juni) begann der Völkermord durch Sondergruppen der SS, die der Wehr-

MACHT folgten. Zur Stigmatisierung mussten Juden den gelben Davidstern (GELBER FLECK) tragen (19. September 1941). Die WANNSEE-KONFERENZ (20. Januar 1942) systematisierte den Judenmord. WIDERSTAND wurde niedergeschlagen, so der WARSCHAUER GHETTOAUFSTAND (1943). Insgesamt wurden ca. 5 Mio. Juden ermordet. Überlebende wanderten teilweise nach Palästina/Israel aus. Die BUNDESREPUBLIK leistete Zahlungen als Wiedergutmachung an Juden und Israel (1952 ff.). Die einzige frei gewählte Volkskammer übernahm auch für die DDR historische Verantwortung (1990).

Literatur: L. S. Dawidowicz: Der Krieg gegen die Juden, 1933–1945. New York [10]1986; Y. Bauer: The Holocaust in Historical Perspectives. New York 1981; M. Gilbert: Auschwitz und die Alliierten. München 1982; Encyclopaedia Judaica. Bd. 8, S. 828–915; P. Longerich (Hg.): Die Ermordung der europäischen Juden. Eine umfassende Dokumentation des Holocaust 1941–1945. München [2]1990; N. Levin: The Holocaust years. The Nazi Destruction of European Jewry, 1933–1945. Malabar, Fla. [2]1990; I. Gutmann (Hg.): Encyclopedia of the Holocaust. 4 Bde., New York, London 1990; G. Reitlinger: Die Endlösung. München [7]1992; M. Gilbert: Endlösung. Die Vertreibung und Vernichtung der Juden. Ein Atlas. Neuausgabe Reinbek 1995; H. Friedlander: Der Weg zum NS-Genozid. Von der Euthanasie zur Endlösung. Darmstadt 1997; C. R. Browning: Der Weg zur »Endlösung«. Entscheidungen und Täter. Bonn 1998; R. Hilberg: Die Vernichtung der europäischen Juden. 3 Bde., Frankfurt/Main [9]1999; Chr. R. Browning: Ganz normale Männer. Das Reserve-Polizeibataillon 101 und die »Endlösung« in Polen. Neuausgabe Reinbek 1999; G. Aly: »Endlösung«. Völkerverschiebung und der Mord an den europäischen Juden. Frankfurt/Main 1999.

Atlantik-Charta

Erklärung des US-Präsidenten Roosevelt und britischen Premierministers Churchill nach einer Konferenz auf dem US-Schlachtschiff »Augusta« vor Neufundland (14. August **1941**): Wie Wilsons VIERZEHN PUNKTE (1918) benannte die Atlantik-Charta völkerrechtliche Grundsätze für die Nachkriegsordnung, nun in acht Punkten – Annexionsverzicht, territoriale Veränderungen nur mit Zustimmung der betroffenen Bevölkerung, das Recht aller Völker auf Wahl ihrer Regierungsform, Gleichberechtigung im Welthandel mit freiem Zugang zu den Rohstoffquellen, wirtschaftliche Zusammenarbeit, eine dauerhafte Friedensordnung (»Abwesenheit von Furcht und Not«), Freiheit der Meere, allgemeiner Gewaltverzicht, Entwaffnung der Aggressoren, Schaffung eines Systems der kollektiven Sicherheit und Abrüstung. Nach ihrer Erweiterung zur »Erklärung der Vereinten Nationen« (1. Januar 1942) übernahmen 26 alliierte Nationen das »Gemeinsame Programm von Zielen und Grundsätzen« gegen die ACHSENMÄCHTE. Die Atlantikcharta war ein bedeutender Schritt hin zur UNO, in deren Charta die meisten ihrer Punkte Eingang fanden (1945).

Literatur: G. Zieger: Die Atlantik-Charta. Hannover 1963; Die Atlantik-Charta, in: D. Rauschning (Hg.): Rechtsstellung Deutschlands. Völkerrechtliche Verträge und andere rechtsgestaltende Akten. München [2]1989.

Afrikakorps

Deutsche Einheit im ZWEITEN WELTKRIEG zur Hilfe für die in Libyen von den Briten geschlagenen Italiener in Nordafrika, zuletzt als »Heeresgruppe Afrika« unter Erwin Rommel (»Wüstenfuchs«, **1941**–

1943): Die See- und Luftherrschaft der Briten im Mittelmeer, aber auch Anforderungen der deutschen Ostfront beschnitten Nachschub und Verstärkung. Nach wechselvollen Kämpfen stieß das Afrikakorps weit nach Ägypten vor (El Alamein, 1942). Überlegene alliierte Streitkräften trieben es von Osten (Montgomery) und Westen aus dem Maghreb (Eisenhower) zusammen und erzwangen in Tunesien die Kapitulation der über 250 000 deutschen und italienischen Soldaten (Mai 1943). Rommel, der die Evakuierung bei Hitler verlangt hatte, wurde abgelöst (Nachfolger: von Armin). Der Zusammenbruch in Nordafrika machte den Weg frei für die alliierte Landung auf Sizilien, den Sturz Mussolinis und des FASCHISMUS (Juli 1943).

Literatur: P. Carell: Die Wüstenfüchse. Hamburg 1958. Neuausgabe Berlin 1998; H. G. v. Esebeck: Das deutsche Afrika-Korps. Sieg und Niederlage. Wiesbaden [4]1975; R. Lewin: The Life and Death of the Africa Corps. New York 1977; M. Fry: Der Wüstenfuchs. Erwin Rommel und die deutschen Afrikakorps. Rastatt 1985; R. Kriebel: Inside the Afrika Korps. The Crusader Battles, 1941–1942. London 1999.

Völkermord (Genozid)

Im Unterschied zum Massaker, die totale Auslöschung eines Volkes, beabsichtigt oder tatsächlich erreicht, durch Massenmord und/oder administrative Maßnahmen (DEPORTATIONEN, Zerstörung des ökonomischen, sozialen und kulturellen Basis eines Volks, z. B. durch Verbot seiner Sprache): Der Begriff entstand zur Umschreibung des Judenmords im DRITTEN REICH (»ENDLÖSUNG«/HOLOCAUST, **1941**), wurde völkerrechtlich verbindlich gefasst in der UN-Völkermordkonvention (1948).

Buchstäblich totale Ausrottung eines ganzen Volkes (z. B. der SAMNITEN durch Sulla, 83 v. Chr.; der HEPHTHALITEN vor Konstantinopel durch Belisar, 559) »gelang« nur selten – meist gab es Überlebende. Aber beabsichtigter oder tendenzieller Völkermord war und ist fast universal, vor allem bei der Expansion quantitativ und qualitativ überlegener Völker gegen Unterlegene (»Wilde«, »Barbaren«), oft sozusagen stumm, ohne historische Dokumentation. Am besten bekannt sind Genozide von Europäern und Amerikanern, z. B. gegen INDIOS/INDIANER, Aborigines in Australien, San (»Buschmänner«) in Südafrika, sodass leicht der Eindruck entstehen oder erweckt werden kann, sie allein hätten Völkermorde begangen. Umgekehrt zeigt die Häufigkeit von Völkermorden gemäß der UN-Definition, wie steril die Debatte um die »Einzigartigkeit« von Auschwitz, bisheriger absoluter Gipfel des Genozids, ist, denn selbst der entsetzlichste Völkermord steht in einer Reihe mit vorausgegangen und folgenden Varianten, mit denen er verglichen werden muss, eben um die Einmaligkeit herauszuarbeiten, die im Fall von Ausschwitz in der Steigerung zu einer unfassbaren Höhe industrialisierter Grausamkeit begründet liegt.

Jüngste Völkermorde im Sinn der UN-Völkermordkonvention sind u. a.: Verdrängung bis Vernichtung von INDIOS im Amazonasurwald, vor allem Brasiliens durch Brandrodungen und Zerstörung ihrer Lebensgrundlage zur (kurzfristigen) Ausbreitung von Ackerbau und Viehzucht, mit irreparabler Erosion des Bodens; entsprechend in den Chittagong

Hills im (hoffnungslos übervölkerten) Bangladesh; Gewalttaten Indonesiens zur Unterdrückung der Unabhängigkeitsbewegung in Osttimor (1975–2000); das Vorgehen der Serben gegen Kroaten und MUSLIME, während des JUGOSLAWIENKRIEGS und im Kosovokonflikt (1991–1999). Wenn ASSIMILATION durch Repression erzwungen wird, unter Missachtung aller MENSCHENRECHTE, z. B. durch Nichtanerkennung und Verbot anderer Sprachen, besteht zumindest tendenziell die Gefahr von Völkermord/Genozid. Beispiele der jüngsten Vergangenheit und Gegenwart sind die Unterdrückung von Armeniern und KURDEN sowie das harte Vorgehen Russlands in den beiden TSCHETSCHENIENKRIEGEN.

Literatur: G. Heinsohn: Lexikon der Völkermorde. Reinbek 1999; Zeitschrift »Bedrohte Völker«, Göttingen, mit Beiheften; R.-M. Bayle: Völkermord. Von der Verachtung zur Barberei. München 2001.

Vietminh

Liga für die Unabhängigkeit Vietnams (vietnam.: »Viet-Nam Doc Lap Dong Minh Hoi«), gegründet als nationale Sammelbewegung unter Ho Chi Minh (**1941**) zum GUERILLAkrieg gegen die Besetzung Indochinas durch Japan (1940) unter faktischer Führung der KP Vietnams: Ihre Nationale Befreiungsarmee unter Vo Nguyên Giap (seit 1944) besetzte kampflos weite Gebiete (Dezember 1944). Nach der KAPITULATION Japans (15. August 1945) zwang die Vietminh KAISER Bao Dai zur Abdankung und ermöglichte Ho Chi Minh die Ausrufung der Unabhängigkeit in Hanoi (2. September 1945), unter Zitierung der Amerikanischen UNABHÄNGIGKEITSERKLÄRUNG von 1776. Gegen die Wiederherstellung der SOUVERÄNITÄT Frankreichs über ganz Indochina eröffnete die Vietminh militärischen Widerstand (1946), der zur französischen Phase des VIETNAMKRIEGS eskalierte, bis zur französischen Niederlage von Dien Bien Phu, zur GENFER INDOCHINA-KONFERENZ (1954) und zur Teilung Vietnams (bis 1975). Gegen Ende der 1. Kriegsphase ging die Vietminh in der Vereinigten Nationalen Einheitsfront (Lien Hiep Quok Dan Viet-Nam) auf (1951).

Wannsee-Konferenz

Geheimkonferenz in Berlin-Wannsee zur Koordinierung der »ENDLÖSUNG« durch Oberste Reichsbehörden, in der deutschen Dienststelle der Internationalen Kriminalpolizeilichen Kommission (Interpol) unter Heydrich als Leiter des Reichssicherheitshauptamtes (20. Januar **1942**): Protokoll führte Eichmann. Offiziell beschlossen wurden: Vernichtungs-KZs, wobei der Massenmord in Lagern schon längst begonnen hatte (Versuche mit Zyklon B in Auschwitz, Sommer 1941), technische Rationalisierung des Massenmords (EISENBAHNEN) mit industriellen Methoden (Gas, Krematorien).

Literatur: K. Pätzold: Tagesordnung: Judenmord. Die Wannsee-Konferenz am 20. Januar 1942. Eine Dokumentation zur Organisation der »Endlösung«. Berlin [4]1998; P. Longerich: Die Wannsee-Konferenz vom 20. Januar 1942. Planung und Beginn des Genozids an den europäischen Juden. Berlin 1998.

Armija Krajowa (A. K.)

(poln.: Armee des Landes, im Gegensatz zur Exilarmee Andersen) Nationalpolnische WIDERSTANDSbewegung meist aus Offizieren und Soldaten der polnischen Armee im besetzen Polen, gegründet als Arm der Londoner Exilregierung (1939): Versuche, sie auch im sowjetisch annektierten Ostpolen zu organisieren, wurden im Keim erstickt (1939–1941). Die A. K. intensivierte den Widerstand im GENERALGOUVERNEMENT (**1942 ff.**). Doch ihr WARSCHAUER AUFSTAND (August/September 1944) scheiterte, u. a. an der Passivität der ROTEN ARMEE, da Stalin die Sowjetisierung Polens durch das Lubliner Komitee plante. Erfolgreiche Aufständische in Wilna (September 1944) wurden als »antisowjetisch« liquidiert. Nach der »Befreiung« Polens zerschlugen die Sowjets die A. K., ihre Führer wurden verhaftet, einige erschossen (1945). Nach dem POLNISCHEN OKTOBER (1956) wurde die A. K. in der VOLKSREPUBLIK POLEN rehabilitiert.

Literatur: S. Korbonski: The Polish Underground. A Guide to the Underground, 1939–1945. New York 1978, S. 57–70.

Atlantikwall

Im ZWEITEN WELTKRIEG errichtete deutsche Befestigungsanlagen an der Atlantik- bzw. Nordseeküste zur Abwehr alliierter Invasion: Umfangreiche Bunkeranlagen mit ARTILLERIEstellungen, Strand- und Unterwasserhindernissen wurden nach gescheitertem Kommandounternehmen der ALLIIERTEN bei Dieppe (19. August **1942**) von Hitler in Auftrag gegeben (25. August 1942), jedoch nur teilweise verwirklicht, am stärksten ausgebaut an der französischen KANALküste (1942–1944), ergänzt durch Luftlandehindernisse im Hinterland (»Rommelspargel«, Frühling 1944). Der Atlantikwall wurde bei der Invasion in der Normandie (6. Juni 1944) durchbrochen und umgangen. Überreste (Bunkerruinen, Verbindungsstraßen) existieren noch heute, z. T. als Gedenkstätten. [F. H.]

Literatur: V. B. Ebert: Der Atlantikwall von Nymindegab bis Skallingen. Nørre Nebel 1992; A. Chazette/A. Destouches: Atlantikwall. Le Mur de l'Atlantique en France. Bayeux 1995; R. Rolf: Der Atlantikwall. Die Bauten der deutschen Küstenbefestigungen 1940–1945. Osnabrück 1998.

»Totaler Krieg«

Schlagwort für die Intensivierung der deutschen Kriegsanstrengungen nach Stalingrad, zurückgehend auf Ludendorff (1935), von Goebbels verkündet in seiner Sportpalastrede in Berlin vor handverlesenem Publikum – »Wollt ihr den totalen Krieg?« (18. Februar **1943**): Im Reich hatte sich das zivile Leben bis dahin weitgehend normal gestaltet – vom Luftkrieg und vorsichtiger Rationierung abgesehen. Nun wurde stärker mobilisiert, eingezogen und rationalisiert, auch an der »Heimatfront«. Die Rüstungsproduktion stieg rapide mit Frauen- und Zwangsarbeit, im Herbst 1944 standen fast 11 Mio. Soldaten in der WEHRMACHT.

Literatur: P. Longerich: Joseph Goebbels und der totale Krieg. Eine unbekannte Denkschrift des

Propagandaministers vom 18. Juli 1944. Stuttgart 1987; L. Gruchmann: Totaler Krieg. Vom Blitzkrieg zur bedingungslosen Kapitulation. München 1991; I. Fetscher: Joseph Goebbels im Berliner Sportpalast 1943: »Wollt ihr den totalen Krieg?«. Hamburg 1998.

Warschauer Ghettoaufstand

Bewaffneter Widerstand jüdischer Untergrundorganisationen gegen Deportationen (seit 22. Juli 1942) der Juden vom Warschauer Ghetto in die Vernichtungskonzentrationslager (19. April–16. Mai **1943**): Waffen-SS und Polizei schlugen den Aufstand nieder, indem sie u. a. das unterirdische Kanalsystem überfluteten, Häuser systematisch sprengten oder in Brand steckten. Ca. 12 000 Juden fielen in den Kämpfen; deutsche Verluste waren gering. Dem Ende des Aufstands folgten Massenerschießungen, das Ghetto wurde niedergewalzt. An den Aufstand und das Leben im Ghetto erinnern heute ein Museum und ein Mahnmal, vor dem Bundeskanzler Willy Brandt als Zeichen des deutschen Willens zur Aussöhnung niederkniete (Dezember 1970).

Literatur: B. Mark: Der Aufstand im Warschauer Ghetto. Entstehung und Verlauf. Berlin [3]1959; B. Goldstein: »Die Sterne sind Zeugen«. Der bewaffnete Aufstand im Warschauer Ghetto. Bericht eines der Anführer. Freiburg/Breisgau 1992; M. Edelman: Das Ghetto kämpft. Berlin 1993; W. Scheffler/H. Grabitz: Der Ghetto-Aufstand Warschau 1943 aus der Sicht der Täter und Opfer in Aussagen vor deutschen Gerichten. München 1993; E. Szajn-Lewin: Aufzeichnungen aus dem Warschauer Ghetto. Juli 1942 bis April 1943. Leipzig 1994.

Casablanca-Konferenz

Konferenz des US-Präsidenten Roosevelt und des britischen Premierministers Churchill in Casablanca (14.–24. Januar **1943**): Die von Stalin zur Entlastung geforderte »Zweite Front« in Frankreich verschoben sie auf 1944, um zuvor die Achsenmächte aus Nordafrika zu vertreiben und in Italien zu landen. Auf ihrer Pressekonferenz forderten Roosevelt und Churchill die bedingungslose Kapitulation der Achsenmächte.

Literatur: K. Birnbaum: The Casablanca Conference. o. O. 1952; The Conferences at Washington, 1941–1942, and Casablanca, 1943. Washington: US Government Printing Office 1968.

Achsenmächte

Kriegsgegner der Alliierten im Zweiten Weltkrieg – Deutschland, Italien, Japan, benannt nach der Achse Berlin–Rom (1936), um weitere Staaten erweitert (1940). Roosevelt und Churchill forderten in Casablanca die bedingungsloe Kapitulation der Achsenmächte (**1943**).

Literatur: F. W. Deakin: Die brutale Freundschaft. Hitler, Mussolini und der Untergang des italienischen Faschismus. Köln, Berlin 1964.

Atombombe

Waffe, die ihre Sprengkraft aus der Spaltung oder Verschmelzung von Atomen gewinnt: Die ersten Atombomben (»Manhattanprojekt«, **1943**–1945) der USA fielen auf Hiroshima (6. August 1945) und Nagasaki (9. August). Auch die UdSSR (1949), Großbritannien (1952), Frankreich

(1960), China (1964), Indien (1974) und Pakistan (2000) zählen zu den offiziellen Atommächten, inoffiziell vermutlich auch Südafrika und Israel. Alle Atommächte führten zahlreiche unterirdische wie überirdische Kernversuche durch. Atombomben wurden weiterentwickelt von der Wasserstoff- oder H-Bombe (1952/54) zu taktischen und strategischen Atomwaffen (Atomartillerie), die mit Raketen transportierbar sind (ICBM: Inter-Continental Ballistic Missiles). Der ATOMWAFFENSPERRVERTRAG (1968) soll die Verbreitung der Waffe eindämmen. Auf die sowjetische Mittelstreckenrakete SS-20 reagierte die westliche Allianz mit dem NATO-DOPPELBESCHLUSS (1979). Erst in der Agonie der UdSSR kamen Verträge zur Reduzierung von Atomwaffen zwischen beiden Weltmächten zustande (1989). Seit Auflösung der UdSSR (1991) wächst die Gefahr einer unkontrollierten Verbreitung von Atomwaffen.

Literatur: A. Schweitzer: Friede oder Atomkrieg. München [3]1984; E. Erlinghagen: Hiroshima und wir. Augenzeugenberichte und Perspektiven. Frankfurt/Main 1984; H. J. Fischer: Hitler und die Atombombe. Asendorf 1987; D. Holloway: Stalin and the Bomb. New Haven u. a. 1994; M. Salewski (Hg.): Das nukleare Jahrhundert. Stuttgart 1998; B. Heuser: The Bomb. Nuclear Weapons in Their Historical, Strategic and Ethical Context. London u. a. 2000.

Teheraner Konferenz

Erste alliierte Kriegskonferenz mit der UdSSR im ZWEITEN WELTKRIEG in Teheran (28. November–11. Dezember **1943**), mit Roosevelt, Churchill und Stalin, vorbereitet von der Moskauer Außenministerkonferenz (18.–30. Oktober): In Teheran beschlossen die ALLIIERTEN gleichzeitige Offensiven gegen Deutschland, die »Zweite Front« im Westen für den Mai 1944, die Landung in Südfrankreich, eine sowjetische Sommeroffensive. Erst nach dem Ende des Kriegs in Europa sollte die UdSSR gegen Japan in den Krieg eintreten. In einer ersten Diskussion über die Friedensregelung ging es um Polens »Westverschiebung« mit der CURZON-LINIE als Grenze im Osten, die Annexion ostdeutscher Gebiete durch Polen (ODER-NEISSE-LINIE, Teil Ostpreußens) und die UdSSR (Königsberg, Memel), die Teilung Deutschlands in Besatzungszonen und Reduzierung der deutschen Industrie. Roosevelt wünschte eine Weltfriedensorganisation. Die Gespräche wurden auf der JALTA- und POTSDAMER KONFERENZ (1945) fortgeführt und konkretisiert.

Literatur: G. Zieger: The Conferences at Cairo and Teheran (Diplomatic Papers). Washington D. C. 1961; G. Zieger: Die Teheran-Konferenz. Hannover 1967; A. Fischer (Hg.): Teheran, Jalta, Potsdam. Die sowjetischen Protokolle von den Kriegskonferenzen der »Großen Drei«. Köln [3]1985.

Republik von Salò

Staatswesen Mussolinis nach seiner Befreiung durch ein deutsches SS-Kommando aus der Haft der Badoglio-Regierung, proklamiert (15. September **1943**): Die Republik war deutscher Klientelstaat, mit einer wiederbelebten Faschistischen Partei (Partito Fascista Repubblicano), benannt nach dem Sitz einiger Regierungsorgane – auf deutschem Befehl unter deutscher Kontrolle in Salò am Gardasee, nicht im damals noch deutschbeherrschten Rom. Im Kriegsverlauf schrumpfte das

Territorium der Republik stetig und umfasste zuletzt nur noch kleine Enklaven in der Lombardei. Mussolini fügte sich stärker dem Druck NS-Deutschlands, versuchte jedoch eine Rückkehr zu seinen linkssozialistischen Anfängen durch Verstaatlichung der Industrie, aber nur der Geschäftsführung, nicht des Besitzes, während die norditalienische Industrie seit September 1943 schon unter deutscher Kontrolle stand. Die Republik von Salò endete in der Endoffensive der ALLIIERTEN und KAPITULATION der deutschen WEHRMACHT in Norditalien und nach einem Aufruf einer Untergrundregierung mit Mussolinis Hinrichtung (28. April 1945).

Literatur: L. Klinkhammer: Zwischen Bündnis und Besatzung. Das nationalsozialistische Deutschland und die Republik von Salò 1943–1945. Tübingen 1993; K. Mittermaier: Mussolinis Ende. Die Republik von Salò 1943–1945. München 1995.

Attentat auf Hitler (20. Juli 1944)

Ernsthafteste Aktion des deutschen WIDERSTANDS: Nach gescheiterten Versuchen (seit 1938) bildete sich in der WEHRMACHT um Oberst Graf Schenk von Stauffenberg, in Verbindung mit Generaloberst a. D. Ludwig Beck (* 1880, † 1944) und politischen Kreisen (Goerdeler, Schulenburg, Leber), eine Widerstandsgruppe zum Sturz Hitlers. Ziel war ein baldiger Frieden, evtl. als SONDERFRIEDEN mit den Westmächten, möglichst in den Reichsgrenzen von 1914. Das Attentat auf Hitler scheiterte, der Staatsstreich war nur im besetzten Paris erfolgreich (20. Juli **1944**). Seiner Niederschlagung folgten Verhaftungswellen, SCHAUPROZESSE vor dem Volksgerichtshof und Hinrichtungen (1944/45).

Literatur: G. Ritter: Carl Goerdeler und die deutsche Widerstandsbewegung. Stuttgart ^{4}1984; B. Scheurig (Hg.): Deutscher Widerstand 1938–44. Fortschritt oder Reaktion? München ^{2}1984; P. Hoffmann: Widerstand, Staatsstreich, Attentat. Der Kampf der Opposition gegen Hitler. München ^{4}1985; K. Finker: Attentat auf Hitler. 20. Juli 1944. Berlin 1990; H. Rothfels: Die deutsche Opposition gegen Hitler. Eine Würdigung. Neuausgabe Zürich 1994; P. Hoffmann: Widerstand gegen Hitler und das Attentat vom 20. Juli 1944. Konstanz ^{4}1994.

Widerstand

(engl.: Resistance, frz.: Résistance, ital.: Resistenza) Summe der politischen, gesellschaftlichen und bewaffneten Opposition der Bevölkerung gegen die ACHSENMÄCHTE in Illegalität und Untergrund: Widerstand formierte sich in Italien und Deutschland seit dem Sieg des FASCHISMUS/NATIONALSOZIALISMUS (1922/33), im ZWEITEN WELTKRIEG in von den Achsenmächten eroberten Gebieten, in Europa wie Asien. Er bediente sich vielfältiger Formen – vom friedlichen Protest, z. B. beim GENERALSTREIK gegen die DEPORTATION von JUDEN in Amsterdam (22./23. Februar 1941), über Spionage durch Übermittlung von Nachrichten an die ALLIIERTEN bis zu bewaffneten GUERILLA/Partisanen (z. B. ARMIJA KRAJOWA, sowjetische Partisanen), die nicht nur beim Herannahen der Alliierten aktiv wurden (WARSCHAUER AUFSTAND, während und nach der alliierten Invasion in Frankreich, Antwerpener Aufstand 1944, Prager Aufstand 1945). Seit dem deutschen Überfall auf die UdSSR (22. Juni 1941) stand die bewaffnete Guerilla – außer in Polen – oft unter Führung oder Einfluss der Kommunisten, die Erfahrungen im Untergrund hatten und exzellent organisiert waren. Gelegentlich brachen innere Konflikte zwischen linken und bürgerlichen nationalen Widerstandsbewegungen aus (z. B. in Jugoslawien und Griechenland). In manchen Ländern vollzog sich ein nahtloser Übergang vom kommunistisch geführten Widerstand zu kommunistischen Revolutionen nach dem Zweiten Weltkrieg (Jugoslawien, Vietnam) oder starken kommunistischen Parteien bzw. Partisanenbewegungen in der nationalen Unabhängigkeit in Asien (Malaya, Indonesien und Philippinen). Ähnlich erstarkte die KPCh im 2. Chinesisch-japanischen Krieg (1937–1945). Deutscher Widerstand kulminierte im Attentat auf Hitler (20. Juli **1944**).

In Italien eröffneten Partisanen aktiven Widerstand gegen die faschistische Regierung und die Wehrmacht in Rückzugsgebieten mit historischer Guerillakriegstradition (Waldenserregion in Piemontesischen Alpen, ab 1943). Der Widerstand gewann nach Mussolinis Sturz und der vorübergehenden Spaltung Italiens im Norden gegen die faschistische Republik von Salò (15. September 1943–Ende April 1945) eine breitere Basis, mit Bildung einer Untergrundregierung.

Für Frankreich: vgl. Résistance.

Literatur: a) Allgemein: W. Rings: Leben mit dem Feind. Anpassung und Widerstand in Hitlers Europa 1939–1945. München 1979; R. Bennett Under the Shadow of the Swastika. The Moral Dilemmas of Resistance and Collaboration in Hitler's Europe. Basingstoke, Hampshire u. a. 1999; b) Deutschland: W. Berthold: Die 42 Attentate auf Adolf Hitler. Wien 1997; G. van Roon: Widerstand im Dritten Reich. München [7]1998; H. Mommsen: Alternative zu Hitler. Studien zur Geschichte des deutschen Widerstandes. München 2000; H. G. Haasis: »Den Hitler jag' ich in die Luft«. Der Attentäter Georg Elser. Eine Biographie. Reinbek 2001; c) Polen: vgl. Armija Krajowa, Warschauer Aufstand; d) Frankreich: vgl. Résistance; e) Andere: W. Brandt: Norwegens Freiheitskampf 1940–1945. Hamburg 1948; S. Sarafis: Greek Resistance Army. London 1951; R. Battaglia: Storia della resistenza italiana. Turin [2]1967; C. de Loverdo: Les Maquis rouges des Balkans. Paris 1967.

Lubliner Komitee

(»Polski Komitet Wyzwolenia Narodowego«, PKWN = »Polnisches Komitee der Nationalen Befreiung«) Nach der Eroberung Lublins, der ersten Großstadt Polens westlich der Curzon-Linie, durch die Rote Armee von den Sowjets eingesetztes, von der KPRP und dem linken Flügel der PPS dominiertes Komitee (22. Juli **1944**), faktisch als provisorische Regierung für die Gebiete westlich der Curzon-Linie, später so formalisiert (1. Januar 1945) in Konkurrenz zur polnischen Exilregierung in London. Bis 1990 war der 22. Juli Nationalfeiertag in der Volksrepublik Polen.

Literatur: A. Polonsky/B. Drukier (Hg.): The Beginnings of Communist Rule in Poland (December 1943–June 1945). London 1980; J. Reynolds: »Lublin« versus London – The Party and the Underground Movement in Poland 1944–45, in: Journal of Contemporary History 16/1981, S. 617–648.

Warschauer Aufstand

Aufstand der Armija Krajowa (A. K.) beim Nahen der Sowjetarmee (1. August–2. Oktober **1944**): Der Aufstand war nur teilweise erfolgreich – die Weichselbrücken, Flugplätze und die östliche Vorstadt Praga blieben in deutscher Hand. Die Sowjetarmee versagte Hilfe, da die A.K. mit der Befreiung Warschaus ein politisches Faustpfand gegenüber der UdSSR schaffen sollte und Stalin, trotz Aufforderungen sowjetischer Sender an die Polen zum Aufstand, keinen Erfolg wünschte. So unterband er die Versorgung des Aufstands aus der Luft durch Flugzeuge der Westalliierten, indem er die Landeerlaubnis hinter den sowjetischen Linien verweigerte – Stalin wollte Konkurrenten im Nachkriegspolen von den Deutschen beseitigen lassen. WEHRMACHT und Waffen-SS kämpften den Aufstand nieder, Hitler gab Anweisung, die gesamte Warschauer Bevölkerung zu ermorden. In Warschau starben 166 000 Polen, 10 000 Angehörige der A.K. wurden gefangen, 80 000 Warschauer kamen in KZs oder als Zwangsarbeiter in deutsche Rüstungsfabriken. Die Deutschen zerstörten Warschau systematisch, auch Kirchen und das Königsschloss.

Literatur: B. Martin (Hg.): Der Warschauer Aufstand 1944. Warschau 1999; W. Borodziej: Der Warschauer Aufstand 1944. Frankfurt/Main 2001.

Morgenthau-Plan

US-Programm für die Nachkriegspolitik gegenüber Deutschland (»Program to prevent Germany from starting a World War III«) durch Entindustrialisierung (= Agrarisierung) und territoriale Neuordnung (1944), benannt nach US-Finanzminister Henry Morgenthau jr. (* 1891, † 1967): Straf-, Restriktions- und Umerziehungsmaßnahmen sahen u.a. vor: Demontage militärisch relevanter Industrieanlagen (vor allem im Ruhrgebiet), REPARATIONEN, Aburteilung von Kriegsverbrechern aus Politik und Wirtschaft, Kontrolle der Wirtschaft für mindestens 20 Jahre, »Reeducation« der Bevölkerung, Gebietsabtretungen (Ostpreußen, Oberschlesien, Saarland), internationale Kontrolle des Ruhrgebiets und Nord-Ostsee-Kanals, Teilung Deutschlands in einen Nord- und Südstaat, Wiederherstellung Österreichs. Churchill und Roosevelt unterzeichneten auf der 2. Konferenz von Quebec (15. September **1944**) einen leicht modifizierten Plan, der nach Roosevelts nachträglichen Einwänden relativiert wurde (29. September), aber wesentlich in Konferenzbeschlüsse von Jalta (11. Februar 1945) und Potsdam (2. August) einging. Der Plan inspirierte die Entnazifizierung und NÜRNBERGER PROZESSE (1945–1949), u.a. gegen Vorstandsmitglieder der IG Farben (1947/48). Im KALTEN KRIEG verlor er bald an Einfluss auf die US-amerikanische Deutschlandpolitik, ersetzt durch den MARSHALL-PLAN (1947). Trotzdem gilt er in der neonazistischen Propaganda als Teil eines globalen »jüdischen Ausrottungsplanes« gegen Deutschland. [F. H.]

Literatur: B. Greiner: Die Morgenthau-Legende. Zur Geschichte eines umstrittenen Plans. Hamburg 1995.

Jalta-Konferenz

Zweite alliierte Kriegskonferenz im ZWEITEN WELTKRIEG in Jalta (4.–11. Februar **1945**): Auf Basis der TEHERANER KONFERENZ (1943) beschlossen die Alliierten eine UNO-Gründungskonferenz in San Francisco, den Kriegseintritt der UdSSR gegen Japan nach der deutschen KAPITULATION. Dafür erhielt die UdSSR die Kurilen und Südsachalin sowie Rechte an der Mandschurei, der Inneren Mongolei und an pazifischen Häfen Chinas. Vorbereitet wurden die KAPITULATIONS-urkunde für Deutschland, die Teilung Deutschlands und Österreichs in je vier Besatzungszonen (mit Frankreich) unter Aufsicht des ALLIIERTEN KONTROLLRATS, Entmilitarisierung und Entnazifizierung sowie Demontage bzw. Kontrolle militärisch wichtiger Schlüsselindustrien. Stalin forderte die ODER-NEISSE-LINIE als neue polnische Westgrenze. Aus LUBLINER KOMITEE und Londoner Exilregierung sollte nach freien Wahlen eine vereinigte provisorische polnische Regierung hervorgehen. Die alliierte Reparationskommission erkannte REPARATIONEN in Höhe von 20 Mrd. US-Dollar für die UdSSR grundsätzlich an. Nach der Kapitulation Deutschlands wurden die Beschlüsse auf der POTSDAMER KONFERENZ präzisiert und in Kraft gesetzt.

Literatur: D. S. Clemens: Jalta. Stuttgart 1972; S. Kappe-Hardenberg (Hg.): Die Jalta-Dokumente. Roosevelt, Churchill und Stalin auf der Krimkonferenz im Februar 1945. Leoni am Starnberger See 1987; J. Laloy: Wie Stalin Europa spaltete. Die Wahrheit über Jalta. Wien u. a. 1990.

Kapitulation

Waffenniederlegung der Streitkräfte eines Staats, ganz oder teilweise, mit oder ohne Bedingungen, am Ende des ZWEITEN WELTKRIEGS als bedingungslose Kapitulationen Deutschlands und Japans (**1945**), wie schon von Roosevelt und Churchill zum Abschluss der CASABLANCA-KONFERENZ gefordert (1943).

- Deutschland: Nach der Eroberung fast des gesamten Reichsgebietes und Hitlers Selbstmord im umkämpften Berlin (30. April) verzögerte sein Nachfolger Dönitz, trotz der Kapitulation der WEHRMACHT in Norditalien (1. Mai) und der Eroberung Berlins (2. Mai), die Gesamtkapitulation, um möglichst großen Teilen der Wehrmacht und der Zivilbevölkerung die Flucht nach Westen zu ermöglichen, mit Teilkapitulationen (Schleswig-Holstein, Nordwestdeutschland, Niederlanden, Dänemark, Heeresgruppe Nordalpen, 6. Mai), Ende des U-BOOT-KRIEGS (5. Mai). Die Gesamtkapitulation wurde im alliierten Hauptquartier in Reims unterzeichnet (7. Mai, mit Wirkung zum 8. Mai), in Karlshorst vor der UdSSR wiederholt (9. Mai). Nach der vollständigen Niederringung Deutschlands auf eigenem Boden (debellatio) ging die SOUVERÄNITÄT an den ALLIIERTEN KONTROLLRAT über: Das (faktische) Ende des Deutschen Reichs (seit 1871) bzw. des DRITTEN REICHS (seit 1933) war besiegelt.
- Die KAPITULATION JAPANS erklärte die Regierung in Tokio (14. August) nach Abwurf der beiden ATOMBOMBEN auf Hiroshima und Nagasaki, die Unterzeichnung folgte in der Bucht von Tokio an Bord des US-Schlachtschiffes »Missouri« (2. September).

Literatur: R. Hansen: Das Ende des Dritten Reichs. Stuttgart 1966; L. Gruchmann: Totaler Krieg. Vom Blitzkrieg zur bedingungslosen Kapitulation. München 1991; S. Barschdorff: 8. Mai 1945. »Befreiung« oder »Niederlage«? Die öffentliche Diskussion und die Schulgeschichtsbücher 1949 bis 1995. Münster u. a. 1999.

Potsdamer Konferenz

Dritte alliierte Kriegskonferenz im ZWEITEN WELTKRIEG (17. Juli–2. August **1945**): Zwischen der KAPITULATION Deutschlands und Japans trafen sich in Potsdam die Regierungschefs Stalin, Truman und Churchill, der während der Konferenz nach Wahlen von Attlee abgelöst wurde. Beratungen auf der Grundlage der JALTA-KONFERENZ führten zum POTSDAMER ABKOMMEN.

Literatur: E. Deuerlein (Hg.): Potsdam 1945. Quellen zur Konferenz der »Großen Drei«. München 1963; E. Deuerlein: Deklamation oder Ersatzfrieden? Die Konferenz von Potsdam 1945. Stuttgart 1970; A. A. Gromyko (Red.): Die Potsdamer (Berliner) Konferenz 1945. Berlin 1988; M. Müller: Die USA in Potsdam 1945. Die Deutschlandpolitik der USA auf der Potsdamer Konferenz der großen Drei. Mit einem Dokumentenanhang. Berlin 1996; H. Timmermann (Hg.): Potsdam 1945. Konzept, Taktik, Irrtum? Berlin 1997.

Potsdamer Abkommen

Abschlusskommuniqué der POTSDAMER KONFERENZ (2. August **1945**): Das Potsdamer Abkommen war kein völkerrechtlicher Vertrag im engeren Sinne, da die Potsdamer Konferenz nur zur Vorbereitung einer künftigen Friedenskonferenz – ähnlich wie die PARISER FRIEDENSKONFERENZ nach dem ERSTEN WELTKRIEG (1919) – gedacht war. Gleichwohl gewann das Potsdamer Abkommen, eigentlich nur provisorisch formuliertes Zwischenergebnis, durch die normative Kraft des Faktischen beim Fehlen eines Friedensvertrags mit Deutschland den Rang einer internationalen Regelung. Die DEUTSCHE FRAGE und POLNISCHE FRAGE wurden ähnlich behandelt wie auf der JALTA-KONFERENZ, aber nun konkretisiert: Deutschland erhielt eine dezentralisierte demokratische Selbstverwaltung, Grenzregelungen im Osten standen unter dem Vorbehalt einer künftigen Friedenskonferenz. Königsberg fiel mit einem Teil Ostpreußens an die UdSSR, die ODER-NEISSE-LINIE wurde polnische Westgrenze (»Westverschiebung Polens«). Die Umsiedlung (»Transfer«) von Deutschen und VOLKSDEUTSCHEN aus Polen, der ČSR und Jugoslawien sollte »in ordnungsgemäßer und humaner Weise« erfolgen. Deutschland sollte eine staatliche Einheit bleiben, aber der beginnende KALTE KRIEG trieb zur Teilung zwischen BUNDESREPUBLIK DEUTSCHLAND und DDR.

Literatur: K. Bittel: Vom Potsdamer Abkommen zur Viermächte-Konferenz. Der Weg zur friedlichen Lösung der deutschen Frage. Berlin 1953; F. Faust: Das Potsdamer Abkommen und seine völkerrechtliche Bedeutung. Frankfurt/Main ^{4}1969; D. Rauschning (Hg.): Rechtsstellung Deutschlands. Völkerrechtliche Verträge und andere rechtsgestaltende Akte. Textausgabe. München ^{2}1989; B. Meissner (Hg.): Rückblick nach 50 Jahren. Wien 1996; G. Schnell: Das Potsdamer Abkommen und der Zwei-plus-Vier-Vertrag. Die Klammer der deutschen Nachkriegsgeschichte. Beiträge zur Veranstaltung der Friedrich-Ebert-Stiftung. Potsdam ^{3}1998.

Kapitulation Japans

Ende des ZWEITEN WELTKRIEGS im Pazifik: Nach Deutschlands KAPITULATION (8./9. Mai 1945) starteten die ALLIIERTEN und die UdSSR Endoffensiven. Dem Abwurf der ATOMBOMBEN auf Hiroshima (6. August) und Nagasaki (9. August) folgte die bedingungslose Kapitulation Japans (14. August **1945**, Unterzeichnung am 2. September). Damit war der Zweite Weltkrieg an allen Fronten beendet, auch der 2. Chinesisch-Japanische Krieg (seit 1937). Japan wurde einer US-Militärregierung unterstellt, Korea von den USA (Süden) und der UdSSR (Norden) besetzt. In Teilen Südostasiens (Indochina, Malaya, Indonesien) bestand ein Machtvakuum, das postkolonische Nachfolgekriegen unterschiedlichen Ausgangs nach sich zog, vor allem den Vietnamkrieg.

Literatur: R. J. C. Butow: Japan's Decision to Surrender. Stanford (Cal.) 1954, 1974.

Vereinte Nationen (United Nations Organization, UNO, UN)

Weltorganisation zur Erhaltung des Friedens, Nachfolgeorganisation des Völkerbunds, aus der Anti-Hitler-Koalition der Alliierten im Zweiten Weltkrieg gegen die Achsenmächte hervorgegangen: Mit dem Washington-Pakt (1942) wurde die Gründung der UNO beschlossen und vorbereitet, zuletzt auf der Jalta-Konferenz (4.–11. Februar 1945). 51 Gründungsmitglieder nahmen auf der Konferenz in San Francisco (25. April–26. Juni **1945**) eine Satzung (Charta) gemäß der Atlantik-Charta (1941) an, die am 24. Oktober in Kraft trat. Sitz der UNO wurde New York, mit Unterorganisationen in Genf, Wien, Paris, Nairobi und Bonn. Hauptorgane sind der UN-Sicherheitsrat (mit Vetorecht der Großmächte), die UN-Vollversammlung und das UN-Generalsekretariat. Daneben gibt es zahlreiche Sonder- und Unterorganisationen (z. B. UNESCO, UNCTAD, auch IWF und Weltbank). Zunächst beherrschten die USA die UNO. Mit der Dekolonisation gewannen allmählich Länder der Dritten Welt an Einfluss. Der UNO gehörten durch Aufnahme der früheren Kriegsgegner (Japan 1951, deutsche Staaten nach den Ostverträgen (1972/74) auch jene Mächte an, gegen die sich die Vereinten Nationen einst richteten. Auch frühere Kolonien bzw. Protektorate der Kolonialmächte wurden Mitglieder, zuletzt beschloss auch die neutrale Schweiz ihren Eintritt (2002). Es fehlen Nord- und Südkorea, Taiwan (ausgeschlossen 1979).

Die UNO spielte bei größeren Krisen eine wichtige Rolle, oft mit UN-Truppen (Kampftruppen und Friedenssicherung; »Blauhelmen«) – nominell im Koreakrieg (1950–1953, faktisch US-Truppen, mit Kontingenten anderer westlicher Mächte) tatsächlich zur Friedenssicherung in der Kongokrise (1961), im 3. Nahostkrieg (1967), im Libanonkrieg (1982) und bei vielen weiteren Krisen. In den meisten Nachkriegskonflikten erwies sie sich jedoch als ohnmächtig. In jüngste Konflikte (2. Golfkrieg, Jugoslawienkrieg, Somalia, griff sie verstärkt ein, meist mit US-Verbänden. Sie litt unter finanzieller Auszehrung, u. a. weil die USA jahrelang ihren Mitgliedbeitrag aus ideologischen Gründen zurückhielt. Nach dem Manhattan-Attentat (2001) gab die UNO den USA gleichwohl das Mandat zum Krieg gegen den Terror und Sturz der Taliban-Theokratie (2001). UN-Generalsekretär Kofi Annan erhielt den Friedensnobelpreis (2001).

Literatur: G. Zieger: Die Vereinten Nationen. Hannover 1976; G. Doeker (Hg.): Die Vereinten Nationen. Rolle und Funktion in der internationalen Politik. München 1976; A. A. Gromyko (Red.): Die Konferenz der Vereinten Nationen von San Francisco 1945. Berlin 1988; R. Wolfrum (Hg.): Handbuch Vereinte Nationen. München [2]1991; V. Rittberger u. a.: Vereinte Nationen und Weltordnung. Zivilisierung der internationalen Politik? Opladen 1997.

Oder-Neiße-Linie (Oder-Neiße-Grenze)

Zunächst provisorische, vom POTSDAMER ABKOMMEN gezogene (**1945**) Grenze zwischen Polen und der DDR, einschließlich Stettins (westlich der Oder): Von der DDR wurde sie im Görlitzer Vertrag als endgültig (»Friedensgrenze«) anerkannt (1950), aber schwer befestigt und bewacht. Die BUNDESREPUBLIK akzeptierte die Grenze faktisch mit den OSTVERTRÄGEN (1972). Nach der vorübergehenden Öffnung zwischen der DDR und Polen wurde die Grenze mit der POLENKRISE (1980–1989) wieder geschlossen. 1990/91 erkannte das vereinigte Deutschland den Grenzverlauf endgültig an (Deutsch-polnischer Grenzvertrag, Zwei-plus-Vier-Vertrag). Zahlreiche neue Grenzübergänge wurden geschaffen und grenzüberschreitende Umweltprojekte ins Leben gerufen.

Literatur: W. Wagner: Die Entstehung der Oder-Neiße-Linie in den diplomatischen Verhandlungen während des Zweiten Weltkriegs. Stuttgart [3]1968; H. G. Lehmann: Der Oder-Neiße-Konflikt. München 1979; D. Jajesniak-Quast/K. Stoklosa: Geteilte Städte an Oder und Neiße. Frankfurt (Oder) – Slubice, Guben – Gubin und Görlitz – Zgorzelec. 1945 – 1995. Berlin 2000; M. Weber (Hg.): Deutschlands Osten – Polens Westen. Vergleichende Studie zur geschichtlichen Landeskunde. Frankfurt/Main u. a. 2001.

2. Republik Österreich

Nach dem ZWEITEN WELTKRIEG konstituierte sich erneut eine REPUBLIK in Österreich: Die Provisorische Regierung Karl Renner (April–Dezember **1945**) erklärte die Unabhängigkeit Österreichs, das in vier Besatzungszonen geteilt war. Die Verfassung von 1920 mit Novellierungen (1929) trat wieder in Kraft. Nach Gründung der ÖSTERREICHISCHEN VOLKSPARTEI (ÖVP) und Sozialistischen Partei (SPÖ) fanden Wahlen zum Nationalrat statt (25. November 1945), bei denen die ÖVP vor der SPÖ und der Kommunistischen Partei (KPÖ) stärkste Kraft wurde. Die Allparteienregierung schloss u. a. ein Abkommen mit Italien über Südtirol (1946). Nach dem Ausscheiden der KPÖ aus der Regierung (1947) bildeten ÖVP und SPÖ eine GROSSE KOALITION (PROPORZ, bis 1966). Die Souveränität erhielt das Land mit dem ÖSTERREICHISCHEN STAATSVERTRAG (1955), mit IMMERWÄHRENDER NEUTRALITÄT. Österreich stellte ein eigenes Bundesheer auf und entwickelte sich zum modernen Industriestaat, stärker als in der I. REPUBLIK ÖSTERREICH zur »Staatsnation« Österreich. Nach dem Ende der Großen Koalition regierte die ÖVP allein (1966–1970), dann die SPÖ unter Kreisky (1970–1983). Nach Wahlverlusten der SPÖ bildete Vranitzky eine Koalitionsregierung zunächst mit der FPÖ (1983–1986), erneut eine Große Koalition mit der ÖVP (seit 1987). Kurt Waldheim (ÖVP) als Präsident (1986–1992) stieß Österreich in diplomatische Isolierung, verstärkt durch die Agitation Jörg Haiders als FPÖ-Vorsitzender (1986–2000). Österreich wurde nach der DEUTSCHEN VEREINIGUNG (1991) Mitglied der EU (1995). Seit dem Ende der Großen Koalition (1999) regiert eine Koalition aus ÖVP und FPÖ (seit 2000), von der EU mit (bald zurückgezogenen) SANKTIONEN belegt (2000).

Literatur: W. Mantl (Hg.): Politik in Österreich. Die Zweite Republik – Bestand und Wandel. Wien u. a. 1992; R. G. Ardelt: Österreich – 50 Jahre Zweite Republik. Innsbruck u. a. 1997.

Alliierter Kontrollrat

Oberstes Regierungsorgan im besetzten Deutschland nach der KAPITULATION (8./9. Mai 1945) aufgrund der Viermächteerklärung (5. Juni), mit Sitz in Berlin, aus den vier Oberbefehlshabern der ALLIIERTEN Besatzungsstreitkräfte in Deutschland (**1945**–1948): Beschlüsse erforderten Einstimmigkeit. Nicht vom Kontrollrat gelöste Fragen konnte jeder Oberbefehlshaber für seine Besatzungszone eigenständig regeln. Mit Beginn des KALTEN KRIEGS verlor der Rat an Bedeutung, da Konsens kaum noch möglich war. Aus Protest gegen die Londoner Konferenz (WÄHRUNGSREFORM) zog die UdSSR ihren Vertreter ab (20. März 1948) und eröffnete die BERLIN-BLOCKADE (1948/49).

Literatur: E. Kraus: Ministerien für das ganze Deutschland? Der Alliierte Kontrollrat und die Frage gesamtdeutscher Zentralverwaltungen. München 1990; M. Etzel: Die Aufhebung von nationalsozialistischen Gesetzen durch den Alliierten Kontrollrat (1945–1948). Tübingen 1992; G. Mai: Der Alliierte Kontrollrat in Deutschland 1945 – 1948. Alliierte Einheit – deutsche Teilung? München u. a. 1995.

Christlich-Demokratische Union (CDU)

Politische Partei in Deutschland, unterschiedlichen Charakters in West (BUNDESREPUBLIK DEUTSCHLAND) und Ost (DDR): Nach dem ZWEITEN WELTKRIEG begann die CDU, zunächst in Berlin und im Rheinland (**1945**), als Fusion bürgerlicher, in der WEIMARER REPUBLIK parteipolitisch getrennter Kräfte, christlich und konservativ geprägt. In katholischen Gegenden bildete das ZENTRUM den Kern, in protestantischen die DNVP und ein Teil der LIBERALEN, ergänzt um die CSU in Bayern. Bei ersten Kommunal- und Länderwahlen (1945/46) wurde die CDU stärkste Partei. Die Länderparteien der Britischen Zone schlossen sich unter Adenauer zusammen (1946), die CDU Nordrhein-Westfalens verabschiedete 1947 das Ahlener Programm. In der SBZ/DDR wurde die CDU nach ihrer Weigerung, den Volksrat zu beschicken, als »Blockpartei« von der SED gleichgeschaltet (1947/48). In den Westzonen errang sie unter Adenauer die führende Position im Frankfurter BIZONEN-Wirtschaftsrat (1947–1949) und Bonner PARLAMENTARISCHEN RAT (1948/49), mit modifizierter Fortsetzung des Kapitalismus (»Soziale Marktwirtschaft«).

Bei allen Bundestagswahlen (1949 ff., außer 1972, 1998) wurde die CDU stärkste Partei, in Fraktionsgemeinschaft mit der CSU, mit vier Bundeskanzlern – Adenauer (1949–1963), Erhard (1963–1966), Kiesinger (1966–1969), Kohl (1982–1998). Im KALTEN KRIEG betrieb sie seit dem KOREAKRIEG (1950–1953) die Aufrüstung der Bundesrepublik (»Wehrbeitrag«) und europäische Integration, u. a. durch Mitarbeit am SCHUMAN-PLAN (1950) und in der EWG/EG (1957 ff.). In den letzten Regierungsjahren Adenauers (1959–1963) und unter Erhard (1963–1966) mehrten sich innere Krisen und Führungsschwächen: Die CDU musste mit der SPD koalieren (GROSSE KOALITION, 1966–1969). Nach den Bundestagswahlen stand sie in Opposition gegen die SOZIALLIBERALE KOALITION (1969–1982). Sie war gegen die OSTVERTRÄGE (1970/72), ermöglichte jedoch deren Ratifizierung durch Stimmenthaltung im

Bundestag. Die niedrigsten Stimmenanteile hatte sie nach der ersten Legislaturperiode der Sozialliberalen Koalition (1972) mit Franz Josef Strauß (CSU) als Kanzlerkandidaten (1980). In der inneren Krise der SPD (ca. 1980 ff.) bildete die CDU/CSU nach dem Bruch der Sozialliberalen Koalition (September 1982) eine Koalition mit der FDP unter Kohl (1982–1998). Nach der Vereinigung Deutschlands etablierte sie sich auch in den neuen Bundesländern durch Fusion mit der Ost-CDU (seit 1990). Die andauernde Wirtschaftskrise nach der Deutschen Vereinigung (1990) und die überlange Parteiherrschaft Kohls schwächten die Partei, dessen letzte Kanzlerjahre von Stagnation geprägt waren. Die CDU verlor die Bundestagswahlen 1998 und geriet in eine Dauerkrise über »Schwarze Kassen«, Korruptionsvorwürfe und Spendenaffären (2000/01), erholte sich aber wieder zum Bundestagswahlkampf 2002.

Literatur: H. Puetz: Die CDU. Entwicklung, Aufbau und Politik der Christlich Demokratischen Union Deutschlands. Düsseldorf [4]1985; W. Becker: CDU und CSU 1945–1950. Mainz 1987.

Christlich-Soziale Union (CSU)

Politische Partei in Deutschland, als eigenständige regionale Entsprechung der CDU in Bayern nach dem Zweiten Weltkrieg gegründet (**1945**/46), historisch in der Nachfolge der Bayerischen Volkspartei (BVP), eher im rechten Spektrum, mit starker Betonung des bayerischen Regionalismus und Föderalismus, im Bundestag in Fraktionsgemeinschaft mit der CDU (seit 1949). Stets stärkste Partei in Bayern, führte die CSU alle Regierungen und ging nur zur Zeit der Viererkoalition unter der SPD in die Opposition (1954–1957). Überragend war Franz Josef Strauß als Generalsekretär (1948), stellvertretender Vorsitzender (1962), Vorsitzender (1961–1988) und Ministerpräsident (1978–1988); er betrieb den Wandel Bayerns vom Agrar- zum Hightechland. Die CSU lehnte die Ratifizierung des Grundgesetzes (1949) und die Wiedergutmachung an Israel ab (1951/52), war am hartnäckigsten gegen die Ostverträge (1972). 1979 erzwang sie die Kanzlerkandidatur von Strauß, indem sie mit der Auflösung der Fraktionsgemeinschaft drohte, doch erlitt die CDU/CSU eine schwere Niederlage bei der Bundestagswahl (1980). Mit Edmund Stoiber, dem amtierenden bayerischen Ministerpräsidenten (seit 1993), stellte sie abermals den Kanzlerkandidaten der Unionsparteien (2002).

Literatur: A. Mintzel: Geschichte der CSU. Ein Überblick. Opladen 1977; F. Dingel: Parteien-Handbuch. CSU-CDU, Bd. 2. Berlin 1986.

Nürnberger Prozesse

Gerichtsverfahren vor dem Internationalen Militärgerichtshof und vor US-Militärgerichten in Nürnberg (**1945**–1949): Anklage wurde in Berlin gegen 22 Hauptkriegsverbrecher erhoben (18. Oktober). Der Hauptprozess in Nürnberg (14. November–1. Oktober 1946) endete mit zwölf Todesurteilen, u. a. gegen Göring, Ribbentrop und Keitel. Göring entzog sich der Todesstrafe durch Selbstmord (1946). Haft zwischen zehn Jahren und lebenslänglich erhielten u. a. Dönitz und Heß. Drei Angeklagte, u. a. von Papen, wurden freigesprochen. Nur Heß blieb bis zu seinem Tod (1988) in Haft in Spandau. SS, SD, GESTAPO, das Führerkorps der NSDAP wurden als verbrecherische Organisationen verurteilt. In zwölf Nachfolgeprozessen vor US-Militärgerichten (1946–1949) – u. a. Ärzte-, Juristen-, IG-Farben-, Geiselmord-, Einsatzgruppen-, Krupp-, Wilhelmstraßen-, OKW (= Oberkommando der WEHRMACHT)-prozess – verhängten Gerichte 24 Todesurteile, von denen zwölf vollstreckt wurden, 35 Freisprüche und Haftstrafen (bis 1956).

Literatur: Der Prozess gegen die Hauptkriegsverbrecher vor dem Internationalen Militärgerichtshof. Deutsche Ausgabe. 42 Bde., Nürnberg 1947–1949; R. K. Woetzel: The Nuremberg Trials in International Law. London 1960; J. Friedrich: Die 13 »Nürnberger Prozesse« – oder was ist ein Staatsverbrechen? Nürnberg 1986; V. Pollmann: NS-Justiz, Nürnberger Prozesse, NSG-Verfahren. Auswahl-Bibliographie. Frankfurt/Main 2000; A. Ebbinghaus/K. Dörner (Hg.): Vernichten und Heilen. Der Nürnberger Ärzteprozeß und seine Folgen. Berlin 2001.

Österreichische Volkspartei (ÖVP)

Christlich-demokratische Partei in Österreich, in der Nachfolge der CHRISTLICHSOZIALEN PARTEI: Die ÖVP gründete sich nach dem ZWEITEN WELTKRIEG (**1945**). Sie ging eine Allparteienkoalition mit der Sozialdemokratischen Partei (SPÖ) und Kommunistischen Partei (KPÖ) ein (1945–1947), schloss nach dem Ausscheiden der KPÖ eine GROSSE KOALITION mit der SPÖ (1947–1966), mit PROPORZ. Vier Jahre bildete sie die Regierung allein (1966–1970). Sie stellte die Bundeskanzler Figl (1945–1953), Raab (1953–1961), Gorbach (1961–1964), Klaus (1964–1970), Schüssel (seit 2002). Nach 16 Jahren Opposition (1970–1986) kam sie in einer Großen Koalition mit der SPÖ wieder an die Regierung (1987–2000) und ging nach der Wahl von 1999 eine umstrittenen Koalition mit der FPÖ ein (2000). Seit 1992 stellt sie mit Thomas Klestil den Bundespräsidenten.

Literatur: R. Kriechbaumer/F. Schausberger (Hg.): Volkspartei – Anspruch und Realität. Zur Geschichte der ÖVP seit 1945. Wien u. a. 1995.

Democrazia Cristiana (DC)

Christlich-demokratische Partei in Italien, aus WIDERSTANDSgruppen im ZWEITEN WELTKRIEG entstanden (1943–1994), historisch in der Nachfolge der Italienischen Volkspartei (Partito Popolare Italiano, 1919–1926), stets eng mit dem Klerus und der katholischen Laienbewegung verbunden: 1943 gab sie sich ein erstes Parteiprogramm. Als stärkste Partei Italiens (mit zahlreichen Parteiflügeln) hatte sie anfangs die absolute Mehrheit (1948–1953), war meist führende Regierungspartei (1945–1981), gelegentlich in Minderheitskabinetten. Ihre wichtigsten Ministerpräsidenten waren: de Gasperi (**1945**–1953), Fanfani (1954, 1958–1959, 1960–1963), Moro (1963–1968, 1973/74) und Andreotti (1972/73, 1976–1979, 1989–1992). Die DC bildete eine Koalition mit den Sozialisten (APERTURA A SINISTRA, 1963–1981, mit Unterbrechungen), lehnte jedoch ein Zusammengehen mit der KPI (»compromeso storico« = historischer Kompromiss) ab. Mit Spadolini wurde erstmals ein Republikaner Ministerpräsident (1981/82), mit Craxi ein Sozialist (1983–1987). Nach der Wahlniederlage trat die DC-Regierung unter Andreotti zurück, die Partei beteiligte sich aber an einer Vier-Parteien-Koalition unter Amato (1992/93). Wie keine andere Partei traf die DC der Mailänder Parteienskandal und seine Auswirkungen (1992): Zahlreiche führende Parteimitglieder wurden der Korruption und Zusammenarbeit mit der MAFIA überführt. Die Partei löste sich auf (1994). Andreotti wurde freigesprochen (1999).

Literatur: A. Zuckermann: The Politics of Faction. Christian Democratic Rule in Italy. New Haven (Conn.) 1979; A. Giovagnoli: Il partito italiano. La Democrazia cristiana dal 1942 al 1994. Roma u. a. 1996.

Sowjetische Besatzungszone (SBZ)

(im Volksmund: »Ostzone«/»Zone«) Von der ROTEN ARMEE nach Vereinbarungen mit den ALLIIERTEN besetztes Gebiet in Mitteldeutschland zwischen der ODER-NEISSE-LINIE und den Westzonen (**1945**): Die Sowjets führten eine Bodenreform und Verstaatlichungen nach sowjetischem Muster zur Sowjetisierung ihrer Besatzungszone durch und richteten die Länder Thüringen, Sachsen, Anhalt-Sachsen, Brandenburg und Mecklenburg ein (1946–1952). Die SBZ wurde umgewandelt zur DDR (1949–1990).

Literatur: H. Weber: Von der SBZ zur DDR 1945–1968. Hannover 1968; N. M. Naimark: Die Russen in Deutschland. Die sowjetische Besatzungszone 1945 bis 1949. Berlin 1999.

Arabische Liga

Lockerer Zusammenschluss arabischer Staaten: Auf der Konferenz von Alexandria beschlossen acht arabische Staaten (Ägypten, Saudi-Arabien, Syrien, Transjordanien, Irak, Libanon, Jemen) die Gründung der Arabischen Liga (1944), die in Kairo vollzogen wurde (23. März **1945**). Später traten Libyen (1953), Sudan (1956), Marokko und Tunesien (1958), Kuwait (1961), Algerien (1962), die Vereinigten Arabischen Emirate, Bahrain, Oman und Katar (1971), Mauretanien (1973), Somalia (1974), Palästina (PLO, 1976), Dschibuti (1977) und die Komoren bei. Wichtigstes Organ ist der Rat der Liga, ein politischer Ausschuss der Außenminister. Das ständige Generalsekretariat hat seinen Sitz in Kairo (1979–1989 in Tunis). Die Mitglieder sind durch einen Sicherheitspakt verbunden (1957). U. a. leistete die Liga Hilfe bei Gründung der PLO (1964). Konflikte zwischen Mitgliedstaaten, vor allem »progressiven« und »konservativen«, konnte sie nicht verhindern. Nach dem Friedensvertrag mit Israel (1979) wurde Ägyptens Mitgliedschaft suspendiert (1979–1989). Die Konferenz von Fes suchte nach dem LIBANONKRIEG (1982) eine politische Lösung des NAHOSTKONFLIKTS: Sie erklärte sich bereit zur Anerkennung Israels, forderte dafür einen Staat der Palästinenser, wiederholt und präzisiert 2002. Ägypten wurde wieder aufgenommen (1989).

Literatur: H. A. Hassouna: The League of Arab States and Regional Disputes. Leiden 1975; K. D. Eberlein: Die Arabische Liga. 3 Bde., Frankfurt/Main 1993–1995; H. Baumann (Hg.): Die Verfassungen der Mitgliedsländer der Liga der Arabischen Staaten. Berlin 1995.

Volksrepublik (VR)

(auch: »Volksdemokratie«) Offizielle Bezeichnung vieler kommunistischer Staaten, zuerst der Mongolischen Volksrepublik (Äußere Mongolei, 1924), später übernommen von Ungarn, Albanien und Bulgarien (**1946**), Polen und Rumänien (1947), der ČSR und der Koreanischen Volksdemokratischen Republik (= Nordkorea, 1948) und der VOLKSREPUBLIK CHINA (1949): Entsprechend nannten sich einige Staaten der Dritten Welt »Volksrepublik«, z. B. Südjemen (1967), Kongo (1969), Benin (1974), Angola, Moçambique, Äthiopien. Bis auf China und Nordkorea schafften alle Staaten den Namen nach dem ZUSAMMENBRUCH DES KOMMUNISMUS wieder ab (1989–1991).

Literatur: H. Heiter: Vom friedlichen Weg zum Sozialismus zur Diktatur des Proletariats. Wandlungen der sowjetischen Konzeption der Volksdemokratie 1945–1949. Frankfurt/Main 1982; S. Plaggenborg: Volksdemokratie. Erfurt 1996.

»Eiserner Vorhang«

Metapher für die Grenze zwischen Ost und West in Europa, vor allem durch Deutschland, im KALTEN KRIEG, zuerst von Churchill in einer Rede in Fulton (USA) öffentlich verwendet (**1946**): Der Begriff gewann an Substanz durch die befestigten, streng bewachten Grenzen durch Deutschland (1952/53) mit »Todesstreifen«, ferner zwischen Ungarn und Österreich nach dem UNGARNAUFSTAND (1956), um Westberlin (1961, BERLINER MAUER), zwischen der ČSSR und der BUNDESREPUBLIK DEUTSCHLAND. Der »Eiserne Vorhang« erhielt durch Aufhebung der Grenzsperren Ungarns nach Österreich (Mai 1989) und den FALL DER BERLINER MAUER (November 1989) erste Risse und fiel mit dem ZUSAMMENBRUCH DES KOMMUNISMUS (1989–1991).

Literatur: J. W. Muller: Churchill's »Iron Curtain« Speech Fifty Years Later. Columbia u. a. 1999.

Kalter Krieg

Periode scharfer Spannungen und Konfrontationen zwischen der USA und der UdSSR samt Verbündeten nach dem ZWEITEN WELTKRIEG: Churchill wendete sich mit seiner »EISERNER VORHANG«-Rede (**1946**) gegen die Expansion des KOMMUNISMUS (nach 1945) in den von der UdSSR besetzten Gebieten Ost- und Südosteuropas sowie gegen die sowjetische Unterstützung kommunistischer bzw. kommunistisch geführter Bewegungen außerhalb des sowjetischen Machtbereichs, in Aserbaidschan, Griechenland, China. Damit begann die US-Politik der »Eindämmung« (»containment«), die über die TRUMAN-DOKTRIN und den MARSHALL-PLAN (1947) zum Aufbau eines Staats in den drei Westzonen in Deutschland führte (1948/49). Die Luftbrücke der USA gegen die sowjetische BERLIN-BLOCKADE (1948/49) und die Gründung der NATO (1949) verschärften die Spannungen. Ihren ersten Höhepunkt erreichte die ideologische und innenpolitische Verhärtung auf beiden Seiten nach dem Sieg der KPCh und der Gründung der VOLKSREPUBLIK CHINA (1949) – die USA reagierten mit MCCARTHYISMUS, in den kommunistischen Staaten erhielt der STALINISMUS zusätzlichen Auftrieb. Weitere Höhepunkte waren der VIETNAMKRIEG (1946–1973/75), der KOREAKRIEG (1950–1953), die Aufrüstung im Westen (1950 ff.) und in der BUNDESREPUBLIK (1955/56), der UNGARNAUFSTAND (1956), die Errichtung der BERLINER MAUER (1961), die KUBAKRISE (1962), den AFGHANISTANKRIEG (1979–1989) und der NATO-DOPPELBESCHLUSS (1979). Der Kalte Krieg wurde allmählich abgemildert durch die Politik der Entspannung und der FRIEDLICHEN KOEXISTENZ (etwa ab 1959/60). Seit dem Bruch zwischen Moskau und Peking (1960/61) waren auch Beziehungen zwischen der UdSSR und China von einer Art Kaltem Krieg geprägt. Der Kalte Krieg endete mit dem ZUSAMMENBRUCH DES KOMMUNISMUS (1989–1991).

Literatur: A. Fontaine: Histoire de la guerre froide. Paris 1983; J. Foschepoth (Hg.): Kalter Krieg und deutsche Frage. Deutschland im Widerstreit der Mächte 1945–1952. Zürich 1985; T. G. Paterson/R. J. McMahón (Hg.): The Origins of the Cold War. Lexington [3]1991; W. LaFeber: America, Russia and the Cold War, 1945–1996. New York [8]1997; J. W. Young: Cold War Europe 1945–1991. A Political History. London u. a. [3]1997; W. Loth: Die Teilung der Welt. Neuausgabe München 2000.

Sozialistische Einheitspartei Deutschlands (SED)

Führende politische Partei in der SBZ (bis 1949), dann in der DDR (1949–1989): Sie entstand aus der Zwangsfusion von KPD und SPD in der SBZ und Ostberlin (**1946**) unter Pieck und Grotewohl. Ihr Zentralorgan war »Neues Deutschland«. Die SED entwickelte sich ähnlich wie die KPdSU mit STALINISMUS, Personenkult und oberflächlicher Entstalinisierung (nach 1956). Innere Krisen und Säuberungen erschütterten sie nach dem AUFSTAND DES 17. JUNI (1953) und dem UNGARNAUFSTAND (1956). Sie vertrat stets die Politik der UdSSR, u. a. gegen den »PRAGER FRÜHLING« (1968) und »ODNOWA« (»Erneuerung«) in Polen (1980/81). Nach dem Bau der BERLINER MAUER (1961) existierte ein Zweigverband in Westberlin (1962) als SEW (1969), dessen Zentralorgan »Die Wahrheit« der »Prawda« der KPdSU ähnelte. Bei Wahlen erhielt sie nur einen minimalen Stimmanteil. Die SED verfolgte nach den OSTVERTRÄGEN (1972) eine verschärfte »Abgrenzung« gegen den Westen, bekämpfte die FRIEDENSBEWEGUNG im eigenen Lager (ab 1982). Nach dem FALL DER BERLINER MAUER zerfiel die SED und wandelte sie sich zur PARTEI DES DEMOKRATISCHEN SOZIALISMUS (PDS, 1989).

Literatur: G. Benser: Wie die SED entstand. Berlin 1986. Die SED von A bis Z. Kleines Lexikon zur herrschenden Partei in der DDR. Hg. von der Friedrich-Ebert-Stiftung. Bonn [3]1988; A. Malycha: Die SED. Geschichte ihrer Stalinisierung. Paderborn u. a. 2000.

IV. Französische Republik

Nach dem Untergang der III. FRANZÖSISCHEN REPUBLIK (1940) und des VICHY-REGIMES (1944) bildete de Gaulle die provisorische Regierung (1944–1946). Eine neue Verfassung begründete die IV. Republik (**1946**–1958) aus der Tradition der RÉSISTANCE. Zunächst war die KPF an den Regierungen beteiligt (bis 1947), im KALTEN KRIEG herrschten Koalitionen der Mitte vor, mit Schwankungen nach links (SFIO) und rechts

(MRP) in Richtung der konservativen Sozial-Republikaner. Nach dem Rücktritt de Gaulles (1946) bildete sich das RASSEMBLEMENT DU PEUPLE FRANÇAIS (1947–1953, Gaullisten) als Oppositionsbewegung de Gaulles. Die IV. Republik zerbrach an den finanziellen und moralischen Kosten des französischen VIETNAMKRIEGS (1946–1954, »la salle guerre« = »schmutziger Krieg«) und an der inneren Polarisierung über den ALGERIENKRIEG (1954–1962). Das Militär unterstrich mit dem Generalputsch von Algier (13. Mai 1958) seine Forderung eines »Algérie française«. Die erneute Berufung de Gaulles wurde Ausgangspunkt zur V. FRANZÖSISCHEN REPUBLIK (seit 1958).

Literatur: J. Fauvet: Von de Gaulle bis de Gaulle. Frankreichs vierte Republik. Tübingen 1961; J.-P. Rioux: The Fourth Republic, 1944–1958. Cambridge u. a. 1989; P. Courtier: La Quatrième République. (Que sais-je No. 1613). Vendôme [6]1994.

Mouvement Républicain Populaire (MRP)

(Republikanische Volksbewegung) Christlich-demokratische Partei in Frankreich (1944–1967), aus der RÉSISTANCE gegründet (1944): Sie war katholisch und in der Innen- und Kolonialpolitik konservativ, außenpolitisch für die Integration Europas. Ihren größten Wahlerfolg errang sie bei der Wahl zur 2. Verfassunggebenden NATIONALVERSAMMLUNG (**1946**) mit 28 % der Stimmen, danach verlor sie stetig an Zuspruch. Die Partei stellte die Ministerpräsidenten Bidault (1946, 1949/50), Schuman (1947/48) und Pierre Pflimlin (13.–29. Mai 1958), am Anfang und Ende der IV. REPUBLIK. Sie wahrte außenpolitische Kontinuität durch Bidault und Schuman, die abwechselnd Außenminister waren (1944–1952), bahnte in der Staatskrise den Weg für de Gaulle (1958), der sie zunächst an Kabinetten der V. FRANZÖSISCHEN REPUBLIK beteiligte (bis 1962). Nach starken Stimmverlusten an die Gaullisten ging die MRP in die Opposition (1959/62). Ihre Führungskräfte wechselten zu den Gaullisten oder zum neuen Centre Démocratique (1966). 1967 löste sich die Partei auf.

Literatur: R. Schreiner: Bidault, der MRP und die französische Deutschlandpolitik, 1944–1948. Frankfurt/Main u. a. 1985; E.-F. Callot: L' action et l'oeuvre politique du Mouvement Républicain Populaire. Un parti politique de la démocratie chrétienne en France. Paris u. a. 1986; P. Letamendia: Le mouvement républicain populaire. Le MRP, histoire d'un grand parti français. Paris 1995.

Vietnamkrieg

Postkolonialer kriegerischer Konflikt um Vietnam in drei Phasen: als Krieg mit Frankreich (1946–1954), als Krieg mit den USA (1965–1973) und als Regionalkrieg (1973–1975).

Vorgeschichte

Nach der kolonialen Eroberung Vietnams gründete Frankreich (1858–1883) mit Laos und Kambodscha die Indochinesische Union (1883/97). Die Japaner besetzten Vietnam (1940–1945) und entwaffneten die französische Armee (1944/45), die Vietminh nahm den WIDERSTAND auf. Die KAPITULATION JAPANS (1945) hinterließ ein Machtvakuum, das

Ho Chi Minh nutzte, indem er am Tag der schriftlichen Kapitulation in Hanoi die Demokratische VOLKSREPUBLIK ausrief (2. September). Ihr Schwerpunkt lag im Norden.

Französischer Vietnamkrieg, 1946–1954

Frankreich begann einen kolonialen Rückeroberungskrieg (**1946**–1954), in dem die VOLKSREPUBLIK CHINA nach Abschluss der CHINESISCHEN REVOLUTION (1949) die VIETMINH unterstützte (1949–1975). Nach der entscheidenden Niederlage der Franzosen bei Dienbienphu beschloss die GENFER INDOCHINAKONFERENZ einen Waffenstillstand, der den Abzug der Franzosen vorsah (1954). Das Machtvakuum im Süden füllten die USA aus. In Genf vereinbarte freie Wahlen unterlief Südvietnam unter Ngo Dinh Diem, einem überzeugten Katholiken, mit US-Rückendeckung (1956–1963), der gegen die Vietminh einen Bürgerkrieg auslöste (1958 ff.). Diem unterdrückte die Buddhisten, deren Protest sich u. a. in Selbstverbrennungen äußerte. Diems Sturz durch die USA (1963) setzte innere Konflikte in Südvietnam frei.

Amerikanischer Vietnamkrieg und finaler Regionalkrieg, 1965–1973/75

Gegen den Vormarsch der FRONT NATIONAL DE LIBÉRATION (FLN) intervenierten die USA zunächst verdeckt (ab 1962 ff.), später auch offen (1965). Den Höhepunkt der ESKALATION markierten die Bombardierungen Nordvietnams »zurück in die Steinzeit« (1965–1968, 1970–1973), die TET-OFFENSIVE (1968) und das MY-LAI-MASSAKER (1968), nach dessen Bekanntwerden (1969) sich in den USA die Opposition gegen den Vietnamkrieg verstärkte. US- und südvietnamesische Truppen fielen in Kambodscha ein, durch das z. T. der Ho-Chi-Minh-Pfad als Nachschubweg für die Vietminh führte (1970). Den quantitativ wie qualitativ überlegenen US-Truppen war trotz zeitweiser Stationierung von 500 000 Soldaten der Sieg gegen die moralisch stärkeren Vietnamesen nicht möglich, die sich zudem als ausgezeichnete GUERILLAkämpfer zeigten und im Dschungelkampf die amerikanischen Hochtechnologiewaffen neutralisierten. Nach dem Waffenstillstand (1973) brach Südvietnam zusammen, auch der Süden wurde kommunistisch (1975), gefolgt von Laos und Kambodscha.

Historische Konsequenzen

Der Vietnamkrieg kostete ca. 2 Mio. Vietnamesen das Leben. In der US-Gesellschaft und bei US-Militärs löste die erste Niederlage seit 1812–1814 eine schwere moralische Krise aus. Wirtschaftlich provozierte der Krieg eine hohe INFLATION in Frankreich (ca. 1950–1958) und den USA (ca. 1965 ff., Aufgabe der GOLDumtauschgarantie). Politisch führte die Niederlage Frankreichs zum ALGERIENKRIEG (1954–1962) und zum Sturz der IV. FRANZÖSISCHEN REPUBLIK (1958). In den USA und im Westen formierte sich die STUDENTENBEWEGUNG als Opposition gegen den Vietnamkrieg, der den Drogenkonsum in der US-Armee und generell im Westen ansteigen ließ. Die Ausweitung des Kriegs auf das neutrale Kambodscha (1970) provozierte den Sturz der MONARCHIE in

Kambodscha und Laos (1975). In Kambodscha kam das linksradikale Pol-Pot-Regime der ROTEN KHMER an die Macht, mit MassenTERROR und Massenmord, dem etwa ein Siebtel der Bevölkerung zum Opfer fiel. Vietnam stürzte das Regime militärisch (1978) und löste den vietnamesischen »Vietnamkrieg« in Kambodscha aus (1978–1991). China, das die Roten Khmer stützte, begann einen Grenzkrieg mit Vietnam als »STRAFAKTION« (1979).

Literatur: P. B. Davidson: Vietnam at War. The History: 1946–1975. New York, Oxford 1988; R. B. Smith: An International History of the Vietnam War. 3 Bde., New York 1991; R. J. McMahón (Hg.): Major Problems in the History of the Vietnam War. Documents and Essays. Lexington [2]1995; M. Frey: Geschichte des Vietnamkriegs. Die Tragödie in Asien und das Ende des amerikanischen Traums. München 1999; P. Scholl-Latour: Der Tod im Reisfeld. 30 Jahre Krieg in Indochina. Neuausgabe München 2000.

Arab Legion

Eliteeinheit in (Trans-)Jordanien: Die Truppe wurde von britischen Offizieren (1930) ausgebildet und geführt und bestand zunächst auch nach der Unabhängigkeit (**1946**). Im 1. NAHOSTKRIEG hielt sie den Ostteil Jerusalems (1948/49). Sie wurde nach der Entlassung des Kommandeurs Glubb Pascha (1956) aufgelöst (1957).

Literatur: P. J. Vatikiotis: Politics and the Military in Jordan. A Study of the Arab Legion 1921–1957. London 1967; Glubb Pascha: The Story of the Arab Legion. New York 1976; J. Lunt: The Arab Legion. London 1999.

Truman-Doktrin

Richtlinie der US-Politik, benannt nach US-Präsident Truman: In seiner Rede vor dem US-Kongress (12. März **1947**) kündigte Truman materielle Hilfe für andere »freie« Staaten an, wenn deren Freiheit bedroht sei und sie um Hilfe ersuchten. So unterstützten die USA materiell und finanziell die Monarchisten im griechischen Bürgerkrieg, ferner die Türkei (1947), in Verschärfung des KALTEN KRIEGS.

Literatur: R. M. Freeland: The Truman Doctrine and the Origins of McCarthyism. Foreign Policy, Domestic Politics, and Internal Security, 1946–1948. New York 1985.

Marshall-Plan

Nach der TRUMAN-DOKTRIN Programm der USA zur Wirtschaftshilfe für Europa, benannt nach US-Außenminister Marshall: Sein Plan, in einem Vortrag an der Harvard University (5. Juni **1947**) vorgestellt, verfolgte drei Ziele – Überwindung von Hunger, Elend und Verzweiflung; Aufbau starker Handelspartner samt Einigung Europas; Eindämmung des KOMMUNISMUS. Die ursprünglich vorgesehene Einbeziehung der osteuropäischen Staaten lehnten diese auf Druck Stalins nach dem 3. »PRAGER FENSTERSTURZ« im Zuge der kommunistischen Machtergreifung in der ČSR ab (1948). Der US-Kongress verabschiedete das »European Recovery Program« (ERP, 3. April 1948), das die Lieferung von Sachleistungen, Lebensmitteln, Rohstoffen und Kreditzusagen in Höhe von ca. 13 Mrd. US-DOLLAR (bis 1957) vorsah. Unterstützung erhielten Belgien, die BUNDESREPUBLIK DEUTSCHLAND, Dänemark, Großbritannien, Frankreich, Griechenland, die Niederlande, Island, Irland, Italien, Luxemburg, Norwegen, Österreich, Portugal, Schweden, die Schweiz, Spanien und die Türkei. Die Gegenwerte der Lieferungen/ Kredite wurden in der jeweiligen Landeswährung auf einem Sonderkonto bei einer Zentralbank – in der Bundesrepublik bei der Kreditanstalt für Wiederaufbau und der Berliner Industriebank – gesammelt, die die Mittel als Kredite an die Wirtschaft weitergab, um Investitionen zu ermöglichen. Der Wiederaufbau der Wirtschaft in Europa wurde beschleunigt, ohne Struktureingriffe. Kommunisten wurden aus Regierungen in Westeuropa gedrängt, vor allem in Italien und Frankreich. Der Marshall-Plan legte die ökonomische Basis für die NATO (1949), die Integration der Bundesrepublik und die wirtschaftliche Einigung Europas durch MONTANUNION (1952) und EWG (1957). Gleichzeitig verschärfte er den KALTEN KRIEG. Als kümmerlichen Ersatz für das Verbot der Teilnahme kommunistischer Staaten am Marshall-Plan gründete die UdSSR den RAT FÜR GEGENSEITIGE WIRTSCHAFTSHILFE (RGW, 1949–1991).

Literatur: R. R. Burt: Der Marshall-Plan: Politik der Vision. Bonn 1987; H.-J. Schröder (Hg.): Der Marshallplan und westdeutscher Wiederaufstieg. Positionen – Kontroversen. Stuttgart 1990; C. S. Maier (Hg.): Deutschland und der Marshall-Plan. Baden-Baden 1992; L. Herbst: Option für den Westen. Vom Marshallplan bis zum deutsch-französischen Vertrag. München [2]1996; H.-H. Holzamer: Der Marshall-Plan. Landsberg/Lech 1997; M. J. Hogan: The Marshall Plan. America, Britain, and the Reconstruction of Western Europe, 1947–1952. Nachdruck Cambridge u. a. 1998.

Proporz

Paritätische Verteilung von Ämtern nach der Partei- oder Konfessionszugehörigkeit u. Ä.: In Österreich wurde in Fortsetzung der ÖVP/SPÖ/ KPÖ-Koalition (1945–1947) die GROSSE KOALITION gebildet (**1947**–1966), die wichtige Ämter in Staat, Verwaltung und Gesellschaft nach einem Proporzsystem vergab, sodass ÖVP und SPÖ paritätisch vertreten waren (gehörte z. B. ein Direktor der ÖVP an, kam sein Stellvertreter von der SPÖ, und umgekehrt). Mit der alleinigen Übernahme der Regierung durch die ÖVP (1966–1970) wurde das Proporzsystem aufgelöst. Es ist in Abwandlung auch in der Schweiz üblich.

Literatur: G. Lehmbruch: Proporzdemokratie. Politisches System und politische Kultur in der Schweiz und in Österreich. Tübingen 1967; K. H. Naßmacher: Das österreichische Regierungssystem. Große Koalition oder alternierende Regierung? Köln 1968; O. Lahodynsky: Der Proporz-Pakt. Das Comeback der großen Koalition. Wien 1987.

Kominform

(Abkürzung für: Informationsbüro der kommunistischen und Arbeiterparteien) Nachfolgeorganisation für die auf Druck der Westalliierten im ZWEITEN WELTKRIEG (1943) aufgelöste KOMINTERN (1947–1956), auf Initiative Stalins gegründet (September **1947**): Der Kominform gehörten die KPdSU, die kommunistischen Parteien Jugoslawiens (bis 1948), Bulgariens, Polens, Rumäniens, Ungarns, der ČSR sowie KPF und KPI an. Zunächst hatte sie ihren Sitz in Belgrad (bis 1948), später in

Bukarest. Formal waren alle Mitgliedsparteien gleichberechtigt, faktisch dominierte die KPdSU. Titos Weigerung, den sowjetischen Führungsanspruch anzuerkennen, provozierte den Ausschluss seiner Partei (1948) und die Bekämpfung des Titoismus (bis 1953) im Ostblock. Die Kominform wurde nach Stalins Tod (1953) mit der Entstalinisierung aufgelöst (April 1956).

Literatur: F. Borkenau: Der europäische Kommunismus. Seine Geschichte von 1917 bis zur Gegenwart. Bern 1952, S. 488–520; G. Procacci (Hg.): The Cominform. Minutes of the Three Conferences, 1947, 1948, 1949. Mailand 1994.

Volksrepublik Polen

(Rzeczpospolita Ludowa) Staatsform des kommunistischen Polen (1947–1990): Im Lubliner Komitee (1944) und in der Provisorischen Regierung (1945) hatten die Kommunisten als »Polska Partia Robotnicza« (PPR), gestützt auf die Rote Armee, in Polen die führende Rolle. Zu Beginn des Kalten Kriegs wurde auch Polen Volksrepublik (**1947**): PPS und PPR schlossen sich zwangsweise zur Vereinigten Polnischen Arbeiterpartei (PZPR) zusammen (1948). Der Stalinismus (1948–1956) erzwang die Kollektivierung der Landwirtschaft und übte starken Druck auf die Katholische Kirche aus. Polen wurde Mitglied im RGW (1949) und Warschauer Pakt (1955). Der Polnische Oktober (1956) leitete die Entstalinisierung und erste Lockerungen unter Gomulka ein (1956–1970): Eine Wirtschaftskrise eskalierte über Arbeiteraustände an der Ostsee (1970) bis zur Polenkrise (1980–1990). Die Volksrepublik löste sich mit dem »Runden Tisch« (1989) und dem Zusammenbruch des Kommunismus auf, ersetzt durch die 3. Polnische Republik (seit 1990).

Literatur: A. Rzeplinski: Die Justiz in der Volksrepublik Polen. Frankfurt/Main 1996; K. v. Delhaes (Hg.): Quellen und Literatur zur Wirtschaftsgeschichte der Volksrepublik Polen. Marburg 1997.

Pariser Friedensverträge

Sammelbezeichnung für die Friedensverträge der Alliierten mit den europäischen Verbündeten des Dritten Reichs im Zweiten Weltkrieg – Finnland, Italien, Ungarn, Rumänien und Bulgarien (**1947**), benannt nach dem Konferenzort Paris.

Bizone

Zusammenschluss der britischen und US-Besatzungszone in Westdeutschland (**1947**), mit dem Bizonen-Wirtschaftsrat in Frankfurt am Main (1947–1949). Ein Jahr später wurde die Bizone um die Französische Besatzungszone zur Trizone erweitert (1948), als territorialer Rahmen für die Bundesrepublik Deutschland (1949).

Literatur: M. Overesch: Deutschland 1945–1949. Vorgeschichte und Gründung der Bundesrepublik. Ein Leitfaden in Darstellung und Dokumenten. Königstein/Ts. 1979; H.-P. Schwarz: Vom Reich zur Bundesrepublik. Neuwied [2]1980; Becker u. a. (Hg.): Vorgeschichte der Bundesrepublik. Zwischen Kapitulation und Grundgesetz. München [2]1987; W. Benz: Die Gründung der Bundesrepublik. Von der Bizone zum souveränen Staat. München [5]1999.

Rassemblement du Peuple Français (RPF)

Überparteilich gedachte gaullistische »Sammlungsbewegung des französischen Volkes« von General de Gaulle: Nach seinem Rücktritt als Ministerpräsident der Provisorischen Regierung (1946) gegründet (**1947**), richtete sie sich gegen die IV. Französische Republik. Ziel war eine starke Präsidialgewalt, wie sie de Gaulle mit der V. Französischen Republik (1958) tatsächlich erreichte. Nach einem ersten Wahlerfolg (1951) – über 4 Mio. Stimmen, 21,6 % – zerfiel die PRP rasch in linke wie rechte Flügel oder Fraktionen, die sich meist, von de Gaulle aus gesehen, ins »System« (»les pouvoirs«) einfügten, sodass de Gaulle die PRF im Zorn wieder auflöste (1953). Gleichwohl wurde sie Präzedenzfall für neo-gaullistische Parteien in der V. Republik.

Literatur: J. Charlot: De Gaulle et le rassemblement du peuple français, 1947–1955. Paris 1998.

(3.) »Prager Fenstersturz«

Tödlicher Sturz des ČSR-Außenministers Jan Masaryk aus dem Fenster, nach offizieller Version Selbstmord, wahrscheinlich jedoch Mord (10. März 1948), als Abschluss der Staatskrise in der ČSR bis zur kommunistischen Machtergreifung (Februar **1948**): Nach dem Veto aus Moskau gegen die Teilnahme der ČSR am Marshall-Plan erzwang die KP mit Demonstrationen bewaffneter Verbände eine Regierungsumbildung, Staatspräsident Beneš trat zurück. Die Sozialdemokratie wurde mit der KP zwangsfusioniert, die ČSR wurde Volksrepublik. Der Kalte Krieg verschärfte sich weiter, u. a. durch Gründung der NATO (1949).

Literatur: C. Sterling: The Masaryk Case. New York 1970; G. Kennan/F. Fejtö: Le Coup de Prague 1948. Paris 1976.

Trizone

Populäre, halb scherzhafte Bezeichnung für die drei Westzonen nach dem wirtschaftlichen und administrativen Beitritt der französischen Besatzungszone zur Bizone (**1948**), historisch ein wesentlicher Schritt zur Gründung der Bundesrepublik Deutschland (1949).

Literatur: M. Overesch: Deutschland 1945–1949. Vorgeschichte und Gründung der Bundesrepublik. Ein Leitfaden in Darstellung und Dokumenten. Königstein/Ts. 1979; H.-P. Schwarz: Vom Reich zur Bundesrepublik. Neuwied ^{2}1980; Becker u. a. (Hg.): Vorgeschichte der Bundesrepublik. Zwischen Kapitulation und Grundgesetz. München ^{2}1987; W. Benz: Die Gründung der Bundesrepublik. Von der Bizone zum souveränen Staat. München ^{5}1999.

Währungsreform

Allgemein: Staatliche Maßnahmen zur Neuordnung des Geldwesens, meistens zur Beendigung einer extremen Inflation und Sanierung einer Währung, wie die Einführung der Rentenmark in Deutschland (1923). Hier speziell: Die Währungsreform ersetzte in den drei Westzonen Deutschlands (Trizone) und Westberlin (21. Juni **1948**) die inflationierte Reichsmark (RM) durch die Deutsche Mark (DM).

Jeder Bürger konnte am Stichtag 40 RM im Verhältnis 1:1 eintauschen, jeder Betrieb erhielt pro Beschäftigten 60 DM als Erstausstattung. Weitergehende RM-Guthaben wurden im Verhältnis 10:1 auf DM umgestellt. Ab Oktober 1948 wurden für 100 RM 6,50 DM ausgegeben, später beschloss die Regierung Abmilderungen für Altsparer (1953). Nach Einführung der D-Mark gab es plötzlich ein großes Angebot von zuvor gehorteten Waren.

Zunächst brachte die Währungsreform eine Bevorzugung der Wirtschaft zu Lasten der kleinen Sparer. Im Großen wurde die Reform Voraussetzung zur Einbeziehung Westdeutschlands in den MARSHALL-PLAN, kurbelte die Wirtschaft an und löste das »Wirtschaftswunder« aus, das sich aus Krediten, Zugang zu Rohstoffen und starker Inlandsnachfrage nach einem durch Krieg und Nachkriegszeit aufgestauten Nachholbedarf sowie starker internationaler Nachfrage zusammensetzte. So wurde die Währungsreform eine ökonomische Grundlage der BUNDESREPUBLIK DEUTSCHLAND (1949 ff.). Unter umgekehrten Vorzeichen (Benachteiligung der Privatwirtschaft zugunsten kleiner Sparer) lief die Währungsumstellung in der SBZ (23. Juni) ab. Stalin beantwortete den Anschluss Westberlins an die Währungsreform mit der BERLIN-BLOCKADE (1948/49). Der KALTE KRIEG verschärfte sich weiter, u. a. durch Gründung der NATO (1949).

Literatur: E. Gundlach: Währungsreform und wirtschaftliche Entwicklung. Westdeutschland 1948. Kiel 1987; M. W. Wolff: Die Währungsreform in Berlin 1948/49. Berlin 1991; H. Roeper/W. Weimer: Die D-Mark. Eine deutsche Wirtschaftsgeschichte. Frankfurt/Main 1996.

Berlin-Blockade

Sperrung aller Land- und Wasserwege vom Westen nach Berlin durch die SBZ (24. Juni **1948**–12. Mai 1949), um die Einbeziehung Westberlins in das Währungsgebiet der SBZ (und die künftige DDR) zu erzwingen, die Ausdehnung der westlichen WÄHRUNGSREFORM auf Westberlin zu unterbinden: Als Antwort organisierten die USA und Großbritannien die Berliner LUFTBRÜCKE, zur Versorgung der Bevölkerung und Industrie mit Lebensmitteln, Rohstoffen, Brennmaterial usw. Die Blockade wurde nach einem Abkommen der USA und UdSSR wieder aufgehoben (12. Mai 1949). Die UdSSR bestätigte den Westmächten die Freiheit des zivilen und militärischen Verkehrs in Berlin.

Literatur: U. Prell (Hg.): Berlin-Blockade und Luftbrücke 1948/49. Analyse und Dokumentation. Berlin 1987; H. G. Reese (Hg.): Blockade and Airlift. Legend or Lesson? The Berlin Crisis of 1948–1949. Berlin 1988; G. Keiderling: »Rosinenbomber« über Berlin. Währungsreform, Blockade, Luftbrücke, Teilung. Die schicksalsvollen Jahre 1948/49. Berlin 1998.

Luftbrücke

System zur Versorgung einer isolierten Stadt durch Flugzeuge: Die erste Luftbrücke richteten die USA und Großbritannien für Westberlin ein, um die sowjetische BERLIN-BLOCKADE zu überwinden (**1948**/49), als Alternative zur (erwogenen) militärischen Sprengung der Blockade. Im JUGOSLAWIENKRIEG errichtete die UNO eine Luftbrücke zur Versorgung des belagerten Sarajevo (1992/93), die jedoch aufgrund des serbischen Beschusses mehrfach unterbrochen wurde.

Literatur: wie zu Berlin-Blockade.

Volkskongress

(»Deutscher Volkskongress für Einheit und gerechten Frieden«) Vorparlament in der SBZ (1947–1949), ohne Wahlen durch Parteivertreter beschickt, mit drei Sitzungsperioden: Im 1. Volkskongress (6./7. Dezember 1947) waren nur die SED, die Liberaldemokratische Partei aus der SBZ und die KPD aus den Westzonen (TRIZONE) vertreten; die CDU der SBZ hatte die Teilnahme abgelehnt. Ihre Führung wurde daraufhin abgesetzt, die Ost-CDU gleichgeschaltet. Der 1. Volkskongress verabschiedete Erklärungen im Sinne der SED und UdSSR.

Der 2. Volkskongress (17./18. März **1948**), mit gleichgeschalteter Ost-CDU, wählte den 1. Volksrat mit Verfassungsausschuss zur Erarbeitung der DDR-Verfassung, protestierte gegen die Gründung eines West-Staats und beschloss ein »Volksbegehren für die deutsche Einheit«.

Der 3. Volkskongress (29./30. Mai 1949) wählte den 2. Volksrat und billigte den Verfassungsentwurf. Nachdem sich der 2. Volksrat als Provisorische Volkskammer konstituiert hatte (7. Oktober 1949), ging der Volkskongress in der Nationalen Front der DDR auf.

Literatur: T. Vogelsang: Das geteilte Deutschland. München [13]1985; Geschichte der Deutschen Demokratischen Republik. Von einem Autorenkolloquium unter Leitung von R. Badstübner. Berlin/DDR 1981, S. 85–92.

Parlamentarischer Rat

Versammlung aus 65 Delegierten von Länderparlamenten der Trizone zur Ausarbeitung des GRUNDGESETZES (1948/49): Der Rat, in dem CDU/CSU und SPD gleich stark vertreten waren, konstituierte sich in Bonn (1. September **1948**) unter seinem Präsidenten Adenauer. Er verabschiedete das Grundgesetz (8. Mai 1949; Verkündigung 23. Mai) und gründete die BUNDESREPUBLIK DEUTSCHLAND (seit 1949).

Literatur: M. F. Feldkamp: Der Parlamentarische Rat 1948–1949. Die Entstehung des Grundgesetzes. Göttingen 1998; E. H. M. Lange: Wegbereiter der Bundesrepublik. Die Abgeordneten des Parlamentarischen Rates. Neunzehn historische Biografien. Brühl/Rheinland [2]1999.

Brüsseler Pakt

Britisch-französischer Bündnisvertrag von Dünkirchen (1947), erweitert um die BENELUX-STAATEN (**1948**): Der erste multilaterale Sicherheitsvertrag Nachkriegseuropas begründete die Westunion als Vorläufer der Westeuropäischen Union und zwar zunächst gegen Deutschland gerichtet. Nach Beitritt der BUNDESREPUBLIK zur NATO (1954/55) wurde der Pakt um die Bundesrepublik und Italien zur Westeuropäischen Union erweitert (1955), als nun kollektiver Beistandspakt. Sitz des Ständigen Rats und des Generalsekretariats ist London.

Literatur: Assembly of Western European Union. Ten Years of Seven-Power Europe. London 1964.

Benelux-Staaten

Zollunion von Belgien, den Niederlanden und Luxemburg (**1948**), zur Wirtschaftsunion erweitert (1960): Im übertragenen Sinn gilt der Begriff auch für die drei gemeinsam auftretenden Staaten. Mit dem Beitritt der Benelux-Staaten zum britisch-französischen Bündnisvertrag von Dünkirchen (1948) entstand der BRÜSSELER PAKT.

Literatur: G. L. Weil: The Benelux Nations. London 1970.

Organisation Amerikanischer Staaten (OAS)

(engl.: Organization of American States; span.: Organisación de los Estados Americanos) Regionalorganisation in Amerika, hervorgegangen aus den PANAMERIKANISCHEN KONFERENZEN (seit 1826/1889): Nach dem Interamerikanischen Beistandsabkommen (Rio-Pakt, 1947) wurde die OAS in Bogotá von den meisten Staaten des Doppelkontinents gegründet (**1948**). Sitz des Ständigen Rats und Generalsekretariats ist Washington D. C., wichtigstes Organ die jährliche Vollversammlung. Die OAS bildete den Interamerikanischen Verteidigungsrat, der sich als Instrument der US-HEGEMONIE erwies. Wichtige Aktionen waren: die Verurteilung des KOMMUNISMUS auf der Konferenz von Caracas (1954), die Schlichtung des Konflikts um den Panamakanal zwischen den USA und Panama (1955), drei Konferenzen in Punta del Este (1961) – mit der Gründung der ALLIANZ FÜR DEN FORTSCHRITT, Ausschluss Kubas, nachdem der MARXISMUS-Leninismus als unvereinbar mit dem interamerikanischen System erklärt worden war (1962), und Bildung einer kernwaffenfreien Zone und eines Gemeinsamen Marktes für Lateinamerika (1967). Auf der Konferenz in San José (Costa Rica, 1975) hob die OAS die SANKTIONEN gegen Kuba wieder auf. Ohne Konsultation der OAS intervenierten die USA in der Dominikanischen Republik (1965/66). Der FALKLAND-KRIEG (1982) spaltete die Organisation, da die USA gegen, die übrigen OAS-Staaten für Argentinien waren. Eine Änderung der Statuten (1985) ermöglichte allen UN-Mitgliedern die Mitgliedschaft in der OAS (ab 1990). 1989 vermittelte sie im Vorfeld der US-Intervention zwischen Regierung und Opposition in Panama.

Literatur: C. G. Fenwick: The Organization of American States. Washington D. C. 1963; A. W. van Thomas/A. J. Thomas: The Organization of American States. Dallas 1963.

Nahostkonflikt

Dauerkonflikt zwischen JUDEN und Arabern um Palästina/Erez Israel (seit **1948**): Vorgeschichte: Im Machtvakuum seit der Agonie des OSMANISCHEN REICHS (ORIENTALISCHE FRAGE) gründeten Juden erste Siedlungen in Palästina (ab 1870). Als Reaktion auf ANTISEMITISMUS und POGROME (1881 ff.) bildete sich der ZIONISMUS heraus (1882/97), der die 1.–5. ALIJA (seit 1882) motivierte. Im ERSTEN WELTKRIEG versprach die BALFOUR-DEKLARATION (1917) den Juden – im Widerspruch zu britischen Versprechen gegenüber den Arabern – eine Heimstätte in Palästina und förderte eine verstärkte jüdische Einwanderung in das britische Völkerbundsmandatsgebiet (seit 1920), die schärfere arabisch-jüdischen Konflikte auslöste. Der UN-Teilungsplan (1947) mündete in die Gründung des Staats Israel (14. Mai 1948) und den offenen Nahostkonflikt, seit dem 1. Nahostkrieg (1948/49), gefolgt von der Suezkrise und dem 2. Nahostkrieg (1956), Autonomie- bzw. Unabhängigkeitsbestrebungen der Palästinenser seit Gründung von Al-Fatah (1959) und PLO (1964) als militärische und politische Widerstandsorganisationen. Im 3. Nahostkrieg (1967) besetzte Israel Ostjerusalem, die West Bank, den Gazastreifen und die Golanhöhen. Ägypten und Syrien scheiterten auch im 4. Nahostkrieg (1973). Das auf US-Vermittlung zustande gekommene Abkommen von Camp David zwischen Israel und Ägypten (1978) mündete in einen Friedensvertrag zwischen beiden Ländern (1979). Nach Annexion der Golanhöhen (1981) und Ostjerusalems (1982) durch Israel verschärfte sich der Konflikt durch den Bau neuer israelischer Wehrsiedlungen (ab 1976) und Verweigerung der Staatlichkeit für die Palästinenser. Im Libanonkrieg (1982/83) als 5. Nahostkrieg drohte die direkte Intervention der Weltmächte, wobei die USA auf der Seite Israels, die UdSSR auf der Seite der Araber standen. Die Intifada (1988–1993/94) erzwang das Nachgeben Israels mit dem Motto »Frieden gegen Land« (Gaza-Jericho-Abkommen), bis zur Errichtung einer Palästinensischen Autonomiebehörde unter Arafat, dem Führer der PLO. 1999/2000 eskalierten die Gegensätze zur Al-Aksa-Intifada mit israelischen Gegenschlägen als faktischem 6. Nahostkrieg, ohne Aussicht auf friedliche Lösung.

Literatur: J. N. Moore (Hg.): The Arab-Israeli Conflict. 3 Bde., Princeton (N. J.) 1974; S. Heenen-Wolff: Erez Palästina. Juden und Palästinenser im Konflikt um ein Land. Frankfurt/Main [6]1991; F. Schreiber/M. Wolffsohn: Nahost. Geschichte und Struktur des Konflikts. Opladen [4]1996; I. M. Vallianatos-Grapengeter: Der Nahostkonflikt im Prisma der Wasserproblematik. Wasserpolitik im Jordantal 1882–1967. Hamburg 1996; H. Neifeind: Der Nahostkonflikt – historisch, politisch, literarisch. Schwalbach/Ts. 1999.

1. Nahostkrieg

Krieg zwischen dem neu gegründeten Staat Israel und seinen arabischen Nachbarstaaten (1948/49): Die erste kriegerische Phase des Nahostkonflikts wurde durch den UN-Teilungsplan für Palästina (1947) ausgelöst, den die Juden überwiegend akzeptierten, die Araber ablehnten. Nachdem Großbritannien das Völkerbundsmandat niedergelegt hatte, wurde in Tel Aviv der Staat Israel proklamiert. Daraufhin eröffneten die Palästinenser, unterstützt von Truppen der arabischen Staaten, Kampfhandlungen gegen Israel (14./15. Mai **1948**). Während die Arab Legion Ostjerusalem eroberte und sich gegen israelische Angriffe behauptete, erlitten die Araber sonst schwere Niederlagen. Israel eroberte Gebiete weit über die im UN-Teilungsplan den Juden zugestandenen Grenzen hinaus. Das Massaker von Deïr Yassin (1948) unter Begin provozierte eine Massenflucht der Araber. Im Waffenstillstand von Rhodos (15. Januar 1949) fielen die West Bank und Ostjerusalem an (Trans)Jordanien, der Gazastreifen an Ägypten.

Literatur: D. Kurzman: Genesis 1948. The First Arab-Israeli War. New York 1970; E. L. Rogan/A. Shlaim (Hg.): The War for Palestine. Rewriting the History of 1948. Cambridge u. a. 2001.

Palästinenser

Araber in Israel/Palästina bzw. deren Nachkommen außerhalb des israelischen Machtbereichs: Die Palästinenser traten als historisch-politischer Faktor mit Eigengewicht erst in Reaktion auf die Einwanderung von JUDEN und Kolonisation des ZIONISMUS auf. Jüdische Siedler vertrieben die arabischen Fellachen (Bauern) von den Ländereien, die Juden türkischen Großgrundbesitzern abgekauft hatten (nach 1900). Im Konflikt um »jüdische Arbeit« wandten sich sozialistische Mitglieder der 2. ALIJA gegen jüdische Arbeitgeber der 1. Alija, die arabische Landarbeiter beschäftigten. Erste Konflikte (nach 1905) führten zur jüdischen Gründung der Hashomer (»Wächter«) zur bewaffneten Selbstverteidigung gegen Araber (1909). Mit fortschreitender jüdisch-zionistischer Kolonisation und Erweiterung der allgemeinen Wirtschaftstätigkeit zogen Arabern aus benachbarten Ländern nach Palästina, vor allem nach dem ERSTEN WELTKRIEG, sodass sich Palästinenser von allen Arabern am stärksten modernisierten. Ihre Rechte wurden von der BALFOUR-DEKLARATION (1917) und vom VÖLKERBUNDSMANDAT (PALÄSTINA-MANDAT, 1920) theoretisch anerkannt, vom jüdischen Gemeinwesen (»Jischuw«) in Palästina als Proto-Staat stillschweigend ignoriert, sodass Konflikte weiter eskalierten (1919, 1929, 1936–1939).

Nach der Gründung des Staats Israel kulminierte der NAHOSTKONFLIKT (seit 1948) im 1. NAHOSTKRIEG (1948/49). Ein gezieltes Massaker in Deïr Yassin durch eine zionistische TERRORorganisation unter Begin (**1948**) verursachte die Massenflucht palästinensischer Araber. Sie wurden in benachbarten arabischen Ländern in Flüchtlingslagern aufgefangen, ihrer politischen und sozialen Rechte beraubt. In Israel gebliebene Araber wurden Staatsbürger minderen Rechts, ihre Länderen wurden teilweise für jüdische Siedlungen (u.a. KIBBUZIM, später Wehrsiedlungen) enteignet, Häuser oft gesprengt. Nach dem 2. NAHOSTKRIEG (Suezkrise, 1956) übernahm die PLO (seit 1964) die politische Repräsentation. Viele Palästinenser flüchteten nach dem 3. NAHOSTKRIEG (1967) aus der von Israel besetzten West Bank nach Jordanien, blieben aber im Gazastreifen. Sie protestierten gegen Landenteignungen in Galiläa und auf der West Bank (1976). Nach dem LIBANONKRIEG und dem MASSAKER VON BEIRUT (1982) befürchteten sie die DEPORTATION (»Transfer«) aus Israel und aus den von Israel besetzten Gebieten. Die politische Position der Palästinenser wurde durch Konflikte innerhalb der PLO über den Kurs gegenüber Israel geschwächt (seit 1983). Mit der INTIFADA in den besetzten Gebieten verschärften sie den Kampf für einen eigenen Staat, zunehmend unabhängig von der politischen Führung durch die PLO (seit Dezember 1987). 1988 proklamierte Arafat den unabhängigen Staat Palästina in den besetzten Gebieten mit Jerusalem als Hauptstadt. Nach dem Regierungswechsel in Israel wurden Friedensgespräche in Madrid (1992) und Washington (seit 1992) aufgenommen. Das Gaza-Jericho-Abkommen (1993) schien den Durchbruch zum Frieden zu bringen. Die palästinensische AUTONOMIEbehörde nahm die Arbeit auf (1994), als Keimzelle eines zukünftigen palästinensischen Staats. Detailfragen und Sabotage durch radikale Palästinenser und

Juden sorgten für neue Konflikte. Der Besuch Scharons auf dem Tempelberg und die Al-Aksa-Intifada (ab 2000) zerstörten den Friedensprozess.

Literatur: A. Frangi: PLO und Palästinenser. 1982; S. Graham-Brown: Die Palästinenser. Darmstadt 1987; S. Heenen-Wolff: Erez Palästina. Juden und Palästinenser im Konflikt um ein Land. Frankfurt/Main ^{6}1991; S. Ortlieb: Palästinensische Identität und Ethnizität. Genese und Entwicklung des Selbstverständnisses der Palästinenser. Köln 1995; A. Shneiwer: Palästina und die Palästinenser. Der lange Weg zum Staat. Münster u. a. 2001.

Titoismus

Variante des KOMMUNISMUS in Jugoslawien unter Tito: Der Titoismus wandte sich gegen die HEGEMONIE von KPdSU und UdSSR mit Arbeiterselbstverwaltung, marktwirtschaftlichen Elementen, liberaler Kulturpolitik, Föderalismus und Blockfreiheit. Stalin und die KOMINFORM verurteilten ihn als »Abweichung« und »Revisionismus«. Der Bruch mit der UdSSR (**1948**/49–1955) zog SÄUBERUNGEN und SCHAUPROZESSE in den kommunistischen Staaten Ost- und Südosteuropas (1949–1952) nach sich, mit Todesurteilen und Hinrichtungen. In der Entstalinisierung nach Stalins Tod (1953) normalisierten sich die Beziehungen zur UdSSR (1955). Nach Titos Tod (1980) und dem ZUSAMMENBRUCH DES KOMMUNISMUS (1989/91) scheiterte auch der Titoismus mit dem Zerfall Jugoslawiens im JUGOSLAWIENKRIEG (1991–1999).

Literatur: A. R. Johnson: A Transformation of Communist Ideology. The Yugoslav Case. 1945–1953. Cambridge (Mass.) 1972; M. C. Brockmann: Titoismus als besondere Form des Kommunismus. o. O. 1994; T. Sunic: Titoism and Dissidence. Frankfurt/Main u. a. 1995.

Polnische Vereinigte Arbeiterpartei (PZPR)

(Polska Zjednoczana Partia Robotnicza) Herrschende Partei der VOLKSREPUBLIK POLEN, aus der Zwangsfusion von Polnischer Arbeiterpartei (PPR) und PPS hervorgegangen (**1948**): Die Partei wandte sich gegen den TITOISMUS. Im Zuge der Säuberungen des STALINISMUS stürzte Gomulka als 1. Sekretär (1948). Mit der Entstalinisierung geriet die PZPR in eine Krise. Der POLNISCHE OKTOBER (1956) brachte den rehabilitierten Gomulka wieder an die Macht. Studentenproteste in Warschau gegen den Einsatz polnischer Truppen bei Niederwerfung des PRAGER FRÜHLINGS wurden niedergeschlagen (1968). Unruhen in Danzig, Gdingen und Stettin (1970) eskalierten zum Sturz Gomulkas. Dessen Nachfolger als 1. Sekretär, Gierek, stürzte über Arbeiterunruhen in Ursus (1976) und STREIKS (August 1980). Versorgungsengpässe und massive Korruptionsvorwürfe mündeten in die POLENKRISE (1980 ff.), machten die Partei handlungsunfähig. Im Kriegszustand (1981/82) zerfiel sie faktisch, löste sich im ZUSAMMENBRUCH DES KOMMUNISMUS auf, wurde fortgesetzt als postkommunistische Sozialdemokratie (1989).

Literatur: M. K. Oziewanowski: The Communist Party of Poland. An Outline of History. Cambridge (Mass.) ^{2}1976; J. B. de Weydenthal: The Communists of Poland. An Historical Outline. Neuausgabe Stanford (Cal.) 1986.

Kaschmirkonflikt

Chronischer postkolonialer Nachfolgekonflikt (seit **1948**) zwischen Indien und Pakistan über das zwischen beiden geteilte und umstrittene Kaschmir (in Indien offiziell Jammu and Kaschmir), ein strategisch wichtiges Puffergebiet zwischen Indien, Pakistan, Afghanistan, China und (bis 1989) der UdSSR, seitdem Tadschikistan, mit immer wieder aufflammenden kriegerischen Auseinandersetzungen: Ausgangspunkt ist die Diskrepanz zwischen Bevölkerung (80 % MUSLIME) und Herrscher (Hindu-Maharaj), der nach der Teilung Indiens (1947) für die Indische Republik optierte. Indiens Anspruch auf das ganze Gebiet ist nostalgisch verstärkt durch die Tatsache, dass die Nehru-Familie ursprünglich aus Kaschmir stammt. Um die Option des Maharadja für Indien zu verhindern, schickte Pakistan Truppen ins Land (1948). Nach der Option des Herrschers antwortete Indien ebenfalls mit der Entsendung von Truppen. Der 1. INDISCH-PAKISTANISCHE KRIEG endete mit einem vom UN-Sicherheitsrat vermittelten Waffenstillstand (1. Januar 1949). Seitdem ist das Land entlang der Waffenstillstandslinie geteilt und kommt nicht mehr zur Ruhe: FUNDAMENTALISTISCHE muslimische Gruppen versuchten, mit Unterstützung Pakistans, die indische Herrschaft zu erschüttern, Indien antwortete mit extremer Militarisierung und Repression, zugespitzt durch intensivierte muslimische Terroranschläge (2000), bis hin zum Attentat auf das Parlament in Neu Delhi (2001). Die Folge war ein erneuter massiver Truppenaufmarsch auf beiden Seiten (Indien: ½ Mio. Mann) und Artillerieduelle über die Waffenstillstandslinie. Eine konstruktive Lösung ist nicht in Sicht.

Literatur: M. Sökefeld: Ein Labyrinth von Identitäten in Nordpakistan. Zwischen Landbesitz, Religion und Kaschmir-Konflikt. Köln 1997; P. Hönig: Der Kaschmirkonflikt und das Recht der Völker auf Selbstbestimmung. Berlin 2000.

Indisch-pakistanische Kriege

Postkoloniale Nachfolgekriege zwischen Indien und Pakistan seit der Unabhängigkeit und Teilung Indiens, meist über den KASCHMIRKONFLIKT, stets unter Beibehaltung des Status quo (Teilung Kaschmirs):

- 1. Indisch-pakistanischer Krieg: Entzündet an der Teilung Kaschmirs, das beide Staaten für sich beanspruchten (**1948**), beendet durch Vermittlung des UN-Sicherheitsrates (1. Januar 1949).
- 2. Indisch-pakistanischer Krieg: Entzündet am geteilten Kaschmir (1965), beendet durch Vermittlung der Sowjetunion auf der Konferenz von Taschkent (1966).
- 3. Indisch-pakistanischer Krieg: Entzündet an der von Indien unterstützten gewaltsamen SEZESSION Ostpakistans als Bangladesh (1971).
- 4. Indisch-pakistanischer Krieg: Entzündet an eskalierenden Konflikten an der Waffenstillstandslinie in Kaschmir (1999), endend mit einer militärischen Niederlage Pakistans und dem Sturz von Nawaz Sharif.

Literatur: B. Wilke: Krieg auf dem indischen Subkontinent. Strukturgeschichtliche Ursachen gewaltsamer Konflikte in Indien, Pakistan und Bangladesh seit 1947. Hamburg 1997; V. Schofield: Kaschmir in Conflict. India, Pakistan and the Unfinished war. London u. a. 2000.

General Agreement on Tariffs and Trade (GATT)

Völkerrechtlicher multilateraler Vertrag zur Liberalisierung des Welthandels, mit Sitz in Genf: Zur Überwindung des in der WELTWIRTSCHAFTSKRISE von den USA unter Präsident Hoover durch das Smoot-Hawley-Zollgesetz (1930) begonnenen Zollkriegs wollten die USA, nach dem ZWEITEN WELTKRIEG für ihren Übergang von der Kriegs- zur Friedenswirtschaft die Öffnung aller Märkte für die US-Industrie erreichen, in Fortsetzung der POLITIK DER OFFENEN TÜR (1900). Dazu wollte die UNO, parallel zu den entstehenden Bretton-Woods-Organen (Weltbank, Weltwährungsfonds), eine International Trade Organization (ITO) schaffen (1946). Die Havanna-Charta (1948) stieß aber im US-Kongress auf so viel Widerstand, dass sie – ohne formale Abstimmung – durchfiel. Ursprünglich als Teil der ITO, später als ihr Ersatz trat das GATT-Abkommen als Provisorium für 23 Staaten in Kraft (**1948**–1993): Es war ein (internationaler) Handelsvertrag, den die US-Exekutive abschließen konnte, ohne Ratifizierung durch die Legislative. Kern war die Universalisierung der MEISTBEGÜNSTIGUNG durch schrittweisen Abbau von Handelshemmnissen (z. B. Subventionen, Präferenzzöllen) in acht Handelsrunden (1947–1986/93), auch zum Schutz geistigen Eigentums (1993). Abgelöst wurde GATT, zuletzt mit 125 Mitgliedstaaten, durch die WELTHANDELSORGANISATION (WTO, 1993).

Literatur: Richard Senti: GATT-WTO. Die neue Welthandelsordnung nach der Uruguay-Runde. Zürich ^{2}1999.

Rat für gegenseitige Wirtschaftshilfe (RGW, COMECON)

Wirtschaftsorganisation, als Alternative zur von Moskau verbotenen Teilnahme am MARSHALL-PLAN (1947) für den Ostblock gegründet (**1949**–1991), von der UdSSR, Bulgarien, Ungarn, Polen, Rumänien, der ČSR, gefolgt von Albanien (1949), der DDR (1950), der Mongolischen VOLKSREPUBLIK (1962), Kuba (1972), mit Sitz in Moskau: Jugoslawien war assoziiertes Mitglied (1964), Albanien seit dem Bruch mit Moskau ausgeschlossen (1961). Der RGW war ein Instrument ökonomischer HEGEMONIE der UdSSR im Ostblock, das erst nach Stalins Tod (1953) funktionierte. Er organisierte »Sozialistische Arbeitsteilung«, wies einzelnen Ländern wirtschaftliche Entwicklungsschwerpunkte zu. Zu den wenigen Erfolgen zählte das COMECON-Erdöl-Fernleitungssystem von der UdSSR nach Ostmitteleuropa (1960–1974). Wichtige Organe waren die COMECON-Bank (Internationale Bank für wirtschaftliche Zusammenarbeit, 1963), Internationale Investitionsbank (1971). Hohe Kreditaufnahme im Westen (ab 1970) durch den RGW und einzelne Mitglieder, vor allem Polen (POLENKRISE 1980–1990), lähmten den RGW, der sich nach dem ZUSAMMENBRUCH DES KOMMUNISMUS auflöste (1991).

Literatur: G. Link: Ungleiche Partner im europäischen Haus. Europäische Gemeinschaft und Rat für Gegenseitige Wirtschaftshilfe. Bonn 1990; R. Lassig: Die Außenhandelsschiedsgerichtsbarkeit im Rat für Gegenseitige Wirtschaftshilfe. Baden-Baden 1991; S. Weiß: Von der Plan- zur Marktwirtschaft. Die Eingliederung der ehemaligen RGW-Länder in die internationale Arbeitsteilung. o. O. 2000.

Entwicklungshilfe

Kapital- und technische Hilfe für frühere Kolonialländer (»unterentwickelte« Länder, »Entwicklungsländer«, »Dritte Welt«), von Marxisten als »Neokolonialismus« denunziert: Entwicklungshilfe wurde zunächst vor allem von den USA, später auch von westeuropäischen Staaten, der UdSSR, der VOLKSREPUBLIK CHINA u. a. zur wirtschaftlichen »Entwicklung«, jeweils auch aus ökonomischem und politischem Eigeninteresse, gegeben. Wichtige Initiativen waren das »Punkt-Vier-Programm« Trumans (**1949**), der COLOMBO-PLAN Großbritanniens für das COMMONWEALTH (1950); später folgten Programme anderer Länder (ca. ab 1955). Die ALLIANZ FÜR DEN FORTSCHRITT (1961) war eine Reaktion der USA auf die Machtübernahme Castros in Kuba. Das vorwiegend politisch motivierte Engagement der Industrieländer nahm mit dem Ende des Ost-West-Konflikts ab; Entwicklungshilfe verlagerte sich mehr auf private Investitionen, öffentliche und internationale Organisationen.

Literatur: J. White: The Politics of Foreign Aid. London 1974; J. Bellers/M. Lütke-Entrup (Hg.): Entwicklungsziele in der Krise. Münster 2000; F. Tarp/P. Hjertholm (Hg.): Foreign Aid and Development. Lessons Learnt and Directions for the Future. London u. a. 2000.

NATO (North Atlantic Treaty Organization, Nordatlantikpakt)

Westliches Sicherheits- und Verteidigungssystem, nach dem BRÜSSELER PAKT (1948) auf Initiative der USA im KALTEN KRIEG als Reaktion auf den Umsturz in der ČSSR (3. »PRAGER FENSTERSTURZ«, 1948) und die BERLIN-BLOCKADE (1948/49) in Washington D. C. gegründet (**1949**): Weitere Gründungsmitglieder waren Belgien, Dänemark, Frankreich, Großbritannien, Island, Italien, Kanada, Luxemburg, Niederlande, Norwegen und Portugal, gefolgt von Griechenland, Türkei (1952), BUNDESREPUBLIK (1955) und Spanien (1982). Frankreich schied militärisch (aber nicht politisch) aus (1966), die Türkei stand seit Verschärfung des ZYPERNKONFLIKTS (1974) kurz vor dem Austritt. Zwischen der Türkei und Griechenland bestehen über Zypern und einige Ägäische Inseln nach wie vor Spannungen.

Die einzelnen Mitgliedsstaaten haben einen unterschiedlichen Status. Island und Luxemburg leisten keinen eigenen militärischen Beitrag. Sitz der NATO war Paris (Fontainebleau, bis 1966), seitdem Brüssel. Der Vertrag besteht ohne periodische Erneuerung. Ein Austritt ist mit einem Jahr Kündigungsfrist möglich (seit 1969). Die Kommandostäbe wurden integriert, auch in den drei NATO-Abschnitten für das Bündnisgebiet (Europa, Atlantik, Ärmelkanal). Innere Probleme ergaben sich immer wieder aus der politisch heterogenen Struktur der Mitgliedstaaten. Östliches Gegenstück zur NATO war der WARSCHAUER PAKT (1955–1991). Nach Beendigung des Kalten Kriegs verabschiedete die NATO ein neues strategisches Konzept (1991), das auf Kooperation mit den ehemaligen Gegnern angelegt ist. Die NATO-Mitgliedstaaten gingen mit anderen europäischen Staaten und den Nachfolgestaaten der UdSSR die »Partnerschaft für den Frieden« ein. Ihre ersten Kriegseinsätze hatten NATO-Verbände im ehemaligen Jugoslawien (KOSOVOKONFLIKT,

1998/99). Im Zuge der NATO-Osterweiterung wurden Polen, Ungarn und Tschechien aufgenommen (1999). Nach dem MANHATTAN-ATTENTAT (11. September 2001) erklärte die NATO erstmals den Bündnisfall für die US-Militärschläge gegen das TALIBAN-Regime in Afghanistan (2001) und nahm Russland faktisch als Mitglied auf (2002).

Literatur: S. v. Bennigsen: Die NATO. Charakter, Aufgaben, Geschichte. München 1990; P. Schneider: The Evolution of NATO. The Alliance's Strategic Concept and Its Predecessors, 1945–2000. München 2000; G. Schmidt: A History of NATO. The First Fifty Years. Basingstoke u. a. 2001.

Europarat

(Council of Europe, Conseil d'Europe) Organisation europäischer Staaten in Straßburg: Gründungsmitglieder waren Belgien, Dänemark, Frankreich, Großbritannien, Irland, Italien, Luxemburg, die Niederlande, Norwegen und Schweden (5. Mai **1949**). Später traten u. a. bei: Griechenland, die Türkei (1949), Island (1950), die BUNDESREPUBLIK (1951), Österreich (1956), Zypern (1961), die Schweiz (1963), Malta (1965), Portugal (1976), Spanien (1977) und Liechtenstein (1978), nach dem ZUSAMMENBRUCH DES KOMMUNISMUS (1990) postkommunistische Nachfolgestaaten. Wichtigste Organe sind der Ministerrat und die Beratende Versammlung. Der Europarat verabschiedete die Europäische Menschenrechtskonvention (1950/53). Seine Funktionen übernahm teilweise das EUROPAPARLAMENT (1979).

Literatur: U. Holtz (Hg.): 50 Jahre Europarat. Baden-Baden 2000; H.-J. Bauer: Der Europarat nach der Zeitenwende 1989–1999. Zur Rolle Straßburgs im gesamteuropäischen Integrationsprozeß. Münster, Hamburg 2001.

Convention People's Party (CPP)

Politische Partei in Ghana: Kwame Nkrumah gründete die CPP als SEZESSION von der United Gold Coast Convention (UGCC) in Accra (**1949**), mit radikalem Nationalismus und Forderung der sofortigen Unabhängigkeit (»Self-Government Now«). Sie errang Wahlsiege (1951, 1954), erreichte als Regierungspartei die AUTONOMIE (1951) und SOUVERÄNITÄT Ghanas (1957). Die CPP erzielte mit staatlichem Druck eine hohe Abstimmungsrate für die Umwandlung in eine Republik (88,5 %), mit Nkrumah als Staatspräsident (89,1 %, 1960). Sie betrieb Personenkult um Nkrumah, der sie zur alleinigen Staatspartei (1964) erhob, ideologisch angelehnt an die UdSSR und die VOLKSREPUBLIK CHINA. Nach dem Sturz Nkrumahs wurde die Partei verboten (1966).

Literatur: D. Austin: Politics in Ghana, 1946–1960. London [2]1966; R. Rathbone: Nkrumah and the Chiefs. The Politics of Chieftaincy in Ghana, 1951–60. Accra 2000.

Volksrepublik China

Bevölkerungsreichster Staat der Erde mit ca. 1,3 Mrd. Einwohnern: Nach dem Sieg der KPCh unter Mao Tse-tung in der CHINESISCHEN REVOLUTION über die KUOMINTANG (KMT) und der Eroberung Pekings proklamierte Mao die Volksrepublik (VR, **1949**). Der neue Staat betrieb eine umfassende Agrarreform, beseitigte die Gentry, freie Bauern und ließ, zum Teil zu Lasten von ökologisch wichtigem Ödland (Sümpfen) und Wäldern, Deiche, Kanäle und Bewässerungsanlagen wiederherstellen und ausbauen, Anbauflächen erweitern. Die Maßnahmen hoben zunächst den Lebensstandard, den rasantes Bevölkerungswachstum wieder gefährdete. Außenpolitisch half die VR China des Vietminh im Vietnamkrieg (1949–1975), intervenierte im Koreakrieg (1950–1953), annektierte Tibet (1950/51) und sinisiert es seitdem. Die VR nahm teil an der Genfer Indochina-Konferenz (1954) und Bandung-Konferenz (1955). China ging durch ein Wechselbad von Kampagnen unterschiedlichen Inhalts – »Lasst 100 Blumen blühen!« (1956/57), »Grosser Sprung nach vorn« (1958–1961) mit Volkskommunen zur Kollektivierung. Die Volkrepublik China schlug die Aufstände in Tibet nieder (1958/59). Konflikte mit der UdSSR waren häufig (1960 ff.), der Grenzkrieg mit Indien ging um die MacMahon-Linie (1962) im Himalaya. Mit ihrer ersten Atombombe (1964) trat die VR in den Kreis der Nuklearmächte ein.

Die Wirren der Kulturrevolution (1966–1969/76) – mit Roten Garden und der kulthaft verehrten »Mao-Bibel« – verstärkten die Selbstisolierung; von Maoisten im Westen wurde die Kulturrevolution idealisiert. Der Grenzkonflikt am Ussuri (1969) machte die UdSSR zum Hauptfeind. Nach der Aufnahme in die UNO (1971) machte sich die VR China zum radikalen Sprecher der Dritten Welt. Mitgliedschaft in der UNO, Nixon-Besuch (1972) und Beendigung des Vietnamkriegs (1975) verbesserten die Beziehungen zu den USA, bis zur diplomatischen Anerkennung der VR China durch die USA.

Nach Maos Tod (1976) und dem Sturz der »Viererbande« (1976) begann eine pragmatische Politik, die die Isolation beendete. Die VR China schloss ein Freundschafts- und Wirtschaftsabkommen mit Japan (1978), intensivierte Beziehungen zu den USA auf Kosten Taiwans, das ins Abseits geriet, unternahm eine »Strafaktion« gegen Vietnam (1979). Das Land litt unter schweren Problemen, auch durch Naturkatastrophen (Dürre, Überflutungen) und raschen Bevölkerungsanstieg bis auf ca. 1,2 Mrd. Einwohner, der eine rigide Familienplanung einleitete. Vor allem unter Schulabgängern herrschte hohe Arbeitslosigkeit. Industrialisierungsprogramme wurden auf realistische Ausmaße zurückgeschraubt (1981), zugunsten der Landwirtschaft als Motor. Beziehungen zur UdSSR normalisierten sich (1982). Die VR China erhielt eine neue Verfassung, wieder mit einem Staatspräsidenten (1982). Das Massaker auf dem Tienanmen-Platz (1989) brachte China in eine vorübergehende internationale Isolierung. Der zwischen wirtschaftlichem Liberalismus und Repression schwankende Kurs hält weiter an. Hongkong (1997) und Macao (1999) fielen an China zurück, mit Sonderstatus in Autonomie. Privatunternehmen stehen unter gesetzlichem Schutz (2000). Ein Prestigeerfolg ist die Vergabe der Olympischen Spiele 2008 an Bejing (Peking).

Literatur: W. Rodzinski: The People's Republik of China. Reflections on Chinese Political History Since 1949. London 1988; J. Domes: Geschichte der Volksrepublik China. Mannheim 1992.

Grundgesetz

Verfassung der Bundesrepublik Deutschland: Der Parlamentarische Rat in Bonn arbeitete die als Provisorium gedachte Verfassung nach Aufforderung der drei westlichen Besatzungsmächte (1948) aus (1948/49) und verabschiedete sie (8. Mai 1949). Alle Länderparlamente (bis auf Bayern) nahmen das Grundgesetz an, das kurz danach in Kraft trat (23. Mai **1949**). Hervorgehoben sind die Grundrechte, über deren Einhaltung das Bundesverfassungsgericht wacht, und das Gebot der Wiedervereinigung. Das Grundgesetz ist stärker föderalistisch als die Weimarer Verfassung, sieht eine schwächere Stellung des Bundespräsidenten, eine stärkere des Bundeskanzlers vor, zunächst ohne Notstandsrecht wie in Art. 48 der Weimarer Verfassung. Es wurde häufig ergänzt und erweitert, u. a. um die 5-%-Klausel bei Bundestagswahlen (1953) und die Notstandsgesetze (1968). Sein Geltungsbereich erweiterte sich durch Beitritt der Länder der DDR (1990).

Literatur: W. Benz (Hg.): »Bewegt von der Hoffnung aller Deutschen«. Zur Geschichte des Grundgesetzes. Entwürfe und Diskussionen 1941–1949. München 1979; P. Schulz: Ursprünge unserer Freiheit. Von der amerikanischen Revolution zum Bonner Grundgesetz. Hamburg 1989; H. v. Mangoldt/F. Klein: Das Bonner Grundgesetz. Kommentar. München [4]1999–2001; K.-P. Schroeder: Vom Sachsenspiegel zum Grundgesetz. Eine deutsche Rechtsgeschichte in Lebensbildern. München 2001.

Bundesrepublik Deutschland

Ursprünglich der westliche Nachfolgestaat des Deutschen Reichs, mit dem Anspruch dessen einzig demokratisch legitimierte Fortsetzung zu sein, seit 1990 alleiniger Staat der Deutschen: Die Bundesrepublik ging aus den drei westlichen Besatzungszonen (Trizone) hervor, gründete sich, mit Bonn als provisorischer Hauptstadt, auf der Grundlage des Grundgesetzes (23. Mai **1949**). In der Wahl zum 1. Bundestag stieg die CDU/CSU zur stärksten Partei auf.

Bundespräsidenten waren Heuss (FDP, 1949–1959), Lübke (CDU, 1959–1969), Heinemann (SPD, 1969–1974), Scheel (FDP, 1974–1979), Carstens (CDU, 1979–1984), von Weizsäcker (1984–1994), Herzog (CDU, 1994–1999), Rau (SPD, seit 1999); Bundeskanzler: Adenauer (CDU, 1949–1963), Erhard (CDU, 1963–1966), Kiesinger (CDU, 1966–1969), Brandt (SPD, 1969–1974), Schmidt (SPD, 1974–1982), Kohl (CDU, 1982–1998), Schröder (SPD, seit 1998). Die parteipolitische Entwicklung verzeichnet bisher vier große Phasen – Dominanz der CDU/CSU, zuletzt in der Grossen Koalition (1966–1969); Sozialliberale Koalition (SPD/FDP, 1969–1982); Christlich-liberale Koalition (CDU/CSU/FDP, 1982–1998); Rot-grüne Koalition (SPD/Bündnis 90/Die Grünen, seit 1998).

Die Bundesrepublik bestand zunächst aus 10 Bundesländern und Westberlin mit beratender Stimme. Die Legislative mit Zweikammersystem besteht aus Bundestag und Bundesrat (Vertretung der Bundesländer). Der Staat nahm mit einer sozialstaatlich modifizierten Marktwirtschaft seit der Währungsreform (1948) und dank Marshall-Plan einen raschen ökonomischen Aufstieg (»Wirtschaftswunder«), schloss sich dem Westen an, trat dem EUROPARAT (1951), der MONTANUNION (1952), NATO (1955) und EWG (1957) bei. Seit dem KOREAKRIEG (1950–1953) war die Wiederaufrüstung umstritten, zunächst in der EVG (1952). Das Verbot der Sozialistischen Reichspartei (SRP, 1952) zog eine Trennungslinie zur extremen Rechten. Mit Eintritt in die NATO (1955) erlangte die Bundesrepublik SOUVERÄNITÄT, mit alliierten Vorbehalten (bis 1990). Nach Aufnahme diplomatischer Beziehungen zur UdSSR (1955) wurde die KPD verboten (1956). Der Bau der BERLINER MAUER (13. August 1961) brachte eine tiefe Bewusstseinskrise: Blockierung des Zuzugs aus der DDR (»Republikflucht«) verschärfte in der Hochkonjunktur den Arbeitskräftemangel, den »Gastarbeiter« ausglichen. Gegen die Große Koalition (1966–1969), den VIETNAMKRIEG und die NOTSTANDSGESETZE (1968) formierte sich die STUDENTENBEWEGUNG, deren radikaler Flügel nach den OSTERUNRUHEN (1968) in der terroristischen ROTEN ARMEE FRAKTION aufging (1970).

Die Sozialliberale Koalition unter Brandt (1969–1974) und Schmidt (1974–1982) leitete Bildungsreformen und die NEUE OSTPOLITIK ein, die in die OSTVERTRÄGE (1970/72) mündete. Aus vorgezogenen Bundestagswahlen (1972) ging die SPD als stärkste Fraktion hervor. Mit der DDR wurde der GRUNDLAGENVERTRAG unterzeichnet (1972).

Seit dem ERDÖLSCHOCK (1973) schlug die Konjunktur allmählich in eine Wirtschaftskrise um – über 2 Mio. Arbeitslose, Haushaltsdefizit, Staatsverschuldung; Ressentiments gegen Gastarbeiter nahmen zu. Die Ostpolitik geriet mit dem AFGHANISTANKRIEG (1979–1988), der POLENKRISE (1980–1989) und dem NATO-DOPPELBESCHLUSS (1979–1983) in eine Krise. Innenpolitisch brachen Konflikte über Kernenergie, Hausbesetzungen und öffentliche BUNDESWEHRgelöbnisse aus. Die Grünen und die FRIEDENSBEWEGUNG begannen als Protestbewegungen (1980), zunächst in wachsender Distanz zu den USA. Der Bruch der sozialliberalen Koalition (17. September 1982) stürzte die Regierung Schmidt durch konstruktives Misstrauensvotum: CDU/CSU und FDP bildeten eine Koalition unter Bundeskanzler Kohl (1982–1998). Ein Wirtschaftsaufschwung bescherte der Koalition (1983, 1987, 1990) Wahlsiege, die Politiker verloren jedoch seit der FLICK-AFFÄRE (1983–1985) und anderen Krisen Vertrauen bei den Bürgern.

Die Bundesrepublik wurde durch den Beitritt der DDR in der DEUTSCHEN VEREINIGUNG (3. Oktober 1990) auf 16 Bundesländer erweitert. Der Einigungsprozess litt unter schweren ökonomischen wie politischen Krisen in Ost- wie in Westdeutschland. Auseinandersetzungen über den Einsatz der Bundeswehr außerhalb des NATO-Gebiets – im 2. GOLFKRIEG (1991), JUGOSLAWIENKRIEG (seit 1991), in Somalia (1992/93) – und zunehmender Rechtsradikalismus schädigten das Ansehen der Bundesrepublik im Ausland. Die CDU-Spendenaffäre (1999/2000) verschärfte Politikverdrossenheit. Bekämpfung der Arbeitslosigkeit (ca. 4 Mio.), Versuche zur Stabilisierung der Sozialversicherung und Nachlassen der Konjunktur prägen die gegenwärtige Innenpolitik. Das MANHATTAN-ATTENTAT (11. September 2001), dessen Urheber z. T. als »Schläfer« in der Bundesrepublik gelebt hatten, wurde auch für die Bundesrepublik eine tiefe Zäsur.

Literatur: K. D. Bracher u. a. (Hg.): Geschichte der Bundesrepublik Deutschland. 5 Bde., Stuttgart 1981 ff; A. Grosser: Geschichte Deutschlands seit 1945. Eine Bilanz. München [14]1989; K. v. Beyme: Das politische System der Bundesrepublik Deutschland. Eine Einführung. Opladen [9]1999; H. K. Rupp: Politische Geschichte der Bundesrepublik Deutschland. München [3]2000.

Freie Demokratische Partei (FDP)

LIBERALE Partei der BUNDESREPUBLIK: Die aus der Fusion mehrerer liberaler Gruppierungen in der Tradition der DDP entstandene FDP (1948) stellte mit Theodor Heuss den ersten Bundespräsidenten (1949–1959). Die Partei ging eine Koalition mit der CDU/CSU und DP unter Adenauer ein (**1949**–1956), die sie später wieder verließ (1956). Die Partei trat wieder in Koalition mit der CDU/CSU (1961–1966) ein und erzwang in der »SPIEGEL«-AFFÄRE den Rücktritt von Strauß (1962) und Adenauer (1963). Sie stand in Opposition gegen die GROSSE KOALITION (1966–1969), stimmte für Gustav Heinemann als Bundespräsident (1969) und bildete die SOZIALLIBERALE KOALITION mit der SPD (1969–1982). Seit Verschärfung der inneren Krise der SPD betonte die FDP ihr Profil durch die »Wende« (Genscher) zur Union. Die Koalition mit der CDU/CSU unter Kohl (seit 1982–1998) brachte zunächst Turbulenzen, verschärft durch die Grünen. Die FDP stabilisierte sich in der Regierungsbeteiligung und übernahm mit der DEUTSCHEN VEREINIGUNG die Liberaldemokratische Partei Deutschlands (LDPD) und deren Grundbesitz (1990), konnte sich aber in den Neuen Bundesländern nicht durchsetzen. Mit Ausscheiden aus der Regierung (1998) geriet die Partei erneut in eine schwere Krise, die sie dank eines Imagewandels und vor allem der Schwäche der großen Volksparteien, die über Spendenskandale ins Gerede kamen, als Spaßpartei auf Kosten ihrer Seriosität überwand (2001/02).

Literatur: F. Henning: Die F.D.P. – Porträt einer Partei. München 1981; P. Lösche: Die FDP. Richtungsstreit und Zukunftszweifel. Darmstadt 1996.

Deutsche Partei (DP)

Nationalkonservative Partei im Norden der BUNDESREPUBLIK: Die DP entstand (1947) aus der Niedersächsischen Landespartei (1945), mit Schwerpunkt in Niedersachsen. Sie stand in Koalition mit der CDU/CSU und FDP unter Adenauer (**1949**–1960) und fusionierte mit der von der FDP abgespaltenen Freien Volkspartei (1957). Wähler wurden weitgehend von der CDU aufgesogen. Die DP blieb nach ihrer Neugründung in Niedersachsen und Bremen bedeutungslos (1962).

Literatur: H. Meyn: Die Deutsche Partei. Düsseldorf 1965.

Deutsche Demokratische Republik (DDR)

Östlicher Nachfolgestaat des Deutschen Reichs (**1949**–1990), auf dem Territorium der SBZ: Der von der SED (1946) beherrschte VOLKSKONGRESS bzw. Volksrat (1947–1949) ließ die Verfassung ausarbeiten, die die provisorische Volkskammer verabschiedete (7. Oktober 1949).

Hauptstadt wurde Ostberlin, Staatspartei die SED, die mit kleineren, in der Nationalen Front gleichgeschalteten Parteien regierte. Erster Staatspräsident war Wilhelm Pieck (1949–1960), danach repräsentierte der Staatsrat (1960) kollektiv die Staatsspitze. Vorsitzende des Staatsrats waren: Ulbricht (1960–1971), Stoph (1973–1976), Honecker (1976–1989), Ministerpräsidenten waren Grotewohl (1949–1964), Stoph (1964–1973), Sindermann (1973–1989).

Noch in der SBZ wurden Schlüsselindustrien, Banken, Versicherungen verstaatlicht, Güter von über 100 ha enteignet (Bodenreform). Die Umgestaltung zur Volksdemokratie nach sowjetischem Vorbild vollzog sich unter TERROR und Verhaftungen, belastet von REPARATIONEN an die UdSSR (bis 1955), Planwirtschaft (1. FÜNFJAHRESPLAN, 1951) und Massenabwanderung (»Republikflucht«) in den Westen. Die DDR erkannte die ODER-NEISSE-GRENZE im Görlitzer Vertrag als Ostgrenze an (1950). Wahlen zur Volkskammer fanden mit Einheitslisten der Nationalen Front statt. Die DDR trat dem RGW bei (1950). Kollektivierung der Landwirtschaft erzwang Landwirtschaftliche Produktionsgenossenschaften (LPGs, 1952, 1960). Die Kasernierte Volkspolizei (KVP) wurde Vorläufer einer Armee. Um die Abwanderung in den Westen einzudämmen, wurde die Grenze zum Westen geschlossen (1952). Die Auflösung der fünf Länder (Sachsen, Sachsen-Anhalt, Thüringen, Brandenburg, Mecklenburg-Vorpommern), ersetzt durch 14 Bezirke (1952), verschärfte den Zentralismus. Der »Neue Kurs« nach Stalins Tod scheiterte und löste den Aufstand des 17. Juni (1953) aus. Die DDR trat dem WARSCHAUER PAKT bei (1955), erhielt (formale) SOUVERÄNITÄT. Aus der KVP bildete sich die NATIONALE VOLKSARMEE (NVA, 1956). Das Berlin-Ultimatum (1958) verstärkte die Massenflucht über Westberlin in die BUNDESREPUBLIK.

Die BERLINER MAUER (13. August 1961) beendete die »Republikflucht« nur äußerlich. Innenpolitisch lockerte sich die Situation etwas, obwohl die ALLGEMEINE WEHRPFLICHT eingeführt wurde (1962). Nach der neuen Verfassung (1968) war die DDR ein »sozialistischer Staat deutscher Nation«. Sie beteiligte sich an der MILITÄRINTERVENTION DES WARSCHAUER PAKTS IN DER ČSSR (1968). Auch Staaten außerhalb des Ostblocks erkannten (ab 1969) die DDR diplomatisch an. Sie errang Erfolge im internationalen Sport, u. a. mit gezielter Jugendförderung und Doping, vor allem bei OLYMPISCHEN SPIELEN (Teilnahme ab München 1972). Trotz GRUNDLAGENVERTRAG (1973) betrieb die DDR verschärfte »Abgrenzung« gegen den Westen; Schriften aus dem Westen (auch wissenschaftliche Literatur) unterlagen der ZENSUR und einem Einfuhrverbot. Die DDR bürgerte kritische Schriftsteller und Künstler aus (1976 ff.), Wehrkunde an Schulen verstärkte die vormilitärische Ausbildung (1981); die FRIEDENSBEWEGUNG konnte sich nicht entfalten (1982).

Die DDR verurteilte die »SOLIDARNOŚĆ« in Polen (1980/81), schloss die Grenze zum Nachbarland (1981) und begrüßte den KRIEGSZUSTAND IN POLEN (13. Dezember 1981). Die Auslandsverschuldung im Westen nahm zu. Trotz einem gestiegenen Lebensstandard verschärften sich Schwierigkeiten, obwohl die DDR Vorteile genoss – der innerdeutsche Handel lief ohne Westdevisen über Verrechnungseinheiten und großzügige Überziehungskredite (»Swing«). Die DDR erzielte erhebliche DM-Einnahmen aus POST-, EISENBAHN-, Autobahn- und Visagebühren, dem Zwangsumtausch für DDR-Besucher und Transitreisende und Freikauf politischer Gefangener durch Bonn. Den STAATSBANKROTT verzögerte ein Milliardenkredit der Bundesrepublik (1983).

Die DDR-Führung stellte sich gegen Gorbatschows PERESTROIKA (1986–1989) und billigte das MASSAKER AUF DEM TIENANMEN-PLATZ (1989), feierte das 40-jährige Bestehen der DDR mit Großveranstaltungen, samt Besuch Gorbatschows. Nach Öffnung der ungarischen Grenze zu Österreich setzte eine Auswanderungswelle bis dahin ungekannten Ausmaßes ein, die den Sturz Honeckers einleitete (1989). Die Übergangsregierung Krenz ermöglichte den FALL DER BERLINER MAUER (9. November 1989). Die erste frei gewählte Volkskammer der DDR beschloss den Beitritt der DDR zum Geltungsbereich des GRUNDGESETZES. Die DDR löste sich mit der DEUTSCHEN VEREINIGUNG (3. Oktober 1990) auf.

Literatur: H. Weber (Hg.): DDR. Dokumente zur Geschichte der Deutschen Demokratischen Republik 1945–1985. München [3]1987; H. Weber: Die DDR 1945–1990. München [3]2000; U. Mählert: Kleine Geschichte der DDR. München [3]2001; B. Ihme-Tuchel: Die DDR. Darmstadt 2002.

Schuman-Plan

Auf Anregung Adenauers vom französischen Außenminister Schuman vorgelegter Plan (**1950**): Die deutsche und französische Kohle- und Stahlproduktion sollte von einer gemeinsamen, auch anderen Staaten offenen Hohen Behörde gesteuert werden. Der Schuman-Plan bildete die Ausgangsbasis für eine westeuropäische Wirtschaftsgemeinschaft mit Frankreich in einer führenden Rolle und förderte die deutsch-französische Annäherung. Die Bundesrepublik, Italien, Belgien, Niederlande und Luxemburg nahmen ihn an (1950). Die Gründung der MONTANUNION (1952) war ein wichtiger Schritt zur EWG/EG (1957 ff.).

Literatur: P. Fontaine: Eine neue Ordnung für Europa. 40 Jahre Schuman-Plan (1950-1990). Luxemburg 1990; F. Breuss (Hg.): Vom Schuman-Plan zum Vertrag von Amsterdam. Entstehung und Zukunft der EU. Wien u. a. 2000.

Koreakrieg

Im KALTEN KRIEG Regionalkrieg zwischen Nord- und Südkorea, mit Intervention von außen (UNO, VOLKSREPUBLIK CHINA, 1950–1953): Ausgangspunkt war die Teilung Koreas am 38. Breitengrad (1945). Nach Abzug der sowjetischen und US-Besatzungstruppen aus Nord- bzw. Südkorea (1949) startete Nordkorea eine politische Offensive zur Wiedervereinigung, die zur Aggression (25. Juni **1950**) eskalierte. Die Offensive Nordkoreas verlief zunächst erfolgreich. Nach einer UN-Resolution setzten die USA Truppen aufseiten Südkoreas ein (ab 27. Juni), die der UN-Sicherheitsrat (in Abwesenheit des sowjetischen Delegierten) als UN-Streitmacht anerkannte (7. Juli). Zu den Truppen kamen weitere Kontingente aus 15 westlichen Nationen, unter dem Befehl des US-General Douglas MacArthur (bis 1951).

Um die auf einem Brückenkopf um Pusan zusammengedrängten Südkoreaner und UN-Truppen zu befreien, landeten UN-Truppen im Rücken der Nordkoreaner bei Inchon (15. September) und erzwangen den Kollaps der nordkoreanischen Front. UN-Truppen stießen bis zum Yalu (Grenze mit Volksrepublik China) vor; chinesische »Freiwillige« intervenierten (26. November) und drängten die UN-Truppen zurück. Die britische LABOURregierung unter Attlee verhinderte den Einsatz der ATOMBOMBE. MacArthur wurde, da er die Bombardierung Chinas (auch mit Atombomben) gefordert hatte, von US-Präsident Truman entlassen (11. April 1951). Verhandlungen (1951–1953) endeten erst nach Stalins Tod (5. März) mit dem Waffenstillstandsabkommen von Panmunjom (27. Juli 1953). Korea blieb entlang der Waffenstillstandslinie geteilt.

Wirkungen: Der Koreakrieg brachte für die BUNDESREPUBLIK und Japan einen enormen wirtschaftlichen Aufschwung (Koreaboom), außerdem verstärkte Aufrüstung im Westen. Die britische Labourregierung stürzte über die Reduzierung des Sozialhaushaltes zugunsten der Aufrüstung. Mit Japan wurde der Sonderfriede von San Francisco geschlossen (1951). Die Aufrüstung der Bundesrepublik war offen, die Japans eher verschleiert.

Literatur: B. Cumings: The Origins of the Korean War. 2 Bde., Princeton 1981/90; P. Lowe: The Origins of the Korean War. London ^{2}1997; S. C. Tucker: Encyclopedia of the Korean War. A Political, Social, and Military History. Santa Barbara (Cal.) u. a. 2000; P. Lowe: The Korean War. Basingstoke u. a. 2000; M. J. Varhola: Fire and Ice. The Korean War, 1950–1953. Mason City (Iowa) 2000.

McCarthyismus

Phase illiberaler Politik in den USA auf dem Höhepunkt des KALTEN KRIEGS (1950–1954), benannt nach dem republikanischen Senator Joseph McCarthy (* 1909, † 1957), als extreme Reaktion auf den »Verlust Chinas« (Sieg der KPCh, Gründung der VOLKSREPUBLIK CHINA, 1949): Nach Ausbruch des KOREAKRIEGS (**1950**) breitete sich in den USA ein hysterischer Antikommunismus aus. Ein Untersuchungsausschuss des US-Senats verfolgte »anti-American activities« mit »Hexenjagd« auf Künstler und Schriftsteller, die in öffentlichen, vom Fernsehen übertragenen Vernehmungen, beruflicher Schädigung und Diffamierung gipfelte. Die Verfolgungswelle erreichte ihren Höhepunkt mit Angriffen McCarthys gegen US-Präsident Eisenhower (1954) und klang erst ab, als der Senat McCarthy vom Ausschussvorsitz ablöste (1954).

Literatur: A. Fried (Hg.): McCarthyism. The Great American Red Scare. A Documentary History. New York u. a. 1997; M. J. Heale: McCarthy's Americans. Red Scare Politics in State and Nation, 1935–1965. Basingstoke u. a. 1998; J. Wang: American Science in an Age of Anxiety. Scientists, Anticommunism, and the Cold War. Chapel Hill (N.C.) u. a. 1999.

Colombo-Plan

Programm zur Entwicklung Asiens und zur Abwehr des KOMMUNISMUS: Großbritannien und mehrere COMMONWEALTH-Mitglieder (u. a. Kanada, Australien, Neuseeland) gründeten in Colombo die Organisation (**1950**), erweitert um die USA (1951) und alle asiatische Staaten außer den kommunistischen (bis 1954). Das Programm sollte gegenseitige Unterstützung durch Entwicklungsfonds und technische Hilfe mit bilateralen Verträgen fördern. Die USA trugen den größten Teil (90 %) der Kosten.

Suppression of Communism Act

Gesetz in der Südafrikanischen Union (**1950**), das die Kommunistische Partei samt Unter- oder Ersatzorganisationen verbot, zur Unterdrückung der afrikanischen Nationalbewegung, vor allem des African National Congress nach dem Massaker von Sharpeville (1960). Es wurde nach Beendigung der Apartheid aufgehoben (1991).

Montanunion (Europäische Gemeinschaft für Kohle und Stahl, EGKS)

Aus dem Schuman-Plan (1950) entstandene Organisation zur wirtschaftlichen Integration Europas, gegründet (**1951**, in Kraft ab 1952): Zentrales Organ war die Hohe Behörde in Luxemburg. Aus der Montanunion entwickelte sich die EWG (1957).

Literatur: H. Potthoff: Die Montanunion in der Europäischen Gemeinschaft. Düsseldorf 1965, Nachdruck Köln 1986; J. Evers: Der EGKS-Vertrag und die europäische Industriepolitik. Versuch einer Außenwirkungsanalyse auf die deutsche Stahlindustrie. Berlin 2001.

Stalin-Note

Vorschlag der UdSSR an die Westmächte zur Deutschlandfrage (10. März **1952**): Nach dem Wahlrecht der Weimarer Republik sollten gesamtdeutsche Wahlen zu einem gemeinsamem neutralen Staat stattfinden, der sich nicht an einem Militärpakt beteiligen dürfte. Die Westmächte und Adenauer lehnten den Vorschlag als Torpedierung der westdeutschen Aufrüstung (EVG) ab, da ein neutralisiertes Deutschland in den Sog des kommunistischen Ostens geraten könnte.

Literatur: R. Steininger (Hg.): Eine Chance zur Wiedervereinigung? Die Stalin-Note vom 10. März 1952. Bonn ^{3}1990; W. Loth: Die Stalin-Note vom 10. März 1952. Neue Quellen und Analysen München 2002.

Europäische Verteidigungsgemeinschaft (EVG)

(frz.: Communauté Européenne de Défense, C. E. D.) Aufnahme westdeutscher Streitkräfte in ein westeuropäisches Verteidigungsbündnis (»Verteidigungsbeitrag«) seit Ausbruch des Koreakriegs (1950): Die drei Westmächte billigten den von Adenauer und Churchill angeregten Plan, der in der Bundesrepublik heftige Opposition auslöste. Der Plan des französischen Verteidigungsministers René Pleven (1951) sah vor, deutsche Streitkräfte bis auf Bataillonsebene zu integrieren; nach Verhandlungen mit Adenauer wurde die Integrationsebene bis zur Division angehoben. Den unterzeichneten (**1952**), von Bundestag und Bundesrat ratifizierten (1953) Vertrag lehnte die französische Nationalversammlung durch Nichtbefassung (»question préalable«) faktisch ab

(1954). Die Bundesrepublik trat direkt in die NATO und in die WEU ein (1955).

Literatur: H.-E. Volkmann (Hg.): Die Europäische Verteidigungsgemeinschaft. Boppard a. Rhein 1985; L. Köllner: Anfänge westdeutscher Sicherheitspolitik, Bd. 2: Die EVG-Phase. München 1990; H.-H. Jansen: Großbritannien, das Scheitern der EVG und der NATO-Beitritt der Bundesrepublik Deutschland. Bochum 1992; K. Ruane: The Rise and Fall of the European Defence Community. Anglo-American Relations and the Crisis of European Defence, 1950–55. New York u. a. 2000.

Mau-Mau-Aufstand

Herabsetzende Bezeichnung für die Aufstandsbewegung unter den Kikuyu in Kenia (1952–1956), benannt nach einem terroristischen GEHEIMBUND für die Neuaufteilung des Bodens zugunsten landloser Afrikaner in den »White Highlands«, dessen Verbindung zum Aufstand jedoch ungeklärt ist: Den offenen Aufruhr, der in der Ausrufung des Ausnahmezustandes (»Emergency«) gipfelte, schlugen britische Truppen nieder. Der Führer Jomo Kenyatta wurde verhaftet und zu mehrjährigem Zuchthaus verurteilt (**1952**). Nach dem Ausnahmezustand (1958) setzte sich die Unabhängigkeit Kenias (1963) durch.

Literatur: C. G. Rosberg/J. Nottingham: The Myth of »Mau-Mau«. New York 1966; J. T. Johnson: The Mau-Mau-Insurgency: A Guerilla and Counter-Guerilla-Study. New York 1967; Buijtenhuijs: Le Mouvement Mau-Mau. Une révolte paysanne et anticoloniale en Afrique noire. Paris 1971; R. Buijtenhuijs: Mau-Mau: Twenty Years After. The Myth and the Survivors. Den Haag 1973.

Aufstand des 17. Juni

Volksaufstand in der DDR (16./17. Juni **1953**), erster Protest auf breiter Basis im sowjetischen Machtbereich außerhalb der UdSSR: Der Aufstand brach in einer Phase der Unsicherheit aus, nach Beginn des »Tauwetters« in der UdSSR seit Stalins Tod (5. März 1953). Die DDR-Führung kombinierte im »Neuen Kurs« politische Lockerung mit Erhöhung der Arbeitsnormen (9. Juni). Der STREIK der Bauarbeiter an der Stalinallee (16. Juni) weitete sich zum GENERALSTREIK in der DDR aus (17. Juni), mit der Forderung nach freien Wahlen. Im Ausnahmezustand schlugen sowjetische Panzer und die Volkspolizei den Aufstand nieder, mit Hunderten von Toten, Massenverhaftungen und -flucht in den Westen. Die DDR verurteilte den Aufstand als »konterrevolutionär«, die BUNDESREPUBLIK beging ihn als Nationalfeiertag (»Tag der deutschen Einheit«, 1954–1990).

Literatur: A. Baring: Der 17. Juni 1953. Neuausgabe Stuttgart 1983; M. Krämer: Der Volksaufstand vom 17. Juni 1953 und sein politisches Echo in der Bundesrepublik Deutschland. Bochum 1996; Chr. F. Ostermann: Uprising in East Germany 1953. The Cold War, The German question, and the First Major Upheaval Behind the Iron Curtain. Budapest u.a. 2001.

Central Intelligence Agency (CIA)

US-Geheimdienst, durch Fusion und Ausbau älterer Organisationen entstanden (1947): Die CIA war im KALTEN KRIEG ein Hauptinstrument der USA für subversive Aktionen; ihre Aktivitäten gingen über die

»normale« Geheimdiensttätigkeit (Spionage, Beobachtung und Analyse politischer Bewegungen und Kräfte im Ausland) weit hinaus. Der Geheimdienst organisierte und finanzierte Geheimaktionen, z.B. den Sturz der Regierung Mossadegh im Iran durch einen Militärstaatsstreich und die Rückführung des schon ins Exil gegangenen Schah (**1953**). Nach dem Abschuss des Spionageflugzeugs U2 durch die Sowjets (U-2-ZWISCHENFALL, 1960) platzte die Pariser GIPFELKONFERENZ. Die CIA organisierte auch das (gescheiterte) Landeunternehmen von Exilkubanern in der Schweinebucht, zum Sturz Castros (1961). Sie verstärkte die (verdeckte) Intervention der USA in Südvietnam (seit 1962), leitete die US-Phase des VIETNAMKRIEGS ein, stürzte und ermordete Ngo Dinh Diem (1963), war aber gegen das offene militärische Engagement der USA im Vietnamkrieg (1964/65). Die CIA war am Sturz Allendes in Chile beteiligt (1973). Der Geheimdienst verlor an Ansehen mit der Aufdeckung seiner Verwicklung in die WATERGATE-AFFÄRE (1973/74). Nach Scheitern der USA im Vietnamkrieg (1975) geriet die CIA vorübergehend stärker unter Kontrolle und schränkte ihre Aktivitäten ein. Präsident Reagan dehnte ihre Kompetenzen (1981) auf das Inland aus (1982) und verstärkte erneut Aktivitäten im Ausland, u.a. zur Unterstützung der Contra in Nicaragua. Auch nach dem Verbot durch den Kongress (1984) war die CIA in die IRAN-CONTRA-AFFÄRE verwickelt (1986–1990). Gegenstück in der UdSSR war der KGB, allerdings mit polizeilicher Exekutivgewalt.

Literatur: J. Ranelagh: The Agency. The Rise and Decline of the CIA. Kent 1988; D. Merrill: The Central Intelligence Agency. Its Founding and the Dispute Over Its Mission, 1945–1954. Bethesda (Md.) 1998.

Zentralafrikanische Föderation

Von der britischen konservativen Regierung erzwungener Zusammenschluss Nordrhodesiens, Südrhodesiens und Njassalands zur Behauptung der weißen Vorherrschaft gegen den afrikanischen Nationalismus (**1953**–1963), unter dessen Druck sie sich auflöste (1963): Njassaland (Malawi) und Nordrhodesien (Sambia) wurden unabhängig (1964), Südrhodesien nach der EINSEITIGEN UNABHÄNGIGKEITSERKLÄRUNG (UDI, 1965) erst später (1979).

Literatur: M. Meredith: The Past in Another Country. Rhodesia 1890–1979. London 1979.

Genfer Indochina-Konferenz

Internationale Konferenz in Genf zur Regelung der Indochinafrage nach der französischen Niederlage von Dienbienphu (**1954**): Erstmals war auch die VOLKSREPUBLIK CHINA auf einer internationalen Konferenz vertreten; deshalb erschienen die USA nur als Beobachter, sagten jedoch zu, die Beschlüsse der Konferenz einzuhalten. Dazu zählten das Abkommen über einen Waffenstillstand, der Rückzug Frankreichs aus Indochina, die provisorische Teilung Vietnams entlang des 17. Breitengrads, geplante freie Wahlen in beiden Teilen nach zwei Jahren als Vorstufe zur Wiedervereinigung. Nach der vorübergehenden Teilung

Vietnams in ein kommunistisches Nordvietnam und ein von den USA gelenktes Südvietnam brach der Bürgerkrieg aus (ab 1958); seine Eskalation leitete die US-amerikanische Phase des VIETNAMKRIEGS (1965–1973) ein.

Literatur: K. M. Kreis: Großbritannien und Vietnam. Die britische Vermittlung auf der Genfer Indochina-Konferenz 1954. Hamburg 1973; H. Meyer-Lindenberg: Indochina – Krisenherd der Weltpolitik. Regionale und internationale Aspekte. München 1981; J. Cable: The Geneva Conference of 1954 on Indochina. Nachdruck Basingstoke 2000.

South-East Asia Treaty Organization (SEATO, Südostasienpakt)

Regionale Verteidigungsorganisation (1955–1977), mit Sitz in Bangkok, formal Gegenstück zur NATO, aber weniger effektiv: Das Bündnis wurde als Ergänzung zum BAGDADPAKT nach der GENFER INDOCHINA-KONFERENZ von den USA in Manila (Philippinen) gegründet (**1954**). Als Mitglieder traten bei: Australien, Großbritannien, Frankreich, Neuseeland, Pakistan, die Philippinen, Thailand, die USA. Die SEATO war konzipiert als Gegengewicht zum kommunistischen Nordvietnam und sollte der Ausbreitung des KOMMUNISMUS nach der »Domino«-Theorie entgegenwirken. Ein Zusatzprotokoll benannte Südvietnam, Laos und Kambodscha als zu verteidigende Interessengebiete. Die USA benutzten sie als Instrument für ihre Intervention im VIETNAMKRIEG (1964/65) und in Kambodscha (1970). Mit dem Scheitern der USA im Vietnamkrieg zerfiel die SEATO, löste sich nach dem Austritt Pakistans (1972), Frankreichs (1974), Thailands, der Philippinen (1975) auf (1977).

Literatur: G. Modelski (Hg.): SEATO. 6 Studies. Melbourne 1962; N. D. Palmer: South East Asia and United States Policy. Boston 1966.

Gipfelkonferenz

(Summit Conference) Konferenzen von Staats- und/oder Regierungschefs der Welt- und Großmächte: Churchill regte ihre Einberufung nach Stalins Tod (1953) in einer Unterhausrede zur Überwindung des KALTEN KRIEGS an (**1954**). Die Konferenzen in Genf (1955) und Paris (1960) blieben ergebnislos. Der Begriff übertrug sich auch auf westliche Weltwirtschaftskonferenzen mit entsprechender Zusammensetzung, später auch auf hochgestellte Konferenzen, z. B. der Staatspräsidenten der GUS (seit 1992).

Literatur: D. H. Dunn (Hg.): Diplomacy at the Highest Level. The Evolution of International Summitry. Basingstoke u. a. 1996.

Algerienkrieg

Antikolonialer Befreiungskrieg gegen Frankreich (1954–1962): Nach der Eroberung (1830 ff.) und Annexion (1848) Algeriens durch Frankreich und Aufständen (1859, 1864–1871, 1881) entstand im Untergrund die »Organisation Spéciale« (OS, 1947) als Reaktion auf zunehmende Repression. Den von Ägypten unterstützten Aufstand des »Comité Révolutionnaire pour l'Unité et l'Action« (CRUA, 1. November **1954**), bekämpfte die französischen Armee mit zuletzt einer ½ Mio. Mann. Mit Gründung der FRONT DE LIBÉRATION NATIONALE (FLN, 1955) trat der Krieg in eine neue Phase. In der »Schlacht um Algier« zerschlugen französische Fallschirmjäger die FLN mit TERROR und Folter (1957). Anschließend wurden ca. 1,6 Mio. Algerier deportiert. Nach Marokko und Tunesien geflüchtete Widerstandskämpfer bildeten die »Armée de la Libération«. Konzessionen der französischen Regierung an die FLN lösten den Generalsputsch in Algier aus, für ein »Algérie française« (13. Mai 1958). Algerienfranzosen, Militärs (u. a. General Salan) und französische Politiker (u. a. Georges Bidault) gründeten die OAS (Organisation de l'Armée Sécrète). Nach Bildung der Provisorischen Regierung (GPRA) unter Ferhat Abbas in Kairo (1958) setzte sich der französische Präsident de Gaulle für eine Verhandlungslösung ein (1959 ff.). Nach dem Scheitern eines OAS-Putsches (1961) und mit dem VERTRAG VON ÉVIAN (1962) erreichte Algerien seine Unabhängigkeit.

Historische Folgen waren die Unabhängigkeit Marokkos und Tunesiens (1956), AUTONOMIE für Französisch-Schwarzafrika, im LOI CADRE (1956) gesetzlich geregelt. Der Algerienkrieg bewirkte den Untergang der IV. und die Gründung der V. FRANZÖSISCHEN REPUBLIK (1958). Nach der Unabhängigkeit Algeriens (1962) mussten die französischen Kolonisten (»piedsnoirs«) nach Frankreich, u. a. Korsika, umsiedeln. Die DEKOLONISATION beschleunigte sich. Algerien driftete allmählich in blutige interne postkoloniale Konflikte.

Literatur: M. C. Hutchinson: Revolutionary Terrorism. The FLN in Algeria 1954–1962. Stanford (Cal.) 1978; H. Alleg (Hg.): La guerre d'Algérie. 3 Bde., Paris 1984–1986; Ph. Ch. Naylor: France and Algeria. A History of Decolonization and Transformation. Gainsesville (Fla.) 2000.

Warschauer Pakt

Militärbündnis des Ostblocks unter Führung der UdSSR, als Gegenstück zur NATO, in Reaktion gegen die Aufnahme der BUNDESREPUBLIK in die NATO (**1955**–1991): Mitglieder waren Albanien, Bulgarien, DDR, Polen, Rumänien, ČS(S)R, UdSSR, Ungarn. Der Sitz des vereinten Oberkommandos der Streitkräfte war in Moskau, stets mit einem Sowjetmarschall an der Spitze. Nach UNGARNAUFSTAND und POLNISCHEM OKTOBER (1956) vollendeten Truppenstationierungsverträge der UdSSR mit Polen (1956), DDR, Rumänien, Ungarn (1957) und der ČSSR (1968) die militärische Kontrolle der Staaten durch die UdSSR. Ungarn erklärte seinen Austritt (1. November 1956); nach der blutigen Niederschlagung des Ungarnaufstands (November 1956) kehrte es zurück ins Bündnis. Der Austritt Albaniens erfolgte faktisch (1961) und formell (1968). DIE MILITÄRINTERVENTION DES WARSCHAUER PAKTS IN DER ČSSR beendete den »PRAGER FRÜHLING« (1968). Die Androhung einer Militärintervention in Polen in der POLENKRISE (1980–1983), u. a. mit Militärmanövern in und um Polen, endete mit dem KRIEGSZUSTAND IN POLEN (1980/81). Der Warschauer Pakt löste sich im ZUSAMMENBRUCH DES KOMMUNISMUS auf (1991).

Literatur: R. Bauer: Der Warschauer Pakt. München 1991; A. I. Gribov: Der Warschauer Pakt. Berlin 1995; W. Ton u. a.: Geschichte des Warschauer Paktes. München [2]1996.

Österreichischer Staatsvertrag

Internationaler Vertrag zur Verleihung der SOUVERÄNITÄT an die 2. REPUBLIK ÖSTERREICH, an Stelle eines Friedensvertrags (1955): Nach langwierigen Verhandlungen zwischen den vier Besatzungsmächten Österreichs (seit 1946) gelang die Ausarbeitung des Staatsvertrags erst nach Stalins Tod (1953); in einer ersten Phase der Entspannung erfolgte die Vertragsunterzeichnung in Wien (15. Mai **1955**): Der Staatsvertrag garantierte Österreich Souveränität und Unabhängigkeit in den Grenzen vom 1. Januar 1938, Minderheitsrechte für slowenische und kroatische Minderheiten, verzichtete auf REPARATIONEN gegenüber Österreich, verbot den wirtschaftlichen und politischen ANSCHLUSS an Deutschland, verlangte eine demokratische Staatsform. Österreich erkannte die PARISER FRIEDENSVERTRÄGE an, das Verbot schwerer Waffen und aller ABC-Waffen. Die Besatzungstruppen der Alliierten zogen ab. Im Austausch für österreichische Warenlieferungen beendete die UdSSR die Konzessionen (vor allem auf Erdöl) in der Sowjetzone. Der österreichische Nationalrat beschloss einstimmig die Immerwährende Neutralität des Landes. Österreich trat der UNO bei. Nach dem Staatsvertrag begann der wirtschaftliche Aufschwung Österreichs.

Literatur: G. Stourzh: Kleine Geschichte des Österreichischen Staatsvertrags. Graz 1975.

Pariser Verträge

Nach dem Scheitern der EVG-Verträge in der französischen NATIONALVERSAMMLUNG (1954) verabschiedeter Komplex von Verträgen, die statt der EVG die direkte Aufnahme der BUNDESREPUBLIK in die NATO vorsahen und der Bundesrepublik die SOUVERÄNITÄT (mit alliierten Vorbehaltsrechten zu Westberlin und zur Einheit Deutschlands) zugestanden (**1955**).

Literatur: H. Brandweiner: Die Pariser Verträge. Berlin 1956; E. Jäckel: Die deutsche Frage 1952–54. Notenwechsel und Konferenzdokumente der vier Mächte. Frankfurt/Main, Berlin 1957.

Bagdadpakt

Regionales Bündnis zwischen der Türkei und Irak, erweitert um Iran, Pakistan und Großbritannien (**1955**), mit Sitz in Bagdad: Durch bilaterale Abkommen mit der Türkei, dem Iran und Pakistan traten die USA indirekt bei (1959). Nach dem Sturz der Monarchie im Irak (1958) und dem Austritt des Irak (1959) erfolgten die Umwandlung des Bündnisses in die »Central Treaty Organization« (CENTO) und Verlegung des Sitzes nach Ankara. Durch die Mitgliedschaft Großbritanniens, indirekt auch der USA sowie Pakistans entstand eine Verknüpfung mit NATO und SEATO. Die CENTO fördert die wirtschaftliche und technische Zusammenarbeit zwischen seinen Mitgliedstaaten. Nach dem Austritt des Iran wurde sie aufgelöst (1979).

Literatur: E. Podeh: The Quest for Hegemony in the Arab World. The Struggle Over the Bagdad Pact. Leiden u. a. 1995; M. Persson: Great Britain, the United States and the Security of the Middle East. The Formation of the Baghdad Pact. Lund u. a. 1998.

Front de Libération Nationale (FLN)

Algerische Unabhängigkeitsbewegung, gegründet im ägyptischen Exil von Mitgliedern des »Comité Révolutionnaire pour l'Unité et l'Action« (CRUA), u. a. mit Ben Bella, Mohammed Boudiaf (**1955**), die fortan den ALGERIENKRIEG (1954–1962) trug: Nach dem Beitritt von Ferhat Abbas (1956) bildete die FLN in Tunis eine PROVISORISCHE REGIERUNG (GPRA, 1958) unter Ferhat Abbas, abgelöst von Ben Khedda (1961). Nachdem die französische Armee seit 1957 mit TERROR (Folter, Massakern) und DEPORTATIONEN die Strukturen der FLN in Algerien zerschlagen hatte, konnte sich die GPRA nur noch auf die Exilarmee (Armée de Libération Algérienne) geflüchteter Widerstandskämpfer im benachbarten Tunesien und Marokko stützen. Gleichwohl erreichte die FLN-Regierung im VERTRAG VON ÉVIAN die Unabhängigkeit (1962) und wurde im souveränen Algerien Regierungspartei sozialistischen Anspruchs, bald mit üblichen Erscheinungen (Oligarchisierung, autoritäre Erstarrung, Korruption). In der Dauerkrise Algeriens wurde sie von einer neuen Regierungspartei (Rassemblement National Démocratique) abgelöst (1997), behauptete sich aber noch als eigene Partei.

Literatur: H.F. Jackson: The FLN in Algeria. Party Development in a Revolutionary Society. Westport (Conn.) 1977; M. Crenshaw Hutchinson: Revolutionary Terrorism. The FLN in Algeria 1954–1962. Stanford (Cal.) 1978; M. Harbi: Le F.L.N., mirage et realité. Paris 1980.

Bandung-Konferenz

Konferenz 29 unabhängiger Staaten Asiens und Afrikas, einschließlich der VOLKSREPUBLIK CHINA und Jugoslawiens in Bandung (Indonesien, **1955**): Sie bezog Position gegen Kolonialismus und für »aktive Neutralität« im KALTEN KRIEG. Sitz des Generalsekretariats war Kairo. Folgekonferenzen fanden u. a. in Belgrad statt (1961).

Literatur: H.-E. Heyke: Die asiatisch-afrikanische Konferenz von Bandung, 18.–24. April 1955. Zur Deutung der politischen Leitmotive und Kräfte. Diss. Köln 1964; R. Wright: The Color Curtain. A Report on the Bandung Conference. Jackson 1995.

Zypernkonflikt

Postkolonialer Konflikt um das seit der osmanischen Eroberung (1570/71) ethnisch und religiös geteilte Zypern, die das griechische Element wieder – nach SARAZENEN (teilweise, 647–969) und Lateinern (1189–1570/71) – unter Fremdherrschaft brachte, diesmal mit Einsiedlung einer substantiellen türkischen herrschenden Minderheit: Zwei Phasen mit unterschiedlichen Frontstellungen sind im Zyperkonflikt zu unterscheiden: Zunächst standen einander Inselgriechen und Briten gegenüber (1921–1959); seit der Unabhängigkeit (1960) verläuft die Konfliktlinie zwischen Inselgriechen und Inseltürken, ausgelöst durch Forderungen nach ENOSIS (Anschluss an Griechenland).

- Die britische Besetzung Zyperns (1878) und Annexion (1914) nahm den Türken ihre privilegierte Machtposition und drückte sie in einen deprimierenden Minderheitsstatus, zumal die Griechen begünstigt wurden. Nach dem Ersten und Zweiten Weltkrieg versuchten Inselgriechen, dem Präzedenzfall Kretas (1908) folgend, die Enosis Zyperns durch Aufstände zu erzwingen (1921, 1948ff.), eskaliert zum Guerillakrieg unter Grievas (**1955**–1959), gegen den die Briten mit aller Härte vorgingen (u. a. Abholzen von Olivenbäumen). Das Zypernabkommen (1959), das Zypern eine prekäre Unabhängigkeit unter Erzbischof Makarios (»Ethnarch«) gab, unter Wahrung der Minderheitsrechte für die Inseltürken, legte das Anschlussverbot an Griechenland fest (1960).

- Unter Druck der Inselgriechen schränkte Makarios Rechte der Inseltürken ein. So eskalierten Dauerspannungen zwischen Griechenland und der Türkei über Zypern zu wechselseitigen Massakern und zur ersten faktischen Teilung Zyperns, auch der Hauptstadt Nikosia zwischen türkischen und griechischen Wohngebieten (1963/64). Die UNO versuchte, u. a. durch Entsendung von Blauhelm-Soldaten und von der UNO gesicherte Konvois in eine griechische Enklave an der Nordküste, die Kluft zwischen beiden Volksgruppen zu überbrücken. Der Staatsstreich rechtsgerichteter Offiziere, auf Befehl der griechischen Militärjunta in Athen, zum Sturz Makarios und zur Erzwingung der Enosis (1974) provozierte die Militärintervention der Türkei, die den Norden Zyperns, rund 40 % der Insel, okkupierte und eine nur von der Türkei anerkannte Republik der Inseltürken etablierte.

Seitdem schwelt der Zypernkonflikt weiter. Erst die Möglichkeit zur Aufnahme Zyperns in die EU eröffnet die Chance zur friedlichen Einigung, da die EU als Vorbedingung zur Mitgliedschaft die vorherige Lösung von Minderheiten- und Grenzproblemen zwingend vorschreibt.

Literatur: F. Mirbagheri: Cyprus and International Peacemaking. New York 1998; J.S. Joseph: Cyprus – Ethnic Conflict and International Politics. From Independence to the Threshold of the European Union. Neudruck Basingstoke 1999; A. Sherman: Zypern. Die gefolterte Insel. Der griechisch-türkische Zypernkonflikt und seine Hintergründe. Freiburg/Breisgau 1999; I. D. Stefanidis: Isle of Discord. Nationalism, Imperialism and the Making of the Cyprus Problem. London 1999.

XX. Parteitag der KPdSU

Erster Parteitag seit Stalins Tod (1953) in Moskau (Februar **1956**): Er proklamierte die Friedliche Koexistenz als Forderung. In seiner Geheimrede rechnete Chruschtschow mit Stalins Diktatur ab und gab den Anstoß zur Entstalinisierung. Die Geheimrede wurde als Parteiverschlusssache im Ostblock rasch bekannt, brachte politische Unsicherheit und Verwirrung, eskalierend zum Polnischen Oktober und Ungarnaufstand (1956).

Literatur: R. Crusius (Hg.): Entstalinisierung. Der XX. Parteitag der KPdSU und seine Folgen. Frankfurt/Main 1977; N. S. Chruschtschow: Die Geheimrede Chruschtschows. Berlin 1990.

Friedliche Koexistenz

Strategie der Sowjetpolitik seit dem XX. Parteitag der KPdSU (**1956**): Dem Nebeneinanderbestehen von Kommunismus und Kapitalismus im »Wettkampf der Systeme« erwuchs kein ideologischer Waffenstillstand, sondern u. a. Unterstützung kolonialer Befreiungsbewegungen in der DEKOLONISATION. Sie war Ausgangspunkt für den Bruch mit der VOLKSREPUBLIK CHINA seit der Entstalinisierung in der UdSSR über die Frage der Vermeidbarkeit des Kriegs. Friedliche Koexistenz bestimmte den »Geist von Camp David« (1959), wurde nach dem Bau der BERLINER MAUER, der KUBAKRISE (1961) und seit der NEUEN OSTPOLITIK (1970 ff.) allgemeines Prinzip der Weltpolitik. Die KSZE in Helsinki ermöglichte im Osten Lockerungen bis hin zur Auflösung. Zahlreiche Länder der Dritten Welt schlossen sich der UdSSR an, u. a. Kongo-Brazzaville (1969), Südjemen (1970), Benin, Äthiopien (1974), Angola, Moçambique, Vietnam, Laos, Kambodscha, Madagaskar (1975), Afghanistan (1978). Nach dem AFGHANISTANKRIEG (1979–1988) und der POLENKRISE (1985–1990) verschärfte sich in Ost und West der Rüstungswettlauf. Das Ende des KALTEN KRIEGS (1989/90) und neue Regionalkonflikte überholten die Strategie, auch weil blutige Nachfolgekriege die »Friedliche Koexistenz« handgreiflich ad absurdum führten.

Literatur: P. J. Potichnyi/J. P. Shapiro (Hg.): From the Cold War to Detente. New York 1976; H.-P. Schwarz/B. Meisner (Hg.): Entspannungspolitik in Ost und West. Köln 1979; M. Görtemaker: Die unheilige Allianz. Die Geschichte der Entspannungspolitik 1943–1975. München 1979; H. Bertram: Die Politik der friedlichen Koexistenz zwischen Staaten unterschiedlicher Gesellschaftsordnung. Leipzig 1985.

Republikanische Front

(Front Républicain) Von der KPF unterstützte Wahlkoalition zwischen SFIO und RADIKALSOZIALISTEN zur letzten Wahl in der IV. FRANZÖSISCHEN REPUBLIK (**1956**): Die Koalition befürwortete die rasche Beilegung des ALGERIENKRIEGS (seit 1954), errang den Wahlsieg und bildete die Regierung unter dem Sozialisten Mollet (1956/57). Mollet wich in Algier vor feindseligen französischen Demonstranten zurück und setzte den Algerienkrieg in aller Härte fort. Die Front zerfiel nach der Unabhängigkeit Marokkos und Tunesiens und dem LOI CADRE (1956). Nach der gescheiterten Intervention in der SUEZKRISE trat Mollet zurück (1957. Mit dem GENERALSPUTSCH VON ALGIER wurde die IV. Republik gestürzt.

Literatur: P. M. Williams: French Politicians and Elections, 1951–1969. London 1970, S. 49–53, 63, 167.

Nationale Volksarmee (NVA)

Streitkräfte der DDR, entstanden aus der Kasernierten Volkspolizei (KVP, **1956**), mit ALLGEMEINER WEHRPFLICHT (1962): Die ca. 200 000 Mann waren dem WARSCHAUER PAKT unterstellt. Die NVA beteiligte sich an der MILITÄRINTERVENTION DES WARSCHAUER PAKTS IN DER ČSSR (1968) und an ostentativen Manövern in der POLENKRISE (1981). Die NVA löste sich mit der DEUTSCHEN VEREINIGUNG auf und wurde teilweise von der Bundeswehr übernommen (1990).

Literatur: D. Bald (Hg.): Die Nationale Volksarmee – Armee für den Frieden. Baden-Baden 1995; W. Ton u. a.: Geschichte der Nationalen Volksarmee. München ^{2}1996.

Bundeswehr

Streitkräfte der BUNDESREPUBLIK: Der Aufbau der Bundeswehr erfolgte nach dem Beitritt der Bundesrepublik zur NATO (1955) mit ALLGEMEINER WEHRPFLICHT (**1956**), im Spannungsfeld zwischen DEMOKRATIE (»Innere Führung«, »Staatsbürger in Uniform«) und Traditionspflege, konfrontiert mit wachsender Kriegsdienstverweigerung. Die Bundeswehr verfügte über zwei Korps mit 12 Divisionen mit ca. ½ Mio. Soldaten. Sie litt an Rekrutierungsproblemen, als geburtenschwache Jahrgänge das Wehrpflichtalter erreichten. Sie wurde geographisch ausgedehnt durch die Vereinigung Deutschlands (1990), aber numerisch und finanziell drastisch reduziert. Die Bundeswehr beteiligte sich an NATO/UNO-Einsätzen in Bosnien-Herzegovina, im Kosovo, in Makedonien, Somalia und nach dem MANHATTAN-ATTENTAT (2001) in Afghanistan.

Literatur: W. v. Baudissin: Soldat für den Frieden. Entwürfe für eine zeitgemäße Bundeswehr. Hg. von P. v. Schubert. München 1969; R. Bauer: Die westdeutsche Bundeswehr und ihre Traditionen. München 1991; H.-M. Ottmer (Hg.): Die Entwicklung deutscher Sicherheitspolitik und die Geschichte der Bundeswehr. Berlin u. a. [2]1995; W. Ton: u. a.: Geschichte und Marksteine der Bundeswehr. München 1996.

2. Nahostkrieg (Suezkrise)

Schwere internationale Krise, verschärft durch den 2. Nahostkrieg und gleichzeitigen UNGARNAUFSTAND (**1956**): Im ALGERIENKRIEG unterstützte Ägypten die algerischen Auständischen (1954 ff.). Danach verweigerten die USA Kredite für den Bau des Assuanstaudamms am Nil. Auch deshalb verstaatlichte Nasser die Suezkanalgesellschaft (1956). In der ihrer Militärintervention besetzten England und Frankreich Suez; gleichzeitig griff Israel Ägypten im 2. Nahostkrieg an, besetzte die Sinai-Halbinsel und den Gazastreifen. Die (erstmalige) Drohung der UdSSR mit Raketen (ein Bluff) und Druck der USA auf Israel, England und Frankreich beendeten den Krieg und erzwangen den Rückzug der britischen und französischen Truppen. Premierminister Eden und Ministerpräsident Mollet traten zurück (1957). Teile der arabischen Welt rückten vom Westen ab und wandten sich der UdSSR zu. Die Suezkrise radikalisierte die Palästinenser, die die Al-Fatah (1959) und PLO (1964) gründeten. Zum Bau des Assuanstaudamms leistete die UdSSR Hilfe (1965–1970).

Literatur: A. Gorst/L. Johnman: The Suez crisis. London, New York 1997; I. Borowy: Diplomatie als Balanceakt. Die Nahostpolitik der Eisenhoweradministration 1953–57 im Schatten der Suezkrise. Rostock 1998; W. Heinemann (Hg.): Das internationale Krisenjahr 1956. Polen, Ungarn, Suez. München 1999.

»Lasst 100 Blumen blühen!«

Liberale Phase der Meinungsfreiheit in der VOLKSREPUBLIK CHINA (**1956**/57), benannt nach einem Zitat Mao Tse-tungs bei Eröffnung der Kampagne: Der XX. PARTEITAG DER KPDSU beeinflusste die Bewegung, die rasch an Eigendynamik gewann, auch gegen das kommunistische

System. Daher wurde sie durch einen härteren Kurs (1957) abgelöst, den »GROSSEN SPRUNG NACH VORN« (1958).

Literatur: R. MacEarquhar: The Hundred Flowers Campaign and the Chinese Intellectuals. New York 1960.

Polnischer Oktober

Krise in der VOLKSREPUBLIK POLEN (**1956**), ausgelöst durch Unsicherheiten seit dem XX. PARTEITAG DER KPdSU nach der Geheimrede Chruschtschows zur Entstalinisierung und seit dem Posener Aufstand (Juni 1956). In Polen setzte ein Prozess der Entstalinisierung und Emanzipation von der totalen HEGEMONIE der UdSSR (Oktober 1956) ein. Gomulka wurde ohne vorherige Bestätigung und gegen den Willen der ohne Einladung angereisten KREMLführung 1. Parteisekretär. Die drohende Militärintervention des WARSCHAUER PAKTS konnte wegen des gleichzeitigen UNGARNAUFSTANDS nur mit Mühe abgewehrt werden. Mit der Entstalinisierung wurde die Zwangskollektivierung der Landwirtschaft aufgehoben, der Druck auf die Katholische Kirche ließ nach, größere intellektuelle Freiheiten machten Polen zur liberalsten Volksdemokratie. Sowjetmarschall Rokossowski (*1896, †1968) musste als Verteidigungsminister zurücktreten. Die Liberalisierung endete mit allmählicher Rücknahme der Rechte der Arbeitnehmerselbstverwaltung und dem Stationierungsvertrag für die ROTE ARMEE (1956–1990).

Literatur: K. Syrup: Spring in October. The Story of the Polish Revolution 1956. New York 1957; W. Heinemann (Hg.): Das internationale Krisenjahr 1956. Polen, Ungarn, Suez. München 1999.

Ungarnaufstand

Nach dem XX. PARTEITAG DER KPdSU und der Geheimrede Chruschtschows forderte Ungarn, ermutigt durch den POLNISCHEN OKTOBER (**1956**), die rasche Entstalinisierung. Imre Nagy, Exponent einer liberalen Erneuerung, wurde wieder Ministerpräsident. Im Aufstand kämpfte die Armee (HONVED) aufseiten der Aufständischen gegen die ROTE ARMEE, die abziehen musste. Ungarn verkündete unter dem Druck der Aufständischen den Austritt aus dem WARSCHAUER PAKT (1. November). Der moskautreue Kádár bildete eine Gegenregierung zur Regierung Nagy und rief die Rote Armee zurück, die den Aufstand in blutigen Straßenkämpfen niederwarf. Danach flohen viele Ungarn über Österreich in den Westen. Viele maßgeblich am Aufstand Beteiligte wurden zum Tode verurteilt und hingerichtet. Ungarn trat erneut dem Warschauer Pakt bei, mit Stationierungsvertrag für die Rote Armee (1957), Nagy wurde erschossen (1958). Allmählich setzte wieder eine Phase der Liberalisierung und des Wohlstands ein (1960 ff.). Der Ungarnaufstand löste eine schwere Krise in den westlichen kommunistischen Parteien aus (Massenaustritte, Kritik an der UdSSR; 1956 ff.). Seine Anführer wurden nach dem ZUSAMMENBRUCH DES KOMMUNISMUS rehabilitiert (1989).

Literatur: F. Feitjö: La tragédie hongroise. Paris 1956, Neuausgabe Paris 1996; P. Gosztony: Der Ungarische Volksaufstand in Augenzeugenberichten. Neuausgabe München 1981; A. Heller/E. Fehér: Ungarn '56. Geschichte einer antistalinistischen Revolution. Hamburg 1982; G. Litvan (Hg.):

Die ungarische Revolution 1956. Reform – Aufstand – Vergeltung. Wien 1994; G. Alföldy: Ungarn 1956. Aufstand, Revolution, Freiheitskampf (Vortrag). Heidelberg [2]1998; W. Heinemann (Hg.): Das internationale Krisenjahr 1956. Polen, Ungarn, Suez. München 1999.

Honved

(ungar.: Landesverteidiger) Offizieller Name der ungarischen Armee (seit 1919): Honved war ursprünglich Bezeichnung für die Freiwilligen-MILIZ in der UNGARISCHEN REVOLUTION (1848/49), nach dem österreichisch-ungarischen AUSGLEICH (1867) für die Miliz (1867–1918). Die Armee nahm im UNGARNAUFSTAND Partei für die Aufständischen gegen die ROTE ARMEE (**1956**). Nach Niederschlagung des Aufstands stand sie unter scharfer Kontrolle der in Ungarn stationierten Roten Armee, war auch an der MILITÄRINTERVENTION DES WARSCHAUER PAKTS IN DER ČSSR (1968) beteiligt.

Loi Cadre

(Rahmengesetz) Gesetz in Frankreich für seine KOLONIEN in Afrika südlich der Sahara, um das Übergreifen des ALGERIENKRIEGS auf Schwarzafrika zu verhindern (**1956**): Nach der AUTONOMIE (1955) und SOUVERÄNITÄT (1956) für Marokko und Tunesien wurden auch Französisch-Westafrika und Französisch-Zentralafrika autonom (1956), als Vorstufe zur Unabhängigkeit und DEKOLONISATION südlich der Sahara (1960).

Literatur: F. Nuscheler/K. Ziemer: Politische Herrschaft in Schwarzafrika. Geschichte und Gegenwart. München 1980, S. 53–55.

Istiqlal-Partei

(arab.: Istiqlal = Unabhängigkeit) Nationale Unabhängigkeitspartei Marokkos: Nach ihrer Gründung (1944) war die Partei die führende Kraft im Kampf um die Unabhängigkeit Marokkos und nach der Unabhängigkeit die stärkste Partei des Landes (**1956**). Nach der SEZESSION des linken Flügels mit demokratisch-sozialistischen Tendenzen (»Union Nationale des Forces Populaires«, UNFP, 1959) betrieb sie als Partei des konservativen Bürgertums eine loyale Zusammenarbeit mit der KRONE bis zur Auflösung des PARLAMENTS durch König Hassan II. (1965). Danach entschied sie sich in kritischer Distanz zum König mehrfach zum BOYKOTT der Wahlen (ab 1970).

Literatur: M. Monjib: L'Istiqlal, l'U.N.F.P. et le pouvoir au Maroc, 1955–1965. Diss. Montpellier 1989.

Tamilen

Dunkelhäutiges Volk drawidischer Sprache in Südostindien, vor allem im Bundesstaat Tamil Nadu (seit 1968 mit diesem offiziellen Namen) und in Sri Lanka: Die Tamilen entwickelten eine eigene südindisch-drawidische Variante der indischen Hochkultur und stellten verschiedene Großreiche unter wechselnden Dynastien: Pallava, Chola und Pandya. MUSLIME eroberten mehrfach Hindureiche der Tamilen (ab 1465). Von Madras begann die englische EAST INDIA COMPANY Südostindien zu kolonisieren (ab 1639). Im unabhängigen Indien (1947) gelang den Tamilen die Bewahrung ihrer drawidischen Identität.

Vom Festland aus kamen Tamilen erstmals nach Sri Lanka (nach 200 v. Chr.), wurden aber von SINGHALESEN besiegt (161 v. Chr.). Seitdem befinden sich die beiden, auch durch ihre Religion geschiedenen Volksgruppen (Singhalesen: buddhistisch, Tamilen: hinuistisch) im Dauerkonflikt. Unter der Chola-Dynastie eroberten Tamilen vom indischen Festland ein zweites Mal Sri Lanka (1017–1070) und bildeten später im Norden der Insel ein eigenes Königreich (nach 1300). Erst die britische Kolonialmacht löste eine neue Einwanderungswelle von Festland-Tamilen aus, als Arbeiter für die Teeplantagen (ab 1840). Alteingesessene (»Ceylon Tamils«) und neu hinzugekommene (»Indian Tamils«) gehörten unterschiedlichen KASTEN an mit unterschiedlichen historisch-kulturellen Identitäten, lebten daher meist nebeneinander her.

Seit der Unabhängigkeit Sri Lankas (1948) eröffnete die singhalesische Mehrheit unter dem Druck BUDDHISTISCHER Mönche die systematische Diskriminierung der Tamilen: Singhalesisch wurde alleinige Staatssprache (**1956**). Erste blutige Konflikte zwischen beiden Volksgruppen (1958) und die Verweigerung der AUTONOMIE für die Tamilen wurden verschärft durch die LIBERATION TIGERS OF TAMIL EELAM (LTTE) und ihren blutigen Bürgerkrieg für einen unabhängigen Tamilstaat (»Tamil Eelam«, seit 1983), der sich weiter verschärfte, mit wechselseitigen Terroranschlägen, besonders der LTTE. Wiederholt herrschte Ausnahmezustand (zuletzt 1998), Friedensbemühungen scheiterten u. a. an radikalen Forderungen der LTTE, die in Kämpfen gegen rivalisierende Organisationen und die Armee allmählich die Kontrolle über den (tamilischen) Norden der Insel gewann. Zahlreiche Tamilen flohen nach Europa (ab 1983), als erste große Welle von Bürgerkriegsflüchtlingen aus der postkolonialen »Dritten Welt«. Trotz wiederholten Autonomie-Angeboten der Regierung für den Norden gingen die wechselvollen Kämpfe und Terroranschläge bisher (2002) weiter.

Literatur: S. Ponnambalam: Sri Lanka. National Conflict and the Tamil Liberation Struggle. Thornton Heath 1983; Deutsches Übersee-Institut (Hg.): Sri Lanka. Der Konflikt zwischen Singhalesen und Tamilen. Publikationen 1986–1989. Hamburg 1989; Ch. Manogaran: The Sri Lankan Tamils. Ethnicity and Identity. Westview 1994; N. Subrahmanian: The Tamils. Their History, Culture, and Civilization. Madras 1996; J. Rösel: Die Gestalt und Entstehung des Tamilischen Nationalismus. Berlin 1997; A. Jeyaratnam Wilson: Sri Lankan Tamil Nationalism. Its Origins and Development in the Nineteenth and Twentieth Centuries. London 2000.

Rapacki-Plan

Vorschlag des polnischen Außenministers Rapacki zur Schaffung einer atomwaffenfreien Zone in Mitteleuropa (**1957**): Der Plan stieß im Westen auf Ablehnung, trug aber zur Politik der Entspannung bei.

Literatur: J. R. Ozinga: The Rapacki Plan. The 1957 Proposal to Denuclearize Central Europe, and an Analysis of Its Rejection. Jefferson (N. C.) 1989; E. Laboor: Der Rapacki-Plan. Realistische Friedensidee oder Kampfplan gegen Bonn? Die Sicht Warschaus, Moskaus und Berlins. Berlin 1993.

Europäische Wirtschaftsgemeinschaft (Europäische Gemeinschaft, Europäische Union; EWG, EG, EU)

Organisation zur ökonomischen (Gemeinsamer Markt) politischen, kulturellen und rechtlichen Integration Westeuropas, auch als westliches Gegenstück zum RGW (COMECON): Die EWG entstand in Fortentwicklung der MONTANUNION durch die Römischen Verträge (**1957**), trat am 1. Januar 1958 zugleich mit EURATOM in Kraft. Gründungsmitglieder waren die BUNDESREPUBLIK, Frankreich, Italien und die BENELUX-STAATEN. Die EWG expandierte ökonomisch in der Hochkonjunktur, erzeugte aber durch massive Agrarsubventionen auch kostspielige Überschüsse (u. a. »Butterberg«, »Schweineberg«, »Milchsee«, Getreide wurde »denaturiert«, Obst zur Stabilisierung der Preise vernichtet), die teilweise durch verbilligte Lieferungen nach Osteuropa abgebaut wurden. Die EWG schloss sich mit der Europäischen Gemeinschaft für Kohle und Stahl (EGKS, Montanunion) und EURATOM zur Europäischen Gemeinschaft (EG) zusammen (1967).

Die EG verwirklichte die Zollunion durch Abschaffung der Binnenzölle mit gemeinsamen Außenzöllen (1970), entwickelte sich zur bedeutenden Außenhandelsmacht, in Konkurrenz zu den USA und Japan. Sie erweiterte sich durch den Beitritt Großbritanniens, Irlands und Dänemarks (1973), Griechenlands (1981), Portugals und Spaniens (1986), Finnlands, Schwedens und Österreichs (1995) zur Europäischen Union (EU). Die Türkei drängt auf Beitritt, gehört bisher aber, neben Israel und den meisten afrikanischen Staaten, nur zu den assoziierten Ländern. Die Tendenz zur gemeinsamen Außenpolitik zeigte sich u. a. im NAHOSTKONFLIKT, im AFGHANISTANKRIEG, in der POLENKRISE, im FALKLANDKRIEG, in der Verhängung von SANKTIONEN gegen Südafrika und der Anerkennung der Unabhängigkeit der baltischen Republiken (1991), Sloweniens, Kroatiens und Bosnien-Herzegovinas (1992). Seit dem ZUSAMMENBRUCH DES KOMMUNISMUS drängen postkommunistische Nachfolgestaaten in die EG/EU, die mit den EFTA-Staaten die Bildung eines europäischen Wirtschaftsraumes (1992) schloss. Die MAASTRICHTER VERTRÄGE wandelten die EG in die Europäische Union (EU) um (1993).

Im Prozess der politischen Einigung Europas sind noch zahlreiche Probleme offen: So nehmen an der neuen Wirtschafts- und Währungsunion (EWWU) nicht alle EU-Mitgliedstaaten teil (Großbritannien, Dänemark und Schweden). Auch die Aufnahme neuer Mitgliedstaaten, nach der Norderweiterung als Osterweiterung, stößt teilsweise auf Widerstand, da die südeuropäischen Länder, vor allem Spanien, keine Reduzierung ihrer EU-Subventionen hinnehmen wollen. Als sichere Beitrittskandidaten gelten Polen, die ČSSR, Ungarn, Estland, Slowenien und Zypern.

Literatur: W. Weidenfeld/W. Wessels (Hg.): Europa von A–Z. Taschenbuch der europäischen Integration. Bonn 1994; C. Gasteyger: Europa zwischen Spaltung und Einigung 1945–1993. Bonn 1994; H. Boldt: Die Europäische Union. Geschichte, Struktur, Politik. Mannheim u. a. 1995; W. Woyke/J. Varwick: Europäische Union. Erfolgreiche Krisengemeinschaft. Einführung in Geschichte, Strukturen, Prozesse und Politiken. München u. a. 1998; F. R. Pfetsch/T. Beichelt: Die Europäische Union. Geschichte, Institutionen, Prozesse. München ^{2}2001.

Bürgerrechtsgesetzgebung (Civil Rights)

Gesetzgebung in den USA zur Herstellung bzw. Sicherstellung gleicher Bürgerrechte für AFRO-AMERIKANER seit der ersten Phase in der RECONSTRUCTION PERIODE (1865–1877) nach dem AMERIKANISCHEN BÜRGERKRIEG: Dem Grundsatzurteil des Obersten Gerichtshofs der USA über die Verfassungswidrigkeit der Rassentrennung in Schulen (1954) und dem Beginn der Bürgerrechtsbewegung mit dem BUSBOYKOTT in Montgomery (Alabama) durch Afro-Amerikaner unter Martin Luther King (1955/56) folgte trotz heftigem Widerstand im Süden die erste Gesetzgebung unter Eisenhower (**1957**). Präsident Johnson führte die Gesetzgebung nach dem Marsch auf Washington (1963) und ersten »heißen Sommern« (1964/65) fort. Die Gleichberechtigung verwirklichte sich auch in den Südstaaten nach einigen Konflikten. Außergesetzliche Diskriminierung schwelt, auch im Norden, latent weiter.

Literatur: T. Giegerich: Privatwirkung der Grundrechte in den USA. Die State Action Doctrine des U.S. Supreme Court und die Bürgerrechtsgesetzgebung des Bundes. Berlin u. a. 1992; J. M. Dunn: The Civil Rights Movement. San Diego (Cal.) 1998; J. E. Davis: The Civil Rights Movement: Maldon (Mass.) 2001.

Sputnik

(russ.: Weggenosse) Erster künstlicher Erdsatellit, von der UdSSR in die Erdumlaufbahn geschossen (**1957**): Ihm folgten zahlreiche weitere, später auch von den USA konstruierte Satelliten. Sputnik markierte den Beginn der Weltraumfahrt. Die USA sahen sich im Hintertreffen (»Sputnik-Schock«) und verstärkten die Ausbildung von Naturwissenschaftlern – eine Entwicklung, die auch auf Westeuropa übergriff (Hochschulreform). Mit Forcierung des Weltraumprogramms gelang den Amerikanern mit APOLLO 11 (1969) die Landung auf dem Mond.

Literatur: G. Diessner/M. Jahr: Die Welt spricht vom »Sputnik«. Pressestimmen aus aller Welt. Berlin 1957.

Hallstein-Doktrin

Prinzip der Außenpolitik der BUNDESREPUBLIK, benannt nach dem Staatssekretär im Auswärtigen Amt, Walter Hallstein, erstmals formuliert in der Regierungserklärung nach Aufnahme diplomatischer Beziehungen zur UdSSR (1955): Die Bundesrepublik mit Alleinvertretungsanspruch als allein demokratisch legitimierter deutscher Staat unterhält (mit Ausnahme der UdSSR) keine diplomatischen Beziehungen zu einem Staat, der die DDR anerkennt. Bonn wandte die Hallstein-Doktrin gegen Jugoslawien (**1957**), Kuba (1963) und einige arabische Länder (1965) an. Die Aufnahme diplomatischer Beziehungen zu Rumänien (1967) und zu Jugoslawien (1968) widersprach erstmals dem Prinzip, das die SOZIALLIBERALE KOALITION mit ihrer NEUEN OSTPOLITIK (1970) endgültig aufgab.

Literatur: H. H. Verfürth: Die Hallstein-Doktrin und die Politik der Bundesregierung gegenüber den osteuropäischen Staaten. Bochum 1968; R. M. Booz: »Hallsteinzeit«. Deutsche Außenpolitik

1955–1972. Bonn 1995; W. Kilian: Die Hallstein-Doktrin. Der diplomatische Krieg zwischen der BRD und der DDR 1955–1973. Aus den Akten der beiden deutschen Außenministerien. Berlin 2001.

Afro-Asiatische Solidaritätskonferenz

Internationale Konferenz nichtstaatlicher Organisationen in Kairo zur Unterstützung kolonialer Unabhängigkeitsbewegungen (**1957**): Die Konferenz mit ständigem Sekretariat in Kairo verurteilte Kolonialismus und IMPERIALISMUS. Zahlreiche weitere Konferenzen mit vergleichbaren Zielsetzungen folgten.

Eisenhower-Doktrin

Grundsatzerklärung des US-Kongresses nach Verschärfung des KALTEN KRIEGS (UNGARNAUFSTAND, SUEZKRISE; 1956), eingebracht von Präsident Eisenhower (**1957**): »Unabhängigkeit und Integrität der Nationen des Mittleren Ostens [sind] lebensnotwendig« für die nationalen Interessen der USA und für den Weltfrieden.« Zum Schutz gegen kommunistische Infiltration boten die USA Wirtschafts- und Militärhilfe an, auch die Entsendung von US-Truppen. Jordanien erhielt Hilfe (1957); im Libanon landete US-Marineinfanterie und intervenierte im Bürgerkrieg (1958).

Literatur: C. C. Alexander: Holding the Line. The Eisenhower Era, 1952–1961. Bloomington (Ind.) 1975; M. Beglinger: »Containment« im Wandel. Die amerikanische Außen- und Sicherheitspolitik im Übergang von Truman zu Eisenhower. Stuttgart 1988; U. H. Brunnhuber: Die Libanonkrise 1958. U.S.-Intervention im Zeichen der Eisenhower-Doktrin. Hamburg 1997.

Volkskommunen

Zusammenfassung landwirtschaftlicher Produktionsgenossenschaften zu größeren Einheiten (mit oft ca. 10 000 Familien) im »GROSSEN SPRUNG NACH VORN« in der VOLKSREPUBLIK CHINA (**1958**): Die Volkskommunen sollten »Bedingungen für einen allmählichen Übergang zum KOMMUNISMUS schaffen«, agrarische und industrielle Produktion entfalten, »Unterschiede zwischen Stadt und Land, zwischen körperlicher und geistiger Arbeit beseitigen« (Satzung der 1. Volkskommune »Sputnik«). Die straffe Organisierung des Arbeitsprozesses und gesellschaftlichen Lebens (Kindergärten, Wäschereien, Schneiderwerkstätten, Volksküchen, Kantinen, Altenheime), Mobilisierung weiblicher Arbeitskräfte, Zusammenfassung von Arbeitskräften in Produktionsbrigaden zog die Kritik der UdSSR nach sich. Nach schweren Naturkatastrophen wurde die Durchschnittsgröße der Volkskommunen gesenkt (1959); die Stellung der Produktionsbrigaden (mit großen Einkommensunterschieden) wurde gestärkt. Sie gingen später in ihrer Bedeutung stark zurück und verloren ihre kommunalen Verwaltungskompetenzen durch die neue Verfassung (1982).

Literatur: M. Biehl: Die chinesische Volkskommune im »Großen Sprung« und danach. Hamburg 1965; E. L. Wheelwright/B. MacFarlane: The Chinese Road to Socialism. New York, London 1970.

Westindische Föderation

Zusammenschluss der britischen KOLONIEN auf den Westindischen Inseln, seit **1958** unabhängig im COMMONWEALTH: Die Föderation löste sich nach dem Plebiszit auf Jamaika (1961) wieder auf (1962); die Inselstaaten erlangten einzeln ihre Unabhängigkeit.

Literatur: W. Lewinski: Die westindische Föderation, in: Zeitschrift für Politik, Neue Folge 17/ 1970.

Generalsputsch von Algier

Putsch rechtsextremer französischer Militärs und Politiker in Algier, um die Unabhängigkeit Algeriens zu verhindern (13. Mai **1958**): Der Putsch bewirkte das Ende der IV. FRANZÖSISCHEN REPUBLIK, de Gaulles Machtübernahme zur Verteidigung der »Algérie française« in der V. FRANZÖSISCHEN REPUBLIK. Die Wiederholung eines Putschs, jetzt gegen de Gaulle, schlug fehl (1961), gefolgt von Gründung der OAS.

Literatur: C. S. Maier/D. S. While (Hg.): The Thirteenth of May. The Advent of de Gaulle's Republic. New York 1968.

V. Französische Republik

Nach dem Sturz der IV. FRANZÖSISCHEN REPUBLIK durch den GENERALSPUTSCH VON ALGIER (13. Mai **1958**) wurde de Gaulle von Verteidigern der »Algérie française« an die Macht zurückgeholt: Die V. Republik erhielt eine Präsidialverfassung mit der Möglichkeit zum PLEBISZIT (Referendum). Staatspräsidenten waren de Gaulle (1958–1969), Pompidou (1969–1974), Giscard d'Estaing (1974–1981), Mitterrand (1981–1995), Chirac (seit 1995). Die Regierung stellte lange Zeit eine gaullistisch-liberalkonservative Mehrheit (1958–1981); unter Mitterrand regierte zunächst eine Koalition aus Sozialisten (PS) und Kommunisten (KPF, 1981–1984), später die PS teils in Alleinregierung (1984–1986), teils mit liberalen Kräften (1988–1993), teils eine bürgerlich-liberale Koalition mit Spannungen zum sozialistischen Präsidenten (COHABITATION 1986–1988, 1993–1995), unter Chirac eine sozialistische Mehrheit (1997–2002), mit erneuter Cohabitation.

De Gaulle führte eine WÄHRUNGSREFORM durch (Neuer Franc, 1958) und gründete die COMMUNAUTÉ FRANÇAISE (1958). Frankreich verhinderte die Aufnahme Großbritanniens in die EWG (1961), entließ Algerien durch den VERTRAG VON ÉVIAN in die Unabhängigkeit (1962), baute eine eigene Nuklearstreitmacht auf (»Force de Frappe«) und erklärte den Austritt aus mit der NATO (1966). Die Republik geriet durch die STUDENTENBEWEGUNG im MAI 1968 in eine schwere Krise, entwickelte gleichzeitig die Wasserstoffbombe (1968). Die linke Koalition siegte im dritten Anlauf bei Präsidentschafts- und Parlamentswahlen (1981). Die PS nahm trotz absoluter Mehrheit KPF-Mitglieder in das Kabinett auf. Die Koalitionsregierung setzte Verstaatlichungen und Verwaltungsreformen (stärkere regionale und lokale AUTONOMIE) durch. Nach einer intensiveren Sozialpolitik setzten Kapitalflucht und verschärfte INFLATION ein; die Sparpolitik in der Wirtschaftskrise (1982/83) schwächte die Koalition weiter. Nach dem Austritt der KPF aus der Koalition (1984) erlitt die PS eine Niederlage bei den Parlamentswahlen (1986). Erstmals vertraten Staatspräsident (PS) und Premierminister (Neogaullist Chirac) unterschiedliche politische Richtungen (Cohabitation 1986–1988). Nach der klaren Wiederwahl Mitterrands und dem Patt bei Parlamentswahlen (1988) berief Mitterrand wieder sozialistische Premierminister. Skandale und wachsende Kritik an Regierung und Präsident bescherten der PS eine erdrutschartige Niederlage bei den Parlamentswahlen (1993). Auch in der erneuten Cohabitation mit dem bürgerlich-liberalen Kabinett (1993–1995) rissen Skandale nicht ab. Die sozialistische Regierung Jospin in Koalition mit KPF und Grünen (1997–2002) scheiterte an Le Pen (2002).

Literatur: O. Duhamel: Le pouvoir politique en France. La Ve République, vertus et limites. Paris 1993; W. Loth: Geschichte Frankreichs im 20. Jahrhundert. Neuausgabe Frankfurt/Main 1995; D. Chagnollaud: Le gouvernement de la France sous la Ve République. Paris 1996; W. Weidenfeld: Geschichte Frankreichs seit 1945. Von de Gaulle bis zur Gegenwart. München ³1997.

Communauté Française ■

Konföderation Frankreichs mit seinen KOLONIEN, ähnlich dem britischen COMMONWEALTH, unter Weiterentwicklung der (ohnehin nur formalen) »Union Française«: Die von de Gaulle zu Beginn der V. FRANZÖSISCHEN REPUBLIK gegründete (**1958**) Konföderation bestätigten alle Kolonien mit PLEBISZIT, mit Ausnahme von Guinea (1958). Mit der DEKOLONISATION und dem Aufstieg der französischen Kolonien in Afrika zur SOUVERÄNITÄT (1960 ff.) wurde die Communauté bedeutungslos.

Literatur: F. Dumon: La Communauté franco-afro-malgache. Ses origines, ses institutions, son évolution. Octobre 1958–Juin 1960. Brüssel 1962.

Vereinigte Arabische Republik (VAR) ■

KONFÖDERATION von Ägypten und Syrien (**1958**) als Reaktion auf die SUEZKRISE (1956): Syrische panarabische Sozialisten betrieben den Zusammenschluss, um eine Orientierung Syriens an die UdSSR zu verhindern. Der Schwerpunkt lag in Ägypten mit Kairo als Hauptstadt und Nasser als Staatsoberhaupt. Die Konföderation löste sich nach einem rechten Umsturz in Syrien wieder auf (1961). Jemen ging eine Konföderation mit Ägypten ein (1961), da Ägypten die Republikaner im Bürgerkrieg gegen den Imam unterstützte. Den Namen »VAR« gab Ägypten erst spät offiziell auf (1971).

Literatur: P. Wald: Die Vereinigte Arabische Republik. Hannover 1969; E. Podeh: The Decline of Arab Unity. The Rise and Fall of the United Arabic Republic. Brighton u. a. 1999.

»Großer Sprung nach vorn« ■

(»Großer Sprung«) Forcierte ökonomische Entwicklung in der VOLKSREPUBLIK CHINA, betrieben vom linken Flügel der KPCh (**1958**) als Reaktion auf starken Bevölkerungszuwachs und Unzufriedenheit, die in der »Lasst-hundert-Blumen-blühen!«-Kampagne zum Ausdruck gekommen war: Gemäß dem 2. Fünfjahresplan baute man rasch Bewässerungsanlagen aus, errichtete kleine Betriebe für die Landwirtschaft, betrieb Produktion von Eisen und einfachen Maschinen auf lokaler Ebene unter Rückgriff auf traditionelle Technologien, aber ohne zureichende Unterweisung der Bauern in modernen Agrartechniken (z. B. richtige Verwendung von Kunstdünger). Volkskommunen und Massenerziehung wurden Vorstufen zur Kulturrevolution. Nach schweren Naturkatastrophen (1959–1961) und dem Abzug der Sowjetexperten (1960 ff.) endete der »Große Sprung« als Desaster.

Literatur: D. M. Bachmann: Bureaucracy, Economy, and Leadership in China. The Institutional Origins of the Great Leap Forward. Cambridge 1991; F. C. Teiwes/W. Sun: China's Road to Disaster. Mao, Central Politicians and Provincial Leaders in the Unfolding of the Great Leap Forward, 1955–1959. Armonk (N.Y.) u. a. 1999; M. Yuying An: China's Great Leap. Forward or Backward? Anatomy of a Central Planning Disaster. London 2001.

Provisorische Regierung der Algerischen Republik (GPRA)

(frz.: Gouvernement Provisoire de la République Algérienne) Exilregierung der algerischen Front de Libération Nationale (FLN) unter Ferhat Abbas in Kairo (**1958**): Zahlreiche Länder erkannten die Regierung an, deren erste Verhandlungen mit Frankreich jedoch scheiterten (1960). Die umgebildete Regierung mit Ben Khedda als Ministerpräsident (1961/62) handelte den Vertrag von Évian aus (1962), der die Unabhängigkeit Algeriens bestätigte. Nach einer inneren Krise erlangte das Politische Büro der FLN unter Ben Bella die Macht (1962).

Literatur: A. Horne: A Savage War of Peace. Algeria 1950–1962. London 1977.

Godesberger Programm

Nach Wahlniederlagen (1953, 1957) in Bad Godesberg verabschiedetes neues Grundsatzprogramm der SPD (**1959**): Bei Anerkennung des Pluralismus ideologischer Begründungen bekannte sich die SPD zum Sozialismus und akzeptierte neben traditionellen marxistischen auch christliche und humanistische Gedanken. Die SPD baute die traditionelle Frontstellung gegen die Kirche ab. Sie erzielte wachsende Wahlerfolge (1961 ff.). Neomarxistische Strömungen (ca. 1970 ff.), vor allem bei den Jungsozialisten, drängten das Programm teilweise in den Hintergrund.

Literatur: F. Sänger: Grundsatzprogramm der SPD. Berlin 1960; B. W. Bouvier: Zwischen Godesberg und Großer Koalition. Der Weg der SPD in die Regierungsverantwortung. Bonn 1990.

Dekolonisation

»Auflösung der Kolonialreiche« (Ansprenger) seit dem Zweiten Weltkrieg durch Aufstieg früherer Kolonien zu unabhängigen Nationalstaaten unter dem Druck einheimischer Nationalbewegungen und des Sowjetblocks: Vorgeschichte: Auswirkungen des Ersten Weltkriegs waren u. a. Völkerbundsmandate, das Massaker von Amritsar (1919), der Aufstand der Rif-Kabylen (1921–1926), Passiver

WIDERSTAND in Indien. Nach dem Zweiten Weltkrieg verhalfen die Unabhängigkeit der Philippinen (1946), vor allem Indiens und Pakistans (1947), der Dekolonisation zum Durchbruch, meist friedlich, manchmal erst nach blutigen Befreiungskriegen – VIETNAMKRIEG (1946–1954, 1964–1973/75), Kenia (MAU-MAU-AUFSTAND, 1952–1956), ALGERIENKRIEG (1954–1962), in Guinea-Bissau (1959–1974), Angola (1965–1974), Moçambique (1961–1974), Simbabwe (ca. 1973–1978); auch der NAHOSTKONFLIKT nach der Staatsgründung Israels gehört in diesen Zusammenhang.

Weitere Etappen waren die Unabhängigkeit für Birma, Ceylon (Sri Lanka, 1948), Indonesien (1949), Libyen (1951); Vietnam, Laos, Kambodscha (1954); Marokko, Tunesien, Sudan (1956), Malaya, Ghana (1957), Guinea und die WESTINDISCHE FÖDERATION (1958). Es folgte die Dekolonisation in Afrika südlich der Sahara – das Jahr Afrikas (**1960**) mit der Unabhängigkeit für Kamerun, Togo, Madagaskar, Kongo-Léopoldville, Kongo-Brazzaville, Dahomey (Benin), Niger, Obervolta (Burkina Faso), Elfenbeinküste, Tschad, die Zentralafrikanische Republik, Gabun, Senegal, Mali, Mauretanien und Nigeria (1960); später u.a. für Kuwait, Sierra Leone, Tanganjika (1961), Ruanda, Burundi, Samoa, Jamaika, Trinidad und Tobago, Uganda, Algerien (1962), Kenia, Sansibar (1963), Malawi, Sambia (1964), Lesotho, Botswana (1966), Swasiland (1968), Guinea-Bissau (1974), Angola, Moçambique (1975) und Simbabwe (1979). In einigen Ländern konstituierten sich, früher oder später, neben oder nach der nationalen REVOLUTION im Rahmen sozialrevolutionärer Prozesse sozialistische bzw. kommunistische Staaten. In vielen Ländern entstanden neue Formen indirekter ökonomischer Abhängigkeit (»Neokolonialismus«).

In und zwischen postkolonialen Nachfolgestaaten kam es oft zu schweren Konflikte, z.B. Indien–Pakistan (seit 1947), Pakistan–Bangladesch (1971), Bürgerkriege im Sudan (seit 1956); Kongo (KONGOKRISE, 1965–1963, seit 1997), Tschad (1966–1982), Nigeria (BIAFRAKRIEG, 1967–1970), Ruanda und Burundi, Uganda (1978), Sri Lanka (seit 1983) Afghanistan (seit 1988), Liberia (seit 1990), Somalia (seit 1992). Es entbrannten internationale Konflikte, z.B. Somalia–Äthiopien (1977/78), Äthiopien–Eritrea (seit 1962), Westsahara–Marokko (1976–1991), jeweils mit riesigen Flüchtlingsströmen. Die konfliktreiche Entwicklung hält an.

Literatur: F. Ansprenger: Auflösung der Kolonialreiche. München [4]1981; W.J. Mommsen (Hg.): Das Ende der Kolonialreiche. Dekolonisation und die Politik der Großmächte. Frankfurt/Main 1990; J. Osterhammel: »The Contraction of England«. Die Dekolonisation des Empire nach 1945. Hagen 1993; H.S. Wilson: African Decolonization. London 1994; R. Tetzlaff (Hg.): Afrika zwischen Dekolonisation, Staatsversagen und Demokratisierung. Hamburg 1995; R.F. Betts: Decolonization. London 1998; J.D. Hargreaves: Decolonization in Africa. London [2]2001.

Kongokrise (Kongowirren)

Schwere Wirren und internationale Krise in Belgisch-Kongo nach seiner (unvorbereiteten) Unabhängigkeit (**1960**–1963): Die Krise brach aus nach der SEZESSION der reichen Bergbauprovinz Katanga (KUPFERvorkommen). Nach Sturz (1960) und Ermordung des Ministerpräsidenten

Lumumba (1961) intervenierte die UNO. Lumumba-Anhänger proklamierten in Stanleyville eine Gegenregierung (1961). Weiße Söldner kämpften für die Separatisten in Katanga und gegen UNO-Truppen (1960–1964), die die Sezession Katangas nach Kämpfen beendeten (1963). Relative Konsolidierung gelang mit der Zentralregierung unter Mobutu (1964–ca. 1997).

Literatur: A. Wirz: Nachkoloniale Konflikte in Afrika. Die inneren Kriege in Nigeria, Sudan, Tschad und Kongo. Wiesbaden 1982; T. Kacza: Die Kongo Krise 1960–1965. Pfaffenweiler 1990; L. de Witte: Regierungsauftrag Mord. Der Tod Lumumbas und die Kongokrise. Leipzig 2001.

Organisation der Erdöl exportierenden Länder (OPEC)

(Organization of the Petroleum Exporting Countries) Internationales Erdölkartell mit Sitz in Wien (bis 1965 Genf), gegründet von Irak, Iran, Kuwait, Saudi-Arabien, Venezuela (**1960**), erweitert um Katar (1961), Indonesien, Libyen (1962), Abu Dhabi (1967), später die Vereinigten Arabischen Emirate, 1974), Algerien (1969), Nigeria (1971), Ecuador (1973): Parallel entstand die Organization of the Arab Petroleum Exporting Countries (1968), mit Gemeinschaftsinitiativen, vor allem für arabische Länder ohne Erdöl (z. B. Sudan). Durch ihren Zusammenschluss zur Erzielung höherer Preise für ihren (oft einzigen) Rohstoff Erdöl wurde die OPEC zunächst ein Gegengewicht zu den übermächtigen internationalen Erdölkonzernen (»Multis«, »Seven Sisters«). Nach Abwertung der Leitwährung US-Dollar (u. a. seit der Inflation in den USA im Vietnamkrieg) und dem 4. Nahostkrieg wurden die Ölpreise angehoben und lösten einen Erdölschock (1973) aus. Terroristen verübten einen Anschlag auf Erdölminister in Wien (1979). Die Stellung der OPEC schwächte sich durch (die selbst gewünschte oder von den Industriestaaten forcierte) Erhöhung der Förderquoten und den Zusammenbruch der Erdölpreise (1982–1993). Die Asienkrise (1997/98) ließ die Preise weiter fallen, abgelöst von späteren Preisschwankungen.

Literatur: P. Hallwood/S. Sinclair: Oil, Debt and Development. OPEC in the Third World. London 1981; J. Seymour: OPEC, Instrument of Change. New York 1981; S. E. Gebali: Die OPEC als Organisation zur Interessenvertretung der arabischen Ölländer in den internationalen wirtschaftlichen Beziehungen. Frankfurt/Main 1981; A. Ghaffari: OPEC. Entwicklung und Perspektive. Die Auswirkungen der Mengen- und Preispolitik der OPEC-Staaten auf die Organisation. Münster 1989.

Europäische Freihandelszone (EFTA)

(European Free Trade Association) Von Großbritannien, Schweden, Norwegen, Dänemark, Österreich, Schweiz, Portugal gegründeter Zusammenschluss (**1960**) – Irland trat später bei – zum schrittweisen Abbau von Zöllen und Warenkontingentierungen unter Mitgliedstaaten bei Beibehaltung nationaler Außenzölle: Die EFTA stand in Konkurrenz zur Europäischen Wirtschaftsgemeinschaft (EWG). Ein Versuch, die EWG der EFTA anzuschließen, scheiterte. Geschwächt durch den EG-Beitritt Großbritanniens, Irlands und Dänemarks (1973) verlor die EFTA an Bedeutung (Mitglieder 2001: Island, Norwegen, Liechtenstein, Schweiz). Mit der EG schloss sie ein Abkommen zur Bildung eines

Europäischen Wirtschaftsraumes (EWR, 1992). Sie kooperierte mit der südamerikanischen Wirtschaftsgemeinschaft Mercosur und schloss Freihandelsabkommen mit anderen Staaten.

Literatur: F. V. Meyer: The Seven. London 1960; Th. Pedersen: European Union and the EFTA Countries. Enlargement and Integration. London 1996.

U-2-Zwischenfall

Abschuss eines US-amerikanischen Höhenfernaufklärers durch eine sowjetische Rakete über der UdSSR: Nach dem U-2-Zwischenfall sprengte der sowjetische KPdSU-Chef Chruschtschow die GIPFELKONFERENZ in Paris (**1960**), sodass sich der KALTE KRIEG erneut verschärfte.

Vietcong

Pejorative Abkürzung für Viet-Nam Cong San (= vietnamesische KOMMUNISTEN), für die kommunistisch geführte Widerstandsbewegung in Südvietnam in der zweiten Phase des VIETNAMKRIEGS (ab 1957/58): Die Vietcong standen anfangs noch in der Kontinuität der VIETMINH und als Fortsetzung der KP Vietnams. Mit der Nationalen Front für die Befreiung Südvietnams (Mat Tran Dan Toc Giai Phong Mien Nam Viet Nam, frz.: FRONT NATIONAL DE LIBÉRATION, FNL, **1960**) schuf sie sich eine wirkungsvolle politische Organisation. Allmählich mit Hilfe Nordvietnams, einschließlich regulärer Streitkräfte, behaupteten sich die Vietcong auch gegen die USA, u. a. in der verlustreichen TET-OFFENSIVE (1969) bis zur Wiedervereinigung Vietnams (1974/75), faktisch in Übernahme des Südens durch den kommunistischen Norden.

Literatur: Cuong Ngo-Anh: Die Vietcong. Anatomie einer Steitmacht im Guerillakrieg. München 1981.

Passgesetze

Verschärfung der APARTHEID in Südafrika durch zwei Gesetze, die alle Afrikaner und Mischlinge verpflichteten, stets ihren Pass mit Eintragungen über ihr Arbeitsverhältnis bei sich zu tragen: Gegen die zuerst von der britischen Kolonialregierung eingeführten (1872) Passgesetze agitierte der Pan-Africanist Congress (PAC), eine radikale SEZESSION vom AFRICAN NATIONAL CONGRESS (ANC). Demonstrationen mündeten in das MASSAKER VON SHARPEVILLE (**1960**). Mit den Passgesetzen isolierte sich Südafrika außenpolitisch weiter; einem Ausschluss aus dem COMMONWEALTH kam es durch seinen Austritt zuvor (Umwandlung in eine REPUBLIK, 1961). In der Agonie der Apartheid schaffte Südafrika unter Präsident Botha die Passgesetze ab (1986).

Massaker von Sharpeville

Blutige Unterdrückung einer Kampagne des Pan-Africanist Congress (PAC) in der SÜDAFRIKANISCHEN UNION gegen die PASSGESETZE: Afrikaner ohne Pässe provozierten ihre Verhaftung, um das Gefängniswesen Südafrikas zu desorganisieren. Polizei zerstreute die Ansammlungen gewaltsam, erschoss in Sharpeville 69 Personen (**1960**), auch an anderen Orten gab es Tote und Verwundete. Trauerkundgebungen der Afrikaner hatten STREIKcharakter. Nach dem Verbot des AFRICAN NATIONAL CONGRESS (ANC) und PAC rief die Regierung den Notstand aus und löste eine Verhaftungswelle aus; die Opposition gegen die APARTHEID verschärfte sich. Südafrika, international isoliert, trat unter dem Druck der nichtweißen Mitglieder aus dem COMMONWEALTH aus (1961).

Literatur: J. Selby: A Short History of South Africa. London 1973, S. 253–255.

SWAPO

(South West Africa People's Organization) Radikale nationale Befreiungsorganisation in Namibia: Von Ovambo-Kontraktarbeitern als »Ovamboland People's Congress« in Kapstadt gegründet (1958), griff die Organisation rasch über Stammesgrenzen hinaus, aber HEREROS lehnten die in SWAPO (**1960**) umbenannte Organisation weitgehend ab. Sie kämpfte für nationale Unabhängigkeit Namibias, allgemeines WAHLRECHT (»one man, one vote«) und Wahlen unter UN-Aufsicht. Die marxistische Bewegung erhielt vom Ostblock Waffen für den GUERILLAkrieg, spaltete sich in einen (gemäßigten) »internen« und (radikalen) Exil-Flügel. OAU (1965) und UNO (1973) erkannten die SWAPO als einzige politische Vertretung des Volkes in Namibia an, mit Beobachterstatus bei der UNO (1976). Die SWAPO bekämpfte Beschlüsse der TURNHALLENKONFERENZ (1977). Im unabhängigen Namibia stellte sie Präsidenten und Regierung (seit 1989).

Literatur: F. Ansprenger: Die SWAPO. Profil einer afrikanischen Befreiungsorganisation. Mainz 1984; A. Harneit-Sievers. SWAPO of Namibia. Entwicklung, Programmatik und Politik seit 1959. Hamburg 1985; L. Dobell: Swapo's Struggle for Namibia, 1960–1991. War by Other Means. Basel 1998.

New Frontier

Regierungsparole des US-Präsidenten John F. Kennedy (**1961**–1963): Zur Überwindung innerer Stagnation sollten sich die USA in der Welt- und Sozialpolitik »neue Grenzen« erschließen. Bemühungen um CIVIL RIGHTS für AFRO-AMERIKANER intensivierten sich. Weitere Ergebnisse waren das FRIEDENSKORPS und die ALLIANZ FÜR DEN FORTSCHRITT (1961).

Literatur: A. D. Donald (Hg.): John F. Kennedy and the New Frontier. New York 1966; H. Fairlie: The Kennedy Promise: The Politics of Expectation. New York 1973.

Friedenskorps

(Peace Corps) Als Teil der NEW-FRONTIER-Politik gebildete Organisation zur personellen Ausstattung US-amerikanischer Entwicklungsprojekte in der Dritten Welt (**1961**), mit freiwilligen Technikern, Ingenieuren, Ärzten, Agrarexperten: Das Friedenskorps war Vorbild für ähnliche

Organisationen in Europa, z. B. »Entwicklungsdienst« in der Bundesrepublik Deutschland.

Literatur: R. Hoopes (Hg.): The Peace Corps Experience. New York 1968; M. Windmiller: The Peace Corps and Pax Americana. Washington D. C. 1970.

Allianz für den Fortschritt

(Alliance for Progress) 10-Punkte-Programm der USA, von Präsident Kennedy in Washington vor lateinamerikanischen Botschaftern verkündet (13. März **1961**): Das gegen Kommunismus und Fidelismus gerichtete Programm sollte Militär- und Entwicklungshilfe verstärken, Bildungs- und Gesundheitswesen reformieren, durch Boden- und Steuerreformen Landwirtschaft und Industrie entwickeln. Die Allianz für den Fortschritt scheiterte jedoch.

Literatur: M. Fink: Nationales Interesse und Entwicklungshilfe. John F. Kennedys »Alliance for Progress«. München 1978; L. R. Scheman: The Alliance for Progress. A Retrospective. New York 1988.

Fidelismus (Castrismus)

Karibisch-lateinamerikanische Variante des Kommunismus, entstanden nach dem Sieg Fidel Castros auf Kuba (1958): Der Fidelismus versprach anfangs größere Liberalität. Die Allianz für den Fortschritt bekämpfte ihn heftig (**1961**). Nach dem Scheitern des CIA-Unternehmens in der Schweinebucht, der Kubakrise (1961) und dem US-Embargo (seit 1959) glich sich der Fidelismus dem Kommunismus sowjetischer Prägung an, gewann vorübergehend Einfluss in Lateinamerika, vor allem in Nicaragua und El Salvador, geriet aber in eine schwere Krise durch die verschärfte Isolierung nach dem Zusammenbruch des Kommunismus (1989/91).

Literatur: M. Llerena: The Unsuspected Revolution. The Birth and Rise of Castroism. Ithaca (N. Y.) 1978.

Berliner Mauer

Absperrung innerhalb von Berlin, von der DDR-Regierung errichtet zur Unterbindung des Flüchtlingsstrom nach Westberlin (13. August **1961**): Die anfängliche Stacheldrahtsperre wurde rasch befestigt, zum »antifaschistischer Schutzwall« mit Todesstreifen ausgebaut, durch DDR-Grenztruppen scharf bewacht. Ihr Bau verursachte eine schwere Ost-West-Krise. Die Berliner Mauer veranlasste die Westberliner SPD unter Willy Brandt zur »Politik der kleinen Schritte« als Auftakt zur Neuen Ostpolitik (1970). Das Passierscheinabkommen (1963) ermöglichte menschliche Erleichterungen durch begrenzten Besucherverkehr. In der DDR folgte nach dem Mauerbau eine leichte Liberalisierung. Die Bundesrepublik Deutschland warb als Ersatz für fehlende Arbeitskräfte aus der DDR »Gastarbeiter« aus Südeuropa an. Bis zum 1. Januar 1981 aus der DDR Geflohene erhielten Amnestie (1982). Etwa 400 Menschen starben bei missglückten Fluchtversuchen an der Berliner Mauer aufgrund des »Schießbefehls« (bis 1989). Der Fall der Berliner Mauer (1989) leitete die Deutsche Vereinigung ein (1990).

Literatur: J. Rühle/G. Holzweißig: 13. August 1961. Die Mauer von Berlin. Köln [3]1988; K.-A. Aanderud: Die eingemauerte Stadt. Die Geschichte der Berliner Mauer. Recklinghausen 1991; H.-H. Hertle: Chronik des Mauerfalls. Die dramatischen Ereignisse um den 9. November 1989. Berlin [8]1999; B. Eisenfeld/R. Engelmann: 13. August 1961. Mauerbau. Fluchtbewegung und Machtsicherung. Bremen 2001; T. Flemming: Die Berliner Mauer. Geschichte eines politischen Bauwerks. Berlin 2001.

Organisation de l'Armée Sécrète (OAS)

Französische Geheimorganisation aus Generalen (u. a. Salan) und rechtsextremen Politikern (Bidault, Soustelle), nach dem Generalsputsch von Algier (1958): Die Organisation zur Verteidigung der »Algérie française« richtete sich gegen de Gaulles Verhandlungen mit der Provisorischen Regierung der Algerischen Republik (GRPA). Ein Aufstand der OAS scheiterte (**1961**). Terroraktionen in Algerien und Frankreich sollten den Vertrag von Évian (1962) verhindern. Nach dessen Abschluss und der Verhaftung ihrer Führer zerfiel die OAS.

Nicht zu verwechseln mit: Organisation Amerikanischer Staaten (OAS).

Literatur: Morland u. a.: Histoire de l'Organisation de l'armée secrète. Paris 1964.

Demokratische Partei

Politische Partei in der Türkei: Die als Oppositionspartei gegen die allein legale Republikanische Partei zugelassene Partei hatte bald erste Wahlerfolge (1946) und errang einen überwältigenden Wahlsieg (1950). Sie stellte den Präsidenten (Jelal Bayar) und Ministerpräsidenten (Menderes) und verfolgte eine stärkere Anlehnung an die USA. Nach weiteren Wahlsiegen (1954, 1957) sah sich die Demokratische Partei mit Studentenunruhen konfrontiert (1960). Ein Militärputsch (1960) beendete ihre Regierung. Nachfolgerin der gestürzten (1960) und aufgelösten Demokratischen Partei wurde die Gerechtigkeitspartei (**1961**–1980).

Literatur: F. Ahmad: The Turkish Experiment in Democracy. 1950–1975. London 1977.

Gerechtigkeitspartei (Partei des rechten Wegs)

Konservative Nachfolgepartei der Demokratischen Partei in der Türkei (**1961** gegründet): Die Gerechtigkeitspartei (AP) war zunächst stärkste Oppositionspartei, bevor sie nach einem Wahlsieg unter Demirel an die Macht kam (1965). Die Armee stürzte die in den nächsten Wahlen (1969) geschwächte AP-Regierung (1971). Demirel bildete eine Koalitionsregierung (1975–1977). Ihr folgte die sozialdemokratische Regierung Ecevit (1978/79). Nach bürgerkriegsartigen Unruhen stellte die Gerechtigkeitspartei mit Demirel erneut den Ministerpräsidenten (1979/80). Ein Staatsstreich des Militärs stürzte Demirel (1980). Die Gerechtigkeitspartei wurde verboten (1981), als Partei des rechten Weges (DYP, 1983) neu gegründet. Sie bildete eine Koalitionsregierung zunächst mit Sozialdemokraten, dann mit der islamistischen Wohlfahrtspartei (1991–

1997). Bei vorzeitigen Neuwahlen (1999) musste die Partei des rechten Wegs Verluste hinnehmen.

Literatur: F. Ahmad: The Turkish Experiment in Democracy. 1955–1975. London 1977, S. 177–267.

Vertrag von Évian

Vertrag zwischen Frankreich und der algerischen PROVISORISCHEN REGIERUNG (GPRA) zur Beendigung des ALGERIENKRIEGS (**1962**): Nach der Unabhängigkeit Algeriens zogen die meisten Algerienfranzosen (»pieds-noirs«) ab. Die V. FRANZÖSISCHE REPUBLIK konsolidierte sich.

FRELIMO

(Frente de Libertaçao de Moçambique, Befreiungsfront von Moçambique) Antikoloniale Befreiungsorganisation in Moçambique, aus der Fusion zweier Organisationen (**1962**): Die marxistische FRELIMO organisierte nach dem Scheitern ihrer Reformvorschläge den militärischen Widerstand gegen die portugiesische Kolonialherrschaft (1964) erkämpfte gegen die portugiesische Armee und nach der REVOLUTION in Portugal (1974) die Unabhängigkeit Moçambiques (1975). Die FRELIMO lehnte sich als Regierungspartei und im folgenden Bürgerkrieg an die UdSSR (bis 1991) an, siegte bei freien Wahlen (1994, 1999).

Literatur: R. Martini: Entwicklung, Gestaltung und Wirkung von FRELIMO-Schulen in unterschiedlichen Entwicklungsetappen der moçambiquischen Befreiungsrevolution. o. O. 1989; E. A. Friedland: A Comparative Study of the Development of Revolutionary Nationalist Movements in Southern Africa-Frelimo (Mozambique) and the African National Congress of South Africa. Ann Arbor (Mich.) 1990.

2. Vatikanisches Konzil (Vaticanum II)

Nach dem VATICANUM I (1870) das jüngste KONZIL der Katholischen Kirche: Nach Ankündigung (1959), Einberufung (1961) und Eröffnung (**1962**) durch Papst Johannes XXIII. setzte Paul VI. das Konzil fort (1963–1965). Die Katholische Kirche erneuerte ihre Lehre, öffnete sich zur Welt und bestimmte ihr Verhältnis zu anderen christlichen Kirchen und nichtchristlichen Religionen neu (u. a. lösten die Landessprachen Latein als Liturgiesprache ab, Einsetzung der BischofsSYNODE als Beratergremium). Dagegen wandten sich jedoch traditionalistische Kreise.

Literatur: Dokumente des Zweiten Vatikanischen Konzils. Authentische Textausgabe. Lateinisch und deutsch. 9 Bde., Trier $^{1-2}$1965–67; N. Hauer/P. M. Zulehner: Aufbruch in den Untergang? Das II. Vatikanische Konzil und seine Auswirkungen. Wien 1991; W. Kasper: Kirche – wohin gehst du? Die bleibende Bedeutung des II. Vatikanische Konzils. Paderborn ^{3}1994.

Raketenkrise (Kubakrise)

Internationale Krise zwischen den USA und der UdSSR, die bis an den Rand eines Dritten Weltkriegs eskalierte (**1962**): Der Kubakrise vorausgegangen waren der US-BOYKOTT gegenüber dem Castro-Regime (ab

1959), der gescheiterte CIA-Coup in der Schweinebucht (1961) und Kubas verstärkte Anlehnung an die UdSSR. Die USA verlangten den Abbau der auf Kuba stationierten sowjetischen Mittelstreckenraketen (22. Oktober 1962) und errichteten eine Seeblockade um Kuba, um weitere Waffenlieferungen aus der UdSSR zu verhindern (Oktober/ November 1962). Das Einlenken Moskaus verhinderte die Eskalation und bannte die Gefahr eines Atomkriegs. Die UdSSR zog ihre Raketen aus Kuba ab; im Gegenzug entfernten die USA ihre Raketen aus der Türkei und verzichteten auf eine Invasion Kubas. Eine gemeinsame Note von USA und UdSSR an den UN-Generalsekretär (Januar 1963) beendete die Krise. Sie beschleunigte den Übergang Kubas zum KOMMUNISMUS, eröffnete die Entspannungspolitik der FRIEDLICHEN KOEXISTENZ.

Literatur: K. R. Spillmann: Die Kubakrise von 1962. Zürich 1989; J. A. Nathan (Hg.): The Cuban Missile Crisis Revisited. New York 1992; M. J. White: The Cuban Missile Crisis. Houndmills u. a. 1996; L. Freedman: Kennedy's Wars. Berlin, Cuba, Laos and Vietnam. New York u. a. 2000; J. A. Nathan: Anatomy of the Cuban Missile Crisis. Westport (Conn.) u. a. 2001.

»Der Spiegel«

Deutsches Nachrichtenmagazin, herausgegeben von Rudolf Augstein (* 1921), mit Sitz in Hamburg (seit 1952), zuvor Hannover (1947): Der Spiegel prägte einen eigenen Stil aus, mit meinungsbildender Wirkung, u. a. durch sensationelle Enthüllungen mit oft politischen Folgen. Er neigte eher sozialliberalen Positionen zu. Politisch bedeutend waren die »SPIEGEL«-AFFÄRE (**1962**), der »NEUE-HEIMAT«-Skandal (1982).

Literatur: D. Just: Der Spiegel. Arbeitsweise, Inhalt, Wirkung. Hannover 1967.

»Spiegel«-Affäre

Schwere politische Krise der BUNDESREPUBLIK (**1962**): Angriffe des »Spiegel« gegen Bundesverteidigungsminister Franz Josef Strauß waren mit schweren Korruptionsvorwürfen verbunden. Unter dem Vorwand des »publizistischen Landesverrats« und der Beamtenbestechung besetzte die Polizei die »Spiegel«-Redaktion in Hamburg: Augstein und einige Redakteure kamen vorübergehend in Haft (1962). Heftige Proteste im In- und Ausland eskalierten zur politischen Krise. Wegen der (zunächst von ihm geleugneten) Mitwirkung Strauß' am Zustandekommen der Polizeiaktion erzwang die FDP durch den Rücktritt ihrer Minister die Entlassung von Strauß (1962). Die Regierung Adenauer war geschwächt, Adenauer trat im folgenden Jahr zurück (1963).

Literatur: J. Seifert (Hg.): Die Spiegelaffäre. 2 Bde., Olten, Freiburg 1966; J. Schöps: Die Spiegel-Affäre des Franz Josef Strauß. Reinbek 1983.

Passierscheinabkommen

Abkommen zwischen dem Berliner Senat und der DDR-Regierung: Das Passierscheinabkommen erlaubte den zeitlich begrenzten Besuch von Westberlinern in Ostberlin (**1963**). Es wurde später erweitert auch zum Besuch der DDR, auch für Bürger der BUNDESREPUBLIK. Die ersten

»menschlichen Erleichterungen« zwischen beiden deutschen Staaten seit der BERLINER MAUER (13. August 1961) waren Auftakt zur »Politik der kleinen Schritte« und zur NEUEN OSTPOLITIK (»Wandel durch Annäherung«) bis zu den OSTVERTRÄGEN (1970/72). Danach schlossen die Bundesrepublik und DDR Verkehrs- und Besucherabkommen mit dem Zwangsmindestumtausch (1971).

Profumo-Skandal

Politische Krise in Großbritannien, ausgelöst durch eine private Affäre des Heeresministers Profumo (**1963**), die ihn in Kontakt mit sowjetischen Geheimdienstkreisen gebracht hatte. Die nach dem Rücktritt Macmillans (1963) geschwächten Konservativen unterlagen bei den nächsten Parlamentswahlen der LABOUR PARTY (1964).

Apertura a sinistra

(ital.: Öffnung nach links) Koalitionsregierung der DEMOCRAZIA CRISTIANA (DC) in Italien mit den Linkssozialisten nach deren Trennung von den Kommunisten (KPI), zunächst eingeleitet unter Aldo Moro (**1963**). Andere DC-Ministerpräsidenten führten die Koalition fort (bis 1976). Nach dem vorübergehendem Ausscheiden der Sozialisten (1976–1980) drängte die KPI auf eine Koalition mit der DC (»historischer Kompromiss«), andererseits beanspruchten die Sozialisten das Ministerpräsidentenamt.

Organisation für Afrikanische Einheit (OAU)

(Organization for African Unity) Assoziation der unabhängigen Staaten Afrikas (**1963** gegründet), mit Sitz in Addis Abeba (Äthiopien): Als Kompromiss zwischen panafrikanischen Konföderationsplänen Nkrumahs (»Union Government for Africa«) und unabhängigen afrikanischen Staaten, wurde die OAU vertreten von zwei rivalisierenden Staatengruppierungen, der Casablanca- und der Brazzaville-Gruppe (1961–1963). Zu den Prinzipien der OAU zählen Nichteinmischung in Angelegenheiten anderer Staaten, Anerkennung bestehender Staatsgrenzen, Kampf gegen Kolonialismus und APARTHEID in Südafrika. Sie versuchte, die Außenpolitik der afrikanischen Staaten, z. B. in der UNO, zu koordinieren, war aber weitgehend ohnmächtig bei häufigen innerafrikanischen Konflikten. Sie geriet im Streit um die Zulassung einer Vertretung für die Westsahara (1981–1984) in eine schwere Krise – Marokko trat nach Aufnahme der »Demokratischen Arabischen Republik Sahara« aus der OAU aus (1984). Die OAU hat 53 Mitglieder (2001); als jüngste Mitglieder wurden Eritrea (1991) und Südafrika aufgenommen (1994). Auf ihrer Gipfelkonferenz in Sirte (Libyen) beschloss die OAU die Schaffung einer Afrikanischen Union mit Parlament, Gerichtshof und eigener Zentralbank (2001).

Literatur: C. O. C. Amate: Inside the OAU. Panafricanism in Practice. New York 1986; U. Tonndorf: Menschenrechte in Afrika. Konzeption, Verletzung und Rechtsschutz im Rahmen der OAU.

Freiburg i. Br. 1997; G. J. Naldi: The Organization of African Unity. An Analysis of Its Role. London u. a. [2]1999.

Nationaldemokratische Partei Deutschlands (NPD)

Rechtsextreme deutsche Partei, in Hannover gegründet aus der Fusion der Deutschen Reichspartei (DRP) mit kleineren rechtsextremen Gruppen (**1964**): Sie zog in der ersten WIRTSCHAFTSKRISE der BUNDESREPUBLIK und der Zeit der GROSSEN KOALITION (1966–1969) in sieben Landtage ein (1966–1968), scheiterte aber bei der Bundestagswahl an der 5-%-Hürde (1969). In der SOZIALLIBERALEN KOALITION (ab 1969) erlebte die NPD ihren Niedergang. Ihre Jugendorganisation wurde jedoch seit den 1980er-Jahren Zentrum neonazistischer Strömungen. So planten und organisierten zwei führende NPD-Funktionäre einen Anschlag auf ein Asylbewerberheim in Rostock (1992). Nach dem Ansteigen der rechtsextremistischen Straftaten beantragten Bundesregierung und Bundestag beim Bundesverfassungsgericht das Verbot der NPD (2001).

Nicht zu verwechseln mit: National-Demokratische Partei Deutschlands (NDPD), Blockpartei der Nationalen Front in der DDR, von der SED zur Einbindung früherer NSDAP-Mitglieder und rechtskonservativer Kräfte in der SBZ gegründet (1948), u. a. zur Schwächung der Ost-CDU und Liberaldemokratischen Partei Deutschlands (LDPD). Nach dem Sturz der SED-Herrschaft (1989/90) ging die NDPD in der FDP auf.

Literatur: S. Jäger: Die neue Qualität der NPD. Umfeld, Geschichte, Ideologie und Organisation einer rechtsradikalen Partei und ihre Bedeutung in der Bundesrepublik der Gegenwart. Duisburg [2]1989; U. Hoffmann: Die NPD. Entwicklung, Ideologie und Struktur. Frankfurt/Main u. a. 1999.

Tongking-Zwischenfall und Tongking-Resolution

(Angeblicher) Angriff auf US-Zerstörer im Golf von Tongking durch nordvietnamesische Marine: Danach erwirkte US-Präsident Johnson eine Senatsresolution, die ihn zum Krieg gegen Nordvietnam ermächtigte (**1964**). Johnson nutzte die Tongking-Resolution zum Bombardement Nordvietnams und zur ESKALATION des VIETNAMKRIEGS (1965–1973).

Literatur: J. Galloway: The Gulf of Tongking. Resolution. Cranbury (N. J.) 1970; E. Y. Siff: Why the Senate Slept? The Gulf of Tongking Resolution and the Beginning of America's Vietnam War. Westport (Conn.) u. a. 1999.

Eskalation

(engl.: escalation, zu ital.: scala = Treppe, Leiter) Offizielle Umschreibung der US-Politik bei der Intervention im VIETNAMKRIEG: Das Engagement der USA eskalierte in der Bombardierung Nordvietnams (»zurück in die Steinzeit«) und Entsendung von US-Kampftruppen nach Südvietnam (**1965**) – der Vietnamkrieg weitete sich aus.

Literatur: P. Billing: Eskalation und Deeskalation internationaler Konflikte. Ein Konfliktmodell auf der Grundlage der empirischen Auswertung von 288 internationalen Konflikten seit 1945. Frankfurt/

Main u. a. 1992; G. C. Herring: America's Longest War. The United States and Vietnam, 1950–1975. New York [3]1996; S. Chojnacki: Dyadische Konflikte und die Eskalation zum Krieg. Prozesse und Strukturbedingungen dyadischer Gewalt in Europa, 1816–1992. o. O. 1999; L. Haller: Conflict Escalation and Decision Making. Frankfurt/Main u. a. 2001.

Einseitige Unabhängigkeitserklärung (Unilateral Declaration of Independence, UDI)

Nach dem Zerfall der ZENTRALAFRIKANISCHEN FÖDERATION (1963) und der Unabhängigkeit Malawis sowie Sambias (1964) erklärte das weiße Siedlerregime in Südrhodesien unter Ian Smith die Unabhängigkeit (**1965**) unter Zitierung der Amerikanischen UNABHÄNGIGKEITSERKLÄRUNG (1776). Großbritannien erkannte die einseitige Unabhängigkeit nicht an, die UNO verurteilt sie. Nach einem GUERILLAkrieg führte eine Übergangsregierung (1979) Rhodesien als Simbabwe in die Unabhängigkeit unter Robert Mugabe (1980, ab 1988 Staatspräsident), mit staatssozialistischem, zunehmend autoritärem Kurs.

Literatur: E. Windrich: Britain and the Politics of Rhodesian Independence. London 1978.

Ibo

Nigerianisches Volk: Die akephalen Ibo lebten traditionell ohne zentrale sstaatliche Strukturen und Häuptlinge in sog. Dorf-ANARCHIE, waren in der vorkolonialen Zeit Opfer stärkerer Nachbarn, die sie überfielen und in die SKLAVEREI verkauften. In der britischen Kolonialherrschaft, die sie vor weiterer Sklaverei schützte, wandten sich die Ibo dem CHRISTENTUM und moderner Bildung zu, stiegen auch außerhalb ihrer Heimatregion, vor allem im Norden Nigerias, zur technischen und administrativen Elite auf. Der Ibo Ironsi verübte den ersten Militärputsch in Nigeria (**1966**), um das Land zu zentralisieren, wurde jedoch bei einem zweiten Staatsstreich gegen die befürchtete Ibo-HEGEMONIE ermordet (1966). Ein Massaker trieb die Ibo aus dem Norden in ihre alte Heimat im Osten, der sich als Biafra von Nigeria abspaltete (1967). Nach dem BIAFRAKRIEG (1967–1970) wurde die Ostregion wieder in die Föderation Nigeria eingegliedert, unterteilt in weitere Bundesstaaten.

Literatur: W. Kaden: Das nigerianische Experiment. Demokratie und nationale Integration in einem Entwicklungsland. Hannover 1968; C. O. Glauke: Die Integration der Ibos nach dem Bürgerkrieg in Nigeria. Berlin 1995; A. Harneit-Sievers: Ibo Community Histories. Berlin 1998.

Kulturrevolution

Allgemein: Geistig-kultureller Umbruch nach einer kommunistischen REVOLUTION, zuerst von Lenin für Sowjetrussland konzipiert (1917–1921), mit einschneidenden Umgestaltungen im Bildungssystem zur Schaffung eines »neuen Menschen« im Übergang zum KOMMUNISMUS: Im »real existierenden SOZIALISMUS« folgte der Kulturrevolution auch der Rückgriff auf vorrevolutionäre Traditionen (Musik, Literatur, bildende Kunst); in der DDR wurde die »Pflege des humanistischen Kulturerbes« praktiziert.

Speziell: die sog. Große Proletarische Kulturrevolution in der VOLKSREPUBLIK CHINA (1966–1969), mit Vorläufern der BEWEGUNG DES 4. MAI (1919), in der VOLKSREPUBLIK der »GROSSE SPRUNG« (1958). Die Kulturrevolution war gekennzeichnet durch schwere innere Wirren und bürgerkriegsähnliche Konflikte, eröffnet durch Angriffe auf oppositionelle Tendenzen in der KPCh (November 1965) und erste Wandzeitungen an der UNIVERSITÄT Peking (Mai **1966**). Der 16-Punkte-Beschluss der Partei (August 1966) komplizierte den Machtkampf, anfangs zwischen »links« (Mao Tse-tung) und »rechts« (»Revisionisten« unter Liu Shao-ch'i). ROTE GARDEN als Massenbasis der »Linken« gewannen rasch destruktive Eigendynamik, der Mao-Personenkult erreichte mit dem »ROTEN BÜCHLEIN« (»Mao-Bibel«) einen Höhepunkt. Ideologie wurde zum Ersatz für Bildung und Fachwissen, das Niveau an Schulen und Hochschulen sank rapide. Ausschaltung der »alten Kader« war begleitet von TERROR und Verfolgung; »konservative« Akademiker wurden ermordet. Landwirtschaft und Industrie waren zerrüttet; Armee und Rote Garden bekämpften sich. Der 9. Parteitag der KPCh (1969) beendete die Kulturrevolution formell, faktisch endete sie erst mit dem Tod Maos und der Ausschaltung der »VIERERBANDE« (1976). Die Kulturrevolution verschärfte die Isolierung Chinas und vertiefte den Bruch mit dem Sowjetkommunismus. Sie wird heute von chinesischen Intellektuellen als die »chinesische Version des FASCHISMUS« verurteilt. Dennoch hatte sie im Westen großen Einfluss auf Teile der STUDENTENBEWEGUNG und die Außerparlamentarische Opposition gegen den VIETNAMKRIEG und für eine Beseitigung des eigenen politischen Systems: Maoistische Gruppen und Parteien propagierten den Anarchismus, so im MAI 1968 in Paris.

Literatur: R. McFarquhar: The Origins of the Cultural Revolution. 2 Bde., London 1974/83; R. Hoffmann: Maos Rebellen. Sozialgeschichte der chinesischen Kulturrevolution. Hamburg 1979; E. Snow: Roter Stern über China. Mao Tse-tung und die chinesische Revolution. Frankfurt/Main 1986; B. Barnouin/Y. Changgen: Ten Years of Turbulence. The Chinese Cultural Revolution. London u.a. 1993; Y. Song/D. Sun: The Cultural Revolution. A Bibliography, 1966–1996. Hg. von E. W. Wu. Cambridge (Mass.) 1998.

Maoismus

Lehre Mao-tse Tungs in der Chinesischen KULTURREVOLUTION (**1966**–1976), systematisiert im »ROTEN BÜCHLEIN« mit Kernsprüchen Maos. Der Maoismus war eine radikale Zuspitzung des MARXISMUS-Leninismus, mit der Propagierung einer extremen egalitären Ideologie und Verachtung von Autoritäten, schuf aber dennoch einen Personenkult um Mao. Auswirkungen außerhalb Chinas waren enorm, vor allem auf die linksextreme STUDENTENBEWEGUNG im Westen. Nach dem Tod Maos (1976), der Zerschlagung der »VIERERBANDE« (1976) und Rückkehr Deng Xiaopings zur Macht mit Öffnung Chinas zur Welt (seit 1438) wurde der Maoismus in China überwunden; maoistische Tendenzen verloren ihren Halt an China, reorganisierten sich teilweise in Parteien der GRÜNEN, agitierten in Bewegungen gegen Atomkraft und Globalisierung.

Literatur: H. Martin: China ohne Maoismus? Wandlungen einer Staatsideologie. Reinbek 1980.

Rote Garden

Allgemein: MILIZartige Organisationen in kommunistischen Staaten. Speziell: Militante Jugendorganisationen in der chinesischen KULTURREVOLUTION (**1966**–1969): Rote Garden setzte Mao Tse-tung zur TERRORISIERUNG gegen »Revisionisten« ein. Doch splitterten sie sich ideologisch rasch auf mit einer dialektischen Eigendynamik, die sie teilweise zu Gegnern Maos und der chinesischen Armee machte.

Literatur: D. Albrecht: Die Roten Garden, in: Beilage zu »Das Parlament«, 15. 11. 1969.

»Mao-Bibel« (»Rotes Büchlein«)

Rot eingebundene Broschüre mit Aussprüchen des »Vorsitzenden« Mao Tse-tung, in der KULTURREVOLUTION (**1966**–1969) Basis zur ideologischen Indoktrination der chinesischen Bevölkerung im Mao-Personenkult. Sie fand im Westen weit über maoistische Gruppen hinaus Verbreitung.

Große Koalition

Regierung aus CDU/CSU und SPD: Nach Erhards Sturz bildeten die Union und SPD unter Kiesinger als Kanzler, Brandt als Vizekanzler und Außenminister (**1966**–1969) eine Regierung, die mit der »Konzertierten Aktion« aus Arbeitgebern, GEWERKSCHAFTEN und Gebietskörperschaften die Wirtschaftskrise überwand. Der Großen Koalition stand nur die FDP als Opposition gegenüber. Als Auftakt zur NEUEN OSTPOLITIK nahm Bonn diplomatische Beziehungen zu den kommunistischen Staaten Rumänien (1967) und Jugoslawien (1968) auf. Die NOTSTANDSGESETZE (1968) erregten Proteste der STUDENTENBEWEGUNG (OSTERUNRUHEN). Die Große Koalition wurde von der SOZIALLIBERALEN KOALITION abgelöst (1969).

Literatur: R. Schmoeckel/B. Kaiser: Die vergessene Regierung. Die große Koalition 1966 bis 1969 und ihre langfristigen Wirkungen. Bonn 1991; A. H. Schneider: Die Kunst des Kompromisses. Helmut Schmidt und die Große Koalition. 1966–1969. Paderborn u. a. 1999.

Biafrakrieg

Bürgerkrieg in Nigeria (1967–1970): In der nigerianischen Föderation eskalierten HEGEMONIE-Bestrebungen des muslimischen Nordens gegenüber dem Süden, das Aufbegehren von Minderheiten gegen jeweils dominierende Völker der drei Hauptregionen (Nord, West, Ost) zur Krise. Zweimal putschte das Militär in Nigeria (1966). Um Massakern zu entgehen, flohen IBO aus dem Norden in ihre Heimat im Südosten (1966). Die Ostregion (mit neu entdeckten Erdölvorkommen als wirtschaftliche Grundlage) spaltete sich unter Oberst Ojukwu als Biafra (**1967**) von Nigeria ab, nachdem die Zentalregierung die Region in drei Bundesstaaten aufteilen wollte, um die Ibo zu schwächen. Nach Anfangserfolgen für Biafra schlug die nigerianische Bundesarmee mit britischen und sowjetischen Waffen die SEZESSION blutig nieder.

HUNGERSNOT im eingeschlossenen Biafra (1968–1970) beschleunigte die KAPITULATION Biafras (Januar 1970). Der relativ zügigen Reintegration der Ibo folgte eine stärkere Föderalisierung Nigerias. Nach dem Biafrakrieg stieg Nigeria mit seinen reichen Erdölverkommen zum wirtschaftlich dominierenden Staat Westafrika auf (OPEC-Beitritt, 1971), ohne politische und soziale Stabilität zu erreichen.

Literatur: A. Wirz: Krieg in Afrika. Die nachkolonialen Konflikte in Nigeria, Sudan, Tschad und Kongo. Wiesbaden 1982; H. Ekwe-Ekwe: The Biafra-War. Nigeria and the Aftermath. Lewiston u. a. 1990; J.-L. Clergerie: La crise du Biafra. Paris 1994; A. Harneit-Sievers u. a.: A Social History of the Nigerian Civil War. Perspectives From Below. Hamburg 1997.

Studentenbewegung

Studentische Protestbewegung in den westlichen Industriestaaten, zuerst in den USA (vor allem Kalifornien) gegen den VIETNAMKRIEG (1964–1973), mit neuen Demonstrationsformen (»teach-in«) und einem starken Engagement für AFRO-AMERIKANER und die CIVIL-RIGHTS-Bewegung in den USA: Sie griff rasch auf Westeuropa über, auf Großbritannien, Frankreich (MAI 1968), Italien und die BUNDESREPUBLIK, teilweise mit KULTURREVOLUTIONÄREN Zügen bis hin zur ANARCHIE.

In der Bundesrepublik begann die Studentenbewegung mit einer (von der DDR inszenierten) Demonstration gegen den Schah-Besuch in Westberlin (2. Juni **1967**). Sie war Kern der Außerparlamentarischen Opposition (APO), kämpfte gegen Vietnamkrieg und NOTSTANDSGESETZE der GROSSEN KOALITION, für eine durchgreifende Hochschulreform. Mit dem Anschlag auf den Studentenführer Rudi Dutschke in den OSTERUNRUHEN radikalisierte sich die Studentenbewegung (Unterscheidung zwischen »Gewalt gegen Sachen« und »gegen Personen«), ideologisch stark marxistisch orientiert, mit Demonstrationen, Straßenschlachten, Häuserbesetzungen, bis zum Extrem des TERRORS im Untergrund (RAF, Bewegung »2. Juni«, Rote Zellen). Die SOZIALLIBERALE KOALITION erließ eine weitgehende AMNESTIE für Delikte im Zusammenhang mit der Studentenbewegung (1970). Durch Eintritte in die SPD und FDP (»Marsch durch die Institutionen«), Gründung der DKP (1968) sowie kommunistischer Parteien, Gruppen und Zirkel maoistischer wie anarchistischer Prägung zersplitterte die Bewegung rasch.

Literatur: K. A. Otto: Vom Ostermarsch zur APO. Geschichte der außerparlamentarischen Opposition in der Bundesrepublik 1960–1970. Frankfurt/Main, New York 1977; G. Koenen: Das rote Jahrzehnt. Unsere kleine deutsche Kulturrevolution 1967–1977. Köln 2001; G. Langguth: Mythos '68. Die Gewaltphilosophie von Rudi Dutschke. Ursachen und Folgen der Studentenbewegung. München 2001; I. Gilcher-Holtey: Die 68er Bewegung. Deutschland – Westeuropa – USA. München 2001.

Tupamaros

Stadtguerilleros in Uruguay (offizieller Name: »Movimento de Liberación Nacional«, MLN): Die Tupamaros benannten sich nach dem Führer eines INDIO-Aufstands im Andengebiet, der sich nach dem letzten INKA-Herrscher Tupac Amaru II. nannte (1743–1781): Die Tupamaros gingen aus der Bewegung der ZUCKERarbeiter hervor (1963). Ihr TERROR erreichte einen Höhepunkt in den Aktionen zur Schaffung einer revolutionären Situation (**1967**). Im Ausnahmezustand in Uruguay (1969) wurden die Tupamaros vom Militär zerrieben (ca. 1973). Mit Rückkehr zu demokratischen Verhältnissen reorganisierten sich die Tupamaros als legale demokratische Partei. Die GUERILLAbewegung war Vorbild für ähnliche Gruppen in Japan und Westeuropa (RAF, ROTE BRIGADEN).

Literatur: A. Labrousse: Die Tupamaros. Stadtguerilla in Uruguay. München 1971; R. E. Kiessler: Guerilla und Revolution. München 1975; E. Fernández Huidobro: Historia de los tupamaros. 3 Bde., Montevideo 1999 ff.

3. Nahostkrieg (Sechstagekrieg)

Krieg Israels gegen Ägypten, Syrien und Jordanien (**1967**), als Teil des NAHOSTKONFLIKTS: Vorgeschichte: 1. NAHOSTKRIEG 1948/49, SUEZKRISE/2. NAHOSTKRIEG (1956), Gründung der PLO 1964, Überfälle auf Israel ab 1965). Ägypten sperrte die Straße von Akaba für Israel (1967) und Zugang zum Roten Meer. Auf den militärischen Aufmarsch der arabischen Staaten antwortete Israel mit dem PRÄVENTIVKRIEG, eingeleitet mit der Zerstörung der arabischen Luftwaffe noch am Boden. Israel besetzte den Gazastreifen, Ostjerusalem, das Westjordanland, und die Golanhöhen. Sie wurden unter Militärverwaltung gestellt, z. T. später annektiert (Golanhöhen, Ostjerusalem 1981/82). Der Nahostkonflikt verschärfte sich weiter, zunächst zum 4. NAHOSTKRIEG (1973).

Literatur: W. Laqueur: The Road to War 1967. The Origins and Aftermath of the Arab-Israel Conflict. London 1970; A. J. Barker: Der Sechs-Tage-Krieg. München 1981; H. Gordon (Hg.): Looking Back at the June 1967 War. Westport (Conn.) 1999.

ETA

(bask.: Euzkadi Ta Azkatasuna = Baskenland und Freiheit) Baskische Untergrundorganisation für ein unabhängiges und sozialistisches Großbaskenland: In der Gründungsphase (1959) stellte sich die ETA in die Tradition von Sabino Arana. Bald jedoch bestimmten Aufstandskonzepte von GUERILLAbewegungen der Dritten Welt die Strategie (1962) und eine zunehmend sozialistische Programmatik (1964). Die ETA begann den bewaffneten Kampf gegen das Franco-Regime (**1967**), ermordete u. a. den wegen Folterungen berüchtigten Polizeikommissar Melitón Manzanas (1968) und designierten Franco-Nachfolger Luis Carrero Blanco (1973). Ein Attentat auf ein Café in Madrid, bei dem elf Menschen starben, spaltete die ETA (1974): Die gemäßigte Fraktion (»ETA político-militar«) ging zu den baskischen Sozialisten des »Euskadido Ezkerra« (1980), die »ETA militar« setzte weiter auf Anschläge, Entführungen und Erpressung der »Revolutionssteuer«. Als politischer Arm der ETA gelten die Parteien(bündnisse) Herri Batasuna bzw. Euskal Herritarrok (1998). Das Franco-Regime reagierte mit Ausnahmezustand, Massenverhaftungen und Todesurteilen. Von weltweiten Protesten begleitet war der Prozess von Burgos (1970), bei dem sechs mutmaßliche ETA-Angehörige zu Tode verurteilt wurden. Nach Francos Tod (1975) intensivierte die ETA den Terror zur Erzwingung der Unabhängigkeit des Baskenlands trotz einer Amnestie (1976/77) für fast alle 600 unter Franco inhaftierten ETA-Aktivisten. Opfer waren Repräsentanten des spanischen Staats, baskische Unternehmer, ehemalige ETA-Mitglieder, Aktivisten sozialer Gegenbewegungen und die Zivilbevölkerung, z. B. in Barcelona, wo bei einem Anschlag 21 Menschen starben (1987). Bis 2001 wurden bei Anschlägen der ETA etwa 850 Personen getötet. Dem paramilitärischem Gegenterror der GAL (Grupos Armados de Liberación) fielen mindestens 28 Personen zum Opfer (1983–1987). Jüngste Terroranschläge lassen die Situation immer aussichtsloser erscheinen. [M. K.]

Literatur: J. Sullivan: ETA and Basque Nationalism. The Fight for Euskadi. London 1988; P. Waldmann: Militanter Nationalismus im Baskenland. Frankfurt 1990; F. Letamendía: Historia del nacionalismo vasco y de ETA. 3 Bde., San Sebastian 1994.

Front National de Libération (FNL)

Von Kommunisten geführte Oppositionsbewegung in Südvietnam: Die Verweigerung freier Wahlen für ganz Vietnam (1956) und Repression der Vietminh-Anhänger in Südvietnam durch das Diem-Regime (ab 1958) provozierten die Gründung der FNL (1960). Mit Hilfe aus Nordvietnam ging sie bald zum revolutionären Bürgerkrieg über. Siege über südvietnamesische Regierungstruppen (1963/64) brachten die USA zur Intervention im Vietnamkrieg (Eskalation ab 1965), in der Tet-Offensive mit hohen Verlusten auf beiden Seiten (**1968**). Nach dem militärischen Sieg und der Vereinigung mit dem kommunistischen Norden löste sich die FNL (1975) auf.

Nicht zu verwechseln mit: Front de Libération Nationale (FLN) in Algerien (1955).

Literatur: R. K. Brigham: Guerrilla diplomacy. The NLF's Foreign Relations and the Viet Nam War. Ithaca (N.Y.) u. a. 1999.

Tet-Offensive

Offensive der kommunistischen FNL-Streitkräfte (»Vietkong«) in Südvietnam gegen die südvietnamesische und US-Armee, benannt nach dem Monat »Tet« im traditionellen vietnamesischen Kalender, in dem die Offensive begann (Februar **1968**): In der Tet-Offensive war vor allem die Zitadelle von Huê stark umkämpft; auf beiden Seiten gab es schwere Verluste, auch der Zivilbevölkerung. Das My-Lai-Massaker und die Verwicklung in den Partisanenkampf fügten den USA militärischen, moralischen und psychologischen Schaden zu, sodass US-Präsident Johnson auf eine Kandidatur bei den Präsidentenwahlen verzichtete. Gleichzeitig brachen in den USA, vor allem in Washington, nach der Ermordung Martin Luther Kings schwere Unruhen aus, die in eine Doppelkrise der USA mündeten.

Literatur: J. J. Wirtz: The Tet Offensive. Intelligence Failure in War. Ithaca u. a. 1991; R. E. Ford: Tet 1968. Understanding the Surprise. London 1995; M. J. Gilbert/W. Head (Hg.): The Tet Offensive. Westport (Conn.) u. a. 1996.

Osterunruhen

Im Gefolge von Unruhen in den USA nach der Ermordung Martin Luther Kings fanden in der BUNDESREPUBLIK DEUTSCHLAND Demonstrationen statt, die nach einem Anschlag auf Rudi Dutschke in Westberlin (**1968**) zu Angriffen auf Gebäude und Autos des Springerkonzerns eskalierten. Mit den Osterunruhen radikalisierte sich die STUDENTENBEWEGUNG.

Literatur: K. A. Otto: Vom Ostermarsch zur APO. Geschichte der außerparlamentarischen Opposition in der Bundesrepublik 1965–1970. Frankfurt/Main, New York 1977.

Notstandsgesetze

Verfassungsändernde Gesetzgebung der GROSSEN KOALITION für den (militärischen wie zivilen) Notstand (**1968**), stieß auf Proteste der STUDENTENBEWEGUNG und Außerparlamentarischen Opposition.

Literatur: M. Schneider: Demokratie in Gefahr? Der Konflikt um die Notstandsgesetze. Sozialdemokratie, Gewerkschaften und intellektueller Protest (1958–1968). Bonn 1986.

Mai 1968

Schwere, von der maoistischen KULTURREVOLUTION und vom ANARCHISMUS beeinflusste Studentenunruhen in Frankreich revolutionären Charakters: Die Unruhen mündeten in einen GENERALSTREIK, in dem KPF und kommunistisch geführte Gewerkschaften sozialpolitische Forderungen in den Vordergrund rückten (**1968**). Der Mai 1968 stürzte die V. FRANZÖSISCHEN REPUBLIK in eine schwere Krise (u. a. Einsatz von Militär), bis zum Rücktritt des Präsidenten de Gaulle nach einem gescheiterten PLEBISZIT (1969). Der wochenlange Konflikte ebbte nach dem Einlenken der Regierung allmählich ab.

Literatur: R. Aron: La Révolution introuvable. Réflexions sur les évènements de Mai. Paris 1968; A. Dansette: Mai 1968. Paris 1971; R. Johnson: The French Communist Party versus the Students. Revolutionary Politics in May–June 1968. New Haven 1972; I. Gilcher-Holtey: »Die Phantasie an die Macht«. Mai 68 in Frankreich. Frankfurt/Main 1995.

Prager Frühling

Phase der Liberalisierung in der ČSSR: Der Prager Frühling wurde getragen von der KP-Führung unter Alexander Dubček (**1968**), um mit Wirtschaftsreformen, politischer Demokratisierung und Liberalisierung des öffentlichen Lebens (u. a. Lockerung der ZENSUR) einen »SOZIALISMUS mit menschlichem Antlitz« zu schaffen. Die Militärintervention des WARSCHAUER PAKTS beendete das Experiment gewaltsam (21. August 1968), demonstrierte die Reformunfähigkeit des Sowjetsystems, mit Rückwirkung auf andere sozialistische Staaten (ČSSR, Polen, DDR); sie provozierte eine schwere Krise im Ost-West-Verhältnis und trug (ungewollt) zum ZUSAMMENBRUCH DES KOMMUNISMUS (1989/91) bei.

Literatur: Z. Mlynar: Nachtfrost. Das Ende des Prager Frühlings. Frankfurt/Main 1988; H. Schott: Worte gegen Panzer. Der Prager Frühling 1968. Recklinghausen 1991; K. Williams: The Prague Spring and its Aftermath. Czechoslovak Politics, 1968–1970. Cambridge u. a. 1997.

Militärintervention des Warschauer Pakts in der ČSSR

Einmarsch der Roten Armee und der Streitkräfte weiterer vier Staaten des Warschauer Pakts (außer Rumänien) zur Niederschlagung des Prager Frühlings: Vorausgegangen waren heftige Angriffe der sowjetischen Führung gegen KP-Chef Alexander Dubček und die »Warnung« vor einem »Revisionismus«. Aus einem gemeinsamen Manöver in der ČSSR heraus, griffen die Streitkräfte nach Abschaffung der Vorzensur militärisch ein (21. August **1968**). Militärischer Widerstand war aussichtslos, doch leistete die Bevölkerung zunächst passiven Widerstand. Begründet wurde die Militäraktion mit der Breschnew-Doktrin. Die anschließende »Normalisierung« trieb viele Bürger zur Flucht in den Westen. UdSSR und ČSSR vereinbarten eine dauernde Stationierung sowjetischer Truppen in der ČSSR (wie in Polen nach dem »Polnischen Oktober«, in Ungarn nach dem Ungarnaufstand 1956). Heftige Kritik in einigen kommunistischen Parteien des Westens, vor allem in der KPI, am Einmarsch war Ausgangspunkt für den sog. Eurokommunismus. Mit Niederschlagung des Prager Frühlings wurden Strukturkrise und Unreformierbarkeit des »Realsozialismus« sichtbar.

Literatur: R. Wenzke: Prager Frühling – Prager Herbst. Zur Intervention der Warschauer-Pakt-Streitkräfte in der CSSR 1968. Fakten und Zusammenhänge. Berlin 1990; J. Valenta: Soviet Intervention in Czechoslovakia, 1968. Anatomy of a Decision. Neuausgabe Baltimore u. a. 1991; J. Pauer: Prag 1968. Der Einmarsch des Warschauer Paktes. Hintergründe – Planung – Durchführung. Bremen 1995.

»Normalisierung«

Offizielle Sprachregelung für die gewaltsame Wiederherstellung des Status quo ante nach Bedrohungen der kommunistischen Herrschaft bzw. der sowjetischen Hegemonie, nach dem Aufstand des 17. Juni in der DDR (1953), dem Ungarnaufstand (1956), der Militärintervention des Warschauer Pakts in der ČSSR (**1968**), im Afghanistankrieg (1979–1988) und im Kriegszustand in Polen (1981–1983), mit Verhaftungen (in Polen auch: »Internierungen«), Säuberungen in Partei und Verwaltung, Berufsverbote, verschärfter Zensur und Repression.

Literatur: V. V. Kusin: From Dubcek to Charter 77. A Study of »Normalization« in Chechoslovakia 1968–1978. Edinburgh 1978.

Breschnew-Doktrin

(Im Westen so genannte) Erklärung des KPdSU-Generalsekretärs Breschnews zur (nachträglichen) Rechtfertigung der Militärintervention des Warschauer Pakts in der ČSSR (**1968**): Die Breschnew-Doktrin reklamierte bei »beschränktem Selbstbestimmungsrecht« für die Mitgliedstaaten der »sozialistischen Gemeinschaft« das Interventionsrecht der UdSSR und ihrer Verbündeten bei Gefahren für den »sozialistischen« Charakter kommunistischer Staaten. Die Erklärung, Afghanistan sei Teil der »sozialistischen Gemeinschaft« (Juni 1979), ging der sowjetischen

Militärintervention in Afghanistan (27. Dezember 1979) voraus (AFGHANISTANKRIEG, bis 1988). Auch der KRIEGSZUSTAND IN POLEN (1981–1983) war Ausfluss der Breschnew-Doktrin. Sie wurde von Gorbatschow aufgegeben (1988).

Literatur: B. Meissner (Hg.): Die »Breschnew-Doktrin«. Das Prinzip des proletarisch-sozialistischen Internationalismus und die Theorie von den verschiedenen Wegen zum Sozialismus. Dokumentation. Köln 1969.

Deutsche Kommunistische Partei (DKP)

Nachfolgepartei der (1956 verbotenen) KPD, mit Teilen der Außerparlamentarischen Opposition und STUDENTENBEWEGUNG (**1968**): Die weitgehend von der DDR finanzierte Partei propagierte UdSSR und DDR als Modelle für die BUNDESREPUBLIK, auch nach schweren Krisen in kommunistischen Ländern – MILITÄRINTERVENTION DES WARSCHAUER PAKTS IN DER ČSSR (1968), AFGHANISTANKRIEG (1979–1988), KRIEGSZUSTAND IN POLEN (1981–1983). Die DKP erzielte bei Bundestags- und Landtagswahlen nur schwache Ergebnisse, aber punktuell Erfolge bei Kommunalwahlen (z. B. in Marburg und Städten des Ruhrgebiets). Sie hatte zeitweise Einfluss in EinzelGEWERKSCHAFTEN, Betriebsräten, UNIVERSITÄTEN, Studenten- und Schülervertretungen, in der Jugendarbeit, in der FRIEDENSBEWEGUNG. Sie verlor im ZUSAMMENBRUCH DES KOMMUNISMUS ihre Außenfinanzierung, Glaubwürdigkeit und viele Mitglieder (seit 1989).

Literatur: O. Flechtheim u. a.: Der Marsch der DKP durch die Institutionen. Sowjetmarxistische Einflußstrategien und Ideologien. Frankfurt/Main 1981; M. Wilke u. a.: Die Deutsche Kommunistische Partei (DKP). Geschichte – Organisation – Politik. Köln 1990; G. Fülberth: KPD und DKP. 1945–1990. Heilbronn [2]1992.

Baath-Partei

(Bath-Partei; arab.: Ba't = Wiedergeburt, offizieller Name: Hisb al-Ba't al-Arabi al-Ischtiraki = Sozialistische Partei der arabischen Wiedergeburt) Überregionale politische Partei im Nahen Osten, vor allem in Syrien und im Irak: Die Baath-Partei entstand im Untergrund (1942) und vereinigte sich später mit der Sozialistischen Partei (1953). In Syrien und Irak nahm sie eine unterschiedliche Entwicklung, durch bis zur Feindseligkeit gesteigerte Rivalität zwischen beiden Ländern und heftigen Flügelkämpfen. Doch orientierten sich beide Parteien an der UdSSR und nahmen eine scharf antiisraelische Haltung ein.

- Syrien: Nachdem die Bath-Partei an die Macht gelangt war (1957/58) wurde sie mit der Gründung der Vereinigten Arabischen Republik (VAR) aufgelöst (1958). Nach der SEZESSION von Ägypten gründete sie sich neu (1961). Seit 1963 ist sie Staatspartei.
- Irak: Die Baath-Partei beteiligte sich am Sturz von Präsident Kassem (1963), wurde jedoch rasch vom neuen Präsidenten Aref ausgeschaltet (1963). Nach einem Militärputsch übernahm sie die Macht (**1968**). Saddam Hussein wurde Generalsekretär und Präsident. Er begann den 1. GOLFKRIEG (1985–1988) und provozierte den 2. GOLFKRIEG

(1990/91) mit dem Einmarsch in Kuwait, konnte sich aber nach der Niederlage gegen die Koalition unter Führung der USA behaupten (1991), auch mit Fortdauer von UN-SANKTIONEN.

Literatur: H. Mahr: Die Baath-Partei. Portrait einer panarabischen Bewegung. München 1971; J. F. Devlin: The Ba'th Party. Its History from its Origins to 1966. Stanford (Cal.) 1976; N. van Dam: The Struggle for Power in Syria. Politics and Society under Asad and the Bath Party. London u. a. 1997.

Nordirlandkonflikt

Bürgerkrieg in Nordirland (Ulster) zwischen der katholischen Minderheit und protestantischen Mehrheit: Nach Niederwerfung irischer Aufstände siedelte der englische König Jakob I. im Rahmen der Ulster-PLANTATION (1609) etwa 100 000 PROTESTANTEN (PRESBYTERIANER) aus Schottland im Norden Irlands an. Der Niederlage der Iren und Jakobs II. in der Schlacht an der Boyne (1690) folgte die Diskriminierung der Katholiken. Mit der REALUNION ENGLAND-IRLAND (1800/01) stellte sich die IRISCHE FRAGE. Der OSTERAUFSTAND (1916) eskalierte zum ANGLO-IRISCHEN KRIEG (1919–1921), auf irischer Seite getragen von der IRA. Nach der Teilung Irlands (1922), erhielt Nordirland die AUTONOMIE innerhalb Großbritanniens: Herrschende Partei waren die protestantischen Unionists. Die IRA kämpfte für die Vereinigung Nordirlands mit der REPUBLIK Irland. Extreme Protestanten (»Free Presbyterian Church«) unter Reverend Ian Paisley lehnten Konzessionen an die Katholiken ab. Unruhen in Belfast (1966) und die Demonstration der katholischen Bürgerrechtsbewegung in Londonderry mit schweren Unruhen (5. Oktober **1968**) eröffneten den Konflikt. Paisley und seine Anhänger blockierten vorsichtige Reformvorschläge der nordirischen Regierung. Die protestantischen Unionists gewannen zwar die Parlamentswahlen, Extremisten erhielten jedoch einen hohen Stimmenanteil. Nach schweren Unruhen wurden auf Bitten der nordirischen Regierung britische Truppen nach Nordirland verlegt (1969), die Terror und Gegenterror der extremistischen politischen Gruppierungen nicht unterbinden konnten. Die Erschießung von Demonstranten durch das Militär provozierte blutige Unruhen in Belfast; die IRA sprengte die britische Botschaft in Dublin (1972). Großbritannien hob die AUTONOMIE für Nordirland auf (1972/73, 1974). Die Wahl eines neuen PARLAMENTS mit beschränkten Kompetenzen blieb politisch wirkungslos (1982). Anschläge der IRA hielten die britischen Truppen nach wie vor in Nordirland. Nach weiteren Gesprächen verkündete die IRA einen Waffenstillstand (1994), den sie zwei Jahre später wieder aufhob (1996), dann wieder erneuerte (1997). Das Nordirlandabkommen (1998) zwischen den nordirischen Parteien öffnete den Weg zur friedlichen Beilegung des Konflikts. An der Frage der Entwaffung der paramilitärischen Gruppierungen entzündeten sich jedoch immer wieder Konflikte; der Chef der nordirischen Regionalregierung, der Führer der Unionists, trat von seinem Amt zurück (2001). Politisch motivierte Morde und Straßenkämpfe halten an (2002).

Literatur: H. Raatz: Der Nordirland-Konflikt und die britische Nordirland-Politik seit 1968. Stuttgart 1990; B. Kübler: Der Nordirlandkonflikt. Keine Chance für den Frieden? München 1991.

Sozialliberale Koalition

Regierungsbündnis von SPD und FDP in der BUNDESREPUBLIK (**1969**–1982), vorgezeichnet durch Heinemanns Wahl zum Bundespräsidenten mit Stimmen der SPD und FDP: Nach dem Erfolg der SPD und der Niederlage der CDU/CSU bei den Bundestagswahlen wurde die GROSSE KOALITION durch die SPD/FDP-Koalition (1969) abgelöst. Mit Reformen (Brandt: »Mehr Demokratie wagen!«) in Wirtschaft (Mitbestimmung), Bildung und Außenpolitik setzte die Regierung neue Akzente (NEUE OSTPOLITIK, OSTVERTRÄGE), wurde aber nach dem Wahlerfolg (1972) von der GUILLAUME-KRISE (1974) erschüttert: Brandt trat als Bundeskanzler zurück, abgelöst durch Schmidt (1974–1982). Dem ERDÖLSCHOCK (1973) folgte die WIRTSCHAFTSKRISE; steigende Arbeitslosigkeit stürzte den Sozialstaat in die Krise. SPD und FDP behaupteten sich gegen die Union mit Strauß als Kanzlerkandidat (1980), aber wachsende Staatsverschuldung mündete in Niederlagen in Landtagswahlen (1981/82). Die FDP erzwang den Bruch (»Wende«), gefolgt von der CDU/CSU/FDP-Regierung unter Kohl (1982–1998).

Literatur: M. Hanswillemenke/B. Rahmann: Zwischen Reformen und Verantwortung für Vollbeschäftigung. Die Finanz- und Haushaltspolitik der sozial-liberalen Koalition von 1969 bis 1982. Frankfurt/Main u. a. 1997; A. Baring: Machtwechsel. Die Ära Brandt–Scheel. Neuausgabe Berlin 1998.

Neue Ostpolitik

Teil der Entspannungspolitik der sozialliberalen Koalition gegenüber der UdSSR und den kommunistischen Ländern als Beitrag zur Überwindung des KALTEN KRIEGS im Zeichen der FRIEDLICHEN KOEXISTENZ: Die Teilung Deutschlands (ab 1945) in BUNDESREPUBLIK und DDR (1949) mit Einbindung der beiden deutschen Staaten in gegnerische Paktsysteme (NATO, WARSCHAUER PAKT 1955) war Teil des globalen Ost-West-Konflikts. Der Bau der BERLINER MAUER (1961) und die KUBAKRISE (1962) verschärften die Gegensätze zunächst. Erste »menschliche Erleichterungen« durch das PASSIERSCHEINABKOMMEN (1963) und Ansätze einer neuen Ostpolitik auf Bundesebene entwickelte die GROSSE KOALITION (1966–1969), die auch die DKP als Partei zuließ (1968). Die SOZIALLIBERALE KOALITION erhob die Neue Ostpolitik zur offiziellen Politik (ab **1969**); die HALLSTEIN-DOKTRIN wurde aufgegeben. Die OSTVERTRÄGE, mit Kredite für die UdSSR und andere RGW-Staaten, Ausweitung des Osthandels, Tourismus und Wissenschaftler- und Kulturaustauschs, lösten heftige Kontroversen (1970–1972) aus. Der Ostblock beantwortete die neue Politik durch verschärfte ideologische »Abgrenzung«. In der Bundesrepublik folgte eine ideologische Öffnung, u. a. verstärkte Rezeption des MARXISMUS durch linke Strömungen. Positive Ergebnisse einer breiten Entspannungspolitik waren die KSZE (1975) und die Bildung der Bürgerrechtsgruppe CHARTA 77 in der ČSSR. Die Neue Ostpolitik geriet durch die massive Aufrüstung der UdSSR mit SS-20-Raketen, NATO-DOPPELBESCHLUSS, AFGHANISTANKRIEG (1979–1988) und POLENKRISE (1980–1990) sowie durch eine verschärfte

Boykott-Politik der USA unter Präsident Reagan (1982), u. a. gegen ein Erdgasröhrengeschäft westeuropäischer Staaten mit der UdSSR, in die Krise.

Literatur: W. E. Griffith: Die Ostpolitik der Bundesrepublik Deutschland. Stuttgart 1981; M. Steffens: Die deutsche Ostpolitik im Spiegel publizistischer Stellungnahmen in den USA 1969–1973. Frankfurt/Main 1989; P. Bender: Die »Neue Ostpolitik« und ihre Folgen. Vom Mauerbau bis zur Vereinigung. München [4]1996.

Apollo 11

Landung des bemannten US-Raumschiffs »Apollo 11« auf dem Mond (**1969**) im Rahmen des Weltraumprogramms der NASA, das in Konkurrenz zur UdSSR seit Sputnik (1957) forciert worden war.

Atomwaffensperrvertrag

»Vertrag über Nichtverbreitung von Kernwaffen« von 1968 (in Kraft 1970): Die Atommächte USA, Großbritannien und UdSSR unterzeichneten den Vertrag (1968, Bundesrepublik **1969**), die Kernwaffenstaaten Frankreich und Volksrepublik China traten erst später bei (1992). Das Abkommen verhinderte jedoch nicht die Weiterverbreitung von Atombomben. So führten Indien (1973/98) und Pakistan (1998) Atomtests durch. Auch andere Staaten standen an der Schwelle zur Atommacht bzw. hatten sie schon (heimlich) überschritten, u. a. Israel, Iran, Brasilien, Südafrika, die VR Korea. Im Rahmen der GUS verblieb Russland als einzige Atommacht.

Literatur: E. Häckel: Die Bundesrepublik Deutschland und der Atomwaffensperrvertrag. Rückblick und Ausblick. Bonn 1989; J. Simpson: The Future of the Non-Proliferation Treaty. New York. 1995; J. Brown: Arms Control in a Multi-Polar World. Amsterdam 1996.

My-Lai-Massaker

Massaker einer US-Einheit an Zivilisten im südvietnamesischen Dorf My Lai bei Kämpfen während der Tet-Offensive (1968): Zunächst wurde die Nachricht über den Vorfall in den USA unterdrückt. Das Bekanntwerden (**1969**) empörte die Öffentlichkeit, schwächte die USA im Vietnamkrieg.

Literatur: J. S. Olson/R. Roberts: My Lai. A Brief History With Documents. Boston (Mass.) u. a. 1998; D. L. Anderson (Hg.): Facing My Lai. Moving Beyond the Massacre. Lawrence (Kan.) 1998.

Ostverträge

Internationale Verträge der Bundesrepublik unter der Sozialliberalen Koalition (**1970**–1972) im Rahmen der Neuen Ostpolitik, ergänzt durch das Viermächteabkommen über Berlin (1971) und den Grundlagenvertrag zwischen der Bundesrepublik und der DDR (1972): Der Bundestag ratifizierte die Verträge von Moskau und Warschau (1970) nach heftigen parlamentarischen Kämpfen (1972). Die Verträge waren auf Normalisierung, Entspannung und Friedliche

KOEXISTENZ gerichtet und brachten die faktische Anerkennung der DDR.

Literatur: K. Arndt: Die Verträge von Moskau und Warschau. Politische, verfassungsrechtliche und völkerrechtliche Aspekte. Bonn ^{2}1982; Die Ostverträge. Hg. vom Gesamtdeutschen Institut. Bonn ^{2}1989.

Rote Armee Fraktion (RAF)

Linksextremistische TERRORorganisation in der BUNDESREPUBLIK, entstanden aus der Radikalisierung des aktionistischen Flügels der Außerparlamentarischen Opposition gegen die GROSSE KOALITION und den VIETNAMKRIEG: Ihre erste Aktion war die Frankfurter Kaufhausbrandstiftung (1968). Anschläge der RAF fielen nicht unter die AMNESTIE für die STUDENTENBEWEGUNG (1970). Das führende RAF-Mitglied Ulrike Meinhof (* 1934, † 1976) versuchte gewaltsam, die Inhaftierten Andreas Baader (* 1944, † 1977) und Gudrun Ensslin (* 1945, † 1977) zu befreien (**1970**). Die RAF bildete bewaffnete Stadt-GUERILLAS nach dem Vorbild der lateinamerikanischen TUPAMAROS. Sprengstoffanschläge, Entführungen, Morde) zogen verstärkte öffentliche Sicherheitsmaßnahmen nach sich. Ähnliche Gruppen in Westberlin (»Bewegung des 2. Juni«) und im Bundesgebiet (»Rote Zellen«) folgten dem Vorbild der RAF. Den »harten Kern« umgab ein Umfeld von »Sympathisanten«, aus dem die RAF neue Mitglieder rekrutierte. Auf das Konto der RAF gehen die Morde an Generalbundesanwalt Siegfried Buback, dem Vorstandsvorsitzenden der Dresdner Bank Jürgen Ponto, dem Präsidenten der Arbeitgeberverbände Martin Schleyer (1977), dem Vorstandsvorsitzenden der DEUTSCHEN BANK und Siemens-Vorstandsmitglied Karl-Heinz Beckurts (1986) und Vorstandsprecher der Deutschen Bank Herrhausen. Mitglieder der RAF wurden teilweise unterstützt und ausgebildet von der PLO und erhielten in den 1980er-Jahren Unterschlupf in der DDR. Sie standen in Verbindung mit anderen terroristischen Gruppen, z. B. IRA (Nordirland), ROTEN BRIGADEN (Italien). Die RAF wurde von der Polizei größtenteils zerschlagen, erklärte die Beendigung des personenbezogenen Terrors (1992) und gab ihre Selbstauflösung bekannt (1998).

Literatur: K. Hartung (Hg.): Der blinde Fleck. Die Linke, die RAF und der Staat. Frankfurt/Main 1987; S. Aust: Der Baader-Meinhof-Komplex. Hamburg ^{2}1997; G. Fels: Der Aufruhr der 68er. Zu den geistigen Grundlagen der Studentenbewegung und der RAF. Bonn 1998.

Rote Brigaden

(ital.: »Brigadi Rossi«) Bewaffnete TERRORorganisation in Italien, entstanden aus dem extremen Flügel der italienischen STUDENTENBEWEGUNG (**1970**): Wie die RAF begingen die Roten Brigarden Anschläge, Morde und Entführungen, z. B. mit gezielten Schüssen in die Beine von zur »Aburteilung freigegebener« Repräsentanten des Staats (Justiz), der Wirtschaft und missliebiger Journalisten. Sie hatten eine weiter verzweigte Organisation und höhere Mitgliederzahlen als die RAF. Die Ermordung des DC-Politikers Aldo Moro (1978) stürzte Italien in eine Staatskrise. Der sozialistische Staatspräsident Pertini beschuldigte die

UdSSR als Drahtzieher (1980). Die Entführung und gewaltsame Befreiung eines US-Brigadiers in Verona (1982) provozierte Polizeiaktionen mit Verhaftungen und Verurteilungen (1982).

Literatur: A. Sily: Never Again without a Rifle. The Origins of Italian Terrorism. New York 1979; R. Solé: Le défi terroriste. Leçons italiennes à l'usage de l'Europe. Paris 1979; B. Kraatz: Terrorland Italien. Mit der Gewalt leben. Reinbek 1982; R. Curcio: Mit offenem Blick. Ein Gespräch zur Geschichte der Roten Brigaden in Italien. Berlin 1997.

Palestine Liberation Organization (PLO)

Palästinensische Befreiungsorganisation) Zusammenschluss militanter Befreiungsorganisationen der PALÄSTINENSER gegen Israel, spiegelbildlich nach dem Vorbild der zionistischen Bewegung organisiert: Die von Israel stets als TERRORorganisation bekämpfte PLO wurde als Verhandlungspartner abgelehnt. Die PLO wurde in Kairo mit Hilfe der ARABISCHEN LIGA gegründet (1964), besteht im Kern aus der überwiegend bürgerlich-nationalistischen Al-Fatah (= »Filistin Tachrir Haraka« = »Nationale Befreiungsbewegung Palästinas«, seit 1959), nach links erweitert um marxistisch-leninistische Gruppen, angelehnt an die UdSSR. Einer ersten bewaffneten Aktion (1965) folgten Überfälle, Terroranschläge von KOMMANDOS und Flugzeugentführungen, die den 3. NAHOSTKRIEG (1967) nach sich zogen. Nach der arabischen Niederlage wurde Arafat Vorsitzender (seit 1967). Die PLO hatte ihren Schwerpunkt in Jordanien, in Spannungen zur MONARCHIE, und musste nach einer Flugzeugentführung nach bürgerkriegsähnlichen Kämpfen mit der jordanischen Armee das Land verlassen (September 1970, Bildung der Terrororganisation »SCHWARZER SEPTEMBER«). Die nach Libanon abgedrängte PLO (**1970**) übernahm die Ausbildung internationaler Terrorgruppen, finanziert von arabischen Staaten, von der UdSSR mit Waffen ausgerüstet. Das Massaker auf dem israelischen Flughafen Lod und an der israelischen Olympiamannschaft in München geht auf das Konto des »Schwarzen September« (1972). Die PLO war in den LIBANESISCHEN BÜRGERKRIEG (1975–1990) verwickelt.

Von der Arabischen Liga als einzig rechtmäßige Vertretung des palästinensischen Volkes anerkannt, sprach Arafat vor der UNO (1974); die PLO erhielt Zulassung zum UN-Sicherheitsrat (1975), gewann unter Palästinensern in den (seit 1967) von Israel besetzten Gebieten, vor allem in der jungen Generation, zahlreiche Anhänger, die gegen Israel demonstrierten und sich mit israelischen Sicherheitskräften Straßenschlachten lieferten (1976). Die PLO siegte bei Kommunalwahlen im Westjordanland (1978), organisierte nach der Absetzung und Ausweisung von Bürgermeistern in Demonstrationen und Straßenkämpfe (1982). Die israelische Armee vertrieb sie im LIBANONKRIEG aus dem Südlibanon und kesselte sie in Westbeirut ein (1982). Daraufhin erklärte sich die PLO zur Anerkennung Israels bereit, wenn Israel einem Palästinenserstaat im Westjordanland und im Gazastreifen zustimmt. Eine neue Phase des NAHOSTKONFLIKTS begann mit dem MASSAKER VON BEIRUT an Palästinensern in einem Flüchtlingslager (September 1982). In den besetzten Gebieten initiierte die PLO die bürgerkriegsähnliche INTIFADA (ab 1987). Sie proklamierte einen eigenen Palästinenserstaat in den von Israel besetzten Gebieten (1988). Durch Unterstützung für Saddam Hussein im 2. GOLFKRIEG (1990/91) isolierte sie sich international. Nach Friedensgesprächen in Madrid (1992) und New York (1992/93) sah eine erste Kompromisslösung im Gegenzug für die Anerkennung der PLO durch Israel die AUTONOMIE für den Gazastreifen und Jericho (1993) vor. Israel übergab sie einer palästinensischen Selbstverwaltung und zog seine Truppen schrittweise zurück (ab 1994). Umstritten blieb der Status Jerusalems. In den palästinensischen Autonomiegebieten wurde die PLO die bestimmende politische Kraft. Terroranschläge von radikalen Gruppen wie der islamistischen Hamas, israelische Vergeltungsschläge, die israelische Siedlungspolitik, die 2. (Al-Aksa-INTIFADA), palästinensische Selbstmordattentate und die israelische »Aktion Schutzschild« (2002) zerstörten den Friedensprozess in Palästina, bisher ohne Aussicht auf eine friedliche Lösung.

Literatur: G. Golan: The Soviet Union and the Palestine Liberation Organization. An Uneasy Alliance. New York 1980; J. W. Amos: Palestinian Resistance. Organization of a Nationalist Movement. New York 1980; D. T. Schiller. Palästinenser zwischen Terrorismus und Diplomatie. Die paramilitärische palästinensische Nationalbewegung von 1918 bis 1981. München 1982; P. Peterson: PLO kontra Israel. Berneck ³1983; M. S. Nasser: PLO – Theorie und Praxis. Versuch einer kritischen Analyse. Frankfurt/Main 1985; T. Kaulisch: Israel und die PLO. Der Friedensprozeß seit dem Zweiten Golfkrieg und die Rolle der externen Akteure. Vierow bei Greifswald 1996; R. Dannreuther: The Soviet Union and the PLO. Basingstoke u. a. 1998; W. Starke: Zur Strategie der PLO 1964 bis 1994. Zwischen bewaffnetem Kampf und Diplomatie, zwischen Gesamtstaat und Teilstaat. Diss. o. O. 2000.

Viermächteabkommen ▪

Abkommen der vier Besatzungsmächte über Berlin zur völkerrechtlichen Absicherung der NEUEN OSTPOLITIK und als Folge der OSTVERTRÄGE (**1971**): Es schrieb den politischen Status quo fest und verpflichtete die UdSSR, die Verkehrsverbindungen zwischen der BUNDESREPUBLIK und Westberlin nicht zu behindern, sondern zu erleichtern, vor allem den Transitverkehr ziviler Personen und Güter, besonders zwischen Westberlin und Ostberlin bzw. der DDR. Das Viermächteabkommen war Basis für das Verkehrs- und Besucherabkommen zwischen der Bundesrepublik und der DDR (1971) und den GRUNDLAGENVERTRAG (1972). Es wurde durch die DEUTSCHE VEREINIGUNG aufgehoben (1990).

Literatur: G. Wettig: Das Vier-Mächte-Abkommen in der Bewährungsprobe. Berlin im Spannungsfeld von Ost und West. Berlin 1979.

Strategic Arms Limitation Talks (SALT) ▪

(Gespräche über die Begrenzung strategischer Rüstungen) Abkommen zwischen den USA und der UdSSR (seit 1969), zunächst SALT I (**1972**): Die beiden Supermächte vereinbarten »Rüstungsbeschränkungen« auf fünf Jahre; in Wirklichkeit handelte es sich um Höchstgrenzen für die weitere Aufrüstung und Modernisierung von Massenvernichtungswaffen. Nachdem der US-Kongress ein erneuertes Abkommen (SALT II) die Ratifizierung verweigert hatte, nahmen USA und UdSSR Verhandlungen über die Verringerung der strategischen Atomwaffen auf (START, 1982).

Literatur: G. Smith: Double-talk. The Story of the First Strategic Arms Limitation Talks. Garden City (N. Y.) 1980; W. Heisenberg: Rüstungskontrolle ohne einheitliche Konzeption. Zur amerikanischen Debatte über SALT und das strategische Kräfteverhältnis. Freiburg 1984; S. J. Cimbala (Hg.): Strategic Arms Control after SALT. Wilmington (Del.) 1989; D. Caldwell: The Dynamics of Domestic Politics and Arms Control. The Salt II Treaty Ratification Debate. Columbia 1991.

Konferenz für Sicherheit und Zusammenarbeit in Europa (KSZE)

Konferenz aller europäischen Regierungen (außer Albanien), der USA, Kanada und UdSSR, auf finnische Initiative in Helsinki zur Verbesserung der Ost-West-Beziehungen in Europa (**1972**–1974), im Gefolge der Politik der Entspannung und Friedlichen Koexistenz, der Neuen Ostpolitik und Ostverträge (1970–1972): Die Schlussakte von Helsinki (1995) kodifizierte die Ergebnisse völkerrechtlich – wechselseitige Nichteinmischung, gemeinsame Kontrolle von Spannungsherden, Abrüstung, »vertrauensbildende Maßnahmen«, Sicherung der Menschenrechte. Folgekonferenzen schlossen sich an. Seit Beginn des Afghanistankriegs (1979) und der Polenkrise (ab 1980) schien die KSZE an Bedeutung zu verlieren. Sie verschaffte aber durch Betonung der Menschenrechte der Opposition in den Ostblockstaaten internationalen Rückhalt und stärkte Bürgerrechtsbewegungen (»Charta 77« in der ČSSR). Nach der 5. Nachfolgekonferenz in Budapest (1994) nannte sich die KSZE in Organisation für Sicherheit und Zusammenarbeit in Europa (OSZE) um (1995).

Literatur: P. Barth: Der KSZE-Prozess und die Grundzüge einer neuen europäischen Sicherheitsarchitektur. Tutzing 1991; P. Becker: Die frühe KSZE-Politik der Bundesrepublik Deutschland. Der außenpolitische Entscheidungsprozeß bis zur Unterzeichnung der Schlussakte von Helsinki. Münster 1992; U. Fastenrath (Hg.): KSZE/OSZE. Dokumente der Konferenz über Sicherheit und Zusammenarbeit in Europa. Neuwied u. a. 1992; A. Sonntag: Die Konferenz über Sicherheit und Zusammenarbeit in Europa. o. O. 1994.

Watergate-Affäre

Staatskrise in den USA, benannt nach einem Büro- und Hotelkomplex in Washington D. C.: Der Einbruch in die Wahlkampfzentrale der Demokratischen Partei zur Beschaffung vertraulicher Unterlagen geschah zumindest im indirekten Auftrag des »Komitees zur Wiederwahl Nixons« (**1972**). Reporter der »Washington Post« fanden Verbindungen zur engsten Umgebung Nixons (1973). Die Staats- und Vertrauenskrise gefolgt von der Niederlage im Vietnamkrieg (1973), lähmte die USA innen- und und außenpolitisch. Dem Impeachment-Verfahren entging Nixon nur durch seinen Rücktritt (1974). Ford wurde neuer US-Präsident (1974–1976), nach der Wahlniederlage der Republikaner (1976) der Demokrat Carter (1977–1981).

Literatur: S. J. Ervin: The Whole Truth. The Watergate Conspiracy. New York 1980; B. Woodward/C. Bernstein: Amerikanischer Alptraum. Die letzten Tage in der Ära Nixon. Frankfurt/Main 1988; F. Emery: Watergate. The Corruption of American Politics and the Fall of Richard Nixon. New York 1995; M. A. Genovese: The Watergate Crisis. Westport (Conn.) u. a. 1999.

»Schwarzer September«

Palästinensische TERRORgruppe unter Abu Nidal, benannt nach der Vertreibung der PLO aus Jordanien im September 1970: Der »Schwarze September« nahm Teile der israelischen OLYMPIAmannschaft in München als Geiseln (**1972**). Das Eingreifen der bayerischen Polizei endete mit Ermordung der Geiseln und Erschießung der Terroristen.

Literatur: G. Mury: Schwarzer September. Analysen, Aktionen und Dokumente. Berlin 1974.

Grundlagenvertrag

Vertrag zwischen der BUNDESREPUBLIK und DDR als Folge der NEUEN OSTPOLITIK, OSTVERTRÄGE und des VIERMÄCHTEABKOMMENS (**1972**): Der Vertrag brachte die faktische Anerkennung der DDR unter dem (vom Bundesverfassungsgericht formulierten) Vorbehalt zur Wiedervereinigung Deutschlands.

Literatur: Gesamtdeutsches Institut (Hg.): Der Grundlagenvertrag über die Grundlagen der Beziehungen zwischen der Bundesrepublik Deutschland und der Deutschen Demokratischen Republik. Bonn 1990; D. Nakath: Die Verhandlungen zum deutsch-deutschen Grundlagenvertrag 1972. Berlin 1993; V. Hornung: Zehn Jahre Grundlagenvertrag zwischen der Bundesrepublik Deutschland und der Deutschen Demokratischen Republik (1972–1982). Rheinfelden ^{2}1994.

Tutsi

(Batutsi, Tussi, Watussi) In Ruanda und Burundi Bezeichnung für die Hima, ein äthiopides Hirtenvolk: Die Tutsi wanderten aus dem Nilgebiet ins Gebiet der ostafrikanischen Großen Seen ein (14./15. Jh.). Sie errichteten auf der Grundlage ihres Großviehbesitzes und ihrer militärischen Überlegenheit eine feudale Herrschaft über die HUTU mit einem als Gott verehrten König (mwami) an der Spitze. Das Zusammenleben der Tutsi-Minderheit (ca. 10 % der Bevölkerung in Ruanda und Burundi) mit den Hutu war und ist seit Beginn der DEKOLONISATION von wechselseitigen Massakern geprägt. Ein gegen die MONARCHIE gerichteter Hutu-Aufstand in Ruanda stürzte die Tutsi als herrschende Schicht (1961) – Ruanda wurde REPUBLIK. In Burundi blieben die Tutsi auch nach Umwandlung der Monarchie in eine Republik (1966) an der Macht, behaupteten sich gegen Aufstände der Hutu mit blutigen Massakern, denen ca. 100 000 (**1972**) bzw. 5000–50 000 Tote (1988) zum Opfer fielen. Etwa 50 000 Hutu flüchteten nach Ruanda. Extremistische Hutu-MILIZEN begingen in Ruanda an der Tutsi-Minderheit und an oppositionellen Hutu einen VÖLKERMORD, dem rd. 1 Mio. Ruander zum Opfer fielen (1994). Nach der Eroberung von großen Teilen Ruandas übernahm die von den Tutsi dominierte Rebellenorganisation FPR die Macht; an der Regierung wurden auch Hutu beteiligt. In Burundi eskalierten Konflikte nach Ermordung des frei gewählten Präsidenten Ndadaye, einem Hutu (1993), zum Bürgerkrieg.

Literatur: T. Hanf: Die politische Bedeutung ethnischer Gegensätze in Ruanda und Burundi. Freiburg/Brreisgau 1964; U. Hoering (Red.): Zum Beispiel Hutu und Tutsi. Göttingen 1997; L. Harding (Hg.): Ruanda. Der Weg zum Völkermord. Vorgeschichte, Verlauf, Deutung. Hamburg 1998.

Hutu

(Bahutu, Wahutu) Bantuvolk, Bevölkerungsmehrheit in Ruanda und Burundi: Die aus dem Norden eingewanderten hellhäutigeren Tutsi unterwarfen die schwarzen Hutu und brachten sie in Abhängigkeit (nach 1500) – Großvieh war ihnen verboten. Der Versuch im Vorfeld der Dekolonisation zur Befreiung durch Wahlen war in Ruanda erfolgreich; die Tutsi-Monarchie wurde gestürzt (1959), eine Republik unter Führung der Hutu gegründet (1962). In Burundi blieben Aufstände der Hutu erfolglos (1965, **1972**); nach Massakern flüchteten Hutu nach Tansania, Zaire und Ruanda.

Literatur: wie zu Tutsi; außerdem: T. Hanf: Die politische Bedeutung ethnischer Gegensätze in Ruanda und Burundi. Freiburg/Breisgau 1964.

Parti Socialiste (PS)

Sozialistische Partei Frankreichs, gegründet als Zusammenschluss der SFIO und der Union des Clubs pour le Renouveau de la Gauche (1969): Die PS orientierte sich programmatisch am Demokratischen Sozialismus (1972). Führender Kopf war Mitterrand, zunächst als Generalsekretär (1971–1980), dann Staatspräsident (1981–1995). Die PS schloss ein Volksfrontbündnis (Union de la Gauche) mit der KPF (**1972**). Sie wurde Regierungspartei (1981–1986), ging aber nach einer Wahlniederlage in die Opposition (1986–1988: Cohabitation des sozialistischen Präsidenten mit einer bürgerlichen Regierung). Nach der Wiederwahl Mitterrands siegte auch die PS in den Parlamentswahlen (1988) und wurde wieder Regierungspartei (1986–1993). Nach Skandalen und Korruptionsvorwürfen erlitt die PS eine verheerende Wahlniederlage (1993), die ihre Fraktion in der Nationalversammlung auf ein Viertel der bisherigen Mandate zusammenschmelzen ließ. Ministerpräsident Bérégovoy nahm sich das Leben. Mitterrand musste erneut in die Cohabitation mit einer rechtsbürgerlichen Regierung (Balladur). Unter dem gaullistischen Staatspräsidenten Chirac (ab 1995) bildete die PS nach einem souveränen Wahlsieg mit KPF sowie anderen linken und grünen Parteien eine Koalitionsregierung unter Jospin (1997–2002).

Literatur: J. Hartmann: Frankreichs Parteien. Köln 1985; U. Schäfer: Regierungsparteien in Frankreich. Die Sozialistische Partei in der V. Republik. München 1989; I. Stephan: Aufstieg und Wandel der Parti socialiste in der Ära Mitterand (1971–1995). Opladen 2001.

Peronisten

Anhänger des argentinischen Präsidenten Perón, die nach seinem Sturz (1955) zunächst eine halblegale Oppositionspartei bildeten: Nach dem Wahlsieg der Peronisten (**1973**) kehrte Perón aus dem spanischem Exil zurück und wurde Präsident (1973/74). Nach Peróns Tod (1974) wurde dessen Witwe Isabel Perón Staatspräsidentin (bis 1976). Sie wurde nach einem Militärputsch gestürzt (1976), die Partei zur Auflösung gezwungen. Der Einfluss der Peronisten nahm nach dem Falklandkrieg (1982) und der Militärdiktatur wieder zu; sie stellten seit Menem wieder die

Präsidenten (1989–1997) und führten Argentinien wirtschaftlich ins Chaos (2001).

Literatur: L. A. Sobel (Hg.): Argentina and Peron, 1970–75. New York 1975; R. Aizcorbe: Argentina. The Peronist Myth. New York 1975; F. Gèze/A. Labrousse: Argentinien. Revolution und Konterrevolution. Berlin 1976.

4. Nahostkrieg (Yom-Kippur-Krieg)

Angriff Ägyptens und Syriens auf Israel am jüdischen Feiertag Yom Kippur (Versöhnungstag, **1973**): Gegen die überraschten Israelis gelangen den Syrern und Ägyptern Anfangserfolge (Golanhöhen, östlich des Suezkanals). Ein israelischer Gegenstoß schnitt die Ägypter westlich des Suezkanals jedoch ab. Die USA und die UdSSR erzwangen das Ende der israelischen Offensive. Als politische Waffe der Araber drosselte die OPEC der Förderung (ERDÖLSCHOCK). Die innenpolitische Krise in Israel stärkte den LIKUD-BLOCK bei den nächsten Knessetwahlen (1973, 1977). In Camp David schloss Israel Frieden mit Ägypten (1979).

Literatur: A. Friedel: Der 4. Nahostkrieg. München 1974; C. Ruehl: Israels letzter Krieg. Hamburg 1974; P. R. Kumaraswamy (Hg.): Revisiting the Yom Kippur War. London 2000.

Erdölschock

(Ölpreisschock) Massive Preiserhöhung für Erdöl (gekoppelt mit Drosselung der Förderung) nach dem 4. NAHOSTKRIEG durch arabische Erdöl exportierende Länder, als politische Waffe gegen Israel und seine Verbündeten (ab **1973**): Die Maßnahmen mündeten in eine WELTWIRTSCHAFTSKRISE und verschärften weltweit die INFLATION. Der Erdölschock traf vor allem die Dritte Welt. Industriestaaten fingen die Energiekrise durch neue Technologien und Sparmaßnahmen sowie das Ausweichen auf andere Energieträger (Atomenergie, Kohle, Erneuerbare Energien) teilweise auf. Zusätzlichen Einnahmen der Ölförderländer stand eine steigende Auslandsverschuldung gegenüber, in einigen Ländern drohte der STAATSBANKROTT.

Literatur: J. C. Hurewitz (Hg.): Oil, the Arab-Israel Dispute and the Industrial World. Horizons of Crisis. Boulder (Col.) 1976; H. Melcher: Die Politik und das Öl im Nahen Osten. Stuttgart 1980; O. Vogler: Herausforderung Ölkrise. München 1981.

Ma'arach

Wahlbündnis zionistischer sozialdemokratischer und sozialistischer Parteien in Israel: Vorläufer war das Wahlbündnis der größten israelischen Arbeiterpartei Mapai (»Mifleget Po'ale Eretz Yisrael«, seit 1930), um zwei kleinere sozialistische Parteien zur Israelischen Arbeiterpartei (1968) erweitert – mit der linkssozialistischen Absplitterung von der Mapai, Mapam (»Mifleget Ha Po'alim Ha M'uhedet« = Vereinigte Arbeiterpartei, seit 1948). Das »Ma'arach«-Bündnis (1969) hatte großen Einfluss auf GEWERKSCHAFTEN (Histadrut) und die KIBBUZIM-Bewegung und stieg zur stärksten Partei im PARLAMENT (Knesset) auf. Der Arbeiterblock war führende Regierungspartei, verlor aber nach dem

4. NAHOSTKRIEG die Wahlen (**1973**, 1977). In der Opposition (1977–1984) gegen Ministerpräsident Begin (1977–1983) löste sich das Wahlbündnis auf. Die Mapai wurde nach den Knesset-Wahlen wieder stärkste Fraktion (1984), koalierte mit dem LIKUD-BLOCK (1984–1990), ging erneut in Opposition (1992), gewann wieder die Knesset-Wahlen und stellte den Ministerpräsidenten (Rabin, 1992–1995). Der konservative Likud-Chef Netanjahu (1996–1999) wurde von Barak abgelöst; er führte das Wahlbündnis »Ein Israel« (1999–2001) aus Arbeiterpartei mit zwei anderen Parteien, verlor die nächsten Wahlen (2001).

Guillaume-Krise

Innenpolitische Krise in der BUNDESREPUBLIK, seit Enttarnung und Verhaftung des DDR-Spions im Bundeskanzleramt Guillaume: Bundeskanzler Willy Brandt trat zurück (**1974**), Finanzminister Helmut Schmidt wurde sein Nachfolger (1974–1982).

Literatur: A. Baring: Machtwechsel. Die Ära Brandt-Scheel. Stuttgart 1982, S. 527 ff.; G. Guillaume: Die Aussage. Wie es wirklich war. Frankfurt/Main u. a. 1993.

Neue Demokratie

(Nea Demokratia) Konservative Sammlungspartei in Griechenland: Nach dem Sturz der Militärjunta gründete Karamanlis die Partei (1974), die bei ersten Parlamentswahlen knapp die absolute Mehrheit (**1974**) erreichte. Sie verlor gegen die PASOK-PARTEI (1981) und ging in die Opposition, bis sie wieder an die Macht kam (1989–1993). Seit 1993 ist sie wieder Oppositionspartei.

Literatur: J. Raschke (Hg.): Die politischen Parteien in Westeuropa. Ein Handbuch. Reinbek 1978, S. 222–226.

MPLA (Movimento Popular de Libertação de Angola)

Befreiungsbewegung bzw. Regierungspartei in Angola: Bei ihrer Gründung (1956) eine nationale Sammelbewegung, wurde sie im Unabhängigkeitskrieg gegen Portugal (seit 1961) zunehmend marxistisch. Die MPLA erhielt als einzige von der OAU anerkannte angolanische Befreiungsbewegung (1971) militärische und politische Unterstützung von der UdSSR. Niederlagen (1973) stürzten sie in eine schwere Krise mit Zerfallserscheinungen; die UdSSR stellte ihre Hilfe fast völlig ein. Nach der »Nelkenrevolution« in Portugal (1974) und Angolas Unabhängigkeit (**1975**) bildete die MPLA mit der rivalisierenden »Frente Nacional de Libertação de Angola« (FNLA) unter Holden Roberto (* 1923) und der UNITA eine Übergangsregierung. In blutigen Kämpfen gegen FNLA und UNITA, die von den USA bzw. der Südafrikanischen REPUBLIK gestützt wurden, siegte die MPLA mit Hilfe kubanischer Soldaten und Waffen aus sozialistischen Ländern (1975/76). Nach einem Putschversuch (1977) wandelte sich die MPLA, die sich immer stärker an die Sowjets anlehnte, zur Partei der Arbeit um (1977) und schloss mit der UNITA Waffenstillstand (1988) und Frieden (1991). Den Sieg der MPLA bei den ersten freien Wahlen in Angola (1992) erkannte die UNITA jedoch nicht an und nahm die Kämpfe wieder auf (1992/93), bis sie nach Einstellung der ausländischen Hilfe (auch aus Südafrika) zunehmend in die Isolation geriet. In Angola bildete sich eine »Regierung der nationalen Einheit und Versöhnung«, in der neben der MPLA auch einige Vertreter der UNITA saßen (1997).

Literatur: M. J. Barros: Die Entwicklung der Nationalen Befreiungsbewegung in Angola. Eine kritische Betrachtung. Berlin 1977; L. Lara: Documentos e comentários para a história do MPLA. Lissabon 2000.

Libanesischer Bürgerkrieg

Bürgerkrieg als Teil des NAHOSTKONFLIKTS (**1975**–1990), mit Unterbrechungen durch meist nur formale oder kurzlebige Waffenstillstandsabkommen: Der erste Bürgerkrieg (1957/58) über der Neutralitätsfrage gegenüber den arabischen Nachbarländern löste, mit der EISENHOWER-DOKTRIN (1958), eine Militärintervention der USA aus. Seit 1975 lieferten sich Muslime und die PLO wechselvolle Kämpfe (besonders in Beirut) gegen die rechtsgerichteten Milizen (FALANGE) der MARONITEN. Syrien intervenierte mit einer »Friedenstruppe« (1976); auch die UNO und Israel griffen in den Konflikt ein. Die Israelis verdrängten die PLO aus dem Süden (1978) und brachten die Grenzregion unter ihr PROTEKTORAT (1979, endgültiger Abzug aus dem Südlibanon 2000). Im LIBANONKRIEG (1982) zerfiel der Libanon als Staat. Die Falangisten richteten in zwei palästinensischen Flüchtlingslagern das MASSAKER VON BEIRUT an. Die ISLAMISCHE REVOLUTION griff durch die Militärhilfe Irans auf das Gebiet libanesischer SCHIITEN um Baalbek (1982) über. Nach der Intervention Syriens (1988) klang der Bürgerkrieg allmählich aus (seit 1990); erstmals (seit 1972) fanden wieder freie Parlamentswahlen (1992) statt. Danach begann der Wiederaufbau des Landes. Die israelische Armee griff immer wieder vermutete Stellungen islamistischer Terroreinheiten der schiitischen Hisbollah im Süden des Libanon an.

Literatur: M. Deeb: The Lebanese Civil War. New York 1980; A. J. Abraham: The Lebanon War. Westport (Conn.) u. a. 1996; L. Abul-Husn: The Lebanese Cconflict. Looking Inward. Boulder (Col.) u. a. 1998.

UNITA (União Nacional Independencia Total do Angola)

Befreiungsbewegung in Angola, gegen die Machtübernahme der MPLA (seit **1976**), anfangs mit Waffen der USA, bis zum Waffenstillstand (1988) auch Südafrikas: Trotz Friedensvertrag (1991) nahm die UNITA nach dem Sieg der MPLA bei den ersten freien Wahlen den Bürgerkrieg wieder auf (1992), mit Massakern an der Zivilbevölkerung. Die UNO verhängte Sanktionen (1999) gegen die UNITA, die sich vor allem durch Handel mit Diamanten aus von ihr kontrollierten Gebieten finanziert. Nach der Ermordung ihres Führers Samvimbi (2002) beendete die UNITA den Bürgerkrieg und wurde zu einer politischen Partei.

Literatur: M. Radu: The New Insurgencies. Anticommunist Guerillas in the Third World. New Brunswick, London 1992, S. 139–156; Die Führung der UNITA. Bammental u. a. 1991.

»Viererbande«

Offizielle abwertende Bezeichnung in China für eine politische Gruppe innerhalb der Kommunistischen Partei (KPCh) um die Witwe Mao Tse-tungs: Die »Viererbande«, die sich auch führend an der KULTURREVOLUTION beteiligte, verlor nach Maos Tod (1976) den Machtkampf gegen die neue Führungsgruppe der KPCh, wurde ausgeschaltet, verhaftet (**1976**) und in einem SCHAUPROZESS abgeurteilt (1979).

Literatur: D. Domes: The »Gang of Four« and Hua Kuo-feng. Analysis of Political Events in 1975–76, in: China Quarterly 1977, S. 473–497; F. Meyer: China. Aufstieg und Fall der Viererbande. Reinbek 1981.

Frente POLISARIO

(Frente Popular para la Liberación de Saguia el Hamra y Río de Oro; Volksfront für die Befreiung von Sagui el Hamra und Río de Oro) Befreiungsbewegung der Westsahara: Die POLISARIO wurde im Exil in Mauretanien gegründet (1973). Sie führte nach Abzug der Spanier und Teilung des ehemaligen Kolonialgebietes Spanisch-Sahara zwischen Marokko und Mauretanien einen von Algerien unterstützten GUERILLAkrieg und proklamierte die »Demokratische Arabische Republik Sahara« (**1976**), die auch Mauretanien nach einem Militärputsch anerkannte (1978, Friedensabkommen 1979). Die Aufnahme der POLISARIO in die OAU provozierte den Austritt Marokkos aus der Organisation (1984). Sie führte den Kampf gegen Marokko mit wachsenden Erfolgen fort und erreichte einen von der UNO vermittelten Waffenstillstand (1991). Marokko, das auch den mauretanischen Teil annektierte (1979), verzögerte das für 1992 vorgesehene Referendum über die Unabhängigkeit unter Aufsicht der UNO. Ein Abkommen zwischen Marokko und der Befreiungsfront (1997) sah die Rückkehr der saharauischen Flüchtlinge und eine Volksabstimmung auf dem Gebiet der ehemaligen Kolonie vor; die Stimmberechtigten sollen sich zwischen Unabhängigkeit und Anschluss an Marokko entscheiden. Marokko verzögerte jedoch immer wieder die Durchführung des Referendums.

Literatur: U. Clausen: Der Konflikt um die Westsahara. Hamburg 1978; H. Schramm/W. Sülberg (Hg.): Der Westsahara-Konflikt. Frankfurt/Main 1983; C. de Grancy: Die Sahraouis. Söhne und Töchter der Wolken. Von der stillen Revolution der Polisario. Ein photographischer Essay. Nördlingen 1987.

KOR

(Komitet Obrony Robotników; Komitee zur Verteidigung der Arbeiter) Oppositionsgruppe in Polen (1976–1981): Oppositionelle Intellektuelle gründeten das KOR nach STREIKS in Radom und Ursus (bei Warschau, **1976**) zur Unterstützung der beteiligten Arbeiter; sie waren bis zur AMNESTIE (1977) Repressionen und Verfolgungen ausgesetzt. Das KOR gab der Oppositionsbewegung in Polen eine Stimme als wichtiger Faktor in der POLENKRISE (1980–1990, u. a. durch Organisation von Streiks in Danzig August/September 1980) sowie Beratung der SOLIDARNOŚĆ

(1980/81). Das KOR löste sich selbst auf (September 1981). Im KRIEGSZUSTAND wurden seine Führer »interniert« (1981/82) und vor Gericht gestellt (1982).

Literatur: P. Raina: Political Opposition in Poland 1954–1977. London 1978; W. Mackenbach (Hg.): Das KOR und der »politische Sommer«. Hamburg 1982; R. U. Henning (Hg.): Gesellschaftliche Selbstverteidigung 1977–1982. Aufsätze angeklagter KOR-Mitglieder. Köln 1985.

Umweltkatastrophe

Als Folge der starken Industrialisierung sich häufende Unfälle mit schwer wiegenden Umweltschäden: U. a. Ölpest durch havarierte Supertanker, zuerst vor der Bretagne (1967), Verseuchung der Umgebung bei Industrieunfällen, wie in einer Chemiefabrik im italienischen Seveso (**1976**) und im indischen Bhopal (1984), Reaktorunfälle in Atomkraftwerken wie in Harrisburg (USA, 1979) und Tschernobyl (1986) mit bis nach Westeuropa reichender radioaktiver Verseuchung. Katastrophencharakter haben auch der rasche Vormarsch der Wüsten (Desertifikation), Wassermangel in vielen Regionen der Welt, Bodenerosion durch Kahlschlag und Überbeanspruchung, »saurer Regen« und »Waldsterben« in Europa und den USA, Verseuchung des Grundwassers, Beschleunigung des Treibhauseffekts, u. a. durch Kohlendioxidemissionen, rapide Vergrößerung des Ozonlochs u. a durch den Ausstoß von Fluorchlorkohlenwasserstoffen (FCKW).

Die sich häufenden Umweltkatastrophen ließen das Bewusstsein für die Gefährdung der Umwelt und die Überlebensprobleme der Menschheit wachsen. Gegen Atomkraftwerke mobilisierte sich Widerstand, vor allem in der BUNDESREPUBLIK DEUTSCHLAND (ab ca. 1976). Ökologische Bewegungen und Parteien (DIE GRÜNEN) formierten sich. UN-Konferenzen zum Umweltschutz in Stockholm (1972), Nairobi (1982), Rio de Janeiro (1992) oder Weltklimakonferenzen in Kyoto (1997), Den Haag und Bonn (2001) versuchten die ökologischen Probleme im globalen Maßstab anzugehen, blieben aber ohne durchgreifende Ergebnisse. Die schweren Umweltkatastrophen in den ehemals sozialistischen Staaten, u. a. Folgewirkungen des Raubbaus an der Natur (u. a. Anlage von BAUMWOLLmonokulturen, radioaktive Verseuchung, Unfälle bei der Erdölförderung, Austrocknung des Aralsees), erreichten erst nach dem ZUSAMMENBRUCH DES KOMMUNISMUS (1989/91) die Öffentlichkeit. Zunehmende Unwetter (seit 1990) richteten schwere Schäden an.

Literatur: H. Gruhl: Ein Planet wird geplündert. Die Schreckensbilanz unserer Politik. Frankfurt/Main 1992; D. Meadows u. a.: Grenzen des Wachstums. Der Bericht des Club of Rome zur Lage der Menschheit. Stuttgart [16]1994; J.R. McNeill: Something New Under The Sun. An Environmental History of the Twentieth-Century World. New York 2000; D. H. Meadows u. a.: Die neuen Grenzen des Wachstums. Reinbek [5]2001.

Kommunistische Partei Italiens (KPI)

Einst bedeutendste europäische kommunistische Partei außerhalb des Ostblocks: Die von linken Gruppen der italienischen Sozialisten gegründete KPI (1921) war unter dem FASCHISMUS verboten (1926). Sie stellte im Spanischen Bürgerkrieg viele Freiwillige in den Internationalen Brigaden (»Garibaldi-Brigade«, 1936–1938), in Aktionseinheit mit den Sozialisten (1937). Sie war führend im Partisanenkrieg in Norditalien nach Mussolinis Sturz (1943–1945), danach in den ersten Regierungen (1944–1947). Nach dem Zweiten Weltkrieg war die KPI zweitstärkste Partei Italiens hinter den Christdemokraten (DC), in vielen Gemeinden die politisch stärkste. Zu Beginn des Kalten Kriegs wurde sie aus der Regierung verdrängt (1947). Kritisch gegenüber dem »real existierenden Sozialismus« und dem Führungsanspruch der UdSSR bzw. KPdSU, plädierte der »Eurokommunismus« für »Polyzentrismus«, verstärkt nach dem Ungarnaufstand (1956) und der Militärintervention des Warschauer Pakts in der ČSSR (1968). Der KPI misslang zur Stabilisierung des Landes die Regierungsbeteiligung im »historischen Kompromiss«, doch tolerierte sie nach Stimmengewinnen bei Parlamentswahlen (**1976**) eine DC-Minderheitsregierung, distanzierte sich vom Terror der Roten Brigaden, besonders nach Ermordung des DC-Politikers Aldo Moro (1978). Allerdings musste sie Verluste bei folgenden Wahlen hinnehmen (1979, 1983). Die KPI ging weiter auf Distanz zur KPdSU, übte Kritik an der sowjetischen Intervention in Afghanistan und der Verhängung des Kriegszustands in Polen (1982). Auf Parteitagen (1983, 1986) bereitete sie Reformen vor, die sie der Sozialdemokratie und der Sozialistischen Internationale annähern sollten, und wandelte sich nach der Wende in Ostmitteleuropa zur Demokratischen Partei der Linken (PDS, ab 1990), die später das Wahlbündnis und die Regierungskoalition L'Ulivo stützte (1996–2001).

Literatur: S. Serfaty (Hg.): The Italian Communist Party. Yesterday, Today and Tomorrow. London 1981; G. Amyot: The Italian Communist Party. The Crisis of the Popular Front Strategy. London 1981; B. Schoch: Die internationale Politik der italienischen Kommunisten. Frankfurt/Main u. a. 1988; D. I. Kertzer: Politics and Symbols. The Italian Communist Party and the Fall of Communism. New Haven u. a. 1996; L. Cortesi: Le origini del PCI. Studi e interventi sulla storia del comunismo in Italia. Milano 1999.

Liberal-Demokratische Partei (LDP)

(japan.: Dshi ju Minshuto) Führende politische Partei Japans: Sie entstand aus der Fusion der (1945 gegründeten) Liberalen Partei mit der Demokratischen Partei (1955). Als konservative Interessenpartei von Industrie, Handel und Landwirtschaft war sie lange alleinige Regierungspartei, meist mit absoluter Mehrheit (**1976**, 1979, 1986). Mit Ministerpräsident Nakasone (1982–1987) setzte ein verstärkter Rechtsruck ein. Nach 38 Jahren in der Regierung erstmals in der Opposition (1993/94), kehrte die LPD unter dem ersten sozialistischen Ministerpräsidenten Murayama (1994) wieder in die Regierung zurück, stellte mit Hashimoto auch wieder den Regierungschef (1996–1998). Bei den darauffolgenden Wahlen erlitt die LDP zwar schwere Verluste, verteidigte aber ihre Parlamentsmehrheit (1998) und regiert weiter in verschiedenen Koalitionen.

Literatur: M. Pohl: Die Parteien Japans, in: Japan 1980/81. Hamburg 1981, S. 41–103; P. J. Gordon: Policy of Japan's LDP. Domestic Trends Toward Agreement, in: Asian Survey 30 (1990), S. 943–958.

»Charta 77«

Bürgerrechtsbewegung in der ČSSR: Die »Charta 77« forderte unter Berufung auf die Ergebnisse der KSZE die Einhaltung der Bürgerrechte in der ČSSR (**1977**). Ihre Aktivisten wurden verhaftet und erhielten Berufsverbot. Prominentes Mitglied war der Schriftsteller Vaĉlav Havel, später Staatspräsident der ČSSR (1989), dann Tschechiens (seit 1993).

Literatur: H. P. Riese (Hg.): Bürgerinitiative für die Menschenrechte. Die tschechoslowakische Opposition zwischen dem Prager Frühling und der Charta '77. Köln 1977; J. Bugajski: Czechoslovakia. Charter 77's Decade of Dissent. New York u. a. 1987.

»Turnhallenkonferenz«

Versuch der Südafrikanischen Republik, in Namibia auch nach der sich abzeichnenden Unabhängigkeit eine politische Basis als »interne Lösung« zur Erhaltung ihrer Hegemonie zu behaupten: Benannt nach einer Konferenz gemäßigter afrikanischer und weißer Kräfte (»Democratic Turnhallen Alliance«) in einer Turnhalle in Windhuk (1975–1977), beschloss die »Turnhallenkonferenz« (**1977**) einen Plan zur Unabhängigkeit Namibias bis 1978, das Ende der Apartheid, eine gemischtrassige Übergangsregierung und einen Verfassungsentwurf. Sie scheiterte am Boykott und militärischen Widerstand der radikalen SWAPO; auch wurden die Ergebnisse nicht von der UNO anerkannt. Südafrika verschärfte daraufhin seine Angriffe gegen die SWAPO in Angola (1982–1988). Durch Vermittlung der UNO erhielt Namibia zunächst begrenzte Autonomie (1985) und wurde unabhängig (1990).

Literatur: C. Mühlemann: Namibia und der Westen. Interne oder internationale Unabhängigkeitslösung? In: Europa Archiv 35/1980, S. 21–30.

Likud-Block

Wahlbündnis konservativ-nationalistischer Parteien in Israel aus Liberaler Partei und Cheruth-(= Freiheits-)Partei unter Begin, mit Großisrael als Ziel: Das Wahlbündnis erzielte einen ersten Erfolg nach dem 4. Nahostkrieg (1973) und errang die relative Mehrheit in der Knesset (**1977**). Ministerpräsident Begin (1977–1983) forcierte das Siedlungsprogramm in den besetzten Gebieten und schloss Frieden mit Ägypten (1979). Nach einer knappen Wiederwahl (1981) annektierte Israel unter der Likud-Regierung Ostjerusalem (1981) und die Golanhöhen (1982). Die Regierung eröffnete den Libanonkrieg zur Zerschlagung der PLO und sah dem von der libanesischen Falange verübten Massaker von Beirut (1982) tatenlos zu. Schamir löste Begin als Ministerpräsidenten ab (1983). Nach der Wahlniederlage des Likud gegen die Arbeiterpartei (1984) bildeten beide eine Große Koalition (1984–1990). Nach dem Sieg bei den Knessetwahlen 1990 ging der Likud eine rechte Koalitionsregierung an. Spätere Wahlen verlor das Bündnis, u. a. weil die harte Linie gegen die PLO dem in Israel wachsenden Friedenswunsch nicht gerecht wurde, und ging in Opposition (1992). Netanjahu führte eine Koalitionsregierung aus Likud und religiösen Parteien an (1996–1999).

Nach der Niederlage von Premier Barak (Arbeiterpartei, ab 1999) bei der Direktwahl des Ministerpräsidenten, wurde mit Scharon wieder ein Likud-Politiker Regierungschef (2001).

Literatur: C. Shindler: Israel, Likud and the Zionist Dream. Power, Politics and Ideology from Begin to Netanyahu. London u. a. 1995.

Union des Demokratischen Zentrums (UCD)

(Unión de Centro Democrático) Wahlbündnis demokratischer Mitte-Parteien (Christdemokraten, LIBERALE, Sozialdemokraten) in Spanien, mit der Demokratisierung in Spanien nach Francos Tod gegründet (1975): Mit Ministerpräsident Suárez (ab 1976) als Spitzenkandidat gewann sie UCD bei ersten freien PARLAMENTSwahlen die relative Mehrheit (**1977**). Sie setzte den Demokratisierungsprozess fort, auch nach dem Rücktritt von Suárez (1981). Nach Niederlagen bei Regionalwahlen in Andalusien und Parlamentswahlen (1982) zerfiel das heterogene Bündnis: Die spanische Regierung bildeten die SOZIALISTEN unter González (1982–1996).

Literatur: S. Alonso-Castrillo: La apuesta del centro. Historia de la UCD. Madrid 1996; J. Hopkin: Party Formation and Democratic Transition in Spain. The Creation and Collapse of the Union of the Democratic Centre. Basingstoke u. a. 1999.

Rote Khmer

Kommunistische Partei in Kambodscha, gegründet als »Nationale Befreiungsfront Kambodschas« (1970): Nach der Invasion der USA und Südvietnams zur Ausweitung des VIETNAMKRIEGS (1970) wurde Prinz Sihanouk offizieller Führer der Roten Khmer. Nach ihrem Sieg im kambodschanischen Bürgerkrieg (1975) über das von den USA gestützte Lon-Nol-Regime errichteten die Roten Khmer unter Pol Pot (1928–1998) ein linksradikales Zwangssystem und TERRORsystem, mit 1,5–2 Mio. Mordopfern. Die Roten Khmer gerieten schon bei ihrer Machtübernahme in Grenzkonflikte mit dem kommunistischen Vietnam (1975). Sihanouk trat als Staatschef (1976) zurück. Eine vietnamesische Invasion stürzte die Roten Khmer (**1978**/79). Ein neuer, von der VOLKSREPUBLIK CHINA unterstützter Partisanenkrieg von Widerstandsgruppen unter Führung der Roten Khmer richtete sich jetzt gegen Vietnam (ab 1979), unterstützt durch die chinesische »STRAFAKTION« gegen den Norden Vietnams (1979). Die UNO erkannte die Regierung der Roten Khmer lange als legitime Vertretung Kambodschas an, zwang sie aber zu einem Friedensprozess (1990), dessen Fortführung die Roten Khmer sabotierten, so auch die Wahlen unter Aufsicht der UNO (1993). Zahlreiche Rote Khmer wechselten später die Fronten (1996); Pol Pot wurde in einem SCHAUPROZESS verurteilt (1997). Nur wenige GUERILLAkämpfer führten den Kampf aus dem Untergrund weiter.

Literatur: W. Draguhn/P. Schier (Hg.): Indochina. Der permanente Konflikt? Hamburg [3]1987; P. Raszelenberg: Die Roten Khmer und der Dritte Indochina-Krieg. Hamburg 1995; B. Kiernan: The Pol Pot Regime. Race, Power and Genocide in Cambodia under the Khmer Rouge, 1975–79. New Haven u. a. 1996; D. Chandler: Voices from S-21. Terror and History in Pol Pot's Secret Prison. Berkeley u. a. 1999.

Islamische Revolution

Offizielle Bezeichnung für den Umsturz in Iran seit dem Sturz des Schahs (**1979**): Islamische (schiitische) FUNDAMENTALISTEN errichteten unter Ajatollah Khomeini (1979–1989) eine THEOKRATIE, die innere Konflikte mit linken und laizistischen Kräften provozierte, AUTONOMIEbewegungen der KURDEN und Araber unterdrückte und religiöse Minderheiten verfolgte. Iran stürzte in wirtschaftliches Chaos, mit Arbeitslosigkeit und INFLATION. Dennoch strahlte die Islamische Revolution auf benachbarte muslimische Länder, vor allem den Irak (dort auf die schiitische Mehrheit), Pakistan, Afghanistan (AFGHANISTANKRIEG, 1979–1988), Sudan und zentralasiatische Republiken der UdSSR aus. Iran provozierte durch Geiselnahme von US-Botschaftsangehörigen in Teheran einen Konflikt mit den USA (1979/80). Im 1. GOLFKRIEG (1980–1988) stürzte Staatspräsident Banisadr als Exponent der liberalen und laizistischen Flügels (1981). Nach Anfangserfolgen gegen den Irak beanspruchte Iran die ideologische HEGEMONIE gegenüber arabischen Ländern der Golfregion (1982). Fundamentalistische Terroristen in Verbindung mit der Islamischen Revolution ermordeten den ägyptischen Präsidenten Sadat und versuchten einen Umsturz in Ägypten (1981). Auch fand die islamische Revolution Anhänger im Libanon, vor allem unter SCHIITEN (LIBANONKRIEG, 1982). Die USA unterstützten Iran mit Waffenlieferungen, um die Befreiung von Geiseln im Libanon zu erreichen; mit dem Erlös wurden die Contra-GUERILLAS in Nicaragua unterstützt (IRAN-CONTRA-AFFÄRE, 1985–1990). Iran akzeptierte nach wachsender internationaler Isolation wegen der Verminung des Persischen Golfs und der Eskalation des Kriegs (Giftgas des Irak gegen eigene KURDEN) den UN-Friedensplan zur Beendigung des 1. Golfkriegs (1988). Nach Auflösung der Partei der Islamischen Republik (1987) durften bei Parlamentswahlen nur noch Parteilose antreten (1988). Khomeini verschärfte durch den Mordaufruf (»Fatwa«) gegen den Schriftsteller Salman Rushdie die Konfrontation mit dem Westen (1989). Der gemäßigtere Präsident Rafsanjani (1989–1997) verfolgte im Kern jedoch die gleiche Politik. Erst nach der Wahl des liberal eingestellten Khatami zum Staatspräsidenten (ab 1997) begann ein zaghafter Reformprozess, den jedoch radikale Fundamentalisten bremsen.

Literatur: D. Gholamasad: Iran. die Entstehung der »Islamischen Revolution«. Hamburg 1985; A. Taheri: Chomeini und die islamische Revolution. Hamburg 1985; C. Haghighat: Iran, la révolution islamique. De la chute du Shah à l'affaire Rushdie. Brüssel 1989; P. Scholl-Latour: Das Schwert des Islam: Revolution im Namen Allahs. Frankfurt/Main 1991; D. Waxman: The Islamic Republic of Iran. Between Revolution and Realpolitik. Leamington Spa 1998.

Fundamentalismus

Extremistische Bewegungen aller großen Weltreligionen: Fundamentalismus ist keine Eigenbezeichnung der gemeinten Gruppen, die sie als polemisch oder diffamierend ablehnen und sich anders definieren – »entschiedene Christen«, »Evangelikale«; »Fromme« (JUDEN), »Gotteskrieger« (»MUDSCHAHEDDIN«), »Islamisten«. Sie fühlen sich als einzig

»wahre« Vorkämpfer eines »reinen« Judentums, CHRISTENTUMS, ISLAMS. Als kompromissloses Volk Gottes kennen sie keine TOLERANZ und setzen, soweit sie die Macht haben, ihre Lesart ihrer Religion in einer wie auch immer gearteten THEOKRATIE durch. Oberstes Ziel jedes Fundamentalismus ist der Gottesstaat – Wiederherstellung der integralen Einheit von Religion, STAAT und Gesellschaft, wie sie sich im lateinischen Westen mit der SÄKULARISATION gelockert bis aufgelöst hat. Moderner Fundamentalismus ist daher historisch gegen AUFKLÄRUNG, Säkularisation und das »Projekt Moderne« (Habermas); er will die Umkehrung ihrer bisherigen Ergebnisse.

Der Begriff »Fundamentalismus« entstammt der Schriftenreihe einer protestantischen Gruppierung in den USA, »The Fundamentals« (1910–1915), institutionalisiert von derselben Strömung in der »World's Christian Fundamentals Association« (1919). Erst mit der ISLAMISCHEN REVOLUTION im Iran (**1979**) ging »Fundamentalismus« in den politischen Sprachgebrauch über, zunächst polemisch auf den Islam beschränkt. Rasch legten vergleichbare Erscheinungen in anderen Weltreligionen eine Ausweitung des Begriffes nahe, unter Beachtung spezifischer Unterschiede, auch auf säkularisierte Formen der Totalitarismen links (KOMMUNISMUS) wie rechts (FASCHISMUS, NATIONALSOZIALISMUS), mit oft spiegelbildlichen, wenn auch feindlich-dialektisch gebrochenen Entsprechungen. Daher wird Fundamentalismus als objektiven Kategorie brauchbar, mit den hier genannten Einschänkungen.

Gemeinsam ist allen Fundamentalismen das Beharren auf Wörtlichkeit ihrer Heiligen Schriften, auch als beispielgebende Handlungsanweisungen. Für monotheistische Religionen des Westens (Judentum, Christentum, Islam), die hier im Vordergrund stehen, sind Anfang und Ende der Welt zentral: der Schöpfungsbericht der Bibel (Genesis [1. Mose], 1–2,3), für den Weltuntergang die jüdische apokalyptische Literatur vom Buch Daniel an und die Offenbarung des Johannes. Historisch noch davor steht, von Persien ausgehend, die Grundprägung durch den Dualismus des ZOROASTRISMUS: Es gibt nur Gut und Böse, Licht und Finsternis, die im ständigen Kampf liegen, bis zur letzten Schlacht, wenn das Gute, das Volk Gottes unter seinem wiedergekehrten Führer (Messias, Christus, Iman oder Mahdi), das Böse (»Satan«, aus dem Persischen) besiegt. Dazwischen gibt es keine Nuancen, Grautöne oder Mittelpositionen – die Lauen wird der Herr ausspeien (frei nach Joh. Offenb., 3,16). Den zoroastrischen Dualismus nahmen Juden in ihrer BABYLONISCHEN GEFANGENSCHAFT (586–538 v. Chr.) auf und reichten ihn an ihre erste große SEZESSION weiter, das Christentum (30), später an den Islam (622), synkretistisch kombiniert (auch mit BUDDHISMUS) an den MANICHÄISMUS (243), ebenfalls in Persien.

Obwohl alle MONOTHEISMEN von einem gehörigen Maß Dualismus geprägt sind, vertraten und vertreten ihn besonders extrem Minderheitsgruppen bis Sekten (auch ein ausgrenzender Kampfbegriff, den Angesprochene zurückweisen, der sich dennoch zur Analyse vergleichbarer Gruppierungen, auch in BUDDHISMUS und HINDUISMUS abkürzend eignet), in Opposition zu kirchlich oder quasi-kirchlich etablierten Hochreligionen: Im Judentum waren es ZELOTEN und apokalyptisch-messianistische Sekten, von denen eine sich als Christentum selbstständig machte, generell CHASSIDIM (Fromme), Orthodoxe und Ultraorthodoxe. Im Christentum waren/sind chiliastisch-apokalyptisch-messianistische Sekten (»KETZER«, von Katharoi) fundamentalistisch, aus Armenien über Byzanz in den lateinischen Westen ausstrahlend. Im Islam sind SCHIITEN (ab 658), früh mit Persien als Hochburg, besonders apokalyptisch-dualistisch, erst recht von ihnen abgespaltene noch extremere Sekten, u. a. CHARIDSCHITEN (657), FATIMIDEN (909), QARMATEN (930), ISMAILITEN (1092) sowie Islamisten in muslimischen Ländern (z. B. AL-QAIDA, Ende 1980er-Jahre) und überall dort, wo sie in noch zu islamisierenden Ländern (dar-al dharb = Haus des Kriegs) ihren Jihad führen (z. B. KALIF von Köln). Forderungen nach Einführung der Scharia, gar ihre Erzwingung, sind Kern fundamentalistischer Theokratie im Islam. Sogar im organisatorisch diffusen und angeblich sanften Hinduismus zeigte sich Fundamentalismus, erstmals in der Ermordung Gandhis (1948). Der Hindu-Weltrat erzwang den Abriss einer (baufälligen) Moschee in Ayodhya (1992), um dort einen neuen Tempel über einem früheren Heiligtum (Geburtsort Ranas) zu erbauen, und provozierte Gewalttätigkeiten zwischen indischen Muslimen und Hindus (2002).

Fundamentalistische Strömungen halten oft lange still (quietistisch), brechen aber in schweren Krisen, in denen das Kommen des Messias (Christus, Iman) erwartet wird, in heiliger Gewalt militant durch (im jüdischen Messianismus: »dem Messias helfen«). Besonders hart bekämpf(t)en Fundamentalismen aller Schattierungen historisch wie geographisch benachbarte, daher rivalisierende Religionen, um den »wahren« Erlöser als Führer des Volkes Gottes und das »wahre« Volk Gottes im kosmischen Endkampf zu erweisen: Dem letzten »Heiligen Krieg« (Jihad, KREUZZUG) gegen Ungläubige, Heiden, Schismatiker – säkularisiert »Auf zum letzten Gefecht!« – folgen das »Neue Jerusalem«, der »Neue Mensch« auf der »Neuen Erde«, das neue Paradies auf Erden. Politisch (ENGLISCHE REVOLUTION) säkularisiert, aber formal noch christlich gewandet, finden sich Fundamentalismen in John Miltons »Paradise Lost« (1667) und »Paradise Regained« (1671).

So erklären sich blutige Kriege der Vergangenheit ebenso wie religiös grundierte oder eingekleidete Konflikte der Gegenwart – Jihads und Kreuzzüge, Massaker und POGROME christlicher Fundamentalisten an Juden vom 1. bis zum 3. Kreuzzug und in der GROSSEN PEST (1348/49), im KOSAKENAUFSTAND unter Chmelnitzki (1648–1654), nach der Ermordung Zar Alexanders II. (1881), rechtstotalitär säkularisiert in der »ENDLÖSUNG«/»HOLOCAUST« (1941–1945); aber auch Progrome von Muslimen an Juden in Granada zu Beginn der RECONQUISTA (1066), zwischen SUNNITEN und Schiiten, Hindus und Muslimen sowie Hindus und SIKHS in Indien, Katholiken und PROTESTANTEN im NORDIRLANDKONFLIKT, Griechen und muslimischen Türken im ZYPERNKONFLIKT etc.

Fundamentalismus besonderer Art verbirgt sich im messianischen Nationalismus mancher Völker, die sich für von Gott auserwählt halten, in Vergangenheit wie Gegenwart, von Ost nach West – u. a. Japaner, Chinesen, Türken, Araber, Russen, Polen, Deutsche (bis 1945/68), Serben, Franzosen, Engländer, Spanier, US-Amerikaner (»Volk Gottes«, nach dem 11. SEPTEMBER 2001 im Kampf gegen die »Achse des Bösen«): Fundamentalismen aller Art, religiös, säkularisiert oder national, setzen sich und ihre Werte (jeweilige Religion, Weltrevolution, Kampf gegen »jüdisch-bolschewistische Weltverschwörung«, »Freie Welt«) gegen zum absolut Bösen dämonisierte Endfeinde absolut, die ihrerseits die jeweilige Gegenseite für das absolut Böse halten. Die »schrecklichen Vereinfacher« (»terribles simplificateurs«) mit ihren Projektionen am Himmel verschärf(t)en so nur die komplexen Probleme auf Erden.

Literatur: T. Meyer, Hg.: Fundamentalismus. Aufstand gegen die Moderne. Reinbek 1989.

»Strafaktion« der Volksrepublik China gegen Vietnam

Nach der Wiedervereinigung Vietnams unter kommunistischer Führung (1975) begann eine rasche Entfremdung zwischen China und Vietnam, das sich stärker an der UdSSR orientierte: Vietnam betrachtete sich als Hegemonialmacht Indochinas. Die Invasion Vietnams zum Sturz des TERRORregimes der ROTEN KHMER in Kambodscha (1978/79) beantwortete China mit einem Angriff auf Vietnam (»Strafaktion«). Nach schweren Kämpfen zogen die Chinesen wieder ab (**1979**).

Europäisches Parlament

Erstes direkt gewähltes PARLAMENT der EG-Staaten (**1979**), mit Sitz in Straßburg, mit Sitzungen auch in Brüssel, dem Generalsekretariat in Luxemburg: Die erste Wahl brachte eine Mehrheit für KONSERVATIVE/ Christliche Demokraten und LIBERALE. Die Abgeordneten werden für fünf Jahre gewählt. Kompetenzen gegenüber dem Ministerrat und der Europäischen Kommission wurden kontinuierlich erweitert.

Literatur: J. Fitzmaurice: The European Parliament. Farnborough 1978; H. Valentine/J. Lodge: The European Parliament and the European Community. London 1978; E. Grabitz u. a.: Das Europäische Parlament. Bonn 1980.

Sandinistische Befreiungsfront (FSLN)

(Frente Sandinista de Liberación Nacional) Fidelistische Befreiungsbewegung in Nicaragua, benannt nach dem Revolutionär General Augusto César Sandino (* 1893, † 1934): Oppositionelle Gruppen schlossen sich im Kampf gegen die Somoza-Diktatur zusammen und gründeten die Sandinistische Befreiungsfront (1961), die bald erste GUERILLAaktionen (1963) unternahm. Nach dem Tod des Anführers (1976) zerfiel sie in drei ideologische Gruppen. Die Sandinistas siegten nach einem blutigem Bürgerkrieg und bildeten eine sozialistische Regierung (**1979**–1990). Die FSLN schwankte anfangs zwischen Kuba und der UdSSR, ohne die West-Option aufzugeben. Die USA unter Präsident Reagan beschuldigten die FSLN, ähnliche Widerstandsbewegungen in El Salvador zu unterstützen (1982) und belieferten die rechtsgerichteten Contra-Rebellen mit Waffen, auch nach einem offiziellem Verbot durch den US-Kongress (IRAN-CONTRA-AFFÄRE). Die sandinistische Regierung verhängte den Ausnahmezustand (1982–1984). Die ersten freien Parlamentswahlen nach 42 Jahren gewannen die Sandinistas deutlich, da sich die Opposition nicht beteiligte (1984). Staatspräsident Ortega (bis 1990) verhängte angesichts des sich verschärfenden Bürgerkriegs den Notstand (1985) und unterdrückte die Opposition, unterlag aber der Opposition unter Violeta Chamorro in freien Wahlen (1990). Die neue Allparteienregierung beendete den Bürgerkrieg mit Entwaffnung der Contras. Die Sandinisten stellten bis zum Rücktritt Ortegas (1995) den Armeechef. Nach dem Wahlsieg der Liberalen Allianz bildete die FSLN die stärkste Oppositionspartei (1996).

Literatur: M. Letz: Kurze Geschichte der sandinistischen Revolution. Wurzeln, Verlauf, erste Ergebnisse. Berlin 1988; S. Ramírez: Adios Muchachos! Eine Erinnerung an die Sandinistische Revolution. Wuppertal 2001.

NATO-Doppelbeschluss

Beschluss der NATO-Konferenz in Brüssel (**1979**) als Antwort auf die massive sowjetische Raketenrüstung mit atomaren Mittelstreckenwaffen (vor allem SS-20-Raketen): Der NATO-Doppelbeschluss forderte eine beiderseits (NATO und Warschauer Pakt) vereinbarte Beschränkung der Mittelstreckenraketen in Europa bis Ende 1983; andernfalls erfolge eine »Nachrüstung« der NATO mit US-Mittelstreckenwaffen in Europa (»Pershing II«, »Cruise Missile«). Der NATO-Doppelbeschluss stieß auf heftige Opposition der FRIEDENSBEWEGUNG (1979–1983), vor allem in den Niederlanden und der BUNDESREPUBLIK DEUTSCHLAND. Die führende Beteiligung der SOZIALLIBERALEN KOALITION unter Schmidt am Zustandekommen des Beschlusses verursachte schwere Spannungen in der SPD. Die Raketen wurden stationiert (ab 1983), bis zum INF-Abkommen über den Abzug der Mittelstreckenwaffen (1987).

Literatur: C. Zänker: Die sowjetischen Einflußstrategien zur Verhinderung des Vollzugs des NATO-Doppelbeschlusses. Frankfurt/Main u. a. 1991; H. Magenheimer: Eurostrategie und Rüstungskontrolle. Zwischen Kernwaffenmodernisierung und Denuklearisierung 1983–1990. Baden-Baden 1992; S. Layritz: Der NATO-Doppelbeschluß. Westliche Sicherheitspolitik im Spannungsfeld von Innen-, Bündnis- und Außenpolitik. Frankfurt/Main u. a. 1992.

Friedensbewegung

Sammelbewegung verschiedener Gruppierungen für Abrüstung im Westen, historisch in der Tradition des PAZIFISMUS und des Kampfes gegen die deutsche Wiederbewaffnung in den 1950er-Jahren, aber stärker politisiert und militanter: Die Friedensbewegung hatte eine breite Massenbasis im Protest gegen den NATO-DOPPELBESCHLUSS (**1979**/83), besonders in den Niederlanden und der BUNDESREPUBLIK DEUTSCHLAND. Auch der linke Flügel der SPD engagierte sich, u. a. mit Massendemonstrationen zu Ostern in Bonn (1981, 1982), aber auch in anderen europäischen Hauptstädten sowie in den USA mit der »Freeze«-Bewegung (1982). Die UdSSR unterstützte die Friedensbewegung moralisch und politisch; in der Bundesrepublik hatte die DKP großen Einfluss auf die Organisation der Großdemonstrationen. Gegen die politische Einseitigkeit wandten sich ungebundene Kräfte, vor allem die GRÜNEN, so mit einer Demonstration zum 150. Jahrestag des HAMBACHER FESTS (1982) und der Aktionswoche (1985) mit Teilen der SPD. Die Friedensbewegung verlor nach Stationierung der Mittelstreckenraketen (1983) an Bedeutung. Analoge Strömungen in der UdSSR und DDR (die der Evangelischen Kirche nahe stehende Bewegung »Schwerter zu Pflugscharen«) wurden polizeilich bekämpft.

Literatur: W. von Bredow: Krise und Protest: Ursprünge und Elemente der Friedensbewegung in Westeuropa. Opladen 1987; W. Beutin: Zur Geschichte des Friedensgedankens seit Immanuel Kant. Hamburg 1996.

Afghanistankrieg

Krieg der UdSSR in Afghanistan zur gewaltsamen Stützung des kommunistischen Regimes (**1979**–1988), mit langer Vorgeschichte: Die Anglo-russische Verständigung (1907) bremste die russische Expansion über Zentralasien nach Indien (nach dem KRIMKRIEG, 1854–1856), machte Afghanistan zum Pufferstaat zwischen Russland und BRITISCH-INDIEN. Nach dem ZWEITEN WELTKRIEG leistete die UdSSR wachsende ENTWICKLUNGSHILFE, auch afghanische Offiziere wurden in der UdSSR ausgebildet. Nach dem Sturz der MONARCHIE durch einen Militärputsch (1973) stürzten Anhänger des KOMMUNISMUS die bürgerliche Regierung (1978). Die Erklärung Breschnews, Afghanistan sei Glied der sozialistischen Gemeinschaft (Juni 1979), stieß besonders bei muslimischen Gruppen auf Widerstand. Nach einem »Hilferuf« des neuen Machthabers Taraki an die UdSSR intervenierte diese militärisch gemäß der BRESCHNEW-DOKTRIN (27. Dezember **1979**), setzte mit Karmal einen ihr ergebenen Führer ein, stieß aber bald auf Widerstand. Die afghanische Armee lief teilweise zu Aufständischen über; muslimische Sowjetsoldaten galten als unzuverlässig und wurden weitgehend abgezogen. Der GUERILLAkrieg gegen die islamischen Glaubenskämpfer (MUDSCHAHEDDIN) brachte schwere Verwüstungen und Verluste unter der Zivilbevölkerung; er setzte eine Flüchtlingsbewegung, vor allem nach Pakistan und Iran, in Gang. Der Afghanistankrieg verursachte eine schwere internationale Krise. Ein Getreideembargo der USA gegen die UdSSR wurde teilweise von Argentinien unterlaufen, von den USA bald wieder aufgehoben. Die USA und einige andere westliche Länder boykottierten die OLYMPISCHEN SPIELE in Moskau (1980). Die chronische Versorgungskrise in der UdSSR und in den meisten sozialistischen Staaten verschärfte sich – eine der ökonomischen Voraussetzungen der POLENKRISE. KPdSU-Generalsekretär Gorbatschow (ab 1985) beendete den Afghanistankrieg mit dem Rückzug der Sowjetarmee (bis 1988). Danach folgte ein Bürgerkrieg zwischen den siegreichen Mudschaheddin-Gruppen (ab 1988), aus dem die islamistischen TALIBAN als Sieger hervorgingen (Einnahme der Hauptstadt Kabul 1996).

Literatur: R. Klass (Hg.): Afghanistan, the Great Game Revisited. New York 1990; R. Bucherer-Dietschi (Hg.): Strategischer Überfall – das Beispiel Afghanistan. Quellenband mit 400 Dokumenten über den Einmarsch sowjetischer Truppen in Afghanistan im Dezember 1979. Vorgeschichte – Durchführung – Reaktionen. Liestal 1991; P. Allan u. a. (Hg.): Sowjetische Geheimdokumente zum Afghanistankrieg (1978–1991). Zürich 1995; A. Giustozzi: War, Politics and Society in Afghanistan. 1978–1992. London 2000.

Mudschaheddin

(Mudjahedin; »Kämpfer des Islam«) Afghanische Widerstandskämpfer im AFGHANISTANKRIEG (**1979**–1988) gegen die sowjetische Invasion, als »Gotteskrieger« meist mit theokratisch-fundamentalistischer Einstellung: Die Mudschaheddin siegten mit Unterstützung Pakistans und der USA (1988), fielen aber nach dem Abzug der Sowjetarmee (1989) und dem Sturz des kommunistischen Regimes (1992) in blutigen Kämpfen zwischen WARLORDS unterschiedlichster Herkunft übereinander her und unterlagen daher den TALIBAN (1996/97). Sie hielten sich nur noch im Nordosten Afghanistans als Nordallianz, bis sie, mit Hilfe der Anti-TERROR-Koalition nach dem 11. September, die Taliban und die AL-QAIDA Osama Bin Ladens zerschlugen und führende Positionen in der Übergangsregierung unter UN-Aufsicht einnahmen (2001).

Literatur: Ahmed Rashgid: Taliban. Aghanistan Gotteskrieger und der Dschihad. München 2001.

PNV-EAJ

(Partido Nacionalista Vasco, Euzko Alderdi Jeltzalea, Baskische Nationalistische Partei) Wichtigste nationalistische Partei des Baskenlands: Als Gründervater der PNV-EAJ gilt Sabino Arana, der bis zum heutigen Tag Symbolfigur der Partei ist. Nach ihrer Gründung (1895) erstreckte sich der Einfluss der PNV-EAJ, ausgehend von den biscayischen Industriezentren, bald auf die Küstenregion und die ländlichen Gebiete. Die Ideologie war zunächst rassistisch, anti-liberal und katholisch. In ihrer Zielsetzung schwankt die PNV-EAJ bis heute zwischen AUTONOMIE und Unabhängigkeit. Hauptziel war zunächst ein souveräner, auf den FUEROS beruhender baskischer Staat. Damit war ein grundlegender Unterschied zu den KARLISTEN markiert, die von den BASKEN zuvor unterstützt worden waren. Unter der VOLKSFRONT-Regierung erreichte die PNV-EAJ die Anerkennung des Autonomiestatuts (1936) und stellte mit Antonio de Aguirre den ersten baskischen Präsidenten (Lehendakarri), bis die Eroberung des Baskenlands durch die franquistischen Truppen (1937) im SPANISCHEN BÜRGERKRIEG die baskische Regierung ins Exil zwang. Seit dem Ende des Franco-Regimes (1975) bildet die PNV-EAJ die Regierung des autonomen Baskenlands (Comunidad Autónoma Pais Vasco, seit **1979**), oft auf nationalistische wie konstitutionalistische Koalitionspartner angewiesen. [M. K.]

Literatur: J. L. de la Granja: El nacionalismo vasco: un siglo de historia. Madrid 1995; M. K. Flynn: Ideology, Mobilization and the Nation. The Rise of Irish, Basque and Carlist Movements in the Nineteenth and Early Twentieth Centruies. New York 1999; S. D. Pablo u. a.: El péndulo patriótico. Historia del Partido Nacionalista Vasco. 2 Bde., Bacelona 2001.

Polenkrise

Allgemeine Staats- und Systemkrise im kommunistischen Polen (**1980**–1990): Nach Arbeiteraufständen in Danzig, Gdingen und Stettin (1970) stieg unter Gierek als 1. Sekretär zunächst der Wohlstand des Lands mit einer durch westliche Kredite finanzierten raschen Industrialisierung, Aber die wachsende Auslandsverschuldung stürzte Polen in die WIRTSCHAFTSKRISE (ab ca. 1975) mit steigender INFLATION. STREIKS in Radom und Ursus (1976) führten zur Gründung von KOR (1976–1991). Der PAPSTbesuch (1979) stärkte den Widerstand gegen das kommunistische Regime, die Versorgungskrise verschärfte sich (1980). Nach Streiks, vor allem in Danzig (August **1980**), stürzte Gierek. Korruption innerhalb der Nomenklatura verursachte eine tiefe Vertrauenskrise: Zugesagte Verbesserungen nach Gründung von SOLIDARNOŚĆ blieben aus, die Wirtschafts- und Versorgungskrise verschärfte sich weiter – die Wirtschaftsleistung 1980/81 ging um rd. 50 % zurück. Der faktische STAATSBANKROTT und das Erstarken der Solidarność mündete in den KRIEGSZUSTAND (1981): Die Polenkrise zeigte offen die Schwäche des kommunistischen Systems, eskalierte zum ZUSAMMENBRUCH DES KOMMUNISMUS (1989/91) und belastete die Ost-West-Beziehungen.

Literatur: J. v. Thadden: Krise in Polen. 1956, 1970 und 1980. Eine vergleichende Analyse ihrer Ursachen und Folgen mit Hilfe der ökonomischen Theorie der Politik. Frankfurt/Main 1986; D. Bingen: Gab es eine Revolution in Polen (1980–1981)? Versuch der begrifflichen Annäherung an einen historisch-politischen und sozialen Prozess. Köln 1987; K. Pumberger: Solidarität im Streik. Politische Krise, sozialer Protest und Machtfrage in Polen 1980/81. Frankfurt/Main 1989.

Solidarność (Solidarität)

Unabhängige GEWERKSCHAFT IN POLEN ZUR »ODNOWA«: Die Solidarność entstand in den AugustSTREIKS (**1980**) als Danziger Streikkomitee (ähnlich wie die SOWJETS in der ersten RUSSISCHEN REVOLUTION 1905) unter Wałesa. Ihre Danziger »21-Punkte« waren eine Herausforderung des kommunistischen Systems. Nach langwierigen Bemühungen wurde die Gewerkschaft offiziell zugelassen. Sie gewann ca. 10 Mio. Mitglieder, nahm Sitz in Danzig in Konkurrenz zu den Staatsgewerkschaften, wurde ausgeweitet auf die Bauern (»Land-Solidarität«, 1981). In der UdSSR, DDR und ČSSR wurde sie als »konterrevolunionär« und »antisozialistisch« angegriffen. Die polnische Regierung lehnte ihre Vorschläge für Wirtschaftsreformen ab. Erste Repression (März 1981) radikalisierte und polarisierte die Solidarność, auch auf dem ersten Kongress in Danzig (Oktober 1981). Der KRIEGSZUSTAND in Polen (1981/82) »suspendierte« die Gewerkschaft, die meisten Führer wurden »interniert«. Die Solidarność organisierte im Untergrund und West-Exil Widerstand gegen das kommunistische Regime. Friedliche Demonstrationen zum 1. Mai in vielen Städten erinnerten an die VERFASSUNG VOM 3. MAI 1791 (3. Mai 1982). Die Polizei zerschlug die Demonstrationen und provozierte Straßenschlachten. Neue Massenverhaftungen brachten eine weitere ESKALATION von Repression und Widerstand. Das Verbot der Gewerkschaft (Oktober 1982) zog neue innere Konflikte nach sich: Solidarność rief zum GENERALSTREIK auf, der aber scheiterte (10. November). Wałesa wurde freigelassen (Dezember 1982), der Kriegszustand für beendet erklärt (1983). Der GEWERKSCHAFTSführer erhielt den FriedensNOBELPREIS (1983). Die Regierung ließ Solidarność wieder zu, gefolgt von Verhandlungen am RUNDEN TISCH (1989). Der Solidarność-Politiker Mazowiecki wurde der erste nichtkommunistische Ministerpräsident

Polens nach dem ZWEITEN WELTKRIEG (1989/90). An der Macht (1990) spaltete sich Solidarność in mehrere Parteien und Gewerkschaften auf (1991). Sie scheiterte bei Parlamentswahlen an der 5-%-Hürde (1993), erneuerte sich als »Wahlaktion Solidarität«, stellte nach den folgenden Wahlen die stärkste Fraktion im SEJM und bildete mit der Freiheitsunion die Regierung Buzek (1997, Minderheitskabinet ab 2000). Niederlagen bei Präsidentschaftswahlen (2000) und Parlamentswahlen (2001) vollendeten den Zerfall der »Wahlaktion Solidarität«

Literatur: J. Holzer: Solidarność. Die Geschichte einer freien Gewerkschaft in Polen. München 1985; L. Goodwyn: Breaking the Barrier. The Rise of Solidarity in Poland. Oxford 1991; H. Kühn: Das Jahrzehnt der Solidarność. Die politische Geschichte Polens 1980–1990. Mit einem historiographischen Anhang bis 1997. Berlin 1999.

»Odnowa«

(poln.: Erneuerung) Versuch zur friedlichen Reform des KOMMUNISMUS in Polen durch sozialen und politischen Druck von unten (**1980**/81): Der Bewegung waren die POLENKRISE, STREIKS und die Gründung von SOLIDARNOŚĆ vorausgegangen. Die nach friedlichen Demonstrationen angekündigten Wirtschafts- und Sozialreformen blieben jedoch aus. Der KRIEGSZUSTAND (13. Dezember 1981) provozierte WIDERSTAND gegen das Regime.

Literatur: I. Geiss: »Odnowa« – Rebirth and Crisis in Poland 1985–81, in: The Australian Journal of Politics and History, 1981/82, S. 210–220; A. Uschakow (Hg.): Polen – Das Ende der Erneuerung? Gesellschaft, Wirtschaft und Kultur im Wandel. München 1982.

1. Golfkrieg

Krieg zwischen Irak und Iran um den Schatt-el-Arab, das Mündungsgebiet von Euphrat und Tigris, und die überwiegend von Arabern bewohnte Erdölprovinz Khusistan (1980–1988): Angriffe des Irak nutzten die Schwächung des Iran nach der ISLAMISCHEN REVOLUTION (September **1980**) und eroberten mit sowjetischer Waffenhilfe Teile Khusistans (gegenseitiger Beschuss der Erölraffinerien von Abadan und Basra). Die Iraner eroberten in einer Gegenoffensive, jetzt auch mit Sowjethilfe, Khusistan zurück (Mai 1982), aber ohne entscheidende Erfolge: Der Krieg, von Iran zum Heiligen Krieg (JIHAD) erklärt, erstarrte in Abnutzungsschlachten. Verdeckte US-Waffenlieferungen an den Iran gegen Hilfe bei der Geiselbefreiung im Libanon lösten die IRAN-CONTRA-AFFÄRE in den USA aus (1986–1990). Beide Kriegsparteien bombardierten Städte des Gegners und beschuldigten sich, Giftgas einzusetzen. Der Krieg verlagerte sich auf den Persischen Golf. Die Gefährdung der internationalen Erdöltransporte beantworteten die USA, Frankreich und Großbritannien mit der Entsendung von Kriegsschiffen, die auch in Kampfhandlungen verwickelt wurden (1987). Die UNO vermittelte den Waffenstillstand (1988).

Literatur: W. G. Lerch: Der Golfkrieg. Ereignisse, Gestalten, Hintergründe. München 1988; W. Thom Workman: The social origins of the Iran-Iraq War. Boulder u. a. 1994; H. Möller: Der Krieg Irak–Iran, 1980–88. Berlin 1995; F. Rajaee (Hg.): Iranian Perspectives on the Iran–Iraq War.

Gainesville u. a. 1997; A. Tarock: The Superpowers' Involvement in the Iran-Iraq War. Commack (N. Y.) 1998.

Sendero Luminoso (Leuchtender Pfad)

Ende der 1960er-Jahre von dem Philosophieprofessor Abimael Guzmán gegründete, maoistische GUERILLAbewegung in Peru: Die Anhänger des Sendero Luminoso kamen aus dem universitären Bereich und der INDIO-Bevölkerung in den Anden. Sie begann einen »Befreiungskrieg« (Mai **1980**), dem wahrscheinlich 30 000 Menschen zum Opfer fielen. Seine Aktivitäten waren u. a. Anlass für die Außerkraftsetzung der Verfassung (1992) in Peru. Auch nach Verhaftung ihres Anführers Guzmán (1992) gingen die Anschläge der Guerilla noch einige Jahre weiter (bis 1996), ohne die Krise Perus zu beenden.

Literatur: S. J. Stern (Hg.): Shining and Other Paths. War and Society in Peru, 1980–1995. Durham 1998; J. M. Bennett: Sendero Luminoso in Context. An Annotated Bibliography. Lanham (Md.) u. a. 1998; G. Gorriti: The Shining Path. A History of the Millenarian War in Peru. Chapel Hill u. a. 1999.

Social Democratic Party

SEZESSION von der britischen LABOUR PARTY nach rechts, als Reaktion auf das starke Vordringen ihres marxistischen Flügels (**1981**): Die Partei propagierte die Beteiligung Großbritanniens an der Einigung Europas (EG). Sie schloss ein Wahlbündnis mit den LIBERALEN (»Alliance«), errang spektakuläre Erfolge bei Nachwahlen zum UNTERHAUS (1981/82), erlitt aber eine Niederlage bei Kommunalwahlen und der Neuwahl zum Unterhaus in der patriotischen Aufwallung des FALKLANDKRIEGS (Mai 1982). Die Partei fusionierte mit den Liberalen (1988).

Literatur: G. Binzenbach: Die Social Democratic Party im politischen System Großbritanniens. Münster u. a. 1993; G. Kräh: Die britische SDP. Ursachen für das Scheitern der Social Democratic Party. Baden-Baden 1993; I. Crewe/A. King: SDP. The Birth, Life and Death of the Social Democratic Party. Oxford u. a. 1995.

Republikanische Partei

(ital.: Partito Repubblicano) Politische Partei linksliberaler Prägung in Italien, in der Tradition des RISORGIMENTO und Garibaldis gegründet (1985): Vom italienischen FASCHISMUS verboten (1926), gründete sich die Republikanische Republik aus der Resistenza (WIDERSTAND) heraus neu (1944). Sie war seit dem ZWEITEN WELTKRIEG häufig der kleinste Koalitionspartner der DC, beteiligte sich an der Koalition der APERTURA A SINISTRA (1963–1971) und stellte erstmals mit Spadolini den Ministerpräsidenten (**1981**/82). Mit seinem Sturz schied sie aus der Regierung aus (1982). Später beteiligte sie sich an der Fünf-Parteien-Koalition unter dem Sozialisten Craxi (1983–1987) und dem Christdemokraten Goria (1987/88).

Literatur: G. Spadolini: I repubblicani dopo L'Unita. Florenz [3]1972; S. M. Ganci: L'Italia antimoderata. Radicali, repubblicani, socialisti, autonomisti dall'unita a oggi. Palermo [2]1996.

PASOK

(griech.: Panellinio Sosialistikno Kinima; Panhellenische Sozialistische Bewegung) Politische Partei in Griechenland: Nach der Machtübernahme durch die griechische Militärjunta (1967) entstand als Vorläuferin der PASOK im bundesdeutschen Exil die »Panhellenische Befreiungsbewegung« (»Panellinio Apeleftherotiko Kinima«, PAK, 1968). Nach dem Sturz des Obristen-Regimes in Griechenland gründete Andreas Papandreou (*1919, †1996) die PASOK (1974). Sie erreichte bei Wahlen 13,6 % (1974), 25,3 % (1977) und 48 % der Stimmen (**1981**), behauptete die absolute Mehrheit der Mandate (1985), unterlag dann der konservativen Neuen Demokratie (1989). Aus der für den Übergang gebildeten Allparteienregierung schied Papandreou, unter dem Verdacht schweren Amtsmissbrauchs, aus (1989/90). Nach erneuten Wahlen wurde die Neue Demokratie unter Mitsotakis alleinige Regierungspartei (1990–1993). Der Oberste Gerichtshof rehabilitierte Papandreou, die PASOK (Vorsitz ab 1996: Simitis) gewann die folgenden Parlamentswahlen (1993, 1996, 2000) und führte Griechenland in die Europäische Währungsunion (2001).

Literatur: H.-J. Axt: Die PASOK. Bonn 1985; V. Kossiniari-Vallianou: Die Panhellenische Sozialistische Bewegung (PASOK). Untersuchungen zur geschichtlichen Entwicklung, Organisation, Ideologie und Politik der PASOK von 1974 bis 1981. München 1985; M. Strobel: Machtwechsel in Griechenland. Eine Analyse der Panhellenischen Sozialistischen Bewegung (PASOK) zwischen 1974 und 1989. Frankfurt/Main u. a. 1993.

Kriegszustand in Polen

(poln.: Stan wojenny) Unter dem Druck der UdSSR und des Warschauer Pakts verhängte das polnische Militär, für Partei und Regierung handelnd, den Kriegszustand im Frieden (13. Dezember **1981**). Polenkrise und die Solidarność machten aus der wirtschaftlichen eine politische Krise. Dem Kriegszustand folgten »Suspendierung« von Solidarność, »Internierung« führender Gewerkschafter und oppositioneller Intellektueller, Streikverbot, Ausgangssperre, Verschärfung der Zensur, weitgehendes Reiseverbot ins westliche Ausland, Preiserhöhungen; wichtige Betriebe wurden unter die Aufsicht des Militärs gestellt. Die USA antworteten mit Boykott. In Polen selbst erhob sich Widerstand, den die Polizei brach. Die polnische Gesellschaft praktizierte weithin eine unerklärten passiven Widerstand, während sich die Krise weiter verschärfte. Der Zerschlagung von Demonstrationen für Solidarność durch die Miliz (1., 3. Mai, 31. August 1982) verhärtete den Widerstand, die Agonie des Kommunismus verschärfte sich. Das Verbot von Solidarność (Oktober 1982) provozierte neue Demonstrationen (10./11. November). Nach Breschnews Tod wurden Wałesa und die meisten Internierten freigelassen. Der Kriegszustand wurde zum größten Teil ausgesetzt (13. Dezember 1982), mit Sondergesetzen (22. Juli 1983) und weitgehender Amnestie aufgehoben.

Literatur: A. Uschakow (Hg.): Polen – Das Ende der Erneuerung? München 1982; A. Micewski: Kirche, »Solidarność« und Kriegszustand in Polen. Mainz u. a. 1988.

Aids

(Acquired immune deficiency syndrome) Weltweit verbreitete Immunschwächekrankheit: Die Ansteckung erfolgt über virushaltige Körperflüssigkeiten. Antikörper entwickeln sich frühestens nach drei bis vier Wochen; bis zum Ausbruch von Krankheitssymptomen können mehrere Jahre vergehen. Die Krankheit trat zuerst in Zentralafrika auf (ca. 1959) und verbreitete sich von dort in die Karibik, nach Nordamerika und Europa. Sie wurde erstmals in den USA beschrieben (**1981**). Die Verbreitung war in den Industrieländern zunächst weitgehend auf sog. Risikogruppen (Homosexuelle, Drogenabhängige, Prostituierte, Bluter etc.) beschränkt; in Ost- und Zentralafrika sowie im südlichen Afrika sind jedoch die meisten der Infizierten heterosexuell. Anfangs erfolgte die Infektion auch über verseuchte Bluttransfusion (Skandale in Frankreich und Spanien, bekannt geworden 1991–1993). Eine Heilung von Aids ist bisher nicht möglich, doch bremsen Aids-Medikamente (ab 1987) eine Ausbreitung des Virus; auch erste Impferfolge stellten sich im Versuch ein (2001). Um 2000 sind von Aids besonders die afrikanischen Staaten südlich der Sahara betroffen, aber auch in den Staaten der GUS und in Asien ist die Immunschwäche auf dem Vormarsch. An Aids starben weltweit rd. 22 Mio. Menschen (1981–2000), rd. 40 Mio. sind infiziert (2001).

Literatur: D. Knop: Von Pest bis Aids. Die Infektionskrankheiten und ihre Geschichte. Stuttgart 1989; M. D. Grmek: History of AIDS. Emergence and Origin of a Modern Pandemic. Princeton 1990; V. Berridge (Hg.). AIDS and Contemporary History. Cambridge 1994; D. A. Feldman: The AIDS Crisis. A Documentary History. Westport (Conn.) 1998; St.Dressler u. a.: AIDS-Taschenwörterbuch. Berlin 2001.

»Neue Heimat«

Unternehmensgruppe des Deutschen Gewerkschaftsbunds (DGB) für Wohnungsbau, mit Sitz in Hamburg: Die »Neue Heimat« begann als gewerkschaftliche »Gemeinnützige Kleinwohnungsbaugesellschaft Groß-Hamburg mbH« (1926) zum Bau von Arbeiterwohnungen. Ihr Vermögen wurde im DRITTEN REICH von der »Deutschen Arbeitsfront« übernommen (1933). Nach dem ZWEITEN WELTKRIEG stand die als »Neue Heimat« wieder gegründete Wohnungsbaugesellschaft unter Leitung der GEWERKSCHAFTEN (1950). Sie entwickelte sich zum größten Wohnungsbaukonzern Europas, der Wohnungen baute und vermietete und auch im Ausland tätig war. Sie war als gemeinnützig steuerlich begünstigt; die Tochtergesellschaft »Neue Heimat Städtebau« arbeitete hingegen gewinnorientiert. Das Nachrichtenmagazin »DER SPIEGEL« deckte Korruption und langjährige Misswirtschaft auf (**1982**). Die Führung des DGB suspendierte führende Manager, löste den Konzern auf (1986), beglich die Verluste und veräußerte die Immobilien (bis 1990). Der Skandal stürzte den DGB in eine schwere Krise.

Literatur: F. Kusch: Die Affäre Neue Heimat. Stuttgart [2]1986; G. Ritter: Gewerkschaften als Unternehmer. Ein Kapitel bundesdeutscher Wirklichkeit. München 1987; G. Schifferer: Politische Skandale und Medien. Der Fall Neue Heimat. Hamburg 1988.

Falklandkrieg

Bewaffneter Konflikt zwischen Großbritannien und Argentinien um die Falklandinseln (Malvinen, 1982): Der Streit um die Inseln im Südatlantik begann, als die Briten die argentinische Verwaltung der kaum bewohnten Inseln vertrieben (1833). Argentinien weigerte sich, die britische Inbesitznahme anzuerkennen, und forderte die Rückgabe, was Großbritannien stets ablehnte. Verhandlungen nach einer UN-Resolution zugunsten Argentiniens (1968) blieben ergebnislos. Die Militärjunta Argentiniens besetzte die Falklandinseln, auch um von inneren Problemen abzulenken (März **1982**). Nach gescheiterter Vermittlung (USA, UNO) eroberte ein britisches Expeditionskorps die Inseln zurück (Mai/Juni). Der kurze – unerklärte – Falklandkrieg verursachte eine internationale Krise: Die USA und EG stützten Großbritannien, die lateinamerikanischen Staaten Argentinien. Auch spaltete der Konflikt die OAS. Argentiniens Niederlage löste den Sturz seiner Militärjunta aus und rettete die konservative Regierung Thatcher in den Neuwahlen (1982).

Literatur: J. Strange: The Falkland Islands. London [3]1983; P. Eddy: Falkland. Der Krieg vor den Toren der Antarktis. Stuttgart [2]1985; C. Mack: Der Falkland-(Malvinas-)Konflikt. Frankfurt/Main 1992; P. Billing: Der Falkland-Malwinen Konflikt. London 1993.

5. Nahostkrieg (Libanonkrieg)

Zuspitzung des NAHOSTKONFLIKTS (seit 1948) und LIBANESISCHEN BÜRGERKRIEGS (seit 1975) durch Israels Angriff zur Vernichtung der PLO: Der Libanonkrieg begann als Rachefeldzug Israels für die Ermordung seines Botschafters in London und Feuerüberfälle der PLO auf jüdische Siedlungen im Norden Israels (Galiläa). Die israelische Armee stieß mit Unterstützung libanesischer Christen (MARONITEN), politisch in der rechtsgerichteten FALANGE organisiert, durch den Südlibanon bis Beirut vor (Juni **1982**), besetzte Tyrus und Sidon, das stark zerstört wurde. Die PLO war im muslimischen Westbeirut eingeschlossen; syrische Truppen blieben weitgehend passiv. Massive Luft- und ARTILLERIEangriffe der Israelis gegen Beirut forderten unter der Zivilbevölkerung große Opfer. Die Israelis erbeuteten die PLO-Waffenarsenale. Nach dem erzwungenen Abzug der PLO aus Westbeirut verübten Falangisten unter den Augen der Israelis das MASSAKER VON BEIRUT: Blutige TERRORanschläge gegen jüdische Einrichtungen in Paris folgten (1982), der Nahostkonflikt verschärfte sich. Die USA, die den Libanonfeldzug gedeckt hatten, übten nun Kritik an Israel; die Beziehungen zwischen Israel und Ägypten verschlechterten sich, der Libanon stand vor dem Zusammenbruch als Staat. Der Libanonkrieg provozierte heftige Proteste im Ausland (auch unter Juden) und isolierte den jüdischen Staat international, stärkte aber die Popularität der Begin-Regierung. Ein Friedensvertrag zwischen Israel und dem Libanon beendete den Krieg (1983), ließ einen Teil des Südlibanon jedoch als israelische »Sicherheitszone« (bis 2000).

Literatur: D.T. Schiller. Palästinenser zwischen Terrorismus und Diplomatie. München 1982, im Nachtrag: Der Krieg gegen die PLO 1982.

Massaker von Beirut

Blutbad an der Zivilbevölkerung in zwei Flüchtlingslagern der PALÄSTINENSER in Westbeirut (September **1982**): Nach dem von Israel im LIBANONKRIEG erzwungenen Abzug der PLO aus dem von der israelischen Armee umschlossenen und bombardierten Westbeirut und der Ermordung des zum Präsidenten des Libanon gewählten Falangistenführers Gemayel verübten MILIZen der MARONITEN das Massaker von Beirut. Das Blutbad rief heftige Proteste hervor, auch von JUDEN innerhalb und außerhalb Israels. Ihm folgten TERRORanschläge auf Juden in Paris und in Rom. Eine amtliche Untersuchungskommission in Israel förderte die israelische Verantwortung (damaliger Verteidigungsminister: Ariel Scharon) für das Massaker zutage.

Strategic Arms Limitation Talks (START)

Verhandlungen zwischen den USA und der UdSSR/ Russland über den Abbau strategischer Atomwaffen (über 5500 km Reichweite): Nach dem Scheitern des SALT-II-Abkommens im US-Kongress (1981) begannen START-Abrüstungsverhandlungen (**1982**). Auf ihrer Genfer GIPFELKONFERENZ unterzeichneten Bush und Gorbatschow ein Abkommen (1990), das die beiderseitige Höchstzahl der atomaren Gefechtsköpfe auf je 6000 festlegte, eine Verminderung um ein Viertel. Dem START-I-Vertrag folgte der START-II-Vertrag zwischen den USA und Russland (1993); er sah vor, die strategischen Gefechtsköpfe auf 3500 (USA) bzw. 3000 zu reduzieren und die dazugehörigen Trägersysteme zu zerstören (ratifiziert 1997/2000). Weitere Abrüstungsgespräche zu strategischen Waffen folgten (1999–2002).

Literatur: M. Paul: Abrüstung durch Rüstungskontrolle? Amerikanische Reduzierungskonzepte in SALT und START. 1969–1989. Baden-Baden 1990; SIPRI Yearbook 1992: World Armament and Disarmament. Oxford 1992; P. R. Bennett: Russian Negotiating Strategy. Analytic Case Studies from SALT to START. Commack (N. Y.) 1997.

Die Grünen (Bündnis 90/Die Grünen)

Aus außerparlamentarischen Protestgruppen hervorgegangene, ökologisch ausgerichtete Partei in der BUNDESREPUBLIK DEUTSCHLAND: Die Grünen traten als linke »Alternativen« zu den etablierten Parteien an, grenzten sich aber auch gegen die DKP ab. Sie kamen in Bremen erstmals in ein Länderparlament (1979), scheiterten aber bei der Bundestagswahl an der 5-%-Klausel (1980). Erfolge in Hamburg und Hessen (1982) schwächten SPD und FDP. Die Grünen beteiligten sich aktiv an der FRIEDENSBEWEGUNG. Sie gehörten dem Bundestag an (**1983**) und vereinigten sich nach der DEUTSCHEN VEREINIGUNG mit Bündnis 90 aus der ehemaligen DDR zum Bündnis 90/Die Grünen (1993). Mit der SPD bildete sie im Bund eine Rot-grüne Koalition (1998).

Ähnliche Parteien entstanden auch in anderen europäischen Ländern, in Frankreich an der Linksregierung Jospin beteiligt (1997–2002).

Literatur: H. Kleinert: Vom Protest zur Regierungspartei. Die Geschichte der Grünen. Frankfurt/Main 1992; H. Knitter: Basisdemokratie und Medienelite. Die Parteiprominenz der Grünen in der Presse. Münster 1998; J. Schwarze: Geschichte, Ideologie und Programmatik der Grünen. Diss. o. O. 1999.

Singhalesen

Größte und staatstragende Bevölkerungsgruppe in Sri Lanka (Ceylon) indoarischer Kultur: Vorfahren der Singhalesen kamen aus Nordindien (ca. 500 v. Chr.). Ihr erstes Königreich von Anuradhapura (ca. 250 v. Chr.–9. Jh.), übernahm den BUDDHISMUS und hielt sich gegen Eroberungszüge der TAMILEN (1070). Eine zweite Blütezeit singhalesischer Kultur war das Königreich von Polonnaruva. Nach dem Untergang des Buddhismus in Indien (12. Jh.) war die Insel wichtiges Zentrum des Hinayana-Buddhismus. Rivalitäten zwischen dominierenden Singhalesen und diskriminierten Tamilen hemmten die Nationwerdung nach der Unabhängigkeit (1948), eskalierten zum blutigen Bürgerkrieg (seit **1983**), da die Regierung AUTONOMIE für die Tamilen ablehnte.

Literatur: Deutsches Übersee-Institut (Hg.): Sri Lanka. Der Konflikt zwischen Singhalesen und Tamilen. Publikationen 1986–1989. Hamburg 1989; N. Wijesekera: The Sinhalese. Colombo 1990; J. Rösel: Die Gestalt und Entstehung des singhalesischen Nationalismus. Berlin 1996.

Liberation Tigers of Tamil Eelam (LTTE)

(Befreiungstiger von Tamil Elelam): Organisation von TAMILEN Sri Lankas zur Erkämpfung eines unabhängigen Tamilenstaats (»Tamil Elaam«) in Sri Lanka: Als Reaktion gegen einen militanten SINGHALESEN-Chauvinismus durch Diskriminierung der Tamilen eröffnete die LTTE unter ihrem Gründer und Führer Vellupilai Prabhakaran einen blutigen Bürgerkrieg (**1983**), mit Schwerpunkt im Norden, vor allem um die Halbinsel Jaffna, neuerdings auch mit schweren Sprengstoffanschlägen in der Hauptstadt Colombo (2001): Die schweren Kämpfe, mit bisher mindestens 64 000 Bürgerkriegstoten, trieben ca. 800 000 Tamilen in die Emigration, von denen viele durch »Spenden« einen erheblichen Teil der Kriegskosten (ca. 150 Mio. US-Dollar jährlich) für die LTTE aufbringen. Trotz verschiedenen Friedensverhandlungen (zuletzt 1994/95), Waffenruhen – zuletzt vier Monate lang von der LTTE ausgehend (2000/2001) – und dem Autonomie-Angebot der Regierung Chandrika Bandaranaike Kumaratunga (seit 1994) für die Tamilen kam bisher keine friedliche Lösung zustande, weil die LTTE auf der Unabhängigkeit beharrt, also die der Autonomie in einem Föderalstaat ablehnt.

Literatur: Ch. Manogaran: The Sri Lankan Tamils. Ethnicity and Identity. Westview 1994; N. Subrahmanian: The Tamils. Their History, Culture, and Civilization. Madras 1996.

Kurdische Arbeiterpartei (PKK)

(Partiye Karkeren Kurdistan) In der Türkei von Abdullah Öcalan aus sozialistischen und kommunistischen Studentengruppen gegründete Partei (1978), bis zu seiner Verhaftung (1999) als illegale Kaderpartei im

Untergrund straff geführt: Nach Verweigerung der territorialen und kulturellen (Sprache!) AUTONOMIE für die Kurden seit Ersetzung des FRIEDENS VON SÈVRES (1920) durch den FRIEDEN VON LAUSANNE (1923) kämpfte die PKK, auch mit Zweigen im westlichen Ausland, gegen permanenten und strukturellen türkischen StaatsTERROR für die Unabhängigkeit der KURDEN. Auf eine erste militärische Aktion (**1984**) antwortete die türkische Militärmacht mit massiven Zerstörungen (ca. 4000 Dörfer), DEPORTATIONEN, Vertreibungen, Verhaftungen und Erschießungen sowie mit ETHNISCHEN SÄUBERUNGEN genozidalen Ausmaßes, auch mit NATO-Waffen aus Deutschland. Seit 1992 reduzierte die PKK ihre Forderungen auf gleichberechtigte Teilnahme der Kurden in einem Föderalismus, zuletzt zur einfachen Autonomie, bot seit 1993 fast alljährlich Waffenstillstand an, ohne Echo von der Regierung. Nach Öcalans Entführung und Verurteilung zum Tode (1999) löste sich die PKK offiziell auf, ohne dass die Repression gegen die Kurden eingestellt wurde.

Literatur: G. Stein: Endkampf um Kurdistan? Die PKK, die Türkei und Deutschland. München u. a. 1994; H. Kramer: Die Türkei, die Kurden und die PKK. Herausforderungen für deutsche und europäische Politik. Ebenhausen 1999.

Flick-Affäre

Politischer Skandal in der BUNDESREPUBLIK DEUTSCHLAND über Parteispenden von Unternehmen, vor allem des Flick-Konzerns: Die Steuerfahndung im Raum Bonn entdeckte verschleierte Zahlungen an politische Parteien (seit ca. 1975), besonders an FDP und CDU/CSU, über gemeinnützige Organisationen (»Spendenwaschanlagen«). Bundestagspräsident Barzel (CDU) musste zurücktreten (**1984**), der Flick-Manager von Brauchitsch, die FDP-Politiker Friderichs und Lambsdorff wurden wegen Steuerhinterziehung verurteilt (1985–1987). Die Flick-Affäre löste bei den Wählern eine Vertrauenskrise aus (»Politikverdrossenheit«). Eine neue Parteispendenaffäre, in die führende CDU-Politiker verwickelt waren, darunter der ehemalige Bundeskanzler Kohl, schwächte die CDU (1999/2000).

Literatur: H. W. Kilz: Flick. Die gekaufte Republik. Reinbek [2]1984; O. Schily: Politik in bar. Flick und die Verfassung unserer Republik. München 1986.

Strategic Defence Initiative (SDI)

(auch: Star Wars) Rüstungsinitiative der USA unter Präsident Reagan, um die 20 Jahre alte Doktrin der atomaren Abschreckung (MAD = mutual and assured destruction) durch ein im Weltraum stationiertes Verteidigungssystem zu ersetzen, das die USA vor Angriffen mit ATOMWAFFEN schützen soll (Einleitung der Forschung und Entwicklung **1984**): SDI erreichte praktisch die Kapitulation der UdSSR im Wettrüsten, vergrößerte aber auch das Haushaltsdefizit der USA. Präsident Bush übernahm das Programm (1989). Nach dem Ost-West-Konflikt wandelte sich SDI zum Schutz gegen begrenzte Raketenangriffe – Abfangkapazität und Budget wurden reduziert. Der Einsatz von Abwehrraketen im 2. GOLFKRIEG gab SDI neuen Auftrieb (1991). Präsident George W. Bush (ab 2001) forcierte das noch von Clinton eingeleitete Programm einer Raketenabwehr (National Missile Defence, NMD), die das Territorium der USA und US-Truppen im Ausland vor (atomaren) Mittelstreckenraketen sog. »Schurkenstaaten« schützen soll.

Literatur: K. Gottstein (Hg.): SDI and Stability. The Role of Assumptions and Perceptions. Baden-Baden 1988; J. Calliess (Hg.): Rüstung im Weltraum. Rehburg-Loccum 1988; R. D. Baucom: The Origins of SDI, 1944–1983. Lawrence (Kan.) 1992.

Falasha ▪

(amhar.: Vertriebene, Schwarze, Juden; Selbstbezeichnung: Beta Israel = Haus Israel) Äthiopische JUDEN, vermutlich Nachfahren der zum Judentum übergetretenen Agaw zur Zeit um Christi Geburt: Die Falasha lebten als Bauern und Handwerker vor allem nördlich des Tanasees; ihre Umgangssprache ist Amharisch, ihre Kultsprache Geez (Alt-Amharisch), die auch von der Koptischen Kirche Äthiopiens als Liturgiesprache gebraucht wird. Die Falasha hielten an älteren Formen des Judentums fest. Sie lösten durch Aufstände eine Krise des Reichs von Aksum aus (10. Jh.), das sie zeitweise mit der jüdischen Zagwa-Dynastie (972–1167) beherrschten. Die christlich-äthiopischen Kaiser unterdrückten die Falasha oder versuchten sie mit Zwang zu christianisieren. Mit israelischer Unterstützung wanderten die Falasha in zwei Wellen nach Israel aus (**1985**, auch wegen der HUNGERSNOT in Äthiopien, 1991).

Literatur: W. Leslau (Hg.): Falasha Anthology. Black Jews of Ethiopia. Oxford 1951, Neuausgabe New Haven 1979; D. Kessler: The Falashas. A Short History of the Ethiopian Jews. London u. a. [3]1996.

Inkatha ▪

(Inkatha ye Nkululeko Ye Sizwe = Nationale Kulturbefreiungsbewegung) Politische Organisation der ZULU unter Buthelezi von eher konservativer Ausrichtung: Die Inkatha stand in Rivalität zum ANC, dessen soziale Basis vor allem die Xhosa bilden. Vorläuferorganisation war die Inkatha Ya Ka Zulu (Zulu Nationalbewegung), gegründet vom Zulukönig Solomon (1920er-Jahre). Buthelezi gründete die Organisation mit neuem Namen (1975) als Massenbasis für seine Regierung in KwaZulu (Zulu: Bantustan). Die Inkatha distanzierte sich vom gewaltsamen Kampf des ANC gegen die APARTHEID (ab 1980). Konflikte bis zu bewaffneten Zusammenstößen und Massakern wurden teilweise durch verdeckte Operationen südafrikanischer Geheimdienste geschürt oder verschärft, und forderten – trotz gelegentlichen Appellen zu Frieden und förmlichen Waffenstillständen (zuletzt 1991) – mindestens 4000 Tote (ab ca. **1985**). Die Bewegung konstituierte sich als Inkatha-Freiheitspartei (1990). Die Nachricht, dass die Inkatha finanzielle Zuwendungen der weißen südafrikanischen Regierung erhalten hatte, löste neue Konflikte mit dem ANC aus und blockierte Friedensgespräche (1993). Unter Präsident Mandela (1994–1999) nahm der Einfluss der Inkatha deutlich ab (1999 mit 8,6 % der Stimmen zweitstärkste Oppositionspartei).

Literatur: D. Golan: Inventing Shaka. Using History in the Construction of Zulu Nationalism. Boulder (Col.) u. a. 1994; M. Lange: Die Entwicklung der Inkatha Freedom Party, in: Südafrika-Informationen, Bd. 2 (1998), S. 1–21; F. Ansprenger: Inkatha Freedom Party. Eine Kraft im demokratischen Südafrika. Bonn 1999.

Glasnost

(russ.: Offenheit, Transparenz) Neben PERESTROIKA eine der beiden zentralen Parolen nach dem Machtantritt Gorbatschows als Generalsekretär der KPdSU (1985, offiziell **1986** verkündet): Glasnost bedeutete Lockerung der ZENSUR und damit Aushöhlung des kommunistischen MeinungsMONOPOLS. Sie machte mit ihren – ungewollten – Konsequenzen die Lähmung des SowjetKOMMUNISMUS nach dem AFGHANISTANKRIEG (1979–1988) sichtbar und leitete den ZUSAMMENBRUCH DES KOMMUNISMUS (1989–1991) ein.

Literatur: M. Gorbatschow: Glasnost. Das neue Denken. Frankfurt/Main u. a. 1990; G. Simon: Verfall und Untergang des sowjetischen Imperiums. Mit zahlreichen Dokumenten. München 1993; W. Steinbacher: Gorbatschow und seine Ära (aus der Sicht der Presse in den Jahren 1985–1991). Frankfurt/Main 1993.

Perestroika

(russ.: Umgestaltung) Neben GLASNOST eine der beiden zentralen Parolen Gorbatschows (**1986**), die sich auf die Reform der politischen Strukturen, der Verwaltung und Wirtschaft bezog: Die Politik von Perestroika und Glasnost sollte das Sowjetsystem modernisieren und effizienter machen, ohne die Führungsrolle der KPdSU in Frage zu stellen, scheiterte jedoch an innerem Widerstand und vor allem an Unabhängigkeitsbestrebungen der einzelnen REPUBLIKEN innerhalb der UdSSR, eskalierend zum ZUSAMMENBRUCH DES KOMMUNISMUS (1989/91).

Literatur: D. Merridale/C. Ward (Hg.): Perestroika. The Historical Perspective. Kent 1991; vgl. auch Glasnost.

Cohabitation

(frz.: Zusammenleben unverheirateter Paare) Politische Konstellation in der V. FRANZÖSISCHEN REPUBLIK, bei der Präsident und Regierung aus unterschiedlichen politischen Lagern kommen: Die erste Cohabitation folgte der Wahlniederlage der Sozialisten (PS), als dem sozialistischen Präsidenten Mitterrand die bürgerliche Regierung Chirac gegenüberstand (**1986**–1988). Die Konstellation wiederholte sich nach der erdrutschartigen Wahlniederlage der Sozialisten (1993): Premierminister wurde der Gaullist Balladur (bis 1995). Nach vorgezogenen Parlamentswahlen musste Präsident Chirac (seit 1995) mit einer Linksregierung des Sozialisten Jospin regieren (1997–2002).

Analoge Regierungskonstellationen existieren auch in anderen parlamentarischen Systemen, z. B. USA, Bundesrepublik Deutschland, Polen, Russland.

Literatur: J. Massot: Alternance et cohabitation sous la Ve République. Paris 1997; Les années sociales 1986–1997. D'une cohabitation à l'autre. Rueil-Malmaison 1998.

Iran-Contra-Affäre (Irangate)

Politischer Skandal in den USA (**1986**–1990), in Anlehnung an die WATERGATE-AFFÄRE (1972) auch »Irangate« genannt: Die USA lieferten illegal Waffen an Iran, um die Freilassung von Geiseln zu erreichen, die von SCHIITEN in Beirut festgehalten wurden (1985). Erlöse aus dem Waffengeschäft dienten größtenteils zur Unterstützung der Contra-GUERILLA in Nicaragua gegen die SANDINISTEN. Die Regierung umging den US-Kongress, der eine direkte oder indirekte Unterstützung der Contras untersagt hatte (1984). Öffentlich wurde der Skandal durch einen Artikel in einer Beiruter Zeitung (1985). Der Kongress setzte einen Untersuchungsausschuss ein (»Tower-Commission«, 1986); sechs ehemalige hohe Beamte der Reagan-Regierung wurden verurteilt (bis 1990). Reagan selbst gelang es – obwohl er wahrscheinlich informiert war – sich aus der Iran-Contra-Affäre herauszuhalten, doch schadete sie dem Ansehen des US-Präsidenten.

Literatur: W. S. Cohen: Men of Zeal. A Candide Inside Story of the Iran-Contra-Hearings. New York 1989; T. Draper: The Very Thin Line. The Iran-Contra-Affairs. New York 1991; R. Busby: Reagan and the Iran-Contra Affair. The Politics of Presidential Recovery. Basingstoke u. a. 1999.

Freiheitliche Partei Österreichs (FPÖ)

Politische Partei in Österreich, aus dem Verband der Unabhängigen (1949) als Auffangpartei für ehemalige Nationalsozialisten hervorgegangen (1955), von der SPÖ unterstützt, um die ÖVP zu schwächen: Allmählich gewann die FPÖ nationalliberales Profil und Stimmen bei Wahlen; sie bildete mit der SPÖ eine Koalition (1983–1986). Mit Jörg Haider als Obmann (**1986**–2001) entwickelte sich die FPÖ zur rechtspopulistisch-deutschnationalen Partei, provozierte eine SEZESSION ihres liberalen Flügels im Liberalen Forum (1993), profitierte aber von der wachsenden Abneigung gegen die Große Koalition aus SPÖ und ÖVP (1986–2000). Der Eintritt der FPÖ in eine Koalition mit der ÖVP (2000) löste einen BOYKOTT und SANKTIONEN seitens der EU gegen Österreich aus. Unter Druck trat Haider vom Parteivorsitz zurück (2001), blieb aber Landeshauptmann (Ministerpräsident) seines Heimatlandes Kärnten. Seitdem steckt die FPÖ in der Krise.

Literatur: E. Reiter: Programm und Programmentwicklung der FPÖ. Wien 1982; L.M. Piert: Der Aufstieg der FPÖ unter Jörg Haider, 1986 bis zur Regierungsbeteiligung. M. A., Kiel 2001.

Intifada

(von arab.: Staub abschütteln, sich erheben) Protest- und Aufstandsbewegung der PALÄSTINENSER in den von Israel besetzten Gebieten, ausgehend vom Gazastreifen (ab Dezember **1987**): Aus anfangs spontanen Aktionen Steine werfender Jugendlicher entwickelten sich organisierte Demonstrationen, BOYKOTTmaßnahmen gegen Israel, STEUER- und

GENERALSTREIKS. Gegen »Kollaborateure« und »Verräter« richteten sich terroristische Anschläge. In der Intifada äußerte sich der radikale Widerstand der jungen Generation gegen die israelische Besatzungsmacht. Zu den Gegenmaßnahmen Israels zählten die Schließung von Schulen und UNIVERSITÄTEN, Verbote verschiedenster Art, Sprengung von Häusern (angeblicher oder wirklicher) Aktivisten, Ausweisungen und Deportationen, zuletzt von 415 schiitischen Extremisten ins südlibanesische Niemandsland (1992/93). Eine erneute Eskalation (1993) setzte Gespräche in Oslo zwischen PLO und Israel in Gang, die den Palästinensern begrenzte AUTONOMIE brachten (1994). Neue Wellen der Intifada richteten sich gegen den fortgesetzten Bau neuer jüdischer Siedlungen im Gazastreifen und Westjordanland (1997) und gegen den von Israel immer wieder verzögerten Rückzug aus den besetzten Gebieten (2000). Das vorläufige Scheitern der Friedensbemühungen ließ die Gewalt zwischen Israel und den Palästinensern wieder eskalieren (2000–2002); Anlass war der Besuch des damaligen Oppositonsführers Scharon auf dem Tempelberg in Jerusalem (daher auch: Al-Aksa-Intifada), eskalierend zum faktischen 6. Nahostkrieg (seit 2001).

Literatur: R. Freedman (Hg.): The Intifada. Its Impact on Israel, the Arab World and the Superpowers. Gainesville (Fl.) 1991; F. R. Hunter: The Palestinian Uprising. A War by Other Means. Berkeley [2]1993; F. Edlinger (Hg.): Befreiungskampf in Palästina. Von der Madrid-Konferenz zur Al Aqsa-Intifada. Wien 2001.

Massaker auf dem Tienanmen-Platz (Platz des Himmlischen Friedens)

Niederschlagung einer überwiegend von Studenten getragenen Demokratiebewegung in Peking: China setzte unter Deng Xiaoping auf wirtschaftliche Liberalisierung, ohne politische Reformen (seit 1978). Nach dem Tod des liberalen ehemaligen KPCh-Chefs Hu Yao-pang (15. April **1989**) traten Pekinger Studenten in einen Vorlesungsboykott für Demokratisierung, Meinungsfreiheit und Rehabilitierung Hu Yao-pangs (24. April). Tausende besetzten den Tienanmen-Platz und organisierten einen Hungerstreik (13. Mai), der sich zum Sitzstreik ausweitete. Die Aktionen störten das offizielle Besuchsprogramm Gorbatschows in Peking (15. Mai); immer mehr Bürger schlossen sich den Studenten an. Die Regierung setzte Militär gegen zuletzt über 100 000 Menschen auf dem Tienanmen-Platz ein (4. Juni). Das Massaker forderte nach offiziellen Angaben ca. 300, nach inoffiziellen Schätzungen 3000–5000 Menschenleben. Eine Verhaftungs- und Hinrichtungswelle erstickte die Demokratiebewegung. Viele Führer der Bewegung gingen ins Ausland. Jiang Zemin ersetzte Chao Ziyang als Generalsekretär der KPCh. Die Öffnung Chinas nach Westen war unterbrochen, weil westliche Länder einen (halbherzigen) BOYKOTT verhängten. Deng Xiaoping trat als Vorsitzender der zentralen Militärkommission zurück (9. November), blieb aber bis zu seinem Tod (1997) einflussreichster chinesischer Politiker.

Literatur: T. Brook: Quelling the People. The Military Suppression of the Beijing Democracy Movement. New York, Oxford 1992; A. J. Nathan/P. Link: Die Tiananmen-Akte. Die Geheimdokumente der chinesischen Führung zum Massaker am Platz des Himmlischen Friedens. Berlin 2001.

Fall der Berliner Mauer

Die Öffnung der Berliner Mauer und der Sperranlagen an der innerdeutschen Grenze (9. November **1989**) nach dem Sturz des DDR-Staats- und Parteichefs Honecker (18. Oktober 1989) leitete die Demokratisierung in der DDR und das Ende der SED-Herrschaft ein (Zusammenbruch des Kommunismus 1989–1991).

Zusammenbruch des Kommunismus

Welthistorisch einschneidendes Ereignis der jüngsten Zeitgeschichte, das die UdSSR und alle kommunistischen Länder Ostmittel- und Südosteuropas, einschließlich Jugoslawiens, und die meisten sowjetischen Klientelstaaten in der Dritten Welt stürzte: Ausgangspunkt für den Zusammenbruch des Kommunismus (**1989**–1991) war die wachsende Reformunfähigkeit der sozialistischen Staaten, die auch wirtschaftlich hinter den »kapitalistischen« Westen zurückfielen, abgeschnitten von technologischen und ökonomischen Innovationen. Nationale Proteste in den Ländern des sowjetischen dominierten Ostblocks (Aufstand des 17. Juni 1953 in der DDR, Ungarnaufstand 1956, Polnischer Oktober 1956, Unruhen in Polen 1970 und 1976, Polenkrise ab 1980, Prager Frühling 1968) wurden brutal niedergeschlagen, ohne Reformchancen konstruktiv aufzunehmen. Kommandowirtschaft, Kosten für aufgeblähte und ineffektive Bürokratien, Militarisierung und Aufrüstung (einschließlich Afghanistankrieg 1979–1988), erstarrte und überalterte Kader trieben den »real existierenden Sozialismus« in die Agonie. Reformversuche Gorbatschows mit der Perestroika verschafften der Opposition im Imperium Sovieticum größeren Spielraum, den zuerst die Polen nutzten (Solidarność, ab 1980). Der Fall der Berliner Mauer (1989), die Deutsche Vereinigung (1990), der gescheiterte Augustputsch in Moskau und die Auflösung der UdSSR besiegelten den Zusammenbruch des Kommunismus (1991). Er hinterließ eine neue Weltunordnung, in der regionale Konflikte (z. B. 2. Golfkrieg, Jugoslawienkrieg 1991), der Nord-Süd-Konflikt (Manhattan-Attentat, 2001) und andere globale Probleme (Flüchtlinge, Wirtschaftskrisen, Umweltkatastrophen) virulenter wurden.

Literatur: G. Simon: Verfall und Untergang des sowjetischen Imperiums. Mit zahlreichen Dokumenten. München 1993; R. Petrie (Hg.): The Fall of Communism and the Rise of Nationalism. The Index Reader. London u. a. 1997; R. Sakwa: Postcommunism. Buckingham u. a. 1999; C. S. Maier: Das Verschwinden der DDR und der Untergang des Kommunismus. Frankfurt/Main 2000.

Partei des Demokratischen Sozialismus (PDS)

Nachfolgepartei der SED, unmittelbar nach dem Fall der Berliner Mauer in Ostberlin gegründet (**1989**), auch um Vermögen der SED zu retten: Erster Vorsitzender war Gregor Gysi (bis 1993). Die Partei wurde rasch eine Regionalpartei im Osten des sich wiedervereinigenden, dann wiedervereinigten Deutschland. Sie kam auch, mit drei Direktmandaten in Ostberlin, bei den ersten Bundestagswahlen über die 5-%-Hürde, erhält seitdem wachsenden Zuspruch auf Kommunal- und Landesebene in den Neuen Bundesländern, mit Tolerierung einer SPD-Minderheitsregierung in Sachsen-Anhalt (1994–2002) und Beteiligung an einer SPD-SED-Koalition in Mecklenburg-Vorpommern (1998). Erstmals verzeichnete sie auch im Westen Berlins bei den Wahlen zum Abgeordnetenhaus beträchtlichen Zugewinn, in einer rot-roten Koalition mit der SPD (2002). Grundproblematik der PDS bleibt vorerst die Spannung zwischen der Mitgliederbasis, meist ältere Anhänger der alten DDR, und einer reformoffenen politischen Führung, die in der vergrößerten BUNDESREPUBLIK ankommen möchte, auch durch wachsende Distanzierung vom DDR-Regime.

Literatur: D. Stüber: Von der SED zur PDS (1989–1998). Die PDS im Wandel ihrer Programmatik. 2000; D. Hough: The Fall and Rise of the PDS in Eastern Germany. Birmingham 2001.

Deutsche Vereinigung

Staatliche Einigung des im KALTEN KRIEG geteilten Deutschland (1945/49–1989) im ZUSAMMENBRUCH DES KOMMUNISMUS (1989–1991): Die Öffnung der ungarischen Grenze nach Österreich verhalf DDR-Bürgern zur Massenflucht in den Westen. Anschwellenden öffentlichen Protesten gegen das SED-Regime (Montagsdemonstrationen) und dem Sturz Honeckers als Staats- und Parteichef folgte der FALL DER BERLINER MAUER (9. November 1989). Die Regierung Modrow (SED/PDS, 1989/90) ermöglichte, mit der Opposition am »RUNDEN TISCH«, die erste (und einzige) freie Volkskammerwahl in der DDR. Die demokratisch gewählte Regierung de Maizière (1990) erreichte mit der BUNDESREPUBLIK DEUTSCHLAND eine Wirtschafts- und Währungsunion und, mit Zustimmung der vier ALLIIERTEN des ZWEITEN WELTKRIEGS im Zwei-plus-vier-Vertrag, die Vereinigung durch Beitritt der erneuerten ostdeutschen Länder (3. Oktober **1990**).

Literatur: S. F. Szabo: The Diplomacy of German Unification. New York 1992.

2. Golfkrieg

Krieg einer multinationalen Streitmacht unter Führung der USA im Auftrag der UNO gegen den Irak zur Befreiung Kuwaits (**1991**): Nach dem Ende des 1. GOLFKRIEGS (1988) war der Irak mit Waffenlieferungen aus West und Ost zur größten Militärmacht am Arabischen Golf aufgestiegen. Nach jahrelangen Grenzstreitigkeiten zwischen dem Irak und Kuwait, u. a. um die kuwaitische Erdölförderung im Grenzgebiet, ließ Saddam Hussein Truppen in Kuwait einmarschieren; das Emirat wurde als 19. irakische Provinz annektiert (2. August 1990). Die UNO verhängte daraufhin gegen den Irak ein Handelsembargo (8. August) und setzte ein Ultimatum bis zum 15. Januar 1991 für den Rückzug (29. November). Die USA, Frankreich und Großbritannien stationierten Truppen in Saudi-Arabien. Nach vergeblichen Verhandlungen begannen alliierte Truppen unter Führung der USA die »Operation Wüstensturm« zur Befreiung Kuwaits (17. Januar 1991), zunächst als Luftkrieg, mit modernen Lenkfeuerwaffen und strikter Medieninszenierung durch die

US-Regierung. Hussein wollte den Krieg durch Bombardierung Israels mit Mittelstreckenraketen und einen »Umweltkrieg« (Inbrandsetzung von Bohrlöchern) eskalieren. Der alliierten Bodenoffensive (24.–28. Februar) hatte der Irak nichts mehr entgegenzusetzen und kapitulierte. Aufstände der KURDEN und SCHIITEN konnte Hussein trotz der irakischen Niederlage blutig niederschlagen. Die UNO errichtete eine Sicherheitszone für Kurden im Norden des Landes und eine Flugverbotszone zum Schutz der Schiiten im Süden. Der Irak widersetzte sich wiederholt der Kontrolle der Waffenstillstandsvereinbarungen und Rüstungsbeschränkungen durch die UNO (ab 1991), was erneute Luftschläge, vor allem der USA und Großbritanniens, hervorrief (z. B. 1998) und die Aufhebung des (durch das Öl-für-Lebensmittel-Programm gemilderten) internationalen Wirtschaftsembargos gegen den Irak (ab August 1990) verhinderte. Die Besetzung Kuwaits und der 2. Golfkrieg stürzten die arabischen Staaten in eine schwere Krise – die Bevölkerung stand weitgehend hinter Hussein, die Regierungen schlossen sich mit der ARABISCHEN LIGA der UN-Resolution an. Die PLO sympathisierte mit Hussein und stellte sich damit international ins Abseits.

In einigen europäischen Ländern, besonders in Deutschland, löste der Golfkrieg eine gespaltene Reaktion aus: Demonstrationen forderten die Beendigung des Kriegs (»Kein Blut für Öl«). Die Bundesregierung sah sich erstmals seit der DEUTSCHEN VEREINIGUNG (1990) und der Erlangung der vollen SOUVERÄNITÄT mit Erwartungen der UNO und der NATO-Verbündeten konfrontiert, sich an Einsätzen außerhalb des NATO-Gebiets zu beteiligen. Das Bekanntwerden von Lieferungen aus Deutschland zum Bau von Giftgas-Produktionsanlagen für den Irak löste schwere Irritationen in Israel aus.

Literatur: B. W. Kubig/G. Krell (Hg.): Krieg und Frieden am Golf. Ursachen, Hintergründe, Perspektiven. Frankfurt/Main 1991; J. Bulloch/H. Morris: Saddams Krieg. Reinbek 1991; J. Hübschen: Der Irak-Kuwait-Krieg. Chronologie einer programmierten Katastrophe. Pfungstadt bei Darmstadt ^{2}1992.

Jugoslawienkrieg

Postkommunistischer Nachfolgekrieg nach dem Zerfall Jugoslawiens (**1991**–1999), mit mehreren Unterkriegen, ausgelöst durch die Weigerung des serbischen Machtblocks, eine echte AUTONOMIE für die Teilrepubliken zuzulassen, und den Versuch zur Errichtung eines großserbischen Hegemonialstaats im Zentrum des Balkans:

- 1. Jugoslawienkrieg (1991): Der Versuch zur Unterdrückung der Nationalbewegung in Slowenien (27. Juni 1991) scheiterte in wenigen Tagen: Die jugoslawische Bundesarmee zog ab.
- 2. Jugoslawienkrieg (1991–1995): Krieg gegen Kroatien, mit systematischen Zerstörungen von Dörfern und Städten (u. a. Dubrovnik, Vukovar, Ossiek), mit Massenvertreibungen (ETHNISCHE SÄUBERUNGEN), KONZENTRATIONSLAGERN, Massenvergewaltigungen faktisch beendet durch US-Luftschläge gegen die serbische Armee, den Friedensvertrag von Dayton und die Rückeroberung der von Serbien eroberten Gebiete (Krajina, Slawonien) mit US-Hilfe (1995).

- 3. Jugoslawienkrieg: Krieg gegen Bosnien-Herzegovina (1991–1995), symbolisiert durch die Belagerung und Beschießung Sarajevos (1991–1994) und das Massaker von Srebrenica (1995), mit »ethnischen Säuberungen«, Massenmorden etc., vorübergehend in Kooperation mit Kroatien zur Aufteilung Bosnien-Herzegovinas.
- 4. Jugoslawienkrieg: KOSOVOKONFLIKT (1999/2000).
- Einen 5. Jugoslawienkrieg, als Nachfolgekrieg in Makedonien zwischen der südslawisch-orthodoxen Mehrheit und der albanisch-muslimischen Minderheit im Gefolge des Kosovokonflikts konnte die Weltgemeinschaft durch friedensstiftende und konfliktausräumende Maßnahmen nur mühsam bisher (Mitte 2002) vermeiden, u. a. durch UN-Truppen unter verschiedenen Namen, UN-Administratoren, den Luftkrieg gegen Milošević-Serbien (1999) und den Balkan-Pakt zum Wiederaufbau.

Literatur: I. Geiss/G. Intemann: Der Jugoslawienkrieg. Frankfurt/Main [2]1995; D. Melcić (Hg.): Der Jugoslawien-Krieg. Handbuch zu Vorgeschichte, Verlauf und Konsequenzen. Opladen u. a. 1999; J. M. Becker/G. Brücher (Hg.): Der Jugoslawienkrieg. Eine Zwischenbilanz. Analysen über eine Republik im raschen Wandel. Münster u. a. 2001; T. Ripley: Conflict in the Balkans, 1991–2000. Oxford 2001.

Augustputsch

Putsch altkommunistischer Kräfte zum Sturz des sowjetischen Staatspräsidenten Gorbatschow (**1991**), gescheitert am Widerstand Moskauer Demokraten unter Führung des russischen Präsidenten Jelzin: Es folgten das Verbot der KPdSU und die Auflösung der UdSSR.

Literatur: G. Ruge: Der Putsch. Vier Tage, die die Welt veränderten. Frankfurt/Main 1991; W. Strauss: Drei Tage, die die Welt erschütterten. Boris Jelzin und die russische Augustrevolution. Vom Untergang des sowjetischen Multikulturalismus. Wesseling 1992.

Gemeinschaft unabhängiger Staaten (GUS)

Nachfolgeorganisation der UdSSR, von Russland, Ukraine und Weißrussland als lockere KONFÖDERATION sowjetischer Nachfolgestaaten gegründet (8. Dezember **1991**), ohne Estland, Lettland und Litauen: Zur GUS gehören außerdem die Kaukasusstaaten Armenien, Aserbaidschan und Georgien (seit 1994) sowie die zentralasiatischen Staaten Kasachstan, Kirgisistan (Kirgistan), Moldawien (Moldau), Tadschikistan, Turkmenistan und Usbekistan. Der Plan eines engeren Staatenbunds mit gemeinsamer Militärpolitik scheiterte. Der Vertrag von Taschkent (1992) über eine sicherheitspolitische Zusammenarbeit der GUS-Staaten wurde nicht verlängert (1999). Auch die vereinbarte Wirtschaftsunion (1993) kam nicht zustande. Russland beschränkte die im Vertrag von Bischkek (1992) vereinbarte Reisefreiheit innerhalb der GUS. An die Stelle der GUS traten bilaterale oder multilaterale Abkommen zwischen einzelnen Staaten, so die Gemeinschaft Integrierter Staaten (GIS) aus Russland, Kasachstan und Kirgisistan (1996), der auch Tadschikistan beitrat (1999). Russland und Weißrussland schlossen sich in der Gemeinschaft Souveräner Republiken zu einem Staatenbund zusammen (1996).

Literatur: R. Götz/U. Halbach: Politisches Lexikon GUS. München [3]1996; G. Simon: Verfall und Untergang des sowjetischen Imperiums. München 1993; A. Kreikemeyer/A. V. Zagorskij: Rußlands Politik in bewaffneten Konflikten in der GUS. Baden-Baden 1997.

Islamische Heilsfront (FIS)

(Front Islamique du Salut) Fundamentalistische Partei in Algerien, nach Ende der Alleinherrschaft der FLN (1989) als Fusion von fünf Parteien gegründet (Mai 1990): Die FIS gewann die ersten freien Regionalwahlen (Juni 1990). Schwere Zusammenstöße mit der FLN führten zum Ausnahmezustand (Juni – September **1991**). Die FIS siegte mit einem Programm, das Algerien in einen islamischen Staat umwandeln wollte, im ersten Durchgang der Parlamentswahlen (Dezember 1991). Daraufhin suspendierte die Regierung den zweiten Wahldurchgang und ließ Führer der FIS festnehmen. Präsident Chadli trat unter dem Druck des Militärs zugunsten eines Obersten Staatsrats zurück. Im Ausnahmezustand nach erneuten blutigen Konflikten (Januar 1992) und einer Verhaftungswelle wurde die FIS verboten (März 1992). Der Staatsratsvorsitzende Boudiaf wurde von Islamisten, vermutlich Anhängern der FIS, ermordet (Juni 1992): In einer Welle der Gewalt beantworteten die algerischen Sicherheitskräfte Massaker der Islamisten an der Zivilbevölkerung mit Gegenschlägen (1992 – 2001: rd. 150 000 Tote). Nachdem die FIS auf Gesprächsangebote des Präsidenten Zéroual (1994 – 1999) eingegangen war, spaltete sich die radikale Bewaffnete Islamische Gruppe (GIA) von der Islamischen Heilsfront ab (1995). Mit Präsident Bouteflika (ab 1999) vereinbarte die FIS ein Ende der Kämpfe, AMNESTIE und Aufhebung des Ausnahmezustands: Die Politik wurde in einem PLEBISZIT gebilligt (1999). Dennoch ging die Gewalt weiter, ob von radikal-islamistischen Gruppen und/oder der Armee und Polizei.

Literatur: L. Martinez: The Algerian Civil War, 1990–1998. London 2000.

Osseten

(Oseten, Selbstbezeichnung: Iron, Digoron) Iranisches Volk im Kaukasus: Die Osseten entstanden aus einer Verbindung indigener kaukasischer Elemente mit SKYTHEN (8./7. Jh. v. Chr.) und ALANEN (seit 1. Jh. n. Chr.). Die Osseten nahmen das CHRISTENTUM an (6. Jh.). TATAREN zerstörten die ossetisch-alanische Herrschaft (13. Jh.). Etwa 40 %, die heute SUNNITISCHEN Osseten, traten zum Islam über (17./18. Jh.), die restlichen Ironen und andere Kleingruppen, blieben orthodox. Daneben hielten sich bis heute heidnisch-christliche Naturriten. Russland annektierte das nördliche Siedlungsgebiet (1774) und den Süden (1801). Viele Osseten wurden nach Zentralasien deportiert (1944). Das autonome Gebiet Südossetien ist heute Teil der unabhängigen Staats Georgien (1991). Nach Niederschlagung eines Aufstandes zur Erringung der Unabhängigkeit (**1992**/93) setzte eine Massenflucht nach Nordossetien ein, das heute die autonome Republik Nordossetien innerhalb der Russischen Föderation bildet. Der Status Südossetiens, das auch eigene Präsidentenwahlen durchführte (1996), blieb ungeklärt.

Abchasen

Volk im nordwestlichen Kaukasus, am Ostufer des Schwarzen Meers: Ihr Siedlungsgebiet war dem Römischen Reich lose angegliedert (1. Jh. v. Chr.). Die Abchasen wurden unter Justinian I. zum Christentum bekehrt und fester an Ostrom gebunden (um 550). Sie gründeten das unabhängige Königreich Abchasien (8. Jh.), kamen unter osmanische Oberherrschaft (1463); ein Teil bekehrte sich zum Islam. Russland machte Abchasien zum Protektorat (1810) und annektierte es (1864). Unabhängigkeitsbestrebungen nach der Februarrevolution (1917) scheiterten. Die Rote Armee eroberte Abchasien, das autonome Region (1919), dann autonome Republik wurde (1930–1991), in der die Abchasen nur 16 % der Bevölkerung stellten (44 % Georgier, 16 % Russen, 15 % Armenier). Abchasien wurde ein Teil des unabhängigen Georgien (1991). Nach Aufhebung der Autonomie durch Georgien eröffneten die Abchasen einen Bürgerkrieg für die Unabhängigkeit (**1992**/93) und vertrieben die georgische Bevölkerung. Abchasien setzte, unterstützt von Russland, de facto seine Unabhängigkeit durch (1994 Präsidenten- und Parlamentswahl, eigene Verfassung).

Literatur: G. Hewitt (Hg.): The Abkhazians. A Handbook. Richmond 1999.

Internet

Weltweites dezentrales Netz miteinander verbundener Computernetzwerke: Teilnehmer erhalten Zugang zum Internet über einen Computer, der schon an ein verbundenes Netz angeschlossen ist, oder durch Vermittler (Provider), die eigene Netze betreiben. Das Internet bietet verschiedene Dienste an, u. a. Telnet zum interaktiven Zugriff auf einen entfernten Rechner, FTP (file transfer protocol), Abruf und Übertragung von Dateien, Electronic Mail (E-Mail), asynchronen Austausch von Nachrichten und Dokumenten, Internet Relay Chat (IRC) für synchrone Kommunikation zwischen Teilnehmern, World Wide Web (WWW), ein Hypertext-Informationssystem, das multimediale Anwendungen erlaubt und die genannten Dienste in eine Oberfläche integriert.

Der Ursprung war das 1969 ARPAnet (Advanced Research Projects Agency), das, im Auftrag des US-Verteidigungsministerium, Computer an unterschiedlichen Standorten vernetzte, zunächst nur für das US-Militär, später auch für wissenschaftliche Institute und Universitäten. Nach dem Rückzug des Militärs aus dem ARPAnet (1980) wurde der forschungsorientierte Teil des Netzes internationalisiert, durch das von der US-National Science Foundation finanzierte leistungsfähigere Netz NSFnet abgelöst (1986). Seit Beginn der 1990er-Jahre wurden auch unternehmensinterne Netze sowie Netze, die sich aus der Verbindung privater Computer entwickelt hatten, angeschlossen. Es entstanden Infrastrukturen des Internet, von kommerziellen Internet-Providern betrieben (seit 1995). Mit der Entwicklung des World Wide Web durch Tim Berners-Lee am CERN in Genf (1989) und dessen rascher weltweiten Verbreitung (ab **1992**) wurde das Internet für die breite Öffentlichkeit attraktiv – die Zahl der Nutzer stieg explosionsartig.

Die vielfältigen Chancen des Internet regten neue dynamische, aber auch hochspekulative Unternehmen und Wirtschaftszweige an, die hauptsächlich die »New Economy« seit Ende der 1990er-Jahre bildeten, mit Zusammenbrüchen und Krisen (seit 2001). Möglichkeiten, über das Internet in fremde Computer einzudringen und durch fehlerverursachende Software (u. a. Computerviren), Fehlfunktionen bis zur Zerstörung der Anwenderdaten hervorzurufen, werden für die Sicherheit der weltweiten Infrastruktur eine große Gefahr und erfordern zuverlässige Sicherheitsmechanismen. In autoritären bis autokratisch-THEOKRATISCHEN Staaten erlaubt das Internet, ZENSUR und Informationsbarrieren zu umgehen. Insgesamt bringt das Internet noch einmal einen Quantensprung in der ohnehin schon exponentiell zunehmenden Flut von Informationen und Kontaktmöglichkeiten. Gravierend ist der vielfältige Missbrauch des Internet durch extremistische bis TERRORISTISCHE Gruppen, für Gewaltfilme, Kinderpornographie u. Ä.

Literatur: T. Kreuzberger: Internet. Geschichte und Begriffe eines neuen Mediums. Wien u. a. 1997; F. Naumann: Vom Abakus zum Internet. Die Geschichte der Informatik. Darmstadt 2001.

Maastrichter Vertrag

(Vertrag über die Europäische Union) In Maastricht unterzeichnetes Abkommen zur Verwirklichung der EUROPÄISCHEN UNION (**1992**, in Kraft 1993), als Grundlage für den Europäischen Binnenmarkt (1. Januar 1993), die Europäische Wirtschafts- und Währungsunion mit gemeinsamer Währung (seit 2002) und Außen- und Sicherheitspolitik: Den Vertrag mussten alle zwölf Mitgliedsstaaten ratifizieren. Die dänische Bevölkerung stimmte in einem Referendum überraschend gegen den Vertrag (1992), nach erneuten Verhandlungen jedoch dafür (1993). Mit dem Beitritt Finnlands, Österreichs und Schwedens erhöhte sich die Zahl der EU-Mitglieder auf 15. Nach dem ZUSAMMENBRUCH DES KOMMUNISMUS beantragten zehn Reformstaaten, Malta, Zypern und die Türkei die EU-Mitgliedschaft. Beitrittsverhandlungen begannen mit Estland, Polen, Tschechien, Ungarn, Slowenien und Zypern (1998), Bulgarien, Rumänien, Slowakei, Litauen und Lettland (2000)

Paschtunen

(in Pakistan: Pathanen) Volk in Afghanistan und Pakistan: Die Paschtunen leben, in Stämme gegliedert, meist außerhalb der großen Städte überwiegend als Bauern und Nomaden, im Grenzgebiet beider Länder mit AUTONOMIE. Oberstes Gremium ist die Loya Jirga (Große Ratsversammlung, seit 1747). Im AFGHANISTANKRIEG (1979–1988) kamen ca. 3 Mio. Flüchtlinge aus Afghanistan nach Pakistan und Iran. In Afghanistan waren sie nach dem Sturz des kommunistischen Regimes unter Nadschibullah (**1992**) in einen Bürgerkrieg gegen andere afghanische Völker verwickelt und beherrschten als islamistische TALIBAN den größten Teil Afghanistans (1996–2001). Zuletzt beteiligten sich auch MILIZEN der Paschtunen am Sturz der Taliban (2001).

Literatur: O. Caroe: The Pathans 550 B. C.–A. D. 1957. Neuausgabe Karatschi [4]1985.

Tschetschenienkrieg

Zwei neo-imperiale RECONQUISTAkriege des postsowjetischen Russland zur Unterwerfung der TSCHETSCHENEN, (seit **1993**), mit Massakern und ETHNISCHEN SÄUBERUNGEN gegen die »Schwarzen« (Kaukasusvölker), in Kontinuität russischer Repression gegen Widerstand der Tschetschenen seit dem 19. Jahrhundert bis hin zu Massakern und DEPORTATIONEN im STALINISMUS: Nach dem Zusammenbruch der Sowjetunion waren die Tschetschenen mit weitgehender AUTONOMIE in der GUS nicht zufrieden, sondern verlangten die SOUVERÄNITÄT, obwohl sie, trotz sozialen Einebnungen in der Sowjetzeit, noch immer eine CLAN- und Stammesgesellschaft sind. In tribaler und Clan-Fragmentierung waren sie unfähig zu nationaler Staatlichkeit, versanken in internen Konflikten, auch mit kriminellen Aktivitäten (Schmuggel, Drogen). Die Proklamation der Unabhängigkeit unter dem gewählten Präsidenten Dudajew beantwortete Jelzin mit einer militärischen Invasion, die, nach schweren russischen Verlusten in der Hauptstadt Grosny um die Jahreswende 1993/94, erst im zweiten Anlauf ans Ziel kam, beendet durch einen Waffenstillstand (1994). Ungeklärte Anschläge beantwortete Moskau mit dem noch blutigeren 2. Tschetschenienkrieg (seit 1999), jetzt unter Putin. Da sich muslimische Widerstandskämpfer, auch unter Einfluss der AL-QAIDA, fundamentalistisch radikalisierten, wurde Russland nach dem MANHATTAN-ATTENTAT (11. September 2001) in die weltweite Anti-TERROR-Koalition aufgenommen, faktisch auch in die NATO (2002).

Literatur: K. Grobe-Hagel: Tschetschenien. Russlands langer Krieg. Köln 2001.

Taliban

(Koranschüler) Radikalfundamentalistische Gruppierung des ISLAM in Afghanistan, rekrutiert aus (sunnitischen) KORANschülern und afghanischen Paschtunen, die seit der Sowjetinvasion (AFGHANISTANKRIEG, 1979–1988) nach Pakistan geflüchtet waren. Ihr Aufstieg begann, mit US-Unterstützung Pakistans und zunächst auch der USA, in den Wirren nach Machtübernahme der Abzug der Sowjets aus Afghanistan (1989) und dem Sturz des postsowjetischen Nadschibullah-Regimes (1992) sowie als Reaktion gegen die Nachfolgekriege verschiedener MUDSCHAHEDDIN-WARLORDS gegeneinander, namentlich Tadschiken und Usbeken aus dem Norden. Die Taliban unter ihrem geistlichen und politischen Führer Mullah Mohammed Omar begleitete zunächst die Hoffnung auf inneren Frieden (**1994**). Aber sie kamen vom Lande, aus den rückständigsten Gebieten der Paschtunen, ihre einzige Bildung war der Koran in Medressen (Koranschulen) Pakistans. Gleichwohl setzten sie sich nach wechselvollen blutigen Kämpfen und Massakern untereinander und gegen Anti-Taliban-Kämpfer durch (1996/97); nur im Nordosten hielt sich die Nordallianz. Die Taliban errichteten eine rigide Mullah-THEOKRATIE, gegründet auf der Scharia, fast ohne Rücksicht auf die ethnische und religiöse Vielfalt (und Zerrissenheit) Afghanistans, beseelt von der traditionellen Abneigung der SUNNITEN gegen SCHIITEN. Nur anerkannt von Pakistan, Saudi-Arabien und den Vereinigten Arabischen Emiraten, waren sie isoliert und gaben Osama bin Laden und seiner Terrororganisation AL-QAIDA Freiraum. Nach dem MANHATTAN-ATTENTAT (11. September 2001) wurde ihr Regime von der Anti-TERROR-Koalition mit UN-Mandat zerschlagen (2001).

Literatur: Ahmed Rashid: Taliban. Afghanistans Gotteskrieger und der Dschihad. München 2001.

Welthandelsorganisation

(World Trade Organization, WTO) Die 8. GATT-Handelsrunde (1993) beschloss die Ablösung von GATT durch die umfassendere und dauerhaftere WTO. Sie wurde gegründet in Marrakesch (1994) und trat in Kraft (1. Januar **1995**). Ihr gehörten die meisten GATT-Mitglieder an: 140 Staaten (2002) und die EU-Kommission, zuletzt auch die VOLKSREPUBLIK CHINA (2001). Die Aufgaben sind im Wesentlichen dieselben wie die von GATT, aber auch erweitert um Umweltfragen.

Literatur: Richard Senti: Gatt-WTO. Die neue Welthandelsordnung nach der Uruguay-Runde. Zürich ^{2}1999.

L'Ulivo

(ital.: Olivenbaum) Name einer linken Wahlkoalition, gegen Berlusconis Mitte-Rechts-Allianz für den italienischen Wahlkampf (**1996**) gegründet, u. a. mit Resten des linken Flügels der früheren Christdemokraten, Sozialisten, Reformkommunisten und Grünen: Ulivo siegte unter Prodi knapp, verlor aber ähnlich knapp bei Neuwahlen gegen Berlusconi (2001), der daraufhin wieder Ministerpräsident wurde (seit 2001).

UÇK

(Ushtria Çlirimtare Kosoves = Befreiungsarmee für Kosovo) Militant-nationalistische Untergrundarmee im Kosovo (**1998**), später auch, mit demselben Namen, in Makedonien: Die UÇK begann als regionale Partisanenarmee – finanziert mit Zwangssteuern von Auslands-Kosovoalbanern und Gewinnen aus dem Drogenhandel – gegen die serbische Herrschaft, die dem Kosovo die AUTONOMIE genommen hatte (1988). Sie forderte die Unabhängigkeit für den Kosovo, ließ aber die Frage nach dem Anschluss an Albanien offen. Nach Rückeroberung »befreiter Gebiete« durch Serbien wirkten US-Luftschläge zur Vertreibung der serbischen Armee aus dem Kosovo wie eine ARTILLERIE-Unterstützung aus der Luft für die UÇK als INFANTERIE der USA (1999). Mit der politischen Lösung unter UN-Aufsicht gab die UÇK die Waffen ab und trat zu ersten Kommunalwahlen (2000) als radikal-nationale Partei an. Sie hatte Anteil am Aufbau einer neuen Polizei unter UN-Aufsicht.

Kosovokonflikt

4. Unterkrieg im JUGOSLAWIENKRIEG, um den Kosovo (Amselfeld), im titoistischen Jugoslawien AUTONOME TeilREPUBLIK innerhalb Serbiens, zuletzt, nach Aufhebung der Autonomie durch Milošević (1988), formal

nur noch serbische PROVINZ: Da PASSIVER WIDERSTAND im Parallel-Untergrundstaat unter Ibrahim Rugova international nicht honoriert wurde, wollte die UÇK mit einem Partisanenkrieg die Unabhängigkeit erzwingen (**1998**), provozierte aber nur einen serbischen RECONQUISTA-krieg der serbischen Armee und Sonderpolizei mit Massenmorden und ETHNISCHEN SÄUBERUNGEN (1999). Die NATO beendete den Kosovokrieg mit einem Luftkrieg gegen Serbien, ratifiziert durch den Sturz des Milošević-Regime (1999). Die UNO erzwang eine politische Lösung, mit Wahlen unter UN-Aufsicht (2000/2001), die durch ein faktisches UN-Protektorat die Chance zu einer friedlichen Lösung eröffneten.

Literatur: M. Rüb: Kosovo. Ursachen und Folgen eines Krieges in Europa. München 1999; F. Schirrmacher: Der westliche Kreuzzug. 41 Positionen zum Kosovo-Krieg. München 1999; J. Reuter/K. Clewing: Der Kosovo Konflikt. Ursachen, Verlauf, Perspektiven. Klagenfurt 2000.

Karfreitagsabkommen

Zwischenlösung zur politischen, d. h. friedlichen Beilegung des NORDIRLANDKONFLIKTS durch Beteiligung der Kontrahenten an einer autonomen Regionalregierung für Nordirland (**1998**): Das Abkommen sah die Entwaffnung der Wehrverbände von Protestanten wie Katholiken (IRA) vor. Die Umsetzung wurde aber mehrfach von der Weigerung der IRA, die Termine zur Entwaffnung einzuhalten, und beiderseitigen Gewaltakten bedroht, sodass die Regionalregierung zweimal auseinanderbrach. Zuletzt scheint die Durchführung des Karfreitagabkommens durch Nachgeben der IRA doch noch zu gelingen (Dezember 2001).

al-Qaida

(al-Kaida, al-Qaeda) Extremistische muslimische Organisation: Von Osama bin Laden in der Endphase des AFGHANISTANKRIEGS (1979–1989) im Widerstand gegen die sowjetische Besatzungsmacht und ihre kommunistische afghanische Regierung gegründet, hat al-Qaida die Vereinigung aller MUSLIME in einem pan-islamischen KALIFAT zum Ziel. Sie wendet sich mit terroristischen Mitteln gegen den starken westlichen Einfluss in muslimisch geprägten Ländern und rief einen »KREUZZUG gegen alle JUDEN und Kreuzfahrer« aus (**1998**), wonach es die Pflicht eines jeden Muslimen sei, US-Bürger und Israelis zu töten. Al-Qaida verübte Anschläge auf die US-Botschaften in Kenia und Tansania (1998), das Kriegsschiff USS-Cole (2000), das World Trade Center und das Pentagon (11. SEPTEMBER 2001). Sie war das Hauptziel der von Allierten unterstützten US-Militärintervention in Afghanistan (2001/02).

Literatur: Y. Alexander/M. S. Swetnam: Usama Bin Laden's Al-Qaida. Profile of a Terrorist Network. New York 2001; R. Gunaratna: Inside Al-Qaeda. Global Network of Terror. New York 2002.

Euro

Gemeinsame Währung in den elf Ländern der Europäischen Währungsunion – »Euroland« (Belgien, Deutschland, Finnland, Frankreich, Irland, Italien, Luxemburg, Niederlande, Portugal, Spanien), gefolgt von

Griechenland (2001), mit Sitz der Europäischen Zentralbank in Frankfurt am Main (1. Januar **1999**): Die Europäische Gemeinschaft beschloss im Maastrichter Vertrag die Einführung der neuen, gemeinsamen Währung (1992). Der Euro, zunächst nur für den Zahlungsverkehr eingeführt, ersetzt die bisherigen nationalen Währungen, als reales Geld mit Münzen und Papierscheinen (1. Januar 2002). Bisher verlor der Euro in seinem Außenwert ca. 20 %.

Manhattan-Attentat (11. September)

Attentat auf die beiden Bürotürme des World Trade Center in Manhattan, New York, durch 19 muslimische Selbstmordattentäter aus arabischen Ländern, die zwei zuvor gekaperte Passagierflugzeuge in die beiden Hochhäuser lenkten, gleichzeitig mit einem Passagierflugzeug, das auf das Pentagon (US-Verteidigungsministerium in Washington D.C.) gelenkt wurde; Passagiere in einem vierten Flugzeug überwältigten offenbar die Entführer soweit, dass das Flugzeug auf freies Feld stürzte (11. September **2001**): Die direkten Menschenverluste waren erheblich – mit den Attentätern starben alle Besatzungsmitglieder und Passagiere der vier Flugzeuge, ca. 3000 Menschen im World Trade Center praktisch aller Nationalitäten, einschließlich New Yorker Feuerwehrleute und Rettungskräfte sowie einige Hundert im Pentagon. Hinzu kamen kaum quantifizierbare direkte und indirekte Folgeschäden, z. B. Krise der Luftfahrtgesellschaften, Verluste der Tourismusindustrie, Hotels, Restaurants vor allem in den USA, die eine ohnehin anlaufende Wirtschaftskrise noch verstärkten.

Die Attentäter waren in westlichen Ländern ausgebildet und hatten Verbindung zu Al-Qaida unter Osama bin Laden, der daher als Urheber des Attentats gilt, zumal er den USA zuvor im selben Jahr schon den Jihad erklärt hatte. Die USA verlangten seine Auslieferung vom fundamentalistischen Taliban-Regime in Afghanistan und bildeten, nach Verweigerung der Auslieferung, eine Anti-Terror-Koalition, die das Taliban-Regime stürzte (2001) und einen Neuaufbau in Afghanistan begann, faktisch als UN-Protektorat.

Literatur: J.F. Hodge/G. Rose How Did This Happen? Terrorism and the New War. Washington 2001; N. Chanda/St. Talbott: Das Zeitalter des Terrors. Amerika und die Welt nach dem 11. September. Berlin 2002; St. Aust/C. Schnibben: 11. September 2001. Geschichte eines Terrorangriffs. Stuttgart 2002.

Literaturhinweise

1. Enzyklopädien und Konversationslexika

Allgemeine Enzyklopädie der Wissenschaft und Künste, Hg. J.S. Ersch/ J.G. Gruber. 67 Bde., Leipzig 1818–1889. Neudruck Graz 1969ff.

The Australian Encyclopaedia. 10 Bde., Sydney, London 1958, Terrey Hills [5]1988.

Brockhaus. Die Enzyklopädie in 24 Bänden. Leipzig, Mannheim [20]1996–1999.

Diccionario Enciclopedico Salvat. 12 Bde., Barcelona [8]1957.

Encarta Enzyklopädie Plus 2001 (CD-Rom). Redmond 2000.

Enciclopedia Italiana di Scienze, Lettere ed Arti. 36 Bde. und 4 Erg.-Bde., Rom 1938–1979.

Enciclopedia Universal Ilustrada Europeo-Americana. 70 Bde. und 10 Erg.-Bde., Madrid, Barcelona, Bilbao o.J. (1958–1963).

The Encyclopaedia Americana. 30 Bde., New York 1990.

The New Encyclopaedia Britannica. Chicago, London u.a. [15]1998.

Encyclopedia Canadiana. 10 Bde., Toronto u.a. 1972.

The Encyclopaedia of India, Eastern and Southern Asia (1885). 3 Bde., Neudruck Graz 1967–1968.

Encyclopaedia of Islam. Hg. H.A.R. Gibb u.a. 9 Bde., Leiden 1960–1999.

Encyclopaedia Judaica. 16 Bde., Jerusalem 1971/72.

Encyclopaedie van Nederlandsch-Indië. 4 Bde., 's-Gravenhage, Leiden 1917–1921.

Encyclopédie ou dictionnaire raisonné des sciences, des arts et des métiers (»Diderot«). Paris 1751–1780.

Grande Dizionario Enciclopedico UTET. 20 Bde. und 3 Erg.-Bde., Turin [3]1966–1985.

Grande Enciclopédia Portuguesa e Brasileira. 40 Bde., Lissabon, Rio de Janeiro 1981–1987.

La grande encyclopédie. 31 Bde., Paris o.J. (1886–1902).

Grand Larousse Encyclopédie. 10 Bde., Paris 1982–1985.

Great Soviet Encyclopaedia. 30 Bde., Moskau, New York, London [3]1973–1983.

Das Große Groner Wien Lexikon. Hg. F. Czeike. Wien u.a. 1974.

Der Große Herder. 10 Bde. und 2 Erg.-Bde., Freiburg [5]1952–1962.

Großes vollständiges Universal-Lexikon aller Wissenschaften und Künste (»Zedler«). 64 Bde. und 4 Erg.-Bde., Halle, Leipzig 1732–1754. Neudruck Graz [2]1999.

Grote Winkler Prins. Encyclopedie in 26 delen. Amsterdam, Elsevier, Antwerpen [9]1990.

International Encyclopaedia of the Social Sciences. Hg. D.L. Sills. 17 Bde. und 1 Index-Bd., New York 1968.

Meyers Enzyklopädisches Lexikon. 25 Bde., Mannheim [9]1971–1985.

Meyers Neues Lexikon. 18 Bde., Hg. Lexikonredaktion des VEB Bibliographischen Instituts Leipzig. Leipzig [2]1972–1978.
Die Musik in Geschichte und Gegenwart. Allgemeine Enzyklopädie der Musik. Hg. F. Blume. 16 Bde., Kassel, Basel 1949–1979, [2]1994–.
Oeconomische Encyklopädie oder allgemeines System der Staats-, Stadt-, Haus und Landwirtschaft in alphabetischer Ordnung. Hg. J. G. Krünitz u. a. 121 Bde., Brünn 1787–1820.

2. Sachlexika Geschichte und Nachbardisziplinen

Reinhard Beck: Wörterbuch der Zeitgeschichte seit 1945. Stuttgart 1967.
Robin Bidwell: Dictionary of Modern Arab History. An A to Z of over 2000 entries from 1798 to the present day. London 1998.
A Dictionary of British Social History. Hg. L. W. Crowie. London 1973.
Dictionary of the Middle Ages. Hg. von Joseph R. Strayer. 12 Bde., New York 1982–1989.
A Dictionary of Modern History 1789–1945. Hg. von Alan Palmer. London [2]1982.
A Dictionary of Politics. Hg. F. Elliot/M. Summerskill. Harmondsworth 1975.
Dictionary of Politics. Hg. W. Lacqueur. Riverside (N. J.) 1971.
Dictionnaire des antiquités grecques et romaines. Hg. C. Daremberg/E. Saglio. 10 Bde., Paris 1877–1919. Neudruck Graz 1962/63.
dtv-Lexikon der Antike. 3 Bde., München 1971.
dtv-Lexikon zur Geschichte und Politik im 20. Jahrhundert. Hg. C. Stern u. a. 3 Bde., München 1974.
dtv-Wörterbuch zur Geschichte. Hg. K. Fuchs/H. Raab. 2 Bde., München [9]1993.
Encyclopedia of Asian History. Prepared under the Auspices of the Asia Society. Hg. von Ainslee T. Embree. 4 Bde., New York, London 1988.
An Encyclopedic Dictionary of American History. Hg. H. L. Hurwitz. New York 1974.
An Encyclopedic Dictionary of Marxism, Socialism and Communism. Von Josef Wilczynski. London u. a. 1984.
Evangelisches Staatslexikon. Begr. H. Kunst/S. Grundmann, Hg. R. Herzog. Stuttgart [3]1987.
Fischer-Lexikon Geschichte. Hg. W. Besson. Frankfurt/Main 1961.
Geschichtliche Grundbegriffe. Historisches Lexikon zur politisch-sozialen Sprache in Deutschland. Hg. O. Brunner/W. Conze/R. Koselleck. 5 Bde. und 1 Reg.-Bd. Stuttgart 1972 ff., [5]1997.
Grande encyclopédie de l'histoire. Hg. C. Schaeffner. 8 Bde., Paris 1972/73.
Handlexikon zur Politikwissenschaft. Hg. A. Görlitz, 2 Bde., Reinbek 1974/75.
Handwörterbuch der Sozialwissenschaften. Zugleich Neuauflage des Handwörterbuchs der Staatswissenschaften. Hg. E. Beckerath u. a. 12 Bde. und 1 Reg.-Bd. Stuttgart u. a. 1956–1968.

Handwörterbuch der Staatswissenschaften. Hg. L. Elster u. a. 8 Bde. und 1 Erg. Bd. Jena [4]1923–1929.
Handwörterbuch der Wirtschaftswissenschaft. Zugleich Neuauflage des Handwörterbuchs der Sozialwissenschaften. Hg. W. Albers u. a. 9 Bde., Stuttgart u. a. 1988.
Handwörterbuch zur deutschen Rechtsgeschichte. Hg. A. Erler/E. Kaufmann. 5 Bde., Berlin 1971–1998.
Herder-Lexikon. Geschichte. Bearb. im Auftrag der Lexikonredaktion von W. Hagenmaier. Freiburg/Br. 1977.
Herder-Lexikon. Politik. Bearb. im Auftrag der Lexikonredaktion von B. Pfahlberg. Freiburg/Br. [6]1992.
Herder-Lexikon. Soziologie. Bearb. im Auftrag der Lexikonredaktion von B. Blinkert, Freiburg/Br. [2]1978.
Herder-Lexikon. Wirtschaft. Bearb. im Auftrag der Lexikonredaktion von G. Böing. Freiburg/Br. [3]1977.
Historisches Wörterbuch der Philosophie. Hg. J. Ritter/K. Gründer. 10 Bde. und 1 Reg.-Bd. Basel 1971ff.
Der kleine Pauly. Lexikon der Antike auf der Grundlage von Pauly's Realencyclopädie der classischen Altertumswissenschaften. Hg. K. Ziegler/W. Sontheimer. 5 Bde., München 1979.
Lexikon der Alten Welt. Zürich 1965.
Lexikon der arabischen Welt. Ein historisch-politisches Nachschlagewerk. Hg. St. u. N. Ronart. Zürich, München 1972.
Lexikon der deutschen Geschichte. Personen. Ereignisse. Institutionen. Hg. G. Taddey. Stuttgart [3]1998.
Lexikon der Geschichte Rußlands. Von den Anfängen bis zur Oktober-Revolution. Hg. H.-J. Torke. München 1985.
Lexikon des Mittelalters. 9 Bde., München, Zürich 1999.
Lexikon der Politik. Politische Grundbegriffe und Grundgedanken. Hg. W. Theimer. Tübingen [9]1981.
Lexikon zur Soziologie. Hg. W. Fuchs-Heinritz u. a. Opladen [3]1994.
Lexikon der Weltwirtschaft. Bearb. F. Geigant/D. Sobotka/H. M. Westphal. München [3]1979.
Lexikon für Theologie und Kirche. Hg. J. Höfer/K. Rahner. 10 Bde. und 1 Reg.-Bd. Freiburg i. Br. [2]1957–1963, Sonderausgabe Freiburg/Br. 1986ff.
Marxistisch-leninistisches Wörterbuch der Philosophie. Hg. G. Klaus/M. Buhr. 3 Bde., Reinbek 1976.
Meyers Taschenlexikon Geschichte. 6 Bde., Mannheim u. a. 1989.
A New Dictionary of the Social Sciences. Hg. G. D. Mitchell. Berlin, New York 1979.
The Oxford Classical Dictionary. Hg. S. Hornblower. Oxford u. a. [3]1999.
Pipers Wörterbuch zur Politik. Hg. D. Nohlen. 6 Bde., München 1983 ff.
Paulys Realencyclopädie der classischen Altertumswissenschaften. Hg. G. Wissowa u. a. 43 Bde. und 15 Erg.-Bde., Stuttgart 1894–1978.
Realencyklopädie für protestantische Theologie und Kirche. Hg. A. Hauck. 23 Bde., und 1 Reg.-Bd. Leipzig [3]1896–1913, Nachdruck Graz 1969–1971.

Reallexikon der Germanischen Altertumskunde. 4 Bde., Straßburg 1911–1919. Berlin [2]1973.
Reallexikon für Antike und Christentum. Sachwörterbuch zur Auseinandersetzung des Christentums mit der antiken Welt. Hg. T. Klauser. Bisher erschienen: 19 Bde., Stuttgart 1950 ff.
Reclams Bibellexikon. Hg. K. Koch. Stuttgart [6]2000.
Reclams Lexikon der antiken Mythologie. Hg. E. Tripp. Stuttgart [6]1999.
Die Religion in Geschichte und Gegenwart. Handwörterbuch für Theologie und Religionswissenschaft. Hg. K. Galling. 6 Bde. und 1 Reg.-Bd. Tübingen [4]1998 ff. (Hg. H. D. Betz).
Sachwörterbuch der Geschichte Deutschlands und der deutschen Arbeiterbewegung. Hg. H. Bartel u. a. 2 Bde., Berlin/DDR 1969/70.
Sachwörterbuch der Politik. Hg. R. Beck. Stuttgart [2]1986.
Sachwörterbuch zur deutschen Geschichte. Hg. H. Rössler/G. Franz. 2 Bde., München 1958. Nachdruck: Nendeln/Lie. 1978.
Sowjetsystem und Demokratische Gesellschaft. Eine vergleichende Enzyklopädie. Hg. C. D. Kerning. 6 Bde. und 1 Sd.-Bd. Freiburg/Br. 1966–1972.
Staatslexikon. Recht – Wirtschaft – Gesellschaft. 7 Bde., Hg. Görres-Gesellschaft. Freiburg/Br. [7]1995 ff.
Wörterbuch der Antike. Mit Berücksichtigung ihres Fortwirkens. Begründet von Hans Lamer, fortgeführt von Paul Kroh. Stuttgart [10]1995.
Wörterbuch der Soziologie. Begr. G. Hartfiel, Hg. K.-H. Hillmann. Stuttgart [4]1994.
Wörterbuch des Völkerrechts. Hg. K. Strupp/H. J. Schlochauer. 4 Bde., Berlin [2]1960–1962.
Wörterbuch Staat und Politik. Hg. D. Nohlen. München [5]1998.
Wörterbuch zum sozialistischen Staat. Hg. Akademie für Staats- und Rechtswissenschaft der DDR. Berlin/DDR 1974.
Wörterbuch zur Geschichte. Hg. E. Bayer. Stuttgart [5]1995.
Wörterbuch der Münzkunde. Hg. F. Frh. v. Schrötter. Berlin, Leipzig 1930, Berlin [2]1970.
Wörterbuch zur politischen Ökonomie. Hg. G. v. Eynern. Opladen [2]1977.

3. Handbücher und Standardwerke

Aufstieg und Niedergang der Römischen Welt. Geschichte und Kultur Roms im Spiegel der neueren Forschung. Hg. H. Temporini. 40 Bde., Berlin, New York 1972 ff.
The Cambridge Ancient History. Hg. J. B. Bury u. a. 12 Bde. und 5 Tafel-Bde., Cambridge 1923–1939.
The Cambridge Economic History of Europe. Hg. M. Postan/H. J. Habakkuk u. a. 7 Bde., Cambridge 1952 ff.
The Cambridge History of Africa. 10 Bde., Hg. J. D. Fage. Cambridge u. a. 1977–1992.

The Cambridge Medieval History. Hg. H. M. Gwatkin u. a. 8 Bde. und 8 Karten-Mappen. Cambridge 1911–1936.

dtv-Weltgeschichte des 20. Jahrhunderts. Hg. M. Broszat/H. Heiber. 12 Bde., München 1966–1969.

Fischer-Weltgeschichte. 36 Bde., Frankfurt/Main 1965–1982.

The Fontana Economic History of Europe. Hg. C. M. Cipolla. 6 Bde., London 1972 ff.; deutsche Ausgabe: Europäische Wirtschaftsgeschichte. Hg. K. Borchardt. 5 Bde., Stuttgart 1976 ff.

The Fontana History of Europe. Hg. J. H. Plumb. 15 Bde., London 1964 ff.

Der Große Ploetz. Auszug aus der Geschichte. Freiburg, Würzburg [29]1980; oder: Der große Ploetz. Die Daten-Enzyklopädie der Weltgeschichte. Daten, Fakten, Zusammenhänge. Freiburg/Br. [32]2000.

Handbuch der deutschen Außenpolitik. Hg. H.-P. Schwarz. München [2]1976.

Handbuch der deutschen Geschichte. Begründet von Otto Brandt, fortgeführt von Arnold Oskar Meyer, neu hg. von Leo Just. Wiesbaden [2–3]1956–1985.

Handbuch der deutschen Geschichte. Begr. B. Gebhardt, hg. von A. Haverkamp u. a. 24 Bde., Stuttgart [10]2001 ff. (zuerst Bd. 9 und 10).

Handbuch der deutschen Wirtschafts- und Sozialgeschichte. Hg. H. Aubin/W. Zorn. 2 Bde., Stuttgart 1971–1976.

Handbuch der europäischen Geschichte. Hg. T. Schieder. 7 Bde., Stuttgart 1968ff.

Handbuch der europäischen Wirtschafts- und Sozialgeschichte. Hg. H. Kellenbenz. 6 Bde.; bisher erschienen: Bd. 1. Stuttgart 1980.

Handbuch der Finanzwissenschaft. Hg. W. Gerloff/F. Neumark. 4 Bde., Tübingen [3]1977 ff.

Handbuch der Geschichtsdidaktik. Hg. K. Bergmann u. a. 2 Bde., Seelze-Velber [5]1997.

Handbuch der Religionsgeschichte. Hg. J. P. Asmussen/J. Larssøe. Colpe. 3 Bde., Göttingen 1971–1975.

Handbuch der Soziologie. Hg. W. Ziegenfuß. Stuttgart 1956.

Handbuch der Verträge. Hg. H. Stoecker/M. v. A. Krüger. Berlin 1968.

Handbuch der Wirtschaftswissenschaften. Hg. K. Hax/T. Wessels. 2 Bde., Köln, Opladen [2]1966.

Handbuch wissenschaftstheoretischer Begriffe. Hg. J. Speck. 3 Teile. Göttingen 1980.

Historia Mundi. Ein Handbuch der Weltgeschichte. Begr. F. Kern, Hg. F. Valjavec. 10 Bde., Mainz, Bern, München 1952–1961.

History of Mankind. Cultural and Scientific Development Hg. UNESCO. 6 Bde., New York, London 1963–1974.

Japan-Handbuch. Land und Leute, Kultur- und Geistesleben. Hg. H. Hammitzsch. Stuttgart [3]1990.

J. Kuczynski. Die Geschichte der Lage der Arbeiter unter dem Kapitalismus. 38 Bde., Berlin/DDR 1961–1972.

J. Kulischer. Allgemeine Wirtschaftsgeschichte des Mittelalters und der Neuzeit. 2 Bde., München, Wien [5]1976.

Kulturgeschichte der Menschheit (»Durant«). Hg. W. u. A. Durant. 18 Bde., München 1976 ff., Sonderausgabe Köln 1985.

K. Marx/F. Engels. Werke. 39 Bde. und 2 Erg.-Bde., Berlin/DDR 1956–1968.

Meyers illustrierte Weltgeschichte in 20 Bdn. Hg. Redaktion Geschichte des Bibliographischen Instituts unter Leitung von W. Digel. Mannheim 1979–1981.

The New Cambridge Modern History. Hg. G.N. Clark/J.R. Butler, J.P.T. Bury (Advisory Committee). 14 Bde., Cambridge 1957–1970.

Oldenbourg Grundriss der Geschichte. Hg. J. Bleicken/L. Gall/H. Jakobs. Bislang 32 Bde., München

Peuples et civilisations. Histoire générale. Hg. L. Halphen/P. Sagnac. 22 Bde., Paris 1946–1969.

H. Pirenne. Sozial- und Wirtschaftsgeschichte Europas im Mittelalter. Tübingen [7]1994.

Propyläen Geschichte Europas. 6 Bde., Berlin 1975–1978, Nachdruck Berlin 1998 ff.

Propyläen-Weltgeschichte. Eine Universalgeschichte. Hg. G. Mann/A. Heuss. 12 Bde., Berlin, Frankfurt, Wien [2]1965–1965, Sonderausgabe Berlin 1991.

Saeculum Weltgeschichte. Hg. H. Franke u.a. 7 Bde., Freiburg/Br. 1965–1975.

W. Sombart. Die moderne Kapitalismus. Historisch-systematische Darstellung des gesamteuropäischen Wirtschaftslebens von seinen Anfängen bis zur Gegenwart. 3 Bde., München/Leipzig 1922–1927. Neudruck Berlin 1955, München 1987 ff.

Südosteuropa-Handbuch. Hg. K.-D. Grothusen. Göttingen 1975–1998.

M. Weber. Wirtschaftsgeschichte. Abriß der universalen Sozial- und Wirtschaftsgeschichte (1923). Berlin [5]1991.

Stichwortregister

Das Register ordnet alle Stichwörter mit eigenem Artikel in alphabetischer Reihenfolge. In Klammern steht jeweils die Jahreszahl, unter der das Stichwort im Text chronologisch eingeordnet ist.

A

A. K. → Armija Krajowa
Aachener Kongress (1818) 680
Abbasiden (747) 247
Abchasen (1992) 1130
Abendländisches Schisma → Großes Schisma
Abessinienkrieg (1935) 987
Abknappung → Münzverschlechterung
Ablass (1064) 285
Ablasshandel (1517) 456
Abodriten (955) 269
Abolitionismus (1787) 599
Absolute Monarchie (1624) 519
Académie Française (1635) 522
Achäer (ca. 1900 v. Chr.) 65
Achäischer Bund (280 v. Chr.) 141
Achämeniden (550 v. Chr) 100
Achse Berlin–Rom (1936) 990
Achsenmächte (1943) 1012
Achtstundentag (1889) 812
Acquired Immune Deficiency Syndrome → Aids
Act of Retainer (1504) 448
Act of Settlement (1701) 562
Act of Supremacy (1534) 470
Act of Toleration → Toleranzakte
Action Française (1899) 839
ADAV → Allgemeiner Deutscher Arbeiterverein
Adel (2355 v. Chr.) 55
Adelsemigration (1789) 604
Adelsrepublik (1573) 497
Adelsversammlung → Stadtversammlung
ADGB → Allgemeiner Deutscher Gewerkschaftsbund
Adler (104 v. Chr.) 161
Adoption (97) 183
Adoptivkaiser (98) 183
Aeternat (1874) 780
Afghanistankrieg (1979) 1110
AFL → American Federation of Labor
African National Congress → South African Native Congress
Afrikakorps (1941) 1008
Afro-Amerikaner (1787) 599
Afro-Asiatische Solidaritätskonferenz (1957) 1065
Afterlehen (1035) 278
Ager publicus (287 v. Chr.) 139
Aghlabiden (800) 255
Agitators (1647) 530
Ägyptische Expedition (1798) 637
Aids (1981) 1116
Aijubiden (1171) 320
Akademie (387 v. Chr.) 125
Akademie (1559) 487
Akkader (ca. 2600 v. Chr.) 53
Akte van Seclusie → Ausschließungsgesetz
Aktiengesellschaft (1663) 545
Alamannen → Alemannen
Alanen (355) 204
Alawiten (1666) 546
Albigenser (1209) 336
Albigenserkriege (1209) 336
Alemannen (233) 192
Alexanderreich (330 v. Chr.) 133
Alexanderstädte (331 v. Chr.) 133
Alexanderzug (334 v. Chr.) 132
Algeciras-Konferenz (1906) 859
Algerienkrieg (1954) 1053
Alija (1882) 798
al-Kaida → al-Qaida
al-Qaida (1998) 1134
Alldeutscher Verband (1891) 822
Allerheiligster Synod → Heiliger Synod
Allgemeine Deutsche Arbeiterverbrüderung (1848) 729
Allgemeine Wehrpflicht (1808) 659
Allgemeiner Deutscher Arbeiterverein (1863) 752
Allgemeiner Deutscher Gewerkschaftsbund (1919) 924
Alliance Israélite Universelle (1860) 745
Allianz für den Fortschritt (1961) 1073
Alliierte (1914) 890
Alliierter Kontrollrat (1945) 1021
All-India Congress → Indischer Nationalkongress
All-India Muslim League → Muslimliga
Almohaden (1121) 304
Almorawiden (1039) 279
Alouiten → Alawiten
Altes Reich (2630 v. Chr.) 50
Althing (930) 266
Altkatholiken (1870) 772
Altliberale (1861) 749
Alvenslebensche Konvention (1863) 751
Amarna-Periode (1364 v. Chr.) 72
Ambrosianische Republik → Republik des heiligen Ambrosius
American Colonization Society (1816) 678
American Federation of Labor (1886) 807
Amerikanische Revolution → Amerikanischer Unabhängigkeitskrieg
Amerikanischer Bürgerkrieg → Sezessionskrieg
Amerikanischer Unabhängigkeitskrieg (1775) 592
Amerikanisch-mexikanischer Krieg (1846) 712
»Ami du Peuple« (1789) 605
Amnestie (1570) 495
Amon → Amun
Amoriter (ca. 2000 v. Chr.) 63
Amoritisch-kanaanäische Wanderung (ca. 2000 v. Chr.) 63
Amphiktyonie (ca. 3000 v. Chr.) 47

Amun (ca. 2000 v. Chr.) 62
Amuriter → Amoriter
Anabaptisten → Täufer
Anarchie (ca. 2150 v. Chr.) 61
Anarchisten (1874) 781
Anatolische Eisenbahn (1888) 811
ANC → South African Native Congress
Ancien régime (1715) 566
Andalusier (1492) 437
Angeln (449) 217
Angelsachsen (878) 261
Anglikanische Kirche (1534) 470
Anglo-ägyptisches Kondominium (1898) 835
Anglo-Irischer Krieg (1919) 934
Anglo-Persian Oil Company (1909) 866
Anjou (1266) 359
Annual Ship (1713) 564
Annuität (510 v. Chr.) 108
Anschluss (1918) 910
»Anschluss« (1938) 993
Ansiedlungskommission (1886) 808
Antigonidenreich (276 v. Chr.) 142
Antikominternpakt (1936) 990
Antisemitismus (1878) 788
Antitrustgesetzgebung (1890) 820
Antoninuswall (ca. 142) 186
AP → Gerechtigkeitspartei
Apartheid (1894) 825
Apertura a sinistra (1963) 1077
Apollo 11 (1969) 1090
Apotheose → Vergöttlichung
Appeasement (1935) 985
Aqua Appia (312 v. Chr.) 137
Ara Pacis Augustae (12 v. Chr.) 174
Arab Legion (1946) 1029
Arabische Liga (1945) 1024
Arabische Ziffern (1212) 338
Aramäer (1004 v. Chr.) 83
Arbeiterpartei → Labour Party
Arbeiterräte (1905) 852
Archon (683/82 v. Chr.) 92
Areopag (594/93 v. Chr.) 97
Arianer (325) 202
Arier (ca. 1400 v. Chr.) 69
Aristokratie (624/21 v. Chr.) 96
Aristokratie → Adel
Arkadischer Bund (370 v. Chr.) 127
Armada (1588) 504
Armagnacs (1397) 408
Armée du Salut → Heilsarmee
Armeniermassaker (1895) 829
Armija Krajowa (1942) 1011
Arnulfingen (611) 234
Arpaden (896) 262
Articles of Confederation (1777) 595
Articuli Henriciani (1573) 498
Artillerie (1453) 423
As → Alanen
Aschaffenburger Konkordat → Wiener Konkordat
Aschkenasim (1349) 392
Ashikaga-Zeit (1338) 385
Asiento (1595) 506
Askanier (1134) 308
Askia (1493) 441
Asphalt → Pech
Assassinen (1092) 295
Assemblée Nationale → Nationalversammlung
Assi → Alanen
Assignaten (1789) 606
Assimilation (1881) 794
Assyrien (1365 v. Chr.) 71
Ataman → Hetman
Atlantik-Charta (1941) 1008
Atlantikschlacht (1941) 1006
Atlantikwall (1942) 1011
Atombombe (1943) 1012
Atomwaffensperrvertrag (1969) 1090
Aton (1364 v. Chr.) 72
Attentat auf Hitler (20. Juli 1944) (1944) 1014
Attentat von Anagni (1303) 372
Attentat von Sarajevo (1914) 880
(1.)Attischer Seebund → Delisch-attischer Seebund
2. Attischer Seebund (378 v. Chr.) 127
Aufhebung der Kornzölle (1846) 713
Aufklärung (1750) 575
Aufstand der Rif-Kabylen (1921) 948
Aufstand des 17. Juni (1953) 1051
Augsburger Allianz → Liga von Augsburg
Augsburger Bekenntnis → Confessio Augustana
Augsburger Interim (1548) 480
Augsburger Konfession → Confessio Augustana
Augsburger Religionsfriede (1555) 483
Augustiner (1256) 354
Augustputsch (1991) 1128
Augustus (27 v. Chr.) 171
Augustus → Oberkaiser
Auld Alliance (1295) 371
Aurelianische Mauer (271) 198
Aureus (46 v. Chr.) 169
Ausgleich (1867) 761
Ausschließungsgesetz (1654) 539
Austro-polnische Lösung (1915) 891
Austroslawismus (1848) 724
Autoemanzipation (1882) 799
Autokratie (532) 227
Autonomie (525 v. Chr.) 103
»Avanti!« (1912) 875
Avignoneser Exil → Babylonische Gefangenschaft der Kirche
Avis-Dynastie (1385) 405
Awaren → Juan-juan
Azteken (1519) 458

B

Baalskult (841 v. Chr.) 86
Baath-Partei (1968) 1087
Babenberger (976) 272
Babylonische Gefangenschaft (586 v. Chr.) 98
Babylonische Gefangenschaft der Kirche (1309) 374
Babylonisches Exil → Babylonische Gefangenschaft
Bad Parliament (1377) 402
Bagdadbahn (1899) 837
Bagdad-Pakt (1955) 1055
Bahutu → Hutu
Bait al-hikma (830) 258
Bajuwaren (531) 226
Balance of Power → Gleichgewicht der Kräfte

(1.) Balfour-Deklaration (1917) 901
(2.) Balfour-Deklaration (1926) 961
1. Balkankrieg (1912) 874
Balia (1434) 414
Balkanbund (1912) 873
2. Balkankrieg (1913) 877
Ballhausschwur (1789) 603
Ballot Act (1872) 778
Balten (1939) 1002
Bambara (1670) 547
Banat (1448) 422
Bandung-Konferenz (1955) 1056
Bank of England (1696) 557
Bank von Amsterdam (1609) 512
Banken (1587) 503
Baptisten (1688) 552
Barbarei (ca. 8000 v. Chr.) 23
Bar-Kochba-Aufstand (132) 186
Barmakiden (803) 256
Baron (1215) 339
Barons' War (1264) 356
Barriere (1697) 557
Bartholomäusnacht (1572) 496
Baseler Kompaktaten → Prager Kompaktaten
Baseler Programm (1897) 834
Basileios (627) 237
Basilica di San Marco → Markusdom
Basken (587) 230
Bastille (1370) 397
Bataver (68/69) 180
Batavische Republik (1795) 630
Batutsi → Tutsi
Bauernaufstand (207 v. Chr.) 151
Bauernbefreiung (1807) 655
Bauernbefreiung in Russland (1861) 749
Bauernkrieg (1514) 454
Baumwolle (ca. 2600 v. Chr.) 52
BdL → Bund der Landwirte
Beduinen (ca. 2600 v. Chr.) 54
Befreiungsarmee für Kosovo → UÇK
Befreiungsfront von Moçambique → FRELIMO
Befreiungskriege (1813) 666
Befreiungstiger von Tamil Elelam → Liberation Tigers of Tamil Eelam
2. Belagerung Wiens (1683) 551
Belgen (75 v. Chr.) 166
Belgische Revolution (1830) 694
Bellum Marsicum → Bundesgenossenkrieg
Benediktiner (529) 225
Benelux-Staaten (1948) 1035
Beni Hilal (1051) 281
Berber (711) 245
Berlin-Blockade (1948) 1033
Berliner Afrika-Konferenz (1884) 803
Berliner Kongress (1878) 787
Berliner Mauer (1961) 1073
Berliner Vertrag (1926) 961
Berliner Vertrag (1878) → Berliner Kongress
Bettelorden (1210) 337
Bewaffnete Seeneutralität (1780) 596
Bewegung des 4. Mai (1919) 938
Biafrakrieg (1967) 1081
Bibliothek (287 v. Chr.) 140
Bilderstreit → Ikonoklasmus
Bildersturm (1522) 459
Bildersturm in den Niederlanden (1566) 494
Bilderverehrung (794) 255
Bill of Attainder (1459) 430
Bill of Rights (1689) 556
Bimetallene Währung (510 v. Chr.) 109
Birmastraße (1939) 1003
1. Bishops' War (1639) 523
2. Bishops' War (1640) 524
Bizone (1947) 1031
Blitzkrieg (1939) 1001
Bluthochzeit → Bartholomäusnacht
Board of Trade and Plantations (1696) 557
Body of Liberties (1641) 528
Boghumilen → Bogomilen
Bogomilen (1219) 341
Böhmische Brüder (1467) 433
Böhmischer Aufstand (1618) 514
Bojer (531) 226
Bolschewiki (1903) 848
Bonapartisten (1815) 672
Böotischer Bund (386 v. Chr.) 126
Borough (1265) 359
Börse (1531) 468
Bosnische Annexionskrise (1908) 863
Boston Tea Party (1773) 586
Boulanger-Krise (1886) 807
Bourbonen (1589) 506
Boxeraufstand (1900) 839
Boykott (1880) 793
Braganza (1640) 524
Brahmanen (ca. 1400 v. Chr.) 70
Breschnew-Doktrin (1968) 1086
Briand-Kellogg-Pakt (1928) 963
Briefmarke (1840) 708
Brigade Ehrhardt (1920) 940
British Commonwealth of Nations (1926) 962
Britisches Museum (1759) 578
Britisch-Indien (1765) 583
British South Africa Company (1890) 820
Bronze (ca. 3000 v. Chr.) 47
Brüdermord (1451) 423
18. Brumaire (1799) 639
Brunnenvergiftung (1348) 389
Brüsseler Pakt (1948) 1034
Brussilow-Offensiven (1916) 894
Buchdruck (ca. 1448) 419
Bücherverbrennung (213 v. Chr.) 149
Buddhismus (ca. 540 v. Chr.) 101
Bujiden (945) 269
Bulgarengräuel (1876) 783
Bulgarienkrise (1886) 806
Bulle »Per venerabilem« (1204) 334
Bülow-Block (1907) 862
Bund der Frontsoldaten → Stahlhelm
Bund der Geächteten (1834) 703
Bund der Gerechten (1836) 705
Bund der Kommunisten (1847) 715
Bund der Landwirte (1893) 823
»Bund im Lande Schwaben« → Schwäbischer Bund
Bundesakte (1815) 673
Bundesgenossenkrieg (357 v. Chr.) 130

Bundesgenossenkrieg (91 v. Chr.) 162
Bundeslade (953 v. Chr.) 84
Bundesrepublik Deutschland (1949) 1044
Bundeswehr (1956) 1059
Bündnis 90/Die Grünen → Die Grünen
Bundschuh (1493) 440
Buren (1835) 703
Burenkrieg (1899) 837
Burg (926) 265
Bürgerliches Gesetzbuch (1900) 841
Bürgerrechtsgesetzgebung (1957) 1064
Burgfrieden (1914) 885
Burggraf (1191) 328
Burgunder (253) 194
Burgunder-Dynastie (1383) 405
Bürokratie (ca. 3100 v. Chr.) 44
Burschenschaft (1815) 676
Buwaihiden → Bujiden
Buyiden → Bujiden

C

Cabal-Ministerium (1667) 547
Cabochien (1413) 409
Caesar (27 v. Chr.) 171
Caesar → Unterkaiser
Caesarmörder (44 v. Chr.) 170
Caesaropapismus (532) 227
Caledonier (122) 185
Calvinismus (1536) 475
Calvinisten (1555) 485
Calvinistische Nationalsynode (1559) 487
Canmore (1057) 283
Capetinger (987) 273
Capitanei (1035) 278
Capitularia → Kapitularien
Caracalla-Thermen (212) 191
Carbonari (1810) 660
Casa da India (1503) 447
Casa de Contratación (1503) 447
Casablanca-Konferenz (1943) 1012
Castrismus → Fidelismus
Catilinarische Verschwörung (63 v. Chr.) 167
Caudinisches Joch (321 v. Chr.) 135
Cavaliers (1642) 528
Cavaliers' Parliament (1661) 544
CDU → Christlich-Demokratische Union
Censor (443 v. Chr.) 119
Census (225 v. Chr.) 146
Census Sancti Petrii → Peterspfennig
Central Intelligence Agency (1953) 1051
Ch'in-Dynastie (221 v. Chr.) 146
Chaldäer (694 v. Chr.) 92
Chambres de réunion → Reunionskammern
Charidschiten (657) 241
Charta von Huy → Handfeste von Huy
Charta → Handfeste
»Charta 77« (1977) 1103
Charte constitutionnelle (1814) 669
Chartisten (1838) 706
Chasaren (624) 237
Chassidismus (1740) 573
Chatten (89) 182
Chazaren → Chasaren
Cherusker (9 n. Chr.) 175
Chibbat Zion (1882) 799
1. Chinesisch-japanischer Krieg (1894) 828
2. Chinesisch-japanischer Krieg (1937) 992
Chinesische Mauer (214 v. Chr.) 149
Chinesische Revolution (1911) 870
Chinesischer Revolutionsbund (1905) 856
Ching-Dynastie (1636) 522
Chou-Dynastie (1028 v. Chr.) 80
Christentum (ca. 30) 177
Christenverfolgungen (64) 179
Christianisierung Polens (966) 272
Christlich-Demokratische Union (1945) 1021
Christliche Soziallehre (1891) 821
Christlichsoziale Partei Österreichs (1891) 821
Christlich-Soziale Union (1945) 1022
Christusorden (1318) 378
Church Missionary Society (1799) 640
Churri → Hurriter
Churriter → Hurriter
CIA → Central Intelligence Agency
Cimbern → Kimbern
CIO → Congress of Industrial Organization
Ciompi (1378) 403
Ciompi-Aufstand (1378) 403
Cisalpinische Republik (1797) 634
Cispadanische Republik (1796) 634
Civil Rights → Bürgerrechtsgesetzgebung
Clan (ca. 3100 v. Chr.) 43
Cluniazensische Reform (910) 264
CMS → Church Missionary Society
CMS-Grammar School (1845) 712
Cobden-Vertrag (1860) 747
Code Civile (1804) 645
Code Napoléon → Code Civile
Code Noir (1685) 551
Codex Hammurabi (1792 v. Chr.) 65
Codex Justinianus (529) 223
Cohabitation (1986) 1122
Colombo-Plan (1950) 1049
Colonia (491 v. Chr.) 112
Colonial Currency Act (1764) 582
Colonus (332) 203
Combination Act (1799) 640
COMECON → Rat für gegenseitige Wirtschaftshilfe
Committee of Safety (1642) 528
Common Prayer Book (1549) 480
Commons (1295) 371
Commonwealth and Free State (1649) 535
»The Commonwealth of Oceana« → »Oceana«
Communauté Française (1958) 1067
Compagnie des Indes occidentales (1661) 544
(2.) Compagnie des Indes orientales (1642) 529

Company of Royal Adventurers of England Trading into Africa (1663) 544
Compte Rendu (1781) 597
Comuneros-Aufstand (1520) 459
Conditio Henricana → Articuli Henriciani
Confederacy → Confederate States of America
Confederate States of America (1861) 748
Confédération du Rhin → (2.) Rheinbund
Confessio Augustana (1530) 466
Confessio Gallicana (1559) 487
Confoederatio cum principibus ecclesiasticis (1220) 342
Congress of Industrial Organization (1938) 995
Conquista (1493) 441
Conquistadores (1542) 477
Consecratio (14) 176
Conservative and Unionist Party → Konservative Partei
Constitutio Antoniniana (212) 191
Constitutio de feudis (1037) 278
Constitutions of Clarendon (1164) 319
Continental Army (1775) 592
Continental Congress (1774) 590
»Le contrat social« (1762) 580
Convention People's Party (1949) 1042
Convention → Konvent
Conversos (1391) 407
Cordon Sanitaire (1919) 930
Corn Laws (1815) 676
Cortes (1188) 324
Corvée (1738) 571
CPP → Convention People's Party
Cruzada (1064) 285
CSU → Christlich-Soziale Union
Cuius regio, eius religio (1555) 485
Curzon-Linie (1919) 936

D

»Daily-Telegraph«-Affäre (1908) 864
Daimyo (1192) 329
Daker (89) 182
Dakische Kriege (101) 184
Damaskus-Affäre (1840) 709
Damnatio memoriae (96) 183
Danegeld (1086) 294
Danevirke → Danewerk
Danewerk (810) 256
Dänische Dynastie in England (1016) 276
Danzigkrise (1939) 997
DAP → Deutsche Arbeiterpartei
Dardanellenvertrag (1841) 709
Dauphin (1343) 388
Dawes-Plan (1924) 957
DC → Democrazia Cristiana
DDP → Deutsche Demokratische Partei
DDR → Deutsche Demokratische Republik
Declaration of Rights and Grievances (1774) 591
Declaratory Act (1766) 583
»Defensor Pacis« (1324) 380
Dekabristenaufstand (1825) 690
Deklaration von Breda (1660) 541
Deklaration von Pillnitz (1791) 613
Dekolonisation (1960) 1068
Delagoabahn (1895) 829
Delegationen (1867) 763
Delisch-attischer Seebund (478/77 v. Chr) 115
Demagogenverfolgung (1819) 682
Demen (532) 227
Democrazia Cristiana (1945) 1023
Demokratie (462 v. Chr.) 117
Demokratische Partei (USA, 1860) 747
Demokratische Partei (Türkei, 1961) 1074
Demos (624/21 v. Chr.) 96
Denar (209 v. Chr.) 150
Denarius → Denar
Denarius → Peterspfennig
Departement (1789) 606
Deportation (883 v. Chr.) 84
Despotie (59) 179
Destour-Partei (1920) 946
Deutsch-britisches Flottenabkommen (1935) 985
1. Deutsch-dänischer Krieg (1848) 728
2. Deutsch-dänischer Krieg (1864) 753
Deutsch-französischer Krieg (1870) 768
Deutsche Arbeiterpartei (1919) 921
Deutsche Bank (1888) 811
Deutsche Burschenschaft → Burschenschaft
Deutsche Demokratische Partei (1918) 916
Deutsche Demokratische Republik (1949) 1046
Deutsche Frage (1806) 649
Deutsche Kommunistische Partei (1968) 1087
Deutsche Ostsiedlung → Ostkolonisation
Deutsche Partei (1949) 1046
Deutsche Reichspartei → Freikonservative Partei
Deutsche Vaterlandspartei (1917) 900
Deutsche Vereinigung (1990) 1126
Deutsche Volkspartei (1918) 916
Deutscher Bauernkrieg (1524) 460
Deutscher Bund (1815) 674
Deutscher Krieg (1866) 757
Deutscher Orden (1190) 326
Deutscher Zollverein (1834) 700
2. Deutsches Kaiserreich (1871) 773
Deutschkonservative Partei (1876) 783
Deutschnationale Volkspartei (1918) 916
Devolutionskrieg (1667) 547
Devşirme (1337) 385
Diadochen (323 v. Chr.) 135
Diadochenkriege (323 v. Chr.) 134
Diamanten (1727) 568
Diaspora (586 v. Chr.) 99
Diäten (462 v. Chr.) 115
Dictatus Papae (1075) 291
Die Grünen (1983) 1118
Diktat von Eleusis (168 v. Chr.) 154
Diktator (217 v. Chr.) 148
Diktatur → Diktator
Dinar (696) 243
Diözese (293) 199

Direkte Herrschaft (ca. 1400 v. Chr.) 70
Direktorium (1795) 631
Dirhem (696) 243
Dissenters → Nonkonformisten
Diwan (634) 239
DKP → Deutsche Kommunistische Partei
DNVP → Deutschnationale Volkspartei
Doge (697) 244
Dolchstoßlegende (1919) 931
Dollar (1792) 621
Domesday Book (1086) 294
Dominat (81) 181
Dominikaner (1215) 341
Dominion (1867) 764
Dominion Party (1933) 978
Donatisten (313) 200
Donativ (41) 178
Doppeladler (1462) 431
Doppelbeschluss → NATO-Doppelbeschluss
Doppelmonarchie Österreich-Ungarn (1867) 762
Doppelschlacht von Jena und Auerstedt (1806) 651
Dorer (ca. 1250 v. Chr.) 76
DP → Deutsche Partei
Dragonnaden (1683) 551
»Dreadnought« (1905) 857
Drei Reiche (220) 191
Dreibund (1882) 795
Dreieckshandel (1698) 559
Dreikaiserjahr (1888) 812
Dreikaiserschlacht (1805) 648
Dreiklassenwahlrecht (1849) 732
Dreikronenkrieg (1563) 493
Dreimächtepakt (1940) 1005
Dreißigjähriger Krieg (1618) 515
Dreiverband → Tripelentente
Dreyfus-Prozess (1894) 827
Dritter Stand (1789) 600
Drittes Reich (1933) 973
Drittes Rom (1453) 425
Drôle de guerre → »Sitzkrieg«
Drusen (1019) 276
Družina (989) 273
Dschurdschen (1126) 306
Dschürtschäten → Dschurdschen
Dsungaren (1679) 551
Duce (1926) 962
Dukat (1284) 364
Duma (1906) 857
»Durchwursteln« (1851) 735
DVP → Deutsche Volkspartei
Dynamit (1867) 765
Dynastie (2630 v. Chr.) 50
Dynastie Pfalz-Zweibrücken (1654) 539
3. Dynastie von Ur (2111 v. Chr.) 61
DYP → Gerechtigkeitspartei

E

East India Company (1600) 508
Ebrovertrag (226 v. Chr.) 146
Eden (ca. 3100 v. Chr.) 38
Edikt von Nantes (1598) 507
Edu-Periode → Tokugawa-Periode
EFTA → Europäische Freihandelszone
EG → Europäische Wirtschaftsgemeinschaft
EGKS → Montanunion
Eidechsenbund (1397) 408
Eiderdänen (1842/43) 710
Eidgenossenschaft (1291) 370
Einhegungen (1236) 346
»Einkreisung« (1907) 862
Einseitige Unabhängigkeitserklärung Rhodesiens (1965) 1079
Eisen (671 v. Chr.) 93
Eisenbahn (1825) 689
»Eisenbahnvormarsch« (1918) 907
Eisenhower-Doktrin (1957) 1065
Eiserne Front (1931) 971
Eiserne Garde (1930) 968
Eiserne Krone (590) 232
»Eiserner Vorhang« (1946) 1025
Eisernes Kreuz (1813) 667
Elamiter (1955 v. Chr.) 63
Elbslawen (937) 267
Elfenbein (1445) 418
Emirat (756) 248
I. Empire (1804) 645
II. Empire (1852) 735
En (ca. 3100 v. Chr.) 37
Encomienda (1503) 447
»Endlösung« (1941) 1007
Englisch-amerikanischer Krieg (1812) 664
Englisch-niederländische Seekriege (1652) 537
Englisch-russische Verständigung (1907) 862
Englische Ostindienkompanie → East India Company
Englische Revolution (1640) 525
Englischer Bürgerkrieg → Englische Revolution
Enki (ca. 4000 v. Chr.) 28
Enosis (1898) 835
Enragés (1793) 625
»Enrichissez-vous!« (1830) 692
Ensi (ca. 2675 v. Chr.) 50
Entdeckung Amerikas (1492) 439
Entente Cordiale (1904) 849
Entwicklungshilfe (1949) 1041
Enzyklika »Rerum Novarum« (1891) 820
Enzyklopädie (1751) 576
Ephorenliste (754 v. Chr.) 89
Equites → Ritter
Erblande (1556) 486
Erdbeben von Lissabon (1755) 577
Erdölschock (1973) 1097
Erfurter Fürstentag (1808) 658
Erfurter Unionsparlament (1850) 733
Erhebung Österreichs (1809) 659
Ermächtigungsgesetz (1933) 975
Eroberung Konstantinopels (1453) 423
Erster Weltkrieg (1914) 882
Erzählungen aus 1001 Nacht (786) 253
Erzbistum (601) 232
Erzherzog (1453) 426
Erziehungsdiktatur (1935) 986
Escorial-Vertrag (1733) 570
»De l'esprit des lois« (1748) 575
Eskalation (1965) 1078
ETA (1967) 1083
»État Français« → Vichy-Regime
Ethnische Säuberungen (1912) 877
Etrusker (535 v. Chr.) 102
EU → Europäische Wirtschaftsgemeinschaft
Euro (1999) 1134
Europäische Freihandelszone (1960) 1070

Europäische Gemeinschaft für Kohle und Stahl → Montanunion
Europäische Gemeinschaft → Europäische Wirtschaftsgemeinschaft
Europäische Union → Europäische Wirtschaftsgemeinschaft
Europäische Verteidigungsgemeinschaft (1952) 1050
Europäische Wirtschaftsgemeinschaft (1957) 1063
Europäisches Parlament (1979) 1108
Europarat (1949) 1042
European Free Trade Association → Europäische Freihandelszone
EVG → Europäische Verteidigungsgemeinschaft
EWG → Europäische Wirtschaftsgemeinschaft
Ewige Richtung (1474) 433
Ewiger Bund (1291) 369
Ewiger Reichslandfriede (1495) 443
Ewiger Reichstag (1663) 545
Ewiges Edikt (1668) 547
Exarchat (555) 229
Exclusion Bill (1679) 549
Exodus (ca. 1280 v. Chr.) 72
Expansion Europas in Übersee (1492) 439

F

Fabian Society (1884) 802
Fabrikgesetze (1833) 699
Fabrikinspektoren (1833) 699
Fachministerien (1808) 656
Factory Acts → Fabrikgesetze
Faktorei (1445) 418
Falange (1933) 978
Falasha (1985) 1121
Falklandkrieg (1982) 1117
Fall der Berliner Mauer (1989) 1125
»Familie« (1763) 581
Familienpakt der Bourbonen → Escorial-Vertrag
Fanarioten → Phanarioten
Faschismus (1919) 932
Faschoda-Krise (1898) 835
Fasci di Combattimento (1919) 932
Fastensynode (1075) 291
Fatimiden (909) 263
FDP → Freie Demokratische Partei
Februarrevolution (Frankreich, 1848) 718
Februarrevolution (Russland, 1917) 897
Feme (1251) 351
Fehdewesen (1040) 280
Fellachen (152) 186
Felsendom (680) 243
Fenier-Bewegung (1858) 743
Fernblockade (1914) 887
Fernhandel (ca. 5000 v. Chr.) 27
Fes (1832) 699
Feudal tenure (1646) 530
Feudalisierung (ca. 2240 v. Chr.) 60
Feudalismus (779) 250
Feuillants (1791) 610
Fez → Fes
Fidelismus (1961) 1073
FIS → Islamische Heilsfront
Flagellanten (1348) 388
Flavier (69) 181
Flick-Affäre (1984) 1120
Flight of the Earls (1607) 511
FLN → Front de Libération Nationale
FNL → Front National de Libération
Foederati (376) 207
Folter (1252) 351
»21 Forderungen« (1915) 894
Fortschrittliche Volkspartei (1910) 867
Fortschrittspartei (1861) 749
FPÖ → Freiheitliche Partei Österreichs
Franken (259) 194
Frankenreich (486) 221
Frankfurter Fürstentag (1863) 752
Frankfurter Nationalversammlung (1848) 723
Frankfurter Reichsverfassung (1849) 731
Frankfurter Union (1744) 574
Frankfurter Vorparlament (1848) 722
Frankfurter Wachensturm (1833) 699
Franziskaner (1210) 337
I. Französische Republik (1792) 620
II. Französische Republik (1848) 718
III. Französische Republik (1870) 769
IV. Französische Republik (1946) 1026
V. Französische Republik (1958) 1066
Französische Revolution (1789) 600
1. Französische Verfassung (1791) 612
Free Soilers (1854) 738
Freie Demokratische Partei (1949) 1046
Freihandel (1698) 558
Freiheitliche Partei Österreichs (1986) 1123
Freiheitskriege → Befreiungskriege
Freikonservative Partei (1867) 760
Freikorps (Befreiungskriege, 1813) 667
Freikorps (Weimarer Republik, 1919) 921
Freimaurer (1376) 400
FRELIMO (1962) 1075
Fremdenlegion (1831) 697
Frente de Libertaçao de Moçambique → FRELIMO
Frente POLISARIO (1976) 1100
Frente Popular para la Liberación de Saguia el Hamra y Río de Oro → Frente POLISARIO
Frente Popular → Volksfront
Frente Sandinista de Liberación Nacional → Sandinistische Befreiungsfront
Friede (1270 v. Chr.) 73
Friede von Aachen (1748) 574
Friede von Adrianopel (1829) 691
Friede von Amiens (1802) 642
Friede von Brest-Litowsk (1918) 907
Friede von Bukarest (1812) 664
Friede von Campo Formio (1797) 634

Friede von Crépy (1544) 478
Friede von Hubertusburg (1763) 581
Friede von Kütschük-Kainardschi (1774) 587
Friede von Lausanne (1923) 956
Friede von Lübeck (1629) 520
Friede von Lunéville (1801) 641
Friede von Münster und Osnabrück → Westfälischer Friede
Friede von Nimwegen (1678) 549
Friede von Nystad (1721) 568
Friede von Oliva (1660) 543
Friede von Paris (1763) 580
Friede von Prag (1635) 522
Friede von Pressburg (1805) 648
Friede von Rastatt/Baden (1714) 565
Friede von Riga (1921) 947
Friede von Rijswijk (1697) 557
Friede von Schönbrunn → Friede von Wien
Friede von Sèvres (1920) 943
Friede von Shimonoseki (1895) 828
Friede von St. Germain (1919) 929
Friede von Tilsit (1807) 653
Friede von Trianon (1920) 942
Friede von Utrecht (1713) 564
Friede von Vereeniging (1902) 846
Friede von Wien (1809) 660
Friedens- und Landdekret (1917) 905
Friedensangebot der Mittelmächte (1916) 896
Friedensbewegung (1979) 1109
Friedenskorps (1961) 1072
Friedensresolution (1917) 899
Friedensrichter (1330) 382
Friedliche Koexistenz (1956) 1057
Fritsch-Krise (1938) 993
Fronde (1648) 532
Front de Libération Nationale (1955) 1056
Front Islamique du Salut → Islamische Heilsfront
Front National de Libération (1968) 1084
Front Populaire → Volksfront
Front Républicain → Republikanische Front
Front von Stresa (1935) 984
Frühdynastische Zeit (2900 v. Chr.) 49
Frühsozialismus → Utopischer Sozialismus
FSLN → Sandinistische Befreiungsfront
Fueros (1876) 784
(1.) Fugitive Slave Law (1794) 628
Fujiwara (866) 260
Fulani → Fulbe
Fulbe (1725) 568
Fundamentalismus (1979) 1105
Fünf Dynastien – Zehn Staaten (906) 263
Fünfjahresplan (1929) 964
Fürstenkongress von Ljubetsch (1097) 299
Fürstenstaaten (1798) 638
Fürstenverschwörung (1552) 481
FVP → Fortschrittliche Volkspartei

G

Gabelle → Salzsteuer
Galater (275 v. Chr.) 142
Galla (1541) 477
Gallier (387 v. Chr.) 125
Gallikanische Nationalkirche (1438) 415
Gang nach Canossa (1077) 292
Gasteiner Konvention (1865) 756
Gau (98) 184
Gaufürst (ca. 3100 v. Chr.) 42
Gaukönig (3100 v. Chr.) 42
Gegenkalifat (680) 243
Gegenreformation (1563) 492
Gegenrevolution → Konterrevolution
Geheimbund (500 v. Chr) 110
Geheime Staatspolizei → Gestapo
Geheimer Rat → Privy Council
Geißler → Flagellanten
Geistliche Ritterorden (1119) 302
Gelber Fleck (1215) 340
Geleitzug → Konvoi
Gemeiner Pfennig (1495) 444
Gemeinschaft Unabhängiger Staaten (1991) 1128
General Agreement on Tariffs and Trade (1948) 1040
Generalgouvernement Polen (1939) 1000
Generalkommission der Gewerkschaften Deutschlands (1890) 818
Generalkonföderation → Konföderation von Radom
Generalprivileg von Saragossa (1283) 364
Generalsputsch von Algier (1958) 1066
Generalstaaten (1464) 432
Generalstab (1808) 656
Generalstände (1343) 388
Generalstatthalter (1581) 501
Generalstreik (1926) 960
Genfer Indochina-Konferenz (1954) 1052
Genozid → Völkermord
Gens (ca. 50) 179
Genter Pazifikation → Pazifikation von Gent
Gentry (1265) 358
Geozentrisches Weltbild (1543) 478
Gepiden (451) 218
Gerechtigkeitspartei (1961) 1074
Germanen (12 v. Chr.) 173
Germano-polnische Lösung (1915) 891
Gerste (ca. 5000 v. Chr.) 25
Geschworenengericht (123 v. Chr.) 159
Gesellschaft der Verfassungsfreunde → Jakobinerklub
Gesellschaft Jesu → Jesuitenorden
Gesellschaft zur Wiedererstehung Chinas (1894) 827
»Gesetz zur Behebung der Not von Volk und Reich« → Ermächtigungsgesetz
Gesetzgebende Kommission (1767) 584
Gestapo (1933) 976
Geten → Daker
Getto → Ghetto
Geusen (1566) 494
Gewerbefreiheit (1810) 660
Gewerkschaften (1825) 687
Gewürze (1513) 453

Ghana-Reich (1054) 282
Ghasnawiden (998) 274
Ghetto (1516) 454
Ghibellinen (1215) 339
Ghoriden → Ghuriden
Ghuriden (1192) 329
Giovine Italia (1831) 697
Gipfelkonferenz (1954) 1053
Girondisten (1791) 610
Glasnost (1986) 1122
Gleichgewicht der Kräfte (1689) 555
»Gleichschaltung« (1933) 975
Globus (1492) 439
Glorious Revolution (1688) 553
Gnadenurkunde (1785) 597
Godesberger Programm (1959) 1068
Gold (ca. 3100 v. Chr.) 40
Goldene Bulle (1222) 342
Goldene Bulle (1356) 394
Goldene Horde (1251) 350
Goldgulden (1252) 352
Goldrausch (1698) 558
1. Golfkrieg (1980) 1113
2. Golfkrieg (1991) 1126
Good Parliament (1376) 399
Goten (238) 193
Gothaer Programm (1875) 782
Gottesfrieden (989) 274
Göttinger Sieben (1837) 705
GPRA → Provisorische Regierung der Algerischen Republik
Gracchische Reformen (133 v. Chr.) 157
Grafenfehde (1534) 473
Grafschaft (1129) 307
Grand Remonstrance (1641) 528
Grande Armée (1812) 665
Grattan's Parliament (1782) 597
Gregorianischer Kalender (1582) 501
Griechischer Unabhängigkeitskrieg (1821) 684
Griechisches Feuer (678) 242
Griechisches Projekt (1781) 597
Griechisch-türkischer Krieg (1919) 934
Groschen (1202) 331
Großdeutsches Reich (1940) 1005
Große Allianz (1689) 555
Große Armee (879) 261
Große Armee → Grande Armée
Große Depression (1873) 779
Große Emigration (1831) 696
Große Französische Revolution → Französische Revolution
Große Hungersnot → Große Kartoffelmissernte
Große Kartoffelmissernte (1846) 713
Große Koalition (1923) 956
Große Koalition (1966) 1081
Große Mauer → Chinesische Mauer
Große Orientkrise (1875) 782
Große Pest (1338) 386
Großer Aufstand (1857) 740
»Großer Marsch« (1913) 880
Großer Nordischer Krieg → Nordischer Krieg
Großer Rat (1172) 320
Großer Sklavenaufstand → Spartacus-Aufstand
Großer Slawenaufstand (983) 273
»Großer Sprung nach vorn« (1958) 1067
Großer Terror (1793) 625
Großer Trek (1835) 704
Großes Maximum (1793) 626
Großes Privileg (1477) 433
Großes Schisma (1378) 403
Großfürst (1054) 282
Großherzogtum Warschau → Herzogtum Warschau
Großinquisitor (1478) 434
Großkhan (209 v. Chr.) 151
Großkönig (521 v. Chr) 104
Großmährisches Reich (830) 258
Groß-Moghul (1526) 464
Großreich (2340 v. Chr.) 56
Groß-Seldschukenreich (1092) 296
Großserbisches Reich (1331) 382
Großwesir (2111 v. Chr.) 62
Gründerjahre (1871) 777
Grundgesetz (1949) 1044
Grundlagenvertrag (1972) 1095
Gründung Roms (753 v. Chr.) 89
Gruppe Internationale (1915) 893
Guelfen → Ghibellinen
Guerilla (1808) 657
Guillaume-Krise (1974) 1098
Guillotine (1793) 626
Guinea (1663) 545
Gulag (1930) 967
Gummiarabikum (1445) 418
Gupta-Reich (320) 200
GUS → Gemeinchaft Unabhängiger Staaten
Gutäer (2198 v. Chr.) 61
Gutsherrschaft (1492) 440

H

1. Haager Friedenskonferenz (1899) 836
2. Haager Friedenskonferenz (1907) 861
Haager Landkriegsordnung (1907) 861
Habeas Corpus Act (1679) 549
Habsburger (1273) 360
Hadrianswall (122) 185
Hagia Sophia (532) 227
Hainfelder Programm (1889) 814
Hakenkreuz (1920) 940
Haldane-Mission (1912) 873
Hallstein-Doktrin (1957) 1064
Hambacher Fest (1832) 698
Hampton Court Conference (1604) 510
Handfeste (1066) 286
Handfeste von Huy (1066) 287
Han-Dynastie (206 v. Chr.) 151
Hannover-Dynastie (1714) 565
Hanse (1161) 317
Hansetag (1356) 394
Hapag (1847) 714
Harappakultur → Induskultur
Harzburger Front (1931) 971
Haschisch (1092) 296
Haskalah (1791) 615
Hasmonäer (167 v. Chr.) 155
Hassidismus → Chassidismus
Hatt-i Hümayun (1856) 740
Hatt-i Sherif von Gülhané (1839) 707
Hatti (ca. 1650 v. Chr.) 67
Hausmeier (613) 234
Haussklaverei (1619) 517
Hebräer (ca. 1280 v. Chr.) 73
Hedschra (622) 236
Heermeister (395) 214
Hegemonie (550 v. Chr.) 101

Heidelberger Katechismus (1563) 493
Heilige Allianz (1815) 675
Heilige Liga (1495) 442
Heilige Stätten (1229) 344
Heiliger Krieg → Jihad
3. Heiliger Krieg (356 v. Chr.) 130
Heiliger Synod (1721) 568
Heiliges Jahr (1300) 372
Heiliges Reich → Sacrum Imperium
Heiliges Römisches Reich Deutscher Nation (1484) 434
Heilsarmee (1878) 791
Heimwehr (1930) 967
Heliozentrisches Weltbild (1543) 478
Hellenismus (334 v. Chr.) 132
Heloten (740 v. Chr.) 91
Helvetier (58 v. Chr.) 168
Helvetische Republik (1798) 636
Henotikon (482) 220
Hephthaliten → Weiße Hunnen
Hepp-Hepp-Unruhen (1819) 681
Herero (1904) 849
Hereroaufstand (1904) 850
Herrschaft der 100 Tage (1815) 672
Heruler (267) 196
Herzogtum Athen (1311) 375
Herzogtum Preußen (1525) 461
Herzogtum Warschau (1807) 654
Hetairie (561 v. Chr.) 99
Hethiter (ca. 1900 v. Chr.) 64
Hetman (1582) 503
Heveller (929) 266
Hexen (1484) 434
Hexenverfolgung (1484) 435
Hidschrā → Hedschra
Hieroglyphen (ca. 3100 v. Chr.) 46
Hilfsdienstgesetz (1916) 896
Hima → Tutsi
Hinduismus (711) 245
Hindu-Konföderation (1192) 330
Hitler-Putsch (1923) 955
Hitler-Stalin-Pakt (1939) 997
Hochadel (ca. 3100 v. Chr.) 44
Hochkultur → Zivilisation
Hofjuden (1671) 548
Hohenstaufen → Staufer
Hohenzollern (1191) 328
Hohepriester (1075 v. Chr.) 79
Holländischer Krieg (1672) 548
Holocaust → »Endlösung«
Homagium ligium (1166) 319
Home Rule (1870) 772
Home Rule Confederation of Great Britain (1877) 784
Honved (1956) 1061
Hopliten (650 v. Chr.) 94
Horus (ca. 3100 v. Chr.) 42
Hosenbandorden (1348) 389
Hospitaliter (1070) 287
Hottentotten → Nama
»Hottentottenwahlen« (1907) 861
House of Commons → Commons
House of Lords (1649) 535
Hsi-hsia-Reich (1038) 279
Hsiung-nu → Hunnen (Hsiung-nu)
Hugenotten (1561) 489
Hugenottenkriege (1562) 489
Humanismus (1453) 425
Hundertjähriger Krieg (1337) 382
Hundertjähriger Krieg Venedig–Genua (1256) 353
Hungersnöte (1313) 376
Hunnen (Hsiung-nu) (250 v. Chr.) 144
»Hunnenrede« (1900) 840
Hurriter (ca. 1500 v. Chr.) 68
Hussiten (1415) 409
Hussitenkriege (1420) 411
Hutu (1972) 1096
Hyde Park (1635) 522
Hyksos (1720 v. Chr.) 66

I

Ibo (1966) 1079
Ichschididen (935) 267
»Ich klage an« → »J'accuse«
Idrisiden (789) 255
Iglauer Kompaktaten (1436) 414
Iguala-Plan (1820) 683
Ikonodulie → Bilderverehrung
Ikonoklasmus (730) 246
Ilchan → Il-Khan
Ilias (750 v. Chr.) 89
Il-Khan (1295) 370
Illuminatenorden (1776) 594
Illyrer (358 v. Chr.)) 129
ILP → Independent Labour Party
Immerwährende Neutralität (1815) 673
Immerwährender Reichstag → Ewiger Reichstag
Impeachment (1376) 400
Imperator (44 v. Chr.) 169
Imperialismus (1902) 846
»Imperialism« (1902) 846
Imuschag → Tuareg
Indemnitätsvorlage (1866) 758
Indentured labour (1619) 517
Independent Labour Party (1893) 823
Index der verbotenen Bücher → Index librorum prohibitorum
Index librorum prohibitorum (1564) 493
Indian National Congress → Indischer Nationalkongress
Indianer (1890) 819
Indienrat (1524) 460
Indigenat (1374) 399
Indios (1588) 505
Indirekte Herrschaft (883 v. Chr.) 85
Indischer Nationalkongress (1885) 805
Indisch-pakistanische Kriege (1948) 1039
Indoeuropäer (ca. 1200 v. Chr.) 76
Indoeuropäische Wanderung (ca. 1900 v. Chr.) 64
Indogermanen → Indoeuropäer
Indulgenzerklärung (1688) 553
Induskultur (ca. 2600 v. Chr.) 51
Industrielle Revolution (ca. 1760) 579
Infanterie (1534) 472
Inflation (1923) 953
Inka (1531) 467
Inkareich (1531) 467
Inkatha (1985) 1121
Inquisition (1184) 322
»Instruktionen« (1765) 582
Instrument of Government (1653) 538
Interdikt (1208) 335
Interkontinentaler Fernhandel (166) 187
1. Internationale (1864) 754

2. Internationale (1889) 812
3. Internationale (1919) 920
Internationale Brigaden (1936) 989
Internet (1992) 1130
Interregnum (1250) 349
Intifada (1987) 1123
Investiturstreit (1075) 291
Ionischer Aufstand (500 v. Chr) 110
IRA → Irish Republican Army
Iran-Contra-Affäre (1986) 1123
Irangate → Iran-Contra-Affäre
Irische Frage (1801) 641
Irischer Aufstand (1798) 637
Irischer Bürgerkrieg (1922) 950
Irish National Land League (1880) 792
Irish Republican Army (1919) 935
Irish Republican Brotherhood → Fenier-Bewegung
Irredenta (1866) 758
Isaurier (471) 219
»Iskra« (1900) 842
Islam (622) 236
Islamische Heilsfront (1991) 1129
Islamische Revolution (1979) 1105
Islamisierung von Kanem (1007) 275
Ismailiten (1092) 296
Isonomie (594/93 v. Chr.) 98
Israeliten → Hebräer
Isthmien → Isthmische Spiele
Isthmische Spiele (228 v. Chr.) 145
Istiqlal-Partei (1956) 1061
Italienisch-äthiopischer Krieg (1895) 829
Italienische Republik (1802) 642
Italienischer Krieg (1859) 745
Italiker (ca. 1200 v. Chr.) 77
Ius reformandi (1555) 485

J

»J'accuse« (1898) 834
Jacquerie (1358) 395
Jagiełłonen (1386) 406
Jahwekult (167 v. Chr.) 154
Jakobiner (1791) 611
Jakobinerherrschaft (1793) 624
Jakobinerklub (1791) 609
Jakobinische Verfassung (1793) 624
Jakobiten (1688) 554
Jakobitische Kirche → Syrische Kirche
Jalta-Konferenz (1945) 1016
Jameson Raid (1895) 830
Janitscharen (1337) 384
Januaraufstand (Polen, 1863) 751
Januaraufstand in Berlin → Spartakusaufstand
Januarstreiks (1918) 906
Janustempel (29 v. Chr.) 171
Jazygen (166) 190
Jebusiten (1004 v. Chr.) 83
Jesuitenorden (1534) 471
Jeunesse dorée (1794) 629
Jewish Agency (1920) 946
Jiddisch (1349) 392
Jihad (1054) 282
Jihad des Usman dan Fodio (1804) 646
Job Reservation (1911) 872
Johanniter → Hospitaliter
Josephinische Reformen (1780) 595
Josephinismus → Josephinische Reformen
Joyeuse Entrée (1356) 395
Juan-juan (402) 214
Ju-Chen → Dschurdschen
Jubeljahr → Heiliges Jahr
Jubiläumsjahr → Heiliges Jahr
Juden (ca. 1020 v. Chr.) 80
Judenemanzipation (1791) 612
»Der Judenstaat« (1896) 832
Judentum → Juden
Judenzeichen → Gelber Fleck
Jüdischer Aufstand (66) 180
Jüdischer Krieg → Jüdischer Aufstand
Jugoslawienkrieg (1991) 1127
Jugurthinischer Krieg (111 v. Chr.) 161
Julianischer Kalender (45 v. Chr.) 169
Jülich-Klevescher Erbfolgestreit (1610) 513
20. Juli 1944 → Attentat auf Hitler (20. Juli 1944)
Julikrise 1914 (1914) 881
Julikrise 1917 (1917) 899
Julimonarchie (1830) 692
Juliordonnanzen (1830) 691
Julirevolution (1830) 691
Jung-Bosnien (1914) 881
Junges Deutschland (1834) 702
Junges Europa (1834) 702
Junges Italien → Giovine Italia
Jungtürken (1889) 816
Jungtürkische Revolution (1908) 863
Junischlacht (1848) 726
Junta (1808) 658
Jürched → Dschurdschen
Jüten (449) 217

K

Kaaba (930) 267
Kabbalah (1666) 546
Kadscharen (1794) 629
Kaghan → Großkhan
Kaiser (14) 175
Kaiserkrönung Karls des Großen (800) 255
Kaiserkult (81) 181
Kaiserproklamation (1871) 773
Kaiserreich Nicäa/Nikaia (1204) 333
Kaiserreich Trapezunt (1204) 333
Kakhan → Großkhan
Kalender (3000 v. Chr.) 48
Kalif (632) 238
Kalifat von Córdoba (929) 266
Kalifat → Kalif
Kalischer Proklamation (1813) 668
Kalixtiner → Utraquisten
Kalliasfriede (449 v. Chr.) 119
Kalmarer Union (1397) 407
Kalter Krieg (1946) 1025
Kamikaze (1274) 362
Kampfbund zur Befreiung der Arbeiterklasse (1895) 828
»Kämpfende Staaten« (481 v. Chr.) 115
Kampfgas (1915) 892
Kanal (ca. 4000 v. Chr.) 29
Kanonade von Valmy (1792) 618
Kansas-Nebraska Act (1854) 738

Kantabrier (722) 246
Kantonreglement (1733) 569
Kanzelparagraph (1871) 777
»Das Kapital« (1867) 764
Kapitol (387 v. Chr.) 126
Kapitularien (779) 250
Kapitulation (1536) 474
Kapitulation (1945) 1017
Kapitulation Japans (1945) 1018
Kappeler Kriege (1529) 465
Kapp-Putsch (1920) 939
Karbonari → Carbonari
Kardinal (1059) 283
Karfreitagsabkommen (1998) 1134
Karlisten (1834) 703
1. Karlistenkrieg (1834) 703
2. Karlistenkrieg (1872) 778
Karlsbader Beschlüsse (1819) 682
Karmaten → Qarmaten
Karolinger → Arnulfingen
Karolingische Münzordnung (780) 251
Karpen (253) 194
Kartell (1887) 810
Kartoffel (1846) 713
Kaschmirkonflikt (1948) 1039
Kassiten (1594 v. Chr.) 67
Kasten (nach 1400 v. Chr.) 70
Katalanische Kompanie (1311) 374
Katalanischer Aufstand (1640) 524
Katalaunische Karte (1375) 399
Katapulte → Wurfmaschinen
Katharer (1143) 309
Katholikenemanzipation (1829) 691
Katholische Arbeiterbewegung (1891) 821
Katholische Liga (1538) 476
Katholische Liga (1576) 499
(2.) Katholische Liga (1609) 511
Keilschrift (ca. 3000 v. Chr.) 48
Kelten (ca. 800 v. Chr.) 86
Keltiberer (154 v. Chr.) 155
Keramik (6000 v. Chr.) 24
Ketzer (1184) 321
Khaki Elections (1918) 918
Khan → Khanat
Khanat (1251) 350
Khasaren → Chasaren
Khitan → Kitan
Khmer (1306) 373
Khoikhoi → Nama
Khuriltai (1206) 334
Kibbuz (1909) 865
Kienthaler Konferenz (1916) 895
Kiewer Rus (882) 261
Kimbern (113 v. Chr.) 160
Kimmerier (739 v. Chr.) 91
Kinderkreuzzug (1212) 338
Kiptschak → Kumanen
Kirchenkampf (1937) 991
Kirchenreform (1046) 280
Kirchenslawisch (1037) 278
Kirchenunion (1184) 323
Kirchenunion → Preußische Union
Kirk (1560) 488
Kitan (937) 268
Kleiderordnung (1215) 339
Kleine Entente (1919) 930
Kleines Maximum (1793) 623
Klientel (2355 v. Chr.) 54
KMT → Kuomintang
Kościuszko-Aufstand (1794) 629
5. Koalition (1813) 666
1. Koalitionskrieg (315 v. Chr.) 135
1. Koalitionskrieg (1792) 616
2. Koalitionskrieg (1798) 638
3. Koalitionskrieg (1805) 647
4. Koalitionskrieg (1806) 650
5. Koalitionskrieg → Erhebung Österreichs
Koblenzer Manifest → Manifest des Herzogs von Braunschweig
Kodifizierung (624/21 v. Chr.) 95
Kollaboration (1940) 1004
Kollegialität (510 v. Chr.) 108
Kölner Erzbistumsstreit (1582) 503
Kölner Konföderation (1367) 397
Kölner Krieg → Kölner Erzbistumsstreit
Kolonialamt (1907) 861
Kolonialpolitik (in Deutschland) (1884) 802
Kolonie (1445) 417
Kolonisation (754 v. Chr.) 88
Koloss von Rhodos (290 v. Chr.) 138
Kominform (1947) 1030
Komintern → 3. Internationale
Komitee zur Verteidigung der Arbeiter → KOR
Komitet Obrony Robotników → KOR
Kommandos (1900) 843
Kommunismus (1917) 903
Kommunistische Internationale → 3. Internationale
Kommunistische Partei Chinas (1921) 949
Kommunistische Partei der Sowjetunion (1925) 959
Kommunistische Partei Deutschlands (1919) 918
Kommunistische Partei Frankreichs (1920) 944
Kommunistische Partei Italiens (1976) 1101
Kommunistische Partei Polens (1918) 913
»Kommunistisches Manifest« (1848) 715
Komnenen (1081) 293
Kondominium (1855) 739
Konferenz für Sicherheit und Zusammenarbeit in Europa (1972) 1094
Konföderation (1776) 594
Konföderation von Bar (1768) 584
Konföderation von Radom (1767) 583
Konföderierte → Confederate States of America
Kongo-Freistaat (1884) 803
Kongogräuel (1908) 864
Kongokonferenz → Berliner Afrika-Konferenz
Kongokrise (1960) 1069
Kongowirren → Kongokrise
Kongress von Laibach (1821) 684
Kongress von Rastatt (1798) 636
Kongress von Troppau (1820) 684
Kongress von Verona (1822) 686
Kongresspolen (1815) 673
König der Vier Weltgegenden (2260 v. Chr.) 60
Königreich Etrurien (1802) 642
Königreich Italien (1805) 646

Königreich Jerusalem (1100) 300
Königreich Sizilien (1130) 307
Königreich Westphalen (1807) 653
Königsdiktatur (1929) 966
Königsfriede (386 v. Chr.) 126
Königtum (ca. 3100 v. Chr.) 43
Konklave (1274) 362
Konkordat (1801) 642
»Konkordat« von Westminster (1107) 300
Konservatismus → Konservativismus
Konservative Partei (1834) 701
Konservativismus (1790) 608
Konstituante → Nationalversammlung
Konstitution von Radom (1505) 448
Konstitutionelle Monarchie (1660) 542
Konsulat (510 v. Chr.) 106
Konsulat (1799) 639
Konsumgenossenschaften (1844) 711
Konterrevolution (1793) 622
Kontinentalsperre (1806) 651
Konvent (1792) 618
Konvention von Reichenbach (1790) 607
Konvention von Tauroggen (1812) 666
Konvoi (1543) 477
Konzentrationslager (1900) 844
Konzentrationslager (1933) 977
Konzert der Mächte (1815) 675
Konzil (325) 201
(1.) Konzil von Konstantinopel (381) 208
Konzil von Basel (1433) 413
Konzil von Chalkedon (451) 218
Konzil von Ephesos (431) 216
Konzil von Ferrara (1438) 415
Konzil von Florenz (1439) 415
Konzil von Konstanz (1414) 409
Konzil von Nicäa (325) 201
Konzil von Trient → Trienter Konzil
Kopeke (1535) 474
Kopfsteuer (1377) 402
Kopten (831) 258
Koptische Kirche (641) 239
KOR (1976) 1100
Koran (653) 240
Koreakrieg (1950) 1048
Korinthischer Krieg (395 v. Chr.) 124
Kornzölle → Corn Laws
Korsar (1534) 473
Kosaken (1582) 502
Kosakenaufstand (1648) 533
Kosovokonflikt (1998) 1133
KPCh → Kommunistische Partei Chinas
KPD → Kommunistische Partei Deutschlands
KPdSU → Kommunistische Partei der Sowjetunion
KPF → Kommunistische Partei Frankreichs
KPI → Kommunistische Partei Italiens
KPP → Kommunistische Partei Polens
KPRP → Kommunistische Partei Polens
Kreolen (1810) 661
Kreuzfahrerstaaten (1098) 299
Kreuzzüge (1096) 297
Kreuzzug der Armen (1095) 297
1. Kreuzzug (1096) 298
2. Kreuzzug (1147) 310
3. Kreuzzug (1189) 326
4. Kreuzzug (1202) 330
5. Kreuzzug (1227) 344
6. Kreuzzug (1248) 348
7. Kreuzzug (1270) 360
Koalitionskriege (1792) 615
Kreuzzugszehnt (1199) 330
Krieg (ca. 3100 v. Chr.) 33
Krieg-in-Sicht-Krise (1875) 781
Kriegselefanten (304 v. Chr.) 138
Kriegsentschädigung (1914) 890
Kriegskommunismus (1921) 948
Kriegskredite (1914) 886
»Kriegsrat« (1912) 875
Kriegsschuldfrage (1919) 928
Kriegsziele (1914) 888
Kriegszustand in Polen (1981) 1115
Krimkrieg → 7. Russisch-türkischer Krieg
Krimtataren (1430) 412
Kroaten (614) 235
Krondomäne (1108) 300
Krone (3100 v. Chr.) 30
Krongut → Krondomäne
Kronlehen (843) 259
Kronstädter Aufstand (1921) 947
Krüger-Depesche (1896) 830
Krummsäbel (552) 229
Krümpersystem (1808) 656
Krupp-Werke (1811) 662
KSZE → Konferenz für Sicherheit und Zusammenarbeit in Europa
Kubakrise → Raketenkrise
Ku-Klux-Klan (1865) 756
Kulaken (1929) 966
Kulturkampf (1871) 776
Kulturrevolution (1966) 1079
Kumanen (1067) 287
Kuomintang (1912) 872
Kupfer (ca. 5000 v. Chr.) 27
Kurden (1931) 970
Kurdische Arbeiterpartei (PKK) (1984) 1119
Kurfürsten (1257) 355
Kurverein von Rhens (1338) 385
Kurzes Parlament → Short Parliament
Kushanreich (48) 178
Kyffhäusersage (1349) 391
Kyptschak → Kumanen
Kyrillisches Alphabet → Slawisches Alphabet
Kyrilliza → Slawisches Alphabet
Kyros-Edikt (538 v. Chr) 102
KZ → Konzentrationslager

L

L'Ulivo (1996) 1133
La Grande Peur (1789) 604
Labour Party (Großbritannien, 1906) 858
Labour Party (Südafrika, 1922) 953
Labour Representation Committee (1900) 843
Ladino → Spaniolisch
Laiengesetze (1905) 852
Laieninvestitur (1059) 284
Laienkelch (1433) 414
Lancaster (1455) 428
Landesherren (1231) 345
Landsknechte (1527) 464
Landstände → Provinzstände
Landwehr (1813) 668

Lange Mauern (461 v. Chr.) 118
Langer Marsch (1934) 984
Langes Parlament → Long Parliament
Langobarden (5 n. Chr.) 174
Lapislazuli (ca. 3100 v. Chr.) 41
»Lasst 100 Blumen blühen!« (1956) 1059
Lateinisches Kaiserreich (1204) 332
3. Laterankonzil (1177) 321
4. Laterankonzil (1215) 339
Lateransynode (1059) 283
Latinischer Bund (493 v. Chr.) 112
LDP → Liberal-Demokratische Partei
Lega Italica → Liga der fünf italienischen Mittelmächte
Leges Corneliae (82 v. Chr.) 166
Leges Liciniae Sextiae (367 v. Chr.) 127
Legion (367 v. Chr.) 128
Legion Condor (1936) 988
Legion des Erzengels Michael (1927) 962
Legislative (1791) 613
Lehen (779) 251
Leibeigenschaft (1315) 377
2. Leibeigenschaft → Zweite Leibeigenschaft
Leih- und Pachtgesetz (1941) 1007
Lelantinischer Krieg (ca. 734 v. Chr.) 91
Lend-Lease-Act → Leih- und Pachtgesetz
Leuchtender Pfad → Sendero Luminoso
Leuchtturm (277 v. Chr.) 141
Levée en Masse (1793) 625
Levellers (1645) 529
»Leviathan« (1651) 536
Lex Canuleia (445 v. Chr.) 119
Lex Claudia de nave senatorum (218 v. Chr.) 147
Lex de imperio Vespasiani (69) 181
Lex Hortensia de plebiscitis (287 v. Chr.) 139
Lex Julia (90 v. Chr.) 163
Lex Maria (119 v. Chr.) 159
Lex Ogulnia (300 v. Chr.) 138
Lex Plautia Papiria (89 v. Chr.) 163
Lex Rupilia (132 v. Chr.) 159
Lex Sempronia (133 v. Chr.) 159
Lex Villia annalis (180 v. Chr.) 153
Leyes Nuevas (1542) 477
Li (1392) 407
Liao-Reich (937) 268
Libanesischer Bürgerkrieg (1975) 1099
Libanonkrieg → 5. Nahostkrieg
Liber iudiciorum (654) 240
Liberal Party → Liberale Partei
Liberal Unionists (1886) 806
Liberal → Liberalismus
Liberal-Demokratische Partei (1976) 1102
Liberale Partei (1868) 766
Liberalismus (1812) 663
Liberation Tigers of Tamil Eelam (1983) 1119
Liberia-Projekt (1816) 678
Liberum Veto (1652) 537
Lib-Lab-Periode (1848) 730
Libra (780) 252
Libyer (1184 v. Chr.) 78
Licinisch-sextinische Gesetze → Leges Liciniae Sextiae
Liga (1455) 426
Liga der fünf italienischen Mittelmächte (1455) 427
Liga von Augsburg (1686) 552
Liga von Cambrai (1508) 453
Ligurische Republik (1797) 634
Likud-Block (1977) 1103
Liman-von-Sanders-Krise (1913) 878
Limes (85) 182
Limpieza de sangre (1449) 422
Linear B (ca. 1400 v. Chr.) 71
Literarisches Prüfungssystem (601) 233
Liudolfinger → Sachsen-Dynastie
Livländische Konföderation (1525) 461
Livländischer Krieg (1558) 487
Locarno-Pakt (1925) 958
Locarno-Verträge → Locarno-Pakt
Loi Cadre (1956) 1061
Loi Le Chapelier (1791) 609
Lollarden (1381) 404
Lombarden (1290) 369
1. Lombardenbund → Lombardischer Städtebund
2. Lombardenbund (1167) 319
3. Lombardenbund (1226) 343
Lombardische Republik → Transpadanische Republik
Lombardischer Städtebund (1093) 296
Lombardverbot (1887) 809
Londoner Protokoll (1839) 707
2. Londoner Protokoll (1852) 736
Londoner Vertrag (1840) 708
Londoner Vertrag (1914) 890
Long Parliament (1640) 524
Lord Protector (1653) 539
Lordkanzler (1660) 542
LTTE → Liberation Tigers of Tamil Eelam
Lubliner Komitee (1944) 1015
Lubliner Union (1569) 495
Luftbrücke (1948) 1033
Lugal (ca. 2700 v. Chr.) 50
Lusignan (1192) 329
»Lusitania« (1915) 893
Lutheraner (1555) 484
Luxemburger (1308) 373
Luxemburg-Krise (1867) 763

M

Ma'arach (1973) 1097
Maastrichter Vertrag (1992) 1131
»Machtergreifung« (1933) 972
MacMahon-Krise (1877) 785
Mafia (1860) 746
Magadha-Reich (ca. 540 v. Chr.) 101
Magdeburger Stadtrecht (1188) 323
Magier (522 v. Chr.) 104
Maginotlinie (1929) 963
Magister equitum (260) 195
Magistrat (510 v. Chr.) 108
Magna Charta (Libertatum) (1215) 338
Mahdi-Aufstand (1881) 795
Mahdi-Staat (1885) 804
Mährische Brüder → Böhmische Brüder
1. Mai (1886) 807

Mai 1968 (1968) 1085
Mainzer Jakobinerklub (1792) 621
Mainzer Reichslandfriede (1235) 346
Majestätsbrief (1609) 512
Majestätsprozesse (15) 176
Maji-Maji-Aufstand (1905) 854
Makedonische Kriege (215 v. Chr.) 149
2. Makedonischer Krieg (200 v. Chr.) 152
3. Makedonischer Krieg (171 v. Chr.) 154
Makedonisches Reich (358 v. Chr.) 130
Makkabäeraufstand (167 v. Chr.) 154
Mali-Reich (1212) 338
Malteser → Hospitaliter
Mamluken (813) 256
Mamluken (Ägypten, 1250) 348
Mamluken-Sultanat von Delhi (1206) 334
Mandarin (601) 233
Mandschu (1601) 508
Manhattan-Attentat (2001) 1135
Manichäismus (243) 193
»Manifest der Plebejer« (1795) 632
Manifest des Herzogs von Braunschweig (1792) 617
Mansion-House-Rede (1911) 868
Manufaktur (1760) 580
»Mao-Bibel« (1966) 1081
Maoismus (1966) 1080
Marathonlauf (490 v. Chr.) ch (1529) 465
Marduk (1792 v. Chr.) 65
Margarine (1869) 767
Marianische Heeresreform (107 v. Chr.) 161
Mark (1506) 453
Markgrafschaft (776) 249
Markomannen (166) 186
Markomannenkriege (166) 190
Markusdom (1094) 297
1. Marokkokrise (1905) 853
2. Marokkokrise (1911) 868
Maroniten (1184) 322
Marranos → Conversos
Marsch auf Rom (88 v. Chr.) 164
Marsch auf Rom (1922) 950
Marsch nach Süden (1306) 372
Marseillaise (1792) 617
Marsfeld (1791) 612
Marshall-Plan (1947) 1029
Marxismus (1883) 800
Märzrevolution (1848) 719
Maschinengewehr (1893) 825
Masdakiten → Mazdakiten
Mashona (1896) 831
Massageten (530 v. Chr) 102
Massaker auf dem Tienanmen-Platz (1989) 1124
Massaker von Ambon (1623) 518
Massaker von Amritsar (1919) 938
Massaker von Beirut (1982) 1118
Massaker von Drogheda (1649) 536
Massaker von Sharpeville (1960) 1071
Massenhochzeit von Susa (324 v. Chr.) 134
Matabele (1893) 824
Mathildische Güter (1116) 302
Mau-Mau-Aufstand (1952) 1051
Mauren (711) 245
Maurya-Reich (321 v. Chr.) 135
Maximum der Löhne (1794) 628
Maya (ca. 300) 199
1. Maximum → Kleines Maximum
2. Maximum → Großes Maximum
»Mayflower« (1620) 518
Mazdakiten (ca. 494) 222
McCarthyismus (1950) 1049
Meder (836 v. Chr.) 86
Mederreich (625 v. Chr.) 95
Mediationsakte (1803) 644
Mediatisierung (1803) 643
Medici (1429) 411
Medische Mauer (566 v. Chr.) 99
Meerengenkonvention → Dardanellenvertrag
Meiji-Ära (1868) 765
»Mein Kampf« (1924) 957
Meistbegünstigung (1843) 711
Menschenrechte (1789) 605
Menschewiki (1903) 847
Merchant Adventurers (1363) 396
Meriniden (1269) 360
Merkantilismus (1661) 543
Merowinger (481) 220
Messe (1298) 371
Messenier (740 v. Chr.) 90
Messenische Kriege (740 v. Chr.) 90
Methodisten (1838) 706
Methuen-Vertrag (1703) 562
Metropolit (1037) 278
Meuterei von Opis (324 v. Chr.) 134
Mexikanische Revolution (1911) 871
Mexikanischer Bürgerkrieg (1858) 743
Militärgrenze (1535) 473
Militärintervention des Warschauer Pakts in der ČSSR (1968) 1086
Militarismus (1733) 569
Miliz (1775) 591
Millet (1453) 426
Milliarde der Emigranten (1825) 690
Minderbrüder → Franziskaner
Ming-Dynastie (1368) 397
Minoische Kultur (ca. 1450 v. Chr.) 69
Minoriten → Franziskaner
Minuskel (768) 249
Missouri-Kompromiss (1821) 684
»Mit brennender Sorge« (1937) 991
Mitanni (ca. 1500 v. Chr.) 68
Mithridatische Kriege (89 v. Chr.) 163
2. Mithridatischer Krieg (83 v. Chr.) 165
3. Mithridatischer Krieg (75/74 v. Chr.) 166
»Mittelafrika« (1914) 889
»Mitteleuropa« (1914) 889
Mittelmächte (1914) 891
Mittelmeerentente (1887) 811
Mittleres Reich (2040 v. Chr.) 62
Mobilität des Bodens (1807) 655
Model Parliament (1295) 371

Moghul → Groß-Moghul
Moghulreich (1526) 462
Molasses Act (1733) 571
Molotow-Ribbentrop-Pakt → Hitler-Stalin-Pakt
Monarchie (ca. 3100 v. Chr.) 31
Monarchie de Juillet → Julimonarchie
Mönchtum (529) 224
Mongolenreich (1206) 334
Monomotapa (ca. 1450) 422
Monophysitismus (451) 218
Monopol (1455) 429
Monotheismus (ca. 1020 v. Chr.) 83
Monroe-Doktrin (1823) 686
Monsun (117 v. Chr.) 160
Montanunion (1951) 1050
Morgenländisches Schisma → Schisma Rom–Byzanz
Morgenthau-Plan (1944) 1016
Moriscos (1501) 447
Morisken → Moriscos
Mos maiorum (ca. 510 v. Chr.) 109
Moslemliga → Muslimliga
Mouvement Républicain Populaire (1946) 1027
Movimento Popular de Libertação de Angola → MPLA
MPLA (1975) 1098
MRP → Mouvement Républicain Populaire
Mudschaheddin (1979) 1111
Münchner Abkommen (1938) 994
Münchner Räterepublik (1919) 924
Münze (ca. 600 v. Chr.) 96
Münzverschlechterung (1306) 373
Muscovy Company (1553) 482
Muslime (628) 237
Muslimliga (1906) 859
My-Lai-Massaker (1969) 1090

N

NAACP → National Association for the Advancement of Colored People
Nabatäer (106) 185
Nabob (1740) 571
Nahostkonflikt (1948) 1035
1. Nahostkrieg (1948) 1036
2. Nahostkrieg (1956) 1059
3. Nahostkrieg (1967) 1083
4. Nahostkrieg (1973) 1097
5. Nahostkrieg (1982) 1117
Nama (1904) 850
Nan-Chao (1253) 352
Napoleonische Kriege (1805) 647
Narodna Odbrana (1908) 864
Narodnaja Volja (1879) 792
Narodniki (1874) 780
Nation (1312) 375
National Association for the Advancement of Colored People (1910) 867
National Congress of British West Africa (1920) 946
National Covenant (1638) 523
National Government (1931) 968
National Party → Nationale Partei Südafrikas
Nationalconvent → Konvent
Nationaldemokratische Partei Deutschlands (1964) 1078
Nationale Partei Südafrikas (1922) 952
»Das nationale System der politischen Ökonomie« (1841) 709
Nationale Volksarmee (1956) 1058
Nationalgarde (1789) 605
Nationalisierung der Kirchengüter (1789) 606
Nationalliberale Partei (1867) 759
Nationalsozialismus (1920) 942
Nationalsozialistische Deutsche Arbeiterpartei (1920) 940
Nationalversammlung (1789) 602
Nationalwerkstätten (1848) 719
Native Lands Act (1913) 879
NATO (1949) 1041
NATO-Doppelbeschluss (1979) 1109
Navigationsakte (1651) 536
Nawab → Nabob
NCBWA → National Congress of British West Africa
Ndebele → Matabele
Nea Demokratia → Neue Demokratie
Neoabsolutismus (1851) 735
Neo-Destour-Partei (1934) 984
NEP → Neue Ökonomische Politik
Nestorianer (431) 216
Neue Ära (1858) 743
Neue Demokratie (1974) 1098
»Neue Heimat« (1982) 1116
Neue Ökonomische Politik (1921) 948
Neue Ostpolitik (1969) 1089
Neues Reich (1551 v. Chr.) 68
Neuplatoniker (361) 204
New Deal (1933) 972
New Frontier (1961) 1072
New Model Army (1645) 529
»New South« (1910) 866
Nguyen (1687) 552
Nichteinmischung → Nichtintervention
Nichtintervention (1936) 989
Niederländische Westindien-kompagnie (1621) 518
Niederländischer Unabhängigkeitskrieg (1572) 496
»Nihil Novi« → Konstitution von Radom
Nika-Aufstand (532) 226
Nikiasfriede (421 v. Chr.) 123
»No taxation without representation« (1766) 583
Nobelpreis (1901) 844
Nobilität (367 v. Chr.) 129
»Noch ist Polen nicht verloren« (1797) 635
Nochtschi → Tschetschenen
Nomen (ca. 3100 v. Chr.) 42
Nomothet (624/21 v. Chr.) 95
Nonkonformisten (1688) 553
Nordatlantikpakt → NATO
Norddeutscher Bund (1867) 759
Norddeutscher Lloyd (1857) 742
Nordfeldzug (1926) 962
Nordirlandkonflikt (1968) 1088
Nordischer Krieg (1700) 559
(1.) Nordischer Krieg → Schwedisch-polnischer Krieg
Nordostpassage (1553) 483
Nordwestpassage (1497) 445

»Normalisierung« (1968) 1086
Normannen → Wikinger
Normannische Dynastie (1066) 286
Normannische Eroberung (1066) 286
North Atlantic Treaty Organization → NATO
Notabeln (1787) 597
Notabelnversammlung (1787) 598
Notenbank (1715) 566
Notstandsgesetze (1968) 1085
Novemberaufstand (1830) 695
Novemberrevolution (Deutschland, 1918) 913
Novemberrevolution (Österreich, 1918) 915
NPD → Nationaldemokratische Partei Deutschlands
NSDAP → Nationalsozialistische Deutsche Arbeiterpartei
Numerus clausus (1887) 809
Nürnberger Gesetze (1935) 986
Nürnberger Prozesse (1945) 1022
NVA → Nationale Volksarmee

O

O. C. → Organisation Consul
OAS → Organisation Amerikanischer Staaten
OAS → Organisation de l'Armée Sécrète
OAU → Organisation für Afrikanische Einheit
Oberhaus → House of Lords
Oberkaiser (293) 198
Oberste Heeresleitung (1914) 887
Obödienzen (1378) 403
Obodriten → Abodriten
Obsidian (nach 6000 v. Chr.) 24
Obstruktion (1877) 785
»Oceana« (1656) 540
Ochrana (1881) 793
Oder-Neiße-Grenze → Oder-Neiße-Linie
Oder-Neiße-Linie (1945) 1020
Odjak → Janitscharen
»Odnowa« (1980) 1113
Odyssee (750 v. Chr.) 90
Öffentliche Schule → Public School
Oghusen (955) 270
OHL → Oberste Heeresleitung
Oktoberrevolution (1917) 901
Oldenburger (1448) 420
Ölfeuerung (1911) 869
Oligarchie (411 v. Chr.) 124
Olmützer Punktation → Vertrag von Olmütz
Ölpreisschock → Erdölschock
Olympische Spiele (776 v. Chr.) 88
Olympische Spiele (1896) 832
Omaijaden (661) 242
Omri-Dynastie (841 v. Chr.) 86
OPEC → Organisation der Erdöl exportierenden Länder
Open Door Policy → Politik der Offenen Tür
Opium (1773) 586
Opiumkrieg (1840) 708
Opritschnina (1565) 494
Optimaten (100 v. Chr.) 161
Oranier (1631) 520
Orden (1348) 390
Orden vom Goldenen Vlies (1429) 411
Ordinamenti di giustizia (1293) 370
Ordinatio imperii (817) 257
Ordinatio stapularum (1353) 393
Ordonnance (Ordonnance royale) (1315) 377
Ordonnanzkompanien (1445) 419
Organisation Amerikanischer Staaten (1948) 1035
Organisation Consul (1921) 947
Organisation de l'Armée Sécrète (1961) 1074
Organisation der Erdöl exportierenden Länder (1960) 1070
Organisation für Afrikanische Einheit (1963) 1077
Organisation für Sicherheit und Zusammenarbeit in Europa → Konferenz für Sicherheit und Zusammenarbeit in Europa
Organization for African Unity → Organisation für Afrikanische Einheit
Orientalische Frage (1774) 587
1. Orientkrise (1831) 696
2. Orientkrise (1839) 707
Orthodoxie (379) 207
Osmanen (1288) 364
Osmanisches Reich (1290) 365
Osseten (1992) 1129
Osteraufstand (1916) 894
Osterbotschaft (1917) 898
Österreichische Niederlande (1714) 565
Österreichische Volkspartei (1945) 1023
Österreichischer Erbfolgekrieg (1740) 571
Österreichischer Staatsvertrag (1955) 1055
Österreich-Ungarn → Doppelmonarchie Österreich-Ungarn
Osterunruhen (1968) 1085
Ostgoten (269) 196
Ostjuden (1349) 391
Ostkolonisation (1134) 308
Östliche Chin-Dynastie (317) 200
Ost-Locarno (1925) 959
Ostmarkenverein (1894) 826
Ostrakismos → Scherbengericht
Ostrom (395) 213
Ostverträge (1970) 1090
OSZE → Konferenz für Sicherheit und Zusammenarbeit in Europa
Ottomanen → Osmanen
Ottomanisches Reich → Osmanisches Reich
Ottonen → Sachsen-Dynastie
Ottonische Reichskirche (953) 269
ÖVP → Österreichische Volkspartei
Oyo-Reich (1817) 679

P

Přemysliden (1198) 330
Palaiologen (1259) 356
Palast (2355 v. Chr.) 55
Palästina-Mandat (1920) 943
Palästinenser (1948) 1037
Palästinensische Befreiungsorganisation → Palestine Liberation Organization
Palestine Liberation Organization (PLO) (1970) 1092

(1.) Panafrikanische Konferenz (1900) 842
Panafrikanismus (1900) 842
Panamaskandal (1893) 824
1. Panamerikanische Konferenz (1889) 816
Panhellenische Sozialistische Bewegung → PASOK
Panhellenischer Bund (337 v. Chr.) 131
Panslawismus (1857) 742
»Panthersprung« (1911) 868
Papier (105) 184
»Papenschlag« (1932) 972
Papiergeld (1024) 277
Papst (383) 208
Päpstliche Friedensvermittlung (1917) 900
Pariser Friede → Pariser Kongress
1. Pariser Friede (1814) 668
2. Pariser Friede (1815) 675
Pariser Friedenskonferenz (1919) 925
Pariser Friedensverträge (1947) 1031
Pariser Kommune (1871) 776
Pariser Kongress (1856) 739
Pariser Verträge (1955) 1055
Pariser Vorortverträge (1919) 926
Parlament (1265) 357
Parlamentarische Monarchie (1689) 556
Parlamentarischer Rat (1948) 1034
Parlamentarisierung (1918) 908
Parlamentum (1238) 347
Parlement → Parlamentum
Parsen (642) 240
Parsismus → Zoroastrismus
Partei des Demokratischen Sozialismus (1989) 1125
2. Parteitag der SDAPR (1903) 847
Partei des rechten Wegs → Gerechtigkeitspartei
Parthenopäische Republik (1799) 639
Parther (247 v. Chr.) 144
Partherkriege (194) 191
Partherreich (247 v. Chr.) 145
Parti Socialiste (1972) 1096
Paschtunen (1992) 1131
PASOK (1981) 1115
Passat → Monsun
Passauer Vertrag (1552) 481
Passgesetze (1960) 1071
Passierscheinabkommen (1963) 1076
Passiver Widerstand (1919) 938
Pataria (1056) 283
Pathanen → Paschtunen
Patriarchat (325) 202
Patricius (475) 219
Patrimonium Petri (590) 232
Patrioten (1763) 581
Patrizier (445 v. Chr.) 119
Paulikianer (872) 260
Paulizianer → Paulikianer
Paulskirche (1848) 724
Pax Dei → Gottesfrieden
Pax Dissidentum (1573) 498
Pax Romana (30 v. Chr.) 171
Pazifikation von Gent (1576) 499
Pazifismus (1889) 815
PDS → Partei des Demokratischen Sozialismus
Pech (ca. 3100 v. Chr.) 41
Pelagianismus (431) 216
Peloponnesischer Bund (550 v. Chr.) 101
Peloponnesischer Krieg (431 v. Chr.) 122
Pentapolis (756) 248
Pentarchie (1455) 427
People's Budget (1909) 865
People's Charter (1838) 706
Perestroika (1986) 1122
Periode der Zerrissenheit (420) 215
Periodizität (1287) 364
Peronisten (1973) 1096
Perserkriege (490 v. Chr.) 113
Persische Revolution (1905) 855
Personalunion (525 v. Chr.) 103
Pest (430 v. Chr.) 122
»Peterloo« (1819) 682
Petersburger Vertrag → Englisch-russische Verständigung
Peterspfennig (1506) 452
Petition of Rights (1628) 519
Petschenegen (889) 262
Peuls → Fulbe
Pfälzischer Erbfolgekrieg (1688) 554
Pfeilkreuzlerbewegung (1937) 991
Pfennig (780) 252
Pferd (ca. 1720 v. Chr.) 66
Phalanx (ca 3100 v. Chr.) 42
Phanarioten (1711) 563
Pharao (1468 v. Chr.) 69
Philippika (341 v. Chr.) 131
Philister (nach 1200 v. Chr.) 78
Phokäer (ca. 600 v. Chr.) 97
Phoney War → »Sitzkrieg«
Photianisches Schisma (867) 260
Phryger (1050 v. Chr.) 79
Phylen (508/07 v. Chr.) 109
Piasten (960) 271
Pikten (368) 205
Piktogramm (ca. 3600 v. Chr.) 30
Pilgerväter (1620) 518
Pilgrim Fathers → Pilgerväter
Pippiniden → Arnulfingen
Pippinische Schenkung (756) 248
Pisonische Verschwörung (65) 179
PKK → Kurdische Arbeiterpartei
Plantagenet (1154) 311
Plantation (1609) 512
Platoniker → Neuplatoniker
Platt-Amendment (1901) 844
Plebejer (494 v. Chr.) 111
Plebiszit (287 v. Chr.) 139
Plebs → Plebejer
PLO → Palestine Liberation Organization
PNV-EAJ (Baskische Nationalistische Partei) (1979) 1111
Pogrom (1881) 793
Polenkrise (1980) 1111
Polen-Manifest (1916) 896
Polis (650 v. Chr.) 94
Politik der kollektiven Sicherheit (1934) 981
Politik der Offenen Tür (1900) 840
Politiques (1576) 498
Poll tax → Kopfsteuer
Polnisch-Litauische Union (1386) 406
Polnische Frage (1795) 633
Polnische Legion (1797) 635
2. Polnische Republik (1918) 910
Polnische Sozialistische Partei (1892) 823

Polnische Vereinigte Arbeiterpartei (1948) 1038
Polnischer Aufstand in Krakau (1846) 712
Polnischer Erbfolgekrieg (1733) 570
Polnischer Oktober (1956) 1060
Polnischer Thronfolgekrieg → Polnischer Erbfolgekrieg
Polowzer → Kumanen
Polska Partia Socialistyczna → Polnische Sozialistische Partei
Polska Zjednoczana Partia Robotnicza → Polnische Vereinigte Arbeiterpartei
Pontifex maximus (36 v. Chr.) 170
Pontusklausel (1856) 739
Pontuskonferenz (1871) 777
Poor Law (1598) 507
Popolo minuto (1343) 387
Popularen (100 v. Chr.) 162
Possibilisten (1899) 838
Post (521 v. Chr) 105
Potato Blight → Große Kartoffelmissernte
»Potemkinsche Dörfer« (1787) 599
Potsdamer Abkommen (1945) 1018
Potsdamer Konferenz (1945) 1018
Poynings' Law (1494) 442
PPR → Kommunistische Partei Polens
PPS → Polnische Sozialistische Partei
Praetor (367 v. Chr.) 128
Präfektur (326) 203
1. Prager Fenstersturz (1419) 410
(2.) Prager Fenstersturz (1618) 515
(3.) »Prager Fenstersturz« (1948) 1032
Prager Friede → Vorfriede von Nikolsburg
Prager Frühling (1968) 1085
Prager Kompaktaten (1433) 414
Pragmatische Sanktion (1438) 414
Pragmatische Sanktion (1713) 564
Pragmatische Sanktion (1830) 696
Präsidialkabinett (1930) 966
Prätendent (821) 257
Prätorianergarde (23) 176
Prätorianerpräfekt (180) 190
Präventivkrieg (1905) 854
Premierminister (1721) 567
Presbyterianer (1648) 533
Preußische Heeresreform (1861) 750
Preußische Nationalversammlung (1848) 728
Preußische Reformen (1807) 654
Preußische Union (1817) 680
Preußische Verfassung (1848) 728
Preußischer Bund (1440) 416
Preußischer Heereskonflikt (1861) 750
Preußischer Verfassungskonflikt → Preußischer Heereskonflikt
Preußisches Zollgesetz (1818) 680
Pride's Purge (1648) 534
Priesterehe (1548) 480
Priesterkönig (ca. 3100 v. Chr.) 37
Primat (440) 217
Prince of Wales (1301) 372
Principal Secretary (1534) 470
Prinzipat (27 v. Chr.) 172
Privileg (1074) 290
Privileg von Kaschau (1374) 398
Privilegium maius (1358) 396
Privilegium minus (1156) 315
Privy Council (1487) 437
Profumo-Skandal (1963) 1077
Prokonsul (27 v. Chr.) 172
Proletarii (133 v. Chr.) 158
Pronunciamento (1820) 683
Proporz (1947) 1030
1. Proskriptionen (82 v. Chr.) 165
2. Proskriptionen (43 v. Chr.) 170
Protectorate (1653) 538
Protektorat (20 v. Chr.) 172
Protestanten (1529) 465
»Protokolle der Weisen von Zion« (1905) 857
Provinz (241 v. Chr.) 145
Provinziallandstände (1822) 686
Provinzstände (1231) 345
Provisions of Oxford (1258) 356
Provisorische Regierung der Algerischen Republik (1958) 1068
Prussen (1226) 343
Przemysliden → Přemysliden
PS → Parti Socialiste
Pseudo-Demetrius (1605) 511
Ptolemäer (210 v. Chr.) 150
Ptolemäerreich (210 v. Chr.) 150
Public School (1382) 405
Pugatschow-Aufstand (1773) 586
Punische Kriege (264 v. Chr.) 143
2. Punischer Krieg (218 v. Chr.) 147
3. Punischer Krieg (149 v. Chr.) 156
Puritaner (1553) 482
Putney Debates (1647) 530
Pyramide (ca. 2630 v. Chr.) 51
Pyrenäenfriede (1659) 540
PZPR → Polnische Vereinigte Arbeiterpartei

Q

Qaramitah → Qarmaten
Qarmaten (930) 266
Qin-Dynastie → Ch'in-Dynastie
»Qu'est-ce que le Tiers État?« (1789) 600
Quaden (166) 187
»Quadragesimo Anno« (1931) 970
Quadrupelallianz (1815) 675
Quäker (1648) 534
Quarantäne (1348) 389
Quartering Act (1765) 582

R

Radikalsozialisten (1901) 845
RAF → Rote Armee Fraktion
Raketenkrise (1962) 1075
Randkultur (3000 v. Chr.) 49
Rapacki-Plan (1957) 1062
Rapallo-Vertrag (1922) 949
Rassemblement du Peuple Français (1947) 1032

Rassismus (ab 1505) 450
Rat (1117) 302
Rat der 400 (594/93 v. Chr.) 98
Rat der Volksbeauftragten (1918) 915
Rat für Gegenseitige Wirtschaftshilfe (1949) 1040
Raubritter (1254) 353
Rayon (1791) 614
Razzia (630) 238
Rê (ca. 2465 v. Chr.) 54
Realunion (1460) 431
Realunion England–Irland → Union England–Irland
Rebellion von Burford (1649) 535
Rechtgläubigkeit → Orthodoxie
Reconquista (1064) 284
Reconstruction-Periode (1865) 755
Red Scare Letter (1924) 957
Reduktionen (1588) 505
»Reflections on the Revolution in France« (1790) 608
2. Reform Bill (1867) 763
3. Reform Bill (1884) 801
Reform des Oberhauses (1911) 868
Reform League (1865) 756
Reformation (1517) 456
Reformations-Parlament (1529) 466
Reformbewegung der »Hundert Tage« (1898) 834
Reformierte (1536) 476
Regalien (1183) 321
Regeneration (1830) 695
Regensburger Kurfürstentag (1630) 520
Regentschaftsrat (1917) 900
Regierender Senat (1711) 563
Regulierungsedikt (1816) 677
Reich der Deutschen (962) 271
Reich des Choresm-Schah (1219) 341
Reich des Samo (ca. 630) 238
Reichsbanner »Schwarz-Rot-Gold« (1924) 958
Reichsdeputationshauptschluss (1803) 642
Reichsexekution (1923) 955
Reichsfinanzreform (1909) 865
Reichsfreiheit → Reichsunmittelbarkeit
Reichsgericht (1879) 792
Reichsgründung (1871) 773
Reichskammergericht (1495) 443
Reichskonkordat (1933) 976
Reichskreise (1500) 445
»Reichskristallnacht« (1938) 995
»Reichslande« (1871) 775
Reichslandfriede zu Eger (1389) 406
Reichsordnung von Triparadeisos (321 v. Chr.) 135
Reichspogromnacht → »Reichskristallnacht«
Reichsprotektorat Böhmen und Mähren (1939) 996
Reichsrat (1907) 860
Reichsreform (1495) 442
Reichsregiment (1495) 444
Reichstag (1157) 315
Reichstagsbrand (1933) 974
Reichsunmittelbarkeit (1231) 345
Reichsverfassungskampagne (1849) 731
Reichsversammlung (1613) 513
Reichsverweser (323 v. Chr.) 134
Reichswehr (1919) 939
Religionsgespräch von Poissy (1561) 488
Religionskriege (1529) 466
Remilitarisierung des Rheinlandes (1936) 990
Renaissance (1453) 424
Renversement des Alliances (1756) 577
Reparationen (1919) 928
Republik (510 v. Chr.) 106
Republik des heiligen Ambrosius (1447) 419
Republik Krakau (1815) 673
1. Republik Österreich (1918) 909
2. Republik Österreich (1945) 1020
Republik von Salò (1943) 1013
Republikanische Front (1956) 1058
Republikanische Partei (USA, 1854) 737
Republikanische Partei (Italien, 1981) 1114
Republikanischer Kalender (1793) 627
Reservate (1913) 879
Résistance (1940) 1003
Restauration (25) 177
Restauration (England, 1660) 541
Restauration (Frankreich, 1814) 669
Restitutionsedikt (1629) 520
Restoration → Restauration (England)
Reunionskammern (1679) 550
»Revancheanleihe« (1888) 812
Revisionismus (1899) 838
Revolution (1640) 527
Revolution 1848/49 (1848) 716
Revolutionskriege (1792) 620
Revolutionstribunal → Volkstribunal
Rex-Bewegung (1935) 987
Rezess (1653) 539
RGW → Rat für gegenseitige Wirtschaftshilfe
Rheinbund (1658) 540
(2.) Rheinbund (1806) 648
Rheinische Republik (1793) 622
Rheinischer Bund (1254) 353
Rialto-Bank (1587) 504
Ribat (1039) 279
Riksdag (1359) 396
Rind (ca. 5000 v. Chr.) 26
Ripuarische Franken (451) 218
Risorgimento (1847) 713
»Il Risorgimento« (1847) 713
Ritter (218 v. Chr.) 147
Ritualmord (1144) 310
Rochdale Pioneers (1844) 712
Röhm-Putsch (1934) 979
Roma → Zigeuner
Romanow (1613) 513
Römische Bürgerkriege (133 v. Chr.) 159
Römische Republik (1798) 636
Römische Republik (1849) 732
Römische Revolution → Römische Bürgerkriege
Römischer Krieg → Jüdischer Aufstand
Römisches Recht (1158) 316
Rosenkriege (1455) 427
Rote Armee (1920) 945
Rote Armee Fraktion (1970) 1091

Rote Augenbrauen (23) 177
Rote Brigaden (1970) 1091
Rote Garden (1966) 1081
Rote Khmer (1978) 1104
»Rotes Büchlein« → »Mao-Bibel«
Rotes Kreuz (1863) 752
Rotten boroughs (1832) 698
Roundheads (1642) 528
Round-Table-Konferenz (1930) 967
Royal African Company (1672) 548
Royal Society (1660) 543
RPF → Rassemblement du Peuple Français
Rückversicherungsvertrag (1887) 809
Ruhrkampf (1923) 953
Rump (1648) 534
Rumpf-Parlament (1849) 732
Rum-Sultanat (1077) 292
Runder Tisch → Round-Table-Konferenz
Rurikiden (862) 259
Russisch-japanischer Krieg (1904) 848
Russisch-türkische Kriege (1710) 562
2. Russisch-türkischer Krieg (1735) 571
3. Russisch-türkischer Krieg (1768) 584
4. Russisch-türkischer Krieg (1787) 599
5. Russisch-türkischer Krieg (1806) 652
6. Russisch-türkischer Krieg (1828) 690
7. Russisch-türkischer Krieg (1853) 736
8. Russisch-türkischer Krieg (1877) 786
Russische Revolution (1905) 850
1. Russische Revolution (1905) 850
Russischer Bürgerkrieg (1917) 905
Russisch-französische Militärkonvention (1894) 825
Russlandfeldzug (1812) 665
Ruzhen → Dschurdschen
Rzeczpospolita Ludowa → Volksrepublik Polen
Rzeczpospolita → Adelsrepublik

S

SA (1934) 979
Sabiner (290 v. Chr.) 138
Sacco di Roma (1527) 464
Sachsen (286) 198
Sachsen-Dynastie (919) 264
Sächsische Volkspartei (1866) 758
Sacrum Imperium (1157) 315
Safawiden (1501) 446
Sainte Ligue → Katholische Liga
Saint-Simonismus (1825) 687
Saken (133 v. Chr.) 157
Säkularisation (1803) 643
Säkularisation der Klöster (1536) 474
Salier (1024) 276
Salische Franken (451) 218
Saloniki-Armee (1915) 891
SALT → Strategic Arms Limitation Talks
Salvation Army → Heilsarmee
Salzsteuer (1341) 387
Samaniden (819) 257
Samaritaner (722 v. Chr.) 91
Samariter → Samaritaner
Sammeln der russischen Erde → Sammeln des Landes der Rus
Sammeln des Landes der Rus (1478) 434
Samniten (343 v. Chr.) 131
Samnitenkriege (343 v. Chr.) 131
Samurai (1871) 778
Sandinistische Befreiungsfront (1979) 1108
Sandschak (1430) 412
Sanktionen (1935) 987
Sansculotten (1793) 623
SAPD → Sozialistische Arbeiterpartei Deutschlands
Sarazenen (826) 257
Sarmaten (166) 190
Sassaniden (224) 191
Satrap/Satrapie (521 v. Chr) 104
Satrapenaufstand (366 v. Chr.) 129
»Säuberungen« (1934) 982
SBZ → Sowjetische Besatzungszone
Schaf (ca. 5000 v. Chr.) 25
Schandfleck → Gelber Fleck
Schauenburg → Schaumburg
Schaumburg (1460) 430
Schauprozesse (1934) 983
Scherbengericht (508/07 v. Chr.) 110
Schiefe Schlachtordnung (371 v. Chr.) 127
Schiffsbrücke (513/12 v. Chr) 105
Schiiten (632) 241
Schilling (780) 252
Schisma (484) 221
Schisma Rom–Byzanz (1054) 281
Schlachta (1374) 399
Schlachtflotte (1897) 832
Schlesische Kriege (1740) 572
Schleswig-Holsteinische Frage (1848) 725
Schlieffenplan (1905) 853
Schmalkaldischer Bund (1531) 467
Schmalkaldischer Krieg (1546) 479
Scholastik (1122) 305
Schona → Mashona
Schreckensherrschaft → Großer Terror
Schrift (ca. 3100 v. Chr.) 45
Schuman-Plan (1950) 1048
Schutzstaffel → SS
Schutzzoll (1879) 791
Schwaben (900) 263
Schwabenkrieg (1499) 445
Schwäbischer Bund (1488) 437
Schwarze → Unbedingte
Schwarze Hammel (1410) 408
»Schwarze Hand« (1911) 869
»Schwarzer Freitag« (1929) 964
»Schwarzer September« (1972) 1095
Schwarzer Stein (930) 267
»Schwarzer Tag« (1918) 908
Schwarzer Tod → Große Pest
Schwedisch-polnischer Krieg (1655) 539
»Schweinekrieg« (1906) 860
Schweizerkrieg → Schwabenkrieg
Schwertbrüderorden (1202) 332

Schwesterrepublik
→ Tochterrepublik
Scottish Labour Party (1889) 813
Scottish Prayer Book (1637) 523
Scramble for Africa (1844) 804
SD → Sicherheitsdienst des Reichsführers SS
SDAP → Sozialdemokratische Arbeiterpartei Österreichs
SDAP → Sozialdemokratische Arbeiterpartei
SDAPR → Sozialdemokratische Arbeiterpartei Russlands
SDI → Strategic Defence Initiative
SDKP → Sozialdemokratische Partei des Königreichs Polen
SDKPiL → Sozialdemokratische Partei des Königreichs Polen
SEATO → South-East Asia Treaty Organization
Sebastianismus (1578) 500
Secessio Plebis (494 v. Chr.) 111
Sechstagekrieg → 3. Nahostkrieg
»Sechzehn Staaten« (419) 215
Second Empire → II. Empire
Section Française de l'Internationale Ouvrière (1905) 856
SED → Sozialistische Einheitspartei Deutschlands
Seegeusen (1572) 496
Seeräuber (306 v. Chr.) 137
Seeräuber → Korsar
Seevölker (ca. 1200 v. Chr.) 77
Seeweg nach Indien (1485) 435
Seide (551) 228
Seidenstraße (206 v. Chr.) 152
Sejm (1505) 448
Sektierer (1530) 467
Sekundogenitur (1748) 575
Seldschuken (955) 270
Seleukidenreich (312 v. Chr.) 136
Seleukidische Ära (312 v. Chr.) 136
Semgaller (1235) 346
Semiten (ca. 2600 v. Chr.) 53
11. September → Manhattan-Attentat
Semski Sobor → Reichsversammlung
Semstwo (1864) 753
Senat (510 v. Chr.) 107
Senatus consultum ultimum
→ Staatsnotstand
Sendero Luminoso (1980) 1114
Seniorat (1054) 281
Senussi (1912) 875
Separatfriede → Sonderfriede
Sephardim (1492) 438
Sepoy-Aufstand → Großer Aufstand
Septembermorde (1792) 618
Septemberprogramm (1914) 889
Septennat (1874) 780
Serben (614) 235
Serbischer Aufstand (1804) 644
Sezession (1860) 747
Sezessionskrieg (1861) 748
SFIO → Section Française de l'Internationale Ouvrière
Sforza (1450) 422
Shang-Dynastie (1523 v. Chr.) 68
Sheriff (1129) 306
Shogunat (1192) 329
Short Parliament (1640) 524
Sicherheitsdienst des Reichsführers SS (1933) 976
Sicherheitsplätze (1570) 495
Siebenjähriger Krieg (1756) 577
Sierra Leoneans (1838) 705
Signorie (1342) 387
Sikhs (1857) 741
Silber (ca. 3100 v. Chr.) 39
Silberflotte (1543) 477
Simonie (1059) 284
Singhalesen (1983) 1119
Sinn Féin (1905) 855
Sinti → Zigeuner
Sioux (1890) 819
»Sitzkrieg« (1939) 1001
Six Acts (1819) 682
»Six Livres de la République« (1576) 498
Sixtusaffäre (1917) 899
Sizilianische Expedition (414 v. Chr.) 123
Sizilianische Vesper (1282) 363
Sklaven (146 v. Chr.) 156
Sklavenaufstand (135 v. Chr.) 157
Sklavenemanzipation in den USA (1862) 750
Sklavenhandel (1441) 417
Sklaverei (ca. 2300 v. Chr.) 59
Skoten (368) 205
Skythen (800 v. Chr.)) 87
Slave Code (1688) 553
Slawen (528) 222
Slawenaufstand (ca. 630) 238
1. Slawenkongress (1848) 724
2. Slawenkongress (1867) 764
Slawische Komitees (1857) 741
Slawisches Alphabet (863) 260
Slowenen (776) 249
Smuta (1604) 510
Social Democratic Federation (1884) 801
Social Democratic Party (1981) 1114
Societas Jesu → Jesuitenorden
Society of Friends → Quäker
Socjal-Demokracja Królestwa Polskiego → Sozialdemokratische Partei des Königreichs Polen
Socii navales (272 v. Chr.) 143
Soldatenkaiser (235) 192
Soldatenräte (1647) 530
Solemn League and Covenant (1643) 529
Solidarność (1980) 1112
Solidus (324) 201
Solonische Reformen (594/93 v. Chr.) 97
Sonderbund (1845) 712
Sonderbundskrieg (1847) 715
Sonderfriede (1914) 890
Sonderfriede von Posen (1806) 652
Sonderfriede zu Basel (1795) 631
Sondergebiet → Opritschnina
Sonderreich der Septimia Zenobia (267) 196
Sonderreich des Postumus (259) 195
Songhai-Reich (1464) 432
Sonnenkult (270) 197
Sonntag (321) 200
South African Native Congress (1913) 876
South Sea Bubble (1720) 567
South Sea Company (1720) 567
South West Africa People's Organization → SWAPO

South-East Asia Treaty Organization (1954) 1053
Souveränität (1576) 499
Sowjetarmee → Rote Armee
Sowjetische Besatzungszone (1945) 1024
Sowjetisch-finnischer Winterkrieg (1939) 1002
Sowjetisch-polnischer Krieg (1920) 944
Sowjets → Arbeiterräte
Sowjetunion → Union der Sozialistischen Sowjetrepubliken
Sozialdemokratische Arbeiterpartei (1869) 767
Sozialdemokratische Arbeiterpartei Österreichs (1889) 813
Sozialdemokratische Arbeiterpartei Russlands (1898) 836
Sozialdemokratische Arbeitsgemeinschaft (1916) 894
Sozialdemokratische Partei (1890) 817
Sozialdemokratische Partei des Königreichs Polen (1893) 824
»Sozialfaschismus« (1935) 988
Sozialimperialismus (1884) 803
Sozialismus (1830) 693
Sozialistengesetz (1878) 790
Sozialistische Arbeiterpartei Deutschlands (1875) 782
Sozialistische Einheitspartei Deutschlands (1946) 1026
Sozialliberale Koalition (1969) 1089
Sozialpolitik (in Deutschland) (1883) 800
Sozialrevolutionäre (1901) 845
Spaniolisch (1492) 438
Spanisch-amerikanischer Krieg (1898) 834
Spanische Heirat (1496) 444
Spanische Niederlande (1579) 500
1. Spanische Republik (1873) 779
2. Spanische Republik (1931) 969
Spanische Revolution (1820) 683
Spanische Thronkandidatur (1870) 767
Spanischer Bürgerkrieg (1936) 988
Spanischer Erbfolgekrieg (1701) 560
Spanischer Unabhängigkeitskrieg (1808) 657
Spartacusaufstand (73 v. Chr.) 167
Spartakusaufstand (1919) 920
Spartakusbund (1916) 894
Spartiaten (480 v. Chr.) 115
Spätzeit (715 v. Chr.) 92
SPD → Sozialdemokratische Partei
Speaker (1377) 402
»Der Spiegel« (1962) 1076
»Spiegel«-Affäre (1962) 1076
Sputnik (1957) 1064
SS (1934) 980
Staat (ca. 3100 v. Chr.) 32
Staatenbund → Konföderation
Staatsbankrott (1557) 486
Staatsnotstand (49 v. Chr.) 168
Städtebund (ca. 3000 v. Chr.) 47
Städtebund (1389) 407
Städteordnung in Preußen (1808) 655
Städtischer Schwurverband (1015) 275
Stadtstaat (ca. 3100 v. Chr.) 36
Stadtversammlung (ca. 3100 v. Chr.) 37
Stahlhelm (1918) 917
Stahlpakt (1939) 996
Stalhof (1281) 362
Stalin-Note (1952) 1050
Stalinismus (1934) 983
Stammesherzogtum (900) 262
Stammeskonföderation (250 v. Chr.) 144
Stamp Act (1765) 582
Stamp Act Congress (1765) 582
Standarte → Sandschak
Stände (1188) 324
Ständekämpfe (494 v. Chr) 112
Ständekrieg (1454) 426
Stapel (1353) 393
Star Chamber (1487) 436
Star Wars → Strategic Defence Initiative
START → Strategic Arms Limitation Talks
Stasis (561 v. Chr.) 100
Statthalter (1572) 496
Statute against Liveries → Act of Retainer
Statute of Labourers (1351) 393
Statutes of Kilkenny (1366) 397
Statutum in favorem principum (1231) 344
Staufer (1079) 293
Stedinger Bauernrepublik (1234) 346
Steigbügel (552) 228
Stein von Rosette (1799) 639
Stellungskrieg (1914) 887
Stephanskrone (1000) 275
Sternkammer → Star Chamber
Steuern (443 v. Chr.) 120
Steward → Stuart
Stockholmer Blutbad (1520) 458
»Strafaktion« der Volksrepublik China gegen Vietnam (1979) 1108
Straßburger Eide (842) 258
Stratege (487/86 v. Chr.) 114
Strategic Arms Limitation Talks (1972) 1093
Strategic Arms Reduction Talks (1982) 1118
Strategic Defence Initiative (1984) 1120
Stratioten (610) 234
Streik (1156 v. Chr.) 78
Streitwagen (ca. 1720 v. Chr.) 67
Strelitzen (1698) 558
Stuart (1371) 398
Studentenbewegung (1967) 1082
Studium generale (1168) 319
Stufentempel (vor 3100 v. Chr.) 36
Sturm auf die Bastille (1789) 604
Sturm auf die Tuilerien (1792) 618
Sturmabteilung → SA
Subsidien (412 v. Chr.) 124
Südafrikanische Union (1910) 866
Sudetendeutsche Heimatfront (1933) 978
Sudetendeutsche Partei (1935) 986
Sudetenkrise (1938) 993
Südliche Sung (1126) 306

Südostasienpakt → South-East Asia Treaty Organization
Südslawen (582) 229
Südslawische Frage (1804) 644
Sueben (58 v. Chr.) 168
Suezkrise → 2. Nahostkrieg
Sugar Act (1764) 581
Sui-Dynastie (589) 232
Sullanische Reform (82 v. Chr.) 165
Sultan (998) 274
Sultanat von Sokoto (1817) 679
Sumerer (ca. 3100 v. Chr.) 32
Sundzoll (1425) 411
Sung-Dynastei (960) 270
Sunniten (632) 241
Suppression of Communism Act (1950) 1050
Suzeränität (608) 233
SWAPO (1960) 1072
Sykes-Picot-Abkommen (1916) 895
Symmachie → Wehrgemeinschaft
Syndikalismus (1912) 875
Synkretismus (243) 193
Synode (359) 204
Synode von Clermont (1095) 297
Synode von Rimini (359) 205
Synode von Sutri (1046) 280
Synoikismos (753 v. Chr.) 89
Syphilis (1494) 441
Syrische Kirche (635) 239
Syrische Kriege (274 v. Chr.) 142
6. Syrischer Krieg (169 v. Chr.) 154
Syrischer Erbfolgekrieg (280 v. Chr.) 141
System Bach (1849) 730

T

T'ang-Dynastie (618) 235
T'opa (386) 212
Tabak (1555) 485
Taboriten (1419) 410
Taifa (1031) 277
Taiho-Gesetze (702) 244
Taika (645) 240
Taille (1439) 416
Taipingaufstand (1850) 733
Taler (1520) 459
Taliban (1994) 1132
Tamilen (1956) 1061
Tamworth-Manifest (1834) 701
Tang-Dynastie → T'ang-Dynastie
Tanguten (316) 200
Tanzimat (1839) 707
Tarentinischer Krieg (282 v. Chr.) 141
Tataren (1202) 331
Tatarentribut (1380) 404
Täufer (1534) 469
Tay-Son-Bewegung (1772) 585
Teheraner Konferenz (1943) 1013
Teilung des Römischen Reichs (395) 212
Teilungen Polens (1772) 585
2. Teilung Polens (1793) 627
Tell (ca. 7000 v. Chr.) 24
Tempel (ca. 4000 v. Chr.) 28
Tempel in Jerusalem (ca. 953 v. Chr.) 83
Tempelturm → Stufentempel
Templer (1119) 303
Templerorden → Templer
Tenno (702) 244
Teppich von Bayeux (1077) 292
Tercios (1534) 472
Terror (87 v. Chr.) 164
Tertia hospitalitas (406) 215
Test Act (1673) 549
Tet-Offensive (1968) 1084
Tetrarchie (293) 198
Teutonen (113 v. Chr.) 160
»Teutsche Libertät« (1648) 532
Thalassokratie (ca. 2000 v. Chr.) 64
Themen (610) 233
Theodosianische Dynastie (450) 217
Theogonie (ca. 700 v. Chr.) 92
Theokratie (ca. 3100 v. Chr.) 37
Thermae Antoninianae → Caracalla-Thermen
9. Thermidor (1794) 628
95 Thesen Luthers (1517) 456
Theten (482 v. Chr.) 114
(1.) Thorner Friede (1411) 409
Thüringer (531) 226
Tiberinische Republik → Römische Republik
Timokratie (594/93 v. Chr.) 98
Timuriden (1405) 408
»Titanic« (1912) 874
Titoismus (1948) 1038
Titularkönigtümer (206 v. Chr.) 152
Toba → T'opa
Tocharer (174 v. Chr.) 153
Tochterrepublik (1795) 630
Tokugawa-Periode (1603) 509
Toleranz (1555) 484
Toleranzakte (1689) 556
Toleranzedikt von Mailand (313) 199
Tongking-Zwischenfall und Tongking-Resolution (1964) 1078
Tonnage und Poundage (1350) 393
Tories (1679) 550
»Totaler Krieg« (1943) 1011
Tower (1078) 292
Trajanssäule (106) 185
Transatlantische Sklaverei (1505) 449
Transatlantischer Sklavenhandel (1505) 449
Transpadanische Republik (1796) 634
Transsibirische Eisenbahn (1891) 822
Transsilvanische Schule (1700) 560
Treueid von Salisbury (1086) 294
Treuga Dei → Gottesfrieden
»Tribun du peuple« (1794) 629
Tribut (188 v. Chr.) 153
Tridentinum → Trienter Konzil
Trienter Konzil (1545) 478
Triëre (482 v. Chr.) 114
Trikolore (1790) 607
Tripelallianz (1668) 547
Tripelallianz (1717) 567
Tripelentente (1907) 862
Tripoliskrieg (1911) 869
Triumvirat (60 v. Chr.) 167
2. Triumvirat (43 v. Chr.) 170
Trizone (1948) 1032
Troika (1924) 958
Truman-Doktrin (1947) 1029
Tschechoslowakische Legion (1918) 918
Tscheka (1917) 905
Tschetschenen (1818) 681
Tschetschenienkrieg (1993) 1132

Tschurtschen → Dschurdschen
Tuareg (1433) 413
Tudor (1485) 436
Tuilerien (1789) 606
Tuluniden (868) 260
Tupamaros (1967) 1082
Türkenkriege (1526) 461
Turkmenen (1256) 354
Turnerbewegung (1811) 662
»Turnhallenkonferenz« (1977) 1103
Tutsi (1972) 1095
»Two Treatises on Government« (1690) 556
Tyrann (657 v. Chr.) 93
Tyrannis (510 v. Chr.) 105

U

U-2-Zwischenfall (1960) 1071
U-Boot-Krieg (1915) 892
UCD → Union des Demokratischen Zentrums
UÇK (1998) 1133
UDI → Einseitige Unabhängigkeitserklärung Rhodesiens
UdSSR → Union der Sozialistischen Sowjetrepubliken
Uiguren (745) 247
Uitlanders (1895) 830
Ukas (1797) 636
Ulster-Plantation (1609) 512
Ultramontanismus (1870) 771
Ultras (1814) 670
Ulus (1251) 350
Umaijaden → Omaijaden
Umsturzvorlage (1895) 828
Umweltkatastrophe (1976) 1101
Unabhängige Sozialdemokratische Partei (1917) 898
Unabhängigkeitserklärung (1776) 593
Unabhängigkeitskriege in Lateinamerika (1810) 661
Unbedingte (1815) 677
Ungarische Räterepublik (1919) 935
Ungarische Revolution (1848) 727
Ungarnaufstand (1956) 1060
Ungleiche Verträge (1842) 710
UNIA → Universal Negro Improvement Association
União Nacional Independencia Total do Angola → UNITA
Unierte Kirche (1439) 416
Unierte Kirche → Preußische Union
Unilateral Declaration of Independence → Einseitige Unabhängigkeitserklärung Rhodesiens
Union (1608) 511
Union der Sozialistischen Sowjetrepubliken (1922) 950
Union des Demokratischen Zentrums (1977) 1104
Union England–Irland (1801) 640
Union Postale Universelle → Weltpostverein
Union Sacrée (1914) 886
Union von Arras (1579) 500
Union von Brest (1596) 507
UNITA (1976) 1099
United Nations Organization → Vereinte Nationen
United Party (1934) 978
Universal Negro Improvement Association (1914) 880
Universal Postal Union → Weltpostverein
Universalmonarchie (1555) 485
Universität (1154) 312
UNO → Vereinte Nationen
Untergang des Heiligen Römischen Reichs Deutscher Nation (1806) 649
Untergang des Weströmischen Reichs (476) 219
Unterhaus → Commons
Unterkaiser (293) 199
UP → United Party
Urkantone (1291) 369
Uruk-Zeit (ca. 3500 v. Chr.) 30
Ushtria Çlirimtare Kosoves → UÇK
USPD → Unabhängige Sozialdemokratische Partei
Ustaša-Bewegung (1941) 1006
Utopischer Sozialismus (1830) 693
Utraquisten (1420) 410
Utrechter Union (1579) 500

V

Valois (1328) 381
Valvassores (1035) 278
VAR → Vereinigte Arabische Republik
Vasall (559 v. Chr.) 100
1. Vatikanisches Konzil (1870) 771
2. Vatikanisches Konzil (Vaticanum II) (1962) 1075
Vaticanum I → 1. Vatikanisches Konzil
Veče (1068) 287
Vendée (1793) 622
Verbot der Sklaverei (1834) 700
Verbot des Sklavenhandels (1807) 652
Vercingetorix-Aufstand (52 v. Chr.) 168
Vereenigde Oostindische Compagnie (1602) 509
Vereenigde Party → United Party
Vereinigte Arabische Republik (1958) 1067
Vereinigter Landtag (1847) 714
Vereinte Nationen (1945) 1019
Verfassung der USA (1787) 598
Verfassung vom 3. Mai (1791) 614
Verfassung von Cádiz (1812) 663
Verfassunggebende Versammlung in den USA (1787) 598
Vergöttlichung (2340 v. Chr.) 58
Versailler Vertrag (1919) 926
Verschwörung der Gleichen (1796) 633
Vertrag über die Europäische Union → Maastrichter Vertrag
Vertrag von Edinburgh (1560) 488
Vertrag von Évian (1962) 1075
Vertrag von Hünkiar Iskelesi → Vertrag von Unkiar Skelessi
Vertrag von Kanagawa (1854) 738
Vertrag von Nanking (1842) 709
Vertrag von Olmütz (1850) 733
Vertrag von Tordesillas (1494) 441
Vertrag von Unkiar Skelessi (1833) 700

Vertrag von Verdun (843) 259
Vertrag zu Schönbrunn (1805) 648
Vertragshäfen (1842) 710
Vesper von Ephesos (88 v. Chr.) 164
Veteranen (100 v. Chr.) 162
Veto (1652) 537
Via Appia (312 v. Chr.) 136
Vichy-Regime (1940) 1003
Vierbund → Quadrupelallianz
»Viererbande« (1976) 1100
Viererherrschaft → Tetrarchie
Vierjahresplan (1936) 991
Viermächteabkommen (1971) 1093
Vierzehn Punkte (1918) 906
Vietcong (1960) 1071
Vietminh (1941) 1010
Vietnamkrieg (1946) 1027
Visconti (1311) 374
VOC → Vereenigde Oostindische Compagnie
Völkerbund (1919) 925
Völkerbundmandat (1919) 936
Völkermanifest (1918) 909
Völkermord (1941) 1009
Völkerschlacht bei Leipzig (1813) 668
Völkerwanderung (375) 205
Volksdeutsche (1940) 1004
Volksfeinde (1794) 628
»Volksfreund« → »Ami du Peuple«
Volksfront (1934) 981
Volksfront für die Befreiung von Sagui el Hamra und Río de Oro → Frente Polisario
Volkskommunen (1958) 1065
Volkskongress (1948) 1034
Volksrepublik (1946) 1025
Volksrepublik China (1949) 1042
Volksrepublik Polen (1947) 1031
Volkssouveränität (1324) 380
Volkstribun (494 v. Chr.) 112
Volkstribunal (1792) 618
Volkswille → Narodnaja Volja
»Die Voraussetzungen des Sozialismus und die Aufgaben der Sozialdemokratie« (1899) 838
Vorfriede von Nikolsburg (1866) 757
Vorfriede von San Stefano (1878) 787
Vormärz (1830) 692
»Vorwärts« (1876) 783
VR → Volksrepublik
Vulgata (383) 212

W

»Die Wacht am Rhein« (1840) 708
Wafd-Bewegung (1919) 937
»Die Waffen nieder!« (1889) 814
Waffenstillstand von Malmö (1848) 729
Wahhabiten (1741) 574
Wahlkapitulation (1292) 370
Wahlmonarchie (1572) 497
Wahlrecht (462 v. Chr.) 116
Wahlrechtsreform (1832) 697
Währungsreform (1948) 1032
Wahutu → Hutu
Waldenser (1176) 320
Waldstätten → Urkantone
Wandalen (166) 189
Wang-Dynastie (936) 267
Wannsee-Konferenz (1942) 1010
War of the Roses → Rosenkriege
Waräger (860) 259
Warlords (1916) 895
Warschauer Aufstand (1944) 1015
Warschauer Ghettoaufstand (1943) 1012
Warschauer Pakt (1955) 1054
Wartburgfest (1817) 680
Wasa (1523) 460
Washingtoner Flottenabkommen (1922) 950
Wassergeusen → Seegeusen
Watergate-Affäre (1972) 1094
Wat-Tyler-Aufstand (1381) 404
Watussi → Tutsi
»Wealth of Nations« (1776) 593
Weberaufstand (1844) 711
Wehrbeitrag (1913) 878
Wehrgemeinschaft (481 v. Chr.) 114
Wehrmacht (1935) 985
Wei (386) 212
Weimarer Koalition (1919) 924
Weimarer Nationalversammlung (1919) 921
Weimarer Republik (1919) 922
Weimarer Verfassung (1919) 931
Wein (4000 v. Chr.) 29
Weiße Hammel (1468) 433
Weiße Hunnen (428) 215
Weißer Terror (1794) 629
Weistum (1252) 352
Weizen (ca. 5000 v. Chr.) 25
Welfen (1070) 289
Weltausstellung (1851) 734
Welthandelsorganisation (1995) 1133
Weltpolitik (1896) 831
Weltpostverein (1878) 790
Weltwirtschaftskrise (1857) 740
Weltwirtschaftskrise (1929) 965
Wendenkreuzzug (1147) 310
Wesir (1075 v. Chr.) 79
Westfälischer Friede (1648) 531
Westgoten (269) 197
Westindische Föderation (1958) 1066
Westliche Chin-Dynastie (265) 195
Westliche Jin-Dynastie → Westliche Chin-Dynastie
Westminster Abbey (1066) 285
Westminster Statute (1931) 969
Westrom (395) 213
Weströmisches Reich → Westrom
Wettiner (1089) 294
Whigs (1679) 550
White Paper (1939) 996
Widerstand (1944) 1014
Wiedertäufer → Täufer
Wiener Kongress (1814) 670
Wiener Konkordat (1448) 420
Wiener Schiedsspruch (1940) 1005
Wiener Schlussakte (1820) 683
Wikinger (787) 253
Wildheit (vor ca. 2 Mio. Jahren) 23
Windsor-Vertrag (1386) 405
Wirtschaftskrise (1848) 715
Wittelsbacher (1116) 301

Wochenblattpartei (1853/54) 737
Wohlfahrtausschuss (1793) 622
World Trade Organization → Welthandelsorganisation
Wormser Konkordat (1122) 305
WTO → Welthandelsorganisation
Wurfmaschinen (397 v. Chr.) 124

X

XX. Parteitag der KPdSU (1956) 1057

Y

Yi → Li
Yom-Kippur-Krieg → 4. Nahostkrieg
York (1455) 428
Yoruba (1821) 685
Young Ireland (1848) 730
Young-Plan (1929) 964
Yüan-Dynastie (1271) 360
Yüeh-chi → Tocharer
Yuezhi → Tocharer

Z

Zabernaffäre (1913) 879
Zähringer (1120) 304
Zar (1462) 432
Zeder (2340 v. Chr.) 58
Zehn-Männer-Kommission (451 v. Chr.) 118
Zehnt (585) 230
Zeitalter der streitenden Reiche (1480) 434
Zeloten (66) 180
»Zemlja i Volja« (1877) 786
Zemski Sobor → Reichsversammlung
Zensur (1501) 446
Zensus-Bürgerheer (133 v. Chr.) 158
Zentralafrikanische Föderation (1953) 1052
Zentraluntersuchungskommission (1819) 682
Zentrum (1858) 744
Zeppelin (1900) 841
Zigeuner (1322) 378
Zikkurat → Stufentempel
Zimmermann-Telegramm (1917) 897
Zimmerwalder Konferenz (1915) 893
Zionismus (1882) 796
Zionistischer Weltkongress (1897) 833
Zisterzienser (1098) 299
Zivilisation (ca. 3100 v. Chr.) 46
Zivilliste (1701) 562
Zivilverfassung des Klerus (1790) 607
Zölibat (1074) 289
Zoroastrismus (224) 192
Zuckerrohr (ca. 3100 v. Chr.) 38
Zuckerrübe (1806) 652
Zulu (1816) 678
Zünfte (1282) 363
Zusammenbruch des Kommunismus (1989) 1125
Zwangstaufe (616) 235
Zweibund (1879) 791
Zweigewaltenlehre (492) 222
Zweischwerterlehre → Zweigewaltenlehre
Zweite Leibeigenschaft (1492/) 440
Zweiter Weltkrieg (1939) 998
Zweiverband → Russisch-französische Militärkonvention
Zwischenzeit (2134 v. Chr.) 61
Zwölftafelgesetze (451 v. Chr.) 118
Zypernkonflikt (1955) 1056